Lang/Weidmüller
Genossenschaftsgesetz

Sammlung Guttentag

Lang/Weidmüller/Metz/Schaffland

# Genossenschaftsgesetz

**(Gesetz, betreffend die Erwerbs- und Wirtschaftsgenossenschaften)**

**Kommentar**

Bearbeitet von

**Egon Metz** und **Hans-Jürgen Schaffland**

Mit einer Kommentierung des Rechts der Wohnungsgenossenschaften
von Alice Riebandt-Korfmacher

33., neubearbeitete und erweiterte Auflage

1997

Walter de Gruyter · Berlin · New York

*Egon Metz* und Dr. *Hans-Jürgen Schaffland*,
Rechtsanwälte in Bonn

Es haben bearbeitet:

*Egon Metz*: §§ 1 bis 7, 8 bis 14a, 16, 18, 23, 34 bis 41, 43 bis 47, 50 bis 64 c, 147 bis 152.

*Hans-Jürgen Schaffland*: §§ 7 a, 15 bis 15 b, 17, 19 bis 22 b, 24 bis 33, 42, 48 bis 49, 65 bis 121, 156 bis 163, Anhang 1 UmwG §§ 1–38, 79–98.

Die Beiträge zu den Wohnungsgenossenschaften in den einzelnen Paragraphen sind jeweils von *Alice Riebandt-Korfmacher* bearbeitet.

*Die Deutsche Bibliothek – CIP Einheitsaufnahme*

**Genossenschaftsgesetz:** (Gesetz, betreffend die Erwerbs- und Wirtschaftsgenossenschaften) ; Kommentar / Lang ... Bearb. von Egon Metz ; Hans-Jürgen Schaffland. Mit einer Kommentierung des Rechts der Wohnungsgenossenschaften von Alice Riebandt-Korfmacher. – 33., neubearb. Aufl. – Berlin ; New York : de Gruyter, 1997
(Sammlung Guttentag)
Frühere Ausg. u.d.T.: Lang, Johann: Genossenschaftsgesetz
ISBN 3-11-015385-8

Satz: H. Heenemann GmbH & Co, 12103 Berlin
Druck und Bindearbeiten: Kösel GmbH & Co, 87409 Kempten
Printed in Germany

## Vorwort

Selten ist eine gesetzgeberische Schöpfung so stark von den Vorstellungen eines einzelnen Mannes geprägt worden wie das Genossenschaftsgesetz. Das erste, das preußische Genossenschaftsgesetz vom 27. März 1867, ist ein Werk von Hermann Schulze-Delitzsch. Es lebt noch heute fort in einem Bundesgesetz betreffend die Erwerbs- und Wirtschaftsgenossenschaften.

Die 31. Auflage des Kommentars erschien im Jahre 1983 zum 175. Geburtstag und 100. Todestag von Hermann Schulze-Delitzsch. Es handelt sich dabei nicht um eine lediglich fortgeschriebene Neuauflage des zuvor wesentlich von Herrn Dr. Horst Baumann mitgeprägten Kommentars; die Verfasser haben vielmehr den Kommentar ganz neu geschrieben, ihn in Inhalt und Form völlig neu konzipiert und gestaltet. Sie haben dabei nicht nur ihre langjährigen Erfahrungen aus der Praxis des gesamten Genossenschaftswesens eingebracht, sondern auch Hinweise aus den Kreisen der Benutzer, der Rezensenten und aus dem Bereich der Genossenschaftswissenschaft verarbeitet.

Die 32. Auflage erschien im Jahr der hundertsten Wiederkehr des Todestages von Friedrich Wilhelm Raiffeisen, der neben Hermann Schulze-Delitzsch das deutsche Genossenschaftswesen entscheidend geprägt hat und dessen Gedanken weltweit Anerkennung gefunden haben.

Die 32. Auflage des Kommentars war veranlaßt durch das Bilanzrichtlinie-Gesetz 1985, das auch nicht unerhebliche Auswirkungen auf die Struktur des Genossenschaftsrechts gebracht hat. Dies gilt insbesondere für den Bereich des Rechnungswesens der Genossenschaft (§ 33) und für die Vorschriften über die gesetzliche Pflichtprüfung (§ 53 ff). Im übrigen hatte das Bilanzrichtlinie-Gesetz eine Anpassung und Bereinigung verschiedener rechtlicher Begriffe zur Folge.

Konkreter Anlaß für die nunmehr vorliegende 33. Auflage ist die umfassende Neuregelung des Umwandlungsrechts, das Registerverfahrenbeschleunigungsgesetz, eine wesentliche Änderung des Rechts der Vertreterversammlung, die einschneidenden Änderungen im Recht der Wohnungsbaugenossenschaften und nicht zuletzt die Auswirkungen der Wiedervereinigung Deutschlands auf das Genossenschaftswesen. Davon unabhängig sind die Autoren der Überzeugung, daß die fortlaufende Begleitung der Rechtsprechung, der Rechtsanwendung in der Praxis der genossenschaftlichen Unternehmen und die Auswertung in der Kommentierung eine willkommene

Gelegenheit zur Fortentwicklung des Genossenschaftsrechts darstellen. Unverändert ist das Ziel des Kommentars, aus der Praxis fundierte Ratschläge für die Praxis zu vermitteln, ohne auf eine wissenschaftliche Vertiefung zu verzichten.

Die in den Vorauflagen im Anhang abgedruckten Gesetze, Verordnungen usw. wurden darauf überprüft, inwieweit sie für den neu gestalteten Kommentar erforderlich sind. Die Verfasser gehen davon aus, daß die Texte der Spezialgesetze den Benutzern des Kommentars ohnehin anderweit zur Verfügung stehen, so daß von einem Abdruck abgesehen wird.

Es hat sich als sinnvoll erwiesen, bei der Bearbeitung des Kommentars die verschiedenen Vorschriften nach sachlichen Schwerpunkten zusammenzufassen und unter den beiden Verfassern aufzuteilen. Dessen ungeachtet tragen die Verfasser gemeinsam die gesamte Kommentierung nach Inhalt und Gestaltung.

Die Verfasser danken den Herren Wirtschaftsprüfer Josef Bergmann, Steuerberater Gerd Lohmar, Rechtsanwalt Olaf Scholz und Herrn Dr. Günther Schulte für ihre Mitarbeit und die wertvollen Hinweise zur Meinungsbildung im Kommentar. Nicht zuletzt gilt unser Dank Frau Ingrid Sommer und Frau Edith Metz für die sorgfältige Bewältigung der umfangreichen Ordnungs- und Schreibarbeiten. Wir hoffen, mit der Neuauflage des Kommentars den genossenschaftlichen Unternehmen, aber auch für die Rechtsberatung und die Gerichte eine Hilfe zu geben und damit auch ein wenig zur Fortentwicklung des Genossenschaftsrechts beitragen zu können.

Bonn, im Mai 1997

*Die Verfasser*

## Inhaltsverzeichnis

## Abkürzungs- und Literaturverzeichnis

| | |
|---|---|
| a. A. | anderer Ansicht; am Anfang |
| a. a. O. | am angegebenen Ort |
| abl. | ablehnend |
| Abs. | Absatz |
| Abschn. | Abschnitt |
| abw. | abweichend |
| AcP | Archiv für civilistische Praxis |
| Adler/Düring/Schmaltz | Rechnungslegung und Prüfung der Aktiengesellschaft 4. Auflage 1968 ff |
| Adler/Düring/Schmaltz | Rechnungslegung und Prüfung der Unternehmen, 5. Auflage, 1987, Poeschel-Verlag, Stuttgart |
| a. E. | am Ende |
| a. F. | alte Fassung |
| AfA | Absetzungen für Abnutzung |
| AFG | Arbeitsförderungsgesetz |
| AG | Die Aktiengesellschaft; Zeitschrift für das gesamte Aktienwesen |
| AG | Amtsgericht |
| AGB | Allgemeine Geschäftsbedingungen |
| AktG | Aktiengesetz |
| Albrecht | Beiträge in „Zur Reform des Genossenschaftsrechts", Bände 1–3, Bonn 1956–1959 |
| Alt. | Alternative |
| Amtl. Begr. | Amtliche Begründung |
| a. M. | anderer Meinung |
| AnfG | Anfechtungsgesetz |
| Anh. | Anhang |
| Anl. | Anlage |
| Anm. | Anmerkung |
| AO | Abgabeordnung; Reichsabgabenordnung |
| AöR | Archiv des öffentlichen Rechts |
| AP | Arbeitsgerichtliche Praxis; Nachschlagewerk des Bundesarbeitsgerichts |
| AR | Aufsichtsrat |
| Arbeitgeber | Der Arbeitgeber |

| | |
|---|---|
| Arbeitnehmermitbestimmung in Genossenschaften | Vorträge und Diskussionsprotokoll der Vortrags- und Diskussionsveranstaltung am 21. 6. 1976 in Marburg, Sonderdruck der Zeitschrift für das gesamte Genossenschaftswesen, mit Beiträgen von Dülfer, Beuthien, Hamm und Metz |
| ArbG | Arbeitsgericht |
| ArbGG | Arbeitsgerichtsgesetz |
| AR-Blattei | Arbeitsrecht-Blattei |
| ArbuR | Arbeit und Recht |
| ArchfG | Archiv für Genossenschaftswesen |
| ARS | Entscheidungen des Reichsarbeitsgerichts und der Landesarbeitsgerichte (ab 19. 6. 1934 Arbeitsrechts-Sammlung) |
| Art. | Artikel |
| ASpG | Altsparergesetz |
| aufgeh. | aufgehoben |
| Aufl. | Auflage |
| Aufsichtsrat | Arbeitsmappe für Aufsichtsratsmitglieder von Kreditgenossenschaften, Deutscher Genossenschafts-Verlag, Wiesbaden, 1987 |
| ausf. | ausführlich |
| AuswG | Gesetz über das Auswanderungswesen |
| Autonomie und Verbunddisziplin in der Genossenschaftsorganisation | Schriftenreihe zur Kooperationsforschung B Bd. 16, Tübingen 1982 mit verschiedenen Beiträgen |
| AV | Ausführungsverordnung |
| AVf | allgemeine Verfügung |
| AVG | Angestelltenversicherungsgesetz |
| AWD | Außenwirtschaftsdienst des Betriebsberaters |
| Az., AZ | Aktenzeichen |
| AZO | Arbeitszeitordnung |
| Bachmann, Erich | Die Ausschließung des Mitglieds einer Erwerbs- und Wirtschaftsgenossenschaft durch Generalversammlungsbeschluß und die Anfechtung eines solchen Beschlusses im Klagewege, Dissertation, Erlangen 1912 |
| Bachmann | Die innerbetriebliche Leistungsverrechnung im Kontenrahmen der Wohnungswirtschaft 1978 Harmonia-Verlag, Hamburg |
| Bähre/Schneider | Kreditwesen-Gesetz, 3. Auflage |
| BAG | Bundesarbeitsgericht |
| BAGE | Amtliche Entscheidungssammlung des Bundesarbeitsgerichts |
| BAG, BAKred. | Bundesaufsichtsamt für das Kreditwesen |
| Bankpraxis | Schriftenreihe des Bundesverbandes der Deutschen Volksbanken und Raiffeisenbanken |
| BAnz. | Bundesanzeiger |

| | |
|---|---|
| Barth | Die Mitgliedschaft von Genossenschaften in Prüfungsverbänden Freiburg/Schweiz, 1964 |
| Baumbach/Duden | Handelsgesetzbuch 24. Auflage, 1980 |
| Baecker | Grenzen der Vereinsautonomie im Deutschen Sportverbandswesen, Münster'sche Beiträge zur Rechtswissenschaft, Band 9 |
| Baumann | Der Mittelstandsgedanke und § 1 GWB, ZfG 1985, 229 ff |
| Baumbach/Duden/Hopt | Handelsgesetzbuch, 27. Auflage 1987 |
| Baumbach/Hueck | Kommentar zum Aktiengesetz, 13. Auflage 1968 |
| Baumbach/Lauterbach/Albers/Hartmann | ZPO, 39. Auflage 1981 |
| Baumgartl | Die Funktion des Förderungsauftrages in § 1 Genossenschaftsgesetz, Nürnberg 1979 |
| Baums | Die Eintragung und Löschung von Gesellschafterbeschlüssen, Abhandlungen zum Arbeits- und Wirtschaftsrecht, Bd. 36, Heidelberg |
| Bayer | in Lutter u.a., Kommentar zum Umwandlungsgesetz, 1996 |
| BayObLG | Bayerisches Oberstes Landesgericht |
| BayObLGZ | Entscheidungen des Bayerischen Obersten Landesgerichts in Zivilsachen |
| BayVGH | Bayerischer Verwaltungsgerichtshof |
| BB | Betriebs-Berater |
| BBG | Gesetz über die Deutsche Bundesbank |
| BBauBl. | Bundesbaublatt |
| Bd. | Band |
| BdF | Bundesminister der Finanzen |
| BdL | Bank Deutscher Länder (jetzt Deutsche Bundesbank) |
| Beck-BiL-Komm. | Beck'scher Bilanzkommentar, Der Jahresabschluß nach Handels- und Steuerrecht 1986 |
| BFH | Bundesfinanzhof; amtliche Sammlung der Entscheidungen |
| begr. | begründet |
| Beil. | Beilage |
| Bek. | Bekanntmachung |
| BereinG | Handelsrechtliches Bereinigungsgesetz vom 18. 4. 1950 |
| Bereska | Minderheitenschutz durch Klage in Genossenschaften, Kooperations- und genossenschaftswissenschaftliche Beiträge, Band 23, Institut für Genossenschaftswesen der Universität Münster |
| Berge/Philipowski | Zinsvergütung in Kreditgenossenschaften, Marburger Beiträge zum Genossenschaftswesen, Nr. 11 |
| Bergmann | Pflichtprüfung und Grundauftrag, ZfG Sonderheft zur IX. Internationalen Genossenschaftswissenschaftlichen Tagung 1978, S. 200 ff |
| Beschl. | Beschluß |

| | |
|---|---|
| Beschw. | Beschwerde |
| bestr. | bestritten |
| Betriebsorganisation der Volksbanken und Raiffeisenbanken | Loseblattsammlung des Bundesverbandes der Deutschen Volksbanken und Raiffeisenbanken e. V. (BVR) |
| BetrR | Der Betriebsrat |
| BetrRG | Betriebsrätegesetz |
| BetrVG | Betriebsverfassungsgesetz 1972 |
| BetrVG (1952) | Betriebsverfassungsgesetz 1952 |
| BeurkG | Beurkundungsgesetz |
| Beuthien | Genossenschaftliche Pflichtprüfung und Prüferablehnung, Festschrift Wilhelm Weber, 1986 |
| Beuthien | Genossenschaftliche Ehrenämter – noch zeitgemäß?, Beiheft zur Schriftenreihe Marburger Schriften zum Genossenschaftswesen 1983, S. 19 ff |
| Beuthien | Die Vertreterversammlung eingetragener Genossenschaften, Schriften zur Kooperationsforschung B. Vorträge, Band 18, 1984 |
| BewDV | Durchführungsverordnung zum Bewertungsgesetz |
| BewG | Bewertungsgesetz |
| BFH | Bundesfinanzhof |
| BFuP | Betriebswirtschaftliche Forschung und Praxis |
| BGB | Bürgerliches Gesetzbuch |
| BGBl. | Bundesgesetzblatt |
| BGBl. I | Bundesgesetzblatt Teil I |
| BGH | Bundesgerichtshof |
| BGHSt. | Entscheidungen des Bundesgerichtshofs in Strafsachen |
| BGHZ | Entscheidungen des Bundesgerichtshofs in Zivilsachen |
| BI | Bankinformation, Herausgeber Bundesverband der Deutschen Volksbanken und Raiffeisenbanken e. V. (BVR) |
| Biener/Bernecke | Bilanzrichtlinie-Gesetz, IdW-Verlag 1986 |
| BinnSchG | Gesetz betreffend die privatrechtlichen Verhältnisse der Binnenschiffahrt (Binnenschiffahrtsgesetz) |
| Birck/Meyer | Die Bankbilanz, Gabler-Verlag |
| BKA, BKartA | Bundeskartellamt |
| BlfG | Blätter für Genossenschaftswesen |
| BlGrdstBauWR | Blätter für Grundstücks-, Bau- und Wohnungsrecht |
| Blomeyer/Meyer | Die Verantwortlichkeit des Vorstandes der eingetragenen Genossenschaft aus § 34 GenG, ZfG 1985, 250 ff |
| BNotO | Bundesnotarordnung |
| Bodien | Wohnungsgemeinnützigkeitsrecht, Hamburg 1952 |
| Boettcher | Der Förderbericht in Kreditgenossenschaften 1982, Schriften zur Kooperationsforschung, Bd. 15, J. C. B. Mohr (Paul Siebeck) Verlag, Tübingen |

| | |
|---|---|
| Boettcher | Genossenschaften in Handwörterbuch der Wirtschafts-Wissenschaft (HdWW), 34./35. Lieferung, 1981 Gustav Fischer, Stuttgart und New York; J. C. B. Mohr (Paul Siebeck), Tübingen; Vandenhoeck & Ruprecht, Göttingen und Zürich |
| Boettcher | Wie zeitgemäß ist heute noch Raiffeisen? |
| Bohnenberg | Austritt und Ausschließung des Genossen einer eingetragenen Erwerbs- und Wirtschaftsgenossenschaft in ihren rechtlichen Voraussetzungen und Wirkungen, Dissertation Leipzig, 1927 |
| Brodmann | Kommentar zum GmbH-Gesetz |
| BSG | Bundessozialgericht |
| BSGE | Amtliche Sammlung der Entscheidungen des Bundessozialgerichts |
| BStBl. I | Bundessteuerblatt Teil I |
| BT-Drucksache | Bundestagsdrucksache |
| Buchst. | Buchstabe |
| BuMi | Bundesminister |
| Bungenstock | Externe Effekte einzelgenossenschaftlicher Aktivitäten und Verhaltensweisen, Schriften zur Kooperationsforschung B Bd. 16 S. 22 ff, Mohr Verlag, Tübingen |
| BUrlG | Bundesurlaubsgesetz |
| BVerfG | Bundesverfassungsgericht |
| BVerfGE | Amtliche Entscheidungssammlung des Bundesverfassungsgerichts |
| BVerwG | Bundesverwaltungsgericht |
| BVerwGE | Amtliche Entscheidungssammlung des Bundesverwaltungsgerichts |
| BVFG | Bundesvertriebenengesetz |
| bzw. | beziehungsweise |
| Das Recht der deutschen Genossenschaften | Denkschrift des Ausschusses für Genossenschaftsrecht der Akademie für deutsches Recht, 1940 |
| DB | Der Betrieb |
| Dehmer | Umwandlungsgesetz und Umwandlungssteuergesetz, 2. Auflage, Beck-Verlag, München 1996 |
| DepotG | Depotgesetz |
| ders. | derselbe |
| DFG | Deutsche freiwillige Gerichtsbarkeit, Ergänzungsblatt zu „Deutsche Justiz“ |
| Deumer | Das Recht der eingetragenen Genossenschaften 1912 |
| DGRV-Schriftenreihe | herausgegeben vom Deutschen Genossenschafts- und Raiffeisenverband eV, Bonn, mit verschiedenen Beiträgen |
| DGRV-Vortragsveranstaltung 1981 | für gehobene Kräfte aus dem Prüfungsdienst, Deutscher Genossenschafts- und Raiffeisenverband, Bonn |
| DGWR | Deutsches Gemein- und Wirtschaftsrecht |
| d. h. | das heißt |

| | |
|---|---|
| d. i. | das ist |
| Die genossenschaftliche Rückvergütung | Westermann/Reinhardt/Paulick/Schubert/Trescher/Menzel, Karlsruhe 1961 |
| Dietrich | Die Rechtsstellung genossenschaftlicher Prüfungsverbände im Bereich der Prüfung, Erlangen 1974 |
| Dietz/Richardi | Kommentar zum Betriebsverfassungsgesetz, 6. Auflage 1981 |
| DIHT | Deutscher Industrie- und Handelstag |
| Diss. | Dissertation |
| DJ | Deutsche Justiz |
| DJZ | Deutsche Juristenzeitung |
| D. landw. GenBl. | Deutsches landwirtschaftliches Genossenschaftsblatt |
| DMBG | D-Markbilanzgesetz |
| DNotVZ | Zeitschrift des Deutschen Notarvereins, später s. DNotZ |
| DNotZ | Deutsche Notarzeitschrift |
| DÖV | Die öffentliche Verwaltung |
| DR | Deutsches Recht |
| Draheim | Die Genossenschaft als Unternehmenstyp, Göttingen 1952 |
| Draheim | Festschrift für Draheim |
| Dreher/Tröndle | Kommentar zum Strafgesetzbuch, 38. Auflage 1978 |
| DRiZ | Deutsche Richterzeitung, s. auch DRZ |
| DRspr. | Deutsche Rechtsprechung |
| DRZ | Deutsche Richterzeitung |
| DRZtschr. | Deutsche Rechts-Zeitschrift |
| DS, Ds | Drucksache |
| DStBl. | Deutsches Steuerblatt |
| DStR | Deutsches Steuerrecht |
| DStZ | Deutsche Steuer-Zeitung, geteilt in Ausgabe A und |
| Dülfer, Eberhard | Der Förderungsauftrag als Gegenstand von Geschäftsberichten und Pflichtprüfungen, Vortrags- und Diskussionsveranstaltung in Marburg am 25. 5. 1981 |
| Dülfer, Eberhard | Friktionen in den Kontrollsystemen der Genossenschaftsbank, Festschrift für Wilhelm Weber zum 70. Geburtstag, herausgegeben von Mario Patera, Wien 1986 |
| Dülfer, Eberhard | Organisation und Management im kooperativen Vertriebsverbund, ZfG Sonderheft über die VI. Internationale Genossenschaftswissenschaftliche Tagung, Gießen 1969 |
| Dülfer, Eberhard | Die Unternehmenskultur der Genossenschaft, Marburger Beiträge zum Genossenschaftswesen 12, S. 17 ff |
| Dülfer, Eberhard | Allgemeine Ideengeschichte des Genossenschaftswesens, Wissenschaftliche Bundgesellschaft, Darmstadt 1985 |
| DVBl. | Deutsches Verwaltungsblatt |

| | |
|---|---|
| DVO | Durchführungsverordnung |
| DVWGG | Verordnung zur Durchführung des Wohnungsgemeinnützigkeitsgesetzes |
| DWiR | Deutsche Zeitschrift für Wirtschaftsrecht, Verlag Walter de Gruyter, Berlin–New York |
| E | Entscheidung; Entwurf |
| EG | Einführungsgesetz; Europäische Gemeinschaften |
| eG | eingetragene Genossenschaft |
| EG AktG | Einführungsgesetz zum Aktiengesetz |
| EGBGB | Einführungsgesetz zum Bürgerlichen Gesetzbuch |
| EGGVG | Einführungsgesetz zum Gerichtsverfassungsgesetz |
| eGmbH | eingetragene Genossenschaft mit beschränkter Haftpflicht |
| eGmuH | eingetragene Genossenschaft mit unbeschränkter Haftpflicht |
| eGoH | eingetragene Genossenschaft ohne Nachschußpflicht |
| EGStGB | Einführungsgesetz zum Strafgesetzbuch |
| eingef. | eingefügt |
| Einl. | Einleitung |
| Entsch. | Entscheidung |
| Entw. I | Entwurf eines Gesetzes, betreffend die Erwerbs- und Wirtschaftsgenossenschaften nebst Begründung und Anlage, Amtliche Ausgabe 1888 |
| Entw. II | Entwurf eines Gesetzes betreffend die Erwerbs- und Wirtschaftsgenossenschaften, vorgelegt dem Reichstag am 27. 11 1888 (Drucksachen des Reichstags, 7. Legislaturperiode, IV. Session 1888/89, 4. Band, Nr. 28 S. 183 ff) |
| Erläuterungen zum Jahresabschluß | Formblatt für Wohnungsunternehmen – eingetragene Genossenschaft –, herausgegeben vom Gesamtverband gemeinnütziger Wohnungsunternehmen, Hamburg, 1973 |
| Erk | Pflichtmitgliedschaft und Aufnahme im genossenschaftlichen Prüfungswesen, Würzburg 1965 |
| Erl. | Erläuterung |
| Erman | Handkommentar zum Bürgerlichen Gesetzbuch, 7. Auflage, 1981 |
| Eschenburg | Ökonomische Theorie der genossenschaftlichen Zusammenarbeit, Tübingen 1971 |
| EStG | Einkommensteuergesetz |
| EStR | Einkommensteuerrichtlinien |
| etc. | et cetera |
| EWiR | Entscheidungen zum Wirtschaftsrecht, Verlag Kommunikationsforum, Köln |
| f. | folgend |
| ff. | folgende |

| | |
|---|---|
| FamRZ | Zeitschrift für das gesamte Familienrecht, Ehe und Familie im privaten Recht |
| Faust | Die Geschichte der Genossenschaftsbewegung, 3. Auflage 1977 |
| Feuerborn, Sabine | Der Beteiligungsfonds und das genossenschaftliche Eigenkapital, J. C. B. Mohr (Paul Siebeck) Tübingen, Schriften zur Kooperationsforschung, B. Vorträge, Band VIII, 1977 |
| Feuerborn, Sabine | Die Statuarische Mitgliederbindung aus genossenschaftsrechtlicher Sicht, Schriften zur Kooperationsforschung, C Bd. 7 |
| Feuerlein | in Handwörterbuch des Städtebaus, Wohnungs- und Siedlungswesen, Band I |
| FGG | Gesetz über die Angelegenheiten der freiwilligen Gerichtsbarkeit |
| Fischer-Dieskau/Pergande/Schwender | Wohnungsbaurecht, Band 1 und 2, Kommentar zum II. Wohnungsbaugesetz |
| Fitting/Auffahrth/Kaiser | Betriebsverfassungsgesetz, 12. Auflage, 1977 |
| Fleck | Festschrift für Hans-Joachim Fleck, de Gruyter, Berlin-New York, 1988 |
| Formularkommentar | Rieband-Korfmacher, Handels- und Wirtschaftsrecht, 21. Auflage, Band 1 und 2 |
| FR | Finanzrundschau |
| Frankenberger | Der Aufsichtsrat der Genossenschaft, 2. Auflage 1980 |
| Fricke | Die landwirtschaftliche Produktivgenossenschaft, Schriftenreihe des Instituts für Landwirtschaftsrecht der Universität Göttingen, Bd. 15, Köln 1976 |
| Fritz | Stellung und Aufgaben des genossenschaftlichen Vorstandes, Kölner Genossenschaftswissenschaft, Band 7 |
| Führungsprobleme | Führungsprobleme in Genossenschaften mit Beiträgen verschiedener Autoren, Verlag Mohr, Tübingen 1977 |
| GBO | Grundbuchordnung |
| GebrMG | Gebrauchsmustergesetz |
| Geist | Die finanzielle Beteiligung des Genossen an der eingetragenen Genossenschaft, Marburger Schriften zum Genossenschaftswesen, Band 56 |
| GemO | Gemeindeordnung |
| Gemeinsamer Erlaß | des Bundesministers der Finanzen und der Finanzminister (Finanzsenatoren) der Länder betr. steuerrechtliche Behandlung der gemeinnützigen Wohnungsunternehmen und Organe der staatlichen Wohnungspolitik |
| GenG | Gesetz betreffend die Erwerbs- und Wirtschaftsgenossenschaften |
| Genieser | Das Recht der Ausschließung bei den Erwerbs- und Wirtschaftsgenossenschaften, Dissertation, Heidelberg 1953 |

| | |
|---|---|
| Genossenschaftsforum | Raiffeisenrundschau & Blätter für Genossenschaftswesen, Herausgeber: Deutscher Genossenschafts- und Raiffeisenverband e. V., Bonn, Bundesverband der Deutschen Volksbanken und Raiffeisenbanken e. V., Bonn, Zentralverband der genossenschaftlichen Großhandels- und Dienstleistungsgenossenschaften e. V., Bonn |
| Genossenschafts-Lexikon | Herausgegeben von Eduard Mändle und Walter Swoboda. DG-Verlag Wiesbaden 1992 |
| GenRegVO | Verordnung über das Genossenschaftsregister |
| Geßler/Hefermehl/Eckardt/Kropff | Kommentar zum Aktiengesetz, Vahlen-Verlag, München 1973 ff |
| GewGen | Die gewerbliche Genossenschaft, Fachzeitschrift für die gewerblichen Genossenschaften von Oktober 1948 bis Dezember 1930 |
| GewO | Gewerbeordnung |
| GewStDV | Durchführungsverordnung zum Gewerbesteuergesetz |
| GewStG | Gewerbesteuergesetz |
| GewStR | Gewerbesteuerrichtlinien |
| GF | Genossenschaftsforum |
| GG | Grundgesetz |
| ggf. | gegebenenfalls |
| GKG | Gerichtskostengesetz |
| v. Gierke | Das deutsche Genossenschaftsrecht, Band 1 1868, Neudruck 1925 |
| GleichberG | Gesetz über die Gleichberechtigung von Mann und Frau auf dem Gebiet des bürgerlichen Rechts vom 18. 6. 1957 |
| Glenk | Die eingetragene Genossenschaft, Beck-Verlag, München 1996 |
| GmbH | Gesellschaft mit beschränkter Haftung |
| GmbHG | Gesetz, betreffend die Gesellschaften mit beschränkter Haftung |
| GmbHRdschau | GmbH-Rundschau |
| v. Godin/Wilhelmi | Aktiengesetz, 4. Auflage, 1971 |
| Goutier, Knopf, Tulloch | Kommentar zum Umwandlungsrecht, Verlag Recht und Wirtschaft, Heidelberg 1996 |
| GrEStG | Grunderwerbssteuergesetz |
| Groothold | Mieterschutzgesetz |
| Großfeld/Aldejohann | Den Gleichbehandlungsgrundsatz im Genossenschaftsrecht, Betriebs-Berater, 1987, 2377 |
| Großfeld | Ablehnungsrecht und Prüfungsumfang, ZfG 1984, 111 |
| Großfeld, Bernhard | Die Bedeutung des Ehrenamtes für Genossenschaft und Prüfungsverband, Festschrift für Wilhelm Weber zum 70. Geburtstag, herausgegeben von Mario Patera, Wien 1986 |
| Großfeld | Genossenschaft und Ehrenamt, ZfG 1979 S. 217 ff |

| | |
|---|---|
| Großfeld | Genossenschaftlicher Förderungsauftrag im Rahmen der Agrarpolitik, Institut für Genossenschaftswesen der Universität Münster, Vorträge Heft 7 |
| Großfeld/Schulte | Geschäftsverteilung und Haftung, ZfG 1985 S. 187 ff |
| Großkommentar zum Aktiengesetz | (Barz, Brönner, Kluge, Mellerowicz, Meyer-Landrut, Schilling, Wiedemann, Würdinger) 3. Auflage, 1970 ff |
| GStG = GrundStG | Grundsteuergesetz |
| GruchBeitr. | Beiträge zur Erläuterung des Deutschen Rechts, begr. v. Gruchot |
| Grunewald | Der Ausschluß aus Gesellschaft und Verein, 1987 |
| GRUR | Gewerblicher Rechtsschutz und Urheberrecht |
| GüKG | Güterkraftverkehrsgesetz |
| GüKTV | Verordnung über die Tarifüberwachung im Güterfernverkehr und grenzüberschreitender Güterkraftverkehr |
| Gutherz | Die Verwirklichung der Nachschußpflicht im Konkurs der eingetragenen Genossenschaft im beschränkter Haftpflicht (Dissertation 1933) |
| GV | Generalversammlung |
| GVBl. | Gesetz- und Verordnungsblatt (des einzelnen Bundeslandes) |
| GVG | Gerichtsverfassungsgesetz |
| GVR | Gewinn- und Verlustrechnung |
| GW; GWW | Gemeinnütziges Wohnungswesen; Herausgeber Gesamtverband gemeinnütziger Wohnungsunternehmen |
| GWW Bayern | Zeitschrift für das gemeinnützige Wohnungswesen in Bayern |
| GWB | Gesetz gegen Wettbewerbsbeschränkungen |
| H. | Heft |
| h. A. | herrschende Ansicht |
| Hadding | Zur außerordentlichen Abberufung von Vorstandsmitgliedern einer eG, Zuständigkeiten eindeutig definiert? Bankinformation Heft 12/86 S. 11 ff |
| Hadding | Zur gesellschaftsrechtlichen Vereinbarkeit von stillen Vermögenseinlagen und Genußrechten mit dem Förderzweck eingetragener Kreditgenossenschaften, ZIP 1984, 1295 ff |
| Hahn, Oswald | Die Unternehmensphilosophie einer Genossenschaftsbank, Schriften zur Kooperationsforschung, Bd. II, J. C. B. Mohr (Paul Siebeck) Verlag, Tübingen |
| Hahn, Oswald | Ideen, Wünsche und Versuche einer neuen Genossenschaftsbewegung, ZfG 1986, 112 ff |
| Halbs. | Halbsatz |
| Hampel, Herbert | Der Gleichbehandlungsgrundsatz im deutschen Genossenschaftsrecht, Dissertation Münster 1957 |
| HandwO | Handwerksordnung |

| | |
|---|---|
| Handwörterbuch | des Genossenschaftswesens, Herausgeber Eduard Mändle und Walter Swoboda, DG-Verlag Wiesbaden, 1980 |
| Handwörterbuch | des Wirtschafts- und Steuerstrafrechts, herausgegeben von Wilhelm Krekeler, Klaus Tiedemann, Klaus Ulzenheimer, Günther Weinmann, Verlag, Dr. Peter Deupner, Köln |
| Hannig/Hanke | Wohnungsgemeinnützigkeitsrecht, Hammonia-Verlag, Hamburg 1982 |
| HausratsVO | Verordnung über die Behandlung der Ehewohnung und des Hausrats |
| HDG | Handwörterbuch des Genossenschaftswesens, DG-Verlag, 1980 |
| HdWW | Handwörterbuch der Wirtschafts-Wissenschaft |
| Heckt | Fusion von Primärgenossenschaften, Schriften zur Kooperationsforschung, C. Berichte, Bd. 9, Mohr Verlag, Tübingen |
| Henzler | Der genossenschaftliche Grundauftrag: Förderung der Mitglieder, Veröffentlichungen der Deutschen Genossenschaftskasse (jetzt DG-Bank) Bd. 8, Frankfurt/M. 1970 |
| Henzler | Die Genossenschaft – eine fördernde Betriebswirtschaft, 1957 |
| Henzler | Mitbestimmung in Genossenschaften, 1954 |
| Henzler | Prüfungsverbände, 1954 |
| Heyder | Die Entstehung und der Wandel von Kreditgenossenschaften, 1966 |
| HFR | Höchstrichterliche Finanzrechtsprechung |
| HGB | Handelsgesetzbuch |
| Hirtz | Die Vorstandspflichten bei Verlust, Zahlungsunfähigkeit und Überschuldung einer Aktiengesellschaft, 1966 |
| h. L. | herrschende Lehre |
| h. M. | herrschende Meinung |
| Hoffmann | Der Aufsichtsrat, 1979 |
| Homrighausen | Wettbewerbswirkungen genossenschaftlicher Einkaufszusammenschlüsse, Marburger Schriften zum Genossenschaftswesen Bd. 55 |
| Höhn | Brevier für Aufsichtsräte von Genossenschaften, Bad Harzburg 1982 |
| Höhn | Das Nein des Aufsichtsrats, 1982, Bad Harzburg |
| Höhn | Führungsbrevier der Wirtschaft, Bad Harzburg, 10. Auflage, 1980 |
| Höhn | Wofür haftet der Aufsichtsrat einer Genossenschaft persönlich? Bad Harzburg 1981 |
| Höhn | Wofür haftet der Vorstand einer Genossenschaftsbank persönlich? Bad Harzburg 1979 |

| | |
|---|---|
| Hoevels | Das Ausscheiden eines Genossen aus der Genossenschaft, Dissertation, Köln 1934 |
| Hörlitz | Betrachtungen zur Verantwortung und Haftung des Aufsichtsrats, 1989 |
| HRR | Höchtsrichterliche Rechtsprechung |
| hrsg. | herausgegeben |
| Hrsg. | Herausgeber |
| Huck | Der Grundsatz der gleichmäßigen Behandlung im Privatrecht |
| Hüffer | Aktiengesetz, 2. Auflage 1995, Verlag C. H. Beck |
| Hürter | Erwerb und Verlust der Mitgliedschaft bei der eingetragenen Genossenschaft, Dissertation, Erlangen 1931 |
| HWB | Handwörterbuch der Betriebswirtschaft |
| HypBG | Hypothekenbankgesetz |
| i. d. F. | in der Fassung |
| i. e. S. | im engeren Sinne |
| Ifo-Institut | Stellung und Entwicklung der Zusammenschlußformen im Einzelhandel, München 1981 |
| IHK | Industrie- und Handelskammer |
| i. L. | in Liquidation |
| IPR | Internationales Privatrecht |
| Ipsen | Rechtsfragen der Gemeinnützigkeit im Wohnungswesen Hamburger Jahrbuch für Wirtschafts- und Gesellschaftspolitik 1978 |
| i. V.; in Verb. | in Verbindung |
| JA | Juristische Arbeitsblätter |
| Jäger | Kommentar zur Konkursordnung, 8. Auflage, 1972 |
| Jäger/Grossfeld | Wohnungsbaugenossenschaften im Wettbewerb, Tübingen 1981 |
| Jahn | Wesen, Inhalt und Bedeutung des genossenschaftlichen Förderungsprinzips, Erlangen 1969 |
| Jahresabschluß der Kreditgenossenschaft | Loseblattsammlung DGRV |
| Jahresabschluß der Waren- und Dienstleistungsgenossenschaften | Loseblattsammlung, DGRV 3. Auflage, 1987 |
| JB | Juristische Blätter |
| JFG | Jahrbuch für Entscheidungen in Angelegenheiten der freiwilligen Gerichtsbarkeit und des Grundbuchrechts (ab 1924; vorher KGJ) |
| JMBl | Justizministerialblatt, später „Deutsche Justiz“ |
| JR | Juristische Rundschau |
| Jüngst, Ulrich | Der Ehrenvorsitzende in der Aktiengesellschaft, Betriebsberater 1984 S. 1583 |
| JuS | Juristische Schulung |
| JW | Juristische Wochenschrift |
| JZ | Juristenzeitung |

| | |
|---|---|
| KapAnlGG | Gesetz über Kapitalanlagegesellschaften |
| KapStDV | Verordnung zur Durchführung des Steuerabzugs vom Kapitalertrag (Kapitalertragsteuer-Durchführungsverordnung) |
| KapVerkStDV | Durchführungsverordnung des Kapitalverkehrssteuergesetzes |
| KapVerkStG | Kapitalverkehrssteuergesetz |
| KartG | Kartellgesetz |
| Keidel/Schmatz/Stöber | Registerrecht, Handbuch der Rechtspraxis, Band 7, 3. Auflage, München 1976 |
| Kiefersauer/Glaser/Brumby | Die Grundstücksmiete, 8. Auflage |
| KG | Kammergericht |
| KGaA | Kommanditgesellschaft auf Aktien |
| KGJ | Jahrbuch für Entscheidungen des Kammergerichts in Sachen der freiwilligen Gerichtsbarkeit (seit 1924 JFG) |
| Kluge | Anschlußzwang der Genossenschaften und Zulassungsverpflichtung der Prüfungsverbände, ZfG 1952, 189 |
| Knapp | Die Revision im ländlichen Genossenschaftswesen, Berlin 1933 |
| KO | Konkursordnung |
| Kölner Komm. | Kölner Kommentar zum Aktiengesetz, 1970 ff |
| Kontenrahmen für die Wohnungswirtschaft | Ausgabe 1977, Gesamtverband gemeinnütziger Wohnungsunternehmen, Köln |
| Kopp | Verwaltungsgerichtsordnung, 5. Auflage |
| Kopp | Verwaltungsverfahrensgesetz, 2. Auflage |
| KoR | Konsumgenossenschaftliche Rundschau |
| KostO | Gesetz über die Kosten in Angelegenheiten der freiwilligen Gerichtsbarkeit |
| Krakenberger | Reichsgesetz betreffend die Erwerbs- und Wirtschaftsgenossenschaften mit einer Darstellung des einschlägigen Steuerrechts, Handkommentar 1932 |
| KSchG | Kündigungsschutzgesetz |
| KStDV | Körperschaftssteuer-Durchführungsverordnung |
| KStG | Körperschaftssteuergesetz |
| KStR | Körperschaftsteuerrichtlinien |
| Kück, Marlene | Partizipationsprobleme in selbstverwalteten Betrieben, ZfG 1987, 23 ff |
| Kuhn | Gedanken zur Konzeption einer genossenschaftsadäquaten Geschäftspolitik der Kreditgenossenschaften ZfG 1986, 5 ff |
| Kuhn | Das Nichtmitgliedergeschäft der Kreditgenossenschaften, Veröffentlichungen des Forschungsinstituts für Genossenschaftswesen an der Universität Erlangen-Nürnberg Nr. 19, Nürnberg 1984 |
| KuT | Konkurs- und Treuhandwesen |
| KWG | Gesetz über das Kreditwesen |

| | |
|---|---|
| LAG | Landesarbeitsgericht |
| Lammel | Zur Haftung von Mitgliedern der Verwaltungsorgane bei Kreditgenossenschaften, ZfG 1986, S. 125 ff |
| Langen/Niederleithinger/Schmidt | Kommentar zum Kartellgesetz, 5. Auflage, 1977 |
| Lang/Weidmüller | Genossenschaftsgesetz, Kommentar, 30. Auflage 1974, 31. Auflage 1983, 32. Auflage 1988 |
| Leffson | Die Grundsätze ordnungsmäßiger Buchführung, 5. Auflage, 1980 |
| Letschert | Die Produktivgenossenschaft, Wiesbaden 1950 |
| Letschert | Die genossenschaftliche Pflichtprüfung, 1951 |
| LG | Landgericht |
| Liebhart | Rechtsprechungsgrundlagen der Willensbildung in der Generalversammlung der eingetragenen Genossenschaft, 1970 |
| Lipfert, Helmut | Mitgliederförderndes Kooperations- und Konkurrenzmanagement in genossenschaftlichen Systemen, Hamburger Schriften zum Genossenschaftswesen, Bd. 5, Verlag Vandenhoeck & Ruprecht 1986 |
| LM | Nachschlagewerk des Bundesgerichtshofs, herausgegeben von Lindemaier und Möhring |
| Lohmar | Das neue Körperschaftsteuerrecht, DGRV-Schriftenreihe, Heft 9, Deutscher Genossenschaftsverlag, Wiesbaden 1978 |
| Lürig, Rolf | Unternehmenspolitik von Genossenschaftsbanken, Bd. 4, Vandenhoeck & Ruprecht 1985 |
| LuftVG | Luftverkehrsgesetz |
| Lutter | in Lutter u.a. zum Umwandlungsgesetz, 1996 |
| Lutter | Information und Vertraulichkeit im Aufsichtsrat, Carl Heymann Verlag KG, Köln, Berlin, Bonn, München 1984 |
| LwAnpG | Landwirtschaftsanpassungsgesetz v. 29. 6. 1990, GBl. (DDR) I S. 642 |
| LZ | Leipziger Zeitschrift für deutsches Recht |
| LZB | Landeszentralbank |
| m. | mit |
| MaBV | Makler- und Bauträgerverordnung |
| MDR | Monatsschrift für Deutsches Recht |
| Mändle, Eduard | Die gesellschaftspolitische Bedeutung des Genossenschaftswesens, Mitteilungsblatt des Badischen Genossenschaftsverbandes 1987, 2 ff |
| Mändle, Eduard | Genossenschaftliches Ehrenamt – Wesen, Funktion und offene Fragen, Bayer. Raiffeisenblatt 1986, S. 410 ff und 461 ff |

| | |
|---|---|
| Marcus, Bernd | Die Pflichtmitgliedschaft bei den Genossenschaftsverbänden, Kooperations- und genossenschaftswissenschaftliche Beiträge, Bd. 12, Institut für Genossenschaftswesen der Universität Münster |
| Meier/Draeger | Die Gemeinnützigkeit im Wohnungswesen, Berlin 1930 |
| Meier/Draeger | Die Gemeinnützigkeit im Wohnungswesen, Wohnungsgemeinnützigkeitsgesetz Berlin 1941 |
| Mentzel/Kuhn | Konkursordnung, 9. Auflage 1979 |
| Menzel | Der Ausschluß aus der eingetragenen Genossenschaft, Marburger Schriften zum Genossenschaftswesen, Reihe A/Band 46, Marburg 1977 |
| Metz, Egon | Die Agrargenossenschaft, eine Rechtsform in der Landwirtschaft mit Chancen und Zukunft, Neue Landwirtschaft, Briefe zum Agrarrecht 1995, 74 |
| Metz, Egon | Die Produktivgenossenschaften in der Marktwirtschaft, Eine Chance für die kooperativen Einrichtungen der ehemaligen DDR, DWiR 1991, 52 |
| Metz, Egon | Die Wahrnehmung der Mitgliederinteressen in der Generalversammlung/Vertreterversammlung – Betrachtung besonders unter rechtlichen und empirischen Gesichtspunkten, Festschrift des Seminars für Genossenschaftswesen zum 600jährigen Gründungsjubiläum der Universität Köln, 1989 |
| Metz, Egon | Genossenschaftsautonomie und externe Verbandsprüfung, Schriften zur Kooperationsforschung B Band 16, S. 7 ff, Mohr Verlag, Tübingen |
| Metz, Egon | Haftung der Mitglieder des Vorstandes und des Aufsichtsrats, Bankpraxis 1977, BVR Schriftenreihe Band 1 |
| Metz, Egon | Ordnungsmäßigkeit der Geschäftsführung, Zivil- und strafrechtliche Fragen bei Fehlverhalten von Mitgliedern des Vorstandes und Aufsichtsrates der Genossenschaften, DGRV-Schriftenreihe, Heft 23, DG-Verlag Wiesbaden |
| Metz/Werhahn | Die Generalversammlung und die Vertreterversammlung der Genossenschaft, DG-Verlag, Wiesbaden, 2. Auflage 1984 |
| Meyer-Landrut/Miller/Niehus | GmbH-Gesetz, Kommentar, Verlag Walter de Gruyter, Berlin - New York 1987 |
| Meyer, Werner | Die Verantwortlichkeit des Vorstandes der eingetragenen Genossenschaft aus § 34 GenG, Veröffentlichungen des Forschungsinstituts für Genossenschaftswesen an der Universität Erlangen-Nürnberg Nr. 21, Dissertation Nürnberg 1985 |
| Meyer/Meulenbergh | Genossenschaftsgesetz, Verlag C. H. Beck, 11. Auflage 1970 |
| Meyer/Meulenbergh/Beuthien | Genossenschaftsgesetz 12. Auflage, Verlag C. H. Beck, München 1983 |

| | |
|---|---|
| MilchFettG | Gesetz über den Verkehr mit Milch, Milcherzeugnissen und Fetten (Milch- und Fettgesetz) |
| MinBl. | Ministerialblatt |
| MitB | Die Mitbestimmung |
| MitbestG | Mitbestimmungsgesetz |
| m. abl. Anm. | mit ablehnender Anmerkung |
| m. krit. Anm. | mit kritischer Anmerkung |
| Mönnich | Die genossenschaftlichen Teilzahlungsbanken, 1952, Nr. 24 der Veröffentlichungen des Instituts für Genossenschaftswesen an der Universität Marburg |
| Mossler, Klaus Peter | Aktuelle Fragen und Tendenzen zur Aufgabenstellung der regionalen Genossenschaftsverbände, Genossenschaftswissenschaftliche Beiträge, Vorträge; Heft 11, Institut für Genossenschaftswesen der Universität Münster 1986 |
| MSchG | Mieterschutzgesetz |
| Müller | Kommentar zum Gesetz betreffend die Erwerbs- und Wirtschaftsgenossenschaften, 3 Bände, 1976 ff |
| Müller/Henneberg/Schwartz | Gesetz gegen Wettbewerbsbeschränkungen und europäisches Kartellrecht, 3. Auflage, 1972 ff |
| Müller/Oske | Rechtsentscheide im Mietrecht, s. auch RiM |
| Münchener Kommentar | Münchener Kommentar zum BGB, Beck-Verlag, 1981 ff |
| MuSchG | Mutterschutzgesetz |
| Muster-Kontenplan für die Wohnungswirtschaft 1979 | |
| m. zust. Anm. | mit zustimmender Anmerkung |
| m. w. N. | mit weiteren Nachweisen |
| NB | Neue Betriebswirtschaft (Beilage zum Betriebsberater) |
| Neue Landwirtschaft | mit Briefen zum Agrarrecht, Deutscher Landwirtschaftsverlag Berlin |
| neugef. | neugefaßt |
| Neumann, Renate | Rechtliche Möglichkeiten der Mitglieder zur Teilnahme an der Willensbildung in der eingetragenen Genossenschaft, 1982, Schriften zur Kooperationsforschung, Band 18, J. C. B. Mohr (Paul Siebeck) Verlag, Tübingen |
| n. F. | neue Folge, neue Fassung |
| Nicklisch | Gutachten zu Fragen der Verfassungsmäßigkeit der Pflichtmitgliedschaft in genossenschaftlichen Prüfungsverbänden, BB 1979, 1157 |
| Niclas | Gruppenverhalten und zentralgenossenschaftliche Effizienz, Schriften zur Kooperationsforschung B. Band 16, S. 38 ff. Mohr (Paul Siebeck) Verlag, Tübingen |
| NJ | Neue Justiz; Zeitschrift für Rechtsetzung und Rechtsanwendung |
| NJW | Neue Juristische Wochenschrift |
| Nr. | Nummer |

| | |
|---|---|
| nrkr. | nicht rechtskräftig |
| NZA | Neue Zeitschrift für Arbeits- und Sozialrecht (Jahr und Seite) |
| o. ä. | oder ähnliches |
| Obermüller/Werner/Winden | Leitfaden für die Hauptversammlung der Aktiengesellschaft, 2. Auflage 1964 |
| OGHZ | Rechtsprechung des Obersten Gerichtshofs in der britischen Zone in Zivilsachen |
| OHG, oHG | Offene Handelsgesellschaft |
| Ohlmeyer | Die Prüfung der Ordnungsmäßigkeit der Geschäftsführung in Genossenschaften und die Durchsetzung von Maßnahmen, Institut für Genossenschaftswesen der Universität Münster, Vorträge Heft 9 |
| Ohlmeyer/Bergmann | Das neue genossenschaftliche Bilanzrecht, DG-Verlag Wiesbaden 1986 |
| Ohlmeyer | Die Verschmelzung von Genossenschaften, DG-Verlag Wiesbaden, 1971 |
| Ohlmeyer/Philipowski | Die Verschmelzung von Genossenschaften, 3. Auflage, Deutscher Genossenschaftsverlag eG Wiesbaden 1987 |
| Ohlmeyer/Gördel | Das Kreditgeschäft der Kreditgenossenschaften, 6. Auflage, Wiesbaden 1980 |
| OLG | Oberlandesgericht, auch Abkürzung für OLGRspr. |
| OLGRspr. | Die Rechtsprechung des Oberlandesgerichts auf dem Gebiete des Zivilrechts |
| OLGZ | Entscheidungen der Oberlandesgerichte in Zivilsachen einschließlich der freiwilligen Gerichtsbarkeit (1965 ff) |
| Oppenheimer | Die Siedlungsgenossenschaft, Versuch einer positiven Überwindung des Kommunismus durch Lösung des Genossenschaftsproblems und der Agrarfrage, Leipzig 1896 |
| OVG | Oberverwaltungsgericht |
| OVGE | Entscheidungen der Oberverwaltungsgerichte Münster und Lüneburg |
| OWiG | Gesetz über Ordnungswidrigkeiten |
| Palandt | Bürgerliches Gesetzbuch, Beck-Verlag, 39. Auflage, 1980 |
| Parisius/Crüger | Kommentar zum Genossenschaftsgesetz, 12. Auflage 1932 |
| Patera | Anmerkungen zur Anerkennung des genossenschaftstypischen Haftsummenzuschlags, Österreichisches Bankarchiv, 1984, 356 ff |
| PatG | Patentgesetz |
| Paulick | Das Recht der eingetragenen Genossenschaft, 1956 |

| | |
|---|---|
| Paulsen | Anleitung für die Tätigkeit von Vorstand und Aufsichtsrat in „Zur Führung und Überwachung von Genossenschaften", Schriftenreihe des Raiffeisenverbandes Schleswig-Holstein und Hamburg e. V., Kiel, 2. Auflage 1978 |
| Peter/Bornhaupt/Körner | Ordnungsmäßigkeit der Buchführung – Anforderungen an Buchführung und Aufzeichnungen, 7. Auflage, Herne/Berlin 1978 |
| Peters/Watermann | Auf der Suche nach Spitzenleistungen, Was man von den bestgeführten US-Unternehmen lernen kann, Landsberg am Lech 1983 |
| PG | Produktivgenossenschaft |
| Potthoff | Prüfung und Überwachung der Geschäftsführung, Zeitschrift für handelswissenschaftliche Forschung, 1961, S. 566 |
| Potthoff/Trescher | Das Aufsichtsratsmitglied, Ein Handbuch für seine Aufgaben, Rechte und Pflichten, 2. Aufl. 1994 |
| Pr. | Preußisch |
| RabG, RabattG | Gesetz über Preisnachlässe (Rabattgesetz) |
| RAbgO, RAO | Reichsabgabenordnung, Abgabenordnung s. auch AO |
| RAG | Reichsarbeitsgericht (auch Sammlung seiner Entscheidungen) |
| RaiffR | Raiffeisenrundschau |
| Rasser, Rudolf | Institut Wien, 1986, Allgemeine Schriftenreihe, Folge 4 |
| RBerG, RBerMG | Gesetz zur Verhütung von Mißbräuchen auf dem Gebiete der Rechtsberatung |
| RdA | Recht der Arbeit |
| RdErl. | Runderlaß |
| RdF | Reichsminister der Finanzen |
| Rdn. | Randnummer |
| Recht | Das Recht |
| Rechtsprobleme der Genossenschaften | mit verschiedenen Beiträgen aus Anlaß des 60. Geburtstages von Harry Westermann, Verlag Müller, Karlsruhe 1969 |
| RefE | Referentenentwurf |
| Referate und Materialien | Band 1–3, 1956–1959; Zur Reform des Genossenschaftsrechts, herausgegeben vom Bundesjustizministerium |
| RegE | Regierungsentwurf |
| RegGer. | Registergericht |
| RegVBG | Registerverfahrenbeschleunigungsgesetz vom 20. 12. 1993 |
| Reichert/Dannecker/Kühr | Handbuch des Vereins- und Verbandsrecht, 2. Auflage 1977 |
| Reinhardt | Festschrift für Reinhardt 1972 |
| Reischauer/Kleinhans | Kreditwesengesetz, Kommentar, 1963 ff; Erich-Schmidt-Verlag, Berlin |

| | |
|---|---|
| RFH | Reichsfinanzhof; auch Sammlung der Entscheidungen und Gutachten des Reichsfinanzhofs |
| RG | Reichsgericht, auch Sammlung seiner Entscheidungen |
| RGBl. | Reichsgesetzblatt (1871–1921) |
| RGBl. I, II | Reichtsgesetzblatt Teil I, Teil II |
| RGRK | Das Bürgerliche Gesetzbuch mit besonderer Berücksichtigung der Rechtsprechung des Reichsgerichts des Bundesgerichtshofs, 12. Auflage, Verlag de Gruyter, Berlin–New York, ab 1974 in Teillieferungen |
| RGStr. | Entscheidungen des Reichtsgerichts in Strafsachen |
| RGZ | Entscheidungen des Reichsgerichts in Zivilsachen |
| RHeimstG | Reichsheimstättengesetz |
| Rheinberg, Georg | Zur Frage der Gründungsprüfungen bei Produktivgenossenschaften, ZfG 1987, 38 ff |
| Richter | Möglichkeiten der Operationalisierung des genossenschaftlichen Förderungsauftrags, zur Frage der Ziele, Maßstäbe und Erfolge genossenschaftlicher Arbeit, Verlag Mannhold, Düsseldorf 1981 |
| Richtl. | Richtlinien |
| Richtlinien über die Ermittlung und Verrechnung von Verwaltungskosten der Wohnungsunternehmen | Richtlinien (Ausgabe 1956) |
| Rieband-Korfmacher | Genossenschaftliche Prüfungsverbände, Festschrift für Jenkis, 1987 |
| Riebandt-Korfmacher | Formular-Kommentar, 1. Band Handels- und Wirtschaftsrecht I, 21. Auflage, 2. Band Handels- und Wirtschaftsrecht II, 21. Auflage |
| RiM | Müller/Oske, Rechtsentscheide im Mietrecht |
| RJA | Entscheidungen in Angelegenheiten der freiwilligen Gerichtsbarkeit und des Grundbuchrechts, zusammengestellt im Reichsjustizamt |
| RJM | Reichsministerium der Justiz |
| Rn. | Randnummer |
| RNotO | Reichsnotarordnung (Notarordnung) |
| ROHG | Reichsoberhandelsgericht, Entscheidungen des Reichsoberhandelsgerichts |
| Rosenberg-Schwab | Lehrbuch zum Zivilprozeßrecht, 10. Auflage, 1969, 11. Auflage 1974 |
| Roth, Günter | Gesetz betreffend die Gesellschaften mit beschränkter Haftung mit Erläuterungen, Verlag C. H. Beck, München 1983 |
| Rotthege | Die Beurteilung von Kartellen und Genossenschaften durch die Rechtswissenschaft, Schriften zur Kooperationsforschung, Reihe C, Band 16, 1982 |
| Rpfleger | Der deutsche Rechtspfleger |

| | |
|---|---|
| RpflG | Gesetz über Maßnahmen auf dem Gebiete der Gerichtsverfassung und des Verfahrensrechts (Rechtspflegergesetz) |
| Rspr. | Rechtsprechung |
| RStBl. | Reichssteuerblatt |
| Ruetz | Die Verschmelzung (Fusion) von eingetragenen Genossenschaften 1932 |
| RVO | Reichsversicherungsordnung |
| Rz. | Randziffer |
| s. | siehe |
| S. | Seite; Satz |
| s. a. | siehe auch |
| Saage | Die Prüfung der Geschäftsführung, Stuttgart 1965 |
| Sandrock | Kartellrecht und Genossenschaften, Schriften zur Kooperationsforschung, Mohr Verlag, Tübingen, Reihe D, Band 58 |
| Sarkowski/Zwanck | Kommentar zum Kontenrahmen für Wohnungswirtschaft Harmonia-Verlag, Hamburg |
| Schaffland | Genossenschaftsgesetz mit einführender Erläuterung der novellierten Vorschriften und Genossenschaftsregisterverordnung, Deutscher Genossenschaftsverlag 1974 |
| Schaffland | Die Vererbung der Mitgliedschaft nach § 77 GenG, Deutscher Genossenschaftsverlag 1982, DGRV-Schriftenreihe Heft 18 |
| Schaffland/Wiltfang | Kommentar zum Bundesdatenschutzgesetz (Loseblatt), Erich Schmidt Verlag |
| Schaub, Günter | Arbeitsrechtshandbuch, 5. Auflage, Verlag Beck, München 1983 |
| ScheckG | Scheckgesetz |
| Schemmann, Thomas | Staatsaufsicht über genossenschaftliche Prüfungsverbände, Kooperations- und genossenschaftswissenschaftliche Beiträge Bd. 18, Institut für Genossenschaftswesen an der Westfälischen Wilhelms-Universität Münster, 1986 |
| Scheer | Auswirkungen der Novelle des Genossenschaftsgesetzes auf Wohnungsbaugenossenschaften, Tübingen 1980 |
| Schlarb | Die Verschmelzung eingetragener Genossenschaften, Marburger Schriften zum Genossenschaftwesen, Band 49 |
| Schlegelberger | Kommentar zum Handelsgesetzbuch, 5. Auflage, 1973 ff |
| Schlegelberger/Quassowski | Kommentar zum Aktiengesetz, 1939 |
| SchlHa | Schleswig-Holsteinische Anzeigen |
| Schmidt | Gesellschaftsrecht, Lehrbuch, 2. Auflage 1991 |
| Schmidt | Prüfung von Genossenschaften, 2. Auflage 1969, Verlag Neue Wirtschaftsbriefe, Herne/Berlin |

| | |
|---|---|
| Schmidt, Alfons | Die Rechtsstellung des Erben des Genossen einer eingetragenen Genossenschaft, Dissertation 1962 |
| Schmidt-Futterer/Blanck | Wohnraumschutzgesetze, 4. Auflage |
| Schmitz-Herscheidt | Zur Problematik der Vertreterversammlung in der Genossenschaft, ZfG 1981, 319 |
| Scholz | Kommentar zum GmbH-Gesetz |
| Schopp | Warenrückvergütung bei Genossenschaften und vertikale Preisbindung, Dissertation 1964 |
| Schubert/Steder | Genossenschafts-Handbuch, 1973 ff |
| Schubert/Weiser | Genossenschaftspraxis, 1962 ff |
| Schudt | Der Genußschein als genossenschaftliches Finanzierungsinstrument, Verlag Vandenhoeck & Ruprecht, Göttingen, Marburger Schriften zum Genossenschaftwesen, Band 43, 1974 |
| Schütz | Bankgeschäftliches Formularbuch, 18 Ausgabe, Köln 1969 |
| Schultz | Der Rechtsbegriff der Genossenschaft und die Methode einer richtigen Bestimmung, Marburg 1958 |
| Schultz/Zerche | Genossenschaftslehre, Verlag de Gruyter, Berlin–New York, 1983 |
| Schultze | Fusion eingetragener Genossenschaften in: Leipziger Rechtswissenschaftliche Studien, 27, 1927 |
| Schwarz, Günter Christian | Ersatzvertreter-Regelung des § 43 a Abs. 5 GenG und Satzungsfreiheit der Genossenschaften, ZfG 1985, 51 |
| Schwarz, Günter Christian | Zur Institution des Ersatzvertreters im Genossenschaftsrecht, DB 1985, 95 |
| SchwBG | Schwerbeschädigtengesetz, Schwerbehindertengesetz |
| Schwender | Wohnungsgemeinnützigkeitsgesetz, Das Deutsche Bundesrecht VH 18 |
| Seuster, Horst | Strategische Unternehmenskontrolle in Genossenschaften, Genossenschaftsforum 1985, 446 ff |
| SGG | Sozialgerichtsgesetz |
| Siampos | Erwerb und Verlust der Mitgliedschaft bei den eingetragenen Genossenschaften, Dissertation Breslau 1929 |
| Sichtermann | Das Bankgeheimnis, 5. Auflage, Stuttgart 1969 |
| Siegel | Fragen aus dem Recht der Wohnungsbaugenossenschaft, Fürth |
| SJZ | Süddeutsche Juristenzeitung |
| Soergel | Kommentar zum Bürgerlichen Gesetzbuch, Band 1, 11. Auflage 1978 |
| Sp. | Spalte |
| StAnpG | Steueranpassungsgesetz |
| Staudinger | Kommentar zum Bürgerlichen Gesetzbuch, 12. Auflage, 1978 ff |
| StB | Der Steuerberater |
| StBauFG | Städtebauförderungsgesetz |

| | |
|---|---|
| Steding | Die Produktivgenossenschaften im deutschen Genossenschaftsrecht, Berliner Schriften zum Genossenschaftswesen, Band 6 |
| StGB | Strafgesetzbuch |
| StPO | Strafprozeßordnung |
| Strenger | Erwerb und Verlust der Mitgliedschaft bei der eingetragenen Genossenschaft, Dissertation Gießen 1921 |
| Stupka | Objekte und Leistungen der genossenschaftlichen Verbandsprüfung, 1962 |
| StVG | Straßenverkehrsgesetz |
| Szagunn-Neumann | Kommentar zum KWG, 3. Auflage 1976 |
| Thomas/Putzo | Kommentar zur ZPO, 11. Auflage 1981 |
| Todt | Die Ausschließung eines Genossen aus der Genossenschaft und die Anfechtung des Ausschließungsbeschlusses, Dissertation Erlangen, 1912 |
| Tsibanoulis, Dimitris | Die genossenschaftliche Gründungsprüfung, Frankfurter wirtschaftsrechtliche Studien, Bd. 8, Verlag Peter Lang, Frankfurt |
| TVG | Tarifvertragsgesetz |
| Tz. | Textziffer |
| u. a. | und andere; unter anderem |
| u. ä. | und ähnliches |
| UFITA | Archiv für Urheber-, Film-, Funk- und Theaterrecht |
| UG | Umstellungsgesetz vom 20. 6. 1948 |
| UmwG | Umwandlungsgesetz vom 28. 10. 1994 |
| UmwBerG | Umwandlungsbereinigungsgesetz vom 28. 10. 1994 |
| UrhG | Gesetz über Urheberrecht und verwandte Schutzrechte (Urheberrechtsgesetz) |
| UrkStG | Urkundensteuergesetz |
| UStG | Umsatzsteuergesetz |
| UStR | Umsatzsteuerrundschau |
| usw. | und so weiter |
| u. U. | unter Umständen |
| UWG | Gesetz gegen den unlauteren Wettbewerb |
| V | Vorstand |
| v. | von, vom |
| VAG | Gesetz über die Beaufsichtigung der privaten Versicherungsunternehmen und Bausparkassen (Versicherungsaufsichtsgesetz) |
| Verbraucher | Der Verbraucher, Konsumgenossenschaftliche Rundschau |
| VerglO | Vergleichsordnung |
| VermStDV | Durchführungsverordnung zum Vermögenssteuergesetz |
| VermStG | Vermögenssteuergesetz |
| VermStR | Vermögenssteuerrichtlinien |
| VersR | Versicherungsrecht, Juristische Rundschau für die Individualversicherung |

| | |
|---|---|
| vgl. | vergleiche |
| VO | Verordnung |
| Vorbem. | Vorbemerkung |
| VV | Vertreterversammlung |
| VwGO | Verwaltungsgerichtsordnung |
| VwVfG | Verwaltungsverfahrensgesetz |
| Waldecker | Die eingetragene Genossenschaft, 1916 |
| Warenbetriebliche Information, WbI | Zeitschrift für die genossenschaftliche Warenwirtschaft, Herausgeber Deutscher Raiffeisenverband |
| Wartenberg, Günter | Stellung und Aufgaben des genossenschaftlichen Aufsichtsrats, Kölner Genossenschaftswissenschaft, herausgegeben von Prof. Dr. Zerche, Verlag Dr. Peter Manhold, Düsseldorf, 1981 |
| Weber | Die eingetragene Genossenschaft als wirtschaftlicher Sonderverein, Marburger Schriften zum Genossenschaftswesen, Band 60 |
| Welling | Die Beteiligung der eingetragenen Genossenschaft an anderen Gesellschaften nach geltendem und künftigem Recht, Münster 1966 |
| Wehrhahn/Gräser | Genossenschaft und Registergericht, Deutscher Genossenschaftsverlag 1979 |
| Wenge | Der Austritt eines Genossen aus einer eG, Leipzig 1935 |
| Westermann | Rechtsprobleme der Genossenschaft Verlag Müller, Karlsruhe 1969, mit verschiedenen Beiträgen |
| Westermann | Festschrift für Westermann zum 65. Geburtstag, 1974 |
| Westermann/Reinhardt/Paulick/Schubert/Trescher/Menzel | Die genossenschaftliche Rückvergütung, Karlsruhe 1961 |
| WG | Wohnungswirtschaftliche Gesetzgebung, Herausgeber: Gesamtverband gemeinnützige Wohnungsunternehmen e. V., Köln; auch: Abkürzung für Wechselgesetz |
| WGG | Gesetz über die Gemeinnützigkeit im Wohnungswesen |
| WGGDV | Verordnung zur Durchführung des Wohnungsgemeinnützigkeitsgesetzes |
| WGGDV Saar | Verordnung zur Durchführung des Wohnungsgemeinnützigkeitsgesetzes im Saarland |
| WGG-Erl. | Übereinstimmende Erlasse der Länder zum Wohnungsgemeinnützigkeitsrecht von 1981, abgedruckt bei Hannig/Hanke |
| WI | Wohnungswirtschaftliche Informationen, Herausgeber: Gesamtverband gemeinnütziger Wohnungsunternehmen e. V., Köln |
| Wieczorek | Kommentar zur ZPO, 2. Auflage, 1966 |
| Wiedemann | Gesellschaftsrecht, 1980 |

| | |
|---|---|
| Wiemeyer, Joachim | Produktionsgenossenschaft und selbstverwaltete Unternehmen – Instrumente der Arbeitsbeschaffung; Arbeitspapiere des Instituts für Genossenschaftswesen der westfälischen Wilhelms-Universität Nr. 8 Sept. 1986 |
| WiGBl. | Gesetzblatt der Verwaltung des Vereinigten Wirtschaftsgebietes (1947–1949) |
| Winter | Das Betriebsverfassungsgesetz, Ein Leitfaden für die Praxis unter Berücksichtigung des Mitbestimmungsgesetzes 1976 |
| Winter | Genossenschaftwesen, Verlag Kohlhammer 1981 |
| Wissmann | Das Merkmal der nicht geschlossenen Mitgliederzahl bei der eingetragenen Genossenschaft als Hindernis einer ausreichenden Kapitalversorgung, Band 34 der Veröffentlichungen des Forschungsinstituts für Genossenschaftswesen an der Universität Erlangen-Nürnberg, 1995 |
| WiStG | Wirtschaftsstrafgesetz 1954 |
| WM | Wertpapiermitteilungen, auch Abkürzung für Wohnungswirtschaft und Mietrecht |
| WoBauG | Wohnungsbaugesetz |
| WoBindG | Wohnungsbindungsgesetz, Gesetz zur Sicherung der Zweckbestimmung von Sozialwohnungen |
| Wöhe | Bilanzierung und Bilanzpolitik, 5. Auflage 1979 |
| WoG | Wohnungswirtschaftliche Gesetzgebung (Beilage zu den Wohnungswirtschaftlichen Informationen) |
| WohnungseigentumsG | Gesetz über das Wohnungseigentum und das Dauerwohnrecht |
| Wolf, Gerhard | Die Strafbestimmungen für Amtsträger im Genossenschaftswesen, Marburger Schriften zum Genossenschaftswesen, Bd. 62, 1986, Verlag Vandenhoeck & Ruprecht |
| Wolff/Bachof | Verwaltungsrecht I, 9. Auflage |
| WoPG 1982 | Gesetz über die Gewährung von Prämien für Wohnbausparer (Wohnungsbauprämiengesetz 1982) |
| WoPDV 1982 | Verordnung zur Durchführung des Wohnungsbau-Prämiengesetzes 1982 |
| WP | Der Wirtschaftsprüfer |
| WPg | Die Wirtschaftsprüfung |
| WP-Handbuch | Wirtschaftsprüferhandbuch 1981, bzw. 1985/1986 |
| WPO | Wirtschaftsprüferordnung |
| WPrax | Wirtschaft und Praxis, Beratungsreport für Anwälte und Unternehmer, Verlag für Rechts- und Anwaltspraxis, Herne/Berlin |
| WRP | Wettbewerb in Recht und Praxis |
| WuDeG | Waren- und Dienstleistungsgenossenschaften |
| WZG | Warenzeichengesetz |
| WuB | Wirtschaft- und Bankrecht (Entscheidungssammlung) |

| | |
|---|---|
| WuW | Wirtschaft und Wettbewerb |
| WuW/E | Wirtschaft und Wettbewerb, Entscheidungssammlung zum Kartellrecht |
| ZAkDR | Zeitschrift der Akademie für Deutsches Recht |
| ZAP | Zeitschrift für die Anwaltspraxis, Verlag für Rechts- und Anwaltspraxis, Herne/Berlin |
| z. B. | zum Beispiel |
| ZBH | Zentralblatt für Handelsrecht |
| ZBR | Zeitschrift für Beamtenrecht |
| Zerche | s. Schultz/Zerche |
| ZfA | Zeitschrift für Arbeitsrecht |
| ZfG | Zeitschrift für das gesamte Genossenschaftswesen |
| ZfW | Zeitschrift für Wohnungswesen; früher Organ des Hauptverbandes deutscher Wohnungsunternehmen (Baugenossenschaften und -gesellschaft(en)) e. V., später Organ des Reichsverbandes des deutschen gemeinnützigen Wohnungswesens e. V. |
| ZGB | Zivilgesetzbuch der DDR |
| ZGR | Zeitschrift für Unternehmens- und Gesellschaftsrecht |
| ZHR | Zeitschrift für das gesamte Handelsrecht und Wirtschaftsrecht |
| Ziff. | Ziffer |
| ZIP | Zeitschrift für Wirtschaftsrecht und Insolvenzpraxis |
| ZMR | Zeitschrift für Miet- und Raumrecht |
| Zöllner | Die Schranken mitgliedschaftlicher Stimmrechtsmacht bei privatrechtlichen Personenverbänden, 1963 |
| ZPO | Zivilprozeßordnung |
| z. T. | zum Teil |
| ZtschfAG | Zeitschrift für das gesamte Aktienwesen (später Zeitschrift für Aktiengesellschaften) |
| Zülow/Henze/Schubert/Rosiny | Die Besteuerung der Genossenschaft, 6. Auflage, 1978 |
| zust. | zustimmend |
| ZVG | Zwangsversteigerungsgesetz |
| z. Zt. | zur Zeit |

## Einleitung

Das deutsche Genossenschaftswesen, dessen Entstehung auf die Bestrebungen von Schulze-Delitzsch und Raiffeisen zurückgeht, wurde durch das preußische Gesetz betreffend die privatrechtliche Stellung der Erwerbs- und Wirtschaftsgenossenschaften vom 27. März 1867 gesetzlich geregelt. Auf Antrag Schultze-Delitzschs wurde dieses Gesetz unter Vornahme einiger Änderungen und Ergänzungen am 4. Juli 1868 als Norddeutsches Bundesgesetz verkündet und schließlich 1871 bzw. 1873 durch Einführung in allen deutschen Ländern zu einem im ganzen Reich gültigen Gesetz erhoben. Das „Reichsgesetz betreffend die Erwerbs- und Wirtschaftsgenossenschaften" vom 1. Mai 1889, das noch durch die Schrift Schulze-Delitzschs „Material zur Revision des Genossenschaftsgesetzes" aus dem Jahre 1883 beeinflußt wurde, stellte eine der raschen Entwicklung des deutschen Genossenschaftswesens und den dadurch veränderten Bedürfnissen der genossenschaftlichen Praxis entsprechende Fortbildung des bestehenden Genossenschaftsrechts dar. Durch dieses Gesetz wurde vor allem die beschränkte Haftpflicht zugelassen, Erwerb und Verlust der Mitgliedschaft von der Eintragung in die gerichtliche Genossenliste abhängig gemacht, die gesetzliche Revision eingeführt, die Bildung von Zentralgenossenschaften ermöglicht und schließlich die Gewährung von Krediten durch Kreditgenossenschaften und die Warenabgabe durch Konsumvereine an Nichtmitglieder verboten.

Nach Vornahme einiger Änderungen und Ergänzungen wurde der Text des Gesetzes am 20. Mai 1898 neu bekanntgemacht. In der Folgezeit wurde u. a. durch eine Novelle vom 1. Juli 1922 für größere Genossenschaften die Vertreterversammlung eingeführt und ein vereinfachtes Verfahren für die Verschmelzung von Genossenschaften geschaffen. Das Gesetz vom 18. Mai 1933 ermöglichte es, bei einem länger dauernden Konkurse die Nachschüsse der Genossen schon im Wege der Abschlagverteilung den Gläubigern zukommen zu lassen. Durch Gesetz vom 26. Mai 1933 wurde die Strafe für besonders schwere Fälle genossenschaftlicher Untreue wesentlich verschärft. Die Verordnung über die Bilanzierung von Genossenschaften vom 30. Mai 1933 regelte die Bilanzierung der eingetragenen Genossenschaften erschöpfend und trug dem Bedürfnis nach einer erhöhten Publizität Rechnung.

Das Gesetz vom 20. Dezember 1933 bezweckte namentlich einen verstärkten Rechtsschutz der Mitglieder. Es ließ nur noch zwei genossenschaftliche Haftarten zu, nämlich die beschränkte und die unbeschränkte Haftpflicht. Durch die Beseitigung des Einzelangriffs der Gläubiger gegen die Mitglieder wurden zwar die Genossenschaften mit beschränkter und unbeschränkter Haftpflicht der Sache nach zu Genossenschaften mit beschränkter und unbeschränkter Nachschußpflicht, jedoch wurde ihre bisherige Haftartbezeichnung beibehalten. Das Gesetz führte ferner den Zwangsvergleich im Konkurse der Genossenschaft ein und gestattete den Abschluß von Vergleichen zwischen dem Konkursverwalter und den einzelnen Mitgliedern.

Durch das Gesetz vom 30. Oktober 1934 erfuhren die Vorschriften über das genossenschaftliche Prüfungswesen eine grundlegende Umgestaltung. Die Prüfungsfrist wurde für Genossenschaften von einer bestimmten Bilanzsumme ab auf ein Jahr verkürzt und allen Genossenschaften bei Vermeidung der Auflösung die Pflicht zum Anschluß an einen Prüfungsverband auferlegt. Die Pflichtmitgliedschaft wurde eingeführt, weil sich in den wirtschaftlichen Krisenjahren gezeigt hat, daß verbandsangehörige Genossenschaften infolge der Betreuung und Prüfung durch den Verband wesentlich besser die auftretenden Schwierigkeiten überwinden konnten als die verbandsfreien Genossenschaften. Als alleiniger Träger der Prüfung wurde nunmehr der Prüfungsverband bestimmt. Die zivil- und strafrechtliche Verantwortlichkeit des Prüfungsverbandes und der Prüfer wurde eingehend geregelt und durch Schaffung des öffentlich bestellten genossenschaftlichen Wirtschaftsprüfers die Frage der persönlichen und sachlichen Qualifikation der Prüfer geklärt. Entsprechend seiner erhöhten Verantwortung gab die Novelle dem Prüfungsverband die Möglichkeit, die Beachtung der Prüfungsergebnisse und die Beseitigung der festgestellten Mängel durchzusetzen. Durch die Verordnung über die Prüfung der Jahresabschlüsse von Kreditinstituten vom 7. Juli 1937 wurde (zunächst nur in begrenztem Umfange) auch für Kreditinstitute in der Rechtsform der eingetragenen Genossenschaft die Prüfung des Jahresabschlusses vorgeschrieben und durch die Novelle vom 13. April 1943 in Anlehnung an die Regelung im Aktiengesetz vom 30. Januar 1937 ein neues Verschmelzungsrecht geschaffen, um die Verschmelzung von Genossenschaften zu vereinfachen und zu erleichtern, ohne die Belange der Beteiligten zu beeinträchtigen.

Inzwischen war bei der Akademie für Deutsches Recht 1936 ein Ausschuß für Genossenschaftsrecht gebildet worden, dem die Überprüfung des Deutschen Genossenschaftsrechts auf seine Reformbedürftigkeit hin übertragen wurde. Das Ergebnis seiner Untersuchungen wurde 1940 in einer Denkschrift „Das Recht der deutschen Genossenschaften" veröffentlicht, doch hatte der Krieg die Zurückstellung der Reformpläne zur Folge.

Als nach dem Zusammenbruch im Zuge der staatlichen Neugestaltung die Gesetzgebungsbefugnis 1950 auf den Deutschen Bundestag übergegangen war, galt es zunächst, auch das Genossenschaftsrecht vor allem durch das handelsrechtliche Bereinigungsgesetz vom 18. 4. 1950 von den kriegsbedingten Rechtsvorschriften zu befreien. Da die Verordnung über öffentlich bestellte Wirtschaftsprüfer im Genossenschaftswesen vom 7. 7. 1936 nach dem Kriege nicht mehr anwendbar war, weil die durch sie geschaffenen Einrichtungen weggefallen waren, erfolgte die erforderliche Neuordnung der Rechtsgrundlagen für die Stellung der Wirtschaftsprüfer im Genossenschaftswesen durch das Gesetz über Wirtschaftsprüfer im Genossenschaftswesen vom 17. 7. 1952.

Die Zerstörung der Einheit und die Teilung Berlins in West- und Ostsektoren machte das Gesetz über die Rechtsverhältnisse der Erwerbs- und Wirtschaftsgenossenschaften mit Sitz in Berlin vom 9. 1. 1951 (Verordnungsblatt für Berlin, Teil I Nr. 10 vom 22. 2. 1951 S. 249) erforderlich.

Reformdiskussionen zum Genossenschaftsgesetz seit Ende des zweiten Weltkrieges:

1. Durch § 1 des Gesetzes zur Änderung von Vorschriften des Gesetzes betreffend die Erwerbs- und Wirtschaftsgenossenschaften und des Rabattgesetzes vom 21. 7. 1954 wurde § 8 Abs. 4, der den Konsumvereinen den Verkauf von Waren an Nichtmitglieder verbot, aufgehoben, nachdem seine Anwendung schon seit Kriegsende ausgesetzt worden war. Zugleich mit § 8 Abs. 4 mußten folgerichtig auch die im Zusammenhang damit stehenden Vorschriften der §§ 31, 152 und 153 aufgehoben werden.
2. Durch das Gesetz zur Änderung und Ergänzung kostenrechtlicher Vorschriften vom 26. 7. 1957 wurde zwecks Vereinfachung des Kostenrechts eine Reihe kostenrechtlicher Vorschriften geändert und ergänzt. Aus systematischen Gründen ist bei dieser Gelegenheit durch Artikel XI § 4 Abs. 1 Nr. 2 der § 159 des Genossenschaftsgesetzes mit Wirkung vom 1. 10. 1957 aufgehoben und inhaltlich übereinstimmend als § 83 in die Kostenordnung vom 1. 10. 1957 übernommen worden.
3. Im Zusammenhang mit der Neuregelung des Beurkundungsrechtes (Beurkundungsgesetz vom 28. 8. 1969, BGBl. I S. 1513) wurden auch wichtige Bestimmungen des Genossenschaftsgesetzes geändert. Da Beurkundungen und Beglaubigungen aus Gründen der Vereinheitlichung des Beurkundungswesens grundsätzlich nur noch durch den Notar erfolgen sollen, mußten auch alle Vorschriften des Genossenschaftsgesetzes geändert werden, die z. B. eine unmittelbare Anmeldung zu Protokoll des Gerichtes zuließen. Es handelt sich um die Vorschriften der §§ 11 Abs. 3, 28 Abs. 2, 84 Abs. 3 und 157 Abs. 1 GenG. Allerdings kann gemäß § 63 BeurkG durch Landesgesetz die Zuständigkeit für die öffentliche Beglaubigung anderen Personen oder Stellen übertragen werden. Von dieser Ausnahmemöglichkeit wurde schon in mehreren Fällen durch die Länder Gebrauch gemacht.

4. Schon bei der Erörterung des Problems der Beseitigung des § 8 Abs. 4 hatten mit den Genossenschaften in Wettbewerb stehende Wirtschaftskreise die Frage nach der Stellung der Genossenschaften im heutigen Wirtschaftsleben und insbesondere ihrer wettbewerblichen Stellung gegenüber dem Handel aufgeworfen. Nachdem auch in einer Bundestagsdebatte vom 10. 12. 1953 über die Aufhebung des Verbots des Nichtmitgliedergeschäfts der Konsumvereine diese grundsätzlichen Fragen zur Sprache gekommen waren, ersuchten Bundestag und Bundesrat die Bundesregierung im Sommer 1954, das geltende Genossenschaftsrecht zu überprüfen und die Vorarbeiten für eine Reform unverzüglich in Angriff zu nehmen.

   Im Einvernehmen mit dem Bundeswirtschaftsminister und den anderen beteiligten Bundesministerien wurde daraufhin beim Bundesjustizministerium ein Sachverständigenausschuß aus Kreisen der Rechtswissenschaft, der Wirtschaftswissenschaft, der Genossenschaften, des Handels und des Handwerks gebildet, um die grundsätzlichen Fragen zu klären, bevor Entscheidungen über eine Änderung des Genossenschaftsgesetzes getroffen werden. Die Beratungen wurden im Juli 1958 abgeschlossen. Die Arbeiten des Sachverständigenausschusses wurden vom Bundesjustizministerium in 3 Bänden mit dem Titel: Zur Reform des Genossenschaftsrechts, Referate und Materialien, veröffentlicht. Im Vorwort zum 1. Band stellt der damalige Bundesjustizminister Neumayer fest, daß sich das geltende Genossenschaftsgesetz als Rechtsgrundlage für die Genossenschaften voll bewährt hat.

   Mit Datum vom 23. 2. 1962 hat das Bundesjustizministerium den Referentenentwurf eines Genossenschaftsgesetzes der Öffentlichkeit vorgelegt und die Spitzenverbände der Wirtschaft, insbesondere die genossenschaftlichen Spitzenverbände, gebeten, zu dem Entwurf Stellung zu nehmen. Die genossenschaftlichen Spitzenverbände haben den Referentenentwurf eingehend geprüft; in einer gemeinsamen Stellungnahme vom 29. 3. 1963 lehnten sie ihn ab.

   In weiten Kreisen der betroffenen Wirtschaft bestand Einigkeit dahin, daß der damalige Referentenentwurf als Grundlage für ein künftiges Genossenschaftsgesetz nicht geeignet war.

5. In der Folgezeit ergaben sich durch die Entwicklung der Wirtschaft und der Wettbewerbsverhältnisse neue Gesichtspunkte, die eine schwerpunktmäßige Modernisierung des Genossenschaftsrechts geboten erscheinen ließen. Dies ist durch die Novelle vom 9. 10. 1973 (BGBl. I S. 1451) geschehen, die zum 1. 1. 1974 in Kraft getreten ist.

   Sie bezweckt in erster Linie die Verbesserung des genossenschaftlichen Eigenkapitals sowie eine Stärkung der Geschäftsführung im genossenschaftlichen Unternehmen. In diesem Zusammenhang sind u a. folgende Regelungen zu nennen: Die Satzung kann vorsehen, daß die Mitglieder im Konkurse der Genossenschaft Nachschüsse zur Konkursmasse nicht zu leisten haben; die Satzung kann bestimmen, daß die Geschäftsguthaben verzinst werden; die Satzung kann Mitgliedern für den Fall des Ausscheidens einen Anspruch auf Auszahlung eines Anteils an einem zu diesem Zweck zu bildenden Beteiligungsfonds einräumen; die Satzung kann festlegen, daß bei einer Beteiligung mit weiteren Geschäftsanteilen eine Erhöhung der Haftsumme nicht eintritt; einzelne Geschäftsanteile können – unter Beibehaltung der Mitgliedschaft – gekündigt werden; der Vorstand leitet die Genossenschaft in eigener Verantwortung; die Vertretung der Genossenschaft kann durch die Satzung weitgehend frei gestaltet werden; den Genossenschaften wird die Möglichkeit gegeben, Prokura und Handlungsvollmacht zu erteilen; das Verbot, Kredite an Nichtmitglieder zu gewähren, ist im Genossenschaftsgesetz nicht mehr enthalten.

6. Die Vierte EG-Richtlinie hat die Vereinheitlichung verschiedener gesellschaftsrechtlicher Vorschriften insbesondere des Rechnungswesens zum Ziel. Die Umsetzung der Richtlinie in den deutschen Rechtsbereich erfolgte durch das Bilanzrichtlinien-Gesetz vom 19. 12. 1985 (BGBl. I S. 2355). Durch dieses Gesetz wurden auch verschiedene Vorschriften des Genossenschaftsgesetzes geändert, zum Teil erfolgten wesentliche Eingriffe in die bisherige Rechtsstruktur. Dies gilt z. B. für die gesetzliche Regelung des Rechnungswesens (§ 33) und das Recht der genossenschaftlichen Pflichtprüfung (§§ 53 ff). Aus Anlaß der Gesetzesänderung wurde auch eine Bereinigung verschiedener überholter Vorschriften und eine Anpassung an die einheitlichen Begriffe des Handelsgesetzbuches durchgeführt.
7. Das Registerverfahrenbeschleunigungsgesetz vom 20. 12. 1993 (BGBl. I S. 2182) enthält die für Genossenschaften bedeutsame Änderung, wonach die „Liste der Genossen" nicht mehr vom Registergericht geführt wird, sondern in die Verantwortung der Genossenschaft selbst übertragen ist. Das Gesetz war auch Anlaß, die schon lange umstrittene Vorschrift in § 43 a GenG über die Pflicht zur Einführung der Vertreterversammlung zu ersetzen durch eine Regelung, die es jeder Genossenschaft überläßt, bei mehr als 1500 Mitgliedern die Vertreterversammlung durch Satzungsänderung einzuführen. Dies bedeutet, daß die Genossenschaften mit größeren Mitgliederzahlen nun durch Änderung der Satzung wieder die Generalversammlung einführen können, um allen Mitgliedern die Möglichkeit zu geben, unmittelbar an der Gestaltung des Unternehmens mitzuwirken.
8. Durch das Gesetz zur Bereinigung des Umwandlungsrechts vom 28. 10. 1994 (BGBl. I 3210) wurden die §§ 63 e bis 63 i und 93 a bis 93 s des Genossenschaftsgesetzes aufgehoben. Diese Änderung hat zur Folge, daß die bisherigen Vorschriften über die Verschmelzung von Genossen-

schaften (§§ 93 a–93 s) und der genossenschaftlichen Prüfungsverbände (§§ 63 e–63 i) aus dem GenG inhaltlich in das neue Umwandlungsgesetz (Art. 1 des UmwBerG) übernommen worden sind. Aus diesem Anlaß entsprach der Gesetzgeber einem Anliegen der Wirtschaft und der Genossenschaften, auch die Möglichkeit der Umwandlung von Kapitalgesellschaften in Genossenschaften vorzusehen, und darüber hinaus die genossenschaftlichen Unternehmen in die Regelungen betreffend die Spaltung (hier insbesondere die Ausgliederung), Vermögensübertragung und den Formwechsel einzubeziehen.

Dieses modernisierte Recht für die genossenschaftlichen Unternehmen hat die rechtlichen Voraussetzungen für eine weiterhin erfolgreiche Arbeit aller Genossenschaften geschaffen. Bei allen Änderungen und Anpassungen sollte aber nicht übersehen werden, daß das Genossenschaftsrecht unverzichtbare Strukturelemente enthält, deren Aufgabe eine Gefährdung genossenschaftlicher Grundwerte bedeuten würde. Praxis, Wissenschaft und nicht zuletzt Gesetzgebung sind aufgerufen, diese genossenschaftlichen Grundwerte zu bewahren und wieder überzeugend darzustellen.

Die nun vorliegende 33. Auflage des Kommentars Lang/Weidmüller bringt eine umfassende Erläuterung der neuen Regelungen. Gleichzeitig werden die einschneidenden Änderungen im Recht der Wohnungsbaugenossenschaften und des Kartellrechts kommentiert und die Erfahrungen ausgewertet, die sich aus der Wiedervereinigung Deutschlands vor allem im Bereich der Produktivgenossenschaften ergeben. Besonderes Gewicht legen die Verfasser auch auf die Verarbeitung der neueren Entwicklungen und Erfahrungen in der Unternehmenspraxis, der Rechtsprechung und Fachliteratur.

## Kommentar

# Gesetz, betreffend die Erwerbs- und Wirtschaftsgenossenschaften

Vom 1. Mai 1889 (RGBl. S. 55)
in der Fassung der Bekanntmachung vom 20. Mai 1898 (RGBl. S. 369, 810)
unter Berücksichtigung aller späteren Änderungen,
insbesondere der Novelle vom 9. Oktober 1973 (BGBl. I S. 1451)
und des Bilanzrichtlinien-Gesetz vom 19. 12. 1985 (BGBl. I S. 2355),
des Registerverfahrenbeschleunigungsgesetzes vom 20. 12. 1993
(BGBl. I. S. 2182) und des Gesetzes zur Bereinigung des
Umwandlungsrechts vom 28. 10. 1994 (BGBl. I S. 3210) in der Neufassung
des Genossenschaftsgesetzes vom 19. 8. 1994 (BGBl. I S. 2202)

## Erster Abschnitt
## Errichtung der Genossenschaft

### § 1

### Begriff und Arten der eingetragenen Genossenschaft

**(1) Gesellschaften von nicht geschlossener Mitgliederzahl, welche die Förderung des Erwerbs oder der Wirtschaft ihrer Mitglieder mittels gemeinschaftlichen Geschäftsbetriebes bezwecken (Genossenschaften), namentlich:**

1. **Vorschuß- und Kreditvereine,**
2. **Rohstoffvereine,**
3. **Vereine zum gemeinschaftlichen Verkauf landwirtschaftlicher oder gewerblicher Erzeugnisse (Absatzgenossenschaften, Magazinvereine),**
4. **Vereine zur Herstellung von Gegenständen und zum Verkauf derselben auf gemeinschaftliche Rechnung (Produktivgenossenschaften),**
5. **Vereine zum gemeinschaftlichen Einkauf von Lebens- oder Wirtschaftsbedürfnissen im großen und Ablaß im kleinen (Konsumvereine),**
6. **Vereine zur Beschaffung von Gegenständen des landwirtschaftlichen oder gewerblichen Betriebes und zur Benutzung derselben auf gemeinschaftliche Rechnung,**
7. **Vereine zur Herstellung von Wohnungen,**

**erwerben die Rechte einer „eingetragenen Genossenschaft" nach Maßgabe dieses Gesetzes.**

**(2) Eine Beteiligung an Gesellschaften und sonstigen Personenvereinigungen einschließlich der Körperschaften des öffentlichen Rechts ist zulässig, wenn sie**

**1. der Förderung des Erwerbes oder der Wirtschaft der Mitglieder der Genossenschaft oder,**

**2. ohne den alleinigen oder überwiegenden Zweck der Genossenschaft zu bilden, gemeinnützigen Bestrebungen der Genossenschaft**

**zu dienen bestimmt ist.**

*Übersicht*

Literaturhinweise s. Rdn. 59 u. 91.

## A. § 1 Abs. 1

## I. Rechtsnatur der Genossenschaft

### 1. Allgemeines

Der **Begriff der Genossenschaft** kann ökonomisch, soziologisch oder rechtlich gesehen werden. 1

Entwicklungsgeschichtlich gesehen ist der Begriff der Genossenschaft kein Rechtsbegriff, sondern eine Umschreibung wirtschaftlicher und soziologischer Sachverhalte (vgl. *Paulick*, S. 3 ff; näheres *Winter*, Genossenschaftswesen; vgl. *Faust*, Geschichte der Genossenschaftsbewegung, *v. Gierke*, Das deutsche Genossenschaftsrecht; *Engelhardt*, Allgemeine Ideengeschichte des Genossenschaftsvereins; *Dülfer*, Die Unternehmenskultur der Genossenschaft).

Die Trennung der Genossenschaft in eine Vereinsstruktur als Träger des Unternehmens und das Unternehmen selbst hat in Anbetracht der betrieblichen Wirklichkeit nur noch theoretische und geschichtliche Bedeutung. Gleiches gilt für die These, der (ehrenamtliche) Vorstand sei zuständig für die strategischen Entscheidungen, während das operative Geschäft einer Geschäftsführung in Weisungsabhängigkeit vom Vorstand obliege; dies widerspräche der Leitungsstruktur nach geltendem Recht (§ 27).

Die Genossenschaft ist eine zeitlose Unternehmensform, die ihren Grundauftrag der Mitgliederförderung unter sehr verschiedenen wirtschaftlichen und gesellschaftlichen Voraussetzungen erfüllen kann, sofern nur die Prinzipien der **Selbsthilfe**, **Selbstverwaltung** und **Selbstverantwortung** beachtet werden. Die Idee genossenschaftlicher Arbeit kann in sehr einfachen wirtschaftlichen Strukturen Bedeutung haben wie auch in hochentwickelten Wirtschafts- und Gesellschaftssystemen. Grundlage ist die Verbindung von gesundem Eigennutz (Förderung der eigenen Interessen) mit dem Prinzip der Solidarität (Berücksichtigung der gleichgerichteten Interessen der anderen Mitglieder). Dieser zeitlose und rechtsformunabhängige Genossenschaftsbegriff meint jede Zusammenarbeit aus der Erkenntnis, daß andere gleiche Ziele haben, und daß diese Ziele durch gemeinsames Bemühen leichter und effektiver zu erreichen sind. Die eG gibt somit den organisatorischen Rahmen zur Verwirklichung von **Synergie-Effekten** für die Beteiligten. Eine solche Zusammenarbeit hat es gegeben, seit es Menschen gibt; sie wird in verschiedensten Formen auch in Zukunft unverzichtbar bleiben.

Neben den positiv festgelegten gesetzlichen Merkmalen der eG wird 2
ein **„überpositiver Genossenschaftsbegriff“** anerkannt. Der gesetzliche

Genossenschaftsbegriff stimmt in manchen Merkmalen mit dem überpositiven Begriff überein; dies gilt insbesondere für den Förderzweck. Aus dem überpositiven Genossenschaftsbegriff ergeben sich darüber hinaus aber die Grundsätze der Selbsthilfe, der Selbstverwaltung, der Selbstverantwortung, der Identität von Mitglied und Kunde, von Träger und Nutznießer (vgl. *Winter*, S. 54 ff; *Patera/Zacherl* in: HdG Sp. 744 ff; Genossenschaftstheorie, *Engelhardt* in: HdG Sp. 812).

Genossenschaften im Sinne des GenG können als Genossenschaften **im engeren Sinne** verstanden werden. Darunter fallen auch noch nicht eingetragene Genossenschaften, sofern die Eintragung beabsichtigt ist (vgl. Erläuterungen zu § 23 Rdn. 4 ff). Genossenschaften **im weiteren Sinne** sind dagegen genossenschaftliche Zusammenschlüsse als soziale oder wirtschaftliche Verbandsbildungen auf der Grundlage der Gleichberechtigung und der genossenschaftlichen Solidarität. Solche Genossenschaften können in unterschiedlichen Rechtsformen, wie z. B. als Vereine oder BGB-Gesellschaften bestehen, sie können jedoch nur unter den Voraussetzungen des GenG in das Genossenschaftsregister als „eG" eingetragen werden. Sie dürfen im Rechtsverkehr als „Genossenschaften" auftreten, nicht aber als „eG" oder „eingetragene Genossenschaften".

*Henzler* (Die Genossenschaft, S. 22) betont zwei Wesensmerkmale der Genossenschaft, nämlich die **Doppelnatur** als Personenvereinigung und Betriebswirtschaft und den genossenschaftlichen Grundauftrag der Mitgliederförderung. Wegen der Doppelnatur vgl. *Draheim*, Die Genossenschaft als Unternehmenstyp.

Zur **betriebswirtschaftlichen Einordnung** vgl. *Dülfer*, Betriebswirtschaftslehre der Kooperative; *Eschenburg*, Ökonomische Theorie der genossenschaftlichen Zusammenarbeit; *Dülfer* (ZfG 1981, 93 ff), der insbesondere Grundlagen der „Systemtheorie" sowie Erkenntnisse der Verhaltens- und Motivationsforschung einbezieht. Wegen Fragen **genossenschaftlicher „Zielsysteme"** vgl. Übersicht *Dülfer* in: HdG Spalte 1857.

**3** Wie bei jeder wirtschaftlich tätigen Gesellschaft besteht auch zur eG eine **zweifache Beziehung**: Als **Kapitalgeber** und als **Kunde**. Bei der Kapitalgesellschaft sind Kapitalgeber und Kunden grundsätzlich verschiedene Personen mit gegensätzlichen Interessen. Bei der eG besteht dagegen zwischen beiden Positionen grundsätzlich Personenidentität mit dem einheitlichen Interesse der wirtschaftlichen Förderung. Diese Struktur bestimmt die einzelnen Regelungen des GenG; nach ihr sind besondere Fragestellungen zu beurteilen wie z. B. Förderzweck, die personale Struktur, die dogmatische Einordnung des Gewinns, die Ausschüttung einer Kapitaldividende, die Kapitalbeteiligung Dritter an der eG, die Ausgliederung des operativen Geschäftes, Inhalt und Umfang der Rechte und Pflichten der Mitglieder usw.

Die Beziehung zum Kunden stellt bei der eG die **„Primärbeziehung"** dar. Die Kapitalbeteiligung ist als **„Sekundärbeziehung"** nur Mittel zum Zweck der Schaffung von Fördereinrichtungen (s. auch Rdn. 18).

Die Besonderheiten der genossenschaftlichen Rechtsform gebieten es, nur mit großer Zurückhaltung **Analogien** zum Recht der Kapitalgesellschaften, vor allem der Aktiengesellschaft, anzuwenden. Zweifelsfragen, die sich aus den Regelungen des GenG ergeben, sind in erster Linie aus der Rechtsnatur der eG, ihrem gesetzlichen Förderauftrag und den anerkannten genossenschaftlichen Grundsätzen zu klären; nur ausnahmsweise und ergänzend dazu kann eine entsprechende Anwendung aktienrechtlicher Vorschriften in Betracht kommen. 4

### 2. Genossenschaftliche Merkmale

a) Der Grundsatz der **Selbsthilfe** findet seinen Ausdruck in der Erwartung, daß die Beteiligung an der eG und die Zusammenarbeit mit ihr oder in ihr zur Befriedigung eigener (wirtschaftlicher) Bedürfnisse, insbesondere zum Nachteilsausgleich im Wettbewerb, beitragen wird. Genossenschaftliche Selbsthilfe bedeutet im einzelnen 5

- freiwilliger Zusammenschluß der Mitglieder
- Aufbringung der erforderlichen finanziellen Mittel durch die Mitglieder
- Bereitschaft, für einander einzustehen („Einer für alle, alle für einen").

b) Der genossenschaftliche Grundsatz der **Selbstverwaltung** folgt aus dem Grundsatz der Selbsthilfe. Er findet seine positive Ausgestaltung vor allem in § 43 Abs. 1 GenG: Die Mitglieder üben ihre Rechte im Hinblick auf die Gestaltung der eG in der Generalversammlung aus. 6

Die Selbstverwaltung der eG schließt es aus, daß die eG irgendwelchen Weisungen Dritter unterworfen ist. Dies gilt z. B. auch im Verhältnis zum genossenschaftlichen Prüfungsverband, der beratend und betreuend tätig wird und auch im Prüfungsbereich lediglich Beanstandungen erheben kann mit entsprechenden Informationen und Mahnungen an die Genossenschaftsorgane (vgl. hierzu: Autonomie und Verbunddisziplin in der Genossenschaftsorganisation, mit Beiträgen von *Metz, Bungenstock, Niclas* und *Homann*).

c) Das genossenschaftliche Prinzip der **Selbstverantwortung** folgt aus dem Grundsatz der Selbstverwaltung. 7

Im Mittelpunkt der Selbstverantwortung steht die Verpflichtung der Mitglieder, ggfs. durch Leistung von Nachschüssen für die Verbindlichkeiten der eG einzustehen. Diese Verpflichtung wird aktuell im Konkurs der eG oder beim Ausscheiden einzelner Mitglieder im Falle der Überschuldung der eG (§ 73 Abs. 2 GenG).

Auch die Regelung des § 87 a GenG ist Ausdruck der Selbstverantwortung der Mitglieder: Unter bestimmten Voraussetzungen haben die Mitglie- 8 der Nachzahlungen zu leisten, durch die der Konkurs abgewendet werden soll. Diese zusätzlichen Zahlungen der Mitglieder werden im Fall des Konkurses auf die Nachschußpflicht nicht angerechnet.

9 d) Der genossenschaftliche Grundsatz der **Identität Mitglied = Kunde** ist unmittelbare Folge des Auftrags zur Förderung von Erwerb oder Wirtschaft. Dadurch kommt der dienende Charakter der eG zum Ausdruck. Die „genossenschaftliche Betriebswirtschaft" (*Draheim*) ist nicht Selbstzweck, sondern auf die Mitgliederwirtschaften ausgerichtet. Die Identität setzt voraus, daß die Mitglieder grundsätzlich in der Lage und bereit sind, die Einrichtung der eG in Anspruch zu nehmen. Nicht erforderlich ist, daß diese Kundenbeziehung tatsächlich zu jeder Zeit auch besteht.

10 e) Von ihrer **körperschaftlichen Struktur** her ist die eG dem Verein (§§ 21 ff BGB) verwandt. Soweit nicht das Genossenschaftsrecht besondere Regelungen enthält oder sich rechtliche Interpretationen nicht aus der Rechtsnatur der eG ableiten lassen, gelten ergänzend die Vorschriften des Vereinsrechts (vgl. *Müller*, § 1 Rdn. 1).

11 f) Die eG ist eine **Vereinigung mit besonderem Zweck**. Diese Vereinigung kann nur dann eG im Sinne des Gesetzes sein, wenn ihre Satzung, ihre Struktur und Handlungsweise daraufhin ausgerichtet sind, die Mitglieder zu fördern. Dieser Zweck ist im Gesetz zwingend festgelegt; andere Hauptzwecke kann die Genossenschaft nicht verfolgen (s. auch § 81).

12 g) Die eG ist **auf ihre Mitglieder ausgerichtet**. So orientiert sich z. B. das Stimmrecht in der GV nicht an der Höhe der Kapitalbeteiligung, sondern grundsätzlich an der persönlichen Mitgliedschaft. Durch Beschlüsse in der GV entscheiden die Mitglieder in allen grundlegenden Fragen der eG (s. Erl. zu § 43). Die eG hat kein festes Kapital; die Kapitalbeteiligung ist Mittel zum Zweck der wirtschaftlichen Mitgliederförderung. Entscheidend ist die Beziehung des Mitglieds als Kunde der eG und nicht die kapitalmäßige Beteiligung (s. Rdn. 3).

13 h) Die Struktur der eG entspricht **demokratischen Grundsätzen**. Dies gilt für jede Form der Entscheidungsfindung in der eG sowie für die „Gewaltenteilung" zwischen Vorstand (§ 27), Aufsichtsrat (§ 38) und GV (§ 43).

14 Zwischen Mitglied und eG besteht ein **besonderes Treueverhältnis** (vgl. Erl. zu § 18 Rdn. 50 ff). Es ist Grundlage für die Berücksichtigung der gegenseitigen Interessen. Für die Behandlung der Mitglieder durch die eG gilt der „Grundsatz der Gleichbehandlung aller Mitglieder" (vgl. Erl. zu § 18 Rdn. 17 ff). Die eG kann eine Mitgliedschaft nicht durch Kündigung beenden, sondern nur durch „Ausschluß", wenn konkrete gesetzliche oder satzungsmäßige Ausschlußtatbestände erfüllt sind.

15 i) Die eingetragene Genossenschaft besitzt **Rechtsfähigkeit**; sie ist „Kaufmann" im Sinne des HGB (§ 17).

16 Vor der Eintragung ist die gegründete Genossenschaft eine „nicht eingetragene" und damit nicht rechtsfähige Genossenschaft. Auf diese „Vorgenossenschaft" findet das Genossenschaftsrecht Anwendung, soweit dies nicht Rechtsfähigkeit und damit Eintragung voraussetzt (vgl. Erl. zu § 13 Rdn. 4).

17 Der Gesetzgeber hat in verschiedenen Bereichen die Besonderheiten der genossenschaftlichen Unternehmensform anerkannt. Im Interesse der Mitglieder bestehen für eG Ausnahmeregelungen, wie z. B. im **Rechtsberatungsgesetz** Art. 1 § 3 Abs. 1 Nr. 7. Wenn eG (oder ihre Verbände) im Rahmen ihres durch die Satzung festgelegten Aufgabenbereichs ihre Mitglieder rechtlich beraten und betreuen, bedürfen sie dafür nicht der behördlichen Erlaubnis. Dieses „Genossenschaftsprivileg" hat Bedeutung z. B. beim Forderungsinkasso oder auch bei den vielfältigen Rechtsfragen, die in Zusammenhang mit der Kredit- und Anlageberatung durch Genossenschaftsbanken entstehen können (s. zur Beratung durch Syndikusanwälte § 63 b Rdn. 22 ff).

## II. Die einzelnen gesetzlichen Merkmale

### 1. Gesellschaft

18 Die eG wird in § 1 als **Gesellschaft** bezeichnet im Sinne eines Zusammenschlusses von Rechtsträgern als natürliche Personen, juristische Personen oder Personengesellschaften. Sie ist aber nicht Gesellschaft im Sinne der §§ 705 ff BGB, sondern hat – wie auch die Kapitalgesellschaft – eine körperschaftliche Verfassung entsprechend dem **Verein**, losgelöst von der unmittelbaren Abhängigkeit von bestimmten Personen, die für eine Gesellschaft kennzeichnend ist. Von der Kapitalgesellschaft unterscheidet sich die eG durch ihre personalistische Struktur (*Meyer/Meulenbergh/Beuthien*, § 1 Rdn. 2). Diese hat ihre Grundlage in dem auf die Person des Mitglieds ausgerichteten wirtschaftlichen Förderauftrag. Demgemäß steht im Mittelpunkt nicht die gesellschaftsrechtliche Kapitalbeziehung, sondern die Verbindung des Mitglieds zur eG als „Kunde"; die Kapitalbeteiligung ist nur Mittel zu diesem Zweck (s. auch Rdn. 3).

### 2. Nicht geschlossene Mitgliederzahl

19 Das Merkmal der **nicht geschlossenen Mitgliederzahl** hat zum Inhalt, daß die eG in ihrem Bestehen vom Eintritt und Ausscheiden der Mitglieder grundsätzlich unabhängig ist, im Gegensatz z. B. zu OHG und KG (so auch *Müller*, § 1 Rdn. 4). Ein Wechsel im Mitgliederbestand kann auch nicht durch die Satzung ausgeschlossen werden.

20 Die Satzung kann aber die **Mitgliederzahl** nach oben oder unten beschränken (aber nicht unter 7). Ein Verstoß gegen diese satzungsmäßigen Grenzen berührt weder den Bestand der eG noch die rechtliche Wirksamkeit der Mitgliedschaften; es handelt sich aber um eine Pflichtwidrigkeit mit entsprechenden Folgen für die Frage der Verantwortung und Haftung der zuständigen Organmitglieder. Eine Unterschreitung der satzungsmäßigen Mindestzahl führt nur dann zur Auflösung, wenn dieser Zustand nicht alsbald durch Aufnahme neuer Mitglieder beseitigt wird. § 80 ist analog anzuwenden (zu eng *Müller*, § 1 Rdn. 7).

Die Satzung kann die Aufnahme von bestimmten persönlichen und sachlichen Voraussetzungen abhängig machen (*Schubert/Steder*, § 1 Rdn. 3). Näheres § 15 Rdn. 37 ff.

Eine **Wohnungsbaugenossenschaft**, die am 31. 12. 1989 als gemeinnütziges Wohnungsunternehmen anerkannt war, unterliegt mit **Wirkung vom 1. 1. 1990**, dem Tag der Aufhebung des Gesetzes über die Gemeinnützigkeit im Wohnungswesen und der dazu ergangenen Durchführungsverordnungen, **keinen Bindungen** hinsichtlich der Aufnahme neuer Mitglieder oder der Begrenzung des Kreises der Mitglieder auf bestimmte Personengruppen (zum Grundsatz: BGH, GW 1955, 27; BVerwG, GW 1958, 57; 1959, 27; OLG Hamm, GW 1981, 611 Sp. 3; a. A. *Großfeld/Menkaus*, ZfG 1982, 167).

**Besonderheiten** gelten für eine eG, die nach Maßgabe von § 5 Abs. 1 Nr. 10 KStG steuerbefreit ist. Die Steuerbefreiung setzt u. a. voraus, daß die eG die von ihr erstellten oder erworbenen Wohnungen grundsätzlich nur an Mitglieder vermietet oder zur Nutzung überläßt – **Vermietungsgenossenschaft**. „Zur Aufhebung der Steuerbefreiung für gemeinnützige Wohnungsunternehmen und Einführung der Steuerbefreiung für Vermietungsgenossenschaften sowie Vereine durch das Steuerreformgesetz 1990“ s. Einführungsschreiben des BMin. d. F. – IV B7 – S 2730 – 24/91 v. 22. 11. 1991 (BStBl. I Nr. 13 v. 16. 8. 89, S. 271 ff), insbesondere Tz. 16–24 mit eingehenden Erläuterungen des Gesamtverbandes der Wohnungswirtschaft e. V., Schriftenreihe Nr. 40, Köln 1992, Abschn. 3, S. 51–72.

21 Grundsätzlich besteht **kein Anspruch auf die Aufnahme** in die eG. Ein solcher Anspruch kann ausnahmsweise aufgrund gesetzlicher Vorschriften oder vertraglicher Vereinbarungen begründet sein. (Näheres Erl. zu § 15 Rdn. 21 ff sowie unten Rdn. 191 ff).

### 3. Gemeinschaftlicher Geschäftsbetrieb

22 Die eG ist weiter gekennzeichnet durch einen **„gemeinschaftlichen Geschäftsbetrieb“**. Geschäftsbetrieb – eine auf Dauer angelegte Zusam-

menfassung sachlicher, personeller oder organisatorischer Mittel zur Erreichung des Unternehmenszwecks.

23 Die Bedeutung des Merkmals „gemeinschaftlicher" Geschäftsbetrieb ist umstritten (vgl. *Müller*, § 1 Rdn. 39). Nach der Entstehungsgeschichte soll es sich nur um eine Formulierungsfrage gehandelt haben gegenüber der zunächst vorgesehenen Fassung „genossenschaftlicher Geschäftsbetrieb" (*Parisius/Crüger*, Einleitung S. 13). Auch diese Bedeutung schließt aber nicht aus, daß die noch heute gültige Fassung ursprünglich auf eine unmittelbare Beteiligung der Mitglieder am gemeinschaftlichen genossenschaftlichen Betrieb hinweisen sollte (vgl. *Winter*, S. 62). Im Laufe der Zeit haben sich die Genossenschaftsbetriebe gegenüber den Mitgliederbetrieben verselbständigt. Unmittelbarer Träger des Betriebes ist die eG. Es kommt aber weiterhin zum Ausdruck, daß in diesem Betrieb gemeinschaftliche Förderinteressen der Mitglieder zu verwirklichen sind, daß die eG auch als selbständiges Unternehmen betriebliche Hilfs- und Ergänzungsfunktionen für die Mitglieder hat (vgl. *Henzler*, Die Genossenschaft, S. 25). Der Betrieb muß den Mitgliedern die Möglichkeit geben, seine Leistungen in Anspruch zu nehmen (vgl. LG Aachen, ZfG 1972, 71 mit Anm. *Schnorr von Carolsfeld; Müller*, § 1 Rdn. 44; *Parisius/Crüger*, § 1 Anm. 18).

24 Die **Vermittlung** verbilligter Einkaufsmöglichkeiten genügt grundsätzlich der gesetzlichen Bestimmung über den gemeinschaftlichen Geschäftsbetrieb, auch wenn die Lieferungen nicht über die eG erfolgen (vgl. OLG Naumburg, BlfG 1905, 314; *Parisius/Crüger*, § 1 Anm. 18). Es genügt, wenn die wirtschaftlichen Vorteile des Genossenschaftsbetriebs in einer Senkung der innerbetrieblichen Kosten der Mitgliedsunternehmen bestehen (LG Aachen, ZfG 1972, 71).

25 Auch das **Halten von Beteiligungen** kann das Merkmal des gemeinschaftlichen Geschäftsbetriebes erfüllen; dabei sind alle Umstände des Einzelfalls zu würdigen (vgl. Bay ObLG BB 1985, 426 = DB 1985, 749 = Rpfleger 1985, 117). Eine zu enge und formalistische Betrachtung ist mit Rücksicht auf veränderte Unternehmens- und Betriebsformen abzulehnen (vgl. hierzu OLG Hamm, Urt. v. 1. 3. 1972 – 8 U 245/71). Näher hierzu *Beuthien*, Der Geschäftsbetrieb von Genossenschaften im Verbund, Schriften zur Kooperationsforschung B. Bd. 10; auch – mit engerer Auffassung – *Gaßner*, Der deutsche Rechtspfleger 1980, 409 ff; *Götz*, Verbundbildung bei den Einkaufsgenossenschaften des Lebensmittelhandels und einzelgenossenschaftlicher Förderauftrag, in: Marburger Schriften zum Genossenschaftswesen, Bd. 54.

26 Die Einstellung des Fördergeschäftsbetriebes berührt dann nicht notwendig die Existenz der eG als Förderunternehmen, wenn und solange die Wiederaufnahme des ursprünglichen oder eines neuen Förderbetriebes möglich ist (Bay ObLG, a. a. O.; *Beuthien* a. a. O. S. 42 ff).

**27** Bei einer **„Mitarbeitergenossenschaft"** kann der gemeinschaftliche Geschäftsbetrieb in der gemeinsamen Verwaltung der angesammelten Geschäftsguthaben als Beteiligung an dem Unternehmen, bei dem die Arbeiter beschäftigt sind, gesehen werden. Hier wäre der Förderzweck – über das reine Kapitalinteresse hinaus – darin zu sehen, daß die Arbeitnehmer dem Unternehmen langfristig Kapital zur Sicherung der Arbeitsplätze zur Verfügung stellen wollen (vgl. *Meyer/Meulenbergh/Beuthien* § 1 Rdn. 24). Es ist abzuwarten, inwieweit gesetzliche Regelungen und Tendenzen zur Förderung der Arbeitnehmerbeteiligung auch in eG zu neuen Formen führen werden.

**28** Das Gesetz geht von einem **eigenen** Geschäftsbetrieb der eG als Begriffsmerkmal aus. Nach herkömmlicher Betrachtung ergaben sich daher Bedenken gegen die **Ausgliederung** wesentlicher Betriebsteile und noch mehr gegen die Verpachtung des gesamten Geschäftsbetriebes der eG allein zu dem Zweck, die Pachtzinsen als Unternehmensertrag an die Mitglieder zu verteilen; dies sei auch keine Förderleistung im Sinne von § 1 Abs. 1 (so noch *Pauli*, Typenbeschränkung, S. 90; *Müller*, § 1 Rdn. 37; *Gaßner*, Rpfl. 1980, 47 ff; zutreffend abwägend dagegen *Meyer/Meulenbergh/Beuthien*, § 1 Rdn. 25 zu „Pachtgenossenschaften" und § 1 Rdn. 57 zu „Haltegenossenschaften"). Es wäre aber nicht sachgerecht und würde der Zielrichtung des Gesetzes widersprechen, wenn hier – aus rechtsformalen Gründen – Entwicklungen in der Wirtschaft unberücksichtigt blieben. Die Ausgliederung wesentlicher Betriebsteile, vor allem auch des gesamten operativen Geschäftes bedarf aber als Ausnahme stets einer besonderen Rechtfertigung. Maßstab für die Zulässigkeit bleiben die Förderinteressen der Mitglieder. Soweit eine Ausgliederung oder Betriebsverpachtung geeignet erscheint, den wirtschaftlichen Förderinteressen der Mitglieder zu dienen, muß diesen Mitgliedern in der Generalversammlung die Entscheidung vorbehalten bleiben, dies auch im Rahmen einer eG zu tun (§ 16 Rdn. 4; § 27 Rdn. 19; so grundsätzlich auch *Meyer/Meulenbergh/Beuthien*, a. a. O.; vgl. auch *Baumgartl*, Die Funktionen des Förderungsauftrags in Abs. 1 GenG).

So kann z. B. die Ausgliederung des Betriebes einer Agrargenossenschaft zum Zwecke der Verpachtung durchaus den Förderinteressen der Mitglieder als Grundstückseigentümer entsprechen, wenn eine Fortführung in eigener Regie nicht möglich oder nicht wirtschaftlich ist. Die eG kann dann als „Verpächtergenossenschaft" weiter bestehen; ihr Geschäftsbetrieb beschränkt sich auf Betreuung und Verwaltung der vielfältigen Interessen der Mitglieder im Verhältnis zum Pächter.

Zur Frage der Ausgliederung s. auch Rdn. 44 ff.

**29** Es muß sich um einen **wirtschaftlichen Geschäftsbetrieb** handeln; Vereinigungen, die ausschießlich ideale, z. B. Bildungs- oder Wohlfahrtszwecke verfolgen, können deshalb nicht als eG eingetragen werden. Derartige Zwecke können aber von einer eG neben den geschäftlichen gefördert werden (LG Tübingen, Beschl. v. 11. 6. 1980 – II HGR 1/79; KGJ 14, 43; *Paulick*, S. 55). Zulässig ist die eG als Träger z. B. einer Schuleinrichtung; die wirtschaftliche Förderung besteht u. a. darin, daß durch die eG die wirtschaftlichen Voraussetzungen geschaffen werden, ein bestimmtes Bildungsziel zu erreichen (Beispiel: Waldorfschule, LG Konstanz v. 27. 12. 1971 – 1 HT 7/71).

Der Genossenschaftsbetrieb kann grundsätzlich **jede (wirtschaftliche) Tätigkeit** zum Gegenstand haben. Daneben bestehen gesetzliche Ausnahmeregelungen, wonach bestimmte Tätigkeiten nicht in der Rechtsform der eG durchgeführt werden können, z. B. – der Betrieb einer Hypothekenbank (§ 2 Hypothekengesetz), – einer Kapitalanlagegesellschaft (§ 1 Abs. 2 Gesetz über Kapitalanlagegesellschaften), – einer Schiffspfandbriefanstalt (§§ 7, 114 Gesetz über Schiffspfandbriefbanken); vgl. auch § 113 Gesetz über die Beaufsichtigung der privaten Versicherungsunternehmen und Bausparkassen/Versicherungsaufsichtsgesetz). Der Geschäftsbetrieb der eG muß nicht den Charakter eines „Gewerbes" haben; auch freiberuflich Tätige (z. B. Architekten) können sich zu einer eG zusammenschließen (LG Aachen, ZfG 1975, 306; *Meyer/Meulenbergh/Beuthien*, § 1 Rdn. 20). 30

**Gemeinschaftlich** muß der Geschäftsbetrieb in dem Sinne sein, daß die eG ein eigenes Unternehmen betreibt, dessen Träger die Mitglieder in ihrer Verkörperung durch die eG sein müssen (LG Aachen, ZfG 1972, 71, ähnlich *Müller*, § 1 Rdn. 44 mit der Begründung aus der Entstehungsgeschichte des § 1 Abs. 1). 31

Aus dem Merkmal des gemeinschaftlichen Geschäftsbetriebs ist auch zu folgern, daß sich die Tätigkeit der eG grundsätzlich auf den Kreis der Mitglieder zu beschränken hat (so auch *Schubert/Steder*, § 1 Rz. 6; wegen Nichtmitgliedergeschäft vgl. Erl. zu § 8). 32

### 4. Förderzweck

Die eG kann nur einen zulässigen Zweck haben: Die (wirtschaftliche) **Förderung der Mitglieder (genossenschaftlicher Grundauftrag, Förderauftrag)**. Unmittelbar aus dem Gesetz ergeben sich die Komponenten: Wirtschaftliche Förderung – Förderung der Mitglieder – Förderung durch gemeinschaftlichen Geschäftsbetrieb. Der Förderauftrag bezieht sich ausschließlich auf die Mitglieder der eG; Nichtmitglieder haben insoweit keinerlei Rechte. Der Förderzweck kann in besonderen Fällen z. B. bei Wohnungsbaugenossenschaften auch die Familie des Mitglieds einbeziehen (OLG Karlsruhe, ZfG 1985, 198 ff = NJW 1984, 2584). 33

Unter Förderung von **„Erwerb"** wird die Förderung von „Gewerbe", unter Förderung der **„Wirtschaft"** die Förderung der privaten Hauswirt- 34 schaften der Mitglieder verstanden (Näher *Blomeyer*, ZfG 1975, 310; *Paulick*, S. 52). „Gewerbe" ist nicht im engen Sinn von § 1 Abs. 2 HGB zu verstehen, zumal sich die Begriffe „Erwerb" und „Wirtschaft" überschneiden (*Blomeyer*, ZfG 1975, 310); gemeint ist vielmehr jede nachhaltige berufliche oder gewerbliche Tätigkeit zur Erzielung von Einnahmen, wie § 2 UStG definiert (für Architektengenossenschaft LG Aachen, ZfG 1975, 306; für Waldorfschule LG Konstanz, Beschl. v. 27. 12. 1971 – 1 HT 7/71). Als zu eng abzulehnen KG (JW 1929, 1151), wo übersehen wird, daß eine gemeinsame Kegelhalle für die Mitglieder wirtschaftliche Ersparnisse erreichen soll (vgl. *Blomeyer*, ZfG 1975, 310). Förderung im Sinne von § 1 verlangt nicht, daß die eG Leistungen an ihre Mitglieder entgeltlich weitergibt (Bay ObLG ZfG 1987, 102 mit Anm. *Hadding*).

**35** Zweck der eG ist es, im weitesten Sinne für die Mitglieder ökonomische Leistungen zu erbringen. Für die Erwirtschaftung dieser Leistungen gelten bei eG keine Besonderheiten.

**36** Die eG **erfüllt ihren Zweck (Förderauftrag)**, wenn sie

- eine Leistung erwirtschaftet
- diese an die Mitglieder weitergibt
- den eigenen Betrieb absichert, um langfristig förderfähig zu bleiben (vgl. *Metz*, Förderauftrag, Rheinisches Genossenschaftsblatt 1980, S. 29 ff u. 71 ff; so auch Bay ObLG BB 1985, 426 = BB 1985, 749 = Rpfleger 1985, 117).

**37** Der Markterfolg des Unternehmens eG bedeutet noch keine Erfüllung des Förderauftrags. Die eG muß ihre Geschäfte vielmehr so anlegen und ihre Gewinne so verwenden, daß die Mitglieder hiervon den größtmöglichen Nutzen haben (*Boettcher*, Wie zeitgemäß ist heute noch Raiffeisen?, 1981, S. 24). Daraus folgt auch die Einordnung des **Gewinnes** im genossenschaftlichen Unternehmen; er ist nicht Selbstzweck, sondern Mittel zum Zweck der Erfüllung des Förderauftrags (KG RJA 9, 241; KGJ 18, 27; *Henzler*, Die Genossenschaft, S. 92, 94; *Henzler*, Zur Reform, Bd. 2 S. 7 ff; *Diederichs*, Zur Reform, Bd. 2 S. 21 ff; *Grosse*, Zur Reform, Bd. 2 S. 47 ff; *Westermann*, Rückvergütung, S. 7).

Die Diskussion der Frage, ob die eG überhaupt Gewinne machen darf, geht zum Teil am Problem vorbei: Die eG muß ihren Geschäftsbetrieb so weit auf Gewinnerzielung ausrichten, als dies zur dauerhaften Sicherung des Förderunternehmens im Wettbewerb erforderlich ist. Grundsätzlich bedeutet dies, daß Gewinne nicht ausgeschüttet, sondern zur Stärkung des Eigenkapitals thesauriert werden sollten – unabhängig von der rechtlichen Möglichkeit der Ausschüttung an die Mitglieder (vgl. Erl. zu § 19). Bei Genossenschaftsbanken gebieten die Regelungen des Kreditwesens (§ 10 KWG) eine in bestimmtem Umfang auf Gewinn ausgerichtete Geschäftspolitik, damit überhaupt das erforderliche Eigenkapital erwirtschaftet werden kann. Aber auch diese Politik hat sich letztlich am genossenschaftlichen Förderauftrag zu orientieren; der Gewinn darf nicht Selbstzweck werden, sondern Mittel zur Stärkung der eG.

Die umfassende Interpretation des Förderauftrags schließt ein, daß die Förderung auch **„mittelbar"** erfolgen kann, sofern dadurch den Mitgliedern wirtschaftliche Vorteile zukommen (s. Rdn. 25; begrifflich zu eng: *Baumgartl*, – Die Funktion des Förderungsauftrags –, der mittelbare Förderung darin sieht, daß Gewinne erwirtschaftet und verteilt werden; zutreffend *Henzler*, Die Genossenschaft, S. 210; *Westermann*, Zur Reform, Bd. 1 S. 89). **38**

Förderung wird erreicht durch **Vermehrung der Einnahmen** oder **Verminderung der Ausgaben** der Mitglieder (so auch Bay ObLG BB 1985, 426 = DB 1985, 749 = Rpfleger 1985, 117); z. B. durch Schaffung oder Verbesserung von Arbeits- oder Absatzmöglichkeiten. Ausgaben werden vermindert z. B. durch (vorteilhafte) Beschaffung von Rohstoffen, Krediten, Dienstleistungen oder Produktionsmitteln. **39**

Es ist nicht erforderlich, daß die Förderung konkret allen Mitgliedern zugute kommt; sie muß lediglich allen Mitgliedern angeboten sein (Grundsatz der Gleichbehandlung, Erl. zu §§ 16, 18). Das einzelne Mitglied entscheidet selbst, welche Förderleistung es in Anspruch nehmen will. So hat auch das Registergericht nicht zu prüfen, ob der Zweck tatsächlich im Einzelfall erreicht wird (OLG 19, 339; KG BlFG 31, 809). **40**

Der gesetzlich vorgegebene Zweck der eG setzt aber andererseits voraus, daß jedes Mitglied eine **Förderbeziehung** durch Teilnahme am Geschäftsbetrieb der eG **ermöglicht**. Ohne eine solche Kundenbeziehung verliert die Mitgliedschaft ihren Sinn. Dies muß vor allem dann gelten, wenn die Mitgliedschaft und die Einzahlung von Geschäftsguthaben in Hinblick auf die Dividende als Geldanlage mißverstanden wird. Ein solcher Mißbrauch der Mitgliedschaft muß der eG grundsätzlich das Recht geben, die Mitgliedschaft durch Ausschluß zu beenden (vgl § 68 Rdn. 15).

Aus dem Förderauftrag folgt das unentziehbare **Recht jedes Mitglieds, die Einrichtungen der Genossenschaft zu benutzen** (*Paulick*, S. 190; *Müller*, § 18 Rdn. 29; vgl. § 11 Mustersatzung für Kreditgenossenschaften: „Jedes Mitglied hat das Recht, nach Maßgabe des Genossenschaftsgesetzes und der Satzung die Leistungen der eG in Anspruch zu nehmen"). **41**

Diese grundsätzliche Rechtsposition bedeutet jedoch **keinen Kontrahierungszwang**; inwieweit die eG bestimmte Leistungen für die Mitglieder zur Verfügung hält, muß unter Berücksichtigung vor allem betriebswirtschaftlicher Gesichtspunkte – unter Beachtung des Gleichbehandlungsgrundsatzes – vom Vorstand entschieden und verantwortet werden (§§ 27, 34). Aus dem Förderauftrag folgt aber, daß die eG grundsätzlich verpflich- **42** tet ist, sich im Sinne der Mitgliederinteressen leistungsbereit zu halten. Eine Kreditgenossenschaft muß z. B. dafür Sorge tragen, daß sie stets in der Lage ist, den berechtigten Kreditwünschen der Mitglieder gerecht zu werden; eine Warengenossenschaft muß die entsprechenden Waren- und Dienstleistungen für die Mitglieder bereithalten, soweit dies betriebswirtschaftlich vertretbar ist.

43 Falls die Satzung, z. B. einer gemischtwirtschaftlichen Kreditgenossenschaft vorsieht, daß auch das Warengeschäft betrieben wird, so bleibt der Anspruch der Mitglieder auf Leistungen im Warenbereich dem Grunde nach bestehen, solange die Satzung nicht geändert wird. Verzicht auf das Warengeschäft bedarf der Satzungsänderung. Dies gilt als Grundsatz entsprechend stets dann, wenn durch eine Änderung der Tätigkeit der eG deren **„Kernbereich“** berührt wird. Die Aufgabe einzelner, nur beispielsweise in der Satzung genannter Unternehmensgegenstände liegt dagegen in der Entscheidung des Vorstandes als Leitungsorgan (wegen der Ausgliederung eines ganzen Betriebsteils bei der Aktiengesellschaft vgl. BGH, DB 1982, 795. Näheres § 43 Rdn. 10).

44 In Anbetracht der geänderten Strukturverhältnisse ist es grundsätzlich unbedenklich, wenn z. B. mehrere eG, die sowohl das Bank- als auch das Warengeschäft betreiben, im Interesse ihrer Mitglieder das Warengeschäft **ausgliedern** und es auf eine gemeinschaftlich betriebene eG übertragen. Es handelt sich hierbei um einen **„weitergeleiteten Förderauftrag“**; die Förderung der Mitglieder kann betriebswirtschaftlich mit dieser Konstruktion u. U. besser erreicht werden als durch Fortführung des Warengeschäfts im Betrieb der einzelnen eG.

45 Im übrigen ist die **Zulässigkeit der Ausgliederung** von Betriebsteilen an dem satzungsmäßigen Unternehmensgegenstand zu messen (oben Rdn. 43) und daran, ob diese geänderte Betriebsstruktur die Förderinteressen der Mitglieder nicht beeinträchtigt. Insoweit gelten vergleichbare Maßstäbe wie bei einer Beteiligung der eG (vgl. unten Rdn. 279 ff).

46 Bei Ausgliederung des **gesamten operativen Geschäftsbetriebes** kann die eG nur bestehen bleiben, wenn sie noch in der Lage ist, ihren gesetzlichen Zweck, nämlich die Förderung der Mitglieder, weiterhin zu erfüllen. Dies ist z. B. dann gewährleistet, wenn bestimmte Anlieferungspflichten der Mitglieder gegenüber der eG weiterbestehen, und wenn zwischen Genossenschaft und Betriebsgesellschaft eine Vereinbarung getroffen wird, nach der die Betriebsgesellschaft verpflichtet wird, die Anlieferungen der Genossenschaftsmitglieder anzunehmen (OLG Hamm vom 1. 3. 1972 Az.: 8 U 245/71).

47 Der Fördergeschäftsbetrieb im Sinne von § 1 GenG verlangt nicht, daß die eG Leistungen an ihre Mitglieder entgeltlich weitergibt (Bay ObLG, DB 1985, 749 = BB 1985, 426 = Rpfleger 1985, 117).

Bei der Ausübung des Rechts z. B. der Genossenschaftsbanken, im Rahmen der AGB die Geschäftsverbindung zu beenden, sind die Verpflichtungen aus dem Förderauftrag sowie die genossenschaftliche Treuepflicht (s. § 18 Rdn. 50 ff) zu beachten. Dies gilt auch bei der Kündigung aus „wichtigem Grund" für die Bewertung der Unzumutbarkeit. **48**

Eine Mitgliedschaft ohne Förderbeziehung ist auf Dauer ohne Sinn und rechtlich problematisch (vgl. *Jahn*, S. 96 ff). Für Angehörige des Vorstandes und des Aufsichtsrates liegt die Rechtfertigung für eine Mitgliedschaft grundsätzlich in der Regelung des § 9 Abs. 2. **49**

Die Art der Förderung orientiert sich am Unternehmensgegenstand und an den Bedürfnissen der Mitglieder (BGH DB 1978, 151 = ZfG 1978, 434; Gedanken dazu auch bei *Lürig*, Unternehmenspolitik von Genossenschaftsbanken; zum Grundsätzlichen: *Lipfert*, Mitgliederförderndes Kooperations- und Konkurrenzmanagement in genossenschaftlichen Systemen). Gegenstand des Unternehmens kann daher ein Betrieb zur Förderung gewerblicher, freiberuflicher (LG Aachen, ZfG 1975, 306 mit Anm. *Blomeyer*), abhängiger oder sonstiger Tätigkeiten zur Deckung des Bedarfs der Mitglieder sein (*Müller*, § 1 Rdn. 20). Wegen Besonderheiten der Produktivgenossenschaft vgl. Rdn. 74 ff. **50**

Im Rahmen des gesetzlichen und satzungsmäßigen Förderauftrags ist die eG z. B. befugt, gemäß § 13 UWG für ihre Mitglieder Unterlassungsklagen durchzuführen. Die eG gilt als „Verband" im Sinne dieser Regelung.

Die Förderung gesellschaftlicher oder wirtschaftlicher Gruppierungen, z. B. der Verbraucher oder des Mittelstandes kann nicht Zweck der eG sein, soweit es sich nicht um Mitglieder handelt. Eine allgemeine Ausrichtung auf die Belange dieser Gruppen z. B. aus strukturpolitischen Gründen ist genossenschaftsrechtlich nicht relevant, aber zulässig. **51**

Nach deutschem Genossenschaftsrecht kann eine eG grundsätzlich nicht gemeinwirtschaftlich tätig sein. Das Mitglied der eG ist aktives Subjekt der Förderung; die Mitglieder bestimmen selbst durch die Satzung Art und Weise ihrer eigenen Förderung. Bei gemeinwirtschaftlichen Unternehmen sind die zu Fördernden passive Objekte der Förderung. Der Träger bestimmt allein über die Fördergruppe. Gemeinwirtschaftliche Nebenzwecke sind für die eG zulässig.

Der Inhalt des Förderauftrags der eG kann durch die Satzung eingegrenzt werden, z. B. durch eine sog. **„Mittelstandsklausel"** (Beispiel: Mitglied einer Taxigenossenschaft kann nur sein, wer nicht mehr als 3 Taxen betreibt). Dies folgt aus dem Grundsatz der Vereins- und Satzungsfreiheit. Für die Mitgliedschaft können in diesem Zusammenhang bestimmte Voraussetzungen aufgestellt werden (vgl. *Beuthien*, ZfG 1978, 438; wegen Kartellrechtsfragen vgl. Erläuterungen zu Rdn. 187 ff). **52**

53 Die Zulässigkeit von **Nichtmitgliedergeschäften** durch die Satzung (§ 8 Abs. 1 Ziff. 5) bestimmt sich nach den Förderinteressen der Mitglieder. Dies gilt sowohl für die Frage der Zulassung durch die Satzung als auch für die Durchführung einzelner Geschäfte mit Nichtmitgliedern, wenn die Satzung dies erlaubt (*Westermann*, Zur Reform, Bd. 1 S. 95). Das Geschäft mit Nichtmitgliedern kann zugelassen sein zur Auslastung freier Kapazitäten, zur Verbesserung der Position der eG am Markt, zu dem Zweck, neue Mitglieder zu gewinnen usw. Anspruch auf Mitgliedschaft in einer Elektrizitätsgenossenschaft besteht nicht, wenn die Belieferung auch an Nichtmitglieder erfolgt (OLG Köln vom 22. 5. 1984, 9 U 262/83).

54 **Wohnungsbaugenossenschaften (WG)**, die am **31. 12. 1989** als **gemeinnütziges Wohnungsunternehmen** anerkannt waren, sind durch das Gesetz zur Überführung der Wohungsgemeinnützigkeit in den allgemeinen Wohnungsmarkt (Art. 21 § 1, Art. 29 Abs. 3 Steuerreformgesetz 1990 v. 25. 7. 1988, BGBl. I 1093) auf **neue Rechtsgrundlagen** gestellt. Mit Wirkung v. 1. 1. 1990 ist das Recht über die Gemeinnützigkeit im Wohnungswesen aufgehoben worden und zwar das Gesetz v. 29. 2. 1940 (RGBl. I S. 437), zuletzt geändert durch Art. 2 des Gesetzes v. 8. 12 1986 (BGBl. I 2191), sowie die dazu ergangenen Durchführungsverordnungen in der Fassung v. 24. 11. 1969 (BGBl. I 2141 bzw. im Saarland v. 17. 2. 1970, Amtsblatt S. 126). Damit ist die gemeinnützigkeitsrechtliche Verpflichtung zur Einhaltung

- der Beschränkungen des Geschäftskreises,
- der vermögensrechtlichen Behandlung der Mitglieder, insbesondere die Begrenzung von Ausschüttungen aller Art auf höchstens jährlich 4 % des eingezahlten Geschäftsguthabens,
- des Verbotes zur Beschränkung des betreuten Personen- und Mitgliederkreises,
- der Bindung bei der Gestaltung von Verträgen sowie der Preise für die Überlassung von Wohnungen und Veräußerungen von Wohnungsbauten,
- der Bestimmungen zur Sicherung der Unabhängigkeit vom Baugewerbe (§ 19 Abs. 2 WGG)

entfallen.

Soweit die sog. gemeinnützigkeitsrechtlichen Bindungen in der Satzung der eG verankert sind, bleibt diese bis zur wirksamen Änderung der Satzung (§ 16) hieran gebunden.

55 Mit der Aufhebung des Wohnungsgemeinnützigkeitsrechts **entfällt** für WG auch die **subjektive Gebührenbefreiung** nach §§ 2, 3 Abs. 1 Nr. 4 Ges. über die Gebührenbefreiung beim Wohnungsbau vom 30. 5. 1953. Das Gesetz ist mit Wirkung vom 1. 1. 1990 aufgehoben (Art. 22 Abs. 3, Art. 29 Abs. 3 Steuerreformgesetz 1990). Geschäfte bleiben **jedoch weiterhin** von

den in der Kostenordnung bestimmten **Gerichtsgebühren befreit**, wenn der **Antrag auf Vornahme** des gebührenpflichtigen Geschäfts **bis zum 31. 12. 1989** bei **Gericht eingegangen** ist.

Eine ehemals gemeinnützige Wohnungsbaugenossenschaft bedarf nach Ablauf der Übergangszeit für die Übernahme der Betreuung von Bauvorhaben im sozialen Wohnungsbau ab 1. 1. 1994 der **Zulassung** als **Betreuungsunternehmen** nach § 37 II. WoBauG in der Fassung der Bekanntmachung vom 19. 8. 1994 (BGBl. I, 2137). Solange sie die Eigenschaft als Betreuungsunternehmen behält, unterliegt sie nicht den Bestimmungen des § 34c Abs. 1 bis 3 GewO. Verliert sie diese Eigenschaft, darf sie Vermögenswerte des Auftraggebers nur unter den Voraussetzungen der §§ 2 bis 7 in Verbindung mit § 20 Abs. 2 Makler- und Bauträgerverordnung – MaBV i. d. F. der Bekanntmachung vom 7. 11. 1990 (BGBl. I, 2479 entgegennehmen oder sich zu deren Verwendung ermächtigen lassen. 56

**Näheres zum Förderauftrag:** *Henzler*, Der genossenschaftliche Grundauftrag, Förderung der Mitglieder, Veröffentlichung der Deutschen Genossenschaftskasse Bd. 8, Frankfurt/M. 1970; *Seuster*, in: HdG mit ausführlicher Literaturangabe; *Jahn*, Wesen, Inhalt und Bedeutung des genossenschaftlichen Förderungsprinzips, Erlangen 1969; *Westermann*, Zur Reform, Bd. 1 S. 86 ff; *Wagner*, ZfG 1980, 295 ff; zur aktuellen Problematik: *Metz*, Rheinisches Genossenschaftsblatt 1980, S. 29 ff und 71 ff; zur Frage der **„Operationalisierung"** (Berechenbarkeit und Nachweisbarkeit der Erfüllung) des Förderauftrags, zu „Förderplan" und „Förderbericht", insbesondere *Boettcher*, ZfG 1979, 198 ff; *Boettcher*, Der Förderbericht in Kreditgenossenschaften, 1982; *Dülfer*, Der Förderungsauftrag als Gegenstand von Geschäftsbericht und Pflichtprüfungen; *Patera*, ZfG 1981, 212; *Jäger*, ZfG 1981, 241; *Blümle*, Genossenschaftspolitik u. Förderauftrag, ZfG 1981, 234; *Engelhardt*, ZfG 1981, 238; *Zacherl*, ZfG 1981, 227; *Kuhn*, Gedanken zur Konzeption einer genossenschaftadäquaten Geschäftspolitik der Kreditgenossenschaften, ZfG 1986, 5 ff. *Kuhn* entwickelt einen „Orientierungsrahmen" für den Förderplan der Kreditgenossenschaften. Auch *Luger*, Erfolgsentwicklung der eG; zu betriebswirtschaftlichen Aspekten: *Dülfer*, Betriebswirtschaftslehre der Kooperative; *Michel*, Die Fördergeschäftsbeziehung zwischen Genossenschaft und Mitglied, Marburger Schriften zum Genossenschaftswesen, Bd. 63, 1987; WM 1988, 1466 und ZfG 1990, 221 m. zust. Anm. *Hadding*; *Baumgartl*, Förderungsauftrag. 57

Weitere Beiträge zur Diskussion um den genossenschaftlichen Förderauftrag: *Blomeyer, Dülfer, Hahn, Leffson, Seuster*, ZfG 1980 Heft 1 S. 22 ff; *Croll*, Förderungsauftrag und Gegenwartserfordernisse, ZfG 1981, 195; *Bakonyi*, ZfG 1980, 316 ff; *Richter*, Möglichkeiten der Operationalisierung des genossenschaftlichen Förderungsauftrages, Düsseldorf 1981 und ZfG 1977, 223 ff; zum Verhältnis zur genossenschaftlichen Pflichtprüfung: 58

*Pauli*, DGRV-Schriftenreihe Heft 13, S. 13 ff; ZfG 1980, 307 ff; *Dülfer*, ZfG 1980, 471; für den Bereich der ländlichen Warengenossenschaften: *Post*, ZfG 1978, 127 ff; für den Bereich der Handelsgenossenschaften: *Nieschlag*, ZfG 1978, 213 ff; der Edeka-Genossenschaften: *Stubbe*, in: Genossenschafts-Forum 1980, Heft 9, S. 8 ff; zum genossenschaftlichen Zielsystem: *Seuster*, ZfG 1978, 42 ff; *Hahn*, Die Unternehmensphilosophie einer Genossenschaftsbank; zur Genossenschaftsidee: *Viehoff*, ZfG 1978, 3 ff.

**59** Für den Bereich der **Wohnungsbaugenossenschaften:** *Mackscheidt*, Genossenschaftlicher Förderungsauftrag im System der sozialen Marktwirtschaft, ZfgWBay 1984, S. 315; *Jenkis*, Genossenschaftlicher Förderungsauftrag und Gemeinnützigkeit, GW 1985, S. 8, 84, 146, 215; *Neumann*, Wohnungsgemeinnützigkeit und der genossenschaftliche Förderungsauftrag, GW 1987, S. 224; *Gerken*, Der Zusammenhang zwischen Kapitalbeschaffung und Marktstellung von Wohnungsbaugenossenschaften, GW 1987, 603; *Engelhardt*, Zum Verhältnis von öffentlicher Bindung durch den Staat und ständischer Selbstbindung von Unternehmen speziell von Genossenschaften, Schriftenreihe der Gesellschaft für öffentliche Wirtschaft und Gemeinwirtschaft, Heft 22, S. 361 ff; 484 ff; *Großfeld*, Verfassungsrechtliche Probleme im Bereich des Gemeinnützigkeitsrechts im Wohnungswesen im Hinblick auf Wohnungsbaugenossenschaften, Gutachten, GGW, Gutachten und Materialien, 1982; *Leisner*, Steuerliche Behandlung gemeinnütziger Wohnungsunternehmen beim Übergang von Steuerbefreiung zu Steuerpflicht bei Aufhebung der Wohnungsgemeinnützigkeit, Gutachten, GGW, Schriftenreihe, Heft 28, 1988; *Jeschke*, Mitglieder und Organisation von Wohnungsbaugenossenschaften, GGW, Schriftenreihe, Heft 20, 1984; *Hetzler*, Genossenschaften mit unklarem Profil, GW 1984, S. 294; Wohnungsbaugenossenschaften im Spiegel der Öffentlichkeit, GGW, Schriftenreihe, Heft 22, S. 17 ff; *Bartholmai*, Steuerliche Förderung gemeinnütziger Wohnungsbaugenossenschaften, GGW 1987; Positionspapier „Wohnen bei Genossenschaften"; *Barsch*, Modernisierung und Finanzierung bei Wohnungsbaugenossenschaften in den neuen Bundesländern, ZfG 1994, 28; *Beuthien*, Wohnungsgenossenschaften zwischen Tradition und Zukunft, Marburger Schriften zum Genossenschaftswesen, Nr. 72, 1992, ders. 100 Jahre Genossenschaftsgesetz, Marburger Beiträge 1989, Nr. 17, S. 1, 8; *Beuthien/Volker*, Materialien zum Genossenschaftsgesetz, II, S. 93–96; *Blöcker*, Verschmelzung von Wohnungsbaugenossenschaften in den neuen Ländern, DW 1992, 83; *Van Emmerich*, Zur Kooperation: Zukunftsmodell, DW 1995, 68–72; *Fönschau*, Die genossenschaftliche Wohnwertmiete, DW 1995, 246; *Giani*, Wohnungsbaugenossenschaften, DW 1994, 389; *Hahn*, Entwicklung der genossenschaftlichen Organisation in den neuen Bundesländern, ZfG 1991, 30; *ders.*, Die deutschen Wohnungsbaugenossenschaften sind gefordert, ZfG 1992, 2; *Henz-*

*ler*, Neugestaltung des gesetzlichen Genossenschaftsbegriffs, Ref. und Mat. zur Reform, Bd. I, 51 ff; *Jäger*, Wohnungsgenossenschaften zwischen Marktzwängen und Mitgliederbindung, Münster 1991, Beiträge, Vorträge, Heft 20; *ders.*, Genossenschaftsbegriff in der Politik und in der Wirtschaft, ZfG 1991, 2, 18, 19; *Jäger/Koppmann*, Marketing und Finanzierungskonzepte für Wohnungsbaugenossenschaften, Münster 1994; *Jenkis* Wohnungsbaugenossenschaften in der Konkurrenzsituation, Hamburg 1970; *ders.*, Sind die Wohnungsbaugenossenschaften besondere Wohnungsanbieter?, ZdW Bayern 1995, 164, 222; *Kahl/Lange*, Einsatz als Treuhänder ..., DW 1995, 294; *Kern*, Probleme bei der Umstellung der Wohnungsbaugenossenschaften in der ehemaligen DDR auf das Genossenschaftsgesetz DW 1992, 40; *Kücking*, Wohnungsgenossenschaften in Köln, DW 1994, 18 ff.; *Leisner*, Steuerliche Behandlung gemeinnütziger Wohnungsunternehmen beim Übergang von der Steuerbefreiung zur Steuerpflicht bei Aufhebung der Wohnungsgemeinnützigkeit – Gutachten, GGW, Schriftenreihe, Heft 28, 1988; *ders.*, Gemeinnützige Wohnungsunternehmen – Firmenname und Wettbewerb, GGW, Schriftenreihe, Heft 31, 1989; *ders.*, Rechtsgutachten zur Umsetzung des Altschuldenhilfe-Gesetzes, insbesondere zur Privatisierungspflicht und zu möglichen Belegungsbindungen, G-d-W, Oktober 1993; *Malkomess*, Betr. Leitbild, Unternehmensziel, unternehmensbezogene Kostenmiete, DW 1994, 401; *Mändle*, Betr. genossenschaftliche, betriebswirtschaftliche, organisatorische volkswirtschaftliche Rahmenbedingungen für Wohnungsbaugenossenschaften in den neuen Ländern, DW 1994, 387; *Müller/Karst/Nareyke*, Genossenschaften in Thüringen, Marburger Beiträge Nr. 26, 1994, S. 57 ff; *Pleyer*, Umgestaltung der Genossenschaften im neuen Bundesgebiet, ZfG 1992, 300; *Rager*, Möglichkeiten der künftigen Finanzierung des genossenschaftlichen Wohnungsbaus, DW 1992, 84; *Riebandt-Korfmacher*, Zur Rechtsanpassung der Wohnungsgenossenschaften in den neuen Ländern, DW 1991, 55 ff; *ders.*, Hinweise zur Mitgliederliste und zur Änderung des Eintragungsverfahrens, DW 1994, 410; *Schmiedes/Kamp*, Haben Wohnungsbaugenossenschaften künftig gute Marktchancen?, DW 1995, 251; *Steinert*, Die genossenschaftliche Wohnungswirtschaft nach der Aufhebung des Wohnungsgemeinnützigkeitsgesetzes, Marburger Beiträge Nr. 19, 1990; *Zerche/Kücking*, Image der Genossenschaften in Köln, ZfG 1991, 177, 184, 191.

Die eG darf **keine anderen Zwecke** als den Förderzweck verfolgen. **60**
Auch die Satzung kann keinen anderen Unternehmenszweck festlegen. Eine Verletzung dieses Verbots kann die Auflösung gemäß § 81 zur Folge haben. Entscheidend ist aber nicht, ob der Förderzweck tatsächlich erreicht wird; es genügt, daß der genossenschaftliche Betrieb in seiner Struktur und Handlungsweise auf den gesetzlichen Grundauftrag ausgerichtet ist. Einzelne Geschäfte, die nicht der Förderung dienen, sind voll rechtswirksam.

## III. Die Genossenschaftstypen

61 Die Aufzählung typischer Genossenschaftsarten in § 1 Ziff. 1–7 ist **beispielhaft** und nicht erschöpfend; die Begriffe gehen zurück auf die Zeit der Entstehung des Genossenschaftswesens in der zweiten Hälfte des 19. Jahrhunderts. Es fehlen dagegen Genossenschaftstypen, die in der heutigen Wirtschaft von Bedeutung sind (z. B. Verkehrsgenossenschaften, sonstige eG zur Vermittlung von Dienstleistungs- oder Produktionsaufträgen, genossenschaftliche Teilzahlungsbanken). Wegen Mischformen im Unternehmensgegenstand: *Westermann*, Zur Reform, Bd. 1 S. 93.

### 1. Kreditgenossenschaften

62 „Vorschuß- und Kreditvereine" werden heute allgemein als **„Kreditgenossenschaften"** oder „Genossenschaftsbanken" bezeichnet. Näheres dazu: *Lürig*, in HdG, Kreditgenossenschaften, Sp 1050 ff; *Baumann*, Die Volksbanken; *Dieckhöner*, Genossenschafts-Lexikon S. 390. Sie firmieren als Volksbanken, Raiffeisenbanken, Spar- und Darlehnskassen, Beamtenbanken, Sparda-Banken (Hierzu: *Hahn*, Die Position der Sparda-Banken, ZfG 1988, 176 ff). Die Post, Spar- und Darlehensvereine bestehen in der Rechtsform des Wirtschaftsvereins, aber mit genossenschaftlicher Struktur; mit Änderung des Umwandlungsrechts (s. § 1 Rdn. 148 ff) können sie in die angemessene Rechtsform der eG umgewandelt werden. Zur Firma vgl. § 3 Rdn. 6.

63 Die Kreditgenossenschaften sind **Universalbanken**, die ihre Tätigkeit auf die Bedürfnisse der Mitglieder ausrichten (*Kuhn*, ZfG 1986, 5 ff). Gegenstand des Unternehmens ist – nach näherer Bestimmung durch die Satzung – die **Ausübung aller Bankgeschäfte** im Sinne von § 1 KWG sowie darüber hinaus aller banküblichen Geschäfte, z. B.

- die Gewährung von Krediten aller Art einschließlich des Ankaufs von Wechseln sowie der Übernahme von Bürgschaften, Garantien und sonstigen Gewährleistungen für andere,
- die Pflege des Spargedankens, vor allem durch Annahme von Spareinlagen und die Annahme sonstiger Einlagen, den An- und Verkauf sowie die Verwahrung und Verwaltung von Wertpapieren,
- die Durchführung des bargeldlosen Zahlungsverkehrs und des Abrechnungsverkehrs,
- den An- und Verkauf von Devisen und fremden Geldsorten, das Außenhandelsgeschäft,
- die Vermittlung von Versicherungen und Bausparverträgen,
- das Factoringgeschäft (Ankauf von Kundenforderungen aus Warenlieferungen gegen Barzahlung und Einziehung der Forderung bei Fälligkeit

auf eigene Rechnung, also Übernahme des Kreditrisikos und Debitorenbuchhaltung als Dienstleistung),
- das Leasinggeschäft (mietweise Zurverfügungstellung von Anlagen, Einrichtungen oder Grundstücken, wobei sich der Miet- oder Pachtpreis an Abnutzungs- und Finanzierungskosten orientiert),
- das Warengeschäft bei „Kreditgenossenschaften mit Warengeschäft", insbesondere im ländlichen Raum.

Soweit eine Kreditgenossenschaft im Rahmen ihrer Satzung z. B. eine **64**
Abteilung zum Forderungsinkasso für die Mitglieder unterhält, verstößt dies nicht gegen das **Rechtsberatungsgesetz**, weil diese Förderleistung im Rahmen des Aufgabenbereichs der Genossenschaft liegt. Erlaubnis hierzu ist nicht erforderlich (§ 3 Ziff. 7 RBerG; BGH, WM 1969, 1277 und BlfG 1969, 457).

Unter den Begriff „Kreditgenossenschaft" fallen auch **Spezialinstitute**, **65**
wie Bürgschafts-, Haftungs- und Garantiegenossenschaften, bei denen Gegenstand des Unternehmens die Gewährung von Krediten durch Übernahme von Bürgschaften, Haftungen oder Garantien zugunsten der Mitglieder ist, nicht dagegen Wohnungsbaugenossenschaften mit Spareinrichtung. Auf diese findet das Gesetz über das Kreditwesen nach Maßgabe des Schreibens des Bundesaufsichtsamtes für das Kreditwesen v. 20. 9. 1978 Anwendung (Wohnungswirtschaftl. Gesetzgebung, 1978, 178).

Auf die Kreditgenossenschaften findet das **Gesetz über das Kreditwe-** **66**
**sen** (KWG) Anwendung. Grundsätzlich handelt es sich im Verhältnis zum Genossenschaftsgesetz nicht um konkurrierende Regelungen; das GenG bestimmt die gesellschaftsrechtlichen Verhältnisse, während das KWG als „Grundgesetz" des deutschen Kreditwesens das Ziel verfolgt, die Ordnungsmäßigkeit der Bankgeschäfte einschließlich der staatlichen Überwachung (Bundesaufsichtsamt für das Kreditwesen) sicherzustellen. Wo Überschneidungen möglich sind, hat das KWG gegenüber dem Genossenschaftsgesetz keinen Vorrang (a. A. als unzutreffend abzulehnen: *Schnack*, Bayer. Raiffeisenblatt 1977, 335). Insbesondere sind die Vorschriften zur Sicherung von Liquidität und Rentabilität der Bank nicht geeignet, den genossenschaftlichen Förderauftrag außer Kraft zu setzen. Wenn das Bankgeschäft in der Rechtsform der eG geführt wird, bleibt dieses Unternehmen an den Förderauftrag gebunden (zum KWG: Kommentare *Reischauer/Kleinhans* und *Consbruch/Müller, Bähre/Schneider*; zur Anwendung auf Kreditgenossenschaften: *Müller*, Anhang zu § 1 Rdn. 21 ff).

### 2. Einkaufsgenossenschaften

„Rohstoffvereine" bestehen heute als **Einkaufsgenossenschaften** mit **67**
Schwergewicht im gewerblichen Sektor (Handel und Handwerk). Gegen-

stand des Unternehmens ist der Einkauf von Rohstoffen, insbesondere von Handelswaren auf der Großhandelsstufe für die Mitglieder. Im Bereich landwirtschaftlicher eG ist die Einkaufsfunktion regelmäßig verbunden mit Absatz und Vermarktung der Erzeugnisse der Mitglieder.

**68** Die Entwicklung der modernen eG und die vielfältigen Bedürfnisse der Mitglieder in der Wettbewerbswirtschaft bringen es mit sich, daß reine Einkaufs- oder Absatzgenossenschaften nur selten bestehen; diese Haupttätigkeit ist zumindest mit Dienstleistungen wie Beratungen usw. verbunden, bis hin zur sogenannten **„Full-Service-Genossenschaft“** (vgl. *Paulick* S. 52; *Westermann*, Zur Reform, S. 93).

**69** Die Mitglieder der Einkaufsgenossenschaften treten der eG im Geschäftsverkehr als **Marktpartner** gegenüber; sie sind grundsätzlich nicht verpflichtet, bei der eG zu kaufen. Aus dem gegenseitigen genossenschaftlichen **Treueverhältnis** kann jedoch für das Mitglied u. U. die grundsätzliche Verpflichtung folgen, auch das Angebot der eG zu prüfen. Erfüllung des genossenschaftlichen Förderauftrags bedeutet, den Mitgliedern langfristig und im ganzen gesehen Angebote zu machen, die zumindest den Konditionen der Wettbewerber entsprechen.

**70** Im Rahmen ihrer satzungsmäßigen Aufgaben führen die Einkaufsgenossenschaften auch das **Strecken- und Vermittlungsgeschäft** für die Mitglieder durch. Beim Streckengeschäft wird die Ware über die eG vom Lieferanten bestellt, jedoch unmittelbar an das Mitglied geliefert. Beim Vermittlungsgeschäft tritt die eG lediglich als Vermittler auf, wobei die eG zum Teil zusätzliche Leistungen erbringt, wie die Übernahme des **Delcredere** (Bürgschaft) oder des **Inkassos** bzw. der **Zentralregulierung**. Mit der Übernahme des Inkassos gegenüber dem Lieferanten verbindet sich im allgemeinen die Zentralregulierung der Forderungen des Vertragslieferanten gegen die Mitglieder.

### 3. Absatzgenossenschaften

**71** **Absatzgenossenschaften** sind insbesondere die landwirtschaftlichen Warengenossenschaften, die zum Teil nach Verarbeitung (Verwertungsgenossenschaften, Produktionsgenossenschaften, s. Rdn. 92) landwirtschaftliche Erzeugnisse ihrer Mitglieder an den Handel oder die Verbraucher (z. B. Molkereigenossenschaften, Winzergenossenschaften, Viehverwertungs- und Eierverwertungsgenossenschaften usw.) verkaufen. Damit verbunden ist regelmäßig der Bezug landwirtschaftlicher Bedarfsartikel durch die Mitglieder, wie Düngemittel, Futtermittel, Saatgut, Schädlingsbekämpfungsmittel, Landmaschinen usw. Diese Genossenschaften firmieren daher als „Bezugs- und Absatzgenossenschaften“.

Zu den **„Verwertungsgenossenschaften"** zählen genossenschaftliche Unternehmen, die Erzeugnisse ihrer Mitgliederbetriebe verarbeitet oder unverarbeitet auf gemeinschaftliche Rechnung verwerten, wie z. B. Molkereigenossenschaften, Obst- und Gemüseverwertungsgenossenschaften, Fischereigenossenschaften, Winzergenossenschaften usw. 72

Unter **„Magazinvereinen"** wurden früher eG verstanden, die gewerbliche Erzeugnisse ihrer Mitglieder in Lagerhallen und Verkaufsstätten zum Verkauf brachten. Diese eG als „Vertriebsgenossenschaften" haben heute kaum noch Bedeutung. 73

### 4. Produktivgenossenschaften

Die **Produktivgenossenschaft** (PG) ist eine besondere Form der eG. 74
Das „Identitätsprinzip" (vgl. Rdn. 9) besteht in der Weise, daß die Mitglieder **gleichzeitig Unternehmer und Mitarbeiter** – Arbeitgeber und Arbeitnehmer – sind (näher hierzu *Dülfer*, HDG, Sp. 1356). Dieses Merkmal wird allgemein anerkannt, es ergibt sich aber nicht unmittelbar aus dem Wortlaut von § 1 Abs. 1 Ziff. 4.

Der Gesetzestext „Herstellung von Gegenständen zum Verkauf auf gemeinsame Rechnung" meint gemeinsame Produktion in der Weise, daß die Mitglieder – alle Mitglieder – als unselbständige Arbeitnehmer im Betrieb der eG beschäftigt sind. Die **Förderleistung** besteht in der Schaffung und Erhaltung des Arbeitsplatzes, der Vergütung für die geleistete Arbeit sowie der Teilnahme am Gewinn. Unter diesem Gesichtspunkt bestehen keine Bedenken, die Produktivgenossenschaft in den Begriff von § 1 einzuordnen – zumal die Teilnahme am Gewinn nicht die primäre Fördererwartung darstellt. Es handelt sich insoweit um eine **„typische Produktivgenossenschaft"** (wegen atypischer PG s. unten Rdn. 84 ff).

Die PG ist geprägt durch die zweifache Bindung der Mitglieder als 75
**Gesellschafter und als Arbeitnehmer**, es besteht eine gesellschaftsrechtliche und eine arbeitsrechtliche Beziehung. Die arbeitsrechtliche Beziehung hat ihre Grundlage in der Mitgliedschaft, sie ist Voraussetzung dafür, daß die PG Förderleistungen im Sinne ihres Unternehmensgegenstandes erbringen kann. Ohne ein Arbeitsverhältnis verliert die Mitgliedschaft ihren Sinn. Die Arbeit in der PG steht im Mittelpunkt der Pflichten der Mitglieder. Bewährte Mitarbeiter sollten als Mitglieder gewonnen werden.

Wegen der Rechtsstellung der Mitarbeiter in der früheren LPG und nach der Wiedervereinigung durch das Landwirtschaftsanpassungsgesetz: BAG, Urt. v. 16. 12. 1995, DB 1995, 1519.

Die Schwierigkeiten, die sich in der Praxis aus dem Widerspruch zwischen der gesellschaftsrechtlichen Gleichstellung und der arbeitsrechtlichen

Ein- und Unterordnung in die Betriebshierarchie ergeben (vgl. *Dülfer*, HdG, Sp. 1368), machen es erforderlich, das Verhältnis der beiden Rechtsbereiche differenziert zu sehen: Genossenschaftsrechtliche Grundsätze, wie z. B. die Gleichbehandlung können im Bereich des Arbeitsrechts keine Anwendung finden; unterschiedliche Vergütung – je nach Leistung – wirkt dem Schmarotzertum entgegen. Anderseits erscheint es in Teilbereichen erforderlich anzuerkennen, daß arbeitsrechtliche Sachverhalte nicht ohne Einfluß auf die Mitgliedschaft bleiben können: Die Mitgliedschaft in der PG hat ihre Rechtfertigung in dem Bestehen eines Arbeitsverhältnisses. Es erscheint daher gerechtfertigt, daß die Satzung das Bestehen eines Arbeitsverhältnisses als Voraussetzung der Mitgliedschaft festlegt, und folgerichtig die Beendigung des Arbeitsverhältnisses als **Ausschlußgrund** definiert (Ausschluß, „wenn die Voraussetzungen für die Aufnahme weggefallen sind").

Im Falle der PG ist unter dem Gesichtspunkt der **genossenschaftlichen Treuepflicht** das möglicherweise existentielle Interesse der Betroffenen an der Mitgliedschaft zu beachten. Dies muß grundsätzlich auch schon bei einer Kündigung des Arbeitsverhältnisses gelten, besonders dann, wenn die Satzung das Bestehen eines Arbeitsverhältnisses als Bedingung für den Fortbestand der Mitgliedschaft definiert. Eine betriebsbedingte Kündigung muß im Interesse der Arbeitsfähigkeit der PG und damit ihrer Mitglieder grundsätzlich möglich sein (a. A. LG Berlin v. 17. 10. 1995, AZ: 35 0 26/95; es will die betriebsbedingte Kündigung bei PG ausschließen, dies offenbar in dem Bemühen, Ungerechtigkeiten beim Übergang früherer Produktionsgenossenschaften der DDR in die Marktwirtschaft und in das Rechtssystem der Bundesrepublik zu vermeiden – insoweit ein Sonderfall). Beim Ausschluß sind in diesen Fällen alle schutzwürdigen Belange des Mitglieds zu beachten, wie die Dauer der Zugehörigkeit zur PG, die Dauer des Arbeitsverhältnisses, die Arbeitsleistung sowie die Möglichkeit, anderweitig eine Beschäftigung zu finden. An die Erforderlichkeit der Kündigung sind besonders strenge Maßstäbe anzulegen. Unangemessen und unzulässig wären Kündigung und Ausschluß grundsätzlich dann, wenn z. B. Mitglieder im Interesse einer Rücklagenbildung der PG auf mögliche Lohnanteile verzichtet haben. Die Einrichtung eines **Beteiligungsfonds** im Sinne von § 73 Abs. 3 könnte in diesen Fällen geeignet sein, ausscheidenden Mitgliedern einen gerechten Vermögensausgleich zu gewähren (vgl. auch § 65 Rdn. 31 und § 1 Rdn. 90).

**76** Für die **genossenschaftliche Rückvergütung** bei Produktivgenossenschaften gilt:

– Der aus den Erträgen der Mitglieder-Arbeitnehmer erwirtschaftete Überschuß kann im Wege der genossenschaftlichen Rückvergütung auf diese verteilt werden.

– Der durch Nichtmitglieder-Arbeitnehmer erwirtschaftete Überschuß kann nicht als genossenschaftliche Rückvergütung ausgezahlt werden.

Wenn auch die PG eindeutig dem Begriff des § 1 zuzuordnen ist, so wird es dennoch als Mangel empfunden, daß das GenG die **Besonderheiten** dieser Unternehmensform unberücksichtigt läßt. Dies mag damit zusammenhängen, daß die PG in der Vergangenheit keine wesentliche Bedeutung erlangen konnte und somit kaum ein Bedürfnis für weitergehende Regelungen vorhanden war. **77**

Nach verbreiteter Auffassung hat die PG **strukturelle Schwächen**, die zu entscheidenden Nachteile im Wettbewerb führen und längerfristig die Leistungsfähigkeit und Existenz dieser Unternehmen gefährden (vgl. *Dülfer*, HDG, Sp. 1356 ff; *Metz*, Die Produktivgenossenschaft in der Marktwirtschaft, DWiR 1991, 52 und Neue Landwirtschaft, Briefe zum Agrarrecht, 1995, 74). **78**

Im theoretischen Ansatz – selbstbestimmte, eigenverantwortliche Arbeit – bleibt die Produktivgenossenschaft zeitlos aktuell; die Probleme liegen in der praktischen Umsetzung. Es bestehen Schwierigkeiten bei der Willensbildung, bei unternehmerischen Entscheidungen, der Zuordnung von Risiko und Gewinn und vor allem wegen der Spannung zwischen arbeitsrechtlicher Einordnung als Mitarbeiter und gesellschaftsrechtlicher Gleichstellung als Mitglieder (vgl. *Dülfer*, HDG, Sp. 1368). Gerade der Grundsatz der genossenschaftlichen Gleichbehandlung führt in der Praxis nicht selten zu Schmarotzertum und einer dadurch bedingten Mitarbeitermotivation auf relativ niedrigem Niveau; die rechtlich abgesicherte Stellung als Mitglied kann ein Hindernis sein bei der notwendigen Durchsetzung arbeitsrechtlicher Sanktionen.

Soweit die Leistungsmotivation der Mitarbeiter und eine optimale Organisation von Betrieb und Unternehmen der Produktivgenossenschaft gelingen, besteht die naheliegende Gefahr der Abschottung gegen neue Bewerber um die Mitgliedschaft; die erforderlichen Arbeitskräfte werden als Arbeitnehmer ohne gesellschaftsrechtliche Beteiligung angestellt (*F. Oppenheimer*, **„Transformationsgesetz"** s. Rdn. 84). In diesen Fällen hat sich die genossenschaftliche Unternehmensform durchaus als erfolgreich erwiesen im Sinne einer wirtschaftlichen Förderung der Mitglieder. Ob sie als Produktivgenossenschaft weiter bestehen kann, hängt dann u. a. von den rechtlichen und betrieblichen Rahmenbedingungen ab.

Vor dem Hintergrund der Suche nach **alternativen Wirtschaftsformen** hat Mitte der 80er Jahre die Produktivgenossenschaft besondere Aktualität erhalten. Insbesondere junge Menschen versuchen, in dieser Unternehmensform eine Arbeitsmöglichkeit ohne Einordnung in eine Betriebshierarchie zu schaffen; gemeinsame Verantwortung und Solidarität sollen solche Betriebe prägen. Die Motive für die Gründungen sind unterschiedlich, **79** sie reichen von gesellschaftspolitischen und ideologisch bedingten Vorstellungen bis zu durchaus realistischen Bemühungen um Verbesserungen in Wirtschaft und Arbeitswelt. Näher hierzu *Hahn*, Ideen, Wünsche und Versuche einer neuen Genossenschaftsbewegung, ZfG 1986, 112 ff; *Kück*, Partizipationsprobleme in selbstverwalteten Betrieben, ZfG 1987, 23 ff; *Rheinberg*, Zur Frage der Gründungsprüfungen bei Produktivgenossenschaften, ZfG 1987, 38 ff; *Wiemeyer*, Produktivgenossenschaften und selbstverwaltete Unternehmen – Instrumente der Arbeitsbeschaffung?

**80** Die Frage nach der Leistungsfähigkeit und der Überlebensfähigkeit der Produktivgenossenschaft hat durch die politische und wirtschaftliche Situation nach dem Untergang der **früheren DDR** besondere Aktualität gewonnen. Die Wirtschaft der DDR war weitgehend „genossenschaftlich" organisiert. So erbrachten z. B. 3850 „Landwirtschaftliche Produktionsgenossenschaften" (LPG) mit 850 000 Mitgliedern 92 % der landwirtschaftlichen Produktion; 2700 „Produktionsgenossenschaften des Handwerks" (PGH) mit 160 000 Mitgliedern hatten einen Anteil von 40 % der gesamten Handwerksleistungen.

Obwohl das **Genossenschaftsgesetz in der DDR** formal nicht aufgehoben war, wurde es verdrängt von Spezialgesetzen und verbindlichen „Musterstatuten". In der Zielsetzung und rechtlichen Struktur hatten diese sozialistischen Betriebsformen kaum mehr Ähnlichkeit mit den eG nach dem Genossenschaftsgesetz. Unternehmenszweck war nicht mehr die wirtschaftliche Förderung der Mitglieder, sondern ausdrücklich eine „sozialistische Großproduktion" mit der Hauptaufgabe, die im „Volkswirtschaftsplan übertragenen Aufgaben zur Versorgung der Bevölkerung" … „auf der Grundlage der Beschlüsse der Sozialistischen Einheitspartei Deutschlands" zu erfüllen (vgl. Gesetz über die landwirtschaftlichen Produktionsgenossenschaften v. 2. 7. 1982, GBl. I Nr. 25 S. 443, Einleitung und § 3 Abs. 1 Satz 1, § 4 Abs. 1 Satz 1, § 6 Abs. 1 Satz 1; Musterstatute LPG Pflanzenproduktion, LPG Tierproduktion, vom Ministerrat bestätigt am 28. 7. 1977, jeweils unter I.3.; näher dazu LPG-Recht, Lehrbuch, Staatsverlag der DDR, Berlin 1976).

Auch die Beachtung des Rechtsgrundsatzes der Freiwilligkeit war – jedenfalls in der praktischen Durchführung – mehr als problematisch.

**81** Mit dem **Landwirtschaftsanpassungsgesetz** (LwAnpG) vom 29. 6. 1990 hat noch die Volkskammer der DDR in Zusammenhang mit der politischen Wende den Weg bereitet für eine differenzierte Gestaltung der landwirtschaftlichen Produktion. Es wurde die Möglichkeit vorgesehen, durch „Teilung" neue eG, Personengesellschaften oder Kapitalgesellschaften zur landwirtschaftlichen Produktion zu bilden (§§ 44 ff LwAnpG). Eine LPG konnte auch durch Formwechsel in eine eG umgewandelt werden (§§ 27 ff LwAnpG).

Das Gesetz räumt den Mitgliedern das Recht ein, ohne Einhaltung der Kündigungsfristen aus der eG auszuscheiden. Damit soll der Tatsache Rechnung getragen werden, daß im Zuge der Kollektivierung der Landwirtschaft in der früheren DDR die Mitgliedschaft in vielen Fällen nicht freiwillig erworben worden war. Ausscheidende Mitglieder sind auf der Grundlage von § 44 LwAnpG anteilig abzufinden, wobei der Verkehrswert unter Einbeziehung stiller Reserven maßgeblich ist (BGH v. 8. 12. 1995, AZ: Blw 28/95).

Es ist zu bedauern, daß sowohl das LwAnpG als auch der Einigungsvertrag zwischen der Bundesrepublik Deutschland und der DDR vom 6. 9. 1990 nicht die Möglichkeit vorgesehen haben, die bestehenden Produktionsgenossenschaften nach den Regeln des GenG umzustrukturieren und fortzuführen – vorbehaltlich der Möglichkeit einer Auflösung oder Umwandlung in andere Rechtsformen. Die Erfahrung zeigte, daß oft unter Zeitdruck neue Strukturen geschaffen worden sind, die den Interessen der Beteiligten nur schwer gerecht werden konnten. So konnte trotz aller guten Absichten des Gesetzgebers nicht verhindert werden, daß in vielen Fällen die Umwandlung landwirtschaftlicher Produktionsbetriebe in die Rechtsform der GmbH ohne Rücksicht auf die existentiellen Interessen der Mitglieder durchgeführt worden ist. **82**

Unter Beachtung der **Rahmenbedingungen in den neuen Bundesländern** bedarf es einer rechtlichen Interpretation der Regelungen des GenG, die den Besonderheiten der Produktivgenossenschaften gerecht wird; der PG müssen die rechtlichen Möglichkeiten eingeräumt werden, die für die Erfüllung des gesetzlichen Förderauftrages und damit für das Bestehen im Wettbewerb unverzichtbar sind. Solange das Gesetz solche Regelungen nicht enthält, muß die Satzung von ihrer Regelungskompetenz im Sinne von § 18 Satz 1 Gebrauch machen. Die Spielräume dafür sind bei weitem noch nicht ausgeschöpft, sicher auch, weil noch zu wenig Erfahrungen aus der Rechtsanwendung in der Praxis vorliegen (vgl. *Steder*, Produktivgenossenschaften, S. 142 ff). **83**

Die Satzung der PG sollte sich um Regelungen bemühen z. B. zu Fragen der Entscheidungsfindung, der Gewinnverwendung, der ausreichend abgesicherten Bildung von Eigenkapital, der Voraussetzungen für den Erwerb und das Fortbestehen der Mitgliedschaft (vgl. als Beispiel die Erfahrungen der Gerätewerke Matrei Gen.m.b.H., dargestellt von *Andreae/Niehues*, ZfG 1990, 166).

Im übrigen dürfte das seit der Novelle 1973 geltende GenG ausschließen, daß die PG durch „basisdemokratische" Entscheidungen in Fragen der Geschäftsleitung unbeweglich und nicht wettbewerbsfähig wird. Insoweit sind die immer wiederkehrenden Forderungen nach einer Modernisierung des GenG längst erfüllt: Auch für die PG gelten die zwingenden Kompetenzzuweisungen des Gesetzes; für die Leitung ist grundsätzlich der Vorstand zuständig und verantwortlich (s. Erl. zu § 27 und 34).

**Entwicklungstendenzen der PG**

**84** Im Verlauf der Geschichte der Produktivgenossenschaft haben sich typische „Wandlungserscheinungen" ergeben; seit *Oppenheimer* wird hierfür der Begriff eines **„Transformationsgesetzes"** verwendet. Dieses „Gesetz" meint eine zwangsläufige Entwicklung der PG zu einer gewinn- und kapitalorientierten Gesellschaftsform. Die vorhandenen Mitglieder haben kein Interesse daran, neue Mitglieder aufzunehmen, weil sie Substanz und Erträge des Unternehmens nicht mit weiteren Personen teilen wollen. Der Bedarf an Mitarbeitern wird dann dadurch gedeckt, daß lohnabhängige Arbeitnehmer angestellt werden, ohne daß beabsichtigt ist, diese als Mitglieder in die eG aufzunehmen. Tendenziell verringert sich dadurch ständig die Zahl der Mitglieder bis zur gesetzlichen Mindestzahl, während gleichzeitig die Zahl der abhängig beschäftigten Nichtmitglieder zunimmt. Die Förderung der Mitglieder verlagert sich in diesen Fällen mehr und mehr auf die Teilhabe am Unternehmensgewinn, der Weg in die Kapitalgesellschaft scheint vorgezeichnet.

Eine solche Entwicklung war bei Produktivgenossenschaften tatsächlich schon zu Beginn der Genossenschaftsbewegung in verschiedenen Bereichen zu beobachten; sie hat sich seit Bestehen der modernen eG offensichtlich in vielen Fällen bestätigt.

**85** Die historischen Erfahrungen belegen aber, daß es sich keineswegs um eine zwingende Gesetzmäßigkeit der Transformation handelt, sondern um Erfahrungen, die differneziert zu werten sind. In Hinblick auf die Agrargenossenschaften ist bemerkenswert, daß schon *Oppenheimer* ausdrücklich diese Produktivgenossenschaften von der Transformationstendenz ausgenommen hat (ausführlich dazu: *Steding*, Die Produktivgenossenschaften, S. 68 ff; auch *Fricke*, Die landwirtschaftliche Produktivgenossenschaft; er hält die Rechtsform der eG für besonders geeignet zur Organisation landwirtschaftlicher Betriebsgemeinschaften).

Es ist abzuwarten, ob und wie sich nach dem Untergang der sozialistischen „Produktionsgenossenschaften" der früheren DDR das Bild der Produktivgenossenschaften in den neuen Bundesländern entwickeln und vielleicht auch wandeln wird. Schließlich bestehen für die besondere Situation dieser eG keine historischen Erfahrungen. Allein der Erfolg am Markt soll und wird letztlich über die Zukunft dieser Unternehmen entscheiden; es wird sich die Rechtsform durchsetzen, die den Interessen der Mitglieder am besten entspricht.

Allein durch die Anstellung **lohnabhängiger Arbeitnehmer** ohne Mitgliedschaft wird eine Produktivgenossenschaft noch nicht zur Kapitalgesellschaft. Sie bleibt eG, allerdings mit einem neuen Schwerpunkt der Förderleistungen. Da das Gesetz nicht vorschreibt, in welcher Weise die Mitglieder zu fördern sind, bestehen grundsätzlich keine Bedenken dagegen, daß die erarbeiteten Erträge auch in Form der Gewinnverteilung den Mitgliedern zugute kommen, wenn andere Förderleistungen nicht möglich sind (wegen Gewinn als Förderleistung vgl. *Baumgartl*, Förderungsauftrag) – sofern im übrigen die genossenschaftlichen Strukturmerkmale erhalten bleiben. Dies ist der Fall, solange der gemeinschaftliche Betrieb die wirtschaftlichen Interessen der Mitglieder fördert, und dies kann auch in gemischter Form geschehen durch Arbeitsvergütung und Teilhabe an der Überschußverteilung. **86**

Den Rahmen der eG verläßt diese eG erst, wenn zur Deckung des Kapitalbedarfs mit den Mitteln der Kapitalgesellschaft der Markt in Anspruch genommen wird. Erst wenn in erheblichem Umfang **fremdes Kapital** genutzt wird, stellt sich die Frage nach einer anderen Rechtsform; die Kapitalgeber wollen entsprechend ihrer Beteiligung Einfluß im Unternehmen haben. Dies widerspräche dem Grundsatz der genossenschaftlichen Selbstverwaltung, damit würden unverzichtbare genossenschaftliche Strukturen verlassen. Die eG wäre gehalten, ihre Rechtsform entsprechend anzupassen, z. B. durch Umwandlung in eine Aktiengesellschaft. **87**

Im übrigen muß die Umwandlung nicht in jedem Fall bedeuten, daß die Produktivgenossenschaft versagt habe. In vielen Fällen hat sie die wirtschaftlichen Interessen der Mitglieder und ihre wirtschaftliche Unabhängigkeit in so hervorragender Weise gefördert, daß diese ihre Fördergemeinschaft nicht mehr benötigen und die Möglichkeit haben, den Betrieb nur noch erwerbswirtschaftlich zu nutzen.

In der Diskussion um die optimale Rechtsform wird regelmäßig auf die Schwierigkeit der eG bei der **Kapitalbeschaffung** hingewiesen – angeblich im Gegensatz zur AG. Es ist zwar richtig, daß die AG gerade durch den Zweck gekennzeichnet ist, am Markt Kapital zu sammeln, übersehen wird dabei: Soweit es um die Kapitalressourcen der Mitglieder selbst geht und ihre Bereitschaft, sie dem Förderunternehmen zur Verfügung zu stellen, sind kaum Vorteile der AG zu erkennen. In Anbetracht der grundsätzlich unbeschränkten Leistungskompetenz des Vorstandes dürfte einem beteiligungsabhängigen Stimmrecht auch nur theoretische Bedeutung zukommen. Kapitalhingabe zur unmittelbaren wirtschaftlichen Förderung durch die eG sollte nicht weniger einleuchtend sein, als die Erwartung, das Kapital möge sich durch Teilhabe am inneren Wert des Unternehmens vermehren. Zum Kapitalmarkt hat die AG grundsätzlich besseren Zugang – obgleich der eG durch Hereinnahme stiller Beteiligungen und die Ausgabe von Genußrech- **88** ten (s. Rdn. 301 ff) auch weitere Möglichkeiten erschlossen werden. Entscheidend ist aber, ob es im Interesse der Mitglieder liegen kann, daß außenstehende Kapitalgeber – möglicherweise Wettbewerber oder Geschäftspartner mit gegenläufigen Interessen – entscheidenden Einfluß auf das Unternehmen haben sollen. Diese Folgen einer Kapitalbeschaffung am Markt müssen bei der Diskussion um die Rechtsform gesehen werden.

89 Bei der Anwendung des GenG in den **neuen Bundesländern** sind die tatsächlichen und rechtlichen Umstände und besonderen Schwierigkeiten der Übergangszeit zu berücksichtigen. So hat mit guten Gründen das OLG Jena ausgeführt, daß für die Frage der Beendigung der Mitgliedschaft in einer früheren PGH auch nach dem 3. 10. 1990 noch das frühere PGH Musterstatut zu beachten sei (OLG Jena, Beschluß v. 8. 8. 1994, ZIP 21/94 Nr. 384). Dies muß grundsätzlich auch für die vielen Rechtsunsicherheiten bei der Umwandlung und Neustrukturierung früherer LPG und PGH und vor allem auch im Registerrecht gelten.

90 Die bisherigen Beurteilungen der Produktivgenossenschaften waren wegen fehlender praktischer Erfahrungen weitgehend auf theoretische Erwägungen aufgebaut. Inzwischen liegen aber in den neuen Bundesländern **bedeutsame Erfahrungen** aus der Praxis vor, die einige Feststellungen im Sinne einer vorsichtigen und vorläufigen Zwischenbilanz erlauben:

1. In den neuen Bundesländern bilden z. B. die **Agrargenossenschaften** in der Rechtsform der Produktivgenossenschaft ein ganz erhebliches Produktionspotential. Im Wettbewerb der Rechts- und Betriebsformen haben sie eine positive Entwicklung genommen, wie sie nicht erwartet worden war. Die Existenz dieser Betriebe im Wettbewerb erscheint gesichert.
2. Mit der Fortführung der früheren LPG als eG konnten grundsätzlich die z. T. gravierenden Ungleichgewichte und **Ungerechtigkeiten** den Mitgliedern gegenüber verhindert werden, wie sie zumal bei der **Umgründung in Kapitalgesellschaften** systematisch betrieben wurden. Das Genossenschaftsrecht verhindert, daß z. B. Personen der Leitungsebene die Kapitalanteile und damit die Stimmrechte erwerben, und die Mehrzahl der Mitglieder mit unterbewerteten Auseinandersetzungsguthaben abgefunden werden.
3. Die vorgegebene **Größe** der Agrargenossenschaft hat sich nicht als Nachteil erwiesen; die Ergebniszahlen bestätigen vielmehr die Tendenz zunehmender Wirtschaftlichkeit mit zunehmender Betriebsgröße.
4. Die in der Fachliteratur betonten systembedingten **„klassischen" Probleme** der PG haben sich in der Praxis der Agrargenossenschaften durchweg nicht bestätigt:

- Besondere Schwierigkeiten bei der **Willensbildung**, den unternehmerischen Entscheidungen, der Zuordnung von Risiko und Gewinn (s. Rdn. 78) sind kaum festzustellen.
- Die sich aus dem Wettbewerb des Marktes ergebenden Zwänge schließen jedes **Schmarotzertum** aus. Die notwendige Reduzierung der Mitarbeiterzahlen orientierte sich folgerichtig an Kriterien der Leistungswilligkeit und Leistungsfähigkeit.
- Eine Tendenz zur **„Transformation"** (s. Rdn. 84) ist jedenfalls bisher nicht festzustellen. Dagegen sind die Agrargenossenschaften mit Erfolg bemüht, tüchtige Mitarbeiter als Mitglieder aufzunehmen.
- Die Mitglieder sind durchweg bereit, sich durch **Übernahme weiterer Geschäftsanteile** in größerem Umfang am Kapital der eG zu beteiligen.

**Probleme** bestehen noch wegen einer geeigneten Bezugsgröße für die Bemessung der **Rückvergütung** und vor allem in Hinblick auf praxisnahe und gerechte Regelungen für das **Ausscheiden von Mitgliedern**. Für die Lösung dieses Problems bietet sich aus heutiger Sicht die Einführung eines **Beteiligungsfonds gemäß § 73 Abs. 3 GenG** an. Die Beziehung der Mitglieder zu ihrer Agrargenossenschaft als PG unterscheidet sich wesentlich von den Verhältnissen bei anderen Genossenschaften: Die Mitgliedschaft und das damit verbundene Arbeitsverhältnis zur eG stellen die alleinige Existenzgrundlage des Mitglieds dar; es hat daneben grundsätzlich kein anderes Einkommen. Dies prägt im positiven Sinn die besondere Bindung an die eG, gebietet aber andererseits Lösungen, die den existentiellen Bedürfnissen der Mitglieder auch für den Fall der Beendigung der Mitgliedschaft gerecht werden.

Eine vorurteilsfreie Bewertung dieser Erfahrungen legt die Frage nahe, ob es nicht sinnvoll sein könnte, auch in den **westlichen Bundesländern** bei der unvermeidlichen Umstrukturierung der landwirtschaftlichen Betriebe kooperative Formen zu erproben, um im Sinne von *Schulze-Delitzsch* durch gemeinsame Produktion unter Wahrung größtmöglicher Unabhängigkeit und privaten Eigentums gegenüber den großbetrieblichen Produktionsformen bestehen zu können. Das Gesetz bietet dafür die Produktivgenossenschaft an.

Die Entwicklung wird zeigen, ob und unter welchen Verhältnissen die Unternehmens- und Rechtsform der Produktivgenossenschaft geeignet sein kann, langfristig im Wettbewerb der Marktwirtschaft zu bestehen und die Fördererwartung der Mitglieder zu erfüllen. Dies gilt in erster Linie für die Agrargenossenschaften und Nachfolgegenossenschaften der früheren PGH. Immerhin verfügen die Agrargenossenschaften über manche Strukturvorteile, die dafür sprechen könnten, daß sie – bei sachverständiger Leitung und moderner Arbeitsweise – manchen Betrieben in Westdeutschland und Westeuropa überlegen sind.

91 **Literatur zur Produktivgenossenschaft**

*Andreae/Niehues*, Produktivgenossenschaften als alternative Unternehmensform, dargestellt am Beispiel der Gerätewerk Matrei Gen.m.b.H., Tirol Österreich, ZfG 1990, 166.

*Bakoniy*, Probleme der Leistungsmotivation in landwirtschaftlichen Produktivgenossenschaften, ZfG 1988, 77.

*Beckmann*, Zur ökonomischen Theorie der Transformation von Produktivgenossenschaften, ZfG 1993, 217.

*Bergemann/Steding*, Genossenschaftsregister – Gründung, Umwandlung und Auflösung von Genossenschaften, ZAP, Ausgabe Das Recht der neuen Bundesländer, 1992, 417.

*Betsch*, Kreditgenossenschaft als Mitarbeiterunternehmung, ZfG 1974, 307.

*Beywl*, Produktivgenossenschaften in den neuen Bundesländern, ZfG 1991, 37.

*Diederichs*, Zur Reform, Bd. 3 S. 369.

*Dülfer*, in: Betriebswirtschaftslehre der Kooperative, Göttingen 1984.

*Hahn*, Die Entwicklung der Genossenschaftsorganisationen in den neuen Bundesländern, ZfG 1991, 27.

*Henzler*, S. 189.

*Metz*, Die Produktivgenossenschaft in der Marktwirtschaft, DWiR 191991, 52.

*Metz*, Die Agrargenossenschaft, eine Rechtsform in der Landwirtschaft, Neue Landwirtschaft, Briefe zum Agrarrecht, 1995, 74.

*Münkner*, Review of International Cooperation, Vol. 72 Nr. 31979.

*Pelzl*, Traditionelle und moderne Produktivgenossenschaften, finanzielle Existenzbedingungen und Möglichkeiten des Überlebens, ZfG 1989, 260.

*Rönnebeck*, Genossenschaftslexikon, Wiesbaden 1992.

*Rönnebeck*, Zu Problemen der strukturellen Anpassung der landwirtschaftlichen Produktionsgenossenschaften in Ostdeutschland, ZfG 1991, 111.

*Rönnebeck*, Tendenzen der Entwicklung landwirtschaftlicher Produktionsgenossenschaften in den neuen Bundesländern, ZfG 1991, 207.

*Schmitt*, Landwirtschaftliche Produktionsgenossenschaften in Theorie und Praxis, ZfG 1991, 279.

*Steding*, Die Produktivgenossenschaften im deutschen Genossenschaftsrecht, Berliner Schriften zum Genossenschaftswesen, Band 6.

92 Von den Produktivgenossenschaften sind die **„Produktionsgenossenschaften“** zu unterscheiden. Hier sind die Mitglieder nicht Arbeitnehmer im genossenschaftlichen Betrieb. Dieser stellt vielmehr für die Mitglieder Produkte her, z. B. aus Anlieferungen der Mitglieder. Aktuelle Formen:

Molkereigenossenschaften, Winzergenossenschaften usw. Denkbar ist auch die Ausgliederung bestimmter Teile des Mitgliederbetriebes auf die eG (Ziegeleien, Brauereien, Steinbrüche usw.). Die sog. Produktionsgenossenschaften der früheren DDR hatten dagegen Merkmale der Produktivgenossenschaft.

### 5. Konsumgenossenschaften

Die „Konsumvereine" sind heute als **Konsum- oder Verbrauchergenossenschaften** tätig. Geschäftsgegenstand dieser Zusammenschlüsse von Endverbrauchern ist die Versorgung der Mitglieder mit Waren und Dienstleistungen aller Art; ihr Schwerpunkt liegt im Lebensmitteleinzelhandel. Die Konsumgenossenschaften haben stark unter der nationalsozialistischen Gewaltherrschaft gelitten. Zunächst wurde ihnen durch das „Gesetz über die Verbrauchergenossenschaften" vom 21. 5. 1935 die Betreibung des Spareinlagengeschäftes untersagt; zahlreiche „lebensunwerte" eG wurden auf staatlichen Druck hin aufgelöst. Durch Verordnung vom 18. 2. 1941 wurden alle Konsumgenossenschaften liquidiert und ihr Vermögen in die Deutsche Arbeitsfront überführt. Nach 1945 sind die neu gegründeten Konsumgenossenschaften unter veränderten Wettbewerbsverhältnissen vom geschlossenen Mitgliedergeschäft zu offenen Ladengeschäften übergegangen. Die Möglichkeit der genossenschaftlichen Rückvergütung ist seit dem 1. 7. 1954 durch § 5 Rabattgesetz auf 3 % einschl. der Barzahlungsnachlässe im Geschäftsjahr beschränkt (zur Verfassungsmäßigkeit dieser Vorschrift vgl. HansOLG AG 70, 335). Auch ansonsten unterliegen die Konsumgenossenschaften den allgemein für den Einzelhandel geltenden Vorschriften, und zwar auch dann, wenn sie ausschließlich Geschäfte mit ihren Mitgliedern tätigen. Das gilt nach herrschender Meinung für das Ladenschlußgesetz (a. A. *Lecheler*, ZfG 35, 296, der die Einbeziehung genossenschaftlicher Verteilungsstellen für verfassungswidrig hält) und für lebensmittelrechtliche Vorschriften (OLG Düsseldorf ZfG 35, 291). 93

In den 70er Jahren sind zahlreiche Konsumgenossenschaften in Aktiengesellschaften umgewandelt worden; die Erfahrungen mit der AG waren nicht positiv. Außerdem wurden durch Verschmelzungen einige Großgenossenschaften mit zum Teil mehr als 100 000 Mitgliedern geschaffen, so daß die Zahl der Konsumgenossenschaften stark zurückgegangen ist. In jüngerer Zeit sind neben traditionellen Konsumgenossenschaften neue Verbrauchergenossenschaften entstanden, die „alternative" Produkte und Dienstleistungen anbieten. Daneben sind auch Mischformen, sog. „Erzeuger-Verbraucher-Gemeinschaften" entstanden, bei denen es sich je nach dem Schwergewicht ihrer Ausrichtung um Absatz- oder Verbrauchergenossenschaften handelt. 94

### 6. Werk- oder Nutzungsgenossenschaften

95 Die sogenannten **„Werk- oder Nutzungsgenossenschaften"** sind Unternehmen insbesondere im landwirtschaftlichen Bereich, die Betriebsgegenstände zur Benutzung durch die Mitglieder anschaffen und unterhalten. Beispiele: Maschinengenossenschaften für Mähdrescher, Traktoren, Getreidetrocknungsanlagen, außerdem Kalthausgenossenschaften, Elektrizitätsgenossenschaften u. a.

96 Im gewerblichen Bereich können solche eG ihren Mitgliedern aufwendige Maschinen und Geräte zur Benutzung überlassen, wie z. B. Baugerüste, Baukräne usw.

### 7. Wohnungsbaugenossenschaften

97 Die Bezeichnung **„Vereine zur Herstellung von Wohnungen"** knüpft an die Anfänge der Bauvereinsbewegung in der Mitte des 19. Jahrhunderts an. Sie fördern ihre Mitglieder unter der Firmenbezeichnung „Bauverein", „Baugenossenschaft", „Wohnungsgenossenschaft" oder „Wohnungsbaugenossenschaft" in erster Linie durch Überlassung von Wohnungen in allen Rechts- und Nutzungsformen, durch Betreuung beim Bau oder der Modernisierung eines Hauses oder von Wohnungen, bei der Bildung von Wohneigentum, durch Verbesserung ihrer wohnlichen Versorgung und des Wohnumfeldes oder bei Aufgaben im Bereich privater oder öffentlicher Wohnungsfürsorge sowie durch Mitwirkung bei der Vorbereitung oder Durchführung von städtebaulichen Modernisierungs- und Sanierungsmaßnahmen (s. i.e. *Riebandt-Korfmacher*, HdG Sp. 1802 ff; Mustersatzung für Wohnungsgenossenschaften, GdW, Ausgabe 1990, 1995).

### Gegenstand des Unternehmens

98 a) Mit Wirkung vom 1. 1. 1990 sind die gem. **Beschränkungen des Geschäftskreises** (WGG §§ 6, 7; WGGDV §§ 6–14) einer eG, die als gem. Wohnungsunternehmen in dem Verfahren nach den §§ 16–18 WGG anerkannt worden war, **entfallen** (s. dazu i. e. Rdn. 54, 55; Schriftenreihe GGW Nr. 29, 1988; *Jenkis*, Komm. zum Wohnungsgemeinnützigkeitsrecht – Anhang WGG-Aufhebungsgesetze, 1988, S. XXXVI ff, 485 ff).
Mit dem Übergang in die Marktwirtschaft eröffnen sich für die ehemals gemeinnützigen Wohnungsbaugenossenschaften zahlreiche neue **Tätigkeitsfelder**. Dazu: *Steinert*, Marburger Beiträge zum Genossenschaftswesen Nr. 19, 1990; *Mersmann*, DW 1992, 88; *Schmalstieg*, DW 1992, 419; *Galster*, DW 1994, 396; *Mändle*, DW 1994, 387; *Kähl/Lange*, DW 1995, 244).

b) Wohnungsgenossenschaften können **grundsätzlich den Gegenstand des Unternehmens frei bestimmen**. Die Entwicklung hat dazu geführt, daß der traditionelle – vom Wohnungsgemeinnützigkeitsrecht geprägte – Unternehmensgegenstand um „alle im Bereich der Wohnungs- und Immobilienwirtschaft, des Städtebaus und der Infrastruktur anfallenden Aufgaben" erweitert ist (Mustersatzung § 2 Abs. 2).

c) **Gegenstand des Unternehmens** ist z. B. je nach der Satzung und ausgerichtet am Bedarf der Mitglieder:
- die Errichtung von Bauten in allen Rechts- und Nutzungsformen als Bauherr,
- der Erwerb und die Veräußerung von bebauten und unbebauten Grundstücken, von Erbbaurechten, von Wohnungs/-Teil/eigentum,
- die Überlassung von Wohn- und Geschäftsraum zur Nutzung,
- die Vermittlung von Grundstücken, grundstücksgleichen Rechten, Wohn- und Gewerberaum,
- die Betreuung der Vorbereitung oder Durchführung von Bauvorhaben in eigenem oder in fremdem Namen für eigene oder für fremde Rechnung,
- die Verwaltung sowie die Bewirtschaftung eigener oder fremder Wohnungen sowie von Läden und Räumen für Gewerbebetriebe oder für soziale, wirtschaftliche und kulturelle Einrichtungen,
- das Betreiben von Gemeinschaftsanlagen und Folgeeinrichtungen sowie von gewerblichen, sozialen, wirtschaftlichen und kulturellen Einrichtungen sowie die Übernahme oder Vermittlung von Dienstleistungen,
- die Aufnahme von Beteiligungen.

Zu Förderungsauftrag und Wohnungsversorgung: *Danker*, GW 1977, 331; *Riebandt-Korfmacher*, GW 1979, 124; *Brüggemann*, GW 1982, 15; *Hetzler*, GW 1982, 84; *Jäger/Großfeld*, Schriften zur Kooperationsforschung, B, Bd. 14, 1981, 10, 17, 24, 39 nebst Bespr. *Riebandt-Korfmacher*, ZfG 1982, 78.

a) **Besonderheiten** gelten, wenn die eG nach Maßgabe der **Satzung „ihre Geschäfte nach den Grundsätzen der Wohnungsgemeinnützigkeit führt"**. 99

**Nach Aufhebung der gesetzlichen Regelungen** über **die Anerkennung einer Wohnungsgenossenschaft** als **gem. Wohnungsunternehmen** und damit als Unternehmen, das als „ausschließlich und unmittelbar gemeinnützigen Zwecken" dienend gilt, bleibt es **jeder eG überlassen**, ob und inwieweit sie sich **durch entsprechende Gestaltung** der **Satzung** selbstverantwortlich den traditionellen **Grundsätzen gem. Verhaltens** bei der **Verwirklichung ihres konkreten Förderungsauf-**

**trags verpflichtet** und ihren Geschäftskreis in Anlehnung an die bisherigen gemeinnützigkeitsrechtlichen Bestimmungen beschränkt.

b) **Wesensmerkmale der Gemeinnützigkeit** im Wohnungswesen sind unabhängig von ihrer gesetzlichen Normierung durch das Wohnungsgemeinnützigkeitsrecht:
- die Bereitstellung von Wohnungen, die nach Ausstattung und Preis für die Mitglieder geeignet und tragbar sind,
- Dividendenbeschränkung,
- Bindung des Vermögens bei Ausscheiden des Mitgliedes und bei Auflösung der eG.

Siehe dazu: GGW, Die neuen Mustersatzungen „Wohnungsbaugenossenschaften", Köln 1989, 7, 8; *Leisner*, Schriftenreihe GGW Nr. 31, 1989, 165, 172.

c) Die freiwillige Verankerung von Grundsätzen gemeinnützigen Verhaltens in der Satzung wirkt sich **nicht** auf die steuerliche Behandlung der eG aus. Diese bestimmt sich nach AO §§ 51, 52, 55–61, 63–65, 68.

Die Selbstverpflichtung auf die traditionellen gemeinnützigen Bindungen ist ein **Merkmal** und **Markenzeichen**, das sich lange vor der gesetzlichen Anerkennung als gem. Wohnungsunternehmen im Namen bzw. in der Firmenbezeichnung vieler eG ausgedrückt hat. Das ist sowohl für die Stellung der eG im Wettbewerb als auch firmenrechtlich von Bedeutung und **berechtigt** sie zur **Fortführung** ihrer **bisherigen Bezeichnung** als **„gemeinnützig"** in ihrem Firmennamen, so Begründung zum RegE eines Steuerreform-Gesetzes 1990, BR-Drucks. 100/88, 453 zu § 6 Nr. 1.

**Vermietungsgenossenschaften** (§ 5 Abs. 1, Nr. 10, KStG)

**100** a) Die Bezeichnung als „Vermietungsgenossenschaft" findet sich nicht im Gesetz. Der Begriff wird erstmals in den Einführungsschreiben des BdF v. 22. 11. 1991 – IV B7-S 270-24/91, (BStBl. I, 1014) unter Aufhebung der Schreiben v. 24. 7. 1989 – IV B7-S 2730-65/89 (BStBl. I S. 271) und vom 6. 5. 1991 – IV B7-S 2730-9/91 (BStBl. I S. 507); GdW, Schriften 40 S. 16 ff) verwendet und erläutert.

Die Beschränkung auf den in § 5 Abs. 1 Nr. 10 KStG festgelegten Geschäftskreis:
- Herstellung oder Erwerb von Wohnungen oder Räumen in Wohnheimen im Sinne des § 15 II. WoBauG,
- ihre Überlassung an Mitglieder aufgrund eines Mietvertrages oder eines genossenschaftlichen Nutzungsvertrages,
- Herstellung, Erwerb oder das Betreiben von Gemeinschaftsanlagen und Folgeeinrichtungen im Zusammenhang mit den genannten Tätigkeiten, wenn sie überwiegend für Mitglieder bestimmt sind und der Betrieb durch die eG notwendig ist,

ist **Voraussetzung** für die **subjektive Befreiung** der eG von der **Körperschaftsteuer**, von der **Gewerbesteuer** (§ 3 Nr. 15 GewStG) und von der **Vermögenssteuer** (§ 3 Abs. 1 Nr. 13 VermStG).

b) **Die Steuerbefreiung** ist jedoch **ausgeschlossen**, wenn die Einnahmen der eG aus danach nicht begünstigten Tätigkeiten 10 % der gesamten Einnahmen übersteigen (§ 5 Abs. 1 Nr. 10 Abs. 2 KStG). Die Einnahmen aus anderen als den genannten Tätigkeiten führen, wenn sie die 10%-Grenze nicht übersteigen, zur **partiellen Steuerpflicht**.

Dazu: Begründung des Finanzausschuß, BT-Drucks. 11/2536 v. 21. 6. 1988, 264, 269; des Reg.Entwurfs, BR-Drucks. 100/88 v. 23. 3. 1988, 231 ff sowie Schriften des GdW, Nr. 40/1992: Die Vermietungsgenossenschaft, 161–168; ferner Nr. 34: Steuerpflicht und Steuerfreiheit für Wohnungsgenossenschaften, Überlegungen und Entscheidungskritierien, Köln 1991, mit weiteren Schrifttumsangaben, 17 ff.

c) Die **gesetzliche Steuerbefreiung** als Vermietungsgenossenschaft gilt **allgemein**, also auch wenn die eG vor 1990 nicht als gem. Wohnungsunternehmen steuerbefreit war (BdF Einführungsschreiben v. 22. 11. 1991, BStBl. I, 1991, 1014, Tz. 15) sowie für eine neugegründete eG. Sie besteht **auch für eG** in den **neuen Ländern** (dazu BdF-Schreiben v. 1. 10. 1993 – IV B27-S. 2730-12/93, DB 1993, 2210; Schriften GdW Nr. 34, 32; Nr. 40, 213, ferner Rdn. 132 unter b, c).

Die eG, die die Voraussetzung der Steuerbefreiung als Vermietungsgenossenschaft erfüllt (§ 5 Abs. 1 Nr. 10 KStG), ist **kraft Gesetzes** steuerbefreit mit den Folgen, die sich ergeben, wenn die Einnahmen aus nicht begünstigten Tätigkeiten – u. U. wechselnd im Zeitverlauf – die 10%-Grenze überschreiten. Das kann vor allen Dingen für bislang nicht gem. Wohnungsgenossenschaften zu Schwierigkeiten führen. Sie hatten beim Übergang in die Steuerfreiheit auf den 31. 12. 1989 eine steuerliche Schlußbilanz zu Teilwerten zu erstellen und die am vorhandenen Vermögen erwachsenen stillen Reserven zu versteuern (§ 13 KStG). Nach Eintritt der Steuerfreiheit können etwa marktbedingte Schwankungen bei den Einnahmen aus dem nicht begünstigten Geschäftskreis zu einem wiederholten Wechsel der steuerlichen Behandlung führen (§ 13 Abs. 5 KStG). Die vom Gesetzgeber geplante steuerliche Begünstigung der Vermietungsgenossenschaft als Selbsthilfeeinrichtung zur wohnlichen Versorgung der Mitglieder wird dadurch in Frage gestellt (dazu die sog. „Hofbauer-Kommission" BMF-Schriftenreihe, Heft 35, 177 ff; Begründung zum RegE eines Steuerreformgesetzes 1990, BT-Drucks. 11/2157, 169 ff; BT-Drucks. 11/2535 v. 21. 6. 1988, 39, 88).

d) Eine Vermietungsgenossenschaft konnte deshalb einmalig innerhalb der **Optionsfrist** des § 54 Abs. 5 KStG **auf die Steuerbefreiung verzichten**. Hat sie von dieser Möglichkeit Gebrauch gemacht, so ist die eG mindestens für **5 aufeinander folgende Kalenderjahre** an ihre **Erklärung**

**gebunden**. Die Verzichtserklärung kann sodann für jedes folgende Jahr, jedoch spätestens bis zur Unanfechtbarkeit der Steuerfestsetzung des betreffenden Kalenderjahres mit Wirkung vom Beginn des Kalenderjahres **widerrufen** werden.

Für die eG in den neuen Ländern lief die **Optionsfrist** mit dem 31. 12. 1993 ab, für die übrigen eG am 31. 12. 1991 bzw. für ehemals gem. Wohnungsgenossenschaften unter der weiteren Voraussetzung des § 54 Abs. 4 KStG am 31. 12. 1992 (zur Verlängerung s. Rdn. 132 unter c).

Eine eG, die **nicht zeitgerecht** auf Dauer auf die Steuerbefreiung **verzichtet** hat, entscheidet durch **entsprechende Gestaltung ihres Geschäftskreises** – Vornahme, Unterlassung oder Ausgliederung von Tätigkeiten, die nicht nach § 5 Abs. 1, Nr. 10 KStG begünstigt sind – für jeden Veranlagungszeitraum, ob und in welchem Umfang sie steuerbefreit oder – ggf. partiell – steuerpflichtig ist. Maßgebend ist die KSt-Erklärung (§ 49 Abs. 1 KStG i. V. m. § 25 Abs. 3, S. 1 EStG) mit den Folgerungen, die sich insbesondere aus § 13 Abs. 1 oder Abs. 2 i. V. m. Abs. 3 Satz 1 und Satz 11 KStG ergeben. Zu **Einzelfragen**, insbesondere zur Abgrenzung des steuerbefreiten und des steuerpflichtigen Geschäftskreises sowie zur Aufstellung der steuerlichen Anfangsbilanz bzw. Schlußbilanz zu Teilwerten s. BdF, Einführungsschreiben v. 22. 11. 1991, BStBl. I, 1014, Tz. 12–15, 30 ff, 38 ff, 43 ff; Erläuterungen, Schriftenreihe GdW Heft Nr. 32, 1989, 131–137 Nr. 33, 1990; Nr. 44, 1995.

e) Die **Einschränkungen** des **Ausgleichs** von Verlusten aus der **Vermietung und Verpachtung** verbunden mit der Abzugsbegrenzung eines verbleibenden Abschreibungsverlustes (§ 13 Abs. 3, S. 2–9, KStG) sowie die **Sonderbestimmungen** über die **Aufdeckung** stiller **Reserven** bei der **Veräußerung** von Gebäuden und Gebäudeteilen zwischen ehemals gem. Wohnungsunternehmen und ihnen gleichgestellten Rechtsträgern (§ 13 Abs. 3, Satz 10 KStG) **gelten nicht** für steuerbefreite **Vermietungsgenossenschaften** (§ 5 Abs. 1, Nr. 10 KStG). Die Freistellung von den ehemals gem. Wohnungsunternehmen benachteiligenden Sondervorschriften ist erstmals auf Wirtschaftsjahre anzuwenden, die nach dem 27. Mai 1993 enden oder auf Übertragungen, die nach dem Stichtag erfolgen (§ 54 Abs. 8 b Satz 5 KStG, dazu BdF Schr. v. 20. 12. 1994, BStBl. I. 917).

f) Die komplizierten steuerlichen Abgrenzungsregelungen und die daran jeweils anknüpfenden steuerlichen Auswirkungen sind bei
   - der Planung und Durchführung von Bau- und Modernisierungsmaßnahmen sowie den damit in Zusammenhang stehenden Tätigkeiten
   - der Durchführung von Bauträger- und Betreuungsmaßnahmen,
   - Geschäften mit Nichtmitgliedern,

– anderen Tätigkeiten, die nicht in den begünstigten Geschäftskreis fallen (s. oben Rdn. 100 a), der Aufstellung eines Konzepts zur Veräußerung von Wohnungen gemäß § 5 Altschuldenhilfe-G. i. V. m. BdF – Erlaß v. 20. 12. 1990 – IVB2 – S2240 – 61/90 u. Schr. v. 22. 11. 1991 – IV B7 – S2730 – 24/91 Tz. 39, 42

zu beachten.

Die Entscheidung ist Sache des Vorstandes; er hat jedoch in der Satzung festgelegte Beschränkungen zu beachten und u. U. die Zustimmung der Generalversammlung einzuholen (s. § 43 Rdn. 10). Die Entscheidung fällt grundsätzlich auch dann in seine Leitungsbefugnis, wenn die Satzung z. B. bestimmt: „Die Genossenschaft ist Vermietungsgenossenschaft" oder „Die Genossenschaft richtet ihren Geschäftskreis auf die Steuerbefreiung nach § 5 Abs. 1, Nr. 10 KStG aus".

§ 5 Abs. 1 Nr. 10 KStG regelt die Voraussetzungen für die Steuerbefreiung, aber nicht den Geschäftskreis der eG. Dementsprechend kann die Satzung einer Vermietungsgenossenschaft auch Geschäfte zulassen, die nicht in § 5 Abs. 1 Nr. 10 KStG genannt sind oder nicht dem begünstigten Geschäftskreis als steuerlich unbedenklich zugerechnet werden können (BdF-Einführungsschreiben v. 22. 11. 1991, Tz. 38–42).

g) Die fließende Grenze zwischen steuerlich begünstigten und nichtbegünstigten Geschäften sowie die Zurechnung von Einnahmen hieraus mit u. U. wechselnder steuerlicher Auswirkung erfordert für jede eG ggf. **Anpassungen ihrer Geschäftstätigkeit** mit Blick auf die Erhaltung und Verbesserung der Leistungsfähigkeit des genossenschaftlichen Geschäftsbetriebes und seines Förderzwecks. Dazu gehören auch Überlegungen sowohl zu seiner Ausweitung als auch zur Minimierung oder Vermeidung steuerlicher Belastungen, etwa durch Gründung von Tochtergesellschaften und **Übertragung** von Vermögenswerten oder durch Spaltung des genossenschaftlichen Geschäftsbetriebes (UmwG. v. 28. 10. 1994, BGBl. I, 3210; 1995 I, 428; §§ 123 ff; 147, 148).

h) Die eG kann den Geschäftsbetrieb **umstrukturieren**, um die Voraussetzungen für die Steuerbefreiung als Vermietungsgenossenschaft und für die Kürzung nach § 9 Nr. 1 Sätze 2–4 GewStG zu schaffen. Von der **Übergangsregelung** (BdF, Einführungsschreiben v. 22. 11. 1991, BStBl. I, 1014, Tz. 8–10) abgesehen, ist die **Beteiligung** an einem anderen Unternehmen **nicht** nach § 5 Abs. 1 Nr. 10 KStG **begünstigt** (s. i.e. BdF, Einführungsschreiben v. 22. 11. 1991, BStBl. I, 1014, Tz. 42; ferner GdW-Schriften Nr. 40, 89, 104 und Nr. 34, 15 ff).

Die **Einnahmen und Erträge aus Beteiligungen** aller Art gehören nicht zu den begünstigten Geschäften im Sinne von § 5 Abs. 1 Nr. 10 KStG. Sie sind dem – partiell – **steuerpflichtigen Geschäftskreis** zuzurechnen (s. oben Rdn. 100 b)).

i) Die **Aussonderung** insbesondere von die Steuerfreiheit gefährdenden Betriebsteilen wie:
   - Gewerbebauten, Läden, Sammelgaragen, Gaststätten,
   - Ferien- und Erholungsheime, Alten- und Pflegeheime, die nicht überwiegend für Mitglieder bestimmt sind,
   - Instandhaltungswerkstätten, zentrale Heizwerke,
   - modernisierungsbedürftige und/oder von zur Veräußerung oder zur Aufteilung bestimmte Geschoßbauten

   ist **förderungsbezogen**. Sie ist ein Mittel zur Anpassung des Geschäftsbetriebes an die durch die Aufhebung des Wohnungsgemeinnützigkeitsrechts bzw. den Einigungsvertrag veränderten Rahmenbedingungen, bei **eG im Beitrittsgebiet** zur Erlangung des Status als voll oder partiell befreite Vermietungsgenossenschaft.

   Das gilt **grundsätzlich** auch, wenn **steuerschädliche Förderleistungen oder Nebentätigkeiten** auf Dritte verlagert werden, so z. B.:
   - die Betreuung von Mitgliedern oder Dritten bei der Planung und Durchführung von Bauvorhaben,
   - die Durchführung von Modernisierungen und Sanierungsmaßnahmen,
   - die Verwaltung eigener oder fremder Wohnungen u. ä.

j) Die **Beteiligung** an Unternehmen, denen im Wege der Spaltung Vermögensteile übertragen (§§ 123 ff UmwG) oder auf die in anderer Weise Aufgaben und Tätigkeiten verlagert werden, dient je nach ihrer Zielsetzung der **mittelbaren Förderung** der Mitglieder. – Das trifft auch zu für eine Beteiligung an einem Immobilienfonds in der Rechtsform der KG – als Komplementär oder Kommanditist –, der den Mitgliedern die Möglichkeit bietet, Wohneigentum zu erwerben.

   Problematisch ist die Abspaltung zur Vorbereitung und Umsetzung der Privatisierungsverpflichtung nach § 5 Altschuldenhilfe-Gesetz (BGBl. I 1993, 986) angesichts der Auflagen gem. Schreiben des BMBau v. 18./19. 5. 1995, BAnz. v. 28. 6. 1995 (s. dazu Rdn. 106 I. 1., 108 1.–3.) und des dazu ergangenen „Merkblatts“, KfW/BMBau v. 25. 4. 1996.

### Wohnungsbaugenossenschaften mit Spareinrichtung

101 Diese sind aus der Tradition der Spar- und Bauvereine im Ausgang des 19. Jahrhunderts entstanden. Im Zuge der Aufhebung des Wohnungsgemeinnützigkeitsrechts ist auch die für gem. Wohnungsunternehmen geltende Ausnahmevorschrift § 2 Abs. 1 Nr. 6 KWG gestrichen worden (SteuerRef. Gesetz 1990 Artikel 23 Nr. 1).

a) eG, die am 31. 12. 1989 als gem. Wohnungsunternehmen anerkannt waren und auf Grund der Erlaubnis nach § 2 Abs. 3 KWG Bankgeschäfte betrieben, unterliegen **seit** dem **1. 1. 1995 in vollem Umfang den**

**Bindungen des Kreditwesengesetzes und der Beaufsichtigung durch das BAK.**

b) **Alle** Wohnungsbaugenossenschaften in **Ost und West** bedürfen **nach Ablauf der Übergangsfrist (§ 62 Abs. 5 KWG) ab 1. 1. 1995 auch für Bankgeschäfte**, die bislang als zu den einem Wohnungsunternehmen „eigentümlichen Geschäften" gehörend, **erlaubnisfrei waren** (s. BAK-Schreiben v. 2. 1. 1990 – I 3 – 1126 – 1/63), der Erlaubnis nach § 32 KWG. Der **Abgrenzung** von Bankgeschäften kommt daher besondere Bedeutung zu. Das gilt vor allem für die Annahme fremder Gelder als **Einlagen** (§ 1 Abs. 1 Nr. 1 KWG) von der nichtbankmäßigen Aufnahme von Darlehen und Finanzierungsmitteln. **Ausnahmen** können sich bei erlaubnispflichtigen Einlagegeschäften wegen geringen Umfangs oder auf Grund tatbestandlicher Besonderheiten des Einzelfalls ergeben (§ 32 Abs. 2 KWG). **So z. B.** für die **Vereinbarung nachrangiger Genußrechte zu Gunsten von Mitgliedern einer Wohnungsbaugenossenschaft**, die im Falle der Auflösung der Genossenschaft erst nach allen anderen Gläubigern bedient werden.

**Enge Grenzen** gelten nach Umfang und Sachverhalt für die Gewährung von Darlehen. Darunter fallen auch **Restkaufgelder, nicht** jedoch **Abreden über die Stundung des Kaufpreises.**

Eine **Übergangsregelung** hat das BAK für **Ausleihungen** zugestanden, die bis zum 31. 12. 1994 vorgenommen worden und noch nicht restlos abgewickelt sind. **Voraussetzung** ist, daß die eG dem BAK bestätigt, keine neuen Darlehensgeschäfte zu tätigen und das BAK sowie die zuständige Landeszentralbank jeweils zum 30. 6. eines Jahres bis zur Rückführung des Darlehens unter die zugelassene Grenze über den Stand der Abwicklung unterrichtet (s. i.e. das mit dem BAK abgestimmte Schreiben des GdW v. 17. 2. 1995, ferner Schriften des GdW Nr. 29, S. 21 ff; Nr. 32, S. 155).

c) **Sonderregelung für Vermietungsgenossenschaften**

eG, die am 31. 12. 1989 als gem. Wohnungsunternehmen anerkannt waren und von der KSt befreite eG i. S. v. § 5 Abs. 1 Nr. 10 Satz 1 KStG sind, können ihre **Spareinrichtung** fortführen unter den Voraussetzungen von § 12 Abs. 4 KWG. Die Anlagebegrenzung insbesondere in Grundstücke und Gebäude nach § 12 Abs. 1 KWG gilt bei der Berechnung des haftenden Eigenkapitals **nicht,** wenn die eG

- als Bankgeschäft ausschließlich das Einlagengeschäft mit Mitgliedern und deren Angehörigen i. S. v. § 15 AO betreibt,
- die Einlagen 70 % des den Mitgliedern vermieteten Anlagevermögens nicht überschreiten und
- einer Einrichtung zur Sicherung von Spareinlagen bei Unternehmen angehört, die am 31. 12. 1989 als gem. Wohnungsunternehmen anerkannt waren.

Die eG kann sowohl unter den Rahmenbedingungen der voll steuerbefreiten Vermietungsgenossenschaft als auch der – partiell – steuerpflichtigen die Spareinrichtung weiterführen. Da die Anlage von Spareinlagen nach § 5 Abs. 1 Nr. 10 KStG nicht zu den begünstigten Geschäften gehört (Tz. 42, BdF-Schreiben v. 22. 11. 1991), ergeben sich Abgrenzungsfragen hinsichtlich der Zuordnung von Einnahmen im Rahmen der 10%-Grenze und ihrer Verwendung (dazu eingehend GdW, Schriften Nr. 32, S. 149–155; Nr. 34, S. 27–32; Nr. 40, S. 181–193).

### Wohnungsbaugenossenschaften in den neuen Ländern

**102** In dem Gebiet der 5 neuen Bundesländer bestehen annähernd 800 Wohnungsbaugenossenschaften mit einem Bestand von mehr als 1,1 Mio Wohnungen. (GdW, „Lübecker Manifest" – eine Standortbestimmung der deutschen Wohnungsgenossenschaften, März 1995, S. 2; GdW Informationen 29, Juli 1995, S. 17 und Informationen 18, Juni 1994, S. 6, 12).

## I. Rechtslage vor dem 1. 7. 1990

Die Wohnungsbaugenossenschaften haben sich vor Schaffung der Währungs-, Wirtschafts- und Sozialunion aufgrund des Staatsvertrages v. 25. 6. 1990 (BGBl. II 1990, S. 518, Bek. v. 17. 7. 1990 in Kraft getreten am 30. 6. 1990, BGBl. II, Nr. 26 v. 4. 8. 1990 = GBl. der DDR 1990, S. 331) auf **unterschiedlicher Rechtsgrundlage** entwickelt.

1. Ein erheblicher Teil der Wohnungsgenossenschaften in den neuen Ländern war **schon vor 1945** eG (§§ 1, 17 GenG) und als gem. Wohnungsunternehmen anerkannt (dazu GdW Informationen 18, S. 13).
2. **Seit 1953** sind **Arbeiterwohnungsgenossenschaften** – AWG – bei volkseigenen Betrieben – VEB – und Kombinaten sowie bei bestimmten gleichgestellten Betrieben und Einrichtungen gebildet worden. **Mitglied** einer AWG konnte jeder Werktätige des betreffenden Betriebes oder eines anderen Betriebes werden, wenn sich dieser bei der jeweils zuständigen AWG registrieren ließ. Bildung, Organisation und Förderung sowie die Rechtsverhältnisse der AWG und ihrer Mitglieder waren im einzelnen durch die **AWG-Verordnung** und das **verbindliche Musterstatut** neu geregelt

   (siehe VO über die weitere Verbesserung der Arbeits- und Lebensbedingungen und die Rechte der Gewerkschaften v. 10. 12. 1953, GBl. I 1953 Nr. 129, S. 1219, 1223, Abschn. II Nr. 4; VO über die AWG v. 4. 3. 1954, GBl. Nr. 27, S. 256 ff mit Änderungen und Neufassung v. 23. 2. 1973 nebst Musterstatut, GBl. I 1973, Nr. 12 S. 109, 112, dazu die 1. Durchführungsbestimmung – DB – v. 3. 1. 1964, GBl. II Nr. 4, S. 28

i. d. F. der 2. DB v. 30. 8. 1966, GBl. II Nr. 96, S. 603 und der VO v. 15. 2. 1970, GBl. II, S. 765 sowie der 3. DB v. 18. 12. 1986, GBl. I Nr. 32, S. 422).

Die **Zulassung und Registrierung** der AWG erfolgte beim Rat der Stadt bzw. dem Rat der Gemeinde nach Beratung mit dem Beirat der Wohnungsbaugenossenschaften (VO über die Bildung von Beiräten für die sozialistischen Wohnungsbaugenossenschaften v. 28. 4. 1960, GBl. I Nr. 39, S. 403 i. d. F. des Beschl. v. 30. 6. 1966, GBl. II Nr. 88, S. 571 und der VO v. 13. 12. 1972, GBl. I 1973 Nr. 5, S. 53).

Den **Räten** der Bezirke waren bestimmte Aufgaben zugewiesen, die ihnen eine Einflußnahme auf die Geschäftsführung, die mitgliedschaftlichen Beziehungen und die Aufhebung von Beschlüssen der Mitgliederversammlung sicherten. Die AWG unterlagen der Finanzrevision des 1954 gebildeten und der Aufsicht des Ministeriums der Finanzen unterstellten Prüfungsverbandes der AWG (§§ 4, 16, 18 AWG-VO; AO über das Statut des Prüfungsverbandes der AWG v. 10. 2. 1983, GBl I Nr. 7, s. 77).

§ 19 AWG-VO bestimmte ausdrücklich **die Nichtanwendung** des GenG und der dazu ergangenen Änderungen und Zusatzbestimmungen auf die AWG.

3. **Umgebildete gem. und sonstige Wohnungsbaugenossenschaften**

a) Die VO v. 14. 3. 1957 (GBl. I Nr. 24, S. 200) i. d. F. der ÄnderungsVO v. 17. 7. 1958 (GBl. I Nr. 52, S. 602), der VO v. 15. 12. 1970 (GBl. II Nr. 102, S. 765) und der VO v. 9. 3. 1971 (GBl. II Nr. 32 S. 366) knüpfte die Steuerbefreiung dieser Genossenschaften sowie die finanzielle Förderung und weitere Vergünstigungen, insbesondere die unentgeltliche und unbefristete Überlassung von Bauland sowie die Verleihung eines unentgeltlichen unbefristeten Nutzungsrechtes hieran an
   - die Übernahme des Musterstatuts für gem. Wohnungsbaugenossenschaften v. 14. 3. 1957 (a. a. O. in der Neufassung v. 8. 12. 1967 (GBl. II 1968, Nr. 12, S. 49) und der VO v. 9. 3. 1971 a. a. O.),
   - den Anschluß an den Prüfungsverband der AWG,
   - die Registrierung als umgebildete gemeinnützige Wohnungsgenossenschaft in einem gesonderten Register.

b) Die **Umbildung** erfolgte durch Beschluß der GV. Für die Beschlußfassung galten „die Bestimmungen des bisherigen Statuts, des GenG i. d. F. v. 20. Mai 1898 (RGBl. S. 810) und alle dazu ergangenen Änderungen und Zusatzbestimmungen".

§ 1 Abs. 2 der UmbildungsVO stellte klar: „Die umgebildete gem. Wohnungsgenossenschaft ist Rechtsnachfolger der Genossenschaft" mit der Folge (Abs. 3): „Die Mitglieder der Genossenschaft werden Mitglieder der „umgebildeten Wohnungsbaugenossenschaft ...".

Die UmbildungsVO und die 1. DB v. 18. 7. 1958 (GBl. I Nr. 52, S. 602) i. d. F. der 2. DB v. 3. 11. 1961 (GBl. II Nr. 79, S. 507) regelten eingehend das Mitgliedschaftsverhältnis, insbesondere die Festsetzung der Genossenschaftsanteile und der sonstigen Eigenleistungen.

Das **Musterstatut** stimmte im wesentlichen mit dem Musterstatut für AWG überein. Besonderheiten ergaben sich aus der Betriebsbindung der AWG sowie aus der gesetzlich und satzungsmäßig verankerten Mitwirkung staatlicher und genossenschaftlicher Stellen. Bei allen Genossenschaften trat an die Stelle des Aufsichtsrates die „Revisionskommission" mit den Aufgaben des Kontrollorgans der Mitgliederversammlung nach Maßgabe der Musterstatutes.

§ 21 UmbildungsVO bestimmte darüber hinaus, das GenG sowie das WGG i. d. F. v. 29. 2. 1940 (RGBl. I S. 437) mit allen Änderungen und Zusatzbestimmungen „gelten **nicht** für umgebildete gem. Wohnungsgenossenschaften".

## II. Rechtslage aufgrund des Staatsvertrages v. 18. 5. 1990

1. In Vollzug des Staatsvertrages (Kap. I Art. 3 S. 1 in Verbindung mit Anlage II, Abschn. 1 Nr. 1 und 2) ordnete das **Gesetz über die Inkraftsetzung von Rechtsvorschriften der Bundesrepublik Deutschland in der Deutschen Demokratischen Republik v. 21. 6. 1990** (GBl. I Nr. 34, S. 357, 360) mit **Wirkung v. 1. 7. 1990** mit bestimmten Maßgaben die Wiederanwendung des bundesdeutschen GenG an unter gleichzeitiger Außerkraftsetzung der in der DDR geltenden Fassung (§§ 20, 34).
2. Die **VO zur Einführung des GenG v. 15. 8. 1990** (GBl. I Nr. 53 S 1072) regelt den Geltungsbereich des übernommenen GenG (§ 1) sowie insbesondere als „Übergangsregelung" die Anpassung der Musterstatuten für AWG und für gem. Wohnungsbaugenossenschaften (§ 2).

   Die VO erging auf der **Grundlage** von § 20 InkraftsetzungsGes. i. V. m. den den Übergang zur Rechts- und Wirtschaftseinheit erleichternden Bestimmungen des Staatsvertrages (Kap. I Art. 3 u. Art. 4 Abs. 1 i. V. m. Anlage II Abschn. I Nr. 1 und III Nr. 6). Danach war der DDR der Erlaß von erforderlichen Übergangsbestimmungen zu den von ihr in Kraft gesetzten Gesetzen überlassen. Aufgrund dieses **Vorbehalts** konnte sie auch Regelungen treffen, die das Bundesrecht näher bestimmen, auslegen, ergänzen oder in sonstiger Weise ausfüllen (s. *Maunz/Dürig*, GG Art. 72, Rdn. 8 u 12, Art. 31 Rdn. 8; *Leibholz/Ring*, GG Art. 72 Rdn. 46).

   *a) Auf dieser* **Rechtsgrundlage** *bestimmte die EinführungsVO § 1 Geltungsbereich*:

„**Mit dem Inkrafttreten des GenG sind die Arbeiterwohnungsgenossenschaften** (AWG), **gemeinnützige Wohnungsbaugenossenschaften** (GWG) und **sonstigen Wohnungsbaugenossenschaften** (im folgenden Wohnungsgenossenschaften genannt), die das Musterstatut für Arbeiterwohnungsgenossenschaften ... oder das Musterstatut für gemeinnützige Wohnungsbaugenossenschaften ... beschlossen haben oder für die diese Statuten von den zuständigen Gemeinden oder Kreisen als verbindlich erklärt wurden, **Genossenschaften im Sinne dieses Gesetzes**".

§ 2 Übergangsregelung

„(1) **Das Musterstatut für Arbeiterwohnungsgenossenschaften** v. 23. Februar 1973 (GBl. I Nr. 12, S. 112) und **das Musterstatut für gem. Wohnungsgenossenschaften** v. 24. März 1957 (GBl. I, Nr. 24, S. 203) bleiben mit den in Anlage 1 enthaltenen Änderungen bis **31. 12. 1990 in Kraft**. Bis zu diesem Zeitpunkt sind die Statuten der Wohnungsgenossenschaften auf der Grundlage des Genossenschaftsgesetzes zu überarbeiten und den Mitglieder- oder Vertreterversammlungen zur Beschlußfassung vorzulegen". – Die genannten Änderungen betreffen den Kreis der Mitglieder, die Ehegattenmitgliedschaft, insbesondere aber die Aufhebung von im einzelnen bezeichneten Bestimmungen, die staatlichen Organen Einflüsse einräumten sowie solche Regelungen, die eine Minderung des Vermögens der eG oder einen plötzlichen Abzug von Eigenmitteln zuließen.

„(2) Auf der Grundlage der beschlossenen Statuten ist die **Eintragung in das Genossenschaftsregister zu beantragen**. Dem Antrag sind die in § 11 (2), Ziffer 1–3, des Genossenschaftsgesetzes angegebenen Unterlagen beizufügen. § 11 (2), Ziffer 4, gilt als erfüllt, wenn der Nachweis über die zuletzt durchgeführte Finanzrevision, gemäß der Anordnung über die Befugnisse des Verbandes der Wohnungsgenossenschaften der DDR in Rechtsnachfolge des Prüfungsverbandes der Arbeiterwohnungsbaugenossenschaften v. 9. März 1990 (§ 4, (3), erbracht wird".

„(3) Eine Gründungsprüfung durch das Gericht ist nur dann dringend, wenn sich die Wohnungsgenossenschaften keiner regelmäßigen Finanzprüfung durch staatlich anerkannte Revisionsorgane unterzogen haben".

§ 3 bestimmt die **Fortdauer** der staatlichen **Förderung** entsprechend dem „Gesetz über die Umwandlung volkseigener Wohnungswirtschaftsbetriebe in gemeinnützige Wohnungsbaugesellschaften und zur Übertragung des Grundeigentums an die Wohnungsgenossenschaften" v. 22. Juli 1990 (GBl. I S. 901) näher.

§ 4 Abs. 1 legt die Grenze für die Nutzungsgebühren öffentlich geförderter Genossenschaftswohnungen „im Rahmen der allgemeinen Mietpreisregelungen und unter sozialen Aspekten" fest.

§ 5 **verpflichtet alle Wohnungsbaugenossenschaften**, mit dem Beschluß der Mitglieder- oder Vertreterversammlung über das neue Statut auf der Grundlage des GenG ..., „die Genossenschaftsanteile und Arbeitsleistungen der Genossenschafter neu zu bestimmen".

§ 6 regelt **Pflichtprüfung** und **Verbandspflicht** bis zu dem Zeitpunkt, in dem die neugebildeten Länder das Prüfungsrecht in eigener Zuständigkeit ordnen.

§ 7 enthält Schlußbestimmungen. Danach sind mit dem Inkrafttreten der VO, dem 22. 8. 1990, zugleich alle Verordnungen und Durchführungsbestimmungen, die die AWG bzw. die Umbildung von gemeinnützigen und sonstigen Wohnungsbaugenossenschaften regelten, wie im einzelnen aufgeführt, außer Kraft gesetzt.

Zur Rechtsanpassung der Wohnungsgenossenschaften in den neuen Ländern, insbesondere zu der widersprüchlichen Übergangsregelung des § 2 eingehend *Riebandt-Korfmacher*, DW 1991, Nr. 2, S. 55–63.

*b) Einzelheiten*

*aa) Aufrechterhaltung der Identität*

Die EinführungsVO zieht die Schlußfolgerung aus der Inkraftsetzung des GenG als Bundesrecht durch Ges. v. 21. 6. 1990, a. a. O., und der Außerkraftsetzung des in der DDR geltenden Genossenschaftsrechts sowie aller Bestimmungen in den Mustersatzungen für Wohnungsgenossenschaften, die diese zu „sozialistischen Wohnungsbaugenossenschaften" stempelten. Die von den Einflüssen staatlicher Organe und gesellschaftlicher Einrichtung befreiten, nach dem Recht der ehemaligen DDR zugelassenen und registrierten Wohnungsbaugenossenschaften **sind eG im Sinne von § 1 GenG**. Es bedarf weder einer Änderung ihrer Rechtsform durch Umwandlung noch einer Neugründung (AG Charlottenburg, Beschl. v. 7. 3. 1991 – AR 44/90; BVerfG, Beschl. v. 22. 11. 1994 – I BvR351, 91, WuM 1995, S. 22, 25, Gründe: A I1 und C I1; Brandenburgisches OLG, Beschl. v. 12. 12. 1994 – 8 W 138/94-LG Potsdam/26 C 333/93 AG Potsdam).

*bb) Satzungsänderung*

Die Anpassung des Statuts an die veränderte Rechtslage ist Satzungsänderung (§ 16 Rdn. 2). Soweit die Übergangsregelung in Abs. 2 und 3 weitergehende Anforderungen an den Antrag und die Eintragung der Satzungsänderung stellt, als in § 16 Abs. 5 GenG festlegt, steht sie im Widerspruch zu § 1 EinfVO und der Rechtslage. Die Eintragung der neuen Satzung kann **nicht** an Voraussetzungen gebunden werden, die nur für das Antragsverfahren einer **neugegründeten Genossenschaft gelten** (AG Charlottenburg, a. a. O.).

Die neugefaßte Satzung bedarf keiner **Unterzeichnung**. Die Eintragung **kann** auch **nicht** von der Vorlage einer vollständigen **Liste der Genossen abhängig gemacht werden**. Die eG waren nach dem Recht der ehemaligen

DDR nicht zur Führung eines Verzeichnisses der Genossen im Sinne von § 30 GenG a. F. verpflichtet.

**Rechtsunsicherheiten** aus der Übergangsregelung der 2. EinfVO und der verzögerten Erledigung von Eintragungsanträgen sind – nicht zuletzt mit Blick auf § 57 Abs. 4 DM-Bilanzgesetz (i. d. F. v. 28. 7. 1994, BGBl I, S. 1842 ff) durch § 163 GenG weitgehend **behoben** (§ 2 Abs. 2 GenRegVO, dazu auch Begr. zu § 163 GenG Entw. RegVBG, BT-Drucks. 12/5553, Art. 7 Vorbem. u. zu Nr. 24; *Riebandt-Korfmacher*, Hinweise zur Mitgliederliste und zur Änderung des Eintragungsverfahrens, DW 1994, S. 410; *Schubert/Steder*, GenG § 163, Rdn. 3, 4, 6).

*cc) Weitergeltung des – bereinigten – Musterstatuts*

Das durch die Änderungen nach § 2 Abs. 2 EinfVO i. V. m. der dazu erlassenen Anlage bereinigte Statut tritt erst außer Kraft, wenn insoweit eine Satzungsänderung beschlossen und der Beschluß in das Genossenschaftsregister eingetragen worden ist (§ 16 Abs. 6 GenG).

1. Die Übergangsregelung setzt keine Rechtsfolgen für den Fall fest, daß die Anpassung der Satzung an die veränderten Verhältnisse nicht bis zum 31. 12. 1990 der MV oder der VV zur Beschlußfassung vorgelegt worden ist (dazu *Riebandt-Korfmacher*, DW 1991, 57).
2. Zuständigkeit:

   Nach dem Musterstatut für AWG wie für GWG ist die MV das höchste Organ (Abschnitt VIII A Nr. 1 Musterstatut). Dementsprechend bestimmt § 2 Abs. 1 Satz 2 EinfVO, „die auf der Grundlage des Genossenschaftsgesetzes überarbeiteten Statuten sind den Mitglieder- oder Vertreterversammlungen zur Beschlußfassung vorzulegen."

   Offen ist, ob die VV i. S. der Musterstatuten die Anpassung der Satzung und bei eG mit mehr als 3000 Mitgliedern die Einführung der VV rechtswirksam beschließen kann bzw. konnte.

   Die Unzuständigkeit wird verschiedentlich aus dem zwingenden Charakter von § 16 Abs. 1 GenG hergeleitet sowie daraus, daß die Delegierten nicht nach demokratischen Grundsätzen gewählt worden sind (§ 43 a Abs. 4 GenG). Die Delegiertenversammlung entspreche daher nicht einer GV i. S. v. § 43 a GenG; ihre Beschlüsse seien nichtig.

   Dem kann **nicht** gefolgt werden. Dem DDR-Gesetzgeber war es überlassen, die erforderlichen Durchführungsvorschriften zu erlassen, sie nach Form und Inhalt zu bestimmen und auch Regeln zu treffen, die Bundesrecht näher bestimmen, ergänzen oder in sonstiger Weise ausfüllen (dazu s. oben II 2; *Riebandt-Korfmacher*, DW 1991, S. 56/57). Es entsprach Sinn und Zweck der Übergangsregelung, die Anpassung der Mustersatzungen dem Organ zuzuweisen, das nach dem jeweils in Betracht kommenden Musterstatut oberstes Organ der eG war. Das ist je nach Sachlage **die aus Mitgliedern und/oder Vertretern (Delegierten) gebildete Mitgliederversammlung** i. S. der als Organisationsstatut weitergeltenden Mustersatzung.

Die Bestimmung darf nicht aus dem Zusammenhang der Überführung der Wohnungsbaugenossenschaften aus der sozialistischen Rechtsordnung in das Rechtssystem des bundesdeutschen Genossenschaftsgesetzes gelöst werden. Sie ist nach dem Grundsatz auszulegen und anzuwenden, daß der damit erstrebte Zweck erreicht wird (Staatsvertrag, Kap. 1 Art. 4, siehe auch BVerfG, Beschl. v. 12. 11. 1994 – 1 BvR 351/91 – WuM 1995, S. 22, 25). Die Mitglieder bzw. die **Delegiertenversammlung** ist danach das **zuständige Beschlußorgan**, mithin GV i. S. v. § 16 Abs. 1; ihre **Beschlüsse sind rechtsgültig.** Davon geht auch § 57 Abs. 4 D-MBG aus.

*dd) Mitgliedschaft*

1. Nach § 1 der EinfVO, a. a. O., sind alle nach dem Recht der ehemaligen DDR zugelassenen und registrierten eG unter **Aufrechterhaltung ihres Mitgliederstandes und ihrer Identität** eG i. S. des GenG (s. o. II 2 a). Die vor dem 22. 8. 1990 begründeten Mitgliedschaften bleiben **unberührt**. Die Neufassung der die Mitgliedschaft regelnden Bestimmungen der Musterstatute beseitigt nur den staatlichen Einfluß bei Aufnahme neuer Mitglieder, insbesondere die Beschränkungen und zahlenmäßige Begrenzung auf bestimmte Personengruppen.
2. **Bestehende Mitgliedschaften** setzen sich nach dem Stand v. 30. 6. 1940 fort, unabhängig davon, ob für die einzelne eG noch eine gerichtliche Liste der Genossen eingerichtet worden ist und Eintragungen erfolgt sind sowie von dem Zeitpunkt der Eintragung in die ab 25. 12. 1993 vom Vorstand zu führende Mitgliederliste (§§ 30, 163 GenG s. o. II 2 b/bb).
3. **Ehegattenmitgliedschaften** werfen Fragen auf,

a) Die Musterstatuten für AWG und für GWG (Abschn. II Ziff. 1 u. 2 bzw. Ziff. 1, 2 und 3) schreiben vor, daß Ehegatten ihren Beitritt zu der eG nur gemeinsam schriftlich erklären, **eine** Mitgliedschaft gemeinsam erwerben, die Rechte und Pflichten ihrer Mitgliedschaft gemeinsam wahrnehmen, nur eine Stimme haben und mit dem Erwerb von Geschäftsanteilen und der Erfüllung der von der Mitgliederversammlung beschlossenen Eigenleistung gemeinsam den Anspruch auf Zuteilung einer Genossenschaftswohnung erwerben.

b) Die Anlage zur EinfVO v. 15. August 1990 bestimmt, daß auf die angegebenen Regelungen der Musterstatuten

„die Bestimmungen des § 77 Abs. 2 Satz 3 GenG mit der Maßgabe Anwendung finden, „daß die Ehegatten innerhalb einer Frist von 3 Monaten ab Inkrafttreten" … – also bis zum 22. 11. 1990 – „dem Vorstand schriftlich mitteilen, welchem von ihnen die Mitgliedschaft allein überlassen ist. Die Mitgliedschaft des anderen Ehegatten endet zum Zeitpunkt der schriftlich abgegebenen Erklärung."

Die Anordnung verkennt den Sinngehalt von § 77 Abs. 2 S. 3 (s. Begründung, BT-Drucks. 7/97 Teil B zu Nr. 41 zu § 77 und § 77, Rdn. 16 ff).

aa) Die Zeitbestimmung räumt den Erben eine Überlegungsfrist ein und schafft der eG Klarheit, ob und in welcher Weise die Mitgliedschaft fortgesetzt wird.

bb) Diese Unsicherheit besteht aber im Fall der Ehegattenmitgliedschaft nach Maßgabe der Musterstatuten nicht. Sie erlischt im Fall des Todes eines der Ehegatten. Es gelten die allgemeinen Bestimmungen, die mit § 77 Abs. 1 GenG übereinstimmen. Die nächsten Angehörigen haben jedoch das Recht, mit bestimmten Vergünstigungen Mitglied zu werden (Abschn. VII, Nr. 9–12 MStat.).

c) Die Anordnung (Abs. 2 Anlage zur EinfVO) legt den Ehegatten auf, die Rechtsgemeinschaft innerhalb der 3-Monatsfrist aufzulösen und dem Vorstand das Nähere schriftlich mitzuteilen. Die Rechtsfolgen bei ergebnislosem Verstreichen der Frist bleiben offen. Die eG wird nicht ermächtigt, die Mitgliedschaft zu beenden.

d) Gegen die **Regelung** bestehen **erhebliche Bedenken**. Sie wirkt als **Druck zur Auflösung** einer rechtlich begründeten, bestehenden, gesamthänderisch gebundenen personenrechtlichen und vermögensrechtlichen Mitgliedschaft. Diese Rechtsposition **betroffener Ehegattenmitglieder** ist grundrechtlich geschützt (Einigungsvertrag, Kap. II Art. 3, s. zum Eigentumsschutz insbesondere BVerfG, Beschl. v. 22. 11. 1994, WuM 1995, 22, 25 ff).

aa) Der **Fortbestand** einer bei Einführung des bundesdeutschen Genossenschaftsgesetzes bereits bestehenden Ehegattenmitgliedschaft widerspricht **nicht** zwingenden Grundsätzen des Genossenschaftsgesetzes. Das bestätigt § 77 Abs. 2.

Zudem hat der Gesetzgeber mit der Neufassung von § 30 ausdrücklich mit Blick auf besondere Mitgliedschaftsverhältnisse bei eG in den neuen Bundesländern bestimmt, daß auch „andere Personenvereinigungen" Mitglied einer eG sein können (BT-Drucks. 12/5553, Vorbem. I und zu Nr. 6: Neufassung von § 30 Abs. 2).

bb) Die Auflösungsanordnung widerspricht zugleich dem durch Art. 2 GG geschützten **Persönlichkeitsrecht** der Ehegattenmitglieder auf gemeinsame Wahrnehmung ihrer durch das Musterstatut bestimmten Organschaftsrechte.

Die angeordnete Auflösung bestehender Ehegattenmitgliedschaften ist daher zur Herstellung der Rechtseinheit unter vernünftigen und verhältnismäßigen Erwägungen – nicht zuletzt – aus Gründen des Vertrauensschutzes nicht gerechtfertigt (BVerfGE 80, 153 i 83, 212).

cc) Einer **Neubegründung** steht nach Inkraftsetzung des GenG (1. 7. 1990) **§ 18 Satz 2 GenG entgegen.**

## III. Mietpreisbindung der Nutzungsgebühr

103 Der **Einigungsvertrag** schrieb **die Preisbindung** der Mieten für Wohnraum und damit der Nutzungsgebühren **für** Genossenschaftswohnungen nach Maßgabe der Preisvorschriften der ehemaligen DDR bis zum 31. 12. 1991 **fest** (s. i.e. BVerfG, Beschl. v. 22. 11. 1994 – 1 BvR 351/91, WuM 1995, 22). Dem entsprach § 4 Abs. 1 EinfVO. Für die Miethöhe des am 3. 10. 1990 vorhandenen Bestandes an Genossenschaftswohnungen blieben weitgehend die bisherigen Mietbindungen in Kraft (§ 11 Abs. 1 und Abs. 2 MHG i. V. m. mit Anlage I, Kap. XIV Abschn. II Nr. 7 EV).

Aufgrund der Ermächtigung des § 11 Ab. 3 MHG v. 18. 12. 1974 (BGBl. I S. 3603) ergingen die 1. GrundmietenVO. v. 17. 6. 1991 (BGBl. I, S. 1269), die BetriebskostenumlageVO v. 17. 6. 1991 (BGBl. I, S. 1270), geändert durch VO v. 27. 7. 1992 (BGBl. I, S. 1415), die 2. GrundmietenVO v. 27. 7. 1992 (BGBl. I, S. 1416) und am 6. 6. 1995 das Ges. zur Überleitung preisgebundenen Wohnraums im Beitrittsgebiet (MietenüberleitungsG – BGBl. I, S. 748). Die **genannten Verordnungen** sind sämtlich am 11. 6. 1995 außer Kraft getreten (Art. 6, Abs. 2). Übergangsregelungen trifft das ÄndGes. v. 15. 12. 1995 (BGBl. I S. 1722).

Das **BVerfG** hat mit Beschl. v. 22. 11. 1994 – 1 BvR 351/91, die gegen die Beibehaltung von Rechtsvorschriften auf dem Gebiet der Preise aufgrund des EV sowie gegen § 1 GrundmietenVO 1991 und § 4 Abs. 3 BetriebskostenumlageVO erhobene **Verfassungsbeschwerde** einer ehemaligen AWG wegen Verletzung von Art. 14, Abs. 1, S. 1 GG als **unbegründet zurückgewiesen.**

1. Die vom EV angeordnete **befristete Fortgeltung der Mietpreisbindungen** in der **DDR verstößt nicht gegen die Eigentumsgarantie** des Grundgesetzes. Die Begründung (CII1b) hebt hervor, bei der Prüfung der Belastung ist mit zu berücksichtigen, inwieweit diese in der Übergangsphase durch staatliche Leistungen ausgeglichen oder abgemildert wird. „Die von Art. 14, Abs. 1 GG gezogenen Grenzen wären überschritten, wenn **Mietpreisbindungen auf Dauer** zu Verlusten für den Vermieter oder zur Substanzgefährdung der Mietsache führen würden (BVerfGE 71, 230, 250 (= WM 1986, S. 101)."

   „Nach der rechtlichen und tatsächlichen Ausgangslage der **AWG** beruhen ihre Eigentumspositionen nur zum Teil auf eigenen Leistungen und denen ihrer Mitglieder" ... dies "erlaubte es, ihnen weiterreichendere Bindungen aufzuerlegen als Eigentümern, die ihr Eigentum ohne staatliche Förderung erlangt haben".

Andererseits ist auch zu berücksichtigen, daß

- die Bewirtschaftungskosten der Wohnungen beträchtlich gestiegen sind,
- die Belastung mit den Altlasten hinzukommt,
- die Aufrechterhaltung der Mietpreisbindung eine Deckungslücke zwischen Einnahmen und Aufwendungen bewirkt,
- den Wohnungsbaugenossenschaften dafür jedoch – pauschalierte – **Subventionen** gewährt worden sind,
- ihnen staatliche Hilfe bei der Tilgung der Altschulden zu Teil geworden ist, so
  - — das zwischen dem Bund und den kreditgebenden Banken zugunsten der Wohnungsbaugenossenschaften vereinbarte befristete **Moratorium** für bestimmte Zahlungsverpflichtungen sowie
  - — sachlich und zeitlich begrenzte staatliche **Altschuldenhilfe** (§§ 4, 5 und 7 AltschuldenhilfeGesetz v. 23. 6. 1993 (BGBl. I, S. 944, 986).

Mit dem Wirksamwerden des Einigungsvertrages sei die Rechtsposition, insbesondere die Kreditfähigkeit und Kreditwürdigkeit der Wohnungsbaugenossenschaften verbessert worden. Sie seien Eigentümer des von ihnen genutzten ehemals volkseigenen Grund und Bodens zu einem deutlich unter dem Verkehrswert liegenden Preis geworden (Wohnungsgenossenschafts-Vermögensgesetz v. 23. 6. 1993 (BGBl. I, S. 989, § 1 Abs. 1 S. 1, § 3 – Begr. C II 1 (4)).

2. Die Begründung und die damit gesetzten **Maßstäbe werden gewichtet werden** müssen, wenn es um die **Überprüfung** der **Zumutbarkeit** von sich über einen Langzeitraum erstreckenden Verlusten aus der Bewirtschaftung von Genossenschaftswohnungen oder um die Substanzgefährdung durch weitere Belastungen geht.

## IV. Belegungsbindungen

1. In Anlehnung an das Wohnungsbindungsgesetz traf das DDR-Gesetz über die **Gewährleistung von Belegungsrechten** im kommunalen und **genossenschaftlichen Wohnungswesen** v. 22. 7. 1990 (GBl. I, S. 894) mit Wirkung v. 1. 9. 1990 eingehende Festlegungen zur Wohnungsüberlassung, über die Wohnberechtigung, die Bedingungen einer Freistellung von der Wohnungsbindung, zur Zweckentfremdung und zur sog. **Gleichstellung** von Genossenschaftswohnungen. **104**

Mit dem 1. 9. 1990 traten zugleich alle Vorschriften der DDR über die Lenkung von Wohnraum außer Kraft.

Das Gesetz gilt mit der Maßgabe (EV, Kap. III, § 9, Abs. 1 i. V. m. Anlage II, Kap. XIIII, Abschn. III) seiner Anwendung auch für die am 1. 9. 1990 noch als volkseigen bestehenden Wohnungen, soweit oder solange diese nicht auf private Eigentümer zurückzuübertragen sind und hinsichtlich des **Außerkrafttretens** am 31. 12. 1995, nicht anderes bestimmt wird.

Es gilt mithin in allen Fällen der Übertragung einer gebundenen Genossenschaftswohnung – gleich ob im Wege der Einzel- oder der Gesamtrechtsnachfolge –, wenn keine Freistellung erfolgt (§ 8).

2. § 12 Abs. 2 **Altschuldenhilfe-Gesetz** v. 26. 6. 1993 (BGBl. I 1993, 986 m. Änd. durch Ges. v. 6. 6. 1994, BGBl. I S. 1184) **ermächtigt** die Länder für die Zeit nach dem Außerkrafttreten des BelegungsrechtsG für einen Anteil bis zu 50 % der Wohnungen der Wohnungsgenossenschaften, denen **Teilentlastung** (§ 4) und/oder **Zinshilfe** (§ 7) gewährt werden, Belegungsbindungen in den Grenzen von Satz 2 zu erlassen, u. a. nähere Vorschriften über die

– Geltung der Bindungen während der Zeit vom 1. 1. 1996 bis 31. 12. 2003, längstens aber bis zum 31. 12. 2013 (s. dazu Begr., BT-Drucks. 12/4748, 153 f) und
– entsprechende Anwendung von im einzelnen genannten Vorschriften des WoBindG. Dazu gehört ausdrücklich die Bestimmung, das derjenige, der eine der Belegungsbindung unterliegende Wohnung an einen Wohnungssuchenden **aufgrund eines genossenschaftlichen Nutzungsverhältnisses** zum Gebrauch überläßt, einem Vermieter, bzw. derjenige, der sie als Nutzer bewohnt, einem Mieter gleichsteht (§ 18 WoBindG).

Eine eG, die **Altschuldenhilfe** (§§ 4 und 7) beantragt hat, muß daher damit rechnen, daß freie Wohnungen je nach den örtlichen Wohnungsmarktverhältnissen, im Verhältnis der für die Gewährung von Altschuldenhilfe (§ 4 und/oder § 7) maßgeblichen Wohnfläche zur Gesamtwohnfläche nach dem Stande vom 1. 1. 1993, bis zu einem Anteil von 50 % gezielt Wohnungssuchenden zugewiesen werden. Dabei kommt es nach den vorgesehenen Rahmenbedingungen nicht darauf an, ob der Zugewiesene Mitglied der eG ist oder bereit ist, die Mitgliedschaft zu erwerben. Wohnungssuchenden Mitgliedern ohne Wohnberechtigungsschein darf die eG eine Wohnung nur überlassen, wenn sie insoweit von den Belegungsbindungen – etwa mit Rücksicht auf das genossenschaftliche Mitgliedschaftsverhältnis – freigestellt wird (§ 12 Abs. 2 Nr. 3 Altschuldenhilfe-Gesetz i. V. m. § 7 Abs. 1 Nr. 2 b WoBindG).

Ausmaß und Zeitdauer der möglichen Belegungsbindungen insbes. die vorgegebene Ausdehnung bis zu 10 Jahren über die Dauer der gewährten Hilfeleistung hinaus stellen die **Erfüllung des Förderauftrages** zur Verbesserung der wohnlichen Versorgung der Mitglieder durch die betroffenen Wohnungsbaugenossenschaften **in Frage**. Die einzelne eG wird bei der Entscheidung, ob sie Altschuldenhilfe in Anspruch nimmt, die Aus- und Nachwirkungen solcher Belegungsbindungen abwägen müssen. Der Antrag auf Altschuldenhilfe war spätestens bis zum 31. 12. 1993 zu stellen; er kann jedoch innerhalb von 3 Wochen nach Bekanntgabe des Bescheides zurückgenommen werden ( §§ 4, 7, 9, 11 AHG, s. KfW-Antrag-Muster, Abschn. II A 1. Satz 3, GdW Arbeitshilfen 2, August 1993, S. 7, 8 und 12, ferner Rdn. 106 Nr. 3). Die 3-Wochenfrist ist **bedenklich**. Nach **allgemeinen Grundsätzen** des Verwaltungsverfahrens kann ein Antrag **bis zur Unanfechtbarkeit des** erlassenen **Bescheides** zurückgenommen werden *Kopp*, VwVfG, 4. Aufl. § 9 Rdn. 45, 47 m. w. Hinw.).

Zur verfassungsrechtlichen Problematik von Belegungsbindung nach § 12 Abs. 2 AltschuldenhilfeG: BVerfG, WuM 1995, S. 22, 25, 27, s. Rdn. 103 1. Allg. Rdn. 129 a. E.

Dazu OLG Dresden, Urt. v. 28. 3. 1994 – 2 U 1531/93, VJZ 1994, 431, 433 = WM 1994 S. 734 bestätigt durch BGH, Urt. v. 4. X. 1995 – XIZR 83/94, s. Rdn. 105, ferner *Leisner*, Rechtsgutachten zur Umsetzung des Altschuldenhilfe-Gesetzes, insbesondere zur Privatisierungspflicht und zu möglichen Belegungsbedingungen, GdW, Oktober 1993, S. 50, 100, 13.

## V. Rückzahlungsverpflichtungen aus Altkrediten

1. Die ehemaligen AWG erhielten zur Finanzierung des Wohnungsbaus und der erforderlichen genossenschaftlichen Gemeinschaftseinrichtungen „Kredite" nach näherer Bestimmung der §§ 8 und 9 AWG-VO v. 21. 11. 1963. in der Neufassung v. 23. 2. 1973 (GBl. Nr. 12, S. 109) und der §§ 11–16 der 1. DB v. 3. 1. 1964 (GBl. II Nr. 4, S. 28) i. d. F. der 2. DB v. 30. 8. 1966 (GBl. II Nr. 96, S. 603) sowie der VO v. 15. 12. 1970 (GBl. II Nr. 102, S. 765). **105**

Entsprechende Regelungen galten für die Gewährung von Krediten an umgebildete oder sonstige Wohnungsbaugenossenschaften nach den §§ 7 und 10 der VO vom 14. 3. 1957 (GBl. I Nr. 24, S. 200) i. d. F. der ÄndVO v. 13. 7. 1958 (GBl. I Nr. 52, S. 602) sowie der VO v. 15. 12. 1970 (GBl. II Nr. 102, S. 765) und der VO v. 9. 3. 1971 (GBl. II Nr. 32, S. 66).

Die Kredite waren mit jährlich gleichbleibender Höhe von 5 % zu tilgen. Der Zinssatz betrug 4 % jährlich. Die eG hatten sich an der Tilgung mit Leistungen in Höhe von 1 % der ausgereichten Kredite zu beteiligen. Die restlichen 4 % der Jahresleistung „werden aus dem Haushalt des zuständigen örtlichen Staatsorgans finanziert".

2. Die EinführungsVO v. 18. 5. 1990 (GBl. I Nr. 53, S. 1072, 1073) bestimmte zur Weiterführung der Fördermaßnahmen: „... können auch weiterhin anteilige Leistungen zum Kapitaldienst für die den Wohnungsbaugenossenschaften für die Errichtung von Wohngebäuden und baulichen Anlagen gewährten staatlichen Kredite ... übernommen werden" (§ 3 Abs. 3).

   Der durch den Staat zu übernehmende Anteil zum Kapitaldienst der für den Bau von Wohngebäuden und baulichen Anlagen von Wohnungsbaugenossenschaften aufgenommenen Kredite war jährlich durch den Minister der Finanzen vorzuschlagen und mit dem Gesetz über den Haushalt zu bestätigen (§ 4 Abs. 2).

3. Zur **Rechtsnatur** der auf dieser Grundlage und im Rahmen der KreditVO v. 22. 12. 1971 (GBl. II 1972, 41) vor dem **30. 6. 1990** formal geschlossenen **„Kreditverträge"** sowie zu **Inhalt** und **Umfang der Zahlungsverpflichtungen** hieraus: *Harms*, Rechtsgutachten zu den Altverpflichtungen aus dem volkseigenen Wohnungsbau, August 1992; *Scholz/Leciejewski*, Rechtsgutachten zur Problematik früherer „Kreditverträge" in der DDR im Bereich des Wohnungsbaus, September 1991, Veröffentlichungen des GdW; dagegen folgert *Westermann*, Gutachten v. 15. 5. 1992 „Zur Frage der Rechtsnatur der Vereinbarungen, welche die Staatsbank der ehemaligen DDR ... mit Unternehmen der Wohnungswirtschaft und Kommunen geschlossen hat", es handele sich um Schuldverhältnisse, die gemäß Art. 232 § 1 EGBGB fortbestehen, im Hinblick auf die Wohnungsbaugenossenschaften s. Abschn. III, 6.

4. Das OLG Dresden – Urt. v. 28. 3. 1994 – 2 U 1531/93 (VIZ. 1994 S. 430, 432) hat die negative Feststellungsklage einer ehemaligen AWG, sie sei nicht verpflichtet, Tilgungs- und Zinsleistungen auf einen sogenannten Altkredit zu erbringen, abgewiesen, ausgenommen die aus der von den Beklagten einseitig in Anspruch genommenen Kontokorrentsaldierung abgeleiteten Rechtsfolgen. Der Senat folgert:

   a) Der Grundmittelvertrag ist wie sämtliche sonstigen der KreditVO 1971 unterliegenden Wirtschaftsverträge als **Darlehensvertrag** zu qualifizieren und nicht als eine auf die Zuwendung staatlicher Haushaltsmittel gerichtete Vereinbarung (Gründe: II 2. aa) (1) u. (3)).

   b) Die **Überleitung des Darlehensvertrages** durch Art. 232 § 1 EGBGB begegnet **keinen rechtlichen Bedenken** (Gründe: II 3. a/aa) unter Hinweis auf die mit der Problematik der Altkredite befaßten gerichtlichen Entscheidungen insbesondere auf BGH, VIZ 1994, 74, betreffend die landwirtschaftlichen Produktionsgenossenschaften; BVerfG, VIZ 1993, 351 zum Zinsanpassungs-Gesetz; KG DZWir

1994, 23 betr. VEB) sowie auf die zu seiner Bewältigung ergriffenen politischen und gesetzgeberischen Initiativen.

c) Das **Eigentumsrecht** (Art. 14, Abs. 1 GG) **und** die **Berufsfreiheit** (Art. 12 GG) ist **nicht beeinträchtigt**. Den Rechtsnachfolgern der AWG ist zumindestens hinreichender Ausgleich für die ihnen vom Bundesgesetzgeber auferlegten sozialen Lasten der Wiedervereinigung gewährt worden:
   - durch das Moratorium,
   - das Wohnungsgenossenschaftsvermögensgesetz vom 23. 6. 1993 (BGBl. I, 944, 989),
   - das Altschuldenhilfe-Gesetz v. 23. 6. 1993 (BGBl. 1944, 986).

   (Gründe: II 2. a/bb (2)).

d) Die gegen die **Verfassungsmäßigkeit des Altschuldenhilfe-Gesetzes** erhobenen **Bedenken treffen nicht** zu.
   Selbst bei der Annahme, § 5 AHG beinhalte einen „unmittelbaren hoheitlichen Eingriff“, wäre dieser
   - als dem Wohle der Allgemeinheit dienende,
   - „auf die Harmonisierung der Lebensverhältnisse in der Bundesrepublik gerichtete Maßnahme“,
   - für die sich „**anerkennenswerte** wohnungsbau- und eigentumspolitische Gründe finden“,

   zulässig (Gründe: II 2. a/bb (2.3)).

e) Die Verpflichtung zur **Teilprivatisierung** des Wohnraums berührt zwar die Berufsausübungsfreiheit (Art. 12), ist aber **durch vernünftige und verhältnismäßige Erwägungen** des **Gemeinwohls gerechtfertigt** (Gründe: II 2. a/bb (2.3)).

f) Art. 3 Abs. 1 GG ist nicht durch §§ 1, 2 Finanzbereinigungsgesetz v. 22. 4. 1993 (BGBl. I, S. 463) verletzt (Gründe: II 2. a/bb (3)).

g) Die **Geschäftsgrundlage** für die Rückzahlungsverpflichtung aus dem Alt-Kreditvertrag ist durch das Ende der sozialistischen Planwirtschaft **nicht weggefallen**. Die Ausführungen (BGH, VIZ 1994, 74) gelten sinngemäß auch für Kreditgewährungen an die AWG.

h) Im übrigen ist von den Parteien das übergeleitete Darlehensvertragsverhältnis durch deklaratorisches Anerkenntnis vom Februar 1991 bestätigt worden.

5. Der BGH hat mit Urt. v. 4. 10. 1995 – XI ZR 83/84 – das Urt. des OLG Dresden im Ergebnis bestätigt. Die einseitige Änderung eines vor dem 1. 7. 1990 abgeschlossenen Kreditvertrages durch Begründung eines Kontokorrentverhältnisses und die hierauf fußende Berechnung von Zinseszinsen ist jedoch unzulässig. Die Begründung führt u. a. aus:

   a) **Die nach DDR-Recht** begründeten **Kreditnehmerverpflichtungen** sind mit dem Ende des planwirtschaftlichen Systems **nicht untergegangen**, sondern im Verhältnis 2:1 umgestellt.

b) Die gegen diese Grundentscheidung des Einigungsvertrages erhobenen **verfassungsrechtlichen Bedenken** teilt der Senat unter Hinweis auf die Entscheidung des BVerfG, WM 1995, 219 (Rdn. 103) **nicht**.

c) Die klagende eG kann – obwohl sie weder Zinshilfe nach § 7 AHG noch Teilentlastung nach § 4 AHG beantragt hat – **nicht** verlangen, wegen **Wegfalls der Geschäftsgrundlage** ganz oder teilweise von ihren Zins- und Tilgungsverpflichtungen gegenüber der Kreditgläubigerin befreit zu werden.

aa) Den **Wohnungsbaugenossenschaften** sind die bisherigen **Finanzierungshilfen** aus staatlichen Haushaltsmitteln **nicht ersatzlos entzogen** worden.
Das AHG eröffnete ihnen für die Zeit v. 1. 1. 1994 bis 30. 6. 1995 die Möglichkeit der Zinshilfe zu Lasten der öffentlichen Hand und ab 1. 7. 1995, von den Altschulden, soweit sie 150 DM pro $m^2$ preisgebundener Wohnfläche überstiegen, endgültig befreit zu werden.

bb) **Die Belastungen**, von denen das AHG die staatlichen Finanzierungshilfen abhängig macht, sind **nicht verfassungswidrig, das Gesetz ist nicht nichtig.**

- Der Gesetzgeber hat den breiten **Gestaltungsspielraum** des allgemeinen Gleichheitsgebotes des **Art. 3 Abs. 1 GG nicht überschritten.**
- Die nach § 2 Abs. 2 S. 2 AHG **geforderte Schuldanerkennung** enthält **keinen Grundrechtsverstoß**; sie begründet keine neuen Verbindlichkeiten.
- Obwohl **§ 5 AHG** die Berufsfreiheit einschränkt (Art. 12 Abs. 1 GG) und den Schutzbereich des Art. 14 Abs. 1 GG berührt, **verstößt** er **nicht gegen Grundrechte**. Die Verpflichtung zur Veräußerung und Erlösabführung steht in untrennbarem Zusammenhang mit der Altschuldenentlastung. Ziel und Ergebnis der Gesamtregelung ist eine erhebliche Verbesserung der Rechtsposition der Betroffenen ... Der **Zusammenhang zwischen Entziehungs- und Zuteilungstatbestand** ist zu beachten (BVerfGE 42, 263, 299/300; 74, 264, 283/284). Bei staatlichen Subventionen dürfen belastende Auflagen nicht isoliert betrachtet werden ... gerade auch im Bereich der Einigungsgesetzgebung (BVerfG, WM 1995, 219, 221). Die mit den Vorteilen aus den Entlastung gemäß §§ 4, 7 AHG verbundenen Auflagen sind verfassungsrechtlich nicht zu beanstanden. Die **Veräußerungsverpflichtung** ist eine **zulässige Regelung der Berufsausübung** (§ 12 Abs. 1 S. 2 GG) und eine **zulässige Inhalts- und Schrankenbestimmung** nach Art. 14 Abs. 1 S. 2 GG.

cc) Der **Einigungsgesetzgeber** hat im AHG ein eigenes **Lösungskonzept** entwickelt (BGHZ 124, 1, 9). Der Erfolg dieses Konzeptes wird **in Frage gestellt, wenn** dem **Betroffenen** generell die **Möglichkeit eröffnet** würde, die **staatliche Hilfe abzulehnen und statt dessen** eine **Vertragsanpassung nach § 242 BGB** zu Lasten der Kreditinstitute zu erreichen. An den Voraussetzungen hierfür fehlt es, wenn eine Wohnungsbaugenossenschaft die ihren Vertragspartner schonenden Möglichkeiten des AHG bewußt nicht wahrgenommen hat.

Die Ausführungen des BGH zur Verfassungsmäßigkeit der im Gesamtzusammenhang des gesetzgeberischen Konzeptes der § 1, 4, 5 AHG und der Einigungsgesetzgebung zu sehenden Belastungen berühren nur am Rande, daß einem großen Teil der Genossenschaften nach Ablauf des Moratoriums unter dem Druck der Gefährdung ihres wirtschaftlichen Fortbestandes **keine andere Wahl blieb**, als die Teilentlastung nach § 5 AHG zu beantragen und die damit verbundene Veräußerungs- und Erlösabführungspflicht in Kauf zu nehmen. Auch bei staatlichen Subventionen sind belastenden Auflagen **Grenzen** gesetzt (BVerfGE 74, 264, 283, 284), nicht zuletzt unter dem rechtsstaatlichen **Gebot der Verhältnismäßigkeit**. Der allgemeine Hinweis auf den Gesamtzusammenhang der Einigungsgesetzgebung überzeugt insoweit nicht. Offen geblieben sind auch die zahlreichen Fragen, die sich bei Durchführung der Privatisierungspflicht nach den Vorgaben des Schreibens v. 18. 5. 1995 des BM für Raumordnung, Bauwesen und Städtebau an die Kreditanstalt für Wiederaufbau (BuAnz. v. 28. 6. 1995) an die Vereinbarkeit der gestellten Forderungen mit zwingenden Grundsätzen des Genossenschaftsrechts und dem rechtsstaatlichen Übermaßverbot ergeben (s. dazu i.e. Rdn. 106 II, III u. 107 4.). – Sie waren nicht Gegenstand der Entscheidung.

## VI. Altschuldenhilfen

### A. Allgemein

Wohnungsgenossenschaften mit **Wohnraum** im **„Beitrittsgebiet“** (EV Kap. II Art. 3) konnten „zur angemessenen Bewirtschaftung des Wohnungsbestandes, insbesondere zur Verbesserung der Kredit- und Investitionsfähigkeit“ bis zum **31. 12. 1993 Altschuldenhilfe** beantragen (**Altschuldenhilfe-Ges.** v. 23. 6. 1993, in Kraft getreten am 27. 6. 1993, BGBl. I, 944, m. ÄndGes. v. 6. 6. 1994, BGBl. I S. 1184 und v. 21. 11. 1996, BGBl. I S. 1780, §§ 1, 2 Abs. 1 Nr. 3). Die Altschuldenhilfe wird gewährt als **Teilentlastung** durch Schuldübernahme (§§ 4, 5) und/oder als Zinshilfe (§ 7). 106

**1. Teilentlastung**

a) Die **Teilentlastung** erfolgt durch **Kappung** der Altverbindlichkeiten, die am 1. 1. 1994 einen Betrag von 150 DM/m² der Gesamtwohnfläche nach dem Stande vom 1. 1. 1993 übersteigen (§ 4 Abs. 1 Satz 3 AHG). Die zu berücksichtigenden Wohnflächen und Altschulden bestimmen sich nach § 4 Abs. 1 S. 4, 5 und 7. **Besonderheiten** ergeben sich bei der Ermittlung der maßgeblichen Wohnflächen und des danach zu berechnenden Teilentlastungsbetrages bei der Aussonderung von Teilen des Unternehmens oder von Teilen der Wohnfläche bzw. von Wohnungen, die nach dem VermögensGes zurückgegeben oder rückübertragen werden (§ 4 Abs. 3 und 4). In Höhe des gekappten Betrages übernimmt der Erblastentilgungsfonds ab 1. 7. 1995 mit befreiender Wirkung die Schuld gegenüber dem bisherigen Gläubiger (§ 4 Abs. 1 Satz 1 und 2).

b) Weitere **Voraussetzungen** für die Gewährung der Teilentlastung sind insbesondere die Übernahme der Pflicht
- zur **Veräußerung**
  - von mindestens 15 % des zahlenmäßigen Wohnungsbestandes mit mindestens 15 % der Wohnfläche nach dem Stand vom 1. 1. 1993 bis zum 31. 12. 2003,
  - unter vorrangiger Berücksichtigung der „Mieter" zur Bildung individuellen Wohneigentums,
- zur Abführung von Veräußerungserlösen

nach Maßgabe von § 4 Abs. 5 Nr. 1 und § 5 AHG.

**2. Zinshilfe**

Die Zinshilfe wird gewährt für die auf Altverbindlichkeiten in der Zeit vom 1. 1. 1994 bis zum 30. 6. 1995 zu zahlenden Zinsen, soweit diese die marktübliche Höhe **nicht** übersteigen **und** auf die für Wohnzwecke genutzte sowie am 1. 1. 1993 mit Mietpreisbindungen im Sinne von § 11 Abs. 2 und 3 MHG belasteten Wohnflächen entfallen (§§ 3, 7 Abs. 1, 11, Abs. 2 AHG). Voraussetzung ist die schriftliche Anerkennung der Altverbindlichkeiten und der wirksame Abschluß eines Kreditvertrages hierüber (§ 2 Abs. 1 S. 2), **nicht** aber die Übernahme einer Veräußerungs- oder Abführungspflicht nach Maßgabe der §§ 4, 5 AHG.

**3. Verfahren**

Das Antragsverfahren bestimmt sich nach den §§ 9 bis 11 AHG, ergänzend nach den allgemeinen Vorschriften des Verwaltungsverfahrensgesetzes. Die Kreditanstalt für Wiederaufbau hat im Interesse einheitlicher Prüfungs- und Verfahrenspraxis **Formblätter** für den Antrag auf Zinshilfe und/oder Teilentlastung sowie ein **Merkblatt**, ferner ein Schema für nach § 4 Abs. 5 und 7 AHG zu erstattende Berichte herauszugeben (dazu GdW, Erl., Arbeitshilfen 2, August 1993 und Arbeitshilfen 12, Mai 1995, s. Rdn. 104 Nr. 2).

### 4. Veräußerungs-, Erlösabführungspflicht

Die Koppelung der Teilentlastung mit dem gesellschaftspolitischen Ziel breiter Bildung von Wohneigentum in den neuen Ländern unter Vorrang der „Mieter" von Genossenschaftswohnungen begegnet nach Inhalt und Ausmaß der Veräußerungspflicht nach § 5 Abs. 1 AHG erheblichen Bedenken, nicht zuletzt aus dem Gebot der Verhältnismäßigkeit – auch unter Berücksichtigung der Erwägungen des OLG Dresden und des BGH (s. dazu o. Rdn. 105 und der Maßnahmen zur Verbesserung der Lage der Wohnungsbaugenossenschaften (BVerfG, WuM 1995, 22, 26 ff – s. o. Rdn. 103). Diese werden noch verstärkt durch die zeitgebundene gestaffelte Erlösabführungspflicht (§ 5 Abs. 2 AHG). Sie bleiben auch nach Milderung der Staffel dem Grunde nach bestehen (ÄndGes. v. 21. 11. 1996, BGBl. I S. 1780).

## B. Mitgliederbelange

Die Forderung einer Verpflichtung der eG zur Veräußerung eines zahlenmäßig festgelegten Teils ihres Wohnungsbestandes zur Bildung individuellen Wohnungseigentums unter vorrangiger Berücksichtigung der „Mieter" (s. o. I 1) läßt **außer acht**:

1. Die Genossenschaften in den neuen Ländern haben im Zuge der Anpassung an das Genossenschaftsgesetz (EinfVO, a. a. O., §§ 1, 2, s. Rdn. 102 II 2) die Mustersatzung für Wohnungsbaugenossenschaften übernommen.

   Danach ist **Gegenstand des Unternehmens** traditionell die sichere und sozialverantwortliche wohnliche Versorgung der Mitglieder mit Wohnungen in allen Rechts- und Nutzungsformen, darunter Eigenheime und Eigentumswohnungen (MS § 1).
2. Jedes Mitglied hat das satzungsmäßig verbriefte **Recht** auf eine seinem Bedarf und seiner finanziellen Leistungsfähigkeit entsprechende Wohnung zur Nutzung oder aber auf Erwerb eines Eigenheimes oder einer Eigentumswohnung (MS §§ 13 Abs. 2 a, 14, 15 Abs. 3, 28 s. auch Rdn. 98(c), 109, 110, 113).
3. Es **bedarf weder** einer **gesonderten gesetzlichen Verpflichtung** der eG zur **Begründung der Veräußerungspflicht** zugunsten der Mitglieder, **noch einer Vorrangsregelung** (§ 5 Abs. 1 AHG).

Die Verpflichtung zur Abführung eines sich nach Zeitablauf steigernden Anteils aus dem Erlös soll den Druck zur beschleunigten Veräußerung von Wohnungen verstärken. Sie dient zugleich der beschleunigten Refinanzierung des Erblastentilgungsfonds. Sie nimmt keine Rücksicht auf die sich daraus ergebende Minderung der Leistungsfähigkeit der eG zur Erfüllung ihres satzungsmäßigen, nicht an einen Zeitplan gebundenen Förderungsauftrags zur wohnlichen Versorgung aller Mitglieder.

4. Wird die durch § 5 Abs. 1 AHG vorgeschriebene Zahl der Veräußerungen nicht innerhalb der 10-Jahresfrist erreicht, so **ist** die gewährte Teilentlastung ganz oder teilweise aufzuheben und der § 5 Abs. 3 AHG entsprechende Entlastungsbetrag dem Erblastentilgungsfonds zu erstatten; „es sei denn, daß die Genossenschaft die nicht fristgerechte Erfüllung der Veräußerungs- und Abführungspflicht (§ 5 Abs. 3 S. 2 AHG) **nicht** zu **vertreten** hat". Die angeordnete jährliche Berichterstattung (§ 4 Abs. 5 AHG) und die dazu ergangenen KfW-Formblätter führen zu einer Umkehr der Beweislast.

a) Aus der mit der Stellung des Antrags auf Teilentlastung verbundenen Erklärung (KfW-Formblatt, Abschn. II B):

> „(Wir) verpflichten uns, nach Maßgabe der § 4 und 5 Altschuldenhilfe-Gesetz zur zügigen Veräußerung, Modernisierung und Instandsetzung des Wohnungsbestandes sowie zur Abführung von Veräußerungserlösen"

dürfte sich die Verpflichtung des Vorstandes ergeben, der GV den Entwurf einer Satzungsänderung vorzulegen, die die Ausdehnung des Geschäftsbetriebes auf Nichtmitglieder zuläßt bzw. die Veräußerung von Wohnungen an Nichtmitglieder gestattet, wenn keine dahingehende Regelung besteht.

b) Kommt die Satzungsänderung zustande oder läßt die Satzung das Nichtmitgliedergeschäft zu, so steht formal der Veräußerung von Wohnungen an Nichtmitglieder nichts im Wege.

c) Es bleibt die Frage, ob die Übernahme der Veräußerungspflicht nach Inhalt und Ausmaß der Erfüllung des gesetzlichen und durch die Satzung näher bestimmten Förderungsauftrages dient oder die Mitgliederförderung zumindest nicht behindert (dazu § 8 Rdn. 14 ff). Bei der **Abwägung** sind die besonderen Verhältnisse der einzelnen eG zu berücksichtigen, insbesondere die Auswirkungen auf die Zusammensetzung der Mitglieder, auf den zu ihrer Versorgung zur Verfügung stehenden verbleibenden Wohnungsbestand sowie auf die Kredit-Leistungs- und Wettbewerbsfähigkeit der eG,

- wenn zunehmend durch Nachholung von Instandsetzungen und durch Modernisierungen verbesserte Wohnungen unter dem

Druck wachsender Abführungsverpflichtungen in Wohnungseigentum umgewandelt und verkauft werden müßten,

- wenn sich die Zahl der erfahrungsgemäß in einem überschaubaren Zeitraum freiwerdenden und für die Versorgung wohnungssuchender Mitglieder und Anwärter benötigten Wohnungen als Folge der Veräußerungspflicht erheblich verringert sowie
- das verbleibende Risiko einer vollen oder teilweisen Aufhebung der gewährten Teilentlastung wegen nicht fristgerechter Erfüllung der übernommenen Veräußerungs- und Abführungspflicht.

## C. Wirtschaftlicher Druck

Die vertragliche Verpflichtung zur Veräußerung und Erlösabführung in der Ausgestaltung des § 5 AHG als Voraussetzung für die Teilentlastung ist zwar formal der Entscheidung der antragstellenden Wohnungsbaugenossenschaft überlassen, es bleibt ihr aber nach Lage der Verhältnisse „bei vernünftigem Vorgehen" **keine Wahl**, als die mit dem Druck zur Veräußerung eines wesentlichen Teils ihres Wohnungsbestandes verbundene Minderung ihrer Förderungsfähigkeit und der Grundlage des gemeinschaftlichen Geschäftsbetriebes hinzunehmen. Die auferlegte Veräußerungspflicht greift zugleich in ihre wirtschaftliche Handlungsfreiheit und ihr Selbstbestimmungsrecht ein (*Maunz/Dürig/Scholz*, GG Art. 12, Tz. 108, 113–115, 141, 185, 318, 327 ff, 384, 386, 416, 419). Das ist aber weder mit Art. 14 Abs. 1 noch mit Art. 12 in Verbindung mit Art. 2 GG vereinbar (BVerfGE 50, 290, 339; 74, 264, 281; dazu *Maunz/Dürig/Papier*, GG Art. 14 Tz. 105, 228, 492, 549). Der mit der Regelung verfolgte Zweck ist mit anderen und die eG weniger belastenden Mitteln als dem auf die Aufsplitterung ihrer Existenzgrundlage gerichteten Veräußerungszwang zu erreichen. Dieser ist **unverhältnismäßig**, auch wenn die der **einzelnen** eG im Zuge der Umstellung der Wirtschaftsordnung allgemein gewährten Vergünstigungen sowie die zu ihrer Existenzerhaltung bestimmte Teilentlastung in Betracht gezogen werden. Die Wohnungsbaugenossenschaften sind keine Organe staatlicher Wohnungs- oder gesellschaftspolitischer Eigentumspolitik; sie genießen als Einrichtungen und Träger selbstverantwortlich bestimmter und organisierter Selbsthilfe vollen Grundrechtsschutz (BVerfG, Beschl. v. 22. 11. 1994 – 1 BfR 351/91, WuM 1995, 25, dazu auch *Jäger*, Wohnungsgenossenschaften zwischen Gemeinwohl und Gruppenegoismus, Münster 1995, Inst. für Genossenschaftswesen, Vorträge, Heft 40, insbes. S. 7–9). Den Einschränkungen des OLG Dresden und des BGH (s. Rdn. 105) kann in ihrer Verallgemeinerung nicht gefolgt werden. S. i. ü. zur verfassungsrechtlichen Problematik *Leisner*, Rechtsgutachten über Rechtsfragen zur Umsetzung des Altschuldenhilfe-G., Oktober 1993, Veröffentlichung des GdW; *Großfeld*,

Zur Vereinbarkeit des Entwurfs eines „Altschuldenhilfe-Gesetzes" mit dem GenG v. 16. 4. 1993; zur Erl. mit praktischer Umsetzung des AHG, GdW: Arbeitspapier, Oktober 1992; Arbeitshilfen Nr. 2 August 1993; Zwischenbericht, Aus der Arbeit des Lenkungsausschusses, November 1993; Arbeitshilfen Nr. 12, Mai 1995.

### „Eigentumsorientierte" Wohnungsgenossenschaften

**107** 1. Die Veräußerungsauflagen nach § 5 AHG stehen im Zusammenhang mit der wohnungspolitischen Auseinandersetzung um die Verbesserung der Wohnungssituation in den neuen Ländern, insbesondere durch Schaffung von privatem Wohnungseigentum **„vornehmlich bei den Mietern"** u. a. durch „Bildung individuellen Wohneigentums durch Privatisierung existierender Bestände ..." Da „Genossenschaften zwar in einem rechtlichen Sinn bereits privatisiert" sind, „jedoch kein individuelles Wohneigentum aufweisen", wurde ihnen die Privatisierung von 15 % ihres Wohnungsbestandes auferlegt. Dabei sollte die „Privilegierung der Mietergenossen bei der Privatisierung von Art und Ausmaß die gleiche sein wie die der Mieter der kommunalen Wohnungsunternehmen" (Sondergutachten der von der Bundesregierung beauftragten Expertenkommission „Wohnungspolitik für die neuen Länder" vom 15. 10. 1994, Kap. 6 Tz. 6001, 6002, 6104, 6201, Kap. 8 Tz 6801– 6803 – „Die Meinungen der Kommission zur Privatisierung zugunsten der Mieter waren geteilt" (Kurzfassung Abs. 7).

2. Die Veräußerungsauflage für eG als Voraussetzung für die Teilentlastung ist in der parlamentarischen Erörterung umstritten (s. die umfangreiche Dokumentation „Parlamentspiegel" 34.–38. Jahrgang 1991–1995 nach dem Stand v. 30. 6. 1995, S. 481–188 mit zahlreichen Änderungsanträgen und Stellungnahmen zum Altenschuldenhilfe-G.). Sie erscheint als mit dem **gesetzlichen Förderungsauftrag** der eG und ihrer durch Art. 14 und Art. 12 GG verfassungsrechtlich geschützten Rechtsstellung **nicht vereinbar**. Sie geht auch unter Berücksichtigung des Gesamtzusammenhangs zwischen den Auflagen und den Vorteilen aus der Entlastung – entgegen den verallgemeinernden Ausführungen der Begründung des BGH – (s. Rdn. 105) nach Durchführung und Ausmaß als übermäßig über den Rahmen einer zulässigen Regelung der Berufsausübung sowie einer zulässigen Inhalts- und Schrankenbestimmung hinaus.

3. Der Ausschuß für Raumordnung, Bauwesen und Städtebau hat mit Beschl. v. 17. 3. 1995, BT-Drucks. 13/1103 v. 10. 4. 1995, Sachgebiet 105, dem Bundestag empfohlen, die Bundesregierung aufzufordern, „wenn sich trotz intensiver Bemühungen ... zeigt, daß die Erfüllung der 15 %-Quote durch eine Veräußerung an die Mieter nicht zu erreichen

ist", sich u. a. für folgende Anwendung des Altschuldenhilfegesetzes einzusetzen:

„Wohnungsgenossenschaften sind im Rahmen des geltenden Genossenschaftsrechts **eigentumsorientiert** auszugestalten. Auf der Grundlage von **Mehrheitsbeschlüssen** ist den **Genossenschaftsmitgliedern objektbezogen** die Möglichkeit zu eröffnen, die Umwandlung **in Wohneigentum** zu verlangen, die Übertragung des Wohneigentums auf die Mitglieder zu fordern und/oder ihre Geschäftsanteile auf Dritte zu übertragen, soweit diese Mitglieder der eG werden wollen und dem keine wichtigen Gründe entgegenstehen. Ferner ist die **Liquidation** der Gesellschaft mit einer Mehrheit von 75 % sowie die **Auskehrung des Liquidationserlöses vorrangig in Form der Übertragung von Wohneigentum** an die Genossenschaftsmitglieder vorzusehen".

Dem entsprechend hat der BM für Raumordnung, Bauwesen und Städtebau mit Entscheidung v. 18. 5. 1995 die Kreditanstalt für Wiederaufbau (KfW) angewiesen, künftig unter diesen Voraussetzungen die **Übertragung von Wohnungen auf neugegründete Wohnungsbaugenossenschaften** als „mieternahe Privatisierungsform", und als **Erfüllung der Privatisierungsverpflichtung** aus § 5 AHG **anzuerkennen** (Schr. v. 19. 5. 1995, BuAnz v. 28. 6. 1995; Merkbl. KfW v. 22. 12. 1995, 25. 4. 1996).

Danach ist „bei neugegründeten Wohnungsgenossenschaften im Rahmen des geltenden Genossenschaftsrechts die Rechtsposition der Genossenschaftsmitglieder in der Satzung eigentumsorientiert" mit der Festlegung „auszugestalten":

a) Die eG hat die Wohnungen eines **Objektes** umzuwandeln und an die Wohnenden zu veräußern,
wenn mehr als 50 % der **dort wohnenden** Mitglieder schriftlich zugestimmt hat oder
**alle** Wohnungen umzuwandeln und zu veräußern, wenn die **Mehrheit aller Mitglieder** (51 %) dem schriftlich zugestimmt hat.

b) „Die eigentumsorientierten Bestimmungen der Satzung können bis Ablauf des Jahres 2003 nur einstimmig verändert werden."

Außerdem ist eine ausreichende Ausstattung der neugegründeten eG mit Eigenmitteln sicher zu stellen.

4. Gegen die Umsetzung der Anweisung bestehen nicht nur praktische, sondern vor allem **rechtliche Bedenken**.

a) Die Einräumung eines Rechtes der Bewohner, mit bestimmten Mehrheiten die Umwandlung eines „Objektes" bzw. mit Mehrheit aller Mitglieder die Umwandlung des gesamten Wohnungsbestandes in Wohnungseigentum zu fordern und an die Bewohner zu veräußern, ist mit § 27 Abs. 1 GenG nicht vereinbar. Die Leistungsverantwortung des Vorstandes schließt **Weisungen** der GV oder eines anderen Organs und damit auch durch außerhalb der GV gefaßten Beschlüsse bestimmter Gruppen von Mitgliedern aus.

- Die Leitungsbefugnis des Vorstandes kann weder ganz noch teilweise einem anderen Organ, auch nicht der Mitgliederversammlung oder einer Gruppe von Mitgliedern übertragen werden (§ 27 Rdn. 1, 4, 10; ebenso *Schubert/Steder* § 27 Rdn. 5, *Meyer/Meulenbergh/Beuthien*, § 27 Rdn. 7, 9; § 43 Rdn. 2).
- Mitglieder können ihre organschaftlichen Rechte auch hinsichtlich der Führung der Geschäfte nur innerhalb der Mitgliederversammlung ausüben (§§ 18, 43 Abs. 1).
- Die Rechte einer Minderheit von Mitgliedern sind durch § 45 abschließend geregelt.
- Kernfragen, die die Grundlagen des genossenschaftlichen Förderunternehmens berühren, hat der Vorstand der GV vorzulegen (BGH, NJW 1982, 1703).

b) „Geschäftsanteile" können nicht übertragen werden, sondern nur das Geschäftsguthaben (§ 76 GenG). Die Anordnung greift in das Recht der eG auf Selbstbestimmung über die Aufnahme und den Beitritt neuer Mitglieder ein. Sie beschränkt die Ablehnung auf das Vorliegen eines von ihr nachzuweisenden wichtigen Grundes (s. dazu § 19 Rdn. 31, § 76 Rdn. 15).

c) Die Liquidatoren sind bei der Abwicklung der laufenden Geschäfte sowie bei der Verwertung (Versilberung) von Vermögensteilen, also auch von Wohngrundstücken, **nicht weisungsgebunden** (§§ 88–91). „Angebahnte" Geschäfte sind grundsätzlich im ordnungsgemäßen Geschäftsgang zu beenden. Das dürfte auch gelten für die Abwicklung einer auf den Erwerb einer bestimmten Eigentumswohnung konkretisierten Anwartschaft (s. dazu § 1 Rdn. 109 b, 110 b)–d)). Im übrigen sind die **Vermögensgegenstände** einschließlich der Grundstücke zum Zwecke der Verteilung an die einzelnen Mitglieder **bestmöglich zu verwerten.**

d) Das nach Tilgung oder Deckung der Schulden verbleibende **„Reinvermögen"** darf erst nach Ablauf der **Sperrfrist** nach Maßgabe der §§ 89, 91 an die Mitglieder verteilt werden unter Beachtung des Gleichbehandlungsgebotes.

§ 91 Abs. 3 läßt die Festsetzung anderer **Verteilungsmaßstäbe** als nach § 91 Abs. 1 und 2 zu, **nicht** aber die Zuweisung von Sachwerten an bestimmte Gruppen von Mitgliedern, während die übrigen Mitglieder auf die Auszahlung eines betragsmäßig bemessenen Anteils am restlichen Geldvermögen beschränkt werden.

e) Die mit der Anordnung geforderte Beschränkung der Satzungsautonomie, verbunden mit der Erschwerung der Änderung dieser Bestimmungen bis zum Ablauf des Jahres 2003, einer neugegründeten als „eigentümernah" gekennzeichneten eG erscheint als **verfassungsrechtlich bedenklich** (Art. 20 Abs. 3; 28; 9 Abs. 1, 12 Abs. 1 GG).

Auch „vernünftige Erwägungen" und die grundsätzliche Anerkennung der der Anordnung zugrundeliegenden wohnungs- und eigentumspolitischen Zielsetzungen **rechtfertigen nicht** den **Druck** auf die Gestaltung neu zu gründender Genossenschaften. Zweifelhaft ist, ob die Ermächtigung (§ 11 Abs. 1 bzw. § 12 Abs. 1 AHG) Einschränkungen umfaßt. Der Grundsatz der Rechtsstaatlichkeit und das Übermaßverbot gelten auch, wenn die Beeinträchtigungen im Zusammenhang mit begünstigenden Maßnahmen ergehen (*Maunz/Dürig/Herzog/Papier/Scholz*, GG Art. 20 Rdn. III 64; Art. 14 Rdn. III 492; Art. 12 Rdn. V 318 ff, 327). Die geforderten Regelungen sind **unverhältnismäßig**. Die beschleunigte Bildung von Wohneigentum für Bewohner von Genossenschaftswohnungen kann durch **mildere Mittel** erreicht werden, die zugleich der Rechtsstellung solcher Mitglieder Rechnung tragen, die nicht Wohneigentum erwerben können oder wollen. Das bestätigen die zahlreichen, von der Rechtsprechung, dem Schrifttum und der Praxis anerkannten Ausgestaltungen der Satzungen von Wohnungsbaugenossenschaften, die dem Mitglied einen einklagbaren genossenschaftlichen Anspruch auf Übereignung eines Eigenheims oder einer Eigentumswohnung sichern (s. i.e. Rdn. 6, 106 III 2, 110).

Die **Grenze eines zumutbaren Eingriffs** in die wirtschaftliche Handlungsfreiheit und Selbstbestimmung wird überschritten, wenn von den Gründern einer eG zur Sicherung der Privatisierungsquote eines anderen Unternehmens und der Anrechnung auf den von diesem zu leistenden Erlösabführungsbetrag die satzungsmäßige Festlegung von Regelungen gefordert wird, die die Grundlagen ihrer Existenz von den Beschlüssen einer Minderheit bzw. von außerhalb der GV gefaßten Beschlüssen abhängig machen.

Diese Anforderungen knüpfen den Zugang an die gewählte Rechtsform der eingetragenen eG an Voraussetzungen, die in das Recht zur Selbstbestimmung des Förderungsauftrages und des Unternehmensgegenstandes sowie in das Recht zur Selbstorganisation **ohne Not** eingreifen, d. h. ohne daß es zur Sicherung einer im öffentlichen Interesse liegenden Eigentumsbildung – vorrangig – der Bewohner von Genossenschaftswohnungen erforderlich wäre. Dabei spielt es keine Rolle, daß die Anordnung nicht unmittelbar in die wirtschaftliche Handlungsfreiheit der neuen eG eingreift, sondern es einem abgabepflichtigen Unternehmen und den Gründern der neuen eG unter wirtschaftlichem Druck überläßt, von der „mieternahen Privatisierung" in Form der Gründung einer eG Gebrauch zu machen (Merkbl. KfW/BMBau v. 25. 4. 1996, Abschn. II 2. u. IV; dazu *Maunz/Dürig/Papier*, GG Art. 14 IV Rdn. 548 ff, Art. 12 IV, Rdn. 318, 319; BVerfGE

38, 81; 7, 378). Der BGH (s. Rdn. 105 ) ist auf diese Problematik nicht eingegangen. – Sie war nicht Gegenstand der Entscheidung.

**Neuordnung der Eigentumsverhältnisse an Grund und Boden**

108 1. Die Eigentumsverhältnisse der eG in der ehemaligen DDR, die am 2. 10. 1990 bestanden, sind durch ein ineinander greifendes und sich ergänzendes Netz von Gesetzen in Vollzug des EV sowie in Ergänzung der Einführungsvorschriften (Art. 231, 233 EGBGB) schrittweise unter wiederholten Änderungen zuletzt durch VermRAnpG v. 4. 7. 1995 BGBl. I, 895 geregelt.

Aufgrund des **Wohnungsgenossenschafts-Vermögensgesetzes** – WoGenVermG (BGBl. 93 I, 989 i. d. F. v. 26. 6. 1994, BGBl. I, 1437, s. dazu BMBau Informationen Kommunal 1993, Nr. 79, 1994 Nr. 89) sind die Wohnungsgenossenschaften **kraft Gesetzes** unmittelbar **Eigentümer** des von ihnen für Wohnzwecke genutzten, ehemals volkseigenen Grund und Bodens (§ 1). Art. 22 Abs. 4 EV u. die Protokollnotiz, Anlage III, Nr. 13 sind auf diese Grundstücke nicht mehr anzuwenden (§ 4 WoGenVermG). Das gilt auch, soweit über die Zuordnung aufgrund vor dem 27. 6. 1993 geltender Vorschriften anderweitig entschieden worden war. Zum Ausgleich für den Eigentumsübergang hat die einzelne eG der Belegenheitsgemeinde einen Geldbetrag nach Maßgabe von § 3 Abs. 1–3 WoGenVermG zu leisten sowie im Fall der Veräußerung vor dem 1. 7. 2003 einen Anteil am Veräußerungserlös nach näherer Bestimmung vom § 3 Abs. 4 zu erstatten.

Das WoGenVermG (§ 1 Abs. 7) läßt die Vorschriften über Restitutionsansprüche nach dem VermögensG v. 2. 12. 1994 (BGBl. I, 3610, geändert durch VermRaupG v. 4. 7. 1995, BGBl. I, 895) unberührt. Die Entscheidung hierüber bleibt dem Verfahren nach dem VermögensG vorbehalten. Eine Klärung solcher Fälle erfolgt nach dem **Bodensonderungs-Gesetz** – BoSoG – i. d. F. v. 20. 12. 1993 (BGBl. I, 2215 und dem SachenRBerG).

Für die **Entflechtung** einer eG zwecks Erfüllung von Rückgabeansprüchen gelten §§ 6 b Abs. 2 in Verbindung mit § 6 VermG.

2. Das **Sachenrechtsbereinigungs-Gesetz** v. 21. 9. 1994 (BGBl. I, 2457), in Kraft getreten am 1. 10. 1994 klärt u. a. die Rahmenbedingungen für die Überleitung der besonderen Rechtsverhältnisse an Grundstücken in den neuen Ländern (§ 1), die für den genossenschaftlichen Wohnungsbau verwendet worden sind und nach den jeweils geltenden DDR-Vorschriften in Volkseigentum überführt worden waren sowie die Übertragung des Eigentums hieran auf eine Wohnungsbaugenossenschaft nach dem EV und dem WoGenVermG (§ 1 Abs. 3). Die Regelungen des SachenRBerG schließen die im genossenschaftlichen Wohnungsbau

errichteten Gebäude ein, wenn sie sich ganz oder zum Teil auf privaten Grundstücksflächen befinden, selbständiges Gebäudeeigentum nicht entstanden ist oder eine nach DDR-Recht wirksame Inanspruchnahme fehlt (§ 6). Die eG haben hieran ein – befristetes – Besitzrecht (EGBGB Art. 233, § 2 a).

3. Vollzugsfragen der Vermögenszuordnung von ehemals volkseigenem Vermögen im genossenschaftlichen Wohnungsbestand regelt das **Vermögenszuordnungs-Gesetz** – VZOG – i. d. F. v. 29. 3. 1994 (BGBl. I, 709). Die Feststellung des Umfangs des vom gesetzlichen Eigentumsübergang gem. § 1 Abs. 1 erfaßten Grund und Bodens unterliegt dem Verfahren nach den VZOG (§ 2). Dieses Verfahren ist grundsätzlich Voraussetzung für die Grundbucheintragung (§ 3). Die Wohnungsgenossenschaften, die unmittelbar Rechtsnachfolger der eG der DDR geworden sind, benötigen die Zuordnung des von ihnen genutzten, ehemals volkseigenen Grund und Bodens. Mit der Zuordnung des Grund und Bodens auf die Wohnungsgenossenschaft kann das Eigentum am Grundstück (Volleigentum) hergestellt werden; d. h., das selbständige Gebäude-Eigentum bzw. das Nutzungsrecht kann auf Antrag aufgehoben, geändert oder neubegründet und damit einheitliches Grundstückseigentum gebildet und im Grundbuch eingetragen werden (§ 2 Abs. 2 b Satz 5 ZOG).
4. Soweit die Wohnungsbaugenossenschaften nach DDR-Recht getrenntes Eigentum am Gebäude und am Grund und Boden oder aber Nutzungsrechte und Besitzberechtigung erlangt haben, gilt dieser Rechtszustand zunächst weiter (**EGBGB Art. 233** mit den mehrfach geänderten und ergänzten Bestimmungen der §§ 2–9). Das Gebäudeeigentum und auch das Besitzrecht erlöschen jedoch bei Verfügungen über das Grundstück, wenn sie nicht vor dem 1. 1. 1997 in das Grundbuch eingetragen worden sind (EGBGB Art. 231 § 5 Abs. 3–5 i. V. m. Art. 233 § 2 c).
5. Zur Neuordnung der Eigentumsverhältnisse an Grund und Boden in den neuen Ländern, soweit sie auf die Wohnungsbaugenossenschaften Bezug nehmen, s. insbes. GdW Arbeitshilfen 10, Februar 1995; zum SachenRBerG, GdW Informationen 22, Oktober 1994; zur Umsetzung eigentumsrechtlicher Vorschriften: Infodienst Kommunal 1994, Nr. 96 u. Nr. 89, 1993 Nr. 79; *Söfker*, DW 1995, S. 56 ff.

### Genossenschaftliches Eigentum

a) Die **Eigentümerstellung** von Mitgliedern einer Wohnungsbaugenossenschaft, insbesondere das **Recht an der überlassenen Genossenschaftswohnung** sowie die Forderung auf Stärkung der Eigentümerrechte des Mitglieds, sind **Gegenstand** der parlamentarischen Erörterung über die Durchführung der Veräußerungspflicht nach § 5 AHG, **109** die steuerliche Förderung von **Finanzierungsbeiträgen** der Mitglieder sowie die **steuerliche Gleichstellung des Erwerbs** von **Genossenschaftsanteilen** und des **genossenschaftlich vermittelten Wohneigentums** mit der zu eigenen Wohnzwecken genutzten Wohnung im eigenen Haus (§ 10 e EStG) bzw. bei der Neuregelung der steuerrechtlichen Wohneigentumsförderung.

Dazu BdF-Entwurf-IV B 3-S 1900-136/95, Stand: 17. 7. 1995, Antrag der SPD-Fraktion: Förderung des genossenschaftlichen Wohnungsbaus – BT-Drucks. 12/4301; Kurzprotokoll Nr. 82 – 2450 des Ausschusses für Raumordnung, Bauwesen und Städtebau der öffentlichen Anhörung am 18. 5. 1994 sowie BT-Drucks. 13/2784 v. 26. 10. 1995: Beschl. Empfehlung u. Bericht des Fin.Ausschusses, S. 32, 33, 35, 40, 41 zum Ges. zur Neuregelung der steuerlichen Wohneigentumsförderung v. 15. 12. 1995 (BGBl. I S. 1783) Art. 1 EigenheimzulagenGes., s. i.e. Rdn. 133, ferner 107/1 u. 3).

b) Kern- und Ausgangspunkt der Auseinandersetzung ist die Eigenart der eG als rechtlich selbständige Selbsthilfevereinigung ihrer Mitglieder (§§ 13, 17), die „Gewaltenteilung“ zwischen Vorstand, Aufsichtsrat und GV, letztlich das Verhältnis der Mitglieder in ihrer Gesamtheit als Träger des genossenschaftlichen Unternehmens und der daraus fließenden **eigenständigen Teilhabe** des einzelnen Mitgliedes an der Willensbildung und Einflußnahme auf die Geschäftsführung (§ 27 Abs. 2 S. 2) sowie am Ergebnis des gemeinschaftlichen Geschäftsbetriebes und an dem förderwirtschaftlich gebundenen Vermögen der eG.

Die auf eine „eigentumsorientierte“ Rechtsstellung des einzelnen Mitgliedes gerichteten Bestrebungen gehen daran vorüber, daß

- das einzelne Mitglied als Mitträger des gemeinschaftlichen Geschäftsbetriebes – anders als der Gesellschafter einer Kapitalgesellschaft – keine sachenrechtliche Beteiligung an der Vermögenssubstanz und ebensowenig wie dieser Einzeleigentum an einzelnen Vermögensgegenständen hat
- das Mitglied über den vermögensrechtlichen Kern seiner Mitgliedschaft verfügen kann durch
  - Übertragung seines Geschäftsguthabens (§ 76),
  - Teilkündigung eines oder mehrerer der freiwillig übernommenen Geschäftsanteile (§ 67 b),
  - Abtretung des künftigen Anspruchs auf ein sich bei der Auseinandersetzung nach § 73 Abs. 2 ergebendes Guthaben (s. BGH, BB 1988, 2337, 1983, 2207; *Riebandt-Korfmacher*, ZfG 1992, 55, 61, 63 ff, in der Anm. zu HansOLG Hamburg, Beschl. v. 7. 10. 1990 – 4 U 111/90 abgedruckt: ZMR 1991, 28 ff) bzw. auf einen Anteil am Liquidationsüberschuß gem. §§ 90-92.

c) Damit hat der Genosse ein in seinem mitgliedschaftlichen und seinem vermögensrechtlichen Element **durch die Mitgliedschaft vermitteltes genossenschaftliches Eigentum**, das durch Art. 14 Abs. 1 GG geschützt ist. Für dieses gilt entsprechend dem gesellschaftlich vermittelten Anteilseigentum allgemein, daß das Mitglied mit seinem Beitritt auf die mittelbare Nutzung seines Eigentums beschränkt ist und daß ihm Verfügungsbefugnisse gemäß der Satzung nur mittelbar über die Organe der Genossenschaft zustehen (BVerfGE 50, 342, 343; dazu *Beuthien*, Gutachtliche Stellungnahme vom 6. 5. 1994 unter Nr. 1, Anlage 10 zum Kurzprotokoll, a. a. O., *Leisner*, Kurzprotokoll, Anlage 8 unter Nr. 2 und S. 24, 25, 32; *ders.*, Rechtsgutachten über Rechtsfragen zur Umsetzung des Altschuldenhilfe-Gesetzes, Oktober 1993, a. a. O., S. 3, 16; *Jäger*, Kurzprotokoll S. 27, 31 und Anlage 9, Nr. 2, 3 und 7; *Riebandt-Korfmacher*, Zum genossenschaftlichen Eigentumsbegriff GW 1949, 241; GW 1952, 73, 75, 76; abl. *Schürholz*, BBauBl. 1953, 504; *Paulick*, a. a. O., S. 103).

d) Das genossenschaftsrechtlich vermittelte Eigentum verschafft kein unmittelbares Sacheigentum an einzelnen Gegenständen des Vermögens der eG, insbesondere nicht an einem bestimmten Wohngrundstück oder einer Genossenschaftswohnung. Dazu bedarf es vielmehr der besonderen Begründung durch Rechtsgeschäft nach Maßgabe der Satzung (BGH, GW 1960, 296, 297 = NJW 1960, 2142; ZfG 1960, 351).

**Eigentumsverschaffung**

Ist **Gegenstand des Unternehmens** allein oder neben anderen Arten der **110**
Förderung die Wohnungsversorgung durch **Verschaffung** des **Eigentums** an einem Eigenheim oder einer Eigentumswohnung, die **Bestellung oder Übertragung** eines **Erbbaurechtes** oder die **Einräumung** eines **Dauerwohnrechts** nach Maßgabe des WEG, so richtet es sich nach der Ausgestaltung der Satzung, ob das einzelne Mitglied **unmittelbar** einen **klagbaren genossenschaftlichen Anspruch** auf Abgabe der erforderlichen Erklärungen für die Herbeiführung der Rechtsänderung hat.

a) Das **trifft zu**, wenn die Satzung **unmittelbar oder mittelbar** das **Recht des Mitgliedes** auf Erwerb von Wohneigentum – gleich in welcher Rechtsform – und die Übertragungspflicht der eG nach Maßgabe der hierfür getroffenen, näher bezeichneten Bestimmungen festlegt (BGH, GW 1961, 295; 1960, 23 = ZfG 60, 347 = NJW 1959, 2211). Nach der MS für Wohnungsbaugenossenschaften beschließen Vorstand und Aufsichtsrat nach gemeinsamer Beratung in getrennter Abstimmung **die Grundsätze** für die Veräußerung von Eigenheimen, Eigentumswohnungen und anderen Wohnungsbauten sowie über die Bestellung und Übertragung von Erbbaurechten und Dauerwohnrechten sowie für die im

Zusammenhang damit zu erbringenden geldlichen und/oder sachlichen Leistungen (MS 1974–1995 §§ 13 Abs. 2 a); 28 d), oder den Vorbehalt eines Zustimmungsrechtes (BGH 15, 177, 183 = GW 1955, 28; BGH 31, 37, 40; NJW 1955, 178; NJW 1956, 711 betr. Übertragung eines Erbbaurechtes; GW 1960, 24 m. Bespr.; RG 147, 207; LM Nr. 53 zu § 313 BGB; OLG Karlsruhe, OLGZ 80, 447).

aa) Zur Anerkennung eines **langfristigen Dauerwohnrechts** (§ 41 WEG) als **eigentumsähnlich** und zur Stellung des **Dauerwohnberechtigten steuerlich** als **wirtschaftlicher Eigentümer** Schreiben des Hess.Min. der Finanzen – S 225 a-A-3-II B 1 a vom 29. 12. 1994 (s.a. *Bärmann/Pick*, WEG, 12. Aufl. § 41 Rdn. 3, 4). Danach ist der Dauerwohnberechtigte steuerlich wie der Inhaber einer Eigentumswohnung zu behandeln, wenn

- das Dauerwohnrecht zeitlich unbeschränkt oder auf **besonders lange Zeit** bestellt wird,
- der Berechtigte sowohl die Finanzierung von Grundstückserwerb und Gebäudeerrichtung als auch die Verzinsung und Tilgung des Fremdkapitals sowie die laufenden Bewirtschaftungskosten übernimmt (BFH, BStBl. II 1986, 258),
- das Dauerwohnrecht unabhängig von dem Fortbestand der Mitgliedschaft gestaltet ist, insbesondere
  - kein Heimfallanspruch für den Fall der Beendigung der Mitgliedschaft (§ 41, 36 WEG),
  - keine Erhöhung des von dem Berechtigten zu zahlenden laufenden Entgelts

vereinbart ist.

bb) **Abreden**, nach denen die auf übernommene Geschäftsanteile geleisteten Einzahlungen ganz oder zum Teil auf den Erwerbspreis anzurechnen sind, sind mit § 22 Abs. 4 und der Sorgfaltspflicht des Vorstands (§ 34 Rdn. 3, 73, 79, 93, 109) **nicht vereinbar**. Das gilt auch, wenn etwa bei einer neu gegründeten eG die Einzahlung auf den oder die Geschäftsanteil(e) geleistet worden sind, um dieser den Ankauf eines Grundstücks zur Begründung von Wohnungseigentum bzw. den Mitgliedern den Erwerb von Eigentumswohnungen zu ermöglichen. In solchen Fällen sollte die Pflichtbeteiligung Raum für die Beteiligung mit weiteren freiwilligen Geschäftsanteilen lassen. Finanzierungsbeiträge können durch Vormerkung eines – aufschiebend bedingten – Anspruchs auf Einräumung des durch Satzung oder Vertrag zugesagten Rechts auf Wohneigentum gesichert werden (BGB § 883) oder auch durch die Einräumung eines dinglichen Dauerwohnrechts zwecks „Hineinwachsens" in das Wohnungseigentum (s. dazu *Rehbinder*, Wohnungsrecht und Dauerwohnrecht, NWB Nr. 29 v. 19. 7. 1993 – 2821, 2823 – Fach 24,

S. 1909, 1911; zur wirtschaftlichen Problematik der Privatisierung durch Genossenschaftsausgründung; *Krug/Krug*, GW 1995, 460, 463, 464; *Eichner*, Mieterfreundliche Privatisierungs-Modelle, GW 1995, 480, 482).

cc) Möglich ist die Kündigung einzelner freiwilliger Geschäftsanteile und die Abtretung des künftigen Anspruchs auf das sich bei der Auseinandersetzung ergebende Guthaben (§§ 67 b, 73 Abs. 2 Rdn. 2, 27; § 22 Rdn. 9) zur Abdeckung des Kaufpreises. Im übrigen kann die eG mit einer fälligen Forderung auf Zahlung des Restkaufpreises gegen das Auseinandersetzungsguthaben auf den Zeitpunkt des Ausscheidens mit den gekündigten Geschäftsanteilen aufrechnen (§ 73 Abs. 2 Rdn. 11, 21).

b) **Der Anspruch auf Übereignung konkretisiert sich** durch die **Zuweisung** oder die Erfüllung einer dieser gleichzusetzenden Voraussetzung auf ein bestimmtes Haus, eine bestimmte Eigentumswohnung, wenn sich die sonstigen Bedingungen der Veräußerung unmittelbar oder mittelbar aus der Satzung ergeben, z. B. Zahlung und Annahme des Restkaufgeldes (RGZ 126, 220), Erbringung von Selbsthilfeleistungen, Bemessung des Kaufpreises (NJW 1955, 179, s. a. unten e).

c) Regelt die Satzung **nur allgemein** das Recht des Mitgliedes auf Erwerb eines Einfamilienhauses, einer Eigentumswohnung, eines Erbbaurechts oder eines Dauerwohnrechts, ohne ihm einen Anspruch darauf zuzugestehen oder räumt sie ihm lediglich das Recht ein, sich hierum oder um ein von der eG zu erstellendes Haus zu bewerben, so erhält es eine **allgemeine Anwartschaft,** die durch eine vertragliche **Vereinbarung** nach Gegenstand und Leistung – im Rahmen der von Vorstand und Aufsichtsrat dafür aufgestellten Bedingungen – näher bestimmt werden muß (RGZ 110, 241, 245; 126, 218, 221; 147, 201, 206; 156, 213; BGH 15, 177, 182 = GW 1955, 28; 20, 144, 147 = GW 56, 376; BGH 31, 37, 40 = NJW 59, 2211 = GW 60, 23; GW 61, 295 m. Bespr. = ZfG 1962, 59 m. Anm. *Westermann*).

Nach der Mustersatzung für Wohnungsbaugenossenschaften ergibt sich aus den Aufgaben der Genossenschaft das Recht auf Erwerb eines Eigenheimes … nach Maßgabe der hierfür gemäß den von Vorstand und Aufsichtsrat aufgestellten Bedingungen. Das Mitglied kann hieraus jedoch keinen Anspruch ableiten, Mustersatzung 1995, § 14 Abs. 2.

Die **eG entscheidet** in diesen Fällen, ob und welche Grundstücke, Eigenheime oder Wohnungen zur Veräußerung bzw. zur Begründung von Wohnungseigentum zur Verfügung gestellt werden und über die Auswahl der Bewerber. Ein Anspruch auf Übertragung kann sich jedoch auch in derartigen Fällen aus der **Treupflicht der eG** gegenüber ihren Mitgliedern und aus dem Gebot der **Gleichbehandlung** ergeben

(OLG Nürnberg, BB 61, 266 = ZfG, 1961, 465 = GW 1963, 408, s. a. § 18 Rdn. 68 u. 19 ff).

d) Eine **Regelung**, nach der allgemein oder von Fall zu Fall die **Bewohner** eines Wohngrundstücks oder einer Wohnanlage mit einer bestimmten Mehrheit die Umwandlung in Wohnungseigentum und die Veräußerung der von ihnen bewohnten Wohnung von der eG **fordern** können, erscheint mit **§ 18** und der **Zuständigkeitsabgrenzung** der Organe **nicht vereinbar**. Sie würde die Leitungsbefugnis und Leitungsverantwortung des Vorstandes über das Maß zulässiger Beschränkung hinausgehend aushöhlen und ihn in einem Kernbereich wohnungsbaugenossenschaftlicher Förderung und Unternehmensführung binden (§ 27 ab 1, s. Rdn. 107 4a).

e) Wird dem Antrag des Mitgliedes auf Erwerb eines bestimmten Objekts durch Beschluß nach Maßgabe der von Vorstand und Aufsichtsrat nach der Satzung beschlossenen Grundsätze **zugestimmt** und ihm dies **schriftlich mitgeteilt**, so ist sowohl das **Mitglied** als auch die **eG berechtigt** und **verpflichtet**, die zur Übertragung des Eigentums oder die zur Verschaffung des Erbbaurechtes oder eines Dauerwohnrechts erforderlichen Erklärungen abzugeben und entgegenzunehmen, sobald die vereinbarten Leistungen erbracht sind (Mustersatzung § 15 Abs. 3).

f) Weder die Zuweisung eines Grundstücks, eines Wohnungseigentums oder eines Erbbaurechtes gemäß der Satzung noch die mitgliedschaftliche Erwerbspflicht unterliegt der **Form des § 113 BGB** (BGH 15, 177, 182; OLG Karlsruhe, OLGZ 80, 447; *Palandt*, BGB § 313, Anm. II c; ErbbRVO § 11 Anm. 3). Enthält die Satzung keine allgemeine Pflicht zur Übereignung bzw. zum Erwerb, so bleibt es bei der Formpflicht des Vertrages (BB 61, 802; *Meyer/Meulenbergh/Beuthien*, § 1 Rdn. 38).

**111** Kommen Vorstand und Aufsichtsrat der satzungsmäßigen Verpflichtung zur Aufstellung von Grundsätzen nicht nach, die die Art und Weise regeln, in der sich ein Anwartschaftsrecht des Mitglieds zu einem Anspruch auf Übereignung wandelt, so haben sie auf Grund ihrer Treuepflicht dem betroffenen Mitglied für die Beeinträchtigung der Entwicklungsmöglichkeit der Anwartschaft einzustehen (BGHZ 31, 37, 40; 60, 24). Der **Beseitigungsanspruch** sowie ein konkretisierter Anspruch auf Übereignung ist **vererblich** (BGH a. a. O.; SchlHOHG, GW 62, 27).

**112** Das Entsprechende gilt für einen durch die Satzung begründeten Anspruch auf Übertragung eines **Erbbaurechts** (BGH, NJW 56, 711).

**113** Sind nach der Satzung und den vom Vorstand und Aufsichtsrat aufgestellten Veräußerungs-Grundsätzen (s. Rdn. 110 (a)) die **im Einzelfall geltenden Bestimmungen** vertraglich zu regeln, so handelt es sich hierbei um ein der Erfüllung des Förderauftrags dienendes, durch die Mitgliedschaft geprägtes **genossenschaftliches Verhältnis** (BGH, GW 1960, 24). Der in

Ausführung der Satzung abzuschließende Vertrag ist **Ausdruck** der **Doppelstellung** des Mitgliedes als Mit-Träger des genossenschaftlichen Betriebes und als dessen Kunde, unabhängig davon, wie jeweils die Rechtsbeziehungen hinsichtlich der **Überlassung** eines Eigenheims, einer Eigentumswohnung, eines Erbbaurechts oder eines Dauerwohnrechts gestaltet oder in der Satzung bezeichnet werden (BGH, GW, 1960, 24; 296, 297 = NJW 1960, 2141, s. a. Rdn. 114 (c)). Die allgemeinen Bestimmungen des Bürgerlichen Rechts sind insoweit ergänzend heranzuziehen, als diese nach Inhalt, Zweck, wirtschaftlicher Bedeutung und aus der Interessenlage heraus auf den Vertrag übertragbar sind (BGH, NJW 1981, 2344, 2345). Das ist vor allem für die Abgrenzung und Anwendung der Bestimmungen über die Gewährleistung, die Haftung und die Verjährung in folgenden Fällen bedeutsam:

a) Die eG veräußert ein auf eigenem Grundstück, im eigenen Namen für eigene oder fremde Rechnung errichtetes Eigenheim/Gebäude – **ohne** Übernahme von Herstellungs- oder Modernisierungspflichten: Gewährleistung nach Kaufvertragsrecht (§§ 459, 477 BGB – Gegenschluß aus NJW 1981, 2344; DB 1968, 305).
b) Die eG veräußert ein Grundstück mit von ihr noch **zu errichtenden Baulichkeiten**, das erst nach der Fertigstellung übereignet werden soll: Gewährleistung entsprechend Werkvertragsrecht, BGH, NJW 1981, 2344; DB 1968, 305).
c) Die eG errichtet das Gebäude für eigene Rechnung **zur Weiterveräußerung**. Für die Abgrenzung kommt es darauf an, ob eine Herstellungs-/Sanierungspflicht gegenüber den – künftigen – Erwerbern besteht, dann gilt Gewährleistung für Sachmängel am Bauwerk nach Werkvertragsrecht (§§ 633 ff, 638 BGB), für Sachmängel des Grundstücks nach Kaufrecht. Das gilt unabhängig davon, ob das neu errichtete Gebäude bei Abschluß des Erwerbsvertrages bereits fertiggestellt war oder erst nach der Fertigstellung bzw. nach der Abnahme durch das erwerbende Mitglied übereignet wird (BGH, NJW 1973, 1235; 1965, 359; 1974, 205; NJW 1981, 2344; 1982, 2373; dazu eingehend *Jagenburg* m. w. Hinw., NJW 1995, 2196, 2200 ff; *ders.*, 1994, 97; *Palandt*, BGB, 52. Aufl. § 675 Rdn. 21, 23).
d) Das entsprechende gilt, wenn die eG auf eigenem Grundstück ein Gebäude zwecks späterer Veräußerung in Eigentumswohnungen umwandelt und damit Herstellungspflichten verbunden sind (BGH 108, 164; 92, 123).
e) Errichtet die eG als **Baubetreuer** im fremden Namen, für fremde Rechnung auf fremdem Grundstück (des Mitglieds oder eines Dritten) ein Eigenheim, Eigentumswohnungen oder ein sonstiges Gebäude, so handelt es sich um eine **Geschäftsbesorgung mit Werkvertragscharakter**, wenn die eG verantwortlich Planung, Errichtung, Abwicklung des gan-

zen Baus als einen Erfolg schuldet: Gewährleistung nach Werksvertragsrecht (OLG Hamm, NJW 1969, 1438; *Palandt*, § 675, Rdn. 22), i. d. R. auch soweit nur Bauleitung oder Bauüberwachung übernommen wird (BGH 82, 100; *Palandt*, Einf. vor § 611, Rdn. 17, 18; § 675, Rdn. 20, 22, 24; *Jagenburg*, NJW 1995, 2196, 2198 u. 94).

**Musterverträge**

**114** a) Mit Aufhebung des WGG ist der **Musterzwang** für Verträge über die Veräußerung und Betreuung von Wohnungsbauten sowie für Nutzungs- und Dauernutzungsverträge entfallen (§ 7 WGG, § 12 WGGDV, s. Rdn. 54).

Vertragsverhältnisse, die vor dem 31. 12. 1989 auf der Grundlage des jeweils verbindlichen Mustervertrages abgeschlossen worden sind, gelten fort.

b) Der GdW hat unverbindliche Muster u. a. eines Kaufvertrages für ein zu errichtendes Eigenheim/eine zu errichtende Eigentumswohnung, eines Betreuungsvertrages sowie eines **Nutzungs- und eines Dauernutzungsvertrages**, zuletzt i. d. F. vom Februar 1995, erarbeitet.

c) Die Satzung bestimmt die genossenschaftlichen Rechte und Pflichten bei der Inanspruchnahme einer Leistung des gemeinschaftlichen Geschäftsbetriebes im Verhältnis der eG zu dem einzelnen Mitglied (Hans. OLG, Urt. v. 5. 10. 1957, GW 1958, 58; BGH, Urt. v. 11. 7. 1960, GW 1960, 296, s. a. Rdn. 113). Der genossenschaftliche Förderungsanspruch bedarf jedoch im allgemeinen zu seiner Konkretisierung einer gegenseitigen Bindung anderer Art – in der Regel durch Vertrag (BGH, Urt. v. 8. 10. 1959, GW 1960, 24). Dieser hat die Aufgabe, die Rechtsbeziehungen zur Erfüllung und Durchführung des konkreten Förderverhältnisses im Gleichgewicht von Leistung und Gegenleistung angemessen zu regeln und zu ergänzen (Hans. OLG, GW 1958, 58; BGH, GW 1960, 296).

**115** Aus der Zweckbestimmung des gemeinschaftlichen Geschäftsbetriebes der eG und der Doppelstellung des Mitgliedes als wirtschaftlicher Träger und Kunde folgt die Unterstellung aller Regelungen der mitgliedschaftlichen wie der individuellen rechtsgeschäftlichen Beziehungen zwischen der eG und ihren Mitgliedern unter das Gebot der **Gleichbehandlung** und der besonderen **wechselseitigen Treupflicht** (s. § 18 Rdn. 14 ff u. 42 ff). Die unterschiedlichen, z. T. gegenläufigen Fördererwartungen zielen auf den Erhalt und die Verbesserung der Leistungsfähigkeit der eG, erfordern aber zugleich die Mitwirkung jedes Mitgliedes in den Grenzen des jeweils Zumutbaren (BGH, Urt. v. 11. 7. 1960, GW 1960, 296 = NJW 1960, 2141; OLG Karlsruhe, Beschl. v. 23. 12. 1983, WM 1984, 43; Beschl. v. 21. 1. 1985, GW 1985, 57; *Beuthien*, Wohnungsgenossenschaften zwischen Tradition und Zukunft, Marburger Schriften, 1992, Nr. 72, S. 31, 35, 53; *Schulz*, ZdW Bay 1994, 83 unter Hinweis auf AG Essen-Steele, Urt. v. 22. 12. 1992; *ders.*, ZdW Bay 1995, 63 unter Hinweis auf AG Duisburg v. 28. 4. 1994 – Az. 34-C 16,94 und LG Duisburg, Urt. v. 29. 11. 1994 – 7 S-126,94).

Gehört zu den Aufgaben der eG, den Mitgliedern **Wohnungen zur** 116
**Nutzung** zu überlassen, so bestimmen sich die mitgliedschaftlichen Beziehungen, insbesondere Voraussetzungen und Bedingungen der Überlassung, Zweckbindung der Wohnung, Bindung des Nutzungsrechts an die Mitgliedschaft, Übernahme eines Finanzierungsbeitrages oder weiterer Anteile (§ 67 b Abs. 1 GenG) sowie die Verpflichtung zur Zahlung eines angemessenen Entgelts nach der Satzung. Die Satzung ist in Ergänzung des Nutzungsvertrages auch maßgebend für die Ausgestaltung des Nutzungsverhältnisses (BGH, GW 1960, 296, 297 = ZfG 1960, 351 = NJW 1960, 2142; Hans. OLG, Urt. v. 5. 12. 1957, GW 1958, 58, 59).

Die eG hat den **Gleichbehandlungsgrundsatz** nicht nur für die mitgliedschaftlichen Beziehungen zu beachten, sondern auch für die Rechte und Pflichten, die sich für die einzelnen Mitglieder aus der Inanspruchnahme von Genossenschaftseinrichtungen ergeben; bei Verletzung kommt ein in der Treuepflicht der eG gegenüber ihren Mitgliedern begründeter **Ausgleichsanspruch** in Betracht (BGH, a. a. O., mit krit. Stellungnahme *Riebandt-Korfmacher*, GW 1960, 285 ff).

**Nutzungsverhältnis**

Aus dem Förderungsauftrag folgt das Recht des Mitgliedes auf wohnli- 117
che Versorgung durch **Nutzung einer Genossenschaftswohnung** nach Maßgabe der hierfür von Vorstand und Aufsichtsrat aufzustellenden Vergabe-Grundsätze, nicht aber auf Überlassung einer bestimmten Wohnung (AG Bernkastel-Kues, GW 1976, 548, s. a. Rdn. 106 B 2).

a) Diesen Auftrag kann die eG durch Überlassung einer neugebauten Wohnung oder einer Wohnung aus dem Bestand an eigenen oder ihr zur Verfügung stehenden Wohnungen erfüllen. Daß die eG nicht allen nachfragenden Mitgliedern – kurzfristig – eine ihren Wünschen entsprechende Wohnung überlassen kann, verletzt das **Gleichbehandlungsgebot** nicht (BGH, Urt. v. 8. 10. 1959, GW 1960, 23, 24). Die Mustersatzung 1995 stellt ausdrücklich klar, daß das Mitglied aus dem allgemein bestimmten Recht auf wohnliche Versorgung keinen klagbaren Anspruch auf Überlassung einer Wohnung ableiten kann (§ 14 Abs. 2).
b) Das Mitglied ist verpflichtet, für die Inanspruchnahme von Leistungen der **Genossenschaft** ein **angemessenes Entgelt** zu entrichten, die getroffenen Vereinbarungen zu erfüllen sowie einen festgesetzten Finanzierungsbeitrag zu erbringen (§ 16 Abs. 4 Mustersatzung). Die Nut-

zungsgebühr wird vom Vorstand nach den Grundsätzen ordnungsgemäßer Bewirtschaftung und unter Beachtung zwingender preisrechtlicher Vorschriften festgesetzt (zu den innergenossenschaftlichen Voraussetzungen und Grenzen bei Festsetzung und Erhöhung der Nutzungsgebühr Hans. OLG, GW 1961, 67; LG Hamburg, GW 1963, 339). Der Gleichbehandlungsgrundsatz erfordert bei Festsetzung der Nutzungsgebühren und einer späteren Änderung keine exakte mathematische Gleichbehandlung aller Genossen; er räumt der eG einen Ermessensspielraum ein, der seine Schranken im Ermessensmiß- oder -fehlgebrauch findet (LG Kassel, Urt. v. 12. 7. 1973, ZfG 1975, S. 156 m. zust. Anm. *Beuthien*).

c) Strittig ist, ob in Fällen, in denen die Nutzungsgebühr in dem jeweils abgeschlossenen (Dauer-)Nutzungsvertrag unter Bezugnahme auf das Wohnungsgemeinnützigkeitsrecht (§ 7 Abs. 2 WGG, § 13, WGGDV) unmittelbar oder mittelbar als Kostenmiete bestimmt und festgesetzt ist, diese bei nicht preisgebundenem Wohnraum nach Aufhebung des WGG aufgrund vertraglicher Zusage als Obergrenze der angemessenen Nutzungsgebühr einzuhalten ist. Die Heranführung an die höhere Vergleichsmiete ist dann ausgeschlossen (§ 1 Satz 3 MHG), das gilt auch im Fall der Veräußerung (§ 571 BGB). – Zum Meinungsstand WGG, s. *Kersten* in: H. Jenkis, Kom. zum Wohnungsgemeinnützigkeitsrecht, § 7, Rdn. 63–69; *Beuthien*, Wohnungsgenossenschaften zwischen Tradition und Zukunft, S. 24–26.

d) Das Festhalten an einer vertraglichen Beschränkung auf die Kostenmiete dürfte für die eG nicht schlechthin untragbar und, als mit Recht und Gerechtigkeit unvereinbar, unzumutbar geworden sein, (BGH, NJW 1958, 1772; 1959, 2203), selbst wenn die nach dem Berechnungsrecht ermittelte Kostenmiete die Bewirtschaftungskosten nicht voll abdeckt, (s. Begr. zu Art. 21 § 4 SteuerRefG 1990 bei *Dyong*, in: Jenkis, WGG, s. BVerfG, WuM 1992, 670 und WuM 1995, 22, Begr. B II Abs. 2, s. Rdn. 103 Abs. 1).

e) Ob dem Mitglied aus dem Grundsatz der wechselseitigen genossenschaftlichen **Treuepflicht** im Einzelfall abverlangt werden kann, eine vertragliche Beschränkung auf die Kostenmiete nicht geltend zu machen, sondern ihre Heranführung an die örtliche Vergleichsmiete in dem jeweils gesetzlich zugelassenen Rahmen hinzunehmen, kann nur aus dem Gesamtzusammenhang beurteilt werden, in dem der Förderungsauftrag der eG als Selbsthilfeeinrichtung der Gesamtheit der Mitglieder und der durch die Satzung begründete sowie durch den abgeschlossenen (Dauer-)Nutzungsvertrag näher bestimmte individuelle Förderungsanspruch des Mitgliedes stehen.

f) Mit dem **Gleichbehandlungsgebot** ist vereinbar, wenn die eG bei Neuabschlüssen inhaltlich übereinstimmend die Nutzungsgebühr im Rahmen der die Preisbildung jeweils regelnden, das Unternehmen bindenden Vorschriften bestimmt und festsetzt (dazu *Beuthien*, Wohnungsgenossenschaften, S. 20, 22). Ändern sich die die eG verpflichtenden preisrechtlichen Vorschriften nachträglich oder fallen sie fort, sind bei Festhalten an den abgeschlossenen Verträgen sich ergebende unterschiedliche Nutzungsgebühren sachlich bedingt. – Die eG könnte eine Forderung auf Abänderung solcher Verträge nur in gleicher Weise bei allen Mitgliedern erheben, mit denen entsprechende Vereinbarungen getroffen worden sind.

g) Die entsprechenden Fragen ergeben sich, wenn es geht
- um die Zustimmung, die Nutzungsgebühr nach Fortfall der öffentlich-rechtlichen Preisbindung genossenschaftsintern auf eine andere Berechnungsgrundlage zum Ausgleich von Mietverzerrungen zu stellen und sich dadurch bei einem Teil der Mitglieder Mieterhöhungen ergeben, die über die jeweilige Kappungsgrenze hinausgehen (§§ 10 Abs. 1 Satz 1; 2 Abs. 1 Nr. 3 MHG bzw. nach der maßgeblichen BerechnungsVO, (s. dazu *Beuthien*, Wohnungsgenossenschaften, S. 23–35),
- um die Umstellung einer vereinbarten Bruttomiete/Nutzungsgebühr bzw. einer Teil-Inklusivmiete auf eine Nettomiete unter Ausgliederung gesonderte Umlage und Abrechnung der Betriebskosten (s. *Schulz*, ZdW Bay 1944, 81; 1995, 63),
- um den Verzicht auf die Geltendmachung von Verfahrens- oder Berechnungsfehlern der eG bei der Durchführung zulässiger Mieterhöhungen (dazu *Beuthien*, Wohnungsgenossenschaften, S. 33 ff),
- um den Verzicht auf das Recht zur Minderung der Nutzungsgebühr (§ 537 BGB; AG Köln, Urt. v. 26. 5. 1995, WuM 1995, 312: kein grundsätzlicher Ausschluß; kritisch *Lützenkirchen*, WuM 1995, 423 ff,
- um das Recht zur Geltendmachung des Vertrauensschadens wegen irrtümlich falscher Angaben über die Preisbindung bei Vertragsschluß (AG Osnabrück, Urt. v. 31. 1. 1995, WuM 1995, 309).

h) Aus der wechselseitigen Treubindung der eG und ihrer Mitglieder folgt bei einer Wohnungsbaugenossenschaft **keine allgemeine Verpflichtung** des Mitglieds, auf ein ihm nach Gesetz, Satzung, Vertrag oder nach allgemeinen Rechtsgrundsätzen zustehendes Recht im Interesse der Verbesserung der Leistungsfähigkeit des gemeinschaftlichen Geschäftsbetriebes zu **verzichten** (s. § 18 Rdn. 64, *Beuthien*, Wohnungsgenossenschaften, S. 28, 31). Weder die genossenschaftsrechtlich vermittelte Eigentümerstellung des Mitglieds noch der Grundsatz wechselseitiger Treuepflicht begründet eine „capitis deminutio“. Das Mitglied braucht auch unter **Solidaritätsgesichtspunkten nicht** Einschränkungen bestehender Rechte im Hinblick auf die – unterschiedlichen – Förderungsbelange anderer Mitglieder oder das Interesse der Gesamtheit an der Hebung der Wirtschaftlichkeit des Geschäftsbetriebes bzw. an der Vermeidung von Kostenerhöhung hinzunehmen. Das **„kollektive Gesamtförderungsinteresse"** hat **keinen allgemeinen Vorrang** vor individuellen Rechten des Mitgliedes. Der kollektive Selbsthilfezweck berechtigt die eG nicht zu Eingriffen in die Individualrechte des einzelnen Mitgliedes.

i) Eine **Treupflicht der Mitglieder untereinander** ist nach Inhalt und Ausmaß fragwürdig (s. dazu *Schubert/Steder*, § 18, Rdn. 9 Abs. 2; *Beuthien*, Wohnungsgenossenschaften, m. Hinw. auf Schrifttum und Rechtsprechung, S. 31–35; *Schulz*, ZdW Bay, 1992, S. 81 zum Urt. LG Duisburg, GW 1978, 600; AG Duisburg, Urt. v. 28. 4. 1994 – Az. 33 C 16/94; und LG Duisburg – Az. VII S 126/94; AG Essen-Steele v. 22. 12. 1992 – Az. 11 a C 336/92 –; AG Starnberg, Urt. v. 21. 6. 1978, ZfG 1982, 139).

j) Es bedarf von Fall zu Fall der Abwägung, was unter Berücksichtigung aller Umstände dem – vertragstreuen – Mitglied nach Auswirkung und Belastung an Beschränkungen seiner Rechte und Belange zuzumuten ist. Bei einer Wohnungsbaugenossenschaft wird angesichts ihrer auf Dauer gerichteten Förderleistungen zu berücksichtigen sein, ob und in welchem Umfang die Wirtschaftlichkeit des Geschäftsbetriebes berührende Kosten durch das Verhalten des Mitgliedes bedingt oder die Folge der Veränderung wirtschaftlicher oder rechtlicher Verhältnisse sind. Die Grenzen der Zumutbarkeit dürfen nicht überdehnt werden. Ob eine mehr oder weniger große Zahl der in gleicher Weise betroffenen Mitglieder eine Beschränkung billigt oder ihr zumindest nicht widerspricht, kann u. U. im Rahmen der Zumutbarkeitsprüfung berücksichtigt werden. Weder durch Beschlüsse der Mitgliederversammlung noch durch das Einverständnis einer Gruppe kann in Rechte von Mitgliedern eingegriffen werden.

Ein Verzicht auf individuelle Rechte kann nur gefordert werden, wenn dem einzelnen Mitglied eine individuell treuwidrige – unzulässige – Rechtsausübung zur Last gelegt wird (*Beuthien*, Wohnungsgenossenschaften S. 34, Fn. 57). Ist diese zulässig, so kann dem Mitglied nur im Ausnahmefall ein Verzicht hierauf zugemutet werden, etwa, wenn anders die Förderungsfähigkeit der eG unverhältnismäßig beeinträchtigt würde – nicht aber allgemein zum Ausgleich einer Belastung, die auf einer Änderung rechtlicher und wirtschaftlicher Verhältnisse beruht, auf die das Mitglied keinen Einfluß hat.

Das gilt grundsätzlich auch, wenn die Satzung den Hinweis enthält: „Bei der Erfüllung von Pflichten und der Wahrnehmung von Rechten auch aus abgeschlossenen Verträgen sind im Rahmen der genossenschaftlichen Treuepflicht die Belange der Gesamtheit der Mitglieder angemessen zu berücksichtigen" (Mustersatzung 1995, § 16 Abs. 5; *Schulz*, ZdW Bay, 1995, 64).

a) Die Überlassung einer Genossenschaftswohnung begründet grundsätzlich ein **dauerndes Nutzungsrecht** des Mitgliedes (Mustersatzung § 15 Abs. 1 u. 2). Das Nutzungsverhältnis kann während der bestehenden Mitgliedschaft nur unter den im Nutzungsvertrag festgesetzten Bedingungen aufgehoben werden (Mustersatzung § 15 Abs. 2). Bei Abschluß eines **Dauernutzungsvertrages** ist das **Kündigungsrecht** auf „besondere Ausnahmefälle" **beschränkt**: „wenn wichtige berechtigte Interessen der eG eine Beendigung des Nutzungsverhältnisses notwendig machen" (§ 4 Abs. 4 DNV, zuletzt i. d. F. Ausgabe Februar 1995). **118**

Das **Recht zur Nutzung** der dem Mitglied zugewiesenen und überlassenen Wohnung fließt aus der **Mitgliedschaft** und ist an ihren Fortbestand gebunden. Es ist ebensowenig wie diese übertragbar. Daraus folgt das Recht der eG zu seiner Beendigung, wenn das Mitglied bei Lebzeiten ausscheidet (§ 4 Abs. 3 DNV/NV 1995). Der Förderzweck kann bei einer Wohnungsbaugenossenschaft die Familie des Mitgliedes einbeziehen (OLG Karlsruhe, ZfG 1985, 198 ff = NJW 1984, 2584).

An diese Bindung knüpft die wohnungs- und steuerpolitische **„Privatisierungs"**-Diskussion an. Sie fordert bei neugegründeten Wohnungsbaugenossenschaften mit Blick auf die Veräußerungspflicht nach § 5 AHG im Rahmen des geltenden Rechts die Rechtsposition der Genossenschaftsmitglieder in der Satzung „eigentumsorientiert" auszugestalten und ihnen ein individuell selbstgenutztes Wohneigentum zu vermitteln, das die Verfügung über eine auf Dauer überlassene Genossenschaftswohnung ermöglicht (s. Rdn. 107 3). Ein Weg dazu kann die Bestellung eines dinglichen, eigentumsähnlichen Dauerwohnrechts nach § 41 WEG sein. Kritisch zur Diskussion *Berberich*, DW 1955, 586.

b) **Stirbt das Mitglied**, richtet es sich nach der Satzung, ob die Mitgliedschaft gem. § 77 Abs. 1 ausläuft oder mit den Erben fortgesetzt wird (§ 77 Abs. 2). Die Frage nach der Beendigung oder Fortsetzung der Mitgliedschaft ist nicht deckungsgleich mit der nach der Auflösung oder Fortsetzung des Nutzungsverhältnisses. Trifft die Satzung hierzu keine Regelung, so bestimmt sie sich nach dem abgeschlossenen (Dauer-)Nutzungsvertrag (AV Nr. 10, Fassung 1995), sofern nicht zwingende Vorschriften des Mietrechts eingreifen (§§ 569–569 b) BGB, EGBGB Art. 232 § 2, s. Rdn. 103. In der Regel geht das Recht zur Nutzung der Wohnung, das kein Recht an der Wohnung vermittelt, nicht auf die Erben über (LG Bayreuth, GW 1964, 169).

Die eG kann das Nutzungsverhältnis zum nächst zulässigen Termin kündigen, wenn der in den Nutzungsvertrag Eintretende kein Mitglied ist und die Mitgliedschaft auch nicht erwirbt (AV Nr. 10 Abs. 4, zum

Verhältnis der verschiedenen Kündigungsvorschriften, *Schiemann*, ZfG 1995, 220).

**119** Die **Rechtsnatur des genossenschaftlichen Nutzungsverhältnisses** wird unterschiedlich beurteilt:

a) die überwiegend körperschaftliche Natur betonen LG Hamburg, GW 1950, 29; LG Bochum, GW 1950, 262; LG Stuttgart, GW 1950, 282; LG Konstanz, GW 1952, 556, mit Bespr. *Riebandt-Korfmacher*; Bayer. ObLG, GW 1953, 383; LG Göttingen, GW 1957, 392; OLG Hamburg, GW 1958, 58; AG Bergedorf, GW 1958, 93 mit Anm.; BGH GW 1960, 296, 297 = ZfG 1960, 351 = NJW 1960, 2191 sowie *Riess*, in: Gruch, Beitrag Bd. 61, 91; *Kiefersauer*, in: Staudinger, 11. Aufl. § 535 Anm. 56; *Kiefersauer/Glaser/Brumby*, Die Grundstücksmiete, 8. Aufl. Vorbem. 33 Abs. 5; *Aub*, GWW Bayern, 1950, 39, 390; *ders.*, GW 1954, 309, 390, 429; *Riebandt-Korfmacher*, GW 1950, 324; 1952, 74; 1953, 479, 480, 544; 1961, 58; *Paulick*, S. 75; *Siegel*, Fragen aus dem Recht der Wohnungsbaugenossenschaften; *Fürth*, S. 13 ff; *ders.*, BlGrBauWR 1962, 65, 68, 85 ff; OLG Karlsruhe v. 23. 12. 1983, ZfG 1985, S. 198, 201;

b) für Nutzungs-(Miet)vertrag besonderer Art: *Birkenhauer*, GW 1953, 10; *Schürholz*, BBauBl. 1953, 505; *Schubert/Steder*, § 1 Rdn. 15;

c) das Nutzungsverhältnis unterstellen den Vorschriften über den Mietvertrag: LG Offenburg, GW 1962, 317 mit abl. Bespr. *Riebandt-Korfmacher*; AG Itzehoe, ZfG 1967, 217 mit Anm. *Pleyer*; *Bettermann*, MieterschutzG, § 1 Anm. 21; § 34 Anm. 6; *Groothold*, MSchG § 34 Anm. 5; *Roquette*, Mietrecht, 4. Aufl. S. 370; *Sternel*, Mietrecht, 2. Aufl. I; Rdn. 21, 80; III Rdn. 65; IV Rdn. 100; *Palandt*, BGB, 42. Aufl. Einf. vor § 535 Anm. 2 g, z. T. ohne auf den besonderen Charakter des Nutzungsverhältnisses einzugehen, z. T. unter Beschränkung auf die zwingenden Vorschriften zum Schutze des Mieters und auf das Preisrecht; *Schmidt-Futterer/Blank*, Wohnraumschutzgesetze, 4. Aufl. B4, 22, 84, 522, 617, 626; C 39, 451, entsprechende Anwendbarkeit im übrigen, so im Ergebnis: *Müller*, Anh. § 1 Rdn. 82–90; RE OLG Karlsruhe v. 21. 1. 1985: „der wesentliche Inhalt des Dauernutzungsvertrages bildet die entgeltliche Überlassung von Wohnraum... Die einzige grundlegende Abweichung von einem gewöhnlichen Wohnraummietvertrag liegt in der Bindung des Nutzungsrechts an die Mitgliedschaft ... diese Abrede, die aus der körperschaftsrechtlichen Beziehung zwischen der eG und ihrem Mitglied folgt, gibt dem Vertrag jedoch kein Gepräge, das ihn grundlegend von einem Mietverhältnis unterscheidet“, GW 1985, 571 mit krit. Anm. *Riebandt-Korfmacher*, S. 575 ff und *Siegel*, ZfG 1986, 52; *Bub/Treier*, Handbuch der Geschäftsraum- und Wohnungsmiete, München 1989, IV Rdn. 90 im Anschluß an OLG Karlsruhe.

Der Anwendbarkeit zwingender **Vorschriften des Mietrechts** wird zuzustimmen sein, soweit sie nach ihrem Schutzzweck auf das mitgliedschaftlich geprägte Nutzungsverhältnis übertragbar sind. Bei der Abwägung der Interessen im Einzelfall ist die Zweckbindung der Wohnung sowie das Recht und die Pflicht der eG zu berücksichtigen, die Belange ihrer mit Wohnungen noch nicht versorgten Mitglieder wahrzunehmen (AG Charlottenburg, GW 1959, 291 = ZfG 1960, 356 betr. die Ablehnung des Aufnahmegesuchs der Witwe eines Mitgliedes; LG Göttingen, GW 1962, 21 betr. die Aufnahme von hinterbliebenen Familienangehörigen; AG Freiburg, GW 1978, 660 betr. das berechtigte Interesse an der Kündigung des Nutzungsvertrages nach Ausscheiden des Mitgliedes i. S. v. §§ 564 b Abs. 2, 564 a Abs. 1, S. 2, 556 a Abs. 1 S. 2 BGB; ebenso AG Bremen-Blumenthal, GW 1981, 504 unter Umdeutung der verfrühten Kündigung auf den zulässigen Zeitpunkt und Ablehnung des Widerspruchs aus § 556 a BGB; OLG Stuttgart, GW 1963, 268 betr. die Verweigerung der Erlaubnis zur Untervermietung m. zust. Anm.; ferner *Riebandt-Korfmacher*, GW 1975, 25). Zum genossenschaftlichen Nutzungsverhältnis *Siegel* i. d. Anm. zu OLG Hamburg, ZfG 1985 S. 64, 67; *Hanke*, ZfgWBay 1988, 31; *Beuthien*, Wohnungsgenossenschaften, S. 38–40. 120

**Allgemein gilt:** 121

a) Ist die Wohnung dem Mitglied aufgrund eines **Nutzungsvertrages** ohne Dauerklausel überlassen, so richtet sich das Recht der eG zur Beendigung des Nutzungsverhältnisses nach den allgemeinen gesetzlichen Bestimmungen (OLG Karlsruhe, Beschl. v. 21. 1. 1985 – 3 ReMiet 8/84 – Begr. III, GW 1985, 571). Das gilt sowohl für die fristlose Kündigung als auch für die ordentliche Kündigung sowie in den Fällen der vorzeitigen Kündigung unter Einhalt der gesetzlichen Frist, so insbesondere bei Ausscheiden des Mitgliedes unter Lebenden (§ 565 a Abs. 2 BGB) oder von Todes wegen (§§ 569–569 b BGB). In allen Fällen der ordentlichen wie der außerordentlichen befristeten Kündigung einer Genossenschaftswohnung muß ein berechtigtes Interesse der eG an der Beendigung des Nutzungsverhältnisses i. S. v. § 564 b Abs. 1 BGB gegeben sein (Hans. OLG RE v. 21. 9. 1983 – 4 U 42/83, MDR 1984, 56 = ZMR 1984, 247 = ZfG 1985, 64 m. krit. Anm. *Siegel*). Ist ein **Dauernutzungsvertrag** mit der Zusage: „während des Fortbestehens der Mitgliedschaft wird die eG von sich aus das Nutzungsverhältnis grundsätzlich nicht auflösen“ geschlossen, so kann die eG das Nutzungsverhältnis nur in besonderen Ausnahmefällen unter Einhaltung der gesetzlichen Fristen kündigen, „wenn wichtige berechtigte Interessen der eG eine Beendigung des Nutzungsverhältnisses notwendig machen“. Diese Beschränkung gilt auch, wenn die eG ein berechtigtes Interesse an der Kündigung i. S. v. § 564 b BGB hat; sie behält ihre Wirkung auch gegenüber dem Erwerber eines vermieteten Grundstücks, das nach der Überlassung an das Mitglied von der eG an einen Dritten veräußert worden ist (§ 571 BGB, OLG Karlsruhe RE v. 21. 1. 1985, GW 1985, 571).

b) Nach der Mustersatzung i. V. m. den Bestimmungen des (Dauer-)Nutzungsvertrages (§§ 1; 4) ist das Recht zur Nutzung der Genossenschaftswohnung an die Mitgliedschaft gebunden. Das Nutzungsverhältnis ist damit durch das Ausscheiden des Mitgliedes **auflösend bedingt** mit der zwingenden Folge aus § 565 a Abs. 2 und 3 BGB (*Schmidt/Futterer*, Wohnraumschutzgesetze, 4. Auflage a. a. O., Rdn. 626; § 564 b BGB; in den neuen Ländern ist Art. 232 § 2 Abs. 1–4 zu beachten, s. auch *Schmidt/Futterer*, Wohnraumschutzgesetze Rdn. 626). Ist ein Dauernutzungsvertrag abgeschlossen, gilt zugunsten des Mitglieds die Kündigungsbeschränkung nach § 4 Abs. 4 des Vertrages. Danach ist die eG berechtigt, daß Nutzungsverhältnis zum nächst zulässigen Termin unter Beachtung der gesetzlichen Bestimmungen zu kündigen, wenn das Mitglied bei Lebzeiten aus der eG ausscheidet (§ 4 NV/DNV). Ein berechtigtes Interesse der eG zur Beendigung des Nutzungsverhältnisses i. S. v. § 564 b Abs. 1 i. d. R. gegeben im Falle
   - einer Kündigung der Mitgliedschaft durch das Mitglied (§§ 65, 67, 67 a)
   - einer Kündigung durch Gläubiger eines Mitglieds (§ 66), diese begründet für sich genommen jedoch kein die Beendigung des Nutzungsverhältnisses rechtfertigendes Interesse i. S. v. § 564 b Abs. 1 BGB (LG Hamburg Urt. v. 31. 5. 1988, WM 1988, 430) – zust. *Schiemann*, ZfG 1991, 245; *Lützenkirchen*, WM 1995, 5, 7).
   - des Ausschlusses (§ 68): LG Mainz Urt. v. 26. 2. 1991, AG Bremen – 2 b Z 205,80 –; LG Nürnberg-Fürth, WM 1993, 280) wegen nur sporadischer Nutzung der Wohnung; LG Wiesbaden, Urt. v. 13. 7. 1978 – I S 107/78 –; *Hufnagel*, ZdW Bay 1992, 16 ff.

c) Während bestehender Mitgliedschaft ist ein berechtigtes Interesse an der Beendigung des Nutzungsverhältnisses nur aus Gründen gegeben, die ein vergleichbares Gewicht wie die in § 569 a Abs. 2 BGB aufgeführten Fälle haben (s. Rdn. 122) so z. B.
   - die wirtschaftliche Verwertung des Grundstücks, AG Velbert, Urt. v. 4. 3. 1988; LG Köln, WM 1976, 163
   - bei erheblicher Unterbelegung: OLG Stuttgart RE v. 11. 6. 1991, ZfG 1993, 248 ff = WM 1991, 379 (s. Rdn. 122); LG Köln, WM 1991, 589; LG München WM 1992, 60;
   - bei lediglich zeitweiliger Nutzung: LG Wiesbaden, Urt. v. 13. 7. 1978; LG München, WM 1992, 60; LG Nürnberg-Fürth, WM 1963, 280, als den Ausschluß begründendes genossenschaftsschädliches Verhalten.

In all diesen Fällen erfordert ein berechtigtes Interesse der eG an der Beendigung des Nutzungsverhältnisses i. S. v. § 564 b Abs. 1 BGB, daß ihr unter Berücksichtigung aller Umstände die Fortsetzung des Nutzungsverhältnisses nicht zumutbar ist (OLG Karlsruhe, ReMiet 4/84 v. 23. 12. 1983, NJW 1984, 2584 = ZfG 1985, 198 m. zust. Anm. *Siegel*).

d) In den Fällen der Sonderrechtsnachfolge von Familienangehörigen gem. § 569 a Abs. 5 BGB geht das berechtigte Interesse i. S. v. § 564 b Abs. 1 BGB weiter als der engere Tatbestand des in der Person des Eintretenden liegenden wichtigen Grundes; nach der Lage der besonderen Umstände muß die Fortsetzung des Nutzungsverhältnisses der eG auch in solchen Fällen unzumutbar sein (OLG Karlsruhe, RE Miet 4/83 v. 23. 12. 1983 a. a. O. – jedenfalls muß das Interesse der eG an der Unterbringung einer kinderreichen Familie unter dem Gesichtspunkt der Vertragstreue gegenüber einem in das Nutzungsverhältnis eintretenden Familienangehörigen des Mitgliedes zurücktreten.

Die Sonderrechtsnachfolge gilt auch zugunsten des überlebenden haushaltsangehörigen Partners des verstorbenen Mitgliedes, der mit diesem in einer auf Dauer angelegten Lebensgemeinschaft lebte, wenn beide Teile unverheiratet waren (OLG Saarbrücken; Beschl. v. 6. 3. 1991 – REMiet 1/90 unter Bezugnahme auf BVerfG v. 3. 4. 1990, NJW 1990, 1553; danach ist die analoge Anwendung von § 569 a BGB auf einen nichtehelichen Lebensgefährten verfassungsmäßig. Beide Entscheidungen gehen jedoch nicht auf die Besonderheiten des an die Mitgliedschaft gebundenen Nutzungsverhältnisses ein.

Die allgemeinen Vertragsbestimmungen (AV Nr. 10 Abs. 4 zum (Dauer-)Nutzungsvertrag behalten der eG in den Fällen des § 569 a BGB ein Kündigungsrecht vor, wenn der aufgrund der Sonderrechtsnachfolge in das Nutzungsverhältnis Eintretende nicht die Mitgliedschaft erwirbt. Es hängt von den Umständen des Einzelfalls ab, ob die fehlende Mitgliedschaft für sich genommen ein berechtigtes Interesse der eG zur Beendigung des Nutzungsverhältnisses i. S. v. § 564 b Abs. 1 BGB begründet, so daß ihr seine Fortsetzung nicht – mehr – zuzumuten ist. Dabei wird u. a. zu berücksichtigen sein, ob

- die Satzung das Nichtmitgliedergeschäft ausschließt,
- der Eintretende trotz Aufforderung es ablehnt, der eG beizutreten (AG Dillenburg, Urt. v. 3. 4. 1992 – 5 C – 724, 91 –),
- das Nichtmitgliedergeschäft zugelassen war, aber nach dem Nutzungsvertrag, in den der Berechtigte eingetreten ist, die Überlassung der Wohnung an die Mitgliedschaft gebunden ist **und** die eG es abgelehnt hat, den Eintretenden als Mitglied aufzunehmen,
- die eG in vergleichbaren Fällen den Beitritt angenommen hat.

Aus der Regelung des Nutzungsvertrages, nach der die eG berechtigt ist, das Nutzungsverhältnis zu kündigen, wenn der aufgrund der Sonderrechtsnachfolge Eintretende die Mitgliedschaft nicht erwirbt, folgt nicht ohne weiteres im Umkehrschluß ein Anspruch des Beitrittswilligen auf Aufnahme in der eG. Eine Verpflichtung zur Aufnahme kann sich aber unter dem Gesichtspunkt der Vertragstreue oder aufgrund des Gleichbehandlungsgebotes ergeben (s. § 15 Rdn. 25 und die dort aufgeführte Rechtsprechung). Der Nutzungsvertrag verweist ausdrücklich auf die den Bestandsschutz der Hinterbliebenen sichernden gesetzlichen Bestimmungen über den Eintritt in das Nutzungsverhältnis; damit zugleich auf die Beschränkung der Kündigung gegenüber Familienangehörigen auf einen in der Person des Betreffenden liegenden „wichtigen Grund". Der Kündigungsvorbehalt ist selbst für den Fall, daß ein nicht haushaltszugehöriger Erbe gem. § 569 a Abs. 6 BGB in das Nutzungsverhältnis eintritt, keine Einschränkung hinsichtlich seiner Aufnahme. Die eG würde sich in Widerspruch zu dem vertraglich zugesagten Schutz des dem verstorbenen Mitglied nahestehenden Personenkreises setzen, wenn sie dem in das Nutzungsverhältnis Eingetretenen die Aufnahme verweigert, um sich die Kündigungsmöglichkeit zu erleichtern (s. § 15 Rdn. 25; *Meyer/Meulenbergh/Beuthien*, § 15 Rdn. 21; *Lützenkirchen*, WM 1995, 5, 6). Das gilt verstärkt, wenn mit dem Mitglied ein Dauernutzungsvertrag abgeschlossen worden ist und damit die Zusage, daß die eG auch den in den Nutzungsvertrag eingetretenen Hinterbliebenen die Wohnung in gleicher Weise wie dem verstorbenen Mitglied auf Dauer überläßt. Der Erwerb der Mitgliedschaft kann daher auch in diesen Fällen nicht unter Hinweis auf andere wohnungssuchende Bewerber abgelehnt werden, die – anders als der Hinterbliebene – nicht bereits in das Nutzungsverhältnis eingetreten sind. Der Grundsatz der Vertragstreue sowie das Gleichbehandlungsgebot schützt auch einen beitrittswilligen Sonderrechtsnachfolger, der die gesetzlichen und satzungsmäßigen Voraussetzungen für den Erwerb der Mitgliedschaft erfüllt (s. § 15 Rdn. 25; *Meyer/Meulenbergh/Beuthien*, § 15 Rdn. 21; *Müller*, § 15 Rdn. 41). Soweit die ältere Rechtsprechung dem Entscheidungsrecht der eG, ausgehend von der vor Inkrafttreten der zwingenden Hinterbliebenenschutzregelung nach § 569 a Abs. 6 BGB i. V. m. Art. II MRÄndG v. 14. 7. 1964 (BGBl. I S. 457) geltenden Rechtslage, Vorrang einräumt, kann sie nur einschränkend übernommen werden (so z. B. AG Charlottenburg, Urt. v. 22. 6. 1959 – 19 Cm 127.59 –, GW 1959, 291 betr. Ablehnung der Aufnahme und des Eintritts einer Genossenwitwe; LG Göttingen, Urt. v. 30. 10. 1961, GW 1962, 21).

**122** Die nach § 569 a BGB Berechtigten treten auf Grund der **Sonderrechtsnachfolge** nach Maßgabe der Abs. 1 und 2 in das Nutzungsverhältnis ein, unabhängig davon, ob sie Mitglied sind. Lehnt der Berechtigte den Erwerb der Mitgliedschaft ab, so kann die eG „aus wichtigem Grund" gemäß Abs. 5 kündigen. Das Eintrittsrecht des Ehegatten bzw. der Familienangehörigen nach § 569 a Abs. 1 u. 2 BGB, sowie die Beschränkung des Kündigungsrechts nach § 569 a Abs. 5 BGB ist unabdingbar, dagegen kann der Eintritt der – anderen – Erben im Nutzungsvertrag ausgeschlossen werden, § 569 a Abs. 6 und 7 BGB (*Riebandt-Korfmacher*, GW 1975, 24, 25; LG Bremen, WM 1975, 149; *Schmidt/Futterer*, a. a. O., B 84, 522). Zum Eintrittsrecht des Erben: Der Kündigungsschutz des Eintretenden erfordert gemäß § 569 i. V. m. § 564 b BGB ein berechtigtes Interesse der eG an der Beendigung des Nutzungsverhältnisses, RE OLG Hamburg, WM 1983, 310 = ZfG 1985, 64 m. krit. Anm. und eingehender Darstellung des Sondercharakters genossenschaftlicher Wohnungsversorgung *Siegel*, ebenso RE OLG Karlsruhe RE v. 23. 12. 1983, WM 1984, S. 43 = GW 1985, 571 zum Eintrittsrecht von Familienangehörigen nach § 569 a BGB: Fehlbelegung und Absicht der Unterbringung eines kinderreichen Mitgliedes haben keinen Vorrang vor der Vertragstreue.

Fraglich ist, ob die fehlende Mitgliedschaft eines Sondernachfolgers (§ 569 a) und b) BGB) in das Nutzungsverhältnis die eG zur Kündigung berechtigt oder ob besondere Umstände hinzutreten müssen, etwa dringender Bedarf zur Unterbringung oder zur verbesserten wohnlichen Versorgung von Mitgliedern (564 b) Abs. 1 BGB). Ersteres **bejahen**: LG Mainz, Urt. v. 26. 2. 1991; AG Bremen – 2 b C 205/80 – zit. bei *Hufnagel*, ZdW Bay 1992, S. 16, 17; ferner, wenn die Satzung die Überlassung von Wohnraum an Nichtmitglieder nicht zuläßt und der Eintretende trotz Aufforderung die Mitgliedschaft nicht beantragt: AG Dillenburg, Urt. v. 3. 4. 1992 – Gesch. Nr. 5 C 724/91 –; AG Lampertheim, Urt. v. 18. 1. 1994 – Z 1221/93 –: Der Ehepartner, der nicht Mitglied ist, kann nicht besser stehen, als der Partner eines Mitglieds, das die Mitgliedschaft gekündigt hat; mit Hinweis auf weitere Kündigungsfälle *Lützenkirchen*, WuM 1994, 5, 7, sowie für Aufklärungspflicht der eG und Kündigungsberechtigung erst, wenn nicht innerhalb einer angemessenen Frist die Beitrittserklärung abgegeben wird. Hat das eintretende Mitglied bereits eine Genossenschaftswohnung, soll Über-Versorgung zur Kündigung berechtigen, falls das Mitglied trotz Aufforderung nicht eine der Wohnungen aufgibt – Ausschluß wegen genossenschaftsschädlichen Verhaltens: LG Nürnberg-Fürth, WM 1985, 228. Nach **OLG Karlsruhe**, RE v. 23. 12. 1983, GW 1985, 571 = NJW 1984, 2584 kann einem Mitglied, das als Familienangehöriger (§ 569 a) Abs. 2 BGB) in ein Nutzungs-Verhältnis über ein Einfamilienhaus eingetreten ist, nicht mit der Begründung gekündigt werden, die eG benötige das Haus für eine wohnungssuchende kinderreiche Familie. Gegenüber dem satzungsmäßig verankerten und vertraglich vereinbarten Bestandsschutz muß das allgemeine Interesse (an einer gerechten Wohnraumverteilung unter bevorzugter Berücksichtigung kinderreicher Familien) zurücktreten, zumal der Gesetzgeber ... das Eintrittsrecht für hinterbliebene Ehegatten und Familienangehörige für unabdingbar erklärt hat (§ 569 a) Abs. 7 BGB). Möglichem Mißbrauch könne durch entsprechende Regelung in der Satzung oder nachträgliche Vereinbarungen begegnet werden (so auch LG Köln, WuM 1994, 23).

Das OLG Karlsruhe, (GW 1985, 571), läßt offen, ob das Bestreben nach einer gerechten Verteilung des zur Verfügung stehenden Wohnraums in anderen Fällen als der Sonderrechtsnachfolge nach § 569 a) und b) BGB ein Freimachungsinteresse der eG zu begründen vermag.

Das OLG Stuttgart (RE v. 11. 6. 1991, ZfG 1993, 248 ff = WM 1991, 379) hat angenommen, eine – gemeinnützige – Wohnungsgenossenschaft verfolge **mit ihrer satzungsgemäßen Aufgabe** den ihr zur Verfügung stehenden Wohnraum ihren Mitgliedern zu angemessenen Preisen zu überlassen, **zugleich ein öffentliches Interesse**. Sie könne ein berechtigtes Interesse i. S. v. § 564 b Abs. 1 BGB an der Beendigung eines Mietverhältnisses haben, wenn sie eine **erheblich** unterbelegte Genossenschaftswohnung in der Absicht kündigt, diese einer größeren Familie mit entsprechendem Wohnbedarf zu vermieten. Sie sei zur sachgemäßen Erfüllung ihrer Aufgabe nur in der Lage, wenn sie den ihr nur begrenzt zur Verfügung stehenden, mit öffentlichen Mitteln geförderten Wohnraum ihren Mitgliedern entsprechend deren Wohnungsbedarf überlassen könne. Dazu sei auch erforderlich, daß sie, wenn der Wohnungsbedarf eines Mitgliedes **erheblich** geringer wird, die unterbelegt gewordene Wohnung im **Eigeninteresse** kündigen könne, um sie einer größeren Familie zu überlassen (zust. *Beuthien*, Wohnungsgenossenschaften, S. 53; *Hanke*, DW 1991, 461; *Lützenkirchen*, WM 1994, 8; krit. *Riebandt-Korfmacher*, ZfG 1993, 252). LG München, ZfW Bay 1987, 388, 390 bejaht die Kündigungsberechtigung, das Mitglied müsse „aus solidarischer Rücksichtnahme an der Bedarfsdeckung unversorgter oder unterversorgter Mitglieder sein Interesse an der Beibehaltung seiner Wohnung" als Zweitwohnung zurückstellen, dazu eingeh. *Riebandt-Korfmacher*. Zur Kündigung wegen Unterbelegung s. a. LG Köln, WM 1991, 589; LG München, WM 1992, 16.

Zu weiteren Fällen der **Beendigung** des Nutzungsverhältnisses wegen

– erheblichen Interesses der eG an einer wirtschaftlichen Verwertung des Grundstücks (§ 564 b) Abs. 2 Nr. 3 BGB) hier: notwendige Erweiterung der Geschäftsräume – AG Velbert, Urt. v. 4. 3. 1988 – 12 C 505/87 –
– Durchführung eines Bauvorhabens zur Schaffung von Sozialwohnungen: LG Köln, WM 1976, 163, dazu *Lützenkirchen*, WM 1995, 9 mit Überlegungen zur Kündigungsberechtigung wegen Durchführung von Modernisierungsmaßnahmen und der Empfehlung in der Satzung, jedenfalls aber in den Vergabegrundsätzen das Kündigungsrecht der eG für Fälle der Unterbelegung vorzubehalten.
– Ausschluß eines Genossen, LG Mainz, Urt. v. 26. 2. 1991 – III S 288/90 – VIII C 377,90.

- nur **zeitweilige** Nutzung so LG Wiesbaden, Urt. v. 13. 7. 1978 – 1 S 107/78, zitiert bei *Hufnagel*, ZdW Bay 1992, 16, 17; LG München I, WM 1992, 60; LG Nürnberg-Fürth, WM 1993, 280;
- **dagegen** keine Kündigungsberechtigung: – LG Köln, WM 1994, 23 betr. Eintrittsrecht hausstandszugehöriger Familienangehöriger;
- AG Bielefeld, WM 1994, 22: Beibehaltung der Wohnung während Aufenthalts im Pflegeheim: „Die Gewißheit, in die alte Wohnung zurückkehren zu können, auch wenn dies unwahrscheinlich ist, stellt ein berechtigtes Interesse der Betroffenen an dem Erhalt der Wohnung und dem Fortbestand des Mietverhältnisses dar."
- Ausscheiden begründet kein berechtigtes Interesse an der Beendigung des Mietverhältnisses (§ 564 b) BGB): LG Hamburg, ZfG 91, 245 mit zust. Anm. *Schiemann*.

Bei der Abwägung der Interessen muß im Einzelfall abgewogen werden, ob die geltend gemachten Interessen so schwerwiegend sind, daß sie eindeutig eine Auflösung des Nutzungsverhältnisses in den engen Grenzen, die der (Dauer-)Nutzungsvertrag zuläßt, rechtfertigen (OLG Karlsruhe, Beschl. v. 21. 1. 1985, GW 1985, 571). Das entspricht auch dem vom BVerfG (Beschl. v. 26. 5. 1993, WuM 1993, 377) anerkannten Eigentumsschutz des Mieters. Danach wird jeweils geprüft werden müssen, ob eine Möglichkeit in Betracht kommt, daß die eG ohne Inanspruchnahme der gekündigten Wohnung ihre Interessen angemessen befriedigen kann.

Der Grundsatz des § 571 BGB: „Kauf bricht nicht Miete" gilt bei Ver- **123**
kauf eines Genossenschaftsgrundstücks entsprechend **für das Nutzungsverhältnis**; der Erwerber tritt uneingeschränkt in die Rechte und Pflichten der eG ein: LG Waldshut, GW 1959, 98 = NJW 1959, 156 m. abl. Bespr. *Bettermann* = ZfG 1961, 461; zust. *Roquette*, ZfG 1959, 184; ferner ausdrücklich unter Ablehnung der Auffassung von *Bettermann* bestätigend LG Hagen, GW 1961, 23 = NJW 1960, 1468, zust. *Riebandt-Korfmacher*, GW 1961, 59. Der entscheidende Gesichtspunkt ist, daß Geschäftsgrundlage des Vertrages nicht der Fortbestand der Eigentümer- bzw. „Vermieter"stellung der eG ist, sondern das Mitgliedsverhältnis mit den sich daraus ergebenden Pflichten hinsichtlich der Preisgestaltung und der Ausübung des Kündigungsrechtes. Den Fortfall der Geschäftsgrundlage sowie eine Änderung des Vertragsinhalts bei der Veräußerung von genossenschaftlichem Grundeigentum lehnt gleichfalls ab LG Wiesbaden, NJW 1962, 2352. Für eine Anpassung des Nutzungsverhältnisses etwa im Wege der ergänzenden Vertragsauslegung ist (entgegen *Müller*, Anh. § 1 Rdn. 89) kein Raum. Die Annahme, das Nutzungsentgelt werde u. U. unter Berücksichtigung der Übernahme eines oder mehrerer Geschäftsanteile festgesetzt, ist irrig. Zum Übergang der Kündigungsbeschränkungen des Dauernutzungsvertrages auf den Erwerber: RE OLG Karlsruhe, GW 1985, 571, ZfG 1988,

52: der Erwerber muß die Kündigungsbeschränkung nach dem Dauernutzungsvertrag (Ausgabe 1977/1981, § 5 AV Nr. 10 Abs. 2 = Ausgabe 1988, § 4 Abs. 4 und folgende Ausg.) in vollem Umfang gegen sich gelten lassen. Der Tatrichter muß in jedem Einzelfall abwägen, ob das geltend gemachte Interesse (§ 564 b Abs. 2 BGB), das den Eigenbedarf einschließt, so schwerwiegend ist, daß es eine Auflösung in den engen Grenzen des Nutzungsvertrages rechtfertigt.

**124** Die Anwendung der sog. **Hausratsverordnung** (v. 21. 10. 1944, RGBL. 256 mit zahlreichen Änderungen, zuletzt durch Ges. v. 24. 6. 1994, BGBL. I, 1325) auf die Genossenschaftswohnung entspricht feststehender Rechtsprechung: BGH, NJW 1955, 105; KG NJW 1955, 185; BayObLG, NJW 1955, 753 unter Aufgabe seiner Rechtsprechung NJW 1953, 1589; s. *Sedlag*, GW 1962, 173 unter eingehender Darstellung der Rechtsentwicklung und der Auswirkungen in der genossenschaftlichen Praxis. Nach KG, a. a. O., ist der Umstand, daß nur einer der geschiedenen Eheleute Mitglied der eG ist, im Rahmen der Ermessensentscheidung nach § 2 HausratsVO zu berücksichtigen. Die Zuweisung der Wohnung an den Ehegatten, der nicht Mitglied der eG ist, ist jedoch nicht nur ausnahmsweise in besonderen Härtefällen zulässig (OLG Hamm, ZfG 1968, 219 m. Anm. *Siegel*). Das Gericht kann den Ehegatten, dem die Wohnung zugewiesen wird, verpflichten, dessen Geschäftsanteile (Geschäftsguthaben) zu übernehmen (§ 76). Die eG braucht dem nicht zuzustimmen. Ist der Zugewiesene nicht bereit, der eG beizutreten und/oder ist diese nicht bereit, ihn aufzunehmen, so ist die eG berechtigt, zum nächst zulässigen Termin zu kündigen, ebenso wenn er – wie das Mitglied – nicht berechtigt ist, eine Wohnung solcher Größenordnung in Anspruch zu nehmen (AG Lampertheim, Urt. v. 18. 1. 1994 – C 1221/93 – unter Hinweis auf die Kriterien im Schnellbrief des Hess. MinI v. 8. 3. 1989). Damit ist zugleich die Auswirkung von Förderungsbestimmungen, hier zur Fehlbelegung auf die Kündigungsberechtigung, angesprochen (s. Rdn. 121 Abs. 2), ferner OLG München, FamRZ 1991, 1412, 1452; OLG Frankfurt, Beschl. v. 28. 9. 1994 – V UF 185, 12; zur älteren Rechtsprechung s. LG Berlin, ZfG 1965, 146, 147 m. Anm. *Siegel* = GW 1964, 264).

Die eG ist **als Beteiligte** im gerichtlichen Verfahren (§§ 7, 11–18 HausratsVO) zu hören und muß dort geltendmachen

- etwaige Gründe in der Person oder dem Verhalten des Ehegatten, dem die Wohnung zugewiesen werden soll, die eine Überlassung an ihn unzumutbar machen und die eG zur Kündigung berechtigen würden (LG Mannheim, FamRZ 1966, 450);
- daß sie die Wohnung dringend zur Unterbringung – bestimmter – noch unversorgter Mitglieder benötigt. Einverständnis ist nur im Falle von § 12 erforderlich, also wenn der Antrag auf Auseinandersetzung über

die Ehewohnung später als 1 Jahr nach Rechtskraft des Scheidungsurteils gestellt ist (§ 12). Die eG ist beschwerdeberechtigt (§ 13 i. V. m. §§ 621 a, 621 e ZPO), sie kann bei einer wesentlichen Änderung der Verhältnisse Änderung der Entscheidung beantragen.

Zur Erhöhung der Nutzungsgebühr einer nicht preisgebundenen Genossenschaftswohnung und zum Gleichbehandlungsgrundsatz AG Mannheim, GW 1988, 36, m. Anm. v. *Hannig*, zur Problematik vertraglicher Beschränkung auf die Kostenmiete s. *Mutschler*, GW 1986, 204, *Riebandt-Korfmacher*, GW 1986, 518; *Kummer*, WM 1987, 298. **125**

AG Essen-Steele, Urt. v. 22. 12. 1992 – 11 aC336/92 – betr. Zustimmung zur nachträglichen Ausgliederung der Betriebskosten aus vereinbarter Teilinklusiv-Miete zwecks Verwaltungsvereinfachung aufgrund genossenschaftlicher Treupflicht, abw. von dem Grundsatz: mit Zustimmung zur Mieterhöhung kann nicht zugleich Änderung der Mietstruktur verlangt werden: LG Köln, WM 1994, 27 m. Hinw. auf weitere Rechtsprechung und Schrifttum) im Ergebnis übereinstimmend AG Duisburg, Urt. v. 28. 4. 1994 – 33 C 16/94; LG Duisburg, Urt. v. 29. 11. 1994 – 7 S 126/94, alle zitiert bei *Schulz*, ZdW Bay 1994, 84; 1995, 63; zur Nichteinhaltung von Voraussetzungen mietrechtlicher Vorschriften für die Erhöhung von Nutzungsgebühren, *Beuthien*, Wohnungsgenossenschaften, ... S. 41–50, zur Problematik s. Rdn. 117 unter e–h.

Bei Berechnung des einer Mieterhöhung zugrundezulegenden höchst zulässigen **Mietpreises** für eine **AWG/Genossenschaftswohnung** können die auf den eingezahlten Geschäftsanteil zu zahlenden Zinsen **nicht** abgezogen werden. Nach den DDR-Rechtsvorschriften galten für Genossenschaftswohnungen keine preisrechtlichen Sonderregelungen (AG Leipzig, Urt. v. 19. 4. 1993 – WM 1993, 268).

Zu den **Auskunftsansprüchen** des Mieters–Mitglieds preisgebundenen Wohnraums in den neuen Bundesländern s. *Erbarth*, WM 1995, 418.

Der Bau von Genossenschaftswohnungen ist ungeachtet des Selbsthilfecharakters bei der **Zuteilung öffentlicher Mittel** nicht bevorrechtigt und nicht dem Bau von Eigentumswohnungen gleichgestellt (II. WoBauG § 26 Abs. 1 und Abs. 3). Auch das Wohnungsbindungsgesetz trägt der Zweckbindung einer dem Gesetz unterliegenden Genossenschaftswohnung nur unzureichend Rechnung (WoBindG §§ 4–7). **126**

Gehört die **Betreuung der Mitglieder** bei der Vorbereitung und Durchführung von Bau-, Modernisierungs- und Sanierungsmaßnahmen (Baubetreuung) zu dem in der Satzung bestimmten Geschäftskreis (Rdn. 97 ff), so hat das Mitglied hierauf einen genossenschaftlichen Anspruch nach Maßgabe der von den zuständigen Organen aufgestellten Grundsätze (Mustersatzung für Wohnungsbaugenossenschaften 1987–1995, § 13 Abs. 2b). Dem entspricht die in der Satzung bestimmte Pflicht des Mitglieds zur Zahlung **127** eines angemessenen Entgelts (Mustersatzung § 16 Abs. 4). Diese durch die Mitgliedschaft begründeten wechselseitigen Rechte und Pflichten können durch vertragliche Vereinbarungen nach Gegenstand, Inhalt und Umfang den Bedürfnissen des Einzelfalls angepaßt werden (s. Rdn. 114).

Bei der **Beratung des Mitgliedes** und der Gestaltung des einzelnen Vertrages sind seine Interessen und seine wirtschaftlichen Möglichkeiten sowie sich ergebende rechtliche und steuerrechtliche Auswirkungen und prämienrechtliche oder sonstige Vergünstigungen zu erörtern. Die **Sorgfalts- und Aufklärungspflicht** der eG als Bauherr bzw. als Baubetreuer erfordert je nach den Umständen einen Hinweis

- ob die Wohnung mit öffentlichen Mitteln gefördert ist und dem Wohnungsbindungsgesetz unterliegt bzw. ob andere öffentlich-rechtliche Preis- und Belegungsbindungen bestehen, ihre Fortdauer sowie etwaige Ablösungsmöglichkeiten (WoBindG §§ 13–18, s. dazu OLG Düsseldorf, Urt. v. 16. 2. 1995, WM 1995, 488;
- bei einer vermieteten Wohnung auf
- ein etwaiges Vorkaufsrecht des Mieters (WoBindG § 2 b)
- bei einer ehemals gem. Wohnungsbaugenossenschaft auf eine Beschränkung bei der Erhöhung der Nutzungsgebühr (WM 1993, 106, s. a. Rdn. 114 b).
- auf eine vertragliche Beschränkung des ordentlichen Kündigungsrechts gem. § 4 Abs. 4 Dauernutzungsvertrag (s. dazu OLG Karlsruhe, GW 1985, 471 u. Rdn. 123 ).

Der vielschichtige Begriff **Baubetreuung** erfordert im Hinblick auf Gewährleistung, Abrechnung und Vergütung eine genaue Festlegung der von der eG zu erbringenden technischen und wirtschaftlichen Leistungen sowie etwaiger zusätzlicher oder besonderer Leistungen planerischer, organisatorischer, finanzieller oder vermittelnder Art sowie der dem Mitglied als Bauherrn obliegenden Pflichten. **Abgrenzungsmerkmale** gegenüber der eigenen Bauherrnschaft der eG: Durchführung der übernommenen Aufgaben im fremden Namen, also des Mitglieds und in seiner Vollmacht, damit für ein fremdes Bauvorhaben auf genossenschaftsfremdem Grundstück, das für Rechnung und Risiko des Mitglieds als Bauherrn errichtet wird. Der Abgrenzung und Sicherung der Bauherrneigenschaft des Mitglieds kommt in erster Linie steuerliche Bedeutung zu. Zur Abgrenzung zwischen einem reinen Grundstückskaufvertrag und dem Bauträgervertrag sowie der Baubetreuung s. Rdn. 113 a–e). Die **Betreuung ist Geschäftsbesorgung**. Sie hat Werkvertragscharakter, soweit Planung, technische und geschäftliche Oberleitung, örtliche Bauaufsicht, bzw. die Errichtung und Abwicklung des Bauvorhabens als Erfolg geschuldet wird; Dienstvertragscharakter, soweit wirtschaftliche, organisatorische und überwachende Leistungen übernommen werden (dazu *Palandt*, BGB § 675; Einführung vor § 631 BGB, Anm. 5; Einf. vor § 611 BGB, Rdn. 17 f.; eingehend *Jagenburg*, NJW

1995, 94, 2196, 2198). Mit Wirkung vom 1. 1. 1994 unterliegen auch ehemals gem. Wohnungsbaugenossenschaften für eine Tätigkeit als Bauträger oder als Baubetreuer der **Erlaubnispflicht** nach § 34 c Abs. 1 Nr. 2 GewO. Ausgenommen sind eG, solange sie als Betreuungsunternehmen im Sozialen Wohnungsbau zugelassen sind (§ 34 c Abs. 5 Nr. 1 GewO). Die **Makler- und BauträgerVO** i. d. F. der Bek. v. 7. 10. 1990, BGBL. I., 2479 u. der 2. ÄndVO v. 6. 9.1995, BGBL. I, 1134 ist auf Wohnungsbaugenossenschaften anzuwenden, soweit sie nicht unter den Voraussetzungen des § 7 MaBV von den besonderen Sicherungspflichten freigestellt sind. Eine weitere Ausnahme gilt für eG, solange sie Betreuungsunternehmen im Sozialen Wohnungsbau sind (§ 20 Abs. 2 MaBV). S. a. Rdn. 137.

Zur Aufhebung des **Wohnungsgemeinnützigkeitsrechts** und der **128** sich daraus ergebenden Auswirkungen auf die Rechtsstellung von eG, die am 31. 12. 1989 als gem. Wohnungsunternehmen anerkannt waren, s. Rdn. 55–56.

Mit der Aufhebung des Wohnungsgemeinnützigkeitsrechts ist die **129** gesetzliche Bindung dieser eG an den **gemeinnützigen Zweck** in der durch das WGG bestimmten Ausprägung entfallen. Die einzelne eG entscheidet selbstverantwortlich, ob und in welchem Umfang sie, sich selbst verpflichtend, in ihrer Satzung die traditionellen Grundsätze gemeinnützigen Verhaltens im Wohnungswesen fortführt (s. Rdn. 99). Die Einhaltung derartiger satzungsmäßiger Bindungen unterliegt keiner staatlichen Aufsicht (s. Rdn. 55). Vor dem 1. 1. 1990 begangene Verstöße gegen zwingende Vorschriften des WGG berührten nicht die Wirksamkeit vorgenommener Rechtsgeschäfte und abgeschlossener Verträge; zur Einhaltung bestimmter Regelungen des WGG, die wie etwa die vorgeschriebene Kostenmiete vertraglich vereinbart worden sind, s. BGH, GW 1955, 27; BVerwG, GW 1958, 59; OLG Hamm, GW 1981, 610; OLG Karlsruhe, GW 1982, 274; OLG Frankfurt, WuM 1982, 128; Rdn. 117 unter c u. g ff.

Die enge Verflechtung von genossenschaftlichem Förderungszweck und der auf der freien Entscheidung der Mitglieder als den wirtschaftlichen Trägern der eG beruhenden gem. Grundhaltung und Selbstbindung kennzeichnet Anfänge und Entwicklung der Baugenossenschaften. Sie bestimmen auch nach Aufhebung der gesetzlich festgeschriebenen Wohnungsgemeinnützigkeit Satzung und Verhalten einer erheblichen Zahl der Wohnungsgenossenschaften. Die Einbeziehung freigewählter gemeinnütziger Verhaltensbindungen ist nicht genossenschaftsfremd (§ 1 Abs. 2). Das zeigt ihre praktische Umsetzung unter veränderten Rahmenbedingungen (dazu u. a. *Schmalstieg*, DW 1992, 94; *Galster*, DW 1995, 74, 396; *Otter*, ZdW Bay 1995, 20; zum früheren Recht: *Baumgarten*, HdWB des Wohnungswesens, Jena 1930, dagegen krit. gegenüber Tendenzen zu wachsendem Einfluß staatlicher Einflußnahme durch gezielten Einsatz öffentlicher Förderung

§ 9 ff; *Scheer*, Auswirkungen der Novelle des Genossenschaftsgesetzes auf Wohnungsbaugenossenschaften, Tübingen 1980, 40 ff, 136, 218; Bespr. *Riebandt-Korfmacher*, ZfG 1982, 246, 249; *Jäger/Grossfeld*, a. a. O., 20, 25, 39, 41; vor allen *Grossfeld/Menkhaus*, ZfG 1982, S. 163 ff, u. a. zur Unvereinbarkeit von Belegungsbindungen für nicht preisgebundenen Wohnraum).

**Gemeinnützigkeitsrechtliche Bindungen – Übergangsregelung**

**130** Mit der **Aufhebung des WGG** mit der Wirkung vom 1. 1. 1990 (s. Rdn. 54) ist den vorgeschriebenen **Vermögens- und Verhaltensbindungen die Grundlage entzogen.**

Die an die Anerkennung geknüpfte persönliche **Steuerbefreiung** war letztmalig für den Veranlagungszeitraum 1989 anzuwenden. Diese konnte auf Antrag für den Veranlagungszeitraum 1990 nach näherer Bestimmung von § 54 Abs. 4 KStG i. d. F. des StRefGes. 1990 bzw. von § 54 Abs. 3 i. d F. v. 11. 3. 1991 verlängert werden (s. dazu Rdn. 54 u. 132 unter a).

Voraussetzung für die Fortgeltung der Steuerbefreiung war, daß die eG in dem Veranlagungszeitraum 1990 ausschließlich **Geschäfte** betreibt, die nach am 31. 12 1989 geltenden gesetzlichen Bestimmungen zulässig waren. Eine **neue** Ausnahmebewilligung war nicht möglich. Vor dem 1. 1. 1990 erteilte Ausnahmebewilligungen behielten ihre Bedeutung, sofern sie über den 31. 12. 1989 hinaus reichten. Besonderheiten galten für eine Vermietung von Räumen und Flächen an bestimmte Mieter sowie für bestimmte, im Jahre 1990 eingegangene Beteiligungen ferner für AWG u. gem. eG in der ehem. DDR (s. dazu BdF-Schreiben – IV B 7-S 2730-24/91, BStBl. I, 1014, Tz. 4–9).

**131** Mit der Aufhebung von WGG und WGGDV ist die Rechtsgrundlage für eine Prüfung und Beaufsichtigung einer ehemals gem. eG durch die gemeinnützigkeitsrechtliche Aufsichtsbehörde entfallen; damit auch die Möglichkeit einer nachträglichen Entziehung der Anerkennung (s. Rdn. 55). Zweifelhaft kann sein, ob das auch für das Verlangen auf Herausgabe des Vermögens einer vor dem 1. 1. 1990 aufgelösten eG – ungeachtet etwaiger Verjährung – gilt (§ 11 WGG, § 16 WGGDV). Das BVerwG, Urt. v. 21. 1. 1994 – 8 C 15/92, m. krit. Anm. *Riebandt-Korfmacher*, DW 1994, 524, hat hierzu nicht Stellung genommen.

Die Steuerbefreiung kann, auch wenn die Voraussetzungen für die Entziehung der Anerkennung als gem. Wohnungsunternehmen vor dem 1. 1. 1990 gegeben waren, nicht für zurückliegende Zeiträume versagt werden. Nach Art. 21 § 2 StRefG 1990 kann die ehemals zuständige Anerkennungsbehörde einer eG, die gegen §§ 2–15 WGG verstoßen hat, nur eine **geldliche Leistung zur Abgeltung** der durch die Gesetzesverstöße erlangten Vorteile, einschließlich der ersparten Steuern auferlegen (BdF-Schreiben v.

22. 11. 1991, Tz. 11; BVerwG, v. 21. 1. 1994 – 8 C 15/92, s. auch Rdn. 55, 129).

**Sonderregelungen-Steuerrecht**

a) Aufhebung der Steuerbefreiung für ehemals gem. Wohnungsbaugenossenschaften (s. Rdn. 20 Abs. 3; 54, 55, 56) **132**

Die Steuerbefreiung war letztmals für den Veranlagungszeitraum 1989 anzuwenden. Die Fortgeltung konnte für den Veranlagungszeitraum 1990 beantragt werden (s. Rdn. 56, 130)

- gem. § 54 Abs. 3 KStG 1984 = Abs. 4 i. d. F. v. 11. 3. 1991 (BGBl. I S. 639) für die **Körperschaftsteuer** nach § 5 Abs. 1 Nr. 10 KStG 1984 (dazu BdF-Schreiben IV B 7-S 2730-24/91 v. 22. 11 1991, BStBl. 1991 I, S. 1014, A I Tz. 1.14),
- gem. § 36 Abs. 3 GewStG 1991 (BGBl. I S. 815 m. Änd. für die **Gewerbesteuer** nach § 3 Nr. 15 GewStG 1984 (BGBl. I 1984 S. 657),
- gem. § 25 Abs. 3 VStG i. d. Neuf. (BGBl. I. 1990 S. 2467 m. Änd.) für die **Vermögenssteuer** nach § 3 Abs. 1 Nr. 13 VStG i. d. F. v. 14. 3. 1985 (BGBl. I, S. 558).

b) Einführung der Steuerbefreiung für Vermietungsgenossenschaften (s. Rdn. 100)

- Von der **Körperschaftsteuer**: § 5 Abs. 1 Nr. 10 KStG, dazu Einf.Schr. BdF-IV B 7-S 2730-24/91 v. 22. 11. 1991, BStBl. I 1991, 1014, A II Tz.15–49.
- Von der **Gewerbesteuer**: § 3 Nr. 15 GewStG, zur erweiterten Kürzung nach § 9 Nr. 1 S. 2–4 GewStG siehe Einf.Schr. BdF v. 22. 11. 1991 Teil B Tz. 59, 60.
- Von der **Vermögenssteuer**: § 3 Abs. 1 Nr. 13 VermStG.

Vermietungsgenossenschaften konnten nach näherer Bestimmung von § 54 Abs. 5 KStG sowie § 3 Abs. 1 Nr. 13 VStG in einer Übergangszeit durch schriftliche Erklärung auf die **Steuerbefreiung verzichten** (s. Rdn. 100 (d)). Die **Option** für die Steuerpflicht wirkt auf Dauer. Sie kann frühestens nach 5 aufeinander folgenden Jahren mit Wirkung vom Beginn eines Kalenderjahres mit den Folgerungen aus § 13 KStG **widerrufen** werden. Der Widerruf ist spätestens bis zur Unanfechtbarkeit der Steuerfestsetzung des Kalenderjahres zu erklären, für das der Widerruf gelten soll.

c) Für **eG im Beitrittsgebiet** ist die **Optionsfrist** im Rahmen des StandOG (BGBl. I 1993, 1569) bis zum 21. 12. 1993 verlängert worden. Für steuerbefreite **Vermietungsgenossenschaften** im Beitrittsgebiet gilt aus Billigkeitsgründen die Übergangsregelung betr. die Anwendung des § 5 Abs. 1 Nr. 10 KStG sowie zur „erweiterten Kürzung" des Gewerbeertrags nach § 9 Nr. 1 Satz 2–4 GewStG für die Erhebungszeiträume 1991

– 1994. Aus Billigkeitsgründen werden **Einnahmen aus Grundstücksgeschäften** im Rahmen der **Privatisierungspflicht** gem. § 5 AHG **nicht** auf die 10 v. H.-Grenze angerechnet, soweit die Grundstücke **vor** dem **31. 12. 2003** veräußert werden. Die – partielle – Steuerpflicht aus diesen Grundstücksgeschäften bleibt unberührt (BMF-Schreiben v. 1. 10. 1993 – IV B 7-S 2730-12/93, DB 1993, 2210, – s. Rdn. 100a), b)).

**133** Steuerrechtliche Förderung der „Anschaffung von **Genossenschaftsanteilen" eigentumsorientierter** eG.

1. § 17 EigenheimzulagenG i. d. Neuf. v. 26. 3. 1997 (BGBl. I 734, 735) bezieht die „Anschaffung" von Genossenschaftsanteilen einer nach dem 1. 1. 1995 in das Genossenschaftsregister eingetragenen eG in die Eigenheimzulage nach diesem Gesetz ein. Danach kann ein Mitglied die Eigenheimzulage bei Übernahme von Geschäftsanteilen in Höhe von mindestens 10.000 DM einmal unter den Voraussetzungen in Anspruch nehmen:

   Die **Satzung** muß den Mitgliedern, die Förderung erhalten, **unwiderruflich das vererbliche Recht auf Erwerb des Eigentums** an der von ihnen zu Wohnzwecken genutzten Wohnung für den Fall einräumen, daß die Mehrheit der in einem Objekt wohnenden Mitglieder der Umwandlung in Wohnungseigentum und der Veräußerung der Wohnungen schriftlich zugestimmt hat.

   Die Anspruchsberechtigung ist an die Einkunftsgrenzen (§ 5) gebunden. Bemessungsgrundlage ist die geleistete Einlage. Die Förderung besteht für einen Zeitraum von 8 Jahren (§ 3) in einer Grundförderung von jährlich 3 % der Bemessungsgrundlage, höchstens jedoch 2.400 DM. Dazu kommt eine Kinderzulage. Die Förderung darf insgesamt die auf die geförderten Geschäftsanteile geleisteten Zahlungen (Einlage) nicht übersteigen. Der Anspruch entsteht unter den o. g. Voraussetzungen mit der „Anschaffung" der Genossenschaftsanteile. Erwirbt der Berechtigte später die Wohnung oder ein anderes selbstgenutztes Wohneigentum, so wird der Förderungsgrundbetrag im jeweiligen Kalenderjahr des Förderzeitraums um den Betrag der nach § 17 in Anspruch genommenen Eigenheimzulage gemindert (§ 9 Abs. 2 Satz 4). Das Gesetz ist **erstmals** anzuwenden auf Genossenschaftsanteile einer nach dem 1. 1. 1995 eingetragenen eigentumsorientierten eG, die nach dem 31. 12. 1995 durch wirksame Beitrittserklärung und Zulassung durch die eG übernommen werden (§§ 15, 15a bzw. 15b bzw.§ 11 bei Gründergenossen, dazu § 11 Rdn. 8).

2. Unabhängig von der Regelung des § 17 kann ein Mitglied (Mieter) die Eigenheimzulage beantragen, wenn es die Wohnung aufgrund einer Veräußerungspflicht der eG nach § 5 AHG anschafft und der Zeitpunkt des zugrundeliegenden, rechtswirksam abgeschlossenen obligatorischen

Vertrags oder eines gleichstehenden Rechtsakts nach dem 28. 6. 1995 liegt (§ 19 Abs. 2 Nr. 1).

3. Die steuerliche Förderung von Einzahlungen auf Genossenschaftsanteile führt die „derzeit praktizierte Regelung zur mieternahen Privatisierung von Genossenschaften in den neuen Ländern" als gesetzliche Voraussetzung für die Inanspruchnahme individueller steuerlicher Begünstigung weiter. Sie zielt auf die verstärkte Bildung sog. eigentumsorientierter eG, die den in einem „Objekt" wohnenden Mitgliedern erweiterte Gestaltungs- und Wirkungsmöglichkeiten einräumt (s. BT-Drucks. 13, 2784, 32, 33, 40 Rdn. 107). Gegen die gesetzliche Koppelung einer individuellen steuerlichen Begünstigung der Finanzierung von Einzahlungen auf den übernommenen Geschäftsanteil mit Anforderungen an eine den steuerlichen Forderungen entsprechende Gestaltung der Satzung der eG bestehen praktische wie genossenschaftsrechtliche Bedenken. Die Forderung einer genossenschaftsfremden Institutionalisierung von Mitwirkungsrechten einzelner Gruppen von Mitgliedern stellt die gesetzliche Zuständigkeitsabgrenzung der Organe in Frage und das Gebot der – relativen – Gleichbehandlung. Steuerliche Finanzierungsbegünstigungen einzelner Mitglieder sind kein sachlicher Grund für eine unterschiedliche Gestaltung von Mitgliedschaftsrechten (s. dazu § 18, Rdn. 19, 26; § 1 Rdn. 107, Nr. 3 u. 4). Diese Regelung ist um so problematischer, wenn sie, wie überlegt, als Vorbild der geplanten umfassenden steuerlichen Wohnungseigentumsförderung zugrunde gelegt und – allgemein – mit einer „sachenrechtlichen Ausrichtung" der genossenschaftlichen Mitgliedsrechte bei Wohnungsgenossenschaften sowie mit einer Stärkung der genossenschaftlichen generellen Mitwirkungsbefugnisse an unternehmungspolitischen Entscheidungen verbunden werden soll (BT-Drucks. 13/2784, S. 32 Beschlußempfehlung des Finanzausschusses).

### Sonderregelung – Wohnungsbauprämienrecht

Aufgrund des Wohnungsbauprämien-Gesetzes v. 30. 7. 1992 (BGBl. I **134**
1405 i. d. F. StMBG v. 21. 12. 1993, BGBl. I, 2310, geändert durch G. v. 15. 12. 1995, BGBl. I S. 1783, Art. 7) sind begünstigt

– Aufwendungen für den **ersten** Erwerb von Anteilen an Bau- und Wohnungsgenossenschaften. Das sind alle eG, deren Zweck auf den Bau und die Finanzierung sowie die Verwaltung oder die Veräußerung von Wohnungen oder auf die wohnungswirtschaftliche Betreuung gerichtet ist. Als Wohnungsbau gelten auch bauliche Maßnahmen des Mitgliedes (Mieters) zur Modernisierung seiner Wohnung nach näherer Bestimmung von § 2 Abs. 1 Nr. 2 u. Abs. 3 WoPG i. V. m. § 3 WoPDV 1992 i. d. F. v. 29. 6. 1994 (BGBl. I, 1447).

– Beiträge aufgrund von Verträgen u. a. mit einer Wohnungsbaugenossenschaft nach Art von Wohnbau-Sparverträgen mit festgelegten Sparraten nach näherer Bestimmung von § 2 Abs. 1 Nr. 4 WoPG i. V. m §§ 13 ff WoPGV) s. auch Wohnungsbau-Prämienrichtlinien 1992 – WoPR 1992 – (BStBl. I, 404 insbes. Abschn. 5 u. 7 sowie Abschn. 19).

Art. 7 des Änderungsgesetzes v. 15. 12. 1995 (BGBl. I, 1995 1789) stellt klar, daß Beiträge an Bausparkassen zur Erlangung von Baudarlehen auch für den ersten Erwerb von Anteilen an Bau- und Wohnungsgenossenschaften prämienunschädlich verwendet werden können. Ein „erster Erwerb" liegt nicht vor in Fällen der Übertragung des Geschäftsguthabens nach § 76 (s. § 76 Rdn. 28).

135 **Vermögensbildung der Arbeitnehmer** – 5. VermBG i. d. F. v. 4. 3. 1994 (BGBl. I, 407 mit späteren Änderungen).

Vermögenswirksame Leistungen

a) des **Arbeitgebers** können u. a. zur Begründung oder zum Erwerb eines **Geschäftsguthabens** bei einer **Bau- oder Wohnungsgenossenschaft** nach Maßgabe von § 2 Abs. 1 Nr. 1g i. V. m. den Anwendungsvorschriften § 17 und § 3 WoPG-DV angelegt werden. Ist die eG nicht der Arbeitgeber, so ist die Anlage **beschränkt** auf eine eG
   - die seit mindestens 3 Jahren im Genossenschaftsregister eingetragen und nicht aufgelöst ist oder
   - Sitz und Geschäftsleitung in den neuen Ländern hat **und** am 1. 7. 1990 als AWG, gem. Wohnnungsbaugenossenschaft oder sonstige Wohnungsbaugenossenschaft, bestanden hat oder
   - einen nicht unwesentlichen Teil von Wohnungen aus dem Bestand einer solchen eG erworben hat.

   Für die Anlage bei einer eG, die als herrschendes Unternehmen mit dem Unternehmen des Arbeitgebers verbunden ist, gilt § 2 Abs. 2 S. 2.

b) Aufwendungen des **Arbeitnehmers** nach näherer Bestimmung
   - § 2 Abs. 1 Nr. 4 i. V. m. § 2 Abs. 1 Nr. 2 WoPG für den ersten Erwerb von Anteilen an Bau- und Wohnungsgenossenschaften (s. oben a) u. Rdn. 134).
   - § 2 Abs. 1 Nr. 3 i. V. m §§ 6, 7 a. G. eines Beteiligungs-Vertrages bzw. eines Beteiligungs-Kaufvertrages.

c) **Besonderheiten** gelten für die **Kündigung** eines vor 1994 abgeschlossenen Anlagevertrages und der **Mitgliedschaft** in einer eG, nach § 18, Abs. 2.

### Gebührenbegünstigungen

136 Nach der Aufhebung des Gesetzes über **Gebührenbefreiungen** beim Wohnungsbau sind Geschäfte nur noch von den in der **Kostenordnung**

**bestimmten Gerichtsgebühren** befreit, wenn der Antrag auf Vornahme des gebührenpfl. Geschäfts bis zum 31. 12. 1989 bei Gericht eingegangen ist. Werden Gebühren für ein Verfahren erhoben, gilt die Gebührenbefreiung nur noch für die Instanzen, die vor diesem Zeitpunkt eingeleitet worden sind (s. Rdn. 54 c).

**Bauträger- und Betreuungsgeschäft**

a) Genossenschaften bedürfen für das Bauträgergeschäft sowie für die Betreuung von Bauvorhaben der Erlaubnis gem. § 34c GewO. Sie unterliegen den Vorschriften der MaBV (s. Rdn. 56, 127, ferner 100 (f, i); 113 e), 114). **137**
b) Die Zulassung für die Betreuung von Bauherren im Sozialen Wohnungsbau darf gem. § 37 II. WoBauG nur erteilt werden, wenn die eG eine Erlaubnis nach § 34c GewO besitzt und die erforderliche Eignung und Zuverlässigkeit nachweist.
c) Die vom GdW herausgegebenen **Muster** eines **Kaufvertrages** für ein zu errichtendes Eigenheim/eine zu errichtende Eigentumswohnung sowie eines **Betreuungsvertrages**, Fassung Februar 1995, berücksichtigen die Erfordernisse der MaBV (s. Rdn. 114 b).

Genossenschaften, die Wohnungen **als Bauherrn** errichten und diese Mitgliedern – meist unter Einräumung eines Belegungsrechts – entweder zur wohnlichen Versorgung von Arbeitnehmern oder zur Erfüllung von Aufgaben kommunaler Wohnungsversorgung zur Verfügung stellen, sind Wohnungsbaugenossenschaften. Sie fördern diese Mitglieder, wenn sie gewerbliche oder industrielle Unternehmen sind, in ihrer Erwerbstätigkeit – werkgeförderter Wohnungsbau –, wenn sie Körperschaften des öffentlichen Rechts sind (häufig Kreiswohnungsgenossenschaften) in der Erfüllung ihrer Aufgaben kommunaler Wohnungsfürsorge. Das gleiche gilt, wenn eine eG für ihre Mitglieder etwa auf Grund eines sog. Generalmiet- oder -pachtvertrages oder als Treuhänder die Verwaltung von Wohnungen übernimmt. Diese Formen sind sowohl bei sog. Werkswohnungen als auch bei Wohnungen von Gebietskörperschaften gebräuchlich. **138**

Genossenschaften, deren satzungmäßiger Gegenstand sich auf die **Verwaltung** eigener oder fremder Wohnungen oder auf die Betreuung ihrer Mitglieder bei der Vorbereitung oder Durchführung von Wohnungsbauvorhaben, Modernisierungs- oder Sanierungsmaßnahmen beschränkt, sind keine Wohnungsbaugenossenschaften, sondern **Dienstleistungsgenossenschaften**. **139**

Genossenschaften, die Wohnungen oder gewerbliche Bauten u. ä. **nicht als Bauherrn**, sondern in eigener (bau-)unternehmerischer Tätigkeit errichten und diese entweder veräußern oder selbst bewirtschaften, sind keine

Wohnungsbaugenossenschaften, sondern je nach Gestaltung Sonderformen der **Produktiv- bzw. der Absatzgenossenschaft.**

### 8. Andere Genossenschaftsarten

140 Neben den in § 1 Abs. 1genannten Typen haben sich verschiedene **andere Genossenschaftsarten** im Rahmen des Genossenschaftsrechts entwickelt.

141 – **Verkehrsgenossenschaften** sind eine Mischform aus Einkaufs- und Dienstleistungsbetrieben. Sie vermitteln Transportaufträge, übernehmen die Laderaumverteilung sowie die Frachtenabrechnung. Sie beliefern ihre Mitglieder mit Waren und Ausrüstungen, wie sie in den Transportbetrieben benötigt werden; die eG unterhalten Tankstellen oder Autohöfe. Die Verkehrsgenossenschaften sind als Frachtenprüfstelle gemäß § 59 GüKG zugelassen. Das Mitglied kann die eG mit der Vorlage der Frachtunterlagen bei der Bundesanstalt für den Güterfernverkehr beauftragen. Auch der Tarifausgleich gemäß § 23 GüKG kann von der eG durchgeführt werden.

Die Verkehrsgenossenschaften bestehen in den Bereichen des Güterverkehrs auf der Straße, für die Binnenschiffahrt, für Taxiunternehmen usw.

142 – **Architektengenossenschaften** sind überwiegend Dienstleistungsbetriebe, in denen sich Architekten insbesondere für größere Aufträge auf Dauer zusammenschließen.

143 – Die Entwicklung der elektronischen Datenverarbeitung hat zu neuen Formen genossenschaftlicher Zusammenarbeit geführt. Ein Beispiel ist **DATEV eG**, ein Dienstleistungsunternehmen überregionaler Art im Bereich der Datenverarbeitung für die steuerberatenden Berufe.

144 – Sogenannte **„alternative Genossenschaften“** versuchen, durch den Zusammenschluß Gleichgesinnter neue Lebensformen in der industriellen Massengesellschaft zu verwirklichen. Sie bestehen weitgehend als Produktivgenossenschaften, z. B. zur gemeinsamen Erzeugung landwirtschaftlicher Produkte (vgl. oben Rdn. 79). Im **Bereich der Wohnungsbaugenossenschaften** bilden sich Gruppen nach einem sog. Integrationsmodell sowie nach einem Betreuungsmodell, ferner eG von Mietern und Wohnungsnutzern, s. Wohnen bei eG; GGW 1987, S. 26, 27; *Hahn*, ZfG 1986, 112, 115; sowie *Pelzl*, Die Gründung von Mietergenossenschaften zur Erhaltung von sozialem Wohnraum, Veröffentlichung des Forschungsinstituts für Genossenschaftswesen an der Universität Erlangen-Nürnberg, Nr. 25, 1987.

145 Einschneidende Beschränkungen des Unternehmensgegenstandes von Wohnungsbaugenossenschaften und ihre **Verengung auf „Vermie-**

**tungsgenossenschaften"** brachte das Steuerreformgesetz 1990. Diese gehen noch über die Ab- und Eingrenzungen hinaus, die das Gutachten der unabhängigen Kommission, Schriftenreihe des BMF, Heft 35, 1985, S. 117–127, zur Steuerbefreiung von Wohnungsbaugenossenschaften macht. Danach sind nur eG steuerbefreit, deren Geschäftsbetrieb sich darauf beschränkt, von ihnen errichtete oder erworbene Wohnungen ihren Mitgliedern auf Grund eines Miet- oder Nutzungsvertrages zu überlassen oder im Zusammenhang damit Gemeinschaftsanlagen und Folgeeinrichtungen herzustellen oder zu erwerben und zu betreiben, wenn sie überwiegend für die Mitglieder bestimmt sind und der Betrieb durch die eG notwendig ist (s. Rdn. 100), sowie RegE, 23.3.88, Art. 2 Nr. 1b) nebst Begr.; krit. ZfgWBay 1988, 5; WI 1988, 31; *Leisner*, Beil. zur WI Nr. 6/88; GGW Materialien, Heft 21, 1988: Stellungnahme zum Referententwurf des Steuerreformgesetzes 1990 zur Aufhebung der Gemeinnützigkeit im Wohnungswesen).

## IV. Entstehung durch Gründung

Die eG entsteht durch den **Gründungsvorgang**, also durch den Gründungsvertrag mit Unterzeichnung der Satzung durch mindestens 7 Gründungsmitglieder. Eine solche eG ist jedoch nicht rechtsfähig. Rechtsfähigkeit erlangt sie erst mit Eintragung in das Genossenschaftsregister (§§ 13, 17). Es besteht grundsätzlich keine Verpflichtung, die Rechtsfähigkeit durch Eintragung zu erwerben. Die Eintragung im Register ist nur erforderlich, wenn ein Gewerbebetrieb vorliegt (KGJ 21, 75). Zur Frage der **Haftung** bei einer Gründungsgenossenschaft s. § 13 Rdn. 9. 146

Ohne Eintragung ist die eG eine **„nicht rechtsfähige Genossenschaft"**. Es gilt Genossenschaftsrecht, soweit die einzelnen Vorschriften nicht Rechtsfähigkeit oder Eintragung voraussetzen (BGHZ 20, 285; *Müller*, § 1 Rdn. 54; vgl. Erl. zu § 13); näheres zur Gründung: Erl. zu § 13. 147

## V. Übersicht über das neue Umwandlungsrecht

( – Erläuterungen dazu in Anhang 2 – )

Durch das Gesetz zur **Bereinigung des Umwandlungsrechts** vom 28. 10. 1994, in Kraft ab 1. 1. 1995 (BGBl 1994, I, 3210) wurde das gesamte Umwandlungsrecht einschließlich der Verschmelzung neu geordnet. Die Neuregelung war u. a. erforderlich zur Umsetzung verschiedener EG-Richtlinien (Art. 13 der zweiten EG-Richtlinie; dritte und sechste EG-Richtlinie). 148

Art. 1 enthält das neue **Umwandlungsgesetz (UmwG)**. Die Art. 2–19 regeln die Anpassung anderer Gesetze, soweit dies in Hinblick auf das neue Umwandlungsrecht erforderlich wurde. Art. 7 befaßt sich mit den Änderungen des Genossenschaftsgesetzes. Im wesentlichen wurden dort die Vorschriften über die Verschmelzung von eG und Prüfungsverbänden (§§ 63 e bis 63 i und 93 a bis 93 s) aufgehoben, da das Verschmelzungsrecht im neuen UmwG geregelt ist.

§ 1 des UmwG beschreibt die „Umwandlung" mit den folgenden Möglichkeiten:

1. Verschmelzung;
2. Spaltung (als Aufspaltung, Abspaltung und Ausgliederung);
3. Vermögensübertragung;
4. Formwechsel.

**149** Im 2. Buch regelt der 5. Abschnitt des UmwG in den §§ 79 bis 98 die **Verschmelzung** „unter Beteiligung eingetragener Genossenschaften" – inhaltlich übereinstimmend mit dem bisherigen Verschmelzungsrecht der §§ 93 ff GenG. Es wird weiterhin zwischen Verschmelzung durch Aufnahme und Verschmelzung durch Neugründung unterschieden.

Die Verschmelzung von Prüfungsverbänden wird im 6. Abschnitt „Verschmelzung unter Beteiligung rechtsfähiger Vereine" in den §§ 99 bis 104 a UmwG erfaßt.

**150** Der rechtliche Vorgang der **Spaltung** ist im 3. Buch des UmwG geregelt, die Spaltung unter Beteiligung eingetragener eG in den §§ 147, 148 UmwG. Es folgen Regelungen über die Teilbereiche „Aufspaltung", „Abspaltung" und „Ausgliederung".

**151** Die **Vermögensübertragung** gemäß dem 4. Buch des UmwG (§§ 174 ff) kann geschehen durch Auflösung ohne Abwicklung verbunden mit

- „Aufspaltung" und gleichzeitiger Übertragung auf andere Rechtsträger,
- durch „Abspaltung" von Teilen des Vermögens und durch
- „Ausgliederung" von Unternehmensteilen.

**152** Im 5. Buch gewährt der **„Formwechsel"** die Möglichkeit, eine andere Rechtsform zu wählen. Die §§ 251 ff UmwG enthalten das Verfahren des Formwechsels in eine eingetragene eG, die §§ 258 ff UmwG den Formwechsel eingetragener eG.

In den Vorschriften der §§ 283 ff UmwG wird die Möglichkeit des Formwechsels von rechtsfähigen Vereinen in eG geregelt.

Die für den genossenschaftlichen Bereich relevanten Vorschriften des UmwG sind in **Anhang** 2 erläutert.

**153** Wegen der **steuerlichen Folgen der Umwandlung**: Gesetz zur Änderung des Umwandlungssteuerrechts vom 28. 10. 1994, BGBl 1994 I, 3267.

## VI. Genossenschaften und Wettbewerbsordnung

### 1. Allgemeines

Das Genossenschaftsgesetz als „Organisationsgesetz" bezweckt nicht die Regelung von Wettbewerbsverhältnissen (*Westermann*, Zur Reform, Bd. 1, S. 81 ff). EG stehen **als selbständige Unternehmen im Wettbewerb;** sie sind insoweit auch den Rechtsnormen, die im Wettbewerb gelten, unterworfen. Das gilt insbesondere für das Gesetz gegen Wettbewerbsbeschränkungen (GWB) vom 27. 7. 1957 (BGBl. I, 1081, i. d. F. der Bekanntmachung vom 20. 2. 1990 BGBl. I, 235; *Beuthien*, nähere Erl. unter Rdn. 132 ff). 154

**EG als Einkaufsvereinigungen sind keine „Kartelle per se"** (*Beuthien*, Einkaufsgenossenschaften und Kartellverbot, Beilage 5 zu DB 1977; *Beuthien/Götz*, ZfG 1978, 390; *Schubert/Steder*, 6020 Rz. 2; *Steindorff*, Sind Handelsgenossenschaften Kartelle, 1978; *Meier*, Aktuelle Probleme der kartellrechtlichen Beurteilung von Handelsgenossenschaften und Einkaufsvereinigungen, DB 1983, 1133). EG sind vielmehr selbständige, unternehmerische Einheiten, die nicht reaktiv wie Kartelle, sondern aktiv nach marktstrategischen Gesichtspunkten planen, und zwar sowohl auf der Einkaufs- wie auf der Verkaufsseite (*Baur*, Genossenschaften und Kartellrecht in Demokratie und Wettbewerb, 1972, S. 518, *Fritzsche*, Die Auslegung des § 1 GWB und die Behandlung von Einkaufsgemeinschaften im Kartellrecht, FIW Hefte 149, 1993). 155

EG sind eine Form wirtschaftlicher **Kooperation** von großer praktischer Bedeutung. Ihre Struktur, die sich deutlich von den erwerbswirtschaftlichen Kapitalgesellschaften abhebt, ist durch den in § 1 Abs. 1 GenG ausgedrückten Förderauftrag gekennzeichnet. Diese Gesellschaftsform dient der kooperativen Selbsthilfe zur Stärkung und Förderung der mitgliedschaftlichen Erwerbswirtschaften (*Immenga/Mestmäcker*, § 1 Rdn. 411, 2. Auflage). 156

Ungeachtet der recht unterschiedlichen Wettbewerbsverhältnisse in den einzelnen Sparten dienen eG auf der Grundlage des Förderauftrages dazu, ihren **Mitgliedern Zugang als Anbieter oder Nachfrager zum Markt** zu gewährleisten, deren Existenz als selbständige Marktteilnehmer zu erhalten und zu sichern und in der Tendenz einer Monopolisierung entgegenzuwirken (näheres *Mändle*, in: Gewo-Lexikon, 725 ff; *Westermann*, Rechtsprobleme, S. 77; *Dülfer*, ZfG 1980, 115, 120, 129; *Rottwege*, Die Beurteilung von Kartellen durch die Rechtswissenschaft; *Hamm*, Konzentration im Bereich der Wohnungsbaugenossenschaften, in Tagungsberichte der VIII. Internationalen Genossenschaftswissenschaftlichen Tagung Darmstadt 1975; ZfG, Sonderheft, Göttingen 1978, S. 178 ff; *Riebandt-Korfmacher*, ebd., 184 ff; *Jenkis*, Die Wohnungsgenossenschaften in der Konkurrenzsi- 157 tuation, Hamburg 1970; *Scheer*, Auswirkungen der Novelle des Genossenschaftsgesetzes auf Wohnungsbaugenossenschaften, Tübingen 1980, S. 46 ff). **Wettbewerb** bedeutet, daß stets eine Mehrzahl von Marktteilnehmern vorhanden ist, daß also bei Angebot oder Nachfrage Alternativen vorliegen. So ist die eG grundsätzlich geeignet, diesen Wettbewerb zu ermöglichen und zu aktivieren (*Grossfeld/Stümpel*, S. 17 f). Das *Ifo-Institut* erkennt die positive Wirkung der Handelsgenossenschaften für den Wettbewerb ausdrücklich an (Stellung und Entwicklung der Zusammenschlußformen im Einzelhandel, München 1981, S. 292 ff).

**158** Das Bundeskartellamt teilt die positive wettbewerbspolitische Bewertung z. B. von Einkaufsgenossenschaften selbständiger Handelsunternehmen, weil die meisten an ihnen beteiligten kleinen und mittleren Unternehmen ohne das breite Leistungsspektrum der jeweiligen Kooperationszentrale nicht wettbewerbsfähig gegenüber großen Betrieben und großbetrieblichen Unternehmensformen wären. Die gleichen Überlegungen führten 1990 zur Freistellung der Kooperation vom Kartellrecht und § 5 c GWB. Durch die Zusammenarbeit mittelständischer Unternehmen kann eine vielfältige Angebotsstruktur aufrechterhalten werden (BKartA, Tätigkeitsbericht 1978, S. 8, Bundesdrucksache 8/2980).

### 2. Überblick über die Vorschriften des GWB

**159** Literatur: *Immenga/Mestmäcker*, Kommentar zum Kartellgesetz, 2. Auflage 1992; *Langen/Bunte*, Kommentar zum deutschen und europäischen Kartellrecht, 7. Aufl. 1994; *Müller/Henneberg/Schwartz*, Kommentar zum GWB, 4. Aufl. 1980; *Schubert/Steder* 6020 und 6040; *Riebandt-Korfmacher*, Das Gesetz über Wettbewerbsbeschränkungen und seine Auswirkungen auf die gemeinnützige Wohnungswirtschaft, GWW 1957, 373 ff, 1958, 7 ff, 39 ff, 109 ff, 166 ff, 187 ff, 218 ff.

**160** Das Kartellgesetz soll die **Freiheit des Wettbewerbs sicherstellen** und wirtschaftliche Macht da beseitigen, wo sie die Wirksamkeit des Wettbewerbs und die ihm innewohnenden Tendenzen zur Leistungssteigerung beeinträchtigt und die bestmögliche Versorgung der Verbraucher in Frage stellt (Begründung 1952, S. 1). Zu diesem Zweck enthält das Gesetz folgende Regelungen:

**161** a) § 1 GWB erklärt Verträge und Beschlüsse zwischen Unternehmen für unwirksam, soweit sie geeignet sind, die Erzeugung oder die Marktverhältnisse für den Verkehr mit Waren oder gewerblichen Leistungen durch **Beschränkung des Wettbewerbs** zu beeinflussen. Entsprechendes gilt für Beschlüsse der Mitgliederversammlung einer juristischen Person, soweit die Mitglieder Unternehmen sind. Eine **Beschränkung des Wettbewerbs** liegt dann vor, wenn konkurrierende Unternehmen durch Vereinbarung ihre Freiheit beschränken, sich nach eigener Entscheidung auf dem Markt zu bestätigen.

b) Die §§ 2 bis 5c, 6 bis 8 GWB stellen **besondere Kartelle von dem Verbot des § 1 GWB frei**: Konditionenkartelle (§ 2), Rabattkartelle (§ 3), Strukturkrisenkartelle (§ 4), Rationalisierungskartelle (§ 5), Spezialisierungskartelle (§ 5 a), **Kooperationserleichterungen** für kleinere und mittlere Unternehmen (§ 5b), Einkaufskartelle (§ 5 c), Ausfuhrkartelle (§ 6), Einfuhrkartelle (§ 7) und Sonderkartelle, die der Erlaubnis des Bundesministeriums für Wirtschaft bedürfen (§ 8). Diese Kartelle bedürfen grundsätzlich bei Ausnahme der Einkaufskartelle des § 5 c der Anmeldung und der Eintragung im **Kartellregister**, das beim Bundeskartellamt geführt wird (§ 9). **162**

c) Die §§ 15 bis 21 GWB regeln **Vereinbarungen vertikaler Art** zwischen Unternehmen verschiedener Wirtschaftsstufen. Nach § 15 GWB sind solche Verträge nichtig, die einen Beteiligten in der Freiheit der Gestaltung von Preisen oder Geschäftsbedingungen im Verhältnis zu Dritten beschränken. **163**

Unverbindliche Preisempfehlungen für Markenwaren unterliegen gemäß § 38a GWB lediglich der **Mißbrauchsaufsicht.**

§ 16 gestattet die vertikale Preisbindung bei Verlagserzeugnissen.

§ 18 GWB sieht eine generelle Mißbrauchsaufsicht der Kartellbehörde vor über Verträge zwischen Unternehmen über die in der Vorschrift genannten Ausschließlichkeitsbindungen.

d) Die §§ 22 bis 24 a GWB regeln die **Mißbrauchsaufsicht** bei marktbeherrschenden Unternehmen (§ 22 GWB) und enthalten die **Fusionskontrolle** (§§ 23 bis 24 a GWB). Zusammenschlüsse sowie Zusammenschlußvorhaben (§ 24 a) von Unternehmen sind unter bestimmten Voraussetzungen dem Bundeskartellamt anzuzeigen (§ 23 GWB); das Bundeskartellamt kann den Zusammenschluß untersagen (§ 24 Abs. 2 GWB); auf Antrag kann das Bundesministerium für Wirtschaft die Erlaubnis zum Zusammenschluß erteilen (§ 24 Abs. 3 GWB). **164**

e) Gemäß § 24 b GWB ist zur regelmäßigen Begutachtung der Entwicklung der Unternehmenskonzentration eine **„Monopolkommission"** zu bilden, die im Zweijahresrythmus über die Entwicklung der Unternehmenskonzentration ein Hauptgutachten erstellt. **165**

f) § 25 regelt das **Verbot eines aufeinander abgestimmten Verhaltens** und wettbewerbsbeschränkender Maßnahmen und ermöglicht damit als Umgehungstatbestand insbesondere Maßnahmen im Vorfeld des § 1 GWB zu erfassen. **166**

g) § 26 Abs. 1 GWB enthält das **Boykottverbot**, § 26 Abs. 2 das **Diskriminierungsverbot** für marktbeherrschende (§ 22) und marktstarke Unter- **167** nehmen. Das Diskriminierungsverbot ist in der vierten Kartellnovelle um die Abhängigkeitsvermutung des Satzes 3 und das Verbot der passiven Diskriminierung, Veranlassung zur Diskriminierung des § 26 Abs. 3 erweitert worden. § 26 Abs. 4 i. V. m. der Beweislastregel des § 26 Abs. 5 verbietet die unbillige Behinderung kleiner und mittlerer Unternehmen durch Unternehmen mit überlegener Marktmacht. § 27 richtet sich gegen die Beeinträchtigungen der wettbewerblichen Betätigungsmöglichkeiten von Unternehmen durch diskriminierende Verweigerung der Mitgliedschaft in Wirtschaftsverbänden und Gütezeichen-Gemeinschaften. EG sind keine Wirtschafts- und Berufsvereinigungen im Sinne dieser Vorschrift (BGHZ 33, 259 = NJW 1961, 172).

**168** h) Die §§ 28 bis 32 GWB regeln die Möglichkeit für Wirtschafts- und Berufsvereinigungen, **Wettbewerbsregeln** aufzustellen. Diese müssen dem Zweck dienen, einem den Grundsätzen des lauteren oder der Wirksamkeit eines leistungsgerechten Wettbewerbs zuwiderlaufenden Verhalten entgegenzuwirken (§ 28 Abs. 2 GWB). Diese Regeln können bei der Kartellbehörde zur Eintragung angemeldet werden (§ 28 Abs. 3 GWB).

**169** i) § 38 GWB nimmt ausdrücklich **bestimmte Empfehlungen** aus dem Kartellverbot heraus. Es handelt sich hierbei um **Mittelstandsempfehlungen** (§ 38 Abs. 2 Nr. 1 GWB), Normenempfehlungen (§ 38 Abs. 2 Nr. 2 GWB) und Konditionenempfehlungen (§ 38 Abs. 2 Nr. 3 GWB). § 38 a GWB regelt die Mißbrauchsaufsicht über unverbindliche Preisempfehlungen.

**170** k) Hinzuweisen ist auf die besonderen **Freistellungen** in § 100 für Erzeugervereinbarungen bei landwirtschaftlichen Produkten, in § 102 für Kreditinstitute, mithin auch für Kreditgenossenschaften sowie Versicherungsunternehmen und in § 103 für Versorgungsunternehmen, so auch Elektrizitätsgenossenschaften (s. Rdn. 198 ff).

### 3. Das Gesetz gegen Wettbewerbseinschränkungen und seine Auswirkungen auf Genossenschaften

**171** a) EG als im Wettbewerb stehende Unternehmen sind den Vorschriften des GWB uneingeschränkt unterworfen (BGH, WRP 1986, 550; Spalte 1010; *Schubert/Steder*, 6020 Rz. 1; *Riebandt-Korfmacher*, GWW 1957, 374, Spalte 2; 1958, 7 ff, 218, Spalte 2; Stromversorungsgenossenschaft, BB 1974, 1221; auch BGH ZfG 1978, 434 m. Anm. *Beuthien* = DB 1978, 151). Das GWB kennt keine Sondervorschriften, die Ausnahmen für die Rechtsform der eG vorsehen. Die Freistellungen z. B. für landwirtschaftliche Erzeugerbereiche gemäß § 100 GWB und für Kreditinstitute gemäß § 102 GWB knüpfen nicht an die Rechtsform an, erfassen aber landwirtschaftliche eG als Erzeugervereinigungen im Sinne des Gesetzes und die Kreditgenossenschaften als Kreditinstitute.

Andererseits muß die Anwendung des Kartellrechts auf eG deren Besonderheiten – Zusammenschluß kleinerer und mittlerer Unternehmen, um im Wettbewerb bestehen zu können – beachten; insbesondere soll durch § 1 GWB den eG nicht der angemessene Gestaltungsraum genommen werden. „Vielmehr ist den beiden gesetzgeberischen Zielsetzungen dadurch Rechnung zu tragen, daß genossenschaftliche Wettbewerbsbeschränkungen insoweit von der Anwendung des § 1 GWB ausgenommen werden, wie sie genossenschaftsimmanent sind, insbesondere zur Sicherung des Zwecks und der Funktionsfähigkeit der eG erforderlich sind" (BGH, WRP 1986, 550). Zu den Ausschließungsmöglichkeiten im Hinblick auf das Kartellrecht vgl. § 68 Rdn. 12.

Im Gegensatz hierzu kennt das **Österreichische Genossenschaftsgesetz** **172**
in § 1 die Regelung, daß eG insoweit nicht dem Kartellgesetz unterworfen sind, als sie sich im Rahmen des Förderungsauftrages bewegen. Ausgehend von der bei Entstehung des GWB vorherrschenden „Gegenstandstheorie" (vgl. zum Begriff *Immenga/Mestmäcker*, § 1 Rdn. 289), wurde die Frage einer Freistellung im Gesetzgebungsverfahren zwar diskutiert, jedoch nicht für notwendig erachtet (Bericht 1957, S. 15; *E. Günther*, MA 57, 35 ff).

Soweit die eG weder in Satzung noch in Einzelverträgen Bezugs- oder **173**
Anlieferungsbindungen festschrieben, waren sie der Anwendung des § 1 GWB entzogen (BKartA, WuW/E 576, Freiwillige Ketten). Die Diskussion über **„Gegenstands-", „Folge-"** und **„Zwecktheorie"** führte auch erneut zur Belebung der Diskussion der rechtlichen Einordnung der eG unter § 1 GWB (vgl. *Säcker*, Archiv für öffentliche und freigemeinnützige Unternehmen, Bd. 9, 1971, S. 139; *Sandrock*, Kartellrecht und Genossenschaften, 1976).

Der BGH hat sich im sogenannten **„ZVN-Beschluß"** vom 19. 6. 1975 **174**
(BGHZ 65, 30 = DB 1975, 1884, „Zement-Verkaufsstelle Niedersachsen") der **„Zwecktheorie"** angenähert. Danach können Vereinbarungen über Wettbewerbsbeschränkungen als Zweck eines Vertrages auch dann kartellrechtlich von Bedeutung sein, wenn sich die Vertragsteilnehmer nicht auch zur Durchführung verpflichten. Es soll vielmehr genügen, daß sich die Beteiligten darüber einig sind, daß der Vertrag den bezweckten Erfolg auch ohne rechtsformale Bindungswirkung herbeiführt. Diese Auffassung des BGH bestätigt aber, daß genossenschaftliche Zusammenschlüsse nicht von vornherein Kartelle sind.

Die in den 80er Jahren begonnene Erörterung der **Nachfragemacht des** **175**
**Handels** hat die Diskussion um die kartellrechtliche Beurteilung der eG des Handels, der sog. Einkaufskooperationen, neu entfacht. Während das Bundeskartellamt in seinem Tätigkeitsbericht 1978 (BT-Drucks. 9/8 ff) die

Kooperationen des Handels grundsätzlich positiv beurteilte und lediglich vertragliche und wirtschaftliche Bezugsbindungen der Mitglieder, wettbewerbsbeschränkenden Platzschutzklauseln der Mitglieder untereinander, das Verbot der Direktlieferung an Mitglieder, die Verpflichtung der Lieferanten zur Meistbegünstigung sowie andere Preis- und Konditionenbindungen von Lieferanten beanstandete, im übrigen aber weitestgehend das Vermittlungsgeschäft der Kooperation absicherte, hatten Mitte der 80er Jahre die vom Bundeskartellamt aufgegriffenen Fälle HFGE und Selex & Tania (S&T) zu Untersagungsbeschlüssen und anschließender Rechtsprechung und damit zu einer erneuten rechtswissenschaftlichen Diskussion um die grundsätzlich Einordnung der Einkaufsgemeinschaften unter § 1 GWB geführt.

**176** Abgesehen von der sachverhaltsbezogenen Erörterung, ob und inwieweit Einkaufsgenossenschaften den Nachfragewettbewerb zwischen ihren Mitgliedern tatsächlich beschränken (bejahend für den konkreten Sachverhalt HFGE, WRP 81, 385; WRP 83, 25 ff m. Anm. *Schulte* und S&T, WRP 85, 411; WRP 86, 476 jeweils m. Anm. *Schulte*), wurde rechts- und wirtschaftstheoretisch die Frage, inwieweit eine Kooperation den Nachfragewettbewerb überhaupt beeinflussen könne, erörtert (*Lademann*, Machtverteilung zwischen Industrie und Handel, Die Nachfragemacht von Handelsunternehmen 1986; *Hermes*, Die Erfassung von Nachfragewettbewerb im Handel). *Lademann* und *Hermes* haben nachgewiesen, daß das Begrenzungskonzept, das das BKartA mit teilweiser Zustimmung des Kammergerichts zur Erfassung des Nachfragewettbewerbs entworfen hat, aus ökonomischer Sicht erfahrungswissenschaftlich nicht fundiert ist, und daß im Ergebnis auch ein Kontorbeitritt nicht zur Beschränkung des Nachfragewettbewerbs führen müsse (vgl. auch *Gröner/Köhler*, Nachfragewettbewerb und Marktbeherrschung im Handel, DB 82, 257 ff).

**177** Daneben gibt es eine genossenschaftlich bzw. gesellschaftsrechtlich geführte Diskussion, demzufolge eG als Gemeinschaftsunternehmen einer **Bereichsausnahme** zuzuordnen sind (*Großfeld/Strümpel*, Genossenschaften-Kartell zwecks Mittelstandsempfehlung). *Baumann* versucht auf der Basis des Mittelstandsgedankens im Wege einer teleologischen Reduktion die eG aus dem Kartellverbot herauszubringen (*Baumann*, Einkaufsgesellschaften und -genossenschaften im Kartellrecht, Der Mittelstandsgedanke und § 1 GWB, ZFGG 85, 229).

*Ebenroth* verneint zwar die Anwendbarkeit des **Arbeitsgemeinschaftsgedankens**, versucht aber die qualitativen Strukturmerkmale der Fusionskontrolle für die Auslegung des § 1 GWB nutzbar zu machen, und befreit so Einkaufskooperationen kleiner und mittlerer Unternehmen vom Kartellverbot (*Ebenroth*, Einkaufskooperationen und Kartellrecht, DB 1985, 1825 f). *Beuthien* fordert eine umfassende wettbewerbliche Strukturbetrachtung, d. h. eine Beleuchtung sämtlicher von der Kooperation berührter Marktstufen i. S. einer wettbewerblichen Gesamtbetrachtung (*Beuthien*, Genossenschaften und Kartellrecht, Das Kartellamt als Orakel, Wien 1987; vgl. weiter *Fritzsche*, Die Auswirkungen des § 1 GWB und die Behandlung von Einkaufsgemeinschaften im Kartellrecht, FIW Heft 149/1983; *Immenga*, Grenzen des Ausgleichs von Strukturnachteilen von Einkaufskooperationen, in: Festschrift für G. Pfeiffer, 1988, S. 659; *Beuthien*, Einkaufsgenossenschaften und Kartellverbot, DB Beilage Nr. 5/77; *ders.*, Genossenschaften und Kartellrecht früher wie heute, WRP 1984, 317).

Die Rechtsprechung, zuletzt das Kammergericht S&T (WUW/E OLG 3737) hat die Grenzen für die Einkaufskooperationen enger gezogen. Das OLG stellte fest, daß auch ohne einen Bezugszwang eine Beschränkung des Nachfragewettbewerbs dadurch erzielt wird, daß die Kooperationsmitglieder nicht selbst mehr als Nachfrager auf den Markt treten, sondern bereits aufgrund des kaufmännisch vernünftigen Verhaltens der Kooperation den zeitlichen Verhandlungsvorsprung einräumen. **178**

Nicht zuletzt diese Rechtsprechung vor dem Hintergrund der nach wie vor positiven Beurteilung der Kooperationen kleinerer und mittlerer Handelsunternehmen und der Überlegung, daß mittelständische Handelsunternehmen nur mit Hilfe von Kooperationen im Wettbewerb bestehen können, wurde in der Diskussion um die 5. Kartellnovelle Ende der 80er Jahre die Frage nach der Schaffung eines kartellrechtlichen Freiraums für Kooperationen aufgegriffen. Die betroffenen Verbände lehnten eine entsprechende Regelung ab, weil sie darin die unzutreffende Feststellung sahen, daß Einkaufskooperationen immer Kartelle sind, und zu diesem Zeitpunkt die Diskussion um die Beurteilung des Nachfragewettbewerbs durch Einkaufsgemeinschaften noch nicht abgeschlossen war, insbesondere eine Entscheidung des BGH nicht vorlag. Mit Schaffung des § 5 c GWB erkannte der Gesetzgeber die **positive Bewertung der Einkaufskooperationen** an. Die kleinen und mittleren Unternehmen seien ohne die Teilnahme an einer Einkaufskooperation gegenüber Großbetrieben nicht wettbewerbsfähig, die Vorschrift diene daher dem strukturellen Nachteilsausgleich für kleine Unternehmen und gewährleiste weiterhin einen wirksamen Wettbewerb (so die Begründung des Entwurfs). **179**

Durch **§ 5 c GWB** wird ein zusätzlicher Tatbestand geschaffen, der eine **Freistellung** vom Kartellverbot des § 1 GWB ermöglicht. Anders als die sonstigen Ausnahmekartelle der §§ 2–8 GWB bedarf es keiner Anmeldung oder sonstigen Information der Kartellbehörden; es gibt kaum Erkenntnisse über den Anwendungsbereich des § 5 c GWB. **180**

Die **Freistellung** bezieht sich auf Verträge und Beschlüsse, die den gemeinsamen Einkauf betreffen oder die gemeinsame Beschaffung gewerblicher Leistungen. Legalisiert werden können nur Praktiken, die ansonsten vom Verbot des § 1 GWB erreicht würden. Es sind mithin die Aktivitäten, die im Beschluß der Sache S&T angegriffen wurden, grundsätzlich legalisiert. Unter Einkauf sind alle Aktivitäten, die mit der Beschaffung von Waren verbunden sind, zu verstehen. Dies geht von der Geschäftsanbahnung über die Geschäftsverhandlung und den Geschäftsabschluß bis zur vollständigen Geschäftsabwicklung bei der Beschaffung (Begründung, BT-Drucks. 11/4610, 15). Der Gesetzgeber spricht weiter von Festlegen von Konditionen für die Beschaffungsgeschäfte der Anschlußunternehmen, allen Abreden, durch die Konditionsverbesserungen den Anschlußunternehmen zufließen, sowie allen Gestaltungen, die den Warenfluß zum Kooperationsmitglied hin bestimmen (Begründung. a. a. O.). Das heißt, daß letztlich alle in der Handelsbetriebslehre aufgezählten Aktivitäten, die mit der Warenbeschaffung zusammenhängen, legalisierungsfähig sind. Dies gilt insbesondere für das Vermittlungsgeschäft mit zentraler Abrechnung und Delkredere. Damit ist auch die Verpflichtung der Mitglieder der eG abgedeckt, Bezüge bei den gelisteten Vertragslieferanten nur über die eG abzuwickeln (closed shop-system). Erlaubt sind Rabattgestaltungen zwischen Kooperation und Mitglied, die eine Konzentration der Warenbezüge auf die Vertragslieferanten bewirken, Rabatte im Rahmen von Hausmessen und Hausbörsen sowie sonstige ausgehandelte Sonderkonditionen. Nach *Krimphove* fallen unter den Begriff des Einkaufs alle Geschäftsvorgänge der Einkaufskooperation, welche die Beschaffung von Ware den Anschlußunternehmen ermöglichen, erleichtern, garantieren sowie preis- und konditionenbezogen beeinflussen (Gemeinschaftskommentar, § 5 c Nr. 42).

Schillernd ist der Begriff der Beschaffung gewerblicher Leistungen. Wie aus der Begründung des Wirtschaftsausschusses hervorgeht, sind hiermit zentralgesteuerte Vermarktungsaktivitäten von Einkaufskooperationen, etwa zur Etablierung neuer Produktlinien oder innovativer Vertriebsschienen gemeint. Die Duldung wurde mit dem Hinweis auf die nicht plausible Ungleichbehandlung von Franchisesystemen, die nur dem Verbot des § 15 GWB und der Mißbrauchsaufsicht des § 18 unterliegen und von Einkaufskooperationen, die dem Kartellverbot unterliegen, begründet. Die Vermarktungsaktivitäten müssen dem Nachteilsausgleich dienen. Gemeint sind u. a. auch die Bildung eines Kernsortiments, Bezugsbindungen hinsichtlich der zum Kernsortiment zählenden Produkte, ein einheitliches Erscheinungsbild, eine einheitliche Werbung und Platzschutzklauseln (vgl. *Langen/Bunte*, § 5 c Rdn. 9 und 10). Streitig ist, ob Kooperationen auch Systemkopf von Franchisesystemen sein können (so *Schulte*, § 5 c, Die Freistellung der Kooperationen, WRP 1990, 217; *Langen/Bunte*, § 5 c, Rdn. 10; anderer Ansicht *Immenga*, § 5 c, Rdn. 35).

**181** Die Kooperationen dürfen auch nach § 5 c keinen allgemeinen **Bezugszwang** begründen. Hierbei ist zwischen der bloßen Sogwirkung aufgrund günstiger Konditionen über die Kooperation zu beziehen und Bezügen, die seitens der Kooperation von besonderen Vorteilen abhängig gemacht werden, zu trennen. Nur letzteres kann in die Nähe eines Bezugszwangs geraten. Nicht hierunter fallen solche Bezugsverpflichtungen, die mit anderen Beziehungen zu den Kooperationsmitgliedern, wie z. B. Risikoverträgen verbunden sind. So sind insbesondere eingeschränkte Bezugsbindungen im Zusammenhang mit Kredit- und Untermietverträgen unbedenklich (so schon Tätigkeitsbericht BKartA 1979/80, S. 13, 85 Begründung zu § 5 c).

Durch die Kooperation darf gemäß § 5 c der Wettbewerb auf dem Markt nicht wesentlich beeinträchtigt werden. Dieses Kriterium, das mit dem entsprechenden Tatbestandsmerkmal in § 5 b GWB identisch ist, knüpft an die hierzu genannten kritischen Marktanteile von 10–15 % auf dem relevanten Markt an. Die Beschränkungsintensität innerhalb der Kooperation kann jedoch zu niedrigeren oder höheren hinnehmbaren Marktanteilen führen (so Gesetzbegründung 1989, S. 16). **182**

Die Kooperation muß der **Verbesserung der Wettbewerbsfähigkeit** kleiner und mittlerer Unternehmen dienen. Durch dieses Merkmal kommt die mittelstandsorientierte Sicht der Freistellung zum Tragen. Es ist anerkannt, daß sich auch Großunternehmen an einer mittelständischen Kooperation beteiligen können, wenn die Verbesserung der Wettbewerbsfähigkeit der kleinen und mittleren Unternehmen dadurch unterstützt wird oder nur so zu erreichen ist. **183**

Das GWB sieht für Kooperationen gem. § 5 c GWB **kein formelles Freistellungsverfahren** vor. Dies hat in der Praxis dazu geführt, daß es keine Entscheidungspraxis zur Abgrenzung zwischen kartellrechtlichen, nach § 1 GWB unbedenklichen Handelsgenossenschaften und solchen, die nach § 5 c GWB freigestellt sind, gibt. Die Kooperationen nach § 5 c GWB unterliegen aber der kartellrechtlichen Mißbrauchsaufsicht nach § 12 GWB. **184**

Die zunehmende Europäisierung der Handelsgenossenschaften führt zu der Frage, wie genossenschaftliche Einkaufskooperationen unter **europäischem Kartellrecht** zu beurteilen sind. Art. 85 Abs. 1 EG-Vertrag enthält, wenn auch mit anderer Formulierung als § 1 GWB, das Kartellverbot. Ausnahmen vom Kartellverbot können durch Einzel- oder Gruppen von Freistellungen erreicht werden. Eine Gruppenfreistellung für Einkaufskooperationen wurde zwar von der Kommission 1970 entworfen, aber nicht weiter verfolgt. Welche Tätigkeiten der Einkaufskooperationen ggf. unter das europäische Kartellverbot des Art. 85 EG-Vertrag fallen, ist von der Rechtsprechung und der Rechtspraxis der Kommission noch nicht ausgelotet worden. Es gibt nur einige wenige bekanntgewordene Fälle. **185**

Bisher war die europäische Tätigkeit der Handelsgenossenschaften auch noch nicht so stark ausgeprägt, um über die Spürbarkeitsgrenze, die die Kommission in der Bagatellverordnung gezogen hat, hinauszuwachsen. Es zeigt sich jedoch, daß aufgrund der zunehmenden Europäisierung der Kooperationen und auch dem Zustandekommen von Kooperationen der Kooperationen auf europäischer Ebene die Einordnung der Handelsgenossenschaften in europäisches Kartellrecht immer dringender wird.

**186** Eine Besonderheit stellt die Frage des **Franchising**, das von Kooperationen ausgeht, dar. Während grundsätzlich vertikale Wettbewerbsbeschränkungen durch die Gruppenfreistellung für Franchise, VO 4087/88, vom Kartellverbot unter bestimmten Voraussetzungen freigestellt sind, vertritt, wenn bisher auch nur informell, die Kommission die Ansicht, daß Kooperationen von dieser Gruppenfreistellungsverordnung nicht Gebrauch machen können, da hier Franchisenehmer und Gesellschafter der Kooperation, also des Franchisegebers, identisch sind. *Beuthien* hat dargelegt, daß die Struktur und die Entscheidungsabläufe in einer eG, in einer Kooperation, nicht dazu führen, daß die horizontale Betrachtung des Kartellverbots Platz greifen muß. Vielmehr bleibt auch Franchising, das von Handelsgenossenschaften betrieben wird, ausschließlich eine vertikale Beziehung zwischen Franchisenehmer und Franchisegeber, so daß nach seiner Ansicht ohne weiteres die Gruppenfreistellungsverordnung Anwendung findet (*Beuthien*, Die Kooperationsgruppen des Handels und Franchisesysteme in Europa aus der Sicht des EG-Wettbewerbsrechts; zur Notwendigkeit des Franchising zum Erhalt mittelständischer Existenzen vgl. auch Ifo-Institut).

**187** Von der grundsätzlichen Diskussion der kartellrechtlichen Einordnung der eG sind nachfolgende Einzelfragen zu unterscheiden:

Von besonderer Bedeutung ist die Frage der Entscheidungsfreiheit der eG bei der **Aufnahme** oder beim **Ausschluß** von Mitgliedern. Während das Genossenschaftsgesetz für die Entscheidungsfreiheit bei der **Aufnahme** von Mitgliedern keine Beschränkungen vorsieht (§ 15 GenG), kann unter kartellrechtlichen Gesichtspunkten § 1 GWB berührt sein, wenn die Nichtaufnahme oder der Ausschluß der Beschränkung des Wettbewerbs der Mitglieder dient. Nach § 26 Abs. 2 GWB dürfen marktbeherrschende Unternehmen, soweit von ihnen Anbieter oder Nachfrager nach einer bestimmten Art von Waren oder gewerblichen Leistungen in der Weise abhängig sind, daß ausreichende und zumutbare Möglichkeiten, auf andere Unternehmen auszuweichen, nicht bestehen, andere Unternehmen, die Aufnahme begehren, nicht unbillig behindern oder ohne sachlichen Grund unterschiedlich behandeln. Ein schuldhafter Verstoß gegen diese Vorschrift kann gem. § 35 GWB Ansprüche auf Schadensersatz oder Unterlassung zur Folge haben (Einzelheiten zur Frage des Aufnahmezwanges bei *Beuthien/Götz*, Gesellschaftliche Aufnahmefreiheit und wettbewerbsrechtliches Diskriminierungsverbot, ZfG 1978, 375 ff). Zulässig ist grundsätzlich eine Satzungsbestimmung, die die Beteiligung eines Mitglieds an einem **Konkurrenzunternehmen** oder dem Betrieb eines eigenen, zur eG in Wettbewerb stehenden Geschäfts als Ausschließungsgrund festsetzt (Verbot der Doppelmitgliedschaft, BGHZ 27, 297, 304). Bei eG zur Förderung kleinerer Unternehmen ist insbesondere zu prüfen, ob die Aufnahme eines größeren oder anders strukturierten Betriebes nicht die Verwirklichung des mittelständischen Förderzwecks beeinträchtigt (übereinstimmend *Beuthien/Götz*, ZfG 1978, 400; *Schubert/Steder*, 6020, Rz. 26, 28; zur Aufnahmefreiheit auch *Kluge*, ZfG 1952, 189).

Selbst wenn eine eG eine marktbeherrschende Stellung innehat, folgt 188
hieraus nicht zwangsnotwendig ein **Aufnahmezwang**. Es kann durchaus ausreichen, wenn das potentielle Mitglied die genossenschaftlichen Einrichtungen in Anspruch nehmen kann, um die Diskriminierung auszugleichen; (so für eine Molkereigenossenschaft BGHZ 33, 259; gleich NJW 61, 172). Eine besondere Rechtsprechung hat sich hinsichtlich der Mitgliedschaft in **Taxi-Genossenschaften** ergeben, da Taxi-Genossenschaften sehr oft marktbeherrschende oder sogar Monopolstellungen innehaben. Eine relevante Marktmacht wird z. B. dann bejaht, wenn innerhalb des Wirkungskreises einer Taxi-Zentrale nur noch eine weitere Funkvermittlung besteht (OLG Frankfurt, DB 85, 1286). Auch hier kommt es jedoch nur zu einem Anschlußrecht, nicht zu einem Recht auf Mitgliedschaft. Wegen eines Anspruchs eines Mitglieds einer Taxi-Genossenschaft auf Zulassung mehrerer Taxen BGH, ZfG 1978, 433 ff m. Anm. *Beuthien*, DB 78, 151.

Kartellrechtlich in der Regel irrelevant ist die Erhebung eines **Eintrittsgeldes** als Aufnahmevoraussetzung, da hier ein Ausgleich der vorhandenen Investitionen und keine unbillige Behinderung gesehen wird, OLG Bamberg, DB 1982, 272 m. Anm. *Ehlenz*.

Ein Aufnahmeanspruch kann sich aus § 27 GWB nur dann ergeben, 189
wenn die eG – ausnahmsweise – den Charakter einer „Wirtschafts- oder Berufsvereinigung" hat. Dies ist nur dann der Fall, wenn die eG neben den wirtschaftlichen Leistungen als Förderbetrieb für die Mitglieder auch die gemeinsamen Interessen der Mitglieder nach außen wahrnimmt und die Mitglieder entsprechend berät (BGH v. 1. 10. 1985 Az: KVR 2/84). Falls § 27 GWB Anwendung findet, besteht z. B. dann kein Aufnahmeanspruch, wenn der Antragsteller außerhalb des Geschäftsbereichs der eG tätig ist. Die Ablehnung der Aufnahme verstößt in diesem Fall nicht gegen den kartellrechtlichen Gleichbehandlungsgrundsatz. Eine unbillige Benachteiligung ist dann nicht gegeben, auch wenn ihm dadurch wirtschaftliche Nachteile entstehen (vgl. BGH a. a. O.).

In Anbetracht der großen rechts- und verfassungspolitischen Bedeutung 190
der **Aufnahmefreiheit** in Vereinigungen sind an die Voraussetzungen für eine Aufnahmepflicht strenge Maßstäbe anzulegen. Entscheidend ist letztlich, ob die Aufnahme in die eG das einzige Mittel ist, die Diskriminierung

zu beseitigen. Der Antragsteller muß von sich aus jede andere Möglichkeit ergreifen, um die Wettbewerbsnachteile der Nichtmitgliedschaft auszugleichen. Soweit die Dienste oder Lieferungen einer eG unter zumutbaren Bedingungen auch als Nichtmitglied in Anspruch genommen werden können, scheidet eine Aufnahmepflicht aus (*Immenga/Mestmäker*, GWB, § 26 Rdn. 233 m. w. Nachw.).

**191** bb) Die eG hat gemäß § 68 GenG und im Rahmen der jeweiligen Satzung das Recht, Mitglieder aus bestimmten Gründen **auszuschließen** (s. Erläuterungen zu § 68). Auch dieses Recht der eG findet seine Grenze an den Bestimmungen des GWB. Dabei ist in jedem Einzelfall abzuwägen, ob der in Genossenschaftsgesetz und Satzung enthaltenen gesellschaftsrechtlichen Gestaltungsfreiheit oder den kartellrechtlichen Vorschriften Vorrang gebührt (vgl. *Sandrock* S. 60 ff, 76, 77). Die Vorschriften des GWB als Beschränkungen grundsätzlich anerkannter gesellschaftsrechtlicher Regeln sind eng auszulegen. Der Ausschluß eines Mitglieds wegen Konkurrenztätigkeit zur eG enthält grundsätzlich keine verbotene Wettbewerbsbeschränkung (BGHZ 27, 297, 304; vgl. § 68 Rdn. 11).

**192** Der im Gesetz vorgesehene Ausschlußgrund einer **Doppelmitgliedschaft** (§ 68 Abs. 1 GenG) dürfte kartellrechtlich kaum relevant werden; diese Doppelmitgliedschaft ist im allgemeinen ein Beweis dafür, daß das betreffende Mitglied nicht auf die Mitgliedschaft gerade bei dieser eG angewiesen ist. Einzelheiten zu Fragen von Ausschlußgründen und Wettbewerbsordnung vgl. auch § 68 Rdn. 11 und 26. Der Europäische Gerichtshof hat mit Urteil vom 15. 12. 1994 bestätigt, daß eine Satzungsregelung in einer landwirtschaftlichen Bezugsgenossenschaft nicht gegen Art. 85 EWG-Vertrag verstößt, die den Mitgliedern die Verbindung (Mitgliedschaft oder Beteiligung) mit anderen Formen der organisierten Zusammenarbeit verbietet, wenn diese in unmittelbarer Konkurrenz zur eG stehen.

**193** Doppelmitgliedschaften können allerdings in der Satzung nicht grundsätzlich untersagt werden. Doppelmitgliedschaften in Unternehmen, die im wesentlichen den gleichen Geschäftsgegenstand verfolgen, sind jedoch verbotsfähig. Das BKartA beanstandet das Verbot der Doppelmitgliedschaft nur, soweit dadurch die Bezugsmöglichkeit bei anderen Lieferanten wesentlich eingeschränkt wird (Tätigkeitsbericht des BKartA 1978, BT-Drucks. 8/2980, 9). Verstöße gegen das Verbot von Doppelmitgliedschaften in konkurrierenden Unternehmen können mit dem Ausschluß aus der eG sanktioniert werden. Das Verbot der Doppelmitgliedschaft bei einem konkurrierenden Unternehmen kann zwar im Einzelfall eine Wettbewerbsbeschränkung i. S. v. § 1 GWB darstellen, die Regelung ist aber im Rahmen von § 5 b GWB gerechtfertigt, wenn dadurch z. B. dem Mißbrauch des Vermittlungsnetzes einer Taxi-Funk-Zentrale begegnet werden soll (OLG Frankfurt, DB 1983, 219).

Verbot der Doppelmitgliedschaft durch die Satzung ist rechtmäßig, wenn dies zur Sicherung des Zwecks oder der Funktionsfähigkeit der eG erforderlich ist (BGH, ZIP 1986, 1008). Der BGH hat die Doppelmitgliedschaft für unzulässig angesehen, wenn z. B. wegen des sehr weit gefaßten Unternehmenszwecks einer Taxigenossenschaft das Verbot unangemessen weite Folgen hätte (BGH a. a. O.).

Umstritten sind satzungsmäßige Ausschlußgründe, die auf **„Platzschutzklauseln“** beruhen (vgl. Rdn. 196, 197). Hintergrund solcher Klauseln ist das Interesse der Genossenschaftsmitglieder, daß in ihrem geschäftlichen Einzugsbereich nicht künftig zusätzliche Wettbewerber durch die eG gefördert werden. Ein solcher Platzschutz kann gegen Vorschriften des GWB verstoßen; ob dies der Fall ist, bedarf jedoch der Prüfung in jedem Einzelfall (so auch *Homrighausen*, S. 79; *Schubert/Steder*, 6020, Rz. 20). Das OLG München hat mit einer Entscheidung vom 21. 3. 1974 („Neuform-Fall“, BB 1974, 807 = ZfG 1976, 74) den Ausschluß eines Mitglieds aus einer Einkaufsgenossenschaft für unwirksam erklärt. Der Ausschluß wurde darauf gestützt, daß dieses Mitglied – entgegen der Satzung – ohne Zustimmung der eG im Einzugsbereich anderer Mitglieder eine neue Filiale eröffnet hat. Die Entscheidung stützt sich auf § 26 Abs. 2 Satz 2 GWB, weil dieses Mitglied auf die Belieferung durch die eG angewiesen sei. Nach Meinung dieses Gerichts enthalte eine solche Gebietsschutzklausel eine unzulässige Wettbewerbsbeschränkung im Sinne des GWB (krit. zur Begründung, *Sandrock*, S. 78 ff). 194

ff) § 38 Abs. 2 Nr. 1 GWB enthält eine **Ausnahme vom Empfehlungsverbot** für Empfehlungen, die von Vereinigungen kleiner oder mittlerer Unternehmen unter Beschränkung auf den Kreis der Beteiligten ausgesprochen werden, wenn die Empfehlungen dazu dienen, die Leistungsfähigkeit der Beteiligten gegenüber Großbetrieben oder großbetrieblichen Unternehmensformen zu fördern und dadurch die Wettbewerbsbedingungen zu verbessern und, wenn sie gegenüber dem Empfehlungsempfänger ausdrücklich als unverbindlich bezeichnet sind und zu ihrer Durchsetzung kein wirtschaftlicher, gesellschaftlicher oder sonstiger Druck angewendet wird. Die **Mittelstandsempfehlung** hat für Einkaufsgenossenschaften erhebliche Bedeutung (vgl. *Rintelmann*, DB 1973, 1932). Sie ermöglicht nicht nur Sortiments-, sondern auch Preisempfehlungen, die nur gegenüber den Mitgliedern der eG als unverbindlich bezeichnet werden müssen; in gemeinsamen Werbeaktionen gegenüber den Abnehmern der Mitglieder der eG bedarf es keines Unverbindlichkeitsvermerks. Gehören zu den Mitgliedern der eG auch Großbetriebe, so muß die Mittelstandsempfehlung auf die Mitglieder beschränkt sein, die kleinere oder mittlere Unternehmen betreiben. Von einer Steigerung der Leistungsfähigkeit der Beteiligten 195 gegenüber Großbetrieben oder großbetrieblichen Unternehmensformen ist bei einer Mittelstandsempfehlung in der Regel auszugehen.

196 Als konkurrierende **Großbetriebe** und großbetriebliche Unternehmensformen kommen Filialbetriebe, Warenhäuser und Versandunternehmen in Frage. Überregionale Mittelstandspreisempfehlungen sind demzufolge nur dann zulässig, wenn konkurrierende Großunternehmen überregionale Preiswerbung betreiben und ein vergleichbares Sortiment führen (Tätigkeitsbericht BKartA 1979/80, BT-Drucks. 9/565, 73).

197 e) Die durch die zweite Kartellrechtsnovelle 1973 eingefügte Vorschrift des § 5 b GWB will für kleinere und mittlere Unternehmen **Kooperationserleichterungen** bringen (Näheres: *Grauch/Nack*, Das Mittelstandskartell in der Praxis, Deutsche Wirtschaftsdienste, Köln 1979). Das Kartellverbot nach § 1 GWB gilt danach nicht für Verträge und Beschlüsse, die eine Rationalisierung wirtschaftlicher Vorgänge im Rahmen zwischenbetrieblicher Zusammenarbeit zum Gegenstand haben, wenn dadurch der Wettbewerb auf dem Markt nicht wesentlich beeinträchtigt wird und der Vertrag oder der Beschluß dazu dient, die Leistungsfähigkeit **kleinerer oder mittlerer Unternehmen** zu fördern (**„Mittelstandskartell“**). Diese Verträge oder Beschlüsse bedürfen jedoch der Anmeldung bei der Kartellbehörde (§ 5 b Abs. 2 i. V. m. § 5 a Abs. 2 und 3 GWB). Sie werden nur wirksam, wenn die Kartellbehörde nicht innerhalb einer Frist von 3 Monaten seit Eingang der Anmeldung widerspricht.

### 4. Unternehmen, die vom Kartellverbot freigestellt sind

198 Das GWB enthält für einige Gruppen von Unternehmen grundsätzliche Freistellungen vom Kartellverbot und anderen Vorschriften des GWB. Diese Freistellungen sind nicht an bestimmte Rechtsformen gebunden, sondern berücksichtigen bei der Landwirtschaft strukturell bedingte Verhältnisse (§ 100 GWB), die Besonderheiten im Bankenbereich, vor allem die bestehende Aufsicht durch das Bundesaufsichtsamt für das Kreditwesen (§ 102 GWB) und tragen darüber hinaus den besonderen Aufgaben der Versorgungsunternehmen, z. B. für Elektrizität, Gas oder Wasser Rechnung (§ 103 GWB).

199 a) Die Freistellung gemäß § 100 GWB schließt auch die Tätigkeit bestimmter **landwirtschaftlicher eG** ein. Diese Ausnahmeregelung im Interesse der Landwirtschaft ist dadurch begründet, daß vorgegebene Abhängigkeiten (Klima, Boden, überkommene Betriebsstrukturen usw.) zu einer Marktunterlegenheit der landwirtschaftlichen Produzenten führen, die nur durch Kooperation und Zusammenschlüsse ausgeglichen werden können. Die Anpassung der Landwirtschaft soll nicht durch das Kartellverbot (§ 1 GWB) sowie durch Nichtigkeitsfolgen für Verträge über Preise

und Geschäftsbedingungen (§ 15 GWB) oder bei Ausschließlichkeitsbindungen (§ 18 GWB) behindert werden. Ergänzende Regelungen für die „Erzeugergemeinschaften und Vereinigungen" enthält das Marktstrukturgesetz (s. unten Rdn. 218 ff).

Die Freistellung vom Kartellverbot gemäß § 100 Abs. 1 GWB gilt für **Erzeugerbetriebe, Vereinigungen von Erzeugerbetrieben und Vereinigungen solcher Erzeugervereinigungen**, soweit diese ohne Preisbindung die Erzeugung oder den Absatz landwirtschaftlicher Erzeugnisse oder die Benutzung gemeinschaftlicher Einrichtungen für die Lagerung, Bearbeitung oder Verarbeitung landwirtschaftlicher Erzeugnisse betreffen. **200**

Nur Verträge, die von gem. § 100 Abs. 1 GWB privilegierten Partnern abgeschlossen sind, können in den Bereich dieser Ausnahmebestimmung fallen. Eine im Genossenschaftsstatut eines Molkereiverbandes festgelegte Andienungspflicht für Butter unterliegt jedenfalls insoweit § 1 GWB, als es auch für angeschlossene Privatmolkereien, die nicht landwirtschaftliche Erzeugerbetriebe sind, eine genossenschaftliche Andienungspflicht vorsieht (BGH, ZfG 1983, 147 m. Anm. *Köhler*).

**Landwirtschaftliche Erzeugnisse** im Sinne dieser Vorschrift sind Erzeugnisse der Landwirtschaft, des Gemüse-, Obst-, Garten-, und Weinbaues, der Imkerei oder Fischerei (§ 100 Abs. 5 GWB) sowie die durch Be- oder Verarbeitung der genannten Erzeugnisse gewonnenen Waren, deren Be- oder Verarbeitung durch die Erzeugerbetriebe oder Vereinigungen von Erzeugerbetrieben durchgeführt zu werden pflegt und in einer Rechtsverordnung im einzelnen benannt werden (BGBl. 1960 I, 837 mit Änderungen BGBl. 1967 I, 936 und zuletzt BGBl. 1970 I, 301). **201**

**„Erzeugerbetriebe"** sind Betriebe, die die genannten landwirtschaftlichen Erzeugnisse herstellen, einschließlich der Pflanzen- oder Tierzuchtbetriebe (§ 100 Abs. 6 GWB). Dazu gehören insbesondere auch die Erzeugung von Gemüse, Obst und Gartenprodukten, also auch Gärtnereien, Baumschulen sowie Winzer, Imker, Fischer. Privatmolkereien, die nicht von Erzeugern landwirtschaftlicher Produkte getragen werden, sind keine Erzeugerbetriebe im Sinne von § 100 Abs. 6 GWB (BGH, ZfG 1983, 146). **202**

Es ist naheliegend, daß für die Kooperation der Landwirtschaft in **„Erzeugervereinigungen"** die klassische Kooperationsform der eG gewählt wird. Es sind aber auch andere Rechtsformen zugelassen (rechtsfähige und nicht rechtsfähige Vereine, BGB-Gesellschaften, GmbH, AG). **203**

Auch **„Vereinigungen von Erzeugervereinigungen"** bestehen in genossenschaftlicher Rechtsform, z. B. als Zentralgenossenschaften (Hauptgenossenschaften), z. B. als Molkereizentralen, Zentralkellereien usw. Auch andere Rechtsformen, wie z. B. die GmbH oder AG sind zugelassen. **204**

205 Die Freistellung einer solchen Zentrale kann vom Regelungszweck her nicht dadurch beeinträchtigt werden, daß dieser Zentrale auch unmittelbar Unternehmen angehören, die auf gleicher Stufe tätig sind (z. B. Mitgliedschaft einer privaten Molkerei bei einer Molkereizentrale). Dies muß jedenfalls gelten, solange die Zentrale den Charakter einer genossenschaftlichen bzw. landwirtschaftlichen Selbsthilfeeinrichtung bewahrt (so auch *Müller/Henneberg*, Gemeinschaftskommentar, 3. Aufl., § 100 Anm. 9; *Schubert/Steder* 6030, Rz. 8; a. A. Bundeskartellamt vom 16. 2. 1972, WuW/E BKartA 1389, 1392).

206 Die Freistellung des § 100 GWB bezieht sich auf **drei Bereiche**, nämlich auf

- § 1 GWB (Kartellverbot)
- § 15 GWB (Bindung bei Preisen oder Geschäftsbedingungen)
- § 18 GWB (Absatz- oder Bezugsbindungen).

207 Die größte Bedeutung hat die **Freistellung vom Kartellverbot des § 1 GWB**. Sie gilt nur unter den Voraussetzungen, daß die zulässige Beschränkung des Wettbewerbs keine Preisbindung beinhaltet und daß der Wettbewerb nicht ganz ausgeschlossen ist (§ 100 Abs. 1 GWB).

208 Hinsichtlich der Erzeugung landwirtschaftlicher Produkte können durch gesellschaftsrechtliche Beschlüsse (Satzung) oder Einzelvereinbarungen rechtlich wirksame Bindungen begründet werden, wie z. B. die Begrenzung der Anbaufläche oder die Begrenzung der Produktion.

209 Die Beschlüsse oder Vereinbarungen können zulässigerweise **Absatzbindungen** festlegen, wonach die Mitglieder verpflichtet sind, ihre Produkte ganz oder zu bestimmten Teilen der eG anzubieten (**„Andienungspflicht"**). Naturgemäß sind neben rechtlich bindenden Vereinbarungen auch Empfehlungen zugelassen, ohne daß § 38 Abs. 1 Nr. 10 u. 11 GWB eingreift.

210 Die Freistellung vom Kartellverbot bezieht sich schließlich auch auf die durch Satzung oder Vertrag festgelegte Pflicht der Mitglieder, genossenschaftliche Einrichtungen für die Lagerung, Bearbeitung oder Verarbeitung landwirtschaftlicher Erzeugnisse zu benutzen (**„Benutzungszwang"**). Die Begründung liegt in der Notwendigkeit, daß bestimmte gemeinschaftliche Anlagen, wie z. B. Trocknungsanlagen, Mähdrescher usw. nur bei bestimmter Auslastung kostengünstig eingesetzt werden können.

211 Nicht von der Freistellung erfaßt ist dagegen der Einkauf landwirtschaftlichen Bedarfs, wie Landmaschinen, Geräte, Saatgut, Düngemittel usw. Die **Freistellung bezieht sich nur auf die Absatzförderung** vom Erzeuger zum Verbraucher. So können z. B. die Saatguterzeuger innerhalb einer Saatgutgenossenschaft den Absatz ihrer Erzeugnisse gemeinschaftlich regeln; die Mitglieder einer Absatzgenossenschaft können jedoch nicht ver-

pflichtet werden, ihr Saatgut bei der eG zu erwerben (*Schubert/Steder*, 6030, Rz. 13).

Verträge und Beschlüsse von Vereinigungen von Erzeugervereinigungen (also Zentralen) im Rahmen von § 100 Abs. 1 sind unverzüglich der Kartellbehörde **anzumelden**. Diese Anmeldung ist aber nicht Voraussetzung für die Wirksamkeit der Freistellung. **212**

§ 100 Abs. 2 GWB **schließt die Anwendung von § 15 GWB (Verbot vertikaler Bindungen)** aus, soweit Verträge über landwirtschaftliche Erzeugnisse die Sortierung, Kennzeichnung oder Verpackung betreffen. Das in § 15 GWB enthaltene Verbot der Preisbindung bleibt im übrigen auch für den landwirtschaftlichen Bereich bestehen. **213**

Zulässig sind **unverbindliche Preisempfehlungen** der eG im Verhältnis zu ihren Mitgliedern als Mittelstandsempfehlungen im Sinne von § 38 Abs. 2 Nr. 1 GWB. **214**

Demgegenüber läßt § 100 Abs. 3 GWB eine **Preisbindung** zu, soweit die Betriebe zur Erzeugung von Saatgut oder Tieren oder deren Vereinigungen die Abnehmer binden oder verpflichten, die gleiche Bindung bis zur Weiterveräußerung an den letzten Verbraucher weiterzugeben. Diese Möglichkeit besteht jedoch nicht für Zentralgenossenschaften als Vereinigungen von Erzeugervereinigungen. **215**

§ 100 Abs. 4 GWB erklärt § 18 GWB (**Ausschließlichkeitsbindungen**) für nicht anwendbar auf Verträge zwischen Erzeugerbetrieben oder Vereinigungen von Erzeugerbetrieben einerseits und Unternehmen oder Vereinigungen solcher Unternehmen andererseits, soweit die Verträge die Erzeugung, die Lagerung, die Bearbeitung oder Verarbeitung oder den Absatz landwirtschaftlicher Erzeugnisse betreffen. Die in § 18 vorgesehene Mißbrauchsaufsicht wird ersetzt durch die Sondervorschrift des § 104 GWB. Zentralgenossenschaften als Vereinigungen von Erzeugervereinigungen bleiben allerdings der Mißbrauchsaufsicht des § 18 GWB unterworfen. **216**

Die Freistellungsvorschrift des § 100 Abs. 4 GWB hat in der Praxis Bedeutung für Verträge zwischen eG und Verarbeitungsunternehmen (Zuckerfabriken, Mühlen, Süßmostereien, Einkaufsgenossenschaften usw.). **217**

b) Im Rahmen der Grundsätze des § 100 GWB enthält das Gesetz zur Anpassung der landwirtschaftlichen Erzeugung an die Erfordernisse des Marktes vom 16. 5. 1969 – **Marktstrukturgesetz** – (BGBl. I, 423) besondere Regelungen. Es verfolgt das Ziel, das landwirtschaftliche Angebot zusammenzufassen, landwirtschaftliche Produkte besserer Qualität zu erzeugen und zu einer kontinuierlichen Belieferung des Marktes beizutragen. Dieses Ziel soll erreicht werden durch Errichtung von **„Erzeugergemeinschaften"**, die der staatlichen Anerkennung bedürfen, sowie durch die Begünstigung der Zusammenarbeit landwirtschaftlicher Erzeuger durch **218** finanzielle Beihilfen (als Startbeihilfen oder Investitionsbeihilfen, §§ 5, 6 MStrG) und durch wettbewerbsrechtliche Sonderstellung (§ 11 MStrG, als Ergänzung zu § 100 GWB).

219 Die im Gesetz vorgesehenen Maßnahmen finden nur für einen **bestimmten Produktbereich** landwirtschaftlicher Erzeugnisse Anwendung; § 5 Abs. 3 MStrG ermächtigt den Bundesminister für Ernährung, Landwirtschaft und Forsten im Einvernehmen mit dem Bundesminister für Wirtschaft durch Rechtsverordnung mit Zustimmung des Bundesrates Listen der in Frage kommenden Erzeugnisse aufzustellen. In diesen Listen sind grundsätzlich die Agrarprodukte der Erzeuger erfaßt und in einigen Fällen Nahrungsmittel der ersten Verarbeitungsstufe (z. B. Butter, Käse, geschlachtete Tiere).

220 Die **staatliche Anerkennung** ist Voraussetzung für die im Gesetz vorgesehene Förderung von Erzeugergemeinschaften. Anerkennungsvoraussetzungen sind insbesondere (§ 3 MStrG):

- Rechtsform einer juristischen Person des Privatrechts
- Beitragspflicht der Mitglieder
- Satzungsregelungen über eine abgegrenzte Tätigkeit der Erzeugergemeinschaft
- Verpflichtung der Mitglieder, bestimmte Qualitätsregeln einzuhalten
- Qualitätskontrollen
- Anlieferungspflichten
- Vertragsstrafen
- bestimmte zusätzliche Satzungsregelungen für eG und rechtsfähige Vereine (§ 3 Abs. 1 Ziff. 4 MStrG).

221 Gemäß § 11 MStrG findet das Kartellverbot von § 1 GWB keine Anwendung auf Beschlüsse einer anerkannten Erzeugergemeinschaft hinsichtlich ihrer Erzeugnisse.

222 Eine anerkannte Vereinigung von Erzeugergemeinschaften darf ihre Mitglieder bei der Preisbildung beraten und gegenüber ihren Mitgliedern **Preisempfehlungen** aussprechen (§ 11 Abs. 2 MStrG). Im übrigen bleibt das GWB anwendbar.

223 Nach dem Agrarbericht 1981 (Materialband, S. 112) bestanden Ende 1980 1194 Erzeugergemeinschaften und Vereinigungen von Erzeugergemeinschaften. 1155 davon waren anerkannt. Die Rechtsform ist überwiegend die eG oder der eingetragene Verein.

(Vgl. zum Marktstrukturgesetz *Wöhlken*, in: HdG, Spalte 1144 ff; *Werschnetzky*, Die Entwicklung landwirtschaftlicher Kooperationsformen in der Bundesrepublik Deutschland, ZfG 1979, 101 ff).

224 c) **§ 102 GWB** nimmt **Kreditinstitute** und Versicherungsunternehmen unter bestimmten Voraussetzungen von den Vorschriften des § 1 GWB

(Kartellverbot), des § 15 GWB (Preisbindungsklauseln) und des § 38 Abs. 1 Nr. 11 GWB (Mittelstandsempfehlungen) aus. Nach Auffassung des Gesetzgebers genügt in diesen Fällen die Aufsicht durch das Bundesaufsichtsamt. Es kommt hinzu, daß die Besonderheiten im Geld- und Kreditgeschäft nicht unter allen Umständen einen offenen Wettbewerb zulassen (z. B. Festsetzung des Diskontsatzes oder Lombardsatzes, eines Mindestreservesatzes durch die Deutsche Bundesbank usw.).

Die **Freistellung** durch § 102 GWB ist **nicht an die Rechtsform gebunden**, sie bezieht sich also auch auf alle Kreditinstitute in der Rechtsform der eG (Kreditgenossenschaften, Genossenschaftsbanken, Volksbanken, Raiffeisenbanken, Genossenschaftliche Zentralbanken) sowie auf die „Vereinigungen" dieser Institute. Soweit diese – z. B. als Regionalverbände – auch Nichtbanken als Mitglieder betreuen und prüfen, gilt die Freistellung durch § 102 GWB nur für Beratungs- und Betreuungstätigkeit im Bankensektor. **225**

(Zur Mißbrauchsaufsicht im Rahmen von § 102 GWB vgl. *Schreihage*, Kreditgewerbe und Kartellgesetz, BlfG 1957, 765; 1968, 45).

Verträge, Beschlüsse oder Empfehlungen sind **nur dann freigestellt, wenn** **226**

- die Tatbestände grundsätzlich der Genehmigung oder Überwachung durch das Bundesaufsichtsamt für das Kreditwesen unterliegen
- sie bei dem Bundesaufsichtsamt **angemeldet** worden sind (das eine Ausfertigung der Anmeldung an die Kartellbehörde weitergibt)
- eine Frist von 3 Monaten abgelaufen ist.

In der Anmeldung ist die **Wettbewerbsbeschränkung zu begründen** (§ 102 Abs. 2 GWB); die Anmeldung ist von der Kartellbehörde im Bundesanzeiger bekanntzugeben (§ 102 Abs. 3 GWB). **227**

Das Bundesaufsichtsamt für das Kreditwesen hat in einer Bekanntmachung vom 31. 3. 1981 (Bundesanzeiger Nr. 69 vom 9. 4. 1981) Näheres über das Verfahren und den Inhalt der Anmeldung bestimmt. Danach ist die wirksame Anmeldung der Wettbewerbsbeschränkung Voraussetzung für ihre Legalisierung. Die Anmeldung muß durch alle an der Wettbewerbsbeschränkung beteiligten Kreditinstitute oder Vereinigungen von Kreditinstituten vorgenommen werden. Eine Empfehlung ist von dem Empfehlenden anzumelden. Die Bestellung eines – auch gemeinsamen – Anmeldungsbevollmächtigten ist zugelassen. Die Anmeldung muß eine Begründung der Wettbewerbsbeschränkung enthalten, aus der sich das Ausmaß und die Wirkungen der Beschränkungen ersehen läßt. Die Anmeldung ist in zweifacher, möglichst dreifacher Ausfertigung einzureichen. Bei einer größeren Anzahl von Unternehmen, die eine Sammelbezeichnung haben (z. B. Genossenschaftsbanken oder Volksbanken und Raiffeisenbanken) genügt die Angabe der Sammelbezeichnung. **228**

229 Die Kartellbehörde kann den Instituten oder Vereinigungen **bestimmte Maßnahmen untersagen**, Verträge und Beschlüsse für unwirksam und Empfehlungen für unzulässig erklären, wenn diese einen Mißbrauch der Freistellung darstellen (Mißbrauchsaufsicht § 102 Abs. 4 GWB). Aufsichtsmaßnahmen bedürfen grundsätzlich des Einvernehmens zwischen Bankenaufsicht und Kartellbehörde, erforderlichenfalls entscheidet der Bundesminister für Wirtschaft.

230 Die Freistellung vom Kartellverbot des § 1 GWB hat Bedeutung z. B. für alle Vereinbarungen oder Empfehlungen innerhalb der einzelnen Bankenorganisationen, wie z. B. Orderscheckabkommen, Lastschriftabkommen, Euroscheckabkommen, ebenso für Empfehlungen der Verbände des Kreditgewerbes die Zinskonditionen, allgemeine Geschäftsbedingungen, Gebührenpolitik usw. betreffen.

231 d) Die Freistellung der **Versorgungsunternehmen** für Elektrizität, Gas oder Wasser gemäß **§ 103 GWB** betrifft im Genossenschaftsbereich vor allem die Elektrizitätsgenossenschaften (zur Tätigkeit dieser eG vgl. *Bader*, Genossenschaftliche Elektrizitätswerke, Pioniere der Stromversorgung, Genossenschafts-Forum 1980, Heft 3, 30 ff). Die Freistellung bezieht sich hier auf das Kartellverbot gemäß § 1 GWB, auf die Preisbindung im Sinne von § 15 GWB sowie auf Ausschließlichkeitsbindungen gemäß § 18 GWB.

232 Zu Einzelheiten über die Anmeldung, die Eintragung im Kartellregister, über Maßnahmen der Kartellbehörde zur Abstellung von Mißbräuchen, s. die einzelnen Bestimmungen von § 103 GWB.

233 e) Die **Freistellungen** gemäß den erwähnten Vorschriften (§§ 100, 102, 103 GWB) beziehen sich jeweils nur auf die ausdrücklich genannten Vorschriften des Gesetzes. Im übrigen bleibt das GWB auch für die freigestellten Unternehmen anwendbar. Anwendbar bleiben auch z. B. die Vorschriften der §§ 22 ff über die Mißbrauchskontrolle bei marktbeherrschenden Unternehmen einschließlich der Fusionskontrolle gemäß § 24 sowie das Diskrimierungsverbot gemäß § 26 GWB.

234 Das Verbot der Preisbindung zwischen Unternehmen der gleichen Wirtschaftsstufe **(horizontale Preisbindung)** bleibt in § 100 Abs. 1 GWB ausdrücklich bestehen. Dies schließt nicht aus, daß z. B. eine Generalversammlung Grundsätze über die Preisgestaltung der eG im Verhältnis zu den Mitgliedern beschließt (so auch *Schubert/Steder*, 6040, Rz. 2 und 3).

235 Das in § 100 Abs. 1 Satz 3 enthaltene **Verbot, den Wettbewerb ganz auszuschließen**, bezieht sich nach dem Wortlaut nur auf Vereinigungen von Erzeugervereinigungen, also nicht auf zugelassene Verträge oder Beschlüsse von Erzeugerbetrieben oder Vereinigungen von Erzeugerbetrieben (so auch *Müller/Henneberg*, Gemeinschaftskommentar, 3. Aufl., § 100 Anm. 35; *Schubert/Steder*, 6040, Rz. 4, a. A. *Langen/Niederleithinger/*

*Schmidt*, GWB, § 100 Anm. 9; Tätigkeitsbericht Bundeskartellamt 1969, S. 90).

Im übrigen tritt für die freigestellten Unternehmen weitgehend die **Mißbrauchsaufsicht** an die Stelle der Verbote (§ 104 GWB). 236

Für alle genannten Fälle der Freistellung verweist § 105 GWB insbesondere auf das **Kündigungsrecht** aus wichtigem Grund in § 13 GWB. Jeder an der Vereinbarung Beteiligte kann diese Vereinbarung fristlos kündigen, insbesondere wenn seine wirtschaftliche Bewegungsfreiheit unbillig eingeschränkt ist oder wenn er durch nicht gerechtfertigte ungleiche Behandlung beeinträchtigt wird. Danach können Mitglieder der eG ohne Einhaltung einer Frist Anlieferungspflichten kündigen, wenn ein wichtiger Grund im Sinne dieser Vorschrift vorliegt. Ein solcher Grund ist dann gegeben, wenn das weitere Festhalten an dem Kartell eine erhebliche Gefährdung oder sogar die Vernichtung der wirtschaftlichen Existenz des Mitglieds zur Folge haben würde. 237

Verluste, die infolge einer allgemeinen Verschlechterung der wirtschaftlichen Lage eingetreten sind, rechtfertigen eine fristlose Kündigung grundsätzlich nicht. Dies gilt z. B. auch, wenn der erzielte Milchpreis hinter den Erwartungen zurückbleibt.

Die Kündigung muß **schriftlich** erfolgen. Nach dem Sinn der kartellrechtlichen Regelung wird davon allerdings nur der geschäftliche Bereich (Lieferbereich) erfaßt, nicht das gesellschaftsrechtliche Mitgliedsverhältnis. Für diesen Bereich gelten vielmehr die genossenschaftsrechtlichen Fristen und Vorschriften (*Schubert/Steder*, 6040, Rz. 12 ff).

Will eine eG eine Kündigung nach § 13 GWB nicht akzeptieren, muß sie innerhalb einer Ausschlußfrist von 4 Wochen nach Zugang der Kündigung **auf Feststellung der Nichtigkeit** der Kündigung wegen Fehlens eines wichtigen Grundes klagen (§ 13 Abs. 1 S. 3 GWB). Andernfalls ist die Kündigung rechtswirksam.

### 5. Das kartellrechtliche Verfahren

Das Verfahren vor den Kartellbehörden ist in den §§ 51–58 GWB geregelt. 238

Gegen **Verfügungen der Kartellbehörden** ist die **Beschwerde** zulässig (§ 62 GWB). Diese hat grundsätzlich aufschiebende Wirkung (§§ 63, 63 a GWB). 239

Über die Beschwerde entscheidet ausschließlich das für den Sitz der Kartellbehörde zuständige Oberlandesgericht, über Beschwerden gegen Verfügungen des Bundeskartellamtes das Kammergericht in Berlin (§ 62 Abs. 4 GWB). Weitere Einzelheiten zum Beschwerdeverfahren sind in den §§ 65–72 GWB enthalten. 240

241 Gegen die Beschlüsse des Oberlandesgerichts findet die **Rechtsbeschwerde** an den Bundesgerichtshof statt, soweit das Oberlandesgericht die Rechtsbeschwerde zugelassen hat (§ 73 Abs. 1 GWB). Unter den Voraussetzungen von § 73 Abs. 2 GWB muß die Rechtsbeschwerde zugelassen werden.

242 Für die **Gebühren und Auslagen** in den kartellrechtlichen Verfahren verweist § 78 GWB auf die Vorschriften für bürgerliche Rechtsstreitigkeiten; für die Rechtsanwaltsgebühren verweist § 79 GWB auf die Bundesrechtsanwaltsgebührenordnung (§ 65 a BRAGO).

## VII. Rechtsverhältnis Genossenschaft/Mitarbeiter

### 1. Allgemeines

243 Die zutreffende Unterscheidung zwischen dem allgemeinen, überpositiven Genossenschaftsbegriff und der durch das Gesetz geregelten Unternehmensform (s. oben Rdn. 1 ff) bedingt eine differenzierende Einordnung des Mitarbeiters in die eG und den genossenschaftlichen Betrieb. Zunächst richtet sich das Verhältnis zwischen Mitarbeiter und eG nach den allgemeinen arbeitsrechtlichen Grundsätzen; andererseits ist der Mitarbeiter ebenfalls an den unternehmerischen Förderzweck gebunden; er ist rechtlich – auf der Grundlage des Dienstvertrages – verpflichtet, zur Erfüllung des Förderzwecks beizutragen. Die Erfüllung des gesetzlichen Grundauftrags wird erleichtert, wenn zwischen den Interessen der Mitarbeiter und des Förderbetriebes möglichst weitgehende Übereinstimmung besteht (vgl. *Henzler*, Mitbestimmung, S. 186; *Müller*, § 53 Rdn. 7; *Metz*„ ZfG 1976, 345 ff; für Entwicklungsländer *Sonnenhoff*, ZfG 1974, 145 ff *Blomeyer*, Die Genossenschaft als mitbestimmtes Unternehmen, ZfG 1976, 33; *Niessler*, Arbeitnehmermitbestimmung und Mitgliederförderung in Genossenschaften, Marburger Schriften zum Genossenschaftswesen, Reihe A Bd. 48). Als Idealtyp der Interessenübereinstimmung enthält das Gesetz die „Produktivgenossenschaft" (§ 1 Abs. 1 Ziff. 4 GenG; s. Rdn. 74 ff).

244 Die Frage der **Mitgliedschaft von Mitarbeitern** in der Genossenschaft ist in den verschiedenen Sparten nicht einheitlich zu sehen. Grundsätzlich schließt das geltende Recht die Möglichkeit dieser Mitgliedschaft ein; sie dürfte im allgemeinen ein Mittel sein, die Motivation der Mitarbeiter im Hinblick auf den genossenschaftlichen Grundauftrag zu fördern (vgl. *Dülfer*, ZfG 1976, 315).

### 2. Betriebsverfassungsgesetz 1972

245 Neben diesen Besonderheiten gilt grundsätzlich auch für die eG das gesetzlich geregelte Recht der **Mitbestimmung der Arbeitnehmer**.

Diese Arbeitnehmermitbestimmung vollzieht sich zunächst im Betrieb auf der Grundlage des **Betriebsverfassungsgesetzes** vom 15. 1. 1972 (BGBl. I S. 13) Nach diesem Gesetz ist der **Betriebsrat** das betriebsverfassungsrechtliche Organ, in dem die Mitarbeiter ihre betrieblichen Mitwirkungsrechte verwirklichen können. Ein Konflikt zwischen dem Förderzweck des genossenschaftlichen Unternehmens und der Zielsetzung und Ausgestaltung des Betriebsverfassungsgesetzes besteht grundsätzlich nicht. Die Mitwirkungsrechte des Betriebsrates in sozialen, personellen und wirtschaftlichen Angelegenheiten berühren nicht die genossenschaftliche Zielverwirklichung des Unternehmens. Das Betriebsverfassungsgesetz ist vielmehr geeignet, im Sinne eines „Kooperationsmodelles" (*Winter*, Das Betriebsverfassungsgesetz, 13) einen optimalen Betriebserfolg zu gewährleisten.

Das Gesetz verpflichtet die eG als Arbeitgeber, den Betriebsrat in **246** bestimmten Fragen zu informieren und sich mit ihm zu beraten. In einigen konkreten Fällen hat der Betriebsrat ein echtes Mitbestimmungsrecht mit der Folge, daß der Arbeitgeber ohne Einigung mit dem Betriebsrat nicht wirksam entscheiden kann.

Für die Zusammenarbeit zwischen Arbeitgeber und Betriebsrat gelten **247** die Grundsätze von § 74 BetrVG: Bei strittigen Fragen ist mit dem ernsten Willen zur Einigung zu verhandeln; Maßnahmen des Arbeitskampfes sind unzulässig.

§ 80 BetrVG umschreibt die allgemeinen Aufgaben des Betriebsrates: Er **248** hat über die Einhaltung der zugunsten der Arbeitnehmer geltenden Gesetze usw. zu wachen, Maßnahmen, die Betrieb und Belegschaft dienen, zu beantragen usw. Zu diesem Zweck ist der Betriebsrat rechtzeitig und umfassend vom Arbeitgeber zu unterrichten (§ 80 Abs. 2 BetrVG).

Mitbestimmungsrechte sind allgemein in § 87 BetrVG geregelt: Fragen **249** der Ordnung des Betriebes, der Arbeitszeit, der allgemeinen Urlaubsgrundsätze, der Sozialeinrichtung usw. Kommt eine Einigung nicht zustande, so entscheidet die Einigungsstelle, die gemäß § 76 BetrVG bei Bedarf zu bilden ist.

Die §§ 92 ff BetrVG regeln die **Mitwirkung des Betriebsrates** bei der **250** Personalplanung, die §§ 96 ff die Mitwirkung bei Berufsbildungsmaßnahmen.

§§ 99 ff BetrVG regeln die Mitbestimmung und Mitwirkung des **251** Betriebsrates bei personellen Einzelmaßnahmen (insbesondere Einstellungen, Eingruppierungen, Versetzungen, Kündigungen). Vor jeder Kündigung ist der Betriebsrat zu hören; er kann der Kündigung widersprechen, so daß bei Klage des Arbeitnehmers nach Kündigungsschutzgesetz das

Arbeitsverhältnis bis zu rechtskräftigen Entscheidung des Arbeitsgerichts weiterbesteht (§ 102 BetrVG).

252 Regelungen über die Unterrichtung und Mitwirkung des Betriebsrates bei Betriebsänderungen enthalten die §§ 111 ff BetrVG.

Näheres zur Betriebsverfassung *Winter*, HdG, Spalte 1189; *ders.*, Das Betriebsverfassungsgesetz.

### 3. Betriebsverfassungsgesetz 1952 (§§ 76–87)

253 Die §§ 76–87 des **Betriebsverfassungsgesetzes 1952** – zuletzt geändert durch Gesetz vom 21. 5. 1979 (BGBl. I S. 545) – gelten weiter. Sie regeln die Beteiligung der Arbeitnehmer im Aufsichtsrat. Gemäß § 77 Abs. 3 dieses Gesetzes muß ein Drittel des Aufsichtsrates aus Arbeitnehmern bestehen, wenn die eG mehr als 500 Arbeitnehmer beschäftigt (§ 76 Abs. 1 BetrvVG 1952). In diesen Fällen muß die Satzung eine durch 3 teilbare Zahl von Aufsichtsratsmitgliedern festsetzen (Näheres: Erl. zu § 36).

### 4. Mitbestimmungsgesetz 1976

254 Das **Mitbestimmungsgesetz 1976** gilt u. a. auch für die eG, soweit sie mehr als 2000 Arbeitnehmer beschäftigt. Der Aufsichtsrat dieser Unternehmen besteht aus der gleichen Zahl von Vertretern der Mitglieder als Anteilseigner und Vertretern der Arbeitnehmer, wobei das Gesetz für bestimmte Größenordnungen eine bestimmte Anzahl von Aufsichtsratsmitgliedern vorschreibt (§ 7 MitbestG). Von den Arbeitnehmervertretern muß einer aus der Gruppe der Arbeiter, müssen mindestens zwei aus der Gruppe der Angestellten (darunter ein leitender Angestellter) sein. Eine bestimmte Zahl von Sitzen entfällt auf Vertreter der im Unternehmen vertretenen Gewerkschaften.

255 Um trotz dieser partitätischen Besetzung des Aufsichtsrates die Entscheidungsfähigkeit zu gewährleisten, gibt das Gesetz dem **Vorsitzenden** in der Pattsituation im 2. Abstimmungsvorgang ein **doppeltes Stimmrecht** (§ 29 Abs. 2 MitbestG). § 33 MitbestG schreibt vor, daß dem gesetzlichen Vertretungsorgan (Vorstand) ein „Arbeitsdirektor“ als gleichberechtigtes Mitglied angehören muß. Auf ihn ist bei eG § 9 Abs. 2 GenG nicht anzuwenden, d. h. er muß nicht Mitglied der eG sein (§ 33 Abs. 3 MitbestG).

256 Näheres vgl. Kommentare zum Mitbestimmungsgesetz: *Hoffmann/Lehmann/Weimann*; *Raiser*; *Fitting/Wlotzke/Wissmann*; *Unterhinningshofen*; *Winter*, in: HdG, Spalte 1196.

257 Die Arbeitnehmermitbestimmung in genossenschaftlichen Unternehmen führt zu der grundsätzlichen Frage, ob und inwieweit sich eine solche Mitbestimmung mit dem gesetzlichen Förderauftrag gegenüber den Mit-

gliedern im Einklang befindet. Grundsätzlich unproblematisch dürfte die **betriebsorientierte Mitbestimmung** im Sinne des Betriebsverfassungsgesetzes sein (s. oben Rdn. 245). Der Förderzweck und der genossenschaftliche Grundsatz der Selbstverwaltung sollte es aber ausschließen, daß Außenstehende in unternehmerische Entscheidungsprozesse des genossenschaftlichen Unternehmens eingreifen können. Aus diesem Grunde bestehen Bedenken dagegen, daß die gesetzliche Regelung des Mitbestimmungsgesetzes 1976 uneingeschränkt auch auf eG Anwendung finden soll. (Zur Frage „Arbeitnehmermitbestimmung in Genossenschaften", *Beuthien*, ZfG 1976, 220 ff; zu „gesamtwirtschaftlichen Aspekten", *Hamm*, ZfG 1976, 337 ff; aus betriebswirtschaftlicher Sicht, *Dülfer*, ZfG 1976, 302 ff; aus der Sicht der genossenschaftlichen Praxis, *Metz*, ZfG 1976, 345 ff; allgemein zur Frage der „Genossenschaft als mitbestimmtes Unternehmen", *Blomeyer*, ZfG 1976, 33 ff).

## VIII. Die Besteuerung der Genossenschaften

### 1. Allgemeines

**Die eG ist Steuersubjekt** sowohl der KSt (§ 1 Abs. 1 Nr. 2 KStG) als 258
auch der VSt (§ 1 Abs. 1 Nr. 2 b VStG) sowie der GewSt (§ 2 Abs. 2 Nr. 2 GewStG). Da eG und ihre Mitglieder verschiedene Steuersubjekte darstellen, sind z. B. Verluste nicht – wie bei Personenhandelsgesellschaften – unmittelbar den Mitgliedern zurechenbar. Demgegenüber werden Verträge zwischen eG und ihren Mitgliedern steuerrechtlich anerkannt (während das Einkommensteuerrecht schuldrechtliche Beziehungen zwischen Personenhandelsgesellschaften und ihren Gesellschaftern weitgehend nicht anerkennt).

Die Behandlung der eG als eigenes Steuerrechtssubjekt ist zwar gerecht- 259
fertigt; die Gleichstellung mit den anderen juristischen Personen, so z. B. mit den Kapitalgesellschaften, darf allerdings nicht uneingeschränkt vorgenommen werden. Die tatsächliche Erscheinungsform einer eG ist derjenigen einer Kapitalgesellschaft nicht schlechthin vergleichbar. Angesichts der Besonderheiten der eG (so z. B. Festlegung des Unternehmenszwecks auf die Förderung des Erwerbs oder die Wirtschaft ihrer Mitglieder und Verfolgung dieses Förderungszwecks mittels gemeinschaftlichen Geschäftsbetriebs) hat der Steuergesetzgeber aus Gründen der Steuergerechtigkeit für die eG in einigen Bereichen Sonderbestimmungen getroffen (so z. B. § 22 KStG). Soweit mithin die unterschiedlichen Rechtsformen unterschiedliche wirtschaftliche Wirkungen auslösen, muß das Steuerrecht diesen unterschiedlichen Wirkungen Rechnung tragen; anderenfalls würde es nicht Gleiches, sondern Ungleiches gleich behandeln.

## 2. Steuerpflichtige Genossenschaften

*Körperschaftssteuer*

260 Steuerpflichtige Erwerbs- und Wirtschaftsgenossenschaften i. S. des § 1 Abs. 1 Nr. 2 KStG, die nicht zu den steuerbefreiten Körperschaften i. S. des § 5 Abs. 1 Nr. 14 KStG gehören (bzw. die wegen steuerschädlicher Betätigung die Steuerfreiheit verlieren) wie z. B. Einkaufsgenossenschaften, Kreditgenossenschaften, Warengenossenschaften und Verbrauchergenossenschaften sind unbeschränkt steuerpflichtig; die Tarif-KSt beträgt nach § 23 Abs. 1 KStG 45 v. H. und für sie gelten nach § 43 KStG die Bestimmungen des Anrechnungsverfahrens gem. §§ 27 ff KStG sinngemäß. Die Ausschüttungs-KSt beträgt danach 30 v. H. Bei kleineren Erwerbs- und Wirtschaftsgenossenschaften, die nicht den Freibetrag nach § 24 oder § 25 KStG in Anspruch nehmen können, kann von einer Veranlagung und Feststellung des verwendbaren Eigenkapitals nach § 47 KStG abgesehen werden, wenn das Einkommen offensichtlich 1000 DM nicht übersteigt (Abschn. 104 Abs. 1 KStR). Wenn jedoch die eG, bei der von einer Veranlagung und gesonderten Feststellung abgesehen werden kann, Gewinnausschüttungen vornimmt, sind die Veranlagung und gesonderte Feststellung erstmals für den Veranlagungszeitraum, im dem dieses Wirtschaftsjahr endet und danach für alle folgenden Veranlagungszeiträume durchzuführen. Die Veranlagung und gesonderte Feststellung sind außerdem stets dann durchzuführen, wenn die Körperschaft dies beantragt (Abschn. 104 Abs. 2–4 KStR).

*Gewerbesteuer*

261 Soweit Erwerbs- und Wirtschaftsgenossenschaften nicht gem. § 3 Nr. 8 GewStG steuerbefreit sind, unterliegen sie auch der Gewerbesteuer. Grundlage für die Berechnung der Gewerbesteuer bilden der Gewerbeertrag (§§ 7–11 GewStG) sowie das Gewerbekapital (§§ 12 ff GewStG). Durch die Addition der Steuermeßbeträge nach Gewerbeertrag und Gewerbekapital wird der einheitliche Steuermeßbetrag gebildet (§ 14 GewStG). Das Betriebsstättenfinanzamt erstellt den GewSt-Meßbescheid (§ 184 AO) und sendet ihn an die Gemeinde (§ 184 Abs. 3 AO). In Zerlegungsfällen ergehen Zerlegungsbescheide an die betreffenden Gemeinden und an die Gewerbesteuerpflichten zusammen mit dem Gewerbesteuermeßbescheid (§ 188 Abs. 1 AO).

Die Gemeinden wenden auf den einheitlichen Gewerbesteuer-Meßbetrag ihren jeweils v. H.-Satz an, der aufgrund ihres Finanzbedarfs durch die Haushaltssatzung vorher bestimmt worden ist. Über die so erfolgte Steuerfestsetzung erhält der Steuerschuldner (§ 5 GewStG) von der Gemeinde den Gewerbesteuer-Bescheid als Folgebescheid zum Grundlagenbescheid, dem Gewerbesteuer-Meßbescheid. Daneben gibt die Gemeinde dem Steuerpflichtigen auch den vom Finanzamt erstellten Grundlagenbescheid bekannt.

*Vermögenssteuer*

Erwerbs- und Wirtschaftsgenossenschaften, die nicht gem. § 3 Abs. 1 Nr. 7 VStG steuerbefreit sind, unterliegen mit ihrem **Einheitswert** des Betriebsvermögens der vollen Besteuerung unter Beachtung der Besteuerungsgrenze des § 8 Abs. 1 VStG. Darüberhinaus wird ein Freibetrag in Höhe von 500 DM gewährt. Der übersteigende Teil wird gem. § 117 a BwG mit 75 v. H. angesetzt. Der Steuersatz beträgt 0,6 v. H. **262**

*Umsatzsteuer*

Erwerbs- und Wirtschaftsgenossenschaften sind im umsatzsteuerrechtlichen Sinne **Unternehmer**, die eine gewerbliche Tätigkeit selbständig ausüben. Der Umsatzsteuer unterliegen demnach Lieferungen, sonstige Leistungen, der innergemeinschaftliche Erwerb, der Eigenverbrauch i. S. von § 1 Abs. 1 Nr. 2 c UStG sowie die Einfuhr. **263**

### 3. Sonderregelungen für bestimmte land- und forstwirtschaftliche eG

Land- und forstwirtschaftliche Nutzungs- und Verwertungsgenossenschaften, Dienstleistungs- und Beratungsgenossenschaften sind unter bestimmten Voraussetzungen von der Körperschaftsteuer (vgl. § 5 Abs. 1 Nr. 14 KStG), Gewerbesteuer (vgl. § 3 Nr. 8 GewStG sowie § 3 Nr. 14 a GewStG betr. landwirtschaftliche Produktionsgenossenschaften) und Vermögenssteuer (§ 3 Abs. 1 Nr. 7 VStG) befreit. **264**

*Geschäftsarten*

Voraussetzung für die Steuerfreiheit ist, daß die Genossenschaft ihren Geschäftsbetrieb auf **Zweckgeschäfte ausschließlich mit ihren Mitgliedern** beschränkt und daß sie – von steuerunschädlichen Hilfsgeschäften abgesehen – keine steuerschädlichen Nebengeschäfte betreibt. Nebengeschäfte gehören nicht zu den Aufgaben der eG. Der sich aus Nebengeschäften ergebende Gewinn ist gem. § 22 Abs. 1 Satz 4 KStG bei der Ermittlung der genossenschaftlichen Rückvergütung von dem aus dem Mitgliedergeschäft ermittelten Gewinn abzuziehen (vgl. auch BFH, Urt. v. 9. 3. 1988, BStBl. 1988 II, 592). **265**

Darüber hinaus muß es sich im land- und forstwirtschaftlichen Bereich handeln um: Nutzungs-, Absatz-, (Verwertungs-,) Dienst- oder Werkvertrags- oder um Beratungsgenossenschaften: **266**

*Nutzungsgenossenschaften*

267 Sie stellen ihren Mitgliedern Betriebseinrichtungen oder Betriebsgegenstände zur gemeinschaftlichen Benutzung zur Verfügung, z. B. Maschinen- und Trocknungsgenossenschaften.

*Absatzgenossenschaften*

268 (Verwertungsgenossenschaften) verkaufen die Erzeugnisse ihrer Mitglieder nach vorheriger Be- oder Verarbeitung, z. B. Molkereigenossenschaften, Obst- und Gemüsegenossenschaften, Winzergenossenschaften.

*Dienst- oder Werkvertragsgenossenschaften*

269 schließen Dienst- oder Werkverträge ab, um damit die Produktion von Erzeugnissen in den Betrieben der Mitglieder zu fördern, z. B. Betriebs-Hilfsdienste oder Mastgemeinschaften.

*Beratungsgenossenschaften*

270 beraten ihre Mitglieder in Fragen der Produktion oder der Verwertung ihrer Erzeugnisse, z. B. Erzeugergemeinschaften, Schweinemastringe.

271 Ländliche sowie gewerbliche Bezugsgenossenschaften (Einkaufsgenossenschaften) und Verbrauchergenossenschaften sowie andere Genossenschaftsarten können die Steuerbefreiung nicht in Anspruch nehmen.

272 **Voraussetzungen für die Steuerfreiheit** der Nutzungs- und Verwertungsgenossenschaften i. S. von § 5 Abs. 1 Nr. 14 KStG, § 3 Nr. 8 GewStG und § 3 Abs. 1 Nr. 7 VStG einzelnen:

273 Landwirtschaftliche **Nutzungsgenossenschaften** müssen ihren Geschäftsbetrieb auf die gemeinschaftliche Nutzung land- und forstwirtschaftlicher Betriebseinrichtungen oder Betriebsgegenstände beschränken, dürfen also ihre Einrichtungen Nichtmitgliedern nicht zur Verfügung stellen. Maschinengenossenschaften überlassen ihren Mitgliedslandwirten Landmaschinen entgeltlich zur Benutzung.

274 An die Einhaltung der Beschränkung des Geschäftsbetriebs der eG auf den Mitgliederkreis und auf eine Tätigkeit im Bereich der Land- und Forstwirtschaft werden von der Rechtsprechung und Finanzverwaltung strenge Anforderungen gestellt (vgl. Abschnitte 16–21 KStR). So muß die steuerfreie eG z. B. eine **laufende Mitgliederkontrolle** durchführen und gegenüber dem Finanzamt versichern, daß sich ihr Geschäftsbetrieb auf den Kreis der Mitglieder beschränkt hat.

*Partielle Steuerpflicht*

275 Zweckgeschäfte mit Nichtmitgliedern und Nebengeschäfte führen grundsätzlich zur vollen Steuerpflicht der eG. Übersteigt die Summe der

Einnahmen aus solchen steuerschädlichen Geschäften 1000 DM im Jahr nicht, so bleibt zwar die Steuerfreiheit erhalten, mit den Gewinnen aus diesen Geschäften ist die eG jedoch partiell steuerpflichtig.

Mitunter werden steuerfreie eG auch gezwungen, Zweckgeschäfte mit Nichtmitgliedern abzuschließen; Trocknungsgenossenschaften müssen z. B. aufgrund behördlicher Anordnung in Jahren ungünstiger Witterung wegen des Feuchtigkeitsgehaltes der Feldfrüchte Trocknungsgeschäfte auch mit Nichtmitgliedern abschließen. Auch in diesen und ähnlich gelagerten Fällen geht die Steuerfreiheit nicht verloren, die Gewinne aus diesen Nichtmitgliedergeschäften sind aber partiell zu versteuern. **276**

*Volle Steuerpflicht*

Steuerfreie landwirtschaftliche eG dürfen sich nur in beschränktem Umfang an anderen steuerpflichtigen Unternehmen **beteiligen**. So darf bei einer Beteiligung an einer anderen eG oder an einer Kapitalgesellschaft das Stimmrecht 4 % aller Stimmrechte und der Anteil an den Geschäftsguthaben oder am Nennkapital 10 % nicht übersteigen. Entsprechendes gilt für die Beteiligung an einem steuerpflichtigen Verein. An anderen steuerpflichtigen Unternehmen, z. B. an einer Personengesellschaft, darf sich die eG auch nicht geringfügig beteiligen. Beteiligungen an einem steuerfreien Unternehmen sind in unbegrenzter Höhe zulässig. Wegen der steuerlichen Folgen beim Übergang von der Steuerfreiheit in die Steuerpflicht sei auf § 13 KStG verwiesen (vgl. insbes. die Kommentierung von *Lohmer*, in: Lademann, Kommentar zum KStG). **277**

### 4. Hinweise zu einzelnen Steuerfragen

Wegen **einzelner Steuerfragen** vergleiche: **278**

§ 1 Rdn. 128–131, insbes. 132–135 Sonderfragen für Wohnungsbaugenossenschaften; bei Umwandlung Rdn. 149, 152

§ 7 Rdn. 64 (Eintrittsgelder). § 19 Rdn. 36 ff (Abzugsfähigkeit genossenschaftlicher Rückvergütungen)

§ 33 Rdn. 4 ff (ertragssteuerliche Aspekte der Bewertung)

§ 43a Rdn. 96 (Frage verdeckter Gewinnausschüttungen bei Aufwendungsersatz an Mitglieder und Vertreter)

§ 62 Rdn. 21 (Aussageverweigerungsrecht)

§ 91 Rdn. 18 ff (Grundsätze der Besteuerung bei Liquidation)

## B. § 1 Abs. 2

## I. Beteiligung, Begriff und Bedeutung

### 1. Begriff der Beteiligung

279 Der **Begriff der Beteiligung** ist nunmehr in § 271 HGB definiert. Das Gesetz übernimmt die bisherige Auffassung, wonach zu unterscheiden ist, ob die Übernahme von Eigenkapitalanteilen z. B. nur Anlagezwecken dient oder ob die Absicht besteht, durch die unternehmerische Verbindung dem eigenen Geschäftsbetrieb zu dienen.

280 Gemäß § 271 HGB sind Beteiligungen Anteile an anderen Unternehmen, die bestimmt sind, dem eigenen Geschäftsbetrieb durch Herstellung einer dauernden Verbindung zu jenen Unternehmen zu dienen. Dabei ist es unerheblich, ob die Anteile in Wertpapieren verbrieft sind oder nicht. Als Beteiligung gelten im Zweifel Anteile an einer Kapitalgesellschaft, deren Nennbeträge insgesamt den fünften Teil des Nennkapitals dieser Gesellschaft überschreiten; auf die Berechnung ist § 16 Abs. 2 u. 4 des Aktiengesetzes entsprechend anzuwenden.

281 Die Bestimmung im letzten Satz von § 271 Abs. 1 HGB, daß die **Mitgliedschaft in einer eingetragenen Genossenschaft** nicht als Beteiligung im Sinne des HGB gilt, will eine wettbewerbsneutrale Regelung insbesondere für Kreditgenossenschaften erreichen. Nur so kann vermieden werden, daß entsprechend der 4. EG-Richtlinie Kapitalgesellschaften ihre Forderungen und Verbindlichkeiten gegenüber Genossenschaftsbanken, bei denen sie Mitglied sind, gesondert ausweisen. Die Ausnahme gilt also lediglich für den Bereich des im HGB geregelten Rechnungswesens; es handelt sich um eine Fiktion, da im übrigen die Mitgliedschaft in einer eG nach der gesetzlichen Definition von § 271 Abs. 1 S. 1 HGB eine Beteiligung darstellt.

282 Wegen des Begriffs **„verbundene Unternehmen"** vgl. § 271 Abs. 2 HGB.

283 Zur näheren **Abgrenzung des Beteiligungsbegriffs** vgl. auch Stellungnahme des Bankenfachausschusses des Instituts der Wirtschaftsprüfer 1/77: Ob es sich um eine Beteiligung handelt, kann nur aus einer Kombination aller Merkmale unter Berücksichtigung der Gesamtumstände entschieden werden. Eine Beteiligung ist insbesondere dann anzunehmen, wenn

- ein Unternehmensvertrag im Sinne von § 291 AktG besteht
- Anteile oder Mitgliedschaften bei GmbH, eG, OHG oder KG übernommen sind
- gemäß § 152 Abs. 2 AktG 25%iger Anteilsbesitz besteht (Beteiligungsvermutung)
- der Zweck in der Einflußnahme auf die Unternehmensführung liegt (und nicht z. B. auf Überwachung einer Kapitalanlage).

Die Dauer des Anteilsbesitzes kann ein Kriterium für die Beurteilung als Beteiligung sein.

Für **Beteiligungen bei Kreditinstituten** (also auch bei Genossenschaftsbanken) gilt die Sonderregelung von § 19 Abs. 1 Ziff. 6 KWG; als Beteiligung gilt jeder Besitz eines Kreditinstituts an Aktien, Cuxe oder Geschäftsanteilen des Unternehmens, wenn es mindestens 1/4 des Kapitals (Nennkapital, Zahl der Cuxe, Summe der Kapitalanteile) erreicht, ohne daß es auf die Dauer des Besitzes ankommt. Für die Zulässigkeit von Beteiligungen bleibt im übrigen § 1 Abs. 2 GenG maßgeblich. **284**

### 2. Bedeutung der Beteiligung

**Beteiligung** an anderen Gesellschaften kann für die eG ein wichtiges **Mittel zur Erfüllung ihrer Förderaufgabe** sein (*Welling*, S. 7). **285**

Aus Abs. 2 folgt einerseits, daß sich die eG an anderen Gesellschaften, Personenvereinigungen und Körperschaften beteiligen darf, daß andererseits für diese Beteiligungen jedoch Grenzen gesetzt sind, die sich aus dem genossenschaftlichen Förderauftrag des Abs. 1 ergeben. Die Beteiligung ist nur zugelassen, wenn der Förderzweck der eG sie rechtfertigt. Diese Rechtfertigung sieht das Gesetz nur unter den in Abs. 2 alternativ genannten Voraussetzungen. **286**

Das Gesetz enthält eine rechtlich ungenaue, aber umfassende Beschreibung der Rechtsformen, an denen eine Beteiligung zugelassen sein kann. Die eG kann unter den gesetzlichen Voraussetzungen Gesellschafter einer OHG, Komplementärin oder Kommanditistin einer KG sein (RGZ 134, 370); sie kann Aktien oder GmbH-Anteile erwerben, sie kann Mitglied anderer eG sein oder auch Mitglied eines Idealvereins (so auch *Müller*, § 1 Rdn. 63). **287**

Die in der Praxis **bedeutendsten Fälle der Beteiligung** sind die Mitgliedschaften der Primärgenossenschaften bei den Zentralgenossenschaften (s. Rdn. 293 ff) (die zum Teil auch als Aktiengesellschaften oder Gesellschaften mit beschränkter Haftung bestehen). Ohne diese Beteiligung und die darauf beruhende Zusammenarbeit könnten z. B. Genossenschaftsbanken ihren Förderauftrag nicht erfüllen. Diese Zentralen ergänzen die Primärgenossenschaften vor allem in Bereichen, die wegen der Struktur und Größenordnung der eG von dieser nicht – oder nicht kostengünstig – bewältigt werden können (z. B. genossenschaftliche Zentralbanken für Liquiditätsausgleich, Außenhandel, Wertpapiergeschäfte usw., im Bereich der Waren- und Dienstleistungsgenossenschaften bestehen Zentralen als Hauptgenossenschaften, Molkereizentralen, Einkaufszentralen usw.). **288**

## II. Zulässigkeit der Beteiligung

### 1. Beteiligung dient der Förderung der Mitglieder

289 Eine Beteiligung ist zunächst zugelassen, wenn sie der **Förderung des Erwerbs oder der Wirtschaft der Genossenschaftsmitglieder** zu dienen bestimmt ist in Bereichen, die mit dem Unternehmensgegenstand der eG sachlich verwandt sind (vgl. *Paulick*, „Zulässigkeit und Grenzen der Beteiligung eingetragener Genossenschaften an anderen Unternehmen in genossenschaftsrechtlicher und steuerrechtlicher Sicht", in: Festschrift für Westermann 1977, S. 443).

290 Diese Voraussetzung ist erfüllt, wenn durch die Beteiligung eine **unmittelbare Förderung** der Mitglieder der eG erreicht werden soll, wie z. B. die Beteiligung an einem Betrieb zur Verarbeitung landwirtschaftlicher Produkte, um den Mitgliedern Absatzmöglichkeiten zu sichern.

291 Es genügt aber u. U. auch eine **mittelbare Förderung** der Mitglieder, wenn die Beteiligung dem genossenschaftlichen Unternehmen selbst Vorteile bringt, die sich in verbesserten Fördermöglichkeiten auswirken können (*Welling*, S. 176).

292 Die **Beteiligung der eG an genossenschaftlichen Zentralen** ist grundsätzlich geeignet, den wirtschaftlichen Förderinteressen der Mitglieder zu dienen. Von Anfang an war es ein wichtiges Strukturelement des genossenschaftlichen Verbundes, daß Teilaufgaben von der Primärgenossenschaft auf eine nachgelagerte zweite Stufe übertragen werden, wenn diese Aufgaben dort wirkungsvoller im Sinne der Mitgliederinteressen erfüllt werden können (vgl. *Winter*, Genossenschaftlexikon, 750).

293 Das Gesetz enthält keine Definition des **Begriffs „Zentralgenossenschaft"**. Es bestand in der Vergangenheit lediglich das Bedürfnis, einige Sachverhalte besonders zu regeln, wenn die Mitglieder einer eG „ganz oder überwiegend aus eingetragenen Genossenschaften" bestehen. Dies gilt für die in § 43 Abs. 3 S. 7, und in § 65 Abs. 2 S. 5 enthaltenen Regelungen. Vereinfachend wird in diesen Fällen von „Zentralgenossenschaften" gesprochen.

Die rein formale Umschreibung des Gesetzes trifft nicht das Wesen der Zentralgenossenschaft. Tatsächlich handelt es sich bei den genossenschaftlichen Zentralen (unabhängig von ihrer Rechtsform) um Unternehmen im genossenschaftlichen Verbund auf der regionalen oder Bundesebene, die von Primärgenossenschaften gegründet und von diesen getragen werden, um im überörtlichen Bereich die wirtschaftlichen Interessen der Mitglieder zu bündeln und wahrzunehmen (s. Erl. zu § 43 Rdn. 112).

Zentralgenossenschaften bestehen für die einzelnen Sparten, z. B. für die Genossenschaftsbanken als genossenschaftliche Zentralbanken, für den gewerblichen und landwirtschaftlichen Warenbereich als Einkaufszentralen, Hauptgenossenschaften, Molkereizentralen, Vieh- und Fleischzentralen, Zentralkellereien, Rechenzentralen usw. (Zur geschichtlichen Entwicklung und zu genossenschaftlichen Zentralbanken: *Ottnad*, HdG, Sp. 1830 ff; auch *Heine*, Genossenschaftslexikon, 748; *Wasmer*, Genossenschaftslexikon, 750; *Götz*, Verbundbildung; zum Wesen und zur Rolle der Zentralgenossenschaften: *Draheim*, Genossenschaftliche Zusammenschlüsse, Zur Reform des Genossenschaftsrechts, Bd. 1, 191 ff; *Reinhardt*, Zur Reform, Bd. 1, 241 ff).

Die Beteiligung ist zulässig, wenn sie irgendwie die Eigenwirtschaft der Mitglieder zu fördern bestimmt ist (*Westermann*, Zur Reform, Bd. 1, 89). Die Beteiligung muß nur nach Art und Umfang mit dem Zweck der Mitgliederförderung vereinbar sein (*Reinhardt*, Zur Reform, Bd. 1, 276). Es kann daher z. B. einer Kreditgenossenschaft nicht versagt werden, eine **gesunde Streuung** des Anlagevermögens durch Übernahme von Beteiligungen anzustreben, um auch in schwierigen Zeiten ihre Aufgabe erfüllen zu können (im Grundsatz zustimmend *Schubert/Steder*, § 1 Rz. 21; abzulehnen aber die dortige Begründung aus § 19 Abs. 1 Ziff. 5 KWG und aus § 152 Abs. 2 AktG für eine 25%-Grenze; die Grenze folgt ausschließlich aus § 1 GenG; zweifelnd *Paulick*, in Festschrift Westermann, 448). **294**

Die Übernahme von Anteilen in erster Linie zum Zweck der rentablen **Kapitalanlage** ist nur ausnahmsweise eine (zulässige) Beteiligung. Für die Frage der Zulässigkeit sind in diesem Fall die Einzelumstände entscheidend (*Paulick*, S. 81 hält eine solche Beteiligung stets für unzulässig, ebenso in Festschrift Westermann, 448; *Müller*, § 1 Rdn. 60 hält sie für stets zulässig). **295**

Eine Beteiligung wird sich im allgemeinen auf solche **Bereiche** orientieren, die mit dem Unternehmensgegenstand der eG in sachlichem Zusammenhang stehen (vgl. *Beuthien*, Der Geschäftsbetrieb von Genossenschaften im Verbund, Schriften zur Kooperationsforschung Bd. 10; *Müller*, § 1 Rdn. 61; *Schubert/Steder*, § 1 Rz. 19). Dies kann jedoch nicht ausschließlich gelten (a. A. und insoweit zu eng *Müller*, ebd. und *Schubert/Steder*, ebd.); zulässig muß z. B. auch eine Beteiligung einer Kreditgenossenschaft **an einer Warengenossenschaft** sein, weil dies durchaus den Förderinteressen der Mitglieder dienen kann. Dies hat sich insbesondere bei Ausgliederung des Warengeschäfts aus einer gemischtwirtschaftlichen Kreditgenossenschaft bewährt. Zulässig ist auch z. B. die Beteiligung einer eG an einem Verein als Träger genossenschaftlicher **Schulungseinrichtungen**. Die Beteiligung einer Kreditgenossenschaft an einem Gastronomiebetrieb müßte dagegen durch besondere Interessen der Mitglieder gerechtfertigt sein. **296**

Für die **Grenzziehung** zwischen zulässiger und unzulässiger Beteiligung in diesen Fällen muß die „Richtung" des Förderinteresses der Mitglieder ausschlaggebend bleiben. Wenn die Mitglieder eine Förderleistung wünschen, die aus bestimmten Gründen von der eG nicht oder nicht optimal erbracht werden kann, kann zur Befriedigung dieser Bedürfnisse eine Beteiligung eingegangen werden. Dies kann z. B. für die Beteiligung an einer Kfz-Leasing-Gesellschaft gelten.

Zur Frage der Beteiligung insbesondere bei sogenannten **„Haltegenossenschaften"** und **„Pachtgenossenschaften"** vgl. *Beuthien*, Der Geschäftsbetrieb von Genossenschaften im Verbund.

**297** Über Beteiligungen **entscheidet** grundsätzlich der **Vorstand** im Rahmen seiner Leitungskompetenz, soweit nicht die Satzung im Rahmen von § 27 Abs. 1 S. 2 GenG andere Organe dafür vorsieht, oder die Beteiligung von so erheblicher Bedeutung ist, daß sie den „Kernbereich" (s. § 43 Rdn. 8) der eG berührt und damit der Zustimmung der GV bedarf.

**298** Zur Übernahme und steuerlichen Behandlung von **Beteiligungen** ehem. gem. Wohnungsbaugenossenschaften s. Rdn. 54, 56 und 130, einer Vermietungsgenossenschaft: Rdn. 100 unter h) und f.

### 2. Beteiligung dient gemeinnützigen Bestrebungen

**299** Die zweite Alternative einer zulässigen Beteiligung ist dann gegeben, wenn diese **gemeinnützigen Bestrebungen** der eG zu dienen bestimmt ist. Der Begriff der Gemeinnützigkeit ist hier im weiteren Sinne zu verstehen. Gemeint sind vor allem Nebenzwecke des allgemeinen Interesses, soweit sie mit der hauptsächlichen Fördertätigkeit der eG in Beziehung stehen. Der steuerliche Begriff des § 52 AO gibt brauchbare Abgrenzungsmerkmale. § 52 AO lautet:

„(1) Eine Körperschaft verfolgt gemeinnützige Zwecke, wenn ihre Tätigkeit darauf gerichtet ist, die Allgemeinheit auf materiellem, geistigem oder sittlichem Gebiet selbstlos zu fördern. Eine Förderung der Allgemeinheit ist nicht gegeben, wenn der Kreis der Personen, dem die Förderung zugute kommt, fest abgeschlossen ist, zum Beispiel Zugehörigkeit zu einer Familie oder zur Belegschaft eines Unternehmens, oder infolge seiner Abgrenzung, insbesondere nach räumlichen oder beruflichen Merkmalen, dauernd nur klein sein kann. Eine Förderung der Allgemeinheit liegt nicht allein deswegen vor, weil eine Körperschaft ihre Mittel einer Körperschaft des öffentlichen Rechts zuführt.

(2) Unter den Voraussetzungen des Absatzes 1 sind als Förderung der Allgemeinheit anzuerkennen insbesondere:

1. die Förderung von Wissenschaft und Forschung, Bildung und Erziehung, Kunst und Kultur, der Religion, der Völkerverständigung, der Entwicklungshilfe, des Umwelt-, Landschafts- und Denkmalschutzes, des Heimatgedankens,

2. die Förderung der Jugendhilfe, der Altenhilfe, des öffentlichen Gesundheitswesens, des Wohlfahrtswesens und des Sports."

In derartigen Fällen ist es nicht erforderlich, daß die Beteiligung der Förderung der Mitglieder zu dienen bestimmt ist (*Welling*, S. 13). Allerdings darf dann diese Beteiligung nicht alleiniger oder überwiegender Zweck der eG sein. **300**

Wegen Prüfung von Beteiligungen vgl. § 53 Rdn. 66 ff.

## III. Sonderfälle

Die eG kann sich **als stiller Gesellschafter** (§§ 335 ff HGB) beteiligen, wenn die Voraussetzungen des Abs. 2 vorliegen. **301**

Eine Beteiligung als **stiller Gesellschafter an der eG** erscheint wegen der Regelung über die Gewinnverwendung in § 19 i. V. m. § 18 S. 2 nicht unproblematisch. Die früher strenge Auffassung, wonach damit eine Gewinnverteilung an Nichtmitglieder ausgeschlossen sei, wird aber zunehmend in Frage gestellt: **302**

Der Wortlaut des § 19 Abs. 1 S. 1 enthält eine zwingende Regelung nur für die Verwendung des sich aus dem Jahresabschluß ergebenden Gewinnes oder Verlustes. Wenn der Gewinnanspruch eines stillen Gesellschafters bei der eG als Schuldposten anerkannt wird, handelt es sich nicht um „Bilanzgewinn" im Sinne des Gesetzes, sondern gerade um eine Position, die vom Bilanzgewinn abzuziehen ist. Folgerichtig sind stille Beteiligungen auch unter dem Gesichtspunkt der Körperschaftssteuer wie Fremdkapital zu werten mit der Folge, daß die Gewinnanteile bei der eG als Betriebsausgaben abzugsfähig sind. § 232 Abs. 1 HGB steht dem nicht entgegen.

Ein weiterer Gesichtspunkt ist hier von Bedeutung: Die im Genossenschaftsrecht letztlich maßgebende Leitlinie ist der gesetzliche Auftrag der Mitgliederförderung. Danach ist auch die Frage der Zulässigkeit stiller Beteiligungen zu beurteilen: Da die stille Beteiligung zu einer Gewinnminderung zu Lasten der Mitglieder führt, muß zumindest die Erwartung begründet sein, daß dies durch verbesserte Förderleistungen ausgeglichen werde. Eine Stärkung der Kapitalbasis der eG infolge der Beteiligung dürfte grundsätzlich diese Voraussetzung erfüllen.

So können z. B. auch Genossenschaftsbanken die vom Kreditwesengesetz eingeräumte Möglichkeit nutzen, durch die Hereinnahme stiller Beteiligungen oder die Gewährung von Genußrechten das „haftende Eigenkapital" zu stärken um damit die Grundlage der Bankleistungen für die Mitglieder verbessern (vgl. § 10 Abs. 4 und 5 KWG). Keine Bedenken bestehen gegen die stille Beteiligung einer eG an der Zentrale, wenn damit die Verbundleistungen gefördert werden sollen, zumal hier eine Gewinnerzielung nicht Zweck der Beteiligung ist. Entsprechendes könnte auch für eine betriebsorientierte Mitarbeiterbeteiligung gelten, jedenfalls in den Fällen, in denen eine Mitgliedschaft z. B. wegen fehlender Fördermöglichkeit nicht sinnvoll wäre (vgl. auch Erl. zu § 19 Rdn. 8). Die Zulässigkeit einer stillen Beteiligung wird auch aus § 48 Abs. 1 Satz 2 hergeleitet, wonach die GV über die Verwendung des Jahresüberschusses zu beschließen habe (vgl. *Hadding*, ZIP 1984, 1302). Diese Begründung kann nicht überzeugen, da auch die GV an zwingende gesetzliche Vorschriften gebunden bleibt (§ 19 i. V. m. § 18 S. 2).

Bei Würdigung der vorstehenden Überlegungen **erscheinen die grundsätzlichen Bedenken gegen stille Beteiligungen an der eG ausgeräumt**.

**303** Da stille Beteiligungen unmittelbare Auswirkungen auf die Gewinnerwartung der Mitglieder haben, muß die Grundsatzentscheidung über die Zulässigkeit solcher Beteiligungen vom Willen der Mitglieder getragen werden. Es ist ein **Beschluß der GV** erforderlich, der den Vorstand ermächtigt, Beteiligungsverträge mit Dritten abzuschließen (vgl. *Aschermann*, Die eingetragene Genossenschaft als Beteiligungsunternehmen, Marburger Schriften zum Genossenschaftswesen, Bd. 71, 54 ff, 75). Gemäß dem Grundgedanken von § 18 sollte besser eine entsprechende **Regelung in die Satzung** aufgenommen werden.

**304** Gegen eine **„atypische" stille Beteiligung** (Vermögensbeteiligung bzw. interne Rechte zur Geschäftsführung) bleiben die Bedenken bestehen: Es widerspräche unverzichtbaren Grundsätzen des Genossenschaftsrechts, wenn außenstehenden Personen unternehmerische Mitentscheidungsrechte eingeräumt würden.

**305** Unter gleichen Gesichtspunkten ist ein **partiarisches Darlehen** an die eG zu beurteilen (Unterscheidung partiarisches Darlehen und stille Beteiligung: BGH, WM 1965, 1052; BGH v. 10. 10. 94, II ZR 32/94 – wenn gemeinsamer Zweck, dann stille Beteiligung, wenn jede Partei nur eigene Interessen verfolgt, dann partiarisches Darlehen). Mitgliederdarlehen an die eG sind rechtlich unproblematisch, zumal nicht der Gewinn im Vordergrund steht (*Paulick*, S. 135).

**306** Auch die Ausgabe von **Genußrechten** durch eG wurde in Hinblick auf die Regelung in §§ 19, 20 als problematisch angesehen. Inzwischen hat sich aber ein Bedürfnis gezeigt, auch der eG den Zugang zu diesen Finanzierungsmöglichkeiten zu eröffnen. So hat in zwei besonderen Fallgruppen die Beteiligung an Genußrechten eine gesetzliche Regelung erfahren:

a) Für das 5. Vermögensbildungsgesetz (BGBl. 1987, S 631) – danach können zur Vermögensbildung der Arbeitnehmer von der eG Genußscheine ausgegeben werden; die §§ 19 und 20 GenG finden keine Anwendung (§ 2 Abs. 1 Ziff. 7 und Abs. 2 VermBG).

b) Gemäß § 10 Abs. 5 KWG kann auch für Kreditgenossenschaften unter bestimmten Voraussetzungen Genußrechtskapital als haftendes Eigenkapital angesehen werden (Teilnahme am Verlust; Rückforderung erst nach Befriedigung der Gläubiger; Mindestdauer von 5 Jahren; Fälligkeit nicht vor 2 Jahren; Genußrechtskapital übersteigt nicht 25% des haftenden Eigenkapitals ohne Haftsummenzuschlag).

Genußrechte begründen keine gesellschaftsrechtliche Mitbestimmung. **307**
Bilanz- und haftungsrechtlich handelt es sich grundsätzlich um Eigenkapital, unabhängig von der steuerlichen Einordnung.

Genußrechte sind Forderungsrechte und können in verschiedener Weise ausgestaltet werden: Es kann dem Inhaber eine Beteiligung am Jahresgewinn (und am Liquidationserlös) oder ein Anspruch auf Verzinsung zugesagt werden.

Bedenken gegen die Genußrechte und Einschränkungen können sich bei **308**
der eG auch aus dem Grundauftrag der Förderung der Mitglieder ergeben und aus der zwingenden und ausschließlichen Regelung des § 19 Abs. 1 S. 1, wonach Gewinne nur an die Mitglieder zu verteilen sind (vgl. auch *Blomeyer*, ZfG 1993, 17 ff).

Genußrechte stellen eine zusätzliche Kostenbelastung dar, die eine entsprechende Ertragssituation und Gewinnorientierung der eG voraussetzt (*Blomeyer*, ebd., 21).

Insgesamt muß gelten: **309**

- Die Ausgabe von Genußrechten ist unter dem Gesichtspunkt des genossenschaftlichen Förderauftrages unbedenklich, soweit sie geeignet erscheint, die Leistungsfähigkeit der eG zu stärken und damit die Förderleistungen für die Mitglieder zu erhöhen.
- Soweit Genußrechte im Rahmen des VermBG ausgegeben werden, bestehen in Anbetracht der gesetzlichen Sonderregelung keine rechtlichen Bedenken.
- Genußrechte an Mitglieder sind grundsätzlich unbedenklich.
- Sollen Genußrechte an Nichtmitglieder ausgegeben werden, so sollten sie mit Rücksicht auf § 19 Abs. 1 S. 1 GenG nicht mit einer Gewinnbeteiligung ausgestattet sein, sondern eine Verzinsung vorsehen, die einen festen Zinssatz haben oder sich in der Höhe am Gewinn, z. B. an der Dividende, orientieren kann.

Der Zweck der eG schließt grundsätzlich aus, daß die eG im Rahmen **310**
eines **Konzerns** (tatsächlich ausgeübte einheitliche Leitung = § 18 AktG) einer Gesellschaft anderer Rechtsform untergeordnet ist, jedenfalls, wenn die herrschende Gesellschaft nicht an den gleichen Förderauftrag gebunden ist.

Vom Konzernbegriff ist der Begriff des „abhängigen Unternehmens“ zu unterscheiden, bei dem die Möglichkeit der Einflußnahme ausreichend ist (§ 17 AktG). Die eG kann wegen ihrer gesetzlichen Auftragsbindung (§ 1) **herrschendes, nicht aber abhängiges Unternehmen** sein (*Beuthien*, Konzernbildung und Konzernleitung kraft Satzung, ZIP 1993, 1589; *Holtkamp*, Die Genossenschaft als herrschendes Unternehmen, Frankfurt 1993). Wegen der gesetzlichen Regelung des Stimmrechts bei der eG, wonach grundsätzlich jedes Mitglied unabhängig von der Beteiligung eine Stimme hat, sowie wegen der Personenbezogenheit der eG erscheint die analoge Anwendung der §§ 16, 17 Abs. 2 AktG problematisch (vgl. *Schmidt*, Prüfung von Genossenschaften, S. 54). Dem Sinn der Regelung entsprechend wäre es, Abhängigkeit nur dann zu vermuten, wenn sowohl eine Mehrheitsbeteiligung am Kapital als auch im Hinblick auf die Stimmrechte besteht. Nur unter dieser Voraussetzung dürfte die (widerlegbare) Vermutung der Abhängigkeit gemäß § 17 Abs. 2 AktG gerechtfertigt sein. Die Mehrheitsbeteiligung einer Aktiengesellschaft an einer eG dürfte z. B. im Genossenschaftsverbund zulässig sein, wenn die Aktiengesellschaft nach Satzung und Tätigkeit genossenschaftlich strukturiert und orientiert ist, jedenfalls, soweit dadurch die Erfüllung des Förderauftrags der eG nicht beeinträchtigt wird. (Zu diesen Fragen: *Merle*, Die eingetragene Genossenschaft als abhängiges Unternehmen, in: Die Aktiengesellschaft 1979, 265 ff; *Großfeld*, Genossenschaft und Eigentum, 1975, S. 33 ff; *Westermann*, Rechtsprobleme der Genossenschaften, 1969, S. 172 ff).

**311** Bei der Frage, ob und inwieweit die eG einem **Gleichordnungskonzern** angehören kann, muß differenziert werden: Eine solche Bindung erscheint (nur) dann zulässig, wenn dadurch der Unternehmenszweck der eG, die Mitglieder zu fördern, sowie die Entscheidungsfreiheit der GV nicht beeinträchtigt werden.

## IV. Rechtsfolgen bei unzulässigen Beteiligungen

**312** Eine Beteiligung, die die Beschränkungen von § 1 Abs. 2 nicht beachtet, ist deswegen nicht rechtsunwirksam. Es besteht die **schuldrechtliche Verpflichtung** der eG, d. h. der zuständigen Organmitglieder (grundsätzlich der Mitglieder des Vorstandes, § 27 Abs. 1), die Beteiligung im Rahmen der rechtlichen Möglichkeiten rückgängig zu machen oder zu beenden. Führt eine unzulässige Beteiligung zu einem Schaden für die eG, kann dies Haftungsfolgen für Mitglieder des Vorstandes (§ 34) oder des Aufsichtsrates (§ 41) haben (so auch *Müller*, § 1 Rdn. 75).

## § 2
## Haftung der Genossenschaft

**Für die Verbindlichkeiten der Genossenschaft haftet den Gläubigern nur das Vermögen der Genossenschaft.**

*Übersicht*



## I. Rechtsgeschichtliche Entwicklung der Haftungs- und Nachschußverpflichtungen

Die **Haftpflicht der Mitglieder** war von Anfang an als eine Art „Ergänzung" des Eigenkapitals verstanden worden. So war es vor allem in der Zeit der Entstehung der eG in Deutschland möglich, diese mit relativ geringer Eigenkapitalausstattung kreditfähig zu machen. 1

Bis zum **Gesetz vom 20. 12. 1933** bestanden drei Haftungstypen

– die eG mit **beschränkter Haftpflicht:** 2
Es bestand eine Zahlungspflicht der Mitglieder gegenüber der eG im Konkursfall bis zur Höhe eines in der Satzung festgelegten Betrages; daneben bestand eine Haftung bis zur Höhe des satzungsmäßigen Haftungsbetrages auch unmittelbar gegenüber dem Gläubiger der eG;

– die eG mit **unbeschränkter Haftpflicht:** 3
Die Mitglieder waren unbeschränkt zur Leistung von Nachschüssen im Konkurs verpflichtet; daneben bestand aber auch eine unmittelbare Haftung gegenüber den Gläubigern der eG;

– die eG mit **unbeschränkter Nachschußpflicht:** 4
Die Mitglieder waren zur Zahlung der Beträge an die eG unbeschränkt und anteilig verpflichtet, soweit das zur Befriedigung der Gläubiger im Konkurs erforderlich war; eine unmittelbare Haftung gegenüber den Gläubigern der eG bestand nicht.

Das Gesetz vom 20. 12. 1933 hat auf die unmittelbare Haftung der Mitglieder gegenüber den Gläubigern der eG verzichtet. Eine beschränkte oder unbeschränkte „Haftpflicht" gab es von diesem Zeitpunkt an nicht mehr. 5

An diesen Grundsätzen hat die Gesetzesnovelle 1973 nichts geändert. Der Wortlaut des § 2 bringt insoweit nur eine Klarstellung. 6

## II. Keine unmittelbare Haftung der Mitglieder für Schulden der Genossenschaft

7 1. Durch die Bestimmung des § 2 (Novelle 1973), daß für die Verbindlichkeiten der eG den Gläubigern **nur das Vermögen der eG haftet**, kommt eindeutig zum Ausdruck, daß eine Zahlungspflicht der Mitglieder gegenüber den Gläubigern der eG nicht besteht. Dieser Grundsatz gilt für alle im Gesetz vorgesehenen „Haftungsarten"; die „Haftung" der Mitglieder besteht lediglich in einer **Nachschußpflicht gegenüber der eG**. Dies bedeutet eine Zahlungspflicht der Mitglieder gegenüber der eG, wenn und soweit deren Vermögen im Konkurs zur Befriedigung der Gläubigerforderungen nicht ausreicht (§ 6 Ziff. 3). Diese Zahlungspflicht ist begrenzt durch die Regelung in der Satzung über die Nachschußpflicht. Eine entsprechende Zahlungspflicht als Nachschußleistung besteht auch außerhalb des Konkurses beim Ausscheiden einzelner Mitglieder im Fall der Überschuldung der eG unter den Voraussetzungen des § 73 Abs. 2.

8 Im weitesten Sinne besteht rechtlich das **„Beteiligungsrisiko"** der Mitglieder aus folgenden Komponenten:

- Verlust des Geschäftsguthabens durch Abschreibung zum Zwecke der Deckung von Verlusten;
- Zahlungspflicht in Höhe rückständiger und fälliger Pflichteinzahlungen;
- weitere Zahlungspflichten unter den Voraussetzungen des § 87 a im Liquidationsstadium zur Abwendung des Konkurses (bis zur Volleinzahlung des Geschäftsanteils – Abs. 1 bzw. zusätzlich bis zur Höhe des Gesamtbetrages der Geschäftsanteile des Mitgliedes – Abs. 2);
- Zahlung von Nachschüssen im Rahmen der satzungsmäßigen Verpflichtung beim Ausscheiden einzelner Mitglieder unter den Voraussetzungen des § 73 Abs. 2; vgl. auch §§ 75, 76 Abs. 4;
- Zahlung von Nachschüssen im Falle des Konkurses der eG nach Maßgabe der Satzung gemäß den besonderen Vorschriften des GenG (§§ 105 ff) und der Konkursordnung.

9 2. Die Haftung des Genossenschaftsvermögens besteht **für alle Verbindlichkeiten**, unabhängig vom Rechtsgrund des Entstehens. In Betracht kommen Verbindlichkeiten aus Rechtsgeschäften, Ansprüche aus unerlaubter Handlung oder aus ungerechtfertigter Bereicherung oder sonstige Leistungspflichten beliebiger Art, soweit diese als Zahlungsansprüche bestehen oder in solche übergegangen sind.

10 3. Die Haftung des **Vermögens der eG** besteht zu jeder Zeit; außerhalb des Konkurses wird sie verwirklicht durch Zwangsvollstreckung, im Konkurs nach den Bestimmungen der Konkursordnung. Zum Vermögen sind alle verwertbaren Gegenstände zu rechnen, die sich im Eigentum der eG

befinden oder an denen die eG verwertbare schuldrechtliche Ansprüche hat.

4. Gläubiger der eG ist jede natürliche Person, juristische Person, sowie Personengesellschaft des Handelsrechts, die aus irgend einem Rechtsgrund einen Zahlungsanspruch gegen die eG hat. **11**

## III. Regelungen der Nachschußpflicht durch die Satzung

Die Art der Nachschußverpflichtung wird gemäß § 6 Ziff. 3 **durch die Satzung** bestimmt. **12**

Es bestehen nach geltendem Recht drei Möglichkeiten einer Satzungsregelung:

- Bei der **unbeschränkten Nachschußpflicht** sind die Mitglieder zur Zahlung anteiliger Nachschußbeträge ohne Beschränkung verpflichtet.
- Bei **beschränkter Nachschußpflicht** sind die Mitglieder zur anteiligen Zahlung von Nachschüssen bis zur Höhe der in der Satzung festgelegten Haftsumme verpflichtet.
- Bei der eG **ohne Nachschußpflicht** (zugelassen seit der Novelle 1973) entfällt jede Verpflichtung der Mitglieder zur Zahlung von Nachschüssen.

## IV. „Haftendes Eigenkapital" nach KWG

Die Nachschußpflicht der Mitglieder hat bei Kreditgenossenschaften **echte Eigenkapitalfunktion als „haftendes Eigenkapital"**. Entsprechendes gilt für Wohnungsbaugenossenschaften, die Bankgeschäfte i. S. v. § 1 Satz 2 KWG betreiben, die nicht zu den ihnen eigentümlichen Geschäften i. S. v. § 2 Abs. 1 Nr. 6, Abs. 3 KWG gehören (Schr. des BAK v. 20. 9. 1978, GW 1978, 189, Abschnitt III Nr. 3). **13**

Gemäß § 10 Abs. 2 Ziff. 3 KWG besteht das Eigenkapital zunächst aus Geschäftsguthaben und Rücklagen. Die **„Zuschlagsverordnung"** vom 6. 12. 1963 (BGBl. I, 871) bestimmt, daß bei eG mit beschränkter Nachschußpflicht 3/4 des Gesamtbetrages der Haftsummen, bei eG mit unbeschränkter Nachschußpflicht das Doppelte des Gesamtbetrages der Geschäftsanteile dem Eigenkapital zugerechnet wird. Die Zuschlagsverordnung wurde geändert durch „Verordnung zur Änderungen von Verordnungen über das Kreditwesen vom 20. 12. 1984" (BGBl., 1727). Gemäß § 1 Abs. 3 der Verordnung wird der Haftsummenzuschlag ab 1. 1. 1986 auf 47,5 % des tatsächlich vorhandenen Eigenkapitals und in den Folgejahren je um 2,5 % bis auf 25 % des vorhandenen Eigenkapitals ab 1995 herabgesetzt. Zum Verfahren: Bei Überschreitung der Relation des § 12 KWG durch Verminderung des Haftsummenzuschlags genügt zunächst eine formlose Mitteilung an das Bundesaufsichtsamt. Ein förmlicher Antrag gemäß § 12 Abs. 3 KWG auf eine Ausnahmegenehmigung ist dann erforderlich, wenn der durch Verminderung des Haftsummenzuschlags entstandene Überhang nicht im Laufe des Jahres abgebaut werden kann (Näheres *Reischauer/Kleinhans*, KWG, § 10 Rdn. 23 ff).

**14** Dieser als haftendes Eigenkapital anerkannte Zuschlag folgt aus der Bedeutung und Natur der Nachschußpflicht; sie war stets als Eigenkapitalergänzung verstanden worden. Es ist nur systemgerecht, wenn sie in Hinblick auf einen Konkurs der eG berücksichtigt wird (s. auch § 98 Abs. 1 Nr. 2). Näheres zum Haftsummenzuschlag: *Tochtermann*, Der Haftsummenzuschlag der Kreditgenossenschaften als haftendes Eigenkapital im Sinne des KWG, Marburger Schriften zum Genossenschaftswesen, Bd. 53, 1980; *Gessler*, Der Haftsummenzuschlag als Eigenkapital im Sinne des KWG, Vortragsveranstaltung des Instituts für Genossenschaftswesen an der Philipps-Universität Marburg am 19. 6. 1979, herausgegeben von der DGHyp, S. 9 ff; *Patera*, Anmerkungen zur Anerkennung des genossenschaftstypischen Haftsummenzuschlags, Österreichisches Bankarchiv 1984, 356.

## § 3

## Firma

**(1) Die Firma der Genossenschaft muß vom Gegenstand des Unternehmens entlehnt sein. Der Name von Genossen oder anderen Personen darf in die Firma nicht aufgenommen werden.**

**(2) Die Firma muß die Bezeichnung „eingetragene Genossenschaft" oder die Abkürzung „eG" enthalten. § 30 des Handelsgesetzbuches gilt entsprechend.**

**(3) Der Firma darf kein Zusatz beigefügt werden, der darauf hindeutet, ob und in welchem Umfang die Genossen zur Leistung von Nachschüssen verpflichtet sind.**

*Übersicht*

## I. Allgemeine Grundsätze des Firmenrechts

Gemäß § 17 Abs. 2 gelten eG **grundsätzlich als „Kaufleute** im Sinne des Handelsgesetzbuches". Somit finden insbesondere auch die handelsrechtlichen Vorschriften über die Handelsfirma Anwendung (§§ 17 ff HGB). Die **Firma ist der Name** der eG, unter dem sie ihre Geschäfte betreibt, mit dem sie rechtsverbindlich unterzeichnet, unter dem sie klagen kann oder verklagt wird (§ 17 HGB). Die Firma hat mithin die Bedeutung, dieses Unternehmen als Träger von Rechten und Pflichten zu bezeichnen. **1**

Für die Firma gelten die **handelsrechtlichen Grundsätze** der Firmeneinheit (s. aber § 14 Rdn. 15 ff), Firmenöffentlichkeit, Firmenwahrheit, Firmenunterscheidbarkeit. **2**

Der Grundsatz der **Firmeneinheit** bedeutet, daß für ein und dasselbe Unternehmen nur eine Firma geführt werden darf (vgl. hierzu RGZ 85, 397; 113, 216; *George*, BB 1963, 1451; *Esch*, BB 1968, 235). Dies ergibt sich auch aus § 23 HGB: Die Firma kann nicht ohne das Handelsgeschäft, für welche sie geführt wird, veräußert werden. Ausnahmen vom Grundsatz der Firmeneinheit sind zugelassen für die Firma einer Zweigniederlassung (vgl. § 14 Rdn. 15 ff). **3**

Der Grundsatz der **Firmenöffentlichkeit** findet seinen Ausdruck insbesondere in § 15 HGB bzw. § 29 GenG in Verbindung mit § 6 Ziff. 1 GenG: Die Firma ist in das Genossenschaftsregister einzutragen, das jeder einsehen kann. Außerdem ist die eG, sofern sie eine „offene Geschäftsstelle" unterhält, nach § 15a GewO verpflichtet, an der Außenseite oder am Eingang der offenen Geschäftsstelle ihre Firma anzubringen (OLG Darmstadt, BlfG 1935, 57). Diese Verpflichtung besteht nicht, wenn eine eG, die eine Verkaufsstelle betreibt, ihre Tätigkeit auf den Kreis der Mitglieder beschränkt und nur der Deckung von deren Eigenbedarf dient (OLG Düsseldorf, DB 1983, 1651). **4**

Nach dem Grundsatz der **Firmenwahrheit** (§ 18 Abs. 2 HGB) sind Firmenzusätze verboten, die geeignet sind, eine Täuschung über die Art oder den Umfang des Geschäfts oder die Verhältnisse des Geschäftsinhabers herbeizuführen. Andere Zusätze, z. B. solche, die der Unterscheidung dienen, sind erlaubt. Rechtlich nicht zu beanstanden ist es, wenn z. B. auf den Briefbogen der zutreffenden Firmenbezeichnungen die Adressen von Zweigstellen beigefügt werden (Beispiel: „Volksbank A-Stadt eG" und darunter die Anschriften verschiedener Zweigstellen an unterschiedlichen Orten ohne nähere Bezeichnung von Zweigstellen). **5**

Nach BGH ist es irreführend und damit unzulässig, geographische Firmenbestandteile zu benutzen, die auf eine örtliche oder regionale Bedeutung hinweisen, die dem Unternehmen tatsächlich nicht zukommt. Eine Firmenbezeichnung „Hamburger Volksbank eG" setzt voraus, daß dieses

Bankunternehmen in (ganz) Hamburg (BGH, GRUR 1968, 702) und eine Firma „Bayerische Bank" (BGH GRUR 1973, 486) in Bayern eine hervorgehobene Marktbedeutung hat. Ist eine solche Firma irreführend und damit unzulässig, so kann gemäß § 3 UWG auf Unterlassung geklagt werden.

6 Aus dem Grundsatz der **Firmenunterscheidbarkeit** folgt, daß die Firma geeignet sein muß, das Unternehmen von bereits bestehenden und eingetragenen Firmen deutlich zu unterscheiden. Nach § 30 Abs. 1 HGB gilt diese Unterscheidungsfähigkeit grundsätzlich aber nur für Firmen an demselben Ort oder in derselben Gemeinde; die Unterscheidbarkeit gleicher Firmen in unterschiedlichen Gemeinden ergibt sich ausreichend aus dem Hinweis auf den Sitz des Unternehmens (z. B. Volksbank Bonn eG), vgl. hierzu Rdn. 37. Bei der Frage der deutlichen Unterscheidbarkeit kommt es nicht nur auf den Vergleich der formalen Firmenbezeichnung an; von Bedeutung ist auch eine Wortähnlichkeit oder ein ähnliches Klangbild, die im Geschäftsverkehr Verwechslungen nahelegen können (vgl. *Schlegelberger/Hildebrandt*, § 30 HGB Anm. 6).

Der Grundsatz ausreichender Unterscheidbarkeit ist beachtet, wenn in einer Gemeinde eine Genossenschaftsbank mit der Firma „Volksbank X von 1897 eG" besteht und eine andere Genossenschaftsbank am gleichen Ort umfirmiert in „Y Volksbank eG" (LG Krefeld, ZfG 1982, 303 mit Anm. *Großfeld/Neumann* = JZ 1981, 401).

7 Zur Frage ausreichender Unterscheidbarkeit liegen mehrere obergerichtliche Entscheidungen vor, die inzwischen zu einer gefestigten Rechtsmeinung geführt haben: Das OLG Hamm (BB 1961, 1026) hat festgestellt, daß die Firma „Volksbank eG" ohne weiteren Zusatz z. B. mit Hinweis auf den Sitz des Unternehmens unter Umständen verwechslungsfähig sein kann, vor allem, wenn sich der Geschäftsbereich mit dem anderer Volksbanken überschneidet. Das OLG Hamm hat diesen Grundsatz in einer weiteren Entscheidung bestätigt und fortentwickelt (OLG Hamm v. 14. 9. 1977, 15 W 250/77): Die Firma „Volksbank eG" sei nur zulässig, wenn im Geschäftsbereich keine Gefahr für Verwechslung bestehe; wer eine Firma nennt oder hört, soll sich darunter nur dieses und kein anderes Unternehmen vorstellen. Schließlich hat der BGH (WM 1992, 1643 = WuB II D. § 3 GenG 1.93 m. Anm. *Schaffland* = ZfG 1995, 137 mit Anm. *Roth*) entschieden, daß die Firma „Volksbank eG" lediglich ein Gattungsbegriff sei; die Bezeichnung weise keine namensmäßige Unterscheidungskraft auf. Für eine mögliche regionale Verkehrsgeltung seien im konkreten Fall keine ausreichenden Tatsachen vorgetragen. Das firmenrechtliche „Freihaltebedürfnis" schließe es aus, mit einem Gattungsbegriff den Geschäftsbereich für Mitbewerber zu sperren, die Geschäfte in gleicher Art betreiben wollen.

Diese Rechtsprechung muß letztlich überzeugen. Sie kann aber nicht ausschließen, daß neue Sachverhalte zu einer anderen Beurteilung führen, wenn z. B. in einer ganzen Region nur eine „Volksbank eG“ oder „Raiffeisenbank eG“ tätig ist und im Geschäftsverkehr auch tatsächlich kein Zweifel aufkommt, um welches Institut es sich handelt.

Es ist rechtlich unbedenklich, in der Werbung z. B. nur den Begriff „Volksbank“ zu verwenden.

Zum Firmenrecht im allgemeinen vgl. ausführlich *Schlegelberger/Hildebrandt*, Kommentar zum HGB §§ 17 ff; *Baumbach/Duden*, Kommentar zum HGB §§ 17 ff; *Bokelmann*, Das Recht der Firmen- und Geschäftsbeziehungen. 8

## II. Begriff der Sachfirma

Der Begriff ist in § 3 Abs. 1 dahin umschrieben, daß die Firma **„vom Gegenstand des Unternehmens entlehnt“** sein muß. Der Name von Genossen oder anderen Personen darf in die Firma nicht aufgenommen werden. 9

Aus dem Wortlaut folgt, daß die Firma keinesfalls den Unternehmensgegenstand erschöpfend beschreiben muß; es genügt, wen aus der Firmenbezeichnung ein ausreichender Bezug auf den Gegenstand des Unternehmens hergestellt wird (so auch *Müller*, § 3 Rdn. 12). 10

Weitergehende Anforderungen würden mehr zur Verwirrung beitragen, als klare und einprägsame Bezeichnungen zu schaffen. Die Firma hat schließlich nicht den Zweck, Außenstehenden nähere Informationen über die einzelnen Tätigkeiten des Unternehmens zu geben. Dafür stehen u. a. die öffentlichen Register zur Verfügung. 11

Das Verbot, **Personennamen** in die Firma aufzunehmen, hindert nicht, Bezeichnungen wie z. B. „Raiffeisenbank eG“ oder „Raiffeisen-Bezugs- und Absatzgenossenschaft“ aufzunehmen. Raiffeisen steht hier nicht für eine bestimmte Person, sondern der Name dieser historischen Persönlichkeit wird allgemein als Gattungsbegriff verstanden. 12

## III. Beispiele

### 1. Ländliche Genossenschaften

Neben dem Gegenstand des Geschäftsbetriebes ist die Angabe der Betriebsart nicht erforderlich; es genügt danach z. B., die Firma **„Maschinen-Genossenschaft** eG“ zu nennen, obwohl dies nicht erkennen läßt, ob der Handel mit Maschinen oder deren Benutzung bezweckt wird (KGJ 30, 145; OLG 44, 221; JW 1927, 130; KG JFG 13, 251 = BlfG 1936, 234). Die Firma **„ländliche Betriebsgenossenschaft** eG“ für eine eG, die für ihre Mitglieder Kartoffeln dämpft oder dämpfen läßt, ist **nicht eintragungsfä-** 13

**hig**, da die Abstraktheit dieser Firmierung nicht erkennen läßt, welcher Genossenschaftsart das Unternehmen zugehört und was Gegenstand seines Betriebes ist (AG Flensburg, ZfG Bd. 5, 237, Nr. 4).

### 2. Gewerbliche Genossenschaften

**14** Die Bezeichnung **„Großhandel"** in der Firma einer Einkaufsgenossenschaft (wie z. B. Drogen- und Foto-Großhandel eG) ist grundsätzlich zulässig (KG JW 1930, 1409 = BlfG 1929, 794 und LG München, BlfG 1938, 290, OLG Celle, BlfG 55, 145). Zulässig und ausreichend ist z. B die Firmenbezeichnung **EDEKA eG, REWE eG, BÄKO eG,** jeweils unter Zufügung der **Ortsbezeichnung**; dies läßt den Gegenstand des Unternehmens für die Allgemeinheit ausreichend erkennen. (So auch Arbeitskreis Handelsregister und Handwerk des Deutschen Industrie- und Handelstages in Sitzung am 14. 12. 1965).

### 3. Teilzahlungsbanken

**15** Die Firmenbezeichnung **„Kundenkredit"** ist eine schutzunfähige Typenbezeichnung und kann deshalb von allen Teilzahlungskredit gewährenden Gesellschaften in Anspruch genommen werden (LG Frankental, BlfG 1951, 226).

### 4. Wohnungsbaugenossenschaften

**16** a) Mit der Aufhebung des Wohnungsgemeinnützigkeitsgesetzes sind mit Wirkung v. 1. 1. 1990 die Firmenschutzbestimmungen der § 22 WGG, § 22 WGGDV entfallen.

b) Damit ist die Bezeichnung einer Wohnungsbaugenossenschaft als gemeinnützig vom Gesetzgeber freigegeben (*Leisner*, Gemeinnützige Wohnungsunternehmen – Firmenname und Wettbewerb, GGW-Schriftenreihe Nr. 31 1989, 76, 82). Grenzen ergeben sich aus den firmenrechtlichen Bestimmungen des HGB (§§ 17–37) und dem Wettbewerbsrecht (§§ 1, 3 UWG).

c) Unterschiedliche Meinungen bestehen über das Recht einer **ehemals gem. Wohnungsbaugenossenschaft** zur Weiterführung der bisherigen Firma unter Beibehaltung der Bezeichnung „gemeinnützig". **Dafür** spricht die **fortbestehende Identität** einer solchen eG als Namensträger und Träger des genossenschaftlichen Geschäftsbetriebes sowie der unveränderten Gegenstand des Unternehmens. Die Aufhebung des WGG und damit der Rechtsgrundlage für die an bestimmte gesetzliche Voraussetzungen gebundene Anerkennung als gem. Wohnungsunternehmen ändert weder Wesen und Zweckbestimmung einer solchen Genossenschaft noch ihre durch die Satzung bestimmte fortdauernde Geschäftstätigkeit. Die Kennzeichnung einer eG als „gemeinnützig" ist nicht von den Normierungen des WGG abhängig, sondern Ausdruck gemeinnützigen Verhaltens. Das WGG hat wie die GemeinnützigkeitsVO von 1930 auf eine Begriffsbestimmung der Gemeinnützigkeit im Wohnungswesen verzichtet und mit der behördlichen Anerkennung eine einheitliche Beurteilungsgrundlage geschaffen, denn „der Begriff der Gemeinnützigkeit ist fließend ... Insbesondere läßt sich ein objektiver Maßstab dafür, ob ein Zweck eigennützig ist, nicht immer finden". (Reg.E eines Gesetzes über die Gemeinnützigkeit von Wohnungsunternehmen i. d. F. einer Vorlage an den Reichsrat Nr. 24 – Tagung 1929 v. 24. 20. 1929, Begr. Abschn. V, Abschn. I, II b) und e); *Meier-Draeger*, 2. Aufl. Berlin 1941, § 1 unter Hinweis auf die Begr. zum ÄndG 1940).

d) Die Begr. zur Art. 21 SteuerRef.G 1990 (BT-Drucks 11/2157, 211; BR-Drucks. 100/88, S. 453) stellt auf der Grundlage dieser historischen Entwicklung sowie der sich daraus ergebenden und fortwirkenden Zusammenhänge klar:
   - Auch nach Aufhebung des Wohnungsgemeinnützigkeitsrechts sind die bisherigen gemeinnützigen Wohnungsunternehmen nach Auffassung der Bundesregierung **berechtigt**, ihren bei Inkrafttreten dieses Gesetzes zulässigerweise geführten Firmennamen **ohne Änderung fortzuführen**. Dies dürfte aus dem namensrechtlichen Bestandsschutz, der sich in § 17 HGB widerspiegelt, folgen. Zum anderen reicht die Tradition und damit die Namensgebung vieler gemeinnütziger Wohnungsunternehmen weit in das letzte Jahrhundert zurück, als die Unternehmen sich in ihrem Firmennamen bereits als gemeinnützig bezeichnet haben, ohne daß es ein Wohnungsgemeinnützigkeitsrecht mit staatlichem Anerkennungsakt gab.

   Dem ist zuzustimmen, ablehnend *Brinzinger*, a. a. O., Art. 21 § 1, Rdn. 5–11; dem steht bestätigend das Gutachten von *Leisner*, a. a. O., gegenüber. *Brinzinger* geht daran vorüber, daß die Aufhebung des WGG einen **Wandel** in der **steuerpolitischen** Beurteilung „gemeinnütziger Bautätigkeit" ausdrückt, nicht aber eine Änderung ihres Inhalts.

e) Der wesentliche Charakter einer die bisherige Firma fortführenden eG bleibt ohne wirtschaftliche Unterbrechung gewahrt. Die Wesensgleichheit des Unternehmens wird dadurch bestätigt, daß die eG, die sich in ihrer Firma weiter als „gemeinnützig" bezeichnet, die traditionellen Merkmale der Gemeinnützigkeit im Wohnungswesen satzungsmässig verankert (s. § 1 Rdn. 99); MS für gemeinnützige Wohnungsbaugenossenschaften, Ausgabe 1990). Danach
   - ist „Zweck der Genossenschaft vorrangig eine gute, sichere und sozialverantwortbare Wohnungsversorgung" (§ 2 Abs. 1);

- führt die eG „ihre Geschäfte nach den Grundsätzen der Wohnungsgemeinnützigkeit im Rahmen dieser Satzung" (§ 2 Abs. 4);
- soll „die Genossenschaft angemessene Preise für die Überlassung des Gebrauchs von Genossenschaftswohnungen bilden, die eine Kosten- und Aufwandsdeckung einschließlich angemessener Verzinsung des Eigenkapitals sowie der ausreichenden Bildung von Rücklagen unter Berücksichtigung der Gesamtrentabilität der Genossenschaft ermöglichen" (§ 14 Abs. 2);
- darf „der Gewinnanteil 4 % des Geschäftsguthabens nicht überschreiten. Sonstige Vermögensvorteile, die nicht als angemessene Gegenleistung für besondere geldwerte Leistungen anzusehen sind, dürfen den Mitgliedern nicht zugewendet werden" (§ 41 Abs. 2);
- erhalten die Mitglieder im Falle der Auflösung und Abwicklung „bei der Verurteilung des Genossenschaftsvermögens ... nicht mehr als ihr Geschäftsguthaben" (§ 45 Abs. 3);
- wird die eG von dem Prüfungsverband geprüft, dem sie angehört (§ 44 Abs. 2).

Es hat sich somit an dem Verhalten und Geschäftsgebaren einer solchen eG im geschäftlichen Verkehr, kurz an der **Identität** des Unternehmens **nichts geändert**. Die Fortführung der Bezeichnung als gemeinnützig verstößt unter diesen Umständen nicht gegen den Grundsatz der **Firmenwahrheit** (§ 18 Abs. 2 HGB) und auch nicht gegen das Irreführungsverbot (§ 3 UWG) zum Schutz von Wettbewerbern und Kunden.

### 5. Genossenschaftsbanken

**17** Die **Bezeichnung „Bank"** oder eine Bezeichnung, in der das Wort „Bank" enthalten ist, dürfen gemäß § 39 Abs. 1 KWG nur Kreditinstitute führen, die eine Geschäftserlaubnis gemäß § 32 KWG besitzen. Die Bezeichnung **„Volksbank"** (vgl. auch Rdn. 37) oder eine Bezeichnung, in der das Wort „Volksbank" enthalten ist, dürfen neu nur Kreditgenossenschaften führen, die einem Prüfungsverband angeschlossen sind (§ 39 Abs. 2 KWG; LG Krefeld, JZ 1981, 401 = ZfG 1982, 303). Bestand eine Kreditgenossenschaft bereits am 1. 1. 1962 – dem Zeitpunkt des Inkrafttretens des neuen KWG vom 10. 7. 1961 – und besaß sie bereits eine Geschäftserlaubnis, so gilt gemäß § 61 KWG die Erlaubnis als auch nach dem neuen Gesetz erteilt. Eine solche Kreditgenossenschaft kann deshalb ohne weiteres die Bezeichnung „Bank" oder „Volksbank" weiterführen oder nach dem 1. 1. 1962 neu aufnehmen. Die Bezeichnung „Bank" ohne **konkretisierenden Zusatz** ist firmenrechtlich nicht ausreichend (wegen Firma „Volksbank eG" s. Rdn. 7).

Die Entscheidung des OLG Frankfurt vom 16. 12. 1988 (WuB 7.89, 895 m. krit. Anm. *Aepfelbach*), wonach wegen Verwechslungsgefahr die Zweigniederlassung einer „Raiffeisenbank X eG" nicht als „Volks- und Raiffeisenbank Y, Zweigniederlassung der Raiffeisenbank X eG" firmieren könne, kann nicht überzeugen; sie ist zumindest durch den Zusammenschluß der beiden Bankgruppen überholt.

Eintragungen in öffentliche Register – Genossenschaftsregister, Handelsregister – dürfen gemäß § 43 KWG für Unternehmungen, die erlaubnispflichtige Bankgeschäfte betreiben, von den Gerichten nur vorgenommen werden, wenn das Vorliegen der Erlaubnis nachgewiesen ist. Speziell für die Eintragung einer Firma, die die Bezeichnung „Bank" oder „Volksbank" enthält, muß darüber hinaus gemäß einem Runderlaß des Bundesministers der Justiz vom 6. 2. 1963 (7200–2–34 130062) dem Registerrecht der Nachweis geführt werden, daß die Voraussetzungen des § 39 Abs. 1 bzw. § 39 Abs. 2 KWG vorliegen. 18

## IV. Bezeichnung „eingetragene Genossenschaft" oder „eG" (Abs. 2)

Im Gegensatz zu früherem Recht führt jede eG – unabhängig von der Regelung der Nachschußpflicht – die Firmenbezeichnung **„eingetragene Genossenschaft"**; die Abkürzung **„eG"** ist nunmehr ausdrücklich erlaubt, andere Abkürzungen für die Rechtsform sind verboten. 19

Die Anpassung der Bezeichnung an das neue Recht nach 1973 bedarf keiner Satzungsänderung. Ein solcher Beschluß – mit entsprechender Anmeldung – ist jedoch erforderlich, wenn die Abkürzung „eG" im Register eingetragen werden soll. 20

Keine Bedenken, wenn im Schriftverkehr, z. B. auf Geschäftsbriefen, auch im Verkehr mit dem Registerrecht, die **abgekürzte Bezeichnung „eG"** gebraucht wird, obwohl im Register der Zusatz „eingetragene Genossenschaft" vermerkt ist. Entsprechendes ist auch für das Aktienrecht anerkannt, obgleich das Gesetz den ausgeschriebenen Firmenzusatz „Aktiengesellschaft" vorschreibt (§ 4 Abs. 1 AktG; KG KGJ 36, A 127; OLG Hamburg KGJ 39, A 302). 21

Entsprechendes gilt für die GmbH (zutreffend OLG Frankfurt, BB 1974, 433 – zu weitgehend OLG Düsseldorf, MdR 1968, 847 und OLG Stuttgart in Deutsche Notarzeitung 1953, 546 = BB 1954, 74). 22

## V. Kein Hinweis auf Haftungsverhältnisse (Abs. 3)

Abs. 3 verbietet nunmehr Firmenzusätze, die auf die Verpflichtung zur Leistung von Nachschüssen hinweisen. Dadurch soll vermieden werden, daß allein schon aus der Firma ungerechtfertigte Schlüsse auf die Vermö- 23 genslage der eG gezogen werden. Unter dem Gesichtspunkt des Gläubigerschutzes wird der Hinweis auf die Nachschußpflicht in der Novelle 1973 nicht mehr für erforderlich gehalten. Wer eine Geschäftsverbindung mit einer eG eingeht, kann sich auf andere Weise gründlicher unterrichten (z. B. Einsicht in das auf den Geschäftsbriefen anzugebende Register, die Bilanz, den Geschäftsbericht, die Satzung usw.).

## VI. Firma einer Zweigniederlassung

**24** Die eG kann – wie jede juristische Person – grundsätzlich **nur eine Firma** haben. Es ist jedoch anerkannt, daß eine selbständige **Zweigniederlassung** der eG eine eigene Firma führen kann, die mit der Firma der eG nicht identisch sein muß (wegen des Begriffs der „Zweigniederlassung" siehe Erl. zu § 14). Es muß aber erkennbar sein, daß es sich um die Firma einer Zweigniederlassung handelt. Diese Firma muß im übrigen auch einen Hinweis auf die Firma der eG enthalten.

**25** Es ist üblich und zweckmäßig, daß in der Firma der Zweigniederlassung der geschäftliche Einzugsbereich im Verhältnis zur Hauptstelle zum Ausdruck kommt. (Beispiel: Volksbank Bad Godesberg, Zweigniederlassung der Volksbank Bonn eG).

**26** Über die Firma einer Zweigniederlassung muß grundsätzlich nicht die GV beschließen; es bedarf auch nicht einer Regelung durch die Satzung. Das Gesetz spricht in § 3 nur von der Firma der eG; § 6 Nr. 1 beschränkt den Pflichtinhalt der Satzung ausdrücklich auf die „Firma ... der Genossenschaft". Insoweit ist für die abweichende Entscheidung des BayObLG (BB 1990, 1364 = ObLGZ 1990, 151), wonach die Firma einer Zweigniederlassung in der Satzung geregelt sein muß, keine Rechtsgrundlage erkennbar (s. § 14 Rdn. 16). Gemäß § 6 Ziff. 1 muß nur die „Firma der Genossenschaft" in der Satzung enthalten sein (a. A. *Müller*, § 14 Rdn. 10; vgl. Erl. zu § 14 Rdn. 15). Bei der Errichtung einer Zweigniederlassung und der Entscheidung über deren Firma handelt es sich im allgemeinen um einen Geschäftsführungsvorgang, für den im Rahmen des § 27 der Vorstand zuständig ist. (Weitergehend *Müller*, § 14 Rdn. 10). Wegen der Bedeutung dieser Angelegenheit erscheint aber eine intensive Information von Aufsichtsrat und GV und möglichst auch eine gemeinsame Meinungsbildung unerläßlich. Ob sich bei einer Unterlassung Rechtsfolgen ergeben (z. B. § 34) ist eine Frage des Verschuldens im Einzelfall.

**27** Für die **Firma der Zweigniederlassung** gelten die allgemeinen firmenrechtlichen Grundsätze (oben Rdn. 1 ff). Allerdings kann hier ein Personenname trotz des Gebots der Sachfirma in weitergehendem Umfang verwendet werden. Erscheint der Personenname im Zusammenhang mit dem Wort „Zweigniederlassung", so wird aus dieser Wortverbindung ein

Außenstehender nur den Schluß ziehen, daß es sich hier um die Bezeichnung der Zweigniederlassung, also um die Bezeichnung eines Teils des Unternehmens handelt. Niemand kann bei dieser Verknüpfung des Personennamens mit dem Wort „Zweigniederlassung" auf den Gedanken kommen, daß diese Person Mitglied der eG ist. Aus diesem Grunde ist eine Firma Karl Ludwig Meyer, Zweigniederlassung der „xy-Lebensmittel-Großhandel eG" mit dem Grundsatz des § 3 Abs. 1 und 2 GenG vereinbar. Zum Begriff der Zweigniederlassung s. Erl. zu § 14 Rdn. 3 ff; wegen abweichender Firma einer Zweigniederlassung vgl. § 14 Rdn. 15 ff.

## VII. Änderung der Firma

Für die **Änderung der Firma** gelten die aus dem HGB abgeleiteten firmenrechtlichen Grundsätze. Voraussetzung ist stets ein satzungsändernder Beschluß (§ 6 Ziff. 1): Nicht jede Änderung oder Erweiterung des Gegenstandes des Unternehmens bedingt auch eine Änderung der Firma (KG JFG 13, 251 = BlfG 1936, 234). Wenn jedoch die tatsächliche Änderung des Unternehmensgegenstandes so weitgehend ist, daß der objektive Bezug zum Unternehmensgegenstand in der Firma fehlt, muß auch die Firma geändert werden (RG HRR 1936, 409). Bei **Sitzverlegung** kann das Registergericht die Eintragung nicht deshalb ablehnen, weil es Bedenken gegen den aus dem bisherigen Sitz entlehnten Ortszusatz im Firmennamen hat. Solche Bedenken kann es nur nach der Eintragung im Verfahren nach § 142 FGG geltend machen (OLG Oldenburg, BB 1977, 12). 28

Im Fall der **Zusammenlegung zweier Gemeinden**, in denen eG mit gleicher Firma bestehen (z. B. „Raiffeisenbank eG"), entsteht grundsätzlich kein Anspruch auf Änderung der Firma. Auf die Dauer dürfte aber eine Bereinigung im Sinne einer eindeutigen Unterscheidbarkeit unumgänglich sein (z. B. Aufnahme eines Ortsteils in die Firma). 29

Im **Vergleichsverfahren** bedarf es nach der geänderten Vergleichsordnung nicht mehr der Beifügung des Zusatzes „im Vergleichsverfahren". Nach der Auflösung erhält die Firma den in § 85 Abs. 3 vorgeschriebenen **Zusatz „in Liquidation"** oder „i. L.". 30

## VIII. Schutz der Firma

Die Firma als Name der eG ist nach den allgemeinen Rechtsgrundsätzen geschützt: Gemäß § 12 BGB kann die eG Beseitigung einer Namensbeeinträchtigung verlangen und ggf. **auf Unterlassung klagen**. § 37 Abs. 1 HGB sieht Ordnungsgeld vor, Abs. 2 gewährt Anspruch auf Unterlassung. Reine Buchstabenfolgen, wie z. B. „RLG", genießen nicht Namensschutz (*Palandt*, § 12 Anm. 1b; *Baumbach/Hefermehl*, UWG § 16 Rdn. 103, 31

127 ff), es sei denn, daß diese Verkehrsgeltung haben, wie z. B. „DAB", oder wenn sie einen eigenen Begriffsinhalt haben, z. B. „ABC-Fibel, Verlag eG" (*Müller*, § 3 Rdn. 21).

**32** Das Namensrecht wird als **absolutes Recht** im Sinne von § 823 Abs. 1 BGB verstanden (BGH, LM Nr. 30 zu § 12 BGB). Eine Verletzung dieses Rechts kann zu einem Schadensersatzanspruch gemäß § 823 Abs. 1 BGB führen. Die gleiche Folge kann auch eine Beeinträchtigung des Namensrechts der eG als Eingriff in den „eingerichteten und ausgeübten Gewerbebetrieb" haben.

**33** Schließlich kann die eG bei **Verletzung des Namensrechts** gemäß § 18 Abs. 1 UWG Unterlassung verlangen, wenn jemand im geschäftlichen Verkehr zu Namensverwechslungen Anlaß gibt. Dieser Unterlassungsanspruch besteht unter Umständen auch bei befugter Firmenführung durch einen anderen (*Müller*, § 3 Rdn. 86 m. w. Nachw.).

**34** Wegen des Schutzes von **Warenzeichen** und **Dienstleistungsmarken** vgl. insbes. § 15 WZG (Recht zum ausschließlichen Gebrauch des Zeichens), § 24 WZG (Anspruch auf Unterlassung, Schadenersatz und – bei vorsätzlicher Verletzung – Freiheitsstrafe oder Geldstrafe).

## IX. Unzulässige Firma

**35** Eine Firma ist **unzulässig**, wenn sie gegen die firmenrechtlichen Grundsätze (oben Rdn. 2 ff), gegen § 3 oder andere Rechtsnormen verstößt.

**36** Unzulässig ist z. B. die Firma „Bank" als Gattungsbegriff; es bedarf eines individualisierenden Zusatzes (KGJ 37, 172).

**37** Die Bezeichnung „Raiffeisenbank eG" oder „Volksbank eG" **ohne Hinweis** z. B. auf den Sitz wäre nur dann unzulässig, wenn Verwechslungsgefahr mit Instituten im gleichen oder sich berührenden Geschäftsbereich besteht (vgl. OLG Hamm, BB 1961, 1026; s. Rdn. 17; aber BGH WM 1992, 1643; s.Rdn. 6 und 7). Maßstab ist: „Wer eine Firma nennt oder hört, soll sich darunter nur dieses und kein anderes Unternehmen vorstellen" (OLG Hamm vom 14. 9. 1977, AZ: 15 W 259/77). Zum Problem der Schutzfähigkeit des Begriffs „Volksbank" vgl. OLG Hamm, ZfG 1986, 36 ff.

**38** Der Gebrauch einer Firma ist nach § 3 UWG unzulässig, wenn die Firma **irreführend** ist. Dabei kommt der Verwendung geografischer Begriffe nicht unerhebliche Bedeutung zu (BGH, BB 1964, 240). Geografische Firmenbestandteile sind allgemein zur Irreführung geeignet, wenn sie auf eine größere Bedeutung oder eine Sonderstellung des Unternehmens in dem angegebenen Gebiet schließen lassen, die in Wirklichkeit nicht besteht. Die Firma „Hamburger Volksbank eG", ist nur zugelassen, wenn sich der Geschäftsbereich tatsächlich auf ganz Hamburg erstreckt (BGH, BB 1968,

972). **Geografische Zusätze** müssen mit dem Bereich der tatsächlichen Geschäftstätigkeit grundsätzlich übereinstimmen (für „Hallertauer Raiffeisenbank eG" BayObLG, ZfG 1979, 340 = Rpfleger 1976, 433 = DNotZ 1977, 648).

Ein Kleinbetrieb in einer Stadt mittlerer Größe darf einen Firmenzusatz führen, der auf den Ort der Niederlassung hinweist, wenn er der einzige Betrieb dieser Branche in dem betreffenden Ort ist (OLG Düsseldorf, DB 1981, 85). **39**

Der **Vorstand** der eG ist dafür **verantwortlich**, daß bei Beschlüssen über die Firma der eG das geltende Recht beachtet wird. Daneben hat vor der Eintragung der Firma das Genossenschaftsregister zu prüfen, ob es sich formal um eine zulässige Firma handelt und ob die allgemeinen Grundsätze des Firmenrechts beachtet sind (s. Rdn. 45). **40**

Ist eine Eintragung einer unzulässigen Firma erfolgt, so ist diese Eintragung **von Amts wegen zu löschen** (§§ 142, 147 FGG). **41**

Die Löschung der Firma wegen firmenrechtlicher Unzulässigkeit muß nicht in jedem Fall zur Löschung der eG von Amts wegen führen (zu weitgehend *Müller*, § 3 Rdn. 77). Löschung der eG mit Liquidation erscheint nur geboten, wenn nicht unverzüglich die Voraussetzungen für die Eintragung einer zulässigen Firma geschaffen werden. **42**

## X. Registerrecht

Die **Zuständigkeit zur Registerführung**, die Einrichtung und Führung des Registers regelt das Gesetz über die Angelegenheiten der freiwilligen Gerichtsbarkeit (FGG). **43**

Das Verfahren für die Eintragung der Firma richtet sich nach der **Verordnung über das Genossenschaftsregister** in der Fassung vom 10. 12. 1973 (GenRegVO); in § 1 dieser Verordnung wird ergänzend auf die Handelsregisterverfügungen verwiesen. Danach gilt insbesondere folgendes: **44**

Zur Vermeidung unzulässiger Eintragungen bei Eintragung neuer Firmen und von Firmenänderungen ist regelmäßig ein **Gutachten der Industrie- und Handelskammer** einzuholen, im übrigen in zweifelhaften Fällen (§ 21 HRegVfg). **45**

Die **Eintragungen** im Genossenschaftsregister sind der **Industrie- und Handelskammer mitzuteilen**, also die Ersteintragung der Firma unter Angabe der Geschäftsanschrift, jede Änderung der Firma, des Sitzes, der Zusammensetzung des Vorstandes, die Auflösung sowie die Liquidatoren, die Löschung, die Verschmelzung und die Umwandlung. **46**

Die **Mitteilungspflicht** an die Industrie- und Handelskammer besteht in jedem Fall; die Einholung des Gutachtens kann unterbleiben, wenn dies aus **47** besonderen Gründen im Einzelfall zweckmäßig erscheint. An das Gutachten ist das Registergericht nicht gebunden; es hat aber eine abweichende Entscheidung mit Begründung der Kammer vorzulegen (Näheres: Rechtspfleger 1975, 424). Wegen der Löschung der Eintragung von Amts wegen vgl. §§ 142, 147 FGG.

## § 4
## Mindestzahl der Mitglieder

**Die Zahl der Genossen muß mindestens 7 betragen.**

*Übersicht*



### I. Bedeutung der Mindestzahl

1 1. Die **Mindestzahl ist Voraussetzung** für die Gründung (einer noch nicht rechtsfähigen Genossenschaft) als auch für die Eintragung im Genossenschaftsregister. Eine gegründete Vorgenossenschaft (vgl. § 13 Rdn. 4 ff) wie auch die bereits eingetragene eG bestehen jedoch rechtswirksam, auch wenn die Mindestzahl nicht erreicht wurde (a. A. AG Moers, 6 C 161/84). Bei der Vorgenossenschaft können weitere Mitglieder nachträglich (bis zur Eintragung) durch Unterzeichnung der Gründungssatzung beitreten (vgl. § 11 Rdn. 8). Falls jedoch die gesetzliche Mindestzahl nicht unverzüglich erreicht wird, ist die Genossenschaft gemäß § 80 aufzulösen (*Meyer/Meulenbergh/Beuthien*, § 4 Rdn. 1; *Müller*, § 4 Rdn. 3).

2 2. Die Mindestzahl von 7 Mitgliedern gilt unverändert **nach Gründung** bzw. Eintragung fort. Eine nur vorübergehende Unterschreitung dieser Zahl ist unschädlich; sie löst nicht das Verfahren nach § 80 aus (zu eng *Müller*, § 4 Rdn. 4).

3 Die in § 80 Abs. 1 genannte Frist von 6 Monaten für die Auflösung von Amts wegen gibt der eG Zeit, den Mangel zu beseitigen.

### II. Sonderregelung für Wohnungsbaugenossenschaften

4 Die gemeinnützigkeitsrechtliche Sonderregelung zur Sicherung ausreichender wirtschaftlicher Unterlagen einer Wohnungsbaugenossenschaft durch Bestimmung der Mindestzahl der Mitglieder ist mit der Aufhebung des WGG **entfallen**. Sinkt die Anzahl der Mitglieder unter die von der Anerkennungsbehörde festgesetzte Mindestzahl, so berührt dies den Fort-

bestand der eG solange nicht, als die gesetzliche Mindestgrenze von 7 Mitgliedern nicht unterschritten wird. Zur bisherigen Rechtslage s. *Dyong*, in: Jenkis, § 3 Rdn. 5 f.

## § 5

## Form der Satzung

**Das Statut der Genossenschaft bedarf der schriftlichen Form.**

*Übersicht*



### I. Rechtsnatur der Satzung

1 Die **Satzung** ist ein wesentlicher **Teil des Gründungsvorgangs** einer Genossenschaft. Sie bringt den übereinstimmenden Willen der Gründungsmitglieder zum Ausdruck und legt fest, welche Tätigkeit die Genossenschaft ausüben und welche Struktur sie haben soll.

2 Ihrer Rechtsnatur nach ist die **Satzung ein Vertrag** mit dem Ziel der Errichtung der Genossenschaft und der Festlegung der Normen für ihre körperschaftliche Verfassung (vgl. BGHZ 13, 11; 21, 374; *Meyer/Meulenbergh/Beuthien*, § 6 Rdn. 1, *Müller*, § 5 Rdn. 1 m. w. Nachw.). Auf die Satzung sind daher zunächst die allgemeinen Regeln des Vertragsrechts anzuwenden. **Nach Errichtung** der Genossenschaft hat die körperschaftliche Natur der Satzung zur Folge, daß das Vertragsrecht nur noch sekundär zur Anwendung kommen kann (BGHZ 21, 370, 373).

3 Auf solche gesellschaftlichen „Verträge" findet das **AGB-Gesetz keine Anwendung** (§ 23 Abs. 1 AGB-Gesetz; OLG Frankfurt, DB 1977, 2181 = verkürzt – BB 1978, 926).

4 § 242 BGB gilt auch für Satzungen; der Inhalt der Satzung hat sich an Grundsätzen von Treu und Glauben zu orientieren (*Schubert/Steder*, § 6 Rz. 1; unklar LG Frankfurt DB 1977, 2181).

5 Das Gesetz enthält keinen ausdrücklichen Anspruch der Mitglieder auf **Aushändigung** der Satzung. Aus der mitgliedschaftsrechtlichen Beziehung wird sich ein solcher Anspruch grundsätzlich ergeben; da die Satzung Vertragscharakter hat, kann jeder Vertragspartner Aushändigung der verein-

barten Texte verlangen. Andererseits werden für die praktische Handhabung u. a. auch Kostengesichtspunkte gegenüber dem berechtigten Interesse des Mitglieds abzuwägen sein, so daß eine Entscheidung nur unter Berücksichtigung der Umstände getroffen werden kann.

## II. Schriftform

6 Die Schriftform bestimmt sich nach den Vorschriften des BGB (§ 126 BGB). Die Satzung muß deshalb von allen an der Gründung beteiligten und den bis zur Einreichung zum Genossenschaftsregister beitretenden Mitgliedern **unterzeichnet** werden (§ 11 Abs. 2 Ziff. 1). Für diese Willenserklärungen gelten die allgemeinen Vorschriften z. B. hinsichtlich der Rechtsfähigkeit, Geschäftsfähigkeit des Vertretungsrechts usw.

7 Ist die Satzung dem Gründungsprotokoll als Anlage beigefügt, so genügt die **Unterzeichnung des Gründungsprotokolls** (RGZ 125; vgl. BlfG 29, 24 und 533). Als Unterzeichnung ist auch ausreichend, wenn die Zustimmungserklärungen schriftlich **auf besonderem Blatt** gesammelt und mit der Unterschrift der Satzung zu einer Urkunde verbunden werden (OLG Dresden, JW 1934, 1737).

8 Die Unterzeichnung kann auch schon vor Fertigstellung des Satzungstextes als **Blankounterschrift** geleistet werden (*Müller*, § 5 Rdn. 19). Wer in der Absicht, einen noch zu formulierenden Text anzuerkennen, seine Unterschrift leistet, erklärt sich mit diesem Text einverstanden. Wegen der Außenwirkung einer Satzung ist es dabei grundsätzlich unerheblich, wenn der Text dann vom Willen des Unterzeichners abweicht (BGHZ 40, 68 allgemein für Blankounterschriften wegen „Rechtsschein" analog § 172 Abs. 2 BGB). In Betracht kommt lediglich eine Anfechtung wegen Irrtums oder Täuschung, sofern diese Tatbestände erfüllt sind.

9 Sollen zwischen dem Zeitpunkt der Gründung und der Einreichung der Satzung beim Registergericht **Änderungen** vorgenommen werden, so gilt hierfür die gleiche Schriftform (KGJ 25, 263). Während für die Errichtung der Satzung die einfache Mehrheit genügt, ist für Änderungen der Gründungssatzung die in dieser Satzung vorgesehene Mehrheit, mindestens die gesetzliche Mehrheit (§ 16) erforderlich.

## III. Rechtswirksamkeit

10 Mit der Unterzeichnung der Gründungssatzung in der Gründungsversammlung durch mindestens 7 Gründungsmitglieder entsteht eine **„nicht eingetragene Genossenschaft"** (Näheres Erl. zu § 13 Rdn. 4). Diese Satzungsurkunde ist gleichzeitig **Grundlage für die Eintragung** in das

Genossenschaftsregister und damit eine der Voraussetzungen für die Erlangung der Rechtsfähigkeit. Das Entstehen der eG kann aber – bis zur Eintragung – in der Urkunde selbst davon abhängig gemacht werden, daß noch weitere Personen die Satzung bis zur Eintragung unterzeichnen.

Die Unterzeichner der Gründungssatzung sind – bis zur Eintragung – Mitglieder der nicht eingetragenen Genossenschaft (BGHZ 20, 285). Bis zur Anmeldung der Satzung zur Eintragung im Register kann die Mitgliedschaft nur durch **Unterzeichnung der Satzung** begründet werden. Ein solcher nachträglicher Beitritt zur Gründungsgenossenschaft bedarf im Zweifel der Zustimmung der übrigen Gründungsmitglieder. Dies folgt aus der Rechtsnatur des Gründungsvorgangs als „Gesamtakt". Vom Zeitpunkt der Anmeldung an gilt für den Beitritt § 15 (Vgl. Erl. zu § 13). 11

## IV. Grundsätze für die Auslegung der Satzung

Aus der Rechtsnatur der Satzung folgt, daß für die Auslegung die §§ 133, 157 BGB hilfsweise heranzuziehen sind (RGZ 101, 246). Die **Auslegung nach Vertragsrecht** findet nur dort ihre Grenze, wo die Satzung als körperschaftliche Verfassung die Anwendung von Vertragsregeln im Einzelfall ausschließt. Dies gilt stets dann, wenn die Satzung Rechtswirkungen hat, die über den Kreis der mitwirkenden Personen hinaus gehen; insoweit gelten für die Auslegung die Grundsätze der Interpretation objektiver Rechtsnormen (BGHZ 47, 180; BAG, NJW 1965, 877; *Müller*, § 5 Rdn. 25). In diesem Bereich ist die Satzung in erster Linie aus ihrem Wortlaut zu interpretieren. Die Entstehungsgeschichte und die subjektiven Vorstellungen der Gründer können berücksichtigt werden, soweit sie für die Beteiligten objektiv feststellbar sind (vgl. RG HRR 1932, 1287). 12

Die Auslegung einer Satzung unterliegt auch der **Nachprüfung durch ein Revisionsgericht** im Rahmen des § 549 ZPO, sofern der Geltungsbereich über den Bezirk des Berufungsgerichts hinausgeht (BGHZ 21, 370 [374]. Nach BGH (Urt. v. 22. 9. 1987, ZfG 1991, 64) kann das Revisionsgericht Satzungsregelungen („Bestimmungen körperschaftlichen Inhalts") frei nachprüfen, soweit sie nicht einen auf einen OLG-Bezirk beschränkten, nicht rechtsfähigen Verein betreffen. Die sachliche Berechtigung z. B. eines Ausschließungsbeschlusses kann dahin nachgeprüft werden, ob der Ausschließungsbeschluß in der Satzung eine Grundlage hat (so auch BGHZ 27, 297; BGH, NJW 1967, 1268). Der gerichtlichen Nachprüfung unterliegt der Beschluß nur mit dem Inhalt und der Begründung, wie er im Ausschließungsverfahren zustandegekommen ist (BGHZ 45, 314; 47, 381; Näheres Erl. zu § 68). Es ist hier nicht nur an die Fälle zu denken, in denen Mitglieder der eG im Bereich mehrerer Berufungsgerichte ihren Sitz haben (*Müller*, § 5 Rdn. 27), sondern auch an übereinstimmende Formulierungen in 13

Satzungen, die zum Beispiel auf einer einheitlichen Mustersatzung beruhen, die im gesamten Bundesgebiet gilt.

## V. Anfechtbarkeit/Nichtigkeit der Satzung

**14** Hier sind nach herrschender Meinung verschiedene Zeiträume zu beachten:

a) Wenn die Genossenschaft im Geschäftsverkehr noch nicht tätig geworden und auch **noch nicht im Genossenschaftsregister eingetragen** ist, können die Gründungsmitglieder ihre Willenserklärung nach den §§ 119 ff BGB anfechten oder die gesetzlichen Nichtigkeitsgründe geltend machen. Der Gründer kann insoweit verlangen, daß die Eintragung unterbleibt.

**15** Im übrigen berührt die Nichtigkeit oder Anfechtbarkeit der Erklärung eines Gründers nicht die übrigen Erklärungen und den Bestand der eG. Die Zahl von 7 wirksamen Gründungserklärungen bleibt aber Voraussetzung für den Bestand der Genossenschaft und für die Eintragung (vgl. Erl. zu § 4).

**16** b) Im Zeitraum zwischen Aufnahme der Geschäftstätigkeit und der Eintragung gelten nach herrschender Meinung für die Nichtigkeit und die Anfechtbarkeit die Regeln über die **„faktische Gesellschaft"**: Anfechtbarkeit und Nichtigkeit können jetzt nur noch als **„Kündigung"** mit Wirkung für die Zukunft geltend gemacht werden (BGHZ 13, 324; 26, 335; 44, 236; 55, 7; *Müller*, § 5 Rdn. 34; allgemein *Hueck*, OHG, 82 ff.). Dies gilt auch, wenn die Anfechtung vor der Aufnahme der Geschäfte erklärt worden ist.

**17** Für die Willenserklärung eines **Minderjährigen als Gründer** einer Genossenschaft gelten aber auch in diesem Stadium die Schutzbestimmungen des BGB uneingeschränkt (BGHZ 17, 167; *Müller*, § 5 Rdn. 35). Entsprechendes gilt auch im Falle der Fälschung einer Gründungserklärung sowie beim Fehlen jeder Vertretungsmacht.

**18** c) **Mit der Eintragung entsteht die eG**. Mängel im Gründungsvorgang können hierbei im allgemeinen nicht mehr geltend gemacht werden. Dies gebietet das allgemeine Interesse und das Vertrauen in das öffentliche Register. Es ist grundsätzlich nur noch die Nichtigkeitsklage aus den Gründen der §§ 94 ff zugelassen. Das Nichtigkeitsurteil führt aber nur zur Abwicklung nach den Vorschriften über die Auflösung der eG (§ 97).

**19** Bei **besonders schwerwiegenden und eindeutigen Mängeln** kann die Nichtigkeit der Willenserklärung bei der Gründung einer Genossenschaft auch noch nach der Eintragung geltend gemacht werden. Dies gilt bei Willenserklärungen von Geschäftsunfähigen, von beschränkt Geschäftsfähigen ohne Zustimmung des gesetzlichen Vertreters, bei gefälschten Unterschriften und dann, wenn überhaupt keine Erklärung abgegeben worden ist oder wenn eine Vertretungsberechtigung überhaupt nicht vorlag (vgl. *Müller*, § 5 Rdn. 41).

Auch in diesen Fällen berührt die Nichtigkeit der Willenserklärung aber **nicht den Bestand der eG**; verbleiben aber für die Gründung weniger als 7 rechtswirksame Gründungserklärungen, so ist die eG gemäß § 80 aufzulösen. 20

## VI. Änderung der Satzung

Für **Satzungsänderungen, die nach der Eintragung** durchgeführt werden, gilt die Form des § 5 nicht; eine Unterzeichnung der Satzungsänderung (vgl. § 11 Abs. 2 S. 1) durch alle Mitglieder ist nicht erforderlich. Näheres hierzu regelt § 16: Zuständig ist ausschließlich die GV, die Anmeldung zur Eintragung obliegt dem Vorstand (§ 16 Abs. 5 i. V. m. § 11 Abs. 1); es sind zwei Abschriften des Beschlusses der GV beizufügen (Näheres Erl. zu § 16). 21

## § 6

## Notwendiger Inhalt der Satzung

**Das Statut muß enthalten:**

1. **die Firma und den Sitz der Genossenschaft;**
2. **den Gegenstand des Unternehmens;**
3. **Bestimmungen darüber, ob die Genossen für den Fall, daß die Gläubiger im Konkurs der Genossenschaft nicht befriedigt werden, Nachschüsse zur Konkursmasse unbeschränkt, beschränkt auf eine bestimmte Summe (Haftsumme) oder überhaupt nicht zu leisten haben;**
4. **Bestimmungen über die Form für die Berufung der Generalversammlung der Genossen sowie für die Beurkundung ihrer Beschlüsse und über den Vorsitz in der Versammlung; die Berufung der Generalversammlung muß durch unmittelbare Benachrichtigung sämtlicher Genossen oder durch Bekanntmachung in einem öffentlichen Blatt erfolgen; das Gericht kann hiervon Ausnahmen zulassen. Die Bekanntmachung im Bundesanzeiger genügt nicht;**
5. **Bestimmungen über die Form, in welcher die von der Genossenschaft ausgehenden Bekanntmachungen erfolgen, sowie über die öffentlichen Blätter, in welche dieselben aufzunehmen sind.**

*Übersicht*



## I. Allgemeines

### 1. Bedeutung

1 Die **Satzung ist die wichtigste Grundlage der Rechtsbeziehungen zwischen Mitglied und eG** (§ 18, vgl. Erl. zu § 16 Rdn. 1). Es ist deshalb von Bedeutung, daß bestimmte Rechtsbereiche in jeder Genossenschaftssatzung konkret geregelt werden. Über den Kreis der Mitglieder hinaus dient dies auch zum Schutz der Gläubiger der eG sowie der Allgemeinheit (z. B. Firma und Sitz der eG, Regelung der Nachschußpflicht usw.). Im Interesse der Mitglieder muß die Satzung eindeutig und verständlich formuliert sein (OLG Stuttgart, DB 1977, 1938). Sonst kann die Eintragung verweigert werden.

2 Das Gesetz verlangt insbes. in den §§ 6 und 7 nur, daß in die Satzung eine Regelung aufgenommen wird; der konkrete Inhalt der Regelung bleibt dabei weitgehend der Satzung und damit der Beschlußfassung der GV überlassen. Dabei ist § 18 S. 2 zu beachten, wonach der Satzungsinhalt von den Bestimmungen des Gesetzes nur dann abweichen darf, wenn das Gesetz dies ausdrücklich für zulässig erklärt. Die Novelle 1973 hat insoweit eine bedeutende Fortentwicklung gebracht, als der **Satzungsfreiheit** ein größerer Spielraum eingeräumt wurde (z. B. bei der Regelung über die Nachschußpflicht in § 6 Ziff. 3 und § 121 oder für die Vertretung durch den Vorstand in § 25).

3 Aus der Formulierung **„Das Statut muß enthalten"** folgt, daß eine Satzung wesentliche Mängel hat, wenn eine der in den §§ 6 oder 7 genannten Regelungsinhalte fehlt (Näheres dazu unter Rdn. 69 ff). Bezüglich Nichtigkeitsklage wegen wesentlicher Satzungsmängel vgl. § 94; wegen Heilung des Mangels durch nachträgliche Satzungsänderung vgl. § 95.

4 Neben den Bestimmungen des GenG über den Inhalt der Satzung bestehen noch **andere gesetzliche Vorschriften**, die den Satzungsinhalt von eG berühren, so z. B. das KWG, das Marktstrukturgesetz, das Bundeswaldgesetz (BGBl. I, 1073). Als Sonderregelungen sind diese Gesetze auch gegen-

über dem GenG zu beachten (so auch *Schubert/Steder*, § 6 Rdn. 1). Der Vorrang dieser Sonderregelungen findet allerdings dort seine Grenze, wo in Grundstrukturen der eG eingegriffen würde.

Andere **zusätzliche Regelungen** können in die Satzung aufgenommen werden, soweit sie nach dem GenG und nach allgemeinem Recht zulässig sind. 5

### 2. Mustersatzungen

Die von den Genossenschaftsverbänden ausgearbeiteten **Mustersatzungen** (MS) sind in der Praxis unverzichtbar, weil nur so die Erfahrungen über lange Zeiträume zum Wohl der einzelnen eG ausgewertet werden können. Die Satzungshoheit der GV wird davon nicht berührt (wegen Änderung der Satzung durch Einführung einer Mustersatzung vgl. Erl. zu § 16 Rdn. 50). Zur Mustersatzung für Wohnungsbaugenossenschaften nach der Aufhebung des Wohnungsgemeinnützigkeitsrechts s. § 1 Rdn. 54, 98, 99 unter a) und b); Rdn. 100 unter a), f); Rdn. 107, Nr. 3 u. 4; § 3 Rdn. 16 unter c). 6

Mustersatzungen sind **kartellrechtlich** nicht relevant; sie sind keine Regelungen, die in irgendeiner Weise auf den Wettbewerb Einfluß nehmen, weil nur der gesellschaftliche Bereich erfaßt wird. Sie dienen der Rechtssicherheit und der Rechtseinheitlichkeit, wo dies im Interesse aller Beteiligten zweckmäßig erscheint. 7

## II. Der Inhalt der Satzung

### 1. Firma und Sitz

Die Satzung muß die genaue **Firma** der eG bestimmen (zur Firma vgl. Erl. zu § 3). Regelungsbedürftiger Bestandteil der Firma ist auch der Zusatz „eingetragene Genossenschaft" oder „eG". Enthält die Satzung eine Regelung über eine unzulässige Firma, fehlt ein notwendiger Bestandteil der Satzung (Folgen siehe unten Rdn. 69 ff). Änderungen der Firma sind Satzungsänderungen (Näheres zur Firma vgl. Erl. zu § 3; wegen Firma der Zweigniederlassung vgl. Erl. zu § 14). 8

Der **Sitz** der eG begründet die Zuständigkeit des Registergerichts (§ 10), den allgemeinen Gerichtsstand der eG (§ 17 Abs. 1 ZPO) sowie den Gerichtsstand für Klagen aus dem Mitgliedschaftsverhältnis (§ 22 ZPO). 9

Sitz der eG kann nur eine in der Bundesrepublik Deutschland gelegene Gemeinde sein. Wenn eine durch kommunale Neuordnung eingegliederte frühere Gemeinde nur noch unselbständiger Gemeindeteil ist, kann auch dieser Teil als Sitz eingetragen und beibehalten werden unter Bezeichnung 10 der politischen Gemeinde, dem der Gemeindeteil zugehört (vgl. BayObLG, Rpfleger 1976, 179; *Schubert/Steder*, § 6 Rdn. 2). Der Sitz wird durch die Satzung bestimmt, nicht durch Lage der Geschäftsräume oder den Ort der Tätigkeit (für GmbH BayObLG, DB 1981, 1128 = Rpfleger 1981, 308).

**11** Im Gegensatz zur früheren Auffassung wird es für erforderlich gehalten, daß die eG zu dem Ort des Sitzes **eine konkrete juristische oder betriebliche Beziehung** hat (BayObLG a. a. O; *Müller* mit überzeugender Begründung zu § 6 Rdn. 7; a. A. *Schubert/Steder*, § 5 Rdn. 2 mit Hinweis auf § 24 BGB). Die in § 5 Abs. 2 AktG geregelten Bezugskriterien müssen als allgemeiner Rechtsgedanke verstanden werden und auch im Genossenschaftsrecht Anwendung finden: Der Ort, an dem sich ein Betrieb der Gesellschaft, die Geschäftsleitung oder die Verwaltung befindet (vgl. auch *Scholz*, GmbHG, § 3 Rdn. 4; *Brodmann*, GmbHG, § 3 Rdn. 3). Rein fiktiver Sitz macht Satzung nichtig; Auflösung gem. § 144 a FGG (BayObLG a. a. O).

**12** Keine Amtsauflösung bei nachträglichem Auseinanderfallen von satzungsmäßigem und tatsächlichem Sitz eines Unternehmens (BayObLG, BB 1982, 578 = DB 1982, 894).

**13** Die eG kann grundsätzlich **nur einen Sitz** haben (*Meyer/Meulenbergh/Beuthien*, § 6 Rdn. 5; *Müller*, § 6 Rdn. 8 ff; *Kronsbruck*, NJW 1949, 475; für die GmbH *Meyer-Landrut/Miller/Niehus*, § 3 Rdn. 9; auch für die AG jetzt überwiegende Meinung; für Verein mit überzeugenden Gründen OLG Hamburg, MDR 1972, 417). Die Zulassung eines mehrfachen Sitzes würde unvertretbare Verwirrung in Hinblick auf registerrechtliche und prozessuale Zuständigkeiten zur Folge haben. Gefahren müßten sich für die Rechtsklarheit und Rechtssicherheit ergeben, vor allem in Hinblick auf den Zeitpunkt der Wirksamkeit konstitutiver Eintragungen, z. B. bei Satzungsänderungen gemäß § 16 Abs. 6.

Auch die **Verschmelzung** von eG rechtfertigt nicht die Beibehaltung eines Doppelsitzes (BayObLG, ZIP 1985, 929 = DB 1985, 1280).

**14** Die durch die **Teilung Deutschlands** nach 1945 bedingten besonderen Umstände hatten ausnahmsweise einen Doppelsitz gerechtfertigt (vgl. LG Köln, BB 1949, 726; AG Bonn, BB 1948, 462). Auch die Gesetzgebung hatte nach 1945 in Teilbereichen die Eintragung eines mehrfachen Sitzes anerkannt (z. B. § 62 Wertpapierbereinigungsgesetz vom 19. 8. 1994; § 2 Abs. 3 der 35. DVO zum Umstellungsgesetz – Geldinstitute mit Sitz oder Niederlassung außerhalb des Währungsgebietes mit Niederlassungen in den damaligen Westzonen).

Diese Umstände und die rechtliche Ausnahmesituation sind durch die **Wiedervereinigung** grundsätzlich überholt; es sind heute keine Gründe erkennbar, die einen mehrfachen Sitz einer eG rechtfertigen könnten.

**15** Die **Verlegung des Sitzes** bedarf einer Satzungsänderung. Die Verlegung der Verwaltung oder des Betriebs allein bedeutet noch keine Sitzverlegung. Maßgeblich ist vielmehr die Bestimmung der Satzung; diese bedarf ggf. der Anpassung (BayObLG, DB 1981, 1128; OLG Köln, BB 1984, 1066).

Die Satzungsänderung über die Sitzverlegung und damit die Sitzverlegung selbst wird erst wirksam mit Eintragung in das Register des bisherigen Sitzes; schließlich ist dieses Gericht zum Zeitpunkt der Eintragung noch allein zuständig. Damit erlischt seine Zuständigkeit und die Zuständigkeit des Gerichts des neuen Sitzes wird begründet (vgl. OLG 41, 212). Eine förmliche Anmeldung zum Registergericht des neuen Sitzes i. S. v. § 11 ist nicht erforderlich; es genügt ein formlose Mitteilung und ein Antrag des Vorstandes, die Registerführung zu übernehmen. Die Eintragungsunterlagen besorgt sich das neue Registergericht vom bisherigen Gericht (KGJ 21, 265, 266). Die materielle Prüfung der Voraussetzungen für die Eintragung, z. B. auch die firmenrechtlichen, hat das neue Registergericht zu prüfen. **16**

Eine **Verlegung des Sitzes ins Ausland** hat die Auflösung der inländischen eG zur Folge (RGZ 7, 68; 88, 53; 107, 94 für die Aktiengesellschaft), es sei denn, daß dort für die Erlangung der Rechtsfähigkeit der eG im wesentlichen das gleiche Recht gilt oder daß die dortigen Voraussetzungen für die Erlangung der Rechtsfähigkeit erfüllt werden (KG JFG 4, 184). **17**

Ausländische eG, die eine Zweigniederlassung mit Sitz in der Bundesrepublik Deutschland begründen, sind in das Handelsregister einzutragen (vgl. § 14 Rdn. 2; *Müller*, § 17 Rdn. 209). **18**

Eine Sitzverlegung ist auch möglich innerhalb des Bezirks eines Registergerichts, da der Begriff „Sitz" sich nicht auf den Gerichtsbezirk, sondern auf die politische Gemeinde bezieht. **19**

**Kreditgenossenschaften** haben gemäß § 24 Abs. 1 Nr. 6 KWG eine Sitzverlegung dem Bundesaufsichtsamt für das Kreditwesen und der Deutschen Bundesbank anzuzeigen. **20**

Die Verlegung des Sitzes wird rechtswirksam mit Eintragung der entsprechenden Satzungsänderung. Die Übernahme der Registerführung durch das neue Gericht ist dafür ohne Bedeutung. **21**

Eine Sitzverlegung ist auch möglich nach Auflösung der eG (vgl. Erl. zu § 87; zutreffend *Müller*, § 6 Rdn. 11). **22**

Gemäß § 17 ZPO bestimmt der Sitz den **allgemeinen Gerichtsstand** der eG. Gemäß § 22 ZPO ist dieser allgemeine Gerichtsstand der eG auch maßgeblich für Klagen der Mitglieder gegen die eG, der eG gegen ihre Mitglieder sowie der Mitglieder gegeneinander (auch ausgeschiedene Mitglieder, BfG 33, 715), soweit es um Fragen der mitgliedschaftsrechtlichen Beziehungen geht, z. B. Klagen auf Einzahlung rückständiger Pflichteinzahlungen; nicht z. B. für Klagen gegen Mitglieder des Vorstandes oder Aufsichtsrates aus unerlaubter Handlung (LG Berlin, Raiffeisen-Rundschau 53, 150). **23**

Maßgeblichkeit des Sitzes aber auch für Regreßklagen gegen Organmitglieder gemäß §§ 34 und 41, weil diese Ansprüche auf der gesellschaftlichen Beziehung beruhen.

24 Zur Satzung einer ehemaligen gemeinnützigen Wohnungsbaugenossenschaft, die die bisherige Firma ohne Änderung mit der Bezeichnung „gemeinnützig" fortführt s. § 3 Rdn. 16.

### 2. Gegenstand des Unternehmens

25 Der **Unternehmensgegenstand** ist nicht identisch mit dem „Zweck" der eG, der für alle eG durch § 1 in gleicher Weise als „Förderzweck" bestimmt ist. Der Zweck bedarf keiner Aufnahme in die Satzung. Gegenstand des Unternehmens sind vielmehr alle Tätigkeiten, mit denen im Einzelfall der Förderzweck erreicht werden soll (*Meyer/Meulenbergh/Beuthien*, § 6 Rdn. 7). Der Unternehmensgegenstand muß so bezeichnet werden, daß die Tätigkeit der eG in gemeinverständlicher Weise beschrieben ist (KGJ 14, 47; 34, 151, 162; RGZ 62, 98).

Die Umschreibung muß einerseits ausreichend konkret sein, darf andererseits aber nicht zu eng interpretiert werden. Für die Auslegung und Abgrenzung ist maßgebend, was die Mitglieder von ihrer eG als Förderleistungen erwarten.

Falls **staatl. Genehmigung** erforderlich, muß diese dem Reg.Gericht vor Eintragung nachgewiesen werden (OLG Celle, NJW 1964, 1964). So bei Bankgeschäften gem. § 43 Abs. 1 KWG. Bei Prüfung durch die Genehmigungsbehörde ist die konkret und erkennbar gewollte Tätigkeit maßgebend und nicht das programmatisch Mögliche (OLG Celle, NJW 1964, 1964; *Meyer/Meulenbergh/Beuthien*, § 6 Rdn. 7).

26 Bei **Kreditgenossenschaften** ergeben sich die Anhaltspunkte für den Unternehmensgegenstand aus den Bestimmungen des KWG, insbes. aus § 1. Es ist aber zulässig und üblich, darüber hinaus den Geschäftsbereich auszudehnen auf „bankübliche Geschäfte" (s. Mustersatzungen der Kreditgenossenschaften).

27 **Wohnungsbaugenossenschaften** unterliegen ab 1. 1. 1995 in vollem Umfang den Bestimmungen des KWG. Sie bedürfen sowohl für den Betrieb einer Spareinrichtung als auch für die Vornahme von Bankgeschäften, die bislang als zu den einem Wohnungsunternehmen „eigentümlichen Geschäften" gehörend, erlaubnisfrei waren, der Erlaubnis nach § 32 KWG (s. dazu § 1 Rdn. 101).

28 In der Praxis wird ein Unternehmensgegenstand üblicherweise allgemein umschrieben und durch Beispiele ergänzt, die aber keinen abschließenden Charakter haben (vgl. Mustersatzungen für Kreditgenossenschaften).

Der Unternehmensgegenstand muß stets mit dem **Förderauftrag** im Einklang stehen. Einkaufsgenossenschaften können als Unternehmensgegenstand z. B. den „Betrieb eines Großhandelsunternehmens“ nennen (LG München, BlfG 1938, 290). **29**

**Wohnungsbaugenossenschaften** können den Gegenstand des Unternehmens frei bestimmen. Mit der Aufhebung des WGG ist die Verpflichtung einer ehemals gem. eG entfallen, weiterhin gemeinnützigkeitsrechtliche Vorschriften in der Satzung zu verankern (§ 19 Abs. 2a WGG). Zur Anpassung an die Rechtslage s. die Mustersatzung i. d. F. 1990/1995 (s. Rdn. 6). **30**

Das gilt auch für eine **Vermietungsgenossenschaft**. § 5 Abs. 1 Nr. 10 KStG greift nicht in die Satzungsfreiheit ein. Für jeden Veranlagungsfreiraum ist gesondert zu prüfen, ob die Einnahmen aus nach dieser Vorschrift nicht begünstigten Tätigkeiten die 10 %-Grenze überschreiten (*Jost*, in: Dötsch-Eversberg, KStG, § 5 Rdn. 89; § 1 Rdn. 100 unter a) und f)). **31**

Besonderheiten ergeben sich für eine **ehemals gemeinnützige Wohnungsbaugenossenschaft**, die ihre bisherige Firma mit der Bezeichnung „gemeinnützig“ fortführt, s. dazu § 3 Rdn. 16. **32**

Satzungsmäßiger Gegenstand des genossenschaftlichen Unternehmens kann auch die – erlaubnisfreie – **rechtliche Betreuung der Mitglieder** sein, soweit dies „im Rahmen des Aufgabenbereichs“ der eG liegt (§ 3 Ziff. 7 RBerG). Der Aufgabenbereich wird durch die Satzung als Gegenstand des Unternehmens bestimmt. So kann z. B. die Satzung einer Kreditgenossenschaft oder einer Handwerksgenossenschaft das Forderungsinkasso für die Mitglieder vorsehen. Dies bedarf keiner Erlaubnis nach dem Rechtsberatungsgesetz. **33**

Die **Änderung des Unternehmensgegenstandes** bzw. die Aufnahme neuer Geschäftszweige bedingt nur dann eine Satzungsänderung, wenn sie von der bisherigen Formulierung nicht umfaßt ist. Sie bedarf der ³/₄-Mehrheit (§ 16 Abs. 2 Ziff. 1); bei wesentlichen Änderungen gewährt § 67a ein außerordentliches Kündigungsrecht. Die Ausgliederung wesentlicher Betriebsteile bedarf – auch ohne Satzungsänderung – der Zustimmung der GV (BGH, DB 1982, 795). **34**

Die Anwendung von **§ 33 Abs. 1 Satz 2 BGB** erscheint problematisch, zumal der eigentliche **„Zweck“** der eG nicht geändert werden kann. Eine sinngemäße Anwendung erscheint ausnahmsweise dann gerechtfertigt, wenn der Unternehmensgegenstand so total verändert wird, daß die eG ihren bisherigen Charakter gänzlich verliert; hier wäre die Zustimmung aller Mitglieder erforderlich. Beispiel: Eine Kreditgenossenschaft gibt das Bankgeschäft auf und wird zur Einkaufsgenossenschaft. In der Praxis dürfte es sich hier allerdings um eine Auflösung mit Neugründung handeln. **35**

36 Die Bezeichnung des Unternehmensgegenstandes hat grundsätzlich nur satzungsrechtliche Bedeutung. Es kann daraus z. B. nicht auf Umfang oder Grenzen der Vertretungsmacht des Vorstandes geschlossen werden. Es entstehen daraus auch nicht ohne weiteres klagbare Ansprüche der Mitglieder.

### 3. Regelung der Nachschußpflicht

37 Ziffer 3 wurde eingefügt durch Novelle 1973. Die Satzung der eG hat nunmehr die Wahl zwischen der unbeschränkten Nachschußpflicht, der auf eine Haftsumme beschränkten Nachschußpflicht und dem Verzicht auf Nachschüsse überhaupt. Im Gegensatz zum früheren Recht kommt diese Unterscheidung in der Firma nicht mehr zum Ausdruck (s. § 3 Abs. 3).

38 Bei **Änderung der Haftform** unter Verzicht auf Nachschüsse ist § 22a Abs. 1 zu beachten: Gemäß § 22 Abs. 1 bis 3 ist der Beschluß der GV bei der Bekanntmachung durch das Gericht anzugeben; den Gläubigern ist Befriedigung oder Sicherheit zu gewähren. Im übrigen besteht eine Weiterhaftung der Mitglieder gemäß § 22 Abs. 3.

39 Die Einschränkung der Nachschußpflicht hat bei **Kreditgenossenschaften** besondere Bedeutung: Nach § 10 Abs. 2 Satz 3 KWG i. V. m. § 1 ZuschlagsVO vom 6. 12. 1963 wurden bei beschränkter Nachschußpflicht 3/4 des Gesamtbetrages der Haftsummen und bei unbeschränkter Nachschußpflicht das Zweifache des Gesamtbetrages der Geschäftsanteile (für Zentralkassen vgl. § 2 der VO) dem haftenden Eigenkapital zugeschlagen. Unter diesem Gesichtspunkt werden Kreditgenossenschaften sorgfältig prüfen müssen, ob auf die Nachschußpflicht verzichtet werden kann. Näheres zum Haftsummenzuschlag gem. VO vom 20. 12. 1984 s. § 2 Rdn. 13.

40 Die **unbeschränkte Nachschußpflicht** besteht nur noch in besonderen Fällen; in Anbetracht der Entwicklung der Vermögensverhältnisse der eG ist eine so weitgehende Verpflichtung der Mitglieder im allgemeinen nicht erforderlich und auch nicht zuzumuten.

41 Die **beschränkte Nachschußpflicht** hat sich weitgehend durchgesetzt und bewährt. Die Höhe der Haftsumme hängt ab von der Struktur und den Bedürfnissen der einzelnen eG (wegen der Mindesthöhe vgl. §§ 119, 121).

42 Der **Verzicht auf jede Nachschußpflicht** hat dort Bedeutung, wo die eG aus betriebswirtschaftlichen Gründen über ein möglichst hohes Eigenkapital verfügen muß. Hier könnte die Nachschußpflicht die Mitglieder davon abhalten, zusätzliche (freiwillige) Geschäftsanteile zu übernehmen und einzuzahlen.

43 Für diese Fälle bietet sich aber die **Sonderform des § 121**, letzter Satz, an: Die Satzung kann bestimmen, daß durch die Beteiligten mit weiteren Geschäftsanteilen eine Erhöhung der Haftsumme nicht eintritt.

Bei der Satzungsregelung über die Nachschußpflicht ist es nicht erforderlich, sich an den genauen Wortlaut des § 6 Ziff. 3. zu halten (zumal dieser Gesetzeswortlaut die Nachschußpflicht im Falle des § 73 Abs. 2 außer acht läßt). In der Praxis weitgehend üblich und nicht zu beanstanden ist z. B. für den Fall der beschränkten Nachschußpflicht folgende Formulierung: „Die Nachschußpflicht der Mitglieder ist auf die Haftsumme beschränkt. Die Haftsumme für jeden Geschäftsanteil beträgt . . . DM" (vgl. hierzu LG Darmstadt, Beschl. v. 21. 1. 1975, 12 T 1/75). 44

Wegen der Folgen, wenn eine gesetzlich vorgeschriebene Regelung fehlt oder wenn die Satzung nicht die gesetzlichen Mindestanforderungen erfüllt, s. § 119 Rdn. 7. 45

### 4. Form der Berufung der Generalversammlung, Niederschrift, Versammlungsleitung

Wegen der Bedeutung der GV als Forum für die Willensbildung der Mitglieder kommt der für die Berufung der Versammlung vorgesehenen Form und ihrer Bekanntmachung besondere Bedeutung zu. Aus diesem Grund ist zwingend vorgeschrieben, daß die Satzung diese Einberufungsform regelt. 46

Der Text von Ziff. 4 Abs. 2 wurde eingefügt durch Gesetz vom 20. 12. 1933; seither kann die Berufung der GV durch unmittelbare Benachrichtigung sämtlicher Mitglieder oder durch Bekanntmachung in einem öffentlichen Blatt erfolgen (KG JFG 18, 358 = BlfG 1939, 32). Die Bekanntmachung im Bundesanzeiger, der durch Gesetz vom 17. 5. 1950 an die Stelle des Reichsanzeigers getreten ist, genügt nicht für die Einberufung. 47

Art. 2 Abs. 6 des Gesetzes vom 20. 12. 1933 hat praktisch nur noch Bedeutung für den Fall, daß das Veröffentlichungsblatt nicht mehr erscheint. Die Regelung lautet: 48

„Ist im Statut einer Genossenschaft bestimmt, daß die Berufung der Generalversammlung nicht durch Bekanntmachung im Deutschen Reichsanzeiger zu erfolgen braucht oder ist für die Bekanntmachung ein Blatt bestimmt, das z. Zt. nicht erscheint, so muß die Generalversammlung, in der in Abänderung des Statuts andere Blätter für die Berufung der Generalversammlung bestimmt werden sollen, durch Bekanntmachung in einem der Blätter berufen werden, in denen die Eintragungen in das Genossenschaftsregister veröffentlicht werden. Veröffentlicht das Registergericht seine Eintragungen in das Genossenschaftsregister nur im Deutschen Reichsanzeiger, so hat es auf Antrag des Vorstandes ein oder mehrere Blätter zu bezeichnen, in denen die Berufung der Generalversammlung bekanntzumachen ist".

**49** Da die Satzungen heute regelmäßig alternativ eine Veröffentlichung oder die unmittelbare Benachrichtigung vorsehen, dürfte dieser Regelung kaum mehr Bedeutung zukommen.

**50** Soweit die Satzung **kumulativ** vorsieht, daß z. B. sowohl durch unmittelbare Benachrichtigung aller Mitglieder, als auch durch Presseveröffentlichung zur GV eingeladen wird, kann sich ein Mitglied nicht darauf berufen, die Pressemitteilung sei verspätet veröffentlicht, wenn die unmittelbare Einladung rechtzeitig zugegangen ist. Sollten Veröffentlichungen in zwei Tageszeitungen vorgesehen sein, so ist die verspätete Veröffentlichung in einer Tageszeitung unschädlich, sofern (von der eG) nachgewiesen wird, daß das Mitglied bereits rechtzeitig Kenntnis von der Einladung hatte.

**51** Das **Veröffentlichungsblatt** ist namentlich zu bezeichnen. Es können auch mehrere Blätter für die Bekanntmachung vorgesehen werden; eine Bezeichnung mehrerer Blätter für die **wahlweise Bekanntmachung** ist jedoch unzulässig (OLG Stuttgart, MDR 1978, 57). Unzulässig ist ebenfalls eine Regelung, daß die Bekanntmachung „in ortsüblicher Weise" zu erfolgen habe, weil dann dem Bestimmtheitserfordernis nicht genügt ist (vgl. OLG Zweibrücken, Rpfleger, 1985, 31 – e.V.). Unbedenklich dagegen ist eine Regelung mit alternativer Einladung durch unmittelbare Benachrichtigung oder Veröffentlichung im Bekanntmachungsorgan. Dies entspricht auch praktischen Bedürfnissen und einer bewährten Handhabung in der Praxis (zur Zulässigkeit KG JFG 18, 358; BlfG 1939, 32; a. A. *Müller*, § 6 Rdn. 26, dessen Begründung gegenüber der Entscheidung des KG aber nicht überzeugen kann).

**52** Wenn das Bekanntmachungsorgan sein **Erscheinen einstellt**, oder eine Veröffentlichung auf Dauer aus anderen Gründen nicht möglich ist, muß durch Satzungsänderung ein anderes Blatt festgelegt werden, falls die Satzung nicht alternativ Einladung durch unmittelbare Nachricht an alle Mitglieder vorsieht. Andernfalls ist nach Art. 2 Abs. 6 des Gesetzes vom 20. 12. 1933 zu verfahren (s. oben Rdn. 48). In diesem Fall dürfte es auch zulässig sein, die GV zur Änderung der Satzung durch unmittelbare Benachrichtigung aller Mitglieder einzuberufen, auch wenn diese Art der Berufung in der Satzung nicht vorgesehen ist; dadurch ist – wesentlich besser als durch das erwähnte Gesetz – sichergestellt, daß möglichst alle Mitglieder die Einladung erhalten.

**53** Wird der **Name des Veröffentlichungsblattes geändert**, so ist eine entsprechende Satzungsänderung dann nicht erforderlich, wenn eindeutig erkennbar ist, daß es sich um dasselbe Blatt handelt. Entsprechendes gilt für ein Nachfolgeblatt, z. B. wenn es im Untertitel auf die frühere Bezeichnung hinweist: „Vormals . . . ".

**54** Es genügt die Veröffentlichung einer Bilanzanzeigen-Beilage, wenn diese Teil des in der Satzung genannten Blattes ist.

Die GV muß **am Sitz** der eG abgehalten werden, wenn die Satzung nichts anderes bestimmt (RGZ 44, 9 für Aktiengesellschaft). Ein Verstoß dagegen berechtigt zur Anfechtung der Beschlüsse gemäß § 51, weil die Berufung der Versammlung nicht ordnungsgemäß erfolgt ist (BayObLG, NJW 1959, 485 und Raiffeisen-Rundschau 1959, 146). Der in der Satzung festgelegte Tagungsort darf für die Mitglieder nicht unzumutbar sein. Eine GV, die z. B. wegen der Entfernung des Versammlungsortes einem Teil der Mitglieder die Teilnahme faktisch unmöglich machen würde, ist mit den Grundsätzen des Genossenschaftsrechts unvereinbar (*Metz/Werhahn*, S. 25; vgl. ergänzende Erl. zu § 43 Rdn. 148 ff). **55**

Wegen der Frist für die Berufung der GV und für die Festlegung der Tagesordnung siehe § 46. **56**

Die Satzung muß auch Bestimmungen über die **„Beurkundung"** der Beschlüsse der GV enthalten. Dies ist nach wie vor geltendes Recht, obwohl § 47 seit der Novelle 1973 eine ausführliche Sonderregelung für die „Ergebnisniederschrift" enthält. Es ist ausreichend, wenn die Satzung wegen der Ergebnisniederschrift auf § 47 des Gesetzes verweist (so auch *Müller*, § 6 Rdn. 32). **57**

„Beurkundung" der Beschlüsse ist nicht als öffentliche Beurkundung i. S. d. Beurkundungsgesetzes zu verstehen; gemeint ist eine einfache Niederschrift. **58**

§ 47 sieht u. a. vor, daß **Art und Ergebnis der Abstimmung** zu protokollieren sind. Nicht erforderlich ist dagegen, z. B. die Zahl der erschienenen Mitglieder festzuhalten, soweit die Beschlußfähigkeit der GV davon unabhängig ist. Auch die Aufstellung einer Anwesenheitsliste ist nicht erforderlich, doch kann die Satzung dies vorsehen. Die freiwillige Führung einer Anwesenheitsliste dient internen statistischen Zwecken der eG und gewährt den Mitgliedern kein Recht auf Einsicht. **59**

Die Herstellung der **Ergebnisniederschrift** muß nicht in der GV erfolgen, falls die Satzung dies nicht ausdrücklich bestimmt, eine Verlesung ist nur erforderlich, wenn und soweit die Satzung dies vorschreibt. **60**

§ 47 ist grundsätzlich nur als **Ordnungsvorschrift** zu verstehen, deren Verletzung die Gültigkeit der Beschlüsse nicht berührt (so auch *Meyer/Meulenbergh/Beuthien*, § 7 Rdn. 4; a. A. *Müller*, § 6 Rdn. 31). Bei dieser Rechtslage sind keine Gründe erkennbar, warum eine Verletzung der in der Satzung enthaltenen Formvorschriften für die Ergebnisniederschrift zur Rechtsunwirksamkeit führen soll. Die frühere Auffassung wird aufgegeben. Allerdings wird der Registerrichter auf die Einhaltung der satzungsmäßigen Formvorschriften zu achten haben. Die ordnungsgemäße Beurkundung kann aber zu einer erneuten Einreichung nachgeholt werden. Es bedarf nicht eines erneuten Beschlusses, falls dieser im übrigen wirksam ist. **61**

62 Ein Beschluß in der GV kommt durch **Abstimmung und Verkündung** durch den Versammlungsleiter zustande. Fehlt z. B. tatsächlich die erforderliche irrtümliche bekanntgemachte Mehrheit, so hat dies keine Nichtigkeit, sondern nur Anfechtbarkeit zur Folge (RGZ 60, 414; 75, 243; 116, 87). Näheres zum Abstimmungsverfahren und zur Berechnung der Mehrheiten Erl. zu § 43 und *Metz/Werhahn*, Rdn. 198 ff.

63 Die Satzung muß auch eine Regelung über den **Vorsitz** in der GV enthalten (**Versammlungsleitung**). Das Gesetz verzichtet darauf, inhaltliche Bestimmungen für den Vorsitz festzulegen, so daß die inhaltliche Gestaltung der freien Satzungsregelung überlassen bleibt (§ 18; s. Rdn. 64). Die meisten Satzungen sehen vor, daß der Vorsitzende des Aufsichtsrates oder seine Stellvertreter die GV leitet. Sofern die GV durch den Vorstand einberufen wird – das Recht steht ihm nach § 44 Abs. 1 stets zu – führt ein Mitglied des Vorstandes den Vorsitz; wird die GV vom Prüfungsverband einberufen, so führt gemäß § 60 Abs. 2 eine vom Vorstand bestimmte Person den Vorsitz.

64 Soweit die Satzung dies nicht ausschließt, kann die GV eine **beliebige Person** als Versammlungsleiter wählen. Dieser Vorsitzende muß nicht Mitglied der eG sein (vgl. *Metz/Werhahn*, Rdn. 188 ff; für Vereinsrecht RG JW 1909, 411; *Reichert/Dannecker/Kühr*, Tz. 369, 370). Die andere Auffassung (*Müller*, § 6 Rdn. 36; *Hettrich/Pöhlmann*, § 6 Rdn 7 Abs. 3 unter Hinweis auf den Grundsatz der Selbstverwaltung) kann nicht überzeugen. Das Gesetz überläßt es gerade der Autonomie der GV, den Vorsitz in der Versammlung zu bestimmen. In Verwirklichung der genossenschaftlichen Selbstverwaltung sollen die Mitglieder durch die Satzung weitgehend frei die Regelungen über den Vorsitz in ihrer Versammlung gestalten können; diese entspricht der Systematik des Gesetzes – § 18. Auch im Fall des § 60 Abs. 2 schreibt das Gesetz nicht vor, daß der Vorsitz nur einem Mitglied der eG übertragen werden kann. Gerade bei einer schwierigen Tagesordnung oder einem problematischen Verlauf der Versammlung kann es sinnvoll oder erforderlich sein, eine in Fragen der Versammlungsleitung besonders erfahrene Person zum Vorsitzenden zu wählen, z. B. einen Vertreter des Prüfungsverbandes oder einen Rechtsanwalt, auch wenn dieser nicht Mitglied der eG ist. Ein solches Verfahren entspricht ständiger Praxis.

### 5. Form der Bekanntmachungen

65 Die Satzung muß auch Bestimmungen über die **Form der Bekanntmachungen** der eG enthalten sowie über die öffentlichen Blätter, in denen die Bekanntmachungen aufzunehmen sind. **Bekanntmachungen** i. S. v. § 6 Ziff. 4 und 5 sind alle Mitteilungen der eG an Mitglieder oder an die Öffentlichkeit, die den gesellschaftsrechtlichen Bereich betreffen und für

die eine Veröffentlichung vorgesehen ist (z. B. Berufung der GV gem. § 6 Ziff. 4; Veröffentlichung des Jahresabschlusses gem. § 339 Abs. 2 HGB).

Mitteilungen, die sich auf den Kundenbereich beziehen, wie z. B. Geschäftsbedingungen, Konditionen, Werbemitteilungen sind keine Bekanntmachungen. Ebensowenig Meldungen an das Registergericht oder Veröffentlichungen durch das Gericht.

Für die Form der Bekanntmachung genügt z. B. folgende Satzungsregelung: „Die Bekanntmachungen der eG werden unter ihrer Firma in . . . veröffentlicht".

Die gesetzliche Verpflichtung „Bekanntmachungen" in einem **„öffentlichen Blatt"** mitzuteilen, schließt z. B. aus, daß die Kandidatenliste zur Vertreterwahl als unmittelbare Benachrichtigung allen Mitgliedern zugeht, sofern die Wahlordnung eine „Bekanntmachung" vorsieht. **66**

**Öffentliche Blätter** und damit als Bekanntmachungsorgane der eG geeignet, sind alle regelmäßig erscheinenden Blätter, die vor allem den Mitgliedern zugänglich sind. Dem Interesse der Öffentlichkeit ist Genüge getan, wenn sonstige interessierte Personen die rechtliche und faktische Möglichkeit haben, das Blatt zu erwerben oder an für sie oder öffentlich zugänglichen Orten einzusehen. Auch Verbandszeitschriften oder eigene Blätter der eG kommen als „öffentliche Blätter" in Betracht, wenn die genannten Voraussetzungen erfüllt sind. Es muß keine für den Geschäftsbereich oder die Gemeinde bestimmte Tageszeitung sein. Die Veröffentlichung hat grundsätzlich in deutscher Sprache zu geschehen (so auch *Müller*, § 6 Rdn. 45). Allerdings dürften im Zuge der Vereinheitlichung des europäischen Wirtschaftsraumes auch Bekanntmachungen in anderen Sprachen zulässig sein, sofern dies sachlich geboten und den Mitgliedern zumutbar ist. **67**

Nicht zulässig wäre es, für die Veröffentlichungen **wahlweise mehrere öffentliche Blätter** zu nennen, um dem Vorstand jeweils die konkrete Auswahl zu überlassen. Dem Mitglied wäre es nicht zumutbar, mehrere Blätter ständig auf Bekanntmachungen der eG zu überprüfen. (OLG Stuttgart. ZfG 1978, 449 = DB 1977, 1938 = Rpfleger 1978, 57, mit Bespr. *Hartung*). **68**

## III. Folgen bei unvollständiger Satzung

Wenn die Satzung einer eG die in den §§ 6, 7 oder 36 Abs. 1 S. 2 festgelegten Inhalte nicht hat, hindert dieser Mangel die Eintragung. Das Registergericht hat insoweit die Vollständigkeit der Satzung zu prüfen. **69**

Wenn dennoch Eintragung erfolgt, ist die eG als juristische Person rechtswirksam entstanden (so auch *Müller*, § 6 Rdn. 2). **70**

Eine mit einem solchen wesentlichen Mangel behaftete eG kann jedoch gemäß § 147 FGG „als nichtig" gelöscht werden unter den Voraussetzun- **71** gen, unter denen nach den §§ 94 und 95 Nichtigkeitsklage erhoben werden kann (vgl. Erl. zu §§ 94, 95). Diese Regelung erscheint zwar nicht folgerichtig, sie ergibt sich jedoch eindeutig aus dem geltenden Recht. De lege ferenda wäre es durchaus ausreichend, wenn das Registergericht die eG zur Behebung des Mangels anzuhalten hätte und wenn Löschung von Amts wegen erst dann zugelassen würde, wenn der Mangel innerhalb einer zu bestimmenden Frist nicht behoben würde.

**72** Das auf **Nichtigkeit der eG** lautende Urteil darf im übrigen nur ergehen, wenn im Zeitpunkt der letzten mündlichen Verhandlung der Mangel der Satzung nicht geheilt ist. Wird der Mangel nach **Schluß der letzten mündlichen Verhandlung** geheilt, kann immer noch Berufung eingelegt werden. Die Klage wäre dann in der Berufungsinstanz abzuweisen (so treffend *Müller*, § 6 Rdn. 3).

## § 7

## Weiterer notwendiger Inhalt der Satzung

**Das Statut muß ferner bestimmen:**

1. **den Betrag, bis zu welchem sich die einzelnen Genossen mit Einlagen beteiligen können (Geschäftsanteil), sowie die Einzahlungen auf den Geschäftsanteil, zu welchen jeder Genosse verpflichtet ist; dieselben müssen bis zu einem Gesamtbetrage von mindestens einem Zehnteile des Geschäftsanteils nach Betrag und Zeit bestimmt sein;**
2. **die Bildung einer gesetzlichen Rücklage, welche zur Deckung eines aus der Bilanz sich ergebenden Verlustes zu dienen hat, sowie die Art dieser Bildung, insbesondere den Teil des Jahresüberschusses, welcher in diese Rücklage einzustellen ist, und den Mindestbetrag der letzteren, bis zu dessen Erreichung die Einstellung zu erfolgen hat.**

*Übersicht*

## I. Allgemeines

Wie in § 6 enthält auch § 7 Bestimmungen, die **in jeder Satzung** einer eG der Regelung bedürfen. In gleicher Weise handelt es sich auch hier um zwingende Vorschriften (wegen der Folgen unvollständiger oder fehlerhafter Satzungsregelungen vgl. Erl. zu § 6 Rdn. 69 ff.) 1

Eine weitere zwingende Vorschrift über den Inhalt der Satzung befindet sich in § 36 Abs. 1 S. 2 (Regelung der Beschlußfähigkeit des Aufsichtsrats). 2

Für **Erzeugergemeinschaften** in der Rechtsform der eG ist § 3 Abs. 1 Ziff. 4 Marktstrukturgesetz zu beachten: Die Satzung muß Bestimmungen für den Erwerb und Verlust der Mitgliedschaft enthalten, wobei die Mitgliedschaft frühestens zum Schluß des 3. vollen Geschäftsjahres gekündigt werden kann und die Kündigungsfrist mindestens 1 Jahr betragen muß. Die Satzung muß auch die Organe, ihre Aufgaben, sowie die Art der Beschlußfassung bestimmen (§ 3 Abs. 1 Ziff. 36 Marktstrukturgesetz) und daß Befreiungen von Verpflichtungen nach § 3 Abs. 1 Ziff. 3 d des Marktstrukturgesetzes eines Beschlusses der GV (mit 2/3-Mehrheit) bedürfen. 3

§ 7 Ziff. 2 der früheren Fassung – Grundsätze für die Aufstellung und Prüfung der Bilanz – wurde durch das Bilanzrichtlinien-Gesetz 1985 aufgehoben; die bisherige Ziff. 3 wurde neu gefaßt: der Begriff „Reservefonds" wurde ersetzt durch die Bezeichnung „gesetzliche Rücklage". Der in die gesetzliche Rücklage einzustellende Betrag bemißt sich nunmehr nach einem Teil des „Jahresüberschusses", nach der alten Fassung nach einem Teil des „jährlichen Reingewinns". 4

## II. Geschäftsanteil, Einzahlungen

### 1. Geschäftsanteil

Dies ist lediglich eine in der Satzung festzulegende abstrakte Beteiligungsgröße, die den Höchstbetrag der Einlage bezeichnet – unabhängig von der Möglichkeit, mehrere Geschäftsanteile zu übernehmen. 5

Die Satzung muß den Betrag des Geschäftsanteils in DM festlegen; er muß für alle Mitglieder gleich sein (RGZ 64, 193). 6

Unterschiedliche Gesamtbeträge können jedoch erreicht werden durch Festlegung einer **Staffelbeteiligung**; z. B. Bezugsgröße: Umsatz von 0 bis 5 Mio ein Geschäftsanteil in Höhe von 500 DM, für jede weitere 10 Mio DM ein zusätzlicher Geschäftsanteil in gleicher Höhe. Dies hat Bedeutung auch im Zusammenhang mit § 9; hier kann für Mitglieder von Vorstand und Aufsichtsrat eine tragbare Belastung erreicht werden (näher dazu § 7a). 7

8 Ein Mindest- oder Höchstbetrag ist im Gesetz nicht bestimmt; der Geschäftsanteils muß jedoch auf volle DM lauten und mindestens 1,– DM betragen (§ 64 Abs. 2 DMBG).

9 Mit der Aufhebung des WGG ist die Rechtsgrundlage für die Festlegung des Geschäftsanteils auf mindestens 300 DM und seiner Einzahlung innerhalb von 3 Jahren nach Erwerb der Mitgliedschaft entfallen. Soweit die Anerkennungsbehörde einen höheren Betrag oder eine andere Einzahlungsfrist festgesetzt hatte, kann durch Satzungsänderung (§ 16) etwas anderes bestimmt werden.

10 Die Satzung kann die **Beteiligung mit mehreren Geschäftsanteilen** zulassen oder eine solche Beteiligung zur Pflicht machen (siehe Erl. zu § 7 a). Die **Pflichtbeteiligung** kann nunmehr auch durch Satzungsänderung vorgesehen werden. Gemäß § 16 Abs. 2 bedarf dies einer Mehrheit von 3/4 der abgegebenen Stimmen. Gleiches gilt für eine Erhöhung des Geschäftsanteils durch Satzungsänderung (§ 16 Abs. 2 Ziff. 2). Der Geschäftsanteil kann auch durch Satzungsänderung herabgesetzt werden; § 22 ist zu beachten.

11 Die Zerlegung des Geschäftsanteils bedarf gemäß § 16 Abs. 2 Ziff. 8 der qualifizierten Mehrheit von 3/4 der abgegebenen Stimmen; Näheres regelt § 22 b.

12 Die Zusammenlegung von Geschäftsanteilen ist im Gesetz nicht geregelt. Es besteht dafür in Zusammenhang mit der Erhöhung des Geschäftsanteils ein praktisches Bedürfnis. Rechtliche Bedenken dagegen bestehen nicht.

13 § 67 b – eingeführt durch Novelle 1973 – läßt die **Kündigung einzelner Geschäftsanteile** zu.

Wegen „Genußschein" vgl. § 1 Rdn. 306.

### 2. Geschäftsguthaben

14 Es stellt den Betrag dar, der tatsächlich auf den oder die Geschäftsanteile eingezahlt ist. Es kann sich dabei um unmittelbare Einzahlungen der Mitglieder handeln oder um Gutschriften aus Gewinnanteilen oder Rückvergütungen.

15 Das Geschäftsguthaben ist Bestandteil des **Eigenkapitals** der eG (vgl. unten Rdn. 88 ff). Im Gegensatz zur Beteiligung an Kapitalgesellschaften ist das Geschäftsguthaben auch vergleichbar mit einem **„Eintrittsgeld"**, um an der genossenschaftlichen Fördergemeinschaft beteiligt zu sein; Zweck ist nicht eine möglichst hohe Kapitaldividende (näher dazu § 1 Rdn. 3).

16 Das Geschäftsguthaben vermindert sich, soweit es zur Deckung von Bilanzverlusten abgeschrieben wird. Das Geschäftsguthaben eines Mit-

glieds kann nicht höher sein als der Gesamtbetrag der von ihm gezeichneten Geschäftsanteile. Darüber hinausgehende Zuweisungen sind nicht Geschäftsguthaben und damit nicht Eigenkapital, sondern begründen eine Forderung des Mitglieds gegen die eG (*Müller*, § 7 Rdn. 8; *Meyer/Meulenbergh/Beuthien*, § 7 Rdn. 7; *Riebandt-Korfmacher*, BB 1950, 833 betr. Einzahlung auf einen „Wohnungsfonds" als Beitrag zur Aufbringung der von der eG für den Bau von Wohnungen zu erbringenden Eigenleistung).

Ein **Aufpreis (Agio)** über den Betrag der Geschäftsanteile hinaus wird **17**
nicht Geschäftsguthaben. Solche Zahlungen haben rechtlich den Charakter von Eintrittsgeld. Sie sind der Kapitalrücklage zuzuführen.

Gewährt die eG bei der Übernahme von Geschäftsanteilen einen **Nachlaß (Disagio)**, so wäre die Differenz aus dem Vermögen der eG zu leisten. **18**
Diese Beträge würden somit aus dem stabilen Eigenkapital umgewandelt in fluktuierendes Eigenkapital (s. aber § 22 Abs. 4).

Für eine (z. B. steuerliche) **Bewertung der Geschäftsguthaben** ist kein **19**
Raum. Die Beteiligung an einer eG hat personalen Charakter; der „innere Wert" des Unternehmens kommt auch bei der Auseinandersetzung (§ 73) nicht zum Ausdruck. Aus der Sicht der eG und der Mitglieder sind Geschäftsguthaben jeweils zum Nominalbetrag anzusetzen. Bei Verwendung von Geschäftsguthaben zur Beseitigung von Verlusten vermindert sich entsprechend der Nominalbetrag der Geschäftsguthaben (nicht der Geschäftsanteile).

Als wesentlicher Bestandteil des Eigenkapitals unterliegt das Geschäfts- **20**
guthaben den allgemeinen **Grundsätzen der Kapitalerhaltung**. Wegen Verpfändung, Abtretung und Pfändung des Geschäftsguthabens bzw. Auseinandersetzungsguthabens vgl. Erl. zu § 22 Abs. 4.

Das Geschäftsguthaben – nicht die Mitgliedschaft – kann **gemäß § 76** **21**
**übertragen werden**. Eine Auszahlung des Geschäftsguthabens ist nicht zugelassen.

Bei Herabsetzung des Geschäftsanteils (unter Beachtung des Gläubiger- **22**
schutzes gemäß § 22 Abs. 2, ebenfalls bei einer Fusion) handelt es sich hinsichtlich der frei werdenden Beträge nicht um die Auszahlung von Geschäftsguthaben. Genossenschaftsrechtliche Gestaltungsformen gestatten keine hiervon abweichende Handhabung, (BVerwG, GW 1985, 424 f.)

Die Satzung kann nicht auf Dauer das Recht der Mitglieder ausschließen, den Geschäftsanteil voll einzuzahlen; sie kann jedoch bestimmen, daß festgesetzte Raten einzuhalten sind.

Während einzelne Geschäftsanteile gekündigt werden können (§ 67 b), **23**
ist eine **Kündigung eines Teils der Geschäftsguthaben nicht möglich**. Das Geschäftsguthaben kann auch nur als solches einheitlich übertragen werden (§ 76).

### 3. Einzahlungspflichten auf Geschäftsanteile

24 Die Satzung muß bestimmen, welche **Einzahlungspflichten** für die Mitglieder in bezug auf die Geschäftsanteile bestehen. Als gesetzliche Mindestvoraussetzung ist nur erforderlich, daß hinsichtlich eines Zehntels des Geschäftsanteils festgelegt wird, welche Beträge zu welchen Zeitpunkten einzuzahlen sind. Über die Differenz von 9/10 zum gesamten Geschäftsanteil muß die Satzung keine Regelung enthalten. Insoweit besteht dann keine Einzahlungspflicht (beachte aber §§ 50, 87 a).

25 Grundsätzlich entsteht die Einzahlungspflicht mit Eintragung der Satzung, aus der sich die Regelung ergibt. Bei Gründung der eG kann die Verpflichtung jedoch bereits vor Eintragung der Satzung durch Satzungsvereinbarung entstehen (BGHZ 15, 66). Im Falle der Erhöhung des Geschäftsanteils gilt Entsprechende; die zusätzliche Einzahlungspflicht kann sich unter steuerlichen Gesichtspunkten vor Eintragung der Satzungsänderung bereits aus dem satzungsändernden Beschluß ergeben (BFH 76, 808 = BStBl. III 1963, 294). Es ist folgerichtig, diese Grundsätze auch auf Satzungsbeschlüsse zur Übernahme von Pflichtbeteiligungen anzuwenden.

26 Bei der Übernahme **mehrerer Geschäftsanteile** im Rahmen einer Pflichtbeteiligung gilt die Regelungspflicht in Höhe von 1/10 für jeden einzelnen Geschäftsanteil. Das Gesetz spricht grundsätzlich vom „Geschäftsanteil", auch wenn mehrere Geschäftsanteile gemeint sind. Die Regelung in § 7 Ziff. 1 letzter Halbsatz soll sicherstellen, daß ein sich aus der Satzung ergebender Mindestbetrag an Geschäftsguthaben der eG auch tatsächlich zur Verfügung gestellt wird.

27 Während für den Geschäftsanteil in der Satzung ein Betrag in DM anzugeben ist, genügt für die Regelung der Einzahlungspflicht die Bezugnahme auf diesen Betrag, z. B. durch Angabe eines Prozentsatzes des Geschäftsanteils.

Leistungen auf Geschäftsanteile müssen Bareinzahlungen sein; insoweit sind Sachleistungen nicht zugelassen (RGZ 65, 223, 225; *Meyer/Meulenbergh/Beuthien*, § 7 Rdn. 7; vgl. aber Rdn. 56 ff). Zulässig ist aber die Anweisung des Mitglieds an die eG, eine gegen die eG zustehende Geldforderung dem Geschäftsguthaben gutzuschreiben. Es handelt sich dabei nicht um eine verbotene Aufrechnung (vgl. Rdn. 39 und § 22 Abs. 5). Im Rahmen des 1/10-Betrages kann die Satzung nicht bestimmen, daß die genossenschaftliche Rückvergütung auf den Geschäftsanteil einzuzahlen ist; soweit es sich um eine Einzahlung handelt, die über den 1/10-Betrag hinausgeht, ist aber eine solche Satzungsregelung möglich. Es dürfte sich auch nicht um einen Verstoß bei der Zumessung der Rückvergütung – relative Gleichbehandlung genügt (zum Begriff vgl. Erl. zu § 18 Rdn. 27).

28 Während der Geschäftsanteil für alle Mitglieder gleich hoch sein muß (absolute Gleichbehandlung), kann die **Einzahlungspflicht gestaffelt** sein,

wenn dafür eine sachliche Begründung besteht (relative Gleichbehandlung). Eine **gestaffelte Einzahlungspflicht** kann z. B. unterscheiden zwischen aktiven Mitgliedern und solchen, die gemäß § 9 Mitglied sein müssen (grds. zust. *Meyer/Meulenbergh/Beuthien*, § 7 Rdn. 6; *Müller*, § 7 Rdn. 11; vgl. aber unten Rdn. 41). Nicht unproblematisch wegen nicht ausreichender Bestimmtheit eine Regelung, wonach z. B. das Körperschaftsteuer-Guthaben dem Geschäftsguthaben zuzuschreiben sei.

Im gesetzlich vorgegebenen Rahmen kann die Satzung eine Einzahlungsregelung enthalten, die den Bedürfnissen der jeweiligen eG entspricht. So ist auch die **Einräumung von Ratenzahlung durch den Vorstand** möglich, z. B. mit folgender Satzungsformulierung: „Der Geschäftsanteil ist sofort in voller Höhe einzuzahlen. Der Vorstand kann auf Antrag die Einzahlung in Raten zulassen. In diesem Fall sind auf den Geschäftsanteil sofort nach Eintragung im Genossenschaftsregister . . . DM einzuzahlen. Vom Beginn des folgenden Monats/Quartals ab sind monatlich/vierteljährlich weitere . . . DM einzuzahlen, bis der Geschäftsanteil erreicht ist" (so z. B. eine Mustersatzung für Volksbanken und Raiffeisenbanken). **29**

Solche Regelungen, wie z. B. die Einräumung von Ratenzahlungen, müssen stets eine **Grundlage in der Satzung** haben. Die Festlegung von Fälligkeit und Höhe der einzelnen Rate kann z. B. nicht dem Vorstand überlassen bleiben (vgl. auch § 50). Der Vorstand ist grundsätzlich nicht berechtigt (ohne Regelung in der Satzung) fällige Einzahlungen zu stunden. Nur ausnahmsweise kann unter Berücksichtigung der Interessen der eG und des jeweiligen Mitglieds eine solche Stundung gerechtfertigt sein, nämlich dann, wenn die Durchsetzung der Einzahlungspflicht gegenüber dem Mitglied gegen die genossenschaftliche Treuepflicht verstoßen würde (vgl. Erl. zu § 18 Rdn. 50 ff und § 22 Rdn. 21). Nicht zulässig ist, daß es z. B. dem Vorstand überlassen bleibt, die Höhe des Betrages zu bestimmen, die von Rückvergütungen oder vom „Mitglied" als Geschäftsguthaben einzubehalten sind. **30**

Die Regelung gilt grundsätzlich **für jeden Geschäftsanteil** (bei freiwillig übernommenen Geschäftsanteilen vgl. aber § 15 b). Sind mehrere Geschäftsanteile übernommen und wird nachträglich der Geschäftsanteil erhöht, so gilt die satzungsgemäße Einzahlungspflicht für jeden Geschäftsanteil entsprechend den erhöhten Beträgen. Die Satzung kann bestimmen, daß für die verschiedenen Geschäftsanteile eines Mitglied unterschiedliche Einzahlungspflichten gelten, der Grundsatz der Gleichbehandlung ist zu beachten. **31**

Die Satzung kann im Rahmen von § 7 bestimmen, daß auch bei **Pflichtbeteiligungen** (entgegen § 15 b Abs. 2) alle Geschäftsanteile voll eingezahlt sein müssen, bevor neue Beteiligungen zugelassen werden. **32**

33 Es ist zulässig und üblich, entsprechend § 19 Abs. 1 durch die Satzung zu bestimmen, daß bis zur vollen Einzahlung des Geschäftsanteils Gewinnanteile oder Rückvergütungen ganz oder teilweise dem Geschäftsguthabenkonto gutgeschrieben werden.

34 Dem gesetzlichen Erfordernis, in Höhe von 1/10 des Geschäftsanteils eine Einzahlungspflicht nach Höhe und Zeit zu regeln, ist aber nicht dadurch entsprochen, daß die Satzung lediglich vorsieht, daß die Einzahlungen allein durch Gutschrift der jeweiligen Rückvergütung erfolgen sollen. Ebenfalls nicht ausreichend wäre es, wenn zwar die Einzahlung von einem Zehntel des Geschäftsanteils nach Betrag und Zeit festgelegt ist, die Einzahlung des Restbetrages von neun Zehnteln aber von einer „Anforderung durch den Vorstand" abhängig sein soll.

35 Eine **Gewinnauszahlung** ist gesetzlich ausgeschlossen, bis ein durch Verlust abgeschriebenes Geschäftsguthaben wieder aufgefüllt ist (§ 19 Abs. 2).

36 Leistungen auf den Geschäftsanteil müssen stets **Barzahlungen** sein; Sachleistungen sind nicht zugelassen (RGZ 65, 225 s. Rdn. 27).

37 Einzahlungen auf den ersten Erwerb von Geschäftsanteilen sind bei Bau- und **Wohnungsgenossenschaften** wohnungsbauprämienbegünstigt; darunter fallen auch Einzahlungen auf den durch Verlustabschreibung geminderten oder durch Beschluß der GV erhöhten Geschäftsanteil sowie Eintrittsgelder (s. § 1 Rdn. 134; eingehend Abschn. 5 WoPR 1992). Im Wege der Auslegung des geltenden Rechts ist eine Verwendung von **Bausparmitteln** zum Erwerb von Anteilen an Wohnungsbaugenossenschaften als prämien- und steuerunschädlich anzusehen, vorausgesetzt, daß die Bausparverträge bereits zugeteilt sind: BdF, Schr. v. 4. 7. 1995 – IV B 6 – S 1961-63/95.

38 Wird eine eG gegründet z. B. im Zusammenhang mit der Übertragung des Vermögens eines Vereins, so können allerdings die Geschäftsguthaben der Mitglieder aus dem **übernommenen Vermögen des Vereins** als eingezahlt gutgeschrieben werden.

39 § 22 Abs. 5 verbietet dem Mitglied die Aufrechnung von Forderungen gegen die eG mit Einzahlungsansprüchen auf Geschäftsanteile. Eine Aufrechnung durch die eG ist zulässig, soweit dies tatsächlich zu einer entsprechenden Gutschrift auf dem Geschäftsguthabenkonto führt (vgl. BGHZ 15, 52 zur GmbH; *Meyer/Meulenbergh/Beuthien*, § 7 Rdn. 7). Es handelt sich nicht um eine verbotene Aufrechnung, wenn das Mitglied die eG anweist, Geldforderungen gegen die eG dem Geschäftsguthabenkonto gutzuschreiben und diese Gutschrift tatsächlich erfolgt. Es wäre schließlich nicht sinnvoll, Barauszahlungen an das Mitglied zu verlangen, um diese Beträge dann

wieder auf das Geschäftsguthabenkonto einzuzahlen. S. auch Rdn. 27 und § 22 Rdn. 25.

Werden Einzahlungen des Mitglieds entgegen der Satzung nicht Geschäftsanteilen gutgeschrieben, sondern z. B. als **Eintrittsgelder** verbucht, so hat das Mitglied tatsächlich kein Geschäftsguthaben und beim Ausscheiden keinen Auseinandersetzungsanspruch, unter Umständen aber Bereicherungs- oder Schadenersatzansprüche gegen die eG (über § 31 BGB). **40**

In der Gründungssatzung können **unterschiedlich hohe Einzahlungspflichten** für die **einzelnen** Mitglieder festgelegt werden, wenn die Differenzierung sachlich begründet ist (z. B. Umfang der Inanspruchnahme der eG), z. B. auch durch die Verpflichtung zur Gutschrift unterschiedlich hoher Rückvergütungsbeträge. Inzwischen hat sich die Auffassung durchgesetzt, daß auch eine nachträgliche Differenzierung durch Satzungsänderung möglich ist (vgl. *Meyer/Meulenbergh/Beuthien*, § 7 Rdn. 6). Ein solches Verfahren dürfte unproblematisch sein, wenn es dafür sachliche Gründe gibt, denen nicht durch unterschiedliche Pflichtbeteiligung (§ 7 a) entsprochen werden kann **41**

Eine **Erhöhung der Einzahlungspflichten** ist durch Satzungsänderung möglich (BGHZ 56, 110), unabhängig von der Möglichkeit einer Erhöhung des Geschäftsanteils. Wegen Beschlußfassung der GV über Zeitpunkt und Höhe der Einzahlungspflichten vgl. § 50. **42**

Einzahlungsansprüche gegen die Mitglieder, über deren Vermögen das **Konkursverfahren** eröffnet ist, sind Konkursforderungen, auch wenn sie erst nach Konkurseröffnung fällig geworden sind (*Citron*, BlfG 1929, 387). Im Konkurs des Mitglieds können Einzahlungsforderungen von der eG aber nicht mehr geltend gemacht werden, die erst nach Konkurseröffnung z. B. durch Erhöhung der Einzahlungspflichten begründet worden sind (§ 3 Abs. 1 KO). **43**

Einzahlungspflichten auf Geschäftsanteile **enden mit der Beendigung der Mitgliedschaft**, auch wenn zu diesem Zeitpunkt Ansprüche der eG aus rückständigen Pflichteinzahlungen bestanden haben. Rückständige Pflichteinzahlungen müssen aber von ausscheidenden Mitgliedern gezahlt werden, wenn die Geschäftsguthaben der Mitglieder zur Deckung von Bilanzverlusten herangezogen werden, und die vorhandenen Guthaben der ausgeschiedenen Mitglieder dafür nicht ausreichen. Wegen wieder auflebender Zahlungspflichten bei Auflösung der eG vgl. § 75. **44**

Die **Auseinandersetzung** richtet sich nach § 73. Die Kündigung der Mitgliedschaft als solche berührt jedoch nicht fällige Einzahlungspflichten. Entsprechendes gilt für den Ausschluß. Allerdings kann die eG nach § 242 BGB verpflichtet sein, auf die Durchsetzung von Einzahlungsansprüchen **45** in diesen Fällen zu verzichten. Entscheidend ist hier jedoch die Frage, ob Gläubigerinteressen verletzt werden.

46 Im **Konkurs der eG** endet grundsätzlich die Verpflichtung zur Leistung von Einzahlungen, die nach Konkurseröffnung fällig werden (wegen der Einzelheiten vgl. Erl. zu § 101).

47 Die **Einzahlungsansprüche verjähren** in 30 Jahren (KG, BlfG 1933, 36); jedoch keine Verwirkung des Einzahlungsanspruchs (s. Rechtspr. z. B. OLG Köln, JW 1934, 2869; LG Berlin, BlfG 1936, 445; LG München, BlfG 1936, 696).

48 Wegen **Bilanzierung rückständiger Pflichteinzahlungen** siehe Anhang zu § 33; für diese Rückstände sind grundsätzlich Verzugszinsen zu zahlen (RG, BlfG 1911, 338).

49 Für **Wohnungsgenossenschaften** sieht der Gliederungsvordruck für die Bilanz entsprechend § 337 Abs. 1 S. 4 HGB und der bisherigen Bilanzpraxis einen Vermerk bei dem Posten „Geschäftsguthaben" vor (GdW, Erläuterungen zur Rechnungslegung der Wohnungsunternehmen (Genossenschaften), 1991, Teil C 55, Gliederungsvordrucke W/O, Anl. 6, s. Rdn. 77 b).

50 **Abschreibung des Geschäftsguthabens** zur Deckung von Bilanzverlusten bedeutet nicht Herabsetzung des Geschäftsanteils. Grundsätzlich ist (neben den Reserven) nur das vorhandene Geschäftsguthaben zur Verlustdeckung heranzuziehen (vgl. § 19). Reichen die Geschäftsguthaben nicht aus, so bleibt nur Verlustvortrag oder Erhöhung der Einzahlungen auf den Geschäftsanteil, ggf. Erhöhung des Geschäftsanteils selbst (RGZ 72, 236; 106, 403).

51 Ist das Geschäftsguthaben infolge **Abschreibungen** ganz oder zum Teil verloren, so begründet dies für die Mitglieder **keine neuen Einzahlungspflichten**, soweit das Geschäftsguthaben durch Einzahlungen gebildet worden ist (BGHZ 15, 69 = ZfG 1955, 237 = NJW 1954, 1844). Einzahlungen aus Rückvergütungen gelten wegen der Rechtsnatur der Rückvergütung (s. Erl. zu § 19) als Einzahlung durch die Mitglieder; also grds. keine Auffüllungspflicht bei Abschreibung zur Verlustdeckung. Eine Verpflichtung zur Wiederauffüllung abgeschriebener Geschäftsguthaben besteht jedoch, soweit die Geschäftsguthaben **aus Gewinnzuschreibungen** entstanden sind. Wird das Geschäftsguthaben nach § 76 **übertragen**, so erlöschen die Einzahlungspflichten des Veräußerers (vgl. § 76 Rdn. 27). Der Erwerber erfüllt seine eigene Einzahlungspflicht in Höhe des übernommenen Geschäftsguthabens. Eine Abschreibung der Geschäftsguthaben zur Verlustdeckung führt insoweit nicht zum Wiederaufleben der Einzahlungspflicht (vgl. auch § 76 Rdn. 24, 25), selbst wenn das übernommene Guthaben aus Dividendengutschriften bestand.

Soweit Geschäftsguthaben für einen oder mehrere Geschäftsanteile wegen Verlustdeckung nicht mehr vorhanden sind, bleiben die **Geschäftsanteile nominell bestehen**; dies kann Bedeutung haben für die mit jedem Geschäftsanteil verbundene Nachschußpflicht. 52

Soweit Mitglieder über ihre Zahlungspflichten hinaus Einzahlungen auf Geschäftsanteile geleistet haben, stehen auch diese unbeschränkt zur Verlustdeckung zur Verfügung. 53

Die Satzung einer **Gründungsgenossenschaft** kann die Mitglieder schon zu Einzahlungen vor der Eintragung der eG verpflichten (vgl. BGHZ 15, 67); diese Einzahlungen werden nach der Eintragung als Geschäftsguthaben auf die Einzahlungspflicht der Mitglieder angerechnet (vgl. BGHZ 15, 68; *Sienz*, ZfG 1954, 30; *Müller*, § 7 Rdn. 22). 54

Von satzungsmäßigen Einzahlungspflichten kann nicht durch Einzelvereinbarung zwischen eG (Vorstand) und Mitglied abgewichen werden. 55

### 4. Sonstige Leistungspflichten

Die Mitglieder können **durch Satzung** noch **zu anderen Leistungen** verpflichtet werden; diese können in Geldleistungen, Sach- oder Dienstleistungen oder in Verpflichtungen zur Inanspruchnahme von Einrichtungen der eG bestehen (§ 16 Abs. 3; zu Maßnahmen zur Umsatzkonzentration auf die eG als „billigenswertes Motiv" vgl. OLG Frankfurt, DB 1977, 2181). Das geltende Recht enthält dafür aber klare Beschränkungen unter Beachtung des allgemeinen Rechtsgrundsatzes, daß die Pflichten aus einer Mitgliedschaft nicht gegen den Willen des einzelnen Mitglieds beliebig erweitert werden können. Näheres s. § 18 Rdn. 40 ff. 56

a) **Sachleistungen**, Dienstleistungen sowie Verpflichtungen zur Inanspruchnahme von Einrichtungen der eG können gemäß § 16 Abs. 3 mit qualifizierter Mehrheit von 9/10 der abgegebenen Stimmen durch Satzungsänderung eingeführt werden (Novelle 1973; Näheres Erl. zu § 16). 57

b) **Zahlungspflichten** gegenüber der eG aufgrund **Satzungsbestimmungen** sind nur in folgenden Fällen möglich: 58

- Einzahlungen auf Geschäftsanteile
- Zahlung des Fehlbetrags beim Ausscheiden gemäß der Nachschußpflicht (§ 73 Abs. 2)
- Nachschußpflicht (§ 105)
- Weitere Einzahlungen zur Abwendung des Konkurses (§ 87 a)
- Eintrittsgeld (RGZ 62, 303; OLG Bamberg v. 3. 12. 1980 – 3 U 113/80)
- Konventionalstrafen (RGZ 38, 15; 47, 151; 68, 93)

**Eintrittsgeld** kann als Bedingung des Eintritts in der Satzung festgelegt werden (RGZ 62, 303; 135, 55; *Müller*, § 7 Rdn. 24; *Paulick* S. 197; *Meyer/Meulenbergh/Beuthien*, § 7 Rdn. 7c; *Parisius/Crüger*, § 6 Anm. 4). 59

Die Verpflichtung zur Zahlung muß nicht schon im Augenblick des Beitritts bestehen, sondern kann auch an künftige ungewisse Ereignisse geknüpft werden (z. B. Aufnahme der Milchlieferung durch das Mitglied). Eintrittsgelder können auch schon vor Beginn der Mitgliedschaft erhoben werden, wenn dafür eine Anspruchsgrundlage (Vertrag oder Satzung) besteht. Entsteht die Mitgliedschaft nicht, so entfällt die Geschäftsgrundlage für das Eintrittsgeld (§ 242 BGB); es ist zurückzuzahlen.

Sieht die Satzung im Zusammenhang mit dem Beitritt zur eG z. B. „verlorene **Baukostenzuschüsse**" vor, so haben diese den Charakter von Eintrittsgeldern. Werden solche Zuschüsse später verlangt, so kann dies nur auf der Grundlage einer Individualvereinbarung geschehen.

**60** Die Einführung eines Eintrittsgeldes durch Satzungsänderung bedarf der $^{3}/_{4}$-Mehrheit, wenn die Satzung nicht andere (größere oder geringere) Mehrheiten dafür vorsieht (§ 16 Abs. 4). Sie wird wirksam für danach beitretende Personen. Falls eine Rückwirkung gewollt ist, bedarf diese der Zustimmung aller betroffenen Mitglieder.

**61** Es kann vorgesehen werden, daß Eintrittsgelder nach Ausscheiden des Mitglieds zurückzuzahlen sind. Dies bedarf grundsätzlich einer Regelung in der Satzung. Siehe hierzu Anhang § 33: § 266 HGB Rdn. 44. Falls Mitglieder durch Kündigung ausscheiden und dann wieder neu beitreten, wird das in der Satzung vorgesehene **Eintrittsgeld erneut fällig**. Damit kann z. B. im Bereich der Molkereigenossenschaften verhindert werden, daß Mitglieder wegen kurzfristiger Preisvorteile die eG wechseln.

**62** Das Eintrittsgeld kann unterschiedlich hoch sein, wenn dies sachlich gerechtfertigt ist (z. B. bei Molkereigenossenschaften je nach Anzahl der Kühe). Der Grundsatz der (relativen) Gleichbehandlung wird dadurch nicht verletzt.

**63** Von diesem „klassischen Eintrittsgeld", das seine Grundlage in der Satzung hat, ist folgender Fall zu unterscheiden: Das für die Aufnahme von Mitgliedern zuständige Organ der eG kann im Rahmen des Zulassungsverfahrens mit den Bewerbern vereinbaren, daß diese nur gegen Zahlung eines „Eintrittsgeldes" bestimmter Höhe zum Beitritt zugelassen werden. Eine solche Möglichkeit folgt aus dem Grundsatz der **Vertragsfreiheit** und ergibt sich auch daraus, daß ein Anspruch, ohne Vorbedingungen in eine eG aufgenommen zu werden, nicht besteht (OLG Bamberg, BB 1982, 272 mit Anm. *Ehlenz*; Anm. *Schnorr von Carolsfeld*, ZfG 1982, 233).

**64** Das von den Mitgliedern gezahlte einmalige Eintrittsgeld kann als Mitgliederbeitrag nach § 8 Abs. 6 KStG **steuerfrei** sein. Mitgliederbeiträge sind aber nur steuerbefreit, wenn es sich um „echte" Mitgliederbeiträge handelt. Voraussetzung hierfür ist, daß sie

– aufgrund der Satzung erhoben werden
  sowie

– die mitgliedschaftliche Sphäre betreffen und nicht Entgelt für eine konkrete Gegenleistung der Personenvereinigung sind.

So führt der BFH in seinem Urt. v. 19. 2. 1964, BStBl. 1964 III, 277 (= BlfG 1965, 153) u. a. aus:

„Die Tatsache allein, daß die Genossen das Eintrittsgeld in der Erwartung einer bestimmten Leistung der Genossenschaft entrichten, reicht somit nicht aus, um das Eintrittsgeld als Teil einer späteren Gegenleistung anzusehen."

Also bleibt das Eintrittsgeld auch in diesen Fällen grundsätzlich steuerfrei. Die Steuerfreiheit von Eintrittsgeldern wird allerdings dahingehend eingeschränkt, daß die mit der mitgliedschaftlichen Sphäre in Zusammenhang stehenden Ausgaben nicht abzugsfähig sind.

Bei Bau- und **Wohnungsgenossenschaften** i. S. v. § 2 Abs. 1 Nr. 1 Nr. 2 **65**
WoPG, § 3 WoPDV ist das Eintrittsgeld prämienbegünstigt (s. Rdn. 37).

Die Verpflichtung zur Zahlung eines Eintrittsgeldes muß ihre **Grund- 66**
**lage in der Satzung** haben. Dies bedeutet, daß der Anspruch dem Grunde nach in der Satzung enthalten sein muß. Eine Höchstgrenze für den Anspruch muß in der Satzung enthalten sein. In diesem Rahmen kann dann die Frage, zu welchem Zeitpunkt welcher Teilbetrag zu leisten ist, der Beschlußfassung der GV vorbehalten bleiben. Dies berücksichtigt den an mehreren Stellen des GenG zum Ausdruck gekommenen Grundsatz, daß Mitglieder und beitrittswillige Personen die Möglichkeit haben müssen, zu erkennen, welche Höchstbelastungen auf sie zukommen können (so z. B. für Zahlungen auf den Geschäftsanteil (§ 7 Ziff. 1), für die Höhe der Nachschußpflicht (§ 6 Ziff. 3), für Zahlungen gemäß § 87 a und für Beschlüsse der GV im Rahmen von § 50).

**Darüber hinausgehende Zahlungspflichten** können ihre Grundlage **67**
nur in Einzelvereinbarungen haben. Dies gilt auch für die Verpflichtung, die Dividende dem Geschäftsguthabenkonto gutzuschreiben (Ausschüttungs-Rückholverfahren. Näheres Erl. zu § 18). Sie sind grundsätzlich nur als Entgelt für konkrete Leistungen der eG zulässig. Jedenfalls dürfen für die Berechnung keine Maßstäbe angewendet werden, die mit der Leistungsbeziehung eG – Mitglied nicht im Zusammenhang stehen (z. B. „Hausumsatz" des Mitglieds: BGH, NJW 1979, 2248 = DB 1979, 643 = BB 1979, 1788 = ZfG 1980, 190 mit Anm. *Schultz*).

Die **allgemeinen Betriebskosten** (RGZ 62, 314) und entstehende Verlu- **68**
ste können nicht aufgrund von Satzungsbestimmungen auf die Mitglieder verteilt werden (KG JFG 9, 146; OLG Rspr. 6, 193; 16, 108; OLG Braunschweig, JW 1936, 1387). Insoweit ist es auch nicht zulässig, allgemeine Betriebskosten z. B. als später zu erhebende Eintrittsgelder zu deklarieren.

**Gleichmäßige, wiederkehrende Zahlungspflichten** sind möglich, wenn **69**
die Art der Leistung der eG dies rechtfertigt; z. B. Beiträge für Funkdienst

einer Taxigenossenschaft ohne Rücksicht auf Inanspruchnahme (LG Nürnberg v. 7. 10. 1980 – 5 O 6606/77 –). Diese Beiträge können gestaffelt sein, z. B. nach der Anzahl der betriebenen Taxen. Der Grundsatz der Zumutbarkeit ist zu beachten (BGH, BB 1981, 140 – „rote Liste").

**70** Auch ein solcher pauschalierter **Kostenbeitrag** gehört nicht zur Mitgliedersphäre, sondern in den Bereich der Kundenbeziehung. Rechtsgrundlage kann daher nicht die Satzung sein; enthält die Satzung z. B. die Regelung, daß Vorstand und Aufsichtsrat über die Höhe der Kostenumlage beschließen, so ist dies lediglich eine interne Regelung der Zuständigkeit. Die Vereinbarung kommt durch Einzelzustimmung zustande, auch durch Unterwerfung unter eine Rahmenvereinbarung, in der künftige Änderungen bereits vorgesehen sind, z. B. Allgemeine Geschäftsbedingungen. Nur ausnahmsweise kann ein Beitrag zu solchen Betriebskosten seine Grundlage in der Satzung haben und zwar dann, wenn die Eigenart der genossenschaftlichen Leistung dies bedingt und die Existenz der eG anders nicht gesichert werden kann, weil dadurch auch die mitgliedschaftsrechtliche Beziehung jedes einzelnen zur eG berührt wird (vgl. § 18 Rdn. 75).

**71** In der Satzung können grundsätzlich **Konventionalstrafen** vorgesehen werden (RGZ 38, 15; 47, 151; 68, 93; BGHZ 21, 370; 36, 114; OLG Schleswig, ZfG 1969, 87). Es ist hier zwischen **Vertragsstrafen** i. S. v. §§ 339 ff BGB und **Vereinsstrafen** zu unterscheiden.

**72** **Vertragsstrafe** gemäß § 339 BGB ist das Versprechen eines Schuldners gegenüber dem Gläubiger, für den Fall, daß er seine Verbindlichkeit nicht oder nicht in gehöriger Weise erfüllt, eine bestimmte Geldsumme als Strafe zu zahlen. Bei der formularmäßigen Vereinbarung von Vertragsstrafen ist ggf. § 11 Ziff. 6 AGB-Gesetz zu beachten.

**73** **Vereinsstrafen** verfolgen demgegenüber den Zweck, die Einhaltung mitgliedschaftlicher Pflichten zu sichern; sie beruhen nicht auf Vertrag, sondern auf der genossenschaftlichen Autonomie und der Unterwerfung der Mitglieder unter die Satzung (BGHZ 21, 373). Nach allgemein anerkannten Grundsätzen muß die Vereinsstrafe an konkrete Tatbestände gebunden sein; es darf sich nicht um eine Ermessensentscheidung, z. B. des Vorstandes, handeln. Das Strafverfahren bedarf einer Regelung in der Satzung. Nach BGHZ 29, 359 ist ein Verschulden nicht wesensnotwendig; auch rein objektive Gesichtspunkte können eine Vereinsstrafe rechtfertigen (BGH NJW 1972, 1893; RGRK zum BGB, § 25 Rdn. 17). Zulässig ist, daß die Satzung eine Strafe vorsieht für den Fall, daß ein Mitglied seine satzungsmäßige Pflicht verletzt, bei Verpachtung den Pächter zu verpflichten, an die eG zu liefern oder bei ihr Mitglied zu werden. Vor der Festlegung der Vereinsstrafe (nicht Vertragsstrafe) ist dem Betroffenen grundsätzlich Gelegenheit zur Stellungnahme zu gewähren (**rechtliches Gehör**). Dies folgt aus der Pflicht des Vereins zur ordnungsgemäßen Untersuchung eines

Satzungsverstoßes und aus der Treuepflicht gegenüber den Mitgliedern (vgl. BGHZ 29, 355; 55, 381; OLG Karlsruhe AZ: 15 U 159/84; *Soergel/Siebert*, § 25 Rdn. 34; *Reinicke*, NJW 1975, 2049). Die Gelegenheit zur Stellungnahme, die nach der Verhängung der Vereinsstrafe gewährt wird, ersetzt die fehlende vorherige Anhörung nicht. Die eG muß vor der Verhängung einer Vereinsstrafe darauf hinweisen, daß beabsichtigt ist, über eine solche Strafe zu beschließen. Hierbei ist dem Mitglied die Strafmaßnahme und der die Strafe auslösende Sachverhalt zu benennen (LG Heilbronn, Beschl. v. 19. 10. 1981, AZ: 5 S 181/81; LG Ravensburg, Urt. v. 22. 1. 1981, AZ: 3 O 1475/80). Wann in besonderen Ausnahmefällen auf das rechtliche Gehör verzichtet werden kann, ist eine Frage des Einzelfalles; so z. B. wenn eine vorherige Anhörung reine Formsache wäre. Die Behauptung, man hätte sich ohnehin nicht überzeugen lassen, reicht naturgemäß nicht aus, um einen Verzicht auf rechtliches Gehör zu rechtfertigen. Auf Vereinsstrafen ist das **AGB-Gesetz nicht anwendbar** (§ 23 Abs. 1 AGB-Gesetz; vgl. ergänzend § 18 Rdn. 12). Vereinsstrafen unterliegen nicht dem richterlichen Ermäßigungsrecht nach § 343 BGB; sie können nur daraufhin überprüft werden, ob das Verfahren beachtet ist (insbesond. das rechtliche Gehör), ob Verstöße gegen Gesetz oder die guten Sitten vorliegen oder ob die Bestrafung **offenbar unbillig** ist (BGHZ 21, 373; OLG Oldenburg, ZfG 1989, 272). A. A. *Baecker* (100, 103) zu Sportverbänden; umfassende gerichtliche Nachprüfung von Vereinsstrafen soll dann zugelassen sein, wenn das Mitglied zur Verwirklichung seiner Interessen auf die Mitgliedschaft angewiesen ist.

Nach OLG Oldenburg (v. 6. 4. 1990, 2 S 44/90) könne nach Beendigung **74**
der Mitgliedschaft eine Vereinsstrafe nicht mehr beigetrieben werden, da die Disziplinargewalt der eG nicht mehr bestehe. Die Entscheidung kann nicht überzeugen: Es dürfte nicht hinnehmbar sein, daß sich ein Mitglied auch nach rechtskräftiger Feststellung der angefallenen Strafe durch Ausscheiden aus der eG seiner Rechtspflicht entziehen könnte (s. Rdn. 75).

Die **Grenzziehung** zwischen Vertragsstrafen und Vereinsstrafen ist **75**
nicht eindeutig möglich; die Aufnahme in die Satzung wird in aller Regel ein Indiz dafür sein, daß es sich um eine Vereinsstrafe handelt (so LG Hanau in WuB 1986, 1405 m. Anm. *Aepfelbach*). Es ist aber auch denkbar, daß Vertragsstrafen in der Satzung geregelt werden, dann allerdings nur mit Wirkung gegenüber Mitgliedern; sie haben in diesem Fall den Rechtscharakter von Einzelvereinbarungen ggf. von Allgemeinen Geschäftsbedingungen.

Während die **Vertragsstrafe** die Durchsetzung von Gläubigerrechten zum Ziel hat, geht es bei der **Vereinsstrafe** als einer Ordnungsstrafe um die Sicherung der Gruppenordnung; sie soll als Sühne für gruppenschädliches Verhalten und zur Abschreckung dienen (LG Oldenburg v. 6. 4. 1990, 2 S 44/90 unter Berufung u. a. auf RGRK 12. Aufl., § 25 Rdn. 12). Da die gesellschaftsrechtliche Ordnungsmacht grundsätzlich mit dem Ausscheiden aus der eG endet, erlischt damit auch das Recht der eG, Vereinsstrafen zu verhängen (vgl. LG Oldenburg a. a. O.). Abschreckung und gruppenorientierte Sühne verlieren mit Beendigung der Mitgliedschaft im allgemeinen ihren Sinn. Allerdings kann es nicht im Belieben des Betroffenen liegen, sich durch Kündigung der Strafe zu entziehen.

**76** Gegen die Festsetzung von Konventionalstrafen ist der ordentliche **Rechtsweg** möglich, sofern der genossenschaftsinterne Instanzenweg erschöpft ist (vgl. BGHZ 13, 16). Das Gericht kann sowohl die Ordnungsmäßigkeit des Verfahrens (BGHZ 29, 354) als auch den Inhalt der Entscheidung daraufhin überprüfen, ob er mit allgemeinen Rechtsgrundsätzen übereinstimmt oder offenbar unbillig ist (BGHZ 13, 11; 21, 370; vgl. *Schlosser*, Vereins- und Verbandsgerichtsbarkeit, München 1972). Auch eine gerichtliche Nachprüfung von Tatsachenfeststellungen wird durch die Literatur und die neuere Rechtsprechung unter bestimmten Voraussetzungen für gerechtfertigt angesehen unter dem Gesichtspunkt, daß auch im Vereinsrecht niemand für Handlungen bestraft werden kann, die er gar nicht begangen hat (BGH, DB 1983, 2300; OLG Karlsruhe, AZ: 15 U 159/84; *Beuthien*, Die richterliche Kontrolle von Vereinsstrafen und Vertragsstrafen, BB 1968, Beilage Nr. 12). Das Gericht kann nur die Wirksamkeit oder Unwirksamkeit von Vereinsstrafen feststellen, sie aber nicht abändern (BGHZ 13, 14; OLG Karlsruhe a. a. O.). Eine Nachprüfung durch ordentliche Gerichte kann in der Satzung nur dadurch beschränkt werden, daß eine Schiedsgerichtsklausel festgelegt wird (vgl. OLG Stuttgart, NJW 1955, 833). Wegen Herabsetzung von Vertragsstrafen vgl. Kommentierung zu § 343 BGB).

**77** c) **Sonstige Leistungspflichten** (vgl. § 18 Rdn. 40 ff) der Mitglieder gegenüber der eG in Form von „Nebenleistungen" bedürfen grundsätzlich einer ausdrücklichen Satzungsregelung (*Müller*, § 7 Rdn. 29 ff). Solche Pflichten können in Anlieferungspflichten, Abnahmepflichten, Pflichten zur Vornahmen bestimmter Handlungen usw. bestehen. **Geldleistungen** können nicht Gegenstand einer Nebenleistungspflicht sein (BGH, NJW 1960, 1859).

**78** Es genügt, wenn die Nebenleistungspflichten ihre Grundlage in der Satzung haben, die nähere Ausgestaltung kann z. B. dem Vorstand zur Regelung in den Geschäfts- und Lieferbedingungen überlassen bleiben, sofern die Satzung dies vorsieht (RGZ 47, 148; OLG Frankfurt, DB 1977, 2181).

**79** Bei der Festlegung von Nebenleistungspflichten sind die allgemeinen genossenschaftlichen Grundsätze zu beachten, wie Bindung an den **Förderzweck** und das **Gleichbehandlungsgebot** (vgl. *Müller*, § 7 Rdn. 31 ff).

**80** Nebenleistungspflichten wie auch die Verpflichtungen im Rahmen des § 16 Abs. 3 müssen die **Vorschriften des GWB** beachten. Nebenleistungspflichten können ausnahmsweise gegen § 1 GWB verstoßen, wenn sie geeignet sind, eine Beschränkung des Wettbewerbs herbeizuführen (*Westermann*, ZFG 1954, 304; *Wolff*, BB 1966, 922; *Müller*, § 7 Rdn. 57). Nach BGHZ 13, 37 ist dies nur bei einer Verpflichtung zur ausschließlichen Ablieferung an die eG anzunehmen. Entsprechendes gilt für die Verpflichtung auf Bezug oder Abnahme von Waren (*Westermann*, Einkaufszusammenschlüsse und Kartellgesetzentwurf, S. 20; *Bieling*, S. 54 ff).

Vgl. Erl. zu § 1 Rdn. 154 ff, 171 ff und die zusammenfassende Darstellung von *Beuthien* HdG, Spalte 1009 ff mit ausführlicher Behandlung der **Sonderfälle des § 100 GWB** (Land- und Forstwirtschaft) unter Einbeziehung der Marktordnungsgesetze sowie von § 102 GWB (Kreditwirtschaft). 81

### 5. Auseinandersetzungsguthaben

Es handelt sich dabei um den im Rahmen des § 73 zu berechnenden Anspruchs des ausgeschiedenen Mitglieds aus der Auseinandersetzung (Näheres Erl. zu § 22 und § 73). Dieser Anspruch wird vom Grundsatz der Kapitalerhaltung nicht mehr berührt; er unterliegt daher – im Gegensatz zum Geschäftsguthaben (§ 22 Abs. 4) – grundsätzlich der Abtretung, Verpfändung oder Pfändung als künftige, bedingte Forderung (insoweit regelt § 66 nur das Verfahren für den Gläubiger eines Mitglieds). 82

## III. Regelungen über Buchführung und Jahresabschluß

Die frühere Fassung von § 7 Ziff. 2, wonach die Satzung Grundsätze für die Aufstellung und Prüfung der Bilanz enthalten mußte, ist durch Bilanzrichtlinien-Gesetz 1985 weggefallen. 83

Das Gesetz enthält nunmehr in § 33 grundsätzliche Regelungen zur Buchführung, zum Jahresabschluß und Lagebericht (s. Erl. zu § 33). Ergänzend gelten für die eG die Regelungen des 3. Abschnitts (§§ 336–339) des HGB über die Pflicht zur Aufstellung von Jahresabschluß und Lagebericht (§ 336 HGB), zur Bilanz (§ 337 HGB), zum Anhang (§ 338 HGB) und zur Offenlegung (§ 339 HGB). Wegen Einzelheiten s. Anhang zu § 33. 84

„Jahresüberschuß"/„Jahresfehlbetrag" ist der Saldo der (in Staffelform aufzustellenden) Gewinn- und Verlustrechnung. 85

Für die Gliederung des Jahresabschlusses von **Wohnungsgenossenschaften** gilt die Erste Verordnung zur Änderung der Verordnung über Formblätter für die Gliederung des Jahresabschlusses von Wohnungsunternehmen vom 6. 3. 1987, BGBl. I, 770, und das hierzu erlassene Formblatt. Die VO paßt die **Rechnungslegungsvorschriften** für Wohnungsunternehmen u. a. in der Rechtsform der eG unter Berücksichtigung ihrer Besonderheiten an die Bestimmungen des Bilanzrichtliniengesetzes an. Sie haben die 86

**Bilanz** abweichend von § 266 Abs. 2 u. 3; § 336 Abs. 2 S. 1 HGB nach dem dazu erlassenen **Muster-Formblatt** aufzustellen und abweichend von § 275 Abs. 2 u. 3 HGB bei der Aufstellung der **Gewinn- und Verlustrechnung** den Posten 1: Umsatzerlöse nach den wohnungswirtschaftlichen Betriebsleistungen aufzugliedern. Der Posten 2 ist ersetzt durch den Ausweis von Bestandsänderungen an zum Verkauf bestimmten Grundstücken mit fertigen und unfertigen Bauten sowie unfertigen Leistungen. Der Posten 5 weist Aufwendungen für bezogene Lieferungen und Leistungen auf.

**Kleine eG** (§ 267 Abs. 1 HGB) können die Posten der GuV. 1–5 unter der Bezeichnung „Rohergebnis" zusammenfassen (Art. 1 Abs. 1 u. 2 FormblattVO).

**Wohnungsunternehmen** i. S. d. FormblattVO **ist eine eG,** die nach dem in ihrer Satzung festgesetzten Gegenstand des Unternehmens sich mit dem Bau von Wohnungen im eigenen Namen befaßt, Wohnungsbauten betreut oder Eigenheime, Kleinsiedlungen oder Eigentumswohnungen i. S. d. 1. Teils des WEG errichtet und veräußert (§ 1 Abs. 3 FormblattVO). Die **wohnungswirtschaftlichen Formblätter** regeln einerseits den Inhalt der einzelnen Positionen, andererseits die Gliederung. Für die Bewertung gelten die allgemeinen handelsrechtlichen Grundsätze. Auf der Grundlage der durch die GliederungsVO vorgeschriebenen Muster hat der GdW **„Anwendungsformblätter"** mit **Ergänzungspositionen** entwickelt. Im Hinblick auf die sich aus dem D-Mark-Bilanzgesetz ergebenden Sonderposten für die Wohnungsgenossenschaften im **Beitrittsgebiet** hat der GdW **besondere Gliederungsvordrucke** (GdW-Schriften Nr. 39, 1991 Erläuterungen zur Rechnungslegung der Wohnungsunternehmen [Genossenschaften] Anlage 5/FormblattVO; Anlage 6/Vordrucke).

**87** Mit Rücksicht auf die Veränderungen in den wirtschaftlichen und rechtlichen Rahmenbedingungen der ehem. gem. Wohnungsgenossenschaften, die Rechtsangleichung in den neuen Ländern sowie die Rechnungslegungs- und Bilanzierungsvorschriften in der EU hat der GdW neue **„Erläuterungen zur Rechnungslegung der Wohnungsunternehmen"** (Genossenschaften), Ausg. 1991 a. a. O., herausgegeben. Den Schwerpunkt bilden die Erläuterungen zum Jahresabschluß nebst Lagebericht, Teil C und D.

Eingebunden ist der **„Kontenrahmen der Wohnungswirtschaft"**, Teil B.

## IV. Die Bildung von Rücklagen

### 1. Das Eigenkapital der Genossenschaft

**88** Das **Eigenkapital** der eG setzt sich zusammen aus den **Geschäftsguthaben** der Mitglieder und den **Rücklagen**. Es hat grundsätzlich mit diesen beiden Komponenten Finanzierungs- und Haftungsfunktion. Die

Geschäftsguthaben dienen dabei in erster Linie der Mittelausstattung; die Sicherung der Gläubiger ist vor allem Aufgabe der Nachschußpflicht (vgl. BGHZ 15, 66 = ZfG 55, 237 = NJW 1954, 1844).

Das Eigenkapital der eG ist z. T. **variabel**: Jeder Beitritt neuer Mitglie- **89**
der bringt zusätzlich Geschäftsguthaben; andererseits wird durch das Ausscheiden von Mitgliedern oder durch Kündigung einzelner Geschäftsanteile (§ 67 b) das Eigenkapital vermindert.

In Gesetzgebung (z. B. KWG), in Satzungen und in der Praxis haben **90**
sich die Begriffe für zwei unterschiedliche Arten von Rücklagen durchgesetzt: Die **„gesetzliche Rücklage"** und **„die anderen Rücklagen"**. Begriffe wie „Spezialreservefonds", „Betriebsrücklagen" oder „Freie Rücklagen" sind Unterfälle der „anderen Rücklagen", ebenso der „Beteiligungsfonds" gemäß § 73 Abs. 3.

### 2. Gesetzliche Rücklage

Die Satzung muß Bestimmungen enthalten über die Bildung einer **91**
gesetzlichen Rücklage, welche zur Deckung von Bilanzverlusten zu dienen hat. Der Begriff der „gesetzlichen Rücklage" ist im Gesetz allein durch die Zweckbindung (Deckung von Bilanzverlusten) und dadurch gekennzeichnet, daß die Satzung solche Rücklagen zwingend vorsehen muß.

Das GenG enthält keine abschließende Regelung, wie die gesetzliche Rücklage zu bilden ist. Unter Anwendung der (neuen) Begriffe insbesond. in §§ 272 Abs. 2 und 3, 337 Abs. 2 HGB bestehen folgende Möglichkeiten: 1. Die **gesetzliche Rücklage** und die anderen Ergebnisrücklagen werden allein aus den **Ergebnissen** der Geschäftsjahre gebildet; daneben besteht gegebenenfalls eine „Kapitalrücklage" gemäß § 272 Abs. 2 HGB als **andere Rücklage**, oder 2. eine bestehende „Kapitalrücklage" wird durch die Satzung der Bindung als „gesetzliche Rücklage" gemäß § 7 Ziff. 2 GenG unterworfen. In diesem Fall kann die gesetzliche Rücklage bestehen aus

a) einer Ergebnisrücklage
b) einer Kapitalrücklage

die jeweils getrennt auszuweisen sind.

Die Kapitalrücklage erlangt jeweils durch Widmung den Charakter einer gesetzlichen oder anderen Rücklage i. S. d. GenG.

Die Satzung muß festlegen, **welcher Teil des Jahresüberschusses** in **92**
diese Rücklage einzustellen ist sowie den Betrag, der als Mindestgröße zu erreichen ist, bevor Zuführungen aus dem Jahresüberschuß unterbleiben können. Ein gesetzlicher Mindestbetrag für die Zuweisung ist nicht vorgeschrieben; eine solche Vorschrift erscheint in Anbetracht der genossenschaftlichen Pflichtprüfung auch entbehrlich.

Die Satzung muß nicht einen festen Geldbetrag nennen; im Hinblick auf **93**
die sich laufend verändernden Größenverhältnisse der Unternehmen hat es

sich vielmehr bewährt, als Mindestbetrag einen bestimmten Prozentsatz der Bilanzsumme zu nennen (z. B. „die gesetzliche Rücklage wird gebildet durch eine jährliche Zuweisung von mindestens 10 % des Jahresüberschusses, solange die Rücklage 10 % der Bilanzsumme nicht erreicht"; so die Mustersatzung für Volksbanken und Raiffeisenbanken). Die Rechtsprechung hat solche Bezugsgrößen anerkannt (KGJ 15, 52). Auf die Festsetzung eines Mindestbetrages kann naturgemäß verzichtet werden, wenn die Satzung Zuweisung aller Überschüsse zur gesetzlichen Rücklage vorsieht oder die laufende Zuweisung eines Teils des Überschusses ohne Rücksicht auf die Höhe der Rücklage (KGJ 17, 21; *Müller*, § 7 Rdn. 69).

**94** Das Gesetz schreibt zwingend vor, daß **Ergebnisanteile** in die gesetzliche Rücklage einzustellen sind. Vorschriften über die Bildung dieser Fonds können z. B. nicht zum Inhalt haben, daß lediglich Eintrittsgelder in die gesetzliche Rücklage einzustellen sind (a. A. *Müller*, § 7 Rdn. 70 ohne Begründung). Im übrigen liegt es in der Verantwortung der zuständigen Organe, für eine ausreichende Dotierung der Reserven Sorge zu tragen. Es kann Aufgabe des Vorstandes im Rahmen seiner Verantwortung (§§ 27, 34) sein, in der GV darauf hinzuweisen, daß eine ausreichende Rücklagendotierung im Interesse der eG und damit langfristig im Interesse der Mitglieder unverzichtbar ist.

**95** Merkmal der **gesetzlichen Rücklage** ist ihre **strenge Zweckbindung**. Sie darf nur zur Deckung von Bilanzverlusten verwendet werden. Es können damit keine Wertberichtigungen oder Verluste ausgeglichen werden, die sich nicht aus dem Jahresabschluß ergeben. Die Satzung kann darüber hinaus bestimmen, unter welchen Voraussetzungen diese Rücklagen zur Verlustdeckung herangezogen werden; sie kann bestimmen, daß Teile des Verlustes bis zu einer bestimmten Höhe zunächst von den Geschäftsguthaben abzuschreiben oder auf neue Rechnung vorzutragen sind. Enthält die Satzung keine Regelung, kann die GV über die Art der Beseitigung des Verlustes beschließen. Gewinn und Verlust sind grundsätzlich voll auszuweisen; bei **Vorwegzuweisungen** von Gewinnen zu Reserven hat der Vorstand in der GV zu berichten; die Beschlußfassung der GV über den Jahresabschluß erfaßt dann im Zweifel auch diese Gewinnverwendung (vgl. Erl. zu § 48 Rdn. 11).

**96** Die Deckung von Bilanzverlusten fällt grundsätzlich in die ausschließliche **Zuständigkeit der GV**, auch wenn § 48 im Wortlaut nicht ganz eindeutig ist (so auch *Schubert/Steder*, § 48 Rdn. 3 und wohl auch *Müller*, § 7 Rdn. 71; Näheres siehe Erl. zu §§ 19, 48). Die Zuständigkeit der GV für die Beschlußfassung über den Jahresabschluß (§ 48 Abs. 1) beinhaltet auch die Zuständigkeitsregelung für die Deckung von Verlusten insgesamt. Die Satzung kann aber z. B. Vorstand und Aufsichtsrat das Recht einräumen, Verluste durch Verwendung anderer Rücklagen zu beseitigen; Genehmigung durch die GV bleibt erforderlich (s. Rdn. 100).

Wenn die gesetzliche Rücklage unter den satzungsmäßig festgelegten Betrag sinkt, weil die Mittel zur Verlustdeckung verbraucht wurden, so sind diese Reserven im Rahmen der Satzung wieder aufzufüllen. Vorher dürfen keine Gewinne ausgezahlt werden (§ 19 Abs. 2). **97**

Der in der Satzung enthaltene Mindestbetrag für die gesetzliche Rücklage kann **durch Satzungsänderung vermindert oder heraufgesetzt** werden. Eine Herabsetzung ist nur möglich, soweit dies nicht zu einer faktischen Verminderung des Eigenkapitals führt (die entgegengesetzte Auffassung von *Müller*, § 7 Rdn. 73, kann unter dem Gesichtspunkt der Sicherung des Eigenkapitals nicht überzeugen). **98**

Werden der gesetzlichen Rücklage über die satzungsmäßigen Mindestbeträge hinaus Mittel zugeführt, so unterliegen auch diese uneingeschränkt der gesetzlichen Bindung hinsichtlich ihrer Verwendung. **99**

### 3. Andere Rücklagen

Sie haben ihre **Grundlage** nicht im Gesetz, sondern **in der Satzung.** Hinsichtlich Bildung und Verwendung der anderen Rücklagen ist die Satzung grundsätzlich frei. Es ist üblich, auch für die Bildung dieser Rücklagen Regelungen vorzusehen, wie sie sich bei der gesetzlichen Rücklage bewährt haben. Falls die Satzung die Entscheidung über die Verwendung der anderen Rücklagen z. B. Vorstand und Aufsichtsrat überträgt, so muß dennoch ein Jahresfehlbetrag stets ungeteilt ausgewiesen werden; die Deckung unterliegt immer der Beschlußfassung der GV (Näheres § 48 Rdn. 14, 15). **100**

Neben den Ergebnisrücklagen können auch „andere", also nicht zweckgebundene **„Kapitalrücklagen"** i. S. v. § 272 Abs. 2 HGB gebildet werden. Diesen Kapitalrücklagen können bei eG insbesond. Zahlungen zugewiesen werden, die Mitglieder (über die Geschäftsguthaben hinaus) in das Eigenkapital leisten. Zu denken ist hier z. B. an Eintrittsgelder, Vereinsstrafen usw. **101**

## § 7 a

## Beteiligung mit mehreren Geschäftsanteilen

**(1) Das Statut kann bestimmen, daß sich ein Genosse mit mehr als einem Geschäftsanteil beteiligen darf. Das Statut kann eine Höchstzahl festsetzen und weitere Voraussetzungen aufstellen.**

**(2) Das Statut kann auch bestimmen, daß die Genossen sich mit mehreren Geschäftsanteilen zu beteiligen haben (Pflichtbeteiligung). Die Pflichtbeteiligung muß für alle Genossen gleich sein oder sich nach dem Umfang der Inanspruchnahme von Einrichtungen oder anderen Lei-**

**stungen der Genossenschaft durch die Genossen oder nach bestimmten wirtschaftlichen Merkmalen der Betriebe der Genossen richten.**

*Übersicht*



## I. Allgemeines

1 § 7 a wurde durch die Novelle 1973 eingeführt. Er soll die Kapitalbeschaffung erleichtern.

Absatz 1 **ersetzt** die Bestimmung des früheren **§ 134**, der nur für eG mit beschränkter Haftpflicht galt und dehnt den Geltungsbereich nunmehr auf alle eG aus.

Abs. 2 regelt die bisher durch die Rechtsprechung (BGHZ 56, 106) und Literatur unter bestimmten Voraussetzungen für zulässig erachtete Pflichtbeteiligung mit mehreren Geschäftsanteilen. Wegen der Einzahlungsregelungen für die Geschäftsanteile vgl. Erl. zu § 7.

## II. Freiwillige Beteiligung mit mehreren Geschäftsanteilen

2 Die **freiwillige Beteiligung** mit mehreren Geschäftsanteilen (Abs. 1) ist nur zulässig, wenn die Satzung dies vorsieht. Die Satzung kann eine Höchstzahl (Rdn. 3) festsetzen; sie muß es jedoch nicht. Sie kann auch weitere Voraussetzungen aufstellen (Rdn. 5).

3 Die **Höchstzahl** muß eine für alle Mitglieder einheitliche sein. Es gilt der Grundsatz der absoluten Gleichbehandlung (vgl. hierzu die Erörterungen zu § 18; sowie *Müller*, § 18 Rdn. 34; *Paulick*, S. 193). Das Kammergericht (OLGZ 39, 186), das für diese Auffassung zitiert wird (*Meyer/Meulenbergh/Beuthien*, § 134 a. F. Anm. 2; *Lang/Weidmüller*, 29. Aufl., § 134 a. F. Anm. 1), nimmt allerdings zu dieser Rechtsfrage nicht Stellung.

4 Ist keine Höchstzahl in der Satzung enthalten, ist grundsätzlich die Übernahme weiterer Geschäftsanteile zahlenmäßig **unbeschränkt** möglich, soweit die Satzung überhaupt eine Beteiligung mit mehreren Geschäftsanteilen zuläßt (vgl. aber Rdn. 6). So wäre es rechtlich nicht zu beanstanden – wenn auch aus wirtschaftlichen Erwägungen nicht unbedenklich –, wenn ein Mitglied mehr als die Hälfte aller Geschäftsanteile zeichnet. Einer Kündigung (der Mitgliedschaft oder des größten Teils der Geschäftsanteile) kann u. U. die genossenschaftliche Treuepflicht entgegenstehen (vgl. auch § 18 Rdn. 50 ff).

Die Satzung kann **weitere Voraussetzungen** aufstellen, z. B. die Abnahme bestimmter Mengen genossenschaftlicher Produkte, das Vorhandensein bestimmter Anbauflächen bzw. eines bestimmten Viehbestandes (*Schubert/Steder*, § 7 a Rdn. 7; *Meyer/Meulenbergh/Beuthien*, § 7 a Rdn. 2). 5

Wegen der **sonstigen** Voraussetzungen für die freiwillige Beteiligung mit mehreren Geschäftsanteilen vgl. die Ausführungen zu § 15 b. 6

Über die **Zulassung** entscheidet grundsätzlich der Vorstand mit demselben Ermessensspielraum wie beim Beitritt zur eG (§ 15 Rdn. 21 ff). Stellt die **Satzung** Voraussetzungen für den Erwerb weiterer Geschäftsanteile auf, hat das Mitglied, das diese Voraussetzungen erfüllt, gleichwohl noch nicht einen Rechtsanspruch auf Beteiligung mit weiteren Geschäftsanteilen. Läßt jedoch der **Vorstand** ganz allgemein die Übernahme von weiteren Geschäftsanteilen zu, haben die Mitglieder, die sich nunmehr mit weiteren Geschäftsanteilen beteiligen möchten, hierauf einen Rechtsanspruch (vgl. § 18 Rdn. 19). Ein Anspruch auf Zulassung kann dem Zeichnungswilligen durch Vertrag eingeräumt werden (§ 15 Rdn. 27); *Meyer/Meulenbergh/Beuthien*, § 7 a Rdn. 2; *Müller*, § 7 a Rdn. 8; a. A. *Schubert/Steder*, § 7 a Rdn. 8, deren Auffassung aus dem Gesetzeswortlaut jedoch nicht hergeleitet werden kann). 7

Durch die weiteren Geschäftsanteile werden **keine weiteren** Mitgliedschaften erworben (BGH, BB 1978, 1134 = DB 1978, 1777 = ZfG 1978, 442 mit zust. Anm. *Hadding* = WM 1978, 1005); auch hat das Mitglied grundsätzlich nur eine Stimme (vgl. im übrigen § 43 Abs. 3). Freiwillige Geschäftsanteile können grundsätzlich gekündigt werden, ohne die Mitgliedschaft kündigen zu müssen (§ 67 b). Außerdem kann die Satzung vorsehen, daß auch bei Übernahme weiterer Geschäftsanteile bei eG mit beschränkter Nachschußpflicht keine Erhöhung der Haftsumme eintritt (§ 121 S. 3). 8

Nachträglich kann durch **Satzungsänderung** die Zulässigkeit der Beteiligung mit mehreren Geschäftsanteilen ausgeweitet oder eingeschränkt, insbesond. kann die Höchstzahl verändert werden. Wird nachträglich die Höchstzahl herabgesetzt, bleiben die Geschäftsanteile, die die Höchstzahl nunmehr überschreiten, weiterhin wirksam übernommen; die entsprechenden Geschäftsguthaben bleiben Eigenkapital. Es besteht jedoch die schuldrechtliche Verpflichtung, diese Geschäftsanteile zu kündigen (*Meyer/Meulenbergh/Beuthien*, § 7 a Rdn. 4; *Hettrich/Pöhlmann*, § 7 a Rdn. 5; a. A. *Müller*, § 7 a Rdn. 17, der vom „Einziehen" dieser Geschäftsanteile spricht unter Berufung auf *Parisius/Crüger*, § 134, Anm. 10; diese wiederum sprechen nur davon, daß ein Mitglied die überschießenden Beträge „aufgibt", sagen jedoch nicht, wie dieses geschieht. Der Begriff „aufgeben" spricht jedoch eher für eine Willenserklärung des Mitglieds und damit für die hier 9 vertretene Auffassung. Im übrigen vertritt *Müller* in § 22 b Rdn. 7 die Auffassung, daß bei einer Zerlegung auch die Geschäftsanteile, die die satzungsmäßig zulässige Höchstzahl überschreiten, den betroffenen Mitgliedern gleichwohl unbeschränkt zustehen. Auch seine Begründung, es mache keinen sachlichen Unterschied, ob die Satzung die Höchstzahl von drei Geschäftsanteilen à DM 200 auf zwei Geschäftsanteile à DM 200 reduziert oder den Betrag eines Geschäftsanteils in Höhe von DM 600 auf DM 400 herabsetzt, überzeugt nicht. Ein Unterschied ergibt sich bereits dann, wenn durch die Satzung die Haftsumme für jeden Geschäftsanteil (weiterhin) DM 600 beträgt. Die Erfüllung dieser Verpflichtung kann von der eG ggf. eingeklagt und nach § 894 ZPO vollstreckt werden (wie hier *Meyer/Meulenbergh/Beuthien*, § 7 a Rdn. 4).

**10** Eine Beteiligung mit weiteren Geschäftsanteilen ist rechtlich wirksam, auch wenn die Satzung eine solche Beteiligung nicht zuläßt. Dies folgt aus dem Wortlaut von § 7 a Abs. 1 S. 1 GenG („darf" und nicht „kann"), und ist geboten im Interesse des Gläubigerschutzes.

**11** Hinsichtlich der Geschäftsanteile sind die Mitglieder grds. gleich zu behandeln. Bei der Gewinn- und Verlustverteilung können die verschiedenen Geschäftsanteile eines Mitglieds jedoch unterschiedlich berücksichtigt werden (vgl. § 19 Rdn. 21; unklar *Hettrich/Pöhlmann*, § 7 a Rdn. 4; *Müller*, § 7 a Rdn. 16).

## III. Pflichtbeteiligung mit mehreren Geschäftsanteilen

**12** Die Novelle 1973 räumt in Abs. 2 der Satzung ausdrücklich das Recht ein, eine gleichmäßige oder gestaffelte **Pflichtbeteiligung** vorzusehen. Damit ist im Gesetz das festgeschrieben, was die Rechtsprechung (BGHZ 56, 106) schon nach bisherigem Recht für zulässig erklärt hatte. Auch kann diese Pflichtbeteiligung nachträglich durch Satzungsänderung eingeführt werden. Dies gilt bei allen eG, unabhängig davon, ob eine Nachschußpflicht vorgesehen ist oder nicht. Eine Pflichtbeteiligung kann auch aufgrund einer Einzelvereinbarung mit Mitgliedern begründet werden (hierzu § 67 b Rdn. 7, 9; zu der Einzahlungspflicht insoweit § 15 b Rdn. 13).

**13** Maßstab und Bezugsgröße für die Pflichtbeteiligung überläßt das Gesetz weitgehend der Satzung. Soll eine **gleichmäßige** Pflichtbeteiligung eingeführt werden, muß die genaue Anzahl der zu zeichnenden Geschäftsanteile in die Satzung aufgenommen werden.

**14** Es kann auch eine sogenannte **gestaffelte** Pflichtbeteiligung eingeführt werden, die unter Beachtung des relativen Gleichbehandlungsgrundsatzes die Pflichtbeteiligung an

– den Umfang der Inanspruchnahme von Einrichtungen der eG durch die Mitglieder
– den Umfang der Inanspruchnahme anderer Leistungen der eG durch die Mitglieder
oder
– an bestimmte wirtschaftliche Merkmale der Betriebe der Mitglieder anknüpfen kann.

Die Satzung kann nicht alternativ, jedoch kumulativ die gleichmäßige oder gestaffelte Pflichtbeteiligung vorsehen. Zulässig ist es, innerhalb der Staffel die ersten Stufen so zu wählen, daß insofern eine gleichmäßige Beteiligung für alle Mitglieder (wenn diese alle diese Stufen erreichen) und sodann eine Staffelung geschaffen wird (Beispiel: Für je DM 2500 Umsatz hat jedes Mitglied einen Geschäftsanteil, sodann pro DM 10 000 Umsatz einen weiteren Geschäftsanteil zu zeichnen). 15

Die Staffel kann **linear**, aber auch degressiv oder progressiv ausgestaltet sein, je nachdem, was den praktischen Bedürfnissen der eG am ehesten entspricht. Im allgemeinen dürfte dies eine lineare Pflichtstaffel sein. 16

Bei einer **Inanspruchnahme** der eG kann Grundlage die gesamte Inanspruchnahme sein. Die Pflichtstaffel kann jedoch auch anknüpfen an Teilbereiche der Inanspruchnahme, z. B. „die angelieferten landwirtschaftlichen Produkte – die abgenommenen landwirtschaftlichen Bedarfsartikel bleiben ausgenommen" (so auch *Müller*, § 7 a Rdn. 23). Denkbar ist auch, als Anknüpfungspunkt nicht nur den Warenumsatz mit der eG zu nehmen, sondern den Gesamtumsatz (Eigenumsatz). Der Gesamtumsatz als Anknüpfungspunkt ist ein wirtschaftliches Merkmal des Mitgliedsbetriebes. 17

Für den Maßstab der „Inanspruchnahme der Einrichtungen oder Leistungen" ist es **unerheblich**, ob sie freiwillig erfolgt oder auf Satzungsregelungen beruht (§ 16 Abs. 3). 18

Als **wirtschaftliche Merkmale** können aufgegriffen werden der Gesamtumsatz des Mitglieds, der Umsatz mit der eG bzw. der Zentralgenossenschaft, die Anlieferungs- oder Absatzmenge, die landwirtschaftliche Nutzungsfläche, die Viehzahl, die Zahl der Mitarbeiter, die Quadratmeterzahl gewerblich genutzter Räume usw. Voraussetzung ist, daß diese Merkmale genossenschaftlichen Bezug haben. Es können auch verschiedene wirtschaftliche Merkmale für verschiedene Mitgliedsgruppen gewählt werden, sofern der Gleichbehandlungsgrundsatz gewahrt ist. 19

**Genossenschaftsfremde** (nicht-förderwirtschaftliche) **Kriterien** scheiden aus. Dies können sein Familienstand, Alter usw. Die Einkommenshöhe kann ausnahmsweise als wirtschaftliches Merkmal angesehen werden, und zwar, wenn das Mitglied keinen Betrieb, sondern nur eine private Haushal- 20 tung hat, wie dies bei den Unselbständigen in der Regel der Fall ist wie z. B. bei Konsumgenossenschaften (*Meyer/Meulenbergh/Beuthien*, § 7 a Rdn. 7; *Müller*, § 7 a Rdn. 27; *Hettrich/Pöhlmann*, § 7 a Rdn. 7). Hier wäre die Einkommenshöhe oder die Zahl der zum Haushalt gehörenden Personen ein wirtschaftliches Merkmal der privaten Haushaltungen der Mitglieder, das für eine Pflichtbeteiligung herangezogen werden könnte (vgl. ausführlich *Müller*, § 7 a Rdn. 27). Relevant könnte diese Frage bei Verbrauchergenossenschaften, u. U. auch bei Kreditgenossenschaften, werden.

**21** Der Maßstab und die Bezugsgröße müssen so **konkret** in die Satzung aufgenommen werden, daß anhand der Satzungsregelung jedes Mitglied ersehen kann, zu welcher Beteiligung es verpflichtet ist (*Schubert/Steder*, § 7 a Rdn. 13).

**22** Nach § 16 Abs. 2 Ziff. 3 genügt **3/4-Mehrheit** der abgegebenen Stimmen, soweit die Satzung keine strengeren Voraussetzungen aufstellt. Das Gesetz unterscheidet insofern nicht zwischen einer gleichmäßigen und einer gestaffelten Pflichtbeteiligung (*Meyer/Meulenbergh/Beuthien*, § 7 a Rdn. 7; *Müller*, § 7 a Rdn. 30).

**23** Für Mitglieder, die dem Beschluß über die Einführung einer Pflichtbeteiligung widersprechen, ist gemäß § 67 a i. V. m. § 16 Abs. 2 Ziff. 3 ein **außerordentliches Kündigungsrecht** vorgesehen (Näheres vgl. Erl. zu § 67 a). Nicht (uneingeschränkt) gefolgt werden kann *Müller* (§ 7 a Rdn. 31 unter Berufung auf RGZ 119, 345; AG Hamburg, MDR 1951, 169), der mit dem Treuegebot die Begründung neuer Pflichten nur insoweit als vereinbar ansieht, als sie für das Mitglied bei dem Erwerb der Mitgliedschaft voraussehbar und im Hinblick auf die wirtschaftliche Bedeutung der Mitgliedschaft für das Mitglied zumutbar sind. Jedes Mitglied muß beim Eintritt in die eG damit rechnen, daß die im Gesetz vorgesehenen zusätzlichen Mitgliedschaftspflichten durch nachträgliche Satzungsänderungen eingeführt werden. Durch das Mindesterfordernis der 3/4-Mehrheit (§ 16 Abs. 2 Ziff. 2) und durch das außerordentliche Kündigungsrecht des § 67 a ist sichergestellt, daß einerseits eine derartige Satzungsänderung von einer qualifizierten Mehrheit der Mitglieder getragen wird und andererseits die Minderheit das Recht hat, sich den Auswirkungen dieser Satzungsänderungen durch Kündigung der Mitgliedschaft zu entziehen. (Zum Minderheitenschutz siehe auch § 16 Rdn. 25, vgl. auch dort Rdn. 7 ff). Jedenfalls muß die Einführung einer Pflichtbeteiligung auch mit vielen Geschäftsanteilen, z. B. 30, hingenommen werden, wenn dies nicht mit einer sofortigen Volleinzahlung verbunden ist, sondern die Einzahlungsraten als solche zumutbar sind. Dies gilt umso mehr, wenn die Pflichtbeteiligung für die eG zwingend notwendig ist. Stets verbleibt jedoch das außerordentliche Kündigungsrecht des § 67 a.

Sieht die Satzung vor, daß beim Mitgliedschaftserwerb eine Beteiligung mit mehr als einem Geschäftsanteil erfolgen muß, beinhaltet die **Beitrittserklärung** die Übernahme der nach der Satzung erforderlichen Geschäftsanteile (*Meyer/Meulenbergh/Beuthien*, § 7 a Rdn. 6; *Müller*, § 7 a Rdn. 33), da mit Anerkennung der Satzung durch den Beitretenden schlüssig erklärt wird, auch die erforderlichen Geschäftsanteile zu übernehmen. Werden mit der Beitrittserklärung ausdrücklich weniger Geschäftsanteile übernommen, als von der Satzung gefordert wird, liegt insoweit eine wirksame, wenn auch nicht satzungsmäßige Beitrittserklärung vor (ohne Begründung *Hettrich/Pöhlmann*, § 7 a Rdn. 8; *Müller*, § 7 a Rdn. 33, der seine Ansicht auf § 15 a stützt, wonach die Beitrittserklärung die ausdrückliche Verpflichtung enthalten muß, die nach Gesetz und Satzung geschuldeten Einzahlungen zu leisten. Dies erscheint unzutreffend, da § 15 a in erster Linie eine Mitgliederschutzvorschrift ist; im hier zu erörternden Fall würde das Mitglied günstiger stehen). Allerdings dürfte der Vorstand diese Beitrittserklärung nicht zulassen. Geschieht dies gleichwohl und erfolgt die Eintragung, so wird dadurch die Beteiligung aus vorrangigem Gläubigerschutzinteresse insoweit erworben, als die Beitrittserklärung reicht (widersprüchlich *Müller*, § 7 a Rdn. 33). In keinem Fall tritt der Erwerb der weiteren Geschäftsanteile mit Wirksamwerden der Satzungsänderung von selbst ein (BGH, BB 1978, 1134 = ZfG 1978, 442 m. zust. Anm. *Hadding* = DB 1978, 1777 = WM 1978, 1005). 24

Müssen nach Erwerb der Mitgliedschaft Pflichtanteile übernommen werden, muß das Mitglied eine **gesonderte Beteiligungserklärung** nach § 15 b abgeben (vgl. § 15 b und die dortigen Erl.). Eine Volleinzahlung dieser Geschäftsanteile bis auf den zuletzt neu übernommenen, ist nicht erforderlich (§ 15 b Abs. 2); hinsichtlich der Einzahlungspflicht gilt die allgemeine Satzungsregelung, die Satzung kann auch vorsehen, daß der Vorstand die Beteiligung nur zulassen darf, wenn alle Pflichtanteile voll eingezahlt sind. Die Kündigung einzelner Geschäftsanteile nach § 67 b ist bei Pflichtanteilen nicht möglich. 25

Ob mit den Pflichtanteilen eine Erhöhung der **Nachschußpflicht** verbunden ist, richtet sich nach § 121 und der entsprechenden Satzungsregelung. 26

Ist eine gleichmäßige oder gestaffelte Pflichtbeteiligung bereits in der Gründungssatzung vorgesehen oder durch ordnungsmäßig zustande gekommenen satzungsändernden GV-Beschluß festgelegt und durch Eintragung ins Genossenschaftsregister rechtswirksam geworden, so kann gegen Mitglieder, die sich weigern, die satzungsmäßige Verpflichtung zu erfüllen, **Klage** nicht auf Zahlung, sondern nur auf Abgabe der nach § 15 b erforderlichen Beteiligungserklärung erhoben werden; die Erklärung gilt dann nach § 894 ZPO mit der Rechtskraft des Urteils als abgegeben (RGZ 27

125, 202; OLG Hamm, BB 1977, 812). Erst mit Eintragung entsteht die Beteiligung und damit der Einzahlungsanspruch. Die Erhöhung einer (mit dem Erwerb von Geschäftsanteilen ggf. verbundenen) Nachschußverpflichtung tritt ebenfalls erst zu diesem Zeitpunkt ein (BGH, BB 1978, 1136 = ZfG 1978, 447 m. zust. Anm. *Hadding* = DB 1978, 1777).

**28** Die durch die Zulassung vollzogene Übernahme der Geschäftsanteile ist auch dann wirksam, wenn die zugrunde liegende Satzungsregelung über die **Pflichtbeteiligung unwirksam** ist (RGZ 128, 38), dies ist dann eine freiwillige Beteiligung mit der Folge, daß das Mitglied seine Rechte nach § 67 b geltend machen kann. Gleiches gilt, wenn nach dem Berechnungsmaßstab nachträglich Pflichtanteile zu freiwilligen Geschäftsanteilen werden (z. B. durch Rückgang des Umsatzes, vgl. § 67 b Rdn. 8). Hinsichtlich dieser nunmehr freiwilligen Geschäftsanteile wird jedoch keine Volleinzahlungspflicht ausgelöst; § 15 b findet nicht, auch nicht analog, Anwendung (vgl. auch § 15 b Rdn. 11). Zu den Einzahlungspflichten vgl. § 7 Rdn. 24 ff, insbesond. Rdn. 31.

**29** Die **nachträgliche Einführung** einer Pflichtbeteiligung kann so vorgenommen werden, daß zusätzlich zu den bisher übernommenen freiwilligen oder Pflichtanteilen eine bestimmte Anzahl (entsprechend einer satzungsmäßigen Staffel) von Geschäftsanteilen übernommen werden muß. Andererseits können auch die bereits freiwillig übernommenen Geschäftsanteile angerechnet werden (LG Freiburg, ZfG 1953, 329; LG Stuttgart, ZfG 1968, 501; *Paulick*, S. 176; *Müller*, § 7 a Rdn. 32; *Meyer/Meulenbergh/Beuthien*, § 7 a Rdn. 6; a. A. OLG Kiel, DJ 1935, 1499). Sagen Satzung oder GV nichts Gegenteiliges, ist hiervon auszugehen.

**30** Hat ein Mitglied **gekündigt**, so kann das Verlangen der eG auf Zeichnung der weiteren Pflichtanteile gegen Treu und Glauben verstoßen (LG Altona, JW 1935, 723). Dies dürfte jedoch der Ausnahmefall und nicht der Regelfall sein (a. A. *Müller*, § 7 a Rdn. 36; *Hettrich/Pöhlmann*, § 7 a Rdn. 8; *Meyer/Meulenbergh/Beuthien*, § 7 a Rdn. 6); denn grundsätzlich hat das Mitglied bis zur Beendigung der Mitgliedschaft alle Rechte und Pflichten und damit auch die Pflicht zu erfüllen, die satzungsmäßig erforderlichen Geschäftsanteile zu zeichnen. Dies gilt insbesond., wenn die eG die darauf zu leistenden Einzahlungen zur Stärkung oder Erhaltung ihrer Förderkraft benötigt. Hinzuweisen ist auch auf die u. U. 5 Jahre betragende Kündigungsfrist (§ 65 Abs. 2 S. 3).

**31** Nach **Auflösung** der eG ist die Eintragung weiterer Geschäftsanteile nicht zulässig (RGZ 117, 118 und so jetzt auch BGH, BB 1978, 1134 = DB 1978, 1777 m. krit. Anm. *Schaffland*, Genossenschaftsforum 10/78, 32 = ZfG 1978, 442 m. Anm. *Hadding* sowie *Hettrich/Pöhlmann* § 7 a Rdn. 8; vgl. auch § 87 Rdn. 7 ff sowie § 119 Rdn. 6). Es tritt auch keine Schadensersatzpflicht (etwa wegen Verzugs) an die Stelle der erloschenen Pflichten zur

Übernahme weiterer Anteile (RGZ 117, 116; 125, 262; a. A. *Müller*, § 7 a Rdn. 37 und *Meyer/Meulenbergh/Beuthien*, § 7 a Rdn. 6 unter Berufung auf KG, BlfG 1928, 821 = JW 1928, 2643 m. zust. Anm. *Citron*). Bei zusätzlichen Zahlungen zur Abwendung des Konkurses im Liquidationsstadium werden hingegen die pflichtwidrig nicht übernommenen Anteile berücksichtigt (vgl. § 87 a Abs. 2 S. 5).

## IV. Zusammenlegung von Geschäftsanteilen

Die Zusammenlegung von Geschäftsanteilen ist im Gesetz nicht geregelt. Sie wird aber allgemein als zulässig erachtet (vgl. RGZ 119, 345; 121, 251; OLG Hamm, ZfG 1955, 239; LG Stuttgart, BlfG 1964, 76 = BB 1964, 190; *Müller*, § 7 Rdn. 7; *Hettrich/Pöhlmann*, § 22 Rdn. 6; *Meyer/Meulenbergh/Beuthien*, § 22 Rdn. 6). Zur **Zerlegung** von Geschäftsanteilen vgl. § 22 b. **32**

Eine Zusammenlegung von Geschäftsanteilen kann z. B. vorgenommen werden, um bei einer beabsichtigten **Erhöhung** der Geschäftsanteile diejenigen Mitglieder nicht zu sehr belasten, die bereits freiwillig mehrere Geschäftsanteile übernommen hatten. **33**

Das **Zusammenlegungsverhältnis** kann beliebig gewählt werden. Sinnvoll erscheint ein Maßstab, der dem Verhältnis der Höhe des früheren Geschäftsanteils zu der Höhe des neuen Geschäftsanteils entspricht. Restbeträge, die sich bei der Zusammenlegung ergeben, sind auf volle Geschäftsanteile aufzurunden (Beispiel: 19 Anteile à DM 100 werden zusammengefaßt zu 7 Anteilen à DM 300). Die fehlenden Beträge sind nach Maßgabe der Satzung einzuzahlen. Wenn dadurch unterschiedliche Zahlungspflichten der einzelnen Mitglieder entstehen, so liegt darin kein Verstoß gegen den genossenschaftlichen Gleichbehandlungsgrundsatz (LG Stuttgart, BlfG 1964, 76 = BB 1964, 190; *Meyer/Meulenbergh/Beuthien*, § 22 Rdn. 6). **34**

Die Zusammenlegung kann unter den Voraussetzungen des § 22 erfolgen, wenn sie mit einer **Herabsetzung** des Geschäftsanteils und damit mit einer Herabsetzung der Gesamtbeteiligung und Gesamthaftung des einzelnen Mitglieds verbunden ist. Eine Zusammenlegung von Geschäftsanteilen, die mit einer Erhöhung des Geschäftsanteils verbunden ist, ist folglich ohne Beachtung des § 22 zulässig, sofern die Beteiligung und Haftung des einzelnen Mitglieds nicht gemindert wird (RGZ 121, 251; KG, JFG 2, 278; BayObLG, JFG 2, 271; OLG Hamm, ZfG 1955, 239; *Meyer/Meulenbergh/Beuthien*, § 22 Rdn. 6). **35**

## § 8

## Zusätzliche Bestimmungen der Satzung

**(1) Der Aufnahme in das Statut bedürfen Bestimmungen, nach welchen:**

1. **die Genossenschaft auf eine bestimmte Zeit beschränkt wird,**
2. **Erwerb und Fortdauer der Mitgliedschaft an den Wohnsitz innerhalb eines bestimmten Bezirks geknüpft wird;**
3. **das Geschäftsjahr, insbesondere das erste, auf ein mit dem Kalenderjahr nicht zusammenfallendes Jahr oder auf eine kürzere Dauer als auf ein Jahr bemessen wird;**
4. **über gewisse Gegenstände die Generalversammlung nicht schon durch einfache Stimmenmehrheit, sondern nur durch eine größere Stimmenmehrheit oder nach anderen Erfordernissen Beschluß fassen kann;**
5. **die Ausdehnung des Geschäftsbetriebes auf Personen, welche nicht Mitglieder der Genossenschaft sind, zugelassen wird.**

**(2) (aufgehoben).**

**(3) Als Ausdehnung des Geschäftsbetriebes gilt nicht der Abschluß von Geschäften mit Personen, welche bereits die Erklärung des Beitritts zur Genossenschaft unterzeichnet haben und von derselben zugelassen sind.**

*Übersicht*



## I. Bedeutung

1 Diese Vorschriften unterscheiden sich insbesond. dadurch von den Bestimmungen der §§ 6 und 7, daß der Inhalt von § 8 nicht Regelungsinhalt jeder Satzung sein muß. Andererseits haben nach Auffassung des Gesetzgebers die in Abs. 1 Ziff. 1–5 genannten Fälle für die Mitglieder doch eine solche Bedeutung, daß eine **verbindliche Regelung nur durch die Satzung** möglich ist. Die Aufzählung ist insoweit jedoch nicht erschöpfend. Ähnliche Fälle sind z. B. in den §§ 16, 36, 65, 68, 76 geregelt.

## II. Die einzelnen Fälle, die rechtswirksam nur in der Satzung geregelt werden können:

### 1. Genossenschaft auf Zeit

Für die eG auf Zeit dürfte es kaum mehr ein Bedürfnis geben. Nach Ablauf der in der Satzung bestimmten Zeit ist die eG aufgelöst (§ 79); der Vorstand hat dies dem Genossenschaftsregister unverzüglich zur Eintragung anzumelden (§ 78 Abs. 2). Es folgt dann die Liquidation. Fortsetzung ist möglich, wenn eine entsprechende Satzungsänderung durch Eintragung vor Zeitablauf wirksam wird. Über die Fortsetzung der eG nach Zeitablauf § 79 a (s. auch Erl. zu § 16 Rdn. 13, 14). **2**

### 2. Mitgliedschaft abhängig vom Wohnsitz

Auch die **Bindung der Mitgliedschaft an einen bestimmten Wohnsitz** hat kaum mehr praktische Bedeutung. Der örtliche Bezirk braucht nicht konkret z. B. durch einen Gemeindenamen bezeichnet zu sein; es genügt jede klare Abgrenzung, die Schwierigkeiten bei der Anwendung des § 67 ausschließt. Eine satzungsmäßige Bindung der Mitgliedschaft an einen bestimmten Wohnsitz hat nicht die Unwirksamkeit des Beitritts solcher Personen zur Folge, die nicht in dem Bezirk wohnen. Sie führt auch nicht automatisch zum Verlust der Mitgliedschaft, wenn der Wohnsitz aufgegeben wird. Die in § 67 Abs. 1 und 2 genannten Erklärungen bewirken das Ausscheiden zum Ende des Geschäftsjahres, ohne daß es der Einhaltung einer Kündigungsfrist bedarf (vgl. Erl. zu § 67). **3**

Wenn eine Mitgliedschaft entgegen einer Satzungsbestimmung über den Wohnsitz begründet wird, und diese Tatsache bei Abgabe der Beitrittserklärung bekannt war, würde eine Berufung auf § 67 grundsätzlich gegen Treu und Glauben verstoßen (so auch *Müller*, § 8 Rdn. 6). **4**

Mit der Aufhebung des WGG ist die Beschränkung des Geschäftsbetriebes auf einen bestimmten Bezirk entfallen. Will eine **ehem. gem. Wohnungsbaugenossenschaft** den **Bereich**, in dem sie ihre Tätigkeit ausübt, erweitern oder einschränken, bedarf es einer Satzungsänderung (§ 16). **5**

Gemeinnützigkeitsrechtliche Vorschriften, nach denen die Mitglieder nicht überwiegend **„Angehörige des Baugewerbes"** seien und diese keinen bestimmenden Einfluß auf die Führung der Geschäfte ausüben dürfen, sind ebenfalls **aufgehoben**. Satzungsmäßige Verankerungen bleiben bis zu ihrer Änderung im Innenverhältnis wirksam. Dazu Begr. zur GemeinnützigkeitsVO von 1930, RR-Drucks. Nr. 124 v. 24. 10. 1992. eG, die sich in Fortführung ihrer bisherigen Firma (s. § 3 Rdn. 16) weiterhin den traditionellen Merkmalen gemeinnützigen Verhaltens im Wohnungswesen verpflichten, sollten mögliche Interessenkollisionen bei dem Abschluß von Rechtsgeschäften mit Mitgliedern der Organe klar eingrenzen und den

Unabhängigkeitsgrundsatz zeitgemäß neu bestimmen (s. dazu MS für gemeinnützige Wohnungsbaugenossenschaften, Ausg. 1990, § 21).

### 3. Das Geschäftsjahr

6 Das Geschäftsjahr hat Bedeutung im Hinblick auf die Bilanz sowie die Gewinn- und Verlustrechnung (Jahresabschluß; § 336 HGB). Ein Jahresabschluß zu einem Zeitpunkt, der nicht dem Geschäftsjahr entspricht, ist nicht möglich. Erforderlichenfalls bedarf es einer Satzungsregelung i. S. v. § 8 Abs. 1 Ziff. 3.

Aus dem Gesetzeswortlaut ist im Gegenschluß zu folgern, daß es einer Regelung in der Satzung nicht bedarf, wenn das Geschäftsjahr mit dem Kalenderjahr zusammenfällt. Eine Regelung durch die Satzung ist dann notwendig, wenn das Geschäftsjahr (insbesond. das erste) eine **kürzere Dauer** als 1 Jahr haben soll. Damit wird erreicht, daß für die künftigen Geschäftsjahre Beginn und Ende insbesond. unter betriebswirtschaftlichen Gesichtspunkten festgelegt werden können.

7 Das Geschäftsjahr kann kürzer als 12 Monate festgelegt, jedoch nicht über 12 Monate hinaus verlängert werden (§ 39 HGB). Nachträglich kann das Geschäftsjahr durch Satzungsänderung verkürzt, verlängert (nicht über 12 Monate) oder in einen anderen Zeitraum gelegt werden. Die Satzungsänderung hat aber keine rückwirkende Kraft; sie ist nur möglich für künftige Geschäftsjahre (KG, JFG 23, 183; KG, DR 42, 735).

### 4. Qualifizierte Mehrheit in der Generalversammlung

8 Bei Beschlußfassungen in der GV gilt zunächst der Grundsatz des § 43 Abs. 2, wonach eine „Mehrheit der abgegebenen Stimmen" (einfache Stimmenmehrheit) erforderlich ist.

9 **„Einfache Stimmenmehrheit"** bedeutet eine Stimmenzahl, die die Hälfte der gültig abgegebenen Stimmen übersteigt; bei der Beschlußfassung über nur einen Antrag ist dies identisch mit „absoluter Stimmenmehrheit". **„Relative" Mehrheit** ist demgemäß nur bei zwei oder mehr Anträgen oder Vorschlägen denkbar, z. B.: Die erste Abstimmungsalternative hat mehr Stimmen erhalten als jede der beiden anderen.

10 Daneben schreibt das Gesetz für Einzelfälle **größere, qualifizierte Mehrheiten** vor, z. B. in § 16 Abs. 2 für bestimmte Satzungsänderungen eine Mehrheit von 3/4 der abgegebenen Stimmen. § 8 Abs. 1 Ziff. 4 meint daher nur die Fälle, in denen das Gesetz nicht zwingend eine qualifizierte Mehrheit vorschreibt. Die vom Gesetz vorgeschriebene qualifizierte Mehrheit kann von der Satzung nur im Rahmen von § 18 S. 2 durch noch weitere Anforderungen abweichen, soweit dies jeweils ausdrücklich zugelassen ist (z. B. in § 16 Abs. 2 letzter Satz).

Eine Beschlußfassung durch **geringere als „einfache Mehrheit“** ist in der GV grundsätzlich ausgeschlossen (§ 43 ab 2). Soweit die Satzung aber geringere Mehrheiten zum **Schutz von Minderheiten** oder zur Sicherung einer demokratischen Meinungsbildung vorsieht, bestehen keine Bedenken; Beispiel: eine Satzung sieht vor, daß die GV mit $^{1}/_{10}$ der abgegebenen Stimmen geheime Abstimmung verlangen kann. Es ist unzulässig, Regelungen zu treffen, nach denen die Stimme einzelner Mitglieder mehr Gewicht hat im Verhältnis zu den Stimmen anderer Mitglieder (z. B. die Stimme des Vorsitzenden). Die Einräumung von Mehrstimmrechten (§ 43 Abs. 3) bedeutet keinen Verstoß gegen diese Regelung. 11

Im übrigen kann die **Satzung unbeschränkt höhere Qualifikationen** oder sonstige Voraussetzungen für die Beschlußfassung enthalten, wie z. B. absolute Mehrheit, Einstimmigkeit in der Versammlung, Zustimmung aller Mitglieder, Anwesenheit einer Mindestzahl von Mitgliedern bei der Beschlußfassung, mehrmalige Abstimmung zum gleichen Beschlußgegenstand (evtl. mit unterschiedlichen Mehrheitsvoraussetzungen). 12

Als Verstoß gegen den **Gleichbehandlungsgrundsatz** wäre es unzulässig, die Wirksamkeit eines Beschlusses abhängig zu machen z. B. von der Mehrheit in einer bestimmten Mitgliedergruppe (so auch *Müller*, § 8 Rdn. 12; KGJ 10, 41; KG OLG Rspr. 42, 217). Wegen Berechnung der Mehrheitsverhältnisse s. *Metz/Wehrhahn*, Rdn. 207 ff und Erl. zu § 43 Rdn. 88 ff. 13

### 5. Das Nichtmitgliedergeschäft

Die besondere Bedeutung dieser Frage folgt aus dem Förderauftrag der eG (siehe Erl. zu § 1 Rdn. 33 ff). Da die eG den Zweck hat, ihre Mitglieder zu fördern, können „Zweckgeschäfte“ mit Nichtmitgliedern nur gerechtfertigt sein, wenn sie der Mitgliederförderung dienen oder zumindest diese nicht behindern (vgl. KGJ 18, 27; KG, RJA 9, 241; *Paulick*, S. 208; *Westermann*, Rückvergütung, S. 7 u. Zur Reform, Bd. 1, S. 95 ff; zu „Das Nichtmitgliedergeschäft der Kreditgenossenschaften“ ausführlich auf der Grundlage empirischer Untersuchungen, *Kuhn* a. a. O). 14

Unter diesen Gesichtspunkten kann das **(ergänzende) Nichtmitgliedergeschäft** gerechtfertigt sein zur Auslastung freier Kapazitäten, zur Verbesserung der Stellung der eG am Markt, zum Zweck, neue Mitglieder zu gewinnen, zum Ausgleich kurzfristiger Umsatzschwankungen (vgl. *Jahn*, S. 119 ff). 15

Die Mitglieder sollen selbst (durch Satzungsregelung) entscheiden, ob sie eine Ausdehnung des Geschäfts auf Nichtmitglieder für zweckdienlich ansehen. 16

Die Zulassung von **Zweckgeschäften** mit Nichtmitgliedern kann daher nur durch die Satzung erfolgen; Einschränkungen dieser allgemeinen Zulassung können in der Satzung z. B. aber einer Geschäftsordnung vorbehalten werden. Nicht rechtmäßig wäre es, wenn die Satzung Nichtmitgliedergeschäfte nicht vorsieht, Ausnahmen aber einer Geschäftsordnung vorbehalten will.

Nach OLG Düsseldorf (v. 21. 6. 1991, 17 U 38/91) stellt die Zulassung der Geschäfte mit Nichtmitgliedern durch Satzungsänderung eine wesentliche Änderung des Unternehmensgegenstandes i. S. v. § 67 a dar, die zur außerordentlichen Kündigung berechtigt (s. Erl. zu § 67 a Rdn. 4).

**17** Zweckgeschäfte mit Nichtmitgliedern ohne satzungsmäßige Zulassung sind rechtswirksam; die Leitung der eG verstößt jedoch gegen zwingende Regelungen und kann sich schadensersatzpflichtig machen.

**18** Gegengeschäfte, Hilfsgeschäfte, Notgeschäfte und grundsätzlich auch Ergänzungsgeschäfte werden von § 8 Abs. 1 Ziff. 5 nicht berührt; sie sind auch ohne Satzungsregelung zulässig (*Westermann*, Zur Reform, Bd. 1 S. 96).

**„Gegengeschäft"**, z. B. der Verkauf von Getreide an eine Mühle (Nichtmitglied) durch eine landwirtschaftliche Absatzgenossenschaft; **„Hilfsgeschäft"** – z. B. der Kauf des Betriebsgrundstücks, die Aufnahme von Darlehen usw.; **„Notgeschäft"** – z. B. Verkauf verderblicher Ware an Nichtmitglieder. (Näheres zu den Begriffen: *Weinerth*, HdG, Spalte 1289; zum Nichtmitgliedergeschäft: *Westermann*, Zur Reform, Bd. 1, S. 95 ff; *Weippert*, Zur Reform, Bd. 1, S. 109 ff). **Ergänzungsgeschäfte** können ohne satzungsmäßige Zulassung gerechtfertigt sein z. B. zur Auslastung ungenutzter Kapazitäten. Problematisch wäre jedoch die bewußte Schaffung solcher Kapazitäten zur Ausnutzung durch Nichtmitglieder; dies bedürfte einer Regelung in der Satzung gemäß § 8 Ziff. 5.

**19** Durch Novelle 1973 wurde das Verbot von Nichtmitgliederkrediten bei **Kreditgenossenschaften** aufgehoben. Kreditgeschäfte mit Nichtmitgliedern haben grundsätzlich keine steuerlichen Auswirkungen mehr (wegen der Steuerfragen bei eG vgl. Erl. zu § 1 Rdn. 258 ff).

**20** **Vermietungsgenossenschaften** müssen bei der Entscheidung über die Zulassung des ergänzenden Nichtmitgliedergeschäftes die Auswirkungen abwägen, die sich daraus für die Steuerbefreiung nach § 5 Abs. 1 Nr. 10 S. 2 KStG ergeben. Die Überlassung von Wohn- oder Gewerberaum sowie die Veräußerung von bebauten oder unbebauten Grundstücken oder von Wohnungs-/Teileigentum i. S. des Wohnungseigentumsgesetzes gehört nicht zu den begünstigten Geschäften. Die Einnahmen hieraus fallen in den steuerpflichtigen Bereich. Überschreiten sie insgesamt die 10%-Grenze, ist die eG voll steuerpflichtig (Einführungserlaß v. 22. 11. 1991, BStBl. 1991, 1014 Textziffer 30 ff). Die Entscheidung muß zugleich die Folgen aus § 13

Abs. 3 KStG beachten. Bei dem Umfang der nichtbegünstigten Geschäfte (Tz. 42 des Einführungserlasses) sollte umgekehrt geprüft werden, ob Tätigkeiten, die vorwiegend mit Nichtmitgliedern abgewickelt werden, nicht aus dem Geschäftskreis ausgelagert werden sollten, etwa auf eine – zu gründende – Tochtergesellschaft (s. § 1 Rdn. 100 unter g–j).

Ist die Beteiligung einer Wohnungsbaugenossenschaft an Wohnungsbauprogrammen für bestimmte Personengruppen mit langjährigen **Belegungsbindungen** verbunden, ist jeweils unter Beachtung der beschlossenen Grundsätze für das Nichtmitgliedergeschäft und für die Vergabe von Genossenschaftswohnungen (§ 28 MS) abzuwägen, ob damit zugleich der Bau oder die Freistellung zweckgebundener Wohnungen zur Unterbringung von Mitgliedern erreicht werden kann, oder ob diese nach Umfang, Gewicht und Auswirkung auf die – regionale – Zusammensetzung des Wohnungsbestandes und der Bewohner erheblich benachteiligt werden. – Das Urt. des OLG Düsseldorf (DB 1992, 33) kann, soweit es in der Zulassung des Nicht-Mitgliedergeschäfts eine wesentliche Änderung des Unternehmensgegenstandes sieht (§ 67 a i. V. m. § 16 Abs. 4 – s. § 67 a Rdn. 3), nicht verallgemeinernd als Maßstab dafür genommen werden, die Überlassung von Wohnungen an Nichtmitglieder beeinträchtige schlechthin in unzumutbarer Weise die Förderung der Mitglieder. 21

Probleme ergeben sich aus dem Gebot der Gleichbehandlung bei der Zuteilung von Wohnungen, wenn Staat, Gemeinde oder Arbeitgeber Genossenschaftsanteile erwerben und der Nutzungsvertrag vereinbarungsgemäß mit dem bevorzugt zu versorgenden Wohnungssuchenden abgeschlossen wird. Das gilt auch, wenn die Steuerbefreiung einer **Vermietergenossenschaft** aufgrund von Billigkeitsmaßnahmen zugunsten der Unterbringung von Aus- und Übersiedlern, Asylbewerbern oder Obdachlosen nicht berührt wird (s. dazu BdF, Erl. v. 1. 7. 1991, BStBl. I 1991, 744 mit Verlängerungen; BGH, Urt. v. 11. 7. 1960, Gründe II 2, GW 1960, 296, 285 ff = NJW 1960, 2142 ff; *Beuthien*, Wohnungsgenossenschaften, Abschn. I, III b; s. auch § 18 Rdn. 19, 29; zur Problematik von Belegungsbindungen § 1 Rdn. 104, § 15 Rdn. 25).

Die Ausdehnung des Geschäftsbetriebs auf Nichtmitglieder ist von der eG u. a. unter Gesichtspunkten der Mitgliederstruktur, Kapazitätsauslastung und der Eigenkapitalausstattung fortlaufend zu prüfen. Eine unbeschränkte Einbeziehung von Nichtmitgliedern in die Zweckgeschäfte kann dazu führen, daß ein Bedürfnis für den Beitritt zur eG nicht mehr zu erkennen ist, so daß der eG nicht mehr das erforderliche Eigenkapital (Geschäftsguthaben) zur Verfügung gestellt wird. (Näheres zur Frage der Nichtmitgliedergeschäfte *Weinerth*, HdG, Spalte 1286 ff). 22

§ 8 Abs. 2 stellt klar, daß als Nichtmitgliedergeschäfte nicht solche Geschäfte gelten, die mit Personen abgeschlossen worden sind, die bereits 23 die Beitrittserklärung unterzeichnet haben und durch Beschluß des zuständigen Organs (Vorstand) zum Beitritt zugelassen sind.

## § 9

## Vorstand und Aufsichtsrat

**(1) Die Genossenschaft muß einen Vorstand und einen Aufsichtsrat haben.**

**(2) Die Mitglieder des Vorstands und des Aufsichtsrats müssen Genossen sein. Gehören der Genossenschaft einzelne eingetragene Genossenschaften als Mitglieder an oder besteht die Genossenschaft ausschließlich aus solchen, so können Mitglieder der letzteren in den Vorstand und den Aufsichtsrat berufen werden.**

*Übersicht*



## I. Die Organe der Genossenschaft

### 1. Die notwendigen Organe der Genossenschaft (Abs. 1)

1 **Jede eG muß drei Organe haben:** einen Vorstand, dem die Geschäftsführung und gesetzliche Vertretung obliegt („Leitung" §§ 24–35), einen Aufsichtsrat als Überwachungsorgan (§§ 36–41) und die GV als oberstes Willensorgan (§§ 43 ff).

2 Mitglieder von Vorstand und Aufsichtsrat müssen **natürliche Personen** sein; juristische Personen sind zwar rechtsfähig, nicht jedoch handlungsfähig. Es bedarf der Bestellung natürlicher Personen als handelnde Organe (vgl. für AktG *Godin/Wilhelmi*, § 76 Anm. 9).

3 Ursprünglich waren für die eG nur zwei Organe zwingend vorgeschrieben, nämlich Vorstand und GV. Der Aufsichtsrat wurde aus Bedürfnis in der Praxis als notwendiges Organ erst durch Gesetz von 1889 eingeführt.

4 An die Stelle der GV tritt unter den Voraussetzungen des § 43 a die **Vertreterversammlung** (VV). Die GV bedurfte keiner Regelung in § 9, da sie sich als Versammlung der Mitglieder aus der Struktur der eG von selbst versteht (§ 43).

Durch die Novelle zum GenG 1973 wurden **Zuständigkeiten und Verantwortlichkeiten** der Organe klar gegeneinander abgegrenzt i. S. einer „Gewaltenteilung" (Näheres Erl. zu §§ 27, 38, 43; *Metz/Werhahn*, Rdn. 2 ff). 5

Für die Bestellung von Vorstandsmitgliedern bei **Kreditgenossenschaften** sind die besonderen Vorschriften des KWG zu beachten, insbesond. der Begriff des Geschäftsleiters (§ 1 Abs. 2 KWG) sowie die Voraussetzungen der Versagung der erforderlichen Erlaubnis zum Betreiben von Bankgeschäften (§ 33 Abs. 1 Ziff. 2, 3 und 4 sowie Abs. 2 KWG). Die Bestellung eines Geschäftsleiters ist gemäß § 24 Abs. 1 Ziff. 1 KWG dem Bundesaufsichtsamt zu melden, zusammen mit den Tatsachen, die für die Beurteilung der Zuverlässigkeit und der fachlichen Eignung wesentlich sind. 6

Gemäß § 1 Abs. 2 KWG sind **Geschäftsleiter** natürliche Personen, die nach Gesetz, Satzung oder Gesellschaftsvertrag zur Führung der Geschäfte und zur Vertretung berufen sind.

Geschäftsleiter i. S. v. § 1 Abs. 2 KWG sind zunächst alle Vorstandsmitglieder, auch wenn sie nur ehrenamtlich tätig sind (*Reischauer/Kleinhans*, KWG § 1 Anm. 80). Entsprechendes gilt auch für stellvertretende Vorstandsmitglieder (*Reischauer/Kleinhans*, KWG § 1 Anm. 86); dies ist folgerichtig im Hinblick auf § 27 und § 35 GenG. 7

Das dritte Änderungsgesetz zum KWG hat zur Folge, daß **Geschäftsführer** von Kreditgenossenschaften, die nicht dem Vorstand angehören, – im Gegensatz zum vorher geltenden Recht – grundsätzlich nicht mehr Geschäftsleiter der Genossenschaftsbank sein können (s. aber Rdn. 9). In § 1 Abs. 2 S. 1 KWG ist die frühere Ausnahmeregelung ersatzlos weggefallen: Geschäftsleiter von Kreditgenossenschaften müssen nunmehr dem Vorstand angehören. Die Übergangsvorschrift zum 3. Änderungsgesetz (Art. 2 § 1) bestimmt allerdings, daß bis zum 31. 12. 1989 ein Geschäftsführer einer Kreditgenossenschaft auch dann Geschäftsleiter bleiben konnte, wenn er nicht dem Vorstand angehört, es sei denn, dem Vorstand gehören nicht nur ehrenamtliche Mitglieder an. Entscheidend ist, daß zum 31. 12. 1984 der Geschäftsführer die Eigenschaft eines „Geschäftsleiters" hatte, und zu diesem Zeitpunkt nur ehrenamtliche Mitglieder dem Vorstand angehörten (*Reischauer/Kleinhans*, KWG, § 1 Anm. 80). 8

Für **Prokuristen, Handlungsbevollmächtigte** oder besondere Vertreter gemäß § 30 BGB gilt folgendes: Sie sind dann „Geschäftsleiter", wenn sie neben ihrer Vertretungsbefugnis im Außenverhältnis im Innenverhältnis mit der verantwortlichen Geschäftsführung beauftragt sind (vgl. auch *Reischauer/Kleinhans*, KWG, § 1 Anm. 80). 9

Der Begriff des **Ehrenamtes** im Vorstand (§ 27 Rdn. 30 ff) hat seine Grundlage in der Regelung von § 24 Abs. 3 S. 1, wonach Vorstandsmitglieder „besoldet oder unbesoldet" sein können. Für die Kompetenz und Ver- 10 antwortung im Leitungsorgan Vorstand sagt dies wenig. Die Diskussion um das Ehrenamt im Vorstand geht daher nicht um die Besoldung, sondern um die Frage, ob nicht ständig im Vorstand tätige und möglicherweise fachlich weniger qualifizierte Personen in der Leitungsverantwortung des genossenschaftlichen Unternehmens stehen können (s. § 27 Rdn. 27). Dies hat Bedeutung vor allem in Hinblick auf § 27 Abs. 1 S. 1 und § 34 Abs. 1 und 2 (s. § 34 Rdn. 6).

11 Für **Kreditinstitute** gilt eine besondere Regelung in § 33 Abs. 1 Nr. 4 KWG, die vor allem für Genossenschaftsbanken Bedeutung hat. Die Erlaubnis zum Betreiben des Bankgeschäftes darf u. a. versagt oder aufgehoben werden, „wenn das Kreditinstitut nicht mindestens zwei Geschäftsleiter hat, die nicht nur ehrenamtlich für das Kreditinstitut tätig sind". („**Vier-Augen-Prinzip**").

Um ehrenamtliche Vorstandsmitglieder handelt es sich nach Auffassung des Amtes dann, wenn zur Genossenschaftsbank keine dienstvertragliche Beziehung besteht, wenn keine Vergütung gezahlt wird und wenn keine tatsächliche Einbindung in die Leitung besteht. Die Bestellung solcher ehrenamtlicher Vorstandsmitglieder bedarf dann keiner Meldung des Prüfungsverbandes an das Bundesaufsichtsamt.

Anderenfalls handelt es sich um neben- oder hauptamtliche Vorstandsmitglieder, die vom Aufsichtsamt nur dann als Geschäftsleiter anerkannt werden, wenn die fachlichen und persönlichen Voraussetzungen i. S. v. § 33 KWG gegeben sind (wegen der Begriffe s. § 24 Rdn. 29 ff).

12 Nach der bisherigen Auffassung des Bundesaufsichtsamtes für das Kreditwesen war das „Vier-Augen-Prinzip" nicht erfüllt, wenn nicht mindestens zwei in der Leitung tätige Vorstandsmitglieder über die **fachliche Qualifikation** gem. § 33 Abs. 1 Nr. 3 und Abs. 2 KWG verfügen (vgl. *Reischauer/Kleinhans*, KWG, § 33 Anm. 17).

Zu dieser Grundsatzfrage hat das BVerwG mit Urt. v. 1. 12. 1987 Stellung genommen (ZfG 1988, 232 m. Anm. *Blomeyer*, ZfG 1988, 164.) Das Urteil kann weit über die konkrete Streitfrage hinaus Bedeutung haben, weil es neue Möglichkeiten schafft, daß kleine, gesunde örtliche Genossenschaftsbanken, die sich unter Kostengesichtspunkten keine zwei hauptamtlichen Geschäftsleiter leisten können, selbständig fortbestehen können (so *Blomeyer*, ZfG 1988, 174).

Das BVerwG stellt fest, daß die Frage des **Vier-Augen-Prinzips und der fachlichen und persönlichen Eignung getrennt zu sehen** sind. Mängel in der fachlichen Eignung rechtfertigen nicht die Anwendung von § 33 Abs. 1 Nr. 4 KWG. Diese Vorschrift schließe den nur ehrenamtlich tätigen, nicht aber den fachlich oder persönlich ungeeigneten Geschäftsleiter aus (BVerwG a. a. O S. 235). Für das Vier-Augen-Prinzip des KWG sei auch nicht entscheidend, ob die Person besoldet oder unbesoldet arbeitet; es komme lediglich darauf an, ob das Vorstandsmitglied tatsächlich und rechtlich in die Leitungstätigkeit und Leitungsverantwortung eingebunden sei, damit der Zweck des Gesetzes der gegenseitigen Kontrolle und Vertretung erreicht werde.

Nach Zurückverweisung durch das BVerwG hat das **OVG Berlin** mit Urt. v. 17. 7. 1990 (ZfG 1991, 149) entschieden, daß die Tätigkeit eines nicht hauptamtlichen Vorstandsmitglieds von täglich 1,5 bis 2 Stunden im vorliegenden Fall genüge, um die Kriterien des Vier-Augen-Prinzips nach KWG zu erfüllen.

Von der Entscheidung unberührt bleibt die Frage der Versagung oder der Aufhebung der Erlaubnis wegen fehlender fachlicher oder persönlicher Eignung.

Bei der Erörterung der Fragen wird oft nicht genügend beachtet, daß **13**
genossenschaftsrechtlich **jedes Vorstandsmitglied** in die Leitungsverantwortung eingebunden ist. Dies folgt zwingend aus § 27 Abs. 1 S. 1 i. V. m. § 34 Abs. 1, die keinen Unterschied machen zwischen hauptamtlichen und nichthauptamtlichen Vorstandsmitgliedern. Es bleibt also stets die Frage, ob ehrenamtliche oder nebenamtliche Mitglieder des Leitungsorgans Vorstand in der Lage sind, den Anforderungen und ihrer Verantwortung zu entsprechen und ob sie bereit sind, die verschärfte Haftung zu tragen (s. Erl. zu §§ 27 und 34; § 17 KWG). Das Gesetz macht hinsichtlich der Leitungsverantwortung und Haftung keinen Unterschied zwischen hauptamtlichen und ehrenamtlichen Vorstandsmitgliedern.

Mit Aufhebung des WGG ist über die Unabhängigkeit von **Angehöri- 14**
**gen des Baugewerbes** sowie den daran anknüpfenden Beschränkungen der **Zusammensetzung von Vorstand und Aufsichtsrat** die Grundlage entzogen (dazu auch § 8 Rdn. 5). Die MS, Ausg. 1990, für **gemeinnützige Wohnungsbaugenossenschaften**, die mit der Fortführung der bisherigen Firma die traditionellen gemeinnützigen Bindungen aufrechterhalten wollen, sieht in § 20 Abs. 4 vor: „Mit Mitgliedern von Vorstand und Aufsichtsrat dürfen Rechtsgeschäfte im Geschäftsbereich der eG nur nach vorheriger Zustimmung des Aufsichtsrates abgeschlossen werden. Die Betroffenen haben hierbei kein Stimmrecht." Die Vorschrift kann um die Bestimmung ergänzt werden: „die Unabhängigkeit der eG von Angehörigen des Bau- und Maklergewerbes und der Baufinanzierungsinstitute soll dadurch gewahrt werden, daß diese in Organen der eG nicht die Mehrheit der Mitglieder bilden." (S. dazu auch § 3 Rdn. 16).

Für **Erzeugergemeinschaften** in der Rechtsform der eG ist § 3 Abs. 1 **15**
Ziff. 4 Marktstrukturgesetz zu beachten: Die Organe, ihre Aufgaben und die Art der Beschlußfassung müssen in der Satzung geregelt sein; soweit bestimmte Beschlüsse nach der Satzung nicht dem Vorstand zustehen, bedarf die Meinungsbildung einer Mehrheit von $^2/_3$ der GV.

## 2. Notbestellung (§ 29 BGB)

16 § 9 Abs. 1 verpflichtet die eG, im Rahmen der Zuständigkeiten dafür Sorge zu tragen, daß sie durch einen Vorstand und Aufsichtsrat **handlungsfähig** ist. Ein Verstoß gegen diese Verpflichtung führt nicht zur Nichtigkeit der eG; dieser Fall ist auch nicht als Auflösungsgrund vorgesehen (vgl. §§ 80 ff).

17 Wenn die erforderlichen Organe nicht vorhanden oder nicht funktionsfähig besetzt sind, kann das Registergericht auf Antrag in dringenden Fällen bis zur Behebung des Mangels Personen als Mitglieder des Vorstandes bestellen. § 29 BGB findet für die gerichtliche Bestellung von Vorstandsmitgliedern sinngemäß Anwendung (BGHZ 18, 337; *Schubert/Steder*, § 9 Rdn. 5; auch für den Aufsichtsrat *Müller*, § 9 Rdn. 2); für die Notbestellung von Mitgliedern des Aufsichtsrates erscheint entsprechende Anwendung von § 29 BGB nur gerechtfertigt, wenn es sich ausnahmsweise um eine Bestellung zu Vertretungshandlungen handelt (KG, RJA 15, 125). Im übrigen wäre für die Notbestellung von Mitgliedern des Aufsichtsrates § 104 AktG entsprechend anzuwenden.

18 Eine solche Notbestellung dürfte grundsätzlich nicht schon in Frage kommen, wenn nur die in der Satzung vorgesehene Zahl von Organmitgliedern fehlt. Auch vorübergehende Verhinderung rechtfertigt im allgemeinen keine Notbestellung; ausnahmsweise aber dann, wenn das Organ nicht handlungsfähig ist und eine Handlung erforderlich wird, um von der eG oder Dritten drohende Schäden abzuwenden (OLG Hamburg, HansRZ 1927, Bl. 264; *Müller*, § 9 Rdn. 2).

19 **Antragsberechtigt** ist jeder, dem durch den Mangel ein Nachteil droht. Sofern Schäden für die eG zu befürchten sind, ist jedes Mitglied antragsberechtigt (KG, Recht 1907, Nr. 1278).

20 Personen, die entsprechend § 29 BGB oder § 104 AktG in den Vorstand oder Aufsichtsrat berufen werden, müssen – als Ausnahme von § 9 Abs. 2 – nicht Mitglieder der eG sein (Rdn. 29).

## 3. Weitere Organe

21 Neben Vorstand, Aufsichtsrat und GV kann die Satzung für die eG **weitere Organe** vorsehen, etwa einen Beirat, Genossenschaftsrat, besondere Ausschüsse oder einen besonderen Vertreter gemäß § 30 BGB. Dies folgt aus § 27 Abs. 2 S. 2. Diesen durch die Satzung eingesetzten Organe können aber keine Befugnisse übertragen werden, die den gesetzlichen Organen unentziehbar zustehen (RGZ 73, 406; RG, JW 1910, 626 – s. Rdn. 23).

Der rechtliche Rahmen und die Struktur der eG durch die im Gesetz vorgesehenen notwendigen Organe Vorstand, Aufsichtsrat und GV haben sich bewährt. Zudem zeigen die Erfahrungen der Praxis, daß die Bildung zusätzlicher Organe nur unter besonderen Voraussetzungen zu empfehlen ist. Solche Organe müssen unter Gesichtspunkten der Effektivität und der oft nicht unbeträchtlichen zusätzlichen Kosten gerechtfertigt sein. Es besteht tendenziell die Gefahr, daß Einwirkungen in den Kompetenzbereich vor allem der Unternehmensleitung und der allen Mitgliedern in der GV vorbehaltenen Rechte geschehen, ohne daß damit eine klare Verantwortung begründet wird.

Abzulehnen sind Versuche, außenstehenden Personen Einwirkungs- **22** möglichkeiten auf die eG, insbesond. auf die Entscheidungen ihrer Organe einzuräumen (s. z. B. *Beuthien/Gätsch*, Vereinsautonomie und Satzungsrechte Dritter, ZHR 1992, 459, 478). Solches wäre mit dem Grundsatz der genossenschaftlichen Selbstverwaltung nicht zu vereinbaren. Dem berechtigten Anliegen, für die eG auch den Sachverstand und die Erfahrung außenstehender Fachleute zu erschließen (*Beuthien/Gätsch*, 479), kann durch Zuziehung von Beratern und nur beratenden Gremien entsprochen werden. Im übrigen besteht bei Bedarf die Möglichkeit, daß diese Personen die Mitgliedschaft erwerben und dann z. B. in den Aufsichtsrat gewählt werden.

Dem **Vorstand** kann nicht z. B. die gesetzliche Vertretung der eG durch **23** Übertragung auf ein satzungsmäßiges Organ entzogen werden (§ 24 Abs. 1); die dem **Aufsichtsrat** obliegenden Pflichten zur Überwachung der Geschäftsführung können nicht auf ein anderes Organ übertragen werden (§ 38 Abs. 4); die **GV** darf als oberstes Willensbildungsorgan der eG nicht eingeschränkt werden, sie ist stets zuständig für Satzungsänderungen (§§ 16, 22 Abs. 1, 87 a), Amtsenthebung des Vorstandes in den Fällen der §§ 24 Abs. 3, 40, des Aufsichtsrates (§ 36 Abs. 3), für den Jahresabschluß, für die Entlastung des Vorstandes und des AR (§ 48 Abs. 1), für die Festsetzung von Einzahlungspflichten (§ 50), für die Bestimmung der Beschränkungen für Kredite (§ 49), für die Auflösung (§ 78), für die Bestellung von Liquidatoren (§ 83), für die Fortsetzung der aufgelösten Genossenschaft (§ 79 a), für Maßnahmen nach dem UmwG.

## II. Mitglieder von Vorstand und Aufsichtsrat müssen Mitglieder der Genossenschaft sein (Abs. 2)

### 1. Bedeutung

Ursprünglich sollten die Personen im Vorstand und Aufsichtsrat durch **24** ihre Mitgliedschaft in die unbeschränkte oder beschränkte Haftung für die eG eingebunden werden (vgl. *Neumann*, S. 20). Seit Verzicht auf die Haftung und Reduzierung auf eine in der Praxis stets beschränkte Nachschußpflicht ist dieser Gedanke in den Hintergrund getreten. Die Vorschrift hat aber nach wie vor ihre Rechtfertigung aus der besonderen Natur der eG als Vereinigung zur Förderung der Mitglieder. Die Vorstands- und Aufsichtsratsmitglieder sollten die Möglichkeit der typischen Förderbeziehung zur eG haben; sie verkörpern die **genossenschaftliche „Basiserfahrung“** (*Beuthien*) in den Organen der eG. Dies erscheint unverzichtbar für die Mitglieder des Vorstandes als Leitungsorgan im Hinblick auf die Verfolgung des genossenschaftlichen Unternehmenszwecks. Die Mitglieder des Aufsichtsrats haben die Aufgabe, die Mitgliederinteressen in ihrer Überwachungstätigkeit gegenüber dem Vorstand zu vertreten. Die Regelung ist auch bedeutsam in Anbetracht der Zugehörigkeit zum genossenschaftlichen Haftungsverband. Es ist insoweit unschädlich, wenn in bestimmten Fällen – z. B. bei hauptamtlichen Vorstandsmitgliedern von großen Handelsgenossenschaften – eine unmittelbare Förder- und Kundenbeziehung dieser Vorstandsmitglieder konkret nicht besteht.

### 2. Wahl von Nichtmitgliedern

**25** Keine Bedenken bestehen gegen eine „Vorratswahl“ in dem Sinne, daß bereits Personen in die Organe gewählt werden, die zum Zeitpunkt der Wahl noch nicht Mitglieder sind (RGZ 144, 384). Dies widerspricht nicht dem Sinn der Regelung in § 9 Abs. 2 (s. Rdn. 24), sofern die Tätigkeit im Organ erst nach Beginn der Mitgliedschaft aufgenommen wird (KG, OLGRspr. 43, 323; BGH, RaiffR 1962, 17). Durch Wegfall der gerichtlichen Mitgliederliste und Begründung der Mitgliedschaft allein durch Beitritts- und Annahmeerklärung hat die Frage in der Praxis an Bedeutung verloren.

Die Annahme der Wahl wird regelmäßig als Beitrittsversprechen zur eG zu verstehen sein, das im Klageweg erzwungen werden kann (RGZ 40, 46). In der Wahl zum Organmitglied liegt grundsätzlich die Zulassung als Mitglied gem. § 15 Abs. 1. Die eG kann dem Gewählten eine angemessene Beitrittsfrist setzen; Ablauf der Frist ohne Beitrittserklärung bedeutet grundsätzlich Widerruf der Zulassung zur eG (§ 15 Abs. 2) und Verlust der Anwartschaft auf die Organstellung (*Müller*, § 9 Rdn. 10; *Crüger*, BlfG 31, 331; RGZ 144, 384 = JW 1934, 2132).

**26** Organhandlungen eines Gewählten **vor Erwerb der Mitgliedschaft sind fehlerhaft**; Beschlüsse im Vorstand oder Aufsichtsrat sind unwirksam, soweit nicht feststeht, daß der Beschluß auch unabhängig von der Mitwirkung des Nichtmitgliedes zustande gekommen ist (BGHZ 12, 327; *Müller*, § 9 Rdn. 11). Bei Vertretungshandlungen liegt in diesen Fällen Vertretung ohne Vertretungsmacht vor. Die Handlungen wirken unter dem Gesichtspunkt der Duldungsvollmacht oder Anscheinsvollmacht für oder gegen die eG, wenn der Außenstehende nicht die fehlende Mitgliedschaft kennt. Die Eintragung von Vorstandsmitgliedern im Genossenschaftsregister verstärkt noch diesen Rechtsschein.

Handeln Nichtmitglieder als gewählte Vorstands- oder Aufsichtsrats- 27 mitglieder, so **haften** sie wie ordnungsgemäß bestellte Organmitglieder nach § 34 bzw. § 41 (RGZ 144, 394; 152, 273; vgl. auch § 24 Rdn. 66 und § 34 Rdn. 3). Auf sie finden die Gesichtspunkte der Entlastung Anwendung, sowie die 5jährige Verjährungsfrist nach §§ 34 und 41.

Scheidet ein Mitglied von Vorstand oder Aufsichtsrat aus der eG aus, so 28 endet damit auch die Amtsstellung (nicht der Dienstvertrag), ohne daß es einer Abberufung oder Amtsniederlegung bedarf (BGH, WM 1973, 782).

Die Vorschrift, daß Mitglieder der Organe auch Mitglieder der eG sein 29 müssen, gilt nicht für die Fälle von Notbestellungen (s. § 24 Rdn. 18; auch *Meyer/Meulenbergh/Beuthien*, § 9 Rdn. 8; vgl. BGHZ 18, 334, 337), auch nicht für Arbeitsdirektoren nach § 30 Abs. 3 MitbestG und für Liquidatoren (§ 83).

### 3. Arbeitnehmervertreter im Aufsichtsrat

§ 9 Abs. 2 gilt nicht für Aufsichtsratsmitglieder, die nach dem **Betriebs-** 30 **verfassungsgesetz** von den Arbeitnehmern gewählt werden. Gemäß § 77 Abs. 3 BetrVerfG 1952 (noch gültig gem. § 129 BetrVerfG 1972 und zuletzt geändert durch Gesetz vom 21. 5. 1979 – BGBl. I, 545 –) i. V. m. § 76 BetrVerfG 1952 besteht der Aufsichtsrat einer eG zu $^1/_3$ aus Vertretern der Arbeitnehmer, wenn die eG mehr als 500 Arbeitnehmer beschäftigt. Die Satzung kann nur eine durch 3 teilbare Zahl von Aufsichtsratsmitgliedern festsetzen. Der Aufsichtsrat muß mindestens einmal im Kalendervierteljahr einberufen werden.

Darüber hinaus gilt auch für eG das **Mitbestimmungsgesetz 1976,** 31 soweit eG mehr als 2000 Arbeitnehmer beschäftigen. In diesen Fällen besteht der Aufsichtsrat aus einer gleichen Zahl von Vertretern der Anteilseigner und der Arbeitnehmer (Näheres *Winter*, HdG, Spalte 1189 ff, sowie Erl. zu § 1 Rdn. 243 ff).

## III. Genossenschaften als Mitglieder

Wenn die eG ausschließlich oder überwiegend aus eG besteht („Zentral- 32 genossenschaft“; zum Begriff s. § 43 Rdn. 110) oder einzelne Genossenschaften zu Mitgliedern hat, können Mitglieder der Mitgliedsgenossenschaften in den Vorstand oder Aufsichtsrat berufen werden, ohne daß sie persönlich die Mitgliedschaft erwerben müssen (§ 9 Abs. 2 S. 2). Dies gilt also auch, wenn der eG im übrigen auch natürliche Personen angehören. Ist das gewählte Organmitglied noch nicht Mitglied einer anderen Mitgliedsgenossenschaft, so besteht lediglich ein Anwartschaftsrecht (Näheres oben Rdn. 25 ff). Nach Sinn und Wortlaut („... so können Mitglieder ... in den Vorstand und Aufsichtsrat berufen werden") bestehen keine Bedenken, wenn das Mandat für die laufende Amtsperiode bestehen bleibt, obwohl die Mitgliedschaft in der Mitgliedsgenossenschaft erloschen ist (so auch *Schubert/Steder*, § 9 Rdn. 6; a. A. *Müller*, § 9 Rdn. 15). Das Auslaufen der Amtszeit muß jedoch abzusehen sein; es besteht die Verpflichtung aller Beteiligten, für eine Einhaltung der gesetzlichen Vorschriften des § 9 Abs. 2 unverzüglich Sorge zu tragen. § 2 Abs. 2 S. 2 gilt nicht für genossenschaftlich strukturierte Zentralen in anderen Rechtsformen.

33 Auf **andere juristische Personen**, die Mitglieder einer eG sind, ist § 9 Abs. 2 S. 2 nicht anzuwenden. Dies gilt auch für Genossenschaftsverbände und für Zentralen in der Rechtsform z. B. der AG (vgl. Kg, OLG 24, 165 = RJA 11, 31; *Meyer/Meulenbergh/Beuthien*, § 9 Rdn. 10). Keine unzulässige Umgehung, wenn die Mitgliedschaft bei einer Mitgliedsgenossenschaft zu dem Zweck erworben wird, dem Aufsichtsrat der Zentrale angehören zu können. Ein Gesellschafter einer Personenhandelsgesellschaft, die Mitglied einer eG ist, kann nur in den Aufsichtsrat oder Vorstand gewählt werden, wenn er in seiner Person die Mitgliedschaft erwirbt.

34 § 9 Abs. 2 ist auf die **Mitglieder weiterer Organe**, die in der Satzung ihre Grundlage haben, entsprechend anzuwenden, jedenfalls, soweit es sich um entscheidungskompetente Gremien handelt. Die Begründung liegt in der vom Gesetzgeber gewollten Förderbeziehung (vgl. oben Rdn. 24). Gremien mit lediglich beratender Funktion unterliegen nicht der Bindung des § 9 Abs. 2 (so auch *Müller*, § 9 Rdn. 18).

## § 10

## Eintragungen in das Genossenschaftsregister

**(1) Das Statut sowie die Mitglieder des Vorstandes sind in das Genossenschaftsregister bei dem Gericht einzutragen, in dessen Bezirk die Genossenschaft ihren Sitz hat.**

**(2) Das Genossenschaftsregister wird bei dem zur Führung des Handelsregisters zuständigen Gericht geführt.**

*Übersicht*

## I. Allgemeines

Das **Genossenschaftsregister** ist eine besondere Form des Handelsregisters für eG. Die Eintragungen dienen der Rechtsklarheit in wichtigen Fragen der Struktur der eG und der Information für Mitglieder, Geschäftspartner und die Allgemeinheit. Ergänzend finden die Vorschriften über das Handelsregister (§§ 8 ff HGB) Anwendung. Das Genossenschaftsregister tritt für eG grundsätzlich an die Stelle des Handelsregisters. Für Antrag auf Verweisung eines Rechtsstreits an die Kammer für Handelssachen gilt daher § 98 GVG sinngemäß; Vorstandsmitglieder einer eG können analog § 109 GVG zu Handelsrichtern bestellt werden (*Baumbach/Lauterbach*, ZPO, § 109 GVG Anm. 1; *Wieczorek*, § 109 Anm. A; *Schmidt*, MDR 75, 636). Wegen des öffentlichen Glaubens des Genossenschaftsregisters vgl. Erl. zu § 29. (Näheres zum Verhältnis eG/Registergericht vgl. *Werhahn/Gräser*.) 1

Eintragungen in das Genossenschaftsregister, Vormerkungen, die Zurückweisung oder Zurücknahme von Anträgen auf Eintragung von Vormerkungen und die Einsicht in das Genossenschaftsregister sind gebührenfrei (§§ 83, 90 KostenO). Postgebühren sowie Kosten für Ausfertigung und Abschriften müssen jedoch entrichtet werden. 2

Wegen Einsichtsrecht vgl. Erl. zu § 156; Einsicht in Register § 156 Rdn. 2; Abschriften von Register § 156 Rdn. 3. 3

## II. Eintragung in das Register

### 1. Satzung

Die **Eintragung der Satzung** erfolgt durch Aufnahme der in § 15 GenRegVO enthaltenen Angaben (vgl. hierzu auch § 12 zur Veröffentlichung der Satzung). Die Urschrift der Satzung selbst ist zu den Registerakten zu nehmen (§ 15 GenRegVO letzter Absatz). Die Eintragung von **Satzungsänderungen hat rechtsbegründenden Charakter** (§ 16 Abs. 6). Nicht eingetragene bzw. nicht als Satzungsurschrift eingereichte Änderungen der Satzung sind nicht rechtswirksam. Bei Textunterschieden ist der Inhalt des Registers maßgeblich (*Müller*, § 10 Rdn. 4). 4

Die eingereichte Satzung wird gem. § 12 nur auszugsweise vom Gericht veröffentlicht. Über die Heilbarkeit rechtlich mangelhafter Registeranmeldungen vgl. *Richert*, NJW 1958, 894. 5

### 2. Vorstandsmitglieder

Die **Vorstandsmitglieder** (§ 24) sowie stellvertretende Vorstandsmitglieder (§ 35) sind unter Angabe von Vor- und Zunamen, Beruf, Wohnort 6 und Vertretungsbefugnis in das Genossenschaftsregister einzutragen (§ 18 GenRegVO). Einzutragen ist weiter die Art der Vertretungsbefugnis, die Änderung der Vertretungsbefugnis sowie die Beendigung der Organstellung. Eine eintragungspflichtige Beendigung der Vertretungsbefugnis liegt auch vor im Fall der **vorläufigen Amtsenthebung** von Vorstandsmitgliedern durch den Aufsichtsrat im Rahmen von § 40 GenG (§ 18 Abs. 1 GenRegVO). Die Eintragung wirkt nur deklaratorisch; das Amt entsteht mit der Bestellung und endet mit den entsprechenden Beschlüssen bzw. Erklärungen (vgl. § 24 Rdn. 37 ff).

### 3. Gründungsmitglieder

**7** Mitglieder der Gründungsgenossenschaft (s. § 13 Rdn. 2 ff) sind nach Eintragung der eG in die gem. § 30 zu führende Mitgliederliste einzutragen.

### 4. Prokuristen

**8** Auch **Prokuristen** sind in das Genossenschaftsregister einzutragen (§ 42 i. V. m. § 53 HGB und § 18 Abs. 2 GenRegVO). Einzutragen sind Vorname, Familienname und Wohnort des Prokuristen. Die Prokura entsteht mit der Erteilung; die Eintragung hat nur deklaratorische Bedeutung.

## III. Verfahren

**9** Die Registereintragung setzt einen **Antrag des Vorstandes** oder eine **formale Anmeldung** i. S. v. § 157 voraus (vgl. §§ 6, 7 GenRegVO). Eine nach Meinung des Registergerichts unrichtige Anmeldung darf nicht vom Gericht korrigiert werden; das Gericht muß den Eintragungsantrag vielmehr ablehnen. Handelt es sich um einen behebbaren Mangel, so kommt eine Zwischenverfügung in Betracht. Das Registergericht ist nicht befugt, unklare oder mißverständliche Satzungsformulierungen zu beanstanden, wenn diese nur gesellschaftsinterne Bedeutung haben. Eine bloße Zweckmäßigkeitskontrolle statuarischer Bestimmungen findet nicht statt (BayObLG, DB 1985, 964; OLG Köln, WM 1981, 1263; vgl. auch § 16 Rdn. 57 ff).

**10** Vor Eintragung der Satzung hat das Registergericht gem. § 11 a **zu prüfen**, ob die eG ordnungsmäßig errichtet und angemeldet ist. Nähere Vorschriften über diese Prüfung enthält auch § 15 GenRegVO. Danach ist zu prüfen, ob die Satzung den Vorschriften des Gesetzes genügt, ob der in der Satzung bezeichnete Zweck der eG dem § 1 entspricht und ob nach den persönlichen und wirtschaftlichen Verhältnissen keine Gefährdung der

Belange der Mitglieder oder der Gläubiger zu besorgen ist (Näheres zu § 11 a).

Soweit die Errichtung der eG von besonderen **behördlichen Genehmigungen** abhängig ist, darf die Eintragung im Genossenschaftsregister erst nach Nachweis der Genehmigung erfolgen (vgl. z. B. § 43 KWG). Wird ohne die erforderliche Genehmigung eingetragen, so berührt dies nicht das rechtswirksame Bestehen der eG. 11

Die **Löschung unzulässiger Eintragungen** kann nicht im Beschwerdeweg nach § 19 FGG, sondern nur nach §§ 142, 147 FGG von Amts wegen durchgeführt werden. 12

## IV. Wirkung der Eintragung

Durch die Eintragung der Satzung entsteht die Genossenschaft als **„eingetragene Genossenschaft“** (§ 13); sie erlangt damit die Rechtsfähigkeit und gilt als Kaufmann i. S. des HGB (§ 17). Die Eintragung der Vorstandsmitglieder (§ 18 Abs. 1 GenRegVO) und der Prokuristen (§ 18 Abs. 2 GenRegVO) hat dagegen nur rechtsbekundende (deklaratorische) Wirkung. Gleiches gilt für die Eintragung der Mitglieder in die Liste gemäß § 30. 13

Mängel der Eintragung sind für den rechtlichen Bestand der eG grundsätzlich nicht, nur in besonders schwerwiegenden Fällen von Bedeutung. 14

Die eG als juristische Person besteht nicht, wenn eine **hinreichende Individualisierung** aus der Registereintragung nicht möglich ist. Fehlen Angaben z. B. über die Firma, den Sitz oder den Unternehmensgegenstand, so hindert dies allein noch nicht den rechtlichen Bestand der eG (zu weitgehend *Müller*, § 10 Rdn. 10). Beispiel: Eine eG ändert durch Satzungsänderung ihre Firma, die Änderung wird auch eingetragen; in dem anschließenden Rechtsstreit wird die neue Firma für unzulässig erklärt. Diese eG besteht rechtlich weiter; sie muß aber unverzüglich eine zulässige Firma einführen. Fehlen Angaben zu § 15 Abs. 3 Ziffern 1, 4, 5, 6 und 7 GenRegVO, so berühren diese Mängel grundsätzlich nicht den Bestand der eG. 15

**Offensichtliche Unrichtigkeiten der Eintragung** können auf Antrag oder auch von Amts wegen berichtigt werden, so z. B. Schreibfehler. Eine von der Urschrift der Satzung abweichende, unrichtige Eintragung kann ebenfalls auf Antrag oder von Amts wegen berichtigt werden. Gegen die Ablehnung eines Berichtigungsantrags ist Erinnerung nach § 11 RPflG gegeben, wenn es sich um eine Entscheidung des Rechtspflegers handelt; gegen die Entscheidung des Registerrichters ist die Beschwerde nach § 19 FGG zulässig. 16

Die eG kann gem. § 147 FGG nur gelöscht werden, wenn ein **Nichtigkeitsgrund** nach §§ 94, 95 vorliegt. Löschung führt nicht zum Ende der 17

Rechtsfähigkeit der eG, sondern zur Abwicklung nach Liquidationsgrundsätzen (RGZ 148, 228).

## V. Das zuständige Gericht

18 Für die Führung des Genossenschaftsregisters ist das Gericht zuständig, bei dem das Handelsregister geführt wird; es ist im allgemeinen das **örtlich zuständige Amtsgericht** (§ 125 FGG). Nach § 125 Abs. 2 FGG kann die Führung des Registers jedoch einem Amtsgericht für mehrere Amtsgerichtsbezirke übertragen werden.

19 Das Registergericht ist insbesond. für folgende Tätigkeiten zuständig:

- Eintragungen in das **Genossenschaftsregister**, nämlich Satzung (§ 10), Satzungsänderung (§ 16), Vorstandsmitglieder (§§ 10, 28), Prokura (§ 42), Zweigniederlassung (§ 14), Auflösung (§§ 78 ff), Liquidation (§§ 84, 85), Verfahren nach dem UmwG, Eröffnung des Konkursverfahrens (§ 102)
- **Veröffentlichungen** (§ 156)
- Erteilung von **Abschriften** (§ 156; § 26 GenRegVO; § 9 Abs. 2 HGB)
- Gewährung von **Einsicht** (§ 156, § 9 Abs. 1 HGB)
- **Zwangsgeld** (§ 160).

## § 11
## Anmeldung zur Eintragung; Unterlagen

**(1) Die Anmeldung behufs der Eintragung liegt dem Vorstand ob.**

**(2) Der Anmeldung sind beizufügen:**

1. **das Statut, welches von den Genossen unterzeichnet sein muß, und eine Abschrift desselben;**
2. **eine Abschrift der Urkunden über die Bestellung des Vorstands und des Aufsichtsrats;**
3. **die Bescheinigung eines Prüfungsverbandes, daß die Genossenschaft zum Beitritt zugelassen ist, sowie eine gutachtliche Äußerung des Prüfungsverbandes, ob nach den persönlichen oder wirtschaftlichen Verhältnissen, insbesondere der Vermögenslage der Genossenschaft, eine Gefährdung der Belange der Genossen oder der Gläubiger der Genossenschaft zu besorgen ist.**

**(3) In der Anmeldung ist ferner anzugeben, welche Vertretungsbefugnis die Vorstandsmitglieder haben.**

**(4) Die Mitglieder des Vorstands haben zugleich die Zeichnung ihrer Unterschrift in öffentlich beglaubigter Form einzureichen.**

**(5) Die Abschrift des Statuts wird von dem Gericht beglaubigt und, mit der Bescheinigung der erfolgten Eintragung versehen, zurückgegeben. Die übrigen Schriftstücke werden bei dem Gericht aufbewahrt.**

*Übersicht*



## I. Begriff der Anmeldung

Das Genossenschaftsrecht unterscheidet zwischen **„Anmeldungen"** 1
und „sonstigen Anzeigen und Erklärungen" (im einzelnen s. §§ 6, 7 GenRegVO). Die Anmeldungen im eigentlichen Sinn sind in § 6 der GenRegVO abschließend aufgezählt. Gem. § 157 sind Anmeldungen stets durch sämtliche Mitglieder des Vorstandes oder sämtliche Liquidatoren in öffentlich beglaubigter Form einzureichen; sie können bis zur Eintragung formlos zurückgenommen werden (LG Mönchengladbach Az.: 8 T 8/85). Mangel der vorgeschriebenen Form führt zur Unwirksamkeit der Anmeldung. Dies kann auch maßgeblich sein für den Bilanzstichtag bei Verschmelzung (LG Mönchengladbach a. a. O).

§ 11 regelt nur die Anmeldung der neugegründeten eG zum Zwecke der 2
Eintragung im Genossenschaftsregister, um Rechtsfähigkeit zu erlangen. Unabhängig von der Vertretungsregelung muß diese Anmeldung von allen im Rahmen des Gründungsvorgangs bestellten Vorstandsmitgliedern in öffentlich beglaubigter Form (§ 157) vorgenommen werden.

Die Mitwirkung eines **Notars** bei der Gründung ist nicht erforderlich 3
(aber Abs. 4: Beglaubigung der Unterschrift der Vorstandsmitglieder). Anmeldungen können nicht durch Bevollmächtigte vorgenommen werden. Der mitwirkende Notar ist im Rahmen der §§ 147, 129 FGG ermächtigt, den Eintragungsantrag zu stellen (*Werhahn/Gräser*, S. 5). Wegen Anmeldungen im Zusammenhang mit Zweigniederlassungen s. §§ 14, 14 a. Die Rücknahme von Anmeldungen kann formlos erfolgen, soweit diese noch möglich ist.

Die bestellten Vorstandsmitglieder sind gegenüber den Gründern zur 4
Anmeldung verpflichtet, wenn nicht anders beschlossen. Anmeldung kann erforderlichenfalls durch Klage erzwungen werden; unterlassene Anmeldung kann zu Ersatzansprüchen führen. Das Registergericht selbst kann Vorstandsmitglieder nicht zur Anmeldung zwingen.

5 Bedarf der Unternehmensgegenstand einer eG **behördlicher Genehmigung**, so hat das Registergericht die Eintragung von der Vorlegung der Genehmigungsurkunde abhängig zu machen (KGJ 24, 205; KG HRR 36 Ziff. 410 = BlfG 1936, 285). Für Kreditgenossenschaften ist z. B. der Nachweis der Erlaubnis gem. § 32 KWG erforderlich (§ 43 KWG).

6 Falls bei der Anmeldung nicht alle Vorstandsmitglieder (auch die stellvertretenden Vorstandsmitglieder, § 35) mitwirken, so ist die Eintragung abzulehnen. Eine dennoch vorgenommene Eintragung ist aber rechtswirksam. Es ist unschädlich, wenn z. B. entgegen einer Satzungsbestimmung kein Vorstandsvorsitzender gewählt worden ist (LG Stuttgart v. 24. 10. 1978 – 4 Kf H T 13/78).

## II. Der Anmeldung beizufügende Urkunden (Abs. 2)

7 1. Die Gründungssatzung bedarf gem. § 5 der **Schriftform** und muß von allen Gründungsmitgliedern unterzeichnet sein. „Abschrift" ist im weiteren Sinn zu verstehen, so z. B. auch als Durchschrift, Fotokopie usw.; sie bedarf keiner Beglaubigung (vgl. § 8 GenRegVO). Die Abschrift wird gem. § 11 Abs. 5 beglaubigt an die eG zurückgegeben.

8 Bis zur Anmeldung der Satzung zum Genossenschaftsregister (§ 15 Abs. 1), kann die Mitgliedschaft in der (Gründungs-)Genossenschaft nur durch **Unterzeichnung** der Satzung, nicht aber bereits durch Beitrittserklärung erworben werden (LG Berlin, ZfG 1963, 253). Die Satzung kann auch von Mitgliedern unterzeichnet werden, die nicht unmittelbar an der Gründungsversammlung teilgenommen haben (OLG Hamburg, OLGE 32, 123; *Reinhardt*, ZfG 1963, 257; vgl. Erl. zu § 5 Rdn. 9 ff). Als Unterzeichnung der Gründungssatzung ist auch ausreichend, wenn die Unterschrift auf einem gesonderten Blatt in der Absicht erteilt wird, der Gründungsgenossenschaft beizutreten, und dieses Blatt als Anlage zur Satzung eingereicht wird (vgl. OLG Dresden, JW 1934, 1737; *Reinhardt*, a. a. O).

9 Falls im Gründungsstadium bereits **Beitrittserklärungen** in der vorgeschriebenen schriftlichen Form (§§ 15, 15 a) abgegeben werden, können diese nach Anmeldung der eG in die nach § 30 zu führende Mitgliederliste eingetragen werden. Die Mitgliedschaft bei der eG entsteht mit Eintragung der Genossenschaft.

10 2. Die Mitgliederliste gem. § 30 muß alle Namen der Gründungsmitglieder enthalten, die die Satzung unterzeichnet haben. Bereits mit Unterzeichnung der Satzung erwerben die Gründungsmitglieder die Mitgliedschaft in der Vorgenossenschaft (vgl. § 13 Rdn. 2 ff).

11 Wird jemand **ohne Beitrittserklärung** in die Mitgliederliste eingetragen, so bewirkt diese fehlerhafte Eintragungen **keine rechtswirksame Mitglied-**

**schaft**. Die falsche Eintragung begründet lediglich dann eine widerlegbare Vermutung für die Richtigkeit der Eintragung wenn diese nicht offensichtlich unrichtig ist; hierzu § 15 Rdn. 31).

3. Über die **Bestellung des ersten Vorstandes und Aufsichtsrates** enthält das Gesetz keine Regelung. Grundsätzlich finden jedoch auf die Gründungsgenossenschaft die Vorschriften des Genossenschaftsrechts Anwendung, also auch die Vorschriften für die Bestellung der Organe (Einzelheiten vgl. Erl. zu § 13). Die Gründungsversammlung ist die erste GV. Für durchzuführende Wahlen gelten die dafür in der Gründungssatzung vorgesehenen Regelungen. Vorzulegen ist eine unbeglaubigte Abschrift des Protokolls über die Wahl der Aufsichtsratsmitglieder und die Bestellung der Mitglieder des Vorstandes. **12**

Falls nach der Gründungsversammlung und vor der Anmeldung **Änderungen im Vorstand oder Aufsichtsrat** durchgeführt werden, müssen diese die beschlossene Gründungssatzung beachten; die Urkunden (Protokolle) sind der Anmeldung beizufügen. Die Einreichung unrichtiger Abschriften unterliegt der Strafvorschrift des § 147 GenG. **13**

4. Die **Bescheinigung des Prüfungsverbandes** über die Zulassung der eG wurde eingefügt durch Gesetz vom 30. 10. 1934; die **Gründungsprüfung** beruht auf der Gesetzesnovelle 1973 (dazu krit. *Rittner*, in: Festschrift für Westermann, S. 497). Die Erklärungen des Prüfungsverbandes sind grundsätzlich Voraussetzung für die Eintragung im Genossenschaftsregister; fehlende Mitgliedschaft beim Prüfungsverband führt zur Auflösung der eG (vgl. § 54). **14**

Die **Zulassung zum Prüfungsverband** wird regelmäßig auch vom Ergebnis der Gründungsprüfung abhängen (vgl. aber Rdn. 23 ff). Beurteilungsmaßstab für die Gründungsprüfung und das Gutachten dürfen aber nicht die Interessen des Verbandes sein; nach dem Gesetzeswortlaut ist allein darauf abzustellen, ob nach den persönlichen oder wirtschaftlichen Verhältnissen, insbesond. der Vermögenslage der eG, eine Gefährdung der Belange der Mitglieder oder der Gläubiger der eG zu besorgen ist. Gefährdung der Mitgliederbelange, z. B., wenn die Konzession des Bundesaufsichtsamtes für das Kreditwesen nicht erteilt wird, weil die Gründungsgenossenschaft keiner Einlagensicherung angehört oder weil qualifizierte Geschäftsleiter fehlen. Die gutachterliche Äußerung des Prüfungsverbandes dürfte im allgemeinen Grundlage der Prüfung durch das Gericht gem. § 11a sein. Eine Bedürfnisprüfung scheidet aus (vgl. *Bömcke*, ZfG 1956, 233 unter b. Näheres zur Gründungsprüfung *Selchert*, ZfG 1980, 93). **15**

Eine **Vorgenossenschaft** (§ 13 Rdn. 4 ff) kann allein schon wegen fehlender Rechtsfähigkeit nicht Mitglied des Prüfungsverbandes sein; auch die Bestellung eines Verbandes durch das Gericht gem. § 64b kommt nicht in Betracht (s. § 64 b Rdn. 9): Um die nach § 11 Abs. 2 Nr. 3 erforderliche

Verbandsbescheinigung zu erhalten, kann die Vorgenossenschaft bei der Aufsichtsbehörde um eine Auflage gem. § 64 nachsuchen, bei Verbänden mit Monopolcharakter kann sich ein Anspruch aus §§ 27, 35 GWB ergeben: Besteht bei monopolartiger Stellung des Verbandes ein schwerwiegendes Aufnahmeinteresse, so kann darauf eine Aufnahmeklage gestützt werden (BayObLG, DB 1990, 2157; vgl. BGHZ 93, 151).

16 5. Der Begriff **„gutachterliche Äußerung"** des Prüfungsverbandes ist von der „Anhörung" des Prüfungsverbandes im Rahmen des UmwG zu unterscheiden: Während „Anhörung" nur das Recht beinhaltet, sich zu der Frage zu erklären (und nicht die Pflicht, eine Erklärung abzugeben), bedeutet die gutachterliche Äußerung die Darstellung und das Abwägen der Gründe, die zu der Auffassung des Verbandes geführt haben.

17 An das Gründungsgutachten des Prüfungsverbandes können keine übertriebenen Anforderungen gestellt werden. Entscheidend sind die dem Verband zum Zeitpunkt der Prüfung bekannten oder ohne weiteres zugänglichen Tatsachen, so z. B. auch die allgemeine Wirtschaftslage oder erkennbare Tendenzen der wirtschaftlichen Entwicklung und ihre Auswirkungen auf die in der Gründung befindliche eG.

Eine Fehleinschätzung künftiger Entwicklungen kann dem Verband daher grundsätzlich nicht angelastet werden.

18 Das Gesetz enthält keine Angaben über die **Gegenstände der Gründungsprüfung**. Aus der Umschreibung des Prüfungsauftrages folgt jedoch, daß grundsätzlich alle persönlichen und wirtschaftlichen Verhältnisse zum Prüfungsgegenstand gehören, die die Belange der Mitglieder und der Gläubiger gefährden könnten (*Selchert*, ZfG 1980, 95). Prüfungsgegenstand sind daher sowohl die wirtschaftlichen und persönlichen Verhältnisse hinsichtlich der zu gründenden eG, als auch die Verhältnisse bei den Genossenschaftsmitgliedern, soweit sich daraus negative Folgen für die Gründung ergeben könnten. Dies gilt z. B., wenn die Mitglieder offensichtlich nicht in der Lage sind, die erforderlichen Geschäftsguthaben einzuzahlen oder ihrer Nachschußpflicht nachzukommen. Entsprechendes gilt, wenn die Mitglieder struktuell nicht in der Lage sind, eine Förderbeziehung mit der eG zu begründen. Auch der Inhalt der Satzung unterliegt der Gründungsprüfung, so z.B., wenn bei einer zu gründenden Kreditgenossenschaft die Nachschußpflicht der Mitglieder und Gewinne ausgeschlossen werden sollen. Von Bedeutung sind auch Fragen der Finanzierung eines vorgesehenen Kreditgeschäfts, der Anschluß an ein Gironetz usw.

19 Eine **Gefährdung der Belange der Mitglieder** oder der Gläubiger wird z. B. dann zu besorgen sein, wenn die eG nicht mit dem erforderlichen Eigenkapital ausgestattet ist, oder wenn die für die Leitung der eG vorgesehenen Personen offensichtlich nicht die fachlichen oder charakterlichen Qualitäten für diese Leitungsaufgabe haben. Entsprechendes gilt, wenn die

eG nicht aus eigenen Mitteln existenzfähig ist, sondern sich hauptsächlich aus öffentlichen Beihilfen, Zuschüssen oder sonstigen Mitteln tragen kann. Die Notwendigkeit nur vorübergehender Unterstützung durch Dritte hindert dagegen nicht das Entstehen einer eG.

Auch bei der Beurteilung der **persönlichen Verhältnisse** sind dem Verband enge Grenzen gezogen. Im allgemeinen wird er nur objektiv feststellbare Tatsachen bewerten können, wie z. B. das Fehlen jeder Ausbildung oder Erfahrung im Hinblick auf die vorgesehene Tätigkeit. Gesichtspunkte der persönlichen Lebensführung sind nur dann von Bedeutung, wenn unmittelbare Auswirkungen auf die Tätigkeit in der eG zu erwarten sind (Beispiel: Eine für den Vorstand einer Kreditgenossenschaft vorgesehene Person ist bereits wegen Unterschlagung bestraft). Vorlage polizeilicher Führungszeugnisse kann der Verband grundsätzlich nicht verlangen; entsprechende Nachweise sind aber erforderlich, wenn konkreter Grund für Mißtrauen besteht. **20**

Formale Gesichtspunkte der **„ordnungsmäßigen Errichtung“** der eG sind zwar lediglich für die gerichtliche Prüfung in § 11 Abs. 1 vorgesehen; aber auch der Genossenschaftsverband wird seine Gründungsprüfung auf die wesentlichen gesetzlichen Merkmale zu erstrecken haben, insbesond. auf den vorgesehenen Unternehmenszweck im Hinblick auf § 1 sowie auf die zwingenden Vorschriften des Gesetzes über die Errichtung der eG (insbesond. §§ 2–9). **21**

Das Gründungsgutachten des Prüfungsverbandes soll u. a. anstelle einer Vorschrift über die Mindestkapitalausstattung die Interessen von Mitgliedern und Gläubigern schützen (vgl. *Bömcke*, ZfG 1956, 237; *Selchert*, ZfG 1980, 98). Die Schlußfolgerungen des Gründungsgutachtens sollen auf festgestellten Tatsachen beruhen. Die Beurteilung ist zu begründen (*Tsibanoulis*, S. 335). Dies muß um so mehr für negative Schlußfolgerungen gelten, da Gründungsmitglieder grundsätzlich – falls die Voraussetzungen erfüllt sind – Anspruch auf Zulassung und Eintragung haben. Inhalt der Aussage hat nicht die Prognose einer positiven Entwicklung zu sein, sondern nach dem Gesetzeswortlaut ausschließlich die Sorge um eine Gefährdung der Belange der Mitglieder oder der Gläubiger. Die materielle Gründungsprüfung stellt ein präventives Schutzsystem für die Beteiligten dar (*Tsibanoulis*, S. 354). Ein negatives Gutachten kann aber auch schon gerechtfertigt sein, ohne daß der Eintritt der Gefährdung mit Sicherheit zu erwarten ist. **22**

Für beide Teile der Gründungsprüfung besteht eine „allgemeine Verhandlungspflicht“; für die Gründungsgenossenschaft insbesond. die Verpflichtung, über alle relativen Tatsachen und Absichten dem Verband lükkenlose und detaillierte Information zu geben (*Tsibanoulis*, S. 335).

**Einzelheiten** wegen der Gründungsprüfung: *Aschermann*, Genossenschaftliche Gründungsprüfung und Aufnahme in den Prüfungsvorstand,

ZfG 1987, 297; *Tsibanoulis*, Die genossenschaftliche Gründungsprüfung; *Rheinberg*, Zur Frage der Gründungsprüfungen bei Produktivgenossenschaften, ZfG 1987, 38 ff.

**23** 6. Unabhängig von der Erstattung des Gutachtens ist der Verband verpflichtet, jeden **Aufnahmeantrag** einer Gründungsgenossenschaft ordnungsgemäß zu prüfen.

Das Ergebnis des Gutachtens ist für die Frage der Zulassung zum Verband nicht bindend. Es besteht keine Aufnahmepflicht in Fällen, in denen andere Gründe den Verband veranlassen können, die Aufnahme einer eG abzulehnen. Ein negatives Gutachten hindert den Verband aber auch nicht zwingend an der Zulassung der Gründungsgenossenschaft (so auch *Schubert/Steder*, § 11 Rdn. 8).

**24** In Anbetracht der **Pflichtmitgliedschaft** ist der Verband bei der Entscheidung über die Aufnahme einer Genossenschaft nicht frei, sondern muß nach pflichtgemäßem Ermessen prüfen, ob die Aufnahme sachlich gerechtfertigt und zumutbar ist (BGH, NJW 1962, 1508 [1509]; wegen Aufnahmeanspruch bei Verein mit Monopolstellung BGH, MDR 1960, 109 = DB 1959, 1396 = BB 1959, 1272).

In Hinblick auf die Verbandsautonomie ist die Auffassung abzulehnen, daß der Verband unter allen Umständen zur Aufnahme der Gründungsgenossenschaft verpflichtet sei (so aber *Tsibanoulis*, S. 358 ff). Da die Zulassung zum Verband aber Eintragungsvoraussetzung ist, sind an eine Ablehnung der Mitgliedschaft im Rahmen der Ermessensentscheidung strenge Anforderungen zu stellen.

**25** **Sachliche Gründe für die Ablehnung** können sein

- Gefährdung der Mitglieder oder Gläubiger (entsprechend § 11 Abs. 2 Ziff. 3)
- Gefährdung wesentlicher Verbandsinteressen (BGH, BB 1970, 224)
- wenn die Satzung des Verbandes der Aufnahme entgegensteht (fachlich gehört die Genossenschaft einer anderen Gruppe an, oder sie hat ihren Sitz außerhalb des Verbandsgebietes)
- wenn die Genossenschaft bereits rechtswirksam aus dem Verband ausgeschlossen worden ist.

Zur Frage der Aufnahmepflicht: *Riebandt-Korfmacher*, GWW 1954, S. 121, 269; *Bömcke*, GWW 1954, S. 265; *von Caemmerer/Riebandt-Korfmacher*, Pflichtmitgliedschaft bei Prüfungsverbänden; Rechtsbehelfe gegen die Verweigerung der Aufnahme in einem Prüfungsverband, Referate und Materialien zur Reform des Genossenschaftsrechts, 3. Bd., 7, 23; **Näheres** Erl. zu § 54 Rdn. 19 ff.

**26** Lehnt der Verband die Aufnahme ab, so fehlt eine Voraussetzung für die Eintragung der eG (*Meyer/Meulenbergh/Beuthien*, § 11 Rdn. 6; a. A. *Tsibanoulis*, S. 358 ff). Die Genossenschaft kann im **ordentlichen Rechtsweg**

(vor den Zivilgerichten) auf Zulassung klagen (BGH, NJW 1962, 1508). Mit der Rechtskraft des Urteils, in dem der Zulassungsanspruch anerkannt wird, gilt die Zulassungserklärung als abgegeben (§ 894 ZPO; vgl. OLG Hamburg, WuW 1955, 394).

Die Aufsichtsbehörde kann gemäß § 64 dem Prüfungsverband die **Auflage** erteilen, die Genossenschaft als Mitglied zuzulassen. Kommt der Prüfungsverband der Auflage nicht nach, so kann die Aufsichtsbehörde die Entziehung des Prüfungsrechts androhen und bei andauernder Weigerung des Verbandes auch durchsetzen (§ 64 a). Gegen Verfügungen der Aufsichtsbehörde ist der Verwaltungsgerichtsweg zugelassen. 27

Für eine Vorgenossenschaft kann das Registergericht keinen Prüfungsverband nach § 64 b bestellen, da die gesetzliche Regelung nur für eingetragene Genossenschaften gilt (BayObLG, DB 1990, 2157 mit ausf. Begr.).

Nach Aufhebung des WGG gelten für die Verbandszugehörigkeit von **Wohnungsbaugenossenschaften** die allgemeinen Bestimmungen (§ 53 ff). Eine neu gegründete Wohnungsgenossenschaft kann wählen, welchem Verband sie beitreten will (§ 54 Rdn. 6). Das gilt auch für eine Vermietungsgenossenschaft (s. § 1 Rdn. 100) sowie für Wohnungsgenossenschaften, die die traditionellen Grundsätze der Wohnungsgemeinschaft fortführen (§ 1 Rdn. 99, § 3 Rdn. 16). 28

## III. Vertretungsbefugnis der Vorstandsmitglieder (Abs. 3)

Die **Mitteilung über die Vertretungsbefugnis** der Vorstandsmitglieder wurde eingeführt mit Novelle 1973. § 25 läßt seit dieser Zeit unterschiedliche Regelungen für die gesetzliche Vertretung der Genossenschaft zu. Im allgemeinen enthält die Satzung der Genossenschaft klare Bestimmungen über die gesetzliche Vertretung; insoweit dürfte es § 11 Abs. 3 entsprechen, bei der Anmeldung auf die konkrete Vertretungsregelung in der Satzung Bezug zu nehmen. Während § 11 Abs. 3 die Anmeldung der Vertretungsbefugnis bei der Gründung regelt, ist die Änderung der gesetzlichen Vertretung gem. § 28 Abs. 1 beim Gericht anzumelden und vom Gericht bekanntzumachen. Die Folgen hinsichtlich des öffentlichen Glaubens der Eintragungen regelt § 29. 29

## IV. Unterschrift in öffentlich beglaubigter Form (Abs. 4)

Es dürfte ausreichen, wenn Anmeldung und „Zeichnung der Unterschrift" durch **eine** Beglaubigung verbunden werden (a. A. *Müller*, § 11 Rdn. 13). Für die Beglaubigung ist das Beurkundungsgesetz vom 28. 8. 1969 maßgeblich; Beglaubigung grundsätzlich durch Notar; Ausnahmen 30 nur im Rahmen von § 63 BeurkG, soweit Landesrecht dies für öffentliche Beglaubigung von Abschriften oder Unterschriften vorsieht.

### V. Beglaubigung der Satzung (Abs. 5)

31 Diese Beglaubigung durch das Gericht ist die Bestätigung, daß die Abschrift mit dem eingereichten Original übereinstimmt. Die Rückgabe dieser beglaubigten Abschrift beinhaltet die Erklärung des Registergerichts, daß die Genossenschaft auf der Grundlage dieser Satzung eingetragen worden ist.

## § 11 a
## Gründungsprüfung durch das Gericht

**(1) Das Gericht hat zu prüfen, ob die Genossenschaft ordnungsmäßig errichtet und angemeldet ist. Ist dies nicht der Fall, so hat es die Eintragung abzulehnen.**

**(2) Das Gericht hat die Eintragung auch abzulehnen, wenn nach den persönlichen oder wirtschaftlichen Verhältnissen, insbesondere der Vermögenslage der Genossenschaft, eine Gefährdung der Belange der Genossen oder der Gläubiger der Genossenschaft zu besorgen ist.**

*Übersicht*



### I. Prüfung der formalen Ordnungsmäßigkeit von Errichtung und Anmeldung

1 Die Prüfung des Gerichts erstreckt sich auf alle wesentlichen **rechtsformalen Voraussetzungen** bei der Errichtung der Genossenschaft. Es ist insbesondere zu prüfen, ob der Zweck de eG mit § 1 übereinstimmt. Eine Prüfung des materiellen Inhalts der Satzung, insbesondere hinsichtlich der Zweckmäßigkeit durch das Gericht ist nicht zulässig (so für GmbH mit überzeugender Begründung OLG Köln, BB 1981, 1596). Eine Beanstandung durch das Gericht scheidet auch bei unklaren Formulierungen zumindest dann aus, wenn sich im Zusammenhang mit den übrigen Satzungsbestimmungen oder aus dem Gesetz eine klare Aussage ergibt (OLG Köln, ebd.).

Gegenstand der Prüfung ist weiter der notwendige Satzungsinhalt (§§ 6, 7) sowie der vorgeschriebene Inhalt der Anmeldung gem. § 11. (Nähere Bestimmungen zur formalen und materiellen Prüfung s. § 15 GenRegVO. Weitere Einzelheiten vgl. *Werhahn/Gräser*, S. 18; *Müller*, Rpfl. 1970, 375 ff). Fehlen notwendige Voraussetzungen oder stellt das Gericht Verfahrensmängel fest, so ist die Eintragung abzulehnen ohne Rücksicht darauf, ob eine Eintragung zur Heilung der Mängel führen würde (so auch *Müller*, § 11 a Rdn. 2).

Das Gericht hat auch zu prüfen, ob für den Betrieb der eG eine **staatliche Genehmigung** erforderlich ist (z. B. zum Betrieb von Bankgeschäften durch das Bundesaufsichtsamt für das Kreditwesen gem. § 43 Abs. 1 KWG); bei Fehlen der erforderlichen Genehmigung ist die Eintragung abzulehnen. Bestehen Zweifel, so muß das Gericht von Amts wegen die Rechtslage klären. An die Rechtsauffassung der Genehmigungsbehörde ist das Gericht grundsätzlich nicht gebunden, wird ihr im Zweifel aber folgen (teilw. abl. *Müller*, § 11 a Rdn. 3; *Barz*, Großkommentar, § 38 AktG Anm. 4). Die Frage der Genehmigungsbedürftigkeit hat sich allein an der vorgelegten Satzung der eG zu orientieren oder an sonstigen Angaben der Genossenschaft. Grundlage für die Prüfung der ordnungsgemäßen Anmeldung ist im wesentlichen § 11. 2

## II. Prüfung der Verhältnisse bei der Genossenschaft

Im Gegensatz zu Abs. 1 wird diese Prüfung in Abs. 2 nicht ausdrücklich vorgeschrieben; das Gericht kann sich bei seiner Entscheidung auf Erkenntnisse berufen, die ohne eigene Prüfung zuverlässig verwertbar sind. Hier kommt in erster Linie das Gutachten des Prüfungsverbandes gem. § 11 Abs. 2 Ziff. 3 in Betracht. Mit einer eigenen Prüfung der persönlichen und wirtschaftlichen Verhältnisse der Genossenschaft sowie deren Vermögenslage dürfte das Gericht regelmäßig überfordert sein. 3

Eine Ablehnung der Eintragung gem. Abs. 2 ist daher nur zulässig, wenn konkrete Sachverhalte die Erwartung rechtfertigen, daß die eG wegen der persönlichen oder wirtschaftlichen Verhältnisse zu einer Gefährdung der Interessen der Mitglieder und der Gläubiger führen würde. An das Gründungsgutachten des Verbandes ist das Gericht zwar nicht gebunden; dieses Gründungsgutachten dient dem Gericht aber als Unterlage für eine eigene Meinungsbildung im Rahmen der Ermittlungspflicht nach § 12 FGG (so auch *Schubert/Steder*, § 11 a Rdn. 5). Eigene Nachprüfungen – über das Gutachten des Verbandes hinaus – wird das Gericht nur anstellen, wenn das Gründungsgutachten des Verbandes nicht zu einer endgültigen Meinungsbildung ausreicht. 4

## III. Die Entscheidung des Gerichts/Rechtsmittel

5 Wird dem Antrag der Genossenschaft auf Eintragung entsprochen, so hat das Gericht die beglaubigte Abschrift der Satzung mit der Bescheinigung über die erfolgte Eintragung an die eG zurückzugeben (§ 11 Abs. 5); die Satzung ist auszugsweise zu veröffentlichen (§ 12); die eG erlangt als „eingetragene Genossenschaft" Rechtsfähigkeit (§ 17). Wird die Eintragung abgelehnt, so hat der Vorstand der (nicht rechtsfähigen) Genossenschaft das Rechtsmittel der einfachen Beschwerde (§§ 19 ff FGG).

Mangelnde Rechtsfähigkeit steht dem nicht entgegen. Löschung unzulässiger Eintragungen erfolgt von Amts wegen (§§ 147, 142 FGG).

6 Mängel der Errichtung oder der Satzung können nur in einer neu einzuberufenden Versammlung der Gründungsmitglieder behoben werden (*Werhahn/Gräser*, S. 19).

## § 12

### Veröffentlichung der Satzung

**(1) Das eingetragene Statut ist von dem Gericht im Auszug zu veröffentlichen.**

**(2) Die Veröffentlichung muß enthalten:**

1. **das Datum des Statuts,**
2. **die Firma und den Sitz der Genossenschaft,**
3. **den Gegenstand des Unternehmens,**
4. **die Mitglieder des Vorstandes sowie deren Vertretungsbefugnis,**
5. **die Zeitdauer der Genossenschaft, falls diese auf eine bestimmte Zeit beschränkt ist.**

*Übersicht*



## I. Bedeutung

1 Die Genossenschaft erlangt **Rechtsfähigkeit durch Eintragung** (§ 13), die Veröffentlichung dient allein dem Zwecke, der interessierten Öffentlichkeit die wesentlichen Daten der Neugründung mitzuteilen. Die Pflicht zur Veröffentlichung obliegt allein dem Registergericht. Grundsätzlich besteht keine Ersatzpflicht für die vom Gericht zu Unrecht bewirkte Veröffentlichung (KGJ 46, 292). In den meisten Ländern bestehen Verwal-

tungserlasse, die die Gerichte verpflichten, bei Veröffentlichungen unnötige Kosten zu vermeiden.

## II. Veröffentlichung im Bundesanzeiger

Gem. § 156 erfolgen Veröffentlichungen durch das Registergericht ausschließlich im **Bundesanzeiger** an einer für eG vorgesehenen Stelle (§ 5 Abs. 3 GenRegVO). Die gerichtlich bekanntzumachenden Eintragungen sind in § 156 abschließend aufgezählt. Nur auf Antrag des Vorstandes der eG kann das Gericht neben dem Bundesanzeiger noch andere Blätter für die Bekanntmachung bestimmen (§ 156 Abs. 1 S. 3). Es können andere Blätter sein als für Bekanntmachungen aus dem Handelsregister vorgesehen (§ 5 Abs. 1 GenRegVO). Weitere Einzelheiten regelt § 5 GenRegVO. 2

## III. Inhalt der Veröffentlichung

Das Gericht ist nicht berechtigt, bei der Veröffentlichung weiterzugehen, als in Abs. 2 vorgesehen (a. A. *Müller*, § 12 Rdn. 3); die Beschränkung auf den kurzen Auszug dient der Kosteneinsparung (*Schubert/Steder*, § 12 Rdn. 1). Dabei sind die zu veröffentlichenden Satzungsbestimmungen wörtlich und nicht in abgekürzter Form zu bringen (so auch *Müller*, § 12 Rdn. 2). 3

Das Datum der Satzung entspricht dem Datum der eingereichten Urschrift; es dürfte im allgemeinen der Tag der Gründungsversammlung sein.

**„Gegenstand des Unternehmens“** ist vom Zweck (Förderzweck) zu unterscheiden. Unternehmensgegenstand sind vielmehr die geschäftlichen Maßnahmen und Einrichtungen, mit denen der Zweck erfüllt werden soll, wie z. B. „Durchführung von Bankgeschäften“, „Absatz der landwirtschaftlichen Erzeugnisse der Mitglieder“, „Einkauf von Lebensmitteln für die Mitglieder“ usw. 4

Ziff. 4. wurde eingefügt durch Novelle 1973. Zu veröffentlichen sind die **Namen sämtlicher Vorstandsmitglieder** (auch der stellvertretenden) sowie deren in der Satzung geregelte Vertretungsbefugnis. Der Veröffentlichung des Vertretungsrechts kommt wegen des erweiterten § 25 Abs. 1 besondere Bedeutung zu (s. Erl. zu § 25). 5

**Fehlerhafte Veröffentlichungen** sind unter Beachtung von § 12 zu berichtigen. Die Veröffentlichung hat von Amts wegen zu erfolgen. Die eG ist grundsätzlich nicht Schuldner der Berichtigungskosten (KGJ 46, 292), es sei denn sie hat die unrichtige Veröffentlichung selbst verursacht. 6

## § 13

## Bedeutung der Eintragung

**Vor der Eintragung in das Genossenschaftsregister ihres Sitzes hat die Genossenschaft die Rechte einer eingetragenen Genossenschaft nicht.**

*Übersicht*



## I. Vorbemerkungen

1 § 13 stellt nur fest, daß die gegründete Genossenschaft vor der Eintragung nicht die Rechte einer eingetragenen Gesellschaft hat, sie ist also insbesond. nicht rechtsfähig. Rechtsfähigkeit wird vielmehr erst **durch Eintragung** erlangt (§ 17). Insgesamt sind drei mögliche Stadien zu unterscheiden:

- Zusammenschluß zur Gründung einer Genossenschaft,
- die Gründung der Genossenschaft durch Annahme einer Satzung,
- die Eintragung der gegründeten Genossenschaft.

## II. Die Gesellschaft zur Gründung einer Genossenschaft

2 Zweck eines Zusammenschlusses von Personen kann es sein, eine Genossenschaft zu gründen. Diese Vereinigung wird dann die Rechtsform einer **BGB-Gesellschaft** haben, wenn die Beteiligten den erklärten Willen haben, rechtsverbindlich an der Gründung einer Genossenschaft mitzuwirken (OLG Hamm, BB 1992, 1081; *Müller*, § 13 Rdn. 3; *Reinhardt*, ZfG 1962, 255). Auf diese Gesellschaft finden dann die §§ 705 ff BGB Anwendung. Grundsätzlich können also nur alle Gesellschafter gemeinsam für die Gesellschaft rechtsgeschäftlich tätig werden (wenn nicht Gesellschaftsvertrag z. B. Einzelvertretung einräumt). Durch Vertretungshandlungen wird der Zusammenschluß als BGB-Gesellschaft berechtigt und verpflichtet. Die Gesellschafter haften grundsätzlich unbeschränkt. Mit Erreichen des Gesellschaftszwecks – Gründung der Genossenschaft – ist die BGB-Gesellschaft aufgelöst.

Zu der Vorgenossenschaft (Rdn. 4 ff) besteht keine Gesamtrechtsnachfolge; Vermögensgegenstände bedürfen der Übertragung (OLG Hamm, BB 1992, 1081; BGH 1984, 2164).

Die Frage, ob für die Verpflichtung zur Gründung einer Genossenschaft **Schriftform** erforderlich ist, muß nach den Grundsätzen des Vorvertrages beurteilt werden. Danach ist Schriftform nur erforderlich, wenn die Formvorschrift für den endgültigen Vertrag den Zweck hat, vor einer übereilten Bindung zu warnen (BGHZ 61, 48; *Palandt*, Einführung vor § 145 Anm. 4b). Der Beitritt zur gegründeten und angemeldeten (§ 15 Abs. 1) Genossenschaft bedarf gem. § 15 einer schriftlichen Erklärung. Diese Formvorschrift dürfte sowohl dem Schutz vor Übereilung auch der Beweissicherung und damit der Rechtssicherheit dienen. Im Zweifel wird daher Schriftform für die Verpflichtung der Gründungsgesellschafter erforderlich sein (so auch *Müller*, § 13 Rdn. 4, allerdings mit anderer Begründung). 3

## III. Die Vorgenossenschaft (nicht rechtsfähige Genossenschaft)

Für das Entstehen der (nicht eingetragenen) Genossenschaft ist der Gründungswille entscheidend (BGHZ 20, 285). Mit Errichtung der Satzung (Beschluß in der Gründungsversammlung) bringen die Beteiligten ihren Willen zum Ausdruck, der Vereinigung eine körperschaftliche Verfassung als Genossenschaft zu geben. Es finden die Vorschriften des GenG Anwendung mit Ausnahme der Bestimmungen, die entweder durch spezielle Gründungsvorschriften ersetzt, mit dem Zweck der Vorgenossenschaft nicht vereinbar sind oder Rechtsfähigkeit voraussetzen. Genossenschaftsrecht gilt bei der Vorgenossenschaft sowohl im Innen- als im Außenverhältnis. Nur ergänzend – wenn sich aus dem Genossenschaftsrecht keine Lösung ableiten läßt – findet Vereins- und Gesellschaftsrecht Anwendung (dazu BGHZ 17, 385; 20, 281 = ZfG 1956, 150 = NJW 1956, 946; LG Berlin, ZfG 1963, 253; vgl. auch BayObLG, DB 1990, 2157). 4

So richtet sich z. B. die Zuständigkeit der Organe nach dem GenG; Entsprechendes gilt für die besonderen Haftungsvorschriften (§§ 34, 41). Ob z. B. Einzahlungen auf Geschäftsanteile schon bei der Vorgenossenschaft zu leisten sind, hängt von dem erklärten Willen der Gründungsmitglieder ab, soweit nicht die Gründungssatzung Näheres regelt. Wenn Zahlungen auf Geschäftsanteile vor der Eintragung vorgesehen sind und solche Zahlungen geleistet werden, wird der Leistende gegenüber der späteren eG frei. Die Einzahlungspflicht lebt nicht dadurch wieder auf, daß die Einzahlungen nach dem Willen der Gründer schon vor der Eintragung zur Aufnahme des Geschäftsbetriebes verwendet werden (vgl. BGHZ 15, 66 = ZfG 1955, 237 = NJW 1954, 1844) Die Vorschriften der §§ 53 GenG über die Pflicht- 5 prüfung finden grundsätzlich erst nach Eintragung als eG Anwendung; dies folgt aus dem Sinnzusammenhang des § 11 Abs. 2 Nr. 3.

6 Im Außenverhältnis richtet sich die **Vertretungsberechtigung** des Vorstandes bereits nach dem GenG. Inwieweit Vorstandsmitglieder schon Rechtsgeschäfte abschließen können, die über den Gründungszweck hinausgehen, richtet sich nach den in Zusammenhang mit der Gründung getroffenen Vereinbarungen (etwas enger: BGHZ 17, 385; andererseits will *Müller*, § 13 Rdn. 12, unbeschränkt das genossenschaftsrechtliche Vertretungsrecht anwenden).

7 Im allgemeinen beschränkt sich die Vertretungsmacht des Vorstandes der noch nicht eingetragenen Genossenschaft auf Handlungen, die der Eintragung im Register dienen und darüber hinaus dem rechtlichen und faktischen Entstehen der eG (vgl. BGHZ 17, 385; LG Berlin, ZfG 1963, 253).

8 Bei der Vorgenossenschaft handelt es sich um eine nicht eingetragene, grundsätzlich nicht rechtsfähige Genossenschaft. Allerdings wird einer solchen „werdenden juristischen Person" von der Rechtsprechung eine partielle, auf bestimmte Bereiche beschränkte Fähigkeit zuerkannt, nach außen als Träger von Rechten und Pflichten aufzutreten. Dies gilt dann, wenn im Gesetz vorgesehen ist, daß schon im Gründungsstadium bestimmte Rechte geltend gemacht werden (BayObLG, DB 1990, 2158). Beispiele: In bestimmten Fällen als Käufer (BGH, DB 1987, 929), als Versicherungsnehmer (BGH, DB 1990, 273) oder als Kostenschuldner im Verfahrensrecht. Im Grundbuchverfahrensrecht kann die Gründungsgenossenschaft „Beteiligte" sein; im Verfahren der freiwilligen Gerichtsbarkeit wird dagegen die Beteiligungsfähigkeit nicht anerkannt; eine Auflassungsvormerkung kann nicht eingetragen werden (ausführlich BayObLG, DB 1990, 2157; auch BGHZ 20, 281; 17, 385, 389; 80, 212, 214; vgl. auch *Schnorr v. Carolsfeld*, Genossenschaften ohne Rechtsfähigkeit, ZfG 1984, 45 ff).

9 Für die **Haftung** im Zeitraum zwischen Gründung und Eintragung ist Genossenschaftsrecht maßgeblich (so auch *Meyer/Meulenbergh/Beuthien*, § Rdn. 4). Beim Abschluß von Rechtsgeschäften im Namen einer Vorgenossenschaft kommt grundsätzlich der Wille zum Ausdruck, nur im Umfang der von den Gründern übernommenen Einlage-, Beitrags- und gegebenenfalls Nachschußpflichten haften zu wollen; entsprechend ist die Vertretungsmacht der Handelnden beschränkt (BGHZ 65, 378, 382; 72, 45, 50; *Meyer/Meulenbergh/Beuthien*, ebd.). Die Gläubiger sind so zu stellen, als ob sie ein Rechtsgeschäft mit einer bereits eingetragenen, rechtsfähigen Genossenschaft abgeschlossen hätten – aber auch nicht besser. Damit sind ihre schutzwürdigen Interessen ausreichend berücksichtigt (vgl. BGHZ 53, 210, 217; *Meyer-Landrut/Miller/Niehus*, § 11 Rdn. 20).

Die Vorgenossenschaft selbst haftet ihren Gläubigern entsprechend § 2 mit ihrem Vermögen. Es kann dabei dahin stehen, ob sich eine solche Haftung der noch nicht rechtsfähigen Genossenschaft aus einer gesamthänderischen Bindung der Gründungsmitglieder ergibt oder aus der Annahme einer „rechtlich organisierten Gruppe". Zum Vermögen gehören auch die Zahlungsansprüche gegen die Gründungsmitglieder insbesond. Zahlungspflichten aus übernommenen Geschäftsanteilen sowie sich aus der Gründungssatzung ergebende Nachschußverpflichtungen. Darauf muß sich dann die „Haftung" der Vorgenossen beschränken.

Die weiter gehende Auffassung von *Beuthien/Klose* (Haftung der Vorgenossenschaft, ZfG 1996, 179 ff), die grundsätzlich zu einer persönlichen und unbeschränkten Haftung der Gründungsmitglieder für Schulden der Vorgenossenschaft führt, kann in dieser Allgemeinheit weder in der Begründung noch im Ergebnis überzeugen. Die rechtliche Beurteilung bedarf vielmehr einer weiteren Differenzierung vom Sachverhalt her.

Eine persönliche unbeschränkte Haftung der Gründungsmitglieder wird sich nach den vereins- und gesellschaftsrechtlichen Vorschriften (§ 54 Satz 1 BGB, §§ 714, 421 ff BGB) dann ergeben, wenn ein Rechtsgeschäft erkennbar und gewollt mit den Gründern als Personengruppe – z. B. vertreten durch den Gründungsvorstand – abgeschlossen ist.

Wenn dagegen ein Geschäftspartner eine Lieferbeziehung zu einer in Gründung befindlichen Genossenschaft aufnimmt, so geht er von der rechtlichen Haftungslage einer eG entsprechend § 2 aus. Es sind keine Gründe erkennbar, die ihn besser stellen sollten, nur weil die Genossenschaft noch nicht eingetragen wurde. Der Sachverhalt ist nicht mit der Gründungslage bei der GmbH zu vergleichen. Besteht ein weiter gehendes Sicherungsbedürfnis, so kann durch Rechtsgeschäft (Bürgschaft oder Schuldübernahme) eine persönliche Verpflichtung der Gründer erreicht werden. Die Annahme einer unbeschränkten persönlichen Haftung der Gründer für Schulden der Vorgenossenschaft würde zu unzumutbaren und u. U. untragbaren Belastungen der Gründer führen und in der Praxis die Gründung einer Genossenschaft unnötig erschweren; ein so weit gehender Gläubigerschutz ist nicht begründbar (dies erkennen im Grunde auch *Beuthien/Klose*, a. a. O., S. 191). Zusätzlich entstünden Probleme im Vertretungsrecht, die zu weiteren Unsicherheiten führen müßten.

Ob daneben noch eine **Haftung der „Handelnden"** i. S. v. § 54 BGB und § 11 GmbHG in Betracht kommen, ist umstritten (bejahend *Meyer/Meulenbergh/Beuthien*, § 13 Rdn. 4). Gegen eine solche Haftung bestehen grundsätzliche, auch rechtspolitischen Bedenken: Damit wären die Gläubiger einer Gründungsgenossenschaft erheblich besser gestellt, als die Gläubiger einer bereits eingetragenen, rechtsfähigen Genossenschaft; das macht keinen Sinn. Im übrigen wäre die Haftung der Handelnden nach nun herrschender Auffassung auf eine „Differenzhaftung" beschränkt

(BGHZ 80, 129, 182; Näheres *Meyer-Landrut/Miller/Niehus*, § 11 Rdn. 16 ff).

Der Begriff der „Handelnden" ist eng zu fassen. Sie müssen zwar nicht dem Vorstand angehören, eine allgemeine Zustimmung zur Eröffnung des Geschäftsbetriebes begründet noch keine Haftung, auch nicht eine nachträgliche Genehmigung, weil die Ursächlichkeit zur Handlung fehlt. Zweck der Regelung als Schutzvorschrift: Dem Dritten überhaupt einen Schuldner zu geben und die Gründer zur Vorsicht zu mahnen (BGHZ 47, 25).

## IV. Verhältnis zwischen BGB-Gesellschaft – Vorgenossenschaft – eingetragene Genossenschaft

10 Die **Gründungsgesellschaft** ist als BGB-Gesellschaft nicht identisch mit der später zu gründenden und einzutragenden Genossenschaft. Die verschiedenen Stadien unterscheiden sich schon wesentlich im Zweck. Eine unmittelbare Berechtigung der späteren Genossenschaft kann jedoch von der Gründungsgesellschaft durch Vertrag zugunsten Dritter (§ 328 BGB) begründet werden.

11 Im Verhältnis der nicht eingetragenen **Vorgenossenschaft** und der darauf folgenden eingetragenen Genossenschaft findet **Gesamtrechtsnachfolge** statt. Übergang der Verbindlichkeit wird von der h. M. doch nur angenommen, soweit diese für die Eintragung und Einrichtung des Genossenschaftsbetriebes geboten waren (BGHZ 17, 385 (391) = ZfG 1955, 391 = NJW 1955, 1229; BGHZ 80, 129 = NJW 1981, 1373; MüKo, BGB, Allgem. Teil, § 21 Rdn. 67). In allen anderen Fällen bedarf der Haftungsübergang der Genehmigung durch die eingetragene Genossenschaft (BGHZ, ZfG 1960, 334 mit Anm. von *Pohle*; *Fromm*, NJW 1962, 1656; *Paulick*, S. 101; a. A. mit beachtlichen Gründen *Müller*, § 13 Rdn. 15).

12 Mit dem **Übergang der Schulden** auf die eG (oder mit der Übernahme) werden die Gründer aus ihrer Haftung entlassen (BGHZ 20, 281; BGH, ZIP 1981, 516).

### § 14

### Anmeldung einer Zweigniederlassung

**(1) Die Errichtung einer Zweigniederlassung hat der Vorstand beim Gericht des Sitzes der Genossenschaft zur Eintragung in das Genossenschaftsregister des Gerichts der Zweigniederlassung anzumelden. Der Anmeldung ist eine öffentlich beglaubigte Abschrift des Statuts beizufügen. Das Gericht des Sitzes hat die Anmeldung unverzüglich mit einer beglaubigten Abschrift seiner Eintragungen, soweit sie nicht ausschließ-**

**lich die Verhältnisse anderer Zweigniederlassungen betreffen, an das Gericht der Zweigniederlassung weiterzugeben.**

**(2) Die Vorstandsmitglieder haben ihre Namensunterschrift zur Aufbewahrung beim Gericht der Zweigniederlassung dem Gericht des Sitzes in öffentlich beglaubigter Form einzureichen. Gleiches gilt für Prokuristen, soweit die Prokura nicht ausschließlich auf den Betrieb einer anderen Niederlassung beschränkt ist.**

**(3) Das Gericht der Zweigniederlassung hat zu prüfen, ob die Zweigniederlassung errichtet und § 30 des Handelsgesetzbuchs beachtet ist. Ist dies der Fall, so hat es die Zweigniederlassung einzutragen und dabei die ihm mitgeteilten Tatsachen nicht zu prüfen, soweit sie im Genossenschaftsregister des Sitzes eingetragen sind. Die Eintragung hat die Angaben nach § 12 und den Ort der Zweigniederlassung zu enthalten. Ist der Firma für die Zweigniederlassung ein Zusatz beigefügt, so ist auch dieser einzutragen.**

**(4) Die Eintragung der Zweigniederlassung ist von Amts wegen dem Gericht des Sitzes mitzuteilen und in dessen Genossenschaftsregister zu vermerken. Ist der Firma für die Zweigniederlassung ein Zusatz beigefügt, so ist auch dieser zu vermerken.**

**(5) Die vorstehenden Vorschriften gelten sinngemäß für die Aufhebung einer Zweigniederlassung.**

*Übersicht*



## I. Neufassung durch Novelle 1973

Bis zum Gesetz vom 9. 10. 1973 hatten alle Anmeldungen und Einreichungen, die eine Zweigniederlassung betrafen, beim Gericht des Bezirks der Zweigniederlassung zu erfolgen. Die genannte Novelle brachte eine Anpassung an die §§ 13 HGB und 42 AktG; Anmeldungen und Einreichungen auch betreffend die Zweigniederlassung erfolgen **nur noch zum Gericht des Sitzes der eG**. Das Gericht der Hauptniederlassung hat Anmeldungen von Amts wegen an das Gericht der Zweigniederlassung 1 weiterzugeben. Einzelheiten für das registerrechtliche Verfahren enthält § 14 a.

2 Die Zweigniederlassung einer ausländischen Genossenschaft wird nicht in das Genossenschaftsregister eingetragen; §§ 13 c und 13 d HGB sind nicht in das GenG übernommen worden.

## II. Begriff der Zweigniederlassung

3 Die **Zweigniederlassung** ist ein gesetzlich geregelter Sonderfall gegenüber dem allgemeinen Begriff der „Zweigstelle" (zu den verschiedenen Begriffen vgl. *Knieper/Jahrmarkt*, Zweigniederlassung, Zweigbüro, Filiale, Nebenbetrieb, Berlin 1972; zu den Rechtsfragen der Zweigniederlassung, *Köbler*, BB 1969, 845).

4 Einen besonders für Kreditgenossenschaften maßgebenden Anhaltspunkt für die Feststellung des Vorliegens einer Zweigniederlassung bietet die Anordnung des Reichskommissars für das Kreditwesen vom 20. 5. 1939 (siehe *Cronsbruch/Möller*, Gesetz über das Kreditwesen, 1954, 51), in der die Bezeichnung der Zweigstellen nach ihrer sachlichen Zuständigkeit behandelt wird. Danach bildet die Bezeichnung „Zweigstelle" den Oberbegriff für alle Nebenstellen von Kreditinstituten, d. h., sie umfaßt Zweigniederlassungen, Zahlstellen und Annahmestellen. Zweigstellen mit Ein- und Auszahlungsverkehr sowie selbständiger Kontenführung sind nach dieser Anordnung des Reichskommissars als „Zweigniederlassungen", Zweigstellen mit Ein- und Auszahlungsverkehr, aber ohne selbständige Kontenführung als „Zahlstellen" und Zweigstellen ohne Auszahlungsverkehr als „Annahmestellen" anzusehen.

5 Die Zweigniederlassung ist **rechtlich ein Teil der eG**; sie ist als solche nicht rechtsfähig (BGHZ 10, 322); sie kann gegenüber der eG keine eigenen Rechte und Pflichten haben (*Würdinger*, Großkommentar, HGB § 13 Rdn. 11). Für bestimmte Rechtsverhältnisse kann sich jedoch eine Zuständigkeit der Zweigniederlassung für die Durchführung und Abwicklung ergeben. Erfüllungsort ist in diesen Fällen der Sitz der Zweigniederlassung (vgl. *Hachenburg*, GmbHG, § 12 Anm. 7). Die Zweigniederlassung ist als solche grundsätzlich nicht partei- und prozeßfähig (vgl. BGHZ 4, 62 = NJW 1952, 182). Gemäß § 21 ZPO können aber Klagen gegen die eG beim Gericht des Ortes der Zweigniederlassung erhoben werden. Nach herrschender Meinung kann im Rahmen von § 15 Abs. 1 b der Grundbuchverfügung ein Recht im Grundbuch für die Zweigniederlassung eingetragen werden; das Recht erwirbt jedoch die eG als juristische Person; es genügt der Antrag, Firma und Ort der Zweigniederlassung einzutragen (Näheres *Woite*, NJW 1970, 548). Eine eG kann nicht Zweigniederlassung einer Zen-

tralgenossenschaft sein (BlfG 15, 527). Die Zweigniederlassung einer AG kann aber z. B. die Mitgliedschaft bei einer eG – für die AG – erwerben.

Der Betrieb der Zweigniederlassung muß räumlich vom Betrieb der Hauptniederlassung getrennt sein (*Baumbach/Duden*, HGB, § 13 Anm. 1 C a). Der Sitz der Zweigniederlassung kann sich jedoch in derselben politischen Gemeinde befinden wie die Hauptniederlassung (KG, JW 1929, 671; unter ausdrücklicher Aufgabe früherer Rechtsprechung des KG; *Schlegelberger/Hildebrandt/Steckhahn*, § 13 Rdn. 5; *Würdinger*, Großkommentar, HGB, § 13 Rdn. 5; a. A. noch RG 2, 386 und frühere Auflagen; *Müller*, § 14 Rdn. 3). 6

Die Zweigniederlassung muß gegenüber der Hauptstelle eine **organisatorische Selbständigkeit** besitzen, so daß bei Wegfall der Hauptniederlassung die Zweigniederlassung betrieblich fortbestehen könnte. Ein intern gesondertes Vermögen ist nicht Voraussetzung, wenn gemeinsames Vermögen aus organisatorischen Gründen geboten erscheint (unter Aufgabe der früheren Auffassung; vgl. *Würdinger*, Großkommentar, HGB, § 13 Rdn. 8; *Schnorr von Carolsfeld*, ZfG 1960, 69). Die Zweigniederlassung muß eine eigene Leitung haben mit wenigstens teilweise selbständiger Entscheidungskompetenz im Verhältnis zur Leitung der Hauptniederlassung (*Meyer/Meulenbergh/Beuthien*, § 14 Rdn. 1; *Müller*, § 14 Rdn. 4). Es ist dabei unschädlich, wenn die Leitung der Zweigniederlassung im Innenverhältnis den Weisungen des Vorstandes der eG unterliegt (*Schlegelberger/Hildebrandt/Steckhahn*, HGB, § 13 Rdn. 5). Die Zweigniederlassung bleibt jedoch ein Teil des Unternehmens der eG; sie ist dieser nicht gleich-, sondern nachgeordnet (*Würdinger*, Großkommentar, HGB, § 13 Rdn. 4). 7

Die Zweigniederlassung muß nicht unbedingt die gleichen Geschäfte tätigen, die Gegenstand des Betriebs der Hauptniederlassung sind. So kann z. B. eine Kreditgenossenschaft mit Warengeschäft das Warengeschäft ausschließlich im Betrieb einer Zweigniederlassung betreiben (anderer Auffassung ohne überzeugende Gründe *Müller*, § 14 Rdn. 6; *Schlegelberger/Hildebrandt*, HGB, § 13 Rdn. 5). 8

Ob eine **eigene Buchführung** unverzichtbares Merkmal der erforderlichen Selbständigkeit einer Zweigniederlassung ist, wird in Rechtsprechung und Literatur nicht einheitlich beurteilt. LG Mainz (ZfG 1969, 265 = Rpfleger 1969, 20 = MDR 1969, 148) hält eigene Buchführung nicht für erforderlich, da die Entwicklung zur elektronischen Datenverarbeitung insbesond. in Rechenzentren, die früheren Gesichtspunkte überholt habe. Demgegenüber vertritt das BayObLG (BB 1980, 335 = WM 1979, 1270) unter Hinweis auf die in Rechtsprechung und Literatur wohl herrschende Meinung die Auffassung, eine eigene Buch-, Kassen- und Kontenführung sei unverzichtbares Merkmal der Selbständigkeit einer Zweigniederlassung. Unter 9

Berücksichtigung der tatsächlichen Entwicklungen erscheint diese Auffassung zumindest problematisch; es besteht eine sehr große Anzahl eingetragener Zweigniederlassungen, die z. B. aus betriebswirtschaftlichen Gründen keine verselbständige Buchführung haben. Dies dürfte unbedenklich sein, soweit sonstige ausreichende Merkmale für die erforderliche Selbständigkeit sprechen.

10 Der Geschäftsbetrieb der Zweigniederlassung muß **auf Dauer angelegt** sein. Eine nur vorübergehende Einrichtung erfüllt nicht die Voraussetzungen einer Zweigniederlassung (*Baumbach/Duden*, HGB, § 13 Anm. 1 C a; *Müller* § 14 Rdn. 5).

11 Die Errichtung einer Zweigniederlassung fällt grundsätzlich in die **Zuständigkeit des Vorstandes**, soweit die Satzung nichts anderes bestimmt (z. B. Mitwirkung des Aufsichtsrates); Entsprechendes gilt für die Auflösung. Die Pflichtprüfung hat den Betrieb der Zweigniederlassung einzubeziehen.

12 Für die Errichtung von Zweigniederlassungen, Depositenkassen, Agenturen, Annahme- und Zahlstellen jeder Art (Zweigstellen) bedürfen die dem KWG unterliegenden eG keiner besonderen Erlaubnis mehr; gemäß § 24 Abs. 1 Nr. 7 KWG genügt unverzügliche Anzeige an das Bundesaufsichtsamt für das Kreditwesen und die Deutsche Bundesbank.

13 Die gesetzliche **Vertretung der Zweigniederlassung** obliegt dem Vorstand als Vertretungsorgan der eG. Die Erteilung einer Vollmacht ausschließlich für die Zweigniederlassung ist möglich; Entsprechendes gilt gemäß § 50 Abs. 3 HGB für die **Prokura**, soweit die Firma der Zweigniederlassung als solche zu erkennen ist. Der Leiter der Zweigniederlassung gilt im Rahmen von § 54 HGB als bevollmächtigt, alle Vertretungshandlungen vorzunehmen, die zum normalen Geschäftsbetrieb der Zweigniederlassung gehören.

14 Der **Unternehmensgegenstand** der Zweigniederlassung muß im wesentlichen gleich sein dem Gegenstand des Betriebes der Hauptniederlassung (*Schlegelberger/Hildebrandt/Steckhahn*, HGB, § 13 Rdn. 5). Die Zweigniederlassung muß zwar nicht alle Geschäftsarten der Hauptniederlassung betreiben; die Durchführung allein von Hilfsgeschäften oder Abwicklungsgeschäften der Hauptniederlassung wäre jedoch nicht ausreichend (*Würdinger*, HGB, § 13 Rdn. 6; s. auch Rdn. 8).

## III. Firma der Zweigniederlassung

15 Die Zweigniederlassung als solche ist mit ihrer Firma im örtlich zuständigen Genossenschaftsregister einzutragen. Die Zweigniederlassung kann die einheitliche Firma der eG führen, sie kann jedoch auch eine **eigene**

**Firma** haben. Diese Firma muß aber zum Ausdruck bringen, daß es sich um eine Zweigniederlassung handelt, und es muß erkennbar sein, welcher eG die Niederlassung zugeordnet ist (z. B. „Volksbank X, Zweigniederlassung der Volksbank Y eG"; so auch LG München, JW 1937, 1268; *Baumbach/Duden*, HGB, § 30 Anm. B; *Schlegelberger/Hildebrandt/Steckhahn*, HGB, § 13 Rdn. 8; *Paulick*, § 11, II 1 a; *Müller*, § 14 Rdn. 9).

Für die Firma der Zweigniederlassung gelten im übrigen die allgemeinen firmenrechtlichen Grundsätzen, insbesond. auch § 3 GenG. Umstritten ist, ob die Firma der Zweigniederlassung eine Grundlage in der **Satzung** haben muß (bejahend BayObLG, DB 1992, 1080 mit zahlr. Hinweisen; auch Rpfleger 1992, 163, s. § 3 Rdn. 26). Jedenfalls für das Genossenschaftsrecht muß gelten: § 6 Ziff. 1 bestimmt, daß die Firma der „Genossenschaft" in der Satzung geregelt sein muß; § 17 HGB beschreibt die Firma als den Namen des „Kaufmanns". Bei der Zweigniederlassung handelt es sich nicht um eine selbständige Genossenschaft und auch nicht um einen Kaufmann; es ist lediglich eine örtliche Betiebsstätte der durch Ausnahmeregelung zur Erleichterung des Geschäftsverkehrs das Recht auf einen eigenen Namen gewährt wird. Die Firma der Zweigniederlassung muß also auch dann nicht in der Satzung enthalten sein, wenn sie von der Firma der eG abweicht. (so im Ergebnis *Meyer/Meulenbergh/Beuthien*, § 14 Rdn. 8; a. A. *Müller*, § 14 Rdn. 10). **16**

Die **Firma** der Zweigniederlassung ist nur dann gesondert in deren Register einzutragen, wenn sie nicht mit der Firma der eG (Hauptniederlassung) identisch ist; andernfalls trägt sie die einheitliche Firma der eG. Eine selbständige Zweigniederlassung als solche ist stets einzutragen. **17**

Eine unselbständige Zweigstelle ohne eigenes Firmenrecht kann unter der (abweichenden) Firma einer eingetragenen Zweigniederlassung auftreten, wenn sie dieser organisatorisch zugeordnet ist. Es wäre irreführend, wenn im Geschäftsbereich der Zweigniederlassung mit eigener Firma der hier möglicherweise unbekannte Name der Hauptstelle auftreten würde. **18**

## IV. Der Inhalt der gesetzlichen Regelung

### 1. Anmeldung einer Zweigniederlassung (Abs. 1)

Die Gesetzesnovelle 1973 brachte die Regelung, daß die Errichtung der Zweigniederlassung **beim Gericht des Sitzes der eG** (Sitz der Hauptniederlassung) einzureichen ist zur Eintragung beim Registergericht, in dessen Bezirk die Zweigniederlassung liegt. Es handelt sich um eine „Anmeldung" i. S. v. § 157; die Anmeldung hat durch sämtliche Vorstandsmitglieder in öffentlich beglaubigter Form und unverzüglich zu erfolgen. Erforderlichenfalls kann das Gericht Zwangsgeld gemäß § 160 Abs. 1 festsetzen. **19**

20 Der Anmeldung ist eine beglaubigte **Abschrift der Satzung** beizufügen. Daraus ergeben sich für die Eintragung Firma und Sitz der eG. (Wegen der Firma der Zweigniederlassung siehe oben Rdn. 15 ff). Bei der Anmeldung ist der Sitz der Zweigniederlassung anzugeben, soweit er sich nicht aus der Satzung ergibt.

21 Das Gericht der Hauptniederlassung hat von Amts wegen der Anmeldung zusammen mit einer beglaubigten Abschrift der sonstigen Eintragungen, soweit sich nicht ausschließlich die Verhältnisse einer anderen Zweigniederlassung betreffen, an das Gericht der Zweigniederlassung weiterzugeben.

### 2. Einreichung von Unterschriften (Abs. 2)

22 Die vorgeschriebene **Einreichung der Namensunterschriften der Vorstandsmitglieder und Prokuristen** will sicherstellen, daß auch beim Gericht der Zweigniederlassung die Vertretungsverhältnisse eindeutig erkennbar sind. Aus diesem Grunde sind Unterschriften von Prokuristen, deren Prokura sich ausschließlich auf den Bereich einer anderen Zweigniederlassung beschränkt, nicht einzureichen; Entsprechendes muß auch gelten, soweit sich Eintragungen ausschließlich auf die Hauptniederlassung beziehen, z. B. eine auf diesen Bereich beschränkte Prokura. Die Zeichnung der Firma und des Namens durch den Prokuristen (§ 51 HGB; Näheres Erl. zu § 42) ist bei der Anmeldung einer Zweigniederlassung zu beglaubigen und einzureichen (§ 12 HGB).

### 3. Prüfung durch das Gericht (Abs. 3)

23 Prüfungen im Zusammenhang mit der Erreichung einer Zweigniederlassung obliegen zum Teil dem Gericht der Hauptniederlassung (des Sitzes der eG), zum Teil dem Gericht der Zweigniederlassung.

24 Die **formalen Gesichtspunkte** der Anmeldung sind vom Gericht der Hauptniederlassung zu prüfen. Die Prüfung durch das Gericht der Zweigniederlassung hat sich im wesentlichen auf die in Abs. 3 genannten Gesichtspunkte zu beschränken. Dieses Gericht hat zu prüfen, ob die Zweigniederlassung tatsächlich errichtet ist. An diese Tatsachenfeststellung dürfen keine übertriebenen Anforderungen gestellt werden; glaubhafte Angaben bei der Anmeldung dürften im allgemeinen genügen. Die Prüfung der rechtlichen Verhältnisse der Zweigniederlassung, wie z. B. Übereinstimmung mit der Satzung, ist nicht Aufgabe des Gerichts der Zweigniederlassung (KGJ 27, 210; KGJ 33, 117; *Müller*, § 14 Rdn. 18).

Das Gericht der Zweigniederlassung hat zu prüfen, ob die firmenrechtlichen Gesichtspunkte des § 30 HGB beachtet sind (Unterscheidbarkeit); weiter hat es zu prüfen, ob die Firma als solche zulässig ist (vgl. oben Rdn. 15 ff; BayObLG, DB 1995, 1456). Ergibt diese Prüfung keine Beanstandungen, so ist die Zweigniederlassung einzutragen. Beim Gericht der Hauptniederlassung eingetragene Tatsachen sind nicht zu überprüfen.

Die Eintragung hat nur **deklaratorische Bedeutung**; die Zweigniederlassung entsteht, sobald der Geschäftsbetrieb dort eingerichtet ist und seine Tätigkeit aufgenommen hat. 25

Formale Mängel der Anmeldung werden durch die Eintragung geheilt. 26

### 4. Mitteilung an das Gericht des Sitzes (Abs. 4)

Das Gericht der Zweigniederlassung hat von Amts wegen dem Gericht des Sitzes der eG von der erfolgten Eintragung der Zweigniederlassung Mitteilung zu machen; die Errichtung der Zweigniederlassung ist im Genossenschaftsregister des Sitzes zu vermerken. In diesem Register ist auch ausdrücklich festzuhalten, wenn der Firma der Zweigniederlassung ein Zusatz beigefügt ist. Es bedarf somit keines Hinweises, wenn die Firma der Zweigniederlassung identisch ist mit der Firma der eG. 27

### 5. Aufhebung einer Zweigniederlassung (Abs. 5)

Die sinngemäße Anwendung der Absätze 1–4 für den Fall der **Aufhebung einer Zweigniederlassung** bedeutet, daß die Einstellung des Geschäftsbetriebes durch den Vorstand beim Registergericht der Hauptniederlassung anzumelden ist, dieses die Anmeldung auf formale Mängel zu überprüfen und unverzüglich an das Gericht der Zweigniederlassung weiterzugeben hat. Das Gericht der Zweigniederlassung hat zu prüfen, ob die Zweigniederlassung tatsächlich aufgehoben ist, wobei es im allgemeinen auf die Richtigkeit der Anmeldung vertrauen darf. Nach Löschung der Zweigniederlassung in dessen Register ist das Gericht der Hauptniederlassung zu unterrichten, damit auch dort die Aufhebung vermerkt werden kann. 28

Auch die **Löschung einer Zweigniederlassung** im Register hat nur deklaratorischen Bedeutung. Entscheidend ist die Weiterführung oder Einstellung des Geschäftsbetriebs der Zweigniederlassung. 29

### 6. Rechtsmittel

Gegen Maßnahmen des Rechtspflegers kann der Rechtsbehelf der **Erinnerung** (§ 11 RpflG), gegen Entscheidungen des Registerrechts kann **Beschwerde** eingelegt werden (§ 19 FGG). 30

## § 14 a

## Registerrechtliche Behandlung bestehender Zweigniederlassungen

**(1) Ist eine Zweigniederlassung in das Genossenschaftsregister eingetragen, so sind alle Anmeldungen, die die Niederlassung am Sitz der Genossenschaft oder eine eingetragene Zweigniederlassung betreffen, beim Gericht des Sitzes zu bewirken. Dabei sind so viel Stücke einzureichen, wie Niederlassungen bestehen.**

**(2) Ist die Eintragung bekanntzumachen, so hat das Gericht des Sitzes in der Bekanntmachung anzugeben, daß die gleiche Eintragung für die Zweigniederlassungen bei den namentlich zu bezeichnenden Gerichten der Zweigniederlassungen erfolgen wird. Ist der Firma für eine Zweigniederlassung ein Zusatz beigefügt, so ist auch dieser anzugeben.**

**(3) Das Gericht des Sitzes hat seine Eintragung von Amts wegen den Gerichten der Zweigniederlassungen mitzuteilen. Der Mitteilung ist ein Stück der Anmeldung beizufügen. Ist die Eintragung bekanntgemacht worden, so hat das Gericht des Sitzes die Nummer des Bundesanzeigers, in der die Eintragung bekanntgemacht worden ist, den Gerichten der Zweigniederlassungen mitzuteilen. Die Gerichte der Zweigniederlassungen haben die Eintragung ohne Nachprüfung in ihr Genossenschaftsregister zu übernehmen.**

**(4) Betrifft die Anmeldung ausschließlich die Verhältnisse einzelner Zweigniederlassungen, so sind außer dem für das Gericht des Sitzes bestimmten Stück nur so viel Stücke einzureichen, wie Zweigniederlassungen betroffen sind. Das Gericht des Sitzes teilt seine Eintragung nur den Gerichten der Zweigniederlassungen mit, deren Verhältnisse sie betrifft.**

**(5) Die Absätze 2 bis 4 gelten sinngemäß auch für Eintragungen, die von Amts wegen erfolgen. Die Absätze 1, 3 und 4 gelten ferner sinngemäß für die Einreichung von Schriftstücken und die Zeichnung von Namensunterschriften.**

*Übersicht*

## I. Bedeutung der Vorschrift

Die Vorschrift ist eingefügt durch Novelle 1973. Während § 14 die **1**
Errichtung einer Zweigniederlassung regelt, behandelt § 14a das registergerichtliche Verfahren für den Fall, daß eine Zweigniederlassung bereits besteht und eingetragen ist. Die neue Regelung hat das Verfahren vereinfacht (keine Einreichungen beim Gericht der Zweigniederlassung) und an die anderen Vorschriften des Handels- und Gesellschaftsrechts angepaßt (§ 13 a HGB, § 43 AktG).

Adressat jeder Einreichung und Anmeldung ist grundsätzlich nur noch **2**
das Register der Hauptniederlassung. Alle Anmeldungen haben nur bei diesem Register zu erfolgen, auch wenn sie nur eine Zweigniederlassung betreffen. Damit wird sichergestellt, daß sich die Rechtsverhältnisse der eG allein und vollständig aus dem Register der Hauptniederlassung ergeben. Da alle Anmeldungen über das Hauptregister laufen, müssen sich die Eintragungen im Register der Zweigniederlassung in ständiger Übereinstimmung mit dem Hauptregister befinden.

Soweit sich **Rechtsfolgen aus Registereintragungen** ergeben, ist allein **3**
die Eintragung im Hauptregister maßgeblich. Wird z. B. die Satzung ausschließlich im Hinblick auf eine Zweigniederlassung geändert, so wird diese Änderung erst wirksam mit Eintragung im Hauptregister (Beispiel: Aufnahme des Warengeschäfts im Bereich einer bestimmten Zweigniederlassung).

Für die **Publizitätswirkung** betreffend Vorgänge einer Zweigniederlas- **4**
sung ist allerdings die Eintragung im Register der Zweigniederlassung entscheidend (RG, HRR 1932, Nr. 251; OLG Stuttgart, HRR 1931, Nr. 768; *Müller*, § 14 a Rdn. 12). Dies folgt daraus, daß für die Registereinsicht im Bereich der Zweigniederlassung dessen Register vorgesehen ist (§ 15 Abs. 4 HGB).

## II. Das Verfahren im einzelnen

### 1. Anmeldungen beim Gericht des Sitzes der Genossenschaft (Abs. 1)

Eintragungen im Genossenschaftsregister können die Niederlassung am **5**
Sitz der eG (Hauptniederlassung) oder eine eingetragene Zweigniederlassung betreffen. Nicht eingetragene Zweigstellen (zum Begriff vgl. Erl. zu § 14 Rdn. 3 ff) sind registerrechtlich ohne Bedeutung.

Da jede Anmeldung nur noch beim Register des Sitzes der eG zu erfol- **6**
gen hat, müssen **so viele Exemplare** der Anmeldung eingereicht werden, daß eines beim Register des Hauptsitzes verbleiben und je ein Exemplar an die Register betroffener eingetragener Zweigniederlassungen weitergegeben

werden kann. Aus Abs. 4 folgt, daß nicht die Zahl bestehender Zweigniederlassungen entscheidend ist, sondern die Zahl der Zweigniederlassungen, „deren Verhältnisse" von der Eintragung betroffen werden.

7 Die Frage, ob die weiteren zur Unterrichtung des Gerichts der Zweigniederlassung bestimmten Stücke der Anmeldung der öffentlichen **Beglaubigung** bedürfen, ist umstritten (vgl. *Godin/Wilhelmi*, AktG, § 43 Anm. 1). Das KG soll in ständiger Rechtsprechung eine Beglaubigung nicht für erforderlich gehalten haben (so der Hinweis bei *Godin/Wilhelmi* ebd.). Für diese Auffassung könnte der Umstand sprechen, daß die Anmeldung nur noch gegenüber dem Gericht der Hauptniederlassung zu erfolgen hat (Abs. 1), während dieses – im internen Behördenweg – die geprüften Stücke der Anmeldung an die Registergerichte der betroffenen Zweigniederlassungen weiterzugeben hat (zu Einzelfragen des Verfahrens bei Anmeldungen ausführlich *Groschuff*, JW 1937, 2428).

8 **„Einreichungen"** (Bekanntmachung, Geschäftsbericht, Bemerkungen des Aufsichtsrates) fallen nicht unter Abs. 1 letzter Satz: je ein Exemplar genügt.

9 Im Gegensatz zum Vorgang der Errichtung einer Zweigniederlassung (§ 14) liegt bei Eintragungen im Zusammenhang mit bestehenden Zweigniederlassungen die Prüfungspflicht ausschließlich beim Gericht des Hauptsitzes (§ 14 a Abs. 3).

### 2. Bekanntmachungen (Abs. 2)

10 Das Gericht des Hauptsitzes der eG hat die Anmeldungen, soweit die Voraussetzungen erfüllt sind, einzutragen und bekannt zu machen.

Dabei ist ausdrücklich anzugeben, daß die gleiche Eintragung bei dem namentlich zu bezeichnenden Registergericht der betroffenen Zweigniederlassung erfolgen wird. In der Bekanntmachung ist die Firma der Zweigniederlassung nur dann anzugeben, wenn diese von der Firma der eG abweicht.

### 3. Mitteilungen an das Gericht der Zweigniederlassung (Abs. 3)

11 Das Gericht des Hauptsitzes hat von Amts wegen das Gericht der betroffenen Zweigniederlassung von Eintragungen zu unterrichten. Dieser Mitteilung ist jeweils 1 Exemplar der Anmeldung beizufügen, soweit es die Zweigniederlassung betrifft. Soweit die Eintragungen bekannt gemacht worden sind, schreibt das Gesetz vor, daß „die Nummer des Bundesanzeigers", in dem die Bekanntmachung erfolgte, dem Gericht der Zweigniederlassung mitzuteilen ist. Eine Pflicht zur Bezeichnung anderer Bekanntma-

chungsorgane (vgl. § 156 GenG, § 5 GenRegVO) besteht nicht (a. A. *Müller*, § 14 Rdn. 6).

Das Gericht der Zweigniederlassung hat die Eintragung aufgrund der Mitteilung ohne Nachprüfung zu übernehmen. Ohne die im Gesetz vorgesehene Mitteilung von seiten des Registers der Hauptniederlassung kann das Registergericht der Zweigniederlassung keine Eintragung vornehmen. Wird das Gericht der Hauptniederlassung nicht tätig, so kann die betroffene eG die erforderlichen Maßnahmen ausdrücklich beantragen und bei Ablehnung durch den Rechtspfleger Erinnerung (§ 11 RPflG) und gegen die Ablehnung durch den Richter Beschwerde (§ 19 FGG) einlegen. **12**

### 4. Betroffene Zweigniederlassungen (Abs. 4)

Das Gesetz stellt ausdrücklich klar, daß alle Mitteilungen und Anmeldungen nur an die Registergerichte zu erfolgen haben, in deren Bezirk betroffene Zweigniederlassungen ihren Sitz haben. Andere Registergerichte werden weder unterrichtet, noch sind dort Eintragungen vorzunehmen. **13**

### 5. Eintragungen von Amts wegen (Abs. 5)

Der Verweis auf die vorangehenden Absätze bedeutet im Zusammenhang mit Eintragungen von Amts wegen, daß auch hier zunächst nur das Registergericht der Hauptniederlassung tätig werden kann. Erst die Mitteilung des Gerichts der Hauptniederlassung kann eine Eintragung oder Löschung von Amts wegen im Register der Zweigniederlassung zur Folge haben. Registermaßnahmen, die vom Registergericht einer Zweigniederlassung entgegen diesen Vorschriften veranlaßt werden, sind unwirksam und müssen durch dieses Registergericht beseitigt werden. **14**

## § 15

## Beitritt zur Genossenschaft

**(1) Nach der Anmeldung des Statuts zum Genossenschaftsregister wird die Mitgliedschaft durch eine schriftliche, unbedingte Beitrittserklärung und die Zulassung des Beitritts durch die Genossenschaft erworben.**

**(2) Der Genosse ist unverzüglich in die Mitgliederliste einzutragen und hiervon unverzüglich zu benachrichtigen. Lehnt die Genossen-**

**schaft die Zulassung ab, hat sie dies dem Antragsteller unverzüglich unter Rückgabe seiner Beitrittserklärung mitzuteilen.**

*Übersicht*



## I. Personenkreis, der der Genossenschaft beitreten kann

1 **Natürliche Personen** können der eG beitreten. Unerheblich ist, ob es sich um Inländer oder Ausländer handelt. Auch Geschäftsunfähige (§ 104 BGB) und beschränkt Geschäftsfähige (§§ 106, 114, 1906 BGB) können die Mitgliedschaft bei der eG durch Beitritt erwerben (vgl. im übrigen Rdn. 13 f).

2 Der Testamentvollstrecker und der Nachlaßpfleger können nicht für den Nachlaß der eG beitreten (vgl. KG OLGRspr. 40, 200; *Paulick*, S. 133; a. A. *Müller*, § 15 Rdn. 6), denn es läßt sich nicht mit Bestimmtheit erkennen, daß Vermögen oder bestimmte Haftpflichtige vorhanden sind (KGJ 52, 101; *Meyer/Meulenbergh/Beuthien*, § 15 Rdn. 4).

3 **Juristische Personen** können der eG beitreten. Dies gilt einmal für juristische Personen des Privatrechts, z. B. eingetragene Vereine, Gesellschaften mit beschränkter Haftung, Aktiengesellschaften usw. Dies gilt weiterhin für juristische Personen des öffentlichen Rechts, z. B. Gemeinden, Verbandsgemeinden, Kreise, Handwerkskammern usw.

4 Im Zusammenhang mit dem Beitritt einer Gemeinde zu einer eG sind die einschlägigen Vorschriften der jeweiligen Gemeindeordnungen der Länder zu beachten. Grundsätzlich ist der Beitritt einer Gemeinde zu einer eG mit unbeschränkter Nachschußpflicht ausgeschlossen (vgl. z. B. Art. 91 BayGO; § 112 HessGO; § 90 NRWGO). Der Beitritt einer Gemeinde zu einer eG mit beschränkter Nachschußpflicht oder ohne Nachschußpflicht ist dagegen grundsätzlich möglich ( zu beachten sind jedoch die näheren Regelungen in den Gemeindeordnungen der Länder, z. B. in Art. 89 Abs. 1 BayGO, in § 121 Abs. 1 HessGO, in § 88 Abs. 1 NRWGO). In Art. 92 Abs. 1 BayGO und in § 90 Abs. 2 NRWGO ist im übrigen ausdrücklich festgelegt, daß eine Gemeinde einen einzelnen Geschäftsanteil an einer Kreditgenossenschaft erwerben kann (vgl. hierzu LG Marburg, ZfG 1968, 232).

Die **oHG** (BlfG 1935, 176) und die **KG** (vgl. RGZ 87, 408) können – als Träger von Rechten (vgl. § 124 HGB) – einer eG beitreten (vgl. auch *Müller*, § 15 Rdn. 12). Gesellschaften mit Zweigniederlassungen können auch unter der Firma der Zweigniederlassung eingetragen werden. Mitglied wird gleichwohl die Gesellschaft, da die Zweigniederlassung selbst nicht rechtsfähig ist. 5

Die **Gesellschaft des bürgerlichen Rechts** kann grundsätzlich Mitglied einer eG werden (BGH, NJW 1992, 499 = DB 1992, 468; ZfG 1992, 179; so bereits BayObLG, ZfG 1992, 171, m. Anm. *Hadding*; LG Regensburg, ZfG 1991, 63 m. zust. Anm. *Hadding* = m. Anm. *Schaffland* in: BI 1992, 68; *Müller*, § 15 Rdn. 14; *Schulte*, ZfG 1987, 290 ff; *Hettrich/Pöhlmann*, § 15 Rdn. 5; der Gesetzgeber setzt z. B. mit §§ 191, 202 UmwG nunmehr auch die Rechtsfähigkeit voraus; s. a. *Timm*, NJW 1995, 3209 ff). Voraussetzung ist, daß es sich um eine BGB-Außengesellschaft handelt (zur Außengesellschaft vgl. *Palandt/Thomas*, BGB, § 718 Anm. 1; *Soergel/Hadding*, BGB, § 718 Rdn. 3; MüKo-*Ulmer*, BGB, § 705 Rdn. 179). Gleiches muß dann auch für den **nicht-rechtsfähigen Verein** und die **nicht-eingetragene Genossenschaft** gelten, da auch diese im Rechtsverkehr als selbständige Träger von Rechten und Pflichten – und das mit höherem Organisationsgrad – auftreten (*Hettrich/Pöhlmann*, § 15 Rdn. 6; *Müller*, § 15 Rdn. 15). Eine **Erbengemeinschaft** kann in der Regel nur beitreten, wenn sie (ausnahmsweise) auf Dauer angelegt ist (*Hettrich/Pöhlmann*, § 15 Rdn. 6; *Müller*, § 15 Rdn. 15). Eine **stille Gesellschaft** kann als bloße Innengesellschaft nicht beitreten (*Beuthien/Ernst*, ZHR 1992, 227 ff). 6

## II. Personenkreis, der der Genossenschaft nicht beitreten kann

Der **Konkursverwalter** kann einer eG nicht mit Wirkung für den Gemeinschuldner beitreten (vgl. *Müller*, § 15 Rdn. 6; *Paulick*, S. 133); s. im übrigen Rdn. 2. 7

Eine **aufgelöste juristische Person, oHG oder KG**, kann einer eG nicht beitreten (vgl. in diesem Zusammenhang: OLG Dresden, JFG 2, 270; *Meyer/Meulenbergh/Beuthien*, § 15 Rdn. 6, 24 (allerdings a. A. in § 77 a Rdn. 1); *Paulick*, S. 134; a. A. *Müller*, § 15 Rdn. 12). Zwar ändert sich durch die Auflösung nicht die Rechtsnatur der betroffenen juristischen Person oder Personenhandelsgesellschaft. Die juristische Person oder Personenhandelsgesellschaft verfolgt nach ihrer Auflösung vielmehr nur einen anderen Zweck, nämlich den Liquidationszweck. Dies bedeutet, daß die aufgelöste juristische Person oder Personenhandelsgesellschaft durchaus noch – mit dem geänderten Zweck zusammenhängende – Rechtsgeschäfte vornehmen kann. Sie kann jedoch nicht mehr durch Rechtsgeschäft, d. h. durch 8

Beitritt, die Mitgliedschaft bei einer eG erwerben. Das kann aus § 77 a S. 1 hergeleitet werden. Darin ist festgelegt, daß eine aufgelöste juristische Person, oHG oder KG, als Mitglied aus der eG ausscheidet. Der gesetzlichen Regelung würde es widersprechen, wenn eine aufgelöste juristische Person oder Personenhandelsgesellschaft einer eG wieder beitreten könnte (vgl. hierzu auch § 77 a Rdn. 1)

## III. Gesetzliche Voraussetzungen für den Beitritt

### 1. Die Beitrittserklärung

9 Der **Rechtsnatur** nach ist die Beitrittserklärung eine einseitige empfangsbedürftige Willenserklärung (RGZ 147, 257; *Müller*, § 15 Rdn. 16; *Schubert/Steder*, § 15 Rdn. 4; a. A. *Meyer/Meulenbergh/Beuthien*, § 15 Rdn. 8, 9, der einen Aufnahmeantrag annimmt, der durch die Zulassung durch den Vorstand als Annahmeerklärung wirksam wird).

10 Der **Inhalt der Beitrittserklärung** richtet sich zunächst nach § 15 a (vgl. die dortigen Erl.). Im übrigen muß die eG, bei der die Mitgliedschaft erworben werden soll, bezeichnet werden (KG JFG 13, 101; *Schubert/Steder*, § 15 Rdn. 4). Vor- und Familienname des Beitretenden müssen sich aus ihr ergeben; die Namen sind auszuschreiben. Die Angabe des Geburtsnamens einer Ehefrau oder eines Ehemannes (vgl. § 1355 BGB) ist nicht erforderlich (KGJ 41, 147). Ein Einzelkaufmann darf nicht seinen Firmennamen angeben (wegen der Rechtsfolgen eines Verstoßes vgl. Rdn. 29); auch er muß seinen Vor- und Familiennamen einsetzen (KGJ 13, 51; *Schubert/Steder*, § 15 Rdn. 4; a. A. *Müller*, § 15 Rdn. 7). Der Beruf und der Wohnort des Beitretenden sind anzugeben (vgl. § 29 Abs. 1 GenRegVO; *Schubert/Steder*, § 15 Rdn. 4). Bei einer Handelsgesellschaft sind die Firma und der Sitz aufzunehmen (*Schubert/Steder*, § 15 Rdn. 4). Eine Ortsangabe und ein Datum braucht die Beitrittserklärung nicht zu tragen (KGJ 18, 35; KG JW 1935, 3642; LG Göttingen, ZfG 1952, 72; *Müller*, § 15 Rdn. 22, *Schubert/Steder*, § 15 Rdn. 4; *Paulick*, S. 137).

11 Der Inhalt der Beitrittserklärung muß aus Gründen der Rechtssicherheit **in deutscher Sprache** abgefaßt sein (vgl. KGJ 39, 135; *Müller*, § 15 Rdn. 22; *Schubert/Steder*, § 15 Rdn. 4). Ob der Unterzeichnende deutsch lesen oder schreiben kann, ist grds. unerheblich (RG, JW 1900, 299; *Meyer/Meulenbergh/Beuthien*, § 15 Rdn. 13).

12 **Rechtsgeschäftliche Vertretung bei der Abgabe** der Beitrittserklärung ist möglich (vgl. *Müller*, § 15 Rdn. 17). Die Vollmacht bedarf nicht der Schriftform. Handelt der Vertreter bei der Abgabe der Beitrittserklärung ohne Vertretungsmacht, so kann der Vertretene nachträglich zustimmen (vgl. *Müller*, § 15 Rdn. 17; *Schubert/Steder*, § 15 Rdn. 6; *Philipowski*, BlfG

1964, 229). Auch diese Zustimmung bedarf nicht der Schriftform (vgl. *Schubert/Steder*, § 15 Rdn. 6).

**Gesetzliche Vertretung bei der Abgabe** der Beitrittserklärung findet u. a. bei Geschäftsunfähigen und beschränkt Geschäftsfähigen statt. Beschränkt Geschäftsfähige können die Beitrittserklärung auch selbst abgeben. In diesem Falle ist jedoch die Zustimmung des gesetzlichen Vertreters erforderlich; diese bedarf nicht der Schriftform (vgl. *Müller*, § 15 Rdn. 4). 13

Eine **vormundschaftliche Genehmigung** ist für den Beitritt eines Geschäftsunfähigen bzw. beschränkt Geschäftsfähigen nicht erforderlich (BGHZ 41, 71 = NJW 1964, 766; *Müller*, § 15 Rdn. 4 m. w. Nachw.; *Schubert/Steder*, § 15 Rdn. 1; a. A. *Palandt*, BGB, § 1822 Anm. 10; *Paulick*, FamRZ 1964, 205; *Rehbinder*, NJW 1964, 1132). Ein beschränkt geschäftsfähiges bzw. geschäftsunfähiges Mitglied übernimmt nämlich mit einer Nachschußpflicht (vgl. § 6 Nr. 3) keine fremde Verbindlichkeit i. S. d. § 1822 Nr. 10 BGB, sondern eine eigene Verbindlichkeit (vgl. BGHZ 41, 76 = NJW 1964, 766; *Müller*, § 15 Rdn. 4; a. A. *Paulick*, FamRZ 1964, 205; *Rehbinder*, NJW 1964, 1132). Dies gilt auch im Falle des Beitritts zu einer eG, deren Satzung die unbeschränkte Nachschußpflicht festlegt (OLG Hamm, NJW 1966, 1971; *Müller*, § 15 Rdn. 4; *Schubert/Steder*, § 15 Rdn. 1). 14

**Schriftform** (vgl. § 126 BGB) ist für die Beitrittserklärung vorgeschrieben aus Gründen der Beweissicherung und um dem Beitretenden die Bedeutung seiner Erklärung zu verdeutlichen. Grundsätzlich ist die eG verpflichtet, dem Beitretenden die wirtschaftliche Lage der eG in groben Umrissen zu erläutern, es sei denn, es ist sichergestellt, daß kein Schaden auf das Mitglied zukommen kann. Der Beitritt ist wirksam, auch wenn die Information unterlassen wird. Schriftform bedeutet, daß die Beitrittserklärung in einer – auch die in § 15 festgelegten Erklärungen enthaltenden – Urkunde niedergelegt sein muß, die mit der Erklärung räumlich abschließt (vgl. *Müller*, § 15 Rdn. 18; *Palandt*, BGB, § 126 Anm. 2, 3). Bei Beitrittserklärungen in Form von **Durchschreibesätzen** genügt auch eine original gezeichnete Durchschrift, da es auf die Unterschrift ankommt. Der Einzelkaufmann darf nur mit seinem bürgerlichen Namen, nicht mit seiner Firma unterschreiben (vgl. KGJ 13, 51; *Meyer/Meulenbergh/Beuthien*, § 15 Rdn. 4; *Schubert/Steder*, § 15 Rdn. 4; a. A. *Müller*, § 15 Rdn. 18). Für die Unterschrift genügt im Zweifel der ausgeschriebene Familienname (*Meyer/Meulenbergh/Beuthien*, § 15 Rdn. 13; *Müller*, § 15 Rdn. 18). Die Unterschrift kann auch von einem Vertreter des Beitretenden geleistet werden. Der Vertreter kann einmal mit seinem eigenen Namen unterschreiben (*Müller*, § 15 Rdn. 19; *Schubert/Steder*, § 15 Rdn. 6). Der Vertreter kann 15 auch mit dem Namen des Vertretenen unterschreiben (*Müller*, § 15 Rdn. 19; *Schubert/Steder*, § 15 Rdn. 6).

16 Eine **Bedingung darf** der Beitrittserklärung **nicht hinzugefügt werden**. Geschieht dies dennoch, so ist die Beitrittserklärung nichtig (vgl. *Schubert/Steder*, § 15 Rdn. 11; *Hettrich/Pöhlmann*, § 15 Rdn. 11; *Paulick* S. 137). Eine Bedingung wird der Beitrittserklärung nicht dadurch hinzugefügt, daß der Beitretende mit der eG vereinbart, die Beitrittserklärung solle nur unter bestimmten Voraussetzungen dem Registergericht eingereicht werden (vgl. *Schubert/Steder*, § 15 Rdn. 7). Reicht der Vorstand der eG die Beitrittserklärung ein, ohne daß die vereinbarten Einreichungsvoraussetzungen vorliegen, so entsteht mit der hierauf folgenden Eintragung in die Mitgliederliste eine wirksame Mitgliedschaft. Für den entgegen den Vereinbarungen einreichenden Vorstand kann sich dann jedoch eine Schadensersatzpflicht gegenüber dem Mitglied ergeben (LG Berlin, BlfG 1929, 775; *Schubert/Steder*, § 15 Rdn. 7). Eine vertragliche Verpflichtung zur Abgabe einer Beitrittserklärung bedarf derselben Form wie die Beitrittserklärung, d. h. sie muß alle Erfordernisse des § 15 a erfüllen. Es kann hieraus auf Abgabe der Beitrittserklärung geklagt werden (vgl. zur Klagemöglichkeit § 7 a Rdn. 27). Andererseits entsteht dann auch ein Rechtsanspruch auf Beitritt (vgl. hierzu unten Rdn. 27).

17 **Die Nichtigkeit der Anfechtbarkeit einer Beitrittserklärung** kann bis zur Zulassung des Beitritts nach den allgemeinen Vorschriften des BGB geltend gemacht werden (vgl. RGZ 147, 270; *Müller*, § 15 Rdn. 24; *Hettrich/Pöhlmann*, § 15 Rdn. 13). So kann z. B. ein beschränkt Geschäftsfähiger darauf hinweisen, daß er die Beitrittserklärung ohne Zustimmung seines gesetzlichen Vertreters abgegeben habe; so kann weiterhin die Beitrittserklärung z. B. wegen Irrtums oder arglistiger Täuschung angefochten werden. Wegen der Geltendmachung der Nichtigkeit oder Anfechtbarkeit einer Beitrittserklärung nach der Zulassung vgl. Rdn. 33.

## 2. Die Zulassung des Beitritts

18 Das **zuständige Organ für die Zulassung** kann durch die Satzung bestimmt werden (vgl. *Müller*, § 15 Rdn. 34; *Schubert/Steder*, § 15 Rdn. 8; *Paulick*, S. 139). Die Satzung bestimmt regelmäßig die Zuständigkeit des Vorstandes. Die Zuständigkeit kann jedoch auch z. B. dem Aufsichtsrat oder der GV übertragen werden. Legt die Satzung die Zuständigkeit nicht fest, so ist der Vorstand zuständig; dies folgt aus § 27 Abs. 1 S. 1. Er kann die Zuständigkeit auch delegieren, z. B. auf den Zweigstellenleiter bei eG mit großer Mitgliederzahl (*Schaffland*, NJW 1994, 503).

19 Eine **Form** ist **für die Zulassung nicht vorgeschrieben**. Deshalb kann die Zulassung auch durch stillschweigendes Verhalten erfolgen (vgl.

*Müller*, § 15 Rdn. 34; *Schubert/Steder*, § 15 Rdn. 8). Erforderlich ist jedoch stets eine über die Tatsache der Beschlußfassung hinausgehende, nach außen gerichtete Willenserklärung der eG. Eine stillschweigende Zulassung liegt darin, daß der für die Zulassung zuständige Vorstand durch Entgegennahme der Beitrittserklärung bzw. – bei postalischem Zugang der Beitrittserklärung – durch Einzug von Einzahlungsraten bzw. eines etwaigen Eintrittsgeldes seinen Zulassungswillen bekundet (vgl. auch OLG Köln, Urt. v. 30. 4. 1993 – AZ: 4 U 29/92 – unveröffentl., zum alten Recht konkludente Zulassung durch Einreichung der Beitrittserklärung).

Die Zulassung bezieht sich nicht auf eine konkrete Beitrittserklärung **20** im Sinne ihrer rechtlichen Prüfung, sondern auf die **Person** des Beitretenden. Der **Beitritt** bedarf der Zulassung, nicht die Beitrittserklärung (OLG Köln, Urt. v. 30. 4. 1993 – AZ: 4 U 29/92 – unveröffentl.). Wird die Zulassung verweigert, kann der Vorstand erneut über die Zulassung beschließen, sofern der Ablehnungsbeschluß noch keine Außenwirkung erworben hat. Die einmal erklärte Zulassung genügt auch, wenn eine vorher nichtige Beitrittserklärung nach der Zulassung (durch Neuvornahme) geheilt wird.

Ein **Anspruch auf Zulassung** des Beitritts ist **regelmäßig nicht gegeben** **21** (BGH, BB 1961, 10; OLG Köln, GWW 1965, 384 = ZfG 1966, 314 m. Anm. *Schulz*, ZfG 1967, 121; LG Köln, GWW 1955, 312, LG Bayreuth, GWW 1964, 159 vgl. *Müller*, § 1 Rdn. 11; § 15 Rdn. 35; *Schubert/Steder*, § 1 Rdn. 3; *Paulick*, S. 140). Für die Aufnahmefähigkeit von Personen enthält das Gesetz keine ausdrücklichen Regelungen; dennoch müssen gesetzesimmanente Grundsätze Beachtung finden: Die Aufnahme ist nur gerechtfertigt, wenn u. a. eine dem Unternehmensgegenstand entsprechende Förderbeziehung möglich und gewollt ist. Die Satzung kann hierfür nähere Kriterien aufstellen. Letztlich ist der Vorstand bei seiner Entscheidung an das Wohl der eG gebunden (RGZ, 119, 106). Die Entscheidung über die Zulassung erfolgt deshalb nach pflichtgemäßem Ermessen; das Interesse der eG an der Mitgliedschaft ist maßgebend. Ggfs. sind die Interessen der eG auf Mitgliedschaft des Antragstellers abzuwägen gegenüber den (berechtigten) Interessen einzelner Mitglieder, daß der Antragsteller nicht Mitglied wird. Dies gilt auch dann, wenn die Satzung den Beitritt von der Erfüllung persönlicher oder sachlicher Voraussetzungen (vgl. Rdn. 37) abhängig macht; die Voraussetzungen haben regelmäßig nur die Bedeutung, daß keine anderen Personen zum Beitritt zugelassen werden sollen, nicht jedoch die Bedeutung, daß diejenigen, die die Voraussetzungen erfüllen, einen Anspruch auf Zulassung des Beitritts haben (vgl. BGHZ 33, 259; *Müller*, § 15 Rdn. 36; *Schubert/Steder*, § 15 Rdn. 2). Sind mit dem Beitritt Nachteile für die eG zu befürchten oder ist anzunehmen, daß der Beitretende seinen wirtschaftlichen Pflichten nicht nachkommt, ist die Zulassung zu verweigern (*Meyer/Meulenbergh/Beuthien*, § 15 Rdn. 18). Auch kann die Zulassung von der Erhebung eines Eintrittsgeldes abhängig gemacht werden, ohne daß dies in der Satzung vorgesehen sein muß (§ 7 Rdn. 63; OLG Bamberg, BB 1982, 272 m. zust. Anm. *Ehlenz*; *Meyer/Meulenbergh/Beuthien*, § 15 Rdn. 18).

**22** **Aus dem Gesetz kann sich ein Anspruch auf Zulassung des Beitritts ergeben** (vgl. Müller, § 1 Rdn. 15, § 15 Rdn. 39). Das ist etwa der Fall, wenn sich die Nichtzulassung als eine sittenwidrige Schädigung i. S. d. § 826 BGB oder unbillige Benachteiligung darstellen würde oder aus anderen Gründen rechtsmißbräuchlich oder ein Verstoß gegen das Diskriminierungsverbot der §§ 26, 27 GWB wäre bzw. gegen den Kontrahierungszwang verstoßen würde (OLG Köln, Urt. v. 22. 5. 1984 – 9 U 262/83; *Müller*, § 1 Rdn. 15, § 15 Rdn. 39).

**23** Dies (vgl. vorstehende Rdn.) ist insbesond. anzunehmen, wenn die eG eine Monopolstellung hinsichtlich solcher wirtschaftlicher Güter oder Leistungen innehat, auf die der Beitretende im Rahmen seiner wirtschaftlichen Existenz angewiesen ist oder wenn sie marktbeherrschend oder machtstark ist und die Aufnahme das einzige Mittel ist, um die Diskriminierung zu beseitigen (BGHZ 33, 263; 42, 323, OLG Köln, Urt. v. 22. 5. 1984 – 9 U 262/83; vgl. die Erl. zu § 1 Rdn. 187; *Müller*, § 1 Rdn. 15, § 15 Rdn. 39; *Schubert/Steder*, § 1 Rdn. 3; *Paulick*, S. 141). Aus dem Diskriminierungsverbot läßt sich ein gesellschaftsrechtlicher Aufnahmeanspruch nur rechtfertigen, wenn nicht durch geringere Eingriffe in die grundsätzliche Koalitionsfreiheit die Diskriminierung beseitigt werden kann, z. B. durch die Bedienung oder Belieferung von Nichtmitgliedern (vgl. BGH, ZP 1995, 64; auch § 1 Rdn. 187, 188). In diesem Zusammenhang ist auch § 26 Abs. 2 GWB bedeutsam (vgl. die ausführliche Abhandlung „Gesellschaftsrechtliche Aufnahmefreiheit und wettbewerbsrechtliches Diskriminierungsverbot von *Beuthien/Götz*, ZfG 1978, 375 ff sowie die Anmerkung von *Beuthien* zu dem – den Anspruch auf Teilnahme an Einrichtungen einer marktbeherrschenden (Taxi-)Genossenschaft betreffenden – Beschluß des BGH [WM 1977, 1257 = ZfG 1978, 434] in: ZfG 1978, 437 ff). Auch eine eG kann ein marktbeherrschendes Unternehmen sein. Dies ist z. B. der Fall bei einer Molkereigenosenschaft, die nach § 1 Abs. 1 Milch- und Fettgesetz für einen Bezirk ausschließlich zuständig ist (vgl. BGHZ 33, 261; BGHZ 41, 277) und bei einer eG, die für einen Bezirk die einzige Einrichtung für die Besamung von Rindern betreibt (vgl. BGHZ 42, 318); auch bei einer Elektrizitätsgenossenschaft, demzufolge verpflichtet § 6 Energiewirtschaftsgesetz, alle Abnehmer zu gleichen Bedingungen zu versorgen. Ein Aufnahmeanspruch ist jedoch grds. nur gegeben, wenn auf andere Weise die Diskriminierung nicht behoben werden kann (*Meyer/Meulen-*

*bergh/Beuthien*, § 15 Rdn. 21; *Beuthien/Götz*, ZfG 1978, 375 ff; OLG Köln, Urt. v. 22. 5. 1984 – 9 U 262/83). Keine Diskriminierung liegt vor, wenn Mitglieder und Nichtmitglieder zu denselben Bedingungen und Tarifen versorgt werden. In der Ablehnung der Zulassung des Beitritts liegt jedoch nur dann eine unbillige Behinderung des Beitrittswilligen oder eine – gegenüber gleichartigen Unternehmen – unterschiedliche Behandlung des Beitrittswilligen i. S. d. § 26 Abs. 2 GWB, wenn der Beitrittswillige durch die Mitgliedschaft wirtschaftliche Vorteile erlangen würde (BGHZ 33, 264; *Müller*, § 1 Rdn. 15, § 15 Rdn. 39). Durch den Beitritt werden wirtschaftliche Vorteile nicht erlangt, wenn z. B. eine Molkereigenossenschaft den Mitgliedern und den Nichtmitgliedern letztlich das gleiche Entgelt für die Milchlieferungen zahlt (vgl. BGHZ 33, 264; *Müller*, § 1 Rdn. 15, § 15 Rdn. 39). Nichtmitglieder kommen zwar nicht in den Genuß der (mitgliedschaftsrechtlich gebundenen) genossenschaftlichen Rückvergütung (zum Begriff vgl. § 19 Rdn. 39 ff), auch erhalten sie keine gesellschaftlichen Rechte, hierin liegt jedoch keine ungleiche Behandlung oder unbillige Benachteiligung; entscheidend ist, daß sie zu denselben Bedingungen und Tarifen wie die Mitglieder versorgt werden (OLG Köln, Urt. v. 22. 4. 1984 – 9 U 362/83).

Die Nichtzulassung des Beitritts ist auch dann als rechtsmißbräuchlich **24**
anzusehen, wenn dem Interesse der eG an der Verweigerung der Zulassung übergeordnete allgemeine Interessen entgegenstehen (vgl. *Müller*, § 15 Rdn. 40; *Schnorr von Carolsfeld*, ZfG 1960, 67). Eine Rechtspflicht zur Aufnahme kann auch durch den **Gleichbehandlungsgrundsatz** – mit Hinblick auf das **ausscheidende Mitglied** – gegeben sein, so z. B. Zustimmungspflicht zur Übertragung des Geschäftsguthabens, wenn im gleichen Zeitraum Neubeitritte zugelassen werden (LG Lüneburg, Urt. v. 13. 2. 1981 – AZ: 8 O 524/80; *Baecker/Hinz/Müller/Schaffland*, BI 1989, 208; siehe auch § 76 Rdn. 19). Auch hat u. U. ein Mitglied einen Anspruch darauf, daß ein Dritter zusätzlich aufgenommen wird (vgl. im einzelnen *Baekker/Hinz/Müller/Schaffland*, ebd.).

Wird über die Beitrittserklärung nicht entschieden, berechtigt dies den **25**
Beitretenden nach Ablauf eines bestimmten Zeitraums zum Widerruf seiner Beitrittserklärung. Wie lang dieser Zeitraum sein muß, hängt von dem wirtschaftlichen Gewicht der Mitgliedschaft für den Beitretenden ab. Dies wird z. B. bei einer Wohnungsbaugenossenschaft ein kürzerer Zeitraum (z. B. 2 Monate) sein als bei einer Kreditgenossenschaft.

Zur Problematik von Belegungsbindungen und Zuweisungsrechten aus Gemeinwohlinteressen bei **Wohnungsbaugenossenschaften** s. *Großfeld*, Gutachten, GGW, Materialien 1982; *Leisner*, Wohnungsgemeinnützigkeit und Verfassungsrecht, 1986, S. 91 ff, zu Kooperationsverträgen zwischen Gemeinden und Wohnungsbaugenossenschaften zwecks Unterbringung von Wohnungsnotständen GW 1986, 370, 372; zum „Bremer Modell" GW 1985, 277; GW 1984, 271; BGH, GW 1984, 664 mit Anm. v. *Riebandt-Korfmacher*.

26 **In der Satzung kann ein Anspruch auf Zulassung des Beitritts festgelegt sein.** Dies ist jedoch nur anzunehmen, wenn die Satzung eine entsprechende eindeutige Bestimmung enthält (vgl. RGZ 47, 79; *Müller*, § 15 Rdn. 38; *Meyer/Meulenbergh/Beuthien*, § 15 Rdn. 20).

27 **Durch Vertrag** zwischen der eG und dem Beitrittswilligen **kann ein Anspruch auf Zulassung des Beitritts begründet werden** (RGZ 47, 82; OLG Bamberg, BB 1982, 272; OLG Köln, Urt. v. 30. 4. 1993 – AZ: 4 U 29/92 – unveröffentl.). Auch aus einem Vertrag, der zwischen der eG und einem Dritten abgeschlossen ist, kann sich ein Anspruch des Beitrittswilligen auf Zulassung seines Beitritts ergeben (OLG Köln, GW 1965, 384) oder aufgrund des Gleichbehandlungsgebotes z. B. für die Erben oder den überlebenden Ehegatten des verstorbenen Mitglieds einer Wohnungsbaugenossenschaft (BGH, GW 1964, 257; OLG Celle, ZfG 1965, 49 m. Anm. *Schulz*; LG Göttingen, GWW 1962, 21; AG Charlottenburg, GW 1959, 291, s. ferner LG Bielefeld, ZfG 1967, 222; *Meyer/Meulenbergh/Beuthien*, § 15 Rdn. 21; *Müller*, § 1 Rdn. 14, § 15 Rdn. 41). Dies ist namentlich im Zusammenhang mit Nutzungsverträgen der Baugenossenschaften der Fall (vgl. *Meyer/Meulenbergh/Beuthien*, § 15 Rdn. 21; *Müller*, § 1 Rdn. 14, § 15 Rdn. 41 m. w. Nachw.), in denen vielfach der Witwe eines Mitglieds oder seinen im Haushalt lebenden Abkömmlingen im Wege eines Vertrages zugunsten Dritter (§§ 328 ff BGB) ein Anspruch auf Zulassung des Beitritts eingeräumt wird (vgl. auch AG Charlottenburg, GW 1959, 291; LG Göttingen, GW 1962, 91). Nur schwerwiegende Gründe können dann die Verweigerung der Aufnahme rechtfertigen (LG Frankfurt, ZfG 1969, 174). Zum **Aufnahmeanspruch** vgl. im übrigen § 16 Rdn. 8 und § 18 Rdn. 69.

28 **Klage auf Aufnahme** in die eG ist erst zulässig, wenn zuvor ein in der Satzung der eG etwa vorgesehenes genossenschaftsinternes Beschwerdeverfahren durchlaufen wurde (vgl. *Müller*, § 15 Rdn. 43).

### 3. Mitgliederliste

29 **Vor der Eintragung** ist **zu prüfen,** ob die Beitrittserklärung die vorgeschriebene Verpflichtungserklärung (§ 15 a) enthält, die Unterschrift des Beitretenden (seines Vertreters) trägt und unbedingt ist. Die Eintragung darf nicht erfolgen unter der Firma eines Einzelkaufmanns (KGJ 13, 51; vgl. auch *Meyer/Meulenbergh/Beuthien*, § 15 Rdn. 4; *Schubert/Steder*, § 15 Rdn. 4; a. A. *Müller*, § 15 Rdn. 18). Erfolgt die Zulassung unter der Firma des Einzelkaufmanns, so wird derjenige Mitglied der eG, der bei Abgabe

der Beitrittserklärung Inhaber der Einzelfirma war (vgl. BlfG 1928, 836; DNotV 1930, 218).

Die Zulassung darf nicht mehr erfolgen, wenn der zum Beitritt Zugelassene stirbt (*Paulick*, S. 143) oder wenn die eG aufgelöst ist (BGH, DB 1978, 1777 = BB 1978, 1134 m. krit. Anm. *Schaffland,* Genossenschaftsforum 10/1978, 32 = ZfG 1978, 442 m. Anm. *Hadding*; s. a. Erl. § 87 Rdn. 7, § 105 Rdn. 7 ff; RGZ 50, 130; OLG Hamburg NJW 1957, 225; *Müller*, § 15 Rdn. 54; *Schubert/Steder*, § 15 Rdn. 10; *Paulick*, S. 143). Unerheblich ist es, ob die Beitrittserklärung bereits vor der Auflösung der eG bei der eG eingereicht war (vgl. OLG Hamburg, NJW 1957, 225; *Müller*, § 15 Rdn. 54; *Schubert/Steder*, § 15 Rdn. 10). Erfolgt die Zulassung gleichwohl, so wird eine Mitgliedschaft nicht erworben (vgl. für den Fall des Versterbens: *Paulick*, S. 143; vgl. für den Fall der Auflösung: RGZ 50, 130; *Paulick*, S. 143; a. A. *Müller*, § 15 Rdn. 54). **30**

**Durch die Zulassung wird die Mitgliedschaft** bei der eG **erworben** (vgl. jedoch auch Rdn. 34), und zwar vom Tage der Zulassung an. Beitrittserklärungen, die bis zum 25. 12. 1993 (Tag des Inkrafttretens des § 15 n. F.) noch nicht eingetragen waren, wurden, wenn die Zulassung zu diesem Zeitpunkt erfolgte, mit diesem Datum wirksam. Da die Eintragung nur noch deklaratorische Wirkung hat, kann diese auch noch nachträglich erfolgen. War die Geschäftsguthabenübertragung nach § 76 GenG vor dem 25. 12. 1993 von der eG akzeptiert, ist demgemäß als Zeitpunkt des Ausscheidens der 25. 12. 1993 einzutragen. War mit der Übertragung ein Beitritt bzw. die Zeichnung weiterer Geschäftsanteile verbunden, so ist insoweit ebenfalls der 25. 12. 1993 einzutragen. **31**

**Durch die Zulassung werden Mängel** des Beitritts **geheilt** (vgl. *Müller*, § 15 Rdn. 45, 50). **32**

**Nach der Zulassung kann das Mitglied die Nichtigkeit der Beitrittserklärung** insbesond. wegen Scheinabgabe (§ 117 BGB), Nichternstlichkeit (§ 118 BGB), Sittenwidrigkeit (§ 138 BGB) **sowie die Anfechtbarkeit der Beitrittserklärung** wegen Irrtums (§ 119 BGB), arglistiger Täuschung (§ 123 BGB), Drohung [§ 123 BGB] **grundsätzlich nicht mehr geltend machen,** sofern das Mitglied der eG überhaupt beitreten wollte und dies in der gesetzlich vorgeschriebenen Form getan hat (BGH, WM 1976, 475 f [zur Anfechtbarkeit] m. zust. Anm. *Paulick*, ZfG 1978, 69 ff; *Meyer/Meulenbergh/Beuthien*, § 15 Rdn. 15; *Müller*, § 15 Rdn. 26, 29; *Schubert/Steder*, § 15 Rdn. 13 [zur Anfechtbarkeit]; *Paulick*, S. 137/138 m. w. Nachw.). Es gelten die Grundsätze der Rechtsprechung zum fehlerhaften Beitritt. Nach diesen Grundsätzen ist ein fehlerhafter Beitritt ggfs. gleichwohl wirksam – und zwar auch ohne Eintragung in die Mitgliederliste. Die Wirkungen des fehlerhaften Beitritts können nur mit Wirkung ex nunc beseitigt werden. Hierbei müssen **33**

jedoch genossenschaftliche Besonderheiten berücksichtigt werden – also Kündigungserklärung unter Einhaltung der satzungsmäßigen Kündigungsfrist. Auch kann es sich nicht auf den Einwand der Arglist berufen oder mit Schadensersatzansprüchen aufrechnen (RGZ 68, 349; 88, 190; BGHZ 63, 347; BGH, WM 1976, 475; *Meyer/Meulenbergh/Beuthien*, § 15 Rdn. 17).

34 **Trotz der Zulassung wird die Mitgliedschaft** namentlich **nicht erworben**, wenn eine Beitrittserklärung des Zugelassenen – z. B. bei fehlendem Erklärungsbewußtsein oder Fälschung seiner Unterschrift (vgl. Obergericht Danzig JW 1934, 862) – überhaupt nicht vorliegt, wenn die Beitrittserklärung von einem Geschäftsunfähigen oder von einem beschränkt Geschäftsfähigen ohne Zustimmung des gesetzlichen Vertreters abgegeben wurde (vgl. *Meyer/Meulenbergh/Beuthien*, § 15 Rdn. 16; *Müller*, § 15 Rdn. 29, *Paulick*, S. 138), wenn die Beitrittserklärung den Inhaltsvorschriften z. B. in § 15 a nicht entspricht (vgl. RGZ 97, 307; RGZ 137, 73; *Müller*, § 15 Rdn. 28; *Schubert/Steder*, § 15 a Rdn. 5), wenn die Beitrittserklärung bedingt war (*Schubert/Steder*, § 15 Rdn. 12), wenn die Beitrittserklärung vor der Zulassung wirksam angefochten wurde.

35 **Den Nichterwerb der Mitgliedschaft** trotz Zulassung **muß** derjenige **beweisen**, der sich darauf beruft.

36 Nach Zulassung des Beitritts hat der Vorstand (oder eine von ihm beauftragte Person) das neue Mitglied in die Mitgliederliste einzutragen (§ 30 Abs. 2). Die Eintragung wirkt nicht konstitutiv, sondern hat nur deklaratorische Bedeutung (vgl. Erl. zu § 30).

## IV. Satzungsmäßige Voraussetzungen für den Erwerb der Mitgliedschaft durch Beitritt

37 **Die Satzung kann persönliche oder sachliche Voraussetzungen für den Erwerb der Mitgliedschaft aufstellen.** Hier kommen namentlich die Zugehörigkeit zu einem bestimmten Beruf oder die Ausübung eines bestimmten Gewerbes (vgl. in diesem Zusammenhang: *Meyer/Meulenbergh/Beuthien*, § 15 Rdn. 18; *Müller*, § 15 Rdn. 3; *Schubert/Steder*, § 15 Rdn. 2), die Leistung eines Beitrittsgeldes (vgl. hierzu auch oben Rdn. 21; *Meyer/Meulenbergh/Beuthien*, § 15 Rdn. 18; *Müller*, § 15 Rdn. 3) oder etwa die Zustimmung des Aufsichtsrates (vgl. *Müller*, § 15 Rdn. 3) in Betracht. Zum Teil werden die satzungsmäßigen Voraussetzungen für den Erwerb der Mitgliedschaft in der Satzung als Voraussetzungen formuliert, unter denen das zuständige Organ – regelmäßig der Vorstand – den Beitritt zulassen darf.

Eine **Verletzung satzungsmäßiger Voraussetzungen für den Erwerb der Mitgliedschaft** hat nach erfolgter Zulassung keine Auswirkungen auf die Wirksamkeit des Beitritts (vgl. *Schubert/Steder*, § 15 Rdn. 2). Ebensowenig erlischt die Mitgliedschaft, wenn die satzungsmäßigen Voraussetzungen bei dem Mitglied nachträglich fortfallen. Die Satzung kann jedoch den Mangel oder den Fortfall der satzungsmäßigen Voraussetzungen als Ausschließungsgrund nach § 68 festsetzen. **38**

## § 15 a
## Inhalt der Beitrittserklärung

**Die Beitrittserklärung muß die ausdrückliche Verpflichtung des Genossen enthalten, die nach Gesetz und Statut geschuldeten Einzahlungen auf den Geschäftsanteil zu leisten. Bestimmt das Statut, daß die Genossen unbeschränkt oder beschränkt auf eine Haftsumme Nachschüsse zu leisten haben, so muß die Beitrittserklärung ferner die ausdrückliche Verpflichtung enthalten, die zur Befriedigung der Gläubiger erforderlichen Nachschüsse unbeschränkt oder bis zu der im Statut bestimmten Haftsumme zu zahlen.**

*Übersicht*



### I. Allgemeines

Die Vorschrift, die durch die Novelle 1973 eingefügt wurde, ersetzt die bisherigen §§ 120, 131 a und trägt der Neufassung des § 6 Nr. 3 Rechnung, nach der die Satzung der eG nunmehr auch vorsehen kann, daß die Mitglieder Nachschüsse zur Konkursmasse überhaupt nicht zu leisten haben (zum Verhältnis des § 15 a zu den bisherigen §§ 120, 131 a vgl. *Müller*, § 15 a Rdn. 1). **1**

### II. Verpflichtungserklärungen

Die ausdrückliche **Verpflichtung des Beitretenden**, die nach Gesetz und Satzung geschuldeten **Einzahlungen** auf den Geschäftsanteil **zu leisten**, muß in der Beitrittserklärung enthalten, also in ihren Text aufgenommen sein (zum Inhalt der Beitrittserklärung im übrigen vgl. § 15 Rdn. 12). Die „nach Gesetz" geschuldeten Einzahlungen können sich z. B. nach **2**

§ 87 a in Verbindung mit dem erforderlichen Beschluß der GV ergeben (vgl. *Schubert/Steder*, § 15 Rdn. 2).

3 Die ausdrückliche **Verpflichtung des Beitretenden**, die zur Befriedigung der Gläubiger erforderlichen **Nachschüsse** unbeschränkt oder bis zu der in der Satzung bestimmten Haftsumme **zu zahlen**, muß in der Beitrittserklärung enthalten, also in ihren Text aufgenommen sein (zum Inhalt der Beitrittserklärung im übrigen vgl. § 15 Rdn. 12), wenn die Satzung eine unbeschränkte oder eine – auf die Haftsumme – beschränkte Nachschußpflicht vorsieht.

4 Die vorgenannten **Verpflichtungserklärungen müssen der gesetzlichen Vorschrift inhaltlich genügen**, brauchen aber nicht unbedingt dem Wortlaut des Gesetzes zu entsprechen (vgl. in diesem Zusammenhang: KG, JW 1935, 2067, 2068; *Meyer/Meulenbergh/Beuthien*, § 15 a Rdn. 2; *Müller*, § 15 a Rdn. 3; *Schubert/Steder*, § 15 a Rdn. 4). Es reicht nicht aus, wenn die in Rdn. 3 behandelte Verpflichtungserklärung nur dahin geht, „gegebenenfalls Nachschüsse nach Maßgabe des Gesetzes zu leisten" (vgl. KG, JW 1935, 2067; Müller, § 15 a Rdn. 3). Nicht erforderlich ist es, daß die Verpflichtungserklärungen die Beträge der Einzahlungs- bzw. Nachschußpflicht angeben (a. A. *Müller*, § 15 a Rdn. 3; *Meyer/Meulenbergh/Beuthien*, § 15 a Rdn. 2). Eine derartige Notwendigkeit kann dem § 15 a nicht entnommen werden; es genügt, daß das Mitglied die Satzung anerkannt hat, in der die Beiträge enthalten sind; im übrigen ist es grundsätzlich nicht möglich, z. B. die sich unter Umständen einmal nach § 87 a Abs. 1 ergebende Zahlungsverpflichtung schon jetzt in der Verpflichtungserklärung betragsmäßig zu nennen.

## III. Verstoß gegen § 15 a

5 Sind die erforderlichen **Verpflichtungserklärungen** in der Beitrittserklärung **nicht** enthalten oder genügen die Verpflichtungserklärungen inhaltlich nicht der gesetzlichen Vorschrift, so ist die Beitrittserklärung unwirksam (vgl. in diesem Zusammenhang: RGZ 97, 307; 137, 73; KG, JW 1935, 2067; JFG 21, 315; *Meyer/Meulenbergh/Beuthien*, § 15 a Rdn. 3; *Müller*, § 15 a Rdn. 3 f sowie § 15 Rdn. 28; *Schubert/Steder*, § 15 a Rdn. 4 f).

6 Die eG **wird** – wenn die Beitrittserklärung dem § 15 a nicht entspricht und mithin unwirksam ist – **die Zulassung des Beitritts und die Eintragung** in die Mitgliederliste **ablehnen**.

7 Erfolgt die Zulassung, obwohl die Beitrittserklärung dem § 15 a nicht entspricht, also unwirksam ist, so entsteht **keine wirksame Mitgliedschaft** (vgl. in diesem Zusammenhang § 15 Rdn. 33–35; RGZ 97, 307; 137, 73;

JFG 21, 315; *Meyer/Meulenbergh/Beuthien*, § 15 a Rdn. 3; *Müller*, § 15 a Rdn. 4, 7; *Schubert/Steder*, § 15 a Rdn. 5; *Paulick*, S. 187). Die Zulassung (und die Eintragung) begründet jedoch eine Vermutung, daß der Beitretende Mitglied ist, er hat daher die Beweislast dafür, daß die gesetzlichen Voraussetzungen für den Mitgliedschaftserwerb gefehlt haben (BayObLG, NJW 1958, 672 = ZfG 1961, 446 m. Anm. *Schnorr von Carolsfeld*).

Die **Unwirksamkeit der** – dem § 15 a nicht entsprechenden – Beitritts- **8**
erklärung und die Unwirksamkeit der gleichwohl in die Mitgliederliste eingetragenen **Mitgliedschaft** werden **nicht dadurch geheilt**, daß der Eingetragene sich – unter Umständen über einen langen Zeitraum – wie ein Mitglied verhält (*Meyer/Meulenbergh/Beuthien*, § 15 a Rdn. 3; *Müller*, § 15 a Rdn. 6; *Schubert/Steder*, § 15 a Rdn. 5).

**Die Berufung auf die Unwirksamkeit der** – dem § 15 a nicht entspre- **9**
chenden – Beitrittserklärung und auf die Unwirksamkeit der gleichwohl zugelassenen **Mitgliedschaft verstößt nicht gegen Treu und Glauben** (*Meyer/Meulenbergh/Beuthien*, § 15 a Rdn. 3; *Müller*, § 15 a Rdn. 6). Es verstößt folglich auch nicht gegen Treu und Glauben, sich auf das Fehlen einer Verpflichtung zu Zahlungen z. B. auf einen Geschäftsanteil zu berufen (*Schubert/Steder*, § 15 a Rdn. 5).

Es besteht grundsätzlich **keine Verpflichtung, eine neue** und dem § 15 a **10**
entsprechende **Beitrittserklärung abzugeben**, wenn die zunächst abgegebene Beitrittserklärung wegen eines Verstoßes gegen § 15 a unwirksam ist (RGZ 97, 307; 137, 73; *Meyer/Meulenbergh*; *Müller*, § 15 a Rdn. 6; *Schubert/Steder*, § 15 a Rdn. 5). **Ausnahmsweise** kann sich aus Vertrag oder unter dem Gesichtspunkt der genossenschaftlichen Treuepflicht eine derartige Verpflichtung ergeben, z. B. wenn eine Vielzahl von Beitrittserklärungen unwirksam sind und dadurch der Bestand der eG gefährdet ist oder wesentliche Nachteile für die übrigen Genossenschaftsmitglieder zu befürchten sind; nicht unberücksichtigt bleiben darf die Tatsache, daß die Mitglieder seinerzeit ordnungsgemäßge Erklärungen unterzeichnet hätten, wenn sie die Fehlerhaftigkeit ihrer Erklärungen gekannt hätten (vgl. auch § 15 b Rdn. 6; zur genossenschaftlichen Treuepflicht vgl. § 18 Rdn. 50 ff). Zwar bestand rechtlich keine Mitgliedschaft, aber faktisch; dies rechtfertigt diese Ausdehnung der aus der Mitgliedschaft abgeleiteten Treuepflicht auch auf diese faktischen Mitglieder.

## § 15 b

## Beteiligung mit weiteren Geschäftsanteilen

**(1) Zur Beteiligung mit weiteren Geschäftsanteilen bedarf es einer schriftlichen und unbedingten Beitrittserklärung. Für deren Inhalt gilt § 15 a entsprechend.**

**(2) Die Beteiligung mit weiteren Geschäftsanteilen darf, außer bei einer Pflichtbeteiligung, nicht zugelassen werden, bevor alle Geschäftsanteile des Genossen, bis auf den zuletzt neu übernommenen, voll eingezahlt sind.**

**(3) Die Beteiligung mit weiteren Geschäftsanteilen wird mit der Beitrittserklärung nach Absatz 1 und der Zulassung durch die Genossenschaft wirksam. § 15 Abs. 2 gilt entsprechend.**

*Übersicht*



## I. Allgemeines

1 Die Vorschrift, die durch die Novelle 1973 eingefügt wurde, ersetzt die bisherigen §§ 136, 137. Sie enthält die einzelnen Voraussetzungen der Übernahme eines weiteren Geschäftsanteils für den Fall, daß die Satzung der eG die Möglichkeit und/oder die Verpflichtung zu einer Mehrfachbeteiligung (vgl. die Erl. zu § 7 a) vorsieht. Aus der Vorschrift ergibt sich, daß sich die Beteiligung mit weiteren Geschäftsanteilen nach denselben Grundsätzen vollzieht, die auch für den Beitritt zur eG maßgeblich sind. Es kann deshalb zunächst einmal grundsätzlich auf die Erl. zu § 15 und zu § 15 a verwiesen werden.

## II. Beteiligungserklärung

2 Nach § 15 b Abs. 1 bedarf es zur Übernahme eines weiteren Geschäftsanteils einer „Beitrittserklärung". Dies bedeutet jedoch nicht, daß die Erklärung auf den Erwerb einer weiteren Mitgliedschaft gerichtet ist (vgl. in diesem Zusammenhang: BGH, BB 1978, 1134 = DB 1978, 1777 = WM 1978, 1005 = ZfG 1978, 442). Die Erklärung geht vielmehr dahin, eine weitere vermögensmäßige Beteiligung an der eG zu erhalten (vgl. in diesem Zusammenhang auch *Müller*, § 15 b Rdn. 2). Deshalb ist es zulässig, entgegen dem Wortlaut des Gesetzes von **„Beteiligungserklärung"** zu sprechen, denn entscheidend ist, was erklärt wird und nicht, wie die Erklärung bezeichnet wird.

3 Die Beteiligungserklärung kann **für einen weiteren Geschäftsanteil oder gleichzeitig für mehrere weitere Geschäftsanteile** abgegeben werden (vgl. *Müller*, § 15 b Rdn. 3; *Schubert/Steder*, § 15 b Rdn. 2). Die Erklärung der Übernahme eines weiteren Geschäftsanteils oder mehrerer weiterer Geschäftsanteile kann mit der Beitrittserklärung verbunden werden (vgl.

KG, BlfG 1927, 784 gegen KGJ, 121; *Müller*, § 15 b Rdn. 3). Sie kann auch durch einen Bevollmächtigten abgegeben werden. Auch eine umfassende Vollmacht, „weitere Beteiligungserklärungen abzugeben" ist denkbar und bei eG mit einer gestaffelten Pflichtbeteiligung zweckmäßig. Auch die eG kann bevollmächtigt werden; sie sollte hierbei vom Verbot des In-Sich-Geschäfts (§ 181 BGB) befreit werden.

Die **Beteiligungserklärung muß** den Vorschriften des **§ 15 a entsprechen**. Dies bedeutet, daß in ihr die Verpflichtung erklärt werden muß, die – durch die Übernahme des weiteren Geschäftsanteils oder der weiteren Geschäftsanteile – zusätzlich geschuldeten Einzahlungen und Nachschüsse zu erbringen. Die Verpflichtungserklärung zur Leistung von Nachschüssen ist natürlich nicht abzugeben, wenn in der Satzung der betreffenden eG die Nachschußpflicht ausgeschlossen ist oder wenn die Satzung der eG nach § 121 bestimmt, daß durch die Beteiligung mit weiteren Geschäftsanteilen eine Erhöhung der Haftsumme nicht eintritt. **4**

Sind die nach § 15 a erforderlichen Verpflichtungserklärungen in der Beteiligungserklärung nicht enthalten oder genügen die Verpflichtungserklärungen inhaltlich nicht der gesetzlichen Vorschrift, so ist die **Beteiligungserklärung unwirksam** (vgl. unter Berücksichtigung der Tatsache, daß die Beteiligungserklärung rechtlich wie die Beitrittserklärung zu behandeln ist, *Paulick*, S. 175; s. auch Erl. zu § 15; RGZ 97, 307; 137, 73; *Müller*, § 15 a Rdn. 3 f, § 15 Rdn. 28; *Schubert/Steder*, § 15 a Rdn. 4). Ist jedoch die Beteiligungserklärung unwirksam, so kann eine wirksame Übernahme eines weiteren Geschäftsanteils oder mehrerer weiterer Geschäftsanteile auch dann nicht eintreten, wenn die weitere Beteiligung zugelassen wird (vgl. unter Berücksichtigung der Tatsache, daß die weitere Beteiligung rechtlich wie der Beitritt behandelt wird: Erl. zu § 15; RGZ 97, 307; 137, 73; *Müller*, § 15 a Rdn. 4, 7 sowie § 15 b Rdn. 5; *Schubert/Steder*, § 15 a Rdn. 5, § 15 b Rdn. 8; *Paulick*, S. 187). **5**

Grundsätzlich besteht keine **Verpflichtung**, neue fehlerfreie Beteiligungserklärungen abzugeben. Diese Verpflichtung kann sich ausnahmsweise aus Vertrag oder aus der genossenschaftlichen Treuepflicht ergeben (hier § 15 a Rdn. 10). Dies gilt um so mehr bei einer Person, die nicht erstmals der eG beitritt, sondern auf der Grundlage ihrer bestehenden Mitgliedschaft (-spflichten) ihre Beteiligung ausweitet. Jemand, der bereits Mitglied ist, muß seine Rechte und Pflichten kennen, insbesond. wenn er jahrelang in der eG mitgewirkt hat. **6**

## III. Zulassung der weiteren Beteiligung

**Das zuständige Organ für die Zulassung der weiteren Beteiligung** kann durch die Satzung bestimmt werden (vgl. *Paulick*, S. 175). Die Satzung **7**

bestimmt regelmäßig – wie auch bei der Zulassung des Beitritts – die Zuständigkeit des Vorstandes. Es gilt das zu § 15 Gesagte (§ 15 Rdn. 18 ff).

8 **Über die Zulassung der weiteren Beteiligung entscheidet das zuständige Organ** – unter Berücksichtigung des Grundsatzes der Gleichbehandlung der Mitglieder durch die eG (vgl. die Erl. zu § 18) – **grundsätzlich nach freiem Ermessen.** Die Zulassung kann also auf einen Teil der beantragten Geschäftsanteile oder nur auf den mit dem Beitritt verbundenen ersten Geschäftsanteil beschränkt werden (a. A. *Müller*, § 7 a Rdn. 9).

9 **Ein Anspruch auf Zulassung der weiteren Beteiligung ist regelmäßig nicht gegeben.** Die Satzung kann allerdings einen derartigen Anspruch ausdrücklich einräumen (vgl. *Müller*, § 7 a Rdn. 8; *Schubert/Steder*, § 15 b Rdn. 3; *Paulick*, S. 175). Wenn die Satzung bestimmte persönliche oder sachliche Voraussetzungen für den Erwerb weiterer Geschäftsanteile aufstellt, so ist damit einem Mitglied regelmäßig noch kein Anspruch auf Zulassung der weiteren Beteiligung bei Vorliegen der satzungsmäßigen Voraussetzungen zuerkannt. Diese satzungsmäßigen Voraussetzungen sind im allgemeinen dahin zu verstehen, daß eine Zulassung bei ihrem Fehlen nicht erfolgen darf, ohne daß bei ihrem Vorliegen die Zulassung erfolgen muß (vgl. § 7 a Rdn. 7; *Müller*, § 7 a Rdn. 8; a. A. *Schubert/Steder*, § 7 a Rdn. 8).

10 **Voraussetzung für die Zulassung einer freiwilligen weiteren Beteiligung ist, daß alle freiwilligen Geschäftsanteile des Mitgliedes, bis auf den zuletzt neu übernommenen, voll eingezahlt sind.** Erfolgt trotzdem die Zulassung, ist die Beteiligung wirksam (Rdn. 17). Der Sinn dieser Regelung ist es, zu verhindern, daß Gläubiger der eG über deren finanzielle Grundlage getäuscht werden (vgl. RGZ 115, 148; *Schubert/Steder*, § 15 b Rdn. 3). Der zuletzt neu übernommene Geschäftsanteil ist derjenige, auf den sich die Beteiligungserklärung bezieht. Dies bedeutet, daß alle bereits vorhandenen freiwillig übernommenen Geschäftsanteile des Mitgliedes voll eingezahlt sein müssen (wegen Pflichtbeteiligung vgl. Rdn. 13 ff). Übernimmt ein Mitglied gleichzeitig mehrere weitere Geschäftsanteile, so müssen die bereits vorhandenen und die neu übernommenen Geschäftsanteile bis auf einen – nämlich den letzten der neuen – voll eingezahlt sein. Hat z. B. ein Mitglied 2 Geschäftsanteile erworben und übernimmt es nunmehr gleichzeitig 3 weitere Geschäftsanteile, so müssen 4 Geschäftsanteile eingezahlt sein; der 5. Geschäftsanteil kann – im Rahmen der Satzung – z. B. in Raten eingezahlt werden (vgl. *Hettrich/Pöhlmann*, § 15 b Rdn. 4; *Meyer/Meulenbergh/Beuthien*, § 15 b Rdn. 4; *Schubert/Steder*, § 15 b Rdn. 3; *Paulick*, S. 175; *Schaffland*, GenG mit einführender Erläuterung, S. 14; a. A. *Müller*, § 15 b Rdn. 6).

11 **Ein Anwendungsfall des § 15 b Abs. 2 ist nicht gegeben,** wenn ein Mitglied mehrere Geschäftsanteile freiwillig übernommen hat und dann –

durch entsprechende Satzungsänderung – der Geschäftsanteil erhöht wird, was zunächst einmal zu Folge hat, daß nunmehr alle übernommenen Geschäftsanteile nicht voll eingezahlt sind. Denn im Zeitpunkt der Erhöhung des Geschäftsanteils sind die weiteren Geschäftsanteile bereits übernommen, und § 15 b Abs. 2 regelt nur den Fall, daß weitere Geschäftsanteile erst noch übernommen werden.

Wird neben dem Geschäftsanteil zusätzlich die Pflichteinzahlung **12** erhöht, so gilt dieses für alle übernommenen Geschäftsanteile.

Die Volleinzahlungspflicht für vorangehende Geschäftsanteile besteht **13** nicht für Pflichtanteile. Diese kann aufgrund einer entsprechenden Satzungsregelung (hierzu Erl. zu § 7 a Abs. 2) oder auch aufgrund einer Einzelvereinbarung (hierzu § 67 b Rdn. 7, 9) bestehen. Wenn eine **Pflichtbeteiligung mit mehreren Geschäftsanteilen** besteht und nunmehr ein weiterer Geschäftsanteil oder mehrere weitere Geschäftsanteile **freiwillig** übernommen werden, so ist die Volleinzahlung der vorhergehenden Pflichtanteile der ratio legis dieser Vorschrift entsprechend (Rdn. 10) Voraussetzung für die Zulassung der weiteren freiwilligen Beteiligung (so auch *Müller*, § 15 b Rdn. 6; *Hettrich/Pöhlmann*, § 15 b Rdn. 4).

Sieht die Satzung einer eG eine Pflichtbeteiligung mit mehreren **14** Geschäftsanteilen vor, so braucht die Zulassung mit weiteren Pflichtanteilen nicht davon abhängig gemacht zu werden, daß alle vorhergehenden Pflichtanteile voll eingezahlt sind. Es bleibt der Satzung der eG überlassen, die Modalitäten für die Einzahlungen auf diese Geschäftsanteile zu regeln. Es ist z. B. möglich, Ratenzahlung für alle Pflichtanteile vorzusehen.

**Die Zulassung der weiteren Beteiligung darf nicht mehr erfolgen,** **15** wenn die eG aufgelöst ist (vgl. zum alten Recht, abgestellt auf die Eintragung als Wirksamkeitsvoraussetzung RGZ 117, 118; BGH, BB 1978, 1134 = DB 1978, 1777 = WM 1978, 1005 = ZfG 1978, 442). Erfolgt die Zulassung gleichwohl, so wird eine weitere Beteiligung nicht erworben (vgl. RGZ 117, 116).

**Die weiteren Geschäftsanteile werden** nach Maßgabe des § 30 **in die** **16** **Mitgliederliste eingetragen.** Der erste Geschäftsanteil wird also nicht in die Mitgliederliste eingetragen.

**Mit der Zulassung wird die weitere Beteiligung wirksam** (vgl. jedoch **17** auch Rdn. 18). Dies gilt nach den Grundsätzen des fehlerhaften Beitritts (hierzu § 15 Rdn. 33) auch dann, wenn die Vorschrift, daß alle Geschäftsanteile des Mitglieds, bis auf den zuletzt übernommenen, voll eingezahlt sein müssen (§ 15 b Abs. 2), nicht erfüllt ist (vgl. RGZ 115, 148; *Schubert/Steder*, § 15 b Rdn. 8). Die nicht erbrachten Einzahlungen sind fällige, **rückständige Pflichteinzahlungen.** Im Konkurs besteht gegen die säumigen Mitglieder ein Einzahlungsanspruch (hierzu § 105 Rdn. 5).

18 **Trotz der Zulassung wird die weitere Beteiligung nicht wirksam,** wenn die Beteiligungserklärung unwirksam ist. Die Beteiligungserklärung ist z. B. unwirksam, wenn sie von einem Geschäftsunfähigen oder von einem beschränkt Geschäftsfähigen ohne Zustimmung des gesetzlichen Vertreters abgegeben wurde, wenn sie den Vorschriften des § 15 a nicht entspricht, wenn sie bedingt war oder vor der Zulassung wirksam angefochten wurde (vgl. im übrigen zu gleichen Rechtslage bei der Beitrittserklärung § 15 Rdn. 34).

19 **Das Nichtwirksamwerden der weiteren Beteiligung** trotz Zulassung **muß** derjenige **beweisen**, der sich darauf beruft.

## § 16
## Satzungsänderung

**(1) Eine Abänderung des Statuts oder die Fortsetzung einer auf bestimmte Zeit beschränkten Genossenschaft kann nur durch die Generalversammlung beschlossen werden.**

**(2) Für folgende Änderungen des Statuts bedarf es einer Mehrheit, die mindestens drei Viertel der abgegebenen Stimmen umfaßt:**

1. **Änderung des Gegenstandes des Unternehmens,**
2. **Erhöhung des Geschäftsanteils,**
3. **Einführung oder Erweiterung einer Pflichtbeteiligung mit mehreren Geschäftsanteilen,**
4. **Einführung oder Erweiterung der Verpflichtung der Genossen zur Leistung von Nachschüssen,**
5. **Verlängerung der Kündigungsfrist auf eine längere Frist als zwei Jahre,**
6. **Einführung oder Erweiterung der Beteiligung ausscheidender Genossen an der Ergebnisrücklage nach § 73 Abs. 3,**
7. **Einführung oder Erweiterung von Mehrstimmrechten,**
8. **Zerlegung von Geschäftsanteilen.**

**Das Statut kann noch weitere Erfordernisse aufstellen.**

**(3) Zu einer Änderung des Statuts, durch die eine Verpflichtung der Genossen zur Inanspruchnahme von Einrichtungen oder anderen Leistungen der Genossenschaft oder zur Leistung von Sachen oder Diensten eingeführt oder erweitert wird, bedarf es einer Mehrheit, die mindestens neun Zehntel der abgegebenen Stimmen umfaßt. Das Statut kann noch weitere Erfordernisse aufstellen.**

**(4) Zu sonstigen Änderungen des Statuts bedarf es einer Mehrheit, die mindestens drei Vierteil der abgegebenen Stimmen umfaßt, sofern nicht das Statut andere Erfordernisse aufstellt.**

**(5) Auf die Anmeldung und Eintragung des Beschlusses finden die Vorschriften des § 11 mit der Maßgabe entsprechende Anwendung, daß der Anmeldung zwei Abschriften des Beschlusses beizufügen sind. Die Veröffentlichung des Beschlusses findet nur insoweit statt, als derselbe eine der im § 12 Abs. 2 bezeichneten Bestimmung zum Gegenstand hat.**

**(6) Der Beschluß hat keine rechtliche Wirkung, bevor er in das Genossenschaftsregister des Sitzes der Genossenschaft eingetragen ist.**

*Übersicht*



## I. Bedeutung der Vorschrift

### 1. Zuständigkeit der Generalversammlung

1 Die **Satzung** (im Gesetz Statut genannt) ist die **„Verfassung" der eG.** Sie ist – neben dem GenG – die wichtigste Rechtsgrundlage (§ 18). Der Vorstand kann die eG nicht rechtswirksam verpflichten in Bereichen, die der Entscheidung der GV vorbehalten sind. Dies gilt z. B. für Zusagen, die Satzung werde in bestimmter Weise geändert (§ 16 Abs. 1), bestimmte Personen würden in den Aufsichtsrat gewählt (§ 36 Abs. 1) oder für einen Verzicht auf Regreßansprüche gegen Organmitglieder (§ 39 Abs. 1). Die Beschlußfassung über die Satzung ist daher der GV als dem „Parlament der eG" vorbehalten. Dies ist zwingendes Recht und kann weder durch die Satzung selbst noch dadurch geändert werden, daß die GV z. B. ihre Zuständigkeit delegiert (KGJ 15, 19; *Müller*, § 16 Rdn. 4; *Schubert/Steder*, § 16 Rdn. 1). Beschlüsse über den Satzungsinhalt können auch nicht von der Zustimmung z. B. des Vorstands oder Aufsichtsrats oder des Prüfungsverbandes abhängig gemacht werden (vgl. KG, OLG-Rspr. 44, 237). Als Grundlage der körperschaftlichen Verfassung ist die Satzung nach objekti-

ven Gesichtspunkten des Wortlautes auszulegen; Umstände außerhalb des Textes wie Entstehungsgeschichte usw. scheiden grundsätzlich aus (vgl. BGH, WM 1983, 334; OLG Düsseldorf v. 21. 6. 1991, 17 U 38/91). Dies kann aber nicht bedeuten, daß bei objektiver Unklarheit nicht auch sonstige Umstände der Interpretation dienen können; es müssen vielmehr die Grundsätze gelten, wie sie für die Nutzung von Gesetzesmaterialien anerkannt sind.

### 2. Satzungsänderungen, Inhalt und Grenzen

2 § 16 meint alle Fälle der **Satzungsänderung** im weiteren Sinne, also auch die Ergänzung oder Aufhebung der bisherigen Satzungsbestimmungen. Auch rein sprachliche Änderungen sind Satzungsänderungen, sofern es sich nicht lediglich z. B. um Korrektur von Schreibfehlern handelt, die für den Satzungsinhalt keine Bedeutung haben (BayObLG v. 5. 10. 1978 – BReg 1 Z 104/78). Der Vorstand ist z. B. nicht berechtigt, **Unklarheiten** durch eine bessere Fassung zu korrigieren (OLG Stuttgart, DB 1977, 1938). Der Satzungstext muß klar und verständlich formuliert sein, sonst kann Eintragung abgelehnt werden (OLG Stuttgart ebd.). Auch für die Einführung einer insgesamt neuen Satzung gilt § 16. Solche Änderungen werden in der Praxis oft im Zusammenhang mit der Neufassung von **Mustersatzungen** durchgeführt. Zur Neufassung der MS **für Wohnungsbaugenossenschaften** Ausg. 1995 sowie Ausg. 1990, für eG, die die traditionellen Grundsätze der Gemeinnützigkeit im Wohnungswesen in ihrer Satzung verankern und ihre Übernahme durch Wohnungsbaugenossenschaften in den neuen Ländern s. § 6 Rdn. 6 Abs. 2 und § 1 Rdn. 73 d II 2. a) und b); *Riebandt-Korfmacher*, DW 1991, S. 55–63.

3 Regelungen der Satzung dürfen **nicht willkürlich** sein und nicht auf sachfremden Erwägungen beruhen. Dies gilt vor allem dann, wenn Mitgliederrechte, z. B. Einsichtsrechte, eingeschränkt werden sollen (BGHZ 65, 15, 18; s. § 43 Rdn. 45).

4 Eine Satzungsänderung findet ihre Grenze stets an zwingenden gesetzlichen Vorschriften, insbesond. z. B. am Förderzweck des § 1. Insoweit ist eine Änderung des „Zweckes" der eG durch die Satzung nicht möglich (a. A. *Müller*, § 16 Rdn. 1). Möglich ist aber eine Änderung z. B. des gesamten **Unternehmensgegenstandes**, nämlich der unternehmerischen und betrieblichen Mittel zur Erreichung des Förderzweckes. Durch Satzungsänderung kann beispielsweise festgelegt werden, daß eine bisherige gemischtwirtschaftliche eG das Warengeschäft aufgibt (vgl. KGJ 44, 347). § 33 Abs. 1 S. 2 BGB (Zustimmung aller Mitglieder) findet keine Anwendung, da § 16 Abs. 2 Ziff. 1 eine Sonderregelung darstellt (wegen außerordentlichem Kündigungsrecht vgl. § 67 a). Die Ausgliederung wesentlicher

Betriebsteile bedarf – auch ohne Satzungsänderung – der Zustimmung der GV (vgl. für AG: BGH, DB 1982, 795). Dies gilt für alle grundlegenden Entscheidungen, die durch die Außenvertretungsmacht des Vorstandes so tief in die Mitgliederrechte eingreifen, „daß der Vorstand vernünftigerweise nicht annehmen kann, er dürfe sie in ausschließlich eigener Verantwortung treffen" (BGH, ebd., 796; vgl. auch Erl. § 43 Rdn. 10).

Wird z. B. das **Warengeschäft aufgegeben**, so muß die Satzung entspre- **5**
chend geändert werden; andernfalls bliebe der Förderanspruch aus Warenlieferungen der Mitglieder dem Grund nach bestehen (vgl. Erl. zu § 1 Rdn. 33 ff). Wird das Warengeschäft neu aufgenommen, so bedarf dies ebenfalls einer Grundlage in der Satzung.

**Nach Auflösung** der eG ist eine Satzungsänderung noch möglich, **6**
sofern diese nicht dem Zweck der Liquidation widerspricht (RGZ 121, 253; vgl. § 87 a wegen zusätzlicher Zahlungspflichten nach Auflösung und § 87 b, wonach Geschäftsanteile und Haftsumme nicht mehr erhöht werden können). Ob nach Auflösung noch der Sitz verlegt werden kann, hängt davon ab, ob dies der Liquidation dient (vgl. *Müller*, § 16 Rdn. 3; BlfG 1934, 712; a. A. KGJ 15, 35).

Bei jeder Satzungsänderung ist der Grundsatz der **Gleichbehandlung** **7**
der Mitglieder zu beachten (LG Stuttgart, ZfG 1964, 501 mit Anm. *Schnorr von Carolsfeld*; *Müller*, § 16 Rdn. 32; **Näheres** zum Gleichbehandlungsgrundsatz Erl. zu § 18 Rdn. 17 ff). Der Gleichbehandlungsgrundsatz hat zum Inhalt, daß jedes Mitglied bei gleichen Voraussetzungen die gleichen Rechte und Pflichten haben muß (RGZ 135, 58).

Es ist zu unterscheiden zwischen Fällen, in denen die Mitglieder **absolut** **8**
**gleich zu behandeln** sind (wie z. B. Höhe des Geschäftsanteils, der Haftsumme, der grundsätzlichen Einzahlungspflichten – soweit nicht im Rahmen der Satzung Ratenzahlung gewährt wird – bei der Kündigung usw.), und Sachverhalten, bei denen die **Gleichbehandlung nur relativ** sein kann. Hier müssen unterschiedliche Voraussetzungen zu unterschiedlichen Ergebnissen führen. Zu denken wäre z. B. an die Einführung einer **gestaffelten Pflichtbeteiligung** (§ 7 a Abs. 2); nicht aber eine Staffelung, die die Höhe der Pflichtbeteiligung für bestimmte Gruppen von Mitgliedern nicht nach dem Umfang der in Anspruch genommenen Leistungen (§ 7 a Abs. 2) bestimmt, sondern z. B. nach dem Zeitpunkt der Zuteilung einer Wohnung, etwa vor oder nach der Satzungsänderung (s. dazu § 18 Rdn. 38; § 7 a Rdn. 14–21; *Hettrich/Pöhlmann*, § 7 a Rdn. 7; *Meyer/Meulenbergh/Beuthien*, § 7 a, Rdn. 7). Erhöhung des Geschäftsanteils mit gleichzeitiger Zusammenlegung von 2 Geschäftsanteilen verstößt nicht gegen den Gleichbehandlungsgrundsatz, auch wenn die Auswirkungen für diejenigen Mitglieder unterschiedlich sind, die nur einen Geschäftsanteil haben (LG Stuttgart, ZfG 1964, 501 m. Anm. *Schorr von Carolsfeld*). Satzungsbestimmun-

gen über unterschiedliche Aufnahmebedingungen sind zulässig, da grundsätzlich kein Anspruch auf Aufnahme in die eG besteht (wegen Einschränkungen aus dem GWB vgl. Erl. zu § 1 Rdn. 181 ff). Zur Frage, ob ausnahmsweise ein Aufnahmeanspruch besteht vgl. § 15 Rdn. 21 ff und § 18 Rdn. 69.

9 Eine unterschiedliche Regelung der **Gewinnbeteiligung** dürfte zulässig sein, soweit dies sachlich begründet ist. So z. B. Beschränkung der Dividende auf den ersten Geschäftsanteil oder freiwillig übernommene weitere Geschäftsanteile (a. A. *Paulick*, S. 153; *Müller*, § 16 Rdn. 32).

10 Eine **ungleiche Behandlung** der Mitglieder durch Satzungsregelungen ist zulässig in der Gründungssatzung; sie ist bindend für Mitglieder, die einer eG beitreten, deren Satzung eine Ungleichbehandlung rechtswirksam vorsieht. Im übrigen ist sie wirksam, wenn alle betroffenen Mitglieder zustimmen. In diesem Fall wird eine Individualvereinbarung zum bindenden Inhalt der Satzung.

11 Satzungsänderungen haben die Grenzen der genossenschaftlichen **Duldungspflicht** zu beachten (Näheres zum Begriff: § 18 Rdn. 72 ff). Im Rahmen dieser Grenzen können zusätzliche Pflichten für die Mitglieder begründet und vorhandene Rechte beschränkt werden. Das Mitglied hat solche Belastungen nur dann zu dulden, wenn es bei seinem Eintritt in die eG damit rechnen mußte, und die Verpflichtung zu keiner unzumutbaren Belastung führt (RGZ 119, 339). Für Änderungen über die Duldungspflicht hinaus bedarf dies der Zustimmung aller betroffenen Mitglieder (RGZ 124; 188; 140, 247).

12 Satzungsänderungen wirken grundsätzlich vom Zeitpunkt der Eintragung an (vgl. Rdn. 64 ff).

**Sonderfälle** als Beispiele:

Wird durch Satzungsänderung die **Höchstzahl** für die Beteiligung mit weiteren Geschäftsanteilen herabgesetzt, so bleiben zuviel übernommene Geschäftsanteile bestehen, die entsprechenden Geschäftsguthaben bleiben Eigenkapital; es besteht aber eine Verpflichtung zur Verminderung der Zahl durch Kündigung (vgl. § 7 a Rdn. 9).

Wird durch Satzungsänderung die Zahl der **Aufsichtsratsmitglieder** herabgesetzt, so bleiben wirksam bestellte Aufsichtsratsmitglieder grundsätzlich im Amt bis zum Ablauf ihrer Wahlperiode, es sei denn, daß die Satzungsänderung gleichzeitig den Willen der GV erkennen läßt, bestimmte Aufsichtsratsmitglieder abzuberufen (vgl. § 36 Rdn. 46). Im übrigen gilt die Satzungsänderung nur für die Neubestellung von Aufsichtsratsmitgliedern.

Ist im Dienstvertrag mit einem hauptamtlichen Vorstandsmitglied vorgesehen, daß nach Ablauf der hauptamtlichen Tätigkeit eine Bestellung zum **ehrenamtlichen** Vorstandsmitglied erfolgen soll, läßt die Satzung aber ehrenamtliche Vorstandsmitglieder nicht zu, so wird eine Bestellung unwirksam. Ansprüche aus dem Dienstvertrag reduzieren sich auf Schadensersatzgesichtspunkte.

### 3. Fortsetzung einer auf bestimmte Zeit beschränkten Genossenschaft

Durch Satzung kann festgelegt sein, daß die eG nur für eine **bestimmte Zeit** bestehen soll (§ 8 Abs. 1 Ziff. 1). Der Ablauf dieser bestimmten Zeit hat automatisch die Auflösung der eG zur Folge ohne Beschlußfassung durch die GV (§ 79). Die Fortsetzung einer solchen eG bedarf dagegen stets eines Beschlusses der GV. Sie ist denkbar durch satzungsändernden Beschluß vor Ablauf der Zeit, also vor Auflösung der eG und auch nach Eintritt des Zeitablaufs, also im Stadium der Liquidation (§ 79 a). Auch in diesem Fall wird es erforderlich sein, die zeitliche Begrenzung in der Satzung anzupassen oder darauf zu verzichten. **13**

Die Beschlußfassung über die Fortsetzung einer auf bestimmte Zeit bestehenden eG bedarf zwingend der Mehrheit von mindestens 3/4 der abgegebenen Stimmen (§ 79 a Abs. 1). **14**

## II. Für Satzungsänderungen erforderliche Mehrheiten

### 1. Mehrheitsverhältnisse

Im Vereins- und Gesellschaftsrecht ist eine möglichst übereinstimmende Willensbildung erforderlich. Andererseits können wichtige Entscheidungen nicht immer davon abhängig gemacht werden, daß alle Mitglieder zustimmen. Die genossenschaftliche **Duldungspflicht** unterwirft daher grundsätzlich (in bestimmten Grenzen) auch die bei der Abstimmung unterlegene Minderheit den rechtswirksam gefaßten Beschlüssen (Näheres Erl. zu § 18 und § 43; *Metz/Werhahn*, insbes. Rdn. 198 ff). **15**

Im Normalfall genügt zur Meinungsbildung in der eG die **einfache Mehrheit** (§ 43 Abs. 2). Bei Beschlüssen, die sich für Mitglieder besonders belastend auswirken können oder für die eG von besonderer Tragweite sind, schreibt das Gesetz insbesond. in § 16 Abs. 2 und 3 qualifizierte Mehrheiten vor. **16**

Maßgeblich für die Berechnung ist die Zahl der **„abgegebenen Stimmen"**. Damit dürfte klargestellt sein, daß sowohl Stimmenthaltungen wie auch ungültige Stimmen nicht berücksichtigt werden. Diese Auslegung wird allein dem Zweck der gesetzlichen Regelung, wonach die Entscheidungen von bestimmten Mehrheiten der Mitglieder getragen sein sollen, wie auch dem erkennbaren Willen der Mitglieder gerecht. Wer sich der Stimme enthält, will nicht mit Nein stimmen (so im Ergebnis auch *Müller*, **17**

§ 16 Rdn. 6; *Schubert/Steder*, § 16 Rdn. 5). Diese Berechnung dient deshalb auch der Sicherheit bei der Feststellung des Abstimmungsergebnisses; es muß nicht vor jedem einzelnen Abstimmungsvorgang die Anzahl der anwesenden, stimmberechtigten Mitglieder festgestellt werden (Näheres *Metz/Werhahn*, Rdn. 198 ff).

**18** Die Frage der **Beschlußfähigkeit** ist im Gesetz nicht geregelt. Nach allgemeinen Grundsätzen müssen jedoch in der GV mindestens 3 Mitglieder zur Beschlußfassung anwesend sein (*Schubert/Steder*, § 43 Rdn. 8; zur Beschlußfähigkeit im Vorstand genügt Anwesenheit von 2 Personen, vgl. Erl. zu § 27; ebenso beim Aufsichtsrat, vgl. Erl. zu § 36). Diese Mitglieder können auch dem Vorstand oder Aufsichtsrat angehören (vgl. *Metz/Werhahn*, Rdn. 193 ff). Die Satzung kann jedoch die Beschlußfähigkeit von weiteren Voraussetzungen abhängig machen (z. B. für den Fall der Umwandlung oder Auflösung der eG).

**19** Die **Anpassung der Satzung** einer **ehemals** gem. Wohnungsbaugenossenschaft an die durch die Aufhebung des WGG geschaffene Rechtslage ist Satzungsänderung (§ 16 Abs. 4); ebenso die „Überarbeitung" der Satzungen von Wohnungsbaugenossenschaften in den neuen Ländern auf der Grundlage des GenG. Sie ändert **nicht** den Gegenstand des auf die wohnliche Versorgung der Mitglieder gerichteten Unternehmens (§ 16 Abs. 2 Nr. 1, § 12 Abs. 2 Nr. 3 i. V. m. § 67 a Abs. 1; EinführungsVO § 2, s. § 1 Rdn. 102 II).

**20** Über das **Verfahren bei der Beschlußfassung** in der GV enthält das Gesetz keine Bestimmungen; es bleibt somit weitgehend der Satzung überlassen, vorzusehen, inwieweit Abstimmungen und Wahlen **geheim** oder **offen** durchgeführt werden (Näheres *Metz/Werhahn*, Rdn. 198, 216 ff). Die Satzung kann z. B. regeln, daß Vorstand, Aufsichtsrat oder eine Minderheit von 10 % der Stimmen verlangen können, daß Abstimmungen oder Wahlen geheim durchgeführt werden. Im übrigen hat der Versammlungsleiter ausreichende Befugnisse, um die Abstimmung ordnungsgemäß durchzuführen und zu klaren Ergebnissen zu gelangen (Näheres Erl. zu § 43). Grundsätzlich kann über den gesamten Satzungsentwurf einheitlich Beschluß gefaßt werden; auf Antrag auch einzelner Mitglieder muß über einzelne Vorschläge jedoch gesondert beraten und Beschluß gefaßt werden (vgl. *Metz/Werhahn*, Rdn. 119).

### 2. Die einzelnen Fälle von § 16 Abs. 2

**21** Die Aufzählung in Abs. 2 ist nicht abschließend. Auch in den Fällen der §§ 36 Abs. 3, 78 Abs. 1, 79 a Abs. 1, 93 b Abs. 1 bedürfen die Beschlüsse einer Mehrheit von mindestens 3/4 der abgegebenen Stimmen; zusätzlich auch die Beschlüsse nach dem Umwandlungsgesetz für Verschmelzung (§ 84 UmwG), Spaltung (§ 147 i. V. m. §§ 125, 84) und Formwechsel (§ 262 UmwG).

Die folgenden in Abs. 2 genannten satzungsändernden Beschlüsse bedürfen zur Wirksamkeit einer Mehrheit von mindestens 3/4 der abgegebenen Stimmen, soweit die Satzung nicht noch **strengere** Voraussetzungen vorsieht:

a) **Änderung des Gegenstandes des Unternehmens.** Der „Gegenstand des Unternehmens" umschreibt in der Satzung die Mittel, mit denen der Förderzweck erfüllt werden soll (zum Begriff vgl. Erl. zu § 6 Rdn. 25 ff). Durch Satzungsänderung kann jeder beliebige Unternehmensgegenstand neu eingeführt oder der bisherige abgeändert werden. Dadurch kann in zulässigem Rahmen auch der Charakter der eG völlig verändert werden (*Müller*, § 16 Rdn. 18; a. A. *Eiser*, S. 169). Die Grenze ist der gesetzlich gegebene Förderzweck (vgl. KGJ 44, 347). § 33 Abs. 1 S. 2 BGB – Zweckänderung – findet keine Anwendung (vgl. Erl. oben Rdn. 4). **22**

Durch Satzungsänderung kann der Unternehmensgegenstand neu formuliert werden, ohne daß damit notwendigerweise eine Änderung des tatsächlichen Geschäftsbetriebs verbunden ist. Grundsätzlich können die Mitglieder von der eG aber erwarten, daß die in der Satzung festgelegten Leistungen auch tatsächlich erbracht werden (vgl. Erl. zu § 1 Rdn. 41 ff). Neubezeichnung des Unternehmensgegenstandes ohne Änderung des materiellen Inhalts bedarf nur der Mehrheit gemäß Abs. 4, d. h., die Satzung kann für solche Änderungen geringere Mehrheiten als 3/4 der abgegebenen Stimmen vorsehen. **23**

Änderung der Firma ist nicht Änderung des Unternehmensgegenstandes; auch hier genügt satzungsändernde Mehrheit gemäß Abs. 4.

b) Die **Erhöhung des Geschäftsanteils** bedarf ebenfalls mindestens der 3/4-Mehrheit, nicht aber die Erhöhung der Einzahlungspflichten auf den Geschäftsanteil oder die Verkürzung von Einzahlungsfristen; hier genügt die Mehrheit nach Abs. 4. Auch für den erhöhten Geschäftsanteil muß ein bestimmter Betrag festgesetzt werden; er muß für alle Mitglieder gleich sein. Der Beschluß kann den Zeitpunkt beliebig festsetzen, in dem die Erhöhung eintreten soll; es kann auch eine zeitliche Staffelung in der Weise vorgenommen werden, daß z. B. mit Beginn eines jeden Geschäftsjahres sich der Geschäftsanteil um einen bestimmten Betrag erhöht (*Müller*, § 16 Rdn. 19). **24**

Wegen des außerordentlichen Kündigungsrechts vgl. § 67 a.

c) **Die Einführung oder Erweiterung einer Pflichtbeteiligung** mit mehreren Geschäftsanteilen kann seit der Novelle 1973 mit satzungsänderndem Beschluß und 3/4-Mehrheit durchgeführt werden (vgl. § 7 a Rdn. 23). Dies gilt sowohl für die gleichmäßige wie auch für die gestaffelte **25**

Pflichtbeteiligung. Das Gesetz gibt insoweit einen Rahmen für die genossenschaftliche Duldungspflicht; als Korrektiv bei Überspannung ist ein außerordentliches Kündigungsrecht gemäß § 67 a vorgesehen. Zusätzlich findet die Pflichtbeteiligung ihre Grenze dort, wo die Größenordnung schlechthin wirtschaftlich nicht vertretbar und für die Mitglieder unzumutbar wäre (BGH, BB 1978, 1134 = ZfG 1978, 442 m. Anm. *Hadding*; auch *Müller*, § 16 Rdn. 20; *Schubert/Steder*, § 16 Rdn. 9; *Meyer/Meulenbergh/Beuthien*, § 16 Rdn. 9; vgl. auch BGHZ 56, 106). Trifft das nicht zu, ist der Beschluß auch nicht treuwidrig, zumal wenn er den ausdrücklichen Hinweis enthält, daß in wirtschaftlichen Härtefällen den Mitgliedern Ratenzahlung gewährt wird. Die eG ist verpflichtet, für eine ausreichende Ausstattung mit Eigenkapital zu sorgen (AG Mannheim v. 11. 4. 1995 – 6 C 348/95). Nach Auflösung der eG entfällt die Verpflichtung zur Übernahme von Geschäftsanteilen, auch wenn die Satzung dies vorsieht (BGH, ZfG 1978, 442).

**26** Eine bisherige „Sollbestimmung" für die Übernahme weiterer Geschäftsanteile bedeutet grundsätzlich eine Rechtspflicht; eine Neufassung als „Mußvorschrift" bedeutet daher keine Einführung oder Erweiterung der Pflichtbeteiligung (LG Göttingen, ZfG 1971, 396 m. Anm. *Nitschke/Ebenroth*). Entsprechendes gilt bei einer Änderung der Bezugsgröße, ohne daß dadurch die Beteiligungspflichten tatsächlich geändert werden (LG Göttingen; *Müller*, § 6 Rdn. 29).

**27** Für eine Änderung der Pflichtbeteiligung die zu **geringeren Beteiligungspflichten** führt, wie auch für die Aufhebung genügt die satzungsändernde Mehrheit von § 16 Abs. 4. Dies ist keine Verminderung des Eigenkapitals; ein besonderer Gläubigerschutz ist nicht erforderlich.

**28** d) **Einführung oder Erweiterung der Verpflichtung zur Leistung von Nachschüssen**

Abs. 2 Ziff. 4 faßt die vor der Novelle 1973 bestehende Regelung zusammen und ergänzt sie, so daß die Einführung einer Nachschußpflicht, die Erhöhung der Haftsumme und die Umwandlung in eine strengere Haftform **mindestens der 3/4-Mehrheit** bedürfen. Auch hier wird den überstimmten Mitgliedern ein außerordentliches Kündigungsrecht gemäß § 67 a eingeräumt. Jede dieser Arten der Erweiterung der Nachschußpflicht kann nur bis zum Zeitpunkt der Auflösung der eG beschlossen werden (vgl. dazu Sonderregelung in § 87 a zur Abwendung des Konkurses im Liquidationsstadium). Auch die Erweiterung der Nachschußpflicht findet ihre Grenze an vertretbaren wirtschaftlichen Erwägungen und der Zumutbarkeit (RG JW 1910, 40; *Müller*, § 16 Rdn. 21).

**29** Wird der Geschäftsanteil über den in der Satzung festgelegten Betrag der Haftsumme erhöht, so erhöht sich damit gemäß § 119 auch die **Haftsumme**

entsprechend. Der Beschluß muß dahin interpretiert werden, daß diese mit der Erhöhung notwendig verbundenen Änderungen gewollt sind. Die erforderliche 3/4-Mehrheit folgt aus Abs. 2 Ziff. 2.

Die **Herabsetzung der Nachschußpflicht** muß die Grenze von § 119 berücksichtigen; die Herabsetzung sowie der Verzicht auf jede Nachschußpflicht sind mit satzungsändernder Mehrheit (Abs. 4) unter Beachtung von § 22 Abs. 1–3 möglich. 30

e) **Verlängerung der Kündigungsfrist über 2 Jahre**

Die **Kündigungsfrist** für die Mitgliedschaft beträgt gemäß § 65 Abs. 2 mindestens 3 Monate, höchstens 5 Jahre. Wird die Frist durch Satzungsänderung auf über 2 Jahre verlängert, so bedarf dies der 3/4-Mehrheit. Nach dem Sinn der Schutzvorschrift muß dies auch dann gelten, wenn die Frist bereits länger als 2 Jahre betragen hat, durch satzungsändernden Beschluß aber weiter verlängert wird (so auch *Müller*, § 16 Rdn. 22). Bei längerer als zweijähriger Kündigungsfrist haben die Mitglieder außerdem stets die Möglichkeit eines vorzeitigen Ausscheidens (§ 65 Abs. 2); anläßlich der Satzungsänderung gewährt § 67 a ein außerordentliches Kündigungsrecht. 31

f) **Einführung eines Beteiligungsfonds**

Die Möglichkeit der **Beteiligung ausscheidender Mitglieder** an den Rücklagen der eG wurde mit Novelle 1973 im Rahmen des § 73 Abs. 3 eingeführt. Eine solche Beteiligung ist nach dem klaren Wortlaut von § 73 Abs. 3 nur möglich, „an einer zu diesem Zweck aus dem Jahresüberschuß zu bildenden Ergebnisrücklage"; eine Beteiligung an gesetzlichen oder anderen freiwilligen Rücklagen der eG ist ausgeschlossen, sie kann auch nicht durch die Satzung eingeräumt werden. Durch Bilanzrichtlinie-Gesetz wurden in § 73 Abs. 3 die Worte „an einem zu diesem Zweck zu bildenden anderen Reservefonds" ersetzt durch „an einer zu diesem Zweck aus dem Jahresüberschuß zu bildenden anderen Ergebnisrücklage". Damit ist auch klargestellt, daß der Beteiligungsfonds nur aus dem Jahresergebnis, nicht aber aus dem Vermögen der eG gebildet werden kann. Auch ehemals gem. **Wohnungsbaugenossenschaften** können die Beteiligung ausscheidender Mitglieder gem. § 73 Abs. 3 vorsehen. Das dürfte jedoch nicht gelten für eine eG, die in ihrer Firma die Bezeichnung als „gemeinnützig" fortführt (s. § 1 Rdn. 99 unter b); § 3 Rdn. 16 d). 32

3/4-Mehrheit ist auch erforderlich, wenn bei einem bereits eingeführten Beteiligungsfonds die Beteiligung „erweitert" werden soll. Dies kann z. B. durch höhere Zuweisungen durch Satzungsänderung zum Fonds und damit erhöhten Ansprüchen ausscheidender Mitglieder erfolgen. 33

Für die **Herabsetzung der Beteiligung** oder für einen Verzicht genügt dagegen die satzungsändernde Mehrheit nach Abs. 4. Die Zustimmung aller 34

Mitglieder, denen Beteiligungsansprüche eingeräumt waren, ist nicht erforderlich. Sobald Ansprüche durch Ausscheiden fällig geworden sind, können sie allerdings nicht mehr durch Mehrheitsbeschluß entzogen werden, sondern nur durch Zustimmung der Betroffenen.

g) **Einführung von Mehrstimmrechten**

**35** Als Ausnahme vom genossenschaftlichen Grundsatz „eine Person, eine Stimme" kann die Satzung im Rahmen von § 43 Abs. 3 (Novelle 1973) Mehrstimmrechte gewähren (s. Erl. zu § 43). Jede Einführung oder Erweiterung dieser Mehrstimmrechte bedarf der 3/4-Mehrheit; für die Einschränkung oder die Abschaffung von Mehrstimmrechten ist eine Satzungsänderung mit den Mehrheiten von Abs. 4 ausreichend. § 43 Abs. 3 Satz 8 stellt klar, daß bei einer solchen Entziehung bestehender Mehrstimmrechte die Zustimmung der betroffenen Mitglieder nicht erforderlich ist.

h) **Zerlegung von Geschäftsanteilen**

**36** Die Novelle 1973 hat ein **vereinfachtes Verfahren für die Zerlegung von Geschäftsanteilen** eingeführt (wegen des Begriffs der Zerlegung vgl. Erl. zu § 22 b); nach früherem Recht war u. a. ein Gutachten des Prüfungsverbandes erforderlich. Nunmehr genügt für die Satzungsänderung 3/4-Mehrheit.

**37** Mit der Zerlegung der Geschäftsanteile muß nicht ein satzungsändernder Beschluß über die Zerlegung der Haftsumme verbunden sein. Bestimmt die Satzung z. B., daß mit jedem Geschäftsanteil eine bestimmte Haftsumme verbunden war, so würde nunmehr für jeden einzelnen zerlegten und verminderten Geschäftsanteil die bisherige Haftsumme weiter bestehen bleiben. Es kann auch beschlossen werden, daß die gesamte Haftsumme dem ersten Geschäftsanteil gemäß § 121 zugeordnet wird (*Müller*, § 16 Rdn. 25).

**38** Für die **Verteilung des Geschäftsguthabens** bei Zerlegung enthält das Gesetz ebenfalls keine Regelung. Es dürfte daher im Rahmen der Satzungsfreiheit (§ 18) zulässig sein, wenn die Satzung die Verteilung des Guthabens regelt (so auch *Müller*, § 16 Rdn. 25). Fehlt diese Regelung, so ist das Geschäftsguthaben in der Reihenfolge auf die ersten Geschäftsanteile voll anzurechnen; nur so kann dem Gedanken von § 15 b Abs. 2 entsprochen werden (Näheres Erl. zu § 22 Rdn. 13; a. A. *Müller*, der in diesem Fall nur gleichmäßige Verteilung zulassen will, § 16 Rdn. 25; *Paulick*, S. 178).

**39** Falls eine in der Satzung vorgesehene **Höchstzahl** von Geschäftsanteilen (§ 7 a Abs. 1) nach der Zerlegung nicht ausreicht, ist die Satzung gleichzeitig entsprechend anzupassen. Geschieht dies nicht, so sind die Geschäftsanteile dennoch wirksam übernommen. Dies erscheint aus Gründen des Gläubigerschutzes geboten.

Soweit mehrere Geschäftsanteile nach der Zerlegung nicht voll eingezahlt sind, ist dies unschädlich. Es gelten die satzungsmäßigen Einzahlungsverpflichtungen. Eine Versicherung des Vorstands über die Einzahlung gemäß § 15 b Abs. 3 ist nicht Voraussetzung für die Eintragung der Zerlegung (§ 22 b Abs. 2). **40**

### 3. Noch weitere Erfordernisse

Damit wird in § 16 Abs. 2 letzter Satz klargestellt, daß die für die besonderen Fälle dieses Absatzes vorgesehene 3/4-Mehrheit **durch die Satzung noch verschärft werden kann**. So kann die Satzung auch für diese Fälle z. B. 9/10-Mehrheit vorsehen oder wiederholte Beschlußfassung in verschiedenen GV oder festlegen, daß eine bestimmte Mitgliederzahl oder Bruchteile der Zahl der Gesamtmitglieder bei der Abstimmung anwesend sein muß. Falls Einstimmigkeit vorgesehen wird, sollte klargestellt werden, ob sich dies auf die abgegebenen Stimmen, die anwesenden Mitglieder oder auf alle Mitglieder bezieht. **41**

Für die **Einführung** besonderer Qualifikationen (Mehrheitsverhältnisse) für Satzungsänderungen muß folgendes gelten:

Grundsätzlich genügt satzungsändernde Mehrheit. Die Klausel, daß bestimmte Regelungen der Satzung überhaupt nicht geändert werden können, bedarf der Zustimmung aller Mitglieder; neu beitretende Mitglieder sind dieser Klausel unterworfen (*Baumbach/Hueck*, AktG, § 179 Rdn. 4; *Müller*, § 16 Rdn. 9).

Für die **Aufhebung** einer zusätzlichen Qualifikation genügt auch grundsätzlich satzungsändernde Mehrheit, soweit die Satzung nicht ausdrücklich etwas anderes dafür bestimmt.

Die Satzung kann z. B. aber bestimmen, daß die Änderung der besonderen Qualifikation auch nur wieder unter diesen gleichen Voraussetzungen (mit gleichen Mehrheiten) möglich ist.

Bei eingeführter **Vertreterversammlung** ist diese grundsätzlich für alle Beschlüsse zuständig; die Qualifikation „Zustimmung aller Mitglieder“ bedeutet dann „Zustimmung aller Vertreter“. Diese Rechtslage ist unbefriedigend, zumal wenn die Satzung z. B. die Auflösung einer eG an die Zustimmung aller Mitglieder binden wollte.

## III. 9/10-Mehrheit in besonderen Fällen (§ 16 Abs. 3)

Durch Novelle 1973 wurde zugelassen, durch Satzung eine Verpflichtung zur **Inanspruchnahme der Einrichtungen** oder anderer Leistungen der eG oder die Leistung von Sachen oder Diensten an die eG zu regeln. **42**

43 Um die „Einführung" oder „Erweiterung" von **Nebenleistungspflichten** handelt es sich dann, wenn die Neuregelung in der Satzung zusätzliche Verpflichtungen oder Belastungen für die Mitglieder bedeutet. Entscheidend dabei ist allerdings nicht, daß sich auch der wirtschaftliche Wert der Leistungen erhöht (so auch *Müller*, § 16 Rdn. 27).

44 Vom Sinn der Regelung her ist Abs. 3 auch auf die Einführung sonstiger Nebenpflichten anzuwenden, soweit diese für die Mitglieder von vergleichbarer Bedeutung sind wie die Pflicht zur Inanspruchnahme der eG oder zur Leistung von Sachen und Diensten (ebenso *Müller*, § 16 Rdn. 28).

45 Wegen der Bedeutung solcher Bestimmungen für die einzelnen Mitglieder ist die besonders **qualifizierte Mehrheit von** 9/10 erforderlich. Auch hierfür kann die Satzung zusätzliche Erschwerungen vorsehen, wie z. B. Einstimmigkeit. Mitglieder, die dem Beschluß widersprechen, werden durch ein außerordentliches Kündigungsrecht gemäß § 67 a geschützt. Die bisherige Rechtsprechung zur Einführung solcher Nebenleistungspflichten (z. B. BGH, NJW 1960, 1858) ist durch die gesetzliche Regelung überholt.

46 Grundlage der in Abs. 3 vorgesehenen Pflichten ist die gegenseitige gesellschaftliche **Treuepflicht**; das Mitglied kann nicht nur Vorteile in Anspruch nehmen, ohne auch die Interessen des genossenschaftlichen Unternehmens zu beachten. Ein Mitglied kann sich zum Beispiel seiner Ablieferungspflicht nicht dadurch entziehen, daß es seinen Betrieb verpachtet. Dies wäre Verstoß gegen die Ablieferungspflicht; das Mitglied muß dafür Sorge tragen, daß der Pächter die Mitgliedschaft erwirbt und der Ablieferungspflicht nachkommt; andernfalls bleibt Erfüllungspflicht des Mitglieds als Verpächter bestehen; gegebenenfalls Umwandlung in Schadensersatzansprüche. Diese können auch pauschaliert als Vereins- oder Vertragsstrafe gegeben sein (OLG Karlsruhe Az: 15 U 159/84; wegen der Begriffe Vereins- oder Vertragsstrafe vgl. § 7 Rdn. 73, 75).

47 Das Verhältnis von § 16 Abs. 3 zu den **Vorschriften des GWB** wird in der Amtlichen Begründung zur Novelle 1973 unter 10. c) näher angesprochen. Ein ausdrücklicher Vorbehalt für Bestimmungen des GWB sei nicht erforderlich, da sich § 25 Abs. 2 GWB (anders als § 25 Abs. 1 GWB) nur gegen rechtswidrige Mittel, mit denen jemand zum Beitritt zu einem Kartell veranlaßt werden soll, richte. Der Beschluß der GV nach § 16 Abs. 3 sei jedoch nicht rechtswidrig.

§ 16 Abs. 3 gibt lediglich einen gesellschaftsrechtlichen Rahmen; unter den Gesichtspunkten des GWB ist von Fall zu Fall zu prüfen, ob und inwieweit kartellrechtliche Vorschriften Grenzen für die Satzungsregelung setzen.

## IV. Sonstige Satzungsänderungen, einfache satzungsändernde Mehrheit (§ 16 Abs. 4)

Aus Abs. 4 folgt, daß grundsätzlich für **Satzungsänderungen** 3/4- **Mehrheit** erforderlich ist, daß aber die Satzung auch **strengere oder weniger strenge** Anforderungen stellen kann (Ausnahmen aber z. B. Abs. 2 und 3). Enthält die Satzung keine Regelung der Mehrheitsverhältnisse für Satzungsänderungen, so ist die 3/4-Mehrheit erforderlich. Eine geringere als die einfache Mehrheit der abgegebenen Stimmen kann für Satzungsänderungen aber nicht vorgesehen werden (*Müller*, § 16 Rdn. 8; *Schubert/Steder*, § 16 Rdn. 17). Dies folgt schon daraus, daß gemäß § 8 Abs. 1 Nr. 4 und § 43 Abs. 2 für Beschlüsse der GV stets mindestens einfache Mehrheit erforderlich ist. 48

Die Satzung kann auch für einfache Satzungsänderungen grundsätzlich jede beliebige zusätzliche Verschärfung vorsehen, wie z. B. Einstimmigkeit, Teilnahme einer Mindestzahl von Mitgliedern usw. Nach § 3 Abs. 1 Nr. 4 des **Marktstrukturgesetzes** ist für die dort genannten Fälle mindestens 2/3-Mehrheit erforderlich. 49

Für den Fall der Einführung einer **Mustersatzung** des Prüfungsverbandes sieht die Verordnung vom 21. 10. 1932 (RGBl. I, 508) in III. § 2 vor, daß in der Satzung vorgesehene Erschwerungen für Satzungsänderungen über 3/4-Mehrheit hinaus nicht anwendbar sind. Dies gilt jedoch nur, soweit die Mustersatzung für die Mitglieder keine zusätzlichen Pflichten vorsieht. Das LG Stuttgart (ZfG 1972, 297) will diese Verordnung auch anwenden, wenn nur Teile der Mustersatzung eingeführt werden. Diese Auffassung – wie überhaupt die Anwendung der genannten Verordnung – erscheint problematisch; es sind – aus heutiger Sicht – keine ausreichenden Gründe erkennbar, die einen solchen Eingriff in die Satzungshoheit der GV rechtfertigen (vgl. auch Anm. von *Kraft*, ZfG 1972, 299). 50

Im Gesellschaftsrecht gilt der Grundsatz, daß satzungsmäßige Erschwerungen für Satzungsänderungen nur in der **erschwerten Form beseitigt werden können** (a. A. LG Stuttgart, ZfG 1972, 297, wonach dieser Grundsatz nicht für eG gelten soll. Diese Begründung kann nicht überzeugen; s. krit. Anm. *Kraft*, ZfG 1972, 300). 51

**Sonderrechte** unterliegen grundsätzlich nicht der Beschlußfassung durch die GV (RGZ 140, 247; Näheres Erl. zu § 18). 52

## V. Eintragung im Genossenschaftsregister

### 1. Das Verfahren (§ 16 Abs. 5)

Die **Anmeldung der Satzungsänderung** erfolgt durch den gesamten Vorstand in öffentlich beglaubigter Form (§ 157). Die zwei gemäß Abs. 5 53 beizufügenden Abschriften bedürfen keiner Beglaubigung. Wird eine Neufassung der ganzen Satzung eingereicht, so braucht der Eintragungsantrag die Änderungen nicht einzeln zu bezeichnen (RJA 13, 25; LG Kiel, BlfG 1937, 515; für GmbH BayObLG, WM 1979, 115; GWW 1980, S. 41 ff). Soweit nur einzelne Vorschriften geändert worden sind, erscheint es gerechtfertigt, daß der Vorstand das Registergericht auf die Änderungen ausdrücklich hinweist (BayObLG, BB 1985, 1218; OLG Schleswig, DNotZ 1973, 482; BayObLG a. a. O.). Die Vorlage des Protokollbuchs oder anderer Originalprotokolle kann regelmäßig nicht verlangt werden (OLG Dresden, BlfG 1936, 188; *Werhahn/Gräser*, S. 21). Anmeldung der Satzungsänderung zum Gericht der Zweigniederlassung ist nicht mehr erforderlich (§§ 14, 14 a; § 157 Abs. 2 gestrichen durch Novelle 1973.

**54** Bei Satzungsänderungen – gleich welchen Umfangs – ist die Beifügung eines Verzeichnisses nach § 47 Abs. 3 nur dann erforderlich, wenn eine der dort genannten Änderungen beschlossen worden ist.

**55** Im Beschluß kann für die Anmeldung zum Genossenschaftsregister auch **ein späterer Termin bestimmt**, die Anmeldung kann auch von einer Bedingung abhängig gemacht werden. Wegen „bedingter Satzungsänderung" s. Rdn. 71. Der Vorstand ist zur unverzüglichen Anmeldung verpflichtet, wenn die GV nichts anderes beschließt oder wenn ausnahmsweise sonstige wichtige Gründe die Verzögerung der Anmeldung oder die Nichtanmeldung rechtfertigen (z. B. Wirksamkeitsmängel).

**56** Kommt der Vorstand nach der Beschlußfassung der GV zu der Überzeugung, daß die Satzungsänderung aus Rechtsgründen nicht eingetragen werden kann (z. B. wegen Verstoßen gegen geltendes Recht), so kann die Verpflichtung zur Anmeldung entfallen; ggfs. ist die GV erneut einzuberufen, um den Mangel zu beseitigen. Anfechtbarkeit allein berührt grundsätzlich nicht die Verpflichtung zur Anmeldung. Eine begründete und sicher zu erwartende Anfechtung kann aber unter Umständen eine Zurückstellung der Anmeldung rechtfertigen.

**57** Vor der Eintragung **hat das Registergericht zu prüfen**, ob die Anmeldung in der vorgeschriebenen Form erfolgt und ob der Beschluß mit dem Gesetz und der Satzung vereinbar ist (RGZ 140, 180). Dagegen hat es nicht von sich aus zu prüfen, ob die Vorschriften über die Berufung und die Beschlußfassung beobachtet worden sind (KGJ 14, 43; 41, 153) und ob die erforderliche Mehrheit zustande gekommen ist (JFG 3, 220; LG Torgau, BlfG 1931, 580). Das Kammergericht (JW 1935, 715) bejaht allerdings die Pflicht zur Prüfung der Beschlußfähigkeit (zu weitgehend auch *Müller*, § 16 Rdn. 38). Es kann nicht Sache des Registergerichts sein, die Verletzung von Ordnungsvorschriften zu rügen; dafür räumt § 51 ein Anfechtungsrecht der Mitglieder ein. Falls die Satzung Zustimmung aller Mitglieder für Änderungen verlangt, muß diese aber auf Verlangen des Registergerichts nachgewiesen werden (RGZ 76, 170; OLG Rspr. 32, 129).

Das Gericht darf unklare oder mißverständliche Satzungsregelungen, die nur gesellschaftsinterne Bedeutung haben, nicht beanstanden; eine Zweckmäßigkeitskontrolle findet nicht statt (BayObLG, DB 1985, 964 = WM 1986, 672; OLG Köln, Rechtspfl. 1981, 405 = WM 1981, 1263).

**Nach Ablauf der Anfechtungsfrist** muß ein anfechtbarer Beschluß ein- 58
getragen werden, wenn Anfechtungsklage nicht erhoben ist (KG, BlfG 1917, 8). Innerhalb der Anfechtungsfrist wird es von den Umständen des Einzelfalles abhängen, ob der Registerrichter dem Eintragungsantrag stattzugeben hat oder nicht. Die Anfechtbarkeit von Beschlüssen hat an sich auf die Eintragung keine Wirkung, insbesond. hat sie keinen Suspensiveffekt.

Im Zusammenhang mit der Eintragung einer Satzungsänderung kann 59
das Registergericht den gesamten **Satzungsinhalt prüfen**; es können dabei auch früher eingetragene Regelungen beanstandet werden (BayObLG, WM 1979, 115; GWW 1980, 41; vgl. BayObLGZ 1975, 435 [438]; OLG Düsseldorf, Rechtspfl. 1978, 253 = DNotZ 1978, 564).

Gegen eine Zurückweisung des Eintragungsantrags steht dem Vorstand 60
– nicht der eG! – ein Beschwerderecht zu. Dies wird damit begründet, daß die Verpflichtung zur Anmeldung ausdrücklich dem Vorstand auferlegt ist – § 16 Abs. 5 i. V. m. § 11 Abs. 1 (BayObLG, Beschl. v. 3. 7. 1986, ZfG 1990, 68 mit Anm. *Brehm*; näher hierzu § 157 Rdn. 3).

Das Registergericht der Zweigniederlassung hat nach Wegfall des frühe- 61
ren § 157 Abs. 2 keine Prüfungsmöglichkeit.

Die dem KWG unterliegenden eG (**Kreditgenossenschaften**) haben 62
gemäß § 24 Abs. 1 Ziff. 4 KWG Satzungsänderungen dem Bundesaufsichtsamt und der Deutschen Bundesbank anzuzeigen. Eine besondere Anzeigepflicht besteht gemäß § 24 KWG auch für die Änderung der Firma, Kapitalveränderungen, die in öffentliche Register eingetragen werden müssen, Sitzverlegung, Errichtung, Verlegung oder Schließung einer Zweigstelle, Aufnahme oder Einstellung des Betreibens von Geschäften, die nicht Bankgeschäfte sind. Diese Fälle werden bei eG im wesentlichen durch die Satzung geregelt. Kapitalveränderungen, die durch Beitritt oder Ausscheiden von Mitgliedern entstehen, sind aber nicht anzeigepflichtig (vgl. Anzeigenbekanntmachung des BAK vom 18. 6. 1976, abgedruckt in *Reischauer/Kleinhans*, Bd. 1 Nr. 245 – dort IV. 3 a; **Wohnungsbaugenossenschaften** unterliegen ab 1. 1. 1995 dem KWG. Zu Fragen der Abwicklung und Abgrenzung von Bankgeschäften und erlaubnisfreien Geschäften, insbes. der Stundung von (Rest-)Kaufpreisen bei der Veräußerung von bebauten und unbebauten Grundstücken u. ä. sowie zu Mitteilungspflichten s. im einzelnen § 1 Rdn. 73 c, Buchst. a und b). Für **Vermietungsgenossenschaften** gilt die Sonderregelung nach § 12 Abs. 4 KWG. Zweifelsfragen sind

über den zuständigen Prüfungsverband mit dem BAK zu klären (s. dazu § 1 Rdn. 101, Buchst. c). Für den Jahresabschluß gelten die Gliederungsvorschriften nach Art. 1 § 1 Abs. 3, 92 Abs. 3 und 4 der GliederungsVO, s. dazu § 7 Rdn. 86 und Rdn. 87; Schriften des GdW Nr. 29, Anl. 5 und 6, Erl. C, 81.

**63** Ein **Verstoß gegen diese Anmeldepflichten,** die dem Vorstand obliegen, berührt nicht die Rechtswirksamkeit eingetragener Satzungsänderungen (ebenso *Müller*, § 16 Rdn. 35).

### 2. Wirkung der Eintragung (§ 16 Abs. 6)

**64** Gemäß § 16 Abs. 6 erlangt eine Satzungsänderung erst **mit der Eintragung** im Genossenschaftsregister rechtliche Wirkung. Voraussetzung ist, daß ein gültiger Beschluß der GV vorliegt. Mängel des Beschlusses werden durch die Eintragung allein nicht geheilt (RG, JW 1931, 2982; RGZ 140, 178; wegen Heilung durch Ablauf der Anfechtungsfrist vgl. Erl. zu § 51). Dennoch können Eintragungen ohne gültige Beschlüsse bestimmte Wirkungen haben, wie z. B. Haftung der Mitglieder nach Eintragung der Anteilserhöhung (RGZ 85, 314; 120, 370), jedoch nicht, wenn überhaupt kein Beschluß vorliegt (RGZ 125, 150 = BlfG 1929, 710); in diesem Fall hat Löschung schon nach § 142 FGG zu erfolgen (KG DJZ 1929, 108 = BlfG 1929, 25). Sonst Löschung nach § 23 GenRegVO; nach § 147 Abs. 3 FGG nur, wenn der Inhalt des Beschlusses zwingende Normen verletzt und gerade seine Beseitigung durch das öffentliche Interesse geboten ist. Wegen bedingter Satzungsänderung und späterer Wirksamkeit vgl. Rdn. 71.

**65** Eine Satzungsänderung dahin, daß die eG Bankgeschäfte aufnehmen will, ist erst eintragungsfähig, wenn die **erforderliche Genehmigung** der Bankaufsichtsbehörde nachgewiesen ist (OLG München, JFG 17, 53 = BlfG 1938, 295).

**66** Sonstige Regelungen, die als Bestandteil der Satzung deklariert werden (z. B. eine „Milchlieferungsordnung“) bedürfen der Eintragung im Genossenschaftsregister (LG Essen, ZfG 1955, 239).

**67** Vor der Eintragung im Register hat der Beschluß auch im **Innenverhältnis** zwischen Mitgliedern und eG keine rechtliche Wirkung (BGHZ 20, 144; OLG Nürnberg, ZfG 1960, 350). Dies gilt auch für Satzungsänderungen, deren Inhalt auch außerhalb der Satzung durch einfachen Beschluß der GV hätte festgelegt werden können (LG Essen, Recht der Landwirtschaft 1950, 113; *Müller*, § 16, Rdn. 46).

**68** Satzungsänderungen haben **keine rückwirkende Kraft**, da sie erst mit der Eintragung im Register rechtswirksam sind; dies gilt auch für die Beziehungen zwischen der eG und ihren Mitgliedern (BGHZ 20, 144). Auch die GV kann dem Beschluß keine rückwirkende Kraft verleihen. Die Verlängerung der Kündigungsfrist betrifft nicht mehr solche Mitglieder, die vor Eintragung des Beschlusses in das Register gekündigt haben (*Paulick*, S. 184). Wird der Wahlmodus für Vorstandsmitglieder geändert, so bedarf es keiner Neuwahl für die im Amt befindlichen Vorstandsmitglieder; das geänderte Verfahren kann erst mit Eintragung angewendet werden.

Werden Satzungsbestimmungen über die zeitliche **Dauer eines Organamtes** geändert, so gilt die Neuregelung von der Eintragung der Satzungsänderung an, und zwar auch für Organmitglieder, bei denen zuvor andere Regelungen gegolten haben. Organmitglieder haben grundsätzlich keinen Anspruch darauf, eine bestimmte Zeit im Amt zu bleiben. Für den Vorstand folgt dies aus § 24 Abs. 3 Satz 2, für den Aufsichtsrat aus § 36 Abs. 3. Das Amt erlischt, wenn vorher keine ordnungsmäßige Beendigung auf andere Weise herbeigeführt wird, nach Ablauf der in der Satzung bestimmten Frist von selbst (LG Berlin, GWW 1956, 431). Eine Satzungsänderung findet ihre Wirksamkeitsgrenze aber dort, wo bereits schutzwürdige persönliche Rechtspositionen gegeben sind, z. B. vertragliche Gehaltsansprüche. Für diese – wie z. B. für dienstvertragliche Vereinbarungen – gelten die allgemeinen gesetzlichen Regelungen, z. B. der Beendigung durch Kündigung (vgl. auch Erl. zu § 24). Ein die Haftsumme herabsetzender Beschluß hat vor der Eintragung keine Wirkung (OLG Düsseldorf, NJW 1950, 826). Durch Satzungsänderung neu eingeführte oder geänderte **Ausschlußgründe** sind nur anwendbar, wenn der Tatbestand nach der Eintragung erfüllt wurde (*Müller*, § 16 Rdn. 46). 69

Durch Satzungsänderung können – im Rahmen der Duldungspflicht (s. § 18 Rdn. 72 ff) – **neue Pflichten für die Mitglieder** mit Wirkung für die Zukunft eingeführt werden. Eine andere Auffassung hätte zur Folge, daß die Entwicklung der eG blockiert wäre. Es können auch neue Ausschließungstatbestände definiert werden, die mit Eintragung der Satzungsänderung verbindlich sind. Diese können auch zum Inhalt haben, daß bei Fehlen neu festgelegter Voraussetzungen für den Erwerb der Mitgliedschaft ein Ausschließungsgrund gegeben ist. Hierbei ist aber auf die berechtigten Interessen der betroffenen Mitglieder die gebotene Rücksicht zu nehmen; die Gründe müssen sachlich gerechtfertigt und dürfen nicht willkürlich sein. 70

Eine **bedingte Satzungsänderung** selbst ist nicht eintragungsfähig (BayObLG, JW 1933, 125; LG Frankenthal, BlfG 1934, 27); es kann jedoch die Bestimmung eingetragen werden, daß die Satzungsänderung erst von einem bestimmten Zeitpunkt an wirksam sein soll (BGHZ 20, 144, 147; 71

*Meyer/Meulenbergh/Beuthien*, § 16 Rdn. 26). Wegen Anmeldung unter einer Bedingung vgl. Rdn. 55 ff.

72 **Zu veröffentlichen** ist nicht jede Satzungsänderung, sondern nur soweit sie die in § 12 Abs. 2 genannten Punkte betrifft (s. Erl. zu § 12 Rdn. 3 ff). Die Veröffentlichung erfolgt durch das Registergericht im Bundesanzeiger, soweit nicht zusätzlich andere Veröffentlichungsorgane vorgesehen sind (vgl. Erl. zu § 12 Rdn. 2).

## VI. Fehlerhafte Satzungsänderungen

73 Die Frage der Rechtswirksamkeit der Satzung sowie deren Auslegung ist nach den für Willenserklärungen und Verträge bestehenden Vorschriften zu beurteilen (s. Erl. zu § 5). Für die **Anfechtbarkeit** der satzungsändernden Beschlüsse gilt die Sonderregelung von § 51 (s. Erl. dort). Für die **Nichtigkeit** von Beschlüssen enthält das GenG keine Regelungen; die §§ 241 ff AktG sind nach herrschender Meinung entsprechend anzuwenden (BGH, BB 1978, 629 = DB 1978, 978 m. zust. Anm. *Schaffland*, DB 1978, 1266 = WM 1978, 423). Soweit sich aus diesen Gründen keine Nichtigkeitsfolge ergibt, führen Mängel bei der Satzungsänderung nur zur Anfechtbarkeit (Näheres Erl. zu § 51).

74 Wenn das Registergericht im Rahmen seiner **Prüfung** (oben Rdn. 57) feststellt, daß Beschlüsse über die Satzungsänderungen unwirksam sind, ist die Eintragung abzulehnen. Ist der Mangel heilbar, hat das Gericht durch Zwischenverfügung eine Frist zur Beseitigung des Mangels zu setzen. Stellt das Registergericht Anfechtbarkeit fest, so ist jedenfalls die Eintragung vorzunehmen, wenn die Anfechtungsfrist abgelaufen ist, ohne daß Klage erhoben wurde (LG Wuppertal, ZfG 1965, 297 m. Anm. *Pleyer*; einschränkend KG, BlfG 1917, 7; *Müller*, § 16 Rdn. 41).

75 Lehnt das Registergericht die Eintragung der Satzungsänderung ab, so ist der Rechtsbehelf der **Erinnerung** gegeben, wenn die Entscheidung durch den Rechtspfleger gemäß § 3 Ziff. 2 d RpflG getroffen worden ist (§ 11 RpflG). Gegen die Entscheidung des Richters kann **Beschwerde** eingelegt werden (§ 19 FGG). Hat der Richter selbst die Eintragung abgelehnt, so kann Beschwerde gemäß § 19 FGG eingelegt werden.

76 Unwirksame Satzungsänderungen können gemäß § 147 Abs. 3 FGG von Amts wegen gelöscht werden, wenn der Inhalt gegen zwingende Gesetzesvorschriften verstößt und die Löschung im öffentlichen Interesse liegt. Das Interesse der Gläubiger der eG oder auch der Genossenschaftsmitglieder dürfte stets das öffentliche Interesse begründen (vgl. RG, JW 1935, 921; RGZ 119, 97). Löschung von Amts wegen auch, wenn die Satzungsänderung gem. § 138 BGB gegen die guten Sitten verstößt (RGZ 131, 141).

## Zweiter Abschnitt

## Rechtsverhältnisse der Genossenschaft und der Genossen

### § 17

### Rechtsstellung der eingetragenen Genossenschaft

**(1) Die eingetragene Genossenschaft als solche hat selbständig ihre Rechte und Pflichten; sie kann Eigentum und andere dingliche Rechte an Grundstücken erwerben, vor Gericht klagen und verklagt werden.**

**(2) Genossenschaften gelten als Kaufleute im Sinne des Handelsgesetzbuches, soweit dieses Gesetz keine abweichenden Vorschriften enthält.**

*Übersicht*



## I. Rechtsfähigkeit der Genossenschaft

Die **eingetragene eG ist juristische Person.** Sie ist also rechtsfähig, d. h. 1
sie kann Trägerin eigener Rechte und eigener Pflichten sein. Sie kann z. B. Eigentum und andere dingliche Rechte an Grundstücken und beweglichen Sachen erwerben; sie ist aktiv und passiv wechselfähig; sie ist aktiv scheckfähig, passiv scheckfähig jedoch nur dann, wenn sie Kreditinstitut i. S. d. KWG ist (vgl. Art. 3, 54 SchG); sie kann als Testamentsvollstreckerin eingesetzt und zur Nachlaßverwalterin sowie zur Nachlaßpflegerin bestellt werden (vgl. *Müller*, § 17 Rdn. 1; *Schubert/Steder*, § 17 Rdn. 5; für die AG *Meyer-Landrut*, Großkomm. AktG, § 1 Anm. 8 und *Godin/Wilhelmi*, AktG, § 1 Anm. 9); sie kann Erbe sein; sie kann Liquidator einer anderen eG oder Gesellschaft, jedoch nicht Prozeßbevollmächtigter nach § 79 ZPO (*Zöllner*, ZPO, § 79 Rdn. 2; a. A. *Meyer/Meulenbergh/Beuthien*, § 17 Rdn. 2) sein, sie kann Mitglied einer anderen eG sein; sie kann Gesellschafterin einer offenen Handelsgesellschaft oder Kommanditgesellschaft sein (vgl. Erl. zu § 1 Abs. 2); sie kann sich an einer AG oder GmbH beteiligen (vgl. Erl. zu § 1 Abs. 2). Sie ist im Rahmen des Art. 19 Abs. 3 GG Grundrechtsträger; es gelten insbes. Art. 12 Abs. 1, 14 Abs. 1, 19 Abs. 4 GG. Im Rahmen des Förderauftrags hat sie das Recht auf freie Entfaltung ihrer Per-

sönlichkeit (Art. 2 Abs. 1 GG). Insoweit verfügt sie auch über eine zivil- und strafrechtlich geschützte Ehre. Es gelten §§ 823 Abs. 2 BGB, 185 ff StGB (*Meyer/Meulenbergh/Beuthien*, § 17 Rdn. 1).

## II. Haftung der Genossenschaft für Organe und andere Personen

**2** Nach § 31 BGB – der auch für eG gilt (vgl. BGH, BB 1959, 57; *Soergel*, § 31 Rdn. 8) – **haftet die eG für den Schaden**, den der Vorstand, ein Mitglied des Vorstandes oder ein anderer durch die Satzung berufener Vertreter (z. B. ein besonderer Vertreter nach § 30 BGB) durch eine in Ausführung der ihm zustehenden Verrichtungen begangene, zum Schadensersatz verpflichtende Handlung einem Dritten zufügt ( vgl. in diesem Zusammenhang: RGZ 134, 376; BGHZ 1998, 148 – nachstehend Rdn. 3; BGH, NJW 1959, 379; BGH, ZfG 1960, 50 m. krit. Anm. *Schnorr von Carolsfeld*; BGH, GW 1960, 23; OLG Köln, GW 1964, 395; *Müller*, § 17 Rdn. 5 f; *Schubert/Steder*, § 17 Rdn. 6; *Paulick*, S. 227). § 31 ist keine haftungsbegründende, sondern eine haftungsverweisende Vorschrift (BGH, NJW 1987, 1193). Eine Haftung der eG nach § 31 BGB ist jedoch nicht gegeben hinsichtlich eines Schadens, den ein Mitglied dadurch erleidet, daß der Vorstand die Kündigungserklärung schuldhaft nicht rechtzeitig beim Registergericht einreicht (vgl. im einzelnen die Erl. zu § 69).

**3** Begeht das Vorstandsmitglied der eG bei rechtsgeschäftlicher Betätigung innerhalb des allgemeinen Rahmens seines Wirkungskreises eine unerlaubte Handlung, so wird die Verantwortlichkeit der eG nicht dadurch ausgeschlossen, daß für sie eine Gesamtvertretung besteht. Der Schutzzweck der Gesamtvertretung wird durch eine deliktische Einstandspflicht der eG auch dann nicht vereitelt, wenn die unerlaubte Handlung in der Vortäuschung rechtlicher Verbindlichkeit einer von dem Vorstandsmitglied allein abgegebenen Willenserklärung besteht (BGHZ, 98, 148 = WM 1986, 1104 m. Anm. *Aepfelbach*, WuB II D. § 25 GenG 1.87 = NJW 1986, 2941 = DB 1986, 2275 = BB 1986, 1944 = ZIP 1986, 1179 = ZfG 1988, 287 m. Anm. *Hadding*). Allerdings eröffnet ein mitwirkendes Verschulden des Geschädigten ggfs. eine Schadensteilung (§ 254 BGB). Haftet das Vorstandsmitglied bloß als Vertreter ohne Vertretungsmacht dem Dritten allein nach § 179 BGB, führt dies nicht entsprechend § 31 BGB auch zu einer Haftung der eG. Gleiches gilt bei Pflichtverletzungen bei Vertragsschluß (culpa in contrahendo), wenn die Pflichtverletzung allein im Handeln ohne (oder insoweit ohne) Vertretungsmacht steht (*Hadding*, ZfG 1988, 294). Zum Vorstehenden vgl. auch § 25 Rdn. 4, 7). Keine Haftung nach § 31 BGB für Zweigstellenleiter (a. A. OLG Nürnberg, WuB II D § 30 BGB 1.88 m. Anm. *Aepfelbach*, das einen Zweigstellenleiter wegen seiner Vertretungsbefugnisse nach außen einem verfassungsmäßig berufenen besonderen Vertreter im Sinne der §§ 30, 31 BGB gleichsetzte; würde diese Entscheidung konsequent fortgeführt, müßte sie für alle Mitarbeiter der Bank mit Vertretungsbefugnis gelten, was nicht im Einklang mit dem in §§ 30, 31 BGB angesprochenen Personenkreis stehen würde).

**Für Handlungen von Bevollmächtigten, Angestellten, Gehilfen** die nicht zu dem in § 31 BGB umschriebenen Personenkreis gehören, **haftet die eG nach den allgemeinen Grundsätzen der §§ 278, 831 BGB** (vgl. *Müller*, § 17 Rdn. 7; *Schubert/Steder*, § 17 Rdn. 6; *Paulick*, S. 227). Haftungsbeschränkungen sind also möglich, in Allgemeinen Geschäftsbedingungen ist Haftungsausschluß jedoch nur für normale Fahrlässigkeit zulässig, nicht für grobe Fahrlässigkeit oder Vorsatz (§ 11 Nr. 7 AGBG). **4**

## III. Strafrechtliche Verantwortlichkeit der Genossenschaft

**Strafrechtlich ist die eG grundsätzlich nicht verantwortlich** (vgl. in diesem Zusammenhang: *Dreher/Tröndle*, StGB, Vor § 1 Rdn. 34; *Müller*, § 17 Rdn. 11; *Schubert/Steder*, § 17 Rdn. 7). Jedoch können gegen die eG nach § 30 OWiG Geldbußen verhängt werden wegen Straftaten oder Ordnungswidrigkeiten ihrer Vorstandsmitglieder, die diese dadurch begangen haben, daß sie Pflichten, die die eG treffen, verletzt haben, oder durch die die eG bereichert worden ist oder bereichert werden sollte. Für Kreditgenossenschaften gilt dies nach § 59 KWG auch dann, wenn die Straftat oder Ordnungswidrigkeit durch einen Geschäftsleiter begangen wurde, der nicht Vorstandsmitglied ist. Im übrigen können Geldbußen im Rahmen des GWB und des WiStG gegen die eG festgesetzt werden. **5**

## IV. Parteifähigkeit der Genossenschaft

**Die eG ist grundsätzlich** in jedem Verfahren **parteifähig**. Sie kann also vor Gericht klagen und verklagt werden (*Meyer/Meulenbergh/Beuthien*, § 17 Rdn. 2 m. w. N.). **6**

In einem Verfahren wird die eG grundsätzlich gem. § 24 Abs. 1 **durch den Vorstand vertreten**. Eine Ersatzzustellung an den Aufsichtsrat im Geschäftslokal der eG ist nicht zulässig (OLG Nürnberg, DB 1982, 166). Bei Rechtsstreitigkeiten zwischen der eG und Vorstandsmitgliedern ist gem. § 39 Abs. 1 der Aufsichtsrat ermächtigt (vgl. zum Begriff „Ermächtigung" die Erl. zu § 39), die eG zu vertreten. In Prozessen gegen die Mitglieder des Aufsichtsrats wird die eG gem. § 39 Abs. 3 durch Bevollmächtigte vertreten, welche in der GV gewählt werden. **7**

## V. Kaufmannseigenschaft der Genossenschaft

8 **Die eG gilt als Kaufmann.** Auf sie finden – soweit das GenG keine abweichenden Vorschriften enthält – die Regelungen des HGB über Kaufleute auch dann Anwendung, wenn sie kein Handelsgewerbe betreibt. Insbesondere gelten:
- die Vorschriften der §§ 17 ff HGB über die Firma, soweit nicht in § 3 eine besondere Regelung getroffen ist,
- die Vorschriften der §§ 38 ff HGB über die Führung von Handelsbüchern,
- die Vorschriften der §§ 48 ff HGB über die Prokura und die Handlungsvollmacht, soweit nicht § 42 Abweichendes regelt,
- die Vorschrift des § 350 HGB über die Formfreiheit einer Bürgschaft, eines Schuldversprechens und eines Schuldanerkenntnisses,
- die Vorschriften des §§ 352 f HGB über kaufmännische Zinsen,
- die Vorschrift des § 362 HGB über die Folgen des Schweigens eines Kaufmanns auf Anträge,
- die Vorschriften der §§ 366 f HGB über den gutgläubigen Erwerb von beweglichen Sachen und gewisser Wertpapiere.

9 Für Kaufleute geltende Vorschriften anderer Gesetze als des HGB werden durch § 17 Abs. 2 auf die eG nur anwendbar, wenn sich die betreffenden Vorschriften gerade auf den Kaufmann i. S. d. HGB beziehen. Dies gilt etwa für § 196 Abs. 1 Ziffer 1 BGB. Zur Zuständigkeit der Kammer für Handelssachen vgl. § 24 Rdn. 13.

## § 18

### Vorrang des Gesetzes vor der Satzung

**Das Rechtsverhältnis der Genossenschaft und der Genossen richtet sich zunächst nach dem Statut. Letzteres darf von den Bestimmungen dieses Gesetzes nur insoweit abweichen, als dies ausdrücklich für zulässig erklärt ist.**

*Übersicht*

## I. Regelung des Rechtsverhältnisses zwischen der Genossenschaft und den Mitgliedern

Die Mitgliedschaft in einer eG ist ein **personenrechtliches Rechtsverhältnis** und als solches Grundlage der Rechte und Pflichten zwischen dem einzelnen Mitglied und der eG. Sie begründet keine unmittelbaren Rechtsbeziehungen zwischen den einzelnen Mitgliedern. Die Mitgliedschaft ist kein subjektives Recht, sie kann somit nicht unter dem Gesichtspunkt von § 242 BGB verwirkt werden (BGH, NJW 1995, 33; vgl. auch *Meyer/Meulenbergh/Beuthien*, § 18 Rdn. 6; s. auch vor § 65 Rdn. 4). Der Verwirkung können nur die aus der Mitgliedschaft folgenden Rechte unterliegen. Die Mitgliedschaft als solche kann nicht übertragen und nicht gepfändet oder verpfändet werden. Übertragbar sind nur einzelne aus der Mitgliedschaft folgende Vermögensrechte, wie z. B. der Anspruch auf Gewinn oder auf das Auseinandersetzungsguthaben (§ 73) und kraft besonderer Regelung in § 76 das Geschäftsguthaben. Auch für den Übergang der Mitgliedschaft im Todesfall enthält das Gesetz in § 77 eine Sonderregelung. Die Mitgliedschaftsrechte sind grundsätzlich persönlich auszuüben, soweit nicht das Gesetz eine Vertretung gestattet, wie z. B. bei der Stimmabgabe in § 43 Abs. 4 und 5. 1

Die **Satzung ist das Grundgesetz der eG**. Ihre Regelungen binden auch die GV. Die Wirkung der Satzung geht somit weiter, als die Bindungswirkung von einfachen Beschlüssen der Versammlung, die grundsätzlich durch neue Beschlüsse aufgehoben werden können. Auch ein qualifizierter Beschluß, der z. B. mit einer satzungsändernden Mehrheit gefaßt wird, kann die Satzung nicht außer Kraft setzten, solange nicht die Satzung selbst geändert und durch Eintragung im Genossenschaftsregister wirksam geworden ist (vgl. § 16 Abs. 6). 2

Das **Rechtsverhältnis zwischen der eG und den Mitgliedern** richtet sich zunächst nach der Satzung. Gleichwohl kommt der Satzung nur eine subsidiäre Bedeutung zu. Sie kann das Rechtsverhältnis zwischen der eG und ihren Mitgliedern nur insoweit regeln, als das GenG selbst keine Regelung enthält (z. B. Eintrittsgelder, Vertragsstrafen usw.) oder eine von den gesetzlichen Vorschriften abweichende Regelung **ausdrücklich** zuläßt (vgl. *Meyer/Meulenbergh/Beuthien*, § 18 Rdn. 1; *Müller*, § 18 Rdn. 1; *Schubert/Steder*, § 18 Rdn. 1; *Paulick*, S. 104). Das GenG ist somit „zwingendes Recht". Die rechtspolitische Begründung folgt aus dem besonderen Schutzinteresse der Mitglieder: Während der Gesetzgeber ursprünglich davon ausging, daß die Mitglieder der eG wegen fehlender Erfahrungen in unternehmerischen und rechtlichen Fragen eines besonderen Schutzes bedürfen, haben sich die eG heute durchweg zu größeren Unternehmenseinheiten mit hohen Mitgliederzahlen entwickelt, die es dem einzelnen Mitglied kaum mehr möglich machen, die Vorgänge im Unternehmen zu durchschauen 3 und zu beurteilen. Das Gesetz muß daher zwingend den rechtlichen Rahmen festlegen, um die Interessen der Mitglieder abzusichern; das Gesetz enthält die erforderlichen Bestimmungen zum Schutz der Förderinteressen der Gesamtheit der Mitglieder – gegenüber Außenstehenden, gegenüber Einzelinteressen anderer Mitglieder, einflußreichen Gruppeninteressen und schließlich auch gegenüber der Unternehmensleitung. Der Freiraum für Satzungsregelungen ist darüber hinaus in allen Fällen begrenzt durch die anerkannten genossenschaftsrechtlichen und genossenschaftlichen Grundsätze, wie Selbstverwaltung und Gleichbehandlung der Mitglieder. So wäre es z. B. ungeachtet § 24 Abs. 2 Satz 2 problematisch, durch Satzungsbestimmung die Bestellung von Vorstandsmitgliedern einem Dritten zu überlassen. Dies wäre ein Eingriff in den Grundsatz der genossenschaftlichen Selbstverwaltung. Die Satzung kann auch nicht bestimmen, daß nur bestimmte Mitglieder Förderansprüche haben (Verbot der „Selektion"; vgl. *Meyer/Meulenbergh/Beuthien*, § 18 Rdn. 1, 8).

4 **Satzungsmäßige Abweichungen von den Vorschriften des GenG** läßt dieses Gesetz zu in:
- § 16 Abs. 2 bis 4 (Erfordernisse bei satzungsändernden Beschlüssen),
- § 19 Abs. 2 (Verteilung von Gewinn und Verlust),
- § 20 (Ausschluß der Gewinnverteilung),
- § 21 a Abs. 1 (Verzinsung der Geschäftsguthaben),
- § 24 Abs. 2 (Zahl und Art der Bestellung der Vorstandsmitglieder),
- § 25 Abs. 1 und 2 (Ausgestaltung der gesetzlichen Vertretung der eG),
- § 27 Abs. 1 (Beschränkungen der Leitungsbefugnis des Vorstandes),
- § 36 Abs. 1 (Zahl der Aufsichtsratsmitglieder),
- § 38 Abs. 3 (Weitere Aufgaben des Aufsichtsrates),
- § 39 Abs. 2 (Regelungen hinsichtlich der Kreditgewährung an Vorstandsmitglieder),
- § 43 Abs. 2, 3 und 5 (Mehrheitserfordernisse bei Beschlußfassungen der GV, Gewährung von Mehrstimmrechten, Regelungen hinsichtlich der Stimmvollmacht),
- § 44 Abs. 1 (Einberufung der GV),
- § 45 Abs. 1 und 2 (Rechte der Minderheit),
- § 46 Abs. 1 und 2 (Form der Einberufung der GV),
- § 65 Abs. 2 (Festsetzung der Kündigungsfrist),
- § 68 Abs. 2 (Festsetzung von Ausschließungsgründen),
- § 73 Abs. 2 und 3 (Beteiligung ausgeschiedener Mitglieder am Verlust und am anderen Reservefonds),
- § 76 Abs. 1 Satz 2 (Ausschluß oder Erschwerung der Übertragung des Geschäftsguthabens),
- § 77 Abs. 2 (Vererbung der Mitgliedschaft),
- § 78 Abs. 1 (Erfordernisse für die Auflösung der eG),

- § 79 a Abs. 1 (Erfordernisse für die Fortsetzung der aufgelösten eG),
- § 83 Abs. 1 (Bestimmung der Liquidatoren),
- § 85 Abs. 1 (Ausgestaltung der Vertretungsbefugnis der Liquidatoren),
- § 87 a Abs. 2 und 3 (Einzahlungen auf die Geschäftsanteile im Liquidationsstadium und Erfordernisse der entsprechenden Beschlüsse),
- § 91 Abs. 3 (Vermögensverteilung nach Auflösung der eG),
- § 92 (Verwendung des unverteilbaren Vermögens),
- § 93 (Verwahrung der Bücher und Schriften der aufgelösten eG),
- Regelungen des Umwandlungsrechts
- § 105 Abs. 1 und 2 (Nachschußpflicht der Mitglieder im Konkurs der eG),
- § 121 (Bestimmung der Haftsumme bei mehreren Geschäftsanteilen).

**Für das Rechtsverhältnis zwischen der eG und ihren Mitgliedern sind** – neben den Bestimmungen in der Satzung und den Vorschriften im GenG – **noch die folgenden** – von der Rechtsprechung und Literatur entwickelten – **Grundsätze maßgebend:** 5

- der **Grundsatz der Gleichbehandlung** der Mitglieder durch die eG (vgl. Rdn. 17 ff),
- der **Grundsatz der genossenschaftlichen Treuepflicht** der Mitglieder gegenüber der eG und der eG gegenüber den Mitgliedern (vgl. Rdn. 50 ff),
- der **Grundsatz der genossenschaftlichen Duldungspflicht** der Mitglieder (vgl. Rdn. 72 ff).

Eine **ehem. gem. Wohnungsbaugenossenschaft** bleibt im Innenverhältnis bis zur Änderung ihrer Satzung (§ 16) an die dort verankerten gemeinnützigkeitsrechtlichen Beschränkungen (s. Rdn. 59) gebunden. Die Aufgabe der gemeinnützigen Zweckbindung **ändert nicht** den **Gegenstand des Unternehmens** (s. § 16 Rdn. 22, 23).

Entscheidet sich die eG nach Aufhebung des WGG, ihren Förderauftrag nach den traditionellen Grundsätzen gem. Verhaltens im Wohnungswesen zu verwirklichen, so bleibt es ihr überlassen, die näheren Bestimmungen darüber in der Satzung zu treffen.

Die Satzung einer **Vermietungsgenossenschaft** braucht nicht auf die nach § 5 Abs. 1 Nr. 10 KStG begünstigten Geschäfte beschränkt zu werden (BdF-Schreiben v. 22. 11. 1991, BStBl. I 1991, 1014, Tz. 38–42).

Zur Problematik der Anforderungen an die Satzung einer **„eigentumsorientierten eG“** (Schreiben des BM für RaumO, Bauwesen und Städtebau v. 18. 5. 1995).

## II. Rechte der Mitglieder

### 1. Organschaftsrechte

6 Die Mitglieder haben das **Recht, an der Gestaltung der GV mitzuwirken.** Dieses Recht beinhaltet das Recht auf Teilnahme an der GV, das Recht zur Stellung von Anträgen zur Tagesordnung oder zur Geschäftsordnung, das Recht auf Abgabe von Meinungsäußerungen zu den Punkten der Tagesordnung, das Recht auf Teilnahme an den Abstimmungen und Wahlen der GV (vgl. Erl. zu § 43). Das Recht auf Mitwirkung an der Gestaltung der GV entfällt grundsätzlich nur dann, wenn der Vorstand den Ausschlußbeschluß an das Mitglied abgesandt hat (vgl. § 68 Abs. 4) oder wenn die VV an die Stelle der GV getreten ist (vgl. auch die Erl. zu §§ 43, 43 a und im Zusammenhang mit den gesamten vorstehenden Ausführungen: *Müller*, § 18 Rdn. 25, der im übrigen unzutreffend der Meinung ist, daß das Recht auf Mitwirkung an der Gestaltung der GV nur durch die Einführung der VV entzogen werden kann; er übersieht also den Fall des § 68 Abs. 4).

7 **Wenn** die **VV** an die Stelle der GV tritt, **haben die Mitglieder** statt des bisherigen Rechts auf Mitwirkung an der Gestaltung der GV nunmehr **das Recht, an der Wahl zur VV teilzunehmen** (vgl. *Müller*, § 18 Rdn. 25; *Paulick*, S. 256).

8 Die Mitglieder, die natürliche Personen und unbeschränkt geschäftsfähig sind, haben nach dem Genossenschaftsrecht grundsätzlich auch **das passive Wahlrecht für alle Organe** (Vorstand, Aufsichtsrat, VV) der eG (vgl. in diesem Zusammenhang auch: Erl. zu § 24 und zu § 36 sowie die Vorschrift in § 43 a Abs. 2; *Müller*, § 18 Rdn. 26; *Paulick*, S. 190). Damit ist klargestellt, daß die Mitglieder, die juristische Personen oder Personenhandelsgesellschaften sind, dieses passive Wahlrecht nicht haben. Das passive Wahlrecht für den Vorstand und für den Aufsichtsrat kann weiterhin durch die Satzung eingeschränkt werden (vgl. hinsichtlich des Vorstandes: *Meyer/Meulenbergh/Beuthien*, § 24 Rdn. 2; *Müller*, § 18 Rdn. 26; *Schubert/Steder*, § 24 Rdn. 6; und hinsichtlich des Aufsichtsrates: *Müller*, § 18 Rdn. 26). So kann die Satzung z. B. bestimmen, daß nur derjenige in den Vorstand oder in den Aufsichtsrat gewählt werden kann, der ein bestimmtes Mindestalter erreicht hat oder während einer bestimmten Dauer Mitglied der eG ist (vgl. die näheren Erl. zu § 24 [Vorstand] und zu § 36 [Aufsichtsrat]; *Meyer/Meulenbergh/Beuthien*, § 24 Rdn. 2; *Schubert/Steder*, § 24 Rdn. 6, die dies ausdrücklich jedoch nur hinsichtlich der Wählbarkeit zum Vorstandsmitglied sagen) oder eine bestimmte berufliche Ausbildung hat (vgl. die näheren Erl. zu § 24 [Vorstand] und zu § 36 [Aufsichtsrat]). Das passive Wahlrecht für die VV kann durch eine Satzungsbestimmung nicht eingeschränkt werden, weil die Wählbarkeit zum Vertreter zwingend in § 43 a festgelegt ist (vgl. die Erl. zu § 43 a; *Schubert/Steder*, § 43 a Rdn. 8; a. A. wohl *Müller*, § 18 Rdn. 26).

**Die Mitglieder haben das Recht, nach** Maßgabe des § 45 die Einberufung der GV sowie die Ankündigung bestimmter Gegenstände zur Beschlußfassung in der GV zu verlangen (vgl. Erl. zu § 45). Die Rechte der Mitglieder nach Maßgabe des § 45 bleiben auch dann erhalten, wenn an die Stelle der GV die VV tritt. Die Mitglieder haben weiterhin das Recht, einen Beschluß der GV nach Maßgabe des § 51 anzufechten (vgl. Erl. zu § 51). Sie haben ferner das Recht, nach Maßgabe von § 83 Abs. 3, 4 die Ernennung oder Aberufung von Liquidatoren durch das Registergericht zu verlangen (vgl. Erl. zu § 83). 9

**Die Mitglieder haben** grundsätzlich **das Recht, sich** umfassend über die Angelegenheiten der eG **zu informieren** (vgl. auch *Müller*, § 18 Rdn. 28). In § 47 Abs. 4 wird ihnen ausdrücklich das Recht auf Einsichtnahme in die Niederschrift der GV (vgl. Erl. zu § 47), in § 48 Abs. 2 auf Einsichtnahme in den Jahresabschluß eingeräumt (vgl. Erl. zu § 48). § 31 Abs. 1 gibt den Mitgliedern das Recht, die bei der eG geführte Mitgliederliste beliebig einzusehen; Dritte müssen dazu ein berechtigtes Interesse darlegen. Die Mitglieder haben auch das Recht, von der eG eine Abschrift/Ablichtung der sie betreffenden Eintragungen aus der Liste der Mitglieder (§ 30) und gegebenenfalls der Liste der Vertreter (§ 43 a) gegen Erstattung der notwendigerweise entstehenden Kosten zu verlangen, wenn die Mitglieder einen ihr Verlangen rechtfertigenden Anlaß haben (z. B. die Absicht, ein Recht nach Maßgabe des § 45 auszuüben, oder die Absicht, an die Vertreter Anregungen heranzutragen) und es der eG bei zumutbarem Aufwand möglich ist, die jeweils erbetene Liste zu erstellen (z. B. in Form einer Fotokopie oder durch einen EDV-Ausdruck). Ob und inwieweit den Mitgliedern ein allgemeines **Auskunftsrecht** über die Angelegenheiten der eG zusteht, ist im GenG selbst nicht geregelt. Angesichts der personalistischen Struktur der eG und unter Berücksichtigung der Bedeutung, die der Person des Mitgliedes zukommt, ist jedoch ein Auskunftsrecht der Mitglieder jedenfalls in dem Umfang anzuerkennen, in dem nach § 131 AktG die Aktionäre ein Auskunftsrecht haben (vgl. in diesem Zusammenhang: *Meyer/Meulenbergh/Beuthien*, § 43 Rdn. 6 a; *Paulick*, S. 190, 244; *Metz/ Werhahn*, Rdn. 144 ff). Danach kann jedenfalls ein Mitglied in der GV Auskunft über die Angelegenheit der eG verlangen, in jedem Fall dann, wenn und soweit diese zur sachgemäßen Beurteilung eines Gegenstandes der Tagesordnung erforderlich ist. Der Vorstand darf die Auskunft jedoch z. B. verweigern, soweit ihre Erteilung nach vernünftiger kaufmännischer Beurteilung geeignet ist, der eG einen nicht unerheblichen Nachteil zuzufügen (vgl. § 131 Abs. 3 S. 1 Nr. 1 AktG). Unter diesem Gesichtspunkt hat z. B. der Vorstand einer Kreditgenossenschaft ein Auskunftsverweigerungsrecht hinsichtlich der Bildung und insbesond. der Auflösung stiller Reserven (vgl. im einzelnen: OLG Frankfurt, DB 1981, 1036 ff). Der Vorstand darf die Auskunft weiterhin 10

z. B. verweigern, wenn er sich durch die Erteilung der Auskunft strafbar machen (vgl. § 131 Abs. 3 S. 1 Nr. 5 AktG) oder soweit er eine gesetzliche, satzungsmäßige oder vertragliche Geheimhaltungspflicht (z. B. das Bankgeheimnis) verletzen würde, wenn die Verlesung von Schriftstücken nach Meinung der Teilnehmer zu einer unzumutbaren Verlängerung der GV führen würde (vgl. in diesem Zusammenhang: OLG Hamburg, B 1968, 1096), soweit das Auskunftsverlangen die geschäftlichen Verhältnisse eines Mitgliedes oder dessen Einkommen betrifft (vgl. im Zusammenhang mit den vorstehenden Möglichkeiten der Auskunftsverweigerung auch: *Metz/Werhahn*, Rdn. 149 ff; vgl. wegen weiterer Beschränkungen des Auskunftsrechts: *Godin/Wilhelmi*, AktG, § 131 Anm. 9 und 10). Wegen weitergehender Fragen zum Auskunftsrecht der Mitglieder vgl. die Erl. zu § 43.

**2. Vermögensrechte**

11 **Die Mitglieder haben das Recht, die Einrichtungen und den Geschäftsbetrieb der eG in Anspruch zu nehmen** (vgl. Erl. zu § 1; *Müller*, § 18 Rdn. 29; *Paulick*, S. 190 f; einschränkend *Meyer/Meulenbergh/Beuthien*, § 18 Rdn. 5; vgl. AG Bernkastel-Kues, GWW 1976, 548). Da der Zweck der eG, den Erwerb oder die Wirtschaft ihrer Mitglieder zu fördern, nur durch Benutzung der genossenschaftlichen Einrichtungen verwirklicht werden kann, kann deren Inanspruchnahme durch die Satzung der eG nicht ausgeschlossen werden (vgl. *Müller*, § 18 Rdn. 29; *Paulick*, S. 190). Die Satzung kann nur Art und Umfang der Benutzung der genossenschaftlichen Einrichtungen regeln (vgl. *Paulick*, S. 190).

12 In den Rechtsbeziehungen zwischen der eG und den Mitgliedern ist zwischen dem **gesellschaftsrechtlichen Bereich und dem Kundenbereich** zu unterscheiden. Während der gesellschaftsrechtliche Bereich vor allem seine Grundlage in der Satzung hat, gelten für den Kundenbereich die Leistungs- und Lieferverträge, regelmäßig zusammengefaßt in Allgemeinen Geschäftsbedingungen. Letzlich kann aber nicht entscheidend sein, wo die Regelungen enthalten sind; maßgeblich muß vielmehr bleiben, ob es sich inhaltlich um den gesellschaftlichen oder um den Kundenbereich – z. B. eine Lieferbeziehung – handelt. Sowenig es zulässig sein kann, der Satzung zugehörende Teile verbindlich z. B. in Geschäftsbedingungen zu regeln, und sie somit der GV zu entziehen, genausowenig können Vereinbarungen aus dem Kundenbereich Satzungscharakter allein dadurch erhalten, daß sie in die Satzung aufgenommen werden. Daher nicht überzeugend OLG Karlsruhe (ZfG 1996, 222), wonach in der Satzung enthaltene Zahlungspflichten (aus dem Kundenbereich) nur durch Satzungsänderung erweitert werden können; kritische Anm. dazu *Hadding*, ZfG 1996, 223 ff.

Die Beschränkungen des **AGB-Gesetzes** gelten für die Regelungen der Kundenbeziehung, finden im gesellschaftsrechtlichen Rahmen aber keine

Anwendung (§ 23 Abs. 1 AGBG). Auch Rechtsverhältnisse, die besondere Leistungs- und Benutzungspflichten der Mitglieder zum Gegenstand haben, unterliegen dann nicht der Inhaltskontrolle nach § 11 Nr. 12 AGBG, wenn sie unmittelbar auf der Satzung beruhen, mitgliedschaftsrechtlicher Natur und der Verwirklichung des Förderzwecks der eG zu dienen bestimmt sind (BGH, DB 1988, 1265 = BB 1988, 1273 = NJW 1988, 1728 = ZfG 1989, 136 m. Anm. *Junker*).

**Die Mitglieder haben das Recht, sich** bis zur Höhe des übernommenen Geschäftsanteils bzw. der übernommenen Geschäftsanteile **finanziell** an der eG **zu beteiligen** (vgl. auch *Meyer/Meulenbergh/Beuthien*, § 18 Rdn. 5; *Müller*, § 18 Rdn. 30; *Geist*, S. 14). Dies bedeutet, daß die Mitglieder das Recht haben, übernommene Geschäftsanteile einzuzahlen; auch die Satzung kann nichts anderes bestimmen. Dies folgt aus dem Wesen der Beteiligung und auch daraus, daß ansonsten ein Recht der Mitglieder gemäß § 73 Abs. 3 verhindert werden könnte. 13

Aus § 19 Abs. 1 ergibt sich **das grundsätzliche Recht der Mitglieder auf Beteiligung am Gewinn der eG.** Die Satzung kann jedoch bestimmen, daß der Gewinn nicht verteilt, sondern den Rücklagen zugeschrieben wird (vgl. § 20). Im übrigen erhalten die Mitglieder aber erst dann ein einklagbares Recht auf Zuteilung des auf sie entfallenden Anteils am Gewinn der eG, wenn die GV den Gewinnverteilungsbeschluß nach § 48 Abs. 1 gefaßt hat (vgl. auch: *Meyer/Meulenbergh/Beuthien*, § 18 Rdn. 5, § 19 Anm. 1; *Müller*, § 18 Rdn. 32, § 19 Rdn. 9; *Paulick*, S. 192; vgl. im übrigen die Erl. zu den §§ 19, 48). 14

**Die Mitglieder haben das Recht**, nach ihrem Ausscheiden aus der eG **die Auszahlung des Auseinandersetzungsguthabens** nach Maßgabe des § 73 **zu verlangen** (vgl. dazu und wegen etwaiger Rechte der Mitglieder nach § 73 Abs. 3 die Erl. zu § 73). Dies gilt entsprechend auch im Fall der Kündigung eines Geschäftsanteils gemäß § 67 b (vgl. *Geist*, S. 15). 15

Bei Auflösung der eG haben die Mitglieder **das Recht auf Beteiligung am Liquidationserlös** nach Maßgabe des § 91. Dieses Recht kann jedoch durch die Satzung ausgeschlossen werden (vgl. die Erl. zu § 91). 16

### 3. Recht auf Gleichbehandlung

Das **Recht der Mitglieder auf Gleichbehandlung** durch die eG (vgl. auch Rdn. 5) bedeutet zunächst einmal, daß alle Mitglieder von der eG die Gewährung gleicher Rechte und die Auferlegung lediglich gleicher Pflichten verlangen können (vgl. *Großfeld/Aldejohann*, Der Gleichbehandlungsgrundsatz im Genossenschaftsrecht, BB 1987, 2377; *Müller*, § 18 Rdn. 34; *Paulick*, ZfG 1962, 70; *Beuthien*, Wohnungsgenossenschaften zwischen Tradition und Zukunft, S. 6, 16, 19–22, 26). 17

Der genossenschaftliche Gleichbehandlungsgrundsatz hat seine Grundlage im Wesen der eG als Fördergemeinschaft der Mitglieder und in der gegenseitigen Treuepflicht (*Meyer/Meulenbergh/Beuthien*, § 18 Rdn. 37, 39; vgl. auch *Feuerborn*, Die statuarische Mitgliederbindung aus genossenschaftsrechtlicher Sicht; *Hueck*, Der Grundsatz der gleichmäßigen Behandlung im Privatrecht; *Hampel*, Der Gleichbehandlungsgrundsatz im deutschen Genossenschaftsrecht). Nichtmitglieder haben keinen Anspruch auf Gleichbehandlung, grundsätzlich auch nicht unter Gesichtspunkten des GWB (vgl. LG Köln v. 28. 9. 1983 – Az. 4 O 27/83). Eine Elektrizitätsgenossenschaft ist z. B. nicht verpflichtet, aus Gründen der Gleichbehandlung Rückvergütung auch an Nichtmitglieder zu gewähren (OLG Köln v. 22. 5. 1984, ZfG 1989, 217). Das Gebot der Gleichbehandlung schützt jedoch die Hinterbliebenen des verstorbenen Mitglieds einer Wohnungsbaugenossenschaft, die gem. § 569 a BGB in das Nutzungsverhältnis einer dem Verstorbenen überlassenen Genossenschaftswohnung eintreten und die Zulassung des Beitritts zur eG beantragen (s. § 1 Rdn. 121, § 15 Rdn. 27 und die dort aufgeführte Rechtsprechung sowie *Lützenkirchen*, WM 1995, 5 f).

Auch der Inhalt des Gleichbehandlungsgrundsatzes unterliegt **Anpassungszwängen**. Während im ursprünglichen System der „Einheitspreise" die leistungsstarken Mitglieder durch zusätzliche Umsätze und damit geringere Kosten die leistungsschwachen gefördert haben, muß im harten Wettbewerb die Gleichbehandlung neu interpretiert werden im Sinne eines Systems der „Leistungspreise"; unterschiedliche Umsätze und damit Stückkosten müssen berücksichtigt werden (vgl. *Jäger*, Der Genossenschaftsbegriff in Politik und Wirtschaft, ZfG 1991, 2 ff, 15; auch *Münker*, Strukturfragen der deutschen Genossenschaften, Teil II, Veröffentlichungen der DG-Bank, Bd. 17).

**18** Das **Recht der Mitglieder auf Gleichbehandlung** durch die eG **besteht absolut** hinsichtlich der Höhe des Geschäftsanteils (§ 7), einer satzungsmäßig festgelegten Höchstzahl der freiwillig übernehmbaren Geschäftsanteile (§ 7 a), der Höhe der Haftsumme (§ 6), des Rechtes zur Kündigung der Mitgliedschaft gemäß § 65 Abs. 1, des Rechtes zur Kündigung freiwillig übernommener Geschäftsanteile (§ 67 b), der Frist für die Kündigung der Mitgliedschaft und der Frist für die Kündigung freiwillig übernommener Geschäftsanteile (vgl. in diesem Zusammenhang: *Meyer/Meulenbergh/Beuthien*, § 18 Rdn. 4; *Müller*, § 18 Rdn. 34; *Paulick*, S. 193; *Liebhart*, S. 112/113; *Paulick*, ZfG 1962, 70). *Müller* (vgl. § 18 Rdn. 34) nimmt im übrigen an, daß das Recht der Mitglieder auf Gleichbehandlung durch die eG auch nach der Novelle 1973 noch absolut beim Stimmrecht in der GV gegeben sei. Diese Auffassung trifft angesichts der nunmehr bestehenden Möglichkeit, durch eine entsprechende Satzungsbestimmung Mehrstimmrechte zu gewähren (§ 43 Abs. 3), nicht mehr zu (vgl. auch die Anm. v. *Rie-*

*bandt-Korfmacher* und *Höffken* zu dem Urteil des LG Hamburg v. 27. 6. 1980 in GWW 1980, 547, 548).

Das **Recht der Mitglieder auf Gleichbehandlung** durch die eG **besteht im übrigen nur im Sinne eines Rechtes auf relative Gleichbehandlung.** Dies bedeutet, daß jedes Mitglied bei gleichen Voraussetzungen das Recht auf Gewährung gleicher Rechte und auf Auferlegung lediglich gleicher Pflichten hat, und daß bei ungleichen Voraussetzungen eine sachlich angemessene Differenzierung der Rechte und Pflichten der Mitglieder gerechtfertigt ist; Ungleiches wird nach seiner Eigenart behandelt (vgl. BGH *Lindenmaier/Möhring*, BGB, § 39 Nr. 2; RGZ 135, 58; BGH, NJW 1960, 2142; OLG Hamburg, WuW 1977, 647; *Müller*, § 18 Rdn. 34; *Schubert/Steder*, § 18 Rdn. 4; *Paulick*, S. 193; *ders.*, ZfG 1962, 69 f, in Anm. zu BGH, NJW 1960, 2142; LG Hamburg, GWW 1980, 547 m. zust. Anm. *Riebandt-Korfmacher/Höffken; Siegel*, ZfG 1969, 129; Anm. *Westermann* zu BGH, ZfG 1971, 299 f). Das Gleichbehandlungsgebot erfordert keine exakte mathematische Gleichbehandlung aller Mitglieder, es räumt vielmehr einen Ermessensspielraum ein, der seine Schranken im Ermessensmißbrauch findet (LG Kassel, Urt. v. 12. 7. 1973, GW Bay. 1974, 119 = ZfG 1975, 1156 betr. Ermäßigung der Nutzungsgebühr für bestimmte Mitglieder entsprechend der bescheideneren Ausstattung und weniger bevorzugten Lage der Wohnung). Das Recht der Mitglieder auf relative Gleichbehandlung durch die eG besteht einmal hinsichtlich der Beziehungen, die sich zwischen der eG und den Mitgliedern aus der Mitgliedschaft ergeben, und weiterhin auch hinsichtlich der Rechte und Pflichten, die sich für die einzelnen Mitglieder aus der Inanspruchnahme der genossenschaftlichen Einrichtungen, also im **Kundenverhältnis**, ergeben (vgl. BGH, NJW 1960, 2142 f; BGH, ZMR 1966, 372 f; BGH, ZfG 1971, 297, 299 m. Anm. *Westermann; Meyer/Meulenbergh/Beuthien*, § 18 Rdn. 4; *Müller*, § 18 Rdn. 34; *Schubert/Steder*, § 18 Rdn. 4; *Paulick*, ZfG 1962, 69, 71; *Siegel*, ZfG 1969, 128 f; BGH, ZfG 1971, 299 f; s. auch Rdn. 23). Läßt etwa der Vorstand die freiwillige Übernahme von z. B. 10 Geschäftsanteilen ganz allgemein zu, so hat ein Mitglied, das sich nunmehr entsprechend beteiligen möchte, das Recht, mit dieser weiteren Beteiligung gleichermaßen zugelassen zu werden, soweit nicht neue Umstände eine andere Beurteilung rechtfertigen (vgl. in diesem Zusammenhang: Erl. zu § 7 a; *Schubert/Steder*, § 15 b Rdn. 3). **19**

Besonderheiten, die **unterschiedliche Voraussetzungen** bedeuten, sind auch hierbei unter dem Gesichtspunkt der relativen Gleichbehandlung zu berücksichtigen, so z. B. bei der Übernahme von Geschäftsanteilen im Rahmen des 4. und 5. Vermögensbildungsgesetzes (wegen gestaffelter Einzahlungspflicht s. § 7 Rdn. 28). Der Vorstand der eG ist jedoch nicht daran gehindert, in Zukunft allgemein z. B. eine niedrigere Anzahl von Geschäftsanteilen zuzulassen. Dagegen verstößt bei Wohnungsgenossenschaften eine **20** unterschiedliche Pflichtbeteiligung/Staffelbeteiligung für Alt- und Neumitglieder nach dem Zeitpunkt des Beitritts oder der Zuteilung von Wohn- oder Gewerberaum gegen die gebotene Gleichbehandlung; gleiches gilt für die satzungsmäßige Einräumung eines unwiderruflichen, vererblichen Rechts auf Erwerb von Wohnungseigentum an der bewohnten Wohnung zugunsten von Mitgliedern, deren Anteilserwerb gem. § 17 EigZulG gefördert wird, wenn nicht alle Mitglieder, die die geforderte Anzahl von Geschäftsanteilen übernehmen, eine entsprechende Anwartschaft erhalten (i. e. § 1 Rdn. 133, 1, 5). Ein Mitglied hat weiterhin das Recht, in der eG zu verbleiben, also nicht gem. § 68 aus der eG ausgeschlossen zu werden, wenn andere Mitglieder bei gleichen oder vergleichbaren Handlungen oder Unterlassungen nicht ausgeschlossen wurden (vgl. BGH, BB 1970, 1153 = NJW 1970, 1917 = WM 1970, 1026 = ZfG, 1971, 297 m. Anm. *Westermann*).

**21** Eine unterschiedliche Behandlung im Sinne der „relativen Gleichbehandlung" darf aber nicht willkürlich, sie muß – auch bei der Gestaltung der Konditionen – stets sachlich gerechtfertigt sein (LG Stuttgart, BB 1964, 190). Die genossenschaftliche **Rückvergütung** (vgl. Erl. zu § 19) progressiv zu staffeln, ist zulässig, wenn sie sich nach der Höhe der Warenbezüge richtet (vgl. *Müller*, § 18 Rdn. 34; *Schubert/Steder*, § 18 Rdn. 5, die jedoch zutreffend darauf hinweisen, daß einer derartigen Staffelung steuerliche Gründe entgegenstehen, weil Voraussetzung für die steuerliche Abzugsfähigkeit der genossenschaftlichen Rückvergütung die Zugrundelegung eines einheitlichen Prozentsatzes für alle Mitglieder ist; *Paulick*, S. 193). In der Satzung kann auch festgelegt werden, daß die noch im Erwerbsleben stehenden Mitglieder eine genossenschaftliche Rückvergütung und die nicht mehr im Erwerbsleben stehenden Mitglieder, die mit der eG Umsätze nicht mehr tätigen, eine Dividende erhalten.

**22** **Unterschiedliche Dividende** ist möglich; die Satzung kann z. B. bestimmen, daß nur Gründungsmitglieder eine Dividende erhalten; dies kann im Hinblick auf die Kapitalaufbringung und das besondere Gründungsrisiko gerechtfertigt sein.

**23** Auch in der Kundenbeziehung ist die eG an den Grundsatz der – relativen – Gleichbehandlung gebunden. Es ist zulässig, daß den Mitgliedern je nach der Menge der abgelieferten oder gekauften Waren unterschiedliche Preise gewährt oder berechnet werden; dies ist gerechtfertigt, weil der eG beim Umsatz der kleineren Warenmengen relativ höhere Betriebskosten erwachsen als bei der Annahme oder Lieferung größerer Partien (vgl. *Schubert/Steder*, § 18 Rdn. 5).

Unterschiedliche Kreditkonditionen sind z. B. je nach der Qualität der Kreditsicherheiten oder je nach der Bonität der jeweiligen Kreditschuldner zulässig. Sonderkonditionen an Mitarbeiter der eG, die gleichzeitig Mitglieder der eG sind, sind zulässig, weil Anknüpfungspunkt für solche Sonderkonditionen nicht das Mitgliedschaftsverhältnis ist, sondern das Arbeitsverhältnis und die sich daraus ergebende Fürsorgestellung des Arbeitgebers (wegen Sonderkonditionen an Organmitglieder – Vorstandsmitglieder, Aufsichtsratsmitglieder, Vertreter – vgl. Rdn. 26). Zu unterschiedlichen Bedingungen für die Überlassung einer Genossenschaftswohnung LG Hamburg, GWW 1980, 547. Demgegenüber hält es der BGH für unzulässig, Mitgliedern, die ihre Mitgliedschaft gekündigt haben, ungünstigere Lieferkonditionen zu geben (BGH, ZfG 1984, 156 m. zu Recht krit. Anm. *Schultz*, S. 157).

**Prämien**, die an zurückliegende Umsätze mit dem Mitglied anknüpfen, **24**
jedoch auf Fortsetzung der Lieferbeziehung in der Zukunft bezogen sind, sind keine Rückvergütungen, sondern Förderprämien, von deren Bezug die eG ausgeschiedene Mitglieder ausschließen kann, ohne gegen die Gleichbehandlung zu verstoßen (LG Augsburg, ZfG 1982, 62 m. Anm. *Schultz*). Zur Anhebung des Nutzungsentgelts wegen Wohnwertverbesserung gemäß Miethöheregelungsgesetz gegenüber nur einem Mitglied vgl. AG Mannheim, GW 1988, 36 m. Anm. v. *Hannig*.

**Das Recht der Mitglieder auf Gleichbehandlung** durch die eG **bindet** **25**
**alle Organe** (Vorstand, Aufsichtsrat, GV bzw. VV) der eG (vgl. *Müller*, § 18 Rdn. 35; *Paulick*, ZfG 1962, 69, 72; *Siegel*, ZfG 1969, 130, 134; BGH, GWW 1982, 532 betr. gespaltenen Dividendensatz bei einer AG). Der Gleichbehandlungsgrundsatz gilt als genossenschaftliches Prinzip auch für Regelungen in der **Satzung** (*Meyer/Meulenbergh/Beuthien*, § 18 Rdn. 39). Entgegen der bisher wohl herrschenden Meinung (RGZ, 62, 303; *Paulick*, § 18 I 2 e und bisherige Meinung der Verfasser) muß unter Anerkennung unverzichtbarer genossenschaftlicher Grundsätze auch für die Gründungssatzung Gleichbehandlung der Mitglieder gefordert werden (so mit Recht *Beuthien*). Wegen Verzicht auf Gleichbehandlung vgl. Rdn. 31.

**Eine Verletzung des Rechtes der Mitglieder auf relative Gleichbe-** **26**
**handlung** durch die eG **ist z. B. gegeben**, wenn die eG Mitgliedern, die Organmitglieder (Vorstandsmitglieder, Aufsichtsratsmitglieder, Vertreter) sind, allein wegen ihrer Organstellung Sonderkonditionen etwa beim Einkauf oder bei Kreditgewährungen einräumt (vgl. im übrigen auch hier zur Frage der Zulässigkeit von unterschiedlichen Einkaufs-, Verkaufs- oder Kreditkonditionen die entsprechenden Ausführungen zu Rdn. 19). Eine Verletzung des Rechtes der Mitglieder auf relative Gleichbehandlung durch die eG liegt dagegen z. B. nicht vor, wenn der Geschäftsanteil und die Haftsumme erhöht, gleichzeitig jeweils zwei Geschäftsanteile zu einem Geschäftsanteil zusammengelegt werden und die Mitglieder, die in diesem Zeitpunkt eine ungerade Anzahl von Geschäftsanteilen haben, Nachzahlungen leisten müssen, um auf volle Geschäftsanteile zu kommen (vgl. LG

Stuttgart, ZfG 1964, 501 m. im Ergebnis zust. Anm. *Schnorr von Carolsfeld; Meyer/Meulenbergh/Beuthien*, § 18 Rdn. 4; *Müller*, § 16 Rdn. 32). Denn die hier gegebene ungleiche finanzielle Belastung der einzelnen Mitglieder ergibt sich aus der im hier interessierenden Zeitpunkt bestehenden unterschiedlichen Beteiligung der Mitglieder an der eG. Die unterschiedliche Auswirkung der Erhöhung und Zusammenlegung beruht also auf einem sachlichen Kriterium.

**27** Nach § 51 ist **anfechtbar ein Beschluß der GV bzw. der VV, der das Recht der Mitglieder auf relative Gleichbehandlung** durch die eG (vgl. Rdn. 19) **verletzt** (vgl. RGZ 118, 67; BGH, NJW 1960, 2142, 2143; *Müller*, § 18 Rdn. 35; *Paulick*, S. 194; Anm. *Paulick* zu dem Urteil des BGH v. 11. 7. 1960 in ZfG 1962, 69, 72; krit. *Schubert/Steder*, § 18 Rz. 6). Vor der – aufgrund einer solchen Anfechtung erfolgenden – Nichtigkeitserklärung des Beschlusses kann die in ihm enthaltene Verletzung des Rechtes der Mitglieder auf relative Gleichbehandlung durch die eG von niemandem geltend gemacht werden (vgl. *Müller*, § 18 Rdn. 35). Wird der Beschluß mit Erfolg angefochten, so ist er auch für diejenigen nicht verbindlich, die ihm zugestimmt haben (vgl. RGZ 90, 403; *Paulick* zu dem Urteil des BGH v. 11. 7. 1960, ZfG 1962, 69, 72).

**28** **Bei einem Beschluß oder sonstigen Rechtsakt des Vorstandes oder des Aufsichtsrates, der das Recht der Mitglieder auf relative Gleichbehandlung** durch die eG **verletzt**, kommt einmal die Unwirksamkeit der jeweiligen Maßnahme (vgl. BGH, NJW 1960, 2142, 2143; LG Weiden und AG Tirschenreuth, ZfG 1968, 103 m. Anm. *Schnorr von Carolsfeld; Schubert/Steder*, § 18 Rz. 6; Anm. *Paulick* zu dem Urteil des BGH v. 11. 7. 1960, ZfG 1962, 69, 72; Anm. *Westermann*, zu dem Urteil des BGH v. 6./7. 7. 1970, ZfG 1971, 299, 300), zum anderen aber auch in Betracht, die benachteiligten Mitglieder so zu stellen, wie die bevorzugten Mitglieder gestellt worden sind (vgl. BGH, NJW 1960, 2142, 2143; OLG Celle, ZfG 1965, 48 m. krit. Anm. *Schultz; Schubert/Steder*, § 18 Rz. 6; Anm. *Westermann* zu dem Urteil des BGH v. 6./7. 7. 1970 in ZfG 1971, 299, 300; vgl. im übrigen auch Rdn. 29).

**29** Die **Verletzung des Rechtes der Mitglieder auf relative Gleichbehandlung** durch die eG berechtigt die eG grundsätzlich, den bevorzugten Mitgliedern die eingeräumten Vorteile wieder zu entziehen (vgl. BGH, NJW 1960, 2142, 2143; *Müller*, § 18 Rdn. 36; Anm. *Paulick* zu dem Urteil des BGH v. 11. 7. 1960, Zfg 1962, 69, 73). Ist es allerdings unbillig oder z. B. im Hinblick auf die §§ 814, 818 Abs. 3 BGB ausgeschlossen, den bevorzugten Mitgliedern den gegenwärtigen Vorteil wieder zu nehmen, so können die benachteiligten Mitglieder einen Anspruch darauf haben, dieselben Vorteile wie die bevorzugten Mitglieder zu erhalten (BGH, NJW 1991, 550; vgl. BGH, NJW 1960, 2142, 2143; BGH, WM 1972, 931 im Zusammenhang mit den Gesellschaftern einer GmbH; OLG Celle, ZfG 1965, 48, 51 m. krit. Anm. *Schultz; Müller*, § 18 Rdn. 36; *Wiedemann*, S. 430/431; Anm. *Paulick* zu dem Urteil des BGH v. 11. 7. 1960, ZfG 1962, 69, 73). Auf diese Weise kann die eG unter Umständen in die Lage kommen, die Ungleichbehandlung aus ihren eigenen Mitteln neutralisieren zu müssen (BGH, NJW 1960, 2142, 2143). Dies kann sich wegen der wirtschaftlichen Lage der eG oder auch deshalb verbieten, weil sonst wieder andere Mitglieder benachteiligt werden müßten. In diesem Falle – so der BGH, NJW 1960, 2142, 2143 – kann es geboten sein, den nur einzelnen Mitgliedern gewährten Vorteil unter diesen und den benachteiligten Mitgliedern aufzuteilen. Eine derartige Aufteilung ist aber jedenfalls dann nicht möglich, wenn der Vorteil den bevorzugten Mitgliedern aus Billigkeitsgründen oder z. B. im Hinblick auf die §§ 814, 818 Abs. 3 BGB auch nicht teilweise wieder entzogen werden kann (vgl. auch Anm. *Paulick* zu dem Urteil des BGH v. 11. 7. 1960, ZfG 1962, 69, 73). Für den Fall nun, daß einerseits der Vorteil den bevorzugten Mitgliedern nicht wieder entzogen werden kann und sich andererseits ein Ausgleich an die benachteiligten Mitglieder aus eigenen Mitteln der eG verbietet, vertritt *Riebandt-Korfmacher* (vgl. GWW 1960, 285, 288/289) die Auffassung, daß – bei der Wertung der widerstreitenden Interessen der benachteiligten Mitglieder und der eG – angesichts der Besonderheiten aus der Anwendung von § 5 Abs. 3 und 4 der 1. DVHypSichG das höherwertige Interesse bei der eG liege, die Folgen der Ungleichbehandlung also von den benachteiligten Mitgliedern hingenommen werden müßten. Demgegenüber vertritt *Paulick* (vgl. seine Anm. zu dem Urteil des BGH v. 11. 7. 1960, ZfG 1962, 69, 74) für diesen Fall die Auffassung, daß bei der vorgenannten Interessenwertung das höherwertige Interesse nicht grundsätzlich bei der eG gesucht werden dürfe; es gehe um die Verwirklichung eines unverletzlichen genossenschaftlichen Grundsatzes, und dies rechtfertige die Annahme, daß das höherwertige Interesse grundsätzlich bei den benachteiligten Mitgliedern liege, die Folgen der Ungleichbehandlung also grundsätzlich von der eG neutralisiert werden müßten. Nach der hier vertretenen Auffassung kann hier weder ein grundsätzlich höherwertiges Interesse der eG, noch ein grundsätzlich höherwertiges Interesse der benachteiligten Mitglieder angenommen werden, können also die Folgen der Ungleichbehandlung nicht grundsätzlich den benachteiligten Mitgliedern oder grundsätzlich der eG aufgebürdet werden. Es kann vielmehr nur aufgrund der im Einzelfall vorgenommenen **Interessenwertung** und unter Berücksichtigung der gegenseitigen Treuepflicht entschieden werden, ob es den benachteiligten Mitgliedern zugemutet werden kann, die Folgen der Ungleichbehandlung – z. B. wegen sonst drohenden Konkurses der eG – ganz oder teilweise hinzunehmen (vgl. auch *Müller*, § 18 Rdn. 36, der davon spricht, daß den benachteiligten Mitgliedern in dem hier interessierenden Fall ein *angemessener* Ausgleich zu gewähren sei).

30 **Von dem Recht der Mitglieder auf absolute Gleichbehandlung** durch die eG (vgl. Rdn. 18) **kann** auch mit Zustimmung der betroffenen Mitglieder **nicht abgewichen werden** (vgl. *Müller*, § 18 Rdn. 38; *Paulick*, S. 193).

31 **Verzicht auf relative Gleichbehandlung** durch das betroffene Mitglied ist möglich, soweit nicht das Gesetz zwingend Gleichbehandlung verlangt (vgl. Rdn. 18, 25; *Meyer/Meulenbergh/Beuthien*, § 18 Rdn. 39; *Müller*, § 18 Rdn. 37). Ob Unterzeichnung der Gründungssatzung Zustimmung zur Ungleichbehandlung bedeutet, hängt von den Umständen des Einzelfalles ab. Entsprechendes gilt für die Frage, ob Mitglieder durch ihren Beitritt einer in der Satzung festgelegten Ungleichbehandlung zustimmen. Soweit Ungleichbehandlung durch die Satzung überhaupt erlaubt ist, muß im allgemeinen davon ausgegangen werden, daß die Beitrittserklärung Zustimmung zur gültigen Satzung bedeutet (insoweit RGZ 62, 308; *Meyer/Meulenbergh/Beuthien*, § 18 Rdn. 39; *Müller*, § 18 Rdn. 37). Ungleiche Behandlung kann schließlich auch durch eine nachträgliche Satzungsänderung festgelegt werden, wenn **alle** davon betroffenen Mitglieder zustimmen (vgl. RGZ 62, 308; RGZ 90, 408; *Müller*, § 18 Rdn. 37; *Paulick*, S. 194). Ein solcher Verzicht gilt dann – soweit zulässig (vgl. Rdn. 25) – auch für die Mitglieder, die der eG nach der – die Ungleichbehandlung enthaltenden – Satzungsänderung beigetreten sind (vgl. RGZ 62, 308; *Müller*, § 18 Rdn. 37).

### 4. Sonderrechte

32 Im GenG findet sich der Begriff „Sonderrechte“ nicht. Der Begriff „Sonderrechte“ wird jedoch in § 35 BGB angesprochen. Die Vorschrift findet auch Anwendung auf eG (*Soergel/Schultze-v. Lassaulx*, § 35 Rz. 2; *Meyer/Meulenbergh/Beuthien*, § 18 Rdn. 5; *Müller*, § 18 Rdn. 40; *Paulick*, S. 192).

33 **Sonderrechte** sind durch die Satzung gewährte, aus der Mitgliedschaft abgeleitete und grundsätzlich ohne Zustimmung der betroffenen Mitglieder unentziehbare Rechte, durch die einzelne Mitglieder oder einzelne Gruppen von Mitgliedern in zulässiger Ausnahme von dem Grundsatz der Gleichbehandlung aller Mitglieder vor den anderen Mitgliedern bevorrechtigt sind (vgl. in diesem Zusammenhang: BGH, NJW 1969, 131; BGH, MDR 1970, 913; BGHZ 63, 14/19; *Palandt*, § 35 Rdn. 1; *Soergel/Schultze-v. Lassaulx*, § 35 Rz. 8 ff; *Staudinger/Coing*, § 35 Rdn. 8 ff; *Reichert/Dannecker/Kühr*, Tz. 259; *Müller*, § 18 Rdn. 40; *Paulick*, S. 191/192; Anm. *Müller* zu dem Urteil des KG v. 11. 7. 1980, ZfG 1981, 336, 340, 341).

34 **Als Sonderrecht kann z. B. in Frage kommen:** die Zuerkennung der Mitgliedschaft im Vorstand für eine bestimmte Dauer oder auf Lebenszeit (vgl. *Müller*, § 18 Rdn. 40; *Paulick*, S. 191; vgl. in diesem Zusammenhang auch: BGH, WM 1981, 438 zum Recht eines GmbH-Gesellschafters auf

Geschäftsführung) oder das Recht, Vorstandsmitglieder zu bestellen (vgl. *Palandt*, § 35 Rdn. 1; *Soergel/Schultze-v. Lassaulx*, § 35 Rz. 13).

**Keine Sonderrechte sind z. B.** die folgenden – weil allen Mitgliedern gleichermaßen zustehenden – Rechte: das Mitgliedschaftsrecht selbst (vgl. *Palandt*, § 35 Rdn. 1; *Soergel/Schultze-v. Lassaulx*, § 35 Rz. 6; *Reichert/Dannecker/Kühr*, Tz. 264), das Recht auf Gleichbehandlung (*Palandt*, § 35 Rdn. 1; *Soergel/Schultze-v. Lassaulx*, § 35 Rz. 7; *Paulick*, S. 192), das Recht auf Teilnahme an der GV (*Paulick*, S. 192), das Stimmrecht (*Soergel/Schultze-v. Lassaulx*, § 35 Rz. 6; *Paulick*, S. 192); gem. § 43 Abs. 3 eingeräumte Mehrstimmrechte sind ebenfalls keine Sonderrechte, weil Mehrstimmrechte ohne Zustimmung der betroffenen Mitglieder durch eine Satzungsänderung wieder aufgehoben werden können (vgl. § 43 Abs. 3 S. 7), während es für ein Sonderrecht bezeichnend ist, daß es grundsätzlich ohne Zustimmung des Berechtigten nicht entzogen werden kann. **35**

**Keine Sonderrechte sind** diejenigen schuldrechtlichen Ansprüche, die sich aus dem Mitgliedschaftsrecht entwickelt haben und nunmehr von der Mitgliedschaft lösbar bzw. losgelöst sind (vgl. in diesem Zusammenhang: *Soergel/Schultze-v. Lassaulx*, § 35 Rz. 5; *Meyer/Meulenbergh/Beuthien*, § 18 Rdn. 5). Hierher gehören z. B. der Anspruch des Mitgliedes auf Auszahlung der Dividenden, die die GV gem. § 48 Abs. 1 beschlossen hat, und der Anspruch des ausgeschiedenen Mitgliedes auf Auszahlung des Auseinandersetzungsguthabens nach Maßgabe des § 73 (vgl. *Meyer/Meulenbergh/Beuthien*, § 18 Rdn. 5). **36**

**Sonderrechte können nur durch die Satzung begründet werden** (vgl. in diesem Zusammenhang: BGH, MDR 1970, 913; BGHZ 63, 14/19; *Staudinger/Coing*, § 35 Rz. 8; *Müller*, § 18 Rdn. 41). Sie können einmal in der Gründungssatzung enthalten sein (vgl. *Soergel/Schultze-v. Lassaulx*, § 35 Rz. 16; *Reichert/Dannecker/Kühr*, Tz. 261; *Müller*, § 18 Rdn. 41). Ist dies nicht der Fall, so bedarf es – zur wirksamen Einräumung eines Sonderrechtes an ein Mitglied oder an eine Mitgliedergruppe – einer Satzungsänderung, die der Zustimmung auch aller zurückgesetzten Mitglieder bedarf (vgl. *Soergel/Schultze-v. Lassaulx*, § 35 Rz. 16; *Staudinger/Coing*, § 35 Rz. 8; *Reichert/Dannecker/Kühr*, Tz. 261; *Meyer/Meulenbergh/Beuthien*, § 18 Rdn. 5; *Müller*, § 18 Rdn. 41). **37**

Die **Beeinträchtigung eines Sonderrechtes durch ein Organ** der eG ist **wirksam grundsätzlich nur mit Zustimmung der betroffenen Mitglieder** (vgl. § 35 BGB und *Soergel/Schultze-v. Lassaulx*, § 35 Rz. 18; *Müller*, § 18 Rdn. 42, 45). Ist die Zustimmung der betroffenen Mitglieder nicht erteilt, so ist die jeweilige beeinträchtigende Rechtsmaßnahme zunächst schwebend unwirksam und wird erst dann endgültig unwirksam, wenn die betroffenen Mitglieder endgültig ihre (nachträgliche) Zustimmung verweigern (vgl. *Soergel/Schultze-v. Lassaulx*, § 35 Rz. 20; *Reichert/Dannecker/* **38**

*Kühr*, Tz. 267; *Meyer/Meulenbergh/Beuthien*, § 18 Rdn. 5; *Müller*, § 18 Rdn. 43 ff; *Paulick*, S. 192; Anm. *Müller* zu dem Urteil des KG v. 11. 7. 1980, ZfG 1981, 336, 340, 342).

**39** Soweit durch eine – ohne Zustimmung der betroffenen Mitglieder vorgenommene – schuldhafte **Beeinträchtigung eines Sonderrechtes** den Inhabern dieses Rechtes ein Schaden entstanden ist, können diese gegenüber der eG einen **Schadenersatzanspruch** geltend machen (vgl. *Soergel/Schultze-v. Lassaulx*, § 35 Rz. 21; *Reichert/Dannecker/Kühr*, Tz. 269; *Müller*, § 18 Rdn. 46).

## III. Pflichten der Mitglieder

### 1. Leistungs-, Bezugs- und sonstige Pflichten

**40** **Die Mitglieder sind – wenn die Satzung dies festlegt** (vgl. BGH, NJW 1960, 1858, 1859; *Krakenberger*, § 7 Rdn. 2d; *Meyer/Meulenbergh/Beuthien*, § 18 Rdn. 7; *Müller*, § 18 Rdn. 10) – **verpflichtet, der eG bestimmte Leistungen zu erbringen oder bestimmte Leistungen von der eG zu beziehen.** Hierunter fallen vor allem die im Bereich des landwirtschaftlichen Genossenschaftswesens anzutreffenden Lieferungs- und Bezugspflichten, nach denen die Mitglieder gehalten sind, ihre Erzeugnisse oder einen Teil ihrer Erzeugnisse (etwa Gemüse, Milch, Obst, Trauben usw.) der eG zur Verfügung zu stellen bzw. z. B. ihren Bedarf an Düngemitteln, Saatgut usw. bei der eG zu decken.

**41** Die **Verpflichtung** der Mitglieder, der eG bestimmte Leistungen zu erbringen oder bestimmte Leistungen von der eG zu beziehen, **kann in der ursprünglichen Satzung festgelegt sein oder durch Satzungsänderung begründet werden**. Die Satzungsänderung kann nur mit der in § 16 Abs. 3 bestimmten Beschlußmehrheit herbeigeführt werden (vgl. im einzelnen die Erl. zu § 16).

**42** Die Satzung muß nur dem Grunde nach die Verpflichtung der Mitglieder enthalten, der eG bestimmte Leistungen zu erbringen oder bestimmte Leistungen von der eG zu beziehen (vgl. RGZ 47, 146, 154; *Krakenberger*, § 7 Rdn. 2d; *Meyer/Meulenbergh/Beuthien*, § 18 Rdn. 7; *Müller*, § 7 Rdn. 30, § 18 Rdn. 13; *Paulick*, S. 196). **Die nähere Ausgestaltung der Verpflichtung der Mitglieder kann z. B. in Lieferungs- und Bezugsordnungen erfolgen**, für deren Erlaß in der Satzung die Zuständigkeit des Vorstandes, des Aufsichtsrates oder der GV begründet werden kann (vgl. RGZ 47, 146, 154; *Krakenberger*, § 7 Rdn. 2d; *Meyer/Meulenbergh/Beuthien*, § 18 Rdn. 7; *Müller*, § 7 Rdn. 30, § 18 Rdn. 13). Auf die Einzelbestimmungen einer solchen Ordnung finden dann die Vorschriften des AGB-Gesetzes keine Anwendung (§ 23 Abs. 1 AGBG). Darüber hinaus kann die nähere Ausgestaltung der Leistungs- und Bezugspflicht auch durch vertragliche Abmachungen erfolgen (vgl. *Paulick*, S. 196). Geschieht dieses mit vorformulierten Bestimmungen, sind die Vorschriften des AGB-Gesetzes zu beachten (§ 1 AGBG).

**Für die Abwicklung einer satzungsmäßig festgelegten Leistungs- und Bezugspflicht** der Mitglieder **gelten** auch dann **schuldrechtliche Bestimmungen entsprechend**, wenn die nähere Ausgestaltung einer solchen Pflicht durch die zuständigen Organe der eG in einer Lieferungs-, Bezugsordnung erfolgt ist (vgl. BGH, NJW 1960, 1858, 1859; *Müller*, § 7 Rdn. 39 ff; *Paulick*, S. 196). So gelten entsprechend die §§ 241 BGB bis 304 BGB, soweit sich aus dem körperschaftsrechtlichen Gehalt der Verpflichtung der Mitglieder keine Abweichungen ergeben (vgl. *Müller*, § 7 Rdn. 39 ff; *Paulick*, S. 169), die §§ 315 ff BGB (vgl. *Müller*, § 7 Rdn. 26; *Paulick*, S. 196), die §§ 434 ff BGB (vgl. *Müller*, § 7 Rdn. 41), die §§ 459 ff BGB (vgl. *Müller*, § 7 Rdn. 41; *Paulick*, S. 196). **43**

Die Satzung kann nicht nur Leistungs- und Bezugspflichten, sondern auch **sonstige Pflichten der Mitglieder festlegen**. So können die Mitglieder z. B. verpflichtet werden zur Übernahme bestimmter Tätigkeiten im genossenschaftlichen Betrieb, zur Ausführung oder Unterlassung bestimmter Handlungen, zur Teilnahme an der GV usw. **44**

**Die Verletzung einer – in der Satzung festgelegten – Leistungs-, Bezugs- oder sonstigen Pflicht der Mitglieder kann zur Schadensersatzpflicht des Mitgliedes führen** (vgl. *Müller*, § 18 Rdn. 21 m. w. Nachw.). Die Verletzung einer solchen Verpflichtung kann auch zur Ausschließung des Mitgliedes führen, wenn die Pflichtverletzung in der Satzung als Ausschließungsgrund vorgesehen ist (vgl. *Krakenberger*, § 7 Rdn. 2d; *Müller*, § 18 Rdn. 23). Dies ist in den Satzungen auch regelmäßig der Fall. Darin ist z. B. festgelegt, daß ein Mitglied aus der eG ausgeschlossen werden kann, wenn es trotz zweimaliger schriftlicher Aufforderung den satzungsmäßigen oder sonstigen der eG gegenüber bestehenden Verpflichtungen nicht nachkommt. **45**

**Die – in der Satzung festgelegten – Leistungs-, Bezugs- und sonstigen Pflichten der Mitglieder beginnen bzw. enden** mit dem Beginn bzw. der Beendigung der Mitgliedschaft in der eG (vgl. BGH, NJW 1960, 1858, 1859; *Müller*, § 7 Rdn. 51). Waren im Zeitpunkt der Beendigung der Mitgliedschaft – sich aus den vorgenannten Pflichten ergebende – einzelne Leistungspflichten bereits fällig, so bleiben diese grundsätzlich bestehen (vgl. *Müller*, § 7 Rdn. 51). **46**

Unabhängig von satzungsmäßig begründeten **Pflichten können** Pflichten der Mitglieder, z. B. Lieferungspflichten, **natürlich auch individualrechtlich begründet werden**. Die derart begründeten Pflichten der Mitglieder bestehen dann jedoch außerhalb des Mitgliedschaftsverhältnisses und richten sich in ihrer Abwicklung grundsätzlich nach rein bürgerlich-rechtli- **47** chen Regeln (vgl. BGH, NJW 1960, 1858, 1859 m. Anm. *Paulick*, ZfG 1961, 80, 81; *Müller*, § 18 Rdn. 5).

### 2. Geldleistungspflichten

**48** Die Geldleistungspflichten der Mitglieder, die ihre Grundlage im Gesellschaftsrecht haben, sind im GenG abschließend geregelt (s. Rdn. 75). Sie bestehen in der Pflicht zur Leistung von Einzahlungen auf den Geschäftsanteil (§ 7 Ziff. 1), die Pflicht zur Deckung eines Fehlbetrages beim Ausscheiden aus der eG (§ 73 Abs. 2), die Pflicht zur Leistung weiterer Zahlungen (§ 87 a Abs. 2), die Pflicht zur Leistung von Nachschüssen im Fall des Konkurses der eG (§ 105), die Pflicht zur Entrichtung satzungsmäßig vorgesehener Eintrittsgelder (vgl. zur Zulässigkeit der Erhebung eines Eintrittsgeldes durch den Vorstand bei fehlender Regelung in der Satzung OLG Bamberg, BB 1982, 272 m. zust. Anm. *Ehlenz*) und Vertragsstrafen.

**49** Unabhängig von den vorgenannten Geldleistungspflichten sind die **Mitglieder** selbstverständlich **verpflichtet**, der eG, die im Geschäftsverkehr mit den Mitgliedern Leistungen erbringt, ein **Entgelt zu zahlen**. Dabei ist es unerheblich, ob die Leistungen der eG auf der Grundlage des kooperationsrechtlichen Verhältnisses oder im Rahmen eines individualrechtlichen Vertrages abgewickelt werden (vgl. *Müller*, § 18 Rdn. 9). Ebenso ist es zulässig, daß aufgrund von besonderen Vereinbarungen zwischen der eG und Mitgliedern von diesen die Verpflichtung zur Gewährung z. B. eines Darlehens oder zur Zeichnung weiterer Geschäftsanteile übernommen wird (LG Hamburg, GW 1980, 557; vgl. *Müller*, § 7 Rdn. 60). Entsprechendes gilt z. B. für Baukostenzuschüsse. Diese können zur Stärkung der Leistungsfähigkeit des genossenschaftlichen Förderbetriebes durchaus sinnvoll sein. Rechtsgrundlage bleibt in jedem Fall eine Individualvereinbarung; satzungsändernde Mehrheitsbeschlüsse sind für Mitglieder, die nicht zugestimmt haben, unverbindlich. Aufnahme in die Satzung kann insoweit nur deklaratorische Bedeutung haben.

**Umlagen** zur Deckung allgemeiner Kosten oder zur Beseitigung von Verlusten sind unzulässig, eine solche Satzungsregelung wäre unwirksam (Näheres Rdn. 75).

### 3. Grundsätze der gesellschaftsrechtlichen Treuepflicht

**50** Die Zugehörigkeit zu einer Gesellschaft begründet eine gegenseitige gesellschaftsrechtliche Treuepflicht. Sie ist eine Folge der mitgliedschaftlichen Rechtsbeziehung und Ausdruck einer **allgemeinen Loyalitätspflicht** auf der Grundlage von § 242 BGB (näher dazu *K. Schmidt*, Gesellschaftsrecht, 481 ff).

Im Gesellschaftsrecht verdichtet sich die Treuepflicht zu **konkreten Verhaltensnormen**, zur Verpflichtung, die Interessen der Gemeinschaft zu beachten und zu fördern und alles zu unterlassen, was für die Gesellschaft schädlich ist – soweit nicht ausnahmsweise übergeordnete allgemeine oder persönliche Interessen entgegenstehen (hierzu: BGHZ 65, 15; *K. Schmidt*, 482).

Die Treuepflicht **gebietet**, die Belange der Gesellschaft zu beachten und verbietet, die Gesellschaft durch rücksichtslose Verfolgung eigener Interessen zu schädigen (BGH, WM 1978, 1205; BGH, WM 1986, 1348; *Meyer/Landrut/Miller/Niehus*, GmbH-G, 1987, § 14 Rdn. 25).

Die Treuepflicht hat auch Wirkungen im Verhältnis der **Gesellschafter zueinander**. Sie gebietet der Mehrheit, bei formal zulässigen Einflußnahmen auf die Interessen aller Mitglieder Rücksicht zu nehmen (BGHZ 65, 15 = BB 1975, 1450; *K. Schmidt*, 483; a. A. *Meyer/Meulenbergh/Beuthien*, § 18 Rdn. 26).

**Inhalt** und **Umfang** der Treuepflicht bestimmt sich nach der jeweiligen Art und Aufgabe der Vereinigung. Je personalistischer eine Gesellschaft ausgerichtet ist, umso stärker sind die Wirkungen der Treuepflicht ausgeprägt (BGH, WM 1978, 1205; 86, 1348 = ZIP 1986, 1383; *K. Schmidt*, 485; *Meyer-Landrut/Miller/Niehus*, § 14 Rdn. 25).

Treuewidriges Verhalten ist rechtswidrig und kann unmittelbare **Rechtsfolgen** auslösen:

- Anspruch auf Unterlassung,
- Verpflichtung zu positivem Verhalten,
- Verpflichtung zum Schadensersatz,
- Ausschluß aus der Gesellschaft,
- Anfechtungsklage bei Beschlüssen.

(Hierzu: *K. Schmidt*, 487; *Meyer-Landrut/Miller/Niehus*, GmbH-G § 14 Rdn. 29 ff).

Besonderheiten der **genossenschaftlichen Treuepflicht**

Auszugehen ist von der in Rechtsprechung und Literatur einheitlichen Auffassung, daß die Treuepflicht bei **personalistisch orientierten Gesellschaften** besonders ausgeprägt ist (*Paulick*, Das Recht der eingetragenen Genossenschaft, 1956, S. 198 ff). **51**

Die Rechts- und Unternehmensform der eG ist gekennzeichnet durch ihre auf die Person der Mitglieder und ihre wirtschaftlichen Interessen ausgerichtete Struktur (§ 1 Rdn. 1 ff; *Meyer/Meulenbergh/Beuthien*, § 18 Rdn. 26; *Müller*, § 18 Rdn. 7; *Paulick*, S. 199). Der gesetzlich zwingend vorgeschriebene Unternehmenszweck der Mitgliederförderung (§ 1 Abs. 1 GenG) stellt die wirtschaftlichen Interessen der Mitglieder in den Mittelpunkt der Tätigkeit und ist Maßstab für die Unternehmenspolitik. Diese **52**

Zielrichtung gibt auch den Pflichten der Mitglieder im gemeinsamen Unternehmen einen besonderen Inhalt.

53 Das aus der Treuepflicht folgende Gebot zur **Wahrung der gemeinsamen Belange** begründet die besondere Pflicht, das Verhalten soweit zumutbar an den wirtschaftlichen Förderinteressen der Gesamtheit aller Mitglieder zu orientieren und alles zu unterlassen, was diesen Interessen schaden könnte (*Müller*, § 18 Rdn. 7; *Paulick*, S. 199; vgl. auch BGH, WM 1958, 818).

54 Die **Ausübung aller Mitgliedschaftsrechte** steht unter dem genossenschaftlichen Treuegebot (*Meyer/Meulenbergh/Beuthien*, § 18 Rdn. 27; *Müller*, § 18 Rdn. 7). Dies muß nicht zuletzt auch für die Mitwirkungsrechte gelten, z. B. bei der Ausübung des Stimmrechts, bei Wahrnehmung des Auskunftsrechts und bei Teilnahme an Wahlen (*Paulick*, S. 200; *Müller*, § 18 Rdn. 7). Die Mitglieder haben ihre Rechte grundsätzlich im Sinne der gemeinsamen Förderziele auszuüben, während sie im Rahmen der Zumutbarkeit alles zu unterlassen haben, was dem genossenschaftlichen Unternehmen schaden kann.

55 Die Umsetzung der genossenschaftlichen Grundsätze bedingt **gegenseitiges Vertrauen**. Selbstverwaltung und Selbstverantwortung finden ihren Ausdruck u. a. in dem Recht, die Mitglieder des Aufsichtsrates zu wählen. Dieses vom Vertrauen der Mitglieder getragene Kontrollorgan bestellt regelmäßig den Vorstand, das Organ, dem gemäß § 27 Abs. 1 GenG alle Maßnahmen der Unternehmensleitung anvertraut sind. Entscheidender Inhalt der genossenschaftlichen Treuepflicht ist es, alles zu tun, das geeignet ist, das gegenseitige Vertrauen zu stärken und alles zu unterlassen, was das Vertrauen beschädigen könnte.

56 Das Treugebot bestimmt damit auch die Leitlinien für die Rechtfertigung von **Kritik** gegenüber Vorstand und Aufsichtsrat: Kritik z. B. an der Geschäftspolitik oder Geschäftsführung ist gerechtfertigt, wenn sie in den zuständigen Gremien vorgetragen wird, in der Form ausgewogen und nach sorgfältiger Prüfung inhaltlich durch Tatsachen zu belegen ist. Kritik ist nicht rechtmäßig, wenn eigennützige Motive zu unsachlichen Urteilen führen, die geeignet sind, das Vertrauen zu den Organmitgliedern zu stören. Dies muß vor allem dann gelten, wenn durch gezielte und umfassende Maßnahmen außerhalb der zuständigen Gremien versucht wird, Einfluß auf die Mehrheitsbildung in der eG zu gewinnen.

57 Bei Beachtung dieser Grundsätze müssen Bedenken bestehen, wenn sich Mitglieder der eG in einer **eigenen Gruppe organisieren**, um eine „Gegenmacht" zum Vorstand aufzubauen mit dem erklärten Ziel, unmittelbar auf die Entscheidungen der Leitungs- und Kontrollgremien einzuwirken und in deren Verantwortungsbereiche einzugreifen.

**Unter Berücksichtigung der Treuepflicht können sich Pflichten der Mitglieder** zur aktiven Tätigkeit in der eG oder für die eG **ergeben** (vgl. in diesem Zusammenhang: *Meyer/Meulenbergh/Beuthien*, § 18 Rdn. 9; *Müller*, § 18 Rdn. 16; *Schubert/Steder*, § 18 Rdn. 8; *Paulick*, S. 199). 58

Aus der Treuepflicht ergibt sich auch die **Verpflichtung der Mitglieder zur Inanspruchnahme der genossenschaftlichen Einrichtungen und zur Teilnahme am genossenschaftlichen Geschäftsverkehr** (vgl. *Meyer/Meulenbergh/Beuthien*, § 18 Rdn. 9; *Müller*, § 18 Rdn. 17; *Schubert/Steder*, § 18 Rdn. 8; *Paulick*, S. 199). Diese Verpflichtung ist – da sie ja keine ausdrückliche Grundlage in der Satzung hat und sich allein aus der Treuepflicht der Mitglieder ergibt – in dem Sinne zu verstehen, daß die Mitglieder zu einer Zusammenarbeit mit der eG im Rahmen der Zumutbarkeit (diese kann z. B. bei nicht mehr aktiv tätigen Mitgliedern eine Rolle spielen) verpflichtet sind. So dürfen z. B. die Mitglieder einer Einkaufsgenossenschaft die von ihnen benötigten Waren und Güter nicht ausschließlich bei Konkurrenzunternehmen der eG einkaufen, wenn sie die gleichen Waren und Güter zu gleich günstigen Konditionen von der eG beziehen können. Keinesfalls dürfen die Mitglieder die eG boykottieren. Ausschluß wegen nur sporadischer Nutzung der Genossenschaftswohnung: LG Mainz, Urt. v. 13. 7. 1978 – 1 S – 107/78; LG Wiesbaden, Urt. v. 13. 7. 1978 – 1 S 107/78; LG München I, WM 1992, 16; LG Nürnberg-Fürth, Urt. v. 23. 6. 1992, WM 1993, 280; wegen Unterbelegung: LG Köln, WM 1991, 248 m. krit. Anm. *Riebandt-Korfmacher; dies.* zu LG München, ZfGW Bay 1987, 388; *Hufnagel*, ZfW 1992, 16 f; *Hanke*, ZfG Bay. 1991, 461; § 1 Rdn. 122 m. w. Hinw. zur Rechtsprechung. 59

Die Treuepflicht ist auch die Grundlage für die Feststellung des BGH, wonach Mitgliedern die grundsätzliche Verpflichtung obliegt, die **Leistungen der eG in Anspruch zu nehmen** und Bindungen einzugehen, die nicht den Beschränkungen von § 11 Ziff. 12 des AGB-Gesetzes unterliegen (BGH, DB 1988, 1265).

Aus der Treuepflicht erfolgt die **Verpflichtung der Mitglieder, der eG Umstände mitzuteilen, durch die der eG Schaden droht** (vgl. *Müller*, § 18 Rdn. 15; *Paulick*, S. 199). Hat ein Mitglied z. B. Kenntnis davon erhalten, daß etwa ein Angestellter der eG diese bestiehlt, so hat das Mitglied die eG darüber zu benachrichtigen (vgl. OLG Frankfurt, ZfG 1963, 156 m. Anm. *Welling*). Wegen erhöhter Treuepflicht der Organmitglieder s. § 36 Rdn. 67; § 41 Rdn. 39, 40. 60

Aufgrund der Treuepflicht sind die **Mitglieder gehalten, eine den Geschäftsbetrieb der eG schädigende Konkurrenz zu unterlassen** (vgl. *Müller*, § 18 Rdn. 18; *Schubert/Steder*, § 18 Rdn. 8; *Paulick*, S. 199). So kann sich z. B. ein Mitglied einer landwirtschaftlichen Absatzgenossenschaft nicht – um eigene Vorteile zu erreichen – an einer Wettbewerbsak- 61 tion (insbesond. nicht an einer unlauteren) beteiligen, die sich gegen die eG richtet.

62 Die Treuepflicht hat zur Folge, daß die Mitglieder grundsätzlich Handlungen unterlassen müssen, die der eG **vermeidbare Kosten** verursachen (z. B. Rundschreiben an die Mitglieder; vgl. AG Nürnberg, Urt. v. 29. 5. 1992 – 15 C 8711/91; s. § 43 a Rdn. 83).

63 Die Bildung von **Gruppen** und **Zusammenschlüssen** innerhalb der eG, um durch Druck auf den Vorstand bessere Konditionen zu erzwingen oder das Aushandeln solcher Konditionen mit den Lieferanten an der eG vorbei, wird regelmäßig als Verstoß gegen die Treuepflicht zu werten sein (s. a. Rdn. 55).

64 **Aufgrund der Treuepflicht kann es** – unter Berücksichtigung auch der beachtenswerten Interessen der eG – **unzulässig sein, daß ein Mitglied Rechtsbefugnisse ausübt**, die ihm formal zustehen. Dies kann z. B. gelten für die Erhebung einer Anfechtungsklage nach § 51 oder die Geltendmachung von Verwirkung bzw. Verjährung gegenüber einer Forderung nach § 51 oder die Geltendmachung von Verwirkung bzw. Verjährung gegenüber einer Forderung der eG sowie für die Kündigung einzelner Geschäftsanteile (LG Berlin, GW 1977, 336). Die genossenschaftliche Treuepflicht kann zur Folge haben, daß Mitglieder mit Rücksicht auf die Solidargemeinschaft darauf verzichten müssen, begründete Ansprüche gegen die eG geltend zu machen, dies dann, wenn dadurch die Existenz der eG gefährdet wäre (OLG Koblenz, Urt. v. 3. 2. 1984, AZ: 8 U 258/83). Die Treuepflicht kann es einem Mitglied einer Wohnungsbaugenossenschaft verbieten, sich auf Verwirkung wegen verspäteter Geltendmachung von Heizkosten zu berufen (AG Starnberg, ZfG 1982, 139 m. Anm. *Hadding*) und andererseits gebieten, einer Vollumlage und Abrechnung der Betriebskosten zuzustimmen, wenn ihm keine wesentliche Nachteile erwachsen (AG Essen-Steele, Urt. v. 22. 12. 1992 – 11 a C 336/92, ebenso AG Duisburg, Urt. v. 28. 4 1994 – 33 C 16/94, im Ergebnis übereinstimmend LG Duisburg, *Schulz*, ZdW Bay. 1994, 81, 84; 1995, 63 ff; a. A. allgemein LG Köln, Urt. v. 30. 6. 1992, WM 1995, 27; LG Köln, WM 1992, 255; LG München, WM 1995, 113; AG Hamburg, WM 1994, 484; LG Wiesbaden, WM 1991, 698). Abzulehnen ist die weitergehende Meinung (vgl. *Müller*, § 18 Rdn. 19 f m. w. Nachw.), nach der sich die Unzulässigkeit der Ausübung formaler Rechtsbefugnisse im Regelfall aus der Treuepflicht ergibt (vgl. *Schubert/Steder*, § 18 Rdn. 9; *Paulick*, S. 200 f). Auch in der Rechtsbeziehung zwischen der eG und ihren Mitgliedern kann die Ausübung der vom Gesetz zur Verfügung gestellten Rechtsbefugnisse nicht regelmäßig unzulässig sein (so auch *Schubert/Steder*, § 18 Rdn. 9; *Paulick*, S. 200 f; AG Köln, Urt. v. 20. 5. 1994, WM 1995, 312 betr. das Recht auf Minderung der Nutzungsgebühr; a. A. *Lützenkirchen*, WM 1995, 423, die Treuepflicht

könne höhere Anforderungen an die Erheblichkeit eines Mangels § 537 BGB gebieten).

Die Treuepflicht kann u. U. der Entscheidungsfreiheit der Mitglieder bei **Stimmabgabe** in der GV (s. § 43 Rdn. 60) Grenzen setzen: So gebietet nach Auffassung des BGH die Treuepflicht, der Abberufung eines Geschäftsführers zuzustimmen, wenn wegen wichtiger Gründe die Beibehaltung in der Organstellung nicht mehr zumutbar ist (BGH, ZIP 1991, 23). **65**

**Aufgrund der Treuepflicht kann es einem Mitglied** unter Umständen **verwehrt sein, seinen Anspruch auf Auszahlung des Auseinandersetzungsguthabens geltend zu machen** (vgl. AG Gegenbach, BlfG 1937, 207; krit. zu dieser Entscheidung: *Meyer/Meulenbergh/Beuthien*, § 18 Rdn. 30; *Müller*, § 18 Rdn. 19). **66**

**Die Verletzung der genossenschaftlichen Treuepflicht kann zur Schadensersatzpflicht des Mitglieds führen** (vgl. OLG Frankfurt, ZfG 1963, 156 m. Anm. *Welling; Müller*, § 18 Rdn. 21; *Schubert/Steder*, § 18 Rdn. 9). Die Verletzung der genossenschaftlichen Treuepflicht kann auch zur Ausschließung des Mitglieds führen, wenn die Pflichtverletzung in der Satzung konkret oder allgemein als Ausschließungsgrund vorgesehen ist (vgl. *Müller*, § 18 Rdn. 23; *Schubert/Steder*, § 18 Rdn. 9). **67**

**Die genossenschaftliche Treuepflicht obliegt auch der eG gegenüber ihren Mitgliedern** (vgl. BGHZ 27, 297, 305 = NJW 1958, 1633; *Meyer/Meulenbergh/Beuthien*, § 18 Rdn. 31; *Müller*, § 18 Rdn. 7; *Schubert/Steder*, § 18 Rdn. 9; *Westermann*, ZfG 1971, 301). Diese Treuepflicht ist z. B. bei Wohnungsgenossenschaften bedeutsam im Zusammenhang mit der Entscheidung über das Eintrittsrecht von Familienangehörigen eines verstorbenen Mitglieds in das Nutzungsverhältnis und ihre Aufnahme in die eG (OLG Karlsruhe, RE v. 23. 12. 1983, NJW 1994, 2584 = GW 1985, 571; LG Köln, WM 1994, 23; AG Bielefeld, WM 1994, 22; s. § 1 Rdn. 122; auch, ob ein Mitglied aus der eG ausgeschlossen werden soll). Sie verpflichtet die eG, dem ausgeschlossenen Mitglied im innergenossenschaftlichen Verfahren sowohl erster Instanz als auch einer höheren Instanz ausreichendes rechtliches Gehör zu gewähren (OLG Düsseldorf, Urt. v. 11. 10. 1974 –, 16 U 121/74 –; II O 155/73 LG Duisburg. Die Unterlassung eines Hinweises auf Rechtsbehelfe und Fristen kann die eG hindern, sich auf Fristablauf zu berufen (BGH, NJW 1960, 2143). Irrtümlich fehlerhafte Angaben bei Abschluß eines Nutzungsvertrages über Nichtbestehenden der Preisbindung kann die eG zum Ersatz des Vertrauensschadens verpflichten (AG Osnabrück, Urt. v. 3. 1. 1995, WM 1995, 309). **68**

Aus der genossenschaftlichen Förderbeziehung (§ 1) folgt eine **besondere genossenschaftliche Treuepflicht der eG** gegenüber ihren Mitgliedern. Diese Treuepflicht ist daher inhaltlich und in den Folgen nicht gleichzusetzen mit der allgemeinen gesellschaftsrechtlichen Treuepflicht (dies verkennt der BGH in: DB 1996, 1273, wo er ohne jede Begründung aus dem Aktien- und GmbH-Recht herleitet, daß die Treupflicht auch bei der eG nicht zu den „tragenden Strukturprinzipien" gehöre). Schließlich können sich aus der Tätigkeit und personalen Beziehungen einer eG für die Mitglieder Abhängigkeiten ergeben, die für die Mitglieder existentielle Bedeutung haben – z. B. bei Wohnungsgenossenschaften, Liefergenossenschaften oder auch Produktivgenossenschaften mit der zusätzlichen arbeitsrechtlichen Bindung. Faktoren wie die Dauer der Mitgliedschaft, die Intensität der Förderbeziehung haben Auswirkungen auf die Treuepflicht (BGHZ 27, 297, 305 = NJW 1958, 1633; BGHZ 31, 37, 42).

Die Treuepflicht hat die Verpflichtung der eG zum Inhalt, bei allen Maßnahmen auf die Belange der Mitglieder Rücksicht zu nehmen, soweit dies im Rahmen der Aufgabe des genossenschaftlichen Unternehmens zumutbar ist.

Die Treuepflicht begründet bestimmte **Verhaltenspflichten**, kann aber auch zur Entstehung von **Ansprüchen** führen. So kann z. B. bei Wohnungsgenossenschaften die langjährige Nutzung einer Wohnung einen Anspruch auf Erwerb begründen, wenn die Satzung dies als Möglichkeit vorsieht (BGHZ 31, 37).

Aus dem Treuegebot ist die eG verpflichtet, auszuschließenden Mitgliedern rechtliches Gehör zu gewähren (BGH, DB 1996, 1273; BGH, DB 1960, 1242 = NJW 1960, 2143; OLG Düsseldorf, Urt. v. 11. 10. 1974-16 U 121/74); die Treuepflicht gebietet die alsbaldige Geltendmachung von Ausschlußrechten (BGHZ 27, 297; *Meyer/Meulenbergh/Beuthien*, § 18 Rdn. 31). Eine Einkaufsgenossenschaft handelt treuewidrig, wenn sie gegen den Willen und die Interessen der Mitglieder z. B. durch „Regiebetriebe" auf der selben Handelsstufe schädliche Konkurrenz betreibt (*Meyer/Meulenbergh/Beuthien*, § 18 Rdn. 31; *Götz*, Verbundbildung, S. 189). Je nach Abwägung der Interessenlage kann aber die Duldungspflicht (Rdn. 72 ff) der betroffenen Mitglieder eine andere Beurteilung rechtfertigen.

**69** Die Treuepflicht besteht nur gegenüber Mitgliedern; unter besonderen Voraussetzungen kann sie jedoch Wirkung zugunsten Dritter haben. Beispiel: Vater ist Mitglied und verpachtet seinen Betrieb an den Sohn; u. U. Anspruch des Vaters auf Aufnahme des Sohnes in die eG; oder: Mitglieder schließen sich mit einem Dritten zusammen, um konkurrenzfähig zu sein; sie können unter Umständen Aufnahme des Dritten als Mitglied verlangen. Vgl. im übrigen § 15 Rdn. 21 ff, § 16 Rdn. 8. Zur Treuepflicht im Aktienrecht: BGH, AG 1988, 135.

**70** Umstritten ist, ob und unter welchen Umständen die eG **Treueprämien** an die Mitglieder vergüten darf. Grundsätzlich ablehnend dazu BGH, ZfG 1984, 156; BGH, BB 1991, 644 (= EWiR § 18 GenG 1/91 – *Beuthien*, ZfG 1992, 159). Die Entscheidungen können nicht überzeugen: Treueprämien könnten nur dann bedenklich sein, wenn sie in extremen Fällen im Ergebnis die Kündigungsrechte der Mitglieder beschränken. Nicht überzeugen kann es, wenn der BGH einem Unternehmen vorschreiben will, wie es seine Preise zu berechnen habe, um zu untersagen, daß Liefertreue auch als Wert einer Leistung beurteilt wird. Dafür ist eine rechtliche Grundlage nicht erkennbar. Die Gewährung einer Treueprämie unterliegt durchaus dem Gebot der genossenschaftlichen Gleichbehandlung. Eine in den Regelungen über die Treueprämie enthaltene Differenzierung ist aber gerechtfertigt, wenn sie die unterschiedlichen Sachverhalte im Sinne einer „relativen Gleichbehandlung" (zum Begriff Rdn. 19) berücksichtigt.

**Eine Treuepflicht der Mitglieder untereinander** wird z. B. unter dem Gesichtspunkt der **Solidargemeinschaft** geltend gemacht zur Begründung: **71**
- eines berechtigten Interesses der eG an der Beendigung des Nutzungsverhältnisses zwecks gerechterer Verteilung des Wohnungsbestandes (s. OLG Stuttgart, WM 1991, 379 = ZfG 1993, 248 m. krit. Anm. *Riebandt-Korfmacher*; LG München, ZfW Bay. 1987, 388; dazu § 1 Rdn. 122, 117,
- einer Zustimmungspflicht des Mitgliedes zur strukturellen Änderung der Nutzungsgebühr (*Schulz*, ZdW Bay. 1995, 63),
- eines Verzichts auf die Einhaltung mietrechtlicher Schutzvorschriften als Ausnahmefall (s. i. E. *Beuthien*, ZfG 1992, insbesond. 24 ff, 31–35 sowie § 1 Rdn. 117 f), h), i).

### 4. Genossenschaftliche Duldungspflicht

Die **Genossenschaftliche Duldungspflicht** bedeutet einmal, daß ein Mitglied die Rechtsakte hinnehmen muß, die im gesellschaftsrechtlichen Bereich mit dem Willen der Mehrheit der Mitglieder gesetzt worden sind und durch die insbesond. Geldleistungspflichten, aber auch sonstige Pflichten und Rechtsverhältnisse verändert werden. Die genossenschaftliche Duldungspflicht bedeutet weiterhin, daß ein Mitglied die Rechtsakte hinnehmen muß, die auf der Grundlage einer gesetzlichen Vorschrift oder einer Satzungsbestimmung durch ein Organ der eG erlassen werden (vgl. *Meyer/Meulenbergh/Beuthien*, § 18 Rdn. 8; *Müller*, § 18 Rdn. 51; *Schubert/Steder*, § 18 Rdn. 10). Die Duldungspflicht besteht nur im gesellschaftsrechtlichen Bereich, nicht in der Kundenbeziehung. **72**

**Beispiele für die genossenschaftliche Duldungspflicht** sind: die Erhöhung des Geschäftsanteils (§ 16 Abs. 2 Ziff. 2), die Erhöhung der Haftsumme (§ 16 Abs. 2 Ziff. 4), die Einführung oder Erweiterung einer Pflichtbeteiligung mit mehreren Geschäftsanteilen (§ 16 Abs. 2 Ziff. 3), die Einführung oder Erweiterung einer Verpflichtung der Mitglieder zur Inanspruchnahme von Einrichtungen oder anderen Leistungen der eG oder zur Leistung von Sachen oder Diensten (§ 16 Abs. 3), die Aufstellung eines von **73**

der gesetzlichen Grundregelung abweichenden Maßstabes für die Gewinn- und Verlustverteilung (§ 19 Abs. 2), die Ausschließung der Gewinnverteilung durch die Satzung (§ 20), die satzungsmäßige Festsetzung einer längeren als der gesetzlichen Kündigungsfrist (§ 65 Abs. 2 Satz 2), die Aufstellung einer Lieferungs- oder Bezugsordnung durch den Vorstand oder den Aufsichtsrat aufgrund einer entsprechenden satzungsmäßigen Ermächtigung, bei Wohnungsbaugenossenschaften die Duldung von Modernisierungsmaßnahmen (LG Duisburg, GW 1978, 600; *Schulz*, ZdW Bay. 1994, 81, 84 zur Duldungspflicht von Nutzungsgebühren, die der Vorstand festsetzt oder erhöht).

**74** Der Schutzgedanke, insbesond. der Minderheitsschutz erfordert eine **Begrenzung der Duldungspflicht**. Die Grenze ergibt sich zunächst dadurch, daß ein Mitglied einen Eingriff nur dann hinnehmen muß, wenn das Genossenschaftsrecht diesen Eingriff überhaupt zuläßt z. B. eine Mehrheitsentscheidung in der GV (vgl. *Meyer/Meulenbergh/Beuthien*, § 18 Rdn. 35; *Müller*, § 18 Rdn. 53). Einen Eingriff läßt das Genossenschaftsrecht z. B. nicht zu bei den Mitgliedschaftsrechten in der GV (§§ 43, 48), den Minderheitsrechten (§ 45), dem Recht auf Einsicht in das Protokoll (§ 47 Abs. 4), dem Anfechtungsrecht (§ 51), dem Kündigungsrecht (§ 65) usw.

Satzungsänderungen haben dort eine Grenze, wo ein Mitglied beim Eintritt in die eG – auch unter Berücksichtigung langfristig zu erwartender oder möglicher Veränderungen – mit solchen Regelungen nicht zu rechnen brauchte. Eine Anpassung der Satzung und der Struktur der eG an sich ändernde Verhältnisse muß ein Mitglied hinnehmen. Der unentziehbare Schutz liegt letztlich in der Möglichkeit, die eG zu verlassen.

**75** Bei **Geldleistungspflichten** (vgl. Rdn. 48 ff, § 7 Rdn. 56 ff) ergibt sich dadurch eine **Grenze der Duldungspflicht**, daß die Mitglieder nur zu solchen Geldleistungen verpflichtet werden können, die in den beschränkten Katalog der nach dem Genossenschaftsrecht zulässigen finanziellen Leistungspflichten fallen. Weitere Geldleistungspflichten der Mitglieder können weder durch die ursprüngliche Satzung begründet noch durch eine Satzungsänderung auferlegt werden (vgl. RGZ 62, 303; *Müller*, § 18 Rdn. 8, 57; *Paulick* S. 197). So kann satzungsmäßig nicht festgelegt werden, daß die Mitglieder zur Deckung von allgemeinen Betriebskosten (vgl. BGH, DB 1979, 643, 644 = ZfG 1980, 190 m. Anm. *Schultz*) oder von Verlusten im Wege einer Umlage herangezogen werden (vgl. *Müller*, § 7 Rdn. 58, § 18 Rdn. 8; *Paulick* S. 97); das schließt die Berücksichtigung bei der Kalkulation des Entgelts für Leistungen der eG nicht aus (s. *Schultz* in der Besprechung des BGH-Urteils, ZfG 1980, 191). Allgemeine Kostenbeteiligung durch Satzung, aber zulässig, wenn die Eigenart der genossenschaftlichen Leistung nur so sinnvoll zu vergüten ist und ohne eine solche Kostenbeteiligung der Mitglieder die Existenz der eG gefährdet erscheint. Dies kann z. B. für die Kostenbeteiligung zur Aufrechterhaltung einer Funkzentrale bei einer Taxigenossenschaft gelten. Nach LG Bonn (v. 21. 10. 1986, 17 O 248/86) muß aber eine bestimmte Beziehung zu einem Leistungsverhältnis gewahrt bleiben.

Wegen Baukostenzuschüssen vgl. Rdn. 49.

Eine **Grenze der Duldungspflicht** ist auch gegeben, wenn die **Begründung neuer oder die Ausweitung bestehender Lieferungs-, Bezugs- und sonstiger Pflichten sowie von Geldleistungspflichten** namentlich auch im Hinblick auf den Förderungszweck der eG unzumutbar ist (vgl. *Müller*, § 18 Rdn. 60, 61). So kann z. B. das Ausmaß der Erhöhung des Geschäftsanteils oder der Haftsumme derart sein, daß eine Deckung durch die Duldungspflicht nicht mehr gegeben ist (vgl. AG Hamburg, MDR 1951, 169; *Paulick*, S. 204). **76**

Unzulässig ist es, die Zahlung von Prämien davon abhängig zu machen, daß die Mitglieder sich verpflichten, die ausschließliche Lieferung über die Beendigung der Mitgliedschaft hinaus fortzusetzen (BGH, NJW-RR 1991, 550).

Eine **Grenze der Duldungspflicht** ist auch **bei einer Verletzung des Gleichbehandlungsgrundsatzes** gegeben (vgl. *Paulick*, S. 204). Eine solche Verletzung brauchen die betroffenen Mitglieder nicht hinzunehmen. **77**

Beschlüsse, welche die Duldungspflicht der Mitglieder überschreiten, haben gegenüber den Betroffenen keine Bindungswirkung. Im übrigen sind sie im Zweifel nur anfechtbar und nicht nichtig (AG Mainz, Az. 10 C 360/85). **78**

## § 19

## Verteilung von Gewinn und Verlust

**(1) Der bei Feststellung des Jahresabschlusses für die Genossen sich ergebende Gewinn oder Verlust des Geschäftsjahres ist auf diese zu verteilen. Die Verteilung geschieht für das erste Geschäftsjahr nach dem Verhältnis ihrer auf den Geschäftsanteil geleisteten Einzahlungen, für jedes folgende nach dem Verhältnis ihrer durch die Zuschreibung von Gewinn oder die Abschreibung von Verlust zum Schluß des vorhergegangenen Geschäftsjahres ermittelten Geschäftsguthaben. Die Zuschreibung des Gewinns erfolgt so lange, als nicht der Geschäftsanteil erreicht ist.**

**(2) Das Statut kann einen anderen Maßstab für die Verteilung von Gewinn und Verlust aufstellen sowie Bestimmung darüber treffen, inwieweit der Gewinn vor Erreichung des Geschäftsanteils an die Genossen auszuzahlen ist. Bis zur Wiederergänzung eines durch Verlust**

**verminderten Guthabens findet eine Auszahlung des Gewinns nicht statt.**

*Übersicht*



## I. Allgemeines

1 § 19 gilt für die Gewinn- und Verlustverteilung während des **Bestehens** der eG, nach ihrer Auflösung ist § 91 maßgebend: eine Verteilung auf die Mitglieder ist vor der Verteilung des Vermögens ausgeschlossen.

2 Nach § 48 Abs. 1 beschließt die GV über die Verteilung des gesamten Jahresüberschusses insbesond. wieviel von dem in der **Bilanz** ausgewiesenen Gewinn oder Verlust auf die Mitglieder zu verteilen ist (vgl. die Erl. zu § 48). Dies ist zwingendes Recht. Solange die Satzung im Rahmen des § 19 Abs. 2 keine Regelung über die Gewinn- und Verlustverteilung enthält, gilt Abs. 1. Die GV kann eine andere Verteilung nur bei entsprechender Satzungsbestimmung vornehmen. Es genügt, wenn die Satzung den allgemeinen Maßstab festsetzt. Die konkrete Höhe – in der Regel ein Prozentsatz des jeweiligen Geschäftsguthabens – wird sodann durch die GV festgesetzt. Die Satzung kann aber auch bestimmen, daß der Gewinn nicht verteilt, sondern dem Reservefonds zugeschrieben wird (§ 20). Nach alledem kann die GV den Gewinn (Jahresüberschuß, Rdn. 3)

- auf neue Rechnung vortragen
- in die gesetzliche Rücklage einstellen
- in andere Ergebnisrücklagen (§ 337 Abs. 2 Nr. 2 HGB) einstellen
- entsprechend den Satzungsvorschriften als Dividende den Geschäftsguthaben zuweisen oder an die Mitglieder verteilen.

3 **Jahresüberschuß** ist der Überschuß der Erträge über die Aufwendungen in der Jahresbilanz (§ 275 Abs. 2 HGB); bei der Beschlußfassung über den Jahresüberschuß werden auch Gewinn- und Verlustvorträge berücksichtigt, da in dem Beschluß, Gewinn oder Verlust auf neue Rechnung vorzutragen, der konkludente Vorbehalt liegt, über die Verwendung insoweit

im kommenden Jahr zu beschließen – und zwar unter Berücksichtigung der einschlägigen Satzungsregelungen.

**Jahresfehlbetrag** ist der Überschuß der Aufwendungen über die Erträge in der Jahresbilanz; hinsichtlich eines bestehenden Gewinn- oder Verlustvortrags gilt das vorstehend zum Jahresüberschuß Gesagte. **4**

Der **Gewinn**, der auf die Mitglieder verteilt werden **kann** (Bilanzgewinn), ist der Jahresüberschuß (Rdn. 3) **5**

- zuzüglich eines evtl. bestehenden Gewinnvortrags aus dem Vorjahr
- abzüglich eines evtl. bestehenden Verlustvortrags aus dem Vorjahr
- abzüglich von Rücklagenzuführungen aufgrund von Satzungsregelungen
- zuzüglich evtl. Rücklagenauflösungen.

Dieser Bilanzgewinn kann nach § 48 Abs. 1 ebenfalls den Reserven zugeführt werden; er kann aber auch an die Mitglieder verteilt bzw. auf neue Rechnung vorgetragen werden (vgl. § 43 der Mustersatzungen).

Der **Verlust**, der auf die Mitglieder verteilt werden **kann** (Bilanzverlust), ist der Jahresfehlbetrag (Rdn. 3)

- zuzüglich eines evtl. bestehenden Verlustvortrags aus dem Vorjahr
- abzüglich eines evtl. bestehenden Gewinnvortrags aus dem Vorjahr
- abzüglich evtl. Rücklagenauflösungen (Rücklagenzuführungen aufgrund Satzungsregelungen setzen begrifflich einen Jahresüberschuß – ggfs., soweit dieses die Satzung vorsieht, unter Berücksichtigung von Gewinn- bzw. Verlustvorträgen aus dem Vorjahr – voraus).

Dieser Verlust kann nach § 48 Abs. 1 ebenfalls durch Rücklagenauflösungen gedeckt, er kann aber auch auf neue Rechnung vorgetragen oder an die Mitglieder verteilt werden (vgl. § 44 der Mustersatzungen).

## II. Gewinnverteilung

### 1. Adressatenkreis

Bis zur Erreichung des satzungsmäßigen Mindestbestands des **gesetzlichen** Reservefonds (§ 7 Ziff. 3) ist die GV insoweit in ihrer Entscheidung gebunden, als zunächst der in der Satzung vorgesehene Teil des Gewinns diesem Reservefonds zugeschrieben werden muß. Ist nach der Satzung ein weiterer Teil des Gewinns einer **anderen** (freiwilligen) Ergebnisrücklage (vgl. § 39 der Mustersatzungen) zuzuführen, so ist die GV auch insoweit in der Gewinnverteilung beschränkt. **6**

Den restlichen Gewinn kann die GV aber, soweit die Satzung dies zuläßt, nach ihrem **Ermessen** verwenden, ihn auf die Mitglieder verteilen, ebenfalls der gesetzlichen bzw. einer anderen Reserve zuschreiben oder auf neue Rechnung vortragen, wenn sie z. B. zur Deckung für einen bereits abzusehenden Verlust Vorsorge treffen will. **7**

8 Bei Verteilung auf die **Mitglieder** sind alle zu berücksichtigen, die bis zum Ablauf des Geschäftsjahres, für das der Gewinn verteilt wird, Mitglieder der eG waren (vgl. in diesem Zusammenhang *Parisius/Crüger*, § 76 Anm. 18; *Krakenberger*, § 76 Anm. 11 a); es ist unbeachtlich, ob ein Mitglied zu diesem Zeitpunkt aus der eG infolge einer Kündigung oder eines Ausschlusses ausscheidet. Sieht die Satzung keine abweichende Regelung vor (vgl. hierzu Rdn. 17), erhalten jedoch die im abgelaufenen Geschäftsjahr beigetretenen Mitglieder keine Dividende, da nach § 19 Abs. 1 das Geschäftsguthaben am Schluß des dem abgelaufenen Geschäftsjahr vorhergegangenen Geschäftsjahres der Berechnungsmaßstab ist (vgl. Rdn. 16).

9 Sie kann ihn auch verwenden zur **Rückerstattung** abgeschriebener Geschäftsguthaben. Dies ist weder ein Verstoß gegen den Gleichbehandlungsgrundsatz im Hinblick auf die Mitglieder, die erst nach der Verlustdeckung der eG beitraten, noch bezüglich der Mitglieder, die zwischenzeitlich ausgeschieden sind (vgl. Rdn. 20, so *Weidmüller*, BlfG 1937, 755).

10 Eine **Gewinnzuweisung** an **Dritte** (z. B. Genußscheinberechtigte oder im Rahmen eines Gewinnpoolungsvertrages) ist unzulässig, sie widerspricht zwar nicht dem genossenschaftlichen Förderauftrag, §§ 19, 20 (und § 91 für den Fall der Liquidation) regeln jedoch die Gewinnverteilung abschließend (*Müller*, § 19 Rdn. 2a). Dies verkennen *Schudt* „Der Genußschein als genossenschaftliches Finanzierungsinstrument" und wohl auch *Reinhardt* in: Festschrift für Westermann 1974, 473. Diese Rechtslage ist unbefriedigend, weil der eG damit eine Möglichkeit zur Verstärkung des Eigenkapitals nicht offensteht; auch im Hinblick auf die Diskussion um die Beteiligung der Arbeitnehmer am Unternehmen wäre eine gesetzliche Öffnung de lege ferenda wünschenswert (vgl. auch § 1 Rdn. 301 ff). Denkbar ist jedoch, **Genußscheine** (hierzu § 1 Rdn. 306, § 22 Rdn. 19) zu Lasten der Erträge zu bedienen, so daß ein Bilanzgewinn erst gar nicht entsteht (so die Ausgestaltungsmöglichkeit für die Kreditinstitute nach dem KWG, s. a. *Hadding*, ZIP 1984, 1302; zust. *Paulick/Blaurock*, Handbuch der stillen Gesellschaft, 1988, 66; *Schneider*, JR 6/1989; *Beuthien*, Kurzgutachten für den Genossenschaftsverband Hessen/Rheinland-Pfalz/Thüringen – unveröffentl. Stellungnahme des BMJ an das hessische Ministerium für Wirtschaft und Technik vom 1. 3. 1990 (III.A.5 3 520/2-32-0265/90; *Blomeyer*, ZfG 1993, 17). Dies ist gegeben bei fester Verzinsung unabhängig vom Betriebsergebnis. Handelsrechtlich ist das Genußscheinkapital dann Eigenkapital, wenn es am Verlust teilnimmt. Gleiches gilt für die stille Beteiligung (s. zum Grundsatz § 1 Rdn. 301, 302).

11 „Dividenden" an Ausgeschiedene für den Zeitraum des Ausscheidens bis zur GV sind keine Gewinnverteilung, da diese nicht mehr Mitglieder sind. Es handelt sich um Vergütungen für die Zurverfügungstellung des Auseinandersetzungsguthabens, die aus den Erträgen der eG des laufenden

Geschäftsjahres gezahlt werden. Für die Entscheidung, ob (aus Imagegründen) und in welcher Höhe derartige Leistungen erbracht werden, ist der Vorstand zuständig.

Zulässig sind Vereinbarungen im Rahmen von Anstellungsverträgen, die eine Gewinnbeteiligung vorsehen. Die Auszahlungen sind gewinnmindernde Betriebsausgaben (*Hettrich/Pöhlmann*, § 19 Rdn. 3). Gleiches gilt für Gewinnbeteiligungsverträge mit Dritten (Vereinbarungen, den Gewinn aus einem gemeinsamen Geschäft zu teilen). Die eG verteilt nicht einen Teil ihres Gewinns, sondern jeder Vertragspartner bekommt seinen Gewinnanteil (*Müller*, § 19 Rdn. 2a). **12**

Die Satzung einer ehemals gem. eG kann frei bestimmen, in welcher Weise der Gewinn zu verwenden und zu verteilen ist (§§ 20 i. V. m. § 7 Nr. 2). In der Praxis wird der auszuschüttende Gewinnanteil so bemessen, daß die eG ihre Aufgaben im Rahmen ihrer Zweckbestimmung dauerhaft erfüllen und ausreichende Rücklagen bilden kann (Empfehlungen zur MS 1990). Die Wohnungsbaugenossenschaften – nicht nur solche, die nach ihrer Firmenbezeichnung weiterhin gemeinnützig sind (s. § 3 Rdn. 16) –, halten vielfach an der traditionellen Ausschüttungsbegrenzung auf jährlich 4 % des Geschäftsguthabens fest. Die Aufspaltung der Dividende je nach dem, ob die Mitglieder im körperschaftssteuerlichen Anrechnungsverfahren anrechnungsberechtigt sind oder nicht (§ 36 Abs. 2 Nr. 3 EStG) ist mit dem Gleichbehandlungsgrundsatz vereinbar (BGH, NJW 1983, 283 = GW 1982, 532). **13**

Gewinne, die den ausschüttungsfähigen Betrag übersteigen, sind den Rücklagen zuzuführen oder auf neue Rechnung vorzutragen, ggfs. zur Verlustdeckung zu verwenden. Ausschüttungen an Dritte (z. B. Ergebnisabführungsverträge) sind bei eG, die sich in ihrer Firma weiterhin als gemeinnützig bezeichnen, nicht bedenkenfrei.

## 2. Generalversammlungsbeschluß

Voraussetzung ist gemäß § 48 Abs. 1 ein **Beschluß** der GV über den Jahresabschluß und die Gewinnverteilung. Der Anspruch auf Feststellung des Reingewinns und des zur Verteilung kommenden Betrags ist kein klagbares Sonderrecht (vgl. Erl. zu § 18) des einzelnen Mitglieds. Ein Rechtsanspruch auf die Dividende entsteht erst durch den Gewinnverteilungsbeschluß der GV (§ 48; vgl. zur GmbH RG, JW 1916, 409 m. krit. Anm. *Hachenburg*), er verjährt sodann in 30 Jahren. Auch bei diesem Anspruch handelt es sich, da er frei übertragbar ist, um kein Sonderrecht, sondern um ein von der Mitgliedschaft lösbares Gläubigerrecht (RGZ 87, 387). War die Bilanz unrichtig (hierzu § 48 Rdn. 8), so daß tatsächlich kein auf die Mitglieder zu verteilender Gewinn vorlag, können die Dividendenzahlungen nach § 812 BGB **14** und aufgrund der mitgliedschaftsrechtlichen Pflichten zurückverlangt werden (vgl. auch Rdn. 58).

15 **Abschlagsdividenden** vor Feststellung der Bilanz sind (mit Unterschied zur gewinnorientierten GmbH) wegen § 1 unzulässig (RG, DJZ 36, Sp 1309; KGJ 36, 142; BGH, NJW 1960, 1859; *Meyer/Meulenbergh/Beuthien*, § 19 Rdn. 6). Auch die GV kann diese nicht beschließen (*Müller*, § 19 Rdn. 9f).

### 3. Verteilungsmaßstab

16 Die Vorschriften über die Maßgeblichkeit der Höhe der Geschäftsguthaben am **Schluß des vorhergegangenen Geschäftsjahres** beruht auf der Erwägung, daß die im abgelaufenen Geschäftsjahr geleisteten Einzahlungen auf den Geschäftsanteil zur Erzielung des durch die Geschäftsführung des ganzen Jahres entstandenen Gewinns in der Regel nicht beigetragen haben und bezweckt zu verhüten, daß bei günstigem Geschäftsergebnis das einzelne Mitglied noch unmittelbar vor dem Schluß des Geschäftsjahres seine Einzahlungen nur zu dem Zweck erhöht, um hierdurch seinen Anteil am Gewinn zu vermehren. Die im abgelaufenen Geschäftsjahr geleisteten Einzahlungen bleiben also bei der Gewinnverteilung unberücksichtigt. Die in diesem Geschäftsjahr beigetretenen Mitglieder nehmen deshalb an der Gewinnverteilung nicht teil. Das gleiche gilt grundsätzlich auch für die Verlustverteilung. Nach dem in § 19 Abs. 1 vorgesehene Maßstab, d. h. nach der Höhe der Geschäftsguthaben (Kapitaldividende), verteilen insbesond. die Kreditgenossenschaften ihren Gewinn, soweit er nicht den Rücklagen zugeführt wird. Bei mehreren Geschäftsanteilen erfolgt die Verteilung nicht auf die einzelnen Geschäftsanteile. Das Gesetz geht von der grundsätzlichen Einheit des Geschäftsguthabens aus, wie dies im Wortlaut des § 76 GenG zum Ausdruck kommt (s. hierzu auch § 67 b Rdn. 11 und § 7 a Rdn. 10).

17 Es ist nach § 19 Abs. 2 der **Satzung** überlassen, die Verteilung nach dem Verhältnis der zum Schluß des abgelaufenen Geschäftsjahres oder zu einem anderen Zeitpunkt ermittelten Geschäftsguthaben vorzusehen. Die Satzung kann nicht die GV oder ein anderes Organ ermächtigen, die Gewinnverteilung zu regeln, weil dies eine Umgehung des § 19 Abs. 1 bedeutet. Insbesondere enthält eine von Jahr zu Jahr von der GV zu treffende Verteilung nicht den „anderen Maßstab" des Abs. 1 (OLG Köln, Urt. v. 30. 4. 1993, Az: 4 U 39/92 – unveröffentlicht; *Meyer/Meulenbergh/Beuthien*, § 19 Rdn. 8). Maßstab der Gewinnverteilung in Abs. 1 ist „das Geschäftsguthaben zum Schluß des vorhergegangenen Geschäftsjahres". Ein hiervon abweichender Zeitpunkt ist stets ein „anderer Maßstab" im Sinne dieser Vorschrift. Dies entspricht der ratio legis, denjenigen zu belohnen, der für einen bestimmten Zeitraum der eG Eigenkapital zur Verfügung gestellt hat

(BayObLG, ZfG 1990, 151 m. Anm. *Roth*; a. A. LG Augsburg, Beschl. v. 24. 2. 1986 – 2 HK T 3682/85). In der Praxis kommt oft eine Satzungsregelung vor, derzufolge bei der Gewinnverteilung die im abgelaufenen Geschäftsjahr auf den Geschäftsanteil geleisteten Einzahlungen vom 1. Tag des auf die Einzahlung folgenden Kalendervierteljahres oder vom Tag der Einzahlung an zu berücksichtigen sind. Erfolgt die Einzahlung noch vor Ende eines Geschäftsjahres, die Zulassung des Beitritts oder der Beteiligung aber erst im nächsten Geschäftsjahr, so ist das Guthaben dividendenberechtigt nach Maßgabe der Satzungsregelung, wenn zum Zeitpunkt des Generalversammlungsbeschlusses die Beteiligung wirksam geworden ist. Dies folgt aus Abs. 1 Satz 1. Der Gewinn wird auf die Mitglieder verteilt, die bei der Feststellung des Jahresabschlusses Mitglieder sind. Lediglich der Verteilungsmaßstab orientiert sich an einem in der Vergangenheit liegenden Zeitpunkt. Bei **Verschmelzungen** ist das Geschäftsguthaben bei der übertragenden eG mit zu berücksichtigen.

Eine **Auszahlung des Gewinns** an das Mitglied vor Volleinzahlung des Geschäftsanteils bzw. der Geschäftsanteile bedarf nach Abs. 2 S. 1 einer ausdrücklichen Regelung in der Satzung. Keine Auszahlung erfolgt, wenn die Satzung lediglich regelt, daß auf den Geschäftsanteil nur ein bestimmter Prozentsatz einzuzahlen ist (also keine Volleinzahlungspflicht vorgesehen ist) und das Mitglied diese Einzahlungspflicht erfüllt hat. **18**

Der in § 19 Abs. 2 zugelassene satzungsmäßige **andere Maßstab** für die Gewinnverteilung kann der Umfang der Inanspruchnahme der eG durch die Mitglieder sein (z. B. der Umfang des Einkaufs der Mitglieder bei der Einkaufsgenossenschaft, des Verkaufs der Mitglieder an die Absatzgenossenschaft, der Lohnzahlung der Produktivgenossenschaft an die Mitglieder; vgl. KGJ 36, 142; RGZ 140, 331; JFG 21, 141). Jedes Mitglied erhält dann einen in Prozenten seines Umsatzes mit der eG bemessenen Gewinnanteil. Diese Art der Gewinnverteilung, die in der Praxis selten ist, weil vielfach an deren Stelle die genossenschaftliche Rückvergütung (zum Begriff vgl. Rdn. 39 ff) tritt, wird Umsatz- oder Leistungsdividende genannt. Da es sich bei der Umsatz- oder Leistungsdividende ebenso wie bei der Kapitaldividende um einen Gewinnanteil handelt, beschließt die GV nach § 48 Abs. 1 aufgrund des Jahresergebnisses über dessen Höhe. Ein Rechtsanspruch der Mitglieder auf diesen Gewinnanteil entsteht deshalb erst aufgrund des Gewinnverteilungsbeschlusses der GV (vgl. § 48 Rdn. 7). **19**

Grundsätzlich ist der Gewinn auf **alle** Mitglieder zu verteilen. Eine Satzungsregelung, daß der zu verteilende Gewinn nur auf bestimmte Mitgliedergruppen verteilt wird, ist grundsätzlich unzulässig. Es kann allenfalls als zulässig angesehen werden, in der Satzung festzulegen, daß die nicht mehr im Erwerbsleben stehenden Mitglieder Dividende und die noch im Erwerbsleben stehenden Mitglieder genossenschaftliche Rückvergütung **20** erhalten. Eine solche Regelung kann durchaus sachgerecht sein und verstößt dann nicht gegen den Grundsatz der Gleichbehandlung aller Mitglieder (so im Ergebnis auch *Müller*, § 19 Rdn. 6). Bei der Dividende könnte durch die Satzung, soweit es sachgerecht ist, auch zwischen den einzelnen Umsätzen unterschieden werden (z. B. für den Einkaufsumsatz eine andere Dividende als für den Verkaufsumsatz). Auch kann es ausnahmsweise zulässig sein, verschiedenen Mitgliedergruppen eine unterschiedliche Dividende zu gewähren (vgl. Rdn. 13). Nicht hingegen ist es zulässig, verbleibenden Mitgliedern eine höhere Dividende als ausscheidenden Mitgliedern zu zahlen. Sind die Geschäftsguthaben der Mitglieder zur Verlustdeckung abgeschrieben worden unter Beibehaltung der Höhe der Geschäftsanteile, so kann die Satzung bestimmen, daß Dividende nur an bisherige Mitglieder zur Auffüllung der abgeschriebenen Geschäftsguthaben gezahlt wird, nicht aber an neu beitretende Mitglieder. Dies rechtfertigt sich entsprechend den Gesichtspunkten zum **Eintrittsgeld**: Die Mitglieder, die zur Sanierung der eG beigetragen haben, können aus künftigen Gewinnen Vorteile vor den anderen Mitgliedern haben, die in eine sanierte eG eingetreten sind (vgl. Rdn. 9).

**21** Denkbar ist es auch, daß die Dividende nach der Höhe der Geschäftsguthaben progressiv **gestaffelt** wird bzw. daß eine Dividende nur für Geschäftsguthaben auf weitere Geschäftsanteile gewährt wird (um einen Anreiz für die Einzahlung weiterer Beträge zu geben), sofern dies sachgerecht und mit dem Gleichbehandlungsgrundsatz vereinbar ist. Unter denselben Voraussetzungen ist auch eine degressive Staffel zulässig, z. B. um einem zu starken Zufluß von Geschäftsguthaben entgegenzuwirken. Es ist allerdings stets eine entsprechende Satzungsregelung erforderlich. Derartige Satzungsregelungen sind jedoch wenig praktikabel.

**22** Eine Zuschreibung des Gewinns über den Betrag des **Geschäftsanteils** bzw. des Gesamtbetrages der Geschäftsanteile hinaus ist ausgeschlossen, weil der Geschäftsanteil den satzungsmäßigen Höchstbetrag der statthaften Mitgliedereinlagen darstellt (§ 7). Das Geschäftsguthaben kann nicht höher sein als die Summe der übernommenen Geschäftsanteile. Allerdings kann der überschießende Betrag der eG z. B. als Mitgliederdarlehen überlassen werden (vgl. Rdn. 60 ff).

**23** Soweit nach § 19 Abs. 1 S. 3 die Dividende dem Geschäftsguthaben zugeschrieben werden muß, ist sie nur mit dem Geschäftsguthaben **pfändbar** und nach § 76 **abtretbar** (*Müller*, § 19 Rdn. 9). Besteht ein Auszahlungsanspruch auf die Dividende, ist dieser selbständig abtretbar, pfändbar und verpfändbar (RGZ 87, 386). Zur Frage, wem die Dividende im Falle der Übertragung des Geschäftsguthabens zusteht, vgl. ausführlicher § 76 Rdn. 26.

### 4. Verdeckte Gewinnausschüttungen

**Sitzungsgelder** für die Teilnahme an VV's sind keine verdeckten Gewinnausschüttungen. Die VV dient einerseits den Interessen der Mitglieder; andererseits dient sie auch entscheidend den Interessen der eG selbst, weil der Geschäftsablauf durch die Tätigkeiten der VV wesentlich gefördert wird. Wägt man diese Vorteile gegeneinander ab, so überwiegt das Interesse der eG (BFH, BStBl 1984 II, 273, vgl. auch § 43 a Rdn. 12). Die eG zahlt daher den Auslagenersatz nicht in erster Linie im Interesse der Mitglieder, sondern in ihrem eigenen Interesse und wendet durch die Erfüllung des Auslagenersatzanspruchs den Vertretern keinen Vorteil zu. 24

Aufwendungen der eG in ihrem spezifischen Interessenbereich an die Mitglieder im Rahmen des Geschäftsablaufs sind generell Betriebsausgaben und keine verdeckte Gewinnausschüttung, wenn das Eigeninteresse der eG und nicht das Förderinteresse der Mitglieder diese Aufwendungen verursacht. Entscheidend ist also, ob Leistungen an die Mitglieder aus betrieblichen Gründen oder mit Rücksicht auf das Mitgliedschaftsverhältnis gewährt werden. 25

Aufwendungen für eine **Mitgliederzeitschrift**, die nicht nur allen Mitgliedern, sondern jedem Interessenten zugänglich gemacht werden, sind Betriebsausgaben, da sie überwiegend der Akquisition und der Vorbereitung von Geschäftsabschlüssen dienen. 26

Vermittelt die eG Vertragsabschlüsse ihrer Mitglieder mit Dritten und verzichtet sie hierbei auf die **Abschlußprovision**, so kann dies eine verdeckte Gewinnausschüttung sein. Verzichtet die eG jedoch auch bei anderen Kunden auf die Abschlußprovision, so liegt eine verdeckte Gewinnausschüttung nicht vor. 27

Die Aushändigung eines **Mitgliederausweises** ist bereits wegen des geringen Betrages keine meßbare Vorteilszuwendung. 28

Bei **Informationsveranstaltungen** für Mitglieder überwiegt die betriebliche Sphäre. Kosten für die Unterrichtung der Mitglieder bzw. für das Werben neuer Mitglieder sind Betriebsausgaben. 29

## III. Verlustverteilung

### 1. Adressatenkreis

Ein aus der Bilanz sich ergebender Verlust kann mittels GV-Beschluß beseitigt oder auf neue Rechnung vorgetragen werden (hinsichtlich der verschiedenen Möglichkeiten vgl. ausführlich § 48 Rdn. 9 ff). Hinsichtlich der Verlustdeckung hat die GV das unentziehbare Recht, die Geschäftsguthaben (§ 19) oder die gesetzliche Reserve (§ 7 Nr. 3) heranzuziehen. Hinsichtlich der anderen Reserven enthält das Gesetz keine Regelung; es gilt dann 30 nach § 18 Gestaltungsfreiheit für die Satzung. In der Praxis findet man im allgemeinen eine Regelung, derzufolge die GV zur Deckung von Verlusten auch die anderen Reserven heranziehen darf (vgl. § 44 der Mustersatzungen, der § 39 der Mustersatzungen vorgeht). Die GV ist frei in ihrer Entscheidung, welchen Weg sie wählt. Sie kann jedoch keine ‚Umlage' auf die Mitglieder beschließen (Verstoß gegen die genossenschaftliche Duldungspflicht, § 18 Rdn. 48, 49) und gegen die abschließend geregelten Geldleistungspflichten (§ 7 Rdn. 58). Die Gründe für die eingetretenen Verluste sind ohne Bedeutung (LG Braunschweig, Urt. v. 9. 3. 1978 – 7 S 285/77). Über die Wirkung des Verlustvortrags gegen die ausgeschiedenen Mitglieder s. *Citron*, BlfG 1933, 195 und die Erl. zu § 73.

### 2. Generalversammlungsbeschluß

**31** Stets ist für die Behandlung von Verlusten ein GV-**Beschluß** erforderlich (vgl. ausführlicher § 48 Rdn. 12, 14).

### 3. Verteilungsmaßstab

**32** Grundsätzlich erfolgt die Verlustverteilung nach dem Verhältnis der Geschäftsguthaben am Schluß des dem abgelaufenen Geschäftsjahr **vorhergegangenen** Geschäftsjahres (Abs. 1). Die im abgelaufenen Geschäftsjahr beigetretenen Mitglieder nehmen deshalb an der Verlustverteilung grundsätzlich nicht teil. Die Satzung kann einen anderen Verteilungsmaßstab – auch abweichend vom Gewinnverteilungsmaßstab – vorsehen. Stets ist der Gleichbehandlungsgrundsatz zu beachten (*Meyer/Meulenbergh/Beuthien*, § 19 Rdn. 14; *Müller*, § 19 Rdn. 17).

Reichen aber unter Berücksichtigung dieses Verteilungsmaßstabs die Geschäftsguthaben zur Verlustdeckung nicht aus, so können auch noch nach demselben Verteilungsmaßstab die Geschäftsguthaben des **abgelaufenen** Geschäftsjahres herangezogen werden (KG, BlfG 1933, 792; vgl. auch *Meyer/Meulenbergh/Beuthien*, § 19 Rdn. 14). Für die Abschreibung von Geschäftsguthaben empfiehlt es sich, in der Satzung eine Regelung vorzunehmen, nach der dies nach dem Verhältnis der Haftsummen bzw. Geschäftsanteile bei Beginn des Geschäftsjahres, in dem der Verlust entstanden ist, zu geschehen hat. So wird eine Gleichbehandlung mit den Ausgeschiedenen erreicht, bei denen ein Verlustvortrag ebenfalls das Auseinandersetzungsguthaben im entsprechenden Umfang mindert (vgl. § 73 Rdn. 24).

**33** Die Beteiligung eines Mitglieds am Verlust kann nur in der Weise erfolgen, daß der Verlustanteil von einem **tatsächlich vorhandenen** Geschäftsguthaben abgeschrieben wird, wobei ein Negativsaldo nicht entstehen kann (LG Braunschweig, Urt. v. 9. 3. 1978 – 7 S 285/77; *Meyer/Meulenbergh/Beuthien*, § 19 Rdn. 13; *Müller*, § 19 Rdn. 18; *Pau-*

*lick*, S. 291). Die Abtretung des Auseinandersetzungsanspruchs mindert nicht die Heranziehung des Geschäftsguthabens zur Verlustdeckung (§ 22 Rdn. 15).

Ist in der Satzung eine einheitliche Bezugsgröße für die Heranziehung der Geschäftsguthaben zur Verlustdeckung vorgesehen (z. B. Haftsumme, Geschäftsanteil) und hat ein Mitglied lediglich ein Geschäftsguthaben, das nicht ausreicht, um den entsprechend der Satzung zu übernehmenden Verlustanteil zu decken, so können sich hierauf die übrigen Mitglieder nicht berufen, um nur den entsprechend geringeren Verlustanteil zu übernehmen (analoge Anwendung des § 105 Abs. 3 GenG). Aus Sinn und Zweck dieser Vorschrift folgt, daß nicht nur das tatsächlich vorhandene Geschäftsguthaben herangezogen werden kann, sondern auch die rückständigen, fälligen Pflichteinzahlungen eingefordert werden müssen. Hierdurch wird das bei der Verteilung des Verlustes nach dem Verhältnis der Geschäftsguthaben drohende Ergebnis, daß die mit den Einzahlungen säumigen Mitglieder nur mit ihren geringeren Geschäftsguthaben herangezogen werden können, wenigstens teilweise vermieden (OLG Jena, BlfG 1930, 64; KG, BlfG 1930, 80 und 272; *Meyer/Meulenbergh/Beuthien*, § 19 Rdn. 13; *Müller*, § 19 Rdn. 16; *Paulick*, S. 291). Gleiches gilt hinsichtlich nicht übernommener Pflichtanteile. Die Satzung kann rechtlich bedenkenfrei vorsehen, daß im Falle eines nicht ausreichenden Geschäftsguthabens einzelner Mitglieder dieser nicht gedeckte Teil des Verlustes von den übrigen Mitgliedern zu übernehmen ist.

Diese Forderungen gehören zum Vermögen der eG; sie vermeiden ggfs. den Tatbestand der Überschuldung. Die Belastung mit der rückständigen Pflichteinzahlung erfolgt auf einem anderen Konto des Mitglieds und nicht auf dem Geschäftsguthabenkonto (kein Negativsaldo). Hat ein Mitglied nur ein Geschäftsguthabenkonto, so ist ein Sonderkonto einzurichten. Spätere Einzahlungen werden diesem anderen Konto und nicht dem Geschäftsguthabenkonto gutgeschrieben; sie bleiben auch bei der Auseinandersetzung nach § 73 außer Betracht.

Gegebenenfalls sind auch die **Folgen** der §§ 33 Abs. 3, 98 zu beachten. **34**

### 4. Wiederauffüllung

Im Falle der Verlustabschreibung besteht grundsätzlich keine Verpflichtung – auch nicht durch entsprechende Satzungsregelung – zur Wiederauffüllung des Geschäftsguthabens durch **erneute Einzahlung**. Möglich aber Erhöhung des Geschäftsanteils und Einführung oder Erweiterung einer Pflichtbeteiligung. Jedoch muß nunmehr der Gewinnanteil dem Geschäftsanteil bis zur Volleinzahlung wieder gutgeschrieben werden, nicht hingegen eine genossenschaftliche Rückvergütung (hierzu Rdn. 39 ff). Ist die Abschreibung auf ein aus der Beteiligung mit mehreren Geschäftsanteilen **35** entstandenes Geschäftsguthaben erfolgt, so muß die Zuschreibung des Gewinns erfolgen, bis das gesamte Geschäftsguthaben wieder erreicht ist; die Satzung kann nichts Abweichendes regeln. Die Einzahlungspflicht lebt jedoch auf, soweit Geschäftsguthabenanteile zur Verlustdeckung herangezogen worden sind, die aus der Gutschrift von Gewinnanteilen resultieren (so im Ergebnis RGZ 68, 93; 106, 403; *Müller*, § 19 Rdn. 7, 8; *Meyer/Meulenbergh/Beuthien*, § 19 Rdn. 9 unter Hinweis darauf, daß die Gewinngutschrift im Hinblick auf die Pflichteinzahlung keine Leistung an Erfüllungs statt ist), anders jedoch, soweit es sich um die Gutschrift genossenschaftlicher Rückvergütungen handelt.

## IV. Rückvergütungen

**36** Von der Gewinnverteilung durch Beschluß der GV nach §§ 19, 48 sind die **Rückvergütungen** zu unterscheiden. Diese lassen sich in zwei Gruppen aufteilen: „allgemeine" Rückvergütungen und genossenschaftliche Rückvergütung.

### 1. Allgemeine Rückvergütungen

**37** Zu den **„allgemeinen"** Rückvergütungen gehören: Skonti, Rabatte (Mengenrabatte, Treuerabatte), Boni, Bonifikationen, Jahresrückvergütungen, Quartalsrückvergütungen, Zinsrückvergütungen auf Sollzinsen (in der Praxis nicht üblich). Kennzeichen dieser Rückvergütungen ist, daß sie allen Abnehmern (Kunden) der eG gewährt werden, ohne Rücksicht darauf, ob sie Mitglieder oder Nichtmitglieder der eG sind.

**38** Umsatz**steuerlich** handelt es sich bei den „allgemeinen" Rückvergütungen um eine Minderung des steuerlichen Entgelts (§ 17 Abs. 1 UStG). Ertragsteuerlich sind diese Rückvergütungen Betriebsausgaben (§ 4 Abs. 4 EStG); sie wirken sich gewinnmindernd aus und verringern sowohl die Körperschaftsteuer als auch die Gewerbeertragsteuer.

### 2. Genossenschaftliche Rückvergütung

**39** eG mit vollem Steuersatz können bei der Ermittlung ihres steuerpflichtigen Einkommens unter bestimmten Voraussetzungen genossenschaftliche Rückvergütungen als Betriebsausgaben abziehen (§ 22 KStG). Hierfür gelten folgende **Grundsätze**: Bei der genossenschaftlichen Rückvergütung handelt es sich um eine dem Wesen der eG eigentümliche Art der Verteilung desjenigen Überschusses, der im Geschäftsverkehr (keine Rückvergütung ohne Mitgliederumsatz!) mit den Mitgliedern der eG erzielt wurde. Dem Wesen der eG entspricht es, nicht gewinnorientiert zu kalkulieren, sondern entsprechend dem Förderauftrag aktive Konditionenpolitik zu betreiben. Wirtschaftlich handelt es sich um Kalkulationsüberschüsse, die den Mitgliedern zurückgegeben werden (Rückgewähr des zuviel Geleisteten; *Paulick*, Warenrückvergütung 1951, 18; *Meyer/Meulenbergh/Beuthien*, § 19 Rdn. 15). Zu berücksichtigen sind die Zweckgeschäfte und Hilfsgeschäfte mit den Mitgliedern; Gewinne aus Nebengeschäften müssen aus dem rückvergütungsfähigen Überschuß ausgeschieden werden. Wegen der Einzelheiten siehe hierzu Bd. XII der Quellen und Studien des Instituts für Genossenschaftswesen an der Universität Münster „Die Genossenschaftliche Rückvergütung" sowie *Zülow/Henze/Schubert/Rosiny*, S. 145 ff und die nachfolgenden Rdn.; s. a. *Müller*, § 19 Rdn. 19–26b).

Die genossenschaftliche Rückvergütung ist weder in § 19 geregelt, noch **40** wird sie von dieser Vorschrift erfaßt; sie ist auch sonst im GenG **nicht definiert**. Sie hat sich vielmehr schon sehr früh in der Praxis entwickelt und dürfte erstmalig in der Entscheidung des Preußischen Oberverwaltungsgerichts v. 14. 10. 1897 (Entscheidungen in Staatssteuersachen Bd. 6, 385) behandelt worden sein. Durch BFH-Urt. v. 10. 12. 1975, BStBl II 1976, 351 wurde die Verfassungsmäßigkeit der gesetzlichen Regelung (§ 35 KStDV a. F.) zur genossenschaftlichen Rückvergütung bejaht. Prämien, die zwar an zurückliegende Umsatzgeschäfte zwischen eG und Mitglied anknüpfen, jedoch auf deren Fortsetzung im folgenden Geschäftsjahr bezogen sind, sind im Hinblick auf die angestrebte weitere Bindung keine Rück- bzw. Nachvergütungen, sondern **Förderungsprämien**, von deren Bezug die eG ausgeschiedene Mitglieder daher ausschließen kann, ohne gegen den Grundsatz der Gleichbehandlung aller Mitglieder zu verstoßen (LG Augsburg m. Anm. *Schultz*, ZfG 1982, 62).

Die genossenschaftliche Rückvergütung steht in keiner Verbindung mit **41** dem für eine einzelne Ware gezahlten Preis; infolgedessen ist sie preisrechtlich keine **Preisrückgewähr**. Die Gewährung einer genossenschaftlichen Rückvergütung enthält weder einen Verstoß gegen § 1 Abs. 2 Rabattgesetz noch gegen eine etwa vorhandene Preisbindung. Die Gewährung einer genossenschaftlichen Rückvergütung folgt aus dem Förderauftrag der eG. Aus dem Förderauftrag folgt u. a. das Ziel, den Mitgliedern die Waren zum höchstmöglichen Preis abzukaufen bzw. zum geringstmöglichen Preis zu verkaufen, soweit betriebswirtschaftlich noch vertretbar. Der Erreichung dieses Zieles dient die genossenschaftliche Rückvergütung. Sie bedeutet eine pauschale, nachträgliche Anpassung der zwischen eG und Mitgliedern vereinbarten Preise. Auf diese Förderung haben die Mitglieder einen Rechtsanspruch, zu dessen Erscheinungsformen der Anspruch auf Gewährung von Rückvergütung gehört. Der Anspruch auf Rückvergütung ist damit gesellschaftsrechtlicher Natur. Zum Vorstehenden siehe BGH, BlfG 1964, 21 = NJW 1964, 352 m. zust. Anm. *Schubert*; *Trescher*, BB 1959, 100; *Schopp*, 74 ff; *Schubert*, BB 1959, 225; *Menzel*, DB 1959, 509; zur genossenschaftlichen Rückvergütung im Spannungsfeld von Wettbewerb und vertikaler Preisbindung *Michalski*, BB-Beilage 2/1983; vgl. hierzu auch BGH, NJW 1979, 1411 = LM § 17 GWB Nr. 7 m. Anm. *Michalski*, ZfG 1982, 291.

**42** Die Höhe der auf das einzelne Mitglied entfallenden genossenschaftlichen Rückvergütung richtet sich nicht nach der Zahl der von diesem Mitglied gezeichneten Geschäftsanteile oder nach der Höhe seiner Einzahlungen auf den Geschäftsanteil bzw. die Geschäftsanteile, sondern **ausschließlich** nach der Höhe des von ihm mit der eG getätigten **Umsatzes**. Ausnahmsweise dürfen für bestimmte Geschäftssparten z. B. Bezugs-, Absatz- oder Leistungsgeschäfte unterschiedliche Prozentsätze angewendet werden, wobei allerdings sichergestellt sein muß, daß **alle** Mitglieder eine Rückvergütung erhalten, die Umsätze mit der eG getätigt haben. Innerhalb der Geschäftssparte muß stets derselbe Rückvergütungssatz angewendet werden. Für Rückvergütungen im Kreditgeschäft darf diese nicht auf einzelne Kreditarten beschränkt werden. Dabei muß aber der insgesamt ermittelte Höchstbetrag des rückvergütungsfähigen Überschusses in einem angemessenen Verhältnis auf die einzelnen Geschäftssparten verteilt werden, in denen verschieden hohe Rückvergütungen gewährt werden sollen. Es ist grundsätzlich nicht zulässig, für jede einzelne Geschäftssparte den rückvergütungsfähigen Überschuß zu ermitteln. Mitglieder mit geringen Umsätzen (Bagatellfälle) von der Rückvergütung auszuschließen, würde den Gleichbehandlungsgrundsatz verletzen; dies auch deshalb, weil im Sparverkehr und bei Kontoüberziehungen ebenfalls Kleinstbeträge gutgeschrieben werden (*Philipowski*, in: Berge/Philipowski S. 36).

**43** Bei Bezugsgenossenschaften, Einkaufsgenossenschaften und Verbrauchergenossenschaften (Konsumgenossenschaften) muß zur Feststellung des im Mitgliedergeschäft erwirtschafteten Betrages der Überschuß im Verhältnis des Mitgliederumsatzes zum Nichtmitgliederumsatz (jeweils Zweckgeschäfte) **aufgeteilt** werden (a. A. *Müller*, § 19 Rdn. 21b, der die Umsätze aus dem Nichtmitgliedergeschäft für auf die Mitglieder verteilungsfähig ansieht). Bei Nutzungs- und Dienstleistungsgenossenschaften gilt dies entsprechend für die zweckgeschäftlichen Umsätze (Nutzungs- oder Leistungsentgelte). Bei Absatz- und Verwertungsgenossenschaften muß der Überschuß im Verhältnis des Wareneinkaufs bei den Mitgliedern zum Wareneinkauf bei den Nichtmitgliedern (auch hier jeweils Zweckgeschäfte) aufgeteilt werden. Zur Abgrenzung von Milchgeldnachzahlung und Rückvergütung bei Molkereigenossenschaften vgl. BFH, BStBl. 1964, III S. 211.

**44** Bei Bezugs- **und** Absatzgenossenschaften ist der Überschuß im Verhältnis der Summe aus dem Bezugsgeschäftsumsatz mit den Mitgliedern und dem Wareneinkauf bei Mitgliedern im Absatzgeschäft zur Summe aus dem Bezugsgeschäftsumsatz mit den Nichtmitgliedern und dem Wareneinkauf bei Nichtmitgliedern im Absatzgeschäft aufzuteilen.

Die Umsätze bzw. Einkäufe aus **Hilfsgeschäften** und aus **Nebengeschäften** dürfen bei der Ermittlung des Höchstbetrages, bis zu dem der Überschuß rückvergütungsfähig (aus dem Mitgliedergeschäft erwirtschaftet) ist, nicht mitberücksichtigt werden. Der so prozentual nach dem Verhältnis lediglich der Zweckgeschäftsumsätze mit Mitgliedern zu den Zweckgeschäftsumsätzen mit Nichtmitgliedern ermittelte Teil des Überschusses ist der Höchstbetrag, bis zu dem die eG Rückvergütungen als steuerlich abziehbare Betriebsausgaben an ihre Mitglieder ausschütten darf. Überschüsse aus dem Geldgeschäft dürfen grundsätzlich nicht als Rückvergütung auf den Warenumsatz verwendet werden (*Müller*, § 19 Rdn. 21). **45**

Eine genossenschaftliche Rückvergütung gibt es nicht nur bei Warengenossenschaften, Absatzgenossenschaften, Produktionsgenossenschaften und Dienstleistungsgenossenschaften, sondern es kann sie auch bei **Kreditgenossenschaften** geben (Zinsrückvergütungen auf Sollzinsen an Mitglieder). Sie sind in der Praxis nicht üblich. **46**

Das Zweckgeschäft einer **Produktivgenossenschaft** und damit die Mitgliederförderung besteht in der Zahlung eines möglichst günstigen Lohnes aus den Erträgen des gemeinschaftlichen Unternehmens. Ist deshalb bei vorsichtiger Kalkulation das Leistungsentgelt für die Beschäftigten so bemessen, daß sich nach dem Jahresabschluß ein Überschuß nach Bildung angemessener betrieblicher Rücklagen ergibt, sind auch hier die Voraussetzungen einer genossenschaftlichen Rückvergütung gegeben. Die eG hat geradezu die Verpflichtung, nicht benötigte, im Mitgliedergeschäft erwirtschaftete Überschüsse den Mitgliedern zugutekommen zu lassen. **47**

Nach Abschnitt 66, Abs. 15 KStR sind Nachzahlungen, die „Arbeitsbeschaffungsgenossenschaften, z. B. Flüchtlingsgenossenschaften und Genossenschaften ähnlicher Art“ den im Produktionsbetrieb als Arbeitnehmer beschäftigten Mitgliedern nach dem Verhältnis der gezahlten Löhne und Gehälter zum Gesamtbetrag der Löhne und Gehälter einschließlich der an Nichtmitglieder gezahlten Löhne und Gehälter gewähren, steuerlich als genossenschaftliche Rückvergütung abziehbar. Die Finanzverwaltung meint (Schreiben des Sächsischen Staatsministeriums der Finanzen vom 19. 5. 1993 – abgestimmt mit BMF), es handele sich bei den Nachfolgegenossenschaften in den neuen Bundesländern um keine Arbeitsbeschaffungsgenossenschaften, weil die Mitgliedschaft nicht zwingend an eine Tätigkeit als Arbeitnehmer der eG gebunden sei und demgemäß als Kapitalgesellschaft angesehen werden müsse. Diese Behauptung steht weitgehend nicht mit der Realität im Einklang, weil die Agrar- und Handwerkergenossenschaften sich in der Regel nach der in § 1 Abs. 1 Nr. 4 vorgesehenen Rechtsform der Produktivgenossenschaft, d. h. der Arbeitsbeschaf- **48** fungsgenossenschaft, durch Umwandlung ausgerichtet haben, wodurch sich zwar keine gesetzlich zwingende, nach dem Gesetz aber geschäftspolitisch zu verfolgende Verknüpfung der Mitgliedschaft mit dem Beschäftigungsverhältnis ergibt. Darüber hinaus haben eine Vielzahl von eG in die Satzung die zwingende Regelung aufgenommen, daß nur Beschäftigte die Mitgliedschaft erwerben und erhalten können.

Die Auffassung der Finanzverwaltung trifft deshalb nur auf solche Agrar- und Handwerkergenossenschaften zu, an denen ganz oder überwiegend Nichtbeschäftigte beteiligt sind und die damit den überwiegenden Charakter einer Produktivgenossenschaft verlassen haben. Dieser Tatbestand ist jedoch nicht die Regel, sondern die Ausnahme und demgemäß zu behandeln.

Wie bei den anderen Genossenschaftsarten kann es keinen Unterschied machen, ob das Zweckgeschäft mit den Mitgliedern gesellschafts- oder schuldrechtlich geregelt ist. Insoweit besteht eine Gestaltungsfreiheit der eG (*Müller*, § 18 Rdn. 2a), die den Förderauftrag der eG und damit die Möglichkeit, genossenschaftliche Rückvergütungen zu gewähren, nicht beeinflußt. Während im Sozialismus die Mitglieder jedenfalls der LPGn als Mitunternehmer galten und das Beschäftigungsverhältnis durch das LPG-Gesetz demgemäß gesellschaftsrechtlich geregelt war, trat nach der Wende eine Trennung ein, die in aller Regel zu einer arbeitsrechtlichen Ausgestaltung des Zweckgeschäftes geführt hat. Denkbar, aber unpraktikabel wäre die Übernahme der arbeitsrechtlichen Bestimmungen in die Satzung und damit in die gesellschaftsrechtliche Ebene. Wie Abschnitt 66 Abs. 15 KStR zeigt, ist die Art der Regelung des Arbeitsverhältnisses für die Gewährung von Rückvergütungen unerheblich. Das allgemein anerkannte Rechtsinstitut ist deshalb auch für die gesetzlich ausgerichteten Produktivgenossenschaften auf dem Agrar- und Handwerkssektor anzuwenden.

**49** Damit kann der aus den Erträgen der Mitglieder-Arbeitnehmer erwirtschaftete Überschuß auf diese verteilt werden. Der durch Nicht-Mitglieder-Arbeitnehmer erwirtschaftete Überschuß kann nicht verteilt werden.

**50** Die Vorschrift des § 48, wonach die Beschlußfassung über die Gewinnfeststellung und über die Gewinnverwendung zur ausschließlichen Zuständigkeit der GV gehört, bezieht sich also nicht auf die genossenschaftliche Rückvergütung. Hingegen handelt es sich bei Überschüssen aus dem Nichtmitgliedergeschäft um Gewinne, auf die §§ 19, 48 anzuwenden sind.

Die Satzung kann bestimmen, daß der Überschuß aus dem Mitgliedergeschäft oder ein bestimmter bzw. bestimmbarer Teil dieses Überschusses als Rückvergütung an die Mitglieder ausgeschüttet werden muß. In diesem Fall ist ein Rechtsanspruch der einzelnen Mitglieder gegen die eG auf Rückvergütung bereits dem Grunde nach mit Ablauf der Rechnungsperiode, für die der Überschuß aus dem Mitgliedergeschäft zu ermitteln ist, also in der

Regel mit Ablauf des Geschäftsjahres entstanden. In der Praxis haben die eG in ihren Satzungen festgelegt, daß der Beschluß über Ausschüttung (also auch über den Anspruch dem Grunde nach) und Höhe einer genossenschaftlichen Rückvergütung in die **Zuständigkeit** von Vorstand und Aufsichtsrat fällt. Dies ist genossenschaftsrechtlich nicht zu beanstanden.

Die Mitglieder haben keinen Rechtsanspruch darauf, daß eine Rückver- **51**
gütung beschlossen wird. Ein **Rechtsanspruch** entsteht jedoch dann, wenn Vorstand und Aufsichtsrat die Höhe der genossenschaftlichen Rückvergütung vor dem Bewertungsstichtag festgesetzt und den Mitgliedern noch vor diesem Zeitpunkt bekanntgegeben haben. Es genügt die Festsetzung und Bekanntgabe eines bestimmten Prozentsatzes des Umsatzes. Es ist unschädlich, wenn die GV erst nach dem Bewertungsstichtag die konkrete Höhe beschließt (BFM, BStBl. II. 1989, 186 = BB 1989, 416; Erlaß des Nds. FinMin, BB 1990, 909). Dadurch ist der Rechtsanspruch der Mitglieder gegen die eG aus § 1 der Höhe nach konkretisiert worden. In diesem Beschluß kann auch ausdrücklich der Zeitpunkt der Fälligkeit geregelt werden (nächste GV, sofortige Fälligkeit o. ä.). Wenn nichts zur Fälligkeit gesagt ist, gilt § 271 BGB. Im Zweifel ist die Leistung sofort fällig. Sofortige Fälligkeit tritt dann nicht ein, wenn sich aus den Umständen etwas anderes ergibt. Wenn eine eG, ohne etwas ausdrücklich zur Fälligkeit zu sagen, jahrelang die Rückvergütung erst nach Beendigung der GV des nächsten Jahres ausgezahlt hat, ergibt sich aus diesen Umständen, daß die Fälligkeit erst zu diesem Zeitpunkt eintreten soll. Gleichwohl empfiehlt sich aus Gründen der Rechtsklarheit, daß der Beschluß des Vorstands (sowie des Aufsichtsrates) auch ausdrücklich etwas zum Zeitpunkt der Fälligkeit sagen sollte.

Daraus folgt **vermögensteuerlich**, daß die Mitglieder, wenn der **52**
Anspruch auf Rückvergütung zu ihrem Betriebsvermögen gehört, diesen Anspruch bei der Ermittlung ihres Betriebsvermögens erklären müssen. Dementsprechend kann die eG die beschlossene und bekanntgegebene Rückvergütung bei der Abgabe ihrer Vermögenserklärung als Schuldposten ansetzen. Wegen der neuen Rechtslage ab 1. 1. 1993 wird auf § 109 BewG verwiesen.

**Ertragsteuerlich** wird die genossenschaftliche Rückvergütung als **53**
abzugsfähige Betriebsausgabe anerkannt, wenn die Voraussetzungen des § 22 KStG und des Abschnitts 66 Abs. 3 ff KStR vorliegen, d. h. daß die Rückvergütungen bezahlt sind. Hierzu bedarf es des Abflusses des geschuldeten Betrags bei der eG und des Zuflusses beim Mitglied. Dies ist nach § 66 Abs. 3 KStR bei Gutschriften dann als erfüllt anzusehen, wenn das Mitglied über den gutgeschriebenen Betrag jederzeit nach eigenem Ermessen verfügen kann, was z. B. bei einer Aufrechnung mit Ansprüchen der eG durch das Mitglied oder bei jeweils gesondert abgeschlossenen Darlehensverträgen mit den Mitgliedern angenommen werden kann; bei Gutschriften

auf nicht voll eingezahlte Geschäftsanteile gilt dies nur dann, wenn das Mitglied dadurch von einer sonst bestehenden Verpflichtung zur Einzahlung befreit wird.

54 Es genügt, wenn diese Einzahlungsverpflichtung dem **Grunde nach** besteht, nicht erforderlich ist, daß die Einzahlungspflicht bereits fällig ist. Eine Verpflichtung zur Volleinzahlung des Geschäftsanteils besteht bereits dem Grunde nach, wenn die Satzung vorsieht: „Auf den Geschäftsanteil sind mindestens 10 % einzuzahlen, über weitere Einzahlungen entscheidet die GV gem. § 50 GenG". Gleiches gilt bei folgender Satzungsregelung: „Auf den Geschäftsanteil sind mindestens 10 % einzuzahlen. Bis zur Volleinzahlung werden die dem Mitglied von der eG gewährten Rückvergütungen, Kapitaldividenden und sonstigen Vergütungen auf das Geschäftsguthabenkonto gutgeschrieben." Hinsichtlich der satzungsmäßigen Einzahlungsverpflichtungen vgl. ausführlicher die Erl. zu §§ 7, 50. Die Rückvergütung muß grundsätzlich innerhalb von 12 Monaten nach dem Ende des Wirtschaftsjahres an die Mitglieder ausgezahlt oder ihnen, wie vorstehend dargelegt, gutgeschrieben worden sein.

55 **Umsatzsteuerlich** ist die genossenschaftliche Rückvergütung als Entgeltsminderung i. S. v. § 17 Abs. 1 UStG zu qualifizieren. Das Mitgliedschaftsverhältnis ist mehrschichtig und in seinen für die gen. Rückvergütung maßgebenden Beziehungen auch ein umsatzsteuerliches Leistungsaustauschverhältnis. Umsatzsteuerrechtlich ist die Gegenleistung das Entgelt, das durch die Leistung als gewollt, erwartet oder erwartbar ausgelöst wird, so daß die rechtzeitig erbrachten Leistungen innerlich verknüpft sind (BFH v. 7. 5. 1981, BStBl. 1981 II, 495 sowie v. 25. 11. 1986, BStBl. 1987 II, 228).

56 **Konsumgenossenschaften**, die ihre Überschüsse auf ihre Mitglieder nach dem Verhältnis der von diesen mit ihnen getätigten Umsätze verteilen, dürfen nach § 5 des **Rabattgesetzes** in der Fassung vom 21. 7. 1954 genossenschaftliche Rückvergütungen zusammen mit Barzahlungsnachlässen nur bis zu 3 % des im Geschäftsjahr mit dem Mitglied getätigten Umsatzes an diese ausschütten, während Nichtmitgliedern genossenschaftliche Rückvergütungen überhaupt nicht gewährt werden dürfen. Im übrigen findet das Rabattgesetz keine Anwendung, da die Rückvergütung kein Preisnachlaß ist.

57 Die Rückvergütung kann ein Anreiz sein, der eG beizutreten und den Umsatz mit ihr zu steigern. Die eG darf deshalb von ihr nur in einer Weise Gebrauch machen, die im Einklang mit **§ 1 UWG** steht; der Grundsatz der Gleichheit der wettbewerblichen Bedingungen ist zu beachten (ausführlich hierzu BGH, NJW 1964, 352; vgl. auch *Meyer/Meulenbergh/Beuthien*, § 19 Rdn. 22; *Müller*, § 19 Rdn. 21, 21a).

Zur Frage der genossenschaftlichen Rückvergütung bei **Wohnungsbaugenossenschaften** z. B. auf die Jahresmiete der den Mitgliedern überlassenen Wohnungen *Riebandt-Korfmacher*, GWW 1961, 179; *Weisser*, GWW 1961, 329; OFD Hannover, DStR 46/91, 1528; GdW 1992, 227 ff.

Wurde aufgrund einer unrichtigen Bilanz (§ 48 Rdn. 8) eine Rückvergütung gezahlt, obwohl tatsächlich kein Überschuß vorhanden war, sind die Empfänger zur Rückzahlung nach § 812 BGB und aufgrund ihrer Mitgliedschaftspflichten verpflichtet (vgl. auch Rdn. 14). **58**

Ergeben sich nachträglich, z. B. aufgrund einer Betriebsprüfung, Mehrüberschüsse, können diese als Rückvergütung bezogen auf das Jahr der Überschußerzielung und die damaligen Umsätze ausgeschüttet werden (FG München, WPg 1965, 293). Allerdings sind hierbei die Obergrenzen für die genossenschaftliche Rückvergütung zu beachten (hierzu *Lohmar*, S. 55 ff). **59**

### 3. Rückvergütung als Mitgliederdarlehen

Die Rückvergütung kann auch als Mitgliederdarlehen der eG zur Verfügung gestellt werden. In diesem Fall ist allerdings erforderlich, daß für jede für ein Wirtschaftsjahr ausgeschüttete Rückvergütung ein besonderer **Darlehensvertrag** abgeschlossen wird, der über eine bestimmte Summe lauten muß (BFH-Urt. v. 28. 2. 1968, BStBl II, 68, 458). **60**

**Mitgliederdarlehen** sind dann keine Einlagen i. S. v. § 1 KWG, wenn der Darlehensgeber ein aktives Mitglied der eG ist, in jedem Einzelfall ein gesonderter Darlehensvertrag abgeschlossen wird, die Laufzeit bzw. Kündigungsfrist mindestens einen Monat betrifft und nach Ablauf des Vertrags Rückzahlung (oder Abschluß eines neuen Vertrags) erfolgt. Zusätzlich verlangt das BAK, daß im Darlehensvertrag eine konkrete Zweckbindung der hereingenommenen Gelder vereinbart wird. Diese besondere Zweckbindung ist nur erfüllt, wenn dies Darlehen zur Finanzierung von Gegenständen des Anlagevermögens dient. Es muß sich um längerfristige Investitionskredite, bestimmbare Objekte, die einer planmäßigen Abschreibung unterliegen, z. B. Bauvorhaben, und nicht etwa um Betriebsmittelkredite handeln, die nur der Deckung eines vorübergehenden Zahlungsmittelbedarfs dienen. Die Laufzeit darf nicht in krassem Widerspruch zu der gewöhnlichen Nutzungsdauer des zu finanzierenden Objektes stehen, nach der sich die Abschreibungen bemessen. **61**

Grundsätzlich liegt eine Einlage i. S. d. § 1 KWG dann nicht vor, wenn das Mitgliederdarlehen der Art nach bankküblich abgesichert ist. Hier bietet sich insbesond. eine **Bankbürgschaft** an. Wegen der steuerlichen Aspekte sei auf § 22 Abs. 2 S. 1 KStG sowie Abschn. 66 Abs. 3, S. 7–12 KStR verwiesen. **62**

## § 20

## Ausschluß der Gewinnverteilung

**Durch das Statut kann festgesetzt werden, daß der Gewinn nicht verteilt, sondern der gesetzlichen Rücklage und anderen Ergebnisrücklagen zugeschrieben wird.**

*Übersicht*



### I. Allgemeines

1 Während § 19 die Gewinnverteilung auf die Mitglieder regelt, kann die Satzung nach § 20 vorsehen, daß der Gewinn **nicht verteilt** wird. Dies kann insbesond. der Eigenkapitalbildung förderlich sein. Durch § 20 wird deutlich, daß Gewinnausschüttung nicht der Zweck des genossenschaftlichen Unternehmens ist.

### II. Vollständiger Ausschluß

2 Der Ausschluß der Gewinnverteilung kann auch im Wege der Satzungsänderung (§ 16 Abs. 4) eingeführt und wieder aufgehoben werden; der Grundsatz der Gleichheit aller Mitglieder (§ 18) ist zu beachten.

3 Bei vollständigem Ausschluß der Gewinnverteilung und Zuschreibung zur gesetzlichen Rücklage (hierzu § 7 Rdn. 91 ff) ist die Festsetzung des Mindestbetrages (§ 7 Nr. 2) nicht notwendig. (KGJ 17, 16; *Parisius/Crüger*, Anm. zu § 20; *Meyer/Meulenbergh/Beuthien*, § 20 Rdn. 2).

4 Wird der Ausschluß der Gewinnverteilung nachträglich wieder **aufgehoben**, muß gleichzeitig nach § 7 Nr. 3 in der Satzung der Mindestbetrag und die Mindestdotierung der gesetzlichen Rücklage festgesetzt werden.

### III. Teilausschluß

5 Wenn es möglich ist, die Gewinnverteilung in der Satzung vollständig auszuschließen und den Gewinn der gesetzlichen Rücklage zuzuschreiben, ist auch eine nicht so weitgehende Satzungsregelung zulässig; durch § 20 ist nicht die Zuweisung eines **Teils** des Reingewinns an einen Spezialfonds oder an die anderen Ergebnisrücklagen (hierzu § 7 Rdn. 100) ausgeschlossen (KG, OLG 32, 130).

6 Aus § 20 ergibt sich auch, daß die Satzung einen **Höchstsatz** – auch einen Prozentsatz – für die Gewinnverteilung vorschreiben kann.

## IV. Sonderfragen

Bei einer Satzungsbestimmung nach § 20 kann trotzdem eine genossenschaftlichen **Rückvergütung** beschlossen werden (*Müller*, § 20 Rdn. 3), da es sich bei der Rückvergütung nicht um die Verteilung von Gewinnen handelt. 7

**Rücklagen** können in Geschäftsguthaben umgewandelt werden (vgl. hierzu und zum körperschaftsteuerlichen Anrechnungsverfahren *Horstmann*, WbI 2/1978, 56 f). 8

## § 21

## Verzinsungsverbot für Geschäftsguthaben

**(1) Für das Geschäftsguthaben werden vorbehaltlich des § 21 a Zinsen von bestimmter Höhe nicht vergütet, auch wenn der Genosse Einzahlungen in höheren als den geschuldeten Beträgen geleistet hat.**

**(2) Auch können Genossen, welche mehr als die geschuldeten Einzahlungen geleistet haben, im Falle eines Verlustes andere Genossen nicht aus dem Grunde in Anspruch nehmen, daß von letzteren nur diese Einzahlungen geleistet sind.**

*Übersicht*



## I. Allgemeines

1 Zu **unterscheiden** sind Dividenden und Zinsen. Dividenden werden aus den erzielten Gewinnen gezahlt (vgl. Erl. zu § 19); sie setzten einen GV-Beschluß nach § 48 voraus. Zinsen werden unabhängig vom Betriebsergebnis und ohne, daß es eines GV-Beschlusses bedarf, gezahlt.

## II. Zinsverbot

2 Nach § 21 Abs. 1 ist es grundsätzlich unzulässig, Zinsen auf das Geschäftsguthaben zu gewähren. Es ist jedoch **statthaft**, die Geschäftsguthaben nach dem durch die Novelle 1973 eingefügten Paragraphen 21 a zu verzinsen (vgl. die dortigen Erl.) bzw. den Reingewinn als Kapitaldividende nach dem Verhältnis der Geschäftsguthaben oder einem anderen statutarischen Verteilungsmaßstab (vgl. § 19 und die dortigen Erl.) zu verteilen.

3 Unter **Einzahlungen** sind hier nur Einzahlungen auf den Geschäftsanteil zu verstehen. Sonstige Zahlungen (z. B. Einlagen, Darlehen, Vorauszahlungen) können verzinst werden (*Schubert/Steder*, § 21 Rz. 4). Es ist auch unzulässig, für die Einzahlungen einen Bonus aus den Ersparnissen zu zah-

len, die die eG dadurch hat, daß sie keine Zinsen für Kredite aufbringen muß (*Müller*, § 21 Rdn. 1).

## III. Rückgriffsverbot

4 Das Verbot des § 21 Abs. 2 ist **zwingend**. Die Zulassung des Rückgriffs hätte zur Folge, daß die in Anspruch genommenen Mitglieder schon während bestehender eG aufgrund der freiwilligen Leistungen anderer Mitglieder zu höheren Leistungen gezwungen würden als ihnen die Satzung auferlegt.

## § 21 a
## Ausnahme vom Verzinsungsverbot

**(1) Das Statut kann bestimmen, daß die Geschäftsguthaben verzinst werden. Bestimmt das Statut keinen festen Zinssatz, muß es einen Mindestsatz festsetzen. Die Zinsen berechnen sich nach dem Stand der Geschäftsguthaben am Schluß des vorhergegangenen Geschäftsjahres. Sie sind spätestens sechs Monate nach Schluß des Geschäftsjahres auszuzahlen, für das sie gewährt wurden.**

**(2) Ist in der Bilanz der Genossenschaft für ein Geschäftsjahr ein Jahresfehlbetrag oder ein Verlustvortrag ausgewiesen, der ganz oder teilweise durch die Ergebnisrücklagen, einen Jahresüberschuß und einen Gewinnvortrag nicht gedeckt ist, so dürfen in Höhe des nicht gedeckten Betrages Zinsen für dieses Geschäftsjahr nicht gezahlt werden.**

*Übersicht*



## I. Allgemeines

1 § 21 a wurde durch **Novelle 73** eingefügt. Die Vorschrift läßt es – in Abweichung von § 21 – zu, daß die Geschäftsguthaben verzinst werden. Dies ist im übrigen Gesellschaftsrecht unbekannt. Von dieser „Verzinsung" (vgl. Rdn. 14) ist die Zahlung einer Dividende zu unterscheiden; die Dividende wird nur aus den erzielten Gewinnen gezahlt.

## II. Satzungsmäßiger Zinsanspruch

2 Die Geschäftsguthaben werden nicht kraft Gesetzes verzinst. Eine Verzinsung des Geschäftsguthabens setzt vielmehr voraus, daß die **Satzung** dies vorsieht. Dabei dürfte es z. B. zulässig sein, in der Satzung festzulegen,

daß die nicht mehr im Erwerbsleben stehenden Mitglieder eine Verzinsung und die noch im Erwerbsleben stehenden Mitglieder eine genossenschaftliche Rückvergütung (vgl. § 19 Rdn. 39 ff) erhalten (vgl. auch § 19 Rdn. 20, wo der vergleichbare Fall der Dividende und der genossenschaftlichen Rückvergütung geregelt wird). Dies ist kein Verstoß gegen den Gleichbehandlungsgrundsatz (siehe hierzu Erl. zu § 18).

Wenn und soweit die Satzung eine Verzinsung der Geschäftsguthaben vorsieht, muß sie gleichzeitig den **Zinssatz** festlegen. Dies kann ein fester Zinssatz oder ein Mindestzinssatz sein. **3**

Der Zinssatz kann wie folgt **ausgestaltet** werden: Als fester Zinssatz kommt beispielsweise 4 % in Betracht oder auch ein „gleitender Zinssatz", z. B. 2 % über oder unter dem Diskontsatz (*Müller*, § 21 a Rdn. 2). Auch eine satzungsmäßige Staffelung des Zinssatzes ist unter Beachtung des Gleichbehandlungsgrundsatzes zulässig. **4**

Falls die Satzung einen Mindestzinssatz enthält, kann sie im übrigen die Bestimmung des Zinssatzes dem **Vorstand** überlassen (vgl. Amtliche Begründung, BT-Drucks. 7/97 S. 21). Für diesen Zinssatz gelten die in Rdn. 4 enthaltenen Ausführungen entsprechend. **5**

Auch kann die Satzung für die Verzinsung besondere sachliche **Voraussetzungen** aufzustellen, z. B. daß ein entsprechender Gewinn erzielt wird (*Müller*, § 21 a Rdn. 6). Dies folgt daraus, daß die eG sogar ganz von der Verzinsung Abstand nehmen kann. Die Verzinsung hätte dann den Charakter einer Dividendengarantie. **6**

Die Einführung, Änderung und Aufhebung einer Verzinsungsregelung sind **Satzungsänderungen** (§ 16 Abs. 4, 6). Für sie gelten die entsprechenden satzungsmäßigen Mehrheiten. Die Zustimmung aller Mitglieder ist nicht erforderlich, da es sich um keine Sonderrechte (zum Begriff vgl. § 18 Rdn. 32 ff), sondern um satzungsgemäß begründete allgemeine Mitgliedschaftsrechte handelt (*Müller*, § 21 a Rdn. 9). **7**

Für die **Berechnung** der Zinsen ist – entsprechend § 19 Abs. 1 S. 2 – der Stand der Geschäftsguthaben am Schluß des Geschäftsjahres maßgebend, das dem Jahr vorhergeht, für das die Zinsen gezahlt werden. Diese Bemessungsgrundlage ist zwingend. Die Satzung kann weder einen anderen Zeitpunkt noch einen höheren oder einen niedrigeren Stand der Geschäftsguthaben vorsehen (wie hier *Schubert/Steder*, § 21 a Rdn. 5; a. A. für den niedrigeren Stand *Müller*, § 21 a Rdn. 4). **8**

Zinsen werden nicht mit dem Schluß des Geschäftsjahres fällig, für das sie gewährt werden. Sie werden vielmehr erst mit **Genehmigung des Jahresabschlusses** (§ 48) für das betreffende Geschäftsjahr fällig. Denn erst im Zeitpunkt der Genehmigung des Jahresabschlusses steht fest, ob und inwieweit Zinsen zu zahlen sind (a. A. *Meyer/Meulenbergh/Beuthien*, § 21 a Rdn. 4; *Müller*, § 21 a Rdn. 4). Dies folgt aus § 21 a Abs. 2. Danach entfällt **9** nämlich die Zahlung von Zinsen, soweit sie wegen in der Jahresbilanz ausgewiesener Verluste nur zu Lasten bestimmter Teile des Eigenkapitals der eG möglich wäre (vgl. Rdn. 11). Von in der Jahresbilanz ausgewiesenen Verlusten kann jedoch erst gesprochen werden, wenn die Jahresbilanz genehmigt worden ist.

10 Wird diese Bilanz erst nach Ablauf von 6 Monaten seit dem Schluß des Geschäftsjahres genehmigt, so muß die eG – in entsprechender Anwendung der §§ 284 ff BGB – **„Verzugszinsen"** auf die Zinsen entrichten, und zwar für die Zeit seit Ablauf der 6 Monate bis zur Auszahlung der Zinsen. Einer unmittelbaren Anwendung der §§ 284 ff BGB steht entgegen, daß die Zinsen erst mit Genehmigung des Jahresabschlusses fällig werden (vgl. Rdn. 9; a. A. *Schubert/Steder*, § 21 a Rdn. 6, die generell Fälligkeit und damit unmittelbare Anwendung der §§ 284 ff BGB annehmen. Andererseits soll eine verspätete Genehmigung des Jahresabschlusses nicht zu Lasten der Mitglieder gehen. Deshalb bestimmt § 21 a Abs. 1 S. 4, daß die Zinsen spätestens 6 Monate nach Schluß des Geschäftsjahres auszuzahlen sind, für das sie gewährt werden. Der Verpflichtung zur Zahlung von „Verzugszinsen" zu diesem Zinsanspruch steht das Zinseszinsverbot des § 289 BGB nicht entgegen (mißverständlich *Schubert/Steder*, § 21 a Rdn. 6).

## III. Wegfall des Zinsanspruchs

11 Nach § 21 a Abs. 2 dürfen Zinsen auf die Geschäftsguthaben **nicht gezahlt** werden, soweit das wegen eingetretener Verluste zu Lasten der nach § 7 Nr. 2 zu bildenden gesetzlichen Rücklage oder der Geschäftsguthaben möglich wäre (Amtl. Begr., BT-Drucks. 7/77 S. 21). Diese Regelung dient dem Schutz der Gläubiger. Dagegen müssen die anderen Ergebnisrücklagen und damit ggfs. auch ein Beteiligungsfonds nach § 73 Abs. 3 erforderlichenfalls in Anspruch genommen werden, um eine in der Satzung vorgesehene Verpflichtung zur Verzinsung der Geschäftsguthaben zu erfüllen.

12 Ob Abs. 2 einer Zinszahlung – ganz oder teilweise – entgegensteht, ergibt sich aus der Jahresbilanz. Da das Mitglied – im Unterschied zur Dividende – bereits zum Schluß des Geschäftsjahres aufgrund der Satzungsregelung einen Anspruch auf die Verzinsung des Geschäftsguthabens hat, handelt es sich um Verbindlichkeiten der eG. Diese sind unter den sonstigen Verbindlichkeiten auszuweisen. In der Gewinn- und Verlustrechnung müßten sie als zinsähnliche Aufwendungen ausgewiesen werden. Besteht ein nach Abs. 2 ungedeckter Verlust, wird insoweit der Zinsanspruch bei Mitglieder gekürzt und gilt als erloschen. Die Zinszahlung kann auch nicht bei späterer Gelegenheit nachgeholt werden (*Schubert/Steder*, § 21 a Rdn. 10).

Aus dem Sinn der Regelung des § 21 a Abs. 2 ergibt sich, daß die Zinsen – obwohl sie im Gesetz als solche bezeichnet werden – ihrem Charakter nach **Gewinnausschüttung** in Höhe der Verzinsung der Geschäftsguthaben sind. Obwohl für die Zinsen handelsrechtlich im Jahresabschluß ggfs. bereits Verbindlichkeiten gebildet werden müssen, werden die Zinsen nach den gegenwärtig (1997) geltenden steuerlichen Gewinnermittlungsvorschriften nicht als gewinnmindernde Betriebsausgaben anerkannt. Bei Wohnungsbaugenossenschaften, die nach Aufhebung des WGG sich in der Firma weiterhin als „gemeinnützig“ bezeichnen, dürfen etwaige Zinsen zusammen mit sämtlichen anderen Ausschüttungen den Betrag von 4 % des Geschäftsguthabens nicht übersteigen. **13**

Die rechtlich gegebene Möglichkeit der Verzinsung der Geschäftsguthaben führt zu wirtschaftlich **nicht vertretbaren Ergebnissen**, wenn sie neben der Dividende (bzw. neben der genossenschaftlichen Rückvergütung) und einer angemessenen Rücklagenpolitik gewährt wird. **14**

## § 22

## Herabsetzung des Geschäftsanteils; Verbot der Auszahlung des Geschäftsguthabens

**(1) Werden der Geschäftsanteil oder die auf ihn zu leistenden Einzahlungen herabgesetzt oder die für die Einzahlung festgesetzten Fristen verlängert, so ist der wesentliche Inhalt des Beschlusses der Generalversammlung durch das Gericht bei der Bekanntmachung der Eintragung in das Genossenschaftsregister anzugeben.**

**(2) Den Gläubigern der Genossenschaft ist, wenn sie sich binnen sechs Monaten nach der Bekanntmachung bei der Genossenschaft zu diesem Zweck melden, Sicherheit zu leisten, soweit sie nicht Befriedigung verlangen können. In der Bekanntmachung ist darauf hinzuweisen.**

**(3) Genossen, die zur Zeit der Eintragung des Beschlusses der Genossenschaft angehörten, können sich auf die Änderung erst berufen, wenn die Bekanntmachung erfolgt ist und die Gläubiger, die sich rechtzeitig gemeldet haben, wegen der erhobenen Ansprüche befriedigt oder sichergestellt sind.**

**(4) Das Geschäftsguthaben eines Genossen darf, solange er nicht ausgeschieden ist, von der Genossenschaft nicht ausgezahlt oder im geschäftlichen Betriebe zum Pfand genommen, eine geschuldete Einzahlung darf nicht erlassen werden. Die Genossenschaft darf den Genossen keinen Kredit zum Zweck der Leistung von Einzahlungen auf den Geschäftsanteil gewähren.**

**(5) Gegen eine geschuldete Einzahlung kann der Genosse nicht aufrechnen.**

*Übersicht*



## I. Allgemeines

1 Die vorliegende **Fassung** des § 22 beruht auf Art. I der aufgrund von § 6 des handelsrechtlichen Bereinigungsgesetzes vom 18. 4. 1950 in Kraft gebliebenen Dritten Verordnung über Maßnahmen auf dem Gebiet des Genossenschaftsrechts vom 13. 4. 1943 (RGBl. I, 251) und auf der Novelle 73.

## II. Inhalt des Abs. 1

2 Die Herabsetzung des Geschäftsanteils oder der auf ihn zu leistenden Einzahlungen oder die Verlängerung der für die Einzahlungen in der Satzung festgesetzten Fristen (§ 22 Abs. 1) sind **Satzungsänderungen** (§ 16 Abs. 4 u. 6), für die die entsprechenden satzungsmäßigen Mehrheitserfordernisse gelten. Die Herabsetzung ist keine Zerlegung von Geschäftsanteilen (vgl. § 22 b). Die Änderung bzw. Aufhebung einer Pflichtbeteiligung (§ 7 a Abs. 2) führt nicht zur Anwendung der Gläubigerschutzvorschriften des § 22.

3 Der wesentliche Inhalt der satzungsändernden Beschlüsse nach § 22 Abs. 1 ist durch das Registergericht – bei der **Bekanntmachung** der Eintragungen in das Genossenschaftsregister (§ 156 Abs. 1 S. 2) – anzugeben. In dieser Bekanntmachung hat das Registergericht auch den Gläubigeraufruf nach § 22 Abs. 2 vorzunehmen.

4 Die dem KWG unterliegenden eG (vgl. § 1) haben die durch Herabsetzung des Geschäftsanteils entstehende Kapitalveränderung der zuständigen **Bankaufsichtsbehörde** anzuzeigen (§ 24 Abs. 1 Nr. 5 KWG). Das gilt auch für Wohnungsbaugenossenschaften mit Spareinrichtung. Die Anzeige erfolgt über den Prüfungsverband (s. Schreiben vom 20. 9. 1978 des Bundesaufsichtsamtes Abschn. IV. 3 WG 1978, 189 – abgedruckt bei *Reischauer/Kleinhans*, KWG, Kz 225).

## III. Sicherheitsleistung (Abs. 2)

5 Den Gläubigern, die sich innerhalb von 6 Monaten nach der Bekanntmachung melden, ist **Sicherheit zu leisten**. Abs. 2 ist eine selbständige, ein-

klagbare Anspruchsklage. Die Sicherheitsleistung selbst richtet sich nach §§ 232 ff BGB. Üblicherweise wird ein Pfandrecht bestellt oder ein Bürge gestellt. Wegen Sicherheitsleistung im Zusammenhang mit Verschmelzungen vgl. § 87 Abs. 2 UmwG. Die eG kann anstelle der Sicherheitsleistung einen noch nicht fälligen Anspruch ausnahmsweise dann erfüllen, wenn dies aus besonderen Gründen gerechtfertigt ist (z. B. hoher Kostenaufwand durch Sicherheitsleistung, kurz bevorstehende Fälligkeit). Grundsätzlich kann jedoch der Gläubiger die Annahme der Leistung vor dem Zeitpunkt der Erfüllbarkeit ablehnen (*Müller*, § 22 Rdn. 20).

**Gläubiger** ist nur derjenige, dessen Forderung zum Zeitpunkt der Ein- **6** tragung der Satzungsänderung bereits begründet war. Unbeachtlich ist es, ob die Forderung bedingt, befristet oder von einer Gegenleistung abhängig ist (vgl. in diesem Zusammenhang *Lutter*, in: Kölner Kommentar zum AktG, § 225 Rdn. 7 m. w. N.). Es kommen Forderungen jeglicher Art in Betracht – vertragliche und außervertragliche Geldleistungs-, Sachleistungs- und Unterlassungsansprüche. Die Forderung darf allerdings nicht fällig sein, da sonst der Gläubiger bereits Erfüllung verlangen kann und keiner Sicherheit bedarf.

## IV. Wirkung gegenüber den Mitgliedern (Abs. 3)

Mitglieder, die im Zeitpunkt der Eintragung des Beschlusses, z. B. über **7** die Herabsetzung des Geschäftsanteils, der eG angehörten, können sich auf die Änderung erst berufen, wenn der Gläubigeraufruf erfolgt ist und die Gläubiger, die sich rechtzeitig gemeldet haben, wegen der erhobenen Ansprüche befriedigt oder sichergestellt sind (§ 22 Abs. 3). Für sie gilt als **Zeitpunkt der Wirksamkeit** also nicht die Eintragung ins Genossenschaftsregister, sondern im allgemeinen der Ablauf der 6-Monats-Frist nach Bekanntmachung der erfolgten Satzungsänderung. Durch diese Regelung wird den Belangen der Gläubiger, die im Hinblick auf die Änderung eine Beeinträchtigung ihrer Rechte befürchten, ausreichend Rechnung getragen. Bis zur Bekanntmachung und Befriedigung bzw. Sicherstellung der Gläubiger muß die eG auf Einzahlung bis zur Höhe des bisherigen Betrages im Interesse der Gläubiger bestehen (vgl. RGZ 140, 197): Eine Zurückzahlung des über die Einzahlungspflicht vorhandenen Geschäftsguthabens ist – auch nach Bekanntmachung und Befriedigung der Gläubiger – gemäß § 22 Abs. 4 S. 1 ausgeschlossen. Bei vorzeitiger Rückzahlung haften die Mitglieder nach Bereicherungsgrundsätzen, aber auch gesellschaftsrechtlich (und damit ohne die Möglichkeit des Wegfalls der Bereicherung), da es sich hier um Rechte und Pflichten aus der Mitgliedschaft handelt; die Vorstands- und Aufsichtsratsmitglieder haften nach §§ 34, 41.

Da die in Rdn. 2 erwähnten Beschlüsse wirksam werden mit Eintragung **8** dieser Satzungsänderungen in das Genossenschaftsregister, gelten für die

**neuen Mitglieder**, deren Beitrittserklärung nach diesem Zeitpunkt zugelassen werden, die neuen Einzahlungspflichten.

## V. Die Regelung des Abs. 4

### 1. Auszahlungsverbot

9 Nach **§ 22 Abs. 4** darf das **Geschäftsguthaben** (zum Begriff vgl. die Erl. zu § 7) nicht ausgezahlt werden, solange das Mitglied noch nicht ausgeschieden ist. Diese Vorschrift ist lex specialis gegenüber den allgemeinen Regeln des BGB. Sie dient der Kapitalerhaltung. (Nach dem Ausscheiden hat es einen Anspruch auf das **Auseinandersetzungsguthaben,** vgl. im einzelnen die Erl. zu § 73). Unter dieses Verbot fallen auch **verdeckte Auszahlungen**, z. B. wenn ein Mitglied für seine Leistungen Entgelte erhält, die den Wert seiner Leistungen erheblich übersteigen (vgl. BGH, WM 1996, 116; *Müller*, § 22 Rdn. 34 ff). Da nach Herabsetzung des Geschäftsanteils unter den Voraussetzungen der Absätze 1–3 ein höherer Guthabenbetrag kein „Geschäftsguthaben" mehr ist, steht § 22 Abs. 4 S. 1 der Auszahlung dieses überschießenden Betrages jedoch nicht entgegen (vgl. RGZ 140, 197; *Krakenberger*, § 22 Anm. 2; *Schubert/Steder*, § 22 Rdn. 8; *Müller*, § 22 Rdn. 26). Dieser Anspruch des Gläubigers ist selbständig abtretbar, pfändbar und verpfändbar. Auszahlung jedoch nur, wenn das Geschäftsguthaben höher ist als der Gesamtbetrag der übernommenen Geschäftsanteile. Es kann aber die Satzung dahin geändert werden, daß ein weiterer Geschäftsanteil zu diesem Zweck übernommen werden muß; § 16 Abs. 2 wäre dann zu beachten (vgl. auch *Müller*, § 22 Rdn. 27). Auch können die Beträge der eG als Darlehen verbleiben (*Schubert/Steder*, § 22 Rdn. 8).

10 Kein Verstoß gegen das Auszahlungsverbot, wenn andere Ergebnisrücklagen aufgelöst und an die Mitglieder verteilt werden, z. B. im Wege einer Rückvergütung oder Dividendenzahlung (hierzu § 19 Rdn. 6; *Meyer/Meulenbergh/Beuthien*, § 22 Rdn. 9; *Müller*, § 22 Rdn. 33). Gleiches gilt erst recht bei Auflösung anderer Rücklagen zur Einzahlung auf Geschäftsguthaben (hierzu § 20 Rdn. 8) bzw. wenn aus dem sonstigen Vermögen der eG Geschäftsanteile aufgefüllt werden (hierzu unten Rdn. 21 a. E.). Dies kann z. B. im Rahmen des 4. und 5. Vermögensbildungsgesetzes von Bedeutung sein. Entscheidend ist, daß der eG das Vermögen erhalten bleibt, das der Summe aller Geschäftsguthaben entspricht.

11 Der Auszahlung steht die **Aufrechnung** mit dem Geschäftsguthaben gleich. Auch die Aufrechnung darf deshalb erst nach dem Ausscheiden des Mitglieds und der nach § 73 vorgenommenen Auseinandersetzung erfolgen (vgl. auch *Weidmüller*, BlfG 1930, 128). Auch kann durch Einzelvereinbarung oder durch Satzungsregelung die Aufrechnung ausgeschlossen werden

(BlfG 1916, 576 – ohne Verfasser, sowie OLG Königsberg ebd.). Zum Aufrechnungsverbot für das Mitglied siehe Rdn. 25.

Werden **Pflichteinzahlungen herabgesetzt**, dürfen die bereits geleiste- **12**
ten (höheren) „Pflichteinzahlungen" nicht zurückgezahlt werden wegen Abs. 4: das Geschäftsguthaben generell darf nicht ausbezahlt werden.

Auszahlungen entgegen Abs. 4 haben das **Wiederaufleben** des Einzah- **13**
lungsanspruchs zur Folge, unabhängig davon, ob es sich um Einzahlungsansprüche aufgrund der Satzung oder des Vertrags handelt; die ausgezahlten Beträge müssen als rückständige, fällige Pflichteinzahlungen bilanziert werden; bei freiwilligen Einzahlungen besteht hingegen nur ein Rückzahlungsanspruch aus ungerechtfertigter Bereicherung (§ 812 Abs. 1 S. 1 BGB) mit der Möglichkeit des Wegfalls der Bereicherung (§ 818 Abs. 3 BGB; a. A. *Müller*, § 22 Rdn. 40; *Meyer/Meulenbergh/Beuthien*, § 22 Rdn. 9, die auch insoweit einen aus dem Mitgliedschaftsverhältnis sich ergebenden Rückforderungsanspruch annehmen). Die Vorstands- und Aufsichtsratsmitglieder haften nach § 34 Abs. 3 bzw. § 41. § 31 Abs. 2 GmbHG, § 62 Abs. 1 S. 2 und Abs. 2 AktG gelten nicht analog für Abs. 4, da im Unterschied zur GmbH und AG die eG kein festes Stammkapital hat (offengelassen von *Meyer/Meulenbergh/Beuthien*, § 22 Rdn. 9). Für die Auseinandersetzung nach Beendigung der Mitgliedschaft vgl. Erl. zu § 73, dort auch Rdn. 9.

### 2. Verpfändungsverbot

Die Bestimmung, daß das Geschäftsguthaben vor dem Ausscheiden des **14**
Mitglieds von der eG **nicht zum Pfande** genommen werden darf, ist gegen die sogenannte Guthabenbeleihung gerichtet. Verboten ist die vertragsmäßige Verpfändung an die eG in ihrem geschäftlichen Betriebe, da hierin aus der Sicht der Gläubiger u. U. nichts anderes als eine versteckte Rückzahlung des Geschäftsguthabens liegen kann (*Parisius/Crüger*, § 22 Anm. 9). Die Formulierung „im geschäftlichen Betrieb" wurde gewählt, um sicherzustellen, daß der eG die Möglichkeit verbleibt, das Guthaben im außergeschäftlichen Betrieb sich verpfänden (*Damrau*, in: MüKo, BGB, § 1274 Rdn. 29; a. A. *Müller*, § 22 Rdn. 43; wie hier *Schubert/Steder*, § 22 Rz. 10, die eine Verpfändung etwa für eine Schadensersatzforderung, die der eG gegen das Mitglied aus einem nicht im Zusammenhang mit dem Geschäftsbetrieb stehenden Grund entstanden ist, für zulässig erachten) oder gerichtlich pfänden zu lassen (*Parisius/Crüger*, § 22 Anm. 10; *Müller*, § 22 Rdn. 43; *Schubert/Steder*, § 22 Rz. 10). Zum Geschäftsbetrieb gehören im Zweifel (§ 343 HGB) alle Geschäfte, die sich, wenn auch nur mittelbar, auf ihre geschäftliche Betätigung beziehen oder damit in einem auch nur entfernten weiteren Zusammenhang stehen. Es genügt, wenn sie dem Interesse des Betriebes, seinem Zweck, die Substanz zu erhalten und mit ihm

Gewinne zu machen, dienen sollen (BGH, NJW 1960, 1852); *Riebandt-Korfmacher*, ZfG 1992, 55 ff). Der Verpfändung ist die Sicherungsübertragung gleichzustellen (*Paulick*, S. 182). Die verbotswidrige Pfändung bzw. Sicherungsabtretung des Geschäftsguthabens an die eG ist unwirksam (*Paulick*, S. 182; a. A. OLG Hamm, JW 1935, 1581; vgl. auch BlfG 1935, 245). Dies gilt sowohl hinsichtlich der Sicherungsabrede als auch der Abtretung als Verfügungsgeschäft (OLG Hamburg, m. Anm. *Riebandt-Korfmacher*, ZfG 1992, 55 ff).

**15** Das Verpfändungsverbot gilt nur für Geschäftsguthaben, nicht für **Auseinandersetzungsguthaben**. Eine Verpfändung des Auseinandersetzungsguthabens an die eG – auch durch AGB der eG (OLGZ 6, 193) – ist also möglich (a. A. *Müller*, § 22 Rdn. 43b, § 73 Rdn. 23 unter Berufung auf § 22 Abs. 4, der offensichtlich nicht zwischen Geschäftsguthaben und Auseinandersetzungsguthaben unterscheidet), und zwar auch bereits während bestehender Mitgliedschaft, da schon mit dem Beitritt zur eG der Anspruch auf das Auseinandersetzungsguthaben als ein künftiger, aufschiebend bedingter Anspruch entstanden ist (hierzu und zum Streitstand § 73 Rdn. 2) und derartige Ansprüche verpfändet werden können (§§ 1273, 1204 Abs. 2 BGB). Deshalb gehen AGB-Pfandrechte der Genossenschaftsbank (z. B. Nr. 14 AGB der Banken), die bereits mit Abschluß des Bankvertrags entstehen, anderen Pfändungen grundsätzlich vor. Der Anspruch auf das Auseinandersetzungsguthaben kann auch abgetreten werden (LG Köln, ZfG 1971, 304; LG Kassel, ZfG 1981, 68 m. zust. Anm. *Kuchinke; Müller*, § 73 Rdn. 14 ff; a. A. offensichtlich *Baur* in seiner Anm. zu LG Köln, ZfG 1971, 304 (308 ff). Vgl. in diesem Zusammenhang auch § 10 der Mustersatzungen. Dies hindert jedoch nicht, das Geschäftsguthaben zur Verlustdeckung nach § 19 heranzuziehen.

**16** Auch ist die **Verpfändung** des **Geschäftsguthabens** seitens des Mitglieds an einen **Dritten** (die Übertragung ist in § 76 geregelt) unzulässig. Dies folgt aus dem Sinn von § 22 Abs. 4 i. V. m. § 66: Auch Dritten steht für eine Verpfändung nur das Auseinandersetzungsguthaben zur Verfügung. Jedoch kann eine „Verpfändung des Geschäftsguthabens" in eine Verpfändung des Auseinandersetzungsguthabens umgedeutet werden; Verwertung also erst nach Beendigung der Mitgliedschaft. Wird eine Abtretung oder Verpfändung des Geschäftsanteils vereinbart, so kann dies, wenn es dem Parteiwillen entspricht (§§ 133, 157 BGB), in eine Abtretung bzw. Verpfändung des Auseinandersetzungsguthabens umgedeutet werden.

**17** Kollidiert eine **Verpfändung des Auseinandersetzungsguthabens** an einen Dritten mit einer Verpfändung des Auseinandersetzungsguthabens, z. B. aufgrund von AGB (vgl. Rdn. 15), so entscheidet auch hier die Priorität der Verpfändung. Aufgrund dieser Überlegungen dürfte der Verpfändung des Auseinandersetzungsguthabens kaum eine praktische Bedeutung zukommen, zumal eine Vereinbarung zwischen dem Mitglied und der eG, daß das Auseinandersetzungsguthaben nicht abgetreten werden kann, zulässig ist (LG Freiburg, BlfG 1937, 476) und ein satzungsmäßiges Abtretungsverbot – wie in der Praxis üblich – als vertragliches Verbot i. S. v. § 399 BGB zu verstehen ist (LG Freiburg, BlfG 1937, 476, vgl. hierzu auch LG Köln, ZfG 1971, 68 m. teils zust., teils krit. Anm. *Baur*).

Wegen der **Pfändung** des Auseinandersetzungsanspruchs durch die eG oder einen Dritten vgl. § 66. **18**

Soweit **Genußrechtskapital** Eigenkapitalcharakter hat, ist dieses ebenfalls nicht verpfändbar (Abs. 4 analog). Allerdings ist die Verpfändung des Rückzahlungsanspruchs analog der Verpfändung des Auseinandersetzungsguthabens (Rdn. 15) zulässig. **19**

Der **Anspruch** der eG **auf Einzahlungen** ist weder verpfändbar, noch unterliegt er der Pfändung, er ist auch nicht abtretbar (RGZ 135, 55; *Meyer/Meulenbergh/Beuthien*, § 22 Rdn. 8). Hinsichtlich der Pfändbarkeit a. A. *Müller* (§ 22 Rdn. 62), der allerdings übersieht, daß § 22 Abs. 4 dem gemeinsamen Interesse aller Gläubiger dient – gleichmäßige Befriedigung – und nicht den einzelnen Gläubiger schützen soll, der als erster zugreift. Das Reichsgericht (RGZ 135, 55) hat jedoch zu Recht darauf hingewiesen, daß die Einzahlungspflicht im denkbar weitesten Umfang der genossenschaftlichen Selbstverwaltung überlassen ist. Wie eng die Einzahlungspflicht nicht nur hinsichtlich ihres Entstehens, sondern auch wegen ihres Fortbestandes mit dem Mitgliedschaftsverhältnis verknüpft ist, zeigt sich auch darin, daß sie bezüglich der noch nicht fälligen Raten mit der Konkurseröffnung gegen die eG schlechthin erlischt (RGZ 135, 55 unter Berufung auf RGZ 73, 410). Bei der von *Müller* (§ 22 Rdn. 62) vertretenen Auffassung könnte der Gläubiger dann ggfs. Einzahlungsansprüche pfänden, obwohl die eG noch andere Vermögenswerte hat. Unbilligkeiten, die bei der hier vertretenen Auffassung etwa daraus resultieren könnten, daß der Vorstand die geschuldeten Einzahlungsbeträge nicht einzieht (so *Müllers* Begründung, a. a. O.), könnte in entsprechender Anwendung der Rechtsprechung zum § 69 a. F. GenG durch einen Schadensersatzanspruch gegen die Vorstandsmitglieder begegnet werden. Verjährung des Einzahlungsanspruchs in 30 Jahren (s. Erl. zu § 7). Keine Verwirkung des Einzahlungsanspruchs (s. Erl. zu § 7). **20**

### 3. Erlaßverbot

Das Erlaßverbot gilt nicht nur im Zusammenhang mit einer Herabsetzung des Geschäftsanteils, sondern für alle Einzahlungen. Es dient in erster Linie der Kapitalbildung. Ein ausdrücklicher oder stillschweigender **Erlaß** (§ 397 BGB) einer geschuldeten Einzahlung ist im Interesse des Gläubigerschutzes ebenfalls nicht zulässig. Zulässig ist aber ein Nachlaß im Ver- **21** gleichswege (§ 779 BGB) zur Abwendung eines drohenden Verlustes (RGZ 79, 271 für GmbH; *Parisius/Crüger*, § 22 Anm. 7; *Meyer/Meulenbergh/Beuthien*, § 22 Rdn. 8; *Hettrich/Pöhlmann*, § 22 Rdn. 11; zu eng *Müller*, § 22 Rdn. 45: nur bei zweifelhafter Rechtslage) sowie die Zustimmung zu einem Zwangsvergleich im Konkurs- oder Vergleichsverfahren eines Mitglieds. Ein Stundungsverbot enthält das GenG nicht (RGZ 135, 55; KG, BlfG 1933, 36; vgl. auch JW 1933, 2109). Dieses ergibt sich jedoch regelmäßig aus der Satzung. Der Vorstand darf Ratenzahlungen und Stundungen nur in dem Rahmen gewähren, den die Satzung zuläßt. Sieht die Satzung die Möglichkeit vor, auf Antrag Ratenzahlungen zu gewähren, kann dieser Antrag auch noch nach der wirksamen Beteiligung und damit nach bereits eingetretener Fälligkeit der Einzahlungsverpflichtung gestellt werden; in diesem Fall ist die Gewährung der Ratenzahlung eine Stundung. Darüber hinaus dürfen Stundungen grundsätzlich nicht gewährt werden, es sei denn, daß die Durchsetzung fälliger Ansprüche gegenüber dem Mitglied ausnahmsweise gegen die genossenschaftliche Treuepflicht verstoßen würde (vgl. in diesem Zusammenhang auch *Pleyer*, ZfG 1983, 277; *Müller*, § 22 Rdn. 51; *Meyer/Meulenbergh/Beuthien*, § 22 Rdn. 8). Eine satzungsmäßige Regelung oder Vereinbarung, daß die eG einen bestimmten Prozentsatz der zu leistenden Einzahlungen aus ihren Mitteln erbringt, ist ebenfalls kein Erlaß, da die Einzahlungspflicht des Mitglieds (wenn auch durch einen Dritten, die eG, und zwar zu Lasten ihrer Erträge) erfüllt wird. Für eine über den insoweit klaren Wortlaut von § 22 Abs. 4 hinausgehende wirtschaftliche Betrachtung ist kein Raum (a. A. *Müller*, § 22 Rdn. 45, der verkennt, daß in dem genannten Fall tatsächlich Mittel dem Eigenkapital der eG zufließen). Mithin ist das Anzahlungsverfahren bei der Beteiligung nach dem **5. VermBG** kein Verstoß gegen das Erlaßverbot.

### 4. Kreditgewährungsverbot

**22** Der durch Novelle 73 in § 22 Abs. 4 eingefügte Satz 2 **untersagt** es der eG, Mitgliedern **Kredit** zum Zwecke der Leistung von Einzahlungen auf den Geschäftsanteil zu gewähren. Zu dieser Vorschrift wird in der Amtlichen Begründung (BT-Drucks. 7/97 v. 5. 2. 1973) u. a. ausgeführt; „Mit dieser Kreditgewährung zur Erfüllung der Einzahlungspflicht bringt die eG das Eigenkapital, das der Sicherung nicht immer risikofreier Geschäfte der eG dienen soll, wenigstens vorschußweise aus ihren eigenen Mitteln auf. Da eine solche Kreditgewährung dem Sinn und Zweck der genossenschaftlichen Beitragspflicht widerspricht, soll sie künftig untersagt sein."

**23** Der Kreditvertrag ist, soweit Abs. 4 S. 2 einschlägig ist, nach § 134 BGB nichtig; § 139 BGB gilt. Vorstandsmitglieder, die gegen Abs. 4 Satz 2 verstoßen, machen sich schadensersatzpflichtig (§ 34 Abs. 3 Ziff. 5). Auch hat der Prüfungsverband diese Verstöße zu beanstanden. Das Interesse des

Gläubigerschutzes gebietet es, die Beteiligung mit weiteren Geschäftsanteilen und die entgegen § 22 Abs. 4 Satz 2 erfolgte Einzahlung auf die Geschäftsanteile als wirksam anzusehen (vgl. zum Vorrang des Gläubigerschutzes RGZ 115, 148; *Schultze-von Lassaulx*, ZfG 1966, 332, 341; so im Ergebnis auch *Müller*, § 22 Rdn. 47; so jetzt ausdrücklich BGH, ZIP 1983, 282 = NJW 1983, 1420 = ZfG 1983, 274 m. zust. Anm. *Pleyer*, der der eG in diesem Fall aus § 812 Abs. 1 S. 1 BGB einen Anspruch auf Ersatz der vorschußweise geleisteten Zahlung auf die Geschäftsanteile einräumt; widersprüchlich *Müller*, § 22 Rdn. 47). Abs. 4 Satz 2 gilt der ratio legis folgend auch bei Kreditierung der Übertragung nach § 76.

Auch eine **Leistung an Erfüllung** statt, z. B. eine Sachleistung, ist nicht möglich, da auch in diesem Fall die Einzahlungspflicht erlöschen würde, ohne daß die geschuldete Geldleistung erbracht worden wäre (vgl. zum AktG, *Baumbach/Hueck*, AktG, § 66 Rdn. 6). **24**

## VI. Aufrechnungsverbot (Abs. 5)

Das **Aufrechnungsverbot** in § 22 Abs. 5 gilt auch im Liquidationsverfahren bzw. im Konkursverfahren. Verboten ist aber immer nur die einseitige Aufrechnung durch das Mitglied (vgl. LG Aachen, ZfG 1972, 766 ff). Es ist hierbei unbeachtlich, auf welchem Rechtsgrund die Forderung des Mitglieds beruht. Auch eine Pfändung des Einzahlungsanspruchs der eG durch das schuldende Mitglied ist wegen desselben wirtschaftlichen Ergebnisses unzulässig (KG, JW 1930, 3779). Gleiches gilt für die Geltendmachung eines Zurückbehaltungsrechts (RGZ 83, 268; *Müller*, § 22 Rdn. 53). Auch ein u. U. (§ 19 Abs. 2) bestehender Dividendenauszahlungsanspruch kann nicht zur Aufrechnung gestellt werden. Einseitige Aufrechnung seitens der eG ist dagegen grundsätzlich zulässig, ebenso wie die vertragsmäßige Aufrechnung, sofern die Forderung des Mitglieds fällig und vollwertig ist (RG, JW 1930, 2686; OLG Stettin, JW 1932, 3189; RGZ 148, 225 = JW 1935, 2719), mithin die eG den vollen wirtschaftlichen Wert der Einzahlung erlangt (hierzu *Meyer/Meulenbergh/Beuthien*, § 22 Rdn. 121). Es ist keine unzulässige Aufrechnung, wenn das Mitglied die eG anweist, eine fällige Forderung gegen die eG dem Geschäftsguthabenkonto gutzuschreiben und wenn diese Gutschrift sodann erfolgt (hierzu § 7 Rdn. 39). **25**

## § 22 a

## Änderung der Nachschußpflicht

**(1) Wird die Verpflichtung der Genossen, Nachschüsse zur Konkursmasse zu leisten, auf eine Haftsumme beschränkt oder aufgehoben, so gilt § 22 Abs. 1 bis 3 sinngemäß.**

**(2) Die Einführung oder Erweiterung der Verpflichtung zur Leistung von Nachschüssen wirkt nicht gegenüber Genossen, die bei Wirksamwerden der Änderung des Statuts bereits aus der Genossenschaft ausgeschieden waren (§§ 75, 76 Abs. 4, § 115 b).**

*Übersicht*



## I. Allgemeines

1 § 22 a wurde durch Novelle 73 eingefügt. Die Vorschrift knüpft an die § 143, 145 an, die durch Novelle 73 aufgehoben wurden. Sie regelt den **Schutz** der Gläubiger und bereits ausgeschiedener Mitglieder bei Änderung der Bestimmungen der Satzung über die Nachschußpflicht.

2 Erfaßt wird von dieser Vorschrift jede **Beschränkung** oder vollständige **Aufhebung** der Nachschußpflicht – auch die „Umwandlung" einer eingetragenen eG mit unbeschränkter Nachschußpflicht in eine eG ohne Nachschußpflicht – mit Ausnahme der nachträglichen Herabsetzung der Haftsumme; für diese gilt § 120.

## II. Beschränkung oder Aufhebung der Nachschußpflicht

3 Zur nachträglichen Beschränkung oder Aufhebung der Nachschußpflicht ist eine entsprechende **Satzungsänderung** erforderlich (§§ 6 Nr. 3, 16 Abs. 4). Wird die Satzung einer eG dahin geändert, daß die bisher unbeschränkte Nachschußpflicht auf eine Haftsumme beschränkt wird, so ist weiterhin eine Satzungsänderung notwendig, durch die die Haftsumme festgesetzt wird (§§ 6 Nr. 3, 119, 16 Abs. 5). Nach Auflösung der eG ist – da mit dem Wesen der Liquidation nicht vereinbar – eine Beschränkung oder Aufhebung der Nachschußpflicht unzulässig (*Meyer/Meulenbergh/Beuthien*, § 22 a Rdn. 3; *Müller*, § 22 a Rdn. 2).

4 Wird die Nachschußpflicht durch eine Änderung der Satzung auf eine Haftsumme beschränkt oder ganz aufgehoben, so werden die **Gläubigerschutzvorschriften** des § 22 Abs. 1 bis 3 sinngemäß angewendet (vgl. dazu § 22 und die dortigen Anmerkungen; *Müller*, § 22 a Rdn. 2). Das bedeutet u. a.: Für Mitglieder, die nach Eintragung des Beschlusses in das Register, aber noch vor Ablauf der 6-Monats-Frist nach der Bekanntmachung des wesentlichen Inhalts des Beschlusses aus der eG ausscheiden, gelten im Interesse der Gläubiger weiterhin die alten Nachschußregelungen; nach § 73 Abs. 2 S. 3 haben sie ggfs. Nachschüsse unbeschränkt oder bis zur Höhe der alten Haftsumme zu leisten.

Wird **nach dem Ausscheiden** des Mitglieds die Nachschußpflicht herabgesetzt oder aufgehoben, gilt ebenfalls § 73 Abs. 2 S. 3. Es sind ggfs. Nachschüsse im bisherigen Umfang zu leisten (so auch *Müller*, § 22 a Rdn. 12). **5**

## III. Einführung oder Erweiterung der Nachschußpflicht

Zur Einführung oder Erweiterung der Verpflichtung zur Leistung von Nachschüssen (Abs. 2) ist ebenfalls eine entsprechende **Satzungsänderung** erforderlich (§§ 6 Nr. 3, 16 Abs. 2 Nr. 4). Es kann u. U. das außerordentliche Kündigungsrecht des § 67 a ausgeübt werden. **6**

Unzulässig ist es, einzelne Mitgliedergruppen satzungsmäßig von der Nachschußpflicht freizustellen und andere nicht. Dies würde ein Verstoß gegen den **Gleichbehandlungsgrundsatz** sein und praktisch für diese Gruppen zu einer eG ohne Nachschußpflicht führen, während es im übrigen bei einer eG mit beschränkter Nachschußpflicht verbleiben würde. **7**

Wer bei Eintragung einer Änderung der Satzung, die die Einführung oder Erweiterung der Nachschußpflicht vorsieht, bereits aus der eG **ausgeschieden** war (zum Zeitpunkt s. § 70 Abs. 2), kann nicht in Anwendung der §§ 75, 76 Abs. 4 und § 115 b im Konkurs der eG zu den erhöhten Leistungen herangezogen werden, die sich aus der Satzungsänderung ergeben. Vielmehr bleibt das Mitglied in Anwendung der genannten Vorschriften nur zu den Leistungen verpflichtet, die vor der Satzungsänderung und vor seinem Ausscheiden nach den damals geltenden Satzungsregelungen von ihm hätten gefordert werden können. **8**

Wer gekündigt hat, aber noch nicht ausgeschieden war, muß die Änderung gegen sich gelten lassen. Er kann jedoch wegen der weitergehenden Wirkung zusätzlich noch unter den Voraussetzungen des § 67 a außerordentlich kündigen. Dies ist eine vertretbare Besserstellung des kündigenden Mitglieds gegenüber dem ausgeschlossenen Mitglied, das nach § 68 Abs. 4 nicht an der GV teilnehmen kann (vgl. *Meyer/Meulenbergh/Beuthien*, § 22 a Rdn. 4; *Müller*, § 22 a Rdn. 16, 17). **9**

## IV. Anzeigepflicht nach KWG

Die dem KWG unterliegenden eG (vgl. § 1) haben die durch die Erhöhung bzw. Herabsetzung der Nachschußpflicht entstehende Kapitalveränderung und die Satzungsänderung (§ 24 Abs. 1 Nr. 5 bzw. Nr. 4 KWG) der zuständigen **Bankaufsichtsbehörde** anzuzeigen. Die Anzeige erfolgt in fünffacher Ausfertigung über den Prüfungsverband (Bekanntmachung des BAK vom 18. 6. 1976 – abgedruckt bei *Reischauer/Kleinhans*; Kz 245). **10**

## § 22 b
## Zerlegung des Geschäftsanteils

**(1) Der Geschäftsanteil kann in mehrere Geschäftsanteile zerlegt werden. Die Zerlegung und eine ihr entsprechende Herabsetzung der Einzahlungen gelten nicht als Herabsetzung des Geschäftsanteils oder der Einzahlungen.**

**(2) Mit der Eintragung des Beschlusses über die Zerlegung des Geschäftsanteils sind die Genossen mit der Zahl von Geschäftsanteilen beteiligt, die sich aus der Zerlegung ergibt. § 15 b Abs. 3 ist nicht anzuwenden. Die Mitgliederliste ist unverzüglich zu berichtigen.**

*Übersicht*



### I. Allgemeines

1 § 22 b wurde durch Novelle 73 eingefügt und **vereinfacht** den bisherigen § 133 a, der durch Novelle 73 aufgehoben wurde.

2 **Zerlegung** ist die Umwandlung eines Geschäftsanteils in mehrere selbständige Geschäftsanteile, die in ihrem Gesamtbetrag die Höhe des bisherigen Geschäftsanteils erreichen.

3 § 22 b läßt die Zerlegung bei **jeder** eG zu. Die Zerlegung ist besonders für solche eG von Bedeutung, die ihren Geschäftsanteil so sehr erhöht haben, z. B. aus Sanierungsgründen, daß die Gewinnung neuer Mitglieder erschwert wurde. Es ist unerheblich, ob in der Satzung eine unbeschränkte, eine beschränkte oder keine Nachschußpflicht der Mitglieder vorgesehen ist. Nach dem früheren § 133 a war die Zerlegung des Geschäftsanteils nur bei der eG mit beschränkter Haftung möglich.

### II. Verfahren

4 Die Zerlegung des Geschäftsanteils ist eine **Satzungsänderung**, über die die GV mit der in § 16 Abs. 2 vorgesehenen Mehrheit entscheidet. Nach § 16 Abs. 2 bedarf der Zerlegungsbeschluß einer Mehrheit, die mindestens drei Viertel der abgegebenen Stimmen umfaßt; die Satzung kann noch weitere Erfordernisse, d. h. noch weitere Erschwernisse, vorsehen.

5 Die Zerlegung kann mit der Erhöhung oder Herabsetzung des Geschäftsanteils verbunden werden (Rdn. 12). Satzungsbestimmungen, die sich auf die Beschlußfassung über die **Herabsetzung** des Geschäftsanteils und die Herabsetzung der Einzahlungspflicht auf den Geschäftsanteil beziehen, finden im Zusammenhang mit der Zerlegung des Geschäftsanteils

und einer entsprechenden Herabsetzung der Einzahlungspflicht keine Anwendung; denn nach § 22 b Abs. 1 S. 2 gelten die Zerlegung des Geschäftsanteils und eine entsprechende Herabsetzung der Einzahlungspflicht nicht als Herabsetzung des Geschäftsanteils und der Einzahlungspflicht. Ein besonderer Schutz der Gläubiger – wie in § 22 – ist mithin nicht erforderlich.

In der Satzung kann vorgesehen werden, daß ein Gutachten des zuständigen Prüfungsverbandes einzuholen ist, ob die Zerlegung mit den Interessen der Mitglieder vereinbar ist. **6**

Geschäftsanteil und Haftsumme (§ 6 Nr. 3) müssen nicht **gleichzeitig** und im gleichen Verhältnis zerlegt werden. Dies ergibt sich aus der Tatsache, daß die Zerlegung des Geschäftsanteils auch bei der eG mit unbeschränkter Nachschußpflicht und bei der eG ohne Nachschußpflicht möglich ist. Diese beiden Genossenschaftstypen kennen jedoch keine Haftsumme. **7**

Bei Zerlegung des Geschäftsanteils ist gleichwohl auf die **Haftsumme** zu achten, und zwar dann, wenn die Haftsumme – wie früher gesetzlich vorgeschrieben und heute in der Satzung weiterhin üblich – an die Geschäftsanteile gekoppelt ist. („Die Haftsumme für jeden Geschäftsanteil beträgt DM . . .“). Hier würde eine Zerlegung des Geschäftsanteils zu einer Vervielfachung der Haftsumme führen. Aus diesem Grunde empfiehlt sich, bei einer Koppelung auch für die Berechnung der Haftsumme einen entsprechend niedrigeren Betrag einzusetzen. Dies ist keine Herabsetzung der Haftsumme mit der Folge des § 120, sondern nur eine Herabsetzung des Maßstabs für die Berechnung der konkreten Haftsumme (wie hier im Ergebnis auch *Schubert/Steder*, § 22 Rdn. 6; im Ergebnis ebenso, wenn auch unter Verkennung des Begriffs der einheitlichen Haftsumme, *Müller*, § 22 Rdn. 5). Eine Gläubigerbenachteiligung tritt nicht ein. **8**

Mit der Eintragung des Beschlusses über die Zerlegung des Geschäftsanteils in das Genossenschaftsregister (§§ 16 Abs. 5, 156 GenG; §§ 6, 16 GenRegVO) sind die Mitglieder mit der Anzahl von Geschäftsanteilen beteiligt, die sich aus der Zerlegung ergibt. Die Vorschriften über die Beteiligung mit weiteren Geschäftsanteilen finden also **keine Anwendung** (vgl. §§ 22 b Abs. 2 S. 2, 15 b Abs. 3, 15 Abs. 2 bis 4). Für eine Beteiligungserklärung nach § 15 b, für eine Zulassung nach § 15 Abs. 2 sowie für eine Benachrichtigung durch den Vorstand ist demnach kein Raum. **9**

Wenn die Zerlegung des Geschäftsanteils dazu führt, daß ein Mitglied die in der Satzung vorgesehene **Höchstzahl** der Geschäftsanteile überschreitet, so ist mit der Zerlegung eine Satzungsänderung nach § 16 Abs. 4 zu verbinden, durch die die Höchstzahl der übernehmbaren Geschäftsanteile entsprechend erhöht wird (vgl. BlfG 1934, 324; LG Kempten, JW 1934, 2873; BayObLG, HRR 1935 Ziff. 248). Unterbleibt versehentlich **10** eine Erhöhung oder ein Verzicht auf die Höchstzahl, so ist eine Beteiligung unter Überschreiten der statutarischen Höchstzahl im Interesse des Gläubigerschutzes trotzdem wirksam (so jetzt auch *Müller*, § 22 b Rdn. 7; wegen der Verpflichtung zur Rückführung der Beteiligung vgl. § 7 a Rdn. 9). Nach §§ 16 Abs. 4, 7 a Abs. 1 S. 2 ist auch eine Satzungsänderung dahin möglich, daß eine Festsetzung der Höchstzahl der übernehmbaren Geschäftsanteile entfällt und nur noch bestimmt wird, daß ein Mitglied sich mit mehr als einem Geschäftsanteil beteiligen darf.

11 Auch eine entsprechend dem zerlegten Geschäftsanteil herabgesetzte **Einzahlungspflicht** gilt nicht als eine Herabsetzung i. S. d. § 22 (*Schubert/Steder*, § 22 b Rz. 7). Erfolgt diese nicht, gelten die bisherigen Einzahlungspflichten weiter.

12 Wird im Zusammenhang mit der Zerlegung **zusätzlich** eine Erhöhung, Herabsetzung oder Zusammenlegung von Geschäftsanteilen beschlossen, hat eine Nichtigkeit des letztgenannten Beschlusses gemäß § 139 BGB die Nichtigkeit des Zerlegungsbeschlusses zur Folge (*Müller*, § 22 b Rdn. 9).

## III. Geschäftsguthaben

13 Das Gesetz regelt nicht die Verteilung des vorhandenen **Geschäftsguthabens** auf die mehreren durch die Zerlegung erworbenen Geschäftsanteile. Es empfiehlt sich eine Regelung durch den Zerlegungsbeschluß oder einen gesonderten GV-Beschluß, wobei gleichmäßige Anrechnung möglich ist oder auch Anrechnung des Guthabens auf die ersten Geschäftsanteile (vgl. BlfG 1934, 324; wie hier *Schubert/Steder*, § 22 b Rz. 9; *Müller*, § 22 b Rdn. 5; a. A. *Paulick*, S. 178, der gleichmäßige Verteilung des Geschäftsguthabens auf die neuen Geschäftsanteile für allein zulässig hält. Diese Auslegung findet jedoch im Gesetz keine Stütze und ist unter Berücksichtigung zum Teil abweichender Interessen der Praxis abzulehnen). Für den Fall, daß der GV-Beschluß zur Anrechnung des Geschäftsguthabens nichts aussagt, muß entsprechend dem Grundgedanken des § 15 b Abs. 2 zunächst eine Verteilung auf alle Geschäftsanteile, soweit Pflichteinzahlungen abzudecken sind und sodann eine Anrechnung auf die ersten freiwilligen Geschäftsanteile erfolgen, um so möglichst alle Einzahlungspflichten zu erfassen (*Meyer/Meulenbergh/Beuthien*, § 22 b Rdn. 6; a. A. *Paulick*, S. 178; *Müller*, § 16 Rdn. 25, die in diesem Fall zwingend die gleichmäßige Verteilung auf die neuen Geschäftsanteile vorsehen). Reicht das Geschäftsguthaben nicht aus, um die Pflichteinzahlungen abzudecken, scheitert daran die Zerlegung der Geschäftsanteile und die Verteilung des Geschäftsguthabens nicht (*Müller*, § 2 b Rdn. 6; a. A. *Meyer/Meulenbergh/Beuthien*, § 22 b Rdn. 6 und wohl auch *Hettrich/Pöhlmann*, § 22 b Rdn. 5). Da die Zerlegung zu einer Beteiligung mit weiteren Geschäftsanteilen führt, ohne daß eine Beteiligungserklärung abgegeben wurde, ist insoweit eine gesetzli-

che Pflicht zur Volleinzahlung der Geschäftsanteile (bis auf einen) nicht entstanden. Die weiteren Geschäftsanteile sind insoweit wie Pflichtanteile zu bewerten (§ 15 b Abs. 2 analog); für sie gelten die Einzahlungspflichten der Satzung. Nicht notwendig ist es, daß die Verteilung nur zulässig ist, wenn zumindest die Pflichtanteile abgedeckt sind (unzutreffend insoweit *Hettrich/Pöhlmann*, § 22 b, Rdn. 5, die wohl Pflichtanteile mit Pflichteinzahlungen verwechseln). Nicht zulässig ist es, unter Berücksichtigung dieses Rechtsgedankens und des Grundsatzes der Rechtsklarheit festzulegen, daß das einzelne Mitglied selbst die Verteilung des Geschäftsguthabens auf die einzelnen Geschäftsanteile bestimmt (so aber *Müller*, § 22 b Rdn. 5). Auch können mit dem Zerlegungsbeschluß weitere Einzahlungen nach § 50 beschlossen werden, wenn die Satzung weitere Einzahlungen in die Entscheidung der GV gestellt hat.

Auf eine nachfolgende **Übertragung** des Geschäftsguthabens hat die Zerlegung des Geschäftsanteils keinen Einfluß, da nicht die Geschäftsanteile übertragen werden, sondern das Geschäftsguthaben. **14**

## IV. Rückgängigmachung der Zerlegung

Über die Möglichkeit der **Rückgängigmachung** einer erfolgten Zerlegung vgl. BlfG 1934, 324. **15**

## § 23
## Haftung der Mitglieder

**(1) Für die Verbindlichkeiten der Genossenschaft haften die Genossen nach Maßgabe dieses Gesetzes.**

**(2) Wer in die Genossenschaft eintritt, haftet auch für die vor seinem Eintritt eingegangenen Verbindlichkeiten.**

**(3) Ein den vorstehenden Bestimmungen zuwiderlaufender Vertrag ist ohne rechtliche Wirkung.**

*Übersicht*



## I. Haftung der Mitglieder als „Nachschußpflicht“

Abs. 1 enthält lediglich einen Verweis auf die sonstigen Haftungsregelungen des GenG, insbesond. auf § 2. Dies bedeutet, daß den Gläubigern **1** der eG nur deren Vermögen unmittelbar haftet; die Mitglieder sind gemäß den §§ 105 ff lediglich zur Leistung von Nachschüssen der eG gegenüber verpflichtet, soweit nicht die Satzung überhaupt jede Nachschußpflicht ausschließt. Diese Nachschußpflicht besteht im Konkurs und beim Ausscheiden einzelner Mitglieder unter der Voraussetzung des § 73 Abs. 2.

2 Der Sonderfall von § 87 a berührt nicht die gesetzliche „Haftung" der Mitglieder; diese Zahlungspflichten beruhen vielmehr auf besonderen Beschlüssen der GV im Liquidationsstadium.

## II. Haftung für schon bestehende Verbindlichkeiten

3 Aus den Vorschriften der §§ 105 ff folgt bereits, daß es für die Nachschußpflicht der Mitglieder allein darauf ankommt, wie die Vermögenslage der eG zum Zeitpunkt der Konkurseröffnung ist. Wer zu diesem Zeitpunkt Mitglied der eG ist, wird in die Nachschußberechnung einbezogen. Es ist dabei unerheblich, ob die Verbindlichkeiten der eG vor dem Eintritt dieses Mitglieds entstanden sind oder erst danach. Entsprechend gilt für die Fälle gem. § 73 Abs. 2.

4 Die **Haftung ausgeschiedener Mitglieder** besteht jedoch gemäß den § 115 b ff weiter für Mitglieder, die innerhalb der letzten 18 Monate vor Eröffnung des Konkursverfahrens ausgeschieden sind.

## III. Nichtigkeit von Verträgen, die die Haftung beschränken

5 Die **Nachschußpflicht der Mitglieder** dient der Sicherung der Gläubiger der eG; sie muß daher der Disposition vor allem der Mitglieder als Haftende entzogen sein. Dies gilt zunächst für Vereinbarungen zwischen Mitgliedern und eG, nach denen die Mitglieder von der Haftung im Innenverhältnis freigestellt werden sollen.

6 Auch ein Gläubiger kann nicht rechtswirksam auf die Nachschußverpflichtung von Mitgliedern verzichten. Dies folgt schon daraus, daß es sich um Ansprüche der eG gegen das Mitglied handelt und nicht um eigene Ansprüche des Gläubigers. Keine Bedenken bestehen allerdings, wenn ein Gläubiger der eG auf seine Forderung gegen diese insoweit verzichtet, als Nachschüsse zur Befriedigung in Anspruch genommen werden müßten. Der sog. „Haftsummenverzicht" der Gläubiger im Liquidationsvergleich der eG ist zulässig, da es sich dabei rechtlich nicht um einen Verzicht auf die Haftsumme, sondern um eine Ermäßigung der Forderungen der Vergleichsgläubiger handelt, die auch für den Konkursausfall Gültigkeit haben soll (LG Hamburg, KuT 1933, 12; BlfG 1933, 81). Vergleiche über Nachschüsse sind mit Zustimmung des Gläubigerausschusses jetzt ausdrücklich zugelassen (§ 112 a).

Es bestehen keine Bedenken, wenn ein Mitglied der eG sich gegenüber einem anderen Mitglied verpflichtet, diesem die Aufwendungen wegen einer Inanspruchnahme aus Haftpflicht zu ersetzen (a. A. *Müller*, § 23 Rdn. 71 ohne überzeugende Begründung). Daneben ist auch ein Schuldbeitritt, nicht aber eine befreiende Schuldübernahme möglich. **7**

## Dritter Abschnitt

## Vertretung und Geschäftsführung

### Vor § 24

### Vorbemerkungen

Die eG muß **3 Organe** haben: **1**

- Vorstand
- Aufsichtsrat
- Generalversammlung

Der **Vorstand** ist das Leitungsorgan der eG (§ 26 BGB), dem die eigenverantwortliche Leitung der eG obliegt. („Exekutive"). Für ihn gelten die §§ 24 bis 35. **2**

Der **Aufsichtsrat** ist das überwachende Organ (§ 38); er ist vergleichbar der rechtsprechenden Gewalt („Judikative"). Für ihn gelten die §§ 36 bis 41. Sieht die Satzung vor, daß der Vorstand zu bestimmten Geschäften der Zustimmung des Aufsichtsrats bedarf, kann dies eine Mitwirkung bei der Leitungsmacht sein – z. B. § 23 der Mustersatzungen – oder eine vorweggenommene Aufsicht – z. B. die in den Geschäftsordnungen vorgesehene Mitwirkung bei der Kreditgewährung (vgl. im einzelnen Erl. zu § 27). **3**

Die **GV** als Parlament der eG ist vergleichbar der gesetzgebenden Gewalt („Legislative"). Sie beschließt darüber hinaus insbesond. über den Jahresabschluß sowie die Entlastung von Vorstand und Aufsichtsrat. Für sie gelten die §§ 43 bis 52. Von bestimmten Größenordnungen an tritt an ihre Stelle die VV (vgl. im einzelnen § 43 a). **4**

Damit sind die Zuständigkeiten der Organe grundsätzlich aufgeteilt. Aus dieser Aufteilung ist zu folgern, daß im Verhältnis der Organe zueinander ein Über- und Unterordnungsverhältnis nicht besteht, diese vielmehr **gleichgeordnet** sind; jedes Organ hat ganz bestimmte Funktionen. Gleichwohl hat die GV letztlich die größte Machtfülle, z. B. aufgrund der Satzungshoheit und der Möglichkeit, Vorstands- und Aufsichtsratsmitglieder aus ihren Ämtern abzuberufen (vgl. *Paulick*, S. 220 *Metz/Werhahn*, Rdn. 3 ff; a. A. *Müller*, § 43 Rdn. 4, der die GV als „oberstes Willensorgan" der eG ansieht; so auch *Schubert/Steder*, § 43 Rdn. 2, bei denen allerdings offenbleibt, ob sie dies rein rechtlich oder von der Machtfülle her verstehen). Demgegenüber weist *Fritz* (Stellung und Aufgaben des genossen- **5** schaftlichen Vorstandes, S. 250) auf die dominierende Stellung des Vorstandes gegenüber den anderen Organen hin.

6 Neben den notwendigen Organen (Vorstand, Aufsichtsrat, GV) können in der Satzung – wie sich aus § 27 Abs. 2 ergibt – **weitere Organe** vorgesehen werden (z. B. ein Beirat oder Genossenschaftsrat). Diesen weiteren Organen dürfen jedoch keine Befugnisse übertragen werden, die den notwendigen Organen unentziehbar zustehen (RGZ 73, 406; JW 1910, 626). In der Regel dürfte ein Bedürfnis für solche weiteren Organe nicht bestehen, weil die eG mit den notwendigen Organen voll funktionsfähig ist.

## § 24
## Vorstand

**(1) Die Genossenschaft wird durch den Vorstand gerichtlich und außergerichtlich vertreten.**

**(2) Der Vorstand besteht aus zwei Mitgliedern und wird von der Generalversammlung gewählt. Durch das Statut kann eine höhere Mitgliederzahl sowie eine andere Art der Bestellung festgesetzt werden.**

**(3) Die Mitglieder des Vorstandes können besoldet oder unbesoldet sein. Ihre Bestellung ist zu jeder Zeit widerruflich, unbeschadet der Entschädigungsansprüche aus bestehenden Verträgen.**

*Übersicht*

## I. Der Vorstand als gesetzliches Vertretungsorgan

Der Vorstand ist der **gesetzliche Vertreter** der eG. Zur Art der Vertretung vgl. § 25, zu ihrer Wirkung vgl. § 26, zum Grundsatz der eigenverantwortlichen Leitung (Geschäftsführung und Vertretung), der begrifflich und gesetzessystematisch zu Beginn der Regelungen über den Vorstand einzuordnen wäre vgl. § 27. 1

Die eG wird **gerichtlich und außergerichtlich** (auch bei Klagen von Mitgliedern wegen der Organzugehörigkeit, BGH, DB 1997, 153) durch die jeweils vertretungsberechtigten Vorstandsmitglieder vertreten (vgl. Erl. zu § 25). Die dabei für die eG abgegebenen und entgegengenommenen Willenserklärungen wirken unmittelbar für und gegen die eG (§ 164 BGB). Dies können Willenserklärungen jeder Art sein. Das gleiche gilt für Realakte, Wissenserklärungen, Zustellungen, Ladungen etc. 2

Bei **Anmeldungen** zum Genossenschaftsregister müssen sämtliche Vorstandsmitglieder (auch die stellvertretenden, § 35) mitwirken (§ 157); hierzu zählen auch bereits bestellte, aber noch nicht eingetragene Vorstandsmitglieder, sofern sich diese bereits im Amt befinden (vgl. Rdn. 41); die Eintragung selbst hat nur deklaratorische Bedeutung. 3

Die dem **KWG** (vgl. Anhang) unterliegenden eG (vgl. § 1) haben nach Maßgabe dieses Gesetzes dem Bundesaufsichtsamt bzw. der Deutschen Bundesbank die Anzeigen nach § 13 KWG (Großkredite), § 14 KWG (Millionenkredite), §§ 15, 16 KWG (Organkredite) und nach § 24 KWG zu erstatten. Die Vorstandsmitglieder sind für die Erstattungen dieser Anzeigen verantwortlich. 4

Die Anzeigepflichten nach den §§ 13, 14, 16 und 24 KWG galten für **gemeinnützige Wohnungsbaugenossenschaften** mit eigener Spareinrichtung nach näherer Bestimmung des BAK (Schreiben des BAK vom 20. 9. 1978, Abschn. IV, Nr. 3, s. *Reischauer/Kleinhans*, KWG, Kz 225). 5

In **Prozessen** ist die eG selbst Partei, nicht der Vorstand. Er hat jedoch die Befugnisse und Pflichten einer Partei (*Thomas/Putzo*, ZPO, § 51 Anm. III, 4 a). Vorstandsmitglieder in der jeweils vertretungsberechtigten Zahl (§ 25) sind namentlich in die Klageschrift (§§ 253 Abs. 4, 130 Nr. 1 ZPO) sowie ins Urteil (§ 313 ZPO) aufzunehmen. Der Sollvorschrift des § 130 Nr. 1 ZPO wird bei gesetzlicher Vertretung der eG durch ein Vorstandsmitglied in Gemeinschaft mit einem Prokuristen (Satzungsregelung erforderlich, § 25 Abs. 2) genügt, wenn in der Klageschrift zum Ausdruck gebracht wird, daß die eG durch das Vorstandsmitglied V. und den Prokuristen P. vertreten wird. In einem Rechtsstreit, in dem ein Vorstandsmitglied nach Widerruf seiner Bestellung und fristlosen Kündigung des Anstellungsvertrages die Unwirksamkeit der Kündigung sowie Rechte aus dem Anstellungsvertrag geltend macht, wird die eG durch den **Aufsichtsrat** und nicht durch den Vorstand vertreten. Andernfalls könnte eine unbefangene 6

Vertretung der eG in Frage gestellt sein, wenn Vorstandsmitglieder mit einem bisherigen Vorstandskollegen prozessieren müßten, mit dem sie bei Unwirksamkeit des Widerrufs oder der Kündigung wieder zusammenarbeiten sollen (BGH, WM 1996, 2235 m. w. N.). Auch kann der Aufsichtsrat nachträglich eintreten (KG v. 13. 2. 97 – 2 U 3326/96). Erst wenn das Vorstandsmitglied eindeutig zu erkennen gibt, daß es sich gegen Widerruf und Kündigung selbst nicht wendet, ist die Vertretungsmacht des Aufsichtsrats beendet (BGH, ebd.; *Geßler* u. a., AktG, § 112 Rdn. 6; *Meyer-Landrut*, AktG, § 112 Rdn. 2; zur Passivlegitimation des Vorstands s. auch BGH, DB 1997, 153).

**7** *Meilicke* (DB 1987, 1723) spricht sich dafür aus, daß das Vorstandsmitglied die Klage dann sowohl dem Vorstand als auch dem Aufsichtsrat zustellen lassen sollte. Der Prozeßbevollmächtigte der eG sollte sich demgemäß auch vom Vorstand und vom Aufsichtsrat bevollmächtigen lassen. Das Gericht hat darüber zu entscheiden, wer vertretungsbefugt ist und nur als Partei vernommen werden kann, während die Mitglieder des nicht vertretungsbefugten Organs als Zeugen zu vernehmen sind.

**8** Die an die eG zu bewirkenden **Zustellungen** erfolgen an den Vorstand (§ 171 Abs. 1 ZPO). Bei einem mehrgliedrigen Vorstand und Gesamtvertretung genügt die Zustellung an ein Vorstandsmitglied (§ 171 Abs. 3 ZPO). Wird die eG im Einzelfall durch 2 Organe vertreten (z. B. Vorstand und Aufsichtsrat im Falle der Anfechtungsklage, § 51 Abs. 3), müssen Zustellungen und Erklärungen jeweils an ein Mitglied beider Organe erfolgen (BGH, NJW 1960, 1007).

**9** Die Vorstandsmitglieder können in Prozessen der eG **nicht Zeugen** sein (RGZ 46, 318). Sie können nur im Wege des Beweises durch Parteivernehmung vernommen werden (§ 455 Abs. 1 ZPO; RGZ 46, 318). Dies gilt auch für (stellvertretende) Vorstandsmitglieder, die den Prozeß nicht als Vertreter der eG führen. Aus dem Vorstand ausgeschiedene Mitglieder können als Zeugen über Angelegenheiten vernommen werden, die in ihre Amtszeit fallen (OLG Koblenz, DB 1987, 1036 = ZIP 1987, 637 zur GmbH und AG). Sie haben jedoch ein Zeugnisverweigerungsrecht nach § 383 Abs. 1 Nr. 6 ZPO (OLG Koblenz, ebd.).

**10** Obliegt dem Vorstand nicht die Prozeßvertretung (so z. B. u. U. bei § 39 Abs. 1 und 3), können die Vorstandsmitglieder als **Zeugen** vernommen werden (*Müller*, § 25 Rdn. 35). Gleiches gilt bei Vertretung der eG durch den Konkursverwalter (RG, LZ 14, 776). Ein Prokurist kann als Zeuge vernommen werden, selbst wenn in der Satzung festgelegt ist, daß ein Vorstandsmitglied in Gemeinschaft mit ihm die eG gesetzlich vertreten kann, weil der Prokurist auch dann nicht gesetzlicher Vertreter der eG ist. Recht auf Zeugnisverweigerung im Zivilprozeß nach § 383 Abs. 1 Nr. 6 ZPO (OLG Koblenz, DB 1987, 1036 = ZIP 1987, 637 zur GmbH und AG), insbesond. zur Wahrung des Bankgeheimnisses (Bankenerlaß des Bundesministers der Finanzen, BStBl 1979 I 590 = NJW 1979, 2190; *Ehlers*, BB 1979, 1602; *Söhn*, NJW 1980, 1430: *Sichtermann*, S. 33 f).

**Eidesstattliche Versicherungen** der eG (z. B. nach § 807 ZPO, § 284 AO) haben alle Vorstandsmitglieder (auch die stellvertretenden, § 35) abzugeben, die im Zeitpunkt der Versicherung dem Vorstand angehören. 11

Bei **Wechselprotesten** genügt in der Regel Protest bei dem Angestellten, der mit dem Kassenverkehr beauftragt ist (vgl. RGZ 24, 86 sowie RGZ 53, 227). 12

Mitglieder des Vorstands einer eG können nach § 109 GVG zu **Handelsrichtern** bestellt werden (*Wieczorek*, ZPO, § 109 GVG Anm. 17; *Baumbach/Lauterbach*, ZPO, § 109 GVG Anm. 2; *Thomas/Putzo*, ZPO, § 109 GVG; *Schmidt*, MDR 1975, 636). Gleiches gilt für das Verweisungsrecht an die Kammer für Handelssachen nach § 98 Abs. 1 GVG (zur Zuständigkeit auch bei: LG Trier, Beschl. v. 27. 2. 1989 – AZ G O 362/88; die Eintragung in das Genossenschaftsregister steht der Eintragung in das Handelsregister gleich). 13

## II. Zusammensetzung

### 1. Zahl

Der Vorstand **muß** aus mindestens zwei Mitgliedern bestehen, eine höhere Mitgliederzahl kann durch die Satzung festgesetzt werden. Die Satzung kann die Zahl der Vorstandsmitglieder auch durch Höchst- und Mindestzahlen (z. B. „2 bis 4") oder durch eine Höchstzahl (z. B. „höchstens 4") oder durch eine Mindestzahl („mindestens 2") festsetzen (KGJ 34, 175). Existiert nur noch ein Vorstandsmitglied, ist der Vorstand nicht mehr funktionsfähig (vgl. auch § 25 Rdn. 3; a. A. *Müller*, § 24 Rdn. 23). 14

Wird die durch die **Satzung** vorgeschriebene Zahl von Vorstandsmitgliedern unterschritten, kann der Restvorstand weiterhin Willenserklärungen abgeben, wenn noch so viele Vorstandsmitglieder vorhanden sind, wie zur satzungsgemäßen Vertretung erforderlich sind (*Müller*, § 24 Rdn. 23; *Hettrich/Pöhlmann*, § 24 Rdn. 4; *Meyer/Meulenbergh/Beuthien*, § 24 Rdn. 6). Auch kann der Restvorstand Rechtsakte vornehmen, die zwingend dem Gesamtvorstand obliegen, z. B. Anmeldungen zum Genossenschaftsregister (*Hettrich/Pöhlmann*, § 24 Rdn. 4; a. A. *Müller*, § 24 Rdn. 23; *Meyer/Meulenbergh/Beuthien*, § 24 Rdn. 6). 15

### 2. Persönliche Voraussetzungen

Die Mitglieder des Vorstands müssen **natürliche** Personen sein. Dies folgt aus der Natur des Vorstandsamts; juristische Personen sind nicht 16 handlungsfähig; sie bedürfen zum Handeln natürlicher Personen. Die natürlichen Personen müssen voll geschäftsfähig sein.

Außerdem müssen die Mitglieder des Vorstands **Mitglieder der eG** sein (§ 9 Abs. 2 S. 1). Dies muß nicht bereits bei der Wahl/Bestellung gegeben sein. Es genügt, wenn die Vorstandsmitglieder während ihrer Amtsführung Mitglieder der eG sind (RGZ 144, 384; vgl. auch Erl. zu § 9).

17 Nur wenn der eG einzelne eG als Mitglieder angehören, können Mitglieder dieser **Mitgliedsgenossenschaft** (nicht nur deren Vorstands- und Aufsichtsratsmitglieder) in ihren Vorstand gewählt werden, ohne persönlich die Mitgliedschaft bei ihr erwerben zu müssen (§ 9 Abs. 2 S. 2). Diese Ausnahme gilt aber nicht für Mitglieder einer anderen juristischen Person oder Gesellschaft, die Mitglied der eG ist (KG, RJA 11, 31).

18 **Notvorstände** nach § 29 BGB (zur Bestellungspflicht BGHZ 18, 337 = NJW 1955, 1917), der **Arbeitsdirektor** nach § 30 Abs. 3 MitbestG (bei eG mit mehr als 2000 Mitarbeitern) brauchen ebenfalls nicht die Mitgliedschaft in der eG zu erwerben. Gleiches gilt für **Liquidatoren** (§ 83). Notvorstände müssen jedoch die in der Satzung für Vorstandsmitglieder etwa vorgeschriebenen Qualifikationen haben (BayObLG, DB 1980, 2435 = NJW 1981, 995; *Müller*, § 24 Rdn. 31). Die Anordnung, daß die eG die Gerichtskosten zu tragen hat, bleibt im Rahmen des § 13 a Abs. 1 S. 1 KostO die Ausnahme, die besonderer Rechtfertigung durch die Lage des Einzelfalles bedarf (BayObLG, DB 1984, 1295).

19 Vorstandsmitglieder dürfen **nicht** zugleich Mitglieder des **Aufsichtsrats** sein (§ 37). Aufsichtsratsmitglieder dürfen nur für einen im voraus begrenzten Zeitraum zu Stellvertretern von behinderten Vorstandsmitgliedern bestellt werden (§ 37 Abs. 1; vgl. die dortigen Erl.).

20 **Verwandtschaftliche Beziehungen** zwischen Vorstands- und Aufsichtsratsmitgliedern beschränken zwar die Wählbarkeit nicht (es sei denn, die Satzung sieht dieses vor), jedoch kommen in diesem Falle Gesichtspunkten der Verantwortlichkeit gehobene Bedeutung zu.

21 Auch Bundesbeamte bedürfen grundsätzlich für jede Nebentätigkeit, also auch für die als Mitglied des Vorstands einer eG der Genehmigung ihrer Dienstaufsichtsbehörde (§ 65 Abs. 1 Nr. 3 BBG in der Fassung vom 17. 7. 1971), falls es sich nicht um eine unentgeltliche Tätigkeit handelt (§ 66 Abs. 1 Nr. 5 BBG). Ähnliche Vorschriften enthalten auch die Beamtengesetze der Länder. Wird ein **Beamter** unter Verletzung dieser Vorschriften in ein Vorstandsamt berufen, so ist die Bestellung selbst wirksam; allenfalls Disziplinarmaßnahmen könnten die Folge sein (*Parisius/Crüger*, § 24 Anm. 5).

22 Besonderheiten gelten für **Notare**. Diese müssen die Genehmigung ihrer Aufsichtsbehörde einholen, wenn sie in den Vorstand gewählt werden (§ 8 Abs. 2 Nr. 2 BNotO). Nach § 16 Abs. 1 BNotO i. V. m. § 3 Abs. 1 Nr. 4

BeurkG vom 28. 8. 1969 ist der Notar als Mitglied des Vorstands einer eG von der Urkundstätigkeit ausgeschlossen, wenn die eG an dem zu beurkundenden Vorgang beteiligt ist.

Ein **Steuerberater** oder **Steuerbevollmächtigter** kann grds. nicht Mitglied des Vorstandes einer eG sein. Die dem Vorstand obliegende verantwortliche Leitung eines gewerblichen Betriebes stellt eine gewerbliche Tätigkeit dar, die mit dem Beruf des Steuerberaters oder Steuerbevollmächtigten nicht vereinbar ist (§ 57 Abs. 4 Nr. 1 StBerG). Gleiches gilt für einen **Rechtsanwalt**. Die Folge wäre eine Rücknahme der Zulassung zur Rechtsanwaltschaft (vgl. dazu BGH, BRAK-Mitt. 1987, 89 ff). Die Vorstandsbestellung bliebe wirksam (*Müller*, § 24 Rdn. 31a). Auch die Tätigkeit als ehrenamtliches Vorstandsmitglied ist berufsrechtlich nicht zulässig. **23**

Bei **Wohnungsbaugenossenschaften** sind die Vorschriften über die Unabhängigkeit vom Baugewerbe und damit über die Zusammensetzung des Vorstands entfallen. Ein Verstoß gegen die Beschränkungen der Satzung berührt weder die Gültigkeit der Wahl noch die Wirksamkeit des Rechtsgeschäftes, verletzt aber die Sorgfaltspflicht (§§ 34, 41; dazu auch BGH, GW 1955, 27; BVerwG, GW 1959, 27 zum bisherigen Recht). **24**

Erfüllt eine Person nicht die **gesetzlich** vorgeschriebenen oder die vorstehenden persönlichen Voraussetzungen (abgesehen von den beamtenrechtlichen Regelungen), so ist die Wahl bzw. die Bestellung gemäß § 134 BGB **nichtig** (*Hefermehl*, in: Geßler u. a., AktG, § 24 Rdn. 18). Wird Nichtigkeitsklage erhoben, wird die eG durch diejenigen vertreten, die im Falle des Obsiegens der eG als deren Vorstandsmitglieder anzusehen sind. Das gilt auch, wenn bis zur Bestellung der umstrittenen Vorstandsmitglieder Notvorstandsmitglieder im Amt gewesen sind (BGH, NJW 1981, 1041). Erfüllen Vorstandsmitglieder nicht (mehr) die Anforderungen des § 1 Abs. 2 KWG (Zuverlässigkeit und fachliche Qualifikation), so kann das Bundesaufsichtsamt für das Kreditwesen die Abberufung des Geschäftsführers durch das zuständige Organ verlangen (§ 36 KWG, Näheres vgl. Rdn. 104). **25**

Für die Wählbarkeit können bestimmte **statutarische Voraussetzungen** aufgestellt werden. Diese müssen sachgerecht und für alle Mitglieder gleich sein, z. B. ein bestimmtes Lebensalter, eine bestimmte Mitgliedschaftsdauer, das Vorhandensein bestimmter fachlicher Qualifikationen (*Schubert/Steder*, § 24 Rz. 6). Denkbar ist z. B. eine Bestimmung, daß Vorstandsmitglieder, die nicht hauptamtlich tätig sind, aktiv tätige selbständige Gewerbetreibende bzw. aktiv tätige Landwirte sein sollen. Unabhängig davon bleibt es dem Aufsichtsrat bzw. der GV (zur Zuständigkeit für die Wahl/Bestellung vgl. Rdn. 37 ff) unbenommen, die Vorstandsmitglieder nur aus einem bestimmten, eng umgrenzten Personenkreis auszuwählen. **26**

Eine derartige Empfehlung könnte auch in die Geschäftsordnung für den Aufsichtsrat aufgenommen werden.

27 Die Nichtbeachtung einer **satzungsmäßigen** Voraussetzung macht die Bestellung zum Vorstandsmitglied **nicht nichtig** (h. M. *Geßler/Hefermehl/Eckardt/Kropff*, AktG, § 84 Rdn. 19; vgl. auch *Müller*, § 24 Rdn. 32). Andererseits wird dann jedoch in der Regel ein wichtiger Grund für die Abberufung eines Vorstandsmitglieds vorliegen und wohl auch für die außerordentliche Kündigung des Anstellungsvertrags (zur Unterscheidung vgl. Rdn. 44–46). Darüber hinaus dürfte mit *Müller* (§ 2 Rdn. 32, 33) in diesen Fällen eine Pflicht zum Widerruf zu bejahen sein. Ob die Organstellung jedoch auch dann widerrufen werden muß, wenn der spätere Wegfall von satzungsmäßigen Eignungsvoraussetzungen ausnahmsweise nicht zur außerordentlichen Kündigung des Anstellungsverhältnisses berechtigt, dürfte jedoch zweifelhaft sein.

### 3. Art der Tätigkeit im Vorstand

28 Zu **unterscheiden** sind:
- hauptamtliche
- nebenamtliche
- ehrenamtliche

Vorstandsmitglieder (wegen der Betriffe s. a. § 9 Rdn. 11).

Außerdem gibt es stellvertretende Vorstandsmitglieder (wegen dieser s. Erl. zu § 35).

29 **Hauptamtliche** Vorstandsmitglieder sind ausschließlich oder nahezu ausschließlich für die eG und grundsätzlich gegen Entgelt tätig. Dies kann in einem festen Gehalt und in einem Anteil am Jahresgewinn (Tantieme) bestehen. Die Höhe der Vergütung sollte in Anlehnung an §§ 86, 87 AktG festgelegt werden (vgl. ausführlich *Müller*, § 24 Rdn. 44 ff sowie zu §§ 86, 87 AktG: *Hefermehl*, in: Geßler u. a.). Eine Regelung erfolgt im Dienstvertrag (Näheres vgl. Rdn. 48 ff).

30 **Nebenamtliche** Vorstandsmitglieder üben einen anderen Hauptberuf aus und arbeiten nur zeitweise für die eG, allerdings regelmäßig ebenfalls gegen Entgelt. Insoweit sind sie wie hauptamtliche Vorstandsmitglieder zu behandeln.

31 **Ehrenamtliche** Vorstandsmitglieder erhalten dagegen grundsätzlich kein Entgelt, sondern in der Regel eine Aufwandsentschädigung (§ 670 BGB). Diese kann auch in Form einer Pauschale gezahlt werden. Sie umfaßt im Zweifel nur den Ersatz der besonderen Ausgaben, die die Vorstandstätigkeit mit sich bringt. Hierzu zählen z. B. Fahrtkosten, Repräsentationskosten etc. Nicht hierzu zählen die Entschädigung für geleistete Arbeit und entgangenen Arbeitsverdienst (RG, BlfG 1936, 682). Die ehrenamtliche Tätigkeit im Vorstand – und in jedem Fall im Aufsichtsrat – bedeutet ein

unverzichtbares Wesensmerkmal der eG als Ausdruck „mitgliedschaftlicher Basiserfahrung"; dieses Wesensmerkmal hat auch in § 9 Abs. 2 seinen Niederschlag gefunden. Für die Festsetzung dieser Aufwandsentschädigung ist der Vorstand als Leitungsorgan zuständig. Für die Festsetzung eines Entgelts und damit für den Abschluß eines Dienstvertrages gilt das in Rdn. 48 Gesagte (vgl. auch Erl. zu § 39). Im Innenverhältnis sind jedoch die entsprechenden Satzungsregelungen zu beachten. Sähen diese vor, daß Dienstverträge nur mit den hauptamtlichen Vorstandsmitgliedern abgeschlossen werden, dürfte eine Entgeltzahlung an nicht hauptamtliche Vorstandsmitglieder nicht zulässig sein.

Die Berufung ehrenamtlicher Vorstandsmitglieder hat sich daran zu orientieren, ob die vorhandenen Kenntnisse und Erfahrungen ausreichen, der eigenverantwortlichen Leitung der eG (§ 27) und den Sorgfaltspflichten eines Vorstandsmitglieds (§ 34) gerecht zu werden. (Zum genossenschaftlichen Ehrenamt vgl. BVerwG, ZfG 1988, 164 m. zust. Anm. *Blomeyer; Großfeld*, ZfG 1979, 222; *ders.*, ZfG 1988, 263; *Mändle*, Bayr. Raiffeisenblatt 1986, 410 ff, 461 ff, wegen Haftung der Ehrenamtlichen vgl. § 34 Rdn. 6 ff). **32**

**Ehrenmitglieder** sind keine Vorstandsmitglieder. Es muß klargestellt werden, daß es sich lediglich um einen Titel handelt. Irgendeine Vertretungshandlung für die eG – außer im Falle der Vollmacht – scheidet aus. Bei Vorstandssitzungen haben sie kein Stimmrecht; allenfalls Teilnahme als jederzeit ausschließbarer Gast (zur rechtlichen Bedeutung der Ernennung zum Ehrenmitglied vgl. *Braunbehrens*, BB 1981, 2100; generell zu Ehrenämtern im Aktien- und GmbH-Recht vgl. *Lutter*, ZIP 1984, 645 ff). Werden sie gleichwohl tätig, finden ggfs. die Grundsätze für das faktische Vorstandsmitglied Anwendung (Rdn. 69). **33**

Der **Vorstandsvorsitzende** (im Gesetz nicht vorgesehen, in der Praxis jedoch vorkommend) wird vom Vorstand selbst bestimmt (also keine Analogie zu § 84 Abs. 2 AktG), es sei denn, die Satzung regelt Abweichendes (§ 18 Abs. 2 der Mustersatzung: Bestimmung durch den Aufsichtsrat). Wegen Vorsitz im Aufsichtsrat vgl. § 36 Rdn. 50. **34**

Zu unterscheiden ist des weiteren zwischen **Geschäftsleitern** und **Geschäftsführern** – insbesond. im Hinblick auf das KWG. Geschäftsleiter sind die Vorstandsmitglieder (vgl. die vorstehenden Ausführungen). Geschäftsführer gehören nicht dem Vorstand an. Geschäftsleiter ist der Geschäftsführer aber dann, wenn kein hauptamtliches Vorstandsmitglied bestellt ist (wegen des Begriffs Geschäftsleiter vgl. *Reischauer/Kleinhans*, KWG, § 1 Anm. 73 ff). **35**

Geschäftsführer (Rendanten) von Kreditgenossenschaften (hier: ein Prokurist i. S. v. § 42 GenG) sind jedenfalls dann Geschäftsleiter i. S. v. § 1 Abs. 2 S. 1 KWG, wenn ihnen für den Geschäftsbetrieb und die Vertretung der eG eine umfassende Vollmacht erteilt worden ist; ihre Geschäftsleitereigenschaft hängt nicht von einer Regelung in der Satzung ab (BVerwGE 36, 282).

36 Bei **Produktivgenossenschaften** kann die Einordnung der Vorstandsmitglieder als haupt-, neben- oder ehrenamtlich Schwierigkeiten bereiten. Es empfiehlt sich, bei der Bestellung unmißverständlich zu regeln, ob ein Vorstandsmitglied aufgrund eines Dienstauftrages hauptamtlich tätig oder als Angestellter (Arbeitsvertrag) im Vorstand nur ehren- oder nebenamtlich tätig ist.

## III. Begründung der Organstellung

37 Oberbegriff ist die Bestellung. Das GenG geht von der **Wahl** durch die GV aus. (Bei eG, die dem Mitbestimmungsgesetz unterliegen, ist nach § 31 MitbestG für die Bestellung des Vorstands allein der Aufsichtsrat zuständig.) Für die Wahl genügt, wenn die Satzung nichts anderes bestimmt, einfache Stimmenmehrheit. Der zu Wählende kann mitstimmen (RG, JW 1936, 2311 = BlfG 1936, 526). Die Wahl gilt als auf unbestimmte Zeit erfolgt, wenn die Satzung oder die GV nicht etwas anderes bestimmen. Wiederwahl nach Ablauf der Amtsperiode ist zulässig, wenn sie nicht durch die Satzung ausgeschlossen ist. Die Amtszeit kann für die einzelnen Organmitglieder (z. B. ehrenamtliche und hauptamtliche) unterschiedlich bemessen werden.

38 Die Satzung kann eine **andere Art der Bestellung** der Mitglieder des Vorstands festsetzen, z. B. Wahl durch den Aufsichtsrat oder Ernennung durch einen Dritten (hierzu *Voormann*, ZfG 1984, 248). Zulässig ist (wegen § 24 Abs. 3) unter rein formeller Betrachtung der Satzungsbestimmung, wonach der Vorstand selbst bestellt (Kooptation; *Meyer/Meulenbergh/Beuthien*, § 24 Rdn. 10; *Müller*, § 24 Rdn. 27) oder Bestellung durch einen Dritten vorsieht (*Meyer/Meulenbergh/Beuthien*, § 24 Rdn. 10; *Beuthien/Götsch*, ZHR 1993, 507); dieses dürfte jedoch nach heutigem Genossenschaftsverständnis unter Beachtung des Grundsatzes der Selbstverwaltung nicht unbedenklich sein (hierzu § 9 Rdn. 22). In der genossenschaftlichen Praxis ist die Bestellung der hauptamtlichen Mitglieder des Vorstands durch den Aufsichtsrat, der nicht hauptamtlichen durch die GV üblich. Als von der GV zur Überwachung der Geschäftsführung des Vorstands gewähltes Organ (§ 36 Abs. 1) ist der Aufsichtsrat das Vertrauensgremium der GV und auch aus diesem Grunde zur Wahl des Vorstands besonders geeignet. Der Vorstand hat im übrigen keinen Anspruch darauf, daß die Bestellung neuer oder weiterer Mitglieder seiner Zustimmung bedarf. Gleichwohl dürfte eine vorherige Abstimmung sinnvoll und – bei Bestellung durch den Aufsichtsrat – Ausfluß der Sorgfaltspflichten nach § 41 sein. Vertraglich gegebene Zusagen an vorhandene Vorstandsmitglieder sind zu beachten.

Aufgrund vertraglicher Vereinbarungen kann ein Anspruch begründet werden, zum Vorstandsmitglied bestellt zu werden. Auf seiten der eG kann diese Verpflichtung nur durch den Aufsichtsrat begründet werden, wenn dieser nach der Satzung für die Bestellung zuständig ist (vgl. auch Rdn. 53). 39

Die Bestellung bedarf der **Annahme** des Gewählten, da mit der Organstellung nicht nur Rechte, sondern gleichermaßen Pflichten verbunden sind (h. M. vgl. *Müller*, § 24 Rdn. 29 m. w. N.; *Geßler/Hefermehl/Eckardt/Kropff*, AktG, § 84 Rdn. 13). 40

Das Amt **beginnt** mit dem in den Beschluß (ggfs. mit dem in den Anstellungsvertrag) aufgenommenen Zeitpunkt. Dies kann auch ein in der Zukunft liegender Zeitpunkt sein; der Gewählte ist dann noch nicht Vorstandsmitglied; § 157 gilt für ihn nicht. 41

Der Vorstand kann nur für die eG im **ganzen**, nicht für einzelne Zweigniederlassungen bestellt werden. Es gibt also keine sogenannten Filialvorstände (RGZ 22, 707). 42

## IV. Das Anstellungsverhältnis

Zur Begründung des **Anstellungsverhältnisses**, den Rechten und Pflichten der Organmitglieder, der Haftung, der Beendigung des Anstellungsverhältnisses vgl. *Fleck*, Das Dienstverhältnis der Vorstandsmitglieder und Geschäftsführer in der Rechtsprechung des BGH, WM-Sonderbeilage Nr. 3 zu WM-Nr. 41/1981 und WM 1985, 677; zur Kündigung siehe Rdn. 70 ff. 43

Die Bestellung von Vorstandsmitgliedern ist gemäß § 28 Abs. 1 S. 1 zur Eintragung in das Genossenschaftsregister anzumelden. Die Eintragung hat lediglich deklaratorische Bedeutung.

### 1. Abgrenzung Bestellung – Anstellung

Es ist rechtlich zu trennen zwischen der Organstellung und dem Anstellungsverhältnis. Die **Bestellung zum Vorstandsmitglied** ist der einseitige körperschaftliche nach außen gerichtete Rechtsakt, durch den einer Person die Organstellung als Vorstandsmitglied sowohl im Verhältnis nach außen gegenüber Dritten als auch im Verhältnis nach innen gegenüber der Gesellschaft verliehen wird (BGHZ 3, 92). 44

Demgegenüber ist der **Anstellungsvertrag** ein zweiseitiger schuldrechtlicher Vertrag. Er regelt die Beziehungen zwischen dem Vorstandsmitglied und der eG wie z. B. Gehalt, konkrete Dienstobliegenheiten etc., also all die Rechte und Pflichten des Vorstandsmitglieds, die sich nicht bereits aus seiner Organstellung ergeben. Dieses Anstellungsverhältnis kann ein Dienstvertrag oder Auftrag sein, je nachdem, ob das Vorstandsmitglied besoldet oder unbesoldet tätig ist (RG, JW 1936, 2312 = BlfG 1936, 717). 45

46 Wenn auch Bestellung und Anstellung verschiedene, voneinander unabhängige Rechtsverhältnisse sind (BGH LM Nr. 5 zu § 75 AktG; Nr. 3 zu § 46 GmbHG; BGHZ 79, 41 = DB 1981, 308 = WM 1981, 30 = BB 1981, 197; *Müller*, § 24 Rdn. 35; *Schaffland*, Genossenschaftsforum 4/1978, 40; *Neumann*, S. 72 m. w. N.) bestehen zwischen ihnen gleichwohl gewisse **Zusammenhänge**, die zu tatsächlichen und rechtlichen Auswirkungen aufeinander führen können (BGH, DB 1973, 1010; BGHZ 79, 41 = DB 1981, 308 = WM 1981, 30 = BB 1981, 197; *Neumann*, S. 90). Das Anstellungsverhältnis wird nur wegen der organschaftlichen Bestellung geschlossen, ohne die es grundsätzlich keinen Sinn hat.

### 2. Auftrag

47 Wird das Vorstandsmitglied nicht entgeltlich tätig (ehrenamtlich), finden die Vorschriften des BGB für den **Auftrag** (§ 662 ff BGB) Anwendung (zur Beendigung s. § 671 BGB, vgl. auch Rdn. 86). Der Auftrag kann befristet oder unbefristet ausgestaltet sein.

### 3. Dienstvertrag

*a) Zuständigkeit für den Abschluß; Frist*

48 Zum **Abschluß** (bez. der Kündigung s. Rdn. 70 ff) des Dienstvertrags, also zur Vertretung der eG im Außenverhältnis, ist nach § 39 Abs. 1 der Aufsichtsrat ermächtigt. Nach bisheriger Auffassung können auch die übrigen Mitglieder des Vorstands hierbei die eG vertreten, sofern sie der Zahl nach zur Abgabe einer Willenserklärung ausreichen (so auch *Schubert/Steder*, § 39 Rz. 1; *Meyer/Meulenbergh/Beuthien*, § 24 Rdn. 14; *Hettrich/Pöhlmann*, § 24 Rdn. 9; *Müller*, § 24 Rdn. 36). Dies ergebe sich aus der Formulierung „ermächtigt". Im Interesse der Rechtssicherheit und Klarheit muß jedoch die ausschließliche Zuständigkeit des Aufsichtsrates bejaht werden, um Interessenkollisionen zu vermeiden; dies entspricht dem gesetzgeberischen Anliegen, das § 39 wie § 112 AktG zugrunde liegt, auch dann, wenn die Besorgung einer Interessenkollision in concreto tatsächlich nicht feststellbar ist (so die neuere Rspr., jüngst BGH, ZIP 1995; s. a. Rdn. 75, 92). Wegen des Zusammenhangs zwischen Bestellung und Anstellung (Rdn. 46) liegt jedoch die Entscheidung im Innenverhältnis, ob und mit welchem Inhalt ein Vertrag mit einem Vorstandsmitglied geschlossen wird, bei der GV (§ 24 Abs. 2 S. 1).

Ist jedoch durch die Satzung die Bestellung und Anstellung dem Aufsichtsrat übertragen, besteht die Befugnis des Vorstands bzw. die der GV nicht mehr (§ 27 Abs. 1 S. 2). Hat der Aufsichtsrat einem aus seiner Mitte gebildeten Ausschuß – der mindestens drei Mitglieder haben muß, weil nur so eine sachgerechte kollegiale Meinungsbildung gewährleistet ist (BGHZ

65, 190 = WM 1975, 1237 = NJW 1976, 145; vgl. auch § 38 Rdn. 48) – die Regelung des Anstellungsverhältnisses der Vorstandsmitglieder übertragen, so darf dieser Ausschuß nicht durch einen verfrühten Abschluß eines Dienstvertrages einer Entscheidung des übergeordneten Gesamtorgans über den organschaftlichen Akt, die Bestellung, vorgreifen (BGHZ 79, 41 = DB 1981, 308 = WM 1981, 30 = BB 1981, 197). Zu beachten ist jedoch stets auch die einschlägige Satzungsvorschrift. Soweit die Satzung vorsieht, daß namens der eG der Aufsichtsrat, vertreten durch seinen Vorsitzenden, bei der Umsetzung des Aufsichtsratsbeschlusses Dienstverträge mit hauptamtlichen Vorstandsmitgliedern abschließt, kann einem Ausschuß nicht mehr der Abschluß eines Dienstvertrages, sondern nur dessen Vorbereitung übertragen werden. Gleiches gilt, wenn die Satzung schweigt. Eine Delegierung auf einen Ausschuß (nicht jedoch auf ein einzelnes Aufsichtsratsmitglied, OLG Stuttgart, BB 1992, 1669) ist also nur möglich, wenn die Satzung eine diesbezügliche Ermächtigung enthält (so wohl auch BGHZ 79, 41 = DB 1981, 308 = WM 1981, 30 = BB 1981, 197; a. A. *Fleck*, WM-Beilage Nr. 3/81 zu WM-Nr. 41/1981, 4, der es unter Berufung auf BGH, WM 1973, 639 allenfalls für zulässig erachtet, wenn der Aufsichtsrat nach Beschlußfassung zur **Ausführung** den Vorsitzenden oder ein anderes Mitglied ermächtigt). Sieht mithin die Satzung (zusätzlich zur vorzitierten Regelung) vor, daß der Aufsichtsrat zur Erfüllung seiner Pflichten Ausschüsse bilden kann (§ 22 Abs. 2 der Mustersatzungen für gewerbliche und ländliche eG) so kann die Anstellung delegiert werden, nicht hingegen die Organbestellung, da dieser Beschluß seinem Wesen nach nur vom Gesamtaufsichtsrat gefaßt werden kann (vgl. zu der selben Problematik bei der AG *Godin/Wilhelmi*, AktG, § 107 Anm. 8). In keinem Fall ist eine Delegierung auf ein Aufsichtsratsmitglied, z. B. den Vorsitzenden, zulässig (OLG Stuttgart, BB 1992, 1669; vgl. in diesem Zusammenhang § 38 Rdn. 39). Auch die Satzung kann nicht vorsehen, daß der Aufsichtsrat ein Mitglied, z. B. den Vorsitzenden, beauftragen kann, den Inhalt des Dienstvertrages mit einem Vorstandsmitglied im Innenverhältnis verbindlich festzulegen (OLG Stuttgart, BB 1992, 1669; vgl. zum Außenverhältnis auch § 39 Rdn. 6).

Der Dienstvertrag kann **unbefristet** ausgestaltet sein unter Vereinbarung bestimmter Kündigungsfristen. Er kann auch **befristet** sein, z. B. jeweils auf fünf Jahre. Es kann vereinbart sein, daß der befristete Vertrag sich um eine bestimmte Zeit verlängert, wenn er nicht bis zu einem bestimmten Termin gekündigt wird. Bei versehentlicher nicht rechtzeitiger Kündigung (zur Kündigung vgl. Rdn. 70 ff) ist eine (u. U. nicht gewünschte) Verlängerung des Dienstvertrags die Folge. Diese Folge wird vermieden bei einer Regelung, daß der Dienstvertrag nach Ablauf der vereinbarten Frist endet, wenn er nicht bis zu diesem Termin einvernehmlich verlängert worden ist. Denkbar auch eine Vereinbarung, daß Kündigung nur aus wichtigem Grund möglich ist; hiervon sollte jedoch nur in Ausnah- **49** mefällen Gebrauch gemacht werden (z. B. bei mindestens 15 Jahren Dienstzeit bei dieser eG und einem Lebensalter von 50 Jahren, vgl. auch § 41 Rdn. 27).

*b) Anzuwendende Vorschriften*

50 Wird das Mitglied entgeltlich tätig (haupt- oder nebenamtlich), gelten die Vorschriften über den **Dienstvertrag** (§§ 611 ff BGB). Der Dienstvertrag ist ein zweiseitiger schuldrechtlicher Vertrag. Er regelt die Beziehungen zwischen dem Vorstandsmitglied und der eG, insbesond. die Rechte und Pflichten, soweit sie sich nicht bereits aus der Organstellung ergeben, wie z. B. konkrete Dienstobliegenheiten, Urlaub, Gehalt. Die laut § 197 **DDR-ZGB** begründeten Dienstverhältnisse bestehen seit 3. 10. 1990 als freie Dienstverhältnisse nach § 611 BGB fort (BAG, NZA 1995, 571); das Rechtsverhältnis als Arbeitnehmer wurde in ein der Organstellung zugrunde liegendes Dienstverhältnis mit Arbeitgeberfunktionen umgewandelt. Das ursprüngliche Arbeitsverhältnis gilt nicht, es wurde beendet.

51 **Gehalt** ist eine nach Zeitabschnitten (üblicherweise nach Monaten) bemessene Vergütung für aufgrund vertraglicher Vereinbarung erbrachte Dienste. Hierzu können auch Spesen, Tantiemen und Naturalvergütungen zählen, nicht jedoch Gratifikationen. Die Höhe des Gehalts sollte in Anlehnung an §§ 86, 87 AktG festgelegt werden (vgl. ausführlich *Müller*, § 24 Rdn. 44 ff sowie zu §§ 86, 87 AktG *Hefermehl*, in: Geßler/Hefermehl/Eckardt/Kropff; zur Angemessenheit des Gehalts unter strafrechtlichen Gesichtspunkten des früheren § 146 GenG RGSt 62, 358; RG, JW 1933, 2954 und JW 1934, 1288 = Recht 1934, 402). Dies bedeutet insbesond., daß die Gesamtbezüge in einem angemessenen Verhältnis zu den Aufgaben des Vorstandsmitglieds und zur Lage der eG stehen müssen. **§ 1 GenG ist zu beachten**. Tantiemen sollten gegenüber dem Jahresgehalt den weitaus geringeren Teil ausmachen. Eine unangemessen hohe Vergütung kann (trotz Entlastung) zur Rückzahlung verpflichten (BGH, ZIP 1988, 706). Steht in der Satzung, daß das Bestellungsorgan (z. B. der Aufsichtsrat) eine angemessene Vergütung festzusetzen hat, liegt die Gewährung einer unangemessen hohen Vergütung außerhalb der Kompetenz, sie ist ohne Rechtsgrund gezahlt und zurückzuzahlen, ihre Entgegennahme ist eine Verletzung von Vorstandspflichten (BGH, ZIP 1988, 706). Auch kann die Vergütung wegen des aus der Mitgliedschaft resultierenden Treuegebots (§ 18 Rdn. 50 ff) und in analoger Anwendung des § 87 Abs. 2 i. V. m. Abs. 1 S. 1 AktG gemindert werden, wenn eine wesentliche Verschlechterung in den wirtschaftlichen Verhältnissen der eG eingetreten ist. Die **Angabe der Gesamtbezüge kann** nach § 286 Abs. 4 HGB **unterbleiben**, wenn sich sonst Rückschlüsse auf die Bezüge einzelner Vorstandsmitglieder ziehen

lassen würden (Recht auf informationelle Selbstbestimmung mit Verfassungsrang; *Schaffland/Wiltfang*, BDSG, § 1 Rdn. 1 ff). Ein Rückschluß auf Heller und Pfennig ist nicht nötig, ein Rückschluß auf die Größenordnung genügt.

Soweit es um **Bezüge ausgeschiedener Vorstandsmitglieder** geht (z. B. Pensionsansprüche), ist für deren Änderung grds. der Vorstand zuständig (zum Grundsatz vgl. Rdn. 92). Wegen möglicher Befangenheit sollte jedoch eine Abstimmung mit dem Aufsichtsrat erfolgen (vgl. hierzu ausführlich § 39 Rdn. 3). Unzulässig ist jedoch eine Minderung der Pensionsansprüche (also keine analoge Anwendung des § 87 AktG).

**Aufwendungen** sind alle Vermögensopfer mit Ausnahme der eigenen 52
Arbeitszeit und Arbeitskraft (BGH, ZIP 1988, 707). Sie sind grds. zu ersetzen. **Repräsentationskosten** können bereits durch das Gehalt mit abgegolten sein (BAG, NJW 1963, 1221). **Fahrtkosten** sind als Aufwendungen nach § 670 BGB zu ersetzen (BGH, ZIP 1988, 707; a. A. *Müller*, § 24 Rdn. 57); sie werden im allgemeinen kraft dienstvertraglicher Regelung gesondert erstattet. Die Erstattung von Bestechungsgeldern kann selbst dann nicht verlangt werden, wenn durch sie ein Vermögensvorteil für die eG herbeigeführt wurde (BGH, NJW 1965, 294).

Erfolgt die Bestellung durch den Aufsichtsrat, stellt der Abschluß des 53
Dienstvertrags oftmals auch die Bestellung zum Vorstandsmitglied dar. Andererseits kann in der vorbehaltlosen Tätigkeitsaufnahme des Bestellten der **stillschweigende** Abschluß eines Dienstvertrages liegen. Auch kann schon in der Bestellung und deren Annahme der Abschluß eines Dienstvertrages liegen (wie hier *Meyer/Meulenbergh/Beuthien*, § 24 Rdn. 14; a. A. *Müller*, § 24 Rdn. 37), wobei eine Vergütung nach § 612 BGB als stillschweigend vereinbart gilt, wenn die Dienstleistungen des Vorstandsmitglieds den Umständen nach nur gegen eine Vergütung zu erwarten sind; erforderlich ist jedoch ein diesbezüglicher Wille der GV oder des Aufsichtsrats. Diese Frage könnte aktuell werden z. B. im Zusammenhang mit der Entsendung eines Aufsichtsratsmitglieds in den Vorstand nach § 37. Im übrigen erlangt das Vorstandsmitglied durch den Bestellungsakt einen Anspruch auf den Abschluß eines Anstellungsvertrags mit angemessenen Bedingungen (hierzu auch Rdn. 39; *Müller*, § 24 Rdn. 38).

Mitglieder des Vorstandes und des Aufsichtsrates dürfen in Angelegen- 54
heiten der eG eine für sie **gewinnbringende Tätigkeit** nur ausüben, wenn Vorstand und Aufsichtsrat dies beschlossen haben (MS § 20 Abs. 3). Die Heranziehung der in öffentlichen Betrieben gezahlten Beträge als Maßstab für die **Angemessenheit** ist mit der Aufhebung des WGG entfallen. Sie hat sich als wenig geeignet erwiesen (s. *Pohl*, in: Jenkis, WGG § 12 Rdn. 19). Sie kann auch bei einer eG, die die Firmenbezeichnung „gemeinnützig" fort-

führt, nicht als gem. Wesensmerkmal angesehen werden (dazu § 3 Rdn. 16; § 1 Rdn. 98). Grenzen setzen die Grundsätze ordnungsmäßiger Geschäftsführung sowie der besondere Sorgfaltsmaßstab für die Mitglieder des Vorstandes und Aufsichtsrats (§§ 34, 41 dazu auch BGH, GGWW 1955, 27 = LM 1955, Bl. 523, Nr. 1 zu § 39 GenG = DB 1954, 496).

55 Vorstandsmitglieder sind ungeachtet des Dienstvertrags grundsätzlich keine Arbeitnehmer. Es gelten aber arbeitsrechtliche Grundsätze (s. Rdn. 47). **Arbeitsrechtliche Vorschriften sind nicht anwendbar**. So z. B. das Kündigungsschutzgesetz (§ 14 Abs. 1 Ziff. 1 KSchG), die Arbeitszeitordnung (§ 1 Abs. 2 Ziff. 1 AZO), das Schwerbehindertengesetz (§ 5 Abs. 2 b SchwBeschG), das Betriebsverfassungsgesetz (§ 5 Abs. 2 Ziff. 1 BetrVG) sowie das Arbeitsgerichtsgesetz (§ 5 Abs. 1 S. 3 ArbGG), da es sich um Ansprüche aus einem weisungsunabhängigen Dienstverhältnis handelt (LG Amberg, Urt. v. 19. 4. 1984 – 1 O 1144/83; sowie OLG Frankfurt, Urt. v. 26. 5. 1977 – 9 U 59/76 –). Allerdings ist das Gesetz über die **Fristen** für die Kündigung von Angestellten (AngKSchG) anwendbar, da Vorstandsmitglieder versicherungspflichtige Angestellte im Sinne der §§ 2, 3 AVG sind, vgl. BAG, DB 1986, 2132; *Müller*, § 24 Rdn. 40; vgl. auch Rdn. 59; zur Kündigung generell Rdn. 70 ff). Für ihre Ansprüche aus dem Dienstverhältnis sind nicht die Arbeitsgerichte, sondern die ordentlichen Gerichte zuständig, und zwar auch dann, wenn die Klage nach Beendigung des Vorstandsamts erhoben wird (JW 1928, 2163; BAG v. 21. 2. 1974 – 2 AZR 289/73; vgl. aber BAG, ZIP 88, 91). Für Gehaltsrückstände besteht kein Vorrecht nach § 61 Abs. 1 Nr. 1 KO (RG, KuT 33, 92).

56 Allerdings erscheint es nicht unzulässig, daß ein Mitglied des Vorstands neben seiner Anstellung als solches noch in einem **besonderen Angestelltenverhältnis** zur eG steht, da ein Verbot in dieser Richtung nur für Aufsichtsratsmitglieder besteht (§ 37 Abs. 1 S. 1). Insoweit würden die arbeitsrechtlichen Vorschriften wiederum gelten. Es wird aber davon auszugehen sein, daß grundsätzlich jede Tätigkeit, die ein Mitglied des Vorstands für die eG ausübt, unter das Vorstandsamt fällt, wenn nicht aus einer Vereinbarung (z. B. bei Produktivgenossenschaften) oder aus besonderen Umständen sich etwas anderes ergibt.

57 **Arbeitsrechtliche Grundsätze** können in gewissem Umfang auch für Vorstandsmitglieder entsprechend gelten, obwohl deren Dienstverhältnis kein Arbeitsverhältnis ist. Hierzu zählen die Treue- und Fürsorgepflichten des Dienstherrn, wie sie gegenüber Arbeitnehmern gelten. Anwendbar sind auch die Regelungen, die für die fristlose Kündigung eines Arbeitnehmers gelten. Ein Anspruch auf Altersversorgung besteht nur bei entsprechender Zusage. Insoweit gelten die Vorschriften des Gesetzes über die Verbesserung der betrieblichen Altersversorgung (vgl. § 17 BetrAVG). In ganz selte-

nen Ausnahmefällen kann sich ein Anspruch auch ohne ausdrückliche Zusage ergeben (vgl. *Müller*, § 24 Rdn. 41). Dabei kann von Bedeutung sein, daß anderen Vorstandsmitgliedern derselben eG eine Altersversorgung zugestanden wurde (so bereits RGZ 169, 303).

Nach dem 5. **Vermögensbildungsgesetz** in der Fassung vom 19. 2. 1987 **58**
(BGBl. I, 631) haben Vorstandsmitglieder von eG nicht die Möglichkeit, die Vergünstigungen des Vermögensbildungsgesetzes in Anspruch zu nehmen. Dies gilt nicht für einen Angestellten der eG, der zeitweilig zugleich ehrenamtliches Vorstandsmitglied ist (vgl. Rdn. 56), soweit ein klar abgrenzbares und von der Organstellung unabhängiges Arbeitsverhältnis zur eG bestehen bleibt (vgl. Erlaß des Niedersächsischen Finanzministers vom 2. 7 1979, BB 1979, 1131).

*c) Versicherungsrechtliche Behandlung*

Vorstandsmitglieder sind **angestelltenversicherungspflichtig**, wenn sie **59**
einer laufenden Beschäftigung im Betrieb nachgehen und hierfür eine Vergütung erhalten (BSG, NJW 1974, 207 ff; sowie zum Begriff des abhängigen Beschäftigungsverhältnisses im Sinne der Sozialversicherung BSG, BB 1962, 923). Diese Voraussetzung ist bei hauptamtlichen wie bei nebenamtlichen Vorstandsmitgliedern gegeben. Ehrenamtliche Vorstandsmitglieder sind als solche nicht angestelltenversicherungspflichtig, auch wenn sie eine Aufwandsentschädigung erhalten (*Müller*, § 24 Rdn. 42).

**Krankenversicherungspflicht** besteht bei hauptamtlichen Vorstands- **60**
mitgliedern, es sei denn, das Jahresgehalt läge über zur Zeit DM 73 800,00. Arbeitslosenversicherungspflicht (hierzu auch Rdn. 61) entfällt, wenn das Jahresgehalt DM 98 400,00 übersteigt; gleiches gilt für die Rentenversicherungspflicht. Wegen der Sozialversicherungspflicht nebenamtlicher Vorstandsmitglieder vgl. im einzelnen § 8 SGB IV (Versicherungsfreiheit bei Beschäftigung regelmäßig weniger als 15 Stunden in der Woche und Entgelt regelmäßig im Monat höchstens ein Siebtel der monatlichen Bezugsgröße, die jährlich vom BMA bekanntgemacht wird (§ 18 SGB IV; zur Zeit DM 610,00), bei höherem Entgelt höchstens ein Sechstel des Gesamteinkommens).

Vorstandsmitglieder von eG sind **arbeitslosenversicherungspflichtig,** **61**
sofern sie „funktionsgerecht dienend am Arbeitsprozeß des Betriebes teilhaben und für ihre Tätigkeit eine Vergütung erhalten“ (vgl. Runderlaß der Bundesanstalt für Arbeit 56/58 4.6. v. 24. 1. 1968; Sozialgericht Darmstadt, ZfG 1988, 124 m. Anm. *Behr*; BSG, DB 1991, 1736; a. A. für Vorstandsmitglieder einer AG: BSG, BB 1985, 402; s. a. § 168 Abs. 6 AFG). Dies gilt stets für hauptamtliche und in der Regel für nebenamtliche Vorstandsmitglieder, es sei denn, die letztgenannten sind wegen der Geringfügigkeit ihrer Beschäftigung nicht krankenversicherungspflichtig.

62 Der Versicherungsschutz aus der **gesetzlichen Unfallversicherung** besteht für Vorstandsmitglieder von eG unabhängig davon, ob es sich um hauptamtlich, nebenamtlich oder ehrenamtlich tätige Vorstandsmitglieder handelt (BSGE 16, 73 = ZfG 1963, 84; *Meyer/Meulenbergh/Beuthien*, § 24 Rdn. 17; a. A. *Schnorr von Carolsfeld*, ZfG 1963, 85).

*d) Rechte und Pflichten*

63 Es ist zu **unterscheiden** zwischen den Rechten und Pflichten aus der Organstellung und denen aus dem Anstellungsverhältnis. Wegen der Rechte und Pflichten aus der Organstellung vgl. die Erl. zu §§ 27, 34.

64 Zu den **Rechten**, die sich aus dem Anstellungsvertrag und den evtl. zusätzlich getroffenen Vereinbarungen ergeben, zählt in erster Linie der Anspruch auf das Gehalt (Rdn. 50–58). Daneben steht dem Vorstandsmitglied ein Urlaubsanspruch zu. Außerdem hat ein hauptamtliches Vorstandsmitglied nach Beendigung seiner Tätigkeit einen Anspruch auf Erteilung eines Zeugnisses gemäß § 630 BGB (BGHZ 49, 30). Für die Erteilung eines Zeugnisses ist jeweils das Organ zuständig, das für den Abschluß des Anstellungsvertrags zuständig ist. Des weiteren hat das Vorstandsmitglied einen Anspruch auf Aufwendungsersatz.

65 Neben den **Pflichten** aus der Organstellung (Geschäftsführungs-, ggfs. Organisations- und Überwachungspflichten, vgl. Erl. zu §§ 27, 34) können zusätzliche Pflichten aus dem Anstellungsverhältnis erwachsen. Nach § 666 BGB ist jedes Vorstandsmitglied gegenüber der eG verpflichtet, alle erforderlichen Auskünfte zu geben. Nach § 667 BGB besteht die Pflicht, der eG alles herauszugeben, was es in Ausführung der Geschäftsführung erlangt hat, z. B. Briefe, Urkunden und sonstige Akten, die sich auf die eG beziehen (vgl. hierzu *Müller*, § 24 Rdn. 60–62). Hierzu zählen auch Akten, die sich das Vorstandsmitglied aus Abschriften bzw. Briefen und Urkunden der eG zusammengestellt hat (RGZ 105, 395). Nicht hierzu zählen Privatbriefe, die das Vorstandsmitglied über eine Angelegenheit der eG mit Dritten gewechselt hat (RG, Recht 1914 Nr. 193). Daneben können besondere Pflichten im Rahmen des Anstellungsvertrags vereinbart werden (z. B. die Verpflichtung, keine Börsen- oder Spekulationsgeschäfte durchzuführen, Nebenbeschäftigungen nur mit Zustimmung der eG auszuüben). Aus der **Treuepflicht** ist abzuleiten, daß das Vorstandsmitglied in allen die eG berührenden Angelegenheiten deren Wohl (und das der Mitglieder) und nicht den eigenen Nutzen im Auge haben darf (BGH, WM 1967, 679; 1977, 361). Es darf und muß daher Erwerbschancen, wie ein Provisionsangebot, nicht für sich, sondern nur für die eG ausnutzen und hat ihr, wenn es hiergegen verstößt, einen dadurch entgangenen Vorteil zu ersetzen (BGH, WM 1983, 498; *Fleck*, WM 1985, 678; *Müller*, § 24 Rdn. 59).

## V. Faktisches Vorstandsmitglied

Für **nicht wirksam bestellte** Vorstandsmitglieder gelten grundsätzlich dieselben Regeln wie für ordnungsgemäß bestellte Mitglieder. Willenserklärungen faktischer Vorstandsmitglieder sind im Außenverhältnis wirksam (§ 29); wirksam sind jedoch auch die Erklärungen im Innenverhältnis (insbesond. Vorstandsbeschlüsse). Diese Personen unterliegen aufgrund der tatsächlich ausgeübten Organstellung den gesetzlichen Pflichten eines ordentlichen Vorstandsmitglieds (BGHZ 41, 287; 47, 343). Hat das Vorstandsmitglied seine Tätigkeit aber auf der Grundlage des nichtigen Anstellungsvertrages aufgenommen und geschah dies mit Wissen des für den Vertragsabschluß zuständigen Organs oder auch nur eines Organmitglieds, ist diese Vereinbarung so zu behandeln, als wäre sie mit allen gegenseitigen Rechten und Pflichten wirksam (**faktisches Dienstverhältnis:** BGH, WM 1995, 614 = WuB II F. § 114 HGB 1.95 m. Anm. *Butzke*; vgl. BGHZ 41, 282, 287 f = WM 1964, 610, 65, 190, 194 = WM 1975, 1237; WM 1973, 506; so bereits auch BAG, DB 1958, 1275; auch LG Amberg, Urt. v. 19. 4. 1984 – AZ 10 1144/83; *Scholz/Schneider*, GmbHG, 8. Aufl., § 35 Rdn. 248 m. w. Nachw.). Ihm stehen für die Dauer seiner Beschäftigung Bezüge in der versprochenen und nicht bloß in angemessener Höhe zu (BGH, WM 1995, 614 = WuB II F. § 114 HGB 1.95; BGHZ 41, 282, 289 f = WM 1964, 610; *Lutter/Hommelhoff*, GmbHG, 13. Aufl., § 6 Anh. Rdn. 68; *Baums*, Der Geschäftsleitervertrag, 1987, 195 ff). Diese Grundsätze gelten insbesond. für die Sorgfalts-, Verschwiegenheits- und Haftungspflichten des § 34. Das faktische Vorstandsmitglied trifft außerdem die steuerrechtliche Haftung (BGHZ 41, 287 zu §§ 103, 109 AO a. F. = § 69 i. V. m. § 34 AO n. F.) sowie die konkursstrafrechtliche Organhaftung (BGHSt 3, 35; 21, 104). Auch § 14 Abs. 2 StGB und § 9 Abs. 3 OWiG finden auf faktische Vorstandsmitglieder Anwendung. Wird mit der Nichtigkeitsklage die Nichtigkeit ihrer Bestellung geltend gemacht, vertreten nicht sie die eG, sondern diejenigen, die im Falle des Obsiegens der eG als deren Vorstandsmitglieder anzusehen sind (BGH, NJW 1981, 1041). Die Mitglieder des Aufsichtsrats haften bei Duldung einer faktischen Vorstandsmitgliedschaft nach § 41 i. V. m. § 34 (zum Vorstehenden vgl. *Hettrich/Pöhlmann*, § 24 Rdn. 13). **66**

## VI. Beendigung des Vorstandsamts

Die **Beendigung der Vorstandseigenschaft** kann erfolgen durch **67**
– Ablauf der Amtsdauer
– Tod
– Widerruf der Bestellung
– Amtsniederlegung

– Ausscheiden aus der eG aufgrund Kündigung
– Ausschluß aus der eG
– Auflösung der eG
– im Zusammenhang mit dem Konkurs der eG
(zu den Rechten des Bundesaufsichtsamts für das Kreditwesen bei Kreditgenossenschaften siehe Rdn. 104, 105)

### 1. Ablauf der Amtsdauer

68 Erfolgt die Bestellung für eine bestimmte Zeit, so endet mit **Ablauf der Amtsdauer** nicht nur die Vorstandseigenschaft, sondern in aller Regel auch das Anstellungsverhältnis. Grundsätzlich ist davon auszugehen, daß die Beendigung der Organstellung mit der Beendigung des Anstellungsverhältnisses gekoppelt ist. Ausnahmen sind jedoch denkbar. So kann in der Satzung z. B. vorgesehen werden, daß ausscheidende Mitglieder im Amt bleiben, bis die Beendigung ihrer Vertretungsbefugnis oder die Neuwahl eines Nachfolgers ins Genossenschaftsregister eingetragen ist, ohne daß der Dienstvertrag verlängert wird (mißverständlich, *Müller*, § 24 Rdn. 64).

Enthält die Satzung eine Regelung zur Amtsdauer (so üblicherweise für nicht hauptamtliche Vorstandsmitglieder) und wird diese verlängert, gilt die neue Regelung grundsätzlich auch für die im Amt befindlichen Vorstandsmitglieder (a. A. *Hettrich/Pöhlmann*). Wird eine unbefristete Amtsdauer durch die Satzung z. B. auf 3 Jahre befristet, gilt diese Regelung ex nunc, d. h. die gegenwärtig im Amt befindlichen Vorstandsmitglieder bleiben nur noch 3 Jahre im Amt (Argument aus § 24 Abs. 3; a. A. *Müller*, § 24 Rdn. 64). Wird ein in der Satzung enthaltenes Höchstalter herabgesetzt, liegt hierin gleichzeitig der Widerruf der Organstellung der Vorstandsmitglieder, deren Alter über der neuen Grenze liegt, wenn der GV-Beschluß eindeutig auch von diesem Willen getragen wurde (*Hettrich/Pöhlmann*, § 24 Rdn. 15).

### 2. Tod

69 Mit dem **Tod** enden sowohl Vorstandsamt als auch das Anstellungsverhältnis.

### 3. Widerruf der Bestellung (im Zusammenhang mit der Kündigung)

70 In der Kündigung des Dienstverhältnisses liegt grundsätzlich der **Widerruf der Bestellung**. Hinsichtlich des Widerrufs der Bestellung ist deshalb in den Satzungen in der Regel vorgesehen, daß die Beendigung des Anstellungsverhältnisses die Aufhebung der Organstellung zur Folge hat. Ausnahmen sind jedoch denkbar. So endet der Dienstvertrag, aber nicht die Organstellung, wenn ein hauptamtliches Vorstandsmitglied zum ehrenamt-

lichen wird. Andererseits endet die Organstellung mit der fristlosen Abberufung, der Dienstvertrag jedoch nur unter den Voraussetzungen des § 626 BGB. Zu unterscheiden sind zwei Fälle: der Widerruf, der durch fristgemäße Kündigung im Rahmen des Dienstvertrags erfolgt (Rdn. 71) und der fristlose Widerruf nach § 24 Abs. 3 (Rdn. 73).

*a) Widerruf durch fristgemäße Kündigung*

Die **fristgemäße Kündigung** kann nach der Satzung z. B. dem Aufsichtsrat übertragen werden (RAG, JW 1933, 2721). Dies ist im Zweifel anzunehmen, wenn die Satzung den Aufsichtsrat für den Abschluß von Verträgen mit dem Vorstand für zuständig erklärt (BGH, BB 1974, 14 = MDR 1974, 24 = LM § 24 GenG Nr. 4; ebenso im Ergebnis *Schubert/Steder*, § 40 Rz. 2; *Müller*, § 24 Rdn. 75; *Neumann*, S. 77). Die fristgemäße Kündigung beendet, wenn die Organstellung auf dem Dienstvertrag beruht, regelmäßig sowohl das Dienstverhältnis als auch die Organstellung (RGZ 115, 351; 144, 384; BGH, BB 1961, 803 = DB 1961, 978; BGHZ 79, 41 = DB 1981, 308 = WM 1981, 30 = BB 1981, 197 ff; BGH, NJW 1987, 254 = WM 1986, 1411 = AG 1987, 19). Gleiches gilt für die Abberufung aus dem Amt, wenn sie erkennbar der Ausdruck eines Vertrauensverlustes ist, der die Rechtsbeziehungen zu dem Entlassenen in ihrer Gesamtheit belastet (BGH, NJW 1973, 1122 ff = DB 1973, 1010 ff). Beruht die Organstellung nicht auf dem Dienstvertrag, so braucht der Ablauf dieses Vertrages in Verbindung mit der Erklärung, ihn nicht verlängern zu wollen, nicht ohne weiteres auch die Beendigung der Organstellung herbeizuführen (BGH, DB 1981, 2375). Der Aufsichtsrat darf jedoch nicht durch eine solche Kündigung in das Abberufungsrecht der GV, falls diese im konkreten Fall für die Bestellung und Abberufung zuständig ist, eingreifen, indem er einer noch laufenden Bestellung den Boden entzieht (BGH, WM 1973, 1320). Hat der Aufsichtsrat einem aus seiner Mitte gebildeten Ausschuß die Regelung des Anstellungsverhältnisses der Vorstandsmitglieder übertragen (vgl. Rdn. 48), so darf dieser Ausschuß nicht durch die vorzeitige Kündigung des Anstellungsvertrags einer Entscheidung des übergeordneten Gesamtorgans über den Widerruf vorgreifen (BGHZ 79, 41 = DB 1981, 308 = WM 1981, 30 = BB 1981, 197 = NJW 1981, 757; BGHZ 89, 48 = WM 1983, 1378). Ebensowenig kann er wirksam durch Vertrag mit einem Vorstandsmitglied einverständlich die Beendigung des Vorstandsamts herbeiführen, auch nicht in Verbindung mit einer Bereinigung des Anstellungsverhältnisses (BGHZ 79, 41 = DB 1981, 308 = WM 1981, 30 = BB 1981, 197 ff = NJW 1981, 757). Sieht die Satzung vor, daß für die Kündigung der Aufsichtsrat, vertreten durch seinen Vorsitzenden zuständig ist, kann der Aufsichtsrat diese Befugnis nur delegieren, wenn in der Satzung eine entsprechende Ermächtigung enthalten ist, z. B. daß der Aufsichtsrat zur Erfüllung seiner Satzungsaufga- 71 ben aus seiner Mitte Ausschüsse bilden kann (vgl. auch Rdn. 48; *Hettrich/Pöhlmann*, § 24 Rdn. 20).

**72** Bei fristgemäßer Kündigung endet das Amt grundsätzlich zum Zeitpunkt der Beendigung des Dienstvertrages. Bis zu diesem Zeitpunkt ist das Vorstandsmitglied berechtigt und verpflichtet, die Dienstobliegenheiten wahrzunehmen (vgl. aber auch Rdn. 92 ff). Die GV kann jedoch nach § 24 Abs. 3 S. 2, der Aufsichtsrat nach § 40 vorgehen.

*b) Fristloser Widerruf ohne a.o. Kündigung*

**73** Der fristlose Widerruf der Organstellung nach § 24 Abs. 3 ist jederzeit ohne vorherige Anhörung des betroffenen Vorstandsmitglieds und ohne Angabe von Gründen zulässig (*Fleck*, WM 1985, 680). Die Begründung folgt aus der weitgehend uneingeschränkten Leitungsmacht des Vorstandes gem. § 27: Diese setzt uneingeschränktes Vertrauen der Mitglieder der eG voraus. Schon Zweifel an der zweckentsprechenden Ausübung der Leitungsmacht müssen der GV die Möglichkeit geben, das Amt zu beenden – ohne konkretes Fehlverhalten beweisen zu müssen. Die persönlichen Belange der Vorstandsmitglieder sind durch § 24 Abs. 3 S. 2 zweiter Halbsatz ausreichend geschützt; Ansprüche aus dem Dienstvertrag werden durch den Widerruf der Organstellung nicht berührt (zur Mehrheit vgl. Rdn. 87). Bei dieser Entscheidung der eG handelt es sich nicht um eine vereinsgerichtliche Entscheidung, sondern um eine einseitige Willensentschließung, die auch ohne Vorliegen eines wichtigen Grundes nach dem Ermessen der eG erfolgen kann, weil ein Vorstandsmitglied kein Recht auf Fortbestand seiner Organstellung besitzt (vgl. BGH, DB 1960, 915 = NJW 1960, 1861; OLG Bamberg, Urt. v. 14. 12. 1983 – Az: 3 U 43/85; *Meyer/Meulenbergh/Beuthien*, § 24 Rdn. 24 und § 40 Rdn. 4; *Müller*, § 24 Rdn. 74; vgl. auch *Schaffland*, DB 1978, 1773; vgl. ferner für den vergleichbaren Fall eines GmbH-Geschäftsführers: *Roth*, GmbHG, § 38 Anm. 2.1.1 sowie *Hachenburg*, GmbHG, § 38 Rdn. 19). § 24 Abs. 3 überlagert hier vertragliche Ansprüche; problematisch die Rspr., weil Anhörung nach Treu und Glauben geboten, wenn es um die fristlose Kündigung des Dienstverhältnisses geht (vgl. hierzu Rdn. 76).

**74** Ein Beschluß über den Widerruf der Bestellung als Vorstandsmitglied setzt ordnungsgemäße Ankündigung in der Tagesordnung voraus (näher dazu § 46 Rdn. 16 ff). Die Zuständigkeit liegt zwingend bei der GV; auch die Satzung kann die Zuständigkeit nicht auf andere Organe, z. B. den Aufsichtsrat übertragen. Die Begründung ergibt sich aus der Leitungsstruktur der eG: Der Vorstand als Leitungsorgan muß vom Vertrauen der Mitglieder getragen werden (s. Rdn. 73). Für eine fristlose Abberufung, die keiner Begründung bedarf, ist daher allein das Vertrauen der Mitglieder – somit der GV – entscheidend. Schließlich überträgt das Gesetz auch die fristlose

Beendigung des Dienstvertrages von Vorstandsmitgliedern gem. § 40 der endgültigen Entscheidung der GV. Diese Regelung könnte unterlaufen werden, wenn es zulässig wäre, den fristlosen Widerruf des Vorstandsamtes durch die Satzung auf andere Organe zu übertragen (vgl. dazu BGH, DB 1974, 37).

*c) Fristloser Widerruf mit a. o. Kündigung*

Von dem fristlosen Widerruf der Organstellung nach § 24 Abs. 3 ist die **außerordentliche Kündigung des Dienstvertrages** nach § 626 BGB zu unterscheiden. Für sie ist wegen des regelmäßig vorliegenden engen Zusammenhangs mit dem Widerruf der Organstellung stets die GV zuständig (BGH, DB 1974, 37 = BB 1974, 14 = NJW 1974, 278 = AG 1974, 79 = ZfG 1974, 170; OLG Köln, DB 1994, 471; *Müller*, § 24 Rdn. 68a; zur Mehrheit vgl. Rdn. 87). Ein solcher Zusammenhang fehlt nicht bereits deshalb, weil die Kündigung dem Erlöschen der Organstellung (z. B. fristlose Kündigung als Antwort auf eine unberechtigte Amtsniederlegung; hierzu Rdn. 97; vgl. auch Rdn. 92) nachfolgt (BGH, WM 1978, 319). Der Zusammenhang besteht auch dann, wenn nach Beendigung der Organstellung zunächst der Dienstvertrag fortbesteht; auch in diesem Fall ist nach der neuen abstrakten Befangenheitstheorie des BGH (Rdn. 92) eine Kündigung durch den (restlichen) Vorstand nicht auszusprechen (a. A. *Hettrich/Pöhlmann*, § 24 Rdn. 17). Die fristlose Kündigung durch die GV kann auch nicht von der Zustimmung eines Dritten (etwa des Genossenschaftsverbandes) abhängig gemacht werden (BGHZ 32, 122 = WM 1960, 428; BGHZ 60, 333 = WM 1973, 639). Auch kann nicht der Aufsichtsrat aus wichtigem Grunde kündigen und die GV dies rückwirkend genehmigen (OLG Frankfurt, Urt. v. 26. 5. 1977 – 9 U 59/76; *Müller*, § 40 Rdn. 2). **75**

Es handelt sich bei der Abberufung und der Kündigung grundsätzlich um **zwei** unterschiedliche Erklärungen; dies muß bei der Tagesordnung und Beschlußfassung der GV berücksichtigt werden.

Eine Kündigung durch die eG setzt deshalb eine **sorgfältige Abwägung** gemäß § 626 Abs. 1 BGB voraus (BGH, WM 1968, 1325; BAG, NJW 1979, 239), in der namentlich die Schwere von Verfehlungen, deren Folgen für die eG und der durch sie bewirkte Vertrauensverlust, Größe des Verschuldens und Grad einer Wiederholungsgefahr, andererseits Länge der Dienstzeit, etwaige Verdienste um das Unternehmen, soziale Folgen für das Vorstandsmitglied, wie insbesond. der etwaige Verlust einer Pension, Lebensalter und Möglichkeit einer anderweitigen Existenz zu berücksichtigen sind (BGH, WM 1966, 968; 1968, 1347 u. 1352; 1969, 158; 1970, 1397; 1975, 761; 1976, 77 sowie *Fleck*, WM-Sonderbeilage Nr. 3 zu WM Nr. 41/1981 S. 12). In Ausnahmefällen kann es der eG deshalb trotz Vorliegens eines wichtigen Grundes zuzumuten sein, das Dienstverhältnis noch kurze Zeit, z. B. bis **76** zum Ablauf der gesetzlichen Kündigungsfrist, fortzusetzen (vgl. BGH, WM 1975, 761). Gleiches gilt, wenn ein Vorstandsmitglied sich lange Zeit bewährt hat und die Amtszeit sich ohnehin ihrem Ende nähert (vgl. hierzu BGHZ 20, 249; BGH, WM 1962, 811; 1968, 1347; *Hefermehl*, in: Geßler/Hefermehl/Eckardt/Kropff, AktG, § 84 Rdn. 71). Besonders strenge Anforderungen sind an den Kündigungsgrund zu stellen, wenn eine Kündigung für das Vorstandsmitglied diffamierenden Charakter hat (BGH, WM 1962, 811).

**77** Im allgemeinen sollte das Vorstandsmitglied **angehört** werden, es sei denn, es wurde im Zusammenhang mit der vorläufigen Amtsenthebung bereits gehört. Die Rechtsprechung (BGH, NJW 1960, 1861 = DB 1960, 915; DB 1973, 1010 = NJW 1973, 1122; NJW 1984, 2689 = WM 1984, 1120 = DB 1984, 182 = ZfG 1987, 94; offen gelassen vom OLG Bamberg, Urt. v. 14. 12. 1985 – Az.: 3 U 43/85) hält auch bei der fristlosen Kündigung des Dienstverhältnisses des Vorstandsmitglieds einer eG einen Anspruch auf rechtliches Gehör grundsätzlich nicht für erforderlich. Nach überwiegender Meinung ist nach dem Grundsatz von Treu und Glauben eine Anhörung des Betroffenen vor der fristlosen Kündigung in der Regel aber geboten (*Meyer/Meulenbergh/Beuthien*, § 24 Rdn. 24; *Müller*, § 24 Rdn. 74; *Hettrich/Pöhlmann*, § 24 Rdn. 19; *Schaffland*, DB 1978, 1773). Diese Auffassung dürfte zutreffen, zumal die erforderliche Abwägung der Interessen in aller Regel nur dann sorgfältig erfolgen kann, wenn das Vorstandsmitglied sich zu der beabsichtigten fristlosen Kündigung hat äußern können. Unterlassenes rechtliches Gehör ist nicht Wirksamkeitsvoraussetzung und führt auch nicht zur Anfechtbarkeit der Kündigung, sondern allenfalls zu Schadensersatzansprüchen (BGH, NJW 1973, 1122 = DB 1973, 1010; *Meyer/Meulenbergh/Beuthien*, § 24 Rdn. 24 a. E.; *Müller*, § 24 Rdn. 74; *Schaffland*, DB 1978, 1773; *Palandt/Putzo*, BGB 42. Auflage, § 26 Anm. 2 f; *Schwerdtner*, MüKo, BGB, § 626 Rdn. 35–37 m. Hinw. zur Rechtsprechung des BAG).

**78** Eine **Abmahnung** kann nur vom gesamten Aufsichtsrat wirksam ausgesprochen werden. Wird ein Verhalten gerügt, ohne daß Rechtsfolgen für die Zukunft angedroht werden, sofern das Verhalten nicht geändert wird, liegt hierin keine Abmahnung. Wird lediglich eine Abmahnung ausgesprochen, kann hierdurch ein Kündigungsrecht erlöschen (OLG Köln, ZfG 1996, 141 m. Anm. *Ferneding*).

**79** Nach § 626 BGB ist eine fristlose Kündigung nur aus **wichtigem Grund** zulässig (z. B. Täuschung bei den Anstellungsverhandlungen, Arbeitsverweigerung, vorsätzliche Schlechterfüllung, Treuepflichtverletzungen, eigenmächtige Überziehung des Jahresurlaubs um 10 Tage (BAG, ZIP 1995, schwerwiegende Verstöße gegen Satzung, Geschäftsordnung und GV-Beschlüsse, Ausschließung aus der eG [§ 68 Rdn. 77], strafbare

Handlungen, die in der Regel unstreitig oder nachweisbar sein müssen). Schon eine einmalige, verhältnismäßig geringfügige Verfehlung kann genügen (OLG Köln, DB 1994, 471, zur eigenmächtigen Verbuchung von Spesenvorschüssen als Darlehen). Eine Abmahnung ist regelmäßig entbehrlich (OLG Köln ebd.), da ein einmal geschwundenes Vertrauen auch durch eine Abmahnung nicht wiederhergestellt werden kann (OLG Köln ebd., *Palandt/Putzo*, BGB, § 626 Rdn. 18, RGRK-*Corts*, § 626 Rdn. 41; *Schaub*, Arbeitsrechtshandbuch, 7. Aufl. § 61 VI 2 a). Aber auch der **Verdacht** einer strafbaren oder pflichtwidrigen Handlung kann genügen (BGH, LM Nr. 8 zu § 626 BGB; BAG, BB 1955, 543; RG, Jw 1937, 1146, Nr. 5; *Hefermehl*, in: Geßler u. a., AktG, § 84 Rdn. 70). Der Verdacht muß sich jedoch auf Tatsachen gründen und so schwer wiegen, daß ein vernünftiger Dienstherr durchaus Mißtrauen gegen die Zuverlässigkeit des Dienstpflichtigen schöpfen muß. Ist infolge eines begründeten Verdachts das Vertrauensverhältnis zerstört, ist dem Dienstherrn in der Regel die Fortsetzung des Dienstverhältnisses nach Treu und Glauben nicht zumutbar (BGH, LM Nr. 8 zu § 626 BGB); die Beweislast liegt bei der eG. Allerdings muß die eG vorher alles zur Aufklärung des Verdachts Zumutbare getan haben (LAG Bremen, BB 1956, 581). Hierzu gehört auch die **Anhörung** des zu Kündigenden (zur Anhörung im übrigen vgl. Rdn. 77). Im übrigen besteht auch hier die Pflicht zur sorgfältigen Interessenabwägung (BGH, NJW 1960, 1861). Bei Verdacht, daß ein Vorstandsmitglied einer Bank Vermögensdelikte – im außerdienstlichen Bereich – begangen hat, werden die Interessen der Bank eher vorrangig sein (BGH, WM 1956, 865; vgl. auch *Moritz*, NJW 1978, 402). Ein Vorstandsmitglied, das den begründeten Verdacht unkorrekter und die Bank schädigender Handlungen aufkommen läßt, ist für eine Bank, die in hohem Maße auf das Vertrauen der Mitglieder und Kunden angewiesen ist, untragbar; dies gilt um so mehr, wenn die Verdachtsmomente in der örtlichen Presse wiedergegeben werden (LG Flensburg, Urt. v. 16. 1. 1987 – Az.: 3 O 348/86). Sollte sich in der Folgezeit der Verdacht als unbegründet herausstellen, ist das Vorstandsmitglied – wenn keine Neubestellung erfolgt (hierzu Rdn. 88, 97) in die Rechte einzusetzen, die ihm im Falle einer ordentlichen Kündigung zugestanden hätten. Auch Täuschungen des Aufsichtsrats, des Kreditausschusses und anderer Vorstandsmitglieder sind Verfehlungen, die eine Kündigung nach § 626 BGB rechtfertigen (vgl. OLG Düsseldorf, DB 1983, 1036). Krankheit von langer Dauer kann eine außerordentliche Kündigung rechtfertigen (so *Müller*, § 24 Rdn. 72; in der Praxis kommt allerdings in diesen Fällen im allgemeinen die Pensionierung in Betracht). Gleiches gilt für andere unverschuldete wichtige Gründe. Bei Vorstandsmitgliedern genügt in der Regel auch unverschuldete Schlechtleistung von erheblichem Umfang. Bei fachlichem Versagen ist zu prüfen, ob der eG die Weiterbeschäftigung des Vorstandsmitglieds (hierzu auch Rdn. 88) mit eingeschränkten Leitungsaufgaben zuzumuten ist. Dies hängt davon ab, inwieweit die Fehlleistungen die Vertrauensbasis zwischen den Parteien zerrüttet haben. Gegen die Zumutbarkeit der Weiterbeschäftigung mit eingeschränktem Aufgabenbereich kann die auf die Dauer dadurch erwachsende Kostenbelastung sprechen (BGH, WM 1984, 1120 = NJW 1984, 2689 = DB 1984, 1820 = ZfG 1987, 94 m. Anm. *Hadding*). Auch der Vertrauensverlust insbesond. gegenüber der Mehrheit der Mitglieder ist als solcher ein wichtiger Grund (RG, BlfG 1933, 194). Auch ein Verstoß gegen den Förderauftrag kann ein wichtiger Grund sein (vgl. zur Sorgfaltspflicht von Vorstandsmitgliedern im Aktienrecht *Mertens*, Kölner Kommentar, AktG, § 84 Rdn. 60). Insbesond. darf der Vorstand keine unangemessenen Risiken – vor allem nicht im Kreditgeschäft – eingehen. Riskante Kreditgeschäfte mit der Folge eines erheblichen Wertberichtigungsbedarfs können eine außerordentliche Kündigung rechtfertigen. Zu den wichtigen Gründen vgl. auch § 40 Rdn. 16.

Wichtige Gründe, die zur außerordentlichen Kündigung berechtigen, können vertraglich vereinbart werden (BGH, ZIP 1988, 1389). Im Anstellungsvertrag kann z. B. vereinbart werden, daß alle die Beendigung der Organstellung rechtfertigenden Gründe zugleich wichtige i. S. d. § 626 BGB sein sollen; eine außerordentliche Kündigung ist dann unter Wahrung der nicht abdingbaren Mindestfrist des § 626 Abs. 1 S. 2 BGB zulässig und wirksam (BGH, ZIP 1981, 858 = NJW 1981, 2748). Hingegen ist es nicht möglich, vertraglich vorzusehen, daß nur verschuldete wichtige Gründe genügen; denn § 626 BGB ist nicht zu Lasten des Kündigungsberechtigten einschränkbar (BGH, WM 1975, 761; MüKo, BGB, § 626 Rdn. 42 ff m. w. N.; *Meyer-Landrut*, AktG, § 84 Rdn. 44; *Mertens*, Kölner Kommentar, AktG, § 84 Rdn. 64; *Baumbach/Hueck*, AktG, § 84 Rdn. 14). Das Nachschieben von Kündigungsgründen ist grundsätzlich nur zulässig, wenn die GV auch insoweit Beschluß gefaßt hat (BGHZ 60, 633 = WM 1973, 639; WM 1982, 797; 1984, 29 und 1120; *Fleck*, WM 1985, 681 m. w. N.). In jedem Fall muß die GV den konkreten Kündigungsgrund beraten und in Form eines eigenständigen Beschlusses billigen (BGH, DB 1973, 1010); dies gilt insbesond. hinsichtlich einer vorangegangenen vorläufigen Amtsenthebung nach § 40: die GV muß in dem Bewußtsein beschließen, auch gegen die Suspendierung durch den Aufsichtsrat entscheiden zu können.

**80** Bei der Beurteilung, ob ein außerordentliches Kündigungsrecht gegeben ist, oder ob die eG auf die ordentliche Kündigung zu verweisen ist, muß ggfs. zugunsten der eG berücksichtigt werden, daß – bei entsprechender vertraglicher Ausgestaltung des **Pensionsvertrages** – die eG unzumutbare Versorgungsleistungen zu erbringen hat, wenn sie ordentlich kündigt (hier Rdn. 84), dies kann zu ggfs. unerträglichen Belastungen für die eG führen, was für eine a.o. Kündigung sprechen könnte.

Für die fristlose Kündigung können nur solche Gründe maßgeblich sein, die der GV bei der Beschlußfassung bekannt und somit für die Entscheidungsfindung maßgeblich waren (BGH, NJW 1973, 1122). 81

Die außerordentliche Kündigung muß innerhalb von zwei Wochen nach Kenntniserlangung von den für die Kündigung maßgebenden Tatsachen erklärt werden und dem zu Kündigenden zugehen (BAG, DB 1978, 1405). Für den **Fristbeginn** ist positive und sichere Kenntnis der Tatsachen nötig, die den wichtigen Grund ausmachen (BAG, ZfG 1979, 172). Sofern noch Nachforschungen erforderlich sind, um diese Kenntnis zu erlangen, beginnt die Frist noch nicht. Zum Sonderfall des Beginns der Ausschlußfrist bei Dauertatbeständen vgl. *Gerauer*, BB 1988, 2032). Hierbei ist grds. abzustellen auf die Kenntniserlangung durch die GV (BAG, DB 1978, 353 = AP Nr. 11 zu § 626 = BB 1978, 499 = NJW 1978, 723 = WM 1978, 766 = Genossenschaftsforum 4/1978 S. 40 m. zust. Anm. *Schaffland* = ZfG 1979, 168 m. insoweit zust. Anm. *Schnorr von Carolsfeld*; OLG Köln, DB 1994, 471) und dort auf die Behandlung des konkreten Tagesordnungspunktes, was insbesond. bei Unterbrechungen von Bedeutung sein kann (*Wiesner*, BB 1981, 1540; *Schaffland*, BB 1978, 501). Auch die Kenntnis aller Genossenschaftsmitglieder genügt nicht, da nur die GV beschließen kann und diese die gesetzlichen bzw. satzungsmäßigen Einladungsfristen beachten muß (vgl. auch OLG Düsseldorf, DB 1983, 1036). Auf die Kenntnisse einer Minderheit der Mitglieder, die die Einberufung der GV verlangen könnte, kommt es für den Fristbeginn ebenfalls nicht an (BGH, NJW 1984, 2689 = DB 1984, 1820 = WM 1984, 1120 = ZfG 1987, 94 m. Anm. *Hadding*; vgl. auch § 40 Rdn. 17). 82

Die eG muß sich jedoch so behandeln lassen, als ob die GV bereits informiert wäre, sofern der Aufsichtsrat diese nicht in angemessen kurzer Zeit einberuft, nachdem er selbst jene Kenntnis erlangt hat (§ 40 Rdn. 18; BGH, NJW 1984, 2689 = DB 1984, 1820 = WM 1984, 1120; *Hettrich/Pöhlmann*, § 24 Rdn. 19; a. A. *Müller*, § 24 Rdn. 73a). Der Aufsichtsrat verzögert jedoch die Einberufung der GV dann regelmäßig nicht unangemessen, wenn er zunächst den Versuch macht, in angemessen kurzer Zeit eine einvernehmliche Trennung (hierzu Rdn. 93 ff) der eG von dem zu kündigenden Vorstandsmitglied zu erreichen (BGH, NJW 1984, 2689 = DB 1984, 1820 = WM 1984, 1120 = LM Nr. 28 zu § 626 BGB = ZfG 1987, 94 m. Anm. *Hadding*; BAGE 29, 164 ff; vgl. auch § 40 Rdn. 17). Der Aufsichtsrat dürfte je nach Fallgestaltung demnach noch eine Verhandlungsfrist von einigen Wochen haben (so auch OLG Köln, DB 1994, 471 – im konkreten Fall 2 Wochen). Die Unterlassung der Einberufung der GV setzt sodann die 2-Wochen-Frist in Gang, und zwar zu dem Zeitpunkt, zu dem bei ordnungsgemäßem Verhalten die GV stattgefunden hätte. 83

Die Kündigung des Angestelltenverhältnisses wird bei Anwesenheit des betroffenen Vorstandsmitglieds mit Verkündung des Beschlusses sofort 84

**wirksam** (OLG Köln, ZfG 1996, 146 m. Anm. *Ferneding*), ohne daß es noch einer zusätzlichen Erklärung bedarf (BGH, DB 1961, 803). Dies gilt naturgemäß nur dann, wenn sich aus der Verkündung des Beschlusses für den Betroffenen eindeutig erkennbar die Tragweite für die Beendigung der Amtsstellung **und** des Dienstvertrages ergibt. Der Gehaltsanspruch endet frühestens mit dem Tage, an dem die GV die Entlassung beschlossen hat (§ 40 Rdn. 15). Bei Abwesenheit ist die von der GV beschlossene Kündigung – wie der Widerruf der Bestellung –, um wirksam zu werden, gem. § 39 Abs. 1 vom Aufsichtsrat (dieser vertreten durch den Aufsichtsratsvorsitzenden) unverzüglich mitzuteilen (BGH, DB 1973, 1010), ohne daß dem Aufsichtsrat ein Ermessensspielraum bezüglich des Zeitpunktes oder der inhaltlichen Ausgestaltung verbleibt (BGH, ZfG 1961, 467). Nach LG Flensburg (Urt. v. 16. 1. 1987 – 3 O 348/86) ist nur erforderlich, daß das Vorstandsmitglied von der Entscheidung in Kenntnis gesetzt wird, was durch ein einfaches Schreiben, unterzeichnet vom Aufsichtsratsvorsitzenden, geschehen kann. Damit ist die Kündigungserklärung als Rechtsgestaltungsakt bereits mit dem GV-Beschluß wirksam; zusätzlich muß eine Mitteilung über die Kündigung noch innerhalb der 2-Wochen-Frist gem. § 130 BGB dem zu Kündigenden zugehen (BAG, NJW 1978, 2168; *Palandt*, BGB, § 626 Anm. 3 b, ee). Der Zugang kann gem. § 132 Abs. 1 BGB durch formgerechte Zustellung (Zustellung durch Gerichtsvollzieher) ersetzt werden. Der Zugang ist nicht nur an den Adressaten, sondern auch an eine empfangsbereite Person möglich. Denkbar ist auch eine Ersatzzustellung durch Niederlegung gem. § 182 ZPO; dann ist jedoch eine ordnungsgemäße Beurkundung erforderlich, daß weder der Empfänger noch eine empfangsbereite Person angetroffen worden sind (OLG Hamm, Urt. v. 4. 12. 1991; *Zöller/Stephan*, ZPO, 16. Aufl. § 182 Rdn. 1). Der Gehaltsanspruch endet mit Zugang der Mitteilung (OLG Köln, ZfG 1996, 146 m. Anm. *Ferneding*); unerheblich ist, ob die Mitteilung die Kündigungsgründe enthält; die Gründe sind allerdings auf Verlangen mitzuteilen (*Palandt*, BGB, § 626 Anm. 3c). Kommt der Wille, das Anstellungsverhältnis auf jeden Fall zu lösen, in der Kündigung selbst zum Ausdruck, ist die Umdeutung einer unwirksamen außerordentlichen Kündigung in eine ordentliche zulässig (BGHZ 20, 249 = WM 1956, 633; WM 1985, 567; vgl. auch OLG Frankfurt, Urt. v. 26. 5. 1977 – 9 U 59/76; weitergehend *Müller*, § 24 Rdn. 68a, der regelmäßig eine Umdeutung vornimmt). Gegen den Willen zur ordentlichen Kündigung kann jedoch sprechen, daß die dadurch ausgelösten Gehalts-, Abfindungs- und Pensionsansprüche die eG schwerer belasten würden als bei Kündigung aus wichtigem Grund (BGH, Urt. v. 10. 5. 1982 – Az: II ZR 258/81; WM 1956, 1182; *Fleck*, WM 1985, 680; vgl. auch Rdn. 80). Es ist auch denkbar, vorsorglich neben der außerordentlichen eine ordentliche Kündigung auszusprechen (*Hettrich/Pöhlmann*, § 24 Rdn. 19a). Zur außerordentlichen (fristlosen) Entlassung von Vorstandsmitgliedern vgl. die ausführliche Übersicht über die Rechtsprechung des BGH von *Fleck*, WM-Sonderbeilage Nr. 3 zu WM Nr. 41/1981, 9 ff; WM 1985, 677 sowie *Schaffland*, DB 1978, 1773, zu den zu beachtenden Fristen BAG, DB 1978, 353 = BB 1978, 499 mit zust. Anm. *Schaffland*; sowie *Wiesner*, BB 1981, 1533 (1540). Ein etwaiger Rechtsstreit gehört in die Zuständigkeit der Zivilgerichte und nicht der Arbeitsgerichte (BAG, ZIP 1988, 91; LAG Hamm, Beschl. v. 25. 11. 1992 – Az: 9 Ta 174/92). Dies gilt grundsätzlich auch bei Kündigung nach vorläufiger Amtsenthebung. Zuständigkeit der Arbeitsgerichte wurde vom BAG (AP Nr. 11 zu § 626 = DB 1978, 353 = BB 1978, 499 = NJW 1978, 723 = WM 1978, 766 = Genossenschaftsforum 4/1978, 40 m. Anm. *Schaffland*) bejaht, wenn zwischen vorläufiger Amtsenthebung und fristloser Kündigung 4 Monate liegen.

Wird ein Antragsteller einer eG zum Vorstandsmitglied bestellt, ohne **85** daß sich an den Vertragsbedingungen im übrigen etwas ändert, so ist im Zweifel anzunehmen, daß das bisherige Arbeitsverhältnis suspendiert und nicht endgültig beendet ist (anders jedoch bei Umwandlung eines Arbeitsverhältnisses nach § 197 DDR-ZGB in ein freies Dienstverhältnis, Rdn. 50). Wird der Angestellte bei einer derartigen Vertragsgestaltung als Vorstandsmitglied abberufen, so wird das Arbeitsverhältnis hierdurch wieder auf seinen ursprünglichen Inhalt zurückgeführt. Wird ihm erst nach der Abberufung gekündigt, so ist für die Entscheidung über seine hiergegen erhobene Klage das Gericht für Arbeitssachen zuständig (so BAG, ZIP 1988, 91; ZIP 1986, 797 = DB 1986, 1474 zur GmbH im Anschluß an BAGE 24, 383 = AP Nr. 4 zu § 626 BGB). Diese Entscheidungen sind so zu weitgehend. Ihnen kann nur gefolgt werden, wenn die Kündigung nicht mehr in einem inneren Zusammenhang mit der Abberufung stand, sich also an das Vorstands-Dienstverhältnis noch ein weiteres in einer untergeordneten Funktion anschloß (vgl. auch Rdn. 92, wie hier *Miller*, in: Meyer-Landrut/Miller/Niehus, GmbHG, §§ 35–38 Rdn. 196).

Die GV ist für die **Abberufung ehrenamtlicher Vorstandsmitglieder** **86** selbst dann zuständig, wenn für die Berufung ein anderes Organ (z. B. der Aufsichtsrat) befugt ist (wie hier *Müller*, § 24 Rdn. 68), da hier auch die ordentliche Abberufung stets fristlos erfolgt. Aus § 24 Abs. 3 und § 40 folgt, daß der Gesetzgeber die fristlose Abberufung aus der Organstellung ausschließlich der GV vorbehält.

In der GV genügt, wenn die Satzung nichts anderes bestimmt, die **einfache Mehrheit** für die Abberufung. In der Annahme eines Mißtrauensvo- **87** tums gegen den Vorstand in der GV kann bereits ein Widerruf der Bestellung liegen (OLG Köln, BlfG 1934, 241). Stets ist jedoch erforderlich, daß der Tagesordnungspunkt ordnungsgemäß angekündigt ist. Ein Verstoß hiergegen führt zur Anfechtbarkeit nach § 51.

Ein **wichtiger** Grund braucht für den Widerruf der Bestellung – anders **88** jedoch bei der fristlosen Kündigung des Dienstvertrags (§ 626 BGB) –

**nicht** vorzuliegen. Die Organstellung ist beendet, wenn auch in diesem Fall der Dienstvertrag weiterbesteht. Klagt der Abberufene erfolgreich gegen die fristlose Kündigung, hat er kein Recht auf Wiedereinstellung als Vorstandsmitglied (BGHZ 8, 843 = NJW 1953, 740; vgl. den Wortlaut des § 24 Abs. 3; vgl. auch § 40 Rdn. 24). Der Abberufene kann jedoch gehalten sein, sich mit dem Angebot einer angemessenen anderen Beschäftigung zufrieden zu geben, wenn er eine sofortige Kündigung auch des Dienstvertrags vermeiden will (BGH, WM 1966, 968; WM 1978, 319).

**89** Der Widerruf der Bestellung läßt den **Gehaltsanspruch** (der Ausdruck des Gesetzes „Entschädigungsansprüche" ist ungenau, denn es handelt sich um Ansprüche aus bestehenden Verträgen) grundsätzlich unberührt, es sei denn, es liegt zugleich eine wirksame Kündigung des Dienstvertrages vor, die den Gehaltsanspruch sofort zum Erlöschen bringt.

**90** Für die Frage, ob im Falle einer fristlosen Kündigung ein **Versorgungsanspruch** entfällt, sind zunächst die vertraglichen Vereinbarungen zu berücksichtigen, ferner die Bestimmungen des Gesetzes über die Verbesserung der betrieblichen Altersversorgung (BetrAVG, BGBl. I 1974, 139). Für den Fall, daß unverfallbare Anwartschaften entstanden sind, entfallen diese nur ausnahmsweise nach Maßgabe der gesetzlichen Vorschriften und bei Erreichen der Altersgrenze (vgl. im einzelnen die Vorschriften des BetrAVG). Pflichtverletzungen können den Versorgungsanspruch nur noch dann ausschließen, wenn sie besonders schwer wiegen, insbesond. wenn sie einen auf andere Weise nicht wiedergutzumachenden Schaden angerichtet haben (BGH, DB 1981, 1971), mithin sich die vom Berechtigten erbrachte Betriebstreue im Rückblick als wertlos darstellt (BAG, Urt. v. 8. 5. 1990 – Az 3 AZR 152/88; LG Traunstein, Urt. v. 12. 7. 1991 – Az 60579/88). Der Versorgungsanspruch ist nach § 242 BGB widerrufbar, wenn der Begünstigte sich über Jahre hinweg pflichtwidrig verhalten hat und dem Dienstherrn einen schweren, die Existenz bedrohenden Schaden zugefügt hat (BGH, DStR 1993, 1189). Scheidet ein Vorstandsmitglied vor Erreichen des Pensionsalters aus und ist zur Unverfallbarkeit nichts vereinbart, ist für die Versorgungszusage die Geschäftsgrundlage weggefallen (BGH, BB 1993, 679 vgl. ausführlich Rdn. 106 ff). Der Versorgungsanspruch entfällt auch, wenn das BAK ein Tätigkeitsverbot (Rdn. 105) ausspricht (§ 242; OLG München, Urt. v. 13. 5. 1992 – 3 U 5234/91). Zum Versorgungsrecht vgl. im übrigen die ausführliche Übersicht über die Rechtsprechung des BGH von *Fleck*, WM-Sonderbeilage 3 zu WM Nr. 41/1981, 14 ff und WM 1985, 681; s. a. Rdn. 106 ff.

**91** Mit einem Mitglied des Vorstands kann nicht vereinbart werden, daß ihm nach seiner fristlosen Entlassung das volle Gehalt weitergezahlt werden soll. Jedoch ist eine **Vereinbarung** zulässig, daß ein Versorgungsanspruch in gewissen Fällen fristloser Entlassung entstehen soll. Eine solche

Vereinbarung darf aber nicht den Anreiz zu ungetreuem oder vorsätzlich schädigendem Verhalten bieten und kann daher nicht für den Fall der Kündigung aus derartigen Gründen getroffen werden (BGHZ 8, 348 [367] = NJW 1953, 740). Auch unter dem Gesichtspunkt der Billigkeit kann einem fristlos entlassenen Mitglied des Vorstands ein Versorgungsanspruch zugebilligt werden.

#### 4. Amtsniederlegung

Das Vorstandsmitglied kann sein Amt niederlegen. Es kann seine **92**
Organstellung in Verbindung mit einer ordentlichen Kündigung seines Dienstvertrags aufgeben oder sein Amt – ggfs. auch unter Aufrechterhaltung seines Dienstverhältnisses (BGH, NJW 1978, 1435 – DB 1978, 878 = WM 1978, 319 GmbH; BGH, NJW 1980, 2415 = WM 1980, 1117 = BGHZ 78, 82 – GmbH; BGH, WM 1984, 533) – aus wichtigem Grund sofort niederlegen. Dies würde bedeuten, daß eine Amtsniederlegung ohne wichtigen Grund unwirksam wäre, was unter verfassungsrechtlichen Gesichtspunkten bedenklich erscheint. Nach BGH (BB 1993, 675 = NJW 1993, 1198 = DB 1993, 830) ist deshalb nunmehr auch eine ohne wichtigen Grund erklärte Amtsniederlegung wirksam (vgl. auch Rdn. 97). Das Gehalt kann dann ggfs. herabgesetzt werden (OLG Nürnberg, Urt. v. 17. 5. 1988 – Az: 1 U 4030/87), soweit bestimmte Gehaltsanteile eindeutig wegen der Bestellung zum Vorstandsmitglied gezahlt worden sind. Es handelt sich um eine einseitige empfangsbedürftige Willenserklärung. Die Satzung kann vorsehen, daß die Amtsniederlegung erst wirksam werden soll mit Löschung im Genossenschaftsregister. Als wichtiger Grund i. S. d. § 626 BGB kommen z. B. in Betracht:

- Nichtzahlung oder wiederholter Zahlungsverzug der Vergütung
- dauernde Arbeitsunfähigkeit
- Gefährdung der Gesundheit
- Verfeindung mit anderen Vorstandsmitgliedern
- unzulässige Eingriffe des Aufsichtsrats in die Leitung der eG
- Vertrauensentzug durch den Aufsichtsrat, der insbesond. darin zu sehen ist, daß er eine Suspendierung nach § 40 beabsichtigt.

Auch kann ein Vorstandsmitglied sein Amt im Einvernehmen mit der eG niederlegen. Rechtsdogmatisch handelt es sich um einen **Aufhebungsvertrag**, der sowohl die Organstellung als auch das Dienstverhältnis beendet (a. A. *Müller*, § 24 Rdn. 75a, der einen Aufhebungsvertrag nur hinsichtlich des Dienstverhältnisses für zulässig ansieht); dieser wird auf Seiten der eG von dem nach der Satzung zur Bestellung befugten Organ geschlossen (hierzu auch Rdn. 93). Immer dann, wenn die unabhängige Vertretung durch den (Rest-)Vorstand gegenüber einem ausgeschiedenen Vorstandsmitglied (abstrakt: BGH, WM 1989, 637 = ZIP 1989, 497; WM 1990, 630 =

WM 1991, 941 = ZIP 1991, 796; WM 1995, 1716 = WuB II D. § 39 GenG 1.95 m. Anm. *Schaffland* = ZfG 1996, 226, m. Anm. *Beuthien/Klose*) gefährdet erscheint, ist die Zuständigkeit des Aufsichtsrates in analoger Anwendung des § 112 AktG gegeben (BGH, AG 1994, 35 = WuB II A § 112 AktG 1.94 m. Anm. *Hirte*; vgl. auch *Schmits*, AG 1994, 152). Allein die Dauer der Zusammenarbeit zwischen den Mitgliedern des Vorstandes ist geeignet, zu engen Beziehungen zu führen. Wird ein Vorstandsmitglied abberufen, so könnten diese persönlichen Beziehungen zu einer solidarischen Abwehrhaltung der verbliebenen Vorstandsmitglieder führen. Diesem Interessenkonflikt muß durch eine Anwendung des § 112 AktG entgegengewirkt werden (BGH, NJW 1988, 1384; BGH, BB 1990, 729 = DB 1990, 930 = WM 1990, 630 = NJW-RR 1990, 739; BGHZ 103, 217). Nur bei einer Vertretung durch den Aufsichtsrat ist in diesem Fall eine unbefangene, von sachfremden Erwägungen unbeeinflußte Vertretung der eG gewährleistet (BGH, AG 1994, 35 = WuB II A § 112 AktG 1.94 m. Anm. *Hirte*). Dieser neue **Grundsatz des BGH** ist nicht bedenkenfrei. Die abstrakte Gefahr der Befangenheit könnte auch in den Aufsichtsrat durchschlagen, da oft ehemalige Vorstandsmitglieder in den Aufsichtsrat gewählt werden (*Werner*, in: ZGR 3/89, Fn. 33; *Schmits*, AG 1994, 152; *Schaffland*, in: WuB II D. § 39 GenG 1.95). Zuständig ist der Aufsichtsrat (lt. Satzung) für die ordentliche und die GV für die außerordentliche Kündigung nur dann, wenn (und solange) Streit über die wirksame Amtsniederlegung (vgl. hierzu auch Rdn. 97), bzw. über den wirksamen Widerruf der Bestellung besteht (zur Begründung s. Rdn. 6). Soll erst noch ein neuer Dienstvertrag abgeschlossen werden – hat sich also der alte (weiter bestehende) (Vorstands-)Dienstvertrag noch nicht in einen gewöhnlichen Dienstvertrag umgewandelt, ist für dessen Kündigung der Aufsichtsrat bzw. die GV zuständig (BGH, WM 1984, 532; zur Zuständigkeit der Arbeitsgerichte vgl. Rdn. 85). Auch denkbar ist, daß nach Umwandlung in einen gewöhnlichen Dienstvertrag Vorstand und Dienstleistender einvernehmlich auf die Erbringung der Dienste verzichten. Aus Gründen der Rechtssicherheit sollten im Zweifel der (Rest-)Vorstand und der Aufsichtsrat unterzeichnen.

**Ehrenamtliche** Vorstandsmitglieder können jederzeit ihr Amt niederlegen, es sei denn, dies erfolgt zur Unzeit (zur Kündigung des Auftragsverhältnisses vgl. Rdn. 99).

**93** Die **Zuständigkeit** für einen außerprozessualen Aufhebungsvertrag liegt im übrigen stets bei dem Organ, das laut Satzung für die Bestellung und Anstellung zuständig ist (*Müller*, § 24 Rdn. 84; *Hadding*, ZfG 1987, 102; *Aepfelbach*, Bankinformation 1/86 50). Dies verkennt die Rechtsprechung (BGH, NJW 1984, 2689 = DB 1984, 1820 = WM 1984, 1120 = ZfG 1987, 94; OLG Hamm, Urt. v. 18. 4. 1986 – Az: 8 U 11/86; LG Detmold, Urt. v. 19. 11. 1985 – Az: 90 367/85), wenn sie unter Berufung auf BGHZ 79, 41 =

DB 1981, 308 = WM 1981, 30 = BB 1981, 197 = NJW 1981, 757 die Auffassung vertritt, die GV müsse auch bei einem vergleichsweisen Ausscheiden das letzte Wort haben. Der letztgenannten BGH-Entscheidung lag ein anderer Sachverhalt zugrunde, worauf *Hadding* (ZfG 1987, 101) und *Aepfelbach* (Bankinformation 1/86, 50) zu Recht hinweisen. Unentziehbar war dort die Beschlußfassung über die Berufung und Abberufung dem Verwaltungsrat durch das Sparkassengesetz zugeschrieben. Dieser konnte lediglich die Ausgestaltung des Anstellungsverhältnisses einem Unterausschuß übertragen (zu dessen Rechten und seinen Grenzen s. Rdn. 48, 71). Demgegenüber ist in der Regel nach der Satzung bei einer GV dem Aufsichtsrat die Bestellung und Anstellung, die fristgemäße Abberufung und fristgemäße Kündigung übertragen. Die Grundsätze dieser Entscheidung können also nur dann auf die eG angewendet werden, wenn

– entweder das Bestellungsrecht bei der GV geblieben ist und lediglich die Ausgestaltung des Anstellungsverhältnisses auf den Aufsichtsrat übertragen worden ist
– oder der Aufsichtsrat die Ausgestaltung und den Abschluß eines Dienstvertrags auf einen Ausschuß delegiert, sich selbst jedoch die Zuständigkeit für die organschaftlichen Akte vorbehält.

Jedoch verfestigt sich die Zuständigkeit der GV annehmende Rechtsprechung (BGH, Beschl. v. 28. 9. 1992 – Az: II ZR 294/91, rezensiert von *Goette*, DStR 1993, 1190; OLG Hamm, Urt. v. 9. 12. 1991 – die hiergegen eingelegte Revision hat der BGH nicht angenommen; a. A. OLG Oldenburg, BB 1994, 139 m. zust. Anm. *Becker*; DB 1992, 1179 m. zust. Anm. *Carspecken*). Das OLG Hamm (Urt. v. 9. 12. 1991) begründet dies mit dem in § 40 vorgesehenen Letztentscheid der GV. Dieser Lösungsansatz vermag nicht zu überzeugen. Die GV kann sich dieses Rechts jedoch durch Satzungsregelung begeben und die Zuständigkeit des Aufsichtsrates vorsehen (vgl. OLG Hamm, Urt. v. 9. 12. 1991; s. jetzt auch § 18 Abs. 4 der Mustersatzungen). Würde die GV – im Falle ihrer Zuständigkeit – die Aufhebungsvereinbarung nicht genehmigen, könnte sie immer noch unter Beachtung der 2-Wochen-Frist des § 626 BGB außerordentlich kündigen.

Im übrigen ist eine Einberufung einer GV entbehrlich, wenn das Vorstandsmitglied außerordentlich kündigt oder wenn es sich um eine einvernehmliche Trennung handelt und damit nicht um eine Aufhebungsvereinbarung, durch die ein Streit beendet wird.

Bedenken bestehen jedoch, wenn das Vorstandsmitglied zeitlich zuvor sein Amt niederlegt, so daß, da es formell nicht mehr dem Vorstand angehört, eine Aufhebungsvereinbarung vom Restvorstand (und sicherheitshalber vom Aufsichtsrat) geschlossen werden könnte, eine Befassung der GV mithin nicht notwendig wäre. Dies könnte im Einzelfall durchaus als unzulässige Umgehung dessen angesehen werden, was das OLG Hamm und ihm folgend der BGH für notwendig hält.

Stellt der Aufsichtsrat dem ausscheidungswilligen Vorstandsmitglied „eine dem Standing des Hauses entsprechend faire Aufhebung des Vertragsverhältnisses mit glänzendem Zeugnis" in Aussicht, so liegt darin nicht die verschlüsselte Zusage einer finanziellen Aufhebungsregelung im abzuschließenden Aufhebungsvertrag, wenn er derjenige ist, der vorzeitig aus dem Anstellungsvertrag drängt, und die Gesellschaft eigentlich am Verbleiben des Geschäftsführers interessiert ist.

Das mündliche Angebot des Vorstandsmitglieds zur Vertragsaufhebung an ein einzeln anwesendes Mitglied eines mehrköpfigen Aufsichtsrates ist kein Angebot unter Anwesenden i. S. d. § 147 Abs. 1 BGB, das nur sofort angenommen werden könnte. Eine mit einem einzelnen Aufsichtsratsmitglied vereinbarte Aufhebung des Vertrages ist schwebend unwirksam und kann gem. § 177 Abs. 1 BGB durch Genehmigung des Gesamtaufsichtsrats Gültigkeit erlangen.

Beschließt der Aufsichtsrat im Hinblick auf das zwischen einem seiner Mitglieder und dem Vorstandsmitglied vereinbarte Ausscheiden die Abberufung, so liegt darin die durch Auslegung des Beschlusses zu ermittelnde Genehmigung des schwebend unwirksamen Aufhebungsvertrages.

Bestreitet das Vorstandsmitglied vor der Beschlußfassung des Aufsichtsrates, daß es zu einer Aufhebungsabsprache gekommen sei, so liegt darin nicht der Widerruf des schwebend unwirksamen Aufhebungsvertrages nach § 178 BGB, weil die Erklärung nicht erkennen läßt, daß der Vertrag wegen Vertretungsmangel nicht gelten soll (OLG Frankfurt, BB 1995, 2440).

**94** Für schuldhaft verursachten Schaden ist ein Vorstandsmitglied ersatzpflichtig (hierzu § 34 Rdn. 108 ff). Für einen **Regreßverzicht** im Zusammenhang mit dem Aufhebungsvertrag ist hingegen nicht der Aufsichtsrat, sondern die GV zuständig (§ 48 Rdn. 19; OLG Hamm, Urt. v. 18. 4. 1986 – Az.: 8 U 11/86; LG Detmold, Urt. v. 19. 11. 1985 – Az: 9 O 367/85; LG Düsseldorf, DB 1994, 828). Um der Gefahr der gesamten Vertragsaufhebung nach § 139 BGB zu entgehen, sollte in einen Aufhebungsvertrag deshalb stets eine salvatorische Klausel eingebaut werden.

**95** Auch möglich ist eine **vorläufige einvernehmliche Suspendierung von der Amtsführungspflicht** (im Unterschied zur einseitigen Suspendierung nach § 40). Damit wird das Vorstandsamt noch nicht beendet. Die Amtsführungspflichten werden jedoch vorläufig aufgehoben. Es besteht dann zwar – wegen der Einvernehmlichkeit der Maßnahme – keine Pflicht zur unverzüglichen Einberufung einer a. o. GV (im Unterschied zur Suspendierung nach § 40). Es handelt sich aber gleichwohl um eine eintragungspflichtige Tatsache. Dies folgt aus dem Motiv des § 18 Abs. 1 S. 2 GenRegVO, daß aus dem Genossenschaftsregister stets ersichtlich sein soll, wer zur Vertretung der eG befugt ist.

Auch zulässig ist eine **vorläufige einvernehmliche Suspendierung von der Dienstleistungspflicht** – unter Beibehaltung der Organstellung. Da aus dem fortbestehenden Anstellungsvertrag Dienstleistungspflichten und -rechte fortbestehen, dürfte dies außerhalb des Verfahrens nach § 40 jedoch nur im Ausnahmefall zulässig sein. Da die Organstellung nicht berührt wird, ist eine Eintragung in das Genossenschaftsregister nicht erforderlich. 96

Die aus wichtigem Grund erklärte Amtsniederlegung ist auch dann **sofort wirksam**, wenn über die objektive Berechtigung dieser Gründe gestritten wird (BGH, WM 1984, 533; *Fleck*, WM-Sonderbeilage 3/1981, 10), also das Nichtvorliegen nicht offensichtlich war, unbeschadet einer etwaigen Haftung wegen Verletzung des Anstellungsvertrags (wegen der Abwägung der Interessen des Vorstandsmitglieds mit den Belangen der eG, die durch den unvermittelten Rücktritt eines Vorstandsmitglieds beeinträchtigt sein können, vgl. ausführlich BGH, NJW 1980, 2415 = WM 1980, 1117 = BGHZ 78, 82 – GmbH). Wird die Amtsniederlegung für unrechtmäßig erklärt, lebt die Organstellung nicht wieder auf. Die eG kann das Vorstandsmitglied förmlich wiederbestellen, wenn sie auf seine Organstellung noch Wert legt (BGH, NJW 1980, 2417 = WM 1980, 1117 – BGHZ 78, 82 – GmbH). Zuständig für die Wiederbestellung ist das nach der Satzung zuständige Organ. Die eG kann jedoch auch ihrerseits nunmehr kündigen; zuständig hierfür ist der Vorstand, da mit der wirksamen, wenn auch unrechtmäßigen Amtsniederlegung die Zugehörigkeit zum Vorstand erloschen war. Etwas anderes gilt, wenn die Kündigung als fristlose in engem Zusammenhang mit der (unrechtmäßigen) Amtsniederlegung erfolgt (Rdn. 75). 97

Bei Anstellungsverträgen auf unbestimmte Dauer kann das hauptamtliche **Vorstandsmitglied** unter Einhaltung der gesetzlichen oder vertraglichen Frist **kündigen** (§ 621 BGB). Die Kündigung enthält regelmäßig auch die Amtsniederlegung zu dem Zeitpunkt, zu dem das Anstellungsverhältnis endet. 98

Liegt ein **Auftragsverhältnis** vor, so kann die Kündigung jederzeit erfolgen, begründet aber, wenn sie zur Unzeit ohne wichtigen Grund erfolgt, ggfs. eine Schadensersatzpflicht gegenüber der eG nach § 671 BGB (siehe die bei *Neumann*, S. 98, gegebenen zahlreichen Literaturhinweise). 99

### 5. Ausscheiden aus der eG aufgrund Kündigung

Die **Beendigung der Mitgliedschaft** in der eG führt zum Erlöschen der Organstellung. Die Beendigung der Mitgliedschaft in einer Mitgliedsgenossenschaft führt wegen § 9 Abs. 2 („berufen") nicht zur Beendigung der Organstellung (vgl. § 9 Rdn. 32 ff). 100

### 6. Ausschluß aus der eG

101 Wird ein Vorstandsmitglied aus der eG **ausgeschlossen**, ist das Vorstandsamt bereits von der Absendung des Ausschließungsbeschlusses an erloschen (§ 68 Abs. 4). Nach der Mustersatzung für Wohnungsbaugenossenschaften kann ein Vorstandsmitglied erst ausgeschlossen werden, wenn die GV den Widerruf der Bestellung beschlossen hat (Mustersatzung §§ 11 Abs. 6, 34 j). Ein aus der eG ausgeschlossenes Mitglied des Vorstands hat nach Feststellung der Unwirksamkeit des Ausschlusses unter keinem rechtlichen Gesichtspunkt einen Anspruch auf Wiedereinstellung als Vorstandsmitglied (*Neumann* m. zahlreichen Nachw. auf Rspr. und Literatur). Seine Wiedereinstellung in dieser Eigenschaft setzt seine Wiederwahl voraus (BGHZ 8, 843 = NJW 1953, 740). Mit der Ausschließung aus einer Mitgliedsgenossenschaft erlischt das Vorstandsamt bei der anderen eG allerdings noch nicht.

### 7. Auflösung der eG

102 Durch die Auflösung der eG wird die Vorstandsstellung beendet. Die **Liquidation** erfolgt durch die bisherigen Vorstandsmitglieder als Liquidatoren, soweit nicht durch die Satzung, durch GV-Beschluß oder durch das Gericht andere Personen zu Liquidatoren bestellt werden.

### 8. Konkurs der eG

103 Im **Konkurs** der eG endet das Vorstandsamt nur, wenn die GV nach § 104 die Bestellung anderer Mitglieder des Vorstands beschließt. Der Dienstvertrag kann nach § 22 Abs. 1 KO durch den Konkursverwalter unter Einhaltung der gesetzlichen Frist gekündigt werden.

### 9. Rechte des Bundesaufsichtsamts für das Kreditwesen

104 Gemäß § 36 KWG hat das **BAK** das Recht, die **Abberufung** von Geschäftsleitern zu verlangen, wenn Gefahr für die Erfüllung der Verpflichtungen eines Kreditinstituts gegenüber seinen Gläubigern besteht und die Gefahr nicht durch andere Maßnahmen abgewendet werden kann (§ 35 Abs. 2 Nr. 5 KWG) oder wenn Tatsachen vorliegen, aus denen sich die Unzuverlässigkeit des Geschäftsleiters oder die fehlende fachliche Leistung ergibt, die zur Leitung eines Kreditinstituts erforderlich ist (§ 35 Abs. 2 Nr. 4 a i. V. m § 33 Abs. 1 Nr. 2 und 3 KWG). Das BAK kann die Abberufung eines Geschäftsleiters auch verlangen, wenn dieser vorsätzlich oder leichtfertig gegen das KWG, gegen Durchführungsverordnungen zum KWG oder gegen Anordnungen des BAK verstößt und trotz Verwarnung

durch das BAK dieses Verhalten fortsetzt (§ 36 Abs. 2 KWG). Diese Abberufung führt nicht zur Beendigung der Vorstandsstellung, sondern verpflichtet nur die eG, die erforderlichen Schritte zum Widerruf der Bestellung vorzunehmen. Das Abberufungsverlangen ist jedoch nicht stets ein Grund zur fristlosen Kündigung nach § 626 BGB (so aber *Reischauer/Kleinhans*, KWG, § 36, Anm. 5; wie hier OLG Frankfurt, Urt. v. 26. 5. 1977 – 9 U 59/76, mit der Begründung, bei den Verfügungen des BAK handele es sich allein um Präventivmaßnahmen, nicht aber um eine umfassende Würdigung der Interessen auch des Betroffenen, wie sie nach § 626 BGB vorgeschrieben sei; es seien durchaus Fälle denkbar, in denen ein Abberufungsverlangen des BAK nur eine ordentliche Kündigung rechtfertigen könne.

Daneben kann das **BAK** nach § 46 Abs. 1 KWG Geschäftsleitern u. U. **105**
die **Ausübung ihrer Tätigkeit untersagen**. Zwar wird durch diese Untersagung das Vorstandsamt nicht beendet, für die Dauer der Untersagung ist jedoch der Geschäftsleiter von der Geschäftsführung und Vertretung des Kreditinstituts ausgeschlossen. Die Untersagung wirkt auch gesellschaftsrechtlich (vgl. Begründung zu § 46 KWG in BT-Drucks. VIII/4631 Nr. 17). Hierdurch wird klargestellt, daß der Betreffende für die Dauer der Untersagung auch im Außenverhältnis nicht mehr vertretungsbefugt ist und folglich auch keine Geschäftsleiterfunktionen wahrnehmen kann. Dies hat zur Folge, daß diese Aufhebung der Vertretungsbefugnis zur Eintragung in das Genossenschaftsregister durch die verbleibenden Vorstandsmitglieder anzumelden ist. Wenn von einer Tätigkeitsuntersagung sämtliche Geschäftsleiter einer eG betroffen sein sollten, so ist der analog § 29 BGB zu bestellende Notvorstand für die Wahrnehmung dieser Pflichten verantwortlich, nicht aber das BAK. Bei Kreditgenossenschaften mit Warengeschäft berührt die Untersagung der Geschäftsführung und Vertretung auch das Warengeschäft. Dies hat seine Ursachen darin, daß die Vertretungsmacht des Vorstands in ihrer Außenwirkung nicht beschränkbar ist. Es ist auch nicht auszuschließen, daß im Einzelfall gerade das Geschäftsgebaren im Warengeschäft erhebliche Risiken für die eG mit sich bringt; es können dort sogar die Gründe für die Untersagung liegen. Die Untersagung ist stets ein **Grund zur fristlosen Kündigung** (Näheres vgl. *Reischauer/Kleinhans*, KWG, Erl. zu § 46).

## VII. Pensionszusagen

Es sind folgende Fälle zu unterscheiden: **106**
Das Vorstandsmitglied scheidet vor Erreichen des Pensionsalters aus und geht in den Ruhestand.
Hier sind folgende Varianten denkbar:

a) Es ist Unverfallbarkeit nach den Vorschriften des Betriebsrentengesetzes eingetreten. Im Falle einer zwölfjährigen Unternehmenszugehörigkeit und einer mindestens drei Jahre alten Zusage ist diese unverfallbar, sie kann jedoch abgefunden werden.
Wenn die Zusage 10 Jahre alt ist, kann die unverfallbare Zusage nicht abgefunden werden.
Die Abfindung kann jedoch nur im Einvernehmen mit dem Versorgungsempfänger erfolgen. Anderenfalls wird die Anwartschaft berechnet.

b) Vor Eintritt der gesetzlichen Unverfallbarkeit ist dies aufgrund einer vertraglichen Vereinbarung unverfallbar geworden.
Diese Vereinbarung unterliegt der Gestaltungsfreiheit. sie ist abfindbar und aufhebbar.
Diese Modifizierung kann jedoch nur in den Grenzen des Betriebsrentengesetzes erfolgen, d. h. eine Abfindung kann nur in den Grenzen des § 3 BetrAVG vorgenommen werden.

c) Vertragliche Unverfallbarkeitsregeln, die das Vorstandsmitglied ungünstiger stellen, als es nach dem Betriebsrentengesetz stehen würde, sind unwirksam.

d) Ist zur Unverfallbarkeit nichts im Vertrag geregelt, sind die allgemeinen Auslegungsregeln anzuwenden.
Der Anspruch wäre unverfallbar, wenn das Vorstandsmitglied eine entsprechende Vereinbarung beweisen könnte.
Für die Versorgungszusage war gewissermaßen Geschäftsgrundlage, daß das Vorstandsmitglied dem Unternehmen bis zum Erreichen des Pensionsalters die Treue hält. Wenn es vorher geht, wäre insoweit die Geschäftsgrundlage weggefallen. Dies hätte zur Folge, daß die Versorgungszusage – in den Grenzen der §§ 1, 3 BetrAVG – verfallbar wäre. (so auch BGH, BB 1993, 679).

107 e) Das Vorstandsmitglied verbleibt im Unternehmen (ggfs. auf anderer Ebene).

Für diesen Fall gilt § 3 BetrAVG nicht. Eine Abfindung kann einvernehmlich vereinbart werden. Auch ist ein entschädigungsloser Erlaß zulässig. Diese Möglichkeiten bestehen jedoch nicht bei sogenannten Aufhebungsverträgen mit Auslauffrist, wo ein erkennbarer Zusammenhang der Abfindungsvereinbarung bzw. des Erlasses mit dem Ausscheiden aus dem Betrieb besteht, was nur anhand des Einzelfalls (z. B. längere Betriebszugehörigkeit) entschieden werden kann (wie hier *Bauer*, Arbeitsrechtliche Aufhebungsverträge, Rdn. 548; offenbar a. A. *Schaub/Schusinsky/Ströer*, Erfolgreiche Altersvorsorge, S. 62).

108 f) Das Vorstandsmitglied wechselt den Arbeitgeber.

Der unverfallbare Teil seiner Zusage kann vom neuen Arbeitgeber übernommen werden.
Soweit Zusagen noch nicht unverfallbar geworden sind, sind diese – aus der Sicht des alten Arbeitgebers – verfallen. Es besteht auch die Möglichkeit, insoweit die Zusage – freiwillig – zu modifizieren.

g) Die eG hat eine Versorgungszusage gegeben, die unverfallbar ist; das Vorstandsmitglied scheidet nunmehr aus dem Arbeitsleben aus. **109**
In diesem Fall muß eine Berechnung nach § 2 BetrAVG erfolgen. Die Dauer der Unternehmenszugehörigkeit muß in Relation gesetzt werden zur Restlebensarbeitszeit.

h) Der unverfallbare Teil wird **110**
aa) aufgestockt,
bb) ergänzt um eine andere Versorgungszusage.
Es gelten die allgemeinen Auslegungsregelungen. Im Falle aa) ist auch der aufgestockte Betrag sofort unverfallbar. Im Falle bb) ist diese weitere Versorgungszusage ein aliud, das als gesonderter Vertrag zu werten ist, für den neue Fristen zu laufen beginnen. Eine bloße Änderung liegt vor, wenn zwischen beiden Zusagen ein sachlicher Zusammenhang besteht. Der fehlende Zusammenhang könnte durch eine Weitergeltungsklausel bezüglich der alten Zusage zum Ausdruck gebracht werden.

i) Verzicht durch das Vorstandsmitglied **111**
Ist das Vorstandsmitglied bereits ausgeschieden und erhält es Pensionszahlungen, so ist ein Verzicht durch das Vorstandsmitglied möglich, da insoweit der psychische Druck weggefallen ist. In diesem Fall kann die Zusage auch modifiziert werden.

j) Dem Vorstandsmitglied kann der Einwand der Arglist entgegengehalten werden. **112**
Dieser Einwand liegt nahe, wenn eine fristlose Kündigung möglich gewesen wäre, bevor eine Versorgungsanwartschaft unverfallbar wurde, die eG diese Möglichkeit jedoch nur deshalb nicht rechtzeitig genutzt hat, weil das Vorstandsmitglied seine Verfehlungen verheimlichen konnte (AP § 1 BetrAVG, Treuebruch Nr. 1).
Nach den Umständen des Einzelfalles kann hier auch ein teilweiser Widerruf mit dem Inhalt gerechtfertigt sein, daß die Zeit der Treuepflichtverletzung für die Versorgungshöhe unberücksichtigt bleibt (AP § 1 BetrAVG Treuebruch Nr. 2).
Im übrigen kann ein Widerruf damit begründet werden, daß die Pflichtverletzungen besonders schwer wiegen, insbesond. wenn sie einen auf andere Weise nicht wiedergutzumachenden Schaden angerichtet haben (AP § 1 BetrAVG Treuebruch Nr. 3).
Ein Vorstandsmitglied handelt grundsätzlich arglistig, wenn es sich auf die Unverfallbarkeit seiner Versorgungsanwartschaft beruft, obwohl es

die erforderliche Betriebszugehörigkeitsdauer nur durch das Vertuschen schwerer Verfehlungen erreichen konnte (AP § 1 BetrAVG Treuebruch Nr. 5). In diesen Fällen besteht ebenfalls die Möglichkeit, die Zusage zu modifizieren.

Ein Aufrechnen mit Gegenansprüchen wäre ein Verzicht auf Schadensersatzansprüche. Für diesen Verzicht wäre ein GV-Beschluß erforderlich. Pensionsrückstellungen müßten aufgelöst werden. Um die notwendige Rechtsklarheit zu schaffen, würde sich die Erhebung einer Feststellungsklage anbieten.

**113** k) Dem Vorstandsmitglied sind zwar schwerwiegende Pflichtverstöße, jedoch keine Arglist vorzuwerfen.

In diesem Falle besteht keine Widerrufsmöglichkeit. Der Pensionsanspruch bleibt bestehen; die Rückstellung darf nicht aufgelöst werden. Die eG könnte mit ihren Regreßansprüchen gegen die Versorgungsansprüche (bis zu deren Höhe, sonst unzulässiger Verzicht) aufrechnen (wobei ggfs. die Pfändungsfreigrenzen zu beachten sind).

Da Schadensersatzansprüche gegen Vorstandsmitglieder nach § 34 Abs. 5 GenG in fünf Jahren verjähren, sollte die eG ein notariell beurkundetes Schuldanerkenntnis anstreben bzw. einen Vollstreckungstitel erstreiten und sodann ein Vollstreckungsabkommen schließen.

**114** l) Das Vorstandsmitglied ist überschuldet, als es verstirbt. Die Erben schlagen die Erbschaft aus.

Die Ausschlagung der Erbschaft hat zur Folge, daß die Schadensersatzansprüche nicht gegen die Erben geltend gemacht werden können. Andererseits bleiben die Ansprüche der Witwe und Waisen, wenn eine Witwen- und Waisenrente zugesagt ist, ggf. bestehen, da diese Ansprüche nicht Teil der Erbmasse sind, sondern in der Person der Drittbegünstigten originär entstanden sind.

## § 25

## Regelung der Vertretung und Unterzeichnung durch den Vorstand

**(1) Die Mitglieder des Vorstands sind nur gemeinschaftlich zur Vertretung der Genossenschaft befugt. Das Statut kann Abweichendes bestimmen. Ist eine Willenserklärung gegenüber der Genossenschaft abzugeben, so genügt die Abgabe gegenüber einem Vorstandsmitglied.**

**(2) Das Statut kann auch bestimmen, daß einzelne Vorstandsmitglieder allein oder in Gemeinschaft mit einem Prokuristen zur Vertretung der Genossenschaft befugt sind. Absatz 1 Satz 3 gilt in diesen Fällen sinngemäß.**

**(3) Zur Gesamtvertretung befugte Vorstandsmitglieder können einzelne von ihnen zur Vornahme bestimmter Geschäfte oder bestimmter**

**Arten von Geschäften ermächtigen. Dies gilt sinngemäß, falls ein einzelnes Vorstandsmitglied in Gemeinschaft mit einem Prokuristen zur Vertretung der Genossenschaft befugt ist.**

**(4) Vorstandsmitglieder zeichnen für die Genossenschaft, indem sie der Firma der Genossenschaft oder der Benennung des Vorstands ihre Namensunterschrift beifügen.**

*Übersicht*



## I. Allgemeines

§ 25 wurde durch **Novelle 73** neu gefaßt. Die Neufassung modernisiert die Vorschriften über die Vertretungsmacht der Vorstandsmitglieder (also das Außenverhältnis; zur Beschlußfassung – im Innenverhältnis vgl. die Erl. zu § 27; dort insbesond. Rdn. 5 und 28 ff) und die Form der Zeichnung durch den Vorstand (vgl. im übrigen § 42 zur rechtsgeschäftlichen Vertretung). Zur Beschränkung der Leistungsbefugnis s. § 27 Rdn. 12 ff, insbesond. Rdn. 19; zu den Grenzen der Vertretungsmacht § 43 Rdn. 3. **1**

## II. Gesetzliche Vertretung (Abs. 1 u. 2)

### 1. Aktivvertretung

*a) echte Gesamtvertretung (Abs. 1 S. 1)*

Die Mitglieder des Vorstands sind nur gemeinsam zur Vertretung der eG befugt (**echte Gesamtvertretung**), sofern die Satzung nichts anderes bestimmt. Nach diesem Grundsatz ist es also erforderlich, daß sämtliche Vorstandsmitglieder (auch die stellvertretenden, § 35 und die dortigen Erl.) gemeinsam handeln, um eine für die eG verbindliche Willenserklärung abzugeben. Es ist allerdings nicht notwendig, daß sich jedes Vorstandsmitglied unmittelbar an der Abgabe einer Willenserklärung beteiligt. So genügt es etwa, wenn ein Gesamtvertreter verhandelt, die anderen zuhören und nicht widersprechen. Es ist auch nicht notwendig, daß die Gesamtver- **2** treter gleichzeitig handeln. Es genügt, wenn die anderen Vorstandsmitglieder dem von einem einzelnen Vorstandsmitglied vorgenommenen Rechtsgeschäft zustimmen, d. h. einwilligen oder genehmigen (*Meyer/Meulenbergh/Beuthien*, § 25 Rdn. 3). Einwilligung (vorherige Zustimmung) und Genehmigung (nachträgliche Zustimmung) können ausdrücklich oder stillschweigend (vgl. BGH, WM 1959, 881), auch durch schlüssiges Verhalten, erklärt werden (BGH, ZIP 1988, 370). Der Zustimmende muß nicht alle Einzelheiten des Geschäfts kennen (BGH, WM 1959, 881; *Meyer/Meulenbergh/Beuthien*, § 25 Rdn. 3). Die Zustimmung kann sowohl gegenüber dem handelnden Vorstandsmitglied (interne Mitwirkung als vorherige Zustimmung nach Abs. 3 (vgl. unten) oder als nachträgliche Zustimmung nach § 177 BGB) als auch gegenüber dem Vertragspartner erklärt werden (externe Mitwirkung; vgl. RGZ 101, 341; 112, 221; RG BlfG 1933, 404; RG, HRR 1942, 424; *Müller*, § 25 Rdn. 12). Bei interner Zustimmung genügt es, daß der in Gesamtvertretung Handelnde nur einmal unterschreibt, wenn sein Wille, auch für den anderen zustimmenden Gesamtvertreter zu handeln, erkennbar hervortritt (*Mertens*, Kölner Kommentar, AkG, § 78 Rdn. 18 m. w. N.). Die Genehmigung setzt voraus, daß der einzelne Gesamtvertreter, der gehandelt hat, mit dem von ihm abgeschlossenen Geschäft zur Zeit der Genehmigung selbst noch einverstanden ist (RG, DR 1942, 1159). Eine Genehmigung von Vorstandsmitgliedern liegt u. a. vor, wenn der Vertragspartner eine Willenserklärung der eG, die ihm gegenüber nur von einem Vorstandsmitglied abgegeben wurde, bestätigt und die anderen Vorstandsmitglieder es unterlassen, dieser Bestätigung zu widersprechen oder sie überhaupt zu beantworten (Wirkung des Schweigens auf ein kaufmännisches Bestätigungsschreiben, vgl. BGHZ 7, 190; NJW 1964, 1951). Weiß der Geschäftspartner, daß das handelnde Vorstandsmitglied keine Einzelvertretungsbefugnis hat (§ 29 gilt), kann er aus dem Schweigen der eG nichts herleiten (BGH, NJW 1965, 965).

**3** Ist bei echter Gesamtvertretung ein Vorstandsmitglied z. B. wegen Krankheit, Urlaub, vorübergehend **verhindert**, kann in dieser Zeit eine gesetzliche Vertretung nicht stattfinden. Eine diesbezügliche Satzungsregelung wäre unzulässig (*Hettrich/Pöhlmann*, § 25 Rdn. 2; *Müller*, § 25 Rdn. 5, 8). Es besteht nur die Möglichkeit der Erteilung einer rechtsgeschäftlichen Vollmacht (vgl. Rdn. 13 ff). Eine automatische Erweiterung der Vertretungsbefugnis tritt nicht ein (RGZ, 103, 417; BGHZ 34, 29; *Müller*, § 25 Rdn. 5; *Hefermehl*, in: Geßler u. a., AktG, § 78 Rdn. 18), auch eine diesbezügliche Satzungsregelung wäre unzulässig (*Müller*, § 25 Rdn. 5, 8; *Hefermehl*, ebd., § 78 Rdn. 19; a. A. RGZ 103, 418, vgl. im übrigen Rdn. 13–16). Existiert – z. B. bei einem aus zwei Personen bestehenden Vorstand (vgl. hierzu auch Rdn. 13 und § 27 Rdn. 32) – nur noch ein Vorstandsmitglied, behält dieses zwar seine Organstellung. Der Vorstand ist jedoch nicht mehr funktionsfähig, Einzelvertretungsbefugnis setzt die Existenz von mindestens zwei Vorstandsmitgliedern voraus; nach § 24 Abs. 2 muß der Vorstand aus mindestens zwei Personen bestehen. Der Vorstand müßte ggfs. nach § 37 Abs. 1 durch den Aufsichtsrat oder nach § 29 BGB durch das Gericht (BGHZ 18, 334) ergänzt werden. U. a. um diesen Schwierigkeiten zu entgehen, empfiehlt es sich, in der Satzung unechte Gesamtvertretung vorzusehen (vgl. Rdn. 5).

Die eG kann zu ihrem Schutz die Notwendigkeit der Gesamtvertretung geltend machen (BGH, WM 1986, 1104 = DB 1986, 2275 = BB 1986, 1944 = NJW 1986, 2951 = WuB II D. § 25 GenG 1.87 m. Anm. *Aepfelbach*), vorausgesetzt, daß nicht durch vorangegangenes Handeln oder Dulden der **Rechtsschein** einer dauernden **Allein**vertretung durch ein Vorstandsmitglied (vgl. ausführlich OLG Schleswig-Holstein, ZfG 1977, 271) verursacht worden ist. Dieser Rechtsschein ist nur unter engen Voraussetzungen gegeben (vgl. BGH, BB 1976, 902 sowie OLG Schleswig-Holstein, ZfG 1977, 271): **4**

(a) Es muß durch das Verhalten vertretungsberechtigter Vorstandsmitglieder – das Verhalten des ermächtigungslos Handelnden genügt also nicht (LG Hamburg, ZfG 1956, 151) – bei dem Geschäftspartner der irrige Eindruck entstanden sein, das alleinhandelnde Vorstandsmitglied sei ermächtigt, die eG als Einzelvertreter zu vertreten; der Geschäftspartner durfte sich nach Treu und Glauben unter Berücksichtigung der Verkehrssitte darauf verlassen, daß sein Eindruck richtig war.

(b) Das übergangene Vorstandsmitglied muß bei pflichtgemäßer Sorgfalt in der Lage gewesen sein, das eigenmächtige Verhalten des alleinhandelnden Gesamtvertreters zu erkennen und zu verhindern.

(c) Der hervorgerufene Rechtsschein muß für ein bestimmtes Handeln des Geschäftspartners ursächlich gewesen sein.

Die eG verstößt nicht gegen die guten Sitten, wenn sie sich auf den Grundsatz der Gesamtvertretung beruft, um die Rechtsgültigkeit eines ihr ungünstigen Geschäfts zu bestreiten (OLG Königsberg, BlfG 1935, 88; Rdn. 2 a. E.). Allerdings haftet die eG nach § 31 BGB analog für das **deliktische** Handeln von Vorstandsmitgliedern, die unter Nichtbeachtung der Gesamtvertretungsregelungen tätig werden; die eG kann sich insoweit nicht auf die Notwendigkeit der Gesamtvertretung berufen, da es sich hier um unterschiedliche Regelungsbereiche handelt (BGHZ 98, 148 = ZIP 1986, 1179 = ZfG 1988, 287 m. zust. Anm. *Hadding*; WM 1986, 1104 = DB 1986, 2275 = BB 1986, 1944 = NJW 1986, 2951 = WuB II D. § 25 GenG, 1.87 m. Anm. *Aepfelbach*).

### *b) unechte Gesamtvertretung (Abs. 1 S. 2)*

Abweichungen von der Gesamtvertretung kann die Satzung vorsehen. **5**
Zulässig ist z. B. eine Satzungsbestimmung, nach der nicht alle Vorstands-

mitglieder, sondern jeweils zwei Vorstandsmitglieder zur Vertretung der eG erforderlich sind. Diese sogenannte **unechte Gesamtvertretung** (nach, *Meyer/Meulenbergh/Beuthien* § 25 Rdn. 5 „statutarisch abweichend geregelte Gesamtvertretung") hat sich in der Praxis zum Regelfall entwickelt. Unzulässig wäre allerdings eine Satzungsregelung, nach der ein Vorstandsmitglied von der gesetzlichen Vertretung ausgeschlossen ist. Damit würde ihm nämlich die Stellung eines verantwortlichen Vorstandsmitglieds genommen. Es ist ebenfalls unzulässig, nur für bestimmte Fälle die unechte Gesamtvertretung vorzusehen (*Hefermehl*, in: Geßler u. a., AktG, § 78 Rdn. 23; *Meyer/Meulenbergh/Beuthien*, § 25 Rdn. 5; *Hettrich/Pöhlmann*, § 25 Rdn. 4).

**6** Die Satzung kann **ferner** bestimmen, daß jeweils bestimmte Vorstandsmitglieder gemeinsam die eG vertreten können, z. B. A. nur zusammen mit B. und C. nur zusammen mit D. oder jedes Vorstandsmitglied zusammen mit dem Vorsitzenden oder seinem Stellvertreter. Es ist auch möglich, daß bestimmte Vorstandsmitglieder gemeinsam mit einem Vorstandsmitglied, andere dagegen nur gemeinsam mit zwei oder noch mehr Vorstandsmitgliedern die eG vertreten können. Es kann also bestimmt werden, daß die eG entweder durch A. und B. oder durch C., D. und E gemeinsam vertreten wird oder auch abstrakter: B. jeweils mit einem weiteren, C., D. und E. jeweils mit zwei weiteren Vorstandsmitgliedern.

**7** Verstößt ein Vorstandsmitglied gegen die Gesamtvertretungsregelungen, kann sich die eG grds. im rechtsgeschäftlichen Bereich hierauf berufen, nicht jedoch im **deliktischen** Bereich (vgl. ausführlich Rdn. 4).

*c) gemischte Gesamtvertretung (Abs. 2)*

**8** In der Satzung kann festgelegt werden, daß einzelne Vorstandsmitglieder nur **gemeinsam mit einem Prokuristen** zur gesetzlichen Vertretung (gemischte Gesamtvertretung; nach *Müller*, § 25 Rdn. 10 und *Meyer/Meulenbergh/Beuthien*, § 25 Rdn. 7, vgl. dort aber auch Rdn. 8 „unechte" Gesamtvertretung) befugt sind. Die Möglichkeit der gemeinsamen Vertretung der eG durch ein Vorstandsmitglied und einen Prokuristen darf nicht dazu führen, daß eine gesetzliche Vertretung der eG ohne Mitwirkung eines Prokuristen unmöglich wird. Es kann also nicht bestimmt werden, daß bei Vorhandensein mehrerer Vorstandsmitglieder die eG ausschließlich durch jeweils ein Vorstandsmitglied in Gemeinschaft mit einem Prokuristen gesetzlich vertreten wird (*Hefermehl*, in: Geßler, u. a., AktG, § 78 Rdn. 30). Es muß mithin (daneben) immer die Möglichkeit bestehen, daß der Vorstand ohne den Prokuristen tätig wird. Wenn ein Vorstandsmitglied in Gemeinschaft mit einem Prokuristen die Vertretungsmacht ausübt, so liegt eine an die Mitwirkung eines Prokuristen gebundene Ausübung der gesetzlichen Vertretungsmacht des Vorstandsmitglieds vor. Nur das Vorstandsmitglied, nicht der Prokurist, der gemeinsam mit jenem die gesetzliche Vertretung ausübt, ist gesetzlicher Vertreter (§ 42 Rdn. 3, 11; BGHZ 13, 61, 64; vgl. 62, 170; BayObLG, DB 1973, 1340; *Baumbach/Duden/Hopt*, HGB, § 49 Anm. 1c). Allerdings weitet sich die übliche aus § 49 HGB sich ergebende Vertretungsmacht des Prokuristen auf die des Vorstands aus. Verpflichtet das Gesetz oder die Satzung den Vorstand als solchen zu einer Handlung nach außen, z. B. Einladung der GV, Erteilung von Prokura, so genügt es bei dieser Satzungsausgestaltung, wenn ein Vorstandsmitglied zusammen mit dem Prokuristen tätig wird. Dies gilt jedoch nicht für Erklärungen, die ausschließlich allen Vorstandsmitgliedern gemeinsam vorbehalten sind, z. B. Anmeldungen zum Genossenschaftsregister (§ 157). Eine derartige Ausgestaltung verwässert die Verantwortungsbereiche: Nach § 27 leitet der Vorstand die eG unter eigener Verantwortung; an dieser gesetzlichen Leitungsverantwortung (mit den Folgen des § 34) nimmt der Prokurist nicht teil (*Hettrich/Pöhlmann*, § 25 Rdn. 5). Die Haftung des Prokuristen richtet sich nach § 611 ff BGB bzw. seinem Dienstvertrag.

Von dieser Art der gesetzlichen Gesamtvertretung ist die **rechtsgeschäftliche Gesamtvertretung** durch einen Prokuristen in Gemeinschaft mit einem Vorstandsmitglied zu unterscheiden, deren Umfang sich ausschließlich nach § 42 GenG i. V. m. § 48 ff HGB richtet (vgl. im einzelnen die Ausführungen zu § 42). Sieht die Satzung die in Rdn. 8 behandelte Ausgestaltung der gesetzlichen Vertretung vor, hat jede Prokuraerteilung, die an die Mitwirkung eines Vorstandsmitglieds gebunden ist, aus Gründen der Rechtssicherheit und Rechtsklarheit den Umfang der gesetzlichen Vertretungsmacht. Sieht die Satzung diese Ausgestaltung nicht vor – was in der Praxis die Regel ist –, hat jede derartige Prokuraerteilung den handelsrechtlichen Umfang (LG Frankenthal, Rpfleger 1975, 137). **9**

*d) Einzelvertretung (Abs. 2)*

In der Satzung kann weiterhin bestimmt werden, daß alle Vorstandsmitglieder oder einzelne von ihnen **Einzelvertretungsbefugnis** haben. In der Praxis wird jedoch hiervon kaum Gebrauch gemacht (vgl. die Mustersatzungen, deren Regelungen sich bewährt haben). Nicht möglich ist es, die gesetzliche Einzelvertretung auf bestimmte Fälle zu beschränken (*Hefermehl*; in: Geßler u. a., AktG, § 78 Rdn. 23). Der Vorsitzende des Vorstands oder des Aufsichtsrats ist nicht kraft Amtes zur Einzelvertretung ermächtigt. Es bedürfte stets einer entsprechenden Satzungsregelung, bzw. hinsichtlich einer rechtsgeschäftlichen Vertretungsbefugnis einer entsprechenden Vollmacht (vgl. Rdn. 14). **10**

### 2. Passivvertretung (Abs. 1 Satz 3)

11 Wenn eine **Willenserklärung gegenüber der eG** abgegeben wird, so genügt die Abgabe gegenüber einem Vorstandsmitglied. Das ist z. B. der Fall bei der Abgabe von Kündigungserklärungen, Mängelrügen usw. gegenüber der eG. Wenn die eG durch ein Vorstandsmitglied in Gemeinschaft mit einem Prokuristen gesetzlich vertreten wird, so genügt auch die Abgabe einer Willenserklärung gegenüber dem Prokuristen (§ 25 Abs. 2 S. 2). Die Satzung kann nicht von der Regelung abweichen, daß die Abgabe von Willenserklärungen gegenüber einem einzelnen Vorstandsmitglied bzw. einem Prokuristen wirksam ist. Wird die eG gegebenenfalls durch zwei Organe vertreten (vgl. z. B. § 51), muß eine Erklärung oder Zustellung je einem Mitglied beider Organe zugehen (BGH, NJW 1960, 1007).

### 3. Haftung

12 Die Haftung der eG richtet sich nach § 31 BGB (Rdn. 4 und Erl. zu § 17); keine Haftung für Zweigstellenleiter nach § 31 BGB (a. A. OLG Nürnberg, WuB II D § 30 BGB m. Anm. *Aepfelbach*, das einen Zweigstellenleiter wegen seiner Vertretungsbefugnis einem besonderen Vertreter nach §§ 30, 31 BGB gleichsetzte; in Konsequenz müßte dies dann für alle Bevollmächtigten gelten).

## III. Ermächtigung (Abs. 3)

13 Es ist nach § 25 Abs. 3 zulässig, daß zur Gesamtvertretung befugte Vorstandsmitglieder einzelne von ihnen zur Vornahme bestimmter Geschäfte oder bestimmter Arten von Geschäften „ermächtigen" (gesetzliche **Vertretung**, BGHZ 64, 72 = NJW 1975, 1118 = BB 1975, 535 m. abl. Anm. *Schnorr von Carolsfeld*, ZfG 1986, 82; *Meyer/Meulenbergh/Beuthien*, § 25 Rdn. 11; *Schubert/Steder*, § 25 Rdn. 8 m. w. N.; a. A. *Müller*, § 25 Rdn. 16 m. ausführlicher Darstellung des Meinungsstreits). Die Erteilung einer **Generalvollmacht** ist allerdings nach dem Wortlaut des Abs. 3 mithin **nicht möglich** (BGHZ 34, 30). Sie liefe letztlich auf eine Einzelvertretung hinaus, deren Einführung nach Abs. 2 der Satzung vorbehalten ist. Eine Ermächtigung zur Vornahme sämtlicher Geschäfte eines bestimmten Geschäftsbereichs oder bis zu einer bestimmten Wertgrenze wäre ebenfalls unwirksam (*Meyer/Meulenbergh/Beuthien*, § 25 Rdn. 14). Besteht der Vorstand aus zwei Personen und ist eine Vorstandsmitglied verhindert, so ist eine rechtsgeschäftliche Vertretung unter Mitwirkung des verbleibenden Vorstandsmitglieds – abgesehen von den Fällen, in denen eine gesetzliche Vertretung erforderlich ist – auch dadurch möglich, daß das verblei-

bende Vorstandsmitglied mit einem Prokuristen oder Handlungsbevollmächtigten die eG vertritt. Im übrigen kann u. U. für diesen Zeitraum der Vorstand nach § 37 ergänzt werden. Bei der Erteilung der Ermächtigung kann das zu bevollmächtigende Vorstandsmitglied selbst mitwirken (RGZ 80, 180; *Müller*, § 25 Rdn. 17; a. A. *Meyer/Meulenbergh/Beuthien*, § 25 Rdn. 11). Die Befugnis zur Erteilung der Ermächtigung besteht auch in dem Falle, daß ein einzelnes Vorstandsmitglied in Gemeinschaft mit einem Prokuristen zur Vertretung der eG befugt ist. Es kann also das einzelne Vorstandsmitglied oder der Prokurist zur Vornahme bestimmter Geschäfte oder bestimmter Arten von Geschäften ermächtigt werden (a. A. *Meyer/Meulenbergh/ Beuthien*, § 25 Rdn. 12; *Hettrich/Pöhlmann*, § 25 Rdn. 11 lassen die Frage unter Hinweis auf die Erteilung einer Einzelprokura offen).

Die Ermächtigung bedarf keiner besonderen **Form**. Sie kann ausdrücklich oder stillschweigend erklärt werden. Sie kann in der Geschäftsordnung vorgesehen sein. Eine von der eG erteilte Vollmacht an ein Vorstandsmitglied ist in eine Einzelermächtigung durch die die Vollmacht unterzeichnenden Vorstandsmitglieder umzudeuten. Denkbar ist auch eine **Duldungsvollmacht** (vgl. BGH, ZIP 1988, 370), z. B. daß ein Vorstandsmitglied einen Kredit zusagt, während der andere in Kenntnis der Zusage schweigt. Dem zusagenden Vorstandsmitglied wird die Ermächtigung wie folgt erteilt: das zusagende Vorstandsmitglied durch positives Tun, das schweigende Vorstandsmitglied durch Duldung. Die Ermächtigung ist jederzeit widerruflich, auch gegen den Willen des Ermächtigten. Sie kann auch von Vorstandsmitgliedern widerrufen werden, die nicht an der Ermächtigung mitgewirkt haben (*Müller*, § 25 Rdn. 20; a. A. *Meyer/Meulenbergh/Beuthien*, § 25 Rdn. 12), da andernfalls nach dem Ausscheiden der Ermächtigenden aus dem Vorstand ein Widerruf nicht mehr möglich wäre (*Hettrich/Pöhlmann*), § 25 Rdn. 12). **14**

Auch gelten die Grundsätze zur **Anscheinsvollmacht**, wenn der Rechtsschein der Einzelvertretungsmacht von einer zur Gesamtvertretung genügenden Anzahl von Vorstandsmitgliedern ausgelöst wurde, wobei der aufgrund des Rechtsscheins allein Handelnde mitgerechnet wird (vgl. RGZ 123, 288; *Meyer/Meulenbergh/Beuthien*, § 25 Rdn. 16; a. A. *Müller*, § 25 Rdn. 22, der einen durch ein Vorstandsmitglied verursachten Rechtsschein genügen läßt; s. auch oben Rdn. 4). **15**

Die eG **haftet** für das ermächtigte Vorstandsmitglied trotzdem weiterhin nach § 31 BGB (vgl. *Müller*, § 25 Rdn. 23 mit ausführlicher Begründung). Daneben können im Rahmen der handelsrechtlichen Vorschriften (insbesond. § 54 HGB) auch Vollmachten an **Dritte** erteilt werden (hierzu § 42 Rdn. 18 ff). **16**

## IV. Kenntnis; Willensmängel

17 Die eG muß sich auch die **Kenntnis** rechtserheblicher Tatsachen zurechnen lassen, wenn eine zur Gesamtvertretung berechtigte Person diese Kenntnis hat (OLG Schleswig-Holstein, ZfG 1977, 371), z. B. unbeantwortet gebliebenes Bestätigungsschreiben, das ein Vorstandsmitglied zur Kenntnis genommen hat. Ist die Kenntnis zu einem bestimmten Zeitpunkt ausschlaggebend, bleibt die vorherige Kenntnis eines zu diesem Zeitpunkt bereits ausgeschiedenen Vorstandsmitglieds ohne Bedeutung (*Meyer/Meulenbergh/Beuthien*, § 25 Rdn. 19; *Müller*, § 25 Rdn. 32; *Hettrich/Pöhlmann*, § 25 Rdn. 9). Ebenso hindert die Kenntnis eines Vorstandsmitglieds einen gutgläubigen Erwerb der eG (BGHZ 20, 149). Dies gilt selbst dann, wenn dieses „bösglaubige" Vorstandsmitglied am Geschäftsabschluß selbst nicht beteiligt war (*Hefermehl*, in: Geßler u. a., AktG, § 78 Rdn. 69). Gleiches gilt, wo „Kennenmüssen" schadet (vgl. z. B. § 932 Abs. 2 BGB). Der eG gegenüber kann bereits angefochten werden, wenn ein Gesamtvertreter arglistig getäuscht hat. Die Strafantragsfrist nach § 77 b StGB beginnt allerdings erst zu laufen, wenn die für die Vertretung erforderliche Zahl von Vorstandsmitgliedern Kenntnis von der Straftat hat (RGSt. 47, 339).

18 Bei (echter und unechter, wie auch gemischter) Gesamtvertretung ist seitens der eG eine Anfechtung bereits möglich, wenn in der Person eines Gesamtvertreters, der an der Abgabe der Willenserklärung beteiligt war, ein **Willensmangel** im Sinne der §§ 119 ff BGB vorliegt (*Müller*, § 25 Rdn. 33 m. w. N.; *Meyer/Meulenbergh/Beuthien*, § 25 Rdn. 19). Die Anfechtung wird vom Vorstand entsprechend der satzungsmäßigen Ausgestaltung der gesetzlichen Vertretung erklärt; auch Abs. 3 gilt.

19 Besteht der Willensmangel in der **Geschäftsunfähigkeit** eines Vorstandsmitglieds, so ist die Willenserklärung der eG zuerst einmal nichtig. Die Erklärung des Geschäftsunfähigen kann jedoch (bei unechter, gemischter bzw. Einzelvertretung) von Vorstandsmitgliedern in vertretungsberechtigter Zahl „genehmigt", d. h. als eigene übernommen werden. Ein Vertrag kann in diesem Falle auch durch Schweigen auf ein Bestätigungsschreiben zustande kommen (vgl. oben Rdn. 2). Voraussetzung ist jedoch, daß die Geschäftsunfähigkeit den „genehmigenden" Vorstandsmitgliedern erkennbar war (*Hefermehl*, ebd., § 78 Rdn. 24; zu weitgehend OLG Hamm, NJW 1967, 1041 m. krit. Anm. *Prost*, das rechtsgeschäftliche Erklärungen der eG auch dann für verbindlich hält, wenn einer von mehreren Unterzeichnern der Erklärung unerkennbar geschäftsunfähig ist).

## V. Verbot des Insichgeschäfts (§ 181 BGB)

20 Das Verbot des **Insichgeschäfts** (Selbstkontrahieren) nach § 181 BGB gilt auch für Vorstandsmitglieder. Ein Vorstandsmitglied kann im Namen

der eG nur dann mit sich selbst oder als Vertreter eines Dritten (z. B. als Geschäftsführer einer GmbH-Tochter der eG) ein Rechtsgeschäft abschließen, wenn das Rechtsgeschäft ausschließlich in der Erfüllung einer Verbindlichkeit besteht oder wenn es dem Vorstandsmitglied gestattet ist. Die Gestattung kann in der Satzung erfolgen. Auch kann die GV der eG dies gestatten (BGH, NJW 1976, 1539 zur GmbH nach altem Recht). Der Aufsichtsrat kann nicht nur die Gestattung für ein einzelnes Rechtsgeschäft erklären (so aber *Müller* unter Berufung auf § 39 GenG in § 26 Rdn. 18), sondern kann die generelle Gestattung erteilen, wenn er nach der Satzung für die Bestellung sowie für die Ausgestaltung und den Abschluß des Anstellungsvertrags zuständig ist (so auch *Hachenburg*, GmbHG, § 36 Anm. 13). Die Entscheidung des BGH (NJW 1976, 1539) steht dem nicht entgegen: Bei der GmbH ist ein Aufsichtsrat nicht zwingend vorgesehen; andererseits sind nach § 46 Ziff. 5 GmbHG die Gesellschafter zwingend für die Bestellung und Abberufung der Geschäftsführer zuständig, während bei der eG die Satzung die Zuständigkeit des Aufsichtsrats vorsehen kann, wie dies auch in der Praxis üblich ist.

Im übrigen können das nach § 181 BGB an der Vertretung gehinderte Vorstandsmitglied und ein anderes gesamtvertretungsberechtigtes Vorstandsmitglied dies zur Alleinvertretung **ermächtigen**, sofern die Satzung dem nicht entgegensteht (BGHZ 64, 72 = NJW 1975, 1117 = BB 1975, 535; OLG Celle, SJZ 1948, 13 mit zutr. Anm. *Lehmann*; *Reichert/Dannecker/Kühr*, Rdn. 560; a. A. *Müller*, § 26 Rdn. 14 m. w. Nachw.). **21**

Gegen das Verbot des Selbstkontrahierens abgeschlossene Rechtsgeschäfte können durch Genehmigung seitens der eG, die durch die GV (so RGZ 89, 375; *Krakenberger*, S. 213) oder nach der hier vertretenen Auffassung unter den genannten Voraussetzungen durch den Aufsichtsrat zu erteilen ist, **nachträglich wirksam** werden (§ 177 BGB). **22**

## VI. Zeichnung (Abs. 4)

§ 25 Abs. 4 schreibt vor, wie die Mitglieder des Vorstands für die eG **zeichnen**. Sie zeichnen, indem sie der (gedruckten, gestempelten oder maschinengeschriebenen) Firma der eG oder der Benennung des Vorstands ihre Namensunterschrift beifügen. Zur Benennung des Vorstands genügt es, wenn das im Einzelfall verwandte Schriftstück die Bezeichnung „Der Vorstand" enthält. § 25 Abs. 4 hat nur die Bedeutung einer Ordnungsvorschrift, die den Nachweis erleichtern soll, daß der Vorstand die Erklärung der eG abgegeben hat (RGZ 83, 124; 119, 115); ihre Nichtbeachtung hat deshalb nicht die Ungültigkeit der Erklärung zur Folge (KGJ 21, 105; 33, 156). Es ist jede schriftliche Erklärung gültig, die den Willen, für die eG zu zeichnen, deutlich ergibt (RG, HRR 1928 Nr. 338). Dies kann durch **23**

Unterzeichnung mit Namen, aber ohne Firma oder durch Unterzeichnung mit der Firma, aber ohne Namen geschehen (RGZ 81, 1; *Palandt*, BGB, § 126 Anm. 4). Auch genügend: ein aufgedruckter Hinweis, „Dieses Schreiben wird nicht unterschrieben". (*Hettrich/Pöhlmann*, § 25 Rdn. 15). Da § 25 Abs. 4 eine Ordnungsvorschrift ist, genügt bei formfreien Erklärungen sowie bei Inhaberschuldverschreibungen (§ 793 Abs. 2 BGB) und Mieterhöhungserklärungen bei Wohnraum (§ 8 MHRG, § 10 Abs. 1 S. 5 WoBindG) auch eine mechanisch hergestellte oder faksimilierte Unterschrift der Vorstandsmitglieder (wie hier *Müller*, § 25 Rdn. 40; einschränkend *Schubert/Steder*, § 25 Rdn. 10). Bei Wechseln und Schecks – sowie in allen Fällen, in denen durch Gesetz Schriftform vorgeschrieben (§ 126 BGB) oder ohne nähere Bestimmung vereinbart (§ 127 S. 1 BGB) worden ist, ist eigenhändige Unterschrift erforderlich; faksimilierte Unterschrift genügt nicht (BGH, NJW 1970, 1080; *Meyer/Meulenbergh/Beuthien*, § 25 Rdn. 18).

**24** § 25 Abs. 4 meint die gesetzliche und die rechtsgeschäftliche Vertretung der eG nach außen. Die Vorschrift ist jedoch entsprechend **auch im Innenverhältnis** maßgebend, z. B. für die Einberufung der GV.

## § 25 a
## Angaben auf Geschäftsbriefen

**(1) Auf allen Geschäftsbriefen, die an einen bestimmten Empfänger gerichtet werden, müssen die Rechtsform und der Sitz der Genossenschaft, das Registergericht des Sitzes der Genossenschaft und die Nummer, unter der die Genossenschaft in das Genossenschaftsregister eingetragen ist, sowie alle Vorstandsmitglieder und, sofern der Aufsichtsrat einen Vorsitzenden hat, dieser mit dem Familiennamen und mindestens einem ausgeschriebenen Vornamen angegeben werden.**

**(2) Der Angaben nach Absatz 1 bedarf es nicht bei Mitteilungen oder Berichten, die im Rahmen einer bestehenden Geschäftsverbindung ergehen und für die üblicherweise Vordrucke verwendet werden, in denen lediglich die im Einzelfall erforderlichen besonderen Angaben eingefügt zu werden brauchen.**

**(3) Bestellscheine gelten als Geschäftsbriefe im Sinne des Absatzes 1. Absatz 2 ist auf sie nicht anzuwenden.**

*Übersicht*

## I. Allgemeines

§ 25 a wurde durch **Novelle 73** eingefügt. Die Vorschrift ist an § 80 AktG und § 35 a GmbHG angelehnt. Die in § 25 a enthaltenen Angabepflichten werden auf die eG ausgedehnt, weil diese ebenso wie Unternehmen anderer Rechtsform am Geschäftsverkehr teilnimmt und daher bei ihr das gleiche Bedürfnis für die Angaben auf den Geschäftsbriefen vorliegt. 1

## II. Die erforderliche Angaben

Auf allen Geschäftsbriefen, die an einem bestimmten Empfänger gerichtet werden, **müssen** angegeben werden: 2
- die Rechtsform der eG,
- der Sitz der eG,
- das Registerrecht des Sitzes der eG,
- die Nummer, unter der die eG in das Genossenschaftsregister eingetragen ist,
- alle Vorstandsmitglieder und der Aufsichtsratsvorsitzende mit mindestens einem ausgeschriebenen Vornamen und dem Familiennamen. Der Zusatz „Rechtsanwalt" oder „Notar" könnte je nach Ausgestaltung gegen das standesrechtliche Werbeverbot verstoßen.

Diese Angaben müssen auf allen Geschäftsbriefen einheitlich und übereinstimmend sein. Dies gilt insbesond. für gesonderte Geschäftsbriefe von Filialen, wobei filialbezogene Zusätze zulässig sind. 3

Zu den Vorstandsmitgliedern gehören auch ihre **Stellvertreter** (§ 35 und die dortigen Erl.). Um Mißverständnissen vorzubeugen, ist es ratsam, sie als solche zu bezeichnen. 4

§ 25 a enthält keine Regelung, aus der sich ergibt, daß die Angaben in einer bestimmten Anordnung auf den Vordrucken enthalten sein müssen. Es besteht also völlige **Gestaltungsfreiheit**, wie die Angaben auf den Geschäftsbriefen verteilt werden. Bei der Erfüllung der Angabenpflichten macht es keinen Unterschied, ob diese – wie es in der Regel der Fall sein wird – auf den Schriftstücken vorgedruckt sind oder ob sie maschinell oder handschriftlich niedergeschrieben oder durch Stempelaufdruck eingefügt werden (*Schaffland*, Raiffeisen-Rundschau 1973, 481 ff). 5

§ 25 a verbietet nicht, weitere Angaben auf den Geschäftsbrief aufzunehmen; denkbar wäre z. B. der Name eines Ehrenvorsitzenden des Vorstands bzw. des Aufsichtsrates unter Hinzufügung dieser Bezeichnung. 6

## III. Geschäftsbriefe

Der **Begriff** des Geschäftsbriefs ist nicht ganz eindeutig. Bei engster Auslegung könnte auf den Ausdruck „Brief" das Schwergewicht gelegt und 7 die Vorschrift nur auf „Geschäftsbriefbogen“ bezogen werden. Eine solche Auslegung wäre unrichtig. Dem Sinn und Zweck der Vorschrift, im schriftlichen Geschäftsverkehr dem Adressaten alle notwendigen Basisinformationen über den Absender zu geben, entspricht es, unter einem Geschäftsbrief jede geschäftliche Mitteilung zu verstehen, die an einen bestimmten Empfänger gerichtet ist (vgl. *Hefermehl*, in: Geßler u. a, AktG, § 80 Rdn. 10). Hierzu zählen auch Übermittlungen per Telefax, Postkarten, nicht hingegen Rechnungen, Quittungen, Lieferscheine, Versandanzeigen (a. A. *Müller*, § 25 a Rdn. 6), wenn diese im Rahmen einer bestehenden Geschäftsverbindung versandt werden (Rdn. 8–10). Da die Angaben in den Geschäftsbriefen enthalten sein müssen, die an einen bestimmten Empfänger gerichtet sind, brauchen Werbeschriften, Geschäftsrundschreiben, Anzeigen, Preislisten usw. die Angaben nicht zu enthalten, es sei denn, daß z. B. die Preisliste selbst die Anrede des Empfängers enthält (*Schaffland*, BB 1980, 1501 ff; *Kreplin*, BB 1969, 1112 ff).

## IV. Keine Angaben erforderlich

8 Abs. 2 befreit von der Angabenpflicht nach Abs. 1 alle Mitteilungen oder Berichte, die im Rahmen einer **bestehenden Geschäftsverbindung** ergehen und für die üblicherweise Vordrucke verwendet werden.

Eine Geschäftsverbindung zwischen zwei Personen besteht nicht erst dann, wenn zwischen ihnen bereits ein Geschäft geschlossen und abgewickelt ist und nun ein neues eingegangen wird. Das Bestehen einer Geschäftsverbindung setzt auch nicht voraus, daß schon ein Vertrag zwischen ihnen zustande gekommen ist, um dessen Abwicklung es sich nunmehr handelt. Es ist nur notwendig, daß in der Korrespondenz mit einem Geschäftspartner die Angaben einmal gemacht worden sind (vgl. *Müller*, § 25 Rdn. 7; *Einmahl*, AG 1969, 136; *Kreplin*, BB 1969, 1112 ff; im Ergebnis wohl ebenso *Martens*, Kölner Kommentar, AktG, § 80 Rdn. 7; *Meyer-Landrut*, AktG, § 80 Anm. 2; a. A. *Hefermehl*, in: Geßler u. a. AktG, § 80 Rdn. 14, 16: *Schaffland*, BB 1980, 1501 ff; *Schlegelberger/Quassowski*, AktG 1937, § 100 Anm. 7, die die Angabepflichten entfallen lassen, wenn der Geschäftspartner sich erstmalig an das Unternehmen wendet, weil dann bereits die Geschäftsverbindung entstanden sei). Praktisch bedeutet das, daß die formularmäßigen Mitteilungen ohne die Angaben nach Abs. 1 in allen Fällen verwendet werden dürfen, in denen nicht gerade die eG mit dieser Mitteilung ihrerseits erstmalig an den Empfänger herantritt. Für ein solches erstes Herantreten sind auch Formblätter meist nicht üblich (vgl. *Hefermehl*, ebd., § 80 Rdn. 14).

9 Wann die Verwendung eines Vordrucks **„üblich“** ist, läßt sich nicht allgemein sagen. Es kommt jeweils auf den Einzelfall, die Branche, den Inhalt

und den Zweck des Vordrucks an. Der textliche Vordruck des Formblatts muß bis auf wenige Angaben vollständig sein. Die hand- oder maschinenschriftlichen Einfügungen in den Vordruck müssen sich daher auf die sich auf den einzelnen Geschäftsvorfall beziehenden besonderen Angaben beschränken. Derartige besondere Angaben sind z. B. die Art der Leistung, die Warengattung, die Stückzahl, der Preis oder Gegenwert und die Lieferzeit.

Danach brauchen u. a. folgende Vordrucke die nach § 25 a erforderli- **10**
chen Angaben **nicht zu enthalten**: Angebote, Auftragsbestätigungen, Versandankündigungen, Lieferscheine, Empfangsscheine, Rechnungen, Kontoauszüge, Gutschriftsaufgaben, Belastungsaufgaben; weiterhin gehören in den Kreis der üblichen Vordrucke: Mahnungen auf Abnahme, Mitteilungen über Wechselrückruf sowie alle üblichen Formblätter im Bankverkehr (vgl. ausführlich *Schaffland*, BB 1980, 1503). Ferner besteht die Angabenpflicht nicht bei regelmäßigen Berichten an Behörden und andere Stellen (z. B. an den zuständigen Prüfungsverband), soweit die Vordrucke bis auf die im Einzelfall erforderlichen besonderen Angaben ausformuliert sind (vgl. *Hefermehl*, in: Geßler u. a., § 80 Rdn. 15 ff).

## V. Bestellscheine

Nach § 25 a Abs. 3 gelten **Bestellscheine** als Geschäftsbriefe i. S. d. **11**
Abs. 1. Sie müssen also die in Abs. 1 genannten Angaben enthalten. Abs. 2 ist auf sie nicht anzuwenden. Diese Vorschrift war erforderlich, weil das Gesetz offensichtlich davon ausgeht, daß Bestellscheine formularmäßig verwendet werden.

## VI. Zweigniederlassungen

**Zweigniederlassungen** brauchen keine weiteren Angaben zu machen, **12**
als sie für die eG als solche gefordert werden. Im übrigen bleibt es ihnen unbenommen, weitere freiwillige Angaben, z. B. die jeweilige Zweigniederlassung betreffend, zu machen.

## VII. Zwangsgeld

Gemäß § 160 ist die Erfüllung der Gebote des § 25 a mittels Androhung **13**
und Festsetzung von **Zwangsgeld** erzwingbar.

## § 26

## Wirkung der Vertretung für die Genossenschaft

**(1) Die Genossenschaft wird durch die von dem Vorstand in ihrem Namen geschlossenen Rechtsgeschäfte berechtigt und verpflichtet; es ist gleichgültig, ob das Geschäft ausdrücklich im Namen der Genossenschaft geschlossen worden ist oder ob die Umstände ergeben, daß es nach dem Willen der Vertragschließenden für die Genossenschaft geschlossen werden sollte.**

**(2) Zur Legitimation des Vorstandes Behörden gegenüber genügt eine Bescheinigung des Gerichts (§ 10), daß die darin zu bezeichnenden Personen als Mitglieder des Vorstands in das Genossenschaftsregister eingetragen sind.**

*Übersicht*



### I. Rechtswirkungen der Vorstandshandlungen (Abs. 1)

1 Die Regelung des Abs. 1 ist inhaltlich identisch mit § 164 BGB. Der Vorstand ist der gesetzliche Vertreter der eG. Daraus ergibt sich, daß ein vom Vorstand im Namen der eG abgeschlossenes Rechtsgeschäft **für und gegen die eG** wirkt.

2 Die Vorstandsmitglieder werden jedoch **persönlich** berechtigt und verpflichtet, wenn ihr Wille, im Namen der eG zu handeln, nicht erkennbar hervortritt (§ 164 Abs. 2 BGB).

3 Für und gegen die eG wirkt das **gesamte Verhalten** des Vorstands, das im Zusammenhang mit dem **Abschluß eines Rechtsgeschäfts** steht. Die eG muß sich die Kenntnis rechtserheblicher Tatsachen einzelner Vorstandsmitglieder zurechnen lassen. Ihr gegenüber kann bereits angefochten werden, wenn eines von mehreren Vorstandsmitgliedern den Vertragspartner arglistig getäuscht oder arglistig einen Mangel i. S. d. § 463 BGB verschwiegen hat (vgl. auch § 25 Rdn. 11).

4 Neben den rechtsgeschäftlichen Erklärungen wirken auch **Rechtshandlungen** mit geschäftsähnlichem Charakter für und gegen die eG, z. B. Mahnungen, Fristsetzungen, Mitteilungen und Anzeigen, Angaben in Steuerangelegenheiten insbesond. Steuererklärungen sowie Anträge, Inanspruchnahme gebührenpflichtiger Leistungen für die eG.

5 Die Rechtsgültigkeit der Vorstandshandlungen wird nicht durch Eintragung des Vorstandsmitglieds im **Genossenschaftsregister** bedingt (RGZ 9,

90); die Eintragung hat nur deklaratorische Bedeutung (vgl. im übrigen die Ausführungen zu § 29). Andererseits kann die eG Rechtshandlungen eingetragener Vorstandsmitglieder nicht aus dem Grunde anfechten, weil die Wahl nicht ordnungsgemäß erfolgt sei. Auch ist es nicht möglich, daß die eG sich darauf beruft, Vorstandsmitglieder seien nicht mehr im Amt gewesen, sofern sie noch im Genossenschaftsregister eingetragen sind und der Vertragspartner die Beendigung der Vertretungsbefugnis nicht kannte (vgl. im einzelnen die Ausführungen zu § 29 Abs. 1).

Der Wille, im Namen der eG zu handeln, kann ausdrücklich erklärt **6** werden oder sich aus den Umständen ergeben. Er muß jedenfalls für den Vertragspartner erkennbar zum Ausdruck gekommen sein (*Palandt*, BGB § 164 Anm. 1a). War für den Vertragspartner ein **Vertretungswille** erkennbar, ist der nicht in Erscheinung getretene wahre Wille des Vorstandsmitglieds, für sich selbst zu handeln, ohne rechtliche Bedeutung (BGH, NJW 1961, 2253). War der Vertretungswille nicht erkennbar, werden die Vorstandsmitglieder persönlich berechtigt und verpflichtet (*Meyer/Meulenbergh/Beuthien*, § Rdn. 1), es sei denn, es liegt ein „Geschäft für den, den es angeht" vor. Zur Wirkung von Vertretungsverhandlungen des Vorstands für und gegen die eG, zum (fehlenden) Vertretungswillen vgl. ausführlich die Kommentarliteratur zu § 164 BGB, z. B. *Palandt*, 55. Aufl.; RGRK, Das Bürgerliche Gesetzbuch, 12. Aufl.; *Soergel/Schulze-v.Lasaulx*, 11. Aufl.

Für ein **Verschulden** im vertraglichen wie im deliktischen Bereich in **7** Ausübung der Vorstandstätigkeit haftet die eG demgemäß nach § 31 BGB. Für ein Verschulden, das nicht in Ausübung und Erfüllung der Vorstandsbefugnisse eintritt, sondern der persönlichen, privaten Sphäre des Vorstandsmitglieds zugerechnet werden muß, haftet dieses Vorstandsmitglied persönlich (vgl. Erl. zu § 17 und § 25 Rdn. 12).

## II. Verbot des Insichgeschäfts (§ 181 BGB)

**Das Verbot des Insichgeschäfts** nach § 181 BGB gilt auch für die Vor- **8** standsmitglieder einer eG. Grundsätzlich kann ein Vorstandsmitglied nicht im Namen der eG mit sich im eigenen Namen oder mit sich als Vertreter eines Dritten ein Rechtsgeschäft abschließen. Eine Ausnahme gilt nur dann, wenn ihm der Vertretene (die eG) dies gestattet oder wenn das Rechtsgeschäft ausschließlich in der Erfüllung einer Verbindlichkeit besteht.

Nach § 25 Abs. 3 GenG können zur Gesamtvertretung befugte Vor- **9** standsmitglieder einzelne von ihnen zur Vornahme eines Geschäfts mit dem betreffenden Vorstandsmitglied als Privatperson wirksam **ermächtigen**; § 181 BGB steht dem nicht entgegen (BGHZ 64, 72 = NJW 1975, 1117 = BB 1975, 535). Zum Verbot bzw. zur Zulässigkeit des Selbstkontrahierens vgl. im übrigen ausführlicher § 25 Rdn. 20 ff sowie die Kommentarliteratur zu § 181 BGB, z. B. *Palandt*, BGB, RGRK, Das Bürgerliche Gesetzbuch; *Soergel/Schultze-v. Lasaulx*, Bürgerliches Gesetzbuch.

### III. Legitimation gegenüber Behörden (Abs. 2)

**10** Die **Bescheinigung nach Abs. 2** muß vom Registergericht der Hauptniederlassung ausgestellt sein. Die Bescheinigung des Registergerichts einer Zweigniederlassung genügt nicht (*Müller*, § 26 Rdn. 33). Auf die Ausstellung einer Bescheinigung besteht ein Rechtsanspruch (§ 156 GenG i. V. m. § 9 Abs. 3 HGB).

**11** Die Bescheinigung hat nur **deklaratorische**, nicht jedoch konstitutive Wirkung hinsichtlich der Vertretungsbefugnis der in ihr aufgeführten Personen (§ 172 BGB gilt nicht). Soweit Personen aufgeführt sind, die nicht (mehr) Vorstandsmitglied sind, richtet sich die Wirkung ihrer Vertretungshandlungen nach § 29 GenG analog (vgl. die dortigen Ausführungen). Die eG muß mithin nachweisen, daß der Behörde der unrichtige Inhalt der Bescheinigung bekannt war; Bestreiten der Richtigkeit genügt (*Müller*, § 26 Rdn. 35).

**12** Eine Bescheinigung nach Abs. 2 genügt gegenüber allen mit staatlichen Hoheitsaufgaben betrauten **öffentlichen** Stellen, einschließlich der Gerichte.

**13** Die Bescheinigung braucht nicht neuesten Datums zu sein (KG, JW 1938, 1834). Andererseits sollte auch **keine Bescheinigung** verwendet werden, die bereits einige Jahre alt ist.

**14** Im allgemeinen bedarf es in der Praxis einer derartigen Bescheinigung nicht. Erst, wenn eine öffentliche Stelle eine Bescheinigung nach Abs. 2 **verlangt**, werden die vorstehenden Ausführungen von Bedeutung sein. Die Behörde kann ein Vorstandsmitglied als gesetzlichen Vertreter zurückweisen, wenn keine Bescheinigung vorgelegt wird (a. A. *Müller*, § 26 Rdn. 35); dies entspricht dem Sinn und Zweck des Abs. 2 (so wohl auch *Meyer/Meulenbergh/Beuthien*, § 26 Rdn. 7; *Hettrich/Pöhlmann*, § 26 Rdn. 6).

## § 27
## Leitungsbefugnis des Vorstands

**(1) Der Vorstand hat die Genossenschaft unter eigener Verantwortung zu leiten. Er hat dabei die Beschränkungen zu beachten, die durch das Statut festgesetzt worden sind.**

**(2) Gegen dritte Personen hat eine Beschränkung der Befugnis des Vorstandes, die Genossenschaft zu vertreten, keine rechtliche Wirkung.**

**Dies gilt insbesondere für den Fall, daß die Vertretung sich nur auf gewisse Geschäfte oder Arten von Geschäften erstrecken oder nur unter gewissen Umständen oder für eine gewisse Zeit oder an einzelnen Orten stattfinden soll oder daß die Zustimmung der Generalversammlung, des Aufsichtsrats oder eines anderen Organs der Genossenschaft für einzelne Geschäfte erforderlich ist.**

*Übersicht*



## I. Allgemeines

§ 27 Abs. 1 wurde durch **Novelle 73** neu gefaßt. Die Vorschrift über- 1
nimmt den Grundsatz des § 76 Abs. 1 AktG. Sie legt fest, daß der Vorstand die eG zu leiten hat und für die Leitung die alleinige Verantwortung trägt. Sie bestimmt weiterhin, welche Beschränkungen der Vorstand bei dieser eigenverantwortlichen Leitung zu beachten hat. Im übrigen ist diese Vorschrift stets im Zusammenhang mit § 34 zu sehen (vgl. die dortigen Erl.).

§ 27 gilt für **hauptamtliche** wie für **neben**- und **ehrenamtliche** Vor- 2
standsmitglieder; sie sind grundsätzlich in gleicher Weise in die Leitungsverantwortung (strategische und operative Entscheidungen) eingebunden. Unzulässig ist, Personen nicht zur Geschäftsführung, sondern nur als eine Art „Vertrauensmänner" in den Vorstand zu berufen (abzulehnen *Müller*, § 34 Rdn. 25). Eine intern unterschiedliche Ausgestaltung der Leitungsbefugnis der Vorstandsmitglieder kann sich aus einem Geschäftsverteilungsplan ergeben (vgl. Rdn. 23–26; wegen der dann bestehenden Sorgfaltspflichten vgl. Erl. zu § 34). Auf den **Geschäftsführer**, der nicht dem Vorstand angehört, ist § 27 grds. nicht anwendbar. Er hat die Politik des Leitungsorgans Vorstand und die täglichen Geschäfte durchzuführen; ihn trifft nicht die Haftung nach § 34 (§ 34 Rdn. 9).

Die **Leitungsverantwortung** besteht grds. während der gesamten 3
Amtszeit (für das faktische Vorstandsmitglied § 24 Rdn. 66). Sie besteht nicht mehr nach Suspendierung (hierzu Erl. zu § 40) bzw. einvernehmlicher Aufhebung (hierzu § 24 Rdn. 92 ff). Hinsichtlich der Unterzeichnung des Jahresabschlusses vgl. § 33 Rdn. 25.

## II. Leitungsverantwortung

### 1. Inhalt

4 Unter **Leitung** der eG ist die begriffliche Zusammenfassung dessen zu verstehen, was man allgemein im **Gesellschaftsrecht** unter Geschäftsführung einerseits und gesetzlicher Vertretung andererseits versteht. Geschäftsführung ist jede Handlung, die das Innenverhältnis betrifft; Vertretung bedeutet Handlung für die eG im Außenverhältnis gegenüber Dritten (vgl. auch § 34 Rdn. 12).

5 Zur **Geschäftsführung** zählen alle (selbst einfachste, *Müller* § 24 Rdn. 10) Rechtshandlungen und tatsächlichen Handlungen, die der Verwirklichung des Unternehmensgegenstandes und der Erfüllung des Förderauftrags (§ 1 Abs. 1) dienen. Dies gilt sowohl für die Kundenbeziehung zu den Mitgliedern und Dritten (z. B. Entscheidungen über Vertragsabschlüsse und -durchführungen) als auch für die Mitgliedsbeziehung (Zulassung von Beitritts-, Beteiligungserklärungen, Vorbereitung der GV, Durchführung von Ausschlußverfahren etc.). Zur Geschäftsführung gehören **nicht**

- die Gestaltung der Verfassung (Satzung) und der Organisation (Bestellung und Abberufung der Organe) der eG; es handelt sich hier um Voraussetzungen der Geschäftsführung, die dieser also vorausgehen (*Meyer/Meulenbergh/Beuthien*, § 24 Rdn. 2; *Müller*, § 24 Rdn. 10).
- die Geschäftsführungskontrolle durch den Aufsichtsrat; diese folgt begrifflich der Geschäftsführung nach.

6 Die **Vertretung** ist die Umsetzung bestimmter Geschäftsführungsmaßnahmen von innen nach außen in Willenserklärungen oder sonstige rechtserhebliche Willensäußerungen im Rechtsverkehr mit Mitgliedern und Dritten. Die Beschlußfassung z. B. über den Einkauf von Rohstoffen, die Aufnahme oder Gewährung eines Kredits, die Ausarbeitung von langfristigen Planungen auf dem Gebiete der Produktion, der Finanzierung, der Organisation sind Akte der Geschäftsführung. Die Vertragsabschlüsse mit Dritten in solchen Fällen sind Vertretungsverhandlungen im Außenverhältnis.

7 Zur Leitungsaufgabe im **betriebswirtschaftlichen** Sinne gehören insbesond.: Formulierung der Unternehmensziele, Planung, Entscheidung, Durchführung der Entscheidungen, Kontrollen, Auswahl und Ausbildung der Mitarbeiter, Information der Mitarbeiter und Mitglieder, sowie insbesond. die Einführung und Durchführung eines unternehmensgerechten Führungssystems, wobei von Delegierungsmöglichkeiten Gebrauch gemacht werden sollte (vgl. hierzu Rdn. 23–26 und ausführlich Erl. zu § 34).

8 Um die Leitungsaufgabe erfüllen zu können, hat der Vorstand die Pflicht, sich mit dem **Inhalt** des GenG, der Satzung und der Geschäftsordnungen für Vorstand und Aufsichtsrat sowie seines Dienstvertrags **ver-**

**traut zu machen** und die darin für ihn enthaltenen Aufgaben zu erfüllen. Hierzu zählen u. a.: auf die pünktliche Einzahlung der Geschäftsanteile zu achten (RGZ 163, 200 = BlfG 1940, 127), die Kredithöchstgrenzen (§ 49) einzuhalten (RG, BlfG 1939, 281), sich im Rahmen des durch die Satzung gezogenen Aufgabenkreises zu halten (RG; JW 1938, 2019 = BlfG 1938, 470), sowie die Aufgaben zu erfüllen, die das Gesetz zwingend dem Vorstand zur Ausführung überweist (vgl. §§ 33, 44 Abs. 1, 59 Abs. 1, 99 Abs. 1 sowie die Anmeldungen – § 157 – gemäß §§ 14 Abs. 1 S. 1, 78 Abs. 2, 79 a Abs. 5; bei Kreditgenossenschaften zählen hierzu auch Entscheidungen gemäß §§ 13, 15 KWG); generell die Aufgaben zu erfüllen, die in §§ 16, 17 der Mustersatzungen enthalten sind. Zur Aufgabe der kurz-, mittel- und langfristigen Unternehmensplanung (s. *Seuster*, Genossenschaftsforum 1984, 544 ff; zur Unternehmenspolitik von Genossenschaftsbanken, *Lürig*, Hamburger Schriften zum Genossenschaftswesen, Heft 4; s. *Lipfert*, Mitgliedförderndes Kooperations- und Konkurrenzmanagment in genossenschaftlichen Systemen).

Die Leitungsverantwortung des Vorstands umfaßt bei **9**

- einer **Wohnungsbaugenossenschaft**, die in ihrer Firma auch nach Aufhebung der Gemeinnützigkeit die Bezeichnung „gemeinnützig" fortführt, daß die traditionellen Merkmale gemeinnützigen Verhaltens in der Satzung bestimmt und eingehalten werden (dazu § 1 Rdn. 99 I c; § 3 Rdn. 16).
- einer **Vermietungsgenossenschaft**, die für die Steuerpflicht optiert hat, die Entscheidung über die Verzichtserklärung (dazu § 1 Rdn. 100/102),
- die Gestaltung des Geschäftsbetriebes und die langjährige Unternehmensplanung mit den sich jeweils ergebenden Auswirkungen auf die Steuerbefreiung und die Herbeiführung einer nach der Satzung vorgesehenen Entscheidung der GV zu bestimmten Umstrukturierungsmaßnahmen (dazu § 1 Rdn. 100 unter f) ff).
- Wohnungsbaugenossenschaften in den **neuen Ländern** die Einhaltung der mit der Inanspruchnahme der Teilentlastung übernommene Veräußerungsverpflichtung (§ 5 Abs. 1 AltschuldenhilfeG) im Rahmen der hierfür nach der Satzung beschlossenen Grundsätze (dazu MS § 28; § 1 Rdn. 106 Nr. 4).
- die Umsetzung der Anweisung betr. die Überlassung von Wohnungseigentum auf „mieternahe" **eigentumsorientierte** eG (dazu § 1 Rdn. 107 Nr. 3 u. 4).
- einer **„mieternahen Bewohnergenossenschaft"** die Begründung und Veräußerung von Wohnungseigentum im Rahmen der Beschlüsse der Mitgliederversammlung EntwurfMS für Bewohnergenossenschaften, GdW Ausgabe Mai 1995; zur Problematik: § 1 Rdn. 107 Nr. 4a).

10 Indem das GenG dem Vorstand die **eigenverantwortliche** Leitung der eG überträgt, gibt es ihm selbständige Entscheidungsbefugnis (vgl. auch *Geßler*, Festschrift für Reinhardt 1972, 242). Diese selbständige Entscheidungsbefugnis ist vom Grundsatz her unentziehbar. Sie kann weder ganz noch teilweise einem anderen Organ, z. B. einem Genossenschaftsrat übertragen werden (*Schubert/Steder*, § 27 Rdn. 3, *Westermann*, Festschrift für Reinhardt 1972, 359, 362; *Schnorr von Carolsfeld*, ZfG 1973, 16; vgl. jedoch auch Rdn. 13). Sie bestimmt das Verhältnis des Vorstands zum Aufsichtsrat und zur GV.

11 Der Vorstand hat nicht nur das Recht, sondern auch die **Pflicht**, die eG eigenverantwortlich zu leiten. Deshalb muß der Vorstand alle **wesentlichen** unternehmerischen Entscheidungen selbst treffen und darf sie nicht Angestellten der eG (*Meyer/Meulenbergh/Beuthien*, § 27 Rdn. 3, 7) oder gar Dritten übertragen. Allerdings kann der Vorstand im **Einzelfall** sich dahingehend selbst binden, daß er seine Entscheidung von der Zustimmung eines anderen Organs abhängig macht (z. B. des Aufsichtsrats). Dies geschieht z. B. hinsichtlich der Kreditgewährung durch § 10 der Mustergeschäftsordnung für den Vorstand von Volksbanken und Raiffeisenbanken. Unzulässig wäre es jedoch, wenn er generell sein Handeln von der Zustimmung eines anderen Organs bzw. eines Dritten abhängig machen würde (da es dann an einer eigenverantwortlichen Leitung fehlen würde, *Müller*, § 27 Rdn. 6, 20; *Beuthien*, ZfG 1975, 184; *Merle*, Die Aktiengesellschaft, 1979, 265 ff). Dieses Verhalten wäre im übrigen auch unter dem Gesichtspunkt des § 34 zu würdigen (vgl. die dortigen Erl., insbesond. die dort gegebenen Rechtsprechungshinweise u. a. zum Verstoß gegen die Leitungspflicht).

### 2. Beschränkungen

12 Der Vorstand hat jedoch bei der eigenverantwortlichen Leitung der eG die **Beschränkungen** zu beachten, die durch die Satzung festgesetzt worden sind (Zur Gesamtproblematik vgl. ausführlich *Beuthien*, ZfG 1975, 180 ff, sowie *ders.* in: DGRV-Vortragsveranstaltung 1981 für gehobene Kräfte aus dem Prüfungsdienst, S. 17 ff; *Beuthien/Gätsch*, ZHR 1993, 510 f). Da nach der hier vertretenen Auffassung unter Leitung der eG eine zusammenfassende begriffliche Bestimmung dessen verstanden wird, was man im Gesellschaftsrecht unter Geschäftsführung einerseits und Vertretung andererseits versteht, bedeutet § 27 Abs. 1 S. 2, daß der Vorstand die satzungsmäßigen Beschränkungen bei seiner Geschäftsführung und bei der Vertretung der eG beachten muß. Die besonderen Fälle der Beschränkungen müssen im einzelnen ausdrücklich und konkret in der Satzung aufgeführt werden (hierzu auch Rdn. 16); nicht zulässig ist es z. B., daß die Satzung generell bestimmt, der Vorstand sei an Einzelanweisungen des Aufsichtsrats oder der GV gebunden (h. M.; vgl. Begründung des Rechtsaus-

schusses des Deutschen Bundestages – BT-Drucks 7/659, S. 4; *Geßler*, Festschrift für Reinhardt, 1972, 237 ff; *Schnorr von Carolsfeld*, ZfG 1973, 7, 15 ff; *Schulz*, NJW 1974, 163; *Hornung*, Rpfleger 1974, 45; *Hofmann*, Der langfristige Kredit, 1976, 771 ff; *Schaffland*, GenG mit einführender Erläuterung, S. 24 sowie *Schubert/Steder*, § 27 Rdn. 5 und *Beuthien*, ZfG 1975, 185 sowie *Meyer/Meulenbergh/Beuthien*, § 27 Rdn. 9 jeweils mit überzeugender Begründung; *Hettrich/Pöhlmann*, § 27 Rdn. 6; a. A. *Müller*, § 24 Rdn. 2, § 27 Rdn. 1, 6; *Westermann*, Festschrift für Reinhardt, 1972, 363 und ZfG 1973, 339 f, s. a. die ausführlichen Literaturhinweise bei *Neumann*, S. 145 Fn. 72, 73). Zu unbestimmt wäre eine Regelung, daß „zu allen Geschäften von besonderer Bedeutung“ die Zustimmung des Aufsichtsrats erforderlich sein soll. Bestimmt genug hingegen wäre eine Regelung, daß zur Feststellung der Richtlinien der allgemeinen Geschäftspolitik (Grundsätze über Abschreibungs- und Finanzierungspolitik, Preispolitik, Lagerhaltung, Warensortiment) die Zustimmung des Aufsichtsrats oder der GV vorliegen muß (*Meyer/Meulenbergh/Beuthien*, § 27 Rdn. 10).

Diese ausdrücklichen Beschränkungen dürfen jedoch nicht so weit **13**
gehen, daß dadurch der Grundsatz der Leitung der eG in eigener Verantwortung ausgehöhlt wird (§ 38 Rdn. 31; *Müller*, § 27 Rdn. 6; *Schaffland*, GenG m. einf. Erl. S. 24; offen gelassen durch *Beuthien/Gätsch* (ZHR 1993, 511) die sich jedoch gegen unbegrenzte Satzungsbeschränkungen aussprechen. Sie müssen die für den **gewöhnlichen** Geschäftsbetrieb erforderliche Geschäftsführungsbefugnis unberührt lassen (*Hettrich/Pöhlmann*, § 27 Rdn. 7). Es dürfte sich empfehlen, für besonders wichtige Geschäfte (z. B. Errichtung und Schließung von Zweigniederlassungen, Erwerb, Bebauung, Belastung und Veräußerung von Grundstücken, Erwerb und Aufgabe von dauernden Beteiligungen) in der Satzung vorzusehen, daß eine gemeinsame Beratung von Vorstand und Aufsichtsrat sowie eine getrennte Beschlußfassung in beiden Organen erforderlich ist (vgl. § 23 der Mustersatzungen). Der **Aufsichtsrat** übt insoweit keine vorweggenommene Überwachung aus, sondern nimmt an der **Leitung der eG** teil, nicht anders, als wenn die Satzung die Zustimmung eines Beirats vorsieht (vgl. *Neumann*, S. 175; dies übersieht *Höhn*, Das Nein des Aufsichtsrates, S. 72 ff). Ein Beirat, dem über die Satzung Zustimmungsbefugnisse eingeräumt wird, muß nicht zwingend mit Genossenschaftsmitgliedern besetzt sein (*Beuthien/Gätsch*, ZHR 1993, 507, 510), dies ist jedoch unter dem Gesichtspunkt der genossenschaftlichen Selbstverwaltung nicht unbedenklich. Allerdings kann er nicht allein – unter Entzug der Zuständigkeit des Vorstands insoweit – zuständig sein (*Müller*, § 27 Rdn. 7; *Schubert/Steder*, § 27 Rdn. 6; *Voormann*, ZfG 1984, 235, 259; a. A. *Beuthien/Gätsch*, ZHR 1993, 511; zu den Möglichkeiten und Grenzen der Kompetenzverlagerung s. a. *Thümmel*, DB 1995, 2461). Vorstand und Aufsichtsrat dürfen hierbei nicht zu einem Organ zusammengezogen werden; in den gemeinschaftlichen Sitzungen

darf nicht gemeinschaftlich abgestimmt werden, weil sonst der Aufsichtsrat wegen seiner größeren Mitgliederzahl den Vorstand überstimmen könnte (RGZ 73, 402). Ein Verstoß führt zur Unwirksamkeit gemeinsam gefaßter Beschlüsse (OLG Schleswig, ZfG 1968, 352; *Meyer/Meulenbergh/Beuthien*, § 25 Rdn. 17). Nach § 3 Abs. 1 Ziff. 4 MStrG muß die Satzung für Erzeugergemeinschaften in der Rechtsform der eG u. a. die Aufgaben und die Art der Beschlußfassung des Vorstands bestimmen. Die Grenze der zulässigen Einschränkungen für die Leitungskompetenz des Vorstands ist dort zu ziehen, wo die eigenverantwortliche Leitung berührt würde, wo also die Beschränkung eine Weisungsgebundenheit zur Folge hätte. Neben den Vertretungsbefugnissen des Aufsichtsrats unter den Voraussetzungen des § 39 Abs. 1 (vgl. dort Rdn. 1–11) hat der Vorstand auch bei **Prozessen gegen Vorstandsmitglieder** Prozeßführungsbefugnis, soweit nicht § 181 BGB Anwendung findet. Allerdings hat der Vorstand insoweit auch satzungsgemäße Beschränkungen zu beachten. So kann die Satzung – wie in der Praxis üblich – z. B. bestimmen, daß eine Beschlußfassung der GV erforderlich ist

- nicht nur für die Prozeßführung, sondern generell für die Verfolgung, d. h. auch für die einredeweise Geltendmachung, von
- Regreßansprüchen wegen ihrer Organstellung, also nicht nur für Regreßprozesse, (im Unterschied zu § 39 Rdn. 2) gegen
- im Amt befindliche Vorstands- und Aufsichtsratsmitglieder (vgl. auch hierzu § 39 Rdn. 9 sowie BGH, NJW 1960, 1667; LG Münster, ZfG 1969, 170 m. Anm. *Schnorr v. Carolsfeld*) also nicht gegen ausgeschiedene.

**14** In der Praxis sind **Geschäftsordnungen** üblich. Sie sind keine Beschränkungen i. S. d. Abs. 1 S. 2. Sie ergänzen das GenG und die Satzung. Sie regeln insbesond. die Art und Weise, wie Entscheidungen zustande kommen sollen. Sie enthalten insbesond. Bestimmungen über die Einberufung der Sitzungen, Sitzungsleitung sowie Regelungen hinsichtlich der Planung und Organisation, des Rechnungswesens der eG. Die Geschäftsordnung gibt sich grundsätzlich der Vorstand selbst. Wegen der im Grundsatz gleichberechtigten eigenverantwortlichen Tätigkeit aller Vorstandsmitglieder ist hierfür Einstimmigkeit erforderlich, da Mehrheitsentscheidungen einem Weisungsrecht gegenüber anderen Vorstandsmitgliedern gleichkämen. Insoweit enthält § 77 Abs. 2 S. 3 AktG einen allgemeinen Rechtsgedanken (für die GmbH vgl. *Roth*, GmbH-Gesetz, § 37 Anm. 3). Auch die Satzung kann nichts anderes regeln (vgl. im übrigen Rdn. 29).

**15** Auch die **Satzung** kann nicht festlegen, daß die Geschäftsordnung für den Vorstand der Beschlußfassung durch die GV bedarf. Denn nach dem Grundsatz des § 27 Abs. 1 S. 1 ist der Vorstand berechtigt und verpflichtet, die eG in eigener Verantwortung zu leiten, und in diesen Zuständigkeitsbereich kann – wie sich aus den §§ 27, 38, 43 ergibt – ein anderes Organ grundsätzlich nicht eingreifen, es sei denn, die Beschränkungen sind in der Satzung unmittelbar enthalten (wie hier *Schubert/Steder*, § 27 Rdn. 7; *Schaffland*, GenG m. einf. Erl., S. 24; so wohl auch *Geßler*, Festschrift f. Reinhardt, 1972, 245; a. A. *Müller*, § 27 Rdn. 8, 10, der es für zulässig erachtet, daß aufgrund einer entsprechenden Ermächtigung in der Satzung der Aufsichtsrat vorschreiben kann, daß bestimmte Geschäftsführungshandlungen den Weisungen der GV unterliegen, auch könne die GV eine Geschäftsverteilung beschließen; vermittelnd *Beuthien*, ZfG 1975, 180 ff, der die Geschäftsordnung als Organisationsmaßnahme wertet, die in die Zuständigkeit der GV falle und hiervon die Geschäftsanweisung als Akt der Geschäftsführung unterscheidet, die er nur dann als wirksam erachtet, wenn sie mit satzungsändernder Mehrheit von der GV beschlossen und in das Genossenschaftsregister eingetragen worden ist, also „ein lediglich drucktechnisch ausgegliederter Teil des Statuts"; so auch *Meyer/Meulenbergh/Beuthien*, § 27 Rdn. 16; so im Ergebnis auch *Neumann*, S. 129 ff, 153 mit ausführlicher Darstellung des Streitstandes in der Literatur; vgl. hierzu auch *Weber*, S. 152 ff sowie *Hettrich/Pöhlmann*, § 27 Rdn. 8, die zum Streitstand allerdings keine Stellung beziehen). Da die Aufstellung einer Geschäftsordnung für den Vorstand zur eigenverantwortlichen Leitung der eG gehört, kann die GV dafür jedoch nicht zuständig sein. Auch einen **Geschäftsverteilungsplan** kann weder die GV noch der Aufsichtsrat beschließen. Der Aufsichtsrat kann jedoch über die Ausgestaltung des Dienstvertrages Einfluß nehmen.

Etwas anderes ergibt sich auch nicht aus § 27 Abs. 1 S. 2. Darin ist fest- **16**
gelegt, daß der Vorstand die Beschränkungen zu beachten hat, die in der Satzung enthalten sind. Unzulässig wäre eine Blankoermächtigung in der Satzung, die die GV/den Aufsichtsrat ermächtigt, für den Vorstand eine Geschäftsordnung zu erlassen, in der sodann einzelne Beschränkungen der eigenverantwortlichen Leitung enthalten wären. Dies wäre allenfalls zulässig, wenn die Beschränkungen in ihren **Grundzügen** in der Satzung enthalten wären und in der Geschäftsordnung nur die Konkretisierung erfolgen würde, denn die Beschränkungen müssen unmittelbar in der Satzung enthalten sein. Je allgemeiner der Satzungswortlaut ist, desto weniger ist der Vorstand auf die Vorstellungen festgeschrieben, welche die Mitglieder bei der Aufstellung der Satzung hatten. Es gehört zur Leitungsverantwortung, sich zur Erfüllung des Förderauftrags auf die sich verändernden Marktverhältnisse einstellen zu können. So darf der Vorstand einer Viehverwertungsgenossenschaft neben der Schlachtung auch die Fleischverarbeitung aufnehmen, ohne daß es einer Satzungsänderung bedarf (*Meyer/Meulenbergh/Beuthien*, § 27 Rdn. 6).

Das Inkrafttreten der vom Vorstand aufgestellten Geschäftsordnung **17**
kann jedoch – durch eine entsprechende Satzungsbestimmung – an die **Zustimmung des Aufsichtsrats** gebunden werden. Dies ergibt sich nicht

aus § 27 Abs. 1, 2, sondern aus § 38, der § 27 Abs. 1 S. 1 überlagert. Denn nach dem § 38 ist der Aufsichtsrat berechtigt und verpflichtet, den Vorstand ordnungsgemäß zu überwachen. Eine ordnungsgemäße Überwachung kann aber vielfach nur dadurch sinnvoll erfolgen, daß sie nicht erst nachträglich, sondern vor bzw. bei der Erledigung einer Geschäftsführungsangelegenheit vorgenommen wird. So wird häufig für bestimmte Fälle im Kreditgeschäft die vorherige Zustimmung des Aufsichtsrats als Maßnahme der Aufsicht vorgesehen. Eine solche vorgezogene Überwachung ist auch im Zusammenhang mit der Aufstellung einer Geschäftsordnung für den Vorstand – also einer der Grundlagen für das vom Aufsichtsrat zu überwachende Handeln des Vorstands – sachgerecht.

**18** **Verweigert** der Aufsichtsrat seine in der Satzung vorgesehene Zustimmung, ist keine Geschäftsordnung wirksam zustande gekommen. Der Vorstand hat sich dann anhand der ggfs. unbestrittenen Geschäftsordnungsregelungen, letztlich an dem Grundsatz des § 34 Abs. 1 S. 1 zu orientieren.

**19** Wegen **gesetzlicher Beschränkungen** der Leitungsbefugnis des Vorstands vgl. z. B. §§ 39, 49; s. a. Rdn. 3. Im übrigen ergeben sich Beschränkungen für den Vorstand aus dem **Förderauftrag** und dem (satzungsmäßigen) **Unternehmensgegenstand** (vgl. RGZ 115, 249: vgl. auch Führungsprobleme in eG S. 59 f, 173 ff; *Fritz*, S. 118 ff; *Neumann*, S. 113 ff sowie *Beuthien*, in: DGRV-Vorstandsveranstaltung 1981 für gehobene Kräfte aus dem Prüfungsdienst, S. 25 f). Aus dem Grundsatz der Selbstverwaltung und Selbstverantwortung der Mitglieder folgt, daß bei allen Entscheidungen, die die **Existenz** der eG nachhaltig beeinflussen können, eine Entscheidung der GV herbeizuführen ist, dies gilt insbesond. dann, wenn eine Entscheidung den **Kernbereich** der Unternehmenstätigkeit berührt, den wesentlichen Betriebszweig – es genügt auch der Kern wesentlicher Teilbereiche – betrifft und die Unternehmensstruktur von Grund auf ändert (vgl. Erl. zu § 43 Rdn. 9 ff; *Hettrich/Pöhlmann*, § 27 Rdn. 10; *Meyer/Meulenbergh/Beuthien*, § 27 Rdn. 17). Das gilt bei einer Wohnungsbaugenossenschaft entspr. dem Rechtsgedanken aus §§ 179 a, 293 AktG; 16 Abs. 2 GenG; §§ 82, 13 UmwG für die Veräußerung eines wesentlichen Teils des die Grundlage des gemeinschaftlichen Geschäftsbetriebes bildenden Wohnungsbestandes. Ein solches, in den Kernbereich der eG eingreifendes, Grundlagengeschäft fällt in die ausschließliche Zuständigkeit der GV. Es liegt außerhalb der Leitungs- und Vertretungsbefugnis des Vorstandes; Verpflichtungs- wie Erfüllungsgeschäft sind unwirksam (str. ebenso *Beuthien*, Gutachten v. 27. 6. 1994 für den GdW; einschränkend BGHZ 83, 122 = DB 1982, S. 795; s. a. Rdn. 35, § 43 Rdn. 9, 10).

**20** Der Vorstand kann die eG nicht rechtswirksam verpflichten in Bereichen, die der freien Entscheidung der GV vorbehalten sind. Dies gilt z. B. für die Ausgliederung wesentlicher Bereiche des Geschäftsbetriebes, „Kernbereich“ (§ 43 Rdn. 10; § 16 Rdn. 4). Entsprechendes gilt für Zusagen, die Satzung werde in bestimmter Weise geändert (§ 16 Abs. 1), bestimmte Personen würden in den Aufsichtsrat gewählt (§ 36 Abs. 1) oder für einen Verzicht auf Regreßansprüche gegen Organmitglieder (§ 39 Abs. 1).

Auch in den einzelnen **Anstellungsverträgen** können Beschränkungen **21** enthalten sein. Dies ist ebenfalls kein Verstoß gegen § 27 Abs. 1 S. 2, da diese Vorschrift sich an den Gesamtvorstand wendet, dessen allumfassende Zuständigkeit durch Einzelverträge mit den einzelnen Vorstandsmitgliedern nicht beschränkt wird.

**Unechte Gesamtvertretung** (zum Begriff vgl. § 25 Rdn. 5, 6) stellt sich **22** nicht als eine Beschränkung des Umfangs der gesetzlichen Vertretungsmacht des Vorstands dar. Die Möglichkeit, unechte Gesamtvertretung oder gar Einzelvertretung vorzusehen, ergibt sich aus § 25. Eine derartige Ausgestaltung ist insbesond. keine Beschränkung i. S. d. § 27 Abs. 1 S. 2.

### 3. Geschäftsverteilung, Delegierung

Von der Beschränkung i. S. d. § 27 Abs. 1 S. 2 ist die zulässige **23** **Geschäftsverteilung** durch den Vorstand auf einzelne Vorstandsmitglieder zu unterscheiden. Hierfür spricht insbesond. bei Vorständen mit mehr als einem hauptamtlichen Vorstandsmitglied ein praktisches Bedürfnis. Auch können über die Verteilung der Geschäfte ehrenamtliche Vorstandsmitglieder in angemessener Weise bei der Aufgabenzuweisung berücksichtigt werden. Die Zuständigkeit und Verantwortlichkeit des Vorstands in seiner Gesamtheit bleibt davon unberührt (*Neumann*, S. 121). Er kann jederzeit eine neue Verteilung vornehmen oder die Geschäftsführung in diesem Bereich sich insgesamt vorbehalten (vgl. im übrigen Rdn. 26 u. 28). Auch bei einer Ressortteilung hat kein Vorstandsmitglied ein Weisungsrecht gegenüber anderen; deshalb kann auch keinem Vorstandsmitglied eine Richtlinienkompetenz eingeräumt werden, da die Beachtung festgelegter Richtlinien einem Weisungsrecht gleichkäme. Denkbar ist allenfalls, daß die stellvertretenden Vorstandsmitglieder (Erl. zu § 35) die von den ordentlichen Vorstandsmitgliedern festgelegten Richtlinien zu beachten haben. Zur Geschäftsverteilung im Vorstand vgl. *Meyer*, S. 152 ff; zur Ausgestaltung von Geschäftsverteilungsplänen vgl. *Lindauer*, Bank-Information 9/80, S. 22 ff, sowie das Schema zur Aufstellung eines Geschäftsverteilungsplanes in der Loseblattsammlung „Betriebsorganisation der Volksbanken und Raiffeisenbanken“, vgl. auch *Höhn*, Vorstand, S. 42. Auch ist möglich, Funktionen auf einen Ausschuß, bestehend aus Vorstandsmitgliedern, zu delegieren. Ein gemeinsamer Ausschuß von Vorstands- und Aufsichtsratsmitgliedern kann jedoch wegen des Grundsatzes der Gewaltenteilung nur beratende Funktion haben.

**24** Unterliegt das Unternehmen dem **Mitbestimmungsgesetz** und existiert ein Arbeitsdirektor, so muß diesem wegen des engen Zusammenhangs zwischen Datenschutz (hierzu *Schaffland/Wiltfang*, Kommentar zum BDSG) und der Personenverwaltung, insbesond. dem Verwalten von Personaldaten und Personalakten, auch im Bereich des Datenschutzes eine eigenverantwortliche Zuständigkeit zugestanden werden; dies auch deshalb, weil der Bereich der Personalverwaltung nach h. M. zumindest zum Ressort des Arbeitsdirektors gehört. Eine Beschränkung des Arbeitsdirektors in der Geschäftsordnung für die Geschäftsführung auf bloße Mitwirkungsbefugnisse im Bereich des Datenschutzes wäre eine unzulässige Einschränkung des Mindestressorts des Arbeitsdirektors (zu unzulässigen Einschränkungen des gesetzlichen Mindestressorts des Arbeitsdirektors durch Geschäftsverteilungsplan und Geschäftsordnung vgl. LG Frankfurt, DB 1984, 1388; zur Zuordnung des Datenschutzbeauftragten zur Unternehmensleitung vgl. *Schaffland/Wiltfang*, BDSG, § 36 Rdn. 46).

**25** Neben der Möglichkeit, die Geschäfte im Rahmen eines Geschäftsverteilungsplanes einzelnen Vorstandsmitgliedern vorrangig zu übertragen, kann der Vorstand zur Durchführung der Geschäfte dritte Personen hinzuziehen (**Delegierung**, s. hierzu a. § 34 Rdn. 30 ff, *Müller*, § 24 Rdn. 12). Geschieht dies in Form von allgemeinen Führungsrichtlinien, die die Verantwortung und Pflichten der Mitarbeiter regeln und die äußere Ordnung des Betriebs und das Verhalten der Mitarbeiter betreffen, so sind diese gleichwohl nicht mitbestimmungspflichtig i. S. v. § 87 Abs. 1 Nr. 1 BetrVG 72, (BAG, Beschl. v. 23. 10. 1984 – AZ: 1. ABR). Die Möglichkeit der Delegierung findet jedoch dort ihre Grenze, wo es sich um Entscheidungen über Fragen der allgemeinen Geschäftspolitik und über Fragen grundsätzlicher Art, wie z. B auf dem Gebiet der Produktion, der Finanzierung, der Organisation handelt (**Leitungsveranwortung**). Generell werden alle grundsätzlichen Geschäfte vom Vorstand selbst beschlossen werden müssen. Eine Delegierung dieser Entscheidungen z. B. auf Prokuristen und Handlungsbevollmächtigte dürfte mit § 27 Abs. 1 nicht im Einklang stehen (Zur Delegierung im allgemeinen vgl. *Höhn*, Vorstand, S. 26 ff; zu den Grenzen der Geschäftsverteilung *Neumann*, S. 122 ff).

**26** Im Falle der Geschäftsverteilung bzw. der Delegierung bestimmter Aufgabenbereiche übernimmt zwar der einzelne die Sachverantwortung (Handlungsverantwortung); die Leitungsverantwortung verbleibt jedoch stets beim Gesamtvorstand (vgl. im einzelnen § 34 Rdn. 26 ff). Ihn trifft insoweit eine **Überwachungspflicht** (hierzu auch *Müller*, § 24 Rdn 14). Der Vorstand hat die Überwachung selbst durchzuführen unter Zuhilfenahme geeigneter Personen (z. B. Innenrevisoren). Zur Kontrolle durch den Aufsichtsrat vgl. Erl. zu § 38, zur Einschaltung der Innenrevision insoweit vgl. § 38 Rdn. 10, siehe auch die Dienstanweisungen für die Innenrevision von Kreditgenossenschaften bzw. von Warengenossenschaften. Zur Überwachung gehört auch, daß der Vorstand in Vorstandssitzungen sich regelmäßig informiert über alle Vorkommnisse in den Bereichen, für die einzelne Vorstandsmitglieder zuständig sind (vgl. im übrigen ausführlich § 34 und die dortigen Erl., sowie *Höhn*, Vorstand, S. 133 ff; *Großfeld/Schulte*, ZfG 1985, 187 ff). Dem entspricht auf seiten des geschäftsführenden Vorstandsmitglieds eine Pflicht zur Information des Gesamtvorstands über Geschäftsvorfälle, die von besonderer Bedeutung sind bzw. die nach dem erklärten oder zu vermutenden Willen auch nur eines Vorstandskollegen mitgeteilt werden sollen (*Neumann*, S. 122). Unzulässig ist es, ein Vorstandsmitglied (z. B. als Ressortleiter) durch Geschäftsordnungsregelung oder Vorstandsbeschluß einem anderen Vorstandsmitglied (z. B. dem Vorsitzenden) weisungsgebunden unterzuordnen.

### 4. Ehrenamtliche Mitglieder im Vorstand

§ 24 Abs. 3 S. 1 stellt lediglich fest, daß die Mitglieder des Vorstandes **27**
besoldet oder unbesoldet sein können (wegen der Begriffe vgl. § 24 Rdn. 28 ff). Diese Unterscheidung berührt grundsätzlich nicht die Leitungsverantwortung aller Mitglieder des Vorstandes im Rahmen von § 27 Abs. 1 und auch nicht die Verantwortung für Sorgfaltspflichtverletzungen im Rahmen von § 34. Dies bedeutet, daß auch nicht besoldete, also **ehrenamtliche** Mitglieder des Vorstandes allen gesetzlichen Vorschriften über die Pflichten und Rechte, über die Verantwortung sowie die Haftung der Vorstandsmitglieder unterworfen sind. Ehrenamtlich tätig ist auch, wer zwar nominell zur Leitung der eG berufen ist, aber von der Wahrnehmung der Leitungsfunktion durch besondere Rechtsvorschriften, Geschäftsordnung oder Einzelvereinbarung ausgeschlossen ist (BVerwG, ZfG 1988, 232). Auch ehrenamtliche oder nebenamtliche Vorstandsmitglieder tragen zusammen mit den hauptamtlich tätigen Vorstandsmitgliedern die Leitungsverantwortung. Ihre Tätigkeit kann daher nicht gleichgesetzt werden mit der Aufsichtsfunktion von Mitgliedern des Aufsichtsrates. Sie haben – im Rahmen bestehender Geschäftsverteilungspläne oder Geschäftsordnungen – mit der Sorgfalt eines ordentlichen und gewissenhaften Leiters einer eG (§ 34 Abs. 1) die Gesamtverantwortung mitzutragen (*Fritz*, S. 132, 133, der darauf hinweist, daß sie eben nicht nur eine Überwacherfunktion ausüben). Sie haben das Recht und ggfs. die Pflicht, sich über alle wesentlichen Geschäftsvorfälle in der eG zu informieren und an allen wesentlichen Entscheidungen beteiligt zu sein. Die Tatsache, daß sie im allgemeinen von der konkreten Geschäftsführungstätigkeit und damit von der Zuweisung bestimmter Leitungsbereiche befreit sind, bedeutet eine Verlagerung der Primärverantwortung in diesen Bereichen auf die geschäftsführenden Ressortleiter (vgl. auch Erl. zu § 34). Die Mitunterzeichnung einer Erklärung

der eG nach außen (z. B. eines Kreditvertrages) bedeutet grds. auch die Mitverantwortung für den Inhalt der Erklärung.

### 5. Willensbildung

28 Der Vorstand faßt seine Beschlüsse grundsätzlich in **Vorstandssitzungen**. Es sind alle bestellten und nicht wirksam ausgeschiedenen Vorstandsmitglieder zu laden, soweit kein ausdrücklicher Ladungsverzicht vorliegt. Mängel bei der Ladung führen nur dann zur Unwirksamkeit, wenn sie das Ergebnis hätten beeinflussen können (vgl. zum ähnlich gelagerten Problem bei der GV § 51 Rdn. 50, 63, 73). Unwirksame Vorstandsbeschlüsse sind im Außenverhältnis wirksam, wenn der Vorstand ordnungsgemäß vertreten ist (zu eng OLG Schleswig, NJW 1960, 1862, das die Auffassung vertritt, die Mitgliederversammlung eines Vereins könne keine gültigen Beschlüsse fassen, wenn der Vorstand, der die Einberufung beschlossen habe, nicht ordnungsgemäß geladen sei; vgl. auch § 44 Rdn. 11). Abstimmungen haben grundsätzlich im Hinblick auf die persönliche Verantwortung der Vorstandsmitglieder (§ 34 Abs. 2) offen zu erfolgen. Vorstandsmitglieder haben kein Stimmrecht, wenn es um die Geltendmachung eines Anspruches gegen sie oder um die Befreiung von einer Verbindlichkeit geht (vgl. zu dem ähnlich gelagerten Problem bei der Beschlußfassung in der GV, § 43 Rdn. 96 ff); sie haben ein Stimmrecht, wenn es sich um sonstige Beschlußfassung handelt (z. B. Abschluß eines Kredits, Kaufvertrags).

29 Im Aktienrecht ist ausdrücklich (§ 77) geregelt, daß die Beschlüsse grundsätzlich der Einstimmigkeit bedürfen. Es mag dahinstehen, ob dieses auch für das Genossenschaftsrecht gilt (dafür *Müller*, § 24 Rdn. 15; *Neumann*, S. 118; *Mummenhoff*, ZfG 1986, 77, unklar insoweit *Parisius/Crüger*, § 25 Anm. 2, 3; dagegen *Weber*, S. 72; zur Frage von Mehrheitsentscheidungen generell vgl. *Meyer*, S. 142 ff, insbesond. S. 152), abweichende Regelungen in der Satzung oder Geschäftsordnung für den Vorstand sind jedenfalls zulässig (so für die AG ausdrücklich § 77 Abs. 1 S. 2 AktG; so für die eG *Müller*, § 24 Rdn. 16; *Neumann*, S 119). Praktischen Bedürfnissen entsprechend wird demzufolge in den Satzungen in der Regel eine **einfache Mehrheit** für ausreichend gehalten. Bei Stimmengleichheit ist ein Beschluß nicht zustande gekommen. Um eine solche Patt-Situation zu verhindern, wäre es denkbar, daß in der Satzung oder in der Geschäftsordnung vorgesehen wird, daß die Stimme eines bestimmten Organmitglieds, z. B. des Vorstandsvorsitzenden den Ausschlag gibt (so *Parisius/Crüger*, § 25 Anm. 3; *Neumann*, S. 120; sowie zum AktG *Hefermehl*, in: Geßler u. a., § 77 Rdn. 8. m. w. Nachw.), wenn auch im allgemeinen in der Praxis hierfür kein Bedürfnis bestehen dürfte (im übrigen nicht unbedenklich im Hinblick auf das aus § 24 Abs. 1 sich ergebende Kollegialsystem und die im Grundsatz

gleiche Verantwortung und Haftung der Vorstandsmitglieder). Dieser **Stichentscheid** ist jedoch dort unzulässig, wo ein Vorstand nur aus zwei Vorstandsmitgliedern besteht, da er hier auf ein Alleinentscheidungsrecht eines Mitglieds hinauslaufen würde (*Neumann*, S. 120; für die AG *Meyer-Landrut*, Großkomm. AktG, § 77 Anm. 3).

Unzulässig ist es, in der Satzung oder Geschäftsordnung vorzusehen, **30** daß bestimmten Vorstandsmitgliedern, z. B. dem Vorstandsvorsitzenden, ein **Alleinentscheidungsrecht** auch gegen die Stimmen der übrigen Vorstandsmitglieder eingeräumt wird (h. M.; *Paulick*, Festschrift für Draheim, S. 223; *Neumann*, S. 119 vgl. zum AktG, *Hefermehl* in: Geßler u. a., § 77 Rdn. 9), da dies gegen das Gebot der Verantwortlichkeit aller Vorstandsmitglieder verstoßen würde.

Andererseits könnte durch die Satzung oder die Geschäftsordnung **31** bestimmten Vorstandsmitgliedern ein **Vetorecht** gegen Entscheidungen der Mehrheit eingeräumt werden (h. M.; zum AktG vgl. *Hefermehl*, in: Geßler u. a, § 77 Rdn. 11, 12 m. w. N. sowie *Müller*, § 24 Rdn. 16; *Neumann*, S. 119). Für eine derartige Regelung besteht jedoch im genossenschaftlichen Bereich kein praktisches Bedürfnis (im übrigen nicht unbedenklich im Hinblick auf die im Grundsatz gleiche Verantwortung und Haftung der Vorstandsmitglieder). In einer der Mitbestimmung unterliegenden eG ist es mit Rücksicht auf die Rechtsstellung des Arbeitsdirektors unzulässig, dem Vorstandsvorsitzenden ein allgemeines Vetorecht einzuräumen (BGH, NJW 1984, 733 – GmbH).

Ist bei einem Vorstand, der aus zwei **Personen** besteht, ein Vorstands- **32** mitglied verhindert – z. B. infolge Krankheit oder Urlaub – ist eine Beschlußfähigkeit des Vorstands nicht mehr gegeben. Das verbleibende Mitglied könnte allerdings die täglich zu treffenden Entscheidungen grundsätzlich ohne vorherige Beschlußfassung fällen und ausführen. Das verhinderte Vorstandsmitglied könnte später genehmigen oder nach § 25 Abs. 3 das verbleibende Mitglied zur Vornahme bestimmter Arten von Geschäften ermächtigen, nicht jedoch – wegen § 25 Abs. 3 S. 1 – Generalvollmacht erteilen (hierzu auch § 25 Rdn. 3). Wegen der Verantwortlichkeit und Haftung verhinderter Vorstandsmitglieder vgl. Erl. zu § 34. Es verbleibt die Möglichkeit, den Vorstand für diesen Zeitraum nach § 37 zu ergänzen.

Existiert ein **Geschäftsverteilungsplan**, ist das einzelne Vorstandsmit- **33** glied berechtigt und verpflichtet, die gewöhnlichen Entscheidungen seines Ressorts allein zu treffen und auszuführen. Es besteht jedoch eine regelmäßige Berichtspflicht gegenüber dem Gesamtvorstand in Vorstandssitzungen, da die Gesamtverantwortung des Vorstands als Kontrollverantwortung bestehen bleibt (vgl. hierzu Rdn. 23, 26 sowie § 34 Rdn. 26 ff; *Müller*, § 24 Rdn. 19; *Hettrich/Pöhlmann*, § 27 Rdn. 11).

### 6. Verstöße gegen Beschränkungen

34 Ein **Verstoß** gegen Satzungsregelungen (insbesond. -beschränkungen) kann als Verstoß gegen Sorgfaltspflichten Schadensersatzansprüche der eG nach § 34 zur Folge haben (BGH, WM 1962, 101). Dies gilt auch bei Verstößen gegen Regelungen der Geschäftsordnung. Andererseits kann in Ausnahmefällen die Leitungsverantwortung gebieten, bei Wahrnehmung der Sorgfalt eines ordentlichen und gewissenhaften Geschäftsleiters einer eG, im Interesse der eG ein Geschäft durchzuführen, für das die satzungsmäßig erforderliche Mitwirkung des Aufsichtsrates nicht vorliegt (*Hettrich/Pöhlmann*, § 27 Rdn. 12; weitergehend *Höhn*, Das Nein des Aufsichtsrats, S. 85, der stets dem Vorstand dieses Recht einräumt).

## III. Unwirksamkeit von Beschränkungen im Außenverhältnis (Abs. 2)

35 Gegen dritte Personen hat eine Beschränkung der Befugnis des Vorstands, die eG zu vertreten, keine rechtliche Wirkung. Die **Vertretungsbefugnis** des Vorstands ist also gegenüber Dritten unbeschränkbar. Die vom Vorstand geschlossenen Rechtsgeschäfte sind auch bei Mißachtung von Beschränkungen grundsätzlich wirksam (vgl. Rdn. 31). Auch die Satzung der eG kann Beschränkungen der Vertretungsmacht des Vorstands – mit Wirkung gegenüber Dritten – nicht einführen. Allerdings unterliegt die Vertretungsmacht des Vorstands – auch mit Wirkung gegenüber Dritten – gesetzlichen Beschränkungen. So bedarf z. B. bei einer Verschmelzung durch Übernahme der Verschmelzungsvertrag der Genehmigung durch die GV beider eG; er wird erst mit dieser Genehmigung rechtsverbindlich.

36 Weil die Vertretungsbefugnis des Vorstands – mit Wirkung gegenüber Dritten – unbeschränkbar ist, ist die **Kenntnis eines Dritten** von internen Beschränkungen grundsätzlich ohne Bedeutung. Etwas anderes gilt ausnahmsweise nach § 242 BGB, wenn Vorstandsmitglieder bewußt zum Nachteil der eG sich über Beschränkungen hinwegsetzen und der Geschäftspartner dieses erkannte oder unschwer hätte erkennen müssen (unbestritten: BGH, WM 66, 491; BGHZ 50, 114; *Müller*, § 27 Rdn. 15 f m. w. Nachw.). Das gleiche gilt, wenn ein Dritter in sittenwidriger Weise mit dem Vorstand zum Nachteil der eG zusammengewirkt hat (vgl. RGZ 57, 388; 58, 536).

37 **Mitglieder** stehen im Rahmen ihres Mitgliedschaftsverhältnisses oder auch ihres Organverhältnisses der eG nicht als Dritte gegenüber; sie können sich insoweit nicht auf Abs. 2 berufen. Dies gilt z. B. hinsichtlich der Gewährung einer über den Auslagenersatz hinausgehenden Aufsichtsratsvergütung, ohne daß die in der Satzung vorgesehene Beschlußfassung der

GV (§ 22 Abs. 7 S. 3 der Mustersatzungen der ländlichen und gewerblichen eG) vorliegt. Dies gilt generell hinsichtlich der Bestellung und des Anstellungsverhältnisses von Organmitgliedern. Schließen Genossenschaftsmitglieder jedoch im Geschäftsbetrieb der eG mit ihr Rechtsgeschäfte ab, so gelten sie als Dritte, weil solche Rechtsgeschäfte keine inneren Angelegenheiten der eG sind (RGZ 4, 72). Dies gilt auch, wenn mit einem Mitglied ein Dienstvertrag geschlossen oder ihm Prokura erteilt wird. Dritter ist dementsprechend auch der Angestellte der eG bezüglich des mit ihm abgeschlossenen Dienstvertrags (RAG, JW 1935, 1357 = BlfG 1935, 338); er bleibt es auch hinsichtlich dieses früher abgeschlossenen Vertrags, wenn er später Mitglied des Vorstands der eG wird (BAG, NJW 1955, 1574 = ZfG 1955, 392 Nr. 92).

Die Mitglieder des Vorstands haben bei der Leitung der eG, der Aus- **38**
richtung der Geschäftspolitik und der Geschäftsführung die sich aus der Fortführung als Wohnungsbaugenossenschaft ergebenden, in der Satzung verankerten Beschränkungen einzuhalten und damit nicht zu vereinbarende Verhaltensweisen mit Blick auf § 18 HGB, § 3 UWG zu vermeiden (Rdn. 9).

Rechtsgeschäfte, die gegen die satzungsrechtlichen Bindungen versto- **39**
ßen, sind wirksam (zum WGG: BGH, GWW 1955, 57; BVerwG, GWW 1958, 57, 93; 1959, 27).

## IV. Weitere Organe

Aus § 27 Abs. 2 S. 2 (. . .„oder eines anderen Organs“. . .) ergibt sich, **40**
daß die eG außer Vorstand, Aufsichtsrat und GV noch **andere Organe** haben kann (z. B. einen Beirat oder Genossenschaftsrat oder einen besonderen Vertreter nach § 30 BGB). Erforderlich ist jedoch stets eine entsprechende Satzungsregelung. Auch bei fehlender Satzungsbestimmung ist eine eG, die einen besonderen Vertreter hätte ausweisen müssen, so zu behandeln, als habe sie diesen nach § 30 BGB bestellt (BGH, DB 1977, 2135). Diesen weiteren Organen können jedoch keine den gesetzlichen Organen zustehenden Aufgaben zugewiesen werden (hierzu auch Rdn. 13; zur Stellung des Beirats im Genossenschaftsrecht vgl. *Voormann*, ZfG 1984, 237 ff; zu den Möglichkeiten und Grenzen der Kompetenzverlagerung *Thümmel*, DB 1995, 2461).

Für die Zahlung von Aufwandsentschädigungen und ggfs. die Festset- **41**
zung einer entsprechenden Pauschale (Sitzungsgeld o. ä.) ist der Vorstand zuständig.

## § 28

## Anmeldung von Änderungen im Vorstand

**(1) Jede Änderung des Vorstands oder der Vertretungsbefugnis eines Vorstandsmitglieds hat der Vorstand zur Eintragung in das Genossenschaftsregister anzumelden. Der Anmeldung sind die Urkunden über die Änderung in Urschrift oder Abschrift beizufügen. Die Eintragung ist vom Gericht bekanntzumachen.**

**(2) Die Vorstandsmitglieder haben die Zeichnung ihrer Unterschrift in öffentlich beglaubigter Form einzureichen.**

*Übersicht*



### I. Allgemeines

1 § 28 Abs. 1 ist durch **Novelle 73** neu gefaßt worden. Die Neufassung lehnt sich an § 81 Abs. 1 und 2 AktG an (vgl. deshalb auch die Kommentarliteratur zu § 81 AktG).

2 Das **Genossenschaftsregister** soll im Interesse Dritter, die mit der eG in Verbindung treten, jederzeit über die Vorstandsmitglieder und ihre Vertretungsbefugnis **Auskunft** geben. Das liegt zugleich im Interesse der eG. § 28 sieht vor, daß jede Änderung des Vorstands und der Vertretungsbefugnis eines Vorstandsmitglieds aus dem Genossenschaftsregister ersichtlich wird, indem es den Vorstand zu den entsprechenden Anmeldungen verpflichtet.

### II. Änderung des Vorstandes

3 In erster Linie ist unter Änderung des Vorstands eine Änderung in der **Zusammensetzung** des Vorstandes zu verstehen (KGJ 29, 214). Die Wiederwahl eines Vorstandsmitglieds oder die Verlängerung seiner Amtszeit bedarf deshalb nicht der Anmeldung, es sei denn die Amtszeit ist im Register eingetragen. Wird jemand nicht sofort, sondern erst zu einem späteren Zeitpunkt zum Vorstandsmitglied bestellt, so hindert das nicht die Anmeldung und Eintragung. Es ist aber der Zeitpunkt des künftigen Amtsantritts zu vermerken (*Hefermehl*, in: Geßler u. a., AktG, § 81 Rdn. 2 m. w. Nachw.). Ist das Ausscheiden aus dem Vorstandsamt bereits zeitlich fixiert, kann es bereits zu einem früheren Zeitpunkt unter Angabe des genauen Beendigungstermins eingetragen werden.

War ein Vorstandsmitglied bisher als **stellvertretendes Vorstandsmitglied** im Genossenschaftsregister eingetragen und wird dieses nunmehr zum ordentlichen Vorstandsmitglied, ändert sich zwar nicht die Zusammensetzung des Vorstands an sich; dem Willen des § 28 entspricht es jedoch, diese Änderung der Wertigkeit des Vorstandsmitglieds als Änderung des Vorstands anzumelden (*Parisius/Crüger*, § 28 Anm. 1; *Schubert/Steder*, § 28 Rdn. 2). 4

Auch die vorläufige **Suspendierung** durch den Aufsichtsrat nach § 40 ist anmeldepflichtig (§ 18 Abs. 1 GenRegVO), jedoch nur die Tatsache selbst, nicht ihre Gründe; zur einvernehmlichen vorläufigen Suspendierung vgl. § 24 Rdn. 95 und 96. Die **Entsendung** eines Aufsichtsratsmitglieds in den Vorstand nach § 37 Abs. 1 sowie die **Beendigung** der Amtszeit eines nach § 37 Abs. 1 in den Vorstand entsandten Aufsichtsratsmitglieds sind ebenfalls anzumelden. 5

Obwohl ein späterer **Wechsel** in den **persönlichen Verhältnissen** des einzelnen Vorstandsmitglieds keine Änderung des Vorstands ist, muß die Anmeldung nach § 18 Abs. 1 GenRegVO den Familiennamen, Vornamen, Beruf und Wohnort enthalten. Spätere Änderungen von Wohnort und Beruf sind zwar nicht eintragungspflichtig, aber eintragungsfähig; stellt die eG einen Antrag, muß das Registergericht diese Änderung eintragen (KGJ 30 B 34). 6

Unter **Änderung des Vorstands** ist nicht ein Wechsel in den persönlichen Verhältnissen (z. B. Beruf, Wohnort) des einzelnen Vorstandsmitglieds zu verstehen. Hierunter fällt jedoch eine (aufgrund einer Adoption oder Heirat) eingetretene Namensänderung eines Vorstandsmitgliedes, da sich mit der Namensänderung die Unterschriftenzeichnung, die nach Abs. 2 dem Registergericht eingereicht werden muß, ändert. 7

## III. Änderung der Vertretungsbefugnis

Unter **Änderung der Vertretungsbefugnis** eines Vorstandsmitglieds ist die Änderung der Art der Ausübung der Vertretung zu verstehen, also Einzel- oder Gesamtvertretung und die möglichen Abwandlungen (vgl. im einzelnen die Ausführungen zu § 25). Die Vertretungsbefugnis muß auch dann angemeldet werden, wenn die gesetzliche Regelung eingreift, d. h. wenn echte Gesamtvertretung besteht (OLG Naumburg, ZfG 1996, 61 m. Anm. *Reichold*). Einzutragen ist grundsätzlich die generelle (abstrakte) Vertretungsbefugnis der Vorstandsmitglieder: echte Gesamtvertretung, unechte Gesamtvertretung, gemischte Gesamtvertretung, Einzelvertretung (OLG Frankfurt, BB 1970, 370 m. Anm. *Gustavus*; OLG Köln, BB 1970, 594 mit Anm. *Gustavus*; *Geßler*, DB 1970, 627). Wenn allerdings diese Angaben im Einzelfall nicht genügen, weil einzelne Vorstandsmitglieder eine von der 8 allgemein angegebenen Vertretungsbefugnis abweichende konkrete Befugnis haben (vgl. die Beispiele in den Ausführungen zu § 25), so ist diese abweichende Befugnis personenbezogen anzumelden (OLG Hamm, DB 1972, 914 = NJW 1972, 1763; *Groß*, Rpfleger 1970, 156; *Geßler*, DB 1970, 627; *Hornung*, Rpfleger 1974, 50).

**9** Anmeldepflichtig ist es nicht, wenn zur Gesamtvertretung befugte Vorstandsmitglieder einzelne von ihnen zur Vornahme bestimmter Geschäfte oder bestimmter Arten von Geschäften **ermächtigen**. Darin liegt keine Änderung der Vertretungsbefugnis im Sinne dieser Vorschrift. Änderungen in der **Verteilung der Geschäfte** mit Änderung der Bezeichnung (z. B. erstes Vorstandsmitglied, Vorstandsvorsitzender etc.) erfordern keine Anmeldung.

## IV. Verfahren

**10** Die **Anmeldung** hat durch den Vorstand zu erfolgen. Über die Form der Anmeldung vgl. § 157. Es müssen sämtliche im Amt befindliche Vorstandsmitglieder einschließlich der Stellvertreter (vgl. § 157 GenG und § 6 Abs. 2 Nr. 4 GenRegVO) mitwirken. Ausgeschiedene Vorstandsmitglieder wirken, da sie nicht mehr im Amt sind, bei der Anmeldung ihres Ausscheidens nicht mit. Sie können allerdings beim Registergericht anregen, daß der Vorstand durch Festsetzung von Zwangsgeld nach § 160 angehalten wird, das Ausscheiden anzumelden. Daneben steht ihnen ein Klageanspruch gegen die eG auf Anmeldung seines Ausscheidens zu.

**11** Der Anmeldung sind die **Urkunden** über die Änderung in Urschrift oder Abschrift **beizufügen**. Urkunden über die Änderung sind im allgemeinen Auszüge aus den betreffenden Protokollen. Urkunden über Vorstandswahlen durch die GV brauchen nur das Wahlergebnis, nicht auch die Art der Wahl und der Einberufung der Versammlung zu enthalten (KGJ 34, 200). Im übrigen genügt eine unbeglaubigte Abschrift des Protokolls (KGJ 35 A 157).

Erfolgt die Bestellung des Vorstands durch den **Aufsichtsrat**, so hat das Registergericht nicht zu prüfen, ob die in der Bestellungsurkunde als Aufsichtsratsmitglieder bezeichneten Personen wirklich dem Aufsichtsrat angehören (KGJ 18, 36). Die Urkunde (Protokoll über die Aufsichtsratssitzung) muß die an der Bestellung beteiligten Aufsichtsratsmitglieder sowie den Ablauf und das Ergebnis des Bestellungsakts eindeutig angeben. Gleiches gilt bei Entsendung eines Aufsichtsratsmitglieds in den Vorstand nach § 37 Abs. 1.

**12** Die Annahme der Wahl ist nicht zu prüfen, sie liegt in der **Anmeldung**. Bei der Anmeldung des Ausscheidens sind ebenfalls die entsprechenden Urkunden beizufügen (bei Ausscheiden durch Tod eine Abschrift der Sterbeurkunde; bei Abberufung bzw. Suspendierung eine Abschrift des Protokolls über die entsprechende Beschlußfassung). Bei Ausscheiden infolge Beendigung der Mitgliedschaft sind ebenfalls Urkunden beizufügen, da die Mitgliederliste von der eG geführt wird. Das Gericht hat die angemeldeten Tatsachen grds. nicht nachzuprüfen. Hegt hingegen das Gericht begründete Zweifel an der Wirksamkeit der angemeldeten Änderung, hat es nach § 12 FGG Ermittlungen von Amts wegen anzustellen.

Das Registergericht hat die angemeldeten Tatsachen **einzutragen**. Existieren mehrere Zweigniederlassungen, hat das Gericht der Hauptniederlassung nach § 14 a zu verfahren (Näheres vgl. Erl. zu § 14 a). **13**

Die Eintragung ist vom Gericht bekanntzumachen. Die **Bekanntmachung** erfolgt im Bundesanzeiger (vgl. § 156 Abs. 1 GenG i. V. m. § 4 GenRegVO). Auf Antrag des Vorstands kann das Gericht neben dem Bundesanzeiger noch andere Blätter für die Bekanntmachung bestimmen (vgl. § 156 Abs. 1 S. 3 ff). **14**

Werden die Anmeldungen nicht innerhalb des in § 18 GenRegVO festgelegten Zeitraums vorgenommen, kann der Vorstand nach § 160 GenG vom Registergericht durch die Festsetzung von **Zwangsgeld** angehalten werden, seinen Anmeldepflichten zu genügen. **15**

Die dem KWG unterliegenden eG haben u. a. nach § 24 Abs. 1 Ziff. 1 und 2 KWG die Bestellung und das Ausscheiden von Geschäftsleitern (zum Begriff vgl. *Reischauer/Kleinhans*, KWG, § 1 Anm. 73 ff) dem Bundesaufsichtsamt und der Deutschen Bundesbank unverzüglich anzuzeigen. Gleiches gilt für kommissarische Geschäftsleiter und Liquidatoren, z. B. nach § 37 Abs. 1 S. 2 GenG in den Vorstand delegierte Personen (*Reischauer/Kleinhans*, KWG, § 24 Anm. 5c). Bei Neubestellung sind in allen Fällen die vorgesehenen Angaben über die fachliche Eignung und die Zuverlässigkeit zu machen (Anzeigenbekanntmachung des BAK vom 18. 6. 1976, Bundesanzeiger Nr. 118 vom 29. 6. 1976). **16**

Die Eintragung hat keine konstitutive, nur **deklaratorische Wirkung**. Die Vertretungsmacht entsteht mit Berufung (Einigung mit dem Aufsichtsrat bzw. ggfs. Annahme der Wahl) und erlischt mit der Abberufung. Die Eintragung entwickelt mithin lediglich Publizitätswirkung (vgl. auch § 15 HGB, öffentlicher Rechtsschein bezgl. Richtigkeit der Eintragung). Eine Änderung der Vertretungsmacht im Wege der Satzungsänderung wirkt jedoch – wegen der Sondervorschrift des § 16 Abs. 6 – konstitutiv. **17**

Nach Abs. 2, neugeregelt durch § 57 Abs. 2 Ziff. 2 des Beurkundungsgesetzes vom 28. 8. 1969, können **Unterschriften** grundsätzlich nur noch in beglaubigter Form dem Gericht eingereicht werden. Eine Zeichnung vor dem Gericht ist nicht mehr möglich. Im Rahmen von § 63 des Beurkundungsgesetzes kann das Landesrecht jedoch für die Beglaubigung eine abweichende Regelung enthalten, z. B. Beglaubigung durch den Bürgermei- **18** ster, das Ortsgericht (vgl. z. B. Hessen, Rheinland-Pfalz). Nicht erforderlich ist die Zeichnung der Firma. Die Unterschrift und die Anmeldung können grds. zusammen beglaubigt werden.

**19** Hat ein stellvertretendes Vorstandsmitglied seine Unterschrift gezeichnet, ist eine weitere Zeichnung der Unterschrift nach seiner Wahl zum ordentlichen Vorstandsmitglied **nicht erforderlich**. Gleiches gilt für Wiederbestellung.

## § 29

## Öffentlicher Glaube des Genossenschaftsregisters

**(1) Solange eine Änderung des Vorstands oder der Vertretungsbefugnis eines Vorstandsmitglieds nicht in das Genossenschaftsregister eingetragen und bekanntgemacht ist, kann sie von der Genossenschaft einem Dritten nicht entgegengesetzt werden, es sei denn, daß sie diesem bekannt war.**

**(2) Ist die Änderung eingetragen und bekanntgemacht worden, so muß ein Dritter sie gegen sich gelten lassen. Dies gilt nicht bei Rechtshandlungen, die innerhalb von fünfzehn Tagen nach der Bekanntmachung vorgenommen werden, sofern der Dritte beweist, daß er die Änderung weder kannte noch kennen mußte.**

**(3) Ist die Änderung unrichtig bekanntgemacht, so kann sich ein Dritter auf die Bekanntmachung der Änderung berufen, es sei denn, daß er die Unrichtigkeit kannte.**

**(4) Für den Geschäftsverkehr mit einer in das Genossenschaftsregister eingetragenen Zweigniederlassung ist, soweit es nach diesen Vorschriften auf die Eintragung ankommt, die Eintragung im Genossenschaftsregister der Zweigniederlassung entscheidend.**

*Übersicht*



### I. Allgemeines

**1** § 29 wurde durch **Novelle 73** neu gefaßt. Die Neufassung lehnt sich an § 15 HGB an, der durch das Gesetz zur Durchführung der Ersten Richtlinie des Rates der Europäischen Gemeinschaften zur Koordinierung des Gesellschaftsrechts vom 15. 8. 1969 (BGBl. I, 1146) geändert und ergänzt wurde. Der **Geltungsbereich** erfaßt nicht wie § 15 HGB alle einzutragenden Tatsachen, sondern nur die einzutragenden Änderungen des Vorstands und der Vertretungsbefugnis eines Vorstandsmitglieds (vgl. jedoch Rdn. 2). Hierzu zählen nicht nur Änderungen aufgrund von Satzungsänderungen, sondern auch aufgrund gesetzlicher Neuregelungen (OLG Naumburg, ZfG 1996, 61 m. Anm. *Reichold*).

Hinsichtlich der **anderen Eintragungen** in das Genossenschaftsregister gelten die Grundsätze des § 15 HGB entsprechend (wie hier RGZ 125, 150; so auch im Ergebnis *Müller*, § 30 Rdn. 34; a. A. *Schubert/Steder*, § 29 Rdn. 1, die darauf hinweisen, daß bei einer analogen Anwendung der Grundsätze des § 15 HGB die Regelungen des § 42 Abs. 1 S. 3 überflüssig gewesen wäre, derzufolge § 29 für die Eintragung des Prokuristen ausdrücklich für analog anwendbar erklärt wurde. Dies war jedoch deshalb erforderlich, weil § 29 sich im Abschnitt Vorstand befindet. In jedem Fall kann eine unrichtige Eintragung zu einer Haftung nach den Grundsätzen des Rechtsscheins führen (*Hettrich/Pöhlmann*, § 29 Rdn. 1) **2**

§ 29 gilt auch für die Bestellung und Abberufung von **Liquidatoren** sowie für die Ausgestaltung und Änderung ihrer Vertretungsmacht. **3**

**Dritter** i. S. dieser Vorschrift ist jeder, der im Geschäftsverkehr (s. Wortlaut des Abs. 4) nicht unmittelbar von der Eintragung betroffen wird. Unmittelbar betroffen ist das Vorstandsmitglied selbst. Nicht unmittelbar betroffen sind die übrigen Mitglieder der eG; dies ist für die geschäftliche Beziehung zwischen Mitglied und eG von Bedeutung. Über den Geschäftsverkehr hinaus gilt § 29 aber auch hinsichtlich des Prozeßverkehrs (vgl. BGH, NJW 1979, 42), sowie für Bereicherungs- und deliktische Ansprüche, die mit dem Geschäftsverkehr in Zusammenhang stehen (*Hettrich/Pöhlmann*, § 29 Rdn. 6). **4**

## II. Negative Publizität

Abs. 1 regelt die Folgen der **Nichtbekanntmachung**. Aus dieser Vorschrift ergibt sich, daß sich die eG – gegenüber Dritten – erst dann auf eine Änderung des Vorstands (vgl. § 28) berufen kann, wenn zusätzlich die Offenlegung der Änderung – d. h. die Eintragung in das Genossenschaftsregister und die Bekanntmachung durch das Registergericht – erfolgt ist. Deshalb muß die eG etwa einen Vertrag, den ausgeschiedene Vorstandsmitglieder mit einem Dritten abgeschlossen haben, gegen sich gelten lassen, wenn das Ausscheiden – im Zeitpunkt des Vertragsschlusses – noch nicht eingetragen oder zwar eingetragen, aber noch nicht bekannt gemacht worden ist (vgl. jedoch Rdn. 7). Abs. 1 gilt nicht, wenn die Bestellung zum Vorstandsmitglied widerrufen wird, ohne daß es überhaupt zur Eintragung der Bestellung kam (a. A. *Müller*, § 29 Rdn. 10). **5**

6 Abs. 1 verlangt **nicht**, daß der Dritte in das Genossenschaftsregister **Einsicht** genommen hat; er kann sich unabhängig davon auf die Nichtbekanntmachung berufen (OLG Naumburg, ZfG 1996, 61 m. Anm. *Reichold*; OLG Frankfurt, BB 1972, 333; *Müller*, § 29 Rdn. 6; *Schubert/Steder*, § 29 Rdn. 3; *Hettrich/Pöhlmann*, § 29 Rdn. 3).

7 Die eG kann sich – gegenüber einem Dritten – jedoch dann auf eine nicht eingetragene und bekannt gemachte Änderung des Vorstands oder der Vertretungsbefugnis eines Vorstandsmitglieds berufen, wenn sie **beweist**, daß der Dritte die Änderung – im Zeitpunkt z. B. des Vertragsschlusses – positiv kannte, z. B. durch Rundschreiben der eG, durch persönliche, telefonische oder schriftliche Mitteilung.

8 Hinsichtlich des maßgeblichen **Zeitpunkts** ist darauf abzustellen, ob der rechtsgeschäftliche Tatbestand (z. B. der Abschluß eines Vertrags) vor oder nach der Bekanntmachung der eingetragenen Änderung liegt (*Müller*, § 29 Rdn. 8).

### III. Positive Publizität

9 Abs. 2 regelt die Folgen einer **richtigen Bekanntmachung**. Abs. 2 S. 1 enthält lediglich die selbstverständliche Klarstellung, daß sich die eG – gegenüber Dritten – auf eine Änderung des Vorstands oder der Vertretungsbefugnis eines Vorstandsmitglieds berufen kann, wenn zusätzlich die Bekanntmachung der Änderung erfolgt ist.

10 Aus Abs. 2 S. 2 ergibt sich, daß sich die eG – gegenüber Dritten – selbst auf eine eingetragene und bekannt gemachte Änderung nicht berufen kann, wenn eine Rechtshandlung – z. B. ein Vertragsschluß – innerhalb von der **15 Tagen** nach Bekanntmachung der Änderung vorgenommen wird und der Dritte nachweist, daß er dabei die Änderung – trotz der erfolgten Bekanntmachung – nicht kannte und auch bei Anwendung der erforderlichen Sorgfalt nicht kennen konnte. Dieser Nachweis dürfte selten zu führen sein. Es besteht für jeden, der mit einer eG in geschäftlichen Beziehungen steht, eine weitgehende Erkundigungspflicht (*Müller*, § 29 Rdn. 18). Grundsätzlich kann von einem Teilnehmer am kaufmännischen Geschäftsverkehr verlangt werden, daß er diesbezügliche Bekanntmachungen liest. Dies gilt uneingeschränkt für Kaufleute.

11 Für den Beginn der **Frist** gilt § 187 BGB; der Tag der Bekanntmachung ist nicht mitzurechnen. Die Frist endet nach § 188 BGB mit Ablauf des 15. Tages.

## IV. Unrichtige Bekanntmachung

Abs. 3 regelt die Folgen einer **unrichtigen Bekanntmachung**. Ist eine Änderung des Vorstands oder der Vertretungsbefugnis eines Vorstandsmitglieds unrichtig bekannt gemacht worden, dann kann sich ein Dritter auf die unrichtige Bekanntmachung der Änderung berufen (Abs. 3). So kann sich z. B. ein Dritter – gegenüber der eG – auf eine Bekanntmachung berufen, nach der X und Y neue Vorstandsmitglieder der eG sind, obwohl X und Y in Wirklichkeit aus dem Vorstand der eG ausgeschieden sind. Deshalb muß die eG einen Vertrag, den die in Wirklichkeit ausgeschiedenen Vorstandsmitglieder mit dem Dritten abgeschlossen haben, gegen sich gelten lassen. Unerheblich ist, auf wessen Verhalten die Abweichung der Bekanntmachung von der tatsächlichen vorgenommenen Änderung zurückzuführen ist. Bei einem Versehen des Registergerichts haftet der Staat u. U. nach den Vorschriften eines verfassungsgemäßen Staatshaftungsgesetzes (*Schönfelder*, Deutsche Gesetze, Kz. 32). Ein Dritter kann sich – gegenüber der eG – jedoch dann auf eine unrichtige Bekanntmachung nicht berufen, wenn die eG beweist, daß der Dritte der Unrichtigkeit der Bekanntmachung positiv kannte. 12

## V. Zweigniederlassung

Aus Abs. 4 ergibt sich, daß es für den Geschäftsverkehr mit einer in das Genossenschaftsregister eingetragenen Zweigniederlassung (§§ 14, 14 a) auf die Eintragungen im Genossenschaftsregister der **Zweigniederlassung** ankommt. Schließt ein Vorstandsmitglied nach seinem Ausscheiden für eine bestimmte Zweigniederlassung – Vertragspartner wird auch hier die eG – einen Vertrag ab, ist § 29 mit der Maßgabe anzuwenden, daß es auf die Eintragung und Bekanntmachung seines Ausscheidens in das Register der Zweigniederlassung ankommt. Unerheblich ist, daß Eintragungen und Bekanntmachungen bereits bei anderen Zweigniederlassungen erfolgten. 13

## § 30

## Mitgliederliste

**(1) Der Vorstand ist verpflichtet, die Mitgliederliste zu führen.**

**(2) In die Mitgliederliste ist jeder Genosse mit folgenden Angaben einzutragen:**

1. **Familienname, Vornamen und Anschrift, bei juristischen Personen und Personenhandelsgesellschaften Firma und Anschrift, bei anderen Personenvereinigungen Bezeichnung und Anschrift der Vereinigung oder Familiennamen, Vornamen und Anschriften ihrer Mitglieder,**

**2. Zahl der von ihm übernommenen weiteren Geschäftsanteile,**

**3. Ausscheiden aus der Genossenschaft.**

**Der Zeitpunkt, zu dem die eingetragene Angabe wirksam wird oder geworden ist, sowie die die Eintragung begründenden Tatsachen sind anzugeben.**

**(3) Die Unterlagen, aufgrund deren die Eintragung in die Mitgliederliste erfolgt, sind drei Jahre aufzubewahren. Die Frist beginnt mit dem Schluß des Kalenderjahres, in dem der Genosse aus der Genossenschaft ausgeschieden ist.**

*Übersicht*



## I. Allgemeines

1 Die Vorschrift wurde durch das Registerverfahrenbeschleunigungs-Gesetz vom 20. 12. 1993 mit einem neuen Inhalt versehen (hierzu ausführlich *Schaffland*, NJW 1994, 503). Während in der Vergangenheit der Vorstand ein Verzeichnis der Mitglieder zu führen und dieses in Übereinstimmung mit der registergerichtlich geführten Liste zu halten hatte, ist die letztgenannte nunmehr weggefallen. Es verbleibt bei der von der eG zu führenden Liste. Dies soll zur Entlastung der Registergerichte betragen. Nach Auffassung des Gesetzgebers (Amtl. Begr. BT-Drucks. 12/5553 dort zu Abschn. VII) stand der mit der Führung der Liste verbundene Aufwand in keinem angemessenen Verhältnis zum Nutzen.

2 Allerdings hat die Eintragung keine materielle Wirkung mehr, sondern es wird – wie im Vereinsrecht – lediglich auf die erforderliche Erklärung des Mitglieds und der Annahme durch die eG abgestellt (§ 15 Rdn. 31; Amtl. Begr. BT-Drucks. Abschn. VII 3).

3 Es steht der eG frei, die Mitgliederliste mittels EDV oder in herkömmlicher Weise auf Papier zu führen (Amtl. Begr. VII 6).

4 Zwar verpflichtet Abs. 1 den Vorstand, die Mitgliederliste zu führen. Da Normadressat die eG, vertreten durch den Vorstand, ist, entspricht es dem Grundsatz der eigenverantwortlichen Leitung (§ 27 Abs. 1 und die dortigen Erl.), daß der Vorstand die Erfüllung dieser Verpflichtung auf Mitarbeiter delegieren kann. Er hat dann aber Überwachungspflichten (hierzu § 27 Rdn. 25, 26; *Hettrich/Pöhlmann*, § 30 Rdn. 1).

## II. Angaben (Abs. 2)

Die einzutragenden Angaben stimmen weitgehend überein mit den bisherigen Angaben der registergerichtlich geführten Liste. **Zusätzlich** ist jedoch die Anschrift aufzunehmen. Gleiches gilt für juristische Personen oder Personenhandelsgesellschaften und Personenvereinigungen (BGB-Gesellschaften und nicht eingetragene Vereine; hierzu § 15 Rdn. 8). Die eG muß deshalb Vorsorge treffen, daß Anschriftenänderungen erfaßt werden. Nach § 12 der Mustersatzungen sind die Mitglieder verpflichtet, Anschriftenänderungen mitzuteilen. Es sollte sichergestellt werden, daß Änderungen in anderen Dateien (Kundendateien) bei EDV-mäßig geführter Liste in diese übernommen werden. 5

Nicht mehr vorgesehen ist die Angabe des Berufs und der bisherigen laufenden Nummer, unter der das Mitglied eingetragen wurde. Es bleibt der eG unbenommen, diese Angaben zusätzlich aufzunehmen, da es sich bei den Angaben in Abs. 2 um Mindestangaben handelt. 6

Zusätzlich ist der Zeitpunkt, zu dem die Eintragung wirksam wird (z. B. Tag der Zulassung, Tag des Ausscheidens, bei Vererbung der Mitgliedschaft der Todestag des verstorbenen Mitglieds, bei Verschmelzung der Tag der Eintragung in das Genossenschaftsregister der übernehmenden eG (§ 86 UmwG) einzutragen, sowie die die Eintragung begründenden Tatsachen (z. B. Beitrittserklärung, Beteiligungserklärung, Kündigung, Ausschluß). Auch kann der Tag der Eintragung vermerkt werden. Zwingend ist dies jedoch nicht, Kostengründe könnten dagegen sprechen. 7

Bei Beteiligung mit weiteren Geschäftsanteilen werden nur diese weiteren Geschäftsanteile, nicht der erste, der mit dem Mitgliedschaftserwerb verbunden ist, eingetragen. 8

Aus Kostengründen dürfte es vertretbar sein, beendete Mitgliedschaften bzw. gekündigte Geschäftsanteile nach Ablauf der handelsrechtlichen Aufbewahrungspflichten nicht nur zu röteln, sondern körperlich zu löschen. Gleiches dürfte hinsichtlich der Dokumentation gelten, wann weitere Geschäftsanteile übernommen wurden. 9

Einzutragen sind auch die Mitglieder der Vorgenossenschaft. 10

## III. Aufbewahrungspflichten (Abs. 3)

Die der Eintragung zugrunde liegenden Unterlagen (Beitrittserklärungen, Kündigungen, Geschäftsguthabenübertragungen, Ausschließungsbeschlüsse, Verschmelzungsbeschlüsse) sind drei Jahre aufzubewahren. Die Frist beginnt mit dem Schluß des Kalenderjahres, in dem das Mitglied aus der eG ausgeschieden ist. Damit müssen diese Unterlagen ggfs. über die dreißigjährige Verjährungsfrist hinaus aufbewahrt werden, da die Frist 11 während bestehender Mitgliedschaft nicht zu laufen beginnt; eine unpraktikable Regelung, die de lege ferenda behoben werden sollte.

## IV. Zwangsgeld

12 Das Registergericht kann die Vorstandsmitglieder (nicht den Vorstand!) durch Festsetzung von Zwangsgeld zum ordnungsgemäßen Führen der Mitgliederliste anhalten (§ 160), wenn das Gericht z. B. über § 32 entsprechenden Handlungsbedarf sieht. Im übrigen sind falsche Eintragungen in die Mitgliederliste nach § 147 strafbar.

13 Im übrigen ist die ordnungsgemäße Führung der Mitgliederliste durch den Prüfungsverband zu prüfen (siehe den klarstellenden Wortlaut des § 53). Die Prüfung der Mitgliederliste ist ein Teil der Prüfung der Ordnungsmäßigkeit der Geschäftsführung. Bisher hatten die Prüfungsverbände nach § 338 Abs. 1 HGB (hierzu Erl. im Anhang zu § 33: § 338 HGB) die im Anhang zum Jahresabschluß der eG enthaltenen Angaben über die Zahl der Mitglieder sowie den Betrag der Geschäftsguthaben und Haftsummen zu prüfen.

## V. Öffentlicher Glaube

14 Die Mitgliederliste genießt nicht den öffentlichen Glauben wie öffentliche Register (z. B. § 29 GenG, § 15 HGB). Da nach § 31 Mitglieder und Dritte Einsicht nehmen können, der Prüfungsverband die ordnungsgemäße Führung der Mitgliederliste prüft und das Registergericht ggfs. Zwangsgelder festsetzen kann, ist sie jedoch mit einem Quasi-Rechtsschein ausgestattet (s. zum fehlerhaften Beitritt § 15 Rdn. 33).

## § 31

### Einsichtnahme

**(1) Die Mitgliederliste kann von jedem Genossen sowie von einem Dritten, der ein berechtigtes Interesse darlegt, bei der Genossenschaft eingesehen werden. Abschriften aus der Mitgliederliste sind dem Genossen hinsichtlich der ihn betreffenden Eintragungen auf Verlangen zu erteilen.**

**(2) Der Dritte darf die übermittelten Daten nur für den Zweck verarbeiten und nutzen, zu dessen Erfüllung sie ihm übermittelt werden; eine Verarbeitung und Nutzung für andere Zwecke ist nur zulässig, soweit die Daten auch dafür hätten übermittelt werden dürfen. Ist der Empfänger eine nicht-öffentliche Stelle, hat die Genossenschaft ihn darauf**

**hinzuweisen; eine Verarbeitung und Nutzung für andere Zwecke bedarf in diesem Fall der Zustimmung der Genossenschaft.**

*Übersicht*



## I. Allgemeines

Diese Vorschrift ist durch das Registerverfahrenbeschleunigungs-Gesetz vom 20. 12. 1993 neu eingeführt worden. In der Vergangenheit konnte die registergerichtlich geführte Liste von jedem eingesehen werden, ohne daß ein berechtigtes Interesse bestand. Dies wurde zuletzt als Nachteil gegenüber Mitbewerbern angesehen, deren Gesellschafterbestand nicht jedem zugänglich war. 1

## II. Einsichtnahme durch Mitglieder

Mitglieder haben ein uneingeschränktes Einsichtsrecht, damit diese sich 2
über den Mitgliederbestand der eG umfassend informieren können (Amtl. Begr. BT-Drucks. VII 7; so auch *Hettrich /Pöhlmann*, § 31 Rdn. 1). Datenschutzrechtliche Belange stehen dem nicht entgegen, da das BDSG ein Auffanggesetz ist und hinter Sonderrechten zurückzutreten hat (*Schaffland*, NJW 1994, 503; zur Einordnung des BDSG als Auffanggesetz siehe auch *Schaffland/Wiltfang*, BDSG, § 1 Rdn. 44). Auch kann ein Mitglied Abschriften hinsichtlich der **ihn** betreffenden Eintragungen auf seine Kosten (Amtl. Begr. a. a. O.) verlangen. Daneben hat jedes Mitglied das Recht, aus der Mitgliederliste eine Abschrift der Anschriften aller Mitglieder zu verlangen, wenn hierfür ein berechtigter Grund dargelegt wird (z. B. eine a.o. GV einzuberufen oder eine eigene Liste für die Wahl zur VV aufzustellen (*Schaffland*, NJW 1994, 504; vgl. auch § 45 Rdn. 7). Zwar spricht die Amtl. Begr. (BT-Drucks. VII 7) davon, daß in diesen Fällen eine Abschrift der gesamten Mitgliederliste verlangt werden könnte. Hinsichtlich der weiteren Anteile oder der die Eintragung begründenden Tatsachen würde es jedoch stets an einem rechtfertigenden Grund fehlen.

## III. Einsichtnahme durch Dritte

Dritte müssen ein berechtigtes Interesse darlegen (ähnlich der Einsicht- 3
nahme in das Grundbuch). Reines Informationsinteresse genügt nicht, es

muß durch sachliche Gründe gedeckt sein (z. B. der Gläubiger eines Mitglieds, der nach § 66 die Mitgliedschaft kündigen will; so Amtl. Begr. BT-Drucks., VII 7).

4 Der Umfang der Einsichtnahme ist vom dargelegten Interesse, insbesond. vom vorgetragenen sachlichen Grund abhängig. In aller Regel dürfte das Einsichtsrecht auf die einzelne Eintragung eines Mitglieds beschränkt sein. Sie kann sich auch lediglich auf bestimmte eingetragene Tatsachen hinsichtlich der Mitgliedschaft eines bestimmten Mitglieds erstrecken (Amtl. Begr. a. a. O.).

5 Der Dritte darf die übermittelten (auch eingesehenen genügt) Daten nur für den Zweck speichern, weitergeben (zum Begriff der Verarbeitung siehe § 3 Abs. 5 BDSG und die Erläuterungen bei *Schaffland/Wiltfang*, BDSG, § 3 Rdn. 21–78), zu dessen Erfüllung sie ihm übermittelt wurden bzw. ihm die Einsichtnahme gestattet wurden (enge Zweckverbindung). Eine Speicherung und Übermittlung bzw. Nutzung für andere Zwecke ist nur zulässig, soweit die Daten auch für diese Zwecke hätten übermittelt werden dürfen. Hierbei ist nicht abzustellen auf § 28 Abs. 2 Ziff. 1 a BDSG (Datenweitergabe zur Wahrung berechtigter Interessen des Empfängers (hierzu *Schaffland/Wiltfang*, BDSG, § 28 Rdn. 109–127), sondern es muß fiktiv das in Abs. 1 angesprochene berechtigte Interesse (ein gesteigertes gegenüber § 28 BDSG) unterstellt werden.

6 Auf diese Zweckbindung hat ihn die eG, wenn der Dritte keine öffentliche Stelle ist, hinzuweisen (z. B. durch entsprechendes Formular oder durch einen Aufdruck bei schriftlicher Übermittlung der Daten, so auch § 16 Abs. 4 BDSG; *Schaffland/Wiltfang*, BDSG, § 16 Rdn. 32). Sonstige Verarbeitung und Nutzung bedarf der Zustimmung der eG. Eine Zuwiderhandlung ist nach § 43 Abs. 1 Ziff. 1 BDSG strafbar (hierzu *Schaffland/Wiltfang*, BDSG, Erl. zu § 43) Auf diese Straffolge sollte die eG bei der Weitergabe (Einsichtnahme) den Dritten hinweisen.

## § 32
## Abschrift der Mitgliederliste

**Der Vorstand hat dem Gericht (§ 10) auf dessen Verlangen eine Abschrift der Mitgliederliste unverzüglich einzureichen.**

1 Diese Vorschrift wurde ebenfalls eingefügt durch das Registerverfahrenbeschleunigungs-Gesetz vom 20. 12. 1993.

2 Das Gericht benötigt die Mitgliederliste insbes. für die Prüfung, ob der Vorstand seiner Verpflichtung nach § 30 nachkommt, ob die Mindestmitgliederzahl unterschritten, eine VV eingeführt werden durfte (im Zusam-

menhang mit der Prüfung ordnungsgemäß gefaßter Satzungsänderungsbeschlüsse), ob einer Minderheit die Ermächtigung nach § 45 Abs. 3 GenG (die dortigen Erläuterungen) zu erteilen ist. Die Vorschrift entspricht § 72 BGB.

Wird die Abschrift nicht unverzüglich erteilt, kann das Registergericht nach § 160 ein Zwangsgeld festsetzen. **3**

In diese dem Registergericht ausgehändigte Mitgliederliste haben weder Mitglieder noch Dritte ein Einsichtsrecht. Für diese stellt § 31 eine abschließende Regelung dar (*Hettrich/Pöhlmann*, § 32 Rdn. 2). **4**

## Vorbemerkungen

## Vor § 33

§ 33 Abs. 1 enthält nur noch den Grundsatz, daß der Vorstand Träger der Buchführungspflicht ist. Abs. 2 enthält die bisherige Regelung des § 33 h, Abs. 3 die des § 33 i. Die früher in § 33–§ 33 g enthaltenen Rechnungslegungsvorschriften sind durch das Bilanzrichtlinien-Gesetz in das HGB übernommen worden. **1**

Für eG's gelten **zuerst** einmal die für alle Kaufleute und damit auch für eG's (§ 17 Abs. 2) aufgestellten allgemeinen Vorschriften der §§ 238–263 HGB. **Ergänzend** gelten die Sondervorschriften der §§ 336–339 HGB.

Durch die Verweisung in § 336 Abs. 2 HGB werden jedoch **auch** die §§ 264 Abs. 2, §§ 265–289 mit Ausnahme der §§ 277 Abs. 2 S. 1, 279, 280, 281 Abs. 2 S. 1, 285 Nr. 5, 6 einbezogen.

Der Kommentar trägt dieser neuen Rechtslage dadurch Rechnung, daß im **Anschluß an § 33** Vorschriften aus den HGB kommentiert werden. So soll der Aussagewert des Kommentars – Genossenschaftsrecht und Rechnungslegungsrecht aus einer Hand – erhalten bleiben. **2**

Hierbei werden die Vorschriften in folgender Reihenfolge kommentiert. **3**

- § 33
- Anhang zu § 33: § 336 HGB
- Anhang zu § 33: § 264 HGB
- Anhang zu § 33: § 265 HGB
- Anhang zu § 33: § 266 HGB
- Anhang zu § 33: § 267 HGB
- Anhang zu § 33: § 268 HGB
- Anhang zu § 33: § 269 HGB
- Anhang zu § 33: § 270 HGB
- Anhang zu § 33: § 271 HGB
- Anhang zu § 33: § 272 HGB

- Anhang zu § 33: § 273 HGB
- Anhang zu § 33: § 274 HGB
- Anhang zu § 33: § 274 a HGB
- Anhang zu § 33: § 275 HGB
- Anhang zu § 33: § 276 HGB
- Anhang zu § 33: § 277 HGB
- Anhang zu § 33: § 278 HGB
- Anhang zu § 33: § 279 HGB
- Anhang zu § 33: § 280 HGB
- Anhang zu § 33: § 281 HGB
- Anhang zu § 33: § 282 HGB
- Anhang zu § 33: § 283 HGB
- Anhang zu § 33: § 284 HGB
- Anhang zu § 33: § 285 HGB
- Anhang zu § 33: § 286 HGB
- Anhang zu § 33: § 287 HGB
- Anhang zu § 33: § 288 HGB
- Anhang zu § 33: § 289 HGB
- Anhang zu § 33: § 330 HGB
- Anhang zu § 33: § 337 HGB
- Anhang zu § 33: § 338 HGB
- Anhang zu § 33: § 339 HGB

Soweit es um die §§ 238–263 HGB geht, sind diese in die Kommentierung der vorstehend bezeichneten Vorschriften einbezogen.

## § 33
## Buchführung; Jahresabschluß und Lagebericht

**(1) Der Vorstand hat dafür zu sorgen, daß die erforderlichen Bücher der Genossenschaft ordnungsgemäß geführt werden. Der Jahresabschluß und der Lagebericht sind unverzüglich nach ihrer Aufstellung dem Aufsichtsrat und mit dessen Bemerkungen der Generalversammlung vorzulegen.**

**(2) Mit einer Verletzung der Vorschriften über die Gliederung der Bilanz und der Gewinn- und Verlustrechnung sowie mit einer Nichtbeachtung von Formblättern kann, wenn hierdurch die Klarheit des Jahresabschlusses nur unwesentlich beeinträchtigt wird, eine Anfechtung nicht begründet werden.**

**(3) Ergibt sich bei Aufstellung der Jahresbilanz oder einer Zwischenbilanz oder ist bei pflichtgemäßem Ermessen anzunehmen, daß ein Verlust besteht, der durch die Hälfte des Gesamtbetrages der Geschäftsgut-**

**haben und die Rücklagen nicht gedeckt ist, so hat der Vorstand unverzüglich die Generalversammlung einzuberufen und ihr dies anzuzeigen.**

*Übersicht*



## I. Allgemeines

§ 33 enthält nur noch den Grundsatz der Buchführungspflicht sowie **1** §§ 33 h und i a. F. Die Rechnungslegungsvorschriften ergeben sich in erster Linie aus dem HGB (vgl. Erl. im Anhang zu § 33).

## II. Buchführung

### 1. Zuständigkeit

Zur Buchführung verpflichtet ist nach Abs. 1 der **Vorstand** als Organ. **2** Jedes Vorstandsmitglied, auch die stellvertretenden, müssen dafür sorgen, daß die erforderlichen Bücher geführt werden (vgl. *Schlegelberger/Hildebrandt*, HGB, § 38 Rdn. 2; *Schlegelberger/Hefermehl*, AktG, § 91 Rdn. 2). Von dieser Pflicht können weder Satzung noch ein Beschluß der GV oder des Aufsichtsrates noch der Anstellungsvertrag entbinden.

Der Vorstand muß dafür Sorge tragen, daß ordnungsgemäß Buch **3** geführt wird. In den Büchern sind die Handelsgeschäfte der eG (sowie die Lage) nach den Grundsätzen ordnungsmäßiger Buchführung ersichtlich zu machen (§ 238 Abs. 1 S. 1 HGB). Der Vorstand braucht die Bücher jedoch nicht selbst zu führen, sondern kann diese Aufgaben **delegieren**. Er hat dann eine ständige Aufsichtspflicht. Allerdings braucht er auch diese nicht persönlich durchzuführen (*Mertens*, Kölner Komm., AktG, § 91 Rdn. 1). Jedoch besteht für jedes Vorstandsmitglied die Pflicht, stichprobenartig zu überprüfen, ob die persönlichen und sachlichen Einrichtungen für die Durchführung und Überwachung der ordnungsmäßigen Buchführung vorhanden sind (*Meyer/Meulenbergh/Beuthien*), § 33 Rdn. 8; *Müller*, § 33

Rdn. 3). Unterläßt ein Vorstandsmitglied dieses über eine längere Zeit, verletzt es fahrlässig seine sich aus § 33 Abs. 1 ergebenden Pflichten (BGH, NJW 1986, 54). Hat jedoch der Vorstand einem Vorstandsmitglied diese Aufgaben zugewiesen, so können die übrigen Vorstandsmitglieder davon ausgehen, daß das zuständige Vorstandsmitglied seinen Pflichten nachkommt; liegen Anhaltspunkte dafür vor, daß das zuständige Vorstandsmitglied seine Pflichten nicht ordnungsgemäß erfüllt, hat wiederum jedes Vorstandsmitglied auf die Erfüllung dieser Pflichten hinzuwirken bzw. sie ggfs. vorzunehmen (zur Geschäftsverteilung bzw. Delegierung vgl. § 27 Rdn. 23–26; zur Haftung bei Arbeitsteilung vgl. § 34 Rdn. 26 ff).

4 **Strafbarkeit** der Vorstandsmitglieder bei Verletzung der Buchführungspflichten nach § 283 b StGB; Strafverschärfung nach § 283 StGB im Falle der Überschuldung oder bei drohender oder eingetretener Zahlungsunfähigkeit.

5 **Schadensersatzpflicht** gegenüber der eG nach § 34. § 33 Abs. 1 ist für die Mitglieder und Gläubiger der eG kein Schutzgesetz im Sinne von § 823 Abs. 2 BGB. Nach § 34 Abs. 4 S. 1 entfällt die Schadensersatzpflicht, wenn das Verhalten des Vorstands auf einem gesetzmäßigen Beschluß der GV beruht. Der Beschluß über den Jahresabschluß und den Jahresüberschuß (§ 48 Abs. 1) ist jedoch nicht gesetzmäßig, wenn beim Aufstellen des Jahresabschlusses gegen zwingende Bilanzierungsvorschriften verstoßen worden ist (*Meyer-Landrut*, Großkomm. AktG, § 91 Rdn. 6).

### 2. Grundsätze

6 Inhalt der **Buchführungspflicht** ist (§ 238 HGB), sämtliche durch die Geschäftstätigkeit ausgelösten Geld- und Güterbewegungen einzeln, und zwar vollständig, richtig, zeitgerecht und geordnet (§ 239 Abs. 2 HGB) so aufzuzeichnen, daß ihr Inhalt erkennbar wird und daß über ihre Auswirkung auf die Vermögenslage und den finanziellen Betriebserfolg Rechenschaft gegeben werden kann (*Müller*, § 33 Rdn. 4; vgl. auch *Schubert/Steder*, § 33 Rdn. 2; *Schlegelberger/Hildebrandt*, HGB, § 38 Rdn. 14); die Zusammenhänge der einzelnen Buchführungsvorgänge sind klar darzustellen (*Müller*, § 33 Rdn. 4). Die Buchführung muß so beschaffen sein, daß jeder sachverständige Dritte – also nicht ein Privatmann, aber andererseits auch nicht nur Wirtschaftsprüfer (*Baumbach/Duden/Hopt*, HGB, § 238 Anm. 4 D) – in die Lage versetzt wird, innerhalb angemessener Zeit einen Überblick über die Geschäftsvorfälle und über die Lage der eG zu erhalten (§ 238 Abs. 1 S. 2 HGB).

7 Um diese ordnungsmäßige Buchführung sicherzustellen, sind die **erforderlichen** Bücher zu führen. Art und Anzahl der zu führenden Bücher sind nicht vorgeschrieben, sie hängen von der Gegebenheit im Einzelfall ab unter Berücksichtigung der Grundsätze ordnungsmäßiger Buchführung

(*Niehus/Scholz*, in: Meyer-Landrut/Miller/Niehus, GmbHG, §§ 41, 42 Rdn. 68). Lediglich zur äußeren Form der Bücher hat der Gesetzgeber einige Regelungen erlassen (vgl. § 239 HGB). Zu den kaufmännischen Buchführungssystemen gehören in jedem Fall Grund-, Haupt- und Nebenbücher (Hilfsbücher). Handelsbuch ist auch das Verwahrungsbuch nach § 14 DepotG, nicht hingegen das Tagebuch des Handelsmaklers nach § 100, HGB, das Tagebuch des Kursmaklers nach § 33 BörsG, das Aktienbuch nach § 67 AktG. Lose Zettel bilden jedoch niemals ein Handelsbuch (RGStR 50, 131).

Die **Anforderungen** an die Buchführung ergeben sich aus § 238 und **8**
§ 239 HGB. Die Geschäftsvorfälle müssen sich in ihrer Entstehung und Abwicklung verfolgen lassen (§ 238 Abs. 1 S. 3 HGB). Der Vorstand hat sich einer lebenden Sprache zu bedienen (§ 239 Abs. 1 S. 1 HGB); bei Abkürzungen, Symbolen etc. muß im Einzelfall deren Bedeutung eindeutig festliegen (§ 239 Abs. 1 S. 2 HGB). Die Eintragungen dürfen später nicht derart verändert werden, daß der ursprüngliche Inhalt nicht mehr feststellbar ist (§ 239 Abs. 3 HGB; vgl. zu den Anforderungen an Buchführung und Aufzeichnungen *Peter/Bornhaupt/Körner*, Ordnungsmäßigkeit der Buchführung; *Budde/Kunz*, Beck'scher Bilanzkomm., Erl. zu §§ 238, 239 HGB).

Ein bestimmtes Buchführungssystem ist nicht vorgeschrieben, soweit **9**
nur die Vollständigkeit gewährleistet ist. Nach § 239 Abs. 4 HGB sind als **Arten** der Buchführung auch die Loseblatt-Buchführung, die Offene-Posten-Buchhaltung und andere Buchführungsformen (z. B. EDV-, Speicherbuchführung) zulässig.

Schon frühzeitig hatte sich die Entwicklung dem sogenannten **Lose-** **10**
**blatt-System** mit Registerführung zugewendet. Wegen der Loseblatt-Buchführung vgl. die Mitteilung der Industrie- und Handelskammer Berlin vom 25. 10. 1932, abgedruckt im WP-Handbuch 1981 S. 237 f, sowie bei *Müller*, § 33 Rdn. 13.

Wegen der **Offene-Posten-Buchhaltung** – eine kontenblattlose und **11**
teilweise auch journalbogenlose Buchführungsform – vgl. *Gebert*, WPg 1966, 197 ff; *Maasen*, DB 1970, 849 sowie der gemeinsame Ländererlaß vom 10. 6. 1963 (BStBl. II, 93 f).

Hinsichtlich der Loseblattbuchhaltung vgl. Gutachten der Industrie- **12**
und Handelskammer Berlin vom 25. 3. 1929. Von größerer praktischer Bedeutung ist jedoch die Buchführung mittels **automatisierter Datenverarbeitung** (ADV). Wegen der Anforderungen bei der Buchführung mit Datenverarbeitungsanlagen vgl. FAMA 1/1987, Grundsätze ordnungsmäßiger Buchführung bei computergestützten Verfahren und deren Prüfung. Zur Frage der Ordnungsmäßigkeit der Buchführung bei Einsatz datenverarbeitender Anlagen vgl. *Grau*, DB 1976, 1165 und 1245. Zur Ordnungsmäßigkeit einer computergestützten Fernbuchhaltung siehe BFH, BStBl.

1979 II, 20 sowie BMF-Schreiben v. 11. 2. 1980, BB 1980, 304. Generell gilt, daß die gespeicherten Daten jederzeit in angemessener Frist lesbar gemacht werden können und mit den Originalunterlagen inhaltlich übereinstimmen, wenn sie lesbar gemacht werden (vgl. z. B. § 239 Abs. 4 HGB, § 147 Abs. 2 AO sowie Abschn. 29 Abs. 5 EStR). Die maßgebenden handelsrechtlichen Grundsätze ordnungsmäßiger Buchführung sind durch die Grundsätze ordnungsmäßiger Speicherbuchführung (GOS) ergänzt worden (vgl. auch BMF-Begleitschreiben v. 5. 7. 1978, BStBl. I, 250).

**13** Neben den handelsrechtlichen Vorschriften sind die Grundsätze ordnungsmäßiger Buchführung (**GoB**) zu berücksichtigen, die im weiteren Sinne auch die Grundsätze ordnungsmäßiger Bilanzierung umfassen (hierzu WP-Handbuch 1996, E 4 ff). Ihrer Rechtsnatur nach sind sie ergänzende, vom Gesetz erwähnte (z. B. in § 243 Abs. 1 HGB und in § 264 Abs. 2 HGB i. V. m. § 336 Abs. 2 HGB), wandelbare Richtlinien, die zwar nicht ausformuliert existieren, die jedoch Gesetzeskraft besitzen. Sie gelten dort, wo Gesetzesvorschriften keine oder keine abschließende Regelung treffen, wie z. B. hinsichtlich des Zeitpunkts der Bilanzierung, der Bilanzierung schwebender Geschäfte, der Bilanzierung bei Eigentumsvorbehalt und Sicherungsübertragung sowie überall dort, wo ein Beurteilungsspielraum besteht, z. B. bei den im Rahmen der Bewertung erforderlichen Schätzungen (vgl. auch ausführlich *Leffson*, Die Grundsätze ordnungsmäßiger Buchführung, 5. Aufl. 1980 mit zahlreichen Literaturnachw.). Im Einzelfall müssen sie aus dem Sinn und Zweck der Rechnungslegung ermittelt werden (Jahresabschluß der WuDeG, 3. Aufl. Abschn. A V 1). Eine ausführliche Darstellung der Grundsätze ordnungsmäßiger Bilanzierung enthält der Jahresabschluß der WuDeG, 3. Aufl. Abschn. A V.

**14** Die GoB konkretisieren sich u. a. in **steuerrechtlichen** Vorschriften, weil Bilanzsteuerrecht in gleicher Weise wie das Handelsrecht an die GoB gebunden ist; die GoB gelten stets einheitlich für Handelsrecht und Steuerrecht. Eine ordnungsmäßige Buchführung ist u. a. notwendig zur Ermittlung des steuerpflichtigen Gewinns (§ 5 Abs. 1 S. 1 EStG). Insoweit sei insbes. auf Abschn. 29 der Einkommensteuer-Richtlinien verwiesen. Aber auch die §§ 140–148 AO; §§ 4 ff EStG; § 22 UStG; §§ 63–67 UStDV enthalten Vorschriften über die Buchführungspflichten. Zu den steuerlichen Besonderheiten unter Berücksichtigung von Rechtsprechung und Literatur, die neben den handelsrechtlichen Bilanzierungs- und Bewertungsregeln zu beachten sind, vgl. Beck'scher Bilanzkommentar, Der Jahresabschluß nach Handels- und Steuerrecht, 3. Aufl.

### 3. Sonderfälle

**15** Im Rahmen des **Depot-Geschäfts** haben Kreditgenossenschaften nach § 14 DepotG das in dieser Vorschrift vorgeschriebene Verwahrungsbuch zu führen. Die Richtlinien für die Depot-Prüfung enthalten nähere Bestimmungen über die Depotbuchprüfung.

Nach Aufhebung des WGG hat der GdW die „Erläuterungen zur Rechnungslegung" der **Wohnungsbaugenossenschaften** neu herausgegeben (§ 7 Rdn. 49 und 86). Die **„Richtlinien für das Rechnungswesen"** beinhalten **Anforderungen** und **Empfehlungen** an Aufbau und Organisation des wohnungswirtschaftlichen Rechnungswesens, den „Kontenrahmen der Wohnungswirtschaft" mit Kontenplan. Gegenstand der **„Erläuterungen zum Jahresabschluß"** (Teil C) ist die Erstellung des Jahresabschlusses, des Lageberichts und die Kontrolle der Wirtschaftlichkeit unter Einbeziehung von Gliederungs- und Bewertungsfragen im Zusammenhang mit den Besonderheiten, die sich u. a. ergeben, aus der FormblattVO v. 6. 3. 1987, BStBl. I, 770, den Vorschriften des HGB (§§ 238, 336 ff), des EGHGB, den Bilanzierungsvorschriften anderer Gesetze sowie dem DMBilG (s. dazu „Erläuterungen", GdW, Teil A, III; Teil B, Rdn. 2; Teil C, I, Rdn. 2–6 u. Rdn.7; Anlage 5 u. 6). eG im **Beitrittsgebiet** müssen bei der Berichtigung von Wertansätzen § 36 bzw. § 50 DMBilG beachten. **16**

## III. Aufbewahrungspflichten

Aufzubewahren sind **zehn Jahre** Handelsbücher, Inventare, Bilanzen sowie die zu ihrem Verständnis erforderlichen Arbeitsanweisungen und sonstigen Organisationsunterlagen (§ 257 Abs. 1 Nr. 1 HGB i. V. m. Abs. 4). **17**

Aufzubewahren sind **sechs Jahre** die empfangenen Handelsbriefe, Kopien der abgesandten Handelsbriefe sowie die Belege für Buchungen in den nach § 33 Abs. 1 GenG zu führenden Büchern (§ 257 Abs. 1 Nr. 2–4 HGB i. V. m. Abs. 4). **18**

Die Aufbewahrungsfrist **beginnt** mit dem Schluß des Kalenderjahres, in dem die letzte Eintragung in das Handelsbuch gemacht, das Inventar aufgestellt, die Bilanz festgestellt, der Handelsbrief empfangen oder abgesandt oder der Buchungsbeleg entstanden ist (§ 257 Abs. 5 HGB). **19**

Mit Ausnahme der Eröffnungsbilanzen, Jahres- und Konzernabschlüsse, die im Original zu verwahren sind, können alle Unterlagen als Wiedergabe auf einem **Mikrofilm** oder auf einem anderen Datenträger aufbewahrt werden, wenn dies den GoB entspricht und die Vollständigkeit sichergestellt ist. Die Wiedergaben oder die Daten müssen mit den empfangenen Handelsbriefen und den Buchungsbelegen wegen der Beweisfunktion bildlich übereinstimmen. Andere Unterlagen müssen inhaltlich vollständig wiedergegeben werden, wenn sie – in angemessener Frist (§ 257 Abs. 3 S. 1 Nr. 2 HGB) – lesbar gemacht werden. Vgl. im einzelnen auch die Grundsätze ordnungsmäßiger Speicherbuchführung (GoS) in BStBl. 1978 I, 250. **20**

Mikroverfilmte Depotunterlagen haben – lesbar gemacht – grundsätzlich die gleiche Beweiskraft wie die Originalunterlagen (vgl. in diesem Zusammenhang *Lampe*, NJW 1970, 1097, 1101). Allerdings kann u. U. die Erstellung eines graphologischen Gutachtens Schwierigkeiten bereiten. Aus diesem Grunde empfiehlt es sich, über Vorgänge von besonderer Bedeutung die Originalunterlagen aufzubewahren. Als Leitfaden für Steuerpflichtige und Betriebsprüfer vgl. auch Der Mikrofilm als Aufzeichnungsmedium in Revision und Betriebsprüfung, herausgegeben vom AWV, 1983, Erich Schmidt Verlag, Berlin, sowie die Grundsätze für die Mikroverfilmung von gesetzlich aufbewahrungspflichtigem Schriftgut – Mikrofilm – Grundsätze – BdF-Schreiben v. 1. 2. 1984 (BStBl. I. 1984, 156).

**21** Neuere Entwicklungen (optische Speicherverfahren, z. B. DOR), sind der EDV zuzuordnen und nach den Grundsätzen der Speicherbuchführung zu beurteilen (Rdn. 9, 12, 20).

**22** Die gleichen Fristen und Grundsätze gelten auch hinsichtlich der **steuerlichen** Aufbewahrungspflichten (§ 147 AO).

## IV. Jahresabschluß, Lagebericht

### 1. Allgemeines

**23** Jede eG hat beim Beginn ihrer Tätigkeit eine Eröffnungsbilanz nach Maßgabe des § 242 Abs. 1 HGB sowie ein Eröffnungsinventar (§ 240 Abs. 1 HGB) aufzustellen. Für jedes Geschäftsjahr (also nicht Kalenderjahr) ist danach ein Jahresabschluß (vgl. hierzu Rdn. 29), der um einen Anhang (§ 242 i. V. m. § 336 Abs. 1 HGB) zu ergänzen ist, sowie einen Lagebericht (§ 336 Abs. 1 HGB) und ein Inventar (§ 240 Abs. 3 HGB) im Interesse des Mitglieder- und Gläubigerschutzes zu erstellen. **Zuständig** ist der Vorstand als Organ. Der Vorstand kann sich nicht nur der Mithilfe Dritter insbesond. von Mitarbeitern bei der technischen Erstellung des Jahresabschlusses und des Geschäftsberichts bedienen, sondern kann die Erstellung auch einzelnen Vorstandsmitgliedern übertragen. Im letztgenannten Fall müssen jedoch Jahresabschluß und Lagebericht vom Gesamtvorstand gebilligt werden (*Hettrich/Pöhlmann*, § 33 Rdn. 5), da es auch um die Festlegung der Bewertungs- und Abschreibungsmethoden, um außerplanmäßige Wertberichtigungen etc. geht (vgl. *Müller*, § 33 Rdn. 50). Hinsichtlich der Mehrheitsverhältnisse bei der Beschlußfassung vgl. im einzelnen § 27 Rdn. 27–31. Gleiches gilt für den Lagebericht.

**24** Der Jahresabschluß und der Lagebericht sind binnen einer **Frist** von fünf Monaten nach Ablauf eines Geschäftsjahres für dieses aufzustellen (§ 336 Abs. 1 S. 2 HGB). Nach ihrer Aufstellung sind sie unverzüglich, d. h. ohne schuldhaftes Zögern dem Aufsichtsrat und mit dessen (schriftlichen) Bemerkungen (Rdn. 28) der GV vorzulegen (§ 33 Abs. 1 S. 2). Das Registergericht kann den Vorstand hierzu durch Zwangsgeld anhalten (§ 160 Abs. 1 S. 2). Kein schuldhaftes Zögern, wenn unverzügliche Vorlage an Aufsichtsrat und sodann eine GV zwar nicht unmittelbar nach Aufstellung, aber noch vor Ablauf von sechs Monaten nach dem Ende des Geschäftsjahres erfolgt; dies ergibt sich aus § 48 Abs. 1 S. 3.

Nach § 245 HGB ist der Jahresabschluß auf dem Original von allen (auch den stellvertretenden) Vorstandsmitgliedern, die zum Zeitpunkt der Unterzeichnung im Amt sind, eigenhändig unter Abgabe des Datums zu **unterzeichnen**. Die Unterzeichnung des Lageberichts (§ 289 HGB) ist zwar nicht gesetzlich vorgeschrieben, dürfte sich jedoch empfehlen. Gleiches gilt für das Inventar, für das § 240 HGB ebenfalls keine Unterzeichnung verlangt (so auch *Meyer/Meulenbergh/Beuthien*, § 33 Rdn. 18; vgl. auch *Biener*, DB 1977, 533). **25**

**Vorstandsmitglieder**, die gegen den Jahresabschluß gestimmt haben, haben ihn gleichwohl zu unterzeichnen (vgl. *Meyer-Landrut*, Großkomm., AktG, § 91 Anm. 4; *Hettrich/Pöhlmann*, § 33 Rdn. 5; *Müller*, § 33 Rdn. 55). Gleiches gilt für behinderte Vorstandsmitglieder, es sei denn, daß diese durch höhere Gewalt (z. B. Krankheit) nicht in der Lage sind, an der Aufstellung des Jahresabschlusses mitzuwirken (zum ähnlich gelagerten Problem bei Anmeldungen zum Genossenschaftsregister vgl. § 157 Rdn. 3). Suspendierte Vorstandsmitglieder haben kein Recht auf Mitwirkung bei der Aufstellung und Unterzeichnung des Jahresabschlusses. Wollen Vorstandsmitglieder den Jahresabschluß nicht billigen, bleibt ihnen nur die Möglichkeit des Rücktritts aus dem Amt. Hinsichtlich der behinderten Vorstandsmitglieder ist es jedoch vertretbar, daß bei der Veröffentlichung ihr Name aufgenommen wird. **26**

Eine unterlassene Unterzeichnung des Jahresabschlusses ist für die Wirksamkeit der Feststellung des Jahresabschlusses nach § 48 ohne Bedeutung (vgl. dazu auch OLG Karlsruhe, WM 1987, 536; *Müller*, § 33 Rdn. 60) **27**

Sind Jahresabschluß und Lagebericht erstellt, ist folgendes **Verfahren** zu beachten. Sie sind dem Aufsichtsrat unverzüglich zur Überprüfung und Stellungnahme zuzuleiten (§ 38 Abs. 1 S. 2 GenG). Die Bemerkungen des Aufsichtsrats brauchen nicht von sämtlichen Mitgliedern des Aufsichtsrats unterzeichnet zu werden, vielmehr genügt in der Regel Unterzeichnung durch den Vorsitzenden des Aufsichtsrats (*Eisinger*, JW 1973, 725 m. zust. Anm. *Schröder*; vgl. auch AG Karlsruhe, BlfG 1937, 416). Hinsichtlich des Verfahrens bei der Beschlußfassung durch die GV vgl. § 48 und die dortigen Erläuterungen. **28**

## 2. Jahresabschluß

29 Der Jahresabschluß besteht aus (§ 242 Abs. 3 HGB)
- der Jahresbilanz (§ 266 HGB)
- der Gewinn- und Verlustrechnung (§ 275 HGB).

Er wird erweitert um einen **Anhang**, der mit der Bilanz und der Gewinn- und Verlustrechnung eine Einheit bildet (§ 336 Abs. 1 HGB). Der Jahresabschluß wird ergänzt durch den **Lagebericht** (§ 336 Abs. 1 S. 2 i. V. m. § 289 HGB).

### *a) Bilanz*

30 Für die Durchführung der Inventur sind folgende Verfahren zulässig.
- Stichtagsinventur (§ 240 Abs. 2 HGB)
- permanente Inventur (§ 241 Abs. 2 HGB)
- besonderes Inventar (§ 241 Abs. 3 HGB)
- Stichprobeninventur (§ 241 Abs. 1 HGB).

31 Statt der jährlichen körperlichen Bestandsaufnahme zum Bilanzstichtag (**Stichtagsinventur**) kann fortlaufende Festhaltung der Zu- und Abgänge im Laufe des Jahres anhand von Lagerbüchern (Lagerkarteien) erfolgen (**permanente Inventur**, § 241 Abs. 2 HGB); auch in diesem Fall muß in jedem Jahr mindestens einmal eine körperliche Bestandsaufnahme erfolgen, die nicht für alle Bestände zum gleichen Zeitpunkt stattzufinden braucht. Auch kann der Bestand der Vermögensgegenstände nach Art, Menge und Wert mit Hilfe anerkannt mathematisch-statistischer Methoden aufgrund von Stichproben ermittelt werden (§ 241 Abs. 1). Eine **besondere** Inventur mit wertmäßigem Fort- oder Rückrechnen ist ebenfalls möglich (vgl. im einzelnen § 241 Abs. 3 Nr. 2 HGB); zur Durchführung der Inventur vgl. ausführlich Jahresabschluß der WuDeG, 3. Aufl. Abschn. A IV.

32 Die **Bilanz** ist eine Zusammenstellung des aus dem Inventar sich ergebenden Standes der Aktiven und Passiven mit Feststellung des aus ihrem Vergleich sich ergebenden Resultats. In der Bilanz findet die Gesamtheit aller im Unternehmen eingesetzten Werte in zweifacher Weise ihren rechnerischen Ausdruck – als Vermögen bzw. als Kapital (*Wöhe*, S. 29). Das Vermögen stellt als Gesamtheit aller im Unternehmen eingesetzten Wirtschaftsgüter und Geldmittel die **Aktiven** dar. Das Kapital bildet als Summe aller von der eG und ihren Mitgliedern (Eigenkapital) und von Dritten (Fremdkapital) dem Betrieb überlassenen Mittel die **Passiven**. Zum Inhalt der Bilanz vgl. § 336 i. V. m. §§ 264–274 sowie § 337 HGB (hierzu Erl. im Anhang zu § 33). Je nach dem Bilanzzweck ist theoretisch die Vermögens-(Bestands-)Bilanz von der Gewinnermittlungs-(Ertrags- oder Gewinnverteilungs-)Bilanz zu unterscheiden; praktisch ist die Unterscheidung oft schwierig. Die Jahresbilanz der eG ist Vermögensbilanz, gleichzeitig aber auch Gewinnermittlungs-(Gewinnverteilungs-)Bilanz. Reine Vermö-

gensbilanzen dienen der Feststellung der tatsächlichen Vermögenswerte am Stichtag ohne Rücksicht auf etwaige frühere Bilanzen; hierher gehören die Eröffnungsbilanz, die bei Eintragung der eG aufzustellen ist (Rdn. 39) und die Liquidationseröffnungsbilanz (§ 89 und die dortigen Erl.).

Aus der Handelsbilanz wird die Steuerbilanz abgeleitet (Maßgeblichkeit **33** der Handelsbilanz für die Steuerbilanz). In ihr wird das Vermögen angesetzt, das nach den handelsrechtlichen Grundsätzen ordnungsmäßiger Buchführung auszuweisen ist (§ 5 Abs. 1 S. 1 EStG). Jede ordnungsgemäße Einzelbewertung in der Handelsbilanz ist grundsätzlich auch für die Steuerbilanz maßgebend, allerdings nur, soweit sie mit den steuerrechtlichen Bewertungsvorschriften (§ 5 Abs. 6 i. V. m. §§ 6, 7 EStG) in Einklang steht (vgl. auch ausführlich Beck'scher Bilanzkommentar, 3. Aufl. 1995, Der Jahresabschluß nach Handels- und Steuerrecht). Voraussetzung für die Maßgeblichkeit der Handelsbilanz ist, daß deren Ansätze richtig und nicht fehlerhaft sind (BFH, Beschl. des Großen Senats, BStBl. 1969 II, 291).

Die Bedeutung des Grundsatzes der **Maßgeblichkeit** liegt vor allem **34** darin, daß in der Steuerbilanz der Ansatz der Handelsbilanz bei den Aktiven nicht unterschritten und bei den Passiven nicht überschritten werden darf. Außerdem sind die handelsrechtlichen Aktivierungs- und Passivierungsverbote auch steuerlich zu beachten; Aktivierungs- und Passivierungswahlrechte sind hingegen steuerlich unbeachtlich: Ein handelsrechtliches Aktivierungswahlrecht erstarkt zu einem steuerlichen Aktivierungsgebot, ein handelsrechtliches Passivierungswahlrecht bedeutet steuerlich Passivierungsverbot (BFH, Beschl. des Großen Senats, BStBl. 1969 II, 291).

Die zunehmende Verwendung der steuerlichen Bilanzierung als Instru- **35** ment staatlicher Förderungsmaßnahmen mit nichtfiskalischer Zielsetzung (Förderung bestimmter Personengruppen, Wirtschaftszweige oder Regionen) unter gleichzeitiger Aufrechterhaltung des Abhängigkeitsprinzips führte zu einer Rückwirkung der steuerlichen Bilanzierung auf die Handelsbilanz, die als **umgekehrte Maßgeblichkeit** bezeichnet wird (vgl. § 5 Abs. 1 S. 2 EStG). Gesetzgeber, Rechtsprechung und Finanzverwaltung fordern in vielen Fällen als Voraussetzung der Inanspruchnahme steuerlicher Vergünstigungen eine konforme Bilanzierung oder Bewertung in der Handelsbilanz (so z. B. Sonderabschreibungen, erhöhte Absetzung für Abnutzung, steuerneutrale Aufdeckung stiller Reserven). Eine auf Steuerersparnis bedachte eG wird daher schon bei der Erstellung der Handelsbilanz steuerliche Sonderbestimmungen berücksichtigen und die handelsrechtliche Bilanzierung nach steuerlichen Leitsätzen ausrichten (vgl. z. B. §§ 254, 274 HGB).

Bei den Vermögensgegenständen und Schulden sind stets die allgemei- **36** nen Bewertungsgrundsätze des § 252 HGB (Anhang zu § 33: § 264 Rdn. 11 ff) und die Wertansätze des § 253 HGB (Anhang zu § 33: § 264

Rdn. 22 ff) zu beachten. Sonderposten mit Rücklagenanteil (§ 247 Abs. 3 HGB) können nur noch unter den in § 273 HGB genannten Voraussetzungen gebildet werden (hierzu Anhang zu § 33: § 273 HGB).

37 Bei **Kreditgenossenschaften** und Wohnungsbaugenossenschaften ist der Bestätigungsvermerk des Prüfungsverbandes vor der Vorlage des Jahresabschlusses an die GV einzuholen § 27 KWG i. V. m. § 340 k HGB, § 58 Abs. 2 GenG; vgl. Erl. zu § 53). Nach § 26 KWG ist für die Aufstellung eine Drei-Monats-Frist und nach § 27 KWG für die Prüfung eine Fünf-Monats-Frist einzuhalten.

38 Wegen der **Wertansätze** in der Bilanz für **alle eG** vgl. die Bewertungsvorschriften der §§ 252 ff HGB, hierzu vgl. auch ausführlich Jahresabschluß der WuDeG, 3. Aufl. Abschn. A.V.; *Budde/Ihle*, Beck'scher Bilanzkomm., S. 388 ff; zu den Bilanzierungsgrundsätzen und Bewertungsgrundsätzen vgl. auch *Niehus/Scholz*, GmbHG, §§ 41, 42 Rdn. 108 ff bzw. Rdn. 154 ff zu HGB §§ 238–335.

39 Bei der **Gründung** der eG ist zum Zeitpunkt der Eintragung der eG eine Eröffnungsbilanz und ein Eröffnungsinventar aufzustellen. Gleiches gilt bei **Fortsetzung** einer aufgelösten eG gem. § 79 a.

*b) Gewinn- und Verlustrechnung*

40 Die **Gewinn- und Verlustrechnung** ist die Gegenüberstellung der im Geschäftsjahr angefallenen Aufwendungen und Erträge, aus der die Entstehung des in der Bilanz ausgewiesenen Gewinns oder Verlustes erkennbar wird (*Schubert/Steder*, § 33 Rdn. 9). Hinsichtlich der Gliederung der Gewinn- und Verlustrechnung vgl. § 275 HGB (Anhang zu § 33: § 275 und die dortigen Erl.). Im Verhältnis zur Bilanz gilt die Regel, daß die Gewinn- und Verlustrechnung den Inhalt der Bilanz zu bestimmen hat und nicht umgekehrt (*Wöhe*, S. 229).

### 3. Anhang

41 Der mit dem Jahresabschluß zu verbindende (frühere Erläuterungsbericht) **Anhang** (§ 336 Abs. 1 S. 1 HGB) soll die Bilanz (§ 242 Abs. 1 S. 1 HGB) sowie die Gewinn- und Verlustrechnung (§ 242 Abs. 2 HGB) erläutern. Darüber hinaus enthält er zusätzliche Angaben, z. B. zur Finanzlage. In diesen sind die in §§ 284, 285 HGB enthaltenen Angaben aufzunehmen (im einzelnen Erl. zu § 284 im Anhang zu § 33; vgl. auch Erl. zu § 338 im Anhang zu § 33).

### 4. Lagebericht

42 Gem. § 336 Abs. 1 S. 1 HGB ist die Erstellung eines Lageberichts vorgeschrieben. Der Lagebericht (§ 289 HGB) hat Geschäftsverlauf und Lage der

eG so darzustellen, daß ein den tatsächlichen Verhältnissen entsprechendes Bild vermittelt wird. Zum Inhalt des Lageberichts vgl. im einzelnen die Erl. zu § 289 HGB im Anhang zu § 33.

## V. Beschränkung der Bilanzanfechtung (Abs. 2)

Der Beschluß der GV über den Jahresabschluß (§ 48 Rdn. 3–8) ist nach dieser Vorschrift nur dann nicht anfechtbar, wenn durch die Verletzung die Klarheit des Jahresabschlusses nur unwesentlich beeinträchtigt worden ist. Die **Bilanzklarheit** ist dann nicht mehr unwesentlich beeinträchtigt, wenn durch die Verletzung der vorgenannten Bestimmungen für einen kundigen Bilanzleser (vgl. auch § 33 Rdn. 55) falsche Vorstellungen über wesentliche Punkte der Geschäftsverhältnisse der eG erweckt werden (vgl. hierzu *Müller*, § 33 Rdn. 68 ff, der §§ 256, 257 AktG analog anwendet). **43**

Gleiches dürfte gelten, wenn gegen die Grundsätze der **Bilanzwahrheit** nur unwesentlich verstoßen wird (a. A. *Müller*, § 33 Rdn. 74), da es dem Sinn und Zweck dieser Vorschrift entspricht, generell nicht ins Gewicht fallende Verstöße von der Anfechtung auszunehmen. Gleiches gilt auch für die Verletzung der **Grundsätze ordnungsmäßiger Bilanzierung** (a. A. wiederum *Müller*, § 33 Rdn. 74). **44**

Bei besonders schwerwiegenden Mängeln, z. B. bei erheblicher Überbewertung auf der Aktivseite und nicht vollständiger Erfassung von Verbindlichkeiten kann andererseits die Bilanzierung nicht nur anfechtbar, sondern **nichtig** sein. Im übrigen kann sich Nichtigkeit bzw. Anfechtbarkeit nach den **allgemeinen Grundsätzen** ergeben (vgl. ausführlich die Erl. zu § 51). Zu den zwingenden gesetzlichen Vorschriften, die zur Nichtigkeit führen können, zählen auch zwingende Regeln der § 33 GenG u. §§ 238 ff HGB (vgl. auch § 48 Rdn. 7). **45**

## VI. Einberufung der Generalversammlung bei Verlust (Abs. 3)

### 1. Allgemeines

Die **Zielsetzung** dieser Vorschrift ist, sicherzustellen, daß die Mitglieder über Vermögensverluste, für die sie unter Umständen im Falle des Konkurses der eG einstehen müssen, rechtzeitig unterrichtet werden. Die Vorschrift wurde eingeführt durch Novelle 1973 als § 33i und durch das Bilanzrichtlinien-Gesetz nach § 33 übernommen; vorher bestand eine Verpflichtung des Vorstandes zur Einberufung der GV nur im Falle der Überschuldung und bei eG mit unbeschränkter Nachschußpflicht (§ 121 a. F.). Die neue Vorschrift gilt für alle eG, sie lehnt sich an § 92 Abs. 1 AktG an. Die Einberufung der GV ist nunmehr schon vorgeschrieben, wenn ein Verlust **46** besteht, der durch die Hälfte des Gesamtbetrages der Geschäftsguthaben und durch den Gesamtbetrag der Rücklagen nicht gedeckt ist. In die Rücklagen ist auch ein bestehender Beteiligungsfonds gemäß § 73 Abs. 3 (vgl. § 73 Rdn. 29 ff) einzubeziehen.

### 2. Verlustfeststellung

**47** § 33 Abs. 3 unterscheidet zwei Fälle:

- Der Verlust besteht bei Aufstellung der Jahresbilanz oder einer Zwischenbilanz.
- Es ist bei pflichtgemäßem Ermessen anzunehmen, daß ein Verlust in entsprechender Höhe besteht.

Entscheidend ist insbesond. aufgrund des zweiten Falles der **Zeitpunkt**, in dem der Verlust erkannt wird, nicht hingegen der Anlaß, aus dem sich der Verlust ergibt. Das Gesetz verlangt, daß der Vorstand ständig über den Vermögensstand der eG wacht und somit auch darüber, ob ein Verlust in der vom Gesetz genannten Höhe entstanden ist (*Frankenberger*, Genossenschaftsforum, 4/1975, 38).

**48** Für die Frage, ob ein Verlust in der unter Rdn. 46 genannten Höhe besteht oder zu erwarten ist, gelten die **allgemeinen Bewertungsgrundsätze**. Die Vorschriften der §§ 252 ff HGB sind zu beachten. Der Vorstand hat z. B. Forderungen im Rahmen seiner Sorgfaltspflicht (§ 34) zu bewerten. Auch Pensionsverpflichtungen sind zu berücksichtigen (*Frankenberger*, Genossenschaftsforum, 4/1975, 40). Es sind alle Möglichkeiten zu berücksichtigen, die für die Frage der Einbringlichkeit der Forderung von Bedeutung sein können. Die Bürgschaft z. B. eines organisationseigenen Garantiefonds macht die Forderung voll bewertbar, so daß insoweit ein Verlust nicht besteht. In jedem Fall muß der Verlust in der in Rdn. 46 genannten Höhe nachhaltig vorliegen; ein nur vorübergehender Verlust in dieser Höhe führt nicht zu den Folgen des § 33 Abs. 3.

**49** **Stille Reserven** können Berücksichtigung finden, so daß durch deren Auflösung der Verlust vermindert oder vermieden werden kann (a. A. *Müller*, § 33 Rdn. 79; wie hier *Hettrich/Pöhlmann*, § 33 Rdn. 14 unter Berufung auf BGH, BB 1958, 1181; sowie Rdn. 16). Hierbei ist zu unterscheiden: Freiwillige stille Reserven, d. h. Bewertungsreserven in Höhe des Unterschiedsbetrages zwischen dem Buchwert und dem nach dem GenG bzw. den Grundsätzen ordnungsmäßiger Bilanzierung höchstens zulässigen Wertansatz können stets berücksichtigt werden; zwangsläufig entstandene stille Reserven, d. h. die, durch die über die Anschaffungs- oder Herstellungskosten hinaus gestiegenen Preise entstanden sind – z. B. Wertzuwächse bei Grundstücken und Gebäuden, Kursreserven in Wertpapieren und Beteiligungen –, dürfen nur insoweit berücksichtigt werden, als sie sofort oder kurzfristig realisiert werden können (stille Reserven in betriebsnotwendigen Grundstücken scheiden mithin in der Regel aus). Handelt es sich hierbei um unversteuerte stille Reserven, muß auch eine eventuelle Steuerbelastung berücksichtigt werden (zum Vorstehenden wie auch zum Meinungsstreit, ob bei der Verlustfeststellung von den Bewertungsgrundsätzen auszugehen ist, die für die Jahresbilanz gelten, oder ob die für den Vermögensstatus maßgebenden Zeitwerte i. S. v. § 246 Abs. 1 HGB = § 40 Abs. 2 a. F. HGB anzusetzen sind, vgl. ausführlich *Frankenberger*, Genossenschaftsforum, 4/1975, 38–40). Stets dürfen die Grundsätze der kaufmännischen Vorsicht nicht außer acht gelassen werden.

Kommt der Vorstand bei seiner Überprüfung (Rdn. 47. 2. Fall) nicht zu einem klaren Ergebnis, hat er eine Zwischenbilanz aufzustellen. Stets ist nicht der sich ergebende Jahresfehlbetrag des bilanzierten Zeitraums, sondern der **Gesamtverlust** unter Einbeziehung eines evtl. Verlustvortrags aus den Vorjahren maßgeblich. **50**

Der Vorstand wird vor Einberufung der GV Möglichkeiten berücksichtigen dürfen, den Verlust nachhaltig zu beseitigen, sofern dies sofort geschehen kann (*Hettrich/Pöhlmann*, § 33 Rdn. 15); es liegt nicht zuletzt im Interesse der eG, der Mitglieder und der Gläubiger, wenn durch sofortige **Sanierungsmaßnahmen**, z. B. durch eine Sanierungszusage organisationseigener Garantiefonds, Verluste erst gar nicht wirksam werden. Unter anderem aus diesem Grunde empfiehlt es sich, den zuständigen Prüfungsverband zum frühestmöglichen Zeitpunkt einzuschalten. Ebenso kann zum Zwecke der Sanierung eine Garantie oder eine Bürgschaft von einer Zentralbank oder Zentralgenossenschaftsbank oder auch von Garantiefonds gegeben werden (*Hettrich/Pöhlmann*, § 33 Rdn. 15). Der Verzicht auf die Einberufung der GV ist aber nur gerechtfertigt, wenn kurzfristig über die vorliegenden Sanierungsanträge entschieden wird und die Sanierungsmaßnahmen zur umgehenden Beseitigung des Verlustes führen (vgl. *Frankenberger*, Genossenschaftsforum, 4/1975, 38; *Hefermehl*, in: Geßler u. a., AktG, § 92 Rdn. 7); andernfalls besteht Einberufungspflicht ohne schuldhaftes Zögern. Die Einberufungspflicht entfällt auch, wenn z. B. durch Sanierungsmaßnahmen der Verlust unter die in Rdn. 46 genannte Grenze sinkt. **51**

Eine eG, die im steuerbegünstigten Wohnungsbau mit Aufwendungsdarlehen geförderte Wohnungen errichtet hat, braucht dieses nicht zu passivieren, sondern kann sie zur Bilanz vermerken. Das gilt nicht für eine Vermögensübersicht zur Feststellung der Überschuldung. Im übrigen führen die Darlehen nicht zur Überschuldung im handels- und konkursrechtlichen Sinn, wenn der Darlehensgläubiger mit der eG vereinbart, mit seiner Forderung hinter die Forderung aller anderen Gläubiger in der Weise zurückzutreten, daß sie nur aus künftigen Gewinnen oder aus ihrem, die sonstigen **52**

Verbindlichkeiten übersteigenden Vermögen bedient zu werden braucht (§ 88 Abs. 3 II. WoBauG, s. dazu *Fischer-Dieskau/Pergande*, II. WoBauG, § 88, GdW „Erläuterungen zum JA Teil C" und Anlage 4). Sind diese Voraussetzungen gegeben, kann der Vorstand von der Einberufung der GV absehen; es sei denn, daß ein Verlust i. S. v. § 33 Abs. 3 auch dann besteht, wenn die Aufwendungsdarlehen nicht berücksichtigt werden.

### 3. Rechtsfolgen

**53** Ist unter Berücksichtigung vorstehender Ausführungen die GV einzuberufen, so hat dies **unverzüglich** zu geschehen. Zur Einberufung ist nach dem Wortlaut des § 33 Abs. 3 der Vorstand verpflichtet; eine Pflicht des Aufsichtsrats kann sich aufgrund der §§ 38 Abs. 2, 41 GenG im Einzelfall ergeben (*Frankenberger*, Genossenschaftsforum, 4/1975, 41; a. A. *Müller*, § 33 Rdn. 82).

**54** Bei der Einberufung ist der **Zweck** der GV anzugeben; die Tagesordnung muß klar erkennen lassen, daß der GV eine Anzeige nach § 33 Abs. 3 erstattet werden soll (*Müller*, § 33 Rdn. 87): eine nicht unproblematische Regelung, da eine übereilte Publizierung wirtschaftlicher Schwierigkeiten bei Mitgliedern und Gläubigern zu Reaktionen führen kann, die eine erhebliche Verschärfung der aufgetretenen wirtschaftlichen Belastungen zur Folge haben (hierauf weisen *Schubert/Steder*, § 33 Rdn. 19 mit Recht hin; *Hettrich/Pöhlmann*, § 33 Rdn. 16, wollen dieses Argument nicht gelten lassen).

**55** In der GV sollten nicht nur die Mitglieder unterrichtet werden, sondern es sollten zugleich **Maßnahmen** zur (teilweisen) Verlustdeckung vorgeschlagen werden, z. B. weitere Einzahlungen bzw. eine Erhöhung des Geschäftsanteils mit sofortiger Einzahlungspflicht (*Hettrich/Pöhlmann*, § 33 Rdn. 16).

**56** Neben der **Beschlußfassung** der GV über die (teilweise) Verlustbeseitigung kann auch der Vorstand weitere Möglichkeiten der Sanierung planen und durchführen. Ist eine Sanierung nicht möglich, muß Liquidation bzw. Konkurs eingelegt werden.

**57** Bei **Pflichtverletzungen** machen sich Vorstandsmitglieder nach § 34 der eG gegenüber schadensersatzpflichtig. § 33 Abs. 3 ist jedoch kein Schutzgesetz im Sinne des § 823 Abs. 2, mithin kein Schadensersatzanspruch der Gläubiger der eG (BGH, BB 1979, 1929 für AG). Strafbarkeit – auch bei Fahrlässigkeit – ergibt sich aus § 148 Abs. 1 Nr. 1. Die Einberufung kann hingegen nicht durch Festsetzung von Zwangsgeld erzwungen werden.

# Anhang zu § 33

## § 264 HGB

**(1) Die gesetzlichen Vertreter einer Kapitalgesellschaft haben den Jahresabschluß (§ 242) um einen Anhang zu erweitern, der mit der Bilanz und der Gewinn- und Verlustrechnung eine Einheit bildet, sowie einen Lagebericht aufzustellen. Der Jahresabschluß und der Lagebericht sind von den gesetzlichen Vertretern in den ersten drei Monaten des Geschäftsjahres für das vergangene Geschäftsjahr aufzustellen. Kleine Kapitalgesellschaften (§ 267 Abs. 1) brauchen den Lagebericht nicht aufzustellen; sie dürfen den Jahresabschluß auch später aufstellen, wenn dies einem ordnungsgemäßen Geschäftsgang entspricht, jedoch innerhalb der ersten sechs Monate des Geschäftsjahres.**

**(2) Der Jahresabschluß der Kapitalgesellschaft hat unter Beachtung der Grundsätze ordnungsmäßiger Buchführung ein den tatsächlichen Verhältnissen entsprechendes Bild der Vermögens-, Finanz- und Ertragslage der Kapitalgesellschaft zu vermitteln. Führen besondere Umstände dazu, daß der Jahresabschluß ein den tatsächlichen Verhältnissen entsprechendes Bild im Sinne des Satzes 1 nicht vermittelt, so sind im Anhang zusätzliche Angaben zu machen.**

*Übersicht*



## I. Allgemeines

Abs. 1 gilt nicht für die eG (§ 336 Abs. 2 S. 1). De lege ferenda sollte **1**
Abs. 1 S. 3 auch für eG gelten, da nicht einzusehen ist, daß kleine Kapitalgesellschaften eine Sonderregelung erfahren. Abs. 2 S. 1 enthält gewissermaßen das Ergebnis der Anwendung der handelsrechtlichen Bilanzierungsvorschriften. Diese Vorschrift ist die Konsequenz des in § 243 HGB festgelegten Prinzips, daß der Jahresabschluß nach den Grundsätzen ordnungsmäßi-

ger Buchführung aufzustellen ist und klar und übersichtlich sein muß. Ähnliche Formulierungen enthielt § 33 b a. F. GenG.

**2** Die Forderung nach einem die **tatsächlichen** Verhältnisse der Gesellschaft darstellenden Abschluß ist allen anderen Anforderungen an den Jahresabschluß übergeordnet (*Niehus/Scholz*, in: Meyer-Landrut/Miller/Niehus, GmbHG, HGB §§ 238–335 Rdn. 110). Diese Generalklausel ist im Zweifel zur Auslegung von Vorschriften und zur Schließung von Lücken in den gesetzlichen Regelungen heranzuziehen. Sie steht jedoch nicht in dem Sinne über der gesetzlichen Regelung, daß sie es erlauben würde, den Jahresabschluß in Abweichung von den gesetzlichen Vorschriften zu bestimmen (*Niehus/Scholz*, ebd., Rdn. 109).

**3** Die tatsächlichen Verhältnisse haben auf die **individuelle Lage** der Gesellschaft abzustellen. Es dürfen formelle Wahlrechte hierbei ausgeübt werden, d. h. Ausweiswahlrechte und materielle Wahlrechte (hierzu *Niehus/Scholz*, ebd., Rdn. 120 ff); insbesond. sind bestimmte Bilanzierungsgrundsätze (hierzu Rdn. 5 ff) zu beachten.

**4** **Zusätzliche Angaben** sind im Anhang (§ 284 ff) nur dann erforderlich, wenn im Falle besonderer Umstände der Jahresabschluß trotz Anwendung der Grundsätze ordnungsmäßiger Buchführung ein den tatsächlichen Verhältnissen entsprechendes Bild der Vermögens-, Finanz- und Ertragslage nicht vermitteln kann. Bei eG müssen keine zusätzlichen Angaben im Anhang gemacht werden, wenn die eG in angemessenem Umfang Risikovorsorge durch Bildung stiller Reserven (z. B. versteuerte Wertberichtigungen, versteuerte Globalabschläge auf den Warenbestand) betreibt (vgl. auch *Ohlmeyer/Bergmann*, S. 29; Jahresabschluß Abschn. A V.1, Erläuterungen Teil C III Nr. 3, S. 6; Anhang S. 139 ff; Anlage 6 Nr. 3, S. 9 ff).

**5** Zur Bilanzierung im einzelnen vgl. die Loseblattsammlungen für den Jahresabschluß der Kreditgenossenschaften sowie der WuDeG; für Wohnungsbaugenossenschaften die vom GdW, Köln, herausgegebenen Erläuterungen zur Rechnungslegung, insbes. Teil C zum Jahresabschluß, siehe ferner neben den nachfolgenden Erläuterungen Beck'scher Bilanzkommentar, Der Jahresabschluß nach Handels- und Steuerrecht, *Niehus/Scholz*, in: Meyer-Landrut/Miller/Niehus, GmbH-Gesetz, einschließlich Rechnungslegung zum Einzel- sowie zum Konzernabschluß; *Baumbach/Duden/Hopt*, HGB, Erl. zu §§ 264 ff; *Ohlmeyer/Bergmann*, Das neue genossenschaftliche Bilanzrecht; bezüglich der Bilanzierung im Falle der Verschmelzung von eG s. §§ 24, 86 UmwG (Anhang 1).

**6** Die eG hat Bilanzierungsgrundsätze, Bewertungsgrundsätze und Wertansatzvorschriften zu beachten. Im einzelnen siehe die nachstehenden Erläuterungen.

## II. Grundsätze der Bilanzierung

Zwar weicht die neue Generalnorm des § 264 Abs. 2 HGB von der bisherigen in § 33 b Abs. 2 GenG a. F. verwendeten Formulierung ab. **Es kann aber davon ausgegangen werden, daß bei Einhaltung der bisherigen gesetzlichen Vorschriften und der Grundsätze ordnungsmäßiger Bilanzierung auch der Generalnorm entsprochen wird** (Jahresabschluß für WuDeG Abschn. A V. 1) **7**

Der Jahresabschluß ist klar und übersichtlich aufzustellen (**Bilanzklarheit**). Der Bilanzklarheit dienen insbesond. die Gliederungsvorschriften (§ 266 HGB). Der Grundsatz der Bilanzklarheit kann eine Abänderung oder eine Erweiterung der Gliederung der Bilanz erforderlich machen, soweit der Geschäftszweig der eG eine abweichende Gliederung oder eine ausführlichere Gliederung bedingt (§ 265 Abs. 4 HGB). Die abweichende Gliederung muß gleichwertig sein und darf die Klarheit nicht beeinträchtigen. Soweit Formblätter vorgeschrieben sind, gelten diese (vgl. hierzu sowie zum Vorstehenden Erl. zu § 265 Abs. 4 HGB). **8**

Der Grundsatz der **Bilanzvollständigkeit** besagt, daß alle bilanzierungsfähigen Vermögensgegenstände und Schulden in den betreffenden Bilanzposten zusammengefaßt wenigstens mit einem Merkposten erscheinen müssen. Es ist nicht der rechtliche Eigentumsbegriff, sondern die wirtschaftliche Zugehörigkeit für die Bilanzierungspflicht entscheidend (*Adler/Düring/Schmaltz*, AktG, § 149 Rdn. 31 ff; *Kropff*, in: Geßler u. a., AktG, § 149 Rdn. 51 ff). So sind Sicherungsübereignungen und Sicherungsabtretungen beim wirtschaftlichen Eigentümer bzw. Inhaber (Kreditnehmer) zu bilanzieren. Unter Eigentumsvorbehalt gelieferte Gegenstände hat der Käufer unter gleichzeitiger Passivierung der noch offenen Kaufpreisschuld zu aktivieren; der Verkäufer aktiviert den offenen Kaufpreis (vgl. *Adler/Düring/Schmaltz*, AktG, § 149 Rdn. 32). Zur Bilanzierung generell, insbesond. von schwebenden, beiderseits noch nicht erfüllten Verträgen, Miet- und Pachtverträgen, Leasingverträgen vgl. ausführlich WP-Handbuch 1985/86, Band II, S. 146 ff). **9**

Die **Bilanzidentität** (auch Bilanzzusammenhang) betrifft die formelle und materielle **Bilanzkontinuität**, d. h., die Schlußbilanz des einen Geschäftsjahres muß mit der Eröffnungsbilanz des folgenden Geschäftsjahres übereinstimmen (vgl. § 252 Abs. 1 Nr. 1 HGB; vgl. hierzu auch § 4 Abs. 1 EStG); nur dies entspricht den Grundsätzen ordnungsmäßiger Buchführung (vgl. ausführlich *Adler/Düring/Schmaltz*, AktG, § 149 Rdn. 28). Dies bedeutet, daß grundsätzlich der für einen Vermögensgegenstand festgesetzte Wert in einem neuen Jahresabschluß nur verändert werden darf, wenn dies sachliche Gründe gebieten, insbes. wenn dies durch einen entsprechenden wirtschaftlichen Vorgang, wozu auch die Abnutzung gehört, begründet ist (Wertstetigkeit). Formelle Bilanzkontinuität im wei- **10** teren Sinne meint die Beibehaltung der gleichen Gliederungsgrundsätze im nächsten Geschäftsjahr. Die materielle Bilanzkontinuität meint die Beibehaltung gleicher Bewertungsgrundsätze für aufeinanderfolgende Bilanzen. Eine Verpflichtung zur Beibehaltung der materiellen Bilanzkontinuität besteht nicht, sofern nur die gesetzlichen Bewertungsvorschriften eingehalten werden (*Adler/Düring/Schmaltz*, AktG, § 149 Rdn. 29; WP-Handbuch 1981, S. 650). Erforderlich ist jedoch bei Änderung der Bewertungsgrundsätze im Interesse der Vergleichbarkeit eine entsprechende Erläuterung im Geschäftsbericht.

## III. Grundsätze der Bewertung

**11** Neben den Bilanzierungsgrundsätzen sind die allgemeinen **Bewertungsgrundsätze** zu berücksichtigen, die in § 252 HGB für alle Kaufleute festgelegt sind. Ein Abweichen von diesen Grundsätzen ist nur in begründeten Ausnahmefällen zulässig (§ 252 Abs. 2 HGB). Hierüber ist im Anhang zu berichten (§ 284 Abs. 2 Nr. 3 HGB). Im einzelnen:

**12** Der Grundsatz der **Bilanzkontinuität** (hierzu auch Rdn. 10) besagt, daß die Wertansätze in der Eröffnungsbilanz des neuen Geschäftsjahres mit den Wertansätzen in der Schlußbilanz des vorhergehenden Geschäftsjahres übereinstimmen müssen (**§ 252 Abs. 1 Nr. 1 HGB**).

Höhere oder niedrigere Wertansätze im alten Jahr wirken sich entgegengesetzt im neuen Jahr aus. So führt eine höhere Abschreibung in den ersten Jahren dazu, daß in den übrigen Jahren nur noch geringere Abschreibungen möglich sind.

**13** Bei der Bewertung ist von der **Fortführung** der Unternehmenstätigkeit auszugehen, sofern dem nicht tatsächliche oder rechtliche Gegebenheiten entgegenstehen (**§ 252 Abs. 1 Nr. 2 HGB**). Es sind folglich keine Liquidationswerte anzusetzen, sondern grundsätzlich ist von den Anschaffungs- oder Herstellungskosten (zum Begriff vgl. § 255 HGB) auszugehen. Dies gilt auch bei kritischer Unternehmenslage. Nur wenn die Fortführungsprognose aus tatsächlichen oder rechtlichen Gründen für die gesamte Unternehmenstätigkeit oder für Teilbereiche negativ ist, sind Liquidationswerte anzusetzen. Anhaltspunkte für die Bewertung zu Liquidationswerten könnten z. B. sein: anhaltende Ertragslosigkeit, Überschuldung, drohende Illiquidität, nicht ausnutzbare technische Kapazitäten (Jahresabschluß der WuDeG Abschn. A. V.). Die Prognose muß zumindest das Jahr nach dem Bilanzstichtag abdecken (*Baumbach/Duden/Hopt*, HGB, § 252 Anm. 3).

**14** Zum Abschlußstichtag sind die Vermögensgegenstände und Schulden **einzeln zu bewerten (§ 252 Abs. 1 Nr. 3 HGB**). Dadurch soll verhindert werden, daß Wertminderungen und Werterhöhungen gegeneinander aufgerechnet werden (zu den Wertansätzen vgl. Rdn. 21 ff). Zulässige Ausnahmen sind die **Festbewertung** (§ 240 Abs. 3 HGB), die **Gruppen-** oder **Sammelbewertung** (§ 240 Abs. 4) und **GoB-mäßige Bewertungsvereinfachungsverfahren** wie Durchschnittsbewertung, fifo, lifo u. a. (§ 256 HGB). Einzelne Ausnahmen gibt es auch bei den Rückstellungen, z. B. für Garantieverpflichtungen, die in der Regel nach Erfahrungswerten gebildet werden (Jahresabschluß der WuDeG Abschn. A V.).

Für die Bewertung gilt das **Stichtagsprinzip (§ 252 Abs. 1 Nr. 3 HGB),** **15**
d. h. Veränderungen nach dem Bilanzstichtag bis zur Bilanzaufstellung dürfen nicht mehr, soweit sie wertbeeinflussende Tatsachen sind, berücksichtigt werden. Dagegen können und müssen im Rahmen der GoB in der Zwischenzeit gewonnene Erkenntnisse über den Wert am Bilanzstichtag berücksichtigt werden (**Wertaufhellung**; BGH, NJW 1973, 511; Jahresabschluß der WuDeG Abschn. A V.)

Der Grundsatz der **Vorsicht (§ 252 Abs. 1 Nr. 4 HGB**), der insbesond. **16**
bei der Bewertung Anwendung finden muß, hat in verschiedenen Ansatz- und Bewertungsvorschriften seinen Niederschlag gefunden. Dort, wo hinsichtlich der Bewertung ein Ermessensspielraum besteht, ist dieser unter Berücksichtigung der GoB und der Sorgfalt eines ordentlichen und gewissenhaften Geschäftsleiters einer eG (Förderauftrag !) in angemessen enger Form auszunutzen. Jedoch ist nicht jede beliebige Unterbewertung zulässig. Auch stille Reserven dürfen nicht willkürlich gebildet werden, sondern müssen sich im Rahmen vernünftiger kaufmännischer Grundsätze bewegen (hierzu Rdn. 23, 24, 50, 51). In jedem Fall haben die Grundsätze der Bilanzklarheit, der Bilanzwahrheit und der Bilanzvollständigkeit Vorrang vor dem Grundsatz der Vorsicht.

Nach dem **Realisationsprinzip (§ 252 Abs. 1 Nr. 4 letzter Halbsatz** **17**
**HGB)** dürfen Gewinne nur berücksichtigt werden, wenn sie am Abschlußstichtag realisiert worden sind. Voraussetzung hierfür ist in aller Regel ein Umsatzvorgang. Es gelten die bisherigen Grundsätze ordnungsmäßiger Buchführung unverändert (zum Realisationsprinzip vgl. im einzelnen Jahresabschluß der WuDeG Abschn. A V.). Aus diesem Prinzip folgt das Anschaffungswertprinzip (zu den Grundsätzen der Bewertung beim Anlage- und Umlaufvermögen vgl. Rdn. 41 ff).

Aufgrund des **Imparitätsprinzips** sind alle vorhersehbaren Risiken und **18**
Verluste, die bis zum Abschlußstichtag entstanden sind, zu berücksichtigen, selbst wenn diese erst zwischen dem Abschlußstichtag und dem Tag der Aufstellung des Abschlusses bekannt geworden sind. Im Unterschied zum Realisationsprinzip (Rdn. 17) sind Risiken und Verluste zu berücksichtigen, auch wenn sie noch nicht realisiert sind. Noch nicht realisierte Verluste sind in der Bilanz vorwegzunehmen (vgl. im einzelnen *Baumbach/Duden/Hopt*, § 252 Anm. 5 B).

Ausfluß des Imparitätsprinzips ist das gemilderte Niederstwertprinzip beim Anlagevermögen (§ 253 Abs. 2 HGB), das strenge Niederstwertprinzip beim Umlaufvermögen (§ 253 Abs. 3 HGB), das Höchstwertprinzip bei den Verbindlichkeiten.

Aufgrund und im Rahmen des Imparitätsprinzips kann es zum Ansatz von Aktiven zu einem niedrigeren Wert bzw. zum Ansatz von Passiven zu einem höheren Wert als nach Gesetz oder GoB vorgesehen kommen. Die sich daraus ergebenden Reserven sind keine stillen Reserven im eigentlichen Sinne und ohne weiteres – auch über § 253 Abs. 4 HGB hinaus – zulässig (vgl. hierzu Rdn. 50 ff).

**19** Der Grundsatz der **Periodenabgrenzung (§ 252 Abs. 1 Nr. 5 HGB)** besagt, daß Aufwendungen und Erträge des Geschäftsjahres unabhängig von den Zeitpunkten der entsprechenden Zahlungen im Jahresabschluß zu berücksichtigen sind. Ein Gewinn bzw. Ertrag darf erst ausgewiesen werden, wenn er durch Umsatz (entgeltlich, am Markt) realisiert worden ist; bis dahin dürfen Vermögensgegenstände höchstens mit den Anschaffungs- oder Herstellungskosten angesetzt werden, auch wenn ihr Wert gestiegen ist (*Baumbach/Duden/Hopt*, HGB, § 253 Anm. 6 mit zahlreichen Beispielen).

**20** Nach dem Prinzip der **Bewertungsstetigkeit (§ 252 Abs. 1 Nr. 6 HGB)** sollen die angewandten Bewertungsmethoden beibehalten werden (auch materielle Bilanzkontinuität genannt, vgl. Rdn. 10). Dadurch sollen die Jahresabschlüsse verschiedener Geschäftsjahre vergleichbar werden. Dieser Grundsatz muß bei Kollision mit dem Grundsatz der Vorsicht im Zweifel hinter diesem zurücktreten (*Niehus/Scholz*, in: Meyer-Landrut/Miller/Niehus, GmbHG, HGB §§ 238–335 Rdn. 172). Eine Bewertungsmethode liegt vor, wenn aufgrund zuvor festgelegter Verfahrensschritte ein Vermögensgegenstand nachprüfbar mit einem Geldwert versehen wird (vgl. *Eckes*, BB 1985, 1435). Zu den Bewertungsmethoden zählen die Methoden planmäßiger Abschreibung, die Methoden zur Ermittlung der Herstellungskosten von fertigen und unfertigen Erzeugnissen, die Methoden zur Bewertung gleichartiger Vorratsgegenstände (Bewertungsvereinfachungsverfahren). Ein Übergang von degressiver zur linearen Abschreibung ist weiterhin möglich, falls dies von vornherein beabsichtigt war und entsprechend dokumentiert worden ist, weil insoweit von einer (gemischten) Bewertungsmethode Gebrauch gemacht worden ist (*Niehus/Scholz*, ebd., Rdn. 173).

Die Bilanzansatzwahlrechte (z. B. nach § 249 Abs. 2 oder nach § 269 HGB) unterliegen nicht dem Prinzip der Bewertungsstetigkeit (umstritten; wie hier *Niehus/Scholz*, ebd., Rdn. 174).

Vermögensgegenstände und Schulden, die bereits im Vorjahr körperlich vorhanden waren, unterliegen hingegen diesem Prinzip.

Umstritten ist, ob das Prinzip auch für noch nicht im Vorjahr vorhandene Vermögensgegenstände gilt. *Niehus/Scholz*, (ebd., Rdn. 174) unterscheiden wie folgt: Bestehen keine allgemeinen Buchungs- und Bilanzierungsanweisungen darüber, wie neu hinzugekommene Gegenstände, die bereits bilanzierten Gegenstände in ihrer Funktion oder Art ähneln, zu bewerten sind, so sollten sie nicht dem Prinzip der Bewertungsstetigkeit unterstellt werden. Dies rechtfertigt sich daraus, daß sie noch nicht im Vorjahr – auch nicht unmittelbar – bewertet worden sind. Die Bilanzierung dieser Gegenstände darf jedoch nicht willkürlich erfolgen, was sich bereits aus § 264 Abs. 2 HGB ergibt. Existieren hingegen entsprechende Bilanzierungsanweisungen, sind diese zu beachten.

Ungleichartige Vermögensgegenstände unterliegen nicht dem Prinzip der Bewertungsstetigkeit. Auch keine Anwendung bei Vermögensgegenständen, die nicht jährlich, sondern in unregelmäßigen Zeitabständen zu bewerten sind (Beispiele: Bau neuer Anlagen, Errichtung von Betriebsstätten; *Eckes*, BB 1985, 1442).

Das Prinzip der Bewertungsstetigkeit ist im übrigen zwingend mit der Grenze des § 252 Abs. 2 HGB (Rdn. 21).

Ein **Abweichen** von diesen Bewertungsgrundsätzen ist nur in begründe- **21**
ten Ausnahmefällen zulässig (§ 252 Abs. 2). Hierüber ist im Anhang zu berichten (§ 284 Abs. 2 Nr. 3).

## IV. Wertansätze (§ 253 HGB)

Nach § 253 HGB sind für die Vermögensgegenstände und Schulden **22**
bestimmte Wertansätze zu berücksichtigen. Diese Vorschrift dient insbesond. dem **Gläubigerschutz**. Es soll verhindert werden, daß in den Bilanzen Werte ausgewiesen werden, die den Anschein einer günstigeren Vermögenslage erwecken, als sie tatsächlich gegeben ist. § 253 HGB (teilweise in § 33 c GenG a. F. enthalten) stellt deshalb Höchstwerte für die Bewertung der Aktiven und Mindestwerte für den Ansatz der Passiven auf; diese Regelung ist zwingendes Recht. Ein Verstoß dagegen macht die Bilanz grundsätzlich nichtig, es sei denn, es handelt sich um einen nur unwesentlichen Verstoß, z. B. um einen Verstoß gegen die Bewertungsvorschriften, soweit sie die Bewertung nach oben begrenzen.

§ 253 HGB legt nur Höchstwerte fest, die nicht über-, aber unterschrit- **23**
ten werden dürfen. Eine niedrigere Bewertung ist im Rahmen des § 252 (vgl. Rdn. 11 ff) möglich, d. h., **stille Reserven** können im Rahmen vernünftiger kaufmännischer Grundsätze gebildet werden (Rdn. 16, 50, 51). Dies wird jetzt ausdrücklich durch § 253 HGB, der als Vorschrift des 1. Abschnitts auch für die eG gilt, klargestellt. Die Bildung stiller Reserven darf jedoch nicht willkürlich erfolgen. Auch darf der Förderauftrag nicht

beeinträchtigt werden (zum Vorstehenden vgl. RG, BlfG 1936, 946; RGZ 156, 52 = BlfG 1937, 789). Unstatthaft ist dagegen die Bildung stiller Reserven durch Nichtaufnahme vorhandener Vermögenswerte (RGZ 131, 192) oder durch Aufnahme nicht vorhandener Verbindlichkeiten (vgl. RGStr. 62, 358).

**24** Für die **Auflösung** der stillen Reserven ist eine besondere Genehmigung seitens der GV nicht erforderlich; allerdings muß unter Umständen die Auflösung im Anhang erwähnt werden.

**25** Bei allen Wertansätzen handelt es sich um die kaufmännische **Handelsbilanz** und nicht um die **Steuerbilanz**. Grundsätzlich wird aber die Steuerbilanz auf der Handelsbilanz aufbauen. Sie kann jedoch schon deshalb anders aussehen, weil sie unter dem Prinzip der Mindestbewertung steht; während die unter Berücksichtigung des § 253 HGB aufgestellte Bilanz kaufmännischen Grundsätzen entsprechend aus Vorsichts- und Vorsorgegründen einen zu hohen Wertansatz vermeiden will, verlangt der Steuergesetzgeber den insoweit eigenständigen Wertansatz i. S. v. § 6 EStG (RGStr 61, 227). Dies gilt für Anlage- wie für Umlaufvermögen, aber auch für Rückstellungen. Dies ist insbes. in der Steuerbilanz von Bedeutung für Wirtschaftsgüter des Anlagevermögens wegen deren besonderen Bedeutung dieser Güter für die eG. Zwar werden auch hier höchstens die Anschaffungs- oder Herstellungskosten angesetzt. Hinsichtlich der Absetzungen ist jedoch zu unterscheiden: Handelt es sich um abnutzbare Wirtschaftsgüter, dürfen Abschreibungen nur in dem Umfang erfolgen, wie er von §§ 7, 7 a – 7 e EStG vorgegeben wird. Handelt es sich um nichtabnutzbare Wirtschaftsgüter (z. B. unbebaute Grundstücke), sind Abwertungen nur möglich, sofern im Einzelfall ein niedrigerer Teilwert nachgewiesen werden kann. Bei Abweichungen von diesen Grundsätzen ist entweder eine besondere Steuerbilanz aufzustellen oder es sind außerhalb der Handelsbilanz entsprechende Bewertungsänderungen zu erfassen. Im allgemeinen jedoch dürften die steuerlichen Ansätze in die Handelsbilanz übernommen werden.

### 1. Bewertung der Vermögensgegenstände (Abs. 1 S. 1)

**26** § 253 unterscheidet zwischen
- Wertansatz der Vermögensgegenstände (Abs. 1 S. 1)
- Wertansatz der Verbindlichkeiten (Abs. 1 S. 2)

Im übrigen werden geregelt
- Abschreibungen beim Anlagevermögen (Abs. 2)
- Abschreibungen beim Umlaufvermögen (Abs. 3)
- Abschreibungen nach vernünftiger kaufmännischer Beurteilung (Abs. 4), stille Reserven

– Beibehaltungswahlrecht (Abs. 5), Zuschreibungen.

**Vermögensgegenstände** gemäß § 253 Abs. 1 S. 1 sind höchstens mit den Anschaffungs- oder Herstellungskosten (hierzu Rdn. 28 ff), vermindert um Abschreibungen nach Abs. 2 und Abs. 3, anzusetzen, da grundsätzlich der Wert anzusetzen ist, der den Vermögensgegenständen am Bilanzstichtag beizumessen ist. Damit ist vom Anschaffungskostenprinzip auszugehen, das durch das Niederstwertprinzip korrigiert wird. Weder ein höherer Wiederbeschaffungspreis noch ein höherer möglicher Verkaufserlös rechtfertigen höhere Bewertungen. Die Wertansätze haben unter Berücksichtigung der Bewertungsgrundsätze (hierzu Rdn. 11 ff) zu erfolgen. Niedrigere Wertansätze zur Bildung stiller Reserven (hierzu Rdn. 23, 50 ff) sind nur im Rahmen vernünftiger kaufmännischer Beurteilung zulässig. **27**

**Anschaffungskosten** sind alle Kosten, die aufgewandt wurden, um den Anlagegegenstand zu beschaffen und in betriebsbereiten Zustand zu versetzen, soweit sie dem Vermögensgegenstand einzeln zugeordnet werden können (§ 255 Abs. 1 S. 1). Hierzu zählen der Kaufpreis sowie gemäß § 255 Abs. 1 S. 2 sämtliche Anschaffungsnebenkosten (Provisionen, Versicherungen, Steuern, Transportkosten, Montagekosten; bei Grundstücken die Grunderwerbsteuer, Notariats- und Grundbuchgebühren sowie Maklergebühren). Abzuziehen sind Kaufpreisminderungen (§ 255 Abs. 1 S. 3), z. B. Skonti, Rabatte und andere Preisnachlässe, Subventionen und Zuschüsse Dritter mit Ausnahme der Zuschüsse, die bei späteren Zahlungen verrechnet werden, wie z. B. Baukostenzuschüsse auf die Miete. Bei der Verrechnung von Baukostenzuschüssen mit späteren Mietzahlungen handelt es sich um Verpflichtungen der eG (erhaltene Anzahlungen), die zu passivieren sind; steuerlich sind Abschn. 34 Abs. 5 und Abschn. 163 Abs. 5 EStR sinngemäß anzuwenden (BGH, BStBl. 1971, 51; BFH, BStBl. II 1973, 305; WP-Handbuch 1981, S. 669). **28**

Zu den Anschaffungskosten rechnet nicht die Umsatzsteuer. Eine umsatzsteuerrechtlich nicht abziehbare **Vorsteuer** (§ 15 Abs. 2 UStG) ist jedoch zu aktivieren; in der Handelsbilanz kann der steuerrechtlichen Behandlung (§ 9 b EStG) gefolgt werden: bei Vorsteuerbeträgen, die umsatzsteuerrechtlich zum Teil abziehbar und zum Teil nicht abziehbar sind, braucht der nicht abziehbare Teil nicht den Anschaffungs- oder Herstellungskosten zugerechnet werden, wenn er 25 % des Vorsteuerbetrags und DM 500 nicht übersteigt, oder wenn die zum Ausschluß vom Vorsteuerabzug führenden Umsätze nicht mehr als 3 % des Gesamtumsatzes betragen; diese Vereinfachungsregelung findet keine Anwendung auf Vermögensgegenstände, bei denen der Vorsteuerabzug umsatzsteuerrechtlich insgesamt nicht abziehbar ist (zum Vorstehenden WP-Handbuch 1981, S. 668; wegen weiterer Einzelheiten vgl. Abschn. 86 EStR). **29**

30 Gegenstände, die durch **Tausch** erworben wurden, sind mit dem nach den Regeln ordnungsgemäßer Bilanzierung ermittelten Buchwert oder ggfs. auch mit dem vorsichtig geschätzten Zeitwert anzusetzen. In der Praxis ist die erstgenannte Möglichkeit üblich; steuerlich sind jedoch etwaige stille Reserven aufzulösen, es sei denn, es handelt sich um Gegenstände, die nach Art, Wert und Funktion gleich sind. In der Steuerbilanz entsprechen die Anschaffungskosten des erworbenen Wirtschaftsguts grds. dem gemeinen Wert des hingegebenen Wirtschaftsguts. Wegen weiterer in Betracht kommender Werte vgl. *Adler/Düring/Schmaltz*, HGB 6. Aufl., § 255 Rdn. 63 ff.

31 **Bei unentgeltlichem Erwerb** von Anlagegegenständen ist die Aktivierung höchstens zum Zeitwert zulässig. Im Hinblick auf die steuerliche Aktivierungspflicht ist ein Ansatz in der Handelsbilanz stets steuerlich relevant (vgl. hierzu *Müller*, 1. Aufl., § 33 c Rdn. 6, der die Aktivierung unter Berufung auf den Grundsatz der Vollständigkeit der Bilanz und auch einen Wertansatz nach den Grundsätzen ordnungsmäßiger Bilanzierung fordert; a. A. *Kropff*, in: Geßler u. a., AktG, § 153 Rdn. 18; *Adler/Düring/Schmaltz*, HGB 6. Aufl., § 255 Rdn. 83-88; vermittelnd *Ellenberger*, WPg 1971, 276, der einen mit DM 1 ausgewiesenen Merkposten für ausreichend hält).

32 Werden Vermögensgegenstände im Rahmen der **Zwangsversteigerung** erworben, kann als Anschaffungspreis nicht nur das gezahlte Höchstangebot angesetzt werden, sondern auch noch die eigene, in der Zwangsvollstreckung geltend gemachte Forderung soweit hinzugerechnet werden, wie diese ausgefallen und mit ihrer Erfüllung durch den Vollstreckungsschuldner nicht mehr zu rechnen ist (*Adler/Düring/Schmaltz*, HGB 6. Aufl., § 255 Rdn. 84 f). Das Grundstück darf jedoch keinesfalls über dem Verkehrswert bewertet werden (vgl. insoweit auch das BFH-Urteil v. 9. 11. 1994, BStBl. 1995 II, 336).

33 **Herstellungskosten** (s. die Definition des § 255 Abs. 2 HGB) sind die unmittelbar oder mittelbar auf die Herstellung verwendeten Kosten. Anteilige Betriebs- und Verwaltungskosten können eingerechnet werden. Hierzu zählen die

- Fertigungsstoffe (Roh-, Hilfs- oder Betriebsstoffe); grds. werden die ursprünglichen Beschaffungskosten angesetzt;
- Materialgemeinkosten, d. h. Kosten für Einkauf, Lagerung und Verwaltung des Materials sowie für die Prüfung des Materials und der Rechnungen (hierzu *Müller*, § 33 c Rdn. 15);
- Fertigungslöhne und Fertigungsgemeinkosten, das sind Löhne und Gehälter, einschließlich der gesetzlichen, tariflichen und freiwilligen Lohnnebenkosten für die Herstellung der Anlagegegenstände, sowie die Kosten, die nicht unmittelbar den Materialkosten, Fertigungslöhnen und Sonderkosten zugerechnet, andererseits auch nicht unter die Verwaltungs- oder Vertriebskosten fallen.

- Sondereinzel- und Sondergemeinkosten, das sind die Kosten für Fertigungsmodelle, Spezialwerkzeuge etc.
- Betriebs- und Verwaltungskosten zu einem angemessenen Anteil; Betriebskosten sind u. a. Kosten für die Unfallverhütung, für die Sicherung der Betriebsbereitschaft, für die Personalwerbung; Verwaltungskosten sind die Kosten für das Personalbüro, die Rechtsabteilung, für die Buchführung, Statistik, Kostenrechnung und Kalkulation, für das Ausbildungswesen).

Bei der Berechnung der Herstellungskosten dürfen **Abschreibungen** (z. B. für den Verschleiß der Produktionsmittel sowie für wirtschaftliche Wertminderung infolge Veraltung) in angemessenem Umfang vorgenommen werden; andererseits dürfen Vertriebskosten nicht berücksichtigt werden, da diese sich auf die Veräußerung der hergestellten Vermögensgegenstände beziehen.

Vertriebskosten dürfen nicht in die Herstellungskosten einbezogen werden. Zu den Herstellungskosten zählen jedoch die Sondereinzelkosten des Vertriebs, z. B. Fracht, Transportversicherung, Provisionen (bestr. wie hier *Baumbach/Duden/Hopt*, HGB, § 255 Anm. 2 D). **34**

Zu den **Abschreibungen** vgl. Rdn. 42 ff. **35**

**Zuschreibungen** sind grundsätzlich nur zur Korrektur überhöhter Abschreibungen zulässig. Durch Zuschreibungen darf eine Zeitwerterhöhung nicht berücksichtigt werden, die sich durch Veränderungen der Marktpreise ergibt. Zuschreibungen sind dann zulässig, wenn die vorherigen überhöhten Abschreibungen im Verhältnis zur tatsächlichen Wertminderung der Anlagegegenstände sich nachträglich als ungerechtfertigt herausstellen. Eine Verpflichtung, überhöhte Abschreibungen durch Zuschreibungen auszugleichen, besteht nicht (Beibehaltungsgrundsatz). Die Zuschreibungen dürfen nur bis höchstens zum Anschaffungs- bzw. Herstellungswert abzüglich der normalen Abschreibungen erfolgen, bei Wertpapieren bis zum Kurswert. Zuschreibungen sollten auf Ausnahmen (z. B. Angleichung der Handelsbilanz an Steuerbilanz oder im Rahmen einer Sanierung) beschränkt werden. Ihr Erlös darf nicht zu Gewinnausschüttungen Verwendung finden. Im Anhang sind die Zuschreibungen dann zu erwähnen, zumal eine Bewertungsänderung eintritt, wenn andernfalls ein verzerrtes Bild von der Vermögens- oder Ertragslage der eG entsteht. **36**

### 2. Wertansatz der Verbindlichkeiten (Abs. 1 S. 2)

Verbindlichkeiten sind zu ihrem Rückzahlungsbetrag anzusetzen. Dies gilt auch für unverzinsliche Schulden und für Wechselverbindlichkeiten, obwohl die Wechselsumme auch die Schuldzinsen enthalten kann, grundsätzlich auch für bestrittene Verbindlichkeiten (hier jedoch Berücksichti- **37** gung des Imparitätsprinzips). Für ein Disagio oder Damnum besteht nach § 250 Abs. 3 ein Aktivierungswahlrecht.

38 Andererseits sind **schwebende** Verträge häufig nicht zu passivieren (s. zum Realisationsprinzip des § 252 Abs. 1 Nr. 5 HGB: Rdn. 19).

39 **Rentenverpflichtungen**, für die eine Gegenleistung nicht mehr zu erwarten ist, sind zum Barwert anzusetzen.

40 **Rückstellungen** sind nur in Höhe des Betrags anzusetzen, der nach vernünftiger kaufmännischer Beurteilung unter Berücksichtigung des Prinzips der Vorsicht (hierzu Rdn. 16) zu erwarten ist. (Zu den Rückstellungen ausführlicher vgl. § 266 Rdn. 51 ff).

### 3. Abschreibungen beim Anlagevermögen

41 Zum **Anlagevermögen** zählen die Vermögensgegenstände, die dauernd für den Geschäftsbetrieb der eG bestimmt sind. Zum Anlagevermögen (Rdn. 47) zählen Vermögensgegenstände, deren Zweck im Verbrauch durch Bearbeitung, Verarbeitung oder Veräußerung besteht, wobei diese Zweckbestimmung zum Bilanzstichtag vorliegen muß. Zum Anlagevermögen gehören Maschinen, maschinelle Anlagen, Grundstücke, insbes. Geschäftsgrundstücke, Betriebs- und Geschäftsinventar, Finanzanlagen (vgl. im einzelnen die Aufzählung in der Bilanzgliederung in § 266 Abs. 2 Buchst. A).

42 Die **Abschreibungen** sind die Beträge, um die die Ausgangswerte im Jahresabschluß entsprechend der Wertminderung des Vermögensgegenstandes vermindert werden. Es sind nur noch (direkte) Abschreibungen zulässig, nicht auch Wertberichtigungen (indirekte Abschreibungen), welche die Wertminderung nicht durch Abschreibung auf der Aktivseite, sondern durch einen Gegenposten auf der Passivseite erfassen.

43 Bei **zeitlich** nur begrenzt nutzbaren Vermögensgegenständen sind nach Abs. 2 S. 1 planmäßige Abschreibungen vorgeschrieben. Bei zeitlich begrenzter wie unbegrenzter Nutzung des Anlagevermögens können (Wahlrecht) außerplanmäßige Abschreibungen vorgenommen werden, um Vermögensgegenstände mit dem niedrigeren Wert anzusetzen, der ihnen am Abschlußstichtag beizulegen ist. Ist die Wertminderung voraussichtlich von Dauer, so müssen außerplanmäßige Abschreibungen erfolgen.

44 Bei zeitlich begrenzter Nutzungsdauer ist die **Nutzungsdauer** zu schätzen, wobei die AfA-Tabellen für die Steuerbilanz zwingend anzuwenden sind. Abzuschreiben ist auf Null, auf einen Erinnerungswert von DM 1 oder auf den Restwert, Veräußerungs-, Schrottwert (*Baumbach/Duden/Hopt*, HGB, § 253 Anm. 3 B). Es kommen verschiedene Abschreibungsmöglichkeiten in Betracht: Planmäßige, lineare, degressive, progressive, leistungsbezogene.

Die einmal gewählte Abschreibungsmethode darf nicht willkürlich gewechselt werden (Grundsatz der Bewertungsstetigkeit, § 252 Abs. 1 Nr. 6 HGB, vgl. oben Rdn. 20), wegen des Methodenwechsels in der Steuerbilanz vgl. § 7 Abs. 3 EStG). **45**

**Geringwertige** (nicht über DM 800 netto) bewegliche Vermögensgegenstände des Anlagevermögens können im Jahr des Erwerbs ganz abgeschrieben werden. **46**

### 4. Abschreibungen beim Umlaufvermögen

**Umlaufvermögen** sind in erster Linie die Werte, die zum Verbrauch oder zur Weiterveräußerung bestimmt sind, wie z. B. Warenvorräte, Roh-, Hilfs- und Betriebsstoffe, Bankguthaben, Kreditforderungen, Warenforderungen, Wechsel, Schecks und die zum Verkauf bestimmten Wertpapiere (vgl. im einzelnen die Aufzählung in der Bilanzgliederung des § 266 Abs. 2 Buchst. B). Entscheidend für die Zuordnung zum Umlaufvermögen ist die Zweckbestimmung am Bilanzstichtag. **47**

Für die Bewertung des Umlaufvermögens gilt das sogenannte strenge **Niederstwertprinzip**, d. h., es ist höchstens der Anschaffungs-(Herstellungs-)Wert, der niedrigere Börsen- oder Marktpreis oder, soweit dieser nicht bekannt ist, der Zeitwert am Bilanzstichtag anzusetzen, je nachdem welcher zu diesem Zeitpunkt niedriger ist. **48**

Die Anschaffungs- und Herstellungskosten sind nach gleichen **Grundsätzen** zu bestimmen, wie bei den Anlagegegenständen. Bei Warenlagern mit wechselndem Bestand empfiehlt sich die Gruppenbewertung. Für Roh-, Hilfs- und Betriebsstoffe des Vorratsvermögens kann die Möglichkeit der Festbewertung in Betracht kommen. Zu den Verbrauchsfolgenmethoden z. B. zum Fifo- und Lifo- sowie Hifo- und ähnlicher Bewertungsverfahren vgl. Jahresabschluß der Waren- und Dienstleistungsgenossenschaften, Teil B, Aktivseite B I. 1–3 S. 3; hierzu auch *Baumbach/Duden/Hopt*, HGB, § 253 Anm. 4; *Niehus/Scholz*, in: Meyer-Landrut/Miller/Niehus, GmbHG, Anhang zu §§ 41, 42: §§ 238–335 Rdn. 683 ff; wegen der steuerlichen Voraussetzungen des Lifo-Verfahrens sei verwiesen auf *Hermann/Heuer/Raupach*, Komm. EStG, § 6 Anm. 1122 ff. **49**

### 5. Abschreibungen nach vernünftiger kaufmännischer Beurteilung (Abs. 4); stille Reserven

**Stille Reserven** (hierzu auch Rdn. 16, 23, 24) sind die positive Differenz zwischen dem am Markt erzielbaren Wert des Unternehmens und dem im Jahresabschluß angesetzten Buchwert. Sie entstehen durch Ansetzung der **50**

Aktiven zu einem niedrigeren Wert bzw. der Passiven zu einem höheren Wert als dem wahren Wert. Im Unterschied zu Unterbewertungen aufgrund gesetzlicher Vorschriften und zu den Schätzungsreserven aus Gründen der Vorsicht, des Imparitätsprinzips, handelt es sich bei stillen Reserven um die zusätzliche Differenz zwischen den nach Gesetz oder GoB vorgesehenen normalen Buchwerten und dem durch freie Unterbewertungsentscheidung des Kaufmanns weiter erniedrigten „tatsächlichen" Buchwert (*Baumbach/Duden/Hopt*, HGB, § 253 Anm. 5 Buchst. A). Für die Bildung und Fortführung stiller Reserven müssen sachliche Gründe sprechen (zu diesen Gründen siehe Jahresabschluß der WuDeG B. Aktivseite A, Vorbemerkungen Anlagevermögen, S. 21).

**51** Stille Reserven sind nur (auf der Aktivseite) durch **Abschreibungen** auf Vermögensgegenstände zulässig. Die Einstellung eines überhöhten Ansatzes oder fingierter Schulden oder ihr überhöhter Ansatz sind unzulässig. Auch ist es unzulässig, Vermögensgegenstände nicht zu aktivieren oder später wegzulassen. Rückstellungen auf der Passivseite sind nur unter den Voraussetzungen des § 249 HGB zulässig. Außerdem dürfen stille Reserven nur im Rahmen vernünftiger kaufmännischer Beurteilung vorgenommen werden, was sich nach den GoB bestimmt. Auch ist der genossenschaftliche Förderauftrag zu beachten (vgl. auch Rdn. 23). § 253 Abs. 4 erlaubt es nicht, durch heimliche Auflösung die Gläubiger gezielt irrezuführen. Deshalb ist die Auflösung u. U. im Anhang oder auch im Lagebericht zu erwähnen (*Baumbach/Duden/Hopt*, HGB, § 253 Anm. 5 Buchst. C).

### 6. Beibehaltungswahlrecht (Abs. 5); Zuschreibungen

**52** Die **niedrigeren Wertansätze** dürfen beibehalten werden, auch wenn die Gründe dafür nicht mehr bestehen.

**53** Nach Abs. 5 „darf", aber muß der Wertansatz nicht beibehalten werden. Es dürfen Zuschreibungen vorgenommen werden, wenn die Gründe für die Abschreibung weggefallen sind. Die Höhe der Zuschreibungen ist durch die Anschaffungs- oder Herstellungskosten, vermindert um angemessene Abschreibungen nach Abs. 2 und Abs. 3, begrenzt.

### 7. Wertansatz für den Geschäfts- oder Firmenwert (§ 255 Abs. 4 HGB)

**54** Als Geschäfts- oder Firmenwert darf der **Unterschiedsbetrag** angesetzt werden, um den die für die Übernahme eines Unternehmens bewirkte Gegenleistung den Wert der einzelnen Vermögensgegenstände des Unternehmens abzüglich der Schulden im Zeitpunkt der Übernahme übersteigt. Der Betrag ist in jedem folgenden Geschäftsjahr zu mindestens einem Viertel durch Abschreibungen zu tilgen. Die Abschreibung des Geschäfts- oder Firmenwerts kann aber auch planmäßig auf die Geschäftsjahre verteilt werden, in denen er voraussichtlich genutzt wird.

Wie bisher besteht für den originären Geschäfts- oder Firmenwert ein Aktivierungsverbot, es darf nur der entgeltlich **erworbene** Geschäfts- oder Firmenwert aktiviert werden. Es besteht ein Aktivierungswahlrecht und keine Aktivierungspflicht. Statt des Verkehrswerts der einzelnen Vermögensgegenstände darf der vom Erwerber fortgeführte Buchwert angesetzt werden (*Geßler u. a.*, AktG, § 153 Rdn. 67). **55**

## § 265 HGB
## Allgemeine Grundsätze für die Gliederung

**(1) Die Form der Darstellung, insbesondere die Gliederung der aufeinanderfolgenden Bilanzen und Gewinn- und Verlustrechnungen, ist beizubehalten, soweit nicht in Ausnahmefällen wegen besonderer Umstände Abweichungen erforderlich sind. Die Abweichungen sind im Anhang anzugeben und zu begründen.**

**(2) In der Bilanz sowie in der Gewinn- und Verlustrechnung ist zu jedem Posten der entsprechende Betrag des vorhergehenden Geschäftsjahrs anzugeben. Sind die Beträge nicht vergleichbar, so ist dies im Anhang anzugeben und zu erläutern. Wird der Vorjahresbetrag angepaßt, so ist auch dies im Anhang anzugeben und zu erläutern.**

**(3) Fällt ein Vermögensgegenstand oder eine Schuld unter mehrere Posten der Bilanz, so ist die Mitzugehörigkeit zu anderen Posten bei dem Posten, unter dem der Ausweis erfolgt ist, zu vermerken oder im Anhang anzugeben, wenn dies zur Aufstellung eines klaren und übersichtlichen Jahresabschlusses erforderlich ist. Eigene Anteile dürfen unabhängig von ihrer Zweckbestimmung nur unter dem dafür vorgesehenen Posten im Umlaufvermögen ausgewiesen werden.**

**(4) Sind mehrere Geschäftszweige vorhanden und bedingt dies die Gliederung des Jahresabschlusses nach verschiedenen Gliederungsvorschriften, so ist der Jahresabschluß nach der für einen Geschäftszweig vorgeschriebenen Gliederung zu ergänzen. Die Ergänzung ist im Anhang anzugeben und zu begründen.**

**(5) Eine weitere Untergliederung der Posten ist zulässig; dabei ist jedoch die vorgeschriebene Gliederung zu beachten. Neue Posten dürfen hinzugefügt werden, wenn ihr Inhalt nicht von einem vorgeschriebenen Posten gedeckt wird.**

**(6) Gliederung und Bezeichnung der mit arabischen Zahlen versehenen Posten der Bilanz und der Gewinn- und Verlustrechnung sind zu ändern, wenn dies wegen Besonderheiten der Kapitalgesellschaft zur**

**Aufstellung eines klaren und übersichtlichen Jahresabschlusses erforderlich ist.**

**(7) Die mit arabischen Zahlen versehenen Posten der Bilanz und der Gewinn- und Verlustrechnung können, wenn nicht besondere Formblätter vorgeschrieben sind, zusammengefaßt ausgewiesen werden, wenn**

1. **sie einen Betrag enthalten, der für die Vermittlung eines den tatsächlichen Verhältnissen entsprechenden Bildes im Sinne des § 264 Abs. 2 nicht erheblich ist, oder**
2. **dadurch die Klarheit der Darstellung vergrößert wird, in diesem Falle müssen die zusammengefaßten Posten jedoch im Anhang gesondert ausgewiesen werden.**

**(8) Ein Posten der Bilanz oder der Gewinn- und Verlustrechnung, der keinen Betrag ausweist, braucht nicht aufgeführt zu werden, es sei denn, daß im vorhergehenden Geschäftsjahr unter diesem Posten ein Betrag ausgewiesen wurde.**

1 Abs. 1 stellt den Grundsatz der **formellen Bilanzkontinuität** (hierzu auch § 264 Rdn. 11, 13) auf. Abweichungen sind nur ausnahmsweise bei Vorliegen besonderer Umstände (z. B. Produktionsänderungen) zulässig. Die Abweichungen sind in jedem Fall im Anhang anzugeben und zu begründen.

2 Nach Abs. 2 sind zu jedem Posten im Interesse der Bilanzidentität und Bilanzkontinuität die entsprechenden **Vorjahreszahlen** anzugeben.

3 Bei **Zugehörigkeit** eines Vermögensgegenstandes oder einer Schuld ist dort auszuweisen, wo die Zugehörigkeit am engsten ist. Es ist dort jedoch die **Mitzugehörigkeit** zu anderen Posten zu vermerken, wenn dies zur Aufstellung eines klaren und übersichtlichen Jahresabschlusses erforderlich ist (Abs. 3). Alternativ hierzu kann die Mitzugehörigkeit im **Anhang** angegeben werden. Insofern besteht ein Wahlrecht, dessen Ausübung sich zu orientieren hat an dem Grundsatz eines klaren und übersichtlichen Jahresabschlusses. Ist die Mitzugehörigkeit gleich eng, besteht ein Wahlrecht, wo ausgewiesen wird.

4 Betreibt die eG **mehrere Geschäftszweige**, für die verschiedene Gliederungsvorschriften gelten, so ist nach der Gliederung aufzustellen, die den tatsächlichen Verhältnissen am ehesten entspricht (Abs. 4). Sodann erfolgt eine Ergänzung nach Maßgabe der für die anderen Geschäftszweige vorgeschriebenen Gliederung. Diese Ergänzung ist ebenfalls im **Anhang** anzugeben und zu begründen.

5 Die Bilanzgliederung ist eine **Mindestgliederung**. Eine Erweiterung der Bilanzgliederung ist ohne Einschränkung zulässig, wenn dies der Bilanzklarheit dient (Abs. 5). Es dürfen jedoch nur dann neue Posten hinzugefügt

werden, wenn diese nicht bereits von einem gesetzlich vorgeschriebenen Posten abgedeckt sind. Bei teilweiser Abdeckung kann ein neuer Posten eingesetzt werden; es muß dann die Mitzugehörigkeit gemäß Abs. 3 in der Bilanz oder im Anhang (Rdn. 3) vermerkt werden.

Nach Abs. 6 sind Gliederung und Bezeichnung der Bilanz und der Gewinn- und Verlustrechnung zu ändern, wenn unter Berücksichtigung der Besonderheit der eG dies zwecks Aufstellung eines klaren und übersichtlichen Jahresabschlusses erforderlich ist. **6**

Nach Abs. 7 können bestimmte Posten der Bilanz und der Gewinn- und Verlustrechnung zusammengefaßt werden. Dies gilt jedoch nicht, wenn besondere Formblätter vorgeschrieben sind, wie zum Beispiel für Kreditgenossenschaften (hierzu § 330 HGB). Wohnungsgenossenschaften dürfen § 265 Abs. 7 Nr. 1 HGB anwenden (Formblatt-VO § 2 Abs. 1 i. d. F. v. 6. 3. 1987). **7**

Nach Abs. 8 ist eine Fehlanzeige bei einzelnen Bilanzposten nur erforderlich, wenn im vorhergehenden Geschäftsjahr unter diesem Posten ein Betrag ausgewiesen wurde. Dies entspricht dem Gedanken des Abs. 2. **8**

## § 266 HGB
## Gliederung der Bilanz

**(1) Die Bilanz ist in Kontoform aufzustellen. Dabei haben große und mittelgroße Kapitalgesellschaften (§ 267 Abs. 3, 2) auf der Aktivseite die in Absatz 2 und auf der Passivseite die in Absatz 3 bezeichneten Posten gesondert und in der vorgeschriebenen Reihenfolge auszuweisen. Kleine Kapitalgesellschaften (§ 267 Abs. 1) brauchen nur eine verkürzte Bilanz aufzustellen, in die nur die in den Absätzen 2 und 3 mit Buchstaben und römischen Zahlen bezeichneten Posten gesondert und in der vorgeschriebenen Reihenfolge aufgenommen werden.**

**(2) Aktivseite**

**A. Anlagevermögen:**

**I. Immaterielle Vermögensgegenstände:**

**1. Konzessionen, gewerbliche Schutzrechte und ähnliche Rechte und Werte sowie Lizenzen an solchen Rechten und Werten;**

**2. Geschäfts- oder Firmenwert;**

**3. geleistete Anzahlungen;**

**II. Sachanlagen:**

**1. Grundstücke, grundstücksgleiche Rechte und Bauten einschließlich der Bauten auf fremden Grundstücken;**

**2. technische Anlagen und Maschinen;**

**3. andere Anlagen, Betriebs- und Geschäftsausstattung;**

4. geleistete Anzahlungen und Anlagen im Bau,

III. Finanzanlagen:
1. Anteile an verbundenen Unternehmen;
2. Ausleihungen an verbundene Unternehmen;
3. Beteiligungen;
4. Ausleihungen an Unternehmen, mit denen ein Beteiligungsverhältnis besteht,
5. Wertpapiere des Anlagevermögens;
6. sonstige Ausleihungen.

B. Umlaufvermögen:

I. Vorräte:
1. Roh-, Hilfs- und Betriebsstoffe;
2. unfertige Erzeugnisse, unfertige Leistungen;
3. fertige Erzeugnisse und Waren;
4. geleistete Anzahlungen;

II. Forderungen und sonstige Vermögensgegenstände:
1. Forderungen aus Lieferungen und Leistungen;
2. Forderungen gegen verbundene Unternehmen;
3. Forderungen gegen Unternehmen, mit denen ein Beteiligungsverhältnis besteht
4. sonstige Vermögensgegenstände;

III. Wertpapiere:
1. Anteile an verbundenen Unternehmen;
2. eigene Anteile;
3. sonstige Wertpapiere;

IV. Schecks, Kassenbestand, Bundesbank- und Postgiroguthaben, Guthaben bei Kreditinstituten.

C. Rechnungsabgrenzungsposten.

(3) Passivseite

A. Eigenkapital:

I. Gezeichnetes Kapital;

II. Kapitalrücklage;

III. Gewinnrücklagen:
1. gesetzliche Rücklage;
2. Rücklage für eigene Anteile;
3. satzungsmäßige Rücklagen;
4. andere Gewinnrücklagen;

IV. Gewinnvortrag/Verlustvortrag;

V. Jahresüberschuß/Jahresfehlbetrag.

B. Rückstellungen:
1. Rückstellungen für Pensionen und ähnliche Verpflichtungen;
2. Steuerrückstellungen;
3. sonstige Rückstellungen.

**C. Verbindlichkeiten**
  **1. Anleihen, davon konvertibel;**
  **2. Verbindlichkeiten gegenüber Kreditinstituten;**
  **3. erhaltene Anzahlungen auf Bestellungen;**
  **4. Verbindlichkeiten aus Lieferungen und Leistungen;**
  **5. Verbindlichkeiten aus der Annahme gezogener Wechsel und der Ausstellung eigener Wechsel;**
  **6. Verbindlichkeiten gegenüber verbundenen Unternehmen;**
  **7. Verbindlichkeiten gegenüber Unternehmen, mit denen ein Beteiligungsverhältnis besteht;**
  **8. sonstige Verbindlichkeiten**
  **davon aus Steuern,**
  **davon im Rahmen der sozialen Sicherheiten.**

**D. Rechnungsabgrenzungsposten**

*Übersicht*



## I. Allgemeines

Abs. 1 S. 1 schreibt die **Kontoform**, d. h. die Trennung in Aktiv- und Passivseite, vor. Die in Abs. 2 und Abs. 3 vorgeschriebene Reihenfolge ist zu beachten. Abweichungswahlrechte und -pflichten ergeben sich nur im Rahmen des § 265 (vgl. die dortigen Erl.). **Wohnungsbaugenossenschaften** haben die Bilanz nach den besonderen Gliederungsvorschriften der **1**

FormblattVO und den Anwendungsblättern aufzustellen (GdW, Erläuterungen, 1992, Anlage 5 u. 6. sowie Teil C).

Für kleine eG (hierzu § 267 Abs. 1 und die dortigen Erl.) sind Erleichterungen dahin vorgesehen, daß diese nur bis zu den römischen Ziffern gliedern müssen. Hinsichtlich der Erleichterungen bei der Offenlegung vgl. Erl. zu § 339 HGB im Anhang zu § 33 GenG.

## II. Die einzelnen Bilanzposten

### A. Aktivseite

#### 1. Anlagevermögen (Abs. 2 Buchst. A).

2 Zum Begriff des Anlagevermögens vgl. § 264 Rdn. 41.

3 Das Anlagevermögen wird in drei Hauptposten unterteilt, und zwar in folgender Reihenfolge:

A. I. Immaterielle Vermögensgegenstände
A. II. Sachanlagen
A. III. Finanzanlagen

Aktiviert die eG als Bilanzierungshilfen die Aufwendungen für die Ingangsetzung und Erweiterung des Geschäftsbetriebs (hierzu Erl. zu § 269 HGB), so sind diese vor dem Anlagevermögen auszuweisen.

*a) Immaterielle Vermögensgegenstände (A. I.)*

4 Zu den **Konzessionen, gewerblichen Schutzrechten und ähnlichen Rechten und Werten sowie Lizenzen an solchen Rechten und Werten (A. I. 1.)** gehören Güterfern- und Güternahverkehrskonzessionen, Patente, Warenzeichen, Markenrechte, Gebrauchsmuster, Geschmacksmuster, Urheberrechte, Verlagsrechte, Brenn- und Braurechte, Miet-, Wohn- und Belegungsrechte, Zuteilungsrechte, Know-how-Verträge, Erfindungen, Rezepte, Abfindungen für Überlassung von Einzugs-/Geschäftsgebieten, Übernahme eines Kundenstammes, EDV-Software.

Sie sind bei **entgeltlichem** Erwerb zu aktivieren (§ 248 Abs. 2 HGB), also z. B. nicht eine eigene Erfindung oder sonst unentgeltlich erworbene immaterielle Anlagewerte. Lizenzen sind nur zu aktivieren, wenn sie gegen eine einmalige Ausgabe für mehrere Jahre erworben wurden (*Kropff*, in: Geßler u. a., AktG, § 151 Rdn. 29); laufend vom Umsatz zu zahlende Lizenzgebühren sind in der Regel nicht aktivierungsfähig. Erfindervergütungen an Arbeitnehmer sind hingegen aktivierungsfähig.

5 Der **Geschäfts- und Firmenwert (A. I. 2.)** ist nur aktivierungsfähig, wenn er entgeltlich erworben worden ist (vgl. hierzu und zur Abschreibung § 264 Rdn. 54, 55; vgl. auch Jahresabschluß der WuDeG (Teil B Aktivseite A. I. 2.).

Die **geleisteten Anzahlungen (A. I. 3.)** auf immaterielle Anlagewerte sind Vorleistungen der eG. Die spätere Zuordnung zu dem immateriellen Anlageposten geschieht durch Umbuchung. 6

*b) Sachanlagen (A. II.)*

Unter den Posten **Grundstücke, grundstücksgleiche Rechte und Bauten einschließlich der Bauten auf fremden Grundstücken (A. II. 1.)** sind alle bebauten und unbebauten Grundstücke aufzunehmen, die der eG gehören; gleiches gilt für Erbbaurechte. Auch verpachtete Grundstücke, die der Pächter bebaut hat, sind zu berücksichtigen (u. U. jedoch abweichende Bilanzierung, wenn die Übernahme der Gebäude nach Ablauf der Pachtzeit vereinbart ist). Zu den bebauten Grundstücken gehören nicht maschinelle Anlagen (z. B. Umspanneinrichtungen, Transformationsstationen); diese sind grundsätzlich unter A. II. 2. auszuweisen. 7

Die Angabe eines einheitlichen Betrages genügt, in dem die Bewertungen sowohl des Grundstücks als auch der auf dem Grundstück errichteten Gebäude mit Außenanlagen zu berücksichtigen sind.

Zu den **technischen Anlagen und Maschinen (A. II. 2.)** gehören Maschinen aller Art; sie müssen nicht unbedingt der Herstellung dienen, sondern können auch für vorbereitende, begleitende oder dem Vertrieb dienende Aufgaben eingesetzt werden. Vielfach wird die Abgrenzung zu den anderen Anlagen im Sinne von A. II. 3. schwierig sein; der Ausweis des Anlagegegenstands hat aus Gründen der Bilanzklarheit dort zu erfolgen, wo der Schwerpunkt der Zweckbestimmung liegt. 8

Zum Posten **andere Anlagen, Betriebs- und Geschäftsausstattung (A. II. 3.)** gehört in erster Linie die Inneneinrichtung aller Betriebsräume der eG. Vielfach wird die Abgrenzung zu den technischen Anlagen und Maschinen (A. II. 2.) schwierig sein. Dann ist die Zweckbestimmung ausschlaggebend. Anhaltspunkte für die Abgrenzung können der Aufteilung in der Abschreibungstabelle entnommen werden; es ist im Vergleich zu den Vorjahren nach gleichbleibenden Grundsätzen zu verfahren (Jahresabschluß der WuDeG Teil B Aktivseite A. II. 2.). 9

Sind Betriebsgegenstände im Wege des Leasing von der Genossenschaft genutzt, so zählen sie u. U. ebenfalls zu dem hier auszuweisenden Inventar; abzustellen ist stets darauf, ob die eG wirtschaftlicher Eigentümer ist.

Geringwertige Wirtschaftsgüter (Wert bis zu DM 800 netto, Lebensdauer bis 2 Jahren) brauchen nicht aktiviert zu werden, soweit ihr Wert unter DM 100 liegt; darüber hinaus – bis DM 800 – können sie im Anschaffungsjahr abgeschrieben werden.

Die **geleisteten Anzahlungen und Anlagen im Bau (A. II. 4.)** werden als Teil des Anlagevermögens in einem Posten zusammengefaßt, weil eine klare Abgrenzung im Einzelfall schwierig sein kann. Die Anzahlungen 10 müssen zum Bilanzstichtag geleistet sein. Nach Fertigstellung der Anlagen wird durch Umbuchung eine Zuordnung zu den einzelnen Anlageposten vorgenommen.

*c) Finanzanlagen (A. III.)*

**11** Hinsichtlich der Anteile an verbundenen Unternehmen siehe § 271 Abs. 2 HGB i. V. m. § 336 HGB. Hierzu gehören Aktien, GmbH-Anteile, aber auch Anteile an Personenhandelsgesellschaften.

**12** Unter **Ausleihungen an verbundene Unternehmen (A. III. 2)** versteht man auf längere Zeit angelegte Darlehen. Allerdings ist die frühere Vier-Jahres-Frist nicht maßgeblich; entscheidend ist die ursprüngliche nicht die Restlaufzeit (*Baumbach/Duden/Hopt,* HGB, § 266 Anm. 5). Bei Darlehen mit einer Laufzeit bis zu einem Jahr ist davon auszugehen, daß diese nicht auf Dauer angelegt sind (Jahresabschluß der WuDeG, Teil B. Aktivseite A. III. 4.). Zum Begriff der verbundenen Unternehmen vgl. Erl. zu § 271 HGB.

**13** Zu den **Beteiligungen (A. III. 3.)** gehören Anteile an Kapitalgesellschaften bzw. Einlagen bei Personengesellschaften. Handelt es sich um Beteiligungen an verbundenen Unternehmen, so sind diese unter A. III. 1. auszuweisen. Zum Begriff der Beteiligung vgl. Erl. zu § 271 HGB. Die Beteiligungen sind nach den Anschaffungskosten zu bewerten, soweit nicht Abschreibungen notwendig sind.

Die Mitgliedschaft bei einer **eG** ist keine Beteiligung im Sinne dieser Vorschrift (§ 271 Abs. 1 Satz 5 HGB). Geschäftsguthaben bei eG sollten deshalb als gesonderter Posten unter den Finanzanlagen ausgewiesen werden (siehe Vordruck für eG A. III. 5.; s. a. Rdn. 15).

**14** **Ausleihungen** an Unternehmen, mit denen ein Beteiligungsverhältnis besteht (A. III. 4.), sind auf längere Zeit angelegte Darlehen (hierzu Rdn. 12) an Unternehmen im Sinne der Rdn. 13. Es gelten die in Rdn. 12 und Rdn. 13 gemachten Ausführungen entsprechend.

**15** Unter dem Posten **Geschäftsguthaben bei eG in Ergänzung des Gliederungsschemas des § 266 HGB als A. III. 5.** sind die eingezahlten Beträge sowie die Gutschriften aus genossenschaftlicher Rückvergütung und Dividende, solange die Anteile nicht voll eingezahlt sind, zu aktivieren. Fällige rückständige Pflichteinzahlungen sind ebenfalls zu aktivieren (bei gleichzeitiger Passivierung – D. 7.).

Noch nicht fällige Einzahlungsverpflichtungen und die mit der Beteiligung an einer eG verbundene Haftsumme sind im Anhang anzugeben, sofern diese Angabe für die Beurteilung der Finanzlage von Bedeutung ist.

**16** Zu den **Wertpapieren des Anlagevermögens (A. III. 6. Genossenschaftsvordruck = A. III. 5. i. S. d. § 266 HGB)** gehören alle Gesellschaftsanteile, soweit sie nicht III. 1. und III. 3. zuzuordnen sind, außerdem festverzinsliche Wertpapiere. Voraussetzung ist, daß diese Rechte und Wertpapiere dauernd dem Geschäftsbetrieb der eG zu dienen bestimmt sind; sonst Ausweis unter B. 3.

Bei Zuordnungsschwierigkeiten ist auf die Absicht der eG abzustellen, ob sie die Rechte als Daueranlage halten will oder nicht, ob sie eine Beteiligung nur unter Anlagegesichtspunkten hält oder ob die Absicht besteht, eine dauernde Geschäftsverbindung einzugehen (in diesem Fall Ausweis unter A. III. 1. bzw. 3.).

Zu den **sonstigen Ausleihungen (A. III. 7. Genossenschaftsvordruck – nach dem Gliederungsschema des § 266: A. III. 6.)** zählen alle Finanzanlagen, die – ebenfalls auf Dauer angelegt – nicht unter Nr. 1–5 fallen. Hierzu zählen Baudarlehen, Darlehen an Mitarbeiter, durch Hypotheken-, Grund- und Rentenschulden gesicherte Darlehen. Nicht hierzu zählen Forderungen aus Lieferungen und Leistungen. Eingefrorene und notleidend gewordene kurzfristige Forderungen sind hier nur dann auszuweisen, wenn sie in Ausleihungen umgewandelt worden sind. **17**

### 2. Umlaufvermögen (Abs. 2 Buchst. B)

Zum Begriff des Umlaufvermögens vgl. § 264 Rdn. 47

Das Umlaufvermögen wird in **4 Gruppen** unterteilt: **18**

B. I. Vorräte
Zu den Bewertungsmethoden vgl. ausführlich Jahresabschluß der WuDeG Teil B. Aktivseite B. I. 1.–4. S. 2–6
B. II. Forderungen und sonstige Vermögensgegenstände
B. III. Wertpapiere
B. IV. Liquide Mittel

*a) Vorräte (B. I.)*

Zu den **Roh-, Hilfs- und Betriebsstoffen (B. I. 1.)** gehören sämtliche Vorräte, die zur Herstellung von Erzeugnissen benötigt werden oder zum betrieblichen Verbrauch bestimmt sind, unabhängig davon, ob sie bearbeitet, verarbeitet oder verbraucht werden. Auch bleibt unbeachtlich, wo diese Stoffe verwendet werden, ob im Herstellungs-, Vertriebs- oder Verwaltungsbereich. Werden diese Gegenstände überwiegend unverarbeitet veräußert, so sollten sie in vollem Umfang unter B. I. 3. (Rdn. 21) bilanziert werden. **19**

**Unfertige Erzeugnisse, unfertige Leistungen (B. I. 2)** sind Erzeugnisse bzw. Leistungen, deren Herstellung bzw. Erbringung zwar bereits begonnen, am Bilanzstichtag aber noch nicht abgeschlossen war. Allerdings darf **20**

nur der anfallende Kostenaufwand, nicht der zu erwartende Gewinnanteil bilanziert werden (Realisationsprinzip).

21 Zu den **fertigen Erzeugnissen und Waren (B. I. 3.)** sind die Gegenstände zu rechnen, deren Bearbeitung oder Verarbeitung programmgemäß beendet ist bzw. die ohne be- oder verarbeitet zu werden, für die Veräußerung bestimmt sind. Tritt die eG als Kommissionär auf, so ist die diesbezügliche Ware von ihr nicht zu bilanzieren, da die Kommissionsware wirtschaftlich dem Kommittenten zuzuordnen ist.

22 **Geleistete Anzahlungen (B. I. 4)** sind in erster Linie Vorleistungen, die die eG an Lieferanten oder Dienstleistungsunternehmen erbringt. Bei gegenseitigen Verträgen ist eine Vorleistung dann nicht gegeben, wenn sich die bisher ausgetauschten Leistungen und Gegenleistungen wertmäßig entsprechen. Anzahlungen auf Sachanlagen sind unter A. II. 4., Anzahlungen auf noch zu erbringende Leistungen ggfs. unter B. II. 4. auszuweisen.

Von Kunden erhaltene Anzahlungen auf Lieferungen oder Leistungen sollten im Interesse der Bilanzklarheit unter D. 2. = Bruttoausweis passiviert werden (Jahresabschluß der WuDeG Teil B. Aktivseite B. I. 1.–4.).

*b) Forderungen und sonstige Vermögensgegenstände (B. II.)*

23 Zu den **Forderungen aus Lieferungen und Leistungen (B. II. 1.)** gehören die Ansprüche aus erbrachten Lieferungen und Leistungen. Hier ist nicht der Wert der Ware bzw. der Dienstleistung zu aktivieren, sondern der Anspruch auf die Gegenleistung (also ggfs. Sachwert plus Gewinn). Preisnachlässe, Rabatte etc. sind abzuziehen. Abschreibungen sind gemäß § 253 Abs. 3 HGB z. B. vorzunehmen bei Uneinbringlichkeiten, bei zweifelhafter Einbringlichkeit, bei allgemeinem (latentem) Kreditrisiko, bei zu erwartenden Skontoabzügen. Bei der Bewertung sind alle Erkenntnisse über die Werthaltigkeit der Forderung bis zum Zeitpunkt der Bilanzaufstellung zu berücksichtigen (Wertaufhellung).

24 Unter **Forderungen gegen verbundene Unternehmen (B. II. 2.)** sind alle Forderungen auszuweisen, soweit sie nicht Ausleihungen sind, die den Finanzanlagen zuzurechnen sind bzw. soweit sie nicht als Forderungen aus Lieferungen und Leistungen ausgewiesen werden. Zu dem Begriff verbundene Unternehmen vgl. Rdn. 11. Im Zweifel ist dem Ausweis unter diesem Posten der Vorzug zu geben. Sonst ist die Mitzugehörigkeit zu vermerken.

25 Hinsichtlich der **Forderungen gegen Unternehmen, mit denen ein Beteiligungsverhältnis besteht (B. II. 3.)** vgl. die vorstehende Randnummer sowie hinsichtlich des Begriffs „Unternehmen, mit denen ein Beteiligungsverhältnis besteht", Rdn. 14. Forderungen gegen Zentralgenossenschaften und andere eG, bei denen die eG Mitglied ist, gelten nicht als Forderung im Sinne dieses Postens. Dagegen sind Forderungen an genossenschaftliche Zentralen in anderer Rechtsform hier auszuweisen.

Unter dem Posten **sonstige Vermögensgegenstände (B. II. 4.)** sind alle Vermögensgegenstände auszuweisen, die keinem anderen Posten zugeordnet werden können. Hierzu zählen u. a. Darlehen, soweit sie nicht langfristig ausgestaltet sind, Lohn- und Gehaltsvorschüsse, geleistete Kautionen, Bausparguthaben, Schadensersatzansprüche, Ansprüche aus Versicherungsleistungen, zur Veräußerung bestimmtes Grundvermögen etc. (vgl. im einzelnen ausführlich Jahresabschluß der WuDeG Teil B. Aktivseite B. II. 1.–4.). **26**

*c) Wertpapiere (B. III.)*

Unter dem Posten **Anteile an verbundenen Unternehmen (B. III. 1.)** sind nur die Anteile auszuweisen, die nicht mit der Absicht gehalten werden, daß sie dauernd dem Geschäftsbetrieb dienen sollen. In der Regel handelt es sich um Anteile, die zur Veräußerung bestimmt sind (Handelsbestand). Der Ausweis hat sich auf die Anteile am Geschäftskapital zu beschränken. **27**

Der Posten **eigene Anteile (B. III. 2. des Gliederungsschemas des § 266 HGB)** entfällt bei eG, da diese keine eigenen Anteile besitzen können. Dementsprechend rückt Posten 3. entsprechend auf (vgl. Rdn. 29). **28**

**Sonstige Wertpapiere (B. III. 2.) – nach Bilanzgliederungsschema des § 266 HGB: B. III. 3.** sind alle fungiblen Papiere, die der vorübergehenden Geldanlage dienen und kurzfristig und ungehindert verwertbar sind. Ist die Wertpapieranlage dazu bestimmt, dauernd dem Geschäftsbetrieb zu dienen, ist sie unter Posten A. III. auszuweisen (vgl. die dortigen Erl.). Warenwechsel sind als Forderungen aus Lieferungen und Leistungen auszuweisen (B. II. 1. – Rdn. 23). **29**

*d) Schecks, Kassenbestand, Bundesbank- und Postgiroguthaben, Guthaben bei Kreditinstituten (B. IV.)*

Zu erfassen sind alle durch körperliche Bestandsaufnahme zum Bilanzstichtag im Bestand festgestellte **Schecks**. Eingereichte Schecks sind nicht zu aktivieren, sondern als Überhangposten im Bankkontosaldo zu verrechnen. Schecks werden zum Nennwert bilanziert. Sind Schecks teilweise oder ganz uneinbringlich, so sind sie ganz oder teilweise abzuschreiben. Schecks, die von der bezogenen Bank mangels Deckung zurückgegeben worden sind (Rückschecks), dürfen nicht als Scheckbestand bilanziert werden, sondern sind dem Konto des Einreichers zu belasten. **30**

Zum **Kassenbestand** zählen die Bargeldbestände der Haupt- und Nebenkassen, einschließlich Geldsorten und Wertmarken, z. B. Brief-, Steuer- und ähnliche Wertmarken. Zins- und Dividendenscheine gehören nicht dazu. Sie sind Wertpapiere. **31**

Die Bewertung der Bestände erfolgt nach dem Niederstwertprinzip, bei ausländischen Sorten zum niedrigeren Tageskurs (Geldkurs des Bilanzstichtags).

32 **Bundesbankguthaben** müssen durch Kontoauszug/Kontobestätigung der Landeszentralbank zum Bilanzstichtag nachgewiesen werden.

33 **Postgiroguthaben** sind durch Kontoauszüge der Postgiroämter zu belegen.

34 **Bankguthaben** sind Forderungen gegen in- und ausländische Banken, unabhängig davon, ob es sich um fällige oder längerfristige Guthaben, um zweckgebundene oder gesperrte Guthaben handelt. U. U. ist im Anhang dazu zu erläutern. Eingeräumte, aber nicht in Anspruch genommene Kredite stellen keine Guthaben bei dem Kreditinstitut dar; sie dürfen in der Bilanz nicht ausgewiesen werden.

### 3. Rechnungsabgrenzungsposten (A)

35 **Rechnungsabgrenzungsposten** (hierzu auch Rdn. 64, 65) dürfen nur ausgewiesen werden (§ 250 HGB), wenn auf der Aktivseite Ausgaben vor dem Abschlußstichtag gemacht werden, die erst im nächsten Geschäftsjahr als Aufwand dem Betrieb zugeführt werden (Zahlungen der Januar-Gehälter im Dezember, sofern das Geschäftsjahr mit dem Kalenderjahr übereinstimmt). Gleiches gilt für Werbekampagnen, die Belastungen über mehrere Geschäftsjahre hinweg mit sich bringen bzw. für Forschungen, aber nicht für einen einmaligen Werbeaufwand, der auf mehrere Geschäftsjahre verteilt werden soll. Dagegen gehören in der Regel nicht hierher die antizipativen Posten, d. h. solche Beträge, die das Bilanzjahr betreffen, aber erst im neuen Geschäftsjahr eingegangen sind, wie etwa Zinsen, Mieten, Pacht, Versicherungsprämien, Kfz-Steuern usw.; diese Beträge sind besser als Forderungen auszuweisen (GoB).

36 Als abgrenzbare, aber nicht abgrenzungspflichtige Ausgabe gilt gem. § 250 Abs. 3 HGB auch das **Disagio**. Wird von dem Wahlrecht Gebrauch gemacht, muß das Disagio gem. § 268 Abs. 6 HGB gesondert ausgewiesen oder im **Anhang** angegeben und planmäßig als Aufwand verrechnet werden. Ein weiteres Bilanzierungswahlrecht als Rechnungsabgrenzungsposten enthält § 250 Abs. 1 HGB, das jedoch bei der eG kaum praktische Bedeutung hat.

## B. Passivseite

### 1. Eigenkapital

Die in § 266 Abs. 3 Buchst. A enthaltene Aufgliederung des Eigenkapitals wird durch § 337 HGB (vgl. auch die dortigen Erl. – im Anhang zu § 33 –) wie folgt ergänzt: **37**

I. Geschäftsguthaben
II. Kapitalrücklagen
III. Ergebnisrücklagen
  1. Gesetzliche Rücklage
  2. Andere Ergebnisrücklagen
IV. Gewinnvortrag/Verlustvortrag
V. Jahresüberschuß/Jahresfehlbetrag

Ergibt sich ein Überschuß der Passiven über die Aktiven, so ist dieser negative Betrag am Schluß der Bilanz auf der Aktivseite gesondert mit der Bezeichnung „nicht durch Eigenkapital gedeckter Fehlbetrag" auszuweisen (§ 269 Abs. 3 HGB).

Im folgenden wird auf die genossenschaftlichen Besonderheiten des § 337 HGB im Hinblick auf den Posten Eigenkapital Bezug genommen.

*a) Geschäftsguthaben*

Das **Geschäftsguthaben** wird gemäß § 337 Abs. 1 HGB unterteilt in Geschäftsguthaben **38**

- der verbleibenden Mitglieder
- der ausscheidenden Mitglieder
- aus gekündigten Geschäftsanteilen.

Es ist der **Gesamtbetrag** der Geschäftsguthaben nach dem Stande am Schluß des Geschäftsjahres anzugeben.

Der Gesamtbetrag der Geschäftsguthaben der mit Ablauf des Geschäftsjahres ausgeschiedenen Mitglieder ist gesondert anzugeben. Die Geschäftsguthaben der im Laufe des Geschäftsjahres **verstorbenen** Mitglieder sind als Geschäftsguthaben ausscheidender Mitglieder auszuweisen. Macht die eG von der Möglichkeit des § 77 Abs. 2 GenG Gebrauch, sind diese Geschäftsguthaben unter den verbleibenden Mitgliedern auszuweisen.

Noch **nicht ausgezahlte Auseinandersetzungsguthaben**, Vorauszahlungen auf noch nicht eingetragene Geschäftsanteile und Überzahlungen sind unter dem Passivposten C. 7. auszuweisen. **39**

**Rückständige, fällige Pflichteinzahlungen** werden entsprechend § 337 Abs. 1 S. 3 oder S. 4 behandelt; insoweit hat die eG ein Wahlrecht. Hinsichtlich der Einzahlungspflichten vgl. § 7 Rdn. 24 sowie hinsichtlich der rückständigen, fälligen Pflichteinzahlungen auch § 15 b Rdn. 10; s. auch die **40**

Rechenbeispiele im Jahresabschluß für WuDeG Teil B. Passivseite A. I.–IV. S. 2–4).

**41** Rückständige Einzahlungen auf den Geschäftsanteil liegen vor, soweit fällige Einzahlungen noch nicht geleistet sind. Fällig sind Einzahlungen dann, wenn der nach der Satzung oder von der GV festgelegte Zeitpunkt für die Einzahlung eintritt (*Schubert/Steder*, § 33 e Rdn. 2). Wenn die Satzung eine grundsätzliche Volleinzahlungspflicht vorsieht, dem Vorstand jedoch die Möglichkeit einräumt, Ratenzahlungen zu gewähren und für diesen Fall die Fälligkeit und Höhe der einzelnen Raten vorschreibt (vgl. § 37 Abs. 2 der Mustersatzungen für Volksbanken und Raiffeisenbanken), so ist der für die Rückständigkeit entscheidende Zeitpunkt die sich aus dieser Satzungsvorschrift für die einzelnen Ratenzahlungen ergebende Fälligkeit. Wird mithin einem Mitglied Ratenzahlungen gewährt und werden diese Raten nach der Satzungsbestimmung erst mit Beginn der Quartale des nächsten Jahres fällig, so sind diese Ratenbeträge am Ende des laufenden Geschäftsjahres nicht als rückständige Einzahlungen auszuweisen. *Müllers* Ansicht (1. Aufl., § 33 e Rdn. 2), es sei ohne Bedeutung, daß dem einzelnen Mitglied Stundung gewährt sei, ist insoweit zu folgen, als der Fall gemeint ist, daß der Vorstand bei Fälligkeit einzelner Ratenzahlungen einem Mitglied zusätzlich Stundung gewährt (vgl. hierzu ausführlich § 22 Rdn. 21). Keinesfalls ist generell die Differenz zwischen dem Geschäftsanteil und dem Geschäftsguthaben rückständig. Nicht rückständige Einzahlungspflichten sind nicht bilanzierungsfähig. Es ergibt keinen Sinn und widerspricht dem Publizitätsinteresse des § 337 Abs. 1 HGB, Forderungen zu aktivieren, die u. U. erst in einigen Jahren fällig werden.

**42** Werden gleichzeitig **mehrere Geschäftsanteile** übernommen, müssen diese bis auf einen, nämlich den letzten, voll eingezahlt sein (§ 15 b und die dortigen Erl.). Ist dieses nicht geschehen, sondern sind nur die satzungsmäßigen Raten auf die einzelnen Geschäftsanteile eingezahlt, so ist die **Differenz** zwischen den tatsächlichen Einzahlungen und den Geschäftsanteilen (mit Ausnahme des letzten Geschäftsanteils) als rückständige fällige Pflichteinzahlung zu bilanzieren. Die Bilanzierung der Differenz ergibt sich daraus, daß im Konkurs der eG Mitglieder, die diese Geschäftsanteile nicht voll eingezahlt haben, die Volleinzahlung zur Konkursmasse schulden. § 15 b (§ 136 a. F.) ist im Hinblick auf den Gläubigerschutz insoweit keine Ordnungsvorschrift (a. A. *Schubert*, Raiffeisen-Rundschau 1965, 65 ff; *Schubert/Steder*, § 33 e Rdn. 2). Ordnungsvorschrift ist § 15 b (§ 136 a. F.) nur insoweit, als trotz Verstoßes gegen § 15 b eine Zulassung der Beteiligung erfolgt; die so gezeichneten Geschäftsanteile sind im Interesse des Gläubigerschutzes wirksam übernommen (RGZ 115, 148). Auch die Zeichnung von sogen. Vorratsanteilen (die durch künftige Rückvergütungen oder Dividenden aufgefüllt werden sollen) führt vollumfänglich zu rückständigen fälligen Pflichteinzahlungen.

**Steuerrechtlich** sind die rückständigen Einzahlungen zum Betriebsvermögen zu rechnen. Werden die rückständigen Einzahlungen durch Gutschrift der genossenschaftlichen Rückvergütung auf die Geschäftsanteile erbracht, so ist diese Gutschrift ebenfalls dem Betriebsvermögen hinzuzurechnen (BFH, BB 1965, 982). **43**

*b) Kapitalrücklagen*

Durch das Bilanzrichtlinien-Gesetz wird erstmals zwischen Kapitalrücklagen und Ergebnisrücklagen unterschieden. Dieser neue Begriff (vgl. § 272 Abs. 2 HGB) erfaßt alle Beträge, die nicht aus Jahresüberschüssen der eG und auch nicht aus Einzahlungen auf Geschäftsanteile gebildet worden sind. Es handelt sich z. B. um Eintrittsgelder, verlorene Baukostenzuschüsse und sonstige genossenschaftliche Einlagen. Soweit diese Beträge bisher der gesetzlichen Rücklage zugewiesen wurden, können sie entsprechend der gesetzlichen Zweckbindung (§ 7 Nr. 2 GenG) nur zur Deckung von Verlusten herangezogen werden. Grundsätzlich sind die in die gesetzlichen Rücklagen eingestellten Beträge i. S. d. § 272 Abs. 2 HGB nunmehr in die Kapitalrücklage zu überführen, es sei denn, es handelt sich um unwesentliche, nicht ins Gewicht fallende Beträge. Bei einer Überführung dieser Beträge in die Kapitalrücklage, muß – im Interesse des Gläubigerschutzes – die Zweckbindung des § 7 Nr. 2 GenG weiterhin sichergestellt werden. Im übrigen kann die Satzung frei bestimmen, wie die Kapitalrücklage verwendet wird und wer über die Verwendung entscheidet. Schweigt die Satzung, entscheidet der Vorstand (§ 27 Abs. 1 S. 1 GenG). **44**

*c) Ergebnisrücklagen*

Mit dieser Bezeichnung (anstelle von Gewinn) wird dem Förderauftrag der eG im Vergleich zu den Kapitalgesellschaften Rechnung getragen. Als **Ergebnisrücklagen** dürfen nur die Beträge ausgewiesen werden, die im Geschäftsjahr oder in früheren Geschäftsjahren aus dem Ergebnis der eG gebildet worden sind (§ 272 Abs. 3 S. 1 HGB). **45**

Zum **Begriff** der **gesetzlichen** Rücklage siehe § 7 Nr. 2 GenG und die dortigen Erl. **46**

Zum Begriff **andere** Ergebnisrücklagen siehe § 337 Abs. 2 Nr. 2 HGB. Es handelt sich hier um alle anderen neben der gesetzlichen Rücklage bestehenden Rücklagen, z. B. Betriebsrücklage und **andere** (zweckbestimmte) Rücklagen. Der Beteiligungsfonds (hierzu § 73 Abs. 3 GenG und die dortigen Erl.) muß gesondert vermerkt werden, wie auch die Beträge, die aus dieser Ergebnisrücklage an ausscheidende Mitglieder auszuzahlen sind. **47**

48 Bei der Entwicklung der Ergebnisrücklagen sind nach § 337 Abs. 3 HGB die Beträge **gesondert** aufzuführen, die
– die GV aus dem Bilanzgewinn des Vorjahres eingestellt hat
– aus dem Jahresüberschuß des Geschäftsjahres eingestellt werden
– für das Geschäftsjahr entnommen werden.

*d) Bilanzgewinn/Bilanzverlust*

49 Die Bilanz darf auch unter Berücksichtigung einer teilweisen Verwendung (**Vorwegzuweisung**) des Jahresergebnisses nach § 268 Abs. 1 HGB aufgestellt werden. Dabei tritt an die Stelle der Posten Jahresüberschuß/Jahresfehlbetrag und Gewinnvortrag/Verlustvortrag der Posten **Bilanzgewinn/Bilanzverlust** (Jahresabschluß der WuDeG Teil B Passivseite A. I–IV S. 5; zur Definition vgl. § 19 Rdn. 5). Ein vorhandener Gewinn- oder Verlustvortrag ist in diesen Posten einzubeziehen und in der Bilanz oder im Anhang gesondert anzugeben (§ 268 Abs. 1 HGB).

*e) Gewinnvortrag/Verlustvortrag*

Unter Gewinnvortrag ist der gemäß Beschluß der GV nicht verwendete oder nicht verteilte Bilanzgewinn des Vorjahres zu zeigen. Der Verlustvortrag ergibt sich analog aus einem nicht vom Eigenkapital der eG abgeschriebenen und ausdrücklich zum Vortrag bestimmten Teil des Bilanzverlustes aus dem Vorjahr.

Der Posten wiederholt sich in der Gewinn- und Verlustrechnung, Posten 21.

*f) Jahresüberschuß/Jahresfehlbetrag*

Der Jahresüberschuß/Jahresfehlbetrag ist der Saldo der in Staffelform aufzustellenden Gewinn- und Verlustrechnung. Der Posten findet sich betragsgleich in der Gewinn- und Verlustrechnung für eG, Posten 20. Zur Definition vgl. § 19 Rdn. 2.

*g) Einstellung in/Entnahme aus Rücklagen*

Für die Feststellung des Jahresabschlusses und die Beschlußfassung über die Verwendung des Jahresüberschusses oder die Deckung eines Jahresfehlbetrages ist die GV zuständig (§ 48 GenG). Wird die Bilanz unter Berücksichtigung der vollständigen oder teilweisen Verwendung des Jahresergebnisses (Vorwegzuweisung) aufgestellt, müssen Einstellungen in die Ergebnisrücklagen, die nach Gesetz und/oder Satzung vorzunehmen sind, bereits bei der Aufstellung der Bilanz berücksichtigt sein (§ 270 Abs. 2 HGB). Darüber hinausgehende Zuweisungen zu den Ergebnisrücklagen (Vorwegzuweisungen) bzw. Entnahmen aus Ergebnis- und Kapitalrücklagen sind ebenfalls unter diesem Unterposten – in Übereinstimmung mit den Posten 22/23 der Gewinn- und Verlustrechnung – aufzuführen.

**2. Sonderposten mit Rücklageanteil**

50 **Als Sonderposten mit Rücklageanteil** dürfen gemäß § 247 Abs. 3 und § 272 HGB nur solche Posten ausgewiesen werden, bei denen „das Steuerrecht die Anerkennung des Wertumsatzes bei der steuerrechtlichen Gewinnermittlung davon abhängig macht, daß der Sonderposten in der (Handels-)Bilanz gebildet wird" (umgekehrte Maßgeblichkeit). Die in sie eingestellten Teile des Gewinns sind zunächst der Ertragsbesteuerung entzogen. Zu diesen Sonderposten zählen z. B. die Rücklagen für Ersatzbeschaffung (R 35 EStR 1993) und die Rücklagen gemäß § 6 b EStG. Stets ist die Vorschrift – entweder in der Bilanz oder im Anhang – zu nennen, wonach der Sonderposten gebildet worden ist (vgl. Jahresabschluß der WuDeG B. Passivseite B; vgl. auch Erl. zu § 273 HGB).

**3. Rückstellungen (B)**

51 Das Gliederungsschema des § 266 unterscheidet im Abs. 3 Abschn. B zwischen

- Rückstellungen für Pensionen und ähnliche Verpflichtungen (B. 1.)
- Steuerrückstellungen (B. 2.)
- sonstige Rückstellungen (B. 3.)

52 Rückstellungen sind Passivposten, die zur Berücksichtigung bestimmter künftiger Ausgaben gebildet werden, die wirtschaftlich den Geschäftsjahren bis zum Bilanzstichtag zuzuordnen sind. Die Rückstellungsgründe sind im § 249 HGB abschließend aufgeführt. Für andere Zwecke ist die Bildung von Rückstellungen unzulässig. Insbesond. sind nach § 249 Abs. 1 HGB Rückstellungen für ungewisse Verbindlichkeiten (wenn der zu klärende Sachverhalt, Bestehen oder Entstehen einer Verbindlichkeit bzw. ihre Höhe noch nicht abschließend beurteilt werden kann) und für drohende Verluste aus schwebenden (einmalige oder Dauerschuldverhältnisse) Geschäften zu bilden; der Verlusteintritt muß drohen, d.h. es müssen Tatsachen als Indizien für einen evtl. bevorstehenden Verlusteintritt vorliegen. Eine bloße Möglichkeit des Verlusteintritts genügt nicht.

Die Höhe der Rückstellungen ist unter Berücksichtigung vernünftiger kaufmännischer Beurteilung festzusetzen (§ 253 Abs. 1 S. 2 HGB). Hierbei gilt der Grundsatz der Vorsicht (§ 252 Abs. 1 Nr. 4 HGB).

53 **Pensionsverpflichtungen** (Betriebsrenten) sind ungewisse Verbindlichkeiten. Sie sind zu passivieren; es besteht nicht mehr – wie früher – ein Passivierungswahlrecht; dieses besteht jedoch weiterhin für mittelbare Pensionszusagen (z. B. über eine Unterstützungskasse) und für pensionsähnliche Verpflichtungen. Zu den Rückstellungen für Pensionsverpflichtungen siehe ausführlich Jahresabschluß der WuDeG B. Passivseite, C Rückstellungen.

54 **Steuerrückstellungen** sind gesondert auszuweisen. Hierzu gehören insbes. Körperschaft-, Gewerbe- und Vermögensteuer, die bis zum Schluß des Geschäftsjahres entstanden sind und bei denen die Veranlagung noch aussteht. Gleiches gilt bei eingelegtem Rechtsmittel, wenn der Ausgang des Verfahrens ungewiß ist.

Rückstellungen für **latente Steuern** sind im Rahmen des § 274 HGB zu bilden (vgl. die dortigen Erl.).

55 Sonstige Rückstellungen sind unter Berücksichtigung der in Rdn. 52 genannten Grundsätze z. B. zu bilden für
- Kosten des Jahresabschlusses
- Prüfungs- und Steuerberatungskosten
- Verpflichtungen aus Dienstverträgen, wenn und soweit sie Zeiträume bis zum Bilanzstichtag betreffen
- Provisionen, Gratifikationen, Tantiemen, Gewinnbeteiligungen
- Sozialplanverpflichtungen
- Zuweisungen zu Unterstützungskassen
- Boni, Rabatte
- Kosten der betrieblichen Berufsausbildung
- ungewisse Risiken
- drohende Inanspruchnahme nach § 251 HGB (Bürgschaften, Garantien etc.; hierzu § 268 Rdn. 10 ff)
- Prozeßrisiken und -kosten
- in längerem zeitlichen Abstand anfallende Großreparaturen (vgl. hierzu die ausführliche Auflistung im Jahresabschluß der WuDeG B. Passivseite, C Rückstellungen S. 11 ff).

### 4. Verbindlichkeiten

56 **Anleihen** (C. 1.) sind Kreditinanspruchnahmen der eG. Eine Aufgliederung der Kredite könnte sich u. U. aus Gründen der Bilanzklarheit anbieten. Bei den Anleihen sind hypothekarische Sicherheiten nur anzugeben, wenn die Hypotheken auf Grundstücken der eG lasten. Allerdings sind auch andere Sicherungen durch Vermögensgegenstände der eG festzuhalten. Da Anleihen bei eG kaum vorkommen dürften, wurde davon **abgesehen**, diesen Posten in den Bilanzvordruck aufzunehmen.

57 **Verbindlichkeiten gegenüber Kreditinstituten (C. II.)** sind alle Forderungen (nicht nur Kreditforderungen) von Kreditinstituten aus Bankgeschäften gegen die eG.

58 **Erhaltene Anzahlungen auf Bestellungen (C. III.)** sind Vorauszahlungen für von der eG noch auszuführende Lieferungen und Leistungen.

59 **Verbindlichkeiten aus Lieferungen und Leistungen (C. IV.)** entstehen aus dem Bezug von Waren sowie von Roh-, Hilfs- und Betriebsstoffen

bzw. Verpflichtungen aufgrund von Dienst- und Werkverträgen (Werklöhne, Fuhrlöhne etc.).

**Verbindlichkeiten aus der Annahme gezogener Wechsel und der Ausstellung eigener Wechsel (C. V.)** sind die auf die eG gezogenen Wechsel und die von der eG selbst ausgestellten Solawechsel. **60**

**Verbindlichkeiten gegenüber verbundenen Unternehmen (C. 6.)** sind insbesond. Darlehen des verbundenen Unternehmens und Verbindlichkeiten aus dem laufenden Verrechnungsverkehr. Hier sind alle Verbindlichkeiten aufzuführen, die nicht bereits unter den Passivposten C. 1.–4. aufgenommen worden sind. **61**

Hinsichtlich des Begriffs „verbundene Unternehmen" vgl. Erl. zu § 271.

**Verbindlichkeiten gegenüber Unternehmen, mit denen ein Beteiligungsverhältnis besteht (C. 7.).** Hierzu gilt das zur Rdn. 58 Gesagte entsprechend. Nicht hierzu zählen Verbindlichkeiten gegenüber Zentralgenossenschaften. **62**

Hinsichtlich des Begriffs „Unternehmen, mit denen ein Beteiligungsverhältnis besteht" vgl. Rdn. 14.

Unter den **sonstigen Verbindlichkeiten (C. 8.)** sind alle Verbindlichkeiten zu bilanzieren die sich nicht in die Passivposten C. 1. bis 7. einordnen lassen. Hierzu zählen u. a. Auseinandersetzungsguthaben, im voraus gezahlte und überzahlte Geschäftsguthaben, Mitgliederdarlehen, Verbindlichkeiten gegenüber betrieblichen Unterstützungseinrichtungen, Steuerschulden, die der Höhe nach genau feststehen, Aufsichtsratsvergütungen für den Zeitraum bis zum Bilanzstichtag, Gehälter, Löhne etc., Verbindlichkeiten für Vorruhestandsgelder (vgl. im übrigen die ausführliche Auflistung von Beispielen im Jahresabschluß der WuDeG Teil B. Passivposten D. 7.). **63**

Zu **Rechnungsabgrenzungsposten** kommt es in der Regel, wenn Leistung und Gegenleistung zeitlich auseinanderfallen. Sie sind weder auf der Aktivseite noch auf der Passivseite Vermögensgegenstände bzw. Schulden, sondern sie dienen der periodengerechten Erfolgsermittlung. § 250 Abs. 1 HGB schreibt die **Aktivierungspflicht** von Ausgaben vor dem Abschlußstichtag zwingend vor, soweit sie Aufwand für eine bestimmte Zeit nachher darstellen, z. B. noch im alten Jahr geleistete Vorauszahlungen von Versicherungsprämien, Miete, Beiträgen für das folgende Geschäftsjahr (zur Aktivierung von Rechnungsabgrenzungsposten vgl. Rdn. 35). **64**

### 5. Rechnungsabgrenzungsposten

Bei den **passiven Rechnungsabgrenzungsposten** (§ 250 Abs. 2 HGB) handelt es sich um Beträge, die im alten Jahr zwar vereinnahmt wurden, aber das neue Jahr betreffen, z. B. die im alten Geschäftsjahr im voraus **65** erhaltenen Zinsen, Mieten usw. (transitorische Posten). Dagegen sollen Beträge, die das abgelaufene Bilanzjahr betreffen, aber erst im neuen Jahr seitens der eG gezahlt werden (antizipative Posten), als Verbindlichkeiten ausgewiesen werden.

## § 267 HGB
## Umschreibung der Größenklassen

**(1) Kleine Kapitalgesellschaften sind solche, die mindestens zwei der drei nachstehenden Merkmale nicht überschreiten:**

**1. Fünf Millionen dreihundertzehntausend Deutsche Mark Bilanzsumme nach Abzug eines auf der Aktivseite ausgewiesenen Fehlbetrags (§ 268 Abs. 3).**

**2. Zehn Millionen sechshundertzwanzigtausend Deutsche Mark Umsatzerlöse in den zwölf Monaten vor dem Abschlußstichtag.**

**3. Im Jahresdurchschnitt fünfzig Arbeitnehmer.**

**(2) Mittelgroße Kapitalgesellschaften sind solche, die mindestens zwei der drei in Absatz 1 bezeichneten Merkmale überschreiten und jeweils mindestens zwei der drei nachstehenden Merkmale nicht überschreiten:**

**1. Einundzwanzig Millionen zweihundertvierzigtausend Deutsche Mark Bilanzsumme nach Abzug eines auf der Aktivseite ausgewiesenen Fehlbetrags (§ 268 Abs. 3).**

**2. Zweiundvierzig Millionen vierhundertachtzigtausend Deutsche Mark Umsatzerlöse in den zwölf Monaten vor dem Abschlußstichtag.**

**3. Im Jahresdurchschnitt zweihundertfünfzig Arbeitnehmer.**

**(3) Große Kapitalgesellschaften sind solche, die mindestens zwei der drei in Absatz 2 bezeichneten Merkmale überschreiten. Eine Kapitalgesellschaft gilt stets als große, wenn Aktien oder andere von ihr ausgegebene Wertpapiere an einer Börse in einem Mitgliedstaat der Europäischen Wirtschaftsgemeinschaft zum amtlichen Handel oder zum geregelten Markt zugelassen oder in den geregelten Freiverkehr einbezogen sind oder die Zulassung zum amtlichen Handel oder zum geregelten Markt beantragt ist.**

**(4) Die Rechtsfolgen der Merkmale nach den Absätzen 1 bis 3 Satz 1 treten nur ein, wenn sie an den Abschlußstichtagen von zwei aufeinanderfolgenden Geschäftsjahren über- oder unterschritten werden. Im Falle der Umwandlung oder Neugründung treten die Rechtsfolgen schon ein, wenn die Voraussetzungen des Absatzes 1, 2 oder 3 am ersten Abschlußstichtag nach der Umwandlung oder Neugründung vorliegen.**

**(5) Als durchschnittliche Zahl der Arbeitnehmer gilt der vierte Teil der Summe aus den Zahlen der jeweils am 31. März, 30. Juni, 30. Septem-**

**ber und 31. Dezember beschäftigten Arbeitnehmer einschließlich der im Ausland beschäftigten Arbeitnehmer, jedoch ohne die zu ihrer Berufsausbildung Beschäftigten.**

**(6) Informations- und Auskunftsrechte der Arbeitnehmervertretungen nach anderen Gesetzen bleiben unberührt.**

Das Bilanzrichtlinien-Gesetz differenziert je nach Größe der eG zwischen kleinen eG (hierzu Abs. 1), mittelgroßen eG (hierzu Abs. 2) und großen eG (hierzu Abs. 3). **1**

Die Bilanzsumme ist die Summe der Aktivseite der Bilanz nach Abzug eines auf der Aktivseite eventuell ausgewiesenen Fehlbetrags (§ 268 Abs. 3). Die Umsatzerlöse (Definition s. § 277 Abs. 1 HGB) sind ohnehin in der Gewinn- und Verlustrechnung anzugeben (§ 275 Abs. 2 Nr. 1). Der Abschlußstichtag muß nicht unbedingt identisch mit dem normalen Geschäftsjahr sein, dies gilt z. B. bei Rumpfgeschäftsjahren. Die Arbeitnehmereigenschaft folgt aus dem Arbeitsrecht; Teilzeitbeschäftigte sind voll mitzuzählen, Auszubildende hingegen nicht. Vorstandsmitglieder sind keine Arbeitnehmer. **2**

Für **kleine** eG gelten zahlreiche Erleichterungen, z. B. **3**
- verkürzte Bilanzgliederung (§ 266 Abs. 1 S. 3; es kann jedoch auch nach dem normalen Bilanzgliederungsschema bilanziert werden.
- verkürzte Gewinn- und Verlustrechnung, beginnend mit dem Rohergebnis (§ 276); unverkürzte Gewinn- und Verlustrechnung ist jedoch auch zulässig.
- weniger Angaben im Anhang (§ 288 S. 1).
- reduzierte Offenlegung (§ 339 i. V. m. § 326 HGB).
- Einreichung zum Genossenschaftsregister.

Nach derselben Berechnung werden **mittelgroße** eG ermittelt. Für diese gibt es ebenfalls Erleichterungen z. B. bei der Gewinn- und Verlustrechnung, beginnend mit dem Rohergebnis § 276; weniger Angaben im Anhang § 288, S. 2; verkürzte Offenlegung § 327, Einreichung zum Genossenschaftsregister. **4**

Zur Bedeutung der Größenklassen für die Rechnungslegung und bei der Offenlegung von **Wohnungsgenossenschaften** s. Rdn. 7, 8, 11 und 12 zu § 330 HGB im Anhang zu § 33 GenG und GdW „Erläuterungen" Anlage 1/Größenklassen, S. 1–3; für mittelgroße eG FormblattVO Art. 1 § 2 a, Anlage 5, S. 3. **5**

## § 268 HGB

### Vorschriften zu einzelnen Posten der Bilanz, Bilanzvermerke

**(1) Die Bilanz darf auch unter Berücksichtigung der vollständigen oder teilweisen Verwendung des Jahresergebnisses aufgestellt werden.**

Wird die Bilanz unter Berücksichtigung der teilweisen Verwendung des Jahresergebnisses aufgestellt, so tritt an die Stelle der Posten „Jahresüberschuß/Jahresfehlbetrag“ und „Gewinnvortrag/Verlustvortrag“ der Posten „Bilanzgewinn/Bilanzverlust“; ein vorhandener Gewinn- und Verlustvortrag ist in den Posten „Bilanzgewinn/Bilanzverlust“ einzubeziehen und in der Bilanz oder im Anhang gesondert anzugeben.

(2) In der Bilanz oder im Anhang ist die Entwicklung der einzelnen Posten des Anlagevermögens und des Postens „Aufwendungen für die Ingangsetzung und Erweiterung des Geschäftsbetriebs“ darzustellen. Dabei sind, ausgehend von den gesamten Anschaffungs- und Herstellungskosten, die Zugänge, Abgänge, Umbuchungen und Zuschreibungen des Geschäftsjahrs sowie die Abschreibungen in ihrer gesamten Höhe gesondert aufzuführen. Die Abschreibungen des Geschäftsjahrs sind entweder in der Bilanz bei dem betreffenden Posten zu vermerken oder im Anhang in einer der Gliederung des Anlagevermögens entsprechenden Aufgliederung anzugeben.

(3) Ist das Eigenkapital durch Verluste aufgebraucht und ergibt sich ein Überschuß der Passivposten über die Aktivposten, so ist dieser Betrag am Schluß der Bilanz auf der Aktivseite gesondert unter der Bezeichnung „Nicht durch Eigenkapital gedeckter Fehlbetrag“ auszuweisen.

(4) Der Betrag der Forderungen mit einer Restlaufzeit von mehr als einem Jahr ist bei jedem gesondert ausgewiesenen Posten zu vermerken. Werden unter dem Posten „sonstige Vermögensgegenstände“ Beträge für Vermögensgegenstände ausgewiesen, die erst nach dem Abschlußstichtag rechtlich entstehen, so müssen Beträge, die einen größeren Umfang haben, im Anhang erläutert werden.

(5) Der Betrag der Verbindlichkeiten mit einer Restlaufzeit bis zu einem Jahr ist bei jedem gesondert ausgewiesenen Posten zu vermerken. Erhaltene Anzahlungen auf Bestellungen sind, soweit Anzahlungen auf Vorräte nicht von dem Posten „Vorräte“ offen abgesetzt werden, unter den Verbindlichkeiten gesondert auszuweisen. Sind unter dem Posten „Verbindlichkeiten“ Beträge für Verbindlichkeiten ausgewiesen, die erst nach dem Abschlußstichtag rechtlich entstehen, so müssen Beträge, die einen größeren Umfang haben, im Anhang erläutert werden.

(6) Ein nach § 250 Abs. 3 in den Rechnungsabgrenzungsposten auf der Aktivseite aufgenommener Unterschiedsbetrag ist in der Bilanz gesondert auszuweisen oder im Anhang anzugeben.

(7) Die in § 251 bezeichneten Haftungsverhältnisse sind jeweils gesondert unter der Bilanz oder im Anhang unter Angabe der gewährten Pfandrechte und sonstigen Sicherheiten anzugeben; bestehen solche Verpflichtungen gegenüber verbundenen Unternehmen, so sind sie gesondert anzugeben.

Nach Abs. 1 S. 1 dieser Vorschrift darf die Bilanz auch unter Berücksichtigung der vollständigen oder teilweisen **Verwendung des Jahresergebnisses** aufgestellt werden; in die Bilanz ist dann der Posten Bilanzgewinn/Bilanzverlust einzustellen (Abs. 1 S. 2). S. hierzu § 266 HGB Rdn. 49. **1**

Abs. 2 verlangt das Führen eines sogenannten **Anlagespiegels** (auch **Anlagengitter** genannt). Er ist auf der Aktivseite oder im **Anhang** darzustellen. Stets sind auch aktivierte Aufwendungen für die Ingangsetzung und Erweiterung des Geschäftsbetriebs (hierzu § 269 HGB und die dortigen Erl.) in den Anlagespiegel miteinzubeziehen. **2**

Für **Wohnungsgenossenschaften** hat der GdW zum Anhang einen Strukturierungsvorschlag sowie einen Vordruck nebst Anlagespiegel entwickelt, s. im einzelnen Erl. Teil C S. 139–159 sowie Anlage 6 Nr. 3 Anhang S. 1–12, ferner Rdn. 16 zu § 330 HGB. **3**

Abs. 2 S. 2 verlangt einen **Brutto**anlagespiegel, der statt vom Buchwert zu Beginn des Geschäftsjahres von den gesamten Anschaffungs- und Herstellungskosten der Vermögensgegenstände ausgeht (zu den Anschaffungs- und Herstellungskosten s. § 255 HGB; s. a. § 264 HGB Rdn. 26 ff). **4**

**Abschreibungen** innerhalb des Geschäftsjahres (nicht kumulierte Abschreibungen – diese sind in den Anlagespiegel aufzunehmen) sind nach Maßgabe des Abs. 2 S. 3 in der Bilanz zu vermerken oder im Anhang anzugeben (zu den Abschreibungen im einzelnen vgl. ausführlich Jahresabschluß der WuDeG Teil B Aktivseite A, S. 16 ff).

Nach Abs. 3 ist am Schluß der Aktivseite ein eventuell nicht durch Eigenkapital gedeckter **Fehlbetrag** (also ein Überschuß der Passivposten über die Aktivposten) auszuweisen. Diese Vorschrift durchbricht die vom Gesetzgeber beabsichtigte Systematik, auf der Passivseite der Bilanz unter A. 1–5 das gesamte Eigenkapital einer eG zu erfassen. Allerdings ist nur im Falle eines das **gesamte** Eigenkapital übersteigenden Fehlbetrags dieser Ausweis auf der Aktivseite am Schluß erforderlich. So soll dem ungeübten Leser das Lesen der Bilanz erleichtert werden. Ein Verlustvortrag oder ein Jahresfehlbetrag ist auf der Passivseite unter A. 1.–5. auszuweisen. Im übrigen zeigt der Posten „nicht durch Eigenkapital gedeckter Fehlbetrag" nur die buchmäßige Überschuldung des Unternehmens. **5**

Nach Abs. 4 S. 1 muß bei jedem gesondert ausgewiesenen Posten der Betrag der Forderungen mit einer Restlaufzeit von **mehr als einem Jahr** vermerkt werden. Diese Vorschrift bezweckt, die Finanzlage im Jahresabschluß deutlicher als bisher darzustellen. **6**

Gleiches gilt nach Abs. 5 S. 1 für Verbindlichkeiten mit einer Restlaufzeit **bis zu einem Jahr** bezüglich der Passivseite C. **7**

Der Gesamtbetrag der Verbindlichkeiten mit Restlaufzeit von **über 5 Jahren** und der dinglich gesicherten Verbindlichkeiten ist im Anhang anzugeben (§ 285 Nr. 1 a).

**8** Abs. 5 S. 2 erlaubt, **erhaltene Anzahlungen** auf aktivierte Vorräte von diesen (Aktivseite B I) offen abzusetzen. Im übrigen sind erhaltene Anzahlungen auf Bestellungen unter Verbindlichkeiten gesondert auszuweisen (Passivseite C 3). Abs. 5 S. 3 betrifft **Aufwendungen** vor dem Abschlußstichtag, die erst nach diesem Tag rechtlich entstehen, aber Aufwand des Geschäftsjahres darstellen. Sie sind, sofern sie einen größeren Umfang haben, im Anhang zu erläutern. Diese Vorschrift entspricht für die Aktivseite Abs. 4 S. 2.

**9** Nach Abs. 6 ist das **Disagio**, falls es nach § 250 Abs. 3 HGB als aktiver Rechnungsabgrenzungsposten aufgenommen wird, entweder in der Bilanz gesondert auszuweisen oder im Anhang anzugeben.

**10** Die in § 251 HGB (entspricht § 33 e Abs. 2 GenG a. F.) genannten **Haftungsverhältnisse** sind wie bisher unter dem Bilanzstrich anzugeben. Zu diesen Verbindlichkeiten gehören auch Bürgschaften im Rahmen des Garantieverbundes. Sie sind in voller Höhe einzusetzen. Dies gilt auch dann, wenn ihnen gleichwertige Rückgriffsforderungen gegenüberstehen, diese brauchen selbst nicht auf der Aktivseite vermerkt zu werden. Die Gliederungsvordrucke für Wohnungsgenossenschaften sehen die gesonderte Angabe im Anhang vor, wenn die zugrunde liegenden Verpflichtungen nicht passiviert werden müssen, s. GdW. Erläuterungen, Teil C, S. 140, 155–157 und Anlage 6 Nr. 3.

**11** Der **Vermerk** ist sowohl unter der Bilanz als auch in einer Vorspalte auf der Passivseite der Bilanz zulässig. Es ist der jeweils verbürgte Betrag zu vermerken; bei teilweiser Tilgung verringert sich die zu vermerkende Bürgschaftsverbindlichkeit. Muß ernstlich mit einer Inanspruchnahme gerechnet werden, ist ein Vermerk unter dem Strich nicht mehr zulässig; es muß der voraussichtlich zu zahlende Betrag passiviert werden (Rückstellung).

**12** Auch **Delkredereverpflichtungen** der Warengenossenschaften aus Vermittlungsgeschäften fallen unter den Begriff der Garantieverträge und sind, soweit sie nicht als Verbindlichkeiten passiviert sind, entsprechend auszuweisen.

**13** Gleiches gilt für **Patronatserklärungen**, soweit sie eine echte Eventualverbindlichkeit darstellen; anderenfalls sind sie ggfs. im Geschäftsbericht (dort im Erläuterungsbericht) zu erwähnen (vgl. hierzu ausführlich *Schaffland*, BB 1977, 1021 ff sowie *Mösel*, DB 1979, 1469 ff; *Obermüller*, ZIP 1982, 915; *Schröder*, ZGR 1982, 552).

**14** Verpflichtungen aus **Besserungsscheinen** sind in den **Anhang** aufzunehmen (hierzu § 285 HGB Rdn. 5 im Anhang zu § 33).

**15** Gewährleistungen für **eigene** Leistungen sind in den **Anhang** aufzunehmen (§ 285 HGB Rdn. 5 im Anhang zu § 33).

Zur Darstellung des Anlagespiegels von **Wohnungsgenossenschaften** s. GdW „Erläuterungen", Anhang/Anlagenspiegel, Teil C, S. 147 ff, 155 und Anlage 2, S. 1–7. **16**

## § 269 HGB
## Aufwendungen für die Ingangsetzung und Erweiterung des Geschäftsbetriebs

**Die Aufwendungen für die Ingangsetzung des Geschäftsbetriebs und dessen Erweiterung dürfen, soweit sie nicht bilanzierungsfähig sind, als Bilanzierungshilfe aktiviert werden; der Posten ist in der Bilanz unter der Bezeichnung „Aufwendungen für die Ingangsetzung und Erweiterung des Geschäftsbetriebs" vor dem Anlagevermögen auszuweisen und im Anhang zu erläutern. Werden solche Aufwendungen in der Bilanz ausgewiesen, so dürfen Gewinne nur ausgeschüttet werden, wenn die nach der Ausschüttung verbleibenden jederzeit auflösbaren Gewinnrücklagen zuzüglich eines Gewinnvortrags und abzüglich eines Verlustvortrags dem angesetzten Betrag mindestens entsprechen.**

Diese Vorschrift läßt die Aktivierung von sonst nicht bilanzierungsfähigen Aufwendungen (s. § 248 Abs. 1 HGB für Einzelkaufleute und Personengesellschaften) für die **Ingangsetzung** und **Erweiterung** des Geschäftsbetriebs als **Bilanzierungshilfe** zu. **1**

Zu diesen **Aufwendungen** gehören alle für den Aufbau der Innen- und Außenorganisation sowie der Ingangsetzung und zwar nicht nur bei der Gründung der eG, sondern auch bei späteren Erweiterungen des Geschäftsbetriebs, z. B. Kosten des Aufbaus einer Vertriebsorganisation, der Beschaffung von Arbeitskräften für Organisationsgutachten und Marktstudien, Einführungswerbung bei Aufnahme neuer Betriebszweige und Kosten neuer Produktionseinrichtungen sowie neuer Standorte. **2**

Nach Satz 2 dieser Vorschrift dürfen **Gewinne** nur ausgeschüttet werden, wenn die nach der Ausschüttung verbleibenden jederzeit auflösbaren Ergebnisrücklagen zuzüglich eines Gewinnvortrages und abzüglich eines Verlustvortrages dem aktivierten Betrag mindestens entsprechen. **3**

Bezüglich der **Abschreibungen** siehe § 282 i. V. m. § 336 HGB und die dortigen Erläuterungen. **4**

## § 270 HGB
## Bildung bestimmter Posten

**(1) Einstellungen in die Kapitalrücklage und deren Auflösung sind bereits bei der Aufstellung der Bilanz vorzunehmen. Satz 1 ist auf Ein-**

**stellungen in den Sonderposten mit Rücklageanteil und dessen Auflösung anzuwenden.**

**(2) Wird die Bilanz unter Berücksichtigung der vollständigen oder teilweisen Verwendung des Jahresergebnisses aufgestellt, so sind Entnahmen aus Gewinnrücklagen sowie Einstellungen in Gewinnrücklagen, die nach Gesetz, Gesellschaftsvertrag oder Satzung vorzunehmen sind oder auf Grund solcher Vorschriften beschlossen worden sind, bereits bei der Aufstellung der Bilanz zu berücksichtigen.**

Veränderungen der Kapitalrücklage (§ 272 Abs. 2) sind bereits bei der Aufstellung der Bilanz vorzunehmen, also vom Vorstand (§ 336 Abs. 1 HGB). Gleiches gilt für Sonderposten mit Rücklageanteil (§§ 247 Abs. 3, 273 HGB).

## § 271 HGB
## Beteiligungen. Verbundene Unternehmen

**(1) Beteiligungen sind Anteile an anderen Unternehmen, die bestimmt sind, dem eigenen Geschäftsbetrieb durch Herstellung einer dauernden Verbindung zu jenen Unternehmen zu dienen. Dabei ist es unerheblich, ob die Anteile in Wertpapieren verbrieft sind oder nicht. Als Beteiligung gelten im Zweifel Anteile an einer Kapitalgesellschaft, deren Nennbeträge insgesamt den fünften Teil des Nennkapitals dieser Gesellschaft überschreiten. Auf die Berechnung ist § 16 Abs. 2 und 4 des Aktiengesetzes entsprechend anzuwenden. Die Mitgliedschaft in einer eingetragenen Genossenschaft gilt nicht als Beteiligung im Sinne dieses Buches.**

**(2) Verbundene Unternehmen im Sinne dieses Buches sind solche Unternehmen, die als Mutter- oder Tochterunternehmen (§ 290) in den Konzernabschluß eines Mutterunternehmens nach den Vorschriften über die Vollkonsolidierung einzubeziehen sind, das als oberstes Mutterunternehmen den am weitestgehenden Konzernabschluß nach dem Zweiten Unterabschnitt aufzustellen hat, auch wenn die Aufstellung unterbleibt, oder das einen befreienden Konzernabschluß nach § 291 oder nach einer nach § 292 erlassenen Rechtsverordnung aufstellt oder aufstellen könnte; Tochterunternehmen, die nach § 295 oder § 296 nicht einbezogen werden, sind ebenfalls verbundene Unternehmen.**

**1** Abs. 1 S. 1 definiert die Beteiligung für die Jahresabschlüsse aller Kapitalgesellschaften und der eG. Der Anteilsbesitz muß der Herstellung einer **dauernden Verbindung** zu einem anderen Unternehmen zu dienen bestimmt sein. In jedem Fall muß ein Gesellschaftsverhältnis vorliegen, ein partiarisches Darlehen mit Einwirkungsrechten genügt nicht. Notwendig ist in jedem Falle eine Beteiligungsabsicht, die in erster Linie aus den objektiven Umständen zu entnehmen ist. Es genügt nicht die Beteiligungsabsicht aus Anlage- und Renditegründen, sondern eine **Beteiligungsabsicht zu unternehmerischen Zwecken** ist erforderlich. Zur Bilanzierung von Beteiligungen vgl. § 266 HGB Rdn. 11 ff.

Abs. 2 bringt eine auf das Dritte Buch des HGB beschränkte Definition **2**
der **verbundenen Unternehmen**, die von § 15 AktG abweicht. Der Begriff gilt im Rahmen der Rechnungslegung sowohl für den Einzelabschluß als auch für den Konzernabschluß (zum Begriff der Beteiligungen, Beteiligungsunternehmen und verbundenen Unternehmen vgl. ausführlich Jahresabschluß der WuDeG Teil A VI).

## § 272 HGB
## Eigenkapital

**(1) Gezeichnetes Kapital ist das Kapital, auf das die Haftung der Gesellschafter für die Verbindlichkeiten der Kapitalgesellschaft gegenüber den Gläubigern beschränkt ist. Die ausstehenden Einlagen auf das gezeichnete Kapital sind auf der Aktivseite vor dem Anlagevermögen gesondert auszuweisen und entsprechend zu bezeichnen; die davon eingeforderten Einlagen sind zu vermerken. Die nicht eingeforderten ausstehenden Einlagen dürfen auch von dem Posten „Gezeichnetes Kapital" offen abgesetzt werden; in diesem Falle ist der verbleibende Betrag als Posten „Eingefordertes Kapital" in der Hauptspalte der Passivseite auszuweisen und ist außerdem der eingeforderte, aber noch nicht eingezahlte Betrag unter den Forderungen gesondert auszuweisen und entsprechend zu bezeichnen.**

**(2) Als Kapitalrücklage sind auszuweisen**

1. **der Betrag, der bei der Ausgabe von Anteilen einschließlich von Bezugsanteilen über den Nennbetrag hinaus erzielt wird;**
2. **der Betrag, der bei der Ausgabe von Schuldverschreibungen für Wandlungsrechte und Optionsrechte zum Erwerb von Anteilen erzielt wird;**
3. **der Betrag von Zuzahlungen, die Gesellschafter gegen Gewährung eines Vorzugs für ihre Anteile leisten;**
4. **der Betrag von anderen Zuzahlungen, die Gesellschafter in das Eigenkapital leisten.**

**(3) Als Gewinnrücklagen dürfen nur Beträge ausgewiesen werden, die im Geschäftsjahr oder in einem früheren Geschäftsjahr aus dem Ergebnis gebildet worden sind. Dazu gehören aus dem Ergebnis zu bildende gesetzliche oder auf Gesellschaftsvertrag oder Satzung beruhende Rücklagen und andere Gewinnrücklagen.**

**(4) In eine Rücklage für eigene Anteile ist ein Betrag einzustellen, der dem auf der Aktivseite der Bilanz für die eigenen Anteile anzusetzenden Betrag entspricht. Die Rücklage darf nur aufgelöst werden, soweit die eigenen Anteile ausgegeben, veräußert oder eingezogen werden oder soweit nach § 253 Abs. 3 auf der Aktivseite ein niedrigerer Betrag angesetzt wird. Die Rücklage, die bereits bei der Aufstellung der Bilanz vorzunehmen ist, darf aus vorhandenen Gewinnrücklagen gebildet werden, soweit diese frei verfügbar sind. Die Rücklage nach Satz 1 ist auch für Anteile eines herrschenden oder eines mit Mehrheit beteiligten Unternehmens zu bilden.**

**1** Der Begriff des „gezeichneten Kapitals" ist gleichbedeutend mit den bisherigen Begriffen Grundkapital oder Stammkapital. Die neue Bezeichnung soll verdeutlichen, daß es sich um gezeichnetes, nicht notwendig eingezahltes Kapital handelt.

**2** Hinsichtlich der **Kapitalrücklage (Abs. 2)** s. § 266 HGB Rdn. 44.

**3** Zu den Ergebnisrücklagen vgl. § 266 HGB Rdn. 45 ff.

**4** Eine Rücklage für eigene Anteile (Abs. 4) gibt es bei der eG nicht.

## § 273 HGB
## Sonderposten mit Rücklageanteil

**Der Sonderposten mit Rücklageanteil (§ 247 Abs. 3) darf nur insoweit gebildet werden, als das Steuerrecht die Anerkennung des Wertansatzes bei der steuerrechtlichen Gewinnermittlung davon abhängig macht, daß der Sonderposten in der Bilanz gebildet wird. Er ist auf der Passivseite vor den Rückstellungen auszuweisen; die Vorschriften, nach denen er gebildet worden ist, sind in der Bilanz oder im Anhang anzugeben.**

Sonderposten mit Rücklageanteil (§ 247 Abs. 3 HGB) dürfen nur noch gebildet werden, wenn der steuerrechtliche Wertansatz von der Bildung des Sonderpostens in der Handelsbilanz abhängt. Zu den Sonderposten mit Rücklageanteil gehören insbes. die

- Rücklage gem. § 6 b EStG
- Rücklage für Ersatzbeschaffung (Abschnitt 35 EStR)
- Rücklage aufgrund der Umstellung der Pensionsrückstellung nach § 52 Abs. 5 EStG
- Rücklage für Zuschüsse nach Abschnitt 34 Abs. 3 EStR (Vgl. auch § 266 HGB Rdn. 50; siehe auch Jahresabschluß der Waren- und Dienstleistungsgenossenschaften Teil B Passivseite B).

## § 274 HGB
## Steuerabgrenzung

**(1) Ist der dem Geschäftsjahr und früheren Geschäftsjahren zuzurechnende Steueraufwand zu niedrig, weil der nach den steuerrechtlichen Vorschriften zu versteuernde Gewinn niedriger als das handelsrechtliche Ergebnis ist, und gleicht sich der zu niedrige Steueraufwand des Geschäftsjahrs und früherer Geschäftsjahre in späteren Geschäftsjahren voraussichtlich aus, so ist in Höhe der voraussichtlichen Steuerbelastung nachfolgender Geschäftsjahre eine Rückstellung nach § 249 Abs. 1 Satz 1 zu bilden und in der Bilanz oder im Anhang gesondert anzugeben. Die Rückstellung ist aufzulösen, sobald die höhere Steuerbelastung eintritt oder mit ihr voraussichtlich nicht mehr zu rechnen ist.**

**(2) Ist der dem Geschäftsjahr und früheren Geschäftsjahren zuzurechnende Steueraufwand zu hoch, weil der nach den steuerrechtlichen Vorschriften zu versteuernde Gewinn höher als das handelsrechtliche Ergebnis ist, und gleicht sich der zu hohe Steueraufwand des Geschäftsjahres und früherer Geschäftsjahre in späteren Geschäftsjahren voraussichtlich aus, so darf in Höhe der voraussichtlichen Steuerentlastung nachfolgender Geschäftsjahre ein Abgrenzungsposten als Bilanzierungshilfe auf der Aktivseite der Bilanz gebildet werden. Dieser Posten ist unter entsprechender Bezeichnung gesondert auszuweisen und im Anhang zu erläutern. Wird ein solcher Posten ausgewiesen, so dürfen Gewinne nur ausgeschüttet werden, wenn die nach der Ausschüttung verbleibenden jederzeit auflösbaren Gewinnrücklagen zuzüglich eines Gewinnvortrags und abzüglich eines Verlustvortrags dem angesetzten Betrag mindestens entsprechen. Der Betrag ist aufzulösen, sobald die Steuerentlastung eintritt oder mit ihr voraussichtlich nicht mehr zu rechnen ist.**

Nach Abs. 1 S. 1 ist im Falle künftiger Steuerbelastung bei Periodenver- **1**
schiebung eine Rückstellung zu bilden und gesondert anzugeben (Rückstellung für Steuerabgrenzung (**latente Steuern**)). Voraussetzung ist, daß der dem Geschäftsjahr und früheren Geschäftsjahren zuzurechnende Steuerbilanzgewinn niedriger ist als der Handelsbilanzgewinn und damit der Steueraufwand zu niedrig ist und daß sich diese Differenz später voraussichtlich ausgleicht. Es ist nach h. M. (*Niehus/Scholz*, in: Meyer-Landrut/Miller/Niehus, GmbHG, Anhang zu §§ 41, 42: §§ 238–335 Rdn. 574; *Baumbach/Duden/Hopt*, HGB, § 274 Anm. 1 A) eine Gesamtbetrachtung vorzunehmen, d. h. also keine Aufschlüsselung zu jedem einzelnen Posten. Bei dieser Gesamtbetrachtung werden auch die latenten Steueraufwände (Abs. 1) und die latenten Steuererträge (Abs. 2) saldiert (vgl. im einzelnen *Baumbach/Duden/Hopt*, HGB, § 274 Anm. 1 A).

2 Abs. 2 S. 1 erlaubt erstmals die aktivische Steuerabgrenzung in Form einer **Bilanzierungshilfe**. Hierbei ist durch Abs. 2 S. 3 eine Gewinnausschüttungssperre vorzusehen, durch die sichergestellt werden soll, daß die Aktivierung nicht zur Gewinnausschüttung mißbraucht wird.

3 In der steuerlichen Gewinnermittlung sowie in der Gliederung des verwendbaren Eigenkapitals wirken sich latente Steuern nicht aus.

## § 274 a HGB
## Größenabhängige Erleichterungen

**Kleine Kapitalgesellschaften sind von der Anwendung der folgenden Vorschriften befreit:**

**1. § 268 Abs. 2 über die Aufstellung eines Anlagengitters,**
**2. § 268 Abs. 4 Satz 2 über die Pflicht zur Erläuterung bestimmter Forderungen im Anhang,**
**3. § 268 Abs. 5 Satz 3 über die Erläuterung bestimmter Verbindlichkeiten im Anhang,**
**4. § 268 Abs. 6 über den Rechnungsabgrenzungsposten nach § 250 Abs. 3,**
**5. § 269 Satz 1 insoweit, als die Aufwendungen für die Ingangsetzung und Erweiterung des Geschäftsbetriebs im Anhang erläutert werden müssen.**

Diese Vorschrift gilt auch für die eG. Zu den Größenordnungen siehe § 267 HGB und die dortigen Erläuterungen.

## § 275 HGB
## Gliederung der Gewinn- und Verlustrechnung

**(1) Die Gewinn- und Verlustrechnung ist in Staffelform nach dem Gesamtkostenverfahren oder dem Umsatzkostenverfahren aufzustellen. Dabei sind die in Absatz 2 oder 3 bezeichneten Posten in der angegebenen Reihenfolge gesondert auszuweisen.**

**(2) Bei Anwendung des Gesamtkostenverfahrens sind auszuweisen:**

**1. Umsatzerlöse**
**2. Erhöhung oder Verminderung des Bestands an fertigen und unfertigen Erzeugnissen**
**3. andere aktivierte Eigenleistungen**
**4. sonstige betriebliche Erträge**
**5. Materialaufwand:**
   **a) Aufwendungen für Roh-, Hilfs- und Betriebsstoffe und für bezogene Waren**

b) Aufwendungen für bezogene Leistungen
6. Personalaufwand:
a) Löhne und Gehälter
b) soziale Abgaben und Aufwendungen für Altersversorgung und für Unterstützung,
davon für Altersversorgung
7. Abschreibungen:
a) auf immaterielle Vermögensgegenstände des Anlagevermögens und Sachanlagen sowie auf aktivierte Aufwendungen für die Ingangsetzung und Erweiterung des Geschäftsbetriebs
b) auf Vermögensgegenstände des Umlaufvermögens, soweit diese die in der Kapitalgesellschaft üblichen Abschreibungen überschreiten
8. sonstige betriebliche Aufwendungen
9. Erträge aus Beteiligungen, davon aus verbundenen Unternehmen
10. Erträge aus anderen Wertpapieren und Ausleihungen des Finanzanlagevermögens, davon aus verbundenen Unternehmen
11. sonstige Zinsen und ähnliche Erträge, davon aus verbundenen Unternehmen
12. Abschreibungen auf Finanzanlagen und auf Wertpapiere des Umlaufvermögens
13. Zinsen und ähnliche Aufwendungen, davon an verbundene Unternehmen
14. Ergebnis der gewöhnlichen Geschäftstätigkeit
15. außerordentliche Erträge
16. außerordentliche Aufwendungen
17. außerordentliches Ergebnis
18. Steuern vom Einkommen und vom Ertrag
19. sonstige Steuern
20. Jahresüberschuß/Jahresfehlbetrag.

(3) Bei Anwendung des Umsatzkostenverfahrens sind auszuweisen:
1. Umsatzerlöse
2. Herstellungskosten der zur Erzielung der Umsatzerlöse erbrachten Leistungen
3. Bruttoergebnis vom Umsatz
4. Vertriebskosten
5. allgemeine Verwaltungskosten
6. sonstige betriebliche Erträge
7. sonstige betriebliche Aufwendungen
8. Erträge aus Beteiligungen, davon aus verbundenen Unternehmen
9. Erträge aus anderen Wertpapieren und Ausleihungen des Finanzanlagevermögens, davon aus verbundenen Unternehmen

**10. sonstige Zinsen und ähnliche Erträge, davon aus verbundenen Unternehmen**
**11. Abschreibungen auf Finanzanlagen und auf Wertpapiere des Umlaufvermögens**
**12. Zinsen und ähnliche Aufwendungen, davon an verbundene Unternehmen**
**13. Ergebnis der gewöhnlichen Geschäftstätigkeit**
**14. außerordentliche Erträge**
**15. außerordentliche Aufwendungen**
**16. außerordentliches Ergebnis**
**17. Steuern vom Einkommen und vom Ertrag**
**18. sonstige Steuern**
**19. Jahresüberschuß/Jahresfehlbetrag.**

**(4) Veränderungen der Kapital- und Gewinnrücklagen dürfen in der Gewinn- und Verlustrechnung erst nach dem Posten „Jahresüberschuß/Jahresfehlbetrag" ausgewiesen werden.**

*Übersicht*



## I. Vorbemerkungen

1 Die Gewinn- und Verlustrechnung ist als Teil des Jahresabschlusses klar und übersichtlich aufzustellen (§ 243 Abs. 2 HGB); sie soll ein den **tatsächlichen Verhältnissen** entsprechendes Bild der Ertragslage der eG vermitteln (§ 264 Abs. 2 HGB).

2 Grundsätzlich gilt das **Brutto**-Prinzip, d. h. keine Kürzungsmöglichkeit der Umsatzerlöse um die Aufwendungen. Für kleine und mittelgroße eG besteht jedoch insoweit nach § 276 eine Erleichterung.

3 Die in § 265 enthaltenen **Gliederungsgrundsätze** sind auch hier zu beachten (vgl. im einzelnen Erl. zu § 265 HGB).

4 Durch Abs. 1 S. 1 wird die **Staffelform** zwingend vorgeschrieben. Die eG hat im übrigen die Wahl zwischen dem Gesamtkostenverfahren (Abs. 2) oder dem Umsatzkostenverfahren (Abs. 3).

5 Das **Gesamtkostenverfahren** gliedert die Aufwendungen und Umsatzerlöse der Art nach auf, ohne die Beziehungen zwischen Kosten und Leistungen aufzuzeigen. Das **Umsatzkostenverfahren** stellt demgegenüber den Umsatzerlösen die auf die Umsätze entfallenden Kosten gegenüber. Zu den Verfahren, zu ihren Vor- und Nachteilen vgl. Jahresabschluß der WuDeG Teil C S. 2.

**Wohnungsgenossenschaften** haben bei der Aufstellung der GuV-Rechnung die nach § 1 Abs. 1 Formblatt-VO vorgeschriebene, von § 275 Abs. 2, 3 HGB **abweichende Gliederung** zu beachten. Das Formblatt gliedert nach dem von den Wohnungsgenossenschaften seit Erlaß der Formblatt-VO 1970 mehrheitlich angewendeten Gesamtkostenverfahren (s. i. E. GdW „Erläuterungen“, Anlage 5/Formblatt-VO Art. 1 §§ 1 Abs. 1, 2 Abs. 4 Formblatt „GuV“ S. 10 ff, Anlage 6/Vordrucke S. 6 ff, GuV sowie Anhang C, 9 ff; Erläuterungen C, 14 ff, Anhang C, 139, 143 Teil C/GuV, S. 94 ff ferner Rdn. 7 zu § 330 HGB im Anhang zu § 33 GenG). **6**

## II. Gesamtkostenverfahren

**Zum Begriff der Umsatzerlöse (II.1)** vgl. den Wortlaut des § 277 Abs. 1 HGB. Der Ausweis muß netto ohne Umsatzsteuer erfolgen. In die Umsatzerlöse sind die gesondert berechnete Fracht, Verpackung und andere Zuschläge sowie preisauffüllende öffentliche Zuschüsse einzubeziehen. Die **Erhöhung oder Verminderung des Bestands an fertigen und unfertigen Erzeugnissen (II.2)** sind Bestandsveränderungen i. S. d. § 277 Abs. 2. Sie umfassen Mengen und Wertänderungen sowie die üblichen Abschreibungen. Unübliche Abschreibungen fallen unter II.7.b. Unter den **anderen aktivierten Eigenleistungen (II.3)** werden die Gegenposten aus der Aktivierung selbsterstellter Anlagen erfaßt. Nachträglich aktivierte Eigenleistungen sind unter dem Posten II.4 auszuweisen (vgl. Rdn. 8). **7**

Die **sonstigen betrieblichen Erträge (II.4)** sind ein Sammelposten für alle Erträge aus der gewöhnlichen Geschäftstätigkeit, die nicht unter Nr. 1–3, 9–11 fallen. Auch periodenfremde Erträge können dazu gehören. Hierzu gehören z. B. Erträge aus Abgängen und Zuschreibungen im Anlagevermögen, Erträge aus der Auflösung von Rückstellungen, Auflösungen und Einzelwertberichtigungen auf Forderungen, Erträge aus der Herabsetzung der Pauschalwertberichtigung auf Forderungen (vgl. im einzelnen die ausführliche Auflistung im Jahresabschluß der WuDeG Teil C.4). **8**

Der **Materialaufwand (II.5)** errechnet sich aus dem Wareneinkauf plus/minus Bestandsveränderungen einschließlich Mengendifferenzen, übliche Wertabschläge und sonstige Bewertungsabweichungen. Die Bestände sind mit dem Bilanzwert anzusetzen, also unter Berücksichtigung der Abschreibungen nach II.7. Bei den Aufwendungen für bezogene Leistungen muß es sich um Fremdleistungen, z. B. Werklöhne, die an Dritte zu zahlen sind, handeln. **9**

Zum **Personalaufwand (I.6)** zählen in erster Linie die Löhne und Gehälter sowie die Sozialabgaben. **10**

**Unter Löhne** und **Gehälter** sind alle Zahlungen und Sachleistungen (z. B. Dienstwagen, -wohnung) zu verstehen, die an Arbeiter, Angestellte **11**

der eG und Mitglieder des Vorstands während des Geschäftsjahres entrichtet wurden, ganz gleich für welche Arbeit, in welcher Form und unter welcher Bezeichnung sie erbracht wurden (*Adler/Düring/Schmaltz*, AktG, § 157 a. F. Rdn. 137). Auszuweisen ist der Bruttobetrag der Löhne und Gehälter, d. h. der Betrag vor Abzug der Steuern und Sozialabgaben (soweit diese vom Arbeitnehmer zu tragen sind; die Anteile des Arbeitgebers an den Sozialabgaben fallen unter I.6 b). Zu den Löhnen und Gehältern zählen auch alle Nebenbezüge, z. B. Gratifikationen, Trennungs- und Aufwandsentschädigung, Überstunden und Urlaubsvergütungen, Weihnachtsgelder, Gewinnbeteiligungen, Arbeitnehmer- und Erfindervergütungen. Dagegen gehören nicht hierher die Aufwendungen für die Aufsichtsratsmitglieder, da diese nicht in einem Angestelltenverhältnis zur eG stehen.

**12** **Sozialabgaben** sind nur die gesetzlich von der eG zu tragenden sozialen Versicherungsbeiträge (Arbeitgeberanteile); hierunter fallen die Beiträge der eG für ihre Belegschaftsmitglieder an die Sozialversicherung sowie an die Berufsgenossenschaft. Auch die Beiträge zur Insolvenzsicherung von betrieblichen Versorgungszusagen an den Pensionssicherungsverein sollten grundsätzlich hierunter ausgewiesen werden. Auch gegen den Ausweis von Firmenbeiträgen zur sog. befreienden Lebensversicherung bestehen im Hinblick auf den Ersatzcharakter dieser Leistungen keine Einwendungen (*Adler/Düring/Schmaltz*, AktG, § 157 a. F. Rdn. 150; *Kropff*, in: Geßler u. a., AktG, § 157 a. F. Rdn. 114; WP-Handbuch 1981, S. 801).

**13** Zu den **Abschreibungen (II.7)** gehören auch die Abschreibungen auf die aktivierten Aufwendungen für die Ingangsetzung und Erweiterung des Geschäftsbetriebs (hierzu § 269 HGB und die dortigen Erl. sowie § 268 Abs. 2 HGB und die dortigen Erl.). Abschreibungen auf Finanzanlagen fallen unter II.12. Veräußerungsverluste bzw. sonstiger Abgang sind keine Abschreibungen, sondern fallen unter II.8.

**14** Die **sonstigen Aufwendungen (II.8)** sind ein Sammelposten für alle Aufwendungen der gewöhnlichen Geschäftstätigkeit, die nicht unter Nr. 5-7, 12, 13 fallen. Hierunter fallen z. B. Verluste aus dem Abgang von Umlaufvermögen außer Vorräten, aus dem Abgang von Anlagevermögen, Sachaufwendungen, Kursverluste, Abschreibungen und Zuführungen zu Wertberichtigungen auf Forderungen und sonstige Vermögensgegenstände, Aufwendungen für Verpflichtungen aus Sanierungen gegen Besserungsschein (vgl. die ausführliche Auflistung im Jahresabschluß der WuDeG Teil. C.8.).

**15** Zu den **Erträgen aus Beteiligungen und Geschäftsguthaben (II.9)** zählen Dividenden und andere Gewinnanteile, Erträge aus Beherrschungsverträgen. Die Erträge sind im Jahr des Zufließens mit den Bruttobeträgen auszuweisen. Erträge aus verbundenen Unternehmen sind gesondert zu vermerken.

16 Zu den **Erträgen aus anderen Wertpapieren und Ausleihungen des Finanzanlagevermögens (II.10)** gehören die Erträge des Finanzanlagevermögens, soweit es nicht Beteiligungen betrifft (diese sind in II. Nr. 9 aufzunehmen). Hierunter fallen auch Erträge aus periodischer Aufzinsung abgezinster langfristiger Ausleihungen (WP-Handbuch 1985 I., S. 662). Die Erträge sind brutto auszuweisen; eine Saldierung mit Aufwendungen für Finanzanlagen ist nicht zulässig. Erträge aus verbundenen Unternehmen sind gesondert zu vermerken.

17 Unter den **sonstigen Zinsen und ähnlichen Erträgen (II.11)** sind die Erträge zu erfassen, die nicht unter II.9 oder 10 auszuweisen sind. Hierzu zählen u. a. Zinsen für Bankguthaben, Bürgschaftsprovisionen, Agio, Disagio. Eine Saldierung von Zinserträgen und -aufwendungen ist unzulässig; die Zinsaufwendungen fallen unter II.13. Erträge aus verbundenen Unternehmen sind gesondert zu vermerken.

18 **Abschreibungen auf Finanzanlagen und auf Wertpapiere des Umlaufvermögens (II.12)** einschließlich eventueller vorübergehender Wertkorrekturen auf Finanzanlagen und einschließlich pauschaler Abschreibungen auf diese Finanzanlagen sind unter diesem Posten auszuweisen. Gleiches gilt für die Bildung von Pauschalwertberichtigungen und für weitere Zuweisungen für Wertberichtigungen auf Finanzanlagen.

19 Unter **Zinsen und ähnliche Aufwendungen (II.13)** sind Zinsen jeglicher Art zu erfassen, inklusiv periodenfremder Zinsaufwendungen. Eine Saldierung mit den Erträgen ist nicht zulässig; gleiches gilt für Zinszuschüsse. Allerdings mindern Zinsverbilligungen für bestimmte Sonderkredite den Zinsaufwand. Nicht auszuweisen sind Bankspesen, Kontoführungsgebühren, alle mit der Überwachung von Krediten im Zusammenhang stehenden Kosten. Gesondert anzugeben sind diese Aufwendungen, soweit sie an verbundene Unternehmen gezahlt werden.

**Zinsen** ist der gesamte Aufwand, der für die Aufname des in der Genossenschaft arbeitenden Fremdkapitals gemacht wird (*Kropff*, in: Geßler u. a., AktG, § 157 a. F. Rdn. 128). Hierzu zählen Zinsen für geschuldete Kredite gleich welcher Art (z. B. Bankkredite, Hypotheken, Schuldverschreibungen, Darlehen, Lieferantenkredite, Verzugszinsen für verspätete Zahlungen) sowie Kreditprovisionen, Überziehungsprovisionen, Bürgschaftsprovisionen. Hierzu zählen auch Abschreibungen auf aktiviertes Agio, Disagio oder Damnum. Soweit die eG ihr eingeräumte Lieferantenskonti nicht ausnutzt, kann sie den nicht in Anspruch genommenen Skontoabzug ebenfalls hier verbuchen (so auch ausführlich *Kropff*, ebd. § 157 Rdn. 131). Dagegen können von den Kunden abgesetzte Skonti nicht unter Zinsen ausgewiesen werden, da diese Preisnachlässe darstellen und die entsprechenden Erträge mindern (WP-Handbuch 1981, S. 805).

20 **Das Ergebnis der gewöhnlichen Geschäftstätigkeit (II.14)** besteht aus dem Saldo der betrieblichen Erträge und Aufwendungen (II.1–8) und dem Finanzergebnis (II.9–13). Es handelt sich hier um das gewissermaßen **ordentliche** Ergebnis. Zusammen mit dem **außerordentlichen** Ergebnis (II.17) und den **Steuern** (II.18 und 19) ergibt sich daraus der **Jahresüberschuß/Jahresfehlbetrag** (II.29).

21 Hinsichtlich der **außerordentlichen Erträge (II.15)** siehe den Wortlaut von § 277 Abs. 4.

22 Hinsichtlich der **außerordentlichen Aufwendungen (II.16)** siehe den Wortlaut von § 277 Abs. 4.

23 Die Posten II.15 und 16 bilden als weitere Zwischensumme (neben II.14) das **außerordentliche Ergebnis (II.17).**

24 **Zu den Steuern von Einkommen und Ertrag (II.18)** gehören insbesond. die Körperschaftsteuer, Kapitalertragsteuer, Gewerbeertragsteuer sowie Aufwendungen für latente Steuern und die anrechenbare Körperschaftsteuer. Ausweispflichtig sind die Steuern, soweit die eG Steuerschuldner ist.

25 Zu den **sonstigen Steuern (II.19)** gehören z. B. die Vermögensteuer, die Gewerbekapitalsteuer, die Kraftfahrzeugsteuer, die Umsatzsteuer auf den Eigenverbrauch, die Verbrauchsteuer.

26 Der **Jahresüberschuß/Jahresfehlbetrag (II.20)** ist der Saldo aller in der Gewinn- und Verlustrechnung ausgewiesenen Erträge und Aufwendungen. Er ist voll auszuweisen (hierzu § 48 Rdn. 9, 13). Dieser Saldo muß mit dem Posten der Bilanz auf der Passivseite unter A. Eigenkapital übereinstimmen. Da nach Abs. 4 Veränderungen der Kapital- und Ergebnisrücklagen in der Gewinn- und Verlustrechnung erst nach diesem Posten ausgewiesen werden dürfen, sind gesondert darzustellen:

- Gewinnvortrag/Verlustvortrag
- Einstellung in Rücklagen
- Entnahme aus Rücklagen
- Bilanzgewinn/Bilanzverlust.

## III. Umsatzkostenverfahren

27 Da bei der eG üblicherweise das Gesamtkostenverfahren und nicht das Umsatzkostenverfahren angewandt wird, wird davon Abstand genommen, auf das Gliederungsschema des Abs. 3 einzugehen.

## § 276 HGB
## Größenabhängige Erleichterungen

**Kleine und mittelgroße Kapitalgesellschaften (§ 267 Abs. 1, 2) dürfen die Posten § 275 Abs. 2 Nr. 1 bis 5 oder Abs. 3 Nr. 1 bis 3 und 6 zu einem**

**Posten unter der Bezeichnung „Rohergebnis“ zusammenfassen. Kleine Kapitalgesellschaften brauchen außerdem die in § 277 Abs. 4 Satz 2 und 3 verlangten Erläuterungen zu den Posten „außerordentliche Erträge“ und „außerordentliche Aufwendungen“ nicht zu machen.**

Kleine und mittelgroße eG (hierzu § 267 Abs. 1 und 2) brauchen lediglich einen Sammelposten Rohergebnis, bestehend aus den Posten § 275 Abs. 2, 1–5 auszuweisen. **1**

Hinsichtlich der größenabhängigen Erleichterungen bei der Offenlegung vgl. § 339 HGB im Anhang zu § 33 GenG. **2**

Hinsichtlich der Erleichterungen für kleine und mittlere Wohnungsgenossenschaften in Verbindung mit der Formblatt-VO i. d. F. v. 6. 3. 1987 s. Rdn. 7, 8, 11 und 12 zu § 330 HGB im Anhang zu § 33 GenG sowie GdW „Erläuterungen“, Anlage 1/Größenklassen, S. 3; Teil C/GuV, S. 96. **3**

## § 277 HGB

## Vorschriften zu einzelnen Posten der Gewinn- und Verlustrechnung

**(1) Als Umsatzerlöse sind die Erlöse aus dem Verkauf und der Vermietung oder Verpachtung von für die gewöhnliche Geschäftstätigkeit der Kapitalgesellschaft typischen Erzeugnissen und Waren sowie aus von für die gewöhnliche Geschäftstätigkeit der Kapitalgesellschaft typischen Dienstleistungen nach Abzug von Erlösschmälerungen und der Umsatzsteuer auszuweisen.**

**(2) Als Bestandsveränderungen sind sowohl Änderungen der Menge als auch solche des Wertes zu berücksichtigen; Abschreibungen jedoch nur, soweit diese die in der Kapitalgesellschaft sonst üblichen Abschreibungen nicht überschreiten.**

**(3) Außerplanmäßige Abschreibungen nach § 253 Abs. 2 Satz 3 sowie Abschreibungen nach § 253 Abs. 3 Satz 3 sind jeweils gesondert auszuweisen oder im Anhang anzugeben. Erträge und Aufwendungen aus Verlustübernahme und auf Grund einer Gewinngemeinschaft, eines Gewinnabführungs- oder eines Teilgewinnabführungsvertrags erhaltene oder abgeführte Gewinne sind jeweils gesondert unter entsprechender Bezeichnung auszuweisen.**

**(4) Unter den Posten „außerordentliche Erträge“ und „außerordentliche Aufwendungen“ sind Erträge und Aufwendungen auszuweisen, die außerhalb der gewöhnlichen Geschäftstätigkeit der Kapitalgesellschaft anfallen. Die Posten sind hinsichtlich ihres Betrags und ihrer Art im Anhang zu erläutern, soweit die ausgewiesenen Beträge für die Beurteilung der Ertragslage nicht von untergeordneter Bedeutung sind.**

**Satz 2 gilt auch für Erträge und Aufwendungen, die einem anderen Geschäftsjahr zuzurechnen sind.**

1 Abs. 1 definiert den Begriff der Umsatzerlöse.

2 Abs. 2 betrifft nur das Gesamtkostenverfahren. Bestandsveränderungen (§ 275 Abs. 2 2.) umfassen Mengen und Wertänderungen sowie die in der eG sonst üblichen Abschreibungen.

3 Abs. 3 verlangt, daß die dort genannten Abschreibungen, Erträge und Aufwendungen jeweils gesondert unter entsprechender Bezeichnung auszuweisen sind. Nach § 336 Abs. 2 S. 1 letzter Halbsatz ist Abs. 3 S. 1 auf die eG nicht anzuwenden.

4 Abs. 4 S. 1 definiert die außerordentlichen Erträge/Aufwendungen. Hierzu zählen Gewinn und Verlust aus Verschmelzung, Schuldnachlässe, Kursgewinne aus Währungen sowie Ausverkäufe. Auf eine Erläuterung im Anhang kann nach Abs. 4 S. 2 verzichtet werden, sofern diese Posten für die Beurteilung der Ertragslage von untergeordneter Bedeutung sind.

## § 278 HGB
## Steuern

**Die Steuern vom Einkommen und vom Ertrag sind auf der Grundlage des Beschlusses über die Verwendung des Ergebnisses zu berechnen; liegt ein solcher Beschluß im Zeitpunkt der Feststellung des Jahresabschlusses nicht vor, so ist vom Vorschlag über die Verwendung des Ergebnisses auszugehen. Weicht der Beschluß über die Verwendung des Ergebnisses vom Vorschlag ab, so braucht der Jahresabschluß nicht geändert zu werden.**

1 Mit **Steuern vom Einkommen** meint der Gesetzgeber die Körperschaftsteuer vor Berücksichtigung von Anrechnungsbeträgen und vor Abzug einer etwaigen Kapitalertragsteuer.

2 Die **Steuer vom Ertrag** ist die Gewerbeertragsteuer.

3 Diese Steuern sind in der Gewinn- und Verlustrechnung unter II.18 auszuweisen.

4 Weicht der Beschluß über die Verwendung des Bilanzgewinnes vom Vorschlag der Verwaltung ab, so bedarf es keiner Änderung des Jahresabschlusses (im Unterschied zum Abweichen bei Vorwegzuweisungen, vgl. § 48 Rdn. 13).

## § 279 HGB

### Nichtanwendung von Vorschriften. Abschreibungen

**(1) § 253 Abs. 4 ist nicht anzuwenden. § 253 Abs. 2 Satz 3 darf, wenn es sich nicht um eine voraussichtlich dauernde Wertminderung handelt, nur auf Vermögensgegenstände, die Finanzanlagen sind, angewendet werden.**

**(2) Abschreibungen nach § 254 dürfen nur insoweit vorgenommen werden, als das Steuerrecht ihre Anerkennung bei der steuerrechtlichen Gewinnermittlung davon abhängig macht, daß sie sich aus der Bilanz ergeben.**

Nach § 336 Abs. 2 Satz 1 letzter Halbsatz braucht § 279 HGB bei der eG nicht angewendet zu werden.

## § 280 HGB

### Wertaufholungsgebot

**(1) Wird bei einem Vermögensgegenstand eine Abschreibung nach § 253 Abs. 2 Satz 3 oder Abs. 3 oder § 254 Satz 1 vorgenommen und stellt sich in einem späteren Geschäftsjahr heraus, daß die Gründe dafür nicht mehr bestehen, so ist der Betrag dieser Abschreibung im Umfang der Werterhöhung unter Berücksichtigung der Abschreibungen, die inzwischen vorzunehmen gewesen wären, zuzuschreiben. § 253 Abs. 5, § 254 Satz 2 sind insoweit nicht anzuwenden.**

**(2) Von der Zuschreibung nach Absatz 1 kann abgesehen werden, wenn der niedrigere Wertansatz bei der steuerrechtlichen Gewinnermittlung beibehalten werden kann und wenn Voraussetzung für die Beibehaltung ist, daß der niedrigere Wertansatz auch in der Bilanz beibehalten wird.**

**(3) Im Anhang ist der Betrag der im Geschäftsjahr aus steuerrechtlichen Gründen unterlassenen Zuschreibungen anzugeben und hinreichend zu begründen.**

Nach § 336 Abs. 2 Satz 1 letzter Halbsatz braucht § 280 HGB bei der eG nicht angewendet zu werden.

## § 281 HGB

### Berücksichtigung steuerrechtlicher Vorschriften

**(1) Die nach § 254 zulässigen Abschreibungen dürfen auch in der Weise vorgenommen werden, daß der Unterschiedsbetrag zwischen der nach § 253 in Verbindung mit § 279 und der nach § 254 zulässigen**

**Bewertung in den Sonderposten mit Rücklageanteil eingestellt wird. In der Bilanz oder im Anhang sind die Vorschriften anzugeben, nach denen die Wertberichtigung gebildet worden ist. Unbeschadet steuerrechtlicher Vorschriften über die Auflösung ist die Wertberichtigung insoweit aufzulösen, als die Vermögensgegenstände, für die sie gebildet worden ist, aus dem Vermögen ausscheiden oder die steuerrechtliche Wertberichtigung durch handelsrechtliche Abschreibungen ersetzt wird.**

**(2) Im Anhang ist der Betrag der im Geschäftsjahr allein nach steuerrechtlichen Vorschriften vorgenommenen Abschreibungen, getrennt nach Anlage- und Umlaufvermögen, anzugeben, soweit er sich nicht aus der Bilanz oder der Gewinn- und Verlustrechnung ergibt, und hinreichend zu begründen. Erträge aus der Auflösung des Sonderpostens mit Rücklageanteil sind in dem Posten „sonstige betriebliche Erträge", Einstellungen in den Sonderposten mit Rücklageanteil sind in dem Posten „sonstige betriebliche Aufwendungen" der Gewinn- und Verlustrechnung gesondert auszuweisen oder im Anhang anzugeben.**

**1** Gemäß Abs. 1 S. 1 besteht für Abschreibungen, die i. S. v. § 254 HGB ausschließlich auf Vorschriften des Steuerrechts beruhen, ein Ausweiswahlrecht. Sie können in Höhe des Unterschiedsbetrags zwischen der steuerrechtlich zulässigen und der handelsrechtlichen Abschreibung auf der Passivseite der Bilanz in einen Sonderposten mit Rücklageanteil (§ 247 Abs. 3, § 273 HGB) eingestellt werden.

**2** Die Möglichkeit des passiven Ausweises ist auf die Fälle der sogenannten umgekehrten Maßgeblichkeit begrenzt (§ 336 Abs. 2 i. V. m. § 273 HGB). Die Höhe des Sonderpostens wird durch den Unterschiedsbetrag zwischen der handelsrechtlichen und der höheren steuerrechtlich zulässigen Abschreibung bestimmt. Somit hat die eG die Wahl des Bilanzausweises zwischen einer aktivischen Absetzung der steuerrechtlichen – zusammen mit den handelsrechtlichen – Abschreibungen von den betreffenden Vermögensgegenständen (= direkte Methode) und dem passivischen Ausweis der höheren steuerrechtlichen – ohne die handelsrechtlichen – Abschreibungen als Sonderposten mit Rücklageanteil (= indirekte Methode).

**3** Nach Abs. 1 S. 2 sind in der Bilanz oder im Anhang die Vorschriften anzugeben, auf denen der Passivausweis beruht. Für Kreditinstitute – somit auch für Kreditgenossenschaften – gibt es bezüglich ihrer Risikovorsorge eine Ausnahme, soweit es sich bei den betreffenden Vermögensgegenständen um Forderungen und Wertpapiere der sogenannten Liquiditätsreserve handelt (§ 340 f Abs. 2 S. 2 HGB). Für Kreditinstitute dürfte ein derartiger Ausweis als Sonderposten mit Rücklageanteil allerdings kaum praktische Bedeutung haben.

Der Sonderposten ist aufzulösen, wenn der betreffende Vermögensgegenstand ausscheidet oder soweit die nur steuerrechtlich zulässigen Abschreibungen durch die handelsrechtlichen Abschreibungen ersetzt werden. **4**

Abs. 2 S. 1 braucht gem. § 338 Abs. 2 HGB von eG nicht angewendet zu werden. Für Kreditgenossenschaften, die nach § 340 a Abs. 1 HGB grundsätzlich die Rechnungslegungsvorschriften für große Kapitalgesellschaften zu beachten haben, gilt wiederum die Ausnahmeregelung des § 340 f Abs. 2 S. 2 HGB. **5**

Nach Abs. 2 S. 2 sind Erträge aus der Auflösung dieses Sonderpostens in der Gewinn- und Verlustrechnung unter II.4. Einstellungen in den Sonderposten unter II.8 auszuweisen, und zwar gesondert oder im Anhang anzugeben. **6**

## § 282 HGB

### Abschreibung der Aufwendungen für die Ingangsetzung und Erweiterung des Geschäftsbetriebs

**Für die Ingangsetzung und Erweiterung des Geschäftsbetriebs ausgewiesene Beträge sind in jedem folgenden Geschäftsjahr zu mindestens einem Viertel durch Abschreibungen zu tilgen.**

Hinsichtlich der für die Ingangsetzung und Erweiterung des Geschäftsbetriebs ausgewiesenen Beträge vgl. Erl. zu § 269 HGB; s. a. Erl. zu § 268 Abs. 2 HGB.

Durch § 282 wird lediglich zusätzlich geregelt, daß diese Beträge zu mindestens 25 % durch Abschreibungen zu tilgen sind. Mehr Abschreibungen sind zulässig. Dies hat jedoch keine rechtlichen Auswirkungen auf die Pflicht zur Mindestabschreibung von je 25 % in den Folgejahren.

## § 283 HGB

### Wertansatz des Eigenkapitals

**Das gezeichnete Kapital ist zum Nennbetrag anzusetzen.**

Zum gezeichneten Kapital vgl. die Erl. zu § 272 HGB im Anhang zu § 33 GenG.

## § 284 HGB

### Erläuterungen der Bilanz und der Gewinn- und Verlustrechnung

**(1) In den Anhang sind diejenigen Angaben aufzunehmen, die zu den einzelnen Posten der Bilanz oder der Gewinn- und Verlustrechnung**

**vorgeschrieben oder die im Anhang zu machen sind, weil sie in Ausübung eines Wahlrechts nicht in die Bilanz oder in die Gewinn- und Verlustrechnung aufgenommen wurden.**

**(2) Im Anhang müssen**

1. **die auf die Posten der Bilanz und der Gewinn- und Verlustrechnung angewandten Bilanzierungs- und Bewertungsmethoden angegeben werden;**
2. **die Grundlagen für die Umrechnung in Deutsche Mark angegeben werden, soweit der Jahresabschluß Posten enthält, denen Beträge zugrunde liegen, die auf fremde Währung lauten oder ursprünglich auf fremde Währung lauteten;**
3. **Abweichungen von Bilanzierungs- und Bewertungsmethoden angegeben und begründet werden; deren Einfluß auf die Vermögens-, Finanz- und Ertragslage ist gesondert darzustellen;**
4. **bei Anwendung einer Bewertungsmethode nach § 240 Abs. 4, § 256 Satz 1 die Unterschiedsbeträge pauschal für die jeweilige Gruppe ausgewiesen werden, wenn die Bewertung im Vergleich zu einer Bewertung auf der Grundlage des letzten vor dem Abschlußstichtag bekannten Börsenkurses oder Marktpreises einen erheblichen Unterschied aufweist;**
5. **Angaben über die Einbeziehung von Zinsen für Fremdkapital in die Herstellungskosten gemacht werden.**

*Übersicht*



## I. Vorbemerkungen

1 Nach § 336 Abs. 1 HGB (vgl. die dortigen Erl.) ist der Jahresabschluß um einen **Anhang** zu erweitern, der Bestandteil des Jahresabschlusses ist. Dieser Anhang hat die in §§ 284, 285 sowie die in § 338 HGB (vgl. die dortigen Erläuterungen) geforderten Angaben zu enthalten.

Der Anhang entspricht dem bisherigen Erläuterungsteil des Geschäftsberichts.

2 Dementsprechend ist auch der Anhang klar und übersichtlich aufzustellen. Er hat die Bilanz und die Gewinn- und Verlustrechnung so zu erläutern, daß in entsprechender Anwendung des § 264 Abs. 2 HGB ein den tatsächlichen Verhältnissen entsprechendes Bild der Vermögens-, Finanz- und Ertragslage vermittelt wird. Bei diesen Anforderungen ist im Hinblick auf die Gläubiger und die sonstige Öffentlichkeit auf den bilanzkundigen Leser

abzustellen; wegen des Personenbezugs eG-Mitglied ist im Hinblick auf die Mitglieder zusätzlich zu berücksichtigen, daß diese ggfs. in ihrer überwiegenden Zahl bilanzunkundig sind. Der Anhang ist deshalb so abzufassen, daß er auch diesen Mitgliedern verständlich ist.

Für **Wohnungsgenossenschaften** s. Vordruck und Strukturierungsvorschlag des GdW für den Anhang: GdW „Erläuterungen", Teil C/Anhang, 139, 141 mit Anlagespiegel: C, S. 146–154, zu „Haftungsverhältnissen", C, S. 155–157 und weiteren Angaben C, 158, Anlage 6/Vordrucke, 3, S. 1–12 sowie Rdn. 15 zu § 330 HGB in Anhang zu § 33 GenG. **3**

Aus Gründen der Übersichtlichkeit sollen vorab die Pflichtangaben und Wahlpflichtangaben wiedergegeben werden, die sich aus den **übrigen Vorschriften** des HGB ergeben (§ 284 Abs. 1 S. 1 HGB). **4**

## II. Pflichtangaben und Wahlpflichtangaben im Anhang

Im einzelnen vgl. die Erläuterungen bei den nachstehend bezeichneten Vorschriften.

Nach § 264 Abs. 2 S. 2 HGB sind im Anhang zusätzliche Angaben zu machen, wenn aufgrund besonderer Umstände der Jahresabschluß nicht die tatsächlichen Verhältnisse entsprechend wiedergibt (true and fair view). **5**

Nach § 265 Abs. 1 S. 2 HGB ist im Anhang nebst Begründung anzugeben, warum in der Gliederung der Bilanz und der Gewinn- und Verlustrechnung ausnahmsweise vom Grundsatz der Darstellungsstetigkeit abgewichen worden ist. **6**

Nach § 265 Abs. 2 S. 2 HGB ist eine mangelnde Vergleichbarkeit der Vorjahreszahlen anzugeben und zu erläutern. **7**

Nach § 265 Abs. 2 S. 3 HGB ist anzugeben und zu erläutern, wenn der Vorjahresbetrag angepaßt wird. **8**

Nach § 265 Abs. 3 S. 1 HGB ist die **Mitzugehörigkeit** zu anderen Bilanzposten im Anhang anzugeben, wenn sie nicht in der Bilanz vermerkt worden ist. **9**

Nach § 265 Abs. 4 S. 2 HGB ist eine Ergänzung der Gliederung bei mehreren **Geschäftszweigen** anzugeben und zu begründen. **10**

Nach § 265 Abs. 7 Nr. 2 HGB sind **zusammengefaßte Posten** im Anhang gesondert auszuweisen. **11**

Nach § 268 Abs. 1 S. 2 HGB ist ein Gewinn- oder Verlustvortrag bei der Bilanzaufstellung unter **teilweiser Ergebnisverwendung** im Anhang gesondert anzugeben, sofern dies nicht in der Bilanz geschieht. **12**

Nach § 268 Abs. 2 S. 1 HGB ist der **Anlagespiegel** im Anhang darzustellen, sofern dies nicht in der Bilanz geschieht. **13**

14 Nach § 268 Abs. 4 S. 2 HGB müssen größere **antizipative Rechnungsabgrenzungsposten** unter dem Posten sonstige Vermögensgegenstände im Anhang erläutert werden.

15 Nach § 268 Abs. 6 HGB ist ein aktiviertes **Disagio** im Anhang anzugeben, soweit es nicht in der Bilanz gesondert ausgewiesen wird.

16 Nach § 268 Abs. 7 HGB sind die in § 251 HGB bezeichneten **Haftungsverhältnisse** unter Hinzufügung der gewährten Sicherheiten im Anhang anzugeben, soweit dies nicht unter dem Bilanzstrich ausgewiesen wird.

17 Nach § 269 S. 1 HGB ist der Posten **„Aufwendungen für die Ingangsetzung und Erweiterung des Geschäftsbetriebs"** im Anhang zu erläutern.

18 Nach § 273 S. 2 HGB sind die Vorschriften, nach denen der **Sonderposten mit Rücklageanteil** gebildet worden ist, im Anhang anzugeben, sofern dies nicht in der Bilanz geschieht.

19 Nach § 274 Abs. 1 S. 1 HGB sind **passivierte latente Steuern** im Anhang gesondert anzugeben, sofern dies nicht in der Bilanz geschieht.

20 Nach § 274 Abs. 2 S. 2 HGB sind **aktivierte latente Steuern** im Anhang zu erläutern.

21 Nach § 277 Abs. 3 S. 1 HGB sind **außerplanmäßige Abschreibungen** beim Anlagevermögen und Abschreibungen wegen Wertschwankungen vom Umlaufvermögen im Anhang anzugeben, sofern sie nicht in der Gewinn- und Verlustrechnung gesondert ausgewiesen werden.

22 Nach § 277 Abs. 4 S. 2 HGB sind **außerordentliche Erträge bzw. außerordentliche Aufwendungen** im Anhang zu erläutern, soweit sie nicht von untergeordneter Bedeutung für die Beurteilung der Ertragslage sind.

23 Nach § 277 Abs. 4 S. 3 HGB gilt S. 2 auch für Erträge und Aufwendungen, die einem **anderen Geschäftsjahr** zuzurechnen sind.

24 Nach § 281 Abs. 1 S. 2 HGB sind die Vorschriften anzugeben, nach denen die **Wertberichtigung** gebildet worden ist, sofern dies nicht in der Bilanz geschieht.

25 Nach § 281 Abs. 2 S. 2 HGB sind **Änderungen des Sonderpostens mit Rücklageanteil** im Anhang anzugeben, sofern sie nicht in der Gewinn- und Verlustrechnung gesondert ausgewiesen sind.

Vgl. hierzu die Erl. zu den einzelnen Vorschriften.

## III. Angaben nach § 284 Abs. 2 HGB

26 Es sind nach Abs. 2 Nr. 1 HGB die **Bilanzierungs- und Bewertungsmethoden** anzugeben. Hierbei ist darauf einzugehen, von welchen Ansatz-

wahlrechten Gebrauch gemacht und nach welchen Verfahren die Vermögensgegenstände und Schulden bewertet worden sind (Beispiele hierzu s. Jahresabschluß der WuDeG Teil D, Anhang B).

Nach Abs. 2 Nr. 2 HGB sind die Grundlagen für die Umrechnung in Deutsche Mark anzugeben bei Posten in **Fremdwährung.** **27**

Nach Abs. 2 Nr. 3 HGB sind **Abweichungen von den Bilanzierungs- und Bewertungsmethoden** begründet anzugeben. Ihr Einfluß auf die Lage der eG ist gesondert darzustellen. Auch diese Verpflichtung dient dazu, die Jahresabschlüsse der eG über Jahre hinweg vergleichbar zu machen. Nicht in jedem Falle ist hier eine ziffernmäßige Angabe erforderlich, doch wird sich eine solche häufig aus der Natur der Sache heraus anbieten (hierzu *Niehus/Scholz*, in: Meyer-Landrut/Miller/Niehus, GmbHG, Anhang zu §§ 41, 42: HGB §§ 238–335 Rdn. 870). Auch ein Wechsel in der Ausübung von Ansatzwahlrechten ist eine Abweichung von einer bisher angewendeten Bilanzierungsmethode. Anzugeben sind hier auch Wechsel in der Methode zur Ermittlung der Anschaffungskosten bzw. zur Ermittlung des Umfangs der zu aktivierenden Herstellungskosten, Änderungen der Abschreibungsmethoden, Änderungen der Methode zur Ermittlung der Garantierückstellung dahin, daß sie aufgrund von Erfahrungswerten pauschal, anstatt bisher für jeden Einzelfall gebildet wird. **28**

Nach Abs. 2 Nr. 4 HGB sind die **Unterschiedsbeträge** aus der Anwendung von **Bewertungsvereinfachungsverfahren** pauschal für die jeweilige Gruppe dann erforderlich, wenn es sich um erhebliche Unterschiede handelt. **29**

Nach Abs. 2 Nr. 5 HGB sind Angaben über die Einbeziehung von **Fremdkapitalzinsen** in die Herstellungskosten zu machen, da so die Herstellungskosten erhöht werden und damit der Gewinn sich entsprechend erhöht bzw. ein Verlust sich entsprechend vermindert. Da es sich also um eine auch steuerrechtlich anerkannte Bewertungshilfe handelt, ist dies im Anhang kenntlich zu machen, ohne daß jedoch ziffernmäßige Angaben gemacht werden müssen. **30**

Zu den weiteren Pflichtangaben vgl. Erl. zu § 285 HGB und zu § 338 HGB – jeweils im Anhang zu § 33 GenG. **31**

## § 285 HGB
## Sonstige Pflichtangaben

**Ferner sind im Anhang anzugeben:**

1. **zu den in der Bilanz ausgewiesenen Verbindlichkeiten**
   a) **der Gesamtbetrag der Verbindlichkeiten mit einer Restlaufzeit von mehr als fünf Jahren,**

   b) der Gesamtbetrag der Verbindlichkeiten, die durch Pfandrechte oder ähnliche Rechte gesichert sind, unter Angabe von Art und Form der Sicherheiten;
2. die Aufgliederung der in Nummer 1 verlangten Angaben für jeden Posten der Verbindlichkeiten nach dem vorgeschriebenen Gliederungsschema, sofern sich diese Angaben nicht aus der Bilanz ergeben;
3. der Gesamtbetrag der sonstigen finanziellen Verpflichtungen, die nicht in der Bilanz erscheinen und auch nicht nach § 251 anzugeben sind, sofern diese Angabe für die Beurteilung der Finanzlage von Bedeutung ist; davon sind Verpflichtungen gegenüber verbundenen Unternehmen gesondert anzugeben;
4. die Aufgliederung der Umsatzerlöse nach Tätigkeitsbereichen sowie nach geographisch bestimmten Märkten, soweit sich, unter Berücksichtigung der Organisation des Verkaufs von für die gewöhnliche Geschäftstätigkeit der Kapitalgesellschaft typischen Erzeugnissen und der für die gewöhnliche Geschäftstätigkeit der Kapitalgesellschaft typischen Dienstleistungen, die Tätigkeitsbereiche und geographisch bestimmten Märkte untereinander erheblich unterscheiden;
5. das Ausmaß, in dem das Jahresergebnis dadurch beeinflußt wurde, daß bei Vermögensgegenständen im Geschäftsjahr oder in früheren Geschäftsjahren Abschreibungen nach §§ 254, 280 Abs. 2 auf Grund steuerrechtlicher Vorschriften vorgenommen oder beibehalten wurden oder ein Sonderposten nach § 273 gebildet wurde; ferner das Ausmaß erheblicher künftiger Belastungen, die sich aus einer solchen Bewertung ergeben;
6. in welchem Umfang die Steuern vom Einkommen und vom Ertrag das Ergebnis der gewöhnlichen Geschäftstätigkeit und das außerordentliche Ergebnis belasten;
7. die durchschnittliche Zahl der während des Geschäftsjahrs beschäftigten Arbeitnehmer getrennt nach Gruppen;
8. bei Anwendung des Umsatzkostenverfahrens (§ 275 Abs. 3)
   a) der Materialaufwand des Geschäftsjahrs, gegliedert nach § 275 Abs. 2 Nr. 5,
   b) der Personalaufwand des Geschäftsjahrs, gegliedert nach § 275 Abs. 2 Nr. 6;
9. für die Mitglieder des Geschäftsführungsorgans, eines Aufsichtsrats, eines Beirats oder einer ähnlichen Einrichtung jeweils für jede Personengruppe
   a) die für die Tätigkeit im Geschäftsjahr gewährten Gesamtbezüge (Gehälter, Gewinnbeteiligungen, Aufwandsentschädigungen, Versicherungsentgelte, Provisionen und Nebenleistungen jeder

Art). In die Gesamtbezüge sind auch Bezüge einzurechnen, die nicht ausgezahlt, sondern in Ansprüche anderer Art umgewandelt oder zur Erhöhung anderer Ansprüche verwendet werden. Außer den Bezügen für das Geschäftsjahr sind die weiteren Bezüge anzugeben, die im Geschäftsjahr gewährt, bisher aber in keinem Jahresabschluß angegeben worden sind;

b) die Gesamtbezüge (Abfindungen, Ruhegehälter, Hinterbliebenenbezüge und Leistungen verwandter Art) der früheren Mitglieder der bezeichneten Organe und ihrer Hinterbliebenen. Buchstabe a Satz 2 und 3 ist entsprechend anzuwenden. Ferner ist der Betrag der für diese Personengruppen gebildeten Rückstellungen für laufende Pensionen und Anwartschaften auf Pensionen und der Betrag der für diese Verpflichtungen nicht gebildeten Rückstellungen anzugeben;

c) die gewährten Vorschüsse und Kredite unter Angabe der Zinssätze, der wesentlichen Bedingungen und der gegebenenfalls im Geschäftsjahr zurückgezahlten Beträge sowie die zugunsten dieser Personen eingegangenen Haftungsverhältnisse;

10. alle Mitglieder des Geschäftsführungsorgans und eines Aufsichtsrats, auch wenn sie im Geschäftsjahr oder später ausgeschieden sind, mit dem Familiennamen und mindestens einem ausgeschriebenen Vornamen. Der Vorsitzende eines Aufsichtsrats, seine Stellvertreter und ein etwaiger Vorsitzender des Geschäftsführungsorgans sind als solche zu bezeichnen;
11. Name und Sitz anderer Unternehmen, von denen die Kapitalgesellschaft oder eine für Rechnung der Kapitalgesellschaft handelnde Person mindestens den fünften Teil der Anteile besitzt; außerdem sind die Höhe des Anteils am Kapital, das Eigenkapital und das Ergebnis des letzten Geschäftsjahrs dieser Unternehmen anzugeben, für das ein Jahresabschluß vorliegt; auf die Berechnung der Anteile ist § 16 Abs. 2 und 4 des Aktiengesetzes entsprechend anzuwenden;
12. Rückstellungen, die in der Bilanz unter dem Posten „sonstige Rückstellungen" nicht gesondert ausgewiesen werden, sind zu erläutern, wenn sie einen nicht unerheblichen Umfang haben;
13. bei Anwendung des § 255 Abs. 4 Satz 3 die Gründe für die planmäßige Abschreibung des Geschäfts- oder Firmenwerts;
14. Name und Sitz des Mutterunternehmens der Kapitalgesellschaft, das den Konzernabschluß für den größten Kreis von Unternehmen aufstellt, und ihres Mutterunternehmens, das den Konzernabschluß für den kleinsten Kreis von Unternehmen aufstellt, sowie im Falle der Offenlegung der von diesem Mutterunternehmen aufgestellten Konzernabschlüsse der Ort, wo diese erhältlich sind.

*Übersicht*



## I. Vorbemerkungen

1 Die in dieser Vorschrift enthaltenen Pflichtangaben betreffen Erläuterungen einzelner Abschlußposten, Angaben zu Anteilsbesitz, zu den Bewertungsmethoden, zu den geschäftsführenden Organen und zu den Konzernverhältnissen.

## II. Angaben nach § 285 HGB

2 Die langfristigen Verbindlichkeiten der **Nr. 1 a** sind nicht zu jedem einzelnen Posten dem Bilanzierungsschema nach § 266 Abs. 3 HGB unter C aufgeführten Verbindlichkeiten anzugeben, sondern zusammengefaßt zu einem einzigen Posten im Anhang.

3 Nach **Nr. 1 b** ist der Gesamtbetrag der gesicherten Verbindlichkeiten anzugeben; hierbei sind Art und Form der Sicherheiten zu bezeichnen.

4 Nach **Nr. 2** wird eine Aufgliederung der in Nr. 1 genannten Verbindlichkeiten verlangt. Es dürfte sich empfehlen, diese in Form eines Verbindlichkeitenspiegels zu erfüllen (vgl. hierzu *Niehus/Scholz*, in: Meyer-Landrut/Miller/Niehus, GmbHG Rdn. 875 ff). Außerdem dürfen für jeden Verbindlichkeitsposten auch der Bilanzbetrag und die Restlaufzeiten bis zu einem Jahr (§ 268 Abs. 5 S. 1 HGB) im Interesse der Klarheit gemäß § 275 Abs. 7 Nr. 2 HGB angegeben werden.

Für **kleine** eG i. S. v. § 267 Abs. 1 besteht die Angabepflicht der Nr. 2 nicht.

5 Der Umfang der Erläuterungspflichten nicht bilanzierbarer oder nicht bilanzierter Verpflichtungen nach **Nr. 3** wird gegenüber den bisherigen Regelungen ausgeweitet. Kriterium für die Berichterstattungspflicht ist nicht wie bisher das Bestehen eines rechtlichen Haftungsverhältnisses gegenüber einem Dritten, sondern es genügt die Verpflichtung im Rahmen des Going-Concern-Prinzips. Hierzu zählen mehrjährige Verpflichtungen aus Miet- und Leasingverträgen, Verpflichtungen aus anstehenden Großreparaturen, Pensionsverpflichtungen, soweit keine Rückstellungen gebildet worden sind, Besserungsschein, Verpflichtungen zur Verlustabdeckung bei Beteiligungsgesellschaften, Verpflichtungen zur Einräumung von Krediten gegenüber Dritten und ähnliche Verpflichtungen.

Anzugeben sind der jeweilige jährliche Gesamtbetrag, die Dauer der Verpflichtung und gesondert eventuelle Verpflichtungen gegenüber verbundenen Unternehmen.

Für **kleine** eG i. S. v. § 267 Abs. 1 HGB gilt diese Angabepflicht nicht.

Nach **Nr. 4** sind die Umsatzerlöse entsprechend aufzugliedern. Die Aufgliederung muß mit dem Betrag der Umsatzerlöse gemäß § 275 Abs. 2 Nr. 1 HGB übereinstimmen. Es genügen Angaben in TDM bzw. in prozentualer Aufgliederung. Die Aufgliederungspflicht besteht jedoch nur, wenn erhebliche Unterschiede zwischen den unterschiedenen Tätigkeitsbereichen und geograpisch bestimmten Märkten bestehen. Was erheblich ist, hängt vom Einzelfall ab. Dabei ist auf sämtliche Umstände abzustellen, die für die Beurteilung dieses unbestimmten Rechtsbegriffs von Bedeutung sind (vgl. das Beispiel zu dieser Angabepflicht im Jahresabschluß der WuDeG Teil D Anhang D). **6**

Die Angabepflicht besteht nicht für **kleine** (§ 267 Abs. 1 HGB) und **mittelgroße** eG (§ 267 Abs. 2 HGB).

Die Angaben können unterbleiben, wenn die Voraussetzungen des § 286 Abs. 2 HGB gegeben sind.

Die Angabepflicht nach **Nr. 5** besteht generell nicht für eG (§ 336 Abs. 2 HGB). **7**

Die Angabepflicht nach **Nr. 6** besteht generell nicht für eG (§ 336 Abs. 2 HGB). **8**

Sinn der Angabepflicht der **Nr. 7** ist, die Bedeutung des Unternehmens als Arbeitgeber offenzulegen. Außerdem ist die Angabe von Bedeutung für die Einordnung der eG in die entsprechende Größenklasse (vgl. § 267 HGB und die dortigen Erläuterungen zur Arbeitnehmereigenschaft und zur Berechnung der Durchschnittszahl). **9**

Die Angabe nach Nr. 8 fällt bei eG in der Regel nicht an, da diese im allgemeinen das Umsatzkostenverfahren nicht anwenden. Nach **Nr. 9** werden zwar bestimmte Angaben gefordert. Für eG gilt jedoch insoweit § 338 Abs. 3 (vgl. die Erl. zu § 338 HGB im Anhang zu § 33 GenG). **10**

An die Stelle der Angabe nach **Nr. 10** treten die Angaben nach § 338 Abs. 2 Nr. 2 HGB (vgl. die dortigen Erläuterungen). **11**

Nach **Nr. 11** sind Name und Sitz von Unternehmen anzugeben, an denen die eG mit mindestens 20 % beteiligt ist. Diese Angaben sind auch zu machen, wenn kein Beteiligungsbesitz im Rechtssinne (Beteiligungsabsicht) vorliegt. Zusätzlich ist die prozentuale Höhe des Anteilsbesitzes, das Eigenkapital und das Ergebnis des letzten Geschäftsjahres des anderen Unternehmens anzugeben. Diese Angaben nach Nr. 11 können unterbleiben, wenn die Voraussetzungen von § 286 Abs. 3 HGB gegeben sind. **12**

Im übrigen können die Angaben nach § 287 HGB dort im Anhang auch in einer Aufstellung des Anteilsbesitzes gesondert gemacht werden. Die Aufstellung ist dann Bestandteil des Anhangs. Im Anhang ist auf die Aufstellung gesondert hinzuweisen. Die Beteiligungsliste wird nur zum Genossenschaftsregister eingereicht. Sie wird nicht im Bundesanzeiger bekanntgemacht (§ 325 Abs. 2 S. 2 HGB).

13 Nach **Nr. 12** sind Rückstellungen unter dem Unterposten „sonstige Rückstellungen", soweit sie dort nicht gesondert ausgewiesen sind, dann zu erläutern, wenn sie einen nicht unerheblichen Umfang haben. Hinsichtlich der Erheblichkeit ist auf die Höhe der Rückstellungen im Hinblick auf die wirtschaftliche Lage der einzelnen eG abzustellen.

Kleine eG i. S. v. § 267 Abs. 1 HGB brauchen diese Angaben nicht zu machen.

14 Nach **Nr. 13** sind die Gründe für die planmäßige Abschreibung des Geschäfts- oder Firmenwerts anzugeben, wenn die Abschreibung über einen längeren Zeitraum als 5 Jahre erfolgt.

15 Die Angaben nach **Nr. 14** dürften bei eG in der Praxis kaum vorkommen. Erl. zu § 28.

16 Vgl. im übrigen zu den Angabepflichten Erl. zu § 284 und § 338 HGB.

## § 286 HGB

## Unterlassen von Angaben

**(1) Die Berichterstattung hat insoweit zu unterbleiben, als es für das Wohl der Bundesrepublik Deutschland oder eines ihrer Länder erforderlich ist.**

**(2) Die Aufgliederung der Umsatzerlöse nach § 285 Nr. 4 kann unterbleiben, soweit die Aufgliederung nach vernünftiger kaufmännischer Beurteilung geeignet ist, der Kapitalgesellschaft oder einem Unternehmen, von dem die Kapitalgesellschaft mindestens den fünften Teil der Anteile besitzt, einen erheblichen Nachteil zuzufügen.**

**(3) Die Angaben nach § 285 Nr. 11 können unterbleiben, soweit sie**

**1. für die Darstellung der Vermögens-, Finanz- und Ertragslage der Kapitalgesellschaft nach § 264 Abs. 2 von untergeordneter Bedeutung sind oder**

**2. nach vernünftiger kaufmännischer Beurteilung geeignet sind, der Kapitalgesellschaft oder dem anderen Unternehmen einen erheblichen Nachteil zuzufügen.**

**Die Angabe des Eigenkapitals und des Jahresergebnisses kann unterbleiben, wenn das Unternehmen, über das zu berichten ist, seinen Jahresabschluß nicht offenzulegen hat und die berichtende Kapitalgesellschaft weniger als die Hälfte der Anteile besitzt. Die Anwendung der Ausnahmeregelung nach Satz 1 Nr. 2 ist im Anhang anzugeben.**

**(4) Die in § 285 Nr. 9 Buchstabe a und b verlangten Angaben über die Gesamtbezüge der dort bezeichneten Personen können unterbleiben,**

**wenn sich anhand dieser Angaben die Bezüge eines Mitglieds dieser Organe feststellen lassen.**

Vgl. hierzu die Erl. zu § 285 Nr. 4 und Nr. 11 HGB.

Die Vorschrift gilt auch bei Vorständen mit mehreren Mitgliedern. Dem Recht auf informationelle Selbstbestimmung (Recht mit Verfassungsrang, s. hierzu *Schaffland/Wiltfang*, BDSG, § 1 Rdn. 2 ff) entsprechend, genügt es, wenn sich Rückschlüsse auf eine Gehaltshöhe in etwa („circa") ziehen lassen. Nicht erforderlich ist ein Rückschluß auf einen konkreten Betrag. Eine Angabe im Anhang ist nicht zu machen (Umkehrschluß aus Abs. 3, letzter Satz; zu weitgehend in den generellen Aussagen, zutreffend jedoch im zu entscheidenden Fall LG Köln, DB 1997, 321).

## § 287 HGB

### Aufstellung des Anteilsbesitzes

**Die in § 285 Nr. 11 verlangten Angaben dürfen statt im Anhang auch in einer Aufstellung des Anteilsbesitzes gesondert gemacht werden. Die Aufstellung ist Bestandteil des Anhangs. Auf die besondere Aufstellung des Anteilsbesitzes und den Ort ihrer Hinterlegung ist im Anhang hinzuweisen.**

Vgl. hierzu die Erl. zu § 285 Nr. 11 HGB.

## § 288 HGB

### Größenabhängige Erleichterungen

**Kleine Kapitalgesellschaften im Sinne des § 267 Abs. 1 brauchen die Angaben nach § 284 Abs. 2 Nr. 4, § 285 Nr. 2 bis 8 Buchstabe a, Nr. 9 Buchstabe a und b und Nr. 12 nicht zu machen. Mittelgroße Kapitalgesellschaften im Sinne des § 267 Abs. 2 brauchen die Angaben nach § 285 Nr. 4 nicht zu machen.**

Vgl. die Erl. zu den jeweiligen Vorschriften.

## § 289 HGB

### Lagebericht

**(1) Im Lagebericht sind zumindest der Geschäftsverlauf und die Lage der Kapitalgesellschaft so darzustellen, daß ein den tatsächlichen Verhältnissen entsprechendes Bild vermittelt wird.**

**(2) Der Lagebericht soll auch eingehen auf:**

1. **Vorgänge von besonderer Bedeutung, die nach dem Schluß des Geschäftsjahrs eingetreten sind;**
2. **die voraussichtliche Entwicklung der Kapitalgesellschaft;**
3. **den Bereich Forschung und Entwicklung;**
4. **bestehende Zweigniederlassungen der Gesellschaft.**

1 Der Vorstand hat gem. § 326 Abs. 1 HGB neben der Bilanz, der Gewinn- und Verlustrechnung und dem Anhang einen **Lagebericht** aufzustellen und dem Aufsichtsrat sowie mit dessen Bemerkungen der GV vorzulegen (§ 33 Abs. 1 GenG).

2 Im Lagebericht sind in Ergänzung zum Jahresabschluß zumindest der **Geschäftsverlauf** und die Lage der eG so darzustellen, daß ein den tatsächlichen Verhältnissen entsprechendes Bild vermittelt wird (§ 289 Abs. 1 HGB). Zum Geschäftsverlauf ist z. B. zu berichten über die Entwicklung der Umsätze, Dienstleistungen, Mitglieder- und Nichtmitgliedergeschäfte, ferner über Investitionen, den Abschluß wichtiger Verträge sowie die Aufnahme neuer wichtiger Produkte. Es sind Angaben zu machen über die Marktverhältnisse beim Einkauf und beim Absatz sowie über die Entwicklung von Kosten und Erlösen, über Rentabilität, Liquidität und Finanzierung.

3 Außerdem sind alle **bedeutenden** Geschäftsvorgänge zu erwähnen (auch soweit diese nach dem Schluß des Geschäftsjahrs eingetreten sind, Abs. 2 Nr. 1). Dies können z. B. größere Prozesse, die Errichtung und Schließung von Zweigniederlassungen, Verschmelzung mit anderen eG etc. sein.

4 Nach Abs. 2 Nr. 2 sind **Prognosen** über die voraussichtliche Entwicklung der eG, z. B. in den Bereichen Umsätze, Produktion, Dienstleistungen, Personal, zu geben. Diese Prognosen müssen jedoch dort ihre Grenzen haben, wo es um geheimzuhaltende unternehmerische Planungen geht.

5 Auch soweit es um Erklärungen zu dem Bereich **Forschung** und Entwicklung geht, haben im Zweifel unternehmerische Geheimhaltungsinteressen Vorrang.

6 Der Lagebericht kann **weitere Informationen** enthalten. Im Hinblick auf den zwingend vorgeschriebenen **Unternehmenszweck** der eG – Förderung der Mitglieder – ist es naheliegend, daß der Lagebericht Ausführungen darüber enthält, ob und wie sich die eG bemüht hat, dem gesetzlichen und satzungsmäßigen Auftrag gerecht zu werden. Die Mitglieder haben auf eine solche Unterrichtung einen grundsätzlichen Anspruch (vgl. hierzu *Pauli*, ZfG 1980, 307; *Patera*, ZfG 1981, 212 *Zacherl*, ZfG 1981, 227).

Hierbei sollte z. B. dargestellt werden, was die eG unternommen hat, die Förderinteressen der Mitglieder zu erkunden und ihnen in der Unternehmenspolitik und in den Entscheidungen gerecht zu werden. Dadurch könnte zum Ausdruck gebracht werden, wie sich eine eG durch ihre Ausrichtung auf die Mitgliederinteressen von Unternehmen in anderer Rechtsform unterscheidet. Wegen Bedeutung und Inhalt von „Förderplan" und „Förderbericht" insbesond. *Boettcher*, ZfG 1979, 198 ff.

Bei eG, die eine größere Mitarbeiterzahl haben, könnte u. U. an einen **Sozialbericht** gedacht werden (ggf. als Teil des Lageberichts, so *Müller*, § 33 a Rdn. 4; WP-Handbuch 1981, s. 617, während *Kropff*, in: Geßler u. a., AktG, § 160 a. F. Rdn. 2 sich für einen besonderen Teil ausspricht). In diesem Sozialbericht könnten neben den sozialen Verhältnissen die Leistungen des Betriebes erörtert werden, da diese in dem Posten Aufwendungen für Altersversorgung und Unterstützung in der Gewinn- und Verlustrechnung nur teilweise ausgewiesen sind. Zu denken wäre an Angaben über Zahl und Alterszusammensetzung der Betriebsangehörigen, Tarifverträge, Veränderungen der Entlohnung und Arbeitszeit, Rationalisierung der Arbeit, Aus- und Fortbildung, Lohnverhältnisse der Betriebsangehörigen, Betriebsunfälle und Unfallschutz, Gratifikationen, Zuweisungen an Pensions-, Wohlfahrts- und Unterstützungskassen (vgl. WP-Handbuch 1981, S. 617; *Kropff*, ebd., § 160 a. F. Rdn. 21, der an dieser Stelle jedoch den Sozialbericht als Teil des Lageberichts behandelt). **7**

Auch wäre denkbar, diesen Bericht als **Sozialbilanz** aufzustellen und neben den oben gemachten Angaben auch die Beziehungen zur weiteren gesellschaftlichen und physischen Umwelt (z. B. zu Abnehmern, Lieferanten, Gemeinde und Staat) darzustellen (vgl. WP-Handbuch 1981, S. 617 m. zahlr. Hinw. in Fn. 23 auf die Literatur, sowie *Wülker*, Genossenschaftsforum 9/1980, 18 ff und 10/1980, 11 ff). **8**

Der **Bericht des Aufsichtsrats** über das Ergebnis seiner Prüfung des Jahresabschlusses, des Lageberichts und des Vorschlages zur Verwendung des Jahresüberschusses bzw. zur Deckung des Jahresfehlbetrages (§ 33 Abs. 1 Satz 3) ist zwar ein eigenständiger Bericht, er kann jedoch dem Lagebericht angefügt werden (so Jahresabschluß der WuDeG Teil A VIII. S. 2). **9**

Zum Lagebericht von **Wohnungsgenossenschaften**, s. Rdn. 19 zu § 330 HGB im Anhang zu § 33 GenG sowie GdW „Erläuterungen" Teil D/Lagebericht. **10**

## § 330 HGB

**(1) Das Bundesministerium der Justiz wird ermächtigt, im Einvernehmen mit dem Bundesministerium der Finanzen und dem Bundesministerium für Wirtschaft durch Rechtsverordnung, die nicht der Zustimmung des Bundesrates bedarf, für Kapitalgesellschaften Formblätter vorzuschreiben oder andere Vorschriften für die Gliederung des Jahresabschlusses oder des Konzernabschlusses oder den Inhalt des Anhangs, des Konzernanhangs, des Lageberichts oder des Konzernlageberichts zu erlassen, wenn der Geschäftszweig eine von den §§ 266, 275**

abweichende Gliederung des Jahresabschlusses oder des Konzernabschlusses oder von den Vorschriften des Ersten Abschnitts abweichende Regelungen erfordert. Die sich aus den abweichenden Vorschriften ergebenden Anforderungen an die in Satz 1 bezeichneten Unterlagen sollen den Anforderungen gleichwertig sein, die sich für große Kapitalgesellschaften (§ 267 Abs. 3) aus den Vorschriften des Ersten Abschnitts und des Ersten und Zweiten Unterabschnitts des Zweiten Abschnitts sowie den für den Geschäftszweig geltenden Vorschriften ergeben. Über das geltende Recht hinausgehende Anforderungen dürfen nur gestellt werden, soweit sie auf Rechtsakten des Rates der Europäischen Gemeinschaft beruhen.

(2) Absatz 1 ist auf Kreditinstitute im Sinne des § 1 Abs. 1 des Gesetzes über das Kreditwesen, soweit sie nach dessen § 2 Abs. 1 oder 4 von der Anwendung nicht ausgenommen sind, nach Maßgabe der Sätze 3 und 4 ungeachtet ihrer Rechtsform anzuwenden. Satz 1 ist auch auf Zweigstellen von Unternehmen mit Sitz in einem Staat anzuwenden, der nicht Mitglied der Europäischen Wirtschaftsgemeinschaft und auch nicht Vertragsstaat des Abkommens über den Europäischen Wirtschaftsraum ist, sofern die Zweigstelle nach § 53 Abs. 1 des Gesetzes über das Kreditwesen als Kreditinstitut gilt. Die Rechtsverordnung bedarf nicht der Zustimmung des Bundesrates; sie ist im Einvernehmen mit dem Bundesministerium der Finanzen und im Benehmen mit der Deutschen Bundesbank zu erlassen. In die Rechtsverordnung nach Satz 1 können auch nähere Bestimmungen über die Aufstellung des Jahresabschlusses und des Konzernabschlusses im Rahmen der vorgeschriebenen Formblätter für die Gliederung des Jahresabschlusses und des Konzernabschlusses sowie des Zwischenabschlusses gemäß § 340 a Abs. 3 und des Konzernzwischenabschlusses gemäß § 340 i Abs. 4 und über den Inhalt der Anlage gemäß § 26 Abs. 1 Satz 1 des Gesetzes über das Kreditwesen aufgenommen werden, soweit dies zur Erfüllung der Aufgaben des Bundesaufsichtsamts für das Kreditwesen oder der Deutschen Bundesbank erforderlich ist, insbesondere um einheitliche Unterlagen zur Beurteilung der von den Kreditinstituten durchgeführten Bankgeschäfte zu erhalten.

(3) Absatz 1 ist auf Versicherungsunternehmen nach Maßgabe der Sätze 3 und 4 ungeachtet ihrer Rechtsform anzuwenden. Satz 1 ist auch auf Niederlassungen im Geltungsbereich dieses Gesetzes von Versicherungsunternehmen mit Sitz in einem anderen Staat anzuwenden, wenn sie zum Betrieb des Direktversicherungsgeschäfts der Erlaubnis durch die deutsche Versicherungsaufsichtsbehörde bedürfen. Die Rechtsverordnung bedarf der Zustimmung des Bundesrates und ist im Einvernehmen mit dem Bundesministerium der Finanzen zu erlassen. In der Rechtsverordnung nach Satz 1 können auch nähere Bestimmungen

**über die Aufstellung des Jahresabschlusses und des Konzernabschlusses im Rahmen der vorgeschriebenen Formblätter für die Gliederung des Jahresabschlusses und des Konzernabschlusses sowie Vorschriften über den Ansatz und die Bewertung von versicherungstechnischen Rückstellungen, insbesondere die Näherungsverfahren, aufgenommen werden.**

**(4) In der Rechtsverordnung nach Absatz 1 in Verbindung mit Absatz 3 kann bestimmt werden, daß Versicherungsunternehmen, auf die Richtlinie 91/674/EWG nach deren Artikel 2 in Verbindung mit Artikel 3 der Richtlinie 73/239/EWG nicht anzuwenden ist, von den Regelungen des Zweiten Unterabschnitts des Vierten Abschnitts ganz oder teilweise befreit werden, soweit dies erforderlich ist, um eine im Verhältnis zur Größe der Versicherungsunternehmen unangemessene Belastung zu vermeiden; Absatz 1 Satz 2 ist insoweit nicht anzuwenden. In der Rechtsverordnung dürfen diesen Versicherungsunternehmen auch für die Gliederung des Jahresabschlusses und des Konzernabschlusses, für die Erstellung von Anhang und Lagebericht und Konzernanhang und Konzernlagebericht sowie für die Offenlegung ihrer Größe angemessene Vereinfachungen gewährt werden.**

§ 330 Abs. 1 enthält die gesetzliche Ermächtigung für den Erlaß von Formblättern für den Jahresabschluß von Unternehmen, bei denen der Geschäftszweig einer von den §§ 266, 275 abweichende Gliederung erfordert. Von dieser Ermächtigung wird für die Kreditgenossenschaften und die Zentralbanken sowie für die Wohnungsgenossenschaften Gebrauch gemacht. **1**

Für Kreditinstitute ungeachtet ihrer Rechtsform und damit auch für **Kreditgenossenschaften** und **Zentralbanken** werden in Ausführung der Ermächtigung des Abs. 2 besondere Formblätter vorgeschrieben durch § 2 der Verordnung über Formblätter für die Gliederung des Jahresabschlusses von Kreditinstituten v. 10. 2. 1992 (BGBl. I S. 203), zuletzt geändert durch Verordnung vom 18. 6. 1993, BGBl. I S. 924) für **2**

- die Bilanz
- die Gewinn- und Verlustrechnung.

Dieser Verordnung sind entsprechende Muster als Anlagen beigefügt, nach denen zu verfahren ist.

a) **Besonderheiten gelten für die Aufstellung und Gliederung der Bilanz von Wohnungsgenossenschaften** aufgrund der Ersten VO zur Änderung der VO über Formblätter für die Gliederung des Jahresabschlusses von Wohnungsunternehmen vom 6. 3. 1987 (BGBl. I, 770). Nach § 1 Abs. 3 der Formblattverordnung n. F. ist eine eG ein Wohnungsunternehmen, wenn sie nach dem in ihrer Satzung festgesetzten Gegenstand des Unternehmens sich mit dem Bau von Wohnungen im eigenen Namen befaßt, Wohnungsbauten betreut oder Eigenheime, Kleinsiedlungen und **3**

Eigentumswohnungen i. S. d. 1. Teils des Wohnungseigentumsgesetzes vom 15. 3. 1951 (BGBl. I, S. 175, 209) errichtet und veräußert. – Die Verordnung kommt auch zur Anwendung, wenn der satzungsmäßige Geschäftskreis andere Tätigkeiten umfaßt.

**4** b) Die **Änderungsverordnung** paßt die Rechnungslegungsvorschriften für Wohnungsgenossenschaften unter Berücksichtigung der wohnungswirtschaftlichen Besonderheiten an die Bestimmungen des BilRG an. Diese eG haben den Jahresabschluß nach Maßgabe der Verordnung zu gliedern und abweichend von § 266 Abs. 2 u. 3; § 275 Abs. 2 u. 3 i. V. m. § 336 Abs. 2 S. 1 HGB nach dem der Verordnung beigefügten Muster aufzustellen (§ 1 Abs. 1 VO n. F.). für die Inhalte der in der Bilanz und der GuV-Rechnung gesondert auszuweisenden Posten hat der GdW „Erläuterungen" herausgegeben (Ausgabe 1992) mit einer **Empfehlung** für die Gliederung des Anhangs hinsichtlich der gesetzlich vorgeschriebenen Angabe-, Erläuterungs- u. Begründungspflichten sowie für weitere angabepflichtige Sachverhalte und Hinweise für die im Lagebericht und darzustellenden Verhältnisse der eG.

**5** c) **Neben der Formblatt-VO** gelten für die Aufstellung und Gliederung des Jahresabschlusses von Wohnungsgenossenschaften die allgemeinen Vorschriften der §§ 238–261 HGB, die Vorschriften für eG der §§ 336-339 HGB und die danach entsprechend anzuwendenden Vorschriften für Kapitalgesellschaften, die Bestimmungen der Art. 23, 24 EGHGB, die Bestimmungen des GenG, die Grundsätze ordnungsmäßiger Buchführung und Bilanzierung sowie etwaige Bilanzierungsvorschriften in anderen Gesetzen, z. B. nach § 88 Abs. 3 II. WoBauG.

**6** d) Der GdW hat als Spitzenverband auf der Grundlage der der Formblatt-VO beigegebenen Gliederungsschemata (§ 1 Abs. 1) Anwendungsformblätter für die Gliederung der Bilanz und der GuV-Rechnung sowie einen Vorschlag für die Strukturierung des „Anhangs" einschließlich Anlagenspiegel sowie für den Lagebericht entwickelt und den Wohnungsgenossenschaften zur Anwendung empfohlen (s. dazu GdW „Erläuterungen", Teil C, Anlagen 5 u. 6). Die Formblätter tragen den wohnungswirtschaftlichen Erfordernissen der Wohnungsgenossenschaften Rechnung, ebenso für die buch- und bilanzmäßige Behandlung besonderer Sachverhalte, z. B. von Aufwendungsdarlehen des Bundes und der Länder zur Förderung des Wohnungsbaus (§§ 88 Abs. 3; II. WoBauG, s. i. e. GdW „Erläuterungen" Anlage 4).

**7** Bei der Aufstellung der Gewinn- und Verlustrechnung ist die nach § 1 Abs. 2 VO vorgeschriebene, von § 275 S. 2 u. 3 HGB abweichende Gliederung zu beachten. Sowohl das Gesamtkostenverfahren als auch das Umsatzkostenverfahren ist zugelassen. Zum zusammengefaßten Ausweis der Umsatzerlöse s. § 2 Abs. 1 VO. Kleinere und mittlere Wohnungsgenossenschaften können von § 276 Gebrauch machen (§ 276 HGB Rdn. 3).

f) **Kleine Wohnungsgenossenschaften** i. S. v. § 267 Abs. 1 HGB können entsprechend § 266 Abs. 1 S. 3 HGB eine **verkürzte Bilanz** aufstellen, in die nur die im Formblatt mit Buchstaben und römischen Zahlen bezeichneten Posten gesondert und in der vorgeschriebenen Reihenfolge aufgenommen werden (Formblatt-VO § 1 Abs. 2 i. V. m. § 2 Abs. 1; GdW „Erläuterungen"; Anl. 5 S. 7 ff u. Anl. 1 u. 6). **8**

Sie brauchen nur die Bilanz und den Anhang beim Genossenschaftsregister einzureichen (§§ 326, 339 Abs. 3 HGB).

g) **Abweichend von den allgemeinen Vorschriften über die Gliederung der Bilanz** (§ 336 Abs. 2, § 266 Abs. 2 B. I. HGB) sind gemäß § 2 Abs. 2 VO im **Umlaufvermögen** als Pos. B. I. 5. **„unfertige Leistungen"** aus der betrieblichen Leistungserstellung auszuweisen. **9**

Hauptfälle sind **noch nicht abgerechnete Betreuungsleistungen** sowie **noch nicht abgerechnete Betriebskosten** i. S. d. II. Berechnungsverordnung (s. i. e. GdW „Erläuterungen" Teil C 36, 36a).

h) **Wohnungsgenossenschaften** mit **Spareinrichtungen** haben gem. § 2 Abs. 3 VO auf der Passivseite der Bilanz abweichend von §§ 336 Abs. 2, 266 Abs. 3 unter C **„Verbindlichkeiten"** nach dem Posten 3 **gesondert auszuweisen**, Posten 4 **„Spareinlagen"** und Posten 5 **„Verbindlichkeiten aus Sparbriefen"** (s. GdW „Erläuterungen" Teil C S. 81; Anlage 5, S. 3 u. 9). **10**

i) Für **mittelgroße Wohnungsgenossenschaften** i. S. v. § 276 Abs. 2 HGB gelten gemäß § 2 a Formblatt-VO abweichend von § 327 Abs. 1 HGB **Erleichterungen bei der Offenlegung** des Jahresabschlusses. Sie brauchen die Bilanz in der nur für kleine eG zugelassenen verkürzten Form zusätzlich der nach § 2 a VO vorgeschriebenen gesonderten Angaben einzureichen. Diese können entweder in der Bilanz oder im Anhang gemacht werden. § 327 Abs. 2 HGB gilt. **11**

j) Die **größenmäßigen Erleichterungen** bei der Offenlegung des Jahresabschlusses dürfen jedoch **nicht** auf **Wohnungsgenossenschaften mit Spareinrichtung** angewendet werden. Sie sind ebenso wie große eG zur Veröffentlichung des festgestellten Jahresabschlusses mit dem Bestätigungsvermerk verpflichtet (s. i. e. §§ 336 Abs. 2 267 Abs. 3 i. V. m. § 340 k Abs. 2 HGB, § 27 n. F. KWG; GdW „Erläuterungen" Teil E S. 2 ff). **12**

k) Art. 1 der **VO über die Bilanzierung von gemeinnützigen Baugenossenschaften** vom 7. 9. 1933 (RGBl. 1, 622) ist mit Wirkung vom 7. 3. 1987 **aufgehoben** worden (Art. 1 § 4 i. V. m. Art. 4 Formblatt-VO v. 6. 3. 1987, BGBl. I, 770). **13**

l) Die Nichtbeachtung von Vorschriften der Formblatt-VO oder der vorgeschriebenen Formblätter bildet **nur** dann einen Grund zur **Anfechtung des Jahresabschlusses,** wenn dadurch seine Klarheit nicht nur unwesentlich beeinträchtigt wird (§ 33 Abs. 2 GenG). **14**

15 m) Weder das BilRG noch die Formblatt-VO schreiben einen bestimmten Aufbau für den Anhang vor, um den der Vorstand den Jahresabschluß zu erweitern hat. Zur Strukturierung des Anhangs, zum Anlagenspiegel mit Vordruck s. § 268 Rdn. 2a (GdW „Erläuterungen" Anhang Teil C, 5, 139-145, nebst Anlagenspiegel, 146–154 sowie Anlage 2, 1–6 und Vordrucke Anlage 6 Nr. 3, 1–12).

16 n) Die Formblatt-VO enthält keine **Bewertungsvorschriften**. Es gelten die allgemeinen handelsrechtlichen Grundsätze und Vorschriften, insbesond. § 252 ff HGB. Ausgenommen sind gem. § 336 Abs. 2 S. 1 2. Halbsatz HGB: § 277 Abs. 3 HGB betreffend den gesonderten Ausweis außerplanmäßiger Abschreibungen, § 279 HGB mit der Folge, daß Abschreibungen nach Maßgabe von § 253 Abs. 2 bis 4 HGB zulässig sind, § 280 HGB, also das „Wertaufholungsgebot", sowie die Bewertungsvorschriften der §§ 281 Abs. 2 S. 1, 285 Nr. 5 u. 6 HGB (s. i. e. GdW, „Erläuterungen" Teil C, S. 3 und 4, zu den einzelnen Posten des Jahresabschlusses V, S. 10–138 und Vordrucke, Anlage 6).

17 o) **Rückstellungen und Verbindlichkeiten** sind nach §§ 249 Abs. 2, 253 Abs. 1 S. 2 HGB zu bilden. Wohnungsgenossenschaften müssen daher erforderlichenfalls eine Bauerneuerungsrückstellung auflösen (Art. 24 Abs. 3, 4 EGHGB; dazu GdW „Erläuterungen" C 59, 63 f, 67c, 68, 71 ff, 105, 117).

**Rückstellungen**, für deren Bildung bisher ein **Wahl**recht bestand, für die aber nach neuem Recht eine **Passivierung** vorgeschrieben ist, müssen unter Beachtung von § 249 HGB neu gebildet werden. Das gilt insbesond. für Rückstellungen für im Geschäftsjahr unterlassene **Instandhaltungsaufwendungen**, die im folgenden Geschäftsjahr nachgeholt werden, sowie für **Gewährleistungen**, die ohne rechtliche Verpflichtung erbracht werden. Passivierungswahlrechte bestehen nach § 249 Abs. 1 S. 3 und Abs. 2 HGB (s. i. e. GdW „Erläuterungen" C 63, 68 ff; Anlage 5 S. 9; ferner *Götz*, ZfgW Bay 1986, 453; *ders.*, GW 1987, 107; *Leirich*, GW 1987, 332).

18 p) Die **Erleichterung** bei der **Darstellung des Anlagevermögens** aus Art. 24 Abs. 6 EGHGB kommt für Wohnungsgenossenschaften nur ausnahmsweise in Betracht, weil sich bei ihnen die ursprünglichen Anschaffungs- oder Herstellungskosten aus dem Inventar ergeben.

19 q) Der nach Maßgabe von §§ 336 Abs. 2 und 3, 289 HGB aufzustellende **Lagebericht** muß zumindest den Geschäftsverlauf sowie die Vermögens-, Finanz- und Ertragslage darstellen und einen Überblick über die Gesamtsituation der eG geben. Die Erl. zum Geschäftsverlauf einer Wohnungsgenossenschaft sollten insbesond. eingehen auf die Neubautätigkeit, die Modernisierungstätigkeit, die Instandhaltung, die Wohnungsbewirtschaftung, die Betreuungs- und Verkaufstätigkeit sowie auf die Ertragsentwicklung in den wesentlichen Funktionsbereichen, insbesond. in der Hausbe-

wirtschaftung, ferner im Bereich „Forschung und Entwicklung" z. B. auf kostensparendes Bauen, den Einsatz moderner Techniken zur Einsparung von Heizenergie u. ä. (GdW, „Erläuterungen" Teil D, S. 1, 2).

## § 336 HGB
## Pflicht zur Aufstellung von Jahresabschluß und Lagebericht

**(1) Der Vorstand einer Genossenschaft hat den Jahresabschluß (§ 242) um einen Anhang zu erweitern, der mit der Bilanz und der Gewinn- und Verlustrechnung eine Einheit bildet, sowie einen Lagebericht aufzustellen. Der Jahresabschluß und der Lagebericht sind in den ersten fünf Monaten des Geschäftsjahres für das vergangene Geschäftsjahr aufzustellen.**

**(2) Auf den Jahresabschluß und den Lagebericht sind, soweit in den folgenden Vorschriften nichts anderes bestimmt ist, § 264 Abs. 2, §§ 265 bis 289 über den Jahresabschluß und den Lagebericht entsprechend anzuwenden; § 277 Abs. 3 Satz 1, §§ 279, 280, 281 Abs. 2 Satz 1, § 285 Nr. 5, 6 brauchen jedoch nicht angewendet zu werden. Sonstige Vorschriften, die durch den Geschäftszweig bedingt sind, bleiben unberührt.**

**(3) § 330 Abs. 1 über den Erlaß von Rechtsverordnungen ist entsprechend anzuwenden.**

Für eG gilt generell der **1. Abschnitt** des 3. Buches des HGB, der Vorschriften für alle Kaufleute und damit gemäß § 17 Abs. 2 GenG auch für die eG enthält (§§ 238–263 HGB). Diese Vorschriften entsprechen bzw. ergänzen die früher in §§ 38 a-i HGB enthaltenen Regelungen. **1**

Außerdem finden die speziell für die eG geschaffenen ergänzenden Vorschriften des 3. Abschnitts Anwendung (§§ 336–339). Diese entsprechen zum Teil den früher in §§ 33 a-i GenG enthaltenen Vorschriften.

Dieser **3. Abschnitt** regelt nur die Besonderheiten, die bei der eG gelten. Im übrigen wird durch § 336 Abs. 2 auf den **2. Abschnitt**, der für Kapitalgesellschaften gilt, verwiesen (§§ 264 ff, soweit diese Vorschriften wegen ihrer Rechtsformneutralität auch auf die eG Anwendung finden können, vgl. im einzelnen die in Abs. 2 aufgezählten Vorschriften sowie die entsprechenden Erl. vorstehend im Anhang zu § 33). **2**

Der Jahresabschluß besteht aus der Bilanz und der Gewinn- und Verlustrechnung (§ 242 Abs. 3 HGB; vgl. auch § 33 Rdn. 23 ff). Nach § 336 Abs. 1 S. 1 ist er um einen **Anhang** zu erweitern, der mit der Bilanz und der Gewinn- und Verlustrechnung eine Einheit bildet. Der Anhang entspricht grundsätzlich dem bisherigen Erläuterungsbericht als Teil des Geschäftsberichts, ist jedoch um zusätzliche Berichtspflichten erweitert worden (vgl. im einzelnen die Erl. zu §§ 284 ff HGB). Da dieser Teil des Geschäftsberichts **3** nunmehr zum Jahresabschluß gehört, reduziert sich der Geschäftsbericht alter Fassung auf den Lagebericht (hierzu Erl. zu § 289). Wird der Anhang der GV nicht zur Beschlußfassung vorgelegt, ist die Feststellung des Jahresabschlusses fehlerhaft, allerdings nicht nichtig, sondern nur anfechtbar, da der Anhang lediglich Erläuterungen und Berichtspflichten zur Bilanz und zur Gewinn- und Verlustrechnung enthält (vgl. im einzelnen Erl. zu §§ 284, 285 HGB im Anhang zu § 33).

**4** Erstmals wird für die eG die Frist zur Aufstellung des Jahresabschlusses und des Lageberichts konkretisiert, nämlich innerhalb von 5 Monaten nach Ablauf des Geschäftsjahres. Für Kreditgenossenschaften und Wohnungsgenossenschaften mit Spareinrichtung ist die Sonderfrist des § 26 KWG zu beachten. Hinsichtlich der weiteren Verfahrensweise vgl. § 33 Rdn. 24 ff und § 48 Rdn. 3 ff.

**5** Abs. 2 verweist auf den Abschnitt 2, nimmt aber insbesond. dessen Vorschriften über die Unzulässigkeit stiller Reserven aus. Die eG darf solche weiterhin bilden, soweit nicht Grenzen auch für Einzelkaufleute und Personengesellschaften bestehen (Grundsatz der vernünftigen kaufmännischen Beurteilung).

**6** Durch Abs. 3 wird die Ermächtigung zum Erlaß von Formblattverordnungen gegeben (vgl. die Erl. zu § 330 HGB in Anhang zu § 33).

## § 337 HGB

## Vorschriften zur Bilanz

**(1) An Stelle des gezeichneten Kapitals ist der Betrag der Geschäftsguthaben der Genossen auszuweisen. Dabei ist der Betrag der Geschäftsguthaben der mit Ablauf des Geschäftsjahres ausgeschiedenen Genossen gesondert anzugeben. Werden rückständige fällige Einzahlungen auf Geschäftsanteile in der Bilanz als Geschäftsguthaben ausgewiesen, so ist der entsprechende Betrag auf der Aktivseite unter der Bezeichnung „Rückständige fällige Einzahlungen auf Geschäftsanteile" einzustellen. Werden rückständige fällige Einzahlungen nicht als Geschäftsguthaben ausgewiesen, so ist der Betrag bei dem Posten „Geschäftsguthaben" zu vermerken. In beiden Fällen ist der Betrag mit dem Nennwert anzusetzen.**

**(2) An Stelle der Gewinnrücklagen sind die Ergebnisrücklagen auszuweisen und wie folgt aufzugliedern:**

**1. Gesetzliche Rücklage;**

**2. andere Ergebnisrücklagen; die Ergebnisrücklagen nach § 73 Abs. 3 des Gesetzes betreffend die Erwerbs- und Wirtschaftsgenossenschaften und die Beträge, die aus dieser Ergebnisrücklage an ausgeschiedene Genossen auszuzahlen sind, müssen vermerkt werden.**

**(3) Bei den Ergebnisrücklagen sind gesondert aufzuführen:**

1. **Die Beiträge, welche die GV aus dem Bilanzgewinn des Vorjahrs eingestellt hat;**
2. **die Beträge, die aus dem Jahresüberschuß des Geschäftsjahrs eingestellt werden;**
3. **die Beträge, die für das Geschäftsjahr entnommen werden.**

Zu den in dieser Vorschrift enthaltenen Besonderheiten für die Bilanz von eG vgl. § 266 Rdn. 37 ff.

## § 338 HGB
## Vorschriften zum Anhang

**(1) Im Anhang sind auch Angaben zu machen über die Zahl der im Laufe des Geschäftsjahrs eingetretenen oder ausgeschiedenen sowie die Zahl der am Schluß des Geschäftsjahrs der eG angehörenden Genossen. Ferner sind der Gesamtbetrag, um welchen in diesem Jahr die Geschäftsguthaben sowie die Haftsummen der Genossen sich vermehrt oder vermindert haben, und der Betrag der Haftsummen anzugeben, für welche am Jahresschluß alle Genossen zusammen aufzukommen haben.**

**(2) Im Anhang sind ferner anzugeben:**

1. **Name und Anschrift des zuständigen Prüfungsverbandes, dem die eG angehört;**
2. **alle Mitglieder des Vorstands und des Aufsichtsrats, auch wenn sie im Geschäftsjahr oder später ausgeschieden sind, mit dem Familiennamen und mindestens einem ausgeschriebenen Vornamen; ein etwaiger Vorsitzender des Aufsichtsrats ist als solcher zu bezeichnen.**

**(3) An Stelle der in § 285 Nr. 9 vorgeschriebenen Angaben über die an Mitglieder von Organen geleisteten Bezüge, Vorschüsse und Kredite sind lediglich die Forderungen anzugeben, die der eG gegen Mitglieder des Vorstands oder Aufsichtsrats zustehen. Die Beträge dieser Forderungen können für jedes Organ in einer Summe zusammengefaßt werden.**

Im Anhang (zu den sonstigen Angabepflichten vergleiche Erläuterungen zu § 284 und § 285 HGB) ist die Zahl der im Lauf des Geschäftsjahrs eingetretenen oder ausgeschiedenen sowie die Zahl der am Schluß des Geschäftsjahrs der eG angehörigen **Mitglieder** anzugeben (Abs. 1 S. 1). Diejenigen Mitglieder, die zum Ende des Geschäftsjahrs ausscheiden, sind nicht mehr als „angehörige" Mitglieder anzugeben, da Sinn und Zweck der Vorschrift ist, die Zahl der Mitglieder anzugeben, die zu Beginn des neuen Geschäftsjahrs vorhanden sind (RGZ 56, 425; KGJ 34, 205; KG, BlfG 1936, 1011; LG **1**

Aachen, ZfG 1955, 240). Befindet sich eine eG in Liquidation, sind hingegen die Mitglieder mitanzugeben, die nach § 75 nicht ausgeschieden sind.

2 **Stirbt** ein Mitglied, so scheidet es sofort aus. Seine Mitgliedschaft geht auf den Erben über. Dieser wird als Gesamtrechtsnachfolger selbst Mitglied der eG kraft Gesetzes (vgl. § 77 und die dortigen Erl.). Hinsichtlich der Angaben ist wie folgt zu unterscheiden:

Im Falle des § 77 Abs. 1 (**auslaufende Mitgliedschaft**) scheidet der Erbe am Ende des Geschäftsjahrs aus, in dem der Erbfall eingetreten ist; bis dahin hat er die Rechte und Pflichten des Erblassers innegehabt; bei der Angabe wird nur das Ausscheiden einer Person (besser einer Mitgliedschaft) angegeben, obwohl rein rechtlich der Erblasser im Laufe des Geschäftsjahres und der Erbe am Schluß des Geschäftsjahrs ausgeschieden sind. Wird der Tod erst nach Bilanzfeststellung bekannt, so sind diese geringfügigen Abweichungen der Angaben von der Wirklichkeit unbeachtlich, insbesond. ist kein neuer Jahresabschluß aufzustellen und zu beschließen.

Im Falle des § 77 Abs. 2 (**unbefristete Mitgliedschaft**) tritt der Erbe auch zeitlich uneingeschränkt in die Rechtsposition des Erblassers ein (vgl. die Erl. zu § 77 Abs. 2). Obwohl hier rein rechtlich der Erblasser ausgeschieden und der Erbe beigetreten ist, ist bei der Angabe der Zahl der Mitglieder weder das Ausscheiden noch das Eintreten des Erbassers zu berücksichtigen; der Fall ist so zu behandeln, als wenn eine Mitgliederbewegung nicht eingetreten sei. Dies dürfte am ehesten dem Grundsatz der Gesamtrechtsnachfolge entsprechen.

3 Außerdem ist der Gesamtbetrag anzugeben, um welchen sich im Laufe des Geschäftsjahrs die **Geschäftsguthaben** sowie die **Haftsummen** der Mitglieder vermehrt oder vermindert haben und – entsprechend der Gesamtmitgliederzahl – der Gesamtbetrag der Haftsummen aller Mitglieder am Ende des Geschäftsjahrs. Es gilt das vorstehend zu den Mitgliederangaben Gesagte. Allerdings sind zusätzlich auch, soweit die Voraussetzungen des § 76 Abs. 4 am Ende des Geschäftsjahrs vorliegen, die Haftsummen der Mitglieder anzugeben, die ihre Geschäftsguthaben übertragen haben. Gleiches gilt, soweit zum Ende des Geschäftsjahrs die Voraussetzungen des § 115 b vorliegen, für die innerhalb der letzten 18 Monate vor der Eröffnung des Konkursverfahrens ausgeschiedenen Mitglieder (vgl. § 115 b und die dortigen Erl.).

4 Nach Abs. 2 Nr. 1 ist der zuständige Prüfungsverband anzugeben. Gehört die eG zwei Prüfungsverbänden als Mitglied an, können beide Verbände angegeben werden. Hierbei sollte jedoch der Prüfungsverband, der die gesetzliche Prüfung durchführt, bezeichnet werden.

Nach Abs. 2 Nr. 2 sind die Vorstands- und Aufsichtsratsmitglieder unter zusätzlicher Bezeichnung des Aufsichtsratsvorsitzenden anzugeben, auch wenn sie im Laufe des Geschäftsjahres oder später ausgeschieden sind. Zusätzlich kann auch deren genaue Anschrift angegeben werden.

Außerdem sind die Forderungen (z. B. Kredite) anzugeben, die der eG gegen die Vorstands- und Aufsichtsratsmitglieder zustehen. Auch müssen nach dieser Vorschrift die Beträge für jedes Organ jeweils in einer Summe zusammengefaßt angegeben werden. **5**

Zum Anhang bei **Wohnungsgenossenschaften** s. Rdn. 15 zu § 330 HGB im Anhang zu § 33 GenG. **6**

## § 339 HGB

## Offenlegung

**(1) Der Vorstand hat unverzüglich nach der Generalversammlung über den Jahresabschluß den festgestellten Jahresabschluß, den Lagebericht und den Bericht des Aufsichtsrats zum Genossenschaftsregister des Sitzes der Genossenschaft einzureichen. Ist die Erteilung eines Bestätigungsvermerks nach § 58 Abs. 2 des Gesetzes betreffend die Erwerbs- und Wirtschaftsgenossenschaften vorgeschrieben, so ist dieser mit dem Jahresabschluß einzureichen; hat der Prüfungsverband die Bestätigung des Jahresabschlusses versagt, so muß dies auf dem eingereichten Jahresabschluß vermerkt und der Vermerk vom Prüfungsverband unterschrieben sein. Ist die Prüfung des Jahresabschlusses im Zeitpunkt der Einreichung der Unterlagen nach Satz 1 nicht abgeschlossen, so ist der Bestätigungsvermerk oder der Vermerk über seine Versagung unverzüglich nach Abschluß der Prüfung einzureichen. Wird der Jahresabschluß oder der Lagebericht nach der Einreichung geändert, so ist auch die geänderte Fassung einzureichen.**

**(2) Der Vorstand einer Genossenschaft, die die Größenmerkmale des § 267 Abs. 3 erfüllt, hat ferner unverzüglich nach der Generalversammlung über den Jahresabschluß den festgestellten Jahresabschluß mit dem Bestätigungsvermerk in den für die Bekanntmachung der Genossenschaft bestimmten Blättern bekanntzumachen und die Bekanntmachung zu dem Genossenschaftsregister des Sitzes der Genossenschaft einzureichen. Ist die Prüfung des Jahresabschlusses zum Zeitpunkt der Generalversammlung nicht abgeschlossen, so hat die Bekanntmachung nach Satz 1 unverzüglich nach dem Abschluß der Prüfung zu erfolgen.**

**(3) Die §§ 326 bis 329 über die größenabhängigen Erleichterungen bei der Offenlegung, über Form und Inhalt der Unterlagen bei der Offenlegung, Veröffentlichung und Vervielfältigung sowie über die Prüfungspflicht des Registergerichts sind entsprechend anzuwenden.**

**1** Die Einreichung nach Abs. 1 S. 1 hat beim Registergericht des Sitzes der Hauptniederlassung zu erfolgen. Sie ist von so vielen Vorstandsmitgliedern zu unterzeichnen, wie satzungsgemäß zur gesetzlichen Vertretung befugt sind; § 157 GenG, der sich auf die Anmeldung bezieht, gilt nicht.

Die Einreichung hat nunmehr ausdrücklich **unverzüglich** zu erfolgen. Der Vorstand kann durch Festsetzung von Zwangsgeld zur Erfüllung seiner Einreichungspflicht angehalten werden (§ 160 Abs. 1 S. 2 GenG). Das Registergericht kann nicht von Amts wegen einschreiten, sondern nur, wenn ein Mitglied, ein Gläubiger oder der Betriebsrat dies beantragt (§ 160 Abs. 2 GenG i. V. m. § 335 S. 2 HGB). Bei der Einreichung muß auch das Datum der Festlegung des Jahresabschlusses angegeben werden. § 329 entspricht dem für Kapitalgesellschaften geltenden § 325 HGB; im Unterschied zu § 325 Abs. 1 brauchen **alle** eG (Ausnahme: Kreditgenossenschaften, Rdn. 10) nach § 339 Abs. 1 nicht bekannt zu machen, bei welchem Genossenschaftsregister und unter welcher Nummer diese Unterlagen einzureichen sind. Wegen zusätzlicher Erleichterungen für kleine und mittelgroße eG s. Rdn. 6.

**2** Hinsichtlich des erteilten bzw. verweigerten bzw. noch nicht erteilten **Bestätigungsvermerks** s. Abs. 1 S. 2 und 3.

**3** Wird der Jahresabschluß oder der Lagebericht nach der Einreichung **geändert**, so ist auch die geänderte Fassung einzureichen.

**4** Das Registergericht hat kein materielles Prüfungsrecht hinsichtlich des Jahresabschlusses und des Lageberichts. Er kann nur prüfen, ob die eingereichten Unterlagen den formalen Anforderungen des Gesetzes entsprechen (formelles Prüfungsrecht).

**5** Eine **große** eG i. S. v. § 267 Abs. 3 (vgl. die Erl. zu § 277 HGB im Anhang zu § 33 GenG) hat die Bekanntmachungspflichten gemäß Abs. 2 zu erfüllen. Bei der Bekanntmachung muß auch das Datum der Feststellung des Jahresabschlusses angegeben werden.

Diese Bekanntmachungspflichten hat der Vorstand einer großen eG vor Einreichung der Unterlagen beim Genossenschaftsregister vorzunehmen und danach das Belegexemplar der Bekanntmachung (hierzu § 6 Rdn. 65 ff) mit dem Lagebericht und dem Bericht des Aufsichtsrats dem Genossenschaftsregister einzureichen.

**6** Nach Abs. 3 gelten für **kleine und mittelgroße eG** i. S. v. § 267 Abs. 1 und 2 (vgl. die Erl. zu § 267 i. V. m. § 336 HGB im Anhang zu § 33 GenG) folgende Erleichterungen:

– Kleine eG brauchen gem. § 326 HGB i. V. m. § 325 Abs. 1 HGB nur die Bilanz und den Anhang dem Genossensschaftsregister einzureichen, und zwar spätestens vor Ablauf des 12. Monats des dem Bilanzstichtag nachfolgenden Geschäftsjahrs. Von der Einreichung der Gewinn- und Verlustrechnung kann ganz abgesehen werden. Der Anhang braucht in diesem Fall auch nicht die die Gewinn- und Verlustrechnung betreffenden Angaben zu machen. Die Verweisung auf § 325 Abs. 1 HGB ist nicht dahin zu verstehen, daß diese eG bekanntzugeben haben, bei welchem Genossenschaftsregister und unter welcher Nummer diese Unterlagen eingereicht worden sind (vgl. hierzu Rdn. 1 a.E.).

– Mittelgroße eG müssen zwar den gesamten Jahresabschluß nebst Lagebericht einreichen, sie dürfen jedoch die Bilanz nach der den kleinen eG gestatteten Form (§ 266 Abs. 1 S. 3 HGB – ergänzt um verschiedene Zusatzangaben gem. § 327 Nr. 1 HGB – und auch den Anhang entsprechend § 327 Nr. 2 HGB) einreichen.

Kurzfassungen von Jahresabschluß und Lagebericht müssen wegen der **7**
Verweisung in Abs. 3 die weiteren in § 328 Abs. 2 HGB vorgesehenen Angaben enthalten, damit der Leser einen Hinweis auf die vollständige Unterlage erhält.

**Kreditgenossenschaften** haben nach § 26 KWG innerhalb von **8**
3 Monaten den Jahresabschluß aufzustellen; die aufgestellte sowie später die festgestellte Jahresbilanz, die Gewinn- und Verlustrechnung und den Geschäftsbericht haben sie in vierfacher Ausfertigung dem Prüfungsverband, dem sie angehören, einzureichen zwecks Weiterleitung an das Bundesaufsichtsamt für das Kreditwesen sowie an die zuständige Landeszentralbank. Der Prüfungsverband hat hierbei zu den Unterlagen Stellung zu nehmen, soweit er dies nach pflichtgemäßem Ermessen für erforderlich hält (*Szagunn/Neumann* KWG, § 26, Anm. 16). Der Prüfungsbericht ist nur auf Anforderungen einzureichen. Vgl. im übrigen neben den Anzeigepflichten gemäß § 24 KW die Anzeigepflichten gemäß §§ 13–15 KWG.

Kreditgenossenschaften haben im übrigen nach § 25 KWG unverzüglich **9**
nach Ablauf eines jeden Monats **Monatsausweise** an die Deutsche Bundesbank einzureichen; es genügt die Einreichung der monatlichen Bilanzstatistik (vgl. hierzu sowie zu den Ausnahmen *Reischauer/Kleinhans*, KWG, Erl. zu § 25). Außerdem ist die Bundesbank nach § 18 BBG berechtigt, zur Erfüllung ihrer Aufgaben Statistiken auf dem Gebiet des Bank- und Geldwesens bei allen Kreditinstituten anzuordnen und durchzuführen.

Nach § 340 l Abs. 3 HGB ist auf Kreditgenossenschaften § 339 nicht **10**
anzuwenden. Kreditgenossenschaften mit einer Bilanzsumme von mehr als 300 Millionen haben ihren Jahresabschluß im Bundesanzeiger bekannt zu machen (§ 340 1 Abs. 4 HGB i. V. m. § 325 Abs. 2 HGB), für die übrigen gilt § 325 Abs. 1 HGB (Einreichung zum Genossenschaftsregister und Veröffentlichung im Bundesanzeiger, wo eingereicht wurde).

Wohnungsgenossenschaften mit Spareinrichtung haben den Jahresab- **11**
schluß (Jahresbilanz und die Gewinn- und Verlustrechnung) gem. § 26 Abs. 1 KWG aufzustellen und den aufgestellten, in der Anlage erläuterten, sowie später den festgestellten Jahresabschluß und den Lagebericht unver-

züglich in fünffacher Ausfertigung ihrem Prüfungsverband einzureichen (BAK, Schreiben v. 20. 9. 1978 u. Mitteilungen an den GdW, s. a. *Reischauer/Kleinhans*, KWG, Rz. 225). Der Jahresabschluß ist spätestens bis zum Ablauf von fünf Monaten nach Schluß des Geschäftsjahrs und vor der Feststellung zu prüfen und mit dem Bestätigungsvermerk einzureichen. Größenabhängige Erleichterungen bei der Offenlegung dürfen diese eG nicht in Anspruch nehmen (§ 27 KWG, §§ 340 k Abs. 1, 2, 340 l Abs. 3, 4 HGB; GdW „Erläuterungen", Teil E/Offenlegung, S. 2; Rechnungswesen und Prüfung der Wohnungsgenossenschaften, Richtlinien, November 1994, s. 19 ff, 23; ferner § 33 GenG, Anhang § 330 HGB, Rdn. 12).

## § 34

## Sorgfaltspflicht und Haftung der Vorstandsmitglieder

**(1) Die Vorstandsmitglieder haben bei ihrer Geschäftsführung die Sorgfalt eines ordentlichen und gewissenhaften Geschäftsleiters einer Genossenschaft anzuwenden. Über vertrauliche Angaben und Geheimnisse der Genossenschaft, namentlich Betriebs- oder Geschäftsgeheimnisse, die ihnen durch die Tätigkeit im Vorstand bekanntgeworden sind, haben sie Stillschweigen zu bewahren.**

**(2) Vorstandsmitglieder, die ihre Pflichten verletzten, sind der Genossenschaft zum Ersatz des daraus entstehenden Schadens als Gesamtschuldner verpflichtet. Ist streitig, ob sie die Sorgfalt eines ordentlichen und gewissenhaften Geschäftsleiters einer Genossenschaft angewandt haben, so trifft sie die Beweislast.**

**(3) Die Mitglieder des Vorstands sind namentlich zum Ersatz verpflichtet, wenn entgegen diesem Gesetz oder dem Statut**

**1. Geschäftsguthaben ausgezahlt werden,**
**2. den Genossen Zinsen oder Gewinnanteile gewährt werden,**
**3. Genossenschaftsvermögen verteilt wird,**
**4. Zahlungen geleistet werden, nachdem die Zahlungsunfähigkeit der Genossenschaft eingetreten ist oder sich eine Überschuldung ergeben hat, die für die Genossenschaft Konkursgrund nach § 98 Abs. 1 ist,**
**5. Kredit gewährt wird.**

**(4) Der Genossenschaft gegenüber tritt die Ersatzpflicht nicht ein, wenn die Handlung auf einem gesetzmäßigen Beschluß der Generalversammlung beruht. Dadurch, daß der Aufsichtsrat die Handlung gebilligt hat, wird die Ersatzpflicht nicht ausgeschlossen.**

**(5) In den Fällen des Absatzes 3 kann der Ersatzanspruch auch von den Gläubigern der Genossenschaft geltend gemacht werden, soweit sie von dieser keine Befriedigung erlangen können. Den Gläubigern gegen-**

**über wird die Ersatzpflicht weder durch einen Verzicht oder Vergleich der Genossenschaft noch dadurch aufgehoben, daß die Handlung auf einem Beschluß der Generalversammlung beruht. Ist über das Vermögen der Genossenschaft der Konkurs eröffnet, so übt während dessen Dauer der Konkursverwalter das Recht der Gläubiger gegen die Vorstandsmitglieder aus.**

**(6) Die Ansprüche aus diesen Vorschriften verjähren in fünf Jahren.**

*Übersicht*



## I. Allgemeines

1 § 34 wurde neu gefaßt durch Novelle 1973; er ist weitgehend angepaßt an § 93 AktG, trägt aber den Besonderheiten der eG Rechnung. Dies gilt in erster Linie für den **Sorgfaltsmaßstab:** „Geschäftsleiter einer eG", wodurch die besondere Aufgabenstellung der eG als Förderunternehmen und die daraus folgende besondere Verantwortung des Vorstands zum Ausdruck kommt (so auch *Schubert/Steder*, § 34 Rz. 1). Besonderheiten enthält auch Abs. 3.

2 Die Regelung des § 34 beschränkt sich auf die Umschreibung der Sorgfaltspflicht und der daraus folgenden Haftung im Hinblick auf die Organstellung; andere Anspruchsgrundlagen können daneben bestehen (vgl. Erl. Rdn. 158 ff, *Müller*, § 34 Rdn. 2).

## II. Sorgfaltspflicht der Vorstandsmitglieder (Abs. 1)

### 1. Anwendungsbereich

*a) Vorstandsmitglieder*

3 § 34 gilt grundsätzlich nur für **Mitglieder des Vorstandes**. Voraussetzung ist jedoch weder der Abschluß eines Dienstvertrages noch die rechtswirksame Bestellung zum Vorstandsmitglied (vgl. § 9 Rdn. 27; § 24 Rdn. 66). Entscheidend für die Anwendung der Vorschrift ist vielmehr, daß tatsächlich die Tätigkeit als Vorstandsmitglied ausgeübt wird (RG, SeuffArch 93, 310; BGHZ 41, 282; so für den Aufsichtsrat RGZ 152, 273; *Müller*, § 34 Rdn. 10; für das Aktienrecht *Godin/Wilhelmi*, § 93 Anm. 3; vgl. *Baumbach/Hueck*, AktG § 93 Rdn. 5). Auch wenn überhaupt kein Bestellungsakt vorliegt, treten beim Tätigwerden als Vorstandsmitglied die Folgen nach § 34 ein (vgl. BGH, DB 1966, 1349 für Fragen der strafrechtlichen Verantwortlichkeit; Erl. zu § 9 Rdn. 25 ff). Andererseits setzt die Verantwortlichkeit und Haftung voraus, daß die Bestellung zumindest faktisch angenommen worden ist; gewolltes und erkennbares Handeln als Vorstandsmitglied bedeutet jedoch stets Annahme des Amtes (vgl. RGZ 144, 356; *Müller*, § 34 Rdn. 10; für das Aktienrecht *Godin/Wilhelmi*, § 93 Anm. 3). Aus dem Anstellungsvertrag kann sich jedoch bereits die Verpflichtung ergeben, als Vorstand tätig zu werden (nicht eindeutig: *Godin/Wilhelmi*, § 93 Anm. 3).

4 Für **stellvertretende Vorstandsmitglieder** gilt § 34 uneingeschränkt (§ 35; s. Erl. dort). Das Gesetz macht hinsichtlich der Verantwortlichkeit und Haftung grundsätzlich keinen Unterschied, welche „Position" ein Vorstandsmitglied im Gesamtgremium hat. Ein stellvertretendes Vorstandsmitglied handelt in gleicher Weise eigenverantwortlich und kann nicht an Weisungen z. B. des Vorstandsvorsitzenden gebunden sein. Die Zuteilung besonderer – vielleicht eingeschränkter – Verantwortungsbereiche kann bestenfalls bei der Schuldfeststellung von Bedeutung sein (vgl. *Metz*, Bankpraxis 77, 200).

5 Mitglieder des Aufsichtsrats, die gemäß § 37 Abs. 1 vorübergehend **in den Vorstand delegiert** worden sind, sind zwar nicht „stellvertretende Vorstandsmitglieder" im Sinne von § 35; für die Zeit ihrer Vorstandstätigkeit unterliegen sie jedoch den Bestimmungen des § 34 zur Verantwortung und Haftung (s. Erl. zu § 35 Rdn. 1 ff und zu § 37).

6 § 34 findet auch Anwendung auf **nebenamtliche und ehrenamtliche Vorstandsmitglieder** (so grundsätzlich *Blomeyer/Meyer*, ZfG 1985, 255; wegen der Begriffe vgl. § 9 Rdn. 11 ff). Solche nicht hauptamtlichen Vorstandsmitglieder haben nach dem Wortlaut des § 27, der nicht zwischen hauptamtlichen und anderen Vorstandsmitgliedern unterscheidet, ebenfalls

in eigener Verantwortung die eG zu leiten (so zutreffend *Meyer*, Die Verantwortlichkeit des Vorstandes, S. 45; unklar *Meyer/Meulenbergh/Beuthien*, § 34 Rdn. 12); ihre Tätigkeit kann sich damit nicht auf eine Art Aufsichtsführung beschränken (insoweit als im Widerspruch zum Wortlaut von § 27 abzulehnen, wenn *Meyer/Meulenbergh/Beuthien* in § 34 Rdn. 12 von Vorstandsmitgliedern lediglich als „Vertrauensmännern" sprechen; ähnlich *Meyer*, Die Verantwortlichkeit des Vorstandes, S. 46; nicht eindeutig zum Begriff „Aufsicht" *Paulick*, S. 224). Sie tragen daher grundsätzlich auch die Leitungsverantwortung gemäß § 34. Die Tatsache, daß sie nicht hauptamtlich im Vorstand der eG tätig sind, kann und muß allerdings bei der Zuordnung einzelner Verantwortungsbereiche und bei der Feststellung der Schuld und dem internen Schadensausgleich (Rdn. 116) Berücksichtigung finden (hierzu *Beuthien*, Vortragsveranstaltung 1981 des DGRV, Bad Kreuznach, S. 38; *Grossfeld/Schulte*, ZfG 1985, 194; die mehr rechtspolitischen Erwägungen über einen besonderen Fahrlässigkeitsmaßstab der ehrenamtlichen Organmitglieder finden aber im Gesetz kaum eine Stütze; *Metz*, Bankpraxis 77, 200 ff). Die Gesichtspunkte der **„Ressortverantwortung"** sind entsprechend anzuwenden. Ehrenamtliche Vorstandsmitglieder sind so zu behandeln, wie nicht ressortverantwortliche Vorstandsmitglieder im Verhältnis zu den ressortverantwortlichen Vorstandsmitgliedern (vgl. Erl. unten Rdn. 39, 40). Im Rahmen der konkret vorhandenen Möglichkeiten müssen sie dafür Sorge tragen, daß das Vertrauensverhältnis zu den hauptamtlichen Vorstandskollegen jederzeit gerechtfertigt bleibt. Durch laufende gegenseitige Information und ggfs. aktive Nachfragen muß eine Unterrichtung über alle wesentlichen Vorgänge gewährleistet sein. Wenn Umstände Anlaß zu weiteren Nachforschungen geben können, muß das ehrenamtliche Vorstandsmitglied konkret tätig werden, z. B. durch Rückfragen, Einsichtnahme in bestimmte Unterlagen oder sonstige Kontrollhandlungen. Es wäre – jedenfalls für manche Genossenschaftsbereiche – zu bedauern, wenn die strengen Haftungsvorschriften auch für ehrenamtliche Organmitglieder abschreckend auf die Bereitschaft zur ehrenamtlichen Mitarbeit wirken würden. Langfristig wäre an eine Anpassung des Gesetzes zu denken.

Mit dem **Ausscheiden aus dem Vorstand** endet die Verantwortlichkeit **7**
gemäß § 34. Entscheidend ist jedoch auch hier, daß die Tätigkeit als Vorstandsmitglied auch tatsächlich beendet wird (vgl. RG, SeuffArch 93, 310: ein ausgeschiedenes Vorstandsmitglied haftet, wenn es aus Gefälligkeit noch bei einem Verschmelzungsvertrag „als Vorstand" mitwirkt; *Gessler/Hefermehl*, AktG § 93 Rdn. 8). Für Haftungstatbestände, die vor dem Ausscheiden begründet worden sind, bleibt naturgemäß die Haftung bestehen. Pflichten und Haftung bestehen grundsätzlich auch bei „faktischen Vorstandsmitgliedern", die also als Vorstand tätig sind, ohne wirksam bestellt zu sein (BGH, BGHZ 47, 341).

8 Die Pflicht, als Vorstandsmitglied tätig zu werden, endet grundsätzlich mit dem rechtswirksamen Ausscheiden aus dem Vorstandsamt. In Ausnahmefällen kann jedoch noch die Verpflichtung bestehen, bestimmte Handlungen abzuschließen oder vorzunehmen, um die eG vor Schaden zu bewahren. Die Verschwiegenheitspflicht besteht über das Ausscheiden aus dem Amt hinaus fort; dies gilt auch für Haftungsfälle aus einer Verletzung der Verschwiegenheitspflicht (vgl. hierzu *Müller*, § 34 Rdn. 12, 20; zur Schweigepflicht vgl. Rdn. 97 ff). Vorstandsmitglieder, die im Rahmen von § 40 **suspendiert** sind oder deren Rechte und Pflichten als Vorstandsmitglieder durch übereinstimmende Vereinbarungen aufgehoben sind, unterliegen grundsätzlich nicht mehr der Verantwortung und Haftung gemäß § 34. Haftung allerdings möglich, wenn die tatsächliche Vorstandstätigkeit nicht beendet ist, oder Pflichten als Nachwirkungen aus früherer Vorstandstätigkeit bestehen. Ist ein Vorstandsmitglied z. B. wegen Krankheit daran gehindert, seine Aufgaben wahrzunehmen, so trifft ihn wegen Fehlverhaltens im Vorstand grundsätzlich keine Verantwortung und keine Haftung. Auch hier ist aber Maßstab die Verpflichtung, das objektiv Mögliche und subjektiv Zumutbare zu tun, um Schaden zu verhindern.

9 Für **Geschäftsführer** (z. B. „Rendanten"), die nicht dem Vorstand angehören, findet § 34 keine Anwendung. Dies gilt grundsätzlich auch dann, wenn ein ausschließlich ehrenamtlicher Vorstand besteht und die gesamte Leitung auf den Geschäftsführer delegiert worden ist. Der Geschäftsführer ist jedoch nicht von seiner Haftung nach allgemeinen Vorschriften dadurch befreit, daß Vorstandsmitglieder bei den Entscheidungen oder Handlungen mitgewirkt haben (RG, Konsumgenossenschaftliche Rundschau 18, 329).

10 Für die Haftung gemäß § 34 gelten die allgemeinen **Vorschriften des BGB zur Geschäftsfähigkeit**. Grundsätzlich können zwar nur vollgeschäftsfähige Personen zu Vorstandsmitgliedern bestellt werden; hinsichtlich der Haftung aus § 34 finden jedoch bei Nichtvollgeschäftsfähigen die Regeln Anwendung, wie sie sich aus vorstehenden Ausführungen ergeben. Eine beschränkt geschäftsfähige Person kann nur dann wirksam den Pflichten und Haftungen als Vorstandsmitglied unterworfen sein, wenn der gesetzliche Vertreter der „Bestellung" zugestimmt hat (ähnlich *Müller*, § 34 Rdn. 11). Ergänzend sind für die Frage der „Deliktsfähigkeit" die Vorschriften der §§ 827 ff BGB heranzuziehen.

11 Für die **„Geschäftsleiter" einer Genossenschaftsbank** gelten ergänzend die besonderen Vorschriften des KWG, insbes. § 17 KWG (wegen des Begriffs „Geschäftsleiter" vgl. Erl. zu § 9 Rdn. 6 ff).

*b) Der Bereich der Geschäftsführung (Leitung)*

12 Der Begriff **„Geschäftsführung"** im engeren Sinne umfaßt nur die Tätigkeit der Vorstandsmitglieder im Innenbereich der eG; dazu kommen

die **Vertretungshandlungen** im Außenverhältnis. Beide Bereiche werden in § 27 unter dem Begriff **„Leitung"** zusammengefaßt. Die Sorgfaltspflicht des § 34 Abs. 1 erstreckt sich naturgemäß sowohl auf die Geschäftsführung als auch auf Vertretungshandlungen im Außenverhältnis, also auf alle Vorstandshandlungen bei der Leitung der eG (vgl. für das Aktienrecht *Godin/Wilhelmi*, § 93 Anm. 4), bei **Kreditgenossenschaften** auch auf die Beachtung der besonderen Vorschriften des KWG.

### 2. Inhalt der Sorgfaltspflicht

#### *a) Begriff der Sorgfalt in BGB und HGB*

Im Rahmen der Schuldverhältnisse des BGB bestimmt § 276 allgemein, daß für **Vorsatz und Fahrlässigkeit** einzutreten ist. Diese Begriffe gelten im wesentlichen für das gesamte Haftungsrecht, insbes. auch für unerlaubte Handlungen (§ 823 ff BGB). **13**

**Vorsatz** ist danach Wissen und Wollen der Handlung und des rechtswidrigen Erfolges (vgl. *Palandt*, BGB, § 276 Anm. 3). **Fahrlässigkeit** bedeutet Außerachtlassen der „im Verkehr erforderlichen Sorgfalt" (§ 276 Abs. 1 S. 2 BGB). „Erforderlich" bringt zum Ausdruck, daß es sich im Zivilrecht um einen objektivierten Sorgfaltsmaßstab handelt, grundsätzlich ohne Berücksichtigung subjektiver Gesichtspunkte (*Palandt*, BGB, § 276 Anm. 4). Maßstab dieser Fahrlässigkeit ist also das, was nach allgemeiner Erfahrung beachtet werden muß, um Schädigung anderer zu vermeiden. **14**

Demgegenüber enthält das **Handelsrecht** bereits einen erhöhten Sorgfaltsmaßstab als „Sorgfalt eines ordentlichen Kaufmanns" z. B. in § 347 Abs. 1 HGB für Handelsgeschäfte. Ein ordentlicher Kaufmann unterliegt in diesen Bereichen einem Sorgfaltsmaßstab, der über die allgemein im Verkehr erforderliche Sorgfalt hinausgeht (vgl. *Kust*, WM 1980, 759). **15**

#### *b) Sorgfalt des Geschäftsleiters einer Genossenschaft*

§ 34 Abs. 1 definiert für die Mitglieder des Vorstandes einer eG einen **besonderen Sorgfaltsmaßstab**. Es handelt sich gegenüber § 276 Abs. 1 S. 2 BGB um eine Modifizierung und Konkretisierung des Fahrlässigkeitsmaßstabes (zutreffend *Meyer*, S. 17), zugleich aber auch um eine Verschärfung vgl. KG v. 13. 2. 1997 – 2 U 3326/96. Danach haben sich diese Personen so zu verhalten, wie dies ein ordentlicher und gewissenhafter **Geschäftsleiter einer eG** tut. Gegenüber der früheren Bezeichnung „Geschäftsmann" kommt damit zunächst zum Ausdruck, daß die Maßstäbe gelten, wie sie von einem Unternehmensleiter zu fordern sind. Es handelt sich also um einen im Vergleich höheren Maßstab der Sorgfalt, der auch eine allgemeine Treuepflicht beinhaltet (so auch *Kust*, WM 1980, 759; vgl. *Schlegelberger/Quassowski*, § 84 Anm. 4; *Gessler*, JW 1937, 501; a. A. *Godin/Wilhelmi*, § 93 Anm. 4). **16**

**17** Die Formulierung in § 34 Abs. 1 „Sorgfalt eines . . . Geschäftsleiters einer eG" berücksichtigt den unverzichtbaren **gesetzlichen Förderzweck** dieser Unternehmensform (so auch *Müller*, § 34 Rdn. 15, 37). Die Vorstandsmitglieder müssen ihre Handlungen und Entscheidungen stets danach ausrichten, daß dieser Zweck erreicht und langfristig gesichert wird, sie haben sich dabei an den Interessen der Mitglieder zu orientieren (wegen Begriff und Inhalt des Förderauftrags vgl. Erl. zu § 1 Rdn. 33 ff).

**18** Diese Regelung des GenG bedingt einen **eigenen und konkretisierten Sorgfaltsmaßstab** gegenüber dem allgemeinen Begriff der Sorgfalt eines Geschäftsleiters. Jener wird seinen Verpflichtungen grundsätzlich dann gerecht, wenn er Erträge erwirtschaftet, um Gewinne an die Gesellschafter auszuschütten und den Bestand des Unternehmens zu sichern. Der Geschäftsleiter einer eG hat darüber hinaus die Sorgfaltspflicht, darauf zu achten, daß die unternehmerische Tätigkeit letztlich stets den Mitgliedern in ihrer Kundenbeziehung zur eG zugute kommt (ähnlich *Schubert/Steder*, § 34 Rz. 2; *Westermann*, Freundesgabe für Vits, 266 ff; *Westermann*, in: Festschrift für Reinhardt, 361 ff).

**19** Auch in § 34 Abs. 1 ist die **Sorgfaltspflicht objektiviert**; abgestellt wird auf den Typus des Geschäftsleiters, der seinen Pflichten ordentlich und gewissenhaft nachkommt (so *Blomeyer/Meyer*, ZfG 1985, 254; *Godin/Wilhelmi*, § 93 Anm. 4 für die Aktiengesellschaft; *Kust*, WM 1980, 760; ähnlich *Müller*, § 34, Rdn. 14; *Schubert/Steder*, § 34 Rz. 2).

**20** Jedes Vorstandsmitglied hat sich **über seine Pflichten zu informieren**; es muß den Inhalt der wesentlichen Bestimmungen von Gesetz und Satzung kennen. Vorstandsmitglieder können sich nicht damit entschuldigen, daß sie keine Kenntnis der zu beachtenden Rechtsvorschriften hatten oder mangels Ausbildung oder Erfahrung ihrem Amt nicht gewachsen seien; ihr Verschulden liegt dann in der Annahme oder Beibehaltung des Amtes (RG, JW 1914, 476; BlfG 1934, 539; RG, BlfG 1937, 794; LG Bonn, BlfG 1933, 129; RGZ 163, 200 = BlfG 1940, 127; BGH, DB 1963, 480; *Schubert/Steder*, § 34 Rz. 3). Mißachtung der Beschränkungen nach § 49 stellt regelmäßig einen Verstoß gegen die Sorgfaltspflichten dar (RG, BlfG 1939, 281).

**21** Andererseits ist nicht jeder Verstoß gegen Bestimmungen von Gesetz oder Satzung eine Pflichtverletzung mit Haftungsfolge (zu weitgehend *Müller*, § 34 Rdn. 15). Entscheidend ist, ob das Vorstandsmitglied im konkreten Fall auf der Grundlage des erhöhten Sorgfaltsmaßstabes seiner Verantwortung gerecht geworden ist, um Schädigungen zu vermeiden. Dies muß grundsätzlich z. B. auch bei Überschreitungen der Grenzen nach § 49 gelten; sie könnten allerdings unter ganz besonderen Ausnahmeumständen zu rechtfertigen sein. Andererseits kann ein Vorstandsmitglied grundsätzlich der Richtigkeit von Auskünften durch den Prüfungsverband vertrauen (vgl. OLG Düsseldorf, DB 1983, 1651). Mißachtung wesentlicher Bestimmungen des Kreditwesengesetzes sind grundsätzlich Verstoß gegen die Sorgfaltspflichten.

Erwägungen bei unangemessen hohem **Vorstandsgehalt** vgl. Rechtsprechung zum früheren Straftatbestand des § 146 GenG: RG, Recht 1934, 402 Nr. 4266 = JW 1934, 1288; RG, JW 1933, 2954. 22

Maßstab für die Bewertung der Sorgfaltspflicht und der Haftungsfolge im Einzelfall kann nach alldem der Grundsatz sein, daß Vorstandsmitglieder das – einem ordentlichen und gewissenhaften Vorstandsmitglied – **objektiv Mögliche und subjektiv Zumutbare tun müssen, um die eG, deren Mitglieder und Gläubiger vor Schaden zu bewahren** (vgl. *Metz*, Bankpraxis 77, 197). Grundsätzlich haften Vorstandsmitglieder nicht für den Erfolg, sondern für die Erfüllung der Sorgfaltspflichten (vgl. *Kust*, WM 1980, 760); Haftung, wenn „naheliegende Möglichkeit einer Schädigung bestand" (BGH, VersR 1975, 812). 23

Vorstandsmitglieder können – bei „normalen Vorstandspflichten" – grundsätzlich nicht dadurch von ihrer Haftung frei werden, daß sie sich auf den arbeitsrechtlichen Grundsatz der **„gefahrgeneigten Arbeit"** berufen (so für das Kreditgeschäft BGH, WM 1975, 469; zum Begriff BAG Az. 1 AZR 507/69). 24

Die **fachlichen Voraussetzungen** für die Tätigkeit als Geschäftsleiter können sehr unterschiedlich sein, je nach Art und Größe des Geschäftsbetriebes der eG. Während der Leiter einer Kreditgenossenschaft vor allem die besondere Qualifikation des KWG zu erfüllen hat, liegen die Schwerpunkte beim Vorstandsmitglied eines genossenschaftlichen Handelsunternehmens im allgemeinen kaufmännischen Bereich und – je nach Ressortverantwortung – im Bereich der Warenkunde. Es gibt keinen einheitlichen Geschäftsleitertyp (*Geßler/Hefermehl*, AktG, § 93 Rdn. 12). 25

Die Sorgfalt des Vorstandes einer **Genossenschaftsbank** gebietet z. B. bei der Finanzierung eines neuen Produktes, daß Marktanalysen, Verkaufsstrategien und Wirtschaftlichkeitsberechnungen eingeholt werden; sollen Edelsteine oder Schmuckstücke als Sicherheiten bewertet werden, so bedarf es der Begutachtung durch anerkannte Sachverständige.

*c) Verantwortungsschwerpunkte*

Der Gesetzgeber hält es für erforderlich, zur Verwirklichung der genossenschaftlichen Unternehmensziele den Vorstand mit umfassender Kompetenz auszustatten (§ 27). Demgemäß sind die Vorstandsmitglieder verpflichtet, die **Unternehmensziele als Bündel der Einzelziele zu erforschen, zu definieren, den Betrieb in sachlicher und personeller Hinsicht danach zu organisieren und alle Maßnahmen durchzuführen, die erforderlich sind, um das Unternehmensziel der Mitgliederförderung optimal zu erreichen.** 26

**27** Dem Vorstand obliegt vor allem die Auswahl, Anstellung und Ausbildung der **Mitarbeiter**; er hat dafür zu sorgen, daß die notwendigen Qualifikationen gegeben sind.

**28** Hinsichtlich der Pflichten der Vorstandsmitglieder und der daraus folgenden Verantwortung ist zwischen der **„Leitungsverantwortung"** und der **„Sachverantwortung"** (Handlungsverantwortung) zu unterscheiden. (Näheres hierzu *Höhn*, Vorstand insbes. S. 29; *Blomeyer/Meyer*, ZfG 1985, 260; *Möhring*, Führungsprobleme in Genossenschaften, S. 158 ff und *Jahn*, Genossenschaftliches Förderungsprinzip, S. 100 ff; *Kust*, WM 1980, 760; *Schilling*, Großkomm. AktG, § 93 Anm. 14).

**29** Je nach Art und Größe des genossenschaftlichen Betriebes ist es selbstverständlich, daß Vorstandsmitglieder nicht nur alle wesentlichen Aufgaben nicht selbst erledigen, sondern auch die unmittelbare Handlungverantwortung nicht tragen können. Der Betrieb kann seinen Zweck vielmehr nur erfüllen, wenn die verschiedenen Aufgaben und Verantwortungen sachgerecht delegiert werden.

**30** Die **Delegation** als betriebliche Organisationsform und als Rechtsbegriff wurde von der Praxis entwickelt; die Rechtsnatur ist noch nicht eindeutig festgelegt (vgl. hierzu *Gericke*, DB 1960, 1499 ff m. umfassenden Nachw.; *Höhn*, Führungsbrevier der Wirtschaft, S. 9 ff). Im Gegensatz zur Weisung handelt es sich um **Übertragung von Aufgaben und Befugnissen** (Kompetenzen) zur eigenverantwortlichen Durchführung (*Gericke*, a. a. O, III; *Hueck/Nipperdey*, Lehrbuch des Arbeitsrechts, 6. Aufl., 726). Die Kompetenz muß stets der Aufgabe entsprechen, damit diese verantwortlich erledigt werden kann (vgl. hierzu *van der Meer*, Der gutgeleitete Betrieb, 1957, S. 16). Das Prinzip der Delegation hat zur Folge, daß der Delegierte dem Vorgesetzten nicht für seine einzelnen Entscheidungen und Handlungen, sondern nur für das Ergebnis dieser Handlungen Rechenschaft schuldet (*Baeuerle*, DB 1959, 1145; *Gericke*, a. a. O, V.; vgl. *Höhn*, Führungsbrevier S. 10, 28, 36, 168). Die Aufgabe des Delegierenden (Vorgesetzten) und seine Verantwortung beschränken sich auf die Auswahl der Personen, die Definition von Handlungszielen und auf Stichprobenkontrollen mit Schwerpunkt Handlungserfolg.

**31** **Nicht delegierbar ist die Leitungsverantwortung**, also insbesond. die Aufgabe der Zielsetzung, Planung, Entscheidung, Information, Durchführung und Kontrolle. Auch in diesen Bereichen muß jedoch nicht der Vorstand jede Entscheidung treffen und jede Maßnahme selbst durchführen; er trägt jedoch stets unmittelbar die Verantwortung für die Erfüllung dieser Aufgaben.

NachBGH bleibt es im Verantwortungsbereich jeden Geschäftsführers (einer GmbH), für die Erfüllung öffentlich-rechtlicher Verpflichtungen zu sorgen (Abführung der Arbeitnehmerbeiträge zur Sozialversicherung). Bei mehrgliedriger Geschäftsführung kann dies weder durch Delegation noch durch Zuständigkeitsvereinbarung geändert werden (BGH v. 15. 10. 1996, ZAP Entscheidungsreport Wirtschaftsrecht, 1997, 2; s. auch Rdn. 40).

Delegation von Aufgaben und Verantwortung bedeutet nicht in jedem Fall Delegation einer Entscheidung; auch die Beratungen oder sonstige Dienstleistungen können eigenverantwortlich delegiert werden. **32**

Neben der **Auswahl der Mitarbeiter** ist der Vorstand verantwortlich für die Einführung und konsequente Durchführung eines **unternehmensgerechten Führungssystems**. Kooperative Führungssysteme, nach denen auch Planungen und Entscheidungen gemeinsam vorbereitet werden, haben sich in modernen Unternehmen durchgesetzt (vgl. *Höhn*, Vorstand, S. 27). Der Vorstand hat in einer eG die alles überlagernde Pflicht, die Voraussetzungen für einen optimalen Unternehmenserfolg zu organisieren. Bei dieser „Suche nach Spitzenleistungen" (*Peters, Waterman*) obliegt es dem Vorstand, durch Motivation der Mitarbeiter gerade genossenschaftsspezifische Möglichkeiten zu nutzen. (Einzelheiten dazu: *Lipfert*, Mitgliederförderndes Kooperations- und Konkurrenzmanagement in genossenschaftlichen Systemen, insbes. S. 45 ff; *Dülfer*, Unternehmenskultur der Genossenschaft). Im Rahmen der Sorgfalt der Organmitglieder ist es eine konkrete Rechtspflicht, diese genossenschaftsspezifischen Erfolgsquellen zu erkunden, zu nutzen, um den genossenschaftlichen Grundauftrag gerade auch in der Wettbewerbswirtschaft zu erfüllen. **33**

Es gibt allerdings konkrete Aufgaben, die das **Gesetz zwingend dem Vorstand zur Ausführung zuweist** (vgl. §§ 33 Abs. 1, Abs. 2, 44 Abs. 1, 59 Abs. 1, 99 Abs. 1 sowie die Anmeldungen – § 157 – gem. §§ 14 Abs. 1 S. 1, 78 Abs. 2, 79 a Abs. 5, sowie bei Kreditgenossenschaften Entscheidungen gem. §§ 13, 15 KWG). **34**

Soweit Entscheidungen oder konkrete Maßnahmen nach der Satzung oder allgemeinen betriebswirtschaftlichen Grundsätzen dem Vorstand obliegen, bedeutet dies lediglich eine unübertragbare Gesamtverantwortung; Vorbereitungs-, Beratungs- und Ausführungshandlungen können grundsätzlich delegiert werden (zu eng *Müller*, § 34 Rdn. 29). **35**

Kontrolle bedeutet **nicht Totalkontrolle** aller Handlungen, sondern Stichprobenkontrolle, die nicht zuletzt aus Gründen der Beweisbarkeit systematisiert sein sollte (z. B. durch Kontrollplan und Kontrollprotokoll). Bei dieser Stichprobe ist der Vorgang vollständig durchzuprüfen, also einschließlich Aufbau, Ablauf und Zielerreichung. **36**

Die Verantwortung für den Zustand der **Betriebsfahrzeuge** z. B. kann auf einen Angestellten übertragen werden, wenn diesem auch eigenverantwortlich Weisungsrechte hinsichtlich Einsatz und Reparaturen zustehen (so für das Strafrecht OLG Schleswig, Az.: 1 Ss Owi 520/79). **37**

Soweit der Vorstand die Zuständigkeit und Verantwortung für bestimmte Aufgaben delegiert, verbleibt ihm in letzter Konsequenz nur die **38**

Verantwortung für die **Auswahl** und **Kontrolle** (*Müller*, § 34 Rdn. 29 ff; *Höhn*, Vorstand, S. 133 ff).

**39** Die übliche und zumindest bei größeren eG notwendige **Arbeitsteilung im Vorstand („Ressortleitung")** schließt die Gesamtverantwortung aller Organmitglieder grundsätzlich nicht aus, sie setzt jedoch Verantwortungsschwerpunkte, die im Rahmen der Schuldzumessung zu beachten sind (MuKo, BGB, § 27 Rdn. 18). Zu Fragen der Zulässigkeit der Geschäftsverteilung und der Rechtsgrundlagen vgl. *Grossfeld/Schulte*, ZfG 1985, 187. Vorstandsmitglieder als Ressortleiter sind verpflichtet, in ihrem Aufgabenbereich selbständig zu entscheiden und zu handeln. Sie unterliegen hier lediglich der Kontrolle durch den Gesamtvorstand (BGH v. 26. 6. 1995 = ZAP 1995, 889; insgesamt überzeugend für die Frage der pflichtgemäßen Abführung von Steuern BFH, ZfG 1985, 209). Hier ist es auch naheliegend, daß die Vorstandsmitglieder über unterschiedliche Qualifikationen in bezug auf die verschiedenen Sachbereiche verfügen (vgl. RG, HRR 1941, Nr. 132; *Müller*, § 34 Rdn. 25; *Höhn*, Vorstand, S. 135 ff; *Kust*, WM 1980, 760). Die Verantwortung der übrigen Vorstandsmitglieder tritt solange hinter der des Ressortleiters zurück, wie gemäß der Sorgfalt eines ordentlichen und gewissenhaften Geschäftsleiters kein Anlaß zur Besorgnis besteht. Voraussetzung ist, daß unter den Vorstandsmitgliedern ein Vertrauensverhältnis besteht, so daß die Vermutung für eine ordnungsgemäße Geschäftsführung gerechtfertigt ist (OLG Düsseldorf, WuB, II l; § 64 GmbHG 2.94 m. zust. Bespr. *Jedzig*). Die Vermutung besteht allerdings nicht mehr, wenn das Verhalten eines Ressortleiters im Vorstand einem ordentlichen und gewissenhaften Geschäftsleiter Anlaß zu Mißtrauen gibt (vgl. BFH, BStBl. 1984 II, 776 ff = ZfG 1985, 209; *Grossfeld/Schulte*, ZfG 1985, 191; vgl. Rdn. 96). Mit Rücksicht auf die in § 27 normierte Leitungsverantwortung aller Vorstandsmitglieder ist es nicht zulässig, Personen nicht zur Geschäftsführung, sondern als eine Art „Vertrauensmänner" in den Vorstand zu berufen (abzulehnen *Müller*, § 34 Rdn. 25). Auch ehren- oder nebenamtliche Vorstandsmitglieder bleiben grundsätzlich in der Leitungsverantwortung (vgl. oben Rdn. 6).

**40** Auch im Falle einer Arbeitsteilung im Vorstand haben die einzelnen Vorstandsmitglieder **nur für ihr eigenes Verschulden** einzustehen (*Beuthien*, Vortragsveranstaltung 1981 des DGRV, S. 39 ff). Dieses liegt dann möglicherweise darin, daß Informationsaustausch, Zusammenarbeit und Kontrolle im Vorstand mangelhaft waren (RGZ 98, 98; ausführlich hierzu *Meyer*, Die Verantwortlichkeit des Vorstandes, S. 142 ff). Das ressortmäßig nicht zuständige Vorstandsmitglied ist von der Sachverantwortung grundsätzlich entlastet, da es ihm verwehrt ist, in den einem anderen zugewiesenen Geschäftsbereich einzugreifen (*Geßler/Hefermehl*, AktG § 93, Rdn. 26). Grundsätzlich darf ein Vorstandsmitglied darauf vertrauen, daß alle Vorstandsmitglieder ihre Aufgaben ordnungsgemäß erfüllen (vgl. RGZ 91, 77). Eine weitergehende gegenseitige Überwachung und Überprüfung ist aber dann geboten, wenn sich konkrete Anhaltspunkte für eine Pflichtverletzung im Vorstand ergeben (vgl. hierzu *Müller*, § 34 Rdn. 32 – 36; *Kust*, WM 1980, 761). Eine nur faktische Aufgabenteilung führt nicht zur Entlastung der anderen Vorstandsmitglieder. Soweit nicht durch Satzung, Geschäftsordnung, Vertrag oder Vorstandsbeschluß die Verantwortungsbereiche aufgeteilt worden sind, bleibt die volle Leitungsverantwortung bei allen Vorstandsmitgliedern (*Meyer/Meulenbergh/Beuthien*, § 25 Rdn. 2). Der BGH hat die dargestellten Grundsätze im Wesentlichen bestätigt (BGH v. 1. 3. 1993, II ZR 61/92 m. Bespr. *Limmer*, Wprax 11/94, 8). Arbeitsteilung in der Leitungsebene befreit nicht von der Verantwortung für die ordnungsgemäße Führung der Geschäfte. Ein Mitgeschäftsführer ist zumindest zu stichprobenartigen Kontrollen der Tätigkeit und des Geschäftsbereichs des Kollegen verpflichtet. Bei Fehlverhalten des ressortzuständigen Kollegen wird auch das Kontrollverschulden vermutet.

Auch soweit bei mehrgliedriger Geschäftsführung die Leitungsverantwortung nicht delegiert werden kann (z. B. für die Abführung von Sozialbeiträgen), kann eine Zuständigkeitsvereinbarung doch die deliktische Verantwortlichkeit einzelner Geschäftsführer beschränken. Es bleiben aber Überwachungspflichten bestehen, die erforderlichenfalls – besonders in finanziellen Krisensituationen – zum Eingreifen verpflichten (BGH vom 15. 10. 1996, ZAP Entscheidungsreport Wirtschaftsrecht 1997, 2).

Wegen Strafbarkeit bei Ressortleitung s. Rdn. 91.

**Mehrheitsbeschlüsse** befreien das einzelne Vorstandsmitglied grund- 41
sätzlich nicht von seiner Verantwortung. U. U. genügt es nicht, daß ein Vorstandsmitglied seine abweichende Minderheitsauffassung zu Protokoll gibt. Auch hier gebietet die persönliche Verantwortung, daß alles objektiv Mögliche und subjektiv Zumutbare getan wird, um den Schaden zu vermeiden (vgl. *Meyer*, Die Verantwortlichkeit des Vorstandes, S. 152; *Hoffmann*, Der Aufsichtsrat, 1979, Rdn. 424; *Ulmer*, NJW 1980, 1605). Zu denken wäre z. B. an eine Unterrichtung des Aufsichtsrats als nächste Stufe, der GV oder des genossenschaftlichen Prüfungsverbandes. Gesichtspunkte der vertrauensvollen Zusammenarbeit im Vorstand müssen dabei beachtet werden (vgl. hierzu *Schilling*, AktG, § 93 Anm. 22; *Geßler/Hefermehl*, AktG, § 93 Rdn. 27). Ein Vorstandsmitglied darf nicht an der Ausführung fehlerhafter Beschlüsse mitwirken (*Geßler/Hefermehl*, AktG, § 93 Rdn. 27).

Auch im **Falle der Verhinderung** eines Vorstandsmitglieds, z. B bei der 42
Beschlußfassung im Vorstand durch Krankheit oder Urlaub ist für die persönliche Schuldfrage stets zu prüfen, ob das objektiv Mögliche und subjektiv Zumutbare getan wurde, um den Schaden zu verhindern. Dies kann z. B bedeuten, daß ein Vorstandsmitglied für die Zeit seiner Abwesenheit im

voraus an organisatorische Maßnahmen für die weitere ordnungsgemäße Erledigung der anfallenden Geschäfte mitwirkt, oder daß es nach Rückkehr sich über wesentliche Vorgänge unterrichtet, um gegebenenfalls noch zur Verhinderung einer Schädigung eingreifen zu können.

**43** Ob und inwieweit eine Erörterung im Vorstand, eine Unterrichtung des Aufsichtsrats, eine Einschaltung des Prüfungsverbandes oder sonstige Maßnahmen erforderlich und zumutbar sind, hängt von den Umständen des Einzelfalles ab. Wegen grundsätzlicher Verpflichtung zur Unterrichtung des AR: KG v. 13. 2. 1997 – 2 U 3326/96.

**44** Die besondere Verantwortung der Vorstandsmitglieder einer eG gebietet es, **genossenschaftliche Grundsätze**, wie z. B die Gleichbehandlung (s. Erl. zu § 18) zu beachten. Sonderkonditionen allein wegen der Zugehörigkeit zum Vorstand oder Aufsichtsrat sind unzulässig und können Ersatzansprüche gem. § 34 begründen. Der Schaden besteht z. B. im Zinsausfall. Wegen Problematik von Ersatzansprüchen gegen den Vorstand bei Verletzung des Gleichbehandlungsgrundsatzes: *Grossfeld/Aldejohann*, BB 1987, 2377, 2383.

**45** Mögliche Haftung der Vorstandsmitglieder z. B bei Zulassung mit Geschäftsanteilen, wenn die Geschäftsguthaben entgegen § 22 Abs. 4 von der eG bevorschußt werden, ohne daß der eG echtes Eigenkapital zufließt (Näheres Erl. zu § 22 Abs. 4). Der Vorstand ist verpflichtet, im Rahmen der gegebenen Möglichkeiten dafür zu sorgen, daß die Mitglieder ihre Pflichten gegenüber der eG erfüllen, so z. B. die Pflicht zur Zeichnung weiterer Geschäftsanteile oder zur Einzahlung auf Geschäftsanteile.

**46** Zur Sorgfalt im Rahmen der Leitungsverantwortung des Vorstandes gehört auch **„verbundgerechtes Verhalten"**. Dies bedeutet, daß die Möglichkeiten einer Zusammenarbeit im genossenschaftlichen Verbund auf allen Ebenen im Interesse einer optimalen Mitgliederförderung zu nutzen sind. Vorstandsmitglieder einer Genossenschaftsbank handeln grundsätzlich gegen ihre Sorgfaltspflicht, wenn sie außerhalb ihres Geschäftsbereichs (größere) Kredite gewähren. Erfahrungsgemäß bedeuten solche Geschäfte ein zusätzliches, nicht mehr überschaubares Risiko.

**47** Unangemessene Ausweitung von **Nichtmitgliedergeschäften** ist mit der Sorgfaltspflicht nicht zu vereinbaren. Gleiches gilt für Kredite ohne die im Einzelfall erforderliche Absicherung. Die Vorstandsmitglieder sind verpflichtet, jeweils eine ordnungsgemäße Bewertung der Sicherheiten durchzuführen; die in den Verbänden anerkannten „Beleihungsrichtlinien" sind als Maßstab der Sorgfalt zu beachten. Zu den Sorgfaltspflichten gehören grundsätzlich die als notwendig anerkannten Maßnahmen, wie z. B. Bürgenbenachrichtigungen bei Kreditgenossenschaften und Saldenbestätigungen.

*d) Rechtsprechung*

(Die Entscheidungen beziehen sich im wesentlichen auf die Verantwortlichkeit der Vorstandsmitglieder, teilweise aber auch auf den Bereich des Aufsichtsrats). 48

- Das geschäftsführende Vorstandsmitglied muß schon für leichte Fahrlässigkeit einstehen (BGH, WM 1975, 467 = VersR 1975, 612; RGZ 163, 207; LG Amberg v. 17. 6. 1993 – Az.: 14 O 989/92). 49
- bei „normalen Vorstandspflichten" keine Berufung auf „gefahrgeneigte Arbeit" (BGH, WM 1975, 467). 50
- Verantwortlichkeit von Vorstand und Aufsichtsrat für mangelhafte Überwachung einer nicht ordnungsmäßigen Geschäftsführung des Rendanten (RGZ 156, 291). 51
- Organmitglieder dürfen den Bereich der Rechtsgeschäfte nicht unkontrolliert einem Prokuristen überlassen (BGHZ 13, 61). 52
- Bei Arbeitsteilung in der Geschäftsführung besteht die Pflicht zur gegenseitigen Kontrolle (RGZ 98, 98; RG, HRR 1941 Nr. 132). 53
- Pflichtverletzung, wenn bei Gewährung von Sanierungskrediten die Sanierungsaussichten nicht sorgfältig geprüft werden (BGH, JZ 1953, 664). 54
- Verzicht auf Einholung von Auskünften über Kreditnehmer (RG, JW 1936, 2313). 55
- Pflicht der Organmitglieder sich über Grundsätze und Richtlinien bei Kreditgewährung zu unterrichten (BGH, WM 1956, 1208). 56
- Nichtbeachtung kreditrechtlicher Vorschriften bei Überschreitung der Blanko-Kreditgrenze (BGH, Sparkasse 1960, 393). 57
- Der Vorstandsvorsitzende einer Genossenschaftsbank ist nicht berechtigt, ohne Beschlußfassung im Vorstand Blankokredit zu gewähren; er muß vielmehr die intern bestehenden Beschränkungen beachten (RGZ 144, 277). 58
- Nichthereinnahme gebotener Sicherheiten bei Kreditgewährung (BGH Sparkasse 1960, 393; BGH, NJW 1980, 1629; BGH, DB 1966, 498). 59
- Unkenntnis des geltenden Rechts entschuldigt grundsätzlich nicht; nur dann, wenn die Regelung mehrfache Deutungen zuläßt. Ggfs. kann Einholung von Rechtsrat geboten sein (vgl. RGZ 39, 94). 60
- Vertrauen auf eingeholten Rechtsrat ist nur dann Entschuldigung, wenn die Unrichtigkeit der Auskunft nicht auch dem sorgfältigen Geschäftsleiter hätte auffallen müssen (vgl. RGZ 159, 211). 61
- Unterrichtungspflicht bei Spezialgesetzen (RGZ 148, 359). 62
- Grenzen des Vertrauens bei Arbeitsteilung in der Geschäftsführung (vgl RGZ 91, 72). 63

64 – Haftung eines Aufsichtsratsmitglieds (Vorsitzender), wenn Vorstand zu pflichtwidrigem Verhalten veranlaßt wird (BGH, WM 1980, 162).

65 – Vertrauen in Handeln des Vorstands befreit Aufsichtsrat nicht von eigener Kontrollpflicht (RGZ 148, 359).

66 – Beschluß des Aufsichtsgremiums ist keine Entschuldigung des Geschäftsleiters bei mangelhaft gesichertem Kredit (BGH, Sparkasse 1960, 393).

67 – Arbeitsüberlassung im allgemeinen kein Entschuldigungsgrund (BGH, WM 1956, 1208).

68 – Mangelndes Durchsetzungsvermögen gegenüber Aufsichtsratsgremium keine Entschuldigungsgrund (BGH, Sparkasse 1960, 393).

69 – Verschulden wegen finanziell nicht gesicherter Bauaufträge (BGHZ 13, 61).

70 – Pflichtwidrige Übernahme junger Aktien ohne entsprechende Gegenleistung (RGZ 115, 290).

71 – Verstoß gegen Sorgfaltspflicht wegen Nichteinholung der durch die Satzung vorgeschriebenen Genehmigung des Aufsichtsrats – aber erhebliche Minderung des Schuldvorwurfs bei laufender Unterrichtung einzelner Aufsichtsratsmitglieder (BGH, WM 1962, 101; KG v. 13. 7. 1997 – 2 U 3326/96).

72 – Verzögerung des Konkursantrags (RGZ 159, 232).

73 – Pflicht zur Wahrung der Interessen der eG vom Standpunkt eines pflichtbewußten Geschäftsleiters unter Beachtung der Gesetze und der Satzung (vgl. RG, JW 1938, 2019).

74 – Zur Haftung bei Risikogeschäften (BGHZ 69, 207).

75 – Pflicht zur Einhaltung der aus der Anerkennung einer eG als gemeinnütziges Wohnungsunternehmen folgenden und in der Satzung verankerten Pflichten, deren Träger die eG ist (BVerwG, GWW 1079, 441, 442; BGH, GWW 1982, 532, 534; OVG NRW, 1982, 443, 446).

76 – Der Vorstand einer Wohnungsbaugenossenschaft ist nicht zur Veräußerung des gesamten Grundbesitzes befugt. Dies berührt den Kernbereich der Unternehmenstätigkeit und ist daher durch die Mitgliederversammlung zu entscheiden (LG Kassel, Urt. v. 3. 3. 1994 – 8 0 1644/91) – die eingelegte Revision ist dahin verglichen worden, daß der geschlossene Kaufvertrag sowie die in diesem Vertrag enthaltene Auflassung unwirksam sind (s. dazu § 27 Rdn. 19).

77 – Blindes Vertrauen auf pflichtgemäßes Verhalten „bewährter Mitarbeiter" kann im allgemeinen nicht entschuldigen (vgl. RG v. 8. 2. 1939, BlfG 1939, 247).

78 – Organmitglieder haben für ausreichende Sachkenntnis einzustehen (RG, BlfG 1937, 794; RG, HRR 1941 Nr. 132).

- Zustimmung der übrigen Organmitglieder zu rechtswidrigen Handlungen kann grundsätzlich nicht entschuldigen (RGZ 144, 280; BlfG 1937, 794; KG v. 13. 7. 1997 – 2 U 3326/96). 79
- Kein Verzicht der eG auf Ersatzansprüche durch den Vorstand (BGH, BB 1956, 1085); dies gilt auch bei Verzicht durch Vorstand gegenüber Mitarbeitern, wenn Vorstand dessen Verhalten kannte; Verzicht wäre sittenwidrig (BAG, BB 1956, 1085). 80
- Erforderliche Mitwirkung des Aufsichtsrats ist nicht deswegen entbehrlich, weil sich dieser noch nicht konstituiert hat (RGZ 161, 129). 81
- Überschreitung der Grenzen gem. § 49 GenG ist regelmäßig Verstoß gegen Sorgfaltspflichten (RG, BlfG 1935, 837; RG, BlfG 1939, 281; LG Amberg v. 17. 6.1993 – Az.: 14 0 989/92). 82
- Zur nachträglichen Erschwerung der Wirtschaftslage bei Kreditgewährung (RG, BlfG 1939, 281; RG, JW 1937, 2981) 83
- Kein Verstoß gegen die Sorgfaltspflicht, wenn die GV unter bestimmten Voraussetzungen einer Überschreitung der Grenzen des § 49 GenG zugestimmt hat (RGZ 46, 64). 84
- Entlastung durch die GV ist nur dann Verzicht auf Ersatzansprüche, wenn die Pflichtverletzung bekannt war oder bei sorgfältiger Prüfung hätte bekannt sein müssen (st. Rechtspr. BGH, WM 1968, 1351; WM 1988, 534; LG Amberg v. 17. 6. 1993 – Az.: 14 0 989/92; KG v. 13. 2. 1997 – 2 U 3326/96). 85
- Keine Berufung auf frühere Entlastung, da diese nicht für die folgenden Jahre gilt, und z. B. keinen Freibrief zum Überschreiten der Höchstkreditgrenzen für die Zukunft gibt (BGH, WM 1974, 133; LG Amberg v. 17. 6. 1993 – Az.: 14 0 989/92). 86
- Beschluß der GV kann den Vorstand dann nicht entlasten, wenn er es versäumt hat, auf die sachlichen Bedenken hinzuweisen (BGHZ 15, 78). 87
- Stellt ein Vorstandsmitglied nachträglich eine pflichtwidrige Handlung des Vorstands fest, wie z. B. eine Überschreitung der Grenzen des § 49 GenG, so muß es auf Kündigung und Rückzahlung drängen (RGZ 12, 77). 88
- Verschulden der Prüfer bei der gesetzlichen Prüfung kann Vorstandsmitglieder in keinem Fall entlasten (LG Münster v. 18. 9. 1986, Az.: 11 0 37/86). 89
- Entgegennahme unangemessen hoher Vergütung (BGH, ZIP 1988, 706). 90
- Zur strafrechtlichen Verantwortlichkeit (BGH, Sparkasse 1960, 147); – in Zusammenhang mit Strafbarkeit wegen Untreue (BGH, NJW 1979, 1512); Erkennt der Leiter einer Bank die jeweilige gegenwärtige Benachteiligung der Bank als mögliche Folge seines Handelns und 91

nimmt er sie dennoch hin in der Hoffnung, daß die ganze Angelegenheit später einmal doch noch gut ausgehen werde, so handelt er vorsätzlich.

BGH v. 6. 7. 1990, AZ.: 2 StR 549/89 „Lederspray-Urteil“: Arbeitsteilung in der Geschäftsführung allein befreit nicht von der strafrechtlichen Verantwortung.. Strafrechtlich verantwortlich können auch Personen sein, die zwar das Gesetz nicht unmittelbar verletzt, die Verletzung aber wegen schuldhafter Verletzung von Kontrollpflichten ermöglicht haben.

Rechtsprechung zu **strafrechtlichen** Gesichtspunkten des **früheren § 146 GenG:**

92 – Auszahlung von Dividenden ohne entsprechenden Gewinn (RGSt 49, 364 für AktG).

93 – Überlassung von Waren zum Selbstkostenpreis (RGSt 38, 1).

94 – unverhältnismäßig hohes Vorstandsgehalt (RG, Recht 1934, 402, Nr. 4266 = JW 1934, 1288; RG, JW 1933, 2954).

95 Vorstandsmitglied darf grundsätzlich Richtigkeit der vom Genossenschaftsverband in organisatorischen Fragen erteilten Auskunft (einzuhaltende Öffnungszeiten von Verkaufsstellen) vertrauen (OLG Düsseldorf, DB 1983, 1651).

96 Bei Zahlungsschwierigkeiten haften die Geschäftsführer (einer GmbH) für eine angemessene Tilgung der Umsatzsteuerforderungen im Rahmen der möglichen Befriedigung aller Gläubiger; eine Geschäftsverteilung kann diese Haftung für einzelne Geschäftsführer begrenzen, aber nicht ganz aufheben (BGH, ZfG 1985, 209; vgl. auch Rdn. 39).

### 3. Schweigepflicht (Abs. 1 S. 2)

97 Die gesetzliche **Schweigepflicht** bezieht sich auf vertrauliche Angaben und Geheimnisse der eG, namentlich Betriebs- oder Geschäftsgeheimnisse, die den Vorstandsmitgliedern durch ihre Tätigkeit im Vorstand bekanntgeworden sind. Betriebs- oder Geschäftsgeheimnisse sind nicht offenkundige Tatsachen, an deren Geheimhaltung die eG ein schutzwürdiges Interesse hat (*Schubert/Steder*, § 24 Rz. 4; *Veith*, NJW 1966, 527; *Spieker*, NJW 1965, 1939).

Zu den Betriebs- oder Geschäftsgeheimnissen der eG zählen auch Unterlagen und Informationen, die sich z. B auf die Geschäftsbeziehung der eG zu Kunden beziehen, oder **Dritte betreffen**, soweit im übrigen die Voraussetzungen einer Geheimhaltungspflicht erfüllt sind.

98 Dem Schweigegebot unterliegen alle Tatsachen und Umstände, die zur Erhaltung und Stärkung der Wettbewerbsfähigkeit des Unternehmens vertraulicher Behandlung bedürfen. Von Dritten in der erkennbaren Erwar-

tung der Vertraulichkeit gemachte Mitteilungen unterliegen grundsätzlich der Schweigepflicht (so auch *Spieker*, NJW 1965, 1940).

Stillschweigen ist auch zu bewahren über eigenes und fremdes Abstimmungsverhalten z. B. im Vorstand oder Aufsichtsrat. Die Begründung liegt in der Gesamtverantwortung für gefaßte Beschlüsse und ist Folge der besonderen **„organschaftlichen Treuepflicht"**; ein Organmitglied kann sich nicht dadurch der Verantwortung entziehen, daß es z. B. Betroffenen gegenüber erklärt, es habe gegen die Entscheidung gestimmt. **99**

Schweigepflicht besteht auch grundsätzlich gegenüber Gewerkschaften für deren Vertreter im Aufsichtsrat oder gegenüber Kirchenbehörden für Mitarbeiter des Bistums über ihre Tätigkeit in kirchlichen eG (vgl. BGHZ 64, 325). **100**

Die Schweigepflicht gegenüber Mitgliedern der eG muß differenziert beurteilt werden: Sie besteht grundsätzlich gegenüber einzelnen Mitgliedern ohne Einschränkung. Soweit jedoch die Mitglieder in der GV ein Auskunftsrecht haben, wird die Schweigepflicht aufgehoben. In Konfliktsituationen muß der Vorstand nach pflichtgemäßem Ermessen entscheiden. Beispiel: Beschlußgegenstand in der GV einer Genossenschaftsbank ist die Abberufung eines Aufsichtsratsmitglieds wegen Vermögensverfall. Die Mitglieder müssen alle Tatsachen erfahren, die sie zu einer verantwortlichen Entscheidung befähigen. Der Betroffene kann schließlich selbst entscheiden, ob er nicht durch Amtsniederlegung die Erörterung in der Versammlung vermeiden will. Ähnliche Erwägungen müssen gelten bei der Beschlußfassung gem. § 39 über die Durchsetzung von Regreßansprüchen gegen Organmitglieder. Zu weitgehend *Meyer/Meulenbergh/Beuthien* (§ 34 Rdn. 16) wo eine Schweigepflicht gegenüber Mitgliedern ohne Einschränkung angenommen wird.

Der Sinn der Regelung macht es erforderlich, die Geheimhaltungspflicht nicht nur auf Tatsachen zu beschränken, die „durch die Tätigkeit im Vorstand" zur Kenntnis gelangt sind. Der Schweigepflicht müssen – als Auswirkung der allgemeinen Treuepflicht – vielmehr auch alle im Interesse der eG geheimhaltungsbedürftigen Tatsachen unterliegen (so auch *Schubert/Steder*, § 34 Rz. 5; so im Ergebnis *Geßler/Hefermehl*, AktG § 93 Rdn. 17). Im übrigen ist eine Verschärfung oder Minderung der Schweigepflicht durch die Satzung nicht möglich (§ 18), wohl aber eine Verschärfung in gewissen Grenzen durch Vereinbarung. **101**

Die Schweigepflicht besteht nicht, wenn sie einem Vorstandsmitglied **nicht zumutbar** ist (vgl. BGHZ 64, 325; *Müller*, § 34 Rdn. 18). Gerechtfertigte eigene Interessen (z. B. in einem Rechtsstreit) oder Rechtsvorschriften setzen der Schweigepflicht Grenzen. Gegenüber den anderen Vorstandsmitgliedern, dem Aufsichtsrat und im Verhältnis zur gesetzlichen Prüfung besteht grundsätzlich Informationspflicht, so daß die Schweigepflicht ent- **102** fällt. Auch im Verhältnis zu Mitarbeitern der eG gilt das Schweigegebot dann nicht, wenn die Aufgabenstellung und die erforderliche Zusammenarbeit eine Information voraussetzen. Das gesetzliche Schweigegebot der Vorstandsmitglieder wird in diesen Fällen ergänzt durch die dienstvertragliche **Schweigepflicht der Mitarbeiter**.

**103** Die **Rechtsprechung** (BGHZ 64, 325 für den Aufsichtsrat) hat folgende Grundsätze bestätigt:
- Maßstab für die Grenzen der Schweigepflicht ist in Zweifelsfällen das Interesse der eG;
- Grenzen der Schweigepflicht muß jedes Organmitglied eigenverantwortlich bestimmen;
- u. U. kann Pflicht zur Mitteilung bestehen, wo das Unternehmensinteresse dies gebietet (z. B. Mitteilung von Sachverhalten als Grundlage einer einzuholenden Beratung).

**104** Die Verschwiegenheitspflicht besteht weiter, wenn das Vorstandsmitglied aus dem Amt **ausgeschieden** ist. Eine Verletzung mit Schadensfolge führt zur Haftung aus § 34 auch für unberechtigte Mitteilungen nach dem Ausscheiden.

**105** Von dieser Schweigepflicht betreffend Geheimnisse der eG ist die Wahrung **sonstiger Geheimnisse** zu unterscheiden. Hier ist z. B. an das im Interesse der Mitglieder und Kunden bestehende Bankgeheimnis sowie an das schutzwürdige Geheimhaltungsinteresse Dritter zu denken.

**106** Der Schweigepflicht unterliegende Vorstandsmitglieder haben insoweit im Zivilprozeß nach § 383 Abs. 1 Nr. 5 ZPO ein **Zeugnisverweigerungsrecht**, nicht aber im Strafprozeß.

**107** Die unbefugte Offenbarung von Geheimnissen ist **Straftatbestand** nach § 151 (siehe Erl. dort).

Einzelheiten zur Rechtsprechung des BGH: *Fleck*, WM 1985, 677 ff; *Notthoff*, Verschwiegenheitspflicht der Arbeitnehmer im Aufsichtsrat einer AG, WiPra 1996, 165.

## III. Pflicht zur Schadensersatz nach § 34 GenG

### 1. Voraussetzungen

**108** Für die Frage nach Art, Inhalt und Umfang der Schadensersatzleistung finden die Vorschriften der §§ 249 bis 254 BGB Anwendung (Näheres dort; *Palandt*, BGB, Vorbemerkung vor § 249 Anm. 1).

**109** **§ 34 enthält eine eigenständige Anspruchsgrundlage** auf Schadensersatzleistung. Voraussetzung des Anspruchs ist ein eingetretener **Schaden**, die **Rechtswidrigkeit** der Handlung oder Unterlassung, die **Ursächlichkeit** der Handlung (Unterlassung) für den eingetretenen Schaden (Kausalzusammenhang) sowie **Verschulden** der in Anspruch genommenen Personen als Verstoß gegen die besondere Sorgfaltspflicht des § 34 Abs. 1. Verschulden liegt jedenfalls dann vor, wenn z. B. entgegen der kaufmännischen Sorgfaltspflicht einer Gruppe von Schuldnern Kredit in unverantwortlichem Umfang gewährt wird, jede Sorgfalt bei der Bewertung der Bonität unterbleibt und wiederholte Hinweise, Mahnungen und Rügen des Prüfungsverbandes und des BAK unbeachtet bleiben (BGH, BStR 1993, 1189). Ein schuldhafter zum Schadensersatz verpflichtender Verstoß gegen die Sorgfaltspflichten dürfte regelmäßig auch die Voraussehbarkeit des Schadens einschließen (ebenso *Saage*, DB 1973, 119; zu weitgehend *Müller*, § 34 Rdn. 21). **Schaden** ist grundsätzlich jeder Vermögensnachteil (Einzelheiten dazu KG v. 13. 2. 1997 – 2 U 3326/96). Schaden ist z. B. bereits eingetreten, wenn Kredit an einen von vornherein zahlungsunfähigen Schuldner gegeben wird oder bei fehlender Bonität des Schuldners ohne entsprechende Sicherheiten (*Meyer/Meulenbergh/Beuthien*, § 34 Rdn. 25). Für die Klage auf Schadensersatz muß nicht der endgültige Kreditausfall z. B. im Konkurs abgewartet werden; es genügen die Voraussetzungen für eine Feststellungsklage (BGH BB 66, 877 = ZfG 67, 113, 114; *Meyer/Meulenbergh/Beuthien* § 34 Rdn. 25).

Der **Schaden der eG** kann z. B. darin bestehen, daß die **eG** von Gläubigern in Anspruch genommen wurde, oder daß Ansprüche der **eG** ausfallen oder gemindert werden. **110**

Gegenüber einem Regreßanspruch ist der Einwand bedeutsam, daß z. B. die Genossenschaftsbank ohne Not auf Ansprüche gegenüber Kreditschuldnern verzichtet oder den Rechtsstreit gegen sie nicht mit Sorgfalt geführt hat. Dies folgt aus der **Schadensminderungspflicht** und aus der Fürsorgepflicht auch gegenüber ausgeschiedenen Vorstandsmitgliedern (OLG Koblenz, Beschl. v. 5. 6. 1984, 3 U 1237/83). **111**

Die **Ersatzpflicht ist grundsätzlich nicht beschränkt**. Ist z. B. vereinbart, daß ein Teil des Gehalts eines Vorstandsmitglieds zur Abdeckung eines Schadens der eG einbehalten wird, so endet diese Vereinbarung mit dem Anstellungsvertrag – die weitergehende unbeschränkte Haftung aus § 34 bleibt jedoch unberührt (BGH, AktZ. II ZR 85/70). **112**

### 2. Gesamtschuldnerische Haftung

Die Ersatzpflicht gem. § 34 Abs. 2 kann nicht den Vorstand als Organ, sondern nur die **einzelnen Vorstandsmitglieder** treffen, und zwar diejenigen, die ihre Pflichten verletzen (vgl. *Lammel*, ZfG 1986,125 f). Haben mehrere Vorstandsmitglieder gegen ihre Sorgfaltspflichten verstoßen und zu einem Schaden beigetragen, so haften sie als **Gesamtschuldner**. Hier wird erneut deutlich, daß das GenG grundsätzlich von einer Gesamtverantwortung des Vorstandes ausgeht (*Lammel*, ebd., 127). Die §§ 421 ff BGB finden Anwendung: Die eG (oder der Gläubiger im Falle von Abs. 5) kann **113** von jedem haftenden Vorstandsmitglied Schadensersatz bis zur vollen Höhe verlangen; im Innenverhältnis der haftenden Vorstandsmitglieder findet gem. § 426 BGB im Zweifel ein Ausgleich statt (s. Rdn. 116). Hierbei sind Gesichtspunkte des Mitverschuldens im Rahmen von § 254 BGB zu beachten, inbes. auch die Regelung von Verantwortungsschwerpunkten im Rahmen einer Geschäftsverteilung (vgl. Rdn. 39; für die Gesellschafter der GmbH BFH, ZfG 1985, 209).

**114** Haften neben Mitgliedern des Vorstands für denselben Schaden **auch andere Personen**, wie z. B. Mitglieder des Aufsichtsrats (§ 41), so finden auch zwischen Vorstandsmitgliedern und den anderen haftenden Personen die Vorschriften über Gesamtschuldverhältnisse Anwendung (*Müller*, § 34 Rdn. 47).

**115** In solchen gesamtschuldnerischen Verhältnissen kann grundsätzlich ein **mitwirkendes Verschulden** anderer Organe über § 254 BGB nicht zu einer Minderung der Ersatzpflicht gegenüber der eG führen (RG, JW 1920,1033; RGZ 123, 222; LG Frankfurt, GW 1953, 330; *Müller*, § 34 Rdn. 47; a. A. *Schnorr von Carolsfeld*, ZfG 1967, 119 zur insoweit nicht eindeutigen Auffassung BGH, ZfG 1967, 115) oder gar zu ihrem vollständigen Wegfall (BGH, WM 1982, 488; 1975, 470; 1979, 893; *Meyer/Meulenbergh/Beuthien*, § 34 Rdn. 19).

**116** Im **Innenverhältnis** unter mehreren Personen, die als Gesamtschuldner haften, findet der Ausgleich nach § 426 BGB – im Zweifel zu gleichen Teilen – statt. Die entsprechende Anwendung von § 254 BGB kann dazu führen, daß verschiedene hohe Schadensbeträge zu tragen sind. Die Leitungsverantwortung der Vorstandsmitglieder wird dabei im Verhältnis zur Aufsichtsverantwortung der Mitglieder des Aufsichtsrates größeres Gewicht haben, ohne daß damit die Haftung der Aufsichtsratsmitglieder grundsätzlich ausgeschlossen wäre (vgl. BGH, WM 1980, 162 RGZ 148, 359; zu weitgehend *Müller*, § 34 Rdn. 48, der meint, die Mitglieder des Aufsichtsrates seien im Innenverhältnis freizustellen).

Beim internen Schadensausgleich sind die Verantwortungsschwerpunkte bei „Ressortleitung“ und im Verhältnis zum Ehrenamt zu berücksichtigen. Dies kann – aber nur im Innenverhältnis – zu einer unterschiedlichen Zuteilung des Schadens führen, weil die Sachverantwortung primär die Ressortleiter trifft, während bei den übrigen Vorstandsmitgliedern im Wesentlichen nur die Leitungsverantwortung insgesamt und für Einzelentscheidungen eine Kontrollverantwortung verbleibt (s. Rdn. 6 und 39).

### 3. Sonderfälle des Abs. 3

**117** Diese Vorschrift faßt **einige typische schädigende Handlungen** zusammen, nämlich unerlaubte Auszahlungen von Geschäftsguthaben, Zinsen oder Gewinnanteilen, Genossenschaftsvermögen oder die unzulässige

Gewährung von Kredit. Die Höhe dieser Zahlungen begründet eine Vermutung für die Höhe des der eG entstandenen Schadens (*Müller*, § 34, Rdn. 56; *Baumbach/Hueck*, AktG, § 93, Rdn. 10; *Godin/Wilhelmi*, AktG, § 93, Anm. 11).

Auch hier ist jedoch ebenfalls Verschulden und Ursachenzusammenhang Voraussetzung eines Schadensersatzanspruchs (*Müller*, § 34 Rdn. 11). **118**

Eine unerlaubte, zum Schadensersatz verpflichtende Handlung i. S. v. Abs. 3 liegt nur vor, wenn die Maßnahme **gegen Bestimmungen des GenG oder der Satzung** verstößt; Verstöße gegen andere Gesetze, wie z. B. das KWG, begründen keinen Schadensersatzanspruch nach Abs. 3, möglicherweise aber nach Abs. 2. **119**

Die **Verteilung der gesetzlichen Reserven** an die Mitglieder macht grundsätzlich ersatzpflichtig. **120**

Unter Abs. 3 fallen insbesond. die **Auszahlung von Geschäftsguthaben** entgegen § 23 Abs. 3, die Gewährung von Gewinnanteilen entgegen §§ 19, 20, die Zahlung von Zinsen entgegen §§ 21, 21 a, die Verteilung des Genossenschaftsvermögens im Widerspruch zu §§ 90 ff. **121**

Der unzulässigen Auszahlung von Gewinnanteilen ist die Auszahlung einer genossenschaftlichen **Rückvergütung** gleichzusetzen, wenn diese gegen die Satzung verstößt. **122**

Kreditgewährungen unter **Mißachtung der Höchstgrenzen** (§ 49) fallen grundsätzlich unter die Haftungsbestimmungen. Sie können nur unter ganz besonderen Ausnahmeumständen gerechtfertigt sein. Grundsätzlicher Haftungstatbestand ist auch die Kreditgewährung an Nichtmitglieder, soweit die Satzung diese nicht vorsieht, sowie Kreditgewährung an Vorstandsmitglieder ohne Zustimmung des Aufsichtsrats (§ 39 Abs. 2). **123**

Die **Verteilung „anderer Reserven"** an die Mitglieder ist durch das Gesetz nicht verboten (§ 73 Abs. 2 S. 2 schließt lediglich einen Anspruch aus). Regelungen der Satzung sind jedoch zu beachten; ggfs. Haftung nach § 34 Abs. 2. **124**

### 4. Haftung gegenüber der Genossenschaft (Abs. 2)

§ 34 legt die Pflichten der Vorstandsmitglieder ausschließlich **im Verhältnis zur eG fest**; Ansprüche aus Verletzung dieser Pflichten stehen daher grundsätzlich (Sonderfall von Abs. 5) der eG zu und nicht den einzelnen Genossenschaftmitgliedern. Diese und sonstige Dritte können Ersatzansprüche nur aufgrund allgemeiner Anspruchsgrundlagen geltend machen. **125**

### 5. Haftung gegenüber Gläubigern der Genossenschaft (Abs. 5)

**Gläubiger der eG** sind grundsätzlich darauf angewiesen, ihre Ansprüche gegenüber der eG durchzusetzen. Gegen einzelne Vorstandsmitglieder **126**

können Ansprüche nur aufgrund sonstiger Anspruchstatbestände durchgesetzt werden (Rdn. 158 ff). Allerdings ist § 34 kein Schutzgesetz i. S. v. § 823 Abs. 2 BGB, so daß auf dieser verschärften Haftungsgrundlage auch keine Ansprüche Dritter unmittelbar gegen Vorstandsmitglieder entstehen können (vgl. für § 93 Abs. 1, 2 AktG BGH, BB 1979, 1629; RGZ 63, 324; 73, 392).

**127** Hat ein Gläubiger gegen die eG einen vollstreckbaren Titel, so kann er daraus in die Ersatzansprüche der eG gegen Vorstandsmitglieder pfänden und sich diese Ansprüche zur Einziehung überweisen lassen. Das Vorstandsmitglied kann aber alle ihm zustehenden Einwendungen entgegenhalten, wie z. B. rechtmäßiger Beschluß der Generalversammlung gem. Abs. 4 (*Geßler/Hefermehl*, AktG, § 93 Rd. 68).

**128** Nur in den Fällen von § 34 Abs. 3 gewährt das Gesetz (Abs. 5) den Genossenschaftgläubigern **unmittelbare Ansprüche** auf Schadensersatz gegen Vorstandsmitglieder, soweit sie wegen dieser Ansprüche keine Befriedigung von der eG erlangen können. Es handelt sich dabei um die Geltendmachung des der eG zustehenden Ersatzanspruchs im eigenen Namen (*Meyer/Meulenbergh/Beuthien*, § 34 Rdn. 5). Der klagende Gläubiger muß beweisen, daß er von der eG keine Befriedigung erlangen kann. Versuchte Zwangsvollstreckung oder auch nur Klageerhebung ist nicht erforderlich (für das Aktienrecht *Godin/Wilhelmi*, § 93 Anm. 28). Die Forderung des Gläubigers gegen die eG, wegen der er Befriedigung nicht erlangen kann, muß in keinem Zusammenhang mit dem Schaden stehen, der durch das pflichtwidrige Verhalten des Vorstandsmitgliedes gegenüber der eG verursacht worden ist. Die Forderung des Gläubigers kann vor oder nach dem haftungsbegründenden Verhalten des Vorstandsmitglieds entstanden, sie muß aber fällig sein. Im Prozeß gegen das Vorstandsmitglied muß der Gläubiger nur seine Forderungen gegen die eG und den Haftungstatbestand gem. § 34 Abs. 1–3 beweisen, nicht jedoch das Verschulden (s. Rdn. 151 ff).

**129** Klageerhebung durch den Gläubiger berührt nicht das Klagerecht der eG gegen das Vorstandsmitglied oder Verfügung über die Ersatzansprüche (*Müller*, § 34 Rdn. 67 m. w. Nachw.). Keine Einrede der Rechtshängigkeit. Leistung des Vorstandsmitglieds an einen der Gläubiger bewirkt, daß alle anhängigen Klagen in der Hauptsache erledigt sind. Gegen vollstreckbare Titel ist in diesem Fall Vollstreckungsgegenklage gem. § 767 ZPO gegeben. (*Müller*, § 34 Rdn. 67; *Geßler/Hefermehl*, AktG, § 93 Rdn. 76).

**130** Befindet sich die eG selbst in Konkurs, so werden die Klagerechte der Gläubiger gegen Vorstandsmitglieder nach Abs. 5 durch den Konkursverwalter ausgeübt.

**131** Ersatzansprüche, die von Gläubigern unmittelbar geltend gemacht werden, können nicht durch Verzicht oder Vergleich der eG oder durch Beschlüsse der GV ohne Zustimmung der Gläubiger beeinträchtigt werden.

## IV. Ausschluß der Ersatzpflicht (Abs. 4)

Die Sorgfalts- und Haftungsregelung des **§ 34 ist zwingend**. Die Haftung der Vorstandsmitglieder kann weder durch Satzung noch durch Anstellungsvertrag abgemildert werden; eine Verschärfung und Konkretisierung durch Satzung oder Vertrag ist zulässig (für Satzung vgl. RG, JW 1936, 2313; auch *Kust*, WM 1980, 762). 132

Eine Haftung der Vorstandsmitglieder gegenüber der eG besteht nicht, wenn die schädigende Handlung oder Unterlassung auf einem **gesetzmäßigen Beschluß der GV** beruht. Unter dieser Voraussetzung fehlt es an der Rechtswidrigkeit (*W. F. Meyer*, S. 14). „Gesetzmäßig" ist der Beschluß der GV, wenn er nicht gegen geltendes Recht, insbes. Gesetz oder Satzung verstößt, gemeint ist also „Rechtmäßigkeit" (*Schubert/Steder*, § 34 Rz. 12). 133

Gesetzmäßig ist ein Beschluß der GV nur, wenn diese im Rahmen ihrer Zuständigkeit entscheidet. Im Hinblick auf die grundsätzlich ausschließliche Zuständigkeit des Vorstandes für die Leitung der eG werden diese Fälle in der Praxis kaum relevant. Denkbar wäre aber, daß durch Satzung im Rahmen von § 27 Abs. 1 S. 2 geregelt wird, daß die GV z. B. über den Erwerb oder die Veräußerung von Grundstücken zu beschließen habe. In diesem Fall wäre der Vorstand nicht für die Entscheidung verantwortlich, sondern nur für die Ausführung des Beschlusses (vgl. *Geßler/Hefermehl*, AktG, § 93 Rdn. 47 a.E.). 134

Haben die Vorstandsmitglieder z. B. einen Beschluß der GV unter Mißachtung ihrer Sorgfaltpflichten herbeigeführt, indem sie z. B. unrichtige oder unvollständige Informationen gegeben haben, so entlastet ein solcher Beschluß nicht von der eigenen Haftung (vgl. BGHZ 15, 78, RGZ 46, 63; *Geßler/Hefermehl*, AktG, § 93 Rdn. 52). Grundlage der Regelung des Abs. 4 ist nämlich der Gedanke des § 242 BGB: Verbot des venire contra factum proprium. 135

Die Handlung oder Unterlassung „beruht" dann auf einem Beschluß der GV, wenn sie durch diesen Beschluß **veranlaßt** wurde (vgl. *Baumbach/Hueck*, AktG, § 93 Rdn. 12). Eine ausdrückliche Anweisung der GV ist nicht erforderlich; Voraussetzung aber ist, daß überhaupt rechtlich die Möglichkeit einer Bindungswirkung gegenüber dem Vorstand besteht (§ 27 Abs. 1). Es ist auch nicht erforderlich, daß der Beschluß als besonderer Tagesordnungspunkt vorgesehen war; es genügt vielmehr, wenn sich im Zusammenhang mit einer formalen Willensbildung der GV ergibt, daß der Vorstand in einem bestimmten Sinne handeln soll (vgl. *Geßler/Hefermehl*, AktG, § 93 Rdn. 50; *Müller*, § 34 Rdn. 39) und dieser Wille für die Handlung ursächlich war. Nichtige Beschlüsse der GV können den Vorstand nur entlasten, wenn er die Nichtigkeit ohne Verschulden nicht kennt; Entsprechendes gilt für die Anfechtbarkeit. 136

137 **Genehmigt die GV** nachträglich das Verhalten des Vorstandes, so schließt dies die Haftung der Vorstandsmitglieder jedenfalls nicht gem. § 34 Abs. 4 aus, weil diese Handlung der Vorstands nicht auf dem Beschluß der GV „beruht" (*Müller*, § 34 Rdn. 40; a. A. *Godin/Wilhelmi*, AktG, § 93 Anm. 22). Eine solche Genehmigung kann jedoch als Verzicht auf Schadensersatzansprüche zu verstehen sein, soweit dies eindeutig zum Ausdruck kommt. Auch eine Verwirkung (§ 242 BGB) kommt hierbei in Betracht (so wohl *Godin/Wilhelmi*, AktG. § 93 Anm. 22).

138 Ein nicht gesetzmäßiger Beschluß der GV kann den Vorstand grundsätzlich nicht entlasten. Wird dem Vorstand **bei der Ausführung** eines (rechtmäßigen) Beschlusses der GV bewußt, daß dies aller Voraussicht nach zu einem Schaden für die eG führen wird, so muß unterschieden werden:

- war die GV bei der Beschlußfassung gründlich, insbes. auch über zu erwartende Folgen, unterrichtet und haben sich die Verhältnisse in der Zwischenzeit nicht wesentlich geändert, so muß der Vorstand grundsätzlich den Beschluß ausführen und ist von der Verantwortung frei;
- war dagegen die GV nicht ausreichend unterrichtet oder haben sich die Verhältnisse in der Zwischenzeit wesentlich geändert, so darf der Vorstand diesen (rechtmäßigen) Beschluß nicht durchführen. Bei Ausführung eines solchen Beschlusses bleibt der Vorstand in der Verantwortung (vgl. *Godin/Wilhelmi*, AktG, § 93 Anm. 22). Es wäre an die Einberufung einer o.a. GV zu denken; ggf. muß mit der Ausführung des Beschlusses bis zur nächsten GV gewartet werden.

139 Überlegungen zum Aktienrecht (*Geßler/Hefermehl*, AktG, § 93 Anm. 48), wonach der Vorstand stets und auch bei zu erwartendem Schaden zur Ausführung rechtmäßiger GV-Beschlüsse verpflichtet sei, gelten jedenfalls nicht für das Genossenschaftsrecht: Die besondere genossenschaftliche Treuepflicht der Vorstandsmitglieder und die Bindung an den Förderauftrag verpflichten stets dazu, die eG und ihre Mitglieder vor Schaden zu bewahren.

140 Hat der Vorstand einen Beschluß der GV ausgeführt, obgleich ein Schaden erkennbar war, so kann er dies der GV zur **Genehmigung** vortragen. Ein zustimmender Beschluß der GV z. B. im Rahmen der Entlastung, wird dann regelmäßig als Verzicht auf Schadensersatzforderungen zu werten sein.

141 Die Haftungsbefreiung nach Abs. 4 gilt **nur im Verhältnis zur eG** und nicht im Verhältnis zu Genossenschaftsgläubigern (Abs. 5).

142 Die **Zustimmung des Aufsichtsrats** oder anderer Organe befreit Vorstandsmitglieder nicht von ihrer Haftung gegenüber der eG. Dies gilt auch dann, wenn die Satzung z. B. Zustimmung des Aufsichtsrats für bestimmte Geschäfte vorsieht (vgl. KG v. 13. 2. 1997 – 2 U 3326/96; RG, BlfG 1938, 472). In Ausnahmefällen kann die Leitungsverantwortung der Vorstands-

mitglieder gebieten, in Wahrnehmung ihrer Sorgfaltspflichten im Interesse der eG eine Handlung vorzunehmen, obwohl die nach der Satzung (im Rahmen von § 27 Abs. 1 S. 2 GenG – vgl. Erl. zu § 27 Rdn. 33) erforderliche Zustimmung des Aufsichtsrats fehlt. Auch mitwirkendes Verschulden des Aufsichtsrats befreit nicht Vorstandsmitglieder von ihrer Haftung (vgl. LG Frankfurt, GW 1953, 330). Ein Gesellschaftsorgan kann sich der Gesellschaft gegenüber nicht darauf berufen, ein anderes Gesellschaftsorgan sei für den Schaden mitverantwortlich (vgl. BGH, DB 1983, 1537 für den Einwand eines GmbH-Geschäftsführers, er sei schlecht ausgewählt oder nachlässig überwacht worden).

Die eG kann nachträglich auf Schadensersatzansprüche gegen Vorstandsmitglieder aus § 34 **verzichten** (vgl. RG, JW 1905, 698). Dieser Verzicht kann nur von der **GV** beschlossen werden. (Im Ergebnis so OLG Hamm v. 16. 4. 1986, 8 U 11/86; *Müller*, § 34 Rdn. 54.) Dies folgt aus der ausschließlichen und zwingenden Zuständigkeit der GV für die Durchsetzung von Regreßansprüchen gegen Vorstandsmitglieder gem. § 39 Abs. 1; würde z. B. der Aufsichtsrat auf Regreßansprüche rechtswirksam verzichten können, so würde damit die zwingende Regelung des § 39 Abs. 1 unterlaufen. Dies ist zum Beispiel bei **einvernehmlicher** Vertragsauflösung ausschließlich unter Mitwirkung von Vorstand und Aufsichtsrat zu beachten; in einem solchen Vertrag kann nicht für die Genossenschaft bindend erklärt werden, daß keine Regreßansprüche geltend gemacht werden. Wenn auch die Satzung regeln kann, daß ein Beschluß der GV gem. § 39 nur bei „im Amt befindlichen Vorstandsmitgliedern" erforderlich ist (vgl. § 39 Rdn. 4), so muß die Entscheidung über den Verzicht auf Regreßansprüche wegen seiner Bedeutung stets der GV vorbehalten bleiben, auch bei Verzicht gegenüber ausgeschiedenen Vorstandsmitgliedern. Nachträgliche **Entlastung** von Vorstandsmitgliedern bedeutet grundsätzlich Verzicht auf Ersatzansprüche, naturgemäß nur soweit, als der GV dabei die maßgeblichen Tatsachen bekannt werden (vgl. wegen Entlastung § 48 Rdn. 17 ff). **143**

Stellt die eG ein Vorstandsmitglied von der Haftung frei, so liegt darin ein **Verzicht** auf Regreßansprüche; zur Wirksamkeit ist ein Beschluß der GV erforderlich. Beispiel: Ein hauptamtliches Vorstandsmitglied wird aus § 34 in Anspruch genommen und geht im Innenverhältnis gegen ein ehrenamtliches Vorstandsmitglied aus gesamtschuldnerischer Haftung vor. Diesem gegenüber besteht die Vereinbarung mit Vorstand und Aufsichtsrat, die eG werde ihn von der Haftung freistellen. Eine Zusage bleibt rechtsunwirksam, wenn nicht die GV zustimmt (vgl. LG Amberg v. 17. 6. 1993 – Az.: 14 O 989/92).

Eine Zustimmung der GV ist auch erforderlich bei Abschluß eines Vergleichs über Ersatzansprüche gegen Vorstandsmitglieder, sofern darin ein

Verzicht enthalten ist. Ein rechtswirksamer Verzicht bedarf eines GV-Beschlusses auch im Verhältnis zu ausgeschiedenen Vorstandsmitgliedern; anderenfalls könnte zu leicht die Absicht von § 34 Abs. 4 S. 2 umgangen werden.

**144** Im GenG gibt es keine ausdrückliche Regelung wie § 120 Abs. 2 Satz 2 AktG, wonach die **Entlastung** keinen Verzicht auf Ersatzansprüche enthält. Es kommt vielmehr auf die Umstände des Einzelfalls und insbes. auf den in der Beschlußfassung über die Entlastung zum Ausdruck gebrachten Willen an. Auch die Vorschrift des § 93 Abs. 4 S. 3 AktG, wonach die AG erst 3 Jahre nach Entstehung des Anspruchs verzichten kann, ist eine Sonderregelung, die nicht für eG gilt (vgl. BGH, NJW 1959, 192).

**145** Allein aus der Tatsache, daß die eG einem Vorstandsmitglied Entlastung erteilt hat, folgt noch nicht, sie habe eine pflichtwidrige Geschäftspraxis (z. B. Überschreitung von Kreditlinien) auch für die Zukunft gebilligt und auf Forderungen daraus verzichtet (BGH, WM 1974, 131). Näheres zur Entlastung § 48 Rdn. 17 ff.

## V. Verfahren

### 1. Beschluß der Generalversammlung

**146** Aus § 39 Abs. 1 folgt, daß Rechtsstreitigkeiten gegen Vorstandsmitglieder **nur aufgrund eines Beschlusses der GV** geführt werden können. Dieser Beschluß ist sachliche Klagevoraussetzung (vgl. BGH, NJW 1960, 1667). Im Konkurs der eG bedarf der Konkursverwalter zur Erhebung der Klage keines Beschlusses der GV (vgl. BGH, ZfG 1963, 154; RGZ 76, 244). Beschlußfassung der GV ist erforderlich auch in Prozessen gegen ausgeschiedene Vorstandsmitglieder, soweit der Anspruch in unmittelbarem Zusammenhang mit dem beendeten Vorstandsamt steht (vgl. BGH, NJW 1960, 1667; LG Münster, ZfG 1969, 170; *Müller*, § 39 Rdn. 4), es sei denn, die Satzung sieht eine Beschlußfassung ausdrücklich nur für Prozesse gegen im Amt befindliche Vorstandsmitglieder vor (Näheres Erl. zu § 39).

**147** Für die Klage aus § 34 ist – je nach Streitwert – das Amts- bzw. Landgericht zuständig. Auch wenn die Beklagten nicht mehr dem Vorstand angehören, wird dadurch nicht die Zuständigkeit des Arbeitsgerichts begründet, da es sich um Ansprüche aus der Organschaft handelt.

**148** Es ist Aufgabe von Vorstand und Aufsichtsrat – soweit Vorstandsmitglieder betroffen sind in erster Linie des Aufsichtsrats – pflichtgemäß zu prüfen, ob Regreßansprüche bestehen und ob und in welchem Umfang sie geltend zu machen sind. Ggfs. ist die GV unverzüglich zu unterrichten, damit die nach § 39 und § 40 erforderlichen Beschlüsse rechtzeitig gefaßt werden können. Die Schweigepflicht ist in diesen Fällen eingeschränkt (vgl. Rdn. 100). Falls Regreßansprüche bestehen, ist der Vorstand grundsätzlich zur Unterrichtung der GV verpflichtet, da nach dem Gesetz ihr die Entscheidung zugewiesen ist – es sei denn, daß ausnahmsweise zwingende und übergeordnete Interessen der eG entgegenstehen. Allein der Hinweis auf drohende „Imageverluste" ist zu schwach.

Für außergerichtliche Vereinbarungen über Ersatzansprüche gegen Vorstandsmitglieder sieht das Gesetz keine ausdrückliche Regelung vor. Es ist zulässig und es kann zweckmäßig sein, daß der Aufsichtsrat mit dem ersatzpflichtigen Vorstandsmitglied Verhandlungen führt mit dem Ziel, einen außergerichtlichen Schadensausgleich zu erreichen. Nicht unproblematisch, wenn dadurch die grundsätzliche Zuständigkeit der GV unterlaufen wird. Aus dem Sinnzusammenhang insbes. von § 39 Abs. 1 und der unentziehbaren Zuständigkeit für die Entlastung (vgl. § 48 Rdn. 17 ff) folgt, daß die letzte Entscheidung über die Geltendmachung von Ersatzansprüchen gegen Vorstandsmitglieder grundsätzlich der GV vorgehalten bleibt. Insoweit stehen Vergleichsvereinbarungen zwischen Aufsichtsrat und Vorstand stets unter dem Vorbehalt, daß die GV nichts anderes beschließt. **149**

### 2. Vertretung der Genossenschaft

In Prozessen gegen Vorstandsmitglieder **kann der Aufsichtsrat die eG vertreten** (§ 39 Abs. 1). Umstritten, besonders seit BGH v. 26. 6. 95 (ZIP 1995, 1321), ob daneben Vertretungsrecht durch V erhalten bleibt (näher zur Problematik § 39 Rdn. 11 ff, 21 ff, 24 ff). **150**

### 3. Beweislast (Abs. 2 S. 2)

Ist in einem Prozeß streitig, ob das in Anspruch genommene Vorstandsmitglied seine Sorgfaltspflichten beachtet hat, so ist dieses Vorstandsmitglied dafür **beweispflichtig**. Die Regelung beruht auf der in der Rechtsprechung entwickelten Erkenntnis, daß diese Sachverhalte und Zusammenhänge allein von dem Vorstandsmitglied dargelegt werden können (vgl. BGH, NJW 1963, 46; zur Beweislast RGZ 159, 232; RGZ 91, 72). Weist die eG nach, daß das Verhalten eines ihrer Vorstandsmitglieder für einen Schaden ursächlich war, **so wird vermutet**, daß dieses Vorstandsmitglied seine Sorgfaltspflichten mißachtet hat. Dem Vorstandsmitglied obliegt die volle Beweislast dafür, daß es die Sorgfaltspflicht eines ordentlichen und gewissenhaften Geschäftsleiters einer eG beachtet hat. Das in Anspruch genommene Vorstandsmitglied wird z. B. bei einem Kreditausfall darzulegen und zu beweisen haben, ob und wie im Einzelfall die Kreditwürdigkeit und Absicherung des Kredits geprüft, festgestellt und dokumentiert wurde. **151**

Auszugehen ist grundsätzlich von dem möglichen Kenntnisstand zur Zeit der Entscheidung. Für die weitere Entwicklung des Kredits (Krediterhöhungen, Kündigungen, Verstärkung und Verwertung von Sicherheiten, Vermögensverfall usw.) ist das Verhalten während der gesamten Laufzeit relevant.

Soweit ein Vorstandsmitglied Tatsachen vorträgt, die sich z. B. gegen die Ursächlichkeit des Verhaltens für den Schaden richten, obliegt ihm nach allgemeiner Beweislastregel auch für diese Tatsachen die Beweislast. Das Organmitglied muß folglich Tatsachen vortragen und beweisen, die den Richter zu der Überzeugung bringen, es habe alles ihm objektiv Mögliche und subjektiv Zumutbare getan, um den Schaden zu verhindern. Die (beweisbare) Behauptung, die Mehrheit im Vorstand hätte ohnehin den Kreditbeschluß gefaßt, genügt nicht den Anforderungen eines Entlastungsbeweises.

Der eG als Klägerin verbleibt der Beweis für alle Tatsachen, die die Rechtswidrigkeit, die Ursächlichkeit des Verhaltens des Beklagten und den Schaden begründen.

**152** Die **umgekehrte Beweislast** gem. Abs. 2 gilt auch für Prozesse der Gläubiger gem. Abs. 5. Werden Ersatzansprüche aus § 34 z. B. gegen Erben als Rechtsnachfolger von Vorstandsmitgliedern geltend gemacht, so findet der Grundsatz der Beweislastumkehr für das Verschulden keine Anwendung, da dieser Rechtsnachfolger im Zweifel nicht den Vorteil der genauen Kenntnis der Zusammenhänge hat (RG, HRR 1941, Nr. 132; *Müller*, § 34 Rdn. 49). Die eG muß einem ausgeschiedenen Vorstandsmitglied noch Auskunft erteilen und Einsicht in die Unterlagen gewähren, soweit dies für seine Beweisführung erforderlich ist (RG, LZ 1908, 448; *Godin/Wilhelmi*, AktG, § 93 Anm. 10).

**153** In den **Fällen von § 34 Abs. 3** wird darüber hinaus vermutet, daß die dort genannten Handlungen zu einem entsprechenden Schaden der eG geführt haben; dem in Anspruch genommenen Vorstandsmitglied obliegt der Beweis, daß ein Schaden nicht eingetreten ist (LG Amberg v. 17. 6. 1993 – Az.: 14 O 989/92; *Meyer/Meulenbergh/Beuthien*, § 34 Rdn. 18).

### 4. Verfahrenskosten

**154** Ist ein Organmitglied im Regreßprozeß oder Strafverfahren verurteilt, die Verfahrenskosten zu tragen, so schuldet er diese aus seinem Privatvermögen. Falls ausnahmsweise die eG die Kosten eines Vorstandsmitglieds übernehmen soll, muß der Aufsichtsrat entscheiden, bei Mitgliedern des Aufsichtsrats die GV. Nur so können Interessenkonflikte und eine mögliche Strafbarkeit wegen Untreue vermieden werden.

## VI. Verjährung

Die **Verjährungsfrist von 5 Jahren** meint nur die auf § 34 gestützten Ansprüche. Diese Frist kann nicht durch Vereinbarung geändert werden (vgl. OLG Karlsruhe, VersR 1961, 410; *Müller*, § 34 Rdn. 50). Bestehen gegen das Vorstandsmitglied Ersatzansprüche aufgrund anderer Vorschriften, wie z. B. der §§ 823 ff BGB, so gilt dafür die dort vorgesehene Verjährungsfrist von 3 Jahren (§ 852 BGB). Die fünfjährige Verjährungsfrist gilt auch für Schadensersatzansprüche gegen sonstige Organe der eG, z. B. Beiräte, Genossenschaftsräte, besondere Vertreter nach § 30 BGB (vgl. BGH, DB 1983, 1249 zur Publikums-KG). 155

Für den **Beginn der Verjährungsfrist** ist § 198 BGB maßgebend: Entstehung des Anspruchs; nicht Kenntnis vom Eintritt des Schadens (BGH, WM 1987, 648). Entscheidend ist, daß der Schaden feststellbar ist und wenigstens im Wege der Feststellungklage geltend gemacht werden kann (RGZ 83, 354; RGZ 152, 273; 153, 101; BGH, ZfG 1967, 114; *Palandt*, BGB, § 198 Anm. 1). Es müssen alle Tatbestandsmerkmale des § 34 erfüllt und der Schaden dem Grunde nach eingetreten sein (BGH, ZfG 1967, 114). Vermögensverschlechterung genügt grundsätzlich (Näheres zum Beginn der Verjährung: BGH, AG 1987, 245 = NJW 1987, 1887 = MDR 1987, 644). Bei Kreditgewährung an Zahlungsunfähige beginnt Verjährung daher schon mit der Auszahlung. Entsprechendes gilt, soweit Kredit trotz fehlender Bonität des Kreditnehmers ohne entsprechende Sicherheit ausgezahlt wird. Kenntnis der anspruchsberechtigten eG von dem Schaden und der Person des Ersatzpflichtigen ist nicht erforderlich (RGZ 39, 52; 83, 356; 87, 306; *Meyer/Meulenbergh/Beuthien*, § 34 Rdn. 25). Bei Ansprüchen aus §§ 823 ff BGB beginnt die Verjährung demgegenüber erst mit Kenntnis des Schadens und der Person des Ersatzpflichtigen (§ 852 BGB; näher *Palandt*, BGB, § 852 Anm. 2). Wegen Verjährung deliktischer Ansprüche s. Rdn. 160. 156

Zum Beginn der Verjährung von Ersatzansprüchen schon bei Hingabe eines gefährdeten Kredits RGZ 83, 354; 87, 306; BlfG 1939, 281. 157

## VII. Sonstige Anspruchsgrundlagen

Unabhängig von § 34 können sich Haftungsansprüche der eG, einzelner Genossenschaftsmitglieder oder Dritter aus **vertraglicher Vereinbarungen** mit Vorstandsmitgliedern ergeben. Denkbar wäre z. B., daß ein Vorstandsmitglied durch Vereinbarung besondere Beratungspflichten gegenüber einem Mitglied übernommen hat. 158

Anspruchsgrundlage für Ersatzansprüche können auch der Dienstvertrag oder die Vorschriften über **unerlaubte Handlungen** sein. In Betracht 159 kommen z. B. die §§ 823 Abs. 1, 823 Abs. 2 und 826 BGB. Ein Anspruch aus § 823 Abs. 2 BGB kann bei Verstoß gegen § 266 StGB (Untreue) gegeben sein (zur Frage strafrechtlicher Untreue im Großkreditgeschäft *Nack*, NJW 1980, 1599) oder i. V. m. § 67 oder § 147 ff als Schutzgesetz in Betracht kommen (vgl. § 147 Rdn. 13). § 49 ist nicht Schutzgesetz i. S. v. § 823 Abs. 2 BGB; vgl. § 49 Rdn. 3. Ein Anspruch aus § 823 Abs. 2 BGB kann allerdings nicht damit begründet werden, daß ein Vorstandsmitglied seine Sorgfaltspflichten gem. § 34 Abs. 1 verletzt habe; diese Vorschrift ist nicht Schutzgesetz i. S. v. § 823 Abs. 2 BGB (BGH, BB 1979, 1629 zu AktG).

**160** Die Ansprüche außerhalb von § 34 unterliegen den jeweiligen **besonderen Verjährungsfristen**. Für Deliktsansprüche gilt die 3jährige Verjährungsfrist gemäß § 825 BGB (BGH, DB 1987, 1581); für den Beginn der Frist ist hier Kenntnis des Schadens und der Person des Ersatzpflichtigen maßgeblich (RG, JW 1938, 2019). Der strafrechtliche Begriff der fortgesetzen Handlung ist für die Beurteilung der zivilrechtlichen Frage des Beginns der Verjährung grundsätzlich nicht maßgeblich (BGH, NJW 1970, 262; 1981, 573).

**161** Wegen **strafrechtlicher Fragen** s. Vorbemerkung vor § 147.

## VIII. Haftung der Genossenschaft

**162** Unabhängig von der Haftung der Organmitglieder kann auch eine Haftung der eG gegenüber Dritten begründet sein, insbes. aus § 31 BGB i. V. m. den §§ 823 ff BGB. Danach haftet die eG für den Schaden, den ein Vorstandsmitglied „durch eine in Ausführung der ihm zustehenden Verrichtungen begangene, zum Schadenersatz verpflichtende Handlung" einem Dritten zufügt. „Dritte" sind auch die Mitglieder der eG (OLG Koblenz v. 3. 2. 1984, Az.: 8 U 258/83). Wenn auch § 34 kein Schutzgesetz i. S. v. § 823 Abs. 2 BGB ist, so können doch Satzungsverstöße des Vorstandes, die sich schädigend auf die Mitglieder auswirken, Ersatzansprüche der Mitglieder gegen Vorstandsmitglieder und über § 31 BGB gegen die eG auslösen (OLG Koblenz ebd.). Es ist für die Haftung der eG unerheblich, ob das handelnde Vorstandsmitglied vertretungsberechtigt war. Die unerlaubte Handlung kann in der Vortäuschung rechtlicher Verbindlichkeit einer von dem Vorstandsmitglied für die eG abgegebenen Willenserklärung bestehen (BGH, WM 1986, 1004 = ZfG 1988, 287 m. Anm. *Hadding*). Wegen Mitverschulden des Geschädigten, wenn Gesamtvertretung im Genossenschaftsregister eingetragen war BGH ebd.

Keine Haftung der eG, wenn ein Vorstandsmitglied nur Vorbereitungen für eine unerlaubte Handlung trifft, diese aber erst nach Ausscheiden aus dem Vorstand ausführt (BGH, BB 1987, 638).

## § 35
## Stellvertreter von Vorstandsmitgliedern

**Die für Mitglieder des Vorstandes gegebenen Vorschriften gelten auch für Stellvertreter von Mitgliedern.**

*Übersicht*



### I. Begriff

Der Gesetzestext läßt grundsätzlich zwei Arten der Stellvertretung zu: Den **ständigen Stellvertreter** und den **Ersatzmann**, der nur dann tätig wird, wenn ein ordentliches Vorstandsmitglied verhindert ist oder ausfällt (vgl. *Metz*, BlfG 1963, 205; *Meyer/Meulenbergh/Beuthien*, § 35 Rdn. 4). **1**

Das Gesetz bringt in § 35 den Grundsatz zum Ausdruck, daß alle Vorstandsmitglieder die gleiche Leitungskompetenz haben und die entsprechende Verantwortung tragen. Der Inhalt der gesetzlichen Regelung geht erkennbar davon aus, daß ein stellvertretendes Vorstandsmitglied grundsätzlich an der Willensbildung und Leitung mitwirkt. Von möglichen Ausnahmefällen abgesehen, wird es sich daher in solchen Fällen um ständige Stellvertreter handeln. Diese können z. B. nicht von einer Beschlußfassung ausgeschlossen werden (*Metz*, ebd.; *Godin/Wilhelmi*, AktG, § 35 Anm. 1), solche stellvertretenden Vorstandsmitglieder zählen bei der gesetzlichen Mindestzahl und der satzungsmäßigen Höchstzahl mit. Die eG muß jedoch mindestens ein ordentliches Vorstandsmitglied haben, da ein Stellvertreter begrifflich ein ordentliches Vorstandsmitglied voraussetzt. Für die ständigen Stellvertreter gelten insbesond. auch die Sorgfalts- und Haftungsvorschriften des § 34. **2**

Die Bestellung eines **„Ersatzmannes"** dürfte nur unter besonderen Umständen vertretbar sein. Problematisch bleibt grundsätzlich die Einbindung in die Gesamtverantwortung des Leitungsorgans, wenn die Vorstandstätigkeit nur zeitweise, nämlich im Ersatzfall, ausgeübt wird. Bei der Anmeldung und Eintragung zum Genossenschaftsregister sollte die Funktion als Ersatzmann vermerkt werden. Haftung gem. § 34 greift jedenfalls dann ein, wenn die Vorstandstätigkeit ausgeübt wird, außerhalb dieser Zeit können besondere Pflichten bestehen. Es scheint sinnvoll, Einzelheiten vertraglich festzulegen. **3**

Vom „stellvertretenden Vorstandsmitglied" ist ein Vorstandsmitglied zu unterscheiden, das als **rechtsgeschäftlicher Vertreter nach § 25 Abs. 3** tätig wird (vgl. Erl. dort). Auch der in den Vorstand **delegierte „Stellver-** **4**

**treter" gemäß § 37 Abs. 1** ist nicht stellvertretendes Vorstandsmitglied i. S. v. § 35 (*Geßler/Hefermehl*, AktG, § 94 Rdn. 3).

## II. Rechtsstellung

### 1. Bestellung und Anstellung

5 Stellvertretende Vorstandsmitglieder werden grundsätzlich in gleicher Weise wie ordentliche Vorstandsmitglieder bestellt, angestellt und abberufen (§§ 24, 40). Gem. § 24 Abs. 2 S. 2 ist es allerdings zulässig, für die Bestellung von Stellvertretern in der Satzung ein anderes Verfahren vorzusehen. Die Bestellung selbst bedarf keiner Grundlage in der Satzung *Meyer/Meulenbergh/Beuthien*, § 35 Rdn. 2).

6 **Besonderheiten der Rechtsstellung** als stellvertretendes Vorstandsmitglied werden üblicherweise im Anstellungsvertrag oder in der Geschäftsordnung geregelt. Hier können bestimmte Beschränkungen vereinbart werden, wie z. B., daß für Entscheidungen und sonstige Maßnahmen die Mitwirkung eines ordentlichen Vorstandsmitglieds erforderlich ist. Diese gelten aber nur für das Innenverhältnis (Bereich der Geschäftsführung). Grundsätzlich haben stellvertretende Vorstandsmitglieder im Hinblick auf ihre Leitungsverantwortung (s. unten Rdn. 10 ff) und ihre Haftung das Recht, an allen Entscheidungen mitzuwirken (*Meyer/Meulenbergh/Beuthien*, § 35 Rdn. 4; zu weitgehend für das Aktienrecht *Godin/Wilhelmi*, AktG, § 94 Anm. 3). Für Ersatzleute gilt dies für die Dauer der tatsächlichen Tätigkeit im Vorstand.

7 Stellvertretende Vorstandsmitglieder können von der Geschäftsführung und der gesetzlichen Vertretung auch nicht durch Vereinbarung ausgeschlossen werden; sie **unterliegen nicht den Weisungen** anderer Vorstandsmitglieder oder anderer Organe. Sie sind in die Zahl der Vorstandsmitglieder einzubeziehen. Der Vorstand einer eG ist nach dem Gesetz also ordnungsgemäß besetzt, wenn z. B. ein ordentliches und ein stellvertretendes Vorstandsmitglied bestellt sind.

8 Bei der **Anmeldung** und Eintragung stellvertretender Vorstandsmitglieder zum Genossenschaftsregister soll die Stellvertretereigenschaft angegeben werden (OLG Stuttgart, NJW 1960, 2150). Erforderlich erscheint auch ein Hinweis auf die Art der Stellvertretung, ob ständige Vertretung oder nur ersatzweise.

9 Auf **Geschäftsbriefen** sind auch die Namen (Familienname und Vorname) der stellvertretenden Vorstandsmitglieder anzugeben (§ 25 a). Ein Hinweis auf die Stellvertretereigenschaft ist zulässig, aber nicht erforderlich.

### 2. Leitungsverantwortung

10 Für stellvertretende Vorstandsmitglieder gilt uneingeschränkt § 27; für Ersatzleute während der Zeit ihrer tatsächlichen Tätigkeit im Vorstand. Sie

haben im Vorstand die eG **unter eigener Verantwortung zu leiten** (s. Erl. zu § 27). Stellvertreter sind berechtigt und verpflichtet, bei allen Entscheidungen im Rahmen der Vereinbarungen (Dienstvertrag, Geschäftsordnung usw.) mitzuwirken. Die Vereinbarungen müssen die Regelungen der §§ 27 und 34 beachten. Das gilt auch für ein stellvertretendes Vorstandsmitglied, das der Aufsichtsrat nach vorläufiger Amtsenthebung eines Vorstandsmitgliedes zur einstweiligen Fortführung der Geschäfte bestellt (LG Kassel, Urt. v. 3. 3. 1994 – 8 O 1644/93).

Im Rahmen der Gesamtverantwortung aller Vorstandsmitglieder sind Stellvertreter auch berechtigt und verpflichtet, sich über die Tätigkeit anderer Vorstandsmitglieder zu unterrichten und ggfs. für die Beseitigung von Mängeln in deren Bereichen Sorge zu tragen (*Meyer/Meulenbergh/Beuthien*, § 35 Rdn. 4; vgl. für das Aktienrecht *Godin/Wilhelmi*, AktG, § 94 Anm. 4). Die Einsicht in Vorstandsprotokolle kann ihnen grundsätzlich nicht verwehrt werden. **11**

Bei **Anmeldungen** zum Genossenschaftsregister, die von sämtlichen Vorstandsmitgliedern vorzunehmen sind, müssen auch Stellvertreter mitwirken (vgl. KG, BlfG 1941, 150 = HRR 1941, 705). **12**

Die **Vertretungsberechtigung** steht den Stellvertretern grundsätzlich in gleicher Weise zu wie ordentlichen Vorstandsmitgliedern (s. § 25). Im Rahmen von § 25 Abs. 2 ist es jedoch zulässig, z. B. ordentlichen Vorstandsmitgliedern das Alleinvertretungsrecht einzuräumen, während der Stellvertreter nur berechtigt sein soll, zusammen mit einem ordentlichen Vorstandsmitglied für die eG zu handeln. **13**

### 3. Haftung

Stellvertretende Vorstandsmitglieder unterliegen den **gleichen Sorgfalts- und Haftungsmaßstäben** wie ordentliche Vorstandsmitglieder. Sie müssen im Rahmen ihrer Zuständigkeit und unter Beachtung der Gesamtverantwortung für die Leitung der eG alles objektiv Mögliche und subjektiv Zumutbare tun, um Schäden zu vermeiden. Sie haben in gleicher Weise wie ordentliche Vorstandsmitglieder die Sorgfalt eines ordentlichen und gewissenhaften Geschäftsleiters einer eG anzuwenden. Für Schäden haften sie der eG persönlich und unbeschränkt als Gesamtschuldner. § 34 findet in allen Teilen Anwendung (vgl. Erl. dort). Nur im Rahmen der Schuldzuweisung können die Besonderheiten der Rechtsstellung als Stellvertreter Berücksichtigung finden (so auch *Müller*, § 35 Rdn. 5) nach ähnlichen Maßstäben wie im Falle einer „Ressortleitung" (s. § 34 Rdn. 39 ff). **14**

Für **Ersatzleute** beschränkt sich die Haftung grundsätzlich auf die Zeit ihrer Tätigkeit im Vorstand. Dennoch können sich aus der Stellung eines Ersatzmannes besondere Sorgfaltspflichten auch über die Zeit der Tätigkeit hinaus ergeben; auch hierzu könnte Näheres in Verträgen festgelegt werden.

## § 36

## Aufsichtsrat

**(1) Der Aufsichtsrat besteht, sofern nicht das Statut eine höhere Zahl festsetzt, aus drei von der Generalversammlung zu wählenden Mitgliedern. Die zu einer Beschlußfassung erforderliche Zahl ist durch das Statut zu bestimmen.**

**(2) Die Mitglieder dürfen keine nach dem Geschäftsergebnis bemessene Vergütung (Tantieme) beziehen.**

**(3) Die Bestellung zum Mitgliede des Aufsichtsrats kann auch vor Ablauf des Zeitraums, für welchen dasselbe gewählt ist, durch die Generalversammlung widerrufen werden. Der Beschluß bedarf einer Mehrheit, die mindestens drei Viertel der abgegebenen Stimmen umfaßt.**

*Übersicht*

## I. Allgemeines

Jede eG muß einen **Aufsichtsrat** haben. Diesem sind die Aufgaben zugewiesen, die sich aus den §§ 38 bis 40 ergeben. Durch die Satzung können ihm weitere Obliegenheiten übertragen werden (s. die Erl. zu § 38). 1

Über die Wirksamkeit der Kontrolle durch den Aufsichtsrat und die optimale Organisation der Unternehmensleitung hat sich eine lebhafte Diskussion entwickelt (vgl. für viele: „Grundsätze ordnungsmäßiger Aufsichtsratstätigkeit" – ein Diskussionspapier, Arbeitskreis externe und interne Überwachung der Unternehmung, Schmalenbach Gesellschaft/Deutsche Gesellschaft für Betriebswirtschaft e. V., in: DB 1995, 1 ff). Auslöser dazu war vor allem das Versagen der Kontrolle in einigen spektakulären Fällen, die für die Allgemeinheit von besonderem Interesse waren. Dagegen nimmt die Öffentlichkeit kaum zur Kenntnis, daß in den normalen Fällen die gesetzlich vorgegebene Leitungs- und Kontrollstruktur auch in der Praxis durchaus ihrer Aufgabe gerecht wird. 2

Die Erörterungen werden gerade in Hinblick auf die Rechtsangleichung in der EU nicht an Aktualität verlieren. Es geht vor allem um den Effektivitätsvergleich des deutschen Systems der „Gewaltenteilung" mit dem englischen Board-System. 3

Zunächst für das Aktienrecht wurde der Aufsichtsrat aus der Leitungsverantwortung herausgenommen, um ihm die unabhängige Kontrolle zu übertragen. Diese Lösung muß nicht deswegen schlecht sein, weil sie im Jahre 1937 eingeführt worden ist. Schließlich wurde dieses System 1973 aus einem dringend gewordenen Bedürfnis der Praxis in das Genossenschaftsrecht übernommen. 4

Die grundsätzliche **Aufteilung in „Leitung" und „Kontrolle"** hat nicht zu einer Verwässerung der Verantwortung geführt; das Gesetz weist dem **Vorstand als „Exekutive"** eine eindeutige und strenge Leitungsverantwortung zu (§§ 27, 34 GenG), während dem **Aufsichtsrat als unabhängiger „Judikative"** die Kontrolle übertragen ist mit allen Folgerungen für die persönliche Verantwortung und Haftung (§§ 38, 41 GenG). 5

Die Kritik an diesem System kann weitgehend nicht überzeugen: Wenn den Personen im Aufsichtsrat vorgeworfen wird, sie seien nicht in der Lage, die Tätigkeit der Geschäftsführung zu verstehen als Voraussetzung einer wirksamen Kontrolle, so wäre es sicher keine Lösung, diese Personen in ein Board-System mit unmittelbarer Leitungskompetenz zu übernehmen. Nach allen Erfahrungen nicht nur bei genossenschaftlichen Unternehmen erscheint es unverzichtbar, dem Leitungsgremium eine unabhängige Kontrollinstanz zuzuordnen. 6

Im übrigen gibt das Genossenschaftsrecht – im Gegensatz zu § 111 Abs. 4 AktG – durchaus die Möglichkeit, den **Aufsichtsrat** auch in Entscheidungen der Geschäftsleitung **verantwortlich einzubinden** (§ 27 Abs. 1 S. 2 i. V. m. § 38 Abs. 3; s. § 27 Rdn. 13). Davon machen die Mustersatzungen (§ 23) für konkrete Schwerpunkte der Leitungsentscheidungen Gebrauch.

**7** Die zum Teil berechtigte Kritik an mangelhafter Aufsichtsführung kann sich daher nicht auf die rechtliche Ausgestaltung des genossenschaftlichen Aufsichtsrates beziehen. Die Probleme in der Praxis der Unternehmen entstehen durch verfehlte Auswahl der Mitglieder von Aufsichtsräten, mangelnde persönliche und fachliche Eignung, fehlendes Wissen um Aufgabe und Verantwortung sowie konkretes Fehlverhalten bei Durchführung der Kontrolle.

**8** Die Kontrolle der Unternehmensleitung durch den Aufsichtsrat hat sich stets **als wirkungsvoll erwiesen, wenn die Voraussetzungen erfüllt werden:**

- persönliche und wirtschaftliche Unabhängigkeit der Mitglieder des Aufsichtsrates,
- Gleichgewichtigkeit gegenüber den Personen im Vorstand,
- ein unverzichtbares Maß an fachlichem Wissen,
- die Fähigkeit, sich über die Maßnahmen der Geschäftsführung ein eigenes Urteil zu bilden und
- kritisches Vertrauen als Grundlage der Zusammenarbeit.

## II. Zahl der Aufsichtsratsmitglieder

**9** Der Aufsichtsrat besteht aus drei Mitgliedern, sofern nicht die Satzung eine höhere **Zahl** festlegt. Die Satzung kann – unter Berücksichtigung der vorstehenden Mindestzahl **der Aufsichtsratsmitglieder** – auch lediglich eine Mindestzahl (z. B. „mindestens vier") oder eine Höchstzahl (z. B. „höchstens sechs") oder eine Mindestzahl **und** eine Höchstzahl (z. B. „mindestens vier und höchstens sechs") bestimmen (vgl. KGJ 34, 175; *Müller*, § 36 Rdn. 3; *Schubert/Steder*, § 36 Rdn. 9; anders § 95 S. 2 AktG: „bestimmte … Zahl"). Im Rahmen der Mindest- oder Höchstzahl der Aufsichtsratsmitglieder liegt es in der Entscheidung der GV, die jeweils konkrete Zahl der Aufsichtsratsmitglieder zu bestimmen. Die GV hat nämlich gem. § 36 Abs. 1 S. 1 das Wahlmonopol (vgl. auch *Schubert/Steder*, § 36 Rdn. 9). Die in der Satzung zulässigerweise festgelegte Mindest- und Höchstzahl von Aufsichtsratsmitgliedern ist zwingend. Zuwahlen außerhalb dieses Rahmens sind nichtig (soweit nicht die Satzung rechtzeitig geändert wird und Heilung eintritt – vgl. Rdn. 43 –). Wird die gesetzliche oder satzungsmäßige Mindestzahl unterschritten, so ist der Aufsichtsrat insgesamt nicht handlungs- und beschlußfähig; Beschlüsse wären nichtig (*Meyer/Meulenbergh/Beuthien*, § 36 Rdn. 8). A. A. BGH (BGHZ 4, 224,

228 = NJW 1952, 343), der bei Unterschreitung der satzungsmäßigen Mindestzahl immer noch Beschlußfähigkeit annimmt, wenn die dafür in der Satzung festgelegte Zahl – gemessen an der satzungsmäßigen Zahl der Aufsichtsratsmitglieder – in der Sitzung vorhanden ist. Das Problem wird in der Praxis gegenstandslos durch eine Regelung in der Satzung, wonach die Zahl der verbleibenden Aufsichtsratsmitglieder bis zur gesetzlichen Mindestzahl von drei ausreichend bleibt. Bestimmt eine Satzung (z. B. entsprechend den Mustersatzungen für Volksbanken und Raiffeisenbanken) eine Mindest- und eine Höchstzahl und legt die Satzung gleichzeitig fest, daß die Zahl der Aufsichtsratsmitglieder **durch drei teilbar sein soll**, so bedeutet dies zwar eindeutig eine Rechtspflicht, an die auch die GV gebunden ist; ein Verstoß dagegen (im Rahmen der satzungsmäßigen Mindest- und Höchstgrenzen) führt jedoch nicht zur Anfechtbarkeit oder Nichtigkeit einer Wahl von Aufsichtsratsmitgliedern oder von Beschlüssen. So zutreffend OLG Köln (Urt. v. 2. 5. 1990, 11 U 285/89 = ZfG 1992, 344). Eine **„Soll-Vorschrift"** bedeutet eine rechtlich bindende Verpflichtung; nur für eine vorübergehende Zeit und aus gewichtigen Gründen darf davon abgewichen werden. (Die Verletzung einer „Muß-Vorschrift" hätte dagegen Auswirkungen auf die Gültigkeit; eine „Kann-Vorschrift" stellt das Verhalten in das freie Ermessen.) Aufsichtsratsmitglieder bleiben im Amt, auch wenn die gesetzliche oder satzungsmäßige Mindestzahl unterschritten ist. Die verbleibenden Mitglieder behalten ihr Amt und die damit verbundenen Pflichten; sie unterliegen weiter der Haftung gem. § 41 (so zur GmbH BGH, DB 1983, 1864).

Wegen der Besetzung des Aufsichtsrates bei eG, die die Regelung des Betriebsverfassungsgesetzes beachten müssen, vgl. Rdn. 88 ff.

Bei **Satzungsänderung** über die Amtsdauer der Aufsichtsratsmitglieder 10
kann die Satzung bestimmen, ob dies auch für die im Amt befindlichen Aufsichtsratsmitglieder gelten soll. Mangels einer Regelung gilt die Änderung im Zweifel nur für künftige Wahlperioden. Entsprechend ist eine Satzungsänderung zu beurteilen, durch die die Zahl der Aufsichtsratsmandate verkleinert wird. Arbeitnehmervertreter im Aufsichtsrat verlieren ihr Amt nicht durch Satzungsänderung; ihre Position ist der Einflußnahme der eG entzogen (BAG, AG 1990, 361; s. Rdn. 90).

## III. Stellvertretende Aufsichtsratsmitglieder, Ersatzmitglieder, Ehrenmitglieder

Die **Stellvertretung von Aufsichtsratsmitgliedern** ist – anders als die 11
Stellvertretung von Vorstandsmitgliedern (vgl. § 35) – im GenG nicht geregelt. Es sind keine Gründe erkennbar, die gegen die rechtliche Zulässigkeit stellvertretender Aufsichtsratsmitglieder sprechen (zweifelnd *Meyer/Meu-*

*lenbergh/Beuthien*, § 36 Rdn. 3; bejahend *Müller*, § 36 Rdn. 4). Für den Vorstand regelt § 35 nicht die Zulässigkeit von Vertretern, sondern setzt sie voraus. Eine Notwendigkeit für die Bestellung von stellvertretenden Aufsichtsratsmitgliedern dürfte aber kaum bestehen. Zunächst sind die Begriffe **„stellvertretende** Aufsichtsratmitglieder" und **„Ersatzmitglieder"** zu unterscheiden (vgl. für den Vorstand § 35 Rdn. 1 ff). Ob „stellvertretende Aufsichtsratsmitglieder" zulässig sind, ist zweifelhaft (bejahend *Krankenberger*, § 36 Anm. 3; *Müller*, § 36 Rdn. 4; zweifelnd *Meyer/Meulenbergh/Beuthien*, § 36 Rdn. 3). Wegen unklarer Verhältnisse hinsichtlich Aufsichtsverantwortung und Haftung sollte von stellvertretenden Aufsichtsratsmitgliedern abgesehen werden. Immerhin verbietet § 101 Abs. 3 AktG für die AG die Bestellung von stellvertretenden Aufsichtsratsmitgliedern – im Gegensatz zu Ersatzmitgliedern, die erst bei Wegfall von Aufsichtsratsmitgliedern dem Aufsichtsorgan zugehören. Falls die Bestellung von stellvertretenden Aufsichtsratsmitgliedern vorgenommen wird, setzt dies eine entsprechende Satzungsbestimmung voraus (vgl. *Krankenberger*, § 36 Anm. 3; *Müller*, § 36 Rdn. 4). Einer solchen satzungsmäßigen Regelung steht § 18 nicht entgegen, weil das GenG über die Stellvertretung von Aufsichtsratsmitgliedern nichts aussagt (vgl. auch *Krakenberger*, § 36 Anm. 3). Stellvertretende Aufsichtsratsmitglieder werden – wie die ordentlichen Aufsichtsratsmitglieder – durch die GV bestellt und abberufen (vgl. LG Stuttgart, BB 1965, 369 zu Aufsichtsratsstellvertretern bei einer AG; auch *Kohler*, NJW 1955, 205; a. A. wohl *Müller*, § 36 Rdn. 4).

12 Es ist zulässig, **Ersatzmitglieder für den Aufsichtsrat** zu bestellen (*Meyer/Meulenbergh/Beuthien*, § 36 Rdn. 3), die Bestellung von Ersatzmitgliedern setzt eine entsprechende satzungsmäßige Grundlage nicht voraus (einschränkend *Riebandt-Korfmacher*, Formular-Kommentar, 1. Bd., Handels- und Wirtschaftsrecht I, Form. 1.601, Anm. 100 a am Ende); sie werden – wie die ordentlichen Aufsichtsratsmitglieder – durch die GV gewählt und abberufen (vgl. *Müller*, § 36 Rdn. 5 bis 7). Es kann für ein bestimmtes Aufsichtsratsmitglied ein Ersatzmitglied gewählt werden, es kann aber auch ein Ersatzmitglied für mehrere Aufsichtsratsmitglieder gewählt werden (Einzelheiten zur Bestellung von Ersatzmitgliedern BGH, DB 1987, 475 = ZIP 1987, 366; vgl. *Geßler u. a.*, AktG, § 101 Rdn. 114; *Lehmann*, DB 1983, 485 ff zur Wahl von Ersatzmitgliedern zum Aufsichtsrat einer AG). Ein Ersatzmitglied ist unter der aufschiebenden Bedingung des endgültigen Wegfalls eines amtierenden Aufsichtsratsmitgliedes für dessen restliche Amtsperiode zum Aufsichtsratsmitglied bestellt. Das Ersatzmitglied erlangt demnach die Organstellung eines Aufsichtsratsmitgliedes erst mit dem endgültigen Ausfall des amtierenden Aufsichtsratsmitgliedes (vgl. *Müller*, § 36 Rdn. 5 mit weiteren Nachweisen.). Da das Ersatzmitglied seine Organstellung erst mit dem endgültigen Wegfall des Aufsichtsratsgliedes

erwirbt, an dessen Stelle es treten soll, muß das Ersatzmitglied zu diesem Zeitpunkt Mitglied der eG (vgl. § 9) sein (vgl. *Müller*, § 36 Rdn. 7; vgl. auch Rdn. 89). Keine Bedenken bestehen, wenn Ersatzmitglieder ohne persönliche Zuordnung allgemein für den Fall gewählt werden, daß Aufsichtsratsmitglieder wegfallen. Hier bedarf es einer Regelung vor allem der Reihenfolge, sowie der Frage, für welche Zeitdauer die Ersatzposition gedacht ist; sie endet im Zweifel mit Ablauf der Wahlperiode des Aufsichtsrates.

Die Wahl zum Aufsichtsrat kann auch in der Weise geschehen, daß das Amt erst zu einem bestimmten späteren Zeitpunkt angetreten werden soll. Nicht zulässig wäre es aber, z. B. alternativ mehrere Personen zu wählen, um es dann einem Dritten zu überlassen, das in Frage kommende Aufsichtsratsmitglied zu bestimmen. Dieses Verfahren wäre mit dem unverzichtbaren Wahlrecht der GV nicht vereinbar. **13**

Zulässig ist auch die Verleihung der **Ehrenmitgliedschaft im Aufsichtsrat**. Ehrenmitgliedschaft im Aufsichtsrat bedeutet lediglich einen Titel; das Ehrenmitglied erhält keine Organstellung; es hat nur das Recht, an den Sitzungen des Aufsichtsrates als Gast teilzunehmen und in den Beratungen das Wort zu ergreifen (vgl. *Hennerkes/Schiffer*, Ehrenvorsitzender oder Ehrenmitglied eines Aufsichtsrates, DB 1992, 875; auch *Müller*, § 36 Rdn. 9), d. h., es kann auch von der Teilnahme an einer Sitzung des Aufsichtsrates ausgeschlossen werden (vgl. zur Ehrenmitgliedschaft im Aufsichtsrat einer AG *Braunbehren*, BB 1981, 2100). Die Ernennung zum Ehrenmitglied des Aufsichtsrates kann durch einen Beschluß der GV erfolgen (vgl. auch *Müller*, § 36 Rdn. 9). Es ist nicht erforderlich, daß dieser Beschluß eine Grundlage in der Satzung hat (a. A. *Müller*, § 36 Rdn. 9). Es ist nämlich nicht einzusehen, daß die GV nur dann einen Titel verleihen kann, wenn sie sich zuvor eine entsprechende Satzungsbestimmung gegeben hat. **14**

## IV. Persönliche Voraussetzungen für die Wahl zum Aufsichtsratsmitglied

Nur eine **natürliche Person, die unbeschränkt geschäftsfähig ist**, kann Aufsichtsratsmitglied werden (vgl. *Krakenberger*, § 36 Anm. 3; *Müller*, § 36 Rdn. 22). Dies ist zwar im GenG – im Gegensatz zum AktG (vgl. § 100 Abs. 1 AktG) – nicht ausdrücklich festgelegt; es ergibt sich jedoch aus der Natur des Aufsichtsratsamtes (vgl. *Müller*, § 36 Rdn. 22). Weiterhin muß ein Aufsichtsratsmitglied grundsätzlich und spätestens im Zeitpunkt der Aufnahme seiner Aufsichtsratstätigkeit **Mitglied der eG** sein (vgl. im einzelnen die Erl. zu § 9; vgl. entsprechend zum Vorstand § 24 Rdn. 16). Ein Aufsichtsratsmitglied darf grundsätzlich **nicht zugleich** ordentliches oder **15** stellvertretendes **Mitglied des Vorstandes** der eG sein und auch nicht eine leitende Stellung bei der eG einnehmen (vgl. im einzelnen die Erl. zu § 37).

Wegen der besonderen Verantwortung der Aufsichtsratsmitglieder sind an deren **persönliche Integrität** und geordnete Vermögensverhältnisse hohe Anforderungen zu stellen. Ordnungsgemäße Wahrnehmung der Kontrollfunktion erfordert **Unabhängigkeit** auch des einzelnen Aufsichtsratsmitgliedes, insbesond. gegenüber dem Vorstand der eG. Es ist schwer vorstellbar, wie ein Aufsichtsratsmitglied diesen Erfordernissen genügen soll, wenn der Vorstand gezwungen sein kann, Maßnahmen zur Sicherung oder Rückführung eines notleidenden Kredits gegen dieses Aufsichtsratsmitglied erforderlichenfalls zwangsweise durchzuführen.

Aufsichtsratsmitglieder haben von ihrer Persönlichkeit und ihrem beruflichen Verhalten her eine gewisse Vorbildfunktion für die anderen Mitglieder. Dies bedingt, daß die wirtschaftlichen Verhältnisse eines Aufsichtsratsmitglieds geordnet und seine Kreditverpflichtungen gegenüber der eigenen eG grundsätzlich unproblematisch sind.

Zu den besonderen Aufgaben des Aufsichtsrates bei einer Kreditgenossenschaft gehört vor allem die Überwachung des Kreditgeschäfts (§ 22 der Mustersatzung; § 3 der Mustergeschäftsordnung für den Aufsichtsrat). Es wäre lebensfremd zu erwarten, daß ein Aufsichtsratsmitglied die Bonität von Krediten objektiv und sorgfältig beurteilt, wenn seine Verpflichtungen gegenüber der eG dubios oder ausfallgefährdet sind.

Auf diese persönlichen Voraussetzungen muß **bei der Wahl** von Aufsichtsratsmitgliedern geachtet werden. Unter Umständen kann es erforderlich sein, daß der Vorsitzende des Aufsichtsrates einzelnen Aufsichtsratsmitgliedern Rücktritt vom Amt nahelegt. Falls dieser Empfehlung nicht Folge geleistet wird, hängt es von den Umständen des Einzelfalles ab, ob eine Abberufung vom Amt durch die GV erforderlich erscheint.

Auch die genossenschaftliche **Pflichtprüfung** wird hierzu Feststellungen zu treffen und je nach ihrer Bedeutung für die eG zu werten haben. Falls festgestellte Tatsachen Anlaß zu der Annahme geben, daß die ordnungsgemäße Wahrnehmung des Aufsichtsratsmandats nicht gesichert ist, dürfte es erforderlich sein, diese besonderen Feststellungen zusammen mit einer Empfehlung im **Prüfungsbericht** festzuhalten. Dies kann z. B. durch einen Hinweis geschehen, daß die Eignung von einzelnen Personen zur Wahrnehmung des Aufsichtsratsmandats zweifelhaft erscheint.

Wegen Wählbarkeit von **Mitarbeitern** in den Aufsichtsrat vgl. § 37 Rdn. 2 und § 36 Rdn. 88 ff.

**16** Für Rechtsanwälte, Steuerberater, Wirtschaftsprüfer gibt es keine standesrechtlichen Vorbehalte für die Zugehörigkeit zum Aufsichtsrat. Die Sorgfaltspflicht kann gebieten, daß sich solche Berufsangehörigen bei der Beratung und Beschlußfassung zurückhalten, wenn Interessenkollisionen zu befürchten sind. Beispiel: Beschluß über die Beauftragung eines Anwaltsbüros für die Durchführung eines Rechtsstreits oder die Vergabe eines steuerlichen Beratungsauftrages usw. (vgl. ergänzend § 43 Rdn. 143). Wegen der **Tätigkeit von Notaren im Aufsichtsrat** einer eG vgl. BGH, ZfG 1971, 292 ff m. krit. Anm. *Bärmann*. **Bundesbeamte** bedürfen für eine Tätigkeit **als Mitglied des Aufsichtsrates** einer eG der Genehmigung ihrer Dienstaufsichtsbehörde (vgl. § 65 Abs. 1 Nr. 3 BBG), falls es sich nicht um eine unentgeltliche Tätigkeit im Aufsichtsrat handelt (vgl. § 66 Abs. 1 Nr. 5 BBG). Ähnliche Vorschriften enthalten auch die Beamtengesetze der Länder.

Die Satzung kann **weitere Erfordernisse** für die Wahl zum Aufsichts- **17**
ratsmitglied aufstellen (vgl. *Krakenberger*, § 36 Anm. 3; *Müller*, § 36 Rdn. 23). Die in der Satzung festgelegten Erfordernisse müssen – insbesond. unter dem Gesichtspunkt der bestmöglichen Erfüllung der Aufgaben des Aufsichtsrates – sachlich gerechtfertigt sein (vgl. auch *Müller*, § 36 Rdn. 23); anderenfalls stellen sie eine unzulässige Beschränkung der Wahlfreiheit dar (vgl. RGZ 133, 94; *Müller*, § 36 Rdn. 23). Auch müssen sie den Grundsatz der Gleichbehandlung beachten (vgl. *Müller*, § 36 Rdn. 23). Unter Berücksichtigung dieser Gesichtspunkte kann die Satzung die Wählbarkeit zum Aufsichtsratsmitglied z. B. von einem bestimmten Mindest- oder Höchstalter abhängig machen (vgl. *Krakenberger*, § 36 Anm. 4; *Müller*, § 36 Rdn. 24); die Satzung kann auch eine bestimmte Dauer der Mitgliedschaft festlegen (vgl. *Krakenberger*, § 36 Anm. 4; *Müller*, § 36 Rdn. 24); die Satzung kann auch eine bestimmte Ausbildung oder Berufserfahrung fordern (vgl. *Müller*, § 36 Rdn. 24); die Satzung kann auch bestimmen, daß die Mitglieder des Vorstandes und des Aufsichtsrates nicht in einem gewissen Grade miteinander verwandt sein dürfen (vgl. *Krakenberger*, § 36 Anm. 4); die Satzung kann auch die deutsche Staatsangehörigkeit oder den Wohnsitz im Bundesgebiet fordern (vgl. *Müller*, § 36 Rdn. 24; *Geßler u. a.*, AktG, § 100 Rdn. 45). Die Satzung kann auch vorsehen – dies wird manchmal bei der Verschmelzung von eG festgelegt –, daß jeweils eine bestimmte Anzahl von Aufsichtsratsmitgliedern aus dem Bereich der übertragenden eG und aus dem Bereich der übernehmenden eG zu wählen ist. Die sachliche Rechtfertigung für eine solche Satzungsbestimmung kann darin gesehen werden, daß die Mitglieder der übertragenden eG und die Mitglieder der übernehmenden eG die jeweiligen genossenschaftlichen Belange am besten kennen und diese Kenntnis der Aufsichtsratstätigkeit zugute kommen kann. Der Grundsatz der Gleichbehandlung wird durch die vorstehende Satzungsbestimmung insofern beachtet, als der gesamte Bereich der (verschmolzenen) eG nach gleichen Gesichtspunkten berücksichtigt wird. Die Satzung kann z. B. nicht bestimmen, daß nur bestimmte

Personen oder von bestimmten Personen Vorgeschlagene gewählt werden können (vgl. *Müller*, § 36 Rdn. 23; *Geßler u. a.*, AktG, § 100 Rdn. 47).

Zur Sicherung der Unabhängigkeit des Aufsichtsrates einer **Wohnungsbaugenossenschaft**, die die Firmenbezeichnung „gemeinnützig" fortführt, sollen Angehörige des Bau- und Maklergewerbes und der Baufinanzierungsinstitute nicht die Mehrheit im Aufsichtsrat bilden (Empfehlungen zur Mustersatzung 1990, dazu i. e. § 9 Rdn. 14, § 8 Rdn. 5, § 24 Rdn. 54, § 3 Rdn. 16). Zur Vermeidung von Interessenkollisionen dürfen nach der MS fürWohnungsbaugenossenschaften allgemein Mitglieder des Aufsichtsrates in Angelegenheiten der eG eine für sie gewinnbringende Tätigkeit nur ausüben, wenn Vorstand und Aufsichtsrat dies beschließen. Mit Mitgliedern des Aufsichtsrates dürfen Rechtsgeschäfte im Geschäftsbereich der eG nur nach vorheriger Zustimmung des Aufsichtsrates abgeschlossen werden. Die Betroffenen haben hierbei kein Stimmrecht (MS § 21 Abs. 4).

**18** Die **Wahl** von **juristischen Personen** oder Personenhandelsgesellschaften in den Aufsichtsrat ist sofort **unwirksam** (vgl. *Geßler u. a.*, AktG, § 100 Rdn. 49). Ist der in den Aufsichtsrat Gewählte nicht voll geschäftsfähig, so ist die Wahl **zunächst gültig**. Sie wird unwirksam, wenn der Gewählte bei Beginn seiner Amtstätigkeit die volle Geschäftsfähigkeit noch nicht hat (vgl. *Müller*, § 36 Rdn. 25; *Geßler u. a.*, AktG, § 100 Rdn. 49). Ist der in den Aufsichtsrat Gewählte Mitglied des Vorstandes der eG oder nimmt er eine leitende Stellung in der eG ein, so ist seine Wahl **unwirksam**. Dies folgt aus § 37 Abs. 1 S. 1. Das gilt nicht, wenn die Wahl in den Aufsichtsrat für den Zeitraum nach der Entlastung für die Vorstandstätigkeit (vgl. § 37 Abs. 2; vgl. auch Erl. zu § 37) bzw. nach dem Ausscheiden aus der leitenden Stellung erfolgt. Verliert ein Aufsichtsratsmitglied nach Beginn seiner Amtszeit seine unbeschränkte Geschäftsfähigkeit, so **erlischt das Aufsichtsratsamt** (vgl. auch *Müller*, § 36 Rdn. 25 sowie *Geßler u. a.*, AktG, § 100 Rdn. 50).

**19** Erfüllt ein zum Aufsichtsratsmitglied Gewählter bereits bei der Wahl nicht die satzungsmäßigen Erfordernisse, so kann dies unterschiedliche Folgen haben. Maßgeblich ist zunächst die in der Satzung enthaltene Regelung entsprechend ihrem erkennbaren Sinn. Bestimmt die Satzung z. B. ausdrücklich, daß eine Person, „nicht in den Aufsichtsrat gewählt werden kann", wenn bestimmte Voraussetzungen nicht vorliegen, so kann eine dennoch durchgeführte Wahl nicht rechtswirksam sein. Es handelt sich hier um eine zwingende Satzungsvorschrift. Anders, wenn die Satzung lediglich eine rechtliche Verpflichtung zur Einhaltung bestimmter Voraussetzungen festgelegt hat („Sollvorschrift"). In einem solchen Fall kann die Wahl gültig sein, jedoch nach § 51 angefochten werden (die Auffassung in früheren Auflagen wird insoweit geändert). Braucht der Gewählte die satzungsmäßigen Erfordernisse erst im Zeitpunkt der Aufnahme der Aufsichtsratstätigkeit zu erfüllen, so kann die Wahl nicht angefochten werden (vgl. in diesem

Zusammenhang: *Geßler u. a.*, AktG, § 100 Rdn. 58). Der nachträgliche Wegfall von Qualifikationsmerkmalen, die die Satzung für das Aufsichtsratsmitglied vorschreibt, läßt das Amt nicht enden (vgl. *Müller*, § 36 Rdn. 26; *Geßler u. a.*, AktG, § 100 Rdn. 60). Die Bestellung zum Aufsichtsratsmitglied kann aber nach § 36 Abs. 3 widerrufen werden.

## V. Wahl der Aufsichtsratsmitglieder

### 1. Wahlzuständigkeit

Die Mitglieder des Aufsichtsrates werden von der **GV** gewählt. Dies ist 20
zwingendes Recht. Deshalb kann die Satzung die Wahl der Aufsichtsratsmitglieder durch ein anderes Organ der eG oder durch einen Dritten nicht wirksam vorsehen (vgl. BayObLG, JW 1921, 580; *Meyer/Meulenbergh/Beuthien*, § 36 Rdn. 2; *Müller*, § 36 Rdn. 10; *Schubert/Steder*, § 36 Rdn. 2). Einwirkung Außenstehender ist damit ausgeschlossen, soweit sie die freie und verbindliche Entscheidung der GV einschränken würde (nicht überzeugend: *Beuthien*, ZHR 1993, 509). Unwirksam ist auch eine Satzungsbestimmung, nach der der Vorstand einer juristischen Person ohne weiteres die Mitgliedschaft im Aufsichtsrat der eG haben soll (vgl. RGZ 152, 273; *Meyer/Meulenbergh/Beuthien*, § 36 Rdn. 2; *Müller*, § 36 Rdn. 10). Die (von der GV) zu wählenden Personen können am Wahlgang teilnehmen und ihre Stimme auch zu ihrer eigenen Wahl abgeben (vgl. *Schubert/Steder*, § 36 Rdn. 2).

Aufsichtsratsmitglieder können in entsprechender Anwendung des § 29 21
**BGB** und des § 104 AktG **durch das Gericht bestellt** werden (vgl. auch BGHZ 18, 337 und AG Kreuznach, Beschl. v. 8. 7. 1987 AZ: GnR 367). Voraussetzung ist, daß die für die Beschlußfähigkeit des Aufsichtsrates erforderliche Zahl von Aufsichtsratsmitgliedern fehlt. Die Bestellung erfolgt, sobald ein dringendes Bedürfnis dafür vorhanden ist. Dies ist anzunehmen, sobald die ordnungsgemäße Abwicklung der Rechtsangelegenheiten der eG gefährdet ist und dadurch der Eintritt erheblicher Rechtsnachteile droht (vgl. *Meyer/Meulenbergh/Beuthien*, § 36 Rdn. 1; *Müller*, § 36 Rdn. 88 ff; vgl. auch *Krakenberger*, § 36 Anm. 4; *Schubert/Steder*, § 36 Rdn. 5; *Paulick*, S. 229). Die Bestellung erfolgt auf Antrag eines Beteiligten; dabei ist jeder antragsberechtigt, dem durch den Ausfall des Organs ein Nachteil droht (vgl. *Müller*, § 36 Rdn. 90; *Soergel* BGB, § 29 Rdn. 13; *Palandt*, BGB, § 29 Anm. 1).

### 2. Wahlvorschläge

Das Recht, **Wahlvorschläge** zu machen, steht grundsätzlich jedem Mit- 22
glied der eG zu (vgl. *Meyer/Meulenbergh/Beuthien*, § 36 Rdn. 2; *Müller*,

§ 36 Rdn. 12; *Frankenberger*, S. 14; *Metz/Werhahn*, Rdn. 143; § 43 Rdn. 30), Die Satzung kann jedoch besondere Voraussetzungen für die Einreichung von Wahlvorschlägen aufstellen (vgl. *Müller*, § 36 Rdn. 12; *Frankenberger*, S. 14). So kann etwa satzungsmäßig festgelegt werden, daß Wahlvorschläge nur gemeinsam durch eine bestimmte Anzahl von Mitgliedern der eG gemacht werden können (vgl. *Müller*, § 36 Rdn. 12). Die Satzung kann weiterhin z. B. Fristen für die Einreichung der Wahlvorschläge bestimmen (vgl. *Müller*, § 36 Rdn. 12; *Metz/Werhahn*, S. 56). Sieht die Satzung nichts anderes vor, so können die Mitglieder der eG ihre Wahlvorschläge außerhalb der GV oder auch in der GV machen (vgl. *Metz/Werhahn*, Rdn. 226). Besteht bei der eG eine VV, so ändert dies zwar nichts daran, daß grundsätzlich jedem Mitglied der eG das Recht zusteht, Wahlvorschläge zu machen (vgl. *Metz/Werhahn*, 235; s. § 43 a). Jedoch können in diesem Falle die nicht zu Vertretern gewählten Mitglieder der eG ihre Wahlvorschläge nur dann in der VV machen, wenn sie als Gäste zugelassen sind (vgl. in diesem Zusammenhang: Rd. 99 ff; *Paulick*, S. 256; § 43 Rdn. 101).

**23** Das Recht, Wahlvorschläge zu machen, steht auch dem **Aufsichtsrat** zu (OLG Hamm, ZIP 1985, 741; vgl. *Müller*, § 36 Rdn. 13; *Frankenberger*, S. 14). Es kann satzungsmäßig bestimmt werden, daß die Wahlvorschläge des Aufsichtsrates so rechtzeitig eingereicht werden müssen, daß sie mit der Tagesordnung für die General- bzw. Vertreterversammlung bekannt gemacht werden können (vgl. in diesem Zusammenhang: *Müller*, § 36 Rdn. 13). Sieht die Satzung nichts anderes vor, so kann der Aufsichtsrat seine Wahlvorschläge der GV oder auch in der GV machen. Dies gilt auch, wenn bei der eG eine VV besteht. Auch in diesem Falle hat der Aufsichtsrat das Recht, an der VV teilzunehmen, Anträge zu stellen usw. (vgl. § 43 a Rdn. 101; *Paulick*, S. 257); die Aufsichtsratsmitglieder haben nur kein Stimmrecht, weil sie nicht Vertreter sein können (vgl. § 43 a Abs. 2).

**24** Der **Vorstand** als Organ hat kein Recht, Vorschläge zur Wahl des Aufsichtsrates zu machen (*Meyer/Meulenbergh/Beuthien*, § 36 Rdn. 2; *Müller*, § 36 Rdn. 15; *Geßler u.* a., AktG, § 124 Rdn. 39). Ob Mitglieder des Vorstandes berechtigt sind, Wahlvorschläge zum Aufsichtsrat zu machen, ist bestritten. Bejahend *Meyer/Meulenbergh/Beuthien*, ebd. und frühere Auflagen). **Das OLG Hamm** (ZIP 1985, 741 = ZfG 1986, 154 m. zust. Bespr. *Blomeyer*) hat jedoch mit überzeugenden Gründen dargelegt, daß hier das mitgliedschaftliche Vorschlagsrecht zurückstehen muß gegenüber dem Gebot der Unabhängigkeit des Aufsichtsrates als Kontrollorgan. Wegen des Gewichtes, das Vorschlägen und Meinungen des Vorstandes in der GV erfahrungsgemäß zukommt, müssen die Vorstandsmitglieder auch schon den Anschein vermeiden, als wollten sie durch Vorschläge Einfluß nehmen auf die Zusammensetzung des Aufsichtsrates. Wahlvorschläge aus dem

Vorstand begründen daher stets die Vermutung, daß sie kausal für das Wahlergebnis sein können. Aufsichtsratswahlen, die auf Vorschlägen des Vorstandes oder von Vorstandsmitgliedern beruhen, sind fehlerhaft und unterliegen der Anfechtung im Rahmen von § 51.

Die hierzu in früheren Auflagen vertretene Meinung wird aufgegeben.

### 3. Wahlverfahren

Das Gesetz schreibt die **Art des Wahlverfahrens** (Handaufheben, 25
Abstimmung mit Stimmzetteln usw.) nicht vor. Die Satzung kann deshalb insoweit Bestimmungen enthalten. So kann in der Satzung etwa festgelegt werden, daß Wahlen offen (durch Handaufheben) oder geheim (mit Stimmzetteln) durchgeführt werden können und daß sie geheim (mit Stimmzetteln) durchgeführt werden müssen, wenn der Vorstand oder der Aufsichtsrat dies verlangt oder wenn – auf Antrag eines stimmberechtigten Mitgliedes der eG – von der GV ein entsprechender Beschluß gefaßt wird. Soweit die Satzung keine Bestimmungen enthält, ist es dem Versammlungsleiter überlassen, die Art des Wahlverfahrens zu bestimmen (vgl. *Müller*, § 36 Rdn. 19). Zum Wahlverfahren vgl. auch § 43 Rdn. 87 und *Metz/Wehrhahn*, Rdn. 236 ff.

### 4. Wahlakt und Mehrheitsverhältnisse

Die **Wahl der Aufsichtsratsmitglieder** kann einzeln erfolgen. Sie kann 26
jedoch auch für mehrere Aufsichtsratsmitglieder gleichzeitig vorgenommen werden. Deshalb ist es möglich, die Wahl derart durchzuführen, daß die Wähler auf einem Stimmzettel gleichzeitig so viele Personen benennen bzw. ankreuzen, wie Aufsichtsratsmitglieder zu wählen sind (vgl. *Metz/ Werhahn*, Rdn. 236 ff; *Müller*, § 36 Rdn. 19; *Geßler u. a.*, AktG, § 101 Rdn. 32). Dagegen ist es nicht zulässig, eine Liste in der Weise zur Wahl zu stellen, daß sie nur insgesamt angenommen oder abgelehnt werden kann (vgl. *Müller*, § 36 Rdn. 19; *Geßler u. a.*, AktG, § 101 Rdn. 31; a. A. *Obermüller/Werner/Winden*, S. 254; S. *Obermüller*, DB 1969, 2035). Es muß gewährleistet sein, daß jeder Wähler die Möglichkeit hat, für oder gegen den einzelnen Kandidaten zu stimmen.

Für die Wahl der Aufsichtsratsmitglieder genügt die **einfache Stimmen-** 27
**mehrheit** (§ 43 Abs. 2 S. 1), sofern die Satzung nicht eine größere Mehrheit bestimmt oder (vgl. § 43 Abs. 2 S. 2) eine abweichende Regelung trifft. Deshalb kann die Satzung z. B. eine Dreiviertel-Mehrheit vorsehen oder auch festlegen, daß eine relative Mehrheit genügt (Begriffe *Metz/Wehrhahn*, Rdn. 212 ff; vgl. *Müller*, § 36 Rdn. 21; *Schubert/Steder*, § 36 Rdn. 2; *Geßler u. a.*, AktG, § 101 Rdn. 10 f). Die Satzung kann auch z. B. für den ersten

Wahlgang die absolute Mehrheit verlangen und für den zweiten Wahlgang die relative Mehrheit genügen lassen (vgl. *Geßler u. a.*, AktG, § 101 Rdn. 11; wegen der Mehrheitsverhältnisse im allgemeinen vgl. § 43 Rdn. 88 ff). Die Satzung kann auch festlegen, daß bei Stimmengleichheit das Los bestimmt, wem das Aufsichtsratsmandat zufällt (vgl. *Metz/Werhahn*, Rdn. 218; *Müller*, § 36 Rdn. 21; *Geßler u. a.*, AktG, § 101 Rdn. 11). Da § 43 Abs. 2 nur Mehrheitsverhältnisse regelt, kann aufgrund des § 43 Abs. 2 S. 2 in der Satzung nicht festgelegt werden, daß die Besetzung eines Aufsichtsratssitzes von der Entscheidung eines Dritten abhängig sein soll (vgl. *Müller*, § 36 Rdn. 21).

Auch im Aufsichtsratsrat gilt der Grundsatz der **Gleichbehandlung**. Eine Regelung in der Satzung, die dazu führt, daß z. B. für die Abberufung von Aufsichtsratsmitgliedern unterschiedliche Mehrheiten gelten, ist unwirksam (für AG BGH, AG, 1988, 139).

## VI. Annahme der Wahl zum Aufsichtsratsmitglied

**28** Die organschaftliche Stellung als Aufsichtsratsmitglied wird erst durch die **Annahme der Wahl** begründet (vgl. *Müller*, § 36 Rdn. 28; *Godin/Wilhelmi*, AktG, § 101 Anm. 2). Die Annahme kann durch Erklärung in der GV oder auch außerhalb der GV erfolgen (vgl. *Müller*, § 36 Rdn. 29; *Geßler u. a.*, AktG, § 101 Rdn. 41). Erfolgt die Annahme außerhalb der GV, so kann sie gegenüber dem Vorstand, gegenüber dem Aufsichtsrat oder auch gegenüber dem Aufsichtsratsvorsitzenden erklärt werden (vgl. *Müller*, § 36 Rdn. 29; *Godin/Wilhelmi*, AktG, § 101 Anm. 2; a. A. *Geßler u. a.*, AktG, § 101 Rdn. 41, die der Auffassung sind, daß die Annahme nicht gegenüber dem Aufsichtsrat bzw. den Aufsichtsratsvorsitzenden wirksam erklärt werden könne).

**29** Die Annahme kann **durch ausdrückliche Erklärung** oder auch **durch schlüssiges Verhalten** erklärt werden. Unter letzterem ist ein solches Verhalten zu verstehen, aus dem für die eG der Wille erkennbar wird, das Amt zu übernehmen. Ein solches Verhalten ist z. B. anzunehmen, wenn Aufsichtsratstätigkeit ausgeübt wird (vgl. RGZ 157, 277; *Geßler u. a.*, AktG, § 101 Rdn. 42).

**30** Im GenG ist eine **Frist für die Annahme der Wahl** nicht festgelegt. Jedoch kann in der Satzung eine solche Frist bestimmt werden. Fehlt es an einer satzungsmäßigen Fristbestimmung, so wird davon auszugehen sein, daß die Annahme innerhalb einer angemessenen Frist nach Kenntnisnahme der Wahl zu erklären ist (vgl. *Müller*, § 36 Rdn. 31; *Godin/Wilhelmi*, AktG, § 101 Anm. 2).

**31** Die Aufsichtsratsmitglieder werden **nicht in** das **Genossenschaftsregister** eingetragen und sind deshalb auch nicht anzumelden.

## VII. Anstellungsverhältnis des Aufsichtsratsmitgliedes

### 1. Rechtsnatur und Begründung des Anstellungsverhältnisses

Grundlage für die Aufsichtsratstätigkeit ist ein zwischen dem Aufsichtsratsmitglied und der eG bestehendes **Anstellungsverhältnis**. Dieses Anstellungsverhältnis ist bei Unentgeltlichkeit ein Auftragsverhältnis und bei Gewährung eines Entgeltes ein Dienstvertrag (vgl. RGZ 123, 354; 146, 152; *Krakenberger*, § 36 Anm. 3; *Meyer/Meulenbergh/Beuthien*, § 36 Rdn. 1; *Müller*, § 36 Rdn. 63; *Schubert/Steder*, § 36 Rdn. 13). Inhaltliche Einschränkungen ergeben sich nach der MS für Wohnungsbaugenossenschaften aus § 20 Abs. 3 u. 4, s. dazu § 36 Rdn. 17 Abs. 2. 32

Das Anstellungsverhältnis kommt auf der Grundlage der Wahl zum Aufsichtsratsmitglied und der Annahme dieser Wahl zustande (vgl. *Müller*, § 36 Rdn. 64; *Schubert/Steder*, § 36 Rdn. 13). 33

### 2. Vergütung für die Aufsichtsratstätigkeit

Eine **Vergütung** für die Aufsichtsratstätigkeit kann in der Satzung oder in dem Bestellungsbeschluß der GV vorgesehen werden (vgl. *Krakenberger*, § 36 Anm. 6; *Müller*, § 36 Rdn. 67; *Frankenberger*, S. 59). Die Satzung und auch die GV können den Aufsichtsratsmitgliedern auch nachträglich, d. h. nach ihrer Bestellung, eine Vergütung bewilligen (vgl. *Müller*, § 36 Rdn. 67; *Geßler u. a.*, AktG, § 113 Rdn. 6). Der Vorstand kann eine Vergütung mit den Aufsichtsratsmitgliedern vereinbaren, wenn ihn die Satzung hierzu ermächtigt; die Satzung muß dabei auch die Höhe der Vergütung festsetzen (vgl. *Geßler u. a.*, AktG, § 113 Rdn. 24). Enthält die Satzung keine Regelung einer Aufsichtsratsvergütung und liegt ein entsprechender Beschluß der GV nicht vor, so besteht kein Vergütungsanspruch (*Meyer/Meulenbergh/Beuthien*, § 36 Rdn. 7). 34

**Grundsätzlich** kann **jede Art der Vergütung** (Geld- oder Sachleistungen) vorgesehen werden. Nach § 36 Abs. 2 darf die Vergütung jedoch nicht nach dem Geschäftsergebnis bemessen werden. Ausgeschlossen ist jedoch nicht, daß eine etwaige feste Besoldung der Aufsichtsratsmitglieder nach Maßgabe des erzielten Geschäftsgewinns nachträglich erhöht oder daß am Schlusse des Geschäftsjahres denselben mit Rücksicht auf den erzielten Gewinn eine Vergütung zugebilligt wird. 35

Die für die Teilnahme an einer Aufsichtsratssitzung oder an einer Sitzung eines seiner Ausschüsse gezahlten sogenannten **Sitzungsgelder** sind Erstattung von Auslagen (vgl. Rdn. 40), wenn mit ihnen nur die tatsächlichen Aufwendungen abgegolten werden sollen und sie sich – wenn auch pauschaliert – der Höhe nach in diesem Rahmen halten. Soweit die Sitzungsgelder über diesen Rahmen hinausgehen, stellen sie eine Vergütung 36 dar (vgl. *Frankenberger*, S. 59; *Geßler u. a.*, AktG, § 113 Rdn. 15 f). Entsprechendes gilt auch für sogenannte Aufwandsentschädigungen. Entscheidend für ihre Einordnung als Erstattung von Barauslagen oder als Vergütung ist, ob mit ihnen nur tatsächlicher Aufwand entschädigt wird oder ob die Entschädigung darüber hinausgeht (vgl. *Geßler u. a.*, AktG, § 113 Rdn. 17).

37 Im GenG ist keine Vorschrift enthalten, die sich mit der **Angemessenheit der Höhe einer Vergütung** für die Aufsichtsratstätigkeit befaßt. Es ist jedoch naheliegend, den Gedanken von § 113 Abs. 1 Satz 3 entsprechend anzuwenden (vgl. *Müller*, § 36 Rdn. 69; *Wartenberg*, S. 63). Danach soll die Vergütung in einem angemessenen Verhältnis zu den Aufgaben der Aufsichtsratsmitglieder und zur Lage der Gesellschaft stehen.

38 Im Zusammenhang mit der **Vergütung** an die Aufsichtsratsmitglieder gilt das **Gleichbehandlungsgebot**. Danach dürfen Differenzierungen bei der Vergütung an die einzelnen Aufsichtsratsmitglieder nur nach sachlichen Gesichtspunkten vorgenommen werden (vgl. *Müller*, § 36 Rdn. 70; *Geßler u. a.*, AktG, § 113 Rdn. 57). Als sachlicher Gesichtspunkt für eine Differenzierung der Vergütung kann die besondere Funktion eines Aufsichtsratsmitgliedes – z. B. als Vorsitzender – in Betracht kommen; als sachliche Gesichtspunkte können auch z. B. Qualifikation oder Arbeitsbelastung in Frage kommen; ebenso kann die Vergütung für die Mitglieder bestimmter Aufsichtsrats-Ausschüsse, die im Vergleich zu dem Gesamtaufsichtsrat verhältnismäßig oft tagen oder Fragen von besonderer Verantwortung und Tragweite behandeln, höher bemessen werden (vgl. *Müller*, § 36 Rdn. 70; *Geßler u. a.*, AktG, § 113 Rdn. 58).

39 Es ist **zulässig, für** den **Aufsichtsrat** eine **Gesamtvergütung** festzusetzen (vgl. *Müller*, § 36 Rdn. 74; *Geßler u. a.*, AktG, § 113 Rdn. 60). Dabei kann bereits eine Quotelung für die Verteilung der Gesamtvergütung unter die Aufsichtsratsmitglieder bestimmt werden (vgl. *Müller*, § 36 Rdn. 74). Die Verteilung unter die Mitglieder kann aber auch dem Aufsichtsrat selbst überlassen werden (vgl. *Müller*, § 36 Rdn. 74; *Geßler u. a.*, AktG, § 113 Rdn. 60). Dabei darf der Aufsichtsrat Differenzierungen bei der Verteilung nur machen, soweit sie sachlich gerechtfertigt sind.

### 3. Erstattung von Auslagen

40 Unter Vergütung fällt nicht die **Erstattung von Auslagen**, die die Aufsichtsratsmitglieder durch ihre Tätigkeit gehabt haben. Hierzu gehören insbesond. Reise-, Übernachtungs- und Aufenthaltskosten, Telegramm-, Telefonauslagen und Briefporti; auch sog. Sitzungsgelder sind Auslagenerstattung, die in vertretbarem Rahmen auch pauschaliert sein können (*Meyer/Meulenbergh/Beuthien*, § 36 Rdn. 7). Sie sind dem Aufsichtsrats-

mitglied als Aufwendungen im Rahmen seines Amtes zu erstatten, wenn es sie den Umständen nach für erforderlich halten durfte (§§ 670, 675 BGB). Auch Unfallschäden während einer Dienstfahrt sind Auslagen (§§ 670, 844, 845 BGB entsprechend). Verdienstausfall kann erstattungsfähig sein, z. B. wenn ein Apotheker für die Sitzungszeit einen Vertreter bezahlen muß. Die besonderen Umstände können es im Einzelfall erforderlich machen, daß ein Aufsichtsratsmitglied sich vor Aufwendungen mit dem Aufsichtsratsvorsitzenden abstimmt. Eine solche vorherige Abstimmung ist sicherlich z. B. dann notwendig, wenn ein Aufsichtsratsmitglied – in Unterbrechung seines Urlaubs – von seinem ausländischen Urlaubsort aus an einer Aufsichtsratssitzung teilnehmen möchte und zu diesem Zwecke ein Hin- und Rückflugticket kauft.

Für die Erstattung von Auslagen ist der **Vorstand** als Leitungsorgan der eG **zuständig**. Einer satzungsmäßigen Festsetzung oder eines Beschlusses der GV bedarf es nicht. Dies gilt auch dann, wenn die tatsächlichen Aufwendungen in pauschalierter Form erstattet werden. In der Satzung kann festgelegt werden, daß die Pauschalerstattung dieser Auslagen eine gemeinsame Zuständigkeit von Vorstand und Aufsichtsrat ist. 41

## VIII. Amtszeit der Aufsichtsratsmitglieder

Anders als § 102 Abs. 1 AktG, der hier nicht entsprechend angewendet werden kann (vgl. BGHZ 4, 224 = NJW 1952, 343 = GW 1952, 258 m. Anm.; *Schubert/Steder*, § 36 Rdn. 12; a. A. *Müller*, § 36 Rdn. 34; *Paulick*, S. 231), enthält das GenG keine Bestimmungen über die **Amtszeit der Aufsichtsratsmitglieder**. Ist die Amtszeit nicht durch die Satzung bestimmt, muß sie durch die GV bei der Wahl festgelegt werden (vgl. *Meyer/Meulenbergh/Beuthien*, § 36 Rdn. 13; *Müller*, § 36 Rdn. 34; *Schubert/Steder*, § 36 Rdn. 12). Satzung oder GV müssen eine konkrete Amtsdauer vorsehen; unzulässig wäre z. B. eine Regelung, wonach Aufsichtsratsmitglieder „bis auf weiteres", also für eine unbestimmte Zeit, oder bis zu einem Abberufungsbeschluß der GV gewählt werden. 42

Für die Amtsdauer kann die Satzung im übrigen zahlreiche Modalitäten enthalten, sofern folgende Voraussetzungen gewährleistet sind: Freie Wahl durch die GV, Möglichkeit jederzeitiger Abberufung durch die GV und Beachtung der (relativen) Gleichbehandlung. Unzulässig ist also eine Satzungsregelung, wonach bestimmte Personen (z. B. aus den Gründungsmitgliedern) dem Aufsichtsrat im Rahmen der gesetzlichen Möglichkeiten auf Dauer angehören.

Wird die **Wahl** eines Aufsichtsratsmitgliedes **auf der Grundlage einer beschlossenen, aber mangels Eintragung ins Genossenschaftsregister noch nicht wirksamen Satzungsänderung** vorgenommen, so beginnt die 43

Amtszeit des Gewählten frühestens, sobald die betreffende Satzungsbestimmung durch Eintragung ins Genossenschaftsregister wirksam geworden ist (RGZ 24, 54). Ein solcher Fall ist z. B. gegeben, wenn in der GV eine Satzungsänderung dahin beschlossen wird, daß die bisherige Höchstzahl der Aufsichtsratsmitglieder erhöht wird, und in der gleichen GV dann Aufsichtsratsmitglieder entsprechend der beschlossenen neuen Höchstzahl gewählt werden.

**44** Die Satzung kann – und in der Praxis geschieht dies regelmäßig – ein **turnusmäßiges Ausscheiden** der Aufsichtsratsmitglieder vorsehen (vgl. *Müller*, § 36 Rdn. 35; *Geßler u. a.*, AktG, § 102 Rdn. 16).

**45** Die Satzung kann bestimmen, daß Kandidaten nur bis zu einem bestimmten Alter in den Aufsichtsrat gewählt werden können, oder daß Aufsichtsratsmitglieder aus dem Aufsichtsrat ausscheiden, wenn sie dieses Alter erreicht haben. Über die Zweckmäßigkeit einer solchen Regelung bestehen naturgemäß unterschiedliche Auffassungen. Für die Regelung spricht, daß so leichter eine Überalterung des Aufsichtsrates vermieden werden kann, dagegen, daß in vielen Fällen auf sehr wertvolle Kenntnisse und Erfahrungen verzichtet werden muß. Sinnvoll erscheint daher eine individuelle Regelung ohne starre Festlegung in der Satzung (anders möglicherweise für den Vorstand, dessen Mitglieder auf der Grundlage eines Dienstvertrages in der unternehmerischen Leitungsverantwortung stehen).

Werden Mitglieder des Aufsichtsrates entgegen einer in der Satzung festgelegten Altersgrenze in den Aufsichtsrat gewählt oder verbleiben sie in dem Aufsichtsrat trotz Überschreitung der Grenze, so hat dies auf die Gültigkeit von Beschlüssen keine Auswirkung. Es handelt sich rechtlich um eine „Sollvorschrift", also um eine verpflichtende Regelung, die aber bei Mißachtung keine Nichtigkeitsfolge hat – unabhängig von der nicht korrekten Formulierung in den Satzungen „können nicht gewählt werden".

**46** **Wird** die durch die Satzung oder durch die GV festgesetzte **Amtszeit** der Aufsichtsratsmitglieder **geändert**, so wirkt sich dies vom Zeitpunkt der Eintragung an im Zweifel auch auf vorhandene Aufsichtsratsmitglieder aus. Die Satzung kann anders bestimmen (s. § 16 Rdn. 69 und § 24 Rdn. 68).

**47** **Faktische Aufsichtsratsmitglieder** üben die Organtätigkeit tatsächlich aus, ohne rechtswirksam bestellt zu sein. Soweit die Bestellung rechtsunwirksam ist, können solche Mitglieder in die Zahl der Aufsichtsratsmitglieder nicht eingerechnet werden; für ihre Tätigkeit, Verantwortung und Haftung gelten aber die Grundsätze wie für ordnungsgemäß bestellte Aufsichtsratsmitglieder (vgl. wegen „faktischer Vorstandsmitglieder" § 24 Rdn. 66).

**48** Bei einem Formwechsel i. S. d. §§ 190 ff UmwG bleiben die Mitglieder des Aufsichtsrates bis zum Ende der Wahlperiode im Amt – § 203 UmwG. Bei einer Verschmelzung (§§ 2 ff UmwG) endet dagegen das Amt der Aufsichtsratsmitglieder der übertragenden Gesellschaft, da diese ihre rechtliche Existenz verliert.

## IX. Aufsichtsratsvorsitzender

### 1. Rechtsgrundlage

Das GenG schreibt zwar nicht vor, daß der Aufsichtsrat einen Vorsitzenden haben muß (im Gegensatz zu § 107 AktG), es geht aber davon aus, daß ein solcher bestellt ist (vgl. § 25 a und § 57 Abs. 2 und Abs. 3). Die Bestellung eines Vorsitzenden hat sich bewährt und erscheint unverzichtbar für die praktische Arbeit. Ist kein Vorsitzender bestellt, so entfällt die entsprechende Angabe auf den Geschäftsbriefen (§ 25 a Abs. 1); der Beginn der Prüfung ist in diesem Fall allen Aufsichtsratsmitgliedern mitzuteilen (§ 57 Abs. 2) und der Prüfungsbericht allen Mitgliedern des Aufsichtsrats zu übersenden (§ 58 Abs. 3). 49

Falls sich aus Größe und Struktur der eG die Notwendigkeit eines Aufsichtsratsvorsitzenden ergibt, so ist der Aufsichtsrat verpflichtet, einen solchen zu wählen; andernfalls kommt Verstoß gegen die Sorgfaltspflichten in Betracht mit Schadensersatzfolgen gem. § 41.

**„Ehrenvorsitzender"** des Aufsichtsrates ist zunächst nur ein Ehrentitel; eine besondere Funktion kommt dem Ehrenvorsitzenden nicht zu. Sofern er Mitglied des Aufsichtsrates ist, kann er aber z. B. die Aufgabe der Sitzungsleitung haben, bis ein Vorsitzender gewählt ist oder auch dessen Stellvertreter vorgesehen werden (Näheres: *Jüngst*, BB 1984, 1583).

### 2. Wahl des Aufsichtsratsvorsitzenden

Der Aufsichtsratsvorsitzende wird durch den Aufsichtsrat aus dessen Mitte gewählt. Die Bestimmung des Vorsitzenden durch Außenstehende ist nicht zulässig (*Meyer/Meulenbergh/Beuthien*, § 36 Rdn. 17; *Müller*, § 36 Rdn. 121 f). Falls eine Einigung im Aufsichtsrat nicht zustande kommt, besteht der Aufsichtsrat ohne Vorsitzenden fort. Soweit kein Stellvertreter vorhanden ist, muß jeweils ein Sitzungsleiter gewählt werden. 50

Die GV kann den Aufsichtsratsvorsitzenden nicht wählen. Falls dennoch eine solche Wahl durchgeführt wird und der Aufsichtsrat dies stillschweigend hinnimmt, liegt darin eine Zustimmung des Aufsichtsrat durch schlüssiges Verhalten.

**Wählbar** zum Aufsichtsratsvorsitzenden ist **jedes Mitglied des Aufsichtsrates** (vgl. auch *Müller*, § 36 Rdn. 123). Die Satzung kann die Wählbarkeit zum Vorsitzenden oder Stellvertreter regeln; sie kann z. B. bestimmen, daß diese Personen bestimmten Berufsgruppen angehören müssen. 51

Dadurch darf dem Aufsichtsrat aber nicht die Entscheidung genommen werden, die am besten geeigneten Personen zu bestimmen.

52 Für die Wahl ist die **Mehrheit der abgegebenen Stimmen** erforderlich. Die Satzung kann jedoch andere Mehrheiten – z. B. eine qualifizierte Mehrheit – vorsehen (vgl. *Müller*, § 36 Rdn. 121 f). Bei Stimmengleichheit kann die Satzung Entscheidung durch Los vorsehen (vgl. *Müller*, § 36 Rdn. 121).

### 3. Amtszeit des Aufsichtsratsvorsitzenden

53 Über die **Amtsdauer des Aufsichtsratsvorsitzenden** enthält das GenG keine Bestimmungen. Die Amtsdauer kann durch die Satzung oder auch durch die Geschäftsordnung des Aufsichtsrates festgelegt werden. Soweit eine solche Festlegung nicht gegeben ist, kann der Aufsichtsrat die Amtszeit des Aufsichtsratsvorsitzenden bei der Wahl bestimmen. Wenn es in der Satzung heißt, daß der Aufsichtsrat aus seiner Mitte einen Vorsitzenden wählt, dann bedeutet dies, daß es nicht erforderlich ist, im Anschluß an jede Wahl von Aufsichtsratsmitgliedern den Aufsichtsratsvorsitzenden zu wählen. Dies ist jedoch dann notwendig, wenn in der Satzung festgelegt ist, daß der Aufsichtsrat im Anschluß an jede Wahl von Aufsichtsratsmitgliedern den Aufsichtsratsvorsitzenden wählt. Das Amt des Aufsichtsratsvorsitzenden endet auf jeden Fall mit dem Amt als Aufsichtsratsmitglied, denn der Aufsichtsratsvorsitzende muß – da er aus der Mitte des Aufsichtsrates zu wählen ist – Aufsichtsratsmitglied sein (vgl. RGZ 73, 237; *Müller*, § 36 Rdn. 125; *Geßler u. a.*, AktG, § 107 Rdn. 13). Wird die betreffende Person wieder in den Aufsichtsrat gewählt, so erhält sie damit nicht gleichzeitig auch wieder den Vorsitz im Aufsichtsrat. Sie wird nur dann wieder Aufsichtsratsvorsitzender, wenn der Aufsichtsrat sie dazu wieder wählt (vgl. *Geßler u. a.*, ebd.). Wegen Ende der Amtszeit Rdn. 78 ff.

### 4. Aufgaben des Aufsichtsratsvorsitzenden

54 Das GenG enthält über die **Aufgaben des Aufsichtsratsvorsitzenden** keine allgemeine und umfassende Vorschrift. Im GenG sind Aufgaben des Aufsichtsratsvorsitzenden nur in den §§ 57 und 58 besonders erwähnt. Der Aufsichtsratsvorsitzende hat im übrigen all das zu tun, was dem Vorsitzenden eines Kollegiums üblicherweise obliegt (vgl. KGJ 40 A 87; *Geßler u. a.*, AktG, § 107 Rdn. 28). Er hat die Aufsichtsratssitzungen vorzubereiten, einzuberufen und zu leiten (vgl. *Müller*, § 36 Rdn. 127; *Frankenberger*, S. 51; *Höhn*, Brevier, S. 79). Der Aufsichtsratsvorsitzende hat für die Anfertigung eines Sitzungsprotokolls zu sorgen (vgl. *Müller*, § 36 Rdn. 127; *Frankenberger*, S. 51; *Höhn*, Brevier S. 80). Er ist weiterhin Sprecher des Aufsichtsrates, indem er die Beschlüsse des Aufsichtsrates an die zuständigen Adres-

saten weiterleitet (vgl. *Müller*, § 36 Rdn. 127; *Höhn*, Brevier, S. 80; *Geßler u. a.*, AktG, § 107 Rdn. 28).

Der Aufsichtsratsvorsitzende ist nicht Stellvertreter des Aufsichtsrates, sondern bedarf jeweils einer Ermächtigung, soweit sich nicht aus den Beschlüssen des Aufsichtsrates oder aus anderen Gründen eine Vertretungsberechtigung ergibt (*Meyer/Meulenbergh/Beuthien*, § 36 Rdn. 17). Wenn dem Vorsitzenden des Aufsichtsrates auch Vertretungsvollmacht erteilt werden kann, so ist die Delegation von **Entscheidungsbefugnissen** des Aufsichtsrates auf ihn grundsätzlich ausgeschlossen (vgl. für das Aktienrecht *Godin/Wilhelmi*, 3. Aufl., § 107 Anm. 2 Abs. 2; *Geßler u. a.*, AktG, § 107 Rdn. 36).

Der Aufsichtsratsvorsitzende hat **kein Recht, für den Aufsichtsrat zu entscheiden**; sein Handeln bedarf grundsätzlich einer Ermächtigung durch den Aufsichtsrat. Es muß auf einem Beschluß des Aufsichtsrates beruhen oder eines beschlußfähigen Ausschusses. Der Vorsitzende führt dann lediglich die Beschlüsse aus. Die Satzung kann dem Aufsichtsratsvorsitzenden z. B. nicht das Recht einräumen, über Vorstandsverträge zu entscheiden. Auch eine Delegation der Entscheidung auf einzelne Personen durch den Aufsichtsrat ist nicht möglich.

Der Prüfungsverband hat dem Aufsichtsratsvorsitzenden den Beginn **55**
einer Prüfung rechtzeitig anzuzeigen (vgl. § 57 Abs. 2 S. 1). Der Aufsichtsratsvorsitzende hat die übrigen Mitglieder des Aufsichtsrates von dem Beginn der Prüfung unverzüglich zu unterrichten und sie auf ihr Verlangen oder auf Verlangen des Prüfers zu der Prüfung zuzuziehen (vgl. § 57 Abs. 2 S. 2). Er ist der Ansprechpartner des Prüfers, wenn dieser zu der Auffassung kommt, daß aufgrund seiner Feststellungen sofortige Maßnahmen des Aufsichtsrates erforderlich erscheinen. Der Prüfer hat dann den Aufsichtsratsvorsitzenden unverzüglich davon in Kenntnis zu setzen (vgl. § 57 Abs. 3). Der Prüfungsverband hat den Aufsichtsratsvorsitzenden über die Vorlage des Prüfungsberichtes an den Vorstand zu unterrichten (vgl. § 58 Abs. 3 S. 1).

Der Aufsichtsratsvorsitzende hat im Rahmen seines pflichtgemäßen Ermessens jeweils den Gesamtaufsichtsrat zu unterrichten und ggfs. dessen Beschlüsse herbeizuführen. Erfährt z. B. der Vorsitzende vom Prüfungsverband, daß erhebliche Kreditrisiken bestehen, so hat er davon den Aufsichtsrat zu unterrichten. Dies gilt z. B. bei akuten Risiken, die die stillen Reserven verbrauchen würden. Unterrichtung eines Kreditausschusses genügt grundsätzlich nicht, da nur der Gesamtaufsichtsrat erforderliche Maßnahmen gegenüber dem Vorstand beschließen kann.

Die Satzung kann über Aufgaben des Aufsichtsratsvorsitzenden nähere **56**
Bestimmungen treffen (vgl. *Müller*, § 36 Rdn. 128). In der Satzung kann z. B. festgelegt werden, daß es Aufgabe des Aufsichtsratsvorsitzenden ist,

die Beschlüsse des Aufsichtsrates durchzuführen (vgl. *Riebandt-Korfmacher*, Formular-Kommentar, 1. Bd., Handels- und Wirtschaftsrecht I, Form. 1.601, Anm. 107 Abs. 3; MS 1995, § 27), in den gemeinsamen Sitzungen von Vorstand und Aufsichtsrat den Vorsitz zu führen, die GV zu leiten usw.

### 5. Stellvertreter des Aufsichtsratsvorsitzenden

57 Der Aufsichtsrat kann einen oder mehrere **Stellvertreter des Aufsichtsratsvorsitzenden** bestellen. Er muß dies, wenn eine solche Bestellung in der Satzung vorgesehen ist.

58 Der stellvertretende Aufsichtsratsvorsitzende **kann nur tätig werden, wenn** der Aufsichtsratsvorsitzende verhindert ist. Verhindert ist der Aufsichtsratsvorsitzende, wenn er aus irgendeinem Grunde – z. B. Krankheit, Ortsabwesenheit, andere Termine, Abwesenheit bei einem Punkt der Tagesordnung – die Sitzung des Aufsichtsrates oder die von ihm sonst als Aufsichtsratsvorsitzenden vorzunehmende Aufgabe nicht wahrnehmen kann. Eine Verhinderung ist auch dann anzunehmen, wenn der Aufsichtsratsvorsitzende sein Amt aus einem bestimmten Grunde nicht ausüben, sondern dessen Ausübung dem Stellvertreter überlassen will (vgl. *Geßler u. a.*, AktG, § 107 Rdn. 23).

Sind sowohl der Vorsitzende als auch sein Stellvertreter an der Wahrnehmung ihrer Aufgaben gehindert, so kann ein anderes Mitglied des Aufsichtsrates durch Wahl beauftragt werden. Es ist dagegen grundsätzlich nicht zulässig, mit der Leitung des Aufsichtsrates eine Person zu beauftragen, die nicht dem Aufsichtsrat angehört.

### 6. Abberufung des Aufsichtsratsvorsitzenden oder seines Stellvertreters

59 **Der Aufsichtsrat kann den Aufsichtsratsvorsitzenden oder seinen Stellvertreter jederzeit abberufen** (vgl. *Müller*, § 36 Rdn. 126; *Geßler u. a.*, AktG, § 107 Rdn. 16). Die Satzung kann die Abberufung regeln. Sie kann z. B. vorsehen, daß der Abberufungsbeschluß nur mit qualifizierter Mehrheit gefaßt werden kann. Wegen der Ankündigung vgl. Rdn. 61.

## X. Beschlußfassung im Aufsichtsrat

### 1. Beschlußfassung in Sitzungen

60 **Beschlüsse des Aufsichtsrates** müssen grundsätzlich **in** einer **Sitzung** gefaßt werden (vgl. *Müller*, § 36 Rdn. 92; *Frankenberger*, S. 18). Keine Bedenken, die Regelung des § 108 Abs. 3 AktG entsprechend anzuwenden:

Danach können Aufsichtsratsmitglieder an der Beschlußfassung auch dadurch teilnehmen, daß sie schriftliche Stimmabgaben überreichen lassen (**„Stimmbotschaften"**, vgl. OLG Hamburg, DB 1992, 774, 775; a. A. *Meyer/Meulenbergh/Beuthien*, § 36 Rdn. 11; *Müller*, § 36 Rdn. 92). Auch unbedenklich, wenn die schriftliche Stimmabgabe mit der Post dem Aufsichtsrat rechtzeitig zugesandt wird. Aber Nachteil insoweit, als dadurch eine abwägende Teilnahme am Für und Wider der Diskussion nicht möglich ist. Aus diesem Grund dürfte dieses Verfahren nur zulässig sein, wenn kein Mitglied des Aufsichtsrates widerspricht (entsprechend § 108 Abs. 4 AktG). Die Satzung kann die Beschlußfassung außerhalb einer Sitzung vorsehen (vgl. KG, JW 1938, 1824; *Müller*, § 36 Rdn. 92; *Frankenberger*, S. 18). So kann z. B. in der Satzung festgelegt werden, daß eine Beschlußfassung in dringenden Fällen auch ohne Einberufung einer Sitzung im Wege schriftlicher, telegraphischer oder fernmündlicher Abstimmung zulässig ist, wenn der Aufsichtsratsvorsitzende oder sein Stellvertreter eine solche Beschlußfassung veranlaßt und kein Mitglied des Aufsichtsrates diesem Verfahren widerspricht (vgl. auch *Riebandt-Korfmacher*, Formular-Kommentar, 1. Bd., Handels- und Wirtschaftsrecht I, Form. 1.601, Anm. 108; MS 1995, § 27 Abs. 5).

Bei der Abstimmung ist jedes Aufsichtsratsmitglied gleichberechtigt und nicht weisungsgebunden. Es hat unter Berücksichtigung der Interessen der eG nach pflichtgemäßem Ermessen zu entscheiden; der besondere Sorgfaltsmaßstab ergibt sich aus § 41 i. V. m. § 34 Abs. 1 (vgl. § 41 Rdn. 5 ff). Nach OLG Hamburg (DB 1984, 1567) kann die Stimmabgabe unwirksam sein, wenn sie nicht pflichtgemäßem Ermessen entspricht. Diese Entscheidung traf jedoch einen Sonderfall (im Verhältnis zu Arbeitnehmervertretern im Aufsichtsrat) und kann nicht verallgemeinert werden. Das Beschlußverfahren wird beendet durch Verkündung des Ergebnisses; diese hat konstitutive Wirkung wie bei den Beschlüssen in der GV (OLG Hamburg, DB 1992, 774; § 43 Rdn. 82).

Die **Einberufung des Aufsichtsrates** erfolgt durch den Aufsichtsrats- **61**
vorsitzenden (näher dazu Rdn. 49 ff; vgl. *Müller*, § 36 Rdn. 93; *Wartenberg*, S. 84). Ist der Aufsichtsratsvorsitzende verhindert, wird der Aufsichtsrat durch den stellvertretenden Aufsichtsratsvorsitzenden einberufen. Die Satzung kann bestimmen, daß die Aufsichtsratssitzungen durch das an Lebensjahren älteste Aufsichtsratsmitglied einberufen werden, solange ein Aufsichtsratsvorsitzender und ein Stellvertreter nicht gewählt sind. In der Satzung kann festgelegt werden, daß der Aufsichtsratsvorsitzende den Aufsichtsrat einzuberufen hat, wenn ein bestimmter Teil seiner Mitglieder, z. B. ein Drittel, dies schriftlich unter Angabe des Zwecks und der Gründe verlangt. Das Recht, unter Angabe des Zwecks und der Gründe die Einberufung des Aufsichtsrates durch den Aufsichtsratsvorsitzenden zu verlangen,

steht auch dem **Vorstand** jedenfalls dann zu, wenn dies in der Satzung vorgesehen ist.

Beschlußgegenstände für Aufsichtsratssitzungen müssen grundsätzlich vorher angekündigt sein (*Meyer/Meulenbergh/Beuthien*, § 36 Rdn. 8; *Müller*, § 36 Rdn. 93). Fehlerhafte Ankündigung ist unschädlich, wenn kein Aufsichtsratsmitglied widerspricht; im übrigen Nichtigkeit nur bei besonderen Umständen (vgl. Rdn. 68; *Meyer/Meulenbergh/Beuthien*, § 36 Rdn. 8). Diese Grundsätze müssen auch für Bestellung und Abberufung des Aufsichtsratsvorsitzenden gelten. Abberufung ist in besonderen Fällen jedoch ohne Ankündigung möglich, wenn sich dafür in der Sitzung zwingende Gründe ergeben.

Ob bestimmte **Beschlußunterlagen** (z. B. Kreditvorlagen) den Aufsichtsratsmitgliedern vor der Sitzung auszuhändigen sind, hängt von den Umständen des Einzelfalles ab. Aushändigung erscheint dann gerechtfertigt und geboten, wenn bei komplizierten Zusammenhängen besondere Vorbereitung auf die Sitzung erforderlich und Vertraulichkeit gewährleistet ist (Beispiel: Aushändigung der Kreditunterlagen an den Aufsichtsratsvorsitzenden in dessen Anwaltsbüro).

62 Im Gegensatz zum Aktienrecht (vgl. § 110 Abs. 3 AktG) ist im GenG nicht geregelt, **in welchen zeitlichen Abständen der Aufsichtsrat einzuberufen** ist. Damit ist die Möglichkeit einer Regelung in der Satzung eröffnet. In der Satzung kann z. B. festgelegt werden, daß die Sitzungen des Aufsichtsrates mindestens vierteljährlich stattfinden sollen. Im übrigen ist eine Sitzung des Aufsichtsrates immer dann einzuberufen, wenn dies im Interesse der eG erforderlich erscheint.

Im Aufsichtsrat kann offen, geheim, namentlich abgestimmt werden. Enthalten weder die Satzung noch die Geschäftsführung des Aufsichtsrates eine entsprechende Regelung, so kann der Aufsichtsratsvorsitzende die Abstimmungsart im Aufsichtsrat bestimmen. Widerspricht ein Aufsichtsratsmitglied, hat der Aufsichtsratsvorsitzende die Entscheidung des Aufsichtsrates herbeizuführen. Der Aufsichtsrat entscheidet mit einfacher Mehrheit der abgegebenen Stimmen.

### 2. Beschlußfähigkeit des Aufsichtsrates

63 Nach § 36 Abs. 1 S. 2 muß die Satzung die **zu einer Beschlußfassung erforderliche Zahl von Aufsichtsratsmitgliedern** bestimmen. Dabei kann die Satzung eine Quote oder eine feste Zahl festlegen. Jedoch muß die Satzung mindestens die Mitwirkung von zwei Aufsichtsratsmitgliedern verlangen (vgl. OHG, ZfG 1951, 75 = GW 1950, 164; so wohl auch *Meyer/Meulenbergh/Beuthien*, § 36 Rdn. 8; *Schubert/Steder*, § 36 Rdn. 11; *Paulick*, S. 232; a. A. KG, KGJ 42, 164, das ein Aufsichtsratsmitglied als genügend ansieht, und *Müller*, § 36 Rdn. 97, der analog § 108 Abs. 2 S. 3

AktG die Mitwirkung von mindestens drei Aufsichtsratsmitgliedern verlangt; für die Beschlußfähigkeit der GV ist die Mitwirkung von drei Mitgliedern erforderlich, vgl. § 43 Rdn. 77). Für analoge Anwendung von § 108 Abs. 2 S. 3 AktG gibt es keine Gründe; auch die Überlegungen in BGHZ 65, 190 ff erscheinen für die eG nicht zwingend. Bei Anwendung einer Satzungsbestimmung, nach der zur Beschlußfähigkeit des Aufsichtsrates eine bestimmte Quote der Aufsichtsratsmitglieder anwesend sein muß, ist von derjenigen Zahl der Aufsichtsratsmitglieder auszugehen, die satzungsgemäß oder nach dem letzten GV-Beschluß den Aufsichtsrat bilden, und nicht von der unter Umständen geringeren Zahl der zum Zeitpunkt der Beschlußfassung tatsächlich vorhandenen Aufsichtsratsmitglieder (vgl. BGHZ 4, 224 = NJW 1952, 343 = GW 1952, 258; *Schubert/Steder*, § 36 Rdn. 11). Wenn in der Satzung der eG festgelegt ist, daß der Aufsichtsrat – wenn Aufsichtsratsmitglieder im Laufe ihrer Amtszeit ausscheiden – bis zur nächsten ordentlichen GV nur aus den verbleibenden Mitgliedern besteht, so muß für die Feststellung der Beschlußfähigkeit des Aufsichtsrates von dieser Satzungsbestimmung ausgegangen werden, wenn tatsächlich Aufsichtsratsmitglieder im Laufe ihrer Amtszeit ausscheiden.

Die Satzung kann für die Beschlußfähigkeit weitere Voraussetzungen aufstellen, z. B., daß der Aufsichtsratsvorsitzende anwesend sein muß (vgl. HansOLG, DB 1984, 1616 = BB 1984, 1763 und *Feldmann*, DB 1986, 29).

Wegen der Beschlußfähigkeit bei eG mit mehr als 500 Arbeitnehmern, deren Aufsichtsrat zu einem Drittel aus Vertretern der Arbeitnehmer bestehen, siehe Rdn. 89.

### 3. Beschlußmehrheit im Aufsichtsrat

Im Aufsichtsrat hat jedes Mitglied das gleiche **Stimmrecht**. Die Satzung kann ein mehrfaches Stimmrecht auch nicht für den Aufsichtsratsvorsitzenden einführen (vgl. *Müller*, § 36 Rdn. 128; *Höhn*, Brevier, S. 77/78; *Geßler u. a.*, AktG, § 108 Rdn. 19). Die Satzung kann weiterhin keinem Aufsichtsratsmitglied, also auch nicht dem Aufsichtsratsvorsitzenden, ein Vetorecht bei Beschlüssen des Aufsichtsrates zuweisen (vgl. *Müller*, § 36 Rdn. 128; *Höhn*, Brevier, S. 77/78; *Geßler u. a.*, ebd., Rdn. 21). Die Satzung kann jedoch das Recht einräumen, daß bei Stimmengleichheit die Stimme des Aufsichtsratsvorsitzenden entscheidet (vgl. *Müller*, § 36 Rdn. 128; *Höhn*, Brevier, S. 78; *Geßler u. a.*, ebd., Rdn. 20). 64

In den Fällen des § 43 Abs. 6 ist das **Stimmrecht** eines Mitgliedes in der GV **ausgeschlossen**. Diese Vorschrift gilt entsprechend auch für den Aufsichtsrat (vgl. § 43 Rdn. 143). Von diesen Kollisionstatbeständen, die das Stimmrecht ausschließen, sind sonstige Fälle von Interessenkollisionen zu unterscheiden, die es in Wahrnehmung der Sorgfaltspflichten geboten 65 erscheinen lassen, daß der Betroffene an der Abstimmung (und ggfs. Beratung!) nicht teilnimmt. Beispiel: Beschlußfassung über Kredit an einen Kunden, wenn ein Aufsichtsratsmitglied dessen Steuerberatung übernommen hat.

**66** Der Aufsichtsrat faßt seine **Beschlüsse mit Mehrheit der gültig abgegebenen Stimmen**. Die Satzung kann für die Beschlußfassung im allgemeinen oder für bestimmte Beschlußgegenstände das Erfordernis qualifizierter Mehrheiten aufstellen (vgl. *Müller*, § 36 Rdn. 99); dies gilt nicht, wenn für die Zusammensetzung des Aufsichtsrates das Betriebsverfassungsgesetz maßgeblich ist (vgl. *Müller*, § 36 Rdn. 99). Für den Fall der Stimmengleichheit kann die Satzung festlegen, daß der Aufsichtsratsvorsitzende den Ausschlag gibt (vgl. Rdn. 64). Die Satzung kann auch festlegen, daß bei Stimmengleichheit im Zusammenhang mit Wahlen das Los entscheidet (vgl. zum Losentscheid im übrigen: *Müller*, § 36 Rdn. 99).

Sieht die Satzung einer **Wohnungsbaugenossenschaft** vor: Die Unabhängigkeit von Angehörigen des Bau- und Maklergewerbes und der Baufinanzierungsinstitute soll dadurch gewahrt werden, daß diese in den Organen nicht die Mehrheit der Mitglieder bilden, so gilt das auch für die Abstimmungen. Es ist daher darauf zu achten, daß diese nicht über die Mehrheit der Stimmen verfügen. Davon hängt u. U. die Beschlußfähigkeit ab, z. B. wenn die Satzung hierfür fordert, daß mehr als die Hälfte der von der GV gewählten Mitglieder des Aufsichtsrats an der Sitzung teilnehmen und Beschlüsse mit der Mehrheit der abgegebenen Stimmen gefaßt werden (MS 1995, § 27 Abs. 4).

**67** An die Beschlüsse des Aufsichtsrats sind alle Aufsichtsratsmitglieder gebunden, auch wenn sie gegen den Beschluß gestimmt haben. Dies folgt aus der **organschaftlichen Treuepflicht**. Der Beschluß ist von allen Organmitgliedern auch im Außenverhältnis mitzutragen. Nur in besonderen Ausnahmefällen, wenn die Beschlußdurchführung offensichtlich zu einem Schaden für die eG führen würde, kann das Recht und die Pflicht bestehen, dem Beschluß auch nach außen entgegenzutreten.

Ist ein Aufsichtsratsmitglied der Überzeugung, daß es einen Mehrheitsbeschluß unter keinen Umständen mittragen kann, so muß es ggfs. sein Amt niederlegen. Auch in diesem Fall besteht Schweigepflicht (vgl. § 34 Rdn. 97 ff), soweit die Gründe sich auf Geheimnisse im Sinne von § 34 Abs. 1 S. 2 beziehen, und nicht ganz ausnahmsweise übergeordnete Interessen eine Offenbarung rechtfertigen.

### 4. Beschlußmängel

**68** Ein **Beschluß** des Aufsichtsrates **ist** insbesond. dann **unwirksam**, wenn der Aufsichtsrat für die Beschlußfassung nicht zuständig war, wenn der

Aufsichtsrat nicht beschlußfähig war, wenn der Beschluß nicht mit der erforderlichen Mehrheit gefaßt wurde, wenn der Inhalt des Beschlusses gegen zwingende gesetzliche oder satzungsmäßige Vorschriften verstößt, wenn eine Beschlußfassung ohne Einberufung einer Sitzung im Wege schriftlicher, fernmündlicher oder telegraphischer Abstimmung stattgefunden hat, obwohl ein Mitglied des Aufsichtsrates diesem Verfahren widersprochen hat (vgl. in diesem Zusammenhang: *Müller*, § 36 Rdn. 110, 112; *Geßler u. a.*, AktG, § 108 Rdn. 67 ff).

Hat jemand an der Beschlußfassung im Aufsichtsrat teilgenommen, **69** obwohl er nicht Aufsichtsratsmitglied war oder als Aufsichtsratsmitglied wegen Interessenkonfliktes von der Beschlußfassung ausgeschlossen war, so ist dies für die Wirksamkeit des Beschlusses ohne Bedeutung, wenn sich ergibt, daß das auf das Ergebnis der Beschlußfassung keinen Einfluß gehabt hat (vgl. BGHZ 47, 341/346; *Müller*, § 36 Rdn. 111). Die gleiche Regelung gilt, wenn die Stimmabgabe eines Aufsichtsratsmitgliedes nichtig oder wirksam angefochten ist. Auch hier wird die Gültigkeit des Beschlusses nur berührt, wenn sich das Beschlußergebnis ohne die nichtige Stimme verändern würde (vgl. *Müller*, § 36 Rdn. 111). Zur Wirksamkeit von Beschlüssen bei nicht ordnungsgemäßer Einberufung des Aufsichtsrates vgl. Rdn. 61.

Die **Nichtigkeit** oder **Anfechtbarkeit** von Beschlüssen des Aufsichtsra- **70** tes ist entsprechend den zu § 51 entwickelten Grundsätzen zu beurteilen. Im Zweifel sind die Beschlüsse aus Gründen der Rechtssicherheit lediglich anfechtbar. Eine Klage ist gegen die eG zu richten, da der Aufsichtsrat nicht parteifähig ist. Die Klage muß in angemessener Frist erhoben werden (dazu OLG Hamburg, DB 1992, 774).

### 5. Protokollierung der Beschlüsse

Das GenG enthält im Gegensatz zum AktG (vgl. § 107 Abs. 2) keine **71** Regelung, die die **Protokollierung der Beschlüsse des Aufsichtsrates** betrifft. Die Satzungen sehen jedoch regelmäßig vor, daß die Beschlüsse des Aufsichtsrates ordnungsgemäß zu protokollieren sind. Selbst wenn jedoch eine solche satzungsmäßige Protokollierungs-Bestimmung nicht vorhanden ist, muß davon ausgegangen werden, daß sich die Protokollierungspflicht aus der Sorgfaltspflicht des Aufsichtsrates (§§ 41, 34) ergibt. Eine Unterlassung der Protokollierung hat – da diese nur Beweiszwecken dient – keinen Einfluß auf die Gültigkeit der Beschlüsse des Aufsichtsrates.

Das Protokoll soll den Ort und den Tag der Aufsichtsratssitzung, die **72** Namen der Teilnehmer, die Punkte der Tagesordnung, den wesentlichen Inhalt der Verhandlungen, die Gegenstände der Beschlüsse, die Art der jeweiligen Beschlußfassung sowie das Ergebnis der jeweiligen Abstimmung enthalten.

73 Es ist nicht erforderlich, daß der Aufsichtsratsvorsitzende selbst das Protokoll anfertigt. Er kann die Anfertigung einem Dritten überlassen, der nicht Mitglied des Aufsichtsrates ist (vgl. *Müller*, § 36 Rdn. 104; *Geßler u. a.*, AktG, § 107 Rdn. 47). Jedoch kann jedes Aufsichtsratsmitglied der Zuziehung eines Dritten als Protokollführer widersprechen (vgl. *Müller*, § 36 Rdn. 104; *Geßler u. a.*, ebd., Rdn. 47). Der Aufsichtsratsvorsitzende trägt grundsätzlich die Verantwortung für eine ordnungsgemäße Protokollierung der Beschlüsse des Aufsichtsrates.

74 Das Protokoll braucht nicht verlesen und nicht von den Anwesenden genehmigt zu werden, falls die Satzung nicht etwas anderes bestimmt.

75 Das Protokoll ist von den Personen zu unterzeichnen, die in der Satzung dafür benannt sind. Vielfach werden jedoch in den Satzungen diese Personen nicht genannt; sie ergeben sich vielmehr aus einer Geschäftsordnung für den Aufsichtsrat, auf die die Satzung aber Bezug nimmt. Fehlt eine satzungsmäßige oder geschäftsordnungsmäßige Bestimmung, so muß das Protokoll vom Aufsichtsratsvorsitzenden bzw. vom Sitzungsleiter unterzeichnet werden (vgl. § 107 Abs. 2 AktG). Das Fehlen der Unterschrift bzw. der Unterschriften ist für die Gültigkeit der Beschlüsse des Aufsichtsrates ohne Bedeutung, da die Unterschrift nicht als Wirksamkeitserfordernis vorgeschrieben ist (vgl. in diesem Zusammenhang: *Geßler u. a.*, AktG, § 107, Rdn. 48).

76 Nicht nur über die in einer Sitzung gefaßten Beschlüsse des Aufsichtsrates ist ein Protokoll anzufertigen, sondern auch über die Beschlüsse des Aufsichtsrates, die schriftlich, telegraphisch oder fernmündlich gefaßt wurden (vgl. *Geßler u. a.*, AktG, § 107 Rdn. 45; a. A. *Godin/Wilhelmi*, AktG, § 108 Anm. 5).

77 Jedes Mitglied des Aufsichtsrates hat – zwecks ordnungsgemäßer Ausübung der Aufsichtsratstätigkeit – das Recht auf Einsichtnahme in das Protokoll und auf die Aushändigung einer Abschrift (vgl. *Müller*, § 36 Rdn. 106; vgl. auch § 107 Abs. 2 S. 4 AktG). Das Recht auf Aushändigung des Protokolls bedeutet, daß das Aufsichtsratsmitglied das Protokoll auch mit nach Hause nehmen darf. Man wird allerdings annehmen können, daß ein Aufsichtsratsmitglied das Recht auf Aushändigung des Protokolls verwirken kann. Dies dürfte insbesond. der Fall sein, wenn aufgrund vorangegangener Erfahrungen auch weiterhin der dringende Verdacht besteht, daß das betroffene Aufsichtsratsmitglied seine Geheimhaltungspflicht (§§ 41, 34) hinsichtlich des Inhaltes des Protokolls verletzt. Die eG muß ggfs. beweisen, daß sie die Aushändigung des Protokolls zu Recht verweigert. Es ist dann Angelegenheit des betroffenen Aufsichtsratsmitgliedes, den Gegenbeweis dafür zu führen, daß sein Recht auf Aushändigung des Protokolls weiterhin besteht bzw. von nun ab wieder gegeben ist. Scheidet ein Aufsichtsratsmitglied aus seinem Amt aus, so muß es die Protokolle, die

ihm ausgehändigt wurden, der eG zurückgeben. Die Protokolle sind ihm nur im Zusammenhang mit der Ausübung seiner Aufsichtsratstätigkeit ausgehändigt worden. Soweit ein Aufsichtsratsmitglied von der Beschlußfassung über einen Gegenstand wegen Interessenkonflikts ausgeschlossen ist, hat es dennoch ein Recht auf Aushändigung des Protokolls. Dies bedeutet schließlich nicht die Möglichkeit, auf den Beschluß Einfluß zu nehmen (a. A. *Müller*, § 36 Rdn. 106).

## XI. Ende des Aufsichtsratsamtes

### 1. Ablauf der Amtszeit

Das **Aufsichtsratsamt endet** durch Ablauf der Zeit, für die das Mitglied 78
bestellt ist. Dies gilt auch dann, wenn ein neues Aufsichtsratsmitglied noch nicht bestellt ist (vgl. BGH, NJW 1952, 343 = GW 1952, 258). Soll nach Beendigung des Amtes das Mitglied weiter dem Aufsichtsrat angehören, so ist Neuwahl erforderlich. Sieht die Satzung vor (wie z. B. verschiedene Mustersatzungen), daß jährlich ein Drittel der Aufsichtsratsmitglieder ausscheidet, so endet für die betroffenen Personen automatisch das Amt. Steht aufgrund der Satzungsregelung nicht eindeutig fest, welche Person ausscheidet, setzen alle Aufsichtsratsmitglieder ihre Amtszeit fort, bis eindeutige Regelungen eingreifen. Ist für die Beendigung des Amtes Losentscheid vorgesehen, und wird diese Entscheidung nicht herbeigeführt, so setzen auch hier naturgemäß Aufsichtsratsmitglieder ihr Amt fort. Der Vorsitzende ist jedoch für die Einhaltung der Satzungsregelungen verantwortlich.

Für die Amtszeit hat sich die Drittel-Regelung in der Satzung bewährt: Es ist ein vernünftiger Kompromiß zwischen dem Bedürfnis nach Kontinuität (Erfahrung in der Aufsichtstätigkeit) und dem wünschenswerten und notwendigen Wechsel (neue Personen, neue Gedanken).

### 2. Widerruf der Bestellung

Die **Bestellung zum Aufsichtsratsmitglied kann** auch vor Ablauf des 79
Zeitraums, für welchen dasselbe gewählt ist, **durch die GV widerrufen werden** (vgl. § 36 Abs. 3 S. 1). Der Beschluß bedarf einer Mehrheit, die mindestens drei Viertel der abgegebenen Stimmen umfaßt (vgl. § 36 Abs. 3 S. 2). Falls die Satzung größere Mehrheiten vorsieht, müssen diese für alle Aufsichtsratsmitglieder gleich sein (BGH, DB 1987, 475). Der Widerruf entspricht einer einseitigen, empfangsbedürftigen Willenserklärung. Er ist jederzeit zulässig und bedarf keiner besonderen Begründung (*Meyer/Meulenbergh/Beuthien*, § 36 Rdn. 15). Rechtliches Gehör ist nicht erforderlich, da die Abberufung nicht in schutzwürdige Interessen eingreift (vgl. BGH, WM 60, 860; *Meyer/Meulenbergh/Beuthien*, § 36 Rdn. 15).

Bei der Abstimmung über den Widerruf haben die betroffenen Organmitglieder grundsätzlich Stimmrecht; § 43 Abs. 6 ist nur beschränkt analogiefähig (Näheres § 43 Rdn. 133 ff; a. A., aber ohne Begründung: *Meyer/Meulenbergh/Beuthien*, § 43 Rdn. 24).

Ein Widerruf der Bestellung kann erforderlich sein, wenn Umstände eintreten, die das Aufsichtsratsmitglied in seinem Amt ungeeignet erscheinen lassen. Dies insbesond. z. B. dann, wenn wegen der finanziellen Situation des Aufsichtsratsmitgliedes die Unabhängigkeit gegenüber dem Vorstand nicht mehr gewährleistet ist (vgl. auch Rdn. 84).

Die Zusammenarbeit im Aufsichtsrat setzt Vertrauen voraus. Wenn die Abberufung auch keiner Begründung bedarf, so erscheint sie jedenfalls geboten, wenn ein Mitglied durch unaufrichtiges Verhalten, durch Verletzung der Schweigepflicht oder durch Abhängigkeit von Außenstehenden das Vertrauen beschädigt hat (vgl. LG Frankfurt, NJW 1987, 505).

Wie bei der Wahl des Aufsichtsrates (s. Rdn. 20) müssen auch bei der Abberufung Einwirkungen von außen ausgeschlossen bleiben.

Bei **Arbeitnehmervertretern** im Aufsichtsrat ist Widerruf durch die GV nicht möglich (Rdn. 90). Wegen Auswirkung von Satzungsänderung auf die Amtszeit vgl. Rdn. 9.

### 3. Amtsniederlegung

**80** Das Aufsichtsratsamt endet auch durch eine wirksame **Amtsniederlegung** seitens des Aufsichtsratsmitgliedes. Umstritten ist, wann eine wirksame Amtsniederlegung vorliegt. Ist das Aufsichtsratsmitglied auf der Grundlage eines Auftragsverhältnisses tätig, so ergibt sich aus § 671 BGB, daß der Auftrag jederzeit gekündigt werden kann. Erfolgt die Kündigung zur Unzeit, so wird die Wirksamkeit der Kündigung davon nicht berührt; das kündigende Aufsichtsratsmitglied ist jedoch nach § 671 Abs. 2 BGB schadensersatzpflichtig. Ist das Aufsichtsratsmitglied auf der Grundlage eines Dienstverhältnisses tätig, so ist nach § 626 BGB eine fristlose Kündigung nur dann möglich, wenn ein wichtiger Grund (z. B. berufliche Überlastung) vorliegt. Nach Auffassung von *Godin/Wilhelmi* (AktG, § 103 Anm. 9) ist es bedenklich, die Amtsniederlegung durch ein Aufsichtsratsmitglied allein aufgrund von BGB-Bestimmungen zu beurteilen. Das Wesen und die Bedeutung des Aufsichtsratsamtes fordern es, daß eine vorzeitige Amtsniederlegung in allen Fällen nur aus wichtigem Grunde zugelassen werden darf. A.A. *Geßler* (AktG, § 102 Rdn. 30): Wesen und die Bedeutung des Aufsichtsratsamtes erforderten, die Amtsniederlegung in jedem Falle ohne Vorliegen eines wichtigen Grundes zuzulassen, also auch bei Bestehen eines Dienstverhältnisses; vermittelnd *Müller*, § 36 Rdn. 47).

Die Satzung kann Bestimmungen über die Amtsniederlegung treffen (*Müller*, § 36 Rdn. 48; *Geßler u. a.*, AktG, § 102 Rdn. 27/28). Die Satzung kann die Amtsniederlegung erleichtern oder auch erschweren. Die Satzung kann die Amtsniederlegung aus wichtigem Grunde nicht ausschließen (vgl. *Müller*, § 36 Rdn. 48). 81

Ist die Amtsniederlegung unberechtigt, so ist sie unwirksam. Die unwirksame Amtsniederlegung kann jedoch durch Genehmigung der GV wirksam werden. 82

Die Amtsniederlegung kann gegenüber dem Vorstand als dem gesetzlichen Vertreter der eG, gegenüber der GV oder gegenüber dem AR bzw. dessen Vorsitzenden erklärt werden (*Müller*, § 36 Rdn. 50; a.A. *Geßler*, AktG § 102 Rdn. 34). 83

Aus der Sorgfaltspflicht und Verantwortung des Aufsichtsratsmitgliedes kann eine Verpflichtung zur Amtsniederlegung folgen. Dies z. B. dann, wenn sich die finanziellen Verhältnisse des Aufsichtsratsmitgliedes in einer Weise verschlechtern oder erhebliche Gefährdungen seiner Zahlungspflichten gegenüber der eG eintreten, die seine Unabhängigkeit gegenüber dem Vorstand in Frage stellen. Bereits Zweifel an dieser Unabhängigkeit sollten Anlaß zum freiwilligen Rücktritt sein. 84

### 4. Ausscheiden aus der Genossenschaft

Das Aufsichtsratsamt endet auch mit dem **Ausscheiden des Aufsichtsratsmitgliedes aus der eG** (vgl. *Meyer/Meulenbergh/Beuthien*, § 36 Rdn. 4; *Müller*, § 36 Rdn. 51; *Paulick*, S. 231). Gleichgültig ist es, aus welchem Grunde das Aufsichtsratsmitglied aus der eG ausgeschieden ist. Nach der MS für **Wohnungsbaugenossenschaften** kann ein Mitglied des Aufsichtsrates erst ausgeschlossen werden, wenn die GV die Abberufung beschlossen hat (MS § 11 Abs. 6, § 34 j). 85

Bei **Ausschließung** endet das Aufsichtsratsamt gemäß § 68 Abs. 4 bereits mit der Absendung des eingeschriebenen Briefes, durch den der Ausschließungsbeschluß mitgeteilt wird. Die Absendung des Ausschließungsbeschlusses führt zur Beendigung des Aufsichtsratsamtes auch dann, wenn der Ausschluß mit Erfolg angefochten wird, da die Beendigung des Aufsichtsratsamtes nicht rückgängig gemacht werden kann (vgl. BGHZ 31, 195; *Müller*, § 36 Rdn. 52). 86

### 5. Wiederwahl von Aufsichtsratsmitgliedern

Die **Wiederwahl von Aufsichtsratsmitgliedern** ist zulässig. Die Satzung kann nähere Bestimmungen treffen. 87

## XII. Der Aufsichtsrat unter Berücksichtigung des Betriebsverfassungsgesetzes

88 Das **Betriebsverfassungsgesetz 1952** (BetrVG 1952) bestimmt in § 77 Abs. 3 i. V. m. § 76, daß bei eG, die mehr als 500 Arbeitnehmer beschäftigen, ab dem Tag, an dem die Zahl 500 überschritten wird, ein Drittel der Aufsichtsratsmitglieder aus dem Kreis der Arbeitnehmer bestellt werden muß. Zu den Arbeitnehmern zählen alle Arbeiter und Angestellten, nicht aber die in § 5 Abs. 2 BetrVG genannten Personengruppen – leitende Angestellte, Vorstandsmitglieder, Leiharbeitnehmer und Arbeitnehmer von Tochtergesellschaften (hierzu § 5 Abs. 3 BetrVG 1972, § 3 Abs. 3 MitbestG). Die Arbeitnehmervertreter im Aufsichtsrat werden nicht von der GV bzw. VV gewählt, sondern von den Arbeitnehmern des Betriebes (§ 85 BetrVG). Arbeitnehmervertreter im Aufsichtsrat müssen nicht Mitglieder der eG sein. „Beamte" im Sinne von § 37 Abs. 1 S. 1 (vgl. dort Rdn. 2) können nicht als Arbeitnehmervertreter in den Aufsichtsrat gewählt werden; § 37 gilt weiter, wie sich aus einem Vergleich mit der GmbH ergibt: da dort eine § 37 vergleichbare Vorschrift fehlt, hat der Gesetzgeber für die GmbH auf § 105 AktG verwiesen; wegen § 37 brauchte er für die eG keine Verweisung. § 37 gilt jedoch nicht für eG, die dem Mitbestimmungsgesetz 1976 unterliegen (wegen der weniger strengen Regelung des § 6 Abs. 2 MitbestG). Die Vertreter der Arbeitnehmer werden in allgemeiner, geheimer, gleicher und unmittelbarer Wahl von allen Arbeitnehmern, die das 18. Lebensjahr vollendet haben (§ 7 BetrVG), für die Zeit gewählt, die in der Satzung der eG für die von der GV zu wählenden Aufsichtsratsmitglieder bestimmt ist. Eine Bestimmung der Satzung, die **turnusmäßiges Ausscheiden** der Mitglieder des Aufsichtsrates vorsieht, gilt nicht für Arbeitnehmervertreter (*Dietz/Richardi*, BetrVG 1952, § 76 Anm. 27; allerdings bestritten). Die Zahl der zu wählenden Arbeitnehmer bestimmt sich nach der Zahl der in der Satzung vorgesehenen Aufsichtsratsstellen, die stets durch drei teilbar sein muß (§ 77 Abs. 3 BetrVG). Sind hiernach zwei oder mehr Arbeitnehmer als Vertreter zu wählen, so müssen sich unter ihnen mindestens zwei Arbeitnehmer aus den Betrieben des Unternehmens, darunter ein Arbeiter und ein Angestellter, befinden. Werden mehr als zwei Vertreter gewählt, so können die über zwei hinausgehenden Vertreter auch aus dem Kreis von Personen gewählt werden, die dem Unternehmen nicht angehören (z. B. Angestellte von Gewerkschaften); ins einzelne gehende Wahlvorschriften enthält die Erste Rechtsverordnung zur Durchführung des BetrVG vom 18. März 1953 (BGBl. I, 58) mit der Änderung vom 7. Februar 1962 (BGBl. I, 64).

89 Sieht die Satzung einer eG eine nicht durch drei teilbare Zahl von Aufsichtsratsmitgliedern vor, so muß diese Zahl im Wege der Satzungsänderung auf eine durch drei teilbare Zahl festgelegt werden. Auch die Zahl der

tatsächlich bestellten AR-Mitglieder muß bei mitbestimmtem AR durch drei teilbar sein. Bleibt dies unbeachtet, so hat dies aber – in Analogie zu § 108 Abs. 2 Satz 4 AktG n. F. – nicht Unwirksamkeit von Beschlüssen zur Folge. Insoweit sind frühere Auffassungen (z. B. BayObLG, NJW 1954, 1001) überholt. Es empfiehlt sich dennoch, vorsorglich Ersatzleute für vorzeitig ausscheidende AR-Mitglieder zu bestellen. Bei eG mit mehr als 500 Arbeitnehmern hat der Vorstand der eG gem. § 31 der Ersten Rechtsverordnung zum BetrVG (Wahlordnung) dem Betriebsrat bzw. den Arbeitnehmern mitzuteilen, daß Arbeitnehmervertreter zu wählen sind. Entscheidet sich die GV für eine geringere Gesamtzahl, so fällt derjenige Arbeitnehmervertreter weg, der die relativ geringste Stimmenzahl hatte. Entscheidet sich die GV für eine gegenüber dem Vorschlag höhere Zahl, so muß die Arbeitnehmerseite eine Nachwahl durchführen. Sind in den Betrieben des Unternehmens mehr als die Hälfte der Arbeitnehmer Frauen, so soll mindestens eine von ihnen Arbeitnehmervertreterin im Aufsichtsrat sein.

Die Arbeitnehmervertreter im Aufsichtsrat können nicht gem. § 36 **90**
Abs. 3 durch die GV **ihres Amtes enthoben** werden. Sie können vor Ablauf der Wahlzeit nur auf Antrag der Betriebsräte oder von mindestens einem Fünftel der wahlberechtigten Arbeitnehmer der Betriebe des Unternehmens durch Beschluß der wahlberechtigten Arbeitnehmer mit 3/4-Mehrheit abberufen werden. Die GV hat also keinen Einfluß auf die Bestellung und Abberufung der Arbeitnehmer im Aufsichtsrat. Wenn in solchen Fällen die weitere Zugehörigkeit zum Aufsichtsrat für die eG nicht mehr zumutbar ist, z. B. weil der Arbeitnehmervertreter der eG durch sein Verhalten Schaden zufügt (Weitergabe von Betriebsgeheimnissen), so kann das Unternehmen nicht schutzlos bleiben; hier muß das gerichtliche Abberufungsverfahren entsprechend § 103 Abs. 3 AktG zulässig sein (vgl. OLG Zweibrücken, DB 1990, 1401). Das Amt eines Arbeitnehmervertreters endet nicht durch Kündigung von seiten der eG, grundsätzlich auch nicht bei fristloser Kündigung aus wichtigem Grund. Es muß gewährleistet bleiben, daß von seiten des Arbeitgebers kein Einfluß auf die Dauer der Zugehörigkeit eines Arbeitnehmervertreters zum Aufsichtsrat genommen werden kann. Andererseits endet aber das Aufsichtsratsamt, wenn ein Arbeitnehmervertreter aufgrund eigener Kündigung oder Aufhebungsvereinbarung aus dem Arbeitsverhältnis ausscheidet. Eine Satzungsbestimmung, die die **Wählbarkeit** von Personen in den Aufsichtsrat beschränkt, gilt insoweit nicht für Arbeitnehmervertreter (BGH, DB 1963, 417). Sinkt die Zahl der Mitarbeiter unter 500, ist der Vorstand verpflichtet, das Verfahren nach § 97 AktG einzuleiten (§ 77 Abs. 3 BetrVG 1952); die GV kann also nicht einfach den Aufsichtsrat entsprechend der Satzung – ohne Arbeitnehmervertreter – besetzen (vgl. BayOblG v. 23. 4. 1954 – Az.: 2 Z 31/54; OLG Frankfurt v. 9. 9. 1954 –

Az.: 6 W 287/54). Entsprechendes muß gelten, wenn die Zahl der Mitarbeiter die Grenze von 500 übersteigt.

91 Die Rechtsstellung der Arbeitnehmervertreter im Aufsichtsrat ist die gleiche wie die der Aufsichtsratsmitglieder, die von der GV bestellt werden. Für ihre Rechte und Pflichten gelten deshalb die §§ 38 bis 41 und § 57 Abs. 2. Sie sind also berechtigt, an den Sitzungen des Aufsichtsrates teilzunehmen und ihre Stimme abzugeben. Bei Bildung von Ausschüssen des Aufsichtsrates sind Arbeitnehmervertreter im Aufsichtsrat grundsätzlich zu berücksichtigen. Ein Anspruch auf Beteiligung an Ausschüssen besteht jedoch nicht. Vom Sinn her ist insbesond. Beteiligung in solchen Ausschüssen geboten, die sich mit sozialpolitischen oder auch mit personellen Fragen der Mitarbeiter befassen (vgl. *Dietz/Richardi*, BetrVG 1952, § 76 Anm. 160, 161).

92 In Abweichung vom GenG, das keine Vorschrift darüber enthält, wann und wie oft der Aufsichtsrat einberufen werden muß, haben Sitzungen des Aufsichtsrates gemäß § 77 Abs. 3 S. 3 BetrVG mindestens einmal im Kalendervierteljahr stattzufinden. Dabei erstreckt sich die Mitwirkung der Arbeitnehmervertreter nicht etwa nur auf sozialpolitische Fragen, sondern auf alle Angelegenheiten, die dem Aufsichtsrat als solchem durch Gesetz und Satzung zugewiesen sind. Auch hinsichtlich der Gewährung einer Vergütung sind die Arbeitnehmervertreter den anderen Aufsichtsratsmitgliedern gleichgestellt. Ihnen darf durch die Teilnahme an den Sitzungen des Aufsichtsrates kein Lohnausfall entstehen. Unterschiedliche – auch pauschalierte – Sitzungsgelder können sachlich gerechtfertigt sein.

93 Die Arbeitnehmervertreter im Aufsichtsrat haben auch die gleichen Pflichten wie die übrigen Mitglieder des Aufsichtsrates und haften für Pflichtverletzungen der eG gegenüber gem. § 41 persönlich und solidarisch für den dadurch entstandenen Schaden. Darüber hinaus haben sie insbesond. eine auch nach dem Ausscheiden aus dem Aufsichtsrat weitergeltende Schweigepflicht hinsichtlich aller vertraulichen Angaben, die im Hinblick auf ihre Tätigkeit im Aufsichtsrat gemacht worden sind (vgl. in diesem Zusammenhang auch: BGHZ 54, 325 = BB 1975, 894 = DB 1975, 1308, m. Anm. *Wessing/Hölters*, DB 1976, 1671 für den Aufsichtsrat einer AG). Dies gilt auch gegenüber den Betriebsratsmitgliedern (vgl. *Dietz/Richardi*, BetrVG 1952, § 76 Anm. 164). Als Mitglieder des Aufsichtsrates haben die Arbeitnehmervertreter die Interessen des Unternehmens, nicht fremde Interessen zu vertreten, wobei jedoch die Interessen der Belegschaft in der Regel zugleich die Interessen des genossenschaftlichen Unternehmens sein werden. Soweit Vorschriften des GenG dem BetrVG widersprechen, ist ihre Rechtsgültigkeit aufgehoben (§ 85 Abs. 1 BetrVG 1952 ist weiter in Kraft). Zur Geltung des § 37 vgl. Rdn. 88.

## § 37

## Unvereinbarkeit von Vorstands- und Aufsichtsratsamt

**(1) Die Mitglieder des Aufsichtsrats dürfen nicht zugleich Mitglieder des Vorstandes oder dauernde Stellvertreter derselben sein, auch nicht als Beamte die Geschäfte der Genossenschaft führen. Nur für einen im voraus begrenzten Zeitraum kann der Aufsichtsrat einzelne seiner Mitglieder zu Stellvertretern von behinderten Mitgliedern des Vorstandes bestellen; während dieses Zeitraums und bis zur erteilten Entlastung des Vertreters darf der letztere eine Tätigkeit als Mitglied des Aufsichtsrats nicht ausüben.**

**(2) Scheiden aus dem Vorstand Mitglieder aus, so dürfen dieselben nicht vor erteilter Entlastung in den Aufsichtsrat gewählt werden.**

*Übersicht*



## I. Unvereinbarkeit des Aufsichtsratsamtes mit dem Vorstandsamt

Nach § 37 Abs. 1 S. 1 dürfen **Aufsichtsratsmitglieder** zunächst einmal **1**
**nicht zugleich ordentliche oder stellvertretende Vorstandsmitglieder** sein. Die Vorschrift spiegelt den Grundsatz des GenG wider, daß die beiden Organe Vorstand und Aufsichtsrat grundsätzlich streng getrennt sind (näher dazu Erl. zu § 36 Rdn. 2 ff). Aufsichtsratsmitglieder dürfen nicht in Bereichen tätig werden, die sie zu überwachen haben (vgl. OLG Hamm, ZIP 1985, 741; *Meyer/Meulenbergh/Beuthien*, § 37 Rdn. 2). Soweit ein Aufsichtsratsmitglied zum ordentlichen oder stellvertretenden Vorstandsmitglied bestellt wird, ist die Bestellung unwirksam, wenn nicht spätestens im Zeitpunkt der Aufnahme der Tätigkeit als Vorstandsmitglied das Auf-

sichtsratsamt beendet ist, denn erst dann kann der Interessenkonflikt bedeutsam werden (vgl. in diesem Zusammenhang auch RGZ 144, 384 mit einem ähnlich gelagerten Problem zu § 9 Rdn. 25; vgl. auch *Müller*, § 37 Rdn. 1; *Riebandt-Korfmacher*, Formular-Kommentar, 1. Bd., Handels- und Wirtschaftsrecht I, Form. 1.601, Anm. 86 e, 101; *Geßler u. a.*, AktG, § 105 Rdn. 6; *Meyer-Landrut*, Großkomm., AktG, § 105 Anm. 1, die jedoch alle auf den Zeitpunkt der Annahme der Wahl zum Vorstandsmitglied abstellen). Trotz Unwirksamkeit der Bestellung zum Vorstandsmitglied muß die eG sein Handeln grundsätzlich gegen sich gelten lassen (vgl. *Meyer/Meulenbergh/Beuthien*, § 37 Rdn. 1; *Müller*, § 37 Rdn. 1; *Geßler u. a.*, AktG, § 105 Rdn. 7 m. w. N.).

## II. Unvereinbarkeit des Aufsichtsratsamtes mit der Stellung desjenigen, der als „Beamter die Geschäfte der Genossenschaft führt"

2 Der Begriff „Beamte" ist historisch zu erklären. Er stimmt überein mit der ursprünglichen Fassung in § 248 HGB, der für Aktiengesellschaften bis zum Inkrafttreten des AktG 1937 maßgeblich war, wo er durch das Wort „Angestellte" ersetzt wurde. Schließlich hat § 84 BetrVG 1952 für die AG festgelegt:

> „Die Aufsichtsratsmitglieder können nicht zugleich Vorstandsmitglieder oder dauernde Vertreter von Vorstandsmitgliedern oder leitende Angestellte der Gesellschaft sein."

Gemäß § 85 BetrVG finden Vorschriften des AktG und des GenG zum Aufsichtsrat keine Anwendung, soweit sie dem BetrVG widersprechen. Die sachgerechte Auslegung kommt danach zu dem Ergebnis, daß § 37 Abs. 1 **leitende Angestellte mit wesentlichen Aufgaben im Bereich der Geschäftsleitung** von der Zugehörigkeit zum Aufsichtsrat ausschließt (so im Grundsatz auch *Köstler*, ZfG 1988, 201 mit informativen Hinw. auf die Entstehungsgeschichte).

Nicht überzeugen kann die Auffassung, daß unter „Beamte", die nicht dem Aufsichtsrat angehören können, Prokuristen und Handlungsbevollmächtigte zu verstehen seien (*Schubert/Steder*, § 37 Rdn. 2). Die Vertretungsberechtigung im Außenverhältnis enthält keine Aussage, ob diese Personen überhaupt im Bereich der Geschäftsführung (Innenverhältnis) Entscheidungskompetenz haben. Und dieses ist nach dem Sinn der Kollisionsvorschriften allein entscheidend.

„Beamte" sind nicht alle Mitarbeiter der eG, sondern nur solche, die außerhalb des Vorstandes Aufgaben wahrnehmen, die mit der gleichzeitigen Überwachung der Geschäftsführertätigkeit nicht vereinbar sind. Dies kann z. B. für Aufgaben in der Innenrevision, der Buchführung, der Lagerkontrolle usw. gelten. Es kann aber nicht verkannt werden, daß gerade auch einfache, gegenüber dem Vorstand voll weisungsabhängige Mitarbeiter kaum in der Lage sein werden, eine unabhängige Kontrolltätigkeit gegenüber dem Vorstand wahrzunehmen. Für die Abgrenzung im einzelnen ist der **Normzweck** entscheidend, also ob Art und Umfang der Tätigkeit Interessenkollisionen hinsichtlich der Kontrolle durch den Aufsichtsrat ermöglichen (*Meyer/Meulenbergh/Beuthien*, § 37 Rdn. 2; *Müller*, § 37 Rdn. 4; *Paulick*, S. 229; a. A. *Schnorr von Carolsfeld*, ZfG 1960, 72, der der Auffassung ist, daß hier alle in einem entgeltlichen Anstellungsverhältnis stehenden Mitarbeiter der eG gemeint sind). Zur Problematik des § 37 im Mitbestimmungsrecht: *Köstler*, „Das passive Wahlrecht der Arbeitnehmer im Aufsichtsrat einer Genossenschaft unter dem Betriebsverfassungsgesetz 1952. Zum Verhältnis von § 37 GenG zu §§ 76 ff BetrVG 1952", ZfG 1988, 201 ff.

Wird ein vom Normzweck erfaßter **Angestellter zum Aufsichtsratsmitglied** gewählt, so ist die Bestellung nur wirksam, wenn das Dienstverhältnis spätestens im Zeitpunkt der Aufnahme der Aufsichtsratstätigkeit beendet ist (a. A. *Müller*, § 37 Rdn. 6, der auf den Zeitpunkt der Annahme der Wahl abstellt). 3

Schließt ein Aufsichtsratsmitglied mit der eG einen Dienstvertrag ab, mit dem es in den Verbotsbereich des § 37 S. 1 kommt, so erlangt dieser Vertrag lediglich aufschiebende Wirksamkeit bis zur Beendigung des Aufsichtsratsamtes (vgl. *Müller*, § 37 Rdn. 5). Als Arbeitnehmervertreter können Mitarbeiter nach § 77 Abs. 3 i. V. m. § 76 BetrVG 1952 in den Aufsichtsrat gewählt werden (vgl. hierzu § 36 Rdn. 88 ff); § 37 Abs. 1 ist jedoch auch hier zu beachten (§ 36 Rdn. 88). 4

Die Regelung in § 37 Abs. 1 S. 1 steht dem **Abschluß eines Vertrages** nicht entgegen, aufgrund dessen ein Aufsichtsratsmitglied eine Tätigkeit ohne Abhängigkeit von Weisungen der eG ausübt (vgl. *Müller*, § 37 Rdn. 7). So kann zwischen einem Aufsichtsratsmitglied und der eG ein Vertrag geschlossen werden, durch den sich das Aufsichtsratsmitglied – etwa als Rechtsanwalt oder Wirtschaftsberater – zu einer ständigen Beratungstätigkeit für die eG verpflichtet. 5

Nicht geregelt ist der Fall, daß Aufsichtsratsmitglieder auf Dauer in den Vorstand übernommen werden sollen. Erforderlich ist, daß diese vor Aufnahme der Vorstandstätigkeit aus dem Aufsichtsrat ausscheiden, falls erforderlich durch Amtsniederlegung. Eine vorangehende Entlastung für die Aufsichtsratstätigkeit ist für diese Fälle nicht vorgeschrieben und auch nicht erforderlich. Entlastung ist aber gem. § 37 Abs. 2 notwendig, wenn nach der Tätigkeit im Vorstand wieder die Kontrolltätigkeit im Aufsichtsrat übernommen werden soll. 6

## III. Zeitweilige Stellvertretung für fehlende oder behinderte Vorstandsmitglieder

### 1. Voraussetzungen

7 Eine zeitweilige Stellvertretung für ein Vorstandsmitglied kann einmal erfolgen, wenn ein **Vorstandsmitglied fehlt** (vgl. *Müller*, § 37 Rdn. 9 f). Ein Fehlen ist z. B. gegeben, wenn ein Vorstandsmitglied sein Amt niederlegt, nach § 40 vorläufig aus seinem Amt abberufen wird oder stirbt (vgl. in diesem Zusammenhang *Meyer/Meulenbergh/Beuthien*, § 37 Rdn. 2; *Müller*, § 37 Rdn. 10; *Schubert/Steder*, § 37 Rdn. 6).

8 Eine zeitweilige Stellvertretung für ein Vorstandsmitglied kann auch erfolgen, wenn ein **Vorstandsmitglied „behindert"** ist. Die Behinderung eines Vorstandsmitglieds ist gegeben, wenn dieses für eine nicht unerhebliche Zeitdauer an der Ausübung seiner Amtstätigkeit ganz oder in einem erheblichen Umfang gehindert ist (vgl. *Müller*, § 37 Rdn. 11). Dies kann z. B. bei einer langen Krankheit oder einer längeren Abwesenheit angenommen werden (vgl. in diesem Zusammenhang: *Müller*, § 37 Rdn. 11; *Schubert/Steder*, § 37 Rdn. 6).

### 2. Person des Stellvertreters

9 Aufgrund der Regelung in § 37 Abs. 1 S. 2 kann der Aufsichtsrat einzelne **seiner Mitglieder** zu Stellvertretern von fehlenden oder behinderten Vorstandsmitgliedern bestellen. Dies bedeutet jedoch nicht, daß der Aufsichtsrat bei der Bestellung eines Stellvertreters auf seine Mitglieder beschränkt ist (OGHZ 1, 370 = ZfG 55, 241 Nr. 27 = GW 1950, 164).

### 3. Beschlußfassung durch den Aufsichtsrat

10 Die **Bestellung** erfolgt **durch den Aufsichtsrat**, für den dabei die allgemeinen Regeln für Beschlußfähigkeit und Beschlußmehrheit gelten (vgl. *Müller*, § 37 Rdn. 16; *Godin/Wilhelmi*, AktG, § 105 Anm. 4).

11 Die **Bestellung** zum zeitweiligen Stellvertreter ist **nur im konkreten Fehlens- oder Behinderungsfall** (vgl. Rdn. 7 und 8) zulässig. Dies bedeutet jedoch nicht, daß das Fehlen oder die Behinderung des Vorstandsmitgliedes bereits im Zeitpunkt der Bestellung eines Stellvertreters eingetreten sein muß. Es genügt vielmehr, daß der Eintritt des Fehlens oder der Behinderung des Vorstandsmitgliedes mit Sicherheit zu erwarten ist und daß die Bestellung des Stellvertreters für diesen Zeitpunkt wirksam werden soll (vgl. in diesem Zusammenhang: *Meyer/Meulenbergh/Beuthien*, § 37 Rdn. 2; *Müller*, § 37 Rdn. 14; *Schubert/Steder*, § 37 Rdn. 6). Unzulässig ist es also, einen Stellvertreter für künftige mögliche Fehlens- oder Behinderungsfälle zu bestellen (vgl. KWJ 15, 30; KWJ 20, 165; *Meyer/Meulenbergh/Beuthien*, ebd.; *Schubert/Steder*, § 37 Rdn. 6).

Die **Bestellung** darf nur **für einen im voraus begrenzten Zeitraum** erfolgen. Dies bedeutet, daß eine kalendermäßig bestimmte oder wenigstens bestimmbare Amtsdauer (z. B. „bis zum 30. Juni"; oder „auf die Dauer von drei Monaten") vorgesehen werden muß (vgl. in diesem Zusammenhang: *Müller*, § 37 Rdn. 19; *Schubert/Steder*, § 37 Rdn. 4; *Godin/Wilhelmi*, AktG, § 105 Anm. 4). Eine Bestellung „für die Dauer des Fehlens" oder „für die Dauer der Behinderung" stellt keine Bestellung für einen im voraus begrenzten Zeitraum dar; der Zeitraum, für den die Bestellung erfolgt ist, wäre erst am Ende abzusehen (vgl. *Müller*, § 37 Rdn. 19; *Geßler u. a.*, AktG, § 105 Rdn. 29). Bei einer Fortdauer des Fehlens oder der Behinderung des Vorstandsmitgliedes im Zeitpunkt der Beendigung der Amtszeit des Stellvertreters kann eine kalendermäßig bestimmte oder wenigstens bestimmbare weitere Amtsdauer vorgesehen werden (vgl. in diesem Zusammenhang: *Müller*, § 37 Rdn. 19; *Geßler u. a.*, AktG, § 105 Rdn. 30). Eine Delegation in den Vorstand „bis zur nächsten GV" ist dann zulässig, wenn der Termin der GV bereits festliegt. **12**

Die Bestellung kann auch erfolgen, wenn dadurch der **Aufsichtsrat beschlußunfähig** wird (vgl. *Müller*, § 37 Rdn. 15 m. w. N.; *Geßler u. a.*, AktG, § 105 Rdn. 31). Die ungestörte Geschäftsführung und die notwendige gesetzliche Vertretung der eG sind wichtiger als die Beschlußunfähigkeit des Aufsichtsrates, der nicht jederzeit tätig zu sein braucht (vgl. RG, JW 1930, 1413). Bei einer Beschlußunfähigkeit des Aufsichtsrates kann in entsprechender Anwendung des § 29 BGB die gerichtliche Bestellung eines Aufsichtsratsmitgliedes für die Dauer der Abordnung in den Vorstand in Frage kommen (vgl. *Müller*, § 37 Rdn. 15; *Godin/Wilhelmi*, AktG, § 105 Anm. 4). **13**

Die **Bestellung ist unwirksam**, wenn das Fehlen oder die Behinderung eines Vorstandsmitgliedes nicht vorgelegen hat, oder wenn ein begrenzter Zeitraum der Bestellung in den Vorstand nicht festgelegt wurde (vgl. *Müller*, § 37 Rdn. 16; *Geßler u. a.*, AktG, § 105 Rdn. 32). **14**

### 4. Rechtsstellung des Stellvertreters

Der **Stellvertreter erlangt die Rechtsstellung des Vorstandsmitgliedes**, zu dessen Vertretung er bestellt wurde. Seine Geschäftsführungs- und Vertretungsbefugnis richtet sich im Zweifel also nach der des vertretenen Vorstandsmitgliedes, es sei denn, es wird etwas anderes festgelegt (vgl. *Müller*, § 37 Rdn. 21; vgl. auch *Geßler u. a.*, AktG, § 105 Rdn. 33). **15**

**Das Amt des Stellvertreters endet** auf jeden Fall mit dem Ablauf der Zeit, für die die Bestellung erfolgte. Das Amt des Stellvertreters endet weiterhin, sobald das (bisher) fehlende Vorstandsmitglied bestellt ist oder die Behinderung des (vertretenen) Vorstandsmitgliedes entfällt (vgl. *Müller*, § 37 Rdn. 23 m. w. N.). **16**

### 5. Anmeldung und Eintragung im Genossenschaftsregister

17 Die **Bestellung** zum Stellvertreter eines Vorstandsmitgliedes ist **zum Genossenschaftsregister anzumelden** (§ 28 Abs. 1). Der Anmeldung ist das entsprechende Aufsichtsrats-Protokoll in Urschrift oder einfacher Abschrift beizufügen (vgl. *Schubert/Steder*, § 28 Rdn. 6). Die Anmeldung hat durch sämtliche Vorstandsmitglieder, die im Zeitpunkt der Anmeldung im Amt sind, zu erfolgen; soweit also die Bestellung zum Vorstandsstellvertreter anzumelden ist, hat dieser bei der Anmeldung bereits mitzuwirken (vgl. *Müller*, § 37 Rdn. 24). Der Vorstandsstellvertreter muß die Zeichnung seiner Unterschrift in öffentlich-beglaubigter Form beim Registergericht einreichen (§ 28 Abs. 2).

18 **Das Registergericht hat zu prüfen**, ob die Anmeldung der Bestellung zum Vorstandsstellvertreter durch sämtliche Vorstandsmitglieder erfolgt ist (KGJ 40, 78; *Müller*, § 37 Rdn. 27; vgl. Erl. zu § 15). Das Registergericht hat weiterhin zu prüfen, ob ein ordnungsgemäßer Beschluß des Aufsichtsrates über die zeitlich im voraus begrenzte Bestellung des Vorstandsstellvertreters vorliegt (vgl. *Müller*, § 37 Rdn. 27; *Geßler u. a.*, AktG, § 105 Rdn. 38; die bisher vertretene Auffassung, daß das Registergericht die zeitliche Begrenzung nicht zu prüfen habe, wird aufgegeben). Das Registergericht braucht nicht zu untersuchen, ob das Vorstandsmitglied, das vertreten werden soll, wirklich fehlt oder behindert ist; hat das Registergericht jedoch Zweifel an dem Fehlen oder der Behinderung, so kann es den jeweiligen Nachweis verlangen (vgl. *Müller*, § 37 Rdn. 27; *Geßler u. a.*, ebd.).

19 Der Zeitraum der Bestellung zum Vorstandsstellvertreter ist nach Wortlaut und Sinn der Vorschrift aus Gründen der Rechtsklarheit und Rechtssicherheit im Genossenschaftsregister einzutragen (vgl. *Müller*, § 37 Rdn. 24; *Geßler u. a.*, AktG, § 105 Rdn. 39; a. A. *Meyer/Meulenbergh/Beuthien*, § 37 Rdn. 3; *Schubert/Steder*, § 37 Rdn. 7; *Godin/Wilhelmi*, AktG, § 105 Rdn. 4; *Meyer-Landrut*, Großkomm., AktG, § 105 Rdn. 11).

20 Soweit die Bestellung des Vorstandsstellvertreters im Genossenschaftsregister eingetragen ist, kommt der **Schutz des gutgläubigen Rechtsverkehrs** nach Maßgabe des § 29 zum Zuge.

### 6. Anzeigepflichten nach KWG

21 Die Regelungen des § 24 Abs. 1 Nr. 1 und 2 i. V. m. Abschnitt IV Nr. 1 der „Bekanntmachung über das Verfahren bei Anzeigen nach den §§ 13, 14, 16 und 24 sowie bei der Vorlage von Jahresabschluß, Geschäfts- und Prüfungsberichten nach § 26 Abs. 1 des Gesetzes über das Kreditwesen" (Anzeigenbekanntmachung) vom 18. Juni 1976 (Bundesanzeiger Nr. 118 vom 29. Juni 1976) gilt auch für die vom Aufsichtsrat bestellten stellvertretenden Vorstandsmitglieder. Nach den angeführten Vorschriften haben eine Kre-

ditgenossenschaft und eine Wohnungsbaugenossenschaft mit Spareinrichtung die vom Aufsichtsrat vorgenommene Bestellung und Abberufung eines Vorstandsstellvertreters ihrem genossenschaftlichen Prüfungsverband in fünffacher Ausfertigung einzureichen. Der Prüfungsverband leitet eine Ausfertigung der Anzeigen an das Bundesaufsichtsamt für das Kreditwesen und drei Ausfertigungen an die Hauptverwaltung der zuständigen Landeszentralbank mit seiner Stellungnahme weiter. In der Anzeige über die Bestellung sind sämtliche Tatsachen mitzuteilen, die für die Beurteilung der Zuverlässigkeit und fachlichen Eignung des Vorstandsstellvertreters als Geschäftsleiter der Bank wesentlich sind (vgl. i. e. Abschnitt IV Nr. 2 der Anzeigenbekanntmachung v. 18. Juni 1976). Bei ehrenamtlichen und nebenberuflichen Geschäftsleitern gelten grundsätzlich die gleichen Bestimmungen. Lediglich hinsichtlich der Weiterleitung der Anzeigen nebst Unterlagen sind in besonderen Fällen in der Praxis Erleichterungen seitens des Bundesaufsichtsamtes für das Kreditwesen durch dessen Schreiben vom 1. September 1976 (Aktenzeichen: –I–3–271–3/70) gestattet worden. Danach sind Anzeigen von den genossenschaftlichen Prüfungsverbänden nur für solche Geschäftsleiter an das Bundesaufsichtsamt weiterzuleiten:

1. Die bei ausschließlich ehrenamtlicher oder nebenberuflicher Geschäftsführung die Geschäfte des Kreditinstituts tatsächlich führen,
2. die bei einem hauptberuflich geleiteten Kreditinstitut neben den hauptberuflichen Geschäftsleitern in der Geschäftsleitung (Vorstand) sind, wenn
   a) ihre Eignung aus sonstigen Gründen zweifelhaft erscheint (hier ist insbesond. an das Fehlen der Voraussetzungen gem. § 33 Abs. 1 Nr. 2 KWG gedacht) oder
   b) sie nicht die in Abschnitt IV Nr. 2 Buchstabe b der Anzeigenbekanntmachung vorgeschriebene Erklärung abzugeben vermögen,
3. die ihre Vorstandsfunktion zwar ehrenamtlich ausführen, daneben aber aufgrund eines Anstellungsvertrages oder in sonstiger Weise für das Kreditinstitut tätig sind.

Diese den Verwaltungsaufwand entlastende Regelung entbindet den zuständigen genossenschaftlichen Prüfungsverband nicht von seiner eigenen Prüfung der ihm eingereichten Unterlagen, die ggfs. Anlaß zu weiteren Schritten des Verbandes (z. B. Fühlungnahme mit dem Bundesaufsichtsamt für das Kreditwesen) geben können (vgl. i. e. *Reischauer/Kleinhans*, Kennzahl 115, § 24 Anm. 5 a).

Für eine Wohnungsbaugenossenschaft mit Spareinrichtung gilt das Schreiben des Bundesaufsichtsamtes für das Kreditwesen vom 20. September 1978, WG 1978, 189 nebst Änderungen und Ergänzungen im Zusammenhang mit dem Auslaufen von Übergangsregelungen nach § 62 Abs. 5 KWG.

### 7. Auswirkungen der Vertreterbestellung auf das Aufsichtsratsmandat

22 Der **Vorstandsstellvertreter bleibt** während dieser Tätigkeit **Mitglied des Aufsichtsrates** (vgl. *Müller*, § 37 Rdn. 30 *Schubert/Steder*, § 37 Rdn. 3; *Geßler u. a.*, AktG, § 105 Rdn. 35). Er darf jedoch keine Tätigkeit als Aufsichtsratsmitglied ausüben (vgl. § 37 Abs. 1 S. 2 2. Halbsatz). Soweit er Handlungen in seiner Eigenschaft als Aufsichtsratsmitglied vornimmt, sind diese rechtlich unwirksam (vgl. *Müller*, § 37 Rdn. 30; *Geßler u. a.*, ebd.).

23 Das **Verbot**, während der Vorstandsstellvertretung Aufsichtsratstätigkeit auszuüben, **beginnt**, wenn der Vorstandsstellvertreter seine Tätigkeit aufgenommen hat (a. A. *Müller*, § 37 Rdn. 31, der der Auffassung ist, das Tätigkeitsverbot im Aufsichtsrat beginne, nachdem der Aufsichtsrat die Bestellung zum Vorstandsstellvertreter beschlossen und der Vorstandsstellvertreter die Bestellung angenommen habe; ebenso *Riebandt-Korfmacher*, Formular-Kommentar, 1. Bd., Handels- und Wirtschaftsrecht I, Form. 1.601, Anm. 86 e und 101). Das **Verbot endet**, wenn die GV den Vorstandsstellvertreter für die gesamte Dauer seiner stellvertretenden Tätigkeit im Vorstand entlastet hat. Dies bedeutet, daß sich die Entlastung ggfs. auch auf das Rumpfgeschäftsjahr bis zu GV beziehen muß. Für die Entlastung hinsichtlich des Rumpfgeschäftsjahres braucht nicht notwendigerweise eine Zwischenbilanz aufgestellt zu werden (*Meyer/Meulenbergh/Beuthien*, § 37 Rdn. 4). Es genügt wenn der GV ausreichend über die Tätigkeiten während des Entlastungszeitraums berichtet wird, ggfs. ergänzt durch die Erklärung seitens der Organe der eG oder des Prüfungsverbandes, daß nichts bekannt geworden sei, was der Entlastung entgegenstehen könne (s. auch Rdn. 24). Soweit eine Entlastung nicht oder noch nicht erfolgt ist und gleichwohl Aufsichtsratstätigkeit ausgeübt wird, so ist diese Tätigkeit rechtlich unwirksam. Dies ergibt sich aus § 37 Abs. 1 S. 2 2. Halbsatz; darin ist – sprachlich unklar – festgelegt, daß bis zur erteilten Entlastung Aufsichtsratstätigkeit **nicht** ausgeübt werden **darf**.

## IV. Wahl ausgeschiedener Vorstandsmitglieder in den Aufsichtsrat

24 Nach § 37 Abs. 2 dürfen **ausgeschiedene Vorstandsmitglieder** nicht vor ihrer Entlastung durch die GV **in den Aufsichtsrat** gewählt werden. Die Gesetzesformulierung „dürfen“ ist ungenau; eine Wahl in den Aufsichtsrat entgegen dieser Vorschrift wäre nichtig (zutreffend *Meyer/Meulenbergh/Beuthien*, § 37 Rdn. 4). Entlastung nach der Wahl führt nicht zu deren Wirksamkeit (a. A. *Müller*, § 37 Rdn. 36, der Entlastung zwischen Wahl und Wahlannahme als ausreichend ansieht). Die Entlastung muß sich auch auf das Rumpfgeschäftsjahr bis zur Entlastung erteilenden GV beziehen. Für das

Rumpfgeschäftsjahr braucht nicht notwendigerweise eine Zwischenbilanz aufgestellt zu werden (*Meyer/Meulenbergh/Beuthien*, § 37 Rdn. 4). Voraussetzung einer Entlastung ist angemessene Unterrichtung der GV über den Entlastungszeitraum. Dies kann z. B. durch mündliche Erklärung des Aufsichtsratsvorsitzenden und durch entsprechende Hinweise des Prüfungsverbandes, z. B. aufgrund einer Zwischenprüfung, geschehen. Es kann u. U. der Hinweis genügen, daß keine Umstände bekannt geworden seien, die einer Entlastung entgegenstehen (vgl. auch OLG Kiel, BlfG 38, 458; *Beuthien*, ZfG 1979, 156). Wird das ehemalige Vorstandsmitglied ohne Entlastung im Aufsichtsrat tätig, so sind dessen Rechtshandlungen unwirksam, Beschlüsse aber nur dann, wenn die Stimme dieses Mitgliedes den Ausschlag gegeben hat.

Soll im Zusammenhang mit einer **Fusion** ein bisheriges Vorstandsmitglied in den Aufsichtsrat der übernehmenden eG gewählt werden, so ist auch hier eine Entlastung für den gesamten Zeitraum der Vorstandstätigkeit erforderlich. Dies dürfte in aller Regel der Zeitpunkt bis zum Wirksamwerden der Fusion durch Eintragung im Register der übertragenden eG sein. Zuständig für die Entlastung ist dann insoweit die GV der übernehmenden eG.

## V. Wahl ausgeschiedener Aufsichtsratsmitglieder in den Vorstand

Soll ein **ausgeschiedenes Aufsichtsratsmitglied in den Vorstand** 25
gewählt werden, so findet die Regelung des § 37 Abs. 2 keine – auch keine entsprechende – Anwendung (a. A. *Müller*, § 37 Rdn. 36). Dies ergibt sich daraus, daß § 37 Abs. 2 ausdrücklich nur die Wahl eines Vorstandsmitgliedes in den Aufsichtsrat anspricht, obwohl der Gesetzgeber – wie sich aus § 37 Abs. 1 S. 2 ergibt – auch den umgekehrten Fall, nämlich die Wahl eines Aufsichtsratsmitgliedes in den Vorstand, gesehen hat. Es empfiehlt sich jedoch – aus Gründen der klaren Funktionstrennung – vorher eine umfassende Entlastung vorzunehmen.

## VI. Rechtsnatur des § 37

Die Regelung in § 37 ist **zwingendes Recht** (vgl. *Müller*, § 37 Rdn. 8). 26
Die Regelung in § 37 Abs. 1 S. 2 ist **insoweit nicht zwingendes Recht**, als satzungsmäßig die Befugnis des Aufsichtsrates zur Entsendung eines Vorstandsstellvertreters beschränkt oder auch ausgeschlossen werden kann (vgl. *Müller*, § 37 Rdn. 17; *Geßler u. a.*, AktG, § 105 Rdn. 42). Die Satzung kann jedoch die Befugnisse des Aufsichtsrates nicht erweitern, indem sie diesem auch ohne Vorliegen des Fehlens oder der Behinderung eines Vorstandsmitgliedes ein Entsendungsrecht einräumt (vgl. *Müller*, ebd.; *Geßler u. a.*, ebd.).

## § 38
## Aufgaben des Aufsichtsrats

**(1) Der Aufsichtsrat hat den Vorstand bei seiner Geschäftsführung in allen Zweigen der Verwaltung zu überwachen und zu dem Zweck sich von dem Gange der Angelegenheiten der Genossenschaft zu unterrichten. Er kann jederzeit über dieselben Berichterstattung von dem Vorstand verlangen und selbst oder durch einzelne von ihm zu bestimmende Mitglieder die Bücher und Schriften der Genossenschaft einsehen, sowie den Bestand der Genossenschaftskasse und die Bestände an Effekten, Handelspapieren und Waren untersuchen. Der Aufsichtsrat hat den Jahresabschluß, den Lagebericht und den Vorschlag für die Verwendung des Jahresüberschusses oder die Deckung des Jahresfehlbetrages zu prüfen; über das Ergebnis der Prüfung hat er der Generalversammlung vor der Feststellung des Jahresabschlusses zu berichten.**

**(2) Er hat eine Generalversammlung zu berufen, wenn dies im Interesse der Genossenschaft erforderlich ist.**

**(3) Weitere Obliegenheiten des Aufsichtsrats werden durch das Statut bestimmt.**

**(4) Die Mitglieder des Aufsichtsrats können die Ausübung ihrer Obliegenheiten nicht anderen Personen übertragen.**

*Übersicht*

## I. Überwachungspflicht des Aufsichtsrates

### 1. Umfang der Überwachung

Nach § 38 Abs. 1 Satz 1 hat der Aufsichtsrat den Vorstand bei seiner Geschäftsführung in allen Zweigen der Verwaltung zu überwachen und zu dem Zweck sich von dem Gange der Angelegenheiten der eG zu unterrichten. Zu grundsätzlichen Fragen der Unternehmenskontrolle durch den AR s. Erl. zu § 36 Rdn. 1 ff. Die Überwachung erfaßt den gesamten Bereich der Unternehmensleitung (vgl. *Meyer/Meulenbergh/ Beuthien*, § 38 Rdn. 1 ff; Erl. zu § 27, § 34 Rdn. 26 ff; *Potthoff/Trescher*, S. 89 ff; *Paulsen*, S. 33). Dies bedeutet, daß sich die Überwachung erstreckt auf: 1

- die Erfüllung der gesetzlichen und satzungsmäßigen Aufgaben, insbesond. die Erfüllung des Förderauftrages (vgl. *Höhn*, Brevier, S. 88),
- die Organisation der eG (vgl. *Höhn*, Brevier, S. 88 und 91 ff),
- die grundsätzlichen unternehmerischen Entscheidungen (z. B. allgemeine Geschäftspolitik, Investitionspolitik, Personalpolitik, Einführung neuer bzw. Aufgabe bisheriger Geschäftszweige, Errichtung und Schließung von Zweigniederlassungen usw. (vgl. *Höhn*, Brevier, S. 88 und 99 ff),
- die laufende Geschäftsführung (vgl. *Höhn*, Brevier, S. 88 und 103 f),
- Wahrnehmung der Führungsaufgaben (z. B. Förderung der Mitarbeiter, Festlegung von Einzelzielen für die Leiter der einzelnen Ressorts, Kontrolle über die Leiter der einzelnen Ressorts usw. (*Höhn*, Brevier, S. 88 und 109 ff),
- bei Genossenschaftsbanken das Kreditgeschäft, die Kreditsicherungen und die Beachtung des KWG,
- bei Wohnungsgenossenschaften z. B. die Besonderheiten des § 5 ASchG; vgl. auch § 27 Rdn. 96.

Zu den gesetzlichen Aufgaben des Aufsichtsrats gehört auch die **Entscheidung über Verträge** mit Vorstandsmitgliedern. Ausdrücklich geregelt sind in § 39 lediglich Vertretungshandlungen gegenüber Vorstandsmitgliedern, die Zustimmung zu Krediten an Vorstandsmitglieder sowie die Führung von Prozessen gegen Vorstandsmitglieder. Wegen der besonderen Sorgfaltspflicht vgl. Erl. zu § 41, insbes. Rdn. 27. Einzelheiten zum Inhalt der Überwachung durch den Aufsichtsrat § 41 Rdn. 14 ff, 19; *Seuster*, Genossenschaftsforum 1985, 446; *Wartenberg*, S. 115; Die Überwachungstätigkeit des Aufsichtsrats; *Frankenberger*, Der Aufsichtsrat der Genossenschaften.

### 2. Verfahren der Überwachung

Es ist nicht erforderlich, daß der Aufsichtsrat jede einzelne Geschäftsführungsmaßnahme überwacht; die Überwachung vollzieht sich also nicht 2 in Form einer Totalkontrolle (vgl. *Müller*, § 38 Rdn. 7; *Höhn*, Brevier, S. 86; *Paulsen*, S. 33). Er muß vielmehr nur die Überwachungsmaßnahmen durchführen, die für ihn bei sachgerechter Würdigung der Gesamtumstände die Überzeugung rechtfertigen, daß die Geschäfte der eG ordnungsgemäß in Übereinstimmung mit den gesetzlichen und satzungsmäßigen Bestimmungen sowie nach anerkannten betriebswirtschaftlichen und branchenspezifischen Regeln geführt werden; es findet also regelmäßig nur eine **Stichprobenkontrolle** statt (vgl. *Müller*, § 38 Rdn. 7; *Höhn*, Brevier, S. 86 ff; *Paulsen*, S. 33/34). Welche Überwachungsmaßnahmen jeweils notwendig sind, kann nur für den Einzelfall festgelegt werden. Im Normalfall kann sich das Mitglied des Aufsichtsrates darauf beschränken, Berichte und sonstige Informationen auf Plausibilität, Vollständigkeit und daraufhin zu prüfen, ob Widersprüche oder Lücken erkennbar sind. Entscheidend ist, daß ein Aufsichtsratsmitglied in der Lage ist, sich eine eigene Meinung zu bilden. Es darf sich nicht ohne weiteres auf Ansichten oder Mitteilungen des Vorstandes oder anderer Aufsichtsratsmitglieder verlassen (OLG Düsseldorf, AG, 1984, 275).

Ergeben sich Anhaltspunkte für Bedenken oder Zweifel, so ist eine vertiefte Prüfung geboten (vgl. *Potthoff/Trescher*, S. 97). Dabei ist jedes Aufsichtsratsmitglied verpflichtet, sich alle Informationen zu verschaffen, bis die Zweifel ausgeräumt sind. Bleiben Zweifel bestehen, so hat der Aufsichtsrat zu prüfen, welche Maßnahmen erforderlich sind, um Schaden abzuwenden. Vertiefte Prüfung ist grundsätzlich notwendig bei **besonderen Risikogeschäften**, größeren Beteiligungen, Großkrediten oder sonstigen für die eG ungewöhnlichen Geschäften, auch in Fällen, in denen sich bereits eine Unzuverlässigkeit des Vorstandes gezeigt hat (vgl. BGHZ 69, 207, 213; OLG Düsseldorf, AG 1984, 275; LG Hannover, AG 1977, 200; *Horlitz*, 1989, S. 23; *Potthoff/Trescher*, ebd.).

Die Überwachungsaufgabe obliegt dem Gremium des Aufsichtsrates als Organ. Werden einzelne Aufsichtsratsmitglieder, z. B. durch Mehrheitsbeschluß, daran gehindert, ihre Überwachungspflicht wahrzunehmen, so haben diese das Recht, gegen den Aufsichtsrat, z. B. auf Vorlage von Unterlagen, zu klagen (so mit Recht *Lippert*, ZfG 1978, 181; s. auch Erl. zu § 41 Rdn. 4).

Wegen Einzelheiten des Überwachungsverfahrens: Arbeitsmappe für Aufsichtsratsmitglieder von Waren- und Diensteleistungsgenossenschaften, DG-Verlag Wiesbaden, 1996; *Potthoff/Trescher*, S. 89 ff.

### 3. Mittel der Überwachung

#### *a) Überwachung durch Würdigung der Berichterstattung des Vorstandes*

**3** Nach § 38 Abs. 1 S. 2 kann der Aufsichtsrat vom Vorstand jederzeit **Berichterstattung** über die Angelegenheiten der eG verlangen. Verlangt der Aufsichtsrat eine solche Berichterstattung, so ist der Vorstand dazu verpflichtet.

In der **Satzung** kann in Ergänzung des § 38 Abs. 1 S. 2 – und in der Praxis geschieht dies regelmäßig – die Verpflichtung des Vorstandes festgelegt werden, dem Aufsichtsrat über die geschäftliche Entwicklung der eG und über die Unternehmensplanung in bestimmten zeitlichen Abständen zu berichten. **4**

Die – auf der Satzung beruhende (vgl. Rdn. 4) – periodische Berichterstattung des Vorstandes über die geschäftliche Entwicklung sollte z. B. bei **Kreditgenossenschaften** insbes. umfassen: die Mitgliederbewegung (einschließlich der Veränderungen bei den Geschäftsanteilen und Geschäftsguthaben), die Entwicklung der Kundeneinlagen sowie der Verbindlichkeiten gegenüber andere Kreditinstituten, die Entwicklung des Kreditgeschäfts, den Stand und die Entwicklung der Liquiditätslage, die Entwicklung der Ertragslage usw. (vgl. *Frankenberger*, S. 22/23; vgl. auch *Höhn*, Brevier, S. 142 ff). Bei Waren- und Dienstleistungsgenossenschaften sollte anstelle des vorgenannten Einlagen- und Kreditgeschäfts die Entwicklung der Produktions-, Absatz- und Umsatzzahlen bzw. der Dienstleistungsumsätze im Mittelpunkt der periodischen Berichterstattung stehen (vgl. *Frankenberger*, S. 23; vgl. auch *Höhn*, Brevier, S. 142 ff). **5**

Die – auf der Satzung beruhende (vgl. Rdn. 4) – periodische Berichterstattung des Vorstandes über die **Unternehmensplanung** sollte z. B. umfassen: die Errichtung oder Schließung von Zweigniederlassungen, die Aufnahme oder die Aufgabe eines Geschäftszweiges, wichtige Veränderungen im Personalbereich (Anstellung und Entlassung von leitenden Mitarbeitern bzw. Änderungen in deren Aufgabenbereich, Änderungen bei den Sozialleistungen für die Mitarbeiter usw.), größere aus dem üblichen Rahmen fallende Aufwendungen (Reparaturen usw.), die beabsichtigte Führung von Prozessen und deren Fortgang, vorgesehene größere Werbemaßnahmen usw. (vgl. auch *Höhn*, Brevier, S. 142 ff). **6**

Jede Berichterstattung des Vorstandes gegenüber dem Aufsichtsrat muß inhaltlich **richtig und vollständig** sein; sie muß so erfolgen, daß dem Aufsichtsrat eine eigene Beurteilung ermöglicht wird (vgl. *Frankenberger*, S. 24/25; *Paulsen*, S. 35; vgl. auch *Müller*, § 38 Rdn. 18). Im einzelnen hat der Vorstand eigenverantwortlich zu entscheiden, ob ein Sachverhalt von seiner Bedeutung her dem Aufsichtsrat vorzutragen ist. Die Einschaltung eines Sachverständigen (z. B. Rechtsanwalts oder Wirtschaftsprüfers) vor der Unterrichtung des Aufsichtsrates kann gerechtfertigt sein. Die Unterrichtung der Aufsichtsbehörde unter Umgehung des Aufsichtsrates bedeutet dagegen grundsätzlich einen Vertrauensbruch (vgl. BGH, WM 1966, 968). **7**

8 Der Vorstand ist **nicht** berechtigt, eine vom Aufsichtsrat verlangte Auskunft unter Hinweis darauf zu **verweigern**, daß dies im Interesse der eG notwendig sei (vgl. *Müller*, § 38 Rdn. 11; *Höhn*, Brevier, S. 136). Der Vorstand kann die Auskunft jedoch verweigern, wenn das Auskunftsverlangen nicht mehr als sachgerechte Ausübung der Überwachungsaufgabe angesehen werden kann, sondern eindeutig als mißbräuchlich gewertet werden muß (vgl. *Müller*, § 38 Rdn. 13; *Höhn*, Brevier, S. 136). Dies kann z. B. der Fall sein, wenn eine Information nachweislich persönlichen Bedürfnissen eines Aufsichtsratsmitgliedes oder mehrere Aufsichtsratsmitglieder dienen soll.

9 Wenn der Vorstand einen vom Aufsichtsrat verlangten Bericht (vgl. § 38 Abs. 1 S. 2) oder einen Bericht, zu dessen Abgabe er verpflichtet ist (vgl. Rdn. 4), nicht, nicht rechtzeitig, unrichtig, unvollständig oder in einer unzureichenden Form erstattet, so kann als **Folge** – jedenfalls, nachdem der Aufsichtsrat den Vorstand deswegen vergeblich abgemahnt bzw. zur Rede gestellt hat – ein Vorgehen des Aufsichtsrates nach § 40 (vorläufige Amtsenthebung) oder auch ein Widerruf die Bestellung nach § 24 Abs. 3 durch die GV in Betracht kommen; ein unterlassener, falscher bzw. irreführender Bericht kann als wichtiger Grund für eine fristlose Kündigung des Anstellunsgverhältnisses i. S. d. § 626 BGB angesehen werden (näher dazu Erl. zu § 40; vgl. *Müller*, § 38 Rdn. 19 f; *Höhn*, Brevier, S. 132/133).

10 Grundsätzlich ist allein der Vorstand und sind nicht die Angestellten **Ansprechpartner des Aufsichtsrates**. Der Aufsichtsrat darf daher grundsätzlich keine unmittelbaren Auskünfte von Angestellten einholen. Er muß sich vielmehr jeweils an den Vorstand wenden. Eine vom Aufsichtsrat erbetene mündliche Auskunft durch einen Angestellten hat der Vorstand zu vermitteln; dieser hat das Recht, bei der Erteilung der Auskunft durch den Angestellten anwesend zu sein (vgl. *Höhn*, Brevier, S. 135; vgl. auch *Müller*, § 38 Rdn. 16). Eine Einschaltung des Vorstandes kann jedoch ausnahmsweise unterbleiben, wenn durch eine solche Einschaltung die Effizienz der Überwachung gefährdet würde. Dies kann z. B. angenommen werden, wenn ein begründeter Anlaß besteht, nach Beweisen für schwerwiegende Pflichtverletzungen des Vorstandes zu suchen (vgl. *Müller*, § 38 Rdn. 16; *Höhn*, Brevier, S. 135). Im übrigen darf umgekehrt ein Angestellter ausnahmsweise unmittelbar an den Aufsichtsrat herantreten, wenn ihm eine andere Möglichkeit zur Abwendung eines Schadens von der eG nicht gegeben ist.

Feststellungen der **Innenrevision** sind dem Aufsichtsrat grundsätzlich über den Vorstand zugänglich. Es gehört zu den Pflichten des Aufsichtsrates, sich periodisch oder aus besonderen Anlässen über Organisation und Feststellungen der Innenrevision berichten zu lassen. Der Aufsichtsrat kann auch die Innenrevision – aber grundsätzlich nur über den Vorstand – mit bestimmten Prüfungen beauftragen.

*b) Überwachung durch Einsichtnahme in die Unterlagen der Genossenschaft*

Nach § 38 Abs. 1 S. 2 hat der Aufsichtsrat das Recht, die Geschäftsunterlagen der eG **einzusehen**. Zu den Geschäftsunterlagen gehören alle fortlaufenden Aufzeichnungen, die von der eG im Rahmen des genossenschaftlichen Geschäftsbetriebes geführt werden (vgl. *Müller*, § 38 Rdn. 21; *Frankenberger*, S. 25), sowie alle auf den Geschäftsbetrieb der eG bezogenen Schriftstücke, die sich in deren Besitz befinden (vgl. *Müller*, § 38 Rdn. 21). Beispielhaft seien genannt: Kontounterlagen, Kreditunterlagen, Verträge, EDV-Auswertungen, Organisationspläne, Baupläne, Prüfungsberichte, Protokolle usw. Bei elektronischer Datenverarbeitung umfaßt die Kontrolle durch den Aufsichtsrat insbes. das dokumentierte Kompetenzsystem sowie die Sicherung gegen Mißbrauch von Masterkarten und Bedienerkarten. Der Vorstand muß dem Aufsichtsrat das System und seine Kontrolle plausibel darstellen. **11**

Gerade aus den – zu den Geschäftsunterlagen der eG zählenden (vgl. Rdn. 11) – **Prüfungsberichten** ergeben sich Erkenntnisse für die Überwachungstätigkeit des Aufsichtsrates (Näheres § 41 Rdn. 21). In ihnen wird nicht nur über die Situation und Entwicklung der eG berichtet; es werden vielmehr auch die bei der Prüfung festgestellten Mängel aufgezeigt. Jedes Mitglied des Aufsichtsrates ist grundsätzlich verpflichtet, sich über alle wesentlichen Feststellungen im Prüfungsbericht zu unterrichten. Dafür muß ausreichend Zeit zur Verfügung stehen (zutreffend *Potthoff/Trescher*, S. 131). Aufgabe des Aufsichtsrates ist es, zu überwachen, daß die festgestellten Mängel bereinigt werden und Beanstandungen im Prüfungsbericht, die die Erfüllung seiner Aufgaben betreffen, nachzukommen (GdW, Richtlinien für die Prüfung von Wohnungsbaugenossenschaften, 1994, Tz. 125, s. a. *Frankenberger*, S. 33 ff). **12**

Da zu den Geschäftsunterlagen ebenfalls die Protokolle zählen (vgl. Rdn. 11), hat der Aufsichtsrat auch das Recht, die **Vorstandsprotokolle** einzusehen und – soweit dies zur Ausübung der Überwachung erforderlich ist – deren Aushändigung zu verlangen. Dies gilt selbstverständlich auch für Protokolle über gemeinsame Sitzungen von Vorstand und Aufsichtsrat. In diesem letzteren Fall haben im übrigen auch die **einzelnen Aufsichtsratsmitglieder** das Recht auf Einsichtnahme und Aushändigung. **13**

Der Vorstand ist **nicht** berechtigt, die Einsichtnahme des Aufsichtsrates in Geschäftsunterlagen der eG zu **verweigern**. Nur in Ausnahmefällen kann die Geltendmachung des Einsichtsrechtes nicht gerechtfertigt sein. Dies ist B. der Fall, wenn dem Einsichtsverlangen nachweislich persönliche **14**

Zwecke eines Aufsichtsratsmitgliedes zugrunde liegen (vgl. *Müller*, § 38 Rdn. 25 bis 27).

**15** Die **Folgen**, die sich für den Vorstand aus einer ungerechtfertigten Verweigerung der Einsichtnahme in Geschäftsunterlagen der eG ergeben können, sind die gleichen wie bei einer unterlassenen, unrichtigen Berichterstattung des Vorstandes an den Aufsichtsrat (vgl. Rdn. 9).

*c) Überwachung durch Untersuchung der Betriebsgegenstände*

**16** Nach § 38 Abs. 1 S. 2 ist der Aufsichtsrat befugt, den Bestand der Genossenschaftskasse sowie die Bestände an Effekten, Handelspapieren und Waren zu **untersuchen**. Dem in § 38 Abs. 1 S. 2 zum Ausdruck kommenden allgemeinen Grundsatz, eine effiziente Überwachung zu gewährleisten, entspricht es, die Untersuchungsbefugnis auch auf die übrigen Betriebsgegenstände zu erstrecken (vgl. *Müller*, § 38 Rdn. 29; *Frankenberger*, S. 33; *Paulsen*, S. 35).

**17** Die Überwachung durch Untersuchung der Betriebsgegenstände hatte zu der Zeit, als es sich bei den eG regelmäßig noch um kleine Unternehmen handelte, eine andere praktische Bedeutung als heute. Angesichts wachsender Betriebsgrößen, verbesserter Betriebsorganisation und einer funktionierenden Innenrevision verlieren **periodische Bestandsprüfungen** des Aufsichtsrates immer mehr an Bedeutung. Periodische Bestandsprüfungen des Aufsichtsrates dürften allenfalls bei kleinen eG noch sinnvoll durchgeführt werden können. Bei eG mit Innenrevision kann der Aufsichtsrat diese – im Einvernehmen mit dem Vorstand – beauftragen, für ihn bestimmte Bestandsprüfungen vorzunehmen (vgl. *Frankenberger*, S. 34/35; vgl. zur Einschaltung Dritter auch Rdn. 53).

**18** In **Geschäftsordnungen** des Aufsichtsrates ist vielfach festgelegt, daß der Aufsichtsrat bei der Aufnahme und Prüfung der Bestände zum Bilanzstichtag mitwirken und die hierüber erstellte Inventur prüfen soll. Durch die Mitwirkung an der Inventur soll sich der Aufsichtsrat von der Ordnungsmäßigkeit der Bestandsaufnahme zum Bilanzstichtag überzeugen und prüfen, ob die Bestandsnachweise (Inventare, Inventurprotokolle) zutreffend erstellt sind (vgl. *Frankenberger*, S. 35). Der Begriff „Mitwirkung" will den Aufsichtsrat einerseits nicht ausdrücklich verpflichten, selbst z. B. die Bestände aufzunehmen. Er ist andererseits gehalten, im Rahmen seines pflichtgemäßen Ermessens die Aufnahme der Bestände zu überwachen. Ausreichend kann z. B. sein, wenn das System der Bestandsaufnahme geprüft und die Durchführung in Stichproben kontrolliert wird; Berichterstattung durch Innenrevision kann ausreichen (vgl. § 22 Mustersatzung).

**19** Die **Folgen**, die sich für den Vorstand aus einer ungerechtfertigten Verweigerung der Untersuchung der Betriebsgegenstände ergeben können, sind die gleichen wie bei einer unterlassenen, unrichtigen Berichterstattung des Vorstandes an den Aufsichtsrat (vgl. Rdn. 9).

*d) Überwachung durch Prüfung des Jahresabschlusses, des Lageberichts und der Vorschläge des Vorstandes über die Gewinn- und Verlustverteilung*

Der Text von § 38 Abs. 1 S. 3 wurde durch das Bilanzrichtliniengesetz geändert. Im wesentlichen wurden die Begriffe klargestellt und an die Terminologie des HGB angepaßt. Näheres s. Erl. zu § 33. **20**

Der Aufsichtsrat hat den **Jahresabschluß** zu prüfen. Der Jahresabschluß besteht gem. §§ 336 Abs. 1, 242 Abs. 3 HGB aus der Bilanz sowie der Gewinn- und Verlustrechnung. Der Jahresabschluß ist gem. § 336 Abs. 1 HGB um einen **Anhang** zu erweitern, der mit dem Jahresabschluß eine Einheit bildet. § 338 HGB bestimmt, daß im Anhang Angaben zu machen sind über die Zahl der im Laufe des Geschäftsjahres eingetretenen oder ausgeschiedenen sowie die Zahl der am Schluß des Geschäftsjahres vorhandenen Mitglieder. Anzugeben sind auch der Gesamtbetrag der Änderungen bei Geschäftsguthaben oder Haftsummen im Geschäftsjahr sowie der Betrag der Haftsummen zum Zeitpunkt des Jahresabschlusses. Im Anhang sind weiter anzugeben Name und Anschrift des Prüfungsverbandes, die Mitglieder des Vorstandes und des Aufsichtsrates sowie die Forderungen gegen Mitglieder des Vorstandes oder Aufsichtsrates. **21**

Für den Jahresabschluß gelten die Vorschriften der §§ 242 ff HGB, soweit nicht die §§ 336 ff HGB Sonderbestimmungen für eG enthalten.

Der Aufsichtsrat hat den Jahresabschluß auf seine rechnerische Richtigkeit hin zu prüfen; er hat weiterhin zu prüfen, ob der Jahresabschluß den gesetzlichen Vorschriften und den satzungsmäßigen Bestimmungen sowie den Grundsätzen einer ordnungsmäßigen Bilanzierung entspricht (vgl. *Meyer/Meulenbergh/Beuthien*, § 38 Rdn. 5; *Müller*, § 38 Rdn. 37; *Höhn*, Brevier, S. 151).

Die Prüfungspflicht des Aufsichtsrats erfaßt auch den **Lagebericht**, der durch das Bilanzrichtliniengesetz anstelle des früheren Geschäftsberichts getreten ist. Die Vorschriften des § 289 HGB sind gem. § 336 Abs. 2 HGB auf eG entsprechend anzuwenden. Danach hat der Lagebericht ein den tatsächlichen Verhältnissen entsprechendes Bild der eG zu vermitteln. Er soll auch eingehen auf Vorgänge von besonderer Bedeutung nach Schluß des Geschäftsjahres, die voraussichtliche Entwicklung der eG sowie den Bereich von Forschung und Entwicklung (§ 289 Abs. 2 HGB). Der Aufsichtsrat hat den Lagebericht daraufhin zu überprüfen, ob er den nach Gesetz und Satzung erforderlichen Inhalt hat, ob er inhaltlich zutreffend und so umfassend ist, daß er die notwendigen Anhaltspunkte zur Beurteilung der unternehmerischen Qualifikation des Vorstandes gibt. Der Aufsichtsrat wird darauf zu achten haben, daß der Lagebericht vor allem auch **22** die Aussagen enthält, die die GV von der Leitung der eG erwarten kann. Dies gilt insbes. für Aussagen zu Maßnahmen, die die Erfüllung des genossenschaftlichen Unternehmenszwecks sicherstellen sollen. Der Lagebericht ist so zu formulieren, daß er der GV in verständlicher Form die tatsächlichen Verhältnisse der eG vermittelt (vgl. *Müller*, § 38 Rdn. 37; *Höhn*, Brevier, S. 151).

23 Bei der Prüfung der Vorschläge des Vorstands über die Verwendung des **Jahresüberschusses** oder die Deckung eines **Jahresfehlbetrages** hat der Aufsichtsrat zu beachten, ob diese Vorschläge den gesetzlichen Vorschriften und den satzungsmäßigen Bestimmungen entsprechen. Er muß weiterhin prüfen, ob diese Vorschläge zweckmäßig und angemessen sind (vgl. *Müller*, § 38 Rdn. 38; *Schubert/Steder*, § 38 Rdn. 7; *Frankenberger*, S. 33; *Höhn*, Brevier, S. 152).

24 In vielen Fällen prüft der Aufsichtsrat einen Jahresabschluß, Lagebericht und Gewinnvorschlag, der bereits vom **Prüfungsverband** auf seine Gesetz- und Ordnungsmäßigkeit hin geprüft worden ist. Bei Kreditgenossenschaften und Wohnungsbaugenossenschaften mit Spareinrichtung ist dieser Jahresabschluß mit einem Bestätigungsvermerk zu versehen. Bei seinen eigenen Prüfungshandlungen kann in diesen Fällen der Aufsichtsrat – sofern sich aus den Ausführungen des Prüfungsverbandes nichts Gegenteiliges ergibt – davon ausgehen, daß die Prüfungsgegenstände keine weitergehenden Untersuchungen erforderlich machen. Der Aufsichtsrat wird sich in diesem Fall weitgehend auf eine kritische Würdigung beschränken können (vgl. *Frankenberger*, S. 31).

25 Bei den **Einzelerläuterungen** zu den wichtigsten Bilanzposten (vgl. hierzu die Erl. zu den Bestimmungen des HGB; Anhang zu § 33) werden für den Aufsichtsrat vor allem deren Zusammensetzung, die Wertansätze bzw. die angewandten Bewertungs- oder Abschreibungsmethoden, Wertberichtigungen, Aktivierungs- oder Passivierungswahlrechte, Sonderabschreibungen und deren Auswirkungen sowie wesentliche Abweichungen gegenüber dem Vorjahr von Interesse sein. Bei den Posten der Gewinn- und Verlustrechnung (Einzelheiten in: Die Überwachungstätigkeit des Aufsichtsrates) sollte sich das Augenmerk des Aufsichtsrates vor allem auf die Veränderungen gegenüber dem Vorjahr und deren Ursachen sowie auf wesentliche außerordentliche betrieb- oder periodenfremde Erfolgsgrößen richten. Bei Kreditgenossenschaften spielen hierbei neben der Entwicklung des Zins- und Provisionsüberschusses und der Zinsspanne sowie der Personal- und Sachaufwendungen insbes. die außerordentlichen Aufwendungen und Erträge aus Forderungen und Wertpapieren (Wertberichtigungen, Abschreibungen oder Zuschreibungen, Kursgewinne bzw. -verluste usw.) eine wesentliche Rolle, zumal für diese – abweichend vom sonst üblichen Bruttoprinzip – weitgehende Kompensationsmöglichkeiten gegeben sind, so

daß auch die Bildung bzw. Auflösung stiller Reserven für den Vorstand wesentlich erleichtert, für Außenstehende aber wesentlich schwerer erkennbar wird. Der Aufsichtsrat sollte die Erl. des Vorstandes und die Feststellungen des Prüfungsverbandes aber auch mit den Kenntnissen und Ergebnissen seiner eigenen laufenden Überwachung der Geschäftsführung vergleichen und abstimmen (vgl. *Frankenberger*, S. 31/32).

Der Aufsichtsrat muß der GV – vor Genehmigung des Jahresabschlusses – über seine Prüfung des Jahresabschlusses, des Lageberichtes des Vorstandes und der Vorschläge des Vorstandes über die Gewinn- und Verlustverteilung **berichten** (zum Verfahren im Zusammenhang mit der Beschlußfassung der GV vgl. § 48 Rdn. 3). Bei seinem Bericht sollte der Aufsichtsrat im allgemeinen auch seine wesentlichen und gegebenenfalls kritischen Überlegungen darstellen (vgl. in diesem Zusammenhang: *Frankenberger*, S. 30 f). Nur ausnahmsweise kann sich der Aufsichtsrat mit einem formelhaften Kurzbericht begnügen. Dieser Kurzbericht könnte – wenn der Jahresabschluß, der Lagebericht des Vorstandes und die Vorschläge des Vorstandes über die Gewinn- und Verlustverteilung nach der Auffassung des Aufsichtsrates tatsächlich in Ordnung sind – etwa wie folgt lauten: „Der Aufsichtsrat hat den Jahresabschluß und den Lagebericht geprüft und in Ordnung befunden. Er befürwortet den Vorschlag des Vorstandes über die Gewinnverwendung/Verlustdeckung. Der Vorschlag entspricht den Vorschriften von Gesetz und Satzung." Entscheidend ist, daß der Aufsichtsrat seine eigene Meinung kundtut und sie erforderlichenfalls kurz begründet. **26**

Der Bericht des Aufsichtsrates muß im Hinblick auf § 48 Abs. 3 **schriftlich** abgefaßt werden (vgl. *Müller*, § 38 Rdn. 39; *Schubert/Steder*, § 38 Rdn. 7). **27**

## II. Einberufung der Generalversammlung durch den Aufsichtsrat

Nach § 38 Abs. 2 hat der Aufsichtsrat eine **GV einzuberufen**, wenn dies im Interesse der eG erforderlich ist. Diese Verpflichtung des Aufsichtsrates zur Einberufung der GV besteht selbständig neben derjenigen des Vorstandes (vgl. § 44). **28**

Die Satzung kann die **Einberufungszuständigkeit** des Aufsichtsrates nach § 38 Abs. 2 nicht beschränken. Die Satzung kann jedoch festlegen, daß der Aufsichtsrat die GV auch ohne Vorliegen der in § 38 Abs. 2 genannten Voraussetzungen einberufen kann. Auch kann die Satzung einem einzelnen Aufsichtsratsmitglied – insbes. dem Aufsichtsratsvorsitzenden – die Befugnis zur Einberufung der GV geben (vgl. § 44 Rdn. 17; *Müller*, § 38 Rdn. 45; nicht eindeutig *Meyer/Meulenbergh/Beuthien*, § 38 Rdn. 7). Ob die Sat- **29** zung das Recht auch Dritten, z. B. dem Prüfungsverband, einräumen kann, erscheint fraglich. Unbedenklich wäre aber eine Satzungsregelung, wonach der Verband berechtigt ist, Einberufung einer Versammlung zu verlangen. Daraus kann für den Aufsichtsrat im Rahmen seines pflichtgemäßen Ermessens die Verpflichtung entstehen, die GV einzuberufen. Unterläßt der Aufsichtsrat in diesem Fall die Einberufung, können sich die AR-Mitglieder nach § 41 schadensersatzpflichtig machen. Zur Einberufung einer ao GV im Rahmen der Prüfungsverfolgung durch den Prüfungsverband s. § 60 Rdn. 1–9.

## III. Zuweisung von Aufgaben an den Aufsichtsrat durch die Satzung

30 Nach § 38 Abs. 3 können dem Aufsichtsrat durch die Satzung **weitere Aufgaben** übertragen werden. Diese Vorschrift korrespondiert mit § 27 Abs. 1 S. 2, wonach die Geschäftsführungsbefugnis des Vorstandes (nicht die Vertretung!) durch die Satzung eingeschränkt werden kann. In den Satzungen ist folgerichtig die Einschaltung des Aufsichtsrates bei den Entscheidungen über **wichtige Geschäfte** vorgesehen (s. Rdn. 32). In den Satzungen wird z. B. regelmäßig bestimmt, daß die Vorstandsmitglieder durch den Aufsichtsrat bestellt werden und in Verbindung mit einer ordentlichen Kündigung abberufen werden können (vgl. Erl. zu § 24; vgl. BGH, ZIP 1988, 367). In der Praxis liegt hier ein Schwerpunkt der Verantwortung des Aufsichtsrates. Bei der sorgfältigen Auswahl geht es um Fragen der persönlichen und fachlichen Qualifikation, der Vertragsbedingungen, insbes. die Dauer des Vertrages, Zusagen bestimmter Positionen, wie z. B. Vorsitz (wenn die Satzung dem Aufsichtsrat dieses Recht einräumt – sonst Wahl durch den Vorstand). Auch die Bewertung der Leistungen im Vorstand z. B. in Zeugnissen ist Aufgabe des Aufsichtsrates, wie auch die Prüfung und Verfolgung von Regreßansprüchen gem. §§ 34, 39.

31 Die **Geschäftsordnung** regelt die innere Ordnung des Aufsichtsrats. Sie hat nicht Satzungscharakter und kann vor allem nicht weitere Aufgaben an den Aufsichtsrat zur Entscheidung übertragen. Der Aufsichtsrat gibt sich diese Geschäftsordnung selbst und bedarf dafür nicht der Zustimmung der GV. Die Geschäftsordnung muß auch nicht eine Grundlage in der Satzung haben. Sinnvoll erscheint es, zum Inhalt der Geschäftsordnung des Aufsichtsrats den Vorstand anzuhören. Der früher übliche Begriff „Geschäftsanweisung“ widerspräche der Weisungsunabhängigkeit des Aufsichtsrats. Die Leitungsstruktur der eG schließt bindende Weisungen an den Vorstand und an den Aufsichtsrat aus. Soweit in einer **Geschäftsordnung** des Aufsichtsrates die Mitwirkung des Aufsichtsrates z. B. bei der Kreditgewährung vorgesehen ist, handelt es sich nicht um eine „weitere Obliegenheit“

i. S. v. § 38 Abs. 3, sondern nur um eine zeitlich vorverlegte Überwachung der Geschäftsführung des Vorstandes (vgl. § 27 Rdn. 13 ff).

Die Satzung kann festlegen, daß bei bestimmten wichtigen Geschäften die **Mitwirkung des Aufsichtsrates** erforderlich ist. Damit wird gleichzeitig i. S. v. § 27 Abs. 1 S. 2 die Geschäftsführungsbefugnis des Vorstandes eingeschränkt. Im Unterschied zum Aktienrecht (§ 111 Abs. 4 AktG) können im Genossenschaftsrecht durch die Satzung einzelne Geschäftsführungsbefugnisse auf den Aufsichtsrat übertragen werden. Die Mustersatzungen machen in § 23 von dieser Möglichkeit Gebrauch. Während im Aktienrecht lediglich eine „Zustimmung" des Aufsichtsrates vorgesehen werden kann, legen die Satzungen im Genossenschaftsbereich ein konkretes Mitwirkungsverfahren fest: Auf der Grundlage einer gemeinsamen Beratung haben Vorstand und Aufsichtsrat getrennt zu beschließen. Damit soll erreicht werden, daß die Mitglieder des Aufsichtsrates in einer **„mündlichen Verhandlung"** zumindest die Möglichkeit haben, sich den erforderlichen Wissensstand anzueignen und damit den natürlichen Informationsvorsprung des Vorstandes auszugleichen. Wesentlich ist dabei auch die Gelegenheit, die eigenen Argumente unmittelbar in die Meinungsbildung des Vorstandes einzubringen. Eine reine „Zustimmung" kann diese Gewähr nicht geben, zumal sie sich in vielen Fällen der Unternehmenspraxis darauf beschränkt, daß der Vorstand diese Zustimmung einfach „einholt". 32

Die Mitwirkungsrechte des Aufsichtsrates dürfen aber nicht so weit ausgedehnt werden, daß die Geschäftsleitung im Ergebnis beim Aufsichtsrat liegt; die Stellung des Vorstandes als eigenverantwortliches Leitungsorgan darf nicht ausgehöhlt werden (vgl. *Müller*, § 38 Rdn. 49; *Meyer/Meulenbergh/Beuthien*, § 38 Rdn. 8; s. a. § 27 Rdn. 13). Darüber hinaus ergeben sich aus dem Wortlaut und Sinn des Gesetzes (§ 27 Abs. 1 S. 2 und § 38 Abs. 3) **keine weiteren konkreten Beschränkungen** für die Mitwirkung des Aufsichtsrates: Sie muß nicht auf Geschäfte von besonderer Bedeutung beschränkt sein (a. A. *Müller*, § 38 Rdn. 49; *Höhn*, Brevier, S. 32 und frühere Auflagen), allerdings wird es sinnvoll sein, die Mitwirkung des Aufsichtsrates auf solche Fälle zu beschränken. Hinweise auf das Aktienrecht gehen fehl, weil dort andere Regelungen bestehen (§ 111 Abs. 4 AktG). 33

Wenn in der Satzung oder in einer Geschäftsordnung des Aufsichtsrates (vgl. Rdn. 30) die Zustimmung des Aufsichtsrates zu bestimmten Geschäften des Vorstandes festgelegt ist, dann ist diese Zustimmung vom Vorstand **vor der Vornahme** des Geschäftes (also als Einwilligung) einzuholen (vgl. *Müller*, § 38 Rdn. 53; *Frankenberger*, S. 41; *Höhn*, Brevier, S. 31). Es könnte zweckmäßig sein, dies in der Satzung klarstellend festzulegen. 34

Wenn der Vorstand in begründeten **Ausnahmefällen** ein Geschäft ohne die erforderliche vorherige Zustimmung des Aufsichtsrates vornimmt, kann 35 der Aufsichtsrat dem Geschäft noch nachträglich zustimmen (vgl. *Müller*, § 38 Rdn. 54; *Frankenberger*, S. 41; *Höhn*, Brevier, S. 38). Der Aufsichtsrat darf die nachträgliche Zustimmung nicht allein deshalb verweigern, weil sie nicht vor der Vornahme des Geschäftes vom Vorstand eingeholt wurde. Der Aufsichtsrat hat die Frage der nachträglichen Zustimmung vielmehr unter dem Gesichtspunkt zu entscheiden, ob die Vornahme des Geschäftes mit den Sorgfaltspflichten des Vorstandes (§ 34), d. h. mit den Interessen der eG, zu vereinbaren ist (vgl. *Müller*, § 38 Rdn. 54; *Frankenberger*, S. 41; *Höhn*, Brevier, S. 38).

**36** Wenn der Vorstand ein zustimmungspflichtiges Geschäft ohne Zustimmung des AR vorgenommen hat, so ist das Geschäft im **Außenverhältnis** gleichwohl wirksam (vgl. *Müller*, § 38 Rdn. 55; *Frankenberger*, S. 41; *Geßler u. a.*, AktG, § 111Rdn. 78). Dies folgt daraus, daß es sich bei in der Satzung enthaltenen Mitwirkungsrechten des Aufsichtsrates um Beschränkungen i. S. d. § 27 Abs. 1 S. 2 handelt, die Dritten gegenüber keine rechtliche Wirkung zeigen (§ 27 Abs. 2). Ist das Erfordernis der Zustimmung des Aufsichtsrates in der **Geschäftsordnung** für den Vorstand vorgesehen, handelt es sich um vorweggenommene Aufsicht, die ebenfalls keine Außenwirkung zeigt (vgl. die Erl. zu § 27 u. oben Rdn. 32). Eine Ausnahme – von der allerdings nicht alle eG, sondern nur Kreditgenossenschaften und Wohnungsbaugenossenschaften mit Spareinrichtung betroffen sein können – gilt für Organkreditgewährungen gemäß § 15 KWG. Wenn bei einem Organkredit der einstimmige Beschluß sämtlicher Geschäftsleiter oder die ausdrückliche Zustimmung des Aufsichtsrates fehlt und nicht unverzüglich beigebracht wird, muß der Organkredit ohne Rücksicht auf entgegenstehende Vereinbarungen sofort zurückgezahlt werden.

**37** Wegen der **Einordnung der Zustimmung** des Aufsichtsrates zu Geschäften des Vorstandes als Teilnahme an der Geschäftsführung oder als vorweggenommene Überwachung vgl. § 27 Rdn. 13 ff und oben Rdn. 32.

## IV. Wahrnehmung der Aufgaben des Aufsichtsrates

### 1. Wahrnehmung der Aufgaben des Aufsichtsrates durch den Aufsichtsrat als Organ

**38** Die dem Aufsichtsrat durch das Gesetz oder durch die Satzung übertragenen Aufgaben stehen dem Aufsichtsrat als **Organ** zu (vgl. *Meyer/Meulenbergh/Beuthien*, § 38 Rdn. 1; *Müller*, § 38 Rdn. 14, 22, 33; *Schubert/Steder*, § 38 Rdn. 3; *Frankenberger*, S. 21). Der Aufsichtsrat entscheidet durch Beschlußfassung. Näheres § 36 Rdn. 60 ff.

**Einzelne Personen**, z. B. Sachverständige, können in keinem Fall an Stelle des Aufsichtsrates Entscheidungen treffen. Auch soweit der Aufsichtsratsvorsitzende für den Aufsichtsrat handelt, kann dies nur den Charakter von Vertretungshandlungen im Außenverhältnis haben. Im Innenverhältnis muß die Vertretung auf einer ordnungsgemäßen Meinungsbildung im Gesamtgremium oder in Ausschüssen beruhen.

### 2. Wahrnehmung der Aufgaben des Aufsichtsrates durch einzelne Aufsichtsratsmitglieder

Der Aufsichtsrat kann **einzelne Aufsichtsratsmitglieder** mit der Wahrnehmung von Aufgaben des Aufsichtsrates beauftragen (vgl. *Meyer/Meulenbergh/Beuthien*, § 38 Rdn. 6; *Müller*, § 38 Rdn. 14, 22, 33; *Schubert/Steder*, § 38 Rdn. 3; *Frankenberger*, S. 21). Eine solche Beauftragung entbindet den Aufsichtsrat nicht von seiner Gesamtverantwortung. Er muß sich in geeigneter Weise davon überzeugen, daß die in seinem Auftrag durchzuführenden Aufgaben sachgemäß erfüllt werden (vgl. *Schubert/Steder*, § 38 Rdn. 3). 39

Übertragung von Aufgaben auf **einzelne Aufsichtsratsmitglieder** ist grundsätzlich nur möglich zur **Vorbereitung** oder **Durchführung** von Beschlüssen (OLG Stuttgart, BB 1992, 1669). Die **Entscheidung** selbst kann nicht auf einzelne Personen, auch nicht auf den Aufsichtsratsvorsitzenden übertragen werden (wegen Übertragung auf Ausschüsse siehe Rdn. 41 ff.). Die Überwachungsmaßnahmen finden grundsätzlich in den Geschäftsräumen der eG statt, wenn nicht ausnahmsweise, z. B. aufgrund besonderer Aufträge des Aufsichtsrates, eine Arbeit sinnvollerweise außerhalb der Geschäftsräume erledigt werden soll. So wird z. B. ein dem Aufsichtsrat angehöriger Rechtsanwalt die rechtliche Beurteilung bestimmter Überwachungstatbestände durchaus in seiner Kanzlei durchführen können, ein dem Bauausschuß angehörender Architekt wird Entwürfe selbstverständlich in seinem eigenen Büro anfertigen. Auch bestehen keine Bedenken, wenn z. B. der Vorsitzende des Kreditausschusses schwierige Fälle in der Weise erarbeitet, daß er die Unterlagen zur gründlichen Durcharbeitung mit nach Hause nimmt. In diesen Fällen muß naturgemäß die Schweigepflicht und die Verpflichtung zur Wahrung von Betriebs- und Kundengeheimnissen besonders sorgfältig beachtet werden. Wegen Aushändigung von Prüfungsberichten vgl. § 41 Rdn. 21.

**Einzelne Aufsichtsratsmitglieder** sind nicht befugt, im Wege der Klage gegen Maßnahmen der Geschäftsführung vorzugehen (BGH, AG 1989, 89 DB 1989, 311).

Dem einzelnen Mitglied des Aufsichtsrates stehen aber alle Rechte zu, die es zur Wahrnehmung seiner Pflichten im Aufsichtsrat benötigt: Teilnahmerecht an den Sitzungen des Aufsichtsrates, Wahrnehmung aller Teilnehmerrechte in diesen Sitzungen wie Fragerecht, Antragsrecht, Rederecht, Vorschlagsrecht, Stimmrecht, das Recht, Protokollierung seiner Beiträge zu 40 verlangen. Außerhalb der Sitzungen kann sich jedes Aufsichtsratsmitglied an den Vorsitzenden wenden, um Anregungen, Hinweise und Fragen vorzubringen. Das Recht, eine Sitzung zu verlangen, ergibt sich nicht aus dem Gesetz; es empfiehlt sich eine Regelung in der Satzung oder der Geschäftsordnung. Jedes Mitglied des Aufsichtsrates hat das Recht, alle Unterlagen des Aufsichtsrates einzusehen und über den Aufsichtsrat Zugang zu allen erforderlichen Informationen zu verlangen (dazu auch *Potthoff/Trescher*, S. 53 ff).

Die Zuordnung besonderer Rechte an einzelne Aufsichtsräte wie z. B. in § 90 Abs. 3 AktG, 110 Abs. 2 AktG ist im Genossenschaftsrecht entbehrlich. Bei Bedarf können solche Regelungen in die Satzung oder die Geschäftsordnung aufgenommen werden.

### 3. Wahrnehmung der Aufgaben des Aufsichtsrates durch Aufsichtsrats-Ausschüsse

**41** Wenn auch im GenG keine Vorschrift über die Bildung von Ausschüssen enthalten ist, so wird die Bildung solcher Ausschüsse allgemein als zulässig angesehen (*Potthoff/Trescher*, S. 77 ff; *Semler*, AG 1988, 60; *Frankenberger*, S. 24; *Meyer/Meulenbergh/Beuthien*, § 36 Rdn. 18; *Müller*, § 36 Rdn. 108; *Schubert/Steder*, § 38 Rdn. 3; *Höhn*, Brevier, S. 55).

**42** Die **Einsetzung eines Ausschusses** folgt aus dem Organisationsrecht der Gesellschaft und steht im pflichtgemäßen Ermessen des Aufsichtsrats; die Satzung kann Ausschüsse weder vorschreiben noch verbieten (*Meyer/Meulenbergh/Beuthien*, § 36 Rdn. 18). Dementsprechend bestimmt grundsätzlich der Aufsichtsrat darüber, ob überhaupt Ausschüsse eingesetzt werden sollen, mit welchen Aufgaben die Ausschüsse betraut werden sollen, ob die Ausschüsse **beratende** oder **entscheidende** Funktion haben sollen (s. Rdn. 44; *Frankenberger*, S. 20; *Höhn*, Brevier, S. 55; *Geßler u. a.*, AktG, § 107 Rdn. 61). Der Aufsichtsrat kann einem Ausschuß zugewiesene Aufgaben jederzeit wieder an sich ziehen (*Meyer/Meulenbergh/Beuthien*, § 36 Rdn. 18).

**43** Zu **Mitgliedern eines Ausschusses** dürfen nur Aufsichtsratsmitglieder bestellt werden. Dies ergibt sich daraus, daß ein Ausschuß mit Aufgaben des Aufsichtsrates betraut wird und daß der Aufsichtsrat nach § 38 Abs. 4 die Ausübung seiner Aufgaben nicht anderen Personen übertragen kann. In den Satzungen wird dies regelmäßig noch einmal klarstellend festgelegt. Wegen der Zulässigkeit der Besetzung eines Ausschusses mit Aufsichtsratsmitgliedern einer bestimmten Mitgliedergruppe, wenn dies aus sachlichen Gründen geboten ist: OLG Hamburg, DB 1984, 1567. Arbeitnehmervertreter sind in angemessener Weise an dem Entscheidungsprozeß im Personalausschuß zu beteiligen (OLG Hamburg, ebd.). Es bestehen keine Bedenken, wenn zu den Sitzungen der Ausschüsse oder des Aufsichtsrates regelmäßig Fachleute (z. B. Anwälte, Steuerberater, Wirtschaftsprüfer) zugezogen werden. Diese haben lediglich beratende Funktion und dürfen bei Entscheidungen nicht mitwirken.

Grundsätzlich können Ausschüsse des Aufsichtsrates **Entscheidungsbefugnisse** haben oder auch nur eine die Entscheidungen des Aufsichtsrates vorbereitende und damit **beratende Tätigkeit** ausüben (vgl. BGHZ 65, 190 für AG; *Frankenberger*, S. 20; *Höhn*, Brevier, S. 55; a. A. *Müller*, § 36 Rdn. 108, der in unzulässiger Analogie zu § 107 Abs. 3 AktG der Auffassung, ist, daß ein genossenschaftlicher Aufsichtsrat nur beratende Ausschüsse einsetzen könne). **44**

Der Aufsichtsrat kann Zuständigkeiten, die ihm die Satzung übertragen hat, einem Ausschuß mit entscheidender Funktion **zuweisen** (vgl. in diesem Zusammenhang: *Geßler u. a.*, AktG, § 107 Rdn. 64). So kann z. B. die – in den Geschäftsordnungen des Aufsichtsrates von Kreditgenossenschaften regelmäßig festgelegte – vorherige Zustimmung des Aufsichtsrates zu Krediten, einem Ausschuß mit entscheidender Funktion übertragen werden. So kann weiterhin z. B. die Regelung der Anstellungsverhältnisse der Vorstandsmitglieder (hinsichtlich der Bestellung zum Vorstandsmitglied vgl. Rdn. 47 und § 24 Rdn. 48) einem Ausschuß mit entscheidender Funktion jedenfalls dann übertragen werden, wenn der Aufsichtsrat – und in der Praxis ist dies regelmäßig der Fall – nach der Satzung dafür zuständig ist und in der Satzung weiterhin festgelegt ist, daß der Aufsichtsrat zur Erfüllung seiner Aufgaben aus seiner Mitte Ausschüsse bilden kann (vgl. in diesem Zusammenhang auch: BGH, BB 1981, 197). Die Überweisung einer satzungsmäßigen Aufgabe des Aufsichtsrates an einen Ausschuß mit entscheidender Funktion ist dann unzulässig, wenn die Satzung erkennen läßt, daß diese Aufgabe durch den Gesamtaufsichtsrat ausgeübt werden soll (vgl. in diesem Zusammenhang: *Geßler u. a.*, AktG, § 107 Rdn. 64). Unterliegt eine eG dem Mitbestimmungsgesetz von 1976, so ist nur der Aufsichtsrat für Abschluß, Änderung und Aufhebung der Anstellungsverträge mit Vorstandsmitgliedern und die dazu notwendigen Entscheidungen zuständig (vgl. BGH, NJW 1984, 733 zur GmbH). **45**

Angelegenheiten, die die **innere Organisation** des Aufsichtsrates betreffen, können einem Ausschuß mit entscheidender Funktion nicht übertragen werden (vgl. *Höhn*, Brevier, S. 57; *Geßler u. a.*, AktG, § 107 Rdn. 79). Dies gilt z. B. für die Wahl des Vorsitzenden des Aufsichtsrates und seines Stellvertreters, für den Erlaß einer Geschäftsordnung des Aufsichtsrates, für die Einsetzung oder Auflösung von Ausschüssen usw. **46**

Die **Bestellung** und **Suspendierung** von Vorstandsmitgliedern kann nicht von einem Ausschuß des Aufsichtsrates vorgenommen werden (so für Suspendierung bei der AG, Kammergericht, DB 1983, 2026); diese Ent- **47** scheidung bleibt vielmehr beim Gesamtaufsichtsrat. Entsprechendes gilt für die **Einberufung** der GV (§ 38 Abs. 2), sowie die gesamte Aufgabe der Überwachung der Geschäftsführung des Vorstandes (vgl. *Höhn*, Brevier, S. 56; vgl. auch: *Geßler u. a.*, AktG, § 107 Rdn. 75 bis 78).

Übertragbar auf Ausschüsse sind dagegen der Abschluß des **Dienstvertrages**, Änderungen dieses Vertrages, fristgemäße Kündigung (sofern darin nicht eine Abberufung liegt).

**48** Im GenG ist nicht geregelt, aus **wie vielen Mitgliedern** ein Ausschuß des Aufsichtsrates mindestens bestehen muß. Die Satzung kann jedoch eine entsprechende Bestimmung enthalten. Die **Mindestzahl**, aus denen ein Ausschuß bestehen muß, ist umstritten. Grundsätzlich dürfte es vom Begriff des „Ausschusses" und der Aufgabenstellung her ausreichend sein, wenn dem Ausschuß mindestens zwei Mitglieder angehören. Zum Teil wird aber die Auffassung vertreten, ein Ausschuß müsse aus mindestens drei Mitgliedern bestehen, weil nur so eine sachgerechte, kollegiale Meinungsbildung gewährleistet ist (BGHZ 65, 190 = WM 1975, 1237 = NJW 1976, 145; *Frankenberger*, S. 25; *Geßler u. a.*, AktG, § 107 Rdn. 81–3). Bei der Einsetzung eines Kreditausschusses mit entscheidender Funktion ist die Stellungnahme des Bundesaufsichtsamtes für das Kreditwesen vom 20. 8. 1976 zu beachten (vgl. Schreiben des BAKred vom 20. 8. 1976 [13–283–7/75] an die Spitzenverbände des Kreditgewerbes, abgedruckt in *Reischauer/Kleinhans*, § 15 Anm. 17 Fn.). Danach muß ein Kreditausschuß, der die Zustimmungsfunktion nach § 15 KWG (Zustimmung zu Organkrediten) wahrnehmen soll, aus mindestens drei Mitgliedern des Aufsichtsorgans bestehen. Für seine Beschlußfähigkeit darf keine geringere Anzahl als 3 Mitglieder vorgesehen sein. Die Auffassung, daß einem Ausschuß mindestens drei Mitglieder angehören müssen, ist im übrigen für das Genossenschaftsrecht nicht zu begründen. Analogien zu § 108 Abs. 2 AktG sind nicht zulässig; dort sprechen u. a. Gesichtspunkte der Mitbestimmung für eine Mindestzahl von 3 Mitgliedern für die Beschlußfähigkeit und für die Zusammensetzung von Ausschüssen. Insoweit kann auch das Schreiben des Bundesaufsichtsamtes für das Kreditwesen genossenschaftsrechtlich nicht überzeugen.

**49** Nach § 36 Abs. 1 S. 2 ist die zu einer Beschlußfassung des Aufsichtsrates erforderliche Zahl durch die Satzung zu bestimmen (vgl. § 36 Rdn. 63). Daraus folgt, daß die Satzung auch für beschließende Ausschüsse die **Beschlußfähigkeit** regeln muß. Da ein Beschluß stets die Mitwirkung von mindestens zwei Personen voraussetzt, kann auch ein Ausschuß nur beschlußfähig sein, wenn mindestens zwei Personen bei der Beschlußfassung anwesend sind.

In diesem Fall kann die Entscheidung über einen Antrag rechtswirksam getroffen sein, wenn ein Ausschußmitglied zustimmt und das andere sich der Stimme enthält.

Die Wahrnehmung von Aufgaben des Aufsichtsrates durch Ausschüsse **50** des Aufsichtsrates befreit die übrigen Aufsichtsratsmitglieder nicht von ihrer **Gesamtverantwortung** (vgl. *Höhn*, Brevier, S. 59/60; *Geßler u. a.*, AktG, § 107 Rdn. 84/85). Soweit es sich um beschließende Ausschüsse handelt, verbleibt dem Gesamtaufsichtsrat die Verantwortung für die **Auswahl** der Ausschußmitglieder und die erforderliche **Kontrolle**. Dies bedingt ein entsprechendes Kontrollrecht des Gesamtaufsichtsrats und eine Berichtspflicht des Ausschusses gegenüber dem Aufsichtsrat (vgl. § 41 Rdn. 43).

Der Aufsichtsrat kann einen Ausschuß jederzeit **auflösen** (vgl. *Geßler* **51** u. a., AktG, § 107 Rdn. 79).

Wahlen zum Aufsichtsrat und Neukonstituierung des Aufsichtsrates haben grundsätzlich auf Zusammensetzung und Fortbestehen von Ausschüssen keinen Einfluß. Naturgemäß scheiden Personen, die nicht mehr dem Aufsichtsrat angehören, automatisch auch aus Ausschüssen des Aufsichtsrates aus. Die Satzung kann allerdings vorsehen, daß nach jeder durchgeführten Neuwahl zum Aufsichtsrat auch die Ausschüsse neu zu konstituieren sind.

Der Aufsichtsrat hat gegenüber einem Ausschuß ein uneingeschränktes **52** Informationsrecht. Einzelne Aufsichtsratsmitglieder können nur über den Aufsichtsrat diese Unterrichtung verlangen.

## V. Wahrnehmung von Aufgaben des Aufsichtsrates durch Dritte

Nach § 38 Abs. 4 können die Mitglieder des Aufsichtsrates die Aus- **53** übung ihrer Obliegenheiten **nicht auf andere Personen übertragen**. Der Aufsichtsrat kann jedoch zur Erfüllung seiner gesetzlichen und satzungsmäßigen Aufgaben sich der Hilfe Dritter bedienen. So kann er sich insbes. durch Sachverständige, soweit dies im Rahmen einer ordentlichen und gewissenhaften Aufsichtsratstätigkeit liegt (z. B. Rechtsanwälte, Vertreter des Verbandes usw.) beraten lassen (vgl. *Müller*, § 38 Rdn. 61, 62; *Schubert/Steder*, § 38 Rdn. 4, 5). Darüber hinausgehende Beratungsverträge könnten ggfs. Regreßfolgen nach § 41 i. V. m. § 34 GenG haben. Der Aufsichtsrat ist ermächtigt, Beratungsverträge im Namen der eG abzuschließen; der Vergütungsanspruch richtet sich gegen die eG (*Meyer/Meulenbergh/Beuthien*, § 38 Rdn. 9). Auch das einzelne Aufsichtsratsmitglied kann sich bei der Erfüllung seiner Aufgaben der Hilfe Dritter bedienen (vgl. *Müller*, § 38 Rdn. 63). So kann er sich namentlich durch Sachverständige – grds. auf eigene Kosten – beraten lassen. Weder der Aufsichtsrat noch das einzelne Aufsichtsratsmitglied dürfen jedoch generell und laufend einen Sachverständigen einschalten. Denn dadurch könnte auf die Dauer nicht nur die Vertraulichkeit leiden (näher dazu: § 41 Rdn. 40); es bestände vor allem auch die Gefahr, daß die vom Aufsichtsrat und seinen Mitgliedern in eigener Verantwortung zu treffenden Entscheidungen zu stark nach außen verlagert werden (vgl. in diesem Zusammenhang: BGH, BB 1983, 101 = DB 1983, 165). **Entscheidungen**, die in die Zuständigkeit des Aufsichtsrates fallen, können grundsätzlich nicht auf andere Personen, z. B. Sachverständige oder einen Beirat, übertragen werden (s. Rdn. 39).

Soweit der Aufsichtsrat zur Vertretung berufen ist, darf er grundsätzlich nicht andere Personen damit beauftragen. Der Aufsichtsrat kann auch den Vorstand nicht im Einzelfall vom Vetretungsverbot befreien (für die AG BGH, DB 1986, 1381).

Unvertretbar als Aufsichtsratsmitglieder sind vor allem Personen, die „fremdbestimmt" sich nicht mehr an den Interessen der eG orientieren (vgl. LG Frankfurt, NJW 1987, 505).

Aus der umfassenden Überwachungspflicht des Aufsichtsrates und seiner Mitglieder folgt, daß der Abschluß von **besonderen Beratungsverträgen** zwischen der eG und einem Aufsichtsratsmitglied grundsätzlich verboten und nichtig ist, sofern sie die Aufsichtstätigkeit betreffen (BGH v. 25. 3. 1991, II ZR 188/89; BGH v. 4. 7. 1994, WM 1994, 1473 für die AG). Beratungsverträge außerhalb dieser Tätigkeit – z. B. für besondere Fachgebiete – sind möglich, können aber problematisch sein, sofern sie die Abhängigkeit und Objektivität des Beraters als Aufsichtsratsmitglied gefährden (ausführlich *Deckert*, AG 1997, 109).

## VI. Verletzung der Sorgfaltspflicht des Aufsichtsrates

**54** Wegen der **Verletzung der Sorgfaltspflichten des Aufsichtsrates** und der sich dabei ergebenden Folgen vgl. die Erl. zu § 41.

## § 39

### Vertretung der Genossenschaft durch den Aufsichtsrat

**(1) Der Aufsichtsrat ist ermächtigt, die Genossenschaft bei Abschließung von Verträgen mit dem Vorstande zu vertreten und gegen die Mitglieder desselben die Prozesse zu führen, welche die Generalversammlung beschließt.**

**(2) Der Genehmigung des Aufsichtsrats bedarf jede Gewährung von Kredit an ein Mitglied des Vorstandes, soweit letztere nicht durch das Statut an noch andere Erfordernisse geknüpft oder ausgeschlossen ist. Das gleiche gilt von der Annahme eines Vorstandsmitglieds als Bürgen für eine Kreditgewährung.**

**(3) In Prozessen gegen die Mitglieder des Aufsichtsrats wird die Genossenschaft durch Bevollmächtigte vertreten, welche in der Generalversammlung gewählt werden.**

*Übersicht*



## I. Inhalt von § 39

Die Vorschrift **ergänzt die in § 38 geregelte allgemeine Zuständigkeit des Aufsichtsrats** als Kontrollorgan. Es geht dabei um einzelne Sachverhalte, für die darüber hinaus ein besonderes Regelungsbedürfnis besteht: 1

- Vertretung der eG gegenüber Vorstandsmitgliedern,
- Prozeßführung gegen Vorstandsmitglieder,
- Kreditgewährung an Vorstandsmitglieder,
- Kreditbürgschaften von Vorstandsmitgliedern und
- Vertretung der eG bei Prozessen gegenüber Mitgliedern des Aufsichtsrates.

Zusätzlich bestimmt § 39, daß **Prozesse gegen Vorstandsmitglieder** einer Beschlußfassung der GV bedürfen. 2

## II. Vertretungsbefugnis des Aufsichtsrates

### 1. Vertretungsbefugnis (Ermächtigung) gegenüber Vorstandsmitgliedern

*a) Vertretung bei Rechtsgeschäften*

Durch § 39 Abs. 1 **wird der Aufsichtsrat „ermächtigt"**, die eG bei Vornahme von Rechtsgeschäften mit Vorstandsmitgliedern aktiv und passiv zu vertreten. Die Formulierung „ermächtigt" hat rechtlich zum Inhalt, daß der Aufsichtsrat in diesen Fällen sowohl die **Entscheidungsbefugnis** im Innenverhältnis als auch das **Vertretungsrecht** im Außenverhältnis hat. So bedarf z. B. die Überweisung von Geldbeträgen an ein Vorstandsmitglied als Urlaubsabgeltung einer Entscheidung des Aufsichtsrates (vgl. LG Amberg, AZ 1 O 1144/83). 3

4 Entscheidungs- und Vertretungsbefugnis nach § 39 steht dem Aufsichtsrat als Organ zu. Soweit die Beschlußkompetenz einem **Ausschuß des Aufsichtsrates** übertragen ist, kann dieser auch in den Fällen des § 39 für den Aufsichtsrat entscheiden und die Vertretung wahrnehmen (für AG: *Hüffer*, AktG, § 112 Rdn. 5); durch Bevollmächtigung kann die Vertretung – nicht die Entscheidung – auch einem einzelnen Mitglied des AR, z. B. dem Vorsitzenden übertragen werden.

5 Zu den Rechtsgeschäften gehören nicht nur Dienst- und Pensionsverträge, sondern auch **andere Verträge** mit Vorstandsmitgliedern, wie z. B. Mietverträge über eine Genossenschaftswohnung (vgl. BGH, NJW 1984, 735; *Müller*, § 39 Rdn. 1).

6 Die Kompetenz des Aufsichtsrates zur Entscheidung und Vertretung besteht über den Abschluß von Verträgen hinaus auch für die **Änderung** oder **Aufhebung** von Verträgen mit Vorstandsmitgliedern, wie auch für die Willenserklärung bei einseitigen Rechtsgeschäften z. B. im Fall der Kündigung von Dienstverträgen (*Meyer/Meulenbergh/Beuthien*, § 39 Rdn. 1). Entsprechendes gilt für die Mitteilung eines Beschlusses der GV bei fristloser Kündigung im Rahmen von § 40 (vgl. § 40 Rdn. 21).

7 Die Befugnis des Aufsichtsrates besteht auch im Zusammenhang mit der **Bestellung** und **Anstellung** von Vorstandsmitgliedern, also auch gegenüber Personen, die zu diesem Zeitpunkt noch nicht dem Vorstand angehören (vgl. *Müller*, § 39 Rdn. 2; *Wartenberg*, S. 203; BGHZ 26, 236 für AG = NJW 1958, 419; auch *Geßler u. a.*, AktG, § 112 Rdn. 4). Der Aufsichtsrat ist also berechtigt, über den Inhalt von Dienstverträgen zu entscheiden und die entsprechende Willenserklärungen mit Bindungswirkung für die eG abzugeben gegenüber Personen, die zu Vorstandsmitgliedern bestellt werden sollen.

8 Die Erstellung eines **Geschäftsverteilungsplans** für den Vorstand ist zunächst Angelegenheit des Vorstandes selbst; es handelt sich um eine Aufgabe des Leitungsorgans Vorstand zur Regelung der internen Ordnung. Andererseits muß aber auch der Aufsichtsrat in Anbetracht seiner Gesamtverantwortung aus § 38 die Möglichkeit haben, Einfluß auf die innere Organisation des Vorstandes zu nehmen. Für die Praxis empfiehlt es sich, beim Abschluß von Dienstverträgen mit neuen Vorstandsmitgliedern nähere Vereinbarungen über die Tätigkeit im Vorstand zu treffen.

9 Zu der Frage, ob die Ermächtigung des Aufsichtsrates gegenüber **früheren Vorstandsmitgliedern** gilt, also gegenüber Personen, die nicht mehr dem Vorstand angehören, besteht keine übereinstimmende Auffassung. Überwiegend wird die Meinung vertreten, die Ermächtigung des Aufsichtsrates gelte nur gegenüber noch im Amt befindlichen Vorstandsmitgliedern (so die früheren Auflagen unter Berufung auf BGHZ 41, 223; 47, 341; BGH, WM 73, 1220; *Meyer/Meulenbergh/Beuthien*, § 39 Rdn. 4). Jeden-

falls könne die Satzung eine Regelung enthalten, wonach sich die Befugnisse des Aufsichtsrates auf Personen beschränken, die noch dem Vorstand angehören. Die Ermächtigung des Aufsichtsrates sollte nach dieser Auffassung auch dann bestehen, wenn es sich um Rechtsgeschäfte gegenüber ausgeschiedenen Vorstandsmitgliedern handelt, die während der Ungewißheit über die Beendigung des Vorstandsamtes vorgenommen werden (vgl. BGHZ 26, 236 = NJW 1958, 419; BGHZ 47, 344; BGH, NJW 1987, 254; *Geßler u. a.*, AktG, § 112 Rdn. 6).

Gegen diese Auffassung werden Bedenken dahin geltend gemacht, es **10** könne nicht ausgeschlossen werden, daß der Vorstand auch gegenüber früheren Kollegen im Vorstand **befangen** sei (so *Müller*, § 39 Rdn. 3). Es bestehe zumindest die abstrakte Gefahr, daß der Vorstand auf frühere Kollegen unangemessene Rücksicht nimmt oder – bei internen Spannungen – mit besonderer Strenge vorgeht (*Bayer*, EWiR § 39 GenG, 1995, 879).

Mit Urt. v. 26. 6. 1995 (ZIP 1995, 1331 = DB 1995, 1759 = NJW 1995, **11** 2559; Bespr. *Bayer*, EWiR a. a. O.) hat sich der BGH – ungeachtet des anderen Wortlauts von § 39 GenG am Aktienrecht orientiert: **§ 112 AktG enthalte einen allgemein gültigen Gedanken des Gesellschaftsrechts**, wonach jede Vertretung gegenüber Vorstandsmitgliedern beim Aufsichtsrat liege. Damit solle gewährleistet bleiben, daß bei allen Geschäften mit Vorstandsmitgliedern die Interessen der Gesellschaft objektiv berücksichtigt werden (vgl. *Hüffer*, AktG, § 112 Rdn. 1 ff). Dies gelte uneingeschränkt auch gegenüber früheren, inzwischen ausgeschiedenen Vorstandsmitgliedern (so auch für die AG schon BGH, DB 1986, 2592).

Bei allen Bedenken in Hinblick auf den abweichenden Wortlaut nach **12** § 39 kann der Auffassung des BGH grundsätzlich – mit Einschränkungen – zugestimmt werden. Für Vertretungshandlungen gegenüber im Amt befindlichen oder ausgeschiedenen Vorstandsmitgliedern wäre danach **allein der Aufsichtsrat** „ermächtigt"; daraus folgt, daß ihm (oder einem beschließenden Ausschuß) auch die **interne Entscheidung** dieser Fragen obliegt. Bei dieser Auslegung kann auch die Satzung keine andere Regelung verbindlich vorsehen.

Für das Aktienrecht will die in Rechtsprechung und Literatur h. M. die **13** ausschließlich Zuständigkeit des Aufsichtsrates auf **alle Rechtsgeschäfte** mit Vorstandsmitgliedern anwenden (*Hüffer*, AktG, § 112 Rdn. 3 m. w. Nachw. – aber kritischer Einschränkung bei „neutralen Geschäften").

Wenn auch diese Auffassung, gestützt auf die höchstrichterliche Recht- **14** sprechung, in der Rechtspraxis Beachtung verdient, so bedarf es für die künftige Rechtsentwicklung doch einer **weiteren Differenzierung**: Die Entscheidung des BGH läßt wesentliche Unterschiede der Rechtsstruktur der eG gegenüber der AG unberücksichtigt. Das **genossenschaftliche Identitätsprinzip** (Mitglied = Kunde – s. § 1 Rdn. 3, 9) hat zur Folge, daß auch Vorstandsmitglieder als Mitglieder der eG (§ 9 Abs. 2 S. 1) und damit als deren Kunden in laufender Geschäftsbeziehung zur eG stehen. Wenn es z. B. um die üblichen Warenlieferungen an ein Vorstandsmitglied einer Warengenossenschaft als Landwirt geht, oder um einfache Verfügungen des Vorstandsmitglieds einer Genossenschaftsbank über sein bei der eG geführtes Konto, kann auch eine nur abstrakte Gefährdung der Interessen der eG kaum bestehen; es wäre praxisfremd und ohne innere Rechtfertigung, für solche Geschäfte die Entscheidung und Vertretung durch den Aufsichtsrat zu verlangen. Dies muß um so mehr gegenüber ausgeschiedenen, früheren Vorstandsmitgliedern gelten; die unkritische Übernahme aktienrechtlicher Vorschriften müßte hier dazu führen, daß für alle Liefergeschäfte gegenüber diesen Personen lebenslänglich nur noch der Aufsichtsrat zuständig wäre. Hier wird erneut deutlich, wie bedenklich es ist, unbesehen die Regelungen des Aktienrechts auf die eG anzuwenden. Die unterschiedlichen Regelungen beruhen oft nicht auf altertümlichen, überholten Vorschriften des GenG (wie *Bayer* meint – EWiR 1995, 879); sie werden manchmal in ihrer Bedeutung nur nicht mehr richtig erkannt.

15 **Bedenken gegen die generelle Übernahme der aktienrechtlichen Gesichtspunkte** ergeben sich auch aus § 39 Abs. 2, wonach lediglich die Kreditgewährung an Vorstandsmitglieder und die Annahme von Vorstandsmitgliedern als Kreditbürgen der Mitwirkung des Aufsichtsrates bedürfen; andere Rechtsgeschäfte bleiben somit grundsätzlich in der Leitungskompetenz (Entscheidung und Vertretung) des Vorstandes.

16 Die Ermächtigung des Aufsichtsrates muß daher – vorbehaltlich § 39 Abs. 2 – **beschränkt** bleiben **auf Bereiche, die mit der (früheren) Vorstandstätigkeit in Zusammenhang stehen.** Dies gilt z. B. für die Änderung des Pensionsvertrages eines (ausgeschiedenen) Vorstandsmitglieds oder vergleichbare Vorgänge. Fragen, die das **Ruhegehalt** ausgeschiedener Vorstandsmitglieder betreffen, fallen – allein schon wegen der abstrakten Möglichkeit der Befangenheit des Vorstandes – in die Zuständigkeit des Aufsichtsrates (vgl. BGH, DStR 1993, 1189).

17 Der Wortlaut des § 39 Abs. 1 enthält keine Aussage dazu, ob und in welchem Umfang die Ermächtigung des Aufsichtsrates die grundsätzliche Leitungskompetenz gemäß § 27 Abs. 1 und die Vertretungsbefugnis des Vorstandes gem. § 24 Abs. 1 beschränkt. Die bis zur Entscheidung des BGH vom 26. 6. 1995 (Rdn. 11) h. M. ging folgerichtig davon aus, daß **neben** der Ermächtigung des Aufsichtsrates die Vertretungskompetenz des Vorstandes bestehen bleibt (so frühere Auflagen; *Meyer/Meulenbergh/ Beuthien*, § 39 Rdn. 2; *Müller*, § 39 Rdn. 6). Der Wortlaut von § 39 Abs. 2 spricht eindeutig für diese Auffassung, da lediglich die „Genehmigung“ des Aufsichtsrates für Kredit- und Bürgschaftsgeschäfte mit Vorstandsmitgliedern gefor-

dert wird, somit also eine Regelung über die Beschränkung der Vertretungsbefugnis des Vorstandes (§ 24 Abs. 1) fehlt.

Für die Rechtspraxis muß aber beachtet werden, daß der BGH nun – ohne Rücksicht auf den Wortlaut von § 39 – die Regelung in **§ 112 AktG als allgemeinen Grundsatz des Gesellschaftsrechts** auch für die eG anwendet. Danach besteht in den Fällen der Vertretungsermächtigung des Aufsichtsrates **kein Vertretungsrecht des Vorstandes**; Vertretungshandlungen des Vorstandes gegenüber Vorstandsmitglieder wären grundsätzlich nicht wirksam (vgl. auch *Bayer*, EWiR 1995, 879). Künftige Entscheidungen sollten sich aber mit den oben (Rdn. 13, 14) dargelegten Argumenten auseinandersetzen, um zu einer differenzierten und sachgerechten Abgrenzung der Geschäfte zu kommen, die der Ermächtigung des Aufsichtsrates unterliegen. **18**

In den Fällen, in denen eine Vertretung der eG durch den Vorstand ausgeschlossen ist, kommt auch eine **Vertretung durch Bevollmächtigte**, auch Prokuristen, nicht in Betracht, da diese gegenüber dem Vorstand weisungsabhängig sind (*Meyer/Meulenbergh/Beuthien*, § 39 Rdn. 2). **19**

Die **Vertretungsbefugnisse** nach § 39 Abs. 1 **können nicht mit Außenwirkung durch die Satzung beschränkt werden** (vgl. *Meyer/Meulenbergh/Beuthien*, § 39 Rdn. 1; *Müller*, § 39 Rdn. 8; *Schubert/Steder*, § 39 Rdn. 1). Jedoch kann im Innenverhältnis die Geschäftsführungsbefugnis des Aufsichtsrates Beschränkungen unterworfen werden (vgl. BGH, ZfG 1955, 387; *Müller*, § 39 Rdn. 8). Soweit die Satzung eine Beschränkung der Geschäftsführungsbefugnis des Aufsichtsrates vorsieht, kann sich ein Vorstandsmitglied, mit dem der Aufsichtsrat ein Geschäft unter Mißachtung der ihm gesetzlichen Beschränkungen abschließt, grundsätzlich nicht auf die Unbeschränkbarkeit der Vertretungsmacht berufen, wenn er die Beschränkungen der Geschäftsführungsbefugnis gekannt hat. Dies gilt jedoch nicht, wenn die eG in Kenntnis der Sachlage den Vertrag längere Zeit als wirksam behandelt hat (vgl. BGHZ, ZfG 1955, 387 m. Anm. *Westermann*, der – mit anderer Begründung – zum gleichen Ergebnis kommt wie der BGH; *Meyer/Meulenbergh/Beuthien*, § 29 Rdn. 1; *Müller*, § 39 Rdn. 8). **20**

*b) Prozessuale Vertretung*

§ 39 Abs. 1 enthält auch die „Ermächtigung" des Aufsichtsrates, die eG **in Prozessen gegen Vorstandsmitglieder** zu vertreten. Der Wortlaut des Gesetzes bleibt hier widersprüchlich: Während bei Rechtsgeschäften eine „Ermächtigung" folgerichtig dem Aufsichtsrat auch die Entscheidung überträgt, bedarf die Prozeßführung gegen Vorstandsmitglieder einer Entscheidung der GV; dem Aufsichtsrat wird somit (anders bei Rechtsgeschäften) nur die Vertretung (Außenverhältnis) übertragen. **21**

**22** In Prozessen gegen im Amt befindliche Vorstandsmitglieder kann die eG somit nur durch den Aufsichtsrat vertreten werden. Dies gilt nach BGH gemäß Analogie zu § 112 AktG auch bei Klagen eines Vorstandsmitglieds **gegen die eG** (BGH v. 26. 6. 1995, ZIP 1995, 1331 = DB 1995, 1759). Wird eine solche Klage gegen die eG, vertreten durch den Vorstand, gerichtet, so ist sie nach Auffassung des BGH **als unzulässig** zurückzuweisen (BGH vom 26. 6. 1995, ebd., m. krit. Anm. *Bayer*, EWiR 1995, 879). In diesen Fällen kann aber nachträglich eine **Heilung** des Mangels durch Eintritt des Aufsichtsrates in den Rechtsstreit erfolgen (BGH, NJW 1987, 254; BGH, NJW 1989, 2055; *Hüffer*, AktG, § 112 Rdn. 8 m. w. Nachw.; *Bayer*, ebd.).

§ 39 Abs. 1 erfaßt nach BGH für das prozessualeVertretungsrecht des AR nur die Fälle, in denen auf der einen Seite die eG, auf der anderen Seite ein gegenwärtiges oder ehemaliges Vorstandsmitglied steht. Bei Klagen von Mitgliedern, die nicht dem Vorstand angehören, gegen die eG wegen Feststellung der Zusammensetzung des Vorstandes, wird die eG daher durch den Vorstand vertreten (BGH, ZIP 1996, 2071).

**23** Bei den Prozessen handelt es sich nicht nur um Rechtsstreitigkeiten über Regreßansprüche z. B. aus § 34, sondern **grundsätzlich um Prozesse jeder Art** der eG gegen Vorstandsmitglieder, und auch Prozesse von Vorstandsmitgliedern gegen die eG (BGH v. 26. 6. 1995, a. a. O., Rdn. 22; *Müller*, § 39 Rdn. 5). Damit soll gewährleistet bleiben, daß die Interessen der eG unbeeinflußt von möglichen Interessenkollisionen aus der Sicht des Vorstandes Beachtung finden. Aber auch hier kann eine schematische Anwendung der vom BGH bestätigten gesellschaftsrechlichen Grundsätze zu Ergebnissen führen, die sich in der Praxis als wenig sachgerecht erweisen müßten. Es sollte gerechtfertigt sein, in den Fällen eine Vertretung durch den Vorstand zuzulassen, in denen der Streit in keinem Zusammenhang mit der Vorstandstätigkeit steht, z. B. wenn ein ehrenamtliches Vorstandsmitglied mit Zahlungen aus seiner Lieferbeziehung zur eG in Rückstand ist (vgl. oben Rdn. 14).

**24** Seit BGH v. 26. 6. 1995 (ZIP 1995, 1331) muß grundsätzlich davon ausgegangen werden, daß die Prozeßvertretung ausschließlich durch den Aufsichtsrat auch im Rechtsstreit mit ausgeschiedenen **früheren Vorstandsmitgliedern** besteht (*Müller*, § 39 Rdn. 3). Dies kann überzeugen für Prozesse, die Streitigkeiten in Zusammenhang mit der früheren Vorstandstätigkeit zum Gegenstand haben. Es wäre aber nicht sachgerecht, diesen Grundsatz – zeitlich unbeschränkt – auf alle Prozesse mit früheren Vorstandsmitgliedern z. B. aus einer normalen Kundenbeziehung anzuwenden. Auch hier bedarf es einer differenzierten Beurteilung gegenüber § 112 AktG (s. oben Rdn. 14; zum AktG: *Hüffer*, § 112 Rdn. 3).

**25** Bei prozessualer Vertretung der eG durch den Aufsichtsrat können **Aufsichtsrats-Mitglieder nicht als Zeugen** (§ 373 ff ZPO), sondern nur als Partei (§ 445 ff ZPO) vernommen werden (*Meyer/Meulenbergh/*

*Beuthien*, § 39 Rdn. 4). Vorstandsmitglieder, die in diesen Fällen persönlich aktiv oder passiv als Partei beteiligt sind, können nicht als Zeugen in Betracht kommen. Vorstandsmitglieder, die – bei Vertretung durch den Aufsichtsrat – nicht Partei sind, können Zeugen sein, da sie in diesem Prozeß nicht als gesetzliche Vertreter der eG auftreten (*Zöller*, ZPO, § 373 Rdn. 5). Dies gilt z. B. in den Fällen, in denen ein Vorstandsmitglied gegen die eG, vertreten durch den Aufsichtsrat, Klage erhebt.

*c) Beschluß der GV*

Klage gegen Vorstandsmitglieder, nach BGH grundsätzlich auch gegen frühere Vorstandsmitglieder, bedarf der **Beschlußfassung der GV** (vgl. § 24 Rdn. 92). Ohne diesen Beschluß fehlt es an einer sachlichen Klagevoraussetzung, so daß die Klage als unbegründet abzuweisen ist (BGH, NJW 1960, 1667; BGH, ZfG 1963, 154; *Meyer/Meulenbergh/Beuthien*, § 39 Rdn. 4; *Müller*, § 39 Rdn. 5). Die Entscheidung ist der GV als oberstes Organ vorbehalten, weil gerade die Mitglieder Vor- und Nachteile des durchzuführenden Verfahrens abwägen sollen, insbes. die Wirkung nach außen, wenn das Fehlverhalten bekannt wird (BGH, NJW 1960, 1667). **26**

Unabhängig von der Entscheidungskompetenz der GV ist der **Aufsichtsrat als Kontrollorgan** verpflichtet, die Notwendigkeit, Zweckmäßigkeit und Begründung für die prozessuale Durchsetzung von Ansprüchen gegen Organmitglieder **zu prüfen** (vgl. BGH v. 21. 4. 1997 – II ZR 176/95). Für den Vorstand folgt eine entsprechende Prüfungspflicht aus seiner umfassenden Leitungsverantwortung. Bei Ansprüchen gegen Mitglieder des Aufsichtsrates wird der Vorstand weitestgehend in Abstimmung mit dem Aufsichtsrat und im Auftrag des Aufsichtsrates tätig werden. Die Entscheidung ist im Rahmen der Sorgfalt ordentlicher und gewissenhafter Organmitglieder zu treffen (§§ 34 Abs. 1, 41). Maßstab bleiben die Interessen der eG. Ergibt die Prüfung von Sachverhalt und Rechtslage, daß Ansprüche bestehen, so bedarf die Einleitung gerichtlicher Maßnahmen der Entscheidung der GV (BGH, NJW 1960, 1667). **27**

Aus der Zuständigkeit der GV für die Entscheidung, ob gegen Organmitglieder Klage erhoben wird, folgt eine grundsätzliche Verpflichtung von Vorstand und Aufsichtsrat, die **GV zu unterrichten**, wenn Regreßansprüche in Frage kommen. Hierbei ist nach pflichtgemäßem Ermessen zu entscheiden, welche Wirkungen ein solches Verfahren langfristig haben wird. Allein die Sorge, die eG werde „Imageverluste" in der Öffentlichkeit erleiden, rechtfertigt nicht, auf die Unterrichtung der Versammlung zu verzichten. Auch das Maß des Verschuldens und die Höhe des Schadens werden abzuwägen sein. Nur wenn bei Durchführung eines Prozesses sehr schwerwiegende Schädigungen der eG konkret zu erwarten sind, und es keine sonstigen Gründe für die Klageerhebung gibt, kann auf die Unterrichtung der GV zur Beschlußfassung nach § 39 verzichtet werden. Wegen der mögli- **28** chen Folgen werden sich die Organmitglieder hierbei ihrer besonderen Sorgfaltspflicht und Verantwortung gem. §§ 34, 41 bewußt sein müssen.

29 Im Zweifel bedarf auch ein **Rechtsstreit gegen Erben** eines Vorstandsmitglieds eines Beschlusses der GV, sofern der Streit seine Grundlage in der früheren Vorstandstätigkeit hat (*Meyer/Meulenbergh/Beuthien*, § 39 Rdn. 4; will dies nur annehmen wenn der GV-Beschluß in der Satzung vorgesehen ist; vgl. auch BGH, NJW 1960, 1667).

30 Für **Passivprozesse** von Vorstandsmitgliedern gegen die eG bedarf es keiner Mitwirkung der GV.

31 Ein Beschluß der GV ist nach dem Gesetz nur für die Einleitung von Prozessen gegen Vorstandsmitglieder erforderlich; die Verfolgung von Ansprüchen auf andere Weise wie z. B. durch Aufrechnung von Gegenforderungen, bedarf nicht eines Beschlusses der GV die Satzung kann jedoch solche weiteren Voraussetzungen festlegen.

32 Auf **Regreßansprüche** gegen Vorstandsmitglieder – auch gegen ausgeschiedene – kann nur die GV wirksam verzichten. Ein Verzicht durch den Aufsichtsrat z. B. in Zusammenhang mit einer Vereinbarung über die einvernehmliche Trennung würde die zwingende Entscheidungskompetenz der GV gem. § 39 Abs. 1 unterlaufen und wäre für die eG unwirksam (s. auch § 34 Abs. 4).

33 Für Streitigkeiten in Gehaltsangelegenheiten von Vorstandsmitgliedern sind nicht die Arbeitsgerichte, sondern die **ordentliche Gerichte** zuständig, da es sich nicht um ein Arbeitsverhältnis, sondern um ein weisungsunabhängiges Dienstverhältnis handelt (BGHZ 10, 191 LG Amberg, Az.: 1 O 1144/83). Dies gilt auch nach dem Ausscheiden aus dem Vorstand, soweit es sich um Ansprüche aus der Vorstandstätigkeit handelt (BGH, AP 14 zu § 5 ArbGG; LG Amberg, a. a. O.). Die Zuständigkeit der ordentlichen Gerichte für Verfahren gegen Vorstandsmitglieder kann nicht durch Schiedsvertrag ausgeschlossen werden. Dies wäre eine Umgehung des Gedankens von § 39 Abs. 1.

### 2. Sonstige Vertretungsbefugnisse des Aufsichtsrates

34 Neben der in § 39 Abs. 1 festgelegten **Vertretungsbefugnis hat der Aufsichtsrat weiterhin** die Befugnis, die eG bei der Vornahme der Rechtsgeschäfte zu vertreten, die zur ordnungsgemäßen Erfüllung der ihm zugewiesenen gesetzlichen und satzungsmäßigen Aufgaben erforderlich sind (vgl. *Müller*, § 39 Rdn. 7; vgl. im Zusammenhang auch: *Geßler u. a.*, AktG, § 112 Rdn. 25). So kann z. B. der Aufsichtsrat die eG bei Abschluß eines Vertrages mit einem Sachverständigen vertreten, der den Aufsichtsrat bei seiner Prüfungstätigkeit berät (vgl. *Müller*, § 39 Rdn. 7).

## III. Kreditgewährung an Vorstandsmitglieder/ Vorstandsmitglieder als Bürgen

Der Gesetzeswortlaut läßt die Auffassung zu, daß die eG auch bei Kredit- und Bürgschaftsverträgen mit Vorstandsmitgliedern vom Vorstand vertreten wird. Kredit ist als wirtschaftlicher Begriff unter Berücksichtigung der Verkehrsauffassung zu verstehen (vgl. *Parisius/Crüger*, § 39 Anm. 15; *Müller*, § 39 Rdn. 9). Darunter fallen grundsätzlich alle Rechtsgeschäfte, in deren Rahmen wirtschaftliche Mittel einem Vorstandsmitglied auf Zeit zur Verfügung gestellt oder belassen werden (vgl. *Müller*, § 39 Rdn. 9; *Höhn*, *Brevier*, S. 46; *Meyer-Landrut*, Großkomm. AktG, § 89 Anm. 7). Hierher gehören z. B. Kreditvorverträge, Kontokorrentkredite, Abzahlungskredite, Wechselkredite, Warenkredite, die Übernahme einer **Bürgschaft** durch die eG für ein Vorstandsmitglied, die Stundung der Forderungen der eG gegen das Vorstandsmitglied, soweit sie das im Geschäftsverkehr übliche Entgegenkommen bei der Abwicklung von Forderungen überschreitet. Die Leistung eines Vorschusses, z. B. für Reisekosten, stellt im Regelfalle keine Kreditgewährung dar, da lediglich die „Genehmigung" des Aufsichtsrates erforderlich ist. Bei Anwendung der vom BGH dargelegten Gründe muß aber in diesen Fällen analog § 112 AktG angenommen werden, daß die eG gem. § 39 Abs. 1 **ausschließlich vom Aufsichtsrat** vertreten wird (s. oben Rdn. 10), die Kredit- oder Bürgschaftsverträge also unmittelbar durch Willenserklärung des Aufsichtsrates für die eG abgeschlossen werden. Nach dem Zweck dieser Regelung – Vermeidung möglicher Interessenkollisionen – ist es dann nur folgerichtig, daß auch die **Entscheidung** über diese Verträge in die Zuständigkeit des Aufsichtsrates fällt (entsprechend § 89 Abs. 1 AktG). 35

Der Aufsichtsrat kann die Entscheidung über Kredite an Vorstandsmitglieder auch an einen **Ausschuß** übertragen (zum „Ausschuß" § 38 Rdn. 41 ff). Übertragung an einzelne Mitglieder des Aufsichtsrates ist nicht möglich. 36

Der Kreditgewährung an ein Vorstandsmitglied ist – in der Genehmigungsbedürftigkeit durch den Aufsichtsrat – gleichgestellt die Übernahme einer Bürgschaft (Ausfallbürgschaft, Nachbürgschaft, Rückbürgschaft usw.) durch ein Vorstandsmitglied für einen Kredit, damit die Vorschrift nicht durch Vorschieben eines Dritten, für den das Vorstandsmitglied bürgt, umgangen werden kann. Zum Kreditbegriff vgl. auch Erl. zu § 49. 37

Die Meinungsunterschiede zur Frage, ob **„Genehmigung"** i. S. v. § 184 Abs. 1 BGB nachträgliche Zustimmung bedeutet (so z. B *Meyer/Meulenbergh/Beuthien*, § 39 Rdn. 5), kann bei Annahme der ausschließlichen Zuständigkeit des Aufsichtsrates für die Entscheidung und Vertretung dahinstehen. Für eine Einwilligung im Sinne einer vorherigen Zustimmung spräche allerdings, daß es in der Praxis wenig sinnvoll wäre, vorherige Ent- 38 scheidungen des Vorstandes erst durch nachträgliche Willenserklärung des Aufsichtsrates wirksam werden zu lassen (so auch *Müller*, § 39 Rdn. 15).

**39** Wenn die Zuständigkeit des Vorstandes für Kredit- und Bürgschaftsverträge mit Vorstandsmitglieder fehlt, der Vorstand insbes. keine Vertretungsmacht hat, wären die vom Vorstand abgeschlossenen Verträge nicht wirksam (s. Rdn. 16). Schon aus diesem Grunde wären die als Kredite gewährten Beträge sofort zu Rückzahlung fällig (entsprechend § 89 Abs. 5 AktG). Für Genossenschaftsbanken folgt dies unmittelbar auch aus § 15 Abs. 5 KWG (s. Rdn. 39).

**40** Die Satzung kann die Zustimmungsbedürftigkeit für eine Kreditgewährung an ein Vorstandsmitglied/für die Übernahme einer Bürgschaft durch ein Vorstandsmitglied nicht ändern; sie kann jedoch weitere Erfordernisse aufstellen oder die Kreditgewährung/Bürgschaftsübernahme ausschließen.

**41** Das **Kreditwesengesetz (KWG)** enthält für Genossenschaftsbanken in den §§ 15, 16 besondere Vorschriften für sog. Organkredite. Nach § 15 KWG bedürfen u. a. Kredite an Geschäftsleiter eines Kreditinstituts, d. h. Vorstandsmitglieder (auch stellvertretende und ehrenamtliche), an Aufsichtsratsmitglieder eines Kreditinstituts und an eine Reihe weiterer Personen eines einstimmigen Beschlusses sämtlicher Geschäftsleiter und der ausdrücklichen Zustimmung des Aufsichtsrates. Nach § 16 KWG sind für solche Organkredite Anzeigepflichten gegenüber dem Bundesaufsichtsamt für das Kreditwesen festgelegt. In § 17 KWG wird die Haftung der Geschäftsleiter und des Aufsichtsrates bei Zuwiderhandlungen geregelt.

## IV. Prozesse gegen Mitglieder des Aufsichtsrates

**42** Auch zur Auslegung von Abs. 3 bestehen keine einheitlichen Auffassungen. Es ist zunächst vom Wortlaut des Gesetzes auszugehen mit Ergänzung durch den erkennbaren Sinn der Vorschrift.

**43** Aus dem Wortlaut folgt, daß zur Vertretung der eG in Prozessen gegen Mitglieder des Aufsichtsrates weder der Vorstand als Organ, noch der Aufsichtsrat befugt sind. Die **Vertretung liegt vielmehr ausschließlich bei Personen, die von der GV gewählt** und damit vom besonderen Vertrauen der Mitglieder getragen werden (*Meyer/Meulenbergh/Beuthien*, § 39 Rdn. 6). Damit soll in einer gerichtlichen Auseinandersetzung jede sich aus der Leitungsstruktur der eG mögliche Abhängigkeit vermieden werden.

**44** Wortlaut und Sinn der Vorschrift geben keine Anhaltspunkte dafür, die Regelung auch für Personen auszudehnen, die zwar dem Aufsichtsrat angehört haben, die zum Zeitpunkt der Klage aber **nicht mehr Mitglied des Aufsichtsrates sind** (*Meyer/Meulenbergh/Beuthien*, § 39 Rdn. 6; *Schubert/Steder*, § 39 Rdn. 9; differenzierend *Müller*, § 39 Rdn. 23). Dies muß auch gelten, wenn es um gerichtlichen Streit gegen ein früheres Aufsichtsratsmitglied geht wegen der Tätigkeit im Aufsichtsrat. Es widerspricht nicht dem Gebot, daß der Vorstand keinen Einfluß auf das Kontrollorgan haben darf, wenn er die eG in Prozessen gegen Personen vertritt, die nicht mehr dem Aufsichtsrat angehören.

Aus der Zuständigkeit der GV zu Wahl der Prozeßvertretung folgt auch die **Kompetenz der GV**, über die Aufnahme und Durchführung des Prozesses gegen Aufsichtsratsmitglieder **zu entscheiden** (*Meyer/Meulenbergh/Beuthien*, § 39 Rdn. 6). Die gewählten Vertreter bleiben grundsätzlich weisungsabhängig gegenüber der GV. **45**

Umstritten ist, welche Prozesse von der Regelung des § 39 Abs. 3 erfaßt werden. Der Gesetzeswortlaut enthält keine Einschränkung, so daß bei rein formaler Betrachtung anzunehmen sei, für alle gerichtlichen Streitigkeiten mit Aufsichtsratsmitgliedern bedürfe es der Wahl besonderer Vertreter (so *Müller*, § 39 Rdn. 2 f, unter Hinweis auf eine mögliche Befangenheit des Vorstandes). Es wird aber auch die Meinung vertreten, die Regelung gem. § 39 Abs. 3 gelte nur für Prozesse, die Streitigkeiten in Zusammenhang der Tätigkeit im Aufsichtsrat betreffen (*Meyer/Meulenbergh/Beuthien*, § 39 Rdn. 6). **46**

Unter Berücksichtigung des Zwecks der gesetzlichen Regelung, stets die **Unabhängigkeit des Aufsichtsrates** gegenüber dem Leitungsorgan zu sichern, ist der weiten Auslegung der Vorzug zu geben. Anders als bei Vertretung in den üblichen Rechtsgeschäften dürfte es sich bei der Durchführung von Prozessen um besondere Umstände handeln, die grundsätzlich das Verfahren nach Abs. 3 rechtfertigen und zumutbar erscheinen lassen. **47**

Das Gesetz enthält die Sonderregelung nur für die Vertretung in Prozessen gegen Mitglieder des Aufsichtsrates; für **Prozesse von Aufsichtsratsmitgliedern gegen die eG** gilt somit das normale Vertretungsmacht gem. § 24 Abs. 1. Es ist abzuwarten, ob sich auch hierzu die Auffassung durchsetzen wird, nach dem allgemeinen Gedanken des § 112 AktG könne auch hier eine Vertretung durch den Vorstand nicht in Betracht kommen. Der Wortlaut des Gesetzes gibt für eine solche Meinung jedenfalls keinen Raum (näher hierzu oben Rdn. 11 ff). **48**

Zu Prozeßvertretern kann **jede natürliche, geschäftsfähige Person** gewählt werden. Keine Bedenken bestehen gegen die Wahl von Mitgliedern des Vorstandes, des Aufsichtsrates oder von Nichtmitgliedern; die GV spricht den jeweils gewählten Personen für die Vertretung der eG ihr besonderes Vertrauen aus (*Meyer/Meulenbergh/Beuthien*, § 39 Rdn. 6; *Müller* § 39 Rdn. 21). **49**

Die **Satzung** kann die Zuständigkeit der GV nach § 39 Abs. 3 nicht beschränken oder eine andere Vertretungsregelung vorsehen (*Müller*, § 39 Rdn. 30). **50**

## V. Schiedsgerichtsvereinbarung

51 Eine Vereinbarung, daß über Regreßansprüche gegen Organmitglieder ein Schiedsgericht zu entscheiden habe, ist zulässig. Sie kann z. B. in Zusammenhang mit Dienstverträgen von Vorstandsmitgliedern abgeschlossen werden. Für das Verfahren gelten die in § 39 festgelegten Regelungen sinngemäß. So wird die eG auch in einem Schiedsgerichtsverfahren gegen Vorstandsmitglieder vom Aufsichtsrat vertreten, und die Einleitung des Verfahrens bedarf eines Beschlusses der GV (Abs. 1); bei Verfahren gegen Mitglieder des Aufsichtsrates sind von der GV Bevollmächtigte zur Vertretung der eG zu wählen (Abs. 3).

Die Entscheidung des Schiedsgerichts ist bindend auch gegenüber der GV; sie hat gem. § 1040 ZPO die Wirkung eines rechtskräftigen Urteils.

# § 40

## Vorläufige Amtsenthebung von Vorstandsmitgliedern

**Der Aufsichtsrat ist befugt, nach seinem Ermessen Mitglieder des Vorstands vorläufig, bis zur Entscheidung der ohne Verzug zu berufenden Generalversammlung, von ihren Geschäften zu entheben und wegen einstweiliger Fortführung derselben das Erforderliche zu veranlassen.**

*Übersicht*



## I. Fristlose Abberufung und vorläufige Amtsenthebung

1 Das Recht, die Bestellung zum Vorstandsmitglied **aus wichtigem Grund** ohne Einhaltung von Kündigungsfristen endgültig zu widerrufen, liegt ausschließlich bei der **GV** (BGH 32, 114 = WM 1960, 428; BGHZ 60, 333 = ZfG 1974, 70 = WM 1973, 632; BGH, ZfG 1974, 170 = DB 1974, 37; BGH, WM 1984, 532; BAG, NJW 1978, 723 = BB 1978, 499 = DB 1978, 353; *Meyer/Meulenbergh/Beuthien*, § 40 Rdn. 1 (davon abweichend aber § 24 Rdn. 23); *Müller* Rdn. 10; *Schubert/Steder*, § 40 Rdn. 2; *Paulick*, S. 219; a. A. *Hadding*, BI 1986, Heft 12, 11). Daneben kann die Satzung aber dem Aufsichtsrat das Recht einräumen, den Dienstvertrag von Vorstandsmitgliedern unter Einhaltung der vereinbarten **Fristen** zu kündigen und dadurch mit Ablauf der Frist das Vorstandsamt zu beenden (vgl. Erl. zu

§ 24). Grundsätzlich bedeutet Kündigung auch Abberufung vom Amt zum Zeitpunkt der Wirksamkeit der Kündigung (*Meyer/Meulenbergh/Beuthien*, § 24, Rdn. 20; vgl. BGH, DB 1974, 37 = ZfG 1974, 170; auch *Hadding*, Bl 1986, Heft 12, 11). Ob die Abberufung vom Amt gem. § 24 Abs. 3 S. 2 zugleich eine fristgemäße Kündigung bedeutet, hängt von den Umständen ab (Näheres zu § 24).

Bei der Maßnahme des Aufsichtsrats im Rahmen von § 40 handelt es sich um Fälle, in denen **sofortiges Einschreiten geboten** ist; die Maßnahme ist daher vorläufig, während die endgültige Entscheidung der GV vorbehalten ist.

Der Aufsichtsrat kann seine Befugnis zur vorläufigen Abberufung **nicht** auf einen **Ausschuß** übertragen; die Entscheidung obliegt vielmehr dem Gesamtaufsichtsrat (KG, DB 1983, 2026).

Nach § 40 ist der **Aufsichtsrat befugt, Mitglieder des Vorstandes vorläufig von ihren Geschäften zu entheben.** Diese Befugnis kann dem Aufsichtsrat durch die Satzung nicht entzogen (vgl. *Müller*, § 40 Rdn. 10, *Schubert/Steder*, § 40 Rdn. 2), sie kann durch die Satzung auch nicht beschränkt werden (vgl. *Müller*, § 40 Rdn. 10; *Schubert/Steder*, § 40 Rdn. 2). Die Befugnis des Aufsichtsrates kann durch die Satzung aber auch nicht dahin erweitert werden, daß er anstelle der vorläufigen Amtsenthebung eine endgültige Amtsenthebung aussprechen kann.

Der Aufsichtsrat kann ein Vorstandsmitglied nach seinem pflichtgemä- **2**
ßen Ermessen **vorläufig des Amtes entheben** (zu den Sorgfaltspflichten vgl. Erl. zu § 41). Dies bedeutet einerseits, daß wegen möglicher Eilbedürftigkeit schon nicht beweisbare Feststellungen die Suspendierung rechtfertigen müssen, wie z. B. erwartete Schäden, daß andererseits aber auch nicht subjektive Willkür eine Amtsenthebung rechtfertigen kann. Eine vorläufige Amtsenthebung wird stets erhebliche Auswirkungen nicht nur für das betroffene Vorstandsmitglied, sondern auch für die eG haben. Schon aus diesem Grund wird der Aufsichtsrat sorgfältig alle Schritte abzuwägen haben, auch wenn diese nur vorläufig sind (insoweit können die Ausführungen bei *Meyer/Meulenbergh/Beuthien*, § 40 Rdn. 4 nicht voll überzeugen; vgl. auch *Müller*, § 40 Rdn. 1).

Das Gesetz gibt dem Aufsichtsrat lediglich die „Befugnis", vorläufige **3**
Maßnahmen bis zur endgültigen Entscheidung der GV zu veranlassen. Er wird dies nur tun, wenn ohne solche Maßnahmen bis zur Entscheidung der GV die Interessen der eG gefährdet erscheinen. Vorläufige Amtsenthebung ist also **nicht Voraussetzung** für eine Beschlußfassung der GV im Rahmen von § 40 (s. aber Rdn. 8).

Die Sorgfaltspflicht des Aufsichtsrates wird grundsätzlich gebieten, das **4**
betroffene Vorstandsmitglied schon vor der Suspendierung **anzuhören** (insoweit zustimmend *Meyer/Meulenbergh/Beuthien*, § 40 Rdn. 4; *Müller*,

§ 40 Rdn. 1; *Schubert/Steder*, § 40 Rdn. 4; *Riebandt-Korfmacher*, Formularkommentar Bd. 1 Handels- und Wirtschaftsrecht I, Form. 1.601, Anm. 87 Abs. 2). Der Anspruch auf rechtliches Gehör ist ein aus Art. 103 Abs. 1 GG abzuleitender allgemeiner Verfassungsgrundsatz; er entspricht dem Gebot von Treu und Glauben (a. A., aber ohne überzeugende Begründung BGH, NJW 1960, 1861 = WM 1960, 860).

**5** Durch die vorläufige Amtsenthebung wird dem betroffenen Vorstandsmitglied die **Geschäftsführungs- und Vertretungsbefugnis vorläufig genommen** (vgl. *Meyer/Meulenbergh/Beuthien*, § 40 Rdn. 2; *Müller*, § 40 Rdn. 2). Durch die vorläufige Amtsenthebung wird das Dienstverhältnis insoweit berührt, als die vereinbarte Vorstandstätigkeit vorläufig nicht ausgeübt werden kann. Der Gehaltsanspruch des betroffenen Vorstandsmitgliedes besteht jedoch trotz der vorläufigen Amtsenthebung fort (vgl. BGH, NJW 1960, 1008; *Meyer/Meulenbergh/Beuthien*, § 40 Rdn. 2; *Müller*, § 40 Rdn. 2; *Schubert/Steder*, § 40 Rdn. 2; *Paulick*, S. 219). Er endet erst, wenn das Dienstverhältnis z. B. infolge einer Kündigung beendet ist (vgl. Rdn. 22, 23).

Mit der Suspendierung endet grundsätzlich die Vorstandsverantwortung für künftige Maßnahmen der eG; dies gilt naturgemäß nicht, wenn aus vorangegangenem Handeln des suspendierten Vorstandsmitglieds noch Pflichten zum Tätigwerden bestehen, z. B. wenn die Entwicklung eines gewährten Kredits Maßnahmen erforderlich macht und nur das suspendierte Vorstandsmitglied über die erforderlichen Informationen verfügt. Hier bleibt die Haftung insbes. aus § 34 grundsätzlich bestehen.

**6** Die **vorläufige Amtsenthebung** ist nach § 28 GenG, § 18 GenRegVO, § 157 GenG, § 6 GenRegVO von sämtlichen noch verbleibenden Vorstandsmitgliedern **zum Genossenschaftsregister anzumelden**. Die Eintragung in das Genossenschaftsregister hat nur deklaratorische Bedeutung. Vor der Eintragung in das Genossenschaftsregister kann sich der Rechtsverkehr auf § 29 berufen; daher ist im Falle einer vorläufigen Amtsenthebung die unverzügliche Anmeldung und Eintragung geboten.

**7** Die vorläufige Amtsenthebung kann, z. B. aufgrund neuer Tatsachenfeststellungen, durch Entscheidung des Aufsichtsrats vor Beschlußfassung der GV nachträglich geändert oder aufgehoben werden. Es entfällt dann die Verpflichtung zur Einberufung einer GV.

Andererseits ist eine vorläufige Amtsenthebung durch den Aufsichtsrat nicht Voraussetzung für die Beschlußfassung der GV im Rahmen von § 40 („... nach seinem Ermessen ...“).

**8** **Suspendierung** ist grundsätzlich nur im Zusammenhang mit dem Verfahren gem. § 40 vorgesehen; Vorstandsmitglieder haben im übrigen nach ihrem Dienstvertrag das Recht, die Leitungsfunktion auch auszuüben. Eine Beurlaubung bedarf daher stets einer Rechtfertigung, die in einem vorwerfbaren Verhalten des Betroffenen liegt und Anlaß gibt für eine Abberufung und außerordentliche Kündigung (s. § 24 Rdn. 95 und 96).

## II. Maßnahmen zur einstweiligen Fortführung der Geschäfte

**Der Aufsichtsrat ist gehalten**, mit der vorläufigen Amtsenthebung 9
eines Vorstandsmitgliedes die **Maßnahmen vorzunehmen, die zur einstweiligen Fortführung der Geschäfte erforderlich sind**: Solche Maßnahmen sind erforderlich, wenn der verbleibende Vorstand Willenserklärungen für die eG nicht mehr rechtswirksam abgeben kann oder wenn die ordnungsgemäße Führung der Geschäfte der eG durch den Wegfall des vorläufig amtsenthobenen Vorstandsmitgliedes gefährdet ist. Das letztere kann z. B. der Fall sein, wenn der Geschäftsanfall für den Vorstand so groß ist, daß die Arbeitskraft des vorläufig amtsenthobenen Vorstandsmitgliedes nicht ersatzlos entfallen kann (vgl. *Müller* § 40 Rdn. 11). Solche Maßnahmen können z. B. sein die Entsendung eines Aufsichtsratsmitgliedes in den Vorstand gem. § 37 Abs. 1 S. 2 oder die Bestellung eines stellvertretenden Vorstandsmitgliedes i. S. d. § 35, wenn dem Aufsichtsrat das Recht zur Bestellung von Vorstandsmitgliedern nach der Satzung zusteht (vgl. *Meyer/Meulenbergh/Beuthien*, § 40 Rdn. 3; *Müller*, § 40 Rdn. 11; *Schubert/Steder*, § 40 Rdn. 7). Das fehlende Vorstandsmitglied kann erforderlichenfalls auch nach § 29 BGB durch das Amtsgericht bestellt werden (vgl. RG, BlfG 1936, 526; *Meyer/Meulenbergh/Beuthien*, ebd.; *Müller*, § 40 Rdn. 11; *Schubert/Steder*, § 40 Rdn. 7).

## III. Entscheidung der Generalversammlung über die Amtsenthebung und die Kündigung des Dienstvertrages

Sobald der Aufsichtsrat ein Vorstandsmitglied vorläufig seines Amtes 10
enthoben hat, **muß ohne Verzug**, d. h. ohne schuldhaftes Zögern, **die GV einberufen werden**. Im Verfahren von § 40 ist es zunächst Aufgabe des Aufsichtsrats, die GV einzuberufen; daneben und unabhängig davon trifft die Einberufungspflicht auch den Vorstand gemäß seiner umfassenden Leitungsverantwortung aus § 27 (vgl. *Müller*, § 40 Rdn. 6; *Meyer/Meulenbergh/Beuthien*, § 40 Rdn. 7). Dabei sind die gesetzlichen und satzungsmäßigen Vorschriften über die Einberufung der GV insbes. die Frist zu beachten.

Legt ein Vorstandsmitglied sein **Amt nieder**, so wandelt sich der Dienst- 11
vertrag (sofort) um in ein gewöhnliches Angestelltenverhältnis; dessen Kündigung fällt in die Leitungskompetenz des Vorstandes (BGH v. 13. 2. 1984, ZfG 1987, 172 m. Anm. *Hoffmann*); s. aber § 39 Rdn. 11 ff.

12 Für die fristlose **Abberufung** vom Vorstandsamt wie auch für die fristlose **Kündigung** des Dienstvertrages aus wichtigem Grund ist stets die GV zuständig. Dies soll nach BGH (BGHZ 79, 38 und Beschl. v. 28. 9. 1992) auch dann gelten, wenn mit dem Vorstandsmitglied zwar formell ein Aufhebungsvertrag geschlossen wird, dieser aber inhaltlich einer fristlosen Kündigung gleichkomme (näher dazu § 24 Rdn. 92). Die **GV entscheidet nach eigenem Ermessen**. Nach Auffassung des BGH (vgl. 1960, 1861; NJW 1973, 1122) und *Müller* (vgl. § 40 Rdn. 7) ist die GV grundsätzlich nicht gehalten, das betroffene Vorstandsmitglied **anzuhören**. Diese Auffassung dürfte – unter Berücksichtigung des Grundsatzes von Treu und Glauben – nicht unproblematisch sein. Denn dieser Grundsatz wird es in der Regel gebieten, das betroffene Vorstandsmitglied anzuhören (vgl. Erl. zu § 24 Rdn. 64; *Schaffland*, DB 1978, 1773; *Meyer/Meulenbergh/Beuthien*, § 24 Rdn. 24; a. A. auch BGH, NJW 1984, 2689 = WM 1984, 1120 = DB 1984, 1820; *Müller*, § 40 Rdn. 7, die wohl annehmen, daß es der Grundsatz von Treu und Glauben nur in besonderen Fällen gebiete, das betroffene Vorstandsmitglied anzuhören). Wird die Verpflichtung zur Anhörung des betroffenen Vorstandsmitgliedes verletzt, so wird dadurch die Wirksamkeit der fristlosen Kündigung seines Dienstvertrages nicht berührt (vgl. *Müller*, § 40 Rdn. 7).

13 **Lehnt es die GV ab, die Bestellung zum Vorstandsmitglied zu widerrufen**, so wird die vorläufige Amtsenthebung vom Zeitpunkt dieser Beschlußfassung an wirkungslos. Dies bedeutet, daß das betroffene Vorstandsmitglied von nun ab wieder die Geschäftsführungs- und Vertretungsbefugnis hat. Der Wegfall der vorläufigen Amtsenthebung muß wiederum zum Genossenschaftsregister zur Eintragung angemeldet werden. Die Anmeldung hat durch sämtliche Vorstandsmitglieder unter Einschluß des betroffenen Vorstandsmitgliedes zu erfolgen (vgl. wegen der vorstehenden Ausführungen: *Müller*, § 40 Rdn. 8).

14 **Wenn die GV die vorläufige Amtsenthebung** durch einen Widerruf der Bestellung zum Vorstandsmitglied **bestätigt**, so handelt es sich hierbei um einen Widerruf gem. § 24 Abs. 3; § 40 gibt der GV kein – neben das Widerrufsrecht nach § 24 Abs. 3 tretendes – zusätzliches Recht mit anderem Inhalt (vgl. auch *Schubert/Steder*, § 40 Rdn. 5). Der Widerruf der Bestellung ist eine empfangsbedürftige Willenserklärung. Er wird sofort wirksam, wenn das Vorstandsmitglied bei der Beschlußfassung in der GV anwesend ist; andernfalls bedarf der Beschluß für seine Wirksamkeit des Zugangs an das Vorstandsmitglied (vgl. *Müller*, § 24 Rdn. 67). Die Übermittlung des Beschlusses sollte aus Gründen der Rechtssicherheit durch den verbleibenden Vorstand und den Aufsichtsrat erfolgen (vgl. in diesem Zusammenhang auch *Müller*, § 24 Rdn. 67, der die Auffassung vertritt, daß die Zustellung des Beschlusses durch die verbleibenden Vorstandsmitglieder oder durch den Aufsichtsrat zu erfolgen habe). Der Widerruf der

Bestellung zum Vorstandsmitglied ist von sämtlichen verbleibenden Vorstandsmitgliedern zum Genossenschaftsregister zur Eintragung anzumelden (vgl. *Müller*, § 40 Rdn. 9).

**Widerruf der Bestellung** zum Vorstandsmitglied und **fristlose Kündigung** sind rechtlich zwei getrennte Vorgänge im Hinblick auf die Entscheidung und die Erklärung gegenüber dem Betroffenen (ausf. § 24 Rdn. 70 ff). Dies sollte bei der Ankündigung der Tagesordnung und der Beschlußfassung beachtet werden. In dem Widerruf der Bestellung zum Vorstandsmitglied kann aber auch zugleich die fristlose Kündigung des Dienstvertrages liegen. Dies ist der Fall, wenn der Widerruf erkennbar der Ausdruck eines Vertrauensverlustes ist, der die Rechtsbeziehungen zu dem Entlassenen in ihrer Gesamtheit belastet (vgl. BGH, DB 1973, 1010 = BGH, NJW 1973, 1122; *Müller*, § 40 Rdn. 7; *Schubert/Steder*, § 40 Rdn. 3; *Paulick*, S. 219; *Schaffland*, Genossenschaftsforum 1978, Heft 4, 40; vgl. auch die Erl. zu § 24). Aus Gründen der Rechtsklarheit ist es jedoch auf jeden Fall zweckmäßig, die fristlose Kündigung des Dienstverhältnisses des betroffenen Vorstandsmitglieds auch noch ausdrücklich in die Tagesordnung der GV aufzunehmen. Die Satzung kann für die Abberufung vom Vorstandsamt und für die fristlose Kündigung unterschiedliche Mehrheiten vorsehen (BGH, ZIP 1996, 2071, 2073). 15

Nach Auffassung des BGH (WM 1960, 859; BGH, DB 1984, 1820 = NJW 1984, 2689 = WM 1984, 532 = ZfG 1987, 94 m. Anm. *Hadding*) ist eine **Anhörung** des Kündigungsgegners nicht Voraussetzung für die Wirksamkeit der Kündigung. Dies ist im Hinblick auf anerkannte Grundsätze der Rechtsstaatlichkeit nicht unbedenklich. Aus der Fürsorgepflicht im Rahmen des Dienstvertrages und aus Treu und Glauben dürfte grds. die Verpflichtung folgen, bei so einschneidenden Maßnahmen wie einer fristlosen Kündigung, dem Betroffenen vorher Gelegenheit zur Stellungnahme und Verteidigung zu geben; (so *Meyer/Meulenbergh/Beuthien*, § 24 Rdn. 24 m. überzeugenden Gründen; *Hadding*, Bl 1986, Heft 12, 12; ähnlich *Palandt*, BGB, § 626 Anm. 2 f; Anhörung bei Suspendierung vgl. Rdn. 4; so auch Erl. zu § 24 Rdn. 77).

**Wegen des Begriffs „wichtiger Grund"** kann auf die Rechtsprechung zu § 626 BGB verwiesen werden. Entscheidend ist, daß die Fortsetzung des Arbeitsverhältnisses unter Berücksichtigung der Interessen beider Seiten für die eG nicht mehr zumutbar ist, auch nicht bis zum Ablauf der vereinbarten Kündigungsfrist. 16

Das BAG will mit folgender Systematisierung auf eine Vereinheitlichung der Rechtsanwendung hinwirken: Danach können Störungen in folgenden Bereichen des Dienstverhältnisses eine fristlose Kündigung rechtfertigen, nämlich

– in Zusammenhang mit der Begründung des Arbeitsverhältnisses

– im Leistungsbereich
– im Bereich der betrieblichen Verbundenheit der Mitarbeiter
– im persönlichen Vertrauensbereich der Vertragspartner (z. B. Verdacht strafbarer Handlungen)
– aus der Person des Arbeitnehmers
– im Unternehmensbereich (z. B. Druckkündigungen)

Näheres hierzu *Schaub*, Arbeitsrechtshandbuch, § 125 V 2. Eine fristlose Kündigung ist nach Auffassung des BAG nur dann gerechtfertigt, wenn durch das Verhalten des Arbeitnehmers einer der genannten Bereiche im Arbeitsverhältnis gestört ist und nach umfassender Interessenabwägung die Fortsetzung des Arbeitsverhältnisses unzumutbar ist (vgl. BAG, AP, 58 zu § 626 BGB). So kann es z. B. für eine Genossenschaftsbank ein wichtiger Grund für die fristlose Kündigung eines Vorstandsmitgliedes sein, wenn das Bundesaufsichtsamt für das Kreditwesen diesem die Ausübung der Geschäftsleitertätigkeit verbietet oder die Abberufung des Vorstandsmitgliedes verlangt (so schlechthin *Meyer/Meulenbergh/Beuthien*, § 24 Rdn. 20; *Bähre/Schneider*, § 36 Rdn. 2). Auch dieser Tatbestand ist aber im Rahmen von § 626 BGB unter Berücksichtigung der Interessen beider Seiten zu wägen; das Abberufungsverlangen ist nur dann ein wichtiger Grund zur außerordentlichen Kündigung, wenn die Fortsetzung des Dienstverhältnisses oder auch nur die Fortzahlung des Gehalts bis zum Ablauf der Kündigungsfrist nicht zumutbar ist. Die Abgrenzung des wichtigen Grundes kann letztlich nur **fallbezogen** vorgenommen werden. So hat das LG Flensburg (16. 1. 1987, 3 O 348/86) entschieden, daß es bei einem Vorstandsmitglied zur fristlosen Kündigung genüge, wenn dieses einen **begründeten Verdacht** habe aufkommen lassen, es habe sich in unkorrekter und für die eG schädlicher Weise verhalten. Gerade bei Vorstandsmitgliedern ist bei der Frage der Zumutbarkeit das hohe Maß an Verantwortung und Leitungsmacht (§§ 27, 34) zu beachten, das unbeschädigtes Vertrauen voraussetzt (Näheres in Erl. § 24 Rdn. 63 ff). Die Weigerung, an Kollegen in der Geschäftsleitung die erforderlichen Informationen zu geben, kann wichtiger Grund zur fristlosen Kündigung sein (BGH v. 26. 6. 1995, ZAP 1995, 889). Bei Störungen im **Leistungsbereich** ist grundsätzlich **Abmahnung** erforderlich (*Schaub*, § 125 V. 2.; BAG, AP 57, 62). Abmahnung ist Beanstandung von Leistungsmängeln mit Androhung der Folgen bei Wiederholung. Im **„Vertrauensbereich"** ist eine Abmahnung nicht erforderlich. Fristlose Kündigung ist stets ultima ratio. Wegen der Zumutbarkeitsprüfung Einzelheiten: *Schaub*, § 125 V. 5. **Nachschiebung** außerordentlicher Kündigungsgründe ist möglich, wenn diese erst nachträglich bekannt werden (BAG, Urt. v. 5. 5. 1977, AP Nr. 11 zu § 626 BGB Bl. 4).

**17** **Bei der fristlosen Kündigung** des Dienstverhältnisses **ist § 626 Abs. 2 BGB zu beachten.** Danach kann die Kündigung nur innerhalb von zwei

Wochen erfolgen; die **Frist** beginnt mit dem Zeitpunkt, in dem der Kündigungsberechtigte von den für die Kündigung maßgebenden Tatsachen Kenntnis erlangt. **Der Aufsichtsrat** ist **nicht berechtigt**, das Anstellungsverhältnis eines Vorstandsmitgliedes **fristlos zu kündigen**. Dies gilt auch dann, wenn der Aufsichtsrat für die Bestellung des Vorstandes zuständig ist. Das Recht zur fristlosen Kündigung des Anstellungsverhältnisses eines Vorstandsmitgliedes steht vielmehr **ausschließlich** der **GV** zu (vgl. BGH, NJW 1960, 1006 (1008); BGH, NJW 1973, 1122; BGH, DB 1974, 37 (38); BGH, DB 1984, 1820 = NJW 1984, 2689 = WM 1984, 532 = ZfG 1987, 94; BAG, DB 1978, 353; *Müller*, § 40 Rdn. 10; vermittelnd *Meyer/Meulenbergh/Beuthien*, § 40 Rdn. 5). Der BGH (DB 1984, 1820) bestätigt ausdrücklich die ausschließliche Zuständigkeit der GV, weist aber darauf hin, daß eine fristlose Kündigung **durch den Vorstand** dann möglich ist, wenn der frühere Dienstvertrag eines Vorstandsmitgliedes nach dessen Ausscheiden aus dem Amt in ein gewöhnliches Anstellungsverhältnis umgewandelt worden ist. Dies gelte allerdings nicht, wenn zwischen Amtsniederlegung und Kündigung noch ein innerer Zusammenhang bestehe (vgl. auch § 40 Rdn. 24). Dieses Recht kann auch nicht dadurch eingeschränkt werden, daß die Kündigung von der Zustimmung eines Dritten abhängig gemacht wird (vgl. BGH, NJW 1973, 1122; *Müller*, § 24 Rdn. 68). Die Zuständigkeit für eine Kündigung eines **Pensionsvertrages** liegt entsprechend § 40 GenG nicht beim Aufsichtsrat, sondern ausschließlich bei der GV. Dies deshalb, weil als wichtiger Grund zur Rechtfertigung der Kündigung nur Handlungen in Frage kommen können, die das Vorstandsmitglied während seines Dienstverhältnisses begangen hat. Unter diesen Umständen würde die durch § 40 getroffene Zuständigkeitsverteilung unterlaufen, wenn der Aufsichtsrat zwar nicht das Dienstverhältnis, wohl aber nach einer ordentlichen Kündigung, für die er nach der Satzung zuständig ist, das Ruhestandsverhältnis hätte fristlos kündigen können (s. Rdn. 22).

Da kündigungsberechtigt i. S. d. § 626 Abs. 2 BGB die GV ist, kommt es **18**
für die Wahrung der **Zwei-Wochen-Frist** auf deren Kenntnis vom Kündigungsgrund an, nicht auf die Kenntnis des Aufsichtsrates oder einzelner seiner Mitglieder (vgl. BGH v. 18. 6. 1984, DB 1984, 1820 = NJW 1984, 2689 = WM 1984, 532 = ZfG 1987, 94, m. Anm. *Hadding*; BAG, NJW 1978, 723 = BAG, DB 1978, 353; *Schubert/Steder*, § 40 Rdn. 5; *Schaffland*, Genossenschaftsforum 1978, Heft 4 S. 40; vgl. auch *Wiesner*, BB 1981, 1533 ff; vgl. in diesem Zusammenhang auch OLG Düsseldorf, DB 1983, 1036 f). Die entscheidenden Aussagen des BGH in dem Grundsatzurteil v. 18. 6. 1984 lassen sich in folgenden Leitsätzen zusammenzufassen:

1. Bei einer eG beginnt die Zwei-Wochen-Frist des § 626 Abs. 2 BGB für die Kündigung eines Vorstandsmitgliedes grundsätzlich erst, wenn die GV Kenntnis von den Kündigungstatsachen erhält.

2. Die eG muß sich jedoch so behandeln lassen, als ob die GV bereits informiert wäre, sofern der Aufsichtsrat diese nicht in angemessen kurzer Zeit einberuft, nachdem er selbst jene Kenntnis erlangt hat.
3. Der Aufsichtsrat verzögert die Einberufung der GV regelmäßig nicht unangemessen, wenn er zunächst den Versuch macht, eine einvernehmliche Trennung der eG von dem zu kündigenden Vorstandsmitglied zu erreichen.
4. Auf eine Kenntnis der Minderheit der Genossen, die die Einberufung der GV verlangen könnte, kommt es für den Lauf der Frist des § 626 Abs. 2 BGB nicht an.

Erlangt der **Aufsichtsrat Kenntnis** von den Kündigungsgründen, so ist er allerdings verpflichtet, unverzüglich die GV zur Beschlußfassung einzuberufen. Verzögert der Aufsichtsrat die Einberufung, so muß nach Treu und Glauben (§ 242 BGB) für den Beginn der Ausschlußfrist auf den Zeitpunkt abgestellt werden, in dem die GV informiert worden wäre, wenn der Aufsichtsrat seiner Einberufungspflicht nachgekommen wäre (s. § 24 Rdn. 83). Der Aufsichtsrat ist gehalten, in „angemessen kurzer Zeit" die GV einzuberufen und zu unterrichten. Dabei muß dem Aufsichtsrat jedoch ausreichend Zeit zur Prüfung des Sachverhalts und der Rechtslage und ggfs. zu Verhandlungen über eine einvernehmliche Regelung mit dem Vorstandsmitglied bleiben (so mit überzeugenden Gründen BGH, WM 1984, 1120 = DB 1984, 1820 = NJW 1984, 2689 = ZfG 1987, 94 m. Anm. *Hadding*; auch OLG Bamberg, 3 U 233/85). Das Arbeitsgericht Mainz (Urt. v. 28. 8. 1989, 1 Ca 2088/87) hält z. B. eine Frist von 6 Wochen zwischen Kenntnis des Aufsichtsratsvorsitzenden und GV für eine „noch als angemessen kurze Zeit".

**19** Für eine **vertragliche Regelung** über das Ausscheiden des Vorstandsmitglieds im beiderseitigen Einvernehmen bleibt gem. § 39 Abs. 1 der Aufsichtsrat zuständig. Dies folgt aus der umfassenden Zuständigkeitsregelung von § 39 Abs. 1, wonach der Aufsichtsrat stets „bei Abschließung von Verträgen mit dem Vorstand" die eG zu vertreten hat (so auch *Hadding*, BI 1986, Heft 12, 14; a. A., aber ohne überzeugende Begründung BGHZ 79, 38). Falls jedoch das einvernehmliche Ausscheiden auch Regelung von Regreßansprüchen, insbesond. **Verzicht** auf solche Ansprüche bedeutet, bleibt ausschließlich die GV zuständig (§ 39 Abs. 1; § 34 Abs. 4). Für den Fristbeginn ist positive und sichere Kenntnis der Tatsachen nötig, die den wichtigen Grund zur fristlosen Kündigung ausmachen. Sofern die GV noch Nachforschungen für erforderlich hält, um diese sichere Kenntnis zu erlangen, beginnt die Frist also nicht zu laufen (vgl. BAG, AP Nr. 1 zu § 626 BGB; *Schaffland*, Genossenschaftsforum 1978, Heft 4, 42).

Wurde die fristlose Kündigung durch ein nicht zuständiges Organ erklärt, so ist die **Genehmigung** durch die GV nur in der Ausschlußfrist von § 626 Abs. 2 S. 1 BGB möglich (BAG, NJW 1987, 1038).

Eine rückwirkende Genehmigung der vom Aufsichtsrat ausgesprochenen fristlosen Kündigung kommt nicht in Betracht; der Aufsichtsrat kann mangels Zuständigkeit eine solche Kündigungserklärung auch nicht unter der Bedingung der Genehmigung abgeben (BGH, NJW 1960, 1006/1008; OLG Frankfurt v. 26. 5. 1977 – Az.: 9 U 59/76; *Müller*, § 40 Rdn. 2). 20

Beschließt die GV die (fristlose) Kündigung, ohne ausdrücklich auch das Amt als Vorstandsmitglied zu widerrufen, so kommt mit dem Beschluß regelmäßig auch der Wille zum Ausdruck, das Amt mit sofortiger Wirkung durch Widerruf zu beenden (s. § 24 Rdn. 70).

Erweist sich die fristlose Kündigung mangels ausreichender „wichtiger Gründe" im Sinne von § 626 BGB als unwirksam (z. B. nach einer durchgeführten Anfechtungs- oder Nichtigkeitsklage), so bleibt der im übrigen ordnungsgemäße **Widerruf des Amtes** davon grundsätzlich unberührt und wirksam. Der Widerruf des Amtes unterliegt der freien Entscheidung der GV und bedarf keiner Begründung (vgl. hier Rdn. 14 und § 24 Rdn. 73). Der Beschluß der GV kann aber die Beendigung des Amtes auch an die wirksame Beendigung des Dienstvertrages knüpfen.

**Ist** das betroffene **Vorstandsmitglied in der** – die fristlose Kündigung aussprechenden – **GV anwesend, so wird die fristlose Kündigung sofort wirksam**. Ist das betroffene **Vorstandsmitglied** in dieser GV **nicht anwesend**, so wird die **fristlose Kündigung** erst **wirksam, sobald** sie dem betroffenen Vorstandsmitglied **zugegangen** ist. Die Zusendung der Kündigungserklärung sollte aus Gründen der Rechtssicherheit durch den verbleibenden Vorstand und den Aufsichtsrat erfolgen. 21

Das Vorstandsmitglied kann verlangen, daß ihm der Kündigungsgrund unverzüglich schriftlich mitgeteilt wird (§ 626 Abs. 2 S. 3 BGB); der Beschluß der GV muß aber nicht schriftlich begründet sein (BGH, WM 1984, 1120 = NJW 1984, 2689 = DB 1984, 1820 = ZfG 1987, 94 = Bl, Heft 1/86, 48). Unterzeichnung durch den Aufsichtsratsvorsitzenden für den Aufsichtsrat genügt (vgl. § 24 Rdn. 84).

Mit Zugang der fristlosen Kündigung durch die GV wird das Arbeitsverhältnis ex nunc beendet; der Gehaltsanspruch während der Suspendierung besteht grundsätzlich unter dem Gesichtspunkt des Annahmeverzugs weiter (OLG Frankfurt v. 26. 5. 1977 – Az.: 9 U 59/76).

Erst mit der (wirksamen) fristlosen Kündigung des Dienstvertrages (vgl. Rdn. 21) **entfällt** der **Gehaltsanspruch** des betroffenen Vorstandsmitgliedes (vgl. RGZ 144, 385; BGH, NJW 1960, 1006; *Müller*, § 40 Rdn. 2; *Schubert/Steder*, § 40 Rdn. 3). 22

Zur Frage, ob ein abberufenes Vorstandsmitglied gegen Weiterzahlung des Gehalts eine andere angemessene Stellung außerhalb des Vorstandes annehmen muß, BGH WM 1966, 968 (969). Mit der Frage der Weiterbeschäftigung eines abberufenen Vorstandsmitgliedes, dessen Dienstvertrag

**wegen Fristablauf** nicht wirksam aus wichtigem Grund gekündigt werden konnte, hat sich ausführlich das OLG Nürnberg befaßt (Urt. v. 17. 5. 1988). Überzeugend wird festgestellt, daß das Dienstverhältnis nach der Abberufung nicht unverändert fortbestehen kann. Die vom Vorstandsmitglied zu erbringende Leistung ist aus von ihm zu vertretenden Umständen dauernd unmöglich geworden. §§ 323 ff BGB bleiben anwendbar, auch wenn das Rücktrittsrecht in § 325 BGB durch die Spezialregelung des § 626 BGB ersetzt wird (BGHZ 10, 187; WM 88, 298 m. w. Nachw.). Ein Abberufungsverlangen des Bundesaufsichtsamtes für das Kreditwesen löst grundsätzlich die Folge dauernder Unmöglichkeit aus. Bei Beschäftigung in einem untergeordneten Dienstverhältnis kann die eG die Bezüge unter dem Gesichtspunkt des Schadensersatzes wegen Nichterfüllung entsprechend kürzen. Mit Beendigung der Organstellung im Vorstand und abhängiger Weiterbeschäftigung besteht Kündigungsschutz. Ein Vorstandsmitglied kann aus einem von der eG zu vertretenden wichtigen Grund sein **Amt niederlegen**, ohne zugleich das Anstellungsverhältnis fristlos kündigen zu müssen. Dies z. B. dann, wenn es für ihn unzumutbar ist, das erhebliche Haftungsrisiko aus dem Amt weiter zu tragen. In diesem Fall wäre das Vorstandsmitglied nicht gleichzeitig verpflichtet, auf seine Rechte aus dem Anstellungsvertrag zu verzichten (für die GmbH BGH, WM 1978, 319).

Inwieweit auch ein Anspruch auf **Ruhegeld** entfällt, hängt von den Vereinbarungen im Einzelfall und den sonstigen Umständen des Sachverhaltes ab. An den Wegfall von Ruhegehaltsansprüchen im Falle der fristlosen Kündigung sind noch strengere Anforderungen zu stellen, da es sich grundsätzlich um Sanktionen für vergangenes Fehlverhalten und nicht um vorbeugende Maßnahmen handelt (vgl. BGH, NJW 1971, 1127; OLG Frankfurt v. 26. 5. 1977 – AZ 9 U 59/76; *Palandt*, BGBl., Anm. 7e cc vor § 611). Ggfs. sind die Bestimmungen des Gesetzes zur Verbesserung der betrieblichen Altersversorgung (Betriebsrentengesetz, BGBl. 1974 I, 3601) zu beachten; danach sind Anwartschaften auf das Ruhegehalt grundsätzlich unverfallbar. Für eine Kündigung des Ruhegehaltsvertrages bzw. Verwirkung gelten die allgemeinen Grundsätze (vgl. OLG Frankfurt, ebd.; oben Rdn. 17).

**23** Für die **ordentliche Kündigung des Dienstvertrages**, d. h. die Kündigung unter Einhaltung der jeweils maßgeblichen Kündigungsfrist, kann nach der Satzung der Aufsichtsrat zuständig sein (vgl. BGH, DB 1974, 37 [38]; *Müller*, § 40 Rdn. 10; *Schubert/Steder*, § 40 Rdn. 2). Der Aufsichtsrat ist nach der Satzung für die ordentliche Kündigung des Dienstvertrages zuständig, wenn diese eine entsprechende ausdrückliche Bestimmung enthält oder wenn sie bestimmt, daß der Aufsichtsrat das Anstellungsorgan für die Vorstandsmitglieder ist, ohne darüber hinaus auch noch einmal ausdrücklich festzulegen, daß der Aufsichtsrat Dienstverträge ordentlich kündigen kann (vgl. *Parisius/Crüger*, § 40 Anm. 1; *Schubert/Steder*, § 40 Rdn. 2). Fehlt eine Satzungsregelung, so kann auch die ordentlichen Kündigung des Dienstvertrages eines Vorstandsmitgliedes nur durch die GV erfolgen. Mit dem Ablauf der jeweils maßgeblichen Kündigungsfrist endet der Dienstvertrag des betroffenen Vorstandsmitgliedes, und mit der Beendigung seines Dienstvertrages endet dann auch endgültig seine Organstellung als Vorstandsmitglied (vgl. RGZ 115, 351; RGZ 144, 384).

Die GV kann anstelle einer fristlosen Kündigung des Dienstvertrages im Rahmen von § 40 auch eine **ordentliche Kündigung** unter Einhaltung der gesetzlichen oder vereinbarten Fristen aussprechen.

Ist die Bestellung von Vorstandsmitgliedern z. B. gemäß § 40 GenG **24**
widerrufen, besteht aber der Dienstvertrag weiter, weil z. B rechtskräftig die Gründe zur fristlosen Kündigung des Dienstvertrages verneint worden sind, so besteht **kein Anspruch auf erneute Wahl** in den Vorstand (§ 24 Rdn. 88, 97). Insoweit steht Mitgliedern eines Leitungsorgans kein „Recht auf Arbeit" zu, die eG ist grundsätzlich frei, Personen ihres Vertrauens in die Organstellung zu berufen. Ggfs. muß das Gehalt weitergezahlt werden gegen (zumutbare) Beschäftigung auf einer Ebene unterhalb des Vorstandes. Ein im Dienstvertrag enthaltener Anspruch auf Bestellung zum Vorstand wird durch rechtmäßige Abberufung vom Amt gegenstandslos.

Unter arbeitsrechtlichen Gesichtspunkten wird die Auffassung vertre- **25**
ten, daß die Erklärung einer **ordentlichen Kündigung** die an sich gerechtfertigte **fristlose Kündigung** aus wichtigem Grund **ausschließe**. Dies dient dem Schutz des Arbeitnehmers, der in solchen Fällen davon ausgehen darf, daß sich der Arbeitgeber endgültig für die Form der ordentlichen Kündigung mit ihren Schutzfristen entschieden hat.

Die Anwendung dieser Überlegungen auf das Genossenschaftsrecht würde dazu führen, daß der Aufsichtsrat, sofern er nach der Satzung für eine ordentliche Kündigung zuständig ist, das ausschließliche und unentziehbare Recht der GV auf außerordentliche Kündigung aus wichtigem Grund unterlaufen könnte. Dies kann nach der Struktur des Gesellschaftsrechts nicht zugelassen werden. Die GV muß stets und unabhängig von der Auffassung des Aufsichtsrats das Recht zur fristlosen Kündigung und Abberufung von Vorstandsmitgliedern haben. Dies muß um so mehr gelten, als ein Zusammenwirken von Vorstand und Aufsichtsrat bei Beendigung des Dienstvertrages eines Vorstandsmitgliedes nicht ausgeschlossen werden kann, auch wenn dies zum Schaden für die eG führt. Der Verweis auf die persönliche Haftung der Organmitglieder wäre für die Praxis nicht hilfreich. Diese rechtliche Beurteilung kann sich nicht dadurch ändern, daß ein Vorstandsmitglied zum Beispiel durch Amtsniederlegung aus dem Vorstand ausscheidet, um somit formal dem Arbeitsrecht zu unterliegen (vgl. hierzu BGH, DB 1984, 1820 = NJW 1984, 2689).

26 **Wissen des Aufsichtsrats** um das Fehlverhalten eines Vorstandsmitglieds bzw. Mitverantwortung des Aufsichtsrats kann die eG grundsätzlich nicht an der fristlosen Kündigung hindern oder das Vorstandsmitglied entsprechend entlasten; insoweit ist der Aufsichtsrat nicht gleichzusetzen mit der eG und ihren berechtigten Interessen (nicht überzeugend OLG Frankfurt v. 26. 5. 1977 – 9 U 59/76). **Kenntnis der GV**, vor allem im Zusammenhang mit erteilter Entlastung, kann demgegenüber Verzicht auf fristlose Kündigung bedeuten; dies folgt aus der zwingenden Zuständigkeit der GV für die fristlose Kündigung.

27 Neben der Suspendierung im Rahmen des § 40 ist eine vorläufige Beendigung des Amtes auch **durch Vereinbarung** möglich. Einzelheiten für die Wirkung im Innen- und Außenverhältnis können festgelegt werden. Denkbar, daß die gleichen Wirkungen eintreten sollen wie bei einer Suspendierung. In diesem Fall ist Eintragung im Genossenschaftsregister erforderlich; anders, wenn nur Aufhebung der Leistungspflicht aus dem Dienstvertrag. Dann auch entsprechende Änderung auf den Geschäftsbriefen (vgl. § 25 a Rdn. 4). Die vorläufige Beendigung des Amtes schließt die Haftung gem. § 34 aus, wenn Rechte und Pflichten hinsichtlich der Leitungsverantwortung nicht mehr bestehen.

## § 41
## Sorgfaltspflicht und Haftung der Aufsichtsratmitglieder

**Für die Sorgfaltspflicht und Verantwortlichkeit der Aufsichtsratsmitglieder gilt § 34 über die Verantwortlichkeit der Vorstandsmitglieder sinngemäß.**

*Übersicht*



## I. Bedeutung der Vorschrift

1 § 41 wurde durch die Novelle 1973 (in Anlehnung an § 116 AktG) neu gefaßt. Danach gelten die gesamten Vorschriften des § 34 über die Sorgfaltspflichten der Vorstandsmitglieder, über die Verschwiegenheitspflicht,

über die Verpflichtung zum Schadenersatz und die Verjährung dieser Ansprüche sinngemäß auch für Mitglieder des Aufsichtsrates. Auch Aufsichtsratsmitglieder haften persönlich und gesamtschuldnerisch gegenüber der eG (und ausnahmsweise gegenüber den Gläubigern der eG), wenn sie durch rechtswidriges, schuldhaftes Verhalten die eG schädigen. Der Verweis auf die Haftungsvorschrift für Vorstandsmitglieder rechtfertigt auch die entsprechende Anwendung der in den Erl. zu § 34 dargestellten Grundsätze. Während Vorstandsmitglieder die Leitungsverantwortung tragen, obliegt den Aufsichtsratsmitgliedern die Aufsichts(Kontroll-)verantwortung. Ihre Sorgfaltspflicht und Haftung ist an dieser besonderen Verantwortung zu messen.

Haftung aus § 41 greift auch ein, wenn eine ordnungsgemäße Wahl des **2**
Aufsichtsrats nicht vorliegt, aber die Tätigkeit als Aufsichtsratsmitglied tatsächlich ausgeübt wird (RGZ 152, 273).

**Arbeitnehmervertreter im Aufsichtsrat** unterliegen der gleichen Sorg- **3**
faltspflicht und Verantwortlichkeit wie die übrigen Aufsichtsratsmitglieder; sie unterliegen im gleichen Umfang der persönlichen, gesamtschuldnerischen Haftung (vgl. hierzu *Schubert/Steder*, § 41 Rz. 3; *Godin/Wilhelmi*, AktG, § 116 Anm. 1).

## II. Die Aufgaben des Aufsichtsrates

Die Aufgabe der **Überwachung der Unternehmensleitung** obliegt **4**
gemäß § 38 dem Aufsichtsrat als Organ. Diese Regelung bedeutet, daß die Aufsichtsratsmitglieder ihre Aufgaben und Pflichten nur im Rahmen des Gesamtgremiums erfüllen können. Die **Haftung** wegen Pflichtverletzungen trifft jedoch die **einzelnen Aufsichtsratsmitglieder** (§§ 41, 34; vgl. *Lippert*, ZfG 1978, 181). Diese können ihre Aufgaben auch nicht ständig auf Sachverständige oder andere Berater übertragen (BGH, DB 1983, 165 = NJW 1983, 991). Aus der Tatsache, daß die Aufgaben dem Gesamtgremium obliegen, die einzelnen Mitglieder des Gremiums aber für die Erfüllung verantwortlich sind, haben sich in der Praxis kaum Schwierigkeiten ergeben, sie sind auch nicht zu erwarten (a. A. *Lippert*, ebd.). Die Aufgaben des Aufsichtsrates umfassen die Überwachung sowohl der Rechtmäßigkeit als auch der Zweckmäßigkeit der Geschäftsführung (h. M.; *Semmler*, BFuP 1977, 531; *Biener*, BFuP 1977, 491). Einzelheiten zum Verfahren und zur Technik der Überwachung: Die Überwachungstätigkeit des Aufsichtsrats der eG.

Das Verhältnis zwischen den Organen **Aufsichtsrat und Vorstand** bedarf sowohl hinsichtlich der Persönlichkeiten als auch der jeweiligen Sachkompetenz eines „**Gleichgewichts**". Weder grundsätzliches Mißtrauen noch blindes Vertrauen können der jeweiligen Aufgabe und der im Interesse der eG notwendigen Kooperation gerecht werden. Grundlage dieser Kooperation muß vielmehr von seiten des Aufsichtsrats ein **„kritisches Vertrauen“** gegenüber dem Vorstand sein.

## III. Sorgfaltspflichten der Aufsichtsratsmitglieder

5 Bei den Aufgaben und der Verantwortung im Zusammenhang mit der Aufsichtsführung sind 2 Bereiche zu unterscheiden:
- die Aufgaben des Aufsichtsrats als Organ
- die Pflichten und die Verantwortung der einzelnen Aufsichtsratsmitglieder im Rahmen des Gesamtaufsichtsrats

6 Im **Außenverhältnis** wird nur der Gesamtaufsichtsrat als Organ tätig; ggfs. vertreten durch den Vorsitzenden oder eine andere bevollmächtigte Person. Die Pflichten der einzelnen Aufsichtsratsmitglieder bestehen insbes. als **interne Mitwirkungspflichten** mit persönlicher Verantwortung.

7 Die Mitglieder des Aufsichtsrats haben bei ihrer Tätigkeit die **Sorgfalt eines ordentlichen und gewissenhaften Aufsichtsratsmitglieds einer eG** zu beachten. Mit der Verweisung in § 41 auf § 34 kommt zum Ausdruck, daß es sich um den gleichen Sorgfaltsmaßstab handelt wie bei Vorstandsmitgliedern, nur mit anderem Inhalt: Aufsichtsratsmitglieder haben nicht die Leitungs- sondern die Kontrollverantwortung. Einzelheiten wegen der besonderen Sorgfalt s. § 34 Rdn. 16 ff (vgl. auch *Potthoff/Trescher*, S. 36 und 65 ff; *Wartenberg*, S. 276; *Horlitz*, a. a. O.; *Saage*, DB 1973, 115 ff.). Wegen der Inhalte zur Kontrollverantwortung s. Erl. zu § 38. Wegen Strafbarkeit vgl. *Wolf*, Die **Strafbestimmungen** für Amtsträger im Genossenschaftswesen; und Erl. zu §§ 147, 151.

8 Das einzelne Aufsichtsratsmitglied muß seinen Beitrag dazu leisten, daß der Aufsichtsrat als Organ seine Aufgabe erfüllen kann. Untätigkeit von Aufsichtsratsmitgliedern bei Handlungen des Vorstandes, die zu einem Schaden für die eG führen können, kann eine Ersatzpflicht begründen (s. BGH v. 21. 4. 1997 – II ZR 176/95). Jedes Aufsichtsratsmitglied hat – über den Aufsichtsrat – alle zumutbaren Möglichkeiten zu nutzen, um derartige Handlungen zu verhindern (*Geßler*, AktG, § 116 Rdn. 2). Es ist insbesond. verpflichtet, an den **Sitzungen** des Aufsichtsrats **teilzunehmen**. Begründete Fälle der Verhinderung sind nach pflichtgemäßem Ermessen eigenverantwortlich zu beurteilen; eine Entschuldigung gegenüber dem Aufsichtsratsvorsitzenden erscheint in jedem Fall angebracht. Sind mit der Teilnahme an der Sitzung ungewöhnliche Kosten verbunden (z. B. Anreise vom Urlaubsort), so dürfte eine vorherige Abstimmung mit dem Aufsichtsratsvorsitzenden geboten sein. Im übrigen obliegt die Erstattung der Kosten dem Vorstand als Leitungsorgan nach pflichtgemäßem Ermessen.

In den **Sitzungen** hat das Aufsichtsratsmitglied an der sachgerechten 9
Meinungsbildung und Entscheidungsfindung mitzuwirken. Dies dürfte bei Abstimmungen im allgemeinen z. B. eine Stimmenthaltung ausschließen, soweit diese nicht im Hinblick auf mögliche Interessenkollisionen geboten erscheint. Im Rahmen des Gesamtgremiums hat sich das Aufsichtsratsmitglied über die Angelegenheiten der eG und insbes. der zu überwachenden Geschäftsführung zu unterrichten.

Den Aufsichtsratsmitgliedern obliegt eine besondere **„Organschaftliche Treuepflicht"**. Sie haben die Pflicht, im Aufsichtsrat alles Zumutbare zu tun, um die eG vor Schaden zu bewahren. So darf ein Aufsichtsratsmitglied sein Mandat nicht zur Verfolgung genossenschaftsfremder Interessen ausnutzen (*Müller*, § 41 Rdn. 18).

Im Rahmen der **persönlichen Qualifikation** ist jedes Aufsichtsrats- 10
mitglied verpflichtet, besondere (Prüfungs-)Aufträge des Aufsichtsrats zu übernehmen, erforderlichenfalls gegen besondere Vergütung (vgl. hierzu *Müller*, § 41 Rdn. 12 ff). Die Aufsichtsratsmitglieder sind verpflichtet, ihre besonderen Kenntnisse, Erfahrungen oder auch tatsächliches Wissen im Aufsichtsrat zur Verfügung zu stellen, wenn dies für das Gremium relevant ist (zu Schweigepflicht s. Rdn. 36 ff). Unterlassene Mitteilung von Tatsachen z. B. über die schlechte Situation eines Schuldners der eG können eine Schadensersatzpflicht begründen (vgl. für die AG LG Hamburg, ZP 1981, 194). Zu fordern ist grundsätzlich, daß ein Aufsichtsratsmitglied über die erforderlichen Kenntnisse und Fähigkeiten verfügt, die zur Überwachung der Vorstandstätigkeit i. S. v. § 38 GenG notwendig sind. Soweit diese Voraussetzungen nicht vorliegen, ist ein Aufsichtsratsmitglied verpflichtet, sich z. B. durch Fachliteratur oder in Seminaren zu informieren. Das Aufsichtsratsmitglied einer Kreditgenossenschaft soll über Grundkenntnisse im Genossenschaftsrecht verfügen und sich mit Satzung und Geschäftsordnung eingehend vertraut machen; Mitglieder von Ausschüssen können darüber hinaus verpflichtet sein, sich weitergehend zu informieren; so muß z. B. von Mitgliedern eines Kreditausschusses erwartet werden, daß sie Kenntnisse über die hauptsächlichen Kreditarten, die Risiken und wesentlichen organisatorischen Abläufe des Kreditgeschäfts haben. Das Wissen muß ausreichen, um im Rahmen einer Kreditprüfung zu beurteilen, ob z. B. die Bonitätsvoraussetzungen nach allgemeiner Lebenserfahrung gegeben sind und ob der mündliche Vortrag des Vorstandes mit den Kreditunterlagen übereinstimmt. Entsprechendes ist für Mitglieder eines Prüfungsausschusses zu fordern.

Der **Aufsichtsratsvorsitzende** hat darüber hinaus vor allem die Pflicht, 11
Sitzungen und sonstige Tätigkeiten des Aufsichtsrats so zu organisieren, daß eine optimale Erfüllung der Aufgaben gewährleistet ist.

12 Das Gesetz bestimmt als **Pflicht des Gesamtaufsichtsrats** die Überwachung des Vorstands bei seiner Geschäftsführung und legt fest, daß sich der Aufsichtsrat zu diesem Zweck über die Angelegenheiten der eG zu unterrichten habe. Er kann jederzeit Berichterstattung vom Vorstand verlangen und eigene Prüfungshandlungen vornehmen. Der Aufsichtsrat hat die gesetzliche Pflicht, die Jahresrechnung, die Bilanzen und die Vorschläge zur Verteilung von Gewinn oder Verlust zu prüfen und darüber der GV vor der Genehmigung des Jahresabschlusses Bericht zu erstatten (§ 38).

13 Die Aufsichtsratsmitglieder sind verpflichtet, dafür Sorge zu tragen, daß die Aufgabenteilung insbesond. zum Leitungsorgan Vorstand beachtet wird (§ 37).

14 **Einzelheiten über die Art der Ausübung** wie über den Inhalt der Überwachungspflichten werden üblicherweise in Satzungen und Geschäftsordnungen geregelt (vgl. *Frankenberger*, S. 22 ff). Der Vorstand hat danach in bestimmten Zeitabständen oder auf Verlangen des Aufsichtsrats eine Übersicht über die geschäftliche Entwicklung der eG anhand von Zwischenabschlüssen vorzulegen und über die Unternehmensplanung zu berichten. Diese Berichterstattung hat alle Schwerpunkte der geschäftlichen Tätigkeit zu erfassen (bei Genossenschaftsbanken vor allem das Kreditgeschäft, bei Warengenossenschaften die Umsatzdaten).

15 Die Satzungen sehen in der Regel vor, daß bestimmte Maßnahmen, z. B. der längerfristigen Unternehmensplanung, der **Zustimmung des Aufsichtsrats** (als getrennte Beschlußfassung nach Beratung in gemeinsamer Sitzung von Vorstand und Aufsichtsrat) bedürfen, so z. B. Erwerb, Bebauung und Veräußerung von Grundstücken, Errichtung von Zweigstellen, dauernde Beteiligungen, Verträge von besonderer Bedeutung usw. Es handelt sich hierbei um Beschränkungen der Leitungsfunktion des Vorstandes i. S. v. § 27 Abs. 1 S. 2 und zusätzliche Obliegenheiten des Aufsichtsrates gem. § 38 Abs. 3 (s. Erl. dort). Auch hierbei unterliegen die Aufsichtsratsmitglieder der Haftung.

16 Aus der Überwachungspflicht des Aufsichtsrats folgt, daß der Vorstand unaufgefordert **Bericht über wichtige Vorgänge**, z. B. im Personalbereich, bei Investitionen, über gerichtliche Auseinandersetzungen usw. geben muß (vgl. *Frankenberger*, S. 24). So ist der Vorstand gem. § 17 der Mustersatzung verpflichtet, dem Aufsichtsrat mindestens vierteljährlich, auf Verlangen auch in kürzeren Zeitabständen, über die geschäftliche Entwicklung der eG und über die Unternehmensplanung zu berichten. Der Bericht muß wahrheitsgemäß, vollständig und so abgefaßt sein, daß er eine Grundlage für die eigene Beurteilung durch den Aufsichtsrat gibt. Der Vorstand hat den Aufsichtsrat stets voll zu unterrichten, grundsätzlich auch dann, wenn aus der Sicht des Vorstandes die Verschwiegenheitspflicht nicht gewährleistet erscheint (mit Recht *Lutter*, S. 3, 39). Erforderlichenfalls muß der Auf-

sichtsratsvorsitzende Maßnahmen zur Beachtung der Geheimhaltungspflicht ergreifen. Problematisch erscheint die Auffassung, daß der Aufsichtsratsvorsitzende einzelne Organmitglieder von bestimmten Informationen ausschließen kann (so *Lutter*, ebd.); alle Organmitglieder tragen schließlich die Aufsichtsverantwortung.

Neben der Ausübung der Aufsicht auf der Grundlage der Vorstandsberichte ist der Aufsichtsrat gehalten, **eigene Prüfungshandlungen** vorzunehmen (aktive Überwachung). **17**

In diesem Zusammenhang darf nicht übersehen werden, daß insbesond. bei Zusammenbrüchen von Unternehmen (unabhängig von der Rechtsform) immer wieder festgestellt wird, der Aufsichtsrat als das entscheidende interne Aufsichtsgremium habe versagt. Soweit erkennbar, sind die Ursachen hierfür noch nicht zusammenhängend und abschließend untersucht worden. Es spricht vieles dafür, daß die Gründe für das Versagen hauptsächlich darin liegen, daß sich der Aufsichtsrat im wesentlichen auch für seine Meinungsbildung auf Informationen beschränkt hat und faktisch beschränken mußte, die er vom Vorstand als Leitungsorgan erhalten hat, weil ihm weitere erforderliche Informationen nicht zugänglich gemacht worden sind und er aktive Überwachungshandlungen unterlassen hat. Unter dem Gesichtspunkt der Verantwortung des Aufsichtsrates kommt einer **„Gleichgewichtigkeit“** zwischen dem Leitungsorgan Vorstand und dem Aufsichtsorgan Aufsichtsrat besondere Bedeutung zu. Diese Gleichgewichtigkeit ist erfahrungsgemäß überwiegend eine Frage der Persönlichkeiten, aber auch der fachlichen Kompetenz. Darauf sollte schon bei der Besetzung der Organe besonders geachtet werden. **18**

Der Aufsichtsrat muß als **„Stichprobenkontrolle“** sich aktiv über die wichtigsten Vorgänge bei der eG informieren und sich ein Urteil darüber bilden, ob der Vorstand insbes. seine Führungsaufgaben ordnungsgemäß wahrnimmt (*Höhn*, Aufsichtsrat, S. 266 ff). Der Aufsichtsrat hat im Rahmen seiner Verantwortung **Überwachungsschwerpunkte** zu setzen; es kann nicht seine Aufgabe sein, alle Handlungen des Vorstandes zu kontrollieren. Der Aufsichtsrat wird sich vielmehr auf den wesentlichen Ablauf der wichtigsten Geschäftsvorgänge, auf eine Kontrolle des Systems, seine Zielsetzung und Zielerreichung und auf besondere Schwerpunkte konzentrieren. Bei einer Genossenschaftsbank ist die Kreditprüfung ein Schwerpunkt der Überwachung. Reine Bestandsaufnahme dürfte in diesen Fällen, zumal bei einer funktionierenden Innenrevision, lediglich ein Nebenbereich sein. Einzelheiten über den Umfang der Aufsichtsmaßnahmen sind unter Berücksichtigung aller Umstände der jeweiligen eG festzulegen. Bei einer **kleinen Genossenschaftsbank** erfordert z. B. die fehlende Erfahrung des Vorstands im Auslands- oder Börsengeschäft besondere Aufmerksamkeit **19** des Aufsichtsrates (OLG Koblenz, Beschl. v. 5. 6. 1984, 3 U 1237/83). Falls erforderlich, müssen Sachverständige zugezogen werden.

Der Aufsichtsrat hat die Pflicht, bei der Inventur zum Jahresabschluß mitzuwirken, wobei eine Mitwirkung einzelner Beauftragter des Aufsichtsrates als Stichprobenkontrolle im allgemeinen ausreichend sein dürfte (vgl. *Frankenberger*, S. 29).

Bei EDV umfaßt Prüfung das dokumentierte Kompetenzsystem sowie die Sicherung gegen Mißbrauch von Masterkarten und Bedienerkarten. Der Vorstand muß dem Aufsichtsrat das System und seine Kontrolle plausibel darstellen.

Wegen EDV-Systemprüfung durch den Prüfungsverband vgl. § 53 Rdn. 41.

20 Im **Kreditbereich** muß sich die Überwachung vor allem auf das Vertragswesen, die Sicherheiten, die Einhaltung der Beschränkungen usw. konzentrieren. Die Mitwirkung des Aufsichtsrats bei Kreditbeschlüssen (im Sinne einer vorgezogenen Kontrolle) schließt eine nachträgliche Überprüfung nicht aus.

21 Aufsichtsratsmitglieder haben das Recht und grundsätzlich die Pflicht, den **Prüfungsbericht** in allen Teilen zu lesen; ihnen gegenüber besteht insoweit keine Geheimhaltungsverpflichtung (vgl. § 38 Rdn. 12). Es kann ihnen nicht verwehrt werden, den Prüfungsbericht außerhalb der Geschäftsräume der eG durchzusehen, jedenfalls, wenn sonst die erforderliche Durcharbeitung nicht möglich wäre.

Insoweit enthält § 170 Abs. 3 AktG einen allgemeinen Grundsatz des Gesellschaftsrechts: Jedes Aufsichtsratsmitglied kann die Aushändigung aufsichtsrelevanter Unterlagen, insbes. des Prüfungsberichtes verlangen. Einzelheiten können grundsätzlich durch Beschlüsse des Aufsichtsrates (nicht des Vorstandes) festgelegt werden. Solche Beschlüsse dürfen jedoch nicht einzelne Aufsichtsratsmitglieder in der Ausübung ihrer Aufsichtsratstätigkeit unzumutbar behindern (wegen der Zuziehung von Sachverständigen für die Bewertung des Prüfungsberichts, die nur im Einzelfall zulässig ist, vgl. BGH, DB 1983, 165 = NJW 1983, 991).

Gewähr gegen Mißbrauch muß die besondere **Schweigepflicht** der Aufsichtsratsmitglieder bieten (vgl. Erl. unten Rdn. 36 ff und zu § 58 Rdn. 16, sowie wegen Strafbarkeit zu § 151).

22 Die Kontrollen des Aufsichtsrats sollten in Wahrnehmung der Gesamtverantwortung **systematisch** durchgeführt werden. Als bewährtes **Kontrollmodell** kommt in Betracht:

- Feststellung des Sachverhaltes
- Soll-Ist-Vergleich
- Anhörung
- Folgerungen

Eine **Totalkontrolle** ist weder sinnvoll noch in der Praxis der Aufsichtsführung realisierbar. Der Aufsichtsrat genügt seiner Aufsichtspflicht, wenn systematische Stichprobenkontrollen durchgeführt werden. Dies bedeutet, daß beliebig herausgegriffene Vorgänge im Leitungsbereich vollständig, also einschließlich Aufbau, Ablauf und Zielerreichung festgestellt und bewertet werden. Denkbar ist z. B. ein Kontrollplan, in dem die zu kontrollierende Aufgabe genau umschrieben, die Art der Stichprobenkontrolle festgelegt und der Zeitraum der durchzuführenden Kontrollen bestimmt ist (*Höhn*, Aufsichtsrat, S. 159 ff). 23

Zu Kontrollmaßnahmen ist der Aufsichtsrat **grundsätzlich nur gegenüber dem Vorstand** berechtigt (so auch *Höhn*, Aufsichtsrat, S. 226). In begründeten Ausnahmefällen müssen Aufsichtshandlungen auch gegenüber einzelnen Vorstandsmitgliedern zugelassen werden, wenn dies zur Wirksamkeit der Maßnahme erforderlich ist. 24

Aufsichtshandlungen **gegenüber Mitarbeitern** der eG sind grundsätzlich ausgeschlossen; sie müssen aber in besonders begründeten Ausnahmefällen dann zugelassen werden, wenn andere Möglichkeiten der Aufsichtsführung schlechthin ausgeschlossen sind. Einzelheiten sind umstritten; wegen Pflicht zur Kontrolle „Leitender Angestellter" *Saage*, DB 1973, 117; für Überwachungspflicht auch gegenüber anderen „Delegationsebenen" *Biener*, BfuP 1977, 491; vgl. auch § 38 Rdn. 10. 25

Der Aufsichtsrat ist im Normalfall auch nicht befugt, unmittelbare **Beschwerden der Mitarbeiter** der eG entgegenzunehmen. Solche Beschwerden haben grundsätzlich an den Vorstand als dem arbeitsrechtlichen Vorgesetzten zu gehen. Bei Beschwerden unmittelbar gegen Vorstandsmitglieder müssen in Extremfällen Ausnahmen zugelassen werden, wenn nur die unmittelbare Einschaltung des Aufsichtsrats Abhilfe schaffen kann (vgl. *Höhn*, Aufsichtsrat, S. 227 ff). 26

Soweit die Satzung die Bestellung und Anstellung von Vorstandsmitgliedern dem Aufsichtsrat überträgt, ist der Aufsichtsrat dafür verantwortlich, daß die erforderlichen fachlichen und persönlichen Qualifikationen vorhanden sind. Der Aufsichtsrat entscheidet hierüber in eigener Verantwortung nach pflichtgemäßem Ermessen und unterliegt keiner Weisung. Es erscheint aber unverzichtbar, daß wegen der Bestellung neuer Vorstandsmitglieder rechtzeitig mit dem Vorstand Kontakt aufgenommen wird, da nur so eine optimale Zusammenarbeit im Vorstandsteam zu erreichen sein dürfte. Auch eine rechtzeitige Information des Prüfungsverbandes erscheint geboten, zumal der Verband möglicherweise über relevante Informationen hinsichtlich der Bewerber und über besondere Erfahrungen wegen der Ausgestaltung der Verträge verfügt. Beim Abschluß von Verträgen mit Vorstandsmitgliedern sind die gegenseitigen Interessen ausgewogen zu berücksichtigen. 27

Es hat sich bewährt, daß Dienstverträge mit Vorstandsmitgliedern **unbefristet** mit angemessener Kündigungsfrist abgeschlossen werden. Die Beschränkung auf eine Kündigung „aus wichtigem Grund" i. S. v. § 626 BGB ist nur unter besonderen Voraussetzungen gerechtfertigt. So zum Beispiel nach längerer Tätigkeit als Geschäftsleiter der eG und Vollendung des 50. Lebensjahres (vgl. *Frankenberger*, S. 58). Unter diesen Voraussetzungen dürfte der Aufsichtsrat im Rahmen seiner Sorgfaltspflicht in der Lage sein zu beurteilen, daß bestimmte Vorstandsmitglieder ihre Arbeit auch künftig ordnungsgemäß durchführen werden, so daß eine Beendigung des Dienstvertrages nur noch aus wichtigem Grund zulässig sein soll (vgl. auch § 24 Rdn. 49).

Bei **Kreditgenossenschaften** hat der Vorstand – über den Prüfungsverband – die Bestellung von Vorstandsmitgliedern als Geschäftsleiter dem **Bundesaufsichtsamt** für das Kreditwesen und der Deutschen Bundesbank anzuzeigen. Es sind auch die Tatsachen anzugeben, die für eine Beurteilung der Zuverlässigkeit und der fachlichen Eignung wesentlich sind. Es empfiehlt sich, diese Anzeige so rechtzeitig vor der Bestellung zu machen, um zu klären, ob ein Bewerber für den Vorstand der Genossenschaftsbank überhaupt in Betracht kommt.

**28** Bei einer möglichen Amtsenthebung von Vorstandsmitgliedern gem. § 40 hat sich der Aufsichtsrat besonders sorgfältig – erforderlichenfalls unter Hinzuziehung von Sachverständigen – über den Sachverhalt und die Rechtslage, sowie die für die Beteiligten möglichen Folgen zu unterrichten.

**29** Falls Mitglieder des Aufsichtsrats Tatsachen erfahren, die eine **fristlose Kündigung von Vorstandsmitgliedern** rechtfertigen, haben sie unverzüglich den Aufsichtsratsvorsitzenden zu unterrichten. Dieser muß im Rahmen des Gesamtgremiums die erforderlichen Beschlüsse herbeiführen. Bei Vorliegen schwerwiegender Gründe hat der Aufsichtsrat unverzüglich die Maßnahmen nach § 40 einzuleiten (vgl. Erl. dort). Falls trotz Kenntnis der Abberufungstatbestände keine Maßnahmen von seiten des Aufsichtsrates erfolgen, so berührt dies nicht das Recht der GV nach § 24 Abs. 3 S. 2. Im Rahmen der Sorgfaltspflicht der Aufsichtsratsmitglieder kann eine Verzögerung von Maßnahmen zur Abberufung von Vorstandsmitgliedern jedoch Schadenersatzansprüche gegen einzelne Aufsichtsratsmitglieder begründen. Insofern besteht hier ggfs. eine Handlungspflicht auch für einzelne Mitglieder des Aufsichtsrats (Unterrichtung des Aufsichtsratsvorsitzenden, Mitwirkung an Beschlußfassungen im Aufsichtsrat, Unterrichtung der GV usw.). Dazu BGH v. 21. 4. 1997 – II ZR 176/95.

**30** Wenn der Aufsichtsrat die **Suspendierung** im Rahmen von § 40 beschließt, aber es unterläßt, die GV unverzüglich einzuberufen, können sich die Mitglieder des Aufsichtsrats ebenfalls schadensersatzpflichtig machen. Die Unterlassung der Einberufung der GV berührt jedoch grundsätzlich nicht den Beginn der Frist gem. § 626 BGB; für den Beginn der Frist ist vielmehr Kenntnis der GV erforderlich (vgl. Erl. zu § 40 Rdn. 17 ff).

Der Aufsichtsrat trägt die Verantwortung für die ordnungsgemäße Fest- **31**
stellung, Abwicklung und Durchsetzung möglicher **Schadensersatzansprüche** der eG gegen Vorstandsmitglieder. Wenn es sich um Ansprüche gegen ausgeschiedene Vorstandsmitglieder handelt, ist auch der Vorstand (§ 34 Abs. 1) verpflichtet, mögliche Ersatzansprüche zu prüfen und ggfs. durchzusetzen (vgl. § 39 Rdn. 9 ff; BGH v. 21. 4. 1997 – II ZR 176/95).

Die einzelnen Mitglieder des Aufsichtsrates haben die **Sorgfalt ordent-** **32**
**licher und gewissenhafter Überwacher** anzuwenden (vgl. *Godin/Wilhelmi*, AktG, § 116 Anm. 2). Die **Haftung** trifft auch nur das einzelne Aufsichtsratsmitglied für die Verletzung seiner Sorgfaltspflicht.

Entsprechend § 34 Abs. 1 enthält § 41 einen **besonderen Sorgfaltsmaß-** **33**
**stab** für die Mitglieder des Aufsichtsrates (vgl. Erl. § 34 Rdn. 18 ff). Die Aufsicht darf den besonderen Förderzweck des genossenschaftlichen Unternehmens nicht außer Acht lassen; bei einer Wohnungsbaugenossenschaft, die in ihrer Firma die Bezeichnung „gemeinnützig" führt, die Beachtung der sich daraus ergebenden Beschränkungen, bei einer Vermietungsgenossenschaft die Beachtung der den steuerlichen Status der eG bestimmenden Tätigkeiten, bei einer eG, die die Teilentlastung nach § 5 ASchHG in Anspruch genommen hat, die sich daraus ergebenden Auflagen (§§ 4 u. 5 ASchHG, s. § 38 Rdn. 1) und damit zugleich die wirtschaftliche Grundlage für die die Fortführung des Förderauftrags sichernden Pflichten. Jedes Aufsichtsratsmitglied muß sich so verhalten, wie dies von einem ordentlichen und gewissenhaft handelnden Mitglied der eG, das die Aufgabe der Kontrolle übernommen hat, zu erwarten ist (*Müller*, § 41 Rdn. 23; vgl. *Godin/Wilhelmi*, AktG, § 116 Anm. 2). Die Anforderungen an das Verhalten sind naturgemäß je nach Art der eG unterschiedlich (Näheres *Höhn*, Aufsichtsrat, S. 212 ff). Da der Aufsichtsrat aus Genossenschaftsmitgliedern bestehen muß (§ 9 Abs. 2), handelt es sich um Personen, die zur eG in einer Mitglieder- und Kundenbeziehung stehen (vgl. *Müller*, § 41 Rdn. 23).

Auch den Mitgliedern des Aufsichtsrats obliegt eine **besondere Treue-** **34**
**pflicht** (s. Rdn. 9). Sie dürfen ihr Mandat nicht zur Verfolgung genossenschaftsfremder Interessen ausnutzen oder sich Sondervorteile verschaffen. Persönliche Interessen rechtfertigen nicht die Empfehlung an den Vorstand zum Abschluß eines für die eG schädlichen Rechtsgeschäfts (vgl. für die AktG BGH, WM 1980, 162).

Bei der Behandlung von Aufsichtsratsmitgliedern ist im Verhältnis zu anderen Mitgliedern der Gleichbehandlungsgrundsatz zu beachten (Näheres § 18 Rdn. 17 ff); sie dürfen z. B. keine Sonderkonditionen nur wegen der Mitgliedschaft im Aufsichtsrat erhalten.

Kennt ein Aufsichtsratsmitglied z. B. als Rechtsanwalt oder Steuerberater für die eG wichtige Vermögensvorgänge eines Kreditnehmers, so wird im Zweifel der berufsständischen Schweigepflicht der Vorrang zu geben sein. Bei der Entscheidung selbst wird das interne Wissen des Aufsichtsratsmitglieds für seine persönliche Stimmabgabe aber ausschlaggebend sein müssen. Ggfs. Stimmenthaltung wegen Befangenheit. Näher dazu Rdn. 40

**35** Bei der Beschlußfassung im Aufsichtsrat ist die Regelung des § 43 Abs. 6 entsprechend anzuwenden: Aufsichtsratsmitglieder haben **kein Stimmrecht**, wenn es um die eigene Entlastung, um die Befreiung von einer Verbindlichkeit oder die Geltendmachung eines Anspruchs der eG gegen ein Aufsichtsratsmitglied oder um die Zulassung bestimmter durch die Satzung beschränkter Tätigkeiten oder Rechtsgeschäfte geht (MS, § 20 ab 3 u. 4; s. § 36 Rdn. 17 Abs. 2). Im übrigen hat jedes Aufsichtsratsmitglied nach dem besonderen Sortfaltsmaßstab entsprechend § 34 Abs. 1 stets die Interessen der eG zu beachten.

**36** Mitglieder des Aufsichtsrats unterliegen grundsätzlich der gleichen **Schweigepflicht** wie Vorstandsmitglieder (§ 34 Abs. 1 S. 2; *Spieker*, NJW 1965, 1937 ff; wegen Strafbarkeit vgl. § 151). Die Schweigepflicht erfaßt grundsätzlich nur Geheimnisse, also geheime Tatsachen, sowie vertrauliche Mitteilungen. Dies gilt uneingeschränkt auch für **Arbeitnehmervertreter** im Aufsichtsrat entsprechend § 4 Abs. 3 MontanMitbestG i. V. m. § 5 Abs. 4 MitbestErgG (BGHZ 64, 325; BGH DB 1983, 165 = NJW 1983, 991; *Notthoff*, Verschwiegenheitspflichten der Arbeitnehmer im Aufsichtsrat einer AG, WiPra 1996, 165), naturgemäß auch gegenüber der Gewerkschaft. Die Verschwiegenheitspflicht findet auch hier ihre Grenzen, wo übergeordnete Interessen der eG eine Offenbarung z. B. gegenüber der GV verlangen oder eigene Interessen vorrangig sind (z. B. in einem Rechtsstreit des Aufsichtsratsmitglieds gegenüber der eG). Im Verhältnis Aufsichtsrat zum Vorstand und umgekehrt besteht im allgemeinen keine Verpflichtung zur Verschwiegenheit, wenn nicht ausnahmsweise z. B. gerade die Wahrnehmung der Kontrollaufgaben ein Schweigen gebietet.

**37** Über die **Grenzen der Schweigepflicht** im Einzelfall entscheidet das einzelne Aufsichtsratsmitglied in eigener Verantwortung (BGHZ 64, 325).

In Anbetracht des genossenschaftlichen **Identitätsprinzips** (Mitglieder des Aufsichtsrats sind gleichzeitig Kunden der eG und damit in vielen Fällen Konkurrenten anderer Mitglieder) kommt der Schweigepflicht besondere und erhöhte Bedeutung bei. Aufsichtsratsmitglieder müssen sorgfältig darauf achten, daß sie Informationen, die sie durch ihre Aufsichtstätigkeit erhalten haben, insbesond. nicht im Verhältnis zu Wettbewerbern, die ebenfalls Mitglieder der eG sind, ungerechtfertigt ausnutzen. Ein solches Verhalten könnte leicht zu einer erheblichen Schädigung der eG durch allgemeinen Vertrauensverlust führen. In solchen Fällen haften die Aufsichtsratsmitglieder unbeschränkt mit ihrem ganzen Vermögen gemäß § 41 i. V. m. § 34 Abs. 2 für den verursachten Schaden. Zur Schweigepflicht im Aufsichtsrat ausführlich: *Lutter*, Information und Vertraulichkeit im Aufsichtsrat, 1979. Eine Verschärfung oder Minderung der Schweigepflicht durch Satzung ist nicht zulässig (§ 18), wohl aber eine Verschärfung in gewissen Grenzen durch Vereinbarung.

Werden **Sachverständige** oder sonstige Dritte vom Aufsichtsrat beauftragt, so ist dafür zu sorgen, daß auch diese Personen, z. B. durch besondere Vereinbarung der Verschwiegenheitspflicht unterworfen werden. Nicht zuletzt wegen der Schweigepflicht kann ein Aufsichtsratsmitglied seine persönlichen Aufgaben nicht auf ständige Berater oder fortlaufend zu beauftragende Sachverständige übertragen (BGH, DB 1983, 165 = NJW 1983, 991). **38**

Ausnahmsweise kann gerade das Interesse der eG eine Offenbarung gebieten. Falls öffentliches oder allgemeines Interesse Ausnahmen rechtfertigen sollten, sind strenge Maßstäbe anzulegen. **39**

Grundsätzlich haben in diesen Ausnahmefällen die Mitteilungen durch den Vorstand als Vertretungsorgan zu erfolgen. Einzelne Aufsichtsratsmitglieder haben u. U. nur die Möglichkeit, auf einen Beschluß des Aufsichtsrates hinzuwirken, um den Vorstand zu verpflichten (so zutreffend *Veith*, NJW 1966, 528, 529).

Die eigenverantwortliche Güter- und Pflichtenabwägung gilt grundsätzlich auch für Personen im Aufsichtsrat, die einer besonderen **beruflichen Schweigepflicht** unterliegen, so z. B. Rechtanwälte (§ 43 a Abs. 2 BRAGO), Notare (§ 18 Abs. 1 BNotO), Steuerberater, Ärzte, Geistliche usw. Zunächst gilt auch hier die Pflicht als Aufsichtsratsmitglied, persönliches Wissen und Erfahrungen im Aufsichtsrat zur Verfügung zu stellen, um Schaden von der eG abzuwenden (s. Rdn. 10). Die Grenze ist jedoch dort zu ziehen, wo den beruflichen Schweigepflichten ein höherer Rang zukommt. Dies wird für die Angehörigen der genannten Berufsgruppen grundsätzlich gelten. Pflichtenkollisionen können oft in der Weise aufgelöst werden, daß Sachverhalte so abstrakt mitgeteilt werden, daß jede Schlußfolgerung auf die betroffenen Personen ausgeschlossen ist. **40**

## IV. Persönliche und fachliche Anforderungen an Aufsichtsratsmitglieder

Den Aufgaben und der Verantwortung der Aufsichtsratsmitglieder müssen die **persönlichen und fachlichen Voraussetzungen** entsprechen (vgl. auch § 36 Rdn. 15 ff). Sie haben dafür einzustehen, daß sie über die Voraussetzungen zur Erfüllung ihrer Pflichten verfügen (BGH, DB 1983, **41**

165 = NJW 1983, 991; *Nowak*, Versicherungswirtschaft 1978, 1154; *Mertens*, Kölner Kommentar, AktG, § 111 Anm. 24). Sie müssen über diejenigen Mindestkenntnisse und -fähigkeiten verfügen, die sie brauchen, um alle im Normalfall anfallenden Geschäftsvorgänge verstehen und sachgerecht beurteilen zu können (BGH, DB 1983, 165).

Gesunder Menschenverstand genügt nicht für Aufsichtsräte. Erforderlich ist die Befähigung, sich auf der Grundlage eigener Prüfungsfeststellungen, der Berichte des Vorstandes und der Feststellungen der gesetzlichen Prüfung ein fundiertes Bild von der Lage der eG zu machen. Kenntnis der wichtigsten Regelungen von Gesetz, Satzung und Geschäftsordnung ist notwendig, Rdn. 10; vgl. *Meyer/Meulenbergh/Beuthien*, § 41 Rdn. 10.

**42** Die Erfüllung der Pflichten des Aufsichtsrates setzt voraus, daß seine Mitglieder auch die Aufgaben des Leitungsgremiums Vorstand in den Grundzügen kennen. Die Aufsichtsratsmitglieder müssen sich daher über die wichtigsten Rechtsgrundlagen für die Tätigkeit des Vorstands und über betriebswirtschaftliche Grundsätze, z. B. über den Aufbau einer optimalen Betriebsorganisation, unterrichten (s. Erl. zu § 27 und § 34 Rdn. 26 ff). Entscheidend ist ein methodisches Grundwissen für die Wahrnehmung der Kontrollaufgaben. Für die Durchführung einzelner Kontrollmaßnahmen können Sachverständige zugezogen werden; hierbei besteht die Haftung für das **Auswahlverschulden**. Wenn auch mangelnde Sachkenntnis nicht von der Haftung befreit (RG, JW 1937, 2981), so können an ehrenamtlich oder nebenamtlich tätige Aufsichtsratsmitglieder doch keine überzogenen Anforderungen gestellt werden. Dies gilt um so mehr, als das Aufsichtsgremium gerade bei eG auch Spiegelbild der Mitgliederstruktur sein soll, ohne daß in erster Linie auf besondere Fachkenntnisse abgestellt werden kann (so mit Recht auch *Müller*, § 41 Rdn. 23; vgl. auch *Godin/Wilhelmi*, AktG, § 116 Anm. 4). Bei erstmaliger Übernahme des Amtes dürfte es geboten sein, sich über die wesentlichen Inhalte der Aufsichtspflichten besonders zu unterrichten.

## V. Ausschüsse des Aufsichtsrats

**43** Das GenG enthält hierzu keine Regelung (wegen der Einzelheiten vgl. Erl. zu § 38). Die Einsetzung von Ausschüssen des Aufsichtsrats ist rechtlich zulässig (so auch *Müller*, § 36 Rdn. 108), ohne daß dies in der Satzung ausdrücklich geregelt sein müßte. Die Ausschüsse können **vorbereitende und beratende**, aber auch **beschließende Funktion** haben (entsprechend § 107 Abs. 3 AktG; *Godin/Wilhelmi*, AktG, § 107 Anm. 8; *Geßler/Hefermehl*, AktG, § 107 Rdn. 84, 85; a. A. *Müller*, § 36 Rdn. 108, aber ohne

Begründung). Ausführlich hierzu § 38 Rdn. 41 ff und *Potthoff/Trescher*, S. 77 ff.

Bei der **Verantwortlichkeit und Haftung** ist zu unterscheiden, ob es sich um **beratende oder beschließende** Ausschüsse handelt: Bei beratenden Ausschüssen haben die Ausschußmitglieder die ihnen übertragenen Vorbereitungs- und Beratungsaufgaben mit der Sorgfalt entsprechend § 34 Abs. 1 wahrzunehmen; für die Entscheidung bleibt im übrigen die volle Verantwortung beim Gesamtaufsichtsrat. **44**

Handelt es sich um einen **beschließenden Ausschuß**, so liegt auch die endgültige Sachverantwortung grundsätzlich bei den Ausschußmitgliedern; die übrigen Aufsichtsratsmitglieder haben lediglich für ein Verschulden bei Auswahl und Kontrolle der Ausschußmitglieder einzustehen (vgl. RGZ 93, 338; *Baumbach/Hueck*, AktG, § 107 Rdn. 15; *Geßler/Hefermehl*, AktG, § 107 Rdn. 84, 85, allerdings nicht eindeutig). Dies bedingt ein Kontrollrecht des Gesamtaufsichtsrates sowie eine grundsätzliche Berichtspflicht des Ausschusses gegenüber dem Aufsichtsrat. **45**

## VI. Maßnahmen zur Beseitigung festgestellter Mängel

Hat der Aufsichtsrat Anblaß, das Verhalten des Vorstandes zu beanstanden, so ist diesem zunächst **Gelegenheit zur Stellungnahme** zu geben. Vorwürfe müssen möglichst konkret und klar formuliert sein, um Mißverständnisse auszuschließen. Da der Aufsichtsrat nicht der Vorgesetzte des Vorstandes ist, kann er ihm keine verbindliche Anweisung zur Beseitigung der Beanstandung geben (vgl. *Höhn*, Aufsichtsrat, S. 17 ff, S. 245). Es ist zunächst zu versuchen, in offenen Gesprächen möglichst eine übereinstimmende Auffassung zu erreichen. Muß der Aufsichtsrat seine Beanstandung aufrechterhalten, so könnte es angemessen sein, erforderlichenfalls die Vorstandsmitglieder auf ihre persönliche Haftung und mögliche andere Konsequenzen hinzuweisen. **46**

Schließlich hat der Aufsichtsrat die Möglichkeit der Einberufung einer GV gem. § 38 Abs. 2; eine Unterrichtung der GV kann notfalls Grundlage weiterer Maßnahmen gegenüber dem Vorstand sein. **47**

Schließlich kommt ein **Beschluß der GV** zur Geltendmachung von Schadensersatzansprüchen (§ 39 Abs. 1) in Betracht und die Suspendierung und Entlassung der Vorstandsmitglieder gem. § 40. **48**

Bei Beanstandung von Maßnahmen des Vorstandes kann es auch geboten sein, den **Prüfungsverband** zu unterrichten, um dessen Rat einzuholen. Insoweit besteht keine Schweigepflicht des Aufsichtsrats. Zu weiteren Einzelheiten vgl. *Höhn*, Aufsichtsrat, S. 241 ff. **49**

## VII. Schadensersatz

50 Der Verweis auf § 34 bedeutet auch, daß Aufsichtsratsmitglieder, die ihre Aufsichtspflichten verletzen, der eG als Gesamtschuldner zum Ersatz des daraus entstehenden Schadens verpflichtet sind. Für die **Schadensersatzleistung** durch Aufsichtsratsmitglieder gelten die Regelungen für Vorstandsmitglieder entsprechend. Dies gilt für die allgemeinen Voraussetzungen des Schadensersatzes, für die gesamtschuldnerische Haftung der Aufsichtsratsmitglieder untereinander sowie im Verhältnis zu Mitgliedern des Vorstandes, für die in § 34 Abs. 3 genannten Sonderfälle und für Fragen der Haftung gegenüber der eG bzw. den Genossenschaftsgläubigern (Einzelheiten s. Erl. zu § 34 Rdn. 108 ff). Dabei ist zu beachten, daß die Mitglieder des Aufsichtsrats nicht die Leitungsverantwortung haben, sondern die Verantwortung für die Kontrolle des Vorstands. Die Ersatzpflicht gegenüber der eG oder in den Ausnahmefällen gegenüber den Genossenschaftsgläubigern tritt also nur ein, wenn der Schaden durch schuldhaft rechtswidriges Verhalten von Aufsichtsratsmitgliedern verursacht worden ist.

51 Verpflichtung zum Schadensersatz besteht z. B. bei nicht gerechtfertigter Gewinnausschüttung (BGHZ 64, 238 = NJW 1975, 1318; BGH, GW 1982, 534); bei Zustimmung zur verlustreichen Beteiligung (BGHZ 69, 207 = NJW 1977, 2311); bei Einflußnahme zur Eingehung einer unvertretbaren Wechselverpflichtung (BGH, NJW 1980, 1629); bei Hinnahme einer ungewöhnlichen Verzögerung des Jahresabschlusses (BGH, NJW 1978, 425).

52 Für das Verhalten anderer Aufsichtsratsmitglieder oder beauftragter Sachverständiger tritt die Ersatzpflicht nur ein, wenn ein **Auswahl- oder Überwachungsverschulden** vorliegt (*Müller*, § 41 Rdn. 25 ff). Ein Aufsichtsratsmitglied darf im allgemeinen darauf vertrauen, daß die von Spezialisten im Aufsichtsrat oder außerhalb des Aufsichtsrats vertretenen Auffassungen zutreffend und deren Handlungen ordnungsgemäß sind (vgl. RGZ 91, 77). Wegen Beweislast s. Rdn. 58.

53 Neben einer Schadensersatzpflicht auf der Grundlage von § 41 können sich Ersatzpflichten auch für Mitglieder des Aufsichtsrats aus den **allgemeinen Vorschriften** ergeben, insbes. aus vertraglicher Haftung oder unerlaubten Handlungen (vgl. Erl. § 34 Rdn. 158 ff).

54 Auch im Verhältnis zu Vorstandsmitgliedern, die für denselben Schaden haften, gelten die Grundsätze gesamtschuldnerischer Haftung (Näheres § 34 Rdn. 113 ff).

## VIII. Ausschluß der Ersatzpflicht

55 Der Verweis auf § 34 hat u. a. zur Folge, daß Handlungen oder Unterlassungen des Aufsichtsrates, die zu einer Schädigung der eG führen, dann

nicht rechtswidrig sind und keine Schadensersatzpflicht begründen, wenn sie auf einem **gesetzmäßigen Beschluß** der GV beruhen. Ein solcher Beschluß der GV hindert grundsätzlich die Mitglieder des Aufsichtsrats, im Rahmen einer Überwachung Maßnahmen gegen die Durchführung des Beschlusses zu ergreifen. In besonderen Ausnahmefällen kann die Sorgfaltspflicht der Aufsichtsratsmitglieder jedoch gebieten, auf eine Aufhebung des Beschlusses hinzuwirken oder sogar dafür einzutreten, daß der Beschluß nicht durchgeführt wird, u. U. auch Anfechtungsklage (§ 51) zu erheben (vgl. Erl. zu § 34 Rdn. 132 ff).

Im übrigen gelten auch für Mitglieder des Aufsichtsrats die allgemeinen Grundsätze für Geschäftsfähigkeit und Deliktsfähigkeit. Ein Geschäftsunfähiger kann durch Übernahme des Amtes eines Aufsichtsratsmitglieds keine Haftung begründen; bei beschränkt Geschäftsfähigen bedarf die Übernahme des Aufsichtsratsamtes der Zustimmung des gesetzlichen Vertreters. Allein die faktische Ausübung der Aufsichtstätigkeit kann in diesen Fällen eine persönliche Haftung nicht begründen; der Schutz von nicht vollgeschäftsfähigen Personen hat Vorrang. Bei unerlaubten Handlungen finden die besonderen Vorschriften der §§ 827 ff BGB Anwendung, so daß u. U. eine Ersatzpflicht aus Billigkeitsgründen eingreift. 56

## IX. Verfahren

Gemäß § 39 Abs. 3 wird in Prozessen gegen Mitglieder des Aufsichtsrats die eG durch Bevollmächtigte vertreten, die **von der GV zu wählen** sind. Der Sinnzusammenhang der gesetzlichen Regelung deutet darauf hin, daß auch die Einleitung eines Prozesses einer **Beschlußfassung der GV** bedarf (Erl. zu § 39 Abs. 3). Eine Vertretung der eG durch den Vorstand ist in diesen Fällen ausgeschlossen. 57

Bei Schadensersatzprozessen gegen Aufsichtsratsmitglieder gilt die **Umkehr der Beweislast** wie bei Prozessen gegen Mitglieder des Vorstandes: Ist streitig, ob das in Anspruch genommene Aufsichtsratsmitglied seine Sorgfaltspflichten bei der Überwachung beachtet hat, so ist dieses Aufsichtsratsmitglied dafür beweispflichtig; die eG muß lediglich die rechtswidrige Handlung, den Schaden und die Ursächlichkeit dartun und ggfs. beweisen. In den Fällen von § 34 Abs. 3 gilt die Umkehr der Beweislast entsprechend auch für den behaupteten Schaden, wobei das Verschulden der Mitglieder des Aufsichtsrats aber nur in mangelhafter Aufsichtsführung gesehen werden kann. 58

## X. Verjährung

59 Auch Ersatzansprüche gegen Aufsichtsratsmitglieder **verjähren in 5 Jahren** (§ 41 i. V. m. § 34 Abs. 6). Wegen der Einzelheiten z. B. über die Frage des Verjährungsbeginns vgl. Erl. zu § 34 Rdn. 155 ff).

## § 42
## Prokura und Handlungsvollmacht

**(1) Die Genossenschaft kann Prokura nach Maßgabe der §§ 48 bis 53 des Handelsgesetzbuchs erteilen. An die Stelle der Eintragung in das Handelsregister tritt die Eintragung in das Genossenschaftsregister. § 28 Abs. 1 Satz 3, § 29 gelten entsprechend.**

**(2) Die Genossenschaft kann auch Handlungsvollmacht erteilen. § 54 des Handelsgesetzbuchs ist anzuwenden.**

*Übersicht*



## I. Allgemeines

1 § 42 wurde durch Novelle 73 **neu gefaßt**. Die Vorschrift ermöglicht es der eG, die gesamten handelsrechtlichen Möglichkeiten der Bevollmächtigung der §§ 48–54 HGB zu nutzen. Nach altem Recht war die Erteilung einer Prokura sowie einer Generalhandlungsvollmacht nicht zulässig.

2 Es könnte auch **Generalvollmacht** erteilt werden (Rechtsgrundlage: § 164 BGB, nicht zu verwechseln mit der Generalhandlungsvollmacht des § 54 HGB). Die bis zur Novelle 1973 geltenden Beschränkungen bezogen sich nur auf die handelsrechtlichen Vollmachten; für die Vollmacht nach BGB besteht Gestaltungsfreiheit.

3 Die **Rechtsgrundlage** für die Erteilung der Prokura ergibt sich unmittelbar aus dem Gesetz. Es bedarf keiner zusätzlichen Rechtsgrundlage in der Satzung; es ist also nicht erforderlich, zunächst in der Satzung festzulegen, daß Prokura erteilt werden kann. Eine Regelung in der Satzung ist nur dann notwendig, wenn gem. § 25 Abs. 2 ein Vorstandsmitglied in

Gemeinschaft mit einem Prokuristen gesetzlicher Vertreter der eG sein soll (Ausweitung der rechtsgeschäftlichen auf den Umfang der gesetzlichen Vertretungsmacht, vgl. Rdn. 11 sowie § 25 Rdn. 8; LG Stuttgart, ZfG 1976, 161; LG Heilbronn, Beschl. v. 2. 12. 1974 – 1 KfH T 1/74; LG Frankenthal, Rpfleger 1975, 137; LG Regensburg, Rpfleger 1977, 315; LG Lüneburg, Beschl. v. 14. 9. 1977 – 7 T 8/77 sowie LG Bonn, Beschl. v. 28. 1. 1980 – 11 T 22/79; *Schubert/Steder*, § 42 Rdn. 5; *Meyer/Meulenbergh/Beuthien*, § 42 Rdn. 2; a. A. *Schnorr von Carolsfeld*, ZfG 1976, 193).

## II. Prokura

### 1. Arten

Prokurist kann nur eine natürliche Person sein (h. M. *Baumbach/* 4
*Duden/Hopt*, HGB, § 48 Rdn. 1B; *Hettrich/Pöhlmann*, § 42 Rdn. 2; a. A. *Meyer/Meulenbergh/Beuthien*, § 42 Rdn. 2). Die Prokura kann einer einzelnen Person **(Einzelprokura)**, aber auch mehreren Personen gemeinschaftlich erteilt werden **(Gesamtprokura)**. Diese müssen nicht Mitglieder der eG sein. Das Wesen der Gesamtprokura liegt darin, daß die Prokuristen nur gemeinschaftlich handeln können; sie haben zusammen nur eine Vertretungsmacht, nicht jeder von ihnen hat eine selbständige Voll- oder Teilvertretungsmacht. In der Regel wird eine Gesamtprokura in der Weise erteilt, daß zwei Prokuristen nur gemeinsam handeln können (vgl. *Schlegelberger*, HGB, Anm. 17 zu § 48).

Für das gemeinsame Handeln genügt, wenn der eine handelt und der andere später zustimmt. Es gelten insoweit die Ausführungen zur Gesamtvertretung (vgl. § 25 Rdn. 2).

Auch kann die Prokura dergestalt erteilt werden, daß der Einzelproku- 5
rist an die Mitwirkung eines Vorstandsmitglieds gebunden wird (sog. **unechte Gesamtprokura** vgl. für GmbH BGH, NJW 1974, 1194 = BGHZ 62, 166 jeweils mit Hinweis auf RGZ 40, 17; vgl. auch OLG Hamm, DNotZ 1968, 455 = OLGZ 1967, 366; OLG Stuttgart, GmbH-Rdsch. 1969, 235 = OLGZ 1969, 73 = Rpfleger 1969, 245). Sie darf allerdings nicht als „Gesamtprokura" eingetragen werden (OLG Hamm, BB 1971, 492 = NJW 1971, 1369). Sie ist wie folgt einzutragen: „Der Prokurist ist berechtigt, die eG in Gemeinschaft mit einem Vorstandsmitglied zu vertreten." Diese unechte Gesamtprokura ändert an der gesetzlichen Vertretungsbefugnis der Vorstandsmitglieder nichts, so daß lediglich die Prokura, nicht aber eine Änderung der Vertretungsbefugnis der Vorstandsmitglieder einzutragen ist (LG Regensburg, Rpfleger 1977, 315). Wegen der Teilnahme des Prokuristen an der gesetzlichen Vertretung vgl. Rdn. 3, vgl. auch Rdn. 11. Nicht erforderlich ist, daß das Vorstandsmitglied, an dessen Mitwirkung der Proku-

rist gebunden wird, Einzelvertretungsbefugnis hat (BGH, BB 1987, 216 = DB 1987, 426 = ZIP 1987, 371 = WM 1987, 106 = NJW 1987, 841 = Rpfleger 1987, 113 unter ausdrücklicher Ablehnung der Ansicht des OLG Hamm, BB 1983, 1303 = Rpfleger 1983, 355 DB 1983, 1700; vgl. auch *Aepfelbach*, Bankinformation 12/87, 50 ff). Dies folgt daraus, daß ein Prokurist nach § 25 Abs. 2 an der gesetzlichen Vertretung mitwirken kann, selbst wenn kein Vorstandsmitglied Einzelvertretungsmacht hat (vgl. § 25 Rdn. 8, 9). Im übrigen läßt § 25 Abs. 3 die Delegierung von Aufgaben auf ein einzelnes Vorstandsmitglied hinsichtlich bestimmter Arten von Geschäften zu. Zur Gesamtvertretung berechtigte Vorstandsmitglieder können demnach jeden einzelnen von ihnen ermächtigen, bei den Willenserklärungen des Prokuristen mitzuwirken.

6 Der Nachweis, daß das mithandelnde Vorstandsmitglied, das im Rahmen der gesetzlichen Vertretung nur mit einem anderen Vorstandsmitglied tätig werden darf, auch berechtigt ist, die eG – im Rahmen der rechtsgeschäftlichen Vertretungsmacht – mit einem Prokuristen zu vertreten, kann durch die Vorlage des protokollierten Prokura-Erteilungsbeschlusses und durch die Anmeldung der Prokura-Erteilung zur Eintragung in das Genossenschaftsregister nach § 157 GenG (sämtliche Vorstandsmitglieder in öffentlich beglaubigter Form) erbracht werden.

7 Die Prokura kann auch als **Niederlassungsprokura** erteilt werden (§ 50 Abs. 3 HGB). Dabei handelt es sich um eine Prokura, die auf den Betrieb einer oder einzelner von mehreren Zweigniederlassungen der eG beschränkt ist. Diese Beschränkung ist im Register des Gerichts der betroffenen Zweigniederlassung zu vermerken (OLG Köln, Rpfleger 1977, 179 = DB 1977, 955; *Schubert/Steder*, § 42 Rdn. 2; a. A. *Groß*, Rpfleger 1977, 153). Eine derartige Prokura setzt voraus, daß die mehreren Zweigniederlassungen unter verschiedenen Firmen betrieben werden. Es muß also zwischen den einzelnen Zweigniederlassungen Firmenverschiedenheit bestehen, wobei nach § 50 Abs. 3 S. 2 HGB Firmenverschiedenheit auch dann gegeben ist, wenn für eine der unter gleicher Firma geführten Zweigniederlassungen ein Zusatz beigefügt wird, der sie als Zweigniederlassung bezeichnet. Der Gesamtprokurist wie auch der Niederlassungsprokurist hat im übrigen uneingeschränkte Vertretungsmacht (vgl. §§ 49, 50 HGB).

### 2. Umfang

8 Der **Umfang** der Prokura ist gesetzlich festgelegt (§ 49 HGB). Die Prokura berechtigt zu allen gerichtlichen und außergerichtlichen Geschäften und Rechtshandlungen, die der Betrieb eines Handelsgewerbes mit sich bringt. Dies gilt auch, wenn die Rechtshandlungen über den gewöhnlichen

Rahmen der Geschäfte der eG hinausgehen. Der Prokurist kann z. B. Verträge abschließen, Wechsel- und Scheckverbindlichkeiten eingehen, Darlehen aufnehmen, Bürgschaften geben, Schulden eines Dritten übernehmen. Die Niederlassungsprokura ermächtigt zu allen gerichtlichen und außergerichtlichen Geschäften und Rechtshandlungen, die der Betrieb einer Zweigniederlassung eines Kaufmanns mit sich bringt (vgl. *Schlegelberger*, HGB, Anm. 17 zu § 50).

Bei der Vornahme einseitiger Rechtsgeschäfte oder einseitiger Rechtshandlungen sowie bei Abgabe bestimmter Willenserklärungen, die nur ein Teil eines aus mehreren Willenserklärungen bestehenden Rechtsgeschäftes sind, wie z. B. Kündigung, Mahnung, Mieterhöhungserklärung, Annahme eines Vertragsangebotes ist § 174 BGB auch auf den Prokuristen anwendbar. Legt der Prokurist keinen Nachweis über die Prokuraerteilung vor und weist der andere Teil aus diesem Grunde das Geschäft unverzüglich zurück, ist dieses unwirksam (*Baumbach/Duden*, HGB, § 50, Anm. 1 C; *Palandt*, BGB, § 174 Anm. 1; OLG Hamm, Beschl. v. 28. 5. 1982 – 4 R Miet 11/81; *Müller/Oske*, Rechtsentscheide im Mietrecht, Bd. 1, 656 ff).

Der Prokurist **kann nicht** Prokura erteilen (Rdn. 11) und die Bilanz **9**
unterzeichnen. Der Prokurist kann weiterhin nicht, und dies ergibt sich aus § 49 Abs. 2 HGB, Grundstücke veräußern und belasten. Er kann auch nicht Eigentümergrundschulden abtreten und dadurch Fremdgrundpfandrechte entstehen lassen (*Baumbach/Duden*, HGB, § 50 Anm. 1 B). Um dem Prokuristen auch bei der Veräußerung und Belastung von Grundstücken Vertretungsmacht zu verschaffen, bedarf es einer Erweiterung des gesetzlichen Umfanges der Prokura. Dabei handelt es sich um eine Erweiterung der Vertretungsmacht aus der Prokura, nicht um die Erteilung einer zusätzlichen Vollmacht (vgl. *Schlegelberger*, HGB, Anm. 11 zu § 49).

**Beschränkungen** des gesetzlichen Umfangs der Prokura sind – Dritten **10**
gegenüber – unwirksam (§ 50 Abs. 1 HGB). Vertraglich können dem Prokuristen allerdings Beschränkungen jeglicher Art auferlegt werden. Diese haben dann für das Innenverhältnis zwischen der eG und dem Prokuristen Bedeutung. Die Überschreitung der dem Prokuristen erteilten Anweisungen macht diesen u. U. schadensersatzpflichtig. Dritten gegenüber sind solche Beschränkungen jedoch grundsätzlich ohne Wirkung. Anders im Falle der Kollusion, d. h., wenn der Prokurist im Einverständnis mit dem Dritten durch eine Überschreitung seiner nach außen hin unbeschränkten Vertretungsmacht absichtlich zum Nachteil der eG handelt. Dann steht der eG die Einrede der Arglist zu, und sie braucht das Geschäft nicht gegen sich gelten zu lassen. Gleiches gilt, wenn der Prokurist bewußt zum Nachteil der eG handelt und der Dritte dieses problemlos hätte erkennen können (st. Rspr. BGHZ 50, 113 u. h. L. *Baumbach/Duden*, HGB, § 50 Anm. 3 B).

### 3. Verfahren

*a) Erteilung*

11 Die Prokura kann nur von dem **gesetzlichen Vertreter** erteilt werden. Der gesetzliche Vertreter ist der Vorstand (vgl. i. e. § 25). Eine Einschränkung dieses Rechts im Innenverhältnis, etwa daß die Zustimmung des Aufsichtsrats erforderlich sein soll, bedarf einer Satzungsregelung. Ist in der **Satzung** einer eG festgelegt, daß ein Vorstandsmitglied in Gemeinschaft mit einem Prokuristen zur gesetzlichen Vertretung befugt ist, so können diese auch Prokura erteilen (vgl. *Schlegelberger*, HGB, Anm. 5 zu § 48), da der Prokurist, ohne selbst gesetzlicher Vertreter zu werden, an der gesetzlichen Vertretung teilnimmt (BGHZ 13, 64; 62, 170; BayOblG, DB 1973, 1340; *Baumbach/Duden/Hopt*, HGB, § 49 Rdn. 1c; vgl. ausführlich § 25 Rdn. 8). Rechtsgeschäftliche Vertreter – also auch ein Prokurist – können keine Prokura erteilen. Eine „Prokura", die von einem rechtsgeschäftlichen Vertreter der eG erteilt werden sollte, gibt dem Bevollmächtigten nicht die Rechtsstellung eines Prokuristen i. S. d. §§ 48 ff HGB, kann aber als Vollmacht nach §§ 164 ff BGB wirksam sein.

12 Prokura kann nur **„mittels ausdrücklicher Erklärung"** erteilt werden. Eine ausdrückliche Erklärung ist nur dann anzunehmen, wenn der gesetzliche Vertreter in der abgegebenen Erklärung eindeutig zum Ausdruck bringt, daß hiermit Prokura i. S. d. §§ 48 ff HGB erteilt werde (vgl. *Schlegelberger*, HGB, Anm. 13 zu § 48). Der gesetzliche Vertreter bringt dies eindeutig zum Ausdruck, wenn er z. B. den P. „zum Prokuristen bestellt" oder dem P. „die Vollmacht, per Prokura die Firma zu zeichnen" erteilt. Die ausdrückliche Erklärung wird regelmäßig gegenüber dem zukünftigen Prokuristen abgegeben (§ 167 Abs. 1 BGB). Das Gesetz schreibt nicht vor, daß die Erklärung schriftlich abgegeben werden muß. In der Regel wird jedoch die Prokura durch eine schriftliche Erklärung gegenüber dem zukünftigen Prokuristen erteilt. Die Prokuraerteilung bedarf nicht der Annahme, da es sich rechtlich um eine Vollmacht handelt und mit dieser noch keine Pflichten verbunden sind (im Unterschied zur Vorstandsbestellung vgl. § 24 Rdn. 40).

*b) Eintragung*

13 Die Erteilung der Prokura ist zur **Eintragung** in das Genossenschaftsregister anzumelden (§ 42 Abs. 1 S. 1 u. 2 i. V. m. § 53 Abs. 1 S. 1 HGB); das gilt auch für eine Erweiterung gem. § 49 Abs. 2 HGB (*Baumbach/Duden*, HGB, § 52 Anm. 1 B). Die Niederschrift oder eine Abschrift des Beschlusses über die Erteilung der Prokura braucht der Anmeldung nicht beigefügt zu werden, da § 28 Abs. 1 S. 2 keine Anwendung findet. Die Anmeldung ist von allen Vorstandsmitgliedern zu unterzeichnen (§ 157 GenG, § 6 GenRegVO).

Die Anmeldung und die daraufhin erfolgende Eintragung wirken **nicht rechtsbegründend**; eine erteilte Prokura ist als solche wirksam, auch wenn sie nicht zum Genossenschaftsregister angemeldet und deshalb auch nicht eingetragen wird (vgl. auch *Schlegelberger*, HGB, Anm. 13 zu § 48). Die Eintragung ist vom Registergericht bekanntzumachen (§ 42 Abs. 1 S. 3 i. V. m. § 28 Abs. 1 S. 3). § 29 über den Schutz des guten Glaubens an die Eintragungen im Genossenschaftsregister gilt entsprechend (§ 42 Abs. 1 S. 3). **14**

*c) Zeichnung*

Der Prokurist hat die Firma der eG nebst seiner Namensunterschrift zur Aufbewahrung bei dem Registergericht zu **„zeichnen"** (§ 42 Abs. 1 S. 1 i. V. m. § 53 Abs. 2 HGB). Der Prokurist muß mit seinem Namen – sowie mit einem die Prokura andeutenden Zusatz – unterschreiben; Stempel oder Faksimile reichen nicht aus. Der Wortlaut der Vorschrift könnte dafür sprechen, daß er auch die Firma handschriftlich zeichnen muß. Hierin würde aber eine überflüssige Erschwerung liegen, die auch aus Sicherheitsgründen nicht geboten erscheint (vgl. *Schlegelberger*, HGB, Anm. 8 zu § 53; *Schnorr von Carolsfeld*, ZfG 1978, 180; *Schubert/Steder*, § 42 Rdn. 8, vgl. dagegen OLG Frankfurt, NJW 1974, 192 = BB 1974, 59 = DNotZ 1974, 467). Die Firma ist so zu zeichnen, wie sie im Genossenschaftsregister geführt wird. Die Zeichnung kann gleichzeitig mit der Anmeldung und Eintragung nachgeholt werden (vgl. *Schlegelberger*, HGB, Anm. 8 zu § 53). Im Falle einer nachträglichen Firmenänderung brauchen Prokuristen nicht erneut zu zeichnen (OLG Düsseldorf, DB 1977, 2091 = MDR 1977, 1024; kritisch hierzu *Schnorr von Carolsfeld*, ZfG 1978, 180, der bei Änderung der Firma eine neue vollständige Anmeldung verlangt, bei der die Firma auch mechanisch oder mittels Stempel eingefügt sein kann; dies ist jedoch abzulehnen, da die Firmenänderung selbst bereits als Satzungsänderung anzumelden ist, mithin das Register auch ohne erneute Anmeldung der Zeichnung des Prokuristen klar und unmißverständlich ist). **15**

*d) Widerruf*

Der gesetzliche Vertreter der eG kann die Prokura jederzeit **widerrufen** (§ 42 Abs. 1 S. 1 i. V. m. § 52 Abs. 1 HGB). Für den Fall der nach § 49 Abs. 2 HGB erweiterten Prokura, die den Prokuristen auch zur Veräußerung und Belastung von Grundstücken ermächtigt, kann sich der Widerruf auch auf die Erweiterung beschränken. In einem solchen Fall bleibt die Prokura in ihrem gesetzlichen Umfang nach § 49 Abs. 1 HGB bestehen. Ist eine Einzelprokura erteilt, so kann diese Prokura mit der Maßgabe widerrufen werden, daß der bisherige Einzelprokurist zum Gesamtprokuristen gemacht wird. Die Prokura erlischt im Zweifel bei Tod des Prokuristen **16**

(§§ 675, 672, 181 BGB). Vgl. zum Erlöschen der Prokura i. e. *Schlegelberger*, HGB, Anm. 17 ff zu § 52.

17 Das Erlöschen der Prokura ist in gleicher Weise wie die Erteilung zur Eintragung in das Genossenschaftsregister **anzumelden** (§ 42 Abs. 1 S. 1 i. V. m. § 53 Abs. 3 HGB). Nach § 42 Abs. 1 S. 3 gilt § 29 entsprechend (vgl. die dortigen Erl.).

## III. Handlungsvollmacht

### 1. Arten

18 Nach § 42 Abs. 2 kann auch **Handlungsvollmacht** nach § 54 HGB erteilt werden. Handlungsvollmacht ist jede im Rahmen eines Handelsgewerbes erteilte Vollmacht, die nicht Prokura ist. Die Handlungsvollmacht kann als Spezialhandlungsvollmacht (zur Vornahme einzelner Geschäfte), als Arthandlungsvollmacht (zur Vornahme bestimmter Arten von Geschäften) oder als Generalhandlungsvollmacht erteilt werden. Im Unterschied zur Prokura ermächtigt die Handlungsvollmacht nur zu den Geschäften, die der Betrieb **dieses** Handelsgeschäfts **gewöhnlich** mit sich bringt.

19 Denkbar sind auch hier Gesamthandlungsvollmachten oder Einzelhandlungsvollmacht, die an die **Mitwirkung** eines Vorstandsmitglieds oder eines Prokuristen gebunden ist (vgl. *Schaffland*, GenG, mit einführender Erl., S. 34).

### 2. Umfang

20 **Beschränkungen** der Vertretungsmacht des Handlungsbevollmächtigten ergeben sich zunächst aus der Unterschiedlichkeit der verschiedenen Vollmachten, die nach § 54 Abs. 1 HGB erteilt werden können. Beschränkungen der Vertretungsmacht des Handlungsbevollmächtigten ergeben sich weiterhin aus § 54 Abs. 2 HGB. Danach ist ein Handlungsbevollmächtigter nicht befugt, Grundstücke der eG zu veräußern und zu belasten, Wechselverbindlichkeiten für die eG einzugehen, Darlehen für die eG aufzunehmen, Prozesse zu führen. Zu diesen Handlungen ist der Handlungsbevollmächtigte nur ermächtigt, wenn ihm eine solche Befugnis besonders erteilt ist. Handlungsbevollmächtigte können nach § 54 Abs. 3 HGB auch sonstigen Beschränkungen unterliegen. Als sonstige Beschränkungen i. S. d. § 54 Abs. 3 HGB kommen in Betracht insbesond. Weisungen, die die eG bei der Erteilung der Vollmacht dem Handlungsbevollmächtigten erteilt hat. Dritte brauchen diese sonstigen Beschränkungen nach § 54 Abs. 3 HGB nur gegen sich gelten zu lassen, wenn sie sie kannten oder kennen mußten.

### 3. Verfahren

*a) Erteilung*

Handlungsvollmachten können von dem gesetzlichen Vertreter der eG, auch von rechtsgeschäftlich bestellten Vertretern der eG – also **auch von einem Prokuristen** – erteilt werden. Handlungsvollmachten können – nach den §§ 167 ff BGB – durch Erklärung gegenüber dem zu Bevollmächtigenden oder durch Erklärung gegenüber dem Dritten, dem gegenüber die Vertretung stattfinden soll, erteilt werden. Handlungsvollmacht kann auch durch öffentliche Bekanntmachung erteilt werden. Handlungsvollmachten brauchen – anders als die Prokura nach § 48 HGB – **nicht ausdrücklich** erteilt zu werden. Erteilung durch schlüssiges Handeln reicht aus (vgl. *Schlegelberger*, HGB, Anm. 6 zu § 54). 21

Handlungsvollmachten sind **nicht** zum Genossenschaftsregister **anzumelden** und werden daher auch nicht durch das Registergericht bekanntgemacht. Dies gilt sowohl für die Erteilung wie für den Widerruf und das Erlöschen der Handlungsvollmacht (vgl. *Schlegelberger*, HGB, Anm. 10 zu § 54). 22

*b) Zeichnung*

Der Handlungsbevollmächtigte hat der Firma seinen Namen mit einem die Handlungsvollmacht andeutenden Zusatz beizufügen. Gebräuchlich ist „Firma XY i. V. (plus Name des Handlungsbevollmächtigten)". Zulässig ist aber auch „für Firma XYZ". 23

*c) Widerruf*

Eine Handlungsvollmacht ist **jederzeit widerruflich**, sofern sich nicht aus dem zugrundeliegenden Rechtsverhältnis etwas anderes ergibt (§ 168 S. 2 BGB). Vgl. i. e. *Schlegelberger*, HGB, Anm. 8 ff zu § 54 sowie AG Ludwigshafen, Urt. v. 21. 10. 1975 – 5 Ca 1569, 75 M m. ausführl. Begr. 24

## IV. Haftung

Das Verschulden ihrer Prokuristen und Handlungsbevollmächtigten muß sich die eG gem. § 278 S. 1 Fall 2 und § 831 BGB zurechnen lassen. Die eG kann im Innenverhältnis Ansprüche aus dem Anstellungsvertrag haben (§§ 611 ff BGB). Die eG muß sich einen von ihr hervorgerufenen Rechtsschein der Einzelvollmacht (= Ermächtigung im Außenverhältnis; hierzu § 25 Rdn. 13) zurechnen lassen. Es genügt nicht, wenn der Rechtsschein vom ermächtigungslos Handelnden ausgelöst wird (LG Hamburg, ZfG 1956, 151; *Hettrich/Pöhlmann*, § 25 Rdn. 13). 25

## § 43

### Generalversammlung, Zuständigkeit und Stimmrechte der Mitglieder

(1) Die Genossen üben ihre Rechte in den Angelegenheiten der Genossenschaft in der Generalversammlung aus, soweit das Gesetz nichts anderes bestimmt.

(2) Die Generalversammlung beschließt mit der Mehrheit der abgegebenen Stimmen (einfache Stimmenmehrheit), soweit nicht Gesetz oder Statut eine größere Mehrheit oder weitere Erfordernisse bestimmen. Für Wahlen kann das Statut eine abweichende Regelung treffen.

(3) Jeder Genosse hat eine Stimme. Das Statut kann die Gewährung von Mehrstimmrechten vorsehen. Mehrstimmrechte sollen nur für Genossen begründet werden, die den Geschäftsbetrieb der Genossenschaft besonders fördern. Die Voraussetzungen für die Gewährung von Mehrstimmenrechten müssen im Statut festgesetzt werden. Keinem Genossen können mehr als drei Stimmen gewährt werden. Bei Beschlüssen, die nach dem Gesetz einer Mehrheit von drei Vierteln der abgegebenen Stimmen oder einer größeren Mehrheit bedürfen und für die das Statut eine geringere als die gesetzlich vorgeschriebene Mehrheit nicht bestimmen kann, sowie bei Beschlüssen über die Aufhebung oder Einschränkung der Bestimmungen des Statuts über Mehrstimmrechte hat ein Genosse, auch wenn ihm ein Mehrstimmrecht gewährt ist, nur eine Stimme. Auf Genossenschaften, deren Mitglieder ausschließlich oder überwiegend eingetragene Genossenschaften sind, sind die Sätze 3 bis 6 nicht anzuwenden; das Statut dieser Genossenschaften kann das Stimmrecht der Genossen nach der Höhe ihrer Geschäftsguthaben oder einem anderen Maßstab abstufen. Zur Aufhebung oder Änderung der Bestimmungen des Statuts über Mehrstimmrechte bedarf es nicht der Zustimmung der betroffenen Genossen.

(4) Der Genosse soll sein Stimmrecht persönlich ausüben. Das Stimmrecht geschäftsunfähiger oder in der Geschäftsfähigkeit beschränkter natürlicher Personen sowie das Stimmrecht von juristischen Personen wird durch ihre gesetzlichen Vertreter, das Stimmrecht von Personenhandelsgesellschaften durch zur Vertretung ermächtigte Gesellschafter ausgeübt.

(5) Der Genosse oder sein gesetzlicher Vertreter können Stimmvollmacht erteilen. Für die Vollmacht ist die schriftliche Form erforderlich. Ein Bevollmächtigter kann nicht mehr als zwei Genossen vertreten. Das Statut kann persönliche Voraussetzungen für Bevollmächtigte aufstellen, insbesondere die Bevollmächtigung von Personen ausschließen, die sich geschäftsmäßig zur Ausübung des Stimmrechts erbieten, oder die Vertretung durch Bevollmächtigte ganz ausschließen.

**(6) Niemand kann für sich oder für einen anderen das Stimmrecht ausüben, wenn darüber Beschluß gefaßt wird, ob er oder der vertretene Genosse zu entlasten oder von einer Verbindlichkeit zu befreien ist oder ob die Genossenschaft gegen ihn oder den vertretenen Genossen einen Anspruch geltend machen soll.**

*Übersicht*



## I. Die Generalversammlung – Organ genossenschaftlicher Selbstverwaltung (Abs. 1)

### 1. Rechtliche Einordnung der Generalversammlung

§ 43 wurde neu gefaßt durch Novelle 1973; diese brachte insbesond. eine ausdrückliche Regelung der Mindestvoraussetzungen für Beschlüsse in Abs. 2 (einfache Mehrheit), die Zulassung des Mehrstimmrechts in Abs. 3, die Möglichkeit der Stimmvollmacht in Abs. 5 und den Ausschluß von der Abstimmung bei Interessenkollisionen in Abs. 6. Durch Bilanzrichtlinien-Gesetz wurde auch Abs. 1 neu gefaßt. Damit soll insbesond. dem neuen Inhalt von § 27 durch Novelle 1973 Rechnung getragen werden; es ist klargestellt, daß Geschäftsführung grundsätzlich in die eigenverantwortliche Tätigkeit des Vorstandes fällt; dementsprechend werden Rechte der Mitglieder „in bezug auf die Führung der Geschäfte" nicht mehr erwähnt. **1**

Die Verstärkung der rechtlichen Position des Vorstandes durch die Gesetzesnovelle 1973 (§ 27 Abs. 1 S. 1) und der damit verbundene Ausschluß der GV aus Fragen der Geschäftsleitung bedeutet nicht eine Verminderung der Rechte der Mitglieder. Das Gesetz will vielmehr die Rechte der Mitglieder und die Zuständigkeit der GV auf Bereiche ausrichten, in denen die Mitglieder tatsächlich auch entscheiden können und in der Lage sind, dafür die Verantwortung zu tragen.

2 Die GV ist das Organ der eG, in dem sich die **gemeinsame Willensbildung** der Mitglieder in Angelegenheiten der eG vollzieht (Näheres: *Neumann*, Rechtliche Möglichkeiten der Mitglieder zur Teilnahme an der Willensbildung in der eingetragenen Genossenschaft; *Metz*, Die Wahrnehmung der Mitgliederinteressen in der Generalversammlung/Vertreterversammlung). Diese Regelung schließt z. B. aus, daß Beschlüsse außerhalb der GV durch schriftliche Zustimmung der Mitglieder gefaßt werden (§ 18); soweit die Mitglieder ihre Zustimmung außerhalb der GV erteilen, kann es sich somit grundsätzlich nur um einzelvertragliche Vereinbarungen handeln. Dies schließt nicht aus, daß mitgliedsschaftliche **Einzelrechte** auch außerhalb der GV ausgeübt werden, wie z. B. Vorschlagsrechte zu Wahlen, Anfechtungsrechte (§ 51), Stimmabgabe bei Wahlen, Erteilung von Auskünften oder Anfragen usw.

3 Die GV ist im Sinne der „Gewaltenteilung" einem **Parlament der eG** vergleichbar; sie hat unentziehbar und ausschließlich das „Gesetzgebungsrecht" hinsichtlich der Satzung (vgl. Erl. zu § 16). Im Hinblick auf die gesetzlich gegebene Zuständigkeit kann die GV als „oberstes Willensorgan" der eG bezeichnet werden (*Paulick*, S. 240; *Schubert/Steder*, § 43 Rz. 2). Hier findet der genossenschaftliche Grundsatz der **Selbstverwaltung** seinen Ausdruck. Wegen der Leitungsstruktur vgl. § 36 Rdn. 1.

4 Im Rahmen dieser Mitgliederselbstverwaltung sind die **gesetzlichen Zuständigkeitsregelungen** der anderen Genossenschaftsorgane zu beachten. Die Zuständigkeit der GV findet so z. B. ihre Grenzen an der Regelung des § 27 Abs. 1, wonach die Leitungsbefugnis ausschließlich beim Vorstand liegt, soweit Gesetz oder Satzung (§ 27 Abs. 1 Satz 2) nicht einschränkende Regelungen enthalten; entsprechend ist die Aufsicht über die Geschäftsführung gem. § 38 dem Aufsichtsrat unentziehbar übertragen. Ob und inwieweit die Satzung den Mitgliedern in der GV tatsächlich noch Rechte hinsichtlich der Geschäftsführung einräumen kann, hängt in erster Linie von der Art und Größe des genossenschaftlichen Unternehmens und davon ab, inwieweit die Unternehmensleitung nur durch hauptberufliche Fachleute ausgeübt werden kann (vgl. Erl. zu § 27). Wegen Beschlüssen der GV im Zusammenhang mit der Beseitigung von durch die Prüfung festgestellten Mängeln vgl. Erl. zu § 60 Rdn. 7, 10.

5 Die Frage der Leitungskompetenz und insbesond. der Vertretungsbefugnis des Vorstands in Bereichen, die der Entscheidung der GV vorbehalten sind, ist differenziert zu beurteilen:

- Bei Strukturfragen der eG, die z. B. den Inhalt der Satzung, die Besetzung des Aufsichtsrates oder Regreßansprüche gegen Organmitglieder (§ 34 Rdn. 143) betreffen, folgt aus der Unzuständigkeit des Vorstands für die Entscheidung auch, daß der Vorstand die eG nicht durch Erklärungen nach außen rechtswirksam binden kann.
- Handelt es sich dagegen um Fragen der betriebblichen Organisation, wie z. B. die Ausgliederung von „Kernbereichen" (s. Rdn. 10 und § 16 Rdn. 4), so fehlt dem Vorstand zwar die Entscheidungskompetenz (Innenverhältnis), Vertretungshandlungen (Außenverhältnis) können jedoch wirksam vorgenommen werden (s. § 27 Rdn. 19).

Die Willensbildung in der GV erfolgt nach anerkannten **demokratischen Grundsätzen** (vgl. *Paulick*, S. 240; *Schubert/Steder*, § 43 Rz. 2). Dies kommt u. a. zum Ausdruck in den Regelungen von Abs. 2 und 3 über die Mehrheitsverhältnisse und die Ausübung des Stimmrechts. **6**

Zur Frage der Teilnahme der Mitglieder an der Willensbildung allgemein: *Neumann*, Rechtliche Möglichkeiten der Mitglieder, Teilnahme an der Willensbildung in der eingetragenen Genossenschaft, insbesond. S. 130 ff.

Bei der Diskussion und Abstimmung dürfen die Mitglieder grundsätzlich auch ihre **persönlichen Interessen** berücksichtigen. Sie haben insoweit kein „Amt" wie die Vertreter in der VV oder die Mitglieder des Aufsichtsrats, die in erster Linie die Interessen der eG und der Gesamtheit der Mitglieder zu beachten haben. Die Wahrnehmung eigener Interessen in der GV findet allerdings ihre Grenze am genossenschaftlichen Treuegrundsatz (vgl. hierzu § 18 Rdn. 50 ff). **7**

Die Mitglieder nehmen im eigenen Interesse an der GV teil. Es besteht daher grundsätzlich kein Anspruch auf Ersatz der **Fahrtkosten** zur GV durch die eG. Ausnahmen können unter besonderen Umständen, z. B. besonders langen Anfahrtswegen, gerechtfertigt sein. Ersatz dieser Kosten wäre nach Auffassung des Bundesministers der Finanzen verdeckte Gewinnausschüttung (vgl. BMF-Schreiben v. 26. 11. 1984, DB 1984, 2595). Ersatz dieser Kosten für Mitglieder der VV sind dagegen abziehbare Betriebsausgaben (BFH-Urt. v. 24. 8. 1983, BStBl. II 1984, 273 = DB 1984, 804), vgl. § 43 a Rdn. 11. **Bewirtungskosten** je Mitglied in der GV werden bis zum Betrag von 25 DM, für Vertreter in der VV in angemessener Höhe als abziehbare Betriebsausgaben anerkannt (BFH und BMF a. a. O.).

Die GV soll am Sitz der eG abgehalten werden, soweit die Satzung nichts anderes vorsieht (RGZ 44, 8). Damit soll allen Mitgliedern in gleicher Weise die Möglichkeit der Teilnahme gegeben sein (*Meyer/Meulenbergh/Beuthien*, § 43 Rdn. 29). Verstöße dagegen führen zur Anfechtbarkeit der Beschlüsse gem. § 51 (BayObLG, NJW 1959, 485 = ZfG 60, 265). Die GV muß einheitlich durchgeführt werden. Eine räumliche Trennung **8** nach mehreren Abschnitten ist unzulässig (*Meyer/Meulenbergh/Beuthien*, § 43 Rdn. 29). Unbedenklich ist es, mehrere GV durchzuführen, auch um die sog. Regularien zu behandeln. Jede dieser Versammlungen ist „GV", zu der alle Mitglieder einzuladen sind.

**2. Aufgaben der Generalversammlung**

9 Das Gesetz weist der GV zwingend und ausschließlich bestimmte Aufgaben zu:

- alle Satzungsänderungen (§§ 16 Abs. 1, 22 Abs. 1, 65 Abs. 2, 87 a Abs. 2 GenG)
- Fortsetzung einer auf bestimmte Zeit beschränkten eG (§ 16 Abs. 1 GenG)
- Amtsenthebung des Vorstandes in den Fällen des § 24 Abs. 3 S. 2 GenG und des § 40 GenG (die fristgemäße Kündigung und Abberufung fällt dagegen nach der Mustersatzung für die ländlichen und gewerblichen eG in die Zuständigkeit des Aufsichtsrats)
- Wahl der Mitglieder des Aufsichtsrats (§ 36 Abs. 1 GenG)
- Amtsenthebung von Mitgliedern des Aufsichtsrats (§ 36 Abs. 3 GenG)
- Beschränkung des Vorstandes in seiner Leitungsbefugnis (§ 27 Abs. 1 S. 2 GenG) in Form von Satzungsregelungen
- Beschlußfassung über die Führung von Prozessen gegen Vorstandsmitglieder, Wahl der Prozeßvertreter (§ 39 GenG)
- Beschlußfassung über die Wahlordnung für die VV (§ 43 a Abs. 4 GenG)
- Beschlußfassung über den Jahresabschluß (§ 48 Abs. 1 GenG)
- Beschlußfassung über die Verteilung von Gewinn und die Deckung von Verlust (§§ 19, 48 GenG)
- Entlastung des Vorstands und des Aufsichtsrats (§ 48 Abs. 1 GenG)
- Festsetzung der Kreditbeschränkungen (§ 49 GenG)
- Festsetzung der Einzahlungen auf den Geschäftsanteil (§ 50 GenG), soweit keine Satzungsregelung besteht
- Beschlußfassung über die Verlesung des Prüfungsberichts (§ 59 Abs. 1 GenG)
- Beschlußfassung über die Beseitigung im Prüfungsbericht festgestellter Mängel (§ 60 Abs. 1 GenG)
- Auflösung der eG (§ 78 Abs. 1 GenG)
- Fortsetzung der aufgelösten eG (§ 79 a Abs. 1 GenG)
- Abberufung der Liquidatoren (§ 83 Abs. 4 GenG)
- Maßnahmen zur Abwendung des Konkurses (§ 87 a GenG)
- Umwandlung der eG nach dem UmwG

Bei **schwerwiegenden Eingriffen in die Rechte und Interessen der Mitglieder**, wie z. B. die Änderung der unternehmerischen Zielsetzung, die Ausgliederung eines bedeutenden Produktionszweiges oder eines Betriebes der wesentliche Teile der Leistung oder des Vermögens der eG darstellt, wird der Vorstand regelmäßig verpflichtet sein, die Entscheidung der GV herbeizuführen (für die AG BGH, DB 1982, 795 = BB 1982, 827 = NJW 1982, 1703; krit. zu dieser Entscheidung: *Sommer*, BB 1983, 1566). Diese Verpflichtung folgt aus anerkannten genossenschaftlichen Grundsätzen, insbesond. dem Grundsatz der Selbstverwaltung und Selbstverantwortung der Mitglieder; sie muß grundsätzlich bei allen Entscheidungen gelten, die die Existenz des genossenschaftlichen Unternehmens nachhaltig beeinflussen können oder in anderer Weise den **„Kernbereich"** des genossenschaftlichen Förderunternehmens berühren. Einer besonderen Regelung in der Satzung bedarf es insoweit nicht (vgl. § 16 Rdn. 4). 10

Vorstandsbeschlüsse, die ohne die erforderliche Zustimmung der GV gefaßt werden, sind nichtig. Nichtig (und nicht nur anfechtbar) wäre auch ein Beschluß der GV oder eine Satzungsregelung, die den Vorstand pauschal zu solchen Entscheidungen ermächtigen würden. Eine solche Ermächtigung verletzt die Grundstrukturen der eG und würde dazu führen, daß die Mitglieder bei lebenswichtigen Entscheidungen ausgeschaltet wären (so überzeugend LG Stuttgart, DB 1991, 2533).

Zur Frage der Wirksamkeit schuldrechtlicher und dinglicher Rechtsgeschäfte, die in den Grundlagenbereich eingreifen, in dem der Vorstand „ultra vires" handelt, s. § 27 Rdn. 19.

Soweit die Satzung für diese Fälle keine größere Mehrheit vorsieht, genügt formal gemäß § 43 Abs. 2 einfache Stimmenmehrheit. Wegen der Bedeutung solcher Beschlüsse erscheint dies jedoch nicht unproblematisch. Die Satzungen sollten hier Regelungen enthalten.

Hat der Vorstand die Entscheidung der GV nicht vor dem Vollzug des Geschäfts (mit Außenwirkung) eingeholt, so besteht noch die Möglichkeit einer nachträglichen Genehmigung durch die GV (BGH, DB 1982, 797). Andernfalls hat das einzelne Mitglied einen Anspruch auf Rückgängigmachung des Geschäfts, der klageweise gegen die eG geltend gemacht werden kann (vgl. BGH a. a. O.).

Darüber hinaus kann die GV in allen Fragen der eG verbindlich entscheiden, die nicht durch Gesetz oder Satzung anderen Organen zwingend zugewiesen sind (*Paulick*, S. 240). 11

Die Entscheidung über eine **Gebührenerhöhung** bei einer Taxigenossenschaft liegt – vorbehaltlich einer anderweitigen Satzungsregelung – gemäß § 27 beim Vorstand. Die GV kann hierüber nicht rechtsverbindlich beschließen (AG München v. 27. 10. 1981 – AZ 10 C 9702/81). 12

Soweit die GV nicht in eigener Zuständigkeit entscheiden kann, ist sie berechtigt, die anstehenden **Fragen zu beraten** und Empfehlungen, z. B. 13

für die Geschäftsführung, auszusprechen. Dies gilt z. B. für allgemeine Grundsätze und Leitlinien der Geschäftspolitik. Der Vorstand hat dann allerdings eigenverantwortlich zu entscheiden, ob und inwieweit er diese Empfehlungen in der Geschäftsführung umsetzen kann.

### 3. Verhältnis zu anderen Organen

14 Die GV ist dem Vorstand und Aufsichtsrat im Sinne einer **„Gewaltenteilung"** gleichgeordnet. Das Gesetz gibt ihr nicht die Möglichkeit, für die Führung der Geschäfte oder die Kontrolle Einzelweisungen zu geben. Wenn die Satzung von § 27 Abs. 1 S. 2 Gebrauch macht, darf hierbei der Grundsatz der eigenverantwortlichen Leitung der eG durch den Vorstand nicht ausgehöhlt werden. Falls die Mitglieder des Vorstandes oder Aufsichtsrates auf Dauer nicht dem Willen der Mitglieder entsprechen, bleibt nur die Abberufung der Organmitglieder durch die GV (§§ 24 Abs. 3, 40).

Der GV steht gegenüber den anderen Organen der eG eine Art **„Richtlinien-Kompetenz"** zu. Diese hat in den Fällen unmittelbar rechtliche Bindungswirkung, in denen i. S. v. § 27 Abs. 1 S. 2 durch die Satzung die Leitungsbefugnis des Vorstandes eingeschränkt wird. Im übrigen handelt es sich bei entsprechenden Beschlüssen der GV nur um Empfehlungen oder Wünsche gegenüber Vorstand (oder Aufsichtsrat); eine unmittelbare Bindungswirkung ist nicht gegeben. Lediglich im Rahmen der Entlastung oder im Zusammenhang mit möglichen Sanktionen kann die GV verbindlich Einfluß auf das Verhalten der anderen Organmitglieder nehmen.

## II. Rechtsstellung der Mitglieder in der Generalversammlung

### 1. Recht auf Teilnahme

15 Jedes Mitglied hat grundsätzlich das Recht, an der GV persönlich oder durch einen Vertreter (gesetzlicher Vertreter oder Bevollmächtigter) **teilzunehmen**. Dieses Recht steht auch Mitgliedern zu, wenn diese kein Stimmrecht haben z. B. wegen Interessenkollision (vgl. BGH, WM 1985, 567; Interessenkollision Rdn. 133 ff). Das Teilnahmerecht besteht nicht mehr, wenn im Zusammenhang mit der Ausschließung eines Mitglieds aus der eG der eingeschriebene Brief gem. § 68 Abs. 4 abgesandt ist. Wegen Folgen bei Nichteinladung von Mitgliedern vgl. § 51 Rdn. 33.

Bei Minderjährigen steht das Anwesenheitsrecht auch der gesetzlichen Vertretung zu, grundsätzlich also beiden Elternteilen. Entsprechendes gilt für Handelsgesellschaften und juristische Personen: Soweit Gesamtvertretung besteht, haben alle zu dieser Vertretung gehörenden Personen ein Anwesenheitsrecht; Stimmabgabe erfolgt nach Absprache durch einen

Bevollmächtigten. Sind dagegen einzelne Organmitglieder allein zur gesetzlichen Vertretung berechtigt, so haben nur diese Personen ein Anwesenheitsrecht (so im Ergebnis, wenn auch mit unzutreffender Begründung: LG Nürnberg v. 29. 6. 1988 – Az.: 11 S 2196/88).

Das Teilnahmerecht eines Mitglieds an der GV besteht nicht, wenn eine erhebliche und auf andere Weise nicht zu beseitigende Störung die **Ausschließung des Mitglieds** aus der Versammlung rechtfertigt (vgl. BGHZ 44, 251: *v. Falkenhausen*, BB 1966, 343; *Martens*, WM 1981, 1012; *Metz/Werhahn*, Rdn. 267; *Müller*, § 43 Rdn. 8; a. A. *Schubert/Steder*, § 43 Rz. 2). Ein Verschulden des Mitglieds ist nicht erforderlich; Voraussetzung für den Saalverweis ist jedoch eine aktuelle Störung. Wenn aber ganz offensichtlich eine Störung zu erwarten ist, kann ausnahmsweise einem Mitglied schon der Zugang zur Versammlung verwehrt werden (zu eng *Müller*, § 43 Rdn. 8). **16**

Der **Saalverweis** fällt grundsätzlich in die Zuständigkeit des Versammlungsleiters (für AG BGHZ 44, 245; *Martens*, WM 1981, 1014; *Metz/Werhahn*, Rdn. 246 ff); ihm stehen aufgrund seines Ordnungsrechts hierfür die erforderlichen Maßnahmen zur Verfügung (s. Rdn. 154 ff). **17**

Der **Ausschluß eines Mitglieds** aus der GV muß das **äußerste Mittel** bleiben; er ist nur zulässig, wenn andere Ordnungsmaßnahmen nicht ausreichen. **18**

Nur auf Antrag des Versammlungsleiters kann die GV über den Saalverweis entscheiden (*Martens*, WM 1981, 1012; a. A. *Müller*, § 43 Rdn. 9). Eine Beschlußfassung der GV gegen die Entscheidung des Versammlungsleiters erscheint problematisch, weil damit die ordnungsgemäße Leitung der Versammlung behindert werden könnte. Auch dem Betroffenen kann nicht das Recht zustehen, gegen den Ausschluß aus der Versammlung die Entscheidung der GV herbeizuführen (a. A. *Müller*, § 43 Rdn. 9). **19**

Das Recht der Mitglieder auf Teilnahme ist grundsätzlich persönlich auszuüben. Für nicht vollgeschäftsfähige Personen besteht gem. § 43 Abs. 4 ein Teilnahmerecht des gesetzlichen Vertreters; Entsprechendes gilt naturgemäß für die Vertretung juristischer Personen oder Handelsgesellschaften. **20**

Hat ein Mitglied **Stimmvollmacht** erteilt, so ist dadurch seine persönliche Teilnahme nicht ausgeschlossen (vgl. Rdn. 127; a. A. *Müller*, § 43 Rdn. 7). Grundsätzlich keine Bedenken, wenn sowohl das Mitglied als auch der Bevollmächtigte an der Diskussion teilnehmen; das Stimmrecht steht naturgemäß nur einmal zu. **21**

**Nichtmitglieder** haben kein Recht, an der GV teilzunehmen; sie können als Gäste zugelassen werden. Über ihre Zulassung entscheidet der Versammlungsleiter (vgl. BGHZ 44, 248; *Geßler/Hefermehl*, AktG, § 118 Rdn. 24; *Metz/Werhahn*, Rdn. 131 ff; a. A. *Schubert/Steder*, § 43 Rdn. 9). **22**

23 Sonstige Personen, wie z. B. Berater eines Mitglieds, haben grundsätzlich den **Status von Gästen** (vgl. nachstehende Rdn. 24); es liegt im pflichtgemäßen Ermessen des Versammlungsleiters zu entscheiden, ob er solche Gäste zulassen oder auch nach Beginn der Versammlung wieder ausschließen will. Er wird nicht ohne vernünftige Gründe die Teilnahme solcher Gäste verweigern (vgl. hierzu *Metz/Werhahn*, Rdn. 136; *Müller*, § 43 Rdn. 7).

24 Wenn sich in besonderen Konfliktsituationen oder bei schwierigen Entscheidungsfragen für ein Mitglied die Notwendigkeit ergibt, **fachlichen** Beistand z. B. durch einen Rechtsanwalt oder Steuerberater in Anspruch zu nehmen, so darf eine solche Unterstützung vom Leiter der GV nicht verweigert werden (vgl. OLG Düsseldorf, BB 1993, 524 für GmbH m. Nachw.). Denkbar z. B. auch für ein Vorstandsmitglied, wenn es um seine Entlassung (§ 40) oder Haftung (§ 34) geht.

25 § 59 Abs. 3 räumt dem **Prüfungsverband** das Recht ein, an jeder GV, die sich mit dem Prüfungsbericht befaßt, beratend teilzunehmen. Der Prüfungsverband ist daher zu diesen GV einzuladen. Unter den Voraussetzungen des § 60 hat der Prüfungsverband das Recht, eine GV selbst einzuberufen und die Tagesordnung festzulegen. Aus dem Teilnahmerecht des Verbandes folgt grundsätzlich auch ein Rederecht des Verbandsvertreters.

26 Darüber hinaus entspricht es einer bewährten Regelung in der Praxis, daß die Satzung der eG dem Vertreter des gesetzlichen Prüfungsverbandes Teilnahme- und Rederecht für jede GV einräumt. Ein Stimmrecht ist ausgeschlossen.

27 Bei **Kreditgenossenschaften** gewährt § 44 Abs. 1 Ziff. 2 KWG Vertretern des Bundesaufsichtsamtes Teilnahmerecht.

28 Für die Teilnahme eines Mitglieds an der GV kann u. U. **Unfallversicherungsschutz** aus der Sozialversicherung bestehen. Dies gilt nach Auffassung des LSG Celle v. 14. 6. 1956 (*Schubert/Weiser*, VII. 4 b S. 1) z. B. dann, wenn ein Landwirt an einer GV teilnimmt, in der Themen erörtert werden, die für seinen Betrieb von unmittelbarer Bedeutung sind. Der Unfallversicherungsschutz erstreckt sich in diesem Fall grundsätzlich auf die Anfahrt wie auch auf den Heimweg.

### 2. Recht, Anträge zu stellen, Vorschlagsrecht

29 Begrifflich ist zwischen **Anträgen** und **Anregungen** zu unterscheiden. Anregungen sind ohne weiteres und in jeder Form im Rahmen des allgemeinen Rederechts zugelassen. Bei Anträgen handelt es sich demgegenüber um das formale Ersuchen, eine Entscheidung herbeizuführen, entweder zu Tagesordnungspunkten im Rahmen der Aussprache (s. Erl. zu § 46) oder zum Ablauf der Versammlung („zur Geschäftsordnung").

Das **Antragsrecht** folgt aus dem Mitgliedschaftsrecht. Nichtmitgliedern steht es nicht zu. Der Prüfungsverband hat im Rahmen von § 59 Abs. 3 oder § 60 ein besonderes Antragsrecht. 30

Dem Antragsrecht entspricht grundsätzlich ein **Vorschlagsrecht** (z. B. für Wahlen zum Aufsichtsrat). Auch dieses Vorschlagsrecht folgt aus der Mitgliedschaft und ist grundsätzlich unentziehbart. Der Vorstand als Organ hat kein Recht, Vorschläge zur Wahl des Aufsichtsrats zu machen. Ob einzelne Mitglieder des Vorstandes ein Vorschlagsrecht bei Aufsichtsratswahlen haben, ist umstritten. Näheres § 36 Rdn. 24. 31

In den gesetzlich vorgesehenen Fällen kann die Satzung auch das Antragsrecht bindend regeln; Beispiel: Da gem. § 24 Abs. 2 S. 2 GenG die Bestellung der Mitglieder des Vorstandes durch die Satzung auf den Aufsichtsrat übertragen werden kann, muß auch eine Regelung zulässig sein, die allein dem Aufsichtsrat ein Vorschlagsrecht gibt (z. B.: „Die Mitglieder des Vorstandes werden von der GV auf Vorschlag des Aufsichtsrates gewählt"). Eine solche Regelung kann zweckmäßig sein, wenn ein Konsens zwischen den Organen Aufsichtsrat und GV in dieser wichtigen Frage unverzichtbar erscheint.

Es ist zulässig, in der Satzung konkrete Ausschlußfristen für die Einreichung von Wahlvorschlägen festzulegen. Die Satzung kann auch vorsehen, daß weitere Erfordernisse, wie z. B. eine bestimmte Anzahl von Mitgliedern, für die Einreichung von Wahlvorschlägen notwendig sind. Durch solche Regelungen darf allerdings das Recht, Wahlvorschläge zu machen, nicht in unzumutbarer Weise beschränkt werden (vgl. *Metz/Werhahn*, Rdn. 226). Unter diesem Gesichtspunkt wäre es nicht unbedenklich, das Vorschlagsrecht in der GV schlechthin auszuschließen. Haben Mitglieder Wahlvorschläge rechtzeitig eingereicht, so müssen sie unter Beachtung des Gebots der Chancengleichheit der GV vorgetragen werden. In eine evtl. vorgesehene schriftliche Vorschlagsliste (Wahlschein) sind sie tunlichst aufzunehmen. Wegen Vorschlagsrecht bei VV s. § 43 a Rdn. 99.

Die verfahrenstechnische Behandlung von Anträgen obliegt grundsätzlich dem **Versammlungsleiter**. Soweit es sich um reine Geschäftsordnungsfragen handelt, entscheidet er über den Antrag in eigener Zuständigkeit. Er entscheidet insoweit auch über die Zulässigkeit von Anträgen. Zulässig sind grundsätzlich nur solche Sachanträge, die sich auf den zur Erörterung und Beschlußfassung anstehenden Tagesordnungspunkt beziehen (*Martens*, S. 1015). Die Unzulässigkeit von Anträgen kann sich daraus ergeben, daß Form oder Inhalt des Antrages gegen Gesetz oder die guten Sitten verstoßen oder den ordnungsgemäßen Ablauf der Versammlung wesentlich behindern würden. 32

Der **Versammlungsleiter kann** die Entscheidung über die Behandlung von Anträgen auf die GV **delegieren**; er wird dies tun, wenn er sich z. B. 33

wegen der Bedeutung des Antrages der Zustimmung der Mitglieder versichern will. Die GV hat aber nicht das Recht, diese Entscheidung an sich zu ziehen (vgl. BGHZ 44, 245; *Martens*, S. 1012 ff; a. A. *Müller*, § 43 Rdn. 43).

**34** Der Versammlungsleiter kann einen zuvor abgelehnten Antrag wegen neuer Sachlage oder neuer Erkenntnis **erneut zulassen** (vgl. zur Frage wiederholter Beschlußfassung Erl. unten Rdn. 84; a. A. *Müller*, § 43 Rdn. 42).

**35** Für die **Reihenfolge bei mehreren Anträgen** gilt folgendes: es ist zwischen Hauptanträgen (dem zur Beratung stehenden eigentlichen Tagesordnungspunkt), Änderungsanträgen (Einschränkungen des Hauptantrags) und Zusatzanträgen (Erweiterungen des Hauptantrags) zu unterscheiden. Liegen derartige Anträge vor, so wird nach parlamentarischem Brauch zuerst über den Änderungsantrag und dann über den Zusatzantrag abgestimmt. Erhält keiner dieser Anträge die erforderliche Mehrheit, so kommt der Hauptantrag zur Abstimmung.

**36** Liegen mehrere **konkurrierende Anträge** zum gleichen Tagesordnungspunkt vor, so entspricht es jedenfalls parlamentarischen Gepflogenheiten, über den weitestgehenden zuerst abzustimmen. Beispiel: Zu dem Tagesordnungspunkt „Erhöhung des Geschäftsanteils" liegen folgende Anträge vor:

a) Erhöhung des Geschäftsanteils von DM 100 auf DM 500;
b) Erhöhung des Geschäftsanteils von DM 100 auf DM 200.

Der Antrag zu a) geht weiter; falls die GV diesem Antrag zustimmt, ist der Antrag zu b) damit erledigt (vgl. hierzu *Metz/Werhahn*, Rdn. 201 ff; *Martens*, S. 1015).

**37** Es ist in der Praxis nicht immer leicht festzustellen, welcher Antrag weitergeht. Im allgemeinen ist dies jener Antrag, mit dessen Annahme die anderen Anträge automatisch erledigt sind. Im Zweifel entscheidet der Versammlungsleiter; auf seinen Antrag kann auch die GV Beschluß fassen.

**38** Anträge **„zur Geschäftsordnung"** betreffen den formalen Ablauf der Versammlung. Sie sind jederzeit – ggfs. also auch während der Rede eines Versammlungsteilnehmers – zulässig und unverzüglich (d. h. durch sofortige Abstimmung) zu behandeln, nachdem dem Antragsteller zur Begründung des Antrags das Wort erteilt worden ist. Anträge zur Geschäftsordnung sind z. B. Umstellung oder Vertagung eines Punktes der Tagesordnung; Vertagung der GV; Verzicht auf weitere Aussprache; Schluß der Rednerliste (es sprechen nur noch die Versamlungsteilnehmer, die bereits um das Wort gebeten haben); Schluß der Debatte (es soll unabhängig von noch vorliegenden Wortmeldungen niemand mehr das Wort erhalten); Begrenzung bzw. Festsetzung der Redezeit (für einzelne Teilnehmer oder allgemein). Die Zuständigkeit über die sachliche Entscheidung der Anträge richtet sich nach allgemeinen Gesichtspunkten und parlamentarischen Gepflogenheiten (siehe Erl. unten Rdn. 76 ff).

### 3. Rederecht

Das **Rederecht** hat insbesond. zum Inhalt, zur Meinungsbildung in der GV beizutragen. Es steht naturgemäß nur Mitgliedern, deren Bevollmächtigten (hierzu Rdn. 21, 127) oder gesetzlichen Vertretern und Vertretern des Prüfungsverbandes in den Fällen der §§ 59 und 60 zu. Über die Worterteilung an Gäste entscheidet der Versammlungsleiter. Das Rederecht kann einem Mitglied von Vorstand bzw. Aufsichtsrat nicht durch Beschlußfassung dieses Organs entzogen werden. 39

Das Rederecht bezieht sich jeweils auf den zur Verhandlung und Entscheidung anstehenden Tagesordnungspunkt – außerhalb der Tagesordnungspunkte auf Anträge zur Geschäftsordnung. Es ist Angelegenheit des Versammlungsleiters, Mißbräuche des Rederechts zu verhindern. Erforderlichenfalls kann er im Rahmen seiner Leitungskompetenz das Wort entziehen. Die GV selbst hat hier keine Entscheidungskompetenz, es sei denn, der Versammlungsleiter erbittet diese Entscheidung (h. M.; a. A. *Müller*, § 43 Rdn. 12). Umstritten ist, ob die generelle Beschränkung der Redezeit vom Versammlungsleiter angeordnet werden kann (näher dazu Rdn. 159). Der Leiter kann jedenfalls die Redezeit für einzelne Teilnehmer beschränken, wenn dies zur ordnungsgemäßen Abwicklung der Tagesordnung erforderlich erscheint. Diese Maßnahme bietet sich z. B. an, wenn sich der Teilnehmer ständig wiederholt und keine neuen Ausführungen zu erwarten sind (vgl. BGHZ 44, 247; *Müller*, § 43 Rdn. 14; siehe Erl. unter Rdn. 159). 40

Der Versammlungsleiter darf einem Mitglied unter bestimmten Voraussetzungen **das Wort entziehen**, z. B. wenn die festgelegte Redezeit überschritten ist, wenn Ausführungen gemacht werden, die nicht zum Beratungsgegenstand gehören oder wenn der Redner ausfällige oder beleidigende Bemerkungen macht. Vor der Wortentziehung muß das Mitglied grundsätzlich abgemahnt werden (Ordnungsruf). Bei Gästen bedarf die Wortentziehung keiner besonderen Begründung (vgl. *Metz/Werhahn*, Rdn. 265). Nach einer Wortentziehung verbleibt dem Teilnehmer grundsätzlich noch das Recht, Fragen zu stellen; darauf muß nicht ausdrücklich hingewiesen werden (LG Stuttgart, WuB II A. § 119 AktG 1.95). 41

Bei **Kreditgenossenschaften** räumt § 44 Abs. 1 Ziff. 2 KWG Vertretern des Bundesaufsichtsamts Rederecht ein. 42

### 4. Auskunftsrecht

Die Mitglieder haben in der eG ein **Auskunftsrecht** über Angelegenheiten der eG, soweit die Auskunft zur Meinungsbildung oder zur ordnungsgemäßen Erledigung von Tagesordnungspunkten erforderlich ist (für GmbH OLG Stuttgart, ZIP 1983, 306). Grundlage dieses Anspruchs ist das gesellschaftsrechtliche Verhältnis zwischen eG und Mitglied, wobei Beson- 43 derheiten der genossenschaftsrechtlichen Struktur auch für Inhalt und Umfang des Auskunftsrechts bestimmend sind. Dies gilt im Hinblick auf den Förderzweck des Unternehmens und die insbes. in § 43 zum Ausdruck gekommene Rechtsstellung der Mitglieder (vgl. *Paulick*, S. 244). Das Auskunftsrecht ist nicht abhängig z. B. von einem Beschluß der GV; es ist insoweit nicht durch Mehrheitsentscheidung entziehbar (zutreffend LG Darmstadt v. 1. 12. 1961 – Az.: 1 O 203/61). Das Motiv für ein Auskunftsverlangen ist schwer nachprüfbar und schon daher nicht entscheidend; Auskunft kann für die eigene Meinungsbildung wesentlich sein oder auch dafür, die gesamte Versammlung zu überzeugen (so für die AG OLG Düsseldorf, AG 1987, 23). Wegen Einsicht in Protokoll s. § 43 Rdn. 27.

44 **Anspruch auf Auskunft hat jedes Mitglied;** die Auskunft ist grundsätzlich in der GV zu erteilen (*Müller*, § 43 Rdn. 16). Ein Anspruch auf Auskunftserteilung außerhalb der Versammlung wäre jedoch in Ausnahmefällen denkbar (vgl. unten Rdn. 50); dies gilt immer dann, wenn ohne diese Auskunft wichtige Mitgliedschaftsrechte nicht ausgeübt werden könnten (zu eng *Müller*, § 43 Rdn. 16; vgl. Erl. zu § 18 Rdn. 10).

Ob noch Auskunft zu erteilen ist, wenn der Anfragende die GV bereits verlassen hat, wird nicht einheitlich beurteilt. Sinnvoll erscheint eine Differenzierung: Die Fragen müssen in diesem Fall nur dann beantwortet werden, wenn der Fragesteller weiter durch einen anwesenden Bevollmächtigten vertreten wird oder wenn ein anderes anwesendes Mitglied sich die gestellten Fragen zu eigen macht (so auch *Simon*, AG 1996, 540).

45 Das Auskunftsrecht bezieht sich regelmäßig auf zur Verhandlung oder Entscheidung anstehende **Tagesordnungspunkte**. Die Grenze ist weit zu ziehen; der Sachzusammenhang wird im Zweifel vermutet (vgl. RGZ 167, 165; LG Darmstadt v. 1. 12. 1961 – Az.: 1 O 203/61). Unter Beachtung des genossenschaftlichen Grundsatzes der Selbstverwaltung und Selbstverantwortung muß den Mitgliedern ein weitgehendes Auskunftsrecht eingeräumt werden. Soweit ein gerechtfertigtes Bedürfnis besteht, außerhalb der Tagesordnung über wichtige Vorgänge im Bereich der eG unterrichtet zu werden, besteht gleichfalls ein Auskunftsrecht (*Metz/Werhahn*, Rdn. 144 ff; formale Gesichtspunkte des Aktienrechts sind nicht ohne weiteres übertragbar; daher zu eng *Müller*, § 43 Rdn. 117).

46 **Gegenstand des Auskunftsrechts** können die tatsächlichen oder rechtlichen Verhältnisse der eG, die Tätigkeit von Vorstand oder Aufsichtsrat sein oder auch persönliche Angelegenheiten von Organträgern, soweit die Auskunft für eine Meinungsbildung im Rahmen der Zuständigkeit der GV erforderlich ist (vgl. für AG OLG Düsseldorf, Ag 19187, 21; *Müller*, § 43 Rdn. 18 ff). Die Mitglieder sind auch berechtigt zu erfahren, ob und in welchem Umfang die eG Spenden zugewendet hat. Dieses Recht kann nicht darauf beschränkt werden, ob die Auskunft für die Bbeschlußfassung über

einen konkreten Tagesordnungspunkt erheblich ist (a. A. *Müller*, § 43 Rdn. 21).

Die Auskunft hat im allgemeinen der **Vorstand** zu erteilen. Es kaann aber durchaus gerechtfertigt sein, daß z. B. der Aufsichtsratsvorsitzende im Namen des Aufsichtsrats Auskünfte über die Tätigkeit dieses Gremiums oder über Fragen erteilt, für die der Aufsichtsrat zuständig ist (a. A. *Müller*, § 43 Rdn. 24; *Godin/Wilhelmi*, AktG, § 131 Anm. 3). Sachgerecht dürfte die Auffassung sein, wonach der Vertreter des Organs auskunftspflichtig ist, dessen Aufgabenbereich von der Frage betroffen ist. Soweit es um besondere Fachfragen geht, kann z. B. der Versammlungsleiter einen Vertreter des Prüfungsverbandes oder einen sonstigen sachverständigen Dritten um Auskunft bitten. Wenn der Vorstand für die eG mit dieser Auskunft nicht einverstanden ist, hat er stets das Recht und ggfs. auch die Pflicht, seine eigene Auffassung vorzutragen. Eine formelle Beschlußfassung z. B. im Vorstand auf ein Auskunftsersuchen in der GV dürfte nur schwer realisierbar und im allgemeinen auch nicht erforderlich sein (zu eng *Müller*, § 43 Rdn. 25). **47**

Die Auskunft ist in der GV grundsätzlich **mündlich zu erteilen**. In besonderen Ausnahmefällen kann das anfragende Mitglied ein berechtigtes Interesse daran haben, daß ihm schriftlich Auskunft erteilt wird, z. B. aus Gründen der Beweissicherung. **48**

Grundsätzlich besteht keine Verpflichtung, die erteilte Auskunft z. B. durch **Urkundeneinsicht** zu belegen; in Einzelfällen kann dies jedoch geboten sein (vgl. *Baumbach/Hueck*, AktG, § 131 Rdn. 10; zu eng *Barz*, BB 1957, 1254; *Müller*, § 43 Rdn. 27). Regelungen in der Satzung über das Einsichtsrecht können als sachgerecht zulässig sein, wenn eine schrankenlose Ausübung des Einsichtsrechts zu einer Störung des Geschäftsbetriebes führen würde (BGHZ 65, 15, 18; s. § 16 Rdn. 3). **49**

Inhaltlich muß die Auskunft den Grundsätzen einer **gewissenhaften und getreuen Rechenschaft** entsprechen (vgl. § 131 Abs. 2 AktG). Sie muß inhaltlich richtig, vollständig und so klar formuliert sein, daß sie die Mitglieder richtig verstehen können. Ggfs. ist der Vorstand bzw. der Auskunftserteilende verpflichtet, zur Ergänzung seiner Kenntnisse Nachforschungen anzustellen. Soweit dies in der GV nicht möglich ist, könnte die Auskunft unter diesem Vorbehalt erteilt werden mit dem Angebot, die Mitglieder z. B. durch Rundschreiben nachträglich zu unterrichten. Wegen Strafbarkeit falscher Auskünfte vgl. § 147. **50**

Bei der Frage des Rechts zur **Auskunftsverweigerung** ist das besondere Treueverhältnis zwischen der eG und ihren Mitgliedern zu beachten. Es ist grundsätzlich Auskunft zu erteilen, es sei denn, daß übergeordnete Interessen oder gesetzliche Regelungen dem entgegenstehen (vgl. hierzu *Godin/Wilhelmi*, AktG, § 131 Anm. 9; *Müller*, § 43 Rdn. 29; *Martens*, S. 1021; für **51**

GmbH OLG Stuttgart, ZIP 1983, 306). Auch der Inhaber des Fragerechts ist diesem Treuegebot unterworfen; eine Frage wäre unzulässig, wenn sie z. B. im Sinne einer Schikane allein den Zweck verfolgen sollte, bestimmte Personen bloßzustellen. Das Recht auf Auskunft unterliegt allgemein dem Verbot mißbräuchlicher Ausübung (§ 242 BGB; BayObLG, DB 1988, 2504).

**52** Es dürfte nicht sachgerecht sein, die in § 131 Abs. 3 AktG aufgeführten Gründe, aus denen die Auskunft verweigert werden kann, analog auf die eG anzuwenden; dieses Verfahren würde den besonderen Charakter der Beziehung zwischen eG und Mitglied verkennen. Dennoch enthält auch § 131 Abs. 3 AktG solche Fälle, die allgemeinen Grundsätzen des Gesellschaftsrechts entsprechen. Die Auskunft kann – und muß – verweigert werden, wenn ihre Erteilung zu einer nicht unerheblichen Schädigung der eG führen könnte. Entscheidend sind zuerst die Interessen der Mitglieder, erst dann die der Öffentlichkeit. Rechtsprechung zum Aktienrecht ist nur eingeschränkt übertragbar (vgl. BGH – AG 1987, 344).

Die Verweigerung ist nicht gerechtfertigt, wenn „bestimmte Tatsachen objektiv den hinreichenden Verdacht schwerwiegender Pflichtverletzungen der Verwaltung begründen und die Auskunft dazu geeignet sein kann, den Verdacht zu erhärten"; in diesem Fall kann sich der Vorstand nicht auf übergeordnete Interessen der eG berufen (für die AG BGH, DB 1983, 273).

Im Einzelfall ist das Interesse des Auskunftsberechtigten und der eG als Unternehmen aller Mitglieder abzuwägen. Die Auskunft ist zu verweigern, wenn sich der Auskunftgebende mit Erteilung der Auskunft strafbar machen oder gegen sonstige gesetzliche Bestimmungen verstoßen würde. In diesem Zusammenhang kommt z. B. dem **Bankgeheimnis** oder sonstigen **Betriebsgeheimnissen** besondere Bedeutung zu. Auch der Gedanke des **Persönlichkeitsschutzes** kann für das Auskunftsrecht eine Grenze setzen. Inwieweit vor der GV Auskunft über die persönlichen Verhältnisse von Organmitgliedern gegeben werden muß, ist eine Frage des Einzelfalles. Fragen, z. B. nach Vorstrafen, Gesundheitszustand und sonstigen persönlichen Umständen sind nur zulässig, wenn die Auskunft für eine anstehende Entscheidung notwendig ist und nicht in unzumutbarer Weise in persönliche Belange eingreift (vgl. *Geßler/Hefermehl*, AktG, § 131 Rdn. 41). Die Frage nach den Bezügen der einzelnen Organmitglieder ist grundsätzlich nicht zulässig (vgl. *Müller*, § 43 Rdn. 18). Da es hier um persönliche Bereiche geht, dürfte das Auskunftsverlangen nur gerechtfertigt sein, wenn gerade diese Auskunft zur Entscheidungsfindung unverzichtbar erforderlich ist; denkbar z. B. bei Entlastung (*Geßler/Hefermehl*, AktG, § 131 Rdn. 42). Auch die Angaben über die Gesamtbezüge des Vorstandes oder des Aufsichtsrates (§ 285 Nr. 9 HGB) können – und müssen – unterbleiben, wenn sich daraus das Einkommen einzelner Personen in den Organen feststellen läßt (§ 286 Abs. 4 HGB; verfassungsrechtlicher Grundsatz als Recht auf „informationelle Selbstbestimmung", BVerfGE 65, 1 = NJW 1984, 419 m. Anm. *Simitis*, NJW 1984, 398; *Schaffland/Wildtfang*, BDSG, § 1 Rdn. 2 ff). Es muß dabei nicht der genaue Betrag zu ermitteln sein; für die Verweigerung der Auskunft genügt es, wenn sich konkrete Schlüsse auf das Einkommen einzelner Personen ziehen lassen. Beispiele: Gesamtbezüge des Aufsichtsrates, wenn bekannt ist, daß jedes Aufsichtsratsmitglied die gleiche Vergütung erhält; Gesamtbezüge des Vorstandes, wenn neben ehrenamtlichen nur ein hauptamtliches Vorstandsmitglied vorhanden ist.

Es sind für die eG im allgemeinen keine Gründe erkennbar, warum (analog § 131 ab 3 Nr. 2 AktG) die Auskunft über **steuerliche Wertansätze** gegenüber den Mitgliedern schlechthin verweigert werden sollte. Hierbei ist zu beachten, daß die GV (anders als im Aktienrecht, wo Vorstand und Aufsichtsrat den Jahresabschluß feststellen, §§ 148, 172 AktG) den gesamten Jahresabschluß eigenverantwortlich zu beschließen hat. **53**

Auch die **Rechtsprechung** hat klargestellt, daß es zur sachgemäßen Beurteilung des Jahresabschlusses und des Geschäftsberichts erforderlich sei, Auskunft über die Höhe der Erträge aus der Auflösung von Abschreibungen und Wertberichtigungen, sowie über die Höhe der Aufwendungen für deren Bildung und über die Höhe der Rückstellungen im Kreditgeschäft zu erhalten (OLG Frankfurt, BB 1981, 712). Mit Recht wird jedoch darauf hingewiesen, daß z. B. bei Kreditinstituten, also auch bei Genossenschaftsbanken, dem Vertrauensschutz im Verhältnis zur Öffentlichkeit in diesem Zusammenhang besondere Bedeutung zukomme (vgl. auch § 26 a KWG). Bei einer Anfrage zu solchen Wertansätzen hat der Vorstand einer eG besonders sorgfältig die schutzwürdigen Interessen des Unternehmens (insbes. im Falle einer Genossenschaftsbank) abzuwägen gegenüber dem Auskunftsinteresse der Mitglieder. Er darf dabei nicht übersehen, daß die Mitglieder als Träger des Unternehmens grundsätzlich auch identisch mit den Kunden sind (Identitätsprinzip). Ggfs. muß möglichst dafür Sorge getragen werden, daß erforderliche Informationen auf den Kreis der Mitglieder beschränkt bleiben. **54**

Wegen Auskunftspflicht und Auskunftsverweigerungsrecht für die Aktienbank vgl. OLG Frankfurt, ZIP 1986, 1244; *Reischauer/Kleinhans*, § 26 a Rdn. 15; wegen Bewertungsfragen im Aktienrecht, BGH, BB 1983, 169.

Oft können und dürfen konkrete Zahlen nicht genannt werden. Die Benennung von Relativzahlen kann sinnvoll sein, z. B. Wertberichtigungsbedarf unter 1 % der Ausleihungen.

Im übrigen kann die **Satzung** der eG Einzelheiten über das Auskunftsrecht und die Möglichkeit der Auskunftsverweigerung bestimmen (*Geßler/Hefermehl*, AktG, § 131 Rdn. 14). § 18 steht dem nicht entgegen, da das **55**

Gesetz keine Regelung enthält. Auch eine Regelung in der Satzung unterliegt dem Gebot von Treu und Glauben (§ 242 BGB); die Satzung kann keine Beschränkungen enthalten, die das Auskunftsrecht „in seinem Kern verkürzen würde" (vgl. BayObLG, DB 1988, 2504).

56 Erforderlichenfalls kann die Auskunft **durch Klage erzwungen** werden (vgl. BGH, DB 1983, 273; *Müller*, § 43 Rdn. 35). Entsprechend § 132 Abs. 2 AktG setzt die Leistungsklage Widerspruch zu Protokoll voraus. Das Urteil wäre nach § 888 ZPO zu vollstrecken. Die Vollstreckung ist jedoch ausgeschlossen, wenn zu diesem Zeitpunkt die Mitgliedschaft nicht mehr besteht. Dieser Tatbestand kann im Wege der Vollstreckungsgegenklage gemäß § 767 ZPO geltend gemacht werden.

57 Die unberechtigte Verweigerung der Auskunft macht die Beschlüsse unter den Voraussetzungen von § 51 anfechtbar (LG Darmstadt v. 1. 12. 1961 – Az.: 1 O 203/61).

58 Allgemein zum Auskunftsrecht: *Martens*, WM 1981, 1018 ff; wegen Strafbarkeit falscher Auskünfte vgl. § 147 Abs. 2; *Hanke*, Zum Auskunftsrecht des Mitglieds in der Mitgliederversammlung unter Berücksichtigung der Mustersatzung für Wohnungsbaugenossenschaften (§ 38); *Metz/Werhahn*, Rdn. 144 ff; *Aepfelbach*, Bankinformation Heft 8 1984, S. 7 ff; *Reuter*, Das Auskunftsrecht des Aktionärs – neuere Rechtsprechung zu § 131 AktG, DB 1988, 2615; OLG Düsseldorf, BB 1990, 1998.

### 5. Stimmrecht

59 Gem. § 43 Abs. 1 erfolgt die Willensbildung im gesellschaftsrechtlichen Bereich durch **Beschlußfassung** in der GV. Jedes Mitglied soll sein Stimmrecht persönlich ausüben (§ 43 Abs. 4). Eine Meinungsbildung der Mitglieder außerhalb der GV ist genossenschaftsrechtlich ohne Bedeutung. Das Stimmrecht ist das jedem Mitglied in gleicher Weise zustehende gesellschaftsrechtliche Grundrecht; es ist unentziehbar und nicht einzuschränken, soweit nicht Sachverhalte von § 43 Abs. 6 oder § 68 Abs. 4 vorliegen (vgl. aber unten Rdn. 97).

60 Die **Ausübung des Stimmrechts durch Mitglieder** unterliegt dem eigenen pflichtgemäßen Ermessen unter Beachtung der genossenschaftlichen Treuepflicht (s. dazu BGH, GW 1982, S. 532, 543 betr. die Zustimmung zu einer Satzungsänderung, wenn dies mit keinem wirtschaftlichen Nachteil für das Mitglied verbunden ist, aber erforderlich ist, um die eG vor der ihre Existenz gefährdenden Entziehung der Gemeinnützigkeit zu bewahren). Die Berücksichtigung eigener Interessen unter Abwägung der Interessen der eG muß noch nicht einen Verstoß gegen die Treuepflicht darstellen; das Mitglied muß sich nicht ausschließlich am Wohl der eG orientieren (vgl. BGHZ 14, 38). Eine Stimmabgabe allein zu dem Zweck, die eG zu schädi-

gen oder dem Vorstand Schwierigkeiten zu bereiten, ist mit der Treuepflicht grundsätzlich nicht vereinbar (vgl. *Müller*, § 43 Rdn. 61; näher: *Neumann*, zitiert unter Rdn. 2). Nach BGH (ZIP 1/1991, 24) kann die Treuepflicht die Zustimmung zur Abberufung eines Geschäftsführers (GmbH) gebieten, wenn in der Person liegende wichtige Gründe dessen Verbleiben in der Organstellung unzumutbar machen; eine Stimmabgabe entgegen dieser Bindung kann nichtig sein (vgl. auch BGHZ 64, 253, 257; BGHZ 68, 81, 82; wegen Treuepflicht § 18 Rdn. 50 ff). Im übrigen wird ein Verstoß gegen die Treuepflicht nicht zur Nichtigkeit der Stimmabgabe, sondern zu Ersatzansprüchen führen.

Jedes Mitglied hat **grundsätzlich eine Stimme** unabhängig von der Anzahl der übernommenen Geschäftsanteile oder der Höhe des Geschäftsguthabens (wegen Mehrstimmrechte vgl. unter Rdn. 98 ff). **61**

Das Stimmrecht **nicht voll geschäftsfähiger**, natürlicher Personen und juristischer Personen wird durch ihre gesetzlichen Vertreter ausgeübt, das Stimmrecht von Personenhandelsgesellschaften durch vertretungsberechtigte Gesellschafter (vgl. Rdn. 115 ff). **62**

Bei **Gesamthandsgemeinschaften**, wie z. B. bei der Erbengemeinschaft, steht das Stimmrecht allen gemeinschaftlich zu; es kann nur durch einen gemeinschaftlichen Vertreter ausgeübt werden (§ 77 Abs. 1 S. 3). Erstreckt sich eine Testamentsvollstreckung auf den Anteil an der eG, so übt der Testamentsvollstrecker das Stimmrecht aus (vgl. BGH, NJW 1959, 1820; OLG Hamm, BB 1956, 511). Bei Nachlaßverwaltung übt der Nachlaßverwalter das Stimmrecht aus. **63**

Im **Konkurs eines Mitglieds** bleibt dessen Stimmrecht als höchstpersönliches Recht erhalten. Es wird nicht durch den Konkursverwalter ausgeübt. Bei juristischen Personen und Handelsgesellschaften bedeutet die Neufassung des § 77 a, daß das Stimmrecht mit Ablauf des Geschäftsjahres erlischt, in dem die Auflösung oder das Erlöschen wirksam geworden sind. **64**

**Stimmbindungsverträge** im Gesellschaftsrecht können zum Inhalt haben, das Stimmrecht nach Weisung eines Dritten auszuüben oder sich bei Abstimmungen und Wahlen in vorher bestimmter Weise zu verhalten (dazu: *Meyer-Landrut/Miller/Niehus*, § 47 Rdn. 18 ff; *Zluhan*, AcP 128, 62 ff). **65**

Stimmbindungsverträge **bei eG** werden in der Literatur – wenn auch in engen Grenzen – für zulässig erklärt (vgl. frühere Auflagen; *Meyer/Meulenbergh/Beuthien*, § 43 Rdn. 118; *Müller*, § 43 Rdn. 80). Dagegen bestehen Bedenken: Ohne ausreichende Differenzierung werden die zum Aktienrecht entwickelten Grundsätze auf das Genossenschaftsrecht übertragen. Gerade im Bereich des Stimmrechts als der bedeutsamen Auswirkung der personalen und förderwirtschaftlichen Beziehung zwischen Mitglied und eG (s. § 1 Rdn. 3, 4) verbietet sich hier eine Analogie zum Aktienrecht oder anderen Formen des Gesellschaftsrechts. Unmittelbar aus dem Gesetz **66** ergibt sich eine Begründung: Das GenG sieht als Grundsatz in § 43 Abs. 4 S. 1 ausdrücklich vor, daß die Mitglieder ihr Stimmrecht **persönlich** ausüben sollen; sie sollen dabei frei von Bindungen an fremde Interessen nach eigener Überzeugung entscheiden (Rdn. 60; *Meyer/Meulenbergh/Beuthien*, § 43 Rdn. 18). Im Gegensatz dazu geht das Aktienrecht grundsätzlich von der Möglichkeit der Übertragung des Stimmrechts aus (§ 134 Abs. 3 S. 1 AktG).

**67** Die Mitglieder einer eG unterliegen darüber hinaus einer besonderen **genossenschaftlichen Treuepflicht** (s. § 18 Rdn. 50 ff). Diese dürfte einer Vereinbarung entgegenstehen, sich bei Beschlüssen und Wahlen den Weisungen anderer Personen zu unterwerfen oder sich für die Zukunft gemäß einer Abbsprache zu verhalten – unabhängig davon, ob sich dies mit den Interessen der eG in der jeweils konkreten Entscheidungslage vereinbaren läßt (im Ergebnis zutreffend *Müller*, § 43 Rdn. 82).

**68** Diese Erwägungen sprechen generell **gegen die Zulassung von Stimmrechtsbindungen bei eG**. Im Gegensatz zu den Aktiengesellschaften sind auch kaum Sachverhalte denkbar, in denen eine Stimmbindung – abgesehen von dem Sonderfall der Bevollmächtigung (s. Rdn. 122) – erforderlich und gerechtfertigt erscheint.

**69** Gegenüber **Nichtmitgliedern** ist eine vertragliche Stimmbindung in jedem Fall ausgeschlossen (*Meyer/Meulenbergh/Beuthien*, § 43 Rdn. 18; *Müller*, § 43 Rdn. 80). Diese Personen unterliegen nicht der genossenschaftlichen Treuepflicht; die Bindung wäre auch ein Widerspruch zum Grundsatz der genossenschaftlichen Selbstverwaltung. Unzulässig auch eine Stimmbindung zwischen einem Mitglied und der eG oder mit Organmitgliedern zu dem Zweck, im Sinne der Organe abzustimmen (*Meyer/Meulenbergh/Beuthien*, ebd.).

**70** Unzulässig und nichtig nach § 134 BGB wären Stimmbindungen, die den Straftatbestand des § 152 erfüllen, also in Zusammenhang mit einer verbotenen **Vorteilsgewährung** stehen.

**71** Stimmbindungsverträge, die **gegen die guten Sitten** (§ 138 BGB) verstoßen, sind nichtig (*Meyer/Meulenbergh/Beuthien*, § 43 Rdn. 18), so z. B. bei Machtmißbrauch ohne Rücksicht auf die schutzwürdigen Interessen der eG oder anderer Mitglieder. Unzulässig und im Widerspruch zum Gebot der guten Sitten und dem Gebot der genossenschaftlichen Solidarität wäre die Bildung von Mehrheitsblöcken, um dadurch jeweils den eigenen Willen durchzusetzen (*Müller*, § 43 Rdn. 82; *Zluhan*, AcP 128, 264).

**72** Die Zulässigkeit von **Wahlabsprachen** ist differenziert zu beurteilen. Sie müssen bedenklich sein, wenn dadurch die freie Willensentscheidung der Mitglieder beeinträchtigt wird. Dies ist z. B. dann der Fall, wenn eine vorherige Festlegung auf bestimmte Personen oder Programme verhindert, daß auf der Grundlage neuer Informationen und nach Austausch der Argumente in der Versammlung eine eigenverantwortliche Entscheidung getroffen werden kann. Hier ergäbe sich ein Widerspruch zu § 43 Abs. 1, wonach die Mitglieder ihre Rechte, also die Stimm- und Wahlrechte, in der GV ausüben; vorherige Festlegungen außerhalb der Versammlung würden jede Information und Aussprache in der Versammlung sinnlos machen (im Ergebnis auch *Müller*, § 43 Rdn. 82).

**Wahlbündnisse** aus eigennützigem Interesse, die nicht das Wohl der eG zum Ziele haben, verstoßen gegen das Treuegebot; dies z. B. dann, wenn damit das Ziel verfolgt wird, ungeachtet der erforderlichen Qualifikation in ein Organ der eG gewählt zu werden. **73**

Entsprechendes muß gelten, wenn ohne sachliche Rechtfertigung Absprachen getroffen werden, die den Vorstand zu Maßnahmen zwingen sollen, die unternehmerisch nicht vertretbar sind.

Verpflichtungen aus rechtswirksamen Stimmbindungsverträgen sind grundsätzlich einklagbar und vollstreckbar (vgl. BGHZ 48, 163; *Müller*, § 43 Rdn. 86). **74**

Die **Satzung** kann Stimmbindungsverträge untersagen. Eine Satzungsformulierung, die z. B. eine Stimmvollmacht ausschließt und allein persönliche Stimmabgabe zuläßt, könnte u. U. dahin interpretiert werden, daß auch eine Stimmbindung nicht möglich sein soll (vgl. *Müller*, § 43 Rdn. 81). **75**

## III. Die Willensbildung durch Beschlußfassung (Abs. 2)

### 1. Beschlußfassung

Der **Beschluß ist ein förmliches Verfahren zur Feststellung der Meinung der GV.** Da das Gesetz hierzu keine Vorschriften enthält, kann die Satzung unter Beachtung demokratischer Grundsätze Einzelheiten regeln. Es handelt sich rechtlich um einen „Gesamtakt", also eine Anzahl gleichgerichteter Willenserklärungen. Für Auslegungsfragen kommen daher die Grundsätze rechtsgeschäftlicher Willenserklärungen zur Anwendung. Es ist Aufgabe des Versammlungsleiters darauf hinzuwirken, daß der Beschlußinhalt möglichst eindeutig ist. **76**

Für die **Beschlußfähigkeit** der GV enthält das Gesetz keine Vorschriften. Die Satzung kann im Rahmen von § 8 Abs. 1 Ziff. 4 Voraussetzungen für die Beschlußfähigkeit aufstellen. Wenn Beschlußfähigkeit in der Satzung nicht geregelt, dann stets Beschlußfähigkeit. Auch wenn die Satzung keine Regelung enthält, ist davon auszugehen, daß für eine „Versammlung" mindestens 3 Mitglieder anwesend sein müssen (anders beim Aufsichtsrat, vgl. § 36 Rdn. 63); diese können auch Vorstand oder Aufsichtsrat angehören (*Schubert/Steder*, § 43 Rdn. 8). **77**

78 Unter dieser Voraussetzung der Beschlußfähigkeit können Beschlüsse aber auch mit einer gültigen Stimme wirksam gefaßt werden (z. B. eine Ja- oder Nein-Stimme bei Enthaltung aller anderen anwesenden Mitglieder).

79 Die Beschlußfassung kann **offen** (durch Handzeichen, Erheben der Stimmkarte, Zuruf) oder auch **geheim** (durch Stimmzettel) durchgeführt werden. Soweit die Satzung hierzu keine Regelungen enthält, bestimmt der Versammlungsleiter das Verfahren nach pflichtgemäßem Ermessen. Bei **Wahlen**, also immer wenn es um Personen geht, erscheint geheime Abstimmung ratsam, um ein unbeeinflußtes Wahlverhalten zu gewährleisten (s. BGH, NJW 1970, 46, allerdings für die Wahl des Vorstandes einer Anwaltskammer; vgl. auch *Reichert/Dannecker/Kühr*, Tz 410).

Bei geheimer Abstimmung muß Gewähr gegeben sein, daß der Stimmberechtigte jeweils nicht feststellbar ist. Falls z. B. bei Mehrstimmrechten aus der Zahl der Stimmen auf den Urheber geschlossen werden kann, kann die Geheimhaltung sichergestellt werden durch Ausgabe von so vielen einzelnen Stimmzetteln, wie dem jeweiligen Mitglied Stimmen zustehen.

Antrag auf geheime Abstimmung kann jederzeit während der GV gestellt werden. Ein grundsätzlicher Beschluß, in der GV nur offen abzustimmen, ist insoweit nicht bindend.

80 Für die Reihenfolge der Abstimmung bei mehreren Anträgen gilt der Grundsatz, daß über den weitergehenden Antrag zuerst abzustimmen ist; bei dessen Annahme wäre der nächste Antrag erledigt. Beispiel: Antrag 1: Entlastung, Antrag 2: Teilentlastung (Näheres dazu Rdn. 35 ff; *Metz/Werhahn*, Rdn. 201 ff). Wird in der Versammlung klar erkennbar, daß ein bestimmter Antrag die Mehrheit finden wird, kann der Versammlungsleiter im Rahmen seines pflichtgemäßen Ermessens über diesen Antrag zuerst abstimmen lassen, sofern dies in Übereinstimmung mit den Teilnehmern zu einer Vereinfachung des Verfahrens führen kann; damit wären alle anderen Anträge erledigt.

81 Die Beschlußfassung bezieht sich auf den **Beschlußgegenstand**, der möglichst eindeutig formuliert werden soll. Der Abstimmung soll regelmäßig eine Aussprache der GV zur Meinungsbildung vorangehen; ggfs. kann eine **Probeabstimmung** durchgeführt werden. Nach Beendigung der Diskussion stellt der Versammlungsleiter den Tagesordnungsprunkt zum Beschluß, zählt die abgegebenen Ja-Stimmen und Nein-Stimmen (wegen Stimmenthaltungen vgl. unten Rdn. 89) und **verkündet** das Abstimmungsergebnis. Der Beschluß ist so zu protokollieren und wird grundsätzlich so wirksam, wie er verkündet worden ist, unbeschadet des Rechts der Anfechtung gemäß § 51. Bei offensichtlichem Irrtum ist der Versammlungsleiter gehalten, unmittelbar eine Korrektur vorzunehmen.

Das Beschlußverfahren wird erst ordnungsgemäß abgeschlossen mit der **Verkündung des Ergebnisses** (s. Rdn. 163). Nach zutreffender Auffassung des BGH (BGHZ 44, 249; BB 1975, 1276; NJW 1975, 2101) muß gerade im Hinblick auf die mögliche Anfechtungsklage im Gesellschaftsrecht (im Gegensatz zum Vereinsrecht) der endgültigen Feststellung des Beschlußergebnisses oder Wahlergebnisses durch Verkündung konstitutive Wirkung zuerkannt werden. Die Verkündung muß durch den Versammlungsleiter erfolgen und die Feststellung enthalten, daß ein Beschluß bestimmten Inhalts mit der dafür notwendigen Mehrheit formal wirksam gefaßt worden ist (KG, OLGZ 1990, 316). Erst mit dieser Verkündung des Ergebnisses wird der Beschluß wirksam (BGH, ZIP 1996, 2071, 2074; *Müller*, § 43 Rdn. 113; *Geßler/Hefermehl*, AktG, § 130 Rdn. 29; *Zöllner*, S. 393; S. 393; a. A. noch RGZ 125, 149). 82

Läßt sich das Ergebnis der Beschlußfassung durch den Versammlungsleiter **nicht eindeutig** feststellen (z. B. wegen mangelhafter Stimmenauszählung), so hat der Versammlungsleiter darauf hinzuweisen und die Abstimmung gründlicher vorbereitet zu wiederholen. 83

Von dem Fall des unklaren Abstimmungsergebnisses ist der Sachverhalt zu unterscheiden, daß nach Bekanntgabe des Abbstimmungsergebnisses **Zweifel an der Zweckmäßigkeit** eines Beschlusses aufkommen und eine erneute Abstimmung wünschenswert erscheint (so kann z. B. bei Verschmelzungen die notwendige qualifizierte Mehrheit zunächst nicht vorhanden sein, später aber ein Stimmungsumschwung eintreten). Grundsätzlich soll zwar über jeden Antrag nur einmal abgestimmt werden; dennoch wird auch unter rechtlichen Gesichtspunkten die **erneute Abstimmung** über einen angekündigten Verhandlungsgegenstand in derselben GV, ggfs. nach nochmaliger Aussprache, für zulässig anzusehen sein (vgl. Rdn. 169). Die Entscheidung liegt beim Versammlungsleiter. Ist die GV damit nicht einverstanden, so kann sie ihn lediglich abberufen. Eine Wiederholung der Abstimmung scheidet aber z. B. dann aus, wenn sich die GV bereits weitgehend aufgelöst hat, so daß ein wesentlicher Teil der an der ersten Abstimmung beteiligten Mitglieder nicht mehr anwesend ist (vgl. *Metz/Werhahn*, Rdn. 310). Wiederholung der Beschlußfassung in einer **neuen** Versammlung ist unbedenklich möglich. So z. B., wenn zunächst Entlastung verweigert, in einer weiteren Versammlung aber die Entlastung beschlossen wird. 84

Sogenannte **Individualrechte** (vgl. RGZ 68, 211; RG, JW 1908, 350) unterliegen nicht der Beschlußfassung durch die GV. Es handelt sich im wesentlichen um einen gesetzlichen Schutz einzelner Mitglieder oder bestimmter Minderheiten. Solche Fälle sind § 45 (Berufung der GV), § 47 Abs. 4 (Einsicht in das Protokollbuch), § 48 Abs. 2 (Abschrift des Jahresabschlusses), § 83 Abs. 3 (Ernennung von Liquidatoren), § 67 a (außerordent- 85 liches Kündigungsrecht in bestimmten Fällen). Individualrechte sind auch der Einwirkung durch den Versammlungsleiter entzogen; Beispiel: Jedes Mitglied kann verlangen, daß über die **Entlastung einzelner Organmitglieder** gesondert abgestimmt wird. Der Antrag unterliegt nicht der Entscheidung des Versammlungsleiters oder der Beschlußfassung der Versammlung.

**86** Auch **Sonderrechte** (zum Begriff s. Erl. zu § 18) können grundsätzlich nicht durch Beschlüsse der GV beeinträchtigt werden (RGZ 68, 265; 87, 386; 104, 256, BGHZ 15, 177). So ist es z. B. nicht möglich, durch Mehrheitsbeschluß der GV ein Bankeinzugsverfahren verbindlich für alle Mitglieder vorzuschreiben; das Bankeinzugsverfahren ist dem Kundenverhältnis zuzuordnen und damit der Beschlußfassung durch die GV entzogen.

### 2. Wahlen

**87** Während die Beschlußfassung das Ziel hat, eine Meinung in Sachfragen herbeizuführen, geht es bei **Wahlen um die Bestimmung von Personen** als Mitglieder eines Gremiums oder für die Durchführung bestimmter Aufgaben (z. B. Vorsitz im Aufsichtsrat). Während das Gesetz für Beschlüsse mindestens einfache Stimmenmehrheit vorschreibt (§ 43 Abs. 2 S. 1), kann die Satzung bei Wahlen auch „andere" Mehrheitsverhältnisse vorsehen, wie z. B. relative Mehrheit der abgegebenen Stimmen, Losentscheid bei Stimmengleichheit oder in diesem Fall auch Entscheidung des Vorsitzenden (§ 43 Abs. 2 S. 2; vgl. Rdn. 94).

Im übrigen finden auf Wahlen die Grundsätze der Beschlußfassung Anwendung. Da bei Wahlen Personen und nicht Organe zur Wahl stehen, muß der Wähler die Möglichkeit haben, sich für oder gegen eine bestimmte Person zu entscheiden. Dies gilt z. B. für den Aufsichtsrat, wo gebundene Listen nicht zulässig sind (vgl. Mustersatzung für Volksbanken und Raiffeisenbanken § 24 Abs. 2; *Müller*, § 36 Rdn. 19). Dieses Listenverfahren ist allerdings bei der Wahl zur VV zulässig (vgl. Erl. zu § 43 a Rdn. 44, 56). Für die Wahlen zum Aufsichtsrat schreibt das Gesetz nicht vor, ob sie geheim oder offen stattzufinden haben (im Gegensatz zur Wahl der Vertreter – die geheim sein muß – § 43 a Abs. 4). Im allgemeinen hat es sich bewährt, bei **Wahlen als Personalentscheidungen** (im Gegensatz zur „Beschlußfassung" über sachliche Fragen) **geheime Abstimmung** vorzusehen. Im Zweifelsfall kann der Versammlungsleiter den Wahlmodus entscheiden (zutreffend *Müller*, § 36 Rdn. 19; vgl. unten Rdn. 159 und § 36 Rdn. 24).

Nach der Mustersatzung für **Wohnungsbaugenossenschaften** ist auf Antrag durch Stimmzettel geheim abzustimmen, wenn die GV dies mit einfacher Mehrheit beschließt. Für Wahlen können jeweils nur einzelne Personen vorgeschlagen werden. Listenvorschläge sind nicht zulässig. Die Wahl von Vertretern zur VV nach gebundenen Listen ist ausgeschlossen.

### 3. Mehrheitsverhältnisse

Das Gesetz unterscheidet hinsichtlich der erforderlichen Mehrheiten in Abs. 2 zwischen **„Beschlüssen"** und **„Wahlen"** (zu den Begriffen s. Rdn. 87). Nach § 43 Abs. 2 S. 2 beschließt die GV mit der **Mehrheit der abgegebenen Stimmen**, also mit **einfacher Stimmenmehrheit**, soweit nicht Gesetz oder Satzung größere Mehrheiten oder weitere Erfordernisse bestimmen. Soweit eine Beschlußfassung nur eine Alternative zuläßt, wie z. B. mit Ja oder mit Nein zu stimmen, entspricht die einfache Mehrheit auch der absoluten Mehrheit. Relative Mehrheit kommt insbesond. bei Wahlen in Betracht, wo ein Kandidat zwar nicht die Mehrheit aller abgegebenen Stimmen haben muß, aber mehr Stimmen, als auf andere Mitbewerber entfallen (s. Rdn. 94). **88**

„Mehrheit der abgegebenen Stimmen" bedeutet, daß **Stimmenthaltungen** nicht mitgezählt werden, also auch nicht den Nein-Stimmen zuzurechnen sind (BGH, NJW 1970, 46; BGH, DB 1982, 1051 = NJW 1982, 1585; MüKo, BGB, § 32 Rdn. 28). Entscheidend ist allein das **Verhältnis der Ja-Stimmen zu den Nein-Stimmen**, wobei mindestens eine Ja-Stimme mehr abgegeben sein muß als Nein-Stimmen, damit der Beschluß mit einfacher Mehrheit zustande kommt. Die Feststellung der **Stimmenthaltungen** sollte grundsätzlich unterbleiben, da sie oft Anlaß zu Mißverständnissen gibt. Bei Stimmengleichheit ist ein Beschluß nicht zustande gekommen; Stichentscheid, z. B. durch den Versammlungsleiter, ist ausgeschlossen. **89**

Auch **ungültige Stimmen** können weder den Ja- noch den Nein-Stimmen zugerechnet werden, sie bleiben, wie auch Stimmenthaltungen, unberücksichtigt. Sonst hätten sie dieselbe Wirkung wie eine Nein-Stimme; ihnen würde so ein bestimmter, ausdrücklicher Erklärungsinhalt beigelegt, der ihr aber gerade nicht zukommt (wie hier *Meyer/Meulenbergh/Beuthien*, § 43 Rdn. 8). Ungültig sind abgegebene Stimmen dann, wenn sie einen wesentlichen Mangel haben, insbes. wenn eine dem Beschlußantrag entsprechende Aussage nicht eindeutig erkennbar ist. **90**

Das Gesetz sieht in mehreren Fällen **qualifizierte Mehrheiten** für die Beschlußfassung vor, so z. B. bei Satzungsänderungen (§ 16), bei Maßnahmen zur Abwendung des Konkurses (§ 87 a) oder in den Fällen des UmwG (Anhang 2). **91**

Das Gesetz gestattet in § 43 Abs. 2 ausdrücklich, daß die Satzung beliebige **größere Mehrheiten** oder weitere Erfordernisse für das Zustandekommen von Beschlüssen festlegt. Denkbar ist z. B. die Festlegung weiterer qualifizierter Mehrheiten, wie 9/10 der abgegebenen Stimmen oder Einstimmig- **92** keit oder eine bestimmte Mehrheit aller Mitglieder der eG. Eine nach der Satzung qualifizierte Mehrheit kann auch an weitere Voraussetzungen gebunden werden, wie z. B. an den Umstand, daß der Vorstand Widerspruch anmeldet (*Müller*, § 43 Rdn. 107). Die Satzung kann schließlich auch vorsehen, daß vor der Beschlußfassung gutachtliche Stellungnahmen z. B. des Prüfungsverbandes eingeholt werden oder daß – z. B. wegen der Bedeutung des Beschlußgegenstandes – mehrfache Abstimmung erforderlich sein soll.

**93** Demgegenüber ist es nicht zulässig, die Wirksamkeit eines Beschlusses an die **Zustimmung eines anderen Organs** der eG oder eines Dritten zu binden (*Müller*, § 43 Rdn. 110). Eine solche Regelung würde gegen den Grundsatz der Selbstverwaltung und Selbstverantwortung der Mitglieder verstoßen.

**94** Für **Wahlen** kann die Satzung grundsätzlich beliebige Mehrheiten vorsehen, soweit solche Regelungen nicht willkürlich gegen anerkannte demokratische Grundsätze verstoßen. Zulässig wäre z. B. bei Stimmengleichheit Losentscheidung oder Entscheidung des Vorsitzenden der GV (a. A. *Müller*, § 36 Rdn. 21); unzulässig wäre eine Durchbrechung des Prinzips der Mehrheitsentscheidung, indem z. B. die Wahl von der Zustimmung bestimmter Personen abhängig gemacht würde (vgl. *Baumbach/Hueck*, AktG, § 133 Rdn. 4; *Müller*, § 43 Rdn. 111). Bei Wahlen, z. B. zum Aufsichtsrat, hat sich das Verfahren der **„Verhältniswahl"** bewährt. Entscheidend ist dabei die „relative Mehrheit"; gewählt sind diejenigen Kandidaten, die im Verhältnis zu den anderen die meisten Stimmen erhalten haben. Die Gegenmeinung (z. B. *Müller*, § 36 Rdn. 21) verkennt, daß gerade die Verhältniswahl geeignet sein kann, zu einer demokratischen Willensbildung beizutragen (vgl. BGH, NJW 1982, 2558 = DB 1982, 1317 mit überzeugender Begründung; s. § 43 a Rdn. 45).

Wenn die Satzung (so MS) bei geheimer (schriftlicher) Wahl relative Mehrheit ausreichend sein läßt, so gilt dies stets dann, wenn mehrere Stellen zu besetzen sind – auch bei gleicher Zahl von Bewerbern. Wenn allerdings nur eine Stelle zu besetzen ist, für die sich nur ein Kandidat bewirbt, so ist für dessen Wahl aus Gründen der Logik des Wahlverfahrens absolute Mehrheit erforderlich (wegen der Begriffe s. Rdn. 88 ff; *Metz/Wehrhahn* Rdn. 212 ff).

Allerdings kann eine undifferenzierte Anwendung der Verhältniswahl zu nicht mehr vertretbaren Ergebnissen führen, dies vor allem dann, wenn nicht mehr Kandidaten zur Wahl stehen, als Stellen zu besetzen sind. Hier könnten mit relativer Mehrheit z. B. Personen in den Aufsichtsrat gewählt werden, die nur verschwindend wenige Stimmen erhalten haben, die also eindeutig nicht vom Vertrauen der Mehrheit getragen werden; Wahl mit einer einzigen Stimme wäre möglich. Ein solches Ergebnis kann vermieden werden, wenn auch bei geheimer Wahl durch Stimmzettel über jeden Kandidaten in einem getrennten Wahlgang entschieden wird, so daß der Wähler jeweils mit „ja" oder „nein" stimmen kann. Gewählt wären dann nur die Bewerber, die mindestens die einfache Mehrheit der abgegebenen Stimmen erreicht haben. Es könnte auch sinnvoll sein, in der Satzung eine Regelung vorzusehen, wonach auch im Falle der Verhältniswahl weitere Mindestvoraussetzungen erfüllt sein müssen, wie z. B. mindestens 1/4 der abgegebenen Stimmen oder auch die einfache Mehrheit.

Andererseits ist aber zu bedenken, daß auch eine geringe Minderheit der Mitglieder ein berechtigtes Interesse daran haben kann, daß ihre besonderen Förderinteressen bei der Wahrnehmung der Geschäftsführungskontrolle Beachtung finden. So wäre z. B. denkbar, daß einige wenige Mitglieder sich durch Struktur und Ausrichtung ihrer Betriebe wesentlich von den anderen Mitgliedern unterscheiden. Es könnte gerechtfertigt sein, daß das Wahlverfahren mit der Verhältniswahl dieser kleinen Minderheit zumindest die Möglichkeit gibt, mit „relativer" Mehrheit einen Kandidaten für den Aufsichtsrat zu wählen, der nie die „einfache" Mehrheit der Mitglieder erreichen könnte. Auf ähnlichen Überlegungen beruht die Entscheidung des BGH (NJW 1982, 2558) zur Vertreterwahl.

Wegen der Durchführung des Wahlverfahrens vgl. Erl. Rdn. 159 ff. **95**

## IV. Stimmrechte (Abs. 3)

### 1. Jedes Mitglied hat eine Stimme

Die Personenbezogenheit der eG kommt insbesond. durch die Regelung **96**
zum Ausdruck, daß jedes Mitglied grundsätzlich eine Stimme hat – unabhängig von der Höhe seiner Beteiligung an der eG oder anderen Bezugsgrößen. Dieses Prinzip wurde stets als eine der tragenden Grundsätze des Genossenschaftswesens angesehen und auch in der Novelle 1973 beibehalten. Die Entwicklung hat bisher keinen Anlaß gegeben, von diesem Grundsatz abzuweichen (zu weitgehend *Schubert/Steder*, § 43 Rdn. 12).

Das Stimmrecht ist an die Mitgliedschaft gebunden und unentziehbar. **97**
Es beginnt und endet mit der Mitgliedschaft; ein Mitglied, das seine Mitgliedschaft zum Schluß des Geschäftsjahrs gekündigt hat, kann z. B. in einer vor diesem Zeitpunkt stattfindenden GV noch mitbestimmen. Ein aus der eG ausgeschlossenes Mitglied hat jedoch vom Zeitpunkt der Absendung des eingeschriebenen Briefes kein Stimmrecht mehr (§ 68 Abs. 4). § 43 Abs. 6 enthält eine abschließende Aufzählung der Fälle, in denen ein Mitglied der eG kein Stimmrecht hat (vgl. unten Rdn. 133 ff). Eine Ausweitung dieser Vorschriften oder eine analoge Anwendung auf andere Sachverhalte ist grundsätzlich ausgeschlossen. So hat z. B. ein Vorstandsmitglied als Mitglied der eG (§ 9) auch ein Stimmrecht bei der Wahl zum Aufsichtsrat. Ein

Ausschluß dieses Stimmrechts z. B. aus dem Gesichtspunkt analoger Anwendung von § 124 Abs. 3 S. 1 AktG kommt nicht in Betracht, zumal es dort um Rechte des Vorstandes als Organ geht und nicht um Rechte einzelner Vorstandsmitglieder in ihrer Eigenschaft als Gesellschafter (dies verkennt offenbar *Müller* bei der Behandlung des Vorschlagsrechts des „Vorstandes"; vgl. *Müller*, § 36 Rdn. 15; vgl. auch Erl. oben Rdn. 30 und Erl. zu § 36 Rdn. 24).

### 2. Mehrstimmrechte

98 Durch Novelle 1973 wurde unter bestimmten Voraussetzungen die Gewährung von **Mehrstimmrechten** durch die Satzung zugelassen (§ 43 Abs. 3 S. 2 ff). Eine solche Regelung hat jedoch Ausnahmecharakter. Die Zulassung des Mehrstimmrechts war von vornherein umstritten. Aus heutiger Sicht dürfte im allgemeinen kein Bedürfnis für Mehrstimmrechte bestehen. Näheres zum Mehrstimmrecht: *Baudenbacher*, Anm. zum Mehrstimmrecht im deutschen Genossenschaftsrecht, AG 1985, 269 ff.

99 Mehrstimmrechte sollen nur solchen Mitgliedern eingeräumt werden, die den Geschäftsbetrieb der eG besonders fördern. Um diese Förderung zu konkretisieren, müssen die Maßstäbe für die Gewährung des Mehrstimmrechts in der Satzung festgelegt werden. Es sind objektive Kriterien erforderlich, z. B. Dauer der Mitgliedschaft, Umsatz mit der eG in einem bestimmten Zeitraum; gestaffelte Pflichtbeteiligung, soweit diese an den Umsatz mit der eG gebunden ist. Das Gesetz überläßt es im übrigen weitgehend der Satzung, die Maßstäbe für das Mehrstimmrecht zu bestimmen.

100 Eine **besondere Förderung** kann auch dadurch erreicht werden, daß ein Mitglied durch Zeichnung mehrerer Geschäftsanteile der eG Eigenkapital zur Verfügung stellt. Letztlich muß hier auf die besonderen Umstände des Einzelfalles abgestellt werden (vgl. *Schubert/Steder*, § 43 Rdn. 16).

101 Die Zuerkennung von Mehrstimmrechten durch die Satzung muß den genossenschaftlichen **Gleichbehandlungsgrundsatz** beachten. Unzulässig ist die Zuerkennung von Mehrstimmrechten nur für bestimmte Personen, soweit nicht sachliche Gesichtspunkte in bezug auf die Förderung der eG eine Ungleichbehandlung rechtfertigen. Bezugsgröße muß stets ein objektiv feststellbarer und vergleichbarer Sachverhalt sein. Die Satzungsregelung muß bestimmbar sein in dem Sinne, daß sich unmittelbar aus der Satzung errechnen läßt, wie viele Stimmen ein bestimmtes Mitglied hat. Bei Zentralgenossenschaften kann Mehrstimmrecht an die Rechtsform der Mitglieder gebunden werden; Mitgliedsgenossenschaften kann ein Mehrstimmrecht eingeräumt werden, ohne daß dieses auch z. B. natürlichen Personen zusteht (zur Frage der Mehrstimmrechte bei Zentralgenossenschaften vgl.

unten Rdn. 110 ff). Die Grundlage muß sich unmittelbar aus der Satzung ergeben; die Einräumung von Mehrstimmrechten kann auch nicht durch die Satzung einem Organ der eG zugewiesen werden (vgl. Begründung des Rechtsausschusses BT-Drucks. VII/659, 6 ff).

In Anbetracht der zwingenden und abschließenden Regelung des Gesetzes ist es nicht zulässig, ein Mehrstimmrecht nur für bestimmte Beschlußgegenstände einzuführen. **102**

Soweit die Satzung darauf abstellt, daß ein bestimmter Teil der Mitglieder (z. B. 1/10) bestimmte Rechte ausüben kann (wie z. B. die Aufstellung einer eigenen Kandidatenliste für die VV), kommen Mehrstimmrechte nicht zum Zuge, weil es sich hierbei nicht um die Berechnung in der GV abgegebener Stimmen handelt, sondern lediglich um eine bestimmte Zahl von Mitgliedern. Entsprechendes gilt für die gesetzlichen Regelungen, wie z. B. § 45 für die Einberufung einer GV. **103**

Die Möglichkeit der Einräumung von Mehrstimmrechten ist im Gesetz als **„Sollvorschrift"** formuliert. Dies bedeutet, daß ein gewährtes Mehrstimmrecht auch dann besteht, wenn die Mitglieder den Geschäftsbetrieb der eG nicht besonders fördern; Organmitglieder, die solche Regelungen schuldhaft veranlaßt haben, können jedoch unter den Voraussetzungen der §§ 34, 41 schadensersatzpflichtig werden. Voraussetzung ist jedoch stets, daß Mehrstimmrechte nur solchen Mitgliedern eingeräumt werden sollen, die zur eG insgesamt eine positive Einstellung haben und durch ihre Zusammenarbeit beweisen. **104**

Einem Mitglied können **höchstens drei Stimmen** gewährt werden. Damit soll sichergestellt werden, daß Mitglieder mit Mehrstimmrechten kein zu großes Übergewicht über die anderen Mitglieder erhalten. Dies wäre mit der Personenbezogenheit der eG nicht zu vereinbaren. Es ist denkbar, daß die Satzung – nach objektiven Maßstäben unter Beachtung der Gleichbehandlung – einzelnen Mitgliedern zwei Stimmen und anderen drei Stimmen einräumt. **105**

Abs. 3 enthält ein **weiteres Regulativ** im Interesse der Mitglieder ohne Mehrstimmrecht: Bei Beschlüssen, die nach dem Gesetz zwingend einer Mehrheit von 3/4 der abgegebenen Stimmen oder einer größeren Mehrheit bedürfen, sowie bei Beschlüssen über die Aufhebung oder Einschränkung der Bestimmungen der Satzung über Mehrstimmrechte hat jedes Mitglied nur eine Stimme, auch wenn ihm Mehrstimmrechte eingeräumt sind. Im übrigen kann durch Satzungsänderung das Mehrstimmrecht aufgehoben, eingeschränkt oder an neue Tatbestände geknüpft werden. Jede Erweiterung von Mehrstimmrechten, auch durch Einführung neuer Bezugsgrößen, bedarf gemäß § 16 Abs. 2 Ziff. 7 einer Mehrheit von mindestens $^3/_4$ der abgegebenen Stimmen. In all diesen Fällen haben alle Mitglieder jeweils nur eine Stimme. **106**

107 Abs. 3 letzter Satz stellt klar, daß gewährte **Mehrstimmrechte keine Sonderrechte** i. S. v. § 35 BGB sind. Eine Satzungsänderung, die die Aufhebung oder Einschränkung gewährter Mehrstimmrechte zum Gegenstand hat, bedarf nicht der Zustimmung der betroffenen Mitglieder. Diese können allerdings bei der Beschlußfassung mitwirken; sie haben auch hier nur eine Stimme. Soweit die Satzung nicht qualifizierte Mehrheit vorschreibt, genügt für die Einschränkung der Mehrstimmrechte einfache Mehrheit.

108 Die Frage, ob ein Mitglied, das über Mehrstimmrechte verfügt, diese **nur einheitlich abgeben kann**, erscheint noch nicht ausreichend geklärt (zur Frage der Vollmacht s. unten Rdn. 120 ff, 131). Im Aktienrecht wird eine uneinheitliche Stimmabgabe überwiegend für zulässig gehalten, wenn hierfür vernünftige und schutzwürdige Interessen vorliegen (vgl. RGZ 137, 313; *Godin/Wilhelmi*, AktG, § 134 Anm. 2; *Geßler/Hefermehl*, AktG, § 12 Rdn. 23 ff; *Schmidt/Meyer-Landrut*, Großkomm. AktG, § 114 Rdn. 11; einschränkend *Scholtz*, GmbHG, § 47 Rdn. 9; *Feine*, Die GmbH im Handbuch des gesamten Handelsrechts, 3. Band, III. S. 525; *Hachenburg*, GmbH-Gesetz, 6. Aufl., § 47 Rdn. 6a). Nach der hier vertretenen Auffassung sind die Gesichtspunkte des Aktienrechte nicht auf das Genossenschaftsrecht übertragbar, da das Genossenschaftsrecht nach wie vor von dem Grundsatz geprägt wird, daß jedes Mitglied als Person eine Stimme hat; das Mehrstimmrecht ist davon lediglich eine Ausnahme. Ist der Inhaber des Mehrstimmrechts eine natürliche Person, so ist eine nichteinheitliche Stimmabgabe kaum als sinnvoll und gerechtfertigt vorstellbar. Hier muß von der **einheitlichen Stimmabgabe** ausgegangen werden.

Eine andere Betrachtung wäre in Ausnahmefällen denkbar, wenn es sich z. B. bei dem Mitglied um eine juristische Person handelt. Falls in solchen Ausnahmefällen Mehrstimmrechte unterschiedlich ausgeübt werden, wird dies ohnehin nur geschehen, wenn es dazu vernünftigerweise Gründe gibt. Unter dieser Voraussetzung ist die uneinheitliche Stimmabgabe genossenschaftsrechtlich unbedenklich. Insoweit bestehen auch keine Bedenken, wenn ein Teil der Stimmrechte ausgeübt und im übrigen Stimmenthaltung geübt wird (a. A., allerdings ohne Begründung, *Müller*, § 43 Rdn. 76). Gerade bei den sogenannten „Vorschaltgenossenschaften" als Mitglieder einer Zentralgenossenschaft könnte es sinnvoll und erlaubt sein, durch unterschiedliche Stimmabgabe in der Zentralgenossenschaft der Meinungsvielfalt in der Vorschaltgenossenschaft zu entsprechen (vgl. unten Rdn. 131).

109 Wenn die Satzung die Gewährung von Mehrstimmrechten vorsieht, muß gem. § 47 Abs. 3 dem Protokoll ein **Verzeichnis der erschienenen oder vertretenen Mitglieder** und der (bevollmächtigten) Vertreter beigefügt werden. Aus Kontrollgründen ist bei jedem Mitglied dessen Stimmzahl zu vermerken (vgl. Erl. zu § 47).

110 Für eG, deren Mitglieder **„ausschließlich oder überwiegend eingetragene Genossenschaften** sind" enthält das Gesetz eine Sonderregelung. Vereinfachend wird in diesen Fällen von **„Zentralgenossenschaften"** gesprochen; zum Begriff und zur Problematik s. Erl. zu § 1 Rdn. 293 und § 43 Rdn. 112. Inhalt dieser Sonderregelung: Mehrstimmrechte können eingeräumt werden, ohne daß ein Mitglied die Zentralgenossenschaft besonders fördert; die Satzung einer solchen eG kann das Stimmrecht der Mitglieder z. B. auch nach der Höhe der Geschäftsguthaben oder einem beliebigen anderen Maßstab abstufen. Die Zahl der Mehrstimmen ist bei Mitgliedern von Zentralgenossenschaften nicht auf drei beschränkt. Mitglieder der Zentralgenossenschaft können ihr Mehrstimmrecht auch in den Fällen ausüben, in denen bei Primärgenossenschaften nur eine Stimme gegeben wäre. Auch bei Zentralgenossenschaften muß aber die Einräumung von Mehrstimmrechten den Gleichbehandlungsgrundsatz beachten und an sachlichen Bezugsgrößen orientiert sein.

Da das Gesetz für die Stimmrechte bei Zentralen keine Beschränkungen vorsieht, kann ein Mitglied grundsätzlich auch mehr als die Hälfte der Stimmen haben, zumal das strenge Personalprinzip bei Zentralgenossenschaften durch die besondere Ausgestaltung des Mehrstimmrechts ohnehin durchbrochen ist (a. A. *Müller*, § 43 Rdn. 77).

111 Sobald z. B. bei einer Warenzentrale die Zahl der natürlichen Personen die Zahl der Mitglieder in der Rechtsform der eG erreicht, gelten grds. die Beschränkungen von Abs. 3 S. 3 bis 6. In diesem Falle erlöschen alle gewährten Mehrstimmrechte; solche Rechte können durch die Satzung unter Beachtung der für Primärgenossenschaften geltenden Beschränkungen wieder gewährt werden. Die Zentralgenossenschaft muß dadurch aber nicht ihren Charakter als Zentrale im genossenschaftlichen Verbund verlieren; s. Rdn. 112 und § 1 Rdn. 293.

112 Die gesetzliche Umschreibung genossenschaftlicher Zentralen allein nach der Zusammensetzung ihrer Mitglieder kann der Struktur, wie sie zum Teil in den neuen Bundesländern besteht, nicht in allen Fällen gerecht werden (zum Begriff s. § 1 Rdn. 293). Wo z. B. die Produktion nicht durch private Einzelbetriebe durchgeführt wird, sondern durch genossenschaftliche Unternehmen („Produktivgenossenschaften" in Landwirtschaft und Gewerbe), können diese eG Mitglieder in einer Absatz-, Einkauf- oder Produktionsgenossenschaft sein. So können z. B. bei einer Molkereigenossenschaft „Agrargenossenschaften" als Milchlieferanten die überwiegende Zahl der Mitglieder darstellen, ohne daß die Molkerei dadurch zur Zentralgenossenschaft wird.

In diesen Fällen macht es zumindest auch keinen Sinn, die formale Ausnahmeregelung für Zentralen in § 43 Abs. 3 S. 7 auf diese eG anzuwenden.

Die Problematik verschärft sich noch bei der Frage des a.o. Kündigungsrechts gemäß § 65 Abs. 2 S. 3 und 4 (s. Erl. dort).

Entsprechendes kann gelten, wenn als Folge struktureller Veränderungen bei einer landwirtschaftlichen Warenzentrale die Zahl der Mitgliedsgenossenschaften durch Fusionen soweit zurückgeht, daß die Zahl landwirtschaftlicher Einzelbetriebe überwiegt – sofern im übrigen die Funktion einer (überörtlichen) Zentrale bestehen bleibt. Ob dann für das Mehrstimmrecht die Sonderregelung des § 43 Abs. 3 S. 3 ff bestehen bleibt, sollte einer auf den Sachverhalt bezogenen Einzelentscheidung unter Beachtung des Sinngehalts der Regelung vorbehalten bleiben (zur Möglichkeit der richterlichen Fortentwicklung gesetzlicher Regelungen vgl. BGH v. 26. 6. 1995, ZIP 1995, 1331 = DB 1995, 1759; Erl. zu § 39 Rdn. 11 ff).

**113** Die **Nichtberücksichtigung von Mehrstimmrechten** bei der Beschlußfassung macht den Beschluß anfechtbar (§ 51), soweit dadurch das Beschlußergebnis beeinflußt worden ist. Anfechtungsberechtigt ist nicht nur das unmittelbar betroffene Mitglied, sondern jedes weitere Mitglied unter den Voraussetzungen des § 51.

**114** Soweit die in der Satzung festgelegte Voraussetzung für die Gewährung von Mehrstimmrechten (§ 43 Abs. 3 S. 4) nicht mehr gegeben sind, kommt das Mehrstimmrecht in Wegfall, ohne daß dies einer besonderen Maßnahme bedarf. Wegen dieser Folge erscheint es erforderlich, die Voraussetzungen für das Mehrstimmrecht besonders sorgfältig zu definieren. Es wäre dann Sache des Vorstandes bzw. des Versammlungsleiters, in Vorbereitung der GV das Vorhandensein von Mehrstimmrechten zu prüfen; ggfs. muß das Mitglied vor der Abstimmung über die Rechtslage unterrichtet werden.

## V. Vertretung bei der Stimmabgabe (Abs. 4/5)

### 1. Grundsatz der persönlichen Stimmabgabe

**115** Das Gesetz sieht in Abs. 4 vor, daß die Mitglieder ihr Stimmrecht **persönlich ausüben sollen**. Die rechtliche Bedeutung dieser Vorschrift ist nicht eindeutig, zumal in Abs. 5 ausdrücklich Stimmvollmacht zugelassen ist. Die Regelung dürfte somit lediglich zum Ausdruck bringen, daß auch die Möglichkeit der Ausübung des Stimmrechts durch einen Vertreter den Grundsatz der persönlichen Bindung von Mitglied und eG nicht berühren soll.

### 2. Gesetzliche Vertretung

**116** Das Gesetz bestimmt in Abs. 4, daß das Stimmrecht geschäftsunfähiger oder **in der Geschäftsfähigkeit beschränkter natürlicher Personen** sowie das Stimmrecht von juristischen Personen durch deren gesetzliche Vertreter ausgeübt wird; für Personenhandelsgesellschaften wird das Stimmrecht durch die vertretungsberechtigten Gesellschafter ausgeübt. Geschäftsunfähig sind natürliche Personen, wenn sie das 7. Lebensjahr noch nicht vollendet haben, sowie Geisteskranke (§ 104 BGB). In der Geschäftsfähigkeit beschränkt sind natürliche Personen vom 7. bis zur Vollendung des 18. Lebensjahres (§ 106 BGB).

Der gesetzliche Vertreter kann Personen, die in der Geschäftsfähigkeit beschränkt sind, nach § 107 BGB die **Einwilligung** erteilen, das Stimmrecht selbst auszuüben; bei Geschäftsunfähigen besteht diese Möglichkeit lediglich im Botenverhältnis. **117**

Steht die gesetzliche **Vertretung mehreren Personen** gemeinsam zu, wie z. B. im Falle der Vertretung Minderjähriger durch beide Eltern, so können die gesetzlichen Vertreter das Stimmrecht nur gemeinschaftlich ausüben. Es ist jedoch zulässig, daß z. B. der eine Elternteil den anderen **„ermächtigt"** (Auftrag und Vollmacht), allein als gesetzlicher Vertreter aufzutreten. Die Stimmabgabe in solchen Fällen beruht aber nicht auf Vollmacht, sondern auf gesetzlicher Vertretung (vgl. BGH, NJW 1975, 1117; *Palandt*, BGB § 185 Rdn. 4; s. auch Erl. zu § 25 Rdn. 13 unter Aufgabe der früheren Auffassung). Eine solche Ermächtigung entspricht im übrigen praktischen Bedürfnissen, da die gemeinsame Stimmabgabe mehrerer Personen zumindest auf technische Schwierigkeiten stößt. **118**

Die **Zahl der Stimmen**, die ein **gesetzlicher Vertreter** auch im Falle der Ermächtigung im Sinne von Abs. 4 abgeben kann, ist grundsätzlich nicht beschränkt; sie hängt von der Anzahl der vertretenen Mitglieder ab. Dies gilt in gleicher Weise für die gesetzlichen Vertreter natürlicher oder juristischer Personen und für die Vertretung von Personenhandelsgesellschaften (OHG, KG) durch ihre zur Vertretung berechtigten Gesellschafter. **119**

### 3. Stimmvollmacht (Abs. 5)

In Abs. 5 sieht das Gesetz eine Ausnahme von dem Grundsatz vor, daß Mitglieder ihr Stimmrecht persönlich ausüben sollen. Die Mitglieder oder ihre gesetzlichen Vertreter **können Stimmvollmacht erteilen**. Stimmvollmacht überträgt dem Vertreter grundsätzlich alle Rechte des Mitglieds in der GV, insbesond. also das Anwesenheits-, Rede-, Auskunfts- und Antragsrecht (*Meyer/Meulenbergh/Beuthien*, § 43 Rdn. 23; s. a. Rdn. 21, 127). Bevollmächtigte einer juristischen Person kann nur eine natürliche Person sein. Für die Vollmacht ist die schriftliche Form erforderlich und genügend. Es handelt sich um eine durch Rechtsgeschäft erteilte Vertretungsmacht i. S. v. § 166 Abs. 2 BGB. Die Satzung kann auf die Schriftform **120** nicht verzichten; sie kann jedoch weitere Formerfordernisse aufstellen, wie z. B. notarielle Beurkundung oder Beglaubigung der Unterschrift (*Müller*, § 43 Rdn. 57). Inhaltlich genügt es, wenn aus dem Text der schriftlichen Urkunde eindeutig hervorgeht, daß auch das Stimmrecht in der GV für den Vollmachtgeber ausgeübt werden kann. Eine Formulierung „Vollmacht zur Verwaltung meines Vermögens" dürfte nicht ausreichen, da die Mitwirkung in der GV nicht in erster Linie vermögensrechtlicher, sondern mitgliedschaftsrechtlicher Art ist (a. A. *Müller*, § 43 Rdn. 57). Die Prokura erstreckt sich grundsätzlich auch auf die Befugnis, das Stimmrecht in der GV auszuüben, soweit die Mitgliedschaft zum Geschäftsbetrieb in Beziehung steht. Entsprechendes dürfte für eine Generalvollmacht gelten (vgl. *Schlegelberger/Quassowski*, AktG, § 114 Rdn. 14). Im Falle der Prokura wird die Vorlage eines Handelsregisterauszuges ausreichend sein (vgl. *Baumbach/Hueck*, AktG § 134 Rdn. 16).

**121** **Blankovollmachten** sind zulässig. Dies bedeutet, daß der Vollmachtgeber den Bevollmächtigten noch offen lassen kann; in diesem Fall muß er allerdings bestimmen, wer berechtigt sein soll, die Vollmacht auszufüllen.

**122** Der Vollmachtgeber kann grundsätzlich **Weisungen** für den Bevollmächtigten erteilen. An diese Weisungen ist der Bevollmächtigte gebunden. Falls z. B. bei geheimer Abstimmung nicht mehr feststellbar ist, ob die Weisungen beachtet worden sind, so bleibt dies unschädlich. Entscheidend ist allein die Stimmabgabe des Bevollmächtigten bei der Abstimmung.

**123** Die **Urkunde über die Bevollmächtigung** ist der eG einzureichen. Eine Stimmabgabe aufgrund schriftlicher Bevollmächtigung ist jedoch wirksam, auch wenn die Urkunde erst später eingereicht wird (*Müller*, § 43 Rdn. 57). Eine nachträgliche Genehmigung einer vollmachtlosen Stimmausübung, der keine schriftliche Vollmacht zugrunde liegt, ist nicht möglich, weil ein Verstoß gegen die Formvorschriften gem. § 125 BGB zur Nichtigkeit führt und nicht zur schwebenden Unwirksamkeit. Nichtige Rechtsgeschäfte sind aber nicht genehmigungsfähig (*Müller*, § 43 Rdn. 57; *Godin/Wilhelmi*, AktG, § 134 Anm. 16).

**124** Ein Bevollmächtigter kann nicht mehr als zwei Mitglieder vertreten (§ 43 Abs. 5 S. 3).

Diese Beschränkung gilt nicht für **gesetzliche Vertreter**. In Zweifelsfällen ist festzustellen, ob die Stimme als gesetzlicher Vertreter oder als Bevollmächtigter abgegeben werden soll. Besteht die gesetzliche Vertretung aus mehreren Personen, so kann naturgemäß nur eine Person die Stimme abgeben; es handelt sich dennoch um gesetzliche Vertretung und nicht um Vollmacht (wegen Eltern vgl. Rdn. 118). Hat ein Mitglied z. B. 2 Stimmrechtsvollmachten und ist gleichzeitig gesetzlicher Vertreter eines eingetr. Vereins, dem zwei weitere Stimmrechtsvollmachten erteilt sind, so hat diese Person insgesamt 4 Stimmen, und zwar 2 in der Eigenschaft als bevollmächtigte natürliche Person und 2 in der Eigenschaft als gesetzlicher Vertreter des e.V., dem 2 Stimmvollmachten übertragen sind. Zweck der gesetzlichen Beschränkung ist schließlich nur Verhinderung willkürlicher Stimmenhäufung. Auch Mehrstimmrechte können durch Vollmacht übertragen werden; auch hier können die Stimmrechte für zwei Vollmachtgeber ausgeübt werden. Hat jeder Vollmachtgeber drei Stimmen, so kann der Bevollmächtigte sechs Stimmen abgeben (vgl. § 77 Rdn. 26).

Es dürfte zulässig sein, durch die Satzung zu bestimmen, daß ein Bevollmächtigter **nur ein Mitglied** vertreten kann. Vom Sinn der Vorschrift ausgehend, dürfe es auch zulässig sein, die Möglichkeit einer Vollmachtserteilung nicht nur einzuschränken, sondern ganz auszuschließen. Die Vollmacht kann z. B. auf bestimmte Beschlußgegenstände beschränkt werden. Daneben kann der Bevollmächtigte eine beliebige Anzahl weiterer Stimmen als gesetzlicher Vertreter haben oder Inhaber von Mehrstimmrechten sein. Ist der Bevollmächtigte im Besitz einer größeren Anzahl wirksam erteilter Vollmachten, so kann er nur von 2 Vollmachten bei der Stimmabgabe Gebrauch machen. Er kann sich entscheiden, welche Stimmen er abgeben will. Macht er von mehr als zwei Stimmabgaben aufgrund Vollmachten Gebrauch, so sind diese Stimmen unwirksam („kann nicht ..."). Im Zweifel dürften alle von ihm als Bevollmächtigten abgegebenen Stimmen unwirksam sein, da sich kaum zulässige und unzulässige Stimmen unterscheiden lassen werden. **125**

Sowohl der gesetzliche Vertreter als auch der Bevollmächtigte können neben der Ausübung des Stimmrechts im engeren Sinne auch die übrigen Rechte des Vertretenen in der GV ausüben, wie z. B. **Anträge** stellen, sich an der Aussprache beteiligen, Widerpruch zum Protokoll erklären (§ 51) usw. Die Vollmacht kann diese Rechte beschränken. **126**

Die Erteilung einer Vollmacht nimmt dem Mitglied als **Vollmachtgeber nicht das Recht, auch selbst an der GV teilzunehmen**. Es kann durchaus sachliche Gründe geben, daß sich ein Mitglied, z. B. in der Diskussion und Abstimmung zu bestimmten Sachfragen, durch einen Bevollmächtigten vertreten lassen, sich aber vorbehalten will, auch eine eigene Stellungnahme abzugeben. Der Vollmachtgeber kann die Vollmacht auch in der Versammlung einschränken oder entziehen (§ 168 i. V. m. § 167 BGB). Falls die Teilnahme sowohl des Mitglieds als auch seines Bevollmächtigten an der Debatte den Versammlungsablauf stört, kann der Versammlungsleiter das Wort entziehen. **127**

Die Erteilung von **Untervollmacht** ist möglich, wenn der Vollmachtgeber dies vorher schriftlich zugelassen hat (*Godin/Wilhelmi*, AktG, § 134 Anm. 7; a. A. *Müller*, § 43 Rdn. 59 und *Zöllner*, Kölner Kommentar, AktG, **128**

§ 134 Rdn. 94). Die Untervollmacht selbst muß wieder schriftlich erteilt werden.

129 Die Vollmachtsurkunde bleibt in Verwahrung der eG. Sie bleibt gültig, bis sie nach den für die rechtsgeschäftliche Vertretung geltenden Regeln erlischt, insbesond. durch Rückgabe der Vollmachtsurkunde oder durch Kraftloserklärung (§ 172 Abs. 2 BGB).

130 Bevollmächtigte müssen nicht Mitglied sein. Die Satzung kann **persönliche Voraussetzungen für Bevollmächtigte** aufstellen, z. B., daß diese Mitglieder der eG sein müssen, daß diese Mitgliedschaft eine bestimmte Dauer haben muß usw. Das Gesetz nennt besonders den Fall, daß durch die Satzung Personen als Bevollmächtigte ausgeschlossen werden können, die sich geschäftsmäßig zur Ausübung des Stimmrechts erbieten. Es soll damit keine bestimmte Berufsgruppe erfaßt werden; die Formulierung bezieht sich vielmehr auf Personen, die sich zur Ausübung des Stimmrechts anbieten, sofern sie dabei die Absicht haben, dies wiederholt, also geschäftsmäßig zu tun. Entgeltlichkeit ist unerheblich. Steuerberater, Rechtsanwälte, Wirtschaftsprüfer usw. fallen also nur dann unter ein satzungsmäßiges Verbot, wenn sie sich im Sinne der Vorschrift „geschäftsmäßig" zur Ausübung des Stimmrechts erbieten (zu weitgehend *Müller*, § 43 Rdn. 52). Schließlich kann die Satzung die Vertretung durch Bevollmächtigte – nicht durch gesetzliche Vertreter – ganz ausschließen.

Umstritten ist, ob ein ausgeschlossenes Mitglied Bevollmächtigter für die Stimmabgabe sein kann. Das Gesetz enthält ein solches Verbot nicht; die Satzung kann eine Regelung dafür treffen, insbesond. vorsehen, daß ausgeschlossene frühere Mitglieder nicht Bevollmächtigte sein können (vgl. § 68 Rdn. 47).

131 Ein Stimmrechtsvertreter (gesetzlicher Vertreter oder Bevollmächtigter) muß die Stimmrechte **nicht einheitlich** ausüben. Soweit zulässige Weisungen vorliegen oder sonstige sachliche Gesichtspunkte dies rechtfertigen, kann er von den verschiedenen Stimmrechten unterschiedlich Gebrauch machen (vgl. RGZ 137, 305; 157, 57; für das Vereinsrecht: *Reichert/Dannecker/Kühr*, Rdn. 220; MüKo, BGB, § 32 Rdn. 22; vgl. oben Rdn. 108).

132 Bei der Abgabe mehrerer Stimmen durch einen Stimmrechtsvertreter kann wie folgt verfahren werden: Soweit die Mehrheitsverhältnisse ohnehin eindeutig sind, genügt z. B. ein Handzeichen. Falls jedoch die Anzahl der vom Vertreter abzugebenden Stimmen für das Beschlußergebnis ausschlaggebend sein kann, ist bei Abgabe des Handzeichens auf die Anzahl der damit verbundenen Stimmen ausdrücklich hinzuweisen. Ggfs. ist ein entsprechender Nachweis zu führen. Im Falle schriftlicher Stimmabgabe ist an den Stimmrechtsvertreter eine entsprechende Anzahl von Stimmzetteln auszuhändigen.

## VI. Kein Stimmrecht bei Interessenkollision (Abs. 6)

Abs. 6, eingeführt durch Novelle 1973, berücksichtigt die frühere Rechtsprechung: Niemand kann für sich oder für einen anderen das Stimmrecht ausüben, wenn darüber Beschluß gefaßt wird, ob er oder das vertretene **Mitglied zu entlasten** oder von einer **Verbindlichkeit zu befreien** ist, oder ob die eG gegen ihn oder gegen das vertretene Mitglied einen **Anspruch geltend machen** soll. Es handelt sich hierbei um Gesichtspunkte der Interessenkollision. Das Gesetz enthält insoweit eine abschließende Aufzählung; eine Analogie ist daher höchstens beschränkt möglich (vgl. *Müller*, § 43 Rdn. 65). 133

Aus dem Gesetzeswortlaut folgt, daß auch ein Bevollmächtigter oder ein gesetzlicher Vertreter kein Stimmrecht hat, wenn in seiner Person die Interessenkollision besteht. Die Ausübung des Stimmrechts „für einen anderen" läßt offen, ob dies aufgrund Vollmacht oder gesetzlicher Vertretung geschieht; in beiden Fällen besteht das Verbot. Beispiel: Wenn ein Aufsichtsratsmitglied Stimmvollmacht eines anderen Mitglieds hat, kann es für den Vollmachtgeber keine Stimme abgeben bei der Beschlußfassung über die eigene Entlastung. Hat dieses Aufsichtsratsmitglied seine eigene Stimme auf einen Bevollmächtigten übertragen, so hat dieser Bevollmächtigte kein Stimmrecht bei der Beschlußfassung über die Entlastung des Vollmachtgebers. Die Rechtfertigung dieser Regelung ergibt sich daraus, daß der Bevollmächtigte grundsätzlich der Weisung des Vollmachtgebers unterliegt. Entsprechendes gilt, wenn das Aufsichtsratsmitglied gesetzlicher Vertreter einer Mitgliedsgesellschaft ist (die frühere Auffassung wird aufgegeben).

In Fällen von Interessengegensätzen, die von dem klaren Wortlaut des § 43 Abs. 6 nicht erfaßt sind, bleibt das Stimmrecht grundsätzlich erhalten. Dies gilt z. B. für das Wahlrecht hinsichtlich der eigenen Person, wie auch bei Abstimmungen über den Ausschluß aus der eG oder die Abberufung aus dem Amt.

Aus der Regelung in Abs. 6 i. V. m. § 18 S. 2 folgt, daß die **Satzung keine weiteren Fälle** für einen Ausschluß von Stimmrecht festlegen kann; sie kann – im Rahmen der gesetzlichen Vorschriften – lediglich die Fälle konkretisieren.

**„Entlastung"** ist hier nicht im engen technischen Sinne, wie z. B. bei § 48 Abs. 1, zu verstehen. Gemeint sind vielmehr Beschlüsse, mit denen die Tätigkeit eines Organmitglieds der eG oder eines sonstigen Beauftragten inhaltlich gebilligt werden soll (vgl. *Godin/Wilhelmi*, AktG, § 136 Anm. 3). Wenn über die Entlastung des Gesamtvorstandes oder Gesamtaufsichtsrates als Organ abgestimmt wird, ist jedes Organmitglied von der Abstimmung ausgeschlossen. Mitglieder des Vorstandes haben aber auch grundsätzlich kein Stimmrecht, wenn es um die Entlastung des Aufsichtsrats geht und umgekehrt (a. A. *Müller*, § 43 Rdn. 62). Dies muß eine Folge der Tatsa- 134 che sein, daß Entscheidungen zum Teil auf gemeinsamen Beratungen und (getrennten) Beschlußfassungen beider Organe in gemeinsamer Sitzung beruhen, so insbes. in Fällen, in denen nach der Satzung im Rahmen von § 27 Abs. 1 S. 2 der Aufsichtsrat zulässigerweise an Geschäftsführungsaufgaben mitwirkt. Dazu kommt, daß Aufsichtsratsmitglieder bei der Beschlußfassung über die Entlastung des Vorstandes in Interessenkonflikte geraten können, weil sie u. U. mit einer Verweigerung der Entlastung auch die eigene Aufsichtsführung in der zurückliegenden Zeit beanstanden müßten. Eine Mitwirkung von Vorstandsmitgliedern bei der Entlastung des Aufsichtsrats widerspräche dem gesellschaftsrechtlichen Grundsatz der Gewaltenteilung.

Falls nur einzelne Mitglieder des Vorstandes oder Aufsichtsrates entlastet werden sollen, steht den übrigen Organmitgliedern das Stimmrecht nur dann zu, wenn sie die Handlung oder Entscheidung nicht mitzuverantworten haben (vgl. *Baumbach/Hueck*, AktG, § 136 Rdn. 4; *Zöllner*, S. 204; zu weitgehend *Godin/Wilhelmi*, AktG, § 138 Anm. 3; *Müller*, § 43 Rdn. 62).

**135** Bei **Genehmigung des Jahresabschlusses** haben Vorstands- und Aufsichtsratsmitglieder volles Stimmrecht (RGZ 49, 126). Personen, die sich für ein Amt in der eG bewerben, sind bei der Wahl stimmberechtigt (RGZ 60, 172; RG, JW 1936, 2311 = BlfG 1936, 526). Abs. 6 schließt nicht aus, daß z. B. ein betroffenes Vorstandsmitglied bei der Frage seiner Abberufung bzw. Kündigung stimmberechtigt ist (nach früherem Recht RGZ 74, 276).

**136** Auch bei Beschlüssen über die **Befreiung von einer Verbindlichkeit** hat der Betroffene oder sein Vertreter kein Stimmrecht. Art und Rechtsnatur der Verbindlichkeit sind ohne Bedeutung. Bei dem Beschluß kann es sich um einen Verzicht, einen Erlaßvertrag oder ein negatives Schuldanerkenntnis handeln. Wenn eine Verpflichtung durch Satzungsänderung aufgehoben wird, muß das Stimmrechtsverbot ebenfalls Anwendung finden; allerdings nicht, soweit es sich um die Aufhebung oder Verminderung einer generellen Leistungspflicht für alle Mitglieder handelt.

**137** Hat der Beschluß in den gesetzlich geregelten Fällen des Ausschlusses vom Stimmrecht auch nur **mittelbare rechtliche Auswirkungen** auf das Mitglied, so besteht ebenfalls kein Stimmrecht; so kann ein Bürge nicht abstimmen, wenn es um einen Erlaß der Hauptverbindlichkeit geht.

**138** Bei einem Beschluß, der die **Geltendmachung eines Anspruchs** gegen ein Mitglied zum Gegenstand hat, ist das Stimmrecht ebenfalls ausgeschlossen. Es kann sich dabei um prozeßvorbereitende Maßnahmen wie Tatsachenfeststellungen handeln, um ein gerichtliches Mahnverfahren, um außergerichtliche Vergleichsverhandlungen oder unmittelbar die Erhebung der Klage. Auch ein Beschluß über Maßnahmen der Zwangsvollstreckung fällt unter das Stimmrechtsverbot (vgl. *Müller*, § 43 Rdn. 64).

Beschlußfassung über die Ausschließung eines Mitglieds fällt nicht unter die in Abs. 6 genannten Fälle des Stimmrechtsverbots, so daß ein betroffenes Mitglied stimmberechtigt bleibt (so zu Recht OLG Köln, NJW 1968, 992; *Paulick*, S. 247; RGZ 81, 37). 139

Das Stimmrechtsverbot in Abs. 6 ist **zwingendes Recht**; die Satzung kann es nicht einschränken oder beseitigen und auch nicht erweitern. Das Stimmrecht eines Mitglieds ist dem Grunde nach unentziehbar und kann daher nur in den im Gesetz vorgesehenen Fällen eingeschränkt sein. 140

§ 43 Abs. 6 enthält eine Sonderregelung gegenüber § 34 BGB für eG: Ein Mitglied der eG ist vom Stimmrecht also nicht ausgeschlossen, wenn es um die **Vornahme eines Rechtsgeschäfts mit ihm** geht (so aber § 34 BGB für das Vereinsrecht; vgl. auch *Ulmer*, NJW 1982, 1977; *Wilhelm*, NJW 1983, 912). 141

Aus dem Wortlaut von Abs. 6 folgt eindeutig, daß das Stimmrecht eines Mitglieds nicht berührt wird, wenn der Beschluß **nahe Angehörige** betrifft, wie z. B. Ehegatten oder Kinder. 142

Im übrigen kommt aber in Abs. 6 ein **allgemeiner Gesichtspunkt des Genossenschaftsrechts** insofern zum Ausdruck, als das Stimmrechtsverbot entsprechend auch für **Beschlußfassungen in den Organen** gelten muß. Mitglieder von Vorstand oder Aufsichtsrat haben in diesen Organen kein Stimmrecht, wenn es um ihre Entlastung, um die Befreiung von einer Verbindlichkeit oder die Geltendmachung eines Anspruchs gegen sie geht (vgl. ergänzend § 25 Abs. 6 der Mustersatzung für Kreditgenossenschaften; für Vorstand Erl. zu § 27 Rdn. 28; für Aufsichtsrat § 36 Rdn. 65). 143

Abs. 6 hat zur Folge, daß ein **Stimmrecht gar nicht besteht**; Stimmenthaltung kommt daher nicht in Betracht. 144

Eine Stimmabgabe entgegen Abs. 6 ist **unwirksam**. Eine Anfechtbarkeit des Beschlusses nach § 51 ist allerdings nur dann begründet, wenn die ungültige Stimme mitgezählt ist und für das Ergebnis der Abstimmung ursächliche Bedeutung hat (zutreffend *Müller*, § 43 Rdn. 69). 145

Abs. 6 schließt lediglich das Recht aus, am Beschluß durch Stimmabgabe mitzuwirken. Die **übrigen Mitgliedschaftsrechte** in der Versammlung bleiben unberührt, so z. B. das Anwesenheitsrecht, das Rederecht und das Antragsrecht. 146

## VII. Ablauf der Generalversammlung

### 1. Einberufung, Tagungsort, Tagesordnung, Zeitpunkt

Die **Einberufung der GV** ist in den §§ 44, 45 geregelt. Zuständig für die Einberufung ist stets der Vorstand (§ 44 Abs. 1), auch wenn nach dem Gesetz (§§ 45, 60) oder nach der Satzung auch andere Personen zur Einberufung befugt sind. (Näheres s. Erl. zu den §§ 44, 45 und 60). 147

148 Über den **Tagungsort** der GV enthält das Gesetz – im Gegensatz zu § 121 Abs. 4 AktG – keine Regelung. Rechtliche Einzelheiten zur Frage des Tagungsortes sind umstritten. Nach den im § 18 geregelten Grundsätzen des Verhältnisses von Gesetz und Satzung muß hier von der Satzungsfreiheit ausgegangen werden, soweit die Regelung nicht mißbräuchlich erscheint. Soweit die Satzung keine Bestimmung über den Ort der Versammlung enthält, erscheint die Abhaltung am Sitz der eG geboten (vgl. RGZ 44, 9; BayObLG, ZfG 1960, 265; *Müller*, § 44 Rdn. 16). Die Satzung kann einen anderen Ort für die Durchführung der GV vorsehen; sie ist dabei grundsätzlich frei, sofern alle Mitglieder diesen Ort ohne unzumutbaren Aufwand erreichen können. Die Satzung kann auch mehrere Orte wahlweise vorsehen, oder dem Einberufenden die Auswahl überlassen. Es ist zulässig, daß die Satzung die Festlegung des Versammlungsortes in die Entscheidung bestimmter Organe der eG legt; in der Praxis ist es weitgehend üblich, daß der Tagungsort von Vorstand und Aufsichtsrat festgelegt wird (vgl. auch *Godin/Wilhelmi*, AktG, § 121 Anm. 10; a. A. BayObLG, NJW 1959, 485; *Müller*, § 44 Rdn. 16). Die Bestimmung des Versammlungsortes hat in diesen Fällen naturgemäß nach pflichtgemäßem Ermessen unter Beachtung der Interessen der eG und der Mitglieder zu erfolgen. Bei unsachgemäßer Entscheidung käme eine persönliche Haftung der Organmitglieder nach §§ 34, 41 in Betracht. Nach herrschender Meinung darf die GV nicht im **Ausland** durchgeführt werden; eine entsprechende Satzungsbestimmung soll unwirksam sein (vgl. *Müller*, § 44 Rdn. 16 m. w. Nachw.). Diese Meinung erscheint jedoch zweifelhaft; gerade im Hinblick auf die sich ausweitenden internationalen Verflechtungen auch der eG, insbes. im EG-Raum dürften keine Bedenken bestehen, wenn sachliche Gründe dafür sprechen, die GV im Ausland durchzuführen (vgl. *Bokelmann*, NJW 1972, 1729; *Kleinmann*, NJW 1972, 373).

149 Das **Versammlungslokal** wird von demjenigen bestimmt, der die Einberufung durchführt. im Rahmen der Möglichkeiten ist dafür Sorge zu tragen, daß alle Teilnehmer im Versammlungsraum unter zumutbaren Bedingungen Platz finden (*Müller*, § 44 Rdn. 17). Abhaltung der Versammlung in zeitlich oder örtlich getrennten Abteilungen ist nicht zulässig. Eine GV, die z. B. wegen der räumlichen Verhältnisse nur einem Teil der interessierten Mitglieder die Teilnahme ermöglicht, ist nicht mit den Grundsätzen des Genossenschaftsrechts vereinbar. Solche Mängel berechtigen u. U. zur Anfechtung gem. § 51. Wenn kein ausreichend großes Lokal zur Verfügung steht, müssen notfalls auch Kompromißlösungen gerechtfertigt sein. Unter dieser Voraussetzung wäre es Mitgliedern ausnahmsweise zumutbar, z. B. in Nebenräumen an der Versammlung teilzunehmen, soweit gewährleistet ist, daß sie die Verhandlungen verfolgen können und daß sie ordnungsgemäß Gelegenheit haben, an der Diskussion und Beschlußfassung mitzuwir-

ken. Unter Umständen muß die Versammlung an einem anderen, zumutbaren Ort durchgeführt werden.

Für die **Mitteilung der Tagesordnung** bestimmt § 46, daß diese mit der Berufung bekanntgemacht werden soll, mindestens müssen jedoch 3 Tage zwischen der Mitteilung der Tagesordnung und der GV liegen. Die Satzungen sehen vielfach vor, daß die Tagesordnung von dem Organ festgesetzt wird, das die GV einberuft (Näheres Erl. zu § 46). **150**

Maßgeblich ist die den Mitgliedern zugegangene Tagesordnung. diese kann nur noch durch das für die Festsetzung der Tagesordnung zuständige Organ, und zwar unter Einhaltung der gesetzlichen und satzungsmäßigen Mindestfrist (vgl. Erl. § 46 Rdn. 19 ff), oder von der GV selbst (vgl. unten Rdn. 164) geändert werden.

Das Gesetz bestimmt in § 48 Abs. 1 S. 3, daß die GV in den **ersten 6 Monaten** des Geschäftsjahres stattzufinden hat. Für die Einhaltung des Termins ist gemäß seinem primären Einberufungsrecht (§ 44 Abs. 1) zunächst der Vorstand verantwortlich. Verzögert er die Einhaltung, so obliegt die Einberufungspflicht dem Aufsichtsrat gem. § 38 Abs. 2. Versäumung der Frist führt nicht zur Unwirksamkeit der Beschlüsse; entsteht durch die Verzögerung ein Schaden, so kommt Haftung gem. §§ 34, 41 oder nach den allgemeinen Haftungsvorschriften in Betracht. **151**

§ 336 Abs. 1 HGB bestimmt darüber hinaus für die eG, daß Jahresabschluß und Lagebericht in den ersten 5 Monaten des Geschäftsjahres für das vergangene Geschäftsjahr **„aufzustellen"** sind. Für die rechtzeitige Aufstellung ist der Vorstand verantwortlich (§ 33 Abs. 1). Nach der Aufstellung sind Jahresabschluß und Lagebericht unverzüglich dem Aufsichtsrat und mit dessen Bemerkungen der GV vorzulegen (§ 33 Abs. 1). Inwieweit eine GV an Sonn- oder Feiertagen durchgeführt werden kann, hat sich nach den Interessen der Mitglieder zu bestimmen (zu eng *Müller*, § 44 Rdn. 18).

## 2. Versammlungsleitung

Gem. § 6 Ziff. 4 muß die Satzung Bestimmungen über den **Vorsitz in der Versammlung** enthalten (Versammlungsleitung). Es ist weitgehend üblich, daß die Satzungen den Vorsitzenden des Aufsichtsrats zum Versammlungsleiter bestimmen. Wird die Versammlung durch den Vorstand einberufen, so übertragen die Satzungen üblicherweise einem Mitglied des Vorstandes den Vorsitz. Es ist rechtlich zulässig und zweckmäßig, daß die Satzung eine Regelung vorsieht, wonach durch Beschluß der GV der Vorsitz einem anderen Mitglied der eG oder einem Vertreter des gesetzlichen Prüfungsverbandes übertragen werden kann. Es sind im übrigen keine zwingenden Gründe erkennbar, warum der Versammlungsleiter Mitglied **152** der eG sein müßte (so aber *Müller*, § 43 Rdn. 90); die Erfahrung zeigt, daß es durchaus zweckmäßig sein kann, fachlich versierte Personen z. B. Mitarbeiter des Verbandes oder Rechtsanwälte als neutrale Personen in besonderen Situationen zum Versammlungsleiter zu wählen.

153 Wird eine Person zum Versammlungsleiter gewählt, die nach der Satzung dafür nicht vorgesehen ist, so handelt es sich grundsätzlich nur um einen Verstoß gegen Ordnungsvorschriften; auf die Wirksamkeit von Beschlüssen kann dies nur dann Auswirkungen haben, wenn gerade dieser Mangel ursächlich war für das Zustandekommen eines bestimmten Beschlusses (so zutreffend LG Münster v. 15. 12. 1982 – Az.: 16 O 581/82).

154 Der **Leiter der GV hat unter eigener Verantwortung** die Versammlung zu leiten mit dem Ziel, die Tagesordnungspunkte zügig und ordnungsgemäß zu erledigen und auf der Grundlage demokratischer Verfahrensregeln zu einer eindeutigen Meinungsbildung der Versammlung zu gelangen (LG Frankfurt, WM 1984, 502; *Metz/Werhahn*, Rdn. 246 ff). Er hat dafür Sorge zu tragen, daß die Mitglieder alle erforderlichen Informationen erhalten, um bei Abstimmungen und Wahlen im Interesse der eG sachgerechte und optimale Entscheidungen treffen zu können. Erforderlichenfalls muß hier zwischen Geheimhaltungsinteressen und gerechtfertigten Bedürfnissen nach weiteren Informationen abgewogen werden (vgl. „Auskunftsrecht", Rdn. 43 ff). Der Versammlungsleiter hat das Recht, alle Maßnahmen durchzuführen, die erforderlich sind, um einen störungsfreien Ablauf der GV zu gewährleisten (vgl. BGHZ 44, 251; *Martens*, WM 1981, 1010; *Zöllner*, Kölner Komm. AktG, § 119 Rdn. 82, 83; *Müller*, § 43 Rdn. 91; ausführlich: *Max*, Die Leitung der Hauptversammlung, AG 3/1991, 77; *Metz/Werhahn*, Rdn. 249). Der Versammlungsleiter hat insbes. jede Störung zu unterbinden. Wegen der Reihenfolge der Abstimmung über verschiedene Anträge vgl. Rdn. 35 ff.

155 Das dem Versammlungsleiter zustehende und ihn auch verpflichtende **Ordnungsrecht** hat seine Grundlage nicht in einem Hausrecht; nach heute h. M. wird das Ordnungsrecht zutreffend aus der ihm gesetzlichen zugewiesenen Funktion abgeleitet (BGHZ 44, 251; *Zöllner*, Kölner Komm. AktG, § 119, Rdn. 88; *Martens*, S. 1011).

Die dem Versammlungsleiter obliegende Verpflichtung, die Versammlung ordnungsgemäß abzuwickeln (Rdn. 154) bestimmt Inhalt und Umfang seiner Ordnungsbefugnisse (BGH a. a. O.; wegen der Grenzen s. Rdn. 171). Er hat die Grundsätze der Gleichbehandlung, der Erforderlichkeit und Verhältnismäßigkeit zu beachten (LG Stuttgart, WuB II A. § 119 AktG; *Zöller*, Kölner Komm. AktG, § 119 Rdn. 91).

Der Versammlungsleiter muß sich bei allen Maßnahmen an dem Zweck der Versammlung orientieren. Seine Entscheidungen dürfen nicht willkürlich sein oder sich nach rein persönlichen Interessen ausrichten (KG, OLG 40, 202; KG, OLGZ 1990, 316). Wenn der Versammlungsleiter z. B. die Versammlung abbrechen würde, um die Wahl unerwünschter Aufsichtsratsmitglieder zu verhindern, wäre diese Maßnahme nicht sachgerecht und grundsätzlich unzulässig (s. auch Rdn. 171).

Die dem Versammlungsleiter zur Verfügung stehenden **Ordnungsmaßnahmen** reichen von einer Abmachung über den Entzug des Rederechts bis zum Ausschluß aus der GV. In all diesen Fällen ist der Versammlungsleiter in eigener Verantwortung entscheidungsberechtigt; es bedarf keines Beschlusses der GV (vgl. oben Rdn. 17; BGHZ 44, 251; LG Frankfurt, WM 1984, 502; *Martens*, S. 1011; *Metz/Werhahn*, Rdn. 254; a. A. *Müller*, § 43 Rdn. 91, der der GV das Recht einräumen will, die Entscheidungen an sich zu ziehen). Der Versammlungsleiter kann nicht in Individualrechte (vgl. § 43 Rdn. 85) eingreifen. **156**

Der **Saalverweis** von Mitgliedern muß naturgemäß das äußerste Mittel bleiben, und seine Zulässigkeit unterliegt strengen Anforderungen. Vor dem Saalverweis ist der Störer grundsätzlich – wie auch im Falle der Wortentziehung – zu ermahnen und auf die Möglichkeit des Ausschlusses aus der Versammlung hinzuweisen (vgl. *Martens*, S. 1011; *Metz/Werhahn*, Rdn. 267). Der Saalverweis kann für die gesamte Dauer der GV angeordnet werden oder auch nur für bestimmte Teile der Versammlung, für die weitere Störungen zu erwarten sind. Das ausgeschlossene Mitglied kann Vollmacht erteilen und so weiter seine Stimme abgeben. **157**

**Zur Durchsetzung** rechtmäßiger Anordnungen kann der Versammlungsleiter **erforderlichenfalls Gewalt** anwenden. Geeignete Mittel können die Einsetzung von Saalordnern sein und äußerstenfalls auch die Zuziehung der Polizei (LG Frankfurt, WM 1984, 502; *Martens*, S. 1011; *Müller*, § 43 Rdn. 92; *Metz/Werhahn*, Rdn. 270). **158**

In die **Entscheidungskompetenz des Versammlungsleiters** fallen grundsätzlich folgende Maßnahmen: Zulassung oder Ausschluß von Gästen nach freiem Ermessen; Beschränkung der Redezeit für einzelne Mitglieder; Wortentziehung in Einzelfällen; Saalverweis; Festlegung der Verhandlungs- und Abstimmungsmodalitäten im Rahmen von Gesetz und Satzung, z. B. Entscheidung der Frage, ob geheim oder offen abzustimmen ist, soweit Gesetz oder Satzung dies nicht festlegen (*Martens*, S. 1014; *Müller*, § 36 Rdn. 19; *Jakobs*, BB 1958, 726); Eröffnung der Versammlung; Aufruf von Tagesordnungspunkten; Verkündung des Abstimmungsergebnisses; Unterbrechung der GV; Beendigung (Schließung) der GV (im einzelnen vgl. BGHZ 44, 248; *Martens*, S. 1013 ff; *Metz/Werhahn*, Rdn. 254; *Müller*, § 43 Rdn. 94 ff; *Godin/Wilhelmi*, AktG, § 119 Anm. 20). Umstritten ist, ob der Versammlungsleiter auch die **Redezeit** allgemein begrenzen kann; so die inzwischen h. M. (vgl. LG Stuttgart, WuB II A. § 119 AktG 1.95 **159**

m. Nachw.). Keine Bedenken bestehen, wenn der Versammlungsleiter zur allgemeinen Begrenzung der Redezeit einen Beschluß der GV veranlaßt (*Metz/Werhahn*, 4. Aufl., Rdn. 276). Wegen **Abbruch** und **Vertagung** der GV s. § 43 Rdn. 171.

**160** Der Versammlungsleiter muß darauf achten, daß die Abstimmungen **nicht in unzulässiger Weise beeinflußt werden**. Keine derartige Beeinflussung liegt z. B. vor, wenn die Versammlungsleiter oder die Mitglieder von Vorstand oder Aufsichtsrat mit zulässigen Mitteln auf eine Beschlußfassung hinwirken, die ihrer persönlichen Überzeugung entspricht. Eine unrechtmäßige Beeinflussung würde z. B. voraussetzen, daß ein Mitglied durch unrichtige Angaben zu Erklärungen veranlaßt wurde, deren Inhalt nicht seinem Willen entsprach und daß keine Möglichkeit bestand, der Beeinflussung entgegenzutreten. Keine rechtlichen Bedenken, wenn Versammlungsleitung bei einer Person bleibt, die selbst zur Wahl steht oder über deren Entlastung beschlossen wird; der Versammlungsleiter wird sich in solchen Fällen mit jeder Art von Einflußnahme besonders zurückhalten. Bestehen dennoch Interessengegensätze zwischen Versammlungsleitung und Beschlußgegenstand, so sollte ein anderer Versammlungsleiter gewählt werden.

**161** Es ist nicht erforderlich, daß der Versammlungsleiter bei der Eröffnung der Versammlung die anwesenden **stimmberechtigten** Mitglieder **feststellt** (a. A. *Müller*, § 43 Rdn. 96); eine solche Feststellung könnte nur statistische Gründe haben, da es nach dem GenG bei der Beschlußfassung allein auf die Anzahl der gültig abgegebenen Stimmen ankommt. Die Feststellung der anwesenden stimmberechtigten Mitglieder könnte erfahrungsgemäß nur zur Verwirrung beitragen, sofern bei der jeweiligen Beschlußfassung einige Mitglieder den Saal verlassen haben oder neue Mitglieder hinzugekommen sind (vgl. aber § 47 Abs. 3).

**162** Bei der Behandlung der einzelnen Tagesordnungspunkte muß der Versammlungsleiter dafür Sorge tragen, daß **jedes Mitglied Gelegenheit hat**, seine Auffassung darzulegen und zur Meinungsbildung der GV beizutragen. Ein Rederecht steht allerdings nur Mitgliedern sowie ihren gesetzlichen Vertretern oder Bevollmächtigten zu, sowie Vertretern der Verbände im Falle von § 60 sowie bei entsprechender Satzungsregelung; die Worterteilung an Gäste liegt im freien Ermessen des Versammlungsleiters (Näheres oben Rdn. 39 ff).

**163** Der Versammlungsleiter hat nach Beendigung der Aussprache zum Beschlußgegenstand die **Abstimmung durchzuführen**; er hat ausdrücklich danach zu fragen, **wer für** den Antrag ist, und **wer gegen** den Antrag ist; die Feststellung der Stimmenthaltungen ist rechtlich bedeutungslos und kann erfahrungsgemäß zu Rechtsunsicherheiten führen. Der Versammlungsleiter hat sodann das **Ergebnis der Abstimmung formell fest-**

**zustellen und zu verkünden** (s. § 43 Rdn. 82). Der Beschluß wird erst mit der Verkündung des Ergebnisses wirksam (BGH, BB 1975, 1276; BGH, ZIP 1996, 2071, 2074 = DB 1997, 153; *Müller*, § 43 Rdn. 113; *Martens*, a. a. O., S. 1012). Ein Beschluß wird gültig mit dem Inhalt, **wie er verkündet ist**. Formelle oder materielle Mängel, die eine Anfechtbarkeit begründen, können nur durch Anfechtungsklage geltend gemacht werden (BGH, AG 1988, 233). Fehlt die eindeutige Verkündung des Abstimmungsergebnisses, so liegt ein rechtswirksamer Beschluß überhaupt nicht vor. In § 130 Abs. 2 AktG, der die **Feststellung des Beschlußergebnisses** ausdrücklich vorsieht, kommt ein allgemein gültiger Grundsatz des Gesellschaftsrechts zum Ausdruck. Das festgestellte Ergebnis ist zu protokollieren und zunächst verbindlich (BayObLG, BB 1992, 226). Unrichtige Feststellung des Abstimmungsergebnisses begründet keine Nichtigkeit, sondern nur Anfechtbarkeit. Nur eine offensichtlich und zweifelsfrei willkürliche Feststellung des Ergebnisses führt zur Nichtigkeit (BayObLG, DB 1991, 2329).

Ungeachtet der Rechte und Pflichten des Versammlungsleiters verblei- **164** ben einige grundlegenden Verfahrensentscheidungen **bei der GV**, so z. B. die Vertagung und der Abbruch der GV (s. Rdn. 171); die Vertagung und Absetzung einzelner Punkte der Tagesordnung; ein Beschluß über die generelle Beschränkung der Redezeit, Beendigung der Rednerliste; eine Umstellung der Tagesordnung (vgl. hierzu *Martens*, S. 1013 m. w. Nachw.; *Metz/Werhahn*, Rdn. 262). Die GV kann verlangen, daß die angekündigte Tagesordnung behandelt wird. Vor Ablauf der letzten satzungsmäßigen Einladungsfrist kann jedoch der Einladende jederzeit die Tagesordnung ändern und noch rechtzeitig mitteilen. Wenn der Versammlungsleiter z. B. auf Bitte des einladenden Vorstandes vor Eintritt in die Tagesordnung bekanntgibt, daß ein bestimmter Tagesordnungspunkt abgesetzt werden soll und die Mitglieder dies ohne Widerspruch zur Kenntnis nehmen, bestehen keine rechtlichen Bedenken. Mitglieder können allerdings beantragen, daß Abstimmung über den angekündigten Tagesordnungspunkt erfolgt. Hierüber ist dann Mehrheitsbeschlußfassung erforderlich. Wegen nachträglicher Änderung der Tagesordnung vgl. § 46 Rdn. 23 Individualrechte einzelner Mitglieder sind der Beschlußfassung der GV entzogen (vgl. § 43 Rdn. 85).

Der Einsatz von **Aufnahmegeräten** (Tonbandgeräte, Videokameras **165** usw.) auf Anordnung des Versammlungsleiters kann zweckmäßig sein, um die Reden und Diskussionsbeiträge der GV im Wortlaut festzuhalten. Der Versammlungsleiter hat die Versammlung von der Benutzung der Geräte zu unterrichten. Auf eine stenographische Aufzeichnung der Versammlung muß nicht hingewiesen werden; ein Teilnehmer kann nicht verlangen, daß die stenographische Aufzeichnung seines Redebeitrages unterbleibt.

166 Aufnahmegeräte sind auszuschalten, wenn ein Versammlungsteilnehmer dies für seinen Redebeitrag verlangt.

167 Anspruch auf **Erteilung von Abschriften** oder auf Abspielen der Aufnahmen besteht nicht. Der jeweilige Redner kann dies jedoch für seinen eigenen Beitrag sowie die vom Vorstand oder sonstigen befugten Personen darauf erteilten Antworten verlangen; die Kosten hat der Teilnehmer zu tragen.

168 Die Benutzung **privater Aufnahmegeräte** durch einzelne Versammlungsteilnehmer bedarf der vorherigen Zustimmung aller Versammlungsteilnehmer. Es handelt sich dabei nicht um einen Beschluß der Versammlung, sondern um eine privatrechtliche Einwilligung. Wird die Zustimmung auch nur von einem Teilnehmer verweigert, so muß der Versammlungsleiter die Benutzung von privaten Aufnahmegeräten während der Rede dieses Teilnehmers mit allen zulässigen Ordnungsmaßnahmen verhindern.

Der Leiter kann auch von sich aus die Aufnahme der Verhandlung durch private Aufnahmegeräte untersagen. Eine – auch stenographische – Mitschrift durch Versammlungsteilnehmer kann der Leiter nicht untersagen (zu diesen Fragen übereinstimmend BGH, WuB, II A. § 130 AktG 1.95 m. Anm. *Dilger*; *Metz/Werhahn*, Rdn. 271 ff).

169 **Wiederholte Beschlußfassung** über einzelne Tagesordnungspunkte ist zulässig, wenn durch neue Erkenntnisse während der Versammlung Zweifel an der Zweckmäßigkeit eines Beschlusses aufkommen. Voraussetzung ist allerdings, daß die GV faktisch noch nicht beendet wurde (zutreffend LG Würzburg v. 22. 12. 1983 – 1 O 2052/83; *Godin/Wilhelmi*, AktG, § 119 Anm. 19; *Metz/Werhahn*, Rdn. 308; *Müller*, § 43 Rdn. 114; für Vereinsrecht: *Reichert/Dannecker/Kühr*, Rdn. 422; vgl. oben Rdn. 84).

170 Um **Unterbrechung** der GV handelt es sich, wenn die Erörterungen auf kurze Zeit ausgesetzt, um in derselben Versammlung wieder fortgeführt zu werden. **Abbrechen** der GV bedeutet, daß diese vorzeitig, also vor Erledigung der Tagesordnung, beendet und in einer neuen Versammlung fortgesetzt wird. Zur neuen Versammlung ist erneut form- und fristgerecht einzuladen; wegen der Tagesordnung genügt der Hinweis auf die noch nicht erledigten Punkte. Keine Bedenken, wenn zusätzliche Punkte aufgenommen werden; dies kann aber nur unter Beachtung der nach Gesetz (§ 46) und Satzung festgelegten Voraussetzungen geschehen. **Vertagung** liegt dann vor, wenn die Versammlung vor Abwicklung der Tagesordnung nicht nur für eine kurze Zeit unterbrochen, sondern als die selbe Versammlung erst zu einem späteren Termin wieder fortgesetzt wird. **Schließung** der Versammlung bedeutet deren formale Beendigung nach Erledigung der Tagesordnung (das verkennt das KG in: OLGZ 1990, 316, das für Schlie-

ßung der Versammlung die Zuständigkeit des Versammlungsleiters annimmt, während es sich tatsächlich um einen Abbruch der Versammlung handelt). Wegen Zuständigkeit des Versammlungsleiters s. Rdn. 159 und 171.

Im Gegensatz zu den in Rdn. 159 genannten Maßnahmen, die in die Zuständigkeit des Versammlungsleiters fallen, ist der **Abbruch** und die **Vertagung** der Versammlung der Dispositionsgewalt des Versammlungsleiters entzogen und der Entscheidung der GV vorbehalten. Es geht hier nicht mehr um Ordnungsmaßnahmen der Versammlungsleitung, und nur solche bestimmen den Rahmen für die dem Versammlungsleiter zustehenden Befugnisse (BGHZ 44, 248). Bei Abbruch und Vertagung handelt es sich in der Regel um Eingriffe in die Dispositionen der Mitglieder und der Geschäftsleitung, die auch Wirkungen über den Bereich der eG hinaus haben können (z. B. Prüfungszeiträume, Fristen für die Feststellung des Jahresabschlusses, Haftungsfragen usw.). Der Versammlungsleiter hat die Ordnungsmacht **in der Versammlung, aber nicht über die Versammlung**. 171

Hat der Versammlungsleiter die GV geschlossen, so können grundsätzlich keine weiteren Beschlüsse gefaßt werden. Die Teilnehmer müssen darauf vertrauen können, daß keine Beschlüsse gefaßt werden, wenn sie sich nach der Schließung entfernen. Demgemäß muß aber eine Fortsetzung möglich sein, wenn die Versammlung – ungeachtet der Erklärung über die Beendigung – als solche noch besteht, wenn also allen Teilnehmern die Fortsetzung oder die Möglichkeit der Fortsetzung bewußt ist, so daß sie entscheiden können, ob sie weiter anwesend bleiben wollen (KG, OLGZ 1990, 316). 172

Die Erklärung des Versammlungsleiters über die Schließung der Versammlung darf nicht willkürlich sein und dem Zweck der Versammlung entgegenstehen; sie darf sich nicht an rein persönlichen Interessen orientieren (KG, OLG 40, 202; KG, OLGZ 1990, 316).

### 3. Fehlerhafte Beschlüsse

Beschlüsse der GV können **nichtig oder anfechtbar** sein. Für die Nichtigkeit gilt § 241 AktG entsprechend (BGHZ 70, 387; BGH v. 22. 3. 82, II ZR 219/81). Wegen der Einzelheiten vgl. Erl. zu § 51. 173

## § 43 a

## Vertreterversammlung

(1) Bei Genossenschaften mit mehr als 1500 Mitgliedern kann das Statut bestimmen, daß die Generalversammlung aus Vertretern der Genossen (Vertreterversammlung) besteht.

(2) Als Vertreter kann jede natürliche, unbeschränkt geschäftsfähige Person, die Mitglied der Genossenschaft ist und nicht dem Vorstand oder Aufsichtsrat angehört, gewählt werden.

(3) Die Vertreterversammlung besteht aus mindestens fünfzig Vertretern, die von den Genossen gewählt werden. Die Vertreter können nicht durch Bevollmächtigte vertreten werden. Mehrstimmrechte können ihnen nicht eingeräumt werden.

(4) Die Vertreter werden in allgemeiner, unmittelbarer, gleicher und geheimer Wahl gewählt; Mehrstimmrechte bleiben unberührt. Für die Vertretung von Genossen bei der Wahl gilt § 43 Abs. 4 und 5 entsprechend. Kein Vertreter kann für längere Zeit als bis zur Beendigung der Vertreterversammlung gewählt werden, die über die Entlastung der Mitglieder des Vorstands und des Aufsichtsrats für das vierte Geschäftsjahr nach dem Beginn der Amtszeit beschließt. Das Geschäftsjahr, in dem die Amtszeit beginnt, wird nicht mitgerechnet. Die Satzung muß bestimmen,

1. auf wie viele Genossen ein Vertreter entfällt;
2. die Amtszeit der Vertreter.

Nähere Bestimmungen über das Wahlverfahren einschließlich der Feststellung des Wahlergebnisses können in einer Wahlordnung getroffen werden, die vom Vorstand und Aufsichtsrat auf Grund übereinstimmender Beschlüsse erlassen wird. Sie bedarf der Zustimmung der Generalversammlung. Der Beschluß des Vorstands muß einstimmig gefaßt werden.

(5) Fällt ein Vertreter vor Ablauf der Amtszeit weg, muß ein Ersatzvertreter an seine Stelle treten. Seine Amtszeit erlischt spätestens mit Ablauf der Amtszeit des weggefallenen Vertreters. Auf die Wahl des Ersatzvertreters sind die für den Vertreter geltenden Vorschriften anzuwenden.

(6) Eine Liste der gewählten Vertreter und der gewählten Ersatzvertreter ist zwei Wochen lang in dem Geschäftsraum der Genossenschaft zur Einsicht der Genossen auszulegen. Die Auslegung ist in einem öffentlichen Blatt bekanntzumachen. Die Auslegungsfrist beginnt mit der Bekanntmachung. Auf Verlangen ist jedem Genossen unverzüglich eine Abschrift der Liste zu erteilen.

*Übersicht*



## I. Die Vertreterversammlung als besondere Form der Generalversammlung

Das GenG ging ursprünglich davon aus, daß alle Mitglieder der eG in der GV zur gemeinsamen Willensbildung und Mitverantwortung in der Lage sind. Mit zunehmenden Größenordnungen der genossenschaftlichen Unternehmen hat sich jedoch im Laufe der Zeit gezeigt, daß – insbes. auch aus technischen Gründen – die Versammlung aller Mitglieder teilweise nicht mehr in der Lage war, eine ordnungsgemäße Beschlußfassung herbeizuführen. Damit konnte dem Recht des einzelnen Mitglieds auf eine angemessene Mitwirkungsmöglichkeit bei der Willensbildung nicht mehr entsprochen werden. Zum Teil fehlten Versammlungsräume der erforderlichen Größe; zum anderen war es bei einer zu großen Teilnehmerzahl nicht mehr möglich, eine sinnvolle Verständigung als Grundlage einer Meinungsbildung zu erreichen. Aus diesen Erwägungen wurde durch Gesetz vom 1. 7. 1922 (RGBl. I, 567) die VV eingeführt; sie trat an die Stelle der GV bei eG mit mehr als 10 000 Mitgliedern. Die Absicht war, im Sinne einer „funktionierenden Demokratie" auf die „unmittelbare Demokratie" zugunsten einer „mittelbaren Demokratie" zu verzichten (vgl. BGH, NJW 1982, 2558 = BB 1982, 1075 = DB 1982, 1317 = ZfG 1982, 296 m. Anm. *Hadding* = WM 1982, 582). 1

Die grundlegend neue Fassung von § 43 a geht auf die Novelle 1973 zurück. Sie berücksichtigt die zuvor ergangene Rechtsprechung und bringt für die Praxis in vielen zuvor umstrittenen Fällen eindeutige Regelungen. 2

Einige Bestimmungen z. B. in den Abs. 4 und 6 werden aber kritisch beurteilt, sie werden als unnötig formalistisch und wenig praxisorientiert angesehen; kritisiert vor allem der Zwang zur Einführung der VV bei über 3000 Mitgliedern (Abs. 1) und die persönliche Zuordnung eines Ersatzvertreters (Abs. 5).

**3** Die **zwingende Einführung** der VV konnte zuletzt **nicht mehr überzeugen.** In Wissenschaft und Praxis wurde zunehmend darauf hingewiesen, daß durch die Einführung der VV wesentliche Grundelemente der eG, insbes. die personale Beziehung zu allen Mitgliedern, zurückgedrängt würden; die Mitgliederrechte reduzierten sich letztlich auf das Recht zur Teilnahme an der Wahl zur VV. Dazu kommt, daß inzwischen die technischen Mittel der Kommunikation es ermöglichen, auch in Veranstaltungen mit vielen Teilnehmern eine offene Aussprache mit klarer Meinungsbildung zu gewährleisten. Es wird hier auf die Hauptversammlung der großen Publikumsgesellschaften verwiesen, bei denen jeder Aktionär ein Teilnahmerecht hat. Es war naheliegend, der Satzung der eG hier einen größeren Spielraum zu lassen und insbes. auf die Verpflichtung zur Einführung der VV bei mehr als 3000 Mitgliedern zu verzichten. Zur Problematik der VV: *Beuthien*, Die Vertreterversammlung, mit umfangreichen Lit.-Hinweisen.

**4** Dieser Kritik hat der Gesetzgeber inzwischen durch Änderung von § 43 a Abs. 1 Rechnung getragen: Seit dem 25. 12. 1993 ist es der Satzung der eG überlassen, die VV einzuführen, wenn die Mitgliederzahl 1500 übersteigt. Diese Regelung gibt auch die Möglichkeit, durch Satzungsänderung eine bereits eingeführte VV jederzeit wieder durch die GV als Versammlung aller Mitglieder zu ersetzen. Damit kann nun wieder überzeugender begründet werden, die Mitglieder der eG seien Träger des genossenschaftlichen Unternehmens auf der Grundlage der Selbsthilfe, Selbstverwaltung und Selbstverantwortung.

**5** Die Neufassung von Abs. 5 verzichtet auf die frühere persönliche Zuordnung eines Ersatzvertreters zu jedem Vertreter, die sich als kaum praktikabel erwiesen hatte. Es genügt nun, daß eine ausreichende Zahl von Ersatzvertretern gewählt wird für den Fall, daß Vertreter wegfallen.

**6** Zur genossenschafts- und rechtspolitischen Problematik der VV vgl. *Schmitz-Herscheidt*, Die Vertreterversammlung der Genossenschaft als rechtliches und organisatorisches Problem, Münster 1981; *Weidmüller*, BlfG 1938, 28; *Reinhardt*, ZfG 1955, 30; *Schumacher*, ZfG 1955, 16.

**7** Die **VV ist eine besondere Form der GV** (vgl. BGH, NJW 1982, 2558 = DB 1982, 1317 = ZfG 1982, 296 m. Anm. *Hadding* = BB 1982, 1075 = WM 1982, 582; *Müller*, § 43 a Rdn. 71). Daraus folgt, daß die VV die gleiche gesetzliche Zuständigkeit hat wie die GV. Für das Verfahren der Meinungsbildung und Beschlußfassung in der VV gelten die gleichen Regeln wie für die GV; insoweit kann auf die Erläuterungen zu § 43 verwiesen werden.

Auch die entsprechenden Vorschriften der Satzung finden unmittelbar Anwendung, so z. B. die Bestimmungen über die erforderlichen Mehrheiten bei der Beschlußfassung. Die Meinungsbildung der gewählten Vertreter ersetzt die Meinungsbildung aller Mitglieder in der GV.

Auch für die Fragen der **Einberufung** der VV, des Ortes der Versamm- 8
lung, den Vorsitz gelten die gleichen Gesichtspunkte wie bei der GV.

Die VV ist – wie die GV – insbes. auch **zuständig** für Satzungsänderun- 9
gen, für die Verschmelzung und nach geltendem Recht auch für die Auflösung der eG.

Mit der Änderung des GenG zum 25. 12. 1993 besteht nun die Möglichkeit, zuvor bestehende Grundsatzprobleme praxisnah und systemkonform zu lösen: Es war als unbefriedigend empfunden worden, daß die VV – ohne Mitwirkung der übrigen Mitglieder der eG – auch über so folgenreiche Fragen wie Verschmelzungen und sogar die Auflösung der eG entscheiden konnte. Es entspricht nunmehr erkennbar dem Sinn des Gesetzes, daß der Wille der Mitglieder in einer Mitgliederversammlung darüber entscheiden soll, ob und wie lange eine VV besteht. Grundlage dafür ist das Recht, dies in der Satzung zu bestimmen (§§ 16, 18). Aus dem Wortlaut des geänderten § 43 a folgt, daß durch Satzungsänderung jederzeit wieder die VV durch eine GV als Versammlung aller Mitglieder ersetzt werden kann (s. auch Rdn. 73). Somit muß es auch zulässig sein, daß die Satzung schon **für die Zukunft** Sachverhalte regelt, bei denen wieder die GV einzuführen ist oder automatisch an die Stelle der VV treten soll. Dies könnte z. B. gelten für so wesentliche Entscheidungen wie Verschmelzung, Umwandlung oder Auflösung der eG, Entscheidungen, die unmittelbare und u. U. existenzbedrohende Auswirkungen auf die Mitglieder haben können. Nur damit wäre letztlich das Ziel der Gesetzesänderung zu erreichen; anderenfalls gäbe es in der Praxis kaum eine Möglichkeit, bei eingeführter VV zur GV zurückzukehren, da stets nur die VV über die erforderliche Satzungsänderung und damit über ihre eigene Abschaffung zu entscheiden hätte.

Immer dann, wenn eine VV nicht vorhanden ist oder nicht mehr vorhan- 10
den ist und für die Einführung der VV Satzungsbeschlüsse erforderlich werden, ist insoweit die **GV zuständig** unabhängig von der Zahl der Mitglieder der eG.

Das **Vertreteramt** ist seiner Natur nach **ein Ehrenamt**. Die Wahrneh- 11
mung der Rechte und Interessen der Mitglieder wird zusammengefaßt und den Vertretern übertragen. Im Innenverhältnis zwischen Vertreter und eG dürfte regelmäßig ein Auftrag i. S. v. §§ 662 ff BGB vorliegen; das Reichsgericht sprach von einem „auftragsähnlichen Verhältnis" und wendete z. B. § 671 BGB an (RGZ 135, 19; Näheres hierzu Rdn. 83 ff).

Die Vertreter haben ein **allgemeines Mandat** aller Mitglieder; sie sind an 12
Weisungen einzelner Mitglieder nicht gebunden. Dies folgt aus dem

Grundsatz der „allgemeinen Wahl“ in Abs. 4 und aus der Regelung in Abs. 1, daß die VV eine „Generalversammlung“ ist, die aus Vertretern aller Mitglieder besteht. Ein „imperatives Mandat“ würde den Erörterungen in der Versammlung, den dort insbes. vom Vorstand geschuldeten näheren Informationen, die erst eine Abwägung der Argumente ermöglichen, ihren Sinn nehmen. Die an Aufträge gebundenen Vertreter wären nicht mehr in der Lage, zu einer an den Interessen der eG orientierten Meinungsbildung in der Versammlung beizutragen. Nach pflichtgemäßem Ermessen haben die Vertreter das Interesse der eG zu vertreten. In gewissem Gegensatz zum Mitglied in der GV darf der Vertreter nicht eigene Interessen zum Maßstab seiner Entscheidungen machen (vgl. § 43 Rdn. 60). Folgerichtig wird nun auch die Erstattung von Fahrtkosten für Vertreter als abziehbare Betriebsausgabe anerkannt (BFH v. 24. 8. 1983, BStBl. II 1984, 273 = DB 1984, 804; BMF-Schreiben v. 26. 11. 1984, DB 1984, 2595). Angemessene Sitzungsgelder für die Vertreter sind ebenfalls abziehbare Betriebsausgaben (BFH, ebd.). Wegen Bewirtungskosten für die GV vgl. § 43 Rdn. 7; wegen „verdeckter Gewinnausschüttung“ § 19 Rdn. 24 ff.

**13** Die Vertreter **haften** nach den allgemeinen Regeln für Schäden, die der eG aus einer schuldhaften Pflichtverletzung entstehen. Maß der anzuwendenden Sorgfalt dürfte (sinngemäß wie bei Vorstand oder Aufsichtsrat) die Sorgfalt eines „ordentlichen und gewissenhaften Vertreters einer eG“ sein (Näher dazu Rdn. 88, 89; vgl. *Paulick*, S. 259).

## II. Einführung der Vertreterversammlung

**14** Das Gesetz überläßt es in Abs. 1 der einzelnen eG, durch Satzungsänderung die GV durch eine VV zu ersetzen – wobei eine solche Satzungsänderung erst zugelassen ist, wenn die Mitgliederzahl 1500 übersteigt.

**15** Hierzu regelt die „Verordnung über Inkraftsetzung und zur Ausführung des § 43 a des Gesetzes betreffend die Erwerbs- und Wirtschaftsgenossenschaften“ vom 24. 10. 1922 (RGBl. I S. 807),

- daß für die Frage, ob die VV gebildet werden kann, die Mitgliederzahl am Schluß des vorangegangenen Geschäftsjahres maßgeblich ist und
- daß die Vorschriften des Gesetzes und der Satzung über die GV auf die VV entsprechende Anwendung finden, vor allem die Bestimmung über die erforderlichen Mehrheitsverhältnisse.

**16** Die Einführung der VV geschieht durch Satzungsänderung und das förmliche Verfahren vor allem durch die Wahl von Vertretern. Bis zur Eintragung der Satzungsänderung über die Einführung der VV bleibt die GV generell zuständig (§ 16 Abs. 6).

**17** Beschlüsse einer VV, die **vor Eintragung** der Satzungsänderung gefaßt werden, sind **nichtig**.

Mit wirksamer Einführung der VV verliert die GV ihre Zuständigkeit. Falls die GV danach noch irgendwelche Beschlüsse fassen würde, z. B. über die Feststellung des Jahresabschlusses, so wären diese Beschlüsse nichtig (vgl. die frühere Rechtsprechung zu § 43 a, insbes. BGHZ 32, 325 = ZfG 1961, 140 = NJW 1960, 1447; diese Rechtsprechung ist z. T. durch die Neufassung von § 43 a Abs. 1 überholt). **18**

Der für die Feststellung der Mitgliederzahl maßgebliche Zeitpunkt ist in allen Fällen das Ende des vorangegangenen Geschäftsjahres (Ausführungsverordnung v. 24. 10. 1992, Ziff. 3). Es kommt z. B. nicht darauf an, über welchen Jahresabschluß die GV zu beschließen hat. Unerheblich ist auch, durch welchen Vorgang sich die Mitgliederzahl verändert hat; für die Erhöhung der Mitgliederzahl bei der übernehmenden eG im Falle einer Verschmelzung gelten die gleichen Regelungen und der gleiche maßgebliche Zeitpunkt. Es ist somit auch ohne rechtliche Bedeutung, ob die Mitgliederzahl im laufenden Geschäftsjahr bei eingeführter VV wieder unter die Grenze von 1500 absinkt. **19**

Wenn die Mitgliederzahl unter die gesetzliche Mindestzahl von 1500 sinkt (maßgeblich ist auch hier der Zeitpunkt Ende des vorangegangenen Geschäftsjahres), tritt **automatisch** an die Stelle der VV wieder die GV (*Paulick*, S. 252). Die hier erforderliche Satzungsanpassung hat in diesem Fall nur deklaratorische Wirkung. **20**

Zulässig ist auch eine Satzungsregelung, wonach ab einer bestimmten Mitgliederzahl (über 1500 zum Ende des letzten Geschäftsjahres) die GV als VV besteht. Zur Einführung der VV bedarf es dann keiner erneuten Satzungsänderung, sondern lediglich der technischen Maßnahmen zur Verwirklichung der Satzungsbestimmung (Beschlußfassung über eine Wahlordnung, Vorbereitung und Durchführung der Wahl der Vertreter, Unterrichtung der Mitglieder usw.). Mangels einer erneuten Satzungsänderung ist eine Mitteilung an das Registergericht zwar nicht vorgeschrieben, es dürfte sich aber eine formlose Nachricht an das Registergericht über die Umsetzung der Satzungsregelung empfehlen. **21**

Für diesen Fall ist es nur folgerichtig, daß mit Eintritt der in der Satzung konkret definierten Voraussetzung die GV ihre Zuständigkeit verliert. Der Sachverhalt ist vergleichbar mit der bisherigen gesetzlichen Regelung, daß ab 3000 Mitglieder die GV als VV „besteht", eine GV also ohne weiteres nicht mehr vorhanden ist. Der eG würde ein notwendiges, funktionsfähiges Organ fehlen. Der Vorstand ist dafür verantwortlich, daß die für die Umsetzung der Satzung erforderlichen Maßnahmen rechtzeitig durchgeführt werden. **22**

Falls unter den genannten Voraussetzungen zum Ende des Geschäftsjahres die Mitgliederzahl wieder unter die satzungsmäßige Grenze sinkt, besteht wieder – ohne Satzungsänderung – die GV (*Müller*, § 43 a Rdn. 101; **23**

*Paulick*, S. 252). Für diese GV gelten dann die für die VV festgelegten Satzungsbestimmungen weiter, soweit deren Anwendung möglich und sinnvoll erscheint (z. B. Regelungen über Beschlußverfahren, Mehrheitserfordernisse usw.).

Wenn durchSatzungsänderung die VV eingeführt wird, obwohl zum maßgeblichen Zeitpunkt – Ende des vorangegangenen Geschäftsjahres – weniger als 1501 Mitglieder vorhanden waren, so besteht die GV weiter; Beschlüsse der VV wären nichtig. Steigt dann zu einem nachfolgenden Ende des Geschäftsjahres die Mitgliederzahl über 1500, so bedarf die Einführung der VV eines erneuten Beschlusses, es sei denn, daß die Satzung für diesen Fall eine automatische Einführung der VV vorsieht (s. Rdn. 21).

**24** Soll bei bestehender VV wieder die GV eingeführt werden, so ist für den Beschluß über die Satzungsänderung allein die VV zuständig (a. A., aber nicht überzeugend, *Müller*, § 43 a Rdn. 9). Der Beschluß kann jederzeit gefaßt werden, unabhängig von der Zahl der Mitglieder.

## III. Verfahren bei Einführung der Vertreterversammlung

### 1. Satzungsänderung

**25** Die VV muß stets eine **Grundlage in der Satzung** haben. Die Satzung hat konstitutive Wirkung, d. h., vor wirksamer Beschlußfassung über die Satzungsänderung und Eintragung im Genossenschaftsregister kann die neu eingeführte VV keine wirksamen Beschlüsse fassen. Auch eine nachträgliche Heilung der Beschlüsse durch Eintragung ist nicht möglich (BGH, BB 1960, 684). Der Vorstand ist verpflichtet, dafür Sorge zu tragen, daß die satzungsändernden Beschlüsse unverzüglich vorbereitet und durchgeführt werden.

**26** Die Satzungsänderung zur Einführung der VV bedarf einer **Mehrheit von** 3/4 der abgegebenen Stimmen, soweit nicht die Satzung geringere oder erschwerte Bedingungen aufstellt (§ 16 Abs. 4), mindestens ist jedoch die einfache Mehrheit erforderlich (§ 43 Abs. 2).

**27** Ist die VV mit Eintragung der Satzungsänderung wirksam geworden, so können anstehende Beschlüsse von der GV nicht mehr gefaßt werden. Falls dies zu einer Schädigung der eG führt, kommt eine Haftung der Mitglieder des Vorstands oder Aufsichtsrates in Betracht (§§ 34, 41).

### 2. Wahl der Vertreter

*a) passives Wahlrecht (Abs. 2)*

**28** Als Vertreter können **nur natürliche Personen**, die unbeschränkt geschäftsfähig sind und nicht dem Vorstand oder Aufsichtsrat angehören, gewählt werden. Juristische Personen, Personenhandelsgesellschaften oder sonstige Personengemeinschaften sind von der Wählbarkeit ausgeschlossen.

Die unbeschränkte Geschäftsfähigkeit muß zum Zeitpunkt der Wahl **29** gegeben sein; anderenfalls ist die Wahl unwirksam. Dies folgt aus der Fassung des Gesetzes „Als Vertreter kann ... gewählt werden". Die Ausnahmefälle der §§ 112, 113 BGB erfüllen nicht die persönlichen Voraussetzungen für die Wählbarkeit zur VV (*Müller*, § 43 a Rdn. 16). Nicht wählbar sind auch die gesetzlichen Vertreter juristischer Personen, es sei denn, sie sind persönlich Mitglied der eG.

Voraussetzung für die Wählbarkeit ist weiter die **Mitgliedschaft** in **30** der eG. Der Wortlaut von § 43 a Abs. 2 ist mißverständlich; nach dem erkennbaren Sinn der Vorschrift will das Gesetz erreichen, daß keine Nichtmitglieder das Vertreteramt ausüben (vgl. Amtliche Begründung zum Referentenentwurf 1962 zum § 95 Abs. 2). Die Erwägungen der Rechtsprechung zum § 9 Abs. 2, wonach Vorstands- und Aufsichtsratsmitglieder Mitglieder der eG sein müssen (RGZ 144, 384), sind entsprechend anzuwenden; es genügt, wenn die Vertreter die Mitgliedschaft erworben haben, wenn sie ihr Vertreteramt ausüben (a. A. *Müller*, § 43 a Rdn. 17).

Ergänzungswahlen zur VV können in Hinblick auf eine unmittelbar **31** vorgesehene Verschmelzung als „Vorratswahlen" schon vor Wirksamwerden der Verschmelzung rechtswirksam durchgeführt werden. Falls die Wahlordnung (Rdn. 52 ff) dem entgegensteht, muß sie angepaßt werden. Das Vertreteramt können die so gewählten Vertreter aber erst nach der Verschmelzung (Eintragung) ausüben (vgl. für Vorstand und Aufsichtsrat § 9 Rdn. 25).

Fällt die Mitgliedschaft später weg, erlischt automatisch das Vertreter- **32** amt.

**Mitglieder des Vorstandes oder des Aufsichtsrates** können nicht zu **33** Vertretern oder Ersatzvertretern gewählt werden, sie können darüber hinaus auch nicht Vertreter **sein**. Hiermit kommt das Prinzip der Gewaltenteilung in der eG zum Ausdruck. Entscheidend ist auch hier die Zugehörigkeit zu den genannten Organen zum Zeitpunkt der Wahl. Maßgeblich ist der genossenschaftsrechtliche Bestellungsakt zum Organmitglied; Eintragung von Vorstandsmitgliedern im Genossenschaftsregister ist ohne Bedeutung, da nur von deklaratorischer Wirkung. Übernimmt ein gewählter Vertreter eine Organfunktion in Vorstand oder Aufsichtsrat, so erlischt automatisch das Vertreteramt. Der Ersatzvertreter übernimmt das Vertreteramt. Endet die Organstellung wieder, so wird das ausgeschiedene Organmitglied nicht erneut Vertreter.

34 Nach der abschließenden Regelung des passiven Wahlrechts durch die Novelle 1973 ist grundsätzlich ausgeschlossen, daß die Satzung die Wählbarkeit erweitert oder beschränkt (§ 18; s. aber Rdn. 36; *Müller*, § 43 a Rdn. 15).

Es ist z. B. nicht zulässig, durch Satzungsregelung zu bestimmen, daß **Mitarbeiter** der eG nicht zu Vertretern gewählt werden können oder daß für die Wählbarkeit eine Altersgrenze bestimmt wird (anders für Wahlen zum Aufsichtsrat – vgl. § 36 Rdn. 15 ff).

35 Über die unmittelbar in § 43 a Abs. 2 enthaltenen Beschränkungen für die Wählbarkeit hinaus gelten Beschränkungen, die sich aus anderen gesetzlichen Vorschriften oder aus einer sinngerechten Auslegung des Gesetzes ergeben (s. Rdn. 36). Entsprechend § 68 Abs. 4 können Mitglieder, an die der Brief über den Ausschluß aus der eG abgesandt ist, nicht mehr zu Vertretern gewählt werden; gewählte Vertreter verlieren damit ihr Vertreteramt.

36 Das Gesetz enthält keine Aussage zu der Frage, ob Mitglieder zu Vertretern gewählt werden können, die ihre **Mitgliedschaft gekündigt** haben. Der erkennbare Sinn des Gesetzes geht jedoch dahin sicherzustellen, daß die Mitgliedschaft möglichst während der Dauer des Vertreteramtes besteht. Es wäre entgegen diesem Sinn, Personen zu Vertretern **zu wählen**, die bereits durch Kündigung zum Ausdruck gebracht haben, daß sie die Mitgliedschaft beenden wollen. Unter diesem Gesichtspunkt muß eine Satzungsregelung zulässig sein, die Personen von der Wahl als Vertreter ausschließt, wenn sie ihre Mitgliedschaft gekündigt haben. Die Wahl zum Vertreter entgegen dieser Satzungsbestimmung wäre unwirksam (mit der Folge, daß ein Ersatzvertreter nachrückt). Unzulässig wäre aber eine Satzungsregelung, wonach das Vertreteramt endet, wenn der Vertreter seine Mitgliedschaft kündigt.

*b) aktives Wahlrecht (Abs. 3, 4)*

37 Das **aktive Wahlrecht** steht jedem Mitglied der eG zu; es kann durch die Satzung weder entzogen noch eingeschränkt werden. Das Wahlrecht kann auch nicht von besonderen Voraussetzungen wie z. B. der Geschäftsfähigkeit, der Dauer der Mitgliedschaft oder der Leistung von Pflichteinzahlungen abhängig gemacht werden (zutreffend *Müller*, § 43 a Rdn. 13). Bei nicht vollgeschäftsfähigen Mitgliedern wird das Wahlrecht durch gesetzliche Vertreter oder Bevollmächtigte ausgeübt (wegen Vollmacht vgl. Rdn. 50). Entscheidend für die Mitgliedschaft ist der Zeitpunkt der Wahl. Nach dem Tod eines Mitglieds geht das Wahlrecht zur VV im Rahmen von § 77 auf die Erben über. Erforderlichenfalls ist ein Bevollmächtigter zu bestellen (vgl. Erl. zu § 77).

*c) Grundsätze der Wahl (Abs. 3, 4)*

Abs. 4 enthält die allgemeinen **Grundsätze für die Durchführung demokratischer Wahlen**: die Vertreter müssen in allgemeiner, unmittelbarer, gleicher und geheimer Wahl gewählt werden. **38**

Der Grundsatz der **„Allgemeinheit"** besagt, daß kein Mitglied von der Ausübung des Wahlrechts ausgeschlossen werden darf (OLG Nürnberg, BB 1978, 1380 = ZfG 1979, 258 m. Anm. *Hadding*, 264). Die Vertreterwahl wird grundsätzlich in einem Wahlgang durchzuführen sein. Dies schließt jedoch Wahlen in Bezirken nicht aus, sofern diese Wahlen in unmittelbarem zeitlichen Zusammenhang in Versammlungen an verschiedenen Orten durchgeführt werden (a. A. *Müller*, § 43 a Rdn. 20, 28). Wohnungsbaugenossenschaften können bestimmte Gruppen von Wohngebäuden zusammenfassen und z. B. in Großsiedlungen oder Wohnblöcken, etwa nach Hausnummern in verschiedene Wahlbezirke gliedern. Die Erfahrung zeigt, daß gerade dieses „Bezirkswahlsystem" am besten zu einer verantwortlichen Beteiligung der Mitglieder und einer demokratischen Wahlentscheidung beitragen kann (s. unten Rdn. 55, „Bezirkswahl"). **39**

Es ist zulässig, daß die dem **Wahlbezirk** zugeordneten Mitglieder ausschließlich die für diesen Wahlbezirk nominierten Vertreter wählen. Dem steht nicht entgegen, daß die Vertreter Repräsentanten aller Mitglieder und an Aufträge einzelner Mitglieder nicht gebunden sind. Art. 38 GG enthält vergleichbare Regelungen: Für die Wahl der Abgeordneten des Deutschen Bundestages gelten in gleicher Weise die Grundsätze allgemeiner, unmittelbarer, freier, gleicher und geheimer Wahl. Auch sind die Vertreter des ganzen Volkes und an Aufträge und Weisungen nicht gebunden (Art. 38 Abs. 1 GG). Auf dieser verfassungsrechtlichen Grundlage sieht das Bundeswahlgesetz vor, daß Wahlkreise zu bilden sind (§ 2), daß jeder Wähler eine Stimme für den Wahlkreiskandidaten hat (§ 4) und daß für jeden Wahlkreis ein Abgeordneter zu wählen ist (§ 5). Der Entscheidung des BGH (BB 1982, 1075) lag das System der Bezirkswahl zugrunde, ohne daß der BGH dies beanstandet hätte. **40**

In besonderen Ausnahmefällen kann der Sinn demokratischer Wahlen gerade dadurch gesichert werden, daß **Teilwahlen für Ortsbereiche** durchgeführt werden. Rechtlich unbedenklich und u. U. sinnvoll, wenn z. B. in Zusammenhang mit einer Verschmelzung die Mitglieder der übertragenden eG noch vor der formalen Wirksamkeit der Verschmelzung für ihren Bereich entsprechend der Satzung der übernehmenden eG eine Ergänzungswahl zur VV durchführen. Es handelt sich um eine „Vorratswahl". Das Vertreteramt kann in diesem Fall aber erst mit Wirksamkeit der Verschmelzung durch Eintragung im Register entstehen. **41**

Unzulässig wäre es dagegen, wenn z. B. bei einer dreijährigen Amtszeit der Vertreter in drei Wahlbezirken dergestalt gewählt werden soll, daß **42** jedes Jahr nur in einem Bezirk die auf diesen entfallenden Vertreter gewählt werden.

43 **„Unmittelbarkeit"** der Wahl bedeutet, daß jeder Wähler mit seiner Stimme die Zusammensetzung der VV bestimmen kann. Eine Zwischenschaltung von Wahlmännern wäre unzulässig, ebenfalls eine von der VV selbst durchgeführte Neuwahl (vgl. *Schmitz-Herscheidt*, Die Vertreterversammlung der Genossenschaft als rechtliches und organisatorisches Problem, Münster 1981, S. 8). Unmittelbare Wahl wäre auch nicht gegeben, wenn die Satzung oder Wahlordnung lediglich die Möglichkeit einräumen würde, gegen ein vorgelegte Liste Einspruch zu erheben (vgl. *Schmitz-Herscheidt*, ebd.; auch BVerfGE 3, 50).

44 Beachtung des **„Gleichheitsgrundsatzes"** bei der Wahl bedeutet, daß jede Stimme den gleichen Zählwert und die gleiche Wirkungsmöglichkeit haben muß (vgl. BVerfGE 1, 244; *Müller*, § 43 a Rdn. 22). Das Gleichheitsgebot muß für alle Maßnahmen gelten, die auf das Wahlergebnis Auswirkung haben, so insbesond. auch für das Verfahren der Kandidatenaufstellung. Es wäre unzulässig, wenn z. B. lediglich Vorstand und Aufsichtsrat berechtigt sein sollten, Kandidaten zu benennen. Unbedenklich ist es, einem Wahlausschuß die Nennung der Kandidaten zu übertragen, sofern auch die übrigen Mitglieder grundsätzlich die Möglichkeit haben, eigene Kandidaten für die Wahl zu benennen. Zulässig ist es, aus Gründen der praktischen Durchführbarkeit der Wahl die Aufstellung besonderer Kandidatenlisten davon abhängig zu machen, daß eine bestimmte Zahl von Genossenschaftsmitgliedern sich für einheitliche Vorschläge zusammenschließt (vgl. OLG Nürnberg, BB 1978, 1381 m. Anm. *Schaffland*; *Müller*, § 43 a Rdn. 22; krit. *Schmitz-Herscheidt*, Die Vertreterversammlung, S. 13 ff). In diesen Fällen darf die Aufstellung eigener Listen durch die Mitglieder nicht in unzumutbarer Weise erschwert werden (im Grundsatz zutreffend *Schmitz-Herscheidt*, ebd.). Die Zahl wird abhängig sein von der Gesamtzahl der Mitglieder und der Struktur der eG. Die Zumutbarkeit ist danach zu beurteilen, ob es einem Mitglied unter vertretbarem Aufwand an Zeit und Kosten tatsächlich möglich ist, die erforderliche Zahl von Mitgliedern anzusprechen. So hat z. B. das Bundesverfassungsgericht mit Entscheidung v. 16. 10. 1984 (AZ.: 2 BvL 20, 21/82) die Auffassung vertreten, ein Quorum von 10 % der Wahlberechtigten sei zu hoch und unzulässig. Vertretbar im Genossenschaftsrecht erscheint z. B. ein Unterschriftsquorum von 5 % der Mitglieder bei maximaler Begrenzung auf z. B. 300 Unterschriften.

45 Kommen innerhalb einer eG **besondere Gruppeninteressen** durch jeweils eigene Wahllisten zum Ausdruck (z. B. Zugehörigkeit zu konkurrierenden Berufsgruppen oder Gewerkschaften), so hält der BGH eine Listenwahl in Form der einfachen Mehrheitswahl nicht für zulässig

(BGH, DB 1982, 1317 = NJW 1982, 2558 = BB 1982, 1075 = ZfG 1982, 296 m. Anm. *Hadding* = WM 1982, 582). Unter dem Gesichtspunkt einer „gleichen Wahl" müsse vielmehr gewährleistet werden, daß sich in der VV als verkleinerter GV die vielfältigen Mitgliederinteressen und -gruppierungen der eG möglichst gut widerspiegeln. Auch eine Gruppenminderheit müsse Vertreter in die VV entsenden können, da sonst ihre spezifischen Interessen schlechthin nicht mehr berücksichtigt würden. Eine Wahlordnung, die diese Grundsätze nicht beachtet, sei mit dem Wesen der auf gemeinschaftliche Selbsthilfe und Selbstverwaltung angelegten eG nicht zu vereinbaren. Eine Listenwahl ist nach Auffassung des BGH durchaus zulässig; sie müsse jedoch als **Verhältniswahl** ausgestaltet sein („d'Hondt'sches System"), wie dies z. B gem. § 14 Abs. 3 BetrVG eingeführt sei (s. Rdn. 46).

Diese Auffassung des BGH kann überzeugen. Es wird regelmäßig auch dem Gleichheitsgrundsatz der Wahl genügen, wenn bei der Aufstellung einer gemeinsamen Wahlliste durch den Wahlausschuß vorhandene Gruppierungen oder unterschiedliche Interessen ausreichend berücksichtigt werden. Hier entscheidet dann die Mehrheit der gültig abgegebenen Stimmen. Werden dann allerdings von Mitgliedern weitere Listen eingereicht, so müssen die Wahlergebnisse hinsichtlich der einzelnen Listen nach dem Verhältniswahlsystem gewertet werden.

**Beispiel für die Errechnung der Wahlergebnisse**: Die Feststellung der Sitzverteilung nach dem d'Hondt'schen Verfahren erfolgt aufgrund von sogenannten „Höchstzahlen", die durch Teilung der auf die einzelnen Vorschlagslisten entfallenden Stimmen ermittelt werden: Die Listen und die zugehörigen Stimmenergebnisse werden nebeneinander geschrieben. Die jeweilige Stimmenzahl wird sodann bei jeder Liste durch 1, dann durch 2, 3, 4 usw. geteilt. Die Teilung erfolgt insgesamt so oft, bis die zu wählenden Vertreter ermittelt sind und feststeht, wie viele auf die einzelnen Listen entfallen. Die durch die Teilung erhaltenen Ergebnisse („Teilzahlen" = Quotient) werden unter der jeweiligen Liste in einer Reihe untereinander geschrieben. 46

Die Zuteilung der nach der Verhältniswahl gewählten Vertreter erfolgt nun in der Weise, daß die sich ergebenden Teilzahlen aller Listen fortlaufend nach ihrer Größe numeriert werden. Die größte Teilzahl (Höchstzahl) erhält somit die Nr. 1 (im nachfolgenden Beispiel: 310), die zweitgrößte Teilzahl (im nachfolgenden Beispiel: 220) Nr. 2 usw., bis die Zahl der zu wählenden Vertreter durch diese Nummern erreicht ist.

**Beispiel**: Zu wählen sind 9 Vertreter (lediglich als Rechenbeispiel gedacht). Eingereicht werden zwei Listen. Auf Liste I entfallen 310, auf Liste II 220 Stimmen.

Liste I

| | | |
|---|---|---|
| 310 : 1 = | Teilzahl 310 | (1 = 1 Vertreter) |
| 310 : 2 = | Teilzahl 155 | (3 = 1 Vertreter) |
| 310 : 3 = | Teilzahl 103,3 | (5 = 1 Vertreter) |
| 310 : 4 = | Teilzahl 77,5 | (6 = 1 Vertreter) |
| 310 : 5 = | Teilzahl 62 | (8 = 1 Vertreter) |
| 310 : 6 = | Teilzahl 51,7 | |
| | 5 Vertreter | |

Liste II

| | | |
|---|---|---|
| 220: 1 = | Teilzahl 220 | (2 = 1 Vertreter) |
| 220: 2 = | Teilzahl 110 | (4 = 1 Vertreter) |
| 220: 3 = | Teilzahl 73,3 | (7 = 1 Vertreter) |
| 220: 4 = | Teilzahl 55 | (9 = 1 Vertreter) |
| 220: 5 = | Teilzahl 44 | |
| 220: 6 = | Teilzahl 36,7 | |
| | 4 Vertreter | |

Es entfallen also auf Liste I 5 und auf Liste II 4 Vertreter.

**47** Unter rechtlichen Gesichtspunkten dürfte es nicht zu beanstanden sein, wenn z. B. Vorstand oder Aufsichtsrat **für bestimmte Kandidaten werben** (zu eng *Müller*, § 43 a Rdn. 22); allerdings dürfte sich hierbei für die Organe der eG weitgehend Zurückhaltung empfehlen.

**48** **„Geheime Wahl"** bedeutet, daß nicht feststellbar sein darf, für wen die einzelnen Mitglieder gestimmt haben. Grundsätzlich ist eine Wahl durch Stimmzettel erforderlich und offene Abstimmung ausgeschlossen. Die Stimmzettel müssen so gestaltet sein, daß sie nicht bestimmten Mitgliedern als Wählern zugeordnet werden könnten. Es bleibt aber unschädlich, wenn einzelne Mitglieder auf das Recht der geheimen Wahl verzichten und bewußt zu erkennen geben wollen, wen sie wählen. Wesentlich ist nur, daß das Wahlverfahren jedem Mitglied ohne weiteres Recht auf geheime Wahl gewährleistet (s Rdn. 51).

**49** Bei der Wahl der VV können **Mehrstimmrechte** ausgeübt werden (§ 43 a Abs. 4 S. 1). Es ist dabei ohne Bedeutung, ob die Wahl in einer Mitgliederversammlung oder außerhalb durchgeführt wird. Die Satzung kann wegen des eindeutigen gesetzlichen Wortlauts nicht festlegen, daß bei der

Wahl zur VV keine Mehrstimmrechte bestehen (§ 18; a. A. *Müller*, § 43 a Rdn. 13).

Auch bei der Wahl der VV „sollen“ die Mitglieder ihr Stimmrecht persönlich ausüben; Vertretung durch gesetzliche Vertreter oder Bevollmächtigte ist unter den Voraussetzungen des § 43 Abs. 4 und 5 möglich. **50**

Für die **Nichtigkeit oder Anfechtbarkeit** der Wahl zur VV gelten die Grundsätze, wie sie für Beschlüsse der GV maßgeblich sind; § 51 gilt entsprechend (BGH, DB 1982, 1317 = NJW 1982, 2558 = ZfG 1982, 296 m. Anm. *Hadding* = BB 1982, 1075 = WM 1982, 582; *Müller*, § 43 a Rdn. 33). Zur Klage befugt ist jedes Mitglied der eG nicht nur die gewählten Vertreter (BGH, ebd.). Gegenstand der Anfechtung kann sowohl die gesamte Wahl sein als auch die Wahl einzelner Vertreter. **51**

Die Vorschriften in Abs. 4 über die Grundsätze eines demokratischen Wahlverfahrens sind **zwingendes Recht**. Verstöße müssen daher grundsätzlich Unwirksamkeit des Wahlvorgangs zur Folge haben. Bezieht sich der Gesetzesverstoß nur auf die Wahl einzelner Personen, so sind diese nicht rechtswirksam zu Vertretern gewählt; Ersatzvertreter rücken nach. Die Wirksamkeit der Wahl insgesamt wird davon nicht berührt (s. aber Rdn. 48).

*d) Wahlordnung (Abs. 4)*

Das Gesetz sieht vor, daß nähere Bestimmungen über das Wahlverfahren einschließlich der Feststellung des Wahlergebnisses in einer **Wahlordnung** getroffen werden können. Die Wahlordnung bedarf übereinstimmender Beschlüsse in Vorstand und Aufsichtsrat, wobei der Beschluß des Vorstandes einstimmig sein muß. Da die Wahlordnung eine unmittelbare gesetzliche Grundlage hat, bedarf sie keiner Regelung in der Satzung. Die Wahlordnung bedarf der Zustimmung der GV, so daß begrifflich eine vorherige Einwilligung oder nachträgliche Genehmigung in Betracht kommt. Nach dem Wortlaut des Gesetzes ist davon auszugehen, daß bei der Einführung einer Wahlordnung alle drei gesetzlichen Organe mitzuwirken haben. Dies gilt allerdings nur für die Einführung einer Wahlordnung außerhalb der Satzung. Für eine Regelung des Wahlverfahrens in der Satzung – ggfs. auch als Änderung der Wahlordnung – bleibt die GV/VV ausschließlich zuständig. Es gelten die Regeln für satzungsändernde Beschlüsse (vgl. Erl. zu § 16; so wohl auch *Müller*, § 43 a Rdn. 26). Ist die Einführung der VV vorgesehen und wird zur Vorbereitung eine Wahlordnung erstellt, so bedarf diese der Zustimmung der noch bestehenden GV; damit wird erst die Grundlage für die Wahl der VV geschaffen. **52**

Umstritten ist, ob nach Einführung der VV diese oder eine Versammlung aller Mitglieder über die Wahlordnung zu entscheiden hat. Im Hinblick auf die umfassende Zuständigkeit der VV dürfte ihr auch die **53**

Beschlußfassung über die Wahlordnung obliegen (a. A. *Müller*, § 43 a Rdn. 26). Alle Mitglieder haben Anspruch auf Einsicht in die Wahlordnung.

**54** Mit Wiedereinführung der GV wird die Wahlordnung gegenstandslos; es bedarf keines besonderen Beschlusses gem. § 43 a Abs. 4 S. 6–8. Wird danach die VV eingeführt, so bedarf dies eines neuen Beschlusses nach dieser gesetzlichen Vorschrift.

**55** In der Praxis haben sich mehrere Verfahren zur Wahl der VV entwickelt, die jeweils in verschiedenen Wahlordnungen geregelt sind. Es handelt sich vor allem um die **„Listenwahl"** und um die **„Bezirkswahl"**. Die Wahlordnungen regeln insbes. den Wahlturnus, die Zahl der Vertreter, die Zusammensetzung des **Wahlausschusses**, die Aufstellung von Wahllisten, Ort und Zeit der Wahl, Stimmabgabe, Feststellung des Wahlergebnisses, Annahme der Wahl sowie die Bekanntmachung der gewählten Vertreter.

**56** Die **Listenwahl** ist üblicherweise dadurch gekennzeichnet, daß der Wahlausschuß oder die Mitglieder eine Liste aufstellen und weitere Listen von einer in der Wahlordnung näher festgelegten Zahl von Mitgliedern eingereicht werden können (wegen dieser Mindestzahl vgl. Rdn. 44); gewählt wird durch ja oder nein auf dem Wahlzettel oder – bei mehreren Listen – durch Bezeichnung der Nummer der Liste. Wahl durch eine Liste ist rechtlich nicht zu beanstanden; wegen Beachtung des Gleichheitsgrundsatzes s. BGH, NJW 1982, 2558 = DB 1982, 1317 = ZfG 1982, 296 m. Anm. *Hadding* = WM 1982, 582 = BB 1982, 1075 sowie die MS für Wohnungsgenossenschaften mit VV, 1995). **Briefwahl** ist zulässig (so auch die Musterwahlordnung des DGRV; sie kann geeignet sein, die Wahlbeteiligung zu fördern und damit zu einer breiteren Basis der demokratischen Willensbildung beitragen).

**57** Bei der **Bezirkswahl** teilt z. B. der Wahlausschuß das Gebiet der eG in Wahlbezirke ein. Es bestehen keine rechtlichen Bedenken, wenn diese Einteilung dem Wahlausschuß oder dem Vorstand der eG überlassen wird (vgl. OLG Nürnberg, BB 1978, 1380 = ZfG 1979, 258). Vorstand oder Wahlausschuß sind dabei dem „überpositiven Willkürverbot" unterworfen; sie haben die allgemein anerkannten Grundsätze einer demokratischen Wahl zu beachten. Es kann einer höheren Wahlbeteiligung und damit der demokratischen Willensbildung dienlich sein, wenn in der Wahlordnung auch für die Bezirkswahl Briefwahl zugelassen wird.

**58** Der Wahlausschuß kann z. B. **Vorschlagslisten für jeden Wahlbezirk** aufstellen oder Wahlvorschläge in der durchzuführenden Wahlversammlung machen. Dieses Recht hat auch jedes Mitglied in der Wahlversammlung. In der Wahlliste müssen die Kandidaten so gekennzeichnet sein, daß die Identität für jeden Wähler feststellbar ist; Angabe der Anschrift erscheint sinnvoll.

Die Wahlordnungen sehen z. B. vor, daß dem Wahlausschuß die Mitglieder von Vorstand und Aufsichtsrat angehören sowie von der GV bzw. VV zu wählende Mitglieder, deren Zahl höher sein muß als die von Vorstand und Aufsichtsrat. Die Zugehörigkeit zum Wahlausschuß endet für Organmitglieder mit dem Ausscheiden aus dem Amt; für die in den Ausschuß gewählten Mitglieder im Falle des Ausschlusses mit Absendung des eingeschriebenen Briefes (vgl. § 68 Rdn. 48), bei Kündigung der Mitgliedschaft erst zum Zeitpunkt des tatsächlichen Ausscheidens. Vorstandsmitglieder, die im Rahmen von § 40 suspendiert sind, scheiden aus dem Wahlausschuß aus. **59**

Falls der Wahlausschuß nicht ordnungsgemäß besetzt ist (eine anstehende Wahl der Mitglieder des Wahlausschusses hat z. B. nicht stattgefunden), so berührt dies nicht die Wirksamkeit der durchgeführten Vertreterwahl. U. U. käme Anfechtung der Wahl in Betracht; § 51 gilt dann entsprechend. Gleiches gilt, wenn ein Wahlausschuß nicht (mehr) besteht.

Soweit die Wahlordnungen dem Wahlausschuß besondere Aufgaben zuweisen, ist aus Gründen der Vereinfachung und Kosteneinsparung eine weitgehende Delegation z. B. auf den Vorsitzenden des Wahlausschusses oder auf den Vorstand der eG zur technischen Durchführung vertretbar (Einzelheiten: *Werhahn*, Genossenschaftsforum 1978, Heft 9, S. 34 ff). Nicht zu delegieren sind aber grundsätzliche Aufgaben wie z. B. die Aufstellung der Wahlliste und die Bestimmung von Ort und Zeit der Wahl sowie die Stimmzählung. Bei der Feststellung des Wahlergebnisses soll auf jeden Fall der Vorsitzende des Wahlausschusses oder sein Stellvertreter beteiligt sein. **60**

Soweit Satzung oder Wahlordnung kein besonderes Verfahren für die Wahl festlegen, sollte die Wahl gem. § 43 Abs. 1 in der GV bzw. (nach Einführung der VV) in einer Versammlung aller Mitglieder durchgeführt werden. **61**

Keine rechtlichen Bedenken bestehen, wenn Satzung oder Wahlordnung **mehrere Wahlverfahren alternativ** vorsehen und es Vorstand, Aufsichtsrat oder Wahlausschuß überlassen, welches Verfahren jeweils Anwendung findet. Regelung in der Wahlordnung ist unbedenklich, weil sie der Zustimmung der GV/VV bedarf. **62**

Zwischen der Ankündigung der Wahl bzw. der Aufforderung der Mitglieder zur Abgabe ihrer Stimmen (bei der Listenwahl üblicherweise in den Geschäftsräumen der eG) muß eine angemessene Frist liegen. Die Frist ist danach zu bestimmen, daß sich die Mitglieder zur Wahl terminlich einrichten können und ausreichend Zeit haben, sich eine Meinung zu bilden. Soweit Satzung oder Wahlordnung keine Frist bestimmen, dürfte die in der Satzung für die Ankündigung einer VV vorgesehene Frist von mindestens 7 Tagen ausreichend sein. **63**

### 3. Zahl der Vertreter (Abs. 3, 4)

**64** Das Gesetz sieht zwingend vor, daß die VV aus **mindestens 50 Vertretern** besteht (Abs. 3). Eine VV, der weniger als 50 Personen angehören, ist nicht handlungs- und beschlußfähig. Darüber hinaus muß die Satzung bestimmen, auf wie viele Mitglieder der eG ein Vertreter entfällt (Abs. 4). Die Festlegung von Mindest- und Höchstzahlen in der Satzung genügt nicht; es wäre auch nicht zulässig, zusätzlich zu der Verhältniszahl eine Höchstzahl von Vertretern vorzusehen. Die in der Satzung enthaltene Verhältniszahl ist verbindlich. Falls mehr oder weniger Vertreter gewählt werden, würde dies unter Beachtung des Zwecks der gesetzlichen Regelung aber nicht zur Nichtigkeit oder Anfechtbarkeit der Wahl führen, sondern ggf. zu Schadensersatzforderungen gegen die verantwortlichen Organmitglieder.

**65** Es ist sinnvoll, daß die Satzung auch den Zeitpunkt festlegt, der für die Mitgliederzahl als Bezugsgröße maßgeblich sein sollte (z. B. letzter Tag des der Wahl vorhergegangenen Geschäftsjahres). Nach der Wahl eintretende Änderungen der Mitgliederzahlen sind ohne Bedeutung, sofern nicht zum Ende des vorangegangenen Geschäftsjahres gesetzlich zwingende Grenzen unterschritten werden (wegen Beschlußfähigkeit im übrigen § 43 Rdn. 77); die Satzung kann nichts anderes bestimmen (§ 18).

### 4. Dauer des Vertreteramtes (Abs. 4)

**66** Die Satzung muß die **Amtszeit der Vertreter** bestimmen. Das Gesetz regelt eine Höchstdauer, schreibt aber keine Mindestzeit vor.

**67** Die Amtszeit eines Vertreters beginnt nach durchgeführter Wahl durch dessen **Annahmeerklärung**. Diese Annahme kann auch durch schlüssiges Verhalten wie bei sonstigen Willenserklärungen erfolgen. In der Wahlordnung kann für die Annahmeerklärung eine bestimmte Form und Frist vorgesehen werden. Wenn sich ein Kandidat für die Wahl zur VV bedingungslos einverstanden erklärt hat, kann dies als Annahmeerklärung für den Fall der Wahl gewertet werden. Es sind keine rechtlichen Gründe erkennbar, daß eine Annahmeerklärung nicht auch schon im voraus für den Fall der Wahl wirksam sein soll (a. A. *Müller*, § 43 a Rdn. 34).

**68** Eine **Verpflichtung zur Annahme** der Wahl besteht grundsätzlich nicht. Die Erklärung, für ein Vertreteramt kandidieren zu wollen, wird aber regelmäßig eine einzelvertragliche Verpflichtung zur Annahme der Wahl begründen (*Müller*, § 43 a Rdn. 35). Ein Verstoß gegen diese Verpflichtungen kann Schadensersatzfolgen haben.

**69** Die **Amtsperiode** eines gewählten Vertreters kann höchstens bis zur Beendigung der VV dauern, die über die Entlastung der Mitglieder des Vorstandes und des Aufsichtsrates für das vierte Geschäftsjahr nach dem

Beginn der Amtszeit beschließt. Der Gesetzeswortlaut bringt zum Ausdruck, daß eine für einen längeren Zeitraum vorgesehene Amtszeit rechtlich unmöglich ist, auch wenn die Satzung dies bestimmen sollte. Die gesetzliche Höchstdauer kann allerdings in Extremfällen bis zu 6 Jahren und länger dauern (Beispiel: Wahl Januar 1990; erstes anrechenbares Amtsjahr 1991, Beschlußfassung über die Entlastung des Vorstandes für 1994 im Dezember 1995).

Findet im maßgeblichen Jahr eine VV nicht statt, so dauert das Vertreteramt – im Rahmen der gesetzlichen Höchstgrenze – fort bis zur tatsächlich durchgeführten Versammlung. Es empfiehlt sich aber, höchstens eine Amtsperiode von 4 Geschäftsjahren vorzusehen, um noch einen ausreichenden Spielraum für die rechtzeitige Neuwahl zu haben. Im Rahmen der gesetzlichen Höchstdauer ist es zulässig, wenn das Vertreteramt nach der Satzung auch über eine Neuwahl solange fortbestehen soll, bis mindestens 50 Vertreter das Amt angenommen haben (nicht erforderlich ist, daß die Satzung die gesetzliche Höchstgrenze ausdrücklich wiederholt; die im Gesetz festgelegte längste Amtsdauer ist ohnehin zwingend; dies verkennt das OLG Stuttgart, DB 1977, 1938 = ZfG 1978, 449 m. Anm. *Kraft* = MDR 1978, 57 = RPfleger 1978, 57). **70**

Der Wortlaut des Gesetzes bindet die Beendigung der Amtszeit der Vertreter ausdrücklich an den tatsächlichen Vorgang der Entlastung der Mitglieder des Vorstandes und des Aufsichtsrates. Dies hat zur Folge, daß die Amtszeit der Vertreter auch über die gesetzlich gewollte Höchstdauer hinaus fortbesteht, wenn solche Entlastungsbeschlüsse nicht durchgeführt werden. Dies kann nicht akzeptiert werden, wenn die Beschlüsse gerade zu diesem Zweck unterbleiben, eine Neuwahl der Vertreter zu vermeiden; eine dem Sinn des Gesetzes entsprechende Auslegung muß dann dazu führen, daß das Vertreteramt auch ohne diese Entlastungsbeschlüsse endet (**Umgehungsverbot**). **71**

Es besteht grundsätzlich kein Anspruch auf das Vertreteramt für eine bestimmte Mindestzeit. Es ist daher unbedenklich, wenn die Satzung festlegt, daß das Vertreteramt endet, auch wenn bei vorgezogener Neuwahl eine ausreichende Zahl der Gewählten das Amt angenommen hat (so z. B. § 26 f Abs. 3 der Mustersatzung für Volksbanken und Raiffeisenbanken).

Wenn die VV eingeführt ist und die Mitgliederzahl am Ende des Geschäftsjahres wieder unter 1500 sinkt, erlischt das Amt der Vertreter. Es lebt nicht wieder auf, auch wenn noch innerhalb des Geschäftsjahres wieder die VV anstelle der GV eingeführt wird. **72**

Nach der Neufassung von § 43 a Abs. 1 kann die VV jederzeit durch satzungsändernden Beschluß wieder die GV einführen; eine Ermächtigung durch die Satzung ist dafür nicht erforderlich (vgl. auch Rdn. 8). **73**

## IV. Ersatzvertreter (Abs. 5)

74 Bis zur gesetzlichen **Neuregelung** zum 25. 12. 1993 war vorgeschrieben, daß jedem gewählten Vertreter ein persönlicher Ersatzvertreter zuzuordnen war. Da sich diese formale Bindung nicht bewährt hatte und in der Praxis zu unsinnigen Ergebnissen führen konnte, sieht das Gesetz nur noch vor, daß bei **Wegfall** eines Vertreters **ein Ersatzvertreter** seine Stelle einnimmt. Mit dieser Neuregelung sind auch viele Auslegungsschwierigkeiten des zuvor geltenden Gesetzes gegenstandslos geworden (vgl. *Lang/Weidmüller*, 32. Aufl., § 43 a Rdn. 67 ff).

75 „Wegfall" eines Vertreters liegt nicht vor bei vorübergehender Verhinderung z. B. durch Krankheit oder Abwesenheit. Das Gesetz meint einen endgültigen Zustand, wie z. B. Tod des Vertreters, Amtsniederlegung, Ausschluß aus der eG, Beendigung der Mitgliedschaft, Annahme der Wahl in Vorstand oder Aufsichtsrat, aber auch Unwirksamkeit der Wahl eines Vertreters (s. Rdn. 33 ff).

76 Aus Abs. 5 folgt, daß bei der Vertreterwahl **nicht für jeden Vertreter** ein Ersatzvertreter zu wählen ist. Die Satzung kann vielmehr eine geringere Zahl von Ersatzvertretern vorsehen. Die Anzahl soll nur so bemessen sein, daß in allen wahrscheinlichen Fällen, in denen Vertreter während ihrer Amtszeit wegfallen, genügend Ersatzvertreter zur Verfügung stehen (s. MS).

Die zwingende Vorschrift des Abs. 5 S. 1 ist dann so zu verstehen, daß ein Ersatzvertreter nachrücken „muß", solange noch gewählte Ersatzvertreter vorhanden sind.

77 Sollte die **Zahl der Ersatzvertreter** nicht ausreichen, so würde die in den Mustersatzungen enthaltene Bestimmung anzuwenden sein, daß eine vorzeitige Neuwahl der VV nur erforderliche ist, wenn die Zahl der Vertreter – unter Berücksichtigung nachrückender Ersatzvertreter – unter die gesetzliche Mindestzahl von 50 absinkt (so § 26 c Abs. 2 der Mustersatzung für Volksbanken und Raiffeisenbanken).

78 Das Gesetz sagt nichts dazu aus, **welche** Ersatzvertreter **nachrücken,** oder wer im konkreten Fall diese Ersatzvertreter zu bestimmen hat. Eine Regelung in der Satzung erscheint unbedenklich und sinnvoll. Es empfiehlt sich, schon für die Zukunft eine bestimmte Reihenfolge z. B. auf der Grundlage einer Liste der Ersatzvertreter zu bestimmen.

79 Eine Regelung lediglich in der **Wahlordnung** erscheint in Hinblick auf den Wortlaut von § 43 a Abs. 4 S. 6 problematisch, da die Wahlordnung lediglich für nähere Bestimmungen „über das Wahlverfahren" vorgesehen ist.

80 Eine **willkürliche Bestimmung** der jeweils nachrückenden Ersatzvertreter z. B. durch den Vorstand oder den Wahlausschuß dürfte der gesetzgeberischen Absicht widersprechen und wäre unzulässig.

Das Gesetz sieht **nicht** mehr ausdrücklich vor, daß die Wahl der Ersatzvertreter **„gleichzeitig"** mit der Wahl der Vertreter durchzuführen ist. Dennoch wird dieses Verfahren aus systematischen Gründen zu empfehlen sein; nur so kann die ordnungsgemäße Vertretung der Mitglieder in der VV sichergestellt werden. Es ist aber zu begrüßen, daß das Gesetz für begründete Ausnahmefälle auch ein anderes Verfahren zuläßt. **81**

Die Ersatzvertreter müssen im Zeitpunkt ihrer Wahl die **gleichen persönlichen Voraussetzungen** erfüllen, die nach § 43 a Abs. 3 für die Vertreter gelten; dies folgt aus § 43 a Abs. 5 S. 3. **82**

Nichtmitglieder, in der Geschäftsfähigkeit beschränkte Personen, Angehörige von Vorstand oder Aufsichtsrat „können nicht" als Ersatzvertreter gewählt werden; eine dennoch vorgenommene Wahl dieser Personen wäre nichtig (hierzu Rdn. 30, 33 ff und 51).

## V. Rechte und Pflichten (Abs. 3)

### 1. – der gewählten Vertreter

Für das Anwesenheitsrecht, Antragsrecht, Rederecht und Stimmrecht gelten für die Vertreter die **gleichen Grundsätze und Regelungen wie für die Mitglieder** in der GV (vgl. Erl. zu § 43 Rdn. 15 ff), allerdings mit folgenden **Besonderheiten**: **83**

- der Vertreter kann in der VV nicht durch Bevollmächtigte vertreten werden, also keine Stimmvollmacht erteilen;
- der Vertreter kann keine Mehrstimmrechte haben;
- bei der Abgabe der Stimme handelt der Vertreter in Wahrnehmung seines Vertreteramtes; Maßstab seiner Entscheidung dürfen daher nicht persönliche Interessen sein, sondern die Interessen der Gesamtheit der Mitglieder und der eG (so zutreffend *Müller*, § 43 a Rdn. 83).

Die Vertreter haben ein **allgemeines, weisungsfreies Mandat** aller Mitglieder; sie haben daher keine besonderen Rechte und Pflichten gegenüber den Mitgliedern ihres Wahlbezirks. Sie haben nach pflichtgemäßem Ermessen vor allem die Interessen der eG zu vertreten und nicht die Interessen einzelner Mitglieder (KG, JFG, 232; *Meyer/Meulenbergh/Beuthien*, § 43 a Rdn. 5). Wie die Mitglieder in der GV üben die Vertreter ihre Rechte grundsätzlich in der VV aus (§ 43 Abs. 1). Es bleibt z. B. Aufgabe der Unternehmensleitung (§ 27), Informationen an die Mitglieder zu geben oder das Verfahren für solche Informationen zu bestimmen. Unter dem Gesichtspunkt der genossenschaftlichen Treuepflicht dürfte es problematisch sein, wenn Vertreter z. B. in ihrem Wahlbezirk – ohne Auftrag der Unternehmensleitung und ohne dringendes Interesse der eG – Umfrage- oder Informationsmaßnahmen durchführen. **84**

85 Außerhalb der VV gibt das Gesetz grundsätzlich keine Möglichkeit, als Vertreter tätig zu werden. Mitgliederversammlungen z. B. im Wahlbezirk sind nur möglich auf der Grundlage der Leitungskompetenz des Vorstandes; ein Vertreter ist zur Durchführung ohne Auftrag des Vorstandes nicht legitimiert.

86 Wegen der Problematik von **Stimmbindungsverträgen** in der GV s. Erl. zu § 43 Rdn. 66 ff. Da ein „imperatives Mandat" für Vertreter in der VV ausgeschlossen ist, können jedenfalls die Vertreter sich nicht rechtswirksam zu einem bestimmten Abstimmungsverhalten verpflichten.

87 Bei **Interessenkollisionen** ist ein Vertreter grundsätzlich vom Stimmrecht ausgeschlossen, und zwar nicht nur in Fällen von § 43 Abs. 6 (*Müller*, § 43 a Rdn. 49). Dies kann aber naturgemäß nur dort gelten, wo es sich um einen Widerstreit der Interessen handelt, die in der Person des Vertreters über das gewöhnliche Kundeninteresse hinausgehen.

88 Mit der Annahme des Vertreteramtes übernimmt der Vertreter die grundsätzliche **Verpflichtung**, die Aufgaben eines Vertreters gewissenhaft wahrzunehmen, insbes. auch möglichst an allen VV teilzunehmen (*Müller*, § 43 a Rdn. 43).

89 Verletzt ein Vertreter schuldhaft die ihm gegenüber der eG bestehenden Pflichten und führt dies zu einem Schaden, so **haftet der Vertreter** nach den allgemeinen Vorschriften. In Betracht kommt eine Haftung aus „positiver Vertragsverletzung" oder aus gesetzlichen Vorschriften wie z. B. §§ 832 ff BGB. Eine analoge Anwendung der Haftungsvorschriften der §§ 34, 41 GenG kommt nicht in Betracht. Es verbietet sich bei diesen Sonderbestimmungen eine Analogie schon aus rechtssystematischen Gründen. Die Anwendung dieser Regelungen würde im übrigen wegen der besonderen Sorgfaltsdefinition und vor allem wegen der Umkehr der Beweislast zu einer unvertretbaren Verschärfung der Haftung für Vertreter führen (a. A., aber ohne überzeugende Begründung *Meyer/Meulenbergh/Beuthien*, § 43 a Rdn. 5 und *Müller*, § 43 a Rdn. 50).

90 Die gewählten Vertreter sind zur **Anfechtung von Beschlüssen** der VV in gleicher Weise berechtigt wie bei der GV alle Genossenschaftsmitglieder (§ 51).

91 Die Zahlung einer **Vergütung** an die Vertreter ist im Hinblick auf die Ehrenamtlichkeit grundsätzlich ausgeschlossen. Der Charakter der eG als Unternehmen zur Förderung der Mitglieder verbietet es, daß zu Vertretern gewählte Mitglieder zu Lasten der eG und damit zu Lasten von deren Förderleistungen eine Vergütung erhalten (a. A. *Müller*, § 43 a Rdn. 37). Ein solcher allgemeiner Vergütungsanspruch kann grundsätzlich auch nicht durch Beschlüsse der zuständigen Genossenschaftsorgane eingeräumt wer-

den. Dadurch ist naturgemäß nicht ausgeschlossen, daß an Vertreter im Einzelfall für besondere Leistungen ein Entgelt gezahlt wird.

Die Frage, ob und inwieweit Vertreter **Aufwendungsersatz** gem. § 670 BGB verlangen können, ist umstritten. Grundsätzlich muß zwar davon ausgegangen werden, daß dem Vertreteramt im Innenverhältnis ein Auftrag i. S. d. §§ 662 ff BGB zugrunde liegt (*Meyer/Meulenbergh/Beuthien*, § 43 a Rdn. 5). Das Reichsgericht sprach von einem „auftragsähnlichen Verhältnis" (RGZ 135, 19; 155, 21). Seit Einführung der VV durch Gesetz 1922 geht jedoch die gesamte Praxis davon aus, daß die Vertreter ihre – allgemeinen geringen – Aufwendungen für den Besuch der VV nicht gegenüber der eG geltend machen. Dies gilt jedenfalls im örtlichen Bereich. Diese seit Jahrzehnten eingeführte Praxis, offenbar in dem Bewußtsein, daß sie der Rechtslage entspricht, läßt es gerechtfertigt erscheinen anzunehmen, daß Vertretern gewohnheitsrechtlich für die üblichen, geringen Aufwendungen kein Ersatzanspruch gegen die eG zusteht. Dies entspricht auch dem genossenschaftlichen Treuegrundsatz, der auch Organmitglieder verpflichten kann, bestimmte Belastungen in zumutbarem Umfang im Interesse der eG zu tragen. **92**

Falls besondere Umstände wie z. B. ungewöhnlich lange Anreisewege zur VV für die Vertreter besondere Kosten verursachen, wird ein Aufwendungsersatzanspruch nach Auftragsrecht gegeben sein. Hierüber entscheidet grundsätzlich der Vorstand im Rahmen seiner Leitungsbefugnis (vgl. § 43 Rdn. 7 und § 43 a Rdn. 11). **93**

Es bestehen allerdings keine Bedenken, wenn durch ausdrückliche Regelung den Vertretern ein Anspruch auf Aufwendungsersatz eingeräumt wird. Dies sollte dann grundsätzlich in der Satzung geschehen und bedarf eines Beschlusses der GV bzw. VV (a. A. *Müller*, § 43 a Rdn. 38, der einen grundsätzlichen Anspruch auf Aufwendungsersatz aus § 670 BGB zuerkennen will). Fehlt eine Regelung für den Aufwendungsersatz, so wird der Treuegrundsatz (s. § 18 Rdn. 50 ff) gebieten, ein Einvernehmen mit dem Vorstand zu erreichen, bevor die Aufwendungen getätigt werden. Wenn ein Vertreter von sich aus Rundschreiben mit Anträgen und Stellungnahmen an die anderen Vertreter oder die Mitglieder versendet, so kann er keinen Kostenersatz von der eG verlangen (überzeugend AG Nürnberg, Urt. v. 29. 5. 1992, ZfG 1994, 66 m. Bespr. *Hadding).* **94**

Ersatzansprüche der Vertreter gegen die eG, z. B. wegen einer durch **Unfall** eingetretenen Körperverletzung im Zusammenhang mit der Tätigkeit als Vertreter, richten sich nach allgemeinen Rechtsgrundsätzen. Auch hierfür gilt das vorstehend Gesagte entsprechend. **95**

Der **Bundesfinanzhof** hat mit Urt. v. 16. 12. 1955 (BStBl. 1956 III, 43) entschieden, daß eine verdeckte Gewinnausschüttung vorliegt, wenn eine eG ihren Mitgliedern die Kosten für die Fahrt zur Teilnahme an der GV ersetzt. Zu Recht macht der BFH nunmehr einen Unterschied bei einge- **96** führter **VV**. Es handelt sich hier um abzugsfähige Betriebsausgaben, wenn die eG ihren Vertretern die Fahrtkosten sowie den Aufwand für Verpflegung und Übernachtung ersetzt sowie pauschalierte Sitzungsgelder zahlt (Näheres vgl. § 43 a Rdn. 11). Damit ist insoweit die frühere Auffassung des BMF (Bescheid vom 2. 11. 1971) überholt.

**97** Ob für Teilnehmer an der VV, insbes. für die gewählten Vertreter **Unfallversicherungsschutz** besteht, hängt von den Umständen des Einzelfalls ab. Im Hinblick auf die Tätigkeit der Vertreter für die Mitgliederinteressen dürfte dieser Versicherungsschutz grundsätzlich zu bejahen sein (vgl. für die Teilnahme an der GV LSG Celle v. 14. 6. 1956; *Schubert/Weiser*, VII/4 b S. 1).

**2. – der gewählten Ersatzvertreter**

**98** Durch die Annahme der Wahl haben sich die **Ersatzvertreter bereit erklärt**, im Falle des Wegfalls eines Vertreters dessen Amt bis zum Ende der Wahlperiode fortzuführen. Bis zum Eintritt dieses Falles haben Ersatzvertreter keine weitergehenden Rechte oder Pflichten. Sie brauchen sich im allgemeinen auch nicht über Belange der eG mehr zu unterrichten, als dies im eigenen Interesse als Mitglied erforderlich erscheint. Sofern Ersatzvertreter in das Vertreteramt einrücken, unterliegen sie in jeder Weise den Rechten und Pflichten eines gewählten Vertreters. Für die Frage, ob der Ersatzvertreter zur VV eingeladen werden muß, ist entscheidend, ob der Vertreter zum Zeitpunkt der Einladung weggefallen war. Keine rechtlichen Bedenken, wenn noch nachträglich Ersatzvertreter eingeladen werden; Gleichbehandlung ist jedoch zu beachten.

**3. – der sonstigen Mitglieder der Genossenschaft**

**99** **Mitgliedern** der eG, **die nicht zu Vertretern gewählt sind** (und das Amt angenommen haben), haben grundsätzlich kein Rederecht, Auskunftsrecht oder Antragsrecht in der VV; ein Stimmrecht ist in jedem Fall ausgeschlossen. Ein **Vorschlagsrecht** für Wahlen (z. B. zum Aufsichtsrat) steht nicht zu Vertretern gewählten Mitgliedern außerhalb der VV zu, in der VV jedenfalls dann, wenn sie als Gäste zugelassen sind (vgl. auch § 36 Rdn. 22). Das Vorschlagsrecht ist mit der Mitgliedschaft verbunden und es sind keine Gründe erkennbar, warum bei eingeführter VV den anderen Mitgliedern auch noch dieses Recht entzogen sein soll.

**100** Nach geltendem Recht ist wohl davon auszugehen, daß nicht zu Vertretern gewählten Mitgliedern ein Anwesenheitsrecht in der VV nicht zusteht (*Meyer/Meulenbergh/Beuthien*, § 43 a Rdn. 7). Über die Zulassung solcher Mitglieder als „Gäste" ohne Stimmrecht entscheidet der Versammlungsleiter nach pflichtgemäßem Ermessen (*Metz/Werhahn*, Rdn. 136). Für ein

Anwesenheitsrecht mit beachtlichen Gründen unter Hinweis auf den Grundsatz öffentlicher parlamentarischer Arbeit: *Müller*, § 43 a Rdn. 77.

Eine Sonderstellung in der VV haben **Mitglieder von Vorstand und Aufsichtsrat** oder sonstiger (satzungsmäßiger) Organe: sie können zwar nicht Vertreter sein und haben daher kein Stimmrecht; sie haben jedoch auf der Grundlage ihrer gesellschaftsrechtlichen Stellung das Recht und ggfs. die Pflicht, an der VV teilzunehmen (vgl. *Paulick*, S. 257; *Müller*, § 43 a Rdn. 76). Organmitgliedern ist grundsätzlich auch das Recht zuzugestehen, an der Diskussion teilzunehmen und zu den Tagesordnungspunkten Ausführungen zu machen (*Müller*, § 43 a Rdn. 79). Auch ein Antragsrecht muß den Organmitgliedern grundsätzlich zugestanden werden (*Müller*, § 43 a Rdn. 81). Das Rederecht kann einem Organmitglied auch nicht durch Beschluß dieses Organs entzogen werden. 101

Vorstandsmitglieder, die im Rahmen von § 40 **suspendiert** sind oder deren Rechte und Pflichten als Vorstandsmitglieder durch übereinstimmende Vereinbarungen aufgehoben sind, haben grundsätzlich kein Recht auf Teilnahme an der VV.

Dies muß grundsätzlich auch für **frühere Vorstandsmitglieder** gelten, auch wenn sich die Tagesordnung der VV auf Sachverhalte bezieht, die in die Zeit der früheren Vorstandsverantwortung zurückreichen. Unter besonderen Umständen kann aber aus „Treu und Glauben" (§ 242 BGB) eine Verpflichtung der VV bestehen, ausgeschiedene Organmitglieder anzuhören, z. B. bei der Frage der Entlastung oder der Geltendmachung von Regreßansprüchen. Es kann hier zweckmäßig sein, diese Personen als Gäste zuzulassen und ihnen auf Antrag das Wort zu erteilen. Falls die Anwesenheit früherer Organmitglieder erforderlich scheint, um der VV die notwendigen Auskünfte und Erklärungen zu geben, kann sich eine Teilnahmepflicht als Nachwirkung aus der früheren Organverantwortung ergeben. 102

Nach zutreffender h. M. kann darüber hinaus auch jedes Mitglied der eG **Klage auf Feststellung der Nichtigkeit** eines Beschlusses der VV erheben (*Liebhart*, Rechtsgrundlage der Willensbildung in der Generalversammlung der eingetragenen Genossenschaft, 1970, S. 182; *Müller*, § 43 a Rdn. 85). Jedes Mitglied kann ein rechtliches Interesse daran haben, gerichtlich feststellen zu lassen, ob und inwieweit ein Beschluß der VV wirksam ist (vgl. BGH, NJW 1982, 2558 = DB 1982, 1317 = ZfG 1982, 296 m. Anm. *Hadding* = BB 1982, 1075 = WM 1982, 582). 103

Das **Anfechtungsrecht** hinsichtlich der Beschlüsse der VV steht nach wohl h. M. den sonstigen Mitgliedern der eG nicht zu (vgl. RGZ 155, 24; *Paulick*, S. 256; *Liebhart*, S. 182). Diese Meinung wird überwiegend damit begründet, daß die formalen Voraussetzung des § 51 nicht gegeben seien. Demgegenüber will *Müller* (§ 43 a Rdn. 85) **sonstigen Mitgliedern das Anfechtungsrecht zumindest dann einräumen**, wenn sachliche Gründe 104 dies erfordern. Dieser Auffassung ist zumindest in den Fällen der Vorzug zu geben, in denen **Beschlüsse grundlegende Interessen der Mitglieder oder der eG berühren** (vgl. BGH, NJW 1982, 2558 = DB 1982, 1317 = ZfG 1982, 296 m. Anm. *Hadding* = BB 1982, 1075 = WM 1982, 582). Dies folgt auch aus dem Grundgedanken des § 43 a Abs. 1 letzter Satz. Es widerspräche genossenschaftlichen Grundsätzen, wenn mit Einführung der VV die übrigen Mitglieder in keinem Fall die Möglichkeit haben sollten, gegen schädliche Beschlüsse der VV vorzugehen.

Den Mitgliedern von Vorstand und Aufsichtsrat steht auch bei der VV das Anfechtungsrecht gem. § 51 Abs. 2 GenG zu.

**105** Den nicht zu Vertretern gewählten Mitgliedern verbleiben grundsätzlich ihre **Mitgliedschaftsrechte**; so können sie z. B. nach § 45 die Berufung der VV verlangen (Näheres § 45 Rdn. 5; vgl. KG, LZ 30, 994 Nr. 2 für eingetragenen Verein). Lediglich die Ausübung der Rechte in der VV ist beschränkt. Die sonstigen Mitglieder haben auch das **außerordentliche Kündigungsrecht** gem. § 67a. Sie haben als Auswirkung der gegenseitigen Treuepflicht grundsätzlich einen Anspruch darauf, über wesentliche Entscheidungen der VV unterrichtet zu werden. Dies muß z. B. für Satzungsänderungen gelten. Die **Unterrichtung** kann durch Rundschreiben an alle Mitglieder mit dem Hinweis auf die Schwerpunkte der Änderung und die Möglichkeit, die Satzung einzusehen, erfolgen. Übersendung der geänderten Satzung an alle Mitglieder dürfte grundsätzlich nicht erforderlich sein. In Frage kommt auch eine Unterrichtung in regelmäßig versandten Mitteilungen (Hauszeitschrift, Kontoauszüge usw.). Das Informationsrecht richtet sich gegen die eG vertreten durch den Vorstand; gegenüber den gewählten Vertretern besteht ein solches Recht der Mitglieder grundsätzlich nicht.

Die Satzung kann den nicht zu Vertretern gewählten Mitgliedern keine Rechte einräumen, die in unentziehbare Rechte der VV eingreifen würden. Die Mustersatzungen erwähnen für die übrigen Mitglieder z. B. folgende Rechte:

- Teilnahme an der Vertreterwahl
- Antragsrecht für die Tagesordnung der VV
- Antragsrecht auf Berufung außerordentlicher VV (durch 10 % der Mitglieder gem. § 45 Abs. 1)
- Recht auf Teilnahme am Gewinn
- Recht auf Abschrift des Jahresabschlusses, des Lageberichts und der Bemerkungen des Aufsichtsrates
- Recht auf Einsicht in die Niederschrift der VV.

**106** Jedes Mitglied hat Anspruch auf **Einsichtnahme in die Liste der Vertreter**, soweit dies zur Geltendmachung von Mitgliedschaftsrechten erforderlich ist. Auf Verlangen ist ihm ein Verzeichnis der Vertreter mit Anschriften auszuhändigen (§ 43 a Abs. 6). Jedem Mitglied verbleibt das

Recht auf Einsicht in das Protokollbuch (§ 47) auf Einsichtnahme in den Jahresabschluß und Lagebericht und die Bemerkungen des Aufsichtsrats (§ 48 Abs. 2) sowie eine Abschrift vom Jahresabschluß und Lagebericht zu verlangen (§ 48 Abs. 2).

Der **Prüfungsverband** hat die gleichen Rechte auf Anwesenheit, Teilnahme an der Diskussion und ggfs. Antragstellung wie in der GV (vgl. Erl. zum § 43 Rdn. 25). **107**

## VI. Auslegung der Listen (Abs. 6)

Gem. Abs. 6 ist eine Liste der gewählten Vertreter und der gewählten Ersatzvertreter zwei Wochen lang in dem „Geschäftsraum" der eG zur Einsicht der Mitglieder auszulegen. Gemeint ist die Liste der gewählten Vertreter, soweit diese die Wahl angenommen haben. Die Auslegung und Bekanntmachung der Vertreterliste soll den übrigen Mitgliedern die Möglichkeit geben, sich in Fragen der eG an einen Vertreter zu wenden, insbes. um Anregungen und Kritik vorzutragen (*Meyer/Meulenbergh/Beuthien*, § 43 a Rdn. 15). **108**

Die Auslegung ist in einem **öffentlichen Blatt bekannt zu machen**, es handelt sich hierbei um das in der Satzung genannte Veröffentlichungsblatt i. S. v. § 6 Ziff. 5. **109**

Nach dem Gesetzeswortlaut dürfte die Auslegung z. B. in der Hauptstelle der eG genügen; bei einer eG mit mehreren Filialen kann es jedoch im Interesse der Mitglieder erforderlich sein, die Listen auch in den Geschäftsräumen jeder Niederlassung auszulegen und in der Veröffentlichung darauf hinzuweisen. Dies gilt besonders bei eG mit räumlich großem Geschäftsbereich. **110**

Die **Frist von zwei Wochen** beginnt mit der Bekanntmachung. **111**

Jedes Mitglied kann verlangen, daß ihm unverzüglich eine **Abschrift** der Liste der gewählten Vertreter und Ersatzvertreter ausgehändigt wird. Dieser Anspruch besteht grundsätzlich unabhängig vom zeitlichen Zusammenhang mit einer durchgeführten Vertreterwahl. Die Liste muß dem Mitglied die Möglichkeit geben, mit den in Frage kommenden Vertretern Verbindung aufzunehmen (vgl. oben Rdn. 108). Es kann daher auch die Anschrift der Vertreter verlangt werden, ggf. auch der Beruf. Bedenken nach dem Datenschutzgesetz bestehen grundsätzlich nicht: § 43 a Abs. 6 ist Spezialvorschrift (§ 45 BDSG). Im übrigen wäre die Liste keine geschützte Datei, es sei denn, es handele sich um einen Ausdruck aus der Datei (EDV-Liste). Im Gegensatz zu § 48 Abs. 2 regelt das Gesetz nicht, wer die Kosten für die Abschrift zu tragen hat. Im allgemeinen wird die eG die Kosten zu übernehmen haben, sofern das Verlangen des Mitglieds nicht willkürlich erscheint. **112**

## VII. Auswirkungen der Verfahren nach dem Umwandlungsgesetz auf die VV

113 Das frühere Verschmelzungsrecht der §§ 93 a bis 93 s GenG wurde durch das **Umwandlungsgesetz** vom 28. 10. 1994 (BGBl. I, 1994, S. 3210) abgelöst und ergänzt. Auch das Umwandlungsrecht enthält keine besonderen Regelungen für den Fall, daß bei einer beteiligten eG die VV eingeführt ist.

Die Rechtslage kann bei den verschiedenen Umwandlungsverfahren wie folgt beurteilt werden:

1. Verschmelzung

114 a) durch Übernahme – §§ 79–95 UmwG:

Falls in Zusammenhang mit der Verschmelzung die Satzung nicht entsprechend geändert wird, **besteht die VV** der übernehmenden eG **unverändert** fort. Wenn möglich, sollte mit der Verschmelzung eine Neuwahl der VV durchgeführt werden, schon mit Rücksicht auf das in § 43 a Abs. 4 Ziff. 1 vorgesehene Zahlenverhältnis Mitglieder/Vertreter.

115 Für eine relativ **kurze Übergangszeit** kann hingenommen werden, daß dieses Zahlenverhältnis nicht mehr zutrifft, vor allem, wenn die Zahl der durch die Verschmelzung entstandenen neuen Mitgliedschaften relativ gering ist.

116 Wenn nicht in absehbarer Zeit ohnehin eine Neuwahl zur VV vorgesehen ist, empfiehlt sich eine **Ergänzungswahl** zur VV allein durch die neu hinzugekommenen Mitglieder. Gerade durch eine solche Ergänzungswahl kann das genossenschaftliche Demokratie-Prinzip (vgl. § 1 Rdn. 13) gewahrt bleiben; rechtsformale Bedenken z. B. in Hinblick auf die Einheitlichkeit der Vertreterwahl müssen demgegenüber zurücktreten (s. Rdn. 41).

117 Für die Durchführung der Ergänzungswahl sind die Regelungen der **Wahlordnung** der übernehmenden eG maßgeblich. Die Vorbereitung und Durchführung der Ergänzungswahl obliegt dem bestehenden Wahlausschuß der übernehmenden eG. Soweit Satzung oder Wahlordnung keine besonderen Regelungen enthalten, besteht der Wahlausschuß bis zur vorgesehenen Beendigung seiner Wahlperiode unverändert weiter. Es ist unbedenklich und kann sinnvoll sein, für die Vorbereitung der Ergänzungswahl neue Mitglieder aus dem Kreis der übertragenden Gesellschaft beratend zum Wahlausschuß zuzuziehen, auch wenn die in der Wahlordnung vorgesehene Wahl durch die VV noch nicht möglich war.

118 Das Vertreteramt der zugewählten Vertreter **endet** einheitlich mit Ablauf des Vertreteramtes gemäß der Satzung.

119 Mit Wirksamkeit der Verschmelzung endet ein Vertreteramt der übertragenden eG.

Die bei einer Verschmelzung mit der VV auftretenden Probleme können nach der Neufassung von § 43 a Abs. 1 GenG dadurch vermieden werden, daß durch Satzungsänderung wieder die GV eingeführt wird. 120

b) Im Falle der **Verschmelzung durch Neugründung** (§§ 96–98 UmwG) bedarf es der Neuwahl aller Vertreter, wenn die Satzung der neuen eG eine VV vorsieht und die Zahl der Mitglieder 1500 übersteigt. 121

2. Spaltung – §§ 147, 148 UmwG

Im Falle der Spaltung mit Übernahme durch eine andere eG können rechtliche Fragen entstehen, die entsprechend der Problematik bei der Verschmelzung zu beurteilen sind (oben Rdn. 113 ff). Bei der Anpassung der Satzung i. S. v. § 147 UmwG sollten ggfs. Regelungen für eine VV berücksichtigt werden. 122

3. Vermögensübertragung – §§ 174–189 UmwG

Eine Vermögensübertragung ist bei der eG gesetzlich nicht vorgesehen (vgl. § 175 UmwG). 123

4. Formwechsel – §§ 190–304 UmwG

Bei dem Formwechsel in eine eG (§§ 251–257 UmwG) sieht das Gesetz vor, daß die Gesellschafter des „formwechselnden Rechtsträgers" Mitglieder der eG werden. Auch hier können die Fragen in Zusammenhang mit der VV entsprechend den Regelungen bei einer Verschmelzung behandelt werden – vgl. oben Rdn. 113 ff. 124

## § 44
## Einberufung der Generalversammlung

**(1) Die Generalversammlung wird durch den Vorstand berufen, soweit nicht nach dem Statut oder diesem Gesetz auch andere Personen dazu befugt sind.**

**(2) Eine Generalversammlung ist außer den im Statut oder in diesem Gesetz ausdrücklich bestimmten Fällen zu berufen, wenn dies im Interesse der Genossenschaft erforderlich erscheint.**

*Übersicht*

## I. Einberufung

1 Die GV wird in der Form der **Einladung** einberufen; Näheres hat die Satzung zu regeln (§ 6 Ziff. 4). Die Einberufung kann – je nach Satzungsregelung – z. B. durch unmittelbare Benachrichtigung sämtlicher Mitglieder oder durch Bekanntmachung in den durch die Satzung bestimmten Veröffentlichungsblättern erfolgen. Die Veröffentlichung im Bundesanzeiger genügt nicht (§ 6 Ziff. 4). Für die unmittelbare Benachrichtigung ist ein Brief, eine Drucksache oder eine ähnliche schriftliche Mitteilung ausreichend.

2 Die Satzung kann **für den Zugang eine Fiktion** vorsehen, z. B., wenn die Einladung 2 Tage vor Beginn der Frist zur Post gegeben worden ist (so die Mustersatzungen für gewerbliche und ländliche eG). Das AGB-Gesetz mit den Beschränkungen in § 10 Nr. 6 findet auf Satzungsbestimmungen keine Anwendung (§ 23 Abs. 1 AGB-Gesetz). Falls ein besonderes Interesse an der Beweissicherung für den rechtzeitigen Zugang der Einladung besteht, empfiehlt sich die Bekanntgabe in dem Veröffentlichungsblatt. Mit der ordnungsgemäßen Veröffentlichung gilt die Einberufung als den Mitgliedern bekannt.

3 Zur GV einzuladen sind **alle Mitglieder** der eG. Besteht die VV, so beschränkt sich die Einladungspflicht auf die im Amt befindlichen Vertreter: Ersatzvertreter oder sonstige Mitglieder müssen nicht eingeladen werden. Ist die gegenwärtige Anschrift eines Einzuladenden nicht bekannt, so genügt Einladung an die zuletzt bekannte Anschrift (*Metz/Werhahn*, Rdn. 73 ff). Grundsätzlich nicht zu beanstanden ist, wenn die Einladung für mehrere Mitglieder, die unter einer Anschrift zu erreichen sind (z. B. Familienangehörige) in einem Briefumschlag zugesandt werden. Eine solche Einladung sollte allerdings die einzuladenden Mitglieder jeweils getrennt mit Namen benennen. Mitglieder, die an der GV teilnehmen, können sich in diesem Fall grundsätzlich nicht auf fehlerhafte Einladung berufen. Werden stimmberechtigte Mitglieder nicht eingeladen, so führt dies im Zweifel zur Nichtigkeit gefaßter Beschlüsse (vgl. § 51 Rdn. 33; BGHZ 59, 369).

4 **Nicht einzuladen** sind Mitglieder, die aus der eG ausgeschlossen sind und an die der eingeschriebene Brief gem. § 68 Abs. 4 abgesandt ist, sowie Mitglieder, die ihr Geschäftsguthaben übertragen haben, und zwar vom Zeitpunkt der Eintragung im Genossenschaftsregister an (vgl. hierzu § 76 Abs. 3).

5 Mitglieder, die ihre **Mitgliedschaft gekündigt** haben oder deren Mitgliedschaft gem. § 66 durch einen Gläubiger gekündigt worden ist, sind bis zu Zeitpunkt ihres Ausscheidens zur GV einzuladen. Dies ist der Schluß des Geschäftsjahres, in dem das Ausscheiden im Genossenschaftsregister eingetragen wird (§ 70 Abs. 2; Näheres *Metz/Werhahn*, Rdn. 75).

6 Ist ein **Mitglied verstorben**, so ist die Mitgliedschaft gem. § 77 auf den Erben übergegangen. Solange dessen Mitgliedschaft besteht, ist er als Mit-

glied zur GV einzuladen. Besteht eine Erbengemeinschaft, so sind alle Erben einzuladen, und zwar unter der Anschrift des Verstorbenen, solange eine Anschrift der Erben nicht bekannt ist.

Der zuständige gesetzliche **Prüfungsverband** hat nach dem GenG und nach den Satzungen grundsätzlich ein Recht auf Teilnahme an der GV. Er ist daher zu den GV der angeschlossenen eG einzuladen (§ 59 Abs. 3). **7**

Haben Mitglieder **Stimmvollmacht** erteilt, so ist die Einladung – falls unmittelbare Einladung vorgesehen ist – dennoch an die Mitglieder selbst zu richten. Bei gesetzlicher Vertretung gilt Entsprechendes. **8**

## II. Zuständigkeit für die Einberufung

### 1. Vorstand

Aus § 44 Abs. 1 folgt zwingend, daß der **Vorstand** stets berechtigt ist, die GV einzuberufen. Diese Befugnis kann ihm auch nicht durch die Satzung entzogen werden (LG Berlin, ZfG 1972, 77; *Müller*, § 44 Rdn. 1; *Schubert/Steder*, § 44 Rz. 1; a. A. *Beuthien*, ZfG 1972, 83). **9**

Wenn das Gesetz **auch anderen Personen** das Recht zur Einberufung gibt oder wenn die Satzung entsprechende Regelungen enthält, bleibt die Befugnis des Vorstandes unberührt (vgl. unten § 15 ff). **10**

Die Einberufung der GV ist im Außenverhältnis eine **Vertretungshandlung** im Namen der eG (für den Vorstand gem. § 25). Im Innenverhältnis wird regelmäßig ein entsprechender Organbeschluß erforderlich sein. Die Wirksamkeit von Beschlüssen der GV kann grundsätzlich jedoch nicht davon abhängig gemacht werden, daß im Innenverhältnis ein mängelfreier Vorstandsbeschluß zugrunde liegt (a. A., allerdings für den Verein, OLG Schleswig, NJW 1960, 1862; *Müller*, § 44 Rdn. 1). Die **Außenwirkung der Einladung** im Verhältnis zu den Mitgliedern und der Öffentlichkeit läßt es nicht zu, daß Mängel im internen Organbeschluß sich unmittelbar auf die Einladung und die Beschlußfassung in der GV auswirken (vgl. LG Bonn v. 30. 1. 1979 – Az.: 2 O 336/78, das bei Einberufung durch den Aufsichtsrats-Vorsitzenden anstelle des Aufsichtsrats keine Nichtigkeit, sondern nur Anfechtbarkeit der Beschlüsse annimmt). Die hier vertretene Auffassung stimmt überein mit der Tendenz der höchstrichterlichen Rechtsprechung, wonach wegen des Schutzes Außenstehender nur ganz ausnahmsweise Nichtigkeit von Beschlüssen angenommen werden kann (vgl. Erl. zu § 51 Rdn. 14 ff; vgl. auch *Reichert/Dannecker/Kühr*, Rdn. 323 und *Sauter/Schweyer*, Der eingetragene Verein, S. 133). **11**

**Einzelne Vorstandsmitglieder** sind zur Einberufung nicht berechtigt, es sei denn, die Satzung enthält eine entsprechende Regelung (s. unten Rdn. 17). **12**

13 Vorstandsmitglieder, die im Genossenschaftsregister eingetragen sind, gelten stets als Vorstand zur Einladung befugt (vgl. BGHZ 18, 334 = NJW 1955, 1917; BGH, BB 1961, 1294). Die Eintragung der Vorstandsmitglieder ist andererseits aber nicht Voraussetzung für das Einberufungsrecht, soweit wirksame Bestellung vorliegt (*Müller*, § 44 Rdn. 3).

### 2. Aufsichtsrat

14 Gem. § 38 Abs. 2 ist der **Aufsichtsrat** berechtigt und verpflichtet, eine GV einzuberufen, wenn dies im Interesse der eG erforderlich ist, z. B. wenn der Vorstand seiner Einberufungspflicht nicht nachkommt. Diese gesetzliche Regelung läßt auch in solchen Fällen das Einberufungsrecht des Vorstandes unberührt. Intern ist eine Meinungsbildung im Aufsichtsrat durch Beschlußfassung erforderlich. Die Folgen bei mangelhafter interner Meinungsbildung, z. B. bei fehlerhafter Wahl von Mitgliedern des Aufsichtsrats, für die Wirksamkeit der Einladung sind umstritten (vgl. *Müller*, § 44 Rdn. 4; BGHZ 11, 236; 32, 116; 36, 208). Auch hier sollte im Hinblick auf die Außenwirkung der Einberufung der GV nicht in allen Fällen davon ausgegangen werden, daß die Einberufung nichtig sei (vgl. oben Rdn. 11).

### 3. Andere Personen

15 Zunächst enthält das Gesetz Regelungen, nach denen in bestimmten Fällen **andere Personen** zur Einberufung der GV berechtigt sind: Gem. § 45 Abs. 3 kann das Gericht unter bestimmten Voraussetzungen die **Mitglieder** ermächtigen, die GV einzuberufen (vgl. Erl. zu § 45).

16 Der **Prüfungsverband** ist zur Einberufung berechtigt, wenn er der Überzeugung ist, daß die Beschlußfassung über den Prüfungsbericht ungebührlich verzögern wird, oder daß die GV bei Beschlußfassung über wesentliche Feststellungen oder Beanstandungen des Prüfungsberichtes unzulänglich unterrichtet war (§ 60 Abs. 1). Befindet sich die eG in Liquidation, so sind die Liquidatoren für die Einberufung zuständig anstelle des Vorstandes (§ 89).

17 Die **Satzung kann auch weiteren Personen** die Befugnis zur Einberufung der GV einräumen. Das Gesetz enthält hierfür keine ausdrückliche Beschränkung. In Betracht kommen also z. B. einzelne Mitglieder von Vorstand oder Aufsichtsrat oder sonstige Mitglieder. Erforderlich ist aber eine ausdrückliche Satzungsregelung; Einzelvertretungsberechtigung allein genügt nicht (*Müller*, § 44 Rdn. 2, 7).

18 Eine Satzungsregelung, nach der **Nichtmitglieder** zur Einberufung befugt sein sollen, wäre im Hinblick auf den genossenschaftlichen Grundsatz der Selbstverwaltung bedenklich (zutreffend *Müller*, § 44 Rdn. 7; *Schu-*

*bert/Steder*, § 44 Rz. 4). Dies gilt auch für ein durch die Satzung festgelegtes Einberufungsrecht des Prüfungsverbandes über den Fall des § 60 hinaus (vgl. Rdn. 16 und § 38 Rdn. 29).

### 4. Folgen bei Einberufung durch nicht zuständiges Organ

Einberufung der GV durch **unzuständiges Organ** hat die Nichtigkeit der gefaßten Beschlüsse zur Folge (BGH, AG 1961, 264; BGHZ 18, 337; BGH, WM 1983, 472 für die GmbH = DB 1983, 1248; RGZ 92, 412; OLG Schleswig, NJW 1960, 1862). Sind jedoch in der GV alle Mitglieder anwesend oder vertreten und erheben keine Einwände, so können wirksame Beschlüsse gefaßt werden (vgl. BGHZ 18, 339; *Müller*, § 44 Rdn. 10). 19

Erfolgt die Einberufung entgegen der Satzung nicht durch den Aufsichtsrat, sondern nur durch dessen Vorsitzenden, so ist keine Nichtigkeit, sondern nur Anfechtbarkeit gegeben (LG Bonn v. 10. 1. 1979 – Az.: 2 O 336/78).

Bei Einberufung durch ein unzuständiges Organ tritt nach Ablauf von drei Jahren Heilung ein, wenn der Beschluß in das Genossenschaftsregister eingetragen worden ist (analog § 242 AktG; vgl. BGHZ 18, 338; *Müller*, § 44 Rdn. 10). 20

Liegt Einberufung durch ein **ganz offensichtlich und eindeutig unzuständiges Organ** vor, so handelt es sich überhaupt nicht um eine GV; wirksame Beschlüsse können nicht gefaßt werden, nachträgliche Heilung ist ausgeschlossen (vgl. BGHZ 11, 235; *Müller*, § 44 Rdn. 10). 21

## III. Einberufungsgründe (Abs. 2)

§ 44 Abs. 2 bestimmt, daß die GV außer in den im Gesetz oder in der Satzung geregelten Fällen dann zu berufen ist, wenn dies im **Interesse der eG** erforderlich erscheint. Die Verpflichtung zur Einberufung liegt hierbei stets beim Vorstand; daneben aber auch beim Aufsichtsrat (§ 38 Abs. 2) sowie ggfs. bei anderen Personen, die zur Einberufung ermächtigt sind. 22

**Gesetzliche Einberufungsgründe** regeln die §§ 33, 40, 45, 48, 60, 104. 23

Das **Interesse der eG** macht die Einberufung der GV dann erforderlich, wenn Beschlüsse dieses Organs im Rahmen seiner Zuständigkeit zu fassen sind; dies gilt insbes. für Satzungsänderungen, anstehende Fusionen usw. Im übrigen wird ein sorgfältiger Vorstand eine Mitgliederversammlung auch dann einberufen, wenn es bei wichtigen Entscheidungen des Vorstandes sinnvoll erscheint, die Mitglieder zu informieren und ihre Meinung zu erfahren (vgl. BGH, DB 1982, 795; *Müller*, § 44 Rdn. 12). 24

Für **Kreditgenossenschaften** im Sinne des KWG sieht § 44 Abs. 1 Ziff. 3 KWG unter besonderen Umständen vor, daß das Bundesaufsichts- 25 amt für das Kreditwesen die Einberufung der GV verlangen kann. Das Verlangen ist an den Vorstand zu richten, der in angemessener Frist die Einberufung durchzuführen hat. Das Bundesaufsichtsamt selbst kann die GV nicht einberufen.

Das Gleiche gilt für Wohnungsbaugenossenschaften mit Spareinrichtung (§ 2 Abs. 3 KWG).

**26** Im übrigen kann die **Satzung** festlegen, aus welchen sonstigen Gründen die GV einzuberufen ist.

**27** Liegen **mehrere Einberufungen** durch verschiedene Berechtigte vor, so gilt diejenige, die zeitlich zuerst alle Wirksamkeitsvoraussetzungen erfüllt (*Müller*, § 44 Rdn. 11). Wegen verschiedener Einladungsformen vgl. Erl. zu § 46.

## IV. Einberufung der Vertreterversammlung

**28** Für die Einberufung der VV gelten die Regelungen von § 44 entsprechend, mit folgenden Besonderheiten:

**29** – ist ein **Vertreter verstorben**, so ist nicht sein Erbe, sondern sein Ersatzvertreter zu laden;

**30** – im Rahmen von § 45 Abs. 3 kann das Gericht auch den **10. Teil der Mitglieder** ermächtigen, die VV einzuberufen. Dieses Recht ergibt sich daraus, daß ihnen ihre Mitgliedschaftsrechte verbleiben, auch wenn sie nicht zu Vertretern gewählt werden (s. § 43 a Rdn. 99; wegen Teilnahme § 45 Rdn. 13).

## § 45
## Einberufung der Mitglieder

**(1) Die Generalversammlung muß ohne Verzug berufen werden, wenn der zehnte Teil oder der im Statut hierfür bezeichnete geringere Teil der Genossen in einer von ihnen unterschriebenen Eingabe unter Anführung des Zwecks und der Gründe die Berufung verlangt.**

**(2) In gleicher Weise sind die Genossen berechtigt zu verlangen, daß Gegenstände zur Beschlußfassung einer Generalversammlung angekündigt werden.**

**(3) Wird dem Verlangen nicht entsprochen, so kann das Gericht (§ 10) die Genossen, welche das Verlangen gestellt haben, zur Berufung der Generalversammlung oder zur Ankündigung des Gegenstandes ermächtigen. Mit der Berufung oder Ankündigung ist die gerichtliche Ermächtigung bekanntzumachen.**

*Übersicht*



## I. Zweck der Regelung

Die Mitglieder der eG sind grundsätzlich darauf angewiesen, daß der Vorstand oder andere in der Satzung bestimmte Organe die GV einberufen, damit überhaupt Beschlüsse der Mitglieder gefaßt werden können (vgl. § 122 AktG; § 50 GmbHG; § 37 BGB). 1

Das Gesetz will in § 45 den Mitgliedern die Möglichkeit einräumen, selbst aktiv zu werden, wenn sie eine GV für erforderlich ansehen, um Auskünfte einzuholen, um eine Meinungsbildung über anstehende Probleme durchzuführen und schließlich um verbindliche Beschlüsse zu fassen. Die Mitglieder haben zunächst kein eigenes Recht, die GV einzuberufen; sie können vielmehr nur die Einberufung durch das zuständige Organ verlangen. Nur wenn diesem Verlangen nicht entsprochen wird, kann das Gericht die Mitglieder selbst zur Einberufung ermächtigen. 2

## II. Verlangen nach Einberufung (Abs. 1)

Die GV muß auf Verlangen der im Gesetz bezeichneten Minderheit unverzüglich, d. h. ohne schuldhaftes Zögern (§ 121 BGB) einberufen werden. Zur Einberufung ist stets der Vorstand verpflichtet. 3

Der Vorstand kann die Einberufung aber ablehnen, wenn sie **rechtsmißbräuchlich** ist (vgl. BayObLG, AG 1968, 330; OLG Köln, WM 1959, 1402). Ein Rechtsmißbrauch liegt dann vor, wenn bei Abwägung aller erkennbaren Interessen ein vernünftiger Grund zur Durchführung der GV nicht besteht (vgl. *Baumbach/Hueck*, AktG, § 122 Rdn. 3). Die Einberufung kann auch unterbleiben, wenn die GV für die angegebenen Tagesordnungspunkte offensichtlich unzuständig wäre. Allerdings kann das Einberufungsverlangen gerechtfertigt sein, wenn ein Interesse daran besteht, ohne Beschlußfassung Auskunft zu erhalten und eine Meinungsbildung herbeizuführen (vgl. LG Hamburg, GWW 1948, 63; *Müller*, § 45 Rdn. 5). 4

Antragsberechtigt sind grundsätzlich alle Mitglieder; Mitglieder, die gem. § 68 Abs. 4 von der Teilnahme an der Willensbildung der eG ausgeschlossen sind, haben kein Antragsrecht (ebenso *Meyer/Meulenbergh/Beuthien*, § 45 Rdn. 1; a. A. *Müller*, § 45 Rdn. 1). Mitgliedern, die ihre Mit- 5 gliedschaft gekündigt haben, steht bis zu ihrem Ausscheiden aus der eG das Antragsrecht weiter zu. Vgl. ergänzend § 68 Rdn. 42 ff.

Das Recht, die Einberufung der **VV** zu verlangen, steht auch dem in der Satzung festgelegten Teil der Mitglieder zu, auch wenn diese nicht zu Vertretern gewählt sind. Einzelheiten sind üblicherweise in der Satzung geregelt. Wegen des Teilnahmerechts dieser Mitglieder vgl. § 43 a Rdn. 105.

6 Es ist auch unerheblich, ob ein Mitglied bei der vorgesehenen Tagesordnung möglicherweise kein Stimmrecht hat (§ 43 Abs. 6).

7 Das Recht, eine GV zu verlangen, räumt das Gesetz dem **zehnten Teil der Mitglieder** ein oder einem in der Satzung genannten geringeren Teil. Die Festlegung eines geringeren Teils in der Satzung erscheint insbes. bei mitgliedstarken eG geboten. Wegen des in § 45 bezweckten Minderheitenschutzes kann die Satzung nicht bestimmen, daß nur eine größere Zahl als ein Zehntel der Mitglieder das Verlangen nach Einberufung stellen kann (*Schubert/Steder*, § 45 Rz. 2). Die Satzung kann statt eines Bruchteils der Mitglieder auch eine bestimmte Zahl festlegen, sofern diese nicht höher ist als ein Zehntel der Mitglieder; anderenfalls tritt anstelle der in der Satzung genannten Zahl die gesetzliche Regelung von einem Zehntel. In die gesamte Mitgliederzahl sind nicht diejenigen einzurechnen, an die bereits der eingeschriebene Brief über den Ausschuß (§ 68 Abs. 4) abgesandt ist (vgl. *Müller*, § 45 Rdn. 7).

Falls es für die Antragsteller eine unzumutbare Belastung wäre, die Adressen von 10 % der Mitglieder beim Genossenschaftsregister abzuschreiben, kann die eG verpflichtet sein, z. B. einen EDV-Auszug mit den Anschriften der Mitglieder zur Verfügung stellen (s. auch § 18 Rdn. 10 und § 43a Rdn. 111).

Dem stehen datenschutzrechtliche Belange nicht entgegen, da das BDSG ein Auffanggesetz ist, das zurückzutreten hat, wenn es um die Wahrung des Einberufungsrechts der Mitglieder geht. Wegen Recht, die Liste einzusehen s. § 31 Abs. 1.

8 Der Antrag auf Einberufung muß **schriftlich** gestellt werden (wegen Schriftform vgl. § 126 BGB). Der Antrag muß von den Mitgliedern unterzeichnet sein, die die Einberufung verlangen; Vollmachterteilung ist zulässig.

9 Fehlt dem Antrag die erforderliche Schriftform, so besteht keine Verpflichtung zur Einberufung der GV. Der Vorstand sollte jedoch die Antragsteller auf den Mangel hinweisen, um Gelegenheit zu geben, den Antrag wirksam zu wiederholen. Im übrigen hat sich die Prüfung des Vorstandes lediglich auf formale Gesichtspunkte zu beschränken, wie z. B. Anzahl der Antragsteller und Angabe von Zweck und Grund des Antrags. Entspricht der Vorstand einem formal unwirksamen Antrag, so kann er

dies tun aus der eigenen Überzeugung, daß eine GV zweckmäßig sei (widersprüchlich *Müller*, § 45 Rdn. 9).

Der Antrag braucht kein einheitliches Schriftstück zu sein; einzelne gleichgerichtete Anträge genügen (KG, BlfG 35, 138 = HRR 35 Ziff. 250).

Der Antrag ist **an die eG** zu richten; eine Antragstellung an Vorstand **10**
oder Aufsichtsrat ist jedoch unschädlich (*Schubert/Steder*, § 45 Rz. 3). Entspricht der Vorstand als das primär zuständige Organ nicht dem Verlangen, wird der Aufsichtsrat gem. § 38 Abs. 2 zur Einberufung verpflichtet sein.

**Gesichtspunkte der Zweckmäßigkeit** der Einberufung unterliegen bei **11**
einem wirksam gestellten Antrag nicht der Beurteilung durch den Vorstand. Der Vorstand ist auch dann zur Einberufung verpflichtet, wenn er die angegebenen Gründe nicht für zweckmäßig hält (*Schubert/Steder*, § 45 Rz. 6).

Der Vorstand ist grundsätzlich verpflichtet, die **Antragsteller zu unter- 12**
**richten**, falls er (aus formalen Gründen) dem Antrag nicht folgen will. Im Falle der Einberufung der Versammlung dürfte eine gesonderte Unterrichtung der Antragsteller überflüssig sein, da die Einladung der GV ihnen zugehen muß (a. A. *Müller*, § 45 Rdn. 12).

Im Falle der **Vertreterversammlung** müssen die antragstellenden Mit- **13**
glieder (soweit sie nicht Vertreter sind) auch von der Einberufung unterrichtet werden. Es dürfte gerechtfertigt sein, diesen Mitgliedern ein Anwesenheitsrecht in der VV einzuräumen, auch wenn sie nicht zu Vertretern gewählt sind. Weitergehende Rechte in der VV stehen ihnen naturgemäß nicht zu (vgl. § 43a Rdn. 105).

Wenn der Antrag zur Einberufung von einer **Mitgliedergruppe** einheit- **14**
lich gestellt worden ist, kann er auch nur einheitlich zurückgenommen werden. Dies folgt aus der internen Bindungswirkung der gemeinsam abgegebenen Erklärung (a. A. *Müller*, § 45 Rdn. 13).

Der Antrag muß den **Zweck und die Gründe** der Einberufung angeben **15**
(vgl. OLG Köln, WM 1959, 1402). Die Begriffe „Zweck" und „Gründe" müssen nicht mit konkreten Tagesordnungspunkten identisch sein. Es genügt, wenn der von den Mitgliedern gestellte Antrag begründet wird. Nicht entscheidend ist, ob diese Gründe den Vorstand überzeugen (vgl. *Godin/Wilhelmi*, AktG, § 122 Anm. 3).

## III. Verlangen nach Ankündigung von Tagesordnungspunkten (Abs. 2)

Gem. Abs. 2 kann der **zehnte Teil der Mitglieder** oder der in der Sat- **16**
zung bezeichnete geringere Teil (vgl. Rdn. 7) verlangen, daß **bestimmte Gegenstände zur Beschlußfassung** der GV angekündigt werden.

17 Dieser Antrag kann im Zusammenhang mit dem Einberufungsverlangen der Mitglieder oder auch im Hinblick auf eine ohnehin vorgesehene GV gestellt werden. Falls ein Antrag auf Einberufung der GV zusammen mit dem Verlangen nach einer bestimmten Tagesordnung vorliegt, können diese Tagesordnungspunkte auch in einer vorgesehenen ordentlichen GV berücksichtigt werden, wenn nach vernünftiger Abwägung aller Interessen die vorherige Durchführung einer außerordentlichen GV nicht gerechtfertigt erscheint. Diese Entscheidung trifft der Vorstand in eigener Verantwortung.

18 Soweit einzelne Mitglieder „Anträge" zur Aufnahme in die Tagesordnung stellen, ohne daß die in Gesetz oder Satzung vorgesehene Mindestzahl erreicht wird, handelt es sich lediglich um **„Anregungen"** an das zuständige Organ, diese Punkte in der Tagesordnung zu berücksichtigen. Eine Verpflichtung zur Aufnahme besteht in diesem Fall nicht. Sollten Anträge der Mitglieder auf Aufnahme in die Tagesordnung **unzulässig** sein, z. B. wegen fehlender Zuständigkeit der GV, so entscheidet der Einladende über die Aufnahme in die Tagesordnung nach pflichtgemäßem Ermessen. Ggfs. sind die Antragsteller über die Gründe der Ablehnung zu unterrichten.

19 Vorstehende Ausführungen gelten bei eingeführter **VV** für die Vertreter. Daneben besteht das Antragsrecht gem. § 45 Abs. 1 und 2 auch für Mitglieder, die nicht Vertreter sind. Auch im Stadium der Liquidation und des Konkurses bleiben diese Mitgliederrechte bestehen (BayObLG, JW 1925, 628 für die AG).

## IV. Gerichtliche Ermächtigung zur Einberufung (Abs. 3)

20 Wenn der Vorstand oder das sonst zur Einberufung berechtigte Organ dem Verlangen der Mitglieder auf Einberufung der GV oder Ergänzung der Tagesordnung nicht entspricht, kann **das Gericht** die Antragsteller zur Einberufung oder Ankündigung von Tagesordnungspunkten **ermächtigen**. Zuständig ist das Registergericht, bei dem die eG eingetragen ist (BayObLG, AG 1968, 331). Antragsberechtigt sind die Mitglieder, die das Einberufungsverlangen oder den Antrag zur Ergänzung der Tagesordnung gestellt haben. Es müssen nicht alle Mitglieder, die an den ursprünglichen Anträgen beteiligt waren, die gerichtliche Ermächtigung betreiben; erforderlich für den Antrag an das Gericht ist aber die in Gesetz oder Satzung genannte Mindestzahl. Antrag durch Bevollmächtigte ist möglich; auf Verlangen ist die Vollmacht nachzuweisen (§ 13 FGG).

21 Der Antrag an das Gericht ist nur zulässig nach Ablehnung des ursprünglich nach Abs. 1 und 2 an die eG gestellten Antrags (vgl. Thür. OLG, BlfG, 1911, 413); er muß unverzüglich gestellt werden.

22 Der Antrag an das Gericht muß **schriftlich** oder zur Niederschrift der Geschäftsstelle des Gerichtes gestellt werden. Im Antrag muß angegeben

werden, welche konkreten Anträge nach Abs. 1 oder 2 gestellt werden, und daß der Vorstand das Verlangen der Mitglieder abgelehnt hat. Vor der Entscheidung ist der Vorstand zu hören (vgl. KGJ 28, 58; *Müller*, § 45 Rdn. 18).

**23** Das Gericht „kann" die Ermächtigung aussprechen; dies bedeutet, daß nach pflichtgemäßem Ermessen zu entscheiden ist (*Schubert/Steder*, § 45 Rz. 10). Es wird den Antrag zurückweisen, wenn das Einberufungsverlangen rechtsmißbräuchlich ist oder eine Zuständigkeit der GV für eine Beschlußfassung offensichtlich nicht besteht. Die **Zweckmäßigkeit** des Antrags unterliegt nicht einer Beurteilung durch das Gericht (vgl. *Müller*, § 45 Rdn. 19; *Schubert/Steder*, § 45 Rz. 10; a. A. allerdings LG Hamburg, GWW 1948, 63).

**24** Es dürfte sinnvoll sein, daß das Gericht in der Ermächtigung eine **Frist für die Einberufung** der Versammlung bestimmt. Die Festlegung der genauen Zeit und des Ortes der Versammlung obliegt den einberufenden Mitgliedern im Rahmen der Satzung. Der Beschluß wird mit seiner Bekanntmachung an die Antragsteller wirksam.

**25** Gegen die ablehnende Entscheidung des Gerichts steht den Antragstellern das Recht zur **sofortigen Beschwerde** zu (§§ 148, 146 FGG). Nicht alle ursprünglichen Antragsteller müssen sich an dem Beschwerdeverfahren beteiligen; erforderlich ist aber die Mitwirkung der in Gesetz oder Satzung bestimmten Minderheit (*Müller*, § 45 Rdn. 21). Gegen die Entscheidung des Beschwerdegerichts gibt es die weitere Beschwerde nach § 27 FGG.

**26** Die Einberufung der GV ist von allen gerichtlich ermächtigten Antragstellern **gemeinsam** vorzunehmen. Es dürfte – zumal bei größeren Mitgliederzahlen – zulässig und zweckmäßig sein, daß die einberufenden Mitglieder einige von ihnen zur Einberufung der GV ermächtigen; es genügt dann die Unterzeichnung durch die ermächtigten Mitglieder. Ausgeschiedene Mitglieder (§ 68 Abs. 4) sind zur Einberufung nicht mehr berechtigt. Hat sich durch Ausscheiden einer größeren Anzahl von Mitgliedern die Mindestzahl unter die gesetzliche oder satzungsmäßige Grenze vermindert, muß den übrigen Ermächtigten das Einberufungsrecht verbleiben (so mit guten Gründen *Müller*, § 45 Rdn. 22; a. A. RG, DR 1942, 1798 und frühere Auflagen).

**27** Mit der Einberufung durch die Mitglieder ist die **gerichtliche Ermächtigung bekannt zu machen** (Abs. 3). Wörtliche Mitteilung ist nicht erforderlich; es muß aber zumindest das Aktenzeichen angegeben werden (*Müller*, § 45 Rdn. 23; *Metz/Werhahn*, Rdn. 82).

**28** Für das **Einberufungsverfahren** gelten auch hier die Bestimmungen von Gesetz und Satzung. Die gerichtliche Ermächtigung gibt den Mitgliedern das Recht, die Einberufung zu wiederholen, bis eine beschlußfähige GV zustande kommt (vgl. OLGRspr. 41, 207). Soweit z. B. der Vorstand oder der Aufsichtsrat der Einberufung durch die ermächtigten Mitglieder zuvorkommt und damit dem Anliegen der Mitglieder entspricht, wird die Ermächtigung gegenstandslos (*Müller*, § 45 Rdn. 25).

29 Für die **Durchführung der GV** gelten die allgemeinen Vorschriften. Die Antragsteller haben in dieser Versammlung keine besondere Rechtsposition. Die Kosten der GV sind von der eG zu tragen. Die technischen Vorbereitung, insbes. der Abschluß von Mietverträgen usw. obliegt dem Vorstand. Soweit die Antragsteller solche Verträge im eigenen Namen abschließen, besteht grundsätzlich ein Erstattungsanspruch gegen die eG. Auch die übrigen Kosten sind unter dem Gesichtspunkt der Geschäftsführung erstattungsfähig, soweit sie erforderlich waren (*Müller*, § 45 Rdn. 23).

## § 46

## Form und Frist der Einberufung der Generalversammlung

**(1) Die Berufung der Generalversammlung muß in der durch das Statut bestimmten Weise mit einer Frist von mindestens einer Woche erfolgen.**

**(2) Der Zweck der Generalversammlung soll jederzeit bei der Berufung bekanntgemacht werden. Über Gegenstände, deren Verhandlung nicht in der durch das Statut oder durch § 45 Abs. 3 vorgesehenen Weise mindestens drei Tage vor der Generalversammlung angekündigt ist, können Beschlüsse nicht gefaßt werden; hiervon sind jedoch Beschlüsse über die Leitung der Versammlung sowie über Anträge auf Berufung einer außerordentlichen Generalversammlung ausgenommen.**

**(3) Zur Stellung von Anträgen und zu Verhandlungen ohne Beschlußfassung bedarf es der Ankündigung nicht.**

*Übersicht*



## I. Form der Einberufung (Abs. 1)

1 Gem. § 6 Ziff. 4 muß die Satzung Regelungen für die Form der Einberufung der GV enthalten. Nach § 46 Abs. 1 „muß" die GV in der durch die Satzung bestimmten Weise und mit einer Frist von mindestens einer Woche einberufen werden. Ein Verstoß gegen diese Vorschriften macht die Beschlüsse anfechtbar.

Die Einberufung muß eindeutig zum Ausdruck bringen, daß eine GV zu einer bestimmten **Zeit**, an einem bestimmten **Ort**, mit einer bestimmten **Tagesordnung** durchgeführt werden soll (*Müller*, § 46 Rdn. 2). Dabei muß auch die einladende eG eindeutig mit ihrer Firma bezeichnet sein. Der Zeitpunkt muß nach Tag und Uhrzeit angegeben sein; der Ort muß so bezeichnet werden, daß er für alle Mitglieder möglichst problemfrei zu erkennen ist. Bei größeren Gebäuden muß auch der Versammlungsraum angegeben werden. 2

Gem. § 6 Ziff. 4 hat die Satzung zu bestimmen, ob die Einladung durch **unmittelbare Benachrichtigung** sämtlicher Mitglieder oder durch Bekanntmachung in einem **öffentlichen Blatt** zu erfolgen habe (wobei die Bekanntmachung im Bundesanzeiger nicht genügt). 3

Es dürfte unbedenklich sein, wenn die Satzung diese beiden gesetzlichen Alternativen wahlweise nebeneinander zuläßt (vgl. KG, BlfG 1939, 32 = JW 1939, 1297; *Riebandt-Korfmacher*, Formular-Kommentar Form. 2.431, Anm. 53; a. A. *Müller*, § 6 Rdn. 26, § 46 Rdn. 11). In diesen Fällen können sich die Mitglieder darauf einstellen, daß die Veröffentlichung in einem bestimmten Blatt möglich ist; erhalten sie zur GV eine persönliche Einladung, so entstehen ohnehin keine besonderen Probleme. Es ist auch unbedenklich, wenn die Satzung es dem Vorstand überläßt, welche der alternativ vorgesehenen Einladungsformen er auswählt. 4

Rechtlich bedenklich wäre es jedoch, wenn die Satzung alternativ mehrere Blätter vorsieht und hier die Auswahl dem Vorstand überläßt (zutreffende OLG Stuttgart, ZfG 1978, 449 = DB 1977, 1938 = MDR 1978, 57 = Rpfleger 1978, 57; auch *Müller*, § 46 Rdn. 11). Die Veröffentlichung in mehreren Blättern gleichzeitig ist dagegen unbedenklich. 5

Aus der Einladung muß ersichtlich sein, wer der Einberufende ist. Anzugeben ist z. B. der Vorstand, wobei es genügt, daß die Namen der zur gesetzlichen Vertretung berechtigten Vorstandsmitglieder angegeben werden. **Unterzeichnung** ist nicht erforderlich. 6

Die Satzung kann Regelungen darüber enthalten, daß sich die Mitglieder, die an der GV teilnehmen wollen, innerhalb einer bestimmten Frist **anmelden** müssen. Eine solche Anmeldungspflicht kann aber nicht in das Ermessen des Vorstandes gelegt werden (Näheres zur Anmeldung *Müller*, § 46 Rdn. 5 ff). 7

## II. Einberufungsfrist (Abs. 1)

Gem. § 46 Abs. 1 ist die Einberufung der GV mit einer **Frist von mindestens einer Woche** vorzunehmen. Es handelt sich um die zwingende Mindestfrist. In der Praxis dürfte es geboten sein, diese recht kurz bemessene Mindestfrist nicht auszunutzen, sondern so rechtzeitig einzuberufen, daß die Mitglieder entsprechend disponieren können. 8

9 Es hat sich das Verfahren bewährt, wonach die GV längere Zeit vorher lediglich angekündigt wird, um danach unter Einhaltung der gesetzlichen oder satzungsmäßigen Frist die formale Einberufung mit Tagesordnung den Mitgliedern zuzusenden.

10 Die **gesetzliche Mindestfrist** kann auch in Fällen besonderer Eilbedürftigkeit nicht unterschritten werden; unschädlich wäre dies jedoch, wenn alle Mitglieder mit einem Verzicht auf die Mindestfrist ausdrücklich einverstanden sind.

11 Für die **Berechnung der Frist** sind die §§ 186 ff BGB maßgeblich. Die Frist ist vom Tage der GV an rückwärts zu zählen, so daß nach § 187 Abs. 1 BGB dieser Tag mitzurechnen ist. Nach § 188 Abs. 2 BGB endet die Frist, die nach Wochen zu berechnen ist, mit dem Ablauf desjenigen Tages der letzten Woche, welcher durch seine Benennung dem Tage entspricht, in den das Ereignis fällt, das für die Fristberechnung maßgeblich ist. Soll die GV z. B. an einem Donnerstag stattfinden, so muß die Einberufung spätestens am Mittwoch der vorangegangenen Woche den Mitgliedern zugehen. Sonn- oder Feiertage, die in die Frist fallen, sind ohne Bedeutung, sie werden mitgezählt.

12 Erfolgt die **Einberufung durch ein öffentliches Blatt**, so ist der Tag maßgebend, an dem dieses Blatt tatsächlich erscheint (*Müller*, § 46 Rdn. 14). Muß die Einberufung in mehreren Blätter bekannt gemacht werden, so ist der Tag der letzten Bekanntmachung entscheidend (*Barz*, Großkommentar AktG, § 123 Anm. 2).

13 Ist die Einberufung durch **unmittelbare Benachrichtigungen** aller Mitglieder vorgesehen, so ist der Tag des Zugangs entscheidend (entspr. § 130 BGB). Handelt es sich um GV, bei denen u. U. die Beweisbarkeit des Zugangs erforderlich werden sollte, so empfiehlt sich (zumindest zusätzlich) Einberufung in einem öffentlichen Blatt, soweit die Satzung dies zuläßt. Mit dem Erscheinen dieses Blattes ist der Beweis der ordnungsgemäßen Einberufung leicht zu führen.

14 Zulässig ist die Regelung einer **Zugangsfiktion** in der Satzung (vgl. Erl. zu § 44 Rdn. 2). Sieht die Satzung vor, daß die GV alternativ entweder durch unmittelbare Benachrichtigung der Mitglieder oder Veröffentlichung in dem Bekanntmachungsorgan einberufen wird und erfolgt die Einberufung in beiden Formen, so ist die Einberufung wirksam, die als erste alle Voraussetzungen erfüllt. In diesem Fall sind etwaige Mängel einer Einberufung unerheblich, sofern eine andere Einberufung mängelfrei erfolgt ist.

15 Bedarf es nach der Satzung zur Beschlußfassung der Entscheidung **zweier Generalversammlungen**, so darf die zweite Versammlung erst einberufen werden, nachdem die erste stattgefunden hat (KG, JW 1926, 1675 und JW 1935, 715 = BlfG 1935, 160; KG JFG, 18, 78 = BlfG 1938, 529). Anderenfalls wären die in der zweiten Versammlung gefaßten Beschlüsse nichtig.

## III. Mitteilung des Zwecks der Generalversammlung (Abs. 2)

### 1. bei der Einberufung

In Abs. 2 geht das Gesetz davon aus, daß bei der Einberufung der GV auch der **„Zweck" der Versammlung** bekannt gemacht werden „soll". Diese Formulierung ist nicht als Rechtspflicht zu verstehen, sondern im Sinne der gesetzlichen Empfehlung („sollte"). Ein Verstoß dagegen hat daher keine Rechtsfolgen (*Schubert/Steder*, § 46 Rz. 4). **16**

Unter „Zweck" sind die einzelnen **Gegenstände der Verhandlung und Beschlußfassung** zu verstehen (*Müller*, § 46 Rdn. 4); dieser Begriff ist somit weitgehend identisch mit dem Begriff **„Tagesordnung"**. Wenn nun aber für die Mitteilung der Tagesordnung in Abs. 2 eine Mindestfrist von drei Tagen vorgesehen ist, so kann daraus nicht gefolgert werden, daß ein Zweck in allgemeinerer Form schon bei der Einberufung mitzuteilen ist. Nicht überzeugend *Meyer/Meulenbergh/Beuthien* (§ 46 Rdn. 2) und *Müller* (§ 46 Rdn. 4), die zwischen „Zweck" und „Tagesordnung" unterscheiden wollen. Es bleibt auch unter Gesichtspunkten der Anwendung in der Praxis sinnlos, zuvor schon und ohne Tagesordnung einen „allgemein umschriebenen Gegenstand der Beschlußfassung" mitzuteilen. Wegen Änderung der Tagesordnung vgl. Rdn. 23. **17**

Das Gesetz enthält keine ausdrückliche Regelung über die Form der Ankündigung der Tagesordnung; es schreibt auch nicht vor, daß die Tagesordnung in derselben Form zu erfolgen habe wie die Einberufung der GV (daher nicht überzeugend *Hettrich/Pöhlmann*, § 46 Rdn. 4). Aus § 46 Abs. 2 S. 2 folgt nur, daß die Satzung die Form der Ankündigung der Tagesordnung regeln muß, und daß die Ankündigung an diese Form gebunden ist. Nichtbeachtung hat grundsätzlich Anfechtbarkeit zur Folge (s. Erl. zu § 51). Keine Bedenken, wenn die Einberufung – satzungsgemäß – durch Veröffentlichung in einer Tagesordnung erfolgt mit dem Hinweis, daß die Tagesordnung den Mitgliedern unmittelbar zugehen wird, wenn die Satzung alternativ auch unmittelbare Einladung der Mitglieder vorsieht. Ein Hinweis bei der Einberufung, die Tagesordnung könne in den Geschäftsräumen der eG eingesehen werden, kann grundsätzlich nicht genügen; die vom Gesetz vorgesehene lückenlose Unterrichtung aller Mitglieder erscheint damit nicht gewährleistet. **18**

### 2. Minderfrist für die Tagesordnung

In der GV können wirksam keine Beschlüsse gefaßt werden, wenn die Tagesordnungspunkte nicht **mindestens drei Tage** vor der GV angekündigt worden ist. Die 3 Tage sind eine gesetzliche Mindestfrist. Die Satzung kann für die Ankündigung der Tagesordnung eine längere Frist vorsehen. Diese ist dann auch gegenüber der gesetzlichen Mindestfrist verbindlich mit **19** der Folge, daß die Ankündigung mangelhaft ist (Folgen unter Rdn. 27). Auch diese Ankündigungsfrist ist nach den §§ 187 BGB zu berechnen. Es ist von dem Tag der GV auszugehen, wobei dieser Tag nicht in die Frist einzurechnen ist (§ 187 Abs. 1 BGB; vgl. oben Rdn. 11). Die Frist wird gewahrt durch Veröffentlichung in dem satzungsgemäßen Blatt oder Zugang bei den einzelnen Mitgliedern.

**20** Die rechtzeitige Ankündigung von Tagesordnungspunkten soll den Mitgliedern die Möglichkeit geben, sich vor Überraschungen in der GV zu schützen, über die Notwendigkeit einer Teilnahme zu entscheiden und sich auf die Beratung anstehender Themen vorzubereiten (so für den Verein BGH, DB 1987, 479). Neben Einhaltung der Mindestfrist – in der Praxis empfiehlt sich ein längerer Zwischenraum zwischen Mitteilung der Tagesordnung und GV – müssen die einzelnen Punkte der Tagesordnung den Gegenstand der Verhandlung und Beschlußfassung deutlich erkennen lassen. Die Mitglieder sollen wissen, um was es tatsächlich geht, um zu entscheiden, ob ihre Anwesenheit notwendig ist und ob und in welcher Weise eine Vorbereitung zweckmäßig erscheint (OLG Köln, MDR 1984, 937 = OLBZ 1984, 401 = Rpfleger 1984, 470 = ZIP 1984, 1351). Es wäre unzulässig, unter Tagesordnungspunkte „Verschiedenes" konkrete Beschlüsse vorzusehen (*Müller*, § 36 Rdn. 20). Nicht ausreichend wäre die Angabe „Neuwahl zum Vorstand", wenn zunächst die Abberufung von Vorstandsmitgliedern vorgesehen ist (RG, JW 1915, 1366). Die Bezeichnung „Ergänzungswahl zum Vorstand" ist ungenügend und irreführend, wenn es um Abwahl und Neuwahl geht (OLG Köln, ebd.) Der Tagesordnungspunkt „Satzungsänderung" reicht grundsätzlich nicht aus; es müssen mindestens die zu ändernden Vorschriften der Satzung bezeichnet werden (vgl. für den Verein BayOblG, Rpfleger 1979, 196).

**21** Soll die **ganze Satzung geändert** werden, z. B. in Anpassung an eine neue Mustersatzung, so ist darauf hinzuweisen und anzugeben, wo der gesamte Text eingesehen werden kann. Beispiel „Änderung der Satzung entsprechend der Mustersatzung für Volksbanken und Raiffeisenbanken ... der Entwurf der neuen Satzung kann von allen Mitgliedern während der Öffnungszeiten in unseren Geschäftsräumen eingesehen werden" (vgl. *Metz/Werhahn*, Rdn. 114 ff). Ankündigung einer Satzungsänderung zur Einführung der VV bedeutet noch nicht Wahl der Vertreter (BGH, NJW 1960, 1447).

**22** Die Ankündigung eines Tagesordnungspunktes zur Beschlußfassung ist nicht ausreichend, wenn bei der Einladung zur **Wiederholung einer GV** lediglich auf die Tagesordnung der zu wiederholenden GV verwiesen wird, die Satzung aber Bekanntmachung der Tagesordnung verlangt (LG Hannover, ZfG 1972, 73 ff).

Anders bei **Vertagung** der GV, da es sich um die Fortsetzung derselben Versammlung handelt; hier kann auf die bereits mitgeteilte Tagesordnung verwiesen werden. (Wegen der Begriffe Unterbrechung, Abbruch, Vertagung und Wiederholung der Versammlung vgl. *Metz/Werhahn*, Rdn. 311 ff und § 43 Rdn. 170).

Der zur GV Einladende kann vor Ablauf der Mindestfrist für die Tagesordnung (vgl. oben Rdn. 19) die **Tagesordnung ändern**. Nach Beginn der Schutzfrist von 3 Tagen ist die Tagesordnung der Disposition des Einladenden entzogen; Änderungen sind nur noch durch die GV möglich. Die Mitglieder müssen sich darauf verlassen können, daß die angekündigten Tagesordnungspunkte auch behandelt werden. Wollte man dem Einberufenen noch in dieser Frist die Möglichkeit geben, Tagesordnungspunkte zurückzuziehen, so wären Manipulationen nicht auszuschließen; im Vertrauen auf die angekündigte Tagesordnung könnten Mitglieder veranlaßt sein, auf die Stellung eigener Anträge für die Tagesordnung zu verzichten. **23**

Daraus folgt, daß auch in der GV angekündigte Tagesordnungspunkte nicht mehr durch den Antragsteller oder den Versammlungsleiter abgesetzt werden können; Absetzung bedarf vielmehr eines Beschlusses der GV (vgl. § 34 Rdn. 143; *Metz/Werhahn*, Rdn. 255). **24**

Wenn die GV die Absetzung von Tagesordnungspunkten stillschweigend hinnimmt, so kann dies allerdings als Zustimmung gewertet werden.

### 3. Beschlüsse über die Leitung der Versammlung

Beschlüsse betreffend die Leitung der Versammlung sowie über Anträge auf Berufung einer außerordentlichen GV bedürfen nicht der vorherigen Ankündigung als Tagesordnungspunkte. Solche Beschlüsse sind z. B. Wahl des Versammlungsleiters, Entscheidungen zur Geschäftsordnung, soweit die GV dafür zuständig ist (vgl. Erl. zu § 43 Rdn. 38, 148 ff). **25**

## IV. Anträge, Verhandlungen ohne Beschlußfassung (Abs. 3)

Eine **allgemeine Aussprache**, die Stellung von Anträgen, sowie eine Erörterung zur allgemeinen Meinungsbildung ohne verbindliche Beschlußfassung bedarf nicht der vorherigen Ankündigung in der Tagesordnung. In diesen Fällen ist es nicht erforderlich, daß die Mitglieder rechtzeitig vorher unterrichtet sind, um sich vorbereiten und verantwortlich entscheiden zu können. In der Praxis ist es üblich, solche Aussprachen oder mögliche Anträge unter Punkt **„Verschiedenes"** anzukündigen. Dieser Tagesordnungspunkt kann jedoch mangels Konkretisierung nicht Grundlage einer Beschlußfassung sein; er ist vielmehr lediglich ein Hinweis an die Mitglieder, hierunter Anregungen, Anträge oder Meinungen zu Fragen der eG vorzutragen. **26**

## V. Mängel der Einberufung

27 Der Wortlaut des § 46 Abs. 2 S. 2 deutet darauf hin, daß Beschlüsse ohne (ordnungsgemäße) Ankündigung nichtig sind. („... können nicht gefaßt werden"; im Gegensatz zu § 124 Abs. 4 AktG „... dürfen keine Beschlüsse gefaßt werden"). Diese formale Betrachtung erscheint aber nicht in jedem Fall gerechtfertigt; es bedarf vielmehr einer Differenzierung je nach der Bedeutung des Beschlusses und der Schwere des Mangels.

Mängel der Berufung der GV oder der Ankündigung von Tagesordnungspunkten werden grundsätzlich Anfechtbarkeit gem. § 51 begründen (*Meyer/Meulenbergh/Beuthien*, § 46 Rdn. 4). Der Mangel kann aber auch zur Nichtigkeit der gefaßten Beschlüsse führen, vor allem dann, wenn der Verstoß gegen gesetzliche oder satzungsmäßige Vorschriften besonders schwerwiegend ist (BGH, WM 61, 799; LG Verden, NJW 1953, 1435; *Meyer/Meulenbergh/Beuthien*, § 46 Rdn. 4). Nichtigkeit ausnahmsweise auch dann, wenn der Einberufungsmangel so schwerwiegend ist, daß die Versammlung nicht als GV gelten kann (RGZ 141, 230; OLG Königsberg, BlfG 1932, 157; KG, BlfG 1934, 816; für einen Verein OLG Köln, ZIP 1984, 1351). Einberufung durch einen absolut Unzuständigen führt zur Nichtigkeit der Beschlüsse (BGHZ 18, 334 = NJW 1955, 1917 = BB 1955, 1038; *Meyer/Meulenbergh/Beuthien*, § 46 Rdn. 4). Nichtigkeit auch, wenn Beschlüsse überhaupt nicht angekündigt sind oder unter „Verschiedenes" gefaßt werden.

Die Abgrenzung zwischen Fällen der Nichtigkeit und lediglich der Anfechtbarkeit kann im übrigen nur **fallbezogen** durchgeführt werden. So hat das OLG Jena die Auffassung vertreten, Mängel der Einladung führten auch bei eG grundsätzlich zur Nichtigkeit der gefaßten Beschlüsse, jedenfalls dann, wenn ein Mitglied offenkundig bei der Einladung übergangen worden sei. In diesen Fällen sei auch der Nachweis fehlender Ursächlichkeit des Mangels für den Beschluß nicht zugelassen. Für die Übergangszeit nach dem Untergang der DDR sei allerdings bei der Frage der Offenkundigkeit zu berücksichtigen, daß die Mitgliedschaftsverhältnisse häufig unklar seien (OLG Jena, Beschl. v. 8. 8. 1994, ZIP 21/94, A 132). Die Feststellungen des OLG Jena sind nur vor dem Hintergrund der besonderen Umstände in den neuen Bundesländern nach der Wiedervereinigung gerechtfertigt; um naheliegenden Mißbräuchen entgegenzuwirken, schien es erforderlich, die Rechte der einzelnen Mitglieder besonders zu schützen (näher zu Fragen der Nichtigkeit und Anfechtung § 51 Rdn. 14 und 25).

Beschlüsse einer nicht ordnungsgemäß berufenen GV oder über nicht ordnungsgemäß angekündigte Tagesordnungspunkte können dann nicht angefochten werden, wenn alle Mitglieder erschienen sind und sich ohne Widerspruch an der Erörterung und Abstimmung beteiligen (vgl. KGJ 48, 132 für GmbH; *Meyer/Meulenbergh/Beuthien*, § 46 Rdn. 4). Einberufungsmängel, die einer lang andauernden Übung entsprechen und als solche von den Mitgliedern anerkannt sind, führen zumindest nicht zur Nichtigkeit (vgl. RGZ 141, 230).

## § 47
## Versammlungsniederschrift

**(1) Über die Beschlüsse der Generalversammlung ist eine Niederschrift anzufertigen. Sie soll den Ort und den Tag der Versammlung, den Namen des Vorsitzenden sowie Art und Ergebnis der Abstimmung und die Feststellung des Vorsitzenden über die Beschlußfassung enthalten.**

**(2) Die Niederschrift ist vom Vorsitzenden und den anwesenden Mitgliedern des Vorstands zu unterschreiben. Ihr sind die Belege über die Einberufung als Anlagen beizufügen.**

**(3) Sieht das Statut die Gewährung von Mehrstimmrechten vor oder wird eine Änderung des Statuts beschlossen, die einen der in § 16 Abs. 2 Nr. 2 bis 5, Abs. 3 aufgeführten Gegenstände oder eine wesentliche Änderung des Gegenstandes des Unternehmens betrifft, so ist der Niederschrift außerdem ein Verzeichnis der erschienenen oder vertretenen Genossen und der Vertreter von Genossen beizufügen. Bei jedem erschienenen oder vertretenen Genossen ist dessen Stimmenzahl zu vermerken.**

**(4) Jedem Genossen ist die Einsicht in die Niederschrift gestattet. Die Niederschrift ist von der Genossenschaft aufzubewahren.**

*Übersicht*



## I. Bedeutung der Versammlungsniederschrift

Der Text wurde neu gefaßt durch Novelle 1973; er wurde den heutigen 1
Anforderungen angepaßt (z. B. „Niederschrift" statt „Protokollbuch") und legt weitere Einzelheiten fest, wie sie schon bisher zum Teil in den Satzungen üblich waren. Das frühere Einsichtsrecht der „Staatsbehörde" wurde beseitigt. Die Regelung gilt nunmehr für alle eG einheitlich, unabhängig von der Größenordnung. Im Gegensatz zu § 130 AktG ist für die Nieder-

schrift der Beschlüsse der GV keine notarielle Beurkundung erforderlich. § 47 ist zwingendes Recht; die Satzung kann aber weitere Einzelheiten regeln, wie z. B. eine Frist für die Herstellung der Niederschrift bestimmen.

2 Die Niederschrift von Beschlüssen gem. § 47 ist grundsätzlich **nicht Voraussetzung für die Rechtswirksamkeit** und Eintragungsfähigkeit der Beschlüsse; sie hat vielmehr lediglich **Beweisfunktion** (*Schubert/Steder*, § 47 Rz. 9; a. A. *Müller*, § 47 Rdn. 11 m. Hinw. auf § 241 Ziff. 2 AktG, wobei aber verkannt wird, daß dort gerade der Verstoß gegen die gesetzlich vorgeschriebene notarielle Beurkundung zur Nichtigkeit führt).

3 Auch wenn die Satzung Bestimmungen im Rahmen von § 6 Ziff. 4 für die **Beurkundung** der Beschlüsse vorsieht, muß ein Verstoß dagegen nicht stets zur Unwirksamkeit führen; es ist vielmehr im Einzelfall festzustellen, welche Bedeutung die Satzungsvorschrift haben soll (zu weitgehend *Schubert/Steder*, § 47 Rz. 9). Falls die Satzung bestimmte Formen der Beurkundung ausdrücklich als Wirksamkeitsvoraussetzung nennt, führen Verstöße dagegen zur Nichtigkeit und zur Folge, daß die Beschlüsse nicht eintragungsfähig sind.

## II. Inhalt der Niederschrift (Abs. 1)

4 Die Versammlungsniederschrift muß in erster Linie die **Beschlüsse der Versammlung** enthalten. Dies gilt grundsätzlich für alle Beschlüsse einschließlich der Wahlen, gleichgültig ob dadurch Anträge angenommen oder abgelehnt worden sind (*Müller*, § 47 Rdn. 2; *Godin/Wilhelmi*, AktG, § 130 Anm. 3). In der Niederschrift aufzunehmen sind auch Beschlüsse über die Leitung der Versammlung und unabhängig davon, ob die Beschlüsse wirksam sind oder nicht.

5 Die Beschlüsse sind so zu protokollieren, wie sie in **ihrem Wortlaut** vom Versammlungsleiter **verkündet** worden sind. Der Inhalt der Niederschrift begründet die (widerlegbare) Vermutung, daß die Beschlüsse in dieser Form und mit diesem Inhalt gefaßt worden sind (vgl. *Schubert/Steder*, § 47 Rz. 2).

6 Die Niederschrift ist gegenüber den Mitgliedern und dem Registergericht ein **Beweismittel** für den ordnungsgemäßen Ablauf der Versammlung und für die gefaßten Beschlüsse einschließlich der Wahlen, die in der Niederschrift wie andere Beschlüsse zu behandeln sind.

7 Die Niederschrift soll **Ort und Tag der Versammlung**, den Namen des Versammlungsleiters sowie die Art und das Ergebnis der Abstimmung und die Feststellung des Versammlungsleiters über die Beschlußfassung enthalten. Die gesetzliche Formulierung „soll" ist erneut ein Hinweis darauf, daß ein Verstoß dagegen nicht zur Nichtigkeit der Beschlüsse führt, sondern

bestenfalls Schadensersatzfolgen hat. Angaben über die Art der Abstimmung sollen festhalten, ob z. B. geheim oder offen, durch Handzeichen oder Erheben der Stimmkarte abgestimmt worden ist. Es soll erkennbar sein, ob gesetzliche und satzungsmäßige Vorschriften über den Abstimmungsmodus beachtet worden sind.

Als **„Ort" der Versammlung** ist die politische Gemeinde anzugeben und möglichst auch der Versammlungsraum. Die Zeit sollte nach Kalendertag und Uhrzeit festgehalten werden (*Müller*, § 47 Rdn. 3). 8

Das **Ergebnis der Abstimmung** ist möglichst konkret wiederzugeben, so z. B. bei Stimmenauszählung das Verhältnis der Ja- oder Nein-Stimmen. Stimmenthaltungen sollten nicht in die Niederschrift aufgenommen werden, da sie für das Ergebnis der Abstimmung keine Bedeutung haben (§ 43 Abs. 2 S. 1). Es kann ausreichen, daß ohne genaue Abzählung z. B. festgestellt und in die Niederschrift aufgenommen wird, daß der bestimmte Antrag mehrheitlich angenommen worden ist; allerdings dürfte es hier zweckmäßig sein, die Gegenstimmen zu zählen, um in der Niederschrift festzuhalten, daß der Beschluß mehrheitlich gegen eine bestimmte Anzahl von Gegenstimmen angenommen worden sei. 9

Die Niederschrift muß schließlich festhalten, daß und mit welchem Inhalt das Ergebnis der Beschlußfassung vom Versammlungsleiter formell festgestellt – **verkündet** – worden ist. Diese Feststellung ist Wirksamkeitsvoraussetzung von Beschlüssen (BGH, ZIP 1996, 2071, 2073 = DB 1997, 153; vgl. Erl. zu § 51 Rdn. 74 u. 79). Ein Beschluß ist grundsätzlich so zu protokollieren, wie er verkündet wurden (vgl. BayObLG, BB 1992, 226). Die Niederschrift ist mangelhaft, wenn die Feststellung des Versammlungsleiters über das Ergebnis der Beschlußfassung fehlt. (Wegen Musterprotokoll s. *Metz/Werhahn*, Rdn. 324; *Riebandt-Korfmacher*, Form-Kommentar, Form 2.431 c). 10

## III. Unterzeichnung, Belege (Abs. 2)

Für die Versammlungsniederschrift genügt **einfache Schriftform** i. S. v. § 126 BGB: die Niederschrift kann handschriftlich oder drucktechnisch abgefaßt sein und sie ist vom Versammlungsleiter und von den in der GV anwesenden Vorstandsmitgliedern zu unterschreiben. Eine Aufnahme auf Tonträger kann die Schriftform nicht ersetzen; diese Aufnahme kann vielmehr nur als Hilfsmittel zur Herstellung der Niederschrift Verwendung finden. 11

Die Niederschrift braucht nicht in ein gebundenes Protokollbuch aufgenommen zu werden; es genügt eine **Niederschrift in loser Blattform**, wobei allerdings dafür Sorge getragen werden muß, daß Entnahmen oder Verfälschungen erkennbar würden. 12

13 Die **Personen, die die Niederschrift unterzeichnen**, tragen insgesamt die Verantwortung für den Inhalt. Kommt eine Übereinstimmung nicht zustande, so kann ein Mehrheitsbeschluß nicht denjenigen verpflichten, der zum Inhalt des Protokolls eine abweichende Auffassung vertritt. Es muß in diesem Fall vielmehr festgehalten werden, welche Auffassungen von den einzelnen Unterzeichnern vertreten werden (*Müller*, § 47 Rdn. 5).

14 Die Niederschrift muß nicht in der GV verlesen werden (vgl. RGZ 75, 266). Eine **nachträgliche Änderung** ist mit Zustimmung aller Unterzeichner möglich. Es muß erkennbar bleiben, welche Änderungen nachträglich vorgenommen worden sind. Der Vermerk über die Änderungen ist erneut von allen Beteiligten zu unterzeichnen.

15 Der Niederschrift sind die **Belege über die Einberufung** der Versammlung als Anlage beizufügen. Dazu gehören alle schriftlichen Unterlagen, nach denen die Ordnungsmäßigkeit der Einberufung zu beurteilen ist (vgl. KGJ 32 A 153). Die Belege sind in Urschrift beizufügen (RGZ 114, 203); eine Bezugnahme reicht nicht aus (vgl. KGJ 32 A 148; 34 A 143; *Müller*, § 47 Rdn. 6). Wurde die Versammlung durch unmittelbare Einladung der Mitglieder einberufen, so genügt die Beifügung eines Einladungsschreibens, wurde die Versammlung durch öffentliche Bekanntmachung einberufen, so ist ein Belegexemplar zur Niederschrift zu nehmen (*Schubert/Steder*, § 47 Rz. 6).

## IV. Verzeichnis der erschienenen Mitglieder und der Vertreter (Abs. 3)

16 Wenn die Satzung die Gewährung von **Mehrstimmrechten** vorsieht oder wenn in der GV eine Änderung der Satzung beschlossen wird, die einen der in § 16 Abs. 2 Nr. 2 bis 5, Abs. 3 aufgeführten Gegenstände oder eine wesentliche Änderung des Unternehmensgegenstandes der eG betrifft, so ist der Niederschrift ein Verzeichnis der erschienenen oder vertretenen Mitglieder und der Vertreter von Mitgliedern beizufügen. In das Verzeichnis sind nicht alle Teilnehmer an der GV einzutragen, sondern nur die Mitglieder und ggfs. Vertreter von Mitgliedern (gesetzliche Vertreter oder Bevollmächtigte gem. § 43 Abs. 4 und 5). Soweit es sich um Vertretungen handelt, muß aus dem Verzeichnis ersichtlich sein, ob dies eine Vollmacht oder gesetzliche Vertretung ist und für wen diese Vertretung ausgeübt wurde. Ist der Vertreter gleichzeitig persönlich Mitglied, so ist er auch in dieser Eigenschaft zusätzlich zu bezeichnen.

17 Bei jedem erschienenen oder vertretenen Mitglied ist dessen **Stimmenzahl** zu vermerken. Dies ist nur von Bedeutung, wenn die Satzung Mehrstimmrechte vorsieht. Die Stimmenzahl von Vertretern (gesetzlichen Ver-

tretern oder Bevollmächtigten) ergibt sich aus dem Hinweis, für wen sie das Stimmrecht ausgeübt haben.

Soweit während der GV Änderungen hinsichtlich der Teilnehmer eintreten, sind diese nach herrschender Meinung im Verzeichnis zu vermerken. Dies gilt z. B. für Teilnehmer, die erst nachträglich zur GV kommen oder diese schon vorzeitig verlassen. Aus dem Verzeichnis muß erkennbar sein, zu welchen Tagesordnungspunkten sie anwesend waren. **18**

Diese Regelung ist **kaum praktikabel**, und der vom Gesetzgeber gewollte Zweck wird kaum zu erreichen sein. Dieser Zweck ist die Überprüfbarkeit des Abstimmungsergebnisses in den in Abs. 3 genannten Fällen. Dies wäre z. B. nur dann möglich, wenn – im Gegensatz zum sonstigen Abstimmungsverfahren – auch die Stimmenthaltungen und ungültigen Stimmen gezählt und dafür Sorge getragen würde, daß sich bis zur Auszählung der Stimmen die Zahl der Mitglieder im Saal nicht ändert. **19**

Das Teilnehmerverzeichnis hat lediglich **Beweisfunktion**, wie auch die übrige Niederschrift. Es ist daher vom Versammlungsleiter zu unterzeichnen. Die Unterschrift bringt zum Ausdruck, daß der Inhalt des Verzeichnisses den Angaben der Teilnehmer entspricht; es begründet die Vermutung, daß die im Verzeichnis enthaltenen Personen anwesend waren (vgl. *Müller*, § 47 Rdn. 9, 10). Unterzeichnung durch die anwesenden Vorstandsmitglieder ist nicht erforderlich. **20**

Das Teilnehmerverzeichnis ist – außer bei Mehrstimmrechten – anzufertigen, wenn solche Satzungsänderungen beschlossen werden, die gem. § 67a die Mitglieder zur **außerordentlichen Kündigung** berechtigen (vgl. Erl. zu § 67 a). Nicht jede Änderung des Unternehmensgegenstandes ist im übrigen ein solcher Kündigungsgrund, sondern nur wesentliche Änderungen. Dies gilt z. B. dann, wenn eine gemischtwirtschaftliche Kreditgenossenschaft das Warengeschäft aufgibt und zu diesem Zweck die Satzung ändert. **21**

## V. Recht auf Einsicht (Abs. 4)

Jedes Mitglied ist berechtigt, die Niederschrift in den Geschäftsräumen der eG zu den üblichen Geschäftsstunden **einzusehen**. Nichtmitgliedern steht dieses Recht nicht zu. Der Prüfungsverband hat jedoch ein Recht zur Einsichtnahme im Rahmen von § 57 Abs. 1. Die Mitglieder haben keinen Anspruch auf Abschriften des gesamten Protokolls. **22**

Sie haben jedoch das Recht, sich bei der Einsichtnahme Notizen anzufertigen. Die Beauftragung von Bevollmächtigten für die Einsichtnahme ist grundsätzlich möglich. Ein Mitglied kann Abschrift eines Wortprotokolls oder einer Tonträgeraufzeichnung verlangen, soweit dies seinen Redebeitrag und die Antworten und Stellungnahmen des Vorstandes dazu betrifft; **23** die Selbstkosten sind der eG zu erstatten (BGH, ZIP 19/94 A 117 = Wprax 20/94 = BB 1994, 2091 = DB 1994, 2180).

**24** Die Niederschrift ist von der eG **aufzubewahren**. Das Gesetz enthält keine Bestimmung über die Dauer dieser Aufbewahrungspflicht; sie gilt also im Zweifel ohne zeitliche Befristung für die Dauer des Bestehens der eG und nach erfolgter Liquidation gem. § 93 noch weitere zehn Jahre (*Müller*, § 47 Rdn. 11).

## § 48
## Zuständigkeit der Generalversammlung

**(1) Die Generalversammlung stellt den Jahresabschluß fest. Sie beschließt über die Verwendung des Jahresabschlusses oder die Deckung eines Jahresfehlbetrags sowie über die Entlastung des Vorstands und des Aufsichtsrats. Die Generalversammlung hat in den ersten sechs Monaten des Geschäftsjahrs stattzufinden.**

**(2) Auf den Jahresabschluß sind bei der Feststellung die für seine Aufstellung geltenden Vorschriften anzuwenden. Wird der Jahresabschluß bei der Feststellung geändert und ist die Prüfung nach § 53 bereits abgeschlossen, so werden vor der erneuten Prüfung gefaßte Beschlüsse über die Feststellung des Jahresabschlusses und über die Ergebnisverwendung erst wirksam, wenn auf Grund einer erneuten Prüfung ein hinsichtlich der Änderung uneingeschränkter Bestätigungsvermerk erteilt worden ist.**

**(3) Der Jahresabschluß, der Lagebericht sowie der Bericht des Aufsichtsrats sollen mindestens eine Woche vor der Versammlung in dem Geschäftsraum der Genossenschaft oder an einer anderen durch den Vorstand bekanntzumachenden geeigneten Stelle zur Einsicht der Genossen ausgelegt oder ihnen sonst zur Kenntnis gebracht werden. Jeder Genosse ist berechtigt, auf seine Kosten eine Abschrift des Jahresabschlusses, des Lageberichts und des Berichts des Aufsichtsrats zu verlangen.**

*Übersicht*

## I. Allgemeines

1 § 48 wurde durch das Bilanzrichtlinie-Gesetz neu gefaßt. Die Beschlußfassung über den Jahresabschluß als „Feststellung“, die Verwendung des Jahresüberschusses (bisher „Gewinn“), die Deckung eines Jahresfehlbetrags (bisher „Verlust“) und die Entlastung von Vorstand und Aufsichtsrat fällt in die ausschließliche Zuständigkeit der GV und kann deshalb nicht anderen Organen übertragen werden (RGZ 13, 26; KGJ 20, 61).

2 Die GV hat in den ersten sechs Monaten des Geschäftsjahrs stattzufinden. Die Fristeinhaltung kann jedoch nicht mittels Zwangsgeld (§ 160) erzwungen werden. Verspätete Beschlußfassung hat auf die Wirksamkeit der Beschlüsse keine Auswirkungen, vgl. jedoch § 73 Rdn. 8.

## II. Beschlußfassungen der Generalversammlung

### 1. Beschlußfassung der Generalversammlung über den Jahresabschluß

*a) Verfahren*

3 Zum Begriff vgl. § 33 Rdn. 29 ff. Zum **Verfahren**: Aufstellung durch den Vorstand (§ 336 Abs. 1 HGB); Prüfung durch den Aufsichtsrat (§ 33 Abs. 1 S. 2), Bekanntmachung (nebst Bemerkungen des Aufsichtsrats) mindestens eine Woche vor der GV (vgl. Abs. 3), Vorlegung an GV gem. § 33 Abs. 1 S. 2 und Berichterstattung des Aufsichtsrats in der GV (§ 38 Abs. 1 S. 3); Feststellung des Jahresabschlusses durch die GV (§ 48 Abs. 1 S. 1); Einreichung zum Registergericht (§ 339 Abs. 1 HGB); Veröffentlichung des genehmigten Jahresabschlusses durch den Vorstand (§ 339 Abs. 2 HGB); für Kreditgenossenschaften gilt § 340 l Abs. 4 HGB (s. Anh. zu § 33: § 339 HGB Rdn. 10). Die GV ist berechtigt, den vorgelegten Entwurf des Jahresabschlusses unter Beachtung der §§ 336 ff HGB abzuändern oder zurückzuweisen und Vorlage eines neuen zu beschließen. Ein Jahresabschluß bedarf eines Bestätigungsvermerks (§ 58 Abs. 2) in den Fällen des § 267 Abs. 3 HGB, damit die Beschlußfassung über die Feststellung des Jahresabschlusses wirksam werden kann. Bei Beschlußfassung der GV über den Jahresabschluß haben Vorstands- und Aufsichtsratsmitglieder volles Stimmrecht (RGZ 49, 126; vgl. auch Erl. zu § 43 Abs. 6). Keine Auswirkung auf die Beschlußfassung über den Jahresabschluß hat eine verweigerte oder unterbliebene Entlastung (zur Entlastung vgl. Rdn. 17 ff).

4 Die **Bemerkungen des Aufsichtsrats** müssen schriftlich erfolgen; sie müssen sich auf Jahresabschluß und Lagebericht beziehen (§ 33 Abs. 1 S. 2). Die Unterzeichnung durch den Aufsichtsratsvorsitzenden genügt.

5 Der **Berichterstattung in der GV** kommt besondere Bedeutung zu, weil auf ihr die wesentlichen Beschlüsse über die Feststellung des Jahresabschlusses und die Entlastung der Organmitglieder beruhen. Die Berichterstattung muß vollständig und wahrheitsgemäß sein. Der Umfang der Berichterstattung und der Bericht über Einzelvorgänge haben sich einerseits daran zu orientieren, daß die GV alle Informationen erhält, die für eine verantwortliche Beschlußfassung erforderlich sind, andererseits muß die Berichterstattung selbstverständlich Geheimhaltungspflichten und mögliche übergeordnete Interessen der eG berücksichtigen. Dies gilt z. B. für einen Bericht über besondere Risiken oder Ausfälle im Kreditgeschäft. Sobald es sich um Vorgänge handelt, die von dem Umfang oder von der Art her ungewöhnlich sind, besteht grundsätzlich Berichtspflicht. Dies gilt z. B. für einen gefährdeten Einzelkredit in Höhe von 500 000 DM, wobei naturgemäß die Umstände des Einzelfalls zu berücksichtigten sind. Es kann zweckmäßig sein, den Bericht zwischen Prüfung, Vorstand und Aufsichtsrat abzustimmen; soweit das zusammengefaßte Prüfungsergebnis nicht ausreichende Informationen enthält, könnte zweckmäßig sein, daß der Aufsichtsrat in seinem Bericht die erforderlichen Mitteilungen vorträgt; der Vorstand kann im mündlichen Geschäftsbericht darauf Bezug nehmen. Bei allem Bedürfnis nach Wahrheit und Vollständigkeit wird stets auch abzuwägen sein, daß die berichteten Einzelheiten einer größeren Öffentlichkeit zugänglich werden und Auswirkungen auf die Entwicklung der eG haben können. Grundsätzlicher Vorrang hat jedoch das berechtigte Informationsbedürfnis der Mitglieder.

6 Aus Abs. 2 folgt, daß bei noch **nicht abgeschlossener** Prüfung die Beschlüsse über Abänderung des Jahresabschlusses und über die Ergebnisverwendung sofort wirksam werden. Bei nichttestatspflichtigen eG muß, wenn durch die Prüfung diese Beschlüsse beanstandet werden, in entsprechender Anwendung des Abs. 2 S. 2 die GV erneut beschließen. Dies entspricht der ratio legis des S. 2, der lediglich das Verfahren für den Fall erleichtert, daß bei testatspflichtigen eG nach eingeschränktem Bestätigungsvermerk keine neue GV durchgeführt werden muß. War die Prüfung **bereits abgeschlossen**, muß unverzüglich bei großen eG (§ 58 Abs. 2 i. V. m. § 267 Abs. 3 HGB) eine erneute Prüfung durchgeführt werden; eine erneute GV ist nicht erforderlich.

*b) Fehlerhafte Beschlüsse*

7 Eine von der GV genehmigte **fehlerhafte** Bilanz kann u. U. nichtig oder anfechtbar sein. Nichtig ist eine Bilanz, die nicht nur unwesentlich gegen zwingende gesetzliche Vorschriften (z. B. die Bewertungsvorschriften, soweit sie die Bewertung nach oben begrenzen) oder gegen die guten Sitten verstößt (RGZ 68, 243, 316; 72, 37; LG Plauen, BlfG 1936, 796). Die Vor-

aussetzungen der Anfechtbarkeit bestimmen sich nach § 51 (z. B. Verstöße gegen nicht zwingende gesetzliche oder Satzungsvorschriften); Einschränkung der Anfechtung durch § 33 Abs. 2 auf wesentliche Beeinträchtigungen der Klarheit des Jahresabschlusses. Keine Anfechtung durch die ausgeschiedenen Mitglieder (KG, OLGRspr. 1936, 285).

Von der Anfechtung ist die **Berichtigung** einer genehmigten Bilanz zu unterscheiden. Sie ist auch nach Ablauf der Anfechtungsfrist durch die GV möglich. Berichtigung ist aber nur zulässig, wenn durch die neue Bilanz ein gesetzmäßiger Zustand hergestellt wird (RGZ 32, 95). Eine Bilanz, die nach Gesetz und Satzung vorschriftsmäßig aufgestellt und genehmigt ist, gilt als richtig und damit für die Auseinandersetzung gemäß § 73 maßgebend, auch wenn sich nachträglich ihre objektive Unrichtigkeit herausstellt (RGZ 68, 3; vgl. aber RGZ 122, 33 ff). Über die Berichtigung einer Genossenschaftsbilanz mit bindender Wirkung für die ausgeschiedenen Mitglieder vgl. auch *Schmidt v. Rhein*, DRZ 1935, 82. Nach LG Hamburg (GWW 1956, 577) steht die Rechtskraft eines Urteils, durch das ein Anspruch auf Auszahlung des Auseinandersetzungsguthabens abgewiesen ist, einer neuen Klage nicht entgegen, wenn infolge Änderung der Auseinandersetzungsbilanz der abgewiesene Anspruch doch noch zur Entstehung gelangt. **8**

### 2. Beschlußfassung der Generalversammlung über die Gewinn- oder Verlustverteilung

§ 48 regelt nunmehr ausdrücklich, daß die GV über die Verwendung des Jahresüberschusses oder die Deckung eines Jahresfehlbetrags beschließt. Damit ist klargestellt, daß die GV über die Verwendung des **gesamten ungeteilten** Gewinns bzw. Verlustes entscheidet (allgemeiner gesellschaftlicher Grundsatz, der positiv-rechtlich in § 174 AktG geregelt ist; s. a. § 275 Abs. 4 HGB [Anhang zu § 33: § 275 HGB Rdn. 26]; zu Vorwegzuweisungen s. Rdn. 13).Die GV entscheidet mithin nicht nur über den auf die Mitglieder entfallenden Teil des Gewinns bzw. Verlustes (vgl. *Schubert/Steder*, § 48 Rdn. 3; unrichtig *Müller*, 1. Aufl., § 48 Rdn. 7, der mit der Begründung, der Gewinn oder der Verlust müsse nach § 19 unter die Mitglieder verteilt werden, die Meinung vertritt, § 48 beinhalte lediglich die ausdrückliche Feststellung, daß die GV im Rahmen der Aufstellung des Jahresabschlusses den Jahresüberschuß nicht als Gewinn ausweisen müsse, sondern ihn auch z. B. Reservefonds zuweisen könne; nach *Müller* handelt es sich dann nicht um Gewinn; vgl. auch unten Rdn. 15). Voraussetzung ist ein ordnungsgemäßer Jahresabschluß. Verluste, die sich aus einem Status oder einer Zwischenbilanz ergeben, können nicht zu den in Rdn. 11 genannten Beschlüssen führen. **9**

10 Zu unterscheiden ist zwischen dem Jahresüberschuß und dem Bilanzgewinn. Der **Jahresüberschuß** ist der Überschuß eines Geschäftsjahrs, der sich bei Verrechnung der Aufwendungen mit den Erträgen ergibt (§ 19 Rdn. 3). Im umgekehrten Fall entsteht ein **Jahresfehlbetrag.** (Zum Begriff **Bilanzgewinn** und **Bilanzverlust** s. § 19 Rdn. 5). Zwar fließen Vorträge auf neue Rechnung begrifflich nicht in den Jahresüberschuß ein, jedoch hat die GV mit dem Beschluß, bestimmte Beträge auf neue Rechnung vorzutragen, konkludent beschlossen, über die Verwendung dieser Beträge im nächsten Jahr zu befinden (vgl. hierzu § 19 Rdn. 3).

11 Über die **sonstigen Möglichkeiten** der Gewinn- bzw. Verlustbehandlung enthält das Gesetz nichts. Es bestehen folgende Möglichkeiten:
- Vortrag auf neue Rechnung
- Zuweisung des Gewinns in die gesetzliche Rücklage bzw. Heranziehung der gesetzlichen Rücklage zur Verlustdeckung (vgl. hierzu auch § 20 und § 7 Nr. 3 sowie die dortigen Erläuterungen)
- Zuweisung in die anderen Ergebnisrücklagen bzw. deren Heranziehung zur Verlustdeckung entsprechend den einschlägigen Satzungsregelungen
- Zuweisung zu den Geschäftsguthaben bzw. Heranziehung der Geschäftsguthaben zur Verlustdeckung (vgl. § 19 und die dortigen Erläuterungen sowie § 7 Rdn. 24, 55).

*a) Gewinnverteilung*

12 Der Anspruch der Mitglieder auf den Gewinn setzt einen **GV-Beschluß** voraus (RGZ 15, 99; 37, 62; RG, DJZ 1936 Sp. 1309 für AG); er verjährt sodann in 30 Jahren. Der Anspruch auf Feststellung des auf die Mitglieder entfallenden Gewinns ist kein einklagbares Sonderrecht der Mitglieder (RG, JW 1916, 409). Es dürfte auch zulässig sein zu beschließen, daß die Dividende nicht mit der GV, sondern erst zu einem späteren Zeitpunkt fällig wird. Nicht zulässig ist es, in der Satzung dem Vorstand die Befugnis einzuräumen zu entscheiden, welche Teile des Überschusses den Ergebnisrücklagen zugewiesen werden. Die Satzung kann jedoch vorsehen, daß bestimmte (Mindest-)Beträge in die Ergebnisrücklagen einzustellen sind; auch in diesem Fall bedarf es eines GV-Beschluß, der jedoch die Satzungsregelungen zu berücksichtigen hat.

13 An Vorschlägen des Vorstands, soweit sie über die zwingenden Satzungsregelungen hinausgehen, ist die GV nicht gebunden (*Meyer/Meulenbergh/Beuthien*, § 48 Rdn. 2). Über **Vorwegzuweisungen** des Vorstands, die ihrem Charakter nach nur Vorschläge sind, ist deshalb der GV gesondert zu berichten, und zwar über die gesamten Vorwegzuweisungen. Wird über den Jahresabschluß beschlossen, in dem der Gewinn auszuweisen ist, sind von diesem Beschluß auch die Vorwegzuweisungen erfaßt. Verwirft

die GV den in den Jahresabschluß eingeflossenen Vorschlag, führt dies zu einer Änderung des Jahresabschlusses, auf die Abs. 2 anzuwenden ist.

*b) Verlustverteilung*

Die GV beschließt gleichermaßen über die Behandlung des **gesamten, ungeteilten** Verlustes (§ 33; abwegig *Müller*, § 48 Rdn. 7, der einen Verlustausweis dann nicht für erforderlich hält, wenn er z. B. durch die Bildung von Vortragsposten ausgeglichen wird). Insoweit gilt das in Rdn. 9, 11 Gesagte. Hat der Vorstand (zusammen mit dem Aufsichtsrat) von seiner satzungsgemäßen Befugnis, über die Verwendung der anderen Ergebnisrücklagen zu beschließen, Gebrauch gemacht und diese zur (teilweisen) Verlustdeckung noch im alten bzw. im neuen Geschäftsjahr herangezogen, liegt gleichwohl ein Jahresfehlbetrag vor (s. Definition in Rdn. 10), der als solcher auszuweisen ist (s. § 275 Abs. 3 Nr. 19 HGB und § 275 Abs. 4 HGB). Es ist nicht anders zu verfahren wie bei einer **Vorwegdeckung**, die ihrem Charakter nach nur ein Vorschlag des Vorstandes bei der Aufstellung des Jahresabschlusses zur Verlustdeckung ist; so wird u. U. der GV ein ausgeglichenes Ergebnis vorgelegt. Es gilt das in Rdn. 13 Gesagte entsprechend. **14**

Zur **Deckung** des am Jahresende bestehenden Verlustes kann die GV die gesetzliche, aber auch die anderen Ergebnisrücklagen sowie die Geschäftsguthaben heranziehen, u. U. auch auf neue Rechnung vorgetragen (abwegig *Müller*, § 48 Rdn. 7, der die Auffassung vertritt, daß der im Jahresabschluß ausgewiesene Verlust nach der zwingenden Regelung des § 19 unter die Mitglieder zu verteilen sei; werde er durch die Auflösung der Reserven oder durch die Bildung von Vortragsposten ausgeglichen, brauche er nicht im Jahresabschluß ausgewiesen zu werden). **15**

Die GV kann auch die anderen Ergebnisrücklagen zur Verlustdeckung heranziehen, wenn die Satzung die Verwendung dieser Ergebnisrücklagen in die Zuständigkeit von Vorstand und Aufsichtsrat stellt (vgl. hierzu auch Rdn. 11). Das übergeordnete Recht der GV, über die Deckung von Verlusten zu entscheiden, kann nicht mit bindender Wirkung auf andere Organe delegiert werden. Die Art und Weise der Verteilung des auf die Mitglieder entfallenden Betrages des Verlustes regelt § 19 bzw. die Satzung. In keinem Fall kann die GV eine Umlage beschließen (hierzu § 19 Rdn. 30).

*c) Fehlerhafte Beschlüsse*

Der Gewinn- oder Verlustverteilungsbeschluß kann **nichtig** oder **anfechtbar** sein; er kann auch **berichtigt** werden. Es gilt das oben in Rdn. 7 und 8 Aufgeführte entsprechend. Jedoch dürfen die durch den ersten Beschluß begründeten Rechte der Genossen (z. B. auf Dividendenzahlung) nicht beeinträchtigt werden (RGZ 37, 62). Bezüglich der Verwendung des **16**

Gewinns ist auch § 19 zu berücksichtigen; übliche Anstandsschenkungen sind zulässig, ebenso Zuweisungen an Pensionsfonds (a. A. RGZ 40, 25).

### 3. Beschlußfassung der Generalversammlung über die Entlastung von Vorstand und Aufsichtsrat

17 Der GV ist ausdrücklich die **Entlastung** des Vorstands und des Aufsichtsrats (auch der Arbeitnehmervertreter) zugewiesen. Rechtlich geht es aber nicht um die Entlastung des Organs, sondern um die Entlastung der einzelnen Personen. Dies muß schon daraus folgen, daß ein Beschluß über die Entlastung Auswirkungen auf die Frage der persönlichen Haftung haben kann (s. § 34 Rdn. 143). Besteht Anlaß für eine unterschiedliche Beurteilung der einzelnen Organmitglieder, so muß jeder Teilnehmer an der GV die Möglichkeit haben, getrennte Abstimmung über die Entlastung der einzelnen Organmitglieder zu verlangen (zutreffend *Müller*, § 48 Rdn. 8; a. A. ohne überzeugende Begründung *Meyer/Meulenbergh/Beuthien*, § 48 Rdn. 7); anderenfalls hätte der Teilnehmer überhaupt keine Möglichkeit, bei der Entlastung seine Überzeugung zum Fehlverhalten einzelner Organmitglieder zum Ausdruck zu bringen.

18 Darüber hinaus kann die GV auch Geschäftsführern, die nicht dem Vorstand angehören, Entlastung erteilen; allerdings kommt diesem Beschluß nicht Verzichtswirkung zu, sondern lediglich Billigung, Vertrauenskundgebung und Quittung (Rdn. 19); über Verzicht auf Regreßanspruch entscheidet das für die Anstellung zuständige Organ.

19 **Inhalt** der Entlastung ist die **Billigung** der Geschäftsführung sowie die **Vertrauenskundgebung** für die weitere Geschäftsführung und die **Quittung** für die ordnungsgemäße Rechnungslegung (BGH, BB 1985, 1869 = WM 1985, 1200 = NJW 1986, 129 = ZIP 1985, 1325; OLG Hamburg, BB 1960, 996 = ZfG 1962, 141 m. Anm. *Schnorr von Carolsfeld*). Außerdem wirkt die Entlastung als **Verzicht auf Ersatzansprüche** oder als Anerkennung des Nichtbestehens derartiger Ansprüche; sie ist eine einseitige, keiner Annahme bedürftige organschaftliche Erklärung, die den Entlasteten von allen bei der Beschlußfassung **erkennbaren** Ersatzansprüchen freistellt (BGH, NJW 1959, 192; vgl. auch BGH, NJW 1969, 131; BGHZ 29, 385; sowie OLG Hamburg, a. a. O.; *Schubert/Steder*, § 48 Rdn. 4; a. A. *Meyer/Meulenbergh/Beuthien*, § 48 Rdn. 8 und *Müller*, § 48 Rdn. 10 unter Berufung auf die aktienrechtliche Literatur, die hier jedoch nicht einschlägig sein kann, da § 120 AktG (§ 104 AktG 1937 i. V. m. § 84 Abs. 4 S. 3 AktG 1937) eine Sonderregelung für die AG gibt und eine entsprechende Bestimmung für die eG fehlt, so eindeutig BGH, NJW 1959, 192 und aus der jüngeren Rechtsprechung BGH, BB 1985, 1869 = WM 1985, 1200 = NJW 1986, 129 = ZIP 1985, 1325). Erkennbar sind Ersatzansprüche (und

auch Kündigungsgründe), die der GV bei sorgfältiger Prüfung aller Vorlagen und Berichte bekannt sein konnten (BGH, WM 1986, 790 – GmbH; BGH, WM 1987, 651 – eV; BGH, ZIP 1988, 706 – eV; KG v. 12. 3. 1997 – 2 U 3326/96), d. h., bei sorgfältiger Prüfung müssen die Tatsachen, aber auch ihre Rechtsfolgen erkennbar sein. Unter diesen Voraussetzungen hat auch eine unterlassene Prüfung Verzichtswirkung. Ansprüche – so der BGH zum Vereinsrecht –, die aus den Rechenschaftsberichten des Vorstandes und den der Mitgliederversammlung bei der Rechnungslegung unterbreiteten Unterlagen nicht oder doch in wesentlichen Punkten nur so unvollständig erkennbar sind, daß die Vereinsmitglieder die Tragweite der ihnen abverlangten Entlastungsentscheidung bei Anlegung eines lebensnahen, vernünftigen Maßstabs nicht zu überblicken vermögen, werden von der Verzichtswirkung nicht erfaßt. Dies gilt insbes. für solche Ansprüche, die erst nach eingehendem Vergleich und rechtlicher Auswertung verschiedener Unterlagen ersichtlich sind, die der Mitgliederversammlung bei Fassung des Entlastungsbeschlusses nicht oder nicht vollständig vorliegen (BGH, ZIP 1988, 706 – eV; vgl. auch BGH, ZIP 1987, 635 = WM 1987, 651 – eV). Die Verzichtswirkung erstreckt sich auch auf Ansprüche gegen Organmitglieder aus ungerechtfertigter Bereicherung, sofern die die Bereicherung begründende Vermögensverschiebung auf Maßnahmen der Organtätigkeit zurückzuführen ist (vgl. BGH, BB 1986, 1252 – GmbH-Geschäftsführer). Soweit der Prüfungsbericht nicht in der GV verlesen worden ist, kann in der Erteilung der Entlastung kein Verzicht auf Schadensersatzansprüche wegen solcher Pflichtverletzungen gesehen werden, die nur aus dem Prüfungsbericht erkennbar waren. Die Erkennbarkeit kann sich auch aus sonstigen Berichterstattungen (z. B. des Aufsichtsrats) ergeben.

Die Entlastung kann nicht im voraus, sondern nur **nachträglich** erfolgen (RG, JW 1905, 698; OLG Rostock, BlfG 1934, 539 und OLG Königsberg, BlfG 1935, 588). Sie hat stets ausdrücklich zu erfolgen; die Genehmigung des Jahresabschlusses bedeutet nicht gleichzeitig die Entlastung. 20

Die Entlastung unterliegt nur der gesellschaftsrechtlichen **Anfechtungsklage**, nicht aber auch der Anfechtung wegen Irrtums oder arglistiger Täuschung nach §§ 119, 123 BGB. Ebensowenig kann sie aus dem Gesichtspunkt ungerechtfertigter Bereicherung zurückgenommen oder einredeweise entkräftet werden, wenn sich nachträglich herausstellt, daß bis dahin nicht erkannte Ersatzansprüche bestanden (RG, DR 1941, 508). 21

Vorstands- und Aufsichtsratsmitglieder haben grundsätzlich einen einklagbaren **Anspruch auf Beschlußfassung**, ob Entlastung erteilt oder abgelehnt wird, es sei denn, es ist sachlich gerechtfertigt, von einer Beschlußfassung vorübergehend, z. B. weil die erforderliche Sachverhaltsaufklärung noch nicht abgeschlossen ist, oder auf Dauer abzusehen (ähnlich *Müller*, § 48 Rdn. 12; ohne Einschränkung einen Anspruch auf Entlastung 22 zuerkennend OLG Hamburg, BB 1960, 996 = ZfG 1962, 141 m. Anm. *Schnorr von Carolsfeld*; LG München, ZfG 1975, 232 m. Anm. *Großfeld/Apel*; *Schubert/Steder*, § 48 Rz. 4). Einen **Anspruch auf Entlastung** lehnt der BGH (BB 1985, 1869 = ZIP 1985, 1325 = NJW 1986, 129 = WM 1985, 1200) ausdrücklich ab, da Vertrauen in die künftige Geschäftsführung (Rdn. 19) nicht erzwungen werden kann. Etwas anderes gilt auch nicht, wenn die Entlastung aus offenbar unsachlichen Gründen, also willkürlich verweigert wird (BGH a. a. O).

**23** Ist die Entlastung wegen konkret bezeichneter Pflichtverletzungen und daraus entstehender Schadensersatzansprüche verweigert worden, kann **negative Feststellungsklage** nur erhoben werden, soweit es darum geht, daß diese Ansprüche nicht bestehen; eine weitergehende Feststellung, daß der eG aus einer Entlastungsperiode auch sonstige Ansprüche, derer sie sich nicht berühmt hat, nicht zustehen, kommt daneben nicht in Betracht (BGH, BB 1985, 1869 = WM 1985, 1200 = NJW 1986, 129 = ZIP 1985, 1325). Der **Streitwert** richtet sich grds. nach der Höhe der bestrittenen Ansprüche, nicht etwa nach der zur Entscheidung stehenden Bilanz.

**24** Aus dem Verzicht auf Schadensersatzansprüche, soweit diese erkennbar waren, ist abzuleiten, daß die GV auch dann entlasten kann, wenn dies tatsächlich zu einem derartigen Verzicht und damit zu einem **Nachteil** für die eG führt. Voraussetzung ist nur, daß die Entlastung nicht in einer gegen die guten Sitten verstoßenden Weise vorsätzlich zum Nachteil der eG erfolgt (RG, JW 1935, 921 für AG; OLG Königsberg, BlfG 1932, 321 und RGZ, DR 1941, 506).

**25** Die Entlastung steht regelmäßig auf der **Tagesordnung** der ordentlichen GV; es sind jedoch Fälle denkbar, in denen von einer Aufnahme in die Tagesordnung abgesehen bzw. der Punkt von der Tagesordnung abgesetzt werden muß (z. B. wenn Sachverhaltsfeststellungen und Prüfungen erforderlich werden). Zuständig für die Aufnahme und das Absetzen dieses Tagesordnungspunkts ist das Organ, das im konkreten Fall die GV einberuft. Die Zuständigkeit erlischt, wenn die Aufnahme und das Absetzen nicht mehr fristgemäß vor der GV angekündigt werden kann; sie geht dann auf die GV selbst über (§ 34 Rdn. 158).

**26** Wird in der GV die Beschlußfassung über den **Jahresabschluß** vertagt, so kann in der Regel auch nicht über die Entlastung beschlossen werden (vgl. RGZ 44, 66). Es kann aber die Genehmigung des Jahresabschlusses ausgesprochen und trotzdem die Entlastung abgelehnt werden (RGZ 44, 69; 49, 146; *Parisius/Crüger*, § 48 Anm. 5). Wird die Entlastung abgelehnt oder nicht ausdrücklich beschlossen, so bleiben trotz Genehmigung des Jahresabschlusses der eG die Regreßansprüche gegen die Verwaltung erhalten (BlfG 1933, 280).

Mitglieder des Aufsichtsrats haben bei der Entlastung der Vorstandsmitglieder und Mitglieder des Vorstands haben bei der Entlastung der Aufsichtsratsmitglieder kein Stimmrecht, weil sich die Verantwortungsbereiche überschneiden können, so daß die Beschlußfassung zu einer unzulässigen **„Selbstentlastung"** führen würde. Für Stimmenthaltung dieser Mitglieder ist daher ebenfalls kein Raum. Sie können auch nicht anderen insoweit Stimmrechtsvollmacht erteilen (Drittwirkung der Interessenkollision). 27

Die Entlastung kann in besonderen Fällen auch für einen **bestimmten Zeitraum** des Geschäftsjahrs (z. B. im Falle des § 37 Abs. 2 auch für das laufende Geschäftsjahr) erfolgen. Voraussetzung ist, daß die GV über die Geschäftstätigkeit dieses Zeitraums ausreichend unterrichtet wird (vgl. *Parisius/Crüger*, § 37 Anm. 8; *Citron*, BlfG 1931, 821). Nicht erforderlich ist eine Stichtagsbilanz oder gar eine Sonderprüfung durch den Prüfungsverband (zu eng *Müller*, § 48 Rdn. 13, der Rechnungslegung verlangt). Es genügt, wenn beispielsweise der Aufsichtsrat am Tage vor der GV eine Prüfung vornimmt und das betreffende Vorstandsmitglied alle in seinem Besitz befindlichen Unterlagen aushändigt (*Citron*, BlfG 1931, 821) sowie diesbezügliche mündliche Erklärung seitens des Aufsichtsrats (und ggfs. des Prüfungsverbands), daß nichts bekannt geworden sei, was der Entlastung auch für das laufende Geschäftsjahr entgegenstehen könne. 28

Die Entlastung kann jedem Mitglied der Organe einzeln erteilt oder verweigert werden (RGZ 75, 308). Wie zu verfahren ist, entscheidet der Versammlungsleiter, wenn nicht die GV die Entscheidung an sich zieht. Neben der personellen ist auch sachliche **Teilentlastung** des Vorstands möglich. 29

Wird zunächst Entlastung verweigert, kann trotzdem **später** – bei erneuter Beschlußfassung (hierzu § 43 Rdn. 84) – Entlastung erteilt werden. Der umgekehrte Fall ist grds. – wegen der Verzichtswirkung – nicht möglich. Wenn der Wille der GV dahin geht, kann sich die GV trotz Entlastung die Geltendmachung von Schadensersatzansprüchen vorbehalten. Eine derartige Einschränkung müßte jedoch vor der Beschlußfassung klargestellt werden. Die Entlastung ist dann lediglich eine mit materiellen Rechtsfolgen nicht verbundene Erklärung, die Geschäftsführung zur Kenntnis genommen zu haben. Wegen des Anspruchs der Organmitglieder auf Entlastung vgl. Rdn. 22. 30

Im **Konkurs** der eG ist zwar Entlastung durch die GV möglich; diese ist hier jedoch ausnahmsweise kein Verzicht auf Schadensersatzansprüche, weil die GV keine Beschlüsse mehr fassen darf, die die Konkursmasse u. U. mindern (§ 101 Rdn. 4). Hinsichtlich der Ersatzansprüche der eG ist nur ein Vergleich des Konkursverwalters mit den Verwaltungsmitgliedern möglich (RGZ 63, 203 für AG). 31

### III. Recht auf Einsichtnahme und Abschrifterteilung

**32** Bezüglich des Jahresabschlusses und des Lageberichts und der Bemerkungen des Aufsichtsrats s. § 33 Abs. 1; zur Einreichung an das Registergericht s. Anhang zu § 33: dort § 339 HGB.

**33** Das unentziehbare und einklagbare Recht der Mitglieder auf Einsicht und Abschrifterteilung (*Müller*, § 48 Rdn. 17) bezieht sich auf die Zeit **vor Genehmigung** des Jahresabschlusses (KGJ 13, 7). Dieses Recht steht allen Mitgliedern auch bei einer VV zu (Kernrecht der Mitgliedsbeziehung aufgrund des Förderauftrags). Mit der Ein-Wochen-Frist ist die Woche unmittelbar vor der GV gemeint. Eine längere Auslegungsfrist, z. B. vom Zugang der Einladung bis zur GV ist zulässig.

**34** Der Jahresabschluß sowie der Lagebericht sind vollständig – und nicht in einer Kurzfassung – der GV vorzulegen. Es genügt in der Regel die Vorlage eines Exemplars zur Einsichtnahme durch die in der GV anwesenden Mitglieder. Zusätzliche Exemplare sind notwendig, wenn mit zahlreichen Einsichtnahmen zu rechnen ist.

Daneben können Kurzfassungen den Mitgliedern ausgehändigt oder zugesandt werden. Auf diesen Kurzfassungen muß jedoch unmißverständlich kenntlich gemacht werden, daß es sich um eine nicht den gesetzlichen Formvorschriften entsprechende Veröffentlichung handelt.

**35** Festsetzung von **Zwangsgeld** gegenüber dem Vorstand (§ 160) ist möglich; die Verpflichtung des Registerrichters zur Einleitung des Zwangsgeldverfahrens besteht auf Antrag eines Mitglieds; das Beschwerderecht des Mitglieds ergibt sich aus § 19 FGG. Auch kann das Registergericht von Amts wegen tätig werden (§§ 160 Abs. 2 S. 1 i. V. m. § 14 HGB; § 132 FGG), wenn es in glaubhafter Weise Kenntnis von der Nichtbefolgung der sich aus § 48 Abs. 3 ergebenden Pflicht erhält.

**36** Wird einem Mitglied zu Unrecht die Einsichtnahme oder die Abschrift des Jahresabschlusses und des Geschäftsberichts versagt, sind die Beschlüsse der GV **anfechtbar**, wenn die Verweigerung ursächlich für den Inhalt der Beschlüsse ist (*Müller*, § 48 Rdn. 17). Die Mitglieder haben kein Recht, die eigentlichen Bücher und Schriften der eG einzusehen und Abschriften zu verlangen, da das Gesetz ein solches Recht nur bezüglich des Jahresabschlusses und des Geschäftsberichts geschaffen hat.

## § 49

## Beschränkungen für Kredite

**Die Generalversammlung hat die Beschränkungen festzusetzen, die bei Gewährung von Kredit an denselben Schuldner eingehalten werden sollen.**

Übersicht



## I. Allgemeines

Durch Novelle 73 wurde die frühere Verpflichtung, auch einen Gesamtbetrag der Anleihen der eG und der Spareinlagen festzusetzen, gestrichen. Die Praxis hatte gezeigt, daß diese Festsetzung der **Passivhöchstgrenze** keine Bedeutung mehr hatte. 1

Durch die neue Formulierung wird klargestellt, daß nicht unbedingt eine ziffernmäßige Höchstgrenze für Kredite festgelegt werden muß, sondern daß die GV **schlechthin „Beschränkungen"** zu beschließen hat. Im übrigen ergibt sich nunmehr aus dem Wortlaut eindeutig, daß die Beschränkungen nicht nur für Kredite an Mitglieder, sondern für alle Ausleihungen an irgendwelche Schuldner gelten. Für Kreditgenossenschaften berücksichtigt diese Fassung insbes. auch die Aufhebung von § 8 Abs. 2 durch Novelle 73. 2

§ 49 bezieht sich auf **alle** Arten von **eG**, also nicht nur auf Kreditgenossenschaften. Zweck ist, die ungerechtfertigte Bevorzugung einzelner Mitglieder oder Kunden zu verhindern (Förderung möglichst aller Mitglieder) und den der eG aus dem Vermögensfall eines einzelnen Schuldners drohenden Verlust zu beschränken (Amtliche Begründung II, 84, 224). Da bei diesem Zweck nicht die Schaffung eines individuellen Ersatzanspruchs erkennbar ist (BGHZ 46, 23 = DB 1976, 1665; *Palandt*, BGB § 823 Anm. 9b), ist § 49 kein Schutzgesetz i. S. d. § 823 Abs. 2 BGB (*Meyer/Meulenbergh/Beuthien*, § 49 Rdn. 3 a. E.; a. A. *Lommel*, ZfG 1986, 137 Fn. 90 u. 139). Die Pflicht, Beschränkungen zu beschließen, besteht unentziehbar für die GV; sie besteht auch als prophylaktische Maßnahme, wenn nicht beabsichtigt ist, Kredite zu gewähren. 3

Für die dem **KWG** unterliegenden eG vgl. auch §§ 10 und 13 KWG sowie die Grundsätze über das Eigenkapital und die Liquidität der Kreditinstitute, Bekanntmachung des Bundesaufsichtsamts für das Kreditwesen Nr. 1/69 v. 20. 1. 1969 (Bundesanzeiger Nr. 17 v. 25. 1. 1969) in der Fassung der Bekanntmachung betreffend Änderung der Grundsätze über das Eigenkapital und die Liquidität der Kreditinstitute v. 22. 12. 1972 (Bundesanzeiger Nr. 3 v. 5. 1. 1973 – abgedruckt in: *Reischauer/Kleinhans*, Kz. 195). 4

Bei § 49 GenG handelt es sich um eine Risikobegrenzungsvorschrift 5
(LG Amberg, Urt. v. 17. 6. 1993 – Az.: 14 O 989/92), die in erster Linie dem

**Schutze der Mitglieder** der eG dient, während die Bestimmungen des KWG als öffentlich-rechtliche Normen vor allem den Schutz der Gläubiger (Einleger) der Kreditinstitute bezwecken. Die Maßstäbe für die im KWG festgelegten Grenzen gelten daher nicht für die Grenzen nach § 49 GenG. Kreditgenossenschaften haben allerdings sowohl § 49 GenG als auch das KWG zu beachten.

**6** Für Wohnungsgenossenschaften gelten nach Aufhebung des WGG die allgemeinen Vorschriften. Sie bedürfen auch für Bankgeschäfte, die bislang zu den einem Wohnungsunternehmen „eigentümlichen Geschäften" erlaubnisfrei waren, der Erlaubnis nach § 32 KWG. Sie unterliegen den Bestimmungen des KWG, soweit sich nicht Besonderheiten aus § 12 Abs. 4 KWG und den zur Anpassung an die neue Rechtslage ergangenen Schreiben des BAK ergeben, s. i. E. § 1 Rdn. 101, § 6 Rdn. 27, § 16 Rdn. 62).

## II. Kreditbegriff des § 49

**7** Der Kreditbegriff des § 49 GenG ist nicht deckungsgleich mit dem des KWG (§§ 19, 20 KWG). **Kredit** im Sinne des § 49 ist die Begründung, Übernahme und Stundung von Geldforderungen mit dem Ziel, dem Schuldner Waren oder Leistungen und insbesond. Geldmittel zur Verfügung zu stellen. Abzustellen ist darauf, ob das **Fremdinteresse, den Empfänger zu unterstützen, ihm Hilfe zu leisten, dominiert (dann Kredit)** oder das Eigeninteresse einer günstigen Geldanlage im Vordergrund steht (dann kein Kredit, s. a. Rdn. 9). Zum Kreditbegriff vgl. *Schaffland*, Genossenschaftsforum 8/1976, 45 ff und 9/1976, 40 ff = BB 1982, 1694. Kredite sind – gleichgültig ob sie gesichert oder ungesichert sind und welcher Art die Sicherheiten sind – insbes. Gelddarlehen, Restkaufgelder und deren Umwandlung in Darlehen bei der Veräußerung von Wohnungsbauten, Ansprüche aus Termingeschäften (sofern die Valuta vor dem Termin zur Verfügung gestellt wird), übernommene Darlehensforderungen, Akzeptkredite, Diskontierung von Wechseln und Schecks, Stundung von Warenforderungen **einschließlich** der Einräumung handelsüblicher Zahlungsziele, die Lieferung von Waren und Erbringung von sonstigen Leistungen, sofern die Gegenleistung nicht sofort erbracht wird (a. A. *Müller*, § 49 Rdn. 3), damit also auch z. B. die monatliche Abrechnung bei Dauerschuldverhältnissen, Anzahlungen und Vorauszahlungen, Bürgschaften, Garantien, Verpfändungen eigener Aktiva und sonstige Gewährleistungen für Dritte (z. B. Patronatserklärungen vgl. *Schaffland*, BB 1977, 1021 ff) sowie die objektgebundene Gewährung von Vor- und Zwischenkrediten. Auch Darlehen der eG an ihre Tochtergesellschaften sind Kredite i. S. d. § 49. Kredite sind auch nicht in Anspruch genommene Kreditzusagen und Vorverträge.

Bei der **Bürgschaft**, Garantie und Verpfändung eigener Aktive besteht das Kreditverhältnis zwischen Bank und demjenigen, in dessen Auftrag die Bürgschaft etc. übernommen wurde. **Durchlaufende Kredite** und **Auftragskredite**, die eine Kreditgenossenschaft im eigenen Namen, aber für fremde Rechnung gewährt, fallen nicht unter § 49, da die eG nicht das Kreditrisiko trägt. Auftragskredite für eigene Rechnung fallen demgemäß unter § 49. Bei **Metakrediten** ist nur der eigene Anteil der Kreditgenossenschaft in die Höchstgrenze einzurechnen. Kredite, für die **Dritte** aufgrund einer Bürgschaft **haften**, auch wenn es sich um eine Staatsbürgschaft handelt, sind im Rahmen von § 49 anzurechnen. Auch **Kommunaldarlehen** etc. einer Kreditgenossenschaft sind Kredite i. S. d. § 49, obwohl die §§ 13–18 KWG nach der Vorschrift des § 20 Abs. 1 Ziff. 1 KWG nicht gelten. 8

**Keine Kredite** nach § 49 GenG sind Geldanlagen bei Banken, Beteiligungen, Bausparguthaben aus eigenen Verträgen, Guthaben aus Bausparvorratsverträgen, Inhaberschuldverschreibungen, **Derivate**, Investmentanteile, Wertpapiere, da sie Anlagecharakter haben und nicht das Fremdinteresse überwiegt (wegen des Spekulationscharakters ist hinsichtlich der letztgenannten ggfs. § 34 zu beachten). Geldhingaben an Länder sind Geldanlagen bei Banken gleichzusetzen, wenn der Anlagecharakter überwiegt; sie sind Kredite, wenn der Finanzierungscharakter, dem Land aus einem finanziellen Engpaß zu verhelfen (vgl. *Schaffland*, BB 1982, 1698 = Genossenschaftsforum 8/1976, 45 ff und 9/76, 40 ff), überwiegt. 9

## III. Beschränkungen

### 1. Umfang

Die Beschränkungen müssen sachgerecht sein. Sie dürfen wegen § 27 nicht zu eng, wegen des hinter § 49 stehenden Gedankens des Schutzes vor Risiko durch Risikoverteilung und der Förderung möglichst aller Mitglieder aber auch nicht zu weit gefaßt werden. Die Beschränkungen können für alle Arten von Krediten **einheitlich** als Gesamtsumme, aber auch in der Weise festgesetzt werden, daß für verschiedene Arten (z. B. Kontokorrent-, Wechsel-, Warenkredit) **besondere** Grenzen bestimmt werden, deren Zusammenrechnung dann die Gesamtkredit**höchstgrenze** ergibt. Es genügt aber auch, wenn der Kredithöchstbetrag so festgelegt wird, daß sich jederzeit zweifelsfrei feststellen läßt, ob die damit gezogene Grenze eingehalten ist oder nicht (vgl. BlfG 1923, 121). Auch kann die Höchstgrenze an die Bilanzsumme angekoppelt werden (Dynamisierung) oder an die Rücklagen oder Geschäftsguthaben. Die GV kann auch eine generelle Kredithöchstgrenze festsetzen mit der Maßgabe, daß diese in einigen (zahlenmäßig genau festgelegten) Ausnahmefällen (also z. B. in zwei Fällen) jeweils bis zu einem Betrag von x DM überschritten werden darf (a. A. *Müller*, § 49 Rdn. 5 unter 10

Berufung auf das Gleichbehandlungsgebot; da die Überschreitung jedoch für jedes Mitglied möglich ist, verstößt die Regelung von ihrem Grundsatz her nicht gegen das Gleichbehandlungsgebot).

11 Unter Beschränkungen ist nicht nur das Aufstellen von Kredithöchstgrenzen zu verstehen, sondern die Beschränkungen können auch **anderer Art** sein. Hierfür besteht ein praktisches Bedürfnis im allgemeinen nur im ländlichen Waren- und Dienstleistungsbereich (vgl. hierzu ausführlich *Schaffland*, Genossenschaftsforum 10/1976, 38 ff = BB 1982, 1698) u. U. auch bei Wohnungsgenossenschaften (§ 16 Rdn. 62 a. E.). Stets müssen die Beschränkungen alle Kreditarten erfassen, wie dies z. B. durch die Festsetzung einer Gesamtkredithöchstgrenze für Kreditgewährung jeglicher Art erreicht wird.

12 Aus dem **Förderauftrag** der eG dürfte sich ergeben, daß bei Kreditgenossenschaften für Kredite an Mitglieder nicht engere Beschränkungen festgelegt werden dürfen als bei Krediten an Nichtmitglieder. Bei Warengenossenschaften kann dies durchaus anders sein.

### 2. Zusammenrechnen

13 Unterhält ein Kreditnehmer mehrere Konten, die teils debitorisch, teils kreditorisch sind, so müssen im Rahmen des § 49 die debitorischen Salden allein Berücksichtigung finden ohne Möglichkeit einer **Kompensierung**. Kompensierung ist nur möglich, wenn die einzelnen Konten gemeinsam gestaffelt werden in der Weise, daß bei der Krediteinräumung der gemeinsame Saldo berücksichtigt wird und Verfügungen über Habenkonten nur insoweit zulässig sind, als dadurch der Gesamtsaldo nicht über die Kredithöchstgrenze steigt.

14 Kredite an eine Handelsgesellschaft und an einen ihrer persönlich haftenden Gesellschafter dürften – wenn die Satzung nichts anderes festgelegt – in aller Regel zusammenzurechnen sein, weil es sich im allgemeinen um ein **einheitliches Kreditrisiko** handelt. Nicht anders ist die Kreditgewährung an eine BGB-Gesellschaft und einen ihrer Gesellschafter zu behandeln. Gleiches gilt bei Krediten an Ehegatten, die in Gütergemeinschaft leben. Jedoch bleibt es unbenommen, auch im Falle der Zugewinngemeinschaft zusammenzurechnen. Den Krediten an ein Elternteil sollten stets die Kredite an die minderjährigen Kinder hinzugerechnet werden. Gleiches gilt bei Krediten an Unternehmen, die demselben Konzern angehören.

### 3. Mißachten der Beschränkungen

15 **Überschreitung** der Beschränkungen ist ohne Einfluß auf die Gültigkeit der einzelnen Geschäfte; Vorstand und Aufsichtsrat sind aber sowohl für

Nichtfestsetzung von Beschränkungen durch die GV als auch für Überschreitung der Beschränkungen nach §§ 34, 41 verantwortlich (RG, JW 1937, 683 = BlfG 1936, 988 u. RG, BlfG 1939, 281) – und zwar als Gesamtschuldner, KG v. 13. 2. 1997 – 2 U 3326/96 – allerdings nur der eG, nicht den Genossen, daß § 49 kein Schutzgesetz i. S. v. § 823 Abs. 2 BGB ist (vgl. hierzu Rdn. 3). Hat die Überschreitung z. B. der Kredithöchstgrenze einen Schaden verursacht, so kann sich der in Anspruch Genommene nicht darauf berufen, daß er im übrigen bei Prüfung der Voraussetzungen der Kreditgewährung nicht fahrlässig gehandelt habe (RG, BlfG 1939, 281). Die Überschreitung inzidiert grundsätzlich das Verschulden. Der in Anspruch Genommene müßte also darlegen, daß die Kreditvergabe nach betriebswirtschaftlichen Grundsätzen nicht zu beanstanden und daß auch die Überschreitung der Kredithöchstgrenze im konkreten Fall ausnahmsweise zu vertreten war.

### 4. Sonderfälle

Für sog. **Großkredite** = Kredite an einzelne Kreditnehmer, die 10 % des haftenden Eigenkapitals des Kreditinstituts übersteigen, legt § 13 KWG besondere Grenzen und Anzeigepflichten fest. Wegen der Einzelheiten vgl. § 13 KWG. **16**

Im übrigen kann gem. § 49 die Kreditgrenze **unabhängig** von den Vorschriften des KWG durch die GV bestimmt werden. **17**

Bei der **Verschmelzung** von Kreditgenossenschaften gelten nur noch die Grenzen, wie sie bei der übernehmenden eG bestehen. Es ist darauf zu achten, ob vor Verschmelzung bereits von der übertragenden eG Kreditzusagen gemacht worden sind, die die Höchstgrenze der übernehmenden eG überschreiten. Ist dies der Fall, so sollte im Verschmelzungsvertrag eine entsprechende Regelung für die Behandlung dieser Zusagen getroffen werden. **18**

## § 50

## Festsetzung von Einzahlungen auf den Geschäftsteil

**Soweit das Statut die Genossen zu Einzahlungen auf den Geschäftsanteil verpflichtet, ohne dieselben nach Betrag und Zeit festzusetzen, unterliegt ihre Festsetzung der Beschlußfassung durch die Generalversammlung.**

*Übersicht*

## I. Voraussetzungen für eine Beschlußfassung der Generalversammlung

1 Gem. § 7 Ziff. 1 muß die Satzung bestimmen, welche Einzahlungen die Mitglieder auf den Geschäftsanteil zu leisten haben. In Höhe von einem Zehntel des Geschäftsanteils müssen diese Zahlungspflichten nach Betrag und Zeit in der Satzung festgelegt sein (vgl. Erl. zu § 7 Ziff. 1). Es ist denkbar, daß darüber hinausgehende Beträge als Pflichteinzahlungen geschuldet werden oder daß die Satzung insoweit nur eine Zahlungspflicht dem Grunde nach festlegt. § 50 gibt der eG die Möglichkeit, bei kurzfristigem Eigenkapitalbedarf ohne Satzungsänderung durch einfachen Beschluß der GV neue Verpflichtungen der Mitglieder zur Einzahlung auf die Geschäftsanteile zu begründen.

2 § 50 kommt nur zur Anwendung, wenn die Satzung eine solche **Zahlungspflicht dem Grunde nach** enthält, ohne Betrag und Zeit festzulegen. Die Satzung könnte z. B. lauten: „Der Geschäftsanteil ist voll einzuzahlen, ein Zehntel des Geschäftsanteils unmittelbar nach Beitritt zur Genossenschaft. Über weitere Einzahlungen beschließt die Generalversammlung gem. § 50 GenG". Sieht die Satzung eine Zahlung dem Grunde nach nicht vor, so bedarf es als Voraussetzung einer Beschlußfassung gem. § 50 zunächst einer entsprechenden Satzungsänderung.

3 Von diesem Fall ist die in manchen Bereichen übliche Regelung zu unterscheiden, wonach die Satzung eine sofortige Volleinzahlung vorsieht, dem Vorstand aber die Möglichkeit einräumt, eine bestimmte **Ratenzahlung** zu gewähren und für diesen Fall die Höhe der Raten und die Fälligkeitsdaten festlegt. Hier ist für die Anwendung von § 50 kein Raum. Die Raten müssen hinsichtlich Zulässigkeit, Höhe und Fälligkeit eine Grundlage in der Satzung haben; sie unterliegen insoweit nicht der Entscheidung des Vorstandes (näher § 7 Rdn. 24 ff; vgl. § 27 Rdn. 32).

4 Die in § 50 vorgesehenen Beschlüsse der GV müssen stets eine Grundlage in der Satzung haben. Über die Satzung hinausgehende Pflichteinzahlungen kann die GV nicht wirksam beschließen (ausgenommen § 87 a). Für die Beschlußfassung der GV kann die Satzung auch bestimmte Rahmenvorschriften enthalten, wie z. B. die Verpflichtung, über Einzahlungspflichten in bestimmten zeitlichen Abständen zu beschließen (vgl. *Müller*, § 50 Rdn. 5). Wegen der Erfüllung der Einzahlungspflicht durch Gutschrift von genossenschaftlichen Rückvergütungen vgl. Erl. zu § 19 Rdn. 46.

## II. Die Beschlußfassung der Generalversammlung

5 Das Gesetz regelt zwingend die Zuständigkeit der GV; die Satzung kann nichts anderes bestimmen (§ 18; RGZ 118, 222). Die Entscheidung der GV

kann auch nicht von der Zustimmung eines anderen Organs, z. B. des Vorstandes, abhängig gemacht werden (*Müller*, § 50 Rdn. 2).

Es ist z. B. auch nicht zulässig, daß die Satzung die sofortige Einzahlung eines Zehntels des Geschäftsanteils vorsieht, im übrigen aber die weiteren Einzahlungen von einer „Anforderung durch den Vorstand" abhängig macht; es würde die Zahlungspflicht dem Grunde nach in der Satzung fehlen und die ausschließende Zuständigkeit der GV für die Festlegung des Zahlungszeitpunktes gem. § 50 unberücksichtigt bleiben.

Die Beschlüsse bedürfen der **einfachen Mehrheit** der abgegebenen 6
Stimmen, soweit die Satzung nicht eine größere Mehrheit vorsieht.

Die **Gläubigerschutzvorschriften** des § 22 gelten nicht für Einzahlun- 7
gen aufgrund von Beschlüssen im Rahmen von § 50; sie finden vielmehr nur Anwendung für satzungsmäßige Einzahlungspflichten (*Müller*, § 50 Rdn. 4; *Schubert/Steder*, § 50 Rz. 1).

Im **Konkurs der eG** kann der Konkursverwalter Einzahlung auf den 8
Geschäftsanteil nur verlangen, soweit Fälligkeit gegeben ist, z. B. aufgrund Satzung oder Beschluß gem. § 50 (vgl. RGZ 135, 55; 141, 232).

## § 51

## Anfechtung von Beschlüssen der Generalversammlung

**(1) Ein Beschluß der Generalversammlung kann wegen Verletzung des Gesetzes oder des Statuts im Wege der Klage angefochten werden. Die Klage muß binnen einem Monat erhoben werden.**

**(2) Zur Anfechtung befugt ist jeder in der Generalversammlung erschienene Genosse, sofern er gegen den Beschluß Widerspruch zum Protokoll erklärt hat, und jeder nicht erschienene Genosse, sofern er zu der Generalversammlung unberechtigterweise nicht zugelassen worden ist oder sofern er die Anfechtung darauf gründet, daß die Berufung der Versammlung oder die Ankündigung des Gegenstandes der Beschlußfassung nicht gehörige erfolgt sei. Außerdem ist der Vorstand und, wenn der Beschluß eine Maßregel zum Gegenstande hat, durch deren Ausführung sich die Mitglieder des Vorstands und des Aufsichtsrats strafbar oder den Gläubigern der Genossenschaft haftbar machen würden, jedes Mitglied des Vorstands und des Aufsichtrats zur Anfechtung befugt.**

**(3) Die Klage ist gegen die Genossenschaft zu richten. Die Genossenschaft wird durch den Vorstand, sofern dieser nicht selbst klagt, und durch den Aufsichtsrat vertreten. Zuständig für die Klage ist ausschließlich das Landgericht, in dessen Bezirk die Genossenschaft ihren Sitz hat. Die mündliche Verhandlung erfolgt nicht vor Ablauf der im**

**ersten Absatz bezeichneten Frist. Mehrere Anfechtungsprozesse sind zur gleichzeitigen Verhandlung und Entscheidung zu verbinden.**

**(4) Die Erhebung der Klage sowie der Termin zur mündlichen Verhandlung sind ohne Verzug von dem Vorstande in den für die Bekanntmachung der Genossenschaft bestimmten Blättern zu veröffentlichen.**

**(5) Soweit durch ein Urteil rechtskräftig der Beschluß für nichtig erklärt ist, wirkt es auch gegenüber den Genossen, welche nicht Partei sind. War der Beschluß in das Genossenschaftsregister eingetragen, so hat der Vorstand dem Gerichte (§ 10) das Urteil behufs der Eintragung einzureichen. Die öffentliche Bekanntmachung der letzten erfolgt, soweit der eingetragene Beschuß veröffentlicht war.**

*Übersicht*



## I. Allgemeines

### 1. Anfechtbarkeit

1 Im GenG ist die Anfechtung von GV-Beschlüssen durch **Anfechtungsklage** geregelt. Einzelheiten hierzu, wie z. B. Anfechtungsgründe, Befugnis zur Anfechtung und Verfahren, enthält § 51. Nicht geregelt sind im Genossenschaftsrecht Fragen der Nichtigkeit von Beschlüssen (vgl. unten Rdn. 9 ff).

2 Beschlüsse der GV sind **anfechtbar**, wenn sie gegen zwingende gesetzliche oder satzungsmäßige Bestimmungen verstoßen, die nicht nur reine Ordnungsvorschriften sind und soweit der Verstoß nicht mit Rücksicht auf die Außenwirkung Nichtigkeit zur Folge haben muß (vgl. *Baumbach/Hueck*, AktG, § 243 Rdn. 7; *Müller*, § 51 Rdn. 3; *Paulick*, S. 263; a. A. *Schubert/Steder*, § 51 Rz. 1, die eine Anfechtung nur bei Verstößen gegen nicht zwingende Vorschriften in Betracht ziehen).

Anfechtbarkeit eines Beschlusses bedeutet, daß der mangelhafte Beschluß als voll wirksam gilt, bis er im Wege einer (begründeten) Anfechtungsklage durch Urteil für nichtig erklärt wird. Ein Beschluß wird gültig mit dem Inhalt, wie er **verkündet** ist. Formelle oder materielle Mängel, die eine Anfechtbarkeit begründen, können nur durch Anfechtungsklage geltend gemacht werden (BGH, AG 1988, 233). 3

Falls z. B. die Wahl in ein Organ der eG angefochten wird (vgl. unten Rdn. 46), so kann das möglicherweise anfechtbar gewählte Organmitglied aus der genossenschaftlichen Treuepflicht gehalten sein, bis zur endgültigen Entscheidung der Anfechtungsklage an Organbeschlüssen nicht mitzuwirken; bei begründeter Anfechtung könnte der Beschluß nichtig sein, sofern die Mitwirkung des fehlerhaft gewählten Organmitglieds für das Beschlußergebnis ursächlich war. 4

**Heilung** eines anfechtbaren Beschlusses kann dadurch geschehen, daß alle Anfechtungsberechtigten auf die Anfechtung verzichten oder daß die Frist für die Klageerhebung abgelaufen ist (vgl. unten Rdn. 116 ff). 5

Soweit der Mangel darin besteht, daß die erforderliche Zustimmung eines Betroffenen fehlte, kann diese noch nachträglich erteilt werden. 6

Bei der Anfechtung ist der **genossenschaftliche Treuegrundsatz** zu beachten (s. § 18 Rdn. 50 ff). Unzulässig ist daher eine Anfechtung, um aus genossenschaftsfremden Beweggründen den eigenen Willen oder ungerechtfertigte Vorteile durchzusetzen (vgl. BGH, BB 1962, 426; *Meyer/Meulenbergh/Beuthien*, § 51 Rdn. 17). Unzulässig ist eine Anfechtung, die aus Fremdinteresse betrieben wird (z. B. Einflußnahme politischer Gruppen oder außenstehender Interessenvereinigungen). Anfechtung kann auch gem. § 226 BGB unzulässig sein, wenn sie nur zu dem Zweck durchgeführt werden soll, der eG, dem Vorstand oder anderen Mitgliedern Schaden zuzufügen (Beispiel: Anfechtung der Beschlüsse wegen Nichteinladung zur GV, obwohl der Anfechtende zuvor trotz Einladung nie teilgenommen hat; vgl. auch Rdn. 25 und 85). 7

Zum Klagerecht als Minderheitenschutz: *Bereska*, Kooperations- und genossenschaftswissenschaftliche Beiträge, Bd. 23, Institut für Genossenschaftswesen der Universität Münster. 8

### 2. Nichtigkeit

Nichtigkeit liegt nur ausnahmsweise vor; im Zweifel ist lediglich Anfechtbarkeit gegeben schon wegen der Sonderregelung in § 51 GenG. 9

Die **Nichtigkeit eines Beschlusses** ist dann gegeben, wenn sein Inhalt oder die Art des Zustandekommens gegen zwingende Vorschriften verstoßen (vgl. unten Rdn. 14) – oder wenn aufgrund einer Anfechtungsklage der

Beschluß durch Urteil für nicht erklärt wird. Ein nichtiger Beschluß hat keine rechtlichen Wirkungen (vgl. BGHZ 11, 239).

10 Im Gegensatz zur Anfechtbarkeit ist die Nichtigkeit im GenG nicht geregelt. Die §§ 241 ff AktG können grundsätzlich analog angewandt werden, soweit nicht spezifische Verhältnisse des Genossenschaftsrechts eine Analogie ausschließen (vgl. RGZ 170, 83; BGHZ 18, 334; BGHZ 32, 318 = NJW 1960, 1447; BGHZ 70, 387; BGH, NJW 1978, 1325 = BB 1978, 629; BGH, WM 1982, 582 = DB 1982, 1317 = NJW 1982, 2558 = ZfG 1982, 296 m. Anm. *Hadding* = BB 1982, 1075; vgl. *Müller*, § 51 Rdn. 1).

Nach BGH (Beschl. v. 1. 7. 1994, EWiR § 51 GenG 1994 m. Anm. *Schaffland*) findet der in § 241 AktG enthaltene Grundsatz auch auf eG Anwendung; danach führen nur die in dieser Vorschrift genannten Gründe zur Nichtigkeit von Beschlüssen.

Nichtig sind Beschlüsse;

– die mit dem Wesen der eG nicht vereinbar sind (analog § 241 Ziff. 3 AktG),
– die den gesetzlichen Gläubigerschutz verletzen (ebenfalls Ziff. 3),
– die inhaltlich gegen die guten Sitten verstoßen (Ziff. 4).

11 **Nicht anwendbar** sind folgende für das Aktienrecht spezifische Regelungen: § 241 Ziff. 2 AktG, wegen der im Aktienrecht vorgeschriebenen notariellen Beurkundung von Hauptversammlungsbeschlüssen (vgl. § 130 AktG), §§ 250 ff AktG über die Nichtigkeit und Anfechtbarkeit der Wahl von Aufsichtsratsmitgliedern, §§ 253 ff AktG über die Nichtigkeit und Anfechtbarkeit von Beschlüssen über die Verwendung des Bilanzgewinns, § 255 AktG über die Anfechtung eines Beschlusses betreffend eine Kapitalerhöhung, §§ 256 ff AktG über die Nichtigkeit des Jahresabschlusses. Aus den analog anzuwendenden Vorschriften des Aktienrechts folgt, daß nur besonders schwere Mängel zur Nichtigkeit führen. Im Gegensatz zum GmbH-Recht, wo Nichteinladung des Gesellschafters zur Nichtigkeit gefaßter Beschlüsse führt (OLG Frankfurt, DB 1983, 2678), sieht § 51 Abs. 2 in solchen Fällen ausdrücklich nur Anfechtbarkeit vor.

12 Dagegen können **genossenschaftsspezifische Gründe** zur Nichtigkeit führen. Dies z. B. bei Beschlüssen, die in krassem Widerspruch zu anerkannten genossenschaftlichen Grundsätzen stehen – wie die Selbsthilfe, Selbstverwaltung und Selbstverantwortung (*Meyer/Meulenbergh/Beuthien*, § 51 Rdn. 7; vgl. OLG Nürnberg, DB 1982, 166). Vergleichbar auch Fälle, in denen rechtlich vorgegebene genossenschaftliche Strukturen mißachtet werden, z. B. durch Eingriffe der GV entgegen § 27 Abs. 1 in Einzelfragen der Geschäftsleitung, oder Vorstandsbeschlüsse, die den Kernbereich der eG berühren und damit nur von der GV entschieden werden können (s. a. § 27 Rdn. 19 u. § 43 Rdn. 10).

Gem. § 147 Abs. 3 FGG kann ein Beschluß der GV als nichtig gelöscht werden, wenn sein Inhalt zwingende gesetzliche Vorschriften verletzt und die Beseitigung im öffentlichen Interesse erforderlich scheint. In dieser Vorschrift ist in erster Linie der Gesichtspunkt der **Löschung von Amts wegen** behandelt und nicht die Frage, wann ein Beschluß der GV nichtig ist. Die Auffassung, daß auch ein Verstoß gegen zwingende satzungsmäßige Vorschriften zur Nichtigkeit führen kann, steht daher nicht im Widerspruch zur Vorschrift des § 147 FGG. **13**

Ein GV-Beschluß ist grundsätzlich nur dann **nichtig, wenn gegen zwingende** (gesetzliche oder satzungsmäßige) **Vorschriften verstoßen wird**, die vor allem im öffentlichen Interesse ergangen sind und auf deren Einhaltung die Beteiligten nicht wirksam verzichten können, sofern der Mangel offenkundig ist (vgl. RGZ 118, 72; 120, 28; 120, 363; für Vereinsrecht vgl. BGHZ 59, 369, 372; auch BGH, DB 1987, 1829 = ZIP 1987, 1117), also schlechthin dann, wenn ein Beschluß zu einem „rechtlich und sittlich unvertretbaren Zustand" führen würde (LG Bonn v. 30. 1. 1979 – Az. 2 O 336/78). Nichtigkeit eines Beschlusses schließt eine nachträgliche Genehmigung oder „Heilung" grundsätzlich aus (vgl. OLG Frankfurt, DB 1983, 2678). Gem. § 242 AktG kann unter den dort genannten Voraussetzungen durch Zeitablauf und Eintragung im Handelsregister Heilung nichtiger Beschlüsse eintreten; im übrigen soll die unverzügliche Genehmigung eines übergangenen Gesellschafters ebenfalls zur Heilung führen (vgl. OLG Frankfurt a. a. O.). **14**

Die Abgrenzung zwischen Nichtigkeit und Anfechtbarkeit kann nur fallbezogen durchgeführt werden. Besondere Umstände des Einzelfalles können Nichtigkeit begründen auch in Sachverhalten, die allgemein nur zur Anfechtbarkeit führen (s. Beispiel unter Rdn. 25).

**Fälle der Nichtigkeit** sind z. B:

– Einberufung der GV durch einen offensichtlich Unbefugten (BGHZ 18, 334); allerdings keine Nichtigkeit, wenn alle Mitglieder erschienen und einverstanden sind. Keine Nichtigkeit, wenn ein im Genossenschaftsregister eingetragener Vorstand die GV einberufen hat, obwohl bei der Bestellung Mängel vorliegen (RG, JW 1936, 2311). Ebenfalls keine Nichtigkeit (jedoch Anfechtbarkeit), wenn entgegen der Satzung nicht der Aufsichtsrat, sondern nur der Aufsichtsratsvorsitzende die GV einberuft (LG Bonn v. 30. 1. 1979 – Az.: 2 O 336/78). Keine Nichtigkeit, wenn Vorstandsmitglieder die GV einberufen, obwohl die Mitgliedschaft noch nicht durch Eintragung erworben ist, die Beitrittserklärung jedoch vorliegt. Dies muß insbes. in Fällen einer Notbestellung des Vorstandes gelten. **15**

Entgegen früherer Auffassung (RGZ 76, 170; KG, OLG 32, 129) wäre fehlende Beschlußfähigkeit kein Nichtigkeits- sondern nur ein **16**

Anfechtungsgrund (BGH, Beschl. v. 1. 7. 1994, EWiR § 51 GenG 1994 m. Anm. *Schaffland*).

17 – Wenn der Beschluß seinem Inhalt nach gegen die guten Sitten verstößt (RGZ 115, 378; 131, 141; BGHZ 15, 382 = NJW 1955, 221).

18 – Wenn der Beschluß durch seinen Inhalt zwingende Vorschriften des Gesetzes verletzt und seine Beseitigung im öffentlichen Interesse liegt (BayObLG, DB 1991, 2329).

19 – Überschreitung der Zuständigkeit der GV (OGHZ 2, 197).

20 – Die beschließende Versammlung hat überhaupt nicht die Eigenschaft einer GV ( RGZ, 141, 230).

21 – Nichtigkeit auch bei absolut unsinniger Protokollierung, wie z. B. wenn ein nicht gefaßter Beschluß protokolliert und der gefaßte Beschluß überhaupt nicht protokolliert wird, so daß sein Inhalt nicht eindeutig feststellbar ist (RGZ 125, 143).

22 – Beschluß über Zahlungen zur Verlustdeckung außerhalb gesetzlicher Möglichkeiten (OLG Braunschweig, JW 1936, 1387).

23 – Wenn der Beschluß besondere Vertragsrechte einzelner Mitglieder verletzt (RGZ 124, 182).

24 – Nichteinladung stimmberechtigter Mitglieder zu einer beschließenden Versammlung (BGHZ 59, 369 für den Verein; allerdings nur, wenn dies zumindest Einfluß auf das Abstimmungsergebnis haben kann, wobei die Beweislast bei der eG liegt, vgl. BGHZ, ebd., 374 ff).

25 – Nach Auffassung des OLG Jena führen Mängel in der Einberufung der GV grundsätzlich zur Nichtigkeit der in der Versammlung gefaßten Beschlüsse, jedenfalls dann, wenn offenkundig ein Mitglied bei der Einladung übergangen worden ist. In diesen Fällen sei auch der Nachweis fehlender Ursächlichkeit für den Beschluß nicht zugelassen (OLG Jena, Beschl. v. 8. 8. 1994, ZIP 21/1994, A 132 gegen BGHZ 59, 369). Bei Bewertung dieser Sachverhalte muß aber weiter differenziert werden: Es ist auch die Frage zu prüfen, welche Bedeutung die Nichteinladung und die Beschlüsse für die eG und das Mitglied haben. Bei einer eG mit mehreren tausend Mitgliedern wäre es nicht angemessen, bei Nichteinladung eines Mitglieds Nichtigkeit der Beschlüsse anzunehmen, dies umso mehr, wenn dieses Mitglied z. B. kein Interesse an der GV gezeigt hatte, indem es längere Zeit auf eine Teilnahme verzichtet hatte. Hier kann auch eine Anfechtung unzulässig sein (s. Rdn. 8, 52, 56).

26 – Wenn der genossenschaftliche Gleichbehandlungsgrundsatz vorsätzlich verletzt wird (*Schubert/Steder*, § 51 Rz. 5); gleiches gilt bei Verstößen, wenn der Gleichbehandlungsgrundsatz absolut gilt (vgl. Erl. unten Rdn. 77).

- Fehlen der satzungsmäßigen Mehrheit (vgl. RGZ 76, 171; KGJ 41, 151), wobei allerdings bei nicht offenkundigen Mängeln nur Anfechtbarkeit gegeben sein dürfte. 27
- Verstöße gegen Anordnungen des Bundesaufsichtsamtes für das Kreditwesen gem. § 45 KWG (nicht dagegen bei Verstoß gegen das WGG oder gegen Anordnungen der Anerkennungsbehörde – BGH, NJW 1959, 332). 28
- Offensichtlich fehlerhafte Bekanntmachung von Tagesordnungspunkten (vgl. *Müller*, § 51 Rdn. 9). Nichtankündigung von Beschlußgegenständen führt im Zweifel zur Nichtigkeit; dies gilt auch, wenn wesentliche Beschlüsse unter „Verschiedenes" gefaßt werden (vgl. § 46 Rdn. 31). 29
- Wenn das Beschlußergebnis vom Versammlungsleiter überhaupt nicht festgestellt wurde oder wenn die Feststellung (Verkündung) offensichtlich und zweifelsfrei willkürlich ist (BayObLG, DB 1991, 2329). In sonstigen Fällen fehlerhafter Feststellung nur Anfechtung. 30
- Beschlüsse sind unwirksam, wenn sie mit dem Wesen der eG unvereinbar sind (analog § 241 Ziff. 3 AktG; *Müller*, § 51 Rdn. 15; vgl. BGH, WM 1982, 582 = DB 1982, 1317 = NJW 1982, 2558). 31
- Die Nichtigkeit von Beschlüssen der GV kann sich im übrigen auch aus allgemeinen Vorschriften ergeben, wie z. B. aus §§ 123 (nach Anfechtung), 138, 242, 823, 826 BGB (vgl. BGH, NJW 1952, 98 = BB 1952, 10). 32
- bei Mißachtung von Voraussetzungen zur Wählbarkeit (vgl. § 36 Rdn. 19). 33

Die Nichtigkeit eines Beschlusses der GV gilt allgemein. Weder dürfen solche Beschlüsse von den Organen der eG beachtet, noch zum Genossenschaftsregister angemeldet und eingetragen werden (vgl. *Lutter*, NJW 1969, 1873 ff; *Müller*, § 51 Rdn. 23). Falls das Registergericht Gründe für eine Nichtigkeit zu erkennen glaubt, muß es entsprechende Ermittlungen anstellen. Die Anregung hierzu kann auch vom Vorstand oder Mitgliedern der eG ausgehen. 34

Werden nichtige Beschlüsse eingetragen, so können sie gem. § 147 Abs. 1 FGG i. V. m. § 142 Abs. 1 FGG von Amts wegen als unzulässig gelöscht werden (AG Regensburg, Beschl. v. 28. 2. 1983, GnR 578). 35

Für Dritte gibt es **keinen Schutz des guten Glaubens an die Wirksamkeit** nichtiger Beschlüsse der GV. U. U. können sich Dritte jedoch auf einen von der eG veranlaßten Rechtsschein berufen. 36

Im Falle, daß die Nichtigkeitsgründe nur auf **einen Teil des Beschlusses** wirken, findet § 139 BGB entsprechende Anwendung (*Godin/Wilhelmi*, AktG, § 241 Anm. 2; *Müller*, § 51 Rdn. 25). Die Nichtigkeit kann im Wege 37 der **Feststellungsklage** von jedem geltend gemacht werden, der ein entsprechendes Feststellungsinteresse hat (vgl. *Godin/Wilhelmi*, AktG, § 249 Anm. 2; *Müller*, § 51 Rdn. 29). Für eine Feststellungsklage nach § 256 ZPO, die nur zwischen den Klageparteien wirkt, besteht dann kein Festellungsinteresse, wenn der Beschluß alle Mitglieder betrifft; hier ist nur die **Nichtigkeitsklage** als besondere Feststellungsklage zugelassen (vgl. BGH, BB 1978, 629 = DB 1978, 977 = NJW 1978, 1325 aber Rdn. 128).

38 Für die Nichtigkeitsklage ist ausschließlich das **Landgericht** am Sitz der eG zuständig (entsprechende Anwendung von § 264 Abs. 3 S. 1 AktG). Die Nichtigkeitsklage muß – wie die Anfechtungsklage – auch dem Aufsichtsrat zugestellt werden, da die eG auch hierbei durch Vorstand und Aufsichtsrat vertreten wird; § 249 AktG ist auch hinsichtlich der formalen Voraussetzungen analog anwendbar (BGH a. a. O.). Berufung und Revision sind unabhängig vom Streitwert zulässig (*Müller*, § 51 Rdn. 31).

39 Die Nichtigkeitsklage ist an **keine Frist** gebunden (BGHZ 70, 387). Das Recht auf Klage gem. § 256 ZPO z. B. wegen Feststellung der Nichtigkeit eines Ausschlusses aus der eG ist verwirkt, wenn die Klage nicht innerhalb einer angemessenen Frist erhoben wird (OLG Frankfurt, ZfG 1990, 276; *Meyer/Meulenbergh/Beuthien*, § 68 Rdn. 21; s. Erl. zu § 68). Die Nichtigkeit von Beschlüssen der GV kann in analoger Anwendung von § 242 Abs. 2 AktG nicht mehr geltend gemacht werden, wenn der Beschluß in das Genossenschaftsregister eingetragen worden ist (z. B. Satzungsänderungen, Bestellung von Vorstandsmitgliedern, Verschmelzungsbeschlüsse) und seitdem drei Jahre vergangen sind (LG Würzburg v. 22. 12. 1983 – 1 O 2052/83; *Schaffland*, DB 1978, 1266). Diese nachträgliche Heilung ist allerdings ausgeschlossen, wenn ein rechtskräftiges Urteil über die Nichtigkeit des Beschlusses besteht. Die Dreijahresfrist beginnt mit der Eintragung im Genossenschaftsregister. Für die Erhebung der Nichtigkeitsklage (Klage auf Feststellung der Nichtigkeit) ist kein besonderes Feststellungsinteresse erforderlich; dieses Interesse ergibt sich stets aus der Zugehörigkeit zur eG (BGHZ 43, 261, 265).

40 Eine Löschung nichtiger Beschlüsse von Amts wegen kommt entsprechend §§ 142, 143, 144 Abs. 2 FGG nur in Betracht, wenn sie ihrem Inhalt nach zwingende gesetzliche Vorschriften verletzen und wenn die Beseitigung im öffentlichen Interesse erforderlich erscheint (§ 144 Abs. 2 FGG). Löschung aber auch, wenn ein Beschluß erkennbar und offensichtlich gar nicht vorliegt (vgl. BayObLG, DB 1991, 2339).

### 3. Sonstige Unwirksamkeit von Beschlüssen

41 Beschlüsse können **schwebend unwirksam** sein, wenn der Mangel noch nachträglich beseitigt werden kann. Dies gilt z. B bei Beschlüssen, die nur mit Zustimmung bestimmter Mitglieder wirksam werden können, weil sie

in deren Recht eingreifen (vgl. § 35 BGB Sonderrechte und Erl. zu § 18). Für solche schwebend unwirksamen Beschlüsse gelten weder die Regeln der Nichtigkeit noch die der Anfechtbarkeit (vgl. BGHZ 15, 181). Schwebend unwirksame Beschlüsse werden nicht nach Ablauf der Anfechtungsfrist (§ 51) wirksam (RGZ 37, 65; 51, 91). Sie können aber von den betroffenen Mitgliedern genehmigt und damit rückwirkend wirksam gemacht werden (BGHZ 15, 177). Die Genehmigung kann auch außerhalb der GV ausdrücklich oder stillschweigend erteilt werden (RGZ 68, 265; 128, 34; zu weitgehend RGZ 140, 246, wonach die Genehmigung schon darin liegen soll, daß die nicht erschienenen, anfechtungsberechtigten Mitglieder die Anfechtungsfrist verstreichen lassen).

Soweit im Zusammenhang mit einer Willensbildung in der eG ein Beschluß in der GV überhaupt nicht zustande gekommen ist, handelt es sich um einen **„Scheinbeschluß“** (vgl. BGHZ 11, 236; *Müller*, § 51 Rdn. 5). Im Wege der Festellungsklage kann jedoch festgestellt werden, daß ein wirksamer Beschluß der GV nicht vorliegt (§ 256 ZPO). **42**

Zur vorläufigen Sicherung des bestehenden Zustandes kann eine **einstweilige Verfügung** nach § 940 ZPO beantragt werden (vgl. LG Marburg, Urt. v. 24. 3. 1976 – Az.: 2 O 87/76). **43**

Nichtigkeit kann sich nicht nur auf Beschlüsse der GV beziehen, sondern auch Maßnahmen der Unternehmensleitung erfassen, insbesond., wenn die Zuständigkeit überhaupt fehlt. Beispiele: Vorstand beschließt den Jahresabschluß ohne Feststellung durch die GV; Vorstand beschließt Maßnahmen, die den „Kernbereich“ der eG betreffen, ohne den erforderlichen Beschluß der GV (s. § 43 Rdn. 10). **44**

## II. Gegenstand und Gründe der Anfechtung (Abs. 1)

### 1. Beschlüsse der Generalversammlung

**Gegenstand der Anfechtung** gem. § 51 können grundsätzlich nur **Beschlüsse** sein, die in der GV oder VV gefaßt worden sind. Es ist dabei unerheblich, ob es sich um Beschlüsse zu Sachfragen oder Verfahrensfragen handelt, ob ein Antrag abgelehnt oder angenommen worden ist. **45**

Aber **auch Wahlen** können Gegenstand von Anfechtungsklagen sein. Nach Auffassung des BGH (BGH, WM 1982, 582 = DB 1982, 1317 = NJW 1982, 2558 = ZfG 1982, 296 m. Anm. *Hadding* = BB 1982, 1075; so auch *Meyer/Meulenbergh/Beuthien*, § 51 Rdn. 14) müssen die für die Anfechtung und Nichtigkeit von Beschlüssen der GV maßgeblichen Regeln z. B. auch für die Wahl zur VV entsprechend gelten, auch wenn nicht durch einen Beschluß der VV, sondern des Wahlausschusses das Ergebnis der Wahl festgestellt worden ist. Die Entscheidung kann im Ergebnis überzeugen, erscheint aber rechtsdogmatisch fraglich, da es sich überhaupt nicht **46** um einen Beschluß handelt. Beschlüsse außerhalb der GV, wie z. B. auf den üblichen Bezirksversammlungen, unterliegen grundsätzlich nicht der Anfechtung nach dem GenG; auch **Beschlüsse anderer Organe** sind dieser Anfechtung entzogen. Voraussetzung der Anfechtbarkeit ist im übrigen auch, daß es sich um ein formales Beschlußverfahren gehandelt hat (vgl. hierzu Erl. zu § 43 Rdn. 76 ff).

47 Falls sich der die Anfechtung begründende Mangel nur auf **einen Teil des Beschlusses** auswirkt, ist § 139 BGB entsprechend anzuwenden (vgl. *Müller*, § 51 Rdn. 59). Dies bedeutet z. B., daß bei der Wahl mehrerer Mitglieder zum Aufsichtsrat nur der Wahlvorgang von der Anfechtbarkeit und dem Anfechtungsverfahren betroffen ist, bei dem konkrete Mängel vorliegen; die anderen Wahlvorgänge bleiben davon unberührt und sind rechtswirksam.

### 2. Verletzung von Gesetz oder Satzung

48 Ein **Verstoß gegen Gesetze**, der zur Anfechtung berechtigt, kann sich auf das Verfahren der Beschlußfassung wie auch auf den Beschlußinhalt beziehen (*Müller*, § 51 Rdn. 43; *Zöllner*, Kölner Kommentar, AktG, § 243 Rdn. 72). Die verletzte Rechtsnorm muß nicht dem Genossenschaftsrecht zuzuordnen sein, es kommt vielmehr jede Rechtsnorm, also Gesetze oder Verordnungen in Betracht. Verstöße gegen einzelvertragliche Vereinbarungen (vgl. RGZ 83, 380) oder die Verletzung reiner Ordnungsvorschriften können eine Anfechtung nicht begründen. Die Abgrenzung im einzelnen Fall ist schwierig, zumal „Sollvorschriften" in vielen Fällen als eindeutige Rechtspflicht gemeint sind, in anderen aber den Charakter von Ordnungsregelungen haben („sollte").

49 Die **Verletzung von Satzungsbestimmungen** führt gem. § 51 unter den gleichen Voraussetzungen zur Anfechtbarkeit wie die Verletzung gesetzlicher Vorschriften. Dies gilt grundsätzlich sowohl für Vorschriften zum Verfahren, als auch hinsichtlich eines Beschlußinhaltes.

50 Ein Verstoß gegen Gesetz oder Satzung kann nur dann die Anfechtung begründen, wenn er für das Beschlußergebnis **ursächlich** ist (vgl. BGHZ 36, 121; BGHZ 59, 369; *Müller*, § 51 Rdn. 45). Es dürfte allerdings eine natürliche Vermutung dafür sprechen, daß der Mangel auch für den Beschluß ursächlich war (vgl. BGHZ 14, 267; 36, 139; *Müller*, § 51 Rdn. 45). Die Stimmabgabe ohne Stimmrecht führt nicht zur Anfechtbarkeit eines Beschlusses, wenn feststeht, daß diese Stimme ohne Einfluß auf das tatsächliche Beschlußergebnis war (vgl. BGH, NJW 1952, 98). Kausalität dürfte demgegenüber stets gegeben sein, wenn das Ergebnis eines Beschlusses z. B. auf falschen Informationen durch den Vorstand beruht. Keine Anfechtbarkeit mithin, wenn der Mangel das Ergebnis nicht beeinflußt haben kann (BGHZ 59, 374), was der Verein beweisen muß (*Rei-*

*chert/Dannecker/Kühr*, Rdn. 366; *Palandt-Heinrichs*, BGB, § 32 Rdn. 2; vgl. auch Rdn. 95 sowie wegen der Beweislast Rdn. 132).

Auch Verstöße gegen gesetzliche Regelungen außerhalb des GenG können Anfechtung begründen, z. B. §§ 82 ff oder § 260 UmwG. Verstoß gegen die guten Sitten (§ 138 BGB) kann grundsätzlich Anfechtbarkeit begründen. Dies z. B. bei Machtmißbrauch der Mehrheit in der GV ohne Rücksicht auf das Wohl der eG und zum Schaden einer Minderheit (RGZ 119, 97, 104). **51**

Einzelne **Fälle der Anfechtbarkeit:**

- Mängel der Einberufung der GV, falls sie nicht so schwerwiegender Natur sind, daß die Versammlung überhaupt nicht als GV gelten kann (BGHZ 18, 334; BGHZ 59, 369; LG Bonn, AZ 2 O 336/78); Beispiele: Fehlt der Beschluß des für die Einberufung zuständigen Organs, so ist die Nichtigkeit die Folge (Arbeitsgericht Mainz, Urt. v. 28. 8. 1989 – 1 Ca 2088/87 nimmt für diesen Fall allerdings nur Anfechtbarkeit an); ist der Beschluß des Einberufungsorgans nur mangelhaft, z. B. weil ein Vorstandsmitglied nicht geladen war, so folgt daraus Anfechtbarkeit; **52**
- Einberufung an einen unzulässigen Ort (BayObLG, NJW 1959, 485; LG Würzburg v. 22. 12. 1983 – 1 O 2052/72); **53**
- zu unzulässiger Zeit (vgl. LG Darmstadt, BB 1981, 72); **54**
- Nichteinhaltung der Einberufungsfrist; **55**
- Zum Aktienrecht: Die rechtswidrige Nichtzulassung eines Aktionärs zur Hauptversammlung verletzt den Kerngehalt des Mitgliedschaftsrechts und begründet Anfechtung der Hauptversammlungsbeschlüsse; kein Beweis zugelassen, die Nichtteilnahme sei nicht ursächlich für die Beschlüsse gewesen (OLG Düsseldorf, DB 1991, 1826; s. auch Rdn. 25); **56**
- Mängel in der Ankündigung von Tagesordnungspunkten (vgl. RGZ 141, 230); Nichtankündigung von Tagesordnungspunkten führt im Zweifel zur Nichtigkeit (vgl. Rdn. 29). Kein Mangel, wenn alle erschienen und einverstanden (vgl. hierzu BGH, DB 1987, 1829 = ZIP 1987, 1117); **57**
- Fehlen der gesetzlich oder satzungsmäßig vorgeschriebenen Mehrheit bei der Beschlußfassung (BGHZ 14, 25 = 1954, 757 = NJW 1954, 1401; BGH, WM 1960, 860; BGH, BB 1961, 802; LG Wuppertal, GW 1964, 81). Dies gilt insbes. auch für den Fall, daß Stimmen zu Unrecht mitgezählt worden sind (BGH, NJW 1984, 1039). Hat in der GV der Vorsitzende zu Unrecht verkündet, ein Antrag sei wegen Fehlen der erforderlichen Stimmenmehrheit abgelehnt, so kann die hiergegen gerichtete Anfechtungsklage mit dem Antrag auf Feststel- **58**

lung verbunden werden, daß der Beschluß wirksam mit der erforderlichen Mehrheit zustande gekommen ist (BGH, BB 1980, 646);

59 – Fehlende Beschlußfähigkeit (BGH, Beschl. v. 1. 7. 1994, EWiR § 51 GenG, 1994 m. Anm. *Schaffland*; s. Rdn. 16).

60 – unzulässige Beeinflussung der Abstimmung (RGZ 114, 246; LG Würzburg v. 22. 12. 1983 – 1 O 2052/83);

61 – unangemessene Beschränkung der Redezeit (LG Würzburg a. a. O.);

62 – Generell berechtigen Rechtsverletzungen im Verlauf des Abstimmungsverfahrens zur Anfechtungsklage (BGH, NJW 1984, 1038);

63 – Teilnahme von Nichtmitgliedern an der Abstimmung (RGZ 106, 263), aber nur, wenn dadurch das Ergebnis der Abstimmung beeinflußt wird;

64 – Folgt die Wahl in den Aufsichtsrat Wahlvorschlägen des Vorstands oder einzelner Vorstandsmitglieder, so begründen diese Vorschläge die Anfechtbarkeit der Wahl. Stimmt die GV über einen gesetz- oder satzungswidrigen Vorschlag ab, ist der Rechtsfehler kausal für das Ergebnis der Wahl (OLG Hamm, ZIP 1985, 741 = ZfG 1986, 154; s. auch § 36 Rdn. 24).

65 – ein GV-Beschluß, der durch Machtmißbrauch oder Einschüchterung zustande gekommen ist (BGHZ 8, 348 = NJW 1953, 740);

66 – unzulässige Beeinflussung der Abstimmung durch interne Maßnahmen (RGZ 119, 243; RG, JW 1936, 181);

67 – Mißbrauch des Stimmrechts (BGHZ 48, 141);

68 – Die Verletzung des Auskunftsrechts der Mitglieder kann Anfechtung eines Beschlusses begründen, wenn sie für das Beschlußergebnis ursächlich war (vgl. BGHZ 36, 140; BGH, DB 1983, 273 für AG = NJW 1983, 878; OLG Celle, DB 1972, 1820). Das Anfechtungsrecht muß in diesen Fällen jedem Mitglied zuerkannt werden, auch wenn es das Auskunftsverlangen nicht gestellt hat (vgl. *Godin/Wilhelmi*, AktG, § 131 Anm. 7);

69 – unrichtige Feststellung des Abstimmungsergebnisses durch den Versammlungsleiter (vgl. RGZ 142, 123; 116, 83; 122, 102; 125, 143; 166, 175; BGH, BB 1980, 646); mit der Anfechtung kann der Antrag auf Feststellung des tatsächlich gefaßten Beschlusses verbunden werden (BGH, BB 1980, 646);

70 – Verletzung des genossenschaftlichen Gleichheitsgrundsatzes (RGZ 118, 72); soweit jedoch der Grundsatz absoluter Gleichbehandlung gilt (Höhe des Geschäftsanteils und der Haftsumme, Recht zum Ausscheiden aus der eG) führen Verstöße zur **Nichtigkeit** (vgl. JZ 56, 363; RGZ 118, 67; KG, JFG 2, 276; *Paulick*, S. 263). Nichtigkeit auch bei vorsätzlichen Verstößen gegen den Gleichbehandlungsgrundsatz;

- Verletzung der **Treuepflicht** (BGH, DB 1996, 1273; BGHZ 103, 184 = DB 1988, 593 für AG; BGHZ 76, 352 = DB 1980, 870 für GmbH) 71
- Verletzung des Anspruchs auf **rechtliches Gehör** bei Beschluß der GV über den Ausschluß eines Mitglieds (BGH, DB 1996, 1273; s. aber § 68 Rdn. 36). 72
- Die Leitung der GV durch eine Person, die in der Satzung dafür nicht vorgesehen ist, hat auf die Wirksamkeit der Beschlüsse grundsätzlich keine Auswirkung, da es sich im Zweifel um eine reine Ordnungsvorschrift handelt; Anfechtbarkeit aber dann gegeben, wenn gerade dieser Mangel ursächlich war für einen bestimmten Beschluß (LG Münster v. 15. 12. 1982 – Az.: 16 O 581/82); 73
- fehlt eine Feststellung und Verkündung des Beschlußergebnisses durch den Versammlungsleiter überhaupt, so liegt kein wirksamer Beschluß vor, so daß eine Anfechtung ausscheidet (*Müller*, § 51 Rdn. 48). 74
- Anfechtbar sind Beschlüsse, die die Grenzen der genossenschaftlichen Duldungspflicht für Mitglieder überschreiten (Amtsgericht Mainz, 10 C 360/85); 75
- Verschmelzungsbeschluß ohne Anhörung des Prüfungsverbandes gem. § 93 b Abs. 2 (LG Würzburg v. 22. 12. 1983 – 1 O 2052/83). 76

## III. Befugnis zur Anfechtung (Abs. 2)

### 1. Anfechtung durch erschienene Mitglieder

Die Klageberechtigung ist in Abs. 2 **zwingend und erschöpfend geregelt**; sie kann durch die Satzung weder eingeschränkt noch erweitert werden (§ 18). Soweit diese Klageberechtigung fehlt, ist die Klage als unbegründet abzuweisen. 77

**Zur Anfechtung befugt** ist zunächst jedes in der GV **erschienene Mitglied**, das gegen den anzufechtenden Beschluß Widerspruch zu Protokoll erhoben hat. 78

Die Mitgliedschaft muß zur Zeit der GV noch bestehen; späteres Ausscheiden aus der eG beendet nicht die Anfechtungsbefugnis (RGZ 66, 134; 119, 99). 79

Die Frage, ob und wie lange die Mitgliedschaft nach der GV noch fortbestehen muß, ist im übrigen in der Literatur umstritten. Nach zutreffender Meinung geht die Klagebefugnis nicht dadurch unter, daß der Berechtigte aus der eG ausscheidet, nachdem die Voraussetzungen des § 51 erfüllt sind (BGHZ 43, 261 = NJW 1956, 1378 = BB 1965, 515; *Paulick*, S. 264; *Schubert/Steder*, § 51 Rz. 16; a. A. *Müller*, § 51 Rdn. 73). 80

81 Es ist nicht einzusehen, daß ein Mitglied, das z. B. einen Beschluß über die Abschreibung der Geschäftsguthaben zur Beseitigung von Verlusten angefochten hat, nur deshalb sein Anfechtungsrecht verlieren sollte, weil es zwischenzeitlich nicht mehr Mitglied der eG ist. Bei Ausschluß s. Rdn. 89.

82 Besteht allerdings für ein ausgeschiedenes – z. B. nach abgeschlossener Auseinandersetzung – Mitglied kein berechtigtes Interesse mehr an der Anfechtung, so ist für dieses die Anfechtungsklage ausgeschlossen (vgl. BGHZ 43, 261, 267; RGZ 66, 134; 119, 97; *Schubert/Steder*, § 51 Rz. 16). Nach RG (RGZ 147, 257, 270) ist es mit der genossenschaftlichen Treuepflicht unvereinbar, wenn ein Mitglied in Ausübung formaler Rechtsbefugnisse ohne Rücksicht auf das Wohl der eG Anfechtungsklage erhebt (s. Rdn. 7). Für den Fall des Ausschlusses s. Rdn. 89.

83 Nach der Neuregelung durch § 77 geht das durch ein Mitglied begründete Anfechtungsrecht **auf die Erben über**. Mehrere Erben eines Mitglieds können das Anfechtungsrecht nur gemeinschaftlich ausüben (vgl. BGHZ 24, 124; BGH, WM 1962, 419; BGH, NJW 1966, 1459).

84 **„Erschienen"** in der GV sind solche Mitglieder, die zu irgendeinem Zeitpunkt an der GV teilgenommen haben, und zwar entweder persönlich oder durch einen Vertreter. Es ist nicht erforderlich, daß der Anfechtende (oder sein Vertreter) im Zeitpunkt der Beschlußfassung im Versammlungsraum anwesend war oder sich an der Abstimmung beteiligt hat (so *Müller*, § 51 Rdn. 76). Wenn Mitglieder erklären, sie seien nicht ordnungsgemäß eingeladen und würden nur als Gäste an der Versammlung teilnehmen, danach sich aber an der Beschlußfassung beteiligen, so sind sie „erschienene Mitglieder".

85 Weitere Voraussetzung ist, daß das erschienene Mitglied **„Widerspruch zu Protokoll"** erhoben hat. Der Wortlaut dieser Erklärung ist nicht entscheidend; es kommt nur darauf an, daß sich aus der Erklärung die Absicht ergibt, dem Beschluß widersprechen zu wollen (LG Arnsberg v. 17. 11. 1983 – Az.: 9 O 192/83). Es muß auch nicht ausdrücklich erklärt werden, daß der Widerspruch in das Protokoll aufgenommen werden soll. So genügt es z. B. „Protest" zu erheben oder eine „Beanstandung" auszusprechen (vgl. *Schubert/Steder*, § 51 Rz. 12). Nach OLG Oldenburg (NJW 1975, 1790) ist ein Widerspruch gegen Entzug des Stimmrechts nicht zugleich als genereller Widerspruch gegen die in der GV gefaßten Beschlüsse anzusehen. In dieser Allgemeinheit ist die Entscheidung nicht unbedenklich: Der Wille dieses Mitglieds dürfte regelmäßig dahin gehen, sich allgemein gegen die fehlerhafte Willensbildung in dieser GV zu wehren. Erklärung des Widerspruchs „zu Protokoll" bedeutet, daß der Erklärende den Willen zu erkennen gibt, daß seine Erklärung in die Niederschrift aufgenommen wird (zutreffend *Müller*, § 51 Rdn. 77). Eine Verwahrung gegen den Stil der Diskussion oder eine Auseinandersetzung über den Inhalt eines Beschlußge-

genstandes ist kein Widerspruch zu Protokoll ebensowenig eine Ankündigung, es werde Widerspruch erhoben (LG Darmstadt v. 28. 4. 1994 – 4 O 646/93). Der Widerspruch ist wirksam erklärt, wenn aus dem Protokoll hervorgeht, daß der Anfechtende mit dem Beschluß nicht einverstanden war (OLG Hamm, ZIP 1985, 741 = ZfG 1986, 154). Wegen Einzelheiten der Abgrenzung vgl. OLG Hamm, a. a. O., wenn auch in den einzelnen Abgrenzungskriterien etwas problematisch.

Der Widerspruch **kann vor der Beschlußfassung** wie **auch nach der** **86**
**Beschlußfassung** erklärt werden, und zwar bis zum Ende der GV grundsätzlich aber zu konkreten Beschlüssen (LG Darmstadt v. 28. 4. 1994 – 4 O 646/93). Genereller Widerspruch zulässig gegen nicht ordnungsgemäße Einladung der GV oder nicht ordnungsgemäße Ankündigung der Tagesordnung (LG Darmstadt a. a. O.; vgl. RGZ 53, 291; RG, JW 1936, 181; RG, Recht 1905, Nr. 2741; LG Arnsberg v. 17. 11. 1983 – Az.: 9 O 192/83).

Die Anfechtung eines Beschlusses durch ein erschienenes Mitglied wird **87**
grundsätzlich nicht dadurch ausgeschlossen, daß es **für den Beschluß gestimmt** hat. Es ist z. B. denkbar, daß ein Mitglied aus übergeordneten Gesichtspunkten im Interesse der eG für die Fusion stimmt, aber überzeugende Gründe dafür hat, nicht Mitglied der übernehmenden eG werden zu wollen, so daß es Widerspruch gegen den Fusionsbeschluß zu Protokoll erklärt, um von seinem außerordentlichen Kündigungsrecht gem. § 93 k Gebrauch machen zu können. In diesen Fällen ist allerdings zu prüfen, ob dieses Verhalten nicht gegen Treu und Glauben verstößt (§ 242 BGB, venire contra factum proprium; zu weitgehend LG Darmstadt, GWW 1975, 570, das stets in solchen Fällen einen Verstoß gegen Treu und Glauben annehmen will; nach LG Arnsberg (v. 17. 11. 1983 – Az.: 9 O 192/83) wird durch nachfolgende Teilnahme an der Abstimmung Widerspruch verwirkt; so wie hier mit überzeugender Begründung *Müller*, § 93 k Rdn. 6; auch *Hanke* in krit. Anm. zur Entscheidung LG Darmstadt a. a. O.; *Riebandt-Korfmacher*, Form. Kommentar, Form 2. 431 Anm. 75 m. w. Hinw.).

**Stirbt ein Mitglied**, das an der GV teilgenommen hat, so sind die Erben **88**
nur dann zur Anfechtung befugt, wenn das Mitglied Widerspruch erhoben hatte. Haben Miterben (vertreten durch einen gemeinschaftlichen Vertreter) an der GV teilgenommen, können sie ihr Anfechtungsrecht nur ausüben, wenn der Vertreter Widerspruch erhoben hat.

Ist ein Mitglied **ausgeschlossen**, so verliert es mit der Absendung des **89**
Briefes i. S. v. § 68 Abs. 4 ein Anfechtungsrecht. Dies folgt daraus, daß dieses Recht nur Mitgliedern zusteht und Ausgeschlossene keine Berechtigung daran haben, gestaltend in die Verhältnisse der eG einzugreifen. Wird der Ausschluß rechtskräftig für unwirksam erklärt, so besteht das zwischenzeitlich ruhende Anfechtungsrecht weiter unter der Voraussetzung, daß die Klagefrist eingehalten wurde (s. auch § 68 Rdn. 50; aber Rdn. 80 ff).

90 Nicht erforderlich ist, daß der erklärte **Widerspruch** auch **protokolliert** wird (OLG Hamm, ZIP 1985, 741). Die Aufnahme in die Niederschrift hat vielmehr nur Bedeutung für den Nachweis der Klagebefugnis (vgl. *Müller*, § 51 Rdn. 77; *Schubert/Steder*, § 51 Rz. 12). Der Anfechtungskläger kann die Erklärung des Widerspruchs auch durch andere Beweismittel, z. B. durch Zeugen nachweisen (*Müller*, § 51 Rdn. 77).

91 Der **Widerspruch bedarf keiner Begründung**; in der Anfechtungsklage ist der Kläger an eine früher gegebene Begründung nicht gebunden.

92 Das Mitglied kann den erklärten Widerspruch jederzeit **zurücknehmen** (so *Schilling*, Großkommentar AktG, § 245 Anm. 8; a. A. *Müller*, § 51 Rdn. 79). Da ein Mitglied ohnehin auf die Anfechtungsbefugnis verzichten kann, dürfte dieser Streitfrage jedoch kaum Bedeutung zukommen.

93 Besteht die **VV**, so steht das Anfechtungsrecht den gewählten Vertretern und den im § 51 Abs. 2 genannten Organmitgliedern zu. Es kann aber den nicht zu Vertretern gewählten Mitgliedern nicht das Recht genommen werden, Beschlüssen entgegenzutreten, die die VV unter Verstoß gegen elementare Rechtsgrundsätze gefaßt hat und die in Mitgliedschaftsrechte eingreifen würden (so zutreffend für die Nichtigkeitsklage BGH, WM 1982, 582 = DB 1982, 1317 = NJW 1982, 2558 = ZfG 1982, 296 m. Anm. *Hadding* = BB 1982, 1975; a. A. noch RGZ 155, 21; 166, 175; *Paulick*, S. 264; *Schubert/Steder*, § 51 Rz. 17). Wegen Einzelheiten vgl. *Beuthien*, Die Vertreterversammlung eingetragener Genossenschaften, und Erl. zu § 43 a Rdn. 104. Das Anfechtungsrecht solcher Mitglieder kann naturgemäß nicht von den formalen Voraussetzungen des § 51 Abs. 2 abhängig gemacht werden. Wegen Anfechtungsfrist s. Rdn. 120.

Für die gewählten Vertreter gelten die Regelungen des § 51 jedoch unmittelbar und uneingeschränkt.

### 2. Anfechtung durch nicht erschienene Mitglieder

94 § 51 Abs. 2 berücksichtigt auch die Anfechtungsinteressen derjenigen Mitglieder, die keinen Widerspruch zu Protokoll erheben konnten, weil sie in der **GV nicht anwesend** waren. Sie haben jedoch nur dann ein Anfechtungsrecht, wenn sie

a) zur GV zu Unrecht nicht zugelassen worden sind oder
b) die GV nicht ordnungsgemäß einberufen worden ist oder
c) der zur Beschlußfassung stehende Tagesordnungspunkt nicht ordnungsgemäß angekündigt worden ist.

95 Wegen der erforderlichen **Ursächlichkeit** dieser Mängel vgl. oben Rdn. 50. Im Zusammenhang mit der Ursächlichkeit ist bei nicht erschienenen Mitgliedern stets zu beachten, wie weit ihre Argumentation geeignet gewesen wäre, die Beschlußmehrheiten zu verändern. Wenn die Beweislast

auch grundsätzlich beim Anfechtungskläger liegt, so können bestimmte Erfahrungen doch die Vermutung begründen, daß die Argumentation durch die Anfechtungskläger zu anderen Mehrheiten geführt hätte. Beispiel: Einwirkungsmöglichkeit dürfte zu vermuten sein, wenn ein Steuerberater im Rahmen der Anfechtungsklage geltend macht, er habe auf besondere steuerschädliche Auswirkungen des Beschlusses hinweisen wollen. Andererseits keine Vermutung der Einwirkungsmöglichkeit bei einem als solchen bekannten Querulanten, der keine sachlichen Argumente beizutragen hatte (vgl. RGZ 110, 194, 196 zur AG; *Meyer/Meulenbergh/Beuthien*, § 51 Rdn. 16 und unten Rdn. 133).

Zu a): Ein Mitglied ist dann **nicht zur GV zugelassen** wenn ihm die **96**
Teilnahme von der eG verwehrt wird und es aus diesem Grunde der Versammlung fernbleibt. Es ist dabei unerheblich, durch welche Person und mit welchen Mitteln die Teilnahme verwehrt wird (so auch *Müller*, § 51 Rdn. 81). Der Verwehrung einer Teilnahme steht es auch gleich, wenn das Mitglied während der Versammlung zu Unrecht aus dem Versammlungssaal verwiesen worden ist (vgl. BGHZ 44, 250).

Die **nachträgliche Ausschließung** aus der GV begründet die Anfech- **97**
tungsbefugnis für alle auf dieser Versammlung gefaßten Beschlüsse, auch wenn sie vor diesem Zeitpunkt bereits zustande gekommen sind (a. A. *Zöllner*, Kölner Kommentar, AktG, § 245 Rdn. 48). Dies muß daraus abgeleitet werden, daß ein ausgeschlossenes Mitglied noch bis zum Schluß der Versammlung die Möglichkeit gehabt hätte, Widerspruch zu Protokoll zu erklären (so zutreffend *Müller*, § 51 Rdn. 81).

Die Anfechtungsbefugnis besteht für ein Mitglied grundsätzlich auch **98**
dann, wenn der **gesetzliche Vertreter oder Bevollmächtigte** von der Teilnahme ausgeschlossen wurde.

Zu b): **Mängel in der Einberufung** der Versammlung können sowohl **99**
Nichtigkeit, als auch Anfechtbarkeit zur Folge haben (vgl. oben Erl. Rdn. 1, 9 ff). Einberufungsmängel sind dann Anfechtungsgründe, wenn sie nicht so schwerwiegend sind, daß von vornherein Nichtigkeit angenommen werden muß. Anfechtungsgründe sind z. B. Einberufung zur Unzeit, an nicht zulässigem Ort oder Mißachtung der Einberufungsfrist oder mangelhafte Tagesordnung (*Müller*, § 51 Rdn. 82).

Mitglieder, die trotz Einberufungsmängeln an der Versammlung teilge- **100**
nommen haben, müssen zur Erhaltung ihres Anfechtungsrechts Widerspruch zu Protokoll erheben (*Godin/Wilhelmi*, AktG, § 245 Anm. 3; *Müller*, § 51 Rdn. 82; *Zöllner*, Kölner Kommentar, AktG, § 245 Rdn. 40).

Zu c) Bei **Mängeln in der Bekanntmachung der Tagesordnung** kann **101**
sich die Anfechtung nur gegen nicht ordnungsgemäß angekündigte Tages-

ordnungspunkte richten. Auch hier ist erforderlich, daß erschienene Mitglieder Widerspruch zu Protokoll erheben.

102 Die Verletzung des genossenschaftlichen **Gleichbehandlungsgrundsatzes** wird in der Literatur zum Teil als so schwerwiegend angesehen, daß hierbei ein Anfechtungsrecht schlechthin bestehen soll, unabhängig von den formalen Voraussetzungen des § 51 Abs. 2; also unabhängig von Einberufungs- oder Ankündigungsmängeln oder einem Widerspruch zu Protokoll (so *Müller*, § 51 Rdn. 86). Es sprechen beachtliche Gründe für diese Auffassung.

Wegen Anfechtungsrecht bei bestehender **VV** vgl. Rdn. 93.

### 3. Anfechtung durch den Vorstand

103 Nach Abs. 2 S. 2 ist der **Vorstand als Organ anfechtungsberechtigt**, und zwar unabhängig davon, ob die Vorstandsmitglieder in der GV anwesend waren und davon, wie sie sich zu dem Beschluß verhalten haben; auch ein Widerspruch zu Protokoll ist nicht Klagevoraussetzung (so *Müller*, § 51 Rdn. 90 mit Hinweisen auf Literatur zum Aktienrecht).

104 Der **Vorstand ist selbst Kläger und Partei** in diesem Anfechtungsprozeß (*Godin/Wilhelmi*, AktG, § 245 Anm. 5; *Müller*, § 51 Rdn. 88). Für die Entscheidung über die Anfechtung und die Durchführung des Verfahrens sind die jeweils amtierenden Vorstandsmitglieder zuständig. Der Vorstand hat sich an den Interessen der eG im Rahmen seiner besonderen Sorgfaltspflicht (§ 34 Abs. 1) zu orientieren. Er hat inbes. darauf zu achten, daß nicht durch Beschlüsse genossenschaftliche Grundsätze verletzt werden. Insoweit muß er die Interessen sowohl der eG als auch der Genossenschaftsmitglieder bei der Entscheidung über eine Anfechtung beachten.

105 Im Stadium der Liquidation steht das Anfechtungsrecht den **Liquidatoren zu**, im Konkurs dem Konkursverwalter, soweit die Beschlüsse Interessen der Konkursverwaltung berühren (vgl. *Müller*, § 51 Rdn. 91, 92). Die **Kosten** der vom Vorstand geführten Anfechtungsprozesse trägt die eG, unabhängig davon, ob der Klage stattgegeben wird oder nicht. Bei schuldhafter Erhebung der Anfechtungsklage kommt allerdings eine Haftung der Vorstandsmitglieder gem. § 52 u. § 34 in Betracht.

106 Der **Aufsichtsrat als Organ** hat kein Anfechtungsrecht.

### 4. Anfechtung durch einzelne Mitglieder von Vorstand oder Aufsichtsrat

107 Neben der Anfechtungsbefugnis des Vorstandes als Organ räumt Abs. 2 auch **einzelnen Mitgliedern des Vorstandes und des Aufsichtsrates** ein

eigenes Anfechtungsrecht ein, wenn sich diese Personen durch die Ausführung des Beschlusses strafbar oder den Gläubigern der eG haftbar machen würden.

Nach dem Gesetzeswortlaut sind Organmitglieder u. a. nur dann anfechtungsberechtigt, wenn sie sich „den Gläubigern der eG" **haftbar machen würden**. Diese Einschränkung ist kaum verständlich; das Anfechtungsrecht muß daher eingeräumt werden, unabhängig davon, gegenüber welchen Personen sich Organmitglieder bei der Durchführung eines Beschlusses haftbar machen würden (so auch *Müller*, § 51 Rdn. 94). **108**

Auch dieses Anfechtungsrecht ist nicht an die formalen Voraussetzungen von § 51 gebunden; es bedarf nicht eines Widerspruchs zu Protokoll oder der im Gesetz genannten Mängel bei der Einberufung oder Ankündigung. **109**

Das Anfechtungsrecht dieser Organmitglieder knüpft an die Ausführung von Beschlüssen an. Ohne eine solche Ausführung ist die Anfechtung ausgeschlossen. Ist der Beschluß bereits ausgeführt, so kann dennoch ein Anfechtungsinteresse bestehen (vgl. *Zöllner*, Kölner Kommentar, AktG, § 245 Rdn. 75; *Müller*, § 51 Rdn. 94). **110**

Die **Organstellung muß im Zeitpunkt der Klageerhebung** gegeben sein, wobei hier regelmäßig ein zeitlicher Zusammenhang mit der Verpflichtung zur Durchführung des Beschlusses bestehen dürfte. Ohne Zugehörigkeit zu Vorstand oder Aufsichtsrat ist die Klage als unbegründet abzuweisen. **111**

Die **Organmitglieder** sind im Anfechtungsprozeß selbst **Partei** und damit **Kostenschuldner**. Im Innenverhältnis wird allerdings die eG die Kosten als Aufwendungsersatz zu tragen haben (*Müller*, § 51 Rdn. 94). **112**

## IV. Anfechtungsklage gegen die Genossenschaft (Abs. 1, 3).

### 1. Klagefrist

Gem. § 51 Abs. 1 ist die **Klage innerhalb eines Monats** zu erheben. Es handelt sich um eine Ausschlußfrist, die von Amts wegen zu beachten ist und nicht durch Parteivereinbarungen verlängert noch verkürzt werden kann (BGH, MDR 1951, 474; BGH, NJW 1952, 98 = BB 1952, 10; *Schubert/Steder*, § 51 Rz. 10). Es ist im übrigen nicht eine prozessuale Frist; sie kann nicht durch richterliche Verfügung verlängert werden und gegen die Versäumung gibt es keinen Wiedereinsetzung in den vorherigen Stand (vgl. *Müller*, § 51 Rdn. 97). Auch die Satzung kann die Frist nicht verlängern (*Müller*, § 51 Rdn. 99). Es kann aus Gründen des öffentlichen Interesses nicht hingenommen werden, daß Beginn und Ablauf der Frist der Disposi- **113** tion der Beteiligten überlassen bleibt; es liegt im unverzichtbaren Interesse aller Mitglieder, der eG, der Gläubiger und schließlich der Öffentlichkeit, daß über die Wirksamkeit eines Beschlusses baldmöglichst und endgültig Rechtsklarheit und Rechtssicherheit besteht. **Nach Ablauf der Frist** ist die Klage durch Sachurteil **als unbegründet** abzuweisen (RGZ 123, 204; OLG Frankfurt, WM 1984, 209; *Baumbach/Hueck*, AktG, § 246 Rdn. 3; *Müller*, § 51 Rdn. 104).

**114** Der anfechtbare Beschluß wird mit dem Ablauf der Frist endgültig rechtlich bindend (soweit keine Nichtigkeit vorliegt).

**115** Unter Umständen kann sich aber z. B. der Vorstand weiterhin auf tatsächlich vorliegende Mängel berufen und die Ausführung des Beschlusses unterlassen (*Zöllner*, Kölner Kommentar, AktG, § 243 Rdn. 25).

**116** Verstößt der anfechtbare Beschluß z. B. gegen den **Gleichbehandlungsgrundsatz**, so kann trotz Fristablauf ein durch die Ungleichbehandlung betroffenes Mitglied die Herstellung der Gleichbehandlung verlangen (zutreffend *Müller*, § 51 Rdn. 61).

**117** Die Frist wird durch **Erhebung der Klage** gewahrt. Es genügt Einreichung der ordnungsgemäßen (Rdn. 122) Klage bei Gericht innerhalb der Frist, wenn die Zustellung demnächst erfolgt (§ 270 Abs. 3 ZPO; vgl. BGHZ 15, 180; 32, 322; BGH, DB 1974, 1426). Erforderlich ist Zustellung an mindestens je 1 Mitglied des Vorstands und des Aufsichtsrats (OLG Frankfurt, WM 1984, 209).

**118** Zur Wahrung der Frist ist erforderlich, daß die Sachverhalte, die die Anfechtung tragen sollen, innerhalb der Monatsfrist in den Prozeß eingeführt werden (vgl. BGHZ 15, 180; 32, 322; *Müller*, § 51 Rdn. 102); eine rechtliche Begründung ist nicht erforderlich, sie kann später nachgeholt oder variiert werden (OLG Hamm, ZIP 1985, 742; a. A. *Müller*, § 51 Rdn. 102 und frühere Auflage).

**119** Die **Frist** wird nach den § 187 Abs. 1, § 188 Abs. 2, 3 und § 193 BGB berechnet. Sie beginnt mit der Beschlußfassung in der GV; auf Kenntnis des Anfechtungsklägers kommt es nicht an. Gem. § 187 Abs. 1 BGB wird der Tag der Beschlußfassung bei der Berechnung der Frist nicht mitgerechnet. Sie beginnt vielmehr um 0.00 Uhr des folgenden Tages. Gem. § 188 Abs. 2 BGB endet sie grundsätzlich mit dem Ablauf des Tages des darauffolgenden Monats, der nach seiner Benennung dem Tag der Beschlußfassung entspricht. Fällt der letzte Tag der Anfechtungsfrist auf einen Sonnabend, Sonntag oder Feiertag, so endet die Frist mit Ablauf des folgenden Werktags (§ 193 BGB).

Wegen der Frist für die Nichtigkeitsklage vgl. Rdn. 39.

**120** Besteht die VV, so kann die Frist für die Anfechtung durch Mitglieder, die nicht Vertreter sind (vgl. Rdn. 93), grundsätzlich erst beginnen, wenn die Anfechtenden Kenntnis von den Beschlüssen erlangen.

Bei analoger Anwendung von § 51 auf Wahlen (Rdn. 46) beginnt die Frist mit der Wahl; andere Auffassung verkennt Inhalt und Regelungszweck von § 51: Gerade hier besteht öffentliches Interesse, daß alsbald und nach Ablauf einer gesetzlichen Abschlußfrist Rechtssicherheit über die Gültigkeit der Wahl besteht; die Nichtigkeit einer Wahl z. B. der VV hätte kaum absehbare Folgen (z. B. Nichtigkeit der Bestellung des Aufsichtsrats, des Vorstandes, Satzungsänderungen, Jahresabschluß). 121

### 2. Verfahren

Gem. § 51 Abs. 3 ist die **Anfechtungsklage gegen die eG,** vertreten durch den Vorstand **und** den Aufsichtsrat, zu richten (LG Duisburg v. 14. 1. 1986 – Az.: 11 O 431/85). Zustellung hat sowohl an Vorstand als auch an Aufsichtsrat zu erfolgen, und zwar jeweils zumindest an ein Organmitglied, das kraft Gesetzes Empfangsvollmacht hat (BGH, DB 1974, 279 = NJW 1974, 270 = WM 1974, 131; OLG Frankfurt, WM 1984, 209); zustellungsfähige Anschrift ist anzugeben (OLG Frankfurt a. a. O.) Eine Ersatzzustellung an den Aufsichtsrat im Geschäftslokal des Vorstandes einer eG ist nicht ausreichend (OLG Nürnberg, ZfG 1984, 296). Erfolgt die Zustellung nur an ein Organ, so kann auf die Rüge dieses Verfahrensfehlers nach § 295 ZPO verzichtet werden, allerdings nur durch Vorstand und Aufsichtsrat als Vertreter der eG. Erfolgt der Verzicht nicht wirksam innerhalb der Ausschlußfrist von einem Monat (§ 51), so ist die Klage **nicht zulässig** (BGH, BB 1978, 626 = DB 1978, 977 = NJW 1978, 1325). Auch bei der **Nichtigkeitsklage** wird die eG von Vorstand und Aufsichtsrat vertreten (LG Würzburg v. 22. 12. 1983 – 1 O 2052/83; vgl. auch BGH, NJW 1978, 1325 und 1960, 1006). 122

Ist die eG inzwischen als übertragende im Wege der **Fusion** auf eine andere übergegangen, so ist diese übernehmende eG als Gesamtrechtsnachfolgerin passiv legitimiert (LG Würzburg a. a. O.; *Müller*, § 51 Rdn. 5). 123

Im Falle, daß **einzelne Mitglieder Anfechtungskläger** sind (auch wenn diese einem Organ angehören), wird die eG gem. § 51 Abs. 3 durch Vorstand **und** Aufsichtsrat vertreten. 124

Soweit allerdings der **Vorstand als Organ** oder einzelne seiner Mitglieder in ihrer Eigenschaft als Organmitglieder die Anfechtungsklage betreiben, wird die eG lediglich **durch den Aufsichtsrat vertreten**. Sind dagegen Mitglieder des Aufsichtsrats als solche Kläger im Anfechtungsprozeß, so vertritt allein der Vorstand die eG (*Müller*, § 51 Rdn.109). 125

Wird die Anfechtungsklage **gemeinsam von Vorstand und Aufsichtsrat** betrieben, so hat die GV entsprechend § 39 Abs. 3 einen Prozeßvertreter zu wählen (zutreffend *Müller*, § 51 Rdn. 113). Erforderlichenfalls ist gem. 57 ZPO ein Vertreter zu bestellen. 126

127 Der **Klageantrag** lautet dahin, das Gericht möge den angefochtenen Beschluß für nichtig erklären; der Beschluß ist nach Datum der GV und Tagesordnungspunkt genau zu bezeichnen. Eine Beschränkung des Antrags auf abgrenzbare Teile eines Beschlusses ist zulässig (BGH, NJW 1960, 1447). Die Anfechtung kann auf alle **Tatsachen** gestützt werden, die innerhalb der Monatsfrist im Prozeß eingeführt worden sind (vgl. Rdn. 118). Neue oder veränderte rechtliche Betrachtung ist noch im späteren Verfahren möglich (OLG Hamm, ZIP 1985, 741).

128 Ist die Klage zulässig und begründet, so wird der angefochtene Beschluß **für nichtig erklärt**. Es handelt sich – im Gegensatz zu nichtigen oder unwirksamen Beschlüssen – nicht um eine Feststellungs-, sondern um eine **Gestaltungsklage**. Erst durch das Urteil wird der angefochtene Beschluß rückwirkend vernichtet.

129 Zuständig für die Anfechtungsklage ist stets das **Landgericht**, in dessen Bezirk die eG ihren Sitz hat. Wird die Klage vor dem örtlich oder sachlich unzuständigen Gericht erhoben, so ist sie durch Prozeßurteil als unzulässig abzuweisen, soweit nicht Verweisung nach § 276 ZPO erfolgt.

130 Erheben mehrere anfechtungsberechtigte Mitglieder die Anfechtungsklage gemeinsam, so bilden sie eine notwendige **Streitgenossenschaft** i. S. v. § 62 Abs. 1 ZPO. Werden bezüglich desselben Beschlusses mehrere Anfechtungsklagen erhoben, so sind diese nach Abs. 3 zur gleichzeitigen Verhandlung und Entscheidung zu verbinden. Die Verbindung führt dazu, daß alle Kläger notwendige Streitgenossen i. S. v. § 62 Abs. 1 ZPO sind.

131 Der Anfechtungskläger kann gleichzeitig **Nichtigkeits- und Anfechtungsklage** erheben. Die Anfechtungsklage ist dann gegenüber der weitergehenden Nichtigkeitsklage als Hilfsantrag anzusehen (vgl. BGH, LM § 197 AktG Nr. 1). Die Nichtigkeitsklage kann auch noch nach Ablauf der Anfechtungsfrist durchgeführt werden.

132 Der **Streitwert** ist vom Gericht unter Berücksichtigung aller Umstände nach billigem Ermessen festzusetzen (analog § 247 Abs. 1 AktG). Er darf ein Zehntel der Gesamtsumme der Geschäftsanteile oder höchstens eine Million nur dann übersteigen, wenn die Bedeutung der Sache für den Kläger höher anzusetzen ist. Einzelheiten vgl. OLG Frankfurt, DB 1984, 869.

133 **Beweislast:** Der Anfechtungskläger muß grundsätzlich die klagebegründenden Tatsachen, insbes. also die gesetzlichen Voraussetzungen für die Anfechtung beweisen. Für den Nachweis der Ursächlichkeit (vgl. Rdn. 50 und 95) gilt folgendes: Es gilt eine natürliche Vermutung, daß der Mangel auch für den Beschluß ursächlich war (vgl. BGHZ 14, 267; 36, 139; *Müller*, § 51 Rdn. 45). Grundsätzlich muß also die eG beweisen, daß

ausnahmsweise der Mangel nicht ursächlich für den Beschluß war. Ergibt sich bereits erkennbar aus den Umständen, daß Ursächlichkeit nicht gegeben ist, weil z. B. ein Nichtmitglied bei der Beschlußfassung mitgewirkt hat, so müßte ausnahmsweise der Anfechtungskläger beweisen, daß dieser Mangel dennoch gerade zu diesem Beschlußergebnis geführt hat (BGHZ 14, 267; 36, 139; *Meyer/Meulenbergh/Beuthien*, § 51 Rdn. 16). Auch wenn die Anfechtung auf Mängel der Berufung der GV gestützt wird, ist zu vermuten, daß die Anwesenheit des Anfechtenden und seine Ausführungen zu einem anderen Beschlußergebnis hätte führen können. Der Beweis des Gegenteils obliegt der eG.

Zu Fragen der Rechtsnatur und der Wirkung von Anfechtungs- und Nichtigkeitsurteilen im Aktienrecht: *Schulte*, AG 1988, 67). **134**

## V. Eintragung und Veröffentlichung (Abs. 4, 5)

Der Vorstand ist gem. § 51 Abs. 4 verpflichtet, die Tatsachen der Erhebung einer Anfechtungsklage und den Termin zur mündlichen Verhandlung unverzüglich in dem satzungsgemäßen **Veröffentlichungsblatt bekannt zu machen**. Entsprechendes gilt für die Nichtigkeitsklage (*Schubert/Steder*, § 51 Rz. 21). Damit soll erreicht werden, daß insbes. die Mitglieder darüber unterrichtet sind, daß ein bestimmter Beschluß der GV angefochten wird; sie sollen die Möglichkeit haben, den Prozeß zu verfolgen, um sich ggfs. am Verfahren beteiligen zu können. Zur Erfüllung seiner Verpflichtung kann der Vorstand gem. § 160 Abs. 1 vom Registergericht mit Zwangsgeld belegt werden. **135**

Die Bekanntmachung muß den angefochtenen Beschluß genau bezeichnen, insbes. nach Tag der GV, Punkt der Tagesordnung und inhaltliche Wiedergabe des Beschlusses. Der Anfechtungskläger ist eindeutig durch Angabe von Name und Anschrift mitzuteilen. Die Bekanntmachung soll das gerichtliche Aktenzeichen enthalten und den ersten Termin der mündlichen Verhandlung. Zum Termin ist das Datum, die Uhrzeit und der Sitzungsraum mitzuteilen (so auch *Müller*, § 51 Rdn. 137). **136**

Das im Anfechtungsprozeß ergehende **Gestaltungsurteil** erklärt den anfechtbaren Beschluß für nichtig. Mit der formellen **Rechtskraft** des Urteils gilt der Beschluß als von Anfang an unwirksam. Vor der Rechtskraft hat das Urteil diese Wirkung nicht. Das Gericht kann den nichtigen Beschluß allerdings in keinem Fall durch einen wirksamen Beschluß ersetzen. **137**

Über den Wortlaut von Abs. 5 hinaus gilt das Urteil nicht nur gegenüber allen Mitgliedern der eG, sondern gegenüber jedermann. **138**

139 Ist der für nichtig erklärte Beschluß im Genossenschaftsregister eingetragen, so hat der Vorstand dem Registergericht das Urteil zum Zweck der Eintragung einzureichen. Dies muß auch für solche Beschlüsse gelten, die eintragungsfähig und zur Eintragung im Register angemeldet sind, ohne daß die Eintragung bereits erfolgt ist (*Müller*, § 51 Rdn. 144).

140 Es ist der gesamte Urteilstext (Tenor und Gründe) in der letztinstanzlichen Fassung dem Gericht einzureichen. Keine Einreichungspflicht besteht, soweit die Anfechtungsklage abgewiesen wurde, der Beschluß der GV also wirksam bleibt.

141 Aufgrund der Einreichung hat das Gericht das rechtskräftige Urteil im Register einzutragen. Es genügt Nennung des Aktenzeichens und Hinweis, daß durch dieses rechtskräftige Urteil der Beschluß für nichtig erklärt wurde (vgl. *Müller*, § 51 Rdn. 145). Ist der für nichtig erklärte Beschluß noch nicht eingetragen, so hat die Eintragung zu unterbleiben.

142 Soweit der eingetragene und für nichtig erklärte Beschluß veröffentlicht war, hat das Registergericht in gleicher Weise bekannt zu machen, daß der Beschluß durch Urteil für nichtig erklärt ist.

## § 52

## Haftung der Anfechtungskläger

**Für einen durch unbegründete Anfechtung des Beschlusses der Genossenschaft entstandenen Schaden haften ihr solidarisch die Kläger, welchen bei Erhebungen der Klage eine bösliche Handlungsweise zur Last fällt.**

*Übersicht*



### I. Besondere Anspruchsgrundlage

1 § 52 gibt eine **besondere Anspruchsgrundlage** für den Schadensersatzanspruch der eG gegen diejenigen Mitglieder, die schuldhaft i. S. v. § 52 der eG durch eine Anfechtungsklage Schaden zugefügt haben. Es gelten die allgemeinen Voraussetzungen des BGB für Schadensersatzansprüche (§§ 823 ff BGB): Schaden, Ursächlichkeit, Rechtswidrigkeit und Verschulden, wobei das Verschulden hier besonders umschrieben wird, s. Rdn 6.

Kritisch zum Sinn von § 52: *Müller*, § 52 Rdn. 1; *Schubert/Steder*, § 52 Rz. 1. **2**

## II. Voraussetzungen der Ersatzpflicht

Der **Schaden** muß von der eG vorgetragen und im Falle des Bestreitens auch bewiesen werden. Er kann darin bestehen, daß nachweislich Kosten infolge der Erhebung der Anfechtungsklage entstanden sind oder daß ein weitgehender Schaden darauf zurückzuführen ist, daß die Ausführung eines Beschlusses bis zur Entscheidung des Rechtsstreits zurückgestellt werden mußte (vgl. *Müller*, § 52 Rdn. 4). Zu ersetzen ist nur ein Schaden, der der eG selbst entstanden ist. Ersatzansprüche der Mitglieder oder der Gläubiger der eG können bestenfalls nach allgemeinen Vorschriften geltend gemacht werden. **3**

Die vom Anfechtungskläger als Schadensersatz zu ersetzenden Kosten sind nicht die Prozeßkosten. Diese sind ohnehin im Falle einer unbegründeten Anfechtung dem Anfechtungskläger aufzuerlegen. **4**

Die Erhebung der Anfechtungsklage muß **ursächlich** gewesen sein für den der eG entstandenen Schaden. Die Ursächlichkeit ist ggfs. von der eG zu beweisen. Geben z. B. neue Erkenntnisse Anlaß, aus zwingenden sachlichen Gründen die Durchführung des angefochtenen Beschlusses zurückzustellen, so kann die Verzögerung nicht durch die Anfechtungsklage verursacht worden sein. **5**

Bei Schadensersatzansprüchen des BGB (§§ 823 ff) ist der Schuldmaßstab Vorsatz oder Fahrlässigkeit. § 52 enthält einen aus heutiger Sicht **überholten Schuldbegriff** des damals geltenden § 273 Abs. 2 HGB (*Parisius/Crüger*, Erl. zu § 52). Das Reichsgericht hat damals diese Handlungsweise so umschrieben: es muß „jener Frevelmut zu eigen sein, der sich der rechtswidrigen Folgen seines Verhaltens bewußt ist" (RGZ 1, 22; vgl. RGZ 7, 125). Die Formulierung deutet darauf hin, daß neben dem vorsätzlichen Handeln auch die Erkenntnis von Bedeutung ist, daß die Erhebung der unbegründeten Klage zu einem Schaden führen wird. **6**

Weitere **Voraussetzung** des Schadensersatzanspruchs ist, daß die **Klage als unbegründet abgewiesen** wurde, daß also eine Entscheidung aus sachlichen und nicht aus prozessualen Gründen (z. B. unzuständiges Gericht) ergangen ist. **7**

Sind an der Anfechtungsklage mehrere Personen beteiligt, so haften diejenigen als **Gesamtschuldner** (§§ 421 ff BGB), denen eine „bösliche Handlungsweise" zur Last fällt. **8**

Gem. § 96 ist § 52 auch anzuwenden bei der Klage auf **Nichtigerklärung** der eG. **9**

# Vierter Abschnitt

## Prüfung und Prüfungsverbände

### § 53
### Pflichtprüfung

**(1) Zwecks Feststellung der wirtschaftlichen Verhältnisse und der Ordnungsmäßigkeit der Geschäftsführung sind die Einrichtungen, die Vermögenslage sowie die Geschäftsführung der Genossenschaft einschließlich der Führung der Mitgliederliste mindestens in jedem zweiten Geschäftsjahr zu prüfen. Bei Genossenschaften, deren Bilanzsumme zwei Millionen Deutsche Mark übersteigt, muß die Prüfung in jedem Geschäftsjahr stattfinden.**

**(2) Im Rahmen der Prüfung nach Abs. 1 ist der Jahresabschluß unter Einbeziehung der Buchführung und des Lageberichts zu prüfen. § 316 Abs. 3, § 317 Abs. 1 Satz 2 und 3 des Handelsgesetzbuches sind entsprechend anzuwenden.**

*Übersicht*



## I. Entwicklung und Merkmale des genossenschaftlichen Prüfungswesens und des Prüfungsrechts

1 Die genossenschaftliche Pflichtprüfung ist aus dem praktischen **Bedürfnis nach Beratung und Betreuung** in den 70er Jahren des letzten Jahrhun-

derts entstanden. Die sehr zahlreichen Genossenschaftsgründungen der damaligen Zeit und der Mangel an fachlich ausgebildeten Leitungspersönlichkeiten ließ es sinnvoll erscheinen, eine ständige Beratung, Betreuung und Kontrolle durch außenstehende Revisoren einzuführen. Die umfassende Betreuung war ursprünglich der Schwerpunkt der genossenschaftlichen Verbandstätigkeit (vgl. *Knapp*, S. 6; *Henzler*, Die Genossenschaft, S. 199). Während im Bereich der damaligen Raiffeisengenossenschaften bereits 1864 über die Einführung einer „Zwangsrevision" diskutiert wurde, lehnte *Schultze-Delitzsch* ursprünglich eine solche externe Prüfung ab, weil es nach seiner Auffassung die Aufgabe des Aufsichtsrats sei, die Kontrolle durchzuführen.

Die Pflicht, sich einer externen Revision zu unterwerfen, war dann in **2** den **Satzungen** der damaligen Verbände enthalten. Bereits 1889 wurde eine Regelung über die Pflichtprüfung der eG in das **GenG** aufgenommen. Nach § 53 dieses Gesetzes mußten die Einrichtungen der eG und die Geschäftsführung in allen Zweigen der Verwaltung mindestens in jedem zweiten Jahr der Prüfung durch einen externen, sachverständigen Revisor unterzogen werden. Damit war die **Genossenschaftsrevision die erste gesetzlich vorgeschriebene Pflichtprüfung** im deutschen Rechtsbereich. **Träger der Prüfung** war aber noch nicht der Prüfungsverband, sondern der Revisor. Der Verband hatte lediglich das Recht, den Revisor zu bestellen.

Soweit eG keinem Revisionsverband angehörten, wurde der **Revisor** **3** **durch das zuständige Gericht bestellt** (§ 61 des damaligen GenG). Mit dieser Einschaltung der Gerichte wurde jedoch insgesamt keine gute Erfahrungen gemacht, da diese Revisoren kaum über die erforderlichen Erfahrungen im Genossenschaftsbereich verfügen konnten; es fehlte insbesond. auch an einer langfristig angelegten, systematischen Auswertung der Prüfungsergebnisse und der daraus folgenden Betreuungsarbeit (vgl. Zur Reform des Genossenschaftsrechts, Bd. 1 S. 37; *Jenkis*, BB 1982, 1704). Der sachverständigen Betreuung und Prüfung durch Revisoren genossenschaftlicher Prüfungsverbände konnten sich die Genossenschaften durch Austritt aus dem Verband entziehen.

Diese Erfahrungen sowie die Erkenntnisse der Weltwirtschaftskrise zu **4** Beginn der 30er Jahre dieses Jahrhunderts führten zur gesetzlichen Neuregelung 1934: Seit dieser Zeit sind die genossenschaftlichen **Prüfungsverbände alleinige Träger der Prüfung**; jede eG ist verpflichtet, einem genossenschaftlichen Prüfungsverband anzugehören (vgl. Erl. zu § 54).

Durch Bilanzrichtlinien-Gesetz wurde Abs. 1 S. 2 dahin geändert, daß **5** die Prüfung in jedem Geschäftsjahr erforderlich ist, wenn die Bilanzsumme 2 Mio. DM übersteigt. Der frühere Abs. 2 (Ermächtigung des Reichsministers der Justiz, Prüfung des Jahresabschlusses vor Beschlußfassung der GV vorzuschreiben) wurde ersetzt durch Hinweis auf die Prüfungsvorschriften der §§ 316 Abs. 3 und 317 Abs. 1 S. 2 und 3 des HGB.

Vorgeschrieben ist nunmehr auch ein **Bestätigungsvermerk** gem. § 322 HGB für eG, die die Größenmerkmale des § 267 Abs. 3 HGB erfüllen (§ 58 Abs. 2, s. Erl. dort). Für Kreditgenossenschaften war schon bisher ein Bestätigungsvermerk im Zusammenhang mit der Prüfung des Jahresabschlusses § 27 KWG vorgesehen (vgl. Rdn. 89 ff).

**6** Zur Geschichte des genossenschaftlichen Prüfungswesens: *Mose*, ZfG 1989, 114 ff; *Bergmann*, Genossenschafts-Lexikon, S. 527.

**7** Nach der Neufassung von Art. 25 EGHGB (Art. 21 § 5 SteuerreformG 1990, BGBl, 1988, 1093) dürfen **Aktiengesellschaften** und GmbH weiterhin auch von einem genossenschaftlichen Prüfungsverband geprüfte werden, wenn

- sie diesem als Mitglied angehören,
- die Mehrheit der Anteile und die Mehrheit der Stimmrechte eG oder genossenschaftlichen Prüfungsverbänden zusteht oder
- das Unternehmen am 31. 12. 1989 als gemeinnütziges Wohnungsunternehmen oder als Organ der staatlichen Wohnungspolitik anerkannt war unter der weiteren Voraussetzung
  - daß ab 1. 1. 1990 mehr als die Hälfte der geschäftsführenden Mitglieder des Vorstandes dieses Prüfungsverbandes Wirtschaftsprüfer sind oder
  - wenn der Prüfungsverband nur 2 Vorstandsmitglieder hat, einer von ihnen Wirtschaftsprüfer ist.

In diesen Fällen steht der Prüfungsverband einem Abschlußprüfer i. S. v. § 319 HGB gleich. Zur Sicherung der Unabhängigkeit der Abschlußprüfung sind § 319 Abs. 2 u. 3 HGB entsprechend anzuwenden (Art. 25 Abs. 1 EGHGB, dazu BT-Drucks. 11/2157, 213; BR-Drucks. 100/88, 459, 460, zur bisherigen Rechtslage s. a. *Leirich*, § 26 WGG, Tz. 16 ff, in: Jenkis, a. a. O.). Bei der Prüfung des Jahresabschlusses solcher Gesellschaften oder Unternehmen darf der gesetzlich vorgeschriebene Bestätigungsvermerk nur von Wirtschaftsprüfern unterzeichnet werden. Die im Prüfungsverband tätigen Wirtschaftsprüfer werden ausdrücklich auf die Grundsätze der Unabhängigkeit, Gewissenhaftigkeit, Verschwiegenheit, Eigenverantwortlichkeit und der Unparteilichkeit ihrer Prüfung verpflichtet (Art. 25 Abs. 2). Der Prüfungsverband ist für freiwillige Abschlußprüfungen eines ehemals gemeinnützigen Wohnungsunternehmens oder eines Organs der staatlichen Wohnungspolitik, das ihm als Mitglied angehört, auch Abschlußprüfer eines Konzernabschlusses (Art. 25 Abs. 3).

**8** Gem. § 11 Abs. 2 Ziff. 4 ist der Anmeldung zur Eintragung einer Genossenschaft eine **Bescheinigung** beizufügen, daß sie zu einem genossenschaftlichen Prüfungsverband als Mitglied zugelassen ist. Damit ist gleichzeitig eine **gutachterliche Äußerung des Prüfungsverbandes** zu der Frage verbunden, ob nach den persönlichen oder wirtschaftlichen Verhältnissen, insbes. der Vermögenslage der eG, eine Gefährdung der Belange der Mitglieder oder der Gläubiger der eG zu besorgen ist (vgl. Erl. zu § 11).

Das Prüfungsrecht wird dem Verband durch die zuständige **oberste Landesbehörde** verliehen, in deren Gebiet der Verband seinen Sitz hat (§ 63). Der Verband soll die Rechtsform des eingetragenen Vereins haben (§ 63 b). Die Prüfungstätigkeit des Verbandes hat ihre **Grundlage in der vereinsrechtlichen Mitgliederbeziehung** zum Verband; Vertragsrecht kann daher nur ergänzend herangezogen werden (*Meyer/Meulenbergh/Beuthien*, § 62 Rdn. 2). 9

Die genossenschaftlichen Prüfungsverbände unterliegen der **Staatsaufsicht** (§ 64). Mit der Aufhebung des WGG sind mit Wirkung vom 1. 1. 1990 die Regelungen entfallen über die staatliche Zulassung sowie die Bestimmung der Satzung und gebietliche Organisation von genossenschaftlichen Prüfungsverbänden, denen gemeinnützige Wohnungsunternehmen angehören mußten, damit auch die über das Genossenschaftsrecht hinausgehende Aufgabenstellung und Einflußnahme auf die Tätigkeit dieser Verbände (s. für das bisherige Recht *Werner-Meier*, RArbBl, 1940, Teil V, S. 141, 145; *Meier/Draeger*, Wohnungsgemeinnützigkeitsrecht, 2. Aufl., Einführung, S. 3; *Riebandt-Korfmacher*, § 23 WGG, Tz. 3–8; *Pohl*, § 14 WGG, Tz. 2, 17, 21 ff in: Jenkis a. a. O.). Für die Prüfungsverbände von Wohnungsgenossenschaften gelten die allgemeinen Vorschriften des GenG, sofern sich nicht Besonderheiten aus anderen gesetzlichen Regelungen ergeben (s Rdn. 5 Abs. 3). Zur Stellung **genossenschaftlicher Prüfungsverbände von Wohnungsunternehmen** s. *Riebandt-Korfmacher*, in: „Gesellschaft, Wirtschaft, Wohnungswirtschaft“, Festschrift für Helmut Jenkis, Schriften zum Genossenschaftswesen und zur öffentlichen Wirtschaft, Band 18, 1987, S. 291 ff. 10

Dem Vorstand eines genossenschaftlichen Prüfungsverbandes soll mindestens ein **Wirtschaftsprüfer** angehören; andernfalls muß der Prüfungsverband einen Wirtschaftsprüfer als besonderen Vertreter i. S. v. § 30 BGB bestellen (§ 63 b Abs. 5). Diese Wirtschaftsprüfer unterliegen den Vorschriften der Wirtschaftsprüferordnung und den Richtlinien für die Berufsausübung der Wirtschaftsprüfer, die von der Wirtschaftsprüferkammer festgelegt werden (s. Rdn. 7). 11

**Mitglieder eines genossenschaftlichen Prüfungsverbandes** können nur **eingetragene Genossenschaften** sein und, ohne Rücksicht auf ihre Rechtsnorm, solche Unternehmen, die sich ganz oder überwiegend in der Hand eingetragener Genossenschaften befinden oder dem Genossenschaftswesen dienen (§ 63 Abs. 2). Besonderheiten gelten nach dem durch das SteuerRefG 1990 neu eingefügten § 162. Danach können Unternehmen, die nicht eG sind, freiwillige Mitglieder des Prüfungsverbandes bleiben, wenn sie am 31. 12. 1989 als gem. Wohnungsunternehmen oder als Organ der staatlichen Wohnungspolitik anerkannt waren. Sie konnten aufgrund eines damaligen 12

Sonderkündigungsrechtes bis zum 30. 6. 1990 dem Prüfungsverband ihren Austritt zum 31. 12. 1991 erklären, unabhängig von einem nach der Satzung ihnen zustehenden Kündigungsrecht. Die Mehrzahl hat die Mitgliedschaft freiwillig fortgeführt. Sie können sich auch weiterhin freiwillig, von ihrem Prüfungsverband prüfen lassen (Art. 25 EGHGB, dazu Rdn. 5 Abs. 3; zu der Gesamtregelung kritisch, jedoch nicht überzeugend, *Brinzinger*, in: Jenkis, a. a. O., zu Art. 21 § 5 Tz. 97 ff.

**13** Nicht eingetragene Vorgenossenschaften können – schon mangels Rechtsfähigkeit – einem Prüfungsverband nicht angehören (BayObLG, DB 1990, 2157).

**14** Dem genossenschaftlichen Prüfungsverband obliegt die **Prüfung seiner Mitglieder**, daneben kann er die gemeinsame **Wahrnehmung der Mitgliederinteressen** sowie die Unterhaltung gegenseitiger Geschäftsbeziehungen zum Zweck haben (§ 63 Abs. 4). Weitere Einzelheiten zum genossenschaftlichen Prüfungswesen: *Fischer*, in: HdG Sp. 1372 ff.

**15** Die eG kann grundsätzlich frei wählen, **welchem Prüfungsverband** sie angehören will. Wegen des Anspruchs auf Aufnahme in den Verband vgl. Erl. zu § 54 Rdn. 19 ff.

**16** Gegenwärtig sind die Genossenschaftsverbände auf Bundesebene in drei Prüfungsverbänden organisiert, denen regionale Prüfungsverbände und zum Teil Fachprüfungsverbände angeschlossen sind. Die drei Prüfungsverbände **als Spitzenverbände** auf Bundesebene sind

– der Deutsche Genossenschafts- und Raiffeisenverband e. V. in Bonn für die Genossenschaftsbanken sowie für die gewerblichen und ländlichen Waren- und Dienstleistungsgenossenschaften
– der GdW Gesamtverband der Wohnungswirtschaft e. V. in Köln für die Wohnungsbaugenossenschaften und ihre Verbände sowie die unternehmerische Wohnungswirtschaft
– der Revisionsverband deutscher Konsumgenossenschaften e. V. in Hamburg für die Konsumgenossenschaften.

## II. Die genossenschaftliche Pflichtprüfung gem. § 53 Abs. 1

### 1. Zweck und Ziel der Prüfung

**17** **Zweck** der genossenschaftlichen Pflichtprüfung ist die Feststellung der **wirtschaftlichen Verhältnisse** und der **Ordnungsmäßigkeit der Geschäftsführung.** Es handelt sich bei dieser Prüfung nicht um eine Jahresabschlußprüfung, wie sie gem. den §§ 316 ff HGB für Kapitalgesellschaften und gem. § 27 KWG für Kreditinstitute vorgeschrieben ist. Die genossenschaftliche Pflichtprüfung erstreckt sich nach dem Bilanzrichtlinien-Gesetz nunmehr aber ausdrücklich auch auf den Jahresabschluß. Diese Prüfung ist aber nicht Voraussetzung für die Feststellung des Jahresabschlusses durch die GV (Näheres Rdn. 105).

Die Pflichtprüfung bei eG unterscheidet sich gegenüber der Prüfung von Kapitalgesellschaften nach §§ 316 ff HGB deutlich hinsichtlich Zielsetzung, Gegenstand und Umfang der Prüfung. Übereinstimmung besteht aber hinsichtlich der Feststellung der Ordnungsmäßigkeit der Buchführung, des Jahresabschlusses und des Lageberichts. In § 53 Abs. 2 wird ausdrücklich klargestellt, daß im Rahmen der genossenschaftlichen Prüfung auch die Buchführung, der Jahresabschluß und der Lagebericht zu prüfen sind.

Wegen Einzelheiten zur genossenschaftlichen Pflichtprüfung vgl. *Großfeld/Noelle*, Stellung und Funktion der genossenschaftlichen Verbandsprüfung, BB 1985, 2145.

Die genossenschaftliche Pflichtprüfung findet ihre Grenze an der **18** **Selbstverwaltung und Autonomie** der eG. Der Prüfungsverband hat insbes. nicht die Möglichkeit, auf das Verhalten der eG z. B. durch bindende Anweisungen Einfluß zu nehmen. Die faktischen Einwirkungsmöglichkeiten ergeben sich vielmehr aus der laufenden Beratung und Betreuung sowie aus der Autorität der Prüfung (vgl. hierzu „Autonomie und Verbunddisziplin in der Genossenschaftsorganisation“ mit Beiträgen *Metz, Bungenstock, Niclas* und *Homann*). Zur Verwirklichung des gesetzlichen Prüfungszwecks erscheint es unverzichtbar, daß die genossenschaftlichen Prüfungsverbände aus ihren langjährigen Erfahrungen z. B. Prüfungs- und Bewertungsgrundsätze aufstellen und sich zur Einhaltung dieser Grundsätze verpflichten (z. B. Regionalprinzip). Gesichtspunkte des Wettbewerbsrechts werden davon grundsätzlich nicht berührt. Im Zweifel hat die Unabhängigkeit und Wirksamkeit der gesetzlichen Pflichtprüfung Vorrang vor Gesichtspunkten für das Wettbewerbsrecht. Insbesond. das Kartellgesetz kann nicht freie Überzeugung und verantwortliche Bewertung durch den Prüfer beeinträchtigen (vgl. hierzu *Hamm*, ZfG 1984, 27 ff). – Entsprechende Erwägungen liegen den Richtlinien des GdW, als Spitzenverband, für das Rechnungswesen und die Prüfung der **Wohnungsbaugenossenschaften**, November 1994, zugrunde. Anknüpfend an den traditionellen Grundsatz der Selbstkontrolle bestimmen sie die rechtlichen und wirtschaftlichen Grundlagen der Prüfung näher, insbes. auch den Gegenstand der Prüfung von Rechten und Pflichten aus der Mitgliedschaft, der Beteiligung an der eG, ihres steuerlichen Status sowie der wirtschaftlichen Tätigkeit nach Bautätigkeit, Wohnungsbewirtschaftung, Baubetreuung, Durchführung von Eigentumsmaßnahmen unter Berücksichtigung der Anforderungen, die sich nach Gesetz und/oder Satzung bei eG bestimmter Prägung, z. B. als Vermietungsgenossenschaft oder als „Bewohnergenossenschaft“ oder aus Vereinbarungen bzw. aus Auflagen ergeben, die Voraussetzung für die Gewährung bestimmter öffentlicher Fördermaßnahmen sind.

19 Die Geschäftsführungsprüfung ist keine statische Betrachtung zum Prüfungsstichtag, sondern eine Feststellung und Bewertung vor allem dynamischer Faktoren, also der absehbaren Entwicklung z. B. hinsichtlich Umsatz, Rentabilität und Liquidität, wenn möglich auch unter Berücksichtigung außerbetrieblicher Faktoren, wie z. B. Zinsentwicklung im Aktiv- und Passivgeschäft, sowie langfristige Bindungen der eG (zur Abgrenzung: *Saage*, S. 51 ff, 75, 77; vgl. auch BGHZ 16, 17).

20 Die Geschäftsführung einer eG wird im Inhalt wesentlich durch den **Unternehmenszweck** bestimmt (vgl. §§ 1, 27, 34 mit Erl.); die genossenschaftliche Pflichtprüfung kann daher nicht losgelöst von diesem speziellen Unternehmenszweck der Mitgliederförderung gesehen werden (*Dülfer*, Welche Relevanz hat der Förderungsauftrag für die Pflichtprüfung der eingetragenen Genossenschaft, ZfG 1980, 47 ff; *Pauli*, Ordnungsmäßigkeit der Geschäftsführung und Förderungsauftrag in Genossenschaften aus der Sicht der Prüfung, ZfG 1980, 370 ff; *Zacherl*, Zur Genossenschaftsprüfung aus der Sicht der Mitgliederpartizipation, ZfG 1980, 225 ff; *Blümle*, Bemerkungen zur genossenschaftlichen Verbandsprüfung, ZfG 1980, 39 ff; *Rohlfing/Ziranka*, Die Kontrolle der Förderleistung der genossenschaftlichen Geschäftsführung durch die Prüfung, ZfG 1972, 194 ff; *Saage*, S. 135 ff). Die Pflichtprüfung dient daher vor allem dem **Schutz der Mitglieder** (vgl. Rdn. 25; *Schubert/Steder*, § 53 Rz. 1; *Boettcher*, Wie zeitgemäß ist heute noch Raiffeisen? 1981, S. 27, 28); sie wurde seit jeher als wichtiges Mittel angesehen, die Verwirklichung der genossenschaftlichen Zielsetzungen sicherzustellen (Das Recht der deutschen Genossenschaften, S. 111 ff; *Müller*, § 53 Rdn. 2).

21 Die genossenschaftliche **Pflichtprüfung hat die Aufgabe**, die wirtschaftlichen Verhältnisse der eG und die Ordnungsmäßigkeit der Geschäftsführung zu untersuchen, um sie ggfs. feststellen zu können. Die Prüfung bezieht sich somit auf **formelle und materielle Gesichtspunkte** (vgl. *Potthoff*, ZfHF 1961, 566; *Saage*, S. 55). Die Prüfung hat festzustellen, ob der Vorstand entsprechend den Vorschriften von Gesetz und Satzung die erforderlichen personellen und sachlichen Maßnahmen zur optimalen Verwirklichung des Unternehmenszwecks getroffen hat. Maßstab hierbei ist, ob nach genossenschaftlichen und betriebswirtschaftlichen Grundsätzen die Maßnahmen als vertretbar und sinnvoll angesehen werden können (vgl. Grundsätze ordnungsmäßiger Prüfung der Geschäftsführung bei Genossenschaften, DGRV-Schriftenreihe, Heft 10; *Ohlmeyer*, Die Prüfung der Ordnungsmäßigkeit der Geschäftsführung, Genossenschaftsforum 1986, 449 ff und 497 ff; *Rohlfing/Ziranka*, ZfG 1972, 190).

22 Der Begriff, die **„wirtschaftlichen Verhältnisse"** umschreibt alle wirtschaftlich relevanten Zustände und Vorgänge. Die **„Geschäftsführung"** ist im weitesten Sinn zu verstehen als Aufgabe der Zielsetzung, der Planung,

Entscheidung, Durchführung und Kontrolle. In erster Linie ist die „Leitung" durch den Vorstand gemeint (vgl. Erl. zu §§ 27 und 34). Darüber hinaus sind aber auch Vorgänge außerhalb des eigentlichen Vorstandsbereichs, z. B. im Zusammenhang mit Aufsichtsrat oder GV, zu erfassen.

Die genossenschaftliche Pflichtprüfung besteht wie jede Prüfung aus den Elementen

- Ermittlung des Sachverhalts
- Vergleich mit gegebenen und anerkannten Bezugsgrößen (vgl. *Saage*, S. 55)
- Beurteilung.

Die genossenschaftliche Pflichtprüfung dient den **Interessen der Mitglieder** (oben Rdn. 20), der **Gläubiger** der eG sowie der **Allgemeinheit**. Sie kann dazu beitragen, daß eG wirtschaftliche Krisensituationen vergleichsweise besser überstehen, als Unternehmen anderer Rechtsform (*Meyer/Meulenbergh/Beuthien*, § 53 Rdn. 1; *Schubert/Steder*, § 53 Rz. 1). 23

Die genossenschaftliche Pflichtprüfung ist – unter Berücksichtigung der historischen Ableitung und ihres Zwecks – eine **Betreuungsprüfung** (vgl. *Henzler*, Prüfungsverbände, S. 10; *Meyer/Meulenbergh/Beuthien*, § 53 Rdn. 4; *Müller*, § 53 Rdn. 2). Sie stellt den umfassendsten und intensivsten Prüfungstyp dar (*Jenkis*, BB 1982, 1702). 24

Das prüfungsrelevante **Interesse der Mitglieder** besteht darin, daß ihre Förderinteressen optimal verwirklicht werden, die eingezahlten Geschäftsguthaben ungefährdet bleiben und Inanspruchnahmen aus der Haftsumme ausgeschlossen sind (*Meyer/Meulenbergh/Beuthien*, § 53 Rdn. 1, 5; *Großfeld/Noelle*, BB 1985, 2145). 25

Mitglieder von **Vorstand und Aufsichtsrat** dürften an einer wirkungsvollen Betreuungsprüfung nicht zuletzt im Hinblick auf ihre Verantwortung und Haftung besonders interessiert sein. 26

Schließlich kann auch das Interesse der **Arbeitnehmer** an einer langfristigen Gesunderhaltung des genossenschaftlichen Betriebes nicht unbeachtet bleiben; die Prüfung kann durchaus diesem Interesse dienen (vgl. *Henzler*, Mitbestimmung, S. 186; *Müller*, § 53 Rdn. 7). 27

Da jede eG in enger geschäftlicher und organisatorischer Verbindung mit anderen genossenschaftlichen Einrichtungen steht (Zentralgenossenschaften, Bildungseinrichtungen, Spezialinstitute usw.), dient die Pflichtprüfung letztlich auch den **Gesamtinteressen des genossenschaftlichen Verbundes** (vgl. *Stupka*, S. 60; *Müller*, § 53 Rdn. 6). 28

Gegenüber der genossenschaftlichen Pflichtprüfung gibt es aus der Sicht der eG grundsätzlich kein Geheimhaltungsinteresse, soweit es um prüfungsrelevante Tatbestände geht. Der Prüfer hat z. B. auch das Recht, Personalakten einzusehen, wenn und soweit dies für den Prüfungszweck erforderlich ist. Solche Prüfungshandlungen können z. B. nicht von der Zustim- 29 mung des Betriebsrates abhängig sein. Ein solches Einsichtsrecht dürfte allerdings nur sekundär in Betracht kommen, z. B. wenn ein Auskunftsinteresse besteht und andere Auskünfte, z. B. durch Befragen des Vorstandes, nicht zum Ziel führen. Prüfungsrelevante Fragen aus dem Personalbereich können z. B. fehlende fachliche Qualifikation, betriebliche Störungen aufgrund persönlichen Verhaltens, erkennbare Führungsmängel und sonstige Auffälligkeiten sein.

**30** Bei der genossenschaftlichen Pflichtprüfung entsteht zwischen der eG und dem Verband ein Rechtsverhältnis besonderer Art, dessen Inhalt durch die Vorschriften über diese Prüfung bestimmt wird, z. B. die §§ 55, 56, 61 und 62. Ergänzend können die Vorschriften über den Werkvertrag zur Anwendung kommen.

Wird eine Prüfung aufgrund eines besonderen Auftrages durchgeführt, so findet grundsätzlich das Recht des Werkvertrages gem. §§ 631 ff BGB Anwendung (WP Handbuch, 9. Aufl. Bd. 1, 66; auch *Palandt*, BGB, 44. Aufl. Einf. vor § 631 Anm. 5; RGRK, BGB, § 631 Rdn. 208).

### 2. Gegenstand der Prüfung

#### *a) Die Einrichtungen*

**31** Prüfungsgegenstand sind zunächst die **„Einrichtungen"** des Genossenschaftsbetriebs. Darunter sind nicht nur die Innen- und Außenorganisationen der eG, sondern auch alle Vorkehrungen im gesamten Unternehmensbereich zur Erfüllung des Unternehmenszwecks zu verstehen (DGRV-Schriftenreihe, Heft 10, S. 3). Es handelt sich um den gesamten Bereich der betriebs- und organisationstechnischen Vorkehrungen und Anlagen. Prüfungsgegenstand „Einrichtungen" bedeutet, daß auch Fragen der ordnungsgemäßen Besetzung und Tätigkeit von Aufsichtsrat (Rdn. 50) und GV einzubeziehen sind. Dies gilt naturgemäß auch für andere satzungsmäßige Organe (*Meyer/Meulenbergh/Beuthien*, § 53 Rdn. 8).

**32** Gegenstand der Prüfung sind auch die rechtlichen Verhältnisse der eG. Dies betrifft insbes. die Satzung, Geschäftsordnungen, ordnungsgemäße Besetzung der Organe sowie das von diesen jeweils zu handhabende Verfahren.

**33** Die Einrichtungen sind hinsichtlich der **Vollständigkeit** sowie im Hinblick auf ihren **Erhaltungszustand** zu überprüfen. Ob und inwieweit auch Fragen der technischen und betriebswirtschaftlichen **Zweckmäßigkeit** der Prüfung zugänglich sind, hängt von den Umständen des Einzelfalles ab.

#### *b) Das Vermögen*

**34** Die **Vermögenslage** betrifft die wirtschaftlichen Verhältnisse im weiten Sinne. Sie umfaßt als Prüfungsgegenstand alle Aspekte der Ausstattung mit **Eigenkapital** (Höhe, Art und Struktur) sowie die **Liquidität** und **Rentabi-**

**lität** (näher dazu *Letschert*, S. 90). Zum Prüfungsgegenstand Vermögenslage zählen auch die Bereiche Preisgestaltung und Finanzierung.

Das Gesetz erwähnt nunmehr ausdrücklich in § 53 Abs. 2 die Prüfung des Jahresabschlusses unter Einbeziehung der Buchführung und des Lageberichts. Eine Einbeziehung des Jahresabschlusses in die Prüfung wurde jedoch stets als Voraussetzung für die Beurteilung der Vermögenslage und der Ordnungsmäßigkeit der Geschäftsführung angesehen (vgl. *Schmidt*, S. 37). Zur Feststellung des Jahresabschlusses ist es (abgesehen von Kreditgenossenschaften) rechtlich nicht erforderlich, daß der Jahresabschluß zuvor geprüft worden ist; § 53 Abs. 2 verweist nicht auf § 316 Abs. 1 HGB (vgl. unten Rdn. 105). 35

*c) Die Geschäftsführung*

Die **Prüfung der Geschäftsführung** ist der wesentliche Inhalt der genossenschaftlichen Pflichtprüfung; sie macht den eigentlichen Unterschied zur aktienrechtlichen Abschlußprüfung aus. Sie erstreckt sich auf die Geschäftsführung als **Institution**, deren **Organisation** und auf Maßnahmen der **Geschäftsführungstätigkeit** (vgl. *Jenkis*, BB 1982, 1703). Sie umfaßt alle organisatorischen Einrichtungen und Regelungen, deren sich die Geschäftsführung bei der Ausübung ihrer Leitungsfunktion bedient (DGRV-Schriftenreihe, Heft 10, S. 5). Die Geschäftsführungsprüfung beurteilt nicht nur Fragen **formaler Ordnungsmäßigkeit**, sondern auch der **Zweckmäßigkeit**. Gegenstand der Geschäftsführungsprüfung ist nun ausdrücklich auch die Führung der **Mitgliederliste** durch den Vorstand (s. § 30). 36

Die Beurteilung der **Zweckmäßigkeit** von Geschäftsführungsmaßnahmen bereitet in der Praxis erfahrungsgemäß erhebliche Schwierigkeiten, zumal es keine objektiven Maßstäbe geben kann. In vielen Fällen wird sich die Prüfung darauf zu beschränken haben, ob die Entscheidungen der Geschäftsführung sorgfältig vorbereitet, durchgeführt und kontrolliert worden sind. Zur **sorgfältigen Vorbereitung** gehört z. B. die Ausarbeitung und Abwägung von Alternativen, die Zuziehung von Spezialisten; zur Realisierung und Kontrolle gehört die Frage der Korrekturen bei erkannten Fehlentscheidungen. Die Prüfung umfaßt auch die **Dokumentation der Beschlüsse** und Maßnahmen, inbes. die Protokolle, aus denen sich der folgerichtige Ablauf zu ergeben hat. 37

Der Prüfer muß sich u. U. bei der Beurteilung besonderer Sachverhalte der Fachabteilungen des Verbandes bedienen.

Die Geschäftsführungsprüfung umfaßt folgende **Bereiche** (DRGV-Schriftenreihe, Heft 10, S. 8 ff): 38

- Die Geschäftsführung als **Institution** und deren **Organisation**. 39
  Dabei handelt es sich um Fragen nach der ordnungsgemäßen Beset-

zung von Vorstand und Aufsichtsrat, nach sinnvollen Regelungen für die Verteilung von Kompetenzen und Verantwortung, nach persönlicher Zuverlässigkeit und fachlicher Qualifikation der Geschäftsführung, der laufenden gegenseitigen Information sowie der Wahrnehmung der eigentlichen Leitungsaufgaben des genossenschaftlichen Unternehmens.

40 – Das **Geschäftsführungsinstrumentarium**. Es handelt sich im wesentlichen um die **Innenorganisation** (Rechnungswesen, Aufbau- und Ablauforganisation, internes Kontrollsystem, Informationswesen) und die **Außenorganisation** (Zweigstellen, Erfassungs- und Vertriebsorganisation usw.). Dazu gehören das **Rechnungswesen** (einschließlich Mitgliederliste, Buchführung mit Jahresabschluß und Lagebericht, Kostenrechnung, Statistik und Planungsrechnung), die Planung sowie die Plankontrolle.

41 Wird die Buchführung mittels einer automatisierten Datenverarbeitungsanlage erstellt, so umfaßt die genossenschaftliche Prüfung auch eine **EDV-Systemprüfung**. Dies gilt naturgemäß nur, wenn die gesamte Buchführung oder wesentliche Teile davon durch automatische Datenverarbeitung abgewickelt werden.

Ist die eG einer **Rechenzentrale** angeschlossen, so hat es sich bewährt, daß bei dieser Zentrale in bestimmten Zeitabständen eine besondere EDV-Systemprüfung durchgeführt wird. Diese Prüfung erstreckt sich auf die Feststellung der organisatorischen und technischen Voraussetzung im allgemeinen bis hin zur Prüfung der einzelnen EDV-Verfahren einschließlich Programmprüfungen. Das Ergebnis dieser Prüfungen dient dann dem Prüfungsverband als Grundlage für die gesetzliche Prüfung bei der eG. Der **Prüfungsbericht** des Verbandes enthält einen Hinweis auf diese Tatsache.

Bei eG, die zwar einer Rechenzentrale angeschlossen sind, aber mit eigenen Programmen bei der Zentrale arbeiten lassen, sowie bei eG, die selbst ein ADV-Anlage installiert haben und damit die Buchführung erstellen **(Eigenanwender)** gelten die gleichen Grundsätze der Systemprüfung. Diese Prüfung kann vom Prüfungsverband oder von einem sonstigen sachverständigen Prüfer vorgenommen werden. Fehlt diese Prüfung, so kann u. U. die Ordnungsmäßigkeit der Buchführung nicht bestätigt werden.

Die Prüfung umfaßt weiter:

42 – Alle Bereiche der **Organisation** und das **Informationswesen** (Organisationsplan, Stellenbeschreibungen, Dienstanweisungen, Vollmachten usw.).

43 – Das **„Führungssystem"** als Verantwortungsbereich der Geschäftsführung ist Gegenstand der Prüfung. Dazu gehört auch die Meinungsbildung im Vorstand, sowie die Frage der **Delegation** von Kompetenzen und Verantwortung auf den verschiedenen Ebenen.

- Die **Betriebsanlagen** (insbes. die technische Planung, Finanzierung, Auswirkung auf die Ertragslage, Erhaltungszustand, Investitionsplanung). 44
- Das **Personalwesen**. Die Prüfung hat sich einen Überblick über eine entsprechende ordnungsgemäße Ausbildung, den sinnvollen Einsatz und die erforderliche Überwachung zu verschaffen. Systematische Schulungen und Weiterbildungen sind grundsätzlich für alle Mitarbeiter wie auch für die Geschäftsleitung notwendig. Die Prüfung erstreckt sich grundsätzlich auch auf die fachliche und persönliche Qualifikation. Eine hohe Fluktuationsquote und ein schlechtes Betriebsklima dürften in der Regel für die Prüfung Veranlassung sein, den Ursachen nachzugehen. Entsprechendes gilt für überhöhte Personalkosten. 45
- Das **„interne Kontrollsystem“**. Es umfaßt sämtliche Regelungen und Einrichtungen im Unternehmen, die dazu bestimmt sind, das Vermögen zu sichern, die Genauigkeit und Zuverlässigkeit der Abrechnungsdaten zu gewährleisten und die Einhaltung der Geschäftspolitik zu unterstützen. 46

Die **eigentliche Geschäftsführungstätigkeit** als Prüfungsbereich setzt sich aus einer Fülle von einzelnen Entscheidungen und Handlungen zusammen. Die Prüfung kann nicht alle Entscheidungen nachvollziehen; sie wird sich auf die wichtigen struktur- und ablaufbestimmenden Entscheidungen, auf kritische Bereiche und einige **Stichproben** beschränken (*Saage*, S. 78). Es ist zu prüfen, ob die Unternehmensleitung die verschiedenen Gesetze, die genossenschaftsrechtlichen Grundsätze, wie z. B. die Gleichbehandlung aller Mitglieder, sowie sonstige Vorschriften beachtet hat (wegen der Einzelheiten vgl. „Anleitung für den Prüfungsdienst“, herausgegeben vom Deutschen Genossenschafts- und Raiffeisenverband e. V., Bonn). 47

Im Mittelpunkt der Prüfung der Geschäftsführung steht naturgemäß die Frage, ob die Unternehmensleitung der **Verwirklichung des genossenschaftlichen Unternehmenszieles** (Förderauftrag) die erforderliche Aufmerksamkeit geschenkt hat (vgl. *Meyer/Meulenbergh/Beuthien*, § 53 Rdn. 4; *Saage*, S. 135 ff, 137, 138; *Bergmann*, ZfG Sonderheft IX. Intern. genossenschaftswissenschaftliche Tagung 1978, 200 ff). Gerade hier zeigen sich jedoch in Theorie und Praxis erhebliche Schwierigkeiten, da bisher eindeutige Kriterien für die Beurteilung von Förderleistungen fehlen (vgl. hierzu *Dülfer*, ZfG 1980, 47; *Blümle*, ZfG 1980, 39; *Boettcher*, ZfG 1980, 198; vgl. auch *Leffson*, in: Führungsprobleme S. 243 ff; *Pauli*, ZfG 1980, 307; *Rohlfing/Ziranka*, ZfG 1972, 194 ff). Es bieten sich Konditionsvergleiche an, Zahlen der Umsatzentwicklung mit Mitgliedern, die Mitgliederentwicklung selbst und nicht zuletzt der Ablauf der GV (Zustimmung, Schweigen, Kritik). 48

49 Letztlich sind aber jeder Geschäftsführungsprüfung natürliche **Grenzen** gesetzt. Bei zunehmender Betriebsgröße wird das Schwergewicht bei der **„Systemprüfung"** liegen müssen.

50 Hinsichtlich des **Aufsichtsrats** ist nicht nur die formale Ordnungsmäßigkeit (Zusammensetzung, Wahlverfahren, Qualifikation, Sitzungen usw.) zu prüfen, sondern auch die Tätigkeit als Überwachungsorgan gegenüber dem Vorstand. Es wird zu prüfen sein, ob und inwieweit sich der Aufsichtsrat mit wesentlichen Geschäftsführungsvorgängen kritisch auseinandergesetzt hat. Dies folgt aus dem umfassenden Zweck der Geschäftsführungsprüfung (vgl. auch *Meyer/Meulenbergh/Beuthien*, § 53 Rdn. 8). Es gilt in besonderem Maße, soweit die Geschäftspolitik und teilweise einzelne Entscheidungen im Bereich der Geschäftsführung vom Aufsichtsrat mitgetragen werden. Dies kommt in Betracht als Einschränkung der Leitungskompetenz des Vorstandes gem. § 27 Abs. 1 S. 2 (vgl. § 23 der Mustersatzungen für die ländlichen und gewerblichen eG, § 28 der Mustersatzung für Wohnungsbaugenossenschaften) oder als vorweggenommene Aufsichtsmaßnahmen (vgl. die Regelungen in den Geschäftsordnungen von Vorstand und Aufsichtsrat; vgl. auch § 27 Rdn. 13) oder auch als Einwirkung nachträglicher Aufsichtsmaßnahmen auf Entscheidungsvorgänge im Bereich der Unternehmensleitung.

51 Zu prüfen ist das Verhältnis zwischen Aufsichtsrat und Vorstand insbes. in Hinblick auf die erforderliche Unabhängigkeit („kritisches Vertrauen", vgl. § 41 Rdn. 4 und 18 und § 36 Rdn. 8).

52 Hinsichtlich der **GV** dürfte sich die Prüfung im wesentlichen auf Gesichtspunkte der formalen Ordnungsmäßigkeit beschränken. Daneben sollte aber beachtet werden, inwieweit es Vorstand und Aufsichtsrat gelingt, die Mitglieder in der GV an den Vorgängen in der eG zu interessieren. Es ist eine wichtige Aufgabe des Vorstandes, den Mitgliedern die Überzeugung zu vermitteln, daß sie die eigentlichen Träger des Unternehmens sind.

53 Aufgabe der Geschäftsführungsprüfung ist es, die festgestellten **Tatsachen zu bewerten**, soweit eindeutige Vergleichsdaten dies ermöglichen. Es gilt als berufsüblich, daß keine positive Belobigung ausgesprochen wird, sondern im Sinne eines **„Negativattestes"** bestätigt wird, daß die Prüfung keinen Anlaß zur Beanstandung gegeben habe (*Saage*, S. 100). Der Prüfungsbericht selbst wird jedoch im Sinne der Grundsätze von Wahrheit und Vollständigkeit (vgl. Erl. zu § 58) auch positive Eindrücke zu vermitteln haben. Alle **Urteile sind aber stets von nachgewiesenen Sachverhalten abzuleiten** (*Saage*, S. 100).

54 Der Sinn und Nutzen der genossenschaftlichen Geschäftsführungsprüfung kann im Vermitteln von Informationen, in einer Warnfunktion sowie in einer Unterstützungsfunktion gesehen werden (*Saage*, S. 215).

### 3. Prüfungsverfolgung

Der gesetzliche Prüfungsauftrag des Verbandes **umfaßt** nach Abschluß der eigentlichen Prüfung und Vorlage des schriftlichen Prüfungsberichtes auch die sachgemäße **Auswertung der Prüfungsergebnisse**, sowie die **Kontrolle**, ob wesentliche Empfehlungen der Prüfung beachtet und festgestellte Mängel behoben werden (**Prüfungsverfolgung**). Gesetzliche Grundlagen sind insbes. § 59 (Teilnahmerecht des Verbandes an der GV) und § 60 (Recht des Verbandes, eine GV einzuberufen). Der Prüfungsverband kann aber auch hier, wie sich aus den einzelnen Regelungen ergibt, nur beratend und betreuend tätig sein; der Grundsatz der Selbstverwaltung und Selbstverantwortung der eG verbietet ein Weisungsrecht des Prüfungsverbandes. 55

Die gesetzlichen **Befugnisse des Verbandes** im Rahmen der Prüfungsverfolgung sind 56

- das Recht, an der gemeinsamen Sitzung von Vorstand und Aufsichtsrat, in der über das Ergebnis der Prüfung beraten wird, teilzunehmen (§ 58 Abs. 4) 57
- das Recht, an der GV, in der sich der Aufsichtsrat über wesentliche Feststellungen oder Beanstandungen der Prüfung zu erklären hat, beratend teilzunehmen (§ 59 Abs. 3) 58
- unter den in § 60 genannten Voraussetzungen eine außerordentliche GV einzuberufen und diese Versammlung zu leiten 59
- im Rahmen von § 62 Abs. 3 den Mitgliedsgenossenschaften und zentralen Geschäftsanstalten vom Inhalt des Prüfungsberichts Kenntnis zu geben sowie dem Spitzenverband Abschriften des Prüfungsberichts zu erteilen 60
- im Rahmen der Verbandssatzung außerordentliche Prüfungen durchzuführen oder, wenn andere Maßnahmen unbeachtet bleiben, die eG aus dem Verband auszuschließen. 61

In der Praxis vollzieht sich die Prüfungsverfolgung durch

- **Auswertung der Prüfungsberichte** als Grundlage einer Kontrolle, welche Folgerungen die eG aus den Ergebnissen zieht 62
- ein Anschreiben als Begleitschreiben zum Prüfungsbericht an den Vorstand der eG mit der Bitte um Stellungnahme, inwieweit Erinnerungen und Mahnungen befolgt werden oder aus welchen Gründen dies unterbleibt (**Rückbericht**) 63
- Überwachung an Ort und Stelle im Sinne einer **„Nachschau“**, um Erkenntnisse über die Wirkung von Maßnahmen zu gewinnen, die aufgrund der Prüfungsfeststellungen getroffen worden sind. Je nach Dringlichkeit kann diese Nachschau auch z. B. in der **„Vorprüfung“** für die nächste ordentliche Prüfung vorgenommen werden. 64

65 Für die Prüfungsverfolgung ist grundsätzlich der **Prüfungsverband zuständig**, dem die eG als Mitglied angehört und der die Prüfung durchgeführt hat. Hierbei wird der Charakter der genossenschaftlichen Pflichtprüfung als „Betreuungsprüfung" besonders deutlich. Wegen der Zuständigkeit für die Prüfungsverfolgung in den Fällen von § 55 Abs. 2, 3 und § 56; s. Erl. dort.

### 4. Besondere Fälle

#### *a) Prüfung von Beteiligungsgesellschaften*

66 Die **Beteiligung** genossenschaftlicher Unternehmen an anderen Unternehmen, insbes. die Auslagerung eigener betrieblicher Funktionen auf Tochtergesellschaften, bringt für die genossenschaftliche Pflichtprüfung u. U. besondere Probleme. Sie kann die Vermögenslage als auch die Ordnungsmäßigkeit der Geschäftsführung berühren.

67 Eine Beteiligung der eG an anderen Unternehmen ist **nur dann zulässig**, wenn die Beteiligung unmittelbar oder mittelbar zur Erfüllung des genossenschaftlichen **Förderauftrags** gegenüber den Mitgliedern bestimmt ist (§ 1 Abs. 2). Falls es an dieser Voraussetzung fehlt und auch der Fall von § 1 Abs. 2 Ziff. 2 nicht gegeben ist, ist diese Beteiligung genossenschaftsrechtlich unzulässig und von der Prüfung zu beanstanden. Näheres zur Beteiligung vgl. § 1 Rdn. 279 ff.

68 Im Rahmen der genossenschaftlichen Pflichtprüfung ist nicht nur das **Eingehen der Beteiligung** zu prüfen, sondern auch bestehende Beteiligungen daraufhin, ob sie **tatsächlich** der Erfüllung des Förderungsauftrags dienlich sind. Soweit eG den gesamten Geschäftsbetrieb oder wesentliche Teile davon ausgegliedert haben und diese als rechtlich selbständige Gesellschaften bestehen, ist auch die Betätigung dieser Gesellschaften auf die Verfolgung des Förderzwecks hin zu überprüfen.

69 Der Prüfer hat in diesen Fällen das Recht, vom Vorstand der eG **alle Aufklärungen und Nachweise zu verlangen**, die im Rahmen einer ordnungsgemäßen Durchführung der Prüfung notwendig sind, um sich ein Urteil über die Beachtung des Förderauftrags und die Ordnungsmäßigkeit der Beteiligung i. S. v. § 1 Abs. 2 zu bilden (§ 57; entsprechend § 320 HGB).

70 Bei geringfügigen Beteiligungen, die von der Art und vom Umfang her für das genossenschaftliche Unternehmen nur von untergeordneter Bedeutung sind, kann die genossenschaftliche Prüfung die vorgelegten Daten z. B. über die Abschlußprüfung einer Beteiligungsgesellschaft übernehmen. Darauf ist im Bericht hinzuweisen.

71 Sofern auf die Beteiligungsgesellschaft ein **beherrschender Einfluß** ausgeübt werden kann und der ausgegliederte Geschäftsbetrieb nach Art und Umfang von Bedeutung ist, kann es geboten sein, auch die Tochtergesell-

schaft einer **Geschäftsführungsprüfung** zu unterziehen. Es kann sich unter dieser Voraussetzung um eine „Einrichtung" der eG handeln. Aus der Abschlußprüfung allein können nämlich keinerlei Schlüsse auf den **Förderzweck** gegenüber den Genossenschaftsmitgliedern gezogen und damit die Zulässigkeit der Beteiligung beurteilt werden. Auch im Hinblick auf die Beurteilung der **Risiken der Beteiligung** im Zusammenhang mit der Prüfung der eG kann eine Geschäftsführungsprüfung der Tochtergesellschaft geboten sein. Art und Umfang dieser Prüfung liegen im pflichtgemäßen Ermessen des Prüfungsverbandes.

Es kann sich hier eine Abstimmung der einzelnen Prüfungsmaßnahmen im Sinne einer **„konsolidierten Prüfung"** empfehlen. Zu prüfen sind z. B. Auswirkungen unterschiedlicher Bilanzstichtage, fiktive Umsätze mit den Töchtern usw.

Falls die Prüfung einer Beteiligung auf der Grundlage einer Geschäfts- **72**
führungsprüfung der Tochtergesellschaft nicht möglich ist, kann u. U. die **Ordnungsmäßigkeit** der Geschäftsführung der eG **nicht bestätigt werden**. Unter Umständen ist ein Hinweis im Prüfungsbericht erforderlich, daß wesentliche Bereiche sich der Prüfungsbeurteilung entziehen, weil sie aus der eG ausgegliedert sind, und daß die Zulässigkeit der Beteiligung nicht beurteilt werden kann.

*b) Prüfung genossenschaftlich strukturierter Unternehmen anderer Rechtsformen*

Soweit genossenschaftlich struktuierte Unternehmen z. B. in der **73**
Rechtsform der Aktiengesellschaft bestehen (so z. B. genossenschaftliche Zentralbanken), unterliegen diese den jeweiligen spezifischen Prüfungsvorschriften (§ 63 b Abs. 3; vgl. *Mehrkens*, BB 1983, 287, 289).

Soweit diese Unternehmen eine **genossenschaftliche Zielsetzung und** **74**
**Struktur** ausdrücklich in der Satzung festgelegt haben, könnte es naheliegend sein, Prüfungsmaßnahmen über die reine Abschlußprüfung hinaus vorzusehen, um die Ordnungsmäßigkeit der Geschäftsführung im Sinne des Satzungsauftrages beurteilen zu können. Ob es für eine solche weitergehende Prüfung rechtliche Grundlagen gibt, ist umstritten. Eine freiwillige Unterwerfung unter diese Prüfung ist jedoch rechtlich unbedenklich und könnte aus dem satzungsmäßigen Förderzweck gerechtfertigt und auch geboten sein.

*c) Genossenschaftliche Sonderprüfungen*

Neben der gesetzlichen Pflichtprüfung sind weitere Prüfungen als **„Son-** **75**
**derprüfungen"** denkbar, und zwar als gesetzliche, satzungsmäßige, vertragliche Prüfungen oder als Auftragsprüfungen (vgl. *Koschnick*, ZfG 1979, 32).

76 **Gesetzliche Sonderprüfungen** sind
- die Gründungsprüfung (§ 11 Abs. 2 Ziff. 4)
- Prüfung bei Fortführung einer aufgelösten Genossenschaft (§ 79a Abs. 2)
- Ordnungsmäßigkeitsprüfung nach § 16 MaBV einer eG, die nach § 34 c, Abs. 1 GewG erlaubnispflichtige Geschäfte insbes. als Baubetreuer oder Bauträger tätigt
- Zwangsvergleichsprüfung (§ 115 e Abs. 2).

Prüfungen nach dem **Umwandlungsgesetz** betreffend
- Verschmelzungen (§§ 81 bzw. 96 i. V. m. §§ 9–12 UmwG)
- Spaltung (§§ 147, 148, 135, 125 Satz 1, 81 ff UmwG)
- Formwechsel (§ 259 UmwG).

77 Immer, wenn das Gesetz eine gutachterliche Stellungnahme oder Anhörung des Verbandes vorsieht, muß dieser Meinungsbildung eine Prüfung vorausgehen. Auch diese Sonderprüfungen dienen in erster Linie dem Mitgliederschutz (zutreffend *Koschnick*, ZfG 1979, 32).

78 Sonderprüfungen sind denkbar im Zusammenhang mit besonderen **Beratungsaufträgen** des Verbandes, z. B. im Zusammenhang mit der Umstellung des Rechnungswesens auf automatische Datenverarbeitung (vgl. *Koschnick*, ZfG 1979, 37 ff). Solche Prüfungen können auch angebracht sein im Zusammenhang z. B. mit der Aufnahme in genossenschaftliche Garantieeinrichtungen oder der Inanspruchnahme solcher Einrichtungen.

79 **Vertragliche Prüfungen** können zweckmäßig sein im Zusammenhang mit Kreditverträgen, Sicherungsverträgen oder beim Eingehen von Beteiligungen, wenn der Vertragspartner eine solche Prüfung verlangt (vgl. *Koschnick*, S. 39). Eine solche freiwillige Prüfung kann sich sowohl auf die eG als auch auf den Vertragspartner der eG beziehen. **Auftragsprüfungen** sind möglich durch einen entsprechenden Prüfungsauftrag der eG (z. B. als Unterschlagungsprüfung) oder als Auftrag einer Behörde an den genossenschaftlichen Prüfungsverband, wie z. B. die Depotprüfung nach dem Depotgesetz gemäß Prüfungsauftrag des Bundesaufsichtsamtes für das Kreditwesen oder gem. § 44 KWG.

### 5. Prüfungszeiträume

#### *a) Gesetzliche Fristen*

80 Durch Novelle 1973 sind die Fristen für die Durchführung der Pflichtprüfung neu geregelt worden. Während zuvor die Prüfungen „jährlich" bzw. in „jedem zweiten Jahre" durchzuführen waren, wird jetzt auf den Begriff „in jedem **Geschäftsjahr**" abgestellt. Dies entspricht einem Bedürfnis der Praxis: Die Prüfung kann nunmehr z. B. zu Beginn eines Geschäfts-

jahres und dann erst am Ende des darauf folgenden Geschäftsjahres durchgeführt werden. Damit werden u. a. die Prüfungsverbände organisatorisch entlastet, weil die anfallenden Prüfungstätigkeiten besser verteilt werden können (*Meyer/Meulenbergh/Beuthien*, § 53 Rdn. 5; *Schubert/Steder*, § 53 Rz. 6).

Entsteht z. B. durch eine Änderung des Geschäftsjahres ein **„Rumpfgeschäftsjahr"**, so ist die Frage nach einer Prüfung auch in diesem Geschäftsjahr i. S. d. § 53 Abs. 1 S. 2 zu entscheiden: Handelt es sich bei dem Rumpfgeschäftsjahr um einen nur kurzen Zeitraum, so hätte eine gesonderte Prüfung keinen Sinn; der Zeitraum ist vielmehr in die nächst folgende Geschäftsjahresprüfung einzubeziehen. Kommt dagegen das Rumpfgeschäftsjahr einem vollem Geschäftsjahr nahe, so hat eine eigene Prüfung stattzufinden. In Zweifelsfällen entscheidet der Prüfungsverband nach pflichtgemäßem Ermessen.

Für die Berechnung der **Prüfungsfristen** kann eine Prüfung noch dem **81**
Geschäftsjahr zugerechnet werden, in dem sie tatsächlich beendet wurde. Maßgeblich dafür sind die letzten Prüfungshandlungen bei der eG, z. B. die Prüfungsschlußsitzung, wenn diese unmittelbar im Anschluß an die Prüfung stattfindet (im Gegensatz zur Beendigung der Prüfung durch Aushändigung des Prüfungsberichts i. S. v. § 58). Es genügt dann, daß die erneut fällige Prüfung im 2. Geschäftsjahr zumindest begonnen wird. Bei eG mit einer Bilanzsumme von über 2 Mio. muß die Prüfung im nächst folgenden Geschäftsjahr begonnen sein (vgl. KGJ 46, 169; *Meyer/Meulenbergh/Beuthien*, § 53 Rdn. 9; *Müller*, § 53 Rdn. 30). Beispiel: Prüfungszeitraum 16. 10. 1995 bis 10. 12. 1996; Dauer der Prüfung 3. 12. 1996 bis 13. 1. 1997: Da im Jahr 1997 Prüfungsverhandlungen durchgeführt worden sind, ist die nächste Prüfung erst 1998 fällig. Es ist unschädlich, wenn der „Prüfungszeitraum" erklärtermaßen mit dem 10. 12. 1996 endet.

Einen eigentlichen „Prüfungszeitraum" legt das Gesetz nicht fest. Dieser wird aber regelmäßig mit der Zeit seit Beendigung der letzten Prüfung und der Beendigung der derzeitigen Prüfung übereinstimmen, soweit nicht besondere Umstände ausnahmsweise etwas anderes rechtfertigen. Der Grundsatz der **Prüfungskontinuität** gibt dafür Gewähr, daß die eG ohne zeitliche Lücken in die Prüfung einbezogen wird (vgl. *Meyer/Meulenbergh/Beuthien*, § 53 Rdn. 9).

Durch Novelle 1973 wurde der maßgebliche **Betrag der Bilanzsumme** **82**
von 350 000,– DM auf 1 Mio. DM erhöht; durch Bilanzrichtlinien-Gesetz wurde dieser Betrag in Anpassung auf die geänderten Verhältnisse mit Wirkung vom 1. 1. 1987 von 1 Mio. auf 2 Mio. erhöht. Entscheidend ist nunmehr allein die „Bilanzsumme" und nicht mehr das Bilanzvolumen; die Posten unter dem Bilanzstrich werden also nicht mehr in die Berechnung einbezogen.

83 Für die Frage, **wann** die Bilanzsumme 2 Mio. übersteigt und damit Prüfung in jedem Geschäftsjahr erforderlich ist, ist der Schluß des Jahres maßgeblich, in dem die letzte Prüfung abgeschlossen wurde (*Müller*, § 53 Rdn. 3).

84 Der Gesetzestext von § 53 („mindestens" in jedem 2. Geschäftsjahr) erlaubt es dem Verband, zusätzliche Prüfungen nach pflichtgemäßem Ermessen vorzunehmen. Außerdem besteht die Möglichkeit einer außerordentlichen Prüfung gem. § 57 Abs. 1 S. 2 und im Rahmen der Verbandssatzung.

*b) Satzungsmäßige Fristen*

85 Die **Satzung des Prüfungsverbandes** kann für die angeschlossenen eG auch kürzere Prüfungszeiträume vorsehen (*Müller*, § 53 Rdn. 31; *Schubert/Steder*, § 53 Rz. 8). Dies folgt schon aus der Fassung des Gesetzes, das nur „Mindestfristen" für die gesetzliche Prüfung vorsieht. Die Bestimmung einer Prüfungsfrist in der Verbandssatzung hat jedoch nur mitgliedschaftsrechtliche Bedeutung; eine solche Prüfung kann daher auch nur durch vereinsrechtliche Maßnahmen oder im Wege einer Klage vor den ordentlichen Gerichten erzwungen werden (Näheres unten Rdn. 87).

86 Auch die Satzung einer eG kann vorsehen, daß z. B. eine jährliche Prüfung durchzuführen ist, obgleich die Bilanzsumme unter 2 Mio. DM liegt. Diese Satzungsbestimmung bedeutet lediglich eine Verpflichtung des Vorstandes, die Prüfung durch den Verband zu veranlassen (*Müller*, § 53 Rdn. 32).

*c) Erzwingung der Prüfung*

87 Falls die eG die Durchführung der gesetzlichen Prüfung verweigert, kann sie vom Registergericht durch Festsetzung von **Zwangsgeld** angehalten werden. Dies gilt für die ordentlichen gesetzlichen Prüfungen als auch für außerordentliche Sonderprüfungen (§ 160 Abs. 1 i. V. m. § 57 Abs. 1; *Meyer/Meulenbergh/Beuthien*, § 53 Rdn. 9; *Schubert/Steder*, § 53 Rz. 9). Soweit es sich um die Verweigerung einer lediglich in der Verbandssatzung oder in der Satzung der eG vorgesehenen Prüfung handelt, sind Zwangsmaßnahmen durch das Registergericht gem. § 160 nicht möglich (unter Aufgabe der früheren Meinung; zutreffend *Müller*, § 53 Rdn. 31; a. A. *Schubert/Steder*, § 53 Rz. 9; *Riebandt-Korfmacher*, Formular-Kommentar, Bd. 2, Handels- und Wirtschaftsrecht II, Form. 2.431, Rdn. 47). Eine solche zusätzliche Verpflichtung hat vereinsrechtlichen Charakter und kann nur mit vereinsrechtlichen Sanktionen oder im Wege einer Klage vor den ordentlichen Gerichten durchgesetzt werden (so auch *Meyer/Meulenbergh/Beuthien*, ebd.).

Die Durchsetzung des Anspruchs auf Prüfung kann auch durch Tätigkeitsklage erzwungen werden. Für die Zuständigkeit ist der Streitwert maßgebend. Mindestwert der Prüfungsgebühren, soweit nicht das Interesse der eG höher zu bewerten ist.

Bei **Meinungsverschiedenheiten zwischen eG und Prüfungsverband** 88
über Fragen der Prüfungsdurchführung verbleibt es bei der allgemeinen Zuständigkeit der ordentlichen Gerichte für die Feststellungs- oder Leistungsklage. § 324 HGB findet keine Anwendung; ein Verweis im 3. Abschnitt des HGB auf § 324 HGB fehlt; als Ausnahmevorschrift ist enge Auslegung und Anwendung geboten (so auch LG Oldenburg, Beschl. v. 14. 6. 1989 – Az.: 12 O 981/88).

## III. Besondere Vorschriften

### 1. – für Kreditgenossenschaften

Für die Prüfung von Kreditgenossenschaften enthält § 27 KWG i. V. m. 89
§ 340 k HGB besondere Regelungen. Danach ist bei Kreditgenossenschaften unabhängig von ihrer Größe der **Jahresabschluß zu prüfen**, bevor er der GV zur Beschlußfassung vorgelegt wird. In der Prüfung sind Buchführung und Lagebericht einzubeziehen.

Zuständig für diese besondere Jahresabschlußprüfung der Kreditgenos- 90
senschaften ist der genossenschaftliche Prüfungsverband. Die Vorschriften der §§ 316–324 HGB sowie § 270 Abs. 1 und 3 AktG sind entsprechend anzuwenden. Gem. § 29 Abs. 1 KWG ist auch zu prüfen, ob die Anzeigepflichten nach dem KWG erfüllt sind; darüber hinaus, ob im Kreditgeschäft die Offenlegungspflichten gem. § 18 KWG beachtet worden sind.

Eine Bescheinigung über diese Jahresabschlußprüfung ist nicht zum 91
Genossenschaftsregister einzureichen.

Ergänzend sind die Prüfungsrichtlinien des Bundesaufsichtsamtes für 92
das Kreditwesen zu beachten (Bekanntmachung Nr. 2/68, Banz Nr. 3 vom 7. 1. 1969; *Reischauer/Kleinhans*, Kz. 465).

Zur Jahresabschlußprüfung der Kreditgenossenschaften hat der Prü- 93
fungsverband gem. § 26 KWG einen **Bestätigungsvermerk** zu erteilen bzw. eine Vermerk über die Versagung der Bestätigung. Bei Kreditgenossenschaften ist der Prüfungsbericht nur auf Anforderung dem Bundesaufsichtsamt bzw. der Deutschen Bundesbank einzureichen (§ 26 Abs. 1 KWG).

Für den Bestätigungsvermerk gilt § 322 HGB. Sofern die Prüfung zu keinen Beanstandungen geführt hat, ist der dort vorgeschriebene Wortlaut zu verwenden:

„Die Buchführung und der Jahresabschluß entsprechen nach unserer pflichtgemäßen Prüfung den gesetzlichen Vorschriften. Der Jahresabschluß vermittelt unter Beachtung der Grundsätze ordnungmäßiger Buchführung ein den tatsächlichen Verhältnissen entsprechendes Bild der Vermögens-, Finanz- und Ertragslage der Genossenschaft. Der Lagebericht steht im Einklang mit dem Jahresabschluß".

Erforderlichenfalls ist der Bestätigungsvermerk i. S. v. § 322 Abs. 2 HGB zu ergänzen. Sind Einwendungen zu erheben, so ist der Bestätigungsvermerk einzuschränken oder zu versagen (§ 322 Abs. 3 HGB). Der Abschlußprüfer hat den Bestätigungsvermerk oder den Vermerk über seine Versagung unter Angabe von Ort und Tag zu unterzeichnen; der Vermerk ist in den Prüfungsbericht aufzunehmen (§ 322 Abs. 4 HGB).

Einschränkung oder Verweigerung des Testats hat auf die Wirksamkeit der Feststellung des Jahresabschlusses (§ 48) keine Auswirkungen (zum **Testat** s. § 58 Rdn. 12 ff).

**94** eG, für die gem. § 58 Abs. 2 GenG i. V. m. § 267 Abs. 3 HGB ein Bestätigungsvermerk nicht vorgeschrieben ist, können freiwillig einen solchen Vermerk erhalten.

**95** Wird der **Bestätigungsvermerk wissentlich falsch** erteilt und führt dies zu einem Schaden, so kann dies unter den Voraussetzungen des § 826 BGB eine Ersatzpflicht zur Folge haben. Für den Vorsatz nach § 826 BGB reicht es aus, wenn dem Testierenden bewußt war, der Bestätigungsvermerk könne gegenüber einem Geldgeber verwandt werden und diesen zu einer nachteiligen Entscheidung veranlassen (BGH, NJW 1987, 1758 m. Anm. *Hopt*, NJW 1987, 1745). Wegen Haftung gegenüber der eG s. § 62.

**96** In der Praxis wird die für Kreditgenossenschaften vorgeschriebene Prüfung des Jahresabschlusses regelmäßig mit der gesetzlichen Prüfung gem. § 53 Abs. 1 (Geschäftsführungsprüfung) verbunden.

**97** Aus der Regelung dieser besonderen Abschlußprüfung der Kreditgenossenschaften im Rahmen des § 53 Abs. 2 folgt, daß es sich auch hierbei um eine genossenschaftliche **Pflichtprüfung** handelt. Sie kann ausschließlich vom genossenschaftlichen Prüfungsverband durchgeführt werden – im Gegensatz zu sonstigen Auftragsprüfungen, die vom genossenschaftlichen Prüfungsverband oder von anderen Prüfungsträgern vorgenommen werden können.

**98** Kreditgenossenschaften, die das **Effektengeschäft** oder das Depotgeschäft betreiben, sind hinsichtlich dieser Geschäfte regelmäßig einmal jährlich zu prüfen (**Depotprüfung; § 30 KWG**). Gegenstand dieser Prüfung sind Effektengeschäfte, Depotgeschäfte sowie die Mitteilungspflichten gem. § 128 AktG und die Regelung der Stimmrechtsausübung gem. § 135 AktG.

**99** Gem. der Ermächtigung in § 30 Abs. 2 KWG hat das Bundesaufsichtsamt in der Bekanntmachung vom 16. 12. 1970 (BAnz. Nr. 239 v. 23. 12.

1980; *Reischauer/Kleinhans*, Kz. 490) **Art, Umfang und Zeitpunkt** der **Depotprüfung** festgelegt. Die Vorschriften gelten in gleicher Weise für Kreditgenossenschaften. Zu Depotprüfern können gemäß Ziff. 4 der genannten Bekanntmachung auch genossenschaftliche Prüfungsverbände bestellt werden. Diese Bestellung durch das Bundesaufsichtsamt ist in der Praxis üblich und hat sich bewährt.

Bei aufsichtsrechtlichen Maßnahmen stützt sich das Bundesaufsichtsamt **100** für das Kreditwesen weitgehend auf die **Feststellungen des Prüfungsberichts** des Verbandes, ohne eigene Prüfungshandlungen durchzuführen. Ein Widerspruch der betroffenen eG gegen solche Maßnahmen muß sich daher zunächst an den Prüfungsverband richten. Wegen Einreichung des Prüfungsberichts an das BAK s. § 58 Rdn. 29.

### 2. – für Wohnungsgenossenschaften

Für die ordentliche Prüfung von Wohnungsgenossenschaften gelten die **101** allgemeinen Vorschriften der §§ 53 ff und ergänzend die Bestimmungen der Satzung sowie die Prüfungsrichtlinien des GdW (s. Rdn. 18). Nach der Mustersatzung ist die **Genossenschaft** in jedem Geschäftsjahr zu prüfen (dazu Rdn. 85, 87).

Mit der Aufhebung des WGG durch das SteuerRefG 1990 sind die über das GenG hinausgehenden aufsichtsrechtlichen Anforderungen an die gesetzliche Prüfung entfallen. Das gilt auch, soweit dem Verband eG angehören, die am 31. 12. 1989 als gemeinnützige Wohnungsunternehmen anerkannt waren oder eG, die in ihrer Firma die Bezeichnung „gemeinnützig" fortführen (s. § 3 Rdn. 16).

Besonderheiten können sich aus den Bestimmungen über die Gewährung und Durchführung von Förderungsmaßnahmen der öffentlichen Hand ergeben, insbes. im Zusammenhang mit der Inanspruchnahme der Teilentlastung nach dem § 4, 5 ASchHG (s.§ 1 Rdn. 106, Absch. I u. II), ferner aus § 16 MaBV, wenn die eG Geschäfte i. S. v. § 34 c, Abs. 1 GewO tätigt (s. § 1 Rdn. 137) sowie für die Prüfung von Wohnungsbaugenossenschaften mit Spareinrichtung aus den Vorschriften des KWG und den zu seiner Anwendung ergangenen Schreiben und Mitteilungen des BAK (§ 1 Rdn. 101).

Die Organe der eG sind nach § 43 Abs. 5 MS verpflichtet, die bei den **102** Prüfungen festgestellten Mängel zu beheben. Sie haben erteilten Auflagen nachzukommen und Anregungen angemessen zu beachten (GdW Prüfungsrichtlinien, Tz. 43). Die Überwachung von Prüfungsbeanstandungen ist Teil der beratenden und betreuenden Aufgaben des Prüfungsverbandes, nicht aber Aufsichtsmaßnahme. Dem Verband obliegen keine allgemeinen Warn- oder Unterrichtungspflichten gegenüber staatlichen Stellen, auch keine Pflicht zur Vorlage des Prüfungsberichtes.

103 Besonderheiten ergeben sich für eine Wohnungsgenossenschaft mit Spareinrichtung aus § 29 Abs. 2 KWG. Für die Prüfung des Jahresabschlusses einer solchen eG gilt § 27 KWG i. V. m. § 340 k u. § 1 HGB sowie die dazu ergangenen Schreiben und Mitteilungen des BAK (s. Rdn. 89 ff).

**3. – für Rabattsparvereine in der Rechtsform der Genossenschaft**

104 Gem. § 4 Abs. 2 Rabattgesetz und §§ 7 ff der Durchführungsverordnung v. 21. 2. 1934 kann die Prüfung von Rabattsparvereinen einem genossenschaftlichen Prüfungsverband übertragen werden. Diese Vereinigungen von Gewerbebetreibenden dürfen Gutscheine zur Gewährung eines Barzahlungsrabatts nur ausgeben und einlösen, wenn sie sich jährlich einer unabhängigen Prüfung unterziehen.

## IV. Einbeziehung von Jahresabschluß, Buchführung und Lagebericht (Abs. 2)

105 Das Gesetz schreibt nunmehr ausdrücklich vor, daß die genossenschaftliche Pflichtprüfung auch den Jahresabschluß unter Einbeziehung der Buchführung und des Lageberichts erfaßt. Soweit möglich, wird die genossenschaftliche Pflichtprüfung unter Einbeziehung des Jahresabschlusses zwar vor der Beschlußfassung in der GV stattfinden; es genügt jedoch dem Gesetz, wenn der zuvor festgestellte Jahresabschluß in die nächstfolgende Prüfung einbezogen wird.

106 Die Feststellung des Jahresabschlusses durch die GV setzt also nicht voraus, daß der Jahresabschluß geprüft ist; es fehlt der Verweis auf § 316 Abs. 1 HGB.

107 Der Verweis auf § 316 Abs. 3 HGB hat zur Folge, daß bei einer **Änderung** von Jahresabschluß oder Lagebericht nach Vorlage des Prüfungsberichts diese Unterlagen erneut zu prüfen sind, soweit dies die Änderungen erfordern. Über das Ergebnis der Prüfung ist erneut zu berichten; der Bestätigungsvermerk (s. § 58 Rdn. 12 ff) ist ggfs. entsprechend zu ergänzen.

108 Entsprechende Anwendung durch die Verweisung findet auch § 317 Abs. 1 S. 2 und 3 HGB: Die Prüfung des Jahresabschlusses hat sich darauf zu erstrecken, ob die gesetzlichen Vorschriften und Bestimmungen der Satzung beachtet sind. Der **Lagebericht** ist darauf zu prüfen, ob er mit dem Jahresabschluß in Einklang steht und ob die sonstigen Angaben im Lagebericht nicht eine falsche Vorstellung von der Lage des Unternehmens erwecken.

109 Wegen Tätigkeit des Prüfungsverbandes auf dem Gebiet der Rechtsberatung s. Erl. zu § 63 b Rdn. 22.

## § 54
## Pflichtmitgliedschaft

**Die Genossenschaft muß einem Verband angehören, dem das Prüfungsrecht verliehen ist (Prüfungsverband).**

*Übersicht*



## I. Allgemeines

Während die **Prüfungspflicht** für die eG durch Gesetz von 1889 eingeführt worden ist (vgl. Erl. zu § 53), werden alle eG durch Gesetz vom 30. 10. 1934 (RGBl. I, 1077) verpflichtet, sich einem genossenschaftlichen Prüfungsverband anzuschließen, dem durch die zuständige oberste Landesbehörde das Prüfungsrecht verliehen worden ist (§ 63). Diese **Pflichtmitgliedschaft** beruht auf der Erfahrung, daß sich die Prüfung durch gerichtlich bestellte Revisoren nicht bewährt hatte (vgl. Zur Reform des Genossenschaftsrechts, Bd. 1, 37), daß die Prüfung erst ihre volle Wirksamkeit im Zusammenhang mit einer kontinuierlichen Betreuung und Prüfungsverfolgung durch denselben Prüfungsverband zeigen kann und daß verbandsangehörige eG Krisensituationen besser überstanden haben als andere eG oder Unternehmen anderer Rechtsformen. Dies zeigte sich vor allem in den Krisenjahren vor der Gesetzesänderung 1934. Die Pflichtmitgliedschaft im Verband ist in Verbindung mit der Pflichtprüfung, nicht zuletzt der Gründungsprüfung (§ 11 Abs. 2 Nr. 3), ein bedeutsamer **Sicherheitsfaktor** für Mitglieder und Gläubiger, zumal für die eG kein festes Mindestkapital vorgesehen ist und die Satzung die Nachschußpflicht der Mitglieder ausschließen kann (§ 6 Nr. 3). 1

Der genossenschaftliche Prüfungsverband hat eine **„Doppelnatur“** als Prüfungs- und Betreuungsverband (vgl. Erl. zu § 63 b Rdn. 16 ff). 2

Wegen Einzelheiten **zur Rechtsstellung** der Prüfungsverbände vgl. Referate und Materialien, Bd. 3, mit Aufsätzen von *Caemmerer*, *Riebandt-Korfmacher*, *Flender*, *Schneider*, *Westermann*, *Lang*, *Klusak*, *König*; *Frey*, Die Rechtmäßigkeit und die Zweckmäßigkeit des genossenschaftlichen Verbands- und Prüfungszwanges, WPg 58, 401; *Jenkis*, Doppelnatur der genossenschaftlichen und gemeinnützigkeitsrechtlichen Prüfungsverbände, BB 1982, 1702; *Schmidt*, Zum Problem des Verbandszwangs im genossenschaftlichen Prüfungswesen, WPg 1957, 181; *Großfeld*, Ablehnungsrecht und Prüfungsumfang, Zur Rechtsstellung des genossenschaftlichen Prüfungsverbandes, ZfG 1984, 111; *Mann*, Die Vereinbarkeit der Prüfungs- und Beratungstätigkeit der Genossenschaftsverbände, ZfG 1969, 224; DGRV-Schriftenreihe, Funktion der Genossenschaftsverbände in der Bundesrepublik Deutschland, Heft 18, Bonn 1980; *Reinhardt*, Vereinbarkeit der Pflichtmitgliedschaft in Prüfungsverbänden mit dem Grundgesetz, in: Festschrift für Draheim, Göttingen 1968/1971; *Riebandt-Korfmacher*, Zur Stellung genossenschaftlicher Prüfungsverbände von Wohnungsunternehmen, in: Festschrift für Jenkis, Berlin 1987; *Beuthien*, Die Verfassungsmäßigkeit der Zuordnung jeder eingetragenen Genossenschaft zu einem genossenschaftlichen Prüfungsverband, WM 1995, 1788; *Gehrlein*, Die Verfassungswidrigkeit des Anschlußzwangs an genossenschaftliche Prüfungsverbände, WM 1995, 1781.

**3** Da der Prüfungsverband regelmäßig die **Rechtsform des eingetragenen Vereins** hat (§ 63 b Abs. 1), erfolgt der Erwerb der Mitgliedschaft nach den vereinsrechtlichen Regeln. Die Mitgliedschaft wird also nicht kraft Gesetzes erworben, sondern durch Beitrittserklärung und Aufnahmeerklärung des Verbandes.

**4** Grundsätzlich kann die eG frei wählen, welchem zugelassenen Prüfungsverband sie als Mitglied angehören will. Da die Satzungen der einzelnen Prüfungsverbände regelmäßig räumliche oder fachliche Grenzen vorsehen, sind die eG jedoch faktisch auf die in Frage kommenden Prüfungsverbände angewiesen.

**5** Die gesetzliche Pflichtmitgliedschaft hindert eine eG jedoch nicht, im Rahmen vereinsrechtlicher Regelungen, z. B. durch **Kündigung**, aus dem Verband auszuscheiden. Dies gilt auch im Fall einer behördlichen Anordnung gem. § 54 Abs. 2 S. 1. Wird dann allerdings nicht innerhalb der vom Gericht gesetzten Frist eine neue Mitgliedschaft erworben (§ 54 a), so ist die **Auflösung der eG** auszusprechen.

**6** Durch die Aufhebung des WGG ergaben sich für **Wohnungsbaugenossenschaften** hinsichtlich Verbandszugehörigkeit und Pflichtprüfung keine grundlegenden Änderungen. Den Prüfungsverbänden nach dem WGG ist das Prüfungsrecht verliehen (§ 63). Die **ehemals gemeinnützigen Wohnungsbaugenossenschaften** sind daher weiterhin **Pflichtmitglied des Prüfungsverbandes**, dem sie am 31. 12. 1989 angehörten (Begr. SteuerRefG 1990, BT-Drucks. 11/2157 zu Art. 21, § 5 Abs. 1 [§ 4 RegE]).

**7** Mit dem Bilanzrichtlinien-Gesetz wurde § 54 Abs. 2 aufgehoben. Die Pflichtmitgliedschaft bei einem genossenschaftlichen Prüfungsverband gem. Abs. 1 bleibt unverändert bestehen; der zuständige Minister hat jedoch nicht mehr die Möglichkeit zu bestimmen, daß die eG einem bestimmten Prüfungsverband anzugehören habe. Dies war im Hinblick auf Art. 9 GG (Koalitionsfreiheit) ohnehin problematisch. Die §§ 11 Abs. 2 Ziff. 4, 54 und 54 a geben ausreichend Gewähr dafür, daß jede eG Mitglied eines Prüfungsverbandes ist.

## II. Pflichtmitgliedschaft

### 1. Als Bedingung für die Entstehung und den Bestand der eingetragenen Genossenschaft

Gem. § 11 Abs. 2 Ziff. 4 muß der Anmeldung zur Eintragung einer Genossenschaft die **Bescheinigung des Prüfungsverbandes** beigefügt werden, daß die Genossenschaft als Mitglied des Verbandes zugelassen ist. Ohne diese Bescheinigung darf die Genossenschaft nicht eingetragen werden. 8

Scheidet eine eG aus dem Prüfungsverband aus, so kann sie nur dann fortbestehen, wenn sie innerhalb der gerichtlich bestimmten Frist einem anderen Verband beigetreten ist (§ 54 a). 9

Auch **aufgelöste eG** müssen im Liquidationsstadium gem. § 64 c Mitglied eines genossenschaftlichen Prüfungsverbandes sein (OVG Berlin v. 24. 9. 1982 – Az.: OVG 2 B 7.82/VG 16 A 125.81; a. A. für Konkurs *Schubert/Steder*, § 64 c Rz. 3; vgl. Erl. § 64 c Rdn. 4 ff). 10

Die Verpflichtung, Mitglied eines Prüfungsverbandes zu werden, gilt nicht für die Vorgenossenschaft, die mangels Rechtsfähigkeit eine solche Mitgliedschaft auch nicht erwerben könnte (vgl. BayObLG, DB 1990, 2157; näher zur Vorgenossenschaft: § 13 Rdn. 4 ff). 11

### 2. Rechtsnatur der Mitgliedschaft

Das Rechtsverhältnis zwischen eG und Prüfungsverband ist **bürgerlich-rechtlicher Natur**, das sich nach den Regeln des Vereinsrechts und der Verbandssatzung bestimmt. Die gesetzlich vorgeschriebene Pflichtmitgliedschaft und der Umstand, daß dem Verband das Prüfungsrecht behördlich verliehen wird und damit eine Staatsaufsicht verbunden ist (§§ 64, 64 a), vermag das Rechtsverhältnis nicht dem öffentlichen Recht zuzuordnen (BGHZ 37, 160 = NJW 1962, 1508 = BB 1962, 775; *Müller*, § 54 Rdn. 7; *Schubert/Steder*, § 54 Rz. 3; *Riebandt-Korfmacher*, Referate und Materialien zur Reform des Genossenschaftsrecht, 3. Bd., S. 25, insbes. S. 34–36; *dies.*, Prüfungsverbände von Wohnungsunternehmen, ebd., S. 311, 316). 12

### 3. Verfassungsmäßigkeit der Pflichtmitgliedschaft

13 Die im GenG positiv geregelte Pflichtmitgliedschaft in Prüfungsverbänden ist in ihrem Grundgehalt geltendes Recht und **verfassungsgemäß**. Sie verstößt insoweit (s. unten Rdn. 16 ff) nicht gegen Art. 9 GG, der nach h. M. auch das Recht garantiert, nach eigener, freier Entscheidung einer Vereinigung anzugehören oder fernzubleiben (**negative Koalitionsfreiheit**, vgl. BVerfGE 10, 102; OVG Münster, OVGE 14, 92; OLG Koblenz, NJW 1951, 366). Dieses Grundrecht gilt auch für inländische juristische Personen (*Mangold/Klein*, GG, Art. 9 Anm. III 4; *Wernicke*, Bonner Kommentar, GG, Art. 9 Anm. II 2 d; *Maunz/Düring/Herzog*, GG, Art. 9 Rdn. 31).

14 Das Bundesverfassungsgericht hat in bezug auf die Mitgliedschaft in den Kammern als öffentlich-rechtliche Körperschaften zugleich die Grenzen für eine mögliche Pflichtmitgliedschaft auch in privatrechtlichen Vereinigungen aufgezeigt (BVerfGE 15, 243 = NJW 1963, 195 = BB 1963, 53). Entscheidende Voraussetzung für die Einschränkung von Grundrechten sind: Eine gesetzliche Grundlage, Rechtfertigung durch ausreichende Gründe des Gemeinwohls und Verhältnismäßigkeit (BVerfGE 76, 196 für Werbeverbote der Rechtsanwälte; auch OLG Karlsruhe, NJW 1990, 3155).

15 Hinsichtlich der Verfassungsmäßigkeit einer Pflichtmitgliedschaft im genossenschaftlichen Prüfungsverband ist danach entscheidend, ob zur sachgemäßen Erfüllung der Prüfungsaufgabe diese Pflichtmitgliedschaft sinnvoll und notwendig ist. Die Pflichtmitgliedschaft hat sich seit ihrer Einführung unstreitig bewährt. Sie dient in erster Linie dem Zweck, den Förderauftrag der eG gegenüber den Mitgliedern zu sichern und Gläubiger und eG sowie die Allgemeinheit vor Schaden zu bewahren (*Barth*, S. 62; *Lang*, Referate und Materialien, Bd. 3, S. 204; *Dietrich*, S. 225; *Müller*, § 54 Rdn. 6; *Schubert/Steder*, § 54 Rz. 1; *Reinhardt*, Vereinbarkeit der Pflichtmitgliedschaft in Prüfungsverbänden mit dem Grundgesetz; in: Festschrift für Draheim, Göttingen 1968/1971; *Marcus*, Die Pflichtmitgliedschaft bei den Genossenschaftsverbänden)

16 Daß durch die Pflichtmitgliedschaft die wirtschaftliche Bewegungsfreiheit nicht unverhältnismäßig eingeschränkt wird (BVerfGE, NJW 1963, 195) beweist schon die Tatsache, daß diese Regelung von den eG in der Praxis als sinnvoll akzeptiert wird.

17 Es gibt inzwischen eine umfangreiche **Literatur zu Fragen der Verfassungsmäßigkeit** der Pflichtmitgliedschaft in Verbänden (vgl.: *Riebandt-Korfmacher*, Referate und Materialien, Bd. 3, 65; *Lang*, Referate und Materialien Bd. 3, 220; *Wernicke*, Bonner Kommentar, GG, Art. 2, 1 b–e und Art. 9 II 2 a; *Forsthoff*, Lehrbuch des Verwaltungsrechts, 6. Aufl., 304, 306; *Steiner*, Öffentliche Verwaltung durch Private, Hamburg 1975, 140 ff und 148 ff; *Wulf*, WPG 1956, 297 ff, 326 ff; *Mronz*, Körperschaften und Zwangsmitgliedschaft, 1973, 241 ff und 247 ff; *Dietrich*, Die Rechtsstellung

der genossenschaftlichen Prüfungsverbände im Bereich der Prüfung, Diss. Erlangen 1974; *Langguth*, Grenzen der Pflichtmitgliedschaft bei Genossenschaften am Beispiel der Prüfungstätigkeit, Erlangen 1980; *Nicklisch*, Gutachten, in: BB 1979, 1157; *Maunz*, Rechtsgutachten 1957; *Schnorr von Carolsfeld*, ZfG 1959, 67; ZfG 1963, 335; ZfG 1967, 24; *Reinhardt*, Gesellschaftsrecht, S. 347; *Tepper*, Handelsblatt v. 8. 3. 1982, S. 3; *Jenkis*, BB 1982, 1702 ff; *Mann*, ZfG 1969, 224; *Reinhardt* und *Marcus* – zitiert zu Rdn. 15; *Steding*, Verbandszwang der eingetragenen Genossenschaft und Umfang ihrer Beitragspflicht, Betrieb und Wirtschaft, 1996, 177; krit. zur Verfassungsmäßigkeit: *Gillmeyer*, ZBB 1994, 215 sowie *Gehrlein*, WM 1995, 1781.

*Beuthien* (WM 1995, 1788) sieht in der Pflichtmitgliedschaft lediglich eine **„Rechtsformvoraussetzung"** für die eG, so daß die Regelung überhaupt nicht die negative Koalitionsfreiheit berühre. Auch mit dem Austritt aus dem Prüfungsverband falle nur eine Rechtsbedingung für den Fortbestand der eG weg. Jedenfalls stelle die Pflichtmitgliedschaft einen geeigneten, erforderlichen und verhältnismäßigen Eingriff in die grundsätzliche Freiheit jeder eG dar und sei damit verfassungskonform.

**Kritisch und ablehnend** demgegenüber *Gehrlein* (WM 1995, 1781). Aber auch *Gehrlein* hält die Pflichtmitgliedschaft in genossenschaftlichen Prüfungsverbänden für historisch legitimiert und in der Praxis bewährt. Als mögliche Lösung schlägt er in Anlehnung an § 64 b vor, jede eG solle die Möglichkeit haben, sich zur Durchführung der Pflichtprüfung an einen von ihr auszuwählenden Prüfungsverband zu wenden, der die Prüfung dann auf vertraglicher Grundlage durchzuführen hat. Damit bliebe die Funktionsfähigkeit der Prüfungsverbände gewährleistet. Eine solche Regelung hätte aber den Nachteil, daß eine wesentliche Grundlage der *Unabhängigkeit* der Prüfungsverbände verloren ginge; bei einer nach Meinung der geprüften eG zu strengen Prüfung und Beurteilung könnte die eG auf einen ihr genehmeren Verband als Prüfer ausweichen.

Letztlich ist zur Frage der Verfassungsmäßigkeit der Pflichtmitgliedschaft die Entscheidung des Bundesverfassungsgerichts abzuwarten. Die gegenüber der Pflichtmitgliedschaft **kritischen Stellungnahmen** verkennen z. T. einige wesentliche Gesichtspunkte, die geeignet sein können, die Bedenken gegen § 54 auszuräumen: Die Pflichtmitgliedschaft will gerade in Zusammenhang mit der „Betreuungsprüfung" durch den Verband (vgl. § 53 Rdn. 24 ff) die genossenschaftliche Selbstverwaltung im Interesse der Mitglieder sichern (vgl. *Metz*, Autonomie und Verbunddisziplin in der Genossenschaftsorganisation, S. 13; *Müller*, § 54 Rdn. 6; *Jenkis*, BB 1982, 1702). Von Bedeutung in diesem Zusammenhang ist auch, daß zu Beginn die genossenschaftlichen Verbände vor allem beratende und betreuende Aufgaben wahrnahmen, um die große Zahl der Mitglieder vor Schäden zu bewahren (vgl. § 53 Rdn. 1). Aus dieser Erkenntnis hat der Gesetzgeber den

Verbänden auch in anderen Bereichen eine Sonderstellung eingeräumt, wie z. B. das „Rechtsberatungsprivileg“ gem. Art. 1 § 3 Ziff. 7 RBerG (dazu näher BGH, Urt. v. 20. 1. 1994, I ZR 283/91) und die Befugnis zur beschränkten Hilfeleistung in Steuersachen gem. § 4 Nr. 6 StBerG.

18 Nach dem heutigen Meinungsstand und unter Berücksichtigung der kritischen Positionen zur Verfassungsmäßigkeit (vor allem *Nicklisch*, BB 1979, 1157) ist allerdings davon auszugehen, daß die Satzung des Verbandes dem Pflichtmitglied nur solche vereinsrechtlichen Pflichten, insbes. Beitragspflichten, auferlegen kann, die mit der **Prüfung im Sinne einer Betreuungsprüfung** einschließlich der **Prüfungsverfolgung** im Zusammenhang stehen. Sonstige Mitgliederpflichten oder Verbandsaufgaben und deren Finanzierung können nur auf der Grundlage freiwilliger Vereinbarungen bestehen. Nach Auffassung des BGH (Urt. v. 10. 7. 1995, WPrax 1995, 319 = DB 1995, 2056 = NJW 1995, 2981) bedeutet eine verfassungskonforme Auslegung des Gesetzes, daß eine auf die Inanspruchnahme der Pflichtprüfung begrenzte Verbandsmitgliedschaft möglich sein muß. Ein Mitglied des Verbandes kann nicht gezwungen werden, gegen seinen Willen eine Verbandstätigkeit außerhalb der gesetzlichen Prüfung zu finanzieren. Auch nachträglich kann die Mitgliedschaft durch Kündigung auf den Pflichtprüfungsbereich des Verbandes beschränkt werden. Für diese Kündigung kann die Verbandssatzung eine eigene Kündigungsfrist vorsehen. Zum Bereich der Betreuungsprüfung sind alle unmittelbaren Prüfungstätigkeiten zu rechnen, die abgeleiteten Prüfungstätigkeiten sowie mit der Prüfung zusammenhängende Beratungs- und Betreuungstätigkeiten. Die genaue Abgrenzung muß dem Einzelfall vorbehalten bleiben.

## III. Anspruch auf Aufnahme in den Prüfungsverband

### 1. Öffentlich-rechtliche Ansprüche

19 Die Tatsachen, daß das Prüfungsrecht dem Verband behördlich verliehen wird, begründet noch keinen **Anspruch auf Aufnahme** in den Verband (vgl. *Paulick*, S. 77; *Caemmerer*, Referate und Materialien, Bd. 3, S. 8; a. A. *Schnorr von Carosfeld*, ZfG 1951, 305; 1959, 97; 1963, 335). Wie jede Rechtsbeziehung zwischen der eG und dem Prüfungsverband ist auch der Beitritt zum Verband dem privatrechtlichen Bereich zuzuordnen (BGH, NJW 1962, 1508; *Meyer/Meulenbergh/Beuthien*, § 54 Rdn. 6; *Müller*, § 54 Rdn. 7). Die Klage auf Aufnahme wäre vor dem zuständigen Landgericht zu erheben.

20 Grundsätzlich liegt es im freien Ermessen eines Vereins, ob er einen Antragsteller als Mitglied aufnehmen will (BGH, BB 1959, 1272).

21 In Anbetracht der **Pflichtmitgliedschaft** ist der Verband bei der Entscheidung über die Aufnahme einer eG aber nicht frei, sondern muß nach

**pflichtgemäßem Ermessen** (vgl. unten Rdn. 24) prüfen, ob rechtliche oder sachliche Gesichtspunkte die Ablehnung des Antragstellers rechtfertigen (BGH, NJW 1962, 1508, 1509; bei einem Verein mit Monopolstellung vgl. BGH, DB 1959, 1396 = BB 1959, 1272 = MDR 1960, 109). Nach BGH (DB 1985, 586 = BB 1985, 397 = ZIP 1985, 276) besteht ein Aufnahmeanspruch nicht nur bei Monopolverbänden, sondern grundsätzlich auch dann, wenn ein Verein oder Verband im wirtschaftlichen oder sozialen Bereich eine überragende Machtstellung innehat und schwerwiegendes Interesse von Beitragswilligungen am Erwerb der Mitgliedschaft besteht. Der Verband trägt grundsätzlich die Beweislast dafür, daß sachlich gerechtfertigte Gründe für die Ablehnung eines Bewerbers gegeben sind (s. auch Erl. zu § 11 Rdn. 25; auch bei *Meyer/Meulenbergh/Beuthien*, § 54 Rdn. 6). Die gesellschaftsrechtliche Aufnahmepflicht wird zu Recht als „funktionale Kehrseite der Pflichtmitgliedschaft" bezeichnet (*Meyer/Meulenbergh/Beuthien*, § 54 Rdn. 7). Als zu weitgehend abzulehnen *Tsibanoulis* (S. 358), der eine unbedingte Aufnahmepflicht des Verbandes annimmt.

Rechtliche oder sachliche **Gründe für die Ablehnung** können vielfältiger Natur sein, z. B. wenn
- die Mitglieder oder Gläubiger gefährdet werden (entsprechend § 11 Abs. 2 Ziff. 4)
- wesentliche Verbandsinteressen gefährdet werden (vgl. BGH, BB 1970, 224)
- die Satzung des Verbandes der Aufnahme entgegensteht
- die eG bereits rechtswirksam aus dem Verband ausgeschlossen worden ist (vgl. BGH, BB 1959, 1272; Rdn. 30).

Bei Umwandlung einer eG in eine AG besteht kein Anspruch auf Aufnahme in den genossenschaftlichen Prüfungsverband oder Aufrechterhaltung der Mitgliedschaft (vgl. LG Hamburg v. 14. 11. 1974 – 75 O 143/72).

Es kann dahinstehen, ob diese Ermessensbindung einen (zivilrechtlichen oder öffentlich-rechtlichen) Anspruch auf Aufnahme bedeutet oder nur eine öffentlich-rechtliche Verpflichtung des Verbandes gegenüber der Aufsichtsbehörde (wie zuletzt: *Müller*, § 34 Rdn. 8). Aus § 63 b Abs. 2 kann die Verpflichtung des Verbandes folgen, eine umgewandelte eG auszuschließen. **22**

Die Aufsichtsbehörde kann den Verband durch **Auflagen** gem. § 64 zur Zulassung der eG anhalten; die eG kann bei der Behörde um eine solche Auflage nachsuchen. Gegen die ablehnende Entscheidung der Behörde ist verwaltungsgerichtliche Verpflichtungsklage zugelassen (*Böhmcke*, BlfG 1955, 317; ZfG 1956, 234; *Paulick*, S. 301; *Müller*, § 54 Rdn. 8). Die Auflage der Aufsichtsbehörde ersetzt allerdings nicht die Aufnahmeerklärung des Verbandes; dies müßte vielmehr erzwungen werden, ggfs. durch Maßnahmen gegen den Verband gem. §§ 64, 64 a. **23**

## 2. Privatrechtliche Ansprüche

24 Die Rechtsnatur eines Aufnahmeanspruchs in den Verband ist im einzelnen umstritten. Da das GenG die Mitgliedschaft in einem Prüfungsverband jedoch zwingend vorschreibt, muß daraus als „funktionale Kehrseite" (vgl. oben Rdn. 21) eine gesellschaftsrechtliche Aufnahmepflicht gefolgert werden, sofern die sich aus dem Gesetz oder der Verbandssatzung ergebenden Voraussetzungen erfüllt sind (vgl. *Meyer/Meulenbergh/ Beuthien*, § 54 Rdn. 6 ff; *Müller*, § 54 Rdn. 9). Aus dieser Begründung folgt auch, daß dem Verband die Beweislast dafür obliegt, daß Tatsachen die Ablehnung rechtfertigen (*Meyer/Meulenbergh/Beuthien*, § 54 Rdn. 6).

25 a) Gem. **§ 27 Abs. 1 i. V. m. § 35 GWB** kann die **Kartellbehörde** auf Antrag die Aufnahme eines Unternehmens in eine Wirtschaftsvereinigung anordnen, wenn die Ablehnung der Aufnahme eine sachlich nicht gerechtfertigte, ungleiche Behandlung darstellt und zu einer unbilligen Benachteiligung des Unternehmens führt (vgl. unten).

26 Die Frage, ob genossenschaftliche Prüfungsverbände **„Wirtschaftsvereinigungen"** i. S. v. § 27 GWB sind, ist umstritten. Solche Wirtschaftsvereinigungen sind dadurch gekennzeichnet, daß sie einen Zusammenschluß von Unternehmen eines Wirtschaftszweiges darstellen, dessen Zweck darauf gerichtet ist, die gemeinschaftlichen Interessen zu fördern und gegenüber der Öffentlichkeit und Dritten zu vertreten (vgl. BGHZ 21, 4). Entsprechend der wohl herrschenden Meinung dürfte es richtig sein, den genossenschaftlichen Prüfungsverbänden den Charakter von Wirtschaftsvereinigungen zuzuerkennen, zumal sie entsprechend ihren Satzungen neben der Prüfungsfunktion auch die Vertretung der Interessen der Mitgliedergenossenschaften bezwecken (*Erk*, S. 145; *Barth*, ZfG 1965, 48; *Müller*, § 54 Rdn. 11; a. A. *Riebandt-Korfmacher*, GW 1958, 43; *Westermann*, ZfG 1954, 306). Es kann dahinstehen, ob bereits die Prüfungsaufgabe der Verbände geeignet ist, wesentliche Merkmale einer Wirtschaftsvereinigung zu erfüllen (so aber *Müller*, § 54 Rdn. 11).

27 Eine bestehende eG, aber auch eine **Vorgenossenschaft** (zum Begriff vgl. Erl. zu § 13 Rdn. 4 ff), soweit sie bereits als solche im geschäftlichen Leben tätig geworden ist, sind „Unternehmen" im Sinne des GWB. Auch eine noch nicht geschäftlich tätige, in Gründung befindliche Genossenschaft muß als Unternehmen anerkannt werden, soweit sie zum Zwecke der Eintragung sich um die Mitgliedschaft beim genossenschaftlichen Prüfungsverband bewirbt (zutreffend *Müller*, § 54 Rdn. 12).

28 Ein Verstoß gegen § 27 GWB im Sinne einer sachlich nicht gerechtfertigten, **ungleichen Behandlung** liegt dann vor, wenn keine Gründe bestehen, die unter Berücksichtigung der Aufgaben des Prüfungsverbandes die Ablehnung rechtfertigen (*Barth*, S. 89; *Müller*, § 54 Rdn. 13; wegen Gleichbehandlung vgl. auch BGH, DB 1985, 586 = BB 1985, 397 = ZIP 1985, 276).

Sachlich gerechtfertigte **Ablehnungsgründe** können gegeben sein, wenn die wirtschaftlichen oder personellen Verhältnisse der Genossenschaft eine Gefährdung der Belange der Mitglieder oder Gläubiger befürchten lassen (§ 11 Abs. 2 Ziff. 4; *Barth*, S. 90; *Müller*, § 54 Rdn. 14; vgl. oben Rdn. 21). **29**

Eine **Bedürfnisprüfung** steht dagegen dem Prüfungsverband nicht zu. Ablehnung kann aber gerechtfertigt sein, wenn objektive Anhaltspunkte erkennbar sind, die ernste Schwierigkeiten zwischen der Genossenschaft und dem Prüfungsverband befürchten lassen (vgl. BGH, BB 1970, 224; *Müller*, § 54 Rdn. 14). Eine Ablehnung dürfte z. B. stets dann gerechtfertigt sein, wenn der Prüfungsverband wegen der Art der Genossenschaft zu einer fachlich ordnungsgemäßen Prüfung nicht in der Lage ist (*Barth*, S. 91; *Müller*, § 54 Rdn. 15). Auch eine Genossenschaft, die außerhalb des satzungsmäßigen Tätigkeitsbereichs eines Prüfungsverbandes ihren Sitz hat, kann keine Aufnahme verlangen. **30**

Die Ablehnung als eine **unbillige Benachteiligung** im Wettbewerb (vgl. oben Rdn. 26) ist grundsätzlich dann gegeben, wenn die Genossenschaft nicht die Möglichkeit hat, unter unzumutbaren Voraussetzungen einem anderen Prüfungsverband beizutreten (so *Müller*, § 54 Rdn. 16). Die Genossenschaft kann nicht darauf verwiesen werden, daß sie auch ohne Mitgliedschaft beim Verband und ohne Eintragung im Genossenschaftsregister als nicht eingetragene Genossenschaft tätig werden kann (so aber *Riebandt-Korfmacher*, GW 1954, 122). **31**

In der gegen den Verband zu richtenden **Aufnahmeklage** ist der Nachweis eines Verschuldens des Prüfungsverbandes nicht erforderlich (BGHZ 29, 344). **32**

Ein **Aufnahmeanspruch** kann u. U. auch auf §§ 26 Abs. 2, 35 GWB gestützt werden. Nach § 26 Abs. 2 GWB ist es einem marktbeherrschenden Unternehmen verboten, ein anderes Unternehmen im Geschäftsverkehr unmittelbar oder mittelbar unbillig zu behindern oder ohne sachlichen Grund ungleich zu behandeln. Es erscheint aber fraglich, ob Prüfungsverbände in diesem Sinne als Unternehmen angesehen werden können (so aber *Müller*, § 54 Rdn. 20 unter Hinweis auf BGH, NJW 1962, 200, wonach es bei diesem Unternehmensbegriff nicht auf die Rechtsform und nicht auf die Absicht der Gewinnerzielung ankomme). **33**

b) Aus **Rechtsgrundsätzen des UWG** könnte sich ein Aufnahmeanspruch ergeben, wenn das Aufnahmeverfahren als „geschäftlicher Verkehr" zu verstehen wäre (so *Müller*, § 54 Rdn. 28). Dagegen bestehen jedoch erhebliche Bedenken, da die Aufnahme in einen Prüfungsverband zumindest nicht geschäftlichen Zwecken des Prüfungsverbandes dient, sondern eine Mitgliederbeziehung herstellen soll, die u. a. Voraussetzung für die registergerichtliche Eintragung der Genossenschaft ist. **34**

35 c) Ein Anspruch auf Aufnahme in den Prüfungsverband **aus § 826 BGB** käme dann in Betracht, wenn die Nichtzulassung für die Genossenschaft eine **sittenwidrige Schädigung** darstellt, z. B., weil die Ablehnung willkürlich und für die Genossenschaft von existenzieller Bedeutung wäre (vgl. BGHZ 21, 1; BGH, NJW 1969, 316 = BB 1959, 1272; grundsätzlich bejahend auch *Müller*, § 54 Rdn. 32). Unter den genannten Voraussetzungen kann die Zulassung unter dem Gesichtspunkt des Schadensersatzes verlangt werden (BGHZ 21, 1; BGHZ 37, 160; *Müller*, § 54 Rdn. 32; a. A. *Riebandt-Korfmacher*, Referate und Materialien, Bd. 3, S. 55).

### 3. Durchsetzung eines Aufnahmeanspruchs

36 a) Falls sich ein Aufnahmeanspruch aus § 27 GWB ergibt, **kann die Kartellbehörde anordnen**, daß der Prüfungsverband die Genossenschaft aufzunehmen habe. Diese Möglichkeit besteht neben dem rechtlichen Zulassungsanspruchs und begründet eine öffentlich-rechtliche Verpflichtung. Die Aufnahme selbst hat aber auch in diesen Fällen nach vereinsrechtlichen Regeln zu erfolgen.

37 Für die Anordnung ist das **Bundeskartellamt** zuständig, soweit der Geschäftsbereich der Genossenschaft über den Bereich eines Bundeslandes hinausgeht; anderenfalls ist die **Landeskartellbehörde** zuständig (§ 44 GWB).

38 Die Kartellbehörde hat allen Beteiligten **Gelegenheit zur Stellungnahme** zu geben; auf Antrag eines Beteiligten ist mündliche Verhandlung anzuberaumen (§ 53 GWB).

39 Ein Verstoß gegen die Anordnung ist eine **Ordnungswidrigkeit** nach § 38 Abs. 1 Nr. 4 GWB; zusätzlich kann ein Zwangsgeld festgesetzt werden.

40 Gegen die Entscheidung der Kartellbehörde ist **Beschwerde** zugelassen (§ 62 GWB); gegen die Beschwerdeentscheidung sieht § 73 GWB Rechtsbeschwerde an den Bundesgerichtshof vor, soweit diese zugelassen wird.

41 b) Das **zivilgerichtliche Urteil**, in dem ein Aufnahmeanspruch aus § 826 BGB ausgesprochen wird, ist gem. § 894 ZPO vollstreckbar, da es sich um die Abgabe einer Willenserklärung auf Zulassung der Genossenschaft von seiten des Prüfungsverbandes handelt (so zutreffend *Meyer/Meulenbergh/Beuthien*, § 54 Rdn. 8; *Müller*, § 54 Rdn. 35; *Caemmerer*, Referate und Materialien, Bd. 3, S. 19; OLG Hamburg, WuW 1955, 394; a. A. *Riebandt-Korfmacher*, Referate und Materialien, Bd. 3, S. 56). Wegen möglicher Rechtsbehelfe gegen die Verweigerung der Aufnahme in einem Prüfungsverband vgl. v. *Caemmerer*, Referate und Materialien, Bd. 3, S. 7 ff; *Riebandt-Korfmacher*, ebd., S. 23 ff. Näheres zur Frage der **Aufnahme in den Prüfungsverband** und eines Aufnahmeanspruchs Rdn. 19 ff; *Kluge*,

Anschlußzwang der Genossenschaften und Zulassungsverpflichtung der Prüfungsverbände, ZfG 1952 189 ff; *Meyer/Meulenbergh/Beuthien*, § 54 Rdn. 6 ff; *Tsibanoulis*, Die genossenschaftliche Gründungsprüfung.

Wegen Anspruch auf Aufnahme s. a. § 11 Rdn. 15.

## IV. Doppelmitgliedschaft

Gem. § 54 Abs. 1 muß die eG einem genossenschaftlichen Prüfungsverband angehören. Eine Pflichtmitgliedschaft bei mehreren Prüfungsverbänden sieht das Gesetz nicht vor. **42**

Die im Gesetz festgelegte Pflichtbeziehung Prüfungsverband/Mitgliedsgenossenschaft kann daher **nur zu einem Prüfungsverband** bestehen, dem die eG i. S. v. § 54 Abs. 1 als Mitglied angehört. Daraus folgen die Rechtsbeziehung hinsichtlich Prüfung (Prüfungsrecht und Prüfungspflicht) und Prüfungsverfolgung.

Unter den Gesichtspunkten des Genossenschaftsrechts wie auch des Vereinsrechts ist nicht ausgeschlossen, daß daneben noch eine freiwillige Mitgliedschaft in einem oder auch mehreren anderen Prüfungsverbänden besteht. Bestimmte Strukturen in den Genossenschaftsorganisationen können es u. U. zweckmäßig erscheinen lassen, die Mitgliedschaft bei mehreren Verbänden zu erwerben (Beispiel: Für Zentralgenossenschaften käme die Mitgliedschaft beim regionalen Prüfungsverband und beim Spitzenverband auf Bundesebene in Frage). **43**

Im Falle der Mitgliedschaft bei mehreren Verbänden muß aus Gründen der Rechtssicherheit bestimmt werden, zu welchem der Verbände die Pflichtmitgliedschaft gem. § 54 besteht. Das **Bestimmungsrecht** liegt – vorbehaltlich der bestehenden rechtlichen Bindungen zu einem Prüfungsverband – grundsätzlich bei der eG, dies ergibt sich aus vereinsrechtlichen Gesichtspunkten, nach denen das Vereinsmitglied über die Begründung oder Beendigung vereinsrechtlicher Beziehungen entscheidet. Das Entscheidungsrecht kann auch durch Kündigung oder „Änderungskündigung" ausgeübt werden. **44**

Im Falle der Doppelmitgliedschaft kann der gesetzliche Prüfungsverband auf der Grundlage von § 55 Abs. 2 das Prüfungsrecht auf den anderen Verband übertragen, bei dem die eG ebenfalls (freiwillig) Mitglied ist. Die besonderen Verhältnisse einer solchen Doppelmitgliedschaft können nach dem Ermessen des Prüfungsverbandes wichtiger Grund i. S. v. § 55 Abs. 2 sein. Die Übertragung kann auch langfristig durch Satzung oder Vereinbarung geschehen (z. B. Prüfung einer Zentralgenossenschaft durch den Spitzenverband). **45**

Beim **Verbandswechsel** bleiben die Pflichtbeziehungen zum gesetzlichen Prüfungsverband – auch unabhängig vom schon erfolgten Beitritt zu **46** einem anderen Verband – so lange bestehen, bis die mitgliedschaftsrechtlichen Beziehungen durch Ausscheiden nach Ablauf der Kündigungsfrist oder durch Vereinbarungen beendet sind. Entsprechendes gilt, wenn eine Mitgliedschaft bei mehreren Prüfungsverbänden auf Dauer vorgesehen ist.

47 Der Bereich der **Beratung und Betreuung** wird von dieser Regelung nicht berührt. Er kann durch die Satzungen der Verbände geregelt werden und unterliegt im übrigen der freien Vereinbarung unter allen Beteiligten.

48 Wegen Ausschluß aus genossenschaftlichem **Sicherungsfonds** OLG Köln, ZfG 1988, 222 m. Anm. *Pleyer*.

## § 54 a

## Ausscheiden aus einem Prüfungsverband

**(1) Scheidet eine Genossenschaft aus dem Verband aus, so hat der Verband das Gericht (§ 10) unverzütlich zu benachrichtigen. Das Gericht hat eine Frist zu bestimmen, innerhalb derer die Genossenschaft die Mitgliedschaft bei einem Verband zu erwerben hat.**

**(2) Weist die Genossenschaft nicht innerhalb der gesetzten Frist dem Gericht nach, daß sie die Mitgleidschaft erworben hat, so hat das Gericht von Amts wegen nach Anhörung des Vorstands die Auflösung der Genossenschaft auszusprechen. § 80 Abs. 2 findet Anwendung.**

*Übersicht*



### I. Zweck der Vorschrift

1 Während die frühere Fassung von § 54 Abs. 2 – historisch gesehen – den Zweck hatte, nicht verbandsangehörige eG zum Beitritt zu einem Prüfungsverband zu veranlassen, enthält § 54 a eine spezielle Regelung für den Fall, daß eine bestehende eG aus einem Prüfungsverband ausgeschieden ist. Es soll damit erreicht werden, daß jede bestehende eingetragene Genossenschaft entsprechend § 54 Abs. 1 einem genossenschaftlichen Prüfungsver-

band als Mitglied angehört. Demzufolge bestimmt Abs. 2, daß eine eG von Amts wegen aufzulösen ist, sofern sie nicht innerhalb der vom Gericht bestimmten Frist die Mitgliedschaft bei einem anderen Prüfungsverband erwirbt (für das Verfahren gilt § 80 Abs. 2).

§ 54 a macht auch deutlich, daß keine Zwangsmitgliedschaft bei einem **2** bestimmten Prüfungsverband vorgesehen ist, sondern nur die Verpflichtung, irgendeinem genossenschaftlichen Prüfungsverband als Mitglied anzugehören.

Durch Bilanzrichtlinien-Gesetz wurde Abs. 1 S. 2 dahin geändert, daß **3** eine aus dem Verband ausgeschiedene eG nicht Mitglied eines anderen Verbandes werden muß, der demselben Spitzenverband angehört.

Abs. 1 S. 3 wurde aufgehoben, da es keiner Regelung mehr bedarf, nach der die Mitgliedschaft bei einem Verband zugelassen werden kann, der einem anderen Spitzenverband angehört.

## II. Die Fälle des Ausscheidens aus dem Verband

### 1. Kündigung der Mitgliedschaft

Da die Prüfungsverbände grundsätzlich in der Form des eingetragenen **4** Vereins bestehen (§ 63 b Abs. 1), gelten sowohl für die Begründung einer Mitgliedschaft im Verband als auch für deren Beendigung vereinsrechtliche Grundsätze. Gem. § 39 BGB kann ein Mitglied durch **Kündigung** entsprechend den satzungsmäßigen Fristen (höchstens 2 Jahre) aus dem Verband austreten. Das gilt entsprechend für eine einseitige Beschränkung der Mitgliedschaft und dementsprechend der Beitragspflicht auf die Inanspruchnahme der Pflichtprüfung und der dazu zählenden Betreuungs- und Beratungstätigkeit des Verbandes (s. BGH, DB 1995, 2056; dazu § 54 Rdn. 18). Kündigung der Mitgliedschaft ist auch hier eine einseitige empfangsbedürftige Willenserklärung. Die Verbandssatzung kann für den Austritt ein bestimmtes Verfahren vorsehen; der Austritt eines Mitglieds darf jedoch nicht unangemessen erschwert werden. So wäre z. B. eine längere Kündigungsfrist als zwei Jahre (§ 39 BGB) unzulässig, ebenso eine Erschwerung z. B. durch notarielle Beglaubigung der Austrittserklärung (*Müller*, § 54 a Rdn. 4; *Reichert/Dannecker/Kühr*, S. 100). Die Verbandssatzung kann aber bestimmen, daß der Austritt z. B. erst zum Schluß eines Geschäftsjahres zulässig ist.

Im übrigen kann die eG die Mitgliedschaft im Verband **aus wichtigem** **5** **Grund** jederzeit kündigen und ggfs. auch dann sofort ausscheiden, wenn die Beendigung der Mitgliedschaft nach der Satzung nur zum Ende des Geschäftsjahres möglich ist (vgl. BGHZ 9, 162; BGH, DB 1954, 346). Ein wichtiger Grund ist dann gegeben, wenn die Fortsetzung der Mitgliedschaft bis zum Ablauf der Kündigungsfrist auch unter Berücksichtigung der Verbandsinteressen unzumutbar ist (*Müller*, § 54 a Rdn. 4).

6 Unter dem Gesichtspunkt einer unzulässigen Einschränkung des Austrittsrechts kann die Satzung – außer bei Kündigung aus wichtigem Grund – nicht wirksam vorsehen, daß der Grund des Austritts angegeben werden muß (*Meyer/Meulenbergh/Beuthien*, § 54 a Rdn. 2; *Müller*, § 54 a Rdn. 4; *Reichert/Dannecker/Kühr*, S. 100). Unzulässig wäre auch die Verpflichtung zur Zahlung eines **Austrittsgeldes** oder die Fortzahlung der Mitgliederbeiträge für eine bestimmte Zeit nach Beendigung der Mitgliedschaft (*Müller*, § 54 a Rdn. 4).

### 2. Ausschluß aus dem Verband

7 Entsprechend den vereinsrechtlichen Grundsätzen kann eine **Kündigung** der Mitgliedschaft im Verband nur durch die Mitgliedsgenossenschaften erfolgen; der Verband seinerseits hat lediglich die Möglichkeit, Verbandsmitglieder **auszuschließen**. Damit wird der Schutz des Verbandsmitgliedes verwirklicht: Es kann solange dem Verband als Mitglied angehören, als es nicht seinerseits kündigt – oder die in der Satzung des Verbandes im einzelnen geregelten Ausschlußtatbestände erfüllt.

8 Die **Ausschlußgründe** dürfen grundsätzlich nicht zu Lasten der Mitglieder strenger gefaßt sein, als diejenigen, die zur Ablehnung der Aufnahme berechtigen sollen (vgl. *Müller*, § 54 a Rdn. 4; *Staudinger/Coing*, BGB, § 35 Rdn. 7 f).

9 Die vereinsrechtlich mögliche Satzungsbestimmung, wonach bei bestimmten Tatbeständen **automatisch** und ohne Ausschlußverfahren die Mitgliedschaft im genossenschaftlichen Prüfungsverband enden soll, erscheint im Hinblick auf die Pflichtmitgliedschaft bedenklich (a. A. *Müller*, § 54 a Rdn. 4).

10 Im übrigen kann der Prüfungsverband ein Mitglied auch bei Vorliegen eines **wichtigen Grundes** ausschließen (vgl. BGHZ 9, 157). **Änderung der Rechtsform** kann wichtiger Grund sein (LG Hamburg v. 14. 11. 1974 – Az.: 75 O 143/72).

11 Der Ausschluß aus dem Verband ist unwirksam, wenn er offenbar unbillig ist. Die Gerichte können neben der formellen Ordnungsmäßigkeit nur prüfen, ob offensichtliche Unbilligkeit vorliegt. Ausschluß ist umso eher offensichtlich unbillig, je wichtiger die Mitgliedschaft für die eG ist (BGHZ 47, 385). Ausschluß darf nur ultima ratio sein. Gegebenenfalls muß zuvor auf Erfüllung der Mitgliedschaftspflichten geklagt werden (OLG Köln 17. 9. 1987 – 18 U 30/87).

### 3. Erlöschen der Genossenschaft

12 Die **Auflösung der eG** beendet noch nicht automatisch die Mitgliedschaft im Prüfungsverband, da erst das tatsächliche Erlöschen zur Beendi-

gung der Rechtsfähigkeit einer juristischen Person führt. Das tatsächliche Erlöschen der eG hat dann allerdings automatisch die sofortige Beendigung der Rechtsfähigkeit und damit der Mitgliedschaft beim Prüfungsverband zur Folge.

Auch im **Stadium der Liquidation** (zwischen Auflösungsbeschluß und tatsächlichem Erlöschen) besteht eine Verpflichtung, einem Prüfungsverband anzugehören (OVG Berlin v. 24. 9. 1982 – Az.: 2 B 7.82; vgl. Erl. § 64 c). **13**

**4. Sonstige Fälle der Beendigung der Mitgliedschaft**

Denkbar ist auch, daß die Mitgliedschaft beim Prüfungsverband rückwirkend mit wirksamer **Anfechtung des Aufnahmeantrags** beendet wird (*Müller*, § 54 a Rdn. 2) oder dadurch, daß der Prüfungsverband als solcher erlischt. Die Entziehung des Prüfungsrechts selbst berührt noch nicht die Mitgliedschaft; die eG wäre aber verpflichtet, einem anderen Prüfungsverband beizutreten, dem das Prüfungsrecht verliehen ist (§ 54 Abs. 1). **14**

## III. Mitteilungspflicht des Prüfungsverbandes an das Gericht

Der Prüfungsverband ist verpflichtet, das Ausscheiden einer eG dem für den Sitz der eG zuständigen Amtsgericht (§ 10) unverzüglich mitzuteilen. Die Mitteilung muß keine Gründe angeben; die Unterlassung der Nachricht berührt nicht die Rechtswirksamkeit der Beendigung der Mitgliedschaft. Die Mitteilungspflicht des Verbandes entsteht erst in dem Zeitpunkt, in dem das Ausscheiden wirksam wird, z. B. zum Ende des Geschäftsjahres nach Ablauf der Kündigungsfrist. Eine vorherige Mitteilung ist möglich. **15**

Bestehen **rechtliche Zweifel**, ob die Mitgliedschaft wirksam beendet ist, so sollte der Prüfungsverband das Gericht darauf hinweisen (*Müller*, § 54 a Rdn. 6). Da die Mitteilung ohne schuldhaftes Zögern zu erfolgen hat, ist der Verband berechtigt, rechtliche Unklarheiten über die Wirksamkeit des Ausscheidens einer eG vor der Mitteilung zu klären. **16**

Endet die Mitgliedschaft bei dem Prüfungsverband aufgrund der **Auflösung der eG**, so ist die Nachricht an das Gericht entbehrlich, weil der Erwerb der Mitgliedschaft bei einem anderen Verband nicht mehr in Betracht kommt (*Schubert/Steder*, § 54 a Rz. 2). **17**

## IV. Fristsetzung durch das Registergericht, Spitzenverband

Die Mitteilung des Verbandes über das Ausscheiden einer eG veranlaßt das Registergericht, eine Frist zu bestimmen, innerhalb derer die eG die **18**

Mitgliedschaft bei einem anderen Prüfungsverband zu erwerben hat. Für eine Überprüfung der Rechtswirksamkeit des Ausscheidens aus dem Verband dürfte im Regelfall kein Anlaß bestehen (a. A. *Meyer/Meulenbergh/Beuthien*, § 54 a Rdn. 4; *Müller*, § 54 a Rdn. 7). Das Gericht kann nicht bestimmen, bei welchem anderen Verband die Mitgliedschaft zu erwerben ist. Seit Änderung von § 54 a durch das Bilanzrichtlinien-Gesetz muß der neue Verband grundsätzlich nicht demselben Spitzenverband angehören, wie der Prüfungsverband, dem die eG zuvor angehört hat.

**19** Das GenG erwähnt den Begriff des **„Spitzenverbandes"** nicht mehr wie früher in § 54 a, sondern nur noch in § 56 Abs. 2. Aus dieser Einordnung des Spitzenverbandes in den 4. Abschnitt „Prüfung und Prüfungsverbände" folgt, daß der Spitzenverband aus seiner Funktion im Prüfungsbereich zu bestimmen ist. Es ist der Prüfungsverband auf Bundesebene, der in den Fällen des § 56 Abs. 2 den Prüfer zu bestimmen hat und – nach Maßgabe seiner Satzung – für den Prüfungsbereich zuständig ist.

**20** Nunmehr bestehen – nach dem Zusammenschluß der gewerblichen und ländlichen eG – in der Bundesrepublik drei genossenschaftliche Spitzenverbände im Sinne des 4. Abschnitts des GenG:

- Deutscher Genossenschafts- und Raiffeisenverband e. V. in Bonn
- Gesamtverband der Wohnungswirtschaft e. V. in Köln
- Revisionsverband deutscher Konsumgenossenschaften e. V. in Hamburg.

Diesen Verbänden ist entsprechend ihrem Satzungszweck das Prüfungsrecht verliehen. Darüber hinaus obliegt ihnen die Förderung des Genossenschaftswesens allgemein sowie die Vertretung der Gesamtinteressen auf Bundesebene (vgl. *Schubert/Steder*, § 54 a Rz. 4; bei *Meyer/Meulenbergh/Beuthien*, § 54 a Rdn. 7 wird die tatsächliche und rechtliche Struktur der Bundesverbände im gewerblichen und ländlichen Bereich verkannt: Nur der DGRV ist Prüfungsverband auf Bundesebene und damit Spitzenverband im Sinne des Gesetzes).

**21** Die **Dauer der Frist** für den Erwerb einer neuen Verbandsmitgliedschaft bestimmt das Gericht nach pflichtgemäßem Ermessen. Die Frist muß ausreichend sein, um die Beschlüsse in den Organen der eG fassen zu können und das Aufnahmeverfahren beim Verband ordnungsgemäß zu gewährleisten. Ggfs. ist die eG zu hören (*Müller*, § 54 a Rdn. 10).

## V. Behördliche Gestattung der Mitgliedschaft in einem anderen Verband

**22** Da durch Bilanzrichtlinien-Gesetz die Verpflichtung der eG weggefallen ist, bei Ausscheiden aus einem Prüfungsverband die Mitgliedschaft bei einem anderen Prüfungsverband zu erwerben, der demselben Spitzenverband angehört, besteht auch kein Raum mehr für die Ausnahmeregelung durch behördliche Gestattung. Die eG kann nunmehr frei wählen, welchem Prüfungsverband sie angehören will. Wegen der Frage eines Aufnahmeanspruchs vgl. Erl. zu § 54 Rdn. 19 ff.

Wegen Bestellung eines Prüfungsverbandes durch das Gericht s. § 64 b.

### VI. Auflösung der Genossenschaft (Abs. 2)

Falls die aus dem Verband ausgeschiedene eG nicht innerhalb der vom Gericht festgesetzten Frist die Mitgliedschaft bei einem anderen Prüfungsverband erwirbt, hat das Gericht das **Auflösungsverfahren von Amts wegen** einzuleiten. Die eG ist in diesem Verfahren anzuhören, vor allem um zu klären, warum die Frist nicht beachtet worden ist und um zu prüfen, ob nicht noch nachträglich die Mitgliedschaft erworben werden kann. Bleibt die Anhörung erfolglos und wird die Mitgliedschaft nicht erworben, so hat das Registergericht die eG durch Beschluß aufzulösen. **23**

Der Auflösungsbeschluß ist der eG zuzustellen; gegen ihn ist das Rechtsmittel der sofortigen **Beschwerde** zulässig (§ 577 ZPO), die innerhalb von 2 Wochen seit Zustellung des Beschlusses eingelegt werden muß. Über die Beschwerde entscheidet das Landgericht; dagegen ist im Rahmen von § 568 Abs. 2 ZPO weitere Beschwerde zum OLG möglich. **24**

Der rechtskräftige Auflösungsbeschluß des Registergerichts führt zur Liquidation der eG. **25**

## § 55

## Verband als Träger der Prüfung

**(1) Die Genossenschaft wird durch den Verband geprüft, dem sie angehört. Der Verband bedient sich zum Prüfen der von ihm angestellten Prüfer. Diese sollen im genossenschaftlichen Prüfungswesen ausreichend vorgebildet und erfahren sein.**

**(2) Mitglieder des Vorstands und des Aufsichtsrats, Angestellte und Mitglieder der zu prüfenden Genossenschaft dürfen die Genossenschaft nicht prüfen.**

**(3) Der Verband kann sich eines von ihm nicht angestellten Prüfers bedienen, wenn hierfür im Einzelfall ein wichtiger Grund vorliegt. Der Verband darf jedoch nur einen anderen Prüfungsverband, einen Wirt-**

**schaftsprüfer oder eine Wirtschaftsprüfungsgesellschaft mit der Prüfung beauftragen.**

*Übersicht*



## I. Der Verband als Prüfer (Abs. 1)

1 Nach dem Gesetz von 1889 war nicht der Verband Träger der Prüfung, sondern der Revisor, der vom Verband oder vom Gericht bestellt wurde. Da dieses Verfahren sich nicht in allen Fällen bewährt hatte, wurde durch Gesetz von 1934 zusammen mit der Pflichtmitgliedschaft auch bestimmt, daß der Verband als solcher die **Prüfungsverantwortung** trägt („Träger der Prüfung"). Die eG wird durch den Verband geprüft, dem sie angehört.

2 Besonderheiten ergeben sich für einen **Prüfungsverband von Wohnungsunternehmen** unter den Voraussetzungen von § 162 i. V. m. Art. 25 EGHGB i. d. F. v. Art. 21, § 55 SteuerRefG 1990, dazu § 53 Rdn. 7 und 12). Danach kann ein Mitgliedsunternehmen, dessen Jahresabschluß und Lagebericht prüfungspflichtig ist (§ 316 ff HGB) oder das einen Konzernabschluß und einen Konzernlagebericht nach §§ 290–315 HGB aufzustellen hat, den Verband zum Abschlußprüfer bestellen. Das gilt für Aktiengesellschaften und Gesellschaften mbG jedoch nur, wenn die Mehrheit der Anteile und die Mehrheit der Stimmrechte eG oder zur Prüfung von eG zugelassenen Prüfungsverbänden zusteht. Nichtgenossenschaftliche Unternehmen anderer Rechtsform müssen am 31. 12. 1989 als gemeinnützige Wohnungsunternehmen oder als Organe der staatlichen Wohnungspolitik anerkannt gewesen sein. Durch die Änderung des Art. 25 EGHGB wird unter den dort festgelegten Voraussetzungen sichergestellt, „daß diese Unternehmen sich weiterhin von ihren Prüfungsverband prüfen lassen können und die Prüfung als gesetzliche Pflichtprüfung nach dem HGB gilt." (Begr. zum SteuerRefG 1990, BT-Drucks. 11/2157 S. 457–459, zu Art. 21 § 4 RegE und zu § 162 GenG). Scheidet ein Mitglied, das die bisherige Pflichtmitgliedschaft freiwillig fortgeführt hat aus dem Prüfungsverband aus, entfällt die Möglichkeit zur Anwendung der Sonderregelung aus Art. 25 EGHGB. Abweichend von den Bestimmungen der §§ 55, 56 sind auf die Prüfungen nach Art. 25 EGHGB die die Unabhängigkeit der Prü-

fung sichernden Vorschriften des § 319 Abs. 2 u. 3 HGB entsprechend anzuwenden, demzufolge auch die Bußgeldvorschrift des § 334 Abs. 2 HGB (s. dazu ADS, HGB § 319, Rdn. 119 ff). Der Prüfungsverband ist mithin von der gesetzlichen Jahresabschlußprüfung eines nichtgenossenschaftlichen Mitgliedes über § 56 GenG hinaus ausgeschlossen, wenn einer der in § 319 Abs. 2 u. 3 HGB geregelten Sachverhalte gegeben ist. Das ist insbesond. auch zu beachten bei der Beteiligung des Prüfungsverbandes z. B. an einer Treuhandgesellschaft, einer Datenverarbeitungsstelle oder einem Fachverlag u. ä. Bei der Prüfung freiwilliger nichtgenossenschaftlicher Mitglieder durch einen Prüfungsverband ist der gesetzlich vorgeschriebene Bestätigungsvermerk (§ 322 HGB) von Wirtschaftsprüfern zu unterzeichnen. Darüber hinaus verankert Art. 25 Abs. 2 S. 2 u. 3 EGHGB zusätzlich die berufsrechtlichen Rechte und Pflichten der bei der Abschlußprüfung von nichtgenossenschaftlichen Mitgliedern im Prüfungsverband tätigen Wirtschaftsprüfer. Als weitere Voraussetzung für das Wahlrecht, muß die Zahl der im Prüfungsverband tätigen Wirtschaftsprüfer so bemessen sein, daß die den Bestätigungsvermerk unterschreibenden Wirtschaftsprüfer die Prüfung verantwortlich durchführen können.

Die Anforderungen, die Art. 25 an die Zusammensetzung des Verbandes und das Verhältnis der Beteiligung von Wirtschaftsprüfern im Vorstand stellt, sowie die geforderte berufsrechtliche Sicherstellung der im Verband tätigen Wirtschaftsprüfer, werden in vielen Fällen bereits erfüllt sein oder ohne unzumutbare Belastung von den Prüfungsverbänden erfüllt werden können. Schwierigkeiten könnten sich jedoch im Einzelfall aus der Verpflichtung zur Anwendung der Unabhänigkeitsvoraussetzungen entsprechend den nicht auf die mitgliedschaftlich bestimmten Verhältnisse eines genossenschaftlichen Prüfungsverbandes zugeschnittenen Vorschriften von § 319 Abs. 2 HGB ergeben (Zur Problematik und zur Abwägung von Vor- und Nachteilen der Regelung des Art. 25 EGHGB a. F. s. *Großfeld/Fechtrup*, ZfG 1986, 186, 194–198, 202. Die dort geäußerten Befürchtungen, das Wahlrecht derartiger „Tochtergesellschaften“ könne die Unabhängigkeit des Prüfungsverbandes beeinträchtigen, entsprechen in dieser Allgemeinheit nicht den Erfahrungen, s. a. *Riebandt-Korfmacher*, ebd., S. 291–308).

Unmittelbar aus dem GenG (§ 53, § 55 Abs. 1) folgt die **Verpflichtung der eG, sich in bestimmten Zeiträumen der Prüfung durch den Verband zu unterwerfen**. Diese Verpflichtung folgt im übrigen auch aus der mitgliedschaftsrechtlichen Beziehung auf der Grundlage der Satzung der eG und des Verbandes. Andererseits ist der eG aus den gleichen rechtlichen Erwägungen ein grundsätzlicher einklagbarer **Anspruch auf die Prüfung** zuzugestehen. Die Verpflichtung zur Durchführung der Prüfung für den Verband folgt auch aus der Verleihung des Prüfungsrechts und seiner 3 gesetzlichen Verpflichtung, die Prüfung ordnungsgemäß durchzuführen (§§ 55 Abs. 1, 57, 58, 62, 63, 63 a).

Gem. § 338 Abs. 2 Ziff. 1 HGB sind im „Anhang" (§ 336 Abs. 1 HGB) Name und Anschrift des zuständigen Prüfungsverbandes, dem die eG angehört, anzugeben. Bei mehrfacher Mitgliedschaft in Prüfungsverbänden ist zusätzlich der Verband zu bezeichnen, der die Prüfungsverantwortung trägt (vgl. Erl. zu § 54 Rdn. 44; § 338 Abs. 2 Ziff. 1 HGB im Anhang zu § 33).

## II. Verbandsprüfer als Erfüllungsgehilfen

4 Für die Durchführung der Prüfung bedient sich der Verband der bei ihm angestellten „Prüfer". Prüfer können „Verbandsprüfer" oder auch Wirtschaftsprüfer sein; letztere unterliegen aber zusätzlich den besonderen Berufspflichten (Grundsatz der Eigenverantwortlichkeit) nach WPO. „Angestellter Prüfer" bedeutet zunächst ein Anstellungsverhältnis im rechtstechnischen Sinne. Damit wird sichergestellt, daß ein grundsätzliches Weisungsrecht des Verbandes an die Prüfer besteht (*Müller*, § 55 Rdn. 4). Vom Zweck der Vorschrift her dürfte jedes Vertragsverhältnis zwischen Verband und Prüfer genügen, aus dem sich ein Weisungsrecht des Verbandes gegenüber dem Prüfer ergibt. Angestellter Prüfer kann begrifflich nicht eine Wirtschaftsprüfungsgesellschaft sein. Im Rahmen der Prüfung ist der Verbandsprüfer Erfüllungshilfe des Verbandes i. S. v. § 278 BGB.

5 Die **Auswahl des Prüfers** liegt beim Verband; die einzelne eG kann aber verlangen, daß der Prüfer für die durchzuführende Aufgabe ausreichend qualifiziert ist (vgl. *Großfeld*, ZfG 1984, 111).

6 Das Gesetz schreibt ausdrücklich vor, daß die Verbandsprüfer im genossenschaftlichen Prüfungswesen ausreichend vorgebildet und erfahren sein sollen. Die genossenschaftlichen Verbandsprüfer bedürfen einer **Qualifikation** besonderer Art, die durch ein verbandsinternes Schulungssystem und durch langjährige Erfahrung im genossenschaftlichen Prüfungsbereich erlangt wird. Sie müssen allerdings nicht die formalen Voraussetzungen für die Zulassung als Wirtschaftsprüfer gem. den §§ 8 u. 9 der WPO vom 24. 7. 1961 (BGBl. I, 1049) erfüllen (zu weitgehend *Müller*, § 55 Rdn. 6). Lediglich dem Vorstand des Prüfungsverbandes soll mindestens ein Wirtschaftsprüfer angehören (§ 63 b Abs. 5).

7 Wegen Einzelheiten zu den Aufgaben, Berufsgrundsätzen, Voraussetzungen der Berufsausübung, zum Persönlichkeitsbild und zur Rechtsstellung des Verbandsprüfers vgl. DGRV-Schriftenreihe Heft 19 „Beruf des Verbandsprüfers".

8 **„Prüfungsassistent"** ist ein in der Ausbildung befindlicher Mitarbeiter des Prüfungsverbandes. Soweit er zu Prüfungen eingesetzt ist, unterliegt er grundsätzlich den gleichen Pflichten wie ein Verbandsprüfer. Dies gilt z. B.

für die Schweigepflicht gem. § 62 Abs. 1. Seine Rechte bestimmen sich nach dem im einzelnen erteilten Prüfungsauftrag (wegen der Haftung vgl. Erl. zu § 62 Rdn. 26 ff).

Soweit ein Verbandsprüfer als **Wirtschaftsprüfer** zugelassen ist, muß er bei seiner Tätigkeit als Prüfer auch die besonderen Regelungen des Standesrechts der Wirtschaftsprüfer, insbesond. der WPO, beachten. 9

## III. Ausschluß von der Prüfung (Abs. 2)

Die Beschränkungen für die genossenschaftliche Prüfung gem. §§ 55 und 56 enthalten Sonderregelungen gegenüber § 319 Abs. 2 und 3 HGB. Sie berücksichtigen die besondere Struktur der genossenschaftlichen Prüfungsverbände und insbesond. die Tatsache, daß die Zuständigkeiten der genossenschaftlichen Prüfung durch das Gesetz zwingend geregelt sind. Folgerichtig findet § 319 Abs. 2 und 3 HGB mangels Verweisung auf die genossenschaftliche Prüfung keine unmittelbare Anwendung. Der Gesetzgeber hat dort dem Bedürfnis entsprochen, bei einem frei zu wählenden Abschlußprüfer alle Hinderungsgründe möglichst konkret zu formulieren. Eine solche Detailregelung erscheint bei einem gesetzlichen Prüfungsverband verzichtbar. Dessenungeachtet handelt es sich bei den in § 319 Abs. 2 und 3 HGB genannten Fällen zum Teil um allgemein anerkannte Prüfungsgrundsätze. 10

Diese Grundsätze werden dem genossenschaftlichen Prüfungsverband i. S. v. § 55 Abs. 3 Anlaß geben zu prüfen, ob ein **„wichtiger Grund"** vorliegt, der die Beauftragung eines anderen Prüfers als Erfüllungshilfe erfordert und rechtfertigt. Der Verband wird sich dabei bewußt sein, daß er bei der Prüfung eine Funktion im öffentlichen Interesse ausübt, und er wird sein Urteil im Spannungsfeld möglicherweise widerstreitender Interessen von eG, Mitgliedern, Arbeitnehmern, Gläubigern und Öffentlichkeit unparteiisch abgeben (vgl. § 62 Abs. 1).

Da § 319 HGB auf die genossenschaftliche Pflichtprüfung keine Anwendung findet, scheidet grundsätzlich auch eine Sanktion gem. § 334 Abs. 2 HGB aus, der einen Verstoß gegen § 319 Abs. 2 und 3 HGB als Ordnungswidrigkeit ahndet. Es gelten auch hier die Sonderregelungen in den §§ 150, 151 GenG.

§ 55 Abs. 2, § 55 Abs. 3 und § 56 haben den Zweck, die **Unparteilichkeit** und **Unabhängigkeit** der genossenschaftlichen Pflichtprüfung zu sichern. 11

Es handelt sich um **drei unterschiedliche Sachverhalte:** 12

In § 55 Abs. 2 sind **bestimmte Personen** von der Prüfung ausgeschlossen, ohne daß das Prüfungsrecht des Verbandes davon berührt wird (hierzu Rdn. 15 ff).

13 In § 55 Abs. 3 handelt es sich um einen **„wichtigen Grund“**, der dem Verband Veranlassung gibt, keine eigenen Prüfer einzusetzen, sondern die Prüfung durch andere, nicht angestellte Personen durchzuführen zu lassen (hierzu Rdn. 27 ff); auch hier bleibt der Verband Träger der Prüfung.

14 In § 56 **ruht das Prüfungsrecht** des Verbandes selbst, der Verband ist also von der Prüfung schlechthin ausgeschlossen. Das Prüfungsrecht geht verantwortlich über auf einen anderen bestellten Prüfer (s. Erl. zu § 56).

15 Durch § 55 Abs. 2 ist ausdrücklich untersagt, daß Mitglieder des Vorstands und des Aufsichtsrats, Angestellte und Mitglieder der zu prüfenden eG die eG prüfen. Damit soll jede Interessenkollision vermieden und die Unabhängigkeit und Unbefangenheit der Prüfer gesichert werden.

16 Für Mitglieder des **Vorstands** erscheint das Verbot ganz selbstverständlich, weil jede Mitwirkung bei der Verbandsprüfung zu einer unerlaubten „Selbstprüfung“ führen würde.

17 Für Mitglieder des **Aufsichtsrats** soll gewährleistet bleiben, daß die interne Kontrolle durch den Aufsichtsrat und die externe Prüfung durch den Verband voneinander unabhängig bleiben; außerdem könnten die Aufsichtsratsmitglieder auch als Mitglieder der eG in Interessenkonflikte geraten.

18 **Angestellte** der eG unterliegen der Weisung des Vorstandes und haben durch die Arbeit in der eG persönliche Interessen, die eine objektive Prüfung ausschließen.

19 **Mitglieder** der eG sind im Verhältnis zu dieser ebenfalls in einer besonderen Interessensituation, die die Unparteilichkeit und Unbefangenheit gegenüber der eG in Frage stellen kann.

20 Nach dem Sinn der Vorschrift gilt das Verbot von Abs. 2 auch, wenn nicht der Prüfer, sondern der Prüfungsverband Mitglied der eG ist. In diesem Fall sind sämtliche Mitarbeiter des Verbandes von der Prüfung ausgeschlossen. Dies folgt daraus, daß der Prüfer weisungsgebunden ist; mögliche Interessenkollision des Verbandes oder sonstige Voreingenommenheit können sich daher auf den Prüfer auswirken. Grundgedanke ist es, alle Personen von der Prüfung auszuschließen, die wegen ihrer Abhängigkeit von der eG oder mit Rücksicht auf ihr eigenes Interesse die Prüfungstätigkeit u. U. nicht unvoreingenommen ausüben können.

21 Geschäftliche Beziehungen, wie z. B. Kontoverbindungen des Prüfers zur eG, verbieten nach dem klaren Wortlaut von Abs. 2 nicht die Prüfung. Falls eine solche Verbindung aber die Unabhängigkeit des Prüfers gefährdet, wie z. B. bei hohen oder gefährdeten Krediten, wird der Verband i. S. v. Abs. 3 zu entscheiden haben.

22 Die genannten Personen sind **persönlich** von der Prüfung **ausgeschlossen**. Es ist ihnen jede Art der Mitwirkung an Prüfungsverhandlungen untersagt. Das Verbot umfaßt also alle Handlungen, soweit diese in unmit-

telbarem sachlichen Zusammenhang mit der Prüfung stehen. Dies gilt z. B. für Maßnahmen im Rahmen von § 57 (Verfahren bei der Prüfung), § 58 (Prüfungsbericht), § 59 (Prüfungsbescheinigung und Behandlung des Prüfungsberichts in der GV) sowie § 60 (Berufung einer GV durch den Verband). Unter das Verbot müssen grundsätzlich auch sonstige Maßnahmen der **Prüfung** und **Prüfungsverfolgung** fallen, wie z. B. die Auswertung des Prüfungsberichts und die Durchsetzung und Beachtung von Beanstandungen und Empfehlungen des Prüfers. Dies gilt jedenfalls dann, wenn eine Voreingenommenheit oder Interessenkollision nicht ausgeschlossen werden kann.

Hilfsdienste zur Prüfung, die keinen eigenen Entscheidungsspielraum **23** lassen, fallen nicht unter das Verbot. Dies gilt z. B. für die Vorlegung von Unterlagen, für Auskünfte usw.

Im Falle von Abs. 2 sind nur die genannten Personen von der Prüfung **24** ausgeschlossen; das Prüfungsrecht des Verbandes wird dadurch nicht berührt. Er kann nach eigener Entscheidung andere Personen, die als Prüfer Angestellte des Verbandes sind, zur Prüfung einsetzen.

Der Ausschluß von der Prüfung gem. Abs. 2 gilt nur für die **Zeit**, in der **25** die Ausschlußgründe **tatsächlich vorliegen** (im Gegensatz zu § 56 Abs. 1). Sobald die Mitgliedschaft im Vorstand oder Aufsichtsrat, das Angestelltenverhältnis oder die Mitgliedschaft bei der eG endet, wird die Mitwirkung an der Prüfung zulässig; eine weitere Beteiligung an der Prüfung ist sofort ausgeschlossen, sobald während der Prüfung die Verbotsvoraussetzungen eintreten. Für den Beginn und die Beendigung des Amtes im Vorstand oder Aufsichtsrat und der Mitgliedschaft gelten die genossenschaftsrechtlichen Vorschriften. Für die Organstellung ist der Bestellungsvorgang bzw. sein Widerruf entscheidend, für die Mitgliedschaft das Verfahren nach § 15 Abs. 1. Ein **Anstellungsverhältnis** ist jedes Abhängigkeitsverhältnis, kraft dessen ein Weisungsrecht besteht.

Zum Problem der Ablehnung des Prüfers durch die eG: *Beuthien*, **26** Genossenschaftliche Pflichtprüfung und Prüferablehnung, in Perspektiven der Genossenschaftsrevision, Herausgeber Mario Patera (Sonderdruck). *Beuthien* kann hier insoweit nicht überzeugen, als er die in § 56 Abs. 1 konkret definierten Hinderungsgründe für die Prüfung entgegen dem Wortlaut des Gesetzes und ohne zwingende Gründe ausdehnen will. Die von ihm genannten kritischen Fälle sind von § 55 Abs. 3 erfaßt; seine Vorschläge führen lediglich dazu, daß das pflichtgemäße Ermessen des Spitzenverbandes an die Stelle des pflichtgemäßen Ermessens des Prüfungsverbandes gesetzt wird.

Die Praxis zeigt, daß die Verbände bei Besorgnis der Befangenheit sehr sensibel reagieren. Der Maßstab des § 62 Abs. 1 S. 1, der die Prüfungsverbände ausdrücklich zur „gewissenhaften und unparteiischen" Prüfung verpflichtet, hat sich bewährt. Das von *Beuthien* vorgeschlagene Verfahren nach § 56 Abs. 2 könnte geeignet sein, die notwendige Autorität des Prüfers zu beschädigen und letztlich seine Unabhängigkeit gegenüber der zu prüfenden eG zu gefährden. Bei kritischer Prüfung müßte der Verband befürchten, daß die eG zunehmend von der Möglichkeit Gebrauch machen würden, den „unbequemen" Verband über den Spitzenverband auszuschalten. Dies würde nicht dem Prüfungszweck zugute kommen (s. auch § 55 Rdn. 28 Abs. 1).

## VI. Prüfung durch nicht angestellte Prüfer (Abs. 3)

**27** Der durch Bilanzrichtlinien-Gesetz neu eingeführte Abs. 3 entspricht inhaltlich weitgehend der Regelung der Verordnung vom 4. 12. 1934. Diese Verordnung ist damit als gegenstandslos aufgehoben.

### 1. Wichtiger Grund (Abs. 3 S. 1)

**28** Das Gesetz gibt dem Verband als Ausnahme von Abs. 1 die Möglichkeit, die Prüfung nicht von einem angestellten Verbandsprüfer durchführen zu lassen, wenn hierfür ein **„wichtiger Grund"** vorliegt. Der Verband bestimmt nach pflichtgemäßem Ermessen, wann ein solcher Grund gegeben ist (vgl. auch oben Rdn. 20). Dies ist grundsätzlich dann der Fall, wenn eine Prüfung mit angestellten Verbandsprüfern die Befürchtung begründet, daß diese Prüfung nicht ordnungsgemäß durchgeführt werden kann.

**29** Wegen unterschiedlicher Folgen sind bei der Frage des „wichtigen Grundes" **zwei Fallgruppen** zu unterscheiden:

1. Solche, bei denen mehr technische und **organisatorische Schwierigkeiten** der Prüfung durch den Verband entgegenstehen und
2. Tatsachen und Umstände, die eine **Besorgnis der Befangenheit** begründen.

**30** Für die erste Fallgruppe gibt die Fassung des § 55 Abs. 3 mit dem Wort „kann" dem Verband die Möglichkeit, einen anderen Prüfer zu bestellen. Die Sorgfalt zur „gewissenhaften" Prüfung (§ 62 Abs. 1 S. 1) verpflichtet den Verband lediglich verantwortlich zu beurteilen, ob die vorhandenen Möglichkeiten eine ordnungsgemäße Prüfung gewährleisten.

**31** Die zweite Fallgruppe hat andere Folgen: Bei Besorgnis der Befangenheit führt das Gebot des § 62 zur „gewissenhaften und unparteiischen" Prüfung zwangsläufig dazu, daß der Verband die Prüfung **ablehnen** und einen anderen Prüfer bestellen **muß** (dies verkennt *Beuthien* – in IV Abs. 1. – s. Rdn. 26, vgl. LG Detmold, Beschl. v. 6. 7. 1988, Az.: 8 T 6/88).

**32** **Beispiele zur Fallgruppe 1**: Fehlendes Personal für die Prüfung, Überlastung der Prüfer, mangelnde Qualifikation für die konkret anstehende Prüfung, der Verband ist aus sonstigen organisatorischen Gründen nicht in der Lage, die Prüfung sachgerecht und rechtzeitig durchzuführen.

**Beispiele für Fallgruppe 2**: Jede Besorgnis der Befangenheit zwingt den Verband zur Bestellung eines anderen Prüfers. Die Besorgnis dürfte grundsätzlich in allen Fällen bestehen, in denen es zu ungewöhnlichen **Spannungen zwischen der eG und dem Verband** gekommen ist (*Müller*, § 55 Rdn. 12). Befangenheit auch zu befürchten, wenn es sich um Prüfung einer Gesellschaft handelt, die zwar nicht unter Prüfungsverbot fällt, aber mit einem genossenschaftlichen Unternehmen verbunden ist, das nicht vom Verband geprüft werden darf. Für vergleichbare Fälle gilt der in § 319 Abs. 2 und 3 HGB zum Ausdruck gekommene Leitgedanke der Unabhängigkeit der Prüfung (zum Begriff „verbundene Unternehmen" s. § 15 AktG und Erl. zu § 1 Rdn. 310). **Mitwirkung des Prüfungsverbandes bei der Buchführung** (§ 319 Abs. 2 Ziff. 5 HGB) ist nur dann ein Hinderungsgrund, wenn die Tätigkeit des Verbandes inhaltlichen Einfluß auf die Buchführung oder den Jahresabschluß genommen hat. Eine **„Vorprüfung"**, die die eG veranlaßt hat, im Rechnungswesen oder Jahresabschluß einige Daten zu ändern, ist keine „Mitwirkung", ebensowenig eine vorhergegangene Beratung. Die im Gesetzgebungsverfahren erörterte Trennung von Beratung und Prüfung wurde ausdrücklich nicht in das Gesetz übernommen (vgl. *Biener/Bernecke*, Bilanzrichtlinien-Gesetz, 413). 33

Befangenheit kann sich aus **sonstigen Verbindungen** zwischen Prüfungsverband und eG ergeben, z. B. Organmitglied der eG gehört zum Personalausschuß des Verbandes, der Einfluß hat auf die Dienstverträge des Verbandsvorstandes.

Wichtiger Grund ist anzunehmen, wenn **erhebliche Interessenkonflikte** zwischen Verband und eG bestehen. So z. B. denkbar bei der Frage der Zweckmäßigkeit einer Verschmelzung, wenn dadurch die Mitgliedschaft beim Verband untergeht. Dagegen kein Hinderungsgrund, wenn Verband beim Abschluß von Tarifverträgen für die eG mitwirkt. Ein Interessenkonflikt ist kaum denkbar, weil der Prüfung zwar die Frage der korrekten Anwendung der Tarifverträge sowie die Personal- und Kostenstruktur unterliegt, nicht aber der Inhalt der Verträge.

Fortlaufende **steuerliche und rechtliche Beratung** muß keine Befangenheit begründen; auch nicht, wenn die zu prüfende Gesellschaft einem Vorstandsmitglied des Prüfungsverbands anwaltschaftliche Mandate erteilt (BayObLG, DB 1987, 2400 – für Prüfungsgesellschaft).

Zur Befangenheit des Prüfungsverbandes kann es ausreichen, wenn die Gründe in der **Person eines angestellten Prüfers** vorliegen (BayObLG, ebd.). Bei der Entscheidung des Verbandes über eine mögliche Befangenheit hat der Verband auch zu berücksichtigen, welcher Eindruck sein Verhalten bei beteiligten Dritten, nicht zuletzt auch **gegenüber der Öffentlich-**

**keit** hervorruft. Im Zweifel wird der Verband die Prüfung nicht durchführen, um auch jeden Anschein einer Interessenkollision zu vermeiden.

**34** Angesichts der Abgrenzungsschwierigkeiten, die sich im Einzelfall aus der Heranziehung der in § 319 Abs. 2 u. 3 HGB bestimmten Ausschlußgründen, insbesond. der in § 319 Abs. 3 Nr. 2 HGB geregelten Kollisionfälle bei der Beurteilung ergeben können, ist jedoch jeweils zu berücksichtigen, daß der Gesetzgeber anders als in den Fällen des Art. 25 Abs. 1 S. 3 EGHGB davon abgesehen hat, die entsprechende Anwendung der Ausschlußvorschriften auf die Prüfung durch den Prüfungsverband vorzuschreiben. „Da sich die der genossenschaftlichen Prüfung ... eigene begleitende Beratungs- und Betreuungstätigkeit bei den der Pflichtprüfung unterliegenden Vorgängen nur schwer von der Prüfung im engeren Sinne trennen läßt, zählt diese Betreuungs- und Beratungstätigkeit noch zu der Prüfungstätigkeit ..." (BGH, DB 1995, 2056, 2059). Das gilt auch soweit diese die rechtliche und steuerliche Beratung beinhaltet (s. § 54 Rdn. 17). Der Entscheidung des OLG Karlsruhe v. 23. 11. 1995 (DB 1995, 2514) kann daher jedenfalls für den Anwendungsbereich von § 55 Abs. 3 S. 1 nicht gefolgt werden, als sie eine unzulässige Mitwirkung an der Erstellung von Prüfungsunterlagen i. S. v. § 319 Abs. 2 Nr. 5 HGB annimmt, wenn die Tätigkeit des Abschlußprüfers „über den Bereich allgemeiner abstrakter Beratung hinaus geht"(s. dazu auch ADS, HGB § 319 Rdn. 60 ff. insbesond. 65, bezogen auf die Abgrenzung der Beratungstätigkeit von der „Mitwirkung" bei der Abschlußprüfung nach den handelsrechtlichen Vorschriften). Diese Fragen werden praktisch bei der Einführung und Anwendung neuer Rechtsvorschriften sowie bei ihrer grundlegenden Änderung. Die sachverständige Beratung und Hilfeleistung durch den Prüfungsverband war und ist unerläßlich. Das hat, wie sich im **Bereich der Wohnungsbaugenossenschaften** vor allem gezeigt bei der Aufhebung des Wohnungsgemeinnützigkeitsgesetzes und der Steuerfreiheit, bei der Umsetzung von Rechtsvorschriften der ehemaligen DDR, bei der Einführung des bundesdeutschen Genossenschafts-, Handels-, Wirtschafts- und Steuerrechts sowie von Regelungen nach dem DMEBilG, aber auch bei der Umwandlung unter Beteiligung von eG nach dem Umwandlungsgesetz sowie bei der Bildung von eigentumsorientierten Bewohnergenossenschaften.

**35** Im Fall der Besorgnis der Befangenheit bleibt der Verband **grundsätzlich Träger der Prüfung**. Dies folgt aus der Systematik von § 55. Er wird aber mit besonderer Sorgfalt bemüht sein, sich jeder Einflußnahme auf die Prüfung zu enthalten. Kann bei Maßnahmen der Prüfungsverfolgung eine Befangenheit oder sonstige Interessenkollision nicht ausgeschlossen werden, so muß der Verband sich auch für diese Maßnahmen eines anderen Prüfers bedienen.

Zur Frage, ob die eG Anspruch auf einen anderen Prüfer haben kann: *Großfeld*, ZfG 1984, 111 ff.

Falls ein wichtiger Grund i. S. v. § 55 Abs. 3 nicht vorliegt, hat die eG grundsätzlich **Anspruch auf Prüfung** durch den Verband; dieser Anspruch ist einklagbar (*Meyer/Meulenbergh/Beuthien*, § 56 Rdn. 6). **36**

Es erscheint gerechtfertigt, die wichtigen Gründe, die einer Prüfungstätigkeit des Verbandes entgegenstehen, sinngemäß auch auf andere **vergleichbare Tätigkeiten** des Verbandes anzuwenden, dies jedenfalls dort, wo an die Unbefangenheit des Verbandes besondere Ansprüche gestellt werden. Gehört z. B. ein Vorstandsmitglied des Prüfungsverbandes auch dem Vorstand einer eG an, so sollte dieser Umstand i. S. v. § 55 Abs. 3 den Verband z. B. daran hindern, ein **Fusionsgutachten** gem. § 93 b betr. diese eG zu erstatten. Er kann damit z. B. den Spitzenverband beauftragen. **37**

Eine betroffene eG kann im Falle des **Streits um die Frage** der Besorgnis **der Befangenheit** als „wichtiger Grund" i. S. v. § 55 Abs. 3 Klage auf Feststellung (§ 256 Abs. 1 ZPO) gegen den Verband erheben. Zugelassen auch quasinegatorische Klage gegen den Verband auf Unterlassung der Prüfung (OLG Hamm, Beschl. v. 16. 6. 1989 = ZfG 1990, 141 mit Anm. *Beuthien*; s. auch Rdn. 29 ff). **38**

### 2. Bestellung des Prüfers als Erfüllungshilfe durch den Verband (Abs. 3 S. 2)

Der Prüfungsverband ist nunmehr berechtigt, im Falle eines wichtigen Grundes einen anderen, **nicht bei ihm angestellten Prüfer** als Erfüllungsgehilfen zu bestimmen; die nach der Verordnung vom 4. 12. 1934 früher vorgesehene Bestellung durch den zuständigen Spitzenverband ist weggefallen. Bei der Auswahl des Prüfers hat der Verband nach pflichtgemäßem Ermessen zu verfahren; er hat insbesond. dafür Sorge zu tragen, daß in der Person des Prüfers keine Hinderungsgründe für die Durchführung der Prüfung bestehen. **39**

**Als Erfüllungsgehilfe** kann der Verband jedoch nur einen anderen Prüfungsverband, naturgemäß auch den Spitzenverband, soweit ihm das Prüfungsrecht verliehen ist, einen Wirtschaftsprüfer oder eine andere Prüfungsgesellschaften beauftragen. Dieses Recht bleibt auch im Falle der Befangenheit beim Prüfungsverband (OLG Hamm, s. Rdn. 38). **40**

Dieser beauftragte Prüfer führt nach den **Regeln des Standesrechts** die Prüfung grundsätzlich eigenverantwortlich durch. Er ist berechtigt, den Prüfungsbericht im eigenen Namen zu unterschreiben (vgl. aber Rdn. 43 und § 58 Rdn. 22 ff). Der Prüfer hat den Prüfungsbericht an den Verband einzureichen, der ihn dann gem. § 58 Abs. 3 an den Vorstand der eG weiterzugeben hat. **41**

42 Der Verband als Träger der Prüfung, und damit im Außenverhältnis als Verantwortlicher, hat zum Bericht des Prüfers eine **eigene Stellungnahme** abzugeben, z. B. mit dem Inhalt, daß er sich den Feststellungen des Prüfungsberichts anschließt. Diese Erklärung ist dem Vorstand der eG mit dem Prüfungsbericht zuzuleiten.

### 3. Der Verband bleibt Träger der Prüfung

43 Aus dem Wortlaut von Abs. 3 folgt, daß der Verband Träger der Prüfung bleibt, auch wenn er sich eines von ihm nicht angestellten Prüfers bedient. Der vom Prüfungsverband bestellte Prüfer ist also lediglich **Erfüllungshilfe des Prüfungsverbandes**. Daraus folgt, daß der Prüfungsverband im Rahmen seines pflichtgemäßen Ermessens auch Einfluß auf die Prüfung und den Prüfungsbericht nehmen kann. Er ist somit auch zuständig für die **Unterzeichnung** des Prüfungsberichts und ggfs. des Bestätigungsvermerks (s. § 58 Rdn. 12 ff). Der Verband kann aber den Prüfer zur Unterzeichnung ermächtigen (vgl. Rdn. 41).

44 Es muß aber auch hier die Unparteilichkeit aller Handlungen im Zusammenhang mit der Prüfung gewährleistet bleiben. Falls z. B. der „wichtige Grund" in einer **Befangenheit** des Prüfungsverbandes liegt, sollte sich dieser jeden Einflusses auf Prüfung, Prüfungsbericht und Unterzeichnung enthalten.

45 Die **Haftung** für die Prüfung verbleibt grundsätzlich beim Prüfungsverband. Für schuldhaftes Verhalten des Prüfers gilt § 278 BGB (Haftung des Prüfungsverbandes für den Erfüllungsgehilfen).

46 Der genossenschaftliche Prüfungsverband bleibt als für die Prüfung Verantwortlicher auch zuständig für alle Maßnahmen der **Prüfungsverfolgung** (wegen des Begriffs vgl. Erl. zu § 53 Rdn. 55 ff). Im Rahmen des pflichtgemäßen Ermessens muß der Verband auch hier sich jeder Einflußnahme enthalten, soweit z. B. wegen Besorgnis der Befangenheit eine unparteiische Haltung nicht gewährleistet erscheint.

47 Beim Prüfungsverband verbleibt das Recht der Teilnahme an Sitzungen von Vorstand und Aufsichtsrat (§ 58 Abs. 4) und an der GV in denen über den Prüfungsbericht beraten wird (§ 59 Abs. 3); er hat ggfs. das Recht, eine außerordentliche GV einzuberufen (§ 60).

48 Es ist rechtlich möglich, daß der Prüfungsverband einzelne Maßnahmen der **Prüfungsverfolgung** auf einen anderen Verband oder einen anderen Prüfer **überträgt**. Der Prüfungsverband bleibt dann für die Auswahl verantwortlich. Im übrigen bleiben naturgemäß die sich aus der mitgliedschaftlichen Beziehung ergebenden Rechte und Pflichten unberührt. Im Falle der Befangenheit dürfte Anlaß bestehen, die Prüfungsverfolgung auch formal gem. § 55 Abs. 3 auf einen anderen Prüfer zu übertragen.

Wegen der Problematik der Ablehnung von Prüfern vgl. *Beuthien*, Genossenschaftliche Pflichtprüfung und Prüferablehnung, Festschrift Weber 1986; *Großfeld*, Ablehnungsrecht und Prüfungsumfang, ZfG 1984, 111.

## V. Kosten der Prüfung

Schuldner der Prüfungsgebühren (s. § 61) ist die eG, Gläubiger der Verband, der die Prüfung durchgeführt hat. 49

In den Fällen des § 55 Abs. 3 wird **der Prüfer** als Erfüllungsgehilfe des Verbandes regelmäßig einen **Vergütungsanspruch gegen den Verband** haben. Letztlich hängen die Ansprüche von der Gestaltung der Vertragsbeziehungen unter den Beteiligten ab. Denkbar ist auch, daß es sich im Verhältnis Verband – Prüfer um einen Auftrag handelt, und im Verhältnis Prüfer – eG um einen Dienstvertrag, Werkvertrag oder Geschäftsbesorgungsvertrag; dann würde die Vergütung von der eG allein unmittelbar dem Prüfer geschuldet. 50

**Der Verband** hat in den Fällen von § 55 Abs. 3 als Träger der Prüfung grundsätzlich einen **Vergütungsanspruch gegen die eG** gemäß seinen Vergütungsrichtlinien. Falls durch die Beauftragung eines anderen Prüfers höhere Kosten entstehen, können diese vom Verband nicht ohne weiteres an die eG weitergegeben werden (OLG Hamm, BB 1989, 1589). Letztlich hängt auch dies von den Vereinbarungen unter den Beteiligten ab. Keine Bedenken, wenn in den Gebührenregelungen des Verbandes mit den Mitgliedsgenossenschaften vereinbart wird, daß im Falle der Beauftragung eines anderen Prüfers auch höhere Gebühren von der eG zu tragen sind (s. § 61 Rdn. 6). 51

Zu der Gebührenfrage in Fällen des § 56 s. dort Rdn. 32.

## § 56
## Ruhen des Prüfungsrechts des Verbandes

**(1) Das Prüfungsrecht des Verbandes ruht, wenn ein Mitglied seines Vorstands oder ein besonderer Vertreter des Verbandes (§ 30 des Bürgerlichen Gesetzbuchs) Mitglied des Vorstands oder des Aufsichtsrats, Liquidator oder Angestellter der zu prüfenden Genossenschaft ist oder in der Zeit, auf die sich die Prüfung erstreckt, oder in den vorangegangenen beiden Geschäftsjahren gewesen ist.**

**(2) Ruht das Prüfungsrecht des Verbandes, so hat der Spitzenverband, dem der Verband angehört, auf Antrag des Vorstands der Genossenschaft einen anderen Prüfungsverband, einen Wirtschaftsprüfer oder eine Wirtschaftsprüfungsgesellschaft als Prüfer zu bestellen. Bestellt der Spitzenverband keinen Prüfer oder gehört der Verband keinem Spitzen-**

**verband an, so hat das Gericht (§ 10) auf Antrag des Vorstands der Genossenschaft einen Prüfer im Sinne des Satzes 1 zu bestellen. Der Vorstand ist verpflichtet, die Anträge unverzüglich zu stellen.**

**(3) Die Rechte und Pflichten des nach Abs. 2 bestellten Prüfers bestimmen sich nach den für den Verband geltenden Vorschriften dieses Gesetzes. Der Prüfer hat dem Verband eine Abschrift seines Prüfungsberichts vorzulegen.**

*Übersicht*



## I. Allgemeines

1 Der Gesetzestext von § 56 wurde neu gefaßt durch Bilanzrichtlinien-Gesetz vom 19. 12. 1985 (BGBl. I, 2355)

2 Während § 55 zwei Fälle der Prüfungsbeschränkung regelt, bei denen die Prüfung bzw. Prüfungsverantwortung beim Verband bleibt, führt der Sachverhalt von § 56 Abs. 1 zu einem **Ausschluß** des Verbandes als Träger der Prüfung. Das Prüfungsrecht des Verbandes **„ruht"**, wenn ein Mitglied seines Vorstands oder ein besonderer Vertreter i. S. v. § 30 BGB Mitglied des Vorstands oder des Aufsichtsrats, Liquidator oder Angestellter der zu prüfenden eG ist. Das Prüfungsverbot für den Verband gilt auch, wenn die Hinderungsgründe zu einem Zeitpunkt während der beiden letzten Geschäftsjahre gegeben waren.

3 Die Stellung eines **besonderen Vertreters** muß ihre Grundlage in der Satzung haben (*Palandt*, BGB, § 30 Anm. 1). Es handelt sich um Vereinsorgane ähnlich dem Vorstand, aber mit beschränkter Zuständigkeit. Im Innenverhältnis kann Weisungsgebundenheit bestehen, nach außen muß eine erkennbare Selbständigkeit vorliegen. Eintragung des besonderen Vertreters in das Vereinsregister ist nicht erforderlich. Im Rechtsstreit ist der besondere Vertreter nicht Partei, er kann also für den Verband Zeuge sein. Für die Haftung gilt die Organhaftung gem. § 31 BGB.

4 Wegen der einzelnen Beschränkungen des Prüfungsrechts im Vergleich der Vorschriften in §§ 55 Abs. 2 und Abs. 3 sowie § 56 vgl. § 55 Rdn. 10 ff).

## II. Ruhen des Prüfungsrechts (Abs. 1)

5 Der gesetzliche Begriff „Ruhen des Prüfungsrechts" in Abs. 1 bedeutet ein **Verbot**, die Prüfung durchzuführen. Es handelt sich um weitere Fälle

möglicher Interessenkollison, in denen die Objektivität des Prüfungsverbandes und der Prüfer beeinträchtigt sein könnte (*Schubert/Steder*, § 56 Rz. 2). Ein Prüfungsverbot besteht demnach, wenn ein Vorstandsmitglied des Verbandes oder ein besonderer Vertreter des Verbandes i. S. v. § 30 BGB Mitglied des Vorstands oder des Aufsichtsrats, Liquidator oder Angestellter der zu prüfenden eG ist.

Die Novelle 1973 hat den **Zeitraum** erweitert, in dem das Prüfungsrecht des Verbandes ruht: Es sind insoweit 3 Sachverhalte zu unterscheiden: 6

- das Prüfungsrecht des Verbandes ruht, wenn ein Kollisionstatbestand zum Zeitpunkt der Prüfung besteht;
- das Prüfungsrecht des Verbandes ruht auch, wenn ein Kollisionstatbestand in dem Zeitraum gegeben war, auf den sich die Prüfung erstreckt;
- das Prüfungsrecht des Verbandes ruht schließlich, wenn ein Kollisionstatbestand in den beiden Geschäftsjahren gegeben war, die dem Zeitraum, auf den sich die Prüfung erstreckt, vorangegangen sind.

Der Gesetzeswortlaut ist hinsichtlich der letzten Alternative zwar nicht eindeutig; der Sinn der Regelung und nicht zuletzt auch die amtliche Begründung mit Hinweis auf den dreijährigen Zeitraum in § 164 Abs. 2 AktG (BT-Drucks. 7/97 v. 5. 2. 1973, 25) sprechen jedoch für diese Auslegung (so auch *Müller*, § 56 Rdn. 3; a. A. *Schubert/Steder*, § 56 Rz. 5).

Für das Prüfungsverbot ist es im übrigen ausreichend, wenn zu irgendeinem vorübergehenden Zeitpunkt in dem genannten Rahmen ein Kollisionstatbestand gegeben war. 7

Das Prüfungsverbot besteht auch, wenn es sich um **stellvertretende Vorstandsmitglieder** handelt (entsprechend § 35). 8

Die Mitgliedschaft in sonstigen Gremien des Verbandes, wie z. B. im Aufsichtsrat oder Verwaltungsrat, begründet kein Prüfungsverbot; ebensowenig die bloße Mitgliedschaft eines Vorstandsmitgliedes oder eines zur Durchführung von Prüfungen bestellten besonderen Vertreters in der zu prüfenden eG (Begr. zur Novelle von 1973 BT-Drucks. 7/97, B zu Nr. 32 = Neufassung des § 56 Abs. 2 Satz 1). 9

Maßgeblich für die Organstellung ist das Genossenschaftsrecht; zum Vorstandsamt gehört somit sowohl die Bestellung als auch die Annahme des Amtes (*Müller*, § 56 Rdn. 4). Im übrigen besteht das Prüfungsverbot unabhängig davon, ob die Vorstandsmitglieder des Verbandes oder die besonderen Vertreter nach der Ressortverteilung im Prüfungsbereich tätig sind. 10

Wenn in besonderen Fällen z. B. das Bundesaufsichtsamt für das Kreditwesen den Verband mit der Aufsicht über eine Kreditgenossenschaft beauftragt, so sollte – in analoger Anwendung von § 56 Abs. 1 – das Prüfungsrecht des Verbandes ausgeschlossen sein, sofern die in Abs. 1 genannten Voraussetzungen erfüllt sind; zumindest dürfte ein „wichtiger Grund" 11

i. S. v. § 55 Abs. 3 vorliegen, die Prüfung nicht durch angestellte Prüfer durchzuführen.

**12** Seit der Novelle 1973 können Prüfungsverbände die ihnen angeschlossene **Zentralgenossenschaft** unmittelbar prüfen. Strukturelle Probleme wie auch die Frage besonderer Erfahrungen in diesem Bereich könnten jedoch einen wichtigen Grund darstellen zur Übertragung der Prüfung dieser eG auf den Spitzenverband.

**13** Ein Prüfungsverbot muß analog dem Gedanken von § 56 Abs. 1 auch dann bestehen, wenn die Verbotstatbestände bei einer **Prüfungsgesellschaft** gegeben sind. Dies gilt auch, wenn die Wirtschaftsprüfungsgesellschaft in einer Weise mit dem Prüfungsverband, bei dem die Kollisionsgründe vorliegen, verbunden ist, die eine Besorgnis der Befangenheit begründet.

**14** Das GenG enthält keine Regelung eines Prüfungsverbotes für die Fälle, in denen es sich um die Prüfung einer eG handelt, die mit einer eG der in § 56 Abs. 1 genannten Art **„verbunden"** ist (vgl. hierzu die Regelung in § 319 HGB für Kapitalgesellschaften). Eine sinngerechte Lösung bietet sich im Rahmen von § 55 an: Der betroffene Prüfungsverband hat nach pflichtgemäßem Ermessen zu entscheiden, ob ein solcher Sachverhalt nicht als wichtiger Grund i. S. v. § 55 Abs. 3 anzusehen ist. Dies dürfte in der Regel der Fall sein (vgl. Erl. zu § 55, insbesond. Rdn. 28 ff).

**15** In den Fällen von § 56 Abs. 1 darf der Prüfungsverband die Prüfung nicht durchführen und auch nicht durch weisungsgebundene Mitarbeiter durchführen lassen. Sein Recht auf Prüfung (§ 55 Rdn. 3) ruht.

Ein Prüfungsverbot besteht nach dem Wortlaut und dem Sinn von Abs. 1 **nicht**, wenn ein Organmitglied oder Angestellter der zu prüfenden eG im Prüfungszeitraum zwar Mitglied des Verbandsvorstandes oder besonderer Vertreter war, z. Z. der **Durchführung** der Prüfung aber aus diesem Amt ausgeschieden ist. Hier sind Gesichtspunkte der Interessenkollision nicht mehr erkennbar.

**16** Die Tätigkeiten des Verbandes im Bereich der **Beratung und Betreuung** werden durch das Prüfungsverbot nicht berührt (*Müller*, § 56 Rdn. 6; vgl. unten Rdn. 30).

**17** Eine **analoge Ausweitung** der in § 56 Abs. 1 genannten Gründe, die zu einem Prüfungsverbot für den Verband führen, ist **nicht zulässig** (so mit guten Gründen LG Detmold, Beschluß vom 6. 7. 1988, 8 T 6/88 – entgegen LG Münster, Urteil vom 21. 8. 1987, 4 O 417/87 und *Meyer/Meulenbergh/Beuthien*, Nachtrag 1986, § 56 Rdn. 5). Es handelt sich hier nicht um eine unbewußte Regelungslücke; der Gesetzgeber hat vielmehr für den Bereich der eG offenbar bewußt auf eine ähnliche Regelung wie bei Kapitalgesellschaften verzichtet. Er hat auf die Selbstverantwortung der Prüfungsverbände vertraut, die gehalten sind, nach pflichtgemäßem Ermessen von der Möglichkeit des § 55 Abs. 3 Gebrauch zu machen (s. Erl. zu § 55 Rdn. 27 ff). Erforderlichenfalls muß der eG eine Feststellungsklage oder eine Klage auf Unterlassung der Prüfung zustehen, neben dem Mittel der Staatsaufsicht gemäß § 64 (vgl. OLG Hamm, Beschl. v. 16. 6. 1989, BB 1989, 1589).

## III. Bestellung eines anderen Prüfers (Abs. 2)

Abs. 2 wurde neu gefaßt durch das Bilanzrichtlinien-Gesetz 1985. Während zuvor in jedem Fall auf Antrag des Verbandes vom Spitzenverband ein anderer Prüfer zu bestellen war, ist nunmehr der **Vorstand der eG** verpflichtet, selbst den Antrag auf Bestellung eines anderen Prüfers zu stellen. Der Antrag der eG ist an den Spitzenverband, zweckmäßigerweise über den Prüfungsverband, zu richten. Für den Antrag ist eine Form nicht vorgesehen; er kann schriftlich, mündlich oder durch schlüssiges Verhalten gestellt werden. Nicht erforderlich ist ein jährlich wiederholter Antrag; es genügt, daß der Antrag bis auf weiteres, bis zum Widerruf gestellt wird. **18**

Für den Fall, daß der Spitzenverband keinen Prüfer bestellt oder falls der Prüfungsverband keinem Spitzenverband angehört, hat das zuständige Gericht, bei dem gemäß § 10 das Genossenschaftsregister geführt wird, auf Antrag des Vorstands der eG den Prüfer zu bestellen. Der Antrag ist vom Vorstand unverzüglich zu stellen. Bei verspätetem Antrag kommt auch hier eine persönliche Haftung gem. § 34 in Betracht. **19**

Aus dem Gesetzeswortlaut von Abs. 2 folgt, daß die Zuständigkeit des Gerichts nur subsidiär für den Fall besteht, daß der Spitzenverband von seinem Bestellungsrecht nicht Gebrauch macht. Falls der Antrag auf Bestellung durch den Vorstand unterbleibt und daher der Spitzenverband nicht eingeschaltet war, fehlt es an der Zuständigkeit des Gerichts für die Bestellung eines Prüfers. **20**

Im Rahmen von § 56 ist der **Spitzenverband** berechtigt, sich auch **selbst** zum Prüfer zu bestellen, sofern ihm das Prüfungsrecht verliehen ist und Hintergründe sonstiger Art, die eine Befangenheit begründen könnten, nicht vorliegen. **21**

Liegen die Voraussetzungen des Prüfungsverbotes beim Spitzenverband selbst vor, so ist er dennoch berechtigt, auf Antrag der eG einen anderen Prüfer zu bestellen. Macht er davon keinen Gebrauch, so erfolgt Bestellung durch das Gericht. **22**

Sind Prüfungsverband und Spitzenverband identisch (so im Bereich des Revisionsverbands Deutscher Konsumgenossenschaften), so bleibt folgerichtig das Bestellungsrecht beim Spitzenverband; auch hier wird das Gericht nur subsidiär zuständig, wenn der Spitzenverband von seinem Bestellungsrecht nicht Gebrauch macht (vgl. o. Rdn. 20).

23 Wegen Fragen der erweiterten Anwendung des Ausschlusses vom Prüfungsrecht: § 55 Rdn. 26.

## IV. Rechte und Pflichten des bestellten Prüfers (Abs. 3)

24 Da das Gesetz im Falle von § 56 Abs. 1 dem Verband zur Wahrung der Unabhängigkeit und Objektivität jede Prüfungstätigkeit verbietet, kann der Verband hier – im Gegensatz zu dem Sachverhalt von § 55 Abs. 2 und 3 – nicht mehr Träger der Prüfung sein. Für den Verband verbietet sich eine Mitwirkung jeder Art bei Prüfungshandlungen, die Einfluß auf das Prüfungsverfahren und die Prüfungsfeststellungen nehmen könnten.

### 1. Prüfer als Träger der Prüfung

25 Der vom Spitzenverband oder vom Gericht bestellte Prüfer führt die Prüfung eigenverantwortlich durch. Er unterliegt keinerlei Weisung des Prüfungsverbandes. Nach dieser Regelung kann irgendein Vertragsverhältnis zwischen Prüfungsverband und Prüfer, z. B. entgeltliche Geschäftsordnung gem. § 675 BGB, nicht angenommen werden.

26 Die aus Abs. 3 S. 2 folgende Pflicht des Prüfers, dem Verband eine Abschrift seines Prüfungsberichts vorzulegen, hat ihre Grundlage unmittelbar im Gesetz. Mit dieser Verpflichtung soll aber sichergestellt werden, daß der Verband über die Verhältnisse seiner Mitgliedsgenossenschaft unterrichtet bleibt. Der Verband ist dann z. B. nicht gehindert, im Rahmen seiner Beratungs- und Betreuungstätigkeit die Erkenntnisse des Prüfungsberichts auszuwerten (vgl. Rdn. 30).

27 Der Prüfungsbericht wird im Falle des Prüfungsverbotes allein von dem bestellten Prüfer unterzeichnet; ein Unterzeichnungsrecht des Verbands besteht nicht.

### 2. Prüfungsverfolgung

28 Die Frage, wem in Fällen des Prüfungsverbotes die **Prüfungsverfolgung** zusteht, ist umstritten (vgl. *Schubert/Steder*, § 56 Rz. 9). Einerseits wird darauf hingewiesen, daß es auch unter praktischen Gesichtspunkten sinnvoll wäre, die Prüfungsverfolgung beim Verband zu belassen (*Schubert/Steder*, § 56 Rz. 10; *Riebandt-Korfmacher*, GW 1978, 547 ff). Andererseits muß aber unter zwingenden rechtlichen Gesichtspunkten beachtet werden, daß das Prüfungsverbot sich folgerichtig auf alle Handlungen erstreckt, die im Zusammenhang mit der Prüfung stehen. **Es ist daher zu differenzieren:**

29 Das **Prüfungsverbot umfaßt** alle Handlungen, soweit diese in unmittelbarem sachlichen Zusammenhang mit der Prüfung stehen. Dies gilt z. B. für

§ 57 (Verfahren bei der Prüfung), § 58 (Prüfungsbericht), § 59 (Prüfungsbescheinigung und Behandlung des Prüfungsberichts in der GV) sowie § 60 (Berufung einer GV durch den Verband). Diese Rechte gehen auf den bestellten Prüfer über. Unter das Verbot müssen grundsätzlich auch sonstige Maßnahmen der Prüfungsverfolgung fallen, wie z. B. die Auswertung des Prüfungsberichts und die Durchsetzung und Beachtung von Beanstandungen und Empfehlungen des Prüfers. Dies gilt jedenfalls dann, wenn eine Voreingenommenheit oder Interessenkollision nicht ausgeschlossen werden kann.

**Nicht vom Prüfungsverbot erfaßt** werden dagegen Betreuungs- und 30
Beratungshandlungen des Verbandes, auch wenn sich solche aus Prüfungsfeststellungen ergeben. Auch die z. B. auf Verbandssatzung beruhenden Meldepflichten werden vom Verbot nicht berührt.

Die Abgrenzung zwischen erlaubten und verbotenen Handlungen muß 31
letztlich dem Einzelfall überlassen bleiben. Es empfiehlt sich eine Abstimmung zwischen dem Verband und dem bestellten Prüfer.

Im Falle des § 56 ist grundsätzlich der bestellte Prüfer unmittelbar ge- 32
genüber der eG Gläubiger der Prüfungsgebühren (s. auch § 55 Rdn. 49 ff).

## § 57

## Prüfungsverfahren

**(1) Der Vorstand der Genossenschaft hat dem Prüfer die Einsicht der Bücher und Schriften der Genossenschaft sowie die Untersuchung des Kassenbestandes und der Bestände an Wertpapieren und Waren zu gestatten; er hat ihm alle Aufklärungen und Nachweise zu geben, die der Prüfer für eine sorgfältige Prüfung benötigt. Dies gilt auch, wenn es sich um die Vornahme einer vom Verband angeordneten außerordentlichen Prüfung handelt.**

**(2) Der Verband hat dem Vorsitzenden des Aufsichtsrats der Genossenschaft den Beginn der Prüfung rechtzeitig anzuzeigen. Der Vorsitzende des Aufsichtsrats hat die übrigen Mitglieder des Aufsichtsrats von dem Beginn der Prüfung unverzüglich zu unterrichten und sie auf ihr Verlangen oder auf Verlangen des Prüfers zu der Prüfung zuzuziehen.**

**(3) Von wichtigen Feststellungen, nach denen dem Prüfer sofortige Maßnahmen des Aufsichtsrats erforderlich erscheinen, soll der Prüfer unverzüglich den Vorsitzenden des Aufsichtsrats in Kenntnis setzen.**

**(4) In unmittelbarem Zusammenhang mit der Prüfung soll der Prüfer in einer gemeinsamen Sitzung des Vorstandes und des Aufsichtsrats der Genossenschaft über das voraussichtliche Ergebnis der Prüfung mündlich berichten. Er kann zu diesem Zweck verlangen, daß der Vorstand oder der Vorsitzende des Aufsichtsrats zu einer solchen Sitzung**

**einladen; wird seinem Verlangen nicht entsprochen, so kann er selbst Vorstand und Aufsichtsrat unter Mitteilung des Sachverhalts berufen.**

*Übersicht*



## I. Allgemeines

1 § 57 gibt einen **Rahmen für die Rechte und Pflichten** bei der Durchführung der genossenschaftlichen Pflichtprüfung sowie der „vom Verband angeordneten außerordentlichen Prüfungen". Für **Sonderprüfungen** (vgl. § 53 Rdn. 75–79) gelten die formalen Vorschriften von § 57 Abs. 2, 3 und 4 grundsätzlich nicht. Der gesetzliche Rahmen wird in der Praxis ergänzt durch **Prüfungsrichtlinien**, die z. B. für den Bereich eines Prüfungsverbandes von diesem, zum Teil auch von den Spitzenverbänden, ausgearbeitet und abgestimmt worden sind (vgl. Anleitung für den Prüfungsdienst, herausgegeben vom DGRV). Für die Prüfung von **Wohnungsbaugenossenschaften** gelten die vom Gesamtverband der Wohnungswirtschaft als Spitzenverband in Zusammenarbeit mit den regionalen Prüfungsverbänden erarbeiteten Prüfungsrichtlinien, November 1994, (s. § 53 Rdn. 18).

## II. Rechte des Prüfers (Abs. 1)

### 1. Einsicht in Bücher und Schriften

2 Abs. 1 stellt klar, daß es gegenüber dem Prüfer im Rahmen der Prüfung keine Geheimhaltungsbereiche gibt. Dem entspricht andererseits die umfassende Verpflichtung des Prüfers zur Geheimhaltung (§ 62 Abs. 1). Die im Gesetz zum Ausdruck gekommene Verpflichtung des Vorstandes, dem Prüfer die Einsicht zu gestatten, bedeutet andererseits ein **Recht des Prüfers,** Einsicht in alle Unterlagen der eG zu nehmen. Es bedarf insoweit nicht einer ausdrücklichen Gestattungserklärung durch den Vorstand (vgl. *Müller*, § 57 Rdn. 5). Einsicht ist in alle Bücher und Schriften der eG zu geben. Unter **„Bücher"** sind die Handelsbücher i. S. v. §§ 238 ff HGB zu verstehen.

**„Schriften“** der eG sind nicht nur die Belege und Geschäftspapiere im üblichen Sinne, sondern alle für die Geschäftsführung bedeutsamen Urkunden, wie z. B. Protokolle der verschiedenen Organe, Geschäftsordnungen, Vertragsurkunden, Bürgerschaften und Pfandbriefe usw. **3**

Die Herstellung von **Abschriften** oder Ablichtungen dürfte nur dann zulässig sein, wenn der Prüfungszweck dies unverzichtbar erforderlich macht (ähnlich *Müller*, § 57 Rdn. 3). **4**

Das Einsichtsrecht des Prüfers findet seine **Grenze** dort, wo der Prüfungszweck die Einsichtnahme nicht erfordert. Im übrigen ist auf Persönlichkeitsrechte Rücksicht zu nehmen; bei der eG befindliche private Unterlagen, z. B. von Vorstandsmitgliedern oder Mitarbeitern, sind grundsätzlich dem Einsichtsrecht entzogen. **5**

Der Prüfer hat grundsätzlich nicht das Recht, Bücher oder Schriften der eG oder sonstige Belege aus den Geschäftsräumen mitzunehmen. Soweit z. B. im Zusammenhang mit Unregelmäßigkeiten eine Sicherstellung von Belegen erforderlich wird, ist der Prüfer aber berechtigt und verpflichtet, im Benehmen mit Vorstand bzw. Aufsichtsrat die erforderlichen Maßnahmen zu ergreifen. Ggfs. muß er die Sicherstellung gegenüber der eG quittieren. **6**

Wegen der **Aufbewahrungspflicht** vgl. § 257 HGB. Für Handelsbücher, Inventare, Bilanzen und Lageberichte beträgt die Aufbewahrungsfrist 10 Jahre, für Handelskorrespondenz und Belege 6 Jahre. **7**

Die eG verwenden heute weitgehend **elektronische Datenverarbeitungsanlagen**. Es kann sich dabei um Anlagen im Betrieb der eG handeln (Eigenanwender) oder um eine Auftragsdatenverarbeitung durch eine genossenschaftliche **Rechenzentrale**. Der Vorstand ist verpflichtet, dem Prüfer alle Informationen über Programmierung, Datenerfassung, Datenverarbeitung, Speicherung und Lesbarkeit zu geben, die für die Prüfung und Beurteilung erforderlich sind. Die Prüfung wird im wesentlichen eine **Systemprüfung** sein (Näheres § 53 Rdn. 41). **8**

Soweit die eG wesentliche **Beteiligungen** unterhält, insbesond., wenn sie eigene Betriebsteile auf Tochterunternehmen ausgegliedert hat oder Alleingesellschafter einer solchen Tochtergesellschaft ist, ist dem Prüfer im Sinne von § 57 zunächst durch die eG Einsicht in allen Beteiligungsunterlagen zu gewähren, soweit dies für die Beurteilung der Auswirkungen der Beteiligung im Rahmen von § 53 erforderlich ist. Der Prüfer kann entsprechend alle notwendigen Aufklärungen und Nachweise verlangen (s. Erl. zu § 53 Rdn. 66). **9**

### 2. Untersuchung der Bestände

Das Gesetz (Abs. 1) gibt dem Prüfer ausdrücklich das Recht, die **Bestände** (z. B. Kasse, Wertpapiere und Waren) zu untersuchen. Darüber **10** hinaus ist der Prüfer berechtigt, sämtliche Vermögensgegenstände zu untersuchen, soweit dies für die Erfüllung des Prüfungszwecks von Bedeutung ist. Die Untersuchung erfaßt den tatsächlichen Bestand, den Zustand, sowie die ordnungsgemäße Verbuchung. Der Prüfer ist zur **Besichtigung** aller Betriebsanlagen berechtigt sowie zur Überprüfung des Betriebsablaufs (*Müller*, § 57 Rdn. 5).

### 3. Auskunftsrechte

11 Schließlich ist der Vorstand verpflichtet, dem Prüfer alle **Aufklärungen und Nachweise** zu geben, die der Prüfer benötigt (Abs. 1). Diese Vorschrift enthält sowohl ein Auskunftsrecht des Prüfers als auch die Verpflichtung des Vorstands, von sich aus – ggfs. auch ergänzende – Informationen für die Prüfung zu geben. Es ist üblich, daß sich der Prüfer in einer **„Vollständigkeitserklärung"** vom Vorstand bestätigen läßt, daß alle erforderlichen Vorlagen und Unterrichtungen erfolgt sind.

12 Die Auskunftsverpflichtung besteht grundsätzlich für den **Vorstand**. Es steht in dessen Ermessen, die Auskunft durch einzelne Vorstandsmitglieder oder durch Angestellte als Erfüllungsgehilfen geben zu lassen. Falls der Vorstand zur ausreichenden Auskunft nicht in der Lage ist, kann der Prüfer verlangen, daß der Vorstand **sachkundige Mitarbeiter** zuzieht. Eine **unmittelbare Befragung** von Mitarbeitern durch den Prüfer ohne Zustimmung des Vorstandes dürfte nur ausnahmsweise zulässig sein, und zwar dann, wenn nach pflichtgemäßem Ermessen des Prüfers der Sachverhalt nur so aufgeklärt werden kann (a. A. *Müller*, § 57 Rdn. 8, der die unmittelbare Befragung von Mitarbeitern in jedem Falle als unzulässig ansieht).

13 Der **Aufsichtsrat** ist nur dann unmittelbar zur Auskunftserteilung an den Prüfer verpflichtet, wenn auf andere Weise die erforderlichen Feststellungen der Prüfung nicht zuverlässig getroffen werden können. Ggfs. muß der Aufsichtsrat darauf hinwirken, daß der Vorstand seinen Auskunftspflichten nachkommt (vgl. *Müller*, § 47 Rdn. 13).

14 Hat die eG Betriebsteile auf **Tochtergesellschaften** ausgegliedert, bestehen die Auskunftsrechte analog § 320 Abs. 2 S. 3 HGB auch unmittelbar gegenüber dieser Gesellschaft (Näheres vgl. Erl. zu § 53 Rdn. 66 ff).

### 4. Erzwingung der Auskunft

15 Falls die erforderliche Auskunft nicht erteilt oder Einsicht nicht gewährt wird, kann vom Registergericht gegen einzelne Mitglieder des Vorstandes ein **Zwangsgeld** nach § 160 festgesetzt werden (vgl. Erl. zu § 160). Diese Maßnahme ist nur gegen solche Vorstandsmitglieder zulässig, die die Auskunft nicht erteilen, obwohl sie dazu in der Lage wären (*Müller*, § 57 Rdn. 11).

Vorstandsmitglieder können nach § 147 Abs. 2 Ziff. 2 bestraft werden, **16**
wenn sie in Aufklärungen oder Nachweisen, die gegenüber einem Prüfer zu geben sind, **falsche Angaben** machen oder die Verhältnisse der eG unrichtig wiedergeben oder verschleiern (vgl. Erl. zu § 147).

Falls dem Prüfer erforderliche Einsichten nicht gewährt oder Auskünfte **17**
und Nachweise verweigert werden, ist dies **im Prüfungsbericht zu vermerken**. Soweit ein Testat erforderlich ist (bei Kreditgenossenschaften), oder auftragsgemäß vorgesehen wird, könnte dieses eingeschränkt oder versagt werden (*Godin/Wilhelmi*, AktG, § 165 Anm. 2; *Müller*, § 57 Rdn. 14). In besonders schwerwiegenden Fällen käme schließlich auch der Ausschluß aus dem Prüfungsverband in Betracht.

Es erscheint sinnvoll und ist üblich, § 321 Abs. 1 HGB analog anzuwen- **18**
den: Danach ist in jedem Prüfungsbericht festzustellen, ob der Vorstand die verlangten Aufklärungen und Nachweise gegeben hat.

## III. Einschaltung des Aufsichtsrats (Abs. 2, 3)

### 1. Anzeige vom Beginn der Prüfung

Auch die genossenschaftliche Pflichtprüfung ist grundsätzlich als **19**
**„Überraschungsprüfung"** angelegt. Es soll verhindert werden, daß vorher noch prüfungsrelevante Tatbestände beschönigt oder verschleiert werden können (vgl. *Müller*, § 57 Rdn. 15; *Schubert/Steder*, § 57 Rz. 10). Es wird deshalb regelmäßig sinnvoll und rechtlich ausreichend sein, wenn der Aufsichtsratsvorsitzende gleichzeitig mit dem Beginn der Prüfung die Mitteilung enthält (*Müller*, ebd.; *Schubert/Steder*, ebd.). Die Mitteilung hat vom Verband auszugehen. Damit soll gewährleistet sein, daß Aufsichtsratsmitglieder bei der Prüfung zugegen sein können (Abs. 2). Ist ein Aufsichtsratsvorsitzender nicht bestellt und übt niemand faktisch dieses Amt aus, so hat der Verband alle Mitglieder des Aufsichtsrats vor Beginn der Prüfung zu unterrichten (vgl. ergänzend § 36 Rdn. 49).

Eine Unterrichtung des hauptamtlichen Vorstandes ist nicht erforder- **20**
lich, da dieser den Prüfungsbeginn ohnehin erfahren wird. Bei **größeren eG** hat die Entwicklung inzwischen dazu geführt, daß der Prüfungstermin rechtzeitig zwischen Verband und eG abgestimmt wird, um die **Prüfungsbereitschaft** zu gewährleisten. In diesen Fällen muß das Überraschungsmoment zugunsten einer effektiven Prüfung zurücktreten.

### 2. Teilnahme an der Prüfung

Der Vorsitzende des Aufsichtsrats hat alle übrigen **Mitglieder des Auf- 21**
**sichtsrats** unverzüglich vom Beginn der Prüfung zu unterrichten. Damit soll ihnen die Gelegenheit gegeben werden, ihr generelles **Recht auf Anwe-**

**senheit bei der Prüfung** wahrzunehmen. Eine „Zuziehung“ von Aufsichtsratsmitgliedern zur Prüfung bedeutet, daß einerseits auf Verlangen einzelner Aufsichtsratsmitglieder diese unter Vermittlung des Vorsitzenden zur Prüfung zuzulassen sind – und andererseits, daß auf Verlangen des Prüfers die Aufsichtsratsmitglieder verpflichtet sind, an der Prüfung teilzunehmen (so auch *Meyer/Meulenbergh/Beuthien*, § 57 Rdn. 7; *Müller*, § 57 Rdn. 16).

### 3. Unterrichtung des Aufsichtsratsvorsitzenden über wichtige Prüfungsfeststellungen (Abs. 3)

22 Der Prüfer ist verpflichtet, den Aufsichtsratsvorsitzenden unverzüglich von **wichtigen Prüfungsfeststellungen** zu unterrichten, die nach Meinung des Prüfers sofortige Maßnahmen des Aufsichtsrats erforderlich machen. Es muß sich aber um Prüfungsfeststellungen handeln; Vermutungen allein können diese Mitteilungspflicht des Prüfers nicht begründen. Solche wichtigen Prüfungsfeststellungen können Unregelmäßigkeiten der Geschäftsführung betreffen, die möglicherweise ein Einschreiten des Aufsichtsrats im Rahmen von § 40 erforderlich machen. Entsprechendes gilt für festgestellte Deliktshandlungen sowie Verweigerungen der Auskunft durch den Vorstand. Auch die Feststellung besonderer Risiken kann die Berichtspflicht auslösen.

23 Der Prüfer muß den Aufsichtsratsvorsitzenden so ausreichend unterrichten, daß dieser in der Lage ist, dem **Gesamtaufsichtsrat** die erforderlichen Informationen als Grundlage einer Beschlußfassung zu geben. Die Mitteilung des Prüfers dürfte unter Berücksichtigung der Sorgfaltspflicht des § 41 zwingender Anlaß für die Einberufung des Aufsichtsrats sein (*Müller*, § 57 Rdn. 20). Als Maßnahme käme auch die Einberufung einer GV nach § 38 Abs. 2 in Betracht.

## IV. Prüfungsschlußsitzung (Abs. 4)

24 In unmittelbarem Zusammenhang mit der Prüfung – üblicherweise unmittelbar an deren Ende – soll der Prüfer in einer gemeinsamen Sitzung von Vorstand und Aufsichtsrat über das **voraussichtliche Ergebnis der Prüfung** mündlich berichten. Der Prüfer kann Einberufung der Sitzung verlangen oder, falls diesem Verlangen nicht entsprochen wird, selbst die Sitzung einberufen.

25 Abs. 4 verfolgt den Zweck, die Gremien der eG unverzüglich über die wirtschaftliche Lage der eG zu unterrichten. Die Schlußsitzung gibt im übrigen Gelegenheit, noch offene Fragen gemeinsam zu erörtern. Zur Teilnahme berechtigt sind neben dem Prüfer auch weitere Vertreter des Prüfungsverbandes (s. § 58 Abs. 4 und Erl. zu § 58 Rdn. 34 ff).

## § 58
## Prüfungsbericht

**(1) Der Verband hat über das Ergebnis der Prüfung schriftlich zu berichten. Auf den Prüfungsbericht ist, soweit er den Jahresabschluß und den Lagebericht betrifft, § 321 Abs. 1 des Handelsgesetzbuchs entsprechend anzuwenden.**

**(2) Auf die Prüfung von Genossenschaften, die die Größenmerkmale des § 267 Abs. 3 des Handelsgesetzbuchs erfüllen, ist § 322 des Handelsgesetzbuchs über den Bestätigungsvermerk entsprechend anzuwenden.**

**(3) Der Prüfungsbericht ist vom Verband zu unterzeichnen und dem Vorstand der Genossenschaft unter gleichzeitiger Benachrichtigung des Vorsitzenden des Aufsichtsrats vorzulegen. Jedes Mitglied des Aufsichtsrats ist berechtigt, den Prüfungsbericht einzusehen.**

**(4) Über das Ergebnis der Prüfung haben Vorstand und Aufsichtsrat der Genossenschaft in gemeinsamer Sitzung unverzüglich nach Eingang des Prüfungsberichts zu beraten. Verband und Prüfer sind berechtigt, an der Sitzung teilzunehmen; der Vorstand ist verpflichtet, den Verband von der Sitzung in Kenntnis zu setzen.**

*Übersicht*



### I. Schriftlicher Prüfungsbericht des Verbandes (Abs. 1)

Das Gesetz verpflichtet den Verband als Träger der Prüfung zur schriftlichen Berichterstattung über das Ergebnis der Prüfung gegenüber der eG. Für die Schriftform gilt § 126 Abs. 1 BGB: Der Prüfungsbericht muß durch gesetzliche Vertreter oder Bevollmächtigte handschriftlich unterschrieben sein. Auch der Prüfer kann unterschreiben, sofern ihm Vollmacht hierfür erteilt ist. Näheres zur Unterzeichnung Rdn. 22 ff. § 58 wurde durch das Bilanzrichtlinien-Gesetz 1985 neu gefaßt. Inhaltlich neu ist in Abs. 1 der Verweis auf § 321 Abs. 1 HGB und in Abs. 2 der Hinweis zum Bestätigungsvermerk auf § 322 HGB. **1**

Für den **Inhalt des Prüfberichts** gilt nunmehr § 321 HGB: Im Bericht ist festzustellen, ob die Buchführung, der Jahresabschluß, der Lagebericht **2** ggfs. ein Konzernabschluß und ein Konzernlagebericht den gesetzlichen Vorschriften entsprechen und die gesetzlichen Vertreter die verlangten Aufklärungen und Nachweise erbracht haben. Die Posten des Jahresabschlusses sind aufzugliedern und ausreichend zu erläutern. Nachteilige Veränderungen der Vermögens-, Finanz- und Ertragslage gegenüber dem Vorjahr und Verluste, die das Jahresergebnis nicht nur unwesentlich beeinflußt haben, sind aufzuführen und ausreichend zu erläutern. Bei Feststellungen des Abschlußprüfers, die den Bestand des Unternehmens gefährden oder die Entwicklung wesentlich beeinträchtigen können, sowie über schwerwiegende Verstöße gegen Gesetz oder Satzung ist zu berichten. Anerkannte **Berichtsgrundsätze** sind:

3 – **Berichtsklarheit** – der Bericht muß so abgefaßt werden, daß er von den Adressaten, also insbesond. auch von Aufsichtsrat und GV verstanden werden kann. Dies gilt für die Formulierung, die Gliederung und den Inhalt.

4 – **Berichtswahrheit** – es muß erkennbar sein, welche Sachverhalte durch eigene Prüfung festgestellt und welche Feststellungen auf Informationen anderer Personen beruhen. Im übrigen muß erkennbar sein, wo es sich um die Wertung des Prüfers handelt (vgl. *Müller*, § 58 Rdn. 3).

5 – **Berichtsvollständigkeit** – das Prüfungsergebnis muß alle erheblichen Feststellungen und Wertungen lückenlos wiedergeben. Wie auch bei der Prüfung gibt es im Prüfungsbericht grundsätzlich kein Geheimhaltungsinteresse der eG. Eine andere Frage ist, inwieweit geheimhaltungsbedürftige Tatsachen z. B. der GV mitgeteilt werden müssen (vgl. Erl. zu § 59).

6 – **Unparteilichkeit** (§ 62 Abs. 1) – sowohl bei den feststellenden Prüfungshandlungen als auch bei der Bewertung muß sich der Prüfer im Bericht um größtmögliche Objektivität bemühen.

7 – **Berichtseinheitlichkeit** – der Bericht muß in einer Urkunde enthalten sein (wobei es allerdings zulässig und zweckmäßig sein kann, z. B. in einem „Anhang" einzelne Nachweise zu bringen). Dies schließt **Vorprüfung** mit Zwischenbericht nicht aus. Allerdings sind dann in den Berichten gegenseitige Verweisungen erforderlich (vgl. Grundsätze über die Berichterstattung bei der Abschlußprüfung, IdW-Fachgutachten 2/1977).

8 Das Gesetz enthält keine Regelung darüber, in welcher Weise der **Prüfer dem Verband zu berichten hat.** In der Praxis hat es sich bewährt, daß der Prüfer seinen Bericht gegenüber dem Verband als **Entwurf** eines schriftlichen Prüfungsberichts abgibt. Der Verband überprüft diesen Entwurf, bringt ggfs. erforderliche Änderungen oder Ergänzungen an und macht ihn durch Unterzeichnung zum Prüfungsbericht des Verbandes.

In der Prüfungspraxis hat sich ein bestimmtes **Berichtsschema** bewährt (wegen der Berichtsgrundsätze für die Abschlußprüfung vgl. IdW-Fachgutachten 2/1977, für Banken Bekanntmachung des BAK 2/68); damit wird vor allem gewährleistet, daß keine wesentlichen Gesichtspunkte übersehen werden. Andererseits besteht dadurch die Gefahr einer gewissen Formalisierung. **9**

Der Inhalt des Prüfungsberichts hat sich am Zweck und Prüfungsgegenstand zu orientieren, wie er in § 53 festgelegt ist (s. Erl. dort; vgl. auch *Meyer/Meulenbergh/Beuthien*, § 58 Rdn. 2). **Adressat** des Prüfungsberichts sind in erster Linie Aufsichtsrat und GV (§ 59 Abs. 1, § 60 Abs. 1). Der Prüfungsbericht muß daher, vor allem im **zusammengefaßten Ergebnis**, das üblicherweise der GV vorgetragen wird, in wesentlichen Fragen **vollständig** und **unparteiisch** die Prüfungstätigkeit und die daraus abgeleiteten Ergebnisse darstellen (vgl. *Meyer/Meulenbergh/Beuthien*, § 58 Rdn. 2). In den Formulierungen ist auf das durchschnittliche Verständnis der Adressaten Rücksicht zu nehmen (vgl. auch *Großfeld/Noelle*, BB 1985, 2145 ff). **10**

Der Prüfungsbericht wird mit dem **„zusammengefaßten Prüfungsergebnis"** abgeschlossen. Diese Zusammenfassung muß alle wesentlichen Feststellungen und Aussagen des Berichtes enthalten; sie ist regelmäßig Grundlage des der GV über die Prüfung zu erstattenden Berichtes (vgl. § 59 Rdn. 18). Bei Kreditgenossenschaften sind für das zusammengefaßte Prüfungsergebnis die vom Bundesaufsichtsamt erlassenen Richtlinien zu beachten. Diese sind ein Mittel der Bankenaufsicht, sie enthalten naturgemäß keine Aussagen über die Berichtspflicht gegenüber der GV.

Über die Prüfung von Tochtergesellschaften ist unter dem Gesichtspunkt der „Einrichtungen" zu berichten. Soweit irgendwelche Verbindungen zu anderen Unternehmen bestehen, z. B. zu anderen eG, aus denen sich rechtliche oder wirtschaftliche Auswirkungen ergeben, ist über diese Auswirkungen zu berichten. **11**

## II. Bestätigungsvermerk (Abs. 2)

Vor dem Bilanzrichtlinien-Gesetz 1985 war bei eG ein Bestätigungsvermerk (Testat) nur für den Jahresabschluß von Kreditgenossenschaften vorgesehen (§ 27 KWG). Nunmehr bestimmt das GenG, daß für **große eG** i. S. v. § 267 Abs. 3 HGB ein Bestätigungsvermerk entsprechend § 322 HGB zur Prüfung zu erteilen ist. **Große eG** sind gem. § 267 Abs. 3 HGB solche, die zwei der drei folgenden Merkmale erfüllen: **12**

- 15 500 000,– DM Bilanzsumme nach Abzug eines auf der Aktivseite ausgewiesenen Fehlbetrages

- 32 Mio. DM Umsatzerlöse in den zwölf Monaten vor dem Abschlußstichtag
- im Jahresdurchschnitt 250 Arbeitnehmer.

Wegen Einzelheiten der Berechnungsmodalitäten vgl. § 267 ab 4 und 5 HGB.

**13** Der Jahresabschluß von **Wohnungsbaugenossenschaften** mit eigener **Spareinrichtung** muß ebenfalls mit einem Bestätigungsvermerk versehen sein (KWG § 27 i. V. m. §§ 340 k, Abs. 1 u. 2, 340 l, Abs. 3 u. 4 HGB; KWG § 26 Abs. 1 S. 2; GdW Prüfungsrichtlinien, Tz 21).

**14** Unter den genannten Voraussetzungen findet für große eG § 322 HGB Anwendung: Sind nach dem abschließenden Ergebnis der Prüfung keine Einwendungen zu erheben, so hat der Abschlußprüfer dies durch folgenden Vermerk zum Jahresabschluß und zum Konzernabschluß zu bestätigen:

„Die Buchführung und der Jahresabschluß entsprechen/der Konzernabschluß entspricht nach meiner/unserer pflichtgemäßen Prüfung den gesetzlichen Vorschriften. Der Jahresabschluß/Konzernabschluß vermittelt unter Beachtung der Grundsätze ordnungsmäßiger Buchführung ein den tatsächlichen Verhältnissen entsprechendes Bild der Vermögens-, Finanz- und Ertragslage der eG/des Konzerns. Der Lagebericht/Konzernlagebericht steht im Einklang mit dem Jahresabschluß/Konzernabschluß."

Der Bestätigungsvermerk ist dazu bestimmt, die Öffentlichkeit über die Satzungs- und Gesetzmäßigkeit des Jahresabschlusses, der zugrunde liegenden Buchführung und des Lageberichts zu unterrichten. Er genießt eine Art öffentlichen Glauben und verschafft der Allgemeinheit die Gewißheit über die durchgeführte Abschlußprüfung und deren Ergebnis.

**15** Der Bestätigungsvermerk ist gem. § 322 Abs. 2 HGB in geeigneter Weise zu ergänzen, wenn zusätzliche Bemerkungen erforderlich erscheinen, um einen falschen Eindruck über den Inhalt der Prüfung und die Tragweite des Bestätigungsvermerks zu vermeiden.

Falls Einwendungen zu erheben sind, so hat der Prüfer den Bestätigungsvermerk gem. § 322 Abs. 3 HGB **einzuschränken** oder zu **versagen**. Die Versagung ist durch einen Vermerk zum Jahresabschluß oder zum Konzernabschluß zu erklären. Einschränkung und Versagung sind zu begründen. Ergänzungen als zusätzliche Bemerkungen sind nicht als Einschränkungen anzusehen. Bei unrichtigem Testat s. § 53 Rdn. 95.

**16** Der Prüfer hat den Bestätigungsvermerk oder den Vermerk über seine Versagung unter Angabe von Ort und Tag **zu unterzeichnen**. Beide Vermerke sind in den Prüfungsbericht aufzunehmen (§ 322 Abs. 4 HGB).

**17** Der Bestätigungsvermerk ist vom Verband als Träger der Prüfung zu erteilen, und zwar auch im Falle von § 55 Abs. 3 („wichtiger Grund"). Der Prüfer kann bevollmächtigt werden, den Bestätigungsvermerk für den Verband zu **unterzeichnen**. Auch keine rechtlichen Bedenken, wenn der Prüfer ermächtigt wird, das Testat in eigenem Namen zu unterzeichnen. In diesem Fall muß sich der Verband zum Inhalt des Testats erklären, da die Verantwortung gegenüber der eG und der Öffentlichkeit beim Verband bleibt.

Inhalt dieser Erklärung des Verbandes kann sein: Unveränderte **Übernahme des Testats**, Ablehnung des Testats mit der Folge, daß dieses nicht erteilt ist oder Übernahme mit Änderungen. Die Erklärung des Verbandes zum Testat des Prüfers kann z. B. lauten: „Der Verband als Träger der Prüfung gem. § 53 GenG (bei Kreditgenossenschaften i. V. m. § 27 KWG) schließt sich dem vorstehenden Bestätigungsvermerk an." **18**

Die Erklärung des Verbandes muß in derselben Urkunde (Jahresabschluß) enthalten sein. Das **Originaltestat** steht unter dem Jahresabschluß, während im Prüfungsbericht nur eine Aussage zum Testat enthalten ist. **19**

Die Übernahmeerklärung des Verbandes muß mit dem Testat veröffentlicht werden. In dem Prüfungsbericht ist der Wortlaut des Testats und die Erklärung des Verbandes dazu aufzunehmen. **20**

Keine rechtlichen Bedenken bestehen, wenn das Testat (auch im Falle von § 55 Abs. 3) sowohl vom Prüfungsverband als auch vom Prüfer **unterzeichnet** wird; § 322 Abs. 4 HGB, der Unterzeichnung des Bestätigungsvermerks durch den „Abschlußprüfer" vorschreibt, steht dem nicht entgegen. **21**

Für Inhalt, Qualität und Aussagewert einer Prüfung ist es grundsätzlich unerheblich, ob der Jahresabschluß mit einem Bestätigungsvermerk versehen wird.

## III. Unterzeichnung des Prüfungsberichts durch den Verband (Abs. 3 S. 1)

Das Gesetz schreibt vor, daß der Prüfungsbericht vom Verband als Träger der Prüfung zu unterzeichnen ist. Für den Prüfungsverband können unterzeichnen der Vorstand als gesetzlicher Vertreter (§ 26 Abs. 2 BGB) oder ein verfassungsmäßig berufener Vertreter i. S. v. § 30 BGB, oder jede dazu bevollmächtigte Person, z. B. der Verbandsprüfer (§§ 164, 167 BGB). **22**

Im Falle von § 55 Abs. 3, wenn sich der Verband aus wichtigem Grund eines anderen Prüfers bedient, bleibt die Verantwortung als Träger der Prüfung beim Verband. Es erscheint in diesem Fall richtig, wenn sowohl der beauftragte Prüfer als auch der Vertreter des Verbandes unterzeichnen. Unterschrift des Vertreters des Prüfungsverbandes ist erforderlich, soweit der Verband zum Bericht des beauftragten Prüfers eine eigene Stellungnahme abgibt. **23**

Falls das Prüfungsrecht **i. S. v. § 56 ruht**, ist der bestellte Prüfer selbst Träger der Prüfung. In diesem Fall ist allein dieser bestellte Prüfer berechtigt und verpflichtet, den Prüfungsbericht zu unterschreiben. **24**

25 „Unterschreiben" bedeutet handschriftliches Namenszeichen (§ 126 Abs. 1 BGB).

Rechtlich ist der Prüfungsbericht erstattet, sobald dem Vorstand ein handschriftlich unterzeichnetes Exemplar vorliegt. Die Unterzeichnung auf einer Matrize oder die Verwendung eines Faksimiles sind nicht ausreichend.

Es genügt, wenn ein eigenhändig unterschriebenes Berichtsexemplar vorliegt; die übrigen Exemplare können dann eine vervielfältigte Unterschrift tragen. In der Praxis ist es allerdings üblich, sämtliche für den Vorstand und Aufsichtsrat bestimmte Berichtsexemplare handschriftlich zu unterzeichnen.

Weichen die Unterschriften unter dem Bestätigungsvermerk und dem Prüfungsbericht voneinander ab, so ist dies im Prüfungsbericht zu vermerken.

## IV. Vorlage des Prüfungsberichts an den Vorstand, Unterrichtung des Aufsichtsrats (Abs. 3 S. 3)

26 Der Prüfungsbericht wird dadurch erstattet, daß er vom Verband dem Vorstand der eG zugleitet wird. Mit dieser Aushändigung ist die Prüfung abgeschlossen. Hat der Bericht jedoch wesentliche Mängel, so ist die Prüfung noch nicht ordnungsgemäß abgeschlossen. Solche Mängel liegen insbesond. dann vor, wenn derart gegen anerkannte Berichtsgrundsätze verstoßen worden ist, daß wesentliche Feststellungen der Prüfung nicht oder nicht richtig wiedergegeben sind oder nicht aufrechterhalten werden können (zu eng *Müller*, § 58 Rdn. 9). Ein wesentlicher Mangel würde z. B. darin liegen, daß der Bericht kein abschließendes Prüfungsergebnis enthält (vgl. *Niehus*, DB 1969, 1351). Unwesentliche Mängel beeinträchtigen zwar nicht die Wirksamkeit des Berichts, die eG dürfte jedoch einen **Berichtigungsanspruch** haben (*Müller*, § 58 Rdn. 9). Besteht Anlaß für die Annahme, daß der Prüfungsbericht fehlerhaft ist, so folgt aus der dem Verband gegenüber der Mitgliedsgenossenschaft bestehenden **Treuepflicht**, daß der Verband solche Feststellungen z. B. nicht an das Bundesaufsichtsamt für das Kreditwesen weitergeben darf (s. Rdn. 29). Es hat vielmehr zuvor eine Klärung bzw. Berichtigung stattzufinden.

27 Rechtlich ist ausreichend, wenn lediglich ein Exemplar des Berichts an den Vorstand der eG geht. U. U. kann es aber zweckmäßig sein, weitere Exemplare beizufügen.

28 Über die Vorlage des Prüfungsberichts an den Vorstand ist der **Vorsitzende des Aufsichtsrats** durch den Verband zu benachrichtigen. Es ist nicht erforderlich, aber zulässig und üblich, daß diesem ebenfalls eine Ausfertigung des Berichts übermittelt wird. Ist ein Vorsitzender nicht bestellt, so hat der Vorstand jedes Aufsichtsratsmitglied zu benachrichtigen (vgl. § 36 Rdn. 49).

Bei Genossenschaftsbanken bestimmt § 26 Abs. 1 S. 3 KWG, daß der Prüfungsbericht (nur) auf Anforderung an das BAK und die Deutsche Bundesbank einzureichen ist. Von dieser Möglichkeit macht das Aufsichtsamt regelmäßig Gebrauch bei Bilanzsummen der Institute von mehr als 250 Mio DM (*Lehnhoff*, Das neue KWG, 1985, 81). 29

Besonderheiten gelten nach Zweck, Umfang und Durchführung für die **jährliche Ordnungsmäßigkeitsprüfung einer Wohnungsgenossenschaft** mit **erlaubnispflichtigen Tätigkeiten** i. S. v. § 37 c, Abs. 1 GewO nach § 16 MaBV. Dies ist auf die Einhaltung der Vorschriften der §§ 2–14 MaBV gerichtet. Über das Ergebnis der Prüfung jeder dieser Vorschriften ist einzeln zu berichten mit der Erklärung, ob ein Verstoß gegeben oder nicht festgestellt ist. Die eG hat den Prüfungsbericht der zuständigen Behörde bis spätestens zum 31. Dezember des nächsten Jahres zu übermitteln (dazu GdW Prüfungsrichtlinien Tz. 136 ff unter Hinweis auf die Stellungnahme WFA 1/1978 i. d. F. von 1992 und WFA 1/1982 i. d. F. von 1991 sowie § 1 Rdn. 137). 30

## V. Einsichtsrecht der Mitglieder des Aufsichtsrats (Abs. 3 S. 2)

Mit der rechtzeitigen Unterrichtung des Aufsichtsratsvorsitzenden soll gewährleistet werden, daß jedes Mitglied des Aufsichtsrats Gelegenheit erhält, entsprechend seiner gesetzlichen Berechtigung den Bericht einzusehen. Aus der besonderen Verantwortung der Aufsichtsratsmitglieder (§§ 38, 41) folgt, daß sie **auch verpflichtet** sind, den Bericht sorgfältig zu lesen (*Meyer/Meulenbergh/Beuthien*, § 58 Rdn. 3). 31

Das Gesetz sieht zwar keine Aushändigung des Berichts an jedes Aufsichtsratsmitglied vor; die Wahrung der Aufsichtspflicht dürfte jedoch voraussetzen, daß jedes Aufsichtsratsmitglied ausreichend Zeit und die technische Möglichkeit hat, den Bericht zu prüfen und sich zu den einzelnen Aussagen eine Meinung zu bilden. Dies kann tatsächlich auch eine Aushändigung des Berichts bedingen (vgl. *Wolff*, Handelsblatt v. 1. 9. 1982; *Jenkis*, BB 1982, 1707). Es wäre auch nicht sachgerecht, den Aufsichtsratsmitgliedern zu verbieten, den Bericht zum Durcharbeiten aus den Geschäftsräumen der eG zu bringen. Die besondere Schweigepflicht der Organmitglieder (§ 41 i. V. m. § 34) muß i. V. m. der Strafvorschrift des § 151 Gewähr für eine vertrauliche Behandlung geben. Damit ist z. B. nicht vereinbar, bei der Einsichtnahme generell einen Sachverständigen hinzuzuziehen (BGH für die AG, DB 1983, 165). Dem besonderen Sorgfaltsmaßstab des Aufsichtsrats dürfte es jedenfalls nicht entsprechen, wenn zu Beginn der gemeinsamen Sitzung (Abs. 4) der Vorstand den Prüfungsbericht kurz zur Einsicht vorlegt (vgl. *Müller*, § 58 Rdn. 10). 32

Der Prüfungsbericht unterliegt grundsätzlich dem **Prüfungsgeheimnis** (Näheres § 62 Abs. 1 S. 2). Der Bericht ist nur den im Gesetz festgelegten 33

Adressaten zugänglich (zunächst nur Vorstand, Aufsichtsrat, GV). Wenn nicht andere gesetzliche Regelungen weitere Ausnahmen vorsehen (s. z. B. § 62 Abs. 3), kann nicht der Prüfungsverband, sondern nur der jeweils Betroffene von der Schweigepflicht entbinden. Falls es sich um Betriebsgeheimnisse der eG handelt, kann nur die eG selbst einer Auskunftserteilung über den Prüfungsbericht zustimmen; soweit es sich um Geheimnisse Dritter, z. B. Kunden, handelt, können nur diese von der Schweigepflicht entbinden. Ausnahmsweise können jedoch dritte Personen berechtigt sein, den Prüfungsbericht einzusehen, z. B. ausgeschiedene Vorstandsmitglieder, gegen die – unter Berufung auf Prüfungsfeststellungen – Regreßansprüche geltend gemacht werden. Zur Schweigepflicht vgl. § 62 Rdn. 5 ff).

Im Rahmen des genossenschaftlichen Finanzverbundes kann es sinnvoll sein, Prüfungsberichte der Genossenschaftsbanken den genossenschaftlichen Zentralbanken zur Verfügung zu stellen; die an sich erlaubte „inhaltliche" Information der Zentrale (§ 62 Abs. 3) erweist sich in der Praxis oft als recht aufwendig. Die Weitergabe des gesamten Berichts ist aber nur mit Zustimmung der betroffenen eG zulässig. Konkrete Kundendaten dürfen dabei nicht ohne Einwilligung der betroffenen Kunden weitergegeben werden.

## VI. Gemeinsame Beratung von Vorstand und Aufsichtsrat (Abs. 4)

34 Während § 57 Abs. 4 in unmittelbarem Zusammenhang mit der Prüfung die „Prüfungsschlußsitzung" vorsieht, sind nach § 58 Abs. 4 Vorstand und Aufsichtsrat nach Eingang des Prüfungsberichts verpflichtet, in einer gemeinsamen Sitzung über die **Auswertung der Prüfungsergebnisse** zu beraten. Es sind insbesond. die im Prüfungsbericht enthaltenen Empfehlungen und Beanstandungen zu erörtern und erforderlichenfalls die sich daraus ergebenden Folgerungen zu beschließen. Während die Prüfung mit Aushändigung des Prüfungsberichts an den Vorstand abgeschlossen ist (s. Rdn. 26), erfolgt die „Abnahme" des Prüfungsberichts analog § 640 BGB in dieser gemeinsamen Sitzung von Vorstand und Aufsichtsrat.

35 Das Gesetz gibt ausdrücklich sowohl dem Verband (den von ihm zu benennenden Vertretern) als auch dem Prüfer das Recht, an dieser Sitzung teilzunehmen; aus diesem Grunde muß der Vorstand der eG den Verband von der Sitzung unterrichten. Dies muß so rechtzeitig geschehen, daß der Verband und der Prüfer noch eine Teilnahmemöglichkeit haben. Der Prüfer und die Vertreter des Verbandes sind insbesond. berechtigt, ihre Auffassung darzulegen. Beschlüsse sind naturgemäß nur von den Mitgliedern des Aufsichtsrats und des Vorstands – und zwar getrennt – zu fassen.

36 Für die **Einberufung der Sitzung** ist der Vorstand verantwortlich, soweit die Satzung nichts anderes vorsieht. Erforderlichenfalls ist, auch ohne Satzungsregelung, der Vorsitzende des Aufsichtsrats zur Einberufung

berechtigt und verpflichtet (§ 38 Abs. 2; *Müller*, § 58 Rdn. 11; *Schubert/Steder*, § 58 Rz. 6).

**Prüfungsverband oder Prüfer haben kein Einladungsrecht** (im Gegensatz zur Schlußsitzung gem. § 57 Abs. 4). Der Verband muß aber erforderlichenfalls die ihm möglichen Maßnahmen ergreifen, wie z. B. die Einberufung einer außerordentlichen GV gem. § 60. Die Anordnung eines Zwangsgeldes gemäß § 160 durch das Registergericht ist nicht vorgesehen. **37**

## § 59
## Prüfungsbescheinigung, Behandlung des Prüfungsberichts in der Generalversammlung

**(1) Der Vorstand hat eine Bescheinigung des Verbandes, daß die Prüfung stattgefunden hat, zum Genossenschaftsregister einzureichen und den Prüfungsbericht bei der Berufung der nächsten Generalversammlung als Gegenstand der Beschlußfassung anzukündigen.**

**(2) In der Generalversammlung hat sich der Aufsichtsrat über wesentliche Feststellungen oder Beanstandungen der Prüfung zu erklären.**

**(3) Der Verband ist berechtigt, an der Generalversammlung beratend teilzunehmen; auf seinen Antrag oder auf Beschluß der Generalversammlung ist der Bericht ganz oder in bestimmten Teilen zu verlesen.**

*Übersicht*



## I. Prüfungsbescheinigung (Abs. 1)

Die Prüfungsbescheinigung enthält nur die Erklärung des Prüfungsverbandes, daß die Prüfung stattgefunden habe; sie gibt keine Auskunft über das Ergebnis der Prüfung (im Gegensatz zum Testat bei der Abschlußprüfung). Die Bescheinigung ist auch zu erteilen, wenn die Prüfung zu erheblichen Beanstandungen geführt hat (*Müller*, § 59 Rdn. 1). **1**

Die Prüfungsbescheinigung ist schriftlich an den Vorstand der eG zu geben (zweckmäßigerweise mit Durchschrift für die eigenen Akten), der sie **2**

**zum Genossenschaftsregister einzureichen** hat. Einreichung zum Register der Zweigniederlassung ist seit Novelle 1973 nicht mehr erforderlich. Die Prüfungsberichte selbst werden nicht dem Registergericht eingereicht; das Gericht hat weder einen Anspruch auf Einreichung noch auf Einsicht.

3 **Kreditgenossenschaften** müssen den Prüfungsbericht auf Anforderung des Bundesaufsichtsamtes an dieses und die Deutsche Bundesbank einreichen (§ 26 KWG).

4 **Wohnungsbaugenossenschaften** mit Spareinrichtungen müssen die Abschnitte des Prüfungsberichtes über die Liquiditätslage und über die Einhaltung der Vorschriften des KWG dem BAA nach Maßgabe der hierzu ergangenen Schreiben und Mitteilungen unaufgefordert alsbald nach dem Abschluß der Jahresabschlußprüfung über den Prüfungsverband zuleiten.

5 Soweit die für **Kreditgenossenschaften** vorgeschriebene Jahresabschlußprüfung (§ 27 KWG) unabhängig von der genossenschaftlichen Pflichtprüfung durchgeführt wird, ist für diese Jahresabschlußprüfung keine Prüfungsbescheinigung zum Registergericht einzureichen.

6 Das Registergericht kann die Vorstandsmitglieder der eG durch Festsetzung von **Zwangsgeld** gem. § 160 zur Einreichung der Prüfungsbescheinigung und zur Einladung der GV veranlassen. Daneben hat der Prüfungsverband das Recht, selbst die GV einzuberufen (§ 60).

## II. Ankündigung des Prüfungsberichts zur Beschlußfassung in der Generalversammlung (Abs. 1)

7 Der Prüfungsbericht ist bei der Berufung der nächsten GV **„als Gegenstand der Beschlußfassung"** vom Vorstand anzukündigen (Abs. 1). Die Bedeutung dieser Vorschrift ist unklar. Der Bericht als solcher kann nicht Gegenstand der Beschlußfassung der GV sein. In erster Linie dürfte damit zum Ausdruck kommen, daß der Prüfungsbericht in der GV Gegenstand der Beratung sein muß. Beschlüsse der GV können jedenfalls im Hinblick auf den Umfang der Verlesung gefaßt werden (Abs. 2; insoweit zutreffend *Meyer/Meulenbergh/Beuthien*, § 59 Rdn. 2; *Müller*, § 59 Rdn. 3).

8 **Maßnahmen zur Beseitigung** der im Prüfungsbericht festgestellten Mängel sind grundsätzlich Angelegenheit der Geschäftsleitung. Dessenungeachtet kann die GV auch in Form eines Beschlusses ihre Meinung zu den Feststellungen des Prüfungsberichts zum Ausdruck bringen und erforderlichenfalls – wenn der Vorstand nichts Ausreichendes veranlaßt – **bindende Beschlüsse** zur Beseitigung festgestellter Mängel fassen. Dies folgt aus § 60 Abs. 1 (s. Erl. zu § 60 Rdn. 7). Diese gesetzliche Kompetenzzuweisung gilt nicht nur für die vom Prüfungsverband gem. § 60 berufene GV, sondern für jede GV, die sich mit dem Prüfungsbericht befaßt. Dies folgt nicht zuletzt aus dem Wortlaut von § 60 Abs. 1 erster Halbsatz, wonach der Verband

dann eine GV einberufen kann, wenn diese „bei der Beschlußfassung" unzulänglich über wesentliche Feststellungen oder Beanstandungen des Prüfungsberichts unterrichtet war. Daraus folgt, daß der Gesetzgeber in § 60 Abs. 1 davon ausgeht, daß eine ausreichende Unterrichtung der GV über die Feststellung der Prüfung erforderlich ist. Noch eindeutiger § 60 Abs. 1 am Ende: „... zwecks Beseitigung festgestellter Mängel ... beschlossen werden soll." Dies kann aber nur dann von Bedeutung sein, wenn die GV berechtigt ist, auch über aus den Prüfungsfeststellungen sich ergebende Folgerungen mit Bindungswirkung gegenüber dem Vorstand zu beschließen.

Es handelt sich hier um eine gesetzliche Kompetenz der GV, die insoweit in die Leitungskompetenz des Vorstandes (§ 27 Abs. 1) eingreifen kann.

Die Ankündigung des Prüfungsberichts als Gegenstand der Beschluß- **9**
fassung ist zwingend vorgeschrieben. Dies muß bedeuten, daß in der Tagesordnung diese Beschlußfassung ausdrücklich als **gesonderter Tagesordnungspunkt** oder zumindest klar erkennbar im Zusammenhang mit einem anderen Tagesordnungspunkt enthalten ist. Beispiel: „Bericht des Aufsichtsrats über die gesetzliche Prüfung gemäß § 53 und Beschlußfassung über den Prüfungsbericht." Die Ankündigung in der Tagesordnung als Beschlußgegenstand soll für die GV nur die Möglichkeit einräumen, rechtsverbindliche Beschlüsse über die Verlesung des Prüfungsberichts oder Beseitigung von Mängeln zu fassen (vgl. § 160 Abs. 1). Soweit ein Beschlußbedürfnis nicht vorhanden ist (weil z. B. der Prüfungsbericht keine Hinweise auf Mängel enthält oder der Vorstand bereits für Abhilfe gesorgt hat), besteht keine rechtliche Notwendigkeit, zum Prüfungsbericht einen Beschluß zu fassen; im Gesetz zwingend vorgesehen ist nur die Ankündigung zur Beschlußfassung.

Es ist nicht erforderlich, zur Erörterung des Prüfungsberichts eine **10**
eigene, außerordentliche GV einzuberufen; in der Praxis ist es üblich, die ordentliche GV möglichst im Anschluß an die gesetzliche Prüfung durchzuführen. Eine außerordentliche GV ist nur erforderlich, wenn Ergebnisse der Prüfung sofortige Beschlüsse der Versammlung notwendig machen. Die Einberufung hat durch den Vorstand, erforderlichenfalls durch den Aufsichtsrat zu erfolgen. Der Prüfungsverband kann im Rahmen von § 60 die Versammlung einberufen.

## III. Unterrichtung der Generalversammlung durch den Vorstand

Das Gesetz sieht nicht ausdrücklich vor, daß der Vorstand in der GV **11**
über den Prüfungsbericht Erklärungen abgibt. Die notwendige Erörterung

des Prüfungsberichts in der GV kann jedoch eine Aufklärung auch durch den Vorstand voraussetzen. Der Vorstand muß über die wesentlichen Feststellungen des Prüfungsberichts ggfs. eine eigene Stellungnahme abgeben (vgl. *Müller*, § 59 Rdn. 3). Falls z. B. der zusammengefaßte Prüfungsbericht bei den Mitgliedern zu Unklarheiten oder Mißverständnissen führen kann, erscheint eine erläuternde Stellungnahme des Vorstandes (neben dem Vertreter des Verbandes, s. Rdn. 13) erforderlich.

## IV. Erklärungen des Aufsichtsrats zur Prüfung in der Generalversammlung (Abs. 2)

12 Der Aufsichtsrat ist verpflichtet, sich in der GV über **wesentliche Feststellungen oder Beanstandungen der Prüfung** zu erklären. Er muß dabei Geheimhaltungspflichten, insbesond. das Bankgeheimnis und sonstige Betriebsgeheimnisse beachten (vgl. zum Auskunftsrecht der Mitglieder Erl. zu § 43 Rdn. 43 ff). Die Erklärungspflicht des Aufsichtsrats umfaßt sowohl einen kurzen Bericht über die Prüfung und das Prüfungsergebnis als auch eine eigene Stellungnahme dazu (*Müller*, § 59 Rdn. 3). Der Aufsichtsrat kann sich auf die Verlesung des „zusammengefaßten Prüfungsergebnisses" beschränken, es muß aber erkennbar werden, daß er diese Aussage zu einer **eigenen Stellungnahme** macht. Erforderlichenfalls sind zusätzliche Erklärungen und Erläuterungen zu geben, über deren Inhalt der Aufsichtsrat in eigener Verantwortung entscheidet.

## V. Teilnahmerecht des Verbandes (Abs. 3)

13 Nach Abs. 3 ist der Prüfungsverband berechtigt, an der GV, die den Prüfungsbericht behandelt, beratend teilzunehmen. Das gesetzliche Anwesenheitsrecht des Verbandes besteht nur im Zusammenhang mit der Behandlung des Prüfungsberichts; bei sonstigen Tagesordnungspunkten oder einer anderen (z. B. außerordentlichen) GV hat der Vertreter des Verbandes nur ein Anwesenheitsrecht aufgrund der Verbandssatzung oder der Genossenschaftssatzung.

14 Es liegt im Ermessen des Prüfungsverbandes, durch wen er sich in der GV vertreten lassen will. Die **Vertreter des Verbandes** haben das Recht, das Wort zu ergreifen, um erforderlichenfalls die Ausführungen des Vorstandes oder des Aufsichtsrats zum Prüfungsbericht zu ergänzen oder u. U. auch kritisch zu den Erläuterungen dieser Organe Stellung zu nehmen. Sie sind berechtigt, Fragen der Mitglieder im Zusammenhang mit der Prüfung zu beantworten, soweit sie damit nicht gegen Geheimhaltungspflichten verstoßen (*Müller*, § 59 Rdn. 4; *Schubert/Steder*, § 59 Rz. 7). Neben dem Rederecht hat der Vertreter des Verbandes ggfs. auch das Recht, Anträge zur Beschlußfassung durch die GV zu stellen; dies gilt z. B. im Rahmen der

in der Tagesordnung angekündigten Beschlüsse zur Beseitigung festgestellter Mängel. Ein Stimmrecht des Verbandes ist damit naturgemäß nicht verbunden.

Der Vertreter des Prüfungsverbandes ist nicht Gast der GV. Er kann daher grundsätzlich nicht durch den Versammlungsleiter aus der Versammlung ausgeschlossen werden. Der Vertreter des Verbandes muß seine Teilnahme an der Versammlung und sein Verhalten in der Versammlung nach pflichtgemäßem Ermessen einrichten. **15**

Wegen des Teilnahmerechts des Verbandes muß der Vorstand der eG rechtzeitig den Zeitpunkt der GV dem Verband mitteilen (vgl. BlfG 1935, 134; *Schubert/Steder*, § 59 Rz. 7). Ergänzend enthalten die Satzungen der Prüfungsverbände üblicherweise eine Einladungspflicht der Mitgliedsgenossenschaften. **16**

In **Fällen des § 55 Abs. 2** verbleibt das Teilnahmerecht grundsätzlich beim Prüfungsverband. Handelt es sich jedoch um **Kollisionsfälle** i. S. v. § 56 Abs. 2, so muß der Prüfungsverband von allen Handlungen ausgeschlossen sein, die im Zusammenhang mit der Prüfung stehen. Dies bedeutet folgerichtig, daß das Teilnahmerecht hier nicht beim Prüfungsverband verbleiben kann, sondern auf den bestellten Prüfer übergeht. Das schließt nicht aus, daß auch ein Vertreter des Verbandes an der GV teilnimmt. **17**

## VI. Verlesung des Prüfungsberichts (Abs. 3)

Das Gesetz gibt der GV mit dem Prüfungsbericht ein wichtiges Informations- und Kontrollinstrument, das vor allem auch Grundlage der Beschlüsse über die Feststellung des Jahresabschlusses und die Entlastung der Mitglieder des Vorstandes und Aufsichtsrates ist (§ 48). Da die Mitglieder hierüber verantwortlich zu entscheiden haben, ist eine ausreichende Unterrichtung unverzichtbar; ggfs. müssen auch taktische Erwägungen des Vorstandes zurückstehen. Zur vorhergehenden Unterrichtung durch Vorstand und Aufsichtsrat Rdn. 11, 12. **18**

Im Regelfall dürfte die Verlesung des **„zusammengefaßten Prüfungsergebnisses"** zur ausreichenden Unterrichtung der GV genügen.

Im zusammengefaßten Prüfungsergebnis müssen alle wesentlichen Gesichtspunkte des gesamten Prüfungsberichts enthalten sein. Dennoch räumt das Gesetz (Abs. 3) dem Vertreter des Prüfungsverbandes und der GV (durch Beschlußfassung) das Recht ein, die weitere Verlesung des Prüfungsberichts ganz oder in Teilen zu verlangen. Für den Vertreter des Verbandes kann dies Bedeutung haben für den Fall, daß Vorstand und Aufsichtsrat die GV nicht ausreichend oder nicht zutreffend unterrichtet haben. Im übrigen setzen **übergeordnete Geheimhaltungspflichten** (Bankgeheimnis, Betriebsgeheimnisse, Persönlichkeitsschutz) der Verlesung des Prüfungsberichts in der Praxis recht enge Grenzen. Sie dürfte nur möglich sein, wenn der Verlesende durch intensive Vorbereitung festgestellt hat, welche einzelnen Formulierungen ohne Verstoß gegen Geheimhaltungspflichten verlesen werden können.

19 Die **einzelnen Mitglieder** haben nicht das Recht, Einsicht in den Prüfungsbericht, schriftliche Auszüge oder eine Abschrift zu verlangen.

20 Ausführlich zur Behandlung des Prüfungsberichts in der GV: *Metz*, Genossenschaftsforum 6/1984; Mitteilungsblatt Baden 3/88; *Metz/Werhahn*, Rdn. 287 ff.

## § 60
## Berufung der Generalversammlung durch den Verband

**(1) Gewinnt der Verband die Überzeugung, daß die Beschlußfassung über den Prüfungsbericht ungebührlich verzögert wird oder daß die Generalversammlung bei der Beschlußfassung unzulänglich über wesentliche Feststellungen oder Beanstandungen des Prüfungsberichts unterrichtet war, so ist er berechtigt, eine außerordentliche Generalversammlung der Genossenschaft auf deren Kosten zu berufen und zu bestimmen, über welche Gegenstände zwecks Beseitigung festgesteller Mängel verhandelt und beschlossen werden soll.**

**(2) In der von dem Verband einberufenen Generalversammlung führt eine vom Verband bestimmte Person den Vorsitz.**

*Übersicht*



## I. Berufung der Generalversammlung durch den Verband (Abs. 1)

1 Mit dieser Vorschrift wird deutlich, daß die Aufgaben des Prüfungsverbandes nicht mit Abschluß der Prüfung erledigt sind, sondern daß ihm weitere Maßnahmen im Rahmen der **„Prüfungsverfolgung“** obliegen (zum Begriff Erl. zu § 53 Rdn. 55 ff). Dem Prüfungsverband stehen auch im Rahmen der Prüfungsverfolgung allerdings **keine Weisungsbefugnisse** gegenüber der eG zu, da sich solche mit den Grundsätzen der Selbstverwaltung und Selbstverantwortung nicht vereinbaren ließen (*Schubert/Steder*, § 60 Rz. 2). § 60 gibt dem Verband jedoch eine bedeutsame Möglichkeit, sich unmittelbar an die GV zu wenden.

Das Einberufungsrecht steht grundsätzlich dem Prüfungsverband auch im **Falle des § 55 Abs. 2** zu, da er auch dort Träger der Prüfung und der Prüfungsverfolgung bleibt (so auch *Schubert/Steder*, § 60 Rz. 3). Im Falle des Prüfungsverbots nach **§ 56 Abs. 2** ist dagegen der bestellte Prüfer für die Prüfung verantwortlich. Es ist folgerichtig, in diesem Fall nicht dem Verband, sondern dem bestellten Prüfer das Einberufungsrecht gem. § 60 einzuräumen (vgl. Erl. zu § 56 Rdn. 25 ff; a. A. *Schubert/Steder*, § 60 Rz. 3). **2**

Der Verband kann die (außerordentliche) GV einberufen, wenn er der Überzeugung ist, **3**

- daß die Beschlußfassung über den Prüfungsbericht ungebührlich verzögert wird
- oder daß die GV bei der Beschlußfassung unzulänglich über wesentliche Feststellungen oder Beanstandungen des Prüfungsberichts unterrichtet war.

Die Beschlußfassung über den Prüfungsbericht i. S. v. § 59 zu verstehen (s. Erl. dort).

Nach dem Gesetzeswortlaut ist allein die Überzeugung des Prüfungsverbandes maßgeblich; die Rechtswirksamkeit der Berufung der Versammlung kann nicht mit dem Hinweis angezweifelt werden, daß eine Verzögerung oder unzulängliche Unterrichtung nicht vorgelegen habe. **4**

Ein **Einberufungsgrund** für den Verband liegt grundsätzlich vor, wenn der Prüfungsbericht nicht als Beschlußgegenstand der auf den Abschluß der Prüfung folgenden GV angekündigt worden ist (*Müller*, § 60 Rdn. 1). **5**

**Unzulängliche Unterrichtung** ist z. B. dann gegeben, wenn Vorstand oder Aufsichtsrat in ihren Erläuterungen sachlich unrichtige Angaben gemacht oder den Inhalt des Prüfungsberichts entstellt oder irreführend wiedergegeben haben. Es ist in diesem Zusammenhang ohne Bedeutung, ob sich die mangelhafte Unterrichtung auf Beschlüsse der GV auswirkt (*Müller*, § 60 Rdn. 1). Falls der Vertreter des Verbandes im Rahmen von § 59 bereits ausreichende Erläuterungen abgeben konnte, bleibt allerdings für eine außerordentliche GV kaum Anlaß (so auch *Schubert/Steder*, § 60 Rz. 2). Die Tatsache der Anwesenheit eines Verbandsvertreters in der ordentlichen GV schließt aber die spätere Einberufung nach § 60 nicht aus. **6**

Der **Zweck der außerordentlichen GV** ist, die Beseitigung in der Prüfung festgestellter Mängel zu verhandeln und ggfs. erforderliche Beschlüsse zu fassen (Abs. 1; s. unten Rdn. 10 ff). **7**

Für das **Einberufungsverfahren** gelten die allgemeinen gesetzlichen und satzungsmäßigen Regelungen mit der Ausnahme, daß der Prüfungsverband die Einberufung im eigenen Namen durchführt. Der Vorstand der eG ist verpflichtet, ihn dabei zu unterstützen (z. B. Vermittlung eines Ver- **8** sammlungsraumes, Gewährung technischer Hilfen bei der Durchführung der Versammlung, Anschriften der Mitglieder usw.).

9 Die eG trägt die **Kosten der Versammlung**; für Mitglieder von Vorstand bzw. Aufsichtsrat käme eine Haftung gem. §§ 34, 41 in Betracht.

### II. Festsetzung der Tagesordnung durch den Verband (Abs. 1)

10 Der Verband ist berechtigt, die Tagesordnung der außerordentlichen GV festzulegen. Zur Beratung und Beschlußfassung können dabei alle Gegenstände angekündigt werden, die in unmittelbarem sachlichen Zusammenhang mit dem Prüfungsbericht stehen (*Müller*, § 60 Rdn. 3). Es muß dabei auch genügen, daß die Beschlüsse mittelbare Folgewirkungen der Prüfungsfeststellungen sind, wie z. B. Beschlußfassung über die Abberufung von Vorstandsmitgliedern. Falls der Prüfungsverband für die Tagesordnung Beschlüsse vorsieht, die nicht mit dem Prüfungsgegenstand im Zusammenhang stehen, wären diese Beschlüsse nichtig (vgl. AG Eichstätt, ZfG 1956, 151; *Schubert/Steder*, § 60 Rz. 4).

11 Die eG ist grundsätzlich nicht gehindert, in der vom Prüfungsverband einberufenen GV **zusätzliche Tagesordnungspunkte** zur Beschlußfassung zu stellen. Für die Ankündigung und Erledigung dieser Tagesordnungspunkte gelten die allgemeinen Regeln.

### III. Vorsitz in der Generalversammlung (Abs. 2)

12 § 60 Abs. 2 enthält eine zwingende Sonderregelung gegenüber den Satzungsvorschriften über den Versammlungsleiter. Den **Vorsitz** in der vom Verband einberufenen GV führt eine vom Verband bestimmte Person. Diese Person muß nicht Vertreter des Prüfungsverbandes und nicht Mitglied der eG sein. Der Verband trifft die Wahl nach pflichtgemäßem Ermessen; er kann in diesem Rahmen z. B. auch den Aufsichtsratsvorsitzenden zum Versammlungsleiter bestimmen. Es dürfte allerdings zweckmäßig sein, die Leitung dieser außerordentlichen Versammlung einer der eG gegenüber neutralen, sachkundigen Person zu übertragen.

## § 61

## Vergütungsanspruch des Verbandes

**Der Verband hat gegen die Genossenschaft Anspruch auf Erstattung angemessener barer Auslagen und auf Vergütung für seine Leistung.**

*Übersicht*

## I. Erstattung barer Auslagen

1 Das Gesetz gibt dem Prüfungsverband einen Anspruch auf Erstattung angemessener barer Auslagen. Dies sind Ausgaben, die in unmittelbarem sachlichen Zusammenhang mit der Prüfung aufgewendet werden, wie z. B. Reisekosten, Tagegelder, Übernachtungskosten, Kosten der Einholung besonderer Auskünfte oder Gutachten usw. Die allgemeinen Verwaltungskosten oder Prüferkosten fallen nicht unter diesen Erstattungsanspruch. Die Barauslagen sind angemessen, wenn sie dem Grunde und der Höhe nach erforderlich und zumindest dem Prüfungszweck dienlich sind.

## II. Anspruch auf Vergütung

2 Die Einnahmen der Prüfungsverbände bestehen im allgemeinen aus zwei Positionen, nämlich aus vereinsrechtlich festgelegten **Verbandsbeiträgen** (§ 58 BGB), die vor allem zur Deckung der allgemeinen Verwaltungskosten des Prüfungsverbandes dienen, sowie aus den **Prüfungsgebühren**. Diese Gebühren haben ihre Grundlage insbesond. in § 61; sie sind Vergütungsanspruch für alle Leistungen, die im Zusammenhang mit vom Verband durchgeführten ordentlichen oder außerordentlichen Prüfungen sowie für sonstige Leistungen des Verbandes (§ 63 b Abs. 4) erbracht werden. Soweit es sich nicht um „gesetzliche Prüfungen" i. S. d. §§ 53 ff handelt, sondern die Prüfung aufgrund eines besonderen Auftrags durchgeführt wird (**„Auftragsprüfungen"**, s. § 63 b Rdn. 15), ergibt sich der Vergütungsanspruch aus § 675 BGB i. V. m. 670 BGB (*Schubert/Steder*, § 61 Rz. 2; wegen der Rechtsnatur des Vergütungsanspruchs s. auch *Müller*, § 61 Rdn. 1 sowie *Lemke*, ZfG 1973, 181). Der gesetzliche Vergütungsanspruch gem. § 61 erfaßt deshalb vor allem die Fälle, in denen der Prüfung kein Auftrag der eG zugrunde liegt.

3 Die Einschränkung **„angemessen"** bezieht sich nur auf den Auslagenersatz. Für die Vergütung als Gegenleistung für die Prüfung gelten die allgemeinen Rechtsgrundsätze im Rahmen der Vertragsfreiheit, wobei der Prüfungsverband seine besondere Struktur und Aufgabenstellung sowie die Tatsache beachten wird, daß sein Zweck nicht die Erzielung von Gewinnen ist.

4 Der Vergütungsanspruch berücksichtigt die Vergütungen für die eingesetzten Verbandsprüfer sowie die mit der Prüfung im Zusammenhang stehenden Bürokosten (z. B. Erstellung des Prüfungsberichts) sowie der – anteiligen – der mit der Erfüllung der Prüfungsaufgabe als Pflichtzweck verbundenen allgemeinen Kosten (BGH, DB 1995, S. 2056, 2058, 2059; s. § 54 Rdn. 18). Dazu gehören die Kosten der der Prüfungstätigkeit zuzurechnenden Betreuungs- und Beratungstätigkeit. Im Hinblick auf das dem Mitglied zugebilligte Recht, seine Beitragspflicht auf die mit der Wahrneh-

mung der Pflichtprüfung verbundenen Kosten zu beschränken, sind diese von den Kosten der nichtprüfungsbedingten Tätigkeiten getrennt zu ermitteln und die hierfür festgesetzten Beiträge getrennt zu verwenden. Es bleibt den Verbandsorganen überlassen, ob diese Kosten allein im Wege der Erhebung von Prüfungsgebühren oder durch ein „Mischsystems" von Prüfungsgebühren und laufenden, insbesond. zur Deckung der (anteiligen) Gemeinkosten bestimmten Beiträge gedeckt werden (BGH, a. a. O., 2058, 2059).

**5** Der Vergütungsanspruch wird üblicherweise als pauschale Prüfungsgebühr abgegolten. Die Höhe wird vom Verband festgesetzt, wobei es rechtlich unbedenklich ist, wenn der Verband mit Rücksicht auf die unterschiedliche wirtschaftliche Leistungskraft der eG unterschiedliche Gebührenstaffeln anwendet (je nach Bilanzsumme, Umsatz, Gewinn usw.). Diese Unterscheidung ist sachgerecht und verletzt nicht den Gleichbehandlungsgrundsatz.

**6** Dem Verband steht der Vergütungsanspruch auch dann zu, wenn er gem. **§ 55 Abs. 3** einen anderen Prüfer als Erfüllungsgehilfen bestellt, da der Verband auch in diesem Fall gegenüber der eG Träger der Prüfung bleibt (s. § 55 Rdn. 17). Wenn durch die Beauftragung eines anderen Prüfers höhere Kosten entstehen, so ist dies lediglich eine Frage der Rechtsbeziehung zwischen dem Verband und seinem Erfüllungsgehilfen; diese Kosten können nicht im Rahmen der Vergütungsregelung der eG angelastet werden (OLG Hamm v. 27. 6. 1988, BB 1989, 1589; s. a. § 55 Rdn. 51 und § 56 Rdn. 32). Unbedenklich aber, wenn der Verband in seiner Gebührenregelung mit den Mitgliedern vereinbart, daß im Falle von § 55 Abs. 3 erforderlichenfalls die höheren Gebühren von der eG zu tragen sind. Im Falle des **§ 56** ist grundsätzlich der bestellte Prüfer unmittelbar gegenüber der eG Gläubiger der Prüfungsgebühren.

**7** Der Vergütungsanspruch wird mit Beendigung der Prüfung, also mit Aushändigung des Prüfungsberichts fällig. Abschlagszahlungen können vereinbart werden. Der Anspruch des Verbandes **verjährt** gem. § 196 Abs. 1 Nr. 7 BGB in zwei Jahren.

**8** Für die Fragen Zurückbehaltungsrecht, Aufrechnungsrecht und Folgen von Leistungsmängeln gelten die allgemeinen Vorschriften (vgl. BGH, NJW 1958, 1915; *Müller*, § 61 Rdn. 5).

**9** Bei Streitigkeiten über die Höhe der Prüfungsgebühren Leistungsklage nach ZPO bei Zuständigkeit der ordentlichen Gerichte; keine Anwendung der Sonderregelung von § 324 HGB (vgl. § 53 Rdn. 88).

**10** Zu Fragen der Schuldner-Gläubiger-Beziehung bei den Prüfungsgebühren vgl. § 55 Rdn. 49 ff und § 56 Rdn. 32.

## § 62

## Rechte, Pflichten und Haftung der Prüfungsorgane

(1) Verbände, Prüfer und Prüfungsgesellschaften sind zur gewissenhaften und unparteiischen Prüfung und zur Verschwiegenheit verpflichtet. Sie dürfen Geschäfts- und Betriebsgeheimnisse, die sie bei der Wahrnehmung ihrer Obliegenheiten erfahren haben, nicht unbefugt verwerten. Wer seine Obliegenheiten vorsätzlich oder fahrlässig verletzt, haftet der Genossenschaft für den daraus entstehenden Schaden. Mehrere Personen haften als Gesamtschuldner.

(2) Die Ersatzpflicht von Personen, die fahrlässig gehandelt haben, beschränkt sich auf zweihunderttausend Deutsche Mark für eine Prüfung. Dies gilt auch, wenn an der Prüfung mehrere Personen beteiligt gewesen oder mehrere zum Ersatz verpflichtende Handlungen begangen worden sind, und ohne Rücksicht darauf, ob andere Beteiligte vorsätzlich gehandelt haben.

(3) Von dem Inhalt der Prüfungsberichte kann der Verband den ihm angehörenden Genossenschaften und den zentralen Geschäftsanstalten des Genossenschaftswesens Kenntnis geben, wenn diese auf Grund einer bestehenden oder zu begründende Geschäftsverbindung Interesse daran haben, über das Ergebnis der Prüfung unterrichtet zu werden. Der Verband kann dem Spitzenverband, dem er angehört, Abschriften der Prüfungsberichte mitteilen; der Spitzenverband darf sie so verwerten, wie es die Erfüllung der ihm obliegenden Pflichten erfordert.

(4) Die Verpflichtung zur Verschwiegenheit nach Abs. 1 Satz 1 besteht, wenn eine Prüfungsgesellschaft die Prüfung vornimmt, auch gegenüber dem Aufsichtsrat und den Mitgliedern des Aufsichtsrats der Prüfungsgesellschaft. Der Vorsitzende des Aufsichtsrats der Prüfungsgesellschaft und sein Stellvertreter dürfen jedoch die von der Prüfungsgesellschaft erstatteten Berichte einsehen, die hierbei erlangten Kenntnisse aber nur verwerten, soweit es die Erfüllung der Überwachungspflicht des Aufsichtsrats erfordert.

(5) Die Haftung nach diesen Vorschriften kann durch Vertrag weder ausgeschlossen noch beschränkt werden; das gleiche gilt von der Haftung des Verbandes für die Personen, deren er sich zur Vornahme der Prüfung bedient.

(6) Die Ansprüche aus diesen Vorschriften verjähren in drei Jahren. Die Verjährung beginnt mit dem Eingang des Prüfungsberichts bei der Genossenschaft.

*Übersicht*



## I. Allgemeines

1 § 62 regelt die besonderen Sorgfaltspflichten der Prüfungsverbände, Prüfer und Prüfungsgesellschaften im Zusammenhang mit der Prüfung von eG. In Anpassung an die allgemeinen Haftungsgrundsätze (vgl. § 168 AktG) wurde durch Novelle 1973 die Haftung für Vorsatz und Fahrlässigkeit geregelt (zuvor nur Vorsatz und grobe Fahrlässigkeit). Die Haftungsgrenze bei fahrlässigem Verhalten wurde von zunächst 25 000 DM auf 200 000 DM erhöht.

2 Die Regelungen des § 62 GenG gelten in gleicher Weise für Prüfungsverbände, Prüfer und Prüfungsgesellschaften, wobei stets auf die Sorgfaltspflicht von Personen (und nicht von Verbänden oder Gesellschaften) abgestellt ist. Wegen des Begriffs „Prüfer" vgl. Erl. zu § 55. Für die Fälle der § 55 Abs. 3 und der Prüfungsverbote gem. § 56 Abs. 1 finden die Vorschriften für die jeweils verantwortlichen Personen in gleicher Weise Anwendung.

## II. Pflichten der Prüfungsorgane (Abs. 1)

### 1. Gewissenhafte Prüfung

3 Diese Vorschrift verpflichtet die verantwortlich an der Prüfung beteiligten Personen, die gesetzlichen und satzungsmäßigen Bestimmungen sowie die **anerkannten Grundsätze der Prüfung** zu beachten, damit der Prüfungszweck optimal erreicht wird (vgl. BGHZ 34, 324; *Müller*, § 62 Rdn. 3). Der Begriff „gewissenhaft" ist gegenüber der allgemeinen Sorgfaltspflicht von § 276 BGB ein besonderer und verschärfter Maßstab. Dieser entspricht der Aufgabe und Verantwortung eines Prüfers. Diese Sorgfalt gilt sowohl für das Verhalten bei Prüfungshandlungen als auch für das Verhalten bei Vorgängen, die mit der Prüfung zusammenhängen, wie z. B. Ver-

halten gegenüber Vorstand, Aufsichtsrat und GV im Zusammenhang mit Prüfung und Berichterstattung sowie grundsätzlich für alle Maßnahmen der Prüfungsverfolgung.

### 2. Unparteiische Prüfung

Diesem Grundsatz trägt insbesond. das Gesetz durch die Regelungen in den §§ 55 Abs. 2, 3 und 56 Abs. 1 Rechnung. Die Unparteilichkeit setzt in erster Linie die **Unabhängigkeit des Prüfungsverbandes** und der Prüfer voraus (*Müller*, § 62 Rdn. 4). Alle Entscheidungen und Feststellungen im Zusammenhang mit der Prüfung müssen auf der eigenen, selbständig gewonnenen Überzeugung des Prüfers beruhen. Allgemeine, übergeordnete Gesichtspunkte, z. B. Interessen aller eG, dürften nur Berücksichtigung finden, soweit sie für den Prüfungszweck unmittelbar relevant sind. Auch die Berichtsformulierungen müssen streng darauf achten, daß auch nicht der Eindruck einer Parteilichkeit entstehen kann. **4**

Die unparteiische Prüfung wird schließlich auch dadurch gesichert, daß die in genossenschaftlichen Prüfungsverbänden tätigen Wirtschaftsprüfer dem in der Wirtschaftsprüferordnung festgelegten Standesrecht unterworfen sind. Gem. § 43 WPO sind sie zur unabhängigen und eigenverantwortlichen Berufsausübung verpflichtet; sie haben nach § 49 WPO ihre Tätigkeit zu versagen, wenn die Besorgnis der Befangenheit bei der Durchführung eines Auftrages besteht. Sie haben die Berufsrichtlinien zu beachten, deren Grundsätze weitgehend Grundlage für die Regelungen des § 319 Abs. 2 und 3 HGB sind. Daraus folgt, daß die im genossenschaftlichen Prüfungsverband tätigen Wirtschaftsprüfer gewissenhaft zu prüfen haben, ob ein Tatbestand des § 319 Abs. 2 und 3 HGB im konkreten Fall die Besorgnis der Befangenheit auslöst (vgl. § 55 Rdn. 10).

Die Unparteilichkeit der genossenschaftlichen Pflichtprüfung wird insbesond. durch die Vorschrift der §§ 55 Abs. 2 und 3 sowie § 56 Abs. 1 gewährleistet; eine unmittelbare Anwendung von § 319 Abs. 2 und 3 HGB scheidet in Anbetracht der genossenschaftlichen Sonderregelung aus. Diese berücksichtigt zutreffend den gesetzlichen Prüfungsauftrag und die darauf beruhende Struktur dieser Verbände.

### 3. Schweigepflicht

*a) Gegenstand der Schweigepflicht*

Der Schweigepflicht unterliegen Prüfungsverbände, Prüfer und Prüfungsgesellschaften. Der Begriff „Prüfer" ist hier im weiteren Sinne zu verstehen: Alle Personen, die bei der Prüfung mitwirken, also insbesond. auch Verbandsprüfer und Prüfungsassistenten. Die **Schweigepflicht bezieht sich auf alle Tatsachen**, die den an der Prüfung beteiligten Personen im Zusam- **5** menhang mit der Prüfung zur Kenntnis gelangt sind. Die Schweigepflicht erfaßt alle Geschäfts- und Betriebsgeheimnisse der eG sowie geheimhaltungsbedürftige Tatsachen, die dritte Personen betreffen (wegen Einzelheiten vgl. Großkommentar zum Aktienrecht, § 168 Anm. 5; *Riebandt-Korfmacher*, GWW 1954, 534).

6 **Geschäfts- oder Betriebsgeheimnisse** sind Tatsachen, die im Zusammenhang mit einem Geschäftsbetrieb stehen, nicht offenkundig sind und die nach dem Willen oder erkennbaren Interesse des Betriebsinhabers geheimgehalten werden sollen. Es ist dabei unerheblich, ob das Geheimhaltungsinteresse auch zum Ausdruck gekommen ist. Im Hinblick auf die Tatsache, daß der genossenschaftlichen Prüfungspflicht grundsätzlich keine Grenzen gezogen sind, müssen an die Schweigepflicht der genossenschaftlichen Prüfer besonders strenge Anforderungen gestellt werden (vgl. hierzu auch *Müller*, § 62 Rdn. 5).

7 Das Recht, **von der Schweigepflicht zu entbinden**, steht jeweils dem **Betroffenen** zu, also der Person, die ein anerkanntes Interesse an der Geheimhaltung hat. Dies ist für Betriebsgeheimnisse der geprüften eG diese selbst, für Geheimnisse z. B. hinsichtlich der Geschäftsbeziehung zu einem Mitglied dieses Mitglied, für das Bankgeheimnis der jeweilige Bankkunde.

8 Die besondere Schweigepflicht des § 62 gilt nur im Zusammenhang mit Prüfungshandlungen. Es kann nicht darauf ankommen, ob die geheimzuhaltenden Tatsachen unmittelbar bei der Prüfung oder aus Anlaß der Prüfung dem Prüfer zur Kenntnis gelangt sind. Entscheidend muß vielmehr das Schutzinteresse der zu prüfenden eG sein, das dahin geht, daß alle Tatsachen nicht unbefugt verwertet werden, die in irgendeinem Zusammenhang mit der Prüfung zur Kenntnis des Prüfers gelangt sind. Dieses Interesse der eG schließt auch grundsätzlich die Beachtung des Bankgeheimnisses und der Geheimhaltungsinteressen von Mitgliedern und Kunden ein.

Das Gesetz verbietet lediglich eine **„unbefugte"** Verwertung von Geheimnissen. Bei den Ausnahmen von § 62 Abs. 3 handelt es sich um eine befugte Verwertung. Eine Weitergabe von Prüfungsinformationen ist grundsätzlich auch dann erlaubt, wenn übergeordnete Interessen des Prüfungsverbandes oder der Verbandsmitglieder dies erforderlich machen. Der Verband darf dabei nur so weit gehen, wie dies zur Gefahrenabwehr unbedingt erforderlich ist (vgl. Rdn. 51). Die Verwertung der Prüfungsgeheimnisse ist grundsätzlich dann „unbefugt", wenn sie nicht nach dem Gesetz (§ 62 Abs. 3 und 4) oder durch Zustimmung des Betroffenen (vgl. Rdn. 7, s. a. § 58 Rdn. 33) oder übergeordnete Interessen gestattet ist.

9 Im Rahmen der **Beratung und Betreuung** durch den Verband folgt demgegenüber die Schweigepflicht aus allgemeinen Gesichtspunkten insbesond. solchen des Vereins- und Satzungsrechts sowie des Persönlichkeitsschutzes (a. A. *Schubert/Steder*, § 62 Rz. 4).

Wegen Weitergabe des Prüfungsberichts an die genossenschaftliche **Zentralbank** s. Rdn. 49 ff und § 58 Rdn. 33.

Wegen sonstiger Regelungen der Schweigepflicht vgl. insbesond. §§ 34 Abs. 1, 41, 151 GenG; § 43 Abs. 1 WPO; §§ 22 Abs. 5, 57 Abs. 1 StBerG; §§ 203, 204 StGB; §§ 53, 53 a, 76 Abs. 1, 97 StPO; §§ 383, 385, 408 ZPO; §§ 102, 104 AO; §§ 168, 404 AktG; § 9 Abs. 1 KWG; § 5 BDSG; wegen Strafbarkeit vgl. Erl. zu § 151; wegen „Schutzgesetz" § 151 Rdn. 6. **10**

*b) Schweigepflicht gegenüber „Dritten"*

Im Grundsatz besteht die **Schweigepflicht gegenüber jedermann**, auch gegenüber Mitgliedern der zu prüfenden eG. Umstritten ist, inwieweit das Schweigegebot noch gegenüber den Mitgliedern von Vorstand und Aufsichtsrat der eG gilt (vgl. *Müller*, § 62 Rdn. 9). Es ist nicht möglich und auch nicht notwendig, hierzu allgemeine Aussagen zu machen. Es muß vielmehr dem pflichtgemäßen Ermessen und der gewissenhaften Abwägung des Prüfers überlassen bleiben, in welchen besonderen Fällen der Vorstand bzw. Aufsichtsrat der eG im Interesse der Erreichung des Prüfungszwecks zu informieren ist. Die genossenschaftsrechtlichen Vorschriften enthalten hierzu eine abschließende Sonderregelung; auf allgemeine Vorschriften, wie z. B. die Vorschriften des BGB zum Auftragsrecht kann insoweit nicht zurückgegriffen werden. **11**

§ 57 Abs. 3 bestimmt, daß der **Aufsichtsratsvorsitzende** von wichtigen Feststellungen der Prüfung unverzüglich zu unterrichten ist. Der Aufsichtsratsvorsitzende hat dann pflichtgemäß zu entscheiden, wieweit er das Gesamtgremium informiert. Grundsätzlich besteht volle Berichtspflicht. Das Einsichtsrecht der einzelnen Aufsichtsratsmitglieder in den Prüfungsbericht kann in schwerwiegenden Fällen die Information des Aufsichtsrats während der Prüfung nicht ersetzen (a. A. *Müller*, § 62 Rdn. 9). **12**

Das Recht, **eigene Interessen** zu wahren, kann u. U. das Prüfungsgeheimnis durchbrechen, so z. B. bei Haftungsprozessen gegen den Verband bzw. Prüfer gem. § 62 Abs. 1. Personen, die nicht Prüfer sind, unterliegen nicht der Schweigepflicht aus § 62, u. U. aber den besonderen Schweigepflichten z. B. der Organmitglieder oder aus Dienstverträgen (§§ 34, 41 Rdn. 17). **13**

Keine rechtlichen Bedenken bestehen, wenn z. B. der Aufsichtsrat zur Widerlegung gegen ihn erhobener Vorwürfe das zusammengefaßte Prüfungsergebnis allen Mitgliedern schriftlich mitteilt oder weitere Informationen gibt, soweit diese zur Entlastung notwendig sind. **14**

Die Schweigepflicht gem. Abs. 4 gegenüber dem Aufsichtsrat und den Mitgliedern des Aufsichtsrats der „Prüfungsgesellschaft" bezieht sich grundsätzlich nicht auf die **Aufsichtsorgane des Prüfungsverbandes** (a. A. **15**

*Müller*, § 62 Rdn. 9). Dies folgt bereits aus der Terminologie von § 62, der in Abs. 1 ausdrücklich zwischen Verbänden, Prüfern und Prüfungsgesellschaften unterscheidet. In seiner **Berichterstattung gegenüber dem Prüfungsverband** ist der Prüfer grundsätzlich keiner Geheimhaltungspflicht unterworfen. Allerdings dürfen auch beim Verband nur solche Personen dem Prüfungsgeheimnis unterliegende Tatsachen erfahren, die aus dienstlichen Gründen Zugang zu den Prüfungsfeststellungen haben müssen. Keine Schweigepflicht besteht z. B. im Verhältnis zum Verbandsvorstand, zur mit der Prüfung befaßten Prüfungsabteilung sowie z. B. zur Rechts- oder Steuerabteilung, soweit dort Prüfungsfeststellungen zur Begutachtung vorgetragen werden oder eine Beratung in Anspruch genommen wird. Das Informationsrecht des Aufsichtsorgans des Prüfungsverbandes bestimmt sich danach, welche Unterrichtung zur Wahrnehmung der Aufsichtsfunktion erforderlich ist. Darüber hinausgehende Informationen über den Prüfungsbereich sind nicht gerechtfertigt.

**16** Die Regelung der Schweigepflicht gegenüber den Aufsichtsgremien einer **„Prüfungsgesellschaft"** gem. Abs. 4 bezieht sich somit nur auf die Fälle, in denen aus wichtigem Grund (§ 55 Abs. 3) oder wegen eines Prüfungsverbotes (§ 56 Abs. 1) eine Prüfungsgesellschaft in die Prüfung eingeschaltet ist. Allerdings sind auch bei dieser Gesellschaft der Aufsichtsratsvorsitzende und sein Stellvertreter berechtigt, die von der Gesellschaft erstatteten Prüfungsberichte einzusehen und die Kenntnisse zu verwerten, soweit dies zur Erfüllung ihrer Überwachungspflicht erforderlich ist. Aus dem System und Wortlaut von Abs. 4 folgt, daß der Aufsichtsratsvorsitzende der Prüfungsgesellschaft und sein Stellvertreter ihr Einsichtsrecht nur persönlich ausüben können; eine Delegation z. B. auf beauftragte Prüfer ist nicht zulässig. Satz 2 ist eine Ausnahme von der generellen Verschwiegenheitspflicht auch gegenüber den Mitgliedern des Aufsichtsrates; als solche ist sie eng auszulegen.

*c) Sonderfälle*

**17** Die Schweigepflicht ist im **Zivilprozeß** voll wirksam; sie begründet für Vorstandsmitglieder der Verbände und Prüfungsgesellschaften sowie für jeden Prüfer grundsätzlich ein **Zeugnisverweigerungsrecht** (§ 383 Abs. 1 Ziff. 6 ZPO; *Schubert/Steder*, § 62 Rz. 6). Diese Personen sind berechtigt, auszusagen, soweit sie durch den Betroffenen von der Schweigepflicht entbunden werden. Bei eigenem Interesse an der Offenbarung von geheimzuhaltenden Tatsachen sind die gegenseitigen Interessen abzuwägen. So hat z. B. ein ausgeschiedenes Vorstandsmitglied, das auf Regreß in Anspruch genommen wird, grundsätzlich Anspruch auf Einsichtnahme in den Prüfungsbericht oder von Teilen des Prüfungsberichts, soweit zur Wahrung eigener Interessen erforderlich (vgl. auch Rdn. 13).

Die Schweigepflicht besteht grundsätzlich auch **gegenüber Polizei und Staatsanwaltschaft**. Im Einzelfall kann es jedoch sinnvoll und gerechtfertigt sein – insbesond. bei sehr schwerwiegenden Straftatbeständen – gerade auch im Interesse der eG oder aus übergeordneten Gesichtspunkten der Allgemeinheit mit den Ermittlungsbehörden zusammenzuarbeiten. Auch hier sollte möglichst die Zustimmung der Betroffenen eingeholt werden. **18**

Im **Strafprozeß** hat nach dem Wortlaut von § 53 Abs. 1 Ziff. 3 StPO zunächst nicht der Prüfungsverband und nicht der Verbandsprüfer, sondern nur ein Wirtschaftsprüfer ein Zeugnisverweigerungsrecht (§ 53 Abs. 1 Ziff. 3 StPO). Das Zeugnisverweigerungsrecht dürfte wegen des erforderlichen, umfassenden Vertrauensschutzes (vgl. OLG Schleswig, StB 1982, 163) aber in sinngemäßer Anwendung dieser Vorschrift grundsätzlich gegeben sein, wenn dem Verbandsvorstand gem. § 63 b Abs. 5 ein Wirtschaftsprüfer angehört, der innerhalb des Verbandes für den Prüfungsbereich verantwortlich ist (*Schubert/Steder*, § 62 Rdn. 7). § 53 a StPO erweitert das strafprozessuale Zeugnisverweigerungsrecht auf **„Gehilfen" der Wirtschaftsprüfer**. Verbandsprüfer, aber auch Prüfungsassistenten sind als Gehilfen des im Verband tätigen Wirtschaftsprüfers anzusehen, sofern dieser im Verband die Prüfungsverantwortung trägt (LG Stade im Verfahren 12 KLs 10 Js 7940/91). Unter dieser Voraussetzung haben auch Verbandsprüfer (und Assistenten) ein Zeugnisverweigerungsrecht (*Schubert/Steder*, § 62 Rz. 7). Wirtschaftsprüfer und Gehilfen müssen aber aussagen, wenn sie von der Verpflichtung zur Verschwiegenheit ausdrücklich entbunden sind (§ 53 Abs. 2 StPO). **19**

In der Literatur wird überwiegend die Auffassung vertreten, daß Prüfungsunterlagen, wie z. B. Prüfungsberichte und sonstige prüfungsrelevante Urkunden, die sich im Gewahrsam des für die Verbandsprüfung verantwortlichen Wirtschaftsprüfers oder seiner Hilfspersonen befinden, nicht der **Beschlagnahme** im Rahmen der §§ 94, 97 StPO unterliegen (so die vorherigen Auflagen; auch *Meyer/Meulenbergh/Beuthien*, § 62 Rdn. 5). Unter Berücksichtigung der Rechtsprechung müssen die Sachverhalte differenziert gesehen werden: Buchführungsunterlagen und sonstige Materialien der eG, die sich im Besitz des Prüfers befinden, unterliegen in gleicher Weise der Beschlagnahme, wie in den Räumen der eG. **Beschlagnahmefrei** sind die Handakten des Prüfers, also eigene Aufzeichnungen und Unterlagen, die er sich für seine Feststellungen und Bewertungen angefertigt hat (vgl. LG München, BB 1985, 373; LG München, BB 1985, 374; LG Frankenthal vom 2. 5. 1956 – Az.: QS 93/56). Wenn erforderlich, ist der Prüfer auskunftspflichtig darüber, ob sich beschlagnahmefähige Unterlagen in seinem Besitz befinden (vgl. Anm. *Birner*, BB 1985, 375). Beschlagnahme der persönlichen Prüfungsunterlagen des Prüfers ist möglich, wenn ein Beschlagnahmebeschluß gegen den Prüfer oder gegen den Verband vorliegt. **20**

Verfehlt ist es, wenn das LG Münster (Beschluß vom 23. 3. 1987 – 7 Qs 14/78 VII) meint, Prüfungsberichte unterlägen keinem besonderen Vertrauensverhältnis und keiner besonderen Geheimhaltungspflicht. Aus dem Gesetz folgt eindeutig eine strenge Pflicht zur Verschwiegenheit; die Regelungen in Abs. 3 sind erkennbar eng begrenzte Ausnahmen.

**21** Ähnlich ist auch das Auskunftsverweigerungsrecht im **Steuerverfahrensrecht** geregelt. Das in § 102 Abs. 1 Nr. 3 b AO i. V. m. § 102 Abs. 2 AO normierte Auskunftsverweigerungsrecht kann von einem Wirtschaftsprüfer geltend gemacht werden sowie grundsätzlich vom Verbandsprüfer als Hilfsperson im Verhältnis zu einem verantwortlichen Angehörigen der steuerberatenden Berufe (Wirtschaftsprüfer). Die Grenzen des Auskunfts- und Zeugnisverweigerungsrechts bzw. des Beschlagnahmeverbots im einzelnen sind umstritten. Dies gilt besonders für die Herausgabe von Buchführungsunterlagen, an denen die Steuerfahndung ein vordringliches Interesse hat (vgl. im einzelnen NJW 1976, 2002; 1977, 710, 725). Für das **steuerliche Prozeßrecht** verweist § 84 FGO auf die Vorschriften der §§ 101–103 AO; es gilt somit das vorstehend Gesagte entsprechend.

**22** Gegenüber Mitarbeitern der Finanzbehörden besteht bei Außenprüfungen grundsätzlich Schweigegebot; insbesond. kein Recht, bei Außenprüfungen den Prüfungsbericht einzusehen, soweit dort z. B. Kreditverhältnisse mit Kunden behandelt sind.

**23** Ob und inwieweit die Schweigepflicht auch gegenüber der **staatlichen Aufsichtsbehörde** besteht, ist umstritten (*Schubert/Steder*, § 62 Rz. 10; *Westermann*, Referate und Materialien, Bd. 3, 164 ff). Der Aufsichtsbehörde dürfte nur dann ein Auskunfts- und Einsichtsrecht in Prüfungsunterlagen zuzuerkennen sein, wenn in konkreten Einzelfällen die Durchführung der Aufsicht solche Maßnahmen erfordert (*Schubert/Steder*, § 64 Rz. 6).

**24** Besonderheiten ergeben sich für **Wohnungsbaugenossenschaften**, die am 31. 12. 1989 als gemeinnützige Wohnungsunternehmen anerkannt waren. Nach der **Übergangsvorschrift** SteuerRefG 1990, Art. 21, § 2 kann die ehemals zuständige Anerkennungsbehörde einer eG zur **Abgeltung der Vorteile**, die diese vor dem 1. 1. 1990 aus einem **Verstoß gegen** Vorschriften des **Wohnungsgemeinnützigkeitsgesetzes** erlangt hat, geldliche Leistungen auferlegen. Sie soll diese auch dann verfolgen können, wenn sie von dem früheren Verstößen erst nach dem 31. 12. 1989 Kenntnis erlangt (BegrRegE, BT-Drucks. 100/80, 453 ff), Das setzt voraus, daß die Anerkennungsbehörde die Vorlage der einen entsprechenden Zeitraum betreffenden Unterlagen und Prüfungsberichte von der eG verlangen kann. Für weitergehende Aufsichtsmaßnahmen ist nach Aufhebung des WGG die Rechtsgrundlage entfallen.

Dementsprechend grenzt sich auch der an die Aufsichts- und Kontrollrechte der Anerkennungsbehörde sowie an die anknüpfende Duldungspflicht eines gemeinnützigen Wohnungsunternehmens anknüpfende Nichtannahme-Beschluß des BVerfG-II BvR 1730/83 v. 22. 11. 1983 ein. Danach ist es „jedenfalls aus verfassungsrechtlichen Gründen (in soweit) nicht geboten, die Unterlagen des Prüfungsverbandes über ein (ehemals) gemeinnütziges prüfungspflichtiges Unternehmen von der Beschlagnahme freizustellen". Die Verfassung gewährleiste jedenfalls ein **Zeugnisverweigerungsrecht** in den Fällen nicht, in denen die Auskunft eines Prüfungsverbandes über ein Mitglied in Frage stehe, das ihm nach dem WGG angehören muß und von ihm geprüft wird (zum bisherigen Recht *Riebandt-Korfmacher*, Prüfungsverbände von Wohnungsunternehmen, 312, 313; *Strobel*, BB 1982, 1006; *Leirich*, § 26 Rdn. 105, 106 WGG, in: Jenkis, Kommentar, a. a. O.). Dem Prüfungsverband obliegen nach Aufhebung des WGG keine Unterrichtungspflichten gegenüber der ehemaligen Anerkennungsbehörde. Hinsichtlich Schweigepflicht sowie eines Zeugnis- oder Auskunftsverweigerungsrechtes gelten die allgemeinen Bestimmungen (s. oben Rdn. 11 ff, 17 ff). 25

## III. Haftung gegenüber der Genossenschaft (Abs. 1)

Die Haftungsregelung des § 62 im Verhältnis zur eG umfaßt alle Bereiche der genossenschaftlichen Pflichtprüfung gem. § 53 einschließlich der daraus folgenden Tätigkeiten der Prüfungsverfolgung. Für Haftungsfälle **außerhalb der gesetzlichen Prüfung**, also für sonstige Prüfungen und die Beratungstätigkeit des Verbandes gelten die Regelungen des allgemeinen Rechts. Es besteht somit auch die Möglichkeit, dafür Vereinbarungen mit der eG über Grundlagen und Umfang der Haftung zu treffen, z. B. gem. § 54 a WPO. 26

Die Regelung gilt für die **ordentlichen und außerordentlichen Pflichtprüfungen**, und zwar für Prüfungsverhandlungen durch den Prüfungsverband. Auch die Jahresabschlußprüfungen der Kreditgenossenschaften gemäß § 27 KWG fallen unter die besondere Haftungsvorschrift. In den Fällen von § 55 Abs. 3, wenn also ein außenstehender Prüfer aus wichtigem Grund mit der Durchführung der Prüfung beauftragt wird, gilt die Haftung aus § 62 für den Verband als Träger der Prüfung; bei schuldhaftem Verhalten des Prüfers findet § 278 BGB Anwendung (s. § 55 Rdn. 45). Wenn das Prüfungsrecht des Verbandes i. S. v. § 56 ruht, ist grundsätzlich nur der bestellte Prüfer der Haftungsregelung des § 62 unterworfen (§ 56 Abs. 3). 27

**Sonderprüfungen** z. B. im Auftrag von Vorstand oder Aufsichtsrat oder des Bundesaufsichtsamtes für das Kreditwesen unterliegen nicht § 62, sondern der allgemeinen Vertragshaftung (*Meyer/Meulenbergh/Beuthien*, § 62 Rdn. 7; *Schubert/Steder*, § 62 Rz. 17). Die Haftung ist in solchen Fällen 28 grundsätzlich **unbeschränkt**; sie kann jedoch durch Einzelvereinbarung zwischen Auftraggeber und Prüfungsverband im Rahmen von § 276 Abs. 2 BGB (außer bei Vorsatz) beschränkt werden.

**29** Der Maßstab der Unparteilichkeit gilt nur für die Prüfungstätigkeit des Verbandes. Soweit er **beratend** tätig wird, gelten vergleichsweise die Gesichtspunkte des anwaltschaftlichen Beratungsrechts: Gewissenhafte Beratung, aber Parteilichkeit in dem Sinne, daß die Interessen des Auftraggebers wahrzunehmen sind.

**30** Soweit es um **Verschulden z. B. des Prüfers** als Erfüllungsgehilfen geht, ist auch ein Ausschluß der Haftung bei vorsätzlichem Verhalten möglich (§ 278 S. 2 BGB). In allgemeinen Geschäftsbedingungen (z. B. in allgemeinen Prüfungsbedingungen der Prüfungsverbände) ist ein Haftungsausschluß für grobe Fahrlässigkeit und Vorsatz nicht zugelassen (§ 11 Ziff. 7 AGBG).

**31** Haftungsschuldner kann jede natürliche oder juristische Person sein, die den Haftungstatbestand erfüllt. Wie sich unmittelbar aus dem Gesetzeswortlaut ergibt, kommen als Haftungsschuldner Verbände, Prüfer und Prüfungsgesellschaften in Betracht. Alle drei Gruppen haften gem. § 62 unmittelbar gegenüber der eG.

Der Prüfer ist Erfüllungsgehilfe des Prüfungsverbandes, so daß eine schuldhafte Pflichtverletzung des Prüfers gem. § 278 BGB zusätzlich zur Haftung des Verbandes führt (s. Rdn. 27). Bei Pflichtverletzung z. B. eines Vorstandsmitglieds des Prüfungsverbandes, kommt eine Haftung des Verbandes gem. § 31 BGB in Betracht.

**32** Der **Prüfungsassistent** (vgl. Erl. zu § 55 Rdn. 8) unterliegt als Prüfer im weiteren Sinne ebenfalls der besonderen Haftungsvorschrift des GenG. Es kommt aber auch u. U. eine Haftung gegenüber dem Verband aus Dienstvertragsrecht sowie gegenüber der eG oder Dritten aus unerlaubter Handlung in Betracht.

**33** **Inhaber des Ersatzanspruchs** nach § 62 Abs. 1 ist nur die eG; eine Haftung gegenüber Dritten käme nur nach den allgemeinen Vorschriften in Betracht (vgl. unten Rdn. 45 ff).

**34** Die Haftung selbst setzt voraus, daß eine Pflicht i. S. v. § 62 Abs. 1 S. 1 oder 2 verletzt worden ist. Der Prüfer ist in diesem Rahmen verpflichtet, die gesetzlichen Vorschriften für das Prüfungsverfahren sowie die anerkannten Grundsätze der genossenschaftlichen Pflichtprüfung zu beachten.

**35** Die Pflichtverletzung muß **rechtswidrig** sein. In Anbetracht der im Interesse der eG, der Mitglieder, der Gläubiger und letztlich der Allgemeinheit bestehenden Sorgfaltspflicht sind Rechtfertigungsgründe für eine Pflichtverletzung kaum vorstellbar.

**36** Der **Schuldbegriff** entspricht § 276 BGB; er umfaßt Vorsatz und jeden Grad der Fahrlässigkeit. Vorsatz ist Wissen und Wollen von Handlung und

Erfolg; Fahrlässigkeit bedeutet Außerachtlassung der erforderlichen Sorgfalt, wobei auf die besondere Verantwortung des Prüfers abzustellen ist. Beachtung der erforderlichen Sorgfalt bedeutet für den Prüfer insbesond. Kenntnis der in Frage kommenden Rechtsnormen und der anerkannten Prüfungsgrundsätze sowie Beherrschung der Prüfungstechnik (*Müller*, § 62 Rdn. 15). Mangelnde Erfahrung oder Ausbildung können grundsätzlich nicht entschuldigen. Bei **Wertungsfragen** muß der Prüfer nach pflichtgemäßem Ermessen unter sorgfältiger Abwägung aller Gesichtspunkte entscheiden. Entsprechendes gilt, wenn in bestimmten Fällen unterschiedliche Auffassungen vertreten werden können. Hat ein ordnungsgemäß ausgebildeter und erfahrener Prüfer nach sorgfältiger Abwägung entschieden, so kann es ihm nicht vorgeworfen werden, wenn z. B. in einem anschließenden Rechtsstreit das Gericht zu einer anderen Auffassung kommt oder eine spätere Prüfung andere Bewertungen vornimmt.

Neben der Haftung des Prüfers kommt eine Haftung des Prüfungsverbandes und unter den Gesichtspunkten des **Auswahl- oder Überwachungsverschuldens** in Betracht. **37**

Die **Beweislast** für das Verschulden liegt grundsätzlich bei der eG. Eine Umkehr der Beweislast kommt nur in Ausnahmefällen entsprechend dem Gedanken des § 282 BGB in Betracht, nämlich dann, wenn die Umstände für die Feststellung der Schuld so ausschließlich im Bereich des Schädigers liegen, daß es dem Geschädigten unmöglich ist, diese Umstände zu kennen (vgl. BGH, VersR 1965, 788; zu weitgehend *Müller*, § 62 Rdn. 15, der stets Umkehr der Beweislast annimmt). **38**

Als **Schaden** ist jede Vermögensminderung der eG anzusehen; auch eine Vermögensgefährdung kann ausreichen, wenn die Pflichtverletzung des Prüfers z. B. darin besteht, daß unbegründete Beanstandungen oder eine Verletzung der Verschwiegenheitspflicht das Vertrauen in die eG beeinträchtigen. Die Ersatzpflicht betrifft auch Folgeschäden, z. B. wenn wegen mangelhafter Prüfung nicht festgestellt wird, daß die Vorstandsmitglieder zur Leitung der eG nicht befähigt sind und daraus weitere Schäden für die eG entstehen (*Müller*, § 62 Rdn. 16). **39**

Die Pflicht zum Schadensersatz tritt nur ein, wenn die schuldhafte Pflichtverletzung **ursächlich** für den eingetretenen Schaden ist. **40**

## IV. Beschränkte Haftung bei Fahrlässigkeit (Abs. 2)

Soweit die Pflichtverletzung nicht vorsätzlich, sondern **fahrlässig** erfolgt ist (s. Rdn. 36), beschränkt sich die Haftung auf **200 000,– DM** für jede einzelne genossenschaftliche Pflichtprüfung. Ohne Bedeutung dabei ist im übrigen die Anzahl der einzelnen Pflichtverletzungen oder der Grad der Fahrlässigkeit. **41**

Haben an der Prüfung **mehrere Personen** mitgewirkt, so haften sie für den Schaden als **Gesamtschuldner** (Abs. 1); sofern einer der Beteiligten vorsätzlich und ein anderer fahrlässig gehandelt hat, gilt die Haftungsbeschränkung nach Abs. 2 nur für diejenige Person, der lediglich Fahrlässigkeit vorzuwerfen ist (*Schubert/Steder*, § 62 Rz. 14).

**42** Die gesamtschuldnerische Haftung gem. Abs. 1 gilt unabhängig davon, aus welchem Rechtsgrund die Haftung eingetreten ist. Entscheidend ist allein, daß jeder Gesamtschuldner in seiner Person einen Haftungstatbestand erfüllt hat. Trifft vorsätzliches Handeln einer Person mit fahrlässiger Pflichtverletzung einer anderen Person zusammen, so besteht die **gesamtschuldnerische Haftung** bis zum Höchstbetrag von 200 000,– DM (vgl. BGHZ 12, 220; *Müller*, § 62 Rdn. 20). Die Frage, ob Leistungen des aus vorsätzlicher Pflichtverletzung Haftenden zunächst zugunsten einer Person anzurechnen sind, die lediglich fahrlässig gehandelt hat, ist umstritten (vgl. *Müller*, § 62 Rdn. 20). Da bis zu dem Gesamtbetrag von 200 000,– DM für alle Beteiligten – unabhängig von der Verschuldensart – gesamtschuldnerische Haftung besteht, sind alle Leistungen bis zu dieser Höhe im Gesamtschuldverhältnis zu berücksichtigen (*Godin/Wilhelmi*, AktG, § 168 Anm. 6; a. A. *Müller*, § 62 Rdn. 20).

**43** Im Innenverhältnis besteht unter den Gesamtschuldnern **Ausgleichspflicht** nach § 426 BGB. Gem. § 254 BGB entscheidet das Maß der Verursachung und des Verschuldens (BGHZ 51, 279). Für das Verhältnis zwischen Prüfungsverband und Verbandsprüfer als Erfüllungsgehilfe kann der Gesichtspunkt der **„gefahrgeneigten Arbeit“** Anwendung finden, insbesond. wenn dem Prüfer lediglich leichte Fahrlässigkeit zur Last fällt (*Müller*, § 62 Rdn. 20, möchte diesen Gesichtspunkt stets anwenden).

**44** Die Haftungsbeschränkung von 200 000,– DM je Prüfung bezieht sich auf die einzelne an der Prüfung beteiligte Person. Aus Abs. 2 Satz 2 folgt aber, daß die Haftungsbeschränkung auf 200 000,– DM auch dann gilt, wenn mehrere an der Prüfung beteiligte Personen zum Ersatz verpflichtende Handlungen begangen haben. Die gleiche Beschränkung gilt z. B. auch für die Haftung des Prüfers im Verhältnis zur Haftung des Prüfungsverbandes als Geschäftsherr gem. § 278 BGB. Nur wenn beteiligte Personen vorsätzlich gehandelt haben, kommt für diese Personen eine betragsmäßig unbeschränkte Haftung für den gesamten Schaden in Betracht. Entsprechendes müßte auch gelten, wenn z. B dem Prüfer Fahrlässigkeit, dem Prüfungsverband aber vorsätzliches Handeln zur Last fiele.

## V. Haftung gegenüber Dritten

**45** § 62 Abs. 1 u. 2 geben lediglich eine Anspruchsgrundlage für die eG. **Gegenüber Dritten**, z. B. Genossenschaftsmitgliedern oder Gläubigern der eG käme nur eine Haftung aus Vertrag oder aus unerlaubter Handlung (§§ 823 ff BGB) in Betracht. Ein vertragsähnliches Vertrauensverhältnis des Prüfungsverbandes zu Dritten dürfte nur unter ganz besonderen Umständen anzunehmen sein (vgl. OLG Köln, MDR 1967, 839).

Als **unerlaubte Handlung** käme insbesond. § 823 Abs. 2 BGB i. V. m. einem Schutzgesetz in Betracht (vgl. BGH, WM 1961, 778; *Müller*, § 62 Rdn. 26). Als **Schutzgesetze** für Mitglieder und Gläubiger der eG kämen insbesond. die §§ 150, 151 in Frage, daneben die §§ 163, 266 StGB. § 62 selbst ist keine Schutzgesetz zugunsten der Mitglieder oder Gläubiger der eG. Eine Haftung gegenüber Dritten gem. § 826 BGB wäre dann gegeben, wenn der Prüfer dem Dritten in einer gegen die guten Sitten verstoßenden Weise vorsätzlich Schaden zufügt. Sittenwidrigkeit könnte bereits gegeben sein, wenn der Prüfer leichtfertig und gewissenlos die Prüfung durchführt (vgl. BGH, NJW 1956, 1595; BGH, BB 1956, 866; BGH, WPg 1961, 532; *Müller*, § 62 Rdn. 26). Der Vorsatz muß hierbei die Schädigung des Drittvermögens umfassen, jedoch nicht das Merkmal der Sittenwidrigkeit. Es genügt bedingter Vorsatz, also wenn sich der Prüfer bewußt war, daß sein Verhalten zu einer Schädigung Dritter führen kann, und er dies billigend in Kauf nimmt (*Müller*, § 62 Rdn. 26). 46

Die Haftung gegenüber Dritten ist grundsätzlich **unbeschränkt**; es gilt insbesond. nicht die Haftungsgrenze gem. § 62 Abs. 2 (*Schubert/Steder*, § 62 Rz. 17). 47

Es erscheint angemessen, für genossenschaftliche Prüfungsverbände analog § 54 WPO eine Verpflichtung zum Abschluß einer **ausreichenden Versicherung** anzunehmen bis zur Höhe der gesetzlichen Haftungsbeschränkung für Fahrlässigkeit von 200 000,– DM (vgl. VO über die Berufshaftpflichtversicherung vom 8. 12. 1967, BGBl. I, 1212). Die Versicherung kann als Auflage der Behörde angeordnet werden, vgl. § 63 a Abs. 3. 48

## VI. Weitergabe des Prüfungsberichts (Abs. 3)

Das Gesetz läßt ausnahmsweise die Weitergabe von Prüfungsfeststellungen an eG oder zentrale Geschäftsanstalten zu, wenn diese aufgrund einer bestehenden oder zu begründenden Geschäftsverbindung Interesse daran haben, über das Ergebnis der Prüfung unterrichtet zu werden; nur dem Spitzenverband können **Abschriften** des Prüfungsberichts ausgehändigt werden. § 62 Abs. 3 unterscheidet ausdrücklich zwei Sachverhalte: 49

a) Mitteilung des **Inhalts** des Prüfungsberichts
b) Erteilung von **Abschriften** an den Spitzenverband.

In beiden Fällen ist zu beachten, daß es sich um konkret umschriebene Ausnahmen vom Prüfungsgeheimnis handelt. Eine analoge oder erweiterte Auslegung erscheint daher ausgeschlossen.

50 **„Verband“** i. S. v. Abs. 3 ist derjenige Prüfungsverband, der für die Prüfung verantwortlich ist. Im Falle von § 55 Abs. 3 ist dies der Prüfungsverband, im Fall von § 56 der vom Spitzenverband bestimmte Prüfer bzw. Prüfungsverband.

51 **Zu a):** Der Prüfungsverband kann den ihm angehörenden eG und den Zentralen Geschäftsanstalten **Kenntnis vom Inhalt** des Prüfungsberichts geben, wenn diese aufgrund einer bestehenden oder zu begründenden Geschäftsverbindung ein berechtigtes Interesse an den Prüfungsfeststellungen haben. Abs. 3 S. 1 gibt somit kein Recht auf Aushändigung des Prüfungsberichts oder einer Abschrift. Die Mitteilung kann eine verkürzte Zusammenfassung des Prüfungsberichtes sein oder auch eine auszugsweise wörtliche Wiedergabe der interessierenden Abschnitte. Die Mitteilung darf nicht weitergehen, als das durch die Geschäftsverbindung bestehende Interesse dies rechtfertigt. Im übrigen ist das Prüfungsgeheimnis zu beachten.

52 **„Zentrale Geschäftsanstalten“** sind z. B. die genossenschaftliche Zentralbanken, die Hauptgenossenschaften und sonstigen Warenzentralen, die Deutsche Genossenschaftsbank sowie genossenschaftliche Spezialinstitute, soweit im übrigen die Voraussetzungen von Abs. 3 S. 1 gegeben sind.

53 Nach dem Gesetzeswortlaut darf der Prüfungsverband zunächst nur den ihm **„angehörenden eG“**, also seinen Mitgliedern Informationen über Prüfungsberichte geben. Für zentrale Geschäftsanstalten ist diese Mitgliedschaft beim Verband nicht Voraussetzung für die Unterrichtung über die Prüfungsfeststellungen; dies folgt aus der Formulierung von Abs. 3 S. 1: „... und den zentralen Geschäftsanstalten ...“.

54 Unter den Voraussetzungen von § 62 Abs. 3 ist der Verband berechtigt und ggfs. auch verpflichtet, den „ihm angehörenden Genossenschaften“ Mitteilung von den Prüfungsfeststellungen zu geben. Ob und in welchem Umfang diese Mitteilungen gemacht werden, entscheidet der Verband **nach pflichtgemäßem Ermessen.**

55 Das Gesetz legt nicht fest, zwischen wem die „Geschäftsverbindung“ bestehen muß. Es kann sich somit um jede beliebige Geschäftsverbindung handeln, so z. B. zwischen den eG, zwischen eG und einer zentralen Geschäftsanstalt, aber auch zwischen einer eG und einem Kunden. Auf dieser Grundlage können, falls und soweit dies zur Vermeidung erheblicher Gefährdungen erforderlich erscheint, u. U. auch Informationen über bemerkenswerte Schuldverhältnisse zu Kunden aus den Prüfungsfeststellungen an eine betroffene eG weitergegeben werden. Dies dürfte z. B. gerechtfertigt sein, wenn durch die Prüfung festgestellt wird, daß ein Kunde bei mehreren Genossenschaftsbanken dieselben Forderungen in erheblichem Umfang zu Zwecken der Kreditsicherung abgetreten hat. Die Betreuungsaufgabe des Verbandes gegenüber den Mitgliedsgenossenschaften kann eine solche In-

formation rechtfertigen, wenn die Gefahr konkreter und erheblicher Schädigungen erkennbar ist (vgl. Rdn. 8).

Der Gesetzeswortlaut gibt keinen Hinweis darauf, daß z. B. lediglich Prüfungsfeststellungen von Primärgenossenschaften an die Zentralen, nicht aber auch **Prüfungsfeststellungen über die Zentralen** an Primärgenossenschaften unter den übrigen Voraussetzungen des Gesetzes mitgeteilt werden dürfen. Zum Teil wird die Auffassung vertreten, die Unterrichtung von Primärgenossenschaften über den Prüfungsbericht einer Zentrale habe eine andere Qualität; sie sei daher von der Regel des § 62 Abs. 3 S. 1 nicht erfaßt (so *Großfeld/Neumann*, ZfG 1980, 267 ff). Aber auch von den Vertretern dieser Auffassung wird eingeräumt, daß das Bedürfnis einer Primärgenossenschaft nach einer Information über den Prüfungsbericht der Zentrale u. U. besonders dringlich sein könne (*Großfeld/Neumann*, ebd., 271). Da das Gesetz hier keinen Unterschied macht zwischen dem Prüfungsbericht betr. Primärgenossenschaften und Zentralen, sind Fälle denkbar, in denen der Prüfungsverband berechtigt und verpflichtet sein kann, bestimmte Inhalte des Prüfungsberichts der Zentralen – nicht den Bericht selbst – auch einer Primärgenossenschaft zur Kenntnis zu geben. **56**

Im Hinblick auf den Grundsatz der Geheimhaltungspflicht dürften solche Informationen aber nur dann gerechtfertigt sein, wenn auf andere Weise die erforderlichen Kenntnisse nicht erlangt werden können. Primärgenossenschaften haben im allgemeinen die Möglichkeit, als Mitglieder der Zentralgenossenschaft in deren GV Auskunft zu verlangen. **57**

**Zu b):** § 62 Abs. 3 Satz 2 erlaubt dem Prüfungsverband, **dem Spitzenverband Abschriften** der Prüfungsberichte zu erteilen. **58**

**„Spitzenverband"** ist grundsätzlich der Verband, der zur Bestimmung des Prüfers in den Fällen von § 55 Abs. 2 und § 56 Abs. 2 gemäß der Verordnung von 1934 zuständig ist (Näheres vgl. Erl. zu § 54 a Rdn. 19 ff). **59**

Der Spitzenverband darf die **Abschriften der Prüfungsberichte so verwerten**, wie es die Erfüllung der ihm obliegenden Pflichten erfordert. Dies bedeutet, daß er im Rahmen seines pflichtgemäßen Ermessens die Berichte so verwerten kann und muß, um Schaden von irgendwelchen Mitgliedern des genossenschaftlichen Verbundes fernzuhalten. Auch hierbei ist aber stets der Grundsatz des Prüfungsgeheimnisses zu beachten; eine Information über den Prüfungsbericht ist nur dann gerechtfertigt, wenn ein berechtigtes Interesse im genossenschaftlichen Verbund besteht, noch nicht bekannte und dem Prüfungsgeheimnis unterliegende Tatsachen zu erfahren. Ein solches Interesse kann z. B. bei den Trägern von Garantieeinrichtungen gegeben sein. **60**

Genossenschaften (oder Zentralen) können freiwillig Auszüge aus ihren Prüfungsberichten an Dritte weitergeben; eine solche Weitergabeverpflichtung kann auch auf Vereinbarung oder Satzung beruhen. Die Grenze für **61** diese Berechtigung ist dort zu sehen, wo Geheimnisse Dritter berührt werden, wie z. B. das Bankgeheimnis (vgl. Rdn. 7).

62 Die Berechtigung des Prüfungsverbandes nach § 62 Abs. 2 zur Weitergabe von Prüfungsinformationen sind als Ausnahme vom Prüfungsgeheimnis im Zweifel restriktiv auszulegen. Im Rahmen seines pflichtgemäßen Ermessens wird der Verband sorgfältig zu prüfen haben, ob für eine Weitergabe im konkreten Fall eine Rechtfertigung besteht. In Grenzfällen hat das Prüfungsgeheimnis Vorrang.

## VII. Haftung nicht begrenzbar (Abs. 5)

63 Die gem. § 62 Abs. 1 u. 2 begründete Haftung kann durch Vertrag weder ausgeschlossen noch beschränkt werden. Vereinbarungen, die gegen dieses gesetzliche Verbot verstoßen, sind gem. § 134 BGB nichtig.

64 Das Verbot von Abs. 5 berührt nicht die Möglichkeit, einen bereits gegen den Verband entstandenen Ersatzanspruch zu erlassen oder vergleichsweise zu regeln (vgl. *Godin/Wilhelmi*, AktG, § 168 Anm. 7; *Müller*, § 62 Rdn. 17).

65 Eine **Erweiterung der Haftung**, insbesond. z. B. eine Erhöhung des in Abs. 2 genannten Betrags von 200 000,– DM ist zulässig. Berufsrechtliche Bedenken gegen eine Erweiterung der Haftung, wie sie für Wirtschaftsprüfer gelten, dürften im Falle der genossenschaftlichen Prüfungsverbände nicht begründet sein, da unter diesen Verbänden ein Wettbewerb ausgeschlossen ist.

66 **Mitwirkendes Verschulden** der eG kann im Rahmen von § 254 BGB geltend gemacht werden. Es kann sich naturgemäß nur um solches schuldhafte Verhalten der eG handeln, das die Prüfungsfeststellung beeinträchtigt hat (vgl. *Müller*, § 62 Rdn. 18). In Betracht kommen z. B. falsche Auskünfte, Behinderung von Prüfungshandlungen usw. Sonstiges schuldhafte Verhalten von Genossenschaftsorganen, das zum Schaden der eG geführt hat, ist im Zusammenhang mit Haftungsansprüchen gegen den Prüfungsverband nicht relevant.

## VIII. Verjährung (Abs. 6)

67 Haftungsansprüche der eG gegen den Prüfungsverband gem. § 62 **verjähren in drei Jahren**. Die Verjährung beginnt mit dem Tag des Eingangs des Prüfungsberichts bei der eG. Es handelt sich um eine Sonderregelung gegenüber § 638 BGB (*Müller*, § 62 Rdn. 22). Für die Verjährung von Ansprüchen aus **unerlaubter Handlung gilt § 852** BGB. Eine Verkürzung der Verjährungsfrist durch Vertrag ist nach Abs. 5 verboten (vgl. auch *Meyer/Meulenbergh/Beuthien*, § 62 Rdn. 12).

Die Verjährung unterliegt den Regelungen über die Hemmung und Unterbrechung gemäß den Vorschriften der §§ 202 ff und 208 ff BGB. Die Verjährung ist vollendet drei Jahre nach dem Tag des Eingangs des Prüfungsberichtes (§§ 187 Abs. 1, 188 Abs. 2 BGB). Die Verjährung begründet ein Leistungsverweigerungsrecht des in Anspruch genommenen Prüfungsorgans. 68

## § 63
## Verleihungsbehörde

**Das Prüfungsrecht wird dem Verband durch die zuständige oberste Landesbehörde verliehen, in deren Gebiet der Verband seinen Sitz hat. Erstreckt sich der Bezirk des Verbandes über das Gebiet eines Landes hinaus, so erfolgt die Verleihung im Benehmen mit den beteiligten Ländern.**

*Übersicht*



### I. Allgemeines

Unverzichtbares Merkmal eines genossenschaftlichen Prüfungsverbandes ist das Prüfungsrecht, das ihm von der staatlichen Behörde verliehen ist (vgl. § 54 Abs. 1). Ohne diese Verleihung kann ein Verband keine genossenschaftlichen Pflichtprüfungen wahrnehmen. 1

§ 63 wurde durch Novelle 1973 neu gefaßt, nachdem zuvor die Verleihungszuständigkeit bei solchen Prüfungsverbänden umstritten war, die über den Bereich eines Landes hinaus tätig sind. 2

### II. Verleihungsbehörde

Für die Verleihung des Prüfungsrechts ist die **oberste Landesbehörde** zuständig, in deren Gebiet der Verband seinen Sitz hat. Das Landesrecht legt im einzelnen fest, welche Behörde zuständig sein soll; regelmäßig wird hierfür das Wirtschafts- oder Landeswirtschaftsministerium in Betracht kommen. 3

Erstreckt sich der **„Bezirk" des Verbandes** über das Gebiet eines Landes hinaus, so bleibt das für den Sitz zuständige Land Verleihungsbehörde; es hat sich jedoch bei der Verleihung mit den beteiligten Ländern ins Benehmen zu setzen. „Bezirk" ist der räumliche Bereich, in dem der Verband 4 nach seiner Satzung tätig ist. Ohne Bedeutung ist dabei, in welchen räumlichen Bereichen die Mitgliedsgenossenschaften tätig sind; entscheidend ist lediglich ihr Sitz (*Müller*, § 63 Rdn. 4).

## III. Verfahren

5 Für die Verleihung des Prüfungsrechts **bei überregional tätigen Verbänden** ist nicht das „Einvernehmen" der anderen betroffenen Länder erforderlich; es genügt vielmehr, daß sich die Verleihungsbehörde mit den zuständigen Behörden der betroffenen Länder „ins Benehmen setzt". Eine Zustimmung dieser Behörden ist also nicht notwendig.

6 Die Verleihung des Prüfungsrechts ist ein **begünstigender Verwaltungsakt**; sie ist eine hoheitliche Regelung mit unmittelbarer Wirkung auf die rechtliche Qualität des Verbandes (vgl. *Müller*, § 63 Rdn. 2). Bei der Entscheidung ist die Behörde insbesond. an die Voraussetzungen gebunden, wie sie in § 63 a geregelt sind (s. Erl. dort).

## IV. Prüfungsverbände von Wohnungsgenossenschaften

7 Die vor dem 1. 1. 1990 nach dem Wohnungsgemeinnützigkeitsgesetz bestimmten Prüfungsverbände von gemeinnützigen Wohnungsunternehmen (§§ 23, 14 WGG) sind sämtlich **Prüfungsverbände im Sinne des GenG**. Eine nach den jeweils geltenden Vorschriften angeordnete Zulassung bzw. Bestimmung zum gemeinnützigkeitsrechtlichen Prüfungsverband ist rechtswirksam. Sie setzt das **Prüfungsrecht** nach dem Genossenschaftsrecht voraus. Dieses wird von der Aufhebung des WGG nicht berührt.

8 Mit dem Fortfall des WGG als Rechtsgrundlage **entfällt:**

- die Pflichtmitgliedschaft und die Pflichtprüfung durch den Verband von nichtgenossenschaftlichen Unternehmen, die am 31. 12. 1989 als gemeinnütziges Wohnungsunternehmen oder als Organ der staatlichen Wohnungspolitik anerkannt waren. – Diese können jedoch die Mitgliedschaft freiwillig fortsetzen (§ 162) und den JA gem. Art. 25 EGHGB, prüfen lassen (§ 53 Rdn. 7, 10, 12).
- die Freistellung ehemals gemeinnütziger Wohnungsunternehmen, die „Wirtschaftsbetriebe der öffentlichen Hand" sind, von den für diese geltenden eigenen haushaltsrechtlichen Prüfungs- und Beaufsichtigungspflichten (§ 27 WGG).
- die Prüfung von Nichtmitgliedern nach Bestimmung der zuständigen obersten Landesbehörde (§ 23 Abs. 3 WGGDV).
- die Befugnis zur Abschlußprüfung der Tochtergesellschaften ehemals gemeinnütziger Wohnungsunternehmen, die keine eG oder zugelasse-

nen genossenschaftlichen Prüfungsverbände sind (Art. 25 EGHGB i. d. F. BilRG, BGBl. I, 355).
- die Pflichtmitgliedschaft in dem gemeinnützigkeitsrechtlich bestimmten Spitzenverband (§ 25 WGG).
- von über das GenG hinausgehenden Aufgaben und von Aufsichtsrechten der gemeinnützigkeitsrechtlichen obersten Aufsichtsbehörde (§§ 23, 24, 26 WGG). Das gilt auch, wenn dieser zwecks Vereinheitlichung die genossenschaftliche Aufsicht zugewiesen worden ist (Freie und Hansestadt Hamburg, Anordnung v. 15. 1. 1985, Amtl. Anzeiger 1985, S. 1).

Für die Verleihung des Prüfungsrechts an neugebildete Verbände von Wohnungsbaugenossenschaften gelten die allgemeinen Bestimmungen. **9**

## § 63 a
## Voraussetzungen für die Verleihung des Prüfungsrechts

**(1) Dem Antrag auf Verleihung des Prüfungsrechts darf nur stattgegeben werden, wenn der Verband die Gewähr für die Erfüllung der von ihm zu übernehmenden Aufgaben bietet.**

**(2) Der Antrag auf Verleihung des Prüfungsrechts kann insbesondere abgelehnt werden, wenn für die Prüfungstätigkeit des Verbandes kein Bedürfnis besteht.**

**(3) Die für die Verleihung des Prüfungsrechts zuständige Behörde kann die Verleihung des Prüfungsrechts von der Erfüllung von Auflagen und insbesondere davon abhängig machen, daß der Verband sich gegen Schadensersatzansprüche aus der Prüfungstätigkeit in ausreichender Höhe versichert oder den Nachweis führt, daß eine andere ausreichende Sicherstellung erfolgt ist. § 63 Satz 2 findet entsprechende Anwendung.**

*Übersicht*



## I. Voraussetzungen für die Verleihung des Prüfungsrechts (Abs. 1, 2)

Das Prüfungsrecht kann einem genossenschaftlichen Verband auf **1**
Antrag verliehen werden. Die Behörde hat dem Antrag stattgegeben, sofern

die gesetzlichen Voraussetzungen gem. Abs. 1 erfüllt sind und ein Bedürfnis für die Tätigkeit des Prüfungsverbandes nicht verneint werden kann (*Müller*, § 63 a Rdn. 2; s. a. *Wolff/Bachof*, Verwaltungsrecht I, 9. Aufl., § 43 II c, 328; § 33 V b 12, 231, 232; a. A. *Schubert/Steder*, § 63 a Rz. 3; *Paulick*, S. 322, 323). Wenn der Verband Gewähr für die Erfüllung der Aufgaben als Prüfungsverband gibt und ein Bedürfnis für die Prüfungstätigkeit nicht verneint wird, kann für eine Ablehnung durch die Behörde kein Raum mehr sein.

### 1. Gewähr für die Erfüllung der Aufgaben

**2** Der antragstellende Verband muß nach seiner Rechtsform, Organisation sowie sachlichen und personellen Ausstattung die Gewähr bieten, daß er die ihm als Prüfungsverband gemäß den §§ 53 ff obliegenden Aufgaben ordnungsgemäß erfüllen kann. Es wird entscheidend darauf ankommen, daß im Hinblick auf die Zahl und Struktur der Mitgliedsgenossenschaften eine ausreichende wirtschaftliche Grundlage vorhanden ist und daß die erforderliche Zahl von fachlich qualifizierten Prüfern zur Verfügung steht; dem Vorstand muß ein Wirtschaftsprüfer angehören, oder es muß ein Wirtschaftsprüfer als besonderer Vertreter i. S. v. § 30 BGB bestellt sein (§ 63 b Abs. 5).

**3** Im Zusammenhang mit der Verleihung des Prüfungsrechts ist im wesentlichen nur darauf abzustellen, ob die Prüfungstätigkeit ordnungsgemäß gewährleistet ist; andere im Rahmen von § 63 b Abs. 4 mögliche Verbandszwecke haben hierbei nur untergeordnete Bedeutung.

### 2. Bedürfnis

**4** Aus der Fassung von Abs. 2 folgt, daß die Frage nach dem Bedürfnis für die Tätigkeit des Prüfungsverbandes nur ein besonderer Fall von Abs. 1, nämlich der Gewähr für die Erfüllung der Aufgaben, darstellt (so zutreffend *Müller*, § 63 a Rdn. 4; nicht eindeutig *Schubert/Steder*, § 63 a Rz. 3). Die Bedürfnisfrage ist aus der Sicht der dem Verband angehörenden oder an der Mitgliedschaft interessierten eG zu beurteilen (*Schubert/Steder*, § 63 a Rz. 3). Ein Bedürfnis liegt konkret z. B. dann vor, wenn nachgewiesen wird, daß der Verband die für die Leistungsfähigkeit eines Prüfungsverbandes erforderliche Zahl von Mitgliedsgenossenschaften haben wird (*Bömcke*, BlfG 1955, 317; *Meyer/Meulenbergh/Beuthien*, § 63 a Rdn. 3). Im übrigen muß die Verleihungsbehörde dem Grundsatz **genossenschaftlicher Organisationsautonomie** Rechnung tragen (zutreffend *Müller*, § 63 a Rdn. 4). Eine Verneinung des Bedürfnisses nach freiem Ermessen der Verwaltungsbehörde wäre auch im Hinblick auf die grundgesetzlich garantierte Berufs- und Koalitionsfreiheit bedenklich (Art. 9, 12 Abs. 1 GG).

Der Wortlaut von Abs. 2 („... kann insbesond. abgelehnt werden ...") gibt der Behörde die Möglichkeit, das Prüfungsrecht zu verleihen, auch wenn zur Zeit ein konkretes Bedürfnis nicht nachweisbar ist, soweit im übrigen die Voraussetzungen für die Verleihung erfüllt sind (a. A. *Müller*, § 63 a Rdn. 4). **5**

## II. Auflagen für die Verleihung (Abs. 3)

Die in Abs. 3 vorgesehenen Auflagen stellen für sich einen selbständigen Verwaltungsakt dar; die Erfüllung der Auflage ist aber nicht Bedingung für die Wirksamkeit der Verleihung des Prüfungsrechts (*Wolff/Bachof*, § 49 I d, 410). Als besonderen und typischen Fall der Auflage nennt das Gesetz den Abschluß **einer ausreichenden Versicherung** gegen Schadensersatzansprüche aus der Prüfungstätigkeit. Die Verleihungsbehörde kann auch verlangen, daß der Verband sich einem genossenschaftlichen Spitzenverband anschließt. **6**

## III. Entziehung des Prüfungsrechts

Fallen die für die Verleihung des Prüfungsrechts erforderlichen Voraussetzungen später weg, so kann dieses Recht nachträglich wieder entzogen werden. Einzelheiten hierzu regelt § 64 a. Eine Entziehung kommt demnach in Betracht, wenn der Verband **7**

- nicht mehr die Gewähr für die Erfüllung seiner Aufgaben bietet
- er die behördlichen Auflagen nicht erfüllt
- für seine Prüfungstätigkeit kein Bedürfnis besteht (vgl. auch zum Verfahren § 64 a).

## IV. Verfahren

Lehnt die Verleihungsbehörde den Antrag des Verbandes auf Verleihung des Prüfungsrechts ab, so ist gegen diesen ablehnenden Bescheid Verwaltungsklage als **„Verpflichtungsklage"** gegeben (§ 42 VwGO). Da der Bescheid durch die oberste Landesbehörde erlassen ist, scheidet ein Widerspruchsverfahren nach §§ 68 ff VwGO aus. Die Klage muß innerhalb eines Monats nach Bekanntmachung des Versagungsbescheids erhoben werden (§ 74 VwGO). **Klageberechtigt** ist nur der antragstellende Verband, nicht aber z. B. die einzelnen eG als Mitglieder des Verbands (*Müller*, § 63 a Rdn. 5). **8**

Da die Verleihungsbehörde über keinen Ermessensspielraum verfügt, unterliegt der ablehnende Bescheid im vollen Umfang der Nachprüfung **9** durch das Verwaltungsgericht (*Müller*, § 63 a Rdn. 6; *Wolff/Bachof*, § 31 I c 3, 191 ff).

10 Ist die Verwaltungsklage rechtskräftig abgewiesen, so hat die Behörde weitere Anträge ohne erneute Sachprüfung abzulehnen solange sich die Rechts- oder Sachlage nicht geändert hat (s. *Kopp*, VwGO, 5. Aufl., § 121 Rdn. 19, 28).

11 Einem bestehenden Prüfungsverband, zu dem der neue Prüfungsverband in Konkurrenz tritt, steht grundsätzlich kein Rechtsmittel gegen die Verleihung des Prüfungsrechts zu, da diese Verleihung nicht in seine schutzwürdigen Interessen willkürlich eingreift. § 63 a bezweckt nicht den Schutz bestehender Prüfungsverbände, sondern will eine ordnungsgemäße Durchführung der genossenschaftlichen Pflichtprüfung gewährleisten (zutreffend *Müller*, § 63 a Rdn. 11; *Kopp*, VwGO, § 42 Rdn. 77, 80, 81).

## § 63 b

## Rechtsform, Zweck und Mitglieder des Verbandes

**(1) Der Verband soll die Rechtsform des eingetragenen Vereins haben.**

**(2) Mitglieder des Verbandes können nur eingetragene Genossenschaften und ohne Rücksicht auf ihre Rechtsform solche Unternehmungen sein, die sich ganz oder überwiegend in der Hand eingetragener Genossenschaften befinden oder dem Genossenschaftswesen dienen. Ob diese Voraussetzungen vorliegen, entscheidet im Zweifelsfall die für die Verleihung des Prüfungsrechts zuständige oberste Landesbehörde (§ 63). Sie kann Ausnahmen von der Vorschrift des Satzes 1 zulassen, wenn ein wichtiger Grund vorliegt.**

**(3) Unternehmungen, die nicht eingetragene Genossenschaften sind und anderen gesetzlichen Prüfungsvorschriften unterliegen, bleiben trotz ihrer Zugehörigkeit zum Verband diesen anderen Prüfungsvorschriften unterworfen und unterliegen nicht der Prüfung nach diesem Gesetz.**

**(4) Der Verband muß unbeschadet der Vorschriften des Absatzes 3 die Prüfung seiner Mitglieder und kann auch sonst die gemeinsame Wahrnehmung ihrer Interessen, insbesondere die Unterhaltung gegenseitiger Geschäftsbeziehungen zum Zweck haben. Andere Zwecke darf er nicht verfolgen.**

**(5) Dem Vorstand des Prüfungsverbandes soll mindestens ein Wirtschaftsprüfer angehören. Gehört dem Vorstand kein Wirtschaftsprüfer an, so muß der Prüfungsverband einen Wirtschaftsprüfer als seinen besonderen Vertreter (§ 30 des Bürgerlichen Gesetzbuchs) bestellen. Die für die Verleihung des Prüfungsrechts zuständige Behörde kann den**

**Prüfungsverband bei Vorliegen besonderer Umstände von der Einhaltung der Sätze 1 und 2 befreien, jedoch höchstens für die Dauer eines Jahres. In Ausnahmefällen darf sie auch eine Befreiung auf längere Dauer gewähren, wenn und solange nach Art und Umfang des Geschäftsbetriebes der Mitglieder des Prüfungsverbandes eine Prüfung durch Wirtschaftsprüfer nicht erforderlich ist.**

**(6) Mitgliederversammlungen des Verbandes dürfen nur innerhalb des Verbandsbezirkes abgehalten werden.**

*Übersicht*



## I. Rechtsform des Prüfungsverbandes (Abs. 1)

Der Prüfungsverband „soll" die Rechtsform eines **eingetragenen Vereins** haben. Diese „Sollvorschrift" ist zwar als rechtliche Verpflichtung, jedoch nicht als zwingende Voraussetzung z. B. für die Tätigkeit als Prüfungsverband zu verstehen. Dies bedeutet, daß die Verleihungsbehörde grundsätzlich nur an einen genossenschaftlichen Verband in der Rechtsform des e. V. das Prüfungsrecht verleihen darf, wenn nicht ganz besondere Umstände die Wahl einer anderen Rechtsform sachlich geboten erscheinen lassen (*Müller*, § 63 b Rdn. 2). Ändert der Prüfungsverband nach Verleihung des Prüfungsrechts die Rechtsform, ist entsprechend das Prüfungsrecht zu entziehen. **1**

Die Vorschriften des § 63 i mit Hinweis auf die Rechtsform des Verbandes als Wirtschaftsverein (§ 22 BGB) wurde durch Art. 7 des UmwBG vom 28. 10. 1994 aufgehoben. **2**

## II. Zulässige Verbandsmitglieder (Abs. 2)

Im Hinblick auf den Zweck des genossenschaftlichen Prüfungsverbandes (Abs. 4) können nur Mitglieder des Verbandes sein **3**

– eingetragene Genossenschaften.

Die Umwandlung in eine andere Rechtsform, z. B. in die AG, führt nicht automatisch zum Ausscheiden aus dem genossenschaftlichen Prüfungsverband; die Umwandlung kann jedoch ein Ausschließungsgrund sein (LG Hamburg vom 14. 11. 1974, Az.: 75 O 143/72; wegen Anspruch auf Aufnahme vgl. Erl. zu § 54 Rdn. 19 ff; wegen Ausschluß Erl. zu § 54 a Rdn. 10). Der Ausschließungsgrund kann sich aus § 63 b Abs. 2 unmittelbar ergeben, weil die gesetzlichen Voraussetzungen nicht mehr erfüllt sind oder auch aus der Satzung des Genossenschaftsverbandes. Insoweit besteht ein Unterschied, ob eine Mitgliedsgenossenschaft die Rechtsform der eG aufgibt und damit zu erkennen gibt, daß sie aus der Gemeinschaft der eG und ihrem Verbund ausscheiden will, oder ob Aktiengesellschaften Aufnahme beim Verband beantragen, weil sie sich den eG zugehörig fühlen und nur aus zwingenden Gründen eine Umwandlung in die eG nicht möglich ist (Rdn. 7).

- Unternehmen anderer Rechtsform, die sich ganz oder überwiegend in der Hand eingetragener Genossenschaften befinden
- Unternehmen anderer Rechtsform, die dem Genossenschaftswesen dienen.

4 Der Begriff „Unternehmen" ist nicht im rechtstechnischen Sinn zu verstehen; es können auch nicht erwerbswirtschaftliche Zusammenschlüsse wie Vereine, Körperschaften oder sonstige Gesellschaften sein (insoweit zutreffend *Müller*, § 63 b Rdn. 4); u. U. können auch natürliche Personen dem Verband angehören, sofern diese das Merkmal eines „Unternehmens" erfüllen (zum Unternehmensbegriff *Geßler/Hefermehl*, AktG, § 15 Rdn. 21; a. A. *Mehrkens*, BB 1983, 287, der allgemein die Mitgliedschaft natürlicher Personen ablehnt; zu weitgehend *Müller*, § 63 b Rdn. 4, der auch nicht als Unternehmer tätige natürliche Personen als Verbandsmitglieder zulassen will).

5 Die Formulierung „ganz oder überwiegend **in der Hand eingetragener Genossenschaften**" bedeutet bei Kapitalgesellschaften grundsätzlich Kapitalmehrheit im Besitz eingetragener Genossenschaften, bei Personengesellschaften kann dagegen die Zahl der Gesellschafter oder ihre Befugnisse in der Geschäftsführung maßgeblich sein. Unternehmen dieser Art sind insbesond. die genossenschaftlichen Zentralen oder genossenschaftliche Spezialinstitute, z. B. auch in der Rechtsform der Aktiengesellschaft oder der GmbH.

Auch Unternehmen, die die genossenschaftliche Wohnungsversorgung durch vorbereitende oder ergänzende Leistungen fördern, z. B. durch den Betrieb von Gemeinschaftsanlagen oder Folgeeinrichtungen wie Sammelgaragen, Instandhaltungswerkstätten, Einkaufszentren, Tagesstätten, Jugendzentren, Gaststätten, Ferienheime, Wohnungstauschstellen, Stellen zur Vorbereitung und Durchführung von Privatisierungsvorhaben, Vereine zur Organisation von Nachbarschaftshilfe oder der Mitbestimmung bei der Wohnungsbewirtschaftung.

Auch der Begriff „Unternehmen, die **dem Genossenschaftswesen dienen**", ist im weiten Sinne zu verstehen. Eine Unternehmung (vgl. oben Rdn. 4) dient dann dem Genossenschaftswesen, wenn es über die Förderung der eigenen Gesellschafter hinaus Leistungen für andere eG für den genossenschaftlichen Verbund oder für das Genossenschaftswesen allgemein (z. B. wissenschaftliche Forschungen) erbringt (vgl. *Müller*, § 63 b Anm. 5; *Mehrkens*, BB 1983, 287 ff). Darunter fallen z. B. Schulungseinrichtungen, Werbeagenturen, Treuhandstellen usw. **6**

In Zweifelsfällen entscheidet über die rechtliche Möglichkeit der Mitgliedschaft im Prüfungsverband die zuständige oberste Landesbehörde (§ 63). Diese Behörde ist auch zuständig für die Erteilung von Ausnahmegenehmigungen gem. § 63 b Abs. 2 S. 3. Ein wichtiger Grund für die Zulassung zum Prüfungsverband kann z. B. darin liegen, daß ein Unternehmen in nicht genossenschaftlicher Rechtsform sich dem genossenschaftlichen Verbund anschließen will, aber aus zwingenden Gründen an einer Umwandlung in die eG gehindert ist. **7**

Das Gesetz gibt somit auch dem Verband die Möglichkeit, die Entscheidung der Landesbehörde einzuholen, wenn er hinsichtlich der Voraussetzungen für die Mitgliedschaft nicht zu einer gesicherten Überzeugung gelangt.

Mit der Aufhebung des WGG (1. 1. 1990) ist die Rechtsgrundlage für die **Pflichtmitgliedschaft ehemals gemeinnütziger Wohnungsunternehmen** und Organen der staatlichen Wohnungspolitik, **die keine eG sind, entfallen**. Das SteuerRefG 1990 Art. 21 § 5 hat demzufolge die bisherige Sonderregelung über die Verbandzugehörigkeit solcher Unternehmen aufgehoben (§ 63 b Abs. 2 S. 4). Um ihre Verbandszugehörigkeit unabhängig von einer Ausnahmegenehmigung (§ 63 Abs. 2 S. 2) zu erhalten, bestimmt der **neu eingefügte § 162 die Fortführung** ihrer bisherigen Pflichtmitgliedschaft **als freiwillige, kündbare Mitgliedschaft** (Begr. SteuerRefG 1990 zu Art. 21 Nr. 4 Abs. 1, BT-Drucks. 11/2157, 212, 213; s. § 53 Rdn. 7, 12). Gem. **SteuerRefG 1990 Art. 21 § 3** (dazu BegrRegE, a. a. O., S. 454 ff; *Hanke*, in: Jenkis, a. a. O., zu Art. 21 § 3 Rdn. 29 ff) hat ein Mitglied, das am 31. 12. 1989 als gem. Wohnungsunternehmen oder als Organ der Staats- und Wohnungspolitik anerkannt war, wenn es aus dem Prüfungsverband dem es angehört ausscheidet, **8**

> „entsprechend dem Verhältnis seines Beitrages am Gesamtaufkommen des Prüfungsverbandes, insbesondere durch einmalige und laufende Zahlungen, dazu beizutragen, daß die bis zum 2. 8. 1988 von dem Prüfungsverband an gesetzliche Vertreter und Arbeitnehmer gegebene Zusagen für die Gewährung von Alters- und Hinterbliebenenversorgung erfüllt werden können" (§ 3 Abs. 1).

Das gilt entsprechend zur Finanzierung von Leistungen, die aufgrund eines Sozialplans oder einer betrieblichen Vereinbarung an Arbeitnehmer, die bis 31. 12. 1992 aus dem Prüfungsverband oder dem Spitzenverband ausscheiden zum Ausgleich oder zur Milderung wirtschaftlicher Nachteile gezahlt werden. Voraussetzung ist, daß das Ausscheiden auf Umständen beruht, die durch die Aufhebung der Vorschriften des WGG herbeigeführt worden sind (§ 3 Abs. 2).

Die Verpflichtung zur Sicherstellung der Pensionszusage gilt entsprechend, wenn ein Prüfungsverband aus dem Spitzenverband ausscheidet, dem er am 31. 12. 1989 nach Maßgabe der gemeinnützigkeitsrechtlichen Vorschriften (§ 25 WGG) angehörte.

Zum Zweck und Gehalt der Sicherungspflicht s. BegrRegE, a. a. O., S. 454 ff und eingehend unter Herausstellung offener und strittiger Fragen *Hanke*, a. a. O. In der Praxis haben die einzelnen Verbände, den Problemkreis mit ihren Mitgliedern im Wege der Vereinbarung geregelt bzw. dies in der Satzung verankert. Das gilt auch in ihrem Verhältnis zum Spitzenverband, dem nach der Anpassung seiner Satzung an die durch Aufhebung des WGG geschaffene Rechtslage die Prüfungs-, Fach- und Interessenverbände der Wohnungswirtschaft als freiwillige Mitglieder angehören.

**9** Zur Sicherung der „historisch gewachsene(n), vor der gesetzlichen Institutionalisierung von der gemeinnützigen Wohnungswirtschaft unter maßgeblicher Beteiligung von Kapitalgesellschaften entwickelte(n) Organisationsformen und -strukturen" und zur Vermeidung einer Aushöhlung des „bewährten Regionalprinzips" bestimmt Art. 25 EGHGB i. d. F. des Art. 21 § 5 SteuerRefG 1990, daß AG und GmbH sowie ehemalige gem. Wohnungsunternehmen und Organe staatlicher Wohnungspolitik, den Verband, dem sie als Mitglied angehören, zum Abschlußprüfer i. S. d. handelsrechtlichen Bestimmungen wählen können (§§ 316, 318, 319 Abs. 1 HGB). Die Prüfung ist gesetzliche Pflichtprüfung nach dem HGB (s. BegrRegE, a. a. O., 457–459; § 53 Rdn. 7 u. 12; § 55 Rdn. 2).

**10** Die gesetzlichen Voraussetzungen für die Mitgliedschaft sind zwingend; Beitritt ist unwirksam, wenn Voraussetzungen nicht gegeben sind (analog § 134 BGB; *Meyer/Meulenbergh/Beuthien*, § 63 b Rdn. 2).

## III. Vorrang besonderer Prüfungsvorschriften (Abs. 3)

**11** Der genossenschaftlichen Pflichtprüfung gem. § 53 unterliegen nur eingetragene Genossenschaften (wegen Beteiligungsgesellschaften vgl. Erl. zu § 53 Rdn. 66 ff). Für Mitgliedsunternehmen anderer Rechtsform gelten dagegen die besonderen Prüfungsvorschriften, wie z. B. für Aktiengesellschaften die §§ 316 ff HGB. Eine solche Aktiengesellschaft kann gem. § 318 HGB nur von einem in der Hauptversammlung gewählten Abschlußprüfer (Wirtschaftsprüfer oder Wirtschaftsprüfungsgesellschaft) rechtswirksam geprüft werden. Auch eine Prüfungsverfolgung durch den genossenschaftlichen Prüfungsverband kommt nicht in Betracht.

Im übrigen kann jedoch die Verbandssatzung vorsehen, daß sich solche Mitglieder zusätzlich einer genossenschaftlichen Geschäftsführungsprüfung zu unterwerfen haben. Dies gilt auch für solche Verbandsmitglieder, die keiner gesetzlichen Prüfungspflicht unterliegen. **12**

Die Prüfung der Geschäftsführung von nichtgenossenschaftlichen Mitgliedern eines Prüfungsverbandes von Wohnungsgenossenschaften bestimmt sich nach Aufhebung des Wohnungsgemeinnützigkeitsrechts nach der Satzung des Prüfungsverbandes oder nach Vertrag (s. Rdn. 8 u. 9). **13**

## IV. Zweck des Prüfungsverbandes (Abs. 4)

### 1. Prüfung als Pflichtzweck

Abs. 4 verpflichtet den Prüfungsverband, die Prüfung seiner Mitglieder in der Satzung als **Verbandszweck** festzulegen (vgl. § 57 BGB). Daneben erlaubt das Gesetz lediglich noch, daß die Verbandssatzung die gemeinsame Wahrnehmung der Mitgliederinteressen, insbesond. die Unterhaltung gegenseitiger Geschäftsbeziehungen als Verbandszweck enthält. Andere Zwecke darf der Verband nicht verfolgen. Der Gesetzeswortlaut unterscheidet nicht sauber zwischen „Zweck" und „Aufgaben" des Verbandes. Der allgemeine **Zweck** eines Genossenschaftsverbandes kann eigentlich nur die Förderung des Genossenschaftswesens und der Verbandsgenossenschaften sein. Bei der Prüfungs- und Betreuungstätigkeit handelt es sich dagegen um die einzelnen **„Aufgabengebiete"** des Verbandes (vgl. BGH, NJW 1986, 1034). **14**

Der Pflichtprüfung durch den Verband unterliegen nur Mitglieder in der Rechtsform der eG. Andere Mitglieder können sich durch Satzung oder Vereinbarungen der Prüfungspflicht unterwerfen; daneben unterliegen sie den besonderen Prüfungsvorschriften der jeweiligen Rechtsform (*Meyer/Meulenbergh/Beuthien*, § 63 b Rdn. 3).

Der Prüfungszweck umfaßt alle anfallenden Prüfungen, wie z. B. die ordentlichen und außerordentlichen Pflichtprüfungen, Sonderprüfungen und Auftragsprüfungen (wegen der Begriffe vgl. Erl. zu § 53). Daneben hat der Verband – auch wenn dies in Gesetz und Satzung nicht zum Ausdruck kommt – die ihm gesetzlich zugewiesenen Aufgaben zu erfüllen, wie z. B. die gutachtliche Äußerung bei der Anmeldung von eG zur Eintragung (§ 11 Abs. 2 Ziff. 4) und die Erstattung von Gutachten nach dem Umwandlungsrecht. Auch die nach der Satzung bestehende Prüfungspflicht für Mitglieder in nichtgenossenschaftlicher Rechtsform fällt unter den Prüfungszweck; **15** eine gesetzliche Verpflichtung zur Durchführung dieser Prüfungen besteht jedoch nicht.

**2. Sonstige zulässige Zwecke**

**16** In Abs. 4 kommt die **„Doppelnatur"** des genossenschaftlichen Prüfungsverbandes als Prüfungs- und Betreuungsverband zum Ausdruck. Zu Recht unterscheidet *Henzler* drei Funktionsbereiche oder „Grundfunktionen" der Tätigkeit der genossenschaftlichen Prüfungsverbände (*Henzler*, Die Genossenschaft, S. 202):

1. Beratung, Betreuung und Schulung
2. Vertretung der Interessen der Verbandsmitglieder gegenüber Dritten
3. Prüfung (vgl. auch *Jenkis*, BB 1982, 1704).

**17** Von der Möglichkeit, die „gemeinsame Wahrnehmung" der Mitgliederinteressen durch die Satzung als Verbandszweck festzulegen, machen die genossenschaftlichen Prüfungsverbände seit jeher Gebrauch. Es ist in diesem Zusammenhang sicher nicht unbeachtlich, daß die Genossenschaftsverbände **ursprünglich** nicht Prüfungsverbände, sondern **Beratungs- und Betreuungsverbände** gewesen sind (vgl. Erl. zu § 53 und BGH v. 20. 1. 1994, DB 1994, 1078; v. 10. 7. 1995, DB 1995, 2056, 2057).

**18** Im Hinblick auf die abschließende Regelung von Abs. 4 ist wichtig, daß es sich bei dem Verbandszweck nicht um „gemeinsame Interessen" der Mitglieder handeln muß, sondern lediglich um die **„gemeinsame Wahrnehmung"** von Mitgliederinteressen.

**19** Die Unterhaltung von **gegenseitigen Geschäftsbeziehungen** hat im wesentlichen nur historische Bedeutung, da ursprünglich manche Genossenschaftsverbände die Aufgaben von genossenschaftlichen Zentralen wahrgenommen haben. Anstelle dieser Geschäftsbeziehungen zu den Mitgliedern ist heute ein umfassender Beratungs- und Betreuungsdienst getreten.

**20** Zu den wichtigsten Aufgaben der genossenschaftlichen Prüfungsverbände gehören neben der Prüfung

- die Wahrnehmung der Interessenvertretung in wirtschaftlichen und rechtlichen Bereichen
- die Beratung der Mitglieder in Rechtsfragen, Steuerfragen und betriebswirtschaftlichen Fragen
- die Unterhaltung von Schulungseinrichtungen
- die Beratung in Fragen Datenverarbeitung
- die Unterhaltung von Sicherungseinrichtungen für die Mitglieder

(vgl. im einzelnen *Henzler*, Die Genossenschaft, S. 199 ff; *Paulick*, S. 307 ff; *Westermann*, in: Festschrift für Draheim, S. 203 ff; *Riebandt-Korfmacher*, GWW 1966, 240; *Jenkis*, BB 1982, 1704 ff; *Riebandt-Korfmacher*, Prüfungsverbände von Wohnungsunternehmen, Festschrift für H. Jenkis, 1987, 298–305).

Wegen der Frage der **Pflichtmitgliedschaft** im genossenschaftlichen Prüfungsverband und der beratenden und betreuenden Tätigkeit vgl. Erl. zu § 54, insbesond. Rdn. 18 unter Hinweis auf die auf eine Aufspaltung der Mitgliedschaft zielende, zahlreiche Fragen aufwerfende Entscheidung BGH, DB 1995, S. 2056 ff. Die Prüfungsverbände werden sich bei der Gestaltung ihrer Satzung und Beitragsordnungen damit auseinandersetzen müssen. **21**

Für genossenschaftliche Prüfungsverbände und für genossenschaftliche Treuhandstellen und ähnliche Einrichtungen besteht (wie auch für die eG selbst) gem. Art. 1 § 3 Ziff. 7 **Rechtsberatungsgesetz** eine Sonderregelung („Genossenschaftsprivileg"): Sie bedürfen für die Rechtsberatung der Mitglieder und angeschlossener genossenschaftlicher Einrichtungen keiner Erlaubnis, wenn die Beratung im Rahmen ihres Aufgabenbereichs liegt. Dies gilt auch für die Beratung der Mitglieder der angeschlossenen eG (a. A. *Müller*, § 63 b Rdn. 6, ohne Begründung). Der Aufgabenbereich wird durch die Satzung bestimmt. Die Satzungen der genossenschaftlichen Prüfungsverbände sehen die historisch gewachsene Aufgabe der Verbände gerade in der rechtlichen Beratung und Betreuung der angeschlossenen eG. **22**

In der Praxis hat es sich bewährt, daß der Verband seine rechtsberatende Tätigkeit durch **„Syndikusanwälte"** i. S. v. § 46 BRAO ausübt, also durch Rechtsanwälte, die in einem ständigen Dienstverhältnis zum Verband stehen. Durch entsprechende Ausgestaltung der Dienstverträge muß sichergestellt sein, daß der Anwalt in seiner anwaltschaftlichen Tätigkeit unabhängig bleibt und im erforderlichen Umfang über seine Arbeitszeit frei verfügen kann. **23**

Der Syndikusanwalt berät den Verband als seinen Arbeitgeber und in dessen Auftrag die angeschlossenen Verbandsmitglieder in allen rechtlichen Fragen; er darf aber nicht vor Gerichten und Schiedsgerichten für seinen Arbeitgeber als Rechtsanwalt tätig werden (§ 46 Abs. 1 BRAO). Er darf als Anwalt auch nicht tätig werden, wenn er für den Verband bereits in derselben Angelegenheit tätig war (§ 46 Abs. 2 Ziff. 1 BRAO), und er darf nicht für den Verband rechtsberatend tätig werden, wenn er in derselben Angelegenheit bereits als Rechtsanwalt beraten hat (§ 46 Abs. 2 Ziff. 2 BRAO).

Die zuvor vom BGH für die Zulassung als Syndikusanwalt sehr eng gezogenen Grenzen (BGH v. 10. 11. 1986, ZfG 1988, 277) sind durch die Entscheidung des BVerfG vom 4. 11. 1992 (NJW 1993, 317 = JZ 1993, 466 mit Anm. *Zuck*) überholt. Nunmehr gilt: Dem beim Verband angestellten Anwalt darf die Zulassung nicht deswegen verweigert werden, weil sein Aufgabenbereich als Verbandssyndikus auch die rechtliche Betreuung der einzelnen Mitgliedsgenossenschaften umfaßt. Der Syndikusanwalt darf **24** auch für Einzelgenossenschaften als Rechtsanwalt tätig werden (dazu *Vollkommer*, ZfG 1993, 339).

Es ist unbedenklich, wenn der Prüfungsverband seine rechtsberatende Tätigkeit **ausgliedert**, z. B. auf eine Tochtergesellschaft in der Rechtsform einer GmbH (BGH v. 20. 1. 1994; Az.: I ZR 283/91). Nach dem Sinn von Art. 1 § 3 Nr. 7 RBeratG kann es keinen Unterschied machen, ob der Verband seine Mitglieder selbst rechtlich betreut oder sich hierzu aus organisatorischen oder steuerlichen Gründen einer Tochtergesellschaft bedient, die seiner Kontrolle und Verantwortung unterliegt (LG Offenburg v. 16. 10. 1990, Az.: 1 O 212/90). Eine solche Lösung begegnet auch keinen Bedenken im Hinblick auf die Rechtsform des Verbandes als nichtwirtschaftlicher Verein (von der höchstrichterlichen Rechtsprechung anerkanntes **„Nebenzweckprivileg"**; vgl. „ADAC-Entscheidung", BGHZ 85, 84 = BB 1983, 328 m. Anm. *Hemmerich*; vgl. auch *Großfeld/Noelle*, BB 1985, 2145).

**25** Abs. 4 schließt nicht aus, daß der genossenschaftliche Prüfungsverband auch **Nichtmitglieder** prüft. Diese Aufgabe kann sich schon daraus ergeben, daß der Verband in Kollisionsfällen (§ 56 Abs. 2) vom Spitzenverband zum Prüfer bestimmt wird. Allerdings kann die Prüfung von Nichtmitgliedern nicht Verbandszweck sein.

**26** Bei einer Änderung des Verbandszwecks im eigentlichen Sinn (vgl. oben Rdn. 14) ist § 33 Abs. 1 S. 2 BGB zu beachten: Sie bedarf der Zustimmung aller Mitglieder. Da der Zweck des Prüfungsverbandes nur die Förderung der Mitgliedsgenossenschaften sein kann, dürfte eine solche Zweckänderung kaum in Betracht kommen. Im Zweifel wird es sich nur um Änderungen der Aufgaben und Tätigkeiten handeln, also „eine Frage des Weges", die nicht das „Lebensgesetz des Vereins" berührt (so überzeugend BGH, NJW 1986, 1033). Eine Satzungsänderung durch Aufnahme weiterer Tätigkeiten wie z. B. Schulung, Werbung, Schaffung von Garantieeinrichtungen ist somit keine Zweckänderung.

## V. Zusammensetzung des Verbandsvorstandes (Abs. 5)

**27** Abs. 5 wurde eingeführt durch Novelle 1973. Dem Vorstand des Prüfungsverbandes soll mindestens **ein Wirtschaftsprüfer** angehören, oder es muß ein Wirtschaftsprüfer als **besonderer Vertreter** i. S. v. § 30 BGB bestellt sein. Es ist unerheblich, ob es sich um ein ordentliches oder stellvertretendes Vorstandsmitglied handelt. Die vorübergehende Behinderung in der Wahrnehmung des Vorstandsamtes ist unschädlich. Auch eine längere Verhinderung durch Krankheit wäre nicht im Widerspruch zum Gesetz (a. A. *Müller*, § 63 b Rdn. 10).

**28** Es handelt sich hier – wie in Abs. 1 – um eine **„Sollvorschrift"**: Die Berufung eines Wirtschaftsprüfers in den Vorstand oder zum besonderen

Vertreter ist eine Rechtspflicht; ohne diese Regelung wäre der Vorstand nicht ordnungsgemäß besetzt. Andererseits führt dieser Mangel aber nicht dazu, daß z. B. Prüfungshandlungen des Verbandes nicht ordnungsgemäß wären. Ein schuldhafter Verstoß gegen die Verpflichtung zur Bestellung eines Wirtschaftsprüfers kann zu Schadensersatzansprüchen gegen die verantwortlichen Organmitglieder des Verbandes führen.

Der dem Verbandsvorstand angehörende Wirtschaftsprüfer muß im Rahmen der Gesamtverantwortung des Vorstandes in erster Linie **für den Prüfungsbereich zuständig** sein. Ein „besonderer Vertreter" muß zumindest schwerpunktartig Aufgaben im Prüfungsbereich haben; er wird regelmäßig die Aufgabe eines „Prüfungsdienstleiters" wahrnehmen. **29**

Die oberste Landesbehörde kann bei Vorliegen besonderer Umstände den Verband von der Einhaltung der Vorschriften in Abs. 5 S. 1 und 2 **befreien**, grundsätzlich aber nur für die Dauer eines Jahres. Dies gilt z. B. dann, wenn der Wirtschaftsprüfer aus dem Vorstand ausscheidet und eine entsprechende Neubesetzung zunächst nicht möglich ist. Falls die Prüfung durch einen Wirtschaftsprüfer im Hinblick auf Art und Umfang des Geschäftsbetriebes der Mitglieder nicht erforderlich ist, kann die Befreiung auch für längere Dauer gewährt werden. **30**

Die Verleihungsbehörde entscheidet nach pflichtgemäßem Ermessen. Die Befreiung darf grundsätzlich nicht versagt werden, wenn es dem Verband trotz seiner Bemühungen nicht möglich ist, rechtzeitig einen geeigneten Wirtschaftsprüfer zu finden und keine Gefahr für die Erfüllung der Verbandsaufgaben besteht. Gegen eine Ablehnung des Antrags ist der Verwaltungsrechtsweg gegeben (vgl. *Müller*, § 63 b Rdn. 10).

Falls der Verband der Verpflichtung nicht nachkommt, einen Wirtschaftsprüfer in den Vorstand oder als besonderen Vertreter zu berufen, kann die Aufsichtsbehörde Auflagen gem. § 64 erteilen; als äußerstes Mittel kann sie dem Prüfungsverband auch das Prüfungsrecht entziehen (§ 64 a). Die Aufsichtsbehörde ist nicht in der Lage, selbst einen Wirtschaftsprüfer in den Vorstand zu berufen; dem steht die Vereinsautonomie entgegen. **31**

**Sondervorschriften** gelten nach **Art. 25 EGHGB** (s. § 53 Rdn. 7, 12) für die Beteiligung von Wirtschaftsprüfern im Vorstand des Verbandes als Voraussetzung für die Prüfung des Jahresabschlusses als Abschlußprüfer (§§ 316, 319 Abs. 1 HGB) **32**

- von Wohnungsunternehmen, die keine eG sind
- von ehemals gemeinnützigen Wohnungsunternehmen und Organen der staatlichen Wohnungspolitik (§ 28 WGG), die zur Aufstellung eines prüfungspflichtigen Jahresabschlusses bzw. eines Konzernabschlusses und eines Konzernlageberichts verpflichtet sind (§ 290 HGB) ab 1. 1. 1990.

Siehe hierzu § 55 Rdn. 2; § 53 Rdn. 7, 12.

## VI. Ort der Mitgliederversammlung (Abs. 6)

33 Mitgliederversammlungen der genossenschaftlichen Prüfungsverbände müssen zwar nicht am Sitz des Verbandes, aber **innerhalb des Verbandsbezirkes** abgehalten werden. Der Verbandsbezirk wird in der Satzung bestimmt (§ 63 c Abs. 1 Ziff. 4). Die Regelung gilt für alle Mitgliederversammlungen, also für ordentliche und außerordentliche. Ein Verstoß gegen Abs. 6 macht die Beschlüsse anfechtbar, da es sich um eine Schutzvorschrift für die Mitglieder handelt (*Schubert/Steder*, § 63 b Rz. 13).

## § 63 c
## Satzung des Prüfungsverbandes

**(1) Die Satzung des Verbandes muß enthalten:**

**1. die Zwecke des Verbandes;**

**2. den Namen; er soll sich von dem Namen anderer bereits bestehender Verbände deutlich unterscheiden;**

**3. den Sitz;**

**4. den Bezirk.**

**(2) Die Satzung soll ferner Bestimmungen enthalten über Auswahl und Befähigungsnachweis der anzustellenden Prüfer, über Art und Umfang der Prüfungen sowie über Berufung, Sitz, Aufgaben und Befugnisse des Vorstandes und über die sonstigen Organe des Verbandes.**

**(3) Änderungen der Satzung des Verbandes, die den Zweck oder den Bezirk (Absatz 1 Nr. 1 und 4) zum Gegenstand haben, bedürfen der Zustimmung der für die Verleihung des Prüfungsrechts zuständigen Behörde; § 63 Satz 2 und § 63 a Abs. 2, 3 finden entsprechende Anwendung.**

*Übersicht*



## I. Allgemeines

1 Für den Prüfungsverband in der Rechtsform des eingetragenen Vereins (§ 63 b Abs. 1) gelten die Vorschriften des BGB über die Vereinssatzung, insbesond. die §§ 25, 57, 58 BGB. § 63 c ist weitgehend mit § 57 BGB inhaltsgleich; zusätzlich muß aber in der Verbandssatzung der „Bezirk“ des Verbandes festgelegt werden. Die §§ 63 b ff sind Spezialvorschriften gegen-

über den §§ 55 ff BGB. Die Beachtung der Vorschriften ist Voraussetzung für die Verleihung und Aufrechterhaltung des Prüfungsrechts.

## II. Notwendiger Inhalt der Satzung (Abs. 1)

Die Satzung muß Zweck, Namen, Sitz und Bezirk des Prüfungsverbandes enthalten. Der Zweck muß insbesond. § 63 b Abs. 4 beachten (Näheres § 63 b Rdn. 14 ff). Der **Vereinsname** soll sich von anderen bereits bestehenden Verbänden deutlich unterscheiden. Der Verband kann grundsätzlich nur **einen Sitz** haben (*Müller*, § 63 c Rdn. 5). Eine Sitzverlegung bedarf einer Änderung der Satzung. Diese wird gem. § 71 BGB erst mit Eintragung in das Vereinsregister des neuen Sitzes wirksam. 2

Der in der Satzung anzugebende **Bezirk** ist der räumliche Bereich, in dem die Mitgliedsgenossenschaften des Verbandes ihren Sitz haben. Der Bezirk muß in geographisch abgrenzbarer Bezeichnung angegeben werden (*Müller*, § 63 c Rdn. 7). 3

Mit der Aufhebung des WGG (1. 1. 1990) ist die Rechtsgrundlage für über das GenG und das Vereinsrecht (§§ 25 ff, 57–59 BGB) hinausgehende Forderungen an die **Satzung eines gemeinnützigkeitsrechtlich zugelassenen Prüfungsverbandes von Wohnungsunternehmen** entfallen. Die Verpflichtung zur Bestimmung des Verbandszwecks umfaßt sowohl den Pflichtzweck, Prüfung der Mitglieder, als auch den „Kannzweck" der „sonstigen" gemeinsamen Wahrnehmung ihrer Interessen mit der Umschreibung der dem Verband insoweit zugewiesenen Aufgabenbereiche zweckmäßig mit dem Hinweis, daß diese durch Beschluß der Mitgliederversammlung ergänzt oder erweitert werden können, ohne daß dadurch der Zweck des Verbandes berührt wird (§§ 32, 33, 40 BGB). Eine **flexible Bestimmung der Freiaufgaben** des Verbandes empfiehlt sich angesichts LG Münster, Urt. v. 6. 2. 1979 – 5 T 1053/78. Danach ist bei einer generalklauselartigen Regelung der Verbandsaufgaben eine Ergänzung des Katalogs als Zweckänderung anzusehen (kritisch *Meyer/Meulenbergh/Beuthien*, § 63 b, Rdn. 6). 4

Der **satzungsmäßigen Abgrenzung** des **Pflichtzwecks** als **eigenständige Betreuungsprüfung**, die die – begleitende – Betreuungs- und Beratungstätigkeit des Verbandes einschließt, kommt in Hinblick auf BGH, DB 1995, 2056 (§ 54 Rdn. 18) erhebliche Bedeutung zu. Nach der vom **BGH geforderten „verfassungskonformen Auslegung" von § 63 b, Abs. 4** steht es dem Mitglied frei, seine **Mitgliedschaft – nachträglich – auf die** Inanspruchnahme der **Pflichtprüfung** mit Auswirkung auf die Beitragspflicht zu **beschränken**. Die damit verbundene Aufspaltung der Mitgliedschaft begegnet sowohl vereinsrechtlichen als vor allem genossenschaftsrechtlichen Bedenken. Der Gesetzgeber des SteuerRefG 1990 hat im Zusammenhang mit der Aufhebung des WGG und der Änderung des GenG (BT-Drucks. 11/2157, Begr. zu Art. 21) in Kenntnis der Kritik, die gegen die Doppelaufgabe des Prüfungsverbandes sowie das Ineinandergreifen von Pflichtprüfung und gemeinsamer Wahrnehmung von Interessen der Mitglieder erhoben wurden, davon abgesehen, in das Organisationsgefüge des Prüfungsverbandes und die Struktur der Mitgliedschaft einzugreifen und § 63 b Abs. 4 einzuengen (zur Verfassungsmäßigkeit der Pflichtmitgliedschaft siehe § 54 Rdn. 13; ferner *Riebandt-Korfmacher*, Genossenschaftliche Prüfungsverbände, 292, 294, 295; *Rheinberg*, Beratungsaufgaben der genossenschaftlichen gemeinnützigkeitsrechtlichen Prüfungsverbände, in: Festschrift für Jenkis, a. a. O., S. 321, 323 ff., 329 ff). Das Selbstbestimmungsrecht des Prüfungsverbandes umfaßt sein Recht und seine Pflicht, sowohl die Zwecke des Verbandes als auch die Aufgabenbereiche sowie die zu leistenden Beiträge nach Gegenstand, Art und Höhe einschließlich der Erhebung von Sonderbeiträgen aufgrund Mehrheitsbeschlusses der Mitglieder sach- und bedarfsgerecht zu regeln (§ 58 BGB, dazu auch § 61 Rdn. 2 ff; *Schubert/Steder*, § 63 c Rdn. 3; *Riebandt-Korfmacher*, Prüfungsverbände, a. a. O., 310). Unter rechtsstaatlichen Gesichtspunkten ist zumindest zweifelhaft, ob die Zubilligung des Rechts zur Teilkündigung der Mitgliedschaft zwecks Beschränkung der Beitragspflicht nach dem Grundsatz der Verhältnismäßigkeit das erforderliche und das Recht zur Selbstbestimmung und -organisation des Verbandes am wenigsten einschränkende Mittel ist (dazu BVerfG, NJW 1979, S. 706 GG, Art. 20, Abs. 3, Art. 9 Abs. 1; *Maunz/Dürig*, GG, Art. 9 Rdn. 111 a. E., 114, 149). Die Prüfungsverbände haben bislang schon vielfach Regelungen getroffen, innerbetrieblich die Kosten der Prüfung sachgerecht abzugrenzen, getrennt durch Beiträge zu decken und diese zweckgebunden zu verwenden (dazu auch *Rheinberg*, a. a. O., 322). Um Teilkündigungen der Mitgliedschaft zu erübrigen, erscheint es zweckmäßig, in der Satzung klarzustellen, in welcher Weise angebotene „Freileistungen" in Anspruch genommen werden können und zu vergüten sind.

5 Der in Abs. 1 angegebene **Satzungsinhalt ist zwingend**; ohne solche Regelungen ist der Verband nicht eintragungsfähig, dennoch vorgenommene Eintragungen sind nichtig (*Schubert/Steder*, § 63 c Rz. 2).

## III. Sollbestimmungen für den Satzungsinhalt (Abs. 2)

6 Nach Abs. 2 „soll" die Satzung auch Bestimmungen enthalten über

- Auswahl und Befähigungsnachweis der anzustellenden Prüfer
- Art und Umfang der Prüfungen
- sowie über die Berufung, Aufgaben und Befugnisse des Vorstandes
- und über sonstige Organe des Verbandes.

Es handelt sich hier um eine „Sollvorschrift" im rechtstechnischen Sinn, d. h., der Prüfungsverband ist verpflichtet, entsprechende Regelungen in die Satzung aufzunehmen. Ein Verstoß gegen diese Pflicht hat jedoch keine Nichtigkeitsfolge (wie bei Abs. 1), sondern begründet allenfalls Schadensersatzansprüche. Die Vorschrift entspricht dem Gedanken, daß es rechtlich sinnvoll ist, die wesentlichen Tätigkeiten und Organisationsgesichtspunkte des Prüfungsverbandes in der Satzung zu regeln. Darüber hinaus kann der Prüfungsverband im Rahmen der Vorschriften von BGB und GenG die Satzung beliebig ausgestalten. **7**

Bestimmungen über Art und Umfang der Prüfungen werden üblicherweise von den Verbänden in **Prüfungsrichtlinien** festgelegt; es genügt, daß die Satzung auf diese Richtlinien verweist (*Müller*, § 63 c Rdn. 9). **8**

Für die **Bestellung des Vorstandes** sieht § 27 Abs. 1 BGB einen Beschluß der Mitgliederversammlung vor. Die Satzung kann jedoch z. B. vorsehen, daß die Bestellung des Vorstandes durch ein anderes Verbandsorgan zu erfolgen hat, z. B. durch einen Verbandsausschuß. Das für die Bestellung des Vorstandes zuständige Organ dürfte im Zweifel auch für die Regelung des dienstrechtlichen Anstellungsverhältnisses zuständig sein. **9**

Dem Vorstand des Verbandes obliegt grundsätzlich die Leitung des Verbandes, also die Geschäftsführung im Innenverhältnis und die gesetzliche Vertretung nach außen. Für die Wahrnehmung dieser Aufgaben gilt auch hier das Vereinsrecht, ergänzt durch das Genossenschaftsrecht. **10**

Im übrigen ist es sinnvoll und üblich, in die Satzung Regelungen z. B. über die Mitgliedschaft, die Mitgliedsbeiträge, die Berufung der Mitgliederversammlung sowie Satzungsänderungen aufzunehmen. **11**

## IV. Satzungsänderungen (Abs. 3)

Für Änderungen der Verbandssatzung gelten die allgemeinen vereinsrechtlichen Vorschriften. Änderungen brauchen nicht der Verleihungsbehörde angezeigt zu werden. **12**

Abs. 3 (Novelle 1973) bestimmt lediglich, daß Satzungsänderungen, die den Zweck oder den Bezirk des Verbandes betreffen, der **Zustimmung der Verleihungsbehörde** (§ 63) bedürfen. Eine Zweckänderung liegt nicht schon dann vor, wenn bei unveränderter Beibehaltung des Aufgabenbereichs lediglich Satzungsformulierungen hinsichtlich des Zwecks geändert oder ergänzt werden. **13**

Die Zustimmung der Verleihungsbehörde ist in den beiden genannten Fällen Voraussetzung für die Rechtswirksamkeit der Satzungsänderung (*Schubert/Steder*, § 63 c Rz. 5). **14**

15 Gegen eine Verweigerung der Zustimmung der Verleihungsbehörde ist der **Rechtsweg** vor den Verwaltungsgerichten gegeben.

16 Wegen Änderung des Verbandszwecks vgl. § 63 b Rdn. 26; wegen Abgrenzung, Zweckänderung und Satzungsänderung BGH, NJW 1986, 1033 ff.

## § 63 d

## Einreichungen an das Registergericht

**Der Verband hat den Gerichten (§ 10), in deren Bezirk die Genossenschaften ihren Sitz haben, die Satzung mit einer beglaubigten Abschrift der Verleihungsurkunde sowie jährlich im Monat Januar ein Verzeichnis der dem Verbande angehörigen Genossenschaften einzureichen.**

*Übersicht*



### I. Allgemeines

1 Die Registergerichte der einzelnen, dem Prüfungsverband angeschlossenen eG haben die Aufgabe, die Durchführung der gesetzlichen Prüfung und die Einreichung der Prüfungsbescheinigung zu überwachen und notfalls durch Zwangsgeld zu erzwingen (§ 160). Aus diesem Grunde müssen diese Registergerichte darüber unterrichtet sein, welcher Verband Prüfungsverband der jeweiligen eG ist.

2 Die Einreichung gem. § 63 d haben durch vertretungsberechtigte Vorstandsmitglieder des Verbandes zu erfolgen; § 157 findet keine Anwendung. Die Einreichungen können durch Ordnungsstrafen erzwungen werden.

### II. Gegenstand der Einreichung

3 Der Prüfungsverband hat zunächst (und einmalig) seine **Satzung** im gesamten Wortlaut einzureichen; eine Beglaubigung ist nicht erforderlich. Der Vorstand sollte jedoch die Übereinstimmung der Einreichung mit der eingetragenen Satzung ausdrücklich bestätigen.

4 Eine Mitteilung von **Änderungen der Verbandssatzung** schreibt das Gesetz zwar nicht vor; im Hinblick auf den Sinn der Regelung müssen

jedoch Satzungsänderungen eingereicht werden, die die Zuständigkeit des Prüfungsverbandes betreffen, also Änderungen von Zweck oder Bezirk des Verbandes (zutreffend *Schubert/Steder*, § 63 d Rz. 3).

Einzureichen ist (einmalig) eine beglaubigte Abschrift der **Urkunde über die Verleihung des Prüfungsrechts.** 5

Der Prüfungsverband muß jährlich im Januar ein **Verzeichnis** der dem Verband angehörenden **Mitgliedsgenossenschaften** einreichen. Für jedes Registergericht genügt jedoch die Mitteilung der eG, die in dessen Bezirk ihren Sitz haben (KGJ 22, 117; *Schubert/Steder*, § 63 d Rz. 2). Soweit sich gegenüber dem Mitgliederverzeichnis des Vorjahres keine Änderungen ergeben haben, genügt jeweils eine Bezugnahme auf das bereits vorliegende Verzeichnis (*Müller*, § 63 d Rdn. 3). 6

## III. Zuständige Gerichte

Die Einreichungen haben **bei allen Registergerichten** zu erfolgen, in deren Bezirken Mitgliedsgenossenschaften des Verbandes ihren Sitz haben. Die jährliche Einreichung des Mitgliederverzeichnisses muß jedoch nur die eG erfassen, die beim jeweiligen Registergericht ihren Sitz haben. 7

Eine Einreichung zu den Registergerichten von **Zweigniederlassungen** ist nicht mehr erforderlich; es erscheint auch nicht sinnvoll, entsprechend § 14 a Abs. 1 so viele Exemplare einzureichen, wie Zweigniederlassungen bestehen (a. A. *Müller*, § 63 d Rdn. 4). Die Gerichte der Zweigniederlassungen haben nämlich keine besondere Überwachungsaufgabe hinsichtlich der gesetzlichen Prüfung. 8

## IV. Verschmelzung von Prüfungsverbänden

Die §§ 63 e–63 i – Vorschriften zur Verschmelzung von Prüfungsverbänden – sind durch Art. 7 Nr. 1 des Gesetzes zur Bereinigung des Umwandlungsrechts vom 28. 10. 1994 (BGBl. I S. 3210) aufgehoben worden. Die entsprechenden Regelungen sind jetzt in den §§ 105 UmwG enthalten. Nach der Übergangsregelung des § 318 UmwG findet das bisherige Recht lediglich auf solche Verschmelzungen Anwendung, die bereits vor dem Stichtag eingeleitet worden sind. 9

## § 64
### Beaufsichtigung der Prüfungsverbände

**Die zuständige oberste Landesbehörde, in deren Gebiet der Verband seinen Sitz hat, ist berechtigt, die Prüfungsverbände darauf prüfen zu**

**lassen, ob sie die ihnen obliegenden Aufgaben erfüllen; sie kann sie durch Auflagen zur Erfüllung ihrer Aufgaben anhalten.**

*Übersicht*



## I. Zuständige Behörde

1 Durch Novelle 1973 wurde die **Zuständigkeit für** die **Staatsaufsicht** entsprechend der Regelung für die Verleihung des Prüfungsrechts in § 63 geregelt: Die Staatsaufsicht, auch über Verbände, die über den Bereich eines Landes hinausgehen oder im gesamten Bundesgebiet tätig sind, obliegt ausschließlich der Zuständigkeit der obersten Landesbehörde, in deren Bezirk der Verband seinen Sitz hat. Dies gilt auch für genossenschaftliche **Spitzenverbände**, soweit sie Prüfungsverbände sind.

2 In § 64 fehlt eine dem § 63 Satz 2 entsprechende Regelung, wonach sich die Landesbehörde mit anderen beteiligten Ländern ins Benehmen zu setzen hat, wenn dem Verband auch Mitglieder angehören, die ihren Sitz in diesen Ländern haben. Eine Zusammenarbeit der Länder dürfte jedenfalls dann geboten sein, wenn Aufsichtsmaßnahmen in dem Bereich eines anderen Landes erforderlich sind.

3 Der genossenschaftliche Prüfungsverband unterliegt nicht der Aufsicht durch die Wirtschaftsprüferkammer. Lediglich im Verband tätige Wirtschaftsprüfer unterliegen dieser Berufsaufsicht. Werden von einem im Verband tätigen Wirtschaftsprüfer von der Kammer z. B. Unterlagen herausverlangt, die der Geheimhaltungspflicht des Verbandes unterliegen, so könnte Herausgabe nicht von der Kammer, sondern nur vom zuständigen Ministerium als Aufsichtsbehörde durchgesetzt werden.

## II. Inhalt und Umfang der Staatsaufsicht

4 Das Gesetz sagt lediglich, daß die oberste Landesbehörde den Verband darauf prüfen lassen kann, **ob** er die ihm obliegenden Aufgaben erfüllt. Einzelheiten über Inhalt und Umfang der Staatsaufsicht sind dem Gesetz nicht zu entnehmen. Die Vorschrift wurde eingeführt im Zusammenhang mit der Regelung der Pflichtmitgliedschaft durch Gesetz vom 30. 10. 1934 (RGBl. I, 1077).

5 Die **Ausgestaltung der Staatsaufsicht** ist im einzelnen umstritten. Bei der Auslegung ist von dem Zweck der Aufsicht auszugehen; sie liegt im

öffentlichen Interesse und nicht im Interesse einzelner Mitgliedsgenossenschaften (*Bömcke*, ZfG 1952, 163; *Müller*, § 64 Rdn. 2; *Paulick*, S. 323). Das Gesetz gibt der Behörde nicht das Recht, über die Verbandsaufsicht auf das Verhalten einzelner eG Einfluß zu nehmen. Die Aufsicht hat sich grundsätzlich auf Fragen der Rechtmäßigkeit der Maßnahmen des Prüfungsverbandes zu beschränken; Fragen der Zweckmäßigkeit der Tätigkeit des Verbandes unterliegen nicht der Staatsaufsicht (s. aber Rdn. 7; vgl. *Riebandt-Korfmacher*, GW 1954, 119 ff). Dies ist aus der Fassung des Gesetzes zu folgern, wonach nur die Frage des „ob" der Staatsaufsicht unterliegt und nicht die Frage, „wie" der Verband seine Aufgaben durchführt; so zutreffend *Thomas*, S. 103. Solange sich der Verband im Rahmen der Gesetze hält, darf die Aufsichtsbehörde nicht in die Verbandsautonomie eingreifen (*Henzler* S. 18; *Müller*, § 64 Rdn. 2). Grundsatzüberlegungen zur Frage der Staatsaufsicht über Prüfungsverbände vgl. Beiträge von *Westermann*, *Lang*, *Klusak* in: Zur Reform des Genossenschaftsrechts Bd. 3; *Schemann*, Staatsaufsicht über genossenschaftliche Prüfungsverbände, Institut für Genossenschaftswesen, Marburg, Bd. 18.

Vom Zweck der Staatsaufsicht ausgehend und unter Berücksichtigung des Umstandes, daß sie in der heutigen Form im Zusammenhang mit der Pflichtmitgliedschaft bei genossenschaftlichen Prüfungsverbänden eingeführt worden ist, muß gefolgert werden, daß diese Aufsicht sich **nur auf die Prüfungstätigkeit** des Verbandes und damit zusammenhängende Maßnahmen z. B. der Prüfungsverfolgung bezieht; darüber hinausgehende satzungsmäßige Aufgaben wie Interessenvertretung, Betreuung und Beratung unterliegen nicht dieser Staatsaufsicht (so auch *Meyer/Meulenbergh/Beuthien*, § 64 Rdn. 2; *Thomas*, S. 107 ff; a. A. *Müller*, § 64 Rdn. 2; vgl. unten Rdn. 10). Die anerkannten Grundsätze der genossenschaftlichen Selbstverwaltung und Selbstorganisation schließen bei diesen satzungsmäßigen Aufgaben der Betreuung und Interessenvertretung eine Staatsaufsicht aus (*Thomas*, S. 108). **6**

Wenn sich die staatliche Aufsicht in der Regel auch auf die **formale Rechtmäßigkeit** der Prüfungstätigkeit des Verbandes zu beschränken hat, so wird ihr **in besonderen Fällen** doch auch ein **materielles Kontrollrecht** zuzugestehen sein, wie z. B. auch die Einsichtnahme in Prüfungsberichte, wenn dies zur Beurteilung der Rechtmäßigkeit der Prüfungshandlungen des Verbandes erforderlich ist (*Bömcke*, ZfG 1952, 176 und BlfG 1952, 231; *Meyer/Meulenbergh/Beuthien*, § 64 Rdn. 2; *Schubert/Steder*, § 64 Rz. 6; *Westermann*, Referate und Materialien, Bd. 3, 164 ff). Die Staatsaufsicht über genossenschaftliche Prüfungsverbände hat ihre Grundlage ausschließlich im GenG. **Andere Aufsichtsbehörden**, z. B. das Bundesaufsichtsamt für das Kreditwesen, haben keine Aufsichtszuständigkeit über genossenschaftliche Prüfungsverbände. **7**

8 Über das Verfahren der Staatsaufsicht haben sich die Genossenschaftsreferenten von Bund und Ländern im Jahre 1980 geeinigt. Das Ergebnis ist ein **einheitliches Berichtsschema**, nach dem die genossenschaftlichen Prüfungsverbände zum 30. 4. eines jeden Jahres der zuständigen Aufsichtsbehörde Mitteilung zu geben haben.

Näheres zur **Staatsaufsicht**: *Schemmann*, Staatsaufsicht über genossenschaftliche Prüfungsverbände; *Bömcke*, Die Staatsaufsicht auf dem Gebiet des genossenschaftlichen Prüfungswesens, ZfG 1952, 161 ff.

9 Entfallen sind die an die Bestimmungen als gemeinnützigkeitsrechtlicher Prüfungsverband geknüpften Aufsichts- und Eingriffsrechte (s. § 63 c Rdn. 4; § 63 Rdn. 8), soweit diese nicht schon als mit dem Grundgesetz unvereinbar nicht mehr anzuwenden waren (§§ 23 Abs. 2, 24 Abs. 2 WGG; dazu *Riebandt-Korfmacher*, in: Jenkis, a. a. O., §§ 23, 24).

Für die Beaufsichtigung von Wohnungsbaugenossenschaften gelten mithin die allgemeinen Bestimmungen und Grundsätze.

10 Unterschiedliche Meinungen bestehen darüber, ob und ggfs. in welchem Umfang sich nach geltendem Recht die Genossenschaftsaufsicht auch auf **Aufgaben** erstreckt, die dem Prüfungsverband **nach anderen Gesetzen** als dem GenG obliegen (allgemein zur Prüfung der WGG-Vorschriften und in bezug auf eine Reform des WGG: *Flender*, 240, 248; *Westermann* 166, im Anschluß an *Bömcke* für Erstreckung der Genossenschaftsaufsicht auf alle zugewiesenen Aufgaben; *Thomas*, 110; einschränkend *Riebandt-Korfmacher*, GW 1954, 119, 123, 268). Gegen eine Vermengung der Aufsichtsbefugnisse bestehen erhebliche Bedenken; dadurch würden die Verantwortungsbereiche verwischt, die Rechtssicherheit beeinträchtigt und der Prüfungsverband einer nicht gebotenen Doppelbelastung ausgesetzt.

## III. Auflagen

11 Die Aufsichtsbehörde kann den Prüfungsverband durch **Auflagen** zur Erfüllung seiner Aufgaben anhalten. Solche Auflagen sind nur zulässig, wenn der Prüfungsverband seine Pflichten im Prüfungsbereich nicht ordnungsgemäß erfüllt. Die Auflage muß zur Beseitigung konkreter Mängel geeignet sein. Die vom Verband aufgrund der Auflagen zu ergreifenden Maßnahmen liegen dann in der Autonomie und im pflichtgemäßen Ermessen des Verbandes (*Bömcke*, ZfG 1952, 178; *Meyer/Meulenbergh/Beuthien*, § 64 Rdn. 3; *Müller*, § 64 Rdn. 8).

12 Die Aufsichtsbehörde ist verpflichtet, vor Festlegung einer Auflage **den Prüfungsverband zu hören**. Die Auflage ist ein Verwaltungsakt, gegen den Anfechtungsklage vor den Verwaltungsgerichten zulässig ist.

13 Da die Auflage von der obersten Verwaltungsbehörde erteilt wird, ist ein Verfahren gem. § 68 Abs. 1 Ziff. 1 VWGO nicht vorgesehen.

## § 64 a
## Entziehung des Prüfungsrechts

**Das Prüfungsrecht kann dem Verband entzogen werden, wenn der Verband nicht mehr die Gewähr für die Erfüllung der von ihm übernommenen Aufgaben bietet, wenn er Auflagen der nach § 64 zuständigen Behörde nicht erfüllt oder wenn für seine Prüfungstätigkeit kein Bedürfnis mehr besteht. Die Entziehung wird nach Anhörung des Verbandsvorstandes durch die für die Verleihung des Prüfungsrechts zuständige Behörde ausgesprochen. § 63 Satz 2 findet entsprechende Anwendung. Von der Entziehung ist den im § 63 d bezeichneten Gerichten Mitteilung zu machen.**

*Übersicht*



## I. Gründe für die Entziehung des Prüfungsrechts

Ein genossenschaftlicher Prüfungsverband wird erst zum Prüfungsverband durch die **Verleihung des Prüfungsrechts** durch die zuständige Landesbehörde (§ 63). Der Verband verliert diese Eigenschaft, Prüfungsverband zu sein, wenn ihm das Prüfungsrecht wieder entzogen wird. § 64 a legt abschließend die Gründe fest, bei denen dem Verband das Prüfungsrecht entzogen werden kann. 1

Die Entziehung des Prüfungsrechts ist das **äußerste Mittel** gegen einen Prüfungsverband. Es darf daher nur zur Anwendung kommen, wenn andere aufsichtsrechtliche Maßnahmen keinen Erfolg mehr erwarten lassen. 2

Die Aufsichtsbehörde hat in jedem Fall im Rahmen ihres pflichtgemäßen Ermessens zu entscheiden, ob die vorliegenden Gründe aus der Sicht des öffentlichen Interesses die Entziehung des Prüfungsrechts gebieten (vgl. *Müller*, § 64 a Rdn. 4): 3

### 1. Mangelnde Gewähr für die Aufgabenerfüllung

Es müssen Tatsachen vorliegen, die berechtigte Zweifel begründen, daß der Verband nicht willens oder in der Lage ist, seine gesetzlichen Aufgaben ordnungsgemäß zu erfüllen. Einmaliges Fehlverhalten kann regelmäßig 4 diese Zweifel noch nicht rechtfertigen, insbesond. wenn der Verband Maßnahmen ergreift, um Wiederholungen zu vermeiden. Diese Maßnahmen können z. B. in personellen Konsequenzen liegen.

5 Mangelhafte Aufgabenerfüllung **außerhalb des Prüfungsbereichs** können ausnahmsweise nur dann zu einer Entziehung des Prüfungsrechts führen, wenn es sich um ein so schwerwiegendes Fehlverhalten handelt, daß auch die begründete Befürchtung besteht, es könnte Auswirkungen auf den Prüfungsbereich haben.

### 2. Nichterfüllung von Auflagen

6 Auflagen der Aufsichtsbehörde sind ein Mittel, um den Prüfungsverband zum ordnungsgemäßen Verhalten zu veranlassen (vgl. ergänzend § 63 a). Falls der Prüfungsverband aufsichtsbehördlichen Auflagen nicht nachkommt, gibt die Entziehung des Prüfungsrechts der Behörde ein letztes und endgültiges Mittel, um Gefährdungen allgemeiner Interessen durch den Prüfungsverband zu verhindern. Die einmalige Nichterfüllung einer Auflage wird nur dann die Entziehung des Prüfungsrechts rechtfertigen, wenn es sich um wesentliche und sehr grundsätzliche Fragen des Prüfungsrechts handelt.

### 3. Wegfall des Bedürfnisses

7 Gem. § 63 a Abs. 2 kann die Verleihung des Prüfungsrechts insbesond. dann abgelehnt werden, wenn für die Prüfungstätigkeit des Verbandes kein Bedürfnis besteht (Näheres Erl. zu § 63 a). Folgerichtig kann das erteilte Prüfungsrecht wieder entzogen werden, wenn dieses **Bedürfnis** infolge einer nachhaltigen Änderung wesentlicher Umstände **wieder entfallen ist** (vgl. *Kopp*, VwVfG, § 40 Rdn. 26).

## II. Zuständige Behörde und Verfahren

8 Für die Entziehung des Prüfungsrechts ist die jeweilige oberste Landesbehörde zuständig, die auch für die Verleihung (§ 63) und die Beaufsichtigung der Prüfungsverbände (§ 64) zuständig ist.

9 Die Entziehung des Prüfungsrechts erfolgt durch Verwaltungsakt. Vor Erlaß dieser Maßnahme muß dem betroffenen Verband der Sachverhalt mitgeteilt werden, aufgrund dessen die Aufsichtsbehörde die Entziehung des Prüfungsrechts beabsichtigt. Dem Verband muß eine angemessene Frist zur Überprüfung und möglichen Abhilfe gegeben werden. Ob die **Anhörung** im mündlichen oder schriftlichen Verfahren erfolgt, ist eine Frage des pflichtgemäßen Ermessens im Einzelfall.

Durch Verweis auf § 63 Satz 2 ist sichergestellt, daß im Entziehungsverfahren alle Länderbehörden eingeschaltet sind, in deren Bereich Mitgliedsgenossenschaften des Verbandes ihren Sitz haben. 10

Gegen die Entziehung des Prüfungsrechts steht dem Verband die **Anfechtungsklage** vor den Verwaltungsgerichten zu. Da die Entziehung von der obersten Landesbehörde erfolgt, ist ein Vorverfahren gem. § 68 Abs. 1 Ziff. 1 VwGO nicht vorgesehen. Im gerichtlichen Verfahren sind alle tatsächlichen Voraussetzungen für die Entziehung des Prüfungsrechts in vollem Umfang nachprüfbar. 11

## III. Mitteilung an die Registergerichte

Die rechtskräftige Entziehung des Prüfungsrechts ist von der Aufsichtsbehörde allen Registergerichten mitzuteilen, in deren Bezirk eine dem Prüfungsverband angehörende eG ihren Sitz hat. Diese Mitteilung hat insbesondere Bedeutung im Hinblick auf die Pflichtmitgliedschaft in einem Prüfungsverband gem. § 54 Abs. 1. Die Registergerichte haben dann unter Umständen Maßnahmen nach § 54 a zu ergreifen. Ggfs. kann das Registergericht gem. § 64 b einen Prüfungsverband mit der Wahrnehmung des Prüfungsauftrags für die betroffenen eG beauftragen. 12

## IV. Rechtsfolgen bei Entziehung des Prüfungsrechts

Die Entziehung des Prüfungsrechts berührt nicht die rechtliche Existenz des Verbandes als eingetragener Verein. Der Verband ist jedoch nicht mehr berechtigt, genossenschaftliche Pflichtprüfungen durchzuführen. Dennoch durchgeführte Prüfungen hätten nicht den Charakter der genossenschaftlichen Pflichtprüfung i. S. d. §§ 53 ff. 13

Der Verlust des Prüfungsrechts wäre für die Mitgliedsgenossenschaften **ein Grund zur fristlosen Kündigung** der Mitgliedschaft. Dies ist eine Folge der Verpflichtung gem. § 54 Abs. 1, Mitglied in einem Genossenschaftsverband zu sein, dem das Prüfungsrecht verliehen ist. Falls die Mitgliedschaft nicht insgesamt gekündigt wird, bestünde die Möglichkeit, die entsprechende Reduzierung der Mitgliedsbeiträge zu verlangen. 14

## § 64 b
## Prüfung verbandsfreier Genossenschaften

**Gehört eine Genossenschaft keinem Prüfungsverband an, so kann das Gericht (§ 10) einen Prüfungsverband zur Wahrnehmung der im Gesetz den Prüfungsverbänden übertragenen Aufgaben bestellen. Dabei**

**sollen die fachliche Eigenart und der Sitz der Genossenschaft berücksichtigt werden.**

*Übersicht*



## I. Bestellung eines Prüfungsverbandes durch das Gericht

1 Die Bestellung eines Prüfungsverbandes kommt in Betracht, wenn eG nicht Mitglied eines Prüfungsverbandes sind (weil sie durch Kündigung oder Ausschluß aus dem Verband ausgeschieden sind), wenn dem Verband das Prüfungsrecht entzogen worden oder der Verband aufgelöst ist.

2 Die gerichtliche Bestellung eines Prüfungsverbandes ist dagegen nicht möglich in Fällen, in denen sich z. B. der Prüfungsverband weigert, die Prüfungsaufgaben gegenüber einer bestimmten eG wahrzunehmen (*Müller*, § 64 b Rdn. 2).

3 Unter den genannten Voraussetzungen hat das Gericht **von Amts wegen** über die Bestellung zu entscheiden. Es ist umstritten, ob dem Gericht dabei ein Ermessensspielraum zur Verfügung steht. Der Gesetzeswortlaut: „... so kann das Gericht ... bestellen ...“ spricht zunächst dafür, daß das Gericht nicht in jedem Fall, in dem eine Verbandsmitgliedschaft nicht besteht, nach § 64 b vorzugehen hat (so grundsätzlich *Schubert/Steder*, § 64 b Rz. 4; *Lang/Weidmüller* in den bisherigen Auflagen). Andererseits muß jedoch berücksichtigt werden, daß der Sinn des § 64 b in Anbetracht der Pflichtmitgliedschaft (§ 54) nur dahin gehen kann, dafür Sorge zu tragen, daß jede eG einer Verbandsprüfung unterworfen bleibt. Aus diesen Gründen ist wohl davon auszugehen, daß das Gericht grundsätzlich von Amts wegen einen Prüfungsverband für die Durchführung der Prüfungsaufgaben zu bestellen hat, wenn eine eG nicht mehr Mitglied eines Prüfungsverbandes ist (unter Aufgabe der früheren Meinung; im Ergebnis zutreffend *Müller*, § 64 b Rdn. 3).

4 Ebenfalls nicht einheitlich wird das Verhältnis von § 64 b zu § 54 a gesehen. In beiden Fällen wird es sich im allgemeinen darum handeln, daß eine eG aus dem Prüfungsverband ausgeschieden ist (zumal es heute „verbandsfreie eG“ nicht mehr gibt). Wenn nun aber § 54 a das Gericht ohne eigenen Ermessensspielraum verpflichtet, eine Frist für den Erwerb einer neuen Mitgliedschaft in einem Prüfungsverband zu bestimmen, so müßte dieses Verfahren auch gelten, wenn das Gericht nach § 64 b vorzugehen beabsichtigt. Dies bedeutet, daß grundsätzlich zunächst **vom Gericht eine Frist** gem. § 54 a Abs. 1 zu setzen ist – daß nach vergeblichem Ablauf der Frist

gem. § 54 a Abs. 2 die eG aufzulösen und gem. § 64 b ein Prüfungsverband zu bestellen ist.

Vor der Bestellung des Prüfungsverbandes sind **alle Beteiligten zu hören**, Dies gilt insbesond. für die betroffene eG, für den Prüfungsverband, dem die eG bisher angehört hat und für den Prüfungsverband, der vom Gericht bestellt werden soll. 5

Das Gericht hat die fachliche Eigenart und den Sitz der eG bei der Auswahl des Prüfungsverbandes zu berücksichtigen. Gegebenenfalls wäre zu prüfen, ob die eG überhaupt in der Lage ist, die durch die Bestellung des Verbandes anfallenden Kosten, insbesond. die Prüfungsgebühren, zu bezahlen (näher dazu Rdn. 12). 6

Die Zustimmung des Prüfungsverbandes für dessen Bestellung oder die Zustimmung der eG ist nicht erforderlich (*Müller*, § 64 b Rdn. 6). Im Interesse einer optimalen Prüfung und Betreuung durch den Verband dürfte es aber richtig sein, die Bestellung möglichst nicht gegen den Willen der Betroffenen vorzunehmen. 7

Die Bestellung des Prüfungsverbandes dauert fort bis zum Widerruf durch das Gericht. Falls jedoch die Voraussetzungen für die Bestellung wegfallen – die eG hat z. B. die Mitgliedschaft bei einem anderen Prüfungsverband erworben – ist das Gericht verpflichtet, die Bestellung von Amts wegen zu widerrufen (vgl. *Müller*, § 64 b Rdn. 9). Das Gericht kann auch, wenn dafür Gründe bestehen, anstelle des bisher bestellten Verbandes einen anderen Prüfungsverband bestellen. 8

Auf eine **Vorgenossenschaft** (s. § 13 Rdn. 4 ff) findet § 64 b keine Anwendung. Aus der Entstehungsgeschichte und dem Zweck der Vorschrift folgt, daß nur für „eingetragene Genossenschaften" eine Bestellung des Prüfungsverbandes durch das Gericht vorgesehen ist. Die Entstehung einer nicht eingetragenen Vorgenossenschaft soll nicht davon abhängig sein, daß sie einem Prüfungsverband angehört (ausführlich dazu: BayObLG DB 1990, 2157). 9

Um die nach § 11 Abs. 2 Nr. 4 erforderliche Verbandsbescheinigung zu erhalten, kann die Vorgenossenschaft bei der Aufsichtsbehörde um eine Auflage gem. § 64 nachsuchen, bei Verbänden mit Monopolcharakter kann sich ein Anspruch aus §§ 27, 35 GWB ergeben; besteht bei monopolartiger Stellung des Verbandes ein schwerwiegendes Aufnahmeinteresse, so kann darauf eine Aufnahmeklage gestützt werden (vgl. BGHZ 93, 151).

Gegen die Bestellung eines Prüfungsverbandes durch den Rechtspfleger (§ 3 Ziff. 2 d RpflG) ist die **Erinnerung** gegeben, gegen die Entscheidung des Richters die **Beschwerde** (§ 19 FGG). Das Rechtsmittel steht jedem zu, der von der Entscheidung betroffen ist. 10

## II. Wirkung der Bestellung

11 Die Bestellung eines Prüfungsverbandes durch das Gericht hat zur Folge, daß dieser gegenüber der eG berechtigt und verpflichtet ist, die gesetzlichen Aufgaben eines Prüfungsverbandes wahrzunehmen. Die eG wird dadurch aber nicht Mitglied des Verbandes; irgendwelche mitgliedschaftsrechtlichen Beziehungen können durch die Bestellung nicht entstehen.

12 Für seine Leistungen hat der Verband Anspruch auf **angemessene Vergütung**. Er wird möglichst für einzelne Maßnahmen entsprechende Verträge mit der eG abschließen. Ggfs. hat er Vergütungsansprüche unter den Gesichtspunkten der Geschäftsführung ohne Auftrag. Ein Vergütungsanspruch gegen den Fiskus steht ihm nicht zu (*Müller*, § 64 b Rdn. 8).

Eine Bestellung ist für den Verband nicht zumutbar, wenn die eG offenbar nicht in der Lage ist, die Prüfungsgebühren zu bezahlen. Bei Vermögenslosigkeit soll von der Bestellung eines Prüfungsverbandes abgesehen werden; die eG wäre von Amts wegen zu löschen (LG Kassel, Beschl. v. 8. 3. 1984, 11 T 11/83). Rechtsbehelfe s. Rdn. 10.

# § 64 c

## Prüfung aufgelöster Genossenschaften

**Auch aufgelöste Genossenschaften unterliegen den Vorschriften dieses Abschnitts.**

*Übersicht*



## I. Aufgelöste Genossenschaft

1 Die Auflösung der eG kann erfolgen: Durch Beschluß der GV (§ 78), durch Zeitablauf bei zeitlich beschränkter eG (§ 79), durch unter sieben absinkende Mitgliederzahl (§ 80), durch Auflösung von Amts wegen wegen gesetzeswidriger Handlungen, insbesond. wegen Verfolgung anderer Zwecke als des Förderzwecks (§ 81), durch Auflösung von seiten des Gerichts wegen fehlender Mitgliedschaft beim Prüfungsverband (§ 54 a Abs. 2) und durch die Eröffnung des Konkursverfahrens (§ 101). Die Auflösung führt nicht zum Erlöschen der eG, insbesond. nicht zum Verlust der Rechtsfähigkeit. Es ändert sich allerdings der Unternehmenszweck: Anstelle des Förderzwecks gem. § 1 tritt der Liquidationszweck (vgl. Erl. zu § 87).

## II. Pflichtmitgliedschaft und Prüfungspflicht

2 § 64 c stellt klar, daß auch aufgelöste eG im Stadium der Liquidation den gesamten Regelungen des 4. Abschnitts des GenG über die Prüfung und die Prüfungsverbände unterliegen. Dies bedeutet in erster Linie, daß auch aufgelöste eG der Pflichtprüfung unterworfen sind (§ 53) und Mitglied eines genossenschaftlichen Prüfungsverbandes sein müssen (§ 54). Für den Prüfungsverband hat dies zur Folge, daß er grundsätzlich nicht berechtigt ist, aufgelöste eG auszuschließen oder sie von den genossenschaftlichen Pflichtprüfungen auszunehmen (*Schubert/Steder*, § 64 c Rz. 1):

3 Wenn die eG aus dem Prüfungsverband ausscheidet und sich danach durch Beschluß auflöst, geht die für einen solchen Fall in § 54 Abs. 2 vorgesehene Auflösung von Amts wegen ins Leere. Es bleiben nur gerichtliche Maßnahmen nach § 64 b, so daß die aufgelöste eG tatsächlich nicht mehr einem Verband als Mitglied angehört.

4 Umstritten ist die Bedeutung von § 64 c für den Fall der Auflösung einer eG durch Eröffnung des **Konkurses** (§ 101). Im Konkursverfahren obliegt die Vermögensverwaltung gemäß § 117 KO dem Konkursverwalter; die Überwachung führt das Konkursgericht durch und der Gläubigerausschuß (§ 103) sowie die Gläubigerversammlung (§§ 132 ff KO).

5 Bei dieser Rechtslage wird zum Teil die Auffassung vertreten, eine Mitgliedschaft beim genossenschaftlichen Prüfungsverband und die Unterwerfung unter die Pflichtprüfung sei im Konkurs nicht erforderlich (so *Schubert/Steder*, § 64 c Rz. 3). In Anbetracht des klaren Wortlauts des Gesetzes erscheint diese Auffassung jedoch nicht haltbar. § 64 c macht keinen Unterschied, ob die Auflösung durch Konkurs der eG oder aus anderen Gründen bedingt ist. Darauf weist mit Recht auch das OVG Berlin hin (Urteil vom 24. 9. 1982; GWW 1983, 154; so auch *Müller*, § 64 c Rdn. 2). Wegen Bestellung eines Prüfungsverbandes durch das Gericht bei vermögensloser eG vgl. § 64 b Rdn. 12.

# Fünfter Abschnitt

## Ausscheiden einzelner Genossen

### Vor § 65

### Vorbemerkungen

1 Das Ausscheiden eines Mitglieds aus der eG erfolgt **aufgrund**:
- Kündigung (§§ 65, 66, 67 a, GenG);
- Verlegung des Wohnsitzes (§ 67);
- Ausschluß (§ 68);
- Übertragung des Geschäftsguthabens (§ 76);
- Tod (§ 77);
- Auflösung oder Erlöschen der juristischen Person oder Personenhandelsgesellschaft (§ 77 a);
- Verschmelzung (§§ 1 Abs. 2, 79, 89, 20 UmwG);
- Ausschlagung (§ 90 UmwG).

2 Das Ausscheiden erfolgt – mit Ausnahme der Fälle der §§ 76, 77 sowie der Verschmelzung – stets zum Geschäftsjahresschluß.

3 Im Falle des § 79 UmwG i. V. m. § 20 UmwG (Verschmelzung durch Aufnahme) ist die Eintragung der Verschmelzung in das Genossenschaftsregister der übernehmenden eG erforderlich; im Falle des § 96 UmwG (Verschmelzung durch Neugründung) ist die Eintragung der neuen eG in das für diese eG zuständige Genossenschaftsregister notwendig. Die Eintragung ist anfechtbar, sie schafft nicht Recht (vgl. hierzu § 65 Rdn. 16).

4 Eine Festsetzung **anderer** Gründe des Ausscheidens in der Satzung ist unzulässig, da die Regelung des 5. Abschnitts abschließend ist (KGJ 11, 48; 34, 208; 43, 115; *Schubert/Steder*, § 65 Rdn. 1). Deshalb kann die Satzung nicht vorsehen, daß bei Wegfall bestimmter persönlicher Voraussetzungen (von denen der Beitritt wirksam abhängig gemacht werden konnte) die Mitgliedschaft automatisch endet. Da stets Kündigungsfristen einzuhalten sind, ist eine vorzeitige Beendigung der Mitgliedschaft unter dem Gesichtspunkt des Wegfalls der Geschäftsgrundlage (§ 242 BGB) nicht möglich (OLG Düsseldorf, MDR 1978, 319; OLG Frankfurt, BB 1978, 926 m. w. N.; OLG Köln, Urt. v. 22. 5. 1987 – 4 U 36/86). Gleiches gilt für grobe Pflichtverletzung durch die eG (LG Kassel, Urt. v. 3. 11. 1993 – Az.: 4 O 1878/92). Unzulässig ist z. B. eine Satzungsbestimmung, nach der Vorstandsmitglieder mit Beendigung der Organstellung automatisch als Mitglieder der eG ausscheiden. Nach Auflösung der eG ist ein Ausscheiden grundsätzlich nicht mehr möglich (vgl. § 87 Rdn. 16).

Die Novelle 1973 läßt es nunmehr auch zu, daß ein Mitglied, das mit mehreren Geschäftsanteilen beteiligt ist, mit einem oder mehreren seiner weiteren **Geschäftsanteile** – unter Beibehaltung der Mitgliedschaft – ausscheidet (vgl. § 67 b).

## § 65
## Kündigung der Mitgliedschaft

**(1) Jeder Genosse hat das Recht, mittels Aufkündigung seinen Austritt aus der Genossenschaft zu erklären.**

**(2) Die Aufkündigung findet nur zum Schluß eines Geschäftsjahres statt. Sie muß mindestens drei Monate vorher schriftlich erfolgen. Durch das Statut kann eine längere, jedoch höchstens fünfjährige Kündigungsfrist festgesetzt erden. Ist in dem Statut eine längere als eine zweijährige Kündigungsfrist festgesetzt worden, so kann jeder Genosse, der wenigstens ein volles Geschäftsjahr der Genossenschaft angehört hat, mit einer Frist von drei Monaten zum Schluß eines Geschäftsjahres, zu dem er nach dem Statut noch nicht kündigen kann, kündigen, wenn ihm nach seinen persönlichen oder wirtschaftlichen Verhältnissen nicht zugemutet werden kann, daß er bis zum Ablauf der im Statut festgesetzten Kündigungsfrist in der Genossenschaft verbleibt. Satz 4 gilt nicht, wenn die Genossenschaft ausschließlich oder überwiegend aus eingetragenen Genossenschaften besteht.**

**(3) Wird die Genossenschaft vor dem Zeitpunkt, zu dem der Austritt nach Abs. 2 erfolgt wäre, aufgelöst, so scheidet der Genosse nicht aus. Die Auflösung der Genossenschaft steht dem Ausscheiden des Genossen nicht entgegen, wenn die Fortsetzung der Genossenschaft beschlossen wird. In diesem Fall wird der Zeitraum, währenddessen die Genossenschaft aufgelöst war, bei der Berechnung der Kündigungsfrist mitgerechnet; jedoch scheidet der Genosse frühestens zum Schluß des Geschäftsjahres aus, in dem der Beschluß über die Fortsetzung der Genossenschaft in das Genossenschaftsregister eingetragen ist.**

**(4) Ein den vorstehenden Bestimmungen zuwiderlaufendes Abkommen ist ohne rechtliche Wirkung**

*Übersicht*



## I. Allgemeines

§ 65 ist durch **Novelle 1973** teilweise geändert worden. Abs. 2 Satz 3 **1**
wurde neu gefaßt; in Abs. 2 wurden nach Satz 3 die Sätze 4 und 5 (außerordentliches Kündigungsrecht im Härtefall) eingefügt.

## II. Kündigungsrecht

### 1. Unentziehbarkeit, Unbeschränkbarkeit

2 Das **Kündigungsrecht** ist unentziehbar (und unpfändbar, jedoch kann ein Gläubiger nach § 66 verfahren). Es kann nicht aufgehoben oder über § 65 hinaus beschränkt werden. Es ist gleichgültig, ob die Aufhebung oder Beschränkung in der Satzung festgelegt ist oder auf einem GV-Beschluß oder auf einer besonderen Vereinbarung beruht (RGZ 30, 83; 33, 65). Ein Verstoß führt zur Nichtigkeit dieser Beschränkung.

3 **Unzulässig** ist z. B., das Kündigungsrecht von einer bestimmten Mitgliedsdauer (*Paulick*, S. 145) oder der Festsetzung eines Austrittsgeldes (RGZ 33, 65) oder eines Beitrages zu einem Amortisationsfonds (RGZ 42, 79) abhängig zu machen. Unzulässig ist auch die Bestimmung, daß das Geschäftsguthaben bei dem Ausscheiden an die eG oder einen Dritten fällt (KGJ 34, 186) und eine Vereinbarung, das Geschäftsguthaben nach dem Ausscheiden aus der eG dieser als Darlehen zu belassen (BlfG 1937, 580). Gleiches gilt für die Vereinbarung eines Wettbewerbsverbots (RGZ 82, 304). Unstatthaft ist es auch, die Wirksamkeit des Austritts bzw. die Einreichung der Kündigung zum Registergericht von der Erfüllung der Pflichten gegenüber der eG, z. B. Rückzahlung eines Kredits, abhängig zu machen (*Müller*, § 65 Rdn. 34). Mitgliedern, die gekündigt haben, einen höheren Preis abzuverlangen, wird vom BGH (ZfG 1984, 156 mit kritischer Anmerkung *Schultz*) als unzulässiges Druckmittel gegen den Austritt angesehen (hierzu § 18 Rdn. 19).

4 **Zulässig** ist jedoch eine besondere Vereinbarung, derzufolge die eG beim Austritt des Kreditnehmers zur vorzeitigen Kündigung des Kredits berechtigt ist (RGZ 91, 335). Vereinbarung eines Wiederkaufsrechts für den Fall des Austritts ist zulässig, nicht hingegen eine auf Vertragsstrafe hinauslaufende Bedingung (RGZ 130, 211; 147, 201). Auch ohne Vereinbarung eines Wiederkaufsrechts kann eine Wohnungsgenossenschaft, die ihren Mitgliedern Erwerbshäuser veräußert, im Falle des Ausscheidens vom Vertrag zurücktreten und Herausgabe des Hauses verlangen, wenn die Mitgliedschaft Grundlage des Verkaufs und der Auflassung war und dem Erwerber mit dem Verkauf ein genossenschaftlicher Vorteil zugewendet worden ist, etwa weil diese die Häuser ihren Mitgliedern erheblich unter dem gemeinen Verkaufswert überlassen hat oder für die Hypotheken mithaften. Etwas anderes kann gelten, wenn eG's ihren Mitgliedern in Anpassung an die Bedürfnisse des Einzelfalls gegen bestimmte Zahlungen Eigenheime errichten und veräußern (s. i. ü. zum satzungsmäßigen Anspruch auf Erwerb eines Eigenheimes u. ä. § 1 Rdn. 109. Eine Wohnungsgenossenschaft kann dem Ausgeschiedenen – trotz satzungs- und vertragsmäßiger Bindung des Nutzungsrechts an der Genossenschaftswohnung – nur unter Einhaltung der

zwingenden Vorschriften des Mietrechts, insbesondere der §§ 565 a Abs. 2, 569 BGB kündigen; die neuere Rechtsprechung unterstellt, ungeachtet der hiergegen geltend gemachten Bedenken, wenn auch mit unterschiedlicher Begründung, das Nutzungsverhältnis den Vorschriften des Mietrechts (im einzelnen § 1 Rdn. 118–120; das übersieht *Müller*, § 65 Rdn. 34). Verträge, z. B. Lieferungsverträge mit Mitgliedern, können auch langfristig abgeschlossen werden, ohne daß dadurch notwendig die Kündigung der Mitgliedschaft erschwert wird (*Schubert*, ZfG 1967, 59; RGZ 71, 338 steht dem nicht entgegen, da diese Entscheidung einen Sonderfall behandelt, bei dem mit Beendigung der Mitgliedschaft die im Vertrag vorgesehene Gegenleistung – Dividendenberechtigung – entfallen würde; vgl. oben Rdn. 3 a. E.). Keine Beschränkung des Kündigungsrechts, wenn die Satzung bestimmt, daß ein ausgeschiedenes Mitglied bei Wiedereintritt den Betrag einzuzahlen hat, der ihm bei seinem Ausscheiden ausgezahlt worden ist (AG Mannheim, ZfG 1962, 258 = GWW 1962, 391 m. krit. Anm. *Schnorr von Carolsfeld*).

### 2. Ordentliche Kündigung

Die Kündigung, die nur zum Schluß eines Geschäftsjahres erklärt werden kann, bedarf der **Schriftform**. Eine mündliche Kündigung ist ohne rechtliche Wirkung (*Paulick*, S. 145). Gleiches gilt für eine mündliche Zusage, demnächst zu kündigen. Auch eine telegrafische Kündigung ist unwirksam (KG, JW 1934, 3294). Gleiches gilt für Kündigung per Telefax (BGH, NJW 1993, 1126; *Palandt*, BGB, § 125 Rdn. 11). Wird durch die Satzung eine Kündigung mittels eingeschriebenen Briefs verlangt, so betrifft diese Regelung nur die Sicherstellung der Übermittlung, nicht jedoch die Form der Erklärung (BAG, NJW 1957, 358); eine schriftliche Kündigung ohne Einschreibebrief ist deshalb wirksam, wenn sie zur Kenntnis des Vorstands gelangt (RGZ 77, 70; JW 1914, 461), da es sich zwar um eine zulässige Satzungsregelung handelt, diese jedoch nur eine Ordnungsvorschrift ist (a. A. *Müller*, § 65 Rdn. 7, der ohne nähere Begründung weitergehende Formerfordernisse – etwa notarielle Beurkundung – in der Satzung für unzulässig hält). Es muß nicht der Begriff „Kündigung" verwendet werden. Es genügt die unmißverständliche Erklärung, aus der eG ausscheiden zu wollen. Die bloße Drohung oder Absichtserklärung, ausscheiden zu wollen, reicht jedoch nicht aus (so auch *Meyer/Meulenbergh/Beuthien*, § 65 Rdn. 8). 5

Die Kündigung braucht nicht begründet zu werden (OLGRspr. 19, 360). Eine **Begründung** ist jedoch erforderlich im Falle der Kündigung wegen Unzumutbarkeit nach Abs. 2 Satz 4 (*Schubert/Steder*, § 65 Rdn. 8, 14; *Meyer/Meulenbergh/Beuthien*, § 65 Rdn. 8, zweifelnd *Müller*, § 65 Rdn. 5). 6

7 Grundsätzlich kann die Kündigung keine **Bedingung** enthalten. Zulässig wäre eine Bedingung nur, wenn ihr Eintritt ausschließlich von Entscheidungen der eG, nicht jedoch vom Willen der Kündigenden abhängt, z. B. für den Fall, daß die GV eine Pflichtbeteiligung oder eine Nachschußpflicht einführt bzw. erhöht (wie hier *Schubert/Steder*, § 65 Rdn. 8).

8 Die Kündigung ist eine einseitige, empfangsbedürftige Willenserklärung. Sie wird wirksam mit dem **Zugang** bei der eG. Schreibt die Satzung einer eG vor, daß Kündigungen nur an den Vorstand zu richten sind, so soll eine „an die eG" gerichtete Kündigung auch dann unwirksam sein, wenn der Vorstand rechtzeitig von ihr Kenntnis erhalten hat (LG Hamburg, JW 1934, 182). Diese Entscheidung erscheint sehr formalistisch; es muß genügen, wenn die an die eG gerichtete Kündigung rechtzeitig bei der eG eingeht, weil es sich von selbst versteht, daß die Kündigung an den gesetzlichen Vertreter der eG gerichtet ist (*Meyer/Meulenbergh/Beuthien*, § 65 Rdn. 8; so auch OLG München, WM 1979, 1397 = ZfG 1982, 229 m. zust. Anm. *Schultz*), das einen Fall zu entscheiden hatte, in dem als Adressat der Kündigung fälschlicherweise die Zentralgenossenschaft genannt war, der Vorstand der Primärgenossenschaft jedoch erkennen konnte, daß die Mitgliedschaft bei der Primärgenossenschaft gekündigt werden sollte). Bei Unklarheiten ist der Vorstand verpflichtet, sich um Klarstellung zu bemühen, was das Mitglied erklären wollte (OLG München a. a. O.; vgl. auch Rdn. 5).

9 Die Kündigung kann auch durch einen **Bevollmächtigten** erfolgen (KGJ 27, 67); die Vollmacht braucht nicht schriftlich erteilt zu sein; die Nachprüfung der Vollmacht steht im Ermessen des Gerichts (§ 13 FGG; KGJ 13, 65). Handelt der Vertreter ohne Vertretungsmacht, kann das Mitglied die Kündigung genehmigen; genehmigt es nicht, ist das Ausscheiden selbst dann nicht wirksam, wenn die Eintragung in die Liste der Mitglieder erfolgte und der Zeitpunkt des Ausscheidens erreicht ist. Während des Konkurses eines Mitglieds der eG kann der **Konkursverwalter** das Kündigungsrecht ausüben. Dieses Recht des Konkursverwalters kann aus seiner Stellung und seinen Aufgaben sowie aus dem dem § 66 zugrunde liegenden Gedanken hergeleitet werden (so jetzt auch *Müller*, § 65 Rdn. 11). Im Falle des Konkurses einer juristischen Person oder Personenhandelsgesellschaft ist eine Kündigung durch den Konkursverwalter angesichts des § 77 a überflüssig.

10 Die Kündigung muß unter Berücksichtigung der gesetzlichen bzw. der satzungsmäßigen **Kündigungsfrist** erklärt werden. Eine verspätete Kündigung gilt für den nächstmöglichen Termin (KGJ 23, 112 = KG OLG 4, 308). Da die Gründe für das Ausscheiden im 5. Abschnitt abschließend geregelt sind, besteht grundsätzlich kein Recht, mittels außerordentlicher Kündigung vorzeitig im Laufe des Geschäftsjahres aus der eG auszuscheiden (OLG Düsseldorf, MDR 1978, 319 = NJW 1978, 319 mit Anm. *Hof-*

*mann* 1979, 351; *Meyer/Meulenbergh/Beuthien*, § 65 Rdn. 11; *Schubert/Steder*, § 65 Rdn. 1; a. A. *Schneider*, in: Festschrift für Fleck, 297 ff); dies ergibt sich daraus, daß das Geschäftsguthaben als Haftungsbasis für die Gläubiger erhalten bleiben muß und zwar in der Art, wie es – unter Berücksichtigung der Satzungsregelungen – aus dem Genossenschaftsregister ersichtlich ist, sowie aus dem Gedanken des § 65 Abs. 4. Nichts anderes ergibt sich aus RGZ 130, 375; dort ist zwar ausgeführt, daß bei einer Kündigungsfrist gleichwohl aus wichtigem Grund ein fristloser Austritt möglich ist. Andererseits führt das RG (a. a. O., S. 378) aus, daß in erster Linie die Belange und Zwecke des Vereins und der Grund für die Festsetzung einer Kündigungsfrist in Betracht gezogen werden. Diese führen dazu, daß aus Gründen der Kapitalerhaltung und der Berechnung des Auseinandersetzungsanspruchs der Ausscheidenden die Mitgliedschaft nur im Rahmen der Vorschriften der §§ 65 ff endet.

Die **Kündigungsfrist** muß für alle Mitglieder gleich sein und darf auch **11**
nicht je nach dem Grunde der Kündigung verschieden bemessen sein (KGJ 36, 264). Die Kündigungsfrist beträgt mindestens drei Monate; sie kann durch die Satzung auf höchstens 5 Jahre festgesetzt werden. Eine Verlängerung der Kündigungsfrist auf eine längere Frist als 2 Jahre ist eine Satzungsänderung, die mit einer Mehrheit von mindestens 3/4 der abgegebenen Stimmen beschlossen werden muß (§ 16 Abs. 2); außerdem muß in diesem Falle der Ergebnisniederschrift das nach § 47 Abs. 3 geforderte Verzeichnis beigefügt werden. Wenn bei einer eG eine dreimonatige Kündigungsfrist gilt und das Geschäftsjahr der eG mit dem Kalenderjahr identisch ist, dann muß die Kündigung eines Mitglieds, das zum 31. 12. ausscheiden möchte, spätestens am 30. 9. der eG zugegangen sein. Ist der 30. 9. ein Sonnabend, Sonntag oder Feiertag, so gilt § 193 BGB nicht (BGHZ 59, 267; NJW 1970, 1470; *Palandt*, BGB 53. Aufl., § 193 Rdn. 3). Geht die Kündigung verspätet ein, so gilt sie für den nächstfolgenden Geschäftsjahresabschluß (KGJ 23, 112; OLGRspr. 4, 309). Eine **Verlängerung** der Kündigungsfrist müssen die Mitglieder grundsätzlich hinnehmen (vgl. jedoch § 67 a und die dortigen Erl.; s. a. Rdn. 20 ff), es sei denn, daß ihre Kündigung bereits vor Eintragung des satzungsändernden Beschlusses der eG zugegangen ist (KG, RJA 14, 160 = OLGZ 32, 129 A; OLG München, Urt. v. 22. 9. 1995 – Az.: 8 U 2261/95; *Müller*, § 65 Rdn. 31; *Schubert/Steder*, § 65 Rdn. 13).

Eine satzungsändernde **Abkürzung** der Frist wirkt dagegen auch auf **12**
eine bereits vorgenommene Kündigung (OLG München, ebd.; *Müller*, § 65 Rdn. 31; *Parisius/Crüger*, § 65 Anm. 8; *Schubert/Steder*, § 65 Rdn. 13; *Meyer/Meulenbergh/Beuthien*, § 65 Rdn. 9; abwegig AG Mannheim, Beschl. v. 26. 10. 1988). Das bedeutet, daß für die früher erklärte Kündigung **ab Eintragung der Satzungsänderung** nunmehr die kürzere Kündigungsfrist zu laufen beginnt. Wegen der Beweislast vgl. BlfG 1932, 745.

Wurde nach Zugang der Kündigung das Ende des Geschäftsjahres geändert (v. 30. 6. auf den 31. 12.), was einer Verlängerung der Kündigungsfrist gleichkommt, muß das Mitglied dies nicht gegen sich gelten lassen (Rdn. 11 a. E.). Die Folge ist die Aufstellung einer zusätzlichen Bilanz zum 30. 6. (OLG München, Urt. v. 22. 9. 1995 – Az.: 8 U 2261/95).

13 **Vereinbarungen** zwischen der eG und einem Mitglied, die das Mitglied von der Einhaltung der gesetzlichen oder satzungsmäßigen Kündigungsfrist befreien, sind aus Gründen der Kapitalerhaltung (vgl. Rdn. 13) rechtsunwirksam (Abs. 4; RGZ 64, 92; 71, 388). Auch ein Verzicht der eG im Einzelfall oder im allgemeinen auf Einhaltung der satzungsmäßigen Kündigungsfrist ist unzulässig (*Müller*, § 65 Rdn. 28; *Schubert/Steder*, § 65 Rdn. 11). Gleiches gilt, wenn ein Mitglied über die satzungsmäßige Kündigungsfrist hinaus vertraglich an eine längere Kündigungsfrist gebunden werden soll. Ebenfalls kann keine Mitgliedschaft auf eine bestimmte Zeit vereinbart werden mit der Maßgabe, daß diese ohne Kündigung automatisch endet (s. a. Vor § 65 Rdn. 4).

14 Zulässig ist jedoch, mit den Mitgliedern über die Kündigungsfrist hinaus Lieferverpflichtungen zu vereinbaren (vgl. hierzu BGH, BB 1991, 644 = DB 1991, 436 = DStR 1991, 289 = m. zust. Anm. *Beuthien* EWiR, § 18 GenG 1/91, 895; *Hettrich/Pöhlmann*, § 65 Rdn. 7).

### 3. Rechtsfolgen, Rücknahme der Kündigung

15 Das Mitglied scheidet mit der form- und fristgerechten Kündigung nach Ablauf der Kündigungsfrist aus; die Eintragung in die Mitgliederliste hat seit dem Registerverfahrensbeschleunigungsgesetz v. 25. 12. 1993 nur noch deklaratorische Bedeutung. War die Kündigung fristgemäß zugegangen, sind die Mitglieder mit Ablauf des 31. 12. 1993 aus der eG auch dann ausgeschieden, wenn die Kündigung noch nicht eingetragen war, da ab 25. 12. 1993 § 70, der für das Ausscheiden die Eintragung in die registergerichtlich geführte Liste der Mitglieder vorsah, entfallen ist. Nach § 111 Ziff. 6 VerglO ist während der Dauer des Vergleichsverfahrens das aufgrund der Kündigung erfolgende Ausscheiden gehemmt. Das Ausscheiden gilt als nicht erfolgt, wenn die eG innerhalb von 6 Monaten nach dem Ausscheiden aufgelöst wird (§ 75 und die dortigen Erl.). Wird innerhalb von 18 Monaten nach dem Ausscheiden das Konkursverfahren über das Vermögen der eG eröffnet, können die ausgeschiedenen Mitglieder unter Umständen zu Nachschüssen herangezogen werden (§ 115 b und die dortigen Erl.).

16 **Eine Rücknahme** der Kündigung kann uneingeschränkt bis zum Zugang der Kündigung bei der eG erfolgen (§ 130 Abs. 1 S. 2 BGB). Dem Grundgedanken der §§ 15, 65 entsprechend ist **Schriftform** erforderlich. Eine Rücknahme der Kündigung ist nach ihrem Zugang nur durch Vertrag

mit der eG möglich. Bei (einverständlicher) Aufhebung der Kündigung vor Fristablauf handelt es sich nicht um einen neuen Vertrag, sondern um die Fortsetzung des bisherigen Vertragsverhältnisses (BGH, NJW 1974, 1081; *Palandt*, BGB, Vorbem. 3 vor § 346). War das Ausscheiden bereits in die Liste der Mitglieder eingetragen (wirkt nur deklaratorisch, Rdn. 15), so ist diese zu berichtigen (RGZ 49, 29; KG, JFG 13, 413; *Müller*, § 65 Rdn. 14; *Schubert/Steder*, § 65 Rdn. 16 – jeweils zum alten Recht – konstitutive Wirkung). Durch Vereinbarung mit der eG kann nach Zugang der Kündigung diese auch in eine Kündigung einzelner Geschäftsanteile umgewandelt werden (de maiore ad minorem). Ist das Mitglied bereits wirksam ausgeschieden, ist nur ein neuer Beitritt möglich. Eine Pfändung des Geschäftsguthabens (§ 22 und die dortigen Erl.) oder des Auseinandersetzungsguthabens (§ 66 und die dortigen Erl.) hindert nicht die Rückgängigmachung der Kündigung (OLGRspr. 14, 177; *Meyer/Meulenbergh/ Beuthien*, § 65 Rdn. 12).

Eine **Anfechtung** der Kündigungserklärung ist nach den allgemeinen **17**
Regeln der §§ 119 ff BGB möglich, allerdings mit der Einschränkung, daß die Anfechtung nicht mehr vorgenommen werden kann, wenn das Mitglied ausgeschieden ist (für eine uneingeschränkte Anfechtungsmöglichkeit *Müller*, § 65 Rdn. 13; unklar insoweit *Meyer/Meulenbergh/Beuthien*, § 65 Rdn. 12).

Im übrigen erlangen die bis zum Zeitpunkt des Ausscheidens gefaßten **18**
GV-Beschlüsse, auch soweit sie die Satzungsänderungen enthalten, gegenüber den Ausscheidenden die gleiche Wirkung wie gegenüber den Mitgliedern, die nicht gekündigt haben (vgl. jedoch § 67 a).

Die Kündigung schließt **weitergehende Rechte**, wie Ausschluß seitens **19**
der eG (§ 68; *Schubert/Steder*, § 65 Rdn. 17; *Parisius/Crüger*, § 65 Anm. 10) oder die Übertragung des Geschäftsguthabens (§ 76) nicht aus.

### 4. Außerordentliche Kündigung

Abs. 2 Satz 4 gibt den Mitgliedern der eG ein außerordentliches Kündi- **20**
gungsrecht (hierzu *Schneider*, in: Festschrift für Fleck, 297 ff). Dieses Kündigungsrecht kann unter folgenden **Voraussetzungen** ausgeübt werden:

– In der Satzung der eG muß eine längere als eine zweijährige Kündigungsfrist festgesetzt sein;
– Die Mitgliedschaft desjenigen, der kündigt, muß wenigstens ein volles Geschäftsjahr bestanden haben;
– Dem kündigenden Mitglied muß es nach seinen persönlichen oder wirtschaftlichen Verhältnissen unzumutbar sein, bis zum Ablauf der in der Satzung festgesetzten Kündigungsfrist in der eG zu bleiben (z. B. Gefährdung der wirtschaftlichen Existenz des Mitglieds; Aufgabe des

Geschäftes (BGH, DB 1988, 1265; BGHZ 103, 227; *Meyer/Meulenbergh/Beuthien*, § 65 Rdn. 10; *Müller*, § 65 Rdn. 18); dauernde Arbeitsunfähigkeit, wenn der persönliche Einsatz des Mitglieds in der eG erforderlich ist). Keine Unzumutbarkeit, wenn das Mitglied ausscheiden möchte, weil es bei Konkurrenten der eG günstigere Konditionen bekäme (*Beuthien/Isenberg*, ZfG 1981, 64; *Meyer/Meulenbergh/Beuthien*, § 65 Rdn. 11).

Die genannten Voraussetzungen können zugunsten der Mitglieder vorliegen, die im Zeitpunkt der Verlängerung der Kündigungsfrist bereits der eG angehörten und auch zugunsten der Mitglieder, die die Mitgliedschaft bei der eG erst nach der Verlängerung der Kündigungsfrist erworben haben. **Beweispflichtig** für das Vorliegen der Voraussetzungen ist das Mitglied, das das außerordentliche Kündigungsrecht ausüben möchte. Die Kündigungsgründe müssen zum Zeitpunkt der Erklärung bereits vorliegen. Nur dann können sie nachgeschoben werden (*Meyer/Meulenbergh/Beuthien*, § 65 Rdn. 8; *Hettrich/Pöhlmann*, § 65 Rdn. 4; a. A. *Müller*, § 65 Rdn. 6, der uneingeschränktes Nachschieben zuläßt).

**21** Wenn die Voraussetzungen für die Ausübung des außerordentlichen Kündigungsrechts vorliegen, dann kann das Mitglied mit einer **Frist** von drei Monaten zum Schluß eines Geschäftsjahres, zu dem es nach der Satzung noch nicht kündigen kann, kündigen.

**22** Zum Verhältnis des Kündigungsrechts nach § 65 Abs. 2 Satz 4 zum Kündigungsrecht nach **§ 67 a** vgl. § 67 a Rdn. 2.

**23** Das außerordentliche Kündigungsrecht nach Abs. 4 Satz 2 gilt nicht für die Mitglieder von **Zentralgenossenschaften** (zum Begriff s. § 1 Rdn. 293; zur Sonderregelung Mehrstimmrecht § 43 Rdn. 112). Bei diesen eG's kann die Satzung eine für die Mitglieder ohne Ausnahme verbindliche Kündigungsfrist bis zu fünf Jahren festsetzen. Es handelt sich aber nicht um eine Zentralgenossenschaft, wenn – wie in den neuen Bundesländern – Produktivgenossenschaften z. B. einer Molkereigenossenschaft angehören (zum Begriff vgl. § 43 Rdn. 110). Auf eine solche Molkereigenossenschaft ist § 65 Abs. 2 Satz 4 anwendbar: Ein a.o. Kündigungsrecht besteht auch dann, wenn diese eG überwiegend aus derartigen Mitgliedsgenossenschaften besteht.

**24** Das GenG enthält in §§ 65 Abs. 2 Satz 4, 67 a und § 80 UmwG abschließende Regelungen über ein außerordentliches Kündigungsrecht aus wichtigem Grund. Andere Gründe sind vor allem aus Gründen des Gläubigerschutzes ausgeschlossen (so auch *Meyer/Meulenbergh/Beuthien*, § 65 Rdn. 11; *Müller*, § 65 Rdn. 16; vgl. OLG Düsseldorf, MDR 78, 319; Grundgedanke des § 22 Abs. 4). Demgegenüber hat die eG stets die Möglichkeit, die Mitgliedschaft „aus wichtigem Grund" durch Ausschluß zu beenden, auch wenn diese nicht ausdrücklich in der Satzung geregelt ist (so mit guten

Gründen OLG Stuttgart vom 21. 2. 1992, 2 U 162/91; s. jedoch auch § 68 Rdn. 9).

### 5. Sonderfälle

Die **Auflösung** der eG hat grundsätzlich zur Folge, daß ein Mitglied nicht mehr ausscheiden kann. Ist ein Mitglied bereits ausgeschieden, ist § 75 zu beachten. Nach § 79 a besteht jedoch die Möglichkeit, die Fortsetzung einer aufgelösten eG zu beschließen (vgl. die dortigen Erl.). Für diesen Fall sieht § 65 Abs. 3 vor, daß der Zeitraum der Auflösung grundsätzlich unberücksichtigt bleibt. Er wirkt sich nur dann auf eine Kündigung aus, wenn die Fortsetzung nach dem Schluß des Geschäftsjahres beschlossen wird, zu dem das Mitglied ausscheiden wollte; in diesem Fall endet die Mitgliedschaft zum Schluß des Geschäftsjahres, in dem der Fortsetzungsbeschluß in das Genossenschaftsregister eingetragen ist (vergleichbar der Regelung des § 70 Abs. 2). 25

Nach § 3 Abs. 1 Nr. 4 a des Marktstrukturgesetzes kann eine eG als **Erzeugergemeinschaft** (nähere Erl. zu § 1 Rdn. 200 ff) nur anerkannt werden, wenn ihre Satzung vorsieht, daß die Mitgliedschaft frühestens zum Schluß des dritten vollen Geschäftsjahres gekündigt werden kann; daneben muß die in der Satzung enthaltene Kündigungsfrist beachtet werden. Die Kündigungsfrist muß mindestens ein Jahr betragen. Diese Regelung geht § 65 vor (*Schubert/Steder*, § 65 Rdn. 19). 26

Gleiches gilt nach § 18 Abs. 1 Nr. 4 a des Bundeswaldgesetzes (BGBl. I. 1975, 1037) für anerkannte **Forstbetriebsgemeinschaften**. 27

Nach §§ 100, 102, 103 GWB können eG ihre Mitglieder in wettbewerbsbeschränkender Weise durch Vertrag oder Satzung oder GV- Beschluß binden. Nach § 13 GWB können diese **Kartelle** aus wichtigem Grunde fristlos gekündigt werden. Bei der Abwägung, ob ein wichtiger Grund für das kündigende Mitglied vorliegt, sind auch die Interessen der eG und der in ihr verbleibenden Mitglieder am Fortbestand des Kartells zu berücksichtigen. Das Vorliegen eines wichtigen Grundes dürfte in der Praxis der Ausnahmefall sein; im allgemeinen wird es dem Mitglied zumutbar sein, die satzungsmäßige Kündigungsfrist einzuhalten. Will die eG eine Kündigung aus wichtigem Grund nicht anerkennen, hat sie nach § 13 Abs. 1 Satz 3 GWB die Möglichkeit, innerhalb einer Frist von vier Wochen Feststellungsklage zu erheben, daß die Kündigung unzulässig ist. Die fristlose Kündigung beinhaltet im Zweifel auch die Kündigung der Mitgliedschaft. Für die Kündigung der Mitgliedschaft verbleibt es jedoch bei der satzungsmäßigen Kündigungsfrist (vgl. zum Vorstehenden auch *Schubert/Steder*, § 65 Rdn. 20). 28

Die im Rahmen des **4. oder 5. VermBG** erworbene Mitgliedschaft kann grds. jederzeit unter Beachtung der statutarischen Kündigungsfristen 29 gekündigt werden, ein Festhalten an der Sperrfrist wäre eine nach Abs. 4 unzulässige vertragliche Vereinbarung. Werden hierbei die Festlegungsfristen des VermBG nicht beachtet, ist die Kündigung prämienschädlich (im übrigen gelten die Spezialvorschriften des VermBG).

30 Die Eintragung eines **Rechtsformwechsels** läßt eine vorher erklärte, aber noch nicht wirksam gewordene Kündigung unwirksam werden (*Zöllner*, Kölner Komm., AktG, § 385 Rdn. 6; *Riebandt-Korfmacher*, Formularkommentar, 21. Aufl., 1217; s. § 87 UmwG Rdn. 15 m. w. N. zur vergleichbaren Situation bei Verschmelzungen; *Paulick*, S. 360; *Müller*, § 93 h Rdn. 3 m. w. N.).

31 Bei **Produktivgenossenschaften** führt eine Kündigung des Arbeitsverhältnisses durch das Mitglied nicht automatisch zur Kündigung der Mitgliedschaft (LG Erfurt, Az.: O 1541/93). Dies gilt insbes., wenn die Schriftform nicht eingehalten worden ist (OLG Dresden, Urt. v. 14. 4. 1993 – Az.: 5 U 69/93; OLG Naumburg, Urt. v. 2. 11. 1993 – Az.: 1 U 131/93). Dies gilt auch dann, wenn neben der Kündigung des Arbeitsverhältnisses die Auszahlung der persönlichen Anteile beantragt wird (LG Magdeburg, Urt. v. 8. 11. 1994 – Az.: 2 S 222/94). Grundsätzlich sind das Arbeits- und Mitgliedschaftsverhältnis rechtlich getrennt zu beurteilen (so jetzt auch BAG, DB 1995, 1519). Letztlich ist nach § 133 BGB zu beurteilen, ob eine schriftliche Kündigung des Arbeitsverhältnisses, die auch die satzungsmäßige Kündigungsfrist des Mitgliedschaftsverhältnisses beachtet, auch als Kündigung der Mitgliedsbeziehung zu beurteilen ist (zum Ausschluß s. § 68 Rdn. 19). In keinem Fall kann wegen § 1 GenG das Recht der eG auf Kündigung des Arbeitsverhältnisses ganz ausgeschlossen sein (so aber LG Berlin, Urt. v. 17. 10. 1995 – Az.: 35 O 26/95); dies ergibt sich aus der hier gegenüber der eG bestehenden Treuepflicht; für die Kündigung ergeben sich wegen § 1 GenG jedoch engere Grenzen als durch das Arbeitsrecht.

32 Aus dem Grundgedanken der Kündigungsfrist – Schutz vor kurzfristigem Abzug von Eigenkapital und vor kurzfristigem Abbruch der Lieferungen – kann ggfs. letztlich aus § 242 BGB abgeleitet werden, daß ein Mitglied seine Mitgliedschaft (bei einer Molkerei) nicht dadurch aushöhlen kann, daß es seinen Mitgliedsbetrieb z. B. auf den Ehegatten überträgt, seine Milchquote überträgt, sich (als GbR) auflöst unter Berücksichtigung des § 77 a, ohne daß die Kündigungsfrist eingehalten wird.

## § 66

## Kündigung durch Gläubiger eines Mitglieds

**(1) Der Gläubiger eines Genossen, welcher, nachdem innerhalb der letzten sechs Monate eine Zwangsvollstreckung in das Vermögen des Genossen fruchtlos versucht ist, die Pfändung und Überweisung des**

**demselben bei der Auseinandersetzung mit der Genossenschaft zukommenden Guthabens erwirkt hat, kann behufs seiner Befriedigung das Kündigungsrecht des Genossen an dessen Stelle ausüben, sofern der Schuldtitel nicht bloß vorläufig vollstreckbar ist.**

**(2) Der Aufkündigung muß eine beglaubigte Abschrift des Schuldtitels und der Urkunden über die fruchtlose Zwangsvollstreckung beigefügt sein.**

*Übersicht*



## I. Allgemeines

Der **Gläubiger** eines Mitglieds kann unter den Voraussetzungen des § 66 das Kündigungsrecht des Mitglieds nach § 65 Abs. 1 an dessen Stelle ausüben. Die eG selbst kann nicht als Gläubiger kündigen, sie kann aber nach § 68 ausschließen; andernfalls würden die Schutzrechte des Mitglieds im Ausschlußverfahren (Anhörung etc.) unterlaufen (dies übersehen *Meyer/Meulenbergh/Beuthien*, § 66 Rdn. 1). § 68 ist die Spezialvorschrift für den Fall, daß die eG sich von einem Mitglied trennen will. **1**

Das **außerordentliche Kündigungsrecht** des Mitglieds nach § 65 Abs. 2 Satz 4 kann der Gläubiger nicht ausüben. Denn dieses außerordentliche Kündigungsrecht ist zugunsten des Mitglieds für den Fall geschaffen, daß ihm ein Verbleiben in der eG bis zum Ablauf der in der Satzung festgesetzten Kündigungsfrist nach seinen persönlichen oder wirtschaftlichen Verhältnissen unzumutbar ist. Bei diesem Kündigungsrecht spielen also – jedenfalls auch – subjektive Gesichtspunkte eine Rolle, die letztlich nur das Mitglied selbst beurteilen kann (so auch *Müller*, § 66 Rdn. 3). **2**

## II. Voraussetzungen

Der Gläubiger kann zum Zwecke seiner Befriedigung das Kündigungsrecht des Mitglieds nach § 65 Abs. 1 an dessen Stelle – der Gläubiger hat also im Unterschied zu § 725 BGB und § 135 HGB kein eigenes Kündigungsrecht – ausüben, wenn folgende **Voraussetzungen** vorliegen: **3**
- Pfändungs- und Überweisungsbeschluß bezüglich des Auseinandersetzungsanspruchs
- rechtskräftiger Schuldtitel
- fruchtloser Zwangsvollstreckungsversuch in das gesamte Vermögen (i. U. zu § 135 HGB, dort nur in das bewegliche Vermögen)

– beglaubigte Abschrift des Schuldtitels und der Urkunden über die fruchtlose Zwangsvollstreckung

(vgl. im einzelnen die nachfolgenden Randnummern).

4 Der Gläubiger muß die **Pfändung** und **Überweisung** des dem Mitglied bei der **Auseinandersetzung** mit der eG zukommenden Guthabens erwirkt haben. Gläubiger kann auch die eG oder ein anderes Mitgliedsein. Die Pfändung eines Teils dieses Guthabens ist zulässig (OLG Düsseldorf, NJW 1968, 753; *Meyer/Meulenbergh/Beuthien*, § 66 Rdn. 1). Auch die Pfändung in analoger Anwendung der Grundsätze des § 67 b ist zulässig. Ggfs. besteht eine Pflicht, die Pfändung entsprechend zu beschränken, wenn die Hauptforderung geringer als das Auseinandersetzungsguthaben ist. Dies entspricht dem im § 66 Abs. 1 zum Ausdruck kommenden Sinn und Zweck, die Mitgliedschaft nicht stärker zu beeinträchtigen als unbedingt notwendig (so überzeugend *Meyer/Meulenbergh/Beuthien*, § 66 Rdn. 1; *Schubert/Steder*, § 66 Rdn. 1). Eine Vereinbarung zwischen der eG und dem Mitglied, nach der die Abtretung des Geschäftsguthabens ausgeschlossen ist, steht der Pfändung und Überweisung nicht entgegen (vgl. *Paulick*, S. 148 sowie § 851 ZPO). Wegen der Zulässigkeit einer wiederholten Pfändung und Überweisung für denselben Gläubiger vgl. LG Dresden, JW 1933, 2850. Nach Erwirkung der Pfändung und Überweisung des Auseinandersetzungsguthabens kann eine Übertragung des Geschäftsguthabens nach § 76 nicht mehr erfolgen (*Etscheidt*, BlfG 1936, 232; vgl. auch § 76 Rdn. 9).

5 Der **Schuldtitel**, aufgrund dessen die Pfändung des Auseinandersetzungsguthabens betrieben wird, muß rechtskräftig (z. B. Endurteile oder Titel nach § 794 ZPO; wegen weiterer rechtskräftiger Titel vgl. *Baumbach/Lauterbach*, ZPO, § 794 Anm. 12), nicht nur vorläufig vollstreckbar sein. Schuldtitel im Sinne dieser Vorschrift sind auch die Pfändungsverfügungen der Finanzämter, der AOK's, der Fernmeldeämter.

6 Innerhalb der letzten sechs Monate vor dem Wirksamwerden der Pfändung und Überweisung – Aufnahme des Auseinandersetzungsanspruchs in die erste Zwangsvollstreckungsmaßnahme genügt also nicht – muß eine Zwangsvollstreckung in das Vermögen des Mitglieds fruchtlos versucht worden sein (*Hettrich/Pöhlmann*, § 66 Rdn. 4, a. A. *Müller*, § 66 Rdn. 2, der auch einen Vollstreckungsversuch nach dem Wirksamwerden der Pfändung und Überweisung ausreichen läßt). Die Zahlungseinstellung des Mitglieds ersetzt die erfolglose Zwangsvollstreckung nicht. Die – u. U. ohne vorherigen Zwangsvollstreckungsversuch – nach § 807 ZPO abgegebene eidesstattliche Versicherung genügt, da es auf die objektive Fruchtlosigkeit ankommt (vgl. auch Rdn. 8). Der **fruchtlosen Zwangsvollstreckung** steht jedoch die Eröffnung des Konkursverfahrens über das Vermögen des Mitglieds gleich. Nicht erforderlich ist, daß gerade der kündigende Gläubiger

fruchtlos vollstreckt hat; die fruchtlose Vollstreckung durch irgendeinen Gläubiger des Mitglieds genügt (vgl. *Paulick*, S. 148).

Der Kündigungserklärung des Gläubigers muß eine **beglaubigte** 7
**Abschrift** des Schuldtitels und der Urkunde über die fruchtlose Zwangsvollstreckung sowie – obwohl das GenG keine diesbezügliche Vorschrift enthält – des Pfändungs- und Überweisungsbeschlusses beigefügt werden, damit der Vorstand in der Lage ist nachzuprüfen, ob eine außerordentliche Kündigung vorliegt (vgl. *Paulick*, S. 148/149; ihm folgend *Müller*, § 66 Rdn. 5; *Schubert/Steder*, § 66 Rdn. 6).

Grundsätzlich ist davon auszugehen, daß eine Unpfändbarkeitsbeschei- 8
nigung nicht älter als sechs Monate sein sollte (LG Hagen, MDR 1975, 497). Der Gläubiger kann sich jedoch auch anderer Mittel der Glaubhaftmachung bedienen (Rdn. 6; OLG Stuttgart, Rpfleger 1981, 152). Daher können auch ältere Unpfändbarkeitsbescheinigungen herangezogen werden (LG Essen, MDR 1969, 677; LG Hagen, MDR 1975, 497). Zwar wird durch längere Nichtausnutzung einer Unpfändbarkeitsbescheinigung deren Beweiswert gemindert, der Gläubiger kann aber damit und durch Darlegung ergänzender Tatsachen die noch bestehende Unpfändbarkeit glaubhaft machen (vgl. OLG Frankfurt, MDR 1974, 762 u. Rpfleger 1977, 144). Eine acht Monate alte Unpfändbarkeitsbescheinigung genügt jedenfalls dann, wenn bereits zwei Jahre vorher ein Pfändungsversuch fruchtlos war. Es ist dann wenig wahrscheinlich, daß innerhalb der letzten acht Monate eine Vermögensverbesserung eingetreten sein sollte (LG Frankenthal, MDR 1987, 65).

## III. Kündigung; Rechtsfolgen

Die **Kündigung** muß durch den Gläubiger des Mitglieds erfolgen. Die 9
Kündigung des Konkursverwalters des Mitglieds wirkt nicht zugunsten eines nach aufgehobenem Konkurs pfändenden Pfändungsgläubigers (OLGRspr. 40, 203). Die Kündigung durch den Gläubiger muß unter Berücksichtigung der gesetzlichen oder satzungsmäßigen Kündigungsfristen erfolgen. Das Ausscheiden des Mitglieds (Schuldners) aus der eG erfolgt zum Schluß des Geschäftsjahres.

Das **Aufrechnungsrecht** der eG mit ihren Forderungen gegen das Aus- 10
einandersetzungsguthaben des Mitglieds wird durch die Pfändung dieses Guthabens nur dann ausgeschlossen, wenn die Forderung gegen das Mitglied nach der Pfändung und später als das Auseinandersetzungsguthaben fällig geworden ist. Die eG kann also mit einer vor der Pfändung gegen das Mitglied entstandenen Forderung aufrechnen, wenn sie diese Forderung vor der Fälligkeit des gepfändeten Auseinandersetzungsguthabens (§ 73 Abs. 2) fällig machen kann (§ 392 BGB). Steht fest, daß der Gläubiger

wegen der Aufrechnung durch die eG mit seinem Vorgehen nach § 66 keinen Erfolg haben wird, fehlt einer danach erklärten Kündigung durch den Gläubiger ein rechtlich anzuerkennendes Interesse; eine vor der Aufrechnung erklärte wirksame Kündigung bleibt jedoch auch weiterhin wirksam (wie hier *Müller*, § 66 Rdn. 6). Wegen des Pfandrechts einer Kreditgenossenschaft nach ihren AGB vgl. § 22 Rdn. 15 ff. Auch ist stets das in § 10 der Mustersatzungen für gewerbliche und ländliche eG's enthaltene Aufrechnungsrecht zu beachten.

**11** Die Kündigung kann vom Gläubiger **zurückgenommen** werden (vgl. hierzu § 65 Rdn. 16); sie muß zurückgenommen werden, wenn der Gläubiger vor dem Ausscheiden des Mitglieds auf andere Weise befriedigt wird (*Meyer/Meulenbergh/Beuthien*, § 66 Rdn. 3).

**12** Die Pfändung des **Dividendenanspruchs** erfolgt ohne Beachtung des § 66. Gleiches gilt für die Pfändung des Auseinandersetzungsanspruchs, nachdem das Mitglied bereits ausgeschieden war.

## § 67

### Ausscheiden bei Aufgabe des Wohnsitzes

**(1) Ist durch das Statut die Mitgliedschaft an den Wohnsitz innerhalb eines bestimmten Bezirks geknüpft (§ 8 Nr. 2), so kann ein Genosse, welcher den Wohnsitz in dem Bezirk aufgibt, zum Schluß des Geschäftsjahres seinen Austritt schriftlich erklären.**

**(2) Im gleichen kann die Genossenschaft dem Genossen schriftlich erklären, daß er zum Schluß des Geschäftsjahres auszuscheiden habe.**

**(3) Über die Aufgabe des Wohnsitzes ist die Bescheinigung einer öffentlichen Behörde beizubringen.**

**1** § 67 gilt nur für eG, deren Satzung die Mitgliedschaft an den **Wohnsitz** in einem bestimmten Bezirk knüpft. § 67 gilt nicht für eG, bei denen die Mitglieder ihren Gewerbebetrieb innerhalb eines bestimmten Bezirks haben oder andere Voraussetzungen (z. B. Zugehörigkeit zu einem bestimmten Beruf) erfüllen müssen (KGJ 43, 113; RG, Recht 1908, 1068; *Schubert/Steder*, § 67 Rdn. 1).

**2** Ein **bestimmter Bezirk** ist nicht nur eine Gemeinde, Stadt oder ein Kreis, sondern jeder örtliche Bereich, der in so ausreichender Form umschrieben ist, daß Zweifel an seinen Grenzen nicht auftreten können (*Schubert/Steder*, § 67 Rdn. 2).

**3** Bei **Wohnsitzaufgabe** in dem in der Satzung bestimmten Bezirk kann das Mitglied ohne Einhaltung einer Kündigungsfrist (also auch noch kurz vor dem Ende des Geschäftsjahres) unter Beifügung oder Nachreichung einer Bescheinigung gemäß Abs. 3 schriftlich zum Geschäftsjahresschluß kündigen; die eG hat sich in diesem Fall die in Abs. 3 geforderte Bescheinigung selbst zu besorgen.

Neben der Kündigungserklärung durch das Mitglied kann auch die Mitgliedschaft durch **Erklärung** der eG nach **Abs. 2** beendet werden, und zwar mit **Wirkung** für den Schluß des zur Zeit der Erklärung laufenden Geschäftsjahres (KG, JFG 16, 111 = JW 1937, 2658 = BlfG 1937, 711; *Schubert/Steder*, § 67 Rdn. 5; *Müller*, § 67 Rdn. 4). Diese Erklärung der eG ist weder eine Kündigung noch ein Ausschluß (*Meyer/Meulenbergh/Beuthien*, § 67 Rdn. 3); sie ist eine Erklärung sui generis mit der Wirkung, daß die Mitgliedschaft zum Schluß des Geschäftsjahres endet. 4

Das Ausscheiden wird rückwirkend mit der Auflösung der eG binnen 6 Monaten nach dem Austrittstermin unwirksam (§ 75 und die dortigen Erl.). 5

Die Verlegung des Wohnsitzes kann auch in der Satzung ganz allgemein als **Ausschließungsgrund** (§ 68 und die dortigen Erl.) aufgeführt werden, und zwar auch dann, wenn die Satzung nicht gleichzeitig die Mitgliedschaft an den Wohnsitz innerhalb eines bestimmten Bezirks knüpft (LG Rostock, BlfG 1940, 253). 6

## § 67 a
## Außerordentliches Kündigungsrecht

**(1) Wird eine Änderung des Statuts beschlossen, die einen der in § 16 Abs. 2 Nr. 2 bis 5, Abs. 3 aufgeführten Gegenstände oder eine wesentliche Änderung des Gegenstandes des Unternehmens betrifft, so kann kündigen:**

**1. jeder in der Generalversammlung erschienene Genosse, wenn er gegen den Beschluß Widerspruch zur Niederschrift erklärt hat oder wenn die Aufnahme seines Widerspruchs in die Niederschrift verweigert worden ist;**

**2. jeder in der Generalversammlung nicht erschienene Genosse, wenn er zu der Generalversammlung zu Unrecht nicht zugelassen worden ist oder die Versammlung nicht gehörig berufen oder der Gegenstand der Beschlußfassung nicht gehörig angekündigt worden ist.**

**Hat eine Vertreterversammlung die Änderung des Statuts beschlossen, so kann jeder Genosse kündigen; für die Vertreter gilt Satz 1.**

**(2) Die Kündigung hat durch schriftliche Erklärung zu geschehen. Sie kann nur innerhalb eines Monats zum Schluß des Geschäftsjahres erklärt werden. Die Frist beginnt in den Fällen des Absatzes 1 Nr. 1 mit der Beschlußfassung, in den Fällen des Absatzes 1 Nr. 2 mit der Erlangung der Kenntnis von der Beschlußfassung. Ist der Zeitpunkt der Kenntniserlangung streitig, so hat die Genossenschaft die Beweislast. Im**

**Falle der Kündigung wirkt die Änderung des Statuts weder für noch gegen den Genossen.**

**(3) In den Fällen des § 16 Abs. 2 Nr. 2 und 3 gelten die Absätze 1 und 2 nur, wenn in dem Statut eine längere als eine zweijährige Kündigungsfrist festgesetzt worden ist; die Kündigung kann nur zu dem Zeitpunkt erklärt werden, zu dem sie bei einer zweijährigen Kündigungsfrist erklärt werden könnte.**

*Übersicht*



## I. Allgemeines

1 § 67 a wurde durch **Novelle 1973** eingefügt. Die Vorschrift gibt den Mitgliedern bei **bestimmten Satzungsänderungen**, die die Mitgliedschaftsrechte besonders berühren, ein außerordentliches Kündigungsrecht. Andere Beschlüsse begründen das Kündigungsrecht nicht, auch wenn sie auf den Inhalt des Mitgliedschaftsverhältnisses vergleichbare Wirkungen auslösen (so OLG Frankfurt, DB 1977, 2181 = BB 1978, 926 für den Fall, daß durch Beschluß des Vorstands der jährliche Kostenbeitrag erheblich erhöht wird).

2 Das außerordentliche Kündigungsrecht nach **§ 65 Abs. 2 Satz 4** steht unabhängig von § 67 a einem Mitglied dann zu, wenn es nach seinen persönlichen oder wirtschaftlichen Verhältnissen diesem Mitglied unzumutbar ist, bis zum Ablauf der in der Satzung festgelegten über zweijährigen Kündigungsfrist in der eG zu verbleiben.

## II. Voraussetzungen

3 Voraussetzung für das außerordentliche Kündigungsrecht nach § 67 a ist ein **GV-Beschluß** (zum Beschlußverfahren vgl. § 43 Rdn. 76 ff), der eine wesentliche Änderung des Unternehmensgegenstandes (zum Begriff vgl. § 6 Rdn. 25; vgl. auch § 1 Rdn. 43, 44 und § 43 Rdn. 10) der eG betrifft oder die Satzung in einem der in § 16 Abs. 2 Nr. 2–5, Abs. 3 aufgeführten Gegenstände ändert. In den Fällen des § 16 Abs. 2 Nr. 2 (Erhöhung des Geschäftsanteils) und Nr. 3 (Einführung oder Erweiterung einer Pflichtbeteiligung) muß jedoch hinzukommen, daß nach der Satzung eine längere als eine zweijährige Kündigungsfrist besteht. Trifft das nicht zu, so braucht das

Mitglied eine Erweiterung der Pflichtbeteiligung nur dann nicht hinzunehmen, wenn diese ihrer Größe nach wirtschaftlich schlechthin nicht vertretbar ist (§ 16 Rdn. 25). Der Beschluß ist z. B. nicht treuwidrig, wenn er den ausdrücklichen Hinweis enthält, daß in den Fällen wirtschaftlicher Härte den Mitgliedern Ratenzahlungen bewilligt werden. Unter dem Aspekt des Selbsthilfegedankens sind eG gehalten, für eine ausreichende Versorgung mit Eigenkapital zu sorgen (AG Mannheim, v. 11. 4. 1995 – Az.: 6 C 348/95 [39]).

Eine Satzungsänderung ist „wesentlich", wenn sie zu einer starken Beeinträchtigung des bisherigen Förderinteresses (vgl. *Meyer/Meulenbergh/Beuthien*, § 6 Rdn. 7) oder zu einer entscheidenden Veränderung der wirtschaftlichen Erscheinung der eG und ihrer Bedeutung für das einzelne Mitglied führt (*Müller*, § 87 a Rdn. 2). Wesentlich ist eine Änderung auch, wenn das Geschäftsrisiko der eG und damit das Haftungsrisiko der Mitglieder maßgeblich erhöht werden (OLG Düsseldorf, DB 1992, 33 m. Anm. *Bischoff*, DB 1992, 877). Die Ausdehnung des Geschäftsbetriebs auf Nichtmitglieder im Wege der Satzungsänderung ist ebenfalls eine wesentliche Änderung, da nunmehr auch die Interessen von Nichtmitgliedern berücksichtigt werden dürfen und dadurch die Interessen der Mitglieder beeinträchtigt werden können (nicht überzeugend, da das Nichtmitgliedergeschäft sich am Förderauftrag gegenüber den Mitgliedern zu orientieren hat; so aber OLG Düsseldorf, DB 1992, 33 m. insoweit ebenfalls krit. Anm. *Bischoff*, DB 1992, 877; *Meyer/Meulenbergh/Beuthien*, § 67 a Rdn. 2). Eine Satzungsänderung, daß die eG zur Erfüllung ihrer Aufgaben berechtigt ist, sich an anderen Unternehmen zu beteiligen oder ihren Betrieb oder Teile ihres Betriebes durch ein oder mehrere Mitgliedsunternehmen betreiben zu lassen, ist keine wesentliche Änderung des Unternehmensgegenstandes (LG Hamburg, Beschl. v. 24. 5. 1985 – 10 O 33/85). Nach OLG Düsseldorf (DB 1992, 33 m. Anm. *Bischoff*, DB 1992, 877) liegt eine wesentliche Änderung des Unternehmensgegenstandes vor, wenn eine Satzungsregelung, derzufolge Beteiligungen an anderen Unternehmen, die ebenfalls den Unternehmensgegenstand der eG zum Gegenstand haben, ersetzt wird durch „Beteiligung an anderen Unternehmen, welche den Gegenstand der eG fördern oder Vermögenswerte der eG verwalten". Dies ist zu weitgehend. Keine Änderung des Unternehmensgegenstandes liegt vor, wenn sich die Mitgliederstruktur ändert (z. B. führt eine Aufnahme von natürlichen Personen zum Verlust des Status einer Zentralgenossenschaft). 4

Eine Satzungsänderung, nach der die Mitglieder verpflichtet werden, nach Weisung der eG zu liefern und sich Lieferverpflichtungen nunmehr auch auf weitere Produkte erstrecken, ist als Satzungsänderung i. S. v. § 16 Abs. 3 GenG anzusehen, die zur außerordentlichen Kündigung berechtigt 5

(LG Hamburg, Beschl. v. 24. 5. 1985 – Az.: 10 O 33/85); auf die Wesentlichkeit kommt es nicht an.

6 Wird der Unternehmensgegenstand wesentlich geändert, ohne daß die Satzung geändert wird, kann dies ebenfalls zur Anwendung des § 67 a führen (LG Stade, Urt. v. 12. 3. 1991 – Az.: 3 O 273/90; LG Kassel, Urt. v. 3. 11. 1993 – Az.: 4 O 1878/92).

7 Nach OLG Düsseldorf (DB 1992, 33) besteht das außerordentliche Kündigungsrecht auch dann, wenn der Satzungsänderungsbeschluß nichtig ist, da es genügt, daß das Mitglied aus seiner Sicht belastet werden kann (so auch *Meyer/Meulenbergh/Beuthien*, § 67 a Rdn. 3). Dem dürfte zuzustimmen sein mit der Einschränkung, daß die Mitglieder nicht mehr kündigen können, wenn die Nichtigkeit unzweifelhaft feststeht. Das Mitglied ist jedoch verpflichtet, eine vorher erklärte Kündigung nach Feststehen der Nichtigkeit dem Gebot der genossenschaftlichen Treuepflicht entsprechend zurückzunehmen (dies übersieht OLG Düsseldorf, ebd.).

8 Der Beschluß der GV, die Rechtsform zu wechseln, gibt kein a.o. Kündigungsrecht analog § 67 a. Der Schutz der widersprechenden Mitglieder ist hinreichend geregelt und gewahrt durch die Vorschrift des **UmwG** (siehe z. B. § 260 UmwG).

9 Ein Mitglied, das von einer Satzungsänderung nicht betroffen sein kann, hat, dem Grundsatz der genossenschaftlichen Treuepflicht entsprechend, kein Recht zur außerordentlichen Kündigung.

10 Weitere Voraussetzung ist, daß ein in der GV erschienenes Mitglied gegen den jeweiligen Beschluß **Widerspruch** zur Niederschrift erklärt hat oder daß die Aufnahme des Widerspruchs in die Niederschrift verweigert worden ist. Hat sich ein Mitglied durch einen Bevollmächtigten in der GV vertreten lassen, muß dieser Widerspruch zur Niederschrift erklären, wenn er dem vertretenen Mitglied das außerordentliche Kündigungsrecht erhalten will (so auch *Schubert/Steder*, § 67 a Rdn. 5). Wegen weiterer Einzelheiten vgl. die Erläuterungen zum Widerspruch bei § 51 und § 80 UmwG.

11 Ein Mitglied, das **nicht erschienen** ist, hat das außerordentliche Kündigungsrecht nur, wenn es zu Unrecht zu der GV nicht zugelassen worden ist oder es zu Unrecht des Saales verwiesen worden ist (BGHZ 44, 250) oder wenn die GV nicht gehörig berufen oder der Gegenstand der Beschlußfassung nicht gehörig angekündigt worden ist. Wegen weiterer Einzelheiten hierzu vgl. Erl. zu § 51 bzw. § 80 UmwG.

## III. Kündigungserklärung

12 Das Mitglied muß eine schriftliche **Kündigungserklärung** abgeben. Diese Kündigungserklärung muß im Falle des Widerspruchs (Abs. 1 Ziff. 1) innerhalb eines Monats seit der Beschlußfassung über die jeweilige Sat-

zungsänderung und im Falle der Abwesenheit (Abs. 1 Ziff. 2) innerhalb eines Monats seit der Erlangung der Kenntnis von der Beschlußfassung erfolgen. Bei Satzungsänderungen, die wettbewerbsbeschränkende Verpflichtungen begründen, gehört zur Erlangung der Kenntnis nicht auch die Kenntnis von der Anmeldung bei der Kartellbehörde, durch die die kartellrechtlichen Wirksamkeitsvoraussetzungen geschaffen werden (BGH, MDR 1979, 647 = DB 1979, 2477 = ZfG 1981, 59 mit zust. Anm. *Beuthien/Isenberg*; die Kenntnis von dem GV-Beschluß ergibt sich nicht allein daraus, daß das Mitglied die geänderte Satzung besitzt (BGH, ebd.; *Schubert/Steder*, § 67 a Rdn. 9). Ist der Zeitpunkt der Kenntniserlangung streitig, so hat die eG die Beweislast.

Wird eine Erhöhung des Geschäftsanteils bzw. die Einführung oder Erweiterung einer Pflichtbeteiligung mit mehreren Geschäftsanteilen beschlossen (§ 16 Abs. 2 Nr. 2 und 3), besteht ein außerordentliches Kündigungsrecht nur, wenn in der Satzung eine längere als eine **zweijährige** Kündigungsfrist festgelegt worden ist (Abs. 3). Bei Kreditgenossenschaften, die in der Regel eine kürzere als eine zweijährige Kündigungsfrist in ihren Satzungen vorgesehen haben, wird ein außerordentliches Kündigungsrecht nach § 67 a mit der Folge des Ausscheidens zum Ende des Geschäftsjahres deshalb nur dann zur Anwendung kommen, wenn eine Erhöhung der Haftsumme (§ 16 Abs. 2 Nr. 4) beschlossen wird. In den Fällen des Abs. 3 kann die Kündigung nur zu dem Zeitpunkt erklärt werden, zu dem sie bei einer zweijährigen Kündigungsfrist erklärt werden könnte. Bei einer zweijährigen oder kürzeren Kündigungsfrist besteht das außerordentliche Kündigungsrecht des § 67 a nicht. Die Mitglieder können unter Einhaltung der satzungsmäßigen Frist kündigen; sie müssen die Satzungsänderung gegen sich gelten lassen (AG Mainz, Az.: 10 C 360/85; *Meyer/Meulenbergh/Beuthien*, § 67 a Rdn. 4; *Schubert/Steder*, § 67 a Rdn. 3; a. A. *Müller*, § 67 a Rdn. 15). Dies entspricht dem Willen des Gesetzgebers, der Abs. 3 einfügte, um insoweit die bisher geltende Rechtslage beizubehalten (a. A. *Müller*, § 67 a Rdn. 15, der dieses Gesetzesmotiv übersieht; der Gesetzgeber hätte dann konsequenterweise in Abs. 3 vor Halbsatz 2 vorsehen sollen, daß Abs. 2 Satz 5 auch in diesem Fall gilt). Wenn in der Satzung eine längere als eine zweijährige Kündigungsfrist enthalten ist, so können die Widersprechenden unter Einhaltung einer zweijährigen Kündigungsfrist ausscheiden. Für diese gilt jedoch das Privileg des Abs. 2 Satz 5. **13**

## IV. Außerordentliches Kündigungsrecht bei einer Vertreterversammlung

Hat eine **VV** die Satzungsänderungen vorgenommen, so kann jedes Mitglied, das nicht Vertreter ist, kündigen, ohne die in Abs. 2 dargelegten Vor- **14** aussetzungen erfüllt zu haben (vgl. Erl. zu § 43 a Rdn. 105). Die Kündigung kann in entsprechender Anwendung des Abs. 2 Satz 3 nur innerhalb eines Monats seit der Erlangung der Kenntnis von der Beschlußfassung über die jeweilige Satzungsänderung erfolgen; die Beweislast für die Kenntniserlangung hat auch hier die eG. Will ein Vertreter kündigen, so kann er dies nur, wenn die in Abs. 1 Satz 1 genannten Voraussetzungen gegeben sind.

### V. Rechtsfolgen

**15** Wenn ein Mitglied nach § 67 a wirksam gekündigt hat, **wirkt** die jeweilige Satzungsänderung weder für noch gegen das Mitglied (inkonsequent im Hinblick auf Abs. 3, vgl. Rdn. 13; vgl. im übrigen § 75 und die dortigen Erl. für den Fall der Auflösung der eG innerhalb von 6 Monaten nach dem Ausscheiden eines Mitglieds).

**16** Verstößt eine Satzungsänderung gegen die genossenschaftliche Duldungspflicht, kann der GV-Beschluß u. U. angefochten werden (§ 18 Rdn. 78 und § 51 Rdn. 52 ff).

## § 67 b
## Kündigung einzelner Geschäftsanteile

**(1) Ein Genosse, der mit mehreren Geschäftsanteilen beteiligt ist, kann die Beteiligung mit einem oder mehreren seiner weiteren Geschäftsanteile zum Schluß eines Geschäftsjahres durch schriftliche Erklärung kündigen, soweit er nicht nach dem Statut oder einer Vereinbarung mit der Genossenschaft zur Beteiligung mit mehreren Geschäftsanteilen verpflichtet ist oder die Beteiligung mit mehreren Geschäftsanteilen Voraussetzung für eine von dem Genossen in Anspruch genommene Leistung der Genossenschaft war.**

**(2) § 65 Abs. 2 bis 4 gilt sinngemäß.**

*Übersicht*



### I. Allgemeines

**1** § 67 b wurde durch **Novelle 1973** eingefügt. Die Vorschrift läßt die Kündigung einzelner Geschäftsanteile – unter Beibehaltung der Mitgliedschaft – nunmehr zu, sofern es sich nicht um eine Pflichtbeteiligung handelt.

Die Kündigung einzelner Geschäftsanteile erfolgt nach denselben Regeln wie die Kündigung der **Mitgliedschaft** (vgl. deshalb Erl. zu § 65). Auch finden die §§ 69 ff Anwendung (vgl. die dortigen Erl., insbesond. zu § 73 und § 75). 2

Eine Kündigung kann teilweise zurückgenommen und in eine Kündigung einzelner Geschäftsanteile umgewandelt werden (§ 65 Rdn. 16).

## II. Besonderheiten gegenüber der Kündigung der Mitgliedschaft

Die Satzung kann für die Kündigung der Mitgliedschaft und für die Kündigung eines Geschäftsanteils unterschiedliche **Fristen** vorsehen. Ist hinsichtlich der Kündigung einzelner Geschäftsanteile in der Satzung nichts geregelt, gilt die gesetzliche Frist von drei Monaten (*Schaffland*, GenG mit einführenden Erläuterungen, 49; *Schubert/Steder*, § 67 b Rdn. 4), da § 65 Abs. 2 analog gilt, mithin die gesamten Gestaltungsmöglichkeiten, aber auch der Ausnahmefall des § 65 Abs. 2 S. 2 Anwendung finden. 3

Die Kündigung bestimmter einzelner von mehreren Geschäftsanteilen ist grundsätzlich ausgeschlossen, da es sich um ein einheitliches Geschäftsguthaben handelt. Durch die Kündigung wird lediglich die Zahl der Geschäftsanteile entsprechend reduziert. Dies gilt auch, wenn ein Mitglied neben einer Pflichtbeteiligung zusätzlich mit freiwilligen Anteilen beteiligt ist. Die Kündigung vermindert in diesem Fall entsprechend die freiwillige Beteiligung (vgl. Rdn. 7). Die Kündigung bestimmter Geschäftsanteile ist wegen der besonderen Rechtslage für Beteiligungen nach dem 4. und 5. **Vermögensbildungsgesetz** ausnahmsweise zulässig, da es sich hier um eine besondere Art der Beteiligung handelt, die eine abweichende Handhabung rechtfertigt. Andererseits bleiben nach einer **Verschmelzung** so viele Anteile weiterhin gesperrt, wie notwendig sind, um das im Rahmen des VermbG gebildete Geschäftsguthaben abzudecken. 4

Liegen die Voraussetzungen des § 65 Abs. 2 Satz 4 vor, kann ein Mitglied auch wegen **Unzumutbarkeit** zum Schluß eines Geschäftsjahres unter Einhaltung einer Kündigungsfrist von drei Monaten einzelne Geschäftsanteile kündigen, wenn in der Satzung für die Kündigung einzelner Geschäftsanteile eine längere als eine zweijährige Kündigungsfrist festgesetzt worden ist (*Schiemann*, ZfG 1976, 21; *Müller*, § 67 b Rdn. 2; *Schubert/Steder*, § 67 b Rdn. 4); dies ergibt sich daraus, daß nach § 67 b Abs. 2 u. a. diese Vorschrift sinngemäß gilt. 5

Die **Gläubigerkündigung** nach § 66 kann sich ebenfalls auf einzelne Geschäftsanteile beziehen (§ 66 Rdn. 4; *Meyer/Meulenbergh/Beuthien*, § 67 b Rdn. 5; *Müller*, § 67 b Rdn. 2; *Schubert/Steder*, § 67 b Rdn. 4). 6

7 Eine Kündigung einzelner Geschäftsanteile ist nicht möglich, wenn es sich um **Pflichtanteile** aufgrund einer entsprechenden Satzungsregelung oder einer entsprechenden Einzelvereinbarung zwischen dem Mitglied und der eG handelt oder wenn die Beteiligung mit mehreren Geschäftsanteilen Voraussetzung für eine von dem Mitglied in Anspruch genommene Leistung der eG war. Diese letzte Alternative entspricht einem praktischen Bedürfnis bei Wohnungsgenossenschaften. Sie soll verhindern, daß ein Mitglied sich von der erhöhten genossenschaftlichen Bindung löst, die Voraussetzung ist für die Inanspruchnahme einer bestimmten Leistung (hier: einer Genossenschaftswohnung). Kündigt das Mitglied die Wohnung, die ihm überlassen war, nachdem es sich mit der in der Satzung vorgesehenen Anzahl von Geschäftsanteilen beteiligt hatte, greift dieser zweite Ausnahmetatbestand des Abs. 1 ein; denn das Privileg der Einzelkündigung besteht nur, soweit es mit der genossenschaftlichen Treuepflicht in Einklang steht (LG Berlin, ZfG 1977, 283 m. Anm. *Schiemann* = GWW 1977, 336 mit zust. Anm. *Riebandt-Korfmacher*). Dies gilt z. B., wenn das Mitglied die Leistung der eG, die Wohnung, gegenwärtig noch in Anspruch nimmt.

8 **Erlischt** nachträglich die satzungsmäßige Pflicht, sich mit weiteren Geschäftsanteilen zu beteiligen (z. B. aufgrund eines Umsatzrückgangs, wenn dieser das Kriterium für eine gestaffelte Pflichtbeteiligung war), so kann das Mitglied, wenn keine Vereinbarungen entgegenstehen, die nunmehr freigewordenen Anteile nach Maßgabe des Abs. 2 kündigen (LG Bayreuth, ZfG 1977, 280 mit zust. Anm. *Schnorr von Carolsfeld*; *Müller*, § 67 b Rdn. 6; *Schubert/Steder*, § 67 b Rdn. 3; a. A. LG Berlin, a. a. O. für den Fall, daß beide Ausnahmen des § 67 b Abs. 1 zusammentreffen und die Einzelkündigung der genossenschaftlichen Treuepflicht widerspricht). Wegen des Auseinandersetzungsanspruchs vgl. § 73 Rdn. 27.

9 Eine **Einzelvereinbarung** zwischen Mitglied und eG, sich mit weiteren Geschäftsanteilen zu beteiligen, kann formlos, sollte jedoch aus Beweisgründen schriftlich (z. B. im Zusammenhang mit einer Kreditaufnahme in dem Kreditvertrag) erfolgen.

10 Die eG hat die Zahl der – nach der Kündigung – verbliebenen weiteren Geschäftsanteile sowie den Zeitpunkt, von dem an das Mitglied nur noch mit diesen Geschäftsanteilen beteiligt ist, in die Liste der Mitglieder **einzutragen**.

11 Da das **Geschäftsguthaben** ein einheitlicher Betrag unabhängig von der Zahl der Geschäftsanteile ist, kommt es zur Auszahlung von Geschäftsguthaben nur, wenn das Geschäftsguthaben höher ist als der Gesamtbetrag der verbliebenen weiteren Geschäftsanteile (*Schubert/Steder*, § 67 b Rdn. 6; a. A. *Meyer/Meulenbergh/Beuthien*, § 67 Rdn. 2, und ausführlicher § 73 Rdn. 11, 12, der das einheitliche Geschäftsguthaben durch die Gesamtzahl

der [verbleibenden und gekündigten] Geschäftsanteile teilt und den sich so ergebenden Anteil als Auseinandersetzungsguthaben wertet).

Hatte ein Mitglied vor einer Verschmelzung einzelne Geschäftsanteile 12
bei der übertragenden eG gekündigt, war eine Anwartschaft auf einen bestimmten Auseinandersetzungsguthabenbetrag entstanden. Diese Anwartschaft bleibt auch nach der **Verschmelzung** enthalten. Dies hat zur Folge, daß nach der Verschmelzung die Kündigungserklärung umzudeuten ist in eine Kündigung so vieler Geschäftsanteile, wie nötig sind, um das Auseinandersetzungsguthaben zu realisieren.

Das Kündigungsrecht nach § 67 b ist **unentziehbar**. Es kann nicht auf- 13
gehoben oder – über § 67 b, § 65 Abs. 2–4 hinaus – beschränkt werden.

Die Kündigung der **Mitgliedschaft** nach anderen Vorschriften (insbe- 14
sond. § 65) ist stets zulässig, unabhängig davon, ob es sich um freiwillige oder Pflichtanteile handelt.

Aus dem Treuegebot, dem auch die Mitglieder unterliegen (§ 18 15
Rdn. 50 ff; RGZ 147, 270; KG GWW 1954, 589; *Schaffland*, Die Vererbung, S. 87) ist abzuleiten, daß ein Mitglied u. U. **verpflichtet** ist, einzelne Geschäftsanteile zu kündigen, z. B. wenn nachträglich die Höchstzahl, bis zu der sich ein Mitglied beteiligen kann, herabgesetzt wird und einzelne Mitglieder mit mehr Geschäftsanteilen als nunmehr zulässig beteiligt sind; auf eine Kündigung dieser überschießenden Geschäftsanteile hat die eG einen einklagbaren Rechtsanspruch, da das Mitglied sich beim Erwerb seiner Mitgliedschaft verpflichtet hat, die gegenwärtigen und künftigen Satzungsregelungen und damit auch die Regelung über die höchstzulässige Beteiligung mit Geschäftsanteilen zu beachten und einzuhalten (*Schaffland*, Die Vererbung, S. 87, 92). Bis zum wirksamen Ausscheiden mit den gekündigten Geschäftsanteilen ist der darauf entfallende Betrag des Geschäftsguthabens Eigenkapital.

Die Kündigung einzelner Geschäftsanteile schließt **weitergehende** 16
**Rechte**, wie den Ausschluß seitens der eG oder die Übertragung des Geschäftsguthabens, nicht aus.

## § 68
## Ausschließung eines Mitglieds

**(1) Ein Genosse kann wegen der Mitgliedschaft in einer anderen Genossenschaft, welche an demselben Ort ein gleichartiges Geschäft betreibt, zum Schluß des Geschäftsjahres aus der Genossenschaft ausgeschlossen werden. Aus Vorschuß- und Kreditvereinen kann die Ausschließung wegen der Mitgliedschaft in einer anderen solchen Genossenschaft auch dann erfolgen, wenn die letztere ihr Geschäft nicht an demselben Ort betreibt.**

**(2) Durch das Statut können sonstige Gründe der Ausschließung festgesetzt werden.**

**(3) Der Beschluß, durch welchen der Genosse ausgeschlossen wird, ist diesem vom Vorstand ohne Verzug mittels eingeschriebenen Briefes mitzuteilen.**

**(4) Von dem Zeitpunkt der Absendung desselben kann der Genosse nicht mehr an der Generalversammlung teilnehmen, auch nicht Mitglied des Vorstands oder des Aufsichtsrats sein.**

*Übersicht*



## I. Allgemeines

1 Die Ausschlußregelungen als „schwerste Strafe" (zur Abgrenzung der Vereinsstrafe vgl. § 7 Rdn. 72 f) sind stets unter dem Grundsatz des genossenschaftlichen **Treuegebots** und des Willkürverbots zu werten (vgl. ausführlich Rdn. 19 ff). Die Satzung darf deshalb keine beliebigen Ausschließungstatbestände vorsehen. Sie muß daran anknüpfen, daß das Mitglied den Förderzweck stört, etwa weil es förderunfähig ist, förderunwürdig ist oder den Geschäftsbetrieb der eG nachhaltig beeinträchtigt (*Meyer/Meulenbergh/Beuthien*, § 68 Rdn. 7). Das **Motiv** für den gesetzlichen Ausschließungsgrund des Absatzes 1 (Beteiligung an einem Konkurrenzunternehmen) ist nicht das Interesse der eG an einem Wettbewerbsverbot, sondern

das Interesse an ihrer möglichst unbeeinträchtigten Kreditwürdigkeit (Amtliche Begründung, Reichstags-Drucks. VII/4. Session, 229 f).

Der Ausschluß darf stets nur aus den im Gesetz oder in der Satzung vor- **2** gesehenen Gründen erfolgen (KGJ 11, 48). Dies entspricht dem Grundsatz „nulla poena sine lege". Im übrigen kommt den Regelungen in der **Satzung** größere Bedeutung zu als dem § 68 unmittelbar; dies gilt auch hinsichtlich der Satzungsregelungen zum Ausschließungsverfahren (vgl. hierzu im einzelnen die nachfolgenden Erl.).

## II. Ausschließungsgründe

### 1. Gesetzliche Ausschließungsgründe

Nach dem **Gesetz** kann ein Mitglied wegen der Mitgliedschaft in einer **3** anderen eG, welche an demselben Ort ein gleichartiges Geschäft betreibt, aus der eG ausgeschlossen werden.

Ein **gleichartiges** Geschäft liegt vor, wenn beide eG in einem wesentli- **4** chen Teilbereich ihres Unternehmensgegenstandes übereinstimmen. Außerdem muß dieser Teilbereich **demselben** und nicht verschiedene Betriebszweige des Mitglieds fördern. Eine derartige Übereinstimmung ist z. B. nicht gegeben, wenn die eine eG bei gleichem Sortiment den Hauptbetrieb (z. B. eine Metzgerei) und die andere eG den Nebenbetrieb (z. B. eine Gastwirtschaft) des Mitglieds fördert (vgl. hierzu *Müller*, § 68 Rdn. 2).

Es genügt, wenn die andere eG in **demselben Ort** eine Zweigniederlas- **5** sung unterhält. Ein Ausschluß ist auch möglich, wenn ein Mitglied im Ort in demselben Teilbereich von einer eG aus A und einer eG aus B beliefert wird, auch wenn beide keine Zweigniederlassung am Ort C haben; dem Schutzzweck entsprechend ist „an demselben Ort" als „auf demselben Markt" auszulegen (*Meyer/Meulenbergh/Beuthien*, § 68 Rdn. 2).

Zwar sind auch Gesichtspunkte der **Kreditwürdigkeit** im Hinblick auf **6** die Nachschußpflicht Grundlage dieser Vorschrift. Vorrangig ist jedoch darauf abzustellen, daß der eG nicht zugemutet wird, ein Mitglied zu fördern, das mit ihr **konkurriert** oder als Gesellschafter eines Konkurrenzunternehmens seinerseits den Wettbewerb zur eG fördert (BGH, WM 1982, 1222 = ZfG 1983, 270; a. A. *Menzel*, S. 114, der lediglich auf die Kreditwürdigkeit abstellt und deshalb trotz Vorliegens einer Konkurrenzsituation keine Ausschließungsmöglichkeit bei eG ohne Nachschußpflicht sieht). Heute ist jedoch weiterer Zweck der Regelung zu gewährleisten, daß ein Mißbrauch der Informationsmöglichkeit des Mitglieds durch Verwertung vertraulicher Daten bei der anderen eG verhindert wird (BGH, NJW 1993, 1710; *Hettrich/Pöhlmann*, § 68 Rdn. 2).

Aus **Vorschuß- und Kreditvereinen** kann nach Abs. 1 Satz 2 die Aus- **7** schließung wegen der Mitgliedschaft in anderen solchen eG auch dann erfolgen, wenn diese ihr Geschäft nicht an demselben Ort betreiben. Die Begründung für dieses ausgeweitete Ausschließungsrecht ist darin zu sehen, daß die Mitgliedschaft, die seinerzeit Voraussetzung für die Kreditinanspruchnahme war (vgl. jedoch die Aufhebung des § 8 Abs. 2 – Verbot des Nichtmitgliederkredits – durch Novelle 1973), bei mehrfacher Mitgliedschaft die Möglichkeit einer mehrfachen Kreditaufnahme eröffnete. Dies konnte die Gefahr einer übermäßigen Verschuldung mit der Folge des Forderungsausfalls dieser Kreditgenossenschaften auslösen.

**8** Grundsätzlich besteht **keine Pflicht** zur Ausschließung, wenn einer der gesetzlichen Ausschließungsgründe vorliegt (*Parisius/Crüger*, § 68 Anm. 2; *Schnorr von Carolsfeld*, ZfG 1959, 86; zu weitgehend *Müller*, § 68 Rdn. 4, der im Innenverhältnis das für die Ausschließung zuständige Organ für verpflichtet hält, die Ausschließung vorzunehmen, wenn keine besonderen Gründe dagegen sprechen). Hinsichtlich der Verletzung satzungsmäßiger Ausschließungsgründe vgl. Rdn. 18.

### 2. Satzungsmäßige Ausschließungsgründe

**9** Es gelten folgende **Grundsätze:**

- In der Satzung weitere Ausschließungsgründe vorsehen zu können (Abs. 2), entspricht der Vereinsfreiheit (Art. 9 Abs. 1 GG). So können Beeinträchtigungen der Fördertätigkeit ausgeschaltet werden (vgl. Rdn. 1).
- Wenn in der Satzung kein Ausschließungsgrund enthalten ist, besteht auch nicht die Möglichkeit des Ausschlusses aus wichtigem Grund; § 626 BGB (Kündigung aus wichtigem Grunde) kann weder unmittelbar noch entsprechend zugunsten der eG angewendet werden (BGH, ZfG 1972, 222; *Menzel*, S. 127 ff; a. A. OLG Stuttgart, Urt. v. 21. 2. 1992 – Az.: 2 U 162/91 m. beachtlichen Gründen; *Hettrich/Pöhlmann*, § 68 Rdn. 10; *Müller*, § 68 Rdn. 12 m. w. N.; *Meyer/Meulenbergh/ Beuthien*, § 68 Rdn. 5 unter Berufung auf die ältere Rechtsprechung des BGHZ 9, 159; 16, 322 zur GmbH und Rdn. 6; vgl. auch Rdn. 15: wichtiger Grund – Verbleiben in der eG ist mit ihren Belangen nicht vereinbar).
- Die Ausschließungsgründe müssen sachlich gerechtfertigt sein; rechtsmißbräuchlich ausgestaltete Ausschließungsgründe sind nichtig (Ausdruck des Treuegebots, Rdn. 1, sowie des Willkürverbots).
- Der Verstoß gegen einen Ausschließungsgrund muß nicht grundsätzlich schuldhaft sein (vgl. jedoch Rdn. 17; vgl. auch BGH, JR 1973, 193; wie hier *Müller*, § 68 Rdn. 9; so wohl auch *Menzel*, S. 120; a. A. *Schubert/Steder*, § 68 Rdn. 3; *Meyer/Meulenbergh/Beuthien*, § 68 Rdn. 8, der hiervon allerdings Ausnahmen zuläßt).

– Die Ausschließungsgründe müssen möglichst klar und unmißverständlich gefaßt sein, damit die Mitglieder die Möglichkeit einer gegen sie ausgesprochenen Ausschließung voraussehen können (*Menzel*, S. 121 m. w. N.). Diesem Erfordernis ist Genüge getan, wenn die Ausschließung tatbestandlich an die Nichterfüllung gesetzlicher, satzungsmäßiger oder einzelvertraglicher Pflichten anknüpft (RGZ 163, 207; OLG Düsseldorf, DB 1969, 2130 = ZfG 1970, 301; OLG München, BB 1974, 807 = ZfG 1976, 74; *Meyer/Meulenbergh/Beuthien*, § 68 Rdn. 5). Andererseits lassen sich nicht alle Tatbestände voraussehen, die aus der Sicht der eG eine Ausschließung rechtfertigen. Insofern ist es ausnahmsweise zulässig, als Ausschließungsgrund auch unbestimmte Rechtsbegriffe zu verwenden, sofern diese für die Mitglieder hinreichend erkennbar und eingrenzbar sind (vgl. im einzelnen Rdn. 13, 14).
– Eine Pflicht zur Ausschließung besteht grundsätzlich nicht; die eG entscheidet im Rahmen der Ausübung pflichtgemäßen Ermessens (vgl. Rdn. 18) unter Berücksichtigung des Treuegebots (Rdn. 1).

In den **Satzungen** sind als Ausschließungsgründe, die grundsätzlich 10
auslegungsfähig sind (BGH, WM 1958, IV. B. S. 816) oft aufgeführt:
– Nichterfüllung der genossenschaftlichen Pflichten trotz schriftlicher Aufforderung unter Androhung des Ausschlusses.
– Weitergabe von vertraulichen Mitteilungen der eG an Dritte (hierzu *Mummenhoff*, ZfG 1989, 224), insbes. wenn dadurch die Funktionsfähigkeit der eG gefährdet werden kann (OLG Frankfurt, WRP 1989, 731).
– Auflösungsbeschluß bei einer juristischen Person, die Mitglied ist.
– Verlust der Fähigkeit, öffentliche Ämter zu bekleiden, an öffentlichen Wahlen teilzunehmen oder gewählt zu werden oder die Entziehung der Aufenthaltsgenehmigung.
– Fehlen oder Fortfall der satzungsmäßigen Voraussetzungen für die Aufnahme in die eG.

Wegen weiterer Ausschließungsgründe vgl. die folgenden Randnummern, zu Ausschließungsgründen generell *Mummenhoff*, ZfG 1989, 224.

Durch Satzungsänderung können – im Rahmen der Duldungspflicht 11
(s. § 18 Rdn. 72 ff) – neue Pflichten für die Mitglieder mit Wirkung für die Zukunft eingeführt werden. Eine andere Auffassung hätte zur Folge, daß die Entwicklung der eG blockiert wäre. Es können auch neue Ausschließungstatbestände definiert werden, die mit Eintragung der Satzungsänderung verbindlich sind. Diese können auch zum Inhalt haben, daß bei Fehlen neu festgelegter Voraussetzungen für den Erwerb der Mitgliedschaft ein Ausschließungsgrund gegeben ist. Hierbei ist aber auf die berechtigten Interessen der betroffenen Mitglieder die gebotene Rücksicht zu nehmen; die Gründe müssen sachlich gerechtfertigt und dürfen nicht willkürlich sein.

12 Zulässig ist auch eine Satzungsbestimmung, die die Beteiligung eines Mitglieds an einem **konkurrierenden Unternehmen** oder den Betrieb eines eigenen zur eG in Wettbewerb stehenden Geschäfts als Ausschließungsgrund festsetzt (BGHZ 27, 297 = WM 1958, 816; differenzierend BGH, WRP 1986, 550; vgl. auch OLG Stuttgart, ZfG 1991, 66 m. Anm. *Roth*: Sicherung der Funktionsfähigkeit einer eG berechtigt zum Ausschluß; *Beuthien*, Gesellschaftsrecht und Kartellrecht, ZHR 1978, 289 ff; *Sandrock*, Kartellrecht und Genossenschaften 1976, 60 ff.). Als abwegig, da zu formalistisch, abzulehnen ist die Auffassung des BGH (ZfG 1991, 64 m. insoweit abl. Anm. *Roth*), daß diese Satzungsbestimmung nicht den Fall abdeckt, daß (nicht das Mitglied selbst, aber) ein Gesellschafter und Geschäftsführer an einem Konkurrenzunternehmen beteiligt ist. Eine derartige Bestimmung ist zwar eine Wettbewerbsbeschränkung i. S. d. § 1 GWB; durch eine solche Satzungsregelung werden, sofern sie die Förderung der Leistungsfähigkeit kleiner und mittlerer Unternehmen bezweckt (§ 5 b GWB) jedoch weder die Gewerbefreiheit noch das Recht der freien Berufswahl (Art. 12 GG) beeinträchtigt (BGH, ebd.) noch liegt eine verbotene Wettbewerbsbeschränkung vor (Tätigkeitsbericht des BKA, BT-Drucks. 9/565, 73). Derartige Wettbewerbsbeschränkungen sind jedoch nur insoweit von der Anwendung des § 1 GWB ausgenommen, wie sie **genossenschaftsimmanent** sind, insbesond. zur Sicherung des Zwecks oder der Funktionsfähigkeit der eG **erforderlich** sind (BGH, ZP, 1993, 384; WRP 1986, 550). So ist bei einer Taxigenossenschaft der Ausschluß von Mischunternehmen (Taxiunternehmer, die zusätzlich Mietwagenverkehr betreiben) zur Erreichung des Genossenschaftszwecks, nämlich der satzungsgemäßen Nutzung der Funk- und Telefonzentrale ausschließlich für den Taxiverkehr nicht notwendig, da zu weitgehend. Unter mehreren Möglichkeiten muß die am wenigsten wettbewerbsbeschränkende Maßnahme gewählt werden. Im konkreten Fall führt der BGH (a. a. O.) aus, daß ein Umlenken von Taxianforderungen auf Mietwagen nicht sehr erfolgversprechend sein würde und leicht aufgedeckt werden könne. Deshalb sei es nicht erforderlich, Mischunternehmer generell vorbeugend auszuschließen. Die satzungsgemäße Festsetzung von Sanktionen für nachgewiesene Verstöße (die bis zum Ausschluß gehen könnten!) würde ausreichen. Nicht gefolgt werden kann dem BGH (a. a. O.), soweit er hinsichtlich des Konkurrenzverbots lediglich auf den in der Satzung enthaltenen (u. U. sehr weit gefaßten) Unternehmensgegenstand abstellt und nicht auf den tatsächlich ausgeübten. Die Lösung wird darin liegen, konkrete Wettbewerbshandlungen, die die Funktionsfähigkeit der eG gefährden würden, festzulegen und entsprechend konkret gefaßte Wettbewerbsverbote in die Satzung aufzunehmen. Der Ausschluß ist auch dann gerechtfertigt, wenn das Mitglied ohne eigenes Zutun allein durch Auswechslung der Gesellschafter Konzerngesellschaft eines Konkurrenzunternehmens wird. Die eG würde sonst nicht nur mit-

telbar ihre Wettbewerber fördern, sie hätte diese zugleich als Insider in den eigenen Reihen (BGH, WM 1982, 1222 = ZfG 1983, 270). Das wäre mit dem Förderzweck und dem gemeinschaftlichen Geschäftsbetrieb, den beiden Hauptelementen der eG, ebensowenig zu vereinbaren wie der Beitritt des Mitglieds zur Konkurrenz (BGH 27, 297). Einzelheiten zu Fragen des Wettbewerbsrechts vgl. § 1 Rdn. 154 ff.

Ein die eG **schädigendes Verhalten** kann ebenfalls satzungsmäßiger 13
Ausschließungsgrund sein. Es handelt sich hier zwar um einen auslegungsbedürftigen Tatbestand; dieser ist jedoch durch die Rechtsprechung hinreichend konkretisiert worden (vgl. hierzu OLG Stuttgart, 2 U 162/91 sowie *Menzel*, S. 122). Eine derartig schädigendes Verhalten kann nicht nur in materiellen, sondern auch in ideellen Beeinträchtigungen zu erblicken sein (RGZ 163, 207; OLG Hamburg, GWW 1955, 386; AG Iserlohn, ZfG 1955, 244; wenn ein Mitglied einer Wohnungsgenossenschaft mit der Genossenschaftswohnung „Geschäfte macht und sie zu einem Mehrfachen der von ihm zu zahlenden Nutzungsgebühr untervermietet: AG Hamm, GW 1967, 127 m. zust. Anm. = ZfG 1968, 343, 345, 357 m. ablehnender Anm. von *Schnorr von Carolsfeld*). Die eG ist auch dann geschädigt, wenn der Schadenseintritt im Einzelfall abgewendet werden konnte, solange die Schädigung nur wahrscheinlich war (LG Leipzig, Urteil vom 2. 4. 1941, Az.: 366/40; vgl. auch OLG Hamburg, GWW 1955, 386); eine bloß abstrakte Gefahr reicht jedoch nicht aus (OLG Köln, ZfG 1966, 309). Das Verhalten des Mitglieds muß jedenfalls eine nach vernünftiger Auffassung beachtenswerte Schädigung des Ansehens der eG herbeiführen können (LG Bochum, GWW 1954, 153 = ZfG 1955, 243 Nr. 44; vgl. auch die nachfolgende Rdn.). Derartige Fälle sind insbesond. der Verrat von Geschäftsgeheimnissen und Schädigung des Ansehens der eG durch diskriminierende Äußerungen über die eG und ihre Organe in der Öffentlichkeit (Rdn. 14). Bedenklich LG München: Schädigung des Ansehens einer gemeinnützigen Wohnungsbaugenossenschaft, ihrer wirtschaftlichen Belange sowie die anderer Mitglieder durch Nutzung der Genossenschaftswohnung als Zweitwohnung, ZfgW-Bayern 1987, 388, mit krit. Anm. *Riebandt-Korfmacher*.

Gleiches (Rdn. 13) gilt für ein Verhalten eines Mitglieds als Ausschlie- 14
ßungsgrund, das mit den **Belangen** der eG **nicht vereinbar** ist (wie hier *Menzel*, S. 121, 122; a. A. *Müller*, § 68 Rdn. 6), so z. B. die sporadische Nutzung einer Genossenschaftswohnung (s. a. § 18 Rdn. 50). Die Grenzen zum schädigenden Verhalten (Rdn. 13) sind insbesond. im Hinblick auf die Berücksichtigung auch ideeller Beeinträchtigungen fließend. So ist eine Schädigung des Ansehens der eG auch durch übermäßige Kritik an den Gesellschaftsorganen möglich (KG, BlfG 1934, 625; KG, GWW 1954, 589; OLG Nürnberg, ZfG 1958, 153; LG Hamburg, GWW 1951, 25; OLG Nürnberg sowie *Paulick*, ZfG 1961, 457; LG Karlsruhe, ZfG 1970; AG Bre-

men-Blumenthal, GWW 1981, 503). Dies gilt insbesond., wenn diese Kritik nicht in der GV, sondern in der Öffentlichkeit erhoben wird. Auch übermäßige Kritik insbesond. in der Öffentlichkeit an einzelnen Organmitgliedern sowie an der Geschäftspolitik, Konditionengestaltung etc. kann eine Ausschließung rechtfertigen. Gleiches gilt für die Zerrüttung des Rufs eines Mitglieds, wenn hierdurch der Ruf der eG droht, in Mitleidenschaft gezogen zu werden (Beispiel: eklatantes Versagen eines Mitglieds einer Architektengenossenschaft in seinem eigenen Unternehmen).

In diesen Fällen sind jedoch strenge Maßstäbe anzulegen (*Paulick*, S. 150 f m. Hinw. auf KG, GWW 1954, 589; OLG Hamburg, GWW 1951, 242; *Menzel*, S. 122). Nicht hingegen genügt die Verletzung einer Nebenpflicht, wie z. B. ein Verstoß gegen die Hausordnung (LG Bochum, GWW 1949, 153 = ZfG 1955, 243 Nr. 44; AG Hildesheim, ZfG 1964, 104). Grob fahrlässige Verstöße eines Vorstandsmitglieds gegen seine vertraglichen und gesetzlichen Verpflichtungen können den Auschließungsgrund grober Verletzung genossenschaftlicher Interessen enthalten (OLG Bamberg, ZfG 1957, 228 Nr. 119); diese können hingegen eine Suspendierung (vgl. Erl. zu § 40), eine außerordentliche Kündigung des Dienstvertrags bzw. eine fristlose Amtsenthebung (vgl. Erl. zu § 24) rechtfertigen. Ein schädigendes oder mit den Belangen der eG unvereinbares Verhalten muß **stets schuldhaft** sein – Ausnahme vom Grundsatz, daß ein Verschulden nicht vorzuliegen braucht (RGZ 148, 234; RGZ 163, 206; OLG Nürnberg, ZfG 1962, 341; *Menzel*, S. 123 m. w. N.; vgl. auch Rdn. 9). Hinsichtlich der Voraussetzungen für das Verschulden vgl. Rdn. 17 a. E. Die Satzung kann jedoch bestimmen, daß ein Mitglied auch bei verminderter Zurechnungsfähigkeit ausgeschlossen werden kann, wenn es durch sein genossenschaftswidriges Verhalten unzumutbar das Ansehen oder die wirtschaftlichen Belange der eG oder ihrer Mitglieder schädigt oder zu schädigen versucht (Gegenschluß aus BGH, GWW 1965, 326).

**15** Neben den konkret in der Satzung genannten Ausschlußgründen kann deshalb generell – da ein Verbleiben in der eG nicht mit ihren Belangen vereinbar – ein Ausschluß auf „wichtigen Grund" gestützt werden: Ein solcher liegt vor, wenn das Verhalten eines Mitglieds einen weiteren Verbleib in der eG unzumutbar macht; Maßstab dafür sind der Förderzweck und in der Satzung genannte Mitgliedschaftsvoraussetzungen (OLG Stuttgart, Urteil vom 21. 2. 1992 – 2 U 162/91), so z. B. regelmäßig eine auf Dauer nicht genutzte Geschäftsbeziehung.

**16** Ist als Ausschließungsgrund der **Verstoß gegen Genossenschaftsbeschlüsse** vorgesehen, so fallen hierunter auch Beschlüsse des Vorstands (OLG Stuttgart, JW 1930, 3782). Die vom Vorstand, Aufsichtsrat und der GV gefaßten Mehrheitsbeschlüsse müssen auch von der überstimmten Minderheit respektiert werden. Mitglieder, in deren Rechte durch die betreffenden Beschlüsse eingegriffen wird, dürfen sich nur mit den gesetzlich zugelassenen Mitteln dagegen zur Wehr setzen. Die übrigen Mitglieder dürfen hierbei keine Unterstützung gewähren; dies gilt insbesond. für die Mitglieder des Aufsichtsrats (in dieser Allgemeinheit nicht unbedenklich, so aber OLG Hamburg, GWW 1951, 242 sowie GWW 1955, 383).

In der Satzung kann auch vorgesehen werden, daß nur **schuldhaftes Verhalten** zu einer Ausschließung führt. In diesem Fall ist eine Ausschließung nicht möglich, wenn das Mitglied unzurechnungsfähig ist (BGH, ZfG 1972, 222; *Meyer/Meulenbergh/Beuthien*, § 68 Rdn. 6; *Schubert/Steder*, § 68 Rdn. 3; a. A. *Menzel*, S. 123 Fn. 27). Gleiches gilt grundsätzlich für den Fall der Entmündigung. In diesem Fall muß dem Mitglied Vorsatz oder Fahrlässigkeit vorzuwerfen sein, um einen rechtswirksamen Ausschluß zu begründen (vgl. RG, JW 1932, 1010; RGZ 148, 225 = JW 1935, 2719; RGZ 163, 200 = BlfG 1940, 127). Die Frage, ob ein schuldhaft genossenschaftswidriges Verhalten vorliegt, richtet sich nicht nach den strafrechtlichen Grundsätzen von Täterschaft und Beihilfe, sondern nach genossenschaftlichen Grundsätzen. Der Auszuschließende handelt schuldhaft, wenn ihm bei der zu fordernden Überlegung hätte bewußt werden müssen, daß sein Verhalten einen satzungsmäßigen Ausschließungsgrund erfüllen würde. Abzustellen ist darauf, ob diese Kenntnis auch eine dem Mitglied im Hinblick auf Bildungsstand, persönliche Fähigkeiten und soziale Herkunft vergleichbare Person gehabt hätte (vgl. hierzu *Menzel*, S. 123). 17

Hat ein Mitglied einen satzungsmäßigen Ausschließungsgrund erfüllt, besteht **keinesfalls die Pflicht**, dieses Mitglied aus der eG auszuschließen. Allerdings ist das für die Ausschließung zuständige Organ (vgl. Rdn. 30) gehalten, bei Vorliegen eines derartigen Ausschließungstatbestandes im Rahmen seines pflichtgemäßen Ermessens zu prüfen, ob die Ausschließung gerechtfertigt ist; eine Pflichtverletzung liegt vor, sobald dieses Organ entweder die Prüfung nicht vornimmt oder eine Entscheidung trifft, die nicht mehr im Rahmen des pflichtgemäßen Ermessens liegt (*Müller*, § 68 Rdn. 11). Letzteres wäre z. B. gegeben, wenn ein Ausschließungsgrund durch zwei Mitglieder gemeinsam erfüllt wird, jedoch nur ein Mitglied von beiden ausgeschlossen wird. Im übrigen rechtfertigen unterschiedliche Sachverhalte, z. B. auch eine geänderte wirtschaftliche Situation der eG, eine unterschiedliche Behandlung (vgl. hierzu auch Rdn. 22). 18

## III. Schranken der Ausschließung

Bei dem Ausschluß ist in erster Linie das aus dem Grundsatz von Treu und Glauben abgeleitete gegenseitige **Treueverhältnis** zu berücksichtigen (BGH, ZfG 1961, 84 m. Anm. *Paulick*, BGH, ZfG 1971, 297 m. Anm. *Westermann*; OLG Hamburg, BB 1951, 430 = ZfG 1955, 242 Nr. 32; OLG Bamberg, ZfG 1957, 228; OLG Köln, ZfG 1966, 307; OLG Düsseldorf, DB 19

1969, 2130 = ZfG 1970, 301 *Müller*, § 68 Rdn. 19; *Menzel*, S. 138). Es gilt der Grundsatz der Verhältnismäßigkeit der Mittel (siehe auch Rdn. 12). Grundsätzlich ist das schonendere Mittel anzuwenden. Die Treuepflicht der eG ist um so größer, je länger die Mitgliedschaft besteht (BGHZ 31, 37; Pflicht zur Interessenabwägung, MDR 1960, 999). Die Treuebindung steht der Geltendmachung des eigentlich erfüllten Ausschließungsgrundes u. U. entgegen: eine offenbare Geringfügigkeit der Folgen der Verfehlungen des Mitglieds kann den Ausschluß wegen Verstoßes gegen Treu und Glauben nichtig machen (OLG Hamburg, BB 1951, 430 = ZfG 1955, 242 Nr. 32 = GWW 1951, 242; OLG Düsseldorf, DB 1969, 2130 = ZfG 1970, 301 m. krit. Anm. *Schultz*). Es müssen jedoch auch die Nachteile für das Mitglied berücksichtigt werden. Erleidet ein Mitglied durch den Ausschluß keine wesentlichen Nachteile, ist der Ausschluß zulässig. Andererseits hindern auch erhebliche Nachteile für das Mitglied nicht die Ausschließung, wenn das Interesse der eG an einem ungestörten Genossenschaftsbetrieb vorrangig ist; so verstößt die Ausschließung aus einer Wohnungsgenossenschaft selbst dann nicht gegen Treu und Glauben, wenn der Ausgeschiedene, der bei fast jeder Maßnahme der eG in Opposition gestanden und dadurch erhebliche Spannungen zwischen ihm, den Mitgliedern des Aufsichtsrats und dem Vorstand hervorgerufen hat, infolgedessen seine Wohnung vermietet (OLG Hamburg, GWW 1955, 383). Dagegen kein Verstoß gegen die genossenschaftliche Treuepflicht durch Gründung eines organisierten Zusammenschlusses einzelner Mitglieder zwecks Verfolgung bestimmter Ziele, hier „Mieterschutzgemeinschaft" (KG, GWW 1954, 589). Grundsätzlich kann gesagt werden, daß, je mehr die Arbeitsfähigkeit und der innere Frieden der eG gefährdet ist, desto eher ein Ausschluß angebracht sein muß (OLG Hamburg a. a. O.; *Paulick*, S. 151), um im Interesse eines jeden Mitglieds sicherzustellen, daß die eG durch eine wirkungsvolle persönliche Zusammenarbeit ihrer Zwecksetzung gerecht werden kann (*Menzel*, S. 139). Bringt die Ausschließung wesentliche Nachteile mit sich, ist sie in der Regel nur dann gerechtfertigt, wenn der Verstoß gegen satzungsmäßige Pflichten trotz Androhung des Ausschlusses fortgesetzt wird oder der Verstoß so schwerwiegend ist, daß das Mitglied sich im Hinblick auf die Art des Verstoßes sagen muß, daß die sofortige Ausschließung zu erwarten sei (OLG München, ZfG 1976, 74 m. Anm. *Sandrock*).

**20** Bei einer **Produktivgenossenschaft** ist die Doppelbeziehung Mitglied – Arbeitnehmer zu berücksichtigen. Hieraus kann jedoch nicht gefolgert werden, daß die Mitglieder ein uneingeschränktes Recht auf Arbeit haben und deshalb nicht ausgeschlossen werden dürfen (so aber LG Berlin, Urt. v. 17. 10. 1995 – Az.: 35 O 26/95). Ist eine Weiterbeschäftigung in der eG unzumutbar, gefährdet sie ggfs. die Existenz der eG, ist eine Kündigung zulässig. Ob ein Ausschluß zulässig ist, richtet sich nach der Satzungsregelung unter Berücksichtigung der gegenseitigen Treuepflichten. Hinsichtlich der Kündigung des Arbeitsverhältnisses sind wegen dieser Treuepflichten die Grenzen enger zu ziehen als die arbeitsrechtlichen Grenzen (s. a. § 65 Rdn. 31).

21 Grundsätzlich sind bei Verletzung **vertraglicher** Pflichten auch bei einem Genossenschaftsmitglied regelmäßig die nach diesem Vertrag gegebenen Rechtsmöglichkeiten das gegebene, angemessene und ausreichende Mittel zur Wahrnehmung der Interessen der eG; das Ausschließungsverfahren dazu zu benutzen, auf die Mitglieder einen Druck zur Erfüllung rechtsgeschäftlicher Verpflichtungen auszuüben und streitige Zahlungsansprüche durchzusetzen, ist in der Regel mißbräuchlich (OLG Hamburg, GWW 1951, 242; OLG Düsseldorf, DB 1969, 2130 = ZfG 1970, 301 m. Anm. *Schultz*; zu weitgehend *Müller*, § 68 Rdn. 19, der diese Einschränkung nicht macht, sondern grundsätzlich bei der Erfüllung eines Ausschließungstatbestandes auch ein Interesse an der Ausschließung bejaht, das nur ausnahmsweise entfallen kann oder gegenüber anderen Interessen zurücktreten muß).

22 Eine weitere Schranke setzt der **Gleichbehandlungsgrundsatz**. Der Grundsatz der Gleichbehandlung verbietet eine Ausschließung, wenn ein anderes Mitglied bei Vorliegen desselben Sachverhalts nicht ausgeschlossen wurde und auch keine besonderen Gesichtspunkte vorliegen, die eine unterschiedliche Behandlung im übrigen rechtfertigen (vgl. BGH, ZfG 1971, 297 m. Anm. *Westermann*; OLG Bamberg, Urt. v. 30. 5. 1988 – Az.: 4 U 231/87; *Müller*, § 68 Rdn. 18). Es sind alle Umstände des Einzelfalls zu berücksichtigen, z. B.

- die Schwere der Pflichtverletzung, bei der auch persönliche Umstände des Mitglieds zu berücksichtigen sind, seine Ausbildung, Einsichtsfähigkeit etc.
- die Höhe des der eG zugefügten Schadens, wobei jeweils auf die konkret wirtschaftliche Situation abzustellen ist,
- die Wiederholungsgefahr
- die Häufung bestimmter Sachverhalte, die es erforderlich macht, ein Exempel zu statuieren. Allerdings wäre eine Ausschließung, um ein „Exempel zu statuieren" unzulässig, wenn die eG im übrigen derartige Ausschließungstatbestände bisher nicht geahndet hätte (vgl. zum Vorstehenden auch *Müller*, § 68 Rdn. 18). Etwas anders würde jedoch gelten, wenn der Vorstand einen Grundsatzbeschluß faßt, in Zukunft – nach Vorankündigung, ggfs. unter Setzung einer Übergangsfrist – derartige Sachverhalte nicht mehr hinzunehmen, sondern ggfs. mit der Ausschließung zu ahnden.

Im übrigen werden die Sachverhalte unter Berücksichtigung vorstehender Grundsätze jedoch nur in seltenen Fällen so deckungsgleich sein, daß eine Ausschließung wegen Verletzung des Gleichbehandlungsgrundsatzes unzulässig wäre (so mit Recht *Müller*, § 68 Rdn. 18). Zur Frage, inwieweit durch satzungsändernden Mehrheitsbeschluß nachträglich die Voraussetzungen für die Aufnahme eingeschränkt und damit mittelbar ein neuer Ausschließungsgrund geschaffen werden kann, s. *Riebandt-Korfmacher*, Formular-Kommentar, Handels- und Wirtschaftsrecht I, Form. 1.601, Anm. 43 m. Hinweisen.

**23** Einer Ausschließung kann ggfs. auch die aus dem Grundsatz von Treu und Glauben abgeleitete Einwendung der **Verwirkung** entgegenstehen. Verwirkung ist dann gegeben, wenn die eG den Ausschließungsgrund über einen längeren Zeitraum hinweg nicht geltend macht und dadurch in dem Mitglied das Vertrauen erweckt, daß eine Ausschließung aufgrund dieses Sachverhalts nicht mehr erfolgen wird (RGZ 129, 45; OLG Bamberg, ZfG 1957, 228 Nr. 119; OLG Stuttgart, ZfG 1991, 66 m. Anm. *Roth*; *Müller*, § 68 Rdn. 14). Die Grenzen zum widersprüchlichen Verhalten als Ausschließungsbeschränkung sind fließend. Eine Verwirkung kommt nicht in Betracht, solange das für die Ausschließung zuständige Organ keine Kenntnis von dem Sachverhalt erlangt hat (hinsichtlich der Frage, wer Kenntnis erlangen muß, vgl. Rdn. 24). Im Zusammenhang mit dem Zeitraum, der abgelaufen sein muß, um Verwirkung eintreten zu lassen, ist von Bedeutung, daß für die Ausübung der Ausschließungsbefugnis keine gesetzliche Frist vorgeschrieben ist. Die eG soll im Stande sein, jeden Einzelfall umfassend zu würdigen und dabei eine mögliche zukünftige Entwicklung mit in ihre Überlegungen einzubeziehen (*Menzel*, S. 132). Das Mitglied kann im Zweifel nicht erwarten, daß die Entscheidung kurzfristig fällt (*Genieser*, S. 43). Allenfalls eine sehr lang anhaltende Passivität der eG nach Kenntniserlangung vom Ausschließungsgrund kann zu der Vermutung führen, daß die eG von einer Ausschließung Abstand nehmen wolle (*Menzel*, S. 132). Ein allgemein gültiger Maßstab kann nicht aufgestellt werden. Bei der Fristbemessung spielt neben der Bedeutung des Ausschließungsgrundes die Frage eine Rolle, ob der Sachverhalt hinreichend aufgeklärt ist, in welchen Zeitabständen das für die Ausschließung zuständige Organ normalerweise zusammentritt und welche Hindernisse einer außerplanmäßigen Zusammenkunft entgegenstehen (*Menzel*, S. 132, Fn. 11). Bei vorsätzlicher Schädigung der eG ist nach RG in einem bestimmten Fall Verwirkung eingetreten, nachdem 15 Monate vergangen sind, ehe die Ausschließung beschlossen wurde (RGZ 129, 45).

**24** Ein besonderer Fall der Verwirkung ist gegeben, wenn sich die eG sonst in **Widerspruch zu ihrem eigenen Verhalten** setzen würde (venire contra factum proprium, abgeleitet aus dem Grundsatz von Treu und Glauben, § 242 BGB). Hat das für die Ausschließung zuständige Organ gegenüber dem Auszuschließenden den Eindruck erweckt, daß es von einer Ausschließung endgültig Abstand nehme und hat hierauf der Auszuschließende vertraut, so würde die Ausschließung gegen Treu und Glauben verstoßen (vgl. BGHZ 25, 52; BGH, DB 1969, 1996). Hat die eG trotz Kenntnis von einem Ausschließungsgrund (Kenntnis des einzelnen Vorstandsmitglieds genügt,

KGJ, 33, 104, oder – falls ein einzelnes Vorstandsmitglied in Gemeinschaft mit einem Prokuristen zu gesetzlichen Vertretung der eG befugt ist – Kenntnis des Prokuristen genügt) das genossenschaftliche Verhältnis fortgesetzt, so kann sie den Ausschluß nicht mehr vornehmen (RGZ 129, 45; OLG Bamberg, ZfG 1957, 228 Nr. 19). Gleiches gilt, wenn das für den Ausschluß zuständige Organ denselben Sachverhalt – der jedoch nur in seltenen Ausnahmefällen vorliegen wird (vgl. Rdn. 22) – schon einmal als für einen Ausschluß nicht ausreichend erklärt hat (RGZ 51, 89). In dieser Ablehnung liegt die Anerkennung bzw. Bestätigung des Mitgliedschaftsrechts. Von dieser rechtsverbindlichen Erklärung kann die eG nicht einseitig wieder zurücktreten (RGZ 51, 89; *Soergel/Schultze v. Lasaulx*, BGB, § 29 Rdn. 14). Erforderlich wäre ein neues Ausschlußverfahren aufgrund neuer Tatsachen, die eine von der früheren Entscheidung abweichende Beurteilung rechtfertigt (RGZ 51, 89; 117, 204; BGHZ 27, 304/305; LG Stuttgart, Urt. vom 21. 2. 1986 – 3 KfH O 117/85).

Eine weitere Einschränkung ist gegeben, wenn die Ausschließung zu einer unzulässigen **Wettbewerbsbeschränkung** aus kartellrechtlichen Gründen i. S. v. §§ 1, 26 Abs. 2 GWB führen würde (Rdn. 12; vgl. die zusammenfassende Darstellung in § 1 Rdn. 154–242). § 26 Abs. 2 GWB untersagt marktbeherrschenden Unternehmen bzw. Unternehmen, von denen Anbieter bzw. Nachfrager einer bestimmten Art von Waren oder Leistungen in der Weise abhängig sind, daß ausreichende und zumutbare Möglichkeiten, auf andere Unternehmen auszuweichen, nicht bestehen, ein diskriminierendes Verhalten gegenüber diesen anderen Unternehmen. Wenn eine eG sich in einer derartigen Position befindet, kann eine Ausschließung nach § 26 Abs. 2 GWB unzulässig sein, wenn die Ausschließung für das Mitglied eine unbillige Behinderung oder eine sachlich nicht gerechtfertigte unterschiedliche Behandlung mit sich bringt. Wenn die eG nach der Ausschließung den Geschäftsverkehr mit dem Mitglied aufrechterhält, ist jedoch grundsätzlich gegen eine Ausschließung nichts einzuwenden (vgl. im einzelnen *Menzel*, S. 136). **25**

Dies gilt um so mehr, wenn die eG eine **Monopolstellung** inne hat. Auch hier kann eine Ausschließung erfolgen, wenn dem Ausgeschlossenen weiterhin die Möglichkeit der Inanspruchnahme des Geschäftsbetriebs der eG geboten wird. **26**

Hinsichtlich neu aufgestellter Ausschließungstatbestände stellt in bestimmtem Umfang das **Verbot der Rückwirkung** eine weitere Beschränkung dar. Hierbei ist zwischen der echten und unechten Rückwirkung zu unterscheiden. **27**

Eine **echte Rückwirkung** liegt vor, wenn durch Satzungsänderung ein Ausschließungsgrund aufgestellt wird, der auf einen bereits in der Vergangenheit abgeschlossenen Sachverhalt angewendet werden soll; eine derartige **28**

Satzungsbestimmung kann einen Ausschluß für die Vergangenheit grundsätzlich nicht rechtfertigen (*Menzel*, S. 120; vgl. auch BGH, NJW 1971, 881 zum Verein). Eine Ausnahme ist nur dann denkbar, wenn der von der neuen Satzungsregelung erfaßte Sachverhalt zeitlich zwischen der Beschlußfassung durch die GV und der Eintragung in das Genossenschaftsregister liegt; wobei jedoch vorauszusetzen ist, daß das Mitglied diesen Beschluß kannte oder offensichtlich davon wissen mußte (so *Menzel*, S. 120; vgl. auch BVerfGE 1, 280; 8, 304; 13, 272).

29 Eine **unechte Rückwirkung** liegt vor, wenn durch Satzungsänderung Ausschließungsgründe aufgestellt werden, die an gegenwärtig vorhandene Dauerzustände anknüpfen, z. B. Entmündigung, Verlegung des Wohnsitzes, Einstellung des Geschäftsbetriebs, Konkurs (BVerfGE 11, 145; BVerfGE 25, 154: BVerfGE 30, 402; *Müller*, § 68 Rdn. 7; *Menzel*, S. 120). Stets ist jedoch zu prüfen, ob nicht ausnahmsweise der Vertrauensschutz des Mitglieds Vorrang vor den Interessen der eG hat (BVerfGE 13, 278; BVerfGE 25, 290; *Müller*, § 68 Rdn. 7; *Menzel*, S. 121; s. a. OLG Düsseldorf, BB 1968, 1260 = ZfG 1970, 397, 98 m. Anm. *H.-P. Westermann* sowie *Riebandt-Korfmacher*, Form. 1.601, Anm. 43). Die Einführung einer Satzungsbestimmung, daß ein Mitglied ausgeschlossen werden kann, wenn es sich an einem Konkurrenzunternehmen beteiligt, verstößt nicht gegen das Rückwirkungsverbot. Sie knüpft zwar an einen in der Vergangenheit begründeten, jedoch bis in die Gegenwart fortwirkenden Zustand an. Die Mitglieder müssen auch damit rechnen, daß die eG zum Schutze ihrer Selbsthilfeorganisation gegen Interessenkonflikte die Doppelmitgliedschaft zum Gegenstand einer Regelung in der Satzung macht (LG Stuttgart, Urteil vom 21. 2. 1986 – Az.: 3 KfH O 117/85).

## IV. Zuständigkeit für die Ausschließung

30 Von welchem Organ der Ausschließungsbeschluß zu fassen ist, ist der Satzung überlassen. Beim Fehlen einer Satzungsregelung ist der **Vorstand** als Leitungsorgan zuständig (RGZ 129, 47; dem Reichsgericht folgend BGHZ 31, 192 = GWW 1960, 95; *Genieser*, S. 59; *Müller*, § 68 Rdn. 22 m. zahlr. weiteren Nachweisen; a. A. allein *Menzel*, S. 11, der die GV für zuständig hält; er übersieht jedoch, daß auch für die Zulassung zum Beitritt der Vorstand zuständig ist, wenn in der Satzung nichts anderes geregelt ist). Die Satzung kann die Zuständigkeit des Aufsichtsrats oder der GV, aber auch die Bildung eines besonderen Ausschließungsorgans vorsehen. Es können auch mehrere Organe nebeneinander für zuständig erklärt werden (KGJ 36, 264). Hinsichtlich der Zuständigkeit für die Ausschließung von Vorstands- und Aufsichtsratsmitgliedern vgl. Rdn. 78 .

31 Es dürfen auch die Vorstandsmitglieder mitwirken, mit denen der Auszuschließende sich im Streit befindet. Sonst hätte es der Auszuschließende

in der Hand, die Zusammensetzung des Vorstandes bei dieser Entscheidungsbildung dadurch zu beeinflussen, daß er ihm nicht genehme Mitglieder persönlich angreift und hierdurch von der Mitwirkung ausschließt bis hin zum Extremfall, daß er alle Mitglieder angreift und den Vorstand insgesamt blockiert (LG Stuttgart ZfG, 1989, 224 m. krit. Anm. *Mummenhoff*; zur Neutralität in derartigen Fällen *Müller*, § 68 Rdn. 24). Jedenfalls kann der Vorstand neben seinem Ausschließungsbeschluß eine Beschlußfassung durch die GV herbeiführen.

## V. Verfahren der Ausschließung

### 1. Rechtliches Gehör

Der Auszuschließende hat einen Anspruch auf **rechtliches Gehör**; dieser ergibt sich zwar nicht aus Artikel 103 Abs. 1 GG (BGH, NJW 1959, 982; *Menzel*, S. 22), jedoch aus der genossenschaftlichen Treuepflicht (vgl. BGH, DB 1996, 1273; NJW 1959, 982; LG Karlsruhe, ZfG 1970, 881; *Menzel*, S. 23 mit zahlr. Hinweisen auf Rechtsprechung und Literatur). Zu diesem Zweck ist einem Mitglied, das ausgeschlossen werden soll, zwecks Vermeidung der Unwirksamkeit der Ausschließung regelmäßig von der beabsichtigten Ausschließung unter Mitteilung der Gründe Kenntnis und vor der Beschlußfassung über die Ausschließung Gelegenheit zur Rechtfertigung zu geben (OLG Augsburg, JW 1926, 2098; OLG Celle, ZfG 1965, 59; OLG Köln, ZfG 1966, 308 = GWW 1965, 348; *Menzel*, S. 24; BGHZ 27, 298 läßt offen, ob es der Versagung des rechtlichen Gehörs gleichkommt, wenn der Auszuschließende zwar Gelegenheit zur Stellungnahme erhalten hat, er aber zu deren Vorbereitung mehr Zeit brauchte als ihm gewährt worden ist; zur Frage des rechtlichen Gehörs vgl. auch BGH, NJW 1960, 1861 = GWW 1960, 406). Hierbei ist dem Auszuschließenden eine angemessene Frist für seine Stellungnahme einzuräumen; diese muß so bemessen sein, daß der Auszuschließende in der Lage ist, seine Stellungnahme sachgerecht vorzubereiten (OLG Nürnberg, GWW 1963, 408 = ZfG 1961, 454; OLG München, GWW Bayern 1956, 554; ZfG 1957, 228; *Müller*, § 68 Rdn. 31; *Riebandt-Korfmacher*, Form. 1.601, Anm. 46). Die Mitteilung muß alle wesentlichen Gesichtspunkte – möglichst unter Bezugnahme auf die satzungsmäßigen Ausschließungsgründe unter Nennung der einschlägigen Satzungsregelung – umfassen, auf die die Ausschließung gestützt wird; die bloße Mitteilung, man werde irgendwelche Maßnahmen ergreifen, reicht nicht aus (OLG Celle, ZfG 1965, 59; OLG Köln, ZfG 1966, 308; LG Stuttgart, Urteil vom 30. 11. 1983 – 22 O 336/83; *Menzel*, S. 24). Der Sachverhalt muß so genau umschrieben werden, daß das Mitglied zuverlässig erkennen kann, was ihm zum Vorwurf gemacht werden soll. Entsprechendes gilt für den Ausschließungsbeschluß. Der Betroffene muß wissen, gegen **32** welche Feststellungen und Wertungen er sich im einzelnen zu wehren hat (OLG Düsseldorf, Urt. v. 11. 10. 1974).

**33** Zumindest dann ist rechtliches Gehör zu gewähren, wenn die Ausschließung auf einen Sachverhalt gestützt wird, bei dessen Beurteilung dem freien Ermessen der Beteiligten beträchtlicher Spielraum bleibt und die Möglichkeit, daß der von der Ausschließung Betroffene durch eine Darlegung seines Verhaltens und seiner Beweggründe Einfluß auf die Meinung der Beschließenden gewinnt, nicht von vornherein gänzlich ausgeschlossen ist (RGZ 171, 208; OLG Celle, ZfG 1965, 60; OLG Dresden, BlfG 1936, 116; *Menzel*, S. 25; a. A. *Müller*, § 68 Rdn. 33).

Rechtliches Gehör ist mithin möglicherweise entbehrlich, wenn die Möglichkeit des Mitglieds, auf die Entscheidung des beschließenden Organs einzuwirken, von vornherein aussichtslos ist (vgl. hierzu, aber wohl zu weitgehend RGZ 169, 338; BGH, GWW 1960, 406 sowie vorstehende Zitate; a. A. LG Stuttgart, Urteil vom 30. 11. 1983 – 22 O 336/83; *Meyer/Meulenbergh/Beuthien*, § 68 Rdn. 16; *Hettrich/Pöhlmann*, § 68 Rdn. 15). In diesem Fall würde die Anhörung zur bloßen Formalie, die sich nicht mehr aus der genossenschaftlichen Treuepflicht rechtfertigen läßt (nicht unbedenklich, so aber *Menzel*, S. 26). Wenn die **Satzung** vorsieht, daß vor der Beschlußfassung dem Auszuschließenden Gelegenheit zu geben ist, sich zu dem beabsichtigten Ausschluß zu äußern, ist rechtliches Gehör auch in diesen Fällen zu gewähren. Gewährung rechtlichen Gehörs ist allerdings dann nicht erforderlich, wenn der Ausschluß nach der Satzung wegen einer Verurteilung zum Verlust öffentlicher Ämter usw. gem. § 45 StGB erfolgt (RGZ 169, 338), wenn die Abstimmung auch ohne Anhörung des Betroffenen mit Sicherheit zu keinem anderen Ergebnis führen könnte (BGH, GWW 1960, 406) oder wenn dies der eG unmöglich ist oder wo dies mit unzumutbaren Schwierigkeiten für die eG verbunden ist (*Paulick*, S. 152); dies gilt z. B., wenn ein Mitglied wegen Änderung des Aufenthaltsorts für die eG ohne unzumutbaren Aufwand nicht mehr erreichbar ist (so auch *Müller*, § 68 Rdn. 33; *Menzel*, S. 26). Jedoch kann nicht auf die Anhörung nur deshalb verzichtet werden, weil dem Auszuschließenden in der genossenschaftlichen Rechtsmittelinstanz Gelegenheit zur Verteidigung gegeben wird (so aber BGH, MDR 1965, 834; OLG Köln, GWW 1965, 348 = ZfG 1966, 307; LG Karlsruhe, GWW 1969, 222 m. Anm. = ZfG 1970, 88; wie hier LG Stuttgart, Urt. vom 30. 11. 1983 – 22 O 336/83; *Müller*, § 68 Rdn. 33 und wohl auch *Schubert/Steder*, § 68 Rdn. 10, die mit Recht darauf hinweisen, daß die Wirkung des Ausschlusses nach Abs. 4 schon mit der Absendung des Ausschließungsbeschlusses eintritt und so die Rechte des Mitglieds bereits geschmälert werden. Auch ginge ihm sonst eine Entscheidungsinstanz verloren).

Grundsätzlich kann der Auszuschließende selbst entscheiden, ob und in welcher **Form** er sich rechtfertigen will, ob schriftlich oder im Rahmen einer mündlichen Aussprache (*Genieser*, S. 64; *Müller*, § 68 Rdn. 31; *Menzel*, S. 25; a. A. *Sauter/Schweyer*, S. 53, der für den Verein grundsätzlich davon ausgeht, daß ein Anspruch auf mündliche Aussprache nicht besteht), die Einräumung eines Wahlrechts entspringt jedoch der Treuepflicht der eG gegenüber dem Mitglied. Kein Recht auf mündliche Anhörung, wenn der Auszuschließende sich nur durch die Vorlage von Urkunden rechtfertigen kann. **34**

Der Auszuschließende braucht sich nicht persönlich zu rechtfertigen, dies kann auch durch einen von ihm **Bevollmächtigten** erfolgen (RGZ 129, 46; *Müller*, § 68 Rdn. 32; *Menzel*, S. 27). **35**

Eine **Verletzung** des Anspruchs auf rechtliches Gehör führt grundsätzlich zur Anfechtbarkeit des Ausschließungsbeschlusses, da die Treuepflicht nicht zu den tragenden Strukturprinzipien des Genossenschaftsrechts gehört und ihre Verletzung einer Verletzung der Satzung gleichzustellen ist (BGH, DB 1996, 1273). **36**

### 2. Ausschließungsbeschluß

#### *a) Mehrheiten*

Das zuständige Organ faßt den Beschluß mit der üblicherweise für seine Beschlußfassung erforderlichen Mehrheit; die Satzung kann gesonderte Regelungen treffen. Die Satzung kann nicht vorsehen, daß ein Prokurist über den Ausschluß entscheidet. Gleiches gilt hinsichtlich der Beschlußfähigkeit des zuständigen Organs. Der Auszuschließende hat bei der Beschlußfassung über seinen Ausschluß Stimmrecht; keine analoge Anwendung von § 43 Abs. 6 (vgl. § 43 Rdn. 133, letzter Absatz; RGZ 81, 37; OLG Köln, NJW 1968, 992; *Paulick*, S. 247; a. A. *Meyer/Meulenbergh/Beuthien*, § 68 Rdn. 14; *Menzel*, S. 14). **37**

#### *b) Inhalt des Ausschließungsbeschlusses*

Der Ausschluß kann zu keinem anderen als dem gesetzlich vorgesehenen **Zeitpunkt**, das ist der Schluß des laufenden Geschäftsjahres, beschlossen werden. Wird in dem Beschluß gleichwohl ein anderer Zeitpunkt angegeben, so macht dies jedoch die Ausschließung selbst regelmäßig nicht unwirksam (KG, JW 1938, 1177 = JFG 17, 142). Der Ausschließungsbeschluß hat die Tatsachen, auf denen die Ausschließung beruht, sowie den gesetzlichen und satzungsmäßigen Ausschließungsgrund anzugeben, um dem Ausgeschlossenen u. U. die Wahrnehmung seiner Rechte im genossenschaftsinternen Rechtsweg oder vor den ordentlichen Gerichten zu ermöglichen (bedenklich RGZ 88, 193, das es nicht für erforderlich hält, daß der **38**

Ausschließungsbeschluß erkennen läßt, aus welchem Grund die Ausschließung erfolgte; auch OLG Nürnberg, ZfG 1960, 350 = GWW 1963, 408 hält eine Begründung nicht für erforderlich; bedenklich auch *Meyer/Meulenbergh/Beuthien*, § 68 Rdn. 14, der es genügen läßt, daß die Ausschlußgründe erörtert wurden und die eG nachweisen kann, daß zur Zeit des Ausschließungsbeschlusses ein den Ausschluß tragender Grund vorlag). Im Prozeß über die Rechtmäßigkeit der Ausschließung können nicht geheim gebliebene Tatsachen nachgewiesen werden, die zeitlich vor der Beschlußfassung liegen und den gesetzlichen oder satzungsmäßigen Ausschließungsgrund erfüllen. Bis zum Beweis des Gegenteils ist dann anzunehmen, daß diese Tatsachen die Ausschließung herbeigeführt haben (RGZ 88, 193). Ist im Beschluß ein Ausschließungsgrund ausdrücklich angegeben, so kann ein neuer Grund nicht nachgeschoben werden; es könnte vielmehr nur ein neues Ausschließungsverfahren eingeleitet werden (RG, JW 1932, 1010; OLG Düsseldorf, ZfG 1970, 301 m. Anm. *Schultz*). Gleiches gilt für das Nachschieben von Tatsachen.

### *c) Mitteilung des Ausschließungsbeschlusses*

**39** Gemäß § 68 Abs. 3 ist der Beschluß, durch welchen das Mitglied ausgeschlossen wird, diesem vom Vorstand ohne Verzug mittels eingeschriebenen Briefes mitzuteilen. Das Schreiben ist zu unterzeichnen, durchgeschriebene Unterschrift genügt nicht. Über den Wortlaut hinaus ist nicht nur die Tatsache der Ausschließung, sondern auch die Begründung dem Gebot der genossenschaftlichen Treuepflicht entsprechend mitzuteilen, um dem Ausgeschlossenen die Möglichkeit zu gewähren, zumindest zu prüfen, ob er seine Rechte gerichtlich wahrnehmen soll (so auch *Müller*, § 68 Rdn. 38; *Meyer/Meulenbergh/Beuthien*, § 68 Rdn. 17; a. A. RGZ 88, 193). Die Mitteilung braucht keine Rechtsmittelbelehrung zu enthalten. Die Vorschriften der Zivilprozeßordnung gelten nicht für das Ausschlußverfahren. Es empfiehlt sich aber dennoch, dem Ausgeschlossenen mitzuteilen, welches genossenschaftsinterne Rechtsmittel gegen den Beschluß zur Verfügung steht. Abs. 3 ist eine bloße Ordnungsvorschrift (a. A. *Meyer/Meulenbergh/Beuthien*, § 68 Rdn. 17). Deshalb kann die schriftliche Mitteilung des Ausschließungsbeschlusses auch dem Mitglied ausgehändigt werden; auch genügt eine mündliche Mitteilung an den Ausgeschlossenen in der GV; die Ausschließung bleibt wirksam.

**40** Dem Wortlaut des Abs. 3 entsprechend müßte auch bei Mitgliedern, deren gegenwärtiger **Wohnsitz unbekannt** ist, eine Benachrichtigung erfolgen; diese könnte nur an die letzte bekannt gewordene Adresse geschickt werden. Eine derartige Verfahrensweise kann jedoch in bestimmten Fällen eine bloße Formalie sein, nämlich z. B. dort, wo über einen Zeitraum von mehreren Jahren Mitteilungen der eG als unzustellbar zurückkamen. In diesen Fällen wird es vertretbar sein, von einer Mitteilung nach Abs. 3 Abstand zu nehmen. Hierfür spricht auch die Einordnung des Abs. 3 als bloße **Ordnungsvorschrift** (a. A. *Meyer/Meulenbergh/Beuthien*, § 68 Rdn. 17, ohne daß sich am Ergebnis etwas ändert), deren Nichtbeachtung das Ausscheiden des Ausgeschlossenen nicht hindert (*Bachmann*, S. 10; *Bohnenberg*, S. 37; *Hürter*, S. 32; *Meyer/Meulenbergh/Beuthien*, § 68 Rdn. 17; *Schubert/Steder*, § 68 Rdn. 11; *Siampos*, S. 108; *Strenger*, S. 45; a. A. *Menzel*, S. 31; *Müller*, § 68 Rdn. 39).

*d) Rücknahme des Ausschließungsbeschlusses*

Eine **Rücknahme** des Ausschließungsbeschlusses ist bis zur Beendigung **41**
der Mitgliedschaft – auch noch nach (deklaratorischer) Eintragung in die Liste der Mitglieder – möglich; danach jedoch nur erneuter Beitritt zur eG. Der dem Mitglied zugesandte Ausschließungsbeschluß kann nicht ohne Mitwirkung des Mitglieds rückgängig gemacht werden, da er eine empfangsbedürftige Willenserklärung ist (*Müller*, § 68 Rdn. 38; *Menzel*, S. 30; a. A. *Bachmann*, S. 20; *Todt*, S. 20; *Meyer/Meulenbergh/Beuthien*, § 68 Rdn. 23).

## VI. Rechtsfolgen des Ausschließungsbeschlusses

Bei Abs. 4 handelt es sich um eine **Sonderbestimmung zugunsten der** **42**
**eG**, aus der der Ausgeschlossene keine Rechte ableiten kann (RGZ 128, 90). Der Eintritt der in Abs. 4 festgesetzten Wirkungen ist vom tatsächlichen Vorliegen eines rechtmäßigen Ausschließungsgrundes nicht abhängig (RG, JW 1916, 1478; RGZ 128, 90; BGHZ 31, 195 = NJW 1960, 193; *Meyer/Meulenbergh/Beuthien*, § 68 Rdn. 18). Abs. 4 setzt auch nicht voraus, daß das zur Ausschließung berufene Organ mangelfrei bestellt worden ist; es genügt, daß es mit Billigung der Mehrheit die Funktion ausübt (OGHZ 1, 376 = ZfG 1951, 75 und ZfG 1955, 241 Nr. 27 = GWW 1950, 164). In Abs. 4 kommt der Wille des Gesetzgebers zum Ausdruck, dem Ausgeschlossenen die Möglichkeit einer **Einflußnahme im weitesten Sinne** auf die Willensbildung in der eG zu verwehren. Hieraus leiten sich die nachstehenden Rechtsfolgen ab.

Das **Teilnahmerecht an der GV** erlischt mit der Absendung der Mittei- **43**
lung des Ausschließungsbeschlusses. Wird der Einschreibebrief sofort nach Fassung des Beschlusses während der GV abgesandt oder ausgehändigt, so kann der Ausgeschlossene noch aus derselben entfernt werden. Auch das **Antragsrecht, Rede- und Stimmrecht** erlischt. Das Teilnahmerecht kann jedoch im Wege einer einstweiligen Verfügung gerichtlich sichergestellt werden (AG Plön, Beschluß vom 11. 12. 1986 – 2 C 794/86). Auch sein

Recht, Anfechtungsklage gegen GV-Beschlüsse zu erheben, erlischt (§ 51 Rdn. 89).

**44** War der Ausgeschlossene **Vertreter**, so erlischt dieses Amt ebenfalls; an seine Stelle tritt ein Ersatzvertreter. War der Ausgeschlossene **Ersatzvertreter**, so erlischt auch diese Anwartschaft auf Erwerb des Vertreteramts.

**45** Des weiteren erlischt sein Recht auf Beteiligung an der **Einberufung der GV** (§ 45 Abs. 1) sowie sein Recht auf Beteiligung an der **Ergänzung der Tagesordnung** (§ 45 Abs. 2). Gleiches gilt im Hinblick auf seine Rechte bei bestehender VV. Auch erlischt sein aktives wie passives **Wahlrecht zur VV**.

**46** Der Ausgeschlossene hat auch nicht das Recht, einem Dritten **Vollmacht** für die Teilnahme an der GV zu erteilen.

**47** Umstritten ist, ob in dem Teilnahmeverbot an der GV auch das Verbot enthalten ist, als **Bevollmächtigter** eines anderen (§ 43 Abs. 5) aufzutreten (*Müller*, § 68 Rdn. 40; a. A. wohl *Menzel*, S. 35 für den Fall, daß die Satzung die Vertretung durch Nichtmitglieder zuläßt; in diesem Fall wäre der Ausgeschlossene stärker benachteiligt als ein Außenstehender, für den § 68 Abs. 4 keine Rolle spiele). Der Gesetzgeber hat mit der Novelle 1973 die Bevollmächtigung zur Ausübung des Stimmrechts in der GV grundsätzlich zugelassen. Hierbei hat er es in das Ermessen der eG gestellt, zusätzlich persönliche Voraussetzungen für die Bevollmächtigten in die Satzung aufzunehmen. Es hätte also als persönliche Voraussetzung in der Satzung vorgesehen werden können, daß nur bevollmächtigt werden darf, wer nicht aus der eG ausgeschlossen worden ist. Hiervon wird in der Praxis Gebrauch gemacht (zum Vorstehenden ausführlich *Schaffland*, Die Vererbung, S. 38). Erbt ein Ausgeschlossener eine Mitgliedschaft, so findet auf diese ererbte Mitgliedschaft § 68 Abs. 4 keine Anwendung (§ 77 Rdn. 13; *Schaffland*, ebd., S. 39). Die Mustersatzung für gemeinnützige Wohnungsbaugenossenschaften schließt die Fortsetzung der Mitgliedschaft mit einem Erben, der nach seiner Person oder seinem Verhalten die eG zum Ausschluß berechtigt, aus.

**48** Des weiteren kann zum Zeitpunkt der Absendung der Mitteilung des Ausschließungsbeschlusses der Ausgeschlossene auch nicht mehr Mitglied des **Vorstandes oder des Aufsichtsrats** sein (vgl. ausführlich Rdn. 83). Gleiches gilt für die Mitgliedschaft in dem **Wahlausschuß**, dem die Vorbereitung und Durchführung der Wahl zur VV obliegt. Gleiches dürfte auch für die Mitgliedschaft in einem **Beirat** gelten, selbst wenn in diesen Beirat auch Nichtmitglieder gewählt sind.

**49** Durch die Satzung können die im Gesetz an den Ausschluß geknüpften Folgen durch **weitere Nachteile** ergänzt werden, z. B. kann dem Ausgeschlossenen schon vom Augenblick des Ausschlusses bis zum Schluß des Ausschließungsjahres das Recht auf Teilnahme am Geschäftsbetrieb entzogen werden (beachte aber Rdn. 25; wie hier RGZ 72, 4; 128, 90; LG Mannheim mit krit. Anm. *Hadding*, ZfG 1982, 132; *Menzel*, S. 36; a. A. *Bachmann*, S. 14; a. A. *Meyer/Meulenbergh/Beuthien*, § 68 Rdn. 18 a. E.). Auch ohne entsprechende satzungsmäßige Regelung hat das LG Bremen (BlfG 1936, 80) in einem besonders gelagerten Fall aus Zumutbarkeitserwägungen und der Zwecksetzung des § 68 Abs. 4 ein Verbot der Benutzung genossenschaftlicher Einrichtungen hergeleitet. Inwieweit ein Mitglied nach Absendung des Ausschließungsbeschlusses noch berechtigt ist, an den Förderleistungen der eG teilzunehmen, muß unter Beachtung der Besonderheiten des Einzelfalles nach Treu und Glauben entschieden werden. So ist es der eG grundsätzlich nicht zuzumuten, daß ein ausgeschlossenes Mitglied z. B. noch interne Informationen über Sortimentsfragen oder geheimhaltungsbedürftige Kalkulationsgrundlagen erhält. Unter diesen Gesichtspunkten kann ihm auch der Zugang z. B. zu Mustermessen der eG verwehrt werden. Im übrigen berechtigt die wirksam beschlossene Ausschließung zum Rücktritt von Verträgen bzw. zur Kündigung von Dauerschuldverhältnissen aus wichtigem Grund, wobei die Wirksamkeit dieser Erklärungen grundsätzlich zum Zeitpunkt der Beendigung der Mitgliedschaft eintritt, es sei denn, die Satzung hat festgelegt, daß bereits der Zugang des Ausschließungsbeschlusses diese Wirkungen auf die Geschäftsbeziehungen zeigt. Dienstverträge müssen nach §§ 621, 626 BGB gesondert gekündigt werden; die Vergütungspflicht entfällt erst, wenn der Dienstvertrag wirksam beendet ist (Rdn. 77; a. A. *Meyer/Meulenbergh/Beuthien*, § 68 Rdn. 18 a. E.).

Die genossenschaftsinterne oder gerichtliche **Anfechtung** hebt die Wir- **50**
kung des Abs. 4 nicht auf. Die Wirkung des Abs. 4 entfällt erst, wenn rechtskräftig entschieden worden ist, daß der Ausschließungsbeschluß unwirksam ist (vgl. Rdn. 71; vgl. RGZ 72, 10; *Müller*, § 68 Rdn. 41 m. w. N.).

Der Ausschluß beendet die Mitgliedschaft zum Ende des Geschäftsjah- **51**
res. Die Eintragung (vor oder nach Beendigung des Geschäftsjahres) in die von der eG geführte Mitgliederliste wirkt nur deklaratorisch (Registerverfahrenbeschleunigungs-Gesetz vom 20. 12. 1993).

Die Beendigung der Mitgliedschaft hat zur **Rechtsfolge**, daß der nun- **52**
mehr Ausgeschiedene kein Recht auf Teilnahme am Geschäftsbetrieb und auf Benutzung der Einrichtungen der eG mehr hat (RGZ 72, 9; RGZ 128, 90). Wegen weiterer diesbezüglicher Rechtsfolgen aufgrund entsprechender Satzungsregelung vgl. Rdn. 49; aber auch Rdn. 25, 26.

## VII. Rechtsmittel gegen den Ausschließungsbeschluß

### 1. Genossenschaftsinternes Verfahren

Ein genossenschaftsinternes Verfahren kann nur in der **Satzung** vorge- **53**
sehen werden. Diese kann vorsehen, daß für die Überprüfung des Aus-

schließungsbeschlusses der Aufsichtsrat, die GV, auch ein Dritter, z. B. der Prüfungsverband, aber auch das für die Ausschließung zuständige Organ sowie auch ein für die Ausschließung zu bildender Ausschuß zuständig ist (vgl. hierzu Mustersatzung für gemeinnützige Wohnungsbaugenossenschaften; *Riebandt-Korfmacher*, Form. 1.601, Anm. 49; ferner *Müller*, § 68 Rdn. 44).

54 Auch im Berufungsverfahren hat der Ausgeschlossene Anspruch auf **rechtliches Gehör**. Es gilt das in Rdn. 32 ff, insbesond. Rdn. 34 Gesagte (a. A., d. h. kein Recht auf mündliche Anhörung RGZ 129, 45 = JW 1930, 2693; OLG Bamberg, ZfG 1957, 228, das sogar eine schriftliche Rechtfertigung verneint; *Weidmüller*, BlfG 1930, 80 und 627; *Meyer/Meulenbergh/Beuthien*, § 68 Rdn. 20, wie hier *Müller*, § 68 Rdn. 45; *Menzel*, S. 102 sowie S. 15, 16). Der Anspruch auf rechtliches Gehör geht jedoch nicht so weit, daß der Ausgeschlossene Einfluß nehmen dürfte auf die von ihm nach der Satzung zu benennenden Mitglieder des Berufungsausschusses (LG Hagen, GWW 1959, 123 = ZfG 1960, 63 m. zust. Anm. *Paulick*).

55 Die Anrufung der GV ist auch dann notwendig, wenn die Satzung bestimmt, daß die GV zuständig ist für Beschwerden gegen alle Beschlüsse des Vorstands und des Aufsichtsrats (vgl. OLG Stuttgart, BlfG 1912, 414; KG, BlfG 1913, 87). Die Anrufung der GV ist in diesem Fall auch dann zulässig, aber auch notwendig, wenn ein ungültiger Ausschließungsbeschluß der nach der Satzung für den Ausschluß zunächst zuständigen Organe der eG vorliegt (RG, JW 1936, 2071 = BlfG 1936, 501).

56 Soweit die Satzung nicht etwas anderes ausdrücklich regelt, ist die Entscheidung des für die Ausschließung zuständigen Organs weiterhin der **Ausschließungsbeschluß**, sobald die zweite Instanz ihn bestätigt (vgl. dazu BGHZ 13, 13 ff; *Müller*, § 68 Rdn. 43). Gegen ihn ist ggfs. im Klagewege (Rdn. 63 ff) vorzugehen. Soweit jedoch die erste instanzliche Entscheidung Rechtsmängel aufweist, werden diese grundsätzlich durch die Entscheidung der Rechtsmittelinstanz geheilt, wenn es sich um einen heilbaren Rechtsmangel handelt. Als ein solcher Rechtsmangel wird die Verletzung rechtlichen Gehörs angesehen (OLG Köln, ZfG 1966, 308; LG Karlsruhe, ZfG 1970, 88; *Müller*, § 68 Rdn. 43; *Paulick*, ZfG 1960, 65; kritisch hierzu *Pleyer*, ZfG 1966, 311; *Schnorr von Carolsfeld*, ZfG 1970, 92). Dies ist u. E. bedenklich (vgl. hierzu Rdn. 33, 36).

57 Vor Erhebung der Klage ist Erschöpfung des satzungsmäßigen Rechtsmittelverfahrens erforderlich (BGHZ 27, 298; OLG Frankfurt, ZfG 1990, 276 m. Anm. *Vollkommer/Steidl* = BB 1988, 1621 m. Anm. *Schaffland*; a. A. *Grunewald*, S. 162, Fn. 130 und ihm folgend *Vollkommer/Steidl*, ZfG 1990, 280, die eine Satzungsregelung für zulässig erachten, daß die Ausschlußwirkungen bereits mit dem „erstinstanzlichen" genossenschaftlichen Beschluß bzw. mit dessen Absendung wirksam werden sollen;

OLGRspr. 34, 352; RG, JW 1936, 2071 = BlfG 1936, 501; OGH Köln, OGHZ 1, 370 = ZfG 1951, 75; 1955, 241 Nr. 27 = GWW 1950, 164; AG Bochum, GWW 1949, 218; LG Hagen, GWW 1958, 123; ZfG 1960, 63; OLG Nürnberg, GWW 1963 = ZfG 1960, 350; LG Freiburg, GWW 1979, 917 = ZfG 1979, 272; zum Stand der Literatur s. *Grunewald*, S. 264 f). Das genossenschaftsinterne Rechtsmittel ist als Bestandteil des Ausschließungsverfahrens anzusehen, so daß eine genossenschaftsinterne **endgültige bindende Entscheidung** über den Ausschluß erst gegeben ist, wenn der genossenschaftsinterne Rechtsbehelf durch Ablauf der Einlegungsfrist oder durch Verwerfung des Einspruchs erschöpft ist (*Müller*, § 68 Rdn. 48; *Meyer/Meulenbergh/Beuthien*, § 68 Rdn. 20 jeweils m. w. N. auf die Rechtsprechung). Deshalb ist eine Feststellungsklage erst zulässig, wenn das Mitglied ein bestehendes genossenschaftsinternes Rechtsmittelverfahren ausgeschöpft hat (OLG Frankfurt, ZfG 1990, 276 m. Anm. *Vollkommer/Steidl* = BB 1988, 1621 m. Anm. *Schaffland*). Dies gilt auch, wenn die Beschwerdefrist über das Ende des Geschäftsjahres hinausläuft.

Neben dem Fehlen eines abgeschlossenen Rechtsakts würde der Klage **58** gegen einen Ausschließungsbeschluß vor Ablauf der genossenschaftsinternen Rechtsmittelfrist auch das **Rechtsschutzbedürfnis** fehlen (*Müller*, § 68 Rdn. 49; *Paulick*, ZfG 1961, 84).

Nach Ablauf der genossenschaftsinternen Rechtsmittelfrist ist grund- **59** sätzlich ein Rechtsschutzbedürfnis für eine Klage gegeben (a. A. LG Ulm, GWW 1959, 264 = ZfG 1958, 154; *Paulick*, ZfG 1961, 84). Jedoch kann die Nichtausnutzung des genossenschaftsinternen Verfahrens als **Einverständnis** mit dem Ausschließungsbeschluß gewertet werden, falls eine eindeutige und unmißverständliche Satzungsregelung besteht, daß bei Nichtausnutzung des genossenschaftsinternen Rechtswegs die Klagemöglichkeit entfällt (Rdn. 63; BGHZ 47, 174 zum eV; *Menzel*, S. 107; so wohl auch *Müller*, § 68 Rdn. 50; differenzierend m. weiteren Hinweisen *Riebandt-Korfmacher*, Formular-Kommentar 1.601, Anm. 48; im Ergebnis ebenso *Meyer/Meulenbergh/Beuthien*, § 68 Rdn. 20; unklar insoweit LG München, Rpfleger 1991, 24). Werden Gründe für eine Klage erst nach Ablauf der Rechtsmittelfrist bekannt oder wurde das Mitglied durch Gründe am rechtzeitigen Gebrauch des Rechtsbehelfs gehindert, die im Normalfall eine Wiedereinsetzung in den vorherigen Stand rechtfertigen würden, kann das Mitglied auch nach Ablauf der Frist noch klagen (LG München, Rpfleger 1991, 24).

Wird das genossenschaftliche Ausschlußverfahren im Wege einer **Sat- 60 zungsänderung** neu geregelt, so gelten die neuen Vorschriften vom Inkrafttreten der Änderung (§ 16 Abs. 6) ab (LG Freiburg, ZfG 1979, 271; *Meyer/Meulenbergh/Beuthien*, § 68 Rdn. 20; einschränkend OLG Düsseldorf, BB 1968, 1260 = ZfG 1970, 397, 398 m. Anm. *H.-P. Westermann*; s. a. *Riebandt-Korfmacher*, Form. 1601, Anm. 43).

61 Ein Ausnutzen des genossenschaftsinternen Verfahrens ist als Klagevoraussetzung **nicht erforderlich**, wenn durch passives Verhalten der Genossenschaftsorgane (z. B. Untätigkeit des Aufsichtsrats oder Nichteinberufung der GV) die Durchführung des satzungsmäßigen Instanzenzuges ungebührlich erschwert oder gar unmöglich gemacht wird (vgl. BGH, NJW 1960, 2144; OLG Stuttgart, NJW 1955, 833; OLG Frankfurt, ZfG 1990, 271 m. Anm. *Vollkommer/Steidl*; RG, JW 1915, 1424; RG, JW 1936, 2071 = BlfG 1936, 501). Das gleiche gilt, wenn das Ergebnis des satzungsmäßigen Rechtsmittelwegs nach Lage des Falles von vornherein feststeht und daher nur eine Formalität bedeuten würde (BGH, NJW 1960, 2144; OGHZ 1, 374 = ZfG 1951, 75; 1955, 241 Nr. 27 = GWW 1950, 164; *Müller*, § 68 Rdn. 48; *Menzel*, S. 105; *Paulick*, ZfG 1961, 85; *Schubert/Steder*, § 68 Rdn. 12).

62 Die Einlegung des genossenschaftsinternen Rechtsmittels hält die **Eintragung des Ausscheidens** in die mit deklaratorischer Wirkung ausgestattete Mitgliederliste grundsätzlich nicht auf. Jedoch sollte in jedem Falle die Eintragung erst vorgenommen werden, wenn die Frist für die Wahrnehmung des genossenschaftsinternen Rechtswegs abgelaufen oder das genossenschaftsinterne Verfahren beendet ist, da die Ausschließungswirkung sonst mit Rückwirkung entfallen könnte (so auch *Müller*, § 68 Rdn. 47).

### 2. Gerichtliches Verfahren

63 Die Fehlerhaftigkeit eines Ausschlusses kann im Wege der Klage, aber auch im Wege des Einwandes im Rahmen eines anderen Rechtsstreits mit anderem Streitgegenstand geltend gemacht werden (BGH, NJW 1970, 1919; *Meyer/Meulenbergh/Beuthien*, § 68 Rdn. 21). Der **ordentliche Rechtsweg** kann durch die Satzung nicht ausgeschlossen werden (RGZ 57, 154; 129, 45; RG, JW 1932, 1010; RG, JW 1936, 2071 = BlfG 1936, 501; OLG Stuttgart, NJW 1955, 833; *Menzel*, S. 108). Die Satzung kann jedoch im Rahmen der Zulässigkeitsvoraussetzungen für eine Klage vorsehen, daß der ordentliche Rechtsweg ausgeschlossen ist, wenn nicht zuvor der genosssenschaftsinterne Rechtsweg beschritten worden ist (vgl. Rdn. 59 – also nicht nur Subsidiarität des ordentlichen Rechtswegs gegenüber dem genossenschaftsinternen Rechtsbehelf; so aber LG Minden, Rpfleger 1991, 24). Auch keine Bedenken bestehen gegen eine Satzungsregelung, die die Entscheidung von Streitigkeiten über den Ausschluß eines Mitglieds einem Schiedsgericht zuweist und damit eine Anrufung der ordentlichen Gerichte verhindert; dem Rechtsschutzinteresse des Mitglieds ist genüge getan, soweit sichergestellt ist, daß sich das eingesetzte Schiedsgericht durch eine weitgehende Neutralität auszeichnet und infolgedessen distanziert und unparteilich urteilen kann (*Menzel*, S. 109 mit ausführlicher Darstellung der

einschlägigen Rechtsprechung und Literatur; *Müller*, § 68 Rdn. 57 m. w. N.). Der nach der Mustersatzung für gemeinnützige Wohnungsbaugenossenschaften zu bildende Ausschuß ist als genossenschaftsinternes Berufsorgan kein Schiedsgericht i. S. v. §§ 1025 ff (LG Hagen, ZfG 1960, 63 m. zust. Anm. *Paulick* = GWW 1959, 123) und auch kein Gericht (OLG Hamburg, GWW 1955, 383). Er kann daher nach Zweckmäßigkeitsgesichtspunkten entscheiden.

Die sich gegen den Ausschließungsbeschluß richtende Klage ist eine **Feststellungsklage** nach § 256 ZPO (OLG Frankfurt, ZfG 1990, 276 m. Anm. *Vollkommer/Steidl* = BB 1988, 1621 m. Anm. *Schaffland;* LG Stuttgart, Urt. v. 30. 11. 1983 – Az.: 22 O 336/83; *Meyer/Meulenbergh/Beuthien*, § 68 Rdn. 21; *Menzel*, S. 57; *Müller*, § 68 Rdn. 52; *Paulick*, S. 153; *Schnorr von Carolsfeld*, ZfG 1960, 73; *Schubert/Steder*, § 68 Rdn. 14; a. A. OLG Frankfurt, BB 1988, 1621 m. insoweit abl. Meinung *Schaffland*). Dies gilt für den Fall, daß Vorstand oder Aufsichtsrat den Ausschließungsbeschluß gefaßt hat (BGHZ 27, 297; RGZ 163, 200; OGHZ 1, 370 = ZfG 1951, 75 = GWW 1950, 164). Dies gilt auch für den Fall, daß die GV beschlossen hat. Es darf keinen Unterschied machen, welches Organ über den Ausschluß entschieden hat; eine Anfechtungsklage nach § 51 scheidet mithin aus (so h. M.; *Müller*, § 68 Rdn. 52 und ausführlich *Menzel*, S. 54 ff). **64**

Die Klageerhebung ist nach h. M. grundsätzlich an keine Frist gebunden, da sie keinen sachlich-rechtlichen Anspruch betrifft. Das Recht auf Erhebung dieser Klage ist aber kein unverzichtbares Grundrecht (LG Ulm, BlfG 1957, 282, sondern es unterliegt der **Verwirkung**, d. h., die Klage kann nicht beliebig hinausgezögert werden, sondern sie kann nur innerhalb einer **angemessenen Frist** ausgeübt werden (*Paulick*, ZfG 1960, 263; *H.-P. Westermann*, ZfG 1971, 303). Die entsprechend dem Aktienrecht (§ 242 Abs. 1 und Abs. 2 S. 1 und 3 AktG) angenommene Frist von 3 Jahren (so *Menzel*, S. 58; *Schnorr von Carolsfeld*, ZfG 1960, 271) erscheint jedoch in der Regel zu lang; sie dürfte auch nicht die oberste Grenze darstellen (so aber *H.-P. Westermann*, ebd.; zum Meinungsstand s. *Vollkommer/Steidl*, ZfG 1990, 278 = BB 1988, 1621 m. Anm. *Schaffland*). Es kommt nur eine kurze Frist in Betracht (s. hierzu auch die Fristen in §§ 51 Abs. 1, 67 a Abs. 2 – jeweils einen Monat – und § 91 Abs. 2 UmwG – 6 Monate, s. a. § 626 Abs. 3 BGB – zwei Wochen; vgl. hierzu auch OLG Frankfurt, BB 1988, 1621 m. zust. Anm. *Schaffland* zur Ein-Monats-Frist). Die Verwirkung ist in jedem Fall eingetreten, wenn der Ausgeschlossene zurechenbar den Eindruck erweckt, er erkenne den Ausschluß als rechtswirksam an (*Meyer/Meulenbergh/Beuthien*, § 68 Rdn. 21). **65**

**Beklagte** ist die eG; sie wird im Prozeß durch den Vorstand nach § 24 Abs. 1 vertreten (vgl. die dortigen Erl.; so auch *Schultz*, ZfG 1964, 412). **66**

Eine Vertretung durch Vorstand und Aufsichtsrat gemeinsam erfolgt nicht, da § 51 keine Anwendung findet (Rdn. 64).

67 Das örtlich **zuständige Gericht** ist das, in dessen Bezirk die eG ihren Sitz hat. Die sachliche Zuständigkeit – ob Amts- oder Landgericht – ergibt sich grundsätzlich nach der Höhe des Geschäftsguthabens des ausgeschlossenen Mitglieds, wenn die Klage auf Feststellung der weiterhin bestehenden Mitgliedschaft in der eG ganz überwiegend von Vermögensinteressen geprägt ist, mithin eine vermögensrechtliche Streitigkeit vorliegt (RGZ 89, 337; BGHZ 13, 5 = NJW 1954, 833; GWW 1965, 326; LG Darmstadt, Urteil vom 14. 12. 83 = Az.: 7 S 226/83; so auch OLG Köln, GWW 1965, 348 = ZfG 1966, 307). Ggfs. ist – neben dem Geschäftsguthaben – das wirtschaftliche Interesse des Mitglieds auf Förderung zu berücksichtigen (insbes. dort, wo die Mitgliedschaft von grundsätzlicher Bedeutung für den Mitgliedsbetrieb ist). Die Höhe des Streitwerts sollte in jedem Fall in der ersten Instanz vor der Urteilsfindung festgesetzt werden (wegen der Frage, ob eine Berufung überhaupt möglich ist). Nur ausnahmsweise besteht keine vermögensrechtliche Streitigkeit, wenn die strittige Ausschließung zugleich die Ehre und das Ansehen der Persönlichkeit des Mitglieds betrifft, der personenrechtlichen Komponente des Ausschlusses ausschließliche oder vornehmliche Bedeutung beizumessen ist (BGHZ 1, 5; RGZ 163, 200; vgl. auch *Müller*, § 68 Rdn. 55; *Menzel*, S. 59 mit Darstellung des Streitstands). Dies sind im Hinblick auf die personenrechtlich sich an § 1 GenG orientierende Beziehung des Mitglieds zur eG wenig überzeugende Meinungen, die unzutreffenderweise grundsätzlich auf die kapitalmäßige Beteiligung abstellen.

68 Die Klage hat **keine aufschiebende Wirkung** bezüglich des Wirksamwerdens des Ausschließungsbeschlusses (hierzu Rdn. 57). Wegen der Rechtsfolgen einer etwaigen Aufhebung des Ausschließungsbeschlusses vgl. Rdn. 71–74.

69 Der **Umfang der Nachprüfung** des Prozeßgerichts erstreckt sich nicht nur auf das formelle Ausschließungsverfahren (Gewährung rechtlichen Gehörs; Zuständigkeit des Ausschließungsorgans), sondern auch auf die sachliche Berechtigung der Ausschließung (BGHZ 13, 5; 27, 297; BGH, GWW 1965, 326; GWW 1970, 429 = ZfG 1971, 297 m. Anm. *H.-P. Westermann*; BGH, ZfG 1972, 222; RGZ 129, 45; RG, JW 1932, 1010; OLG Celle, ZfG 1965, 58; LG Bochum, ZfG 1955, 243 Nr. 44 = GWW 1954, 153). Da aber das Gericht in das genossenschaftliche Recht der Selbstbestimmung und das pflichtgemäße Ermessen des Vorstands, des Aufsichtsrats und der GV nicht eingreifen darf, hat es nicht nachzuprüfen, welche rechtliche Wertung des Verhaltens des Ausgeschlossenen – z. B. ob vorsätzlich oder fahrlässig – zum Ausschließungsbeschluß geführt hat. Die richterliche Nachprüfung beschränkt sich vielmehr auf die Frage, ob der Ausschluß gesetzes-

widrig, sittenwidrig oder offenbar unbillig ist bzw. ob der dem Ausschluß zugrunde gelegte Sachverhalt unter Berücksichtigung von Gesetz, Satzung sowie Treu und Glauben und des zwischen der eG und dem Mitglied bestehenden genossenschaftlichen Treueverhältnisses die Ausschließung rechtfertigt (BGHZ 13, 5; OLG Bamberg, ZfG 1957, 228, Nr. 119 – die übrige oben zitierte Rechtsprechung nimmt hierzu nicht Stellung; für eine umfassende Nachprüfung unter Berufung auf obige Rechtsprechung jedoch *Müller*, § 68 Rdn. 56. In diese Richtung tendiert neuerdings der BGH, DB 1983, 2300 = NJW 1984, 918 mit zustimmender Besprechung *Baecker*, NJW 1984, 906 – Verein). Ausschließungsgründe, die nicht in dem Ausschließungsbeschluß und in der Ausschließungsmitteilung angeführt sind, kann die eG ohne ein neues Ausschließungsverfahren nicht nachschieben (RG, JW 1932, 1010; OLG Düsseldorf, ZfG 1970, 304; BGH, ZfG 1991, 64 m. weiteren Nachw. auf die st. Rspr. des BGH). Unzulässig ist es auch, den angegebenen Grund durch neue Tatsachen zu untermauern (st. Rspr., BGHZ 45, 321; 87, 345; BGH, Urteil vom 22. 9. 1987 – KZR 21/86), wenn sich im Prozeß ergibt, daß die zunächst angegebenen Tatsachen zur Rechtfertigung des Ausschließungsgrundes entweder nicht ausreichen oder aber wenn die Tatsachen nicht beweisbar sind (a. A. *Schubert/Steder*, § 68 Rdn. 9; a. A. wohl auch BGHZ 47, 382); es kommt darauf an, daß der gleiche Sachverhalt, der Grundlage des Ausschließungsbeschlusses war, auch für das Gericht die Ausschließung rechtfertigt (so wohl auch *Müller*, § 68 Rdn. 56 m. w. N., die sich jedoch nur auf das Nachschieben von Ausschließungsgründen und nicht von diese ausfüllenden Tatsachen beziehen). Es gilt der Grundsatz, daß Gegenstand der gerichtlichen Prüfung nur die im Beschluß genannten (BGHZ 45, 321; 47, 387; BGH, Urt. vom 22. 9. 1987 – KZR 21/86) und nicht die nachgeschobenen oder von der eG selbst nicht einmal gesehenen Gründe sein können; allerdings ist das Gericht nicht gehindert, den Sachverhalt unter andere Ausschlußtatbestände zu subsumieren, als es die eG getan hat (BGH, WM 1982, 1222 = ZfG 1983, 270).

Für das Vorliegen der Voraussetzungen eines Ausschließungsgrundes **70** und ggfs. für das Verschulden des Ausgeschlossenen ist die eG **beweispflichtig** (vgl. OLG Düsseldorf, ZfG 1970, 301 mit insoweit zustimmender Anmerkung *Schultz*). Das Gericht darf zwar von sich aus einen anderen Ausschließungsgrund zur Rechtfertigung des Ausschließungsbeschlusses heranziehen, wenn dieser nicht im Ausschließungsbeschluß geltend gemacht wurde, jedoch kann es einen geltend gemachten Ausschließungsgrund rechtlich anders würdigen, als es die eG selbst getan hat (*Müller*, § 68 Rdn. 56). Die Erhebung der Klage hindert nicht die Eintragung in die Liste der Mitglieder (wegen der Rechtsfolgen einer etwaigen Aufhebung des Ausschließungsbeschlusses vgl. Rdn. 71 ff).

## VIII. Rechtsfolgen der Aufhebung des Ausschließungsbeschlusses

71 Die rechtskräftige **Feststellung der Nichtigkeit** des Ausschließungsbeschlusses (durch das ausschließende Organ, eine höhere Instanz der eG oder durch Gerichtsurteil) läßt die **Rechtsfolgen des § 68 Abs. 4** (vgl. Rdn. 42–50) entfallen (RGZ 72, 10; RG, JW 1930, 3749), jedoch nur für die Zukunft und nicht mit Rückwirkung (RGZ 128, 90; RG, JW 1916, 1479; OLG Breslau, JW 1929, 2898; *Müller*, § 68 Rdn. 41; *Paulick*, S. 154; *Schubert/Steder*, § 68 Rdn. 17). Das Mitglied muß deshalb die in der Zwischenzeit ergangenen Beschlüsse der Organe gegen sich gelten lassen. Zwischenzeitlich gefaßte GV-Beschlüsse kann das Mitglied nicht etwa nach § 51 GenG anfechten (RGZ 72, 4; RGZ 128, 90; OGHZ 1, 370 = ZfG 1951, 75 und 1955, 241 Nr. 27 = GWW 1950, 164; *Schubert/Steder*, § 68 Rdn. 17) oder, soweit die Voraussetzungen des § 67 a vorliegen, zum Anlaß einer außerordentlichen Kündigung nehmen (vgl. zum ähnlich gelagerten Problem der Auflösung binnen 6 Monaten nach dem Ausscheiden § 75 Rdn. 9). Das Mitglied hat auch die sonstigen Wirkungen des Ausschlusses, z. B. die Unterlassung der Benutzung der Einrichtungen der eG zu tragen. War das Mitglied Vertreter in der VV, so lebt dieses Amt nicht wieder auf (OGHZ 1, 370; a. A. *Müller*, § 68 Rdn. 41; *Meyer/Meulenbergh/Beuthien*, § 68 Rdn. 19); da es sich jedoch auch hier um ein Amt handelt, kann nichts anderes gelten, als hinsichtlich des Vorstands- oder Aufsichtsratsamts (vgl. Rdn. 83).

72 War der Ausschluß in die **Liste der Mitglieder** bereits eingetragen, so hat die eG dieses zu berichtigen. Dieser Berichtigungsvermerk kann auch noch nach Auflösung der eG erfolgen, da es sich hier nicht um einen neuen Beitritt handelt, der nicht möglich wäre (vgl. § 87 Rdn. 7 ff).

73 **Vertragsverhältnisse,** von denen aufgrund des Ausschließungsbeschlusses die eG wirksam zurückgetreten war, bzw. Dauerschuldverhältnisse, die in Ansehung des Ausschließungsbeschlusses wirksam gekündigt waren, leben ebenfalls nicht wieder auf; das Mitglied hat jedoch einen Anspruch auf Abschluß von Verträgen, die den alten Rechtszustand wiederherstellen (*Müller*, § 68 Rdn. 63).

74 Bei schuldhaftem, ungerechtfertigtem Ausschluß eines Mitglieds haftet die eG innerhalb der Grenzen von § 276 BGB auf **Schadensersatz** (RGZ 72, 10; 128, 87; OLG München, HRR 1941 Ziff. 39 = BlfG 1941, 48; OGHZ 1, 370 = ZfG 1951, 75 und 1955, 241 Nr. 27 = GWW 1950, 164; *Schubert/Steder*, § 68 Rdn. 19). Das Mitglied ist so zu stellen, als wenn es zu keinem Zeitpunkt ausgeschieden wäre, sondern seine Mitgliedschaft ununterbrochen bestanden hätte; es hat mithin einen unmittelbaren Anspruch auf Erfüllung seiner aus dem Mitgliedschaftsverhältnis sich ergebenden

Ansprüche bzw. für die Vergangenheit einen Schadensersatzanspruch wegen Nichterfüllung (*Müller*, § 68 Rdn. 64). Dies gilt insbesond., wenn die Satzung vorsieht, daß ab der Absendung der Mitteilung des Ausschließungsbeschlusses das Mitglied die Leistungen der eG nicht mehr in Anspruch nehmen darf. Über Haftung bei **Mißbrauch** des Ausschließungsrechts (vgl. RGZ 82, 4; 128, 87).

## IX. Sonderfragen

### 1. Ausschließung von Vorstands- und Aufsichtsratsmitgliedern

Für Vorstands- und Aufsichtsratsmitglieder gelten zunächst einmal die **gleichen Ausschließungsgründe**, die auch für die anderen Mitglieder maßgeblich sind (vgl. BGH, DB 1963, 480). **75**

**Zusätzlich** (a. A. *Meyer/Meulenbergh/Beuthien*, § 68 Rdn. 13, unter Berufung auf OLG Celle, GWW 1949, 221) können auch fahrlässige, insbesond. wiederholte **Pflichtverstöße** gegen die sich aus der Mitgliedschaft ganz allgemein, sowie gegen die im Gesetz und Satzung besonders hervorgehobenen Pflichten ein Organmitglied als nicht länger tragbar erscheinen lassen. Fahrlässige Pflichtverletzungen, die sich ein Mitglied in seiner Eigenschaft als Vorstandsmitglied hat zuschulden kommen lassen, sind stets auch Verstöße gegen die mitgliedschaftliche **Treuepflicht**. Sie können ihn als für dieses Amt ungeeignet erscheinen lassen, rechtfertigen regelmäßig den Ausschluß aber nur, wenn der angerichtete Schaden uneinbringlich und demgegenüber die Gewährung der mit der Mitgliedschaft verbundenen Vorteile nicht weiter zumutbar ist. Ein bewußtes Handeln gegen die Interessen der eG (z. B. Unterschlagung) ist jedoch immer zugleich ein Verstoß gegen die genossenschaftlichen Pflichten (OLG Celle, GWW 1954, 219). **76**

Der Verlust des Vorstandsamts nach § 68 Abs. 4 beendet nicht von selbst das **Anstellungsverhältnis**, da sich die Rechtsfolgen des Abs. 4 nur auf die Organstellung beziehen; für die Beendigung des Anstellungsverhältnisses ist eine besondere Kündigung erforderlich (vgl. auch BGH, WM 1973, 782; BGH, BB 1953, 961; vgl. auch RG, DR 1939, 1528; *Müller*, § 68 Rdn. 68; a. A. RGZ 88, 195). Der berechtigte Ausschluß ist stets ein wichtiger Grund zur sofortigen Kündigung des Anstellungsverhältnisses durch die GV. Der unberechtigte Ausschließungsbeschluß stellt hingegen keinen wichtigen Grund zur sofortigen Kündigung dar, da das Schutzinteresse des Vorstandsmitglieds am Fortbestehen seines Anstellungsverhältnisses Vorrang hat (vgl. Rdn. 49; wie hier *Müller*, § 68 Rdn. 68). Welche Folgen die Ausschließung für den **Ruhegehaltanspruch** hat, hängt von den Umständen des Falles ab. **77**

**Zuständig** für die Ausschließung von Vorstands- und Aufsichtsratsmitgliedern ist ausschließlich die GV/VV (BGH, NJW 1984, 1884 = ZIP 1984, **78**

583 zum Verein; *Menzel*, S. 74; *Müller*, § 68 Rdn. 66, 70; *Paulick*, S. 152; *Schnorr von Carolsfeld*, ZfG 1960, 73; *Schubert/Steder*, § 68 Rdn. 8; für Mitglieder des Aufsichtsrats siehe BGHZ 31, 192 = NJW 1960, 193 = BB 1959, 1271 = MDR 1960, 112 = BlfG 1960, 47 = GWW 1960, 65 m. Anm. in GWW 1960, 394; der BGH läßt in dieser Entscheidung jedoch die Frage offen, ob die Satzung die Ausschließung eines Aufsichtsratsmitglieds dem Aufsichtsrat oder einem besonderen Ausschuß zuweisen kann). Für die Ausschließung von Vorstandsmitgliedern ergibt sich dies auch aus dem Sinn des § 40: Danach ist die endgültige Abberufung vom Vorstandsamt ausschließlich Angelegenheit der GV; die Ausschließung aus der eG würde jedoch wegen § 68 Abs. 4 (Rdn. 83) und § 9 Abs. 2 S. 1 den Verlust des Amtes zur Folge haben (wie hier *Schubert/Steder*, § 68 Rdn. 8). Eine Ausschließung von Mitgliedern des Aufsichtsrates durch den Vorstand scheidet deshalb aus, weil wegen § 68 Abs. 4 (Rdn. 83) und § 9 Abs. 2 S. 1 die Ausschließung zum Erlöschen des Aufsichtsratsamts führen würde, obwohl für die Abberufung aus dem Amt ausschließlich die GV zuständig ist (§ 36 Abs. 3).

**79** Ist das Amt bereits **vorher erloschen**, etwa weil zuvor die GV nach § 36 Abs. 3 die Bestellung zum Aufsichtsrat widerrufen oder nach § 24 Abs. 3 die Abberufung eines Vorstandsmitglieds beschlossen hat oder weil der Organträger sein Amt niedergelegt hat, so verbleibt es bei der Zuständigkeit des Vorstands oder der sonst nach der Satzung zuständigen Stelle für die Ausschließung des bisherigen Organmitglieds, das nunmehr nur noch einfaches Mitglied ist (LG Stuttgart, Urt. vom 30. 11. 1983 – 22 O 336/83; *Schubert/Steder*, § 68 Rdn. 89. Die GV bleibt zuständig für den Ausschluß nach § 40 suspendierter Mitglieder.

**80** Die **vorläufige Amtsenthebung** eines Vorstandsmitglieds durch den Aufsichtsrat nach § 40 beläßt es, da es keine endgültige Amtsenthebung ist, bei der Zuständigkeit der GV für die Ausschließung.

**81** Zulässig wäre es, in der **Satzung** vorzusehen, daß ein Mitglied des Vorstands oder des Aufsichtsrats erst nach der Amtsenthebung durch die GV als Mitglied aus der eG ausgeschlossen werden kann; die Entscheidung des BGH (siehe Rdn. 78) steht dem nicht entgegen (vgl. z. B. Mustersatzung für Wohnungsgenossenschaften; § 24 Rdn. 101, § 36 Rdn. 85).

**82** Für die Ausschließung von Organmitgliedern gelten dieselben **Verfahrensgrundsätze** wie für die Ausschließung einfacher Mitglieder (BGH, NJW 1960, 1861 = DB 1960, 915; OLG Bamberg, Urt. vom 24. 12. 1983 – 3 U 43/83).

**83** Als **Rechtsfolge** erlischt nach § 68 Abs. 4 vom Zeitpunkt der Absendung der Mitteilung des Ausschließungsbeschlusses an auch das Amt als Vorstands- oder Aufsichtsratsmitglied (vgl. Rdn. 48). Die Ausschließung hat den Amtsverlust auch dann zur Folge, wenn die Unwirksamkeit des Ausschlusses festgestellt wurde; ein erloschenes Vorstands- oder Aufsichtsratsamt lebt nicht auf (BGHZ 31, 192 = NJW 1960, 193 = BB 1959, 1271 = MDR 1960, 112 = BlfG 1960, 47 = GWW 1960, 65 m. Anm. GWW 1960, 394; RGZ 128, 290; OGHZ 1, 370 = ZfG 1951, 75 und 1955, 241 Nr. 27 = GWW 1950, 164; *Parisius/Crüger*, § 68 Anm. 11; *Schubert/Steder*, § 68 Rdn. 18; *Krakenberger*, S. 406; *Meyer/Meulenbergh/Beuthien*, § 68 Rdn. 19 mit überzeugender Begründung; a. A. *Menzel*, S. 76 ff und ihm folgend *Müller*, § 68 Rdn. 67, 69, 71); die Anfechtung stellt die Mitgliedschaft, grds. nicht jedoch das Organverhältnis wieder her. Liegt der Mangel z. B. in einem Verfahrensfehler bei der Abstimmung, lebt auch das Organverhältnis wieder auf. Sonst wäre eine Neuwahl erforderlich.

### 2. Ausschließung vor Errichtung der Satzung

Da vor Errichtung der Satzung keine Vorgenossenschaft, sondern allenfalls eine **BGB-Gesellschaft** besteht (vgl. § 13 Rdn. 2), ist eine Ausschließung nach § 68 nicht möglich, soweit nicht ausnahmsweise der Gesellschaftsvertrag eine Regelung enthält, die den Anforderungen des § 737 BGB gerecht wird (*Menzel*, S. 68 und ihm folgend *Müller*, § 68 Rdn. 60). **84**

### 3. Ausschließung nach Errichtung, aber vor Eintragung der Satzung

Ist die Satzung errichtet worden, so liegt bis zur Eintragung eine **nicht eingetragene Genossenschaft** vor, auf die die Regeln der eG anzuwenden sind, soweit nicht Rechtsfähigkeit vorausgesetzt wird (BGHZ 20, 285; vgl. auch § 13 Rdn. 4). Eine Ausschließung nach § 68 ist mithin möglich. Der Ausschluß ist in dem Augenblick vollzogen, in dem dem Betroffenen der Ausschließungsbeschluß mitgeteilt wird (*Menzel*, S. 69 und ihm folgend *Müller*, § 68 Rdn. 61). **85**

### 4. Ausschließung und nachträgliche Auflösung

Wird die eG vor Ablauf von 6 Monaten nach dem Ausscheiden des Ausgeschlossenen aufgelöst, ist der Ausgeschlossene **rückwirkend** wieder Mitglied (vgl. ausführlich Erl. zu § 75). Die Rechtsfolgen des § 68 Abs. 4 bleiben jedoch bestehen (§ 75 Rdn. 6; a. A. *Müller*, § 68 Rdn. 58 m. w. N.). **86**

### 5. Auflösung und nachträgliche Ausschließung

**Nach Auflösung** der eG, d. h. im Liquidationsstadium, ist eine Ausschließung nicht mehr möglich. Wenn § 75 S. 1 im Liquidationsstadium einen Mitgliedschaftsverlust rückgängig macht, der noch vor der Auflösung **87**

erfolgt ist, dann steht diese Vorschrift um so mehr einem Ausschluß entgegen, der erst im Liquidationsstadium vorgenommen wird (so mit Recht *Menzel*, S. 70; ihm folgend *Müller*, § 68 Rdn. 59; sowie *Parisius/Crüger*, § 65 Anm. 3; wohl auch *Mager*, S. 4; a. A. *Paulick*, S. 337; *Schnorr von Carolsfeld*, ZfG 1959, 84).

### 6. Ausschließung und vorherige Kündigung

88 Trotz vorheriger Kündigung durch das Mitglied (nach §§ 65, 66 67 a, selbstverständlich auch bei einer Teilkündigung nach § 67 b) ist eine Ausschließung **weiterhin zulässig**, da diese im Interesse der eG liegende zusätzliche Rechtsfolgen nach § 68 Abs. 4 auslöst (vgl. Rdn. 42–50; wie hier *Bachmann*, S. 21; *Menzel*, S. 29; *Parisius/Crüger*, § 65 Anm. 10; *Todt*, S. 20). Kein Ausschluß mehr möglich, wenn das Mitglied seine Mitgliedschaft bereits beendet hat.

## § 69

## Einreichung der Kündigung

**In den Fällen der §§ 65 bis 67 a und 68 ist der Zeitpunkt des Ausscheidens des Genossen, im Fall des § 67 b sind der Zeitpunkt der Herabsetzung der Zahl der Geschäftsanteile sowie die Zahl der verbliebenen weiteren Geschäftsanteile unverzüglich in die Mitgliederliste einzutragen; der Genosse ist hiervon unverzüglich zu benachrichtigen.**

1 Die Vorschrift wurde durch das Registerverfahrenbeschleunigungsgesetz vom 20. 12. 1993 neu gefaßt. Die beim Registergericht geführte Liste der Mitglieder ist weggefallen. Eintragungen erfolgen durch die eG in die von ihr geführte Liste.

2 Für die Eintragung ist die eG zuständig. Der Vorstand nimmt die Eintragungen vor; er kann diese Aufgabe auch an Mitglieder delegieren (vgl. § 15 Rdn. 18, 36, § 30 Rdn. 4; zu den einzutragenden Tatsachen s. Erl. zu § 30).

3 § 69 ist eine Ordnungsvorschrift. Unterbleibt die Eintragung oder wird sie über den Zeitpunkt der Beendigung der Mitgliedschaft hinaus verzögert, so ist das Mitglied gleichwohl ausgeschieden; die Eintragungen haben nur deklaratorische Bedeutung.

(§§ 70–72 Aufgehoben durch Registerverfahrenbeschleunigungsgesetz)

## § 73

## Auseinandersetzung mit dem ausgeschiedenen Mitglied

**(1) Die Auseinandersetzung des Ausgeschiedenen mit der Genossenschaft bestimmt sich nach der Vermögenslage derselben und dem Bestand der Mitglieder zur Zeit seines Ausscheidens.**

**(2) Die Auseinandersetzung erfolgt auf Grund der Bilanz. Das Geschäftsguthaben des Genossen ist binnen sechs Monaten nach dem Ausscheiden auszuzahlen; auf die Rücklagen und das sonstige Vermögen der Genossenschaft hat er vorbehaltlich des Absatzes 3 keinen Anspruch. Reicht das Vermögen einschließlich der Rücklagen und aller Geschäftsguthaben zur Deckung der Schulden nicht aus, so hat der Ausgeschiedene von dem Fehlbetrag den ihn treffenden Anteil an die Genossenschaft zu zahlen, wenn und soweit er im Falle des Konkurses Nachschüsse an sie zu leisten gehabt hätte; der Anteil wird in Ermangelung einer anderen Bestimmung des Statuts nach der Kopfzahl der Mitglieder berechnet.**

**(3) Das Statut kann Genossen, die ihren Geschäftsanteil voll eingezahlt haben, für den Fall des Ausscheidens einen Anspruch auf Auszahlung eines Anteils an einer zu diesem Zweck aus dem Jahresüberschuß zu bildenden Ergebnisrücklage einräumen. Das Statut kann den Anspruch von einer Mindestdauer der Mitgliedschaft der Genossen abhängig machen sowie weitere Erfordernisse aufstellen und Beschränkungen des Anspruchs vorsehen. Für die Auszahlung des Anspruchs gilt Absatz 2 Satz 2 Halbsatz 1.**

*Übersicht*



## I. Allgemeines

1 Wenn ein Mitglied aus der eG ausscheidet, führt die Auflösung des Rechtsverhältnisses zu einem dem ausgeschiedenen **Mitglied** oder der **eG** zustehenden Anspruch auf Zahlung einer Geldsumme (Ausnahme: § 76, § 77 Abs. 1 S. 1). Dieser Anspruch kann durch die Satzung weder ausge-

schlossen noch von einem Austrittsgeld oder von der Erhebung von Beiträgen Ausscheidender zu einem Amortisationsfonds abhängig gemacht werden (§ 65 Rdn. 3; *Meyer/Meulenbergh/Beuthien*, § 73 Rdn. 3). Nach Einfügung des § 67 b gilt § 73 auch bei Kündigung einzelner Geschäftsanteile (Teilauseinandersetzung). § 73 hat zwingenden Charakter (OLG Königsberg, DRZ 1935 Ziff. 512 = BlfG 1935, 816). Im Falle der Auflösung der eG ist das Auseinandersetzungsguthaben zurückzuzahlen (§§ 75, 115 b).

## II. Beendigung der Mitgliedschaft

### 1. Auseinandersetzungsanspruch

2 Der Anspruch des Mitglieds auf das Auseinandersetzungsguthaben **entsteht** bereits mit Beitritt zur eG als ein künftiger unter der aufschiebenden Bedingung des Ausscheidens (nach LG Düsseldorf, NJW 1968, 753; *Schubert/Steder*, § 73 Rdn. 10 m. w. N., *Meyer/Meulenbergh/Beuthien*, § 73 Rdn. 6; *Müller*, § 73 Rdn. 12 mit Begründung des Geschäftsguthabens; wegen der Rechtsfolgen hieraus vgl. Rdn. 11). Nach BGH (BGHZ 88, 205 ff = BB 1983, 2207; BB 1988, 2326) handelt es sich nicht um einen bereits bestehenden, aufschiebend bedingten, sondern um einen künftigen Anspruch, der erst mit dem Ausscheiden entsteht; allerdings seit Beginn der Mitgliedschaft in der Person des Mitglieds im Kern vorhanden ist. Insoweit hat er Vermögenswert und kann bereits abgetreten werden. Seine „Verwandlung" in eine zahlenmäßig begrenzte, klagbare Forderung im Falle des Ausscheidens ist nur noch mit der Ungewißheit belastet, ob sich zu diesem Zeitpunkt ein Guthaben ergibt (BGH, ebd.). Damit ist das Ergebnis gleich: eine Vorausabtretung kann nicht durch eine spätere Verfügung vereitelt werden (§ 22 Rdn. 15; *Riebandt-Korfmacher*, ZfG 1992, 62). Zum Auseinandersetzungsguthaben gehören auch Gewinnanteile (Dividende), soweit sie für das letzte Geschäftsjahr vor dem Ausscheiden des Mitglieds ausgeschüttet werden und den Geschäftsguthaben zuzuschreiben sind. Der Höhe nach errechnet es sich auf der Grundlage der Bilanz, der Satzungsbestimmung über die Verteilung von Gewinn und Verlust und der Anzahl der Mitglieder am Schluß des Geschäftsjahres, zu dem das Ausscheiden wirksam wird.

#### *a) Voraussetzungen*

3 Voraussetzungen der Auszahlung des Auseinandersetzungsguthabens ist die ordnungsgemäße Erstellung einer **Bilanz** (Abs. 2 S. 1). Unter Bilanz i. S. v. § 73 Abs. 2 Satz 1 ist nicht schon die vom Vorstand (aufgrund der §§ 336, 242 HGB) aufzustellende Bilanz, auch nicht eine Sonderbilanz, sondern erst die von der GV nach § 48 Abs. 1 genehmigte Bilanz zu verstehen.

Der **Vorstand** ist gem. § 336 Abs. 1 HGB **verpflichtet**, den Jahresabschluß und den Lagebericht innerhalb von fünf Monaten nach Ablauf des Geschäftsjahres aufzustellen und diese Unterlagen gem. § 33 Abs. 1 unverzüglich nach ihrer Aufstellung dem Aufsichtsrat und mit dessen Bemerkungen der GV vorzulegen. Die GV hat innerhalb der ersten **sechs Monate** des Geschäftsjahres stattzufinden (§ 48 Abs. 1 S. 3). Durch die Satzung kann keine längere Frist für die Erstellung der Bilanz vorgesehen werden (LG Berlin, GWW 1959, 164; vgl. zur Auszahlungsfrist Rdn. 9). **4**

Solange die Bilanz durch die GV nicht genehmigt ist, kann der Ausgeschiedene nicht auf Auszahlung seines Auseinandersetzungsguthabens klagen. Zur Fälligkeit des Auszahlungsanspruchs vgl. Rdn. 8. Der **Fristbestimmung** des § 73 Abs. 2 S. 2 kommt nur die Bedeutung zu, daß bei verspäteten Auseinandersetzungen aufgrund einer verspätet festgestellten Jahresbilanz das sich zugunsten des ausgeschiedenen Mitglieds ergebende Guthaben vom Ablauf der 6-Monats-Frist an unter entsprechender Anwendung der Gesichtspunkte des Verzugs (§§ 284 ff BGB) zu verzinsen ist. Eine nicht rechtzeitige Prüfung kann grundsätzlich nicht zu einer entschuldbaren Verzögerung führen, da die GV auch ohne vorherige Prüfung stattfinden kann (wegen der Prüfung vgl. Erl. zu § 53). Eine Verzögerung der fristgemäßen Bilanzaufstellung, die nicht auf einem Verschulden der eG beruht, z. B. bei noch fehlender gesetzlicher Regelungen öffentlicher Abgaben (Lastenausgleich), muß aber der Ausgeschiedene gegen sich gelten lassen; die Fälligkeit ist gehemmt (LG Nürnberg/Fürth, RaiffRundschau 1957, 68 = GWW 1956, 577 und LG Wuppertal, GWW 1957, 156 = ZfG 1958, 154; *Schubert/Steder*, § 73 Rdn. 11). Die vom LG Berlin (GWW 1959, 164) vertretene Auffassung, aus § 73 ergebe sich ein Anspruch des ausgeschiedenen Mitglieds auf Rechenschaftslegung in Form der Vorlegung der Bilanz (so jetzt auch OLG München, Urt. v. 22. 9. 1995 – Az.: 8 U 2261/95; *Müller*, § 73 Rdn. 9; *Meyer/Meulenbergh/Beuthien*, § 73 Rdn. 6), wird in einer Besprechung der Entscheidung (a. a. O.) mit zutreffender Begründung als unhaltbar bezeichnet. **5**

Der Ausgeschiedene ist **nicht** berechtigt, an der Genehmigung der Bilanz **mitzuwirken**. Auf eine falsche Bewertung einzelner Bilanzposten kann sich der Ausgeschiedene nicht berufen, wenn die Bilanz vorschriftsmäßig und nach kaufmännischen Gesichtspunkten aufgestellt war. Allerdings kann der Ausgeschiedene wegen rechtlicher Mängel (Verletzung gesetzlicher oder satzungmäßiger Vorschriften) klagen oder sich einredeweise auf sie berufen, z. B. auf die Nichtigkeit des Beschlusses über die Genehmigung der Bilanz, wenn die Bilanz willkürlich aufgestellt worden ist und jeden kaufmännischen Anforderungen widerspricht (LG Plauen, BlfG 1936, 796 sowie *Müller*, § 73 Rdn. 10 m. w. N.), da die Bilanz die wirkliche Vermögenslage als Grundlage der Auseinandersetzung darstellen muß. Kein Anspruch des Ausgeschiedenen auf Aufnahme etwaiger Regreß- **6** forderungen der eG gegen den Vorstand in die Bilanz (OLG Rostock, BlfG 1936, 265; über den Einfluß späterer Bilanzberichtigung vgl. § 48 Rdn. 8 und LG Hamburg, GWW 1956, 577; aufgrund berichtigter Bilanz zuviel ausgezahltes Auseinandersetzungsguthaben kann die eG nach den Vorschriften der ungerechtfertigten Bereicherung – ohne die Einschränkung des § 814 BGB – zurückverlangen. Gleiches gilt für zuviel gezahlte Dividende oder genossenschaftliche Rückvergütung).

**7** Die Auseinandersetzungsguthaben ausscheidender Mitglieder sind **nicht mindestreservepflichtig**, da sie bis zur Feststellung der Bilanz durch die GV Beteiligungscharakter haben und nicht Einlagen sind.

**8** Der Anspruch wird **fällig** mit Genehmigung der Bilanz durch die GV (OLG München, Urt. v. 22. 9. 1995 – Az.: 8 U 2261/95), sofern dieser Zeitpunkt innerhalb der 6 Monate nach Schluß des Geschäftsjahres liegt, sonst grundsätzlich mit Ablauf der 6-Monats-Frist (vgl. auch Rdn. 5 sowie *Müller*, § 73 Rdn. 13). Wird die Bilanz erst nach Ablauf der 6 Monate genehmigt, so ist das Guthaben nach Ablauf der 6-Monats-Frist unter dem Gesichtspunkt des Verzugs (§ 288 BGB) zu verzinsen. Eine längere Auszahlungsfrist kann auch durch Satzung nicht festgelegt werden. Hat sich eine LPG in eine eG umgewandelt und wird danach die Mitgliedschaft gekündigt, richtet sich die Fälligkeit nach § 73 GenG und nicht nach dem LwAnpG (OLG Brandenburg, Urt. v. 2. 11. 1995 – Az.: 8 U 54/95).

**9** **Auszahlung** z. B. zum ersten Tag eines Geschäftsjahres führt nicht zur rückwirkenden Fälligkeit, sondern bedeutet rechtlich die Gewährung eines (u. U. zinslosen) Darlehens bis zur Fälligkeit des Anspruchs auf das Auseinandersetzungsguthaben; sodann erfolgt Verrechnung.

**10** Der Ausgeschiedene hat keinen Anspruch auf **Sicherstellung**.

*b) Aufrechnung, Verpfändung etc.*

**11** Da der Anspruch bereits mit Beitritt zur eG aufschiebend entsteht (vgl. Rdn. 2), kann der Auseinandersetzungsanspruch **abgetreten** (§ 398 BGB), **verpfändet** (§§ 1279, 1280 BGB) oder **gepfändet** werden (§§ 829, 835 ZPO, bzw. bei bestehender Mitgliedschaft §§ 857, 829, 835 ZPO i. V. m. § 66 GenG; wegen der nicht zulässigen Pfändung bzw. Verpfändung des Geschäftsguthabens vgl. § 22 Rdn. 15, 16). Die Pfandklausel z. B. in den AGB der Volksbanken und Raiffeisenbanken sowie das in § 10 MS verankerte Aufrechnungsrecht im Konkurs nach den Grundsätzen der §§ 133, 140 BGB (LG Braunschweig, Urt. v. 15. 2. 1996 – Az.: 10 O 298/95) verschafft dann der eG den Vorrang vor dem Zugriff Dritter auf das Auseinandersetzungsguthaben, wenn sie zeitlich früher vereinbart war. Das Pfandrecht kann bei Fälligkeit des Auseinandersetzungsanspruchs im Wege der Aufrechnung verwertet werden. Über das Aufrechnungsrecht der eG, wenn der Anspruch auf Auseinandersetzung abgetreten, verpfändet oder gepfändet ist (§ 406 BGB bzw. § 392 BGB) vgl. *Müller*, § 73 Rdn. 26 f; vgl. im übrigen *Weidmüller*, BlfG 1930, 126. Auch ist die Aufrechnung mit verjährten Forderungen möglich (§ 223 Abs. 2 BGB; *Riebandt-Korfmacher*, ZfG 1992, 65). Kollidiert die Verpfändung des Auseinandersetzungsanspruchs mit einer Pfändung oder Abtretung, gilt der Prioritätsgrundsatz (hinsichtlich der Pfändung des Auseinandersetzungsanspruchs durch die eG oder einen Dritten vgl. Erl. zu § 66). Hat sich der Abtretende zusätzlich verpflichtet, die Mitgliedschaft zu kündigen, kann der Empfänger auf Abgabe der Kündigungserklärung klagen, § 894 ZPO findet Anwendung (*Müller*, § 73 Rdn. 16). § 73 Abs. 2 verbietet nicht, aus Vereinfachungsgründen fällige Forderungen der eG gegen das Auseinandersetzungsguthaben auf den Zeitpunkt des Ausscheidens aufzurechnen, auch wenn noch keine Bilanz erstellt ist (LG Aachen, ZfG 1972, 367). Die Abtretung des Auseinandersetzungsanspruchs kann durch die Satzung oder einzelvertraglich ausgeschlossen oder von der Zustimmung z. B. des Vorstands abhängig gemacht werden; eine Pfändung ist dann trotzdem möglich (§ 851 Abs. 2 ZPO).

Durch Beteiligung am **Konkurs** oder Zwangsvergleich **eines Mitglieds** 12
geht das Aufrechnungsrecht der eG, das in diesen Fällen nach § 54 KO und § 54 VerglO auch schon vor dem Ausscheiden des Mitglieds besteht, nicht verloren (RGZ 80, 407; LG Düsseldorf, NJW 1968, 753); § 55 KO steht der Aufrechnung nicht entgegen, da der Anspruch des Mitglieds bereits mit Beitritt entsteht (vgl. Rdn. 2, 11; vgl. im übrigen ausführlich *Müller*, § 73 Rdn. 25 ff). Streitig ist jedoch, ob die eG von ihrer Forderung zunächst das Auseinandersetzungsguthaben in Abzug zu bringen hat und nur die restliche Forderung anmelden kann oder ob sie von ihrer vollen Forderung die Konkurs- oder Vergleichsquote erheben und mit dem Ausfall gegen den Auseinandersetzungsanspruch aufrechnen kann, was von der herrschenden Ansicht bejaht wird (vgl. *Letschert*, BlfG 1927, 834 ff; LG Essen, BlfG 1931, 79; LG Leipzig, BlfG 1931, 364; LG Bochum, Deutsche Handelsrundschau 1939, 524; *Henzel*, BlfG 1935, 245; *Jaeger*, KO 8. Aufl., § 53 Anm. 30 a; *Meyer/Meulenbergh/Beuthien*, § 73 Rdn. 7; *Müller*, § 73 Rdn. 28).

Der Konkursverwalter kann im Konkurs eines Mitglieds mit dessen 13
Geschäftsguthaben gegen Forderungen der eG erst **aufrechnen**, wenn das Guthaben durch Ausscheiden des Mitglieds aus der eG fällig geworden ist (vgl. Rdn. 5, 8; KuT 36, S. 95).

Der Ausgeschiedene kann auch dann **Abrechnung** verlangen, wenn sein 14
Guthaben durch Abschreibung verloren ist.

## 2. Nachschußpflichten

Voraussetzung für die Verpflichtung zur Zahlung des Fehlbetragsanteils 15
ist, daß die **Bilanz**, die Grundlage für eine Auseinandersetzung ist, eine

**Überschuldung** (zum Begriff vgl. § 98 Rdn. 14 ff) der eG aufweist (vgl. auch BlfG 1936, 345; *Riebandt-Korfmacher*, ZfG 1992, 60); ist in einem späteren Jahr die Bilanz positiv, bleibt dies unbeachtlich. Es genügt jedoch stets bereits die Überschuldung ohne Anrechnung etwaiger Haftsummen (mißverständlich zum Vorstehenden *Müller*, § 73 Rdn. 33, der nicht zwischen der Nachschußpflicht des Mitglieds und der bloßen Minderung eines Auseinandersetzungsanspruchs [hierzu Erl. Rdn. 20 ff] unterscheidet). Dies ist der einzige Fall, in welchem die Nachschußpflicht der Mitglieder außerhalb des Konkurses oder der Liquidation praktisch wird. Die Zahlungspflicht des Ausgeschiedenen greift nur ein, wenn und soweit er nach der Satzung im Falle des Konkurses Nachschüsse zu leisten gehabt hätte. Diese Neufassung durch Novelle 1973 berücksichtigt den Fall, daß eine Nachschußpflicht nicht besteht. Die Nachschußpflicht des Ausgeschiedenen ist zugleich die Grenze für seine Inanspruchnahme.

16 **Zum Vermögen** im Sinne dieser Vorschrift gehören alle bilanzierten Vermögenswerte, u. a. die Geschäftsguthaben sowie die gesetzliche und die anderen Ergebnisrücklagen.

17 Ist der Verlust höher als das Vermögen (einschließlich der Rücklagen und Geschäftsguthaben), so macht die Differenz zwischen beiden Beträgen den im Gesetz genannten „Fehlbetrag" aus. In diesem Fall muß auf die Haftsummenverpflichtung ausscheidender Mitglieder zurückgegriffen werden. Der auf den Ausscheidenden entfallende Anteil berechnet sich nach der Kopfzahl der verbleibenden Mitglieder. Die Satzung kann einen anderen Verteilungsmaßstab bestimmen. Das Geschäftsguthaben ist in jedem Fall verfallen. Es ist unbeachtlich, in welcher Weise die eG über die Dekkung des ausgewiesenen Verlustes beschließt (so zum Vorstehenden *Schubert/Steder*, § 73 Rdn. 12). Nicht zulässig wäre wegen Verstoßes gegen den Gleichbehandlungsgrundsatz eine Satzungsregelung, derzufolge die auscheidenden Mitglieder den Gesamtbetrag der Überschuldung (also nicht nur anteilsmäßig) zu tragen hätten.

18 Das ausgeschiedene Mitglied kann sich im Falle der Überschuldung von der Verpflichtung zur Zahlung des Verlustanteils nicht durch die **Einrede** befreien, daß der Verlust durch das Verschulden der Vorstandsmitglieder der eG eingetreten sei, für die die eG hafte (LG Plauen, BlfG 1936, 796).

19 Die Auseinandersetzungsforderung der eG ist während ihres Bestehens nicht abtretbar (OLG Braunschweig, JW 1936, 1387); dagegen ist die Abtretung im Liquidationsstadium und im Konkurs der eG durch §§ 88 a und 108 a ausdrücklich zugelassen. Dann ist dieser Anspruch auch pfändbar.

### 3. Minderung des Auseinandersetzungsanspruchs

Soweit der in der Bilanz **ausgewiesene** Verlust die Rücklagen und Geschäftsguthaben nicht übersteigt, kommt eine Zahlungspflicht des Ausgeschiedenen im Sinne vorstehend erläuterter Nachschußpflicht nicht in Betracht. Soweit Bilanzverluste ohne Überschuldung bestehen, kann lediglich das Auseinandersetzungsguthaben gemindert werden (ebenso *Riebandt-Korfmacher*, Formular-Kommentar, Bd. 1, Form. 1.601 Anm. 53 b sowie in ZfG 1992, 60; a. A. *Schubert/Steder*, § 73 Rdn. 8, die über den ausdrücklichen Wortlaut des § 73 Abs. 2 Satz 3 hinaus eine Zahlungspflicht bereits annehmen, wenn der Verlust den Gesamtbetrag nur der Geschäftsguthaben übersteigt). Es sind folgende Möglichkeiten zu unterscheiden: 20

a) Verlustdeckung durch **Abschreibung der Geschäftsguthaben** auch der verbleibenden Mitglieder – in diesem Fall ist es selbstverständlich, daß auch das Auseinandersetzungsguthaben gekürzt wird. 21

b) **Abschreibung der Rücklagen** unter Schonung der Geschäftsguthaben – in einem solchen Beschluß dürfte der Wille der GV zum Ausdruck kommen, die Geschäftsguthaben – auch die Auseinandersetzungsguthaben – ausdrücklich zu schonen (a. A. *Schubert/Steder*, § 73 Rdn. 9, die in jedem Fall eine anteilige Kürzung des Auseinandersetzungsguthabens annehmen; ferner *Riebandt-Korfmacher*, a. a. O., unter Hinweis auf OLG Celle, GWW 1963, 52 mit der Empfehlung einer klarstellenden Regelung in der Satzung). 22

c) Abschreibung der Rücklagen unter Schonung zwar der Geschäftsguthaben, aber unter **Heranziehung der Auseinandersetzungsguthaben**. Die ausscheidenden Mitglieder entziehen sich dem durch die eingetretenen Verluste evident gewordenen Betriebsrisiko, das die verbleibenden Mitglieder weiterhin tragen. Hier dürfte ein diesbezüglicher GV-Beschluß erforderlich sein (a. A. OLG Celle, GWW 1963, 52; *Schubert/Steder*, § 73 Rdn. 9, s. vorstehend zu b), der jedoch den Gleichbehandlungsgrundsatz zu beachten hat (vgl. hierzu § 18 Rdn. 17 ff). 23

d) Verlustvortrag **auf neue Rechnung** unter Schonung der Geschäftsguthaben und der Rücklagen – auch in diesem Fall kann das Auseinandersetzungsguthaben um den entsprechenden Anteil im Verhältnis der Haftsummen oder der gezeichneten bzw. voll eingezahlten Geschäftsanteile oder auch im Verhältnis der Geschäftsguthaben gekürzt werden (a. A. *Meyer/Meulenbergh/Beuthien*, § 73 Rdn. 8; vgl. insoweit die Satzungsvorschrift über die Heranziehung der Geschäftsguthaben zur Verlustdeckung; ist nichts geregelt, ist nach § 19 Anknüpfungspunkt das Geschäftsguthaben). Dies gilt insbes. bei ausdrücklicher Regelung in der Satzung (§ 10 Abs. 1 S. 1 MS; so auch OLG Brandenburg. Urt. v. 2. 11. 1995 – Az.: 8 U 54/95). Die Begründung ergibt sich aus der Formulierung des Gesetzes in § 73 Abs. 2 S. 1: Die Auseinandersetzung erfolgt aufgrund der **Bilanz**. 24

Daraus folgt, daß die Auseinandersetzung allein schon durch einen in der Bilanz ausgewiesenen Verlust beeinflußt wird. Die GV kann allerdings entscheiden, ob sie die Ausscheidenden zur Verlustdeckung heranziehen will (a. A. *Schubert/Steder*, s. vorstehend zu b). Im Zweifel, wenn nichts ausdrücklich geregelt ist, dürfte in dem Beschluß, den Verlust auf neue Rechnung vorzutragen, der Wille der GV zum Ausdruck kommen, die Ausscheidenden zu schonen (a. A. OLG Celle, GWW 1963, 25; offen gelassen durch OLG Brandenburg, ebd.).

**25** Der Ausgeschiedene hat keinen Anspruch darauf, daß vor der Abschreibung seines Auseinandersetzungsguthabens die Rücklagen zur Verlustdekkung verwendet werden, unabhängig davon, daß die Verlustdeckung unter Schonung der Rücklagen für ihn zu Härten führen kann (ebenso *Parisius/Crüger*, § 73 Anm. 5; *Meyer/Meulenbergh/Beuthien*, § 73 Rdn. 5; *Müller*, § 73 Rdn. 2)

### 4. Berechnung des Auseinandersetzungsanspruchs/ der Nachschußpflicht

**26** Es sind im Unterschied zu § 33 die am Jahresschluß **ausscheidenden Mitglieder** zur Berechnung des Auseinandersetzungsguthabens (und Verlustanteils) mitzuzählen. Es ist zweifelhaft, ob auch die zahlungsunfähigen Mitglieder hierbei mitzuzählen sind. Mit Rücksicht auf die bestimmte Fassung des Gesetzes und das Fehlen einer Vorschrift, die regelt, wann Zahlungsunfähigkeit anzunehmen ist, ist diese Frage zu bejahen.

## III. Kündigung einzelner Geschäftsanteile

**27** Kündigt ein Mitglied einzelne Geschäftsanteile, findet insoweit § 73 ebenfalls Anwendung (Teilauseinandersetzung). Es kann insofern auf die vorstehenden Ausführungen verwiesen werden. Da das Geschäftsguthaben rechtlich ein einheitliches Ganzes ist, das nicht auf einzelne Geschäftsanteile aufgeteilt werden kann (vgl. auch die Regelungen in §§ 76 GenG, 87 UmwG), entsteht ein Auszahlungsanspruch nur insoweit, als sein Geschäftsguthaben den Gesamtbetrag der verbleibenden weiteren Geschäftsanteile übersteigt und die Satzung nicht etwas anderes bestimmt (a. A. *Müller*, § 73 Rdn. 37; wie hier *Meyer/Meulenbergh/Beuthien*, § 73 Rdn. 10 unter ausführlicher Darlegung des Streitstandes; *Hettrich/Pöhlmann*, § 73 Rdn. 8; so auch *Schubert/Steder*, § 73 Rdn. 18 ff, die allerdings zu weitgehend das Geschäftsguthaben als von dem Geschäftsanteil vollständig losgelöst betrachten; daß dies nicht zutrifft, ergibt sich bereits daraus, daß die satzungsmäßigen Einzahlungsverpflichtungen jeweils pro Geschäftsanteil bestehen). Beispiel: Ein Mitglied hat 10 Pflichtanteile à DM 400 gezeichnet und jeweils DM 200 eingezahlt. Nach Verminderung der Pflichtbeteiligung auf 5 Geschäftsanteile würde eine Kündigung der frei gewordenen 5 Anteile nicht zu einem Auseinandersetzungsguthaben führen.

Weist die Jahresbilanz einen **Verlust** aus, so kann das Auseinandersetzungsguthaben zur Deckung herangezogen werden (vgl. Rdn. 20 ff). Eine Verteilung nach Köpfen (a. A. aber *Schubert/Steder*, § 73 Rdn. 23) scheidet deshalb aus, weil hier § 19 Anwendung findet, soweit nicht die Satzung eine Verteilung nach Köpfen vorsieht. § 73 Abs. 2 letzter Halbsatz gilt nur bei Überschuldung; in diesem Falle gilt das in Rdn. 17 Ausgeführte. War mit den gekündigten Geschäftsanteilen keine Haftsumme verbunden (§ 121 S. 1), besteht insoweit im Falle der **Überschuldung** keine Nachschußpflicht. **28**

## IV. Beteiligungsfonds

Abs. 3 wurde eingeführt durch Novelle 1973. Danach kann die Satzung einen **Beteiligungsfonds** vorsehen, an dem Mitglieder im Falle ihres Ausscheidens einen Anspruch haben. (Zur Gesamtproblematik vgl. *Feuerborn*, Der Beteiligungsfonds und das genossenschaftliche Eigenkapital.) Eine Beteiligung ausscheidender Mitglieder generell an den anderen Ergebnisrücklagen ist nicht zulässig. Die Einführung des Beteiligungsfonds ist Satzungsänderung; es ist 3/4-Mehrheit der abgegebenen Stimmen erforderlich, soweit nicht die Satzung noch weitere Erfordernisse aufstellt (§ 16 Abs. 2 Ziff. 6). Der Beteiligungsfonds ist echtes Eigenkapital. Dies folgt u. a. aus § 337 Abs. 2 Ziff. 2 HGB, vgl. auch Neufassung von § 10 Abs. 2 Nr. 3 Halbsatz 2 KWG. Die Einzahlungen auf den Beteiligungsfonds erhöhen somit bei Kreditgenossenschaften die Kreditgrenzen. Beim Konkurs des Unternehmens haften sie wie die sonstigen Eigenmittel. Sie können durch Beschluß der GV auch zur Deckung von Bilanzverlusten herangezogen werden. **29**

Durch das Bilanzrichtlinie-Gesetz (BGBl. 1985 I, 2402) wurde Abs. 3 dahingehend eingeschränkt, daß der Beteiligungsfonds nur noch aus dem Jahresüberschuß gespeist werden kann. Damit ist nicht mehr die bis zum Inkrafttreten des Bilanzrichtlinie-Gesetzes gegebene Möglichkeit zulässig, die anderen Ergebnisrücklagen durch übereinstimmenden Beschluß von Vorstand und Aufsichtsrat (wenn diese für die Verwendung zuständig sind, sonst durch Satzungsänderung) in den Beteiligungsfonds zu überführen (unzutreffend *Meyer/Meulenbergh/Beuthien*, Nachtrag zu § 73, die lediglich von einer redaktionellen Änderung des Abs. 3 sprechen). **30**

**Voraussetzung** eines Anspruchs ausgeschiedener Mitglieder gegen den Beteiligungsfonds ist, daß sie „ihren Geschäftsanteil" voll eingezahlt hatten. Gemeint sind fällige Pflichtanteile; soweit freiwillige Anteile übernommen **31**

und nicht voll eingezahlt sind, hindert dies nicht den Anspruch an den Beteiligungsfonds (*Müller*, § 73 Rdn. 3). Ist der Geschäftsanteil z. B. wegen Abschreibung zur Verlustdeckung nicht mehr voll eingezahlt, bleibt der Anspruch gegen den Beteiligungsfonds bestehen (*Müller*, § 73 Rdn. 3). Die Satzung kann den Anspruch des Ausgeschiedenen z. B. von einer Mindestdauer der Mitgliedschaft abhängig machen sowie sachlich angemessene weitere Erfordernisse aufstellen und Beschränkungen vorsehen. Es dürfte zulässig sein, durch die Satzung z. B. den Anspruch solchen Mitgliedern zu versagen, die wegen schuldhaften Verhaltens ausgeschlossen worden sind (wie hier *Müller*, § 73 Rdn. 4).

**32** Der Beteiligungsfonds begründet keine **Sonderrechte** (zum Begriff vgl. Erl. zu § 18), sie können daher von der GV mit satzungsändernder Mehrheit eingeschränkt bzw. aufgehoben werden (vgl. *Feuerborn*, S. 50; *Meyer/Meulenbergh/Beuthien*, § 73 Rdn. 15; a. A. *Müller*, § 73 Rdn. 5, der den Auseinandersetzungsanspruch – gegen den Beteiligungsfonds – als aufschiebend bedingtes Individualrecht ansieht, das nach § 35 BGB nur mit Einwilligung des Betroffenen aufgehoben werden kann).

**33** Im Falle der **Übertragung des Geschäftsguthabens** (§ 76) besteht ein Anspruch an den Beteiligungsfonds nicht. Abs. 3 ist in Zusammenhang mit Abs. 1 und Abs. 2 zu sehen; er regelt den Anspruch nur für den Fall einer „Auseinandersetzung" mit der eG. Eine solche wird jedoch bei der Übertragung des Geschäftsguthabens nicht durchgeführt. Es ist aber zulässig und dürfte gerechtfertigt sein, durch Satzung die Anwartschaftszeit des Übertragenden dem Übernehmenden anzurechnen.

**34** Bei **Kündigung einzelner Geschäftsanteile** (§ 67 b) würde neben der Teilauseinandersetzung nach § 73 Abs. 1 und 2 auch ein entsprechender Anspruch auf Auszahlung eines Anteils am Beteiligungsfonds bestehen. Voraussetzung wäre nicht, daß dies ausdrücklich im Statut bestimmt wäre (*Meyer/Meulenbergh/Beuthien*, § 73 Rdn. 12; a. A. *Schubert/Steder*, § 73 Rdn. 24). Wenn auf § 67 b die Absätze 1 und 2 des § 73 Anwendung finden, muß dies auch für Abs. 3 gelten. Ausscheiden würde hier bedeuten: Ausscheiden mit einzelnen Geschäftsanteilen (wie hier *Schiemann*, ZfG 1976, 25).

**35** Generell muß jedoch aus rechtssystematischen und praktischen Erwägungen von der Einführung eines Beteiligungsfonds **abgeraten** werden. Eine solche (kapitalistische) Beteiligung widerspräche dem Wesen der eG als Zusammenschluß zur Förderung der Mitglieder; sie würde die Eigenkapitalgrundlage der eG schmälern und die Erfüllung des Förderauftrags gefährden, da dieser Anspruch nur im Falle des Ausscheidens realisiert werden könnte. Da der Beteiligungsfonds zum haftenden Eigenkapital gehört, würde ein Ausscheiden neben der Minderung der Geschäftsguthaben zusätzlich einen Abfluß von Reservemitteln zur Folge haben. Dies würde ein Nachteil für die verbleibenden Mitglieder sein und könnte sowohl hinsichtlich der Kreditgrenzen als auch des Konkurses relevant werden. Im übrigen haben Berechnungen ergeben, daß bei einer Dotierung entsprechend den gesetzlichen und den anderen Rücklagen der dem einzelnen Mitglied zustehende Anteil im allgemeinen weit unter einer angemessenen Rendite, nämlich zwischen 0,5 und 2 %, liegen würde. Dieses Ergebnis würde in keiner Relation zu dem damit verbundenen Kostenaufwand stehen.

## § 74
## Verjährung des Auszahlungsanspruchs

**Der Anspruch des ausgeschiedenen Genossen auf Auszahlung des Geschäftsguthabens und eines Anteils an der Ergebnisrücklage nach § 73 Abs. 3 verjährt in zwei Jahren.**

§ 74 wurde durch **Novelle 1973** neu gefaßt. Die Neufassung erfolgte mit **1** Rücksicht darauf, daß der durch Novelle 1973 eingefügte § 73 Abs. 3 einem ausscheidenden Mitglied – bei entsprechender Satzungsbestimmung – einen Anspruch auf Auszahlung eines Anteils an einem zu diesem Zweck gebildeten Beteiligungsfonds einräumt.

Die Verjährung **beginnt**, sobald der Anspruch auf Auszahlung des **2** Geschäftsguthabens (besser, da das Mitglied bereits ausgeschieden ist: Auseinandersetzungsguthaben) oder der Anspruch auf Auszahlung des Anteils an dem Beteiligungsfonds (Ergebnisrücklage nach § 73 Abs. 3) fällig geworden ist. Die Ansprüche werden nach Ablauf von sechs Monaten seit dem Ausscheiden (Ende des abgelaufenen Geschäftsjahres) fällig; wird die Bilanz für das abgelaufene Geschäftsjahr vor diesem Zeitpunkt von der GV genehmigt, so werden die Ansprüche zu diesem Zeitpunkt fällig (RGZ 122, 30; vgl. Erläuterungen zu § 73). Sie endet zwei Jahre später. Dies ist kein Fall des § 201 BGB, demzufolge die kurzen Verjährungsfristen der §§ 196, 197 BGB erst zum Jahresschluß zu laufen beginnen.

Die gesetzliche Verjährungsfrist von zwei Jahren kann durch die Sat- **3** zung nicht geändert – verkürzt oder verlängert – werden (§ 18 Satz 2).

Die Vorschriften der §§ 202 ff BGB über die **Hemmung** und **Unterbre- 4 chung** finden Anwendung; über die Hemmung bzw. Unterbrechung der Verjährung durch Eröffnung des Vergleichsverfahrens (§ 55 VerglO) über das Vermögen der eG s. BlfG 1931, 417.

Ein verjährter Anspruch auf Auszahlung des Geschäftsguthabens oder **5** ein verjährter Anspruch auf Auszahlung des Anteils an dem Beteiligungsfonds kann auch noch **nach Ablauf** der zwei Jahre geltend gemacht werden.

Allerdings kann die eG nach Ablauf der zwei Jahre gegenüber einem Auszahlungsverlangen des Mitglieds die Verjährungseinrede erheben. Dies hat dann zur Folge, daß das Mitglied sein Auszahlungsverlangen nicht mehr durchsetzen kann. Gleichwohl ist der Anspruch weiterhin als Verbindlichkeit zu buchen. Keine Bedenken bestehen gegen eine Aufnahme in ein Sammelkonto, bei dem Höhe der Ansprüche und die Namen der Ausgeschiedenen festgehalten werden, z. B. im Fall der Ausschließung von Mitgliedern, deren Wohnsitz unbekannt ist (vgl. auch Rdn. 7). Auch die einredeweise Geltendmachung eines Auszahlungsanspruchs durch das Mitglied nach Ablauf der zwei Jahre ist, wenn die eG die Verjährungseinrede erhebt, ausgeschlossen. Die eG ist nicht verpflichtet, sich auf die eingetretene Verjährung zu berufen. Über die Auszahlung des Geschäftsguthabens und des Anteils an dem Beteiligungsfonds – trotz der Verjährung – entscheidet, wenn die Satzung etwas anderes nicht bestimmt, der Vorstand, weil es sich um eine Angelegenheit der Geschäftsführung handelt. Das so Geleistete kann nicht zurückverlangt werden, auch wenn in Unkenntnis der Verjährung geleistet wurde (§ 222 Abs. 2 Satz 1 BGB).

**6** Die Erhebung der Verjährungseinrede ist **unzulässig**, wenn die eG den Gläubiger des Auseinandersetzungsanspruchs durch ihr Verhalten veranlaßt hat, von der rechtzeitigen Klageerhebung abzusehen (vgl. BGHZ 9, 5; BGH, NJW 1955, 1834; BGH, MDR 1973, 562, sowie *Müller*, § 74 Rdn. 6 m. w. N.).

**7** Andererseits kann der Gläubiger des Auseinandersetzungsanspruchs diesen verwirkt haben. Die **Verwirkung** ist nach den Grundsätzen des § 242 BGB dann gegeben, wenn der Anspruch längere Zeit nicht geltend gemacht wurde und darüber hinaus besondere Umstände hinzutreten, aufgrund derer die verspätete Geltendmachung des Anspruchs gegen Treu und Glauben verstößt (vgl. BGHZ 43, 209; vgl. auch *Müller*, § 74 Rdn. 8). In diesem Fall kann der Anspruch ausgebucht werden.

**8** Soweit ein Anspruch auf **Auszahlung** der Dividende (und nicht auf Gutschrift zum Geschäftsguthaben) besteht, verjährt er nach § 195 BGB in 30 Jahren.

**9** Die Verjährung erfaßt auch den Auseinandersetzungsanspruch des Mitglieds, dessen Mitgliedschaft nach § 66 durch den Gläubiger eines Mitglieds **gekündigt** worden ist (wie hier *Schubert/Steder*, § 74 Rdn. 5).

Zwar trifft § 74 ausschließlich eine Regelung für den Anspruch des ausgeschiedenen Mitglieds. In dieser Vorschrift kommt jedoch der umfassende Wille zum Ausdruck, daß nach Ablauf von 2 Jahren keine Ansprüche mehr im Verhältnis Mitglied/eG und umgekehrt geltend gemacht werden können. Dem entspricht, daß auch der Anspruch der eG auf Zahlung von Nachschüssen nach § 73 Abs. 2 Satz 3 nach 2 Jahren verjährt.

## § 75
## Rückwirkung der Auflösung auf das Ausscheiden

**Wird die Genossenschaft binnen sechs Monaten nach dem Ausscheiden des Genossen aufgelöst, so gilt dasselbe als nicht erfolgt. Wird die Fortsetzung der Genossenschaft beschlossen, so gilt das Ausscheiden als zum Schluß des Geschäftsjahres erfolgt, in dem der Beschluß über die Fortsetzung der Genossenschaft in das Genossenschaftsregister eingetragen ist.**

*Übersicht*



## I. Allgemeines

Satz 2 wurde durch Gesetz vom 20. 7. 1933 (RGBl. I, 520) mit Rücksicht darauf **eingefügt**, daß der durch das gleiche Gesetz geschaffene § 79 a die Fortsetzung einer aufgelösten eG unter gewissen Voraussetzungen ermöglicht (vgl. § 79 a und die dortigen Erläuterungen). Die Mitglieder sollen sich nicht durch einen kurzfristigen Austritt aus der eG ihrer Nachschußpflicht im Falle der Liquidation oder des Konkurses §§ 87 a, 105) entziehen können (BGH, NJW 1993, 2534). **1**

§ 75 bezieht sich in seinem **Geltungsbereich** auf das Ausscheiden nach §§ 65, 66, 67, 67 a, 68, 77 und 77 a. § 75 bezieht sich nicht auf den Fall des Ausscheidens durch Übertragung des Geschäftsguthabens nach § 76; in diesem Falle gilt die subsidäre Haftung im Falle des Konkursverfahrens nach § 76 Abs. 4. § 75 bezieht sich auch auf die Kündigung einzelner Geschäftsanteile nach § 67 b (a. A. *Meyer/Meulenbergh/Beuthien*, § 75 Rdn. 2; *Müller*, § 75 Rdn. 1; *Schubert/Steder*, § 75 Rdn. 8). Es ist durchaus gerechtfertigt, die Kündigung freiwillig übernommener Geschäftsanteile der strengen Regelung des § 75 zu unterwerfen, deren Zweck es ist, ausgeschiedene Mitglieder an der Deckung von Verlusten zu beteiligen, die vor ihrem Ausscheiden entstanden sind; anderenfalls könnte die Schutzwirkung des § 75 dadurch zum Nachteil der Gläubiger unterlaufen werden, daß zuerst einmal die freiwilligen Geschäftsanteile gekündigt werden und sodann die Mitgliedschaft gekündigt wird. **2**

§ 75 gilt bei **jeder Auflösung**, unabhängig davon, ob die eG nach § 94 für nichtig erklärt oder nach § 147 FGG von Amts wegen gelöscht worden ist (*Müller*, § 75 Rdn. 2). Sie ist jedoch nicht anwendbar auf das Ausscheiden aus einer LPG (BGH, NJW 1993, 2534). **3**

Die Sechs-Monats-Frist ist vom **Zeitpunkt des Ausscheidens** zu berechnen. Dieser Zeitpunkt ergibt sich grundsätzlich nach § 70 Abs. 2, also **4** mit Ablauf des Geschäftsjahres, in dem die Eintragung tatsächlich erfolgte. Nur im Falle des § 77 Abs. 1 Satz 2 und im Falle des § 77 a hat die Eintragung deklaratorische Bedeutung, die Mitgliedschaft endet mit Ablauf des Geschäftsjahres, in dem der Erbfall eintrat bzw. – im Falle des § 77 a – die Auflösung oder das Erlöschen wirksam geworden ist.

## II. Rechtsfolgen

5 Im Falle des § 75 sind das ausgezahlte Auseinandersetzungsguthaben und der ausgezahlte Anteil an dem Beteiligungsfonds **zurückzugewähren**. Dieser Anspruch der eG hat seine Rechtsgrundlage nicht in den Vorschriften über die ungerechtfertigte Bereicherung (§§ 812 ff BGB; so aber *Meyer/Meulenbergh/Beuthien*, § 75 Rdn. 4), sondern ergibt sich unmittelbar aus dem Mitgliedschaftsverhältnis: wenn das Ausscheiden als nicht erfolgt gilt, ist mit Rückwirkung die Mitgliedschaft mit allen sich daraus ergebenden Rechten und Pflichten wieder als bestehend anzusehen (*Müller*, § 75 Rdn. 7); daraus folgt, daß der Anspruch auf Rückgewähr seine Rechtsgrundlage in der Mitgliedschaft selbst hat (*Müller*, § 75 Rdn. 5; a. A. *Schubert/Steder*, § 75 Rdn. 3). Es handelt sich um einen Anspruch auf rückständige, fällige Pflichteinzahlungen. Das Mitglied, dessen Ausscheiden als nicht erfolgt gilt, kann sich hinsichtlich des Zahlungsverlangens der eG mithin nicht auf den Wegfall der Bereicherung berufen.

6 Ob ein **ausgeschlossenes** Mitglied, dessen Ausscheiden nach § 75 als nicht erfolgt gilt, wieder an der GV teilnehmen kann, ist streitig; es ist aber anzunehmen, daß durch die Auflösung der eG zwar das Ausscheiden eines Ausgeschlossenen wieder beseitigt wird, nicht aber das Verbot der Teilnahme an der GV, da die Tatsache der Absendung des Ausschließungsbeschlusses weiterhin besteht und daran die Rechtsfolge des Verbots der Teilnahme geknüpft wird (*Meyer/Meulenbergh/Beuthien*, § 75 Rdn. 2; a. A. *Schubert/Steder*, § 75 Rdn. 3; a. A. wohl auch *Menzel*, S. 67).

7 Die in der **Zwischenzeit** (Zeit vom Ausscheiden des Mitglieds bis zur Auflösung der eG) gefaßten Beschlüsse sind für diejenigen, die zum Jahresschluß ausgeschieden waren und nur rückwirkend wieder als zur eG gehörig betrachtet werden, grundsätzlich verbindlich (vgl. RGZ 72, 236), insbesondere hat das Mitglied kein Anfechtungsrecht nach § 51 (*Schubert/Steder*, § 75 Rdn. 3 m. w. N.; *Müller*, § 75 Rdn. 6).

8 Ist jedoch ein Mitglied – z. B. wegen einer Erhöhung der Haftsumme – aufgrund einer **Kündigung nach § 67 a** aus der eG ausgeschieden und gilt das Ausscheiden wegen Auflösung der eG nach § 75 als nicht erfolgt, dann ist seine Haftsumme so hoch, wie sie vor der Beschlußfassung über die Erhöhung der Haftsumme war (§ 67 a Abs. 2 Satz 4); diese Rechtslage muß auch dann erhalten bleiben, wenn das Ausscheiden des Mitglieds nach § 75

als nicht erfolgt gilt (wie hier *Müller*, § 75 Rdn. 6; *Schubert/Steder*, § 75 Rdn. 4).

War das Mitglied nicht aufgrund einer Kündigung nach § 67 a, sondern aus einem anderen Rechtsgrund, insbesondere aufgrund einer **Kündigung nach § 65**, ausgeschieden und wird in der Zeit zwischen dem Ausscheiden des Mitglieds und der Auflösung der eG die Satzung in einem Punkt geändert, der zu einer Kündigung nach § 67 a berechtigt, gilt der Gedanke des § 67 a Abs. 2 Satz 4 nicht. Würde auch in diesen Fällen das Mitglied sich stets auf § 67 a Abs. 2 Satz 4 berufen können mit der Folge, daß die Satzungsänderung weder für noch gegen das Mitglied wirken würde, so würde unterstellt, daß es stets von der Möglichkeit der außerordentlichen Kündigung Gebrauch gemacht hätte (so auch *Schubert/Steder*, § 75 Rdn. 4; a. A. *Müller*, § 75 Rdn. 6). Die Vermutung allein, daß das Mitglied, das aus der eG ausgeschieden ist, Satzungsänderungen mit dem in § 67 a enthaltenen Inhalt nicht hingenommen hätte, genügt nicht für die Anwendung des § 67 a Abs. 2 Satz 4 (a. A. *Müller*, § 75 Rdn. 6). Diese Vermutung genügt nur dann, wenn das Mitglied aufgrund einer außerordentlichen Kündigung nach § 67 a ausgeschieden war und sodann vor der Auflösung der eG ein weiterer Beschluß gefaßt wurde, der erneut zur außerordentlichen Kündigung nach § 67 a berechtigen würde. Nach *Meyer/Meulenbergh/Beuthien* (§ 75 Rdn. 5) soll dem Mitglied die Chance der außerordentlichen Kündigung erhalten bleiben. Deshalb soll das Mitglied seine aufgelebte Mitgliedschaft binnen Monatsfrist, beginnend mit der Erlangung der Kenntnis von der Auflösung, kündigen dürfen. Dem ist zuzustimmen. **9**

Ist ein Mitglied einer eG, in deren Satzung eine auf eine Haftsumme beschränkte Nachschußpflicht vorgesehen ist, zum Jahresabschluß ausgeschieden und innerhalb von sechs Monaten nach erfolgtem Ausscheiden wieder beigetreten, so tritt aufgrund dieses **Wiedereintritts,** wenn die eG innerhalb von sechs Monaten nach seinem Ausscheiden durch Eröffnung des Konkursverfahrens aufgelöst wird (§ 101), keine doppelte Inanspruchnahme (aus der alten und der neuen Mitgliedschaft) ein, sondern das Mitglied wird nur aufgrund derjenigen Haftsumme herangezogen, die die größere der beiden ist (RGZ 141, 178 = BlfG 1933, 505; *Schubert/Steder*, § 75 Rdn. 5). **10**

Ist die Frist des § 75 abgelaufen, ist das Mitglied endgültig ausgeschieden. Es ist jedoch u. U. noch weitere 12 Monate zur Zahlung von **Nachschüssen** nach den Vorschriften der §§ 115 b, 105 im Konkurs der eG verpflichtet. **11**

Wird später die **Fortsetzung** der eG **beschlossen** (§ 79 a), gilt nach § 75 Satz 2 das Ausscheiden des Mitglieds erst zum Schluß des Geschäftsjahres als erfolgt, in dem der Fortsetzungsbeschluß in das Register eingetragen worden ist (Beispiel: Ausscheiden am 31. 12. 1996; Auflösungsbeschluß am **12**

20. 6. 1997; Fortsetzungsbeschluß vom 10. 12. 1997; Eintragung des Fortsetzungsbeschlusses am 3. 1. 1998. Folge: Ausscheiden am 31. 12. 1998).

## § 76

## Übertragung des Geschäftsguthabens

**(1) Ein Genosse kann zu jeder Zeit, auch im Laufe des Geschäftsjahres, sein Geschäftsguthaben mittels schriftlicher Übereinkunft einem anderen übertragen und hierdurch aus der Genossenschaft ohne Auseinandersetzung mit ihr austreten, sofern der Erwerber an seiner Stelle Genosse wird oder sofern derselbe schon Genosse ist und dessen bisheriges Guthaben mit dem ihm zuzuschreibenden Betrag den Geschäftsanteil nicht übersteigt. Das Statut kann eine solche Übertragung ausschließen oder an weitere Voraussetzungen knüpfen.**

**(2) Das Ausscheiden des übertragenden Genossen ist unverzüglich in die Mitgliederliste einzutragen; der Genosse ist hiervon unverzüglich zu benachrichtigen.**

**(3) Wird die Genossenschaft binnen sechs Monaten nach dem Ausscheiden des Genossen aufgelöst, so hat dieser im Fall der Eröffnung des Konkursverfahrens die Nachschüsse, zu deren Zahlung er verpflichtet gewesen sein würde, insoweit zu leisten, als zu derselben der Erwerber unvermögend ist.**

**(4) Darf sich nach dem Statut ein Genosse mit mehr als einem Geschäftsanteil beteiligen, so gelten diese Vorschriften mit der Maßgabe, daß die Übertragung des Geschäftsguthabens auf einen anderen Genossen zulässig ist, sofern das Geschäftsguthaben des Erwerbers nach Zuschreibung des Geschäftsguthabens des Veräußerers den Gesamtbetrag der Geschäftsanteile, mit denen der Erwerber beteiligt ist oder sich beteiligt, nicht übersteigt.**

*Übersicht*



### I. Allgemeines

1 Ein Mitglied kann grundsätzlich wegen der Berechnung des Auseinandersetzungsguthabens anhand der Bilanz nur zum **Schluß eines Geschäftsjahres** aus einer eG ausscheiden. Ausnahmen hiervon sind neben § 76 die §§ 77, sowie §§ 20 Abs. 1 Nr. 3, 90 UmwG. § 76 schafft die Möglichkeit,

jederzeit innerhalb des Geschäftsjahres, d. h. ohne Einhaltung von Kündigungsfristen aus der eG auszuscheiden. Damit keine Auseinandersetzung, insbesond. nicht das Aufstellen einer Stichtagsbilanz erforderlich wird, ist vorgesehen, daß das Geschäftsguthaben von einem anderen übernommen werden muß.

**Abs. 4** wurde durch Novelle 1973 in § 76 eingefügt. Er übernimmt in der Sache den früheren § 138, der durch Novelle 1973 aufgehoben wurde (vgl. Amtliche Begründung, BT-Drucks. 7/97 S. 27). **2**

## II. Grundsätze

Nach § 76 kann nur das Geschäftsguthaben übertragen werden. Ist der Erwerb mehrerer Geschäftsanteile zugelassen (§ 7 a und die dortigen Erl.), so ist Geschäftsguthaben i. S. v. § 76 das sich aus der Gesamtbeteiligung des Mitglieds ergebende Geschäftsguthaben. Eine Abtretung des Geschäftsanteils ist nicht möglich, weil diesem keine selbständige Bedeutung zukommt, sondern weil der Geschäftsanteil nur den Betrag der Beteiligung festsetzt (KG, JFG 8, 175; *Meyer/Meulenbergh/Beuthien*, § 76 Rdn. 4; a. A. *Schiemann*, ZfG 1976, 26, der die Übertragung in entsprechender Anwendung des Rechtsgedankens des § 67 b für zulässig hält). Das übersieht das Schreiben des BM für Raumordnung, Bauwesen und Städtebau v. 18./19. Mai 1995, das die Voraussetzungen für die Anerkennung von Wohnungsgenossenschaften als mieternaher Privatisierungsform festlegt und u. a. fordert, den Mitgliedern satzungsmäßig das Recht einzuräumen, ihre Geschäftsanteile auf Dritte zu übertragen (s. BuAnz 1995 v. 28. 6. 1995, dazu Beschlußempfehlung und Bericht des Ausschusses für Raumordnung, Bauwesen und Städtebau v. 10. 4. 1995, BT-Drucks. 13/1103, Abschn. II, 4 f; s. a. § 1 Rdn. 107 Nr. 3 u. 4 b). Eine solche Satzungsbestimmung wäre unwirksam. Auch die Mitgliedschaft selbst ist weder abtretbar noch verpfändbar, da die Mitgliedschaft persönlicher Natur ist (*Hueck*, Gesellschaftsrecht, § 37 VII 2 c; *Riedel*, S. 661). **3**

Das Geschäftsguthaben kann nur in seinem **Gesamtbetrag** zum Zwecke des Ausscheidens übertragen werden (RGZ 143, 296; KGJ 15, 57; OLG Schleswig, ZfG 1992, 353 m. Anm. *Schiemann*; LG Berlin, ZfG 1991, 303; *Meyer/Meulenbergh/Beuthien*, § 76 Rdn. 2; *Müller*, § 76 Rdn. 2; *Paulick*, S. 156; *Schubert/Steder*, § 76 Rdn. 4; *Krämer*, Rpfleger 1985, 143; a. A. *Schiemann*, ZfG 1976, 26), und zwar nur an **einen** Erwerber (KG, OLG Rspr. 19, 361; OLG Dresden, OLG Rspr. 40, 203). Die Übertragung von Teilen des Geschäftsguthabens ist nicht möglich (vgl. hierzu aber *Schiemann*, ZfG 1976, 26), obwohl hierfür ein praktisches Bedürfnis besteht und de lege ferenda eingeführt werden sollte. Eine Ausnahme besteht für nach dem 4. bzw. 5. **VermBG** gebildetes Geschäftsguthaben. Die besondere **4**

Natur der Vermögensbildung läßt es als gerechtfertigt erscheinen, die gesonderte Übertragung dieses Geschäftsguthabens für zulässig zu erachten (vgl. auch § 67 b Rdn. 4). Auch das Mitgliedschaftsrecht selbst ist nicht übertragbar; die Satzung würde ihm die Übertragbarkeit nicht beilegen können (RGZ 87, 410). Allerdings ist das Mitgliedschaftsrecht vererbbar (vgl. § 77 Abs. 1).

**5** Ist noch kein Geschäftsguthaben entstanden oder ist das vorhandene Geschäftsguthaben auf **null** abgeschrieben worden, so kann eine Übertragung wegen nicht existierenden Guthabens nach dem klaren Wortlaut des § 76 nicht vorgenommen werden (a. A. *Müller*, § 76 Rdn. 2, der unter Hinweis auf *Paulick*, S. 156, die Auffassung vertritt, daß der Geschäftsanteil bereits eine rechtlich existente Grundlage für zukünftige Buchungen darstelle, so daß eine Übertragung dieser Anwartschaft auf das Geschäftsguthaben zugelassen werden könne; a. A. auch *Meyer/Meulenbergh/Beuthien*, § 76 Rdn. 2, der ein negatives Geschäftsguthaben – ähnlich wie einen negativen Kapitalanteil – für übertragbar hält; diese Meinung verkennt jedoch, daß eben nicht ein Kapital-(Geschäfts-)Anteil übertragen wird).

**6** Da das Geschäftsguthaben und nicht die Geschäftsanteile übertragen werden, kann die Übertragung zu einer **Verringerung der Geschäftsanteile** führen.

**7** Die Übertragung ist auch dann zulässig, wenn durch das Ausscheiden auf diesem Wege eine **Verringerung der Haftsumme** der eG (LG Düsseldorf, BlfG 1953, 718 = GWW 1953, 440; *Schubert/Steder*, § 76 Rdn. 13) eintritt.

**8** Im **Konkurs** des Mitglieds ist nur der Konkursverwalter und nicht das Mitglied berechtigt, das Ausscheiden nach § 76 herbeizuführen, da diese Maßnahme in Realisierung eines zur Konkursmasse gehörenden Vermögenswerts des Mitglieds geschieht.

**9** Die Übertragung ist jedoch nicht mehr möglich, wenn das Auseinandersetzungsguthaben des Mitglieds für einen seiner Gläubiger **gepfändet** und zur Einziehung überwiesen wird und der Gläubiger damit das Kündigungsrecht nach § 66 hat (vgl. *Etscheit*, BlfG 1936, 232; vgl. auch Erl. zu § 66). Dies ergibt sich aus § 829 ZPO. Die Pfändung ist stets zu beachten, wenn der Pfändungs- und Überweisungsbeschluß vor Zulassung der Übertragung zugestellt wird. Hingegen kann der Auseinandersetzungsanspruch, auch wenn das Mitglied nicht aus der eG ausscheiden will, nach § 398 BGB abgetreten bzw. nach § 1279 BGB verpfändet werden. Die Satzung kann für die Dauer der Mitgliedschaft die Abtretung bzw. Verpfändung ausschließen (LG Köln, ZfG 1971, 306; vgl. im übrigen Rdn. 13).

**10** Die Übertragung ist auch noch zulässig, wenn die Kündigung durch den Veräußerer oder der Ausschluß zwar erfolgt ist, das Mitglied aber noch **nicht ausgeschieden** ist (vgl. KG, JFG 4, 238). Dies gilt selbst dann, wenn das Ausscheiden bereits in der Liste der Mitglieder vermerkt, aber das Geschäftsjahr noch nicht abgelaufen ist; die Eintragung hat nur deklaratorische Bedeutung.

Auch der **Erbe** eines Mitglieds kann im Falle seiner auslaufenden Mit- **11**
gliedschaft (§ 77 Abs. 1) im laufenden Geschäftsjahr das Geschäftsguthaben auf einen Dritten, aber auch auf sich selbst übertragen, unabhängig davon, ob der Erbe bereits Mitglied war oder nicht; gleiches gilt für die Erbengemeinschaft (vgl. ausführlich *Schaffland*, Die Vererbung, S. 41 ff sowie § 77 Rdn. 14). Nach dem Ausscheiden als Mitglied ist eine Übertragung des Geschäftsguthabens nicht mehr zulässig, da nunmehr kein Geschäftsguthaben mehr besteht, sondern nur noch ein Anspruch auf das Auseinandersetzungsguthaben.

Auch durch die **Kündigung einzelner Geschäftsanteile** nach § 67 b **12**
wird die Übertragung des Gesamtgeschäftsguthabens entsprechend den vorstehenden Ausführungen nicht ausgeschlossen. Durch die Übertragung wird vielmehr die Teilkündigung hinfällig. Der Erwerber hat so viele Geschäftsanteile zu zeichnen, wie zur Abdeckung des gesamten Geschäftsguthabens erforderlich sind (vgl. Rdn. 17 ff). Will er – der Erwerber – seinerseits einen Teil des von ihm übernommenen Geschäftsguthabens ausgezahlt erhalten, bedarf es einer Teilkündigung durch ihn.

Das **Geschäftsguthaben** kann nicht im Wege eines Vertrages unter **13**
Lebenden **zugunsten eines Dritten** auf den Todesfall – mit Wirkung zum Zeitpunkt des Todes – (§§ 328, 331 BGB) übertragen werden, da § 76 lex specialis ist. Auch kann ein Mitglied über sein **Auseinandersetzungsguthaben** nicht im Wege der §§ 328, 331 BGB verfügen, da die Erben Mitglieder werden und ihnen das Geschäftsguthaben zusteht. Das Auseinandersetzungsguthaben errechnet sich u. a. aus dem Geschäftsguthaben (vgl. Erl. zu § 73). Damit ist der Anspruch auf Auszahlung des Auseinandersetzungsguthabens Teil der Erbmasse. Eine Verfügung unter Lebenden – außerhalb der Erbmasse – ist mithin in diesem Fall nicht möglich, da unter Lebenden nur **auf** den Todesfall, nicht jedoch auf einen Zeitpunkt **nach** dem Todesfall verfügt werden kann (so mit Recht *Meyer/Meulenbergh/Beuthien*, § 77 Rdn. 14; a. A. LG Kassel, ZfG 1981, 68 mit Anmerkung *Kuchinke*; vgl. im übrigen auch § 77 Rdn. 15).

Nach dem durch Novelle 1973 eingefügten **§ 77 a** wird z. B. im Falle **14**
einer Verschmelzung die Mitgliedschaft der übertragenden eG bei einer anderen eG (z. B. Zentralgenossenschaft) bis zum Schluß des Geschäftsjahres, in dem die Verschmelzung wirksam wurde, durch die übernehmende eG fortgesetzt. Solange die übernehmende eG diese Mitgliedschaft fortsetzt, kann sie das Geschäftsguthaben der übertragenden eG nach § 76 übertragen, und zwar auch hier aus denselben Überlegungen wie zu § 77 auf sich selbst.

## III. Satzungsregelungen

15 Die **Satzung** kann die Übertragung des Geschäftsguthabens ausschließen oder erschweren (KGJ 33, 101); satzungsmäßige Erleichterungen der Übertragung sind nicht möglich. Die Satzung kann deshalb die Übertragung z. B. von der Zustimmung des Vorstands, Aufsichtsrats oder der GV abhängig machen, auch besondere Formvorschriften oder besondere, sich am Förderauftrag orientierende Voraussetzungen vorsehen. Die Zustimmung ist eine echte Bedingung für die Wirksamkeit der Übertragung. Die Versagung der Zustimmung verletzt nicht den Grundsatz der Gleichbehandlung aller Mitglieder (LG Hannover, GWW 1953, 331 = JFG 1956, 153). Es besteht grundsätzlich kein Anspruch seitens des Erwerbers, aber auch nicht seitens des Veräußerers (etwa aufgrund der genossenschaftlichen Treuepflicht) auf Erteilung der Zustimmung zur Übertragung bzw. auf Zulassung des Beitritts/der Beteiligung (vgl. *Müller*, § 76 Rdn. 7; *Riebandt-Korfmacher*, GWW 1981, 386). Eine Satzungsbestimmung: „Die Übertragung des Geschäftsguthabens bedarf der Zustimmung des Vorstands, dieser kann die Zustimmung nur aus wichtigem Grund verweigern" ist mit dem Erleichterungsverbot nicht vereinbar.

16 Die Versagung kann gerichtlich auf Unbilligkeit und auf offensichtliche Willkür **nachgeprüft** werden, dazu reicht aber nicht jede behauptete angebliche Unbilligkeit aus (LG Hannover, GWW 1953, 331 = JFG 1956, 153, *Riebandt-Korfmacher*, GWW 1981, 386; vgl. zur gerichtlichen Nachprüfung auch AG Elmshorn und LG Itzehoe, ZfG 1982, 307 mit Anm. *Hadding*). Der Auffassung des AG Elmshorn, eine Verweigerung der Zustimmung aus anderen als in der Person des Übertragenden liegenden Gründen stelle einen Mißbrauch des Zustimmungsvorbehalts dar, kann nicht gefolgt werden (GW 1981 m. abl. Anm. v. *Riebandt-Korfmacher*).

## IV. Verfahren

17 Es muß die **Schriftform** nach § 126 BGB gewahrt werden, andernfalls die schriftliche Übereinkunft nichtig ist. Ist der Erwerber des Geschäftsguthabens Nichtmitglied, so können die schriftliche Übereinkunft und die erforderliche Beitrittserklärung und die unbedingte Erklärung des Erwerbers über die Zahl der von ihm zu übernehmenden Geschäftsanteile in einer Urkunde abgegeben werden (vgl. KG; BlfG 1927, 784). Bei diesem in der Praxis auch geübten Verfahren kann es nicht zu einer zeitlichen Zäsur zwischen der Übertragung des Geschäftsguthabens und dem Antrag auf Zulassung zur Mitgliedschaft kommen, wie es *Müller* (§ 76 Rdn. 7 a. E.) befürchtet.

18 Erfordert die Übertragung des Geschäftsguthabens, daß das übernehmende Mitglied weitere Geschäftsanteile **übernimmt**, so ist dies gleichzeitig möglichst in ein und derselben Urkunde vorzunehmen.

Die **Zustimmung** zur Übertragung sowie die **Zulassung** des Beitritts bzw. der Beteiligung erfolgt in der Regel ebenfalls in einem Akt. In beiden Fällen kann der Vorstand im Rahmen seines pflichtgemäßen Ermessens frei entscheiden (LG Itzehoe, ZfG 1982, 309 m. zust. Anm. *Hadding*). Nur bewußter Mißbrauch des Ermessens (offensichtliche Willkür) wäre gerichtlich nachprüfbar und nichtig (LH Itzehoe, ebd.; vgl. auch Rdn. 16). Auch kann ggfs. der Vorstand verpflichtet sein, einer Übertragung zuzustimmen (LG Nürnberg, Urt. v. 13. 2. 1981 – Az.: 8 O 524/80) und zwar in den Fällen, in denen ein Mitglied aus der genossenschaftlichen Treuepflicht einen Anspruch hat, daß ein anderer als Mitglied aufgenommen wird (hierzu § 15 Rdn. 24; vgl. auch *Baecker, Hinz, Müller, Schaffland*, BI 1989, 208). Die Zustimmung zur Übertragung ist eine empfangsbedürftige Willenserklärung; die Unterschriftsleistung durch Vorstandsmitglieder stellt nur einen internen Akt dar, solange diese Erklärung nicht einem der beiden Vertragspartner gegenüber erklärt worden ist (LG Schweinfurt, Urt. v. 13. 8. 1980 – Az.: 1 O 105/80). 19

War die Geschäftsguthabenübertragung vor dem 25. 12. 1993 von der eG akzeptiert, ist als Zeitpunkt des Ausscheidens (wegen Wegfalls der konstitutiven Wirkung der Eintragung durch das Registerverfahrenbeschleunigungs-Gesetz) der 25. Dezember 1993 (Zeitpunkt des Inkrafttretens des § 15 n. F.) einzutragen. War mit der Übertragung ein Beitritt bzw. die Zeichnung weiterer Geschäftsanteile verbunden, so ist insoweit ebenfalls der 25. Dezember 1993 einzutragen. 20

## V. Sonderfälle

Erfolgt die Übertragung nach vorangegangener **Guthabenabschreibung** (§ 19), so muß der Erwerber die satzungsmäßigen Einzahlungen auf seinen eigenen Geschäftsanteil leisten, abzüglich des Betrages des übernommenen Geschäftsguthabens nach dem Stand zur Zeit der Übernahme, nicht abzüglich der von dem Veräußerer bereits geleisteten Einzahlungen schlechthin (so zutreffend *Schröder*, DJ 1938, 825). Dies folgt daraus, daß der Erwerber einen eigenen Geschäftsanteil zeichnet und damit neue Einzahlungspflichten begründet, während die hinsichtlich des Geschäftsanteils des Veräußerers bestehenden Einzahlungspflichten mit diesem Geschäftsanteil erloschen sind (KGJ 30, 310). Der Erwerber eines durch Abschreibung verminderten Geschäftsguthabens muß nicht die gleiche Anzahl von Geschäftsanteilen übernehmen, die der Veräußerer hatte. Allerdings kann die eG die Zustimmung zur Übertragung davon abhängig machen, daß der Erwerber zusätzlich freiwillig weitere Geschäftsanteile in dem Umfang zeichnet, wie sie der Veräußerer innehatte. 21

Auch bei einer **Pflichtbeteiligung** mit mehreren Geschäftsanteilen und sofortiger Volleinzahlungspflicht und Übertragung nach vorangegangener Guthabenabschreibung kann der Erwerber nur so viele Geschäftsanteile zeichnen, wie zur Abdeckung des übernommenen Geschäftsguthabens notwendig sind. Da er jedoch bei Fortführung des Geschäfts entsprechend der satzungsmäßigen Bemessungsgrenze mehr Geschäftsanteile zeichnen müßte, kann von ihm zumindest eine (schriftliche) Verpflichtungserklärung verlangt werden, im Falle von Dividendengutschriften die notwendigen weiteren Geschäftsanteile zu zeichnen, bis die ursprünglich vom Veräußerer gezeichneten Geschäftsanteile wieder voll eingezahlt sind. Eine freiwillige Zeichnung weiterer Anteile könnte an der damit verbundenen Volleinzahlungspflicht scheitern.

**22** Erfolgt nach Ablauf eines Geschäftsjahres eine Übertragung des Geschäftsguthabens und wird sodann beschlossen, zur Deckung eines Bilanzverlustes im abgelaufenen Geschäftsjahr die Geschäftsguthaben abzuschreiben, so hat der Verlustdeckungsbeschluß der GV **Rückwirkung** auf den Schluß des abgelaufenen Geschäftsjahres. Demgemäß konnte auch nur dieses verminderte Geschäftsguthaben übertragen werden. Der Erwerber hat gegen den Veräußerer ggfs. einen Anspruch nach den Grundsätzen der ungerechtfertigten Bereicherung (§ 812 Abs. 1 BGB). Wird mit Verlustdeckung eine Erhöhung des Geschäftsanteils verbunden, gilt diese nur für den Erwerber, da insoweit die Eintragung der Satzungsänderung konstitutiv wirkt.

**23** Das Gesetz enthält keine zwingende Regelung der Frage, wem z. B. der **Dividendenanspruch** zusteht. Satzung oder Einzelvereinbarung können eine entsprechende Regelung treffen. Fehlt eine solche, so steht die Dividende demjenigen zu, der am Ende des Geschäftsjahres, über das Beschluß gefaßt wird, Inhaber des Geschäftsguthabens war. Die Berechnung der Dividende erfolgt nach den Grundsätzen von § 19 und der einschlägigen Satzungsvorschrift (vgl. § 19 Rdn. 16f): das bedeutet, daß bei Übertragung im abgelaufenen Geschäftsjahr zugunsten des Erwerbers das Geschäftsguthaben berücksichtigt wird, das am Ende des Vorjahres noch dem Veräußerer gehörte (*Parisius/Crüger*, § 76 Anm. 18). Erfolgt die Übertragung im laufenden Geschäftsjahr, steht die Dividende dem Veräußerer zu. Der Veräußerer kann jedoch auf seinen Anspruch z. B. zugunsten des Erwerbers oder der eG (auch konkludent), verzichten. In der Regel wird in der mit keinen weiteren Erklärungen versehenen Übertragung dieser konkludente Verzicht liegen: der Veräußerer will seine mitgliedschaftsrechtlichen Beziehungen vollständig aufgeben. Es gilt dann nichts anderes als bei Übertragung im abgelaufenen Geschäftsjahr. Gleiches gilt hinsichtlich der Frage, wem die genossenschaftliche Rückvergütung zusteht (hierzu § 19 Rdn. 36 ff).

Vor der Übertragung fällig gewordene, aber **rückständig** gebliebene Einzahlungen auf den Geschäftsanteil sind nach der Übertragung nicht mehr vom Veräußerer zu leisten; der Einzahlungsanspruch der eG erlischt mit Erlöschen der Mitgliedschaft des Veräußerers (a. A. *Schubert/Steder*, § 76 Rdn. 14; a. A. wohl auch *Müller*, § 76 Rdn. 11; a. A. wohl auch *Meyer/Meulenbergh/Beuthien*, § 76 Rdn. 7). Grundsätzlich sollte deshalb die Übertragung erst nach Erfüllung der rückständigen Einzahlungspflichten zugelassen werden. 24

Wird die eG binnen 6 Monaten nach dem Ausscheiden des Veräußerers **aufgelöst**, so findet § 75 keine Anwendung. Der Veräußerer haftet nur insoweit, als der Erwerber unvermögend ist (Abs. 4). Unvermögen setzt die Durchführung einer fruchtlosen Zwangsvollstreckung voraus (*Meyer/Meulenbergh/Beuthien*, § 76 Rdn. 8). Die Eröffnung des Vergleichsverfahrens über das Vermögen der eG hemmt das durch Übertragung erfolgende Ausscheiden nicht (§ 111 VerglO). 25

Wird nachträglich die **Nachschußpflicht** eingeführt oder erweitert, so braucht der ausgeschiedene Veräußerer dies nicht gegen sich gelten zu lassen (§ 22 a Abs. 2). 26

Die Prämienbegünstigung von Aufwendungen für den ersten Erwerb von Anteilen an Bau- und Wohnungsgenossenschaften (§ 2 Abs. 1 Nr. 2, Abs. 2 Satz 4 WoPG i. d. F. v. Art. 7 ÄndG v. 15. 12. 1995, BGBl. I 1995, S. 1789) knüpft an die Einzahlungen an, die der Erwerber auf übernommene Geschäftsanteile leistet. Sie gilt nicht bei Übertragung des Geschäftsguthabens auf ein Mitglied (§ 76 Abs. 1 S. 1, 2. Alternative, dazu § 1 Rdn. 134). 27

## § 77

## Tod eines Mitglieds

**(1) Mit dem Tode des Genossen geht die Mitgliedschaft auf den Erben über. Sie endet mit dem Schluß des Geschäftsjahres, in dem der Erbfall eingetreten ist. Mehrere Erben können das Stimmrecht in der Generalversammlung nur durch einen gemeinschaftlichen Vertreter ausüben.**

**(2) Das Statut kann bestimmen, daß im Falle des Todes eines Genossen dessen Mitgliedschaft in der Genossenschaft durch dessen Erben fortgesetzt wird. Das Statut kann die Fortsetzung der Mitgliedschaft von persönlichen Voraussetzungen des Rechtsnachfolgers abhängig machen. Für den Fall der Beerbung des Erblassers durch mehrere Erben kann auch bestimmt werden, daß die Mitgliedschaft endet, wenn sie nicht innerhalb einer im Statut festgesetzten Frist einem Miterben allein überlassen worden ist.**

**(3) Der Tod des Genossen sowie der Zeitpunkt der Beendigung der Mitgliedschaft, im Falle des Abs. 2 auch die Fortsetzung der Mitgliedschaft durch einen oder mehrere Erben, sind unverzüglich in die Mitgliederliste einzutragen. Die Erben des verstorbenen Genossen sind unverzüglich von der Eintragung zu benachrichtigen.**

**(4) Bei Beendigung der Mitgliedschaft gelten die §§ 73 bis 75, im Falle der Fortsetzung der Mitgliedschaft gilt § 76 Abs. 3 entsprechend.**

*Übersicht*



## I. Allgemeines

1 § 77 wurde durch Novelle 1973 **neu gefaßt**. Insbesond. wurde einem Bedürfnis der Praxis entsprechend vorgesehen, daß die Satzung eine unbefristete Vererbung der Mitgliedschaft vorsehen kann.

2 Die Regelung des **Abs. 1**, daß der Erbe die Mitgliedschaft des verstorbenen Mitglieds bis zum Ende des Geschäftsjahres übernimmt, erübrigt die Aufstellung einer besonderen Auseinandersetzungsbilanz auf den Stichtag des Erbfalls; die Auseinandersetzung kann nunmehr mit dem ausscheidenden Erben aufgrund des von der eG nach § 33 GenG aufzustellenden Jahresabschlusses erfolgen (*Schmidt*, S. 15 ff).

3 Macht eine eG von der Möglichkeit des **Abs. 2** Gebrauch, wird das Ausscheiden des Erben am Ende des Sterbegeschäftsjahres und damit die Verringerung der Mitgliederzahl, des Eigenkapitals und der Haftung vermieden; die Vorschrift dient somit aus der Sicht der eG der Stabilisierung des Mitgliederbestands und damit der Erhaltung des Eigenkapitals (*Schaffland*, Die Vererbung, S. 10).

## II. Die auslaufende Mitgliedschaft (§ 77 Abs. 1)

### 1. Der Alleinerbe

4 Die Mitgliedschaft geht mit dem Tod des verstorbenen Mitglieds auf den Erben als neuen Rechtsträger über. Der Erbe wird **selbst** Mitglied (*Müller*, § 77 Rdn. 2; *Schaffland*, GenG, mit einführender Erl. S. 51; *Schnorr von Carolsfeld*, ZfG 1979, 333; *Werhahn/Gräser*, S. 48), auch wenn er nicht

bekannt ist und nicht eingetragen werden kann. Der Nachweis des Erbrechts wird (in Abs. 1 wie im Falle des Abs. 2) durch Erbschein geführt. Will die eG den Erben in Anspruch nehmen und weigert sich dieser, einen Erbschein zu beantragen, gilt § 446 ZPO (*Meyer/Meulenbergh/Beuthien*, § 77 Rdn. 6).

Der Erbe erhält die **Rechte und Pflichten**, die der Erblasser zum Zeitpunkt seines Todes innehatte (§ 1967 Abs. 2 BGB); er kann auch die Haftung gem. § 1975 ff BGB auf den Nachlaß beschränken. Er ist ggfs. zur Leistung von Nachschüssen verpflichtet (vgl. hierzu sowie zur Möglichkeit der Erbausschlagung § 105 Rdn. 17). Nicht über gehen jedoch die durch Wahl begründeten Ämter (Vertreter-, Vorstands-, Aufsichtsratsamt). **5**

Die Mitgliedschaft des Erben **endet** am Ende des Geschäftsjahres, in dem der Erbfall eingetreten ist und unabhängig von der Kenntnis der eG. Der Erbe scheidet kraft Gesetzes aus, ohne daß es einer besonderen Erklärung bedarf (*Schnorr von Carolsfeld*, ZfG 1979, 334). Hinsichtlich des Auseinandersetzungsguthabens gilt § 73 (vgl. die dortigen Erl.). Bei Auflösung der eG innerhalb von sechs Monaten nach Ende dieses Geschäftsjahres gilt das Ausscheiden als nicht erfolgt (§ 77 Abs. 4 Satz 1 in Verbindung mit § 75; vgl. die dortigen Erl.). Wird über das Vermögen der eG innerhalb von achtzehn Monaten nach seinem Ausscheiden das Konkursverfahren eröffnet, findet ggfs. § 115 b Anwendung (vgl. die dortigen Erl.). **6**

### 2. Die Erbengemeinschaft

Wird das Mitglied durch mehrere Erben beerbt, werden Träger der ererbten Mitgliedschaft die Miterben in ihrer gesamthänderischen Verbundenheit (vgl. ausführlich *Schaffland*, Die Vererbung, S. 18 ff). Dies bedeutet nicht, daß die Mitgliedschaft sich in mehrere Mitgliedschaftsrechte der Miterben aufspaltet. Dies bedeutet nur, daß mehrere Miterben gemeinschaftlich eine Mitgliedschaft innehaben. Nicht etwa wird die Erbengemeinschaft selbst Mitglied, da ihr die rechtliche Selbständigkeit fehlt. Hinsichtlich der Rechtsstellung der Miterben gelten die vorstehenden Ausführungen entsprechend; Miterben haften gem. §§ 2058, 2059 BGB. **7**

Um Verwirrungen hinsichtlich der Stimmberechtigung, wie die Gemeinschaft insgesamt abstimmen will, vorzubeugen, können gem. § 77 Abs. 1 Satz 3 mehrere Erben das ihnen gemeinsam zustehende Stimmrecht in der GV nur durch einen **gemeinschaftlichen Vertreter** ausüben, sofern ein solcher nicht ohnehin bereits in Person des Testamentsvollstreckers, des Nachlaßverwalters bzw. Nachlaßkonkursverwalters vorhanden ist; die Benennung kann für jede GV gesondert erfolgen. Die Benennung ist keine Verfügung über den Nachlaß, sondern ein Akt der Verwaltung des Nachlasses, deshalb genügt ein entsprechender Mehrheitsbeschluß der Miterben **8**

(BGHZ 56, 50 = BB 1971, 586 = DB 1971, 910 = MDR 1971, 563 = NJW 1971, 1205 = WM 1971, 595 = Rpfleger 1971, 210; so auch *Johansen*, WM 1970, 574). Einigen sie sich nicht, entfällt ihr Stimmrecht, wie auch ihr Antrags-, Rede- sowie ihr Anwesenheitsrecht (*Müller*, § 77 Rdn. 4; a. A. *Meyer/Meulenbergh/Beuthien*, § 77 Rdn. 3). Eine Anfechtungsklage ist ebenfalls nur möglich, wenn der gemeinschaftliche Vertreter nach § 51 Abs. 2 Widerspruch zu Protokoll erklärt hat (*Müller*, § 77 Rdn. 4; a. A. *Meyer/Meulenbergh/Beuthien*, § 77 Rdn. 3). Die Anfechtungsklage selbst kann hingegen auch durch alle Miterben gemeinsam erhoben werden (*Schaffland*, Die Vererbung, S. 19; so wohl auch *Müller*, § 77 Rdn. 4).

**9** Als gemeinschaftlicher Vertreter kann nicht nur ein Miterbe, sondern auch ein **Dritter** bestellt werden (*Schubert/Steder*, § 77 Rdn. 4; *Hornung*, Rpfleger 1978, 38).

**10** Bei der Vertretung der Miterben durch einen gemeinschaftlichen Vertreter handelt es sich um eine rechtsgeschäftliche **Vollmacht sui generis**. Umstritten ist, inwieweit auf diese Vollmacht § 43 Abs. 5 anwendbar ist: *Müller* (§ 77 Rdn. 4) hält § 43 Abs. 5 für anwendbar, was zur Folge hätte, daß der gemeinschaftliche Vertreter der zahlenmäßigen Beschränkung des § 43 Abs. 5 Satz 3 unterliegen würde, also nur noch ein Mitglied vertreten könnte. *Schubert/Steder* (§ 77 Rdn. 4) halten § 43 Abs. 5 nicht für anwendbar, allerdings verlangen sie eine schriftliche Vollmacht von den nicht erschienenen Miterben. Nach der hier vertretenen Auffassung ist nur § 43 Abs. 5 Satz 4 analog anzuwenden, demzufolge die Satzung persönliche Voraussetzungen für den Bevollmächtigten aufstellen kann. Diese Ermächtigung zur Satzungsausgestaltung ist Ausdruck des dem GenG immanenten Grundsatzes, daß die eG als Personengesellschaft selbst entscheiden soll, wer ihr angehört; dieser Grundsatz gilt auch für die sonstigen in der GV stimmberechtigten Personen. Eine schriftliche Vollmacht braucht er grundsätzlich nicht vorzulegen; es genügt, wenn er in irgendeiner Form der eG kenntlich gemacht wird (*Bartz*, Großkomm. zum AktG, § 68 Anm. 7; *Baumbach-Hueck*, AktG, § 69 Anm. 3; a. A. *Schubert/Steder*, § 77 Rdn. 4; *Meyer/Meulenbergh/Beuthien*, § 77 Rdn. 3). Auch kann der gemeinschaftliche Vertreter zwei weitere Mitglieder als Bevollmächtigter nach § 43 Abs. 5 vertreten (zum Vorstehenden vgl. ausführlich *Schaffland*, Die Vererbung, S. 20 ff).

**11** Zur Beurteilung der Frage, ob ein gemeinschaftlicher Vertreter vorhanden ist, ist nicht die Vorlage eines Erbscheins erforderlich, aus dem ersichtlich ist, wer zur Erbengemeinschaft gehört. Es sollten an die **Identifizierung der Erbengemeinschaft**, die sich auf einen gemeinschaftlichen Vertreter zu einigen hat, keine strengeren Anforderungen gerichtet werden als an die Identifizierung des Mitglieds, das Vollmacht gem. § 43 Abs. 5 erteilt; demgemäß genügt Glaubhaftmachung zur Überzeugung des Versammlungsleiters (*Hornung*, Rpfleger, 1976, 38; *Schaffland*, Die Vererbung, S. 24,

25; a. A. *Beuthien/Götz*, ZfG 1978, 82). Nur bei Zweifeln hat der Versammlungsleiter das Recht und die Pflicht, eine genauere Legitimation insbesond. durch Vorlage eines Erbscheins durchzuführen.

Ist der Erbe **bereits Mitglied**, erbt er zusätzlich die Pflichten (z. B. Einzahlungs-, Nachschußpflichten) des Erblassers, außerdem hat er zusätzlich das Stimmrecht aus der ererbten Mitgliedschaft inne (wie hier im Ergebnis *Hornung*, Rpfleger 1976, 42; *Meyer/Meulenbergh/Beuthien*, § 77 Rdn. 5; *Schubert/Steder*, § 77 Rdn. 2; *Schaffland*, Die Vererbung, S. 27 ff; a. A. *Müller*, § 77 Rdn. 10; *Schnorr von Carolsfeld*, ZfG 1979, 335). Im Falle der Erbengemeinschaft haben diese aus der ererbten Mitgliedschaft ein Stimmrecht zur gesamten Hand inne, und zwar unabhängig davon, ob einzelne oder alle Miterben bereits Mitglied sind (*Meyer/Meulenbergh/Beuthien*, § 77 Rdn. 5). 12

Erbt die Mitgliedschaft ein Mitglied, das aus der eG **ausgeschlossen** ist, kann es aufgrund der ererbten Mitgliedschaft an der GV teilnehmen; sein Stimmrecht beschränkt sich jedoch auf die Ausübung des ererbten Stimmrechts (*Schaffland*, Die Vererbung, S. 39). 13

Will der Erbe über das Ende des Geschäftsjahres hinaus Mitglied sein, muß er entweder im neuen Geschäftsjahr neu beitreten (so *Hornung*, Rpfleger 1976, 38; *Brüggemann* in Anm. zu OLG Frankfurt, ZfG 1978, 305; *Schmidt*, S. 76), oder das ererbte Geschäftsguthaben noch im laufenden Geschäftsjahr nach § 76 auf sich selbst **übertragen**, gleichzeitig der eG beitreten und dadurch die auslaufende Mitgliedschaft in eine unbefristete umwandeln (*Müller*, § 77 Rdn. 10; so auch *Bartholomeyczik*, AcP 1963, 111). Diese Möglichkeit hat der Erbe unabhängig davon, ob er bereits vor Eintritt des Erbfalls Mitglied war oder nicht (ausführlich *Schaffland*, Die Vererbung, S. 41 ff). Selbstverständlich kann der Erbe das Geschäftsguthaben auf einen Dritten übertragen. Vorstehendes gilt entsprechend für die Erbengemeinschaft. 14

Der Erblasser kann sein Auseinandersetzungsguthaben auch nicht im Wege eines verpflichtenden Vertrages mit der eG zugunsten eines Dritten diesem zu dem Zeitpunkt zuwenden, in dem er stirbt (wegen der Begründung vgl. § 76 Rdn. 13; a. A. im Ergebnis LG Kassel, ZfG 1981, 68 m. zust. Anm. *Kuchinke*; das LG Kassel spricht zwar vom Anspruch auf das Geschäftsguthaben, es meint jedoch offenbar den Auseinandersetzungsanspruch). 15

## III. Die unbefristete Mitgliedschaft (§ 77 Abs. 2)

### 1. kraft Satzungsregelung

Die unbefristete Vererbung der Mitgliedschaft ist nur dann zulässig, wenn die **Satzung** diese Möglichkeit eröffnet; das empfiehlt sich bei neuge- 16 gründeten (mieternahen Bewohner-Genossenschaften, um den Mitgliedern die Inanspruchnahme der Eigenheimzulage zu ermöglichen, § 17 EigZulG, s. § 1 Rdn. 133). Die Vererblichkeit der Mitgliedschaft muß einheitlich für alle Mitglieder, also nicht nur für eine besondere Gruppe, begründet werden. Das muß bei der Festlegung bestimmter persönlicher Voraussetzungen i. S. v. Abs. 2 Satz 2 beachtet werden, (s. dazu Rdn. 18). Hierbei kann die Satzung persönliche Voraussetzungen für den Erben aufstellen, insbesondere die unbefristete Vererbung für den Fall ausschließen, daß in der Person oder dem Verhalten eines Erben ein Ausschließungsgrund gegeben ist (so Mustersatzung für Wohnungsgenossenschaften). Die Satzung kann auch vorsehen, daß im Falle der Erbengemeinschaft diese ausscheidet, wenn die Mitgliedschaft nicht innerhalb einer in der Satzung festgesetzten Frist einem Miterben allein überlassen worden ist (hierzu Rdn. 21). Nicht hingegen kann die Satzung dem Rechtsnachfolger ein Wahlrecht zwischen auslaufender und unbefristeter Mitgliedschaft einräumen (*Westermann,* ZfG 1973, 337; so wohl auch *Werhahn/Gräser*, S. 48).

**17** Sieht die Satzung **keine persönlichen Voraussetzungen** vor, erwirbt der Erbe die unbefristete Mitgliedschaft selbst gegen seinen Willen, es sei denn, er schlägt gem. §§ 1942 ff BGB die Erbschaft aus; er kann die Mitgliedschaft nur mittels Kündigung bzw. durch Übertragung des Geschäftsguthabens beenden. Auf der anderen Seite ist die eG gehalten, den Erben als Mitglied ohne Ablehnungsmöglichkeiten zu akzeptieren.

**18** Sieht die Satzung **Voraussetzungen** für die Vererbung vor, müssen diese persönlicher Art sein, also an die rechtlichen oder tatsächlichen Verhältnisse des Erben selbst anknüpfen. Eine von der Person losgelöste sachliche Voraussetzung ist unzulässig (OLG Frankfurt DB 1977, 901 = OLGZ 1977, 303 = Rpfleger 1977, 316 m. Anm. *Hornung* = ZfG 1978, 302 m. Anm. *Brüggemann; Hornung*, Rpfleger 1976, 40; *Schaffland*, GenG mit einführender Erläuterung, S. 52; *Schubert/Steder*, § 77 Rdn. 13). Beispiele für sachliche Voraussetzungen wären: Erhebung eines Eintrittsgeldes, Erzielung eines Reingewinns im Vorjahr. Gleiches gilt für die statutarische Regelung irgendeines besonderen Verfahrens, z. B. Zulassung durch den Vorstand, Antragstellung durch den Erben (OLG Frankfurt, ebd.; a. A. *Schnorr von Carolsfeld*, ZfG 1979, 337, der einen Antrag des Erben als persönliche Voraussetzung wertet). Auch kann die Satzung nicht dem Vorstand oder dem Aufsichtsrat die Letztentscheidung darüber einräumen, ob der Erbe die persönlichen Voraussetzungen erfüllt oder nicht (so mit Recht OLG Frankfurt, ebd.; *Müller*, § 77 Rdn. 12, 13; *Schubert/Steder*, § 77 Rdn. 11). Als Zulassungsvoraussetzung vorzusehen, daß die Mitgliedschaft „in besonderem Interesse der eG" liegt, ist vom OLG Frankfurt (ebd.) zu Recht als zu unbestimmt verworfen worden; das besondere Interesse kann sowohl in persönlichen als auch in sachlichen und damit unzulässigen Voraussetzungen liegen.

Es genügt, wenn der Erbe am **Ende des Geschäftsjahres**, in dem der Erbfall eingetreten ist, die von der Satzung verlangten persönlichen Voraussetzungen erfüllt (*Schaffland*, Die Vererbung, S. 60). Erfüllt er die persönlichen Voraussetzungen nicht, scheidet er zum Ende des laufenden Geschäftsjahres aus. **19**

Im Falle einer **Erbengemeinschaft** müssen alle Miterben, d. h. jeder Miterbe die in der Satzung enthaltenen persönlichen Voraussetzungen erfüllen. Soll es genügen, daß ein Miterbe die persönlichen Voraussetzungen erfüllt, bedarf es hierzu einer zusätzlichen Satzungsregelung (vgl. hierzu ausführlich *Schaffland*, Die Vererbung, S. 62 ff). Die Voraussetzungen müssen, wie beim Alleinerben, am Ende des Geschäftsjahres vorliegen, in dem die Mitgliedschaft auf die Miterben übergegangen ist. **20**

Die Satzung kann des weiteren vorsehen, daß Miterben die Mitgliedschaft innerhalb einer zu bestimmenden **Frist** einem Miterben zu überlassen haben. Die **Überlassung** der Mitgliedschaft entspricht rechtlich einer „Übertragung" und erfolgt durch Rechtsgeschäft. Der Unterschied zu § 76: Übertragung der Mitgliedschaft und nicht nur des Geschäftsguthabens (also keine zusätzliche Beitrittserklärung; Übertragung nur auf einen Miterben; Übertragung ist nur möglich, wenn die Satzung dies vorsieht). Hinsichtlich der Bestimmung der Fristdauer ist die eG nur dahingehend beschränkt, daß diese nicht zu kurz bemessen sein darf (a. A. *Hornung*, Rpfleger 1976, 42, der eine Frist von z. B. 12 Monaten für unzulässig hält; a. A. *Müller*, § 77 Rdn. 16, der unter Berufung auf die auslaufende Mitgliedschaft die Auffassung vertritt, die Satzung dürfe nur eine Frist bis zum Ende des Sterbegeschäftsjahres setzen, hierbei jedoch die Schwierigkeit übersieht, die ein Erbanfall kurz vor Ende des laufenden Geschäftsjahres auslösen würde; nach *Meyer/Meulenbergh/Beuthien*, § 77 Rdn. 12 braucht sie in der Regel drei Monate nicht zu übersteigen). Eine Fristsetzung über die vorstehenden zeitlichen Schranken hinaus ist allein deshalb gerechtfertigt, weil die Satzung überhaupt keine Übergangsregelung vorsehen muß mit der Folge, daß die Überlassung unbefristet zulässig wäre bzw. die eG Erbengemeinschaften auf Dauer hinnehmen würde (zur Fristbestimmung vgl. ausführlich *Schaffland*, Die Vererbung, S. 66 ff). **21**

Aus Gründen der Beweissicherung sollte die Vorlage eines **Erbscheins** verlangt werden, damit sich die eG Gewißheit über die Personen verschaffen kann, welche die Überlassung der Mitgliedschaft an einen von ihnen zu beschließen und der eG anzuzeigen haben (*Beuthien/Götz*, ZfG 1978, 82; *Schaffland*, Die Vererbung, S. 69). **22**

23 Die gemeinschaftliche Mitgliedschaft der Miterben endet, wenn sie einem Miterben überlassen wird mit Anzeige beim Vorstand. Die Eintragung in die Mitgliederliste wirkt lediglich deklaratorisch.

24 Wird die Mitgliedschaft nicht fristgerecht einem Miterben überlassen, so scheidet die Erbengemeinschaft am Ende des Geschäftsjahres aus, in dem die Überlassungsfrist **abläuft** (LG Kassel, Rpfleger 1976, 61 = ZfG 1978, 77; *Beuthien/Götz*, ZfG 1978, 82; *Schaffland*, Die Vererbung, S. 76; *Werhahn/Gräser*, S. 50; *Meyer/Meulenbergh/Beuthien*, § 77 Rdn. 12; *Klingler*, AG, 1973, 393; a. A. *Hornung*, Rpfleger 1976, 41 und *Müller*, § 77 Rdn. 16, die eine rückwirkende Beendigung der Mitgliedschaft zum Ende des Sterbegeschäftsjahres annehmen).

### 2. Der Erbe als Nichtmitglied

25 Der Erbe bzw. die Miterben treten in die Rechtsposition des Erblassers ein **(Gesamtrechtsnachfolge)**. Wegen der Möglichkeit der Erbausschlagung vgl. § 105 Rdn. 17. Im Falle der Überlassung an einen Miterben gilt § 2059 BGB nur mit der Einschränkung, daß die eG ihre Ansprüche, wenn vor endgültiger Verteilung des Nachlasses die Mitgliedschaft wirksam einem Miterben überlassen wird, nur noch gegen den Übernehmer geltend machen kann (*Schaffland*, Die Vererbung, S. 80). Mehrere Erben können das ihnen zustehende gemeinsame Stimmrecht in der GV in entsprechender Anwendung des § 77 Abs. 1 Satz 3 nur durch einen gemeinschaftlichen Vertreter ausüben (*Beuthien/Götz*, ZfG 1978, 79).

### 3. Der Erbe war bereits Mitglied

26 Auch hier erwirbt der Erbe wegen der begrifflich nicht möglichen Doppelmitgliedschaft keine weitere Mitgliedschaft (*Beuthien/Götz*, ZfG 1978, 82; *Schubert/Steder*, § 77 Rdn. 8). Der Erbe erwirbt jedoch **zusätzlich** zu den aus seiner Mitgliedschaft resultierenden Rechten und Pflichten die Rechte und Pflichten aus der Mitgliedschaft des Erblassers hinzu, mithin u. a. ein zweites Stimmrecht und weitere Geschäftsanteile; widersprüchlich *Meyer/ Meulenbergh/Beuthien*, § 77 Rdn. 9, der einerseits ausführt, die Satzung müsse nicht die Beteiligung mit mehreren Geschäftsanteilen und Mehrstimmrechte vorsehen, andererseits jedoch einschränkt, § 77 Abs. 2 Satz 1 lasse mehrere Geschäftsanteile und Stimmrechte nur in den dafür gesetzlich oder satzungsmäßig gezogenen Grenzen zu, es könnten z. B. nicht mehr Geschäftsanteile über § 77 Abs. 2 erworben werden, als die Satzung zuläßt. Nach dieser Auffassung setzt der Erwerb eines zweiten (ererbten) Geschäftsanteils eben doch voraus, daß die Beteiligung mit weiteren

Geschäftsanteilen zugelassen ist. Gleiches gilt für ein zweites Stimmrecht. Da es sich hier um gesetzlich erworbene Stimmrechte handelt, scheidet eine Beschränkung auf 3 Stimmrechte in Anwendung des § 43 Abs. 3 Satz 4 schon deshalb aus, weil es sich dort um satzungsmäßige Stimmrechte handelt (so aber *Meyer/Meulenbergh/Beuthien*, § 77 Rdn. 9). Allerdings muß die eG aufgrund des Gebots der Satzungstreue gegen sich selbst verlangen, daß der Erbe, der bereits Mitglied war, auf die Ausübung des ererbten Stimmrechts verzichtet, bzw. sie hat die Pflicht, bei Abstimmungen ihn nur mit einer Stimme zu berücksichtigen; andererseits ist das Mitglied bei der Ausübung seiner Mitgliedschaftsrechte an das Treuegebot gegenüber der eG gebunden; dies gilt u. a. auch für die Ausübung seines Stimmrechts in der GV (*Müller*, § 18 Rdn. 7); diese Treuepflicht, deren Umfang und Begrenzung sich aus der Satzung ergibt (KG, GWW 1954, 589) gebietet es dem Mitglied, u. a. die Satzung zu beachten und damit auf die Ausübung eines zweiten Stimmrechts zu verzichten, wenn die Satzung ein Mehrstimmrecht nicht vorsieht (vgl. hierzu ausführlich *Schaffland*, Die Vererbung, S. 84 ff; a. A. *Hornung*, Rpfleger 1976, 42, der in diesem Fall die automatische Beendigung der Mitgliedschaft am Ende des Sterbegeschäftsjahres annimmt; *Schubert/Steder*, § 77 Rdn. 8; *Müller*, § 77 Rdn. 8; vermittelnd *Beuthien/Götz*, ZfG 1978, 83, die eine Verdoppelung des Stimmrechts dann für zulässig erachten, wenn in der Satzung ein Mehrstimmrecht vorgesehen ist).

Dementsprechend sind die Zahl der eigenen und die der ererbten Geschäftsanteile unabhängig davon **zusammenzurechnen**, ob eine Beteiligung mit weiteren Geschäftsanteilen in der Satzung vorgesehen ist bzw. ob eine Höchstzahl überschritten wird (a. A. *Meyer/Meulenbergh/Beuthien*, § 77 Rdn. 9 und *Beuthien/Götz*, ZfG 1978, 83, nach denen für die statutarische Zulässigkeit der Beteiligung mit weiteren Geschäftsanteilen Voraussetzung ist, daß zunächst die eigenen Anteile aufzufüllen sind mit dem Geschäftsguthaben des Erblassers, bis die nach der Satzung höchst zulässige Anzahl von Geschäftsanteilen voll eingezahlt ist; ähnlich *Müller*, § 77 Rdn. 18; *Schubert/Steder*, § 77 Rdn. 10). Der Erbe muß jedoch angehalten werden, die Geschäftsanteile, die über die nach der Satzung zulässige Beteiligung hinausgehen, nach § 67 b zu kündigen. Auf diese Kündigung hat die eG einen einklagbaren Rechtsanspruch. Verfolgt die eG diesen nicht, ist die Beteiligung weiterhin wirksam, das entsprechende Geschäftsguthaben bleibt Eigenkapital (*Schaffland*, Die Vererbung, S. 88). **27**

War der Erbe aus der eG **ausgeschlossen** und erbt er sodann eine Mitgliedschaft, so hat er aus dieser gleichwohl ein Teilnahmerecht an der GV unabhängig davon, ob der Erbfall nach seinem Ausscheiden aus der eG oder vor seinem Ausscheiden eingetreten ist (*Schaffland*, Die Vererbung, S. 94). **28**

29 Eine **Übertragung** des Geschäftsguthabens durch den Alleinerben auf sich selbst nach § 76 ist nicht möglich, unabhängig davon, ob der Alleinerbe noch nicht Mitglied war oder bereits Mitglied war, da sich bei § 77 Abs. 2 die Rechtsproblematik anders darstellt als bei § 77 Abs. 1. Dort ging es darum, eine qualitativ beschränkte, auslaufende Mitgliedschaft in eine unbefristete umzuwandeln. Bei § 77 Abs. 2 hat der Alleinerbe bereits eine unbefristete Mitgliedschaft inne (*Schaffland*, ebd., S. 99).

30 War der Alleinerbe bereits **Mitglied**, hat er grundsätzlich doppelte Rechte und Pflichten, wenn er auch auf die Ausübung der Stimmrechte u. U. verzichtet und einzelne Geschäftsanteile ggfs. kündigen muß (vgl. vorstehend Rdn. 27). Durch die Übertragung des Geschäftsguthabens auf sich selbst wird dieser Systembruch bereinigt. Aus diesem Grund ist die Übertragung des Geschäftsguthabens auf sich selbst für zulässig zu erachten (*Schaffland*, ebd., S. 100; so im Ergebnis auch *Hornung*, Rpfleger 1976, 42).

31 Ist in der Satzung für Erbengemeinschaften die Pflicht zur **Überlassung** vorgesehen, ist für eine Übertragung des Geschäftsguthabens kein Raum mehr (*Schaffland*, ebd., S. 96). Fehlt eine Überlassungsregelung, kann die Erbengemeinschaft das Geschäftsguthaben auf einen Miterben übertragen. Dies gilt auch dann, wenn der Miterbe bereits aufgrund eigener Beitrittserklärung Mitglied der eG ist (vgl. hierzu ausführlich *Schaffland*, ebd., S. 97 ff).

## IV. Verfahren

32 Die bisherige Anzeige an das Registergericht ist weggefallen (Registerverfahrenbeschleunigungsgesetz vom 20. 12. 1993). Abs. 3 bestimmt, daß die notwendigen Eintragungen in die von der eG geführte Mitgliederliste unverzüglich vorzunehmen und die Erben unverzüglich von der Eintragung zu benachrichtigen sind.

33 Ist in der Satzung eine **unbefristete Vererbung** der Mitgliedschaft vorgesehen, ist auch dieses unverzüglich einzutragen. Die eG hat keine eigenen Ermittlungspflichten. Die (deklaratorische) Eintragung erfolgt in der Liste der Mitglieder unter einer **neuen Mitgliedsnummer**. War der Alleinerbe bereits Mitglied, sind die ererbten Geschäftsguthaben unter seiner **eigenen** Mitgliedsnummer einzutragen. Wird die Mitgliedschaft von mehreren Miterben zur gesamten Hand (Erbengemeinschaft) ererbt, erhalten diese Miterben stets eine gemeinsame neue Mitgliedsnummer.

34 Wurde versehentlich eine falsche Person als Erbe eingetragen, muß die Eintragung **berichtigt** werden.

## § 77 a

## Auflösung oder Erlöschen einer juristischen Person oder Handelsgesellschaft

**Wird eine juristische Person oder eine Handelsgesellschaft aufgelöst oder erlischt sie, so endet die Mitgliedschaft mit dem Abschluß des Geschäftsjahres, in dem die Auflösung oder das Erlöschen wirksam geworden ist. Im Falle der Gesamtrechtsnachfolge wird die Mitgliedschaft bis zum Schluß des Geschäftsjahres durch den Gesamtrechtsnachfolger fortgesetzt. Die Beendigung der Mitgliedschaft ist unverzüglich in die Mitgliederliste einzutragen; der Genosse oder der Gesamtrechtsnachfolger ist hiervon unverzüglich zu benachrichtigen.**

§ 77 a wurde durch **Novelle 1973** eingefügt. Die Vorschrift regelt die 1
Beendigung der Mitgliedschaft einer aufgelösten oder erloschenen juristischen Person oder Handelsgesellschaft bei einer eG (zur Umwandlung eines einzelkaufmännischen Betriebs in eine GmbH s. Rdn. 4). Auf die Auflösung einer GbR (zur Mitgliedschaft einer GbR s. § 15 Rdn. 8) findet § 77 a analoge Anwendung. Die Ausgestaltung des § 77 a muß auf rechtsdogmatische Bedenken stoßen: wenn die Mitgliedschaft erst mit dem Schluß des Geschäftsjahres endet, in dem das Erlöschen wirksam geworden ist, besteht insoweit noch ein Vermögenswert; ein Erlöschen kann deshalb eigentlich insoweit noch nicht erfolgen. Die Vorschrift kann im übrigen auch rechtlich und wirtschaftlich nicht überzeugen: Die in Auflösung befindliche juristische Person bleibt bis zur Beendigung der Liquidation rechtsfähig. In der Praxis hat sich auch ein Bedürfnis gezeigt, die Mitgliedschaft aufgelöster juristischer Personen oder Handelsgesellschaften in der eG fortzuführen, ggfs. neu zu begründen, z. B. um die Leistungen der eG in Anspruch nehmen zu können. Im übrigen regelt § 77 a zwar nur die Beendigung der Mitgliedschaft; die sinngerechte Auslegung führt jedoch zu dem Ergebnis, daß damit schlechthin die Mitgliedschaft einer solchen Gesellschaft, also auch der Neubeitritt, ausgeschlossen ist (vgl. § 15 Rdn. 8; widersprüchlich *Meyer/Meulenbergh/Beuthien*: wie hier in § 15 Rdn. 6 entgegen § 77 a Rdn. 1).

Die Mitgliedschaft **endet** mit dem Schluß des Geschäftsjahres, in dem 2
die Auflösung (z. B. der Beschluß über die Eröffnung des Konkursverfahrens oder die Fälle der §§ 262, 396 AktG, 60 GmbHG, 78 ff GenG, 131 ff, 161 Abs. 2 HGB) oder das Erlöschen (z. B. Eintragung der Verschmelzung) jeweils bei der übertragenden Gesellschaft wirksam geworden ist. Diese Regelung ist zwingend, die Satzung bzw. der Gesellschaftsvertrag kann hiervon nicht abweichen und z. B. vorsehen, daß die Mitgliedschaft trotz Auflösung unbefristet weiterbesteht (so aber im Wege einer „Korrektur" des § 77 a im Sinne des § 77 Abs. 2 *Müller*, § 77 a Rdn. 1, 2 und

*Meyer/Meulenbergh/Beuthien*, § 77 a Rdn. 1) oder bestimmen, daß die Mitgliedschaft erst mit dem Schluß des Geschäftsjahrs endet, in welchem die Löschung der juristischen Person bzw. der Handelsgesellschaft in das Handelsregister eingetragen wird (*Schubert/Steder*, § 77 a Rdn. 1 und für diesen Fall ebenso *Meyer/Meulenbergh/Beuthien*, § 77 a Rdn. 1).

**3** Die Mitgliedschaft endet mit Ablauf des Geschäftsjahrs, in dem die Auflösung oder das Erlöschen **eingetreten** ist, und zwar unabhängig davon, ob die (deklaratorisch wirkende) Eintragung in die Liste der Mitglieder zu diesem Zeitpunkt bereits erfolgt ist oder nicht und unabhängig von der Kenntnis der eG (wegen der bilanziellen Auswirkungen vgl. § 33 Rdn. 46); § 70 Abs. 2 gilt hier nicht (*Schubert/Steder*, § 77 a Rdn. 6). Bis zum Ende des Geschäftsjahrs werden die Rechte durch den Liquidator, soweit vorhanden, wahrgenommen. Bis zur Beendigung der Mitgliedschaft finden §§ 76, 68 Anwendung.

**4** Im Falle der **Gesamtrechtsnachfolge**, d. h. beim Erlöschen ohne vorherige Abwicklung z. B. bei Verschmelzungen sowie bei Neubildung von Gemeinden oder Aufnahme von Gemeinden durch eine andere im Wege der Gebietsreform, setzt der Gesamtrechtsnachfolger die als fortbestehend fingierte Mitgliedschaft bis zum Ende des Geschäftsjahres fort, in dem die Gesamtrechtsnachfolge eingetreten ist (*Müller*, § 77 a Rdn. 3) und übt die Rechte des Rechtsvorgängers aus. Auf die (übertragende) Umwandlung eines Einzelkaufmanns in eine GmbH findet § 77 a analog Anwendung, da § 77 a nur von juristischen Personen und Handelsgesellschaften spricht (OLG Stuttgart, BB 1989, 1148 = ZIP 1989, 774 = ZfG 1990, 211 m. krit. Anm. *Hadding*, der die Auffassung vertritt, die Mitgliedschaft verbleibe bei dem früheren Unternehmensinhaber = EWiR, § 242, BGB 3/89 m. Anm. *Heinrichs*).

**5** Ist der Gesamtrechtsnachfolger bereits Mitglied der eG, stellt sich hier im Unterschied zu § 77 die Frage der **Doppelmitgliedschaft** nicht, da § 77 a eine Fiktion des Fortbestandes der Mitgliedschaft der erloschenen bzw. aufgelösten Gesellschaft enthält. Er hat mithin alle Rechte und Pflichten, die auf der Mitgliedschaft des erloschenen Unternehmens begründet sind. Der Gesamtrechtsnachfolger kann auch das Geschäftsguthaben des erloschenen Mitglieds nach § 76 auf sich selbst übertragen (LG Konstanz, BlfG 1963, 130, vgl. auch die Erläuterungen zu § 76).

# Sechster Abschnitt

## Auflösung und Nichtigkeit der Genossenschaft

## Vor § 78
## Vorbemerkungen

Das GenG sieht folgende **Auflösungsgründe** vor: 1
- Beschluß der GV (§ 78)
- Ablauf der statutarisch bestimmten Zeit (§ 79)
- Herabsinken des Mitgliederbestandes unter die gesetzliche Mindestzahl (§ 80)
- Gefährdung des Gemeinwohls oder Verfolgung anderer als der in § 1 bezeichneten geschäftlichen Zwecke (§ 81)
- Konkurs (§ 101)
- Nichtanschluß an einen Prüfungsverband (§ 54 Abs. 2, § 54 a Abs. 2 und Art. III Abs. 3 des Gesetzes v. 30. 10. 1934)

Außerhalb des GenG sieht das Gesetz über die Auflösung und Lö- 2
schung von Gesellschaften und eG's v. 9. 10. 1934, geändert durch Gesetz v. 19. 12. 1985 (BGBl. I, 2355) und Gesetz v. 18. 10. 1994 (BGBl. I, 2911, 2953) s. Anhang die **Vermögenslosigkeit** einer eG als Auflösungsgrund vor.

Der Beschluß, ein Unternehmen aufzulösen, bedarf, soweit die Satzung 3
die Auflösung nicht an weitere Erfordernisse bindet, nur der nach dem Gesetz vorgeschriebenen Beschlußmehrheit. An weitergehende Voraussetzungen ist seine Wirksamkeit nicht gebunden. Insbesond. bedarf er keiner sachlichen Rechtfertigung, da er seine Rechtfertigung in sich trägt (BGHZ 76, 352). Ob und unter welchen Voraussetzungen das Recht, mit den erforderlichen Mehrheiten ein Unternehmen aufzulösen, rechtsmißbräuchlich sein kann, bedarf der Prüfung im Einzelfall. Dies kann aber nicht dazu führen, Liquidationsbeschlüsse einer allgemeinen Inhaltskontrolle zu unterziehen (BGH, AG 1988, 135).

**§ 2 und 3 dieses Gesetzes** lauten wie folgt: 4

§ 2

„(1) Eine Aktiengesellschaft, Kommanditgesellschaft auf Aktien oder eine Gesellschaft mit beschränkter Haftung, die kein Vermögen besitzt, kann auf Antrag der amtlichen Berufsvertretung des Handelsstandes oder der Steuerbehörde oder von Amts wegen gelöscht werden. Mit der Löschung gilt die Gesellschaft als aufgelöst. Eine Liquidation findet nicht statt. Vor der Löschung ist die amtliche Berufsvertretung zu hören.

(2) Das Gericht hat die Absicht der Löschung den gesetzlichen Vertretern der Gesellschaft, soweit solche vorhanden sind und ihre Person und ihr inländischer Aufenthalt bekannt ist, nach den für die Zustellung von Amts

wegen geltenden Vorschriften der Zivilprozeßordnung bekanntzumachen und ihnen zugleich eine angemessene Frist zur Geltendmachung des Widerspruchs zu bestimmen. Das Gericht kann anordnen, auch wenn eine Pflicht zur Bekanntmachung und Fristbestimmung nach Satz 1 nicht besteht, daß die Bekanntmachung und die Bestimmung der Frist durch Einrückung in die Blätter, die für die Bekanntmachung der Eintragungen in das Handelsregister bestimmt sind, sowie die Einrückung in weitere Blätter erfolgt; in diesem Falle ist jeder zur Erhebung des Widerspruchs berechtigt, der an der Unterlassung der Löschung ein berechtigtes Interesse hat. Die Vorschriften des § 141 Absätze 3, 4 des Reichsgesetzes über die Angelegenheiten der freiwilligen Gerichtsbarkeit gelten entsprechend.

(3) Stellt sich nach der Löschung das Vorhandensein von Vermögen heraus, das der Verteilung unterliegt, so findet die Liquidation statt; die Liquidatoren sind auf Antrag eines Beteiligten durch das Gericht zu ernennen.

§ 3

Die Vorschriften des § 2 finden auf eingetragene Genossenschaften mit der Maßgabe entsprechende Anwendung, daß bei Genossenschaften, die einem Revisionsverband angeschlossen sind, im Falle des § 2 Abs. 1 dieser Revisionsverband an die Stelle der amtlichen Berufsvertretung tritt."

5 **Sinn** des Gesetzes ist es, die Wirtschaft von vermögenslos gewordenen Scheinbetrieben zu entlasten. Eine wirtschaftlich existenzberechtigte eG darf daher nicht gelöscht werden, auch wenn nur geringes Vermögen vorhanden ist. Keine Löschung, wenn z. B. noch Beteiligung oder Geschäftsguthaben der Mitglieder vorhanden ist. Über den Begriff der Vermögenslosigkeit einer eG vgl. OLG Frankfurt, DB 1978, 628 und DB 1983, 1088. Es sind die tatsächlichen Umstände, aus denen auf die Vermögenslosigkeit geschlossen werden kann, besonders genau und gewissenhaft zu prüfen und festzustellen. Vermögenslosigkeit ist gegeben, wenn ein ordentlicher Kaufmann keine Werte mehr als Aktiven in seine Bilanz einstellen würde (BayObLG, DB 1982, 2128; OLG Frankfurt, DB 1983, 1088). Vermögenslosigkeit bedeutet nicht Überschuldung. Sind trotz Überschuldung verteilungsfähige Aktiven vorhanden, die im Falle einer Zerschlagung des Unternehmens noch zur Gläubigerbefriedigung verwertbar wären, so liegt keine Vermögenslosigkeit vor. Solche Werte können schon in einem verschwindend geringen Vermögen liegen (OLG Frankfurt, DB 1983, 1088).

6 Da nach Löschung von Amts wegen eine Liquidation nicht stattfindet (§ 2 Abs. 1 Satz 2 des in Rdn. 4 abgedruckten Löschungsgesetzes), ist die Vertretungsbefugnis eines früheren Geschäftsführers, auch wenn er Liquidator gewesen war, beendet. Die eG kann nur durch einen neuen vom Gericht ernannten Liquidator rechtserhebliche Erklärungen abgeben (§ 2 Abs. 3 LöschG; h. M. vgl. BGH, DB 1985, 1579 = BB 1985, 1148 = GmbH-Rundschau 1985, 325 = NJW 1985, 2479 = WM 1985, 870). Für den

Fall, daß eine Liquidation stattgefunden hat, anschließend Löschung erfolgte und nunmehr das Liquidationsverfahren erneut aufgenommen werden muß, vgl. § 93 Rdn. 3.

Das BAK ist nach § 35 Abs. 2 KWG befugt, die für die dem KWG unterliegenden Genossenschaften (vgl. § 1 Rdn. 62 ff) erforderliche Erlaubnis (§ 32 KWG) zum Betrieb von Bankgeschäften zurückzunehmen. Wird die Erlaubnis zurückgenommen, kann das BAK nach § 38 Abs. 1 KWG bei juristischen Personen – also auch bei der eG – und Personenhandelsgesellschaften bestimmen, daß abzuwickeln ist. Diese Abwicklung wirkt wie ein Auflösungsbeschluß; das Registergericht muß auf Mitteilung des BAK die Auflösung in das Genossenschaftsregister eintragen. Das BAK kann für die Abwicklung allgemeine Weisungen erteilen und die gerichtliche Bestellung eines Abwicklers veranlassen. **7**

Die **Verschmelzung** zweier eG's (§§ 79 ff UmwG) ist keine Auflösung. **8**

Sitzverlegung ins **Ausland** durch Beschluß der GV kann die Auflösung zur Folge haben (vgl. hierzu § 6 Rdn. 17). **9**

## § 78
## Auflösung durch Beschluß der Generalversammlung

**(1) Die Genossenschaft kann durch Beschluß der Generalversammlung jederzeit aufgelöst werden; der Beschluß bedarf einer Mehrheit, die mindestens drei Viertel der abgegebenen Stimmen umfaßt. Das Statut kann außer dieser Mehrheit noch andere Erfordernisse aufstellen.**

**(2) Die Auflösung ist durch den Vorstand ohne Verzug zur Eintragung in das Genossenschaftsregister anzumelden.**

Nur die **GV** – bei bestehender VV diese – kann die Auflösung beschließen. Die früher hier vertretene Ansicht, eine auf bestimmte Zeit gegründete eG (§ 8 Ziff. 1) müßte, um sich vorzeitig auflösen zu können, erst eine entsprechende Satzungsänderung vornehmen, wird aufgegeben. Die Beschränkung einer eG auf eine bestimmte Zeitdauer ist nicht dahin zu verstehen, daß durch die Satzung umgekehrt auch das Bestehen während der vorgesehenen Zeit festgelegt sein soll; es gilt also für eine solche eG außer § 79 auch § 78 (ebenso *Schubert/Steder*, § 78 Rdn. 4; *Müller*, § 78 Rz. 7); die Erfordernisse des § 78 müssen mithin erfüllt sein. **1**

Der **Auflösungsbeschluß** kann nur mit einer Mehrheit von mindestens drei Viertel der abgegebenen Stimmen gefaßt werden. Wegen des Begriffs „abgegebene Stimmen" vgl. Erl. zu § 43. „Noch andere Erfordernisse" sind strengere, nicht mildere Erfordernisse; es kann z. B. in der Satzung die Anwesenheit einer bestimmten Mindestzahl von Mitgliedern gefordert werden; sind weniger Mitglieder erschienen, so ist der trotzdem gefaßte **2**

Beschluß nichtig (KG JFG 4, 249). Die Auflösung ist keine Satzungsänderung, die Änderung der Satzungsbestimmung über die Auflösung ist keine Auflösung (KG JFG 4, 251); wenn also die Satzung strengere Bestimmungen über die Auflösungserfordernisse und mildere über die Satzungsänderungserfordernisse enthält, so gelten letztere auch für die Änderung der Bestimmungen der Satzung über die Auflösungserfordernisse (OLG München, JFG 15, 366; OLG Schleswig ZfG 1968, 226; LG Stuttgart ZfG 1972, 299; *Meyer/Meulenbergh/Beuthien*, § 78 Rdn. 7; a. A. *Schnorr von Carolsfeld*, ZfG 1968, 227).

3 Die Auflösung tritt schon mit dem Beschluß bzw. mit dem **Zeitpunkt**, den der Beschluß festsetzt, ein und ist von der Eintragung nicht abhängig (RGZ 117, 119; 125, 196; KG JFG 4, 251; OLG Hamburg, NJW 1957, 225 = GWW 1957, 92). Die Auflösung kann auch von einem sonstigen zukünftigen gewissen Ereignis (Befristung), nicht jedoch von einem ungewissen Ereignis (Bedingung) abhängig gemacht werden; der Eintritt der Bedingung und damit die Auflösung könnte von Dritten beeinflußt werden (Beispiel: Auflösung, wenn die eG einen bestimmten Verlust erwirtschaftet); *Müller*, (§ 78 Rdn. 8) läßt unzutreffenderweise auch ein ungewisses Ereignis gelten. Anmeldung und Eintragung vgl. § 157; sie kann durch Festsetzung von Zwangsgeld erzwungen werden (§ 160). Hat die eG Zweigniederlassungen, ist § 14 a zu beachten. Mit der Auflösung sind zugleich Liquidatoren anzumelden (§ 84), und zwar durch den gesamten Vorstand (§ 20 GenRegVO). Öffentliche Bekanntmachung der Auflösung erfolgt gem. § 82 Abs. 2. Der Auflösungsbeschluß kann für den Beginn der Liquidation jedoch keinen Zeitpunkt festsetzen, der vor dem Tag der Beschlußfassung liegt. Dies würde dem Wesen der Liquidation widersprechen und zu praktisch unlösbaren Schwierigkeiten hinsichtlich der Folgen der Liquidation führen (z. B. Neuaufnahme von Mitgliedern). Für eine evtl. Anfechtbarkeit oder Nichtigkeit des Auflösungsbeschlusses siehe § 51 und die dortigen Erl.

4 Durch die Auflösung verliert die eG nicht ihre **Rechtspersönlichkeit**; diese dauert vielmehr bis zur Beendigung der Liquidation fort (§ 87), im Konkurs ohne anschließende Liquidation bis zum Ende des Konkurses. Über die Fortsetzung einer durch Beschluß der GV aufgelösten eG siehe § 79 a.

## § 78 a

(Aufgehoben durch Novelle 1973)

## § 78 b

(Aufgehoben durch Novelle 1973)

## § 79

## Auflösung durch Zeitablauf

**(1) In dem Falle, daß durch das Statut die Zeitdauer der Genossenschaft beschränkt ist, tritt die Auflösung derselben durch Ablauf der bestimmten Zeit ein.**

**(2) Die Vorschrift in § 78 Absatz 2 findet Anwendung.**

Nach § 8 Abs. 1 Nr. 1 kann die eG auf eine **bestimmte Zeit** beschränkt **1**
werden. Die Auflösung der eG tritt dann durch Ablauf der bestimmten Zeit ein. Ein Auflösungsbeschluß ist nicht erforderlich. Über die Auflösung der eG vor Ablauf der in der Satzung bestimmten Zeit bzw. über deren Verkürzung vgl. § 78 Rdn. 1. Die unbefristete wie befristete Fortsetzung der eG über die vorgesehene Zeit hinaus müßte vor dem Ablauf der Zeit beschlossen und eingetragen sein (§ 16 Abs. 1 u. 6). Die Fortsetzung einer durch Zeitablauf bereits aufgelösten eG ist nur nach § 79 a möglich.

Die Auflösung ist durch den Vorstand ohne Verzug zur Eintragung in **2**
das Genossenschaftsregister **anzumelden** (§§ 78 Abs. 2, 157; vgl. auch § 78 Rdn. 3).

## § 79 a

## Fortsetzung einer aufgelösten Genossenschaft

**(1) Ist eine Genossenschaft durch Beschluß der Generalversammlung oder durch Zeitablauf aufgelöst worden, so kann die Generalversammlung, solange noch nicht mit der Verteilung des nach Berichtigung der Schulden verbleibenden Vermögens der Genossenschaft unter die Genossen begonnen ist, die Fortsetzung der Genossenschaft beschließen; der Beschluß bedarf einer Mehrheit, die mindestens drei Viertel der abgegebenen Stimmen umfaßt. Das Statut kann außer dieser Mehrheit noch andere Erfordernisse aufstellen. Die Fortsetzung kann nicht beschlossen werden, wenn die Genossen nach § 87 a Abs. 2 zu Zahlungen herangezogen worden sind.**

**(2) Vor der Beschlußfassung ist der Revisionsverband, dem die Genossenschaft angeschlossen ist, darüber zu hören, ob die Fortsetzung der Genossenschaft mit den Interessen der Genossen vereinbar ist.**

**(3) Das Gutachten des Revisionsverbandes ist in jeder über die Fortsetzung der Genossenschaft beratenden Generalversammlung zu verlesen. Dem Revisionsverband ist Gelegenheit zu geben, das Gutachten in der Generalversammlung zu vertreten.**

**(4) Ist die Fortsetzung der Genossenschaft nach dem Gutachten des Revisionsverbandes mit den Interessen der Genossen nicht vereinbar, so bedarf der Beschluß unbeschadet weiterer Erschwerungen durch das**

**Statut einer Mehrheit von drei Vierteln der Genossen in zwei mit einem Abstand von mindestens einem Monat aufeinanderfolgenden Generalversammlungen.**

**(5) Die Fortsetzung der Genossenschaft ist durch den Vorstand ohne Verzug zur Eintragung in das Genossenschaftsregister anzumelden. Der Vorstand hat bei der Anmeldung die Versicherung abzugeben, daß der Beschluß der Generalversammlung zu einer Zeit gefaßt ist, als noch nicht mit der Verteilung des nach der Berichtigung der Schulden verbleibenden Vermögens der Genossenschaft unter die Genossen begonnen war.**

1 § 79 a wurde durch Gesetz vom 20. 7. 1922 (RGBl. I. 520) eingefügt und durch Novelle 1973 geändert. § 79 a läßt unter bestimmten Voraussetzungen die Fortsetzung einer durch Beschluß der GV (§ 78) oder durch Zeitablauf (§ 79) bereits aufgelösten eG zu.

2 Die Fortsetzung kann **nicht beschlossen** werden, wenn die Mitglieder nach § 87 a Abs. 2 zu Zahlungen herangezogen worden sind (vgl. die dortigen Erläuterungen). Zwischen Beschlußfassung und erster Zahlung kann die Fortsetzung jedoch noch beschlossen werden. Vgl. im übrigen § 65 Abs. 3 und § 75 Satz 2.

3 Soweit die Fortsetzung der eG nicht nach § 79 a Abs. 1 Satz 3 ausgeschlossen ist, kann der Fortsetzungsbeschluß gefaßt werden, solange noch nicht mit der Verteilung des nach Berichtigung der Schulden verbleibenden Vermögens der eG unter die Mitglieder begonnen ist. Ein nach diesem **Zeitpunkt** gefaßter Fortsetzungsbeschluß würde nichtig sein. Mit der Vermögensverteilung ist begonnen, wenn bereits ein nur geringfügiger Vermögenswert an ein Mitglied nach § 90 geleistet ist (*Müller*, § 79 a Rdn. 3). Rückgewähr dieser Leistung bedeutet Rückgängigmachung der Verteilung mit der Folge, daß die Fortsetzung noch beschlossen werden kann (*Schubert/Steder*, § 79 a Rdn. 8; a. A. *Meyer/Meulenbergh/Beuthien*, § 79 a Rdn. 4; *Müller*, § 79 a Rdn. 3).

4 **Fortsetzungsbeschluß** ist jedoch möglich bei Vermögenslosigkeit der eG, Konkursreife, Einstellung des Geschäftsbetriebs oder wenn die genossenschaftliche Unternehmung unter Einschluß der Firma veräußert worden ist (*Müller*, § 79 a Rdn. 3).

5 Wegen des Begriffs **abgegebene Stimmen** vgl. § 43. Wenn die Satzung nach § 79 a Abs. 1 Satz 2 – außer den in § 79 a Abs. 1 S. 1 Halbsatz 2 vorgeschriebenen Mehrheitsverhältnissen – „noch andere Erfordernisse" aufstellen kann, so bedeutet dies, daß in der Satzung noch strengere, nicht jedoch mildere Erfordernisse enthalten sein können.

6 Der **Prüfungsverband** hat sich zu den wirtschaftlichen Folgen der geplanten Fortsetzung gutachtlich zu äußern (§ 79 a Abs. 2, § 11 Abs. 2

Ziff. 4 bez. der Gründung). Den wirtschaftlichen Interessen kann die Fortsetzung selbst dann entsprechen, wenn die eG nicht rentabel arbeiten wird (*Müller*, § 79 Rdn. 5; a. A. *Schubert/Steder*, § 79 a Rdn. 5). Das Gutachten ist vollinhaltlich, also nicht nur auszugsweise zu verlesen. Die GV ist jedoch nicht durch das Gutachten gebunden (vgl. Abs. 4).

Es erscheint notwendig, im Anschluß an den Fortsetzungsbeschluß eine **Neuwahl** des Vorstands durchzuführen; denn der Vorstand ist durch die Auflösung beseitigt, auch wenn die Liquidation durch die früheren Vorstandsmitglieder erfolgt (ebenso *Meyer/Meulenbergh/Beuthien*, § 79 a Rdn. 11 unter Hinweis darauf, daß dies sich zwingend bereits daraus ergibt, daß Nichtmitglieder zu Liquidatoren bestellt sind; *Schubert/Steder*, § 79 a Rdn. 11; abweichend *Müller*, § 79 a Rdn. 11 mit beachtlichen Gründen im Hinblick auf die Kontinuität). Mit der Fortsetzung ist eine Eröffnungsbilanz und ein Eröffnungsinventar aufzustellen. **7**

Die Fortsetzung wird, auch wenn die Auflösung durch Zeitablauf erfolgt ist, schon mit dem **Beschluß wirksam** und ist von der Eintragung unabhängig, da die letztere nur deklaratorische Bedeutung hat (BlfG 1935, 424). Die Anmeldung der Fortsetzung der eG – durch alle neu bestellten Vorstandsmitglieder in öffentlich beglaubigter Form – erfolgt zum Genossenschaftsregister der Hauptniederlassung (vgl. § 14 a). **8**

Wenn der Vorstand in der Versicherung nach § 79 a Abs. 5 Satz 2 falsche Angaben macht oder erhebliche Umstände verschweigt, so macht er sich nach § 147 Abs. 1 Nr. 4 **strafbar** (vgl. Erl. zu § 147). Das Registergericht prüft von Amts wegen, ob der Fortsetzungsbeschluß wirksam gefaßt ist; es darf ggfs. eigene Ermittlungen anstellen, insbesondere die Vorlage des GV-Protokolls, nicht jedoch das Gutachten des Prüfungsverbands verlangen (*Meyer/Meulenbergh/Beuthien*, § 79 a Rdn. 12). **9**

Fortsetzungsbeschluß nach Beginn der Vermögensaufteilung ist **nichtig**; Fortsetzungsbeschluß trotz Zahlung nach § 87 a Abs. 2 ist **anfechtbar**. **10**

## § 80

## Auflösung bei Fehlen der Mindestzahl

**(1) Beträgt die Zahl der Genossen weniger als sieben, so hat das Gericht (§ 10) auf Antrag des Vorstands und, wenn der Antrag nicht binnen sechs Monaten erfolgt, von Amts wegen nach Anhörung des Vorstands die Auflösung der Genossenschaft auszusprechen.**

**(2) Der Beschluß ist der Genossenschaft zuzustellen. Gegen denselben steht ihr die sofortige Beschwerde nach Maßgabe der Zivilprozeßordnung zu. Die Auflösung tritt mit der Rechtskraft des Beschlusses in Wirksamkeit.**

1 Die Auflösung soll nicht durch die bloße Tatsache der Verminderung der Mitgliederzahl unter die gesetzliche Mindestzahl von 7 (§ 4) von selbst eintreten, es muß ein **Gerichtsbeschluß** hinzukommen. Auflösung erfolgt erst durch den rechtskräftigen Beschluß (Abs. 2 Satz 3); Beschwerde hat mithin aufschiebende Wirkung.

2 Die **Beschwerde** des § 567 ZPO ist binnen einer Notfrist von zwei Wochen seit Zustellung des Beschlusses einzulegen (§ 577 ZPO). Erhöht sich bis zur Entscheidung über die Beschwerde die Zahl der Mitglieder auf 7, so ist der Beschluß aufzuheben. Hilft das Gericht nicht ab, kann eine weitere sofortige Beschwerde eingelegt werden (§ 568 ZPO).

3 Zwar ist der **Vorstand** zur Antragstellung verpflichtet, die Stellung des Antrags ist jedoch nicht durch Festsetzung von Zwangsgeld erzwingbar, da § 80 in § 160 nicht aufgeführt ist. Der Vorstand macht sich jedoch u. U. schadensersatzpflichtig (§ 34). Keine Antragspflicht, wenn davon auszugehen ist, daß in absehbarer Zeit die Mindestzahl wieder erreicht wird. Der Antrag ist von so vielen Mitgliedern zu stellen, wie satzungsmäßig zur gesetzlichen Vertretung erforderlich sind (vgl. Erl. zu § 25).

4 Unter den Voraussetzungen des Abs. 1 (kein Antrag, weniger als 7 Mitglieder seit sechs Monaten) kann vom **Registerrichter** (nicht Rechtspfleger) von Amts wegen die Auflösung beschlossen werden. Der Vorstand ist vorher zu hören. Notfalls ist der Vorstand nach § 29 BGB gerichtlich zu bestellen, ggfs. auch ohne daß dieses von einem Beteiligten beantragt war (*Meyer/Meulenbergh/Beuthien*, § 80 Rdn. 2). Der Beschluß hat zu unterbleiben, wenn davon auszugehen ist, daß in absehbarer Zeit die Mindestzahl wieder erreicht wird.

## § 81

## Auflösung wegen gesetzwidriger Handlungen

**(1) Wenn eine Genossenschaft sich gesetzwidriger Handlungen oder Unterlassungen schuldig macht, durch welche das Gemeinwohl gefährdet wird, oder wenn sie andere als die in diesem Gesetz (§ 1) bezeichneten geschäftlichen Zwecke verfolgt, so kann sie aufgelöst werden, ohne daß deshalb ein Anspruch auf Entschädigung stattfindet.**

**(2) Das Verfahren und die Zuständigkeit der Behörden richtet sich nach den für streitige Verwaltungssachen geltenden Vorschriften.**

**(3) Von der Auflösung hat die in erster Instanz entscheidende Behörde dem Gericht (§ 10) Mitteilung zu machen.**

1 Bei Vorliegen der in § 81 Abs. 1 bezeichneten Voraussetzungen **kann** die eG aufgelöst werden; § 81 Abs. 1 schreibt nicht vor, daß die eG aufgelöst werden **muß**.

Der Vorwurf **gesetzwidriger Handlungen** muß der eG selbst zu machen sein. Der Vorwurf muß die Gesamtverantwortung der Mitglieder treffen. Handlungen oder Unterlassungen des Vorstands oder des Aufsichtsrats genügen nicht, jedoch ist deren Duldung durch die GV ausreichend (wie hier *Schubert/Steder*, § 81 Rdn. 2). In jedem Fall genügen Beschlüsse der GV, die sich auf gesetzwidrige Handlungen beziehen. **2**

Selbstverständlich ist **Gemeinwohl** nicht gleichbedeutend mit dem Interesse eines bestimmten Berufsstands. Gefährdung des Kundenkreises genügt, wenn deren Interessen dem Gemeinwohl zuzuordnen sind (z. B. Belieferung mit gesundheitsschädlichen Nahrungsmitteln, *Müller*, § 81 Rdn. 3). Stets muß der Verstoß eine solche Schwere haben, daß er nur durch die Auflösung behoben werden kann (*Müller*, § 81 Rdn. 3). Die Gefährdung muß auch noch zur Zeit des Auflösungsbeschlusses vorliegen. Die Übertretung gewerbepolizeilicher Bestimmungen ist nach der Gewerbeordnung zu bestrafen; die Folge von § 81 kann die Übertretung nicht haben. **3**

Die eG kann auch dann aufgelöst werden, wenn sie andere als die in § 1 bezeichneten geschäftlichen **Zwecke** verfolgt. Gemeint ist die Verfolgung von Zwecken, die nicht der Förderung des Erwerbs oder der Wirtschaft der Mitglieder dient. Verfolgt die eG einen anderen als den in der Satzung vorgesehenen Unternehmensgegenstand, beachtet jedoch insoweit den Förderauftrag, so ist dies kein Auflösungsgrund nach § 81 (vgl. auch Erl. zu §§ 94, 95). Erfolgt die Förderung nicht mittels gemeinschaftlichen Geschäftsbetriebs oder nur im Wege der Dividendenverteilung (vgl. hierzu Erl. zu § 1), so ist dies ebenfalls kein Auflösungsgrund nach § 81. Grundsätzlich ist nach § 1 der Geschäftsbetrieb mit Nichtmitgliedern auf die rechtliche Natur der eG ohne Einfluß. Auch Vorschußvereine und Konsumvereine verfolgen die in § 1 bezeichneten geschäftlichen Zwecke, wenn sie ihren Geschäftsbetrieb auf Nichtmitglieder ausdehnen; dies kann nur die im Gesetz hierfür vorgesehenen Folgen haben, nicht aber zur Auflösung nach § 81 führen. Inwieweit ein bestimmter Geschäftsbetrieb nach Sondergesetzen in der Form der eG nicht ausgeübt werden darf, vgl. Erl. zu § 1. **4**

Die Anordnung des Bundesaufsichtsamts für das Kreditwesen nach § 38 KWG, die Kreditgenossenschaft **abzuwickeln**, steht einem Auflösungsbeschluß gleich. **5**

Abs. 2 sagt nichts darüber aus, wie die Auflösung durchgeführt wird. Die Auflösung ist ein Verwaltungsverfahren (BayObLGZ 1978, 89; BayObLGZ 1984, 283 = DB 1985, 749 = BB 1985, 426 = Rpfleger 1985, 117 = ZfG 1987, 102 mit Anm. *Hadding*). Die Zuständigkeit der Verwaltungsbehörde ergibt sich aus der VwGO i. V. m. § 81 Abs. 2 S. 1 GenG (*Meyer/Meulenbergh/Beuthien*, § 81 Rdn. 4; *Schubert/Steder*, § 81 Rdn. 6; a. A. *Müller*, § 81 Rdn. 6, der in analoger Anwendung des § 64 der zuständigen **6** obersten Aufsichtsbehörde das Recht zuspricht, Auflösungsklage vor dem örtlich zuständigen Verwaltungsgericht zu erheben). Gegen den Auflösungsbeschluß ist die Anfechtungsklage zulässig (§ 42 Abs. 1 VwGO).

7 Zwar entsteht kein Entschädigungsanspruch wegen der Auflösung; die Mitglieder haben jedoch einen **Anspruch** auf Vermögensverteilung nach Maßgabe des § 90.

## § 82

## Eintragung und Bekanntmachung der Auflösung

**(1) Die Auflösung der Genossenschaft ist von dem Gericht ohne Verzug in das Genossenschaftsregister einzutragen.**

**(2) Sie muß von den Liquidatoren durch die für die Bekanntmachungen der Genossenschaft bestimmten Blätter bekanntgemacht werden. Durch die Bekanntmachung sind zugleich die Gläubiger aufzufordern, sich bei der Genossenschaft zu melden.**

1 Die **Eintragung** hat nur deklaratorischen Charakter. Allerdings gilt § 29; Eintragung und Bekanntmachung sollten deshalb unverzüglich erfolgen.

2 Die **gerichtliche** Bekanntmachung der Auflösung erfolgt in den für die Bekanntmachung von dem Genossenschaftsregister bestimmten Blättern (§ 156). Zu dem Register des Gerichts der Zweigniederlassung erfolgt die Mitteilung durch das Gericht der Hauptniederlassung (§ 14 a).

3 Die **genossenschaftliche** Bekanntmachung nach § 82 Abs. 2 hat durch die Liquidatoren und nicht durch das Gericht zu erfolgen; sie ist wirkungslos, wenn sie in den für die gerichtlichen Bekanntmachungen von dem Genossenschaftsregister bestimmten Blättern erfolgt, sofern dieselben nicht mit den für die Bekanntmachungen der eG in der Satzung bestimmten Blätter (vgl. § 6 Ziff. 5) identisch sind. Eine Frist, innerhalb derer die Bekanntmachung zu erfolgen hätte, ist nicht vorgeschrieben; ihre alsbaldige Vornahme empfiehlt sich aber deshalb, weil erst durch die Bekanntmachung das Sperrjahr (§ 90 Abs. 1) in Lauf gesetzt wird.

4 Auch **kleinere** eG i. S. v. §§ 336 Abs. 2, 267 Abs. 1 HGB unterliegen der Veröffentlichungspflicht, da § 7 der Verordnung über die Einschränkung öffentlicher Bekanntmachungen vom 14. 2. 1924 (RGBl. I, 120), welcher auch diese Bekanntmachungspflicht einschränkte, durch VO vom 28. 3. 1927 (RGBl. I, 89) wieder aufgehoben ist.

Nach § 82 Abs. 2 Satz 2 sind durch die Bekanntmachung zugleich die Gläubiger aufzufordern, sich bei der eG zu melden. Eine Ausschlußfrist für die **Meldung** der Gläubiger ist nicht zulässig. Eine besondere Aufforderung der bekannten Gläubiger braucht nicht zu erfolgen. Aufforderung kann nicht erzwungen werden, u. U. jedoch Haftung der Liquidatoren wegen unterlassener Aufforderung (§ 87 in Verb. mit § 34).

## § 83

## Bestellung und Abberufung der Liquidatoren

**(1) Die Liquidation erfolgt durch den Vorstand, wenn nicht dieselbe durch das Statut oder durch Beschluß der Generalversammlung anderen Personen übertragen wird.**

**(2) Auch eine juristische Person kann Liquidator sein.**

**(3) Auf Antrag des Aufsichtsrats oder mindestens des zehnten Teils der Genossen kann die Ernennung von Liquidatoren durch das Gericht (§ 10) erfolgen.**

**(4) Die Abberufung der Liquidatoren kann durch das Gericht unter denselben Voraussetzungen wie die Bestellung erfolgen. Liquidatoren, welche nicht vom Gericht ernannt sind, können auch durch die Generalversammlung vor Ablauf des Zeitraumes, für welchen sie bestellt sind, abberufen werden.**

§ 83 Abs. 2 wurde durch **Novelle 1973** neu gefaßt. In dem früheren § 83 **1**
Abs. 2 war festgelegt, daß mindestens zwei Liquidatoren bestellt werden mußten. Auf dieses Erfordernis wurde, ebenso wie bei Unternehmen anderer Rechtsform verzichtet. Es wurde klargestellt, daß auch eine juristische Person (z. B. eine Treuhand-Gesellschaft) Liquidator sein kann. Die Liquidatoren müssen nicht Mitglieder der eG sein, da der 1. Abschnitt des Gesetzes und damit § 9 nicht gilt (§ 87 Abs. 1).

Erfolgt die Liquidation durch den **Vorstand**, so ändern sich dessen **2**
Funktionen nach Maßgabe von § 88. Eine Annahme des Amtes als Liquidator ist nicht erforderlich; die Vorstandsmitglieder werden automatisch zu Liquidatoren. Stellvertretende Vorstandsmitglieder werden automatisch zu stellvertretenden Liquidatoren. Das Anstellungsverhältnis dauert fort, jedoch erlischt, da Gewinnausschüttungen nicht mehr erfolgen, der Anspruch auf Tantieme (*Müller*, § 83 Rdn. 4; a. A. *Meyer/Meulenbergh/Beuthien*, § 83 Rdn. 3). Grundsätzlich ist das Vorstandsmitglied für die Dauer des Anstellungsvertrags auch zur Tätigkeit als Liquidator verpflichtet (vgl. hierzu RGZ 24, 71). Die Vorstandsmitglieder haben generell weiterhin die Rechte und Pflichten als Liquidator, soweit nicht die Besonderheit des Liquidationsverfahrens dem entgegensteht.

Überträgt die **Satzung** die Liquidation anderen Personen, so muß es **3**
diese bestimmten Personen als Liquidatoren bezeichnen. Eine Satzungsvorschrift, nach der die Personen berufen sein sollen, die bestimmte Voraussetzungen erfüllen, ist unwirksam. Ebensowenig kann die Ernennung Dritten oder einem anderen Organ der eG als der GV übertragen werden (vgl. RGZ 65, 92; OLG Rspr. 8, 235; KGJ 45, 330; 49, 125 für GmbH). Diese Personen müssen das Amt des Liquidators annehmen; dies kann auch konkludent geschehen. Mit Annahme des Amtes ist automatisch ein Geschäftsbesorgungsvertrag geschlossen, im Rahmen dessen nach § 612 BGB die

übliche Vergütung den Liquidatoren geschuldet wird, soweit nichts anderes ausdrücklich bestimmt ist. Sind in der Satzung diese Personen genau bestimmt, ist nicht noch zusätzlich die Bestellung durch die GV erforderlich (vgl. auch Rdn. 8; wie hier *Müller*, § 83 Rdn. 5; *Wiedemann*, Großkomm. zum AktG, § 265 Anm. 3; a. A. *Schubert/Steder*, § 83 Rdn. 4).

**4** Auch die **GV** kann durch Beschluß Liquidatoren bestellen. Die GV kann dies auch dann mit einfacher Mehrheit beschließen, wenn in der Satzung die Übertragung an bestimmte Personen vorgesehen ist (KGJ 45, 181 für GmbH; *Müller*, § 83 Rdn. 7; *Schubert/Steder*, § 83 Rdn. 5). Die Satzung kann dieses originäre Recht der GV nicht ausschließen.

**5** Die von der GV gewählten Personen werden erst mit Annahme der Wahl Liquidatoren. Erfolgt diese nicht in der GV, sollte die GV, um Mißverständnissen vorzubeugen, auch beschließen, ob der Vorstand als Liquidator sofort ausscheidet oder erst, wenn die Liquidatoren ihr Amt angenommen haben. Liegt kein Beschluß vor, ist streitig, ob die Vorstandsmitglieder im Amt bleiben, bis die GV beschlossen hat. Der Grundsatz der Kontinuität spricht dafür (vgl. zum ähnlich gelagerten Problem im Konkurs § 104 Rdn. 2; a. A. jedoch OLG Bremen, BB 1978, 275 zur KG).

**6** Es kann auch eine **gemischte** Zusammensetzung der Liquidatoren erfolgen, z. B. kann die Satzung vorsehen, daß bestimmte Liquidatoren neben den Vorstand als Liquidator treten. Auch kann die GV beschließen, daß zu dem Vorstand, wenn dieser geborener Liquidator ist, oder zu den durch die Satzung bestimmten Liquidatoren weitere Personen hinzutreten.

**7** Die **registergerichtliche Ernennung** von Liquidatoren darf nur bei Vorliegen eines wichtigen Grundes, der von den Antragstellern (§ 83 Abs. 3) glaubhaft zu machen ist, erfolgen (JFG 8, 192); Die Auswahl der Liquidatoren obliegt dem Registergericht (JFG 2, 163), das nicht an die Vorschläge der Antragsteller gebunden ist; die Ernennung erfolgt nicht durch das Prozeßgericht. Bei Kreditgenossenschaften kann u. U. das Bundesaufsichtsamt für das Kreditwesen die Bestellung von Liquidatoren nach § 38 Abs. 1 Satz 5 KWG vornehmen und zwar unabhängig davon, ob das Bundesaufsichtsamt die Abwicklungsanordnung erlassen hat oder ob das Kreditinstitut selbst seine Auflösung beschlossen hat, um der Abwicklungsanordnung zuvorzukommen (BayObLG, WM 1978, 1164; *Schubert/Steder*, § 83 Rdn. 8). Dies gebietet der Schutzzweck des § 83, der im Interesse der Gläubiger vor ungeeigneten Abwicklern schützen soll. Die eG hat gegen die Bestellung die sofortige und weitere Beschwerde nach §§ 146 Abs. 2 FGG. Vertretung erfolgt durch die übrigen Liquidatoren, nicht durch den Aufsichtsrat oder einzelne Mitglieder der eG. Gegen die Ablehnung der Bestellung haben die Antragsteller die Beschwerden nach §§ 148 Abs. 1, 146 Abs. 2 FGG. Der Liquidator kann das Amt ablehnen; die eG kann gegen die Ernennung Beschwerde einlegen (BayObLG, DB 1996, 2222).

Der **Vertrag** mit den Liquidatoren ist durch den Aufsichtsrat abzuschließen (§ 39). Nur wenn die Liquidatoren durch das Registergericht ernannt sind, muß der Vertrag als mit der Ernennung abgeschlossen gelten. Im Streitfall wird keine Festsetzung der Vergütung der Liquidatoren durch das Registergericht vorgenommen (KGJ 27, 222), sondern nur durch das Prozeßgericht. 8

Das Registergericht **überwacht nicht** die von ihm ernannten Liquidatoren (KGJ 46, 161). 9

Auch ist die Bestellung von Liquidatoren neben § 83 nach **§ 29 BGB** möglich (BayObLG, WM 1977, 408). 10

Auch die **Abberufung** der Liquidatoren durch das Registergericht kann nur auf Antrag (§ 148 FGG) und nur, wenn ein wichtiger Grund vorliegt, erfolgen (KG, JW 1931, 2996). 11

Der Aufsichtsrat hat gegen alle Liquidatoren das Recht der **vorläufigen Amtserhebung** nach § 40 (OLGZ 38, 185). Über die endgültige Amtsenthebung entscheidet dann das Registergericht, wenn die Bestellung von ihm, es entscheidet die GV, wenn sie von ihr ausgegangen ist. Es müssen dieselben Voraussetzungen wie bei der Bestellung vorliegen (vgl. z. B. Rdn. 7). Wegen Fortführung der Geschäfte in diesen Fällen vgl. Erl. zu § 40. 12

Die **Amtsniederlegung** der Liquidatoren ist zulässig im Rahmen der für Vorstandsmitglieder geltenden Vorschriften (RG, JW 1893, 542; vgl. auch Erläuterungen zu § 24). 13

Bei **Wegfall** eines Liquidators kann ein neuer stets nur durch die GV, nicht durch den Aufsichtsrat bestellt werden (BayObLG 28, 782 für AG). Erfolgte gerichtliche Bestellung, kann eine Neubestellung ebenfalls nur durch das Gericht vorgenommen werden (hierzu Rdn. 7). Auch die früheren Vorstandsmitglieder treten nicht an die Stelle des weggefallenen Liquidators (vgl. im übrigen Abs. 4). 14

## § 84

## Anmeldung und Eintragung der Liquidatoren

**(1) Die ersten Liquidatoren sowie ihre Vertretungsbefugnis hat der Vorstand, jede Änderung in den Personen der Liquidatoren und jede Änderung ihrer Vertretungsbefugnis haben die Liquidatoren zur Eintragung in das Genossenschaftsregister anzumelden. Der Anmeldung ist eine Abschrift der Urkunden über die Bestellung oder Abberufung sowie über die Vertretungsbefugnis beizufügen.**

**(2) Die Eintragung der gerichtlichen Ernennung oder Abberufung von Liquidatoren geschieht von Amts wegen.**

**(3) Die Liquidatoren haben die Zeichnung ihrer Unterschrift in öffentlich beglaubigter Form einzureichen.**

1 § 84 Abs. 1 wurde durch **Novelle 1973** neu gefaßt. Die Vorschrift enthält eine folgerichtige Ausdehnung der Regelung in § 28 Abs. 1 auf die Liquidatoren.

2 Die ersten Liquidatoren sowie ihre Vertretungsbefugnis sind zur **Eintragung** in das Genossenschaftsregister anzumelden. Ausnahme bei gerichtlicher Bestellung (Abs. 2). Die Bedeutung der Eintragung besteht darin, daß nach § 29 ein Dritter die Eintragung gegen sich gelten lassen muß; dagegen hat die Eintragung keine Bedeutung für den Beginn des Amts der Liquidatoren, vielmehr ist dafür allein der Zeitpunkt der Bestellung maßgebend.

3 Die **Anmeldung** der ersten Liquidatoren sowie ihre Vertretungsbefugnis hat unverzüglich nach der Auflösung der eG durch sämtliche Vorstandsmitglieder zu erfolgen (§ 157), und zwar gleichgültig, ob ihr Amt auf Gesetz, Satzung oder Beschluß der GV beruht, und zwar auch dann, wenn der bisherige Vorstand Liquidator ist (§ 20 Abs. 2 Satz 2 GenRegVO). Ist der Vorstand nicht ordnungsgemäß besetzt, melden die vorhandenen Vorstandsmitglieder an. Ist kein Vorstandsmitglied vorhanden, erfolgt die Anmeldung durch die Liquidatoren.

4 Als **Inhalt** der Anmeldung sind Name, Beruf und Wohnsitz der Liquidatoren selbst dann anzugeben, wenn sie dem Registergericht aus anderen Gründen bereits vorliegen (*Müller*, § 84 Rdn. 2).

Es ist streitig, ob der Umfang der Vertretungsbefugnis selbst dann anzugeben ist, wenn nur ein Liquidator vorhanden ist (so OLG Köln, BB 1970, 594 mit Anm. *Gustavus*; *Meyer/Meulenbergh/Beuthien*, § 84 Rdn. 2; *Müller*, § 84 Rdn. 2; a. A. OLG Bremen, BB 1971, 1172). Die Angabe des Umfangs der Vertretungsbefugnis dürfte in diesem Falle reiner Formalismus sein; gleichwohl sollte aus Gründen der Rechtssicherheit diese Angabe in der Anmeldung ebenfalls gemacht werden.

5 Wenn – nach der Bestellung der ersten Liquidatoren – eine **Änderung** in den Personen der Liquidatoren oder eine Änderung ihrer Vertretungsbefugnis eintritt, so haben sämtliche Liquidatoren (§ 157) dies zur Eintragung in das Genossenschaftsregister anzumelden (§ 157). Das gilt wiederum nicht, wenn eine Änderung durch das Gericht erfolgt (Abs. 2). Anzumelden ist auch, wenn ein Liquidator – z. B. durch Heirat – seinen Namen verändert. Sonstige Veränderungen (vgl. Rdn. 4) sind nicht anzumelden.

6 Neubestellte Liquidatoren haben bei ihrer Anmeldung **mitzuwirken** (OLGRspr. 34, 148), dagegen nicht auch abberufene Liquidatoren bei der Anmeldung der Beendigung ihrer Vertretungsbefugnis (OLGRspr. 4, 256; 34, 364). Eine Ausnahme ist gerechtfertigt, wenn alle Liquidatoren abberufen sind oder ihr Amt niedergelegt haben, ohne daß sofort neue Liquidatoren bestellt sind (so mit Recht *Meyer/Meulenbergh/Beuthien*, § 84 Rdn. 3).

Die letzten Liquidatoren haben jedoch, sobald mit der vollständigen Verteilung des Vermögens die Liquidation beendet ist, das Erlöschen ihrer Vertretungsbefugnis selbst anzumelden (§ 21 Abs. 1 GenRegVO).

Der Vorstand und die Liquidatoren können durch Festsetzung von **Zwangsgeld** zur Vornahme der Anmeldungen angehalten werden (§ 160). 7

Die Liquidatoren haben die Zeichnung ihrer Unterschrift in öffentlich beglaubigter Form einzureichen. **Zeichnung der Unterschrift** vor Gericht ist nicht möglich. Die Zeichnung der Firma ist nicht erforderlich (*Müller*, § 84 Rdn. 15 m. w. N.). Wird die Liquidation durch den Vorstand durchgeführt, so brauchen die Vorstandsmitglieder ihre Unterschriften nicht noch einmal zu zeichnen (vgl. *Paulick*, S. 334). Es genügt hingegen nicht, wenn der Liquidator seine Unterschrift in anderer Eigenschaft (z. B. als Prokurist) bereits eingereicht hat (*Müller*, § 84 Rdn. 15). Die Unterschriften sind nur bei dem Gericht der Hauptniederlassung einzureichen (§ 14 a). Vgl. im übrigen auch Erl. zu §§ 11, 28, 157. 8

## § 85

## Regelung der Vertretung und Unterzeichnung durch die Liquidatoren

**(1) Die Liquidatoren haben in der bei ihrer Bestellung bestimmten Form ihre Willenserklärungen kundzugeben und für die Genossenschaft zu zeichnen. Ist nichts darüber bestimmt, so muß die Erklärung und Zeichnung durch sämtliche Liquidatoren erfolgen.**

**(2) Die Bestimmung ist mit der Bestellung der Liquidatoren zur Eintragung in das Genossenschaftsregister anzumelden.**

**(3) Die Zeichnungen geschehen derartig, daß die Liquidatoren der bisherigen, nunmehr als Liquidationsfirma zu bezeichnenden Firma ihre Namensunterschrift beifügen.**

Die Liquidatoren haben die **Stellung** eines gesetzlichen Vertreters; sie treten an die Stelle des Vorstands und üben dessen Geschäftsführungsbefugnis und Vertretungsmacht aus (insoweit kann hinsichtlich des Umfangs und der Beschränkungen auf die Erläuterungen zu § 27, § 25, § 42 verwiesen werden). Vertretung durch ein Vorstandsmitglied in Gemeinschaft mit einem Prokuristen im gesetzlichen Umfang (§ 25 Abs. 2) bleibt bestehen; dies gilt erst recht für den rechtsgeschäftlichen Umfang der Prokura (hierzu § 42 Rdn. 3, 5). Voraussetzung ist, daß der Vorstand Liquidator ist. Auch ist die (erstmalige) Erteilung einer unechten Gesamtprokura durch die Liquidatoren zulässig (*Meyer/Meulenbergh/Beuthien*, § 85 Rdn. 2). 1

Werden die Vorstandsmitglieder nach § 83 Abs. 1 zu Liquidatoren berufen, gilt für sie die **Satzungsregelung** bezüglich ihrer Vertretungsmacht weiter. 2

3 Werden andere Personen zu Liquidatoren bestellt, kann bei der Bestellung eine von der Gesamtvertretung **abweichende Regelung** getroffen werden; dies gilt auch bei registergerichtlicher Bestellung.

4 Diese besondere Regelung kann nachträglich **geändert** werden. Dieses Recht steht der GV stets zu, soweit diese die Liquidatoren abberufen kann.

5 Da es an einer § 25 Abs. 3 entsprechenden Regelung in § 85 fehlt, können zur Gesamtvertretung befugte Liquidatoren **nicht** einzelne von ihnen zur Vornahme bestimmter Geschäfte oder bestimmter Arten von Geschäften **ermächtigen** (wie hier *Müller*, § 85 Rdn. 15).

6 Die **Firma** muß den Zusatz „in Liquidation" erhalten. Hierin liegt jedoch keine Änderung der bisherigen Firma (RGZ 15, 105). Zulässig ist auch der Zusatz „in Abwicklung" oder die Abkürzung „i. L.".

## § 86

## Öffentlicher Glaube des Genossenschaftsregisters

**Die Vorschriften in § 29 über das Verhältnis zu dritten Personen finden bezüglich der Liquidatoren Anwendung.**

Siehe hierzu die Erl. zu § 29.

## § 87

## Die Genossenschaft im Liquidationsstadium

**(1) Bis zur Beendigung der Liquidation kommen ungeachtet der Auflösung der Genossenschaft in bezug auf die Rechtsverhältnisse derselben und der Genossen die Vorschriften des zweiten und dritten Abschnitts dieses Gesetzes zur Anwendung, soweit sich aus den Bestimmungen des gegenwärtigen Abschnitts und aus dem Wesen der Liquidation nicht ein anderes ergibt.**

**(2) Der Gerichtsstand, welchen die Genossenschaft zur Zeit ihrer Auflösung hatte, bleibt bis zur vollzogenen Verteilung des Vermögens bestehen.**

*Übersicht*

## I. Fortbestehen von Rechten und Pflichten

Abgesehen von dem Fall des Konkurses ist die Liquidation die notwendige Folge der Auflösung; aber auch an den Konkurs kann sich die Liquidation anschließen. Mit der Auflösung wird der Zweck, werbend tätig zu sein, beendet; die eG **besteht** jedoch zum Zweck der Abwicklung ihrer Geschäfte noch **weiter** (RGZ 15, 104; vgl. auch BGHZ 14, 168 für GmbH; Müller, § 87 Rdn. 1); dies gilt bis zur völligen Verteilung des Vermögens (selbst wenn die Firma gelöscht ist, RJA 1910, 255). Demgemäß besteht die eG als Kaufmann weiter und behält ihre bisherige Firma, der die Liquidatoren jedoch nach § 85 Abs. 3 einen Zusatz beizufügen haben (vgl. § 85 Rdn. 6) sowie *Müller*, § 87 Rdn. 2). 1

**Verträge** schuldrechtlicher wie dinglicher Art bleiben grundsätzlich bestehen, wenn sich nicht im Einzelfall aus einer speziellen Rechtsnorm oder aus einer Sondervereinbarung etwas anderes ergibt; die Auflösung führt mithin grundsätzlich nicht zur Beendigung der Verträge (RGZ 9, 14; 24, 71). Demgemäß können Gläubiger keine vorzeitige Erfüllung fordern. Auch betagte, bedingte oder befristete Forderungen werden durch die Auflösung nicht fällig (*Baumbach/Duden* HGB, § 145, Anm. 1. E). Wenn in Verträgen mit der eG jedoch das werbende Fortbestehen vorausgesetzt wurde, führt die Liquidation zur automatischen Beendigung des Vertragsverhältnisses. 2

Gewerbliche und urheberrechtliche **Schutzrechte** bleiben ebenfalls bestehen. Nach § 11 Abs. 1 Ziff. 2 WZG kann jedoch auf Antrag eines Dritten ggfs. das Warenzeichen bzw. die Dienstleistungsmarke (für gewerbliche Dienstleistungen) gelöscht werden; allerdings können diese Rechte mit dem Unternehmen nach Maßgabe des § 8 Abs. 1 WZG veräußert werden (zum Vorstehenden vgl. *Müller*, § 87 Rdn. 4). 3

## II. Geltung des Sechsten Abschnitts

Auf die Abwicklung finden in erster Linie die Vorschriften des **6. Abschnitts** Anwendung. Unzulässig ist die Erhöhung des Geschäftsanteils und der Haftsumme (§ 87 b) und – da mit dem Wesen der Liquidation nicht vereinbar – die Herabsetzung des Geschäftsanteils (OLG Karlsruhe, JFG 1911, 173) sowie die Herabsetzung der Haftsumme (vgl. § 120 Rdn. 6 und die dortigen Nachweise); gleiches gilt für die Umwandlung der eG (RGZ 138, 83). 4

Die im Zeitpunkt der Auflösung **rückständigen Einzahlungen** auf den Geschäftsanteil bleiben bestehen und können mit Zustimmung des Prüfungsverbands abgetreten werden (§ 88 a). Wegen weiterer Einzahlungsverpflichtungen auf den Geschäftsanteil nach Auflösung siehe § 87 a. 5

## III. Weitergeltung von Vorschriften des

### 1. Ersten Abschnitts

6 Die Anwendbarkeit von Vorschriften anderer als der in § 87 ausdrücklich angeführten Abschnitte ist keinesfalls ausgeschlossen; auch Vorschriften aus den übrigen Abschnitten des Gesetzes gelten, z. B. sind Satzungsänderungen (§ 16), obwohl der **Erste** Abschnitt nicht ausdrücklich für anwendbar erklärt ist, auch im Liquidationstadium grundsätzlich zulässig, es sei denn, sie widersprechen dem Zweck und Wesen der Liquidation (RGZ 121, 246; 138, 79; vgl. auch Rdn. 4).

7 Der **Beitritt** neuer Mitglieder (vgl. RGZ 125, 196) wie der Erwerb weiterer Geschäftsanteile ist nicht mehr möglich (RGZ 125, 196; OLG Hamburg, NJW 1957, 225 = GWW 1957, 92; vgl. für den vergleichbaren Fall der Konkurseröffnung BGH, DB 1978, 1777 = BB 1978, 1134 (m. krit. Anm. *Schaffland*, Genossenschaftsforum 10/78, S. 32 = ZfG 1978, 442 m. Anm. *Hadding* sowie die Erl. § 105 Rdn. 7 ff; so auch *Meyer/Meulenbergh/Beuthien*, § 87 Rdn. 2).

8 **Anträge** betreffend den Erwerb der Mitgliedschaft oder die Übernahme weiterer Geschäftsanteile, die vor der Auflösung eingegangen sind, denen aber im Zeitpunkt der Auflösung noch nicht entsprochen ist, kann nicht mehr entsprochen werden (OLG Hamburg, NJW 1957, 225 = GWW 1957, 92). Bei pflichtwidrig unterlassener Zeichnung hat die eG auch keinen Schadensersatzanspruch (RGZ 125, 196; *Müller*, § 87 Rdn. 19).

9 Ein **Einzahlungsanspruch** der eG besteht weder, wenn die Beteiligung gleichwohl zugelassen worden ist (§ 15 Abs. 1 bzw. § 15 b Abs. 3) noch aufgrund einer pflichtwidrig unterlassenen Zeichnung weiterer Geschäftsanteile (vgl. § 105 Rdn. 8, 9 sowie *Müller*, § 87 Rdn. 19).

10 Dienen die (satzungsändernden) Beschlüsse der **Fortführung** des Unternehmens insbesondere der wirtschaftlichen Wiederaufrichtung, so entsprechen sie nicht dem Wesen der Liquidation; erforderlich wäre ein vorheriger ausdrücklicher Fortsetzungsbeschluß nach § 79 a.

### 2. Zweiten Abschnitts

11 Vom **Zweiten** Abschnitt finden Anwendung die §§ 17, 18. § 19 ist durch die Sondervorschrift des § 91 (Durchführung der Vermögensverteilung) ersetzt; § 20 ist gegenstandslos. Außerdem gelten § 22 Abs. 4 und 5 und § 23.

12 Eine **Aufhebung** der Nachschußpflicht nach § 22 a ist grundsätzlich nicht zulässig, da sie geeignet sein kann, die Befriedigung der Gläubiger zu vereiteln; sie widerspräche dem Wesen der Liquidation. Zweifelhaft könnte sein, ob eine Beschränkung oder Aufhebung der Nachschußpflicht im

Liquidationsstadium dann für zulässig erachtet werden kann, wenn eine Beeinträchtigung der Belange der Gläubiger nicht zu befürchten ist. Hierfür könnte sprechen, daß die vorhandenen Gläubiger durch § 22 a bzw. § 120 in Verbindung mit § 22 a geschützt werden. Dem hat jedoch für die Herabsetzung der Haftsumme das OLG Karlsruhe (JFG 11, 175, vgl. Rdn. 4) widersprochen. Auch ist es denkbar, daß die eG nicht zur Sicherheitsleistung in der Lage ist (hierauf weist *Meyer/Meulenbergh/Beuthien*, § 87 Rdn. 3 hin).

### 3. Dritten Abschnitts

Der **Dritte** Abschnitt findet Anwendung, soweit nicht die einzelnen den Vorstand betreffenden Bestimmungen durch die Vorschriften über die Liquidatoren ersetzt sind. **13**

Die **GV** bleibt zuständig für die Beschlußfassung über die Bilanz (nicht Jahresabschluß) und über die Entlastung der Liquidatoren und des Aufsichtsrates (§ 48 Abs. 1 gilt daher nur entsprechend). Eine Beschlußfassung über Gewinn oder Verlust findet nicht statt, deren Verteilung erfolgt nach § 91. **14**

### 4. Vierten Abschnitts

Der **Vierte** Abschnitt „Prüfung und Prüfungsverbände" findet Anwendung, wie sich aus § 64 c ergibt. Damit verbleibt es bei der **gesetzlichen** Prüfung. **15**

### 5. Fünften Abschnitts

Nicht hingegen findet der **Fünfte** Abschnitt „Ausscheiden einzelner Genossen" Anwendung. Ebenso wie nach der Auflösung der eG ein Beitritt neuer Mitglieder bzw. der Erwerb weiterer Geschäftsanteile nicht mehr möglich ist (vgl. Rdn. 7), ist auch das Ausscheiden aus der eG ausgeschlossen. Dies gilt auch für ein Ausscheiden nach §§ 77, 77 a. Die Auseinandersetzung mit der eG kann im Liquidationsstadium nur noch im Zusammenhang mit der Verteilung des gesamten Vermögens erfolgen. Im Falle von § 77 Abs. 1 wird die Mitgliedschaft durch den Erben bzw. die Miterbengemeinschaft in analoger Anwendung dieser Vorschrift bis zur Beendigung der Liquidation fortgesetzt. Für die unbefristete Mitgliedschaft nach § 77 Abs. 2 gilt dieses bereits ipso iure. In entsprechender Anwendung des § 77 a wird die Mitgliedschaft der aufgelösten oder der erloschenen juristischen Person oder Handelsgesellschaft ebenfalls bis zur Beendigung der Liquida- **16** tion fortgesetzt. Wegen der innerhalb der letzten sechs Monate Ausgeschiedenen vgl. § 75 und die dortigen Erl.

17 Zweifelhaft ist, ob im Liquidationsstadium eine **Übertragung des Geschäftsguthabens** zulässig ist. Würde mit der Geschäftsguthabenübertragung der Beitritt des Erwerbers bzw. die Zeichnung eines weiteren Geschäftsanteils verbunden sein, wäre die Übertragung, da der Beitritt bzw. die Beteiligung mit weiteren Geschäftsanteilen nicht mehr möglich ist (vgl. Rdn. 7) unzulässig sein. Eine Geschäftsguthabenübertragung nach § 76 ist mithin nur zulässig, wenn keine Zeichnung eines weiteren Geschäftsanteils erforderlich wird (wie hier *Hornung*, Rpfleger 1971, 298; so wohl auch *Meyer/Meulenbergh/Beuthien*, § 17 Rdn. 2; unklar *Müller*, § 87 Rdn. 20, der die Übertragung des Geschäftsguthabens an ein Mitglied uneingeschränkt für zulässig erachtet).

## IV. Gerichtsstand

18 § 87 Abs. 2 schließt die Sitzverlegung der eG nach ihrer Auflösung nicht aus (BlfG 1934, 712). Es verbleibt nur bis zur endgültigen Abwicklung beim alten **Gerichtsstand**. Allerdings kann die eG gegen ihre Mitglieder nach geschehener Auflösung und ihr folgender Sitzverlegung aufgrund von § 22 ZPO bei dem für den neuen Sitz zuständigen Gericht klagen (BlfG 1934, 712).

## § 87 a

### Maßnahmen zur Abwendung des Konkurses

**(1) Ergibt sich bei Aufstellung der Liquidationseröffnungsbilanz, einer späteren Jahresbilanz oder einer Zwischenbilanz oder ist bei pflichtmäßigem Ermessen anzunehmen, daß das Vermögen auch unter Berücksichtigung fälliger, rückständiger Einzahlungen die Schulden nicht mehr deckt, so kann die Generalversammlung beschließen, daß die Genossen, die ihren Geschäftsanteil noch nicht voll eingezahlt haben, zu weiteren Einzahlungen auf den Geschäftsanteil verpflichtet sind, soweit dies zur Deckung des Fehlbetrags erforderlich ist. Der Beschlußfassung der Generalversammlung stehen abweichende Bestimmungen des Statuts nicht entgegen.**

**(2) Reichen die weiteren Einzahlungen auf den Geschäftsanteil zur Deckung des Fehlbetrags nicht aus, so kann die Generalversammlung beschließen, daß die Genossen nach dem Verhältnis ihrer Geschäftsanteile weitere Zahlungen zu leisten haben, soweit es zur Deckung des Fehlbetrags erforderlich ist. Für Genossenschaften, bei denen die Genossen keine Nachschüsse zur Konkursmasse zu leisten haben, gilt dies nur,**

**wenn das Statut es bestimmt. Ein Genosse kann zu weiteren Zahlungen höchstens bis zu dem Betrag in Anspruch genommen werden, der dem Gesamtbetrag seiner Geschäftsanteile entspricht. Absatz 1 Satz 2 gilt entsprechend. Bei Feststellung des Verhältnisses der Geschäftsanteile und des Gesamtbetrags der Geschäftsanteile gelten als Geschäftsanteile eines Genossen auch die Geschäftsanteile, die er entgegen den Bestimmungen des Statuts über eine Pflichtbeteiligung noch nicht übernommen hat.**

**(3) Die Beschlüsse bedürfen einer Mehrheit, die mindestens drei Viertel der abgegebenen Stimmen umfaßt. Das Statut kann eine größere Mehrheit und weitere Erfordernisse bestimmen.**

**(4) Die Beschlüsse dürfen nicht gefaßt werden, wenn das Vermögen auch unter Berücksichtigung der weiteren Zahlungspflichten die Schulden nicht mehr deckt.**

*Übersicht*



## I. Allgemeines

§ 87 a wurde durch **Novelle 1973** neu gefaßt. Der frühere § 87 a ließ die unbeschränkte Erhöhung des Geschäftsanteils nach der Auflösung zu, wenn dadurch der Konkurs der eG abgewendet werden konnte. Diese Erhöhung ist nunmehr nach § 87 b ausgeschlossen; im übrigen hätte eine derartige Erhöhung durch den neuen § 67 a unterlaufen werden können (vgl. die dortigen Erläuterungen). Der Gesetzgeber entschloß sich zu einer Neuregelung der Möglichkeiten, den Konkurs im Liquidationsstadium abzuwenden, weil § 87 a a. F. unvollständig war; die zunächst zu treffende Maßnahme, nämlich die volle Einzahlung der von den Mitgliedern übernommenen Geschäftsanteile, war nicht geregelt. Die Neufassung beseitigt in erster Linie diesen Nachteil (vgl. die Amtliche Begründung BT-Drucks. 7/97, 28). Im übrigen bietet sie die zusätzliche Möglichkeit eines Fortsetzungsbeschlusses gem. § 79 a zur Erhaltung der eG als Fördereinrichtung der Mitglieder (vgl. die dortigen Erl. sowie unten Rdn. 20). **1**

§ 87 a regelt den **dritten Fall**, in dem die Mitglieder zu zusätzlichen Zahlungen u. U. verpflichtet sind (vgl. die beiden anderen Zahlungspflichten: **2**

Nachschußpflichten im Konkursstadium (§ 105) und Nachschußpflichten ausgeschiedener Mitglieder (§ 73 Abs. 2 Satz 3).

3 Die Zahlungspflichten nach § 87 a setzen eine **Überschuldung** voraus. Die Überschuldung ist dann gegeben, wenn der Gesamtbetrag der bei der Verwertung zu erwartenden Vermögenswerte die Schulden nicht mehr deckt (zum Begriff der Überschuldung vgl. § 98 Rdn. 14 ff).

4 Zahlungspflichten nach § 87 a können nur beschlossen werden, wenn im **Liquidationsstadium** die Überschuldung festgestellt wird, insbesond. aufgrund einer Liquidationseröffnungsbilanz, einer späteren Jahresbilanz oder einer Zwischenbilanz. Es genügt jedoch auch, wenn im Liquidationsstadium bei pflichtmäßigem Ermessen eine Überschuldung anzunehmen ist.

## II. Volleinzahlung der Geschäftsanteile (Abs. 1)

5 Eine **Zeichnung** weiterer Geschäftsanteile (und die Übernahme weiterer Nachschußpflichten) ist nach Eröffnung des Liquidationsverfahrens nicht mehr möglich (BGH, DB 1978, 1777 = BB 1978, 1134 m. krit. Anm. *Schaffland*, Genossenschaftsforum 10/1978, 32 = ZfG 1978, 442 mit Anm. *Hadding*; RGZ 117, 116; 125, 196; *Parisius/Crüger*, § 105 Anm. 25 a. E. sowie § 15 Rdn. 8). Aus der bloßen Eintragung in die Mitgliederliste kann auch keine Nachschußpflicht aus veranlaßtem Rechtsschein hergeleitet werden (*Müller*, § 105 Rdn. 10).

6 Im Liquidationsstadium sind als erstes die **fälligen, rückständigen** Einzahlungen auf die gezeichneten Geschäftsanteile einzufordern. Dies liegt in der Zuständigkeit des Vorstands.

7 Bleibt auch bei Berücksichtigung der fälligen rückständigen Einzahlungen eine Überschuldung bestehen, können nach Abs. 1 **weitere** Einzahlungen, höchstens aber die Volleinzahlung bereits gezeichneter Geschäftsanteile, beschlossen werden; hierfür ist die GV zuständig. Diese Beschlüsse dürfen jedoch nur gefaßt werden, soweit dies zur Deckung des Fehlbetrags erforderlich ist. Es muß also nicht unbedingt die Volleinzahlung beschlossen werden; dies dürfte in der Praxis auch der Ausnahmefall sein, da einerseits Nachzahlungen nur beschlossen werden dürfen, soweit Fehlbeträge abgedeckt werden, andererseits nach Abs. 4 Beschlüsse nicht gefaßt werden dürfen, wenn die Überschuldung trotzdem nicht ausgeräumt werden kann (vgl. Rdn. 17 ff).

8 Im übrigen hat der Gesetzgeber an die frühere **Unvollständigkeit** des § 87 a eine neue treten lassen: Die GV kann nur die Volleinzahlung der tatsächlich gezeichneten Geschäftsanteile beschließen. Im Unterschied zu Abs. 2 werden in Abs. 1 die pflichtwidrig nicht gezeichneten Geschäftsanteile nicht berücksichtigt. De lege ferenda sollte vorgesehen werden, diese „Belohnung der säumigen Mitglieder" zu beseitigen.

Der Beschlußfassung über die Einzahlungspflicht stehen **abweichende** Bestimmungen der Satzung nicht entgegen. Dies gilt insbesondere für den Fall, daß in der Satzung ausnahmsweise § 87 a Abs. 1 ausdrücklich ausgeschlossen ist. Dies gilt auch für anderweitige Regelungen, die zu demselben Ergebnis faktisch führen würden, z. B. Einstimmigkeit für derartige Beschlüsse vorzusehen (wie hier *Schubert/Steder*, § 87 a Rdn. 4; a. A. *Müller*, § 87 a Rdn. 14). Abs. 3 Satz 2, der größere Mehrheiten als eine 3/4-Mehrheit vorsieht, tritt insoweit zurück. 9

## III. Weitere Zahlungen bis zur Höhe der Geschäftsanteile (Abs. 2)

Reichen die Einzahlungen nach Abs. 1 auf den Geschäftsanteil zur Deckung des Fehlbetrags nicht aus, können die Mitglieder nach Abs. 2 – aufgrund eines entsprechenden Beschlusses der GV – bis zum Gesamtbetrag ihrer Geschäftsanteile zu **weiteren Zahlungen** verpflichtet werden. Bei der eG ohne Nachschußpflicht gilt das jedoch nur dann, wenn diese Verpflichtung in der Satzung enthalten ist (Abs. 2 Satz 2). Dies ist deshalb vorgesehen, weil hier das Mitglied im Regelfall nicht mit der Heranziehung zu weiteren Zahlungen rechnet; es soll ihm deshalb diese Eventualverpflichtung deutlich gemacht werden (vgl. Amtliche Begründung BT-Drucks. 7/97, 28). Ist die Haftsumme nach § 121 Satz 3 z. B. auf den ersten Geschäftsanteil beschränkt, gilt § 87 a Abs. 2 uneingeschränkt für alle übernommenen Geschäftsanteile (kritisch hierzu *Geist*, S. 20). 10

Im Unterschied zu Abs. 1 werden hier die **pflichtwidrig** nicht übernommenen Geschäftsanteile bei der Berechnung der Nachzahlungspflichten berücksichtigt (Abs. 2 Satz 5). Die Mitglieder sind nach dem **Verhältnis** ihrer Geschäftsanteile (einschließlich der pflichtwidrig nicht übernommenen Anteile) bis zur Höhe des Gesamtbetrags dieser Geschäftsanteile zu weiteren Einzahlungen verpflichtet. Die Ausschöpfung dieser Nachzahlungspflichten wird jedoch der Ausnahmefall sein, da einerseits diese Beschlüsse nur gefaßt werden dürfen, soweit sie zur Deckung des Fehlbetrags erforderlich sind und andererseits diese Beschlüsse nicht gefaßt werden dürfen, wenn durch diese weiteren Einzahlungen die Überschuldung nicht behoben wird (Vgl. Rdn. 17 ff). 11

Auch hier stehen wie in Abs. 1 der Beschlußfassung **abweichende** Satzungsregelungen nicht entgegen (vgl. insoweit Rdn. 9). 12

Bei der **Verteilung** des Restvermögens werden die Mitglieder, die nach Abs. 2 zu weiteren Zahlungen herangezogen waren, vorrangig bedacht (§ 91 Abs. 1 Satz 2). 13

Wenn – nachdem die Mitglieder nach Abs. 1 und 2 zur Zahlung herangezogen worden sind – letztlich doch der **Konkurs** über das Vermögen der 14 eG eröffnet werden muß, müssen die Mitglieder, soweit die Satzung eine Nachschußpflicht vorsieht, unbeschadet ihrer bereits nach § 87 a Abs. 2 erbrachten Leistungen Nachschüsse leisten. Die Höhe dieser Nachschüsse regelt sich jedoch nicht nach dem Gesamtbetrag der Geschäftsanteile, sondern – bei beschränkter Nachschußpflicht – nach der Höhe der Haftsumme (ggfs. in Anlehnung an die übernommenen Geschäftsanteile; vgl. Erl. zu § 121).

15 Mitglieder, die nach Abs. 2 zusätzliche Zahlungen erbracht haben, werden, wenn es zum Konkurs und dort zu einer Verteilung des **Restvermögens** an die Mitglieder kommen sollte, vorrangig bedacht (vgl. § 105 Abs. 4 Satz 2 und die dortigen Erl.).

## IV. Mehrheitserfordernis

16 Die Beschlüsse über die Einzahlungen können nach Abs. 3 nur mit **qualifizierter Mehrheit** gefaßt werden. Die Beschlüsse bedürfen einer Mehrheit, die mindestens 3/4 der abgegebenen Stimmen umfaßt. Die Satzung kann eine größere Mehrheit und weitere, d. h. strengere Erfordernisse (z. B. geheime Abstimmung oder daß die GV nur beschlußfähig ist, wenn eine bestimmte Zahl von Mitgliedern anwesend oder vertreten ist) bestimmen. Die Satzung kann jedoch wegen Abs. 1 Satz 2 und Abs. 2 Satz 4 nicht bestimmen, daß für diese Beschlüsse Einstimmigkeit erforderlich ist, da dies faktisch einer abweichenden Bestimmung der Satzung gleichkäme.

## V. Fehlerhafte Beschlüsse

17 Die Beschlüsse nach Abs. 1 und Abs. 2 dürfen nicht gefaßt werden, soweit sie zur Deckung des Fehlbetrags nicht erforderlich sind. Dies bedeutet nicht, daß jeder Beschluß, der den Mitgliedern mehr abverlangt, als zur Deckung des Fehlbetrags benötigt wird, fehlerhaft ist. Es besteht hier ein gewisser **Ermessensspielraum**, um weitere spätere Beschlußfassungen zu vermeiden, da zu diesem Zeitpunkt nicht mit Sicherheit berechnet werden kann, welcher konkrete Betrag zur Deckung bereits genügt. Hierfür spricht auch der Wortlaut des § 91 Abs. 1 Satz 2 bzw. des § 105 Abs. 4 Satz 2, der im Liquidations- bzw. im Konkursstadium, wenn nach Befriedigung der Gläubiger noch Vermögen verbleibt, den Mitgliedern, die nach § 87 a Abs. 2 zusätzliche Zahlungen erbracht haben, einen vorrangigen Anspruch auf den Verteilungserlös einräumt (vgl. die dortigen Erl.). Auch aus der gesetzlichen Formulierung „dürfen nicht“ folgt, daß ein Verstoß dagegen nicht automatisch zur Nichtigkeit führt.

18 Nur Beschlüsse, die offensichtlich zur Deckung des Fehlbetrags nicht oder zum Teil nicht erforderlich sind, sind **fehlerhaft**. Ob sie anfechtbar

oder gar nichtig sind (zu den unterschiedlichen Rechtsfolgen vgl. Erl. zu § 51) hängt davon ab, wie offensichtlich der Verstoß ist (wie hier *Meyer/Meulenbergh/Beuthien*, § 87 a Rdn. 5).

Im übrigen dürfen die Beschlüsse nach Abs. 1 und Abs. 2 nicht gefaßt **19**
werden, wenn das Vermögen der eG auch unter Berücksichtigung der weiteren Zahlungen die **Schulden nicht deckt**. Auch dies gilt nicht objektiv, sondern es ist hinsichtlich der Fehlerhaftigkeit (Anfechtbarkeit oder Nichtigkeit) auf die subjektive Betrachtungsweise abzustellen. War bei der Beschlußfassung noch nicht abzusehen, daß der Konkurs nicht vermieden werden konnte, ist der Beschluß weder anfechtbar noch nichtig. Bestand bei der Beschlußfassung kein Zweifel, daß es gleichwohl zum Konkurs kommen würde, ist Nichtigkeit gegeben. War dies nur wahrscheinlich, ist Anfechtbarkeit gegeben.

## VI. Fortsetzungsbeschluß

Ein Beschluß nach Abs. 1 steht einem **Fortsetzungsbeschluß** nach **20**
§ 79 a nicht entgegen. Dies gilt auch für einen Beschluß nach Abs. 2. Waren hingegen die Mitglieder in Erfüllung eines Beschlusses nach Abs. 2 zu Nachzahlungen herangezogen worden, kann die Fortsetzung nicht mehr beschlossen werden; ein derartiger Beschluß wäre wegen des für jeden erkennbaren Verstoßes gegen § 79 a Abs. 1 Satz 3 nichtig.

## VII. Schadensersatzansprüche

Verstöße gegen die Grundsätze des § 87 a, insbesond. gegen Abs. 4, kön- **21**
nen im übrigen **Schadensersatzansprüche** gegen Vorstandsmitglieder nach § 34 und ggfs. gegen Aufsichtsratsmitglieder nach § 41 begründen.

## § 87 b

## Keine Erhöhung des Geschäftsanteils und der Haftsumme

**Nach Auflösung der Genossenschaft können weder Geschäftsanteil noch die Haftsumme erhöht werden.**

§ 87 b wurde durch die **Novelle 1973** eingefügt. Die Vorschrift ent- **1**
spricht dem durch die Novelle 1973 aufgehobenen § 139 a, soweit es sich um die Nichterhöhung im Liquidationsstadium handelt.

Die **Erhöhung des Geschäftsanteils** im Liquidationsstadium ist im **2**
Hinblick auf die Nachzahlungspflichten aufgrund des durch Novelle 1973 neu gefaßten § 87 a entfallen; nach dieser Vorschrift sind Nachzahlungen in

Anlehnung an den Geschäftsanteil (nicht Haftsumme) zu leisten (vgl. hierzu ausführlich die Erl. zu § 87 a).

3 Wird während des Liquidationsstadiums entgegen § 87 b ein **Beschluß** gefaßt, so ist dieser grundsätzlich unwirksam, es sei denn, er wird für die Zukunft gefaßt und zwar für einen Zeitpunkt, in dem sich die eG aufgrund eines Fortsetzungsbeschlusses nach § 79 a nicht mehr in Liquidation befindet (wie hier *Müller*, § 87 b Rdn. 4).

## § 88

## Aufgaben und Vertretungsbefugnis der Liquidatoren

**Die Liquidatoren haben die laufenden Geschäfte zu beendigen, die Verpflichtungen der aufgelösten Genossenschaft zu erfüllen, die Forderungen derselben einzuziehen und das Vermögen der Genossenschaft in Geld umzusetzen; sie haben die Genossenschaft gerichtlich und außergerichtlich zu vertreten. Zur Beendigung schwebender Geschäfte können die Liquidatoren auch neue Geschäfte eingehen.**

1 Es gehört zur **Aufgabe** der Liquidatoren, das Vermögen flüssig zu machen. Bei der Beurteilung, ob ein Geschäft vorgenommen werden darf, ist immer der Liquidationszweck entscheidend; hierbei ist das Interesse an einer zügigen, optimalen Verwertung wie auch das Förderinteresse der Mitglieder zu berücksichtigen und ggfs. gegeneinander abzuwägen. Die **laufenden Geschäfte** sind so abzuwickeln, wie sie auch ohne die Liquidation abgewickelt worden wären (*Meyer/Meulenbergh/Beuthien*, § 88 Rdn. 2), allerdings in Hinblick auf den Liquidationscharakter unter tunlichster Beschleunigung. Zu den laufenden Geschäften zählen nicht nur Vertragsabschlüsse, sondern auch im Verhandlungsstadium befindliche Geschäfte; diese können noch zu einem Vertragsabschluß geführt und abgewickelt werden. Im Einzelfall kann auch bereits eine Kontaktaufnahme genügen (*Schubert/Steder*, § 88 Rdn. 2), wenn ein günstiger Vertragsabschluß möglich erscheint. Noch nicht fällige Ansprüche sind zum nächstmöglichen geeigneten Zeitpunkt fällig zu stellen.

2 Im Rahmen der **Aufgabenerfüllung** kann der Erwerb von Immobilien zur Rettung von Forderungen erforderlich werden. Rückständige Pflichteinzahlungen auf den Geschäftsanteil sind einzuziehen; wegen weitergehender Einzahlungspflichten vgl. Erl. zu § 87 a. Die Mitglieder können außerdem verpflichtet sein, während der Liquidation ihre Sonderleistungen fortzusetzen (z. B. Milchlieferung, RGZ 72, 240). Verjährte Forderungen dürfen von den Liquidatoren nicht anerkannt werden (ROHG 9, 85). Renumeratorische Zuwendungen während der Liquidation sind zulässig (ROHG 24, 224). **Schwebende Prozesse** sind fortzuführen, ggfs. ist

Rechtsmittel einzulegen. Auch können neue Prozesse eingeleitet werden, wenn dies erforderlich werden sollte.

Nach dem Gesetzeswortlaut ist die Umsetzung des Vermögens in **Geld** 3
anzustreben. Ausnahmsweise – und mit Zustimmung der GV – keine Verflüssigung des Vermögens oder von Vermögensteilen, wenn dies im allseitigen Interesse vorteilhafter ist. Beispiel: Das Restvermögen der eG besteht in einer Beteiligung an einer GmbH; es kann im Interesse der Mitglieder liegen, die Beteiligung nicht zu veräußern, sondern sie auf die Mitglieder zu übertragen (vgl. Recht 1905 Nr. 771; als zu weitgehend abzulehnen KGJ 21, 256; OLGZ 3, 67).

Im Interesse einer zügigen Abwicklung der Liquidation dürfte sich in 4
vielen Fällen die **Veräußerung des gesamten Unternehmens** nebst Firma vielfach anbieten. Hierbei darf der Firmenzusatz „eG" oder „eingetragene Genossenschaft" nur vom Erwerber verwendet werden, wenn dieser selbst eine eG ist (§ 18 Abs. 2 HGB).

Auch kann die aufgelöste eG mit einer anderen übernehmenden eG **ver-** 5
**schmolzen** werden, was sich ebenfalls in der Praxis vielfach anbieten dürfte, um hier dem Förderinteresse der Mitglieder Rechnung zu tragen. Zu einer Verteilung des Vermögens nach Maßgabe des § 90 kommt es in diesen Fällen jedoch nicht. Ist jedoch mit der Vermögensverteilung bereits begonnen worden, ist eine Verschmelzung nicht mehr zulässig (*Müller*, § 88 Rdn. 6).

Generell sind die Liquidatoren zum **Abschluß neuer Geschäfte** befugt, 6
soweit dies im Rahmen einer zügigen bzw. optimalen Verwertung oder zur angemessenen Berücksichtigung der Förderinteressen der Mitglieder erforderlich ist (wie hier wohl *Müller*, § 87 Rdn. 17 a. E., § 88 Rdn. 7 und *Meyer/Meulenbergh/Beuthien*, § 88 Rdn. 2; unklar hingegen *dies.* in § 87 Rdn. 1). Dies gilt z. B. für die Fortführung, um in angemessener Frist – 1 Jahr? – das Unternehmen insgesamt veräußern zu können. Unzulässig wäre jedoch eine Entscheidung der Liquidatoren bzw. ein Beschluß der GV, uneingeschränkt die Geschäfte der eG fortzuführen. Willenserklärungen, die dem Liquidationszweck zuwiderlaufen, sind im Außenverhältnis wirksam, es sei denn, die Liquidatoren handelten bewußt zum Nachteil der eG, und der Geschäftspartner hätte dieses unschwer erkennen können (positive Kenntnis also nicht erforderlich; § 27 Rdn. 36; unzutreffend insoweit *Meyer/Meulenbergh/Beuthien*, § 88 Rdn. 5; vgl. zum ähnlich gelagerten Fall des Prokuristen BGHZ 50, 113, vgl. auch § 42 Rdn. 10).

Die GV kann in die **eigenverantwortliche Abwicklung** der eG durch die Liquidatoren nur im Rahmen der §§ 27, 89 eingreifen (vgl. insoweit insbesondere die Erläuterungen zu § 27). Beschlüsse hinsichtlich der Regreßansprüche gegen Organmitglieder kann die GV im Rahmen des § 39 und der dem § 39 entsprechenden Satzungsregelung fassen, da nach § 87 die Vorschriften des dritten Abschnitts grundsätzlich Anwendung finden.

## § 88 a

## Abtretbarkeit von Ansprüchen

**(1) Die Liquidatoren können den Anspruch der Genossenschaft auf rückständige Einzahlungen auf den Geschäftsteil (§ 7 Nr. 1) und den Anspruch auf anteilige Fehlbeträge (§ 73 Abs. 2) mit Zustimmung des Prüfungsverbandes abtreten.**

**(2) Der Prüfungsverband soll nur zustimmen, wenn der Anspruch an eine genossenschaftliche Zentralkasse oder an eine der fortlaufenden Überwachung durch einen Prüfungsverband unterstehende Stelle abgetreten wird und schutzwürdige Belange der Genossen nicht entgegenstehen.**

1 § 88 a wurde ebenso wie § 108 a **eingefügt** durch den aufgrund von § 6 des handelsrechtlichen Bereinigungsgesetzes v. 18. 4. 1950 (BGBl. 1950, 90) ausdrücklich aufrechterhaltenen Art. IV der Zweiten VO über Maßnahmen auf dem Gebiet des eG-Rechts vom 19. 12. 1942 (RGBl. I, S. 729), weil bei der Liquidation und im Konkurs einer eG die Beitreibung rückständiger Pflichteinzahlungen und anteiliger Fehlbeträge häufig einen unverhältnismäßigen Aufwand an Zeit, Arbeitskräften und Kosten erforderte und oft damit auch eine steuerliche Belastung verbunden war. Diese Nachteile traten besonders in Erscheinung bei der allgemeinen Abwicklung zahlreicher eG's durch amtliche Stellen. Durch die nunmehr ausdrücklich zugelassene Abtretung derartiger Ansprüche und Hereinnahme des Gegenwertes in die Liquidations- oder Konkursmasse kann eine erhebliche **Vereinfachung** und **Beschleunigung** des Verfahrens erreicht werden.

2 Die in Abs. 1 genannten Ansprüche können nur mit **Zustimmung des Prüfungsverbands** abgetreten werden. Die Abtretung erfolgt nach den §§ 398 f BGB. Die Zustimmung kann vorher (Einwilligung), sie kann jedoch auch nachträglich (Genehmigung) erteilt werden.

3 Gehört die in Liquidation befindliche eG nicht mehr einem Prüfungsverband an, ist der **bisherige** Prüfungsverband zuständig (*Müller*, § 88 a Rdn. 6; *Schubert/Steder*, § 88 a Rdn. 4).

Grundsätzlich hat die eG gegenüber dem Prüfungsverband einen **Anspruch** auf Erteilung der Zustimmung, wenn die Voraussetzungen des Abs. 2 gegeben sind. Dieser Anspruch kann im Klagewege geltend gemacht werden (*Müller*, § 88 a Rdn. 7, 8).

## § 89

## Rechte und Pflichten der Liquidatoren

**Die Liquidatoren haben die aus den §§ 26, 27, § 33 Abs. 1 Satz 1, §§ 34, 44 bis 47, 48 Abs. 3, §§ 51, 57 bis 59 sich ergebenden Rechte und Pflichten des Vorstands und unterliegen gleich diesem der Überwachung des Aufsichtsrats. Sie haben sofort bei Beginn der Liquidation**

**und demnächst in jedem Jahr eine Bilanz aufzustellen. Die erste Bilanz ist zu veröffentlichen; die Bekanntmachung ist zu dem Genossenschaftsregister einzureichen.**

Die Liquidatoren haben grundsätzlich die **Rechtsstellung** des Vorstands. Insbesondere haben sie die statutarischen Vorschriften zu beachten (vgl. die Erl. zu § 27); sie können GV-Beschlüsse anfechten (§ 51) und sind wie Vorstandsmitglieder ggfs. schadensersatzpflichtig (vgl. Erl. zu § 34). **1**

Die Liquidatoren unterliegen der **Überwachung** durch den Aufsichtsrat. Der Aufsichtsrat hat auch die aus § 39 und § 37 sich ergebenden Rechte (vgl. die dortigen Erl.). Der Aufsichtsrat hat gegen alle Liquidatoren das Recht der vorläufigen Amtsenthebung nach § 40 (vgl. dazu Erl. zu § 83; wie hier *Schubert/Steder*, § 89 Rdn. 2; a. A. *Müller*, § 89 Rdn. 5). **2**

Sofort bei Beginn der Liquidation ist eine **Liquidationseröffnungsbilanz** aufzustellen. Stichtag für diese Bilanz ist der Tag der Beschlußfassung über die Auflösung (so auch *Meyer/Meulenbergh/Beuthien*, § 89 Rdn. 2; *Müller*, § 89 Rdn. 10). Die Liquidationseröffnungsbilanz ist auch dann erforderlich, wenn die letzte Jahresbilanz erst kurz vor der Auflösung aufgestellt worden ist (RGStr. 85, 238; *Müller*, § 89 Rdn. 10; *Schubert/Steder*, § 89 Rdn. 3). In die Liquidationsbilanz sind die Vermögensstücke der eG nur mit den Werten einzusetzen, die sich bei der Veräußerung wahrscheinlich ergeben (RGZ 80, 106). Günstige Veräußerungsmöglichkeiten können nur berücksichtigt werden, wenn hinreichende Gewähr für ihre Verwirklichung besteht (Vermögensverteilungsbilanz, *Frankenberger*, WPg 1979, 308, 309). Dies ist jedoch nicht mehr unbestritten. Beachtliche Gründe sprechen dafür, daß in § 270 Abs. 2 Satz 2 AktG und § 71 Abs. 2 GmbHG (Liquidationseröffnungsbilanz ist an die Rechnungslegungsvorschriften für werbende Gesellschaften anzugleichen; es gilt grob das Anschaffungskostenprinzip und damit keine Neubewertung mit höheren Zeitwerten) ein **ungeschriebener** allgemeiner Bilanzierungsgrundsatz für Liquidationseröffnungsbilanzen zum Ausdruck gebracht wurde, dieser mithin auch auf eG anzuwenden ist. Der Bilanzierungsgrundsatz der Vorsicht ist zu beachten. Durch Bewertungsfreiheit entstandene stille Reserven können bis zur Höhe des Geschäftswerts aufgelöst werden (*Schubert/Steder*, § 89 Rdn. 4). Die Eröffnungsbilanz schließt nicht an die letzte ordentliche Schlußbilanz an. Die Bilanzposten sind ohne den Grundsatz der Bilanzkontinuität neu zu bilden; die Übernahme der alten Bilanzposten dürfte sich jedoch anbieten, sofern keine Unter- oder Überbewertungen vorliegen (*Müller*, § 89 Rdn. 11). Der **good will** des Unternehmens kann aktiviert werden (a. A. *Müller*, § 89 Rdn. 13). Jedoch ist dabei äußerste Zurückhaltung zu wahren (*Meyer/Meulenbergh/Beuthien*, § 89 Rdn. 3). **3**

Unter dem Begriff „Jahr" ist nicht das Geschäftsjahr, sondern das **Kalenderjahr** zu verstehen (RGStr. 35, 137). Aufstellung erfolgt in Zwi- **4** schenräumen von einem Jahr. Kürzere Zwischenräume und Anpassung an das Geschäftsjahr ist möglich (*Frankenberger*, WPg 1979, 305, 310).

5 Die Liquidationseröffnungsbilanz wird grundsätzlich wie die ordentliche Jahresbilanz gegliedert. Allerdings werden Geschäftsguthaben und Rücklagen nicht mehr auf der Passivseite ausgewiesen. Sie erscheinen lediglich im Abwicklungsvermögen als das Reinvermögen der eG, das sich als Saldo der Vermögenswerte und der Verbindlichkeiten ergibt (so *Meyer/Meulenbergh/Beuthien*, § 89 Rdn. 4). Wertberichtigungen und Rückstellungen sind weiterhin Bilanzposten.

6 Die **GV** hat auch im Liquidationsstadium über die Bilanz und über die Entlastung von Liquidatoren und Aufsichtsrat zu beschließen (wie hier *Müller*, § 89 Rdn. 15; a. A. *Schubert/Steder*, § 89 Rdn. 5). Dies folgt aus §§ 87, 48 Abs. 1. In § 89 ist § 48 Abs. 1 nicht erwähnt, weil § 89 nur die Rechte und Pflichten der Liquidatoren betrifft und nicht die der GV. Auch die ferneren Bilanzen sind der GV zur Beschlußfassung vorzulegen, aber nicht zu veröffentlichen.

7 Die Liquidationseröffnungsbilanz ist zu **veröffentlichen**; Angaben über Mitgliederbewegung, Betrag der Geschäftsguthaben und Haftsummen erfolgen nicht (KGJ 38, 314; *Schubert/Steder*, § 89 Rdn. 6). Obwohl die Fassung des Gesetzes (§ 87, § 89) Zweifel offen läßt, wird doch die Anwendung des § 339 Abs. 2 i. V. m. § 326 HGB über die Erleichterungen für kleine eG bei der Offenlegung auf die Liquidationseröffnungsbilanz zu verneinen sein, da der Kostenersparnisgrund bei der einmaligen Liquidationseröffnungsbilanz, die auch Interessen der weiteren Öffentlichkeit berührt, versagt; die Liquidationseröffnungsbilanz ist deshalb auch bei kleineren eG zu veröffentlichen (BayObLG, NJW 1955, 1557 = ZfG 1955, 392 Nr. 93; *Parisius/Crüger*, § 89 Anm. 3; *Schubert/Steder*, § 89 Rdn. 6; *Schubert/Weiser*, § 89 I/1; a. A. LG München I, GWW Bay. 1954, 144; *Krakenberger*, § 89 Anm. 3 a).

8 Während des Verfahrens ist nach Ablauf eines jeden Kalenderjahrs eine Jahresbilanz über die Vermögensentwicklung, eine Gewinn- und Verlustrechnung sowie ein Lagebericht (§ 33) zu erstellen. Die Jahresabschlüsse unterliegen der gesetzlichen Prüfung durch den Prüfungsverband gem. §§ 53 ff und sind dem Aufsichtsrat und der GV vorzulegen; sie werden jedoch nicht veröffentlicht.

9 Festsetzung von **Zwangsgeld** § 160; das Zwangsgeldverfahren wegen Verstoßes gegen die Veröffentlichungspflicht richtet sich nur gegen die Liquidatoren; zur Beschwerde ist aber auch die eG als solche befugt (BayObLG, NJW 1955, 1557 = ZfG 1955, 392 Nr. 93). Ist die Veröffentlichung der letzten ordentlichen Jahresbilanz noch nicht durch den Vorstand erfolgt, so ist sie durch die Liquidatoren vorzunehmen (KGJ 29, 226).

§ 90

## Voraussetzungen der Vermögensverteilung

**(1) Eine Verteilung des Vermögens unter die Genossen darf nicht vor Tilgung oder Deckung der Schulden und nicht vor Ablauf eines Jahres seit dem Tage vollzogen werden, an welchem die Aufforderung der Gläubiger in den hierzu bestimmten Blättern (§ 82 Absatz 2) erfolgt ist.**

**(2) Meldet sich ein bekannter Gläubiger nicht, so ist der geschuldete Betrag, wenn die Berechtigung zur Hinterlegung vorhanden ist, für den Gläubiger zu hinterlegen. Ist die Berichtigung einer Verbindlichkeit zur Zeit nicht ausführbar oder ist eine Verbindlichkeit streitig, so darf die Verteilung des Vermögens nur erfolgen, wenn dem Gläubiger Sicherheit geleistet ist.**

*Übersicht*



### I. Allgemeines

1 § 90 Abs. 3 wurde durch Novelle 1973 **aufgehoben**. § 90 Abs. 3 ist im Hinblick auf die Neugestaltung des § 34 entbehrlich. § 34 gilt nach § 89 Satz 1 auch für die Liquidatoren.

2 Da ein Konkursverfahren nach Verteilung des Vermögens nicht zulässig ist (§ 98 Abs. 2), wurden die bisherigen den Bestimmungen über offene Handelsgesellschaften entnommenen Vorschriften zur Sicherung der Rechte der Gläubiger nicht für ausreichend erklärt und ähnliche Bestimmungen **eingeführt** wie für die Aktiengesellschaften. Die vorliegende Fassung des Abs. 1 beruht auf dem durch § 6 des handelsrechtlichen Bereinigungsgesetzes vom 18. 4. 1950 (BGBl. 1950, 90) ausdrücklich aufrechterhaltenen Art. II. Abs. 1 Ziff. 2 der Dritten VO über Maßnahmen auf dem Gebiet des Genossenschaftsrechts vom 14. 4. 1943 (RGBl. I, 251) und steht in Zusammenhang mit der gleichzeitig erfolgten Änderung des § 82 Abs. 2.

### II. Sperrjahr

3 Voraussetzung der Vermögensverteilung ist, daß die Schulden getilgt oder zumindest gedeckt sind und daß ein **Jahr** seit Bekanntmachung der Aufforderung abgelaufen ist (vgl. hierzu auch Erl. zu § 82).

4 Das Sperrjahr **beginnt** mit Ablauf des Tages, an dem die Bekanntmachung erschienen ist.

5 Das Sperrjahr darf **nicht abgekürzt** werden, hat aber auch nicht die Bedeutung einer Ausschlußfrist (RGZ 109, 392; 124, 213); die Forderungen erlöschen mithin nicht durch Fristablauf. Das Sperrjahr ist auch dann einzuhalten, wenn alle Gläubiger bekannt sind (*Müller*, § 90 Rdn. 3).

6 Zu den **Gläubigerforderungen** zählt auch der Anspruch auf Auszahlung der Geschäftsguthaben. Keine Anwendung findet § 74 auf die Verjährung des Geschäftsguthabenanspruchs solcher Mitglieder, die zur Zeit der Auflösung der eG noch Mitglied waren oder deren Mitgliedschaft infolge der Auflösung wieder aufgelebt ist. Diese Geschäftsguthaben sind erforderlichenfalls zu hinterlegen (§ 372 BGB); der Anspruch des Mitglieds auf den hinterlegten Betrag erlischt in 30 Jahren (§ 382 BGB).

7 Regreßansprüche der eG, Forderungen auf Rückerstattung von zu Unrecht ausgezahlten Geschäftsguthaben (vgl. RGZ 109, 389 für GmbH) gelten als **Aktiva**. Beendigung der Verteilung des Vermögens und entsprechende Eintragung im Register führen nicht zur Beseitigung der Parteifähigkeit (JW 1906, 40).

## III. Hinterlegung, Sicherheitsleistung

8 Es ist nach § 372 BGB dann zu **hinterlegen**, wenn der Gläubiger (auch das Mitglied) in Annahmeverzug ist oder wenn nicht sicher ist, wer Gläubiger ist bzw. wie seine Anschrift lautet. Zu hinterlegen ist auch, wenn Streit über die Höhe oder Fälligkeit der Forderungen besteht. Die Höhe ist mit der Sorgfalt nach § 34 zu schätzen.

9 Ist der Umfang bestehender Schulden **nicht bekannt**, so hindert dies die Verteilung des Vermögens einer aufgelösten eG nicht. Der für solche Schulden in Betracht kommende Betrag ist von den Liquidatoren mit der Sorgfalt nach § 34 zu schätzen und zu hinterlegen (vgl. auch BGH, NJW 1965, 969).

10 In diesen Fällen kann auch Sicherheit geleistet werden. Diese ist insbesondere dann vorzunehmen, wenn die Verbindlichkeit dem Grunde oder der Höhe nach bzw. hinsichtlich der Fälligkeit bestritten wird. Die Höhe der **Sicherheitsleistung** ist ebenfalls sorgfältig zu schätzen; sie geschieht in der Regel durch Hinterlegung von Geld oder Wertpapieren oder durch Stellung einer Bankbürgschaft (*Schubert/Steder*, § 90 Rdn. 3). Bedenklich eine Satzungsbestimmung: bei einer Auflösung und Liquidation der eG vor Ablauf des Jahres 2003 ist der Liquidationserlös in Form der Übertragung des Wohneigentums jeweils an die die Wohnung nutzenden Mitglieder zu verwenden (s. § 1 Rdn. 107).

11 Für Pflichtverletzungen haften die Liquidatoren nach §§ 89, 34 Abs. 2 und 3. Bei vorzeitiger Verteilung hat die eG gegen die Mitglieder Ansprüche aus § 812 BGB; § 814 gilt wegen des vorrangigen Gläubigerschutzes

nicht. Die Pfändung in diese Ansprüche durch Gläubiger der Genossenschaft ist möglich.

## § 91

## Durchführung der Vermögensverteilung

**(1) Die Verteilung des Vermögens unter die einzelnen Genossen erfolgt bis zum Gesamtbetrag ihrer auf Grund der ersten Liquidationsbilanz (§ 89) ermittelten Geschäftsguthaben nach dem Verhältnis der letzteren. Waren die Genossen nach § 87 a Abs. 2 zu Zahlungen herangezogen worden, so sind zunächst diese Zahlungen nach dem Verhältnis der geleisteten Beträge zu erstatten. Bei Ermittlung der einzelnen Geschäftsguthaben bleiben für die Verteilung des Gewinns oder Verlustes, welcher sich für den Zeitraum zwischen dem letzten Jahresabschluß (§ 33) und der ersten Liquidationsbilanz ergeben hat, die seit dem letzten Jahresabschluß geleisteten Einzahlungen außer Betracht. Der Gewinn aus diesem Zeitraum ist dem Guthaben auch insoweit zuzuschreiben, als dadurch der Geschäftsanteil überschritten wird.**

**(2) Überschüsse, welche sich über den Gesamtbetrag dieser Guthaben hinaus ergeben, sind nach Köpfen zu verteilen.**

**(3) Durch das Statut kann die Verteilung des Vermögens ausgeschlossen oder ein anderes Verhältnis für die Verteilung bestimmt werden.**

*Übersicht*



## I. Allgemeines

§ 91 regelt die Durchführung der Vermögensverteilung, sofern die Voraussetzungen des § 90 vorliegen (vgl. die dortigen Erläuterungen). Der Gesetzgeber hat es der **Dispositionsfreiheit** der eG überlassen zu regeln, wie das verbleibende Vermögen unter den Mitgliedern verteilt wird. Es kann auch in der Satzung vorgesehen werden, daß die Vermögensverteilung ganz ausgeschlossen wird; für diesen Fall sieht § 92 vor, daß es dann der Gemeinde anfällt, in der die eG ihren Sitz hatte. Nicht hingegen kann vorgesehen werden, daß das Vermögen der aufzulösenden eG verbleibt. Durch das **Bilanzrichtlinien-Gesetz** sind in Anpassung der Terminologie die **1**

Wörter „der letzten Jahresbilanz" durch die Wörter „dem letzten Jahresabschluß" ersetzt worden.

2 § 91 Abs. 1 Satz 2 wurde durch Novelle 73 eingefügt, um **vorrangig** die Mitglieder zu berücksichtigen, die nach § 87 a Abs. 2 zusätzliche Zahlungen erbracht haben.

## II. Grundsatz der Verteilung (Abs. 1 und 2)

3 Die Vermögensverteilung geschieht in folgender Reihenfolge:

1. Vorrangig anspruchsberechtigt sind die Mitglieder, die nach § 87 a **Abs. 2** Zahlungen erbracht haben.
2. Sodann erfolgt die Verteilung des weiteren Vermögens nach dem Verhältnis der **Geschäftsguthaben** an die Mitglieder.
3. Überschüsse, die sich dann noch ergeben, sind grundsätzlich nach **Köpfen** zu verteilen (Abs. 2); die Satzung kann einen anderen Verteilungsmaßstab bestimmen.

4 Der Verteilung ist zunächst (hinsichtlich der abweichenden Satzungsregelungen vgl. Rdn. 16 ff) das Geschäftsguthaben zugrunde zu legen, welches sich nach dem Stande der Liquidationseröffnungsbilanz ergibt. Nach Abs. 1 Satz 4 ist der Gewinn, der sich für den Zeitraum zwischen der letzten Jahresbilanz (§ 33) und der ersten Liquidationsbilanz ergibt, ausnahmsweise dem Geschäftsguthaben auch insoweit zuzuschreiben, als dadurch der Geschäftsanteil überschritten wird. Bei der Ermittlung der **konkreten Höhe** der einzelnen Geschäftsguthaben, wie sie bei der Vermögensverteilung zu berücksichtigen sind, müssen die Gewinne oder Verluste, die in dem Zeitraum zwischen der letzen Jahresbilanz und der Liquidationseröffnungsbilanz entstanden sind, verteilt werden; bei dieser Verteilung bleiben die in diesem Zeitraum geleisteten Einzahlungen auf den Geschäftsanteil außer Betracht. Auf das so ermittelte Geschäftsguthaben ist sodann das verbleibende Vermögen zu verteilen.

5 Können einzelne Mitglieder einer aufgelösten eG die Höhe ihrer Geschäftsguthaben **nicht nachweisen**, so hindert das nicht die Verteilung des Genossenschaftsvermögens. Für diese Mitglieder ist das Geschäftsguthaben anhand aller prüfbaren Umstände des Einzelfalles zu schätzen (*Brüggemann*, ZfG 1965, 389; *Müller*, § 91 Rdn. 6; *Meyer/Meulenbergh/Beuthien*, § 91 Rdn. 3). Ist dies nicht möglich, ist das Mindestgeschäftsguthaben oder der Betrag eines Geschäftsanteils anzusetzen (so auch für den erstgenannten Fall BGH, NJW 1965, 969 = BB 1965, 265 = ZfG 1965, 385 m. Anm. *Brüggemann*, *Schubert/Steder*, § 91 Rdn. 3).

6 Der Anspruch auf einen Teil des Vermögens kann erst **geltend gemacht** werden, wenn die Voraussetzungen des § 90 erfüllt sind (RGZ 48, 33; *Müller* § 91 Rdn. 8); es kann auch keine Abschlagszahlung verlangt werden,

selbst wenn eindeutig feststeht, daß Vermögen im größeren Umfang zur Verteilung kommen wird. Die Mitglieder haben auch keinen Anspruch darauf, daß die Liquidatoren die Voraussetzungen für die Vermögensverteilung nach § 90 herbeiführen (*Müller*, § 91 Rdn. 8). Der Liquidator kann Abschlagszahlungen vornehmen.

Die Verteilung selbst erfolgt, ohne daß die Mitglieder ihren Anspruch anmelden müssen. Selbst bei **Unterlassen der Anmeldung** trotz öffentlicher Aufforderung seitens der Liquidatoren verlieren die Mitglieder ihren Anspruch nicht, es sei denn, sie verzichten ausdrücklich; die unterlassene Meldung ist grundsätzlich kein Verzicht. Der auf diese Mitglieder entfallende Betrag ist ggfs. zu hinterlegen (vgl. auch § 90 Rdn. 8). 7

Der Anspruch **verjährt** in 30 Jahren (§ 195 BGB) von dem Zeitpunkt an, in dem die Voraussetzungen des § 90 erfüllt sind. Allerdings kann die Satzung eine kürzere Verjährungsfrist vorsehen. 8

Erfolgte die Verteilung zu Unrecht, etwa weil sich später weitere Verbindlichkeiten herausstellen, hat die eG Ansprüche aus **ungerechtfertigter Bereicherung** (*Müller*, § 91 Rdn. 16). 9

## III. Abweichende Satzungsregelung (Abs. 3)

Die Festsetzung eines **anderen Verteilungsverhältnisses** muß unter Berücksichtigung des Gleichbehandlungsgrundsatzes sachlich gerechtfertigt sein. Dann besteht uneingeschränkte Satzungsfreiheit; keine Bindung an den früheren Unternehmensauftrag. Es ist z. B. denkbar, auf die Dauer der Mitgliedschaft abzustellen. Bei eG, deren Satzung eine beschränkte Nachschußpflicht vorsieht, wird die Verteilung nach Geschäftsanteilen bzw. Haftsummen regelmäßig ebenfalls der Billigkeit entsprechen, falls der Erwerb mehrerer Geschäftsanteile zugelassen ist. Auch wäre es denkbar, als Verteilungsmaßstab den Warenumsatz mit der eG zu wählen; hierbei wäre im Falle der vorherigen Geschäftsguthabenübertragung auch der Umsatz des Veräußerers im Rahmen der Satzungsregelung zu berücksichtigen. 10

Die Bestimmung eines anderen Verhältnisses für die Vermögensverteilung oder die Ausschließung der Vermögensverteilung kann sowohl in der Gründungssatzung als auch im Wege späterer Satzungsänderung erfolgen. Derartige Satzungsänderung ist jederzeit, also auch noch im Liquidationsstadium, zulässig (vgl. Erl. zu § 87). Grundsätzlich genügt hierfür nach § 16 Abs. 4 eine $^{3}/_{4}$-Mehrheit, sofern die Satzung keine andere – auch geringere – Mehrheit vorsieht. 11

Eine Satzungsänderung erst im Liquidationsstadium über ein anderes Verhältnis oder die Ausschließung der Vermögensverteilung bedarf nur dann der Zustimmung sämtlicher Mitglieder, wenn bis zu diesem Stadium nicht die gesetzliche Regelung des Abs. 1 und 2 in der Satzung enthalten 12 war, sondern eine abweichende Regelung nach Abs. 3; nur in diesem Fall besteht ein **Sonderrecht** auf die Liquidationsquote (so zutreffend LG Stuttgart, Beschluß vom 23. 10. 1979 – Az.: 4 KfH T 20/79; a. A. *Schubert/Steder*, § 91 Rdn. 5, die stets bei einer Satzungsänderung nach Liquidationseröffnung die Zustimmung aller Mitglieder verlangen; so wohl auch *Müller*, § 91 Rdn. 4), denn unter Sonderrecht ist die Rechtsstellung zu verstehen, die ein Mitglied gegenüber anderen Mitgliedern bevorzugt und die ihm durch Satzung unentziehbar gewährt ist (so zutreffend LG Stuttgart, ebd.; *Palandt*, BGB, § 35 Anm. 1; vgl. im übrigen zum Begriff Sonderrecht ausführlicher § 18 Rdn. 32 ff).

**13** Auch ist es denkbar, in der Satzung vorzusehen, daß die Vermögensverteilung **ausgeschlossen** und das Vermögen auf eine andere juristische Person (z. B. einen eingetragenen Verein) übertragen wird.

**14** Umgekehrt kann auch eine Satzungsvorschrift, die die Vermögensverteilung ausschließt, durch GV-Beschluß wieder aufgehoben werden. In diesem Falle ist keine Einstimmigkeit bei der Beschlußfassung erforderlich, da die **Aufhebung** einer die Vermögensverteilung ausschließenden Satzungsvorschrift keine Sonderrechte von Mitgliedern beeinträchtigt.

**15** Nicht zulässig ist es hingegen, in der Satzung **alternativ** mehrere Verteilungsmöglichkeiten vorzusehen, z. B. daß die Verteilung entweder auf die Mitglieder nach dem Verhältnis der Geschäftsanteile oder das Vermögen auf einen eingetragenen Verein übertragen wird.

**16** Der Ausschluß der Verteilung muß sich unmittelbar aus der Satzung ergeben. Eine **Delegierung** der Entscheidung, die Verteilung auszuschließen, ist vom Wortlaut des Gesetzes her nicht gedeckt. Denkbar wäre es allenfalls, in die Satzung den ausdrücklichen Ausschluß der Verteilung aufzunehmen und der GV eine Entscheidungsmöglichkeit einzuräumen, wem das Vermögen zugewendet werden soll.

## IV. Steuerrecht

**17** Für eine unbeschränkt steuerpflichtige eG wird die **Liquidation** in § 11 KStG geregelt. Diese Vorschrift greift mit dem Beginn der Auflösung ein. Sie kann mit dem Auflösungsbeschluß beginnen (nur diesen Fall erwähnt Abschn. 46 Abs. 1 KStR), aber auch durch Zeitablauf, Verfügung des Registergerichts, Konkursauflösung durch gerichtliches Urteil, faktischen Auflösungsbeginn usw.

**18** Der Gewinn des Zeitraums, der mit der Liquidation beginnt und endet (Liquidationsgewinn) wird einheitlich ermittelt. Der Besteuerungszeitraum soll drei Jahre nicht übersteigen. Der **Liquidationsgewinn** ist die Differenz aus Abwicklungsend- und Abwicklungsanfangsvermögen (§ 11 Abs. 2 KStG).

**Abwicklungsendvermögen** ist das Vermögen, das an die Mitglieder verteilt wird. Steuerfreie Vermögensmehrungen während der Liquidation werden gem. § 11 Abs. 3 KStG abgesetzt. Die Körperschaftsteuer auf den Liquidationsgewinn und die aufgrund der Liquidationsausschüttung verursachte Körperschaftsteuererhöhung oder Körperschaftsteuerminderung (§ 27 KStG) werden nicht berücksichtigt. **19**

**Abwicklungsanfangsvermögen** ist das Betriebsvermögen, das am Schluß des der Auflösung vorangegangenen Wirtschaftsjahres der Veranlagung zur KSt zugrunde gelegt worden ist (§ 11 Abs. 4 KStG). Beginnt die Auflösung durch einen handelsrechtlich ordnungsgemäßen Auflösungsbeschluß, so endet mit dem Beginn der Auflösung das letzte ordentliche Wirtschaftsjahr. Abschnitt 46 KStR gewährt unabhängig vom Handelsrecht die Möglichkeit, zum Beginn der Liquidation ein Rumpfwirtschaftsjahr zu bilden. Soweit handelsrechtlich eine Gewinnermittlungsschlußbilanz erforderlich ist, ist dies wohl auch steuerlich zwingend. Im übrigen unterbricht nicht notwendig die Auflösung ein laufendes Wirtschaftsjahr. **20**

Der Liquidationsgewinn unterliegt bei der eG der **Körperschaftsteuer** nach dem allgemeinen Tarifsatz (§ 23 Abs. 1 KStR). Das Anrechnungsverfahren garantiert, daß die gesamte von der eG gezahlte Körperschaftsteuer spätestens im Liquidationsfall an die Mitglieder fließt und hier zur Anrechnung führt. Folglich ist das gesamte Endvermögen, so wie es im verwendbaren Eigenkapital ausgewiesen ist, unter Herstellung der Ausschüttungsbelastung auszuschütten. Beim Anteilseigner führen Liquidationsraten und Liquidationserträge insoweit zu Einkünften aus Kapitalvermögen, als Eigenkapital i. S. v. § 29 KStG als verwendet gilt. **21**

## § 92
## Verwendung unverteilbaren Vermögens

**Ein bei der Auflösung der Genossenschaft verbleibendes unverteilbares Reinvermögen (§ 91 Abs. 3) fällt, sofern dasselbe nicht durch das Statut einer physischen oder juristischen Person zu einem bestimmten Verwendungszweck überwiesen ist, an diejenige Gemeinde, in der die Genossenschaft ihren Sitz hatte. Die Zinsen dieses Fonds sind zu gemeinnützigen Zwecken zu verwenden.**

Diese Vorschrift findet nur dann Anwendung, wenn in der Satzung die Verteilung des Vermögens **ausgeschlossen** worden ist. In der Praxis hatte diese Vorschrift keine Bedeutung, da in der Regel stets in der Satzung geregelt ist, wem das Vermögen zugewendet werden soll. Denkbar wäre es auch, in der Satzung vorzusehen, daß die Verteilung ausgeschlossen ist und die GV zu entscheiden hat, wem das Vermögen zuzuwenden ist (vgl. Erl. zu § 91). **1**

2 „Bestimmter Zweck" ist weit zu interpretieren; so genügt z. B. die Zuwendung an den „zuständigen Prüfungsverband", wobei dieser dann gehalten ist, die Mittel im Rahmen seiner satzungsmäßigen Zwecke zu verwenden.

## § 93

## Verwahrung der Bücher und Schriften

**Nach Beendigung der Liquidation sind die Bücher und Schriften der aufgelösten Genossenschaft für die Dauer von zehn Jahren einem der gewesenen Genossen oder einem Dritten in Verwahrung zu geben. Der Genosse oder der Dritte wird in Ermangelung einer Bestimmung des Statuts oder eines Beschlusses der Generalversammlung durch das Gericht (§ 10) bestimmt. Dasselbe kann die Genossen und deren Rechtsnachfolger sowie die Gläubiger der Genossenschaft zur Einsicht der Bücher und Schriften ermächtigen.**

1 Die Liquidation ist **beendet**, wenn das Sperrjahr (§ 90) abgelaufen, das Vermögen verteilt (§§ 91, 92) und etwaige Prozesse abgeschlossen sind (KGJ 34, 127; RGZ 77, 273). Werden Beträge für die Bezahlung von Gerichtskosten und von Steuern zurückbehalten, so ist die eG nicht vermögenslos (BayObLG, BB 1982, 1749 für GmbH). Eine vorherige Beendigung ist auch nicht durch Beschluß der GV möglich (RGZ 41, 93). Das Gesetz verlangt nicht, daß eine Schlußrechnung gelegt werden muß, jedoch ergibt sich die Verpflichtung dazu und die Notwendigkeit der Entlastungserteilung durch die GV aus der Stellung der Liquidatoren als Geschäftsführer (RGZ 34, 57). In der Entlastung liegt grundsätzlich der Verzicht auf erkennbare Schadensersatzansprüche, da Ziel der Abwicklung die Löschung wegen eingetretener Vermögenslosigkeit ist. Der Entlastungsbeschluß kann nach Maßgabe des § 51 angefochten werden.

2 Eine **Anmeldung** der Beendigung der Liquidation ist nicht erforderlich (KGJ 35, 189). Die Liquidatoren haben jedoch die Beendigung ihrer Vertretungsbefugnis und das Erlöschen der Firma anzumelden (§ 84 Abs. 1 GenG i. V. m. § 21 GenRegVO); die Löschung der Firma der eG ist sodann die Folge. Die Löschung der eG im Genossenschaftsregister hat nur deklaratorische Wirkung, weil schon die vollständige Vermögensverteilung die eG beendet (*Paulick*, S. 339).

3 Finden sich nach Beendigung der Liquidation noch unverteilte Vermögensbestandteile, so ist die Liquidation wieder aufzunehmen. Auch ein etwaiger Ersatzanspruch gegen die Liquidatoren und Aufsichtsratsmitglieder oder ein Bereicherungsanspruch gegen die Mitglieder aus vorzeitiger Vermögensverteilung kann die **Wiederaufnahme** begründen (vgl. OLG

München RJA 12, 218; KG, RJA 15, 214 vgl. auch § 91 Rdn. 9). Dies gilt jedoch nur, wenn die Ansprüche nichts aussichtslos oder wertlos sind (OLG München, RJA 12, 221). Das Bestehen unverteilten Vermögens ist dem Registergericht glaubhaft zu machen (OLG München, RJA 12, 218; KG, RJA 15, 214; 17, 107). Die Ämter der Liquidatoren und Aufsichtsratsmitglieder leben nicht wieder auf, sondern es sind nach § 83 die bisherigen oder andere Liquidatoren neu zu bestellen (BGHZ 53, 264 unter Aufgabe der Rspr. des RG; dies übersieht *Meyer/Meulenbergh/Beuthien*, § 93 Rdn. 5).

Wenn die Satzung keine entsprechende Regelung enthält, hat die GV zu **4** beschließen, wem die Bücher und Schriften der eG in Verwahrung zu geben sind. Dieser **Verwahrer** kann auch ein Dritter sein, in der Regel sollte der Prüfungsverband bestimmt werden.

Die **Aufbewahrungsfrist** beträgt sowohl für die Geschäftsbücher als **5** auch für die gesamten Schriften einheitlich 10 Jahre. § 44 Abs. 4 HGB und §§ 147 Abs. 3 AO gelten hier nicht.

Die Mitglieder und deren Rechtsnachfolger sowie die Gläubiger der eG **6** können durch das Gericht ermächtigt werden, **Einsicht** in die Bücher und Schriften der eG zu nehmen. Sie haben vorher ein berechtigtes Interesse darzulegen (KG, BlfG 1933, 11). Die gerichtliche Ermächtigung zur Einsicht umfaßt auch das Recht auf Anfertigung von Abschriften (KGJ 7, 99). Erforderlich ist jedoch persönliche Einsichtnahme, nicht zulässig ist die Einsichtnahme durch Bevollmächtigte (RJA 6, 126).

Gegen die Ermächtigung besteht das Recht der **sofortigen Beschwerde** **7** (§ 148 FGG). Das Registergericht ist auch berechtigt, dem Verwahrer die Gestattung der Einsichtnahme aufzugeben und diese nach § 33 FGG durch Festsetzung von Zwangsgeld zu erzwingen (KG, JW 1937, 2289).

## Vorbemerkungen zu den §§ 94 bis 97

Wiederholt sind Satzungen in das Genossenschaftsregister eingetragen **1** worden, die an wesentlichen Mängeln litten, so daß die Eintragung als nichtig betrachtet werden mußte. Es fehlte an einem Verfahren, derartige Eintragungen zu beseitigen bzw. die Löschung der eG herbeizuführen. Diesem Mangel hat das EHGB in Art. 10 XI für eG's durch **Einführung** des Nichtigkeitsverfahrens abgeholfen, das in §§ 94–97 GenG geregelt ist.

Eine Ergänzung findet das Verfahren in § 147 FGG **Abs. 2 und 3**, der **2** bestimmt:

> „Eine in das Genossenschaftsregister eingetragene Genossenschaft kann gemäß den Vorschriften der §§ 142, 143 als nichtig gelöscht werden, wenn die Voraussetzungen vorliegen, unter denen nach den §§ 94, 95 des Gesetzes, betreffend die Erwerbs- und Wirt-

schaftsgenossenschaften, die Nichtigkeitsklage erhoben werden kann.

Ein in das Genossenschaftsregister eingetragener Beschluß der Generalversammlung einer Genossenschaft kann gemäß den Vorschriften der §§ 142, 143 als nichtig gelöscht werden, wenn er durch seinen Inhalt zwingende Vorschriften des Gesetzes verletzt und seine Beseitigung im öffentlichen Interesse erforderlich erscheint."

3 Bei den **GV-Beschlüssen** handelt es sich hauptsächlich um Satzungsänderungen. Der Beschluß muß inhaltlich zwingende Vorschriften des Gesetzes verletzen – in anderen Fällen bleibt die Anfechtung den Beteiligten überlassen. Weitere Voraussetzung der Löschung von Amts wegen ist, daß die Beseitigung im öffentlichen Interesse erforderlich erscheint. Das Verfahren bei der Löschung ist in § 142, 143 FGG näher bestimmt. Ist von Amts wegen mit Löschung vorgegangen, so schließt dies die Erhebung der Nichtigkeitsklage aus.

4 Für die **Nichtigkeitsklage** sind §§ 94–97 GenG maßgebend. Welche Bestimmungen als wesentlich für die Erhebung der Nichtigkeitsklage zu betrachten sind, ist in § 95 bestimmt. Zweck des mit § 95 vorgesehenen Verfahrens ist, Mängel der Satzung, welche die Nichtigkeit der eG zur Folge haben, nachträglich zu heilen. Hierzu bedurfte es besonderer gesetzlicher Vorschriften, da an und für sich eine nichtige eG nicht imstande ist, ihre Satzung abzuändern.

5 Das Urteil, durch das eine eG für nichtig erklärt wird, hat **deklaratorische** Bedeutung. Ist die eG für nichtig erklärt, so folgt zur Abwicklung ihrer Verhältnisse Liquidation oder auch Konkursverfahren. Über die Rechtslage hinsichtlich der Zeit vor Eintragung der Nichtigkeit bzw. des Löschungsvermerks siehe RGZ, 148, 225 JW 1935, 2719 = BlfG 1935, 767.

## § 94

## Nichtigkeitsklage

**Enthält das Statut nicht die für dasselbe wesentliche Bestimmungen oder ist eine dieser Bestimmungen nichtig, so kann jeder Genosse und jedes Mitglied des Vorstands und des Aufsichtsrats im Wege der Klage beantragen, daß die Genossenschaft für nichtig erklärt werde.**

1 Die Nichtigkeitsklage kann nicht im Gründungsstadium, d. h. vor Eintragung der eG, sondern nur gegen eine bereits **eingetragene** eG erhoben werden (*Schubert/Steder*, § 94 Rdn. 2). Im Gründungsstadium richten sich die Anfechtbarkeit und Nichtigkeit der Satzung nach den allgemeinen Vorschriften, z. B. §§ 119 (i. V. m. § 142), 125, 134, 138 BGB. Hat die eG ihren Geschäftsbetrieb bereits aufgenommen, gelten die Grundsätze über die feh-

lerhafte Gesellschaft (*Meyer/Meulenbergh/ Beuthien*, § 94 Rdn. 2). Ist die **Gründung** einer eG mit Mängeln behaftet, so muß der Registerrichter die Eintragung in das Genossenschaftsregister ablehnen. Ist die Eintragung gleichwohl vorgenommen worden, so verbieten es die Grundsätze der Rechts- und Verkehrssicherheit, die allgemeinen Vorschriften des BGB über Nichtigkeit und Anfechtbarkeit von Rechtsgeschäften anzuwenden. So erklärt es sich, daß die Wirkung von Mängeln im Gesetz eine besondere Regelung gefunden hat (vgl. *Paulick*, S. 126). Ist die Eintragung ihrerseits nichtig, z. B. weil die Anmeldung widerrufen wurde oder bei einem örtlich unzuständigen Gericht erfolgt, oder die beim Registergericht eingereichte Satzung nie beschlossen worden ist, so hat das Registergericht von Amts wegen zu löschen nach § 147 Abs. 1 i. V. m. § 142 Abs. 1 FGG; § 94 gilt in diesem Fall nicht.

§ 94 bezeichnet als **Nichtigkeitsgründe**: das Fehlen einer der für die Satzung wesentlichen Bestimmungen oder die Nichtigkeit einer dieser Bestimmungen. Als wesentlich gelten die in den §§ 6, 7 und 119 bezeichneten Bestimmungen der Satzung mit Ausnahme der Vorschriften über die Beurkundung der Beschlüsse der GV und den Vorsitz in dieser sowie über die Grundsätze für die Aufstellung und Prüfung der Bilanz (§ 95 Abs. 1). Eine Satzungsbestimmung fehlt nur dann, wenn sie sich auch nicht mittels Auslegung aus dem Gesamtinhalt der Satzung ableiten läßt (*Müller*, § 95 Rdn. 3; *Meyer/Meulenbergh/Beuthien,* § 94 Rdn. 3). Nichtig sind die in § 95 Abs. 1 genannten Satzungsbestimmungen nur unter den in § 51 Rdn. 9–33 genannten Voraussetzungen. **2**

**Andere** Nichtigkeitsgründe können nicht geltend gemacht werden. Es kann also eine Nichtigkeitsklage nicht darauf gestützt werden, daß weniger als sieben Personen an der Gründung beteiligt gewesen seien, daß die Satzung gegen die guten Sitten, gegen die Strafgesetze oder gegen sonstige öffentlichrechtliche Vorschriften verstoße. Bei derartigen Verstößen kann mit öffentlichen Mitteln eingeschritten werden, insbesondere durch Auflösung der eG gem. §§ 80, 81. Die Nichtigkeit unwesentlicher Satzungsbestimmungen berührt den Bestand der eG nicht (RGZ 114, 80). **3**

Die Nichtkeitkeitsgründe müssen bereits in der **Gründungssatzung** gegeben sein; spätere Satzungsänderungen, die den Vorwurf der Nichtigkeit auslösen könnten, führen nicht zur Nichtigkeitsklage nach § 94 f, auch nicht zur Amtslöschung der eG nach § 147 Abs. 1 i. V. m. § 142 Abs. 1 FGG (BayObLG, BB 1985, 426 = DB 1985, 749 = Rpfleger 1985, 117 = ZfG 1987, 403 m. Anm. *Hadding*, entgegen *Meyer/Meulenbergh/Beuthien*, § 81 Rdn. 3), sondern zur Klage auf Nichtigkeit des GV-Beschlusses (vgl. hierzu Erläuterungen zu § 51 GenG) oder zur Löschung der nichtigen **Satzungsänderung** von Amts wegen durch das Registergericht nach § 147 Abs. 1 i. V. m. § 142 Abs. 1 FGG. **4**

5 In keinem Fall tritt die Nichtigkeit von selbst ein, wenn ein Nichtigkeitsgrund vorliegt; es bedarf der Erhebung einer entsprechenden **Klage**. Im Liquidationsstadium ist eine solche Nichtigkeitsklage mangels Rechtschutzinteresses nicht gegeben (RGZ 64, 193).

6 Da auch im Innenverhältnis zwischen der nichtigen eG und den Mitgliedern dieser eG diese so anzusehen ist, als ob sie als rechtswirksam begründete eG entstanden sei (RGZ 148, 225 = JW 1935, 2719 = BlfG 1935, 767; vgl. auch Erläuterungen zu § 97), können Mitglieder die Nichtigkeit der eG nicht als **Einrede** geltend machen, z. B. wenn sie für den Fortbestand der nichtigen eG Beiträge leisten sollen (*Schubert/Steder*, § 94 Rdn. 7).

7 **Aktivlegitimiert** zur Erhebung der Nichtigkeitsklage ist jedes einzelne Mitglied, jedes Mitglied des Vorstands und jedes Mitglied des Aufsichtsrats. Die Organe selbst sind nicht klagebefugt, ebenso nicht Gläubiger der eG oder der Prüfungsverband; diesen bleibt es jedoch unbenommen, das Amtslöschungsverfahren nach §§ 147 Abs. 1 i. V. m. § 142 Abs. 1 FGG bzw. nach § 147 Abs. 2 FGG anzuregen. Die Organmitglieder sind zur Klageerhebung nicht verpflichtet (*Meyer/Meulenbergh/Beuthien*, § 94 Rdn. 4; a. A. *Müller*, § 94 Rdn. 6). Bei nachträglichem Verlust der Klagebefugnis, z. B. durch Ende der Mitgliedschaft, gilt § 91 a ZPO (so *Meyer/Meulenbergh/Beuthien*, § 94 Rdn. 4; a. A. *Müller*, § 94 Rdn. 6, der genügen läßt, daß die Klagebefugnis zur Zeit der Klageerhebung bestand).

8 **Passivlegitimiert** ist die eG, die durch den Vorstand und den Aufsichtsrat vertreten wird; die Klage ist beiden Organen zuzustellen (OLG Frankfurt, AG 1973, 136; OLG Hamm, AG 1973, 206). Die GV muß entsprechend § 39 Abs. 3 besondere Bevollmächtigte in diesem Fall bestellen (a. A. *Müller*, § 94 Rdn. 7, der die Bestellung eines besonderen Vertreters nach § 57 ZPO für erforderlich hält; a. A. hinsichtlich des sofortigen Alleinvertretungsrechts durch Vorstand oder Aufsichtsrat, wenn ein Mitglied des anderen Organs klagt; *Schubert/Steder*, § 96 Rdn. 2; vgl. im übrigen Erläuterungen zu § 96).

9 Das Urteil hat zur **Rechtsfolge**, daß die eG vernichtet wird, sie ist abzuwickeln in entsprechender Anwendung der Liquidationsvorschriften (vgl. auch die Erläuterungen zu § 97).

10 Nach **§ 147 FGG** kann eine in das Genossenschaftsregister eingetragene eG nach den Vorschriften der §§ 142, 143 FGG als nichtig gelöscht werden, wenn die Voraussetzungen vorliegen, unter denen nach den §§ 94, 95 die Nichtigkeitsklage erhoben werden kann (hierzu Rdn. 2–4, also insbesond. Mängel in der Gründungssatzung; BayObLG, BB 1985, 426 = BB 1985, 749 = Rpfleger 1985, 117; vgl. *Paulick*, S. 29, siehe auch Vorbemerkungen zu den §§ 94–97 Rdn. 2, 3).

## § 95
## Nichtigkeitsgründe und ihre Heilung

**(1) Als wesentlich im Sinne des § 94 gelten die in den §§ 6, 7 und 119 bezeichneten Bestimmungen des Statuts mit Ausnahme derjenigen über die Beurkundung der Beschlüsse der Generalversammlung und den Vorsitz in dieser sowie über die Grundsätze für die Aufstellung und Prüfung des Jahresabschlusses.**

**(2) Ein Mangel, der eine hiernach wesentliche Bestimmung des Statuts betrifft, kann durch einen den Vorschriften dieses Gesetzes über Änderungen des Statuts entsprechenden Beschluß der Generalversammlung geheilt werden.**

**(3) Die Berufung der Generalversammlung erfolgt, wenn sich der Mangel auf die Bestimmungen über die Form der Berufung bezieht, durch Einrückung in diejenigen öffentlichen Blätter, welche für die Bekanntmachung der Eintragungen in das Genossenschaftsregister des Sitzes der Genossenschaft bestimmt sind.**

**(4) Betrifft bei einer Genossenschaft, bei der die Genossen beschränkt auf eine Haftsumme Nachschüsse zur Konkursmasse zu leisten haben, der Mangel die Bestimmungen über die Haftsumme, so darf durch die zur Heilung des Mangels beschlossenen Bestimmungen der Gesamtbetrag der von den einzelnen Genossen übernommenen Haftung nicht vermindert werden.**

§ 95 wurde durch Novelle 1973 **geändert**. In Abs. 1 wurde der durch Novelle 1973 aufgehobene § 131 durch § 119 ersetzt. Die Einführung eines einheitlichen Typs der eG, die sich lediglich noch in der Frage der Nachschußpflicht im Konkursfall unterscheidet, machte die redaktionelle Anpassung des Abs. 4 an die neue Rechtslage erforderlich. **1**

In § 95 Abs. 1 werden die **wesentlichen Bestimmungen** der Satzung festgelegt. Es sind dies die in den §§ 6, 7 und 119 bezeichneten Bestimmungen der Satzung mit Ausname derjenigen über die Beurkundung der Beschlüsse der GV und den Vorsitz in dieser sowie über die Grundsätze für die Aufstellung und Prüfung der Bilanz. Diese Aufzählung ist erschöpfend, weitere Gründe können nicht geltend gemacht werden. **2**

Die Nichtigkeitsklage ist auch möglich, wen die Satzung zwar diesbezüglich Regelungen enthält, diese jedoch so **unklar** sind, daß auch im Wege der Interpretation zu einem wesentlichen Punkt des Satzungsinhalts, z. B. hinsichtlich des Unternehmensgegenstands oder der Haftsumme, keine klare Aussage getroffen werden kann. Andererseits genügt es jedoch, wenn sich aus dem Gesamtzusammenhang der Satzung die erforderliche Aussage ergibt, z. B. aus der Firma der eG die konkrete Bezeichnung des Unternehmensgegenstands (*Müller*, § 95 Rdn. 8). **3**

4 Die **Heilung** des Mangels kann bis zur Vollbeendigung der eG, also bis zur Löschung im Genossenschaftsregister (§ 147 Abs. 2 i. V. m. §§ 142, 143 FGG), erfolgen, also auch noch nach Rechtskraft des auf die Nichtigkeitsklage hin ergehenden Nichtigkeitsurteils (§ 96) und auch noch nach der Eintragung der Nichtigkeit in das Genossenschaftsregister. In letztgenanntem Fall ist jedoch ein Fortsetzungsbeschluß gemäß § 79 a erforderlich (*Müller*, § 95 Rdn. 9; zu den Voraussetzungen des Fortsetzungsbeschlusses vgl. Erl. zu § 79 a). Ist der Mangel nicht heilbar, kann nur eine **Neugründung** vorgenommen werden. Grundsätzlich besteht für die Mitglieder keine Pflicht, an der Heilung des Mangels bzw. an der Neugründung mitzuwirken, es sei denn, die Treuepflicht aus der Gründungsgesellschaft gebietet eine Mitwirkung.

5 Bezieht sich der Mangel auf die Bestimmungen über die Form der **Berufung** der GV, so erfolgt die Einberufung durch Einrücken in diejenigen öffentlichen Blätter, die für die Bekanntmachung der Eintragungen in das Genossenschaftsregister des Sitzes der eG bestimmt sind.

6 Betrifft der Mangel die Bestimmungen über die **Haftsumme** (§ 119), so darf durch die zur Heilung des Mangels beschlossenen Bestimmungen der Gesamtbetrag der von den einzelnen Mitgliedern übernommenen Haftung nicht vermindert werden (Beispiel: der Geschäftsanteil beträgt DM 400,–, die Haftsumme DM 300,–, so kann entweder die Haftsumme auf DM 400,– erhöht werden oder der Geschäftsanteil auf DM 300,– oder weniger herabgesetzt werden, wobei im letztgenannten Fall die Gläubigerschutzvorschrift des § 22 zu beachten ist).

7 Ist der Beschluß, durch den die Nichtigkeit geheilt wird, in das Genossenschaftsregister eingetragen worden, so gilt die eG als im Zeitpunkt ihrer **Eintragung** rechtswirksam entstanden.

## § 96
## Verfahren bei Nichtigkeitsklage

**Das Verfahren über die Klage auf Nichtigkeitserklärung und die Wirkungen des Urteils bestimmen sich nach den Vorschriften des § 51 Abs. 3 bis 5 und des § 52.**

1 Die Klage ist gegen die **eG** zu richten. Die eG wird durch den Vorstand und den Aufsichtsrat vertreten, wenn Mitglieder der eG die Klage erheben. Die eG wird durch den Aufsichtsrat vertreten, wenn der Vorstand klagt. Die eG wird durch den Vorstand vertreten, wenn der Aufsichtsrat die Klage erhebt. Die GV wird entsprechend § 39 Abs. 3 besondere Bevollmächtigte bestellen müssen, wenn Vorstand und Aufsichtsrat klagen (vgl. auch § 94 Rdn. 8).

Die **Klage** muß bei dem Landgericht erhoben werden, in dessen Bezirk die eG ihren Sitz hat. Die Erhebung der Klage sowie der Termin zur mündlichen Verhandlung sind unverzüglich von dem Vorstand in den für die Bekanntmachungen der eG bestimmten Blättern zu veröffentlichen. Mehrere Nichtigkeitsklagen sind miteinander zu verbinden. **2**

Das die Nichtigkeit aussprechende rechtskräftige Urteil hat Wirkung auch gegenüber den Mitgliedern, die nicht selbst Partei waren. Wird die Klage abgewiesen, so sind die am Rechtsstreit nicht beteiligt gewesenen Mitglieder nicht gehindert, ihrerseits Nichtigkeitsklage zu erheben. Für einen durch unbegründete Klageerhebung der eG entstandenen Schaden haften ihr die Kläger, vorausgesetzt, daß ihnen bei Erhebung der Klage eine „bösliche" Handlungsweise zur Last fällt, als Gesamtschuldner (§ 96 i. V. m. § 52). **3**

Trotz rechtskräftiger Klageabweisung kann das Registergericht ein Amtslöschungsverfahren durchführen (§§ 147 Abs. 1, 142 Abs. 1 FGG). Umgekehrt kann ein Amtslöschungsverfahren ausgesetzt werden, wenn Nichtigkeitsklage erhoben wird. **4**

## § 97

## Abwicklung der nichtigen Genossenschaft

**(1) Ist die Nichtigkeit einer Genossenschaft in das Genossenschaftsregister eingetragen, so finden zum Zweck der Abwicklung ihrer Verhältnisse die für den Fall der Auflösung geltenden Vorschriften entsprechende Anwendung.**

**(2) Die Wirksamkeit der im Namen der Genossenschaft mit Dritten vorgenommenen Rechtsgeschäfte wird durch die Nichtigkeit nicht berührt.**

**(3) Soweit die Genossen eine Haftung für die Verbindlichkeiten der Genossenschaft übernommen haben, sind sie verpflichtet, die zur Befriedigung der Gläubiger erforderlichen Beträge nach Maßgabe der Vorschriften des folgenden Abschnitts zu leisten.**

§ 97 Abs. 1 bestimmt, daß sich die eG nach **Liquidationsgrundsätzen** (§§ 83 ff) abzuwickeln hat, wenn die Nichtigkeit im Register eingetragen ist. Daraus folgt, daß der eG auch für die Zeit nach Eintragung des Löschungsvermerks Rechts- und Parteifähigkeit beizumessen ist. Dies gilt um so mehr für die Zeit vor Nichtigerklärung, und zwar sowohl für das Außenverhältnis, d. h. für das Verhältnis der eG zu dritten Personen, als auch für das Innenverhältnis, d. h. für das Verhältnis zwischen der eG und ihren Mitgliedern (*Paulick*, S. 127 f; RGZ 148, 225 = JW 1935, 2719 = BlfG 1935, 767). Daraus wiederum ergibt sich, daß aus dem Umstand allein, daß die eG mit einem Nichtigkeitsmangel behaftet war, kein Nichtigkeitsgrund **1** für die erlassenen Beschlüsse hergeleitet werden kann. Demzufolge kann auch nicht mit Erfolg geltend gemacht werden, daß für die Mitglieder eine Einzahlungspflicht niemals bestanden habe, oder daß die zu ihrer Erfüllung geleisteten Zahlungen ohne rechtlichen Grund erfolgt seien. die Mitglieder können sich auch nicht darauf berufen, daß die Nichtigkeit der Satzung (etwa wegen Nichtfestsetzung der Haftsumme) das Haftungsversprechen als Bestandteil der Satzung erfasse. Vielmehr können die Gründer und die Beigetretenen bis zur Höhe ihres Geschäftsanteils (§ 119) zur Verlustdekkung herangezogen werden. Ist eine nichtige eG im Rechtsverkehr aufgetreten, so müssen sich die an ihr Beteiligten so behandeln lassen, als seien ihre Haftungszusagen wirksam (BGHZ 7, 383 = NJW 1953, 258 = BB 1952, 901 = MDR 1953, 35 = BlfG 1952, 812 = ZfG 1953, 332).

2 § 97 Abs. 3 ist **entsprechend** anzuwenden auf Verpflichtungen, welche Mitglieder aufgrund nichtiger Beschlüsse übernommen haben (vgl. BlfG 1928, 836 und Deutsche Bausparkassenzeitschrift 1935, 127). Ist ein Beschluß, aufgrund dessen Mitglieder Verpflichtungen eingegangen sind, zwar eingetragen, aber in Wahrheit nicht gefaßt, so ist für die entsprechende Anwendung von § 97 Abs. 3 kein Raum (RGZ 125, 153).

3 § 97 bezieht sich nach dem Sachzusammenhang, in dem diese Vorschrift erscheint, nur auf den Fall, daß die Nichtigkeit der eG aufgrund eines Urteils eingetragen worden ist. Er gilt aber auch für den Fall der Löschung von Amts wegen nach **§147 FGG** (RGZ 148, 225 = JW 1935, 2719 = BlfG 1935, 767, vgl. ausführlich *Müller*, § 97 Rdn. 5 f).

4 Die Vorschrift gilt auch für den Fall, daß die nichtige eG bereits **aufgelöst** war, und deshalb in einem Registerverfahren rechtskräftig abgelehnt wurde, die in den §§ 147, 142, 143 FGG vorgesehene Löschung von Amts wegen vorzunehmen (RGZ ebd.; BGHZ 7, 383 vgl. Rdn. 2 e. E.). § 97 kommt deshalb auch zur Anwendung, wenn ein Nichtigkeitsgrund vorliegt, aber die eG bereits aufgelöst ist und sich in Liquidation befindet. Für eine Nichtigkeitsklage nach § 94 würde es in diesen Fällen an einem Rechtsschutzinteresse fehlen (RGZ 64, 193).

## Siebenter Abschnitt
## Konkursverfahren und Haftpflicht der Genossen

### § 98
### Voraussetzungen des Konkurses

**(1) Das Konkursverfahren über das Vermögen einer Genossenschaft findet statt**
**1. im Falle der Zahlungsunfähigkeit;**
**2. bei einer Genossenschaft, bei der die Genossen Nachschüsse bis zu einer Haftsumme zu leisten haben, auch in Fällen, in denen das Vermögen die Schulden nicht mehr deckt (Überschuldung) und die Überschuldung ein Viertel des Gesamtbetrages der Haftsummen aller Genossen übersteigt;**
**3. bei einer Genossenschaft, bei der die Genossen keine Nachschüsse zu leisten haben, und bei einer aufgelösten Genossenschaft auch im Falle der Überschuldung.**

**(2) Nach Auflösung der Genossenschaft ist die Eröffnung des Verfahrens so lange zulässig, als die Verteilung des Vermögens nicht vollzogen ist.**

*Übersicht*



## I. Allgemeines

1 § 98 wurde durch **Novelle 1973** neu gefaßt. Nach der Neugestaltung der Nachschußpflicht wurden § 98 Abs. 1 und § 140 in dem neuen § 98 Abs. 1 zusammengefaßt. In § 98 Abs. 1 Nr. 3 wurde dabei auch der Fall berücksichtigt, daß die Mitglieder keine Nachschüsse zu leisten haben.

2 Für eG's mit Sitz in den neuen Ländern gilt im Falle der Zahlungsunfähigkeit oder der Überschuldung die Gesamtvollstreckungsordnung (GesO) in der Neufassung v. 21. 5. 1991 (BGBl. I, 1991, 1185), geändert durch Art. 5 G v. 24. 6. 1994 (BGBl. I, 1374); ergänzend gelten die Bestimmungen der §§ 99 ff (GesO, § 1 Abs. 4). Konkursgericht ist das Kreisgericht, in dessen Bezirk die eG ihren Sitz hat (§ 1 Abs. 2 GesO). Die Unterbrechung des Gesamtvollstreckungsverfahrens regelt das Gesamtvollstreckungsverfahren-Unterbrechungsgesetz (GUG) i. d. F. der Bekanntmachung v. 23. 5. 1991 (BGBl. I, 1191).

3 Zum Konkursverfahren und zur Nachschußpflicht der Mitglieder vgl. *Schmidt*, GWW 1954, 577. Bezüglich der **Vergütung** der Konkurs- und Vergleichsverwalter, des Gläubigerausschusses und Gläubigerbeirats siehe die durch Verordnung vom 25. 5. 1960 (BGBl. I, 329) in der Fassung der 2. Verordnung vom 19. 7. 1972 (BGBl. I, 1260) erlassenen Richtlinien (vgl. auch § 103 Rdn. 5).

4 Für das Konkursverfahren einer eG ist die **Konkursordnung** (ab dem 1. 1. 1999 die **Insolvenzordnung**, BGBl. I, 1994, 2866, 2911) maßgebend, allerdings mit **drei Besonderheiten**, die das GenG bestimmt: Keine Ablehnung der Eröffnung mangels Masse, es sei denn, daß eine Nachschußpflicht der Mitglieder ausgeschlossen ist (§ 100); Pflicht des Gerichts zur Bestellung eines Gläubigerausschusses (§ 103) und Nachschußpflicht der Mitglieder (§ 105), falls diese nicht ausgeschlossen ist.

## II. Konkursfähigkeit

5 Neben der eG ist auch die bereits errichtete, aber noch nicht eingetragene Vorgenossenschaft (hierzu § 13 Rdn. 4 ff) **konkursfähig**, und zwar auch dann, wenn sie ihre Eintragung nicht mehr betreibt (so *Müller*, § 98 Rdn. 2). Dies gilt deshalb, weil eine Vorgenossenschaft, die ihre Eintragung nicht mehr betreibt, nicht zur OHG wird, wie dies bei Kapitalgesellschaften der Fall ist (BGH, WM 1965, 246).

6 Die Konkursfähigkeit **endet** erst mit Beendigung der Vermögensverteilung; dies gilt nach § 98 Abs. 2 auch bei der eG, die sich im Liquidationsstadium befindet. Die Konkursfähigkeit endet auch erst dann, wenn die Voraussetzungen einer Nachtragsabwicklung nicht mehr gegeben sind. Auch die Löschung der eG wegen Vermögenslosigkeit läßt die Konkursfähigkeit bestehen, wenn sich herausstellt, daß die eG nicht vermögenslos ist (vgl. zum Vorstehenden *Müller*, § 98 Rdn. 4 m. w. N.). Im Falle der Verschmelzung erlischt die Konkursfähigkeit der übertragenden eG mit deren Erlöschen; konkursfähig ist dann nur noch die übernehmende eG mit ihrem gesamten Vermögen (im Falle der Verschmelzung durch Neubildung die neugebildete eG).

## III. Zahlungsunfähigkeit, Überschuldung

### 1. Zahlungsunfähigkeit

7 Die Zahlungsunfähigkeit ist für **alle** eG's Konkursgrund, unabhängig von der Ausgestaltung bzw. dem Ausschluß der Nachschußpflicht. Bei der eG mit unbeschränkter Nachschußpflicht ist dies der einzige Konkurs-

grund, dies folgt mittelbar aus § 98 Abs. 1; eine solche eG kann praktisch nicht überschuldet sein.

**Zahlungsunfähig** ist die eG, wenn sie aus Mangel an flüssigen Mitteln dauernd unvermögend ist, ihre fälligen Geldschulden ganz oder im wesentlichen zu tilgen (BGH, WM 1961, 30; BGH, NJW 1962, 102; BGH, WM 1975, 6; RGZ 50, 39; 100, 65). Zahlungsunfähig ist die eG mithin, 8

– wenn sie sofort zu erfüllende **Geldverbindlichkeiten** aus Mangel an Zahlungsmitteln nicht begleichen kann. Die Nichterfüllung anderer Verbindlichkeiten stellt keinen Konkursgrund dar, selbst dann nicht, wenn sie diese sonstigen (Waren-)Verbindlichkeiten infolge Geldmangels nicht erfüllen kann. Die eG, die die Befriedigung von Gläubigern verweigert, obwohl sie ausreichende Mittel besitzt, ist nicht zahlungsunfähig. Selbst wenn eine Überschuldung (zum Begriff vgl. Rdn. 14 ff) vorliegt, ist die eG nicht zahlungsunfähig, sofern sie über den notwendigen Kredit verfügt. Anderseits kann die eG selbst bei fehlender Überschuldung zahlungsunfähig sein. 9

– wenn die Nichterfüllung der Verbindlichkeiten die **Regel** und nicht nur eine Ausnahme ist. Die Nichtrückzahlung eines einzelnen Kredits führt mithin nicht zur Zahlungsunfähigkeit im Sinne der Konkursordnung. 10

– wenn das finanzielle Unvermögen voraussichtlich von **Dauer** ist. Ein nur vorübergehender Mangel an Zahlungsmitteln **(Zahlungsstockung)** ist keine Zahlungsunfähigkeit. Die Verkehrsauffassung entscheidet, wann Zahlungsstockung vorliegt. Diese ist z. B. dann gegeben, wenn die eG unvorhergesehene größere Zahlungen erbringen muß oder bei ihr fällige Außenstände nicht pünktlich eingegangen sind. Es muß auf jeden Fall nach den wirtschaftlichen Verhältnissen der eG zu erwarten sein, daß sie demnächst über ausreichende Barmittel verfügen wird. 11

Zahlungsunfähigkeit ist immer dann anzunehmen, wenn die eG ihre Zahlungen eingestellt hat. **Zahlungseinstellung** ist dann gegeben, wenn die eG wegen eines voraussichtlich dauernden Mangels an Zahlungsmitteln, nach außen erkennbar, nicht in der Lage ist und aufhört, wenigstens den wesentlichen Teil ihrer fälligen und von Gläubigern ernsthaft eingeforderten Geldverbindlichkeiten zu berichtigen (BGH, WM 1959, 891; 1963, 511). Dies gilt auch, wenn zwar noch geringe Zahlungen geleistet, die fälligen Forderungen eines Großgläubigers jedoch nicht mehr erfüllt werden können (BGH, ZIP 1985, 363). Indizien sind: Verschleuderung von Waren, Vorräten oder anderen Gegenständen, die zur Fortsetzung des Betriebes notwendig sind, Ausgabe ungedeckter Schecks, wiederholte Wechselproteste, Nichtzahlung oder schleppende Zahlung von Löhnen, Gehältern, fälligen Steuern oder Verbindlichkeiten gegenüber Großgläubigern, wichtigen Lieferanten oder Kreditinstituten sowie die Nichtabführung von einbehaltener Lohnsteuer oder der Arbeitgeberanteile zur Sozialversicherung; dies 12 gilt insbesondere, wenn sich mehrere Vorfälle dieser Art gleichzeitig ereignen.

13 Die Zahlungsunfähigkeit darf nicht verwechselt werden mit **Vermögensunzulänglichkeit**; diese liegt bereits dann vor, wenn das Aktivvermögen zur Befriedigung sämtlicher Gläubiger nicht ausreicht.

### 2. Überschuldung

14 Bei der eG ohne Nachschußpflicht und bei der aufgelösten eG ist neben der Zahlungsunfähigkeit nach § 98 Abs. 1 Nr. 3 zusätzlich die bloße **Überschuldung** Konkursgrund. Bei der eG mit beschränkter Nachschußpflicht muß die Überschuldung zusätzlich 1/4 des Gesamtbetrags der Haftsummen aller Mitglieder übersteigen (§ 98 Abs. 1 Nr. 2). Dabei sind nur die Mitglieder zu berücksichtigen, die zu dem Zeitpunkt der Entscheidung über die Konkurseröffnung der eG angehört haben (*Müller*, § 98 Rdn. 18).

15 Überschuldung ist nicht schon vorhanden, wenn die Passiven größer sind als die Aktiven, sondern es müssen auch die Geschäftsguthaben und Reserven verloren sein; der Begriff der Überschuldung deckt sich nämlich nicht mit dem der Unterbilanz (RGStr, KuT 1936, 147 = BlfG 1936, 912). Überschuldung liegt also vor, wenn die Passiven – ohne Geschäftsguthaben und Reserven – die Aktiven (mit Geschäftsguthaben und Reserven) übersteigen. Bei der Beurteilung, ob Überschuldung vorliegt, ist nicht von den für den Jahresabschluß geltenden Bewertungsvorschriften auszugehen, sondern es sind die wahren Zeitwerte einzusetzen (HansOLG, Urteil vom 21. 10. 1986 – Az.: 9 U 88/86). Keine Überschuldung, wenn der Verkehrswert, z. B. bei Grundstücken, ausreichende stille Reserven ergibt. Es sind nur die der eG gehörenden Vermögenswerte, die zur Befriedigung der Gläubiger **verwertbar** sind, denjenigen Passiven gegenüberzustellen, die echte Verbindlichkeiten der eG sind; Passivposten, die keine Verpflichtungen gegenüber Dritten ausweisen, also nicht als Konkursforderungen geltend gemacht werden können, sind im Vermögensstatus nicht anzusetzen (*Müller*, § 98 Rdn. 15; zur Feststellung der Überschuldung vgl. *Hefermehl*, in: Geßler, u. a., AktG, § 92 Rdn. 17–19).

16 Ist die Fortführung des Unternehmens nicht mehr sinnvoll, sind nur die **Aktiva** zu berücksichtigen, die im Falle der Konkurseröffnung zur Konkursmasse gehören; als Wert ist der Erlös anzusetzen, der bei ihrer Verwertung voraussichtlich zu erzielen sein wird (Zeitwerte, HansOLG, Urteil vom 21. 10. 1986 – Az.: 9 U 788/86; vgl. *Müller*, § 98 Rdn. 16 m. w. N.). Zu den Aktiva zählen auch die Regreßansprüche der eG (z. B. §§ 34, 35, 41, 52, 89) sowie die Einzahlungsansprüche. Die Nachschußansprüche der eG gegenüber ihren Mitgliedern sind jedoch nicht Vermögen im Sinne dieser

Vorschrift. Bietet sich die Fortführung des Unternehmens jedoch an, sind alle Vermögenswerte einzusetzen, die sich auf der Grundlage der Fortführung des Unternehmens ergeben; hierzu können auch Werte zählen, die in der Jahresbilanz nicht aktivierungsfähig sind (*Hirtz*, S. 43 ff, 71 ff sowie *Müller*, § 98 Rdn. 16).

Zu den **Passiva** gehören alle Verbindlichkeiten, die von Dritten als Konkursforderungen geltend gemacht werden können; dies gilt auch für Rückstellungen, z. B. für Pensionszusagen sowie für Ansprüche der Mitglieder aus dem Kundenverhältnis. **17**

Kommt die Überschuldung auf andere Weise als durch die **Bilanz** zur Kenntnis des Vorstands und Aufsichtsrats, so erfordert es die Sorgfalt eines ordentlichen und gewissenhaften Vorstands bzw. Aufsichtsrats einer eG, daß alsbald eine ordentliche Bilanz aufgestellt wird. Auch eine sachlich unrichtige Bilanz, aus der der Vorstand oder die Liquidatoren die Überschuldung erkennen, verpflichtet zum Konkursantrag nach § 99 (vgl. auch RGZ 80, 109; RGStr 44, 51; 61, 291). Schließt die Bilanz fälschlich mit Überschuldung ab, so besteht keine Antragspflicht (RGStr 46, 99). Ergibt die Bilanz, daß nur ein Verlust besteht, der durch die Hälfte des Gesamtbetrags der Geschäftsguthaben und durch die Reservefonds nicht gedeckt ist, so hat der Vorstand gleichwohl nach § 33 Abs. 3 unverzüglich die GV einzuberufen und ihr dies anzuzeigen. **18**

Die **Abwendung des Konkurses** ist möglich durch eine Erhöhung des Geschäftsanteils (§ 16; AG Mainz, Az.: 10 C 360/85) oder durch ein gerichtliches Vergleichsverfahren (§ 111 VerglO), das auch noch nach Auflösung der eG zulässig ist (§ 99). **19**

## § 99

## Pflichten des Vorstands bei Zahlungsunfähigkeit

**(1) Wird die Genossenschaft zahlungsunfähig, so hat der Vorstand, bei einer aufgelösten Genossenschaft der Liquidator, ohne schuldhaftes Zögern, spätestens aber drei Wochen nach Eintritt der Zahlungsunfähigkeit, die Eröffnung des Konkursverfahrens oder die Eröffnung des gerichtlichen Vergleichsverfahrens zu beantragen. Dies gilt sinngemäß, wenn sich bei Aufstellung des Jahresabschlusses oder einer Zwischenbilanz ergibt oder bei pflichtmäßigem Ermessen anzunehmen ist, daß eine Überschuldung besteht, die für die Genossenschaft Konkursgrund nach § 98 Abs. 1 ist. Der Antrag ist nicht schuldhaft verzögert, wenn der Vorstand die Eröffnung des gerichtlichen Vergleichsverfahrens mit der Sorgfalt eines ordentlichen und gewissenhaften Geschäftsleiters einer Genossenschaft betreibt.**

**(2) Der Vorstand darf keine Zahlung mehr leisten, sobald die Genossenschaft zahlungsunfähig geworden ist oder sich eine Überschuldung ergeben hat, die für die Genossenschaft Konkursgrund nach § 98 Abs. 1 ist. Dies gilt nicht für Zahlungen, die auch nach diesem Zeitpunkt mit der Sorgfalt eines ordentlichen und gewissenhaften Geschäftsleiters einer Genossenschaft vereinbar sind.**

*Übersicht*



## I. Allgemeines

1 § 99 wurde durch **Novelle 1973** neu gefaßt. Die Vorschrift regelt im wesentlichen die Verpflichtung des Vorstands bzw. des Liquidators, die Eröffnung des Konkursverfahrens oder des gerichtlichen Vergleichsverfahrens zu beantragen.

## II. Pflichten, Regularien

2 Zwar spricht § 99 vom Vorstand, **antragsberechtigt** und **antragspflichtig** sind jedoch auch jedes einzelne Vorstandsmitglied, gleichviel ob Einzel- oder Gesamtvertretung besteht (§ 100 Abs. 1) sowie jeder einzelne Liquidator (§ 208 Abs. 1 KO). Die Antragspflicht des einzelnen Mitglieds ist zur Vermeidung zivil- und strafrechtlicher Verantwortlichkeit insbesondere dann wichtig, wenn der Gesamtvorstand sich weigert, die Konkurseröffnung zu beantragen. Antragsberechtigt sind außerdem die Konkursgläubiger.

3 Die **Eröffnung des** konkursabwehrenden **Vergleichsverfahrens** kann hingegen nur vom Vorstand, nicht dagegen von jedem einzelnen Mitglied beantragt werden (§ 2 Abs. 1 VerglO); die Mitwirkung von soviel Vorstandsmitgliedern, die satzungsgemäß zur gesetzlichen Vertretung befugt sind, genügt (wie hier *Müller*, § 100 Rdn. 2; *Mertens*, Kölner Komm. zum AktG, § 82 Rdn. 26; *Böhle/Stamschräder*, VerglO, § 108 Anm. 2; a. A. *Meyer/Meulenbergh/Beuthien*, § 100 Rdn. 1 unter Hinweis auf die Haftungsfolgen des § 34 Abs. 2 bei schuldhaft verzögertem Vergleichsantrag).

4 Für **Kreditgenossenschaften** gilt die Sonderregelung des § 46 b KWG: an die Stelle der Antragspflicht nach § 99 Abs. 1 GenG tritt die Pflicht, die Zahlungsunfähigkeit oder Überschuldung dem Bundesaufsichtsamt für das

Kreditwesen anzuzeigen. Der Antrag auf Konkurseröffnung kann dann vom Bundesaufsichtsamt gestellt werden (§ 46 b Satz 3 KWG).

Der Antrag auf Eröffnung des Konkursverfahrens **muß** vom Vorstand **5**
auch dann gestellt werden, wenn bereits ein Gläubiger der eG den Antrag gestellt hat (vgl. hierzu BGH, BB 1957, 273; so auch *Müller*, § 99 Rdn. 7 und *Meyer/Meulenbergh/Beuthien*, § 99 Rdn. 2 jeweils mit der Begründung, der Gläubiger könne seinen Antrag bis zu dem Zeitpunkt, zu dem der Eröffnungsbeschluß nach außen in Erscheinung getreten sei, jederzeit zurücknehmen).

Der Vorstand kann nicht durch einen Beschluß der GV von seiner **6**
Antragspflicht befreit werden (RGZ 72, 289), erst recht nicht durch einen Beschluß des Aufsichtsrats. Auch die Amtsniederlegung im Zusammenhang mit dem wirtschaftlichen Zusammenbruch befreit nicht von der Antragspflicht. Auch die Gläubiger können nicht von der Antragspflicht befreit werden. Der Vorstand kann jedoch bei vorliegender Zahlungsunfähigkeit – nicht im Falle der Überschuldung – dadurch von seiner Antragspflicht **befreit** werden, daß sämtliche Gläubiger mit einer Hinausschiebung der Konkursanmeldung einverstanden sind; denn hierin liegt eine Stundung, die die Zahlungsunfähigkeit vorläufig beseitigt (a. A. *Müller*, § 99 Rdn. 6, der allerdings keine Begründung gibt). Vorstehendes gilt auch für den Liquidator. Im Liquidationsverfahren kann im übrigen durch Maßnahmen nach § 87 a eine Zahlungsunfähigkeit vermieden oder aufgehoben werden.

Schließt die Bilanz fälschlich mit einer Überschuldung ab, so besteht **7**
**keine Antragspflicht** (RGStr 46, 99). Ist aufgrund des sonstigen äußeren Erscheinungsbildes bei pflichtgemäßem Ermessen eine Überschuldung anzunehmen, ohne daß sie aber tatsächlich vorliegt, ist ebenfalls eine Antragspflicht nicht begründet (*Müller*, § 99 Rdn. 3 a. E.).

Der **Konkursantrag** ist bei dem nach § 71 KO zuständigen Amtsgericht **8**
zu stellen. Ihm ist ein Verzeichnis der Gläubiger und Schuldner sowie eine Übersicht der Vermögensmasse beizufügen, notfalls ohne Verzug nachzureichen (§ 104 KO).

## III. Frist, schuldhaftes Zögern

Wird die eG zahlungsunfähig oder tritt eine Überschuldung ein, die für **9**
die eG Konkursgrund nach § 98 Abs. 1 ist, so hat der Vorstand/Liquidator ohne schuldhaftes Zögern, spätestens aber **3 Wochen** nach Kenntniserlangung vom Eintritt der Zahlungsunfähigkeit oder der Überschuldung im Sinne von § 98 Abs. 1 die Eröffnung des Konkurs- oder des gerichtlichen Vergleichsverfahrens zu beantragen (BGH, DB 1961, 569; so auch *Meyer/Meulenbergh/Beuthien*, § 99 Rdn. 3; *Meyer-Landrut*, in: Großkomm.

AktG, § 92 Anm. 8; *Mertens*, in: Kölner Komm. AktG, § 92 Anm. 20; *Hefermehl*, in: Geßler u. a., AktG, § 92 Rdn. 20; *Baumbach/ Hueck*, AktG, § 92 Rdn. 7; abweichend *Müller*, § 99 Rdn. 3, der für den Fristbeginn auf die Erkennbarkeit abstellt). Beruht die Unkenntnis auf Verschulden, so sind die Vorstandsmitglieder nach § 34 Abs. 2 schadensersatzpflichtig.

**10** Die Frist für die Antragstellung **endet** zu dem Zeitpunkt, zu dem die Entscheidung über die Antragstellung abschließend getroffen werden kann (*Meyer/Meulenbergh/Beuthien*, § 99 Rdn. 3), spätestens jedoch 3 Wochen nach Kenntniserlangung vom Eintritt der Zahlungsunfähigkeit oder Überschuldung (*Schubert/Steder*, § 99 Rdn 3; *Müller*, § 99 Rdn. 3). Sie darf nicht voll ausgenutzt werden, wenn der Antrag schon früher gestellt werden kann.

**11** Wie sich aus Abs. 1 Satz 3 ergibt, liegt ein **schuldhaftes Verzögern** nicht vor, wenn der Vorstand die Eröffnung des gerichtlichen Vergleichsverfahrens mit der Sorgfalt eines ordentlichen und gewissenhaften Geschäftsleiters einer eG betreibt. Auch hier muß jedoch der Antrag spätestens 3 Wochen nach Kenntnis der Zahlungsunfähigkeit oder Überschuldung gestellt werden (*Müller*, § 99 Rdn. 4; *Hefermehl*, in: Geßler u. a. AktG, § 92 Rdn. 20; *Meyer-Landrut*, in: Großkomm. AktG, § 92 Anm. 8; a. A. *Mertens*, in: Kölner Komm. AktG, § 92 Anm. 21, der in diesem Falle ein Überschreiten der 3-Wochen-Frist für zulässig erachtet). Ein schuldhaftes Verzögern liegt mithin nicht vor, wenn der Vorstand sich sofort ernsthaft bemüht, die Zahlungsunfähigkeit durch Verhandeln mit den Gläubigern über ein Moratorium oder durch Kreditbeschaffung zu beseitigen, es sei denn, daß derartige Sanierungsversuche unter den gegebenen Umständen überhaupt aussichtslos erscheinen (RG, BlfG 1936, 912; zum Spannungsfeld der Antragspflicht und der Sanierungsbemühungen vgl. BGHZ 75, 107 ff). Schuldhaftes Zögern liegt mithin vor, wenn der Vorstand von einem Antrag noch absieht, obwohl ein ordentlicher und gewissenhafter Vorstand ihn bereits hätte stellen müssen.

**12** Abs. 1 Satz 3 regelt nach seinem Wortlaut nur, unter welchen Voraussetzungen der Vorstand den Antrag auf Eröffnung des gerichtlichen Vergleichsverfahrens nicht schuldhaft verzögert. Abs. 1 Satz 3 betrifft jedoch auch den **Liquidator**. Dies kann aus der Amtlichen Begründung (BT-Drucks. 7/97, 30) gefolgert werden. Darin ist u. a. ausgeführt: „Die Verpflichtung des Liquidators, gegebenenfalls die Eröffnung des Konkursverfahrens oder des gerichtlichen Vergleichsverfahrens zu beantragen, ergibt sich künftig aus dem neuen § 99 Abs. 1. Damit erübrigt sich § 118 Abs. 1." In dem durch Novelle 1973 u. a. aufgehobene § 118 Abs. 1 war jedoch nicht nur die Antragspflicht des Liquidators, sondern auch der Fall geregelt, unter welchen Voraussetzungen der Liquidator den Antrag auf Eröffnung des gerichtlichen Vergleichsverfahrens nicht schuldhaft verzögert. Es kann sich deshalb nur um ein redaktionelles Versehen des Gesetzgebers handeln, wenn der Liquidator in § 99 Abs. 1 Satz 3 nicht erwähnt wird.

## IV. Wahl zwischen Konkurs- oder Vergleichsantrag

Es bleibt grundsätzlich dem **pflichtmäßigen Ermessen** des Vorstands überlassen, ob er die Eröffnung des Konkurs- oder des gerichtlichen Vergleichsverfahrens beantragt. Ist jedoch davon auszugehen, daß die Eröffnung eines Vergleichsverfahrens nicht mehr in Betracht kommt, muß der Vorstand unverzüglich die Eröffnung des Konkursverfahrens beantragen (§207 KO; *Hefermehl*, in: Geßler, AktG, § 92 Rdn. 21). Kann jedoch davon ausgegangen werden, daß ein Vergleichsverfahren Aussicht auf Erfolg hat, muß der Vorstand ein Vergleichsverfahren beantragen (*Müller*, § 99 Rdn. 5; *Mertens*, in: Kölner Komm. AktG, § 92 Rdn. 22). Im übrigen ist jeder Vergleichsantrag zugleich ein bedingter Konkursantrag (§§ 19, 80, 101 VerglO). **13**

## V. Rechtsfolgen bei Pflichtverstoß

Die schuldhafte Verletzung der Antragspflichten ist gemäß § 148 Abs. 1 Ziff. 2, Abs. 2 **strafbar**. **14**

Verletzen Vorstandsmitglieder/Liquidatoren schuldhaft ihre Antragspflichten, machen sie sich gegenüber der eG nach § 34 ggfs. **schadensersatzpflichtig**. **15**

Eine **Schadensersatzpflicht** kann sich auch aus § 823 Abs. 2 BGB ergeben, da § 99 Abs. 1 ein Schutzgesetz im Sinne des § 823 Abs. 2 BGB zugunsten der Mitglieder (hinsichtlich einer erhöhten Nachschußpflicht) und der Gläubiger der eG ist; zu dem geschützten Personenkreis zählen auch diejenigen, die erst nach dem Zeitpunkt, in dem der Antrag auf Eröffnung des Konkursverfahrens hätte gestellt werden müssen, Mitglied oder Gläubiger der eG geworden sind (vgl. BGHZ 29, 107; *Müller*, § 99 Rdn. 8; *Hefermehl*, in: Geßler u. a., AktG, § 92 Rdn. 24 m. w. N.). § 99 soll eine Verminderung der Konkursmasse verhindern (vgl. BGHZ 29, 107; BAG, NJW 1975, 710). Der Schaden der Gläubiger liegt also nur in der aufgrund der Verzögerung oder Unterlassung des Antrags nicht auf sie entfallenden höheren Quote gegenüber der tatsächlichen Quote, nicht hingegen in den etwaigen weiteren Kredithingaben (*Meyer/Meulenbergh/Beuthien*, § 99 Rdn. 4). Daneben können sich u. U. Ansprüche für den vorgenannten Personenkreis und zwar auch hinsichtlich etwaiger weiterer Kredithingaben aus § 823 Abs. 2 BGB in Verbindung mit § 263 StGB und aus § 826 BGB ergeben (BGHZ 29, 100 ff). Anspruchsgegner sind jeweils die **Vorstandsmitglieder/Liqui-** **16**

**datoren**, die schuldhaft ihre Antragspflichten verletzt haben, da sich § 99 an sie unmittelbar wendet.

17 Den **Aufsichtsrat** trifft zwar keine Antragspflicht. Er ist jedoch aufgrund seiner Aufsichtspflichten gehalten, dafür zu sorgen, daß der Vorstand den erforderlichen Konkurs- oder Vergleichsantrag stellt. Unterlassen Aufsichtsratsmitglieder schuldhaft dieses Einwirken, machen sie sich u. U. schadensersatzpflichtig nach §§ 41, 34 GenG.

## VI. Zahlungsverbot

18 Abs. 2 gilt auch für den Liquidator, wie sich aus § 89 in Verbindung mit § 34 Abs. 3 Nr. 4 ergibt. Das **Zahlungsverbot** gilt von dem Zeitpunkt an, in dem der Vorstand das Bestehen des Konkursgrundes erkannt hat (abweichend *Müller*, § 99 Rdn. 12, der auf den Zeitpunkt des Erkennenkönnens abstellt). Das Zahlungsverbot bezieht sich auch auf öffentliche Angaben (z. B. Steuern), jedoch nicht auf andere Leistungen als Geldleistungen; es bezieht sich auch nicht auf Zahlungen mit Mitteln, die dem Vorstand von dritter Seite zur Verfügung gestellt worden sind (*Hefermehl*, in: Geßler u. a., AktG, § 92 Rdn. 27 m. w. N.). Darunter fallen insbesond. auch durchlaufende Posten (*Müller*, § 99 Rdn. 12). Dem Sinn und Zweck des Zahlungsverbots entspricht es, daß der Vorstand alle Mitarbeiter anweist, Zahlungen zu stoppen und daß alle Daueraufträge und Abbuchungsermächtigungen sofort widerrufen werden (*Müller*, § 99 Rdn. 12). Das Zahlungsverbot gilt auch für geringe Forderungen von wenigen DM.

19 Vom Zahlungsverbot sind die **Zahlungen** ausgenommen, die auch nach diesem Zeitpunkt mit der Sorgfalt eines ordentlichen und gewissenhaften Geschäftsleiters einer eG vereinbar sind. Hierbei kommt es jeweils auf die konkreten Umstände des Einzelfalles an. Dies können, insbesondere wenn die Fortführung des Unternehmens möglich erscheint, Löhne und Gehälter, Mieten, Steuern, Gebühren für Gas- und Elektrizität sein. Hierzu können auch Zahlungen zählen, die der Erhaltung der Vermögenswerte dienen, da dies im Interesse der Gläubiger liegt.

## VII. Rechtsfolgen bei Verstoß gegen das Zahlungsverbot

20 Verstoßen Vorstandsmitglieder/Liquidatoren schuldhaft gegen das Zahlungsverbot, machen sie sich der eG gegenüber **schadensersatzpflichtig** nach § 34 Abs. 3 Ziff. 4 bzw. § 89 i. V. m. § 34 Abs. 3 Ziff. 4 in Höhe des ausgezahlten Betrags abzüglich der sonst erzielten Konkursquote.

21 **Gläubiger der eG** können in diesem Fall nach Maßgabe des § 34 Abs. 5 den Schadensersatzanspruch der eG gegenüber den Vorstandsmitglie-

dern/Liquidatoren geltend machen (vgl. die dortigen Erläuterungen). Der Schaden ist die Differenz zwischen tatsächlicher und sonst gezahlter Quote.

Im übrigen bestehen ggfs. für die **Mitglieder** (in Höhe der Differenz zwischen tatsächlicher und sonst zu zahlender Nachschußpflicht) und die **Gläubiger der eG** Schadensersatzansprüche gegen diese Vorstandsmitglieder/Liquidatoren aus § 823 Abs. 2 BGB, da § 99 Abs. 2 ebenfalls ein Schutzgesetz zugunsten dieses Personenkreises ist. **22**

## § 100
## Antragsrecht der Vorstandsmitglieder

**(1) Zu dem Antrag auf Eröffnung des Verfahrens ist außer den Konkursgläubigern jedes Mitglied des Vorstands berechtigt.**

**(2) Wird der Antrag nicht von allen Mitgliedern gestellt, so ist derselbe zuzulassen, wenn die ihn begründenden Tatsachen (§ 98) glaubhaft gemacht werden. Das Gericht hat die übrigen Mitglieder nach Maßgabe der Konkursordnung § 105 Abs. 2, 3 zu hören.**

**(3) Der Eröffnungsantrag kann nicht aus dem Grunde abgewiesen werden, daß eine den Kosten des Verfahrens entsprechende Konkursmasse nicht vorhanden sei.**

### I. Antragsberechtigter Personenkreis

Zur Frage, wer **berechtigt** ist, den Antrag auf Eröffnung des Konkursverfahrens zu stellen, vgl. § 99 Rdn. 2, 4. Das Antragsrecht des einzelnen Vorstandsmitglieds kann durch die Satzung weder aufgehoben noch beschränkt werden (*Müller*, § 100 Rdn. 1). Abs. 1 bezieht sich nicht auf den Antrag auf Eröffnung des Vergleichsverfahrens, da dieser gemäß § 2 Abs. 1 VerglO nur von der eG gestellt werden kann (vgl. § 99 Rdn. 3). **1**

**Nicht antragsberechtigt** sind der Aufsichtsrat und die GV (vgl. auch RGZ 36, 30); jedoch hat der Aufsichtsrat darüber zu wachen, daß der Vorstand den Konkursantrag stellt (RG, KuT 1933, 61). Das einzelne Mitglied der eG hat nur in seiner Eigenschaft als Konkursgläubiger, z. B. aus Darlehensforderungen, aus Ansprüchen auf Gewinnanteil, auf Rückzahlung des Überschusses nach Herabsetzung des Geschäftsanteils, ein Antragsrecht nach Abs. 1. Dagegen gehört das Geschäftsguthaben zur Konkursmasse und dient den Gläubigern als Deckung; insoweit sind die Mitglieder nicht Konkursgläubiger. **2**

Der Antrag eines einzelnen Vorstandsmitglieds bleibt auch nach **Ausscheiden** aus dem Amt bestehen; gleiches gilt für die Befugnis zur Rücknahme des Antrags sowie hinsichtlich der Beschwerdebefugnis nach § 109 KO (*Müller*, § 100 Rdn. 3–5). **3**

4 Im übrigen hat der **Vorstand** die Beschwerdebefugnis selbst dann, wenn er den Antrag gestellt hat und der Eröffnungsbeschluß ergangen ist; er verliert die Beschwerdebefugnis nicht durch die Auflösung der eG.

5 Wird dem Antrag eines **Gläubigers** entsprochen und legt der Vorstand nach § 109 KO Beschwerde ein, so trägt die eG deren Kosten (KG, BlfG 1907, 202).

6 Glaubhaftmachung ist stets erforderlich, wenn nicht alle Vorstandsmitglieder den Antrag gestellt haben, also auch im Falle der Einzelvertretung bzw. der unechten Gesamtvertretung (zum Begriff vgl. § 25 Rdn. 5). Was unter **Glaubhaftmachung** (Abs. 2 Satz 1) zu verstehen ist, ergibt sich aus § 294 ZPO. Es können alle Beweismittel und die Versicherung an Eides Statt verwendet werden; auch können schriftliche Zeugenaussagen verwertet werden (*Thomas/Putzo*, ZPO, § 294 Anm. 1). Zur Glaubhaftmachung der Zahlungsunfähigkeit können z. B. Protokolle über ergebnislose Pfändungen oder Wechselproteste verwertet werden, hinsichtlich der Überschuldung die Abschrift einer Bilanz vorgelegt werden (*Müller*, § 100 Rdn. 8). Alle Beweismittel müssen jedoch sofort verfügbar sein (*Baumbach/Lauterbach*, ZPO, § 294 Anm. 4).

7 Das Gericht ist zur **Anhörung** aller Vorstandsmitglieder verpflichtet, die nicht bei der Antragstellung mitgewirkt haben. Wurde der Antrag von einem Gläubiger der eG gestellt, sind alle Vorstandsmitglieder zu hören (*Müller*, § 100 Rdn. 10). Jedes Vorstandsmitglied, das nicht angehört wurde, kann gegen den Eröffnungsbeschluß sofortige Beschwerde nach § 109 KO einlegen. (*Böhle/Stamschräder/Kilger*, KO, § 208 Anm. 3; *Mentzel/Kuhn*, KO, § 2098 Rdn. 2 m. w. N.; a. A. *Meyer/Meulenbergh/Beuthien*; § 100 Rdn. 4; *Müller*, § 100 Rdn. 6), es sei denn, die unterbliebene Anhörung hat ihre Begründung in § 105 Abs. 3 KO. Dies ist daraus zu folgern, daß ein Organmitglied, das von Gesetzes wegen den Förderauftrag zu beachten hat, im Interesse der Mitglieder in der Lage sein muß, sich gegen den Eröffnungsbeschluß zu wehren, wenn es zu der Überzeugung gelangt, Konkursreife sie nicht gegeben. Der Eröffnungsbeschluß ist aufzuheben; die Anhörung kann nicht in der Beschwerdeinstanz nachgeholt werden (OLG Düsseldorf, KTS 1959, 175).

## II. Keine Abweisung mangels Masse

8 Nach Abs. 3 kann die Eröffnung des Konkursverfahrens vom Konkursgericht **nicht** mangels einer die Kosten des Verfahrens deckenden Masse **abgelehnt** werden. § 107 KO gilt hier also nicht. Dies gilt deshalb, weil damit zu rechnen ist, daß die Verfahrenskosten aus den Nachschüssen der Mitglieder gedeckt werden können (vgl. *Paulick*, S. 343). Aus diesem Motiv für die gesetzliche Regelung folgt, daß § 100 Abs. 3 gegenstandslos und die

Abweisung des Konkursantrags mangels Masse zulässig ist, wenn eine Nachschußpflicht der Mitglieder nicht besteht (wie hier *Moorbutter,* KTS 1975, 56; *Müller,* § 100 Rdn. 16; *Meyer/Meulenbergh/Beuthien,* § 100 Rdn. 3; a. A. *Schubert/Steder,* § 100 Rdn. 3). Wird der Konkursantrag in diesem Fall mangels Masse nach § 107 KO abgelehnt, ist die eG mit der Rechtskraft dieses Beschlusses entsprechend § 262 Abs. 1 Nr. 4 AktG aufgelöst (*Müller,* § 100 Rdn. 16). Die Auflösung ist von Amts wegen in das Genossenschaftsregister einzutragen. Jedoch kann das Vergleichsverfahren mangels Masse abgelehnt werden (§ 17 Nr. 6 VerglO), da die Mitglieder im Vergleichsverfahren nicht zu Nachschüssen herangezogen werden können (*Meyer/Meulenbergh/Beuthien,* § 100 Rdn. 3).

Im übrigen kann nach § 204 KO das Konkursverfahren stets **eingestellt** **9**
werden, wenn sich herausstellt, daß auch unter Berücksichtigung der Nachschüsse der Mitglieder eine kostendeckende Konkursmasse nicht vorhanden ist (*Paulick,* S. 353; *Schubert/Steder,* § 100, Rdn. 3).

## § 101
## Auflösung durch Konkurseröffnung

**Durch die Eröffnung des Konkursverfahrens wird die Genossenschaft aufgelöst.**

Die Auflösung ist bis zur Rechtskraft des Eröffnungsbeschlusses auflö- **1**
send bedingt; wird der Eröffnungsbeschluß im Beschwerdeverfahren aufgehoben, **entfällt** die Auflösung rückwirkend (*Schubert/Steder,* § 101 Rdn. 1). Die zwischenzeitlich vom Konkursverwalter vorgenommenen Rechtshandlungen bleiben jedoch wirksam (vgl. BGHZ 30, 175; RGZ 136, 99; *Meyer/Meulenbergh/Beuthien,* § 101 Rdn. 1; *Müller,* § 101 Rdn. 1).

Für die Auflösung gelten die **allgemeinen** Vorschriften mit der Maß- **2**
gabe, daß die Sondervorschriften für das Konkursverfahren an die Stelle der Vorschriften für das Liquidationsverfahren treten (wegen der Pflichtmitgliedschaft in einem Prüfungsverband vgl. Erl. zu § 64 c). Die gesetzliche Pflichtprüfung bleibt – wie sich aus § 64 c ergibt – auch im Konkurs (wie in der Liquidation) bestehen (OVG Berlin GWW 3/83). Die Prüfungskosten sind Masseschulden i. S. v. § 59 Abs. 1 Ziff. 1 KO. Allerdings gelten die §§ 78 ff, wenn nach Beendigung des Konkursverfahrens die eG als Liquidationsgenossenschaft fortbesteht und etwa noch vorhandene Vermögenswerte abwickelt (vgl. RGZ 134, 94; KG, JW 1983, 1825; *Schubert/Steder,* § 101 Rdn. 2). Dies gilt auch, wenn nach Löschung im Genossenschaftsregister weitere Abwicklungsmaßnahmen notwendig werden; die Vertretungsbefugnis der früheren Liquidatoren lebt nicht wieder auf, es bedarf einer Neubestellung (BGHZ 53, 264).

3 Die **Organe** der eG bleiben in der zu diesem Zeitpunkt gegebenen Zusammensetzung bestehen und nehmen die Rechte der eG wahr (RGZ 14, 418). Der Vorstand ist zur Auskunftserteilung (§ 100 KO), zur Abgabe der eidestattlichen Versicherung (§ 125 KO) verpflichtet. Er hat sich über die angemeldeten Forderungen zu erklären (§ 141 Abs. 2 KO) sowie über die Vorschuß- und Nachschußberechnung (§§ 108, 114 GenG). Er hat den Konkursverwalter zu unterstützen (§ 117 GenG). Er kann gegen den Eröffnungsbeschluß Beschwerde einlegen (§ 109 KO), im Prüfungstermin angemeldete Forderungen bestreiten (§§ 144, 165 KO, 115 GenG). Er kann Anträge nach §§ 121 Abs. 2, 160, 165, 180, 182 Abs. 2 KO stellen und Einwendungen gegen das Schlußverzeichnis und die Schlußrechnung erheben (§§ 151, 158, 162 KO). Der Aufsichtsrat behält ebenfalls in den Grenzen des § 6 Abs. 2 KO seine gesetzlichen und satzungsmäßigen Befugnisse. Diesen Organen obliegt auch die Liquidation, wenn es zu derselben noch kommt. Befand sich die eG im Zeitpunkt der Konkurseröffnung bereits in Liquidation, bleiben die Liquidatoren als solche im Amt.

4 Allerdings geht in jedem Fall die Verwaltung und Vertretung uneingeschränkt auf den **Konkursverwalter** über (§ 6 KO). Insbesond. ist er nicht an statutarische Beschränkungen gebunden (z. B. Mitwirkung des Aufsichtsrats für bestimmte Geschäfte) bzw. unterliegt er nicht der Kontrolle durch den Aufsichtsrat (*Müller*, § 101 Rdn. 3). Andererseits kann er Vorstands- und Aufsichtsratsmitglieder weder abberufen noch bestellen noch ihnen Entlastung erteilen bzw diese verweigern; es verbleibt insoweit bei den satzungsmäßigen Zuständigkeiten (*Müller*, § 101 Rdn. 5). Für die Abberufung und evtl. Neubestellung von Vorstandsmitgliedern und Aufsichtsratsmitgliedern vgl. § 104. Allerdings bedeutet die Entlastung durch die GV nicht einen Verzicht auf evtl. Schadensersatzansprüche. Hinsichtlich der Rechtsstellung der Mitglieder vgl. Erl. zu § 105.

5 Generell kann gesagt werden, daß die Organe der eG nicht mehr zuständig sind für Rechtsakte, die **Auswirkungen auf die Konkursmasse** haben. Die GV kann mithin weder nach § 87 b einen Beschluß über die Erhöhung des Geschäftsanteils oder der Haftsumme fassen (*Schubert/Steder*, § 101 Rz. 6) noch einen Beschluß über die Herabsetzung herbeiführen (vgl. RGZ 138, 77). Satzungsänderungen, die die Konkursmasse nicht berühren, sind hingegen möglich.

6 Der Konkursverwalter kann gegen GV-Beschlüsse Anfechtungs- und Nichtigkeits**klage** erheben, soweit der betreffende Beschluß die Konkursmasse berührt (vgl. BGHZ 32, 121; *Müller*, § 101 Rdn. 6 m. w. N.) bzw. in schwebende Prozesse eintreten.

7 Auch kann der Konkursverwalter nach § 22 KO das Dienstverhältnis der Vorstandsmitglieder unter Einhaltung der gesetzlichen oder einer vertraglich vereinbarten kürzeren Kündigungsfrist **kündigen**; ihre Organstel-

lung wird hierdurch jedoch nicht beendet (*Müller*, § 101 Rdn. 13; *Schubert/Steder*, § 101 Rdn. 4). Rückständige Vergütungsansprüche der Vorstandsmitglieder sind einfache Konkursforderungen gemäß § 61 Abs. 1 Nr. 6 KO, ein Vorrecht nach § 61 Abs. 1 Nr. 1 KO besteht nicht (vgl. RGZ 120, 302; 150, 99; BGHZ 41, 288; OLG Stuttgart, BB 1951, 82), da es bei Vorstandsmitgliedern an der sozialen Abhängigkeit fehlt (vgl. BGH, BB 1955, 552 NJW 1955, 1147). Vergütungsansprüche für die Zeit nach der Konkurseröffnung sind Masseschulden gemäß § 59 Nr. 2 KO. Der Konkursverwalter ist analog § 87 Abs. 2 AktG befugt, die Vergütung der Vorstandsmitglieder herabzusetzen, wenn im Hinblick auf die Konkursmasse die Geltendmachung der Vergütung in voller Höhe als rechtsmißbräuchlich qualifiziert werden müßte (*Müller*, § 101 Rdn. 13; *Meyer/Meulenbergh/Beuthien*, § 101 Rdn. 5).

Zur **Konkursmasse** gehört das gesamte der Zwangsvollstreckung unterliegende Vermögen der eG zur Zeit der Konkurseröffnung. Hierzu zählen auch die rückständigen Pflichteinzahlungen, die vom Konkursverwalter einzuziehen sind (RGZ 135, 55; 141, 232; sowie die Erl. zu § 105). Gleiches gilt hinsichtlich der Nachzahlungen ausscheidender Mitglieder gemäß § 73 Abs. 2. Hat ein Mitglied entgegen § 15 b mehrere Geschäftsanteile gezeichnet, ohne diese – bis auf den letzten – voll eingezahlt zu haben, so ist das Mitglied mit der Volleinzahlung dieser Geschäftsanteile im Rückstand; hinsichtlich des letzten Geschäftsanteils gilt die entsprechende Satzungsregelung. Hingegen können die nach Konkurseröffnung fällig werdenden Einzahlungen auf die Pflichtanteile bzw. den zuletzt neu übernommenen Geschäftsanteil nicht mehr eingefordert werden (vgl. RGZ 73, 410; 117, 120; BGH, DB 1986, 474 sowie die Erl. zu § 105). Zur Konkursmasse kann auch die Sachfirma der eG gehören, wenn sie einen Wert darstellt. Zur Konkursmasse gehört nicht der Vermögenserwerb nach Konkurseröffnung (sog. Neuerwerb). **8**

## § 102
## Eintragung der Konkurseröffnung

**Die Eröffnung des Konkursverfahrens ist unverzüglich in das Genossenschaftsregister einzutragen. Die Eintragung wird nicht bekanntgemacht.**

Die Eintragung erfolgt von **Amts** wegen. Ein Antrag seitens des Vorstands oder des Liquidators ist nicht erforderlich (§ 20 Abs. 2 GenRegVO). **1**

Die Eintragung erfolgt aufgrund einer **Mitteilung** der Geschäftsstelle des Konkursgerichts an das Registergericht des Sitzes (§ 10) der eG (§ 112 KO). **2**

3 Hat das Registergericht am Sitz der Hauptniederlassung die Eintragung vorgenommen (§ 20 Abs. 1 Nr. 2 GenRegVO), hat es dies nach § 14 a Abs. 3 und 5 den Registergerichten der **Zweigniederlassungen** von Amts wegen mitzuteilen, die sodann ebenfalls von Amts wegen die Eintragung in ihr Register vornehmen.

4 Gemäß § 3 Abs. 1 GenRegVO sind von der Eintragung der Vorstand bzw. die Liquidatoren zu **benachrichtigen**.

5 Die Eintragung der Konkurseröffnung in das Genossenschaftsregister wird **nicht bekanntgemacht**, weil die Eröffnung des Konkursverfahrens nach § 111 KO bereits durch das Konkursgericht bekanntgemacht wird. Die Bekanntmachung durch das Konkursgericht zerstört jede Berufung auf die negative Publizität des Genossenschaftsregisters (vgl. die Erl. zum § 29).

## § 103
## Gläubigerausschuß

**Bei der Eröffnung des Verfahrens ist von dem Gericht ein Gläubigerausschuß zu bestellen. Die Gläubigerversammlung hat über die Beibehaltung der bestellten oder die Wahl anderer Mitglieder zu beschließen. Im übrigen kommen die Vorschriften in § 87 der Konkursordnung zur Anwendung.**

1 Die Bestellung eines Gläubigerausschusses ist abweichend von § 87 KO **zwingend** vorgeschrieben. Angesichts der u. U. in der Satzung vorgesehenen Nachschußpflichten der Mitglieder im Konkurs soll der Konkursverwalter zu jeder Zeit einer wirksamen Kontrolle unterliegen.

2 Demgemäß kann die Gläubigerversammlung den **vorläufigen** Gläubigerauschuß in seiner vom Gericht festgesetzten Zusammensetzung bestätigen oder anders zusammensetzen, nicht jedoch ersatzlos entfallen lassen.

3 Als **Mitglieder** des Ausschusses können gem. § 87 Abs. 1 KO nur Gläubiger (auch juristische Personen) oder Vertreter von Gläubigern vom Gericht bestellt werden. Eine Pflicht zur Übernahme des Amtes besteht nicht. Die Gläubigerversammlung kann später auch andere Personen mit Ausnahme der Organträger der eG und des Konkursverwalters in den Ausschuß wählen, nicht jedoch den Ausschuß auflösen oder die Erstbestellung vornehmen. Das Amt endet mit Tod oder bei juristischen Personen mit Auflösung des Ausschußmitglieds. Es endet auch bei Beendigung des Konkurses oder durch Widerruf (§ 92 KO) sowie ggfs. durch Amtsniederlegung.

4 Der Ausschuß muß aus **mindestens** 2 Personen bestehen (so *Mentzel/Kuhn*, KO, § 87, Rdn. 2; *Jäger/Weber*, KO, § 87, Anm. 2; a. A. *Müller*, § 103 Rdn. 4 m. w. N.). Im allgemeinen wird der Gläubigerausschuß jedoch

aus mehr Personen bestehen; die konkrete Zahl sollte sich an der Gesamtzahl der Gläubiger orientieren.

Zu den **Aufgaben** und **Rechten** des Gläubigerausschusses vgl. §§ 84, 86, 88, 93, 100, 123, 129, 133, 134, 137, 176 ff, 184 der Konkursordnung sowie § 112 a, § 115 a GenG. Die Beschlußfassung richtet sich nach § 90 KO, die Haftung nach § 89 KO. Die Mitglieder des Gläubigerausschusses haben nach § 91 KO Anspruch auf Auslagenerstattung und auf eine nach Art und Umfang der Tätigkeit angemessene Vergütung (vgl. § 13 der Verordnung über die Vergütung des Konkursverwalters, des Vergleichsverwalters, der Mitglieder des Gläubigerausschusses und der Mitglieder des Gläubigerbeirats). **5**

Die **Gläubigerversammlung** hat neben den in Rdn. 2, 3 genannten Befugnissen die Rechte aus § 132 KO. Insbesond. beschließt sie, in welcher Weise und in welchen Zeiträumen der Konkursverwalter ihr oder dem Gläubigerausschuß über die Verwaltung und Verwertung der Masse Bericht erstatten und Rechnung legen soll. Erstreckt sich das Konkursverfahren über das Ende eines Geschäftsjahrs hinaus, ist die Aufstellung eines Jahresabschlusses nur erforderlich, wenn die Gläubigerversammlung dieses beschließt (vgl. auch § 113 Rdn. 3, sowie Erl. zu § 110). **6**

## § 104
## Berufung der Generalversammlung

**Die Generalversammlung ist ohne Verzug zur Beschlußfassung darüber zu berufen (§§ 44 bis 46), ob die bisherigen Mitglieder des Vorstands und des Aufsichtsrats beizubehalten oder andere zu bestellen sind.**

Die unverzügliche Einberufung der GV ist zwingend. **Zweck** dieser Vorschrift ist, daß die Mitglieder der eG in der GV darüber beschließen, ob die Organmitglieder, unter deren Amtsführung es zum Konkurs gekommen ist, im Amt bleiben sollen oder nicht. Dies ist eine andere Zielrichtung als die Einberufung einer GV nach § 33 Abs. 3, deren Zweck es in erster Linie ist, Maßnahmen zur Deckung des Verlustes und damit zur Konkursabwendung zu beschließen. Die nach § 33 Abs. 3 einberufene GV wird in diesem kritischen Stadium in der Regel nicht die Organträger abberufen. Aus diesem Grunde ist die Pflicht zur erneuten unverzüglichen Einberufung der GV nach Konkurseröffnung eine durchaus zweckmäßige Regelung (insoweit zweifelnd *Schubert/Steder*, § 104 Rdn. 1). **1**

Es besteht zwar die Pflicht, zur Amtsfortführung der Organmitglieder einen **Beschluß** zu fassen (*Müller*, § 104 Rdn. 1); zur Beschlußfassung selbst kann die GV jedoch nicht gezwungen werden. Faßt die GV keinen (oder **2** einen unwirksamen) Beschluß, bleiben die bisherigen Organmitglieder im Amt. Die Satzung kann nicht vorsehen, daß die Ämter automatisch erlöschen. Dies entspricht dem Grundsatz, daß die eG auch nicht für eine kurze Zeitspanne ohne Organe sein soll (so mit Recht *Meyer/Meulenbergh/Beuthien*, § 104 Rdn. 1 gegen *Müller*, § 104 Rdn. 10).

3 Die **Einberufung** erfolgt durch die nach Gesetz oder Satzung zuständigen Organe der eG (§ 44); der Konkursverwalter ist zur Einberufung nicht befugt. Die Organisation der eG besteht also während des Konkurses fort, obwohl die eG aufgelöst wird (vgl. im einzelnen Erl. zu § 101).

4 Die durch die Einberufung und Durchführung der GV entstehenden **Kosten** sind nicht Massekosten im Sinne des § 58 Ziff. 2 KO (wie hier *Meyer/Meulenbergh/Beuthien*, § 104 Rdn. 4; *Müller*, § 104 Rdn. 11; *Schubert/Steder*, § 104 Rdn. 2; a. A. *Parisius/Crüger*, § 104 Anm. 1). Hierfür spricht zum einen, daß mit Wirkung gegen die Konkursmasse nach § 6 KO nur der Konkursverwalter tätig werden kann (*Schubert/Steder*, § 104 Rdn. 2) und zum anderen, daß es sich nicht bei der GV um eine Verwaltung der Konkursmasse, sondern um einen Organisationsakt der eG handelt, die den Lebenshaltungskosten einer natürlichen Person entspricht (so *Müller*, § 105 Rdn. 11, der daraus eine Analogie zum §§ 129, 132 KO ableitet, derzufolge u. U. die Kosten für die Einberufung und Durchführung der GV aus der Konkursmasse bezuschußt werden könnte).

5 Die GV ist nur für die Beschlußfassung hinsichtlich der Organstellung zuständig, hierfür jedoch ausschließlich; entgegenstehende Satzungsregelungen treten hinter § 104 zurück. Die u. U. bestehenden **Anstellungsverträge** werden nicht ohne weiteres hinfällig (RGZ 24, 70); sie müssen ggfs. vom Konkursverwalter abgewickelt werden (vgl. hierzu § 101 Rdn. 7; KG OLGRspr. 6, 500; *Müller*, § 104 Rdn. 8, 9). Auch hier ist er zuständig für den Abschluß neuer Verträge.

6 Für die GV-Beschlüsse des § 104 genügt die **einfache** Mehrheit, selbst wenn die Satzung für die Abberufung von Vorstands- oder Aufsichtsratsmitgliedern eine 3/4-Mehrheit vorsieht; auch § 36 Abs. 3 tritt insoweit zurück.

7 Die in § 104 vorgesehenen Beschlußfassungen sind gesetzlich vorgesehene (Mindest-)Tagesordnungspunkte. Es können zusätzlich Tagesordnungspunkte aufgenommen und behandelt werden, soweit diese nicht im Widerspruch zum Konkursverfahren stehen.

## § 105

## Nachschußpflicht der Mitglieder

**(1) Soweit die Konkursgläubiger wegen ihrer bei der Schlußverteilung (Konkursordnung § 161) berücksichtigten Forderungen aus dem**

**zur Zeit der Eröffnung des Konkursverfahrens vorhandenen Vermögen der Genossenschaft nicht befriedigt werden, sind die Genossen verpflichtet, Nachschüsse zur Konkursmasse zu leisten, es sei denn, daß das Statut die Nachschußpflicht ausschließt.**

**(2) Die Nachschüsse sind von den Genossen, wenn nicht das Statut ein anderes Beitragsverhältnis festsetzt, nach Köpfen zu leisten.**

**(3) Beiträge, zu deren Leistung einzelne Genossen unvermögend sind, werden auf die übrigen verteilt.**

**(4) Zahlungen, welche Genossen über die von ihnen nach den vorstehenden Bestimmungen geschuldeten Beiträge hinaus leisten, sind ihnen, nachdem die Befriedigung der Gläubiger erfolgt ist, aus den Nachschüssen zu erstatten. Das gleiche gilt für Zahlungen der Genossen auf Grund des § 87 a Abs. 2 nach Erstattung der in Satz 1 bezeichneten Zahlungen.**

**(5) Gegen die Nachschüsse kann der Genosse eine Forderung an die Genossenschaft aufrechnen, sofern die Voraussetzungen vorliegen, unter welchen er als Konkursgläubiger Befriedigung wegen der Forderung aus den Nachschüssen zu beanspruchen hat.**

*Übersicht*



## I. Allgemeines

§ 105 wurde durch **Novelle 1973** neu gefaßt. Die Neufassung des Abs. 1 trägt dem Umstand Rechnung, daß die eG in der Lage ist, die Nachschußpflicht im Falle des Konkurses durch Bestimmung in der Satzung ganz auszuschließen. Abs. 4 Satz 2 bezweckt, den Mitgliedern ein Recht auf vorrangige Befriedigung auch im Konkursfall einzuräumen, die Zahlungen nach § 87 a Abs. 2 geleistet haben. Sie sollen vor der Verteilung etwaigen Restvermögens an alle Mitglieder, aber erst nach Befriedigung der Ansprüche nach § 105 Abs. 4 Satz 1 ihre Zahlungen erstattet erhalten. **1**

Die §§ 105–115 a sind entsprechend anzuwenden: **2**
– in den Fällen der Verschmelzung durch Aufnahme (§ 79–95 UmwG) bzw. durch Neugründung (§ 96 UmwG).

Der Gläubigerschutz bei Insolvenz der übernehmenden eG wird jedoch gegenüber der früheren Regelungen der §§ 93 GenG a. F. verlängert. Das Insolvenzverfahren über das Vermögen der übernehmenden eG muß binnen 2 Jahren nach dem Tag eröffnet werden, in dem die Eintragung der Verschmelzung in das Register dieser eG nach § 19 Abs. 3 UmwG als bekannt gemacht gilt (§ 95 Abs. 2 UmwG).

- Die Fortdauer der Nachschußpflicht gilt entsprechend in Fällen der Spaltung (§§ 147, 125, 95 UmwG)
- Bei einer Umwandlung durch Formwechsel in eine Kapitalgesellschaft (GmbH, AG, KGaA) nach Maßgabe von § 271 UmwG, daß nur solche Verbindlichkeiten der Gesellschaft zu berücksichtigen sind, die bereits im Zeitpunkt des Formwechsels begründet waren.

## II. Forderungen der Konkursgläubiger

3 Zu den **Forderungen** im Sinne des Abs. 1 gehören

1. festgestellte Forderungen (§§ 144, 145 KO), betagte Forderungen gelten als fällig (§ 65 KO);
2. streitig gebliebene Forderungen
   - mit einem vollstreckbaren Schuldtitel (§ 146 KO)
   - ohne solchen unter der Voraussetzung von § 152 KO;
3. Forderungen unter aufschiebender Bedingung unter der Voraussetzung von § 154 KO;
4. Forderungen unter auflösender Bedingung (§ 66 KO)
5. Forderungen, wegen deren abgesonderte Befriedigung verlangt wird, nach Maßgabe von § 153 KO.

## III. Konkursmasse

4 Der Konkurs ergreift das gesamte, zur Zeit der Konkurseröffnung vorhandene **Vermögen** der eG, und zwar auch das, welches der Zwangsvollstreckung nicht unterliegt (vgl. auch § 101 Rdn. 8). Es liegt hier eine bewußte Abweichung von § 1 KO vor.

5 Auch die rückständigen **Pflichteinzahlungen** auf den Geschäftsanteil gehören zur Konkursmasse; dies gilt auch bei gleichzeitiger Übernahme mehrerer freiwilliger Geschäftsanteile entgegen der Volleinzahlungspflicht des § 15 b Abs. 2 (hierzu § 15 b Rdn. 10); der Konkursverwalter muß diese einfordern (RGZ 135, 55; 141, 232); die Rückstände sind jedoch nicht abtretbar und nicht pfändbar (RGZ 135, 55).

6 Sind aufgrund einer Ratenvereinbarung einzelne Einzahlungsarten im Zeitpunkt der Konkurseröffnung noch **nicht fällig**, können diese nach Konkurseröffnung nicht mehr eingefordert werden (BGH, DB 1986, 474).

7 Nach Konkurseröffnung ist ein **Beitritt** zur eG – aber auch ein Ausscheiden, vgl. Rdn. 13 – nicht mehr möglich (RGZ 50, 127; 117, 116; 125,

196); gleiches gilt für die Beteiligung mit weiteren Geschäftsanteilen, selbst wenn das Mitglied hierzu aufgrund einer Satzungsregelung verpflichtet wäre (BGH, DB 1978, 1777 = BB 1978, 1134 mit krit Anm. *Schaffland*, Genossenschafts-Forum, 10/1978 S. 32 = ZfG 1978, 442 mit Anm. *Hadding*, RGZ 117, 116; 125, 196; *Parisius/Crüger*, § 105 Anm. 25 a. E. sowie § 15 Rdn. 8; *Gutherz*, S. 19; *Deumer*, S. 342; a. A. *Meyer/Meulenbergh/Beuthien*, der dies als gegenüber den Mitgliedern, die sich satzungstreu verhalten haben, als „schreiend ungerecht" ansieht und deshalb für diesen Fall § 105 um eine analoge Anwendung des § 87 a Abs. 2 Satz 5 ergänzt. Es verbleibt jedoch lediglich bei der in Rdn. 9 erwähnten Folge). Ist der Beitritt bzw. die Beteiligung unwirksam, entsteht auch keine Nachschußpflicht, auch nicht aus veranlaßtem Rechtsschein (*Müller*, § 105 Rdn. 10).

Da eine Beteiligung nach Konkurseröffnung nicht mehr möglich ist, **8** besteht auch kein **Einzahlungsanspruch** der eG in Höhe der pflichtwidrig unterlassenen Zeichnung weiterer Geschäftsanteile (RGZ 117, 116). Sollte ein Mitglied trotzdem Einzahlungen auf die nicht wirksam gezeichneten Geschäftsanteile erbracht haben, kann es diese nach §§ 812 Abs. 1 Satz 2, 818 BGB zurückverlangen (RGZ 125, 196).

Die eG hat auch **keinen Schadensersatzanspruch** gegen die Mitglieder, **9** die pflichtwidrig die Zeichnung weiterer Geschäftsanteile unterlassen haben (RGZ 125, 196). Die eG kann jedoch Schadensersatzansprüche gegen die Vorstandsmitglieder haben, die es schuldhaft versäumt haben, die Mitglieder zur Erfüllung ihrer Pflichten anzuhalten (RGZ 88, 47; *Parisius/Crüger*, § 125 Anm. 25 a. E.).

## IV. Nachschußpflicht

Die **Nachschußpflicht** ist eine selbständige Verbindlichkeit der Mit- **10** glieder gegenüber der eG, nicht gegenüber den Gläubigern unmittelbar (vgl. Erl. zu § 2). Wirtschaftlich wirkt die Nachschußpflicht wie aufschiebend bedingtes Eigenkapital. Voraussetzung und Grund der Nachschußpflicht sind allein die Zugehörigkeit zur eG. Der Anspruch auf die Nachschüsse ist ein Bestandteil des Vermögens der eG. Der Anspruch ist aufschiebend bedingt durch den Eintritt des Konkurses, in seinem Umfang durch dessen Ausgang begrenzt und daher nur im Konkurs der eG (bzw. im Fall des § 73 Abs. 2), und in den besonders dafür vorgesehenen Formen zu realisieren (a. A. BGHZ 41, 71 = BB 1964, 278 = NJW 1964, 766 = BlfG 1964, 87 unter Berufung auf RGZ 85, 209; 123, 248; *Müller*, § 105 Rdn. 5; *Schubert/Steder*, § 105 Rdn. 4). In allen Fällen – mit Ausnahme von *Müller*, ebd. – wird ohne nähere Begründung die Auffassung vertreten, die eG erlange mit dem Beitritt keinen – auch nicht einen bedingten –

Anspruch auf die Nachschüsse. *Müller* verneint einen bedingten Anspruch mit der Begründung, es liege noch nicht der Inhalt der Leistung fest. Dem kann nicht gefolgt werden: Der Inhalt der Leistung, nämlich die Beitragspflicht in Geld, liegt fest. Nur die Höhe der Forderung kann nicht bemessen werden, solange die Bilanz noch keinen Fehlbetrag ausweist (§ 73 Abs. 2) oder die eG noch nicht in Konkurs geraten ist (insoweit zutreffend BGH, ebd.). Insoweit gilt nichts anderes als hinsichtlich der Bemessung des Auseinandersetzungsanspruchs, der als aufschiebend bedingter bereits mit dem Beitritt zur eG entsteht (§ 73 Rdn. 2). Das OLG Oldenburg (NJW 1963, 1552) läßt die Frage, ob eine aufschiebend bedingte Verpflichtung mit dem Beitritt entsteht, ausdrücklich dahinstehen. *Meyer/Meulenbergh/Beuthien* (§ 105 Rdn. 3) vertritt ebenfalls *Müllers* Auffassung mit der Begründung, bis zur Eröffnung des Konkursverfahrens bestehe lediglich die Möglichkeit der Entstehung einer Nachschußpflicht.

**11** Den Besonderheiten der genossenschaftlichen Nachschußpflicht entsprechend, kann die eG im Konkurs eines Mitglieds ihren Anspruch auf die Nachschüsse nicht geltend machen, es sei denn, sie ist vorher in Konkurs gefallen (so im Ergebnis auch *Müller*, § 105 Rdn. 7; *Schubert/Steder*, § 105 Rdn. 5). Ist jedoch mit Eintritt des Konkurses der eG vor dem voraussichtlichen Ende des Konkursverfahrens über das Vermögen des Mitglieds zu rechnen, hat die eG nach § 67 KO einen Anspruch auf Sicherung ihrer bedingten Forderung (a. A. *Schubert/Steder*, § 105 Rdn. 5 unter Berufung auf RGZ 85, 212; so wohl auch *Meyer/Meulenbergh/Beuthien*, § 105 Rdn. 3). Auch wird die Nachschußpflicht nicht von einem Zwangsvergleich berührt, der im Konkurs eines Mitglieds geschlossen wird (RGZ 85, 212); fällt die eG später in Konkurs, so schuldet das Mitglied die vollen Nachschüsse (wie hier *Meyer/Meulenbergh/Beuthien*, § 105 Rdn. 3). Auch ist der Anspruch auf die Nachschüsse, da er als Teil der Haftungsmasse zweckgebunden ist (Befriedigung der Gläubiger im Konkurs) vor Konkurseröffnung weder abtretbar noch pfändbar (vgl. RGZ 59, 57; 135, 55); Abtretbarkeit ist jedoch gegeben nach Konkurseröffnung über das Vermögen der eG (§ 108 a). Bei Vermögensübernahme nach § 419 BGB vor Konkurseröffnung haftet der Erwerber nicht für die Nachschußpflicht des Veräußerers (*Schubert/Steder*, § 105 Rdn. 5; *Müller*, § 105 Rdn. 6 unter Verweis auf BGHZ 39, 277, jeweils mit der unzutreffenden Begründung, daß der Anspruch auf die Nachschüsse noch nicht entstanden sei; tatsächlich ergibt sich dieses Ergebnis daraus, daß bei § 419 BGB und § 25 HGB zwar das Vermögen übergeht, nicht jedoch die Mitgliedschaft, der die Nachschußpflicht rechtlich zuzuordnen ist; der „Übergang" der Mitgliedschaft kann nur im Rahmen des § 76 erfolgen, d. h. Geschäftsguthabenübertragung, Beitritt und Übernahme einer eigenen Nachschußpflicht (Rdn. 15) oder im Wege des § 77, d. h. Vererbung der Mitgliedschaft (Rdn. 17). Gleiches gilt bei Erwerb eines Handelsgeschäfts nach § 25 HGB (im Ergebnis richtig, jedoch wiederum mit unzutreffender Begründung *Müller*, § 105 Rdn. 6).

Die **Nachschüsse** sind bei der eG, nach deren Satzung die Mitglieder Nachschüsse unbeschränkt zu leisten haben, ohne Beschränkung, bei der eG, nach deren Satzung die Mitglieder Nachschüsse bis zu einer Haftsumme zu leisten haben, unter Beschränkung auf die in der Satzung festgesetzte Haftsumme zu leisten. Ist nach der Satzung der eG eine Nachschußpflicht der Mitglieder ausgeschlossen, so haben die Mitglieder keine Nachschüsse zu leisten. Soweit Nachschüsse zu leisten sind, bestimmt sich ihre konkrete Höhe nach den Berechnungen im Rahmen der §§ 106, 113, 114. **12**

## V. Personenkreis

Nachschüsse haben alle **Mitglieder** zu leisten, deren Mitgliedschaft im Zeitpunkt der Konkurseröffnung besteht, auch diejenigen, die zwar bereits gekündigt haben, die aber noch nicht wirksam ausgeschieden sind. Nachschußpflichtig sind auch diejenigen, die zu Unrecht in der Liste der Mitglieder gelöscht sind. Keine Nachschußpflicht – auch nicht aus veranlaßtem Rechtsschein – besteht für diejenigen, die zu Unrecht in der Liste der Mitglieder eingetragen sind (vgl. hierzu Rdn. 7). Keine Nachschußpflicht besteht, soweit Beitritts-/Beteiligungserklärungen zum Zeitpunkt der Konkurseröffnung noch nicht zugelassen waren (vgl. Rdn. 7–9). **13**

**Frühere Mitglieder**, die innerhalb von 6 Monaten vor Konkurseröffnung **ausgeschieden** sind, sind ebenfalls nachschußpflichtig (§ 101 i. V. m. § 75), da deren Ausscheiden als nicht erfolgt gilt. Es wird insoweit die Mitgliedschaft fingiert (*Müller*, § 105 Rdn. 11 m. w. N.). Diese Mitglieder haften auch für die Verbindlichkeiten, die nach ihrem Ausscheiden begründet wurden. Für sie gelten auch die nach ihrem Ausscheiden gefaßten GV-Beschlüsse; bezieht sich diese auf die in § 67 a genannten Fälle, steht ihnen kein außerordentliches Kündigungsrecht zu (vgl. Erl. zu § 75). Ist ein Mitglied innerhalb von 6 Monaten nach seinem Ausscheiden der eG erneut wieder beigetreten, haftet es, weil eine Doppelmitgliedschaft nicht möglich ist (RGZ 141, 178), nur einmal, bei unterschiedlich hoher Nachschußpflicht nach Maßgabe der höheren Nachschußpflicht (RGZ 141, 178; *Meyer/Meulenbergh/Beuthien*, § 105 Rdn. 4; *Schubert/Steder*, § 105 Rdn. 7; so wohl auch *Müller*, § 105 Rdn. 11, der allerdings von der höheren „Beteiligung" spricht). **14**

Für ein Mitglied, das durch **Geschäftsguthabenübertragung** aus der eG ausgeschieden ist, gilt § 75 nicht; dieses haftet nach § 76 Abs. 4 subsi- **15** diär, soweit der Erwerber zur Leistung der (übernommenen) Nachschüsse nicht in der Lage ist. Hinsichtlich der Höhe der Nachschußpflicht ist nicht auf den Zeitpunkt der Übertragung, sondern auf den Zeitpunkt der Konkurseröffnung abzustellen (*Müller*, § 105 Rdn. 12). Führt die Übertragung des Geschäftsguthabens zu einer Verringerung der Geschäftsanteile und damit u. U. zu einer Verringerung der Nachschußpflicht, kommt dieses mithin dem Veräußerer zugute. Eine nach Übertragung und vor Konkurseröffnung erfolgte Übernahme weiterer Geschäftsanteile durch den Erwerber und die damit u. U. verbundene Ausweitung der Nachschußpflicht trifft den Veräußerer ebenfalls nicht. Eine nach Übertragung und vor Konkurseröffnung erfolgte Erhöhung der Nachschußpflicht durch Satzungsänderung muß der Veräußerer jedoch gegen sich gelten lassen. Tritt der Veräußerer vor Konkurseröffnung der eG erneut bei, gilt das in Rdn. 14 Gesagte entsprechend.

**16** Sobald mit Sicherheit anzunehmen ist, daß die Mitglieder der eG (einschließlich der Fälle der §§ 75 und 76 Abs. 4) nicht in der Lage sind, die Konkursgläubiger zu befriedigen oder ihnen Sicherheit zu leisten, sind auch die **früheren Mitglieder** nachschußpflichtig, die innerhalb der letzten **18 Monate** vor Konkurseröffnung ausgeschieden sind (vgl. Erl. zu § 115 b).

**17** Im Falle der **Vererbung** (§ 77) geht die Nachschußpflicht auf den Erben über. Der Erbe kann jedoch die Erbschaft ausschlagen (§§ 1944 ff BGB) bzw. die Haftung auf den Nachlaß beschränken (§§ 1975 ff, 1967 BGB). Dies gilt unabhängig davon, ob die Nachlaßschuld (hier: Nachschußpflicht im Konkursverfahren nach § 105) vor oder nach dem Erbfall entstanden ist (*Bartholomeyczik*, AcP 163, 107).

Im Falle des § 77 Abs. 2 (unbefristete Vererbung der Mitgliedschaft) besteht zwar die Möglichkeit der Erbausschlagung, nicht jedoch die Möglichkeit der beschränkten Erbenhaftung, da es, wenn der Erbe die Erbschaft dem Grunde nach antritt, der unbeschränkten Innehabung der Mitgliedschaftsrechte entspricht, daß er auch unbeschränkt die genossenschaftlichen Pflichten erfüllt, worauf *Müller* (§ 77 Rdn. 17) zu Recht hinweist (vgl. auch *Müller*, § 105 Rdn. 16; *Meyer/Meulenbergh/Beuthien*, § 77 Rdn. 10). Ist der Erbe bereits Mitglied der eG, besteht für ihn neben seiner eigenen Nachschußpflicht die ererbte Nachschußpflicht (zur Begründung vgl. § 77 Rdn. 26 ff; *Schaffland*, Die Vererbung, S. 30; a. A. *Schubert/Steder*, § 105 Rdn. 9 und *Meyer/Meulenbergh/Beuthien*, § 105 Rdn. 4), die eine zusätzliche Nachschußpflicht nur für den Fall annehmen, daß die Konkurseröffnung zum Zeitpunkt des Todes bereits gegeben war, es ansonsten wegen einer einheitlichen Mitgliedschaft bei einer Nachschußpflicht belassen). Erfolgt die Vererbung 6 bzw. 18 Monate vor Konkurseröffnung, findet § 75 bzw. § 115 b auf den Erben Anwendung; gleiches gilt hinsichtlich § 76 Abs. 4.

## VI. Erfüllung der Nachschußpflicht

Die Regelung in § 105 Abs. 2, die Leistung der Nachschüsse nach **Köpfen** vorzunehmen, ergibt sich aus der unbeschränkten Nachschußpflicht. Eine eG, nach deren Satzung die Mitglieder Nachschüsse bis zu einer Haftsumme zu leisten haben, wird eine Verteilung nach dem Verhältnis der Zahl der Geschäftsanteile bzw. Haftsummen wählen, wenn die Satzung den Erwerb mehrerer Geschäftsanteile zuläßt. 18

Nach § 105 Abs. 3 werden Beiträge, zu deren Leistung einzelne Mitglieder nicht in der Lage sind, auf die **übrigen** Mitglieder verteilt, bei beschränkter Nachschußpflicht höchstens jedoch bis zur Höhe der Haftsumme. Die in Anspruch genommenen Mitglieder haben kein Rückgriffsrecht gegen die unvermögenden Mitglieder (BGHZ 41, 71 = NJW 1964, 766 = BB 1964, 278 = BlfG 1964, 87). Die Vermögenslosigkeit muß nicht durch einen Vollstreckungsversuch nachgewiesen werden, sondern kann sich auch aus anderen Umständen ergeben, z. B. einer eidesstattlichen Versicherung (*Müller*, § 105, Rdn. 24; *Meyer/Meulenbergh/Beuthien*, § 105 Rdn. 7). Dem Unvermögen steht es gleich, wenn die Beitreibung wegen unbekannten Aufenthaltsorts scheitert. 19

## VII. Erstattungen

Mitglieder, die **freiwillig** Mehrleistungen erbracht haben – z. B. zur Beschleunigung des Verfahrens – haben nach Abs. 4 einen Rückerstattungsanspruch hinsichtlich ihrer Mehrleistungen aus den Nachschüssen, nachdem die Konkursgläubiger befriedigt sind. Reichen die Nachschüsse nicht zur Befriedigung der Erstattungsansprüche aus, so ist das Nachschußverfahren bis zur Erledigung der Erstattungsansprüche fortzusetzen. Die Verteilung der Erstattungsbeträge erfolgt gleichmäßig im Verhältnis der Höhe der freiwilligen Mehrleistungen. Vorstehendes gilt entsprechend, wenn einzelne Mitglieder zu Unrecht nicht zu Nachschüssen herangezogen worden sind, z. B. wenn ihr Aufenthaltsort mittlerweile wieder bekannt ist. Deren Nachschüsse sind einzuziehen und auf die Mehrleistenden zu verteilen (hierzu ausführlich *Meyer/Meulenbergh/Beuthien*, § 105 Rdn. 8). 20

Nach Erledigung der Erstattungsansprüche nach § 105 Abs. 4 Satz 1 sollen die Mitglieder, die Zahlungen nach **§ 87 a Abs. 2** geleistet haben, ihre Zahlungen erstattet erhalten. Auch insoweit gilt das in vorstehender Randnummer Gesagte. 21

## VIII. Aufrechnung

22 Ein Mitglied kann nach Abs. 5 mit einer Forderung an die eG gegen deren Nachschußansprüche nur aufrechnen, wenn die Voraussetzungen vorliegen, unter welchen es als Konkursgläubiger Befriedigung aus den Nachschüssen beanspruchen kann (also insbesond. Anerkennung als Konkursforderung oder Vorliegen eines vollstreckbaren Titels). Aufgerechnet werden kann nur mit dem Teil der Forderung, mit dem das Mitglied nicht ausgefallen ist. Die **Aufrechnung** kann also nur stattfinden in Höhe der Konkursquote, die bei der Endabrechnung auf die Konkursforderung des Mitglieds entfällt: das Mitglied soll nicht besser gestellt sein als die übrigen Konkursgläubiger (*Parisius/Crüger*, § 105 Anm. 25; *Schubert/Steder*, § 105 Rdn. 15).

23 Das Mitglied muß die Forderung, mit der es aufrechnet, bereits im Zeitpunkt der **Konkurseröffnung** erworben haben (vgl. § 55 KO, wie hier *Meyer/Meulenbergh/Beuthien*, § 105 Rdn. 9; *Müller*, § 105 Rdn. 30; *Parisius/Crüger*, § 105 Anm. 25; a. A. *Schubert/Steder*, § 105 Rdn. 15, die jedoch verkennen, daß § 55 KO durch § 105 nicht verdrängt wird).

24 Die Aufrechnung nach Abs. 5 findet nur gegen **Nachschüsse** statt, nicht gegen die unverkürzt zu leistenden Vorschüsse (BGH, DB 1978, 1777; BB 1978, 1134 mit Anm. *Schaffland*, Genossenschaftsforum 10/1978, S. 32 = ZfG 1978, 442 mit Anm. *Hadding*, RGZ 88, 47; *Parisius/Crüger*, § 105 Anm. 25; *Schubert/Steder*, § 105 Rdn. 16; *Müller*, § 105 Rdn. 31; *Meyer/Meulenbergh/Beuthien*, § 105 Rdn. 9).

## § 106
## Vorschußberechnung

**(1) Der Konkursverwalter hat sofort, nachdem die Bilanz auf der Geschäftsstelle niedergelegt ist (Konkursordnung § 124), zu berechnen, wieviel zur Deckung des in der Bilanz bezeichneten Fehlbetrages die Genossen vorschußweise beizutragen haben.**

**(2) In der Berechnung (Vorschußberechnung) sind die sämtlichen Genossen namentlich zu bezeichnen und auf sie die Beiträge zu verteilen. Die Höhe der Beiträge ist jedoch derart zu bemessen, daß durch ein vorauszusehendes Unvermögen einzelner Genossen zur Leistung von Beiträgen ein Ausfall an dem zu deckenden Gesamtbetrag nicht entsteht.**

**(3) Die Berechnung ist dem Konkursgericht mit dem Antrag einzureichen, dieselbe für vollstreckbar zu erklären. Dem Antrag ist eine beglaubigte Abschrift der Mitgliederliste und, sofern das Genossen-**

**schaftsregister nicht bei dem Konkursgericht geführt wird, des Statuts beizufügen.**

Der Konkursverwalter ist verpflichtet, sofort nach Einreichung der Bilanz zu **berechnen**, welche Vorschüsse die Mitglieder aufgrund ihrer Nachschußpflichten zur Deckung des Fehlbetrags zu erbringen haben. Dies gilt auch dann, wenn keine Überschuldung, sondern nur Zahlungsunfähigkeit vorliegt, mithin keine Vorschüsse anfallen. Es wird dann lediglich festgestellt, daß keine Vorschüsse zu leisten sind. Hierbei hat er für die Berechnung der Vermögenswerte die zu erwartenden Erlöswerte einzusetzen. Eine Überbewertung der Aktiva und eine Unterbewertung der Passiva ist mit der Sorgfalt eines ordentlichen und gewissenhaften Konkursverwalters nicht zu vereinbaren. Es genügt eine zusammengefaßte und pauschale Bewertung im Inventarverzeichnis (Hans.OLG, Urteil vom 21. 10. 1986 – Az.: 9 U 788/86). 1

Die Vorschußberechnung ist laufend zu **ergänzen**, wenn sich im Laufe des Konkursverfahrens ergibt, daß die Vorschüsse nicht genügen (vgl. hierzu § 113). Dies gilt bis zum Beginn der Schlußverteilung, für die dann die Nachschußberechnung nach § 114 und die Nachtragsverteilung nach § 115 GenG durchgeführt wird (vgl. hierzu *Paulick*, S. 351 f). 2

Den Nachschußpflichten der Mitglieder entsprechen die **Nachschußansprüche** der eG gegen die Mitglieder; diese Nachschußansprüche sind Teil der Konkursmasse. 3

Die einzelnen beitragspflichtigen Mitglieder – im Falle einer Rechtsnachfolge auch die Rechtsnachfolger – müssen so genau bezeichnet sein, daß ein bloßer **Auszug** aus der für vollstreckbar erklärten Berechnung (vgl. § 109 Abs. 2) die Zwangsvollstreckung nach § 750 ZPO ermöglicht. 4

**Aufzunehmen** sind die gegenwärtigen Mitglieder der eG, jedoch auch diejenigen, die nach § 75 GenG rückwirkend wieder Mitglied der eG geworden sind bzw. diejenigen, die nach § 76 Abs. 3 ersatzweise haften. Auch Mitglieder, die zu Unrecht in der (deklatorisch wirkenden) Liste der Mitglieder gelöscht sind, sind aufzunehmen. Im Zweifel hat der Konkursverwalter sich für die Aufnahme zu entscheiden, da die betroffenen Personen sich im Wege der Vollstreckungsgegenklage nach §§ 767, 768 ZPO wehren können (so auch *Müller*, § 106 Rdn. 4). Aufzunehmen sind auch Mitglieder, die mittels Klage ihre Zugehörigkeit angefochten haben (RGZ 69, 366). Des weiteren sind aufzunehmen die unvermögenden nachschußpflichtigen Mitglieder (hierzu § 105 Rdn. 19), da diese nachträglich wieder vermögend werden können. Bereits dies hat zur Folge, daß der Gesamtbetrag der Vorschüsse höher sein wird als der zu deckende Fehlbetrag. 5

Der einzuziehende **Gesamtbetrag** ist aber auch deshalb höher zu bemessen als das bilanzmäßige Defizit es erfordert, um Zusatzberechnun- 6 gen in Folge von Ausfällen möglichst zu vermeiden (vgl. hierzu das ausführliche Beispiel bei *Meyer/Meulenbergh/Beuthien*, § 106 Rdn. 4 und *Schubert/Steder*, § 106 Rdn. 6). Die Verteilung erfolgt nach der Satzungsregelung, sonst nach Köpfen (§ 105 Rdn. 18, 19).

**7** Das Mitglied kann **nicht** gegen die eingeforderten Vorschüsse **aufrechnen** (BGH, DB 1978, 1777 = BB 1978, 1134 mit Anm. *Schaffland* Genossenschaftsforum 10/1978, 32 = ZfG 1978, 442 mir Anm. *Hadding*; *Schubert/Steder*, § 106 Rdn. 5).

**8** Die Vorschußberechnung ist sofort nach ihrer Aufstellung dem Konkursgericht einzureichen mit dem Antrag, sie für vollstreckbar zu erklären (§ 106 Abs. 2 Satz 1). Nur so können Gericht und Gläubiger die Angaben kontrollieren. Einreichungspflicht besteht auch im Falle der Zahlungsunfähigkeit (Rdn. 1). Anzugeben ist, warum einzelne Mitglieder unvermögend sind oder trotz Eintragung in die Liste der Mitglieder nicht berücksichtigt worden sind.

## § 107

### Terminbestimmung zur Erklärung über die Vorschußberechnung

**(1) Zur Erklärung über die Berechnung bestimmt das Gericht einen Termin, welcher nicht über zwei Wochen hinaus anberaumt werden darf. Derselbe ist öffentlich bekanntzumachen; die in der Berechnung aufgeführten Genossen sind besonders zu laden.**

**(2) Die Berechnung ist spätestens 3 Tage vor dem Termin auf der Geschäftsstelle zur Einsicht der Beteiligten niederzulegen. Hierauf ist in der Bekanntmachung und in den Ladungen hinzuweisen.**

**1** Die **Zwei-Wochen-Frist** berechnet sich nicht vom Zeitpunkt des Eingangs der Vorschußberechnung bei Gericht. Sie berechnet sich auch nicht vom Tag der Bekanntmachung des Erklärungstermins an, da es dann vom Konkursgericht abhinge, wann die Bekanntmachung des Erklärungstermins erfolgt und damit die Zwei-Wochen-Frist zu laufen beginnt (so richtig *Müller*, § 107 Rdn. 1; a. A. *Meyer/Meulenbergh/Beuthien*, § 107 Rdn. 1; *Schubert/Steder*, § 107 Rdn. 1). Dem Sinn und Zweck dieser Vorschrift sicherzustellen, daß die Vorschüsse möglichst bald eingezogen werden können (*Müller*, § 107 Rdn. 1; *Schubert/Steder*, § 107 Rdn. 1), entspricht es, den Beginn der Frist an den Zeitpunkt anzuknüpfen, an dem die Bekanntmachung erstmals erfolgen kann und nicht an den Zeitpunkt, an dem sie tatsächlich erfolgt.

**2** Die **Bekanntmachung** des Erklärungstermins erfolgt gem. § 107 Abs. 1 Satz 2 öffentlich. Nach § 76 KO erfolgt sie durch mindestens einmaliges Einrücken in das für die amtlichen Bekanntmachungen des Konkursgerichts bestimmte Blatt. In weiteren Blättern kann sie zusätzlich erfolgen. Sie gilt als bewirkt mit Ablauf des zweiten Tages nach der Ausgabe des die erste Einrückung der Bekanntmachung enthaltenden Blattes, das vom Konkursgericht für die amtlichen Bekanntmachungen bestimmt ist. Ist der zweite Tag nach der Ausgabe des Blattes ein Sonnabend, Sonntag oder gesetzlicher Feiertag, wird die Bekanntmachung erst mit Ablauf des folgenden Werktags wirksam (BGH, WM 1975, 303 f). Wird der Termin verlegt, so ist er erneut bekannt zu machen (vgl. RGZ 137, 243).

Zusätzlich sind die in der Berechnung aufgeführten Mitglieder besonders zu dem Erklärungstermin zu laden; § 107 Abs. 1 Satz 2 GenG geht § 76 Abs. 3 KO insoweit vor. Sie sind darauf hinzuweisen, daß sie gem. § 108 Abs. 1 Einwendungen erheben können. Für die **Ladung** genügt nach § 77 KO die Aufgabe zur Post. Eine förmliche Zustellung ist nicht erforderlich. Auch kommt es nicht darauf an, ob die Ladung dem in der Berechnung aufgeführten Mitglied tatsächlich ausgehändigt wird. Auch ist es unerheblich, ob der Brief als unzustellbar zurückkommt. Eine Ladung der Organe der eG, des Konkursverwalters und des Gläubigerausschusses findet nicht statt, da diese als Organe Mitträger des Verfahrens sind (a. A. *Meyer/Meulenbergh/Beuthien*, § 107 Rdn. 2). **3**

Die Vorschußberechnung ist spätestens drei Tage vor dem Erklärungstermin auf der Geschäftsstelle des Konkursgerichts **niederzulegen**, damit die Beteiligten Gelegenheit haben, Einsicht in diese zu nehmen. Wird die Niederlegung versäumt, ist dieses ein Anfechtungsgrund (§ 111). Neben der Vorschußberechnung sind auch alle Erläuterungen und urkundlichen Nachweise, die der Vorschußberechnung beizufügen sind, auszulegen (*Müller*, § 107 Rdn. 8). Die Beteiligten können auch durch Vertreter Einsicht nehmen lassen. **4**

**Beteiligte** sind die Mitglieder (bzw. deren Erben) selbst sowie die Mitglieder des Vorstands und des Aufsichtsrats, die Liquidatoren, der Konkursverwalter, die Konkursgläubiger (damit auch deren Erben) sowie der Gläubigerausschuß. **5**

In der Bekanntmachung wie auch in der Ladung, die an die in der Berechnung aufgeführten Mitglieder geht, ist auf die Niederlegung zur Einsichtnahme **hinzuweisen**. **6**

## § 108
## Erklärungstermin

**(1) In dem Termin sind Vorstand und Aufsichtsrat der Genossenschaft sowie der Konkursverwalter und der Gläubigerausschuß und, soweit Einwendungen erhoben werden, die sonst Beteiligten zu hören.**

**(2) Das Gericht entscheidet über die erhobenen Einwendungen, berichtigt, soweit erforderlich, die Berechnung oder ordnet die Berichtigung an und erklärt die Berechnung für vollstreckbar. Die Entscheidung ist in dem Termin oder in einem sofort anzuberaumenden Termin, welcher nicht über eine Woche hinaus angesetzt werden soll, zu verkünden. Die Berechnung mit der sie für vollstreckbar erklärenden Entscheidung ist zur Einsicht der Beteiligten auf der Geschäftsstelle niederzulegen.**

**(3) Gegen die Entscheidung findet ein Rechtsmittel nicht statt.**

1 Das Gericht hat die materielle Richtigkeit der vom Konkursverwalter eingereichten Berechnungen vom **Amts** wegen festzustellen. In dem Termin zur Erklärung über die Vorschußberechnung hat das Gericht den Vorstand und den Aufsichtsrat sowie den Konkursverwalter, den Gläubigerausschuß anzuhören, auch wenn sie selbst keine Einwendungen erheben. Auch einzelne Mitglieder sowie die Konkursgläubiger sind zu hören, wenn sie Einwendungen erheben. Nur wer Einwendungen geltend gemacht hat, kann die Anfechtungsklage des § 111 erheben. Mündliche Einwendungen genügen.

2 Als **Einwendungen** kann alles geltend gemacht werden, was die Berechnung als fehlerhaft erscheinen läßt, z. B. Unrichtigkeit der Konkursbilanz, fehlerhafte Festlegung des Verteilungsmaßstabs, unrichtiger Mitgliederbestand (RGZ 139, 171), formale Verfahrensmängel der Vorschußberechnung (*Müller*, § 108 Rdn. 8; *Schubert/Steder*, § 108 Rdn. 2). Diese Einwendungen können unabhängig davon erhoben werden, ob sie den Einwendenden begünstigen oder benachteiligen.

3 Ein förmliches Beweisverfahren findet nicht statt. Das Gericht hat jedoch das Recht, von Amts wegen Beweiserhebungen anzustellen (§ 75 KO). Das Gericht kann Ermittlungen im Interesse einer rationellen Verfahrensweise auch **vor** dem Erklärungstermin bereits durchführen; es kann Auskünfte von Behörden und Privatpersonen einholen, Zeugen und Sachverständige vernehmen und Registerauszüge anfordern (*Müller*, § 108 Rdn. 1).

4 Nach der Anhörung **entscheidet** das Gericht im Rahmen des Abs. 2. Diese Entscheidung bezieht sich auf alle vorgebrachten Einwendungen und auf die Vollstreckbarkeitserklärung; Teilentscheidungen sind unzulässig (OLG Frankfurt, ZfG 1977, 275; *Müller*, § 108 Rdn. 12; *Schubert/Steder*, § 108 Rdn. 3). Können evtl. erforderliche Berichtigungen nicht sofort vom Gericht vorgenommen werden, so hat es unter Aussetzung des Termins dem Konkursverwalter die Berichtigung aufzugeben. Es ist so lange zu verhandeln – ggfs. in mehreren Terminen –, bis eine zur Vollstreckbarkeitserklärung geeignete Berechnung vorliegt (*Schubert/Steder* § 108 Rdn. 4); ein

Antrag des Konkursverwalters auf Vollstreckbarkeitserklärung darf also nicht zurückgewiesen werden.

Kann die Vollstreckbarkeitserklärung und der Beschluß über die Vorschußberechnung noch nicht erfolgen, ist in diesem Termin ein **weiterer** Termin, der nicht über eine Woche hinaus anberaumt werden darf, zu verkünden; es bedarf wiederum der in § 107 Abs. 1 Satz 2 vorgeschriebenen öffentlichen Bekanntmachung und besonderen Ladung (RGZ 137, 243). 5

Der **Beschluß** ist mit Gründen zu versehen, in denen zu erklären ist, daß die Berechnungsgrundlagen zutreffend festgestellt sind (vgl. im einzelnen *Müller*, § 108 Rdn. 13). Zu allen Einwendungen ist Stellung zu nehmen. Die Zustellung des Beschlusses ist nicht erforderlich. Die Vorschußberechnung und die Vollstreckbarkeitserklärung sind zur Einsicht der Beteiligten auf der Geschäftsstelle niederzulegen. 6

Die Vollstreckbarkeitserklärung ist sofort wirksam; sie ist **nicht anfechtbar**. Die Vorschußberechnung hingegen ist anfechtbar nach § 111 (vgl. die dortigen Erl.); Anfechtungskläger kann nur ein Mitglied sein, das in der Vorschußberechnung aufgeführt ist. 7

## § 108 a
## Abtretbarkeit von Ansprüchen

**(1) Der Konkursverwalter kann die Ansprüche der Genossenschaft auf rückständige Einzahlungen auf den Geschäftsanteil (§ 7 Nr. 1), auf anteilige Fehlbeträge (§ 73 Abs. 2) und auf Nachschüsse (§§ 106, 108) mit Genehmigung des Konkursgerichts abtreten.**

**(2) Die Genehmigung soll nur nach Anhörung des Prüfungsverbandes und nur dann erteilt werden, wenn der Anspruch an eine genossenschaftliche Zentralkasse oder an eine der fortlaufenden Überwachung durch einen Prüfungsverband unterstehende Stelle abgetreten wird.**

### I. Allgemeines

§ 108 a wurde ebenso wie § 88 a **eingefügt** durch den gem. § 6 des handelsrechtlichen Bereinigungsgesetzes vom 18. 4. 1950 (BGBl. 50, 90) ausdrücklich aufrechterhaltenen Artikel IV, der zweiten Verordnung über Maßnahmen auf dem Gebiet des GenG vom 19. 12. 1942 (RGBl. 1, 729). Über die Gründe hierzu vgl. die Erl. zu § 88 a. 1

Der Konkursverwalter kann nunmehr bestimmte Ansprüche der eG unter bestimmten Voraussetzungen **abtreten**, um so zu einer zügigeren Abwicklung des Konkursverfahrens zu gelangen. 2

Der Konkursverwalter kann die Ansprüche auf 3
– rückständige Einzahlungen auf den Geschäftsanteil

– anteilige Fehlbeträge (§ 73 Abs. 2)
– Nachschüsse (§§ 106, 108)
– Nachschüsse nach § 114 (*Müller*, § 108 a Rdn. 1)

mit Genehmigung des Konkursgerichts abtreten.

## II. Genehmigung

4 Das Konkursgericht darf die Genehmigung **nur** auf Antrag des **Konkursverwalters** erteilen. Der Antrag hat den Abtretungsvertrag, Grund und Höhe der Forderung der eG und die Gründe zu enthalten, die für eine Abtretung sprechen (z. B. zügige Konkursabwicklung).

5 Die Genehmigung soll nach Abs. 2 nur erteilt werden, wenn zuvor der zuständige **Prüfungsverband** gehört und wenn der Anspruch an eine genossenschaftliche Zentralbank oder an eine Stelle erfolgt, die regelmäßig vom Prüfungsverband überwacht wird; dies wird in der Regel eine genossenschaftliche Treuhandstelle, dies kann auch eine andere eG sein.

6 Das **Konkursgericht** hat darauf zu achten, daß die Abtretung weder den Belangen der Mitglieder noch den Belangen der Gläubiger widerspricht. Die Gegenleistung des Zessionars muß nicht den vollen Betrag der Forderung erreichen; es genügt, wenn wegen fehlender Liquidität des Schuldners auf die nicht vollwertige Forderung eine angemessene Gegenleistung der Konkursmasse zufließt (*Müller*, § 108 a Rdn. 4).

7 Die **Genehmigung** kann als nachträgliche Zustimmung (§ 184 BGB) erst nach Abschluß des Abtretungsvertrags erteilt werden (a. A. *Meyer/Meulenbergh/Beuthien*, § 108 a Rdn. 2, der unter Hinweis auf § 88 a Abs. 1 unter Genehmigung auch die vorherige Zustimmung (Einwilligung) versteht). Sie erfolgt durch einen zu begründenden Beschluß (OLG Hamburg, HRR 1930, 258), der nur dem Konkursverwalter zuzustellen ist. Gleiches gilt für einen ablehnenden Beschluß (*Müller*, § 108 a Rdn. 7). Die Genehmigung wirkt auf den Zeitpunkt des Abtretungsvertrags zurück.

## § 109

### Einziehung der festgesetzten Beträge

**(1) Nachdem die Berechnung für vollstreckbar erklärt ist, hat der Konkursverwalter ohne Verzug die Beträge von den Genossen einzuziehen.**

**(2) Die Zwangsvollstreckung gegen einen Genossen findet in Gemäßheit der Zivilprozeßordnung auf Grund einer vollstreckbaren Ausfertigung der Entscheidung und eines Auszuges aus der Berechnung statt.**

**(3) Für die in den Fällen der §§ 731, 767, 768 der Zivilprozeßordnung zu erhebenden Klagen ist das Amtsgericht, bei welchem das Konkurs-**

**verfahren anhängig ist und, wenn der Streitgegenstand zur Zuständigkeit der Amtsgerichte nicht gehört, das Landgericht ausschließlich zuständig, zu dessen Bezirk der Bezirk des Konkursgerichts gehört.**

Der Konkursverwalter hat nach Abs. 1 unverzüglich (damit sich die **1** Mitglieder nicht ihren Zahlungspflichten entziehen und die Gläubiger möglichst schnell Befriedigung erhalten) nach der für vollstreckbar erklärten Vorschußberechnung die Beiträge von den Mitgliedern **einzuziehen**. Hierbei hat er, worauf *Müller* (§ 109 Rdn. 1) zu Recht hinweist, genossenschaftsrechtliche Grundsätze zu beachten. Insbesond. gilt das Gebot der Gleichbehandlung der Mitglieder. Aus der Treuepflicht gegenüber den Mitgliedern (vgl. hierzu auch Erl zu § 18) folgt, daß er bei der Einziehung neben den Interessen der Konkursgläubiger auch die schützenswerten Interessen der Mitglieder zu beachten hat; so ist die Gewährung von Ratenzahlungen oder einer Stundung nicht ausgeschlossen. Zwar darf er keine Nachschußansprüche erlassen (a. A. *Meyer/Meulenbergh/Beuthien*, § 109 Rdn. 1), er kann sich jedoch unter der Voraussetzung des § 112 a über Nachschußansprüche vergleichen.

Leisten Mitglieder die Vorschüsse nicht, kann im Wege der **Zwangsvoll-** **2** **streckung** gegen sie vorgegangen werden. Die nach § 108 für vorläufig erklärte Vorschußberechnung ist Vollstreckungstitel im Sinne der ZPO. Die Entscheidung des Konkursgerichts über die Vollstreckbarkeitserklärung nach § 108 und der Auszug aus der Vorschußberechnung, aus dem sich Name und Anschrift der säumigen Mitglieder und die Höhe der von ihnen geschuldeten Vorschüsse ergeben, werden mit der Vollstreckungsklausel versehen. Für das Zwangsvollstreckungsverfahren gelten ggfs. die Vorschriften der §§ 726, 727, 728, 729 ZPO. Soll ein ausgeschiedenes Mitglied nach § 76 Abs. 3 in Anspruch genommen werden, hat der Konkursverwalter das Unvermögen des Erwerbers nach § 726 ZPO nachzuweisen. Das säumige Mitglied hat unter anderem die Rechte nach §§ 732, 767, 768 ZPO.

## § 110

## Hinterlegung oder Anlegung der eingezogenen Beträge

**Die eingezogenen Beträge sind bei der von der Gläubigerversammlung bestimmten Stelle (Konkursordnung, § 132) zu hinterlegen oder anzulegen.**

Die eingezogenen Beträge (Vorschüsse) sind gesondert von der eigentli- **1** chen Konkursmasse zu verwahren und dürfen regelmäßig erst im Wege der **Nachtragsverteilung** verteilt werden, nachdem der Konkursverwalter mit der Vornahme der Schlußverteilung begonnen hat (§§ 114, 115). Eine frühere Verteilung im Wege der Abschlagsverteilung kann ausnahmsweise gem. § 115 a vorgenommen werden. Beträge, die zur Bezahlung der Massekosten und Masseschulden erforderlich sind, sind hiervon ausgenommen. Aus diesen Gründen sind die Beträge sicher zu hinterlegen und bei längerer Dauer bis zum Verteilungstermin zinsbringend anzulegen (z. B. in Form von Festgeld, leicht verwertbaren Wertpapieren, aber auch auf Sparkonten).

2 Die GV hat zu beschließen, wie und wo die Beträge hinterlegt bzw. abgelegt werden; dies muß keine öffentliche Hinterlegungsstelle sein; es wird sich hier in der Regel um ein **Kreditinstitut** handeln; für die Hinterlegung bzw. Anlegung ist der Konkursverwalter zuständig.

## § 111
## Anfechtungsklage

**(1) Jeder Genosse ist befugt, die für vollstreckbar erklärte Berechnung im Wege der Klage anzufechten. Die Klage ist gegen den Konkursverwalter zu richten. Sie findet nur binnen der Notfrist eines Monats seit Verkündung der Entscheidung und nur insoweit statt, als der Kläger den Anfechtungsgrund in dem Termin (§ 107) geltend gemacht hat oder ohne sein Verschulden geltend zu machen außerstande war.**

**(2) Das rechtskräftige Urteil wirkt für und gegen alle beitragspflichtigen Genossen.**

*Übersicht*



### I. Allgemeines

1 Die Anfechtungsklage ist eine **Rechtsgestaltungsklage**, gerichtet auf Aufhebung oder Unwirksamkeitserklärung der für vollstreckbar erklärten Vorschußberechnung, soweit diese den Kläger betrifft (OLG Dresden, BlfG 1927, 277; *Müller* § 111 Rdn. 1; *Schubert/Steder*, § 111 Rdn. 1). Sie ist nicht mit der Anfechtungsklage nach § 51, die ebenfalls Rechtsgestaltungsklage ist, zu verwechseln; sie ist eher der Vollstreckungsgegenklage nach § 767 ZPO verwandt (*Meyer/Meulenbergh/Beuthien*, § 111 Rdn. 1).

### II. Anfechtungsgründe

2 Mit der Anfechtungsklage nach § 111 sind die **Einwendungen** geltend zu machen, die der Kläger im Erklärungstermin (§§ 107, 108) erfolglos gel-

tend gemacht hat oder die er schuldlos nicht geltend machen konnte. Die Einwendungen müssen also vor der Vollstreckbarerklärung der Vorschußberechnung bereits begründet sein. Als Einwendungen kommen in Betracht die fehlende Mitgliedschaft des in der Vorschußberechnung aufgeführten Mitglieds, die Nichtaufnahme anderer Mitglieder, die Richtigkeit der Konkurseröffnungsbilanz etc. Ist der Betreffende niemals in die Liste eingetragen, so ist er nicht auf die Anfechtungsklage nach § 111 angewiesen, sondern hat daneben auch die negative Feststellungsklage (RG, JW 1900, 567; RGZ 15, 589; vgl. hierzu auch Erl. zu § 108). Auch schwere Verfahrensmängel berechtigen zur Anfechtung, z. B. die Nichteinhaltung des § 107 Abs. 1 und 2, Versagung rechtlichen Gehörs im Erklärungstermin, das u. U. zu einer anderen Entscheidung geführt hätte, oder die unzulässige Teilentscheidung über die Vollstreckbarkeit (OLG Frankfurt, ZfG 1977, 275 m. Anm. *Beuthien/Götz*; *Meyer/Meulenbergh/Beuthien*, § 111 Rdn. 3).

**Keine Einwendungen**, die nach § 111 geltend gemacht werden können, sind die Behauptungen, daß das Mitglied Schadensersatzansprüche gegen Vorstand und Aufsichtsrat habe, oder daß der Konkursverwalter einen gewissen Prozentsatz der ausstehenden Forderungen abgesetzt habe. Auch das Nichtauslegen des Inventars bildet keinen Anfechtungsgrund. Gleiches gilt für ein nicht genügend ins einzelne gehendes Inventar; nur ein nachgewiesen unrichtiges Inventar, das zur Grundlage für die Bilanz und die Vorschußberechnung gemacht worden ist, würde einen Anfechtungsgrund geben, weil dann die Bilanz selbst unrichtig ist (Hans.OLG, Urteil vom 21. 10. 1986 – Az.: 9 U 88/86; OLG Königsberg, KuT 1936, 13 = BlfG 1936, 59). **3**

Hat der Kläger die Einwendungen nicht in dem Termin (§§ 107, 108) geltend gemacht, so kann er nur dann anfechten, wenn ihn an der unterlassenen Geltendmachung **kein Verschulden** trifft. Bei der Feststellung, ob ihn ein Verschulden trifft, ist im Interesse des Klägers großzügig zu verfahren (*Müller*, § 111 Rdn. 7; *Schubert/Steder*, § 111 Rdn. 2). Die Vorschrift ist vorwiegend für den kleineren und mittleren Gewerbe- und für den Arbeiterstand berechnet, und es läßt sich daher nicht annehmen, daß es der Absicht des Gesetzgebers entspricht, bei der Anwendung dieser Vorschrift Rechtsunkenntnis oder eine unverschuldete Verhinderung an der Terminwahrnehmung unter allen Umständen unberücksichtigt zu lassen (RGZ 50, 127; *Meyer/Meulenbergh/Beuthien*, § 111 Rdn. 3; *Müller*, § 111 Rdn. 7; a. A. RG; JW 1930, 1400; OLG Kiel, OLGZ 40, 205). **4**

Einwendungen, die erst **nach** dem Termin entstanden sind, können auch nach Ablauf der Notfrist (vgl. hierzu Erl. unter IV.) im Wege der Vollstrekkungsgegenklage nach § 767 ZPO geltend gemacht werden (RGZ 139, 170). Man wird annehmen müssen, daß dies auch bezüglich solcher Einwendungen gilt, die dem Mitglied ohne sein Verschulden erst nach Ablauf der Notfrist bekannt wurden (RGZ 50, 131). **5**

## III. Parteien

6 **Anfechtungskläger** ist derjenige, der in die Vorschußberechnung als beitragspflichtig aufgenommen wurde. Über den Wortlaut des Abs. 1 Satz 1 hinaus ist mithin nicht nur jedes Mitglied, sondern auch derjenige zur Anfechtung befugt, der überhaupt nicht Mitglied der eG ist, der aber zu Unrecht in der Liste der Mitglieder steht (wie hier *Müller*, § 111 Rdn. 2). Andererseits ist ein Mitglied nicht zur Klage befugt, wenn es nicht in die Vorschußberechnung aufgenommen ist; dieses hat die spätere Zusatzberechnung nach § 113 abzuwarten (*Müller*, § 111 Rdn. 2). Kläger kann auch derjenige sein, gegen den nach § 727 ff ZPO eine vollstreckbare Ausfertigung erteilt worden ist.

7 Klagen **mehrere**, so sind deren Klagen nach § 112 Abs. 1 Satz 2 zu verbinden; sie sind notwendige Streitgenossen (§ 62 ZPO), so daß Versäumnisurteil gegen einzelne von ihnen unzulässig ist (RGZ 132, 349; *Schubert/Steder*, § 111 Rdn. 5). Sie können als Nebenintervenienten nach § 66 ZPO beitreten (RG, BlfG 1930, 113).

8 **Beklagter** der Anfechtungsklage nach § 111 ist der Konkursverwalter. Er ist für die Zugehörigkeit des Klägers zur eG beweispflichtig (RGZ 14, 92). Die Eintragung in die Liste der Mitglieder stellt jedoch – auch nach Wegfall der registergerichtlich geführten Liste – eine Vermutung für die Mitgliedschaft dar (s. zum fehlerhaften Beitritt § 15 Rdn. 33).

## IV. Frist

9 Die Klage muß binnen der **Notfrist** eines Monats seit Verkündung der Entscheidung auf Vollstreckbarkeitserklärung erhoben werden. Die von Amts wegen zu bewirkende Zustellung der Anfechtungsklage ist eine unerläßliche Voraussetzung für die Wahrung der Notfrist (RG, HRR 1936 Ziff. 1179 = BlfG 1936, 779). Zustellungsmängel können jedoch nach § 187 ZPO geheilt werden. Die Frist bezieht sich nur auf die Klageerhebung nicht auf die Geltendmachung aller Klagegründe. Die rechtzeitige Erhebung der Anfechtungsklage ist von Amts wegen zu prüfen; eine vertragliche Verlängerung der Notfrist ist unwirksam (RGZ 139, 168). Bei Fristversäumnis kann jedoch, wenn die Voraussetzungen hierfür vorliegen, Wiedereinsetzung in den vorherigen Stand nach § 233 ZPO gewährt werden (*Schubert/Steder*, § 111 Rdn. 4). Bei unzulässiger Teilentscheidung beginnt die Frist für alle Mitglieder erst mit der Schlußentscheidung, mit der die Berechnung für vollstreckbar erklärt wird (OLG Frankfurt, ZfG 1977, 275).

10 Bei **mehreren** Klagen muß die Frist für jede besonders gewahrt werden (RGZ 137, 243).

**Keine Notfrist** für diejenigen, welche eine Beitrittserklärung überhaupt nicht abgegeben oder rechtzeitig nach § 90 UmwG (dieser ist an die Stelle von § 93 k GenG getreten) gekündigt haben. **11**

## V. Urteil

Das einer Anfechtungsklage stattgebende **Urteil** setzt die Vorschuß- oder Zusatzberechnung nur für den dem obsiegenden Kläger zugeteilten Betrag außer Kraft, da Zweck und Ziel der Klage nicht die Aufhebung der Berechnung im ganzen ist, sondern nur, soweit sie auf Heranziehung des Anfechtungsklägers abzielt. Die eine Vorschußberechnung verspätet anfechtenden Mitglieder können sich also nicht darauf berufen, daß andere rechtzeitig anfechtende Mitglieder mit dem gleichen Anfechtungsgrund obsiegt haben (RGZ 139, 168; *Schubert/Steder*, § 111 Rdn. 6). Abs. 2 ist so zu verstehen, daß die übrigen Mitglieder nicht die Hinzurechnung des Klägers zu einer evtl. Zusatzberechnung verlangen können (RGZ 139, 173; *Meyer/ Meulenbergh/Beuthien*, § 111 Rdn. 5). **12**

## § 112

## Verfahren bei Anfechtungsklage

**(1) Die Klage ist ausschließlich bei dem Amtsgericht zu erheben, welches die Berechnung für vollstreckbar erklärt hat. Die mündliche Verhandlung erfolgt nicht vor Ablauf der bezeichneten Notfrist. Mehrere Anfechtungsprozesse sind zur gleichzeitigen Verhandlung und Entscheidung zu verbinden.**

**(2) Übersteigt der Streitgegenstand eines Prozesses die sonst für die sachliche Zuständigkeit der Amtsgerichte geltende Summe, so hat das Gericht, sofern eine Partei in einem solchen Prozeß vor der Verhandlung zur Hauptsache darauf anträgt, durch Beschluß die sämtlichen Streitsachen an das Landgericht, in dessen Bezirk es seinen Sitz hat, zu verweisen. Gegen diesen Beschluß findet die sofortige Beschwerde statt. Die Notfrist beginnt mit der Verkündung des Beschlusses.**

**(3) Ist der Beschluß rechtskräftig, so gelten die Streitsachen als bei dem Landgericht anhängig. Die im Verfahren vor dem Amtsgericht erwachsenen Kosten werden als Teil der bei dem Landgericht erwachsenen Kosten behandelt und gelten als Kosten einer Instanz.**

**(4) Die Vorschriften der Zivilprozeßordnung §§ 769, 770 über die Einstellung der Zwangsvollstreckung und die Aufhebung der Vollstreckungsmaßregeln finden entsprechende Anwendung.**

1 Die Vorschrift **bezweckt**, der Vervielfältigung selbständiger Anfechtungsprozesse und der Möglichkeit abweichender gerichtlicher Entscheidungen vorzubeugen (RG, JW 1933, 1216). Demzufolge ist die Klage ausschließlich bei dem Amtsgericht zu erheben, welches die Berechnung für vollstreckbar erklärt hat, also bei dem mit dem Konkursgericht identischen Amtsgericht. Dies gilt auch dann, wenn nach dem Streitwert das Landgericht zuständig wäre. Über die Zuständigkeit des Landgerichts vgl. Abs. 2 und Rdn. 3.

2 Dem Zweck dieser Vorschrift entspricht es auch, daß die mündliche **Verhandlung** nicht vor Ablauf der Notfrist (§ 111) erfolgen darf; nur so können die mehreren Klagen miteinander verbunden werden und die Kläger zu notwendigen Streitgenossen (§ 62 ZPO) werden.

3 Übersteigt ein Streitwert die Zuständigkeitsgrenze des Amtsgerichts, so kann dieser Kläger – aber auch der Konkursverwalter – den Antrag auf Verweisung an das örtlich zuständige **Landgericht** beantragen. Der Antrag muß vor Beginn der Hauptverhandlung gestellt werden. Unschädlich ist, wenn bereits in einer anderen Anfechtungsklage verhandelt wurde – auch diese Klage ist dann an das Landgericht zu verweisen (*Meyer/Meulenbergh/Beuthien*, § 112, Rdn. 2). Das Amtsgericht hat dann durch Beschluß sämtliche Streitsachen an das Landgericht zu verweisen; auch hierdurch soll eine einheitliche Entscheidung sichergestellt werden.

4 Nach Abs. 3 S. 2 wird bei Verweisung an das Landgericht aus **Kostenersparnisgründen** das Verfahren vor dem Amtsgericht und dem Landgericht als eine Instanz angesehen mit der Folge, daß gerichtliche und anwaltliche Gebühren nur einmal entstehen.

5 Werden die Klagen mehrerer Mitglieder miteinander verbunden, so hängt die Zulässigkeit der **Berufung** davon ab, ob für das einzelne Mitglied die Berufungssumme gegeben ist. Nur wenn mehrere Kläger gemeinsam durch einen einheitlichen Schriftsatz Berufung einlegen, findet eine Zusammenrechnung der Beschwerdegegenstände statt (RGZ 46, 396). Entsprechendes gilt für die Revision zum BGH.

6 Die Erhebung der Anfechtungsklage hindert den Konkursverwalter nicht, gegen den Anfechtungskläger die **Zwangsvollstreckung** zu betreiben. Das Prozeßgericht kann jedoch nach Abs. 4 in analoger Anwendung der §§ 769, 770 ZPO die Zwangsvollstreckung gegen oder ohne Sicherheitsleistung einstellen oder anordnen, daß nur gegen Sicherheitsleistung die Zwangsvollstreckung fortgesetzt werden darf. Außerdem kann es Zwangsvollstreckungsmaßnahmen gegen Sicherheitsleistungen aufheben. In dringenden Fällen kann das Vollstreckungsgericht diese Anordnungen treffen; es hat dann jedoch eine angemessene kurze Frist zu bestimmen, innerhalb derer die entsprechende Entscheidung des Prozeßgerichts herbeizuführen ist.

## § 112 a
## Vergleich über Nachschüsse

**(1) Der Konkursverwalter kann mit Zustimmung des Gläubigerausschusses über den von dem Genossen zu leistenden Nachschuß einen Vergleich abschließen. Der Vergleich bedarf zu seiner Wirksamkeit der Bestätigung durch das Konkursgericht.**

**(2) Der Vergleich wird hinfällig, wenn der Genosse mit seiner Erfüllung in Verzug gerät.**

Der Konkursverwalter kann mit den Mitgliedern **Vergleiche** i. S. d. § 779 BGB über die geschuldeten Nachschüsse schließen. Danach liegt ein Vergleich vor, wenn durch ihn der Streit oder die Ungewißheit über Grund und Höhe der Nachschußpflicht oder ihre Realisierung in Wege gegenseitigen Nachgebens beseitigt wird (vgl. hierzu *Müller*, § 112 a Rdn. 2). Ein Gesamtverzicht auf die Nachschüsse kann – wegen fehlender Gegenseitigkeit – kein Vergleich sein. Ein Teilzeitverzicht ist als Vergleich nur möglich, wenn nicht nur der verzichtete Teil des Nachschusses Gegenstand des Streites oder der Ungewißheit gewesen ist (vgl. auch § 109 Rdn. 1; *Müller*, § 112 a Rdn. 2). **1**

Der Vergleich kann sich auf **alle** im Konkursverfahren zu erbringenden Zahlungen (Vorschüsse, Nachschüsse, Zuschüsse, Ansprüche nach § 115 b) beziehen (*Müller*, § 112 a Rdn. 3; *Schubert/Steder*, § 112 a Rdn. 2). **2**

Nach Abs. 1 Satz 1 hat der **Gläubigerausschuß** zuzustimmen, d. h., vorher einzuwilligen oder nachträglich zu genehmigen. **3**

Außerdem hat nach Abs. 1 Satz 2 das **Konkursgericht** den Vergleich nach seinem Abschluß zu bestätigen. Es entscheidet auf Antrag des Konkursverwalters nach pflichtgemäßem Ermessen. Hierbei hat es insbesond. zu prüfen, ob die Interessen der Gläubiger ausreichend gewahrt sind. Sofortige Beschwerde des Konkursverwalters gegen den Ablehnungsbeschluß ist nach § 73 Abs. 3 KO möglich. **4**

Nach Abs. 2 wird der Vergleich **hinfällig**, wenn das Mitglied mit seiner Erfüllung in Verzug gerät, mit der Folge, daß die Rechtslage eintritt, die vor dem Vergleichsabschluß bestanden hat. Der Verzugseintritt richtet sich nach § 284 BGB. Die Rechtsfolgen treten auch dann ein, wenn das Mitglied nur mit einem Teil seiner Leistung in Verzug gerät. **5**

## § 113
## Zusatzberechnung

**(1) Soweit infolge des Unvermögens einzelner Genossen zur Leistung von Beiträgen der zu deckende Gesamtbetrag nicht erreicht wird oder in Gemäßheit des auf eine Anfechtungsklage ergehenden Urteils oder**

**aus anderen Gründen die Berechnung abzuändern ist, hat der Konkursverwalter eine Zusatzberechnung aufzustellen. Die Vorschriften der §§ 106 bis 112 a gelten auch für die Zusatzberechnung.**

**(2) Die Aufstellung einer Zusatzberechnung ist erforderlichenfalls zu wiederholen.**

1 Die **Zusatzberechnung** kommt in Betracht, wenn die nach der Vorschußberechnung (§ 106) aufzubringenden Beträge nicht vollständig (wegen Zahlungsunfähigkeit einzelner Mitglieder, erfolgreicher Anfechtungsklagen oder Rechenfehler) eingehen, so daß sich gegenüber der Vorschußberechnung ein Fehlbetrag ergibt. Eine Zusatzberechnung ist auch dann vorzunehmen, wenn sich herausstellt, daß noch weitere Mitglieder vorhanden sind. Sie ist des weiteren vorzunehmen, wenn die Konkursbilanz, die der Zusatzberechnung zugrunde gelegt wurde, unrichtig ist (a. A. *Meyer/Meulenbergh/Beuthien*, § 113 Rdn. 1, der diesen Fehler erst durch die Nachschußberechnung nach § 114 berichtigen will).

2 Für die Zusatzberechnung gelten die Vorschriften der §§ 106 bis 112 a. Der **Konkursverwalter** ist zu ihrer Aufstellung verpflichtet. Diese Pflicht entfällt nur dann, wenn anzunehmen ist, daß die Zusatzberechnung nur zu einer unwesentlichen Änderung der Vorschußberechnung führen würde (*Gutherz*, S. 42).

3 Wie in Abs. 2 vorgesehen ist, sind nach der Zusatzberechnung **weitere** Zusatzberechnungen vorzunehmen, wenn dies unter den in Rdn. 1 genannten Voraussetzungen erforderlich wird. Dauert das Konkursverfahren über das Ende des Geschäftsjahres hinaus, ist keine weitere Bilanz aufzustellen; es verbleibt bei den von der Gläubigerversammlung ggfs. beschlossenen Berichten (§ 103 Rdn. 6) und den evtl. Zusatzberechnungen.

## § 114
## Nachschußberechnung

**(1) Sobald mit dem Vollzug der Schlußverteilung (§ 161 der Konkursordnung) begonnen wird, hat der Konkursverwalter schriftlich festzustellen, ob und in welcher Höhe nach der Verteilung des Erlöses ein Fehlbetrag verbleibt und inwieweit er durch die bereits geleisteten Nachschüsse gedeckt ist. Die Feststellung ist auf der Geschäftsstelle des Gerichts niederzulegen.**

**(2) Verbleibt ein ungedeckter Fehlbetrag und können die Genossen zu weiteren Nachschüssen herangezogen werden, so hat der Konkursverwalter in Ergänzung oder Berichtigung der Vorschußberechnung und der zu ihr etwa ergangenen Zusätze zu berechnen, wieviel die**

**Genossen nach § 105 an Nachschüssen zu leisten haben (Nachschußberechnung).**

**(3) Die Nachschußberechnung unterliegt den Vorschriften der §§ 106 bis 109, 111 bis 113, der Vorschrift des § 106 Abs. 2 mit der Maßgabe, daß auf Genossen, deren Unvermögen zur Leistung von Beiträgen sich herausgestellt hat, Beiträge nicht verteilt werden.**

## I. Allgemeines

Die derzeitige Fassung des § 114 beruht auf der VO über Maßnahmen auf dem Gebiet des Genossenschaftsrechts vom 7. 8. 1941 (RGBl. I, 482), durch die das früher umständliche Verfahren zur Berechnung und Einziehung der Nachschüsse **vereinfacht** worden ist; es ist nicht in jedem Falle eine Nachschußberechnung aufzustellen (vgl. *Menard*, DJ 1941, 865). Gem. § 6 des handelsrechtlichen Bereinigungsgesetzes vom 18. 4. 1950 (BGBl. I, 90) bleibt § 114 in seiner derzeitigen Fassung auch weiterhin in Kraft. 1

## II. Feststellung des Fehlbetrags

§ 114 Abs. 1 geht davon aus, daß sich häufig erst nach Abschluß der Verwertung der Konkursmasse, also mit dem Beginn der Schlußverteilung nach § 161 KO, der tatsächliche **Fehlbetrag** feststellen und daher übersehen läßt, wieviel die Mitglieder endgültig an Nachschüssen zu leisten haben, da die Vorschuß- und Zusatzberechnungen lediglich auf Schätzungen beruhen. Der Konkursverwalter hat zunächst schriftlich festzustellen, ob und in welcher Höhe nach der Verteilung des Erlöses ein Fehlbetrag verbleibt und inwieweit er durch die bereits geleisteten Nachschüsse gedeckt ist. Die Fehlbetragsfeststellung tritt an die Stelle der der Vorschußberechnung zugrunde liegenden Schätzungen; sie soll endgültige Zahlen setzen, die als Grundlage für die Beendigung des Konkursverfahrens dienen können. Diese Feststellung ist der Offenkundigkeit halber auf der Geschäftsstelle des Gerichts niederzulegen, damit die Betroffenen sich vom Ergebnis der bisherigen Durchführung des Konkursverfahrens unterrichten können. 2

Die Fehlbetragsfeststellung gibt Aufschluß darüber, ob überhaupt ein Grund dazu besteht, von den Mitgliedern **weitere Nachschüsse** zu fordern. Wenn nämlich der nach der Verwertung der Konkursmasse endgültig festgestellte Fehlbetrag schon durch die aufgrund der Vorschußberechnung eingezogenen Nachschüsse gedeckt ist, besteht kein Anlaß mehr, von den Mitgliedern weitere Beiträge zu verlangen. In solchen Fällen kann daher von einer Nachschußberechnung abgesehen werden. Die Feststellung ist auch dann abzugeben, wenn kein Fehlbetrag besteht. 3

## III. Nachschußberechnung

4 Eine **Nachschußberechnung** ist nur noch dann vorzunehmen, wenn ein ungedeckter Fehlbetrag verbleibt und die Möglichkeit besteht, die Mitglieder zu weiteren Nachschüssen heranzuziehen, weil z. B. die Haftsummen noch nicht ausgeschöpft und die Mitglieder auch noch vermögend sind. In allen anderen Fällen bleibt es bei der schriftlichen Feststellung des Konkursverwalters und deren Niederlegung auf der Geschäftsstelle des Gerichts (Abs. 1). Soweit eine Nachschußberechnung aufzustellen ist, ist daneben auch noch die schriftliche Feststellung nach Abs. 1 anzufertigen und bei Gericht niederzulegen; Nachschußberechnung und schriftliche Feststellung können miteinander verbunden werden (DJ 1941, 865).

## IV. Verfahren

5 Das **Verfahren** entspricht dem der Vorschuß- und Zusatzberechnung; deshalb wird in Abs. 3 auf die §§ 106 bis 109, 111 bis 113 verwiesen (vgl. die dortigen Erläuterungen). Allerdings sind unvermögende Mitglieder in die Berechnung nicht aufzunehmen; der auf sie entfallende Betrag ist sofort auf die vermögenden Mitglieder bis zur Höhe ihrer Nachschußpflicht zu verteilen. Ein Mitglied kann keine Einwendungen erheben, mit denen es in bezug auf die Vorschußberechnung ausgeschlossen ist (*Müller*, § 114 Rdn. 12; zu weiteren Verfahrenseinzelheiten vgl. *Müller*, § 114 Rdn. 6 ff; zu einem Nachschußberechnungsmuster siehe *Meyer/Meulenbergh/Beuthien*, § 114 Rdn. 4).

## § 115
## Verteilung der Nachschußmasse

**(1) Der Verwalter hat, nachdem die Nachschußberechnung für vollstreckbar erklärt ist, unverzüglich den gemäß § 110 vorhandenen Bestand und, so oft von den noch einzuziehenden Beiträgen hinreichender Bestand eingegangen ist, diesen im Wege der Nachtragsverteilung (Konkursordnung § 166) unter die Gläubiger zu verteilen. Soweit es keiner Nachschußberechnung bedarf, hat der Verwalter die Verteilung unverzüglich vorzunehmen, nachdem die Feststellung nach § 114 Abs. 1 auf der Geschäftsstelle des Gerichts niedergelegt ist.**

**(2) Außer den Anteilen auf die in § 168 der Konkursordnung bezeichneten Forderungen sind zurückzubehalten die Anteile auf Forderungen, welche im Prüfungstermin von dem Vorstand ausdrücklich bestritten worden sind. Dem Gläubiger bleibt überlassen, den Widerspruch des Vorstands durch Klage zu beseitigen. Soweit der Widerspruch rechts-**

**kräftig für begründet erklärt wird, werden die Anteile zur Verteilung unter die übrigen Gläubiger frei.**

**(3) Die zur Befriedigung der Gläubiger nicht erforderlichen Überschüsse hat der Konkursverwalter an die Genossen zurückzuzahlen.**

## I. Verteilung

Nach § 149 KO erfolgen Abschlagsverteilungen bereits dann, wenn genügend bare Masse vorhanden ist. Abs. 1 Satz 1 enthält eine **Abweichung** von § 149 KO, weil nämlich die Verteilung der aus Vorschüssen und Nachschüssen gebildeten Masse bis nach Vollstreckbarkeitserklärung der Nachschußberechnung hinausgeschoben ist; diese zeitliche Beschränkung gilt nicht für die Verteilung der eigentlichen Konkursmasse. Die Bestimmung bezieht sich nur auf die im Vorschuß- und Nachschußverfahren eingezogenen Beträge, nicht aber auf Abschlagsverteilungen aus dem sonstigen Vermögen der eG; für die Verteilung sind maßgebend die Bestimmungen der KO über Nachtragsverteilung (§ 166 KO) und die Reihenfolge der Befriedigung. Die Grundlage bildet das Schlußverzeichnis. 1

Abs. 2 Satz 2 dient der **Vereinfachung** der Berechnung und Einziehung der Nachschüsse. Da die Vollstreckbarkeitserklärung der Nachschußberechnung nach der früheren Regelung die Voraussetzung für die Nachtragsverteilung unter die Konkursgläubiger bildete, muß eine Sonderregelung für die Fälle getroffen werden, in denen die Nachschußberechnung auf Grund der neuen Fassung des § 114 nunmehr fortfällt. Gem. § 6 des handelsrechtlichen Bereinigungsgesetzes vom 18. 4. 1950 (BGBl. I, 90) bleibt § 115 in seiner derzeitigen Fassung auch weiterhin in Kraft. 2

## II. Zurückbehaltung

Ein Teil der im Schlußverzeichnis enthaltenen Forderungen ist nicht zu bedienen, sondern die auf sie entfallenden Anteile sind nach § 168 KO **zurückzubehalten** und zu hinterlegen (vgl. im einzelnen § 168 Nr. 1–4 KO). Außerdem sind zurückzubehalten die Forderungsanteile, denen im Prüfungstermin der Vorstand bzw. die Liquidatoren widersprochen haben. Es handelt sich hier um ein Recht, das über § 144 KO hinausgeht (dort haben nur Konkursverwalter und Gläubiger ein Widerspruchsrecht). 3

Der Gläubiger einer bestrittenen Forderung, muß wenn er seiner Forderung anerkannt haben will, **Klage** gegen die eG, vertreten durch den Vorstand oder die Liquidatoren erheben (nicht gegen den Konkursverwalter). Das **Urteil** wirkt für und gegen die Nachschußmasse, nicht auch für und gegen die eigentliche Konkursmasse. Es ist weder eine Klage nach § 146 KO noch nach § 256 ZPO. Sie zielt allein darauf, den Widerspruch für 4 begründet oder unbegründet zu erklären. Verliert die eG den Prozeß, so sind die Prozeßkosten Massekosten (§ 58 KO); der zurückbehaltene Anteil ist an den obsiegenden Kläger auszuschütten. Gewinnt die eG, wird der zurückbehaltene Anteil für die übrigen Gläubiger frei.

### III. Zurückzahlung

5 Die Zurückzahlung erfolgt als Teil des Konkursverfahrens durch den Konkursverwalter. Nach welchem Schlüssel die **Verteilung** zu erfolgen hat, sagt das Gesetz nicht. Die Ansichten hierüber gehen auseinander (vgl. die Darstellung des Streitstands bei *Schubert/Steder*, § 115 Rdn. 7). Als erstes dürften die Ansprüche nach § 115 d Abs. 2 zu befriedigen sein. Sodann sind aus den Überschüssen diejenigen Mitglieder, die nach § 105 Abs. 4 Satz 1 freiwillig mehr als von ihnen geschuldet gezahlt haben, wegen dieser Beträge zu befriedigen. Danach sind die Erstattungen nach § 105 Abs. 4 Satz 2 i. V. m. § 87 a Abs. 2 zu leisten (wie hier *Meyer/Meulenbergh/Beuthien*, § 115, Rdn. 5; *Müller*, § 115 Rdn. 7, unklar hinsichtlich § 115 d *Schubert/Steder*, § 115 Rdn. 7).

6 Der dann noch verbleibende **Überschuß** wird nach dem Grundsatz der gleichmäßigen Behandlung der Mitglieder (vgl. Erl. zu § 18) in erster Linie jeweils an die Mitglieder zurückzuzahlen sein, welche die höchsten Nachschüsse geleistet haben, bis unter diesen ein Ausgleich hergestellt ist (*Paulick*, § 33 Abschn. VIII. 3.d; *Schubert/Steder*, § 115 Rdn. 7, die darauf hinweisen, daß dies auch die Lösung sei, für die sich der Referentenentwurf 1962 in § 202 Abs. 3 RefE entschieden haben; *Meyer/Meulenbergh/ Beuthien*, § 115 Rdn. 5 unter Darstellung der abweichenden Meinungen von *Deumer*, S. 405 und *Waldecker*, S. 319; ähnlich *Müller*, § 115 Rdn. 7, der entsprechend § 105 Abs. 2 verteilen will).

7 Mitglieder und ausgeschiedene Mitglieder einer **Wohnungsgenossenschaft** dürfen aus dem verbleibenden Überschuß nicht mehr als die geleisteten Einzahlungen zurückerhalten (§§ 9 Buchst. b, 11, 19 Abs. 2 WGG). Ein verbleibendes Restvermögen ist nach näherer Bestimmung der Anerkennungsbehörde für gemeinnützige Zwecke zu verwenden (§§ 9 Buchst. b, 11, 19 Abs. 2 WGG, § 16 WGG DV).

## § 115 a
## Abschlagsverteilung der Nachschüsse

**(1) Bei einem Konkurs, dessen Abwicklung voraussichtlich längere Zeit in Anspruch nehmen wird, kann der Konkursverwalter mit Genehmigung des Konkursgerichts sowie des etwa bestellten Gläubigeraus-**

**schusses die eingezogenen Beträge (§ 110) schon vor dem in § 115 Abs. 1 bezeichneten Zeitpunkt im Wege der Abschlagsverteilung nach den Vorschriften der §§ 149 bis 160 der Konkursordnung an die Gläubiger verteilen, aber nur insoweit, als nach dem Verhältnis der Schulden zu dem Vermögen anzunehmen ist, daß eine Erstattung eingezogener Beträge an Genossen (§ 105 Abs. 4, § 115 Abs. 3) nicht in Frage kommt.**

**(2) Sollte sich dennoch nach Befriedigung der Gläubiger ein Überschuß aus der Konkursmasse ergeben, so sind die zuviel gezahlten Beträge den Genossen aus dem Überschuß zu erstatten.**

§ 115 a wurde eingeführt durch Gesetz vom 18. 5. 1933 (RGBl. I, 275). **1**
Über seine Entstehung vgl. *Vogels*, JW 1933, 1378, ferner BlfG 1933, 343. Die Vorschrift enthält eine ausgewogene **Abwägung** der Interessen der Gläubiger mit den Interessen der nachschußpflichtigen Mitglieder.

Eine Abschlagsverteilung ist nur bei einem Konkurs zulässig, dessen **2**
Abwicklung „voraussichtlich längere Zeit" in Anspruch nehmen wird. Dies dürfte in der Regel ein Konkurs sein, dessen Abwicklung voraussichtlich länger als **ein Jahr** dauern wird (ebenso *Schubert/Steder*, § 115 a Rdn. 3; enger *Müller*, § 115 a Rdn. 1, der eine „längere Zeit" bereits annimmt, wenn die Schlußverteilung nach § 161 KO nicht unmittelbar bevorsteht; ähnlich *Meyer/Meulenbergh/Beuthien*, § 115 a Rdn. 2, der darauf abstellt, daß die Schlußverteilung nicht alsbald bevorsteht): In diesem Fall sind keine weiteren Bilanzen aufzustellen; es verbleibt bei den von der Gläubigerversammlung ggfs. beschlossenen Berichten (vgl. § 103 Rdn. 6; § 113 Rdn. 3).

Eine Abschlagsverteilung aus den erbrachten Nachschüssen darf nur **3**
erfolgen, soweit nach dem Verhältnis der Schulden zum Vermögen der eG anzunehmen ist, daß **keine Erstattung** der eingezogenen Beträge an die Mitglieder in Betracht kommt, denn zur Befriedigung der Gläubiger soll in erster Linie die Konkursmasse im engeren Sinne verwendet werden.

Die Abschlagsverteilung darf nur erfolgen, wenn das Konkursgericht **4**
und der Gläubigerausschuß vorher zustimmen, d. h. **einwilligen**; insoweit ist der Gesetzestext „Genehmigung" unrichtig. Nachträgliche Zustimmung läßt jedoch regelmäßig Folgen des pflichtwidrigen Verhaltens des Konkursverwalters entfallen, sonst Haftung nach § 82 KO für die ungenehmigte, im Außenverhältnis aber wirksame Abschlußverteilung. Die Genehmigung kann vom Konkursverwalter gleichzeitig bei beiden Stellen oder auch nacheinander eingeholt werden. Möglichst sollte zunächst die Zustimmung des Gläubigerausschusses eingeholt werden. Dies erspart dem Gericht eine zwar nicht notwendige, aber ggfs. erwünschte Anhörung des Gläubigerausschusses. Auch braucht das Gericht nicht mehr tätig zu werden, wenn bereits der Gläubigerausschuß abgelehnt hat (*Meyer/Meulenbergh/Beuthien*, § 115 a Rdn. 2). Sie wird regelmäßig zu erteilen sein, wenn die Voraussetzungen des § 115 a Abs. 1 erfüllt sind. Der Konkursverwalter hat gegen die

Versagung der Einwilligung des Gerichts die sofortige Beschwerde; Gläubiger und Mitglieder haben keine Rechtsmittel.

5 Die Abschlagsverteilung gem. §§ 149–160 KO ist **keine Nachtragsverteilung** nach § 115 Abs. 1 GenG.

6 Ergibt sich nach Befriedigung der Gläubiger ein **Überschuß** aus der Konkursmasse, tritt dieser an die Stelle der zuviel eingezogenen Nachschüsse; diese sind ähnlich wie nach § 115 Abs. 3 an die Mitglieder auszuzahlen. Hierbei gelten die gleichen Verteilungsmaßstäbe wie bei § 115 (vgl. die dortigen Erl.). Ein Masseüberschuß, der die zuviel gezahlten Nachschüsse übersteigt, ist nicht nach § 115 a Abs. 2, sondern nach §§ 90 ff zu verteilen.

## § 115 b

## Nachschußpflicht ausgeschiedener Mitglieder

**Sobald mit Sicherheit anzunehmen ist, daß die in § 105 Abs. 1 bezeichneten Konkursgläubiger auch nicht durch Einziehung der Nachschüsse von den Genossen Befriedigung oder Sicherstellung erlangen, sind die hierzu erforderlichen Beiträge von den innerhalb der letzten achtzehn Monate vor der Eröffnung des Konkursverfahrens ausgeschiedenen Genossen, welche nicht schon nach § 75 oder § 76 Abs. 4 der Nachschußpflicht unterliegen, nach Maßgabe des § 105 zur Konkursmasse zu leisten.**

1 Die derzeitige Fassung des § 115 b beruht auf der VO über Maßnahmen auf dem Gebiet des GenG vom 7. 8. 1941 (RGBl. I, 482), durch die das früher umständliche Verfahren zur Berechnung und Einziehung der Nachschüsse **vereinfacht** worden ist (s. die Anm. zu § 114). Gem. § 6 des handelsrechtlichen Bereinigungsgesetzes vom 18. 4. 1950 (BGBl. I, 90) bleibt § 115 b in seiner derzeitigen Fassung auch weiterhin in Kraft. Die früher vorgeschriebene Wartefrist von drei Monaten für die Inanspruchnahme der innerhalb der letzten achtzehn Monate vor der Eröffnung des Konkursverfahrens ausgeschiedenen Mitglieder, die von der Vorschuß- und Zusatzberechnung noch nicht erfaßt worden sind, ist beseitigt worden.

2 Diese ehemaligen Mitglieder trifft eine **subsidiäre Nachschußpflicht**. Sie sind dann verpflichtet, Nachschüsse zu erbringen, sobald mit Sicherheit (d. h. mit an Sicherheit grenzender Wahrscheinlichkeit) anzunehmen ist, daß die Konkursgläubiger sonst keine Befriedigung oder Sicherstellung erlangen. Die Beweislast hierfür hat der Konkursverwalter. Dies ist insbesond. gegeben, wenn die gegenwärtigen Mitglieder ihre Nachschußpflicht erfüllt haben.

3 **§ 115 b** gilt für die Mitglieder, die länger als 6 Monate vor Auflösung/Konkurseröffnung der eG aus dieser ausgeschieden sind, jedoch nicht

länger als achtzehn Monate vor Konkurseröffnung. Mitglieder, die innerhalb der letzten sechs Monate vor Auflösung aus der eG ausgeschieden sind, haften nach **§§ 75, 105**: Ihr Ausscheiden gilt als nicht erfolgt, sie haften primär. Ebenfalls unterliegen nicht der subsidiären Haftung nach § 115 b diejenigen, die durch Übertragung des Geschäftsguthabens nach § 76 ausgeschieden sind: Diese haften nach **§ 76 Abs. 3** (die Verweisung auf Abs. 4 im Gesetz beruht auf einem Redaktionsversehen) subsidiär für die von den Erwerbern nicht erbrachten Nachschüsse. Ist der Erwerber ebenfalls innerhalb des Zeitraums von 6 bis 18 Monaten ausgeschieden, so ist – da auch der Veräußerer innerhalb der ersten 6 Monate ausgeschieden ist – nach dem Gesetzeswortlaut des § 115 b dieser ebenfalls zur subsidiären Haftung heranzuziehen, in analoger Anwendung des § 76 Abs. 3 jedoch nur in Höhe des bei dem Erwerber eintretenden Ausfalls (so auch, jedoch ohne diese Einschränkung *Meyer/Meulenbergh/Beuthien*, § 115 b Rdn. 1).

Wurde erst nach Ausscheiden von Mitgliedern die Nachschußpflicht **4** eingeführt oder erweitert, so wirkt diese **Satzungsänderung** nicht gegenüber diesen Mitgliedern; diese haben nur die Nachschüsse zu erbringen, zu denen sie zum Zeitpunkt ihres Ausscheidens verpflichtet waren (§ 22 a Abs. 2). Wurde hingegen nach ihrem Ausscheiden die Nachschußpflicht herabgesetzt, gilt dieses auch zugunsten der ausgeschiedenen Mitglieder, da diese andernfalls schlechter gestellt wären als die in der eG verbliebenen Mitglieder (*Müller*, § 115 b Rdn. 4; *Meyer/Meulenbergh/Beuthien*, § 115 b Rdn. 1).

§ 115 b gilt auch für die **Kündigung einzelner Geschäftsanteile** nach **5** § 67 b (wegen der Begründung vgl. § 75 Rdn. 1; a. A. *Meyer/Meulenbergh/Beuthien*, § 115 b Rdn. 1; *Müller*, § 115 b Rdn. 2; *Schubert/Steder*, § 115 b Rdn. 2).

Diese ehemaligen Mitglieder werden mit Hilfe einer **besonderen Nach-** **6** **schußberechnung** (§ 115 c) herangezogen. Auch dieses Nachschußverfahren gegen die Ausgeschiedenen ist ein Teil des Konkursverfahrens, für das insbesond. § 105 gilt (vgl. die Erl. zu § 105).

## § 115 c
## Berechnung der Nachschußpflicht der Ausgeschiedenen

**(1) Der Konkursverwalter hat ohne Verzug eine Berechnung über die Beitragspflicht der Ausgeschiedenen aufzustellen.**

**(2) In der Berechnung sind dieselben namentlich zu bezeichnen und auf sie die Beiträge zu verteilen, soweit nicht das Unvermögen einzelner zur Leistung von Beiträgen vorauszusehen ist.**

**(3) Im übrigen finden die Vorschriften in § 106 Abs. 3, §§ 107 bis 109, 111 bis 113 und 115 entsprechende Anwendung.**

Muß auf die Nachschußpflicht der Mitglieder zurückgegriffen werden, die länger als sechs Monate, aber nicht länger als achtzehn Monate vor Konkurseröffnung ausgeschieden sind (§ 115 b), so ist für diese subsidiär haftenden Mitglieder eine **besondere Nachschußberechnung** aufzustellen. Auf diese Berechnung finden nach Abs. 3 die allgemeinen Vorschriften über die Vorschuß-, Zusatz- und Nachschußberechnungen Anwendung (vgl. die dortigen Erl.).

## § 115 d

## Rückerstattung an die Ausgeschiedenen

**(1) Durch die Bestimmungen der §§ 115 b, 115 c wird die Einziehung der Nachschüsse von den in der Genossenschaft verbliebenen Genossen nicht berührt.**

**(2) Aus den Nachschüssen der letzteren sind den Ausgeschiedenen die von diesen geleisteten Beiträge zu erstatten, sobald die Befriedigung oder Sicherstellung der sämtlichen in § 105 Abs. 1 bezeichneten Konkursgläubiger bewirkt ist.**

**1** Wenn sich herausstellt, daß von den in der eG verbliebenen Mitgliedern noch Nachschüsse eingezogen werden können, so sind diese auf jeden Fall einzuziehen, da die ausgeschiedenen Mitglieder nur **subsidiär** haften (dies ergibt sich im übrigen bereits aus § 115 b).

**2** Die **Erstattung** nach Abs. 2 ist die Folge der subsidiären Nachschußpflicht: Ergibt sich, daß nach der Befriedigung der Gläubiger noch Vermögenswerte vorhanden sind, war offensichtlich die Heranziehung der subsidiär haftenden Mitglieder nicht erforderlich; diesen sind ihre Nachschußbeträge zu erstatten. Dies geschieht dem Grundsatz der gleichmäßigen Behandlung der Mitglieder entsprechend zuerst an die **ausgeschiedenen** Mitglieder, die die höchsten Nachschüsse geleistet haben, bis unter diesen ein Ausgleich hergestellt ist (vgl. die Erl. zu § 115).

**3** Erst nach Erstattung der Nachschüsse an die ausgeschiedenen Mitglieder können Erstattungen an die **verbliebenen** Mitglieder erfolgen (§§ 115 Abs. 3, 115 a Abs. 2, 105 Abs. 4, vgl. jeweils die dortigen Erl.).

## § 115 e

## Zwangsvergleich

**(1) Der Abschluß eines Zwangsvergleichs (§ 173 der Konkursordnung) ist zulässig, sobald der allgemeine Prüfungstermin abgehalten und solange nicht das Nachschußverfahren beendet ist.**

**(2) Die Vorschriften der Konkursordnung über den Zwangsvergleich finden mit folgenden Abweichungen Anwendung:**

**1. Vor Abschluß des Zwangsvergleichs muß der Revisionsverband, dem die Genossenschaft angeschlossen ist, darüber gehört werden, ob der Zwangsvergleich mit den Interessen der Genossen vereinbar ist;**

**2. zum Abschluß des Zwangsvergleichs ist erforderlich, daß die Gläubiger, die Mitglieder der Genossenschaft sind, und die Gläubiger, die es nicht sind, gesondert mit den in § 182 der Konkursordnung festgesetzten Mehrheiten zustimmen;**

**3. der Zwangsvergleich kann wegen unredlichen oder leichtsinnigen Verhaltens des Vorstands (§ 187 der Konkursordnung) nur verworfen werden, wenn ein erheblicher Teil der Genossen das Verhalten des Vorstands gekannt hat;**

**4. der Zwangsvergleich wird vom Konkursverwalter durchgeführt; die §§ 105 bis 115 a, 141 finden Anwendung;**

**5. eine Zwangsvollstreckung aus dem rechtskräftig bestätigten Zwangsvergleich gegen einen Dritten, der neben der Genossenschaft ohne Vorbehalt der Einrede der Vorausklage Verpflichtungen übernommen hat (§ 194 der Konkursordnung), findet nur statt, wenn der Dritte die Verpflichtungserklärung in öffentlich beglaubigter Form gegenüber dem Gericht oder mündlich in dem Vergleichstermin abgegeben hat;**

**6. der Zwangsvergleich wird hinfällig, wenn der Konkursverwalter dem Gericht anzeigt, daß der Vergleich nicht fristgemäß erfüllt ist; bezieht sich die Anzeige auf Abschlags- oder Ratenzahlungen, so entscheidet das Gericht nach freiem Ermessen, ob der Zwangsvergleich hinfällig wird. Die Anzeige kann erst zwei Wochen nach Ablauf des im Vergleich bestimmten Zahlungstages erfolgen. Wird der Zwangsvergleich hinfällig, so wird das Konkursverfahren ohne Rücksicht auf den Zwangsvergleich fortgesetzt;**

**7. das Konkursverfahren wird erst aufgehoben, wenn der Konkursverwalter dem Gericht anzeigt, daß der Zwangsvergleich erfüllt ist.**

§ 115 e wurde **eingefügt** durch Gesetz vom 20. 12. 1933 (RGBl. I, 1089) **1**
und gleichzeitig der bisherige Abs. 1 des § 116, wonach die Aufhebung des Konkursverfahrens durch Zwangsvergleich ausdrücklich ausgeschlossen war, beseitigt. § 115 e Abs. 2 Ziff. 1 Satz 2 wurde gestrichen (Art. II Ziff. 2 des Gesetzes vom 30. 12. 1934). Der Zwangsvergleich ist auch im Konkurs einer aufgelösten eG zulässig.

Unter einem **Zwangsvergleich** ist eine mit Zustimmung des Konkursge- **2**
richts zustande kommende vertragliche Vereinbarung des Schuldners mit seinen nicht bevorrechtigten Gläubigern über die Schuldentilgung zu verstehen (§ 173 KO; RGZ 127, 375 m. w. N.). Es werden alle Gläubiger –

auch die sich nicht beteiligenden – erfaßt (§ 193 S. 1 KO). Bürgschaften und sonstige Sicherheiten bleiben bestehen (§ 193 S. 2 KO).

3 Das **Nachschußverfahren** ist beendet, wenn der Konkursverwalter alle einziehbaren Nachschüsse eingezogen und im Wege der Abschlagsverteilung (§ 115 a) bzw. der Nachtragsverteilung (§ 115) verteilt oder sichergestellt (§ 168 KO) oder etwaige Überschüsse an die Mitglieder zurückgezahlt hat (§ 115 Abs. 3). Der Zwangsvergleich ist bei der eG in Abweichung von § 173 KO auch noch nach Genehmigung der Vornahme der Schlußverteilung durch das Gericht möglich. Er muß allen nicht bevorrechtigten Konkursgläubigern gleiche Rechte gewähren; eine ungleiche Bestimmung der Rechte, z. B. eine Besserstellung der sogenannten Kleingläubiger ist nur mit ausdrücklicher **Zustimmung aller zurückgesetzten** Gläubiger zulässig (§ 181 KO). Entgegenstehende Vereinbarungen der eG (nicht Dritter, so aber *Meyer/Meulenbergh/Beuthien*, § 115 e Rdn. 4) mit einzelnen Gläubigern sind unwirksam. Der Vergleichsvorschlag kann Stundung oder Teilerlaß oder beides vorsehen; auch ein Liquidationsausgleich ist zulässig.

4 Unter entsprechender Anwendung von **§ 175 KO** ist ein Zwangsvergleich auch bei der eG zulässig, solange der Vorstand (Liquidator) die eidesstattliche Versicherung verweigert oder wenn ein Vorstandsmitglied wegen betrügerischen Bankrotts rechtskräftig verurteilt worden ist und die Verurteilung im Zusammenhang mit dem schwebenden Konkurs erfolgt ist (streitig), ferner, solange gegen ein Vorstandsmitglied wegen betrügerischen Bankrotts eine gerichtliche Untersuchung oder ein wiederaufgenommenes Verfahren anhängig ist. Dagegen ist durch die Flucht eines Vorstandsmitglieds der Zwangsvergleich dann nicht unzulässig geworden, wenn ein neues Vorstandsmitglied bestellt ist. Wirkung des Zwangsvergleichs (§ 193 KO).

5 Während der Gläubigerausschuß die Interessen der Gläubiger zu wahren hat, hat der **Prüfungsverband** zu prüfen, ob der Zwangsvergleich mit den Interessen der Mitglieder vereinbar ist. Die mündliche oder schriftliche Anhörung des Prüfungsverbands ist zwingend vorgeschrieben. Ist sie unterblieben, so muß der Zwangsvergleich verworfen worden (§§ 184, 186 Ziff. 1 KO; a. A. *Meyer/Meulenbergh/Beuthien*, § 115 e Rdn. 5). Dagegen rechtfertigt die Tatsache, daß der Verband sich gegen den Abschluß des Zwangsvergleichs ausgesprochen hat, die Verwerfung nicht. Das Ergebnis der Anhörung ist gem. §§ 178, 179 Abs. 1 Satz 3 KO zu behandeln.

6 Nach § 182 KO ist zur Annahme des Vergleichs erforderlich, daß die Mehrzahl der anwesenden stimmberechtigten Gläubiger ausdrücklich zustimmt und die Gesamtsumme der Forderungen der zustimmenden Gläubiger mindestens drei Viertel der Gesamtsumme aller zum Abstimmen berechtigenden Forderungen beträgt. Diese Regelung wird durch § 115 e Abs. 2 Ziff. 2 dahingehend modifiziert, daß in **gesonderten Abstimmun-**

**gen** die Gläubiger, die gleichzeitig Mitglied der eG sind, und die Gläubiger, die es nicht sind, mit den in § 182 KO festgesetzten Mehrheiten zustimmen müssen.

Nach § 187 KO muß der Vergleich verworfen werden, wenn er den Gläubigern nicht mindestens 20 % ihrer Forderungen gewährt und dieses Ergebnis auf ein unredliches Verhalten des Gesamtschuldners, insbesondere darauf zurückzuführen ist, daß der Gemeinschuldner durch ein solches Verhalten die Eröffnung des Konkursverfahrens verzögert hat oder Vermögensteile unterdrückt oder Scheinforderungen anerkannt hat. Diese Bestimmung ist durch § 115 e Ziff. 3 dahin eingeschränkt, daß ein **erheblicher Teil** der Mitglieder das Verhalten des Vorstands gekannt haben muß. War das Verhalten des Vorstands, das zu der geringen Vergleichsquote führte, nur leichtsinnig (z. B. höchst lückenhafte Buchführung), so kann der Zwangsvergleich verworfen werden (§ 187 Satz 2 KO). Was unter einem „erheblichen Teil" der Mitglieder zu verstehen ist, sagt das Gesetz nicht; jedenfalls wird es nicht immer die Mehrheit der Mitglieder zu sein brauchen. Nach *Schubert/Steder* (§ 115 e Rdn. 5) müssen es unter Hinweis auf § 45 GenG mindestens 10 % der Mitglieder sein; nach *Müller* (§ 115 e Rdn. 5) müssen es so viele sein, daß sie in der Lage wären, das Vorstandsmitglied seines Amtes zu entheben, d. h. in der Praxis 75 %; *Schubert/Steder* (ebd.) dürfte zu folgen sein (so auch *Meyer/Meulenbergh/Beuthien*, § 115 e Rdn. 7). **7**

Der Vergleich ist ferner von Amts wegen zu **verwerfen**, wenn wesentliche Verfahrensvorschriften verletzt sind oder der Vergleich nachträglich unzulässig geworden ist (§ 186 KO). Verwerfung des Vergleichs auf Antrag (§ 188 KO). Beschwerde gegen die Verwerfung (§ 189 KO). **8**

Die **Durchführung** des Zwangsvergleichs durch den Konkursverwalter bedeutet eine Abweichung vom System der KO. Der Konkursverwalter ist also nicht Treuhänder wie in den übrigen Konkursverfahren, bei denen ihm im Vergleichsvorschlag die Durchführung des Zwangsvergleichs übertragen ist, sondern er erfüllt auch weiterhin die ihm vom Gericht übertragenen Amtspflichten und haftet dafür allen Beteiligten nach § 82 KO. Damit bleiben alle konkursrechtlichen Vorschriften, insbesond. §§ 6 und 123 ff KO anwendbar. **9**

Die **Wirksamkeit** des Zwangsvergleichs einer eG ist bedingt durch die fristgemäße Vergleichserfüllung. Wird der Vergleich hinfällig, so werden Vergleichsbürgschaften und Verpflichtungen sonstiger Selbstschuldner (abweichend vom Vergleichsverfahren) unwirksam. Im Falle des Abs. 2 Nr. 6 erster Halbsatz bedarf es keines Gerichtsbeschlusses; im Falle des zweiten Halbsatzes ist der Gerichtsbeschluß dem Betroffenen von Amts wegen zuzustellen; gegen die Entscheidung kann sofortige Beschwerde durch den Konkursverwalter, die eG oder durch Vergleichsgläubiger erhoben werden. **10**

11 **Aufhebung** des Konkursverfahrens erst nach Schlußrechnung (§ 86 KO) und Schlußtermin (§ 162 KO).

Eine **Fortsetzung der eG** ist nur im Falle ihrer durch Beschluß der GV oder durch Zeitablauf erfolgten Auflösung zugelassen (§ 79 a). Ein Wiederaufleben der eG nach ihrer durch Konkurseröffnung erfolgten Auflösung (§ 101) ist deshalb nur durch Neugründung möglich, auch wenn sie einen Zwangsvergleich abgeschlossen hat (ebenso *Meyer/Meulenbergh/Beuthien*, § 116 Rdn. 1; *Müller*, § 116 Rdn. 14; a. A. *Wallenfels*, JW 1934, 1147).

## § 116
## Einstellung des Konkursverfahrens

**Das Konkursverfahren ist auf Antrag des Vorstands einzustellen, wenn er nach dem Ablauf der Anmeldefrist die Zustimmung aller Konkursgläubiger, die Forderungen angemeldet haben, beibringt und nachweist, daß andere Gläubiger nicht bekannt sind. Inwieweit es der Zustimmung oder der Sicherung von Gläubigern bedarf, deren Forderungen angemeldet, aber nicht festgestellt sind, entscheidet das Konkursgericht nach freiem Ermessen.**

1 § 116 wurde durch Gesetz vom 20. 12 1933 (RGBl. I, 1089) **neu gefaßt**, da der Zwangsvergleich nunmehr zulässig ist (§ 115 e).

2 § 116 entspricht weitgehend § 202 KO. Allerdings kann das Konkursverfahren erst **eingestellt** werden, wenn die Anmeldefrist (§ 138 KO) abgelaufen ist; die Möglichkeit der Einstellung des Konkursverfahrens schon vor Ablauf der Anmeldefrist (§ 202 Abs. 2 KO) ist durch § 116 GenG ausgeschlossen.

3 Das Verfahren kann nur eingestellt werden, wenn der **Vorstand** bzw. der Liquidator der eG einen entsprechenden Antrag stellt; andere Personen sind zur Antragstellung nicht berechtigt. Es müssen so viele Vorstandsmitglieder mitwirken, wie satzungsgemäß zur gesetzlichen Vertretung befugt sind. Der Antrag kann auch mündlich zu Protokoll der Geschäftsstelle des Gerichts oder in der Gläubigerversammlung gestellt werden (*Müller*, § 116 Rdn. 2).

4 Außerdem müssen alle Konkursgläubiger, die Forderungen angemeldet haben, zustimmen, nicht hingegen die Massegläubiger. Die Zustimmung ist nicht nach §§ 119 ff BGB anfechtbar; sie kann zwar zeitlich befristet werden, ist im übrigen jedoch bedingungsfeindlich. Des weiteren muß nachgewiesen werden, daß andere Gläubiger nicht bekannt sind. Der **Nachweis** kann durch eine Bescheinigung des zuständigen Prüfungsverbands, aber auch durch Vorlage der Bücher der eG geführt werden (*Schubert/Steder*, § 116 Rdn. 1). In der Zustimmung der Konkursgläubiger zur Einstellung des Konkursverfahrens liegt, wenn die Nachschußpflicht der Mitglieder

nicht ausgeschlossen ist, ein Verzicht auf die Durchführung des Nachschußverfahrens und auf die Verteilung bereits eingegangener Vorschüsse, nicht hingegen ein Verzicht auf die Forderung selbst und deren Beitreibung.

Wird der Einstellungsbeschluß **wirksam** (mit seiner Bekanntmachung **5**
nach § 205 Abs. 1), erhält die eG die Verwaltungs- und Verfügungsmacht über ihr Vermögen zurück. Sie bleibt allerdings im Liquidationsstadium und kann auch nicht durch einen Fortsetzungsbeschluß nach § 79 a in eine werbende eG zurückverwandelt werden (*Müller*, § 116 Rdn. 15). Ein Wiederaufleben ist nur durch Neugründung möglich, auch wenn ein Zwangsvergleich abgeschlossen wurde.

Die Aufhebung des Konkurses der eG nach **§ 163 KO** kann erst nach **6**
vollständiger Durchführung des Nachschußverfahrens erfolgen; hierzu gehört auch die Verteilung der nicht verbrauchten Nachschußleistungen an die Mitglieder nach §§ 115 Abs. 3, 115 d Abs. 2 (*Meyer/Meulenbergh/Beuthien*, § 116 Rdn. 3; *Müller*, § 116 Rdn. 22).

Bei Abschluß eines **Zwangsvergleichs** der eG darf die Aufhebung erst **7**
nach Anzeige der Erfüllung des Zwangsvergleichs stattfinden (§ 115 e Ziff. 7).

Das Konkursverfahren wird **mangels Masse** nach § 204 KO eingestellt, **8**
sobald sich ergibt, daß selbst unter Berücksichtigung von Nachschußverpflichtungen der Mitglieder eine den Kosten des Verfahrens entsprechende Konkursmasse nicht vorhanden ist (*Paulick*, S. 353; *Müller*, § 116 Rdn. 16). Die Einstellung ist trotz § 100 Abs. 3 zulässig, da jetzt die im Falle des § 100 noch nicht vorhandene Klarheit hinsichtlich der fehlenden Kostendeckung besteht.

§ 116 gilt unter den Voraussetzungen von § 271 UmwG entsprechend **9**
bei der **Umwandlung** in eine Kapitalgesellschaft sowie nach Maßgabe von § 95 UmwG bei der Verschmelzung oder nach § 147 i. V. m. §§ 125, 95 UmwG bei der Spaltung unter Beteiligung von eG.

## § 117

## Pflicht des Vorstands zur Unterstützung des Konkursverwalters

**Der Vorstand ist verpflichtet, den Konkursverwalter, bei den diesem in § 106 Abs. 1, § 109 Abs. 1, §§ 113, 114 zugewiesenen Obliegenheiten zu unterstützen.**

Nach § 100 KO hat der Gemeinschuldner **allgemein** die Verpflichtung, **1**
dem Konkursverwalter, dem Gläubigerausschuß und der Gläubigerversammlung die erforderlichen Auskünfte zu geben. Diese Pflicht trifft bei der eG den Vorstand, jedes Vorstandsmitglied und jeden Liquidator. Erforderlich sind alle Auskünfte, die für das Konkursverfahren notwendig sind,

insbesondere bezüglich des Vermögens und der Verbindlichkeiten der eG, über Absonderungs- und Aussonderungsrechte, über Anfechtungsmöglichkeiten nach §§ 29 ff KO. Die Auskunftspflicht besteht auch für Angaben, durch die ein Vorstandsmitglied strafbare Handlungen offenbaren muß (*Böhle/Stamschräder/Kilger*, § 100 Rdn. 1).

**2** In Ergänzung hierzu sieht § 117 vor, daß der Vorstand den Konkursverwalter bei bestimmten **genossenschaftsspezifischen** Maßnahmen zu unterstützen hat. Dies sind

- Vorschußermittlung zur Deckung des Fehlbetrags (§ 106 Abs. 1)
- Beitragseinziehung nach § 109 Abs. 1
- Aufstellung der Zusatzberechnungen nach § 113
- Aufstellung der Nachschußberechnung nach § 114

**3** Die Auskunft kann mit den in § 101 Abs. 2 KO vorgesehenen **Zwangsmitteln** erzwungen werden (*Müller*, § 177 Rdn. 4; *Meyer/Meulenbergh/Beuthien*, § 117 Rdn. 2).

### § 118

(Aufgehoben durch Novelle 1973.)

## Achter Abschnitt

## Haftsumme

### § 119

### Mindesthöhe der Haftsumme

**Bestimmt das Statut, daß die Genossen beschränkt auf eine Haftsumme Nachschüsse zur Konkursmasse zu leisten haben, so darf die Haftsumme im Statut nicht niedriger als der Geschäftsanteil festgesetzt werden.**

**1** Die Vorschrift wurde neu gefaßt durch **Novelle 1973**; sie entspricht dem früheren § 131 Abs. 1. Die frühere Vorschrift des § 131 Abs. 2 wurde inhaltlich in § 6 Ziff. 3 übernommen (Höhe der Haftsumme muß in der Satzung bestimmt sein).

**2** Die Nachschußpflicht der Mitglieder ist hier begrenzt durch die Höhe der in der Satzung bestimmten **Haftsumme**. Bis zu dieser Grenze können die Mitglieder nicht nur zur Leistung von Nachschüssen im Konkursfall, sondern u. U. auch beim Ausscheiden, nämlich im Fall des § 73 Abs. 2 Satz 3 in Anspruch genommen werden.

Der sich aus der Satzung ergebende Betrag der Haftsumme darf nicht niedriger sein als der Geschäftsanteil: eine Grenze nach oben besteht nicht. Dieser Betrag muß für alle Mitglieder (und bei Koppelung an die Geschäftsanteile für alle Geschäftsanteile) **gleich** sein (absoluter Gleichbehandlungsgrundsatz, § 18 Rdn. 18). Eine unterschiedliche Nachschußpflicht der Mitglieder kann sich jedoch dadurch ergeben, daß eine verschiedene Anzahl von Geschäftsanteilen übernommen wird und daß die Haftsumme nicht auf den ersten Geschäftsanteil beschränkt ist (vgl. § 121 Satz 3). Solange das Konkursverfahren über das Vermögen der eG noch nicht eröffnet ist, ist die Haftsumme rechtlich nicht als Schuld – wegen fehlender Bestimmbarkeit auch nicht als aufschiebend bedingte – zu behandeln (RGZ 85, 209; 123, 247 ff). 3

Falls die Haftsumme in der Satzung höher festgelegt wird als der Geschäftsanteil, so kann ein **beliebiger Betrag** gewählt werden. Dieser muß nicht ein Vielfaches des Geschäftsanteils sein. 4

§ 119 erwähnt bei der Regelung der Haftsumme lediglich „Nachschüsse zur Konkursmasse". Verpflichtung zur Leistung von Nachschüssen jedoch **auch** im Falle des § 73 Abs. 2 beim Ausscheiden einzelner Mitglieder. Wegen zusätzlicher Zahlungsverpflichtungen zur Abwendung des Konkurses im Liquidationsstadium vgl. § 87 a. Nach Auflösung der eG kann die Haftsumme nicht mehr erhöht werden (§ 87 b), aber auch nicht mehr, da mit dem Wesen der Liquidation nicht vereinbar, herabgesetzt werden (vgl. § 87 Rdn. 2 und § 120 Rdn. 6; a. A. *Meyer/Meulenbergh/Beuthien*, § 120 Rdn. 2). Gleiches gilt im Konkursfall (§ 101 Rdn. 5; so auch *Meyer/Meulenbergh/Beuthien*, § 120 Rdn. 2). 5

Im **Liquidationsstadium** – wie auch im Konkursfall – braucht ein Mitglied weitere Geschäftsanteile nicht mehr zu übernehmen, selbst wenn es nach der Satzung dazu verpflichtet war, diese Pflicht aber noch nicht erfüllt hat (vgl. ausführlich § 105 Rdn. 7 ff). Damit entfällt auch eine an den Erwerb dieser Anteile geknüpfte Nachschußpflicht (BGH, BB 1978, 1134 ff = DB 1978, 1777 = ZfG 1978, 442 mit kritischer Anmerkung von *Hadding*, ZfG 1978, 447 ff und *Schaffland*, Genossenschaftsforum 10/1978, 32, 33; a. A. die Vorinstanz OLG Hamm, BB 1978, 812; a. A. auch *Meyer/Meulenbergh/Beuthien*, § 119 Rdn. 2 und § 105 Rdn. 6). 6

Enthält die Gründungssatzung keine Regelung zur Nachschußpflicht oder ist die Haftsumme nicht klar festgelegt oder niedriger als der Geschäftsanteil, ist fraglich, ob aus Gründen des Gläubigerschutzes eine unbeschränkte Nachschußpflicht besteht (so aber *Meyer/Meulenbergh/Beuthien*, § 119 Rdn. 3, der jedoch verkennt, daß § 6 die verschiedenen Haftarten gleichwertig nebeneinanderstellt); bei geringen Mängeln erscheint diese Folge als zu weitgehend; Korrekturen sind bis zur Berichtigung der Satzung – im Wege der Auslegung und Umdeutung vorzuneh- 7 men. Auch ist dies ein Nichtigkeitsgrund i. S. d. §§ 94, 95 (vgl. die dortigen Erl.; wie hier *Meyer/Meulenbergh/Beuthien*, § 119 Rdn. 3; *Müller*, § 119 Rdn. 3, 4). Spätere Satzungsänderungen mit vorstehendem Inhalt sind nichtig; es verbleibt dann bei der ursprünglichen Satzungsregelung.

## § 120
## Herabsetzung der Haftsumme

**Für die Herabsetzung der Haftsumme gilt § 22 Abs. 1 bis 3 sinngemäß.**

1 Die Vorschrift entspricht dem **früheren** § 133. Sie beruht auf der Fassung von Artikel I der 3. Verordnung über Maßnahmen auf dem Gebiet des Genossenschaftsrechts vom 13. 4. 1943 (RGBl. I, 251). Wegen Einzelheiten vgl. § 22 Rdn. 1 ff. Gem. § 6 des handelsrechtlichen Bereinigungsgesetzes vom 18. 4. 1950 (BGBl. I, 90) bleibt die Vorschrift weiterhin in Kraft.

2 Die Herabsetzung der Haftsumme ist stets **Satzungsänderung** (§ 16); 3/4-Mehrheit ist notwendig, sofern nicht die Satzung eine geringere Mehrheit vorsieht (§ 16 Abs. 4). Der Beschluß ist erst wirksam mit Eintragung im Genossenschaftsregister (§ 16 Abs. 6).

3 Wird die Haftsumme herabgesetzt, so sind die Vorschriften des **§ 22 Abs. 1 bis 3** entsprechend anzuwenden: Das Gericht hat den wesentlichen Inhalt des GV-Beschlusses im Zusammenhang mit der Eintragung der Satzungsänderung bekanntzugeben; den Gläubigern der eG ist unter den Voraussetzungen des § 22 Abs. 2 Sicherheit zu leisten; Mitglieder der eG können sich auf die Herabsetzung der Haftsumme erst berufen, wenn die Bekanntmachung erfolgt ist und die Gläubiger, die sich rechtzeitig gemeldet haben, befriedigt oder sichergestellt sind.

4 Entsprechende Anwendung von § 22 Abs. 1 bis 3 auch, wenn **nachträglich** durch Satzungsänderung die Haftsumme auf den ersten Geschäftsanteil oder auf bestimmte Geschäftsanteile beschränkt wird.

5 **Keine Herabsetzung** der Haftsumme, wenn im Zusammenhang mit der Zerlegung von Geschäftsanteilen die Haftsumme entsprechend angepaßt wird (Beispiel: Geschäftsanteil vorher DM 400; Haftsumme vorher je Geschäftsanteile DM 400; nunmehr nach Zerlegung Geschäftsanteil DM 200; Haftsumme je Geschäftsanteil DM 200). In diesem Fall sind die Interessen der Gläubiger nicht beeinträchtigt, da sich am Gesamtumfang der Nachschußpflicht nichts ändert (siehe im übrigen *Riebandt-Korfmacher*, Formular–Kommentar, Bd. I, Form. 1.632).

6 Im Liquidationsstadium ist Herabsetzung der Haftsumme unzulässig, da mit dem Wesen der Liquidation nicht vereinbar (vgl. § 87 Rdn. 4, dagegen KG, JFG 11, 167 = JW 1933, 2461 mit Anm. *Ruth; Schubert/Steder*,

§ 87 Rdn. 2; *Paulick*, S. 336 und 346). Auch das KG ging davon aus, daß jeder Beschluß daran gemessen werden muß, ob er der Durchführung der Liquidation dient und die Gläubiger nicht benachteiligt (KG, JW 1933, 2463).

Ein Beschluß über die Herabsetzung der Haftsumme unter den Betrag **7** des Geschäftsanteils ist unzulässig und wäre – falls er gleichwohl gefaßt wird – **nichtig**.

Die Herabsetzung der Haftsumme ist nach § 24 Abs. 1 Nr. 5 KWG dem **8** BAK unverzüglich **anzuzeigen** (vgl. *Reischauer/Kleinhans*, KWG, Kz 115, § 24 Anm. 9 b zu Abs. 1 Nr. 5).

## § 121

## Haftsumme bei mehreren Geschäftsanteilen

**Ist ein Genosse mit mehr als einem Geschäftsanteil beteiligt, so erhöht sich die Haftsumme, wenn sie niedriger als der Gesamtbetrag der Geschäftsanteile ist, auf den Gesamtbetrag. Das Statut kann einen noch höheren Betrag festsetzen. Es kann auch bestimmen, daß durch die Beteiligung mit weiteren Geschäftsanteilen eine Erhöhung der Haftsumme nicht eintritt.**

§ 121 wurde neu gefaßt durch **Novelle 1973**; er ersetzt den früheren **1** § 135. Nach früherem Recht war mit jedem Geschäftsanteil eine Haftsumme verbunden, die mindestens die Höhe des Geschäftsanteils haben mußte. Bestand eine Beteiligung mit mehreren Geschäftsanteilen, so erhöhte sich die Haftsumme auf das entsprechend Vielfache der Anzahl der Geschäftsanteile.

Nach **§ 121 Satz 1** tritt bei der Übernahme weiterer Geschäftsanteile **2** nicht in jedem Fall automatisch eine Erhöhung der Haftsumme entsprechend der Anzahl der übernommenen Geschäftsanteile ein. Die Haftsumme erhöht sich in diesem Fall nur, wenn sie niedriger ist als der Gesamtbetrag der übernommenen Geschäftsanteile. Falls z. B. der Geschäftsanteil 300 DM beträgt und die Satzung die Haftsumme auf 1000 DM festlegt, ändert sich bei der Übernahme von insgesamt 3 Geschäftsanteilen die Haftsumme nicht. Es ist also nicht mit jedem Geschäftsanteil eine entsprechende Haftsumme verbunden. Dagegen würde bei Übernahme von insgesamt 4 Geschäftsanteilen die Haftsumme 4 × 300 DM, also 1200 DM betragen. Wenn, wie in der Praxis weitgehend üblich, die Satzung die Haftsumme in gleicher Höhe wie den Geschäftsanteil festsetzt, führt gem. § 121 Satz 1 jede zusätzliche Beteiligung mit einem Geschäftsanteil automatisch zu einer entsprechenden Erhöhung der einheitlichen Haftsumme (vgl. hierzu auch *Schaffland*, GenG mit einführender Erläuterung, S. 56).

3 Nach **§ 121 Satz 2** kann die Satzung einen „noch höheren Betrag" festsetzen. Bedeutsam für Kreditgenossenschaften wegen des Haftsummenzuschlags nach der Zuschlagsverordnung. Bei Beteiligung mit einem Geschäftsanteil folgt Entsprechendes bereits aus § 119. § 121 Satz 2 meint den Fall, daß die Satzung ausdrücklich die Höhe der Haftsumme bei Beteiligung mit mehreren Geschäftsanteilen regelt und zu einer Nachschußpflicht führt, die höher liegt als der Gesamtbetrag der übernommenen Geschäftsanteile. Beispiel: Geschäftsanteil beträgt DM 300; die Haftsumme **„für jeden"** Geschäftsanteil beträgt DM 1000 = Haftsumme insgesamt DM 3000. Bei Anknüpfung der Nachschußpflicht an eine Pflichtbeteiligung erweitert sich die Nachschußpflicht nicht bereits aufgrund der in der Satzung festgelegten Pflichtbeteiligung, sondern erst mit der Eintragung der weiteren (Pflicht-)Beteiligung in die Liste der Mitglieder (BGH, BB 1978, 1134 ff = DB 1978, 1777 ff = ZfG 1978, 442 ff = WM 1978, 1005 mit Anmerkung *Schaffland*, Genossenschaftsforum 10/1978, 32, 33 jeweils zum alten Recht – heute ist abzustellen auf die **Zulassung durch die eG**). Gleiches gilt auch bei Beteiligung mit freiwilligen Geschäftsanteilen.

4 Entgegen früherem Recht kann die Satzung nach **§ 121 Satz 3** nunmehr auch bestimmen, daß die Beteiligung mit weiteren Geschäftsanteilen nicht zu einer Erhöhung der Haftsumme führt. Damit wird die Übernahme weiterer Geschäftsanteile und damit die Bildung von Eigenkapital erleichtert. Es kann durch die Satzung z. B. festgelegt werden, daß nur der erste übernommene Geschäftsanteil eines Mitglieds oder die Pflichtanteile (§ 7 a Abs. 2; vgl. *Schaffland*, Genossenschaftsforum 4/1974, 40/41) mit einer entsprechenden Haftsumme verbunden sind; eine solche Regelung kann auch auf eine bestimmte Anzahl von übernommenen Geschäftsanteilen beschränkt werden (z. B. Haftsumme ist mit 3 Geschäftsanteilen verbunden, jedoch nicht mit weiteren Geschäftsanteilen, die von dem Mitglied übernommen werden).

5 Haftsumme kann auch **nachträglich** durch Satzungsänderung (§ 16 Abs. 4 GenG) auf den ersten Geschäftsanteil oder auf eine bestimmte Zahl von Geschäftsanteilen beschränkt werden. Für Gläubigerschutz gilt § 22 Abs. 1 bis 3 entsprechend (vgl. auch § 120 Rdn. 4).

6 **Unzulässig** ist es, einzelne Mitgliedsgruppen in der Satzung von der Nachschußpflicht vollständig freizustellen, obwohl im übrigen eine Nachschußpflicht, ggfs. beschränkt auf den ersten Geschäftsanteil, bestehen soll (vgl. § 22 a Rdn. 7).

## § 122 – 127

(Aufgehoben durch Gesetz vom 20. 12. 1933 – RGBl. I, 1089 –.)

### §§ 128 – 130

(Umgeordnet auf §§ 115 b, 115 c und 115 d durch Gesetz vom 20. 12. 1933 – RGBl. I, 1089 –.)

### § 131 – 145

(Aufgehoben bzw. in andere Vorschriften aufgenommen durch Novelle 1973.)

## Neunter Abschnitt

## Straf- und Bußgeldvorschriften

### § 146

(Aufgehoben durch Gesetz vom 25. 6. 1969 – BGBl. I, 645 –.)

### Vorbemerkung zu §§ 147 ff – Straf- und Bußgeldvorschriften

Einige der **besonderen Strafvorschriften** zum Genossenschaftsrecht wurden aufgehoben: § 146 Genossenschaftliche Untreue – durch Gesetz vom 25. 6. 1969 (BGBl. I, 645); § 149 Verfolgung gesetzwidriger Zwecke – durch Gesetz vom 9. 10. 1973 (BGBl. I 1451); § 153 Verbot der Nichtmitgliedergeschäfte für Konsumgenossenschaften – durch Gesetz vom 21. 7. 1954 (BGBl. I, 212) und § 154 Verbot von Wertmarken – durch Gesetz vom 9. 10. 1973 (BGBl. I, 1451).

Als **Vermögensdelikte** im Bereich der Unternehmensleitung könnte neben den **Betrugstatbeständen** (§§ 263 ff StGB) vor allem **strafrechtliche Untreue** gem. § 266 StGB in Betracht kommen. Die Strafnorm umfaßt einen

- **Mißbrauchstatbestand** – Mißbrauch einer nach außen wirkenden Vertretungsmacht, indem der Täter „etwas tut, was er rechtlich kann, aber im Interesse des Vertretenen nicht darf" mit der Folge einer Schädigung des Vermögens des Vertretenen, und einen
- **Treuebruchstatbestand** – Verletzung einer dem Treugeber gegenüber bestehenden Treuepflicht zur Wahrung fremder Vermögensinteressen mit Schadensfolge, ohne daß eine Vertretungsmacht besteht.

**Untreue nach § 266 StGB** ist denkbar z. B. bei Genossenschaftsbanken, wenn Vorstandsmitglieder bei Kreditgewährung oder Termingeschäften gegen ihre Obliegenheiten verstoßen. Da die Straftatbestände nur **vorsätzlich** verwirklicht werden können, liegt der Schwerpunkt der rechtlichen

Problematik in der Frage, ob der Vorsatz des Täters alle Straftatbestände umfaßt. Besondere Aktualität bei Risikogeschäften (ausführlich dazu: *Hillkamp*, Risikogeschäft und Untreue, NStZ, 1981, 161). Es ist dabei zu beachten, daß z. B. jede Kreditgewährung mit Risiken verbunden ist; dies gilt grundsätzlich auch für Termingeschäfte. Das Wissen und Inkaufnehmen eines Risikos ist typisch für unternehmerisches Handeln und kann als solches nicht strafbar sein. Es bedeutet schlicht die Möglichkeit einer Fehlentscheidung.

Der BGH hat den Vorsatz im Rahmen des § 266 StGB zunächst recht weit interpretiert. Danach handelt der Leiter einer Bank schon dann vorsätzlich, wenn er die gegenwärtige Benachteiligung der Bank als mögliche Folge seines Handelns erkennt und dennoch hinnimmt in der Hoffnung, die ganze Angelegenheit werden später doch noch gut ausgehen (BGH, NJW 1979, 151).

In der Folgezeit hat der BGH dann die Grenzen bewußt wieder enger gezogen: Gerade der weit gesteckte Rahmen des äußeren Tatbestandes des § 266 StGB stelle an den Nachweis des inneren Tatbestandes besonders strenge Anforderungen. Dies müsse vor allem dann gelten, wenn lediglich bedingter Vorsatz in Betracht komme und der Täter nicht eigensüchtig gehandelt hat (BGH, NJW 1983, 461 m. w. N.).

Dies hat der BGH für **Termingeschäfte** überzeugend bestätigt: Die Annahme eines Schädigungsvorsatzes könne nicht allein mit der Erwägung begründet werden, dem Verantwortlichen sei das mit Termingeschäften verbundene hohe Verlustrisiko bekannt gewesen. Keinesfalls könne allein der Umstand, daß bei Termingeschäften Verlustrisiken eingegangen werden und diese sich später verwirklicht haben, die Feststellung eines bedingten Schädigungsvorsatzes rechtfertigen. Es seien vielmehr einzelne Feststellungen erforderlich, ob es sich um Geschäfte handelt, bei deren Abschluß ein das normale Spekulationsrisiko übersteigendes zusätzliches Verlustrisiko erkannt und in Kauf genommen worden ist. Das Verlustrisiko hätte auch deutlich höher liegen müssen als die Vermögensgefährdung, die zuvor vom Betroffenen akzeptiert worden war (BGH v. 6. 12. 1983, NJW 1984, 800). (Zu Fragen der Strafbarkeit von Organmitgliedern: *Metz*, Ordnungsmäßigkeit der Geschäftsführung, *Wolf*, S. 57 ff).

Wegen **Fragen der Haftung** von Vorstandsmitgliedern s. Erl. zu § 34. Dort gelten wesentlich strengere Maßstäbe, zumal schon leicht fahrlässiges Verhalten die Ersatzpflicht auslösen kann, und im Zivilrecht – im Gegensatz zum Strafrecht – ein objektiver Schuldmaßstab gilt (Beachtung der „erforderlichen“ Sorgfalt – § 276 BGB).

## § 147

## Wissentlich falsche Angaben und unwahre Darstellungen

**(1) Mit Freiheitsstrafe bis zu drei Jahren oder mit Geldstrafe wird bestraft, wer als Mitglied des Vorstands oder als Liquidator in einer schriftlichen Versicherung nach § 79 a Abs. 5 Satz 2 über den Beschluß zur Fortsetzung der Genossenschaft falsche Angaben macht oder erhebliche Umstände verschweigt.**

**(2) Ebenso wird bestraft, wer als Mitglied des Vorstands oder des Aufsichtsrats oder als Liquidator**
**1. die Verhältnisse der Genossenschaft in Darstellungen oder Übersichten über den Vermögensstand, die Mitglieder oder die Haftsummen, in Vorträgen oder Auskünften in der Generalversammlung unrichtig wiedergibt oder verschleiert, wenn die Tat nicht in § 340 m i. V. m § 331 Nr. 1 des Handelsgesetzbuches mit Strafe bedroht ist,**
**2. in Aufklärungen oder Nachweisen, die nach den Vorschriften dieses Gesetzes einem Prüfer der Genossenschaft zu geben sind, falsche Angaben macht oder die Verhältnisse der Genossenschaft unrichtig wiedergibt oder verschleiert, wenn die Tat nicht in § 340 m i. V. m. § 331 Nr. 4 des Handelsgesetzbuches mit Strafe bedroht ist.**

*Übersicht*



## I. Allgemeines

§ 147 wurde neu gefaßt. Aufgrund des Art. 18 Abs. 3 des **Registerverfahrenbeschleunigungsgesetzes** v. 20. 12. 1993 (BGBl. I, 2182) durch die Bekanntmachung v. 19. 8. 1994 (BGBl. 1994, I, 2202, 2203, 2225) unter Hinweis auf die besonderen Strafvorschriften nach § 340 m i. V. m. § 331 Nr. 4 HGB für Genossenschaften, die Kreditinstitute sind. Abs. 1 stellt die Abgabe falscher Versicherungen durch Vorstandsmitglieder und Liquidatoren unter Strafe. Bei falscher Angabe gegenüber Öffentlichkeit, GV oder Prüfern können sich nach Abs. 2 auch Aufsichtsratsmitglieder strafbar machen. Einzelheiten zu der Strafvorschrift des § 147: *Wolf*, S. 31 ff. **1**

2 Für die Strafbarkeit gelten im einzelnen die allgemeinen Regeln des Strafrechts und der Strafprozeßordnung. So kann als Täter nur bestraft werden, wer rechtswidrig und schuldhaft den im Gesetz definierten Straftatbestand vollendet hat.

3 Die Erfüllung der in § 147 genannten Straftatbestände ist schon deswegen **rechtswidrig**, weil das Gesetz sie mit Strafe bedroht. Rechtfertigungsgründe schließen die Rechtswidrigkeit aus. Solche Gründe sind bei den Tatbeständen des § 147 aber kaum vorstellbar. Auch ein Beschluß des Vorstandes kann z. B. die Rechtswidrigkeit eines Verhaltens i. S. v. § 147 nicht ausschließen (zutreffend *Müller*, § 147 Rdn. 11). Rechtswidrigkeit kann aber z. B. entfallen bei einem rechtfertigenden Notstand i. S. v. § 34 StGB.

4 Die **Schuld** eines Täters wird erst dann relevant, wenn feststeht, daß er eine objektiv rechtswidrige Tat begangen hat. Schuldunfähig und daher nicht strafbar sind Personen unter 14 Jahren (§ 19 StGB). Die Schuldunfähigkeit kann auch in seelischen oder geistigen Störungen liegen (§ 20 StGB).

5 Strafbar ist nur **vorsätzliches Handeln**, wenn nicht das Gesetz auch fahrlässiges Handeln ausdrücklich mit Strafe bedroht (§ 15 StGB); im Genossenschaftsrecht genügt Fahrlässigkeit im Falle von § 148 Abs. 2.

6 Schuldhaftes Handeln ist ausgeschlossen, wenn ein entschuldigender Notstand i. S. v. § 35 StGB vorliegt.

7 Kennt der Täter bei der Tat einen Umstand nicht, der zum gesetzlichen Tatbestand gehört, so handelt er nicht vorsätzlich (§ 16 StGB). Soweit Fahrlässigkeit bestraft wird, hat der **Tatbestandsirrtum** darauf keinen Einfluß (§ 16 Abs. 1 Satz 2 StGB).

8 Fehlt dem Täter bei der Tat die Einsicht, Unrecht zu tun, so handelt er ohne Schuld, wenn er den Irrtum nicht vermeiden konnte (§ 17 StGB). Konnte der Täter den Irrtum vermeiden, so kann die Strafe nach § 49 Abs. 1 StGB gemildert werden (vgl. Rdn. 32).

9 Als **Strafe** droht § 147 Freiheitsstrafe bis zu 3 Jahren oder Geldstrafe an. Die Freiheitsstrafe beträgt mindestens einen Monat (§ 38 Abs. 2 StGB), die Geldstrafe mindestens fünf, höchstens 360 **„Tagessätze“** (§ 40 Abs. 1 StGB). Den Tagessatz bestimmt das Gericht unter Berücksichtigung der persönlichen und wirtschaftlichen Verhältnisse entsprechend dem Nettoeinkommen des Täters mit mindestens zwei, höchstens 10 000 DM (§ 40 Abs. 2 StGB).

10 Da § 147 Geldstrafe nicht neben der Freiheitsstrafe vorsieht, kommt eine Bestrafung sowohl mit Freiheitsstrafe als auch mit Geldstrafe nur unter den Voraussetzungen des § 41 StGB in Betracht, wenn sich der Täter durch die Tat bereichert hat oder versucht hat, sich zu bereichern.

11 Die Strafverfolgung wegen § 147 **verjährt** in 5 Jahren (§ 78 Abs. 3 Ziff. 4 StGB). Wegen der Berechnung der Frist vgl. §§ 78 a ff StGB. Die Verjährung schließt die Verfolgung der Tat aus.

Die Strafandrohung des § 147 gilt für eine jeweils vollendete Tat. Der **Versuch** ist gemäß § 23 StGB nicht strafbar, da es sich um Vergehen (§ 12 StGB) handelt und das Gesetz den Versuch nicht ausdrücklich mit Strafe bedroht (§ 23 Abs. 1 StGB). Dies gilt auch für die Tatbestände der §§ 148 ff. Im Falle von § 147 Abs. 1 ist die Tat mit Zugang der schriftlichen Versicherung beim Gericht **vollendet**, im Falle von Abs. 2 mit dem Vortrag oder der Auskunftserteilung in der GV bzw. der Erklärung gegenüber dem Prüfer. **12**

§ 147 ist **Schutzgesetz** i. S. v. § 823 Abs. 2 BGB zugunsten der eG und der Mitglieder (vgl. RGZ 81, 269; 87, 306; *Müller*, § 147 Rdn. 39; *Schubert/Steder*, § 147 Rz. 4). Der Schutzzweck umfaßt in einigen Teilen (insbesond. § 147 Abs. 2 Ziff. 1) auch Dritte, die mit der eG in Geschäftsverbindung treten wollen und somit ein Interesse an der richtigen Darstellung der Verhältnisse der eG haben. Der Schutzzweck gilt jedoch nicht z. B. gegenüber einem Dritten, an den eine von der eG erteilte Bankauskunft gelangt ist; die Bankauskunft hat nämlich eine eigene rechtliche Ausprägung erfahren. **13**

Ein Verstoß gegen § 147 kann somit – unter den Voraussetzungen von § 823 Abs. 2 BGB – Schadensersatzansprüche gegen Mitglieder des Vorstandes, des Aufsichtsrates oder gegen Liquidatoren begründen.

Zur persönlichen **Haftung** der Organmitglieder s. Erl. zu § 34 und § 41.

## II. Täter

Als **Täter** wird bestraft, wer die Straftat selbst oder durch einen anderen begeht (§ 25 StGB). Als Täter kommen für § 147 Abs. 1 nur Mitglieder des Vorstands oder Liquidatoren in Betracht, für § 147 Abs. 2 neben Vorstandsmitgliedern, Liquidatoren auch Mitglieder des Aufsichtsrats. Diese besonderen persönlichen Merkmale wirken strafbegründend im Sinne von § 28 StGB; § 147 ist insoweit echtes Sonderdelikt. Wegen der in Betracht kommenden Täter; *Wolf*, S. 22 ff. **14**

Die **persönlichen Merkmale** müssen im **Zeitpunkt** der Tatverwirklichung gegeben sein, bei § 147 Abs. 1 also bei Abgabe der schriftlichen Versicherung, bei Abs. 2 zum Zeitpunkt des Vortrages, der Auskunft oder der Erklärung gegenüber dem Prüfer. **15**

Das Merkmal „Mitglied des Vorstands" stellt nicht auf den wirksamen Anstellungsvertrag oder Bestellungsvorgang ab, sondern auf die tatsächliche Ausübung der Vorstandsfunktion (vgl. RGZ 152, 277; BGH, DB 1966, 1349; *Müller*, § 147 Rdn. 3). **16**

Auf die Strafbarkeit ist es ohne Einfluß, ob es sich um **hauptamtliche, nebenamtliche oder ehrenamtliche** Vorstandsmitglieder handelt. **17**

**Stellvertretende Vorstandsmitglieder** gehören dem Vorstand an (§ 35); sie unterliegen daher in vollem Umfang der Strafbarkeit gem. § 147. Glei- **18**

ches gilt für solche Vorstandsmitglieder, die gem. § 37 vom Aufsichtsrat aus dessen Mitte in den Vorstand entsandt worden sind, wie auch für gerichtliche Notbestellungen in die Organe der eG.

19 Da der objektive Tatbestand in Abs. 1 eine schriftliche Versicherung voraussetzt, kann nur derjenige Täter sein, der diese **schriftliche Versicherung** durch Unterzeichnung abgibt. Wer dagegen lediglich an dem Beschluß mitgewirkt hat, kommt als Anstifter oder Gehilfe in Betracht (s. unten Rdn. 33; *Müller*, § 47 Rdn. 13).

20 Hat ein Organmitglied bei der internen Willensbildung sich ordnungsgemäß verhalten, so kommt dessen Strafbarkeit nicht in Betracht. Im allgemeinen dürfte es strafrechtlich – im Gegensatz zu haftungsrechtlichen Gesichtspunkten (vgl. Erl. zu § 34) – ausreichen, daß ein Organmitglied sich bei der Abstimmung dem Recht gemäß verhält. Das Unterlassen weiterer Maßnahmen dürfte strafrechtlich im allgemeinen nicht relevant sein (zu weitgehend *Müller*, § 147 Rdn. 13, der Beihilfe annehmen möchte, wenn ein Organmitglied lediglich dagegen stimmt).

21 Gem. § 83 Abs. 1 werden im Falle der Auflösung der eG alle Vorstandsmitglieder automatisch zu **Liquidatoren**, wenn nicht Satzung, GV oder Gericht andere Personen bestellen. Dies gilt grundsätzlich auch für stellvertretende Vorstandsmitglieder (§ 35). Im übrigen ist auch hier nicht die Wirksamkeit der Bestellung entscheidend, sondern die tatsächliche Ausübung der Funktion des Liquidators (so zutreffend *Müller*, § 147 Rdn. 4).

22 Für die Strafbarkeit „als Mitglied des **Aufsichtsrats**" gem. § 147 Abs. 2 gilt das für Vorstandsmitglieder und Liquidatoren Gesagte entsprechend. Grundsätzlich kommt es auch hier auf die Ausübung der Amtsfunktion an; die Strafbarkeit bleibt aber auch hier bestehen, solange das Amt rechtlich noch besteht.

## III. Der objektive Tatbestand

### 1. Unrichtige schriftliche Versicherungen gegenüber dem Registergericht (§ 147 Abs. 1)

23 Die Angaben sind **„falsch"**, wenn sie objektiv nicht den Tatsachen entsprechen. Das Verschweigen erheblicher Umstände ist dann strafbar, wenn es sich um Umstände handelt, die nach dem Gesetz für die abzugebende Versicherung bedeutsam sind (vgl. *Müller*, § 147 Rdn. 9). Wenn eine Versicherung überhaupt nicht abgegeben wird, kommt eine Strafbarkeit nach § 147 nicht in Betracht.

24 Abs. 1 enthält eine Strafbestimmung nur für Mitglieder des Vorstandes und für Liquidatoren; Mitglieder des Aufsichtsrates unterliegen nur der Strafvorschrift in den Fällen von Abs. 2.

Der Wortlaut von Abs. 1 berücksichtigt die Änderungen des GenG durch das Registerverfahren-Beschleunigungsgesetz von 1993, so die Regelung, daß die Mitgliederliste nicht mehr vom Gericht geführt wird. Damit entfallen auch die entsprechenden Anmeldungen zum Gericht, so daß die frühere Strafandrohung für falsche Mitteilungen gegenüber dem Gericht gegenstandslos geworden ist. **25**

Abs. 1 stellt nur noch den Sachverhalt unter Strafe, daß in schriftlichen Versicherungen **gegenüber dem Gericht** nach § 79 a Abs. 5 Satz 2 falsche Angaben gemacht oder erhebliche Umstände verschwiegen werden. Die Vorschrift betrifft somit die Verpflichtung von Vorstand oder Liquidatoren, bei der Anmeldung, daß die aufgelöste eG fortgesetzt werden soll, zu versichern, daß der Beschluß der GV zu einer Zeit gefaßt ist, als noch nicht mit der Verteilung des Vermögens der eG unter die Mitglieder begonnen war. **26**

### 2. Unrichtige Darstellungen, Auskünfte, Erklärungen oder Nachweise (Abs. 2)

Mitglieder des Vorstands, des Aufsichtsrats oder Liquidatoren machen sich strafbar

1. wenn sie die Verhältnisse der eG in irgend einer Weise **falsch darstellen** oder **verschleiern**. Es ist hierbei ohne Bedeutung, an wen sich die Erklärung richtet. Auch Pressemitteilungen können unter den Straftatbestand fallen (*Müller*, § 147 Rdn. 21). Die falschen Darstellungen müssen sich namentlich auf das Vermögen der eG, die Mitglieder oder die Haftsummen beziehen. Strafbar sind auch falsche oder verschleiernde Darstellungen oder Auskünfte in der GV. In Betracht kommen hier insbesond. Bilanzen, Geschäftsberichte, Berichte von Vorstand und Aufsichtsrat. **27**

Die Verhältnisse werden **unrichtig wiedergegeben**, wenn die Äußerungen objektiv falsch sind; sie werden **verschleiert**, wenn die Äußerungen an sich objektiv richtig sind, die Art und Weise der Äußerung das Erklärte jedoch undeutlich machen und hierdurch zu einer unzutreffenden Beurteilung des Inhalts der Äußerung verführen soll. **28**

2. Strafbar sind weiter **unrichtige** oder **verschleiernde Aufklärungen** oder Nachweise gegenüber einem Prüfer der eG, die nach dem GenG zu geben sind. Hier kann auch ein Verschweigen zur Strafbarkeit führen, wenn eine Pflicht zur Erklärung besteht (vgl. insbesondere Erl. zu § 57; RGSt 37, 433; 45, 210; *Schubert/Steder*, § 147 Rz. 9). Der Straftatbestand von Abs. 2 Ziff. 2 bezieht sich nicht nur auf Erklärungen und Nachweise gegenüber dem Prüfer während einer Prüfung, erfaßt sind auch entsprechende Vorgänge in Zusammenhang mit Maßnahmen der **Prüfungsverfolgung** (zum Begriff: § 53 Rdn. 55 ff). **29**

### 3. Sondertatbestand bei Kreditgenossenschaften

30 Für **Kreditgenossenschaften** und **Wohnungsbaugenossenschaften mit Spareinrichtung** gilt zusätzlich die Vorschrift des **§ 56 Abs. 1 Nr. 1 KWG.** Danach können unrichtige, verspätete oder unvollständige Auskünfte gegenüber dem Bundesaufsichtsamt für das Kreditwesen unter bestimmten Voraussetzungen als Ordnungswidrigkeiten mit Geldbußen bis zu 100 000 DM geahndet werden.

31 In Abs. 2 Ziff. 1 und 2 sind – für **Genossenschaftsbanken** – jeweils die Konkurrenzverhältnisse zu Strafvorschriften im HGB geregelt:

In Ziff. 1: Die unrichtige Wiedergabe oder Verschleierung der Verhältnisse der Genossenschaftsbank wird nicht nach § 147 bestraft, sondern nur nach § 331 Nr. 1 HGB, wenn die dort beschriebenen Tatbestände erfüllt sind: Wenn Mitglieder von Vorstand oder Aufsichtsrat die Verhältnisse in Bilanzen, Berichten und Abschlüssen unrichtig wiedergeben oder verschleiern.

In Ziff. 2: Bestrafung nur nach § 331 Nr. 4 HGB, wenn Mitglieder des Vorstands einer Genossenschaftsbank gegenüber Prüfern unrichtige Angaben machen oder die Verhältnisse unrichtig wiedergeben oder verschleiern.

Die Nr. 1 und 3 HGB finden Anwendung durch Verweis in § 340 m HGB.

## IV. Der subjektive Tatbestand

32 Die Tatbestände des § 147 sind nur strafbar, wenn sie vorsätzlich verwirklicht werden (vgl. § 15 StGB). **Vorsatz** bedeutet Wissen und Wollen von Handlung und Erfolg. Es genügt auch bedingter Vorsatz, wenn also der strafbare Erfolg billigend in Kauf genommen wird. Tatbestandsirrtum (wenn Täter irrtümlich annimmt, seine Angaben seien zutreffend) schließt Vorsatz und damit Strafbarkeit aus. Der Täter muß zum Zeitpunkt der Tat sich bewußt sein, daß er rechtswidrig handelt. Bei fehlendem Unrechtsbewußtsein kommt Verbotsirrtum i. S. v. § 17 StGB in Betracht: Der Täter bleibt straffrei, wenn der Irrtum unvermeidbar war.

Hierauf werden sich Organmitglieder aber grundsätzlich nicht berufen können.

## V. Teilnehmer

33 Während Täter der Straftatbestände des § 147 nur die im Gesetz genannten Organmitglieder sein können, kommen als **Anstifter** oder **Gehilfen** diese Personen wie auch Dritte in Betracht. Für Anstifter und Gehilfen müssen die besonderen persönlichen Merkmale, die beim Täter strafbe-

gründend sind, nicht vorhanden sein. Täter nach Abs. 1 ist derjenige, der die schriftliche Versicherung abgibt, also mitunterzeichnet oder nach Abs. 2 die Erklärungen und Nachweise selbst abgibt; Anstifter oder Gehilfe kann auch derjenige sein, der bei der Willensbildung im Vorstand oder Aufsichtsrat mitwirkt, ohne die Erklärung zu unterzeichnen oder eine Erklärung nach außen abzugeben. Wegen der Begriffe der Anstiftung und Beihilfe vgl. die §§ 26, 27 StGB.

Handeln mehrere Organmitglieder gemeinschaftlich, so sind sie **Mittäter** im Sinne von § 25 Abs. 2 StGB. Einzelheiten: *Wolf*, S. 30.

## § 148
## Strafbare Unterlassungen

**(1) Mit Freiheitsstrafe bis zu drei Jahren oder mit Geldstrafe wird bestraft, wer es als Mitglied des Vorstands oder als Liquidator unterläßt,**

**1. entgegen § 33 Abs. 3 bei einem Verlust, der durch die Hälfte des Gesamtbetrages der Geschäftsguthaben und der Rücklagen nicht gedeckt ist, die Generalversammlung einzuberufen und ihr dies anzuzeigen,**

**2. entgegen § 99 Abs. 1 bei Zahlungsunfähigkeit oder Überschuldung die Eröffnung des Konkursverfahrens oder des gerichtlichen Vergleichsverfahrens zu beantragen.**

**(2) Handelt der Täter fahrlässig, so ist die Strafe Freiheitsstrafe bis zu einem Jahr oder Geldstrafe.**

*Übersicht*



## I. Allgemeines

Hinsichtlich der allgemeinen **strafrechtlichen Grundsätze** als Voraus- 1
setzungen der Strafbarkeit kann auf die Erl. zu § 147 Rdn. 1 ff verwiesen werden. Gegenüber den Straftatbeständen des § 147, die nur vorsätzliches Verhalten unter Strafe stellen, droht § 148 Abs. 2 auch für **fahrlässiges Ver-**

**halten** eine – geringere – Freiheitsstrafe oder Geldstrafe an. Einzelheiten zu § 148: *Wolf*, S. 41.

2 Es handelt sich um ein **Unterlassungsdelikt**, da das Gesetz konkrete Pflichten zum Tätigwerden vorsieht. Als Strafe ist **Freiheitsstrafe** bis zu 3 Jahren oder **Geldstrafe** vorgesehen; für fahrlässiges Handeln Freiheitsstrafe bis zu einem Jahr oder Geldstrafe. Der **Versuch** bleibt straffrei, da es sich um ein Vergehen handelt (vgl. § 23 Abs. 1 StGB).

3 Bei vorsätzlicher Unterlassung i. S. v. § 148 Abs. 1 **verjährt** die Strafverfolgung in 5 Jahren (§ 78 Abs. 3 Ziff. 4 StGB), bei fahrlässiger Unterlassung gem. Abs. 2 in 3 Jahren (§ 78 Abs. 3 Ziff. 5 StGB).

4 § 148 Abs. 1 Ziff. 1 ist **Schutzgesetz** im Interesse der eG und ihrer Mitglieder, § 148 Abs. 1 Ziff. 2 bezweckt darüber hinaus auch den Schutz der Genossenschaftsgläubiger und der Arbeitnehmer sowie aller Personen, die vermögensmäßig relevante Beziehungen zur eG unterhalten (vgl. BGHZ 29, 100; BGH, NJW 1959, 624; *Müller*, § 148 Rdn. 10). Wegen Schadensersatz vgl. § 147 Rdn. 13).

5 Der Text von Abs. 1 Ziff. 1 wurde durch Bilanzrichtlinien-Gesetz an die Änderungen in § 33 angepaßt. Dabei ist dem Gesetzgeber offensichtlich ein Fehler unterlaufen: Gem. § 33 Abs. 3 hat der Vorstand unverzüglich die GV einzuberufen, wenn ein Verlust besteht oder erkennbar wird, der durch die Hälfte des Gesamtbetrages der Geschäftsguthaben „und **die** Rücklagen nicht gedeckt ist". § 148 Abs. 1 Ziff. 1 nimmt auf diese Verpflichtung Bezug und bedroht die Unterlassung mit Strafe. In dieser Strafvorschrift wird allerdings Strafe schon angedroht für den Fall, daß der Verlust durch die Hälfte des Gesamtbetrages der Geschäftsguthaben „und **der** Rücklagen" nicht gedeckt. Hier ist eine offenbar nicht gewollte Diskrepanz zu § 33 Abs. 3 – während dort die Verpflichtung nur besteht, wenn neben der Hälfte der Geschäftsguthaben auch die gesamten Rücklagen den Verlust nicht decken, wird Strafe schon angedroht für den Fall, daß die Hälfte der Rücklagen neben der Hälfte der Geschäftsguthaben zur Deckung des Verlustes nicht ausreicht. Zutreffend muß die Strafandrohung also dahin interpretiert werden, daß der Tatbestand von § 148 Abs. 1 Ziff. 1 nur dann erfüllt ist, wenn die Einberufung der GV unterbleibt, obwohl ein Verlust besteht oder erkennbar ist, der „durch die Hälfte des Gesamtbetrages der Geschäftsguthaben und die Rücklagen nicht gedeckt ist".

## II. Täter

6 Da die Pflichten gem. § 33 Abs. 3 und § 99 Abs. 1 allein dem **Vorstand** oder den **Liquidatoren** obliegen, können auch nur Mitglieder dieser Organe bei Unterlassungen strafbar sein. Mitglieder des Aufsichtsrats oder andere Personen unterliegen nicht der Strafdrohung des § 148.

## III. Der objektive Tatbestand

### 1. Unterlassung der Einberufung der Generalversammlung bei Verlusten gem. § 33 Abs. 3

Gem. § 33 Abs. 3 hat der Vorstand unverzüglich die **GV einzuberufen** und zu unterrichten, wenn sich bei der Aufstellung der Jahresbilanz oder einer Zwischenbilanz ergibt oder wenn bei pflichtgemäßem Ermessen anzunehmen ist, daß ein Verlust besteht, der durch die Hälfte des Gesamtbetrages der Geschäftsguthaben und durch die Rücklagen nicht gedeckt ist (vgl. Rdn. 5). 7

Da Strafbarkeit für den Vorstand nicht als Organ, sondern nur für **einzelne Organmitglieder** in Betracht kommt, ist darauf abzustellen, welche konkreten Pflichten den einzelnen Organmitgliedern obliegen. Das einzelne Organmitglied kann nicht die GV einberufen; es ist daher lediglich verpflichtet, mit den ihm rechtlich und tatsächlich zur Verfügung stehenden Möglichkeiten im Vorstand (oder als Liquidator) darauf hinzuwirken, daß das Organ zur Einberufung der GV tätig wird (*Müller*, § 148 Rdn. 2; *Schubert/Steder*, § 148 Rz. 5). 8

Die entsprechende **Unterrichtung der GV** ist allerdings auch durch einzelne Vorstandsmitglieder möglich, so daß Unterlassungen hier unmittelbar zur Strafbarkeit führen. 9

Die Tat ist **vollendet**, wenn die Einberufung der GV nicht unverzüglich veranlaßt worden ist bzw. wenn nach Ablauf der GV nicht die gebotene Unterrichtung der Mitglieder erfolgt ist. 10

### 2. Unterlassung des Konkursantrags gem. § 99 Abs. 1

Die Vorschrift verpflichtet den Vorstand bzw. die Liquidatoren, unverzüglich, spätestens aber 3 Wochen nach Eintritt der Zahlungsunfähigkeit das **Konkurs- bzw. gerichtliche Vergleichsverfahren zu beantragen.** Dies gilt entsprechend, wenn sich bei Aufstellung einer Bilanz oder nach pflichtgemäßem Ermessen ergibt, daß eine Überschuldung besteht, die Konkursgrund nach § 93 Abs. 1 ist. 11

Die **Antragspflicht** gem. § 99 Abs. 1 obliegt dem Vorstand als Organ bzw. dem Liquidator. Auch hier ist – wie im Falle von § 33 i – das einzelne Vorstandsmitglied lediglich verpflichtet auf die Stellung des Antrages durch Meinungsbildung im Organ hinzuwirken. Nur diese Unterlassung kann die Strafbarkeit begründen. 12

### 3. Sonderregelung für Kreditinstitute (§ 46 b KWG)

§ 46 b Satz 3 KWG ermächtigt allein das **Bundesaufsichtsamt** für das Kreditwesen, für Kreditinstitute den Konkursantrag zu stellen; der Vor- 13 stand ist gemäß § 46 b Satz 2 KWG lediglich verpflichtet, dem Aufsichtsamt die Zahlungsunfähigkeit oder Überschuldung anzuzeigen. Diese Anzeige ersetzt die Antragspflicht gem. § 99 Abs. 1.

14 § 148 enthält keinen Straftatbestand für die Unterlassung der Mitteilungspflicht gegenüber dem Bundesaufsichtsamt; auch das KWG selbst enthält in diesem Zusammenhang keine besondere Strafvorschrift. Da die Sonderregelung des KWG die Antragspflicht von Vorstand oder Liquidator gem. § 99 Abs. 1 ersetzt, können sich Vorstandsmitglieder oder Liquidatoren von Kreditgenossenschaften hier nicht strafbar machen. Eine Analogie ist im Strafrecht ausgeschlossen (so auch *Schubert/Steder*, § 148 Rz. 7).

## IV. Der subjektive Tatbestand

### 1. Vorsatz

15 Die Strafandrohung von Abs. 1 gilt i. V. m. § 15 StGB nur für **vorsätzliches Unterlassen** (wegen des Begriffs Vorsatz vgl. Erl. zu § 147 Rdn. 32).

### 2. Fahrlässigkeit

16 § 148 Abs. 2 stellt ausnahmsweise auch **fahrlässige Unterlassungen** unter Strafe.

17 Der strafrechtliche Fahrlässigkeitsbegriff ist von dem zivilrechtlichen zu unterscheiden (vgl. Erl. zu § 34 Rdn. 14). Im Strafrecht gelten **subjektive Maßstäbe**: Der Täter handelt fahrlässig, wenn er die Sorgfalt außer Acht läßt, zu der er nach den Umständen und nach seinen persönlichen Kenntnissen und Fähigkeiten verpflichtet und im Stande ist (BGH, NJW 1957, 1526). Vorstandsmitglieder einer eG bzw. Liquidatoren müssen sich ihre besonderen Kenntnisse und Erfahrungen zurechnen lassen. Fahrlässiges Verhalten kann gegeben sein, wenn die Organmitglieder unter Außerachtlassung der zumutbaren Sorgfalt die Voraussetzungen der jeweiligen Antragstellung i. S. v. § 148 Abs. 1 Ziff. 1 oder 2 falsch beurteilt haben.

## V. Teilnehmer

18 Als Täter (oder Mittäter) kommen nur Mitglieder des Vorstandes oder Liquidatoren in Betracht. Sonstige Personen können jedoch **Anstifter** oder **Gehilfen** sein, die gem. § 26 bzw. § 27 StGB zu bestrafen sind.

## § 149

(Aufgehoben durch Novelle 1973)

## § 150
## Strafvorschriften für Prüfer und Prüfungsgehilfen

**(1) Mit Freiheitsstrafe bis zu drei Jahren oder mit Geldstrafe wird bestraft, wer als Prüfer oder als Gehilfe eines Prüfers über das Ergebnis der Prüfung falsch berichtet oder erhebliche Umstände im Bericht verschweigt.**

**(2) Handelt der Täter gegen Entgelt oder in der Absicht, sich oder einen anderen zu bereichern oder einen anderen zu schädigen, so ist die Strafe Freiheitsstrafe bis zu fünf Jahren oder Geldstrafe.**

*Übersicht*



### I. Allgemeines

Wegen der **allgemeinen strafrechtlichen Grundsätze** wird auf die Erl. zu § 147 Rdn. 1–13 verwiesen. Einzelheiten zum Straftatbestand des § 150: *Wolf*, S. 44 f. **1**

§ 150 wurde durch **Novelle 1973** neu gefaßt. Strafbar ist hier allein vorsätzliches Handeln. Angedroht ist Freiheitsstrafe bis zu 3 Jahren oder Geldstrafe in Abs. 1, im qualifizierten Straftatbestand von Abs. 2 Freiheitsstrafe bis zu 5 Jahren oder Geldstrafe. **2**

Die Strafverfolgung für Straftaten nach Abs. 1 **verjährt** in 3 Jahren, nach Abs. 2 in 5 Jahren (§ 78 Abs. 3 Ziff. 4 und 5 StGB). **3**

§ 150 ist **Schutzgesetz** gem. § 823 Abs. 2 BGB, und zwar im Interesse sowohl der eG, als auch der Mitglieder und der Genossenschaftsgläubiger, wie auch darüber hinaus aller Personen, die mit der eG in vermögensrechtlich relevanter Beziehung stehen (vgl. *Müller*, § 151 Rdn. 14; *Schubert/Steder*, § 150 Rz. 1; wegen Schadensersatz vgl. § 147 Rdn. 13). **4**

### II. Täter

Täter oder Mittäter können nur **Prüfer** oder deren Gehilfen sein. Prüfer sind die Personen, die mit der Durchführung der genossenschaftlichen Pflichtprüfung beauftragt sind. Entscheidend ist jedoch nicht irgendeine Rechtsbeziehung, sondern die tatsächliche Ausführung von Prüfungshandlungen als Prüfer. **5**

6 **Gehilfe des Prüfers** ist jede Person, deren sich der Prüfer zur Durchführung von Prüfungshandlungen bedient. Dies können auch Angestellte der zu prüfenden eG sein.

7 Die Vertretungsorgane des Prüfungsverbandes unterliegen nur dann der Strafbarkeit nach § 150, wenn sie selbst konkrete Prüfungshandlungen vornehmen (*Müller*, § 150 Rdn. 1).

## III. Der objektive Tatbestand

### 1. Falsche Berichte, Verschweigen (Abs. 1)

8 Die Vorschrift stellt in Abs. 1 zwei Tatbestände unter Strafe, nämlich den **falschen Bericht** über das Ergebnis der Prüfung sowie das **Verschweigen** erheblicher Umstände im Bericht.

9 Der Bericht ist falsch, wenn er von den **tatsächlichen Feststellungen** des Prüfers abweicht. Der Tatbestand ist demgegenüber nicht erfüllt, wenn der Bericht lediglich nicht mit den Tatsachen übereinstimmt, ohne daß diese vom Prüfer festgestellt wurden. Das Abweichen im Bericht von den Feststellungen ist auch dann strafbar, wenn die Feststellungen objektiv nicht zutreffend sind (*Müller*, § 150 Rdn. 2; *Godin/Wilhelmi*, AktG, § 403 Anm. 3).

10 Es ist unerheblich, in welcher **Form** der Bericht erstattet wird; es kann sich um den schriftlichen Prüfungsbericht i. S. v. § 58 handeln wie auch z. B. um Darstellungen des Prüfers in der GV oder gegenüber anderen Organen der eG.

11 Das **Verschweigen** erheblicher Umstände setzt voraus, daß ein Bericht erstattet wird. Die Unterlassung des Berichts ist nach § 150 nicht strafbar. Maßstab für das Verschweigen erheblicher Umstände ist der Grundsatz der Vollständigkeit des Prüfungsberichts (vgl. Erl. zu § 58 Rdn. 3 ff). Dabei sind alle Umstände anzugeben, die nach dem Prüfungszweck der Feststellung bedürfen. Es ist unerheblich, ob es sich dabei um positive oder negative Umstände für die eG handelt. Auch die dem Verschweigen zugrunde liegende Absicht ist im Rahmen von § 150 Abs. 1 ohne Bedeutung.

12 Soweit der Prüfer **zur Verschwiegenheit verpflichtet** ist (vgl. § 62 Rdn. 5 ff), kann er sich nicht nach § 150 strafbar machen; es fehlt bereits die Rechtswidrigkeit. Dies gilt z. B. für die Beachtung von Betriebsgeheimnissen oder Bankgeheimnissen in der GV.

13 Die Tat ist **vollendet**, wenn der Bericht in irgendeiner Form an den Adressaten gelangt ist. Der **Versuch** ist nicht strafbar (§ 23 StGB).

### 2. Bereicherungsabsicht oder Schädigungsabsicht (Abs. 2)

14 § 150 Abs. 2 bringt eine **Strafverschärfung** für den Fall, daß der Täter

– **gegen Entgelt** handelt
– in der Absicht handelt, sich oder einen anderen **zu bereichern**
– in der Absicht handelt, einen anderen **zu schädigen.**

Unter **Entgelt** ist jede Leistung zu verstehen, die der Täter von einem anderen für die Tat erhält. Die Formulierung des Gesetzes „gegen Entgelt" bringt zum Ausdruck, daß die Vergütung tatsächlich gewährt wird oder zumindest vereinbart ist (a. A. *Müller*, § 151 Rdn. 10). **15**

Bei der **Bereicherung** genügt nach dem Gesetzeswortlaut allerdings die Absicht. Es ist hierbei nicht erforderlich, daß der vermögenswerte Vorteil auch tatsächlich erreicht wird. Die Bereicherungsabsicht muß vielmehr der Grund für das strafbare Verhalten des Prüfers oder Prüfungsgehilfen sein. **16**

Entsprechendes gilt für die **Schädigungsabsicht.** Für die Strafbarkeit genügt es, daß die Schädigung Grund für das Verhalten des Prüfers oder Prüfungsgehilfen ist; der Vermögensnachteil muß nicht eingetreten sein. **17**

## IV. Der subjektive Tatbestand

Strafbar ist nur **vorsätzliches Handeln**; bedingter Vorsatz genügt (§ 15 StGB; vgl. Erl. zu § 147 Rdn. 32). Prüfer oder Gehilfen handeln dann vorsätzlich, wenn sie sich bewußt sind, daß der Bericht mit den getroffenen Feststellungen nicht übereinstimmt und wenn sie diese Abweichung wollen. Täuschungsabsicht oder Schädigungsabsicht ist bei Abs. 1 nicht Voraussetzung der Strafbarkeit. **18**

Rechnet der Prüfer mit dem Vorliegen bestimmter Tatsachen und unterläßt er es absichtlich, sich über sie zu unterrichten, um sie nicht in den Bericht aufnehmen zu müssen, so liegt **bedingter Vorsatz** vor. **19**

Im Falle von § 151 Abs. 2 muß der Vorsatz auch die **erschwerenden** Umstände einschließen. **20**

## V. Teilnehmer

Als Täter oder Mittäter kommen nur Prüfer oder Prüfungsgehilfen in Betracht; andere Personen können **Anstifter oder Gehilfen** sein (§ 26, 27 StGB). **21**

## § 151

### Strafbare Verletzung der Geheimhaltungspflicht

**(1) Mit Freiheitsentzug bis zu einem Jahr oder mit Geldstrafe wird bestraft, wer ein Geheimnis der Genossenschaft, namentlich ein Betriebs- oder Geschäftsgeheimnis, das ihm in seiner Eigenschaft als**

1. Mitglied des Vorstands oder des Aufsichtsrats oder Liquidator oder
2. Prüfer oder Gehilfe eines Prüfers

bekanntgeworden ist, unbefugt offenbart, im Falle der Nummer 2 jedoch nur, wenn die Tat nicht in § 340 m in Verbindung mit § 333 des Handelsgesetzbuchs mit Strafe bedroht ist.

(2) Handelt der Täter gegen Entgelt oder in der Absicht, sich oder einen anderen zu bereichern oder einen anderen zu schädigen, so ist die Strafe Freiheitsstrafe bis zu zwei Jahren oder Geldstrafe. Ebenso wird bestraft, wer ein Geheimnis der in Absatz 1 bezeichneten Art, namentlich ein Betriebs- oder Geschäftsgeheimnis, das ihm unter den Voraussetzungen des Absatzes 1 bekanntgeworden ist, unbefugt verwertet.

(3) Die Tat wird nur auf Antrag der Genossenschaft verfolgt. Hat ein Mitglied des Vorstands oder ein Liquidator die Tat begangen, so ist der Aufsichtsrat, hat ein Mitglied des Aufsichtsrats die Tat begangen, so sind der Vorstand oder die Liquidatoren antragsberechtigt.

*Übersicht*



## I. Allgemeines

1 Es wird auf die Ausführungen zu § 147 Rdn. 1–13 verwiesen. Einzelheiten zum Geheimnisverrat: *Wolf*, S. 48.

2 Strafbarkeit nach § 151 setzt **Vorsatz** voraus; fahrlässiges Verhalten wie auch **versuchter Geheimnisverrat** bleiben ohne Strafe.

3 Die **Strafe** nach Abs. 1 ist ein Jahr Freiheitsstrafe oder Geldstrafe, die Strafe der qualifizierten Tatbestände nach Abs. 2 ist Freiheitsstrafe bis zu 2 Jahren oder Geldstrafe.

4 § 151 ist **Antragsdelikt**; die Tat wird nur auf Antrag verfolgt (Rdn. 22).

5 Die Verfolgung der Tat **verjährt** im Falle von § 151 Abs. 1 in 3 Jahren (§ 78 Abs. 3 Ziff. 5 StGB), im Falle von § 151 Abs. 2 in 5 Jahren (§ 78 Abs. 3 Ziff. 4 StGB).

6 Die Vorschrift ist **Schutzgesetz** i. S. v. § 823 Abs. 2 BGB zugunsten der vom Geheimnisverrat Betroffenen, also insbesond. der eG und der Mitglie-

der, u. U. aber auch sonstiger Dritter, wie z. B. Kunden oder Geschäftspartner der eG, soweit sie vom Geheimnisverrat betroffen sind (vgl. § 147 Rdn. 13).

## II. Täter

Täter nach § 151 können nur Vorstandsmitglieder, Aufsichtsratsmitglieder, Liquidatoren, Prüfer oder Prüfungsgehilfen sein. Aus dem Wortlaut des Gesetzes folgt, daß diese **persönlichen Merkmale** nur zum Zeitpunkt der Kenntnisnahme des Geheimnisses erfüllt sein müssen, nicht mehr aber bei der strafbaren Offenbarung der Geheimnisse (Bekanntwerden „in der Eigenschaft als ..."). **7**

Auch bei § 151 kommt es lediglich darauf an, daß die genannten Amtsträger die Funktion tatsächlich ausgeübt haben und in dieser Eigenschaft die Geheimnisse erfahren haben. **8**

Sonstige Personen kommen nur als **Anstifter** oder **Gehilfen** in Betracht (§§ 26, 27 StGB). **9**

## III. Der objektive Tatbestand

### 1. Unbefugte Offenbarung von Geheimnissen der eG (Abs. 1)

Es muß sich um **„Geheimnisse der eG"** handeln. Dies sind alle Tatsachen, die nur bestimmten Personen und nicht der Allgemeinheit bekannt sind und deren Geheimhaltung im Interesse der eG liegt. Insoweit können auch Geheimnisse aus dem Bereich der Mitglieder- und Kundenbeziehung als Geheimnisse der eG, insbesond. als Geschäftsgeheimnisse angesehen werden (vgl. hierzu § 34 Rdn. 97 ff, § 41 Rdn. 36, § 62 Rdn. 56 ff). **10**

Wegen des Begriffs **Geschäfts- und Betriebsgeheimnisse** kann auf § 17 UWG und die dazu vorliegende Literatur und Rechtsprechung verwiesen werden (vgl. Verweise in Rdn. 10). **11**

Das Geheimnis muß dem Täter in seiner **Eigenschaft als Organmitglied** oder als **Prüfer** oder **Prüfungsgehilfe** bekannt geworden sein. Dies bedeutet, daß er diese Tatsachen in unmittelbarem sachlichen Zusammenhang mit der Ausübung seiner Amtsfunktion erfahren hat. Kenntniserlangung nur zur gleichen Zeit oder bei Gelegenheit einer Organtätigkeit erfüllt nicht die strafrechtliche Voraussetzung (vgl. *Müller*, § 151 Rdn. 3). **12**

Das Merkmal der unbefugten **Offenbarung** liegt vor, wenn der Täter durch sein Verhalten die geheimhaltungsbedürftigen Tatsachen Dritten zugänglich macht. Die Offenbarung ist immer dann **unbefugt**, wenn sie gegen eine Geheimhaltungspflicht verstößt (für Vorstandsmitglieder § 34 Abs. 1, für Aufsichtsratsmitglieder § 41 i. V. m. § 34 Abs. 1, für Prüfer und Gehilfen § 62). **13**

14 Der Tatbestand ist **vollendet**, wenn das Geheimnis dem unbefugten Dritten zur Kenntnis gelangt ist.

15 Die Offenbarung ist **nicht unbefugt**, wenn ein Recht oder eine Pflicht zur Mitteilung besteht. Dies kann z. B. bei einer Aussage im Strafprozeß gelten oder insbesond. dann, wenn die eG von der Verpflichtung zur Geheimhaltung entbunden hat.

16 Die Strafvorschrift des § 151 Abs. 1 Nr. 2 kommt für Prüfer und Prüfungsgehilfen von **Genossenschaftsbanken** nicht zur Anwendung, wenn die Tat bereits nach § 333 HGB mit Strafe bedroht ist; Verweisung in § 340 m HGB (vgl. § 147 Rdn. 31).

### 2. a) Verletzung der Geheimhaltungspflicht gegen Entgelt oder in Bereicherungs- oder Schädigungsabsicht (Abs. 2 Satz 1)

17 § 151 Abs. 2 S. 1 enthält drei qualifizierte Tatbestände des strafbaren Geheimnisverrats:

- Handeln gegen **Entgelt**
- Handeln in der Absicht, sich oder einen anderen zu **bereichern**
- Handeln in der Absicht, einen anderen zu **schädigen.**

Wegen der einzelnen Merkmale wird auf die Erläuterungen zu § 150 Rdn. 14 ff verwiesen.

### b) Unbefugte Verwertung von Geheimnissen (Abs. 2 Satz 2)

18 Das entscheidende Merkmal dieser Qualifikation ist die **„Verwertung“** von Geheimnissen. Dies bedeutet, daß der Täter das Geheimnis zum eigenen Vorteil oder zum Vorteil anderer unbefugt ausnutzt. Unbefugt ist die Verwertung stets dann, wenn sich aus dem Amt die Verpflichtung ergibt, aus der Kenntnis der geheim zu haltenden Tatsachen keine Vorteile zu erlangen (vgl. *Müller*, § 151 Rdn. 14). Es ist strafrechtlich unerheblich, ob der Täter den durch die Tat bezweckten Vorteil (für sich oder einen anderen) auch tatsächlich erreicht hat.

## IV. Der subjektive Tatbestand

19 Strafbar ist nur der **vorsätzliche Geheimnisverrat** im Sinne der Tatbestände des § 151. Wegen des Begriffes Vorsatz vgl. Erl. zu § 147 Rdn. 32. Ein Tatbestandsirrtum (§ 16 StGB) kann dann vorliegen, wenn der Täter zu Unrecht annimmt, es handele sich nicht um ein Geheimnis der eG oder dieses Geheimnis sei dem Dritten bereits bekannt (*Müller*, § 151 Rdn. 7).

20 Fehlendes **Unrechtsbewußtsein** kann einen Verbotsirrtum i. S. v. § 17 StGB begründen, wenn sich der Täter nicht bewußt ist, daß er zur Verschwiegenheit verpflichtet war. Allerdings dürfte für die infrage kommen-

den Personen dieser Irrtum grundsätzlich vermeidbar sein mit der Folge der Strafbarkeit (§ 17 S. 2 StGB; *Müller*, § 151 Rdn. 7).

## V. Teilnehmer

Als Täter oder Mittäter kommen nur die in § 151 genannten Personen, nämlich Mitglieder von Vorstand, Aufsichtsrat, Liquidatoren, Prüfer oder Prüfungsgehilfen in Betracht. Andere Personen können jedoch **Anstifter** sein oder **Gehilfen** (§§ 26, 27 StGB). **21**

## VI. Antragsdelikt (Abs. 3)

Die Straftaten nach § 151 werden **nur auf Antrag** der eG verfolgt. Antragsberechtigt sind grundsätzlich die vertretungsberechtigten Vorstandsmitglieder. Dies gilt z. B. dann, wenn ein Aufsichtsratsmitglied oder ein Prüfer oder Prüfungsgehilfe die Geheimhaltungspflicht verletzt hat. Hat jedoch ein Mitglied des Vorstands oder ein Liquidator die Tat begangen, so sieht Abs. 3 ausdrücklich vor, daß nur der Aufsichtsrat den Antrag auf Strafverfolgung stellen kann. **22**

Gem. § 77 b StGB kann der Antrag nur innerhalb einer **Frist** von 3 Monaten gestellt werden; die Frist beginnt mit Ablauf des Tages, an dem die eG als Antragsteller von der Tat und der Person des Täters Kenntnis erlangt. Der Antrag kann bis zum Abschluß des Strafverfahrens zurückgenommen werden: ein zurückgenommener Antrag kann nicht nochmals gestellt werden (§ 77 d Abs. 1 StGB). **23**

# § 152
# Stimmenkauf als Ordnungswidrigkeit

**(1) Ordnungswidrig handelt, wer**

1. **besondere Vorteile als Gegenleistung dafür fordert, sich versprechen läßt oder annimmt, daß er bei einer Abstimmung in der Generalversammlung oder der Vertreterversammlung oder bei der Wahl der Vertreter nicht oder in einem bestimmten Sinne stimme oder**
2. **besondere Vorteile als Gegenleistung dafür anbietet, verspricht oder gewährt, daß jemand bei einer Abstimmung in der Generalversammlung oder der Vertreterversammlung oder bei der Wahl der Vertreter nicht oder in einem bestimmten Sinne stimme.**

**(2) Die Ordnungswidrigkeit kann mit einer Geldbuße bis zu zwanzigtausend Deutsche Mark geahndet werden.**

*Übersicht*



## I. Allgemeines

1 § 152 ist durch Novelle 1973 in das GenG eingefügt worden. Zuvor war der Stimmenverkauf in § 151 als Vergehen mit Freiheitsstrafe bedroht.

2 Für die Verfolgung von **Ordnungswidrigkeiten** ist das Gesetz über Ordnungswidrigkeiten (OWiG in der Fassung vom 2. 1. 1975, BGBl. I, 80) maßgebend. Gem. § 36 Abs. 1 Nr. 2 OWiG ist die fachlich zuständige oberste Landesbehörde für das Verfahren sachlich zuständig, soweit nicht durch Rechtsverordnung gem. § 36 Abs. 2 OWiG eine andere Behörde für zuständig erklärt ist. Für den Bereich der eG handelt es sich bei der obersten Landesbehörde regelmäßig um das Wirtschaftsministerium.

3 Als Sanktion sieht das OWiG **Geldbuße** von mindestens 5,– DM vor; der Höchstbetrag ist gem. § 152 auf 20 000,– Deutsche Mark festgelegt. Gem. § 17 Abs. 3 OWiG sind die Bedeutung der Ordnungswidrigkeit und der dem Täter zu machende Vorwurf Grundlage für die Höhe der Geldbuße.

4 Die **Verfolgungsverjährung** tritt nach 2 Jahren ein (§ 31 Abs. 2 Ziff. 2 OWiG); die Verjährung beginnt mit Beendigung der Handlung.

5 § 152 ist **Schutzgesetz** zugunsten der eG und der Mitglieder i. S. v. § 823 Abs. 2 BGB (*Müller*, § 152 Rdn. 22; *Schubert/Steder*, § 152 Rz. 1). Wegen Schadensersatz vgl. § 147 Rdn. 13.

6 Gem. § 134 BGB ist ein Rechtsgeschäft über Stimmenverkauf oder Kauf nichtig. Gezahltes Entgelt kann gem. § 817 BGB aber nicht zurückgefordert werden, wenn der Stimmenkäufer bewußt gesetzwidrig gehandelt hat (RGZ 132, 33; *Schubert/Steder*, § 152 Rz. 1).

7 Bleiben die Tathandlungen gem. § 152 im Stadium des **Versuchs**, so ist der Täter straffrei, da für den Versuch eine besondere Ahndung im Gesetz nicht vorgesehen ist (§ 13 Abs. 2 OWiG).

8 Einzelheiten für das **Bußgeldverfahren** sind in den §§ 46 ff OWiG geregelt, insbesond. die Aufgaben der Polizei im Vorverfahren (§§ 53 ff), die Verwarnung durch die Verwaltungsbehörde bei geringfügigen Ordnungswidrigkeiten (§§ 56 ff OWiG), das Verfahren des Bußgeldbescheids (§§ 65 ff OWiG), den Einspruch und das folgende gerichtliche Verfahren (§§ 67 ff OWiG).

Einzelheiten zu § 152: *Wolf*, S. 49.

## II. Täter

Als Täter kommt für den **Stimmverkauf** (Abs. 1 Ziff. 1) jede Person in Betracht, **die als Mitglied** der eG über ein Stimmrecht verfügt. Es kann ausreichen, wenn der Täter zwar noch nicht Mitglied ist, aber bis zur Ausübung des Stimmrechts die Möglichkeit hat und anstrebt, Mitglied zu werden. Andernfalls fehlt es an einem Tatbestandsmerkmal des § 152 Abs. 1 Ziff. 1 (vgl. *Godin/Wilhelmi*, AktG, § 405 Anm. 14). Auch gesetzliche Vertreter oder zur Stimmabgabe Bevollmächtigte eines Mitglieds können Täter sein. 9

Soweit eine nicht vorhandene Möglichkeit der Stimmrechtsausübung **vorgetäuscht** wird, kommt § 152 Abs. 1 Ziff. 1 in Tateinheit mit dem allgemeinen Betrugstatbestand des § 263 StGB in Betracht (*Müller*, § 152 Rdn. 2). 10

Als Täter für den **Stimmenkauf** (§ 152 Abs. 1 Ziff. 2) kommt **jede Person** in Betracht. 11

## III. Der objektive Tatbestand

### 1. Verkauf der Stimme (Abs. 1 Ziff. 1)

Der Tatbestand des **Stimmverkaufs** als Ordnungswidrigkeit erfaßt Abstimmungen in der GV, der VV oder der Wahl der Vertreter. Nicht erfaßt von § 152 ist der Stimmverkauf oder -kauf z. B. bei Abstimmungen im Vorstand oder Aufsichtsrat. 12

Ordnungswidrig ist es, **besondere Vorteile** dafür zu fordern oder sich versprechen zu lassen oder anzunehmen, daß bei den genannten Abstimmungen oder Wahlen in einem bestimmten Sinne die Stimme abgegeben werden soll. 13

Der **„besondere Vorteil"** geht über das hinaus, was allen Mitgliedern der eG durch die Abstimmung zugute kommen soll (vgl. RGZ 132, 33). Unter Vorteilen sind im übrigen nicht nur materielle, sondern auch ideelle Vorteile zu verstehen (RGSt 9, 166; *Schubert/Steder*, § 152 Rz. 5; a. A. *Müller*, § 152 Rdn. 3, der nur Vermögensvorteile gelten lassen will). Der besondere Vorteil muß aber nicht ausdrücklich als Gegenleistung für die Stimmrechtsausübung bezeichnet sein; es genügt, wenn er Bestandteil einer umfassenderen Vereinbarung ist (RGZ 132, 33; *Schubert/Steder*, § 152 Rz. 5). 14

Ordnungswidrig ist die **Abgabe der Stimme** in dem vereinbarten Sinne oder eine vereinbarungsgemäße **Stimmenthaltung**. Entsprechendes gilt, wenn sich jemand verpflichtet, überhaupt nicht an der Versammlung oder der Wahl teilzunehmen. 15

Eine **Vereinbarung** unter mehreren Mitgliedern über das Verhalten bei der Abstimmung ist nicht ordnungswidrig, auch wenn z. B. ein Bevoll- 16 mächtigter gegen Entgelt tätig wird (vgl. RGZ 133, 90; *Schubert/Steder*, § 152 Rz. 5).

**17** Das **„Fordern" einer Gegenleistung** ist das an eine andere Person gerichtete Verlangen, gegen Vorteilsgewährung als Gegenleistung sich bei der Abstimmung entsprechend zu verhalten. Die Tat ist vollendet, wenn die Forderung dem anderen zugegangen ist, unabhängig von dessen Reaktion.

**18** Der Täter läßt sich dann besondere Vorteile **versprechen**, wenn darüber eine **Vereinbarung** zustande kommt, also das Angebot einer anderen Person auf Vorteilsgewährung gegen bestimmtes Verhalten bei der Abstimmung angenommen wird. Es ist unerheblich, daß eine solche Vereinbarung im Hinblick auf § 134 BGB keine Rechtswirksamkeit erlangt.

**19** Das Annehmen von Vorteilen wird rechtlich **erst relevant**, wenn nicht vorher die Tatbestände des Forderns oder Sich-versprechen-lassens erfüllt sind. Andernfalls ist die Annahme lediglich straflose Nachtat (*Müller*, § 152 Rdn. 6).

### 2. Stimmenkauf (Abs. 1 Ziff. 2)

**20** Während Ziff. 1 die ordnungswidrige Tätigkeit unter Sanktion stellt, die vom Inhaber des Stimmrechts ausgeht, regelt Ziff. 2 das Verhalten dritter Personen gegenüber dem Stimmrechtsinhaber, um diesen zu einem bestimmten Stimmverhalten zu veranlassen **(Stimmenkauf)**. Auch hierbei sind nur Abstimmungen oder Wahlen in der GV oder VV oder bei der Wahl der Vertreter relevant. Ordnungswidrig ist das Anbieten, das Versprechen oder die Gewährung besonderer Vorteile.

**21** Das **Anbieten** ist eine einseitige Erklärung gegenüber dem Stimmrechtsinhaber; dessen Reaktion ist ohne Bedeutung. Die Tat ist insoweit mit Zugang des Angebots vollendet.

**22** Das Versprechen besonderer Vorteile bedeutet ein **Einverständnis** zwischen dem Versprechenden und Versprechensempfänger unabhängig davon, daß eine rechtswirksame Bindung im Hinblick auf § 134 BGB nicht zustande kommt.

**23** Die Vorteilsgewährung wird **nur relevant**, wenn die Tatbestände des Anbietens oder Versprechens nicht zuvor erfüllt sind; andernfalls ist das Gewähren des besonderen Vorteils straflose Nachtat.

**24** Zum Problem der Stimmbindungsverträge s. § 43 Rdn. 65 ff.

## IV. Der subjektive Tatbestand

**25** Die Tatbestände der Ordnungswidrigkeit des § 152 können nur durch **vorsätzliches Verhalten** erfüllt werden. Bedingter Vorsatz ist ausreichend.

Im übrigen gelten auch hier die strafrechtlichen Grundsätze hinsichtlich Irrtum und Verantwortlichkeit (vgl. §§ 11, 12 OWiG).

## V. Teilnehmer

Die **Beteiligung** an einer Ordnungswidrigkeit ist in § 14 OWiG – **26**
abweichend von den §§ 26, 27 StGB – geregelt. Jeder an der Tat Beteiligte – als Mittäter, Anstifter oder Gehilfe – handelt ordnungswidrig. Die Höhe der Geldbuße kann lediglich im Rahmen von § 17 unterschiedlich festgesetzt werden.

§ 153

(Aufgehoben durch Gesetz vom 21. 7. 1954 – GBGl. I, 212 –.)

§ 154

(Aufgehoben durch Novelle 1973.)

## Zehnter Abschnitt
## Schlußbestimmungen

§ 155

(Durch Neufassung des § 8 Abs. 2 EGGVG gegenstandslos geworden.)

§ 156

**Genossenschaftsregister**

**(1) Die Vorschriften der §§ 8 a, 9, 9 a des Handelsgesetzbuches finden auf Genossenschaftsregister Anwendung. Eine gerichtliche Bekanntmachung von Eintragungen findet nur gemäß §§ 12, 16 Abs. 5, § 28 Abs. 1 Satz 3, § 42 Abs. 1 Satz 3, § 51 Abs. 5 sowie in den Fällen des § 22 Abs. 1, des § 22 a Abs. 1, des § 82 Abs. 1 und des § 97 und der Verschmelzung und Umwandlung von Genossenschaften und nur durch den Bundesanzeiger statt. Auf Antrag des Vorstands kann das Gericht neben dem Bundesanzeiger noch andere Blätter für die Bekanntmachung bestimmen; in diesem Fall hat das Gericht jährlich im Dezember die Blätter zu bezeichnen, in denen während des nächsten Jahres die Veröffentlichungen erfolgen sollen. Wird das Genossenschaftsregister bei einem Gericht von mehreren Richtern geführt und einigen sich diese über die Bezeichnung der Blätter nicht, so wird die Bestimmung von dem im Rechtszug**

**vorgeordneten Landgericht getroffen; ist bei diesem Landgericht eine Kammer für Handelssachen gebildet, so tritt diese an die Stelle der Zivilkammer.**

**(2) Eintragungen, die im Genossenschaftsregister sowohl der Hauptniederlassung als auch der Zweigniederlassung erfolgen, sind durch das Gericht der Hauptniederlassung bekanntzumachen. Eine Bekanntmachung durch das Gericht der Zweigniederlassung findet nur auf Antrag des Vorstands statt.**

**(3) Soweit nicht ein anderes bestimmt ist, werden die Eintragungen ihrem ganzen Inhalt nach veröffentlicht.**

**(4) Die Bekanntmachung gilt mit dem Ablauf des Tages als erfolgt, an dem der Bundesanzeiger oder im Falle des Abs. 1 Satz 3 das letzte der die Bekanntmachung enthaltenden Blätter erschienen ist.**

## I. Allgemeines

1 § 156 Abs. 1 S. 2 wurde durch **Novelle 1973** neu gefaßt. Darin werden die Fälle aufgeführt, in denen das Gericht Eintragungen in das Genossenschaftsregister im Bundesanzeiger bekannt zu machen hat. Durch das BiRiLiG (BGBl. I 1985, 2403 Nr. 30) wurde in Abs. 1 S. 1 § 8 a des HGB zusätzlich aufgenommen. Abs. 1 S. 2 ist durch Art. 7 des Umwandlungsbereinigungsgesetzes v. 28. 10. 1994 (BGBl. I, 3210) der Rechtslage angepaßt worden. Danach ist die Bekanntmachung von Eintragungen im Fall der Verschmelzung und der formwechselnden Umwandlung im Umwandlungsgesetz geregelt.

## II. Einsicht in das Genossenschaftsregister

2 Die Einsicht in das **Genossenschaftsregister** und in die zu diesem eingereichten Schriftstücke (Anmeldungen, auch wenn sie zu Protokoll erklärt worden sind, die den Anmeldungen beigefügten Schriftstücke, Firmen- und Unterschriftszeichnungen) ist jedem gestattet (§ 156 Abs. 1 S. 1 i. V. m. § 9 Abs. 1 HGB). Kosten entstehen hierdurch nicht (§ 90 KostO). Es ist nicht erforderlich, ein berechtigtes Interesse an der Einsicht glaubhaft zu machen. Die Einsicht darf auch nicht wegen Verdachts des Mißbrauchs der so erlangten Kenntnis versagt werden (KG, JW 1932, 1661; *Meyer/Meulenbergh/Beuthien*, § 156 Rdn. 2; *Baumbach/Duden*, HGB, § 9 Anm. 1 A; a. A. wohl *Müller*, § 156 Rdn. 2). Kein Einsichtsrecht in Bilanz und Gewinn- u. Verlust-Rechnung (AG Idar-Oberstein, Beschl. v. 14. 3. 1988 – 6 AR 19/88).

3 Von den Eintragungen in den zum Genossenschaftsregister eingereichten Schriftstücken kann jeder – auf seine Kosten (§§ 89, 136 KostO) – eine

**Abschrift** fordern (§ 156 Abs. 1 S. 1 i. V. m. § 9 Abs. 2 S. 1 HGB). Es ist nicht notwendig, ein berechtigtes Interesse an der Abschrift glaubhaft zu machen. Eine Abschrift ist zu beglaubigen, sofern nicht auf die Beglaubigung verzichtet wird (§ 156 Abs. 1 S. 1 i. V. m. § 9 Abs. 2 S. 2 HGB). Es besteht auch ein Anspruch, eine beglaubigte Abschrift nach dem gegenwärtige Stand zu ergänzen und die Ergänzung zu beglaubigen (vgl. KG, JW 1934, 1731; *Müller*, § 156 Rdn. 3). Der Einsehende darf auch selbst abschreiben, § 15 f FGG (*Baumbach/Duden*, HGB, § 9 Anm. 1 B). Wird die Abschrift verweigert, kann Beschwerde eingelegt werden.

Das Gericht hat auf Verlangen eine **Bescheinigung** darüber zu erteilen, **4**
daß bezüglich des Gegenstands einer Eintragung weitere Eintragungen nicht vorhanden sind oder daß eine bestimmte Eintragung nicht erfolgt ist (§ 156 Abs. 1 S. 1 i. V. m. § 9 Abs. 4 HGB). Das Gericht hat auf Verlangen ein **Zeugnis** über die Vertretungsbefugnis auszustellen, mit dem der Nachweis zur Vertretung der eG gegenüber Behörden geführt werden kann (§ 156 Abs. 1 S. 1 i. V. m. § 9 Abs. 2 Satz 2 Fall 2 HGB).

## II. Einsicht in die Liste der Mitglieder

Die Einsicht in die **Liste der Mitglieder** ist jedem unter den Vorausset- **5**
zungen des § 31 (s. die dortigen Erl.) gestattet.

Hinsichtlich der Erteilung einer Abschrift der Liste der Mitglieder und **6**
der zu dieser eingereichten Schriftstücke gilt § 32 (s. die dortigen Erl.).

## IV. Bekanntmachung

Nach § 1 des Gesetzes über Bekanntmachungen vom 17. 5. 1950 **7**
(BGBl. I, 381) sind **Bekanntmachungen**, die bisher im Deutschen Reichsanzeiger zu erfolgen hatten, nunmehr im Bundesanzeiger zu bewirken. Bei der Neuformulierung des § 156 Abs. 1 S. 2 wurde dies berücksichtigt. Auf Antrag des Vorstands kann das Gericht neben dem Bundesanzeiger noch andere Blätter für die Bekanntmachungen bestimmen (§ 156 Abs. 1 S. 3 und 4; vgl. auch § 5 GenRegVO). Das Gericht entscheidet nach pflichtgemäßem Ermessen; es ist nicht an den Antrag des Vorstands gebunden. Das KG (KGJ 31, 367) läßt eine Beschwerde über unsachgemäße Auswahl der Blätter nicht zu. Bestimmt das Gericht noch Blätter, die zwischenzeitlich auf ein Nachfolgeorgan übergegangen sind, so haben die Bekanntmachungen in dem Nachfolgeorgan zu erfolgen (so z. B. im Genossenschaftsforum als Nachfolgeorgan der Raiffeisen-Rundschau und der Blätter für Genossenschaftswesen, bzw. der Bankinformation mit Genossenschaftsforum oder in der „Wohnungswirtschaft“ anstelle von „Gemeinnütziges Wohnungswesen“).

8 Bekanntmachungen werden grundsätzlich ihrem ganzen Inhalt nach veröffentlicht. Ausnahme: § 12 Abs. 1. In den Fällen der §§ 22 Abs. 2 S. 2, 22 a Abs. 1, 120 sowie des § 21 a Abs. 4 GenRegVO sind zusätzlich die dort genannten Hinweise in die Bekanntmachung aufzunehmen. Hinsichtlich des öffentlichen Glaubens vgl. auch § 29, dort insbes. Abs. 3.

9 Hinsichtlich der Behandlung von **Zweigniederlassungen** vgl. Erl. zu § 14 a. Errichtung und Aufhebung von Zweigniederlassungen sind nicht bekannt zu machen, da diese Fälle nicht in § 156 Abs. 1 S. 2 genannt sind.

## § 157
## Form der Anmeldungen

**Die Anmeldungen zum Genossenschaftsregister sind durch sämtliche Mitglieder des Vorstands oder sämtliche Liquidatoren in öffentlich beglaubigter Form einzureichen.**

### I. Allgemeines

1 Der bisherige § 157 Abs. 2 wurde durch **Novelle 1973** neu aufgehoben. Die Vorschrift war durch die Neufassung des § 14 und die Einführung des § 14 a überflüssig geworden (vgl. Amtliche Begründung, BT-Drucks. 7/659, 8).

### II. Anmeldungen

2 Wegen der **Fälle**, in denen Anmeldungen zu erfolgen haben, vgl. § 6 Abs. 2 GenRegVO.

3 Die Rechtsprechung geht dahin, daß die Anmeldungen im eigentlichen Sinne nur dann **formgerecht** sind, wenn Vorstandsmitglieder in der in der Satzung für die ordnungsmäßige Besetzung des Vorstandes vorgesehenen Zahl einschließlich der Vorstandsstellvertreter (KG, DR 1941, 1308 = JFG 22, 211 = BlfG 1941, 150 = HRR 1941, 705) mitgewirkt haben. Ist die in der Satzung vorgehene Zahl der Vorstandsmitglieder nicht vorhanden, so muß Ergänzung erfolgen (KGJ 35, 364; KG, DR 1941, 1308 = JFG 22, 211 = BlfG 1941, 150 = HRR 1941, 705). Da die Anmeldung durch sämtliche Vorstandsmitglieder (nicht durch die eG, BayOblG, ZfG 1990, 68 m. Anm. *Brehm*), die im Zeitpunkt der Anmeldung im Amt sind, zu erfolgen hat, haben auch die neugewählten Vorstandsmitglieder sowie die nach § 37 Abs. 1 S. 2 bestellten Vorstandsstellvertreter bei der Anmeldung mitzuwirken. Die Anmeldung erfolgt durch alle Vorstandsmitglieder im Namen der eG, die Anmeldepflicht trifft nicht die Vorstandsmitglieder persönlich (offengelassen von BayOblG, ZfG 1991, 306 m. Anm. *Hadding* sowie

m. Anm. *Brehm*, ZfG 1993, 166). Andererseits kann die fehlende Mitwirkung eines **verhinderten** Vorstandsmitglieds unschädlich sein (KG, DR 1941, 1308 = JFG 22, 211 = BlfG 1941, 150 = HRR 1941, 705). Dies gilt dann, wenn es faktisch an der Mitwirkung verhindert ist und die Anmeldung keinen Aufschub duldet (z. B. Krankheit, Wehrübung, Auslandsaufenthalte). Sinkt hierdurch die Zahl der Mitglieder unter die gesetzliche oder in der Satzung vorgesehene, muß ebenfalls Ergänzung erfolgen (KG, ebd.). Vorstandsmitglieder, deren Amt erloschen ist, brauchen bei der Anmeldung nicht mitzuwirken.

Die Anmeldungen können nicht durch **Bevollmächtigte**, z. B. einzelne Vorstandsmitglieder oder gar Dritte, vorgenommen werden (KG, HRR 1932 Ziff. 1761; § 6 Abs. 3 S. 1 GenRegVO). Auch der Prokurist kann, selbst wenn er an der gesetzlichen Vertretung teilnimmt (§ 25 Rdn. 8; § 42 Rdn. 3, 11), keine Anmeldungen vornehmen. Jedoch ist nach § 6 Abs. 3 S. 2 GenRegVO, § 129 FGG der Notar, der eine Anmeldung öffentlich beglaubigt hat, ermächtigt, im Namen der zur Anmeldung Verpflichteten die Eintragung zu beantragen. **4**

Nach § 129 Abs. 1 BGB muß die Anmeldung schriftlich abgefaßt, und die Unterschriften der Vorstandsmitglieder bzw. der Liquidatoren müssen von einem Notar **beglaubigt** werden. Nach § 40 Abs. 1 BeurkG sollen die Unterschriften nur beglaubigt werden, wenn sie in Gegenwart des Notars vollzogen oder bereits erfolgte Unterschriften in Gegenwart des Notars anerkannt werden. Es genügt, wenn eine beglaubigte Abschrift der öffentlich beglaubigten Anmeldung eingereicht wird (*Müller*, § 157 Rdn. 5; *Meyer/Meulenbergh/Beuthien*, § 157 Rdn. 4). Im Rahmen von § 63 des Beurkundungsgesetzes kann das Landesrecht für die Beglaubigung eine abweichende Regelung enthalten, z. B. Beglaubigung durch Bürgermeister/Ortsgericht (z. B. in Hessen, Rheinland-Pfalz). Der Geschäftswert der Beglaubigung von Firmen- und Unterschriftszeichnungen bestimmt sich nach dem Regelwert des § 30 Abs. 2 KostO (a. A. BayOLG, DB 1983, 2568, das nach § 30 Abs. 1 KostO den Einheitswert des Betriebsvermögens zugrunde legt). Erfolgt die Anmeldung ohne beglaubigte Unterschriften, so sind evtl. zu beachtende Fristen (z. B. § 93 d Abs. 2) gewahrt. Der Mangel der Beglaubigung wird im übrigen durch die Eintragung geheilt (OLG Düsseldorf, OLGZ 1984, 259 = BB 1984 = DNotZ 1985, 95 = Rpfleger 1984, 275). **5**

## III. Sonstige Anzeigen und Erklärungen

Wegen der sonstigen **Anzeigen** und **Erklärungen**, die zum Genossenschaftsregister zu bewirken sind, vgl. § 7 GenRegVO. Mitwirkung sämtlicher Vorstandsmitglieder ist nicht erforderlich. **6**

7 **Beschwerde-** und **erinnerungs**berechtigt gegen Verfügungen des Registergerichts sind nur die anmeldenden Vorstandsmitglieder, nicht die eG selbst, da es sich bei der Anmeldung um eine persönliche Pflicht der Vorstandsmitglieder handelt (BayOblG, 1974, 116 sowie BayOblG, WM 1986, 1350 = WuB II D § 157 GenG 1.87; BayOblG, ZfG 1990, 68 m. Anm. *Brehm*; *Meyer/Meulenbergh/Beuthien*, § 157 Rdn. 3), die diese jedoch in ihrer Eigenschaft als Vorstandsmitglieder der eG trifft (Rdn. 3).

## § 158

(Aufgehoben durch Novelle 1973.)

## § 159

(Aufgehoben durch Gesetz vom 26. 7. 1957 – BGBl. I, 861 –.)

## § 160
## Zwangsgeld

**(1) Die Mitglieder des Vorstands sind von dem Gericht (§ 10) zur Befolgung der in §§ 14, 25 a, 28, 30, 32, 57 Abs. 1, § 59 Abs. 1, § 78 Abs. 2, § 79 Abs. 2 enthaltenen Vorschriften durch Festsetzung von Zwangsgeld anzuhalten. In gleicher Weise sind die Mitglieder des Vorstands und die Liquidatoren zur Befolgung der in § 33 Abs. 1 Satz 2, § 42 Abs. 1 in Verbindung mit § 53 des Handelsgesetzbuchs, §§ 47, 48 Abs. 3, § 51 Abs. 4 und 5, § 56 Abs. 2, §§ 84, 85 Abs. 2, § 89 dieses Gesetzes und in § 242 Abs. 1 und 2, § 336 Abs. 1, § 339 des Handelsgesetzbuchs enthaltenen Vorschriften sowie die Mitglieder des Vorstands und des Aufsichtsrats und die Liquidatoren dazu anzuhalten, dafür zu sorgen, daß die Genossenschaft nicht länger als drei Monate ohne oder ohne beschlußfähigen Aufsichtsrat ist.**

**(2) Rücksichtlich des Verfahrens sind die Vorschriften maßgebend, welche zur Erzwingung der im Handelsgesetzbuch angeordneten Anmeldungen zum Handelsregister gelten. Auf die Erzwingung der Befolgung der in § 242 Abs. 1 und 2, § 336 Abs. 1, § 339 des Handelsgesetzbuchs enthaltenen Vorschriften ist § 335 Satz 2, 4 bis 7 des Handelsgesetzbuchs entsprechend anzuwenden.**

### I. Allgemeines

1 § 160 Abs. 1 wurde durch **Novelle 1973** neu gefaßt. Durch das Erste Gesetz zur Bekämpfung der Wirtschaftskriminalität vom 29. Juli 1976 (BGBl. I, 2034) wurde in Abs. 1 S. 1 § 25 a, in Abs. 1 S. 2 § 42, § 42 Abs. 1

(i. V. m. § 53 HGB) eingefügt und in Abs. 1 S. 2 der Hinweis auf § 157 Abs. 2 gestrichen, um ein Redaktionsversehen der Novelle 1973 zu beseitigen. § 160 Abs. 2 S. 2 wurde durch BiRiLiG (BGBl. I 1985, 2403 Nr. 31) eingefügt.

## II. Festsetzung von Zwangsgeld

Das **Verfahren** bei Verhängung des Zwangsgeldes richtet sich nach den §§ 132 ff FGG. Voraussetzung der Androhung eines Zwangsgeldes ist, daß das Registergericht in glaubhafter Weise von der Nichtbefolgung einer gesetzlichen Anordnung Kenntnis erhält. Das Registergericht hat also keineswegs ein Aufsichtsrecht über die eG. 2

Das Zwangsgeldverfahren richtet sich gegen die säumigen Vorstandsmitglieder oder Liquidatoren **persönlich**, nicht gegen die eG (KGJ 30, 127; 45, 178); im Falle des § 160 Abs. 1 S. 2 kann es sich auch gegen die Aufsichtsratsmitglieder richten. Vertreten Aufsichtsratsmitglieder verhinderte Vorstandsmitglieder (§ 37 Abs. 1 S. 2), sind sie Vorstandsmitglieder i. S. v. § 160. Für stellvertretende Vorstandsmitglieder gilt § 160 nur dann, wenn sie neben oder anstelle der ordentlichen Mitglieder Adressat der zu erzwingenden Pflicht sind (KGJ 41, 130). 3

**Einspruchsberechtigt** ist der Adressat, also z. B. das einzelne Vorstandsmitglied. Einer von mehreren Adressaten kann gleichzeitig für die übrigen Adressaten den Einspruch einlegen. In einem gegen den Vorstand gerichteten Zwangsgeldverfahren ist die eG beschwerdeberechtigt (vgl. § 20 Abs. 1 FGG), wenn der Vorstand durch die Festsetzung des Zwangsgelds zur Erfüllung einer Pflicht angehalten werden soll, deren Bestehen die eG bestreitet. Die eG ist insoweit selbst als durch die Festsetzung des Zwangsgelds beeinträchtigt anzusehen (vgl. *Müller*, § 160 Rdn. 15 m. w. N.). Der Einspruch erfolgt formlos. 4

Eine wesentliche **Einschränkung der Befugnisse des Registergerichts** enthält der neu angefügte Abs. 2 S. 2. Werden Jahresabschluß, Lagebericht und Bericht des Aufsichtsrats nicht rechtzeitig dem Registergericht eingereicht (§ 339 HGB), kann das Registergericht nicht mehr von Amts wegen, sondern nur noch auf Antrag eines Mitglieds, eines Gläubigers oder des Betriebsrats einschreiten (§ 335 S. 2 HGB). 5

Die **Höhe** des Zwangsgelds bestimmt sich nach Art. 6 Abs. 1 EGStGB vom 2. März 1974 (BGBl. I, 464); es beträgt mindestens DM 5 und höchstens DM 1000. 6

Wird die betreffende Handlung **nachgeholt**, so kann ein Zwangsgeld selbst dann nicht mehr festgesetzt werden, wenn die gesetzte Frist abgelaufen ist, ein bereits rechtskräftiger Zwangsgeldfestsetzungsbeschluß ist von Amts wegen aufzuheben, es sei denn, das Zwangsgeld ist bereits eingezogen 7

(BayObIGZ 1955, 124). Das Registergericht hat den Festsetzungsbeschluß auch aufzuheben, wenn ein Einspruch erhoben ist; der Einspruch ist in diesem Falle gegenstandslos. Aufhebung auch dann, wenn die Einspruchsfrist noch läuft.

**8** Zwangsgeld darf nur zur Erzwingung derjenigen Handlungen bzw. Unterlassungen, die in § 160 **ausdrücklich** genannt sind, nicht zur Erzwingung anderer Handlungen festgesetzt werden (so auch *Schubert/Steder*, § 160 Rdn. 2).

**9** Für die der **KWG** unterliegenden eG ist von Bedeutung, daß die zuständige Bankaufsichtsbehörde nach den §§ 50, 56 KWG Zwangsmittel gegen sie anwenden kann. Das Zwangsgeld beträgt im Falle des § 50 höchstens DM 50 000, im Falle des § 56 höchstens DM 100 000.

**10** Gegen den Beschluß, durch den das Zwangsgeld festgesetzt oder der Einspruch verworfen wird, kann nach § 139 FGG **sofortige Beschwerde** eingelegt werden, die aufschiebende Wirkung hat (§ 24 Abs. 1 FGG). Beschwerdeberechtigt ist auch die eG.

## § 161
## Ausführungsbestimmungen

**Das Bundesministerium der Justiz wird ermächtigt, durch Rechtsverordnung mit Zustimmung des Bundesrates die näheren Bestimmungen über die Einrichtung und Führung des Genossenschaftsregisters, die Einsicht in das Genossenschaftsregister und das Verfahren bei Anmeldungen, Eintragungen und Bekanntmachungen zu treffen. Für die Fälle, in denen die Landesregierungen nach § 8 a Abs. 1 des Handelsgesetzbuchs bestimmt haben, daß das Genossenschaftsregister in maschineller Form als automatisierte Datei geführt wird, können durch Rechtsverordnung nach Satz 1 auch nähere Bestimmungen hierzu getroffen werden; dabei können auch Einzelheiten der Einrichtung automatisierter Verfahren zur Übermittlung von Daten aus dem Genossenschaftsregister durch Abruf und der Genehmigung hierfür (§ 9 a des Handelsgesetzbuchs) geregelt werden.**

## § 162
## Wohnungsunternehmen

**Am 31. Dezember 1989 als gemeinnützige Wohnungsunternehmen oder als Organe der staatlichen Wohnungspolitik anerkannte Unternehmen, die nicht eingetragene Genossenschaften sind, bleiben Mitglieder des Prüfungsverbands, dem sie zu diesem Zeitpunkt angehören. Die**

**Unternehmen können bis zum 30. Juni 1990 gegenüber dem Prüfungsverband ihren Austritt zum 31. Dezember 1991 erklären; das Recht zur Kündigung nach der Satzung des Prüfungsverbands bleibt unberührt.**

Die Bestimmung ist mit der Aufhebung des Wohnungsgemeinnützigkeitsgesetzes durch Art. 21 § 5 Abs. 1 SteuerRefG 1990 v. 25. 7. 1988 (BGBl. I, 1093) eingeführt worden. Sie steht im Zusammenhang mit der Aufhebung von § 63 b Abs. 2 Satz 4. Sie soll im Zusammenwirken mit der Änderung des Art. 25 EGHGB sicherstellen, daß die genannten Unternehmen freiwillige Mitglieder ihres bisherigen Prüfungsverbands bleiben und sich von diesem weiterhin prüfen lassen können. Dazu im einzelnen § 63 b Rdn. 8.

## § 163
## Eintragung in die Mitgliederliste

**(1) Anträge auf Eintragung in die gerichtlich geführte Liste der Genossen, die bis zum Ablauf des Jahres 1993 bei dem Gericht eingereicht, aber nicht erledigt worden sind, hat das Gericht unverzüglich der Genossenschaft zuzuleiten.**

**(2) Ist in der gerichtlich geführten Liste der Genossen die Vormerkung des Ausscheidens eines Genossen eingetragen, gilt der Austritt oder die Ausschließung des Genossen als am Tage der Vormerkung erfolgt, sofern der Vorstand den Anspruch in beglaubigter Form anerkennt oder er zur Anerkennung rechtskräftig verurteilt wird. Die Genossenschaft hat den Zeitpunkt des Ausscheidens unverzüglich in die Mitgliederliste einzutragen und den Genossen hiervon unverzüglich zu benachrichtigen.**

Unternehmen konnten bis zum 30. Juni 1990 gegenüber dem Prüfungsverband durch Austritt zum 31. Dezember 1990 erklären, das Recht zur Kündigung nach der Satzung des Prüfungsverbands bleibe unberührt.

Die Bestimmungen [illegible] mit der Aufhebung des Wohnungsgemeinnützigkeitsgesetzes [illegible] § 5 Abs. 1 [illegible] 1990 [illegible] (BGBl. I [illegible]) [illegible] werden. Sie stehen im Zusammenhang mit der Aufhebung [illegible] und [illegible] Änderung des Art. [illegible] GenG [illegible] sich [illegible] Unternehmen [illegible] Mitglieder [illegible] und [illegible] lassen, wer [illegible] prüfen [illegible]. Dazu im einzelnen § 54 Rdn. 8.

## § 164

### Eintragungen in die Mitgliederliste

(1) Anträge auf Eintragung in die gerichtlich geführte Liste der Genossen, die bis zum Ablauf des Jahres 1993 bei dem Gericht eingereicht, aber nicht erledigt worden sind, hat das Gericht unverzüglich der Genossenschaft zuzuleiten.

(2) Ist in der gerichtlich geführten Liste der Genossen die Vormerkung des Ausscheidens eines Genossen eingetragen, gilt der Austritt oder die Aufkündigung des Genossen mit dem Tag der Vormerkung erfolgt, sofern der Vorstand den Anspruch in beglaubigter Form anerkennt oder er zur Anerkennung rechtskräftig verurteilt wird. Die Genossenschaft hat den Zeitpunkt des Ausscheidens unverzüglich in die Mitgliederliste einzutragen und den Genossen hiervon unverzüglich zu benachrichtigen.

# Anhang

## 1. Umwandlungsgesetz

### Vorbemerkungen

Das UmwG vom 6. November 1969 ist durch Gesetz vom 28. Oktober 1994 (BGBl. I S. 3210), das am 1. 1. 1995 in Kraft getreten ist, inhaltlich neu gestaltet und insgesamt neu gefaßt worden. 1

Nach dem alle Umwandlungsarten betreffenden Ersten Buch werden in den folgenden vier Büchern die Verschmelzung, Spaltung (als Aufspaltung, Abspaltung und Ausgliederung), Vermögensübertragung und der Rechtsformwechsel geregelt, und zwar soweit möglich jeweils mit einem Allgemeinen Teil und einem Besonderen Teil, der besondere Vorschriften für die betroffenen Unternehmensformen enthält. Innerhalb des Zweiten bis Fünften Buches wird in dem jeweiligen Besonderen Teil der Aufbau eingehalten, dem auch das Bilanzrichtlinien-Gesetz gefolgt ist: Es wird mit der Umwandlung der einfacher strukturierten Rechtsträger wie der offenen Handelsgesellschaft und der Kommanditgesellschaft begonnen, die weniger strenge Regeln erfordern als die Umwandlung von Gesellschaften mit beschränkter Haftung, von Aktiengesellschaften und von Kommanditgesellschaften auf Aktien.

Hieran schließen sich jeweils Vorschriften über die Umwandlung von Genossenschaften und von Vereinen und deren Spezialformen an.

Das Gesetz versteht den Begriff Umwandlung nunmehr als Oberbegriff, während der bisherige Begriff Umwandlung im engeren Sinne durch den Begriff Formwechsel ersetzt worden ist. 2

Eine Umwandlung kann erfolgen durch Verschmelzung, durch Spaltung (Aufspaltung, Abspaltung, Ausgliederung) durch Vermögensübertragung und durch Formwechsel.

Eine Umwandlung außerhalb des UmwG ist nur dann möglich, wenn ein anderes Bundes- oder Landesgesetz dieses ausdrücklich vorsieht. 3

Bei jeder Umwandlungsart bestimmt das Gesetz den Kreis der beteiligungsfähigen Rechtsträger, die an einer Umwandlung als übertragende, übernehmende oder als neue Rechtsträger beteiligt sein können. Demge- 4 mäß wird bei jeder Umwandlungsart unterschieden zwischen der Umwandlung (Verschmelzung etc.) durch Aufnahme und durch Neugründung.

**5** Aus Gründen besserer Übersichtlichkeit und zur Erleichterung der praktischen Anwendung werden zunächst für jede Umwandlungsart die für alle Rechtsformen geltenden Vorschriften in einem Allgemeinen Teil zusammengefaßt. Der nachfolgende Besondere Teil enthält jeweils abweichende und spezielle Regelungen, die nur für einzelne Rechtsformen von Bedeutung sind. Bei der Beteiligung von Rechtsträgern verschiedener Rechtsformen an einem Umwandlungsvorgang finden nach dieser „Baukasten"-Technik des Gesetzes die Vorschriften des Allgemeinen Teils und die für jede Rechtsform geltenden Regelungen des Besonderen Teils nebeneinander Anwendung. Dies führt gegenüber dem bisher geltenden Recht zu einer erheblichen Vereinfachung.

Für die Genossenschaft bedeutet dies, daß folgende Vorschriften gelten:

- Verschmelzung §§ 1–35 und §§ 79–98
- Spaltung insbesond. in der Form der Ausgliederung §§ 123–137 und §§ 147–198

**6** Der im Zweiten Buch geregelte Vorgang der Verschmelzung ist sachlich nicht neu. Bisher galten §§ 93 a ff GenG.

Für das Genossenschaftsrecht bedeutet das, daß die §§ 93 a–s aus dem Genossenschaftsgesetz herausgenommen und in überarbeiteter Form – eingepaßt in das gerade geschilderte System – in das UmwG aufgenommen wurden.

Materiell ist von Bedeutung, daß nunmehr auch die Verschmelzung von Kapitalgesellschaften, Personenhandelsgesellschaften und eingetragenen Vereinen auf eine Genossenschaft möglich sind.

**7** Ein Novum stellt die generelle Einführung der **Spaltung** im Dritten Buch dar. Sie wird in drei Formen ermöglicht (vgl. § 123 UmwG):

- Bei der **Aufspaltung** teilt ein übertragender Rechtsträger unter Auflösung sein gesamtes Vermögen auf und überträgt im Wege der Sonderrechtsnachfolge die Vermögensteile auf mindestens zwei andere schon bestehende oder neu gegründete Rechtsträger.
- Bei der **Abspaltung** bleibt der übertragende Rechtsträger bestehen. Er überträgt nur einen Teil seines Vermögens, in der Regel einen Betrieb oder mehrere Betriebe, auf einen anderen oder mehrere andere, bereits bestehende oder neue Rechtsträger.
- Wie bei der **Abspaltung** geht auch bei der Ausgliederung nur ein Teil des Vermögens eines Rechtsträgers auf andere Rechtsträger über. Der wesentliche Unterschied liegt aber darin, daß die als Gegenwert gewährten Anteile der übernehmenden oder der neuen Rechtsträger in das Ver-

mögen des übertragenden Rechtsträgers selbst und nicht an seine Anteilsinhaber gelangen.

## Erstes Buch. Möglichkeiten von Umwandlungen

### § 1
### Arten der Umwandlung; gesetzliche Beschränkungen

**(1) Rechtsträger mit Sitz im Inland können umgewandelt werden**
**1. durch Verschmelzung;**
**2. durch Spaltung (Aufspaltung, Abspaltung, Ausgliederung);**
**3. durch Vermögensübertragung;**
**4. durch Formwechsel.**

**(2) Eine Umwandlung im Sinne des Absatzes 1 ist außer in den in diesem Gesetz geregelten Fällen nur möglich, wenn sie durch ein anderes Bundesgesetz oder ein Landesgesetz ausdrücklich vorgesehen ist.**

**(3) Von den Vorschriften dieses Gesetzes kann nur abgewichen werden, wenn dies ausdrücklich zugelassen ist. Ergänzende Bestimmungen in Verträgen, Satzungen, Statuten oder Willenserklärungen sind zulässig, es sei denn, daß dieses Gesetz eine abschließende Regelung enthält.**

Das Gesetz spricht generell von Rechtsträgern, die ihren Sitz im Inland **1**
haben. Es handelt sich hier um natürliche Personen, juristische Personen und Gesellschaften, die an einer Umwandlungsart beteiligt sein können. Welche Rechtsträger konkret in Frage kommen, wird jeweils am Anfang der einzelnen Bücher (Umwandlungsarten) genannt (siehe beispielsweise die Aufzählung der Rechtsträger, die an einer Verschmelzung beteiligt sein können in § 3).

Außer den im UmwG genannten Fällen können Umwandlungen nur **2**
vorgenommen werden, wenn sie in einem anderen Gesetz ausdrücklich vorgesehen sind (Abs. 2). Dies entspricht dem im Gesellschaftsrecht geltenden Typenzwang. Die bisher im Gesetz enthaltenen Möglichkeiten (Anwachsung nach § 105 Abs. 2 HGB i. V. m. § 738 BGB) sowie andere Arten der Umstrukturierung öffentlich-rechtlicher Anstalten (z. B. die Verschmelzung von Sparkassen aufgrund Landesrechts) bleiben erhalten. Dies gilt auch für die bisher schon möglichen und genutzten Methoden, eine Ausgliederung von Unternehmensteilen im Wege der Einzelrechtsnachfolge herbeizuführen. Dies ist insbesond. für die Sacheinlage und Sachgründung und ihr Verhältnis zu dem neuen Rechtsinstitut der Ausgliederung wichtig.

Der Wortlaut des Absatzes 3 ist an § 23 Abs. 5 AktG angelehnt. Er ent- **3**
spricht dem Grundsatz des § 18 GenG (siehe die dortigen Erl.).

**Zweites Buch. Verschmelzung**
**Erster Teil. Allgemeine Vorschriften**
**Erster Abschnitt. Möglichkeit der Verschmelzung**

**§ 2**
**Arten der Verschmelzung**

**Rechtsträger können unter Auflösung ohne Abwicklung verschmolzen werden**
**1. im Wege der Aufnahme durch Übertragung des Vermögens eines Rechtsträgers oder mehrerer Rechtsträger (übertragende Rechtsträger) als Ganzes auf einen anderen bestehenden Rechtsträger (übernehmender Rechtsträger) oder**
**2. im Wege der Neugründung durch Übertragung der Vermögens zweier oder mehrerer Rechtsträger (übertragende Rechtsträger) jeweils als Ganzes auf einen neuen, von ihnen dadurch gegründeten Rechtsträger**

**gegen Gewährung von Anteilen oder Mitgliedschaften des übernehmenden oder neuen Rechtsträgers an die Anteilsinhaber (Gesellschafter, Aktionäre, Genossen oder Mitglieder) der übertragenden Rechtsträger.**

**1** Die Arten der Verschmelzung entsprechen den im bisherigen GenG geregelten Fällen der Verschmelzung durch Aufnahme bzw. der Verschmelzung durch Neugründung (§ 93 a ff bzw. § 93 s GenG a. F.).

**2** Neu ist jedoch, daß sowohl eG unterschiedlicher Nachschußpflicht als auch eine eG mit Rechtsträgern anderer Rechtsform verschmolzen werden können, wobei die eG sowohl aufnehmende als auch übertragende eG sein kann.

**3** Die Anteilsinhaber (Oberbegriff für Gesellschafter, Aktionäre, Genossen oder Mitglieder) der übertragenden Rechtsträger erhalten Anteile oder Mitgliedschaften des übernehmenden oder neugegründeten Rechtsträgers. Ausgeschlossen ist durch diese Regelung die Gewährung von Anteilen oder Mitgliedschaften an den übertragenden Rechtsträger (im Unterschied zur Ausgliederung; hierzu § 123 Abs. 3 UmwG).

**4** Es ist nicht erforderlich, daß die zu verschmelzenden eG einen gleichartigen **Geschäftsbetrieb** zum Gegenstand haben; denkbar ist z. B. die Verschmelzung einer Warengenossenschaft mit einer Kreditgenossenschaft (*Ohlmeyer/Kuhn/Philipowski*, Abschn. III. 3.7). Wird jedoch durch die Verschmelzung der Unternehmensgegenstand der übernehmenden eG geändert, so ist eine Satzungsänderung erforderlich (*Meyer/Meulenbergh/Beuthien*, § 93 a Rdn. 7).

**5** Da die Vereinigung der eG unter Ausschluß der Liquidation erfolgt, also keine eigentliche Auflösung im Sinne des Gesetzes stattfindet, sondern die übertragende eG mit Eintragung der Verschmelzung in das Register an ihrem Sitz erlischt, sind die gesetzlichen oder satzungsmäßigen Vorschriften über die Auflösung und **Liquidation** auf die Verschmelzung grundsätzlich nicht anwendbar (wie hier *Müller*, § 93 a Rdn. 4 m. w. N.).

Da das Vermögen der übertragenden eG als **Ganzes** auf die übernehmende eG übertragen werden muß, wenn es sich um eine den gesetzlichen Vorschriften entsprechende Verschmelzung handeln soll, ist es nicht möglich, bestimmte Aktiven oder Passiven der übertragenden eG von diesem Übergang auszunehmen. Es können aber vor dem Abschluß des Verschmelzungsvertrages **einzelne Gegenstände** (Sachen, Rechte und Pflichten) aus der Vermögensmasse ausgeschieden werden, um noch vor der Verschmelzung eine anderweitige Verwendung zu finden, wodurch praktisch in den meisten Fällen der gleiche Zweck erreicht wird (so auch *Schultze*, S. 17; *Ruetz*, S. 57; vgl. auch die Erl. zu § 93 e). **6**

## I. Sonderfälle

Ob mehrere übertragende Rechtsträger an einer Verschmelzung beteiligt sein können, ist unklar. Der Wortlaut des § 79 UmwG und die Amtl. Begr. des RegE (zu § 93 a Abs. 1 – BT-Drucks. 7/97, 29) lassen den Schluß zu, daß nur jeweils eine eG die übertragende und eine die übernehmende eG sein kann (so jeweils zum alten Recht des § 93 a *Schlarb*, S. 33; *Schultze*, S. 14; *Müller*, § 93 a Rdn. 12; *Riebandt-Korfmacher*, Form. 2.431 Rdn. 2b; *Schubert/Steder*, § 93 a Rdn. 7; *Meyer/Meulenbergh/Beuthien*, § 93 a Rdn. 9). Andererseits gehen §§ 19, 20, 25 UmwG von mehreren übertragenden Rechtsträgern aus. Daraus ist der Gegenschluß zu ziehen (*Lutter* in Lutter u. a. UmwG, § 2 Rdn. 20). Möglich ist jedoch, daß gleichzeitig einzelne übertragende eG jeweils gesonderte Verschmelzungsverträge mit ein und derselben übernehmenden eG abschließen oder diese rechtlich getrennt zu sehenden Verschmelzungen gar in einer Vertragsurkunde zusammengefaßt werden (*Ohlmeyer/Kuhn/Philipowski*, Abschn. I. 1. 4 u. II. 3. 2 u. 3; *Riebandt-Korfmacher*, Form. 2.431 Rdn. 2b; *Ruetz*, S. 10; *Schlarb*, S. 34), womit dasselbe Ergebnis erreicht wird. Es sollte jedoch festgelegt werden, ob die Verschmelzung selbst dann zustande kommen soll, wenn die GV einer der übertragenden eG dem Verschmelzungsvertrag nicht zustimmt. Bei sehr unterschiedlichen Bedingungen sollten jedoch stets Einzelverträge in gesonderten Urkunden geschlossen werden (*Ohlmeyer/Philipowski*, ebd.). **7**

Nach § 3 Abs. 3 UmwG kann eine **aufgelöste** eG, bei der die Vermögensverteilung noch nicht begonnen hat, übertragende eG sein (siehe § 3 UmwG Rdn. 5). Im Umkehrschluß zu § 3 Abs. 3 UmwG kann eine aufgelöste eG jedoch nicht übernehmende eG sein, es sei denn, daß sie vor Ein- **8** tragung der Verschmelzung gem. § 79 a ihre Fortsetzung beschließt. Der Verschmelzungsbeschluß enthält nicht automatisch den Fortsetzungsbeschluß; dieser kann jedoch zusammen mit dem Verschmelzungsbeschluß gefaßt werden. Befinden sich sowohl die übertragende als auch die übernehmende eG in Liquidation, können sie zwecks gemeinsamer Liquidation miteinander verschmolzen werden (wie hier *Meyer/Meulenbergh/Beuthien*, § 93 a Rdn. 8).

**9** Es ist nicht auszuschließen, daß vor dem Hintergrund verstärkter internationaler wirtschaftlicher Verflechtungen die Frage der Fusion mit **ausländischen** eG größeres Gewicht erhält. Zwei Fälle sind zu unterscheiden:

a) Die ausländische ist die **übertragende** eG: hier keine Bedenken gegen die Zulässigkeit einer Verschmelzung, wenn diese nach ausländischem Recht überhaupt möglich ist; eine rechtliche Beeinträchtigung der Belange der Mitglieder und Gläubiger der inländischen übernehmenden eG ist nicht zu befürchten, da weiterhin deutsches Recht gilt.

b) Die ausländische eG ist die **übernehmende** eG: eine Verschmelzung ist nur zulässig, wenn eine rechtliche Beeinträchtigung der Belange der Mitglieder und Gläubiger der inländischen übertragenden eG nicht zu befürchten ist (wie hier *Schlarb*, S. 31 m. w. N.); dies dürfte erst dann gegeben sein, wenn für beide eG gleiche Rechtsvorschriften gelten würden, z. B. innerhalb der EU aufgrund einer EU-Richtlinie (so wohl auch *Müller*, § 93 a Rdn. 11; zu grenzüberschreitenden Umwandlungen vgl. *Lutter*, UmwG, § 1 Rdn. 9 ff u. § 2 Rdn. 34 ff).

c) Wenn das Statut (= Gesetz) der Europäischen Genossenschaft (SCE) in Kraft treten sollte, werden in diesen Fällen wahrscheinlich die beteiligten eG zu einer SCE verschmelzen.

**10** Eine Verschmelzung mit einer **Aktiengesellschaft** ist erst nach §§ 60 bis 77 bzw. §§ 79 bis 98 UmwG möglich.

**11** Auch **sonstige** Rechtsträger können Vertragspartner eines Verschmelzungsvertrages mit einer eG sein (vgl. § 3 UmwG sowie § 79 UmwG). Dies gilt auch für genossenschaftlich organisierte Vereine oder Gesellschaften. Sogenannte Vorgenossenschaften (zum Begriff und zur Rechtsstellung vgl. Erl. zu § 13) können nicht Verschmelzungspartner sein (vgl. ausführlich *Schlarb*, S. 26 f; *Müller*, § 93 a Rdn. 6). Aufgelöste Rechtsträger können unter die Voraussetzung des § 3 Abs. 3 UmwG an einer Verschmelzung beteiligt sein.

**12** Denkbar wäre die Übertragung des Vermögens einer eG im Wege der **Einzelübertragung**. Dies wäre eine Vermögensübernahme i. S. v. § 419 BGB, die der notariellen Beurkundung nach § 311 BGB bedarf und durch Einzelübertragung aller Vermögenswerte (§§ 398, 873, 925, 929, 1154, 1191 BGB) und Verbindlichkeiten (§§ 414 ff BGB) erfüllbar ist. Dies ist jedoch keine Verschmelzung und würde nicht zum Erlöschen der „übertragenden“

eG führen. Insbes. würden die Mitgliedschaften bei der „übertragenden" eG bestehen bleiben bis zur Beendigung der Liquidation, die möglicherweise wegen Vermögenslosigkeit erfolgen könnte. Die Übertragung des Vermögens durch GV-Beschluß löst jedoch nicht automatisch die eG auf, da diese mit dem erzielten Erlös weiterarbeiten kann (RGZ 111, 232; *Meyer/Meulenbergh/Beuthien*, § 93 a Rdn. 6).

Eine **Eingliederung** gem. §§ 319 ff AktG, die wirtschaftlich einer Verschmelzung gleichkäme, ist bei der eG auch nicht in analoger Anwendung dieser Vorschriften zulässig (*Schlarb*, S. 20). **13**

**Beherrschungsverträge** i. S. d. §§ 291, 292 AktG, die die rechtliche Selbständigkeit der beherrschten Unternehmen wahren, wirtschaftlich sie jedoch einem herrschenden Unternehmen unterwerfen, sind im GenG in analoger Anwendung dieser Vorschriften nur zulässig, wenn die eG herrschendes Unternehmen ist (Vgl. Erl. zu § 1, dort Abschn. B III). Die eG als beherrschtes Unternehmen würde gegen § 1 und aus der Sicht des zur eigenverantwortlichen Leitung der eG berufenen Vorstands gegen § 27, und wenn hiermit ein Gewinnabführungsvertrag verbunden werden soll, gegen § 19 verstoßen. **14**

Die dem KWG unterliegenden eG haben die Absicht der Vereinigung mit einer anderen dem KWG unterliegenden eG dem BAK rechtzeitig anzuzeigen (§ 24 Abs. 2 KWG). Gleiches gilt für die Eintragung der Verschmelzung (§ 24 Abs. 1 Ziff. 8 KWG). **15**

## II. Kartellrecht

**Anzeigepflicht** beim Bundeskartellamt nach § 23 GWB, wenn durch die Verschmelzung entweder ein Marktanteil von 20 % erreicht wird oder wenn eines der Unternehmen auf einem anderen Markt einen Anteil von mindestens 20 % innehat oder wenn beide eG mindestens 10 000 Arbeitnehmer oder einen Gesamtumsatz von mindestens DM 500 Mill. haben. Eine Zurechnung von Marktanteilen über die in § 23 Abs. 1 Satz 2 GWB geregelten Fälle des Konzernverbunds hinaus ist nicht zulässig (KG Berlin, ZfG 1996, 271 m. Anm. *Veelken*). **16**

Im Wege der Fusionskontrolle kann das Bundeskartellamt nach § 24 GWB eine Verschmelzung verbieten, sofern durch die Verschmelzung ein marktbeherrschendes Unternehmen entstehen würde. **17**

## III. Steuerrecht

Zur Besteuerung bei der Verschmelzung vgl. ausführlich *Ohlmeyer/Kuhn/Philipowski*, Abschn. VII). Geht das Vermögen einer unbeschränkt **18** steuerpflichtigen übertragenden eG als Ganzes (im Wege der Gesamtrechtsnachfolge und unter Ausschluß der Abwicklung) auf eine unbeschränkt steuerpflichtige übernehmende eG gleicher Haftart gegen Gewährung von Anteilsrechten der übernehmenden eG über, so sind generell **Einkommen und Vermögen** so zu ermitteln, als ob das Vermögen der eG mit Ablauf des steuerlichen Übertragungsstichtages auf die übernehmende eG übergegangen und die übertragende eG gleichzeitig aufgelöst worden wäre.

**19** **Übertragungsstichtag** ist dabei der Stichtag der Bilanz, die dem Vermögensübergang zugrunde liegt. Dieser darf gem. § 17 Abs. 2 S. 4 UmwG zeitlich höchstens 8 Monate vor dem Tag der Anmeldung der Umwandlung zum Handelsregister liegen. Die dem Vermögensübergang zugrundeliegende Bilanz ist auch dann maßgebend, wenn ihr Stichtag mehr als 8 Monate vor der Anmeldung zum Handelsregister liegt.

**20** Für die Feststellung des **Einheitswertes** des Betriebsvermögens und für die Vermögenssteuer enthält § 2 Abs. 3 UmwStG eine Sondervorschrift für den Fall, daß die vorgenannte Regelung zu einem höheren Einheitswert des Betriebsvermögens oder zu einem höheren Gesamtvermögen führt.

**21** Die Besteuerung der **übertragenden** eG ist in § 11 UmwStG geregelt. Danach sind in der steuerlichen Schlußbilanz der übertragenden eG grundsätzlich die stillen Reserven zu realisieren (§ 11 Abs. 1 UmwStG). Im Regelfall kann allerdings die Übertragerin auf entsprechenden Antrag die Werte ansetzen, die sich nach den allgemeinen Gewinnermittlungsvorschriften ergeben (sog. Buchwertfortführung gem. § 11 Abs. 2 UmwStG). Diese Regelung greift indes nur dann Platz, soweit sichergestellt ist, daß der so ermittelte Gewinn später bei der Übernehmerin der Körperschaftssteuer unterliegt und zum anderen eine Gegenleistung nicht gewährt wird oder aber in der Gewährung von Gesellschaftsanteilen besteht.

**22** Der Vorgang ist bei der übernehmenden eG grundsätzlich ertragsteuerlich neutral, d. h., der Vermögensübergang führt zu einer im Ergebnis steuerneutralen Addition des Vermögens der Übertragerin und des Vermögens der Übernehmerin (§ 12 Abs. 2 S. 1 UmwStG). Für den Ausnahmefall, daß die Beteiligung an der Übertragerin unter den tatsächlichen Anschaffungskosten angesetzt ist, ist allerdings ein steuerpflichtiger Übernahmegewinn möglich (§ 12 Abs. 2 S. 2 UmwStG). Dies gilt z. B. dann, wenn die in den übergegangenen Vermögen enthaltenen stillen Reserven bei der übernehmenden steuerfreien eG nicht der KSt unterliegen (§ 11 Abs. 2 UmwStG).

**23** Die Besteuerung des übergegangenen Vermögens bei der **übernehmenden** eG hängt wesentlich davon ab, ob die übertragende eG von der Möglichkeit des § 11 Abs. 2 UmwStG Gebrauch gemacht hat, die sich nach den allgemeinen Gewinnermittlungsvorschriften ergebenden Werte anzusetzen. Für diesen Fall tritt die übernehmende eG hinsichtlich der Absetzungen für Abnutzung, Bewertungsfreiheiten usw. in die Rechtsstellung der übertragenden eG ein (§ 11 Abs. 3 UmwStG). In den übrigen Fällen ist gem. § 12 Abs. 4 UmwStG davon auszugehen, daß die übernehmende eG die betreffenden Wirtschaftsgüter angeschafft hat. Der Verlustabzug geht auf die übernehmende eG über unter der Voraussetzung, daß die übertragende eG ihren Geschäftsbetrieb im Zeitpunkt der Eintragung des Vermögensübergangs nicht eingestellt hat (§ 12 Abs. 3 UmwStG).

Hinsichtlich der **Grunderwerbssteuer** ist Bemessungsgrundlage beim Übergang von Grundstücken im Rahmen der Verschmelzung von eG der Teil der Gesamtgegenleistung, der auf das einzelne Grundstück entfällt (BGH, Urt. v. 18. 7. 1975, BStBl. 1979 II., 683). Die Gegenleistung errechnet sich nach dem – koordinierten – Erlaß v. 13. 7. 1984 des Fin.Min. Niedersachsen und der dort angegebenen Formel, s. dazu NWB Nr. 37 v. 12. 9. 1983 s. 2397, 2398/Fach 8/S. 943, 944. Bezüglich der Bemessungsgrundlage vgl. im einzelnen *Zülow/Schübert/Rosiny*, Die Besteuerung der Genossenschaften, 7. Aufl., S. 389. **24**

## IV. Arbeitsrecht

Zur Verschmelzung und Arbeitsrecht vgl. §§ 106, 111 ff BetrVG, vgl. auch § 5 UmwG sowie *Ohlmeyer/Kuhn/Philipowski*. **25**

### § 3
### Verschmelzungsfähige Rechtsträger

**(1) An Verschmelzungen können als übertragende, übernehmende oder neue Rechtsträger beteiligt sein:**

**1. Personenhandelsgesellschaften (offene Handelsgesellschaften, Kommanditgesellschaften);**
**2. Kapitalgesellschaften (Gesellschaften mit beschränkter Haftung, Aktiengesellschaften, Kommanditgesellschaften auf Aktien);**
**3. eingetragene Genossenschaften;**
**4. eingetragene Vereine (§ 21 des Bürgerlichen Gesetzbuches);**
**5. genossenschaftliche Prüfungsverbände;**
**6. Versicherungsvereine auf Gegenseitigkeit.**

**(2) An einer Verschmelzung können ferner beteiligt sein:**

**1. wirtschaftliche Vereine (§ 22 des Bürgerlichen Gesetzbuches), soweit sie übertragender Rechtsträger sind;**
**2. natürliche Personen, die als Alleingesellschafter einer Kapitalgesellschaft deren Vermögen übernehmen.**

**(3) An der Verschmelzung können als übertragende Rechtsträger auch aufgelöste Rechtsträger beteiligt sein, wenn die Fortsetzung dieser Rechtsträger beschlossen werden könnte.**

**(4) Die Verschmelzung kann sowohl unter gleichzeitiger Beteiligung von Rechtsträgern derselben Rechtsform als auch von Rechtsträgern unterschiedlicher Rechtsform erfolgen, soweit nicht etwas anderes bestimmt ist.**

**1** Die Absätze 1 und 2 zählen die verschmelzungsfähigen Unternehmensformen abschließend auf. Die Fälle, in denen eine Verschmelzung stattfinden kann, werden gegenüber dem geltenden Recht erheblich erweitert. Dies soll Neustrukturierungen der verschiedensten Arten ermöglichen, wo dieses wirtschaftlich erforderlich ist. Hierzu zählt auch die EWiV, da für sie OHG-Recht gilt.

**2** Nach Absatz 2 Nr. 1 kann ein wirtschaftlicher Verein nicht andere Rechtsträger durch eine Verschmelzung aufnehmen oder aus einer Fusion als neuer Unternehmensträger entstehen. Der Verein ist als Träger eines Unternehmens nur ausnahmsweise geeignet. Seine Vergrößerung oder Neugründung im Wege der Verschmelzung soll daher wie bisher nicht zugelassen werden. Dagegen spricht die Tatsache, daß wirtschaftliche Vereine sich von den anderen Unternehmensträgern, insbesond. den Gesellschaften nach Handelsrecht, in ganz wesentlichen Punkten unterscheiden. Solche Vereine sind einmal nur nach dem Publizitätsgesetz (Gesetz über die Rechnungslegung von bestimmten Unternehmen und Konzernen vom 15. August 1969 – BGBl. I S. 1189), nicht aber allgemein zur Rechnungslegung verpflichtet. Zum zweiten enthält das Vereinsrecht keinerlei Vorschriften über die Aufbringung und Erhaltung eines Kapitals, obwohl auch den Gläubigern des Vereins nur dessen Vermögen haftet; insofern besteht ein grundlegender Unterschied zu den Kapitalgesellschaften. Ferner ist die Kontrolle des Vereinsvorstands in seiner Geschäftsführung durch die Mitglieder gesetzlich schwächer ausgebildet als bei den Unternehmensträgern nach dem Gesellschaftsrecht. Schließlich unterliegen wirtschaftliche Vereine selbst dann, wenn sie eine große Zahl von Arbeitnehmern beschäftigen, nicht den Vorschriften über die Mitbestimmung der Arbeitnehmer.

Die Aufnahme von Vereinen durch Handelsgesellschaften soll zugleich dem Abbau staatlicher Aufsichtsbefugnisse und dadurch auch der Verwaltungsvereinfachung dienen.

**3** Absatz 2 Nr. 2 erwähnt einen Sonderfall der Konzernverschmelzung, der bisher im UmwG geregelt ist.

**4** Absatz 3 des § 3 erklärt wie das geltende Recht (vgl. § 339 Abs. 2 AktG, § 19 Abs. 2 KapErhG, § 93 a Abs. 2 GenG, § 44 a Abs. 3, 4 VAG, § 2 UmwG) auch die Verschmelzung bereits aufgelöster übertragender Rechtsträger für zulässig, wenn deren Fortsetzung beschlossen werden könnte. Mit dieser Regelung sollen vor allem Sanierungsfusionen erleichtert werden.

Voraussetzung dafür ist unter anderem, daß noch nicht mit der Verteilung des Vermögens an die Anteilsinhaber begonnen worden ist. Damit wird zugleich das Erfordernis in Artikel 3 Abs. 3 der Dritten Richtlinie erfüllt, daß noch nicht mit der Verteilung des Vermögens an die Anteilsinhaber begonnen worden sein darf (vgl. § 274 Abs. 1 AktG, § 79 a GenG).

Demnach kann auch eine aufgelöste eG, bei der die Vermögensvertei- **5** lung noch nicht begonnen hat, übertragende eG sein. Es ist kein Grund dafür ersichtlich, daß einer aufgelösten eG, die nach § 79 a ihre Fortsetzung beschließen könnte, die Verschmelzung mit einer anderen eG verweht werden sollte. Im Umkehrschluß zu Abs. 2 kann eine aufgelöste eG jedoch nicht übernehmende eG sein, es sei denn, daß sie vor Eintragung der Verschmelzung gemäß § 79 a ihre Fortsetzung beschließt. Der Verschmelzungsbeschluß enthält nicht automatisch den Fortsetzungsbeschluß; dieser kann jedoch zusammen mit dem Verschmelzungsbeschluß gefaßt werden. Befinden sich sowohl die übertragende als auch die übernehmende eG in Liquidation, können sie zwecks gemeinsamer Liquidation miteinander verschmolzen werden (wie hier *Meyer/Meulenbergh/Beuthien*, § 93 a Rdn. 8).

Absatz 4 läßt neben der Verschmelzung von Rechtsträgern derselben **6** Rechtsform nach dem Vorbild des § 358 a AktG auch die Beteiligung von Rechtsträgern unterschiedlicher Rechtsform an demselben Verschmelzungsvorgang zu, um eine möglichst große Bewegungsfreiheit in das Recht der Umstrukturierung einzuführen.

Soweit die Besonderheiten einer Rechtsform auch für die Möglichkeit **7** von Verschmelzungen Sondervorschriften erfordern, sind diese im Zweiten Teil des Zweiten Buches jeweils bei den einzelnen Rechtsformen enthalten.

## Zweiter Abschnitt. Verschmelzung durch Aufnahme

### § 4
### Verschmelzungsvertrag

**(1) Die Vertretungsorgane der an der Verschmelzung beteiligten Rechtsträger schließen einen Verschmelzungsvertrag. § 310 des Bürgerlichen Gesetzbuches gilt für ihn nicht.**

**(2) Soll der Vertrag nach einem der nach § 13 erforderlichen Beschlüsse geschlossen werden, so ist vor diesem Beschluß ein schriftlicher Entwurf des Vertrags aufzustellen.**

Satz 1 weist die Zuständigkeit für den Abschluß des Verschmelzungs- **1** vertrags den Vertretungsorganen der Rechtsträger (Vorstände, Geschäftsführer, vertretungsberechtigte Gesellschafter) zu.

Abs. 1 Satz 2 entspricht § 43 Abs. 1 Satz 2 AktG a. F. Durch die Aufhe- **2** bung des in § 310 BGB enthaltenen Verbots, eine Verpflichtung einzugehen, künftiges Vermögen zu übertragen, wird die Durchführung einer in die Zukunft gerichteten Verschmelzung erst ermöglicht.

Die in Abs. 2 enthaltene Verpflichtung zur Vorlage eines schriftlichen Vertragsentwurfs soll sicherstellen, daß die beschließenden Versammlungen die für ihre Entscheidungsfindung notwendige Unterlage zumindest im Entwurf haben.

## § 5
## Inhalt des Verschmelzungsvertrags

**(1) Der Vertrag oder sein Entwurf muß mindestens folgende Angaben enthalten:**

**1. den Namen oder die Firma und den Sitz der an der Verschmelzung beteiligten Rechtsträger;**
**2. die Vereinbarung über die Übertragung des Vermögens jedes übertragenden Rechtsträgers als Ganzes gegen Gewährung von Anteilen oder Mitgliedschaften an dem übernehmenden Rechtsträger;**
**3. das Umtauschverhältnis der Anteile und gegebenenfalls die Höhe der baren Zuzahlung oder Angaben über die Mitgliedschaft bei dem übernehmenden Rechtsträger;**
**4. die Einzelheiten für die Übertragung der Anteile des übernehmenden Rechtsträgers oder über den Erwerb der Mitgliedschaft bei dem übernehmenden Rechtsträger;**
**5. den Zeitpunkt, von dem an diese Anteile oder die Mitgliedschaften einen Anspruch auf einen Anteil am Bilanzgewinn gewähren, sowie alle Besonderheiten in bezug auf diesen Anspruch;**
**6. den Zeitpunkt, von dem an die Handlungen der übertragenden Rechtsträger als für Rechnung des übernehmenden Rechtsträgers vorgenommen gelten (Verschmelzungsstichtag);**
**7. die Rechte, die der übernehmende Rechtsträger einzelnen Anteilsinhabern sowie den Inhabern besonderer Rechte wie Anteile ohne Stimmrecht, Vorzugsaktien, Mehrstimmrechtsaktien, Schuldverschreibungen und Genußrechte gewährt, oder die für diese Personen vorgesehenen Maßnahmen;**
**8. jeden besonderen Vorteil, der einem Mitglied eines Vertretungsorgans oder eines Aufsichtsorgans der an der Verschmelzung beteiligten Rechtsträger, einem geschäftsführenden Gesellschafter, einem Abschlußprüfer oder einem Verschmelzungsprüfer gewährt wird;**
**9. die Folgen der Verschmelzung für die Arbeitnehmer und ihre Vertretungen sowie die insoweit vorgesehenen Maßnahmen.**

**(2) Befinden sich alle Anteile eines übertragenden Rechtsträgers in der Hand des übernehmenden Rechtsträgers, so entfallen die Aufgaben**

**über den Umtausch der Anteile (Absatz 1 Nr. 2 bis 5), soweit sie die Annahme dieses Rechtsträgers betreffen.**

**(3) Der Vertrag oder sein Entwurf ist spätestens einen Monat vor dem Tage der Versammlung der Anteilsinhaber jedes beteiligten Rechtsträgers, die gemäß § 13 Abs. 1 über die Zustimmung zum Verschmelzungsvertrag beschließen soll, dem zuständigen Betriebsrat dieses Rechtsträgers zuzuleiten.**

Das Verschmelzungsverfahren **beginnt** regelmäßig mit dem Abschluß **1** eines Verschmelzungsvertrags zwischen den durch ihre Vorstände gemäß § 24, 25 vertretenen eG sowie etwaiger Zusatzvereinbarungen und ggfs. der Verschmelzungsgrundsätze. Dem formellen Verschmelzungsverfahren sind im allgemeinen unverbindliche Kontakte zwischen den Verbänden vorgeschaltet. Nehmen diese Vorverhandlungen längere Zeit in Anspruch, kann der Abschluß eines **Verschmelzungsvorvertrages** zweckmäßig sein.

Der Abschluß eines Verschmelzungsvertrags setzt regelmäßig voraus, **2** daß die wirtschaftlichen und rechtlichen Verhältnisse der beteiligten eG gegenseitig offengelegt werden, auch soweit Kundenbeziehungen berührt werden. Eine verantwortliche Vorbereitung der Verschmelzung setzt die Kenntnis aller Zusammenhänge voraus. Hierdurch wird nicht gegen Geheimhaltungspflichten verstoßen. Im übrigen unterliegen alle Beteiligten der **Verschwiegenheitspflicht**. Auch sollte rechtzeitig der Aufsichtsrat eingeschaltet werden, um zu einer einheitlichen Meinungsbildung von Vorstand und Aufsichtsrat zu kommen (zur richtigen Vorgehensweise vgl. *Ohlmeyer/Kuhn/Philipowski*, Abschn. III. 4).

Die **Rechtsnatur** des Verschmelzungsvertrags ist umstritten. Teils wird **3** er als schuldrechtlicher gegenseitiger Vertrag im Sinne der §§ 320 ff BGB verstanden, bei dem die Bindungswirkung jedoch erst mit Vorliegen der GV-Beschlüsse eintritt. Im Hinblick auf die Mitglieder der übertragenden eG sei der Verschmelzungsvertrag ein Vertrag zugunsten Dritter i. S. d. §§ 328 ff BGB (*Ruetz*, S. 35, 40; *Paulick*, ZfG 1977, 81; BfH, BB 1976, 871 sowie die bei *Schlarb*, S. 52 Fn. 211 gegebenen Hinweise). Teils wird der Verschmelzungsvertrag als körperschaftlicher Vertrag verstanden, der nicht dem Schuldrecht, sondern dem Gesellschaftsrecht zuzuordnen sei, da er die kooperative Struktur der eG verändere, indem er die Beschlüsse der GV ausführe und die körperschaftsrechtliche Verfügung beinhalte (*Schnorr von Carolsfeld*, ZfG 1968, 343; *Meyer/Meulenbergh/Beuthien*, § 93 c Rdn. 5 sowie die Hinweise bei *Schlarb*, S. 53 Fn. 215).

Nach der hier vertretenen **Auffassung** handelt es sich um einen Vertrag, **4** auf den die bürgerlichen Vorschriften grundsätzlich Anwendung finden, der aber mit Rücksicht auf den Vorrang der GV-Beschlüsse als Wirksamkeitsvoraussetzung bestimmte Vorschriften des BGB nur beschränkt zur Anwendung kommen läßt (wie hier ausführlich *Schlarb*, S. 55 ff; vgl. *Lut-*

*ter*, UmwG, § 4 Rdn. 3 ff, § 5 Rdn. 4). Insbesond. ist der Verschmelzungsvertrag kein Vertrag zugunsten der Mitglieder der übertragenden eG, diese haben kein eigenes Forderungsrecht auf Zulassung zur übernehmenden eG, da sie die Mitgliedschaft kraft Gesetzes erwerben; auch haben sie kein eigenes Forderungsrecht auf Erfüllung des Verschmelzungsvertrags insbesond. auf Eintragung der Verschmelzung im Genossenschaftsregister (*Schlarb*, S. 55; *Kraft*, Kölner Komm., AktG, § 341 Rdn. 4). Auch besteht kein Schadensersatzanspruch nach § 325 BGB, wenn die andere eG die Zustimmung zur Verschmelzung verweigert (a. A. wohl *Meyer/Meulenbergh/Beuthien*, § 93 c Rdn. 11). Der Verschmelzungsvertrag stellt im Verhältnis zu den GV-Beschlüssen deren Ausführungsakt dar.

**5** Der gesamte aus Verschmelzungsvertrag, Verschmelzungsbeschlüssen und Registereintragung bestehende Verschmelzungsvorgang ist rechtlich als Einheit zu begreifen (vgl. zur rechtstheoretischen Erfassung des Verschmelzungstatbestandes und der Einordnung des Verschmelzungsvertrags *Meyer/Meulenbergh/Beuthien*, § 93 b Rdn. 1, 2). Wird der Verschmelzungsvertrag – wie in der Praxis üblich – vor den GV-Beschlüssen gefaßt, so handelt es sich um eine Ausführung im Vorgriff auf die zu erwartenden GV-Beschlüsse. Die Vorstände haben insoweit ohne Vertretungsmacht gehandelt. Diese mangelnde Vertretungsmacht wird durch die GV-Beschlüsse geheilt (*Müller*, § 93 b Rdn. 17; *Schilling*, Großkomm. AktG, § 340 Rdn. 5).

**6** Allerdings hat diese Beschlußfassung nur bedingt den Charakter einer Genehmigung: Wird eine Genehmigung versagt, so bleibt der diesbezügliche Vertrag ohne jede Wirkung, und zwar nunmehr dauernd und unwiderruflich (*Steffen*, RGRK, § 177 Rdn. 12); demgegenüber kann der Verschmelzungsvertrag, wenn er von der GV abgelehnt ist, gleichwohl in einer späteren GV erneut zur Diskussion gestellt und ggfs. angenommen werden (vgl. auch Rdn. 7).

**7** Wird der Verschmelzungsvertrag **unterzeichnet**, bevor die entsprechenden GV-Beschlüsse vorliegen – was der Regelfall sein dürfte –, so tritt bereits mit Unterzeichnung Bindungswirkung dahingehend ein, daß der Vorstand (insbesond. gegenüber der anderen eG) verpflichtet ist, die Beschlußfassung der GV herbeizuführen. Führt der Vorstand nicht die Beschlußfassung der GV herbei, so ist zu unterscheiden:

a) Der Aufsichtsrat der eigenen eG hat ggfs. nach § 38 Abs. 2 GenG eine GV einzuberufen; auch können die Mitglieder dieser eG nach § 45 GenG die Einberufung einer GV erreichen.

b) Gegenüber der anderen eG hat sich der Vorstand zwar verpflichtet, einen GV-Beschluß herbeizuführen, d. h., eine GV einzuberufen. Dieser Anspruch der anderen eG ist jedoch nicht einklagbar, weil nicht vollstreckbar. § 894 ZPO kommt hier nicht zum Zug, da im GenG abschließend geregelt ist, wer zur Einberufung befugt ist. Der Erfüllungsanspruch beschränkt sich mithin auf einen Schadensersatzanspruch nach § 34 GenG.

Abs. 1 enthält einen Katalog von Mindestangaben, um dem Informationsbedürfnis der Anteilseigner/Mitglieder, aber auch der Arbeitnehmer Rechnung zu tragen. Im übrigen s. ergänzend § 80 UmwG und die dort. Erl. Es empfiehlt sich, das Vertragsmuster des DG-Verlags zu verwenden. **8**

Die Angabe von Namen/Firma und Sitz ist eine Selbstverständlichkeit. **9**

Gleiches gilt für die ausdrückliche Erklärung der Vermögensübertragung im Wege der Gesamtrechtsnachfolge. Einer Konkretisierung bedarf die Gewährung von Mitgliedschaften an der übernehmenden eG. Hier sollte auch der Erwerb der Mitgliedschaft im Wege der Gesamtrechtsnachfolge betont werden. Im übrigen ist anzugeben, mit wieviel Geschäftsanteilen jedes Mitglied der übertragenden eG an der übernehmenden eG beteiligt ist (Abs. Ziff. 2). **10**

Angaben nach Abs. 1 Ziff. 3 werden bei der Verschmelzung von eG im allgemeinen nicht vorkommen, da das Umtauschverhältnis nach § 87 UmwG im Verhältnis 1:1 erfolgt (s. zusätzlich Erl. zu § 80 UmwG). **11**

Nach Abs. 1 Ziff. 4 sind die Einzelheiten hinsichtlich der Gewährung von Mitgliedschaften oder Anteilen (Ziff. 2) anzugeben. Die konkrete Zahl der Anteile errechnet sich gemäß § 87 UmwG (vgl. die dortigen Erl.). Zusätzlich sollten die Höhe des Geschäftsanteils, die Höchstzahl der Geschäftsanteile, die Einzahlungspflichten, deren Erhöhung oder Herabsetzung sowie die Pflichtbeteiligung mit Geschäftsanteilen und deren Erhöhung oder Herabsetzung und eine etwaige Nachschußpflicht mit einer evtl. Erhöhung oder Herabsetzung erwähnt werden. **12**

Abs. 1 Ziff. 5 ist genüge getan, wenn der Verschmelzungsvertrag eine Aussage darüber enthält, daß die Mitglieder der übertragenden eG einen Anspruch auf einen Anteil am Bilanzgewinn ab einem bestimmten Tag (i. d. Regel der Verschmelzungsstichtag) haben, soweit die GV der übernehmenden eG einen Gewinnausschüttungsbeschluß faßt. Im Hinblick auf schwebende Anfechtungsklagen könnte sich als Zeitpunkt der Gewinnberechtigung der Zeitpunkt der Eintragung empfehlen. Es kann aber auch ein späterer Beginn der Gewinnberechtigung festgelegt werden (z. B. Mitte des neuen Geschäftsjahres). **13**

Der nach Abs. 1 Ziff. 6 anzugebende Verschmelzungsstichtag ist der auf den Stichtag der Schlußbilanz folgende Tag. Zweckmäßigerweise sollte in diesem Zusammenhang zusätzlich der Tag angegeben werden, zu dem die Schlußbilanz aufgestellt worden ist. Die Schlußbilanz muß nicht notwendig mit der letzten Jahresbilanz identisch sein. Wenn sie auf einen anderen Stichtag gesondert aufgestellt wird, braucht sie nicht bekannt gemacht zu werden (§ 17 Abs. 2 Satz 3 UmwG). Zusätzlich gibt die übertragende eG **14** die Versicherung ab, daß in der Schlußbilanz alle Vermögensteile und sämtliche Verbindlichkeiten richtig erfaßt sind. Ergänzend geben beide eG die Versicherung ab, daß sie seit dem Zeitpunkt, für den die Schlußbilanz aufgestellt wurde, keine neuen über den ordentlichen Geschäftsbetrieb hinausgehenden Verbindlichkeiten eingegangen sind. Desweiteren verpflichten sie sich, solche Geschäfte bis zum Vermögensübergang nur vorzunehmen, wenn die andere eG vorher ihre Zustimmung erteilt.

**15** Grundsätzlich gewährt eine eG ihren Mitgliedern keine besonderen Rechte (Abs. 1 Ziff. 7), es sei denn es handelt sich um Schuldverschreibungen, Genußrechte, nachrangige Verbindlichkeiten oder stille Beteiligungen. Diese werden unverändert, soweit die übertragende eG sie gewährt hat, von der übernehmenden eG übernommen. Im übrigen wäre Ziff. 7 nur einschlägig, wenn **anläßlich** der Verschmelzung besondere Rechte gewährt werden.

### Besondere Vorteile bei Verschmelzungen

**16** Die Verpflichtung, **besondere Vorteile** für Organmitglieder oder den Abschlußprüfer in den Verschmelzungsvertrag aufzunehmen, soll den Mitgliedern die ggfs. daraus resultierenden Nachteile der eG vor Augen führen. Bei der Beurteilung, was ein besonderer Vorteil ist, ist deshalb auch die Sicht der eG zu berücksichtigen.

Hierbei ist eine **Gesamtwürdigung** durchzuführen. Die Vorteile sind nicht für sich allein zu betrachten, es sind ggfs. auch die mit dem Ausscheiden verbundenen Nachteile des Organmitglieds angemessen zu berücksichtigen – allerdings nur, soweit diese auf der Rechtsbeziehung Organmitglied – eG resultieren. Nur wenn bei Saldierung ein besonderer Vorteil verbleibt, ist im Verschmelzungsvertrag dieser anzugeben (zum Umfang siehe Rdn. 26).

Für den Prüfungsverband besteht die Pflicht zu prüfen, ob besondere Vorteile gewährt werden. Eine andere Frage ist es, ob der Beweis geführt werden kann, daß ein besonderer Vorteil im Ursachenzusammenhang mit der Verschmelzung gewährt wurde.

**17** Einem Vorstandsmitglied der übertragenden eG wird zugesagt, bei der übernehmenden eG als Vorstandsmitglied übernommen zu werden. Dies stellt **keinen** besonderen Vorteil dar. Im übrigen wird die Übernahme in den Verschmelzungsvertrag aufgenommen.

**18** Der Vorstand der übertragenden eG wird von der übernehmenden eG in den Vorstand übernommen. Alle Vorstände der übernehmenden eG erhalten nunmehr aufgrund der höheren Bemessungsgrundlage (z. B. Bilanzsumme) ein höheres Gehalt und eine höhere Pensionszusage.

Auch dieses ist **keine** Gewährung eines besonderen Vorteills. Die Ursache liegt nur mittelbar in der Verschmelzung, unmittelbar darin, daß eine höhere Bemessungsgrundlage erreicht worden ist. Mit dieser höheren

Bemessungsgrundlage soll die gestiegene Verantwortung und das höhere betriebswirtschaftliche Gewicht des Unternehmens berücksichtigt werden.

Im Vorfeld der Verschmelzung, aber aus Anlaß der Verschmelzung, erhält ein Vorstandsmitglied der übertragenden eG erstmals eine Pensionszusage. Dies stellt sich als die Gewährung eines **besonderen Vorteils** dar. Es dürfte jedoch eine Frage des Nachweises sein, daß „aus Anlaß" der Verschmelzung diese Zusage gegeben wurde. 19

Ein besonderer Vorteil in Gestalt einer Pensionszusage wäre andererseits dann **nicht** anzunehmen, wenn sie nicht „aus Anlaß" der Verschmelzung gegeben würde. Dies wäre dann der Fall, wenn üblicherweise in dieser Region Pensionszusagen auf einer Bemessungsgrundlage vergleichbarer Größenordnung den Vorstandsmitgliedern der eG gewährt werden.

Zwischen einem Vorstandsmitglied der übertragenden eG und dieser eG wird ein Dienstaufhebungsvertrag mit Abfindung geschlossen. Wenn kein zeitlicher Zusammenhang mit der Verschmelzung besteht, ist hierin **nicht** die Gewährung eines besonderen Vorteils zu sehen. Ein zeitlicher Zusammenhang kann ein Indiz für die Gewährung eines besonderen Vorteils ist. 20

Wird jedoch geregelt, daß der Aufhebungsvertrag gegenstandslos werden soll, wenn die Verschmelzung nicht zustande kommt, ist wegen dieser auflösenden Bedingung die im Aufhebungsvertrag vorgesehene Abfindung als **besonderer Vorteil** einzuordnen.

Besteht ein **zeitlicher Zusammenhang**, wird der Aufhebungsvertrag zum Beispiel nach Aufnahme offizieller Fusionsverhandlungen geschlossen, besteht eine Angabepflicht nur, wenn ein **unangemessenes** Verhältnis zu den sonst bestehenden (vertraglichen) Ansprüchen gegeben ist. Wenn vom Alter und vom Umfang her die Abfindungsvereinbarung üblich ist, z. B. weil das Vorstandsmitglied nicht fusionsbedingt, sondern wegen Erreichens einer bestimmten Altersgrenze (z. B. Anfang 60) ausgeschieden wäre, entfällt die Angabepflicht. Bei einer Abfindungsvereinbarung mit einem z. B. 10 Jahre jüngeren Vorstandsmitglied wäre die Abfindung als fusionsbedingter besonderer Vorteil anzusehen.

Das Vorstandsmitglied der übertragenden eG wird vorzeitig pensioniert und erhält eine Pension entsprechend dem Pensionsvertrag. Hier muß unterschieden werden: Hatte das Vorstandsmitglied bereits einen Anspruch darauf, vorzeitig auszuscheiden, handelt es sich **nicht** um einen besonderen Vorteil. 21

Hatte es noch keinen Anspruch auf Ausscheiden, handelt es sich um einen **besonderen Vorteil**, da nunmehr die Pension gezahlt wird, ohne daß vorher ein Rechtsanspruch bestand. Es handelt sich um Zahlungen, denen keine Arbeitsleistung gegenübersteht.

Das Vorstandsmitglied der übertragenden eG wird bei der übernehmenden eG nur noch als Prokurist unter Besitzstandswahrung (Fortzahlung des 22 bisherigen Gehalts) weiter beschäftigt. Folgende Fälle sind zu unterscheiden:

— Wird das Vorstandsmitglied auf Dauer weiterbeschäftigt, weil es einen Anspruch auf Vertragserfüllung hat (insbesond. bei unkündbaren Dienstverträgen) handelt es sich **nicht** um die Gewährung eines besonderen Vorteils.

— Hätte dem Mitglied gekündigt werden können, handelt es sich um einen **besondere Vorteil**, da er weiter ein Vorstandsgehalt bezieht, wenn er eine geringerwertigere Tätigkeit ausübt. Entscheidend ist, ob Gehalt und Tätigkeit einander entsprechen.

— Wird er unterhalb des Vorstands beschäftigt, bis die Qualifikation des Bankleiters erreicht ist, liegt **keine** Gewährung eines besonderen Vorteils vor.

**23** Die im Zusammenhang mit der Verschmelzung gegebene Abfindung ist bei einem Vorstandsmitglied, dessen Dienstvertrag nur aus wichtigem Grund kündbar ist, geringer als die aufaddierte Gehaltssumme für die Restlaufzeit des Dienstvertrags – wegen Verzichts auf die Arbeitsleistung und Zahlung „vor Fälligkeit" ein besonderer Vorteil.

**24** Es wird im Zusammenhang mit der Verschmelzung zwischen dem Vorstandsmitglied und der übertragenden eG vereinbart, daß das Vorstandsmitglied nur eine Abfindung in Höhe der bis zur nächstmöglichen Kündigung aufaddierten Gehaltssumme erhält. Auch dieses wird wegen Verzichts auf die Arbeitsleistung und Zahlung „vor Fälligkeit" als **besonderer Vorteil** eingeordnet.

**25** Vorstehendes gilt entsprechend für Vereinbarungen zwischen Vorstandsmitgliedern der übernehmenden eG und der übernehmenden eG sowie für Vereinbarungen von Vorstandsmitgliedern der übertragenden eG mit der übernehmenden eG.

**26** Es müssen Name des Begünstigten sowie die Art des Vorteils angegeben werden. Fraglich ist, ob die Nennung einer konkreten Summe erforderlich ist.

Es empfiehlt sich eine Umschreibung, z. B. „Gehaltsfortzahlung für ... Jahr(e)" oder „Abfindung in Höhe eines Jahresgehalts" oder „das ausscheidende Vorstandsmitglied wird so gestellt, wie wenn der Vertrag ordentlich abgewickelt würde" oder „das Vorstandsmitglied erhält eine Gehaltsfortzahlung bis zum Ausscheiden aufgrund einer ordentlichen Kündigung zum nächstmöglichen Termin."

Zusätzlichen Fragen könnte durch einen Hinweis auf § 34 der Satzung begegnet werden. Nach dieser Vorschrift darf die Auskunft verweigert werden, soweit es sich um arbeitsvertragliche Vereinbarungen mit Vorstandsmitgliedern oder Mitarbeiter der eG handelt. Allerdings kann nicht ausgeschlossen werden, daß wegen der verweigerten Angabe der konkreten Summe eine Anfechtungsklage erhoben wird.

Zu den Sondervorteilen des Abs. 1 Ziff. 8 an die dort genannten Personen zählen generell Vermögensrechte, Abfindungszahlungen, Tantiemen und überhöhte Vergütungen. **27**

Übliche Honorare für das Prüfungsgutachten werden nicht offengelegt. Gleiches gilt für Sondervorteile an nicht in Ziff. 8 genannten Personen, Berater, Sachverständige (*Lutter*, UmwG, § 5 Rdn. 37).

Ein Verstoß gegen die Offenlegung von Sondervorteilen führt zur Unwirksamkeit der Zusage, da diese Vorschrift dem Schutz der Gläubiger und Minderheitsgesellschafter dient (*Grunewald*, in: Geßler u. a., § 340 AktG Rdn. 7; *Bermel/Hannappel*, UmwG, § 5 Rdn. 64; *Goutier/Knopf/Tulloch*, UmwG, § 3 Rdn. 64). **28**

Zur Erfüllung der die Arbeitnehmer treffenden Folgen (Abs. 1 Ziff. 8) genügt die Angabe, daß die übernehmende eG als Arbeitgeber im Wege der Gesamtrechtsnachfolge in die bestehenden Arbeitsverhältnisse eintritt. Zusätzlich ist zu erwähnen, daß der Betriebsrat der übertragenden eG mit Eintragung der Verschmelzung erlischt und der Betriebsrat der übernehmenden eG ab diesem Zeitpunkt bis auf weiteres die Rechte nach dem BetrVG auch für die Arbeitnehmer der übertragenden eG wahrnimmt (s. auch Rdn. 38). **29**

Sollten sich weitere Folgen (Nachteile, aber auch Vorteile!) für die Arbeitnehmer ergeben (z. B. Personalabbau, Versetzungen) sind diese ebenfalls anzugeben.

Im übrigen gelten nach § 324 UmwG die Vorschriften des § 613 a BGB. Damit werden die Arbeitnehmer sowohl durch den Grundsatz der Gesamtrechtsnachfolge als auch durch § 613 a Abs. 1 und 4 BGB geschützt (hierzu *Lutter*, UmwG, § 5 Rdn. 41 ff; *Ohlmeyer/Kuhn/Philipowski*, Abschn. VI. 3 insbesond. zur (Nicht-)Weitergeltung von Tarifverträgen und Betriebsvereinbarungen; vgl. auch § 20 Rdn. 17).

Nach Abs. 3 ist der Verschmelzungsvertrag oder sein Entwurf spätestens 1 Monat vor der GV dem **Betriebsrat** dieser eG zuzuleiten. Die Nichtbeachtung dieser Frist löst eine Registersperre aus. Aus Gründen der Rechtssicherheit sollte diese Mitteilung dokumentiert werden (durch Quittung des Betriebsratsvorsitzenden). Denkbar ist auch die Vorlage des Übersendungsschreibens (so die Amtliche Begründung des Registerentwurfs zu § 5 Abs. 3 UmwG) oder Dokumentation, welche Person dem Betriebsrat die schriftliche Information ausgehändigt hat. Auch kommt eine eidesstattliche Versicherung in Betracht. **30**

Zusätzlich empfiehlt sich eine nach § 111 Satz 1 **BetrVG** notwendige rechtzeitige schriftliche Information des Betriebsrats über die **geplante** Verschmelzung. Diese nach dem BetrVG notwendige Information wird **31** zeitlich früher liegen. Sie soll den Betriebsrat in die Lage versetzen, seine Gesichtspunkte miteinzubringen, bevor der Verschmelzungsvertrag wirksam wird. Deshalb sollte diese Information möglichst frühzeitig erfolgen.

**32** Nach dem Betriebsverfassungsgesetz vom 15. 1. 1972 steht dem Betriebsrat bei Verschmelzungen ein **Mitwirkungsrecht** (§§ 111–113 BetrVG) zu. Im einzelnen gilt folgendes:

**33** Die Verschmelzung von eG gehört zu den mitbestimmungspflichtigen **Betriebsänderungen**. Gemäß § 111 BetrVG hat die eG in Betrieben mit in der Regel mehr als 20 wahlberechtigten Arbeitnehmern den Betriebsrat über geplante Betriebsänderungen, die wesentliche Nachteile für die Belegschaft oder erhebliche Teile der Belegschaft zur Folge haben können, rechtzeitig und umfassend zu unterrichten und die geplanten Betriebsänderungen mit dem Betriebsrat zu beraten. Die Schließung einer Zweigstelle in Zusammenhang mit der Fusion von eG wird regelmäßig den Sachverhalt der Einschränkung oder Stillegung von wesentlichen Betriebsteilen darstellen.

**34** Eine Betriebsänderung i. S. v. § 111 BetrVG ist nur dann mitbestimmungspflichtig, wenn sie **wesentliche Nachteile** für die Belegschaft oder erhebliche Teile von ihr zur Folge haben kann. In Betracht kommen Entlasssungen, Versetzungen auf einen anderen Arbeitsplatz mit geringerem Entgelt oder an einen anderen Ort. Damit verbunden können sein längere Anfahrtswege, erhöhte Kosten für Fahrten zur Arbeitsstelle, Kosten für doppelte Haushaltsführung usw.

**35** Ein Mitbestimmungsrecht besteht nur in Betrieben mit in der Regel **mehr als 20** wahlberechtigten Arbeitnehmern. Dies sind alle regelmäßig beschäftigten Arbeitnehmer, die das 18. Lebensjahr vollendet haben, mit Ausnahme der leitenden Angestellten. Hierzu zählen dazu auch Teilzeitbeschäftigte wie z. B. Raumpflegerinnen usw.

**36** Die Regelungen des BetrVG bezwecken einen **Interessenausgleich** bei Betriebsänderungen. § 112 Abs. 1 Satz 1 BetrVG geht zunächst davon aus, daß Unternehmer und Betriebsrat sich über die geplante Betriebsänderung einigen. Kommt diese Einigung nicht zustande, so können beide Seiten den Präsidenten des Landesarbeitsamtes um Vermittlung ersuchen. Scheitert auch diese Vermittlung, so kann die Einigungsstelle angerufen werden. Sie besteht gemäß § 76 BetrVG aus einem unparteiischen Vorsitzenden, auf den sich Arbeitgeber und Betriebsrat einigen müssen, und aus einer gleichen Anzahl von Beisitzern, die vom Arbeitgeber und Betriebsrat bestellt werden. Bei Nichteinigung über den Vorsitzenden oder über die Beisitzer entscheidet das örtlich zuständige Arbeitsgericht auf Antrag eines Beteiligten. Die Entscheidung der Einigungsstelle ist nicht verbindlich, soweit es sich um die unternehmerische Entscheidung der Fusion handelt. Der Betriebsrat kann also eine geplante Fusion nicht verhindern.

Gemäß § 113 BetrVG ist der Unternehmer allerdings verpflichtet, bei Durchführung der Betriebsänderung, über die eine Einigung mit dem Betriebsrat nicht zustande gekommen ist, Nachteile der Arbeitnehmer weitgehend auszugleichen.

Gemäß § 112 BetrVG erstreckt sich das Mitbestimmungsrecht des Betriebsrates auf die Aufstellung eines sogenannten **Sozialplans.** Darunter ist die Einigung über den Ausgleich oder die Milderung der wirtschaftlichen Nachteile, die den Arbeitnehmern infolge der geplanten Betriebsänderung entstehen, zu verstehen. Der Sozialplan dient dem Schutz der Arbeitnehmer auf sozialem und personellem Gebiet. **37**

Auch über den Sozialplan soll nach dem Gesetz zunächst eine innerbetriebliche Einigung zwischen Unternehmen und Betriebsrat versucht werden. Als nächste Stufe kann auch hier der Präsident des Landesarbeitsamtes um Vermittlung ersucht werden. Schließlich können beide Seiten die Einigungsstelle anrufen. Der Spruch der Einigungsstelle über den Sozialplan ist verbindlich.

Der endgültig aufgestellte Sozialplan hat gemäß § 112 Abs. 1 BetrVG die Wirkung einer Betriebsvereinbarung. Er gilt somit unmittelbar und zwingend für die von ihm erfaßten Arbeitnehmer. Auf ihre Rechte aus dem Sozialplan können Arbeitnehmer nur mit Zustimmung des Betriebsrates verzichten. Im Sozialplan können z. B. auch zusätzlicher Urlaub, besondere Lohnzuschläge, verlängerte Kündigungsfristen usw. vereinbart werden.

Nach **vollzogener Fusion** von eG besteht der Betriebsrat der übernehmenden eG weiter; der Betriebsrat der übertragenden eG besteht demgegenüber nur dann fort, wenn diese eG als selbständiger Betrieb im Sinne von § 4 BetrVG fortgeführt wird. Dies ist z. B. dann der Fall, wenn die übertragende eG räumlich weit entfernt ist oder sich bei ihr betriebsorganisatorisch keine Änderungen ergeben, so daß die betriebliche Selbständigkeit gewahrt bleibt. **38**

Falls beide Betriebsräte weiter bestehen bleiben, ist gemäß § 47 BetrVG ein Gesamtbetriebsrat zu bilden, der für Angelegenheiten, die das Gesamtunternehmen betreffen, zuständig ist. Im Falle der Verschmelzung durch Neubildung gemäß § 96 UmwG gelten diese Gesichtspunkte entsprechend. **39**

### Zusatzvereinbarungen

In den **Zusatzvereinbarungen** kann alles geregelt werden, was nicht notwendiger Inhalt des Verschmelzungsvertrags ist. Soweit der Inhalt der Zusatzvereinbarungen wesentlich, d. h. entscheidungserheblich ist, müssen die GV über ihn beschließen (vgl. BGH, DB 1982, 421 ff zum ähnlich gelagerten Problem der Vermögensübertragung nach § 361 AktG). Auch sind sie notariell zu beurkunden (Erl. zu § 6 UmwG). In diesem Fall sind sie **40** ebenfalls dem Registergericht einzureichen. In ihnen könnte geregelt werden, obwohl die Aufnahme in den Vertrag zweckmäßiger ist:

- die Fortführung oder Aufhebung einzelner Unternehmensgegenstände (z. B. des Warengeschäfts), insbesondere Festlegung des Tages der Abgabe, Regelungen evtl. erforderlich werdender Beteiligungen
- die Fortführung oder Aufhebung einzelner Zweigstellen
- die Deckung eines bei der übertragenden eG ggfs. vorhandenen Verlustes
- die Verwertung vorhandenen Grundbesitzes der übertragenden eG
- die Zusammensetzung von Vorstand und Aufsichtsrat; ggfs. die Schaffung und Zusammensetzung eines Beirats; die Geschäftsverteilung innerhalb des Vorstands
- vertragliche Beschränkungen der Verfügungsbefugnis des Vorstands der übertragenden eG bis zum Wirksamwerden der Verschmelzung (nach *Ohlmeyer/Philipowski*, Abschn. II. 4. 1 sollten diese aus Sicherheitsgründen in den Verschmelzungsvertrag aufgenommen werden, s. a. Erl. zu Abs. 1 Ziff. 6) können auch im Wege von Einzelvereinbarungen von den Vorständen geschlossen werden. Eine Beschlußfassung durch die GV ist stets erforderlich, soweit der Kernbereich der eG berührt wird (§ 43 GenG Rdn. 10). Die in diesen Zusatzvereinbarungen enthaltenen Verpflichtungen können mittels einer Erfüllungsklage eingeklagt werden (Erl. zu § 7 UmwG; vgl. auch *Meyer/Meulenbergh/Beuthien*, § 93 c Rdn. 10).

**41** Ist es nicht möglich oder nicht zweckmäßig, alle Einzelheiten vertraglich genau festzulegen, z. B. bei der Verschmelzung größerer eG, sollten neben dem Verschmelzungsvertrag **Verschmelzungsgrundsätze** schriftlich vereinbart werden.

**42** Verschmelzungsverträge unter **aufschiebender** Bedingung oder Befristung sind uneingeschränkt zulässig; so kann z. B. im Verschmelzungsvertrag ein späterer Termin vorgesehen werden; die Eintragung der Verschmelzung im Genossenschaftsregister ist erst mit Ablauf der Frist oder Eintritt der Bedingung zulässig (*Müller*, § 93 c Rdn. 7 m. w. N.; dazu ferner *Lutter*, UmwG, § 4 Rdn. 21 m. w. N.). Die Anmeldung sollte aus Gründen der Rechtssicherheit solange zurückgestellt werden. Allerdings ist (wegen der Frist für die Schlußbilanz; § 17 Abs. 2, § 80 Abs. 2 UmwG) darauf zu achten, daß die Anmeldung nicht später als acht Monate nach dem Stichtag erfolgt, auf den die Schlußbilanz aufgestellt worden ist, auch hat die Genehmigung durch die GV vor der Anmeldung zu erfolgen (zum alten Recht OLG Frankfurt, DB 1978, 1585 = BB 1978, 1026 = OLGZ 1978, 385 = Rpfleger 1978, 415, mit Anmerkung *Dietrich*, ZfG 1980, 274; mit Anm. *Schaffland*, Genossenschaftsforum 9/1978, S. 36). Eine **auflösende** Befristung oder Bedingung ist nur wirksam, wenn der Auflösungstermin oder die auflösende Bedingung vor der Eintragung der Verschmelzung im Register der übertragenden eG eintritt, da diese durch Eintragung erlischt (*Müller*, § 93 c Rdn. 6).

Im Falle der **Verschmelzung durch Neugründung** ist weiterer notwendiger Inhalt des Verschmelzungsvertrags die Satzung der neuen eG (§ 37 UmwG). Die Satzung der neuen eG ist durch sämtliche Mitglieder des Vertretungsorgans jedes der übertragenden Rechtsträger aufzustellen und zu unterschreiben (§ 97 Abs. 1 UmwG). **43**

Zur Einklagbarkeit der in dem Verschmelzungsvertrag enthaltenen sonstigen Verpflichtungen (Regelungen über den Ort der GV; Zusammensetzung von Vorstand und Aufsichtsrat; Bestellung hauptamtlicher Vorstandsmitglieder, Geschäftsleiter, Geschäftsführer, Bildung eines Beirats, Regelungen über Bezirksversammlungen; Regelungen über den Zeitpunkt der Fassung der Verschmelzungsbeschlüsse (hierzu Rdn. 7 und Erl. zu § 13 UmwG, vgl. zum alten Recht *Schlarb*, S. 71 ff). **44**

## § 6
## Form des Verschmelzungsvertrags

**Der Verschmelzungsvertrag muß notariell beurkundet werden.**

Die Mitwirkung des Notars war im genossenschaftlichen Bereich im Regelfall lediglich bei Anmeldungen zum Genossenschaftsregister vorgesehen, soweit die Unterschriften der anmeldenden Vorstände notariell beglaubigt werden mußten. Nunmehr sieht § 6 UmwG vor, daß der Verschmelzungsvertrag notariell beurkundet werden muß. Für die Praxis heißt dies, daß der Notar zum vorgesehenen Termin der Unterschriftsleistung geladen wird, beide an der Verschmelzung beteiligten eG die neuesten Auszüge des Genossenschaftsregisters vorliegen haben und die Vorstände sich durch Ausweise legitimieren können, soweit sie dem Notar nicht persönlich bekannt sind. **1**

Da gem. § 13 BeurkG die Niederschrift in Gegenwart des Notars den Beteiligten vorgelesen wird und den Notar gem. §§ 17 ff BeurkG auch Prüfungs- und Belehrungspflichten treffen, ist zu empfehlen, dem Notar bereits vorab den Verschmelzungsvertrag zukommen zu lassen, damit es bei der Unterzeichnung nicht zu unerwarteten Verzögerungen kommt. **2**

Hinsichtlich oftmals üblicher **Zusatzvereinbarungen** (hierzu § 5 UmwG Rdn. 40) ist davon auszugehen, daß sie ebenfalls der notariellen Beurkundung bedürfen. Deshalb sollten sie im Zweifel – auch unter Kostengesichtspunkten – nicht mehr geschlossen werden, es sei denn, sie enthalten lediglich Ausführungsregelungen ohne materiell-rechtlichen **3**

Inhalt, z. B. eine Vereinbarung hinsichtlich der Besetzung der Organe, der Festlegung des Ortes der GV.

**4** Eine Beurkundung des Verschmelzungsvertrags im Ausland ist bei Gleichwertigkeit zulässig (LG Köln, DB 1989, 2014; *Grunewald*, in: Geßler u. a. AktG, § 341 Rdn. 3; *Kraft*, in: Kölner Kommentar, AktG, § 341 Rdn. 7). Eine Beurkundung in der Schweiz ist regelmäßig gleichwertig (BGHZ 80, 76; BGH, ZIP 1989, 1051; OLG Frankfurt DB 1981, 1456; LG Köln DB 1989, 2014; *Bermel*, UmwG, § 6 Rdn. 6). Gleiches dürfte für Beurkundungen in Österreich gelten (vgl. Urteil des OGH über die notarielle Beurkundung der Abtretung eines GmbH-Anteils in Deutschland, die in Österreich akzeptiert wurde: OGH, RdW 1989, 191; vgl. auch BayObLG, NJW 1978, 500; *Wagner*, DNotZ 1982, 205 ff; zu Auslandsbeurkundungen im übrigen *Lutter*, UmwG, § 6 Rdn. 8; *Schaffland*, DB 1997, 863).

**5** Für den **Verschmelzungsvertrag** wird gem. § 36 Abs. 2 KostO das Doppelte der vollen Gebühr erhoben, und zwar auch dann, wenn der Vertrag dem Notar vorgefertigt vorgelegt wird. Der Geschäftswert, nach dem sich die Gebühr errechnet, ergibt sich bei Verschmelzungen aus § 39 Abs. 1 S. 1 KostO. Üblicherweise werden (bei Produktions-, Handels- und Dienstleistungsunternehmen) für die Berechnung des Geschäftswerts die Aktiva der übertragenden eG ohne Berücksichtigung der Passiva mit Ausnahme von Wertberichtigungen und eines Verlustvortrags in der Schlußbilanz zugrunde gelegt (BayObLG, DB 1997, 88 = ZIP 1997, 74). Es erscheint nicht sachgerecht, auch bei Banken hinsichtlich des Geschäftswerts auf diese Definition abzustellen. Bei Banken (hierzu *Schaffland*, DB 1997, 863) ist deshalb auf das bilanzielle Eigenkapital – ggfs. unter Berücksichtigung von stiller Vorsorgereserven – abzustellen. Ab Juni 1997 ist die Gebühr maximal begrenzt; sie errechnet sich gem. § 39 Abs. 4 des Entwurfs aus einer Bilanzsumme von höchstens 10 Mio. DM, was eine Kostenbelastung von maximal 30 200 DM ergibt.

## § 7
## Kündigung des Verschmelzungsvertrags

**Ist der Verschmelzungsvertrag unter einer Bedingung geschlossen worden und ist diese binnen fünf Jahren nach Abschluß des Vertrags nicht eingetreten, so kann jeder Teil den Vertrag nach fünf Jahren mit halbjähriger Frist kündigen; im Verschmelzungsvertrag kann eine kürzere Zeit als fünf Jahre vereinbart werden. Die Kündigung kann stets nur für den Schluß des Geschäftsjahres des Rechtsträgers, demgegenüber sie erklärt wird, ausgesprochen werden.**

**1** § 7 UmwG regelt den Fall, daß einer oder beide beteiligten Rechtsträger zum gegenwärtigen Zeitpunkt Bedenken (z. B. wegen der gegenwärtigen

Vermögenslage des anderen Rechtsträgers) gegen die Verschmelzung haben.

Neben dem gesetzlichen Kündigungsrecht des § 7 UmwG können im Verschmelzungsvertrag weitere Kündigungsgründe vereinbart werden. Auch gelten §§ 325, 326 BGB sowie der Grundsatz des Wegfalls der Geschäftsgrundlage (§ 242 BGB). **2**

Wegen einer Anfechtungsklage gegen den Verschmelzungsbeschluß siehe Erl. zu §§ 14, 28 bzw. 32 UmwG; wegen der Geltendmachung von Schadensersatzansprüchen siehe Erl. zu § 26 UmwG. **3**

## § 8
## Verschmelzungsbericht

**(1) Die Vertretungsorgane jedes der an der Verschmelzung beteiligten Rechtsträger haben einen ausführlichen schriftlichen Bericht zu erstatten, in dem die Verschmelzung, der Verschmelzungsvertrag oder sein Entwurf im einzelnen und insbesondere das Umtauschverhältnis der Anteile oder die Angaben über die Mitgliedschaft bei dem übernehmenden Rechtsträger sowie die Höhe einer anzubietenden Barabfindung rechtlich und wirtschaftlich erläutert und begründet werden (Verschmelzungsbericht); der Bericht kann von den Vertretungsorganen auch gemeinsam erstattet werden. Auf besondere Schwierigkeiten bei der Bewertung der Rechtsträger sowie auf die Folgen für die Beteiligung der Anteilsinhaber ist hinzuweisen. Ist ein an der Verschmelzung beteiligter Rechtsträger ein verbundenes Unternehmen im Sinne des § 15 des Aktiengesetzes, so sind in dem Bericht auch Angaben über alle für die Verschmelzung wesentlichen Angelegenheiten der anderen verbundenen Unternehmen zu machen. Auskunftspflichten der Vertretungsorgane erstrecken sich auch auf diese Angelegenheiten.**

**(2) In den Bericht brauchen Tatsachen nicht aufgenommen zu werden, deren Bekanntwerden geeignet ist, einem der beteiligten Rechtsträger oder einem verbundenen Unternehmen einen nicht unerheblichen Nachteil zuzufügen. In diesem Falle sind in dem Bericht die Gründe, aus denen die Tatsachen nicht aufgenommen worden sind, darzulegen.**

**(3) Der Bericht ist nicht erforderlich, wenn alle Anteilsinhaber aller beteiligten Rechtsträger auf seine Erstattung verzichten oder sich alle Anteile des übertragenden Rechtsträgers in der Hand des übernehmenden Rechtsträgers befinden. Die Verzichtserklärungen sind notariell zu beurkunden.**

Der Verschmelzungsbericht dient der Erfüllung des Informationsbedürfnisses der Mitglieder. Auch ist er mittelbare Grundlage für die Durchführung der Verschmelzungsprüfung. **1**

**2** Normadressat ist der Vorstand. Der Bericht muß von allen Vorstandsmitgliedern unterzeichnet werden (*Dehmer*, UmwG, § 8 Rdn. 5). Eine Vertretung ist unzulässig (*Dehmer*, ebd. unter Hinweis auf die aktienrechtliche Kommentarliteratur).

**3** Es empfiehlt sich, von der Möglichkeit des gemeinsamen Berichts (Abs. 1 Satz 1 letzter Halbsatz) Gebrauch zu machen, da die rechtlichen und wirtschaftlichen Erläuterungen die rechtlichen und wirtschaftlichen Verhältnisse des anderen Rechtsträgers berücksichtigen werden.

**4** Soweit der Bericht sich auf die rechtlichen und wirtschaftlichen Erläuterungen und Begründungen zur **Verschmelzung** bezieht, ist darzulegen, warum die Verschmelzung der Erfüllung des Unternehmenszwecks dienlich ist. Hingewiesen werden könnte auf Synergieeffekte, Gewährleistung der Wettbewerbsfähigkeit, Förderung der Mitglieder unter Berücksichtigung ihrer steigenden Bedürfnisse, steuerliche Vorteile etc.

**5** Zu den rechtlichen und wirtschaftlichen Erläuterungen des Verschmelzungsvertrags gehört die Darlegung der Rechtsfolgen der Verschmelzung (Gesamtrechtsnachfolge, Höhe des Geschäftsanteils und der Haftsumme, künftige Firma, notwendig werdende Satzungsänderungen, ggfs. Zusammensetzung von Vorstand und Aufsichtsrat etc.). Die **wirtschaftlichen** Erläuterungen sollten sich orientieren am Inhalt des § 5 Abs. 1 und §§ 21 ff UmwG.

**6** Des weiteren sind Erläuterungen zum Umtauschverhältnis zu geben. Bei Verschmelzung von eG sollten sich diese Angaben am Wortlaut des § 87 UmwG orientieren.

**7** Abs. 2 berücksichtigt das Geheimhaltungsinteresse der Rechtsträger, die im Wettbewerb mit anderen Unternehmen stehen. Diese sollen nicht durch den Verschmelzungsbericht Einblick in die Zukunftsplanungen bekommen. Es gelten die zu § 131 Abs. 3 Satz 1 AktG entwickelten Grundsätze. Im Einzelfall kann davon Abstand genommen werden (auch bei Fragen in der GV), über steuerliche Wertansätze und Höhe einzelner Steuern, über stille Rücklagen zu berichten. Allerdings ist unter dem Gesichtspunkt der Transparenz konkret zu erklären, warum von einer Aufnahme in den Bericht Abstand genommen wurde (Abs. 2 Satz 2).

**8** Der Verschmelzungsbericht ist dann nicht erforderlich, wenn alle Anteilsinhaber der beteiligten Rechtsträger auf ihn verzichten; die Verzichtserklärung muß notariell beurkundet werden; dieses kann nicht abbedungen werden. Bei Verschmelzung einer 100%igen Tochter auf die eG ist ein Bericht nicht erforderlich, naturgemäß auch keine Verzichtserklärung.

**9** Ein mangelhafter Bericht kann eine Klage nach § 14 UmwG bzw. § 51 GenG zur Folge haben.

§ 9
Prüfung der Verschmelzung

**(1) Soweit in diesem Gesetz vorgeschrieben, ist der Verschmelzungsvertrag oder sein Entwurf durch einen oder mehrere sachverständige Prüfer (Verschmelzungsprüfer) zu prüfen.**

**(2) Befinden sich alle Anteile eines übertragenden Rechtsträgers in der Hand des übernehmenden Rechtsträgers, so ist eine Verschmelzungsprüfung nach Absatz 1 nicht erforderlich, soweit sie die Aufnahme dieses Rechtsträgers betrifft.**

**(3) § 8 Abs. 3 ist entsprechend anzuwenden.**

Gilt nicht bei eG wegen § 81 UmwG.

§ 10
Bestellung der Verschmelzungsprüfer

**(1) Die Verschmelzungsprüfer werden von dem Vertretungsorgan oder auf dessen Antrag vom Gericht bestellt. Sie können für mehrere oder alle beteiligten Rechtsträger gemeinsam bestellt werden. Für den Ersatz von Auslagen und für die Vergütung der vom Gericht bestellten Prüfer gilt § 318 Abs. 5 des Handelsgesetzbuchs.**

**(2) Zuständig ist jedes Landgericht, in dessen Bezirk ein übertragender Rechtsträger seinen Sitz hat. Ist bei dem Landgericht eine Kammer für Handelssachen gebildet, so entscheidet deren Vorsitzender an Stelle der Zivilkammer.**

**(3) § 306 Abs. 3, § 307 Abs. 1 sowie § 309 gelten entsprechend.**

Gilt nicht bei eG wegen § 81 UmwG.

§ 11
Stellung und Verantwortlichkeit der Verschmelzungsprüfer

**(1) Für die Auswahl und das Auskunftsrecht der Verschmelzungsprüfer gelten § 319 Abs. 1 bis 3, § 320 Abs. 1 Satz 2 und Absatz 2 Satz 1 und 2 des Handelsgesetzbuchs entsprechend. Soweit Rechtsträger betroffen sind, für die keine Pflicht zur Prüfung des Jahresabschlusses besteht, gilt Satz 1 entsprechend. Dabei findet § 267 Abs. 1 bis 3 des Handelsgesetzbuchs für die Umschreibung der Größenklassen entsprechende Anwendung. Das Auskunftsrecht besteht gegenüber allen an der Verschmelzung beteiligten Rechtsträgern und gegenüber einem Konzernunternehmen sowie einem abhängigen und einem herrschenden Unternehmen.**

(2) Für die Verantwortlichkeit der Verschmelzungsprüfer, ihrer Gehilfen und der bei der Prüfung mitwirkenden gesetzlichen Vertreter einer Prüfungsgesellschaft gilt § 323 des Handelsgesetzbuchs entsprechend. Die Verantwortlichkeit besteht gegenüber den an der Verschmelzung beteiligten Rechtsträgern und deren Anteilsinhabern.

Gilt nicht bei eG wegen § 81 UmwG.

## § 12
## Prüfungsbericht

(1) Die Verschmelzungsprüfer haben über das Ergebnis der Prüfung schriftlich zu berichten. Der Prüfungsbericht kann auch gemeinsam erstattet werden.

(2) Der Prüfungsbericht ist mit einer Erklärung darüber abzuschließen, ob das vorgeschlagene Umtauschverhältnis der Anteile, gegebenenfalls die Höhe der baren Zuzahlung oder die Mitgliedschaft bei dem übernehmenden Rechtsträger als Gegenwart angemessen ist. Dabei ist anzugeben,

1. nach welchen Methoden das vorgeschlagene Umtauschverhältnis ermittelt worden ist;
2. aus welchen Gründen die Anwendung dieser Methoden angemessen ist;
3. welches Umtauschverhältnis oder welcher Gegenwert sich bei der Anwendung verschiedener Methoden, sofern mehrere angewandt worden sind, jeweils ergeben würde; zugleich ist darzulegen, welches Gewicht den verschiedenen Methoden bei der Bestimmung des vorgeschlagenen Umtauschverhältnisses oder des Gegenwerts und der ihnen zugrundeliegenden Werte beigemessen worden ist und welche besonderen Schwierigkeiten bei der Bewertung der Rechtsträger aufgetreten sind.

(3) § 8 Abs. 2 und 3 ist entsprechend anzuwenden.

Gilt nicht bei eG wegen § 81 UmwG.

## § 13
## Beschlüsse über den Verschmelzungsvertrag

(1) Der Verschmelzungsvertrag wird nur wirksam, wenn die Anteilsinhaber der beteiligten Rechtsträger ihm durch Beschluß (Verschmelzungsbeschluß) zustimmen. Der Beschluß kann nur in einer Versammlung der Anteilsinhaber gefaßt werden.

**(2) Ist die Abtretung der Anteile eines übertragenden Rechtsträgers von der Genehmigung bestimmter einzelner Anteilsinhaber abhängig, so bedarf der Verschmelzungsbeschluß dieses Rechtsträgers zu seiner Wirksamkeit ihrer Zustimmung.**

**(3) Der Verschmelzungsbeschluß und die nach diesem Gesetz erforderlichen Zustimmungserklärungen einzelner Anteilsinhaber einschließlich der erforderlichen Zustimmungserklärungen nicht erschienener Anteilsinhaber müssen notariell beurkundet werden. Der Vertrag oder sein Entwurf ist dem Beschluß als Anlage beizufügen. Auf Verlangen hat der Rechtsträger jedem Anteilsinhaber auf dessen Kosten unverzüglich eine Abschrift des Vertrages oder seines Entwurfs und der Niederschrift des Beschlusses zu erteilen.**

**Beschlußfassung der Generalversammlung**

Mit Rücksicht auf das Wesen der eG als Personengemeinschaft und die daraus resultierenden persönlichen Bindungen der Mitglieder entscheidet die GV/VV über die Verschmelzung. Der Grundsatz der eigenverantwortlichen Leitung der eG durch den Vorstand (§ 27 Abs. 1 Satz 1) ist insoweit auch mit Wirkung gegen Dritte eingeschränkt; § 27 Abs. 2 gilt nicht. Der Verschmelzungsvertrag ist schwebend unwirksam, wenn zwar die Vorstände den Vertrag geschlossen, jedoch noch die GV-Beschlüsse oder nur ein GV-Beschluß fehlen. **1**

Die GV kann ihre **Zuständigkeit** nicht auf andere Organe der eG oder gar auf Stellen außerhalb der eG übertragen. Ein Ermächtigungsbeschluß einer GV, der es der Entschließung des Vorstands überläßt, ob ein Verschmelzungsvertrag geschlossen werden soll, verstößt deshalb gegen das Gesetz und ist nichtig (RG, BlfG 1938, 260 für AG). Dagegen bestehen keine Bedenken, wenn der Beschluß der GV lediglich den Rahmen unter Regelung der rechtlich und wirtschaftlich bedeutsamsten Punkte festlegt und die inhaltliche Ausgestaltung der Verschmelzung im voraus dem Vorstand überläßt (kritisch hierzu *Schlarb*, S. 25; *Meyer/Meulenbergh/Beuthien*, § 93 b Rdn. 4; wie hier *Riebandt-Korfmacher*, Form. 2.431 Anm. 3c). Um Schwierigkeiten zu vermeiden, sollten vorab die GV nur eine Verschmelzungsabsicht beschließen; die Vorstände sollten sodann den Verschmelzungsvertrag aushandeln; die GV-Beschlüsse sollten erst danach gefaßt werden (so auch *Schubert/Steder*, § 93 b und c Rdn. 2, *Schlarb*, S. 24; vgl. auch die nachfolgenden Erl.) **2**

Die GV muß in verbindlicher Form und nachvollziehbar über alle wesentlichen Umstände der beabsichtigten Verschmelzung unterrichtet sein. Zur Beschlußfassung in der GV steht üblicherweise der vom Vorstand geschlossene **Verschmelzungsvertrag** (§ 4 UmwG). Auch Zusatzvereinbarungen bedürfen grundsätzlich der Beschlußfassung durch die GV, jeden- **3** falls soweit nicht nur unwesentliche Regelungen in ihnen enthalten sind. Der Vertrag sollte vorgetragen, erläutert, begründet und zur Beschlußfassung unterbreitet werden (*Schubert/Steder*, § 93 b und c Rdn. 6). Wenn dafür Sorge getragen wird, daß eine Unterrichtung auf andere Weise zuverlässig geschieht und dies dokumentiert wird, bedarf es nicht der formalen Vorlage der Verträge.

**4** Verpflichtet sich die übernehmende eG im Verschmelzungsvertrag, bestimmte Satzungsänderungen vorzunehmen, so werden mit dem Verschmelzungsbeschluß gleichzeitig diese Satzungsänderungen beschlossen, sofern die konkrete Formulierung im Verschmelzungsvertrag enthalten war (hierzu *Meyer/Meulenbergh/Beuthien*, § 93 b Rdn. 3).

**5** Sind Zweifelsfragen nur bei einer der beteiligten eG zu klären, sollte die GV dieser eG zuerst durchgeführt werden.

**6** In ein und derselben GV kann der Vertrag wiederholt (vgl. hierzu § 43 GenG Rdn. 83 f) zur Aussprache und Abstimmung gestellt werden, bis der Versammlungsleiter abschließend das Ergebnis der Abstimmung bekannt gibt (zur Beschlußfassung selbst vgl. Rdn. 12). Allerdings muß stets gewährleistet werden, daß Mitglieder die Versammlung nicht verlassen im Vertrauen darauf, daß dieser Tagesordnungspunkt endgültig erledigt sei. Ein Verstoß hiergegen berechtigt zur Anfechtung nach § 51, die Eintragung kann im Wege einer einstweiligen Anordnung verhindert werden (vgl. im einzelnen Erl. zu § 51). Da die Beschlußfassung der GV, wenn sie nach Unterzeichnung des Verschmelzungsvertrags erfolgt, nur bedingt den Charakter einer Genehmigung hat, kann derselbe Verschmelzungsvertrag auch nach Verweigerung in einer späteren GV zur Beschlußfassung gestellt werden (dies verkennt *Meyer/Meulenbergh/Beuthien*, § 93 d Rdn. 7, wenn dort ausgeführt wird, daß der Verschmelzungsvertrag endgültig unwirksam wird, sobald die GV die Genehmigung verweigert).

**7** Liegt ein **Verschmelzungsbeschluß** vor, so ist der Vorstand im Innenverhältnis gegenüber seiner eG verpflichtet, die für die Herbeiführung der Verschmelzung erforderlichen Maßnahmen zu ergreifen, z. B. den Verschmelzungsvertrag abzuschließen, sofern dies noch nicht geschehen ist, das Gutachten des Prüfungsverbands anzufordern, die Verschmelzung zur Eintragung anzumelden (*Schlarb*, S. 41, 42, 46 jeweils m. w. N.; *Müller*, § 93 b Rdn. 14). Der Verschmelzungsbeschluß kann nicht dem Vorstand die Entscheidung überlassen, ob die Verschmelzung durchgeführt werden soll oder nicht (Rdn. 2).

**8** Ein **Widerruf** des Verschmelzungsbeschlusses ist grundsätzlich nicht möglich, wenn der Verschmelzungsvertrag bereits von beiden Seiten **unterzeichnet** ist; die eG ist grundsätzlich an ihren Verschmelzungsbeschluß gebunden (so im Ergebnis auch *Meyer/Meulenbergh/Beuthien*, § 93 b Rdn. 7, der allerdings nicht auf § 145 BGB abstellt, sondern dies aus §§ 184

Abs. 1, 182 Abs. 1 BGB herleitet). Die Erklärungen der einen eG (GV-Beschluß und Unterzeichnung) erlöschen jedoch analog § 147 Abs. 2 BGB nach Ablauf der Zeit, in der sie mit einem Verschmelzungsbeschluß der anderen eG rechnen darf. An diese zeitliche Begrenzung sind jedoch strenge Anforderungen zu richten im Hinblick auf die Bedeutung der Entscheidung und den Vertrauensgrundsatz; keine Bedenken, wenn die Behandlung in der nächsten GV aus sachlich gerechtfertigten Gründen vertagt wird.

Auch kann die eG der anderen eG eine angemessene **Frist zur Äußerung** setzen (*Müller*, § 93 b Rdn. 18; *Riebandt-Korfmacher*, Form. 2.431, Anm. 31–37). Ist hingegen von den eG ein Verschmelzungsvertrag unterzeichnet worden, der erst nach längerer Zeit (z. B. 5 Jahren) wirksam werden soll und hat die übertragende eG beschlossen, sich an diesen Vertrag 5 Jahre lang gebunden zu fühlen (weil die übernehmende eG wegen der gegenwärtigen Vermögenslage Bedenken gegen die Verschmelzung hat), so ist die übertragende eG grundsätzlich – in den Grenzen des § 242 BGB – an ihren Verschmelzungsbeschluß gebunden. **9**

Ist der Verschmelzungsvertrag von den Vorständen noch **nicht unterzeichnet** worden – was der Ausnahmefall sein dürfte –, kann die GV den Verschmelzungsbeschluß widerrufen, da im Außenverhältnis noch keine Bindungswirkung eingetreten ist. Der Widerruf bedarf ebenfalls einer Mehrheit von mindestens 3/4 der abgegebenen Stimmen; evtl. Satzungsregelungen hinsichtlich des Verschmelzungsbeschlusses sind zu beachten. **10**

Ist der Verschmelzungsvertrag **unterzeichnet und** haben beide GV die Verschmelzung **beschlossen**, kann der Vollzug der Verschmelzung (z. B. Anmeldung der Verschmelzung, Erstellung der Schlußbilanz) durch die andere eG im Klagewege erzwungen werden (so *Bermel* in Goutier/Tulloch/Knopf, UmwG, § 7 Rdn. 16 ff). Die Aktivlegitimation der **Klage** liegt nur bei der eG, da die Verschmelzung kein Vertrag zugunsten der Mitglieder ist, der diesen einen eigenen Erfüllungsanspruch gibt; durch den Vertrag werden nur Rechte für die eG als solche begründet. Für das Verfahren s. § 39 Abs. 1: Beschluß der GV, Vertretung durch den Aufsichtsrat. Die Erklärung gilt gemäß § 894 ZPO mit Rechtskraft des Urteils als abgegeben. Die erforderlichen Urkunden, insbesondere die öffentlich beglaubigte Abschrift des Verschmelzungsbeschlusses kann die vollstreckende eG nach §§ 896, 792 ZPO erlangen; verweigert die übertragende eG die Herausgabe der erforderlichen Schlußbilanz, so kann diese nach § 888 ZPO erzwungen werden (*Schlarb*, S. 70). **11**

Der Verschmelzungsbeschluß bedarf ebenfalls der notariellen Beurkundung. Hier ist durch § 47 KostO eine Obergrenze gesetzt, derzufolge zwar das Doppelte der vollen Gebühr erhoben wird, die Gebühr jedoch in keinem Falle mehr als DM 10 000 betragen darf. Die Gebühr errechnet sich **12** nach dem Geschäftswert unter Berücksichtigung der Ausführungen zum Verschmelzungsvertrag (§ 6 UmwG Rdn. 5).

## § 14
## Befristung und Ausschluß von Klagen gegen den Verschmelzungsbeschluß

**(1) Eine Klage gegen die Wirksamkeit eines Verschmelzungsbeschlusses muß binnen eines Monats nach der Beschlußfassung erhoben werden.**

**(2) Eine Klage gegen die Wirksamkeit des Verschmelzungsbeschlusses eines übertragenden Rechtsträgers kann nicht darauf gestützt werden, daß das Umtauschverhältnis der Anteile zu niedrig bemessen ist oder daß die Mitgliedschaft bei dem übernehmenden Rechtsträger kein ausreichender Gegenwert für die Anteile oder die Mitgliedschaft bei dem übertragenden Rechtsträger ist.**

Abs. 1 enthält lediglich eine Fristregelung. Materiell-rechtliche Regelungen zur Frage, in welchem Fall gegen den Verschmelzungsbeschluß geklagt werden kann, enthält § 14 UmwG nicht. Die Vorschrift ist insbesondere für die Rechtsformen gedacht, die keine Anfechtungsfristen kennen. Für die eG gilt § 51 GenG (vgl. die dortigen Erl.). Insbesondere ist Klagevoraussetzung, daß von erschienenen Mitgliedern in der GV Widerspruch zu Protokoll erklärt worden ist.

## § 15
## Verbesserung des Umtauschverhältnisses

**(1) Ist das Umtauschverhältnis der Anteile zu niedrig bemessen oder ist die Mitgliedschaft bei dem übernehmenden Rechtsträger kein ausreichender Gegenwert für den Anteil oder die Mitgliedschaft bei einem übertragenden Rechtsträger, so kann jeder Anteilsinhaber dieses übertragenden Rechtsträgers, dessen Recht, gegen die Wirksamkeit des Verschmelzungsbeschlusses Klage zu erheben, nach § 14 Abs. 2 ausgeschlossen ist, von dem übernehmenden Rechtsträger einen Ausgleich durch bare Zuzahlung verlangen; die Zuzahlungen können den zehnten Teil des Gesamtnennbetrages der gewährten Anteile übersteigen.**

**(2) Die bare Zuzahlung ist nach Ablauf des Tages, an dem die Eintragung der Verschmelzung in das Register des Sitzes des übernehmenden Rechtsträgers nach § 19 Abs. 3 als bekanntgemacht gilt, mit jährlich zwei vom Hundert über dem jeweiligen Diskontsatz der Deutschen**

**Bundesbank zu verzinsen. Die Geltendmachung eines weiteren Schadens ist nicht ausgeschlossen.**

Siehe insoweit die Erl. zu der Sondervorschrift des § 85.

**§ 16**
**Anmeldung der Verschmelzung**

**(1) Die Vertretungsorgane jedes der an der Verschmelzung beteiligten Rechtsträgers haben die Verschmelzung zur Eintragung in das Register (Handelsregister, Genossenschaftsregister oder Vereinsregister) des Sitzes ihres Rechtsträgers anzumelden. Das Vertretungsorgan des übernehmenden Rechtsträgers ist berechtigt, die Verschmelzung auch zur Eintragung in das Register des Sitzes der übertragenden Rechtsträger anzumelden.**

**(2) Bei der Anmeldung haben die Vertretungsorgane zu erklären, daß eine Klage gegen die Wirksamkeit eines Verschmelzungsbeschlusses nicht oder nicht fristgemäß erhoben oder eine solche Klage rechtskräftig abgewiesen oder zurückgenommen worden ist; hierüber haben die Vertretungsorgane dem Registergericht auch nach der Anmeldung Mitteilung zu machen. Liegt die Erklärung nicht vor, so darf die Verschmelzung nicht eingetragen werden, es sei denn, daß die klageberechtigten Anteilsinhaber durch notariell beurkundete Verzichtserklärung auf die Klage gegen die Wirksamkeit des Verschmelzungsbeschlusses verzichten.**

**(3) Der Erklärung nach Absatz 2 Satz 1 steht es gleich, wenn nach Erhebung einer Klage gegen die Wirksamkeit eines Verschmelzungsbeschlusses das für diese Klage zuständige Prozeßgericht auf Antrag des Rechtsträgers, gegen dessen Verschmelzungsbeschluß sich die Klage richtet, durch rechtskräftigen Beschluß festgestellt hat, daß die Erhebung der Klage der Eintragung nicht entgegensteht. Der Beschluß nach Satz 1 darf nur ergehen, wenn die Klage gegen die Wirksamkeit des Verschmelzungsbeschlusses unzulässig oder offensichtlich unbegründet ist oder wenn das alsbaldige Wirksamwerden der Verschmelzung nach freier Überzeugung des Gerichts unter Berücksichtigung der Schwere der mit der Klage geltend gemachten Rechtsverletzungen zur Abwendung der vom Antragsteller dargelegten wesentlichen Nachteile für die an der Verschmelzung beteiligten Rechtsträger und ihre Anteilsinhaber vorrangig erscheint. Der Beschluß kann in dringenden Fällen ohne mündliche Verhandlung ergehen. Die vorgebrachten Tatsachen, aufgrund derer der Beschluß nach Satz 2 ergehen kann, sind glaubhaft zu machen. Gegen den Beschluß findet die sofortige Beschwerde statt. Erweist sich die Klage als begründet, so ist der Rechtsträger, der den Beschluß erwirkt hat, verpflichtet, dem Antragsgegner den Schaden zu**

**ersetzen, der ihm aus einer auf dem Beschluß beruhenden Eintragung der Verschmelzung entstanden ist; als Ersatz des Schadens kann nicht die Beseitigung der Wirkungen der Eintragung der Verschmelzung im Register des Sitzes des übernehmenden Rechtsträgers verlangt werden.**

**1** Der Vorstand jeder eG hat die Verschmelzung zur Eintragung in das Genossenschaftsregister des Sitzes seiner eG anzumelden (Vordruck verwenden!). Die **Anmeldung** hat durch sämtliche Vorstandsmitglieder in notariell beglaubigter Form zu erfolgen (§ 157 GenG i. V. m. § 6 Abs. 2 Ziff. 6 GenRegVO). Anmeldung im Sinne des § 16 UmwG ist jedoch auch eine unbeglaubigt eingereichte Anmeldung, da sie nicht so sehr rechtsgeschäftlichen als vielmehr verfahrensrechtlichen Charakter hat, § 125 S. 1 BGB mithin nicht gilt (OLG Düsseldorf, OLGZ 1984, 259 = BB 1984, 1079 = DNotZ 1985, 95 = Rpfleger 1984, 275).

Ist für beide eG ein und dasselbe Registergericht zuständig, kann die Anmeldung gemeinsam von den Vorständen der beiden eG vorgenommen werden.

**2** Während früher die Anmeldung unverzüglich zu erfolgen hatte, ist dieses Erfordernis jetzt nicht mehr im Gesetz enthalten; eine **Frist** ist nicht vorgesehen. Der Vorstand kann demgemäß aus Zweckmäßigkeitsgründen (z. B. Ablauf der in § 51 Abs. 1 S. 2 enthaltenen Anfechtungsfrist) die Anmeldung der Verschmelzung auf einen bestimmten Zeitpunkt zurückstellen; er kann im Rahmen der Verschmelzungsverträge (aufschiebend bedingter Verschmelzungsvertrag) oder der Beschlußfassung der GV auch eine entsprechende Auflage enthalten. Beim Aufschieben der Anmeldung ist jedoch stets zu beachten, daß gemäß § 17 Abs. 2 S. 4 UmwG die Schlußbilanz nicht älter als 8 Monate vom Zeitpunkt der Anmeldung an gerechnet sein darf. Maßgebend für die Wahrung der Frist ist der Zeitpunkt der Anmeldung (Rdn. 1), nicht der der Beglaubigung (OLG Düsseldorf, OLGZ 1984, 259 = BB 1984, 1079 = DNotZ 1985, 95 = Rpfleger 1984, 275). Es genügt mithin, wenn eine Bilanz beigefügt wird, die für einen nicht mehr als 8 Monate vor dem Eingang der (unbeglaubigten) Anmeldung liegenden Zeitpunkt aufgestellt wurde (OLG Düsseldorf, ebd.).

**3** Die Anmeldung kann durch das Registergericht nicht durch Festsetzung von **Zwangsgeld** erzwungen werden (*Meyer/Meulenbergh/Beuthien*, § 93 d Rdn. 1; kritisch hierzu im Hinblick auf die Unterlassung der Anmeldung durch die übernehmende eG, sofern die Verschmelzung durch Eintragung in das Genossenschaftsregister am Sitz der übertragenden eG bereits wirksam geworden ist, *Müller*, § 93 d Rdn. 3).

§ 316 Abs. 2 UmwG läßt eine Festsetzung von Zwangsgeld nicht zu.

**4** Bei der Anmeldung ist nunmehr zusätzlich die in Abs. 2 Satz 1 enthaltene „Negativerklärung" abzugeben. Ohne diese Erklärung darf das Registergericht nicht eintragen. Die Erklärung bezieht sich auch auf den Verschmelzungsbeschluß der anderen eG („eines" Verschmelzungsbeschlusses). Auch nach Vornahme der Anmeldung sind die Vertretungsorgane verpflichtet, über die Erhebung einer Klage zu unterrichten.

Die Negativerklärung kann auch nachgereicht werden (also Anmeldung vor Ablauf der Einmonatsfrist, § 14 UmwG, § 51 Abs. 1 GenG) möglich. Sie bedarf auch dann der Unterschrift sämtlicher Vorstandsmitglieder. **5**

„Offensichtlich unbegründet" i. S. d. Abs. 3 S. 2 ist die Klage dann nicht, wenn sich die Parteien und das Gericht erst intensiv mit der Gesetzeslage befassen müssen. Offensichtlich unbegründet i. S. d. Vorschrift ist die Klage nur dann, wenn ihr die Erfolglosigkeit sozusagen auf die Stirn geschrieben ist (LG Hanau, DB 1995, 2362). **6**

## § 17
## Anlagen der Anmeldung

**(1) Der Anmeldung sind in Ausfertigung oder öffentlich beglaubigter Abschrift oder, soweit sie nicht notariell zu beurkunden sind, in Urschrift oder Abschrift der Verschmelzungsvertrag, die Niederschriften der Verschmelzungsbeschlüsse, die nach diesem Gesetz erforderlichen Zustimmungserklärungen einzelner Anteilsinhaber einschließlich der Zustimmungserklärungen nicht erschienener Anteilsinhaber, der Verschmelzungsbericht, der Prüfungsbericht oder die Verzichtserklärungen nach § 8 Abs. 3, § 9 Abs. 3 oder § 12 Abs. 3, ein Nachweis über die rechtzeitige Zuleitung des Verschmelzungsvertrages oder seines Entwurfs an den zuständigen Betriebsrat sowie, wenn die Verschmelzung der staatlichen Genehmigung bedarf, die Genehmigungsurkunde beizufügen.**

**(2) Der Anmeldung zum Register des Sitzes jedes der übertragenden Rechtsträger ist ferner eine Bilanz dieses Rechtsträgers beizufügen (Schlußbilanz). Für diese Bilanz gelten die Vorschriften über die Jahresbilanz und deren Prüfung entsprechend. Sie braucht nicht bekanntgemacht zu werden. Das Registergericht darf die Verschmelzung nur eintragen, wenn die Bilanz auf einen höchstens acht Monate vor der Anmeldung liegenden Stichtag aufgestellt worden ist.**

Der Anmeldung sind die in Abs. 1 genannten Anlagen beizufügen (Vordruck verwenden!). Der Nachweis über die rechtzeitige Zuleitung des Verschmelzungsvertrags oder seines Entwurfs an den zuständigen Betriebsrat sollte durch eine Empfangsbestätigung des Betriebsrats erbracht werden (des Vorsitzenden oder eines anderen empfangsberechtigten Vertreters des Betriebsrats). Die zum Nachweis der Anhörung des Betriebsrats im Zusam- **1** menhang mit einer Kündigung entwickelten Grundsätze gelten entsprechend (*Dehmer*, UmwG, § 17 Rdn. 6). Falls kein Betriebsrat besteht, ist dieses in der Anmeldung zu erklären.

**2** Bei der staatlichen Genehmigung dürfte es sich u. a. um die Fälle handeln, in denen mit der Verschmelzung gleichzeitig ein Verbandswechsel verbunden war (§ 54 a Abs. 1). Gegen diese Genehmigungspflicht bestehen unter verfassungsrechtlichen Gesichtspunkte erhebliche Bedenken. Außerdem wäre eine staatliche Genehmigung erforderlich, wenn das Bundeskartellamt nach § 24 GWB die Verschmelzung untersagt (vgl. hierzu § 2 UmwG Rdn. 16) und der Bundesminister der Wirtschaft eine Ausnahmeerlaubnis erteilt hätte (*Schubert/Steder*, § 93 d Rdn. 2).

**3** Der Anmeldung zum Genossenschaftsregister des Sitzes der übertragenden eG ist auch eine **Schlußbilanz** der übertragenden eG beizufügen. Die Schlußbilanz soll die Reihe der Jahresbilanzen der übertragenden eG abschließen und den Übergang zu den Jahresbilanzen der übernehmenden eG bilden.

**4** Die Aufstellung der Schlußbilanz geschieht nach den Vorschriften über die Jahresbilanz (Abs. 2 S. 2). Sie bedarf jedoch – bei Kreditgenossenschaften – keines Bestätigungsvermerks. Auch hat sie nicht unbedingt trotz des Grundsatzes der Bilanzkontinuität an die Bewertungen der letzten Jahresbilanz anzuknüpfen. Sie kann im Rahmen der Grundsätze ordnungsmäßiger Bilanzierung die Wertansätze der Bilanzposten selbständig ansetzen, da sie das Vermögen der übertragenden eG, das auf die übernehmende eG übergeht, wiedergeben soll. Zu diesem Zweck kann es sich auch empfehlen, neben der Schlußbilanz eine Vermögensbilanz mit den wahren Werten aufzustellen. In der Regel sollte der Zeitpunkt als Bilanzstichtag gewählt werden, zu dem die übertragende eG ihre Betriebsführung auf eigene Rechnung einstellt (*Meyer/Meulenbergh/Beuthien*, § 93 d Rdn. 3). Es kann so verfahren werden, daß die Salden der Schlußbilanz übertragen und alle Umsätze vom Tag nach der Schlußbilanz bis zum tatsächlichen Geschäftsübergang bei der übernehmenden eG nachgebucht werden (so zum Stichtag des tatsächlichen Geschäftsübergangs *Ohlmeyer/Philipowski*, Abschn. III. 3.5).

**5** Die Schlußbilanz ist namentlich auch maßgeblich für die Feststellung des **Geschäftsguthabens**, welches das Mitglied bei der übertragenden eG gehabt hat und für die Auseinandersetzung mit ausscheidenden Mitgliedern (§ 93 UmwG; vgl. auch *Schlarb*, S. 39 ff sowie *ders.*, DB 1979, 901 f; vgl. auch die Erl. zu § 87 UmwG).

**6** Zur Erleichterung läßt Abs. 2 S. 4 zu, daß als Schlußbilanz eine Bilanz verwertet wird, die bereits früher aufgestellt worden ist. Es kann namentlich die letzte Jahresbilanz als Schlußbilanz dienen, sofern deren Bilanzstichtag nicht länger als **8 Monate** vor dem Tage der Anmeldung der Verschmelzung liegt. Gleichwohl muß sie als Jahresbilanz publiziert werden. Es ist auch zulässig, der Verschmelzung eine Schlußbilanz zugrunde zu legen, deren Stichtag nach dem Datum des Abschlusses des Verschmelzungsvertrages und der Beschlußfassung der GV über die Verschmelzung liegt. Allerdings muß die Bilanz noch mindestens bis zur Anmeldung der Verschmelzung beim Registergericht der übertragenden eG durch die GV der übertragenden eG genehmigt werden (LG Mannheim, ZfG 1975, 241 m. Anm. *Großfeld/Apel*; LG Kassel, Rpfleger 1978, 217); die Aufstellung durch den Vorstand allein genügt nicht; hierbei dürfen zwischen dem Bilanzstichtag und dem Tag der Anmeldung nicht mehr als 8 Monate liegen (vgl. zum alten Recht OLG Frankfurt, DB 1978, 1585 = BB 1978, 1026 OLGZ 1978, 385 = Rpfleger 1978, 415; m. Anm. *Dietrich*, in: ZfG 1980, 274; m. Anm. *Schaffland*, Genossenschaftsforum 9/1978, 36). Nachträgliche Zustimmung (Genehmigung) durch die GV wirkt nicht auf den Zeitpunkt zurück, zu dem der Abschluß dem Registergericht eingereicht wurde (OLG Frankfurt ebd.). Eine kurzfristige Überschreitung der 8-Monats-Frist dürfte jedoch als unschädlich anzusehen sein (vgl. zum alten Recht OLG Zweibrücken, Rpfleger 1971, 24 = ZfG 1971, 206 m. Anm. *Kraft* sowie m. w. Nachw. *Müller*, § 93 d Rdn. 7; a. A. *Meyer/Meulenbergh/Beuthien*, § 93 d Rdn. 3 unter Berufung auf LG Kassel, Rpfleger 1978, 217; a. A. insoweit auch OLG Düsseldorf, OLGZ 1984, 259 = BB 1984, 1079 = DNotZ 1985, 95 = Rpfleger 1984, 275). Das OLG Frankfurt (DB 1978, 1585 m. Anm. *Schaffland*, Genossenschaftsforum 9/1978, 36) hält eine Überschreitung um 3 Monate nicht mehr für geringfügig; eine Überschreitung von 2 Monaten ist nach *Müller* (§ 93 d Rdn. 7) in Anlehnung an die Vorschrift des § 345 Abs. 3 AktG zulässig (a. A. *Meyer/Meulenbergh/Beuthien*, § 93 d Rdn. 3 unter Hinweis darauf, daß feste Ordnungsgrenzen für die Erleichterungsvorschrift des § 93 d Abs. 3 erforderlich sind und auch bei § 345 Abs. 3 AktG keine Fristnachsicht gewährt wird). Lehnt die übertragende eG trotz bereits beschlossener Fusion die vom Vorstand aufgestellte Bilanz in diesem Zeitraum ab und wird auch nicht innerhalb dieser Frist (einschließlich einer geringfügigen Überschreitung von jedenfalls nicht über 2 Monaten) aufgrund eines anderen Versammlungsbeschlusses – die Bilanz kann erneut zur Beschlußfassung gestellt werden – die Bilanz genehmigt, so fehlt es an einer unabdingbaren Voraussetzung für eine wirksame Feststellung der Bilanz; die Eintragung der Verschmelzung ist seitens des Registergerichts zu versagen (LG Kassel, Rpfleger 1978, 217; LG Mönchengladbach, Beschl. v. 14. 11 1983 – Az.: 8 T 8/83 – unveröffentl.). Gleiches gilt bei nicht rechtzeitiger Anmeldung unter Berücksichtigung vorstehender Überlegungen (vgl. OLG Frankfurt, DB 1978, 1585 m. Anm. *Schaffland*, Genossenschaftsforum 9/1978, 36). In diesem Fall muß eine neue Bilanz aufgestellt und beschlossen werden. Da die Verschmelzungsbilanz Grundlage der Verschmelzungsbeschlüsse ist, müssen auch diese –

ggfs. in außerordentlicher GV – erneut gefaßt werden. Erfolgt eine fristgemäße, jedoch nicht die Erfordernisse der Abs. 1 und 2 erfüllende Anmeldung, so können diese Anlagen nachgereicht werden; die 8-Monats-Frist des Abs. 2 ist jedenfalls gewahrt. Abs. 1 und 2 sind insoweit eine bloße Ordnungsvorschrift (OLG Düsseldorf, OLGZ 1984, 259 = BB 1984, 1079 = DNotZ 1985, 95 = Rpfleger 1984, 275).

**7** Die **Prüfung** der Schlußbilanz durch den Prüfungsverband ist nicht vorgeschrieben. Jedoch kann die GV – im Zusammenhang mit dem Verschmelzungsbeschluß – die Prüfung der Schlußbilanz beschließen; auch kann dieses im Verschmelzungsvertrag vereinbart werden (*Müller*, § 93 d Rdn. 11). Ob die Prüfung als Grundlage des Verschmelzungsgutachtens (§ 81 UmwG) notwendig ist, entscheidet der Prüfungsverband nach pflichtgemäßem Ermessen.

**8** Das Registergericht der übernehmenden eG hat zu prüfen, ob die Anmeldung in der gehörigen Form erfolgt ist (vgl. § 16 UmwG Rdn. 1). Des weiteren hat das Registergericht zu prüfen, ob die in Abs. 1 aufgeführten Anlagen ordnungsgemäß vorliegen. Fehlt eine dieser Urkunden, hat das Registergericht die Eintragung zu versagen. Das Registergericht hat zwar von Amts wegen zu prüfen, es hat jedoch keine besonderen Ermittlungen aufzustellen. So hat es sich hinsichtlich der Prüfung des Bilanzstichtags auf die Prüfung anhand der vorgelegten Urkunden zu beschränken. Zur Prüfung der Anmeldung durch das Registergericht vgl. *Schlarb*, S. 92.

**9** Das Registergericht **der übernehmenden** eG hat des weiteren zu prüfen, ob die Eintragung der Verschmelzung in das für die übertragende eG zuständige Register erfolgt ist (§ 19 Abs. 1 UmwG). Das Registergericht hat kein Recht, den Nachweis zu fordern, wie viele Geschäftsanteile die Mitglieder der übertragenden eG bei der übernehmenden erwerben.

## § 18
## Firma des übernehmenden Rechtsträgers

**(1) Der übernehmende Rechtsträger darf die Firma eines der übertragenden Rechtsträger, dessen Handelsgeschäft er durch die Verschmelzung erwirbt, mit oder ohne Beifügung eines das Nachfolgeverhältnis andeutenden Zusatzes fortführen. Eine Personenhandelsgesellschaft darf eine solche Firma nur fortführen, wenn diese den Namen einer natürlichen Person enthält. Eine eingetragene Genossenschaft darf eine solche Firma nicht fortführen, soweit diese den Namen von Genossen oder anderen Personen enthält.**

**(2) Das Registergericht kann auf Antrag genehmigen, daß eine Personenhandelsgesellschaft, die durch die Verschmelzung das Handelsgeschäft eines übertragenden Rechtsträgers erwirbt, bei der Bildung ihrer**

**neuen Firma den in der Firma dieses Rechtsträgers enthaltenen Namen einer natürlichen Person verwendet und insoweit von § 19 des Handelsgesetzbuchs abweicht.**

**(3) Ist an einem der übertragenden Rechtsträger eine natürliche Person beteiligt, die an dem übernehmenden Rechtsträger nicht beteiligt wird, so darf der übernehmende Rechtsträger den Namen dieses Anteilsinhabers nur dann in der nach Absatz 1 fortgeführten oder in der nach Absatz 2 gebildeten Firma verwenden, wenn der betroffene Anteilsinhaber oder dessen Erben ausdrücklich in die Verwendung einwilligen.**

Die Vorschrift regelt das Firmenrecht für alle Rechtsformen. Abs. 1 Satz 3 stellt klar, daß insoweit § 3 GenG gilt (vgl. die dortigen Erl.). Sonstige Firmenbestandteile des übertragenden Rechtsträgers, z. B. Regionalbezeichnungen, dürfen jedoch fortgeführt werden. Eine Einwilligung des übertragenden Rechtsträgers ist nicht erforderlich.

## § 19
## Eintragung und Bekanntmachung der Verschmelzung

**(1) Die Verschmelzung darf in das Register des Sitzes der übernehmenden Rechtsträger erst eingetragen werden, nachdem sie im Register des Sitzes jedes der übertragenden Rechtsträger eingetragen worden ist. Die Eintragung im Register des Sitzes jedes der übertragenden Rechtsträger ist mit dem Vermerk zu versehen, daß die Verschmelzung erst mit der Eintragung im Register des Sitzes des übernehmenden Rechtsträgers wirksam wird.**

**(2) Das Gericht des Sitzes des übernehmenden Rechtsträgers hat von Amts wegen dem Gericht des Sitzes jedes der übertragenden Rechtsträger den Tag der Eintragung der Verschmelzung mitzuteilen. Nach Eingang der Mitteilung hat das Gericht des Sitzes jedes der übertragenden Rechtsträger von Amts wegen den Tag der Eintragung der Verschmelzung im Register des Sitzes des übernehmenden Rechtsträgers im Register des Sitzes des übertragenden Rechtsträgers zu vermerken und die bei ihm aufbewahrten Urkunden und anderen Schriftstücke dem Gericht des Sitzes des übernehmenden Rechtsträgers zur Aufbewahrung zu übersenden.**

**(3) Das Gericht des Sitzes jedes der an der Verschmelzung beteiligten Rechtsträger hat jeweils die von ihm vorgenommene Eintragung der Verschmelzung von Amts wegen durch den Bundesanzeiger und durch mindestens ein anderes Blatt ihrem ganzen Inhalt nach bekanntzumachen. Mit dem Ablauf des Tages, an dem jeweils das letzte der die**

**Bekanntmachung enthaltenden Blätter erschienen ist, gilt die Bekanntmachung für diesen Rechtsträger als erfolgt.**

Die in Abs. 1, 2 enthaltene Reihenfolge ist zwingend. Die Wirkung der Verschmelzung tritt erst mit der Eintragung im Register des Sitzes des übernehmenden Rechtsträgers ein. Hierdurch wird auch bei Beteiligung mehrerer übertragender Rechtsträger ein einheitlicher Vermögensübergang sichergestellt.

### § 20
### Wirkungen der Eintragung

**(1) Die Eintragung der Verschmelzung in das Register des Sitzes des übernehmenden Rechtsträgers hat folgende Wirkungen:**

**1. Das Vermögen der übertragenden Rechtsträger geht einschließlich der Verbindlichkeiten auf den übernehmenden Rechtsträger über.**

**2. Die übertragenden Rechtsträger erlöschen. Einer besonderen Löschung bedarf es nicht.**

**3. Die Anteilsinhaber der übertragenden Rechtsträger werden Anteilsinhaber des übernehmenden Rechtsträgers; dies gilt nicht, soweit der übernehmende Rechtsträger oder ein Dritter, der im eigenen Namen, jedoch für Rechnung dieses Rechtsträgers handelt, dessen Anteilsinhaber ist. Rechte Dritter an den Anteilen oder Mitgliedschaften der übertragenden Rechtsträger bestehen an den an ihre Stelle tretenden Anteilen oder Mitgliedschaften des übernehmenden Rechtsträgers weiter.**

**4. Der Mangel der notariellen Beurkundung des Verschmelzungsvertrags und gegebenenfalls erforderlicher Zustimmungs- oder Verzichtserklärungen einzelner Anteilsinhaber wird geheilt.**

**(2) Mängel der Verschmelzung lassen die Wirkungen der Eintragung nach Absatz 1 unberührt.**

## I. Allgemeines

1 § 20 regelt die Rechtsfolgen, insbesondere die vermögensrechtlichen, der Verschmelzung. Die Rechtsfolgen werden geknüpft an die Eintragung der Verschmelzung in das Genossenschaftsregister am Sitz der **übernehmenden** eG. Die Eintragung in das Register am Sitz der übertragenden eG hat nur deklaratorische Bedeutung; dies gilt auch hinsichtlich des Erwerbs der Mitgliedschaft bei der übernehmenden eG (§ 20 Abs. 1 Ziff. 3).

2 Die miteinander verschmelzenden eG können den **Zeitpunkt** des Eintritts der Rechtsfolgen der Eintragung vertraglich weder rückwirken lassen

noch hinausschieben. Sie können aber z. B. vereinbaren, daß die übertragende eG bereits vor der Eintragung der Verschmelzung ihre Geschäfte für Rechnung der übernehmenden eG macht, insoweit dürfte sich der Stichtag der Schlußbilanz anbieten (so auch *Müller*, § 93 e Rdn. 2; *Schlarb*, S. 95).

## II. Rechtsfolgen

### 1. Grundsatz der Gesamtrechtsnachfolge

Die Eintragung der Verschmelzung in das Genossenschaftsregister des Sitzes der übernehmenden eG bewirkt kraft Gesetzes den Übergang des Vermögens einschließlich der Schulden der übertragenden eG auf die übernehmende eG, wobei es gleichgültig ist, ob es sich um bekannte oder unbekannte Vermögensstücke oder Schulden handelt (**Gesamtrechtsnachfolge**). Auch mündliche Nebenabreden werden mit Eintragung der Verschmelzung wirksam. Dies gilt auch für Verpflichtungen, die erst nach dem Stichtag der Verschmelzungsbilanz von der übertragenden eG eingegangen worden sind (BGH, WM 1961, 1297 = ZfG 1962, 34). Die übernehmende eG kann sich grundsätzlich nicht auf ihre Unkenntnis berufen. Es empfiehlt sich, eine entsprechende Vereinbarung im Verschmelzungsvertrag zu treffen, z. B. über bestimmte Mitteilungspflichten bei Eingehung solcher Verbindlichkeiten, die außerhalb des regelmäßigen Geschäftsbetriebes liegen. Auch könnten in die Zusatzvereinbarungen zum Verschmelzungsvertrag intern wirkende schuldrechtliche Beschränkungen der Verfügungsbefugnis des Vorstands der übertragenden eG bis zum Wirksamwerden der Verschmelzung aufgenommen werden. Auch Rechtsverhältnisse, die bei natürlichen Personen deshalb höchstpersönlich sind, weil sie auf besonderem Vertrauen beruhen, gehen über, weil sich das Vertrauen hier auf die jeweiligen – in ihren konkreten Personen auswechselbaren – Organe der eG bezieht (*Meyer/Meulenbergh/Beuthien*, § 93 e Rdn. 2 unter Hinweis auf die Rechtsprechung); dies gilt z. B. für die Stellung als Vermögensverwalter, Treuhänder, Bevollmächtigter wie auch für öffentlich-rechtliche Befugnisse. **3**

Dem Grundsatz der Gesamtrechtsnachfolge würde es widersprechen, wenn bestimmte Aktiven oder Passiven der übertragenden eG von diesem Übergang ausgenommen würden. Denkbar wäre es jedoch, **einzelne** Gegenstände vorher aus der Vermögensmasse auszuscheiden (*Schlarb*, S. 97). **4**

### 2. Übergang der Aktiven

Dem Grundsatz der Gesamtrechtsnachfolge entspricht es, daß besondere **Übertragungsakte** in Ansehung der einzelnen Vermögensgegenstände **nicht erforderlich** sind. Rechte an beweglichen Sachen gehen ohne **5**

Einigung und Übergabe, Rechte an unbeweglichen Sachen ohne Einigung und Eintragung, Rechte an Forderungen ohne Einigung über. So geht eine beschränkt persönliche Dienstbarkeit, die z. B. zugunsten einer eG dem Grundstückseigentümer die Ausübung eines bestimmten Gewerbes verbietet, nach § 1092 Abs. 2 i. V. m. § 1059 a Nr. 1 BGB ohne weiteres auf die übernehmende eG über (BayObLG, DB 1983, 1650; *Staudinger*, BGB, § 1059 a Rdn. 9; *Erman*, BGB, § 1059 a Rdn. 3). Beim Forderungsübergang besteht für die entsprechende Anwendung der §§ 401–404 BGB kein Bedürfnis, da sich die dort angeordneten Rechtsfolgen bereits aus den Verschmelzungsvorschriften ergeben; ebenso entfällt die Berücksichtigung eines Abtretungsverbots nach § 400 BGB, da die übertragende eG wegen ihres Erlöschens nicht mehr schutzbedürftig ist; auch § 399 BGB findet keine Anwendung, da der Ausschluß der Forderungsabtretung bei der Verschmelzung wegen des Erlöschens der übertragenden eG auch das Erlöschen der nicht übergehenden Forderungen bewirken würde (*Schlarb*, S. 99). Die übernehmende eG ist auch zur Einziehung der bei der übertragenden eG noch bestehenden Einzahlungsrückstände auf die Geschäftsanteile berechtigt (BlfG 1936, 332).

**6** Als **Folge** der gesetzlichen Gesamtrechtsnachfolge werden Grundbucheintragungen und Eintragungen in andere öffentliche Register unrichtig, sie sind auf Antrag des Vorstands der übernehmenden eG zu berichtigen. Um die Berichtigung derartiger Eintragungen auf möglichst einfache Weise zugunsten der übernehmenden eG herbeizuführen, reicht die Vorlegung eine Bestätigung über die Verschmelzung, die das Gericht des Sitzes der übertragenden eG auszustellen hat, zum Nachweis des Vermögensübergangs und damit als Grundlage der Berichtigung der Grundbücher usw. aus (Abs. 1 Satz 3; a. A. *Meyer/Meulenbergh/Beuthien*, § 93 e Rdn. 2a a. E.). Handelt es sich um ein und dasselbe Registergericht, genügt ein Hinweis auf die Eintragung der Verschmelzung in das Genossenschaftsregister. Für die Grundbuchberichtigung wird nach § 60 Abs. 1 KostO die volle Gebühr erhoben, da es sich nicht nur um eine Namensänderung, sondern um eine Gesamtrechtsnachfolge handelt (LG Lübeck, Beschl. vom 27. 12. 1978 – Az.: 7 T 643/78; OLG Hamm, DB 1982, 2698 = BB 1982, 2142).

### 3. Übertragung der Passiven

**7** Der Übergang der **Schulden** der übertragenden eG auf die übernehmende eG bedarf – abweichend von § 415 BGB – nicht der Zustimmung der Gläubiger. Für den Zeitraum vom wirksamen Verschmelzungsvertrag (Unterzeichnung durch die Vorstände und Beschlußfassung durch die GV) bis zur Eintragung der Verschmelzung in das Genossenschaftsregister am Sitz der übertragenden eG gilt § 419 Abs. 1 BGB mit der Folge, daß die übernehmende eG für die Verbindlichkeiten der übertragenden eG haftet (umstritten; wie hier *Müller*, § 93 e Rdn. 5; *Godin/Wilhelmi*, AktG, § 346 Anm. 16; a. A. *Erman/Westermann*, BGB, § 419 Rdn. 2). Allerdings kann die übernehmende eG ihre Haftung nach § 419 Abs. 2 BGB auf den Bestand des zu übernehmenden Vermögens beschränken. Nach Eintragung der Verschmelzung findet § 419 BGB keine Anwendung, da nunmehr die übernehmende eG selbst Schuldnerin geworden ist und nicht mehr für fremde Schulden haftet. Dies hat zur Folge, daß sie auch nicht in entsprechender Anwendung des § 419 Abs. 2 BGB ihre Haftung beschränken kann; § 20 UmwG ist insoweit eine abschließende Sonderregelung (*Schlarb*, S. 117; so auch *Müller*, § 93 e Rdn. 5 m. w. N.; *Meyer/Meulenbergh/ Beuthien*, § 93 e Rdn. 3).

### 4. Fortbestehen der Sicherheiten

Haben Dritte für die Schulden der übertragenden eG **Sicherheiten** bestellt, so gehen diese – dem Grundsatz der Gesamtrechtsnachfolge entsprechend – ebenfalls auf die übernehmende eG über; § 418 Abs. 1 BGB gilt hier nicht. Allerdings kann die Verschmelzung zu einer erhöhten Gefährdung der Sicherungsgeber dadurch führen, daß nunmehr auch zusätzlich die Gläubiger der übernehmenden eG auf das Vermögen der übertragenden eG zugreifen können; dem wirkt jedoch § 22 UmwG entgegen, wonach die Gläubiger der beteiligten Rechtsträger von der übernehmenden eG Sicherheitsleistung oder Befriedigung verlangen können. **8**

Sind diese Sicherheiten, insbesond. Bürgschaften, auch für künftig entstehende **Schulden** der übertragenden eG bestellt worden, so gelten diese nur für Verbindlichkeiten der übernehmenden eG, die nach der Verschmelzung entstehen, wenn dieses ausdrücklich vereinbart ist (*Schlarb*, S. 118). Dies folgt daraus, daß der Sicherungsgeber nur eintreten will für einen Schuldner, den er persönlich kennt. Im übrigen ist die Rechtsprechung zur weiten Sicherungsabrede zu beachten. **9**

Sicherheiten, die die übertragende eG als **Gläubigerin** von Dritten hereingenommen hat, gehen ebenfalls auf die übernehmende eG über. Sind die Sicherheiten auch für künftige Forderungen der übertragenden eG gegeben worden, so gelten sie auch für Forderungen, die von der übernehmenden eG nach der Verschmelzung als Gläubigerin begründet werden (BGH, WM 1980, 770 = NJW 1980, 1841 = DB 1980, 1935). Dies folgt aus dem Grundsatz der Gesamtrechtsnachfolge und daraus, daß der Sicherungsgeber zwar ein Interesse an der Person hat, für die er mit Sicherheiten eintritt, dieses Interesse jedoch nicht hinsichtlich der Person gegeben ist, die dem Schuldner Kredite einräumt. **10**

Vereinigen sich durch die Verschmelzung Forderungen und Schulden der beiden eG in der Person der übernehmenden eG, so erlöschen diese **11** wechselseitigen Verbindlichkeiten **(Konfusion)**. Dies gilt jedoch nicht für Ansprüche auf Erfüllung des Verschmelzungsvertrags und solche Schadensersatzansprüche der beiden eG, die erst durch die Verschmelzung zum Entstehen gelangen (*Schlarb*, S. 116; *Müller*, § 93 e Rdn. 8).

### 5. Abwicklung von Dauerschuldverhältnissen

12 Auch Verpflichtungen und Berechtigungen aus **Dauerschuldverhältnissen** gehen im Zweifel (zu den **Ausnahmen** s. § 21 UmwG) unverändert auf die übernehmende eG über, sofern nicht besondere Umstände des einzelnen Falles zu anderer Auslegung zwingen. Die übernehmende eG wird also auch Rechtsnachfolgerin hinsichtlich der Rechte und Pflichten der übertragenden eG aus Miet-, Pacht-, Dienst- oder Werkverträgen; § 613 a BGB findet Anwendung (§ 324; RegEBegr. BR-Drucks. 75/94 zu §§ 216 und 132 UmwG; BAG, NZA 1994, 848 = DB 1994, 1683 f). Hingegen gilt der Tarifvertrag der übertragenden eG nicht weiter (Rdn. 17). Die Tatsache der Verschmelzung allein berechtigt den Vertragspartner der übertragenden eG regelmäßig weder zum Rücktritt vom Vertrag (*Schilling*, Großkomm. AktG, § 346 Anm. 23; *Schlarb*, S. 119), noch zur Kündigung aus wichtigem Grund (*Schubert/Steder*, § 93 e Rdn. 5; *Schlarb*, S. 119). Jedoch dürften unterschiedliche Konditionen im Bereich der übertragenden und der übernehmenden eG unter dem Gesichtspunkt der Gleichbehandlung der Mitglieder in der Regel anzupassen sein; s. dazu auch *Riebandt-Korfmacher*, Form. 2.431, Anm. 8b, S. 613).

13 Die Organe der übertragenden eG erlöschen durch die Verschmelzung. Das Auftragsverhältnis zwischen den Mitgliedern des **Aufsichtsrats** – auch mit den nach dem Betriebsverfassungsgesetz bzw. dem Mitbestimmungsgesetz gewählten – und der eG wird sofort gelöst, ohne daß weitere Ansprüche von jenen erhoben werden können (RGZ 81, 154 für AG). Einer besonderen Kündigung des Auftragsverhältnisses durch die übertragende oder die übernehmende eG bedarf es bei der Verschmelzung nicht (RGZ 81, 155 für die AG; *Schlarb*, S. 121).

14 Beim **Vorstand** ist zu unterscheiden: Handelt es sich um ehrenamtliche Vorstandsmitglieder, mit denen ein Auftragsverhältnis vorliegt, gilt das in vorstehender Randnummer zum Aufsichtsrat Gesagte. Handelt es sich hingegen um hauptamtliche Vorstandsmitglieder, gehen die Rechte und Pflichten insbesondere die Vergütungspflicht aus dem Dienstvertrag auf die übernehmende eG über (*Schlarb*, S. 122 m. w. N.). Die Verschmelzung bietet der übernehmenden eG keinen Grund zur fristlosen Kündigung nach § 626 BGB (a. A. *Meyer/Meulenbergh/Beuthien*, § 93 e Rdn. 3); entscheidend ist, ob die Fortzahlung des Gehalts bis zum Ablauf der Kündigungsfrist zumutbar ist. Andererseits gilt das Kündigungsschutzgesetz nunmehr, da trotz Fortbestehens des Dienstvertrags die Organstellung erloschen ist (so

wohl auch BAG, ZfG 1975, 135 mit Anm. *Schnorr von Carolsfeld*; zur Vorstandsstellung und Kündigungsschutz vgl. § 24 GenG Rdn. 55). Die ehemaligen Vorstandsmitglieder können jedoch nach § 626 BGB kündigen, wenn ihre Stellung durch die Verschmelzung eine Änderung erfährt, die ihnen nicht mehr zugemutet werden kann (wie hier *Schlarb*, S. 122; zu weitgehend *Müller*, § 93 e Rdn. 12, der ein Kündigungsrecht bereits dann annimmt, wenn die betriebliche Stellung nicht mehr die „Qualität eines Organträgers" hat). Für Prozesse im Rahmen des mit der übernehmenden eG fortgesetzten Dienstvertrags sind in diesen Fällen die Arbeitsgerichte auch dann zuständig, wenn sie sich auf Sachverhalte beziehen, die noch aus der Zeit der Vorstandszugehörigkeit bei der übertragenden eG resultieren (BAG, ZfG 1975, 135 m. Anm. *Schnorr von Carolsfeld*; vgl. auch BAG, BB 1978, 499 = DB 1978, 353 = Genossenschaftsforum 4/1978, 40 mit Anm. *Schaffland* = NJW 1978, 723 = WM 1978, 766 = ZfG 1979, 168 mit krit. Anm. *Schnorr von Carolsfeld*; vgl. auch *Schaffland*, DB 1978, 1775).

Beabsichtigt die übernehmende eG, Vorstands- oder Aufsichtsratsmitglieder der übertragenden eG in ihre Organe zu **übernehmen**, so sind im Verschmelzungsvertrag entsprechende Vereinbarungen zu treffen und durch die GV bzw. den Aufsichtsrat der übernehmenden eG die erforderlichen Wahlen vorzunehmen (s. dazu *Riebandt-Korfmacher*, Form. 2.431 a, e, f, Anm. 25, 104, 109); ein Beschluß der GV bzw. des Aufsichtsrats der übertragenden eG zeigt keine Rechtswirkungen. Bei der Wahl von Vorstandsmitgliedern der übertragenden eG in den Aufsichtsrat ist § 37 Abs. 2 zu beachten. Die Entlastung für die restliche Amtszeit seit der letzten GV bis zum Erlöschen der übertragenden eG beschließt die GV der übernehmenden eG (Folge der Gesamtrechtsnachfolge). Die Verpflichtung im Verschmelzungsvertrag kann stets nur ein Vorschlag sein. Sie kann auch keine wirksame auflösende Bedingung sein, da diese erst nach der Eintragung der Verschmelzung eintritt. **15**

**Prokuren**, die die übertragende eG erteilt hat, erlöschen. Soll der Mitarbeiter auch bei der übernehmenden eG als Prokurist tätig sein, bedarf es einer Erteilung durch diese. **16**

Hat die übertragende eG mit einer Gewerkschaft einen **Firmentarifvertrag** geschlossen, so tritt in diesen Vertrag die übernehmende eG ein, sofern der Betrieb als solcher bestehen bleibt (*Gaul*, NZA 1995, 723 f). Hat auch die übernehmende eG einen Firmentarifvertrag geschlossen, so bleiben beide Verträge nebeneinander bestehen und gelten weiterhin für den bisherigen Mitarbeiterkreis; den übergegangenen Tarifvertrag kann die übernehmende eG nach den allgemeinen Grundsätzen kündigen (*Müller*, § 93 e Rdn. 13; *Schlarb*, S. 123). **17**

Unterfiel die übertragende eG einem **Verbandstarifvertrag**, hängt die Tarifgebundenheit der Übernehmerin davon ab, ob die Mitgliedschaft der **18**

Übertragerin in dem Arbeitgeberverband auf die Übernehmerin übergeht, was sich nach der Satzung des Arbeitgeberverbandes bestimmt (*Schlarb*, S. 123). Ist kein Übergang der Mitgliedschaft vorgesehen, endet die Tarifbindung mit dem Erlöschen der übertragenden eG (BAG, ZfG 1975, 302). Entsprechend § 613 a Abs. I S. 2–4 BGB gelten die Tarifvereinbarungen dann individualrechtlich zwischen dem einzelnen Arbeitnehmer und der übernehmenden eG weiter. Erwirbt die übernehmende eG dagegen die Verbandsmitgliedschaft und war sie bisher nicht tarifgebunden, so gilt der Tarifvertrag der übertragenden eG hinsichtlich ihrer Mitarbeiter im Betrieb der übernehmenden eG weiter. War die übernehmende eG bereits tarifgebunden, so erstreckt sich ihr Tarif auch auf die von der übertragenden eG übernommenen Mitarbeiter (BAG, ZfG 1975, 303). Dies gilt jedoch nicht, soweit sie als Rechtsnachfolgerin der übertragenden eG einer Tarifbindung unterworfen ist.

### 6. Beteiligungen

**19** Die **Mitgliedschaft** der übertragenden eG an einer dritten eG (insbesond. Zentralgenossenschaft) endet nach § 77 a mit dem Schluß des Geschäftsjahres, in dem die Eintragung der Verschmelzung in das Register am Sitz der übertragenden eG erfolgte; es handelt sich um das Geschäftsjahr der eG, bei der die Mitgliedschaft besteht. Will die übernehmende eG die Mitgliedschaft über diesen Zeitpunkt hinaus fortsetzen, bietet sich die Übertragung des Geschäftsguthabens noch im Laufe dieses Geschäftsjahres an (vgl. Erl. zu § 77 a, siehe auch zu dem ähnlich gelagerten Fall beim Tod einer natürlichen Person Erl. zu § 77; diese Möglichkeit wird von *Schlarb*, S. 107 und wohl auch von *Müller*, § 93 e Rdn. 20 übersehen; wie hier *Riebandt-Korfmacher*, Form. 2.431, Anm. 8b, 611).

**20** War auch die übernehmende eG Mitglied der dritten eG, so erwirbt sie wegen der nicht möglichen **Doppelmitgliedschaft** (RGZ 141, 178) keine zweite Mitgliedschaft (a. A. *Müller*, § 93 e Rdn. 20; *Paulick*, S. 361), sondern nur die aus der Mitgliedschaft der übertragenden eG resultierenden Rechte und Pflichten (*Meyer/Meulenbergh/Beuthien*, § 93 e Rdn. 4; zum gleichgelagerten Problem bei der Vererbung der Mitgliedschaft auf einen Erben, der bereits Mitglied ist, vgl. *Schaffland*, Die Vererbung, S. 30, 88 mit ausführlicher Begründung und die Erl. zu § 77). Die übernehmende eG hat mithin bis zum Ende des Geschäftsjahres auch eine zweite Stimme (§ 77 a); im Ergebnis ebenso *Riebandt-Korfmacher*, Form. 2.431, Anm. 8, 611. Aber auch hier besteht die Möglichkeit der Übertragung des Geschäftsguthabens auf die übernehmende eG.

**21** Ist die übertragende eG Mitglied der übernehmenden eG, tritt **Konfusion** ein; die Mitgliedschaft erlischt mit der Eintragung der Verschmelzung in das Genossenschaftsregister am Sitz der übernehmenden eG; die Vermögensrechte fallen gemäß § 20 Abs. 1 Ziff. 1 UmwG in das Vermögen der übernehmenden eG (*Schlarb*, S. 110; *Müller*, § 93 e Rdn. 21; *Riebandt-Korfmacher*, Form. 2.431 Anm. 8, 611; a. A. *Hornung*, Rpfleger 1968, 308, der § 77 analog anwenden will).

War die übertragende eG **Gesellschafterin** an einer anderen Gesellschaft (OHG, KG, GmbH, AG) so setzt die übernehmende eG diese Beteiligung fort (*Schubert/Steder*, § 93 e Rdn. 3; *Schlarb*, S. 113 m. w. N.; *Müller*, § 93 e Rdn. 22). Gleiches gilt für die Stellung der übertragenden eG als stille Gesellschafterin an einem anderen Unternehmen. Ist die übertragende eG Inhaberin vinkulierter Namensaktien, so bedarf der Übergang auf die übernehmende eG nicht der Zustimmung der Gesellschaft; Verschmelzung als Gesamtrechtsnachfolge ist nicht Übertragung i. S. d. § 68 Abs. 2 AktG (so auch *Godin/Wilhelmi*, § 68 Anm. 9; *Schlarb*, S. 114). Bei OHG, KG, GmbH können die Gesellschaftsverträge Abweichendes vorsehen. **22**

Die Mitgliedschaft der übertragenden eG bei ihrem **Prüfungsverband** geht nicht auf die übernehmende eG über (*Schlarb*, S. 115; a. A. *Müller*, § 93 e Rdn. 25; differenzierend *Riebandt-Korfmacher*, Form. 2.431, Anm. 8, 610, 611). Die übertragende eG erlischt und damit die Mitgliedschaft in ihrem Prüfungsverband, die Voraussetzung für die Existenz als eG war. § 77 a ist eine Sonderregelung für den zeitweisen Fortbestand der Mitgliedschaft bei einer eG ; diese Regelung kann nicht analog auf die Mitgliedschaft bei einem Prüfungsverband angewendet werden. **23**

### 7. Firma

Mit dem Erlöschen der übertragenden eG erlischt auch ihre **Firma**; sie kann jedoch aufgrund einer Vereinbarung mit der übernehmenden eG von dieser fortgeführt oder in ihre Firma eingebaut werden (*Ruetz*, S. 65; s. im übrigen § 18); hierzu ist eine Satzungsänderung erforderlich. Zulässig ist es auch, die Firma der übertragenden eG als Bezeichnung der Zweigniederlassung zu verwenden, als die die übertragende eG fortgeführt wird (*Schlarb*, S. 101). **24**

### 8. Sitz

Die Verschmelzung führt nicht zu einem Doppelsitz der verschmolzenen eG; die Verschmelzung ist kein so außergewöhnlicher Fall, daß das Registergericht einen satzungsmäßig angeordneten Doppelsitz zulassen dürfte (BayOblG, DB 1985, 1280; vgl. zum Doppelsitz generell § 6 GenG Rdn. 13 ff). **25**

### 9. Prozesse

Schwebende **Prozesse** werden durch die Verschmelzung unterbrochen, bis sie von der übernehmenden eG aufgenommen werden (§§ 239 ff ZPO **26** analog; BGH, NJW 1971, 1844; RGZ 56, 331). War die übertragende eG durch einen Prozeßbevollmächtigten vertreten, muß für eine Unterbrechung ein entsprechender Antrag gestellt werden (*Müller*, § 93 e Rdn. 27). Rechtskräftige Titel für und gegen die übertragende eG wirken auch für und gegen die übernehmende eG (§ 325 ZPO); Vollstreckungstitel sind auf die übernehmende eG umzuschreiben (§ 727 ZPO; *Lutter*, UmwG, § 20 Rdn. 51).

### 10. Erlöschen der übertragenden Genossenschaft

27 Eine weitere Folge der Eintragung der Verschmelzung ist das **Erlöschen**, d. h. die Beendigung der Rechtspersönlichkeit der übertragenden eG. Einer besonderen Löschung bedarf es nicht (§ 20 Abs. 1 Ziff. 2 UmwG), doch empfiehlt es sich, das Erlöschen im Register kenntlich zu machen; nach dem Erlöschen kann die Verschmelzung nicht mehr durch einen Beschluß der GV rückgängig gemacht werden (KG, JW 1936, 1382), weil mit dem Erlöschen als juristische Person auch deren Organe weggefallen sind.

### 11. Heilung von Beurkundungsmängeln

28 Mängel der notariellen Beurkundung des Vertrags und etwaiger Zustimmungs- und Verzichtserklärungen werden geheilt. Dieses wird hinsichtlich des Verschmelzungsvertrags in der Praxis kaum vorkommen. Abs. 1 Nr. 4 hat jedoch zur Folge, daß nicht beurkundete Nebenabreden mit der Eintragung rechtswirksam werden (*Dehmer*, UmwG, § 20 Rdn. 93 m. w. N.; *Lutter*, UmwG, § 20 Rdn. 60).

### 12. Mängel der Verschmelzung

29 Sobald die Verschmelzung in das Register des Sitzes der übernehmenden eG eingetragen ist, bleibt sie unabhängig von Mängeln, die im Verschmelzungsverfahren aufgetreten sind, wirksam. Hintergrund dieser Regelung ist, daß die Rückgängigmachung einer Verschmelzung in der Praxis große Schwierigkeiten bereitet, und zwar nicht nur in rechtlicher, sondern auch in praktischer Hinsicht (RegEBegr. BT-Drs. 9/1065 zu § 352 a AktG). Eine Entschmelzung scheidet mithin ausnahmslos aus (ganz h. M., *Dehmer*, UmwG, § 20 Rdn. 98 m. w. N.).

Damit läßt auch ein mangelhafter Verschmelzungsvertrag die wirksame Verschmelzung unberührt.

30 Dies bedeutet nicht, daß der mangelhafte Verschmelzungsvertrag gleichwohl inhaltlich uneingeschränkt durchgeführt werden muß; es wird lediglich keine Entschmelzung durchgeführt (*Dehmer*, UmwG, § 20 Rdn. 100). Im Zweifel ist eine ergänzende Vertragsauslegung vorzunehmen, zumindest hinsichtlich der wesentlichen Regelungen des Verschmelzungsvertrags,

wenn diese mangelhaft sein sollten. Beschränkt sich die Mangelhaftigkeit auf Nebenabreden, werden diese im Regelfall unwirksam bleiben (*Geßler u. a.*, AktG, § 352 a Rdn. 14).

## § 21
## Wirkung auf gegenseitige Verträge

**Treffen bei einer Verschmelzung aus gegenseitigen Verträgen, die zur Zeit der Verschmelzung von keiner Seite vollständig erfüllt sind, Abnahme-, Lieferungs- oder ähnliche Verpflichtungen zusammen, die miteinander unvereinbar sind oder die beide zu erfüllen eine schwere Unbilligkeit für den übernehmenden Rechtsträger bedeuten würde, so bestimmt sich der Umfang der Verpflichtungen nach Billigkeit unter Würdigung der vertraglichen Rechte aller Beteiligten.**

Gegenseitige Verträge (siehe hierzu Rechtsprechung und Literatur zum zweiseitigen Vertrag i. S. v. § 17 KO) müssen sowohl von der übertragenden eG als auch von der übernehmenden eG mit einem Dritten geschlossen worden sein. Hierzu gehören Kauf-, Werk-, Miet- und Dienstverträge etc. In der Praxis werden in erster Linie vertragliche Wettbewerbsverbote oder Lieferverpflichtungen (z. B. Verpflichtung einer übertragenden eG, eine bestimmte Gruppe von Waren nur von einem bestimmten Lieferanten zu beziehen, während die übernehmende eG eine ähnliche Verpflichtung gegenüber einem anderen Lieferanten eingegangen ist) unter § 21 UmwG. **1**

Weitere Voraussetzung ist, daß diese Verträge von beiden Seiten noch nicht vollständig erfüllt sind; hat eine Seite erfüllt, gilt § 21 UmwG nicht mehr. **2**

**Unvereinbar** sind vertragliche Verpflichtungen, wenn die Erfüllung des einen Vertrags gerade die Erfüllung des anderen Vertrags vereitelt. **3**

**Schwere Unbilligkeit** ist z. B. gegeben, wenn die vertraglichen Verpflichtungen zwar miteinander vereinbar sind, die Erfüllung beider Verpflichtungen aber die übernehmende eG wirtschaftlich erheblich belasten würde. Orientierungsmaßstab kann § 319 Abs. 1 BGB (offenbare Unbilligkeit) sein (siehe Literatur und Rechtsprechung zu § 319 BGB). **4**

Liegen die Voraussetzungen des § 21 UmwG vor, müssen die gegenseitigen Verträge nach Billigkeit und Würdigung der vertraglichen Rechte der Beteiligten angepaßt werden, so daß die Unvereinbarkeit oder schwere Unbilligkeit entfällt. Im Zweifel ist die geringstmögliche Änderung zu wählen. Auch die Änderung nur eines Vertrags genügt. Maßstab können die zur Konfliktlösung nach §§ 242, 315 BGB erarbeiteten Grundsätze sein. **5**

## § 22
## Gläubigerschutz

**(1) Den Gläubigern der an der Verschmelzung beteiligten Rechtsträger ist, wenn sie binnen sechs Monaten nach dem Tag, an dem die Eintragung der Verschmelzung in das Register des Sitzes desjenigen Rechtsträgers, dessen Gläubiger sie sind, nach § 19 Abs. 3 als bekanntgemacht gilt, ihren Anspruch nach Grund und Höhe schriftlich anmelden, Sicherheit zu leisten, soweit sie nicht Befriedigung verlangen können. Dieses Recht steht den Gläubigern jedoch nur zu, wenn sie glaubhaft machen, daß durch die Verschmelzung die Erfüllung ihrer Forderung gefährdet wird. Die Gläubiger sind in der Bekanntmachung der jeweiligen Eintragung auf dieses Recht hinzuweisen.**

**(2) Das Recht, Sicherheitsleistung zu verlangen, steht Gläubigern nicht zu, die im Falle der Insolvenz ein Recht auf vorzugsweise Befriedigung aus einer Deckungsmasse haben, die nach gesetzlicher Vorschrift zu ihrem Schutz errichtet und staatlich überwacht ist.**

**1** Die beiden Vermögen können **sofort vereinigt** werden. Die Gläubiger beider eG haben einen Anspruch auf Sicherheitsleistung, die sich binnen 6 Monaten nach der Bekanntmachung der Eintragung der Verschmelzung in das Genossenschaftsregister des Sitzes der eG, deren Gläubiger sie sind, bei der übernehmenden eG zu diesem Zweck schriftlich melden. Die Frist kann weder verlängert noch verkürzt werden. Die Gläubiger haben bei unverschuldeter Fristversäumnis keinen Anspruch auf Wiedereinsetzung. Mit Fristablauf erlischt nur der Anspruch auf Sicherheitsleistung, nicht hingegen die zugrunde liegende Forderung.

In Frage kommen geldwerte Ansprüche jedweder Art, deren Erfüllung von der Leistungsfähigkeit des Schuldners abhängt; für dingliche Herausgabeansprüche fehlt das Sicherungsbedürfnis (*Meyer/Meulenbergh/Beuthien*, § 93 f Rdn. 4). Damit ist den Belangen der Gläubiger, die Befriedigung wegen ihrer Forderungen noch nicht verlangen können, im Hinblick auf die Verschmelzung jedoch eine Beeinträchtigung ihrer Belange befürchten, ausreichend Rechnung getragen. Es genügt, wenn die Forderung nur dem Grunde, nicht der Höhe nach festliegt (zur Verschmelzung und ihren Folgen für Schuldverhältnisse mit Dritten siehe *Rieble*, ZIP 1997, 301).

**2** Voraussetzung ist, daß die Gläubiger glaubhaft machen, daß die Erfüllung ihrer Forderung durch die Verschmelzung gefährdet wird. Glaubhaftmachen durch Versicherung an Eides Statt (§ 294 Abs. 1 ZPO) genügt. Gefährdung liegt z. B. vor, wenn durch die Verschmelzung die Liquidität beeinträchtigt wird. Auch eine angespannte wirtschaftliche Situation der übernehmenden eG kann genügen.

Die **Sicherheitsleistung** (für noch nicht fällige oder streitige Forderungen; bei fälligen oder unstreitigen Forderungen besteht ein Erfüllungsanspruch, aus dem sie sofort Befriedigung verlangen können) erfolgt durch eine der in §§ 232 bis 240 BGB zugelassenen Maßnahmen, also Bestellung eines Pfandrechts i. S. v. §§ 232, 233 BGB oder Stellung eines tauglichen Bürgen; über die konkrete Sicherheit entscheidet der Vorstand. Da hier nur an eine angemessene Sicherheit gedacht ist, muß sie nicht etwa so beschaffen sein, daß bei ihrer Realisierung ein Ausfall für den Gläubiger niemals und unter keinen Umständen eintreten kann; es genügt vielmehr eine Dekkung, die nach dem sorgfältigen Ermessen eines ordentlichen Geschäftsmannes die Befriedigung der Gläubiger sicherstellt (RGZ 48, 33). Bei Streit über die Höhe der Sicherheit entscheidet der Prozeßrichter. **3**

Ist in der steuerlichen Schlußbilanz ein bewegliches Wirtschaftsgut des Anlagevermögens, das der Abnutzung unterliegt und einer selbständigen Bewertung und Nutzung fähig ist, mit **weniger als 800 DM** angesetzt, so kann hierfür von der übernehmenden eG die Bewertungsfreiheit gem. § 6 Abs. 2 EStG nicht in Anspruch genommen werden. **4**

Die von der übertragenden eG gem. § 6 b Abs. 3 S. 1 und 6 EStG gebildete, in der steuerlichen Schlußbilanz enthaltene **Rücklage** ist von der übernehmenden eG gem. § 12 Abs. 3 UmwStG fortzuführen. Die Fristen für die gewinnerhöhende Auflösung der Rücklage beginnen mit dem Schluß des Wirtschaftsjahres zu laufen, in dem die Rücklage von der übertragenden eG gebildet wurde. **5**

Nach § 12 Abs. 3 S. 2 UmwStG geht ein verbleibender Verlustabzug von der übertragenden eG auf die übernehmende eG über. Er kann nur als Verlustausgleich und als Verlustvortrag, nicht aber auch als Rücktrag genutzt werden. Voraussetzung ist, daß die übertragende eG ihren Geschäftsbetrieb im Zeitpunkt der Eintragung des Vermögensübergangs in das Genossenschaftsregister noch nicht eingestellt hatte. **6**

## § 23

## Schutz der Inhaber von Sonderrechten

**Den Inhabern von Rechten in einem übertragenden Rechtsträger, die kein Stimmrecht gewähren, insbesondere den Inhabern von Anteilen ohne Stimmrecht, von Wandelschuldverschreibungen, von Gewinnschuldverschreibungen und von Genußrechten, sind gleichwertige Rechte in dem übernehmenden Rechtsträger zu gewähren.**

Bei der eG kommen in der Praxis allenfalls Gewinnschuldverschreibungen und Genußrechte in Frage. Es besteht für die übernehmende eG die **1**

Verpflichtung, gleichwertige Rechte den Inhabern der bisherigen Rechte zu gewähren.

## § 24
## Wertansätze des übernehmenden Rechtsträgers

**In den Jahresbilanzen des übernehmenden Rechtsträgers können als Anschaffungskosten im Sinne des § 253 Abs. 1 des Handelsgesetzbuchs auch die in der Schlußbilanz eines übertragenden Rechtsträgers angesetzten Werte angesetzt werden.**

### I. Bilanzkontinuität

1 Durch diese Vorschrift wird eine willkürliche Bewertung der Vermögensgegenstände der übertragenden eG durch die übernehmende eG verhindert. Zum Zwecke der **Bilanzkontinuität** ist die übernehmende eG gezwungen, an den in der Schlußbilanz der übertragenden eG angesetzten Werten festzuhalten. Insbesond. kann die übernehmende eG keinen höheren Bilanzwert ansetzen. Die Ansetzung niedrigerer Bilanzwerte ist nur zulässig, wenn dies durch entsprechende Bilanzierungsgrundsätze gerechtfertigt ist (vgl. die Erl. zu § 33 GenG; zur Höher- oder Niedrigbewertung der Geschäftsguthaben, zu ihrer bilanz- und steuerrechtlichen Behandlung sowie zur bilanz- und steuerrechtlichen Behandlung barer Zuzahlungen vgl. ausführlich *Schlarb*, S. 55 f; vgl. auch *Müller*, § 93 g Rdn. 2–5; *Riebandt-Korfmacher*, Form. 2.431, Anm. 11, 15, 16).

### II. Steuerliche Folgen

2 Zur Besteuerung bei der Verschmelzung vgl. ausführlich *Doetsch*, Das neue Umw-Steuerrecht Anh. UmwStG Anm. 131 ff, 148. Steuerlich sieht § 12 Abs. 3 UmwStG den **Eintritt in die Rechtsstellung** der übertragenden eG für die dort aufgezählten Merkmale für den Fall vor, daß ein Wirtschaftsgut in der steuerlichen Schlußbilanz der übertragenden eG nicht nach § 1 Abs. 1 UmwStG mit dem Teilwert bzw. mit dem auf das Wirtschaftsgut entfallenden Teil der Gegenleistung angesetzt ist. Die übernehmende eG tritt hinsichtlich der in § 12 Abs. 3 UmwStG genannten steuerlichen Merkmale und Voraussetzungen, dir für die Ermittlung des laufenden Gewinns von Bedeutung sind, in vollem Umfang in die Rechtsstellung der Übertragerin ein. Dies hat folgende Auswirkungen:

3 Hat die übertragende eG für Wirtschaftsgüter die lineare Absetzung für Abnutzung gewählt, so kann die übernehmende eG hinsichtlich derselben Wirtschaftsgüter nicht zur **Abschreibung** in fallenden Jahresbeträgen über-

gehen. Hat die übertragende eG ein Wirtschaftsgut degressiv abgeschrieben, so muß die Übernehmerin mit dem von der übertragenden eG zugrunde gelegten Hundertsatz, ausgehend von dem in der steuerlichen Schlußbilanz ausgewiesenen Buchwert, die Abschreibung fortsetzen. Sie kann jedoch zur linearen Absetzung für Abnutzung übergehen. Ebenso ist die übernehmende eG an die von der übertragenden eG angenommene betriebsgewöhnliche Nutzungsdauer gebunden, es sei denn, daß die für die Schätzung maßgebenden Verhältnisse sich geändert haben.

## § 25
## Schadenersatzpflicht der Verwaltungsträger der übertragenden Rechtsträger

**(1) Die Mitglieder des Vertretungsorgans und, wenn ein Aufsichtsorgan vorhanden ist, des Aufsichtsorgans eines übertragenden Rechtsträgers sind als Gesamtschuldner zum Ersatz des Schadens verpflichtet, den dieser Rechtsträger, seine Anteilsinhaber oder seine Gläubiger durch die Verschmelzung erleiden. Mitglieder der Organe, die bei der Prüfung der Vermögenslage der Rechtsträger und beim Abschluß des Verschmelzungsvertrags ihre Sorgfaltspflicht beachtet haben, sind von der Ersatzpflicht befreit.**

**(2) Für diese Ansprüche sowie weitere Ansprüche, die sich für und gegen den übertragenden Rechtsträger nach den allgemeinen Vorschriften auf Grund der Verschmelzung ergeben, gilt dieser Rechtsträger als fortbestehend. Forderungen und Verbindlichkeiten vereinigen sich insoweit durch die Verschmelzung nicht.**

**(3) Die Ansprüche aus Absatz 1 verjähren in fünf Jahren seit dem Tage, an dem die Eintragung der Verschmelzung in das Register des Sitzes des übernehmenden Rechtsträgers nach § 19 Abs. 3 als bekanntgemacht gilt.**

§ 25 UmwG begründet für die Mitglieder des Vorstands und Aufsichtsrats der übertragenden eG eine besondere Schadenersatzpflicht den Mitgliedern und den Gläubigern der übertragenden eG gegenüber. Diese Regelung ist an § 349 AktG angelehnt. Sie stellt, soweit sie eine Schadenersatzpflicht den Gläubigern gegenüber begründet, einen dem bisherigen Recht gegenüber **erweiterten Gläubigerschutz** dar, der den Gläubigern einen entsprechenden Ausgleich für den Fortfall der getrennten Vermögensverwaltung und die Einschränkung ihres Anspruchs auf Sicherheitsleistungen bietet. § 34 GenG gilt nicht, insbesond. sind die Mitglieder und Gläubiger der übertragenden eG hinsichtlich ihrer Regreßansprüche nicht auf die Geltendmachung gegenüber der übertragenden eG beschränkt, sondern können sich nach § 25 UmwG an die Organmitglieder unmittelbar wenden. **1**

Auch tritt nicht – wie in § 34 Abs. 4 GenG – eine Haftungsbefreiung durch einen entsprechenden GV-Beschluß – insbesond. durch den Verschmelzungsbeschluß – der übertragenden eG ein (vgl. *Müller*, § 93 n Rdn. 8).

## I. Ansprüche nach Verschmelzung

**2** Es muß durch die Verschmelzung den Mitgliedern oder den Gläubigern ein Schaden entstanden sein. Hierzu zählt jeder Vermögensnachteil, der unmittelbare Folge der Verschmelzung ist, z. B. längere Transportwege, geringere (wegen Vermögensverluste der übernehmenden eG) Geschäftsguthaben bei der übernehmenden eG. Entsprechendes gilt für die Gläubiger der übertragenden eG, z. B. längere Transportwege bei Dauerlieferungsverträgen. Auch können sie dadurch geschädigt sein, daß nach vollzogener Verschmelzung ihnen nicht mehr so viel Vermögen haftet, wie vor der Verschmelzung (hierzu *Meyer/Meulenbergh/Beuthien*, § 93 n Rdn. 6).

**3** Neben dem Schaden ist jedoch Voraussetzung für einen Schadenersatzanspruch ein **Verschulden** der Organmitglieder; dieses Verschulden muß im Hinblick auf den bei den Mitgliedern bzw. den Gläubigern eingetretenen Schaden vorliegen. Die Beweislast ist jedoch – wie in § 34 GenG – dahin geregelt, daß das geschädigte Mitglied oder der geschädigte Gläubiger nur den Eintritt eines Schadens durch die Verschmelzung zu beweisen hat, während die Organmitglieder sich dadurch von der Ersatzpflicht befreien können, daß sie ihrerseits nachweisen, sie hätten bei der Prüfung der Vermögenslage beider eG und beim Abschluß des Verschmelzungsvertrags ihre Sorgfaltspflicht beobachtet. Es handelt sich um denselben Sorgfaltsbegriff wie in § 34 Abs. 1 (vgl. die dortigen Erl.). Dieser Gegenbeweis kann am ehesten mit Hilfe des Prüfungsgutachtens des Prüfungsverbands nach § 81 UmwG geführt werden, wenn dieses Gutachten ohne eigene Pflichtverletzung des Prüfungsverbands die Verschmelzung positiv beurteilt hat und Vorstand und Aufsichtsrat dementsprechend gehandelt haben. Hinsichtlich des Maßstabs für Sorgfaltspflichten vgl. die Erl. zu § 34 und die dort ausführlich wiedergegebene Rechtsprechung). Kein Ersatzanspruch der Mitglieder, z. B. wegen längerer Transportwege oder geringeren Geschäftsguthabens, wenn die Verschmelzung im Interesse der übertragenden eG und ihrer Mitglieder liegt, da es der Sorgfaltspflicht entspricht, diesen Interessen den Vorrang vor dem Einzelinteresse eines Mitglieds – das im übrigen der Treuebindung gegenüber der Genossenschaft unterliegt (hierzu § 18 GenG Rdn. 50 ff) – einräumt. Im übrigen ist die Ausführung eines mit $^{3}/_{4}$-Mehrheit in der GV gefaßten Verschmelzungsbeschlusses in aller Regel eine pflichtgemäße Erfüllung von Organaufgaben, so daß deshalb nach Abs. 1 Satz 2 eine Ersatzpflicht entfällt, sofern der Vorstand die GV auf eventuelle Interessenbeeinträchtigungen hingewiesen hat (*Müller*,

§ 93 n Rdn. 5). Dieselben Gesichtspunkte müssen gelten, wenn es um Schadenersatzansprüche von Gläubigern der übertragenden eG geht; anderenfalls würde über § 25 UmwG eine Beeinträchtigung der autonomen unternehmerischen Entscheidung der eG möglich sein.

Von § 25 UmwG bleiben **andere Ansprüche** der Mitglieder und der Genossenschaftsgläubiger gegen die Organmitglieder (z. B. aus §§ 823 f BGB) unberührt; auch können Ersatzansprüche gegen die übertragende eG selbst bestehen, für die die übernehmende eG als Gesamtrechtsnachfolgerin einzutreten hat (vgl. hierzu *Müller*, § 93 n Rdn. 11 ff). Die Ansprüche der übertragenden eG selbst, z. B. alle aus der Verschmelzung folgenden Schäden, gegen ihre Organmitglieder richten sich nach §§ 34, 41 sowie den allgemeinen Vorschriften, z. B. §§ 823 f BGB. Der Schaden kann z. B. darin liegen, daß die übernehmende eG die ihr übertragenen Vermögenswerte nicht in gleichem Werte in Form von Geschäftsguthaben und baren Zuzahlungen an die Mitglieder der übertragenden eG ausgleicht. Dem steht nicht entgegen, daß ein Mitglied grundsätzlich keinen Anspruch auf einen Teil der Reserven hat; maßgeblich ist, worauf *Müller* (§ 93 n Rdn. 3) zu Recht hinweist, daß das Vermögen der übertragenden eG ihren Mitgliedern insgesamt zustand und über die Auflösung der eG das Reinvermögen an die Mitglieder hätte verteilt werden können. Erfolgt ein Verschmelzungsbeschluß trotz entsprechender Hinweise, so verletzen die Organmitglieder ihre Sorgfaltspflichten nicht, wenn sie diesen Beschluß ausführen. Diese Ansprüche werden analog §§ 25 Abs. 2, 26 UmwG geltend gemacht. Zu den verschiedenen Schadenersatzansprüchen, den Anspruchsstellern und Anspruchsgegnern vgl. ausführlich *Schlarb*, S. 282 f. **4**

Nach Abs. 3 **verjähren** die Ersatzansprüche in 5 Jahren seit der Eintragung der Verschmelzung in das Genossenschaftsregister des Sitzes der übernehmenden eG. **5**

## II. Ansprüche vor der Verschmelzung

Der übertragenden eG haften Organmitglieder, die bei der Vorbereitung und Durchführung der Verschmelzung ihre Sorgfaltspflichten verletzen, nach §§ 34, 41 GenG. Daneben bestehen Ansprüche wegen positiver Verletzung des Anstellungsvertrags sowie Ansprüche nach den allgemeinen Vorschriften, z. B. §§ 823 f BGB. Auch können Ansprüche der übertragenden eG gegen die übernehmende eG bestehen aus Verschulden bei Vertragsabschluß oder wegen Verletzung des Verschmelzungsvertrags sowie z. B. aus unerlaubter Handlung ihrer Organmitglieder. Für die Geltendmachung dieser Ansprüche gilt die übertragende eG als fortbestehend; es finden §§ 25, 26 UmwG analog Anwendung (a. A. *Meyer/Meulenbergh/Beuthien*, § 93 n Rdn. 2). **6**

7 Mitglieder und Gläubiger der übertragenden eG haben wegen Verletzungshandlungen, die vor der Eintragung lagen, Ansprüche aus § 823 Abs. 2 BGB i. V. m. §§ 147 ff GenG, 266 StGB sowie aus § 826 BGB. Daneben tritt ggfs. der Anspruch aus § 34 Abs. 3 GenG.

8 Die übertragende eG sowie ihre Mitglieder und Gläubiger haben, wenn der Prüfungsverband seine Sorgfaltspflichten im Zusammenhang mit der Verschmelzung verletzt, ggfs. gegen diesen Regreßansprüche aus § 823 Abs. 2 BGB i. V. m. §§ 150, 151 GenG, sowie aus § 826 BGB, die eG zusätzlich aus positiver Vertragsverletzung. Die Ansprüche der übertragenden eG werden analog § 26 UmwG geltend gemacht.

## § 26
## Geltendmachung des Schadenersatzanspruchs

**(1) Die Ansprüche nach § 25 Abs. 1 und 2 können nur durch einen besonderen Vertreter geltend gemacht werden. Das Gericht des Sitzes eines übertragenden Rechtsträgers hat einen solchen Vertreter auf Antrag eines Anteilsinhabers oder eines Gläubigers dieses Rechtsträgers zu bestellen. Gläubiger sind nur antragsberechtigt, wenn sie von dem übernehmenden Rechtsträger keine Befriedigung erlangen können. Gegen die Entscheidung findet die sofortige Beschwerde statt.**

**(2) Der Vertreter hat unter Hinweis auf den Zweck seiner Bestellung die Anteilsinhaber und Gläubiger des betroffenen übertragenden Rechtsträgers aufzufordern, die Ansprüche nach § 25 Abs. 1 und 2 binnen einer angemessenen Frist, die mindestens einen Monat betragen soll, anzumelden. Die Aufforderung ist im Bundesanzeiger und, wenn der Gesellschaftsvertrag, die Satzung oder das Statut andere Blätter für die öffentlichen Bekanntmachungen des übertragenden Rechtsträgers bestimmt hatte, auch in diesen Blättern bekanntzumachen.**

**(3) Der Vertreter hat den Betrag, der aus der Geltendmachung der Ansprüche eines übertragenden Rechtsträgers erzielt wird, zur Befriedigung der Gläubiger dieses Rechtsträgers zu verwenden, soweit die Gläubiger nicht durch den übernehmenden Rechtsträger befriedigt oder sichergestellt sind. Für die Verteilung gelten die Vorschriften über die Verteilung, die im Falle der Abwicklung eines Rechtsträgers in der Rechtsform des übertragenden Rechtsträgers anzuwenden sind, entsprechend. Gläubiger und Anteilsinhaber, die sich nicht fristgemäß gemeldet haben, werden bei der Verteilung nicht berücksichtigt.**

**(4) Der Vertreter hat Anspruch auf Ersatz angemessener barer Auslagen und auf Vergütung für seine Tätigkeit. Die Auslagen und die Vergütung setzt das Gericht fest. Es bestimmt nach den gesamten Verhältnissen des einzelnen Falles nach freiem Ermessen, in welchem Umfange**

**die Auslagen und die Vergütung von beteiligten Anteilsinhabern und Gläubigern zu tragen sind. Gegen die Entscheidung findet die sofortige Beschwerde statt; die weitere Beschwerde ist ausgeschlossen. Aus der rechtskräftigen Entscheidung findet diese Zwangsvollstreckung nach der Zivilprozeßordnung statt.**

Diese Vorschrift ist abschließend. Die Klage eines Mitglieds oder eines **1**
Gläubigers ohne einen besonderen Vertreter ist unzulässig.

Zuständig für die Bestellung des besonderen Vertreters ist das Amtsge- **2**
richt am Sitz der übertragenden eG.

Antragsberechtigt sind die Personen, die zum Zeitpunkt der Verschmel- **3**
zung Mitglieder sind, daneben Gläubiger der übertragenden eG, die keine volle Befriedigung erlangen konnten bzw. entgegen § 22 UmwG keine oder keine genügende Sicherheit erhielten. Die Gläubiger müssen jedoch schlüssig vortragen, daß sie keine Befriedigung erlangen konnten. Ein Zwangsvollstreckungsversuch ist hierfür nicht erforderlich. Zum Anmeldeverfahren, zur Geltendmachung der Ansprüche und Erlösverteilung sowie zur Vergütung und Auslagenersatz s. ausführlich *Dehmer*, UmwG, § 26 Rdn. 17 ff.

## § 27
## Schadenersatzpflicht der Verwaltungsträger des übernehmenden Rechtsträgers

**Ansprüche auf Schadenersatz, die sich auf Grund der Verschmelzung gegen ein Mitglied des Vertretungsorgans oder, wenn ein Aufsichtsorgan vorhanden ist, des Aufsichtsorgans des übernehmenden Rechtsträgers ergeben, verjähren in fünf Jahren seit dem Tage, an dem die Eintragung der Verschmelzung in das Register des Sitzes des übernehmenden Rechtsträgers nach § 19 Abs. 3 als bekanntgemacht gilt.**

Für Schadenersatzansprüche gegen Vorstand und Aufsichtsrat der **über- 1**
**nehmenden** eG aufgrund der Verschmelzung gelten die allgemeinen Vorschriften der §§ 34, 41 (vgl. die dortigen Erl.), da diese eG fortbesteht.

Für die Verjährung dieser Ansprüche stellt § 27 UmwG lediglich klar, **2**
daß die **Verjährungsfrist** von 5 Jahren mit der Eintragung der Verschmelzung in das Genossenschaftsregister des Sitzes der übernehmenden eG beginnt.

**Unmittelbare** Ansprüche gegen die Organmitglieder bestehen nur im **3**
Rahmen der §§ 34, 41 bzw. im Rahmen deliktsrechtlicher Tatbestände (vgl. § 34 GenG Rdn. 158 ff).

## § 28
## Unwirksamkeit des Verschmelzungsbeschlusses eines übertragenden Rechtsträgers

**Nach Eintragung der Verschmelzung in das Register des Sitzes des übernehmenden Rechtsträgers ist eine Klage gegen die Wirksamkeit des Verschmelzungsbeschlusses eines übertragenden Rechtsträgers gegen den übernehmenden Rechtsträger zu richten.**

**1** Für Mängel der Verschmelzungsbeschlüsse gelten nicht die einschlägigen BGB-Vorschriften, sondern die **allgemeinen Regeln**, die für fehlerhafte GV-Beschlüsse aufgestellt worden sind (BayObLG, ZfG 1960, 268 mit zust. Anm. *Schnorr von Carolsfeld*; *Schubert/Steder*, § 93 p und q Rdn. 5; *Schultze*, S. 60); wegen der einzelnen Anfechtungs- und Nichtigkeitsgründe vgl. deshalb Erl. zu § 51. In § 28 ist geregelt, daß nach Wirksamwerden der Verschmelzung eine Anfechtung des Verschmelzungsbeschlusses der übertragenden eG gegen die übernehmende eG zu richten ist; diese ist also passiv legitimiert.

**2** Die Anfechtungs- und Nichtigkeitsgründe können nicht nur nach der Eintragung der Verschmelzung (hierauf bezieht sich der Wortlaut des § 28 UmwG), sondern naturgemäß auch bereits **vor Eintragung** der Verschmelzung geltend gemacht werden, wobei auf die Anfechtung die allgemeinen Regeln Anwendung finden (vgl. Erl. zu § 51 GenG; *Schlarb*, S. 239 m. w. N.). Die Nichtigkeit kann allerdings in analoger Anwendung des § 242 Abs. 2 AktG nicht mehr geltend gemacht werden, wenn seit Eintragung der Verschmelzung drei Jahre vergangen sind (vgl. *Schlarb*, S. 243 und ihm folgend *Müller*, § 93 q Rdn. 3).

**3** Über den Wortlaut des § 28 UmwG hinaus ist die **Passivlegitimation** der übernehmenden eG nicht nur hinsichtlich der Klageerhebung gegeben, sondern auch hinsichtlich der gesamten Durchführung des Rechtsstreits.

**4** Die **Aktivlegitimation** hinsichtlich der Anfechtungs- und Nichtigkeitsklage liegt bei den ehemaligen Mitgliedern der übertragenden eG, deren Mitgliedschaft insoweit als fortbestehend gilt. Hierzu zählen auch die Mitglieder, die nach § 90 UmwG gekündigt haben. Die übernehmende eG wird entgegen § 51 GenG Abs. 3 S. 2 vom Vorstand allein und nicht vom Vorstand zusammen mit dem Aufsichtsrat vertreten, da es sich nicht um einen eigenen Beschluß der übernehmenden eG handelt (wie hier *Schlarb*, S. 247, 249).

**5** Hinsichtlich der Geltendmachung der Nichtigkeit des Verschmelzungsbeschlusses der **übernehmenden** eG gibt es keine Besonderheiten; es gilt die Vorschrift des § 249 AktG analog.

**6** Die Nichtigkeit des Verschmelzungsbeschlusses macht die Verschmelzung unwirksam. Es findet jedoch keine Entschmelzung statt (§ 20 Abs. 2 UmwG). Der Kläger kann Schadenersatzansprüche geltend machen (geringeres Geschäftsguthaben bei der übernehmenden eG), diese dürften jedoch selten materiell gegeben sein.

## § 29
## Abfindungsangebot im Verschmelzungsvertrag

**(1) Bei der Verschmelzung eines Rechtsträgers im Wege der Aufnahme durch einen Rechtsträger anderer Rechtsform hat der übernehmende Rechtsträger im Verschmelzungsvertrag oder in seinem Entwurf jeden Anteilsinhaber, der gegen den Verschmelzungsbeschluß des übertragenden Rechtsträgers Widerspruch zur Niederschrift erklärt, den Erwerb seiner Anteile oder Mitgliedschaften gegen eine angemessene Barabfindung anzubieten; § 71 Abs. 4 Satz 2 des Aktiengesetzes ist insoweit nicht anzuwenden. Das gleiche gilt, wenn durch die Verschmelzung von Rechtsträgern derselben Rechtsform Anteile an dem übertragenden Rechtsträger durch Anteile an dem übernehmenden Rechtsträger ersetzt werden, die in dem Gesellschaftsvertrag, der Satzung oder dem Statut des übernehmenden Rechtsträgers Verfügungsbeschränkungen unterworfen sind. Kann der übernehmende Rechtsträger auf Grund seiner Rechtsform eigene Anteile oder Mitgliedschaften nicht erwerben, so ist die Barabfindung für den Fall anzubieten, daß der Anteilsinhaber sein Ausscheiden aus dem Rechtsträger erklärt. Eine erforderliche Bekanntmachung des Verschmelzungsvertrags oder seines Entwurfs als Gegenstand der Beschlußfassung muß den Wortlaut dieses Angebots enthalten. Der übernehmende Rechtsträger hat die Kosten für eine Übertragung zu tragen.**

**(2) Dem Widerspruch zur Niederschrift im Sinne des Absatzes 1 steht es gleich, wenn ein nicht erschienener Anteilsinhaber zu der Versammlung der Anteilsinhaber zu Unrecht nicht zugelassen worden ist oder die Versammlung nicht ordnungsgemäß einberufen oder der Gegenstand der Beschlußfassung nicht ordnungsgemäß bekanntgemacht worden ist.**

Gilt nicht wegen § 90 UmwG.

## § 30
## Inhalt des Anspruchs auf Barabfindung und Prüfung der Barabfindung

**(1) Die Barabfindung muß die Verhältnisse des übertragenden Rechtsträgers im Zeitpunkt der Beschlußfassung über die Verschmel-**

**zung berücksichtigen. § 15 Abs. 2 ist auf die Barabfindung entsprechend anzuwenden.**

**(2) Die Angemessenheit einer anzubietenden Barabfindung ist stets durch die Verschmelzungsprüfer zu prüfen. Die §§ 10 bis 12 sind entsprechend anzuwenden. Die Berechtigten können auf die Prüfung oder den Prüfungsbericht verzichten; die Verzichtserklärungen sind notariell zu beurkunden.**

Gilt nicht wegen § 90 UmwG.

### § 31
### Annahme des Angebots

**Das Angebot nach § 29 kann nur binnen zwei Monaten nach dem Tage angenommen werden, an dem die Eintragung der Verschmelzung in das Register des Sitzes des übernehmenden Rechtsträgers nach § 19 Abs. 3 als bekanntgemacht gilt. Ist nach § 34 ein Antrag auf Bestimmung der Barabfindung durch das Gericht gestellt worden, so kann das Angebot binnen zwei Monaten nach dem Tage angenommen werden, an dem die Entscheidung im Bundesanzeiger bekanntgemacht worden ist.**

Gilt nicht wegen § 90 UmwG.

### § 32
### Ausschluß von Klagen gegen den Verschmelzungsbeschluß

**Eine Klage gegen die Wirksamkeit des Verschmelzungsbeschlusses eines übertragenden Rechtsträgers kann nicht darauf gestützt werden, daß das Angebot nach § 29 zu niedrig bemessen oder daß die Barabfindung im Verschmelzungsvertrag nicht oder nicht ordnungsgemäß angeboten worden ist.**

Gilt nicht wegen § 90 UmwG.

### § 33
### Anderweitige Veräußerung

**Einer anderweitigen Veräußerung des Anteils durch den Anteilsinhaber binnen der in § 31 bestimmten Frist stehen Verfügungsbeschränkungen in Gesellschaftsverträgen, Satzungen oder Statuten des übertragenden Rechtsträgers nicht entgegen.**

Gilt nicht wegen § 90 UmwG.

### § 34
### Gerichtliche Nachprüfung der Abfindung

**Macht ein Anteilsinhaber geltend, daß eine im Verschmelzungsvertrag oder in seinem Entwurf bestimmte Barabfindung, die ihm nach § 29 anzubieten war, zu niedrig bemessen sei, so hat auf seinen Antrag das Gericht die angemessene Barabfindung zu bestimmen. Das gleiche gilt, wenn die Barabfindung nicht oder nicht ordnungsgemäß angeboten worden ist.**

Gilt nicht wegen § 90 UmwG.

### § 35
### Bezeichnung unbekannter Aktionäre

**Unbekannte Aktionäre einer übertragenden Aktiengesellschaft oder Kommanditgesellschaft auf Aktien sind im Verschmelzungsvertrag, bei Anmeldungen zur Eintragung in ein Register oder bei der Eintragung in eine Liste von Anteilsinhabern durch die Angabe ihrer Aktienurkunden sowie erforderlichenfalls des auf die Aktie entfallenden Anteils zu bezeichnen, soweit eine Benennung der Anteilsinhaber für den übernehmenden Rechtsträger gesetzlich vorgeschrieben ist. Werden solche Anteilsinhaber später bekannt, so sind Register oder Listen von Amts wegen zu berichtigen.**

Die Vorschrift erfaßt nur den Fall, daß eine AG oder eine KG aA als übertragender Rechtsträger an einer Verschmelzung beteiligt ist. **1**

Ist übernehmender Rechtsträger eine eG, so gilt für sie Satz 2 wegen § 30 GenG (siehe die dortigen Erl.). **2**

## Dritter Abschnitt. Verschmelzung durch Neugründung

### § 36
### Anzuwendende Vorschriften

**(1) Auf die Verschmelzung durch Neugründung sind die Vorschriften des Zweiten Abschnitts mit Ausnahme des § 16 Abs. 1 und des § 27 entsprechend anzuwenden. An die Stelle des übernehmenden Rechtsträgers tritt der neue Rechtsträger, an die Stelle der Eintragung der Verschmelzung in das Register des Sitzes des übernehmenden Rechtsträgers tritt die Eintragung des neuen Rechtsträgers in das Register.**

**(2) Auf die Gründung des neuen Rechtsträgers sind die für dessen Rechtsform geltenden Gründungsvorschriften anzuwenden, soweit sich aus diesem Buch nichts anderes ergibt. Den Gründern stehen die über-**

**tragenden Rechtsträger gleich. Vorschriften, die für die Gründung eine Mindestzahl der Gründer vorschreiben, sind nicht anzuwenden.**

## I. Allgemeines

1 Die Vorschrift läßt – in Anlehnung an § 353 AktG – die Verschmelzung durch Neubildung neben der Verschmelzung durch Übertragung zu. Das Gesetz entspricht damit einem Bedürfnis der Praxis, weil verschiedentlich Unternehmen, bei denen eine Verschmelzung sinnvoll wäre, nicht bereit waren, sich von anderen Unternehmen aufnehmen zu lassen. Daneben erleichtert § 36 UmwG die Möglichkeit, eine größere Zahl von Unternehmen zu einem Unternehmen zu verschmelzen. Da in der genossenschaftlichen Praxis allenfalls eine Verschmelzung durch **Neugründung einer eG** vorgenommen wird, konzentriert sich die Kommentierung im folgenden auf diesen Fall.

2 Die Verschmelzung durch Neubildung führt jedoch grundsätzlich zu einer höheren **steuerlichen Belastung**, da die Werte aller beteiligten eG übertragen werden und der Steuer unterliegen (z. B. Umsatzsteuer, Grunderwerbssteuer). Aus diesem Grunde ist von der Möglichkeit der Verschmelzung durch Neubildung bisher nur in seltenen Ausnahmefällen Gebrauch gemacht worden.

3 Die übertragenden eG müssen nicht mehr die gleiche Haftart haben. Auch die neu gebildete eG kann eine abweichende Haftart haben, insbes. auch die Nachschußpflicht ganz ausschließen.

## II. Gründung der neuen Genossenschaft

4 Hinsichtlich der **Gründung** der neu gebildeten eG gelten die §§ 1–16, soweit sich aus dem 2. Buch (Verschmelzung) des UmwG nichts Abweichendes ergibt. Die neu gebildete eG wird gegründet von den übertragenden eG selbst, nicht von deren Vorstandsmitgliedern oder gar deren Mitgliedern. Allerdings muß die Satzung der neu gebildeten eG von allen Vorstandsmitgliedern der übertragenden eG unterzeichnet werden; auch sind die zusätzlichen Gründungsakte von sämtlichen Vorständen der sich vereinigenden eG vorzunehmen.

5 Die Maßnahmen der Vorstände der an der Verschmelzung beteiligten eG haben jedoch nur vorläufigen Charakter. Sie bedürfen nach § 13 UmwG der **Zustimmung** der GV der sich vereinigenden eG. Es handelt sich hierbei also nicht um die Beschlußfassung der GV der neuen eG, sondern um eine Zustimmung der GV der an der Verschmelzung beteiligten eG. Falls der Vorstand nach der Satzung der neuen eG nicht von der GV, sondern

z. B. vom Aufsichtsrat bestellt wird, bedarf dessen Bestellung nicht der Zustimmung der GV.

Da bei der Verschmelzung durch Neubildung die sich vereinigenden eG erlöschen, können auch die **Organe** dieser eG im Amt bleiben. Aus diesem Grunde haben die Vorstände der sich vereinigenden eG vor der Eintragung die Satzung der neuen eG aufzustellen, den Aufsichtsrat zu wählen und ggfs., sofern die Satzung nichts Abweichendes regelt, den ersten Vorstand zu bestellen. Wenn, wie in der Praxis weitgehend üblich, nach der Satzung der Vorstand durch den Aufsichtsrat bestellt wird, hat der neue Aufsichtsrat auch den Vorstand der eG zu bestellen. **6**

Die durch Verschmelzung neu gebildete eG kann die **Firma** einer der verschmolzenen eG übernehmen; die neue Firma kann auch eine Zusammensetzung von Bestandteilen der Firma der übertragenden eG sein. Der Grundsatz der Firmenklarheit (§ 30 HGB) steht dem nicht entgegen, er gebietet nur, daß sich die neue Firma von „bestehenden“ und in das Register eingetragenen Firmen unterscheiden muß. **7**

## III. Wirksamwerden der Verschmelzung

Die Verschmelzung wird wirksam mit der Eintragung in das Genossenschaftsregister am Sitz der neuen eG. Demgemäß sind alle Rechtsfolgen an die Eintragung der neuen eG geknüpft, insbesond. geht das Vermögen der an der Verschmelzung beteiligten eG mit Eintragung der neuen eG auf diese über **(Gesamtrechtsnachfolge)**; erwerben die Mitglieder der sich vereinigenden eG zu diesem Zeitpunkt die Mitgliedschaft bei der neuen eG mit allen Rechten und Pflichten, erlöschen die sich vereinigten eG mit der Eintragung, ohne daß es einer besonderen Löschung im Register bedarf. **8**

Die Gesamtrechtsnachfolge erstreckt sich jedoch nicht auf die **Erlaubnis nach § 32 Abs. 1 KWG**, Bankgeschäfte zu betreiben, da diese nicht übertragbar ist. Die neu gebildete eG muß die Erteilung einer Erlaubnis beantragen (Schreiben des BAK vom 26. 9. 1973 – IV. 12.01 an den BVR; kritisch hierzu *Reischauer/Kleinhans*, KWG, § 32 Rdn. 12). **9**

## § 37
### Inhalt des Verschmelzungsvertrags

**In dem Verschmelzungsvertrag muß der Gesellschaftsvertrag, die Satzung oder das Statut des neuen Rechtsträgers enthalten sein oder festgestellt werden.**

In § 93 s GenG a. F. war die in § 37 UmwG enthaltene Verpflichtung nicht vorgesehen. Durch § 37 UmwG wird für die Verschmelzung durch **1**

Neugründung der zwingende Inhalt des Verschmelzungsvertrags (§ 5 UmwG) entsprechend erweitert.

2 Eine unmittelbare Aufnahme der Satzung in den Verschmelzungsvertrag ist nicht notwendig; es genügt ein Hinweis im Verschmelzungsvertrag auf die Satzung als beigefügte Anlage (§ 9 Abs. 1 S. 2 BeurkG). Damit bedarf auch die Satzung der notariellen Beurkundung, jedoch nur die im Verschmelzungsvertrag enthaltene Fassung der Satzung, nicht spätere Änderungen; für diese gilt § 16 GenG mit Verweisung auf die jeweilige Satzungsregelung.

### § 38
### Anmeldung der Verschmelzung und des neuen Rechtsträgers

**(1) Die Vertretungsorgane jedes der übertragenden Rechtsträger haben die Verschmelzung zur Eintragung in das Register des Sitzes ihres Rechtsträgers anzumelden.**

**(2) Die Vertretungsorgane aller übertragenden Rechtsträger haben den neuen Rechtsträger bei dem Gericht, in dessen Bezirk er seinen Sitz haben soll, zur Eintragung in das Register anzumelden.**

1 § 38 UmwG tritt an die Stelle von § 16 Abs. 1 UmwG. Ein Handeln der Vorstandsmitglieder der neuen eG ist nicht mehr erforderlich.

2 Die Vorstandsmitglieder der übertragenden eG haben die Negativerklärung nach § 36 Abs. 1 i. V. m. § 16 Abs. 2 UmwG abzugeben und der Anmeldung die in § 17 UmwG bestimmten Anlagen sowie nach § 37 UmwG die Satzung beizufügen.

3 Die Reihenfolge der Eintragungen (§ 19 UmwG) bleibt unverändert.

## Fünfter Abschnitt. Verschmelzung unter Beteiligung eingetragener Genossenschaften

## Erster Unterabschnitt. Verschmelzung durch Aufnahme

### § 79
### Möglichkeit der Verschmelzung

**Ein Rechtsträger anderer Rechtsform kann im Wege der Aufnahme mit einer eingetragenen Genossenschaft nur verschmolzen werden, wenn eine erforderliche Änderung des Statuts der übernehmenden Genossenschaft gleichzeitig mit der Verschmelzung beschlossen wird.**

1 Diese Vorschrift eröffnet nunmehr auch die Verschmelzung von Rechtsträgern anderer Rechtsformen auf eine eG. § 79 UmwG erweitert § 93 a Abs. 1 GenG a. F. erheblich.

Entgegen § 93 a Abs. 2 GenG a. F. ist nicht mehr erforderlich, daß die sich verschmelzenden eG's die gleiche Haftart besitzen (§ 36 UmwG Rdn. 3). **2**

Nicht möglich ist eine Verschmelzung mit einem genossenschaftlichen Prüfungsverband (§ 105 UmwG) sowie die Verschmelzung einer eG auf einen eV (§ 99 Abs. 2 UmwG). Gleiches gilt für eine Verschmelzung mit einem VV a. G. (§ 109) sowie auf einen Alleingesellschafter (§§ 120–122 UmwG). **3**

Die Verpflichtung zur Satzungsänderung des § 79 UmwG gilt begrifflich nur für die Verschmelzung anderer Rechtsträger auf eine übernehmende eG. Die Satzung muß bei Verschmelzung einer Kapitalgesellschaft auf eine eG bereits wegen § 88 Abs. 1 i. V. m. § 20 Abs. 1 Nr. 1 UmwG – auch im Hinblick auf § 7 a Abs. 1 GenG – geändert werden. **4**

Wegen der nach § 88 UmwG notwendigen Umwandlung der Reserven in Geschäftsguthaben wird die Verschmelzung einer Kapitalgesellschaft auf eine eG der Ausnahmefall bleiben. Deshalb wird im folgenden **schwerpunktmäßig der Fall der Verschmelzung zweier eG kommentiert.** Wegen der verschiedenen Möglichkeiten der Beteiligung einer eG an einer Verschmelzung *Bayer* in Lutter u. a., UmwG, § 79 Rdn. 6. **5**

## § 80

### Inhalt des Verschmelzungsvertrags bei Aufnahme durch eine Genossenschaft

**(1) Der Verschmelzungsvertrag oder sein Entwurf hat bei Verschmelzungen im Wege der Aufnahme durch eine eingetragene Genossenschaft für die Festlegung des Umtauschverhältnisses der Anteile (§ 5 Abs. 1 Nr. 3) die Angabe zu enthalten,**

**1. daß jeder Genosse einer übertragenden Genossenschaft mit einem Geschäftsanteil bei der übernehmenden Genossenschaft beteiligt wird, sofern das Statut dieser Genossenschaft die Beteiligung mit mehr als einem Geschäftsanteil nicht zuläßt, oder**

**2. daß jeder Genosse einer übertragenden Genossenschaft mit mindestens einem und im übrigen mit so vielen Geschäftsanteilen bei der übernehmenden Genossenschaft beteiligt wird, wie durch Anrechnung seines Geschäftsguthabens bei der übertragenden Genossenschaft als voll eingezahlt anzusehen sind, sofern das Statut der übernehmenden Genossenschaft die Beteiligung eines Genossen mit mehreren Geschäftsanteilen zuläßt oder die Genossen zur Übernahme mehrerer Geschäftsanteile verpflichtet; der Verschmelzungsvertrag oder sein Entwurf kann zugunsten der Genossen einer übertragen-**

**den Genossenschaft eine andere Berechnung der Zahl der zu gewährenden Geschäftsanteile vorsehen.**

**Bei Verschmelzungen im Wege der Aufnahme eines Rechtsträgers anderer Rechtsform durch eine eingetragene Genossenschaft hat der Verschmelzungsvertrag oder sein Entwurf zusätzlich für jeden Anteilsinhaber eines solchen Rechtsträgers den Betrag des Geschäftsanteils und die Zahl der Geschäftsanteile anzugeben, mit denen er bei der neuen Genossenschaft beteiligt wird.**

**(2) Der Verschmelzungsvertrag oder sein Entwurf hat für jede übertragende Genossenschaft den Stichtag der Schlußbilanz anzugeben.**

**1** Diese Vorschrift ergänzt § 5 Abs. 1 Nr. 3 UmwG. Die Höhe der Beteiligung ergibt sich aus §§ 87, 88 UmwG (vgl. die dortigen Erl.).

**2** Es genügt die Wiedergabe des Gesetzestextes, wobei in der Praxis Abs. 1 S. 1 Ziff. 2 vorkommen wird, weil die Satzungen zumindest eine freiwillige Beteiligung mit weiteren Geschäftsanteilen vorsehen. Es ist nicht erforderlich, daß der Verschmelzungsvertrag für jedes Mitglied einer übertragenden eG auch schon die Zahl der Geschäftsanteile angeben muß, die dieses durch die Verschmelzung erhält.

**3** Fragen wirft der letzte Halbsatz des Abs. 1 S. 1 Ziff. 2 auf, was unter einer anderen Berechnung der Zahl der zu gewährenden Geschäftsanteile zu verstehen ist. § 80 Abs. 1 S. 1 Nr. 2, 2. Halbsatz UmwG dürfte dahingehend auszulegen sein, daß vertragliche Vereinbarungen über eine andere Berechnung der Zahl der zu gewährenden Geschäftsanteile zulässig sind, wenn sich dadurch die Zahl der den Genossen der übertragenden eG zustehenden Geschäftsanteile erhöht, unabhängig davon, ob hiermit – aus dem Gesetz oder der Satzung der übernehmenden eG folgend – Nachteile für sie verbunden sind.

Wäre § 80 Abs. 1 Nr. 2 UmwG so auszulegen, daß der Verschmelzungsvertrag allein Zuschreibungen, nicht jedoch Abschläge vom Geschäftsguthaben vorsehen kann, so hätte dies wohl zur Folge, daß gemäß § 85 UmwG die Vorschrift des § 15 UmwG in diesen Fällen überhaupt nicht zur Anwendung gelangte.

**4** Nach dem Wortlaut der Norm bezieht sich der Begriff „zugunsten" auf die „Berechnung der Zahl der zu gewährenden Geschäftsanteile". Günstig ist insofern jede Gewährung zusätzlicher Geschäftsanteile. Dem Wortlaut des Gesetzes läßt sich nicht entnehmen, daß für die Feststellung, ob eine Vereinbarung „zugunsten" der Mitglieder der übertragenden eG vorliegt, auch eventuell mit einer erweiterten Beteiligung verbundene Nachteile zu beachten sind.

**5** In der Gesetzesbegründung zu § 80 Abs. 1 S. 1 Nr. 2, 2. Halbsatz UmwG heißt es, daß „sich die übernehmende eG auch zu weiteren Zuschreibungen auf die Geschäftsguthaben verpflichten (könne). Dies soll(e) wie bisher zulässig bleiben und bei der Berechnung der Zahl der Geschäftsanteile berücksichtigt werden" können (BT-Drs. 12/6699, S. 106 f). Wenn demnach durch Zuschreibungen auf die Geschäftsguthaben die Zahl der zu gewährenden Geschäftsanteile beeinflußt, d. h. erhöht werden kann, und dabei eventuelle Folgen (Nachteile) aus weiteren Geschäftsanteilen nicht erwähnt werden, spricht auch dies dafür, daß sich der Gesetzesbegriff „zugunsten" allein auf die Zahl der zu gewährenden Geschäftsanteile bezieht.

Diese Auslegung wird unterstützt durch einen Blick auf die frühere Rechtslage, auf die in der Gesetzesbegründung ausdrücklich Bezug genommen wird („wie bisher"). Die Vorgängerregelung des § 93 h Abs. 2 GenG enthielt keine dem § 80 Abs. 1 S. 1 Nr. 2, 2. Halbsatz UmwG entsprechende Regelung. Es wurde jedoch allgemein als zulässig angesehen, daß der Verschmelzungsvertrag Zuschläge zu dem Geschäftsguthaben der Mitglieder der übertragenden eG vorsehen kann, zum alten Recht: § 93 h GenG Rdn. 11; *Meyer/Meulenbergh/Beuthien*, § 93 h Rdn. 9; *Müller*, § 93 h GenG Rdn. 14 ff. 18; *Schlarb*, DB 1979, 901 f). Diese Option sollte es ermöglichen, den unterschiedlichen „inneren" Wert der Geschäftsguthaben bei den verschiedenen an der Verschmelzung beteiligten eG auszugleichen, der sich insbesond. aus unterschiedlichen offenen Rücklagen und stillen Reserven sowie nicht bilanzierungsfähigen Werten (goodwill) der beteiligten Rechtsträger ergeben kann. Diese Möglichkeit auch unter der Geltung des neuen Umwandlungsrechts beizubehalten ist ausweislich der Gesetzesbegründung Zweck des § 80 Abs. 1 S. 1 Nr. 2, 2. Halbsatz UmwG. **6**

Mit der Formulierung „zugunsten" ausgeschlossen wäre demnach die nach altem Recht umstrittene Möglichkeit, von dem maßgeblichen Geschäftsguthaben durch den Verschmelzungsvertrag **Abschläge** vorzunehmen (zum alten Recht ablehnend *Meyer/Meulenbergh/Beuthien*, § 93 h GenG a. F.; bejahend *Müller*, § 93 h GenG a. F. Rdn. 14, 18; *Schlarb*, ebd.). Hierin erschöpfte sich die Bedeutung des Gesetzesbegriffes. Die sich aus der Mitgliedschaft bei der übernehmenden eG ergebenden Rechte und Pflichten, die sich ausschließlich nach dem Statut der übernehmenden eG richten (vgl. *Meyer/Meulenbergh/Beuthien*, § 93 h GenG a. F. Rdn. 2), wären insofern ohne Belang. Das zum Ausgleich eventueller Nachteile den Mitgliedern der übertragenden eG gewährte Recht zur Ausschlagung (§ 90 Abs. 2, 3 UmwG) gewährleistet deren erforderlichen Schutz. **7**

Für eine Auslegung des § 80 Abs. 1 S. 1 Nr. 2 UmwG, die für die Ausfüllung des Gesetzesbegriffes „zugunsten" allein auf die Zahl der zu gewährenden Geschäftsanteile abstellt und die damit im weiteren verbundenen Vor- bzw. Nachteile außer acht läßt, sprechen zudem Praktikabilitätsgesichtspunkte. Die Anwendung der Norm würde sehr erschwert, wenn jeweils (im Einzelfall) festgestellt werden müßte, ob eine konkrete Ver- **8** tragsregelung für die Mitglieder der übertragenden eG vorteilhaft ist. Es stellte sich dabei etwa die Frage, ob die „Vorteilhaftigkeit" abstrakt für sämtliche Mitglieder oder konkret für jedes einzelne Mitglied gegeben sein müßte. Zu klären wäre auch der Fall, daß mit einer Regelung Vor- und Nachteile verbunden sind. Deshalb soll „zugunsten" gestrichen werden (so FlefE von 1997 zum UmwG).

9 Im Falle der sogenannten Mischverschmelzung (Abs. 1 S. 2) ist in Ergänzung zu § 5 Abs. 1 Nr. 3 und zur Vorbereitung des nach § 20 Abs. 1 Nr. 3 durchzuführenden Anteilstauschs (vgl. auch § 88 UmwG) jeweils die Höhe des Geschäftsanteils und die Zahl der Geschäftsanteile anzugeben, mit denen jeder einzelne Anteilsinhaber an der eG beteiligt wird. Die Höhe des Geschäftsanteils ist aus der Satzung ablesbar; er ist für alle gleich (absoluter Gleichbehandlungsgrundsatz).

10 Die Festlegung des Stichtags der Schlußbilanz (Abs. 2) ermöglicht den Mitgliedern eine Entscheidung darüber, ob ihnen die letztlich erst mit dem Vorliegen der Schlußbilanz gewährte Transparenz zeitlich noch ausreicht. Die Schlußbilanz ist maßgeblich für die Berechnung des Umtauschverhältnisses nach § 20 Abs. 1 Nr. 3 UmwG (vgl. auch §§ 87, 88 UmwG). Wegen dese Anteilstausches im Verhältnis 1:1 (§ 87 UmwG) kann aus der Schlußbilanz im Falle des § 87 UmwG die Höhe des übergehenden Geschäftsguthabens (Einschränkung dort Abs. 2) abgelesen werden.

## § 81
## Gutachten des Prüfungsverbandes

**(1) Vor der Einberufung der Generalversammlung, die gemäß § 13 Abs. 1 über die Zustimmung zum Verschmelzungsvertrag beschließen soll, ist für jede beteiligte Genossenschaft eine gutachtliche Äußerung des Prüfungsverbandes einzuholen, ob die Verschmelzung mit den Belangen der Genossen und der Gläubiger der Genossenschaft vereinbar ist (Prüfungsgutachten). Das Prüfungsgutachten kann für mehrere beteiligte Genossenschaften auch gemeinsam erstattet werden.**

**(2) Liegen die Voraussetzungen des Artikels 25 Abs. 1 des Einführungsgesetzes zum Handelsgesetzbuch in der Fassung des Artikels 21 § 5 Abs. 2 des Gesetzes vom 25. Juli 1988 (BGBl. I S. 1093) vor, so kann die Prüfung der Verschmelzung (§§ 9 bis 12) für die dort bezeichneten Rechtsträger auch von dem zuständigen Prüfungsverband durchgeführt werden.**

1 § 81 ersetzt §§ 9–12. Die Vorschrift sieht die Mitwirkung des **Prüfungsverbandes** vor. Dies entspricht der besonderen Stellung, die die genossenschaftlichen Prüfungsverbände haben. Mit der Einschaltung der Prüfungs-

verbände trägt der Gesetzgeber einer Entwicklung Rechnung, die besonders seit der Novelle vom 30. 10. 1934 in immer stärkerem Umfang und auch mit gutem Erfolg zum Durchbruch gekommen ist. Die Mitwirkung des Prüfungsverbandes soll u. a. übereilten Entscheidungen entgegenwirken.

Das Gutachten muß **schriftlich** abgefaßt sein. Es muß in jeder GV verlesen werden, in der über die Verschmelzung verhandelt wird; nicht erforderlich ist, daß die Verschmelzung zur Beschlußfassung in der GV ansteht. **2**

Der Prüfungsverband hat jedoch das Recht, sein Gutachten näher zu erläutern, auf Fragen der Mitglieder zu antworten und in der Diskussion das Wort zu ergreifen (so auch *Ohlmeyer/Kuhn/Philipowski*, Abschn. III. 8). Ein Unterlassen oder gar Verweigern der Verlesung durch den Versammlungsleiter oder die GV (etwa weil der Verband sich gegen die Verschmelzung oder für die Verschmelzung mit einer anderen eG ausspricht), wäre ein Anfechtungsgrund. Dies gilt umso mehr, wenn dem Verband die Teilnahme an der GV versagt wurde. **3**

Das Gutachten, dessen Aussage und Ausgestaltung im pflichtgemäßen Ermessung des Prüfungsverbandes steht, muß eine Darstellung der Folgen der Verschmelzung für die Mitglieder und die Gläubiger der eG zum **Inhalt** haben. Hierbei kommt es insbesond. auf die wirtschaftliche Zukunft der übernehmenden eG an. Es muß das Für und Wider der Verschmelzung erörtert und eine klare Aussage gemacht werden, ob die Verschmelzung mit den Belangen der Gläubiger und Mitglieder vereinbar ist, insbesond. im Hinblick auf die zu erwartende künftige Entwicklung. Hinsichtlich der Gläubiger ist nur entscheidend, ob die Verschmelzung eine Beeinträchtigung ihrer wirtschaftlichen Belange mit sich bringt. Hinsichtlich – der möglicherweise auch nicht wirtschaftlichen Interessen – der Mitglieder ist auf die gegenwärtigen Mitglieder abzustellen. Die Frage, ob die Ausführungen konkret die Auswirkungen der Verschmelzung darlegen müssen (so *Pleyer*, ZfG 1966, 82; *Meyer/Meulenbergh/Beuthien*, § 93 b Rdn. 8; a. A. *Hornung*, Rpfleger 1968, 305; *Riebandt-Korfmacher*, Form. 2.431 g, Anm. 114 sowie LG Tübingen, ZfG 1966, 79 für den Fall eines positiven Gutachtens; a. A. auch OLG Düsseldorf, JW 1928, 1608, das die Verlesung des Gutachtens selbst dann nicht verlangt, wenn dieses negativ ist) ist umstritten. Für die Darlegung der Gründe könnte sprechen, daß das Gutachten die Teilnehmer der GV bei der Beratung in die Lage versetzen soll, den fachlich qualifizierten Rat des Verbandes vor der Entscheidung über die Beschlußfassung zu hören (so *Müller*, § 93 b Rdn. 6); üblicherweise wird ein bestätigter und festgestellter Jahresabschluß Grundlage des Gutachtens sein. Erforderlich ist dies jedoch nicht. Auch eine Stichtagsbilanz kann genügen (zu den für die Anfertigung des Gutachtens notwendigen Unterlagen vgl. *Ohlmeyer/Kuhn/Philipowski*, Abschn. III. 8). **4**

5 Die GV ist nicht an das Ergebnis des Gutachtens gebunden. Auch wenn sie sich nicht mit dem Inhalt des Gutachtens auseinandersetzt, ist der Verschmelzungsbeschluß unanfechtbar, es sei denn, die Verlesung selbst wird verhindert (siehe Rdn. 16). Ein Vetorecht steht dem Prüfungsverband in keinem Fall zu.

6 Andererseits steht die Abgabe des Gutachtens im pflichtgemäßen **Ermessen** des Prüfungsverbandes; es kann nicht erzwungen werden (a. A. *Pleyer*, ZfG 1966, 82; *Dehmer*, UmwG, § 83 Rdn. 7; *Müller*, § 93 b Rdn. 9; *Meyer/Meulenbergh/Beuthien*, § 93 b Rdn. 8, der einen gemäß § 888 Abs. 1 ZPO durchsetzbaren Rechtsanspruch gegen den Prüfungsverband unter Hinweis darauf bejaht, daß das Registergericht die Eintragung der Verschmelzung ablehnen kann, wenn der Prüfungsverband nicht gehört wurde; es wird jedoch verkannt, daß Anhörung nicht Stellungnahme, sondern nur Gelegenheit zur Stellungnahme bedeutet). Dies folgt aus dem Begriff „Anhörung", d. h. **Gelegenheit** zur Stellungnahme gewähren. Erstattet der Verband nicht oder nicht rechtzeitig das Gutachten, so kann die Verschmelzung auch ohne Anhörung des Prüfungsverbandes beschlossen werden. Sonst hätte der Prüfungsverband die Möglichkeit, die Verschmelzung dadurch zu verhindern, daß er das Gutachten nicht erstattet. Der Verband macht sich durch Unterlassung oder verspätete Erstellung des Gutachtens ggfs. schadensersatzpflichtig.

7 Gehören die eG verschiedenen Prüfungsverbänden an, hat jede eG von dem **eigenen** Prüfungsverband das Gutachten einzuholen. Das Gutachten des anderen Prüfungsverbandes muß nicht in der GV verlesen werden, die über die Verschmelzung verhandelt (unklar *Müller*, § 93 b Rdn. 5). Abs. 1 S. 2 (gemeinsames Gutachten durch einen Prüfungsverband) setzt voraus, daß beide eG ein und demselben Prüfungsverband angehören (*Hettrich/ Pöhlmann*, GenG, § 81 Rdn. 1 a. E.; a. A. *Dehmer*, UmwG, § 81 Rdn. 12).

8 Wurde der Prüfungsverband nicht angehört, insbes. das Gutachten nicht verlesen oder wurde der Verband gar nicht zur GV zugelassen, hat das Registergericht die Eintragung der Verschmelzung abzulehnen. Erfolgt die Eintragung gleichwohl, ist dieser Mangel geheilt (§ 20 Abs. 2 UmwG).

9 Nach Abs. 2 prüft der Prüfungsverband unter den Voraussetzungen des Art. 25 Abs. 1 EGHGB auch Kapitalgesellschaften, die im Mehrbesitz der eG stehen; §§ 9–12 UmwG gelten insoweit nicht.

## § 82

## Vorbereitung der Generalversammlung

**(1) Von der Einberufung der Generalversammlung an, die gemäß § 13 Abs. 1 über die Zustimmung zum Verschmelzungsvertrag beschlie-**

**ßen soll, sind auch in dem Geschäftsraum jeder beteiligten Genossenschaft die in § 63 Abs. 1 Nr. 1 bis 4 bezeichneten Unterlagen sowie die nach § 81 erstatteten Prüfungsgutachten zur Einsicht der Genossen auszulegen. Dazu erforderliche Zwischenbilanzen sind gemäß § 63 Abs. 2 aufzustellen.**

**(2) Auf Verlangen ist jedem Genossen unverzüglich und kostenlos eine Abschrift der in Absatz 1 bezeichneten Unterlagen zu erteilen.**

Gem. § 82 UmwG sind ab der Einladung zu einer beschließenden Versammlung Unterlagen zur Einsicht der Mitglieder in den Geschäftsräumen – nicht unbedingt in der Schalterhalle, sondern beispielsweise im Vorstandssekretariat – auszulegen. **1**

Dies sind folgende Unterlagen (vgl. *Ohlmeyer/Kuhn/Philipowski*, Abschn. III 9.10): **2**

– der Verschmelzungsvertrag oder sein Entwurf,
– die Jahresabschlüsse und die Lageberichte für die letzten 3 Geschäftsjahre, und zwar von **beiden** an der Verschmelzung beteiligten eG.
  Der Gesetzgeber hat nicht auf den festgestellten Jahresabschluß abgestellt. Es ist im Hinblick auf den Schutzzweck der Gesetzesvorschrift vertretbar, lediglich den aufgestellten (und ggfs. geprüften) Jahresabschluß auszulegen, wenn für das letzte Geschäftsjahr der Jahresabschluß noch nicht festgestellt ist. Sonst wären Verschmelzungen in den ersten Monaten eines Jahres kaum möglich.
  Dem Informationsinteresse der Mitglieder ist im übrigen genüge getan, wenn die ausgelegten und geprüften Jahresabschlüsse in den Verschmelzungsversammlungen vor der Verschmelzungsbeschlußfassung ohne Änderung festgestellt werden, denn nunmehr erhält (im nachhinein) die seit der Einberufung ausliegende Informationsunterlage dieselbe Qualität wie die beiden zeitlich vorhergehenden Jahresabschlüsse.
  Will eine eG jegliche rechtliche Unsicherheit vermeiden, müßte sie in der ordentlichen Versammlung den Jahresabschluß feststellen und danach unter Auslegung dieses festgestellten Jahresabschlusses die Verschmelzung in einer außerordentlichen Versammlung beschließen.
– ggfs. eine Zwischenbilanz,
– die nach § 8 UmwG zu erstattenden Verschmelzungsberichte,
– das nach § 81 UmwG erstattete Prüfungsgutachten.

Zwischenbilanzen hat die eG vorzulegen, deren letzter auszulegender Jahresabschluß sich auf ein Geschäftsjahr bezieht, das mehr als 6 Monate vor dem Abschlußdatum des Verschmelzungsvertrags bzw. vor der Aufstellung des Vertragsentwurfs abgelaufen ist (§ 63 Abs. 1 Nr. 3 i. V. m. Abs. 2 UmwG). **3**

Zur Beantwortung der Frage, ob eine **Zwischenbilanz** aufgestellt werden muß, ist die Zeitdifferenz zwischen dem letzten Jahresabschluß und dem Zeitpunkt des Abschlusses des Verschmelzungsvertrages bzw. der Erstellung des Entwurfs maßgebend.

Wird der Jahresabschluß z. B. auf den 31. 12. aufgestellt (Geschäftsjahr = Kalenderjahr) und erfolgt der Abschluß des Verschmelzungsvertrags bzw. die Erstellung des Entwurfs bis spätestens 30. 6. des folgenden Jahres, ist eine Zwischenbilanz **nicht** erforderlich. Anders ist dies ab 1. 7.; die Zwischenbilanz ist dann erforderlich.

Die Zwischenbilanz darf nicht älter als 3 Monate sein. Wird z. B. im Laufe des Monats Juli der Verschmelzungsvertrag abgeschlossen oder der Entwurf erstellt, darf der Stichtag der Zwischenbilanz nicht vor dem 1. 4. liegen.

**4** Sie ist nach den Vorschriften aufzustellen, die auf die letzte Jahresbilanz angewandt worden sind. Es gelten die handelsrechtlichen Vorschriften, jedoch mit Erleichterungen hinsichtlich der Inventur und Übernahme der Wertansätze des letzten Jahresabschlusses. Abschreibungen, Rückstellungen und Wertansätze sind zu berücksichtigen. Wesentliche Veränderungen der tatsächlichen Werte der Vermögensgegenstände bis zum Stichtag der Zwischenbilanz sind ebenfalls zu berücksichtigen.

**5** Da das Gesetz von einer Bilanz spricht, ist eine Gewinn- und Verlustrechnung nicht erforderlich, wohl aber ein Anhang, da dieser mit der Bilanz eine Einheit bildet. Die Bilanz braucht **nicht geprüft** zu sein.

**6** Zu beachten ist, daß auf Verlangen jedem Mitglied unverzüglich und kostenlos eine Abschrift der genannten Unterlagen zu erteilen ist (§ 82 Abs. 2 UmwG).

## § 83
## Durchführung der Generalversammlung

**(1) In der Generalversammlung sind die in § 63 Abs. 1 Nr. 1 bis 4 bezeichneten Unterlagen sowie die nach § 81 erstatteten Prüfungsgutachten auszulegen. Der Vorstand hat den Verschmelzungsvertrag oder seinen Entwurf zu Beginn der Verhandlung mündlich zu erläutern. § 64 Abs. 2 ist entsprechend anzuwenden.**

**(2) Das für die beschließende Genossenschaft erstattete Prüfungsgutachten ist in der Generalversammlung zu verlesen. Der Prüfungsverband ist berechtigt, an der Generalversammlung beratend teilzunehmen.**

**1** In der die Verschmelzung beschließenden GV/VV sind die von der Einberufung an ausgelegten Unterlagen ebenfalls auszulegen. Dies bedeutet nicht, daß jedem anwesenden Mitglied diese Unterlagen ausgehändigt werden müssen. Es empfiehlt sich allerdings, mehrere Exemplare bereitzuhalten. Dem Recht auf rechtzeitige Information ist durch die Auslegung von der Einberufung an sowie der Möglichkeit, Abschriften zu verlangen, genüge getan.

Abs. 2 bestimmt nicht, wer das Prüfungsgutachten zu verlesen hat. Es 2
bietet sich an, wenn ein Vertreter des Prüfungsverbandes anwesend ist, daß dieser vorliest, sonst der Vorstand der eG (siehe hierzu auch § 81 Rdn. 3 ff). Zur beratenden Teilnahme gehört das jederzeitige Rederecht, insbesond. das Recht, auf Fragen der Mitglieder ausführlich zu antworten (hierzu § 81 Rdn. 3). Ein Rechtsanspruch der Mitglieder auf Ausführungen durch den Prüfungsverband besteht jedoch nicht.

## § 84
## Beschluß der Generalversammlung

**Der Verschmelzungsbeschluß der Generalversammlung bedarf einer Mehrheit von drei Vierteln der abgegebenen Stimmen. Das Statut kann eine größere Mehrheit und weitere Erfordernisse bestimmen.**

Zum Begriff „abgegebene Stimmen" vgl. § 43 GenG Rdn. 89, 90; Stimm- 1
enthaltungen und ungültige Stimmen werden nicht mitgezählt. Die Satzung kann weitere Erschwerungen für die Beschlußfassung vorsehen, z. B. eine größere Mehrheit als 3/4 der abgegebenen Stimmen, auch Einstimmigkeit oder die Anwesenheit einer bestimmten Mindestzahl von Mitgliedern. Die Satzung kann nicht die Verschmelzung von der Zustimmung des Prüfungsverbandes abhängig machen (*Müller*, § 93 b Rdn. 11), da dies dem Prinzip der Selbstverwaltung widerspricht. Die Satzung kann auch nicht die Verschmelzung ganz ausschließen (*Müller*, § 93 b Rdn. 11 m. w. N.). Diese nichtige Satzungsbestimmung kann jedoch umgedeutet werden in eine Regelung, daß der Verschmelzungsbeschluß einstimmig zu fassen ist (*Meyer/Meulenbergh/Beuthien*, § 93 Rdn. 6).

Keine Bedenken, wenn für die geheime Wahl Stimmkarten vorbereitet 2
sind, bei denen das Ja-Zeichen angekreuzt ist, da es sich insoweit nur um einen unverbindlichen vom Stimmberechtigten jederzeit revidierbaren Vorschlag handelt. Erteilt ein Mitglied eine weisungsgebundene Vollmacht („Meine Weisung: Zustimmung zur Verschmelzung"), verzichtet es damit wirksam auf den Schutz durch die geheime Wahl.

Ist der Verschmelzungsbeschluß **endgültig nicht** zustande gekommen, 3
kann dieser Mangel nicht geheilt werden. In bestimmten Fällen ist jedoch Heilung durch Eintragung in das Register ausdrücklich vorgesehen (§ 20 Abs. 2 UmwG).

## § 85

## Verbesserung des Umtauschverhältnisses

**(1) Bei der Verschmelzung von Genossenschaften miteinander ist § 15 nur anzuwenden, wenn und soweit das Geschäftsguthaben eines Genossen in der übernehmenden Genossenschaft niedriger als das Geschäftsguthaben in der übertragenden Genossenschaft ist.**

**(2) Der Anspruch nach § 15 kann auch durch Zuschreibung auf das Geschäftsguthaben erfüllt werden, soweit nicht der Gesamtbetrag der Geschäftsanteile des Genossen bei der übernehmenden Genossenschaft überschritten wird.**

§ 15 gilt grundsätzlich nicht, da bei der Verschmelzung von eG vom Nominalwert des Geschäftsguthabens ausgegangen wird (§ 87, § 88, § 90 UmwG). Eine Bewertung der Geschäftsguthaben erfolgt nicht. Der innere Wert (unter Einbeziehung stiller Reserven) wird nicht berücksichtigt (§ 7 GenG Rdn. 19, sowie Erl. zu § 73 GenG). Anderenfalls könnte über § 15 UmwG eine Beteiligung am inneren Wert realisiert werden, die dem ausscheidenden Mitglied nach §§ 90 ff UmwG eben nicht zustehen sollen. Im Gegensatz dazu unterliegt § 15 UmwG dem Grundsatz des vollständigen Wertausgleichs. Die Auszahlung nach § 87 Abs. 2 UmwG löst nicht den Fall des § 15 UmwG aus.

## § 86

## Anlagen der Anmeldung

**(1) Der Anmeldung der Verschmelzung ist außer den sonst erforderlichen Unterlagen auch das für die anmeldende Genossenschaft erstattete Prüfungsgutachten in Urschrift oder in öffentlich beglaubigter Abschrift beizufügen.**

**(2) Der Anmeldung zur Eintragung in das Register des Sitzes des übernehmenden Rechtsträgers ist ferner jedes andere für eine übertragende Genossenschaft erstattete Prüfungsgutachten in Urschrift oder in öffentlich beglaubigter Abschrift beizufügen.**

**1** § 86 UmwG ergänzt § 17 UmwG. Sie ersetzt die Pflicht zur Einreichung des Prüfungsberichts bzw. der Verzichtserklärungen.

**2** Abs. 2 geht über die bisherige Regelung des § 93 d Abs. 2 GenG a. F. hinaus. Das Prüfungsgutachten jeder der an der Verschmelzung beteiligten eG ist in Urschrift oder in öffentlich beglaubigter Abschrift beizufügen. Normadressat sind die Vorstandsmitglieder des übernehmenden Rechtsträgers. Die Vorstände der übertragenden eG sind zur Herausgabe des Prüfungsgutachtens verpflichtet (sonst Herausgabeklage bzw. Schadenersatzpflicht der Vorstandsmitglieder der übertragenden eG nach §§ 25 ff UmwG).

§ 87

**Anteilstausch**

**(1) Auf Grund der Verschmelzung ist jeder Genosse einer übertragenden Genossenschaft entsprechend dem Verschmelzungsvertrag an dem übernehmenden Rechtsträger beteiligt. Eine Verpflichtung, bei einer übernehmenden Genossenschaft weitere Geschäftsanteile zu übernehmen, bleibt unberührt. Rechte Dritter an den Geschäftsguthaben bei einer übertragenden Genossenschaft bestehen an den Anteilen oder Mitgliedschaften des übernehmenden Rechtsträgers anderer Rechtsform weiter, die an die Stelle der Geschäftsanteile der übertragenden Genossenschaft treten. Rechte Dritter an den Anteilen oder Mitgliedschaften des übertragenden Rechtsträgers bestehen an den bei der übernehmenden Genossenschaft erlangten Geschäftsguthaben weiter.**

**(2) Übersteigt das Geschäftsguthaben, das der Genossen bei einer übertragenden Genossenschaft hatte, den Gesamtbetrag der Geschäftsanteile, mit denen er nach Absatz 1 bei einer übernehmenden Genossenschaft beteiligt ist, so ist der übersteigende Betrag nach Ablauf von sechs Monaten seit dem Tage, an dem die Eintragung der Verschmelzung in das Register des Sitzes der übernehmenden Genossenschaft nach § 19 Abs. 3 als bekanntgemacht gilt, an den Genossen auszuzahlen; die Auszahlung darf jedoch nicht erfolgen, bevor die Gläubiger, die sich nach § 22 gemeldet haben, befriedigt oder sichergestellt sind. Im Verschmelzungsvertrag festgesetzte bare Zuzahlungen dürfen nicht den zehnten Teil des Gesamtnennbetrags der gewährten Geschäftsanteile der übernehmenden Genossenschaft übersteigen.**

**(3) Für die Berechnung des Geschäftsguthabens, das dem Genossen bei einer übertragenden Genossenschaft zugestanden hat, ist deren Schlußbilanz maßgebend.**

*Übersicht*



## I. Allgemeines

Der **Erwerb** der Mitgliedschaft bei der übernehmenden eG erfolgt in 1
dem Zeitpunkt, in dem die Verschmelzung in das Genossenschaftsregister

am Sitz der übernehmenden eG eingetragen worden ist; die Eintragung der Verschmelzung in das Genossenschaftsregister am Sitz der übertragenden eG hat nur deklaratorische Bedeutung.

2 Der Mitgliedschaftserwerb bei der übernehmenden eG vollzieht sich wie schon nach früherem Recht unmittelbar **kraft Gesetzes** ohne besondere Beitrittserklärungen und ohne Zulassung durch das für die Aufnahme neuer Mitglieder satzungsmäßig zuständige Organ der übernehmenden eG. Dieses kann deshalb auch nicht den Erwerb der Mitgliedschaft durch einzelne Mitglieder der übertragenden eG ausschließen oder an Sonderbedingungen binden. Es gilt auch insoweit der Grundsatz der Gesamtrechtsnachfolge.

## II. Rechtsposition bei der übertragenden Genossenschaft

3 Die Rechte und Pflichten, die die Mitglieder der übertragenden eG bei dieser innehatten, **erlöschen** mit der Eintragung wie die übertragende eG selbst. Dies gilt auch für bei der übertragenden eG bestandene Nebenleistungspflichten (*Paulick*, S. 196); diese gehen nicht im Wege der Gesamtrechtsnachfolge auf die übernehmende eG über (*Müller*, § 93 h Rdn. 6; *Bayer* in Lutter u. a., UmwG, § 87 Rdn. 23), da die Nebenleistungspflicht Teil der Rechte und Pflichten aus der Mitgliedschaft sind und nur mittelbar aus der Sicht der eG vermögenswerten Charakter haben. Auch Sonderrechte einzelner Mitglieder der übertragenden eG erlöschen, da sie nur durch die Satzung begründet werden können und diese hinfällig wird mit Erlöschen der übertragenden eG (*Schlarb*, S. 138). Hinsichtlich der rückständigen, fälligen Pflichteinzahlungen vgl. Rdn. 8.

## III. Rechtsposition bei der übernehmenden Genossenschaft

4 Die Mitglieder der übertragenden eG erwerben die Mitgliedschaft bei der übernehmenden eG mit **allen** auf Gesetz oder Satzung beruhenden **Rechten** eines Mitglieds der übernehmenden eG. Dies gilt insbesond. hinsichtlich des Rechts auf Inanspruchnahme der Leistungen und Nutzung der Einrichtungen der eG (*Bayer* in Lutter u. a., UmwG, § 87 Rdn. 22).

5 Den Mitgliedern der übertragenden eG steht nach der Verschmelzung auch die von der übernehmenden eG beschlossene **Dividende** voll zu, dies gilt auch dann, wenn die Verschmelzung erst im Laufe des Geschäftsjahres wirksam wurde. Hinsichtlich der Berechnung ist die Satzungsregelung der übernehmenden eG maßgebend. Hierbei ist ggfs. der Stand des Geschäftsguthabens bei der übertragenden eG zu berücksichtigen und zwar dann, wenn nach der Satzung der übernehmenden eG das Geschäftsguthaben zu

berücksichtigen ist, das das Mitglied zu einem Zeitpunkt innehatte, der vor Wirksamwerden der Verschmelzung liegt.

Die Mitglieder erwerben auch **alle Pflichten** eines Mitglieds der über- 6
nehmenden eG. Dies gilt insbesond. auch hinsichtlich der Haftsumme sowie hinsichtlich des Zeitpunkts und der Höhe der Einzahlungen auf den Geschäftsanteil und einer eventuellen Pflichtbeteiligung mit weiteren Geschäftsanteilen. Diese Pflichtbeteiligung mit mehreren Geschäftsanteilen gilt auch dann, wenn die Satzung der übertragenden eG für ihre Einführung eine 9/10-Mehrheit vorgesehen hat und die Verschmelzung nur mit 3/4-Mehrheit gefaßt worden ist (*Ruetz*, S. 73, 74; *Schlarb*, S. 140); auch insoweit gilt ausschließlich die Satzung der übernehmenden eG. Die Mitglieder der übertragenden eG haben dann entsprechend Beteiligungserklärungen abzugeben und Zahlungen zu leisten (*Bayer*, ebd. § 87 Rdn. 27).

Die **Beteiligungshöhe** ergibt sich aus Abs. 1. Danach ist jedes Mitglied 7
der übertragenden eG bei der übernehmenden eG mit einem Geschäftsanteil beteiligt, auch wenn der Geschäftsanteil bei der übernehmenden eG höher ist als bei der übertragenden Genossenschaft (vgl. jedoch Rdn. 8). Es ist jedoch grundsätzlich auch nur dann mit einem einzigen Geschäftsanteil beteiligt, wenn es bei der übertragenden eG mehr Geschäftsanteile besaß (*Paulick*, S. 359).

Dieser Grundsatz wird jedoch zur Erhaltung der Kapitalgrundlage der 8
übertragenden Genossenschaft für die übernehmende eG durch Abs. 1 S. 2 durchbrochen: sofern die Satzung der übernehmenden eG eine Beteiligung mit mehreren Geschäftsanteilen zuläßt oder sofern sie die Mitglieder zur Übernahme weiterer Geschäftsanteile verpflichtet, ist jedes Mitglied mit so viel Geschäftsanteilen an der übernehmenden eG beteiligt, wie unter Berücksichtigung des bisherigen Geschäftsguthabens bei der übertragenden eG **voll eingezahlt** sind (wegen Abs. 2 S. 1). Hierbei sind die rückständigen Pflichteinzahlungen, die noch an die übertragende eG hätten erbracht werden müssen, nicht zu berücksichtigen, da Abs. 2 nur von dem tatsächlich vorhandenen Geschäftsguthaben spricht (s. auch Rdn. 12).

Der **überschießende** Betrag ist nach Abs. 2 grundsätzlich an das Mit- 9
glied auszuzahlen. Dieser Betrag darf erst nach Befriedigung oder Sicherstellung der Gläubiger, die sich nach § 22 UmwG gemeldet haben und frühestens nach Ablauf von 6 Monaten ausgezahlt werden. Das Mitglied ist auch dann nicht automatisch mit einem weiteren Geschäftsanteil beteiligt, wenn es freiwillig den Restbetrag bis zu Volleinzahlung des Geschäftsanteils hinzuzahlt (*Müller*, § 93 h Rdn. 10). Es ist auch dann nicht mit einem weiteren Geschäftsanteil beteiligt, wenn anläßlich der Eintragungen in die Liste der Mitglieder bei der übernehmenden eG dieser Geschäftsanteil mit den voll eingezahlten zugleich eingetragen wird, da hinsichtlich dieses Geschäftsanteils die unabdingbare Voraussetzung einer rechtsgeschäftli-

chen Beteiligungserklärung fehlt. Wird der Auszahlungsanspruch nicht geltend gemacht, sondern das überschießende Geschäftsguthaben einvernehmlich stehengelassen, so liegt ein Darlehen vor (*Meyer/Meulenbergh/Beuthien*, § 93 h Rdn. 8; *Bayer* in Lutter u. a., UmwG, § 87 Rdn. 28).

**10** Ist ein Mitglied der übertragenden eG schon vor der Verschmelzung auch Mitglied der übernehmenden eG geworden, so hat die Verschmelzung wegen der nicht möglichen **Doppelmitgliedschaft** keine zweifache Mitgliedschaft bei der übernehmenden eG zur Folge; auch erfolgt keine Addition der Geschäftsanteile. Der Fall ist analog Abs. 2 zu lösen (was u. U. zu unbefriedigenden Ergebnissen führen kann, zumal ein Analogieschluß nach dem Gesetzeswortlaut nicht zwingend ist): Ist bei der übernehmenden eG die Beteiligung nur mit einem Geschäftsanteil möglich, so ist das Mitglied an der übernehmenden eG nur mit einem Geschäftsanteil beteiligt, selbst wenn es bei der übertragenden eG mit mehreren Geschäftsanteilen und dem entsprechenden Geschäftsguthaben beteiligt war; der den Geschäftsanteil bei der übernehmenden eG überschießende Betrag des Geschäftsguthabens ist nach Abs. 2 auszuzahlen. Ist hingegen die Beteiligung mit mehreren Geschäftsanteilen zugelassen, so ist sein Geschäftsguthaben bei der übernehmenden eG mit seinem Geschäftsguthaben bei der übertragenden eG zusammenzurechnen und durch den Betrag des Geschäftsanteils der übernehmenden eG zu teilen, um festzustellen, wie viele voll eingezahlte Geschäftsanteile das Mitglied aufgrund der Verschmelzung bei der übernehmenden eG hat (LG Braunschweig, in: *Schubert/Weiser*, § 93 h Nr. 1; LG Bonn, Beschluß vom 28. 3. 1973 – Az.: 11 T 1/1973; *Schubert/Steder*, § 93 h Rdn. 8; *Schlarb*, S. 147). Rückständige Pflichteinzahlungen bei der übertragenden eG bleiben unberücksichtigt. Hat das Mitglied bei der übernehmenden eG mehr Geschäftsanteile gezeichnet, als auch unter Berücksichtigung des Geschäftsguthabens bei der übertragenden eG voll eingezahlt wären, so bleibt es selbstverständlich mit den bisherigen Geschäftsanteilen an der übernehmenden eG beteiligt. Der übersteigende Spitzenbetrag ist gem. Abs. 2 an das Mitglied auszuzahlen, allerdings erst nach Befriedigung oder Sicherstellung der Gläubiger, die sich nach § 22 UmwG gemeldet haben und frühestens nach Ablauf von 6 Monaten seit der Bekanntmachung der Verschmelzung. Die eG hat den Anspruch ohne besondere Aufforderung auszuzahlen. Der Verschmelzungsvertrag kann den Auszahlungsanspruch weder ausschließen noch vorsehen, daß der überschießende Betrag einem weiteren Geschäftsanteil gutzubringen ist (*Meyer/Meulenbergh/Beuthien*, § 93 h Rdn. 8; *Müller*, § 93 h Rdn. 20). Stehengelassenes Auseinandersetzungsguthaben ist kein Geschäftsguthaben mehr, sondern ein Darlehen.

**11** § 87 Abs. 3 UmwG ist gegenüber § 93 h Abs. 4 GenG a. F. lediglich sprachlich leicht geändert worden. Eine sachliche Neuregelung ist nicht erfolgt. Es verbleibt also bei der Übernahme des Geschäftsguthabens, wie es zum Zeitpunkt des Wirksamwerdens der Verschmelzung (Zeitpunkt der Eintragung besteht (so auch *Hettrich/Pöhlmann*, GenG, § 87 UmwG Rdn. 7; *Dehmer*, UmwG, § 87 Rdn. 7 f)). Zur Bewertung der Geschäftsguthaben der beiden eG, zur Höher- oder Niedrigerbewertung der Geschäftsguthaben, zu den baren Zuzahlungen seitens der übernehmenden eG oder seitens der Mitglieder sowie zur bilanzrechtlichen und steuerrechtlichen Behandlung dieser Fragen vgl. ausführlich *Schlarb*, S. 149–173 sowie *ders.*, DB 1979, 901, vgl. auch *Müller*, § 93 h Rdn. 14 f; *Riebandt-Korfmacher*, Form. 2.431, Anm. 11 e, c, Anm. 15, 16, 18, 20, 21. Der Verschmelzungsvertrag kann Zuschläge zu dem Geschäftsguthaben der Mitglieder der übertragenden eG unter dem Gesichtspunkt der genossenschaftlichen Gleichbehandlung mit den Mitgliedern der übernehmenden eG vorsehen. Daraus folgt, daß ein Zuschlag z. B. zulässig ist, wenn die übertragende eG über unverhältnismäßig mehr unaufgelöste stille Reserven und versteuerte Rücklagen verfügt als die übernehmende eG. Erreicht werden soll, daß die Geschäftsguthaben der Mitglieder beider eG im Zeitpunkt der Verschmelzung im gleichen Verhältnis zum sonstigen Genossenschaftsvermögen stehen (zum Vorstehenden zutreffend *Meyer/Meulenbergh/Beuthien*, § 93 h Rdn. 9). Abs. 2 S. 2 setzt nunmehr für bare Zuzahlungen eine Höchstgrenze fest.

Sind bei der übertragenden eG die Geschäftsguthaben ganz oder teil- **12**
weise zur Verlustdeckung abgeschrieben worden, so hindert das nicht die **Neuentstehung** der Einzahlungspflicht auf den Geschäftsanteil. Das Mitglied hat bei der übernehmenden eG einen neuen Geschäftsanteil, für den neue Einzahlungspflichten gelten (*Meyer/Meulenbergh/Beuthien*, § 93 h Rdn. 7 unter Berufung auf die Formulierung des § 93 h Abs. 1 S. 2 „seines Geschäftsguthabens": maßgeblich sei nicht, was das Mitglied an Einzahlungen tatsächlich erbracht habe, sondern was noch tatsächlich an Geschäftsguthaben vorhanden sei).

Zweifelhaft ist, ob von den Mitgliedern der übertragenden eG ein **Ein- 13**
**trittsgeld** (zum Begriff vgl. Erl. zu § 7 GenG) erhoben werden kann (vgl. hierzu *Schlarb*, S. 169, 170; *Schultze*, S. 24). Dies dürfte in Ausnahmefällen nur dort zulässig sein, wo es sachlich nicht nur gerechtfertigt, sondern geboten ist (z. B. dort, wo die Mitglieder der übertragenden eG sonst ohne zusätzliche Leistungen die vorhandenen Einrichtungen der übernehmenden eG nutzen können, zu denen die Mitglieder dieser eG durch Zahlung eines Eintrittsgeldes beigetragen haben). Jedenfalls müßte eine Satzungsregelung die Grundlage sein (*Bayer* in Lutter u. a., UmwG, § 79 Rdn. 23, § 84 Rdn. 14, § 87 Rdn. 37). Auch käme eine Individualvereinbarung (vgl. Erl. zu § 7 GenG) in Betracht; allerdings wäre bei Ablehnung der Individualvereinbarung durch das Mitglied der gesetzliche Mitgliedschaftserwerb nicht gehindert (vgl. Rdn. 2).

**14** Das Mitglied hat auch die in der Satzung der übernehmenden eG vorgesehenen **Nebenleistungspflichten** zu erfüllen. Hiergegen bestehen keine Bedenken, auch wenn die Einführung der Nebenleistungspflicht einer 9/10-Mehrheit bedarf, während die Verschmelzung mit 3/4-Mehrheit beschlossen wird; die Verschmelzungsvorschriften sind insoweit vorrangige Regelungen (*Schlarb*, S. 137; *Müller*, § 93 h Rdn. 6).

**15** Bestand bei der übertragenden eG ein **Beteiligungsfonds**, so geht dieser mit den entsprechenden Ansprüchen der Mitglieder auf die übernehmende eG über. An den danach erfolgenden Zuweisungen zum Fonds sind alle Mitglieder der übernehmenden eG beteiligt. Bestand bei der übernehmenden eG ein Beteiligungsfonds, so sind an den Zuweisungen nach Verschmelzung auch die Mitglieder der übertragenden Genossenschaft beteiligt.

## IV. Sonderfälle

**16** Haben Mitglieder vor der Verschmelzung die Mitgliedschaft oder einzelne Geschäftsanteile in der übertragenden eG gekündigt, ohne bereits ausgeschieden zu sein, so werden sie gleichwohl Mitglied der übernehmenden eG. Sie scheiden jedoch aufgrund ihrer **Kündigung** zu dem Zeitpunkt aus, zu dem die Kündigung bei der übertragenden eG wirksam geworden wäre (LG Köln, ZfG 1975, 151 m. Anm. *Hadding*; *Bayer* in Lutter u. a., § 87 Rdn. 19 m. w. N.), und zwar mit so vielen Geschäftsanteilen, wie erforderlich sind, um das Auseinandersetzungsguthaben zu realisieren. Dies gilt auch bei unterschiedlichen Geschäftsjahren der beiden eG (*Bayer*, ebd., § 87 Rdn. 19 m. w. N.). Dies hätte allerdings zur Folge, daß für diesen Zeitpunkt eine besondere Bilanz der übernehmenden eG zwecks Berechnung von Auseinandersetzungsguthaben (§ 73 Abs. 2 GenG) aufgestellt werden müßte. In diesem Fall dürfte sich die Ausübung des Kündigungsrechts nach § 90 UmwG anbieten (wie hier *Ohlmeyer/Kuhn/Philipowski*, Abschn. III. 12; vgl. die Erl. zu § 90). Dasselbe Problem ergibt sich bei einer Verlegung des Geschäftsjahres.

**17** Ist die **Ausschließung** eines Mitglieds beschlossen worden, ohne daß es bereits ausgeschieden ist, gilt das vorstehend Gesagte, d. h. es scheidet erst am Ende des Geschäftsjahres aus der übernehmenden eG aus.

**18** Mitglieder, die innerhalb der letzten 6 Monate vor der Verschmelzung der übertragenden eG ausgeschieden sind, erwerben nicht die Mitgliedschaft in der übernehmenden eG; § 75 gilt nicht, auch nicht entsprechend (unbestritten: *Bayer* in Lutter u. a., UmwG, § 87 Rdn. 21 m. w. N.). **§ 75 bzw. § 155 b** gelten jedoch dann, wenn die übernehmende eG liquidiert bzw. in Konkurs fällt (a. A. *Müller*, § 93 h Rdn. 4).

**19** Mitglieder, die die Verschmelzung nicht hinnehmen wollen, haben ein **außerordentliches Kündigungsrecht** (Ausschlagung) nach § 90 UmwG (vgl. die dortigen Erl., hinsichtlich der Berechnung des Auseinandersetzungsguthabens vgl. Erl. zu § 93 UmwG).

Im Zusammenhang mit der Verschmelzung kann durch die übernehmende eG eine **Zerlegung** ihres Geschäftsanteils beschlossen werden, um den Mitgliedern der übertragenden eG, die nur einen Geschäftsanteil gezeichnet und wenig Geschäftsguthaben gebildet haben, übermäßige Einzahlungspflichten abzunehmen. Auch würde die Zerlegung zur Folge haben, daß weniger überschießende Beträge (Rdn. 9) auszuzahlen wären. Sichergestellt werden muß, daß die Zerlegung spätestens zu diesem Zeitpunkt in das Genossenschaftsregister eingetragen ist, zu dem in das Genossenschaftsregister am Sitz der übernehmenden eG die Verschmelzung eingetragen wird. Sind Mitglieder bei beiden eG beteiligt, so gilt unter Berücksichtigung des neuen Geschäftsanteilsbetrags das in Rdn. 10 Gesagte. **20**

## § 88
## Geschäftsguthaben bei der Aufnahme von Kapitalgesellschaften und rechtsfähigen Vereinen

**(1) Ist an der Verschmelzung eine Kapitalgesellschaft als übertragender Rechtsträger beteiligt, so ist jedem Anteilsinhaber dieser Gesellschaft als Geschäftsguthaben bei der übernehmenden Genossenschaft der Wert der Geschäftsanteile oder der Aktien gutzuschreiben, mit denen er an der übertragenden Gesellschaft beteiligt war. Für die Feststellung des Wertes dieser Beteiligung ist die Schlußbilanz der übertragenden Gesellschaft maßgebend. Übersteigt das durch die Verschmelzung erlangte Geschäftsguthaben eines Genossen den Gesamtbetrag der Geschäftsanteile, mit denen er bei der übernehmenden Genossenschaft beteiligt ist, so ist der übersteigende Betrag nach Ablauf von sechs Monaten seit dem Tage, an dem die Eintragung der Verschmelzung in das Register des Sitzes der übernehmenden Genossenschaft nach § 19 Abs. 3 als bekanntgemacht gilt, an den Genossen auszuzahlen; die Auszahlung darf jedoch nicht erfolgen, bevor die Gläubiger, die sich nach § 22 gemeldet haben, befriedigt oder sichergestellt sind.**

**(2) Ist an der Verschmelzung ein rechtsfähiger Verein als übertragender Rechtsträger beteiligt, so kann jedem Mitglied dieses Vereins als Geschäftsguthaben bei der übernehmenden Genossenschaft höchstens der Nennbetrag der Geschäftsanteile gutgeschrieben werden, mit denen es an der übernehmenden Genossenschaft beteiligt ist.**

### I. Allgemeines

Die Verschmelzung einer Kapitalgesellschaft auf eine eG wird wegen **1**
der wahrscheinlichen Auflösung der Reserven (§ 79 Rdn. 5 sowie nachfol-

gend Rdn. 2) ein seltener Ausnahmefall bleiben. Die Vorschrift ergänzt § 20 Abs. 1 Nr. 3 UmwG. § 88 UmwG ist geprägt von dem Grundgedanken, daß die Anteilsinhaber der bisherigen Kapitalgesellschaft durch den Anteilsaustausch keinen Wertverlust erleiden.

## II. Übertragende Kapitalgesellschaften (Abs. 1)

**2** Demzufolge ist nach Abs. 1 S. 2 für die Feststellung des Beteiligungswertes die Schlußbilanz maßgebend. Dies bedeutet zum einen, daß für die Wertberechnung auf den Stichtag der Umwandlungsbilanz abzustellen ist (Amtl. Begr. BR-Drucks. 75/94 zu § 88 Abs. 1 UmwG). Dies bedeutet aber auch, daß über § 15 UmwG (bare Zuzahlung) eine Beteiligung an den stillen Reserven realisiert werden kann, wenn nicht bereits im Wege der Gewährung von Geschäftsanteilen der tatsächliche Wert der (bisherigen) Aktie gewährt worden ist (so auch *Dehmer*, UmwG § 88 Rdn. 2). Da dieses letztlich zur Auflösung aller Reserven und Umwandlung in Geschäftsguthaben (flexibles Eigenkapital) führt, wird hieran in aller Regel eine Verschmelzung auf eine eG scheitern, es sei denn es handelt sich um eine im Allein- oder Mehrheitsbesitz der eG stehende Kapitalgesellschaft.

**3** Hinsichtlich der Auszahlung eines etwaigen nicht von Geschäftsanteilen abgedeckten Geschäftsguthabens (Abs. 1 S. 3) siehe die Erl. zu § 87 Abs. 2 UmwG (dort Rdn. 9).

## III. Übertragender eV

**4** Mitglieder eines eV werden den Mitgliedern einer eG gleichgestellt. Sie werden nicht entsprechend der wertmäßigen eV-Beteiligung an der eG beteiligt, sondern im Verhältnis 1:1 (*Bayer* in Lutter u. a., UmwG, § 88 Rdn. 8). Eine bare Zuzahlung ist nicht zulässig (*Dehmer*, UmwG, § 88 Rdn. 4). Restwerte sind den Rücklagen zuzuführen (*Bayer*, ebd.), und zwar der Kapitalrücklage.

## IV. Übertragende Personenhandelsgesellschaft

**5** Für diese verbleibt es bei der Grundregelung von § 20 Abs. 1 Nr. 3 UmwG. Der Wert der Gesellschaftsbeteiligung wird als Geschäftsguthaben bei der übernehmenden eG gutgeschrieben. Automatisch ist – dem Grundgedanken des § 87 UmwG entsprechend – der Gesellschafter mit so vielen Geschäftsanteilen an der eG beteiligt, wie als voll eingezahlt anzusehen sind. Die Auszahlung des überschießenden Betrags erfolgt analog § 88 Abs. 1 S. 3 UmwG.

### § 89
### Eintragung der Genossen in die Mitgliederliste; Benachrichtigung

(1) Die übernehmende Genossenschaft hat jeden neuen Genossen nach der Eintragung der Verschmelzung in das Register des Sitzes der übernehmenden Genossenschaft unverzüglich in die Mitgliederliste einzutragen und hiervon unverzüglich zu benachrichtigen. Sie hat ferner die Zahl der Geschäftsanteile des Genossen einzutragen, sofern der Genosse mit mehr als einem Geschäftsanteil beteiligt ist.

(2) Die übernehmende Genossenschaft hat jedem Anteilsinhaber eines übertragenden Rechtsträgers, bei unbekannten Aktionären dem Treuhänder der übertragenden Gesellschaft, unverzüglich schriftlich mitzuteilen:

1. den Betrag des Geschäftsguthabens bei der übernehmenden Genossenschaft;
2. den Betrag des Geschäftsanteils bei der übernehmenden Genossenschaft;
3. die Zahl der Geschäftsanteile, mit denen der Anteilsinhaber bei der übernehmenden Genossenschaft beteiligt ist;
4. den Betrag der von dem Genossen nach Anrechnung seines Geschäftsguthabens noch zu leistenden Einzahlung oder den Betrag, der ihm nach § 87 Abs. 2 oder nach § 88 Abs. 1 auszuzahlen ist, sowie
5. den Betrag der Haftsumme der übernehmenden Genossenschaft, sofern deren Genossen Nachschüsse bis zu einer Haftsumme zu leisten haben.

Da die Mitgliederliste bei der eG geführt wird (§ 30 GenG), erfolgt eine Anmeldung beim Genossenschaftsregister nicht mehr. In die Mitgliederliste sind die in § 30 Abs. 2 GenG genannten Angaben (auch der ausschlagenden Mitglieder, *Bayer* in Lutter u. a., UmwG, § 89 Rdn. 6) einzutragen. Zusätzlich ist der Hinweis einzutragen, daß die Mitgliedschaft durch Verschmelzung erworben wurde. **1**

Die Eintragung hat wegen §§ 87, 88 UmwG und § 15 Abs. 1 GenG nur deklaratorische Bedeutung. Durch die Eintragung wird jedoch die Vermutung der Mitgliedschaft begründet (BayObLG, ZfG 1961, 446 mit Anm. *Schnorr von Carolsfeld*). **2**

War die Eintragung zu Unrecht erfolgt, ist sie nach § 147 FGG von Amts wegen zu löschen (BayObLG, ZfG 1961, 446 mit Anm. *Schnorr von Carolsfeld*). Ein entsprechendes Verlangen können sowohl das betroffene Mitglied als auch die übernehmende eG stellen. **3**

Der Vorstand der übernehmenden eG hat jedem übernommenen Mitglied die in Abs. 2 enthaltenen Angaben schriftlich mitzuteilen. Durch diese Mitteilung sollen die Mitglieder über den Umfang ihrer Verpflichtungen **4** aufgeklärt werden. Die Mitglieder können auf diese Mitteilung verzichten. Hinsichtlich der überschießenden Beträge (vgl. Ziff. 4) könnte es sich empfehlen, ggfs. in die Mitteilung den Vorschlag aufzunehmen, insoweit einen weiteren Geschäftsanteil zu zeichnen.

**5** Die Mitteilung ist von so vielen Vorstandsmitgliedern zu unterzeichnen, wie satzungsgemäß zur gesetzlichen Vertretung befugt sind. Schriftform bedeutet, daß die Mitteilung unterschrieben sein muß. Zweifelhaft ist, ob mit Rücksicht auf die u. U. sehr hohe Mitgliederzahl eine im Wege mechanischer Vervielfältigung hergestellte Namensunterschrift als ausreichend anzusehen ist (offen gelassen vom BGH, BB 1977, 1068 = WM 1977, 239 = ZfG 1979, 162 m. Anm. *Müller*); die in Maschinenschrift gesetzten Namen von Vorstandsmitgliedern genügen jedenfalls dem Schriftformerfordernis nicht (BGH, ebd.). Aus Gründen der Praktikabilität, insbesond. bei übertragenden eG mit hoher Mitgliederzahl, sollte faksimilierte Unterschrift als zulässig angesehen werden.

## § 90

## Ausschlagung durch einzelne Anteilsinhaber

**(1) Die §§ 29 bis 34 sind auf die Genossen einer übertragenden Genossenschaft nicht anzuwenden.**

**(2) Auf der Verschmelzungswirkung beruhende Anteile und Mitgliedschaften an dem übernehmenden Rechtsträger gelten als nicht erworben, wenn sie ausgeschlagen werden.**

**(3) Das Recht zur Ausschlagung hat jeder Genosse einer übertragenden Genossenschaft, wenn er in der Generalversammlung oder als Vertreter in der Vertreterversammlung, die gemäß § 13 Abs. 1 über die Zustimmung zum Verschmelzungsvertrag beschließen soll,**

1. **erscheint und gegen den Verschmelzungsbeschluß Widerspruch zur Niederschrift erklärt oder**
2. **nicht erscheint, sofern er zu der Versammlung zu Unrecht nicht zugelassen worden ist oder die Versammlung nicht ordnungsgemäß einberufen oder der Gegenstand der Beschlußfassung nicht ordnungsgemäß bekanntgemacht worden ist.**

**Wird der Verschmelzungsbeschluß einer übertragenden Genossenschaft von einer Vertreterversammlung gefaßt, so steht das Recht zur Ausschlagung auch jedem anderen Genossen dieser Genossenschaft zu, der im Zeitpunkt der Beschlußfassung nicht Vertreter ist.**

### I. Allgemeines

**1** § 90 UmwG behält aus dem früheren Recht das besondere Verschmelzungskündigungsrecht der Mitglieder der übertragenden eG bei, nennt es nunmehr Ausschlagung und regelt es im einzelnen einschränkend (s. insbes. Rdn. 6). Nunmehr sind nur noch die Mitglieder zur Ausschlagung berechtigt, bei denen die Voraussetzung des Abs. 3 Ziff. 1 oder Ziff. 2 vorliegen (bzw. im Falle der VV die Voraussetzung des Abs. 3 S. 2). Diese Beschränkung der Ausschlagungsbefugnis beruht auf der Erwägung, daß die Mitglieder, die nicht in der GV Widerspruch einlegen oder aus Gründen, die in ihrer Person liegen, nicht an der GV teilgenommen haben, durch die Einräumung eines besonderen Kündigungsrechts nicht geschützt zu werden brauchen.

## II. Voraussetzungen

Die **Voraussetzungen** der Ausschlagung entsprechen denen des außerordentlichen Kündigungsrechts nach § 67a GenG sowie den Voraussetzungen für eine Anfechtungsklage nach § 51 GenG (vgl. die dortigen Erl.). **2**

Die Ausschlagung wird grundsätzlich nicht dadurch ausgeschlossen, daß das Mitglied **für** den Beschluß gestimmt hat (a. A. *Bayer* in Lutter u. a., UmwG, § 90 Rdn. 21). Es ist z. B. denkbar, daß ein Mitglied aus übergeordneten Gesichtspunkten im Interesse der eG für die Fusion stimmt, aber überzeugende Gründe dafür hat, nicht Mitglied der übernehmenden eG werden zu wollen. In diesen Fällen ist allerdings zu prüfen, ob dieses Verhalten nicht gegen Treu und Glauben verstößt (§ 242 BGB, venire contra factum proprium; insoweit abzulehnen AG München BB 1964, 823 = ZfG 1966, 85 mit kritischer Anmerkung *Schultz*; LG Darmstadt, ZfG 1976, 360 = GWW 1975, 570 mit kritischer Anmerkung *Hanke*, wie hier mit überzeugender Begründung *Müller*, § 93k Rdn. 6; *Meyer/Meulenbergh/Beuthien*, § 93k Rdn. 3; *Riebandt-Korfmacher*, Form. 2.431 Anm. 17a, 143 ff). **3**

Der Widerspruch kann auch schon **vor** der Beschlußfassung (RG, JW 1936, 181) und bis zum Schluß der GV erklärt werden (*Bayer*, ebd. Rdn. 20). Es ist nicht Voraussetzung, daß der Widerspruch ausdrücklich in das Protokoll aufgenommen ist; es genügt vielmehr, wenn das Mitglied seinen Widerspruch so deutlich äußert, daß ein gewissenhafter Protokollführer sich verpflichtet fühlen muß, diese Erklärung in das Protokoll aufzunehmen (RGZ 53, 293; *Schubert/Steder*, § 93k und 1 Rdn. 3; *Müller*, § 93 k Rdn. 5; vgl. auch Rdn. 9; vgl. auch die diesbezüglichen Erl. zu § 67 a und § 51). Zu weitgehend OLG Hamm (ZIP 1985, 742), das als Widerspruch bereits genügen läßt, daß ein Mitglied in der Diskussion rechtliche Bedenken gegen eine beabsichtigen Beschluß äußert und dadurch klar zu erkennen gibt, daß es sich gegen den anstehenden Beschluß rechtlich verwahren, ihm also widersprechen will. **4**

5 Hat eine **VV** der übertragenden eG die Verschmelzung beschlossen, gelten die vorstehenden Ausführungen nur für die Vertreter; die übrigen Mitglieder können unter Einhaltung der in § 91 UmwG vorgesehenen Frist die Ausschlagung erklären (nicht jedoch diejenigen, die auch bereits Mitglieder der übernehmenden eG waren, sogen. Doppelmitgliedschaften, *Bayer* in Lutter u. a., UmwG, § 90 Rdn. 11).

## III. Wirkung

6 Abs. 2 bestimmt, daß im Falle der Ausschlagung die Mitgliedschaften an der übernehmenden eG als nicht erworben gilt. Durch das Wort „gelten" soll deutlich gemacht werden, daß bis zum Zugang der Ausschlagungserklärung die Mitgliedschaft besteht, sie jedoch dann mit Wirkung ex tunc wegfällt. Demzufolge ist eine Übertragung des Geschäftsguthabens nach § 76 GenG nach Zugang der Ausschlagungserklärung nicht mehr möglich, ebenso keine Anfechtung.

## § 91
## Form und Frist der Ausschlagung

**(1) Die Ausschlagung ist gegenüber dem übernehmenden Rechtsträger schriftlich zu erklären.**

**(2) Die Ausschlagung kann nur binnen sechs Monaten nach dem Tage erklärt werden, an dem die Eintragung der Verschmelzung in das Register des Sitzes des übernehmenden Rechtsträgers nach § 19 Abs. 3 als bekanntgemacht gilt.**

**(3) Die Ausschlagung kann nicht unter einer Bedingung oder einer Zeitbestimmung erklärt werden.**

## I. Form (Abs. 1)

1 Die Ausschlagung bedarf der Schriftform. Sie ist gegenüber der übernehmenden eG abzugeben; eine Ausschlagung gegenüber der übertragenden eG genügt nicht (vgl. im übrigen zur Form der Kündigung Erl. zu § 65). Insbes. genügt keine im Zusammenhang mit dem Widerspruch zu Protokoll der GV der übertragenden eG erklärte Ausschlagung.

## II. Frist

2 Nach Abs. 2 muß die Ausschlagung innerhalb einer Ausschlußfrist von 6 Monaten nach Bekanntmachung der Verschmelzung erklärt werden.

3 Abs. 2 regelt nur das Ende, nicht den Beginn der Frist für die Ausschlagung. Eine Ausschlagung, die nach Eintragung der Verschmelzung, aber

bereits vor der Bekanntmachung liegt, führt bereits zur Beendigung der Mitgliedschaft zum Zeitpunkt des Wirksamwerdens der Verschmelzung (BGH, BB 1977, 1068 = MDR 1977, 381 = WM 1977, 239 = ZfG 1979, 162 m. zust. Anm. *Müller*; *ders.*, § 93 k Rdn. 26; *Meyer/Meulenbergh/Beuthien*, § 93 k Rdn. 4; a. A. LG Köln, ZfG 1975, 151 m. abl. Anm. *Hadding*).

## III. Bedingung, Zeitbestimmung (Abs. 3)

Abs. 3 regelt den für die Ausschlagung der Beitritts- und Beteiligungser- **4**
klärungen geltenden Grundsatz, daß die Erklärung bedingungslos und unter Berücksichtigung der Besonderheit der Ausschlagung hier auch ohne Zeitbestimmung erklärt werden muß.

## IV. Sonderfragen

War ein Mitglied zur Zeit der Verschmelzung der **beiden** eG Mitglied, **5**
so kann es die Ausschlagung nur hinsichtlich der bei der übertragenden eG gehaltenen Geschäftsanteile erklären (im Unterschied zu § 93 k GenG a. F.: da die Mitgliedschaft ein unteilbares Recht ist, konnte in diesem Fall ein Mitglied nicht die Mitgliedschaft kündigen, sondern in analoger Anwendung des § 67 b GenG lediglich die übergangenen Geschäftsanteile).

Das Mitglied kann auch durch Erklärung gegenüber dem Vorstand der **6**
übernehmenden eG auf das Ausschlagungsrecht verzichten, nicht jedoch (wegen der konstitutiven Wirkung des Zugangs der Ausschlagung) diese mit Zustimmung des Vorstands zurücknehmen.

Mitglieder der übertragenden eG, die dieser gegenüber ihre Mitglied- **7**
schaft vor der Verschmelzung für einen nach der Verschmelzung liegenden Zeitpunkt wirksam nach den Vorschriften der §§ 65 ff GenG **gekündigt** haben, scheiden aufgrund dieser Kündigung aus der übernehmenden eG zu dem Zeitpunkt aus, zu welchem sie (ohne die Verschmelzung) aus der übertragenden eG ausgeschieden wären. Das Ausschlagungsrecht, das auf den Zeitpunkt der Verschmelzung zurückwirkt, besteht daneben, sofern die gesetzlichen Voraussetzungen dafür vorliegen (KG, JFG 1910, 170; KG, JW 1935, 3166 vgl. auch *Schubert/Steder*, § 93 k und 1 Rdn. 11.

Hinsichtlich der **Rechtsfolgen** der Ausschlagung vgl. Erl. zu § 92 **8**
UmwG.

### § 92

### Eintragung der Ausschlagung in der Mitgliederliste

**(1) Die übernehmende Genossenschaft hat jede Ausschlagung unverzüglich in die Mitgliederliste einzutragen und den Genossen von der Eintragung unverzüglich zu benachrichtigen.**

**(2) Die Ausschlagung wird in dem Zeitpunkt wirksam, in dem die Ausschlagungserklärung dem übernehmenden Rechtsträger zugeht.**

1 Die Ausschlagung wird wirksam mit Zugang bei der eG (empfangsbedürftige Willenserklärung). Auf eine Zustimmung der eG oder gar Zulassung kommt es nicht an.

2 Die Verpflichtung zur unverzüglichen Eintragung und Benachrichtigung entspricht dem auch in § 15 GenG zum Ausdruck kommenden Grundgedanken, daß Änderungen in der Mitgliedsbeziehung unverzüglich dem Mitglied mitzuteilen sind.

### § 93
### Auseinandersetzung

**(1) Mit einem früheren Genossen, dessen Beteiligung an dem übernehmenden Rechtsträger nach § 90 Abs. 2 als nicht erworben gilt, hat der übernehmende Rechtsträger sich auseinanderzusetzen. Maßgebend ist die Schlußbilanz der übertragenden Genossenschaft.**

**(2) Dieser Genosse kann die Auszahlung des Geschäftsguthabens, das er bei der übertragenden Genossenschaft hatte, verlangen; an den Rücklagen und dem sonstigen Vermögen der übertragenden Genossenschaft hat er vorbehaltlich des § 73 Abs. 3 des Gesetzes betreffend die Erwerbs- und Wirtschaftsgenossenschaften keinen Anteil, auch wenn sie bei der Verschmelzung den Geschäftsguthaben anderer Genossen, die von dem Recht zur Ausschlagung keinen Gebrauch machen, zugerechnet werden.**

**(3) Reichen die Geschäftsguthaben und die in der Schlußbilanz einer übertragenden Genossenschaft ausgewiesenen Rücklagen zur Deckung eines in dieser Bilanz ausgewiesenen Verlustes nicht aus, so kann der übernehmende Rechtsträger von dem früheren Genossen, dessen Beteiligung als nicht erworben gilt, die Zahlung des anteiligen Fehlbetrags verlangen, wenn und soweit dieser Genosse im Falle der Insolvenz Nachschüsse an die übertragende Genossenschaft zu leisten gehabt hätte. Der anteilige Fehlbetrag wird, falls das Statut der übertragenden Genossenschaft nichts anderes bestimmt, nach der Zahl ihrer Genossen berechnet.**

**(4) Die Ansprüche verjähren in fünf Jahren. Die Verjährung beginnt mit dem Schluß des Kalenderjahres, in dem die Ansprüche fällig geworden sind.**

## I. Allgemeines

1 § 93 UmwG entspricht weitgehend § 93 m GenG a. F. Er berücksichtigt die Möglichkeit der Einräumung eines Anspruchs ausscheidender Mitglie-

der an dem Beteiligungsfonds (Abs. 2) sowie an der Neuregelung der Nachschußpflicht (Abs. 3). Für die Auseinandersetzung eines Mitglieds, das aus Anlaß der Verschmelzung von seinem Ausschlagungsrecht Gebrauch gemacht hat, gelten somit die gleichen Grundsätze wie bei der Auseinandersetzung nach § 73 GenG. Insbes. hat der durch Ausschlagung nicht Mitglied Gewordene einen Anspruch gegen den Beteiligungsfonds, soweit die Satzung der übertragenden eG diesen vorsieht.

## II. Auseinandersetzungsanspruch

Die **Berechnung** des Auseinandersetzungsanspruchs erfolgt gemäß 2 Abs. 1 S. 2 anhand der Schlußbilanz der übertragenden eG. Diese bedarf – bei Kreditgenossenschaften – keines Bestätigungsvermerks. An dem Gewinn bzw. Verlust, der in der Zeit von der Erstellung der Bilanz bis zum Ausscheiden des Mitglieds erwirtschaftet wird, hat er deshalb keinen Anteil (*Müller*, § 93 m Rdn. 3; so im Grundsatz auch *Meyer/Meulenbergh/Beuthien*, § 93 m Rdn. 2, der allerdings für den Fall, daß das Eintragungsverfahren sich außergewöhnlich lange hinzieht, dem kündigenden Mitglied aufgrund der genossenschaftlichen Treuepflicht einen Anspruch auf Aufstellung und Einreichung einer neuen Schlußbilanz einräumt – dem dürfte für Ausnahmefälle unter dem Gesichtspunkt von Treu und Glauben zu folgen sein). Die Höhe errechnet sich mithin nicht nach der wahren Vermögenslage der eG, die (z. B. aufgrund stiller Reserven) günstiger sein kann als die durch die Schlußbilanz ausgewiesene Vermögenslage.

Wie sich aus Abs. 2 letzter Halbsatz ergibt, ist es auch zulässig, neben 3 der Schlußbilanz eine **Vermögensbilanz** mit den wahren Werten aufzustellen. Dies könnte sich dann empfehlen, wenn die wahren Vermögenswerte bei der Anrechnung der Geschäftsguthaben der Mitglieder der übertragenden eG bei der übernehmenden eG berücksichtigt werden sollen. Diese Berücksichtigung kann im Wege der Auflösung offener und stiller Reserven vor der Verschmelzung geschehen oder auch im Wege der Neubewertung der Geschäftsguthaben bei der Verschmelzung; auch können bare Zuzahlungen (Grenze: § 87 Abs. 2 S. 2 UmwG) gewährt werden (vgl. im einzelnen zum alten Recht *Schlarb*, DB 1979, 901).

Werden Rücklagen **vor** der Verschmelzung aufgelöste und gutgeschrie- 4 ben, müssen kündigende Mitglieder im Rahmen der Auseinandersetzung den ihrem Konto gutgeschriebenen Anteil an den Reserven ausbezahlt erhalten, daß Abs. 2 letzter Halbsatz hier nicht gilt (*Bayer* in Lutter u. a., UmwG, § 93 Rdn. 10).

Nicht eindeutig ist die Rechtslage hinsichtlich der Neubewertung der 5 Geschäftsguthaben **bei** der Verschmelzung. Hier findet Abs. 2 letzter Halbsatz Anwendung; diese Vorschrift sorgt dafür, daß, falls die Berechnung des

Geschäftsguthabens nach der Vermögensbilanz höher ausfällt als nach der Schlußbilanz, das ausschlagende Mitglied nicht besser gestellt wird, als es bei Fortführung der übertragenden eG gestanden hätte. Andererseits ist jedoch auch § 80 Abs. 1 Ziff. 2 UmwG zu berücksichtigen, wonach jedes Mitglied der übertragenden eG mit so vielen Geschäftsanteilen bei der übernehmenden eG beteiligt ist, wie durch Anrechnung seines Geschäftsguthabens bei der übertragenden eG als voll eingezahlt anzusehen sind. Erfolgt die Neubewertung **bei** der Verschmelzung, wäre die Höherbewertung nicht mehr Teil des Geschäftsguthabens, das dieses Mitglied bei der übertragenden eG gehalten hat (so ohne nähere Begründung *Meyer/Meulenbergh/Beuthien*, § 93 m Rdn. 3). Denkbar wäre es, § 80 Abs. 1 S. 1 Ziff. 2 UmwG unter Berücksichtigung des § 93 Abs. 2 UmwG so zu interpretieren, daß jedes Mitglied der übertragenden eG mit so vielen Geschäftsanteilen bei der übernehmenden eG beteiligt ist, wie durch Anrechnung des Geschäftsguthabens zuzüglich des Anteils an Reserven, der bei der Verschmelzung dem Geschäftsguthaben zugerechnet worden ist, als voll eingezahlt anzusehen sind. Bei restriktiver Interpretation des § 80 Abs. 1 S. 1 Ziff. 2 UmwG wäre hinsichtlich des zugerechneten Betrags die Zeichnung entsprechender Geschäftsanteile – erforderlichenfalls – notwendig. Aus Gründe der Rechtssicherheit sollte diese Zeichnung, die im Falle der ersten Interpretation nur deklaratorische Bedeutung hätte, erfolgen. Erfolgt diese Zeichnung nicht, erhält das Mitglied diesen Betrag nicht ausbezahlt, wenn im Verschmelzungsvertrag vereinbart ist, daß die Auflösung von Reserven nur zum Zwecke der Bildung von Geschäftsguthaben erfolgen soll.

**6** Die Auseinandersetzung erfolgt mit der **übernehmenden** eG, da die übertragende eG nicht mehr existiert und die übernehmende eG ihre Gesamtrechtsnachfolgerin ist.

**7** Der Auseinandersetzungsanspruch kann wie der Auseinandersetzungsanspruch nach § 73 **abgetreten, verpfändet** und **gepfändet** werden (vgl. die Erl. zu § 73 GenG, vgl. auch die Erl. zu § 22 GenG; *Bayer*, ebd. Rdn. 20).

**8** Der Auseinandersetzungsanspruch kann auch aufgrund von Bilanzverlusten gemindert werden (zu unterscheiden von einer eventuell bestehenden Nachschußpflicht, hierzu § 73 GenG Rdn. 20 ff).

## III. Nachschußpflicht

**9** Nach Abs. 3 kann den Ausscheidenden bei Überschuldung der übertragenden eG u. U. eine **Nachschußpflicht** treffen. Bei der Prüfung der Frage, ob Fehlbeträge zu zahlen sind, ist ebenfalls lediglich auf die Schlußbilanz abzustellen. Da nur die ausgewiesenen Rücklagen zu berücksichtigen sind, schließt das Vorhandensein stiller Reserven grundsätzlich die Heranziehung des ausschlagenden Mitglieds zur Leistung von Fehlbeträgen nicht aus (*Bayer* in Lutter u. a., UmwG, § 93 Rdn. 14), sofern die Beibehaltung dieser stillen Reserven mit den Grundsätzen einer ordnungsgemäßen Buchführung und Bilanzierung in Einklang steht; bei der Prüfung dieser Frage ist stets auf den Einzelfall abzustellen. Aus Abs. 3 folgt weiterhin, daß bei einer eG ohne Nachschußpflicht das ausschlagende Mitglied den anteiligen Fehlbetrag an die übernehmende eG nicht zu zahlen hat.

Trifft die Satzung keine besondere Regelung, wird der anteilige Fehlbetrag nach **Köpfen** errechnet. **10**

## IV. Verjährung

Die Ansprüche **verjähren** innerhalb von 5 Jahren nach Ablauf des **11** Kalenderjahres, in dem die Ansprüche fällig geworden sind; fällig werden die Ansprüche grundsätzlich 6 Monate nach Zugang der Ausschlagung (vgl. § 94 UmwG).

### § 94
### Auszahlung des Auseinandersetzungsguthabens

**Ansprüche auf Auszahlung des Geschäftsguthabens nach § 93 Abs. 2 sind binnen sechs Monaten seit der Ausschlagung zu befriedigen; die Auszahlung darf jedoch nicht erfolgen, bevor die Gläubiger, die sich nach § 22 gemeldet haben, befriedigt oder sichergestellt sind, und nicht vor Ablauf von sechs Monaten seit dem Tag, an dem die Eintragung der Verschmelzung in das Register des Sitzes des übernehmenden Rechtsträgers nach § 19 Abs. 3 als bekanntgemacht gilt.**

Hinsichtlich des **Zeitpunkts** regelt § 94 UmwG, daß die Auseinandersetzung zwar innerhalb von 6 Monaten seit der Bekanntmachung der Verschmelzung zu erfolgen hat, nicht jedoch vor Ablauf von 6 Monaten seit dem Gläubigeraufruf gem. § 22 UmwG. Hinzu kommt des weiteren, daß eine Auseinandersetzung selbst dann noch nicht erfolgen darf, wenn Gläubiger, die sich nach § 22 UmwG gemeldet haben, noch nicht befriedigt oder sichergestellt worden sind. Eine vorzeitige Auszahlung kann unter dem Gesichtspunkt der ungerechtfertigten Bereicherung zurückgefordert werden, wenn kein Auszahlungsanspruch bestand; ansonsten besteht kein Rückforderungsanspruch (*Bayer* in Lutter u. a., UmwG, § 94 Rdn. 6). Die Gläubiger der übertragenden eG haben gegen die übernehmende eG ggfs. einen Schadenersatzanspruch aus §§ 823 Abs. 2, 31 BGB, da § 94 UmwG ein sie schützendes Gesetz ist; die ihre Sorgfaltspflichten verletzenden Vorstandsmitglieder haften der übernehmenden eG nach § 34 Abs. 3 Nr. 1 GenG (*Meyer/Meulenbergh/Beuthien*, § 93 m Rdn. 4).

§ 95

**Fortdauer der Nachschußpflicht**

**(1) Ist die Haftsumme bei der übernehmenden Genossenschaft geringer, als sie bei einer übertragenden Genossenschaft war, oder haften den Gläubigern eines übernehmenden Rechtsträgers nicht alle Anteilsinhaber dieses Rechtsträgers unbeschränkt, so haben zur Befriedigung der Gläubiger der übertragenden Genossenschaft diejenigen Anteilsinhaber, die Mitglieder der übertragenden Genossenschaft waren, weitere Nachschüsse bis zur Höhe der Haftsumme bei der übertragenden Genossenschaft zu leisten, sofern die Gläubiger, die sich nach § 22 gemeldet haben, wegen ihrer Forderung Befriedigung oder Sicherstellung auch nicht aus den von den Genossen eingezogenen Nachschüssen erlangen können. Für die Einziehung der Nachschüsse gelten die §§ 105 bis 115 a des Gesetzes betreffend die Erwerbs- und Wirtschaftsgenossenschaften entsprechend.**

**(2) Absatz 1 ist nur anzuwenden, wenn das Insolvenzverfahren über das Vermögen des übernehmenden Rechtsträgers binnen zwei Jahren nach dem Tage eröffnet wird, an dem die Eintragung der Verschmelzung in das Register des Sitzes dieses Rechtsträgers nach § 19 Abs. 3 als bekanntgemacht gilt.**

**1** § 95 UmwG stellt eine zusätzliche Gläubigerschutzvorschrift dar. Die Vorschrift soll dann zur Anwendung kommen, wenn sich zwei eG mit **beschränkter Nachschußpflicht** miteinander verschmolzen haben und die Haftsumme der übertragenden eG höher war, als sie bei der übernehmenden eG ist. In diesem Fall sollen die Mitglieder der übertragenden eG nach Maßgabe ihrer bisherigen Nachschußpflicht, d. h. auch über die Haftsumme der übernehmenden eG hinaus, zur Leistung weiterer Nachschüsse herangezogen werden können, wenn dies zur Befriedigung der Gläubiger, die sich nach § 22 UmwG gemeldet haben, nötig ist. § 95 UmwG spricht zwar von der „Haftsumme“. Dies bedeutet jedoch nicht, daß abzustellen ist auf den absoluten Betrag der in der Satzung enthaltenen Haftsumme, sondern der Begriff ist als „Nachschußpflicht“ zu verstehen. Dies deshalb, weil nach dem früheren § 135 GenG (§ 121 neu) bis zur Novelle 1973 mit jedem Geschäftsanteil eine Haftsumme verbunden war, die mindestens die Höhe des Geschäftsanteils haben mußte. Daraus folgt, daß eine Nachschußpflicht der Mitglieder der übertragenden eG auch dann bestehen kann, wenn die dortige Haftsumme niedriger in der Satzung angesetzt ist als bei der übernehmenden eG, sofern nur im konkreten Fall – über die Beteiligung mit weiteren Geschäftsanteilen und ggfs. damit verbunden eine Erhöhung der Nachschußpflicht – das einzelne Mitglied zu Nachschüssen verpflichtet war, die über die Nachschußpflicht bei der übernehmenden eG hinausgehen.

Hinsichtlich der Feststellung, ob der Tatbestand des § 95 UmwG gegeben ist, ist auf den **Zeitpunkt** der Verschmelzung abzustellen; setzt die übernehmende eG erst nach Eintragung der Verschmelzung die Haftsumme herab, gilt § 95 UmwG nicht, es verbleibt bei der Regelung des § 120 GenG. **2**

Im Interesse der Mitglieder der übertragenden eG ist andererseits vorgesehen, daß die Heranziehung zu diesen weiteren Nachschüssen nur möglich ist, wenn das Konkursverfahren innerhalb von **2 Jahren** seit der Eintragung der Verschmelzung in das Genossenschaftsregister des Sitzes der übernehmenden eG eröffnet wird. Entscheidend ist der Zeitpunkt, zu dem der Konkurseröffnungsbeschluß wirksam wird. **3**

Zu dieser besonderen Nachschußpflicht sind nur die **Mitglieder** der übertragenden eG verpflichtet, die im Zeitpunkt der Konkurseröffnung der übernehmenden eG angehören. Nicht hingegen diejenigen, die vorher ausgeschieden waren (vgl. Abs. 1 S. 2, der §§ 115 b, c GenG nicht erwähnt). Insbes. Mitglieder, die von ihrem Ausschlagungsrecht nach § 90 UmwG Gebrauch gemacht haben, können nicht zu diesen weiteren Nachschußpflichten herangezogen werden. **4**

**Anspruchsberechtigt** sind nur die Gläubiger, die sich nach § 22 UmwG gemeldet haben, d. h. die einen Anspruch im Zeitpunkt der Eintragung der Verschmelzung in das Genossenschaftsregister am Sitz der übernehmenden eG gegen diese hatten. Außerdem muß die Anmeldung gem. § 20 UmwG fristgerecht erfolgt sein (zum Verfahrensablauf vgl. ausführlich *Bayer* in Lutter u. a., UmwG, § 95 Rdn. 19 ff). **5**

## Zweiter Unterabschnitt. Verschmelzung durch Neugründung

### § 96
### Anzuwendende Vorschriften

**Auf die Verschmelzung durch Neugründung sind die Vorschriften des Ersten Unterabschnitts entsprechend anzuwenden.**

Nach § 96 UmwG gelten für den Sonderfall der Verschmelzung durch Neugründung die §§ 79 bis 95 UmwG entsprechend. Im übrigen gelten die Allgemeinen Vorschriften der §§ 1 bis 38 UmwG (siehe dort insbesond. die in § 36 Abs. 1 enthaltene Verweisung auf die Vorschriften des 2. Abschnitts sowie die dortigen Erl.). Insbesond. haben die beteiligten eG das in § 81 UmwG vorgesehene Gutachten des Prüfungsverbandes einzuholen. Auch haben sie die §§ 82 bis 84 UmwG zu beachten. Für die Mitglieder der übertragenden eG findet § 85 UmwG wegen der Beteiligung nach dem Normalprinzip in der Regel keine Anwendung (vgl. die dortigen Erl.). **1**

2 Bei der Anmeldung (§ 38 Abs. 2 UmwG) ist § 86 UmwG zu beachten. Auch gilt § 88 UmwG ausnahmsweise (wegen der Bedenken siehe Erl. zu § 88), wenn eine Kapitalgesellschaft mit einer eG zu einer neu zu gründenden eG verschmolzen wird (ausführlich *Bayer* in Lutter u. a., UmwG, Erl. zu § 96).

3 Im übrigen wird die Verschmelzung durch Neugründung wegen der höheren steuerlichen Belastung (§ 36 UmwG Rdn. 2) der seltene Ausnahmefall bleiben.

## § 97

## Pflichten der Vertretungsorgane der übertragenden Rechtsträger

**(1) Das Statut der neuen Genossenschaft ist durch sämtliche Mitglieder des Vertretungsorgans jedes der übertragenden Rechtsträger aufzustellen und zu unterzeichnen.**

**(2) Die Vertretungsorgane aller übertragenden Rechtsträger haben den ersten Aufsichtsrat der neuen Genossenschaft zu bestellen. Das gleiche gilt für die Bestellung des ersten Vorstands, sofern nicht durch das Statut der neuen Genossenschaft anstelle der Wahl durch die Generalversammlung eine andere Art der Bestellung des Vorstands festgesetzt ist.**

1 Die Satzung wird Teil des Verschmelzungsvertrags (§ 37 UmwG).

2 Die Satzung ist von allen Vorstandsmitgliedern zu unterzeichnen. Lehnt ein Mitglied die Unterschrift ab, ist die Satzung nicht in der vorgeschriebenen Form errichtet. Ein solcher Mangel wird jedoch mit Eintragung der Verschmelzung gem. § 20 Abs. 2 UmwG geheilt.

3 Hinsichtlich der in Abs. 2 enthaltenen Pflichten siehe § 36 UmwG Rdn. 6.

4 Wegen § 9 Abs. 2 GenG muß der erste Aufsichtsrat aus Mitgliedern der übertragenden eG bestehen. Schlagen die bestellten Aufsichtsratsmitglieder nach § 90 UmwG aus, entfällt die Rechtsgrundlage für ihr Aufsichtsratsmandat; das Amt erlischt.

5 Auch die Bestellung des ersten Vorstands erfolgt durch die Vorstandsmitglieder der übertragenden eG (ausführlich *Bayer* in Lutter u. a., UmwG, Erl. zu § 97).

## § 98

## Verschmelzungsbeschlüsse

**Das Statut der neuen Genossenschaft wird nur wirksam, wenn ihm die Anteilshaber jedes der übertragenden Rechtsträger durch Ver-**

**schmelzungsbeschluß zustimmen. Dies gilt entsprechend für die Bestellung der Mitglieder des Vorstands und des Aufsichtsrats der neuen Genossenschaft, für die Bestellung des Vorstandes jedoch nur, wenn dieser von den Vertretungsorganen aller übertragenden Rechtsträger bestellt worden ist.**

Nach Satz 1 bezieht sich der Verschmelzungsbeschluß nicht nur auf den Verschmelzungsvertrag, sondern bezieht die Satzung der neuen eG mit ein. 1

§ 97 Abs. 2 UmwG und § 98 S. 2 UmwG scheinen sich zu widersprechen. § 97 UmwG behandelt die Vorbereitungen der zu beschließenden Maßnahmen. Wirksam werden sie erst mit Beschlußfassung durch die GV (§ 98 i. V. m. § 13). Dieser Beschluß muß nach § 84 UmwG mit $^3/_4$-Mehrheit gefaßt werden. Erst mit diesem Beschluß wird die Satzung (*Bayer* in Lutter u. a., UmwG, § 98 Rdn. 2) und die Bestellung der Aufsichtsrats- und Vorstandsmitglieder wirksam, letztere jedoch nur, wenn durch Zuweisung in der Satzung der neuen eG die Bestellung des ersten Vorstands aus der Kompetenz der GV genommen worden ist. Ist dies nicht der Fall, stimmt die GV nicht der Entscheidung der Vertretungsorgane nach § 97 Abs. 2 zu, sondern wählt die Vorstandsmitglieder in eigener Zuständigkeit (unklar zum Vorstehenden *Dehmer*, UmwG, Erl. zu §§ 97, 98). 2

## Hinweis:

### Sonstige genossenschaftsrelevante Regelungsbereiche des Umwandlungsgesetzes

Von einer Kommentierung der sonstigen die eG und genossenschaftliche Prüfungsverbände betreffenden Paragraphen des Umwandlungsgesetzes wird an dieser Stelle Abstand genommen. Sie würde die Kommentierung des Genossenschaftsgesetzes sprengen. Die Vorschriften zur Verschmelzung von eG wurden in den Anhang aufgenommen, um den Aussagebereich des Kommentars in seinem alten Umfang zu erhalten. Die Kommentierung der

- Verschmelzung genossenschaftlicher Prüfungsverbände
  (§§ 105 bis 108)
- Spaltung
  (Aufspaltung, Abspaltung, Ausgliederung und Beteiligung von eG)
  (§ 123–137 sowie §§ 147–148)
- Spaltung unter Beteiligung genossenschaftlicher Prüfungsverbände
  (§§ 123–137, § 150)
- des Formwechsels in eine eG
  (§§ 251–257, §§ 283, 290)

– des Formwechsels von eG
(§§ 258–271)

soll der Kommentarliteratur zum Umwandlungsrecht vorbehalten bleiben.

In der Praxis der eG wird in naher Zukunft allenfalls die Ausgliederung auf einen neu zu gründenden Rechtsträger (100 %ige GmbH- oder AG-Tochter) relevant werden, deshalb an dieser Stelle nur einen Hinweis auf:

**DGRV-Schriftenreihe Band 39, Neues Verschmelzungsrecht, Hinweise und Hilfen**

Diese Broschüre enthält insbesond.:

- einen Ablaufplan zur Ausgliederung auf eine neu zu gründende Tochtergesellschaft
- ein Muster für eine notarielle Beurkundung des Ausgliederungsbeschlusses
- ein Muster für die Anmeldung zum Genossenschaftsregister
- ein Muster für die Anmeldung einer gegründeten GmbH zum Handelsregister
- ein Muster für ein Prüfungsgutachten im Zusammenhang mit der Ausgliederung

Diese Unterlagen können unschwer bei Ausgliederung auf einen **bestehenden** Rechtsträger angepaßt werden, wenn eine derartige Ausgliederung beabsichtigt ist. Häufig wird hier weiterhin wie bisher im Wege der Einzelrechtsnachfolge verfahren werden. Auch wird oft keine Übertragung, sondern nur ein neuer Start mit einem neuen Rechtsträger in Frage kommen.

Die in der Praxis häufig vorgenommene Filialübertragung von einer eG an eine andere eG kann nur im Zuge der Einzelrechtsnachfolge vorgenommen werden, da nach § 123 Abs. 2 Ziff. 1 UmwG im Falle der Abspaltung **alle** Mitglieder der übertragenden eG Mitglieder der übernehmenden eG würden.

Zur Spaltung bei Beteiligung einer eG siehe auch ausführlich unter Verwendung vorerwähnter Muster *Ohlmeyer/Kuhn/Philipowski*, Abschn. IV.

## 2. Verordnung über das Genossenschaftsregister

Vom 22. 11. 23 (RGBl. I S. 1123); geändert durch VO vom 10. 12. 73 (BGBl. I S. 1894) und vom 20. 11. 86 (BGBl. I S. 2071); und durch VO vom 6. 7. 95 (BGBl. I S. 911)

### I. Allgemeines

#### § 1 Zuständigkeit und Verfahren

Zuständigkeit und Verfahren bei der Führung des Genossenschaftsregisters bestimmen sich, soweit nicht durch bundesrechtliche Vorschriften oder die nachstehenden Vorschriften etwas anders vorgeschrieben ist, nach den für das Handelsregister geltenden Vorschriften. Dies gilt auch, soweit das Genossenschaftsregister auf Grund einer Bestimmung nach § 156 Abs. 1 Satz 1 des Gesetzes in Verbindung mit § 8 a des Handelsgesetzbuches in maschineller Form als automatisierte Datei geführt wird.

#### § 2 Eintragungsverfügung

*(aufgehoben)*

#### § 3 Benachrichtigung der Beteiligten

Von jeder Eintragung oder Ablehnung einer Eintragung in das Genossenschaftsregister sind der Vorstand oder die Liquidatoren zu benachrichtigen. Bei der Ablehnung einer Eintragung sind auch die Ablehnungsgründe mitzuteilen.

Diese Benachrichtigungen können ohne Förmlichkeiten, insbesondere durch einfache Postsendung erfolgen.

#### § 4 Bekanntmachung der Registereintragungen

Soweit die öffentliche Bekanntmachung einer Eintragung in das Genossenschaftsregister vorgeschrieben ist (Gesetz § 156), ist sie zu veranlassen, sobald die Eintragung bewirkt ist und ohne daß eine andere Eintragung abgewartet werden darf.

#### § 5

Für die Bekanntmachung aus dem Genossenschaftsregister können neben dem Bundesanzeiger andere als die für die Bekanntmachungen aus dem Handelsregister dienenden Blätter bestimmt werden.

Hört eines der Blätter im Laufe des Jahres zu erscheinen auf, so hat das Gericht auf Antrag des Vorstandes unverzüglich ein anderes Blatt zu bestimmen.

Die Bekanntmachungen im Bundesanzeiger sind in einem bestimmten Teile des Blattes zusammenzustellen.

Eintragungen, die im Genossenschaftsregister sowohl der Hauptniederlassung als auch der Zweigniederlassung erfolgen, sind, soweit eine Veröffentlichung vorgeschrieben ist, nur durch das Gericht der Hauptniederlassung bekanntzumachen, sofern der Vorstand nicht die Bekanntmachung auch durch das Gericht der Zweigniederlassung beantragt hat (Gesetz § 156 Abs. 2). Das Gericht der Hauptniederlassung hat in seiner Bekanntmachung anzugeben, daß die gleiche Eintragung für die Zweigniederlassungen bei den namentlich zu bezeichnenden Gerichten der Zweigniederlassungen erfolgen wird; ist der Firma für eine Zweigniederlassung ein Zusatz beigefügt, so ist auch dieser anzugeben (Gesetz § 14 a Abs. 2). Das Gericht der Zweigniederlassung ist bei Bekanntmachungen im Bundesanzeiger in der alphabetischen Reihenfolge der Registergerichte unter Hinweis auf die Bekanntmachung des Gerichts der Hauptniederlassung aufzuführen. Das Gericht der Hauptniederlassung hat den Gerichten der Zweigniederlassungen die Nummer des Bundesanzeigers mitzuteilen, in der die Eintragung bekanntgemacht worden ist (Gesetz § 14 a Abs. 3 Satz 3).

### § 6
### Form der Anmeldungen sowie der sonstigen Anzeigen, Erlärungen und Einreichungen

Die Vorschrift, daß Anmeldungen zum Genossenschaftsregister durch sämtliche Mitglieder des Vorstandes oder durch sämtliche Liquidatoren in öffentlich beglaubigter Form einzureichen sind (Gesetz § 157), gilt nur von den Anmeldungen, welche in dem Gesetz als solche ausdrücklich bezeichnet sind.

Dahin gehören:

1. die Anmeldung des Statuts (Gesetz §§ 10, 11);
2. die Anmeldung von Änderungen des Statuts (Gesetz § 16);
3. die Anmeldung einer Zweigniederlassung und ihrer Aufhebung (Gesetz § 14);
4. die Anmeldung der Bestellung, des Ausscheidens, der vorläufigen Enthebung und der Änderung der Vertretungsbefugnis eines Vorstandsmitglieds, seines Stellvertreters oder eines Liquidators (Gesetz §§ 10, 11, 28, 35, 84 Abs. 1 und 3, § 85 Abs. 2);
5. die Anmeldung der Erteilung, der Änderung und des Erlöschens einer Prokura (Gesetz § 42 Abs. 1, Handelsgesetzbuch § 53);
6. die Anmeldung der Auflösung und der Fortsetzung einer Genossenschaft in den Fällen der §§ 78, 79, 79 a des Gesetzes;

7. die Anmeldung der Umwandlung unter Beteiligung einer Genossenschaft (§§ 16, 38, 125, 129, 137, 148, 198, 222, 254, 265, 286 UmwG);

Die Anmeldung durch einen Bevollmächtigten ist ausgeschlossen. § 129 des Gesetzes über die Angelegenheiten der freiwilligen Gerichtsbarkeit bleibt unberührt.

§ 7

Für die sonstigen Anzeigen und Erklärungen, die zum Genossenschaftsregister zu bewirken sind, bedarf es weder der Mitwirkung sämtlicher Vorstandsmitglieder oder Liquidatoren noch, soweit nicht ein anderes vorgeschrieben ist, der öffentlich beglaubigten Form (vgl. Handelsgesetzbuch § 339, Gesetz § 89).

Sind jedoch solche Anzeigen oder Erklärungen mit rechtlicher Wirkung für die Genossenschaft verbunden, so müssen sie in der für die Willenserklärungen der Genossenschaft vorgeschriebenen Form, insbesondere unter Mitwirkung der hiernach erforderlichen Zahl von Vorstandsmitgliedern, Prokuristen oder Liquidatoren erfolgen (Gesetz §§ 25, 42 Abs. 1, § 85).

Die Einreichungen und Anzeigen können persönlich bei dem Gericht oder schriftlich mittels Einsendung bewirkt werden. Im ersten Falle wird über den Vorgang ein Vermerk unter Bezeichnung der erschienenen Vorstandsmitglieder oder der sonst dazu Berechtigten aufgenommen; im Falle schriftlicher Einreichung ist die ordnungsgemäße Zeichnung durch hierzu berechtigte Personen erforderlich (Gesetz §§ 25, 42 Abs. 1,§ 85).

§ 8

In den Fällen, in welchen die Abschrift einer Urkunde zum Genossenschaftsregister einzureichen ist, genügt, sofern nicht ein anderes vorgeschrieben ist, eine einfache Abschrift (vgl. Gesetz § 11 Abs. 2, § 16 Abs. 5 Satz 1, § 28 Abs. 1 Satz 2, § 84 Abs. 1 Satz 2).

§ 9

**Löschung von Amts wegen**

*(aufgehoben)*

§ 10

**Gegenstandslos gewordene Eintragungen**

*(aufgehoben)*

§ 11

**Kosten**

*(aufgehoben)*

## II. Eintragung in das Genossenschaftsregister

### § 12

### Einrichten des Registers

Das Genossenschaftsregister wird nach dem in den einzelnen Ländern vorgeschriebenen Formular geführt.

Jede Genossenschaft ist auf einem besonderen Blatte des Registers einzutragen; die für spätere Eintragungen noch erforderlichen Blätter sind freizulassen.

### § 13

### Registerakten

Für jede in das Register eingetragene Genossenschaft werden besondere Akten gehalten.

In die Registerakten sind aufzunehmen die zur Eintragung in das Register bestimmten Anmeldungen nebst den ihnen beigefügten Schriftstücken, insbesondere den Zeichnungen von Unterschriften, die sonstigen dem Gericht eingereichten Urkunden und Belege, ferner die gerichtlichen Verfügungen sowie die Mitteilungen anderer Behörden und die Nachweise über die Bekanntmachungen.

### § 14

### Inhalt der Eintragung

*(aufgehoben)*

### § 15

### Eintragung des Statuts

Vor der Eintragung des Statuts (Gesetz §§ 10 bis 12) hat das Gericht zu prüfen, ob das Statut den Vorschriften des Gesetzes genügt, insbesondere ob die in dem Statut bezeichneten Zwecke der Genossenschaft den Voraussetzungen des § 1 des Gesetzes entsprechen, ob nach den persönlichen und wirtschaftlichen Verhältnissen, insbesondere der Vermögenslage der Genossenschaft, keine Gefährdung der Belange der Genossen oder der Gläubiger der Genossenschaft zu besorgen ist (Gesetz § 11 a Abs. 2) und ob das Statut die erforderlichen Bestimmungen (Gesetz §§ 6, 7, 36 Abs. 1 Satz 2) enthält.

Die Eintragung des Statuts in das Register erfolgt durch Aufnahme eines Auszugs.

Der Auszug muß die im § 12 Abs. 2 des Gesetzes vorgesehenen Angaben enthalten, nämlich:

1. das Datum des Statuts;
2. die Firma und den Sitz der Genossenschaft;
3. den Gegenstand des Unternehmens;

4. die Zeitdauer der Genossenschaft, falls diese auf eine bestimmte Zeit beschränkt ist;

   ferner

5. die Mitglieder des Vorstands, ihre Vertretungsbefugnis (Gesetz § 25) und ihre Stellvertreter (Gesetz § 35);
6. die Form, in der die von der Genossenschaft ausgehenden Bekanntmachungen erfolgen sowie die öffentlichen Blätter, in die die Bekanntmachungen aufzunehmen sind;
7. das Geschäftsjahr, falls es, abgesehen von dem ersten auf ein mit dem Kalenderjahre nicht zusammenfallendes Jahr oder auf eine kürzere Dauer als auf ein Jahr bemessen ist.

In den Auszug sind ferner die Bestimmungen des Statuts über die Nachschußpflicht der Genossen (Gesetz § 6 Nr. 3) aufzunehmen. Ist in dem Statut bestimmt, daß sich bei Beteiligung mit mehr als einem Geschäftsanteil die Haftsumme auf einen höheren Betrag als den Gesamtbetrag der Geschäftsanteile erhöht (Gesetz § 121 Satz 2) oder daß durch die Beteiligung mit weiteren Geschäftsanteilen eine Erhöhung der Haftsumme nicht eintritt (Gesetz § 121 Satz 3), sind auch diese Bestimmungen aufzunehmen.

Die Unterschrift des Statuts (Gesetz § 11 Abs. 2 Nr. 1) ist zu den Akten zu nehmen; in dem Register ist auf die Stelle der Akten, wo das Statut sich befindet, zu verweisen.

## § 16

## Eintragung von Abänderungen des Statuts

Beschlüsse der Generalversammlung, die eine Abänderung der im § 15 Abs. 3 und 4 dieser Vorschriften bezeichneten Bestimmungen des Statuts oder die Fortsetzung einer auf bestimmte Zeit beschränkten Genossenschaft zum Gegenstande haben, werden nach ihrem Inhalt, Beschlüsse, die eine sonstige Abänderung des Statuts betreffen, nur unter allgemeiner Bezeichnung des Gegenstandes eingetragen (Gesetz § 16).

Die eine der mit der Anmeldung eingereichten Abschriften des Beschlusses (Gesetz § 16 Abs. 5 Satz 1) ist zu den Akten zu nehmen; in dem Register ist auf die Stelle der Akten, wo die Abschrift sich befindet, zu verweisen. Die andere Abschrift ist, mit der Bescheinigung der Eintragung versehen, zurückzugeben (Gesetz § 16 Abs. 5 Satz 1, § 11 Abs. 5 Satz 1).

## § 17

## Umwandlung einer Genossenschaft und Herabsetzung der Haftsumme

*(aufgehoben)*

## § 18
## Vorstandsmitglieder, Stellvertreter, Prokuristen

Die Bestellung von Vorstandsmitgliedern und ihrer Stellvertreter, ihre Vertretungsbefugnis sowie die Änderung und die Beendigung der Vertretungsbefugnis (Gesetz § 10 Abs. 1, § 25 Abs. 1 und 2, § 28 Abs. 1, § 35) sind unverzüglich zur Eintragung anzumelden. Als Ende der Vertretungsbefugnis gilt auch eine vorläufige Enthebung durch den Aufsichtsrat (Gesetz § 40). Die Vorstandsmitglieder und ihre Stellvertreter sind mit Familiennamen, Vornamen, Beruf und Wohnort einzutragen.

Absatz 1 Satz 1 gilt für die Anmeldung von Prokuristen (Gesetz § 42 Abs. 1) entsprechend. Die Prokuristen sind mit Familiennamen, Vornamen und Wohnort einzutragen.

## § 19
## Eintragung von Zweigniederlassungen

*(aufgehoben)*

## § 20
## Eintragung der Auflösung

Die Eintragung der Auflösung einer Genossenschaft in das Register der Hauptniederlassung erfolgt

1. in den Fällen der §§ 78, 79 des Gesetzes aufgrund der Anmeldung des Vorstandes,
2. in den übrigen Fällen von Amts wegen, und zwar in dem Falle des § 80 nach Eintritt der Rechtskraft des von dem Registergericht erlassenen Auflösungsbeschlusses, in dem Falle des § 81 aufgrund der von der zuständigen Verwaltungsgerichts- oder Verwaltungsbehörde erster Instanz dem Registergerichte mitgeteilten rechtskräftigen Entscheidung, durch welche die Auflösung ausgesprochen ist, im Falle der Eröffnung des Konkursverfahrens aufgrund der Mitteilung der Geschäftsstelle des Konkursgerichts (Konkursordnung § 112); in dem letzteren Falle unterbleibt die Veröffentlichung der Eintragung (Gesetz § 102).

In allen Fällen der Auflösung, außer dem Falle der Eröffnung des Konkursverfahrens und der Auflösung infolge Verschmelzung oder Aufspaltung, sind die Liquidatoren von dem Vorstand anzumelden. Dies gilt auch dann, wenn die Liquidation durch die Mitglieder des Vorstandes als Liquidatoren erfolgt (Gesetz §§ 83, 84). Sind die Liquidatoren durch das Gericht ernannt, so geschieht die Eintragung der Ernennung und der Abberufung von Amts wegen (Gesetz § 84 Abs. 2).

Für die Anmeldung und Eintragung der Vertretungsbefugnis, jeder Änderung der Vertretungsbefugnis und der Zeichnung der Liquidatoren (Gesetz § 84 Abs. 1 und 3, § 85) sowie für den Inhalt der Eintragung gilt § 18 Abs. 1 Satz 1 und 3 entsprechend.

§ 21

Sobald mit der vollständigen Verteilung des Genossenschaftsvermögens die Liquidation beendigt ist, haben die Liquidatoren die Beendigung ihrer Vertretungsbefugnis zur Eintragung anzumelden.

Die Aufhebung oder Einstellung des Konkursverfahrens (Konkursordnung §§ 163, 205, Gesetz § 115 e Abs. 2 Ziffer 7, § 116) ist aufgrund der Mitteilung der Geschäftsstelle des Konkursgerichts im Genossenschaftsregister zu vermerken.

§ 21 a

**Eintragung der Verschmelzung**

*(aufgehoben)*

§ 21 b

**Eintragung der Umwandlung einer Genossenschaft in eine Aktiengesellschaft**

*(aufgehoben)*

§ 22

**Eintragung der Nichtigkeit der Genossenschaft**

Soll eine Genossenschaft von Amts wegen als nichtig gelöscht werden, so ist in der Verfügung, welche nach § 142 Abs. 2, § 147 Abs. 2, 4 des Gesetzes über die Angelegenheiten der freiwilligen Gerichtsbarkeit der Genossenschaft zugestellt wird, ausdrücklich darauf hinzuweisen, daß der Mangel bis zur Löschung durch Beschluß der Generalversammlung gemäß § 95 Abs. 2 bis 4 des Genossenschaftsgesetzes geheilt werden kann.

Die Löschung erfolgt durch Eintragung eines Vermerkes, der die Genossenschaft als nichtig bezeichnet. Das gleiche gilt in dem Falle, daß die Genossenschaft durch rechtskräftiges Urteil für nichtig erklärt ist (Gesetz §§ 94, 96).

Im übrigen finden die Vorschriften des § 20 Abs. 2, 3 und des § 21 Abs. 1 entsprechende Anwendung.

§ 23

**Eintragung der Nichtigkeit von Beschlüssen der Generalversammlung**

Soll ein eingetragener Beschluß der Generalversammlung von Amts wegen als nichtig gelöscht werden (Gesetz über die Angelegenheiten der freiwilligen Gerichtsbarkeit § 147 abs. 3, 4), so erfolgt die Löschung durch Eintragung eines Vermerkes, der den Beschluß als nichtig bezeichnet. Das gleiche gilt, wenn der Beschluß durch rechtskräftiges Urteil für nichtig erklärt ist (Gesetz § 51 Abs. 5).

§ 24

**Berichtigung von Schreibfehlern**

Schreibfehler und ähnliche offenbare Unrichtigkeiten, die in einer Eintragung vorkommen, sind vom dem Gerichte zu berichtigen, ohne daß es einer vorgängigen Benachrichtigung der Genossenschaft bedarf. Die Berichtigung erfolgt durch Eintragung eines Vermerkes.

§ 25

*(aufgehoben)*

*Der Abschnitt „III. Die Eintragung in die Liste der Genossen" wurde aufgehoben.*

## 3. Rechtsberatungsgesetz

Vom 13. Dezember 35
– RGBl., I S. 1478 –

(Auszug)

§ 1

**Behördliche Erlaubnis**

1. Die Besorgung fremder Rechtsangelegenheiten, einschließlich der Rechtsberatung und der Eiziehung fremder oder zu Einziehungszwekken abgetretener Forderungen, darf geschäftsmäßig – ohne Unterschied zwischen haupt- und nebenberuflicher oder entgeltlicher und unentgeltlicher Tätigkeit – nur von Personen betrieben werden, denen dazu von der zuständigen Behörde die Erlaubnis erteilt ist.
2. Die Erlaubnis darf nur erteilt werden, wenn der Antragsteller die für den Beruf erforderliche Zuverlässigkeit und persönliche Eignung sowie genügende Sachkunde besitzt.

§ 3

**Zulässige Tätigkeit**

Durch dieses Gesetz werden nicht berührt …

7. die Tätigkeit von Genossenschaften, genossenschaftlichen Prüfungsverbänden und deren Spitzenverbänden sowie von genossenschaftlichen Treuhand- und ähnlichen genossenschaftlichen Stellen, soweit sie im Rahmen ihres Aufgabenbereichs ihre Mitglieder, die ihnen angehörenden genossenschaftlichen Einrichtungen oder die Mitglieder oder Einrichtungen der ihnen angehörenden Genossenschaften betreuen.

## 4. Gesetz zur Anpassung der landwirtschaftlichen Erzeugung an die Erfordernisse des Marktes (Marktstrukturgesetz)

Vom 16. Mai 1969
(BGBl. I S. 423)

### § 1

(1) Erzeugergemeinschaften im Sinne dieses Gesetzes sind Zusammenschlüsse von Inhabern landwirtschaftlicher oder fischwirtschaftlicher Betriebe, die gemeinsam den Zweck verfolgen, die Erzeugung und den Absatz den Erfordernissen des Marktes anzupassen.

(2) Erzeugergemeinschaften im Sinne dieses Gesetzes können für die in der Anlage aufgeführten Erzeugnisse gebildet werden. Die Bundesregierung kann durch Rechtsverordnung mit Zustimmung des Bundesrates in die Anlage weitere Erzeugnisse aufnehmen, die durch Be- oder Verarbeitung aus Erzeugnissen der Landwirtschaft und der Fischerei gewonnen werden, wenn die Be- oder Verarbeitung durch landwirtschaftliche oder fischwirtschaftliche Betriebe oder Zusammenschlüsse solcher Betriebe durchgeführt zu werden pflegt.

(3) Vereinigungen im Sinne dieses Gesetzes sind Zusammenschlüsse von Erzeugergemeinschaften für ein bestimmtes Erzeugnis oder eine Gruppe verwandter Erzeugnisse. Sie haben die Aufgaben, die Anwendung einheitlicher Erzeugungs- und Qualitätsregeln zu fördern und durch Unterrichtung und Beratung der Erzeugergemeinschaften auf die Anpassung der Erzeugung an die Erfordernisse des Marktes hinzuwirken. Sie können auch den Absatz der Erzeugnisse, die Gegenstand der Tätigkeit ihrer Erzeugergemeinschaften sind, auf dem Markt koordinieren. Sie können ferner im Einvernehmen mit ihren Erzeugergemeinschaften die Lagerung sowie die marktgerechte Aufbereitung und Verpackung der vorgenannten Erzeugnisse übernehmen

### § 2

Erzeugergemeinschaften und ihre Vereinigungen werden nach Maßgabe dieses Gesetzes gefördert, wenn sie von den nach Landesrecht zuständigen Behörden anerkannt sind.

### § 3

(1) Eine Erzeugergemeinschaft wird anerkannt, wenn sie folgende Voraussetzungen erfüllt:
1. sie muß eine juristische Person des Privatrechts sein;
2. ihre Mitglieder müssen verpflichtet sein, Beiträge zu leisten;
3. ihre Satzung muß Bestimmungen enthalten über
   a) die Beschränkung der Tätigkeit der Erzeugergemeinschaft auf ein bestimmtes Erzeugnis oder eine Gruppe verwandter Erzeugnisse;

b) die Verpflichtung der Mitglieder, bestimmte Erzeugungs- und Qualitätsregeln einzuhalten, die ein marktgerechtes Warenangebot sicherstellen;
c) das Recht und die Pflicht der Erzeugergemeinschaft, die Einhaltung der Erzeugungs- und Qualtitätsregeln zu überwachen;
d) die Verpflichtung der Mitglieder, ihre gesamten zur Veräußerung bestimmten Erzeugnisse, die Gegenstand der Tätigkeit der Erzeugergemeinschaft sind, durch diese zum Verkauf anbieten zu lassen. Die Erzeugergemeinschaft kann beschließen, daß die vorgenannte Verpflichtung ganz oder teilweise entfällt; insoweit soll der Verkauf nach gemeinsamen Verkaufsregeln erfolgen;
e) Vertragsstrafen bei schuldhaftem Verstoß gegen wesentliche Mitgliedschaftspflichten;

4. wird für die die Rechtsform der Genossenschaft oder des rechtsfähigen Vereins gewählt, so muß die Satzung ferner bestimmen
   a) die Voraussetzungen für Erwerb und Verlust der Mitgliedschaft, wobei die Mitgliedschaft frühestens zum Schluß des dritten vollen Geschäftsjahres gekündigt werden kann und die Kündigungsfrist mindestens ein Jahr betragen muß;
   b) die Organe, ihre Aufgaben und die Art der Beschlußfassung. Dabei muß bestimmt sein, daß Beschlüsse über Erzeugungs- und Qualitätsregeln sowie über gemeinsame Verkaufsregeln, soweit nicht die Beschlußfassung darüber nach der Satzung dem Vorstand zusteht, durch die General- oder Mitgliederversammlung zu fassen sind und einer Mehrheit von zwei Dritteln der Stimmen bedürfen;
   c) daß über die Befreiungen von einer Verpflichtung nach Absatz 1 Nr. 3 Buchstabe d Beschlüsse von der General- oder Mitgliederversammlung zu fassen sind und einer Mehrheit von zwei Dritteln der Stimmen bedürfen;
5. wird für sie die Rechtsform einer Kapitalgesellschaft gewählt, so muß gewährleistet sein, daß die Gesellschafter an die Verpflichtungen nach Absatz 1 Nr. 3 Buchstabe b bis e auf mindestens drei volle Geschäftsjahre gebunden sind;
6. sie muß eine Mindestanbaufläche oder eine Mindesterzeugungsmenge des Erzeugnisses oder der Gruppe verwandter Erzeugnisse (Nummer 3 Buchstabe a) nachweisen;
7. sie muß mindestens sieben Erzeuger umfassen;
8. sie darf den Wettbewerb auf dem Markt nicht ausschließen.

(2) Die Verpflichtung nach Absatz 1 Nr. 3 Buchstabe d gilt nicht für die Menge der Erzeugnisse, für die

1. die Erzeuger vor ihrem Beitritt Kaufverträge abgeschlossen haben, sofern die Erzeugergemeinschaft über Umfang und Dauer dieser Verträge vor dem Beitritt unterrichtet worden ist;

2. die Erzeuger nach ihrem Beitritt durch die Erzeugergemeinschaft von der Verpflichtung befreit werden.

(3) Der Bundesminister für Ernährung, Landwirtschaft und Forsten bestimmt im Einvernehmen mit dem Bundesminister für Wirtschaft durch Rechtsverordnung mit Zustimmung des Bundesrates

1. die Erzeugnisse, die zu einer Gruppe verwandter Erzeugnisse zusammengefaßt werden können;
2. die Mindestanbaufläche oder Mindesterzeugungsmenge; dabei dürfen nur Gebiete zusammengefaßt werden, zwischen denen ein wirtschaftlicher Zusammenhang besteht.

(4) Die nach Landesrecht zuständige Behörde kann die Anerkennung widerrufen, wenn die Anerkennungsvoraussetzungen nicht mehr gegeben sind oder wenn die Erzeugergemeinschaft gegen gesetzliche Vorschriften oder gegen behördliche Anordnungen auf Grund gesetzlicher Vorschriften verstößt.

## § 4

(1) Eine Vereinigung von Erzeugergemeinschaften wird durch die nach Landesrecht zuständigen Behörden anerkannt, wenn

1. ihre Satzung folgende Bestimmungen enthält:
   a) die Mitglieder sind anerkannte Erzeugergemeinschaften, die das gleiche Erzeugnis oder die gleiche Gruppe verwandter Erzeugnisse erzeugen;
   b) sie führt die Unterrichtung und Beratung der ihr angehörenden Erzeugergemeinschaften oder deren Mitglieder durch;
   c) sie stellt im Benehmen mit den ihr angehörenden Erzeugergemeinschaften gemeinsam Erzeugungs- und Qualitätsregeln auf, die für deren Mitglieder maßgebend sind;
   d) eine Erzeugergemeinschaft kann nicht mehr als einer Vereinigung angehören;
2. sie den Wettbewerb auf dem Markt nicht ausschließt.

(2) § 3 Abs. 4 gilt entsprechend.

## § 5

(1) Anerkannte Erzeugergemeinschaften und anerkannte Vereinigungen von Erzeugergemeinschaften können nach Maßgabe der verfügbaren Haushaltsmittel in den ersten drei Jahren nach ihrer Anerkennung staatliche Beihilfen erhalten, um ihre Gründung zu erleichtern und ihre Tätigkeiten zu fördern. Die Beihilfen betragen im ersten Jahr bis zu 3 %, im zweiten Jahr bis zu 2 % und im dritten Jahr bis zu 1 % des Verkaufserlöses ihrer von der Anerkennung erfaßten, jährlich nachgewiesenen Erzeugung. Der Betrag darf im ersten Jahr 60 %, im zweiten Jahr 40 % und im dritten Jahr 20 %

ihrer angemessenen Verwaltungskosten einschließlich der Kosten für Beratung und Qualitätskontrolle nicht übersteigen.

(2) Wenn ein bestehender Zusammenschluß von Erzeugern sich zu einer Erzeugergemeinschaft umbildet, so kann diese Erzeugergemeinschaft eine Beihilfe nach Absatz 1 nur erhalten, wenn mit der Umbildung eine wesentlich weitergehende Anpassung an die Erfordernisse des Marktes, gemessen an der bisherigen Tätigkeit des Zusammenschlusses, erfolgt.

(3) Für den gleichen Zweck kann eine Beihilfe nach Absatz 1 nur einmal, entweder der Erzeugergemeinschaft oder der Vereinigung, gewährt werden.

(4) Anerkannte Erzeugergemeinschaften und anerkannte Vereinigungen von Erzeugergemeinschaften können nach Maßgabe der verfügbaren Haushaltsmittel, soweit nicht derartige Einrichtungen bereits in ausreichendem Umfang bei den regional in Betracht kommenden Marktbeteiligten zur Verfügung stehen, in den ersten fünf Jahren nach ihrer Anerkennung staatliche Investitionsbeihilfen für Erstinvestitionen erhalten. Die Erstinvestitionen der Erzeugergemeinschaften müssen der Anwendung der in § 3 Abs. 1 Nr. 3 Buchstabe b angeführten Erzeugungs- und Qualitätsregeln einschließlich der marktgerechten Aufbereitung oder Verpackung oder der Lagerung des Erzeugnisses oder der Gruppe verwandter Erzeugnisse dienen. Die Erstinvestitionen der Vereinigungen müssen Tätigkeiten betreffen, die sie nach § 1 Abs. 3 übernehmen können. Der Betrag der Investitionsbeihilfen darf 25 % der Investitionskosten nicht übersteigen. Absatz 3 findet entsprechende Anwendung.

(5) Wird die Anerkennung widerrufen, so ist gleichzeitig zu bestimmen, in welchem Umfang die gewährten Beihilfen zurückzuzahlen sind. Hierbei ist insbesondere zu berücksichtigen, wie lange die Anerkennungsvoraussetzungen gegeben waren und welcher dem Gesetzeszweck entsprechende Erfolg durch die Beihilfen erzielt worden ist. Die zurückzuzahlenden Beihilfen sind vom Tage des Widerrufs der Anerkennung an mit 3 % über dem jeweiligen Diskontsatz der Deutschen Bundesbank zu verzinsen.

(6) Zuständig für die Durchführung der Förderung ist das Land, in dem die Erzeugergemeinschaft oder die Vereinigung ihren Sitz hat.

## § 6

(1) Zur Verbesserung der Marktstruktur kann ein Unternehmen, das landwirtschaftliche oder fischwirtschaftliche Erzeugnisse bezieht, absetzt, be- oder verarbeitet, nach Maßgabe der verfügbaren Haushaltsmittel bei der Vergabe von Investitionsbeihilfen berücksichtigt werden, soweit es folgende Voraussetzungen erfüllt:

1. es muß mit einer oder mehreren anerkannten Erzeugergemeinschaften Lieferverträge abschließen. Die Verträge können, soweit erforderlich, mit Zustimmung der Erzeugergemeinschaft zwischen den Mitgliedern

und dem Unternehmen unmittelbar abgeschlossen werden. Die Lieferverträge müssen unter anderem Bestimmungen enthalten über

a) die Dauer des Vertrages;
b) die Kündigungsfristen;
c) die Mindest- oder Festmengen der zu liefernden und abzunehmenden Erzeugnisse;
d) den Ort und den Zeitpunkt der Lieferung;
e) Vereinbarungen über die zu zahlenden Preise unter Berücksichtigung der Marktlage und der Qualität;
f) eine rechtzeitige Information bei größeren Änderungen des Betriebsprogramms des Unternehmens;
g) die allgemeinen Geschäftsbedingungen;

2. die Investitionen müssen der Verbesserung der Qualität und des Absatzes des Erzeugnisses oder der Gruppe von verwandten Erzeugnissen dienen, die Gegenstand der Lieferverträge sind;
3. die Beihilfe kann nur innerhalb eines Zeitraumes von fünf Jahren nach Abschluß der jeweiligen Lieferverträge beantragt werden;
4. das Unternehmen muß eine Mindestmenge eines bestimmen Erzeugnisses oder einer Gruppe verwandter Erzeugnisse auf Grund der Lieferverträge mit einer oder mehreren anerkannten Erzeugergemeinschaften oder, wenn eine Zustimmung gemäß Nummer 1 Satz 2 erteilt ist, mit deren Mitgliedern abnehmen;
5. die Lieferverträge müssen für eine bestimmte Mindestdauer abgeschlossen sein;
6. das Unternehmen muß regelmäßig unter Beteiligung der Erzeugergemeinschaft oder der Vereinigung, der die Erzeugergemeinschaft angehört, die Qualität der Rohwaren und Erzeugnisse prüfen.

(2) Der Bundesminister für Ernährung, Landwirtschaft und Forsten bestimmt, soweit dies für die in § 1 Abs. 1 genannten Zwecke erforderlich ist, im Einvernehmen mit dem Bundesminister für Wirtschaft durch Rechtsverordnung mit Zustimmung des Bundesrates,

1. welche Mindestmengen eines bestimmten Erzeugnisses oder einer Gruppe verwandter Erzeugnisse Gegenstand des Liefervertrages sein müssen;
2. welche Mindestdauer der Liefervertrag haben muß.

(3) Werden die Lieferverträge aus einem von dem Unternehmen zu vertretenden Grunde vorzeitig gekündigt, ist zu bestimmen, in welchem Umfang die gewährten Investitionsbeihilfen zurückzuzahlen sind. Hierbei ist insbesondere zu berücksichtigen, wie lange die Lieferverträge bestanden und welcher dem Gesetzeszweck entsprechende Erfolg durch die Investitionsbeihilfen erzielt worden ist. Die zurückzuzahlenden Investitionsbeihilfen sind vom Tage der Kündigung an mit 3 % über dem jeweiligen Diskontsatz der Deutschen Bundesbank zu verzinsen.

(4) Zuständig für die Durchführung der Förderung ist das Land, in dem das Unternehmen seinen Sitz hat.

§ 7

Obst- und Gemüseerzeuger, die einer Erzeugerorganisation nach der Verordnung Nr. 159/66/EWG des Rates vom 25. Oktober 1966 (Amtsblatt der Europäischen Gemeinschaften S. 3286/66) beigetreten sind, können mit den gleichen Erzeugnissen nicht einer Erzeugergemeinschaft angehören.

§ 8

(1) Die zuständigen Behörden können zur Durchführung der ihnen nach diesem Gesetz oder durch Rechtsverordnung auf Grund dieses Gesetzes übertragenen Aufgaben von juristischen Personen und nicht rechtsfähigen Personenvereinigungen die erforderlichen Auskünfte verlangen.

(2) Der Auskunftspflichtige kann die Auskunft auf solche Fragen verweigern, deren Beantwortung ihn selbst oder einen der in § 383 Abs. 1 Nr. 1 bis 3 der Zivilprozeßordnung bezeichneten Angehörigen der Gefahr strafgerichtlicher Verfolgung oder eines Verfahrens nach dem Gesetz über Ordnungswidrigkeiten aussetzen würde.

(3) Die nach Absatz 1 erlangten Kenntnisse und Unterlagen dürfen nicht für ein Besteuerungsverfahren oder ein Verfahren wegen eines Steuervergehens oder einer Steuerordnungswidrigkeit verwendet werden. Die Vorschriften der §§ 175, 179, 188 Abs. 1 und des § 189 der Reichsabgabenordnung über Beistands- und Anzeigepflichten gegenüber den Finanzämtern gelten insoweit nicht.

§ 9

(1) Ordnungswidrig handelt, wer vorsätzlich oder fahrlässig entgegen § 8 Abs. 1 eine Auskunft nicht, nicht richtig, nicht vollständig oder nicht rechtzeitig erteilt.

(2) Die Ordnungswidrigkeit kann mit einer Geldbuße bis zu zwanzigtausend Deutsche Mark geahndet werden.

§ 10

(1) Wer ein fremdes Geheimnis, namentlich ein Betriebs- oder Geschäftsgeheimnis, das ihm in seiner Eigenschaft als Angehöriger oder Beauftragter einer mit Aufgaben auf Grund dieses Gesetzes betrauten Behörde bekanntgeworden ist, unbefugt offenbart, wird mit Freiheitsstrafe bis zu einem Jahr oder mit Geldstrafe oder mit beiden Strafen bestraft.

(2) Handelt der Täter gegen Entgelt oder in der Absicht, sich oder einen anderen zu bereichern oder einen anderen zu schädigen, so ist die Strafe Freiheitsstrafe bis zu zwei Jahren; daneben kann auf Geldstrafe erkannt werden. Ebenso wird bestraft, wer ein fremdes Geheimnis, namentlich ein

Betriebs- oder Geschäftsgeheimnis, das ihm unter den Voraussetzungen des Absatzes 1 bekanntgeworden ist, unbefugt verwertet.

(3) Die Tat wird nur auf Antrag des Verletzten verfolgt.

§ 11

(1) § 1 des Gesetzes gegen Wettbewerbsbeschränkungen findet keine Anwendung auf Beschlüsse einer anerkannten Erzeugergemeinschaft im Sinne dieses Gesetzes, soweit sie die Erzeugnisse betreffen, die satzungsgemäß Gegenstand ihrer Tätigkeit sind.

(2) Eine anerkannte Vereinigung von Erzeugergemeinschaften im Sinne dieses Gesetzes darf ihre Mitglieder bei der Preisbildung beraten und zu diesem Zweck gegenüber ihren Mitgliedern Preisempfehlungen aussprechen.

(3) Im übrigen bleiben die Vorschriften des Gesetzes gegen Wettbewerbsbeschränkungen unberührt. In den Fällen der Absätze 1 und 2 findet § 104 des Gesetzes gegen Wettbewerbsbeschränkungen in der Fassung vom 3. Januar 1966 (Bundesgesetzbl. I S. 37) entsprechende Anwendung

§ 12

Der Bundesminister für Ernährung, Landwirtschaft und Forsten kann die ihm in diesem Gesetz erteilten Ermächtigungen zum Erlaß von Rechtsverordnungen auf die Landesregierungen übertragen.

§ 13

Dieses Gesetz gilt nach Maßgabe des § 13 Abs. 1 des Dritten Überleitungsgesetzes vom 4. Januar 1952 (Bundesgesetzbl. I S. 1) auch im Land Berlin. Rechtsverordnungen, die auf Grund dieses Gesetzes erlassen werden, gelten im Land Berlin nach § 14 des Dritten Überleitungsgesetzes.

§ 14

Dieses Gesetz tritt am Tage nach seiner Verkündung[1] in Kraft.

Im Hinblick auf die recht häufigen Änderungen der Liste der Erzeugnisse, für die Erzeugergemeinschaften gebildet und anerkannt werden können, erscheint es nicht sinnvoll, diese Liste abzudrucken; Entsprechendes gilt für die Durchführungsverordnungen, die aufgrund der Ermächtigungen im Marktstrukturgesetz erlassen werden können. Insoweit wird auf Spezialliteratur verwiesen sowie auf die Möglichkeit, bei den zuständigen Behörden Auskunft einzuholen.

[1] 20. Mai 1969.

## 5. Verzeichnis der genossenschaftlichen Verbände

### I. Spitzenverbände

Deutscher Genossenschafts-
und Raiffeisenverband e. V. (DGRV),
Adenauerallee 127
53113 Bonn
☎ 0228 / 106 0

Bundesverband der Deutschen
Volksbanken und Raiffeisenbanken e. V. (BVR),
Heussallee 5
53113 Bonn
☎ 0228 / 50 90

Deutscher Raiffeisenverband e. V. (DRV),
Adenauerallee 127
53113 Bonn
☎ 0228 / 106 0

Zentralverband Gewerblicher
Verbundgruppen e. V. (ZGV)
Vorgebirgsstraße 43
53113 Bonn
☎ 0228 / 9 85 84 0

GdW Bundesverband deutscher Wohnungsunternehmen e. V.
Bismarckstraße 7
50672 Köln
☎ 0221 / 5 79 89 0

Revisionsverband deutscher
Konsumgenossenschaften e. V. (RdK)
Adenauerallee 21
20097 Hamburg
☎ 040 / 2 41 91 0

### II. Zentrale Fachprüfungsverbände

BÄKO – Prüfungsverband Deutscher
Bäcker- und Konditorengenossenschaften e. V.,
Rhöndorfer Straße 87

53604 Bad Honnef
☎ 02224 / 50 56/57/58

EDEKA Verband kaufmännischer
Genossenschaften e. V.,
New-York-Ring 6
22297 Hamburg
☎ 040 / 63 77 0

Prüfungsverband der Deutschen
Verkehrsgenossenschaften e. V.,
Heidenkampsweg 51
20097 Hamburg
☎ 040 / 23 00 49

REWE-Prüfungsverband e. V.,
Domstraße 20
50668 Köln
☎ 0221 / 14 90

Verband der Post-Spar- und Darlehensvereine e. V.,
Dreizehnmorgenweg 36
53175 Bonn
☎ 0228 / 9 59 04 0

Verband der Sparda-Banken e. V.,
Hamburger Allee 2–10
60486 Frankfurt/Main
☎ 069 / 79 20 94 0

## III. Regionale Prüfungsverbände

### *a) im Bereich der gewerblichen und ländlichen Genossenschaften*

Badischer Genossenschaftsverband
Raiffeisen – Schulze-Delitzsch e. V.
Postfach 52 80
76134 Karlsruhe
☎ 0721 / 35 20

Genossenschaftsverband Bayern
(Raiffeisen/Schulze-Delitzsch) e. V.
80327 München
☎ 089 / 21 34 0

Genossenschaftsverband
Berlin-Hannover e. V.
Postfach 21 20
30021 Hannover
☎ 0511 / 95 74 0

Genossenschaftsverband
Hessen/Rheinland-Pfalz/Thüringen e. V.
Frankfurt
Postfach 40 01 13
63246 Neu-Isenburg
☎ 069 / 69 78 0

Norddeutscher Genossenschaftsverband
(Raiffeisen - Schulze-Delitzsch) e. V.
Postfach 36 29
24035 Kiel
☎ 0431 / 66 42 0

Genossenschaftsverband Rheinland e. V.
Postfach 10 15 62
50455 Köln
☎ 0221 / 20 14 0

Saarländischer Genossenschaftsverband e. V.
Postfach 10 27 25
66027 Saarbrücken
☎ 0681 / 38 70 60

Genossenschaftsverband Sachsen
(Raiffeisen/Schulze-Delitzsch) e. V.
Cossebauder Str. 18
01157 Dresden
☎ 0351 / 42 01 50

Genossenschaftsverband Weser-Ems e. V.
Postfach 41 29
26031 Oldenburg
☎ 0441 / 21 00 30

Westfälischer Genossenschaftsverband e. V.
Postfach 86 40

48046 Münster
☎ 0251 / 71 86 0

Württembergischer Genossenschaftsverband
Raiffeisen/Schulze-Delitzsch e. V.
Postfach 10 54 43
70047 Stuttgart
☎ 0711 / 94 00

*b) im Bereich der Wohnungsbaugenossenschaften*

Verband rheinischer und westfälischer
Wohnungsunternehmen e. V.
Postfach 24 01 14
40211 Düsseldorf
☎ 0211/ 1 69 98-0

Verband rheinischer und westfälischer
Wohnungsunternehmen e. V.
Geschäftsstelle Westfalen
Postfach 8044
48145 Münster
☎ 0251/13 13 10

Verband der Wohnungswirtschaft in
Niedersachsen und Bremen e. V.
Postfach 61 20
30061 Hannover
☎ 0511/12 65-01

Verband Norddeutscher Wohnungsunternehmen e. V.
Hamburg – Mecklenburg-Vorpommern –
Schleswig-Holstein
Tangstedeter Landstr. 83
Postfach 62 04 50
22415 Hamburg
☎ 040/5 20 11-0

Prüfungsverband Südwestdeutscher
Wohnungsunternehmen e. V.
Hamburger Allee 14
60486 Frankfurt am Main
☎ 069/79 40 98-01

VdW Bayern
Verband bayerischer Wohnungsunternehmen e. V.
Stollbergstr. 7
Postfach 22 16 54
80539 München
☎ 089/29 00 20 0

Verband baden-württembergischer
Wohnungsunternehmen e. V.
Geschäftsstelle Stuttgart
Herdweg 52
70174 Stuttgart
☎ 0711/1 63 45-0

Verband baden-württembergischer
Wohnungsunternehmen e. V.
Geschäftsstelle Karlsruhe
Akademiestr. 40
76133 Karlsruhe
☎ 0721/2 87 11

Verband Berlin-Brandenburgischer
Wohnungsunternehmen e. V.
Lentzeallee 107
14195 Berlin
☎ 030/8 97 81-0

Verband Berlin-Brandenburgischer
Wohnungsunternehmen e. V.
Landesgeschäftsstelle Potsdam
Behlertstr. 13
14469 Potsdam
☎ 0331/2 71 83-0

Saarländischer Genossenschaftsverband e. V.
Beethovenstr. 33
Postfach 10 27 25
66111 Saarbrücken
☎ 0681/3 87 06-0

Verband Sächsischer Wohnungsunternehmen e. V.
Postfach 10 04 49
Blüherstr. 3
01074 Dresden
☎ 0351/4 91 77-0

Prüfungsverband Thüringer
Wohnungsunternehmen e. V.
Windthorststr. 18
99096 Erfurt
☎ 0361/340 10-0

Verband der Wohnungsgenossenschaften
Sachsen-Anhalt e. V.
Charlottenstr. 2
39124 Magdeburg
☎ 0391/2 55 37-0

Verband norddeutscher Wohnungsunternehmen e.
V. Hamburg – Mecklenburg-Vorpommern –
Schleswig-Holstein
Landesgeschäftsstelle Schwerin
Johannes-R.-Becher-Str. 16
19059 Schwerin
☎ 0385/74 26-8 12

*c) im Bereich der Konsumgenossenschaften*

Die früheren Regionalverbände im Bereich der Konsumgenossenschaften sind durch geänderten Aufbau dieser Organisation weggefallen; es bestehen aber zwei Außenstellen des Revisionsverbandes, und zwar in Düsseldorf und in München.

Regionalverband Thüringer
Wohnungsunternehmen e.V.
Windthorststr. 43
99096 Erfurt
☎ 0361/3 42 10-0

Verband der Wohnungsgenossenschaften
Sachsen-Anhalt e.V.
Charlottenstr. 2
39124 Magdeburg
☎ 0391/[illegible]

Verband norddeutscher Wohnungsunternehmen e.V.
Hamburg – Mecklenburg-Vorpommern –
Schleswig-Holstein
Landesgeschäftsstelle Schwerin
Johannes-R.-Becher-Str. [illegible]
19059 Schwerin
☎ 0385/[illegible]

1) Im Bereich der Konsumgenossenschaften
Die früheren Regionalverbände im Bereich der Konsumgenossenschaften sind durch [illegible] Organisation weggefallen; es bestehen aber [illegible] des Revisionsverbandes, um [illegible] und [illegible].

## Stichwortverzeichnis

Die fetten Zahlen verweisen auf die Paragraphen, die mageren auf die Randnummern.